玉门油田志
（1987—2017）

《玉门油田志》编纂委员会　编

石油工業出版社

图书在版编目（CIP）数据

玉门油田志：1987—2017 /《玉门油田志》编纂委员会编 . —北京：石油工业出版社，2019.7

ISBN 978-7-5183-3501-5

Ⅰ . ①玉… Ⅱ . ①玉… Ⅲ . ①油田－概况－玉门－1987—2010 Ⅳ . ① F426.22

中国版本图书馆 CIP 数据核字（2019）第 148224 号

出版发行：石油工业出版社

（北京安定门外安华里 2 区 1 号 100011）

网　　址：www.petropub.com

图书营销中心：(010) 64523731

编 辑 部：(010) 64523586

经　　销：全国新华书店

印　　刷：北京中石油彩色印刷有限责任公司

2019 年 7 月第 1 版　2019 年 7 月第 1 次印刷

889×1194 毫米　开本：1/16　印张：66　插页：22

字数：2230 千字

定价：318.00 元

（如出现印装质量问题，请与图书营销中心联系）

《玉门油田志》（1987—2017）编纂委员会

《玉门油田志》（1987—2017）编纂办公室

《玉门油田志》（1987—2017）编纂组

资料提供人员（按姓名笔画为序排列）：

丁玉宝　于小婷　马　涛　马玉梅　马维荣　马耀春　王　健
王　萍　王　鑫　王山林　王玉梅　王加寿　王亚梅（物业）
王亚梅（研究院）　王志军　王宏忠　王君生　王其年　王宝成
王雪菲　王雅婷　巴　特　叶军香　包俊堂　冯彦智　冯满亮
朱君琳　朱晓龙（吐哈）　刘沛鸣　孙长江　孙芳霞　孙金龙
孙定涛　严保年　苏　炜　李　飞　李　宁　李　俊　李　勇（吐哈）
李　斌（青西）　李　斌（退管）　李文汉　李东升　李光明
李荣香　李洪忠　李维生　李善文　李慧承　杨　萍　杨　锋
杨文吉　杨立新　杨会平　杨晓霞　杨银平　杨惠文　杨想世
肖玉萍　汪满福　沈玺琳　张　旭　张　婧　张文义　张世清
张有权　张丽荣　张建民　张玺辉　张家明　张继君　陈年贵
陈安伟　陈俊英　陈桂林　陈照亮　邵明芳　范志刚　罗伟敏
周泽原　郑　理　赵小刚　赵小荣　赵茜莹　赵倩妮　赵德贤
胡学荣　胡建斌　查玉龙　要吉斌　俞东山　袁氢鸣　贾　莉
贾国庆　柴永强　殷大祯　高　旭　高仲凯　高璐玲　黄　琴
黄　琰　黄万军　黄海云　曹小华　崔金玉（吐哈）　彭　渤
董金华　董建萍　蒋永祥　韩　灵　景胜福　甄世贤　雷彩云
蔺学军　魏世华（吐哈）　魏夺文　魏其远　濮新聪

图片提供：赵　勤　王　华

前 言

玉门油田开发于1939年，缘抗战烽火而生，因新中国发展而兴，随时代脉搏而进。新中国成立前10年，肩负为国找油使命，累计生产原油52万吨，占当时全国原油产量的95%，在“一滴油一滴血”的战争年代，油田生产的油品有力支援了抗日战争和解放战争。新中国成立后，始终坚持听党话、跟党走，战胜一个又一个风险挑战，取得一个又一个发展成就，1957年建成我国第一个天然石油基地，原油产量占当年全国原油产量的87.82%；1959年生产原油140万吨，创油田原油产量历史最高，撑起新中国成立初期石油工业的半壁江山；从20世纪50年代至90年代，担负起“三大四出”（大学校、大试验田、大研究所，出产品、出经验、出人才、出技术）的历史重任，先后西征克拉玛依、会战大庆、南下四川、跑步上长庆、二进柴达木、三战吐鲁番，向全国各油田和炼化、销售企业输送骨干力量10余万人、各类设备4000余台（套），被誉为“中国石油工业的摇篮”。著名诗人李季曾写下“苏联有巴库，中国有玉门，凡有石油处，就有玉门人”的诗篇，盛赞玉门油田。八十载岁月荏苒，八十年砥砺奋进，油田不仅为国家提供了大量的石油资源，而且逐步形成了“艰苦奋斗、无私奉献、自强不息”的玉门精神，成为激励玉门石油人干事创业的强大精神力量。这种精神，是在民族危亡的关键时期和国家发展建设的重要时期所铸就，为“苦干实干、三老四严”石油精神的孕育和形成提供了前期积淀，进而成为石油精神的重要源头。“宁肯少活二十年，拼命也要拿下大油田”“有条件要上，没有条件创造条件也要上”的“铁人”王进喜，就是从玉门油田走出去的中国工人阶级的优秀代表。2009年6月19日，中央政治局常委、中央书记处书记、国家副主席习近平同志到克拉玛依考察调研时说：“在石油战线弘扬的大庆精神铁人精神，实际上包括克拉玛依精神、玉门精神，这种精神的弘扬，至今仍然需要，而且永不过时。”

一部玉门油田发展史，就是半部中国石油工业发展史。编修玉门油田史志，对记录油田发展历程，乃至中国石油工业发展历程，都具有重要意义。1993年，油田组织编写的《玉门油田志》（1939—1986）出版。该书系统记录油田开发建设48年的光辉历程，成为后来人了解油田、研究历史的重要文献。弹指一挥间，油田又走过了32个春秋，在历史画卷上又增添了浓墨重彩的一笔，迫切需要我们续编油田志，记录这段峥嵘岁月。忆往昔，20世纪80年代，随着中国改革开放大幕的拉开，踏着中国石油工业改革开放的鼓点，已是不惑之年的“石油摇篮”迎来了改革开放的春天。胸怀大局的玉门石油人始终不忘“我为祖国献石油”的初心，始终牢记推进我国石油工业发展的使命，矢志不渝开拓，解放思想探索，走出了一条老油田挑战采收率极限的发展之路，创造了“石油摇篮”老当益壮的不老奇迹！我们坚持精雕细刻开发，实现了60万吨、50万吨、40万吨三个十年稳产，老油田持续保持“高效开发油田”称号；我们坚持胸怀大局、无私奉献，全力组织开展吐哈石油会战，建成了年产300万吨的吐哈油田，为中国石油工业的发展再立新功；我们坚持精细勘探，先后发现了青西和酒东新油田，使油田年产量攻上80万吨，成为又一个产量高峰；我们坚持推进民生工程建设，实现生活基地整体搬迁酒泉，实现了几代玉门石油人“下山”的夙愿，员工家属生产生活条件极大改善；我们坚持调整炼化发展思路，推进提质增效和转型升级，实现从“亏损”到“盈利”的历史跨越；我们坚持上下同心、共谋发展，油田“上下游一体化、主营业务与工程技术服务一体化、勘探开发一体化”的优势有效发挥；我们坚持走出玉门、发展玉门，非洲乍得上下游对口支持服务得到巩固拓展；我们坚持紧抓机遇、拓展空间，在集团公司、股份公司的关怀支持下，实现鄂尔多斯盆地环庆新区矿权成功流转，油田发展的资源基础持续夯实；我们坚持党建引领、文化聚力、精神塑魂，持续推进社会主义核心价值观培育、党建思想政治工作、精神文明建设和企业文化建设，大力传承弘扬石油精神和“玉门精神”，“石油摇篮”红色基因永不褪色、文化底蕴更加丰厚。

而今，处在实现中华民族伟大复兴中国梦的新时代，玉门油田迎来了新的发展机遇。党的十九大确立决胜全面建成小康社会、开启全面建设社会主义现代化国家新征程的新目标。玉门石油人将以习近平新时代中国特色社会主义思想为指导，始终慎终如始、继往开来，沿着“三年扭亏为盈，五年重上百万吨”的时间表路线图奋发有为，向着推进稳健发展、高质量建设百年油田的战略目标阔步前行。面对壮美蓝图，更应珍视过去。因此，在玉门油田即将迎来开发建设 80 周年前夕，油田分公司党委、油田分公司决定续修《玉门油田志》（1987—2017），以资接续历史，全面翔实地记载油田 1987—2017 年期间的发展变化、取得的成就及经验教训，客观真实地展现玉门石油人拼搏奋进的精神风貌，为油田提供一部全面系统、真实可靠、资政砺志、承前启后的重要文献。

《玉门油田志》（1987—2017）的编纂，历时四年有余。四年多来，编纂者们本着对历史负责、对油田负责的态度，怀着强烈的事业心、责任感和使命感，用倾注笔端的心血，广征博采、去芜取精、数易其稿、终告竣成。整部志书在尊重和继承前志基本框架及谋篇布局的基础上，结合油田实际，设置了油气勘探、钻井工程、油田开发、炼油化工、吐哈会战、油田科研、工程技术服务、矿区服务、油田改革、基地建设、企业管理、党群工作、人物与荣誉等 13 篇专志，及总述、大事记、附录等共 140 余万字，另有图片 120 余张，做到了以类记事、以实叙事、以数代事、以表明事，让油田的大事要情应有尽有，历历在目。

“治郡国者以志为鉴”。《玉门油田志》（1987—2017）作为一部信史式的志书，作为油田发展的真实记录，寓资治、存史和教化功能于一体，在客观真实还原和记述油田 30 余年建设发展的重大事件和史实细节的同时，注重挖掘反映玉门石油人在发展实践中所蕴含的精神价值和经验智慧。《玉门油田志》（1987—2017）的出版，在进一步丰富和发展“石油摇篮”文化的基础上，将为我们在今后的各项工作中利用、研究、比对和参考历史资料提供最有效的基础凭据和信息资源，也必将为油田上下向着新时代新战略新目标开拓奋进提供强大的精神支持和不竭的动力源泉。

创业固艰难，良志亦难得。《玉门油田志》（1987—2017）的编辑出版，始终得到了油田各级组织和领导的关心、帮助和支持，得到了基层各单位、机关各部门的大力协助和鼎力帮助，资料提供人员和编纂人员为此付出了不懈努力和艰辛劳作。在此，特向玉门油田开发建设的广大员工致敬，向为编纂《玉门油田志》（1987—2017）辛勤耕耘的同志们致敬！

《玉门油田志》编纂委员会

2019 年 6 月

凡　例

一、指导思想。坚持以辩证唯物主义和历史唯物主义为指导，突出时代特征，体现玉门油田特点，实事求是地记述 1987—2017 年玉门油田改革、发展以及生产经营的历史和现状。

二、篇目结构。作为续编，在尊重和继承《玉门油田志》（1939—1986）基本框架的基础上，结合玉门油田机构设置、产业布局和生产经营实际，采用多篇多章形式，设图片、总述、大事记、附录及油气勘探、钻井工程、油田开发、炼油化工、吐哈会战、油田科研、工程技术服务、矿区服务、油田改革、基地建设、企业管理、党群工作、人物与荣誉等 13 篇专志。基本层次为篇、章、节、目，个别内容较简的篇只设章、节。篇开专页，章节居中，目随正文。

三、志书体裁。以志为主，记、录为辅，图置文前，表穿插其中；采用纪事本末体，事以类从，横排纵述，尊重史实。

四、志书断限。上限始于 1987 年，下限断于 2017 年。为了写清事物溯源，在“总述”及各篇无题概述中适当对前志内容予以概括，以达承上启下之目的；前志未设之专志或篇章从事物发端写起；个别图片及机构设置突破下限，截止到 2018 年 12 月。

五、大事记。大事记选编的重点是：生产建设和科学研究的重大成就；油田组织机构及主要领导变动；职工队伍的大批调动；重要规章制度的实施；重要会议的召开；上级领导来油田调研；重要的对外交往；重大事故及自然灾害；其他重要事件。主要采用编年体，对延续若干年限的事件，则采用纪事本末体集中记述。

六、人物记述。本志设“人物简介”专章，介绍对玉门油田有贡献、有影响的人士。

七、文体文风。采用语体文、记述体。对人对事均本着实事求是的原则，不褒贬，不虚构，不夸张。一律横书，标点断句，规范简体字，语言尽可能准确、简洁、通俗，文风力求严谨、朴实、鲜明。

八、称谓运用。记述采用第三人称。人名通常直书其名，必要时写明其具体职务；职务名称遵循当时的称谓；机构、单位名称，一般以印鉴为准；地名使用标准地名。为行文简法，本志中机构名称一般在首次出现时用全称，随后出现使用简称。“中国石油天然气集团公司”简称“集团公司”，“中国石油天然气股份有限公司”简称“股份公司”，“玉门石油管理局”简称“管理局”或“局”，“中国石油天然气股份有限公司玉门油田分公司”简称“玉门油田分公司”或“油田分公司”。玉门油田通指各时期的称谓。

九、计量单位。一般采用国家法定计量单位，用汉字表示，部分表格计量单位采用符号表示；少数地方从行业习惯保留非法定计量单位和计量符号。

十、数字书写。除习惯用汉字者外，统计数字和表格均使用阿拉伯数字。表中各栏本来就没有的数字填以横线，应有而无的数字空白。

十一、资料来源。主要以历年库存档案及有关单位、部门提供的数据和文字资料为主，凡无档案、资料的，则采用经考证鉴别后的知情人回忆或口碑记录。

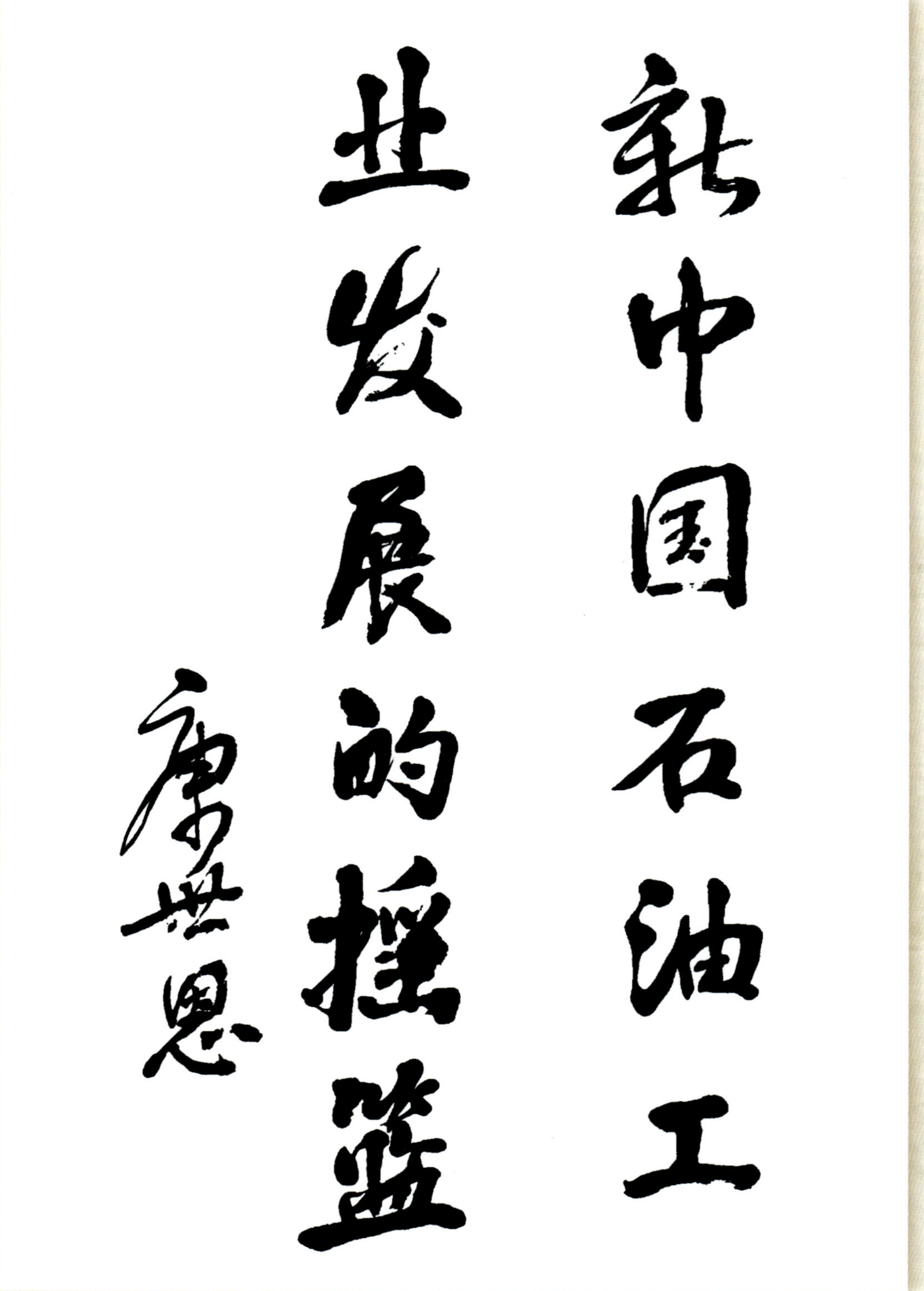
新中国石油工
业发展的摇篮
康世恩

1991 年 3 月，中国石油天然气总公司总经理王涛（右一）、甘肃省省长贾志杰（右二）到玉门油田现场办公

时任甘肃省省长张吾乐（前左一）到玉门油田调研

时任中国石油天然气集团公司总经理马富才（右二）到玉门油田调研

时任甘肃省委书记宋照肃（右二）到玉门油田调研

2002 年 4 月，中国石油天然气集团公司副总经理陈耕（左一）到玉门油田检查指导工作

2006 年 7 月，中共中央原组织部副部长、人事部副部长、党组副书记赵宗鼐（右二）到玉门油田调研

2009 年 8 月，中国石油天然气集团公司党组书记、总经理周吉平（左四）在酒东油田调研

2006 年 1 月，中国石油天然气集团公司副总经理王宜林（右一）到玉门油田调研

2016 年 12 月，中国石油天然气集团公司党组副书记、总经理章建华（前右一）到玉门油田调研

黄树德
1984 年 7 月—1989 年 12 月，任局长

王　鹏
1985 年 1 月—1995 年 6 月，任党委书记

赵熙寿
1989 年 12 月—1995 年 6 月，任局长

刘世洲
1995 年 6 月—1998 年 4 月，任局长
1998 年 4 月—1999 年 9 月，任局长、代理党委书记
1999 年 9 月—2002 年 2 月，任油田分公司总经理、党委书记

黄亦纯
1995 年 6 月—1998 年 4 月，任党委书记

张东泉
1999 年 9 月—2001 年 3 月，任局长、党委书记

历届党政主要领导

高玉江
2001 年 3 月—2005 年 7 月，任管理局党委书记
2005 年 7 月—2010 年 6 月，任油田分公司（管理局）党委书记

田玉军
2001 年 3 月—2005 年 7 月，任局长

孔繁瑾
2002 年 2 月—2005 年 7 月，任总经理、党委书记
2005 年 7 月—2010 年 10 月，任总经理、局长

张作祥
2010 年 6 月—2016 年 12 月，任党委书记

刘圣志
2010 年 11 月—2015 年 7 月，任总经理、局长

陈建军
2015 年 7 月—2016 年 12 月，任总经理、局长
2016 年 12 月—2017 年 11 月，任总经理、局长、党委书记
2017 年 11 月—2018 年 12 月，任油田分公司总经理、党委书记，玉门石油管理局有限公司执行董事、总经理

1. 酒西盆地找油方向讨论会
2. 中美合作勘探祁连山
3. 沙漠震源地震作业
4. 三维地震作业
5. 1987 年，在夹片构造上钻探的前探 1 井喜获工业油流。图为在中坪广场上钻探的前探 8 井

1. 1992 年 3 月，科学探索井——酒参 1 井在营尔凹陷中部长沙岭地区白垩系发现油气层

2. 2002 年 5 月，青西凹陷窿 8 井获日产原油 201 立方米、天然气 32000 立方米高产油气流

3. 2005 年 11 月，部署在鸭西区块的鸭西 1 井获日产 8 立方米工业油流

4. 2005 年 11 月，长沙岭构造长 3 井获日产 50 立方米油气流，酒东勘探取得突破

5. 为柳 102 井勒石立碑

1. 开展物探技术攻关
2. 召开钻井技术研讨会
3. 野外地质考察

1. 青西钻井
2. 酒东钻井
3. 鸭儿峡钻井

1. 玉门油田第一座现代化联合站——青西油田联合站

2. 老君庙油田在西河坝地质复杂区进行的第一口大位移定向井 1146 井

3. 老君庙油田丛式开发井

4. 鸭儿峡油田 N1 号标准注水场

5. 自喷 34 年的鸭儿峡油田 114 井

1. 第一个数字化油田——酒东油田
2. 开展油藏基础地质研究
3. 制定开发方案
4. 科学合理注水
5. 鸭西开发

1 2
3
4 5

1. 修井作业
2. 深度酸化作业
3. 大型压裂
4. 精心管理油井
5. 老君庙油田获“全国高效开发油田”称号

中国石油

Certificate

高效开发油田

Efficiently Developing Oil Field

玉门老君庙油田1939年勘探发现，探明地质储量5332万吨，1948年投产，目前储量全部动用，已累积生产原油2094万吨，标定采收率42.5%，年产油20万吨以上稳产20年，最高年产93.6万吨（1959年），2004年油田年产油19.76万吨，自然递减15.57%，综合递减5.75%，综合含水77.65%。

Yumen's Laojunmiao oil field was discovered in 1939 and put on stream in 1948. It's proved oil in place is 53.32 million tons, all the reserve in this oil field put on producing. So far 20.94 million tons of oil has been produced. The recovery efficiency of the oil filed is 42.5%. The annual oil production of the plateau period is 0.2 million tons plus for 20 years and the maximum production is 0.936 million tons in 1959. The oil production was 0.2 million tons, the natural depletion rate was 15.57% and the composite decline rate was 5.75% with composite water cut being 77.65% in 2004.

经中国石油天然气股份有限公司勘探与生产分公司和中国石油高效开发油田专家评审委员会认证为高效开发油田。

勘探与生产分公司总经理：

1. 1988 年 4 月，80 万吨 / 年常减压装置建成投产，炼油厂年加工能力达到 150 万吨
2. 1988 年 8 月，糠醛精制装置建成投产，百万吨深度加工趋于配套
3. 1997 年 9 月，250 万吨 / 年常减压装置建成投产，原油一次加工能力达到 300 万吨
4. 催化装置
5. 柴油加氢装置

1. 聚丙烯生产
2. 15 号航空液压油生产线
3. 2013 年 11 月，炼油厂全面转产国Ⅳ标准汽油
4. 分子筛脱蜡装置
5. 新焦化装置

1. 成品油外输并入西部管道能源“大动脉”
2. 催化装置检修
3. 巡回检查生产装置
4. 炼油化工总厂全景

1989 年 1 月 5 日，玉门油田 6052 钻井队承钻的台参 1 井喷油，发现鄯善油田

1990 年 6 月，陵 3 井喷油，发现丘陵油田

1990 年 10 月，温 1 井喷油，发现温吉桑油田

1. 1991 年 2 月 25 日，以玉门油田为主体的吐哈石油勘探开发会战指挥部成立，吐哈会战全面展开

2. 玉门油田员工奔赴会战前线

3. 地震队员冒着酷暑布测线

4. 陵 4 井井喷抢险

5. 誉为“钢铁钻井队”的玉门油田 32852 钻井队

1 2
3
4

1. 会战职工鼓足干劲“奋战吐哈”

2. 32853 钻井队创造 32 型钻机搬家、安装、开钻只用 5 小时 30 分钟的全国纪录

3. 举行隆重的吐哈原油运抵玉门庆祝仪式

4. 经过四年多会战，建成年产 300 万吨的吐哈油田

1. 水电厂热电技术改造
2. 人拉肩扛架线忙
3. 钻前工程
4. 保障新井投产
5. 项目现场监理

1. 机械厂抽油泵生产
2. 抽油杆生产线
3. 钻井队搬迁
4. 运输车队奔赴南祁连
5. 物资保供

1. 生活小区
2. 玉门油田员工家属喜迁新居
3. 职工食堂
4. 酒泉生活基地

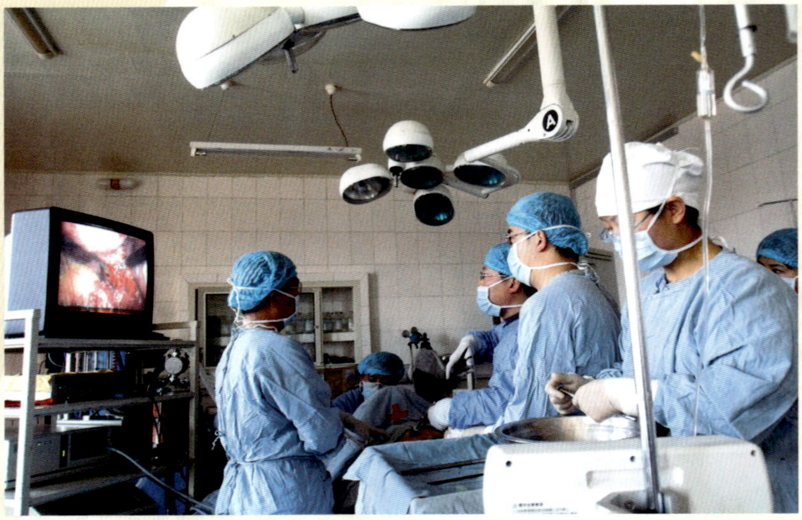

1. 医院微创手术
2. 消防戒备
3. 农牧公司牛奶厂

1. 收看党的十九大开幕会
2. 党的群众路线教育实践活动专题辅导
3. “三严三实”专题教育调研督导座谈会
4. “两学一做、重塑良好形象”专题报告会
5. 玉门油田第二次党代会

1. 油田召开党委（扩大）会、职工代表大会
2. 庆祝玉门油田开发 70 周年大会
3. 玉门油田第十一次团代会
4. 反腐倡廉教育

1 2
3
4

1. 劳动模范光荣
2. 企业精神教育
3. 参观油田展览
4. 形势任务主题教育宣讲会

1. 青年志愿者活动
2. 群众体育活动
3. 节日文化活动
4. 广场文化活动

目　录

总　述

一、基本状况

玉门油田地处甘肃省酒泉市境内，位于河西走廊西端的酒泉盆地，东临张掖，南接青海，西通新疆，北连内蒙古。油田总部2006年由甘肃省玉门市搬至历史文化名城、古丝绸之路重镇——酒泉市，位于酒泉市肃州区飞天路。

1. 地理环境

玉门油田投入开发的老君庙、鸭儿峡、石油沟、白杨河、单北、青西油田，均在玉门市（属酒泉市管辖）境内，地处酒泉盆地所含的酒西盆地。酒西盆地南以祁连山北麓为界，北至赤金峡山—宽台山—榆树沟（黑山），西起小红柳峡，东抵嘉峪关—文殊山，面积约2700平方千米。盆地南高北低，开发的油田在祁连山北麓的山前扇形坡带上，油区海拔2000～2700米，大部为丘陵、戈壁，地表沙土干裂、砾石裸露。祁连山脊北坡终年积雪，属高寒亚干旱气候，四季不甚分明，冬长夏短，春秋多风，夏季少雨，冬季多雪。年平均风速3.5米/秒，最大风力9级，月平均气温最高为16℃，极端最高气温31.1℃，最低气温-26.7℃，年平均降雨量157毫米，年平均蒸发量2683.5毫米，无霜期120天。石油河是油田的主要河流，发源于祁连山，河床上游多峡谷，水深流急，中下游河床渐宽，水流平缓，每年12月封冻，次年3月解冻。水量因季节而异，夏秋暴涨，冬春量减，河水由祁连山的积雪融水和雨水补给。河流由南向北穿过老君庙油田，经赤金峡水库至花海断流，年径流量3660万立方米，平均流量1.16米^3/秒，是油田和地方工业企业及居民生活用水的重要水源。

酒东油田位于酒泉市肃州区境内，地处酒泉盆地所含的酒东盆地，是油田在酒东盆地唯一投入开发的油田，距酒泉市区以东40千米。酒泉域内地势南高北低，自西南向东北倾斜，形成“U”形地理构造。蒙古高原、青藏高原、黄土高原在这里竞相交汇，总面积19.12万平方千米。南部的祁连山地，海拔3000～5000米，终年积雪冰封，有现代冰川分布，是各条河流的发源地。境内许多沟谷小盆地，分布有广阔的牧场和众多的矿藏。中部是农业精华之地，条条河流自南向北连接块块绿洲。北部马鬃山区，多为砾质和砂质戈壁，海拔1500～2000米。酒东油田区内地表为戈壁、沙漠，地形平缓，地面海拔平均1600米；春、秋季多风，最大风力9级；年平均气温5℃至8℃，夏季最高气温40℃，冬季最低气温-30℃；干旱少雨，年平均降水量在50毫米与200毫米之间。

2. 域内文化

油田地处酒泉市境内，古丝绸之路由东向西穿过，有独具魅力的地域文化。博大精深的敦煌文化、大气磅礴的边塞文化、连绵不断的长城文化、横跨欧亚的丝路文化，见证着区域内的社会变迁，承载着各族人民的创造、进取精神。玉门油田被誉为“中国石油工业的摇篮”。在长期的发展建设中，积淀形成了具有深厚底蕴的、以艰苦奋斗为核心的“石油摇篮”文化。

3. 通信交通

油田区域内交通方便、快捷。兰新铁路、高铁穿越全境，312国道、G30连霍高速公路横贯东西，215国道通达南北，干线公路与油田区域道路衔接便利；嘉峪关国际机场开通北京、上海、西安、兰州等多条航线。西气东输一线和二线、西部输油管道毗邻油田。程控电话、移动电话、信息网络全面覆盖，方便油田生产经营。

二、历史追溯

1. 历程概略

油田1939年正式开发至1986年，走过了47年的发展历程，经历了新中国成立前的开发、建设新中国第一个石油基地、油田高产与调整、稳产开发等阶段。

1）新中国成立前玉门油田的开发

玉门石油最早见于西晋张华的《博物志》、北魏郦道元的《水经注》。近代的《肃州志》《玉门县志》也有关于“石漆”“石脂水”的记载。玉门石油早期有小规模的土法开采，采出的原油主要用于点灯照明、润滑车轴等。在晚清末期和民国初年，都有过开采玉门石油的计划。

1937 年，日本帝国主义加快侵略中国的步伐，沿海各主要城市和大片土地先后被日寇占领，内地和海外的进出口通道被截断，中国长期依靠国外进口石油的局面迅即陷入困境。汽油极度匮乏，对中国人民抵抗日本帝国主义侵略产生了严重影响。形势所迫，政府当局认定玉门是加快开发国内石油资源最有利的地区。为了满足战时军需，国民政府资源委员会着手开办玉门油矿。1938 年 6 月 12 日，甘肃油矿筹备处在汉口成立；12 月 26 日，严爽、孙健初、靳锡庚历时一个多月，途经西安、兰州、酒泉抵达老君庙，在石油河畔开始实地勘查。

1939 年 3 月 23 日，油田第一口井即老一井开始人工挖掘。27 日挖至 23 米时出油一吨多，5 月 6 日改为顿钻钻进，8 月 11 日钻至 115.51 米时发现 K 层，日产原油 10 吨左右，由此揭开了开发老君庙油田的序幕。至 1940 年底，完成了老君庙地区的地质勘查，钻井 7 口，基本探明 K 油层，采出原油 1775.26 吨。炼油设施由最初的 70 加仑蒸馏锅（间歇性立式炼炉）发展为第一炼厂，第一座炼油釜开始投运，能生产汽油、煤油、柴油和蜡油四种产品。同时，设立了临时机电厂，组建了汽车运输队。全矿有员工 790 名。

1941 年 3 月，甘肃油矿筹备处撤销，成立甘肃油矿局，加快玉门油矿开发的步伐。截至 1945 年，在勘探方面，不断向油田深部钻探，在老君庙油田发现 L 层和 M 层，并应用地球物理勘探方法，对周边地区开展了地质调查；在钻井方面，采用近代钻井技术，钻井 22 口，进尺 10223.79 米；应用现代科学技术和措施，加强采油管理，采出原油 253770 吨；油矿炼厂实施了由石油河西岸到玉门四台（即现在炼化总厂所在地）的迁建，油品质量不断改善，加工原油 243493 吨，生产的油品直接支援了抗日战争；油矿分设专门电厂，可以制造一般的钻、采、炼配件，形成自己的运输系统，组建了建筑队伍。油矿有员工 6492 人，基本形成现代矿场。

1946 年 6 月，甘肃油矿局的老君庙矿厂管理处改组为甘青分公司，专司甘肃、青海境内的石油勘探和采炼。至 1949 年，对青海柴达木、民和及甘肃敦煌至高台区域进行地质勘查，详测了玉门区域的大红圈、青草湾构造；钻井速度不断提高，钻井 23 口，进尺 14848.98 米；对原油开采集输流程进行调整，将修井作为增产的重要措施，生产原油 268807.47 吨；炼厂逐步发展到具有常压蒸馏、减压蒸馏、热裂化、冷榨脱蜡、离心脱蜡和溶剂回收等多套生产装置，可生产汽油、煤油、柴油、润滑油、沥青、石蜡、燃料油七种产品，加工原油 265293 吨。机械制造仍以钻、采、炼配件为主，发电能力与生产规模基本适应，运输保障得到发展，油田基本建设力量形成，有员工 4480 名。

1949 年 8 月 1 日，毛泽东主席对第一野战军并西北军政委员做出批示："要完整无缺地把玉门油矿和山丹军牧场接受下来"。遵照毛主席的批示，按照彭德怀司令员的命令，中国人民解放军第一野战军装甲部队昼夜兼程，于 1949 年 9 月 25 日 5 时开进老君庙，油矿完整无损地回到人民手中。

油矿在新中国成立前的近 10 年中，实际探明可采储量 1700 多万吨，生产原油 52.5 万吨，占全国同期产量的 95%，累计加工原油 51 万吨。

2）建设新中国第一个石油基地

1949 年 9 月 25 日油矿解放后，随即成立甘青分公司军事管制委员会。10 月，成立中共甘青分公司总支部委员会，动员职工恢复生产，为支援解放战争提供油品。1950 年 4 月，油矿向全国第一次石油工业会议提交了 1950—1952 年油田发展计划，以此为标志，油矿迈上了建设新中国石油工业基地的征程。1950 年 8 月 5 日，油矿军事管制结束，成立玉门矿务局和中共玉门矿务局委员会，油矿大力发展生产，多产原油，支援新中国社会主义建设。截至 1952 年底，勘探完成地质测量 600 余千米、地质剖面 100 余千米，扩大了老君庙油田的面积；3 年共钻井 18 口，总进尺 1.68 万米；增加生产井 30 口，原油年产量 14.26 万吨，3 年共生产原油 37.54 万吨。炼油厂建成叠合汽油装置、离心去蜡装置，改建了达布斯裂炼装置，原油加工量 13.77 万吨，3 年共炼油 36.64 万吨。油矿电力供应、机械制造、运输保障、工程建设等方面均有较大发展。

经过新中国成立后 3 年的发展，油矿成为中国最大的油田。1953 年，油矿建设被列入国家"一五"计划的 156 个重点项目之一。"一五"计划要求玉门油矿 1953—1957 年期间尽快发现新的石油储量，提高原油产量，建成新中国的石油基地。油矿肩负使命，艰苦创业，迅速投入新中国第一个石油基地的建设。同时，石油基地建设得到了中国人民各方面的支援。毛泽东主席批准中国人民解放军第 19 军 57 师转为中国人民解放军石油工程第一师，4000 多名指战员来到玉门投身油田建设。苏联、罗马尼亚等国家的专家团队对基地建设给予了大力支持和帮助。

新中国第一个石油基地建设如火如荼，步伐不断加快。油矿采用新技术、新设备，集中力量对有利地区进行勘探，1953年在老君庙地区钻了一批探边井，使油田面积扩大四倍，同年发现石油沟油田；1954年发现白杨河油田；1956年发现鸭儿峡油田；先后对酒泉、民和等周边地区进行地质普查和详查。随着石油沟油田、白杨河油田、鸭儿峡油田的投入开发，原油产量由1953年的23.4万吨提高到1957年的75.54万吨，占中国当年原油产量的87.78%。通过推广快速钻井法、涡轮钻井等新技术，月钻井速度大幅提高，1953—1957年期间共钻井229口，总进尺达25.5万米。炼油厂扩建裂炼等装置，建成焦化等装置，1957年原油加工量36.88万吨，可生产29种石油产品。机械制造、供水发电、交通运输、建筑安装、科研教育等方面都得到较快发展。经过第一个五年计划的建设，油田成为拥有勘探、钻井、采油、炼油、机械修配等油田建设和石油科研等部门的大型石油联合企业。1957年10月8日，新华社宣告：新中国第一个石油工业基地在玉门建成。

3）油田高产与调整

随着石油工业基地建成，玉门油田承担了国家原油生产的主要任务。按照石油工业部要求，制订了原油高产计划，并采取放大压差生产、多打井、加强注水与增产挖潜等措施，使原油产量提高到了百万吨以上。1958年，原油产量105.3万吨，炼油加工能力提高到50万吨，还在潮水、吐鲁番等地进行了钻探，在胜金口一带获得少量油流。1959年3月，玉门矿务局改组为玉门石油管理局，当年生产原油140.3万吨，是油田原油产量历史最高年份，占当年中国原油产量的50.89%，共加工原油42.6万吨。1960年，生产原油108.9万吨，加工原油33.3万吨，在宁夏地区钻探发现李庄子和马家滩油田。

1958—1959年的大压差超负荷开采，导致油田开发形势急剧恶化，原油产量迅速下滑。1961—1964年，原油产量平均每年递减22.1%。1964年的原油产量仅为46.6万吨，原油加工量也下降到22.9万吨。面对产量递减的严峻形势，玉门油田开始进行全面调整。通过几年一系列的调整措施，有效控制了产量递减，1969年原油产量回升到57.3万吨。在此期间，在陕甘宁盆地进行勘探，1969年在陇东探区打出2口出油井，为后来长庆石油会战提供了重要的地质依据。1965年7月，炼油厂糠醛润滑油开厂，原油加工开始向深度精加工迈出一大步，1969年原油加工量回升到37.9万吨。

4）稳产开发

经过20世纪60年代的调整，1970年原油产量上升到64.37万吨。1971年，在三分之一职工、二分之一设备支援长庆石油会战的困难条件下，玉门油田做出1970—1979年年产油60万吨稳产10年的决定。油田上下锲而不舍抓勘探，精雕细刻保稳产。把勘探的重点放在鸭西地区，经过艰苦卓绝的努力，1975年4月11日鸭503井出油，1977年7月15日鸭519井喷出了70立方米的高产油流，1978年4月14日鸭527井在石炭系深层获得较好的工业油流，三口具有突破性意义的油井出油，对稳产起到了重要作用。期间钻井458口，采油井数由1104口增加到1229口，注水井数由220口增加到356口。通过开展油田大调查、油田大调整、“万吨注水大会战”，采取综合治理一系列措施，1970—1979年原油年产量始终保持在60万吨以上。1979年生产原油60.05万吨，实现了稳产10年的目标。炼油厂建成中国第一套分子筛叠合装置，建成中国第一套提升管分子筛催化裂化装置和代表当时国内技术、工艺先进水平的延迟焦化装置，成为中国炼油工业的“五朵金花”之一，对提升油品质量产生了重要的作用，1979年加工原油58.22万吨。

1980年，根据老油田递减的客观规律，提出了年产原油50万吨再稳产10年的目标。面对已采出可采储量的80.4%、综合含水高达76%、剩余可采储量只有429.7万吨、年总递减率4.9%、油水井套管损坏达34.2%的实际情况，认真开展产量递减规律、剩余油分布规律等方面的研究，制订并实施“六五”油田调整方案，出现了产量、压力、含水基本稳定的局面。同时，加强勘探工作，在油田外围进行滚动开发，先后在鸭儿峡西部和青西柳沟庄地区打出一批高产井，单北油田与白东构造连成一片，为稳产增加了接替产能。1980—1986年累计产油386.76万吨，平均年产55.25万吨。炼油厂不断扩大炼油规模，加快技术改造，着力提升产品质量，一批产品跻身国内先进水平，1980—1986年累计加工原油38.39万吨。

5）1986年油田基本情况

经过47年的发展建设，到1986年玉门油田已成为拥有地质勘探、钻井施工、油田开发、炼油化工、机械制造和修理、发电供水、交通运输、油田通信、工程建设、科学研究、农副业生产、文教卫生等门类齐全的大型综合性石油企业，油田总部设在玉门市。有老君庙油矿、鸭儿峡油矿、白杨河油矿、石油沟油矿、炼油厂、钻井处、地质调查处、井下技术作业处、油田建设工程公司、水电厂、运输处、机械厂、内燃机修理厂、生活服务公司、勘探开发研究院、卫生处（职工医院）、酒泉疗养院、保卫处、石油工人技术学校、职工培训总校、器材处、通讯处、农工商公司、石油工人报社 24 个基层单位；局机关设党委办公室、组织部、宣传部、纪委、工会、团委、武装部、直属工作处、局办公室、计划处、财务处、劳动人事处、生产调度处、教育处、油田开发处、机动处、科学技术处、基本建设处、设计处、勘探部、企业管理处、安全环保处、外事处、职工培训处、审计处、科技情报所、质量管理处 27 个处室。共有职工 27540 人，拥有各种设备 4859 台（套）。固定资产原值 9.26 亿元，净值 3.33 亿元。1986 年，生产原油 54.76 万吨，加工原油 59.18 万吨，机械加工量 8541 吨，供水 2600 万立方米，发电量 15514.2 万千瓦·时，运输货物周转量 5405 万吨千米，内拖大修理 295.46 个标准台，年施工价值工作量 1966.08 万元。1939—1986 年，累计生产原油 2146.24 万吨、加工原油 463.08 万吨、上缴利润 111526 万元、税金 78057 万元。

2. 历史重任

新中国成立后，作为老石油工业基地的玉门油田，义不容辞地承担了“大学校、大试验田、大研究所，出产品、出经验、出技术、出人才”的历史重任，为国家石油工业发展做出了重要贡献。

发挥大学校的作用，为石油工业发展培养人才。新中国百废待兴，石油工业快速发展，老油田担负起了为发展石油工业培养和输送技术人才、生产骨干、管理人员的历史责任。艰苦奋斗为核心的“玉门精神”培育了广大职工不怕困难、敬业实干的优秀品质，多层次、多形式的石油技术学习和培训有力地提升了广大职工的文化技术素质，勘探开发、炼油化工、油田建设、水电运输、机械加工等完备的石油生产环节为广大职工投身实践、增长才干提供了场所，一批批职工从油田这所“大学校”里奔赴全国各地，成为石油工业建设的骨干力量，“铁人”王进喜就是其中的优秀代表。

发挥大试验田作用，为新油田建设探索经验。玉门油田比中国同类油田早开发一二十年，始终走着前人没有走过的路。在石油工业高速发展时期，油田发挥“大试验田”的作用，勘探、开发、油田建设等方面摸索和取得的正反经验，为全国新油田开发建设提供着重要的借鉴。一些新的技术先在玉门油田试验，取得成功经验后再推广到其他油田。油田 20 世纪 50 年代掌握的打“定向井”技术、进行的细菌勘探石油和“火烧油层”试验、探索的注水开发油田做法，到 60 年代开展的“三次采油”试验等，对中国新油田开发建设都有着前车之鉴的实际作用。

发挥大研究所的作用，为石油工业发展探索新技术。康世恩对玉门油田发挥“大研究所”作用这样评价：在我国石油工业初创时期，玉门油田起到了大研究所的作用，当时缺乏新油田勘探开发经验，不管是新的技术，还是新的课题，都要先在玉门试验和研究，取得成功的经验后，再推广到其他油田。玉门开发早，地质条件复杂，油藏类型多，专业门类较全，勘探开发建设中积累的经验，对新油田的勘探开发有着前车之鉴的作用，同时也为开展新技术、新工艺、新产品的研究提供了得天独厚的条件。二级构造带理论、古潜山构造研究、应用现代地震勘探技术、提高采收率研究、边外注水开发油田研究、运用压裂酸化技术等成果，为新油田开发提供了重要指导。

“出产品、出经验、出技术、出人才”，彰显着玉门石油人为国家社会主义建设、发展石油工业的历史担当。新中国建设急需石油，玉门石油人“多打井、多出油、支援国家建设”，“一五”期间共生产原油 223 万吨，并通过汽车、火车源源不断地将原油运往东部炼油厂（中国石油史上称为原油东运）。1957 年油田原油产量增长到 75.5 万吨，保证了我国第一座大型炼油厂——兰州炼油厂的顺利开厂。新中国成立后，油田炼油厂成长为现代化大型炼油厂，“建国”牌系列石油产品运往全国各地，到 1959 年，产品达 139 种，还建成新中国第一个石油军品基地，支援国防建设。作为最早采用现代技术开发的油田，开发建设中形成的丰富经验，为我国大规模勘探和开发新油田，提供了有益的借鉴。首创的“前三队、后三厂”管理模式、建立岗位责任、安全生产巡回检查法等管理经验，在全国石油、炼化系统得到大力推广。1958 年 7 月，石油工业部在玉门召开现场会，全国 8 个地区 441 名代表参加会议，油田在会议上介绍了小井眼钻井等多项经验。1959 年 9 月，石油工业部委托油田举办采油培训班，新疆、青海、四川、陕北等油田的采油小队长和采油班长共 115 人，来到油田学习油井管理经验。时任石油工业部部长余秋里曾对玉门油田“出技术”“出人才”这样评价：玉门油田为国家培养了大批人才，创造了成套的、中国自己的油田开发经验和新技术，指导了全国石油工业的发展。“重压、大泵量、适当钻速”快速钻井技术、空气钻井技术、打多底井和双筒井技术、油井酸化技术、压裂技术、高能气体压裂和大功率电脉冲处理油层技术，创造的氧化焦化新工艺、应用的催化裂化工艺和提升管催化裂化工艺等，均为中国第一次创造或应用。作为“中国石油工业的摇篮”，油田培养、锻炼、造就了一大批各层次领导干部、技术人才、模范人物和技术尖子，他们把智慧才干、青春年华奉献给了玉门油田和祖国的石油工业。从玉门油田走出和成长起来的省部级领导干部有10多人、两院院士有6人。很多油田职工到新油田进一步锻炼后，走上了党政或技术领导岗位，成长为中国石油工业的中坚力量。大庆石油会战中，会战工委表彰的“五面红旗”全部出自玉门油田，“八大老总”中有7名出自玉门油田。

3.“凡有石油处，就有玉门人”

新中国成立后，作为老石油工业基地、中国石油工业的摇篮，责无旁贷地承担了支援新油田开发建设的重任。油田发扬慷慨无私支援别人，历经艰辛发展自己的“玉门风格”，新油田要人给最强的、要设备给最好的、要队伍给整建制的。20世纪50年代，几乎每年都抽调人员和设备支援新探区。新中国成立后到1986年底，上千人的支援有十多次，其中万人以上的支援有三次，传世名句“凡有石油处，就有玉门人”就是支援新油田建设的真实写照。

支援克拉玛依油田建设。1954年，派出1个钻井队前往克拉玛依地区进行深井钻探。1955年底，克拉玛依地区的黑油山1号井出油，派出1个钻井队、2个地震队、1个重磁力队、2个试油队、1个射孔队、1个电测队，携带设备仪器奔赴新疆会战。1956年8月，又支援了1个由50余人组成的标杆钻井队——张云清快速钻井队、1个300人的建筑安装队、1个50人的试油试采队及一批设计人员，同时还调去1300吨油罐10具、10吨油罐车20辆、3.4吨拖罐车20辆。1958年初，又将1208队、1210队、1206队、1209队四个钻井队调往克拉玛依。当年5月，派出上千名油建工人，建设从克拉玛依油田到独山子炼油厂的输油管道，全长147千米，这是中国第一条长距离输油管道，年输油能力53万吨。1959年3月，将新建成的一座年加工原油50万吨的常减压装置运往克拉玛依油田，并陆续调去400余名领导干部和技术骨干。先后调去12000名职工参加了克拉玛依油田建设。

支援青海油田建设。1955年8月，将运输处第三运输大队的人员和全部车辆调往柴达木，将300人的钻探大队划归青海石油勘探局。11月，第一个支援柴达木的3269钻井队抵达芒崖，由他们承钻的柴达木盆地第1口深探井——油泉子泉1井开钻，于12月12日获得工业油流，揭开了柴达木会战的序幕。1956年，抽调13个钻井队、3个试油队、3个安装队参加会战，先后从玉门运往柴达木的器材达1000多吨，各种油料12000多吨。1959年，将新建成的1套20万吨/年炼油装置、2部快装发电机和全部人员全部调往柴达木。1978年9月，又一次参加柴达木石油会战，至1981年3月结束，先后有3个钻井队、4个地震队，共1500人参与会战。

支援四川油气田建设。1952年，陆续调出一批技术人员和工人充实四川地区的勘探队伍。1958年，抽调44个钻井队和采油、修井、试油、运输、机修等专业的职工3200余人赴川中参加会战。1966年，四川进行“开气会战”，油田又组织700余人、携带42台设备前去支援。

支援大庆油田建设。1958年，派出4个深井钻井队支援松辽盆地勘探。1960年3月12日，首批奔赴大庆参加会战的1286人启程，其中有王进喜和他的1205钢铁钻井队。到1960年6月，先后支援大庆钻机13套、汽车20辆、大型设备40余台、大小工具配件1929箱、重晶石粉380吨，总吨位为4643.96吨，共发整车109个。到1960年底，组建钻井、采油、油建、运输、机修等26套整建制队伍和专业机构、抽调8371名职工分批奔赴大庆参加会战。1961年，共抽调7631人分多批到大庆参加会战。1962年，又给大庆调去大型钻井队3个、地质队8个，共540人。几年时间里，共有18000余人奔赴大庆参加会战。

支援胜利油田建设。1956年，派出32120钻井队支援山东的石油勘探。1961年，派出部分钻井工程技术人员支援山东勘探。1962年6月，调电法二队30人赴山东支援石油勘探。1964年，抽调采油、修井、机修、运输、油建、输变电等51个专业工种500多人参加东营会战，并送去了钻具和试井设备。之后，还派出自喷转抽、钻具制造等方面的技术人员到胜利油田帮助工作。

支援江汉油田建设。1965年，成立“支援江汉领导小组”，按照“要啥给啥，全力以赴保江汉”的要求，立即抽出3个大型钻井队和2个中型钻井队及安装、固井人员和行政技术人员前去支援，并带去钻机及配件、测井车、水泥车、吊车、卡车、洗井机、锅炉、活动房、发电机等各类设备达56个车皮。之后，又陆续抽调人员和设备支援江汉油田的勘探开发。截至1967年，调往胜利、江汉两油田参加会战的人员达5200余人。

支援长庆油田建设。1966年，将银川石油勘探处改组为银川石油勘探指挥部，组织地质、地震、测量、电测、水文、研究、钻井、试油、采油、后勤队伍，在3000多平方千米的范围内甩开勘探。1969年10月，按照石油工业部决定组成"陕甘宁石油勘探会战筹备组"。1970年2月，油田党委在庆阳召开扩大会议，成立"陇东石油会战指挥部"，发出"全局总动员，跑步上庆阳"的号召，抽出三分之一的职工和二分之一的优良设备参加会战。1970年9月26日，3208钻井队承钻的庆一井喷油，标志着长庆油田的发源。1970年11月3日，兰州军区成立长庆油田勘探指挥部，玉门油田参加会战的15000多职工，艰苦转战在横跨陕甘宁三省的鄂尔多斯盆地。

支援辽河油田建设。1975年，辽河油田开发规模扩大急需人员，油田迅速组建了前进、沈北2个采油矿的机构，从党政领导到技术负责人全部配齐，并带去采油、修井、注水、试井、输油、检泵、机修等18个专业队支援。

支援华北油田建设。1976年，抽调钻井、采油、运输、水电、医疗等专业的1600多名职工前去会战。1977年，成建制地支援采油职工400人，组建了华北油田采油四矿。

支援吉林油田建设。1975年，吉林油田开发红岗油矿没有成套的队伍，玉门油田立即按一个正规油矿的建制，从党委正副书记、正副矿长、主任地质师和主任工程师，到机关14个科室长、12个基层作业队长及各专业的技术骨干全部配齐。从公布名单到启程，400余名职工和500多名家属在4天内全部出发。

支援河南油田建设。1975年，南阳地区石油勘探取得大的突破后人员告急，玉门油田马上组建1个综合采油队和修井、机修等5个专业队前去支援。1978年，河南油田开发下二门油矿没有队伍，玉门油田又一次支援600多名职工。

支援中原油田建设。1984年，中原油田开发规模扩大急需成套的采油队伍，玉门油田抽出1000多名职工组建了中原油田采油四厂，从党政工团领导到工程技术领导，从机关科室长到基层队站长，从一般干部到班组工人全部配齐，就连卫生所医生、小学老师都落实到人头。

支援炼油厂建设。1953年，从炼油厂抽调大批技术干部参加兰州炼油厂的筹建工作，其中有厂长、工程师、车间主任，还有技术人员。1954年三四月间，抽调炼油厂部分生产骨干，分两批前往上海炼油厂支援蒸馏、裂化装置开工建设。5月，又抽调职工前往上海炼油厂支援裂炼厂的新建工程。1956年4月，奉命抽调205名专业技术干部和工人，参与兰州炼油厂的设备安装、调试等工作。玉门油田还先后从炼油厂抽调人员参与了南充炼油厂、荆门炼油厂、长岭炼油厂的建设。除大批支援外，还向江苏油田、冀东油田、北京石油学院、西南石油学院、西安石油学院、石油物探局、石油管道局、第二石油建筑公司、石油运输公司、海洋石油总公司支援了技术骨干。截至1986年底，玉门油田支援全国油田、炼油厂及有关单位的职工达7万余人。

三、组织机构

1938—1986年，玉门油田经历了甘肃油矿筹备处（1938年6月—1941年3月）、甘肃油矿局（1941年3月—1946年6月）、甘青分公司（1946年6月—1950年7月）、玉门矿务局（1950年8月—1959年3月）、玉门石油管理局（1959年3月—1967年4月）、玉门石油管理局革命委员会（1968年3月—1979年10月）、玉门石油管理局（1979年10月—1986年12月）阶段。

1987—2017年，玉门经历了玉门石油管理局，玉门油田分公司、玉门石油管理局，玉门油田分公司（玉门石油管理局）三个阶段。

1. 玉门石油管理局（1987年1月—1999年9月）

1）领导机构

玉门石油管理局机构恢复设立始于1979年。1988年9月，中国石油天然气总公司成立，玉门石油管理局由甘肃省和中国石油天然气总公司双重领导，以甘肃省政府管理为主，局党委隶属甘肃省委领导。1990年8月，国务院批复甘肃省政府，同意玉门石油管理局划归中国石油天然气总公司管理。1995年6

月，中国石油天然气总公司理顺玉门、吐哈管理体制，玉门石油管理局与吐哈石油勘探开发会战指挥部划分成两个独立的法人单位。1998 年 7 月，中国石油天然气集团公司成立，玉门石油管理局隶属于中国石油天然气集团公司，局党委隶属于集团公司党组和甘肃省委双重领导，以集团公司为主，领导成员如下。

局　　长：黄树德（1984.7—1989.12）
赵熙寿（1989.12—1995.6）
刘世洲（1995.6—1999.9）
党委书记：王　鹏（1985.1—1995.6）
黄亦纯（1995.6—1998.4）
代 书 记：刘世洲（1998.4—1999.9）
副 局 长：赵熙寿（1979.11—1989.12）
罗玉成（1984.7—1995.6）
张　斌（1984.9—1989.6）
吴碧莲（1985.1—1992.2）
梅士琪（1990.4—1995.6）
杨秀森（1990.7—1995.6）
唐世荣（1990.7—1995.6）
姚树梯（1990.7—1995.6）
周永华（1991.4—1996.8）
王世信（1992.11—1995.6）
陶惠鑫（1992.11—1995.6）
吴　涛（1992.11—1995.6）
彭立垣（1992.11—1999.9）
孔繁瑾（1995.6—1999.9，兼总工程师）
高玉江（1995.6—1999.9）
费智毅（1997.9—1999.7）
副 书 记：李志新（1985.7—1995.6）
黄亦纯（1991.4—1995.6）
刘世洲（1995.6—1998.4）
张东泉（1995.6—1999.9）

2）机关部门

1987 年，局机关设有党委办公室、组织部、宣传部、纪委、工会、团委、武装部、直属工作处、局办公室、计划处、财务处、劳动人事处、生产调度处、教育处、油田开发处、机动处、科学技术处、基本建设处、设计处、勘探部、企业管理处、安全环保处、外事处、职工培训处、审计处、科技情报所、质量管理处，共 27 个处室。

1999 年，局机关设职能部门 22 个：局党委办公室、党委宣传部（统战部）、干部处（组织部）、局纪委（监察处）、局工会、局团委、局机关党委、局办公室、规划计划处、财务处（国有资产管理处）、劳动工资处、局人才劳动力交流服务中心（局职工再就业服务中心）、审计处、生产调度处（机动处）、基建工程管理处、安全环保监察处、企业管理处（法律事务处）、炼化处、油田开发处、多元开发处、多种经营管理处、外贸进出口公司（外事处）。设直属机构 3 个：勘探事业部、技术监督处（技术监督检测中心）、局机关事务部；局机关附属机构 8 个：审计所、玉关律师事务所、经济技术咨询部、工程定额计价中心、财务结算中心、社会保险中心、职业技能鉴定中心、工程监理公司。

3）所属单位

1987 年，所属单位有老君庙油矿、鸭儿峡油矿、白杨河油矿、石油沟油矿、炼油厂、钻井处、地质调查处、井下技术作业处、油田建设工程公司、水电厂、运输处、机械厂、内燃机修理厂、生活服务公司、勘探开发研究院、卫生处（职工医院）、酒泉疗养院、保卫处、石油工人技术学校、职工培训总校、器材处、通讯处、农工商公司、石油工人报社，共24个基层单位。

1995年，油田建设工程公司、运输处、第二石油机械厂、井下技术作业处、地质调查处、钻井处、地质录井处7个基层单位整建制划归吐哈石油勘探开发会战指挥部。

至1999年7月，所属基层单位主要有采油厂、炼油化工总厂、水电厂、机械厂、科技中心、物资供应处、卫生处（职工医院）、生活服务公司（生活管理处）、公安处、酒泉疗养院、综合服务处、教育培训中心、通信公司、勘探开发研究院、勘察设计研究院、经济技术开发总公司、建筑安装工程处、离退休人员管理中心、新闻中心等单位。

2. 玉门油田分公司（1999年9月—2005年7月）、玉门石油管理局（1999年9月—2005年7月）

1）领导机构

1999年7月，油田重组改制，将核心业务与非核心业务分开，成立玉门油田分公司和玉门石油管理局，玉门油田分公司隶属于中国石油天然气股份有限公司，玉门石油管理局隶属于中国石油天然气集团公司。玉门油田分公司主要从事油气勘探和开发、油气集输及储运、炼油化工、油气产品销售、勘探开发研究和炼油化工研究及相关管理核心业务。重组改制后的玉门石油管理局主要从事井下作业、水电热供应、建筑安装、机械制造、物资供应、通信信息、物业管理、医疗卫生、教育培训、报纸电视、公安保卫、农牧养殖、运输旅游、商贸餐饮服务等非核心业务。8月5日，完成了两个机关的调整、重组，10月15日，集团公司宣布两个领导班子、管理局与油田分公司决策系统分开运行。2000年3月，玉门油田分公司正式挂牌运营。

（1）油田分公司领导成员。

总 经 理：刘世洲（1999.9—2002.2）
　　　　　孔繁瑾（2002.2—2005.7）
党委书记：刘世洲（1999.9—2002.2）
　　　　　孔繁瑾（2002.2—2005.7）
副总经理：孔繁瑾（1999.9—2002.2）
　　　　　彭立垣（1999.9—2002.2）
　　　　　熊湘华（1999.9—2002.2）
　　　　　陈建军（2002.2—2005.7）
　　　　　桑运超（2002.2—2005.7）
副 书 记：孔繁瑾（1999.9—2002.2）
　　　　　熊湘华（2002.2—2005.7）

（2）管理局领导成员。

局　　长：张东泉（1999.9—2001.3）
　　　　　田玉军（2001.3—2005.7）
党委书记：张东泉（1999.9—2001.3）
　　　　　高玉江（2001.3—2005.7）
副 局 长：田玉军（1999.9—2001.3）
　　　　　严晓昱（1999.9—2005.7）
　　　　　孙永会（2002.10—2005.7）
　　　　　张作祥（2002.10—2005.7）
副 书 记：高玉江（1999.9—2001.3）
　　　　　田玉军（2001.3—2005.7）

2）机关部门

1999年9月，油田分公司机关设经理办公室（党委办公室）、人事处（组织部）、技术发展处、计划财务处、审计监察处、生产与安全环保处、企管与法规处、勘探事业部、勘探开发处、炼化处。

管理局机关设局办公室（党委办公室）、组织宣传部（统战部）、纪委（审计监察处）、工会、团委、企业管理处（法律事务处）、计划财务处（国有资产管理处）、生产安全机动环保处、人事处、基建工程管理处、经济技术开发处、外事处（外贸进出口公司）、机关事务部。

3）所属单位

1999年底，油田分公司所属单位有采油厂、炼油化工总厂、勘探开发研究院、规划设计院。

管理局所属单位有油田作业公司（油田作业处）、建筑安装工程处、水电厂、机械厂、通信公司、生活服务公司、物资供应处、综合服务处、职工医院（卫生处）、公安处（武装部）、新闻中心、离退休职工管理中心、教育培训中心、新兴实业开发公司、老君庙实业开发公司、酒泉疗养院、经济技术开发总公司、西部科技开发公司、各驻外办事处。

3. 玉门油田分公司（玉门石油管理局、玉门石油管理局有限公司）（2005年7月—2018年12月）

1）领导机构

2005年7月，集团公司授权玉门油田分公司对玉门石油管理局业务、资产和人员实施全面委托管理。根据集团公司统一要求和部署，玉门油田分公司和玉门石油管理局的领导班子和管理机构进行整合，成立一个领导班子、一套机关职能部门、两个牌子管理体制，对玉门油田上市和非上市业务实行统一管理，保留玉门石油管理局牌子及独立法人资格。重组整合后玉门油田党的组织关系由甘肃省委组织部统一管理。

2017年9月，根据国务院办公厅《关于印发中央企业公司制改制工作实施方案的通知》、国务院国有资产监督管理委员会《关于中央企业公司制改制工作有关事项的通知》及《关于中国石油天然气集团公司公司制改制工作有关事项的通知》精神和安排，玉门石油管理局改制为公司制企业，名称变更为玉门石油管理局有限公司。

总经理（局长）：孔繁瑾（2005.7—2010.11）
刘圣志（2010.11—2015.7）
陈建军（2015.7—2017.11）

公司总经理（玉门石油管理局有限公司执行董事、总经理）：
陈建军（2017.11—2018.12）

党委书记：高玉江（2005.7—2010.6）
张作祥（2010.6—2016.12）
陈建军（2016.12—2018.12）

常务副书记（正局级）：刘战君（2018.7—2018.12）

副总经理（副局长）：高玉江（2005.7—2010.6）
陈建军（2005.7—2015.7）
熊湘华（2005.7—2008.1）
桑运超（2005.7—2017.9）
孙永会（2005.7— 2015.9）
张作祥（2005.7—2009.6；2010.6—2017.1）
刘战君（2011.10—2017.9）
范铭涛（2012.12—2017.9）

副总经理：桑运超（2017.9—2018.4）
刘战君（2017.9—2018.7）
范铭涛（2017.9—2018.12）
苗国政（2018.7—2018.12）
来进和（2018.7—2018.12）

副 书 记：孔繁瑾（2005.7—2010.11）
严晓昱（2005.7—2009. 6）
张作祥（2009.6—2010.6）
刘圣志（2010.11—2015.7）

专职纪委书记：孙永会（2015.9—2017.12）
宋中华（2017.12—2018.12）

总会计师：牛君昌（2015.1—2017.5）

高志胜（2017.12—2018.12）

2）机关部门

2005年7月，机关设职能部门18个，其中有6个党群部门：党委办公室、党委宣传部（统战部、企业文化部）、纪委（监察处）、工会、团委、机关党委（机关行政事务部）；6个综合管理部门：总经理（局）办公室、规划计划处、财务资产处、人事处（组织部）、企管法规处、审计处；6个专业管理部门：生产运行处、质量安全环保处、机动设备管理处、科技信息处、经济技术合作开发处、基建工程管理处。另外，机关设4个直属机构：勘探事业部（勘探处）、开发事业部（开发处）、玉门油田社会保险中心、玉门油田房产管理中心；8个附属机构：信息中心、资金结算中心、财务核算中心、资产处置中心、定额计价中心、职业技能鉴定中心、档案馆、文化娱乐管理中心（文化宫）。

2007年9月，成立矿区服务事业部，设综合办公室、计划财务部、公益事业管理部、房产物业管理部，对油田房产管理、物业服务、医疗卫生、治安保卫、农牧业生产、离退休管理等矿区服务业务实行集中统一管理。

2010年8—10月，先后将勘探事业部（勘探处）更名为勘探部，将财务资产处调整更名为财务处，将基建工程管理处更名为基建工程处，机动设备管理处更名为设备管理处；将党委宣传部（统战部、企业文化部）、团委、机关党委合并，设立企业文化处（党委宣传部、机关党委、团委）；将总经理（局长）办公室与党委办公室合并，成立公司（党委）办公室；将经济技术合作开发处更名为对外合作部，并入开发事业部（开发处），成立开发部（对外合作部）。

2017年3月，油田撤销矿区服务事业部，成立矿区管理部；11月，油田成立对外合作部，开发部（对外合作部）更名为开发部。对外合作部与玉门油田乍得有限责任公司为一个机构、两块牌子，对外合作部（玉门油田乍得有限责任公司）为公司直属机构。

2018年7月，企业文化处（党委宣传部、机关党委、团委）更名为党委宣传部（企业文化处、机关党委、团委）。至年底，机关设公司（党委）办公室、规划计划处、财务处、人事处（党委组织部）、生产运行处、基建工程处、设备管理处、质量安全环保处、科技信息处、企管法规处、纪委监察处、审计处、党委宣传部（企业文化处、机关党委、团委）、工会、勘探部、开发部、对外合作部（玉门油田乍得有限责任公司）、油田社会保险中心、矿区管理部。

3）所属单位

2005年7月，所属单位有老君庙油田作业区、青西油田作业区、鸭儿峡油田作业区、炼油化工总厂、勘探开发研究院、规划设计院、油田作业公司、水电厂、机械厂、建筑安装工程处、综合服务处、物资采购管理中心（物资供应处）、油田公安处（武装部）、通信公司、方圆物业管理有限责任公司、油田医院（卫生处）、新闻中心、离退休人员管理中心、农牧业有限责任公司、教育培训中心（同年12月撤销）、科达化学有限责任公司。

2011年3月，成立钻采工程研究院；2012年3月，成立了苏里格天然气开发项目部（2015年5月撤离苏里格）；5月，酒东试采区更名为酒东油田作业区；8月，成立清洁能源开发公司（2017年6月，随着清洁能源开发公司相关业务管理权移交中石油昆仑能源有限公司，撤销清洁能源开发公司）。2012年5月，建筑安装工程处更名为管道运维服务公司（建筑安装工程处）。2017年12月，成立环庆分公司。

2018年3月，管道运维服务公司（建筑安装工程处）更名为管道运维服务公司（玉门油田工程建设有限责任公司）；10月，新闻中心更名为新闻文化中心；12月，油田医院移交酒泉市管理，并更名为酒泉市人民医院新城医院。至年底，油田所属单位有：老君庙采油厂（油矿）、青西采油厂、鸭儿峡采油厂（油矿）、酒东采油厂、炼油化工总厂、勘探开发研究院、钻采工程研究院、规划设计院、油田作业公司、水电厂、机械厂、管道运维服务公司（玉门油田工程建设有限责任公司）、物资采购管理中心（物资供应处）、油田保卫处（武装部、消防支队）、综合服务处、信息中心、方圆物业管理有限责任公司、新闻文化中心、离退休管理中心、农牧业有限责任公司、环庆分公司。

四、发展概述

1987—2017年，油田持续发展，各项事业稳步推进。油气勘探获得突破，发现、开发了青西、酒东油田，原油产量由低谷时的 40 万吨 / 年回升到 2006 年最高的 81.2 万吨 / 年；抽调精兵强将、挤出资金会战吐哈，建成了 300 万吨 / 年原油产量的吐哈油田。原油加工量由 1986 年的 59.19 万吨发展到 2017 年的 200.93 万吨。井下作业、水电运讯、机械制造、建筑安装、物资供应、后勤服务等各路工作迈出新的步伐，服务保障水平进一步提高。生活基地由海拔 2345 米的祁连山下搬迁到居住条件较好、海拔 1500 多米的酒泉市，员工及家属居住、就业、就学、就医条件得到改善。党建工作、思想政治工作、企业文化、精神文明建设、工会工作、共青团工作取得新的进步，玉门油田先后获得“全国五一劳动奖状”“中华老字号”企业、“全国精神文明建设先进单位”“全国企业文化建设先进单位”等多项荣誉称号。

进入“十三五”，在影响油田发展的深层次矛盾和问题集中凸现的情况下，紧紧抓住重大战略机遇期和稳健发展关键期，提出“推进稳健发展，建设百年油田”的发展目标，牢固树立和贯彻创新、协调、绿色、开放、共享的发展理念，发挥上下游一体化、主营业务与工程技术服务一体化、勘探开发一体化的优势，优先有效发展勘探开发业务，稳步高效发展炼油化工业务，巩固扩大海外对口支持业务，协同有效发展工程技术服务业务，稳妥有效调整矿区服务业务，稳健发展和质量效益发展持续向好。

1.“七五”概况（1987—1990 年）

1987—1990 年，在“东山再起，再现青春”奋斗目标的鼓舞下，玉门油田迈上了新的创业之路。

勘探找油重点从甘肃西部地区逐步转移到新疆东部，在吐鲁番—哈密盆地寻找到了新的勘探战场并获得重大突破。自 1986 年取得吐鲁番—哈密盆地石油勘探权后，1987 年 9 月，重上吐哈盆地的第一口井——台参 1 井开钻，经过 1 年零 4 个月的艰苦钻进，于 1989 年 1 月 5 日在侏罗系喜获工业油流，日喷油折算 35.4 吨，标志着吐哈油田的诞生。此后，托参 1 井、鄯 1 井、鄯 3 井、陵 3 井、温 1 井等一大批重点探井相继喜获工业油流，在短短的 3 年里，先后发现了鄯善油田、依拉湖油田、丘陵油田、温吉桑油田，探明加控制油气储量达 1.58 亿吨。1989 年成立鄯善采油厂，1990 年 8 月组建成立吐鲁番石油勘探开发会战指挥部，吐哈石油会战拉开了序幕。1990 年 12 月 30 日，首批满载吐哈原油的 52 辆罐车由鄯善油田驶向玉门，标志着吐哈石油会战取得了突破。

玉门老区勘探有新发现。酒西坳陷勘探在青西凹陷获得进展，西参 1 井、柳 1 井、窿 1 井获得油气流。部署在酒东坳陷长沙岭构造带上的科学探索井——酒参 1 井获低产油气流。在额济纳旗地区进行地震概查，搞清了盆地的基本格局。1987 年在夹片构造上钻探的前探 1 井获工业油流。

开发以保持 50 万吨 / 年稳产为目标，积极开展后期开发潜力、提高采收率、剩余油分布规律研究，认真实施综合调整治理、“稳油控水”、滚动扩边增储措施，使开发了半个世纪的老油田从 1980 年开始连续 10 年稳产 50 万吨 / 年，1990 年原油产量保持在 51.72 万吨。稳产期内平均总递减、综合递减、自然递减率分别控制在 1.85%、3.72%、13.93%，保持了高效油田开发水平。

以建设百万吨炼厂为目标，实施了一系列重大技术改造。建成沥青连续氧化装置，取代了多年的间隙氧化沥青釜式装置，处理能力由 2 万吨 / 年提高到 5 万吨 / 年，实现了生产连续化、成型和装车机械化。1988 年建成了采用两段抽提、低温分离、多效蒸发新工艺的 20 万吨 / 年糠醛装置和 80 万吨 / 年 2 套常减压装置。1989 年建成我国第一套分子筛叠合装置。炼油厂的年加工能力首次突破了 100 万吨大关。1990 年进行了沥青塔式连续氧化、干式减压生产润滑油、糠醛两段抽提、常减压改造、催化裂化装置改造和两段再生工艺等重大技术改造，使炼油一次加工能力跃上 150 万吨。

“七五”期间，立足于后期开发的实际，确立了“以油为主，多元发展，一业为主，多种经营”的战略方针，在原有农副业规模的基础上，开拓创新，大力发展多种经营。坚持农、工、商三行并举，农、林、牧、副、渔、工、商、运输、服务、建筑等共同发展，到“七五”末的 1990 年，多种经营生产总值达到 8552 万元，实现利润 1470 万元，有生产经营网点 233 个。

2.“八五”概况（1991—1995 年）

1991—1995 年，全力以赴保证吐哈会战，不断扩大新区生产规模，稳定和发展玉门老油区，积极推进上下游协调发展，努力实现东山再起的目标。

1991 年 2 月，总公司组建吐哈石油勘探开发会战指挥部和党的工作委员会后，玉门油田组织精兵强将和优良设备参加吐哈石油勘探开发会战，成为吐哈会战的主要力量。将会战摆到全局工作的重中之重，全力以赴保证会战顺利进行，急会战所急，想会战所想，一切工作都给会战让路，投资、人员、设备、后勤保障和服务都向会战倾斜，各行各业都为大上吐哈开“绿灯”，甚至不惜动用玉门地区的投资和进尺，抢建快上吐哈油田。经过艰苦卓绝的会战，吐哈会战取得举世瞩目的成果，探明石油地质储量近亿吨，开发建设了鄯善、温米、丘陵等油田，发现了吐鲁番、红南等一批油气田。玉门石油人以二次创业的坚定信心、拼搏实干的精神，托起了年产能300万吨、具有现代化水平的吐哈大油田。

在精兵强将和精良设备支援吐哈会战之后，老区克服诸多困难，坚持勘探工作不断线。油田勘探研究主力支援吐哈后，克服投入不足、人员缺乏等困难，坚持河西走廊的勘探综合研究工作，认真总结“七五”勘探经验和教训，编制“八五”油气勘探规划，开展河西走廊油气勘探及地质综合研究工作。酒东盆地营尔凹陷的营北1井获低产油气流。1995年5月，中标潮水、雅布赖盆地勘探后，立即组织进行施工作业，为潮水盆地红柳园坳陷、雅布赖盆地萨尔台和豪斯布尔部凹陷的早期评价做了充分准备，确定了青土井构造带和金川—油洼子构造带2个有利区带，为进一步甩开勘探创造了条件。

老油田全面进入低产后期开发后稳产难度极大，玉门油田旗帜鲜明地提出了40万吨/年稳产10年的目标。为保40万吨/年硬稳产，实施了以井组为主的注采井网、注水方式调整，立足小层内部和剩余油滞流区挖潜，由井网加密转向井网的合理布局调整。完善了后期开发配套工艺技术，形成了具有玉门特色的适合后期开采的系列工艺技术——以封、堵、调为主的“稳油控水”技术、以浅层砂岩为主的油层压裂技术、以侧钻为主的油水井大修理技术、以化学方法为主的油层系列解堵技术。综合含水保持在72%之内，5年年平均产油45万吨，实现了40万吨/年稳产的第一个5年。油田开发技术、开发水平、开发经验一直在全国保持先进水平。

炼油化工加快百万吨加工能力完善配套的步伐。1991年10月，生产能力为5000吨/年的聚丙烯装置建成投产，标志着玉门炼油厂从此走上了炼油与化工同步发展的道路。1992年建成了30万吨/年焦化装置。1993年建成了第二套50万吨/年催化裂化装置。1993年，炼油厂年加工量突破了100万吨，跃上新的台阶。1994年11月20日，炼化总厂50万吨/年催化裂化装置试开厂一次成功，该装置及九项配套工程投资是油田有史以来规模最宏大的装置建造工程。1995年，炼化总厂成品油销售达100.8903万吨，突破百万吨大关。

“八五”期间，多种经营业务蓬勃发展，达到鼎盛时期，成为当时玉门油田的支柱产业之一，基本形成了一、二、三产业齐备，工、商、运、服、建、农、林、牧、副、渔协同发展的新格局，经济实力得到增强，生产经营规模扩大。至1995年，多种经营有生产经营网点326个，生产总值达9.05亿元，实现利润3600万元。

1993年，水电厂四期改造工程动工，次年11月12日四期扩建工程中12号炉经过72+24小时的试运行合格后，正式移交生产。两天后，8号机经过72+24小时的试运行合格后，正式并网移交生产。1995年12月25日，四期扩建配套工程——双曲体冷却水塔竣工并一次投运成功，正式并入发电系统，水电厂四期改造工程竣工。

3.“九五”概况（1996—2000年）

1996—2000年，玉门、吐哈理顺体制后，按照总公司的要求及时调整战略部署，确立了以勘探开发为基础产业、炼油化工为主导产业、多种经营为支柱产业的经营战略，开始二次创业。

吐哈会战结束后，在河西走廊重摆勘探战场。1996年，主攻潮水、雅布赖盆地，8月23日雅参1井开钻，玉门油田第四次在雅布赖盆地展开勘探。1997年调整勘探部署，制定了“立足酒泉、深化酒西、突破酒东”的方针，把勘探的主攻方向由潮水、雅布赖盆地转移到酒泉盆地，将酒西坳陷青西凹陷作为主攻方向，确定的第一口井——柳102井于1998年8月10日试油求产，获日产50立方米的高产工业油流，酸压达到百吨以上的高产，打破了多年来勘探找油的沉闷局面。之后，在窟窿山构造上部署窿101井，获得日产104立方米的高产油气流，从而打开了窟窿山构造油气勘探的新局面。向西甩开钻探的窿4井，获日产108立方米的油气流，经酸化改造后达到日产253立方米的高产油流，开拓了油气勘探的新领域。向南甩开钻探的窿5井，揭示了窟窿山构造是一个较整装的大型油气藏。在新世纪来临之际，青西油田已控制含油面积28平方千米。在青西勘探得手的同时，不放松酒东盆地的勘探，2000年9月27日，酒东坳陷营尔凹陷在长沙岭构造钻探的长101–X井，获高产工业油流。

围绕40万吨/年稳产10年的目标，油田开发加大滚动勘探开发力度，加快产能接替步伐。开展建产能、保稳产会战，加强对区块、井组的重点治理。精心组织实施控水稳油措施，合理调整治理井网层系，提高采收率，增加可采储量。通过精雕细刻，实现了连续10年40万吨/年的稳产目标，油田综合递减率5%，自然递减率13%，总递减率2.8%。老君庙油田被评为“全国高效油田”。随着青西油田的开发，2000年油田生产原油43.2万吨，结束了多年下滑的趋势，原油产量开始“箭头”向上。

玉门、吐哈体制理顺后，油田抓住历史机遇，按照“新工艺、新技术、新设备、新材料，高起点、高标准、高质量、高效益”的要求，高效优质地建成了250万吨/年常减压装置、30万吨/年催化重整—15万吨/年柴油加氢装置、25万吨/年丙烷脱沥青装置和30万吨/年酮苯脱油脱蜡装置，使一次加工能力由150万吨/年迈上了400万吨/年的新台阶，实现了历史性跨越，标志着油田炼化配套能力、产品质量、工艺技术、现代管理水平都有了很大进步。重整加氢装置建成投产，加快了产品升级换代步伐，具备了生产90号汽油的能力。丙烷脱沥青装置建成投产，使二次加工手段更为齐全，加工方案更加灵活。经过多年联合攻关研究，试生产出了15号航空液压油，成为炼化增效的又一个特色品牌。

其他工作均得到新的发展。1996年6月，水电厂“五期”扩建工程破土动工，截至1999年12月，五期改扩建工程全面竣工。1998年，面对严峻的经济形势，开展以“控制成本、控制费用、增效益、减亏损”为内容的“两控、一增、一减”主题活动，可控费用和能耗指标同比有一定幅度的下降，为参与市场竞争、降低生产成本、减少亏损起到了重要作用。

4.“十五”概况（2001—2005年）

2001—2005年，坚持“快发展、低成本、高效益、可持续”的战略方针，按照新增储量亿吨、产量重上百万吨、提高炼化效益、增强工程技术服务实力的工作思路，推进油田持续发展。

油气勘探按照“加快酒西、突破酒东，准备河西走廊”的勘探方针，坚持突出预探，强化地质综合研究，强化勘探开发一体化，强化工程技术进步和工程管理，酒西坳陷油气勘探取得重大突破，结束了玉门油田多年无新增储量的历史。窟窿山构造获得突破后，油田进一步解放思想，转变勘探思路，制定了“滚动勘探窟窿山，整体评价柳沟庄，深化认识鸭儿峡，实现青西大连片”的勘探部署，开始了大青西的精细勘探和滚动勘探。2002年甩开预探的窿8井，实施酸化作业后，获日产油201立方米、天然气3.2万立方米的高产油气流。2004年5月，窟窿山构造上的窿104井，获日产原油64立方米、天然气2.6万立方米的高产油气流，在青西深层首次发现了油气藏，打开了青西深层勘探的局面。此后，青2–14井、窿115井、窿114井相继加深在深层获得发现。2005年10月，窿15井获工业油流，该井使青西油田的范围向东扩大。青西初步形成了亿吨级的场面。与此同时，酒西坳陷柳北构造和鸭老南构造带勘探均见到好苗头，柳北1井钻遇良好油气显示；鸭老南构造带滚动勘探效果良好，鸭南1井、庙南1井相继获油流，成为老区滚动扩边、实现稳产的现实领域。2005年11月，鸭西区块上的鸭西1井，获日产8立方米的工业油流，拓宽了青西凹陷的岩性勘探领域。酒东坳陷勘探取得突破，长沙岭构造钻探的长101井、长2井、长3井均获油气流，酒东盆地获得实质性突破。重新探索花海凹陷取得新成果，墩1井见到良好油气显示。

油田开发坚持“发展新区、稳定老区”的工作方针，实现了原油产量稳步增长。大力推进青西油田开发建设，以“管理一流，技术一流，效益一流，素质一流”为目标，高标准、高起点地进行产能建设、地面工程建设和管理工作。按照“稀井高产，滚动开发”的原则，强化勘探开发一体化，稳步推进产能建设，努力提高开发井成功率和高产率，相继打出了23口日产百吨的高产井。坚持精细管理油田、油井，突出新井投产方案和开发方案的整体优化，实现了油井的长期稳产高产。建成了玉门油田开发史上第一座现代化联合站——青西联合站，实现了青西油田伴生气的综合利用。老区瞄准5年硬稳产的目标，加强开发后期的油藏开发模式、沉积微相、剩余油分布综合研究，积极推广应用以封堵调为主的“稳油控水”技术、以压裂为主的油层改造技术、以油水井大修理为主的井网维护技术、以化学方法为主的油层系列解堵技术等特色开发技术，使老油田递减得到有效控制。随着青西油田发现，原油产量开始回升，由2000年的43万吨升至2005年的77万吨，青西油田原油年产量达到47万吨。老区连续4年实现了30万吨以上稳产的目标。2005年老君庙油田第四次获得“高效开发油田”称号。

炼油化工按照“加快工程技术改造和技术进步步伐，加快产品质量升级换代和结构调整的步伐；全面提高经济技术水平和经济技术指标，全面提高市场适应能力和盈利能力”的工作方针，以技术进步为先导，千方百计降低成本，深挖装置运行潜力，不断优化产品结构，稳步提升产品质量，盈利能力、竞争实力逐步增强，各项经济技术指标全面攀升。不断加快产品升级换代步伐，先后进行的催化掺渣、汽油脱硫醇等技术改造，以及新建成的50万吨/年柴油加氢改质装置，彻底解决了成品汽油烯烃含量超标及硫醇性硫不合格等问题，各类大宗产品能够完全适应市场需求。不断开发有特色、有效益的高附加值产品，加大特油新产品开发和市场开拓力度，80号真空封蜡、36号工业白油和1号真空泵油荣获国优银奖；2号低温脂标准上升为国军标（GJB）；3号耐醇密封脂曾被机械部指定为螺纹管润滑专用产品；15号航空液压油各项指标达到了国外同类产品先进水平；润滑油、石蜡、聚丙烯等高附加值产品产量有了较大幅度增长。至2005年年底，综合商品收率92.46%，加工损失控制在0.88%，单位能耗降低到14.13千克标准油/吨，均达到中国石油同行业中上水平，250万吨/年常减压装置能耗达到国内同行业先进水平。2005年完成原油加工量240万吨。

努力提高工程技术服务能力。对油田作业、建筑安装、公路施工、机械制造等业务板块的装备进行升级改造，增强服务保障和创效能力。2004年6月，进行热电技术改造，2005年底投运，为油田发展提供了热电保证。适时成立了钻探装备搬安大队和钻前工程施工大队，建成了钻具检测维修中心、石油专用管材检测中心、油井水泥干混站等一批中小型项目。

积极实施"走出去"战略。油田作业队伍先后进入吐哈、青海、长庆、塔里木（塔河）、冀东、宝浪等油田市场；建筑安装工程队伍承揽了国道、省道的建设任务；三支油田作业队伍进入了埃及、土库曼斯坦、阿塞拜疆油田作业市场；机械制造在哈萨克斯坦阿克纠宾油田建立了抽油机、抽油泵组装生产线，"三抽"产品在稳定欧洲、亚洲等20多个国家和地区市场的同时，努力开辟南美等海外市场。

2000年10月，正式提出"下山"设想。2002年8月，酒泉生活基地批准立项建设。按照"两年建成，三年配套"的目标，以"精品工程、人本工程、阳光工程、效益工程、示范工程"为标准，精心组织基地的规划、设计和建设。2005年9月28日，首批66户居民喜迁酒泉生活基地，拉开了玉门油田酒泉基地搬迁的序幕。

5."十一五"概况（2006—2010年）

2006—2010年，全力推进整体协调较快发展，累计完成投资63亿元，实现营业收入638亿元、利润-63亿元、上交税费59亿元。

油气勘探坚持"立足酒泉、深化酒西、加快酒东、准备外围"的勘探方针，取得了新的发现和突破。雅布赖成为新区勘探重点；酒东油气勘探获得突破，发现了酒东油田；酒西油气勘探取得进展，鸭西1区块探明储量730万吨。"十一五"期间，新增探明石油地质储量1205万吨、累计上交预测地质储量3645万吨、控制地质储量3379万吨。2010年3月，获得南祁连盆地勘探权，组织物探队伍进入南祁连盆地展开施工作业，进行地质资料采集分析。

老区油田开发保持了较好开发水平，老君庙、石油沟、鸭儿峡油田通过深化地质认识、加强油藏综合地质研究，量化剩余油分布，调整治理并不断配套完善适合老油田后期挖潜的特色工艺技术系列，使产量递减得到有效控制，呈现出平稳开发态势，实现30万吨/年稳产目标。其中，老君庙油田原油产量实现5年不降的目标；石油沟油田发展趋势稳定，实现硬稳产；鸭儿峡油田利用大修、酸化、报废停产井恢复利用等手段成功控制了油田递减。老油区稳产为玉门油田整体原油产量完成打下坚实的基础。新区建成了技术、管理、队伍和效益"四个一流"的青西油田，2006年原油产量达到50万吨；酒东油田建成年产10万吨原油的试采规模。为保证稳产、上产目标的实现，2006年油田开展"百日夺油上产"活动；2007年开展为期5个月的夺油上产活动；2009年开展"注水基础年"活动，夯实了开发基础。

五年来，炼油化工坚持"两个加快、两个提高"的工作思路，加强对标管理，可比综合商品收率、轻油收率、高标号汽油比率等经济技术指标有所改善；依靠技术进步和加强管理挖掘资源潜力，高附加值产品的收率85%以上。加快技术改造步伐，先后完成了80万吨/年重油催化裂化装置改造和50万吨/年柴油加氢改质异构降凝装置建设，圆满完成了中国石油重点科技实验项目——催化汽油加氢脱硫装置建设，大宗产品升级换代取得进展。"十一五"期间，累计加工原油1244万吨，较"十五"上升了97万吨，装置运行连续两轮实现了"三年一修"目标。

工程技术服务保障能力显著提高。"十一五"期间，共完成浅井钻井进尺14万米，大修271井次；完成发电28.5亿千瓦·时，供水7957万立方米，供热530万吨；完成工程建设项目239项，道路及井场施工286千米；完成机械制造总吨位6.48万吨，年均销售收入1.64亿元；年平均完成物资采购额8亿元，物资吞吐量约100万吨。实施"走出去"战略，海外对口支持项目进展顺利。实施阿尔及利亚Adrar油田现场服务协议，2006年12月4日，SBAA油田正式投产；2010年1月25日，油田与中油国际（乍得）有限公司签订对口支持协议，成为中国石油乍得项目对口支持单位，及时选派员工赴乍得上下游项目工作，使“立足玉门，发展玉门；走出玉门，发展玉门”的战略迈出实质性步伐。

“十一五”期间，酒泉生活基地建成，玉门人“下山”的夙愿变成了现实。酒泉生活基地于2003年正式开工建设后，在酒泉西南新城开发区内按照“规模适度、标准适中、与油田经济实力相适应、与酒泉地区经济文化发展水平相适应”和“两年建成，三年配套”总体要求，先后建成10个住宅小区349栋楼房，共计15000户，完成办公、科研、学校、医院、商业、文体场所、供热工程、水、电、路、讯系统配套等公建项目22项，总建筑面积190万平方米，绿化面积70万平方米。截至2009年，15000户油田员工家属搬入酒泉基地新居，“下山”工程画上了圆满句号。党的建设、思想政治工作富有成效。开展了“深入学习实践科学发展观”“争先创优”等活动，思想政治工作不断加强，石油摇篮文化不断丰富，荣获“甘肃省思想政治工作先进集体”“全国企业文化建设优秀单位”等称号。

6.“十二五”概况（2011—2015年）

2011—2015年，确立并坚持“调结构、转方式、强管理”的工作主线，锐意进取，减亏增效，各项工作取得重要成绩。经营状况逐步改善，油气勘探持续发现，原油产量基本稳定，炼化业务大幅减亏，工程技术服务水平逐步提高，对外合作有序推进，安全环保形势持续稳定好转，企业管理进一步规范，矿区保持和谐稳定，党建水平持续提升。

油气勘探按照“深化酒西，加强酒东，突破潮雅，钻探南祁连，优化矿权”的勘探方针开展工作，取得多项勘探成果，共有23口探井获得工业油流。酒泉盆地探明了酒东油田；鸭儿峡白垩系K_1g_1勘探再获突破，在K_1g_1油藏部署的鸭西12井获日产13.5吨的工业油流，柳北扇体部署的柳北2X井获日产27.3吨的工业油流；部署在青西古近系—新近系的探井鸭西103井、鸭西9井先后获得成功，投产的开发井口口见油，控制含油面积7.6平方千米；老君庙油田北翼评价取得新成效，部署的庙E105井、106井分别获得工业油流；石北次凹重新勘探取得新成果，西部缓坡带部署的单东1井在古近系获日产2.8立方米的工业油流，完钻的单东2井发现油气显示17.21米，落实有利面积12平方千米，石北次凹古近系—新近系呈现连片成藏的特点，展示白杨河、单北油田外围具有勘探潜力。外围盆地在雅布赖盆地侏罗系油气勘探获得一定进展，雅探6井获得工业油流。南祁连盆地、武威盆地、潮水盆地等其他外围盆地地质认识得到了深化。

“十二五”期间，坚持统筹地面与地下、地质与工程、新区产能建设与老区精细挖潜、近期与长远发展的工作思路，在老油田精细评价开发、有效注水、二次开发、提高采收率技术研究、改进完善采油工程技术等方面的工作卓有成效，建成了年原油生产能力10万吨的酒东油田。2015年，积极应对低油价挑战，推进技术创新、管理创新，科学组织原油生产，较好完成了年度各项生产建设任务，油田自然递减等主要开发指标保持较好水平。“十二五”期间，生产原油244万吨，基本实现了50万吨/年稳产。

炼油化工业务按照短流程、燃料型炼厂进行战略调整，解决了生存问题。面对错综复杂的经济环境和艰巨繁重的生产经营任务，按照“三年扭亏、五年盈利”的工作目标，认真实施资源优化，深入推进“两降一提”（降原油综合损失率、降炼油综合能耗、提综合商品收率）攻关，经营形势发生好转，2015年踏上盈亏持平的临界点，为“十三五”盈利打好了基础。短流程燃料型炼厂改造取得成效，在优化流程、提高效益等方面取得可喜成绩；逆势之下实现大幅减亏增效；产品质量升级重点工程建设水平高、管理好，新装置运行平稳；技术经济指标稳步提高，基本具备了扭亏为盈的条件；开源节流、降本增效工作扎实有效，炼油完全成本得到有效控制；对口支持乍得炼油项目得到中国石油海外勘探开发公司的高度评价，成为中国石油对口支持的品牌；产销衔接密切有序，增产增效能力明显增强。“十二五”期间，年均完成加工原油196.31万吨，共加工原油981.54万吨。

工程技术服务业务转变发展方式，支撑油田发展，拓展外部市场，逐步实现了良性发展。酒东地区钻井提速创造的“酒东经验”，形成了具有地域特色的酒东提速模式，使钻井整体水平大幅度提高，复杂事故明显下降，钻井周期大幅度缩短。钻机平移搬迁在油田首次获得成功，对推进工厂化作业，缩短搬安周期，加快油田后续开发作业速度有积极的意义。在鸭儿峡鸭K区块钻井提速创造的“鸭儿峡现象”，是依靠科技提速、管理提速、协作提速、安全提速，破解钻井提速之困的成功经验。油田作业的大修质量持续提升，规模压裂、体积压裂和储能压裂施工能力稳步增强，深井固井、试井业务持续扩大。水电厂电网运维服务到位，水电汽暖保供优质高效。建安处服务配合新井投产、地面建设、钻前工程、应急服务等工作积极有效，实现扭亏为盈；机械厂“三抽”产品配送安装、注水服务配合等扎实有效。综合服务、信息服务、物资供应服务工作稳步加强。物业、医院、退管、农牧服务管理水平提升。2011 年 6 月，由玉门油田承担技术服务的乍得百万吨炼油厂所有装置按期一次开厂成功，实现了炼油厂整体一次投产成功的目标。2013 年，由玉门油田编制投产方案的 Ronier 和 Mimosa 油田建成百万吨采油厂，一次投产成功，创造了“乍得奇迹”。

企业管理不断推进。2012 年 6 月开始，用两年时间认真组织开展管理提升活动，有力地提升了企业管理水平。改革举措稳步推进。完成三批 64 项管理事项及权限下放的落实。驻外机构管理体制进一步理顺，经营状况得到改善。科研单位“双序列”改革制定了方案。坚持“环保优先、安全第一、质量至上、以人为本”的安全环保管理理念，确保了安全环保形势稳定好转；启动运行合规管理年活动，经营管理更加规范。

坚持打造和谐矿区，积极实施八大民生工程。2011 年 1 月，在公司五届二次职代会上提出了着力办好的八件民生大事，即矿区倒班基地改造、酒泉基地安保及利民工程、天然气入户、矿区服务收费制度改革、酒泉基地配套建设、就业再就业服务工作、完善特殊群体帮扶机制、工农业家属工养老保险社会统筹，被称为“八大民生工程”。经过几年坚持不懈地实施，全部完成。

2011 年，按照集团公司部署，组织实施基层建设“千队示范工程”，6 个“千队示范工程单位”被集团公司授牌命名。2012 年确定了 14 个“基层建设示范队”，有重点地推进创建工作。2015 年，深入开展“三严三实”专题教育，认真开展“重塑形象”大讨论活动，取得明显成效。继续保持了全国、甘肃省精神文明、企业文化、思想政治工作先进集体称号。

7.“十三五”前两年概况（2016—2017 年）

“十三五”前两年，面对油价持续低迷和老油田后期开发带来的异常严峻的形势和前所未有的压力，充分发挥上下游一体化、主营业务与工程技术服务一体化、勘探开发一体化的优势，集中精力调结构、转方式，妥善应对风险挑战，各项工作呈现出新气象。

全面实施勘探开发一体化，油气勘探取得丰硕成果。立足酒泉盆地富油凹陷和区带，寻找规模和效益储量，通过精细勘探，实现了规模增储，酒东长沙岭新增预测储量 512 万吨；鸭儿峡白垩系新增控制储量 380 万吨，落实经济可采储量 165 万吨；石北次凹古近系单东 1 区块提交控制储量 287 万吨，含油面积 4.0 平方千米，单井试采产量稳定，成为新的建产区块；柳北 3 井见良好油气显示，柳北构造带勘探呈现好苗头。转变勘探思路重新预探雅布赖，跳出中央洼槽带，对小湖次凹两个正向构造带进行大胆探索，乌 1 井试油获商业油流，雅布赖油气勘探取得重要突破。

注重效益开发，老区实现 40 万吨 / 年硬稳产。2016 年起，面对低油价的严峻挑战，油田开发实现了向效益开发的重要转变。围绕效益目标，优化调整产能建设规模，优先在庙北冲断带、鸭儿峡白垩系、酒东 K_1g_3 油藏等有利区块建产，老君庙新井产量创 20 年以来新高，鸭儿峡 K_1g_1 油藏打出一批高产自喷井，实现了高效建产。优化调整措施结构，精心选井选层，大力压缩低效无效措施，两年实施进攻性措施 154 井次。持续优化产量结构，2016 年，关停低效无效井 160 口、新增间开井 82 口；2017 年，通过优化生产方式、大修等措施恢复效益井 36 井次、恢复产量 41 吨 / 日，关停低效无效油井 38 口、水井 41 口，是老区原油基础产量稳定在了 36.5 万吨的水平。持续优化完善注采结构，集中组织实施酒东复杂断块、鸭儿峡白垩系、老君庙夹片三个重点区域注水专项治理，酒东实现了注够水，青西注采矛盾有效缓解，老君庙和鸭儿峡注水井网持续完善，水驱开发效果稳步提升，油田稳产基础得到夯实。

矿权流转取得重要成果，资源不足困境有效缓解。2017 年 8 月，集团公司党组和股份公司做出部署，将环庆区块流转给玉门油田，有效缓解了油田扭亏脱困、实现可持续发展的资源不足的困境。油田上下高度重视，快速推进矿权流转工作，公司领导一方面带领相关部门辗转西安、兰州、庆阳、环县等地，多次与长庆油田协商推进合作事宜，向各级党政领导汇报和座谈交流，赢得了长庆油田的理解帮助，得到了地方党政部门的支持，为下一步勘探开发工作的开展营造出良好的外部环境；另一方面，及时抽调精兵强将，组建成立环庆分公司，全面展开流转区块油田开发技术、储集层改造主要配套工艺技术、QHSE 体系建设、生产区域道路状况、生产状况、生产井场设备资料、物资管理、对外协调规章制度等资料收集工作，全面展开矿权流转对接工作。年底前，玉门油田已与长庆油田签订了勘探开发协议，环庆分公司与长庆油田采油二厂对陇东环庆区块矿权管理权移交、资料移交、资产移交达成了一致。

充分发挥支柱作用，炼化业务持续盈利。两年来，炼化总厂持续推行 EPC 项目管理模式，40 万吨 / 年汽油加氢、50万吨/年柴油改质国Ⅴ标准适应性改造和15万吨/年轻汽油醚化等装置顺利建成投运，汽柴油产品达到国Ⅴ标准。认真执行炼化检修规范，顺利完成“三年一修”大检修和技术改造，为实现长周期平稳运行打下了基础。精心谋划和编制炼化业务结构调整和转型升级方案，10万吨/年高端低凝特种油品生产基地等转型项目得到集团公司认可，项目前期准备工作加快推进。2016年，完成利润2.82亿元，实现了自1999年以来首次扭亏为盈，一举摘掉了特困企业的帽子。2017年，实现利润4.2亿元，吨油利润首次达到210元/吨。

工程服务减亏有力，实现扭亏为盈见到希望。充分发挥油田主营业务与工程技术服务一体化优势，立足内部市场大力调结构、转方式，工程技术服务经营状况明显改善。水电厂、建安处、综合服务处、设计院4家单位实现盈利，油田作业公司、机械厂等单位实现大幅减亏。

对口支持巩固加强，“海外玉门”建设深入推进。按照打好建设“海外玉门”阵地仗的部署，举全公司之力开展乍得对口支持。成立了乍得有限责任公司，并完成海外注册，成为下步业务拓展的桥头堡；海外从业人员达到520人，再创新高；乍得采油厂1期和2.1期油田开发指标平稳，2.2期平稳开厂，原油产量持续增长；乍得炼厂装置操作平稳，油品质量稳定可靠。2017年，实现综合收益1.39亿元。

深化改革稳准推进，发展动能得到有效激发。按照集团公司深化改革的总体要求，结合油田实际，稳妥推进重点改革举措：(1)公司制改制全面完成，6家全民所有制公司完成改制更名，其中玉门石油管理局更名为玉门石油管理局有限公司。(2)积极推进法人压减工作，3家法人单位完成工商登记注销，对相关业务进行了合并。(3)“三供一业”分离移交取得进展，与政府部门和相关企业充分沟通，酒泉生活基地供电、兰州离退休基地相关业务已移交，酒泉生活基地供水、供气业务和玉门市、肃州区市政设施移交签订框架协议。(4)宾馆酒店整改工作全面完成，北京沙滩宾馆实现对外租赁经营，人员得到妥善安置、国有资产实现保值增值。(5)“五定”工作平稳推进，公司部分单位“五定”方案已推进实施，组织结构进一步优化，富余人员近300人充实到炼化总厂、老君庙、鸭儿峡等单位，缓解了生产一线人员紧缺的矛盾。(6)计划财务系统改革平稳到位，65名计划财务人员充实到基层单位，各单位自主经营意识和活力进一步激发。

体系建设持续推进，安全环保平稳受控。加大源头防范和治理力度，严格执行新《安全生产法》和《环境保护法》，持续深化HSE量化审核和问题整改，强化安全风险管控，风险管控能力稳步提高。加大环境保护力度，持续做好隐患治理挂牌督办，完成老君庙采油厂原油储罐区隐患治理等2个项目，6个“三同时”历史遗留问题全部整改，炼化总厂取得排污许可证；实施VOCs综合整治等4项工程、成品油装车系统排放达标治理等4项工程，工业废气实现达标排放和总量下降；按照国家生态文明建设要求，涉及祁连山自然保护区的2871平方千米矿权面积全部无条件退出，关停、封堵自然保护区油井42口，酒东采油厂绿色矿山企业创建工作全面启动。

科技创新重点项目成果显著，增强了攻坚克难的技术支撑。“玉门油田重上百万吨勘探开发关键技术研究”重大科技专项完成最终验收，总项目及9个子课题均被评为优秀；“老君庙油田北部构造带滚动开发研究与实践”项目获集团公司科技进步奖二等奖；信息化建设持续推进，勘探与生产技术数据管理系统完成推广应用，采油与地面工程运行系统开始推广实施。

民生工程扎实推进，员工群众获得感显著增强。坚持把员工群众对美好生活的向往作为奋斗目标，在投资成本非常紧张的情况下，实施矿区基础设施改造、酒泉基地园区环境治理等项目，员工生产生活条件持续改善；在油价持续低迷、行业整体效益下滑的严峻形势下，坚持以工作业绩保员工收入，2017年员工收入实现自低油价以来首次增长，物业、医疗、社保、退管等矿区服务系统在费用大幅压减的情况下，服务质量做到了“费用下降、服务不降”；物业“暗补”变“明补”全面实施，农牧公司免费供应鸡蛋、半价供应乳品，员工群众获得感持续提升。

坚持全面从严治党，大力弘扬石油精神，夯实了建设百年油田的思想基础。两年来，油田党委坚持推进“两学一做”学习教育常态化制度化，深入学习领会党的十九大精神，认真落实党建工作责任制，深入推进党风廉政建设，夯实了推进稳健发展、建设百年油田的思想基础。坚持大力弘扬石油精神和传承玉门优良传统，组织开展“源泉——玉门优良传统”主题宣讲、“弘扬石油精神、学习603岗位优良传统”专项活动、“重塑良好形象活动周”“石油摇篮好故事”巡讲活动，提升了“石油摇篮”的美誉度和影响力，形成了推进稳健发展、建设百年油田的文化软实力。1987—2017年油田综合经济指标统计见表1、表2。

表 1 1987—2017 年玉门油田综合经济指标统计表

项目		工业总产值（现行价）（万元）	年末固定资产原值（万元）	年末固定资产净值（万元）	营业收入（万元）	本年利润总额（万元）	上缴税费（万元）	全部人员年末数（人）	全员全年工资总额（万元）	全员年劳动生产率（元／人）	新增探明石油地质储量（万吨）	新增探明可采地质储量（万吨）	原油产量（吨）	原油单位生产成本（元／吨）	原油加工量（吨）	炼油单位加工费（元／吨）	炼油现金单位加工费（元／吨）	钻井进尺（米）	油水井大修（井次）
1987 年		46143	98072	35855	36748	1352	5475	27349	5948	21358	—	—	534175	261	672147	74.66		78172	40
1988 年		53729	110360	44893	44760	1755	5597	29769	7424	15352	—	—	527814	281.69	753667	78.18		84058	79
1989 年		65654	121060	52172	51015	−3605	5962	29904	8713	15760	281	—	535818	345.38	850342	89.16		63753	59
1990 年		73732	158473	83653	52337	−6841	6133	33682	11450	25492	—	—	546066	371.97	877090	90.29		119063	57
1991 年		92324	142085	62959	72592	−10147	6220	34166	14341	24507	—	—	490431	510.07	914637	100.59		33317	36
1992 年		124570	158242	74437	48482	−7200	7064	35035	17459	27901	—	—	462637	591.32	964288	121.31		36088	48
1993 年		208788	177990	64245	190209	25	13618	30933	21182	29790	—	—	446888	690.81	1088188	132.43		21800	—
1994 年		210787	205032	88875	177865	−23707	27075	30939	29187	26545	—	—	431988	1195.09	1152280	127.11		26124	—
1995 年		237024	288509	117044	226999	−29859	29645	18968	21466	34315	—	—	423988	1170.63	1351912	175.7		24320	—
1996 年		243269	268849	106971	242567	−25397	36500	19033	23448	40458	—	—	412288	1198.66	1427048	155.4		24013	—
1997 年		308899	328536	162077	267460	−16654	37358	19018	26532	42252	—	—	400178	1176.49	1607485	147.5		40836	—
1998 年		248379	233490	98558	219827	−28190	35680	18876	26995	32452	—	—	400009		1446964			49045	—
1999 年	公司	306647	320466	156798	299497	−35979	44519	7105+11861	14912.53	78028	—	—	400189	940.47	1776550	160.85	112.94	34853	—
2000 年	公司	485578	298282	158053	401040	−61178	30977	5099+8128	13725.25	99630	654	104.7	432085	957.38	2050088	155.47	102.03	71177	—
2001 年	公司	538522	229424	133977	416654	2373	35356	5092+8052	13699	154666	1255	225.9	520005	630.56	2187905	155.69	101.88	109066	—
2002 年	公司	498438	342776	189506	418696	12808	37346	4892+8027	14055	187746	1643	262.9	600999	590.67	2240321	—	126.06	75824	—
2003 年	公司	585467	372047	198874	481973	36111	45021	4892+7979	15506	243720	1139	182.3	700015	582.6	2290908	—	100.83	82989	—
2004 年	公司	754646	389086	207135	543287	−5895	47130	4862+7950	16472	197739	1059	169.4	750280	581.3	2351968	—	116.95	90319	—
2005 年	公司	923115	522389	279749	728472	−26645	56893	11205	18676	83421	1159.04	185.38	770085	705.35	2400216	—	126.5	84350	—
	局	56482	63260	52829	145895	−11841	10689	1509	22733	39280	—	—	—	—	—	—	—	—	—
2006 年	上市	1240582	607448	337653	967041	−91943	51738	12648	50222	92925	815.06	—	811979	998.95	2559680	—	156.63	134418	—
	未上市	19189	67491	54274	63389	271	2700	—	—	—	—	—	—	—	—	—	—	—	—

续表

项目		工业总产值（现行价）（万元）	年末固定资产原值（万元）	年末固定资产净值（万元）	营业收入（万元）	本年利润总额（万元）	上缴税费（万元）	全部人员年末数（人）	全员全年工资总额（万元）	全员年劳动生产率（元/人）	新增探明石油地质储量（万吨）	新增探明可采地质储量（万吨）	原油产量（吨）	原油单位生产成本（元/吨）	原油加工量（吨）	炼油单位加工费（元/吨）	炼油现金单位加工费（元/吨）	钻井进尺（米）	油水井大修（井次）
2007年	上市	1435502	784184	460418	1086619	−36342	48833	12648	71665	130094	—	—	780015	1076.35	2550232	—	125.13	115426	—
	未上市	12701	—	—	28116	1029	—	—	—	—	—	—	—	—	—	—	—	—	—
2008年		1567702	830786	497048	1258364	−320533	41808	12557	62089	—	—	—	697016	1306.32	2677183	—	124.85	141686	47
2009年		1185755	927577	568657	1184272	−101278	246992	12359	67220	—	168.1	27.9	398616	1781.52	2602276	—	150.46	113237	33
2010年		1246391	1022543	618503	1126764	−103927	198065	12167	71420.94	—	—	—	479667	1846.16	2052570	—	170.08	147433	9
2011年		1492135	1145891	681717	1472074	−70982	237442	12068	86977	—	—	—	505441	1968.11	2101563	—	149.97	155241	17
2012年		1522822	1198847	729390	1455452	−72421	271396	11284	92438.2	—	—	—	505407	2113.67	2081566	—	160.03	229667	16
2013年		1212640	1353276	832778	1161555	−79048	216872	10538	95751.4	—	1085.16	195.24	505998	2492.5	1631511	—	175.13	254086	16
2014年		1392604	1541353	953919	1393060	17769	285231	10052	100181.6	—	—	—	486493	2179	2000666	—	124.68	214158	25
2015年		985275	1638052	965997	1085847	−219315	344195	9930	92142	—	—	—	436911	3048	2000066	—	174.79	144375	17
2016年		839656	1688180	894382	936529	−176597	309291	9662	89883.18	—	—	—	377587	5381.67	1751208	—	186.31	151385	8
2017年		1080877	1729405	853403	1208737	−108398	379676	9812	96397	—	—	—	397655	3970.92	2009330	—	206.03	186028	22

备注：1999—2004年仅为玉门油田分公司数据。

表2 1987—2017年玉门油田投资完成情况统计表

项目		勘探（万元）	其中：探井（万元）	评价井（万元）	物化探（万元）	油气开采（万元）	其中：油开发井（万元）	石油加工（万元）	公用工程（万元）	安全环保隐患治理（万元）	节能减排（万元）	零购资金（万元）	房屋竣工面积（平方米）	本年完成投资总计（万元）
1987年		9513	4660	—	2164	5018	2111	2345	1056	—	—	—	61899	17932
1988年		10662	6550	—	2974	7927	2257	2814	700	—	—	—	77599	22103
1989年		16186	7440	—	2288	6322	—	2912	—	—	—	—	32999	25420
1990年		17211	10261	—	3082	20510	6914	3780	—	—	—	—	58585	41501
1991年		1204	—	—	570	9935	2580	3626	1190	—	—	—	76086	15955
1992年		1750	185	—	1225	15050	2179	2847	1468	—	—	—	86829	21115
1993年		2662	1126	—	1182	13909	2454	15744	2481	—	—	—	66252	34796
1994年		4232	2699	—	1151	17254	3787	15719	2480	—	—	—	74684	39685
1995年		5485	299	—	4700	13458	4047	18676	5309	—	—	—	24860	42928
1996年		5704	3373	—	2031	14187	4077	26722	7025	—	—	—	9542	63953
1997年		13516	6681	—	6275	31155	3051	27189	3201	—	—	—	28862	80500
1998年		7300	5012	—	1928	17757	5799	25652	15291	—	—	—	12612	66000
1999年	公司	11644	8985	—	2618	6664	3291	9709	910	—	—	—	5732	28927
2000年	公司	23237	13635	—	7872	20257	8000	10508	—	—	—	—	3546	54002
2001年	公司	30535	20189	—	8076	34967	26611	14087	—	—	—	—	1194	79589
2002年	公司	33114	17779	—	12370	60801	33460	7830	8789	—	—	—	7852	110534
2003年	公司	35004	17746	4104	8528	34034	13944	8774	13600	—	—	—	5209	91412
2004年	公司	34610	18219	4021	9128	32701	17293	18396	5821	—	—	—	5059	91538
2005年	公司	32648	23044	3742	2389	28283	22327	23298	59529	—	—	—	72063	143758
	局	—	—	—	—	—	—	—	—	—	—	—	—	—
2006年	上市	45537	20378	7400	16060	65901	37316	10179	27719	—	—	—	6162	149336
	未上市	—	—	—	—	—	—	—	—	—	—	—	—	—

续表

项目		勘探（万元）	其中：探井（万元）	评价井（万元）	物化探（万元）	油气开采（万元）	其中：油开发井（万元）	石油加工（万元）	公用工程（万元）	安全环保隐患治理（万元）	节能减排（万元）	零购资金（万元）	房屋竣工面积（平方米）	本年完成投资总计（万元）
2007年	上市	50709	29526	10809	4448	78900	36948	20593	21675	—	—	—	8818	171877
	未上市	—	—	—	—	—	—	—	—	—	—	—	—	—
2008年		42940	23180	9881	6140	72968	52506	15731	47225	—	—	—	18336	178864
2009年		58097	18787	28375	8200	80467	39704	9928	23485	—	—	—	14039	171977
2010年		56452	27990	7922	17437	71205	39280	18431	7306	—	—	—	1824	153394
2011年		43573	23360	7613	9619	75395	34324	540	14344	—	—	—	1824	133852
2012年		41447	19356	8576	9853	107309	57935	3105	3630	—	—	—	3753	155491
2013年		61141	25311	13020	18164	123339	75187	11947	4624	—	—	—	8729	201051
2014年		35651	20164	10269	3104	105389	75205	64485	8622	8505	2190	2719	27738	227561
2015年		28605	18980	7893	46	81121	67466	14723	1730	8344	—	1015	8442	135538
2016年		33191	20065	7221	3943	56048	41060	30875	848	1793	—	698	2005	123453
2017年		36905	24075	8621	4000	68274	49771	26722	1019	3488	—	813	—	137221

备注：1999—2004年仅为玉门油田分公司数据。

大事记

1987 年

1 月 2 日　以炼油厂润滑脂、添加剂车间为基础组建化工特油公司，隶属炼油厂。10 月 15 日，改由玉门油田直接管理。

1 月 6 日　炼油厂生产的 3 号工业锂基脂被评为甘肃省优质产品。

1 月 17 日　通讯处电视台开始全天转播中央电视台第一套节目。

1 月 28 日　通讯处卫星长途电话向民用开放。

2 月 3 日　管理局召开勘探会议，确定 1987 年勘探工作的重点是酒西、酒东、吐鲁番盆地。

2 月 11 日　管理局召开多种经营工作会议，宣布全局农副业生产提前一年实现自负盈亏。

3 月 2 日　炼油厂试验成功沥青集装运输。

3 月 7 日　为期 3 个月的玉门油田首届车间主任、队站长岗位职务培训班结业。

3 月 12 日　井深 5133.8 米的营参 1 井完钻，钻遇 1794 米生油层。

3 月 26 日　管理局开展厂长（经理）任期责任制试审计工作。

4 月 9 日　炼油厂二套常减压、二套糠醛装置开始动工建设。

5 月 5 日　炼油厂沥青装置二期工程开工。

5 月 17 日　玉门油田党委将党员捐献的 5000 元人民币寄往大兴安岭灾区。

5 月 27 日　管理局工会将全局职工捐献的 2.7 万多元人民币寄往大兴安岭灾区，并致电慰问。

6 月 1 日　大兴安岭地区行署民政局来信表示感谢。

6 月 12 日　管理局成立抗震防灾委员会。

6 月 13 日　玉门油田闭路电视工程开工。10 月 1 日开始试播，共设 6 个频道，有 8500 多户住宅接通闭路线。

6 月 25 日　管理局改革采油岗位劳动组织，试行加强白班，取消夜班，实行专业化管理。

7 月 8 日　机械厂生产的 1000 根 C 级抽油杆首次远销东南亚地区。

7 月 18 日　内燃机修理厂 12V190 柴油机的修理质量被评为全国同行业第二名。

7 月 24 日　管理局与甘肃省政府签订了为期 4 年的承包经营合同书。

7 月 31 日　在 1986 年度石油工业同工种基层队社会主义劳动竞赛中，石油沟油矿采油二队、老君庙油矿综合二队 5 号修井车组获得金牌；钻井处 6052 钻井队、老君庙油矿综合二队采油四小队获得银牌；石油沟油矿采油一队、老君庙油矿作业 32 号车组、钻井处地质六小队、油建公司工程二队获得铜牌。

8 月 6 日　机械厂被国家机械委员会确定为全国机械骨干企业之一。

8 月 9 日　前探 1 井获工业油流。

8 月 15 日　管理局离退休科技工作者协会成立。

8 月 25 日　石油工业部 1988 年“三抽”设备订货和节能技术推广会在玉门油田召开。机械厂生产的杆、泵订货量分别占石油工业部总订货量的 29% 和 40%。

9 月 2 日　柳 1 井经酸化压裂喷出工业油流。

9 月 15 日　内燃机修理厂被石油工业部物探机动工作会议确定为全国可控震源车大修理点之一。

9 月 17 日　炼油厂研制成功 100 号道路沥青。10 月，试生产 1000 余吨。

9 月 22 日　吐哈探区台参 1 井开钻。

9 月　炼油厂 205 名职工调往华北油田。

10 月 14 日　管理局科学技术协会成立。

11 月 9 日　管理局成立对台工作领导小组，设对台工作办公室，负责台胞探亲、旅游观光的接待服务。

11 月 10 日　管理局招收 560 名合同制工人。

11 月 15 日　鸭 701 井获高产工业油流。

11 月 21 日　炼油厂开发的 3 号航空喷气燃料通过国家技术鉴定。

12 月　管理局 1200 余户职工家属迁居新楼。

1988年

1月3日　玉门油田党委决定在地调处试点党委书记和纪委书记由党员民主选举。

1月9日　经教育行政部门批准，玉门油田成立初级职业技术学校，开设钻井、采油、炼油、铸造、锅炉运行、建筑安装等专业，共招300人，自费走读，不包分配，遇招工时择优录用。

1月14日　炼油厂被国家进出口商品检验局委托为出口石油产品检验单位。

2月6日　管理局首次对科研课题实行公开招标。

3月25日　管理局成立环境保护委员会，有委员11名。

4月24日　6300余名职工参加全面质量管理全国统一考试。

4月25日　甘肃省副省长张吾乐来玉门油田视察工作。

4月　石油工业部决定玉门油田不再承担巴彦浩特地区的勘探任务。

5月5日　钻井处32852钻井队使用单只J22型钻头钻井1066米，创玉门油田同类钻头进尺最好水平。

5月　水电厂改造石门子水源。

6月6日　管理局成立民族事务委员会。

6月17日　鸭703井获工业油流。

6月24日　机械厂获美国石油学会颁发的API证书。

6月29日　在1987年度石油工业部同工种劳动竞赛中，石油沟油矿采油一队、老君庙油矿综合二队5号车组获得金牌，老君庙油矿综合二队四小队获得银牌，老君庙油矿大修队32号车组、石油沟油矿采油二队获得铜牌。

6月30日—7月3日　总公司吐鲁番—哈密盆地勘探工作会议在玉门油田召开，会议原则通过油田吐—哈项目组提交的项目方案及总体规划，中标吐鲁番—哈密盆地勘探工作，揭开了油田勘探史上新的一页。

7月1日　计算中心正式投入使用。

7月17日　炼油厂新建糠醛装置试厂一次成功，并生产出合格产品。

7月28日　机械厂、炼油厂经甘肃省企业管理领导小组评审，晋升为省一级企业。

8月6日　炼油厂脱盐装置扩建工程完工投产。

8月20日　管理局派地质队到内蒙古雅布赖地区进行石油勘探。

8月31日　总公司决定成立吐鲁番—哈密石油勘探项目组，由总公司直接领导，对外称“新东石油勘探公司”。玉门油田为该项目组依托单位，负责该项目的日常管理工作，拥有优先获得该项目的油气探明储量的有偿开采权。

8月　在前探6井试用无电缆射孔成功，并获得工业油流。

9月5日　柳3井中途测试获工业油流。

9月10日　中国石油天然气总公司正式挂牌办公，玉门石油管理局改由甘肃省和总公司双重领导。

9月18日　吐参1井开钻，设计井深3500米。

10月1日　改革劳动人事管理制度，管理局内职工调动不再经局批准。

同日　窿1井开钻，设计井深4500米。

10月15日　托参1井开钻，设计井深3500米。

10月21日　机械厂生产的新型整筒抽油泵通过了总公司鉴定并正式投产。

10月27日　炼油厂二套常减压装置试厂一次成功，生产出合格产品。

11月7日　机械厂试制KD抽油杆获得成功。

11月9日　潮水盆地油探1井开钻，设计井深3200米。

12月30日　管理局在研究院通过招标答辩方式选聘院长，唐世荣被选聘为院长。

1989年

1月5日　吐哈盆地的第一口参数井——台参1井喜喷工业油流。

2月1日　职工医院门诊大楼建成并开诊。

2月24日　在全国油田压裂千型机组1988年度劳动竞赛中，玉门油田千型机组夺得第一名。

3月24日　水电厂11号锅炉正式投入运行。

3月30日　经总公司、甘肃省劳动局和石化厅检查评比，玉门油田技工学校达到优秀学校标准。

4月10日　我国第一套分子筛迭合装置在玉门炼油厂建成投产。

4月15日　水电厂6号机组并网发电。

5月17日　炼油厂发明的“酸渣综合利用”获国家专利证书。

6月24日　新疆、青海、玉门油田多工种技术竞赛在玉门举行。玉门油田3名选手获“特级技术能手”称号。

6月　在甘肃省技工学校整顿验收中，玉门油田技工学校被评为第一名。

7月13日　《人民日报》发表《“重塑”玉门精神》的报道。

同日　成都市人民政府同意玉门油田在成都市设办事处。

7月25日　在总公司1988年度同工种基层队社会主义劳动竞赛中，石油沟油矿采油二队、老君庙油矿综合采油二队5号修井车组获得金牌；老君庙油矿综合采油二队采油四小队获得银牌；钻井处4531钻井队、地调处1836地震队、录井处地质二小队、老君庙油矿综合采油二队6号修井车组、石油沟油矿采油一队、油建公司工程二队获得铜牌。钻井处32650钻井队等17个集体被评为双文明一级队。

7月27日　管理局第九次党代会召开，中国石油天然气总公司临时党委、甘肃省石化厅党组发来贺信、贺电祝贺，会议于29日闭幕。

8月10日　管理局决定成立劳动争议调解委员会，办事机构设在局工会。

8月19日　管理局召开庆祝玉门油田建矿50周年大会，中顾委常委康世恩来电致贺，总公司副总经理金钟超宣读了总公司的贺信，甘肃省政府、省石化厅、酒泉地委、嘉峪关市、玉门市、新疆油田、青海油田、大港油田等部门和单位的领导及玉门油田的老领导杨拯民、任志恒、赵启明、余群立、张一青、傅万祯、胡廷尧等出席大会。

同日　中国石油天然气总公司在北京召开庆祝玉门油田建矿50周年座谈会，会议由总公司总经理王涛主持，康世恩、焦力人、童宪章、靳锡庚等36名在玉门工作过的老领导、老专家参加了座谈。

8月30日　据甘任字（1989）55号文件通知和酒泉地委组发（1989）58号文件批复，玉门油田第九届党委会由王鹏、李志新、黄树德、赵熙寿、刘世洲、黄亦纯、张焕君、王德仁、杨秀森、吴碧莲、罗玉成、张斌、王印宏、朱洪月、李友弟、杨怀德、郑永贵、张世杰、姚树梯、赵登鳌、郭敬等21人组成，前8人为常委，王鹏为党委书记、李志新为副书记。局纪律检查委员会由黄亦纯、万世荣、赵喜正、盛钢、党历山等15人组成，黄亦纯为书记，万世荣为副书记。

9月8日　玉门油田环境监测中心站通过检查验收，取得总公司合格监测站证书。

9月18日　在全国石油新技术交流会上，玉门油田参展项目获银牌2枚、铜牌4枚，油田展团被评为先进展团。总公司总经理王涛为玉门展馆题词：“东山再起、科技先行”。

9月25日　甘肃省档案学会玉门油田分会成立，省档案局和省档案学会致电祝贺。

9月　鄯1井见到良好的油气显示。

10月7日　《经济日报》公布1988年全国500家大企业名单，按销售额排序，玉门油田居第200位。

11月3日　管理局召开150万吨炼油技术改造一期工程总结表彰大会，炼油厂设计室等33个集体和252名个人受到表彰。

11月4日　管理局决定成立鄯善采油厂。

12月3日　管理局帮助乡镇企业整顿工作受到甘肃省政府表彰。

1990 年

1 月 6 日　研究院完成的国家项目“吐鲁番盆地天然气远景及勘探方向”通过鉴定，并获国家科委、计委、财政部颁发的荣誉证书。

2 月 20 日　管理局决定成立抗震防灾办公室，隶属基建处。

2 月 21 日　管理局命名老君庙油矿 603 岗位等 11 个岗位为样板岗位。

3 月 4 日　32651 钻井队在吐哈探区鄯 10 井以 3 天 11 小时 30 分上千米，创大庆钻机在该地区的钻速新纪录。

3 月 8 日　团中央办公厅主任孙怀山在共青团甘肃省委副书记周永革的陪同下，到玉门炼油厂、水电厂指导工作。

3 月 19 日　钻井处 32639 钻井队在鄯 S3−8 井以 2 天 23 小时刷新千米进尺纪录。

4 月 24 日　甘肃省质量管理局向玉门油田机械厂颁发了 3 种规格的整筒抽油泵国家银质奖证书。

5 月 4 日　管理局召开知识分子工作会议，表彰优秀知识分子 202 名。

5 月 26 日　总公司总经理王涛到吐哈探区视察工作。

6 月 21 日　在 1989 年度总公司同工种社会主义劳动竞赛中，老君庙油矿综合二队 5 号车组夺得金牌；石油沟油矿采油二队、老君庙油矿综合二队采油四小队夺得银牌；地调处 2262 地震队、录井处二小队、录井队射孔二队、钻井处 6052 钻井队、石油沟油矿采油一队、白杨河油矿 3 号车组、油建公司第四工程队夺得铜牌。

7 月 13 日　陵 3 井喜喷工业油流。

7 月 22 日　鄯 5 井射孔后喷油，油质很好。

8 月 1 日　台湾访问团一行 6 人到玉门油田参观访问，其成员大都是 40 余年前的“玉门人”。

8 月 10 日　国务院批复甘肃省政府，同意玉门石油管理局划归中国石油天然气总公司管理。

8 月 11 日　总公司通知吐鲁番石油勘探开发会战指挥部领导班子的人员及职务：赵熙寿任指挥，王鹏任临时党委书记，刘世洲任副书记，唐世荣、王昌桂（兼勘探总地质师）、崔辉（兼开发总地质师）、王世信（兼采油总工程师）、赵启海、王景星、郭敬任副指挥，温羡藩任钻井总工程师。

8 月 21 日　甘肃省总工会、计委联合举行的“甘肃省职工双增双节暨合理化建议经验交流会”在玉门油田召开，玉门炼油厂、水电厂等介绍了经验。

9 月 4 日　总公司在玉门油田召开《石油企业基层思想政治工作条例》研讨会。

9 月 11 日　经总公司节能检查团评审，白杨河油矿、油建公司晋升为“国家二级节能企业”，运输处、老君庙油矿、鸭儿峡油矿、石油沟油矿晋升为“总公司节能企业”。

9 月 12 日　著名作家魏巍到玉门油田参观访问，返京后在《人民日报》发表《玉门不老》一文。

9 月 25 日　管理局和有关科研单位共同承担的国家“七五”重点项目“老君庙油田 L 层化学驱油技术研究”通过国家鉴定。

10 月 10 日　炼油厂生产的 −35 号轻柴油通过国家技术监督局评审，获国优产品银奖。

10 月 22 日　玉门油田党委决定对获得“油城党员学大庆十大先锋”称号的马武林、王道路、赵忠儒、张开国、张秉华、丁再良、李兴国、李维屏、龚永泰、王岫云予以表彰。

11 月 1 日　甘肃省委书记李子奇、省长贾志杰在新疆维吾尔自治区副主席张思学等陪同下，视察了鄯善油田实验区。

12 月 23 日　管理局决定：吐哈会战指挥部设一室九部，即行政办公室、党委工作部、勘探部、开发部、钻井工程部、生产协调部、经营部、基建工程部、科技发展部、装备部；成立鄯善采油厂、试采指挥部。

12 月 24 日　玉门油田党委决定成立吐哈石油勘探开发会战指挥部临时党委，由 9 人组成，王鹏任书记，刘世洲任副书记。

1991年

1月1日　52辆满载鄯善油田原油的大型油罐车到达玉门，玉门油田举行了隆重的欢迎仪式。

1月2日　管理局成立北京联络处。

1月5日　经国家石油设备质量监督测试中心“三抽”产品制造许可证发证领导小组的严格审评确定，机械厂抽油机产品检测项目全部达到规定要求，工厂符合检测细则要求，许可生产抽油机。

1月20日　管理局将吐哈石油勘探会战指挥部机关的职能部更名为处，即勘探部改为勘探处、钻井工程部改为钻井工程处，开发部改为油田开发处，生产调度部改为生产调度处，基建工程部改为基建处，科技发展部改为科技处，装备部改为装备处，党委工作部改为工委工作部，行政办公室名称不变。增设规划计划处、财务处、劳动工作处、外事处、水电筹建处、生活管理处、物资供应处。

1月29日　管理局成立下游配套改造指挥部，具体统管炼油、水电的改造扩建工作。

2月13日　总公司决定成立吐鲁番—哈密石油勘探开发指挥部，由总公司直接领导。总公司提出吐哈会战要充分依靠和利用玉门油田的力量和优势，会战的后勤保障主要由玉门油田承担，玉门油田要在保持老区稳产的同时，全力以赴参与和支持会战。油田建成后统一由玉门石油管理局管理。

3月8日　总公司通知吐鲁番—哈密石油勘探会战指挥部领导班子组成，指挥谭文彬，常务副指挥赵熙寿，副指挥杨秀森、杨承志、吴碧莲、张福祥、秦安民、罗玉成、梅士琪、唐世荣、姚树梯、王世信，总工程师翟树人，勘探总地质师王昌桂，开发总地质师崔辉。以上人员原任职务不变。原吐鲁番石油勘探开发会战指挥部随即撤销。

3月21日　总公司总经理王涛、甘肃省省长贾志杰抵达玉门油田现场办公。

4月2日　水电厂石油沟35千伏变电所获“中国石油天然气总公司连续安全运行10年以上优秀变电所”称号。

4月6日　我国第一个物理法采油队在石油沟油矿成立。

4月26日　甘肃省副省长王金堂一行来玉门油田检查指导工作。

5月24日　管理局在海口市建立销售公司，拓展对外油田销售业务。

6月7日　管理局成立销售公司，负责原油购进和产品外销。

7月20日　共青团中央、国家科委、国家计委、中国科协授予玉门油田“1990年全国青工五小活动先进单位”称号。

7月29日　管理局向中国国际十年减灾委员会捐款12.6万元。

8月4日　总公司总经理王涛视察吐哈战区，看望和慰问会战职工，并在战区副处级以上干部大会上做了重要讲话。

8月9日　兴玉总公司“牛奶软包装灌装生产线”投产。

10月14日　甘肃省纪委副书记窦昌来玉门油田检查指导工作。

11月22日　载着鄯善油田1750吨原油的首列火车到达玉门南站，油田领导及数百名职工举行欢迎仪式。

12月17日　总公司下发《关于电厂改造增容建设工程计划任务书的批复》文件，同意玉门油田水电厂扩建2台130吨/时中温中压锅炉和2×12兆瓦汽轮发电机组，总投资1亿元。

12月21日　在总公司1990年度同工种基层队社会主义劳动竞赛中，石油沟油矿获得金牌；32757钻井队、老君庙油矿6号车组、老君庙油矿综合二队四小队、油建公司工程四队获得银牌；地调处1836地震队、地质录井处录井六队、测井一队、鄯善试采大队5号车组、石油沟油矿采油二队、白杨河油矿通2号车组、油建公司工程三队获得铜牌。

1992年

1月1日　玉门炼油厂获准生产钢桶，结束了从外地购买钢桶的历史。

1月22日　甘肃省总工会主席王新中一行2人，来玉门油田看望和慰问生活困难的职工。

1月　机械厂和西安交通大学强度研究所共同研究的“抽油杆断裂力学分析”通过总公司科技发展局的鉴定。该项研究首次系统地将断裂力学理论用于D级杆的缺陷评定、寿命预测。该项目填补了国内空白，达到国际先进水平。

2月1日　炼油厂聚丙烯装置生产出首批合格产品。

3月1日　多种经营管理处与兴玉总公司分署办公。

3月5日　鸭586井喷出高产油流。

3月14日　32852钻井队在鄯4−16井以27.47天和28.97天创战区钻井周期、建井周期新纪录。

3月18日　机械厂抽油杆、抽油泵及钻采修井配件产品送往北京参加国际石油工程展览会。5月，上述产品送往雅加达参加国际工业产品博览会。

4月1日　水电厂三五区净化站扩建工程开工。11月5日工程正式投产。

同日　老君庙油矿污水处理扩建改造工程开工。

4月4日　地调处2264地震队创日放炮270炮的新纪录。

5月1日　在总公司1991年基层队社会主义劳动竞赛中，32651钻井队、石油沟油矿采油一队、油建公司工程四队获得金牌；45155钻井队、录井处录井六小队、老君庙油矿综合二队6号车组、老君庙油矿综合五队20号车组获得银牌；录井处气测四小队、地调处2261队、录井处测井二队、井下处试油队、4566钻井队、鸭儿峡油矿采油一队、老君庙油矿综合二队四小队，井下处作业五队、油建公司工程三队获铜牌。

5月14日　中共甘肃省委书记顾金池、甘肃省省长贾志杰一行来玉门油田调研，并在全局干部大会上做重要讲话。

5月16日　酒参1井深井段首筒取心，收获率100%，创玉门取心钻进历年来最好水平。

5月20日　录井处测井4小队用2小时优质完成了庙矿C−199井的测井任务，创玉门地区历年完井测井最高纪录。

5月　机械厂与印度东方设备公司签订价值23万美元的标书，创该厂出口产品金额和数量的新纪录。

5月　在中国企业文化编辑部组织全国企业报晋京展中，《石油工人报》获一等奖。

5月　炼油厂50万吨催化裂化装置初步设计通过中国石化总公司设计院审查。

6月17日　中共中央政治局常委宋平一行到吐哈探区视察工作。

6月27日　玉门油田党委表彰在“双献身”活动中做出突出成绩的先进党支部十面红旗和优秀共产党员九大先锋。

6月30日　助剂厂生产的磺化沥青产品，在兰州通过省级鉴定，填补了甘肃省内生产空白，产品达到国内先进水平。

6月　2具万立方米储油罐在炼油厂南站油库建成。制造万立方米储罐在玉门油田尚属首次。

7月3日　总公司总经理王涛、副总经理李天相等到吐哈探区视察工作。

7月3日　45164钻井队用单只PDC钻头进尺1394.4米，夺得全国金刚石钻头使用竞赛第一名。

7月27日　生活处劳保服装厂取得甘肃省劳保定点生产合格证。

7月28日　32852钻井队在S3−18井创钻井周期16.7天、建井周期22.54天等5项新纪录。

8月6日　32651钻井队在鄯2−15井用6小时10分进尺624.86米，创班进尺新纪录。

8月7日　32852钻井队在吐哈战区创年进尺2万米纪录。

8月21日　国务委员兼财政部部长王丙乾、新疆维吾尔自治区党委书记宋汉良、副主席王乐泉、副主席王友三等到吐哈探区视察。

8月25日　共青团甘肃省委副书记周永革和青工部领导看望老君庙油矿马武林青年突击队。

8月28日　国务院副总理邹家华、新疆维吾尔自治区党委书记宋汉良、副主席王乐泉、总公司副总经理邱中健和国家计委、纪委及西北四省区有关领导到吐哈探区视察。

8月31日　旅居台湾地区“老玉门”一行16人到玉门油田参观访问。

9月24日　管理局党委、管理局对10名技术状元、106名技术能手、3个竞赛优秀组织单位予以表彰。

9月　兰州办事处在兰州市磨沟沿兴建的综合大楼开工。

10月14日　管理局印发《劳动人事工资制度配套改革总体方案》《开展优化劳动组织推行全员劳动合

同制实施方案》《岗位技能工资制试行办法》。

10 月 21 日　管理局撤销油田开发处和老君庙、鸭儿峡、白杨河、石油沟 4 个油矿，成立采油厂。

10 月 21 日　管理局撤销炼化处、炼油厂及炼油厂特油分厂，成立炼油化工总厂，与销售公司为一套机构两块牌子。

10 月 21 日　成立兰州西部科技开发公司和华油养殖公司。

10 月 24 日　通讯处取得能源部颁发的“邮电建设施工二级资质证书”。

10 月 30 日　油田残疾人联合会第一次代表会议召开。

11 月 1 日　总公司任命王世信、吴涛、陶惠鑫、彭立垣为玉门石油管理局副局长。

11 月 10 日　总公司副总经理李天相率领国务院税收、财务、物价大检查小组一行 7 人来玉门油田视察指导工作。

11 月 13 日　32852 钻井队全年“十开十完”，创队年进尺新纪录。

11 月 24 日　机械厂车工马刚、炼化总厂子弟学校副校长褚江当选为甘肃省第八届人民代表大会代表。

12 月 28 日　管理局印发《医疗制度改革方案》和《医疗制度改革方案实施细则》，从 1993 年 1 月 1 日起执行。

1993 年

1 月 9 日　甘肃省总工会领导李森林一行 3 人来玉门油田慰问困难职工。

1 月 14 日　技工学校首届职业技能竞赛活动结束。此项活动于 1992 年 11 月中旬开始，竞赛设 28 个项目，有 406 人次参加，100 余人获奖。

2 月 16 日　管理局召开机关处室长会议，局领导宣布新的局机关机构及处室负责人。改革后的局机关处室由 29 个减为 20 个，科室由 101 个减为 60 个，机关工作人员由 456 人减至 397 人。

2 月 18 日　玉门钻井指挥部 45176 钻井队在新疆丘陵油田创单只 PDC 钻头进尺全国纪录。该钻头钻井 126 小时 13 分，累计进尺 1582.16 米。

2 月　新建的 8.5 多万平方米的住宅楼交付使用，近千户职工、家属迁进新居。

3 月 10 日　管理局成立住房制度改革领导小组。

3 月　第一本反映油田各单位和机关各部门年度工作情况的资料性手册《玉门油田年鉴》编印发行。

4 月 5 日　玉门 45155 钻井队在新疆丘东 21 井深井段中长筒取心单筒进尺 27.5 米，取心收获率 100%，创战区取心新纪录。

4 月 5 日　水电厂四期改造工程破土动工。

4 月 5 日　玉门油田召开河西地区勘探研讨会议，来自北京、兰州、西安等地的 20 余名教授和专家及局内的 60 余名科研人员参加。

4 月　炼化总厂加工量为 50 万吨的二套催化装置破土动工。

5 月 11 日　管理局驻西安办事处成立。该机构同吐哈石油勘探开发会战指挥部驻西安办事处为一套机构两块牌子。

5 月 18 日　全国人大常委会常委委员、中国科学院副院长、学部委员、孙健初先生之子孙鸿烈来玉门油田参观，并向孙健初纪念碑敬献了花篮。

5 月　在 1993 年全国企业报展评中，《石油工人报》获一等奖。

6 月 2 日　32852 钻井队 118 天钻井进尺 2 万米。

6 月 24 日　团中央书记处书记吉炳轩、团省委书记张天理一行来玉门油田检查工作。吉炳轩为玉门青年题词：祁连山下团旗红，玉门青年最可敬，艰苦奋斗创大业，无限风采油染成。

6 月　经玉门市人民政府批准，玉门油田民兵武器仓库被划为军事管制区。

7 月 1 日　纪委、监察处开始对全局职工从事第二职业、个人经商、集资、中介人取酬及基层队站、车间、科室多种经营情况进行专项调查。

同日　新会计制度在玉门油田开始运行。

7 月 13 日　开始开展定编、定员、定岗、定责为内容的“四定”工作。8 月底结束。

7 月　在总公司 1992 年度同工种基层队劳动竞赛中，32852 钻井队、2247 地震队、采油厂采油十队采油二小队、油建公司工程四队获金牌；45155 钻井队、录井处测井二队、井下处测试队、采油厂采油二队采油四小队和 6 号修井车组获银牌；45177 钻井队、32757 钻井队、录井处录井五队、采油厂 65−1 侧钻队、采油八队采油一小队、油建公司工程三队获铜牌。

8 月 11 日　全局干部岗位劳动评价和岗位规范工作全面展开。

8 月 16 日　1832 次货车的 12 列原油槽车因出轨而爆炸起火，玉门油田消防大队 4 辆消防车和 28 名指战员参加扑救。经过 72 小时将火扑灭，受到铁路部门高度评价。

8 月 17 日　管理局闭路电视网络通过省级认证，图像质量达到四级，信号电平、载噪比等技术指标均达到国际要求。

8 月 22 日　为期 3 天的全国油田油井增产新技术交流会在油田结束。玉门油田的“高能气体压裂”“超声波油井增产技术”获好评。

8 月 31 日　6052 钻井队承钻的营探 1 井开钻。

8 月　为期 3 个月的工人岗位培训和上岗资格考核工作全面展开。

8 月　由油建公司工程部承建的南站油库原油公路卸车装置全面动工。

9 月 28 日　由多种经营总公司等 5 家单位合股组建的“三环贸易公司”在玉门北坪区开业。

10 月 11 日　炼化总厂 30 万吨 / 年新焦化装置点火升温。18 日生产出合格的焦化汽油、柴油、蜡油和瓦斯气 1000 余吨。

10 月 24 日　管理局工会主席刘世洲参加中华全国总工会第十二次代表大会。

10 月 27 日　根据国发（1993）47 号文件精神，玉门油田决定开展第三产业普查工作。

10 月　中国企业评价中心、国家统计局固定资产投资统计司、建设部施工管理司公布 1992 年中国 500 家最大经营规模建筑业企业，玉门油田油建公司榜上有名。

10 月　兰州军区评定管理局为民兵高射武器储存管理先进单位。

11 月 11 日　兰州市房产局以 166 号文给玉门油田颁发了兰州市中山路 100 号院的产权证。

11 月 14 日　32852 钻井队以 282 天 15 小时进尺 4 万米创吐哈战区最高纪录。29 日管理局工会给 32852 钻井队记特等功。

12 月 1 日　印发《住房制度改革方案》。

12 月 10 日　炼化总厂原油加工量首次突破 100 万吨大关。

12 月 25 日　管理局印发《全员劳动合同化管理暂行办法》《富余职工安置管理办法》《内部劳务市场管理暂行办法》《对做出重大贡献的职工实行重奖的办法》。

1994 年

1 月 7 日　白杨河至玉门市区的引水渠道复线工程正式通水。

1 月　机械厂轧钢厂试轧成功，生产出第一批合格圆钢。

2 月 24 日　管理局印发《关于调整多种经营系统经济体制的决定》。

3 月 1 日　管理局统一实行每周 44 小时工作制。

3 月 5 日　管理局首次对多种经营系统的过程项目实行有限招（议）标。

3 月 29 日　钻井处自产的 PDC 钻头在吐哈试用成功。

3 月　职工医院人工晶体植入手术成功，填补了该院眼科史上的空白。

同月　生物聚合驱油技术在老君庙应用成功。该项技术投入产出比为 1∶3.1，化学剂投入与产出比为 1∶9，相当 1 吨聚合物可驱出原油 377 吨。

4 月 15 日　团中央书记处书记姜大明、青工部副部长赵勇一行来玉门油田视察工作。

5 月 3 日　采油厂新技术推广 QC 小组被评为甘肃省、总公司、国家优秀 QC 小组；油建公司质量科 QC 小组、炼化总厂催化车间降耗小组等 4 个 QC 小组被评为甘肃省、总公司优秀 QC 小组；机械厂井式炉等3个QC小组被评为总公司优秀QC小组。

5月9日　酒东盆地油气勘探研讨会召开。

5月27日　甘肃省建委批准油田电力工程公司、供水工程公司合并为电力水力工程公司。

6月2日　管理局党委、管理局印发《领导班子议事规则》《领导班子思想作风建设若干规定》和《加强党风廉政建设若干规定》。

6月　石油沟开展大规模生物聚合物驱油现场试验。试验总投资126.078万元，并建立了以油田中部的147、194、185、123等四个井组为主的试验区。

7月10日　营北1井开钻。

7月22日　管理局对花海、潮水等盆地勘探实行对外招标，澳大利亚BHP公司来玉门进行实地考察。

7月31日　机械厂产品订货额首次突破亿元大关。

8月17日　中共中央组织部副部长兼国家人事部副部长赵宗鼐、甘肃省委组织部副部长韩玉玺一行来玉门油田视察工作。

9月10日　甘肃省委副书记杨振杰、团省委书记邵明等一行17人来玉门油田视察工作。

9月25日　炼化总厂150万吨原油加工配套工程中的瓦斯火炬治理工程点火一次成功。火炬塔高61.63米。

9月30日　酒东盆地营尔凹陷马家渠构造的第一口预探井马1井开钻。

9月　在全国企业报协会和中国企业文化协会联合举办的第三届全国企业报晋京展评中，《石油工人报》获金奖。

9月　在1994年中国500家最大企业评比中，玉门油田排名132，列石油企业第8名。

10月1日　玉门油田“改革15年成果展”开展。11月21日结束，共接待观众近万人。

10月28日　管理局印发《内部治安综合治理分工责任制和实行“一票否决权”制的规定》和《内部治安管理办法》。

11月12日　水电厂四期扩建工程中的12号炉经过72+24小时的试运行合格，正式移交生产。11月14日，8号机经过72+24小时的试运行合格，正式并网移交生产。

11月20日　炼化总厂50万吨催化裂化装置开厂一次成功。该装置引进了当代国内炼油行业领先水平的部分设备和DCS控制系统等先进技术。

11月23日　规划设计院设计投资工作量首次突破1亿元。

11月　玉门油田国有资产价值按国家及总公司规定重估后，固定资产核实资本金在原有基础上净值增加32.9%，原值增加36.43%。

12月10日　玉门油田召开祝捷表彰大会，庆祝炼化总厂50万吨/年催化裂化装置和水电厂一机一炉竣工投产。

12月16日　炼化总厂4万吨/年液态烃发槽工程通过甘肃省劳动局、石化厅、建委、锅炉检验所的联合验收。

12月　玉门油田首批转岗人员培训班结业。参加培训的190人中有182人转往新岗位。

同月　炼化总厂设计室设计的“150万吨/年配套燃料系统改造工程”中的高低压管网技术获得国家专利。

1995年

2月　炼化总厂销售公司在兰州召开成品油销售订货会，签订供货合同89份，成交各类油品95万吨，占全国销售计划的81.2%。

4月　机械厂向印度尼西亚出口整筒泵40台。

5月8日　甘肃省经贸委批复同意玉门炼化总厂250万吨常减压装置改造项目。

5月18日　总公司给玉门油田发来潮水、雅布赖盆地风险勘探中标通知书。

5月　石油技校被甘肃省人民政府认定为省（部）级重点技校。

6月6日　炼化总厂工程维修公司正式成立。

6月15日　总公司决定，为理顺玉门、吐哈油田管理体制，同意组建玉门吐哈企业集团管理委员会，下属玉门石油勘探开发公司（仍称玉门石油管理局）和吐哈石油勘探开发公司，玉门吐哈企业集团设办公室，配主任1名（副局级）、副主任2名（正处级）；并在中共吐哈石油勘探开发指挥部工作委员会的基础上，组建中共吐哈石油勘探开发公司临时委员会。玉门石油管理局与吐哈石油勘探开发指挥部划分为两个独立的法人。

6月21日　总公司决定，任命陈耕为吐哈玉门石油企业集团管理委员会主任，赵熙寿、杨秀森为副主任，罗英俊、李志新、刘世洲、黄亦纯为委员。

6月　玉门油田第一口定向中深井在鸭儿峡地区顺利完钻，井深3406米。

8月　管理局颁发《实行每周五天工作时间制度的暂行规定》，从9月1日起执行。

9月8日　根据中国石油天然气总公司《关于理顺玉门吐哈油田管理体制问题》的文件精神，吐哈玉门石油企业集团管理委员会决定，将玉门石油管理局地质调查处、钻井处、地质录井处、油建公司、运输处、井下技术作业处、第二石油机械厂7个单位成建制划归吐哈石油勘探开发指挥部管理。

9月10日　甘肃省委、省政府督察组一行5人来玉门油田检查工作。

9月16日　共青团中央检查组一行8人来玉门油田检查工作。

9月　在1995年度全国500家最大工业企业排名中玉门油田名列第175位。

10月20日　甘肃省副省长韩修国等一行20余人来油田考察，在对玉门油田开发56年来所取得的成绩做出肯定的同时，对玉门油田未来的发展提出了建设性意见。

10月21日　炼化总厂成品油销售首次突破100万吨。

11月3日　玉门油田获国家首批“中华老字号”企业荣誉称号。

11月17日　管理局发出关于使用《职工医疗保险手册》的通知，从1996年1月起使用。

11月20日　管理局召开《全面实施劳动合同制动员暨签订合同会》，局长刘世洲与局机关各处室和各二级单位党政正职签订了《全员劳动合同》，向局机关各处室，各二级单位领导颁发了《法人代表授权委托书》。至年底，管理局与18112名职工签订了不同期限的劳动合同。

12月14日　甘肃石油分会玉门分会召开第四次代表大会。

12月25日　水电厂四期扩建配套工程——双曲体冷却水塔竣工并一次投运成功，正式并入发电系统。标注着四期改造工程竣工。

1996年

1月1日　玉门油田医疗改革方案正式实施，原属二级单位的保健站、卫生所划归职工医院统一管理。

1月4日　玉门油田工会对40个文明家庭进行表彰。

3月1日　炼化总厂学校、炼化总厂技工学校、北坪幼儿园、南坪幼儿园、炼化总厂幼儿园、水电厂幼儿园、机械厂幼儿园、物资处幼儿园、采油厂第一和第二幼儿园整建制划转教培中心管理。

3月12日　管理局在炼化总厂召开重点工程动员大会，标志着玉门油田“九五”期间以炼化改造为龙头、水电五期扩容为保障的一批重点工程建设全面开工。

3月28日　管理局在机械厂进行厂长聘任副厂长工作试点。

5月1日　采油厂试行采油、修井甲乙方合同制。

6月18日　水电厂“五期”扩建工程破土动工。

6月　《石油工人报》在北京“第五届全国企业报晋京展评”中获一等奖。

7月22日　挪威船级社对机械厂ISO 9000质量体系进行预评审，同时还对机械厂的抽油杆、抽油泵等产品质量体系的20余种要素进行逐项审核。

7月29日　甘肃省省长张吾乐到玉门油田检查指导工作。

8月18日　由玉门石油分会组织的河西走廊含油气盆地地质勘探研讨会在酒泉疗养院召开。原石油工业部副部长焦力人、李天相、中国工程院院士翟光明、中国物探学会会长潘瑗、总公司勘探院总地质师吴震权、原中国石油学会副秘书长徐旺等10余位老领导、老专家到会指导。

8月23日　雅参1井开钻。

9月8日　中华全国总工会副主席张国祥在甘肃省省工会主席王新中的陪同下，来玉门油田检查指导工作。

10月3日　玉门石油管理局第十次党代会开幕，出席会议的正式代表300名。

10月14日　炼化总厂生产的90号加铅汽油首次投放市场。

10月18日　首次举行劳动力交流洽谈会，来自各单位近170名富余、下岗人员参加交流。

11月11日　机械厂收到美国石油学会（API）颁发的抽油杆、抽油泵会标使用许可证。

12月16日　为适应“油公司”体制要求，切实转变管理方式，对局机关机构进行改革，局机关设职能部门20个、直属机构7个、直属实体单位4个，定员307人，定员编制压缩了1/4。

12月28日　机械厂宣布内部改革方案，将全厂分为石油机械、炼油化工机械，多元多经开发三大块，形成分块经营、独立核算的经营机制。

12月31日　玉门油田石油专用通信网长途直拨电话开通。用户可通过直拨方式与全国50余个石油企事业单位通话。

1997年

2月25日　管理局首次采用劳动力交流方式，将76名复转军人安置到各农场工作。

3月12日　老君庙油田被评为1996年度全国高效油田，继续保持了一类油田开发水平。

3月17日　职工医院开通绿色急救通道。

4月3日　成立新区勘探指挥部，以进一步加强潮水、雅布赖等盆地勘探工作的组织领导。

5月15日　总公司副总经理马富才一行7人到玉门油田检查指导工作。

6月30日　举办庆祝香港回归大型文化广场活动及“辉煌之夜”焰火晚会。

7月　雅参1井完钻，共钻遇1000余米生油岩。

8月18日　炼化总厂新建的250万吨/年三套常减压装置开炉一次成功，并产出合格产品。至此，该厂的原油年加工能力由150万吨上升到400万吨。

同日　玉门油田各界代表400余人在油城公园隆重纪念孙健初同志100周年诞辰，党委副书记张东泉发表纪念讲话。19日总公司在北京举行了纪念会。

同日　机械厂接到挪威船级社颁发的ISO 9000质量体系认证书。

9月1日　管理局召开炼化改造工程祝捷记功大会，中国石油天然气总公司、甘肃省计委及兄弟单位代表到会祝贺。

9月5日　管理局在酒泉疗养院召开勘探会议，确定“立足深化酒西、主攻酒东、甩开潮雅、准备武花”的勘探工作部署。

9月12日　管理局党委书记黄亦纯参加中国共产党第十五次全国代表大会。

9月13日　职工医院“玉门—上海远程医疗会诊系统”正式开通。

9月19日　炼化总厂新建重整加氢装置开厂一次成功，并生产出合格产品。

10月6日　水电厂除灰治理工程试投用。

10月8日　管理局在京注册的北京阳关商贸有限公司挂牌开业。

10月　炼化总厂30万吨/年酮苯脱蜡工程开工。

11月19日　炼化总厂新兴公司糠醛厂投产，年生产糠醛能力为400吨。

11月　黑沙1井在钻探中见到油气显示。

12月3日　玉门油田信息网与中国石油网、国家互联网联通。

12月22日　中纪委委员、总公司党组成员、纪检组组长张轰率工作组到玉门油田进行为期5天的检查。

12月28日　管理局召开炼化发展工作会议，总公司炼化局、石油化工科学院、石化规划设计总院的专家到会指导。

1997 年　玉门油田职工总量实现负增长。

1998 年

1 月 3 日　机械厂召开内部租赁经营投标答辩会，铸造、精铸、容器、热处理锻造、机钳、抽油机、工维、机修等 9 个车间分别被个人或合伙人承包。此举在玉门油田尚属首次。

1 月　炼化总厂“祁连”牌商标被认定为甘肃省著名商标之一。

2 月 24 日　管理局制定下发《内部市场管理通则（试行）》，共 12 章 61 条。

3 月 24 日　管理局成立职工再就业服务中心。该中心与人才劳动力交流服务中心为一套机构、两块牌子。6 月 10 日举行挂牌仪式。

3 月 30 日　管理局开始在全局开展定责、定编、定岗、定员、定岗位规范为内容的“五定”工作。工作目标是到 2000 年把玉门油田职工总量控制在 1.9 万人以内。

3 月　工会在职工中开展群众性投票评选劳动模范活动，从 24 名候选人中评选出 20 名。

4 月 15 日　白杨河水库枢纽工程正式开工。

5 月 13 日　管理局召开内部市场管理工作会议。

5 月 20 日　炼化总厂生产的 15 号航空液压油通过国产航空油料鉴定委员会的联合化验。该厂成为国内首家被批准生产此种油品的厂家。

5 月 26 日　管理局印发《统一职工基本养老保险制度实施办法》《职工失（待）业保险管理暂行规定》《职工生育保险试行办法》。均于 1998 年 1 月 1 日起执行。

6 月 1 日　管理局印发《关于开展职工高中文化补习培训工作的实施意见》，规定职工中干部不满 40 周岁，工人不满 35 周岁，文化程度没有达到高中以上者属于补习培训范围。

6 月 4 日　位于 134 断层南面 3 号断块的 915 井完井投产，使 3 号断块扩边增储成为现实。

6 月 11 日　水电厂五期改扩建工程基本结束。

6 月 17 日　采油厂人工地震技术服务队赴青海油田 2 个区块实施技术服务。

6 月 18 日　甘肃省副省长吴碧莲一行到玉门油田视察工作，先后考察炼化总厂三套常减压、二套催化、水电厂五期扩建工程，采油厂 603 岗位。

同日　勘探、开发、物资、基建、运输、机加工、劳保、技术等 12 个内部专业市场正式启动。至年底，共清退外雇施工队 35 个、外租车 96 辆、外用工 1091 人，减少资金外流 1700 余万元。

6 月 21 日　甘肃省委副书记赵志宏一行到玉门油田，先后考察了采油厂、炼化总厂等单位。

6 月 26 日　玉门油田举行首次再就业基金募捐仪式，共收到 4 个组织团体、28 个局属单位、16 个在玉门施工单位的捐款 456.9 万元。

6 月 30 日　实施《名师带徒制度》。师徒协议一般 1 至 3 年，徒弟考核晋级后，对师徒均有奖励。

6 月　石油工人报社受到国家新闻出版署的表彰。

7 月 1 日　采油厂在白杨河油田实行“个人挑头、集体承包、包死基数、独立核算、自主经营、风险共担”的承包经营正式运行。原有职工 298 人，承包后仅有生产人员 28 人，其中职工 20 人，管理油井 104 口、注水井 24 口。

同日　甘肃省代省长宋照肃一行到玉门油田视察工作，先后考察炼化总厂、采油厂等单位，听取局长刘世洲的汇报。

7 月 24 日　总公司批复同意将“酒泉盆地白垩系小型箕状断陷油气聚集规律及勘探技术”研究，补充列入总公司“九五”重点科技攻关项目。

7 月 27 日　中国石油天然气集团公司在京正式宣告成立，玉门油田隶属集团公司领导。

同日　中纪委副书记刘丽英、常委祁培文一行在甘肃省委副书记李虎林、监察厅厅长黄亦纯等陪同下到玉门油田视察工作。

8 月 10 日　位于青西地区的柳 102 井获得初产 50 米 ^{3}/ 日的工业油流。该井出油增加了窟窿山—柳沟庄区块的含油面积和油气储量。14日在柳102井现场举行祝捷庆功会，对在该井勘探中做出贡献的13人予以记功嘉奖，并对研究院、勘探部、吐哈4531钻井队等6个集体予以奖励。

8月13日　管理局党委、管理局、局工会号召全局职工、家属开展抗洪救灾捐助活动，向灾区人民献爱心。至20日，首期捐款达26余万元。

8月27日　50余名海内外玉门“老石油人”及其眷属重返故地，寻根访友。其中吴德楣等28位来自台湾地区和北美。28日“老石油人”们参观了603岗位、老君庙、研究院勘探室、教培中心第一幼儿园、炼化总厂厂史展览、250万吨常减压装置、梦江南农业小区。29日召开了座谈会，新老玉门人共同回顾了玉门油田的创业与发展史，并授予金开英等19名旅居台湾地区和北美的老油人“玉门油田荣誉职工”称号。

8月28日　玉门油田与甘肃省劳动厅、社会保险事业管理局签署养老保险行业统筹移交地方管理协议。从9月1日起，玉门油田社会保险中心纳入全省统筹，实行省级管理，并受省局委托继续负责全局职工养老保险费的收缴和离退休人员养老金发放。

8月30日　白杨河水库导流洞贯通，全长296.26米。

8月　管理局向湖北省灾区捐赠价值100万元的救灾物资。9月，湖北省接受救灾捐赠办公室来信表示感谢。

同月　在全国企业报1997年度好新闻评选中，石油工人报社的5件作品分获一、二、三等奖。

9月2日　玉门油田23名特困生在职工互助补充保险基金的资助下顺利入校学习。

9月3日　工会万龙纯净水厂正式投产，产品命名为“祁连山泉”牌，日产量为30余吨。11月19日，在甘肃省商标局正式注册为“玉梦源”牌纯净水。12月9日，该厂新生产线投产，生产能力提高3倍。

9月4日　在114井区内钻的鸭917井投产，日产纯油21立方米。该井是第一口运用三维地震资料确定的井。

9月8日　炼化总厂年产5000吨/年聚丙烯新聚合物装置投产，使聚丙烯年产量达到1万吨。

9月10日　全国大型企业工会工作研讨会在玉门油田召开。全国总工会、甘肃省总工会、工人日报社、齐鲁石化公司等单位的领导和代表参加研讨，甘肃省总工会王新中认为玉门油田工会工作代表了甘肃省工会工作的先进水平，是全省工会的一面旗帜。会议于12日结束。

9月10日　炼化总厂成品油铁路装车系统投用。该系统引进定向式移动鹤管，解决了装车劳动强度大及装车调节范围小等问题，发车能力比过去提高3倍。

9月12日　炼化总厂中心计量室10项计量标准通过甘肃省技术监督局评审验收，获得为玉门油田检定计量标准的授权。

9月16日　57次岗位责任制现场验收结束。此次大检查历时一个月。

9月17日　炼化总厂新引进的瓦斯压缩机正式投用，年可节约燃料油近6000吨，可节支400万元。

9月28日　炼化总厂聚丙烯车间尾气回收装置投运，每日可回收液体丙烯3.5吨。

9月　炼化总厂重整加氢车间经技术改造，加工成本由每吨600多元下降至90元。

同月　酒东盆地长101井在钻探中见到油气显示。

同月　在甘肃兰州交易会上，炼化总厂展位被兰交会组委会评为最佳设计布展奖。

同月　玉门油田首次开展以效益为中心的油水井大调查，共收集1400余口油水井的现场资料。

10月16日　开始在全局推行HSE管理体系（健康、安全、环境管理体系）。

10月19日　共青团甘肃省委“青年文明号”生产线创建工作现场检查团观摩了炼化总厂机钳车间、三套常减压车间、采油厂603岗位，对玉门油田共青团工作给予好评。

10月31日　离退休职工成都基地部分建成投用，首批240余户离退休职工开始搬迁。

10月　氟硼酸防砂工艺技术、老君庙M油藏压裂工艺技术、延迟放热化学清防蜡解堵剂通过甘肃省科委鉴定。

同月　全总基层工作部、全总电教中心、中央电视台联合举办的“98全国模范职工之家、优秀工会工作者电视片评选展播”结束，玉门油田工会选送的专题片《戈壁筑建温馨“家”》获二等奖，并在中央电视台一套节目播出。

11月6日　《石油工人报》“周末版”试刊，8开8版。1999年1月1日正式发行。

11 月 18 日　甘肃省总工会副主席李宝堂一行 4 人就贯彻中华全国总工会十三大和甘肃省总工会九大精神到玉门油田调研。

11 月 21 日　机械厂为苏丹加工的 2 万米抽油杆如期发运出厂。

11 月 30 日　采油厂对石油沟油田实施“委托经营，集体承包”。从 1999 年 1 月 1 日起，3 年不变。在承包期内，不但要自挣自养，而且要上缴利润。承包集体将原来的 5 个区队、33 个岗位改编为 4 个操作区、3 个班。人员由 304 人减为 120 人。

12 月 11 日　水电厂除灰水工程和采油厂治污工程通过甘肃省环保局、石化局和酒泉地区环保局的验收。

同日　玉门油田首座无人值守的变电所 10 千伏青西变电所一次带电启用成功。

12 月　青西地区的窿 101 井和柳 103 井在钻探中见到良好的油气显示。

同月　研究院研制成功 YM－Ⅱ型高分子聚合物混配装置。

1998 年　生产原油 40 万吨，是 40 万吨连续稳产第 8 年。

1999 年

1 月 6—7 日　玉门油田领导在技术座谈会中第一次提出“稳住东部，提高西部”的油田勘探开发目标，即保持老君庙、鸭儿峡、白杨河、石油沟油田继续稳产，提高青西油田原油产量。

1 月 26 日　集团公司副总经理黄炎、总经理助理罗英俊主持召开玉门油田扭亏解困汇报会。黄炎要求玉门油田：立足于主业的发展，这是走出困境，实现发展的根本之路；大力降低成本；减人增效。

3 月 19 日　管理局召开干部大会，集团公司副总经理黄炎就玉门石油管理局如何扭亏脱困、持续发展提出具体要求。

4 月　管理局进行机关改革，机关从处室长到一般干部全部下岗，面向全局公开竞聘，实行逐级聘任。全局共有 400 余名干部参加了油田机关 18 个职能处室、310 个岗位的竞聘，其中有 20 名科级以下干部参加了机关处级干部竞聘，7 名通过竞聘走上了副处级领导岗位。

5 月　炼化总厂、采油厂、水电厂先后进行厂机关改革，各岗位人员采取公开竞聘上岗。

5 月 28 日　炼化总厂丙烷脱沥青装置一次投料试车成功，次日生产出首批合格产品。

6 月 19 日　中共中央政治局常委、书记处书记、全国总工会主席尉健行在酒泉宾馆接见玉门石油管理局副局长高玉江、工会副主席陈恩仓。尉健行说：“目前，国有大中型企业的发展碰到了困难，但为国家做出过重大贡献的企业，国家还是会给予帮助扶持的，请你们回去后转达我对全局职工的问候。”

6 月 30 日　采油厂扩展青西油田外围滚动勘探开发，青西原油日产量达到 118.26 吨。

6 月　炼化总厂 300 万吨 / 年配套污水改扩建工程破土动工。

7 月　玉门石油管理局按照集团公司的总体要求，结合油田的实际情况，将原玉门石油管理局的采油厂、炼化总厂等核心业务单位分离重组，成立中国石油玉门油田公司，其余非核心业务单位仍由玉门石油管理局管理。至此，原玉门石油管理局变为玉门油田分公司、玉门石油管理局两个分立运行的正局级单位。

8 月 12 日　炼化总厂收到香港国际化工协会关于“99 国际化学工业科技成果博览暨产品推广研讨会”的贺函，“祁连”牌聚丙烯产品被组委会评选为优秀成果金奖，玉门油田石油化工产品首次获此荣誉。

8 月 18 日　由玉门石油管理局、韩国国际美术协会、《中国石油报》社、中国石油美术协会联合举办的“99 中韩国际美术玉门交流展”在局文化宫三楼展出。

8 月 24 日　中纪委委员、集团公司党组成员、纪检组组长张轰，代表集团公司党组、集团公司来油田参加玉门油田开发 60 周年庆典活动。

8 月 26 日　庆祝玉门油田开发 60 周年纪念大会在油田文化宫影剧院召开，几代玉门石油人从四面八方聚集玉门油城，共庆玉门油田 60 华诞。

8 月 27 日　原中组部副部长赵宗鼐、原石油工业部副部长李天相等老领导、老石油、老玉门和采油厂各界代表 100 余人欢聚一堂，共话油田开发 60 周年。

8 月　酒西盆地青西凹陷柳 102 井出油，日产 129 立方米高产油气流，展示出青西油田建设的良好前景。

10 月 13 日　新华社在“再回首第一看今朝”专栏中播发《玉门油田：新中国石油工业的摇篮》报

道。介绍玉门油田60年来为我国石油工业无私奉献，艰苦奋斗、自强不息，推进油田发展的有关情况。

10月15日　集团公司党组成员、副总经理阎三忠一行来玉门油田宣布重组后玉门油田公司和玉门石油管理局领导班子任免决定。集团公司党组、集团公司决定：刘世洲任玉门油田公司经理、党委委员、党委书记；孔繁瑾任玉门油田公司副经理、党委委员、党委副书记；彭立垣任玉门油田公司副经理、党委委员；熊湘华任玉门油田公司副经理、党委委员。张东泉任玉门石油管理局局长、党委书记；田玉军任玉门石油管理局副局长；高玉江任玉门石油管理局党委副书记、纪委书记、工会主席；严晓昱任玉门石油管理局副局长、党委常委。

11月1日　玉门石油管理局召开重组后首次干部大会。局长、党委书记张东泉在讲话中首次提出“以工业经济为基础，第三产业为接替，农业牧业为补充，社会公益保稳定”新的四大发展战略。

11月29日　青西油田完成全年原油生产任务，提前32天率先跨年。

11月30日　炼化总厂10万吨/年柴油加氢降凝装置投产。装置投运后生产平稳，生产出首批合格产品。

11月　玉门油田公司工会委员会、玉门油田公司女工委员会、共青团玉门油田公司委员会及纪委成立。

12月8日　炼化总厂聚丙烯生产突破万吨大关，加工费用较计划降低15%，提前跨年。

12月16日　炼化总厂顺利通过北京三星九千中心的审核认证，获得ISO 9002国际质量体系认证证书，认证覆盖产品包括燃料油（脂）、添加剂及化工原料等13大类180余种牌号。

12月17日　水电厂五期改扩建工程胜利竣工。

12月18日　玉门油田1000余名干部、工人、学生、离退休人员及部分市政单位职工，参加“喜迎澳门回归，迈向新世纪”环城赛。

12月21日　在原勘探开发研究院三采室、采油厂研究所和科技科基础上，油田公司成立了采油工艺研究所。

12月　股份公司决定，将中国石油玉门油田公司更名为中国石油天然气股份有限公司玉门油田分公司，行政由股份公司直接管理，业务由勘探与生产分公司归口管理，机构规格为正局级。公司行政领导职务名称由“经理、副经理”改称“总经理、副总经理”。油田分公司党组织关系由玉门石油管理局党委代管。

同月　集团公司同意玉门石油管理局与部分职工有偿解除劳动关系，并依据《中华人民共和国劳动法》和集团公司有关规定，以双方自愿为原则，签订解除劳动关系协议。在操作上严格履行法定程序，并到当地公证部门进行公证。3418名职工自愿有偿与玉门石油管理局解除了劳动关系，自谋职业，管理局在册职工减至8052人。

2000年

1月24日　中华全国总工会书记处书记苏立清、甘肃省总工会副主席李宝堂等一行六人来管理局检查指导工作。

1月　管理局按照社会化分工、专业化管理、优势互补、精干高效的原则，对部分二级单位进行了机构重组。

3月14日　职工医院新外妇大楼建成投用，该大楼1999年5月动工，2000年1月20日　竣工并通过验收，总面积4248平方米。

3月15日　机械厂下属的铆锻车间被职工斥资22.5万元买断，实现了公转民营，更名为“玉门石油管理局机械厂铆锻分厂”并举行了揭牌仪式，标志着全局产权关系改革拉开了序幕。

4月11日　职工医院三台区、三三区、十九区、南坪区四个社区服务站启动运行。

4月20日　油田作业公司钻井队组建完成，承钻的鸭922井开钻，举行了首钻开钻剪彩，拉开了管理局参与玉门地区钻井市场竞争的序幕。

4月　经集团公司审批，管理局筑路工程公司（建安处）与长庆筑路工程总公司联合组建筑路工程施工企业集团，油田筑路工程公司（建安处）被冠名为“长庆石油勘探局筑路工程总公司玉门分公司”。从此，管理局具备了高等级公路工程施工的资质和能力。

5月12日　玉门油田科达化学有限责任公司正式揭牌开业，属管理局首家股份制试点单位，为独立法人经营实体，实行股份制经营。

5月15日　水电厂大湾二级水电站正式开工。该电站1999年11月立项，是管理局投资兴建的股份制小型水电站，装机总容量6000千瓦，是玉门油田重组改制后管理局采取多元投资方式建设的第一个大型项目。

6月8日　管理局康复医院在酒泉疗养院正式挂牌成立，标志着管理局医疗卫生工作迈入了一个新的起点。

6月19日　油田作业公司钻井队承钻的鸭922井顺利完钻，日进尺60米，实际建井周期53天。

6月25日　玉门地区突发暴雨，日降雨量36.6毫米，尤其是13时50分—15时35分和18—20时两个时段内，降雨量分别达到16.4毫米和15.6毫米，造成山体滑坡、洪水泛滥，油田遭受了历史上最严重的特大洪灾，道路冲毁、交通受阻、线路损坏、供电中断、光缆冲断、通信瘫痪、水源被毁、用水告急、设备淹埋、房屋倒塌、农田被毁，特别是豆腐台水源遭到毁灭性破坏，管理局直接经济损失5600余万元。

6月29日　油田分公司与管理局关联交易总协议正式签订。

7月27日　管理局举行“三位一体”安全责任制合同签字仪式，管理局分别与15个单位、4个部门的安全生产第一责任人签订了“三位一体”安全责任制合同。

8月18—19日　原中组部常务副部长、原玉门石油管理局局长赵宗鼐来到玉门油田，了解油田发展建设的新情况，参观纯净水厂、矿史展览馆等，并题词：“创新进取，长振雄风，花甲油田，再铸辉煌”。

8月22日　油田成功举办了“同一首歌·我是玉门人”明星演唱会，“同一首歌”栏目组在中央电视台文艺部副主任、导演孟欣的率领下，会同歌星田震、韩红、付笛声等来玉门油田慰问演出。

同日　中国驻美大使、中国常驻联合国代表李肇星一行来玉门油田了解、调研情况，并题词：“辉煌的贡献，祖国的骄傲”。

9月8日　甘肃省纪委副书记、监察厅厅长黄亦纯一行来玉门油田检查指导工作。

9月10日　管理局在文化宫影剧院隆重召开庆祝中国石油第一中学——玉局一中建校40华诞庆典，管理局、油田分公司和地市教育部门的领导到会祝贺。

11月30日　新闻中心印刷厂通过“集体买断，入股经营”改制为“玉门油田共创印刷股份公司”，并于当日挂牌营业。

12月19日　由吐哈石油勘探开发指挥部钻井公司4509钻井队承钻的玉门青西油田窿5井在放喷过程中，由于平板阀木体处刺穿，油气喷入机泵房，引起井喷着火，造成2人死亡、4人轻伤，经济损失438722.91元。经过玉门油田分公司、吐哈石油勘探开发指挥部、四川石油管理局灭火公司、青海石油管理局、物探局和玉门石油管理局油田作业公司、建安处、物资供应处等单位的合作，12月30日，抢险成功。

12月23—26日　集团公司副总经理阎三忠一行来玉门油田检查指导工作，并参观了青西油田、炼化总厂、水电厂。

12月　玉门油田约500户离退休职工迁往酒泉离退休基地。

2001年

2月17日　甘肃省委常委、常务副省长郭琨一行8人来玉门油田视察，在听取了管理局和油田分公司的工作汇报后，又视察了青西油田，并参观了玉门油田矿史展览馆。

2月　油田作业公司成立了试油项目部，填补了玉门—吐哈体制理顺后，玉门油田没有试油队伍的空白。

3月2日　祁连宾馆“旅游涉外三星级宾馆”挂牌。

4月6日　管理局召开干部大会，副处级以上领导干部参加了大会，集团公司人事劳资部副主任金华、副处长李刚代表集团公司党组、集团公司宣布了油田领导班子调整决定：高玉江任玉门石油管理局党委书记、纪委书记、工会主席；田玉军任玉门石油管理局局长、党委副书记；严晓昱任玉门石油管理局副局长、党委常委。

4月16日　油田分公司和管理局召开首次领导联席会，双方就相互合作、共同发展进行了交流，提出了建设性的意见和建议。

4月18日　管理局召开第十五届二次职代会，将原“四大”战略调整为“以生产技术服务为主导、综合经营业务作补充、新型开发产业增活力、社会公益事业保稳定”新的“四大”战略。

5月1日　管理局改革劳保资金发放办法，在全局范围内实行劳保用品刷卡制。

5月28—31日　股份公司副总裁罗英俊、总地质师贾承造等一行10人来油田检查工作，参观了青西油田和酒东盆地，对玉门油田的勘探开发进行了现场调研和指导，对管理局今后的工作提出了建设性的意见。

8月29日　省道S312线甘南公路施工出征仪式在建安处大院内隆重举行，这次中标S312线王格尔塘—达久滩段二级公路，标志着建安处进军外部市场迈出了实质性的步伐。

10月14—16日　管理局在兰州召开控股企业工作会议，就控股企业经营目标、管理方式、经营行为等提出了规范性的要求，对规范控股企业经营行为具有重要的指导意义。

10月26日　白杨河水库完工及大湾水电站投产发电剪彩仪式在白杨河水库隆重举行。

11月16日　甘肃省省长陆浩等领导来玉门油田调研，参观了青西油田窿8井、青2-9井、窿6井、采油七区队和炼化总厂常减压装置、酮苯脱蜡脱油装置等，并在油田祁连宾馆发表了重要讲话。

11月23日　成立玉门油田酒泉生活基地建设指挥部。

12月　国家工商行政管理总局公布首批“重合同守信用”企业名单，玉门石油管理局榜上有名。

2002年

1月27日　全国总工会副主席徐锡澄一行来玉门油田慰问劳动模范和特困户。

1月　管理局万龙纯净水厂自行设计开发的祁连山泉纯净水异型饮料瓶经国家知识产权局审查，被授予专利权。

同月　经塔里木油田勘探开发指挥部研究同意，准许管理局4支油田井下作业队伍进入塔里木油田开展修井施工作业。2月1日管理局为赴塔里木油田作业队伍举行出征仪式，并为塔里木项目部授旗。

2月　管理局与中国石油润滑油分公司达成合作开发西南地区润滑油市场的协议。

同月　油田分公司总经理、党委书记刘世洲调任甘肃省人大环境资源委员会副主任，孔繁瑾任玉门油田分公司总经理、党委书记，熊湘华任党委副书记、纪委书记、工会主席。油田分公司副总经理彭立垣（女）退休，陈建军、桑运超任玉门油田分公司副总经理。

3月4日　管理局与西气东输管道分公司就油田为西气东输管道工程提供服务事宜进行具体协商，达成意向性协议，并形成会议纪要。

3月9日　甘肃省副省长杨志明一行来油田检查指导工作，参观了青西油田、炼化总厂、老君庙等单位。

3月20—22日　股份公司在玉门专题召开玉门油田钻井工程技术研讨会，来自集团公司、股份公司的领导和兄弟油田、石油院校的专家及代表100余人，共同研讨玉门油田钻井工程技术大计。

3月21日　甘肃省建设厅副厅长刘祖和一行受省委、省政府的委托，来酒泉基地检查筹备情况，并在环保、绿化等方面提出指导性要求。

4月8日　中组部组织局副局长宋刚一行来玉门油田检查指导工作。

4月21—22日　集团公司副总经理陈耕一行11人来油田检查指导工作，参观了老君庙、老一井、油田矿史展览馆，视察了青西油田、水电厂、炼化总厂和酒泉基地选址等，看望和慰问离退休职工。

4月26日　管理局印发《关于全面导入推广CIS形象系统的通知》，标志着全局导入企业形象识别系统的开始。

5月14日　中央统战部副部长、中国光彩事业促进会副会长兼秘书长胡德平一行，来玉门油田检查指导工作。

5月16日　管理局举行“玉门石油”标志揭牌仪式，并对全局副处级以上干部和相关人员进行培训，全面导入企业形象识别系统逐步推行开展。

5月31日—6月1日　集团公司党组成员、纪检组组长、股份公司监事会主席李克成一行18人，来油田调研指导工作。

6月7日　管理局为青西窿8井试油的油田作业公司将士记功授奖。青西窿8井试油项目组荣立集体一等功。

6月17—19日　管理局与长庆油田就油田作业队伍进入长庆油田井下作业市场进行座谈、交流、协商，并达成协议。

7月6日　全国总工会书记处书记董力一行3人来玉门油田调研指导工会工作。

8月11日　甘肃省副省长李重庵一行参观了矿史展览馆，考察了玉门油田一中多媒体教室和青西油田。

9月12日　管理局外拓长庆油田市场取得实质性进展，油田作业公司在长庆油田第一口作业井正式开始施工。

9月26日　甘肃阳光大厦被国家旅游局评定为“五星级”饭店，结束了中国石油和甘肃省没有五星级饭店的历史。

10月14日　甘肃省副省长吴碧莲一行来玉门油田视察调研。

10月15日　甘肃阳光大厦荣获甘肃省建筑“飞天奖”。

10月22日　甘肃阳光大厦举行隆重开业暨荣膺五星庆典仪式。

11月28日　《石油摇篮》首发式暨座谈会在北京举行，集团公司党组成员、副总经理陈耕，集团公司党组成员、纪检组组长李克成等出席首发式暨座谈会。

11月29—30日　集团公司党组成员、副总经理、股份公司副董事长阎三忠一行5人，来油田检查指导工作，检查了青西联合站、机械厂和玉门油田酒泉基地选址等。

12月6日　管理局井下技术服务队伍出征土库曼斯坦仪式在井下作业公司院内举行，标志着管理局对外合作由单纯的产品出口延伸到了技术和劳务的输出，国际合作迈出了实质性的一步。

12月11日　水电厂热电技术改造项目可行性报告评估会在北京召开。

12月14日　玉门市（北纬39.8度，东经97.3度）发生5.9级地震。

12月18日　受省委、省政府的委托，甘肃省副省长丁泽生率省民政厅、省地震局等部门领导来玉门震区慰问，察看了油田窟窿山石灰窑、窿101井受灾情况等。

2003年

1月14日　中央文明委对第二批荣获全国精神文明建设工作先进单位进行表彰，玉门油田被命名为“全国精神文明建设工作先进单位”。

1月23—24日　集团公司党组成员、副总经理郑虎，股份公司总地质师贾承造一行9人来玉门油田慰问。

1月　油田分公司在采油厂成立青西作业区，隶属于采油厂。

2月24日　管理局撤销酒泉疗养院，将原有业务和职能分别划归物业公司、职工医院、综合服务处管理。

3月10日　玉门油田领导在酒泉基地建设指挥部召开领导联席会议，专题研究基地建设问题。

4月18日　酒泉基地供热工程开工奠基仪式举行。

同日　管理局上海大联石油化工有限公司与英国BP嘉实多（深圳）有限公司就合作提供润滑油项目，在上海签署合作意向书。

5月20日　由管理局40518钻井队承钻的玉门油田开发64年来第一口水平井LH–1井开钻。

5月　管理局中标阿塞拜疆共和国库布斯坦（GOBUSTN）油田修井作业项目。当月管理局成立玉门油田阿塞拜疆项目部。30日油田井下作业队伍开赴阿塞拜疆施工作业。

同月　油田分公司成立技术中心，由勘探开发研究院、采油工艺研究所、炼油化工研究所3个研究实体组成。

6月14日　甘肃省委书记、省人大常委会主任宋照肃来油田酒泉基地调研。

6月18日　玉门油田在酒泉市新城区举行玉门油田酒泉基地奠基仪式。甘肃省委书记、省人大常委会主任宋照肃与油田领导、酒泉市委、市政府领导共同为基地奠基，标志着玉门油田酒泉基地全面进入施工建设阶段。

同日　玉门油田酒泉基地建设指挥部、玉门油田酒泉基地建设指挥部（临时）党委正式挂牌。

6月　管理局机械厂建厂64年来第一次拿到了抽油机出口订单。

同月　管理局CIS企业形象识别标志“玉门石油”图形商标通过国家工商行政管理总局商标局初审，并在全国出版发行的《商标公告》中予以公布。

7月3日　上海大联石油化工有限公司与英国嘉实多（深圳）有限公司合作生产的首批润滑油产品正式下线。

7月30日　集团公司批复同意管理局实施热电技术改造项目。

8月12日　酒泉基地怡静园小区住宅楼工程招标结束。

8月28日—9月9日　受管理局党委、管理局委托，副局长张作祥带领由国际经济技术合作处和油田作业公司负责人组成的海外项目考察组，赴阿塞拜疆共和国、土库曼斯坦实地考察两个项目部的运行情况。

8月　管理局成立外国语学校，将第一中学更名为油田外国语高级中学，第一小学更名为油田外国语小学。

同月　油田分公司推行扁平化管理模式，对综合业务进行集中管理，公司机关职能部门由11个压缩到9个，两级机关总定员由356人压缩到309人。把采油厂按作业区域划分为青西油田作业区、老君庙油田作业区、鸭儿峡油田作业区。各作业区均为油田分公司所属正处级建制二级单位。

9月8—9日　95岁高龄的老玉门、老石油许之焕一行在集团公司原党组成员、纪检组长史训知的陪同下，回到玉门油田，故地重游。

9月14日　集团公司召开党建工作会议，会议表彰石油系统的115个“百面红旗”单位，炼化总厂常减压车间、老君庙油田作业区603岗位、油田作业公司常规作业大队4小队被集团公司授予“百面红旗”单位称号。

10月13日　管理局首届出国人员HSE培训班开课。

同日　白杨河水库工程通过管理局白杨河水库工程验收委员会的竣工验收。

10月14日　管理局召开“玉门石油”企业理念识别系统导入会。

10月26日　管理局加藤工程机械设备维修中心成立。该中心的成立，填补了西北地区无加藤工程机械设备维修中心的空白，为油田及周边地区加藤工程机械维修创造了条件。

10月29日　机械厂与中国石油技术开发公司（CPTDC）、哈萨克斯坦阿克纠宾油田机械厂三方合资厂，在哈萨克斯坦西北部的十月城举行挂牌剪彩仪式。

11月8日　玉门油田酒泉基地举行生产指挥中心开工典礼。

11月18—19日　全国人大环境资源委员会委员、集团公司原副总经理、党组成员阎三忠来玉门油田调研。

11月27—28日　共青团甘肃省委组织50人观摩团对玉门油田共青团创新创效工作现场进行观摩，交流共青团工作先进经验，学习油田团组织创新创效的做法。

11月　管理局建筑安装工程公司与大港油田路桥工程有限责任公司联合，在清水—嘉峪关高速公路路基建设工程中中标，取得第一标段12千米近6000万元的合同工作量。

12月21日　集团公司原副总经理、中油国际工程有限责任公司董事长蒋金楚一行来玉门油田检查指导工作。

12月25日　管理局为综合服务处氧气厂安全生产50年颁发嘉奖令。

2004年

1月13—15日　股份公司总地质师贾承造一行来玉门油田检查安全生产工作，慰问油田劳动模范。

2月26日　管理局在《石油工人报》上发出关于在管理中开展反“低、老、坏”，反“软、懒、散”活动的通知。

同日　公开处理8名厂处级干部，拉开了全局“两反”活动的序幕。

2月　甘肃省首次评选出2002年度“甘肃工业六十强”。管理局名列第25位。

4月3日　在机关大楼前举行钻井队伍出征埃及仪式，这是玉门油田65年来第一支钻井队伍走出国门。

4月30日　综合服务处召开客车大队安全生产1000天庆功大会。

5月10—11日　29名职工代表对酒泉基地建设工作进行巡视检查。

5月18日　科达化学公司与韩国欧西株式会社在北京注册的合资企业——北京欧科酒泉化工有限公司，在酒泉玉门石油工业园区举行开业庆典仪式。

5月　玉门油田矿史展览馆、老君庙油田展览馆被集团公司首批命名为中国石油天然气集团公司企业精神教育基地。

6月15日　管理局上海大联公司与英国BP公司合作生产高档润滑油的新厂在上海市浦东新区唐镇举行落成典礼。

6月30日　热电技术改造工程举行开工奠基仪式。800余人参加奠基仪式。

7月8日　酒泉基地中心商贸区破土动工。

7月28日　中共中央政治局常委、中纪委书记吴官正莅临油田酒泉基地，视察机械厂酒泉基地项目部。

7月　物业公司通过HSE管理体系审核，成为中国石油系统第一家通过HSE管理体系认证的物业管理单位。

8月4日　与酒泉市政府举行玉门油田中小学移交签约仪式。

8月7日　甘肃省委常委、统战部部长黄亦纯一行4人来玉门油田调研。

8月11日　集团公司原总经理、党组书记马富才视察酒泉基地兆祺园样板房、工业园区机械厂建材分厂。

8月15日　玉门油田与酒泉市政府举行公安移交协议签字仪式。

8月　国家旅游局正式命名306个单位为“全国工农业旅游示范点”，玉门油田被列入“全国工业旅游示范点”。

9月7日　集团公司党组成员、副总经理、股份公司副董事长任传俊视察玉门油田。

9月8日　甘肃省经贸委召开2003年度甘肃工业60强发布会及授牌仪式，管理局排名第22名，油田分公司排名第5名。

9月29日　酒泉基地生产指挥中心大楼顺利封顶。

11月10日　管理局与甘肃省石油销售公司在酒泉宾馆举行职工子女就业协议签字仪式。根据协议，甘肃省石油销售公司将安置玉门油田文化程度在高中以上、年龄在35岁以下的300名职工子女到所属各加油站就业。

11月18日　管理局在油田作业公司修配厂院内举行修井队野营餐车配发仪式，修井职工带饭上班的历史从此结束。

11月29日　冀东油田与管理局举行签字仪式，签订提供工程技术服务协议。根据协议，2005年油田3支井下作业队伍陆续进入冀东油田，为冀东油田提供服务。

12月7日　凌晨5时47分，玉门市发生4.2级地震，震中位于鸭儿峡油田地区，距玉门市区13千米。18时36分再次发生4.1级地震，震中位于花海与金塔交界的酒钢农场地区。无人员和财产损失。

12月22日　上海瀚海明玉大酒店举行开业剪彩暨四星级旅游饭店揭牌庆典仪式。

12月28日　酒泉基地中心商贸区首期招商签约仪式在酒泉宾馆举行。

12月29日　管理局10万吨/年甲醇项目获集团公司批准立项。项目总投资2.35亿元，其中建设资金2.323亿元，铺底资金270万元。

2005年

1月6日　玉门石油管理局、甘肃销售公司联合举办首批待业子女赴甘肃销售公司工作送迎仪式。首批138名职工子女赴甘肃销售公司工作。

1月12日　管理局召开10万吨/年甲醇工程项目部成立大会。

2月3日　集团公司党组成员、副总经理周吉平，总经理助理汪东进，在兰州听取玉门油田工作汇报。

3月2日　油田帮助有偿解除劳动合同人员再就业工作开始实施。

同日　召开酒泉基地住宅搬迁协调领导小组会议，讨论审定酒泉基地首批住宅出售办法。

3月24日　管理局举行甲醇项目开工奠基仪式。

4月21日　在玉门市三三区天盛煤炭招待所门前，发生一起10吨液化气槽车液化气泄漏事件。经过7个多小时奋战，险情得到妥善处理。中央电视台12频道“法制在线”栏目报道了此事件。集团公司内网、中油网、新浪网、甘肃新闻网、新华网甘肃等各大网站也报道了此消息。4月26日《中国石油报》四版头条以《一曲团结战斗的歌》为题，对“4·21”抢险工作进行了报道。

同日　上海大联公司与壳牌石油公司合作，分装的第一批515箱红“喜力”4升润滑油产品顺利下线。

4月27日　集团公司党组成员、副总经理郑虎，股份公司副总裁王福成，集团公司稳定办、规划计划部、发展研究部、财务部、人事劳资部、股份公司总裁办等部门领导，专题听取油田酒泉基地建设情况和稳定工作汇报。

同日　甘肃销售公司相关部门领导一行10人来玉门油田，对第二批赴省销售公司工作的油田子女进行审查面试。参加面试159人，初步确定147人，其中，男84人、女63人。

5月27日　甘肃省副省长杨志明一行视察酒泉基地。

同日　股份公司原副总裁罗英俊来油田调研。

5月31日　酒泉基地兆祺园8号楼通过竣工验收，并移交玉门油田房产中心，拉开了酒泉基地住宅竣工验交的序幕，标志着酒泉基地部分住宅具备了搬迁入住条件。

6月2—4日　集团公司党组成员、副总经理王宜林一行6人来玉门油田视察指导工作。期间前往青西油田、酒泉基地等实地了解情况，听取油田工作汇报，对油田工作提出明确要求：加快勘探，为重上100万吨提供充足的储量；精细油田开发，确保实现100万吨；要在做精炼油、做特化工、做专特油，在提高附加值上做文章；未上市企业要积极开拓外部市场；要将酒泉基地建设搬迁这件好事办好。

7月8日　管理局党委召开保持共产党员先进性教育活动动员大会。

7月15日　集团公司党组成员、副总经理郑虎一行来玉门油田宣布集团公司党组、集团公司和股份公司关于玉门油田管理体制整合和玉门油田领导班子调整的决定。自2005年7月15日起，集团公司委托股份公司对玉门石油管理局实行管理，并承担国有资产保值增值责任。玉门石油管理局和玉门油田分公司的领导班子和管理机关进行整合，成立一个领导班子、一套机关职能部门，对玉门油田的上市业务和未上市业务实行统一管理。集团公司党组、集团公司决定：孔繁瑾任玉门石油管理局局长、党委副书记，玉门油田分公司总经理、党委副书记；高玉江任玉门石油管理局党委书记、副局长，玉门油田分公司党委书记、副总经理；严晓昱任玉门石油管理局党委副书记、纪委书记、工会主席，玉门油田分公司党委副书记、纪委书记、工会主席；陈建军任玉门石油管理局常务副局长、党委常委，玉门油田分公司常务副总经理、党委委员；熊湘华任玉门石油管理局副局长、党委常委，玉门油田分公司副总经理、党委委员；桑运超任玉门石油管理局副局长、党委常委，玉门油田分公司副总经理、党委委员；孙永会任玉门石油管理局副局长、党委常委，玉门油田分公司副总经理、党委委员；张作祥任玉门石油管理局副局长、党委常委，玉门油田分公司副总经理、党委委员。

8月16日　召开职代会团组长（扩大）会，审议通过《玉门油田住房分配货币化实施办法》《玉门油田住房搬迁补偿实施办法》《玉门油田住房出售管理办法》《玉门油田关于住房补贴和搬迁补偿中一些具体问题的处理意见》《玉门油田酒泉基地首批住房分配计分办法》。

8月18日　召开干部大会，公布机关整合方案，任命机关各处室负责人，标志着机关整合取得了实质性进展。

8月28日　全国人大环境资源委员会主任委员毛如柏，委员、集团公司原副总经理阎三忠等领导视察酒泉基地。

8月　公司（局）将原分别隶属于玉门油田分公司、玉门石油管理局的机关部门和二级单位进行重组整合。整合后的公司（局）机关设职能部门18个、公司（局）直属机构4个、驻外机构10个。矿区二级单位设老君庙油田作业区、青西油田作业区、鸭儿峡油田作业区、炼油化工总厂、勘探开发研究院、规划设计院、油田作业公司、水电厂、建筑安装工程处、机械厂、物资供应处、综合服务处、方圆物业管理有限责任公司、农牧业有限责任公司、离退休管理中心、新闻中心、公安处（武装部）、油田医院、教育培训中心、通信有限责任公司、科达化学有限责任公司等共 21 个。全公司（局）在册员工 1.25 万人。

9 月 6—7 日　原石油工业部副部长阎敦实、李敬来玉门油田调研。

9 月 16 日　西部管道玉门支线工程举行开工典礼。建安处参与工程建设，该工程是炼化总厂的保障和支持工程。

9 月 28 日　首批 66 户居民喜迁酒泉生活基地。

11 月 10 日　根据集团公司专业化重组的要求，钻井工程技术队伍整体划转吐哈油田。

11 月　国内最深的螺杆泵采油井在鸭儿峡油田试验成功，为玉门油田深井开采探索一条新路。

12 月 6 日　召开先进性教育活动总结表彰会。

12 月 16 日　与酒泉市委、市政府在酒泉宾馆举行玉门油田酒泉基地续建工程建设征地签字仪式，确认酒泉基地续建工程建设用地规模。

12 月 21 日　召开酒泉基地建设总结表彰大会。

2006 年

1 月 7 日　玉门油田劳务派遣服务中心、甘肃省陇兴劳务派遣服务中心玉门油田工作站正式挂牌成立。

1 月 20 日　集团公司党组成员、副总经理王宜林一行来玉门油田慰问劳动模范、油田员工、职工遗孀。

1 月　所属 3 支钻井队、149 名员工划入吐哈油田，后转入西部钻探公司。

2 月 17 日　《中国油气田开发志・玉门卷》编纂工作启动。

3 月 8 日　热电技改工程 1 号机组锅炉成功试运行。

3 月 10—12 日　玉门连续 44 小时普降大雪并伴 7 级大风，玉门地区平均降雪 300 毫米，积雪厚度达 600 毫米，严重影响了玉门油田生产。

3 月 15 日　股份公司发来慰问信，对玉门油田广大员工和家属在抗灾抢险工作中所展现出的忘我精神和无私奉献给予肯定和慰问，对抗灾抢险工作做了指示，并给予资金支持。

3 月 20 日　酒泉生活基地百合园小区开工建设。

4 月　启动“争当最佳责任感员工”活动。

7 月　公司（局）对油田作业公司、建筑安装工程处、机械厂、水电厂、综合服务处 5 个单位的组织机构设置及人员编制进行调整。

8 月　根据工作需要，将信访办公室、维护稳定办公室机构与职能业务统一归口到公司（局）党委办公室。

同月　根据集团公司决定，将玉门油田所属敦煌沙洲大酒店资产、业务和设施划转给青海油田分公司。

9 月 12 日　举行庆典仪式，庆祝热电技术改造工程竣工投产，为西气东输、西部管道成功送电，标志着玉门油田发电能力跃上一个新台阶。

9 月 15 日　阳光大厦入选“《福布斯》2006 年中国最优商务酒店”50 强。

9 月 16 日　西部管道玉门支线工程开工典礼在炼化总厂液态烃站举行。

12 月 16 日　热电技术改造工程的安全设施通过竣工检查验收。

2007 年

1 月 6 日　决定成立酒东试采项目组，加强酒东长沙岭油藏试采工作。

4 月 11 日　召开财务人员竞聘上岗动员大会，从 14 日开始，经过 3 天演讲答辩、打分评比，参加竞聘 152 人，有 135 人实现了竞聘上岗。

5 月 9 日　国务院国有重点企业监事会主席韩修国一行 6 人在股份公司财务部领导陪同下，来玉门油田检查指导工作。

6月2日　甘肃省委副书记刘伟平在酒泉市委书记李沛文等领导陪同下，前往玉门油田酒泉基地检查指导工作。

7月　在鸭儿峡油田稠油油藏优选井点，首次利用氮气欠平衡钻井技术钻进的鸭940井，安全完井、顺利投产，填补了我国在深井稠油油藏进行欠平衡和气体钻井的空白。这是油田继水平井钻井攻克低渗透油藏取得突破后大胆推进欠平衡钻井技术的又一成就。

8月9日　西部管道输送的首批塔里木原油进入玉门炼化总厂133号原油罐，这是玉门油田开发68年来、首次实现管道输入新疆原油，从而打破了长期以来单纯依靠铁路、公路运输外进原油的格局，原油外进方式有了历史性突破。

8月9—10日　股份公司在酒泉召开审查会，就玉门炼化DSO催化裂化汽油加氢脱硫项目工业化实验方案进行审查。来自各方的专家对华东设计院的设计方案进行了评审。

8月18—19日　股份公司副总裁胡文瑞一行到玉门油田检查指导工作。

8月21日　启动中国石油人力资源管理系统推广工作。

8月24日　甘肃省人大常委会副主任吴碧莲，在酒泉市委书记李沛文等领导的陪同下到玉门油田检查指导工作。

9月11—12日　集团公司党组成员、纪检组组长、股份公司监事会主席王福成到玉门油田，慰问老石油和困难户家庭。

9月19日　大庆、玉门油田开发技术交流会在原酒泉疗养院召开。

10月15—29日　集团公司第六巡视组在玉门油田进行巡视检查。在巡视检查中，巡视组通过个别访谈、现场调研、查阅资料等，对贯彻落实科学发展观和构建和谐企业情况、领导班子建设情况、贯彻执行民主集中制情况等进行调查了解。

10月16日　4位杜邦公司的安全专家开始对玉门油田进行为期10天的安全管理要素评估工作，帮助查找在安全管理方面的不足和漏洞。

10月　财务资产处选派的严玉红、党晓赋、李岩三人组成的酒泉市代表队，在甘肃省举行的会计知识大赛第二赛程比赛中获得团体第一名。

2008年

1月29日　股份公司副总裁沈殿成一行来玉门油田慰问。

1月　综合服务处85%的机动车辆安装了GPS监控系统，实现了对车辆的科学监控。

2月20日　甘肃省委常委、副省长刘永富来酒泉基地检查指导工作。

2月21日　矿区服务事业部、矿区服务事业部党委正式揭牌。

3月21日　机关“作风建设年”活动动员大会召开，机关“作风建设年”活动全面启动。

4月17日　首个由工人技师组成的群众性技术活动组织——青西油田作业区技师协会成立。

5月5日　赵兴仁、苗国政入选奥运火炬手。

5月13日　玉门探区钻井技术研讨会召开，集团公司工程技术分公司、股份公司勘探与生产分公司、中国石油钻井工程技术研究院、西部钻探工程公司、吐哈油田钻采院和油田120名专家领导参会研讨。

6月1日　在老君庙的山坡前，为玉门油矿的重要创建者、中国石油的奠基人之一——邹明举行骨灰安放仪式。

6月10—14日　玉门油田团委副书记任向阳出席了在北京召开的共青团第十六次全国代表大会，这是油田青年首次出席共青团全国代表大会。

7月31日　西部管道甘肃分公司、东北管道公司、玉门油田三方人员在瓜州输油泵站站控室进行交接仪式，玉门油田正式接管瓜洲输油泵站和柳园分输站的生产运营。

8月3日　全国政协委员、甘肃省政协副主席张世珍一行到油田调研节能减排工作。

8月　北京奥运会期间，选拔的104名干部员工，分两批赴京观看了奥运会各比赛项目。

9月1—2日　集团公司原副总经理阎三忠来玉门油田调研。

9月8日　青西油田Q2–17井正式开展注水，标志着青西油田裂缝性油藏注水试验全面展开。

9月9日　玉门油田20人组成的残奥会助威团，在北京观看了残奥会部分比赛项目。

9月　酒泉基地鸿硕园、天润园选房工作开始。

10月6日　甘肃省委常委、甘肃省委统战部部长刘立军，甘肃省副省长张晓兰一行来油田检查指导工作。

10月21日　集团公司原副总经理任传俊来油田调研。

11月14日　召开房改选房暨搬迁工作总结表彰会。

11月22日　集团公司工程技术分公司在酒泉基地召开玉门油田钻井提速工作总结推进会。集团公司工程技术分公司、科技部、勘探与生产分公司、钻井工程技术研究院的领导、专家与来自玉门油田分公司、西部钻探公司、渤海钻探公司等兄弟单位共同总结2008年钻井提速工作取得的成绩，一起探讨玉门油田钻井提速工作。

10月　根据集团公司统一部署，甘肃阳光大厦整体划转中国石油华油集团公司。

2009年

1月3日　鸭944井投产，成为鸭儿峡油田近15年来的第一口高产自喷井。

3月16日　召开深入学习实践科学发展观活动动员大会。

3月16—17日　乍得共和国恩贾梅纳炼油有限公司总经理曾旭东、副总经理艾哈迈德一行5人来玉门油田考察。先后到炼化总厂催化裂化装置、常减压装置、聚丙烯装置、重整加氢装置和水电厂了解装置结构、人员构成、新技术应用和生产情况。

4月24日　甘肃省腹腔镜外科培训基地在玉门油田医院揭牌。

5月26日　召开酒泉基地建设总结表彰大会，总结和回顾酒泉基地建设工作，表彰奖励基地建设中涌现出的先进集体和个人。

5月31日　中国石油勘探开发研究院玉门项目部揭牌。

6月7日　甘肃省总工会党组书记、常务副主席陈琳一行到玉门油田调研。

6月20日　国家部委联合调研组在甘肃省委常委、常务副省长冯健身陪同下，来玉门油田参观调研，参观了炼化总厂油品展览室、老君庙、老一井等。

6月27日　新组建的压裂车组首次在青西Q2–58井酸压成功。措施后Q2–58井实现自喷生产，日产液量66立方米，拉开了青西油田自主实施储集层改造的帷幕。

6月30日　酒泉基地文体中心配套工程落成。

7月24日　举行玉门油田展览馆开馆仪式，集团公司思想政治工作部主任关晓红发表致辞。

7月26日　在玉门油田即将迎来开发建设70周年之际，石油前辈孙越崎的后代来玉门油田参观。

7月30日　玉门油田召开干部大会，传达贯彻集团公司领导干部会议精神，并对做好纪念玉门油田开发70周年有关工作提出具体要求。本着喜庆、节俭、适度的原则，重点实施“五个一”：即建好一个展览馆、出好一本画册、拍好一部电视专题片、办好一个系列文艺晚会、开好一个大会。

8月18日　玉门油田开发70周年庆祝大会在酒泉基地举行。集团公司发来贺信，向玉门油田全体干部员工表示热烈祝贺，向离退休老同志和职工家属表示亲切慰问，向长期以来给予玉门油田鼎力支持和无私帮助的甘肃省各级党委、政府和广大人民群众表示诚挚的感谢。

同日　中央电视台一套《新闻联播》节目，对玉门油田70年的开发历程进行报道；《人民日报》以《玉门油田开发70周年，共产原油3351万吨》为题介绍了玉门油田；新华社以《我国第一个天然石油工业基地玉门油田迎来开发建设70周年》为题对油田进行了报道。玉门油田开发70周年活动期间，《人民日报》、新华社、中央电视台、《工人日报》《中国石油报》等国内知名新闻媒体广泛报道了玉门油田开发70周年的情况。

同日　正在美国休斯敦大学参加中国石油第二期休大GEMBA课程学习的32名学员参加了2009年度GEMBA能源论坛。在论坛上，中国石油天然气集团公司副总经理汪东进，围绕玉门油田的艰苦创业历程和对比中外石油工业不同历史阶段特点做了主题演讲。玉门油田分公司常务副总经理陈建军，以参加玉门油田开发的亲身体验，做主题发言，向学员们介绍了玉门油田开发各个阶段的主要特点和油田对中国石油工业的贡献。

8月19日　由中国文联组织的“送欢笑、下基层”暨玉门油田开发70周年文艺晚会在酒泉市政广场举行，在三个多小时的演出中，姜昆、冯巩、巩汉林、李丹阳等众多国内知名艺术家登台表演。

8月20日　参加玉门油田开发70周年纪念活动的26名玉门油田原副局级以上领导干部欢聚一堂，共话油田70年辉煌历程，共同展望油田美好未来。

8月　原中组部常务副部长赵宗鼐、原中国石油天然气集团公司总经理、党组书记陈耕、原中国海洋石油总公司总经理秦文彩、原石油工业部副部长阎敦实、中科院院士李德生、原中国石油天然气集团公司总经理阎三忠、原甘肃省人大常委会副主任吴碧莲、原中国石化集团公司副总经理牟书令、原甘肃省政协副主席黄亦纯参加了玉门油田开发70周年纪念活动，并接受《石油工人报》专题采访。

同月　为庆祝玉门油田开发70周年，由工会组织牵头，员工自编自演的6场文艺演出在酒泉基地“石油摇篮”文化广场上演。

9月　团委被团中央列为基层建设试点单位。玉门油田团委“七网共建”系统化推进团的工作和“在团支部设立青年委员”的团建模式得到了团中央的肯定，被列为中国石油唯一一家基层组织建设和基层工作试点单位。

12月3日　举办“玉门精神”论坛。论坛以主旨发言和主题发言的形式进行，党委书记高玉江围绕“玉门精神”的形成、内涵、弘扬和创新作了主旨发言；来自老君庙油田作业区、炼化总厂、水电厂等单位的党委书记、党支部书记和团员、青年代表就学习大庆精神铁人精神、传承弘扬玉门精神进行了深入探讨和交流。

12月14—16日　集团公司党组成员、副总经理喻宝才一行，来玉门油田调研指导工作。

2010年

1月25日　中油国际乍得公司与玉门油田公司对口支持协议签字仪式在北京举行。

2月　玉门油田分公司成立煤层气项目部，统一协调油田分公司对中石油煤层气有限责任公司煤层气业务的服务管理工作。

同月　成立海外项目北京工作站，具体负责海外合作及国内对外合作组织协调和服务工作。

3月1日　一场暴雪席卷河西地区，至8日，形成50年来罕见的持续降雪。雪灾给道路交通和玉门油田生产造成重大损失。

4月6—7日　集团公司副总经理、党组成员曾玉康一行5人来玉门油田调研，对做好当前和今后的矿区服务工作提出要求。

4月8日　玉门油田与胜利油田勘探开发技术研讨会在酒泉接待中心召开。

5月26日　国务院参事、原集团公司副总经理郑虎率国务院参事团在酒泉考察期间，参观玉门油田展览馆，并为展览馆题词：“玉门摇篮辉煌永恒”。

6月1日　社保中心代办员工供养直系亲属参加酒泉市城镇居民基本医疗保险工作正式开始。

6月29日　国务院国有重点大型企业监事会主席牛越生、监事会办事处主任孔建国一行5人来玉门油田调研。

6月　公司（局）党委书记高玉江退休调任政协甘肃省第十届委员会常务委员、人口资源环境委员会副主任，张作祥任玉门油田公司（玉门石油管理局）党委书记。

7月5—9日　地质研究人员深入新的勘探区域——南祁连盆地进行为期五天的野外地质调查和环境考察。

7月13日　在玉门矿区召开专题会议，部署煤层气开发工作，标志煤层气开发业务全面启动。

7月23—24日　集团公司大庆精神铁人精神宣讲总队成员来到玉门油田，进行“石油魂——大庆精神铁人精神”宣讲。

8月2日　武威市与玉门油田就加强油气勘探合作进行交流。

8月28日　第五届职业技能竞赛开幕。9月9日竞赛闭幕。

9月4日　在兰州办事处召开“小金库”专项治理工作会议。

9月7日　中油国际（乍得）炼油有限公司（以下简称乍得炼油厂）50名乍得学员在玉门油田进行为期三个月的炼油和电力知识培训，这是中国石油海外项目外方人员在中国国内进行的规模较大的一次培训。12月2日培训圆满结束。

10月29日　勘探与生产ERP系统建设开工会召开，标志着勘探与生产ERP系统建设正式启动。

10月　所属的液化气充装配送业务及相关80名员工整体划入中石油昆仑燃气有限公司西北分公司管理。

11月8日　为新成立的酒东试采区举行揭牌仪式，标志着玉门油田在酒泉盆地的勘探开发进入新阶段。

11月14日　集团公司副总经理、党组成员曾玉康带领安全生产第四检查组一行5人来玉门油田进行安全检查，听取玉门油田的工作汇报，并对下一步工作提出要求。

11月22日　召开干部大会，集团公司人事部宣布油田领导班子调整配备的决定，刘圣志任玉门油田分公司总经理、玉门石油管理局局长、玉门油田分公司党委委员、副书记。

12月15日　玉门油田与长城钻探工程有限公司在北京签署《战略合作框架协议》与《乍得CNPCIC公司油田附属服务项目合作协议》。

12月25日　中国石油海外勘探开发公司与玉门油田在北京签署《海外石油勘探开发战略合作框架协议》。

2011年

3月2日　玉门油田与中油测井公司测井技术服务战略合作协议签订仪式在酒泉接待中心举行。

3月25日　基层建设暨“五型”班组创建总结表彰大会召开。

4月6日　酒泉生产指挥中心会议室与玉门矿区生产会议室双链路视频调试获成功。

4月16—21日　玉门油田领导前往乍得项目现场，慰问“走出去”的将士，并与乍得项目公司签订深化合作和勘探综合研究项目。

4月19日　钻探南祁连的第一口探井、集团公司重点探井——祁参1井开钻，标志着玉门油田在南祁连盆地的油气勘探进入实施阶段。

4月21日　玉门油田与东方地球物理勘探有限公司在酒泉签署战略合作协议。

5月14日　甘肃省委常委、省政府常务副省长刘永富来玉门油田，就做好红色旅游景点建设进行视察。

5月17日　玉门油田与昆仑能源有限公司举行座谈会，商讨合作事宜。

5月29日　原集团公司总经理助理、股份公司副总裁、高级专家罗英俊来玉门油田调研。

6月9日　玉门油田领导带领海外研究中心相关负责人一行5人赴乍得，对项目上、下游进行为期3天的现场考察。

6月22日　在中国共产党建党90周年纪念日来临之际，新华社派出记者，报道为新中国做出战略性、历史性贡献的企业，玉门油田是甘肃省唯一入选企业。总经理、局长刘圣志接受新华社记者采访。

7月7—8日　中国共产党玉门油田分公司（玉门石油管理局）第一次代表大会隆重召开。选举产生公司（局）第一届党委委员、纪委委员。

7月8日　在公司（局）党委一届一次会议上，张作祥当选中国共产党玉门油田分公司（玉门石油管理局）委员会书记。

7月15日　玉门油田与中国石油煤层气有限责任公司在酒泉举行技术交流会，双方签订战略合作框架协议。

7月25日　在酒泉文体中心召开玉门油田开发志编纂工作总结表彰会。《中国油气田开发志》总编委会老领导蒋其垲、石宝珩、曲广玲、刘万赋等参加会议。

7月26日　集团公司原副总经理任传俊一行来油田考察。

8月29日　中宣部、国资委思想政治工作调研组一行6人，在国资委宣传局副局长、调研组组长毛一翔的带领下来到玉门油田，听取油田思想政治工作汇报，并对油田思想政治工作进行检查指导。

10月25日　机械厂与中油煤层气吕梁分公司签订1100余万元的供货合同，负责提供对方需要的“三抽”产品、井口装置等。这是玉门油田进军新能源市场的又一次实质性突破。

11 月 30 日　为青西油田作业区举行跨年记功仪式。

12 月　钻井提速创出 72 年来深井钻井最好水平，形成了院企合作“三位一体”、具有地域特色的钻井提速模式，并接连刷新纪录，创造了令人惊叹的“玉门速度”。

2012 年

1 月 14 日　召开党代表会议，经过差额选举，刘圣志、申莉君当选为甘肃省党代会代表，出席 4 月 23—28 日召开的中国共产党甘肃省第十二次代表大会。

2 月 1 日　召开五届三次职代会团组长会，讨论并通过《玉门油田酒泉基地续建工程 C 区（欣露园）经济适用房住房建设方案》。

2 月 8 日　召开 LNG 项目工作汇报会，向昆仑能源高级副总裁成城一行介绍项目情况。

2 月 24 日　机械厂接到中国石油技术开发公司出口美国 628 万元人民币的抽油杆供货订单，“玉石”产品首销美国。

2 月 28 日　长庆油田分公司与玉门油田分公司举行工作会谈，签署《苏里格气田苏 246 区块开发协议》。

3 月 7 日　中国石油天然气勘探开发公司与玉门油田召开对口支持乍得项目交流会，双方就如何做好海外项目对口支持工作进行交流，就加强合作达成一致意见。

3 月 28 日　中国石油天然气股份有限公司勘探与生产分公司、长庆油田分公司、玉门油田分公司在北京沙滩宾馆举行《苏里格气田苏 246 区块开发前期评价方案》审查会。

5 月 11 日—6 月 8 日　辽阳石化公司党委书记孙洪来任组长、原集团公司总医院党委书记兰谊平任副组长的第二巡视组进驻玉门油田，通过民主测评、个别谈话、查阅资料、基层调研、召开座谈会等形式，对油田领导班子开展党内监督进行巡视。

5 月 17 日　举行与运输企业 LNG 业务推介座谈会，标志着 LNG 加气站建设进入市场推广阶段。

5 月 19 日　机械厂抽油杆技术改造项目竣工投产仪式举行。

6 月 4—5 日　在北京召开的酒东产能建设地面工程初步设计审查会上，酒东 19.2 万吨年产能建设地面工程方案获准通过，标志着酒东产能建设地面工程正式启动。

6 月 9 日　部署在武威盆地营盘水凹陷的探索煤层气前景的探井——腾 1 井首次实施压裂即获成功，本次作业共用压裂液 1007 立方米，排量 10 米 ^{3}/ 分钟，加砂 32.9 立方米。

6 月 22 日　中国石油第四消防联防区工作会议在油田召开，来自玉门油田、长庆油田、青海油田、西南油气田、兰州石化、庆阳石化和宁夏石化等单位的相关人员参会。

6 月 29 日　与玉门市举行嘉玉赤公路移交签字仪式。

7 月 3 日　承办的中国石油乍得勘探策略会在北京沙滩宾馆召开。

同日　玉门油田和中国石油天然气勘探开发公司乍得项目协调会及研究服务项目签字仪式在北京沙滩宾馆举行。

7 月 5 日　《石油摇篮·记忆》出版发行座谈会在北京召开。

7 月 19 日　股份公司原副总裁罗英俊带领集团公司咨询中心调研组来油田调研。

7 月 28 日　苏 246 区块第一口天然气井——苏 246-14-9 井开钻。

8 月 1 日　举行纪念中国人民解放军原第 57 师改编石油工程第一师 60 周年座谈会。

8 月 8 日　首个基层单位技师协会——老君庙油田作业区技师协会分会正式成立。

8 月 17 日　与重庆科技学院就人才培养与科技合作事项进行座谈。

8 月 21 日　全国石油城市人大工作研讨会 18 次会议在酒泉召开，来自全国 10 个省市的 13 个石油城市的人大工作者参会。与会代表参观了油田展览馆、老君庙、老一井等。

8 月 25 日　举行欣露园建设工程开工典礼。

8 月　在北京召开的苏里格气田合作开发联管会联系会议第九次会议上，玉门油田成为联管会成员单位，标志着玉门油田正式纳入苏里格气田“6+1”合作开发体系。

同月　在中国石油新时期党建思想文化基层建设创新实践成果交流暨吉林石化现场会上，《玉门油田分公司“摇篮文化”宣传方法》作为中国石油新时期十大创新工作方式方法之一，受到集团公司表彰。

9月25日　召开原油产量重上百万吨勘探开发关键技术研究重大科技专项开题设计动员会。

9月30日　苏246–14–9井压裂施工顺利完成。10月15日　经过连续4天求产，该井天然气日产量稳定在15000立方米，基本达到苏里格地区天然气单井日产的平均水平。

10月15日　集团公司党组第二巡视组来玉门油田，就党内监督巡视工作情况进行反馈。

10月21日　实施多段多簇压裂工艺的第一口井——鸭平4井投产后日产液35立方米，是临近直井的3.5倍，表明水平井多段多簇压裂在玉门油田试验成功。

10月26日　召开基层建设示范工程推进会，总结集团公司级“千队示范工程”取得的阶段性成果，全面启动公司级示范队站建设。

10月30日　矿区员工餐厅试运行，当天1200余人次就餐。

11月26日　清真食堂正式落成，并进入试运行阶段。

12月1日　玉门矿区员工餐厅“一卡通”正式投入使用。

12月17日　承瑞园完成点火工作，标志着酒泉基地住宅全面实现天然气通气使用。

12月24日　玉门油田“重上百万吨勘探开发关键技术研究”重大科技专项启动会在北京中国石油勘探开发研究院召开。标志着玉门油田重大科技专项立项工作完成并正式启动。

2013年

1月4—5日　2012年度炼化技术研讨会在玉门矿区召开，会议围绕短流程燃料型炼厂建设进行了专题研讨。

1月19日　与西部钻探公司举行鸭儿峡白垩系13万吨产能建设钻井工程总承包签字仪式。

1月28—30日　组织召开2013年勘探部署研讨暨重大科技专项开题设计审查会。

2月25日　与中国石油煤层气公司在北京召开工作联席会。

2月27日　炼化总厂被股份公司炼油与化工分公司授予装置长周期运行管理先进单位。常减压装置被授予标准化装置，重整装置泵房被授予标准化泵房，常减压装置控制室被授予标准化仪表控制室，配电车间35千伏开闭所被授予标准化配电室。

2月28日　召开酒泉基地欣露园建设启动会，17栋住宅楼3月5日全面开工建设。

3月5日　老1井被国务院核定为第七批全国重点文物保护单位。

3月12—15日　股份公司煤层气重大科技专项课题“煤层气富集规律研究及有利区块预测评价”一期研究验收和二期开题审查会在廊坊召开，玉门油田勘探开发研究院承担的“玉门探区煤层气勘探目标评价”专题通过验收。

3月14日　勘探开发研究院地震磁带库被股份公司授予“地质资料管理十佳库房”荣誉称号。

3月29日　组织收看集团公司人力资源管理提升暨“三控制一规范”工作推进视频会。

4月2日　召开管理提升暨“三基”工作推进会，表彰6个“千队示范工程”创建工作先进单位、20个标杆“五型”班组和300名“双星”员工。

5月2日　炼化总厂瓦斯凝液回收技术改造项目完工并投入运行。

5月3日　酒东油田长305井压裂成功，次日放喷见油，恢复自喷。其后月余，油压稳定在28兆帕左右，日产油稳定在48立方米，含水5%，日增油33.7吨。

5月23日　鸭儿峡油田K1–9井采用复合桥塞多段多簇压裂工艺，成功实施6层14簇压裂施工，加砂257立方米，入井液量3175立方米，单井压裂层数、簇数及压裂规模均刷新油田压裂纪录，标志着鸭儿峡油田具备白垩系大型压裂的能力。

5月27日　玉门油田人事档案信息系统通过集团公司检查验收。

5月31日—6月2日　集团公司消防专业化建设考核组来玉门油田检查工作。

6月2日　西部钻探40019钻井队重达420余吨的钻机整体从YK1–14井平移到YK1–12井作业，标志着钻机平移搬迁在玉门油田首次获得成功。

6月6日　酒东油田公路建成通车。全长12.1千米，于2012年9月开工。

6月20日　在鸭儿峡油田作业区举行抗洪抢险应急救援演练。

6月21日　昆仑能源（甘肃）有限公司（玉门油田清洁能源开发公司）与石家庄安瑞科气体机械有限公司在北京沙滩宾馆举行车用LNG气瓶合资项目签字仪式。

6月25日　召开苏里格区块第二批井位论证会，安排部署苏246区块工作。

6月25—26日　开展“查思想、查制度、查管理、查隐患、查纪律、保安全”百日安全生产大检查活动。

6月28日　召开纪念建党92周年暨基层建设创新成果交流会

6月　老君庙油田三维地震勘探工作全面展开，面积200余平方千米，10月结束。

7月1日　炼化总厂生产的国Ⅲ标准柴油各项指标达到标准，实现柴油品质升级换代。

同日　继复合桥塞多段分簇压裂技术6月底在鸭K1–7井成功后，该项技术在老君庙I311H井应用后又获成功。

7月10日　“玉门油田重上百万吨勘探开发关键技术研究”2013年中期检查会在玉门油田召开，对存在问题提出具体建议。

7月15日　青西油田Q1–7井应用新型缓速酸技术增产效果明显，日产油由原来的不足10吨增至30吨左右。

7月23—25日　中国科学院院士、中国石油天然气股份有限公司原副总裁贾承造到油田，对玉门探区地质构造和非常规油气资源进行调研考查。

7月　首个专业技术期刊《技师园地》印刷发行。

8月8日　召开党的群众路线教育实践活动动员部署大会。

8月17日　雅布赖探区雅探6井实施缝网体积压裂获成功，再次刷新玉门油田缝网体积压裂单层最大规模压裂纪录，是油田运用工程技术解决地质问题的有益尝试。

8月23日　召开《玉门油田年鉴》编纂工作启动培训会议。

9月6日　与渤海钻探工程公司召开座谈会，就加强技术合作、推进钻井速度和质量不断提升等事宜进行交流。

9月16日　举办集团公司A8（调度指挥）系统上线测试工作讨论暨培训会。

9月28日　炼化总厂40万吨/年汽油加氢脱硫装置及外围配套工程签署中交文件，标志着该工程提前交付生产。

10月14日　雅布赖盆地雅探6井在实施大规模体积压裂后产液量趋于平稳，日产油10.1立方米，超过了工业油流标准，实现了雅布赖盆地油气勘探新的突破。

10月24日　复合解堵技术在酒东油田长3–6井试验成功，措施稳定后日产液18立方米，产油7.12吨。

11月1日　开展“12·23”井喷事故警示月活动。

11月11日　鸭儿峡油田YK1–22井压裂成功，注入压裂液2603立方米，加砂量201立方米，创造了油田平台井组压裂规模最大纪录。

11月12日　炼化总厂新建40万吨/年催化汽油加氢脱硫装置硫含量、辛烷值等指标经化验分析全部达到设计值，标志着炼化总厂新建40万吨/年催化汽油加氢脱硫装置开工一次成功。至此，炼化总厂全面转产国Ⅳ标准汽油。

11月14日　酒东油田建成玉门油田第一个数字化油田，实现井站一体、电子巡护、远程监控、红外防盗、视觉成像、智能管理。

11月16日　炼化总厂储运车间完成南站油库至西部管道成品油外输管线93号（国Ⅳ）汽油置换，标志该厂生产出首批93号（国Ⅳ标准）汽油。

12月4—6日　开展安全生产专项检查和第67次岗位责任制大检查。

12月17—19日　召开股份公司重大科技专项“玉门油田重上百万吨勘探开发关键技术研究”2013年度检查和2014年开题论证会，对9项研究课题全面审查，专家组认为油田重大科技专项完成计划任务书规定的阶段研究任务，达到预期目标。

12 月 20—21 日　玉门油田与中国石油勘探开发研究院、渤海石油装备制造有限公司分别签署战略框架协议。

12 月　勘探开发研究院海外研究中心承担的“乍得 H 区块 Bongor 盆地及其外围盆地深化研究及目标优选”项目通过专家组评审验收。

2014 年

1 月 1 日　玉门油田医院在麻醉科正式开设无痛门诊，设置诊室、无菌治疗室、治疗准备室。

2 月 12 日　召开党的群众路线教育实践活动总结大会。

2 月 13 日　与西部钻探工程公司签署鸭儿峡、酒东产能建设钻井总承包协议。

2 月 23 日　水电厂煤场改扩建工程及粉尘治理项目抑尘墙工程圆满结束，首列运煤火车驶入水电厂。

2 月 24 日　成立开发攻坚领导小组及开发重点项目经理部。

4 月 9 日　与东方物探召开座谈会，就玉门油田勘探工作进行交流。

5 月 5 日　召开管理提升总结表彰暨“三基”工作推进会。

5 月 23 日　与寰球工程公司在北京签署战略合作框架协议。

5 月 26 日　鸭西 10 井酸化后喜获高产，日产油 77 吨，日产气 10000 立方米。

6 月 11—13 日　国务院国资委国有重点大型企业监事会第十四办事处主任时光一行四人来到玉门油田检查。

6 月 25 日　在炼化总厂储运车间苯罐区组织开展公司级苯罐泄漏、引发火灾事故和地方部门联动的综合应急预案演练活动。

7 月 3 日　召开炼化重点工程项目建设动员推进会。

7 月 7 日　与中国地质调查局油气资源调查中心在北京签署《南祁连盆地油气资源调查及勘探工作》战略合作协议。

7 月 9 日　国家环保部华东、西北环境督查中心检查组来到水电厂，对脱硫装置运行管理情况进行现场核查。

7 月 10 日　集团公司党建与思想政治工作研究会科研分会西北协作区 2014 年年会在玉门油田召开，会议由玉门油田研究院承办，15 家理事单位代表参加会议。

7 月 29 日　召开股份公司重大科技专项“玉门油田重上百万吨勘探开发关键技术研究”2014 年中期检查会。

8 月 4 日　与潞安集团潞新公司举行座谈。

8 月 9 日　第七届员工职业技能竞赛开幕。

8 月 25 日　玉门油田压裂史上最大规模的单井压裂在墩 1H 井告捷。墩 1H 井位于酒泉盆地酒西坳陷花海凹陷中央断裂带三墩构造，是油田部署在花海探区上的一口重要勘探井。

9 月 16 日　南祁连盆地木参 1 井开钻。

9 月　数字化小区建设基本完成，进入后期调试完善阶段。数字化小区建设 2011 年 7 月 30 日立项，包括安防系统、客服系统、生产自控三大系统，涉及物业及公共事业管理、公共设施管理、医疗卫生、电子监控等十项功能。

同月　国土资源部组织召开全国油气资源动态评价项目中期验收会。勘探开发研究院承担的项目“玉门探区油气资源动态评价”顺利通过国土资源部中期验收。

同月　组织召开雅布赖盆地勘探部署专题研讨会，油田勘探部、勘探开发研究院、东方物探、中国石油勘探开发研究院西北分院有关专家出席会议。

10 月 20 日　玉门油田水力发电系统电力调度通信光缆传输系统建设工程完成，实现电力调度通信自动化管理。

10 月 28 日　炼化总厂 70 万吨 / 年柴油加氢精制及 20000 标准米 ^{3}/ 时制氢装置一次开工成功。

10月　在集团公司职业技能竞赛采油工竞赛中，老君庙油田作业区员工李晨露和许辉分别获得铜牌和优秀选手称号，这是油田首次在主体工种中获集团公司职业技能竞赛奖牌。

11月24日　炼化总厂完成国Ⅲ标准柴油向国Ⅳ标准柴油的置换升级工作，实现国Ⅲ标准柴油零库存。

12月31日　水电厂2号锅炉烟气脱硝装置成功投运。

2015年

1月6日　召开《中国石油企业文化辞典·玉门油田分册》编委会议，对《中国石油企业文化辞典·玉门油田分册》进行审核。

1月20日　“玉门油田重上百万吨勘探开发关键技术研究”项目中期检查会在北京召开。

1月26日　鸭5-1H井完成油层固井，钻井周期仅68天，水平段长1067米，最大井斜83度，为油田首口水平段长超过1000米的水平井，为以后钻进长水平段水平井积累了经验。

1月　玉门油田消防支队及2名消防干部荣获公安部表彰。

2月6日　股份公司在北京组织召开“中国石油第四次油气资源评价”中期评估审查会。“玉门探区第四次油气资源评价”作为该重大专项的子课题之一，参与并顺利通过了总项目的中期验收审查。

2月11日　与西部钻探公司签订酒东、鸭儿峡产能建设钻井总承包协议。

3月1日—4月30日　开展以“夯实油田上产基础，确保完成全年原油生产任务”为主题的原油上产活动。

3月5日　举行采油、井下作业、炼油化工、维修电工、铆焊5家技能专家工作室授牌仪式。

4月12日　鸭儿峡油田作业区鸭K1-8井正式开始大型压裂作业。此次压裂是玉门油田有史以来动用设备最多、规模最大的一次储能压裂作业。

4月13日　钻采工程研究院油田环境监测中心收到中国合格评定国家认可委员会（CNAS）秘书处的通知，通过CNAS的最终评审，获得CNAS认可资格证书。

4月17日　玉门油田工会为老君庙油田作业区“李宏伟劳模创新工作室”、炼化总厂“华玉林劳模创新工作室”、油田作业公司“史玉平劳模创新工作室”、水电厂“何天全劳模创新工作室”、建安处“王昆劳模创新工作室”及机械厂“韩喜临劳模创新工作室”6家劳模创新工作室举行授牌仪式。

4月25—26日　举办海外防恐安全培训班。从北京邀请两名专职安保管理人员来油田，对50名海外人员进行海外防恐安全知识培训。

4月　炼化总厂技术攻关、节能节水、炼化业务优化、开源节流降本增效工作方案文件下发，标志着提质增效攻坚进入实施阶段。

同月　与东方地球物理公司召开井中地震技术交流会。

同月　酒东油田作业区长2-29井投产一次成功，并获得较好的油气产能。

5月5日　鸭5-1H井大型体积压裂试验取得成功，最长水平段水平井达到“万方液、千方砂”大型体积改造目的，该井由油田独立设计并完成施工。

5月27—29日　举办新版QHSE管理体系学习培训班。

5月　发布并实施《能源管理体系管理手册》（A/0版），标志着玉门油田节能节水工作向科学化、标准化、规范化发展迈出坚实一步。

6月10日　青西油田柳沟庄油藏北部的柳北2X井日产液量稳定在45.5立方米、含水9.1%、日产油35.5吨，成为油田勘探增储的又一新领域。

同日　玉门油田作业公司特车队GJ32281队成功实施青1-17井套管固井作业，一次注入水泥浆达到185立方米，创固井作业新高。

6月24日　中国地质调查局油气调查中心在北京召开“武威盆地地震资料处理解释及石油地质条件调查”项目招标会，勘探开发研究院天然气室顺利中标该项目。

6月　炼化总厂效益再创佳绩，实现板块盈利5645万元，这是该厂继4月首次盈利以来，连续第3个月实现板块盈利。

7月23日　召开干部大会，集团公司人事部宣布玉门油田分公司主要领导调整决定；集团公司党组成员、副总经理赵政璋发表重要讲话。集团公司人事部副总经理金华宣读了集团公司党组关于玉门油田分公司（玉门石油管理局）主要领导调整的任免文件：陈建军任玉门油田分公司总经理、玉门石油管理局局长、党委副书记；免去刘圣志玉门油田分公司总经理、玉门石油管理局局长职务，另有任用。

7月　炼化总厂实现内部和板块双盈利，内部盈利4795万元，炼化板块盈利4167万元，创历史最好水平。

8月18日　玉门油田召开纪念孙健初先生118周年诞辰座谈会，深切缅怀孙健初先生的光辉业绩，表达对石油先辈的敬畏之情。

8月21日　召开重塑中国石油良好形象大讨论活动部署推进会。

同日　召开《玉门油田志（1987—2017）》编纂工作启动会。

8月27日　吐哈油田总经理徐可强、副总经理梁世君一行7人到玉门油田考察交流并座谈。

8月　欣露园天然气入户点火工作铺开。

同月　经工会研究决定，组织开展“优化运行，提质提效，打赢炼化扭亏增效硬仗”劳动竞赛。

同月　小井眼侧钻加深井——柳北1J井钻井施工顺利施工。小井眼加深钻井技术在低渗透油田开发和老油田中后期开发挖潜上具有突出的优势。

9月3—4日　中国石油天然气股份有限公司董事会秘书、昆仑能源董事局主席吴恩来一行来油田调研。

9月11日　举办《玉门油田志（1987—2017）》编纂工作培训班。相关部门、单位编写人员90余人参加了培训。

9月15日　玉门油田最大斜度水平井——鸭6–1H井大规模分段压裂施工顺利完成。鸭6–1H井是酒泉盆地鸭儿峡油田古近系—新近系L油藏鸭西鼻状构造鸭西6断块上的一口大斜度水平井。该井于2月6日开钻，7月15日完钻。完钻井深3894米，最大井斜91.34度。从9月10日开始，经过6天的连续压裂，按照工艺设计要求顺利完成4段压裂，共注入液量5165.4立方米，加砂447立方米，单段最大加砂量150.2立方米，创油田水平井单段最大加砂量纪录。

9月16日　与中油测井有限公司签订“十三五”战略框架协议。

9月　经过玉门油田考核推荐和集团公司组织评审，采油、井下作业两个技能专家工作室，采油技能专家刘春杰和富玉新，井下技能专家陈全柱，柴油机修理技能专家沈庆华获集团公司认定和聘任。

10月22日　酒东油田作业区长2–15X井射孔后日产液40立方米，含水20%，日产油38吨，油套压均稳定在18兆帕。

10月27日　位于青西油田窿101区块的青2–77井日产液量稳定在40立方米、含水7%、日产油37吨。再次证实了窟窿山弧形构造带窿101区块为裂缝发育的油气富集区，不仅揭示该区块完善井网、补充能量的开发潜力，同时指明了该区块仍具有较大的外扩潜力。

同日　超过5000立方米的大体积压裂液被压入鸭儿峡油田志探1井地层深处，拉开了玉门油田当年储集层改造工作的第二个高峰。

10月29日　炼化总厂高温污泥反应釜干燥污泥正常产出，废气生物除臭单元正常运行，标志着炼化总厂新建环保项目——污泥预处理装置顺利投运。

10月31日　水电厂水力发电量完成5847万千瓦•时，完成年计划发电量的100.81%，超额完成全年发电业绩指标，实现了提前跨年。

10月　由机械厂联合开发的首台超长冲程采油系统设备经过前期的安装调试，在老君庙作业区采油四工区正式投入现场试验，装置运行状态良好。

同月　炼化总厂实现内部利润1763万元，炼化板块利润321万元，这是继4月、5月、6月、7月以来，第五次实现板块、内部双盈利。

11月10日　鸭西8X井共计注入酸液、压裂液1005立方米，加砂18立方米，首口大型体积酸压工艺现场试验井取得成功。

11月18日　航天科工十院总经济师王建新一行8人到油田考察交流。

11月　炼化总厂对首批250万吨/年常减压装置、80万吨/年催化裂化装置、30万吨/年催化重整装置、2万米^3/时制氢装置等四套装置仿真培训系统进行验收试运行。

11月20日　与渤海钻探工程有限公司签署战略合作框架协议。

11月　鸭儿峡油田作业区总站实现原油年处理能力达到10万吨，处理原油含水率低于0.1%。

12月10日　炼化总厂1.5万吨/年分子筛脱蜡装置隐患治理项目进行工程中间交接，标志着1.5万吨/年分子筛脱蜡装置隐患治理项目正式进入试车、投料、开工阶段。

12月24日　与集团公司钻井工程技术研究院在北京签署战略合作框架协议。

12月　水电厂全面完成控亏指标，实现连续5年减亏。

2016年

1月14日　与西部钻探工程有限公司签署钻井工程技术服务区块总包框架协议。

1月29日　举办首届青年学术交流会闭幕式。首届青年学术交流会历时半年，共收到青年学术论文47篇，设勘探、开发、炼油化工、工程技术与服务四个分会场。在分会场交流中，来自油田17个单位的47名青年科技人员围绕“科技创新促提质增效”主题，突出科技创新和应用实效，通过提交论文和主题汇报的形式，交流了本单位科技创新实践的研究成果及技术进展。会议对获得一、二、三等奖的论文进行了表彰。

3月5日　青西采油厂窿101区块2015年至2016年初共投产新井4口，日产量由2012年的26.8吨，提高到62.2吨，新建产能5.63万吨，青西油田产能建设取得了新进展。

3月7日　酒东采油厂2015年至2016年初共投产新井5口，新建产能3.16万吨，新井产量7089吨，是3年来产能建设效果最佳的一年。

3月8日　由机械厂生产的永磁电机直线抽油机在鸭儿峡采油厂527井井场调试安装。

3月14日　北京三星九千认证中心质量管理体系审核组一行5人来油田进行认证审核。

3月26日　2016年玉门油田职业技能鉴定考试中的理论考试部分首次采用无纸化考试。

3月　炼化总厂一季度实现盈利1.1614亿元。

4月19日　玉门油田老领导、甘肃省原副省长、省人大常委会原副主任吴碧莲来玉门油田调研并参观了油田展览馆。

4月　炼化总厂科研人员设计发明的双端面机械密封装置密封性能检测工具和联轴器找正仪被国家知识产权局授予实用新型专利。

5月18日　老君庙采油厂12号注气站举行开厂仪式，标志着该厂氮气驱油项目正式投运生产。

5月27日—6月2日　中国船级社质量认证公司审核组一行6人来油田，对玉门油田能源管理体系进行初次认证审核。

5月　水电厂柴油点火装置改造完成，六期2号锅炉在预定日期内点火成功并投入运行。

同月　收到塞尔维亚国家石油公司（NIS）出口45.2万欧元（约合人民币320.92万元）的油田化学剂的出口订单。

同月　炼化总厂50万吨/年柴油改质降凝装置国Ⅴ升级适应性改造项目和酸性水汽提及硫磺回收装置环保隐患治理项目先后开工建设。

同月　下深3020米的深井泵在酒东采油厂2−28井的成功应用，标志着玉门油田下深超3000米有杆泵深抽配套采油技术取得突破。

6月15日　减氧空气驱油项目在鸭儿峡采油厂K1−36井进行。

6月24日　组织召开股份公司重大科技专项“玉门油田重上百万吨勘探开发关键技术研究”课题八、课题九验收会。

6月30日　机械厂通过美国石油学会（API）抽油杆、抽油泵、抽油机产品会标认证三年一次换证的现场审核，意味着该厂的杆、泵、机产品在国内、国际市场再次取得通行证。

6月　青西窿12井酸化压裂压入318.2方液量，成功压开了地层，顺利完成施工，标志着玉门油田高应力超低渗裂缝性储集层酸压技术取得重要进展。

7月6日　青西采油厂联合站历时45天的装置检修工作顺利完工。

7 月 6 日—10 月 1 日　炼化总厂进行装置大检修。

7 月　消防支队、武装部分别组队参加甘肃省消防部队实战化业务技能比武竞赛和甘肃省军区百连千部军事大比武，在多个项目中取得好成绩。

8 月 2 日—9 月 13 日　举办第八届职业技能竞赛。

8 月 3 日　酒东采油厂长 3–15 井压裂后自喷投产，采用 2 毫米油嘴生产，井口油压 34 兆帕，套压 33 兆帕，日产液 50 立方米，含水 30%，日产油 30 吨。

8 月 17 日　乍得项目采油厂电站 SOLAR 燃气发电机组 8000 小时定检工作顺利完成，开机测试一次性成功，各项参数指示正常。

8 月 24 日　青西采油厂青 2–79 井实施补孔酸化投产后，含水从 100% 下降至 40%，日产液量 47 立方米，日产原油 21 吨。

8 月 29 日　钻采工程研究院技术检测中心全面完成了炼化大检修中特种设备的检验工作，承担焦化装置和空气分离装置的压力容器检验 79 台，校验安全阀 813 个，检验压力管道 519 条。

8 月　酒东采油厂首个丛式井平台——长 2–19 丛式井平台生产正常。

同月　中国船级社质量认证公司向玉门油田颁发了 GB/T 23331/ISO 50001 能源管理体系认证证书。玉门油田成为股份公司 16 个油气田首家独立通过能源管理体系认证的企业。

同月　钻采工程研究院技术检测中心代表玉门油田参加股份公司勘探与生产分公司组织的节能监测机构现场比对活动，获得第一名。

9 月 1 日　由中国地质调查局油气资源调查中心部署实施的地质调查井——宁卫地 1 井正式开钻。该井井位的确定由中国地质调查局油气资源调查中心与玉门油田勘探开发研究院合作完成。

9 月 18 日　采用暂堵纤维层内转向压裂工艺技术施工的老君庙采油厂新井 I317–26 井投产后，自喷日产液达到 10 立方米，日产油 6 ～ 7 吨，措施增油效果明显，暂堵转向压裂工艺试验取得成功。

9 月　油田作业公司试井队成功运用泵送桥塞射孔防喷装置，完成对 I317–26 井的泵送桥塞分簇射孔新工艺技术，这是玉门油田首次自主施工该项工艺。

同月　建安处承担玉门矿区八井路、安全路和民族路等多处道路的整修工作。

同月　玉门技术人员在鸭儿峡采油厂 K1–15、K1–3、K1–41、K1–43 等十余口井上开展的防偏磨技术，平均延长油井断脱周期两倍以上。在酒东采油厂断脱严重的长 3–3、长 2–20 井进行试验后，也未发生过断脱现象，成效明显。

同月　炼化总厂成功生产出首批合格国Ⅴ标准柴油，并于 9 月 28 日开始柴油管道支线置换工作。

10 月 12—13 日　集团公司党组副书记、总经理章建华莅临玉门油田调研。12 日下午，章建华与甘肃省副省长黄强在玉门油田座谈。

10 月 13 日　甘肃省副省长黄强来玉门油田调研。

10 月 18 日　油田组织召开股份公司重大科技专项“玉门油田重上百万吨勘探开发关键技术研究”检查自验收会，通过对课题四、课题五、课题六的检查自验收。

10 月 25 日　酒东油田长 19 井连续稳产 13 天，采用 2.5 毫米油嘴求产，产液量稳定在 70 米 ^{3}/ 日，产油量 28 米 ^{3}/ 日，压力系数 1.84。这标志着长 19 井在酒东长沙岭构造新断块获得新突破。

10 月 28 日　由宝石机械西安宝美电气工业有限公司和玉门油田共同完成的 XJ1600DBT 网电变频拖挂修井机成果鉴定会在油田召开。

同日　由中油国际（乍得）有限责任公司主办、玉门油田承办的乍得项目 2016 年开发技术交流会在油田召开。

10 月　股份公司在北京召开 2016 年度新增油气储量年审会议，玉门油田申报的控制、预测储量通过评审组验收，顺利完成年度控制、预测储量任务。

11 月 1 日　鸭西 1–2 井完钻射孔后喜获高产油流，连续稳产。用 3 毫米油嘴求产，油压 16 兆帕，套压 15.7 兆帕，日产液 62 立方米，含水 10%。

11 月 6—7 日　承担的“玉门探区第四次油气资源评价”课题通过股份公司验收。

11 月 7 日　炼化总厂首批 –35 号国Ⅴ标准低凝柴油顺利出厂。

11 月 9 日　老君庙采油厂采油三队石油沟集输完善及污水综合治理项目集输系统 1 线和 2 线正式投用，承担石油沟 165 口油井的油气输送任务，每天节约拉运费用 3000 元。

同日　炼化总厂组织召开 2016 年炼油厂大检修期间减压深拔及换热流程优化改造项目、50 万吨 / 年柴油加氢改质装置表面蒸发空冷隐患整改项目、电力系统抗晃电和继电保护系统隐患治理项目的工程交接会。

11 月 16 日　炼化总厂产销的汽油、柴油均实现国Ⅴ质量标准，标志着炼化总厂汽油、柴油全部提前迈入国Ⅴ时代。

11 月 20 日　首次在单东区块单东 201H 井钻井过程中采用 LWD+ 录井地质导向技术，获得成功。

11 月 23 日—12 月 8 日　开展第 70 次岗位责任制大检查。

11 月 24 日　炼化总厂 70 万吨 / 年柴油加氢精制及配套工程项目、50 万吨 / 年延迟焦化装置安全隐患治理项目的竣工验收顺利完成。

11 月 30 日　炼化总厂 15 万吨 / 年轻汽油醚化项目顺利中交。

11 月　炼化总厂组织召开 40 万吨 / 年汽油加氢装置国Ⅴ标准适应性改造项目及 50 万吨 / 年柴油改质降凝装置国Ⅴ标准升级适应性改造项目工程交工会。

同月　油田作业公司侧钻作业队仅用 29 天钻进 2158 米，安全优质高效地完成单东 201H 井的钻井施工，创下了油田浅层钻井“速度最快、质量最高、效率最好、井斜最大、水平段最长”的五项新纪录。

同月　酒东采油厂投产新井 7 口，新建产能 2.61 万吨，新井产量 8270 吨，创 4 年来最佳水平。

同月　炼化总厂实现内部盈利 4736 万元，炼化板块盈利 4349 万元，全年累计实现板块盈利 3.01 亿元，在中国石油炼油企业经济技术指标排名中吨油利润累计排名第 15 名，同比前进 3 位，这是对标排名以来炼化总厂最高排名。

12 月 4 日　酒东长 3-13 井已连续自喷 580 天，累计产油 3500 多吨。

12 月 5 日　人事处组织《技师园地》优秀文章评选。

12 月 30 日　水电厂六期锅炉增设脱硫装置投运，烟气排放达标。

12 月　刘春杰技能大师工作室被确定为甘肃省 2016 年国家级技能大师工作室。

2016 年　老君庙采油厂实现油井开井最多达 925 口，创 5 年来开井量新高。采油厂超额完成全年原油生产任务目标，日均超产约 3.44 吨，全年超产 1307 吨。

同年　酒东采油厂产量超计划完成 609 吨；K_1g_3 油藏产能建设创 4 年来最佳水平；注水量达历年最高；油井免修期创 4 年最长；操作成本下降 10%。

同年　炼化总厂累计实现板块盈利 2.82 亿元，开创了自 1999 年起 17 年来首次年度盈利的新纪录，在中国石油 25 家炼油企业主要财务指标排名中吨油利润累计排名第 16 位。

2017 年

1 月 8 日　甘肃省安监局党组成员、副局长苟小弟带领省政府安全生产考核组一行 6 人，到酒东采油厂检查安全生产工作。

1 月 16 日　与中油测井公司举行工作座谈会，就下一步技术合作进行交流。

2 月　石北次凹古近系单东 201H 井喜获高产油流。3 月 5 日，该井产液 5.6 立方米、产油 4.28 吨，累计产油 271 吨。

3 月　鸭西 14 井压裂后喜获高产，截至 3 月 13 日，鸭西 14 井用 3 毫米油嘴自喷排液，井口压力 8.5 兆帕，折算日产液量约 60 立方米，含水 15%。

3 月 16—21 日　由股份公司炼油与化工分公司专家组成的炼化企业 HSE 体系审核第一审核组，来炼化总厂进行体系审核。

3 月　由信息中心门户部技术人员独立开发的油田零散物资竞价交易系统（c/s 模式）完成，该软件是结合油田生产实际和物资采购需求进行设计。

4 月 5—13 日　以股份公司勘探与生产分公司副总经理王元基为组长的 HSE 体系审核组一行来油田，对玉门油田机关部门和部分基层单位 HSE 管理体系情况进行全要素审核。13 日王元基一行专题听取了油田工作汇报，对油田勘探开发工作进行调研。

4 月 19 日　炼化总厂常减压装置三顶瓦斯集输改造项目一次投用成功，运行平稳。

4 月 27 日　中国共产党玉门油田分公司第二次代表大会在酒泉生活基地文体中心召开，200 名代表和 84 名列席代表参加会议。

4 月 28 日　中国共产党玉门油田分公司第二届委员会召开第一次会议。会议选举陈建军为中国共产党玉门油田分公司委员会书记。

同日　中国共产党玉门油田分公司第二届纪律检查委员会召开第一次会议。会议选举孙永会为中国共产党玉门油田分公司纪律检查委员会书记。

4 月　井下作业技能专家工作室三项实用新型成果“油管手动锁紧防溅工具”“抽油杆连接提升环”“抽油杆倒扣器”获得国家专利。

同月　老君庙 I269H 井实施“纤维 + 颗粒”暂堵转向压裂后效果十分显著：日产液 16.8 立方米，产油 13.35 吨，增产倍数高达 12.7。

5 月 19 日　甘肃省总工会副主席包俊宗一行到油田调研。

5 月 22 日　世界首个大阵列三井联合采集 Walkaway–VSP 测井项目在青西油田窿 9 井、窿 114 井和青 2–50 井成功结束现场施工，填补了物探地震勘探数据采集领域的一项空白。

5 月　水电厂六期水汽监督无人值守项目在经历了 6 个月的改造后投入运行。

6 月 5 日　受国产航空（舰艇）油料鉴定委员会委托，由中国石油质量安全环保部、中央军委后勤保障部、空军油料研究所等单位组成的联合化验专家组，对炼化总厂恢复军航发运工作进行了联合化验。专家组通过比对平行试验数据，分析俄罗斯综合鉴定法评定结果，到常减压、加氢、油品、液压油等车间实地考察后，认为炼化总厂生产的 3 号喷气燃料产品质量符合军用航空煤油标准要求，新建航空煤油洗槽站投用后具备恢复军航发运条件。

6 月 7—8 日　受集团公司科技管理部委托，以教授级高级工程师傅诚德为组长的集团公司科技评估中心现场核查技术专家组一行来玉门油田，就“玉门油田重上百万吨勘探开发关键技术研究”重大科技专项进行现场技术核查。

6 月 13 日　由酒泉市委副书记张国春带队的重大项目观摩督查组一行 20 余人到炼化总厂进行技改项目观摩督查。

6 月 29 日　在青西采油厂开展轻烃泄漏着火突发事件联合应急演练。

6 月 27—30 日　中国船级社质量认证公司现场审核组一行 5 人，对 9 个机关处室和 7 个二级单位进行了能源管理体系监督审核。

6 月　井下作业技能专家工作室被确定为甘肃省技能大师工作室。

同月　炼化总厂申报的“催化裂化反应器的进料方法及装置”获发明专利。

7 月 3 日　中国石油天然气运输公司总经理孙晓岗、副总经理孙志远等一行到玉门油田进行业务交流。

7 月 6—11 日　集团公司井控检查第五组深入玉门油田生产现场和机关部门，对井控工作进行全面检查。

7 月 8 日　中油国际（乍得）炼油有限公司总经理徐志宏等一行来玉门油田调研，就相关对口支持工作进行深入交流。

7 月 12 日　玉门油田领导与东方地球物理勘探有限公司领导一行举行座谈会，双方就加强深层次合作进行交流，签订战略合作框架协议。

7 月 18 日　股份公司油气田企业能源管理体系研讨会在玉门油田召开。

7 月　部署在长 102 区块 K_1g_3 油藏的开发井——长 1–3 井压裂投产后喜获工业油流，该井位于酒泉盆地酒东坳陷营尔凹陷长沙岭构造。

同月　玉门油田离退休人员和参加城镇企业职工养老保险的工农业家属工养老金年度认证工作全面铺开。

同月　机械厂首台复式永磁电机抽油机在青海油田采油二厂乌新 6–6 井成功安装运行。

同月　“石油精神寻根探源之旅·石油摇篮逐梦百年之魂——玉门油田‘源泉’主题宣讲活动”获 2016—2017 年度全国企业文化优秀案例。

8 月 11 日　股份公司召开油气矿权内部流转工作推进会，集团公司党组和股份公司决定将长庆油田陇东地区的环江油田木西区块矿权和油田开采权流转给玉门油田。

8月23—25日　集团公司“2017年大庆油田与长庆油田专用‘三抽’产品谈判采购、玉门油田机械厂部分产品目录式采购暨西南油气田采气井口采购方案”研讨会在玉门油田召开。

8月26—27日　国务院国有重点大型企业监事会主席杜渊泉到玉门油田调研，看望慰问一线干部员工，与玉门油田领导座谈，了解油田生产经营、改革发展、提质增效等情况。

8月　由油田作业公司技能专家工作室申报的“开式抽油杆专用提升环”“抽油杆拔钻头设计制作及应用”“滚筒刹车紧急制动装置改装与应用”“镶嵌式高效保径套磨铣鞋”“钻井用过套管扩扎掏穴器”5项创新成果首次被推选为集团公司推广应用项目。

同月　农牧公司云消费卡系统开始在玉门油田各园区进行安装调试，并开始试运行。

9月4日　第17期党支部书记示范性培训班开办，基层各单位优选的50名党支部书记参加为期一周的集中培训。

9月　由甘肃省公安消防总队组织举办的全省消防部队岗位大练兵比武活动，在省消防总队培训基地落下帷幕。来自全省15支公安消防代表队和10支政府专职消防代表队、12支企业专职消防代表队分组进行19个项目的比赛。玉门油田消防支队派出的6名参赛队员顽强拼搏，在4个集体项目、4个个人单项的比赛中，取得企业消防专职队组六米拉梯操第三名、一人两盘水带连接操第三名、原地佩戴空气呼吸器操第三名、两人五盘水带连接操第二名、消防综合理论第三名，同时取得专职队组团体总分第三名的好成绩。

同月　建安处安装二队获“全国青年文明号”，成为玉门油田第五个获此殊荣的单位。

10月18日　成立环江油田木西开发分公司，后更名为环庆分公司。

10月　鸭西106井压裂后喜获高产油流，用2.5毫米油嘴生产，日产液量78立方米，含水3.2%，日产油75.5立方米。鸭西106井的改造成功，对油田评价鸭儿峡鼻状构造鸭西5断块白垩系 K_1g_1 段的含油气性、整体控制鸭儿峡白垩系 K_1g_1 油藏含油面积意义重大，同时也标志着油田储量动用工程技术支撑能力进一步增强。

11月1日　玉门油田领导陈建军、刘战君、范铭涛赴庆阳市，与庆阳市委书记　建民，市委副书记、市长朱涛，市委常委、副市长、长庆油田陇东指挥部指挥张应科，就油田参加陇东地区石油勘探开发，企地协作、共同发展等事宜进行座谈。

11月2日　玉门油田进驻环县地企共建座谈会在庆阳市环县举行。总经理、局长、党委书记陈建军，副总经理刘战君、范铭涛与环县县委书记柴春，县委副书记、县长何英禅，县委常委、常务副县长李聪，县委常委、政法委书记李军，副县长吕邦辉，就加强企地合作、相互理解、相互扶持、规范运作，支持重振玉门油田雄风，帮助环县群众脱贫奔小康，实现互利共赢进行了座谈交流。

11月14日　部署在雅布赖盆地红茨梁南部高部位的乌1井经压裂投产后，获得高产油流，稳定产液19.2米^3/日，产油10米^3/日，含水47%，累计产油55.8立方米，雅布赖盆地油气勘探取得重大突破。

11月15日　在各单位自查自改的基础上，玉门油田分五个检查组，深入到各二级单位的车间队站、班组岗位，开始第71次岗位责任制大检查。

11月30日—12月1日　环庆分公司先行队一行13人，赶赴长庆油田采油二厂所在地庆城县，就油田开发、现场安全管理、物资成本管理、对外协调等与长庆油田采油二厂有关人员进行对接交流。查阅资料300余份，收集各类低渗透油田开发技术、储集层改造主要配套工艺技术、QHSE体系建设、生产区域道路状况、生产状况、生产井场设备资料、物资管理、对外协调规章制度等40余项。

12月3日　中青年干部培训班在广州培训中心结束，来自油田二级单位和机关部门的38名中青年干部参加了为期半个月的培训。

12月　油田井下作业技能专家工作室“抽油杆打捞工具”“一种柴油机供油系统”“一种灌铅打捞筒”3项实用新型成果获国家专利。该工作室获国家专利12项、发布创新成果36项、完成技术革新46项、推广先进操作法29项、提出合理化建议168条。

2017年　炼化总厂加工原油2009330吨，实现利润4.24亿元，首次实现全年连续月度盈利。

第一篇

油气勘探

玉门地质调查最早始于1877年，至1986年玉门油田地质勘探已有百余年的历程。自1877年奥地利地质学家洛采到西北调查起，到1938年玉门油田投入开发前，翁文灏、谢家荣、孙健初、韦勒（美国）、萨顿（美国）等中外地质学家，对祁连山一带、酒泉和玉门地区进行了早期地质调查、石油勘察。1938年12月26日，严爽、孙健初、靳锡庚到达老君庙后，随即对石油河、甘油泉、三橛湾、石油沟、夹皮沟等地进行踏勘，详查了老君庙、石油沟构造，1939年3月13日开始钻探的老君庙1号井，至8月11日探得18.23米的油层，日产原油10吨左右，由此拉开了玉门油田勘探开发的序幕。至1949年新中国成立前，陆续勘探了潮水盆地、敦煌、酒泉、山丹、民乐等地，重点物探和钻探了老君庙、青草湾、大红圈、石油沟构造。1950—1961年是玉门油田大规模进行油气勘探的高潮阶段，先后开展了酒西、酒东、潮水、花海、民乐、民和、敦煌、武威、吐鲁番盆地的勘探，发现了鸭儿峡、石油沟、白杨河等油田，扩大了老君庙油田的含油面积和地质储量。1962—1970年，随着主要勘探力量相继支援大庆、四川、江汉、长庆等地会战，油田的油气勘探处于调整和收缩阶段。1971—1986年，特别是1981年以后，随着数字地震等先进技术的运用，油气勘探进入了全新阶段，在酒西、酒东盆地相继发现了一批新的成果。

1987—2017年，玉门油田在东至宁夏贺兰山、西至新疆东部、南至青海木里盆地、北至内蒙古的广阔领域里，进行了油气勘探，取得了丰硕成果。

第一章　勘探管理

第一节　管理机构

1987 年，设勘探部，具体负责玉门油田的油气勘探管理工作。勘探部下设地质科、钻井科、测试科和综合科 4 个科室。

1993 年 3 月，撤销勘探部，油气勘探工作由玉门油田总工程师办公室下设的勘探办公室管理。

1994 年 3 月，撤销总工程师办公室勘探办公室，成立勘探事业部。勘探事业部下设综合办公室、勘探项目室、经营办公室 3 个职能科室。

1999 年 7 月，玉门油田重组改制，勘探事业部隶属玉门油田分公司管理。12 月，玉门油田分公司对勘探事业部机构编制进行调整，下设勘探科、经营科、钻井科、地质物探科 4 个科室。

2001 年 2 月，撤销勘探事业部地质物探科，分别组建物探科和地质科。

2003 年 8 月，勘探事业部变更为勘探事业部（勘探处），下设勘探科、物探科、地质科、钻井科、项目管理科、综合科 6 个职能科室。

2005 年 7 月，重组整合，勘探事业部（勘探处）机构延续之前设置不变。

2010 年 8 月，勘探事业部变更为勘探部，下设勘探计划科、地质科、物探管理科、项目管理科、钻井工程科、综合科 6 个职能科室。

2011 年 3 月，钻井工程科划归到新成立的钻采工程研究院，勘探部下设勘探计划科、地质科、物探管理科、项目管理科、综合科 5 个职能科室。

截至 2017 年底，勘探部机构设置保持不变。

第二节　矿权管理

1987—1998 年，国家对油气资源勘探区块的管理主要采取行政审批的方式进行。

1987 年，油气勘探区域主要分布在吐鲁番、酒泉、潮水、雅布赖、武腾、巴音浩特、银根、鄂尔多斯等盆地。

1988 年，在东到潮水、民和盆地，西至托克逊，北到雅布赖盆地，东西长 2000 千米，横跨甘肃、内蒙古、青海、新疆四省、自治区的区域摆开了勘探找油的战场，为 1964 年以来区域展开范围最广的一年。

1990 年起，随着吐哈会战的全面展开，玉门油田将油气勘探的主要力量全部集中在吐哈盆地，仅在酒西、酒东等盆地开展少量的勘探工作。

1995 年 6 月，吐哈会战结束，玉门、吐哈管理体制理顺后，玉门油田重新加大酒泉盆地的勘探力度。同时，通过向总公司投标，重新取得潮水、雅布赖等盆地的勘探权。1995 年，玉门油田勘探区块包括酒泉盆地、潮水盆地、雅布赖盆地、武威盆地、民乐盆地。

1999 年，依据国家矿权法规定，国土资源部对油气资源勘查、开采区块实行矿权登记制度。当年，玉门油田取得油气资源勘查矿权区块 7 个、面积 1689.04 平方千米。之后，通过开展矿权区块的新立工作，先后登记甘蒙宁武威盆地土墩凹陷、甘肃武威盆地黄羊镇凹陷、甘肃民乐盆地、甘肃潮水盆地红柳园坳陷等区块的油气探矿权。至 2003 年，油气勘查矿权区块增加到 18 个、面积 72204.08 平方千米，有效拓展了勘探领域。

2004 年后，国家陆续出台了加强油气矿业权管理的相关政策，玉门油田也相应调整了矿权工作思路，矿权工作的指导思想由追求矿权数量、面积转变为追求矿权区块的质量，通过矿权区块评价，逐步核减了无效勘查面积。至 2015 年底，玉门油田有 13 个持证探矿权，面积 33259.714 平方千米，主要分布于甘肃、内蒙古、宁夏、青海等省区的酒泉、潮水、雅布赖、武威、徽成、银根、南祁连等 7 个盆地，持证采矿权 7

个，开采面积246.55平方千米。

2016—2017年，陆续注销了徽成、武威、银根盆地的探矿权。按照国家对祁连山生态环境保护的有关规定，2017年退出了与祁连山自然保护区重叠部分的探矿权面积，其中南祁连盆地木里、疏勒两个探矿权核减面积7750.84平方千米，酒泉盆地酒西、酒东两个探矿权核减面积1971.489平方千米。集团公司从玉门油田实现持续稳定发展的战略高度出发，2017年决定将长庆油田所属环江油田的矿权流转玉门油田。2017年底，与长庆油田达成环江油田矿权流转协议，流转面积460平方千米。

截至2017年底，玉门油田持证探矿权7个，主要分布在酒泉盆地、雅布赖盆地、潮水盆地和南祁连盆地，面积16897.057平方千米。内部流转区块1个，鄂尔多斯盆地环庆区块面积460平方千米（表1–1–1）。

表1–1–1　2017年玉门油田登记油气勘查区块矿权情况统计表

序号	项目名称	类别	许可证证号	矿权首立时间	有效期限起	有效期限止	批准面积（平方千米）
1	甘肃潮水盆地金昌凹陷金川地区油气勘查	勘查	0200001630004	1999.1.25	2016.1.26	2018.1.25	311.400
2	青海南祁连盆地木里坳陷油气勘查	勘查	0200001720065	2010.2.6	2017.2.6	2019.2.5	2652.032
3	青海南祁连盆地疏勒坳陷油气勘查	勘查	0200001720070	2010.11.24	2017.2.6	2019.2.5	736.089
4	甘蒙潮水盆地红砂岗地区油气勘查	勘查	0200001110142	2011.3.4	2011.3.4	2018.3.4	1538.349
5	甘肃酒泉盆地酒东坳陷油气勘查	勘查	0200001720105	1999.1.25	2017.4.06	2019.4.5	3234.537
6	甘蒙雅布赖盆地油气勘查	勘查	0200001620396	1999.3.2	2016.11.4	2018.3.2	3673.978
7	甘肃酒泉盆地酒西坳陷油气勘查	勘查	0200001720106	1999.2.1	2017.4.6	2018.10.14	4750.672
持证勘查小计		7					16897.057
8	鄂尔多斯盆地环庆区块	流转					460

第三节　勘探队伍

一、地震勘探队伍

1987—1991年，地震勘探野外采集工作全部由局地质调查处完成。这一时期，地质调查处主要设2261队、2262队、2264队、2265队、2247队、小折射队等6支地震、测量队伍及计算站、仪修室、保修站、研究队、器材科等后勤服务队伍，共有职工1400余人。

1992年起，开始引进外部地震勘探队伍，地震勘探野外采集工作由局地质调查处与外部地震勘探队伍共同完成。引入西南石油局第二物探大队243队在酒泉盆地酒西坳陷开展地震采集工作。1993年，物探局249队在酒泉盆地酒东坳陷开展地震采集工作。

1995年5月，地质调查处划归吐哈油田，地震勘探野外采集工作全部由外部地震勘探单位完成。同年，物探局地调四处2109队及吐哈物探公司2261队、2262队、2265队在雅布赖盆地、潮水盆地开展地震勘探。

1996—2002年，地震勘探野外采集工作量主要集中在雅布赖盆地、潮水盆地，由物探局第四地质调查处和吐哈物探公司完成。

2003—2017年，地震勘探野外采集工作全部由东方地球物理勘探公司完成。

二、钻井队伍

1987—1995 年，钻井工作全部由钻井处完成。

1996 年以后，随着钻井处划转吐哈油田，玉门油田主要依靠乙方钻井队伍承担油田的钻井工作。至2017 年，先后有吐哈钻井公司、西部钻探工程有限公司吐哈钻井公司、渤海钻探工程有限公司（前期为大港油田钻井公司）、中国石化黄河钻井公司等单位 58 支钻井队在玉门油田从事钻井工作。

三、录测井队伍

1987—1995 年，录测井工作先后由钻井处、地质录井处完成。

1996—1999 年，随着地质录井处划转到吐哈油田，录井工作主要由吐哈油田录井公司和中原油田录井处完成，测井工作主要由吐哈油田录井公司完成。

2000—2006 年，录井工作主要由西部钻探吐哈录井公司、渤海钻探录井一公司和二公司完成。测井工作主要由中油测井吐哈事业部、大港测井、四川测井、华北测井和斯伦贝谢测井公司完成。

2007—2017 年，在玉门油田从事录井工作的仍然是西部钻探吐哈录井公司、渤海钻探录井一公司和二公司。测井工作主要由中油测井吐哈事业部和斯伦贝谢测井公司完成。

四、科研队伍

1987—2017 年，玉门油田油气勘探科研工作主要由油田勘探开发研究院完成。中国石油大学、中国地质大学、成都理工大学、西北大学、中国石油勘探开发研究院、中国石油勘探开发研究院杭州分院、中国石油勘探开发研究院西北分院等单位与玉门油田合作开展研究工作。

2001 年，东方物探公司地质研究院组建玉门研究中心，参与玉门油田勘探研究工作。

2011 年，中国石油勘探开发研究院西北分院组建玉门研究组，参与玉门油田勘探研究工作。

第二章 地质概况

第一节 区域地质

一、区域大地构造

酒泉盆地大地构造位置位于塔里木板块、华北板块与北祁连造山带的结合部位；武威盆地大地构造位置位于塔里木板块、华北板块、祁连褶皱系、贺兰褶皱带三大构造单元交汇部位；潮水盆地大地构造位置位于阿拉善地块北部过渡带；雅布赖盆地大地构造位置位于阿拉善地块北部弱活化带；南祁连盆地大地构造位置位于北祁连新元古代—早古生代缝合带与疏勒南山—拉鸡山早古生代缝合带之间的中祁连陆块和南祁连陆块的交接部位。

二、区域地层层系

玉门探区内缺失太古宇，元古宇至新生界均有分布。

1. 元古宇

元古界主要有变质岩组成。前震旦系主要分布于阿拉善、祁连山区，走廊地区零星出露，主要为片麻岩、片岩、大理岩为主的深变质岩系；震旦系在全区均有分布，以北山、阿拉善、祁连山区出露较多，主要为一套海相中—浅变质的碎屑岩建造与硫酸岩建造，局部见海相火山岩。

2. 古生界

(1) 寒武系：在北山、河西走廊与北祁连山区均有分布。主要为浅变质的海相碎屑岩及碳酸盐岩建造，祁连山区见大量中基性、中酸性火山岩。

(2) 奥陶系：在北山、祁连山区与河西走廊区均见零星分布。主要为浅变质的海相笔石碎屑岩、混合相—碳酸盐建造，在北山与祁连山区发育海相火山岩。

(3) 志留系：在北山、祁连山区与河西走廊区均见有分布，尤以祁连山区发育齐全完整，其下统为海相富产笔石的碎屑岩沉积，中、上统为海相介壳的碎屑岩、火山岩、岩石已轻微变质。

(4) 泥盆系：分布于北山、祁连山、龙首山区。北山区为海相及海陆交互相的轻变质火山、碎屑岩及碳酸盐岩建造，阿拉善区及祁连山区主要为陆相的碎屑岩及碳酸盐岩建造。

(5) 石炭系：探区内普遍分布，尤其以北山区最为发育，为海相火山碎屑岩及碳酸盐岩建造。局部地区轻微变质，祁连、走廊、阿拉善 3 区下统主要为滨海—潟湖—浅海相的碎屑岩与含膏盐的白云岩及碳酸盐岩建造。

(6) 二叠系：全区普遍均有分布。北山区下统为海相的火山岩与碎屑岩夹碳酸盐岩建造，上统为陆相火山碎屑岩建造。走廊、北祁连、阿拉善区为陆相的含煤碎屑岩建造。中祁连、南祁连则为海相、海陆交互相碳酸盐岩及火山岩建造。

3. 中生界

中生界本区出露较齐全，主要为陆相地层。

(1) 三叠系：分布较广，但出露面积不大，中祁连及南祁连山区为海相—海陆交互相碎屑岩夹碳酸盐岩建造；其余各区均属河湖相碎屑岩建造。

(2) 侏罗系：分布广泛，均为陆相地层，为潮水、雅布赖盆地的主要勘探目的层。中、下侏罗统全区均有分布，北山区最发育。岩性为紫红色、灰绿色砂岩，页岩夹砾岩，粉砂岩及煤层；阿拉善区为灰白色、黄绿色砾岩及砂岩，灰绿色、灰黑色泥岩及页岩夹煤层。祁连山区与走廊区为砾岩，含砾砂岩及灰绿色、紫红色的泥页岩；上侏罗统、阿拉善区为棕红色、巧克力色泥岩；祁连、走廊区为紫红色、黄绿色砂岩、泥岩、砾岩及页岩，页岩局部夹煤线；吐鲁番区为灰绿色泥岩，砂岩夹油页岩与煤层。

(3) 白垩系：是酒泉盆地主要的生油层系和勘探目的层。下统最为发育，上统分布局限，多为河湖相沉积。下统各区均有分布，走廊西段为棕红色、灰绿色、灰黑色的泥岩、砂岩及砾岩、含砾砂岩；走廊东段、祁连山区为紫红色、灰绿色砾岩、褐红色、紫红色砂岩、泥岩夹杂色泥岩。上统分布局限，只在潮水、雅布赖盆地零星分布，岩性为浅棕红色至灰白色砾岩，砾状砂岩与砂质泥岩互层。

4. 新生界

新生界分布广泛。

（1）古近系：分布广泛，属内陆盆地红色碎屑岩建造。古新统缺失。始新统仅见于走廊及北祁连东段，为紫红色砾岩、砂砾岩、含砾砂岩。渐新统主要分布于走廊与祁连山区，为红色泥岩、砂质泥岩、砂岩、砾状砂岩。渐新统是重要的勘探目的层。

（2）新近系：中新统主要分布于阿拉善、走廊、祁连山等地。主要为橘红色的砂岩夹棕红色的泥岩、巧克力色泥岩。上新统广泛分布，主要为棕红色粉砂质泥岩、杂色砾岩、棕红色砂岩、砂泥岩、泥岩等。

（3）第四系：分布十分广泛，遍布各地，全为陆相堆积物，成因类型较多，构成戈壁、沙漠及含砾黏土。

第二节　沉积环境与特征

一、沉积环境

玉门探区诸盆地属中、新生代的构造盆地，其沉积主要受控于构造发展。不同的构造发展阶段具有不同的沉积环境和沉积特征，沉积复杂而多样。

中新生代以来，河西走廊诸盆地的沉积环境发展总趋势是由潮湿的河湖相和沼泽相开始，经历半潮湿的河湖相、干燥的河湖相，最终过渡成为干燥的河流和山麓洪积相。潮湿的河湖相沉积范围由大缩小而消失，干燥的河流和山麓洪积相由小到大遍布各地。

中、下侏罗统全区普遍为潮湿的河湖相、沼泽相沉积。下白垩统潮湿—半干旱的河湖相沉积。古近系、新近系，全区以干燥的红色河湖相为主。第四系则全区为河流山麓洪积相。

二、沉积特征

1. 沉积特征

河西走廊湖盆大都是断陷湖盆。

（1）相互隔绝或半隔绝的小湖盆，以坳陷为基本单元，自成独立的沉积系统。

中生代时期，盆地内隆坳相间，坳陷成为汇水湖盆，湖盆之间隆起相隔，沉积变化受断层控制严重，断层上升盘往往无中生代沉积或者沉积很薄，形成隆起或者凸起，对湖泊起到隔绝或半隔绝的作用，各自构成独立的湖盆。一般发育有洪积扇相、扇三角洲相、短距离的河流相、三角洲相、滨浅湖相、半深湖相、湖泊浊积岩相等。

（2）沉积相带变化急剧。

大量的钻井与地震资料证实盆地边缘的杂乱相（砂、砾岩相），横向迅速变成为平行或亚平行的较连续地震相（泥岩为主的相带）。断陷湖盆陡岸物源区及沉积区基本相邻，沉积物分选差，各类砂体多为偏粗相的较混杂沉积，岩石成熟度低，物性差。

2. 新生代坳陷湖盆沉积的特征

其特征是湖盆广而宽缓，沉积相带和厚度缓慢过渡，沉积相主要有滨浅湖相、三角洲相、河流相、洪积—冲积相，河流相较中生代发育完善。山前盆地发育有良好的大型冲积扇、河流相砂体，岩石成熟度高。物性好，是油气的主要储集层。

新近系湖盆广泛，大面积连成一片，湖水浅而稳定，形成厚达百米以上红色质纯的泥岩沉积，构成了盆地区域性的油气良好盖层。

第三章　主要盆地勘探

第一节　酒泉盆地

一、石油地质特征

1998 年，根据新的研究成果，将酒东、酒西、花海盆地统一合并为酒泉盆地。酒泉盆地所处大地构造位置为塔里木板块、华北板块与北祁连造山带的结合部位，即走廊过渡带的西端，东界榆木山，西至红柳峡，北抵合黎山、宽台山、黑山，盆地面积 2.2 万平方千米。

1. 基本构造特征

酒泉盆地中、新生代经历了断坳叠置的发展过程，中生代以断陷沉积为主，新生代以坳陷沉积为主，后期又经过挤压改造，盆地内不同时期的断层活动作用各异，相互切割，根据盆地内沉积盖层分布、基底性质、断裂特征，将盆地分为酒东坳陷、嘉峪关隆起、酒西坳陷三个一级构造单元。

（1）酒西坳陷：东以嘉峪关隆起与酒东坳陷相隔，西至红柳峡，北达宽台山、黑山，呈北西西向展布，面积约 2700 平方千米。坳陷的形成、演化与祁连造山带的演化紧密相联。新生代构造单元可划分为南部凸起、中央凹陷带、北部单斜带。其中南部凸起面积约 480 平方千米，发育一系列的北西向雁行式展布的断层和褶皱，之间又被平移断层错开，其推覆距离不等，东大西小。中生代构造单元划分为青西凹陷、南部凸起、石大凹陷、鸭北凸起、赤金凹陷和花海凹陷 6 个二级构造单元。其中，青西凹陷面积近 200 平方千米，基岩埋深大于 7000 米，生油岩厚度大于 1000 米，是酒西坳陷最主要的生油凹陷；石大凹陷面积 660 平方千米，基底最大埋深 5500 米，生油岩平均厚度大于 620 米，是酒西坳陷重要的生油凹陷。

（2）酒东坳陷：北抵合黎山，南至祁连山，东界榆木山，西起文殊山，略呈不对称的菱形，总面积约 8400 平方千米。中生代构造单元划分为营尔凹陷、马营凹陷、盐池凹陷、金塔凹陷、天泉寺凸起、清水凸起 6 个二级构造单元。其中，营尔凹陷位于坳陷的西部，是晚中生代以后发育起来的继承性较好的凹陷，面积约 1200 平方千米，基岩埋深约 9000 米，下白垩统厚 3500 米以上，生油岩厚度大于 1000 米，是酒东坳陷最主要的生油凹陷；马营凹陷，位于坳陷东侧，面积约 1800 平方千米，基岩埋深约 4000 米，下白垩统地层最厚为 2000 米。

（3）嘉峪关隆起：位于青头山与文殊山之间，面积 270 平方千米。其上沉积有古近系白杨河组间泉子层与较薄的白垩系地层。

2. 基本石油地质特征

酒泉盆地地层分为古生界基底和中、新生界沉积盖层两大部分。基底结构为古生界褶皱基底，主要由志留系变质岩构成，局部为石炭系、二叠系；中、新生界构成了凹陷的沉积盖层，最厚超过 7000 米，包括侏罗系、白垩系、古近系、新近系、第四系。凹陷内发育有巨厚的下白垩统，最大厚度 4800 米，是凹陷内的烃源层。

（1）生油条件：酒泉盆地主要发育下白垩统赤金堡组、下沟组和中沟组湖相暗色泥岩或泥岩白云岩类烃源岩，其中泥质白云岩类烃源岩主要发育在青西凹陷，赤金堡组和下沟组为盆地的主力烃源岩。盆地各层烃源岩质量好，厚度较大且分布稳定，青西凹陷赤金堡组和下沟组有效烃源岩厚度最大值分别达 1400 米和 1200 米以上；有机质丰度较高，均达到中等—好烃源岩的标准；有机质类型主要以偏油型为主，青西凹陷、石北次凹、大红圈次凹和花海凹陷赤金堡组和下沟组烃源岩有机质类型均以Ⅰ型和$Ⅱ_1$型为主，而营尔凹陷烃源岩有机质类型由上到下逐渐变差，底部赤金堡组烃源岩有机质类型以$Ⅱ_2$型和Ⅲ型为主；热演化程度总体上处于成熟—高成熟阶段，达到了生油高峰阶段，但中沟组烃源岩成熟度处于未熟—低熟阶段。

（2）储集条件：酒泉盆地主要发育下古生界志留系、下白垩统和古近系三大套储集层。志留系储集层主要分布在鸭儿峡古潜山，为裂缝型储集层。下白垩统储集层在全盆地均有分布，储集层类型包括碎屑岩和碳酸盐岩两类。其中，碳酸盐岩储集层分布在青西凹陷内部，储集空间主要为微裂缝、杂基内微孔、晶间孔和溶孔，储集物性为低孔低渗型；碎屑岩储集层在青西凹陷、花海凹陷、石大凹陷以及营尔凹陷均有分布，各凹陷储集空间类型和储集层物性有一定差异，其中，青西凹陷、花海凹陷储集层物性为超低孔超低渗型，营尔凹陷储集空间以次生孔隙为主，原生孔隙少见，储集层物性为中孔中低渗型。古近系储集层广泛分布发育有白杨河组 K、L、M 和火烧沟组四套层状砂岩储集层，储集空间主要为粒间孔，储集物性除 M 层为中孔低渗外，其他三套均属中孔中渗储集层。

（3）生储盖组合及油气保存条件：古近系白杨河组石油沟段发育一套厚度 150 ～ 200 米的泥岩，是酒泉盆地良好的区域性盖层。酒泉盆地发育多种生储盖组合。①下白垩统生油，古近系储油的中生新储组合；②下白垩统内部砂、泥岩形成自生自储的组合；③下白垩统生油，志留系储油的中生古储组合。喜马拉雅期前陆盆地演化阶段强烈的挤压作用，在盆地南缘形成了老君庙、窟窿山等大型的背斜构造带，凹陷内中生界地层断层发育，形成断背斜、断鼻、岩性、断块等圈闭，构成盆地内油气聚集和保存的良好条件。

二、勘探历程

1987 年以前，已在酒泉盆地酒西坳陷发现并开发了老君庙、鸭儿峡、石油沟、白杨河、单北 5 个油田。1987 年起，随着玉门油田战略西移，勘探重点逐步转移到新疆吐鲁番—哈密盆地。在老区勘探力量减弱、投资严重不足的情况下，坚持老区勘探不放松，持续在酒西、酒东开展勘探工作。酒西、花海、酒东共完成二维地震 2689 千米。在青西 509 断裂带二台阶部署钻探的鸭 701 井在志留系获得工业油流，发现了 701 断块油藏。在酒东营尔凹陷西北部部署钻探的黑 1 井在侏罗系发现煤层。

1988 年，酒西、酒东共完成二维地震 1668 千米，青西柳沟庄完成三维地震 36.4 平方千米。在青西 509 断裂带二台阶部署钻探的鸭 881 井在志留系获得工业油流，发现了 881 断块油藏。在青西柳沟庄部署钻探了柳 2 井、柳 3 井，柳 2 井见油气显示，柳 3 井获得工业油流。

1989 年，酒西完成二维地震 171 千米，在青西柳沟庄部署钻探的柳 5 井见到油气显示。

1990 年起，集中精力开展吐哈会战，主要勘探力量全部参与到会战之中。在资金、人员严重不足的情况下，坚持酒泉盆地勘探不断线。当年，在酒西完成二维地震 181 千米，在青西窟窿山部署钻探的窿 1 井获工业油流。

1991—1995 年，相继在酒泉盆地开展二维地震，酒西完成 1350 千米。在酒东营尔凹陷长沙岭构造部署酒参 1 井、营探 1 井、营北 1 井、马 1 井等探井，除马 1 井未钻遇目的层外，其余均见油气显示，展示了酒东盆地良好的勘探前景。

吐哈会战结束后，重新加大了酒泉盆地的勘探力度。1997 年，制定了“立足酒泉、深化酒西、突破酒东”的勘探方针，把主攻方向转移到了酒泉盆地，在青西实施二维地震 238 千米，鸭儿峡—柳东地区实施三维地震 64.08 平方千米。青西凹陷部署钻探的窿 3 井见油气显示。

1998 年，部署在青西柳沟庄构造的柳 102 井，初产获 50 米^3/ 日高产油流，酸压后日产达百吨以上，青西勘探获重大突破，打破了油田多年来勘探找油的沉闷局面。之后，相继在窟窿山部署钻探的窿 101 井，获日产 104 立方米的高产油气流，控制了窟窿山泥云岩油藏；窿 4 井获日产 108 立方米、经酸化改造后达 253 立方米的高产工业油流，发现了主力油藏窟窿山砂砾岩油藏。2000 年 12 月 19 日，部署在窟窿山构造的窿 5 井在测井过程中发生强烈井喷事故，虽未见产，但却揭示了窟窿山构造是一个较整装的大型油气藏的巨大潜力，青西勘探获得丰硕成果。至此，青西油田已控制含油面积 28 平方千米。在酒东盆地的勘探也取得新进展，酒东坳陷营尔凹陷在长沙岭构造钻探的长 101–X 井，获高产工业油流。

进入“十五”，酒泉盆地的勘探步伐进一步加快。2001 年，酒西坳陷窟窿山地区完成二维攻关地震 130 千米，第一次在逆掩推覆体之下获得反射信息；酒东下河清完成三维地震 114.2 平方千米，酒东祁连完成三维地震 98.35 平方千米，酒西石大完成三维地震 205.72 平方千米；窟窿山钻探的窿 6 井获高产工业油流、窿 7 井见油气显示；柳沟庄钻探柳 6 井见油气显示；酒东营尔凹陷长沙岭钻探长 2 井见油气显示；酒西南部凸起钻探鸭南 1 井获工业油流。2002 年，酒东、酒西和花海共完成二维地震 809 千米；酒西金海子完成三维地震 129.6 平方千米，青头山完成三维地震 198.73 平方千米，窟窿山完成三维地震 30.23 平方千米；窟窿山推覆带部署的窿 8 井获高产工业油流，发现了窿 8 区块。2003 年，酒东金佛寺、酒西窟窿山共完成二维地震 406 千米；窟窿山推覆带部署的窿 9 井钻遇巨厚的志留系推覆体，见油气显示；青西柳北地区钻探柳北 1 井、大红圈钻探腰泉 1 井，均见油气显示。2004 年，酒西窟窿山、红柳峡、大红圈共完成二维地震

234 千米；酒西老君庙构造带完成三维地震 124.35 平方千米；窟窿山钻探窿 10 井、窿 11 井、窿 14 井及青西柳沟庄钻探柳 8 井，均见油气显示。2005 年，酒西窟窿山完成二维地震 84 千米；酒东营尔凹陷北部完成三维地震 163.74 平方千米；青西窟窿山钻探窿 15 井、柳沟庄钻探柳 9 井、鸭儿峡钻探鸭西 1 井和酒东长沙岭钻探长 3 井，均获工业油流；花海凹陷钻探墩 1 井，均获低产油流。

“十一五”期间，持续在酒泉盆地进行勘探。2006 年，酒东马营凹陷、酒西红南共完成二维地震 273 千米；酒西白杨河地区完成三维地震 73.08 平方千米，花海完成三维地震 99.34 平方千米；青西柳沟庄钻探柳 10 井、青西鸭儿峡钻探鸭西 2 井，见油气显示；酒东长沙岭钻探长 4 井获工业油流，钻探长 5 井获低产油流；酒东营尔北部钻探营北 1 井见油气显示。2007 年，酒东营尔凹陷完成长沙岭二次三维 101.7 平方千米，酒西石大凹陷大红圈完成三维地震 159.1 平方千米；青西柳沟庄钻探柳 11 井、窟窿山钻探窿 12 井及窿 13 井，均见油气显示；酒东长沙岭钻探长 6 井、营 1 井、丰 1 井，均见油气显示。2008 年，酒东营尔凹陷金佛寺地区完成三维地震 81.5 平方千米，前滩地区完成三维地震 92.66 平方千米；酒东长沙岭构造钻探长 7 井、长 8 井、长 9 井，均获工业油流，发现酒东长沙岭白垩系下沟组 K_1g_3 油藏，长潜 1 井见油气显示。2009 年，青西凹陷完成二次三维地震 154 平方千米；酒东长沙岭构造钻探长 10 井、长 12 井，见油气显示；青西鸭儿峡钻探鸭西 3 井见油气显示。2010 年，酒东长沙岭构造钻探长 11 井、营尔凹陷西部钻探薛 1 井，均见油气显示，长沙岭构造长 13 井获工业油流；花海凹陷钻探宽北 1 井见油气显示。

“十二五”期间，持续加强了酒泉盆地的勘探工作。2011 年，酒东长沙岭构造钻探长 14 井、长 15 井，营尔凹陷西部钻探长 16 井，营尔凹陷北部次凹钻探长 17 井，均见油气显示；青西柳沟庄钻探柳 12 井、柳 13 井，均获工业油流；鸭儿峡钻探鸭西 4 井见油气显示。2012 年，酒东长沙岭构造钻探长 18 井、丰 2 井，营北地区钻探营北 2 井，均见油气显示；鸭儿峡钻探鸭西 5 井获工业油流；青西柳沟庄钻探柳 14 井获工业油流。2013 年，老君庙构造带完成二次三维地震 228 平方千米；酒西柳北地区钻探柳北 2 井、柳沟庄钻探柳平 1 井，均见油气显示；鸭儿峡钻探鸭西 6 井获工业油流，鸭西 7 井、鸭西 8 井见油气显示。2014 年，酒东坳陷盐池和金塔凹陷完成二维地震 390 千米；酒西鸭儿峡钻探鸭西 9 井、鸭西 10 井获工业油流，鸭西 11 井见油气显示；花海凹陷钻探墩 1H 井、老君庙构造带钻探石东 1 井、窟窿山东部钻探窿 16 井，均见油气显示。2015 年，酒西石北次凹钻探单东 1 井、单东 2 井，均获工业油流；酒西鸭儿峡钻探鸭西 8X 井见油气显示，鸭西 12 井获工业油流；鸭儿峡南部钻探的鸭南 3 井、志探 1 井均获低产油流；柳北地区钻探柳北 1J 井见油气显示，柳北 2X 井获工业油流。

2016 年，在酒西石北次凹钻探单东 3 井获工业油流，单东 4 井、单东 5 井、单东 7 井见油气显示；在酒东长沙岭构造钻探长 19 井获工业油流；在酒西鸭儿峡钻探鸭西 14 井获工业油流；在鸭儿峡南部钻探的鸭南 4 井、柳沟庄西部钻探的柳 15 井、窟窿山钻探的窿 17 井见油气显示。

2017 年，酒泉盆地油气勘探立足酒东长沙岭、窟窿山、鸭儿峡白垩系、古近系 4 个规模增储区，在酒东长沙岭部署的长 212 井、长 21 井见良好油气显示，酒东长沙岭构造新增预测储量 512 万吨；柳北 3 井见良好油气显示，柳北构造勘探呈现出好苗头；鸭西 15 井古近系试油获工业油流，使鸭西 6 区块进一步向南扩展，单东 6 井、201H 井获工业油流和高产，使单东 1 区块成为新的建产区块，酒西古近系勘探取得重要进展。对窟窿山构造进行整体再评价，部署实施三维地震 + 井地联采，开展三维地震 69.9 平方千米，三井联采 Walkaway−VSP 测线 1 条 10 千米，窿 116 井 3D−VSP 井地联采 5639 炮，有效提高了资料品质，落实了构造及细节，满足了裂缝预测和精细解释需要。

第二节　雅布赖盆地

一、石油地质特征

雅布赖盆地位于阿拉善地块北部弱活化带内，为东西向展布的中、新生代沉积盆地，西北以雅布赖山为界与银根—额济纳旗盆地相邻，南部以北大山为界与潮水盆地相邻，东部边界以巴彦乌拉山为界与巴音浩特盆地相接，面积约 15000 平方千米。

1. 盆地的基本构造特征

雅布赖盆地整体表现为“一坳一隆”的构造格局，即东部隆起和西部坳陷，其中西部坳陷主要由萨尔台凹陷和黑茨湾凸起组成，萨尔台凹陷自西向东又可划分为盐场次凹、黑沙构造带、小湖次凹、红刺梁构造带和梭托次凹五个次一级构造单元。

（1）西部坳陷：西部坳陷面积7000平方千米，最大沉积岩厚度为5300米，主要目的层侏罗系，最大沉积厚度3600米左右。

（2）东部隆起：东部隆起面积8000平方千米，主要目的层侏罗系已剥蚀殆尽。

2. 盆地基本石油地质特征

雅布赖盆地沉积地层自下而上发育有前侏罗系、侏罗系、白垩系、新近系以及第四系，其中侏罗系包括有下侏罗统芨芨沟组，中侏罗统青土井组、新河组下段、新河组上段以及上侏罗统沙枣河组。其中前侏罗系构成了盆地的基底，侏罗系、白垩系、古近系和第四系构成盆地的沉积盖层。

（1）生油条件：雅布赖盆地主要在盐场次凹、小湖次凹和梭托次凹发育中侏罗统青土井组和新河组下段两套烃源岩，其中新河组下段为盆地的主力烃源岩，青土井组为次要烃源岩层。盆地的烃源岩质量好，厚度大，分布稳定；有机质丰度高，均为中等—好烃源岩；有机质类型以偏油的Ⅰ型和$Ⅱ_1$型为主；热演化程度总体处于低熟—成熟阶段。

（2）储集条件：雅布赖盆地新河组下段储集层主要为扇三角洲、辫状河三角洲前缘砂体、浊积扇砂体，储集空间有粒间孔、粒间溶孔、杂基内微孔、长石内溶孔、碎屑内溶孔、自生高岭石内溶孔和微裂缝等，储集物性为低孔低渗型，储集层条件较差，为Ⅲ类、Ⅳ类储集层。

（3）生储盖组合：雅布赖盆地侏罗系主要有两套生储盖组合。①新河组下段中部半深湖相泥岩为生油层，与其互层或下部附近的三角洲前缘砂体作为储集层，顶部暗色泥岩作为盖层的中侏罗统新河组下段自生自储式组合；②青土井组三角洲前缘亚相砂体作为储集层，半深湖相泥岩为生油层和盖层的中侏罗统青土井组自生自储式组合。

二、勘探历程

20世纪80年代，雅布赖盆地仅开展了1：20万地面地质调查及重磁力普查，58千米大地电磁测深（MT），1：10万高精度航磁6707千米，完成二维地震2697千米，勘探程度较低。

吐哈会战期间，雅布赖盆地勘探工作停顿。

1995年起，油田重新展开雅布赖盆地的勘探找油工作。当年，在西部坳陷盐场次凹完成二维地震921千米。1996年，在西部坳陷盐场次凹完成二维地震343千米，并在盐场次凹中部部署钻探雅参1井，见到油气显示，在侏罗系发现新河组、青土井两套生油层。

1997—1998年，油田将勘探重点转向酒泉盆地，仅在雅布赖盆地西部坳陷盐场次凹完成二维地震1618千米，在黑沙低凸起部署钻探黑沙1井，在盐场次凹南部部署钻探交1井，其中黑沙1井见油气显示，交1井未见油气显示。

1999年起，雅布赖盆地勘探再次停顿。

2009年，将雅布赖盆地列为新区勘探重点，再次展开对雅布赖盆地的勘探。在盐场次凹北部部署钻探盐1井、东部部署钻探柳1井，仅见微弱的油气显示。

2010年，在小湖次凹实施二维地震350千米，部署钻探雅探1井、2井、3井等3口探井，均获低产油流。

2011年，在小湖次凹北部斜坡带实施三维地震202.6平方千米，部署钻探雅探4井、5井、7H井、8井等4口探井，均见油气显示，其中雅探8井获低产油流；在红杉湖凹陷钻探杉参1井，未见油气显示。

2012年，小湖次凹洼槽带实施三维地震206.7平方千米，南部山前带实施二维地震155.5千米，在北部斜坡带部署钻探的雅探9H井，见油气显示。

2013年，在小湖次凹洼槽带部署钻探雅探6井、雅探11井，南部山前带部署钻探雅探10井，雅探6井试油获日产油1.2立方米，经大型压裂改造，获日产油10.1立方米，含水30.8%，试采两个月后日产油稳定在4.0立方米，含水7%。由此，预测含油面积29.7平方千米，基本预测储量1100万吨，标志着雅布赖盆地勘探进入新阶段。

2014—2015年，由于围绕雅探6井实施的4口探井相继失利，对雅布赖盆地的勘探，逐步转变为以保护矿权、继续探索油气富集规律为目的，通过深化沉积储集层及成烃成藏研究，加强岩性目标的精细评价来开展。2016 年，在红刺梁构造部署钻探的雅探 3 井油气显示活跃，获得日产 300 立方米左右的天然气，但该区埋藏浅，烃源岩成熟度低，勘探未获突破。

2017 年，进一步深化雅布赖盆地的地质认识，持续探索新区带、新类型，先后在小湖次凹北部斜坡带部署钻探了磨山 1 井，优选小湖次凹红茨梁构造带乌兰构造部署钻探了乌 1 井、乌 2 井。9 月，乌 1 井钻至井深 2030 米处完井，该井侏罗系共见油气显示 42 米 /14 层，其中油浸 2 米 /1 层、油迹 7 米 /3 层、荧光 33 米 /10 层，测井解释油层 1.5 米 /1 层、差油层 19.9 米 /1 层、油水同层 9.4 米 /1 层。11 月，乌 1 井经压裂改造后开始产油，稳定日产液 19.2 立方米，日产油 10 立方米，含水 47%。乌 1 井获得高产油流，雅布赖盆地油气勘探取得重大突破。

第三节 潮水盆地

一、石油地质特征

潮水盆地位于河西走廊北部，横跨甘肃省中北部和内蒙古自治区西南部。盆地范围西起桃花拉山，东至腾格里沙漠西缘，北达北大山，南抵龙首山，面积约 22000 平方千米。

1. 盆地的基本构造特征

由于受多期构造运动的影响，盆地的构造特征较为复杂。根据地震、钻井、重磁资料和区域地质资料，将盆地划分为 5 个一级单元，即金昌坳陷、红柳园坳陷、阿右旗坳陷、中央隆起、石板井隆起，其中金昌坳陷又分为窖南、黄南两个凹陷，红柳园坳陷又分为西渠、苏武庙两个凹陷，阿右旗坳陷划分为陈家新井、庙北、周家井和盐井子四个凹陷。

2. 基本石油地质特征

潮水盆地的沉积盖层自下而上依次为侏罗系、白垩系、古近系、新近系和第四系，在凹陷中最大厚度可达 5000 米。侏罗系是盆地内分布最广、厚度最大的一套地层，地层自下而上又划分为下侏罗统芨芨沟组、中侏罗青土井组、中侏罗新河组和上侏罗统沙枣河组。青土井组、新河组是盆地的烃源岩层和主要的勘探目的层。

(1) 生油条件：潮水盆地主要发育中侏罗统青土井组和新河组两套烃源岩。烃源岩厚度在阿右旗坳陷最大，其次是金昌坳陷，红柳园坳陷的厚度最小，且分布面积也小。有机质丰度统计结果表明，阿右旗坳陷烃源岩最好，有机质丰度最高，金昌坳陷以中等烃源岩为主，红柳园坳陷烃源岩有机质丰度最低，为中等—差烃源岩。烃源岩有机质类型以阿右旗坳陷为最好，以Ⅰ型为主，部分Ⅱ型，金昌坳陷类型较好，为Ⅰ—Ⅱ型，红柳园坳陷基本上Ⅰ型和Ⅲ型各占一半。烃源岩成熟度，阿右旗坳陷庙北凹陷、金昌坳陷的窖南凹陷和红柳园坳陷的西渠凹陷沉降中心区的青土井组烃源岩处于低熟—成熟阶段；新河组烃源岩处于未熟—低成熟阶段。

(2) 储集层条件：潮水盆地主要存在中侏罗统青土井组和新河组储集层，其中青土井组孔隙类型以粒间溶孔、晶间孔、粒内溶孔、杂基内微孔、微裂缝为主，孔隙度为 2.32% ~ 28.68%，渗透率为 0.01 ~ 13.75 毫达西；新河组孔隙类型以粒间溶孔、粒内溶孔、杂基内微孔为主，孔隙度为 1.41% ~ 23.81%，渗透率为 0.02 ~ 210 毫达西。

(3) 生储盖组合：上侏罗统沙枣河组（J3s）中下部的巧克力色泥岩为盆地的区域性盖层，这套盖层除局部地区遭受剥蚀外，在盆地中广泛分布。潮水盆地主要发育自生自储的生储盖组合。中侏罗统青土井组和新河组作为油源层，上侏罗统沙枣河组巧克力色泥岩作为盖层，新河组厚层泥岩所夹砂层和青土井组中、下部物性较好的砂岩作为储集层，构成盆地最重要的自生自储式生储盖组合。

二、勘探历程

潮水盆地的勘探始于 20 世纪 50 年代，至 1986 年在潮水盆地实施二维地震 2682 千米，钻探井 54 口，在青土井地区发现地面浅油藏。

1987 年起，继续在潮水盆地开展勘探找油工作。1987 年在金昌坳陷完成二维地震 1142.7 千米。1988 年，在金昌坳陷部署钻探了油探 1 井，见油气显示。1989 年，随着油田勘探战略西移，潮水盆地勘探暂停。

1995 年，重新开始潮水盆地勘探，完成金昌坳陷二维地震 2344 千米，部署钻探的油探 1 井见油气显示。

1996 年，完成红柳园坳陷二维地震 1742 千米。

1997 年，在红柳园坳陷实施二维地震 381 千米，在红柳园坳陷部署钻探的潮参 1 井、窖南凹陷部署钻探的窖 1 井相继失利。

2001 年，在金昌坳陷部署钻探的金川 1 井未见油气显示。

2004 年，在红柳园坳陷部署钻探的潮参 2 井未见油气显示。

2013 年，在潮水盆地北部红沙岗地区开展煤层气勘探，钻探 4 口浅井，均钻遇煤层，但含气量很低。为进一步落实阿右旗坳陷庙北凹陷，实施二维地震 196.8 千米 /4 条。

截至 2017 年，潮水盆地累计完成二维数字地震约 7660.2 千米，盆地内共钻探井 61 口，但勘探一直未取得突破。

第四节　武威盆地

一、石油地质特征

武威盆地位于河西走廊东段，盆地南以祁连山为界，北以龙首山—北大山—巴音乌拉山为界，西抵桃葫芦山，东至贺兰山，总体呈近东西走向，盆地面积约 27500 平方千米。

1. 盆地的基本构造特征

武威盆地大地构造位置位于塔里木—华北地块、祁连褶皱系、贺兰褶皱带三大构造单元交汇部位。基底由前震旦系龙首山群中深变质的结晶基底和下古生界浅变质岩组成。盆地是在秦祁贺三叉裂谷背景上发育的海湾、陆表海型盆地，现今盆地是石炭纪广盆改造后残留的部分。石炭系是晚古生代在阿拉善地块南缘的前陆盆地中形成的一套含煤建造，具有生烃能力，为盆地主要勘探目的层，武威盆地石炭系现今构造格局为两坳一隆，即北部坳陷、中央隆起、南部坳陷；其中北部坳陷主要由儿马湖凹陷和头道湖凹陷两个二级构造单元组成，南部坳陷主要由大靖凹陷、营盘凹陷和中卫凹陷三个二级构造单元组成。

2. 基本石油地质特征

武威盆地在下古生界变质岩基底之上，依次发育泥盆系、石炭系、二叠系、三叠系、侏罗系、白垩系、新近系和第四系。石炭系厚度 50 ~ 3000 米，为一套海陆交互沉积，发育灰黑色泥岩、碳质页岩、石灰岩和砂砾岩，是盆地的主要烃源岩和勘探目的层，从下至上依次为下统前黑山组、臭牛沟组；上统靖远组、羊虎沟组、太原组。

（1）生油条件：武威盆地周缘石炭系剖面普遍发育暗色泥岩、炭质泥岩及石灰岩等烃源岩。石炭系靖远组和羊虎沟组有机质丰度相对高，太原组次之，臭牛沟组、前黑山组最差。有机质类型以Ⅲ型和Ⅱ_2型为主。石炭系镜质组反射率（R_o）平均为 0.86%，烃源岩以成熟—高成熟早期为主。

（2）储集层条件：武威盆地石炭系发育有砂岩及石灰岩两类储集层。砂岩原生孔隙不发育，以次生孔隙为主，石英砂岩中的次生溶孔是石炭系的主要孔隙类型。各类储集层的物性分布在不同层段的差异较大，前黑山组砂岩及石灰岩以致密层为特征，不发育常规储集层；臭牛沟组砂体以致密层为特征、石灰岩可形成高孔低渗型储集层；靖远组砂体为致密储集层，石灰岩为中孔低渗型储集层；羊虎沟组部分砂岩为低孔渗储集层，石灰岩为致密层；太原组砂岩可形成低孔低渗或致密储集层，石灰岩以致密层为特征。

（3）生储盖组合：覆盖于石炭系之上的早二叠世大黄沟的原生孔隙已消失，次生孔隙不发育，又有凝灰岩（大都已黏土化）夹层及大量砂质泥岩，可作为区域盖层。石炭系烃源岩与储集层间互出现，而作为烃源岩的页岩、泥岩、碳质泥岩及石灰岩同时又起到盖层的作用，石炭系具自三角洲前缘细粒沉积物、滨海、潟湖相黑色页岩与泥晶灰岩为烃源岩；三角洲前缘河道、指状沙坝、滨海沙坝碎屑岩储集层及白云岩、生物碎屑灰岩作为储集层的自生自储和下生上储两种生储盖组合。

二、勘探历程

武威盆地油气勘探工作始于 20 世纪 80 年代末，前期勘探主要以野外勘查为主，勘探程度低。

2003—2004 年，对武威盆地实施二维地震作业，完成二维地震测线 4 条共 393 千米。2010—2011 年，完成二维地震 7 条 343 千米。

2011 年，为了探索武威盆地南部坳陷的基本石油地质条件，在南部坳陷营盘凹陷部署钻探腾 1 井，在二叠系见油气显示。

2012 年，在武威盆地部署钻探了武试 1 井、武试 2 井 2 口煤层气井，钻井证实单煤层较薄，且分布不稳定。气井经后期排采，产气量低，分析认为该区煤层气资源潜力有限。

截至 2017 年，武威盆地累计完成二维地震工作量约为 736 千米。

2017 年 9 月，注销了武威盆地的探矿权。

第五节　南祁连盆地

一、石油地质特征

南祁连盆地地处青藏高原东北缘祁连山南部，北侧与中祁连山体相邻，南部以宗务隆山与柴达木盆地相邻，面积 6.3 平方千米，地面海拔 3700 ~ 4300 米。

1. 盆地的基本构造特征

南祁连盆地划分为 11 个一级构造单元，包括 5 个坳陷和 6 个隆起，坳陷包括天峻坳陷、下日哈坳陷、木里坳陷、哈拉湖坳陷、疏勒坳陷，各坳陷之间为基底隆起所隔，构成了南祁连盆地隆坳相间的基本构造格局。

（1）下日哈坳陷：位于天棚隆起、大通山隆起与阳康隆起之间，北与木里坳陷相连通，呈北西—南东向展布，面积约 5000 平方千米，坳陷沉积盖层主要为中上二叠统、下中三叠统，坳陷北部发育有上三叠统。总体构造形态为一由多个向斜和背斜组成的复式向斜，并伴生有断裂构造，其构造形式以短轴背斜和向斜及穹式褶皱为主。

（2）哈拉湖坳陷：为盆地内面积最大的构造单元，达 10000 平方千米，沉积盖层主要由石炭系、中—上二叠统、下—中三叠统和上三叠统构造层序组成。构造样式以短轴背、向斜和穹式褶皱为主。

（3）木里坳陷：位于大通山隆起以北大通河流域，北与走廊南山相邻。在地质上属于中祁连地区，形状为长条带状，呈北西西—南东东向延伸，面积约 6500 平方千米。坳陷沉积盖层主要由下石炭统、上石炭统、中—上二叠统、下—中三叠统、上三叠统、侏罗系和下白垩统等 7 个构造层序组成。其整体构造形态为一大型复式向斜，构造形式以线形构造为主，多形成一些延伸较远的背向斜构造。

（4）疏勒坳陷：位于疏勒南山隆起与托来南山隆起之间，形状近似一斜三角形，面积约 4000 平方千米，呈北西—南东向展布，在地质上属于中祁连地区。沉积盖层主要由下石炭统、中—上二叠统、下—中三叠统和上三叠统 4 个构造层序组成。其整体构造形态为一复式向斜，构造样式以线形构造为主，多形成一些延伸较远的背斜和向斜构造。

（5）天峻坳陷：位于南祁连盆地最南部，南与宗务隆山相邻，北与阳康—天棚隆起、拜兴哈达隆起相连。呈北西—南东向展布，形状呈狭长带状，面积较小，约为 1450 平方千米。沉积盖层主要由中—上二叠统、下—中三叠统 2 个构造层序组成。大部分地区被第四系所覆盖。其整体构造形态为北西西—南东东向延伸的大型复向斜构造，构造样式以线形构造为主体，多形成一些延伸较远的背斜和向斜构造。

2. 基本石油地质特征

南祁连盆地区域性沉积和出露的地层有元古宇、寒武系、奥陶系、志留系、石炭系、二叠系、三叠系、侏罗系、古近系、新近系和第四系。

（1）生油条件：南祁连盆地勘探程度较低，通过对木里坳陷露头烃源岩的有机质丰度、有机质类型及有机质热演化程度等方面的综合分析，推测在木里坳陷发育 4 套可能的烃源岩层，主要为石炭系、二叠系、三叠系、侏罗系。其上三叠统尕勒得寺组暗色泥岩和侏罗系煤系及湖相泥岩为主要烃源岩。木里坳陷内大面积分布着尕勒得寺组的暗色泥岩，根据野外露头分析测试结果，暗色泥岩的有机碳含量已达好烃源岩指标。侏罗系主要分布于木里坳陷北部，研究数据表明，基本达到烃源岩的标准，机质类型Ⅱ型（$Ⅱ_1$ 型和 $Ⅱ_2$ 型）为主，Ⅲ型次之，有机质演化程度处于成熟阶段。

（2）储集层条件：南祁连盆地木里坳陷主要存在两类储集层，即碎屑岩储集层和碳酸盐岩储集层。碎屑岩储集性能整体较差，绝大部分属非常规储集层，其中以上三叠统和上二叠统储集层最好，下三叠统相对最差。碳酸盐岩储集层以中三叠统和中二叠统储集性能相对较好，下三叠统与下石炭统储集性能相对较差。南祁连盆地二叠系—三叠系砂岩储集层均属于Ⅵ类超低孔渗储集层类型。

（3）生储盖组合：根据木里坳陷内烃源岩、储集层和盖层的时空组合关系，可以划分两种生储盖组合类型。①自生自储自盖式的组合类型，共有3套，包括下石炭统的炭质页岩和石灰岩为油气源层，下石炭统的砂层和裂缝性灰岩为储集层，炭质页岩为盖层的第一套自生自储自盖式组合；上三叠暗色泥岩为烃源岩层，上三叠统砂层为储集层和暗色泥页岩为盖层的第二套自生自储自盖式组合；侏罗系煤系泥岩为烃源岩、砂体为储集岩，湖相泥岩为盖层的第三套自生自储自盖式组合。②古生新储式组合类型，共有2套，包括下石炭统炭质页岩和暗色石灰岩为油气源层，上石炭统、二叠系和下中三叠统砂岩层为储集层，上三叠统暗色泥岩为盖层的古生新储式组合；上三叠统暗色泥岩为烃源岩，上三叠统、侏罗系、白垩系砂岩为储集层，侏罗系煤系泥岩和中新统白杨河组泥岩为盖层的古生新储式组合类型。

二、勘探历程

2008年，中国地质调查局在木里坳陷聚乎更矿区开展天然气水合物调查，先后发现了天然气水合物及油气显示。

2010年，获得南祁连盆地探矿权，开始开展野外地质调查，在木里、疏勒、哈拉湖坳陷共完成二维地震387千米。

2011年，在哈拉湖坳陷完成CEMP 6条301千米、重磁8012平方千米，在疏勒坳陷部署钻探祁参1井，但未见油气显示。

2014年，与中国地质调查局开展技术交流与合作，在木里坳陷部署钻探了木参1井，见油气显示。

2015年，木里坳陷完成二维地震185千米，部署钻探的木参2井，见油气显示。

第六节　民乐盆地

一、石油地质特征

民乐盆地位于河西走廊中段，北靠龙首山，西南与北祁连山相接，西以榆木山与酒泉盆地相邻，东界嘹高山、峡子山，面积为5100平方千米。

1. 盆地的基本构造特征

根据地震、钻井、重磁等资料，将民乐盆地划分为两坳一隆一斜坡4个一级构造单元和12个次一级构造单元，共7个凹陷、3个斜坡、2个凸起。

（1）西部隆起：位于北祁连山前，呈北西向展布，与中央坳陷区以走向北西向的雁列式断裂带分界。进一步分为甘凌堡斜坡和高家庄断陷。

（2）中央坳陷：呈北西向横贯盆地中部，由3个沉积凹陷和2个相对较浅的低凸起组成，面积1383平方千米，是该区主要的生油凹陷。

张掖凹陷：面积458平方千米，沉积岩厚达5600米，呈地堑式结构，南大北小，南深北浅。凹陷内白垩系最大厚度4200米。

朝元寺凹陷：位于张掖凹陷东南部，中间鞍部为三工闸低凸起所隔，为一近圆形的对称凹陷，沉积岩厚度5400米，白垩系及古近系、新近系厚度较大，为1000～3600米。

（3）东部斜坡：位于盆地东部，面积2080平方千米，总体上呈现向东抬升的斜坡，东南部李寨子一带埋藏较深。东乐一带在总体抬起的斜坡上右发育一箕状单斜。

（4）双乐坳陷：位于盆地东南部，根据地震和重力资料可进一步划分出来丰乐凹陷和民乐浅凹陷。

2. 基本石油地质特征

民乐盆地沉积盖层为白垩系、古近系、新近系、第四系。奥陶系、志留系的变质岩构成了盆地的广泛基底，石炭系、二叠及中生代的三叠系基底主要分布于盆地隆起带与单斜带。

（1）生油条件：民参1井钻于张掖凹陷，已钻遇3243.9米下白垩统地层，接近基底，基本揭示了张掖凹陷烃源岩发育状况。民参1井1803～2379米井段烃源岩虽然有机质丰度较高、类型较好，但热演化程度低，对油气形成的贡献不大；4436～4802.5米井段烃源岩虽然成熟度高，但有机质丰度较低，烃源岩多为滨湖沼泽相带形成的粉砂质泥岩，有少量碳质泥岩，这种烃源岩母质输入中常以高等植物为主，生烃能力常很差。因此民参1井目前还没有发现十分有效的烃源岩。

（2）储集层条件：民乐盆地储集层有下古近系白杨河组间泉子段储集层、白垩系储集层。民乐盆地古近系白杨河组间泉子段储集层物性较好，露头样品孔隙度介于 13.45% ～ 20.22% 之间，渗透率介于 238 ～ 3188 毫达西之间。下白垩统露头样品物性分析表明，下白垩统孔隙度基本小于 10%，渗透率介于 0.01 ～ 62.4 毫达西之间，属于致密储集层。

（3）生储盖组合：民乐盆地的生储盖组合，预测有 3 套。①下白垩统新民堡群泥岩为源岩层，白杨河组间泉子段块状砂岩体为储集层，石油沟组泥岩为盖层的中生新储的生储盖组合；②下白垩统新民堡群泥岩为源岩层，河流相砂体、水下冲积扇砂体为储集层，湖相泥岩作盖层的白垩系自生自储的生储盖组合；③下白垩统新民堡群泥岩为源岩层，老地层裂缝为储集层，裂隙不发育段或白垩系的低渗透砂砾岩体及泥岩作盖层的中生古储的生储盖组合。

二、勘探历程

民乐盆地的地质勘探始于 1946 年，大规模勘探集中在 20 世纪 50 年代。1987 年以后，仅做了少量勘探工作。

2003 年，对盆地开展野外地质调查，完成一条地震实验测线 106 千米。

2013 年，实施二维地震 123 千米。

2015 年 11 月，因民乐盆地石油地质条件整体较差，注销了盆地的探矿权。

第四章　勘探技术

第一节　地震勘探技术

一、二维地震资料采集技术

1987—1993年，主要在酒泉盆地开展数字地震详查工作，完成二维5984.02千米。这个时期处于数字磁带地震仪向遥测地震仪换代阶段。主要采集参数以120道接收，60次覆盖，40/50米道距为主，激发方式以坑炮组合激发为主。

2001—2005年，在酒西坳陷窟窿山构造带开展山地二维地震采集技术攻关，共采集二维穿山直线19条455.46千米，接收道数560道，道距30米，覆盖次数140次。

2010年，在雅布赖盆地完成二维350.475千米，接收道数400道，覆盖次数100/200次，道距25米，激发方式为井震联合分区激发。

2014年，在南祁连盆地木里坳陷部署二维地震勘探245千米，接收道数1000道，覆盖次数250次，道距10米，激发方式为单井小药量激发。

二、三维地震资料采集技术

1988—1992年，是三维地震勘探的试验、探索阶段，共在酒泉盆地完成三块三维66.52平方千米，采用4线6炮60道，240道接收，道距50米，覆盖次数30次（15×2），激发方式为坑炮激发。

1995—1997年，在潮水盆地完成2块三维103.28平方千米，观测系统为6线6炮80道，480道接收，道距50米，覆盖次数30次（10×3）。

1998—2004年，是三维技术发展、成熟阶段。2001年，在酒泉盆地营尔凹陷下河清、祁连地区完成2块三维212.55平方千米，下河清三维采集满覆盖114.2平方千米，第一次采用双边观测系统为8线8炮240道，1920道接收，道距50米，覆盖次数60次（15×4）。

2005—2009年，是三维地震由精细勘探向高密度勘探过渡阶段。2007年，在酒泉盆地完成两块三维260.803平方千米，在酒东营尔凹陷长沙岭地区采集了油田第一块二次三维101.703平方千米，观测系统为12线8炮240道—正交，接收道数2880道，覆盖次数120（20×6）次，道距50米，激发方式为分区组合激发。

2009—2013年，以"高密度、宽方位观测系统，震源高效激发，海量数据定量评价"为技术核心，开展了高密度三维地震勘探。2013年，在酒泉盆地老君庙构造带完成三维地震满覆盖228.13平方千米，在山地和城区实现了高密度三维勘探，采用"两宽一高"（宽方位、宽频带、高密度）勘探技术及配套的高效采集技术（高精度航拍，有限警戒，震源交替扫描，源驱动DGPS，海量数据定量监控与评价）。观测系统为24线3炮360道—正交，接收道数8640道，覆盖次数45/90×12=540（井炮）/1080（震源），道距40米。

三、地震资料处理技术

根据叠加成像方法的不同，地震资料处理大致经历了"水平叠加，叠后时间偏移，叠前时间偏移，叠前深度偏移"等阶段。处理单位主要有东方地球物理公司研究院处理中心和勘探开发研究院西北分院。

1989—1990年，完成水平叠加处理3907.03千米。

1996—1998年，完成叠后偏移处理二维5436.24千米、三维207.9平方千米。

1999—2005年，主要采用"折射静校正、叠后时间偏移"方法重新处理二维7183.48千米、三维2132.21平方千米。

2006—2010年，处理方法由叠后时间向叠前时间过渡，叠前时间偏移逐渐成为常规处理手段。重新处理二维7738.74千米、三维1744.68平方千米。

2011—2016年，共重新处理二维4399.78千米、三维1360.558平方千米。三维处理技术由各项同性叠前时间偏移向各向异性叠前时间偏移转变，振幅补偿技术由常规的反褶积向井驱动的Q补偿转变，处理目的由改善资料整体品质向改善确定目的层或地质目标转变。

2016年，在酒泉盆地南部逆掩推覆构造带开展二维、三维叠前深度偏移重新处理，共完成三维30.23平方千米、二维863.4千米。准确恢复了推覆体构造的形态，下盘和断面反射更加清楚。

四、地震资料解释技术

20世纪80年代后期，玉门油田地震资料解释技术经过30多年的发展与进步，开始逐渐由二维手工解释向人机联作解释过渡。

1987年，探区地震资料解释仍以手工解释为主，以寻找规模构造圈闭为主要勘探目的。在酒泉盆地西部，加强了白垩系凹陷内部地震资料解释工作，将酒泉盆地主要勘探目的层由古近系和志留系逐步转到白垩系。

1988—1989年，开始三维地震勘探。随着计算机技术的引入，地震资料解释开始逐步由手工解释进入了人机联作解释阶段。

1993—1997年，逐步配置了Sun工作站和Landmark解释软件，开始利用先进的解释软件和技术，开展地震资料综合解释工作。

1998—2010年，先后配套了Geoframe、Jason等解释软件，并对Landmark等解释软件进行升级，在探区广泛应用地震资料解释系统及软件开展研究工作，工作重点也由落实构造圈闭转变为寻找构造—岩性等复合型圈闭，并创新发展了适合酒泉盆地的精细构造解释、地震多属性、波阻抗反演等技术，加快了酒泉盆地西部青西窟窿山及鸭南地区、盆地东部营尔凹陷内油田及油藏的发现，促进了青西油田、酒东油田的勘探开发。

2010年后，随着信息化、计算机、网络节点技术高速发展，地震资料解释技术也得到质的飞跃，玉门探区内酒泉盆地青西、酒东及石北地区也进入了精细勘探时期，油田地震资料解释的重点由落实圈闭发展到勘探精细评价，技术应用也由构造解释、储集层预测发展到精细构造建模、流体检测、裂缝预测等方面。期间，针对雅布赖盆地萨尔台凹陷小湖地区、南祁连、武威、潮水等盆地的勘探，油田开展不同程度的地震资料解释及勘探目标研究工作。

2011年，开始引进和推广应用东方地球物理公司研发的GeoEast解释系统，集成化融合利用地震、地质、钻测井等资料及数据，充分使用该解释系统的集构造解释、储集层预测、油气检测、裂缝预测、三维可视化及虚拟现实等为一体的解释技术功能。

截至2017年，基于GeoEast解释平台，针对探区内不同勘探领域，发展创新了冲断带内复杂构造结构解释、成熟探区精细勘探中岩性油藏目标评价、基于地震资料的薄层反演及储集层预测等多个地震综合解释技术系列，在鸭西、庙北及白杨河等地区发现了白垩系和古近系新油藏，实现了油田扩边增储。与此同时，在油田承担的非洲乍得Bongor等盆地内的油田勘探开发中，广泛应用这些地震资料解释新技术，效果显著。

五、井中地震勘探技术

油田VSP测井（地震测井）工作，1997年以前由地质调查处承担，1997—2000年由长庆油田物探处承担，2002—2014年由物探局（东方公司）承担。

1987—1988年，完成地震测井7口，其中酒泉盆地6口，民乐盆地1口。

1997—2000年，完成VSP测井5口，酒泉盆地3口，潮水盆地1口，雅布赖盆地1口。

2002—2010年，共完成VSP测井8口，其中酒泉盆地7口、雅布赖盆地1口，均进行零偏VSP测井和非零偏VSP测井，用于求取井旁准确的地震速度。

2014年，在酒泉盆地开展“井中地震勘探技术攻关”，第一次进行井间地震和Walkaway–VSP测井试验。完成零偏VSP测井4口（Q1–2井、QT–7井、B205井、庙E105井），Walkaway–VSP测井2口（B205井、QT–7井），逆Walkaway–VSP测井2口（Q1–2井、QT–7井），井间地震3对（Q1–2井与QT–7井，QT–井7与Q1–2井，B205井与Q1–2井）。

第二节 重力、磁力与电法勘探技术

1987—2017 年，不断运用重力、磁力与电法勘探技术进行油气勘探。

1996 年，在武威盆地完成全盆地航磁 25528.81 千米；在昌马盆地开展大地电磁测量 348 千米。

1997 年，完成大地电磁测深（MT）1930.45 千米。其中潮水—雅布赖盆地 371 千米，酒西—酒东盆地 399 千米，武威盆地完成 1160.45 千米。

2001 年，在酒泉盆地酒西坳陷窟窿山地区完成连续电磁剖面法（CEMP）测线 41.7 千米。

2006 年，在酒泉盆地完成 CEMP 测线 444.20 千米，其中金塔凹陷 281.6 千米、红南凹陷 65.4 千米、酒东坳陷 97.2 千米。

2008 年，在武威盆地开展高精度重磁和 CEMP 勘探，完成高精度重磁 22722 平方千米，CEMP 测线 230 千米。

2010 年，在南祁连盆地的疏勒哈拉湖凹陷开展重磁电联合勘探，完成重磁 7650 千米，GEMP 测线 301.3 千米。

2013 年，在酒泉盆地老君庙构造带完成三维电法 570.24 平方千米，与三维地震一起落实第四系地层的厚度与分布范围。

第三节 地球化学勘探技术

1987—1992 年，在酒泉盆地开展了地质物化探直接找油勘探，共完成勘探面积 4627.4 平方千米。

1987 年，酒泉盆地青西地区完成化探 117 平方千米。

1988 年，酒泉盆地完成化探 1429 平方千米，其中酒东 1154 平方千米、酒西 275 平方千米。

1989 年，酒泉盆地青西地区完成化探 275 平方千米。

1990 年，酒泉盆地酒西坳陷完成化探 1005 平方千米。

1992 年，酒泉盆地完成化探 1801.4 平方千米，其中花海凹陷 274 平方千米、营尔凹陷 700 平方千米、鸭老南—大红圈地区 827.4 平方千米。

第四节 青西裂缝性油藏勘探技术

青西油田自 20 世纪 50 年代开始多次进行勘探，因油藏属深层裂缝性油藏，位于生油凹陷内部，储集层类型多样，当时的技术手段还不能适应复杂的地质状况，勘探成功率较低。1998 年以后，针对裂缝性油藏，开始运用三维地震勘探及解释技术、成像测井技术、以近平衡钻井为主的技术、深度酸化技术 4 项比较成熟的勘探技术，取得了良好的效果。

一、运用三维地震勘探及解释技术

2002 年，在窟窿山进行 30 平方千米三维地震攻关，采用直升机支持作业，科学、快速地组织野外采集施工；强化激发因素的试验工作，优选双深井大药量的激发因素；优选两种长排列、小面元、高覆盖、规则与不规则相结合的观测系统，以满足面元细分与组合、抽道、抽炮、抽线增大面元等目标性处理的要求；大规模地质露头调查及炮井微测井技术，提高静校正精度。通过攻关，逆掩推覆带下盘目的层资料反射信息丰富，构造轮廓较清楚，大幅度提高了二维、三维地震资料品质。

在解释方面，运用三维地震解释系统，采用 VSP 地震测井、合成地震记录进行准确的层位标定，对油藏的构造特征进行精细解释和描述，明确油藏内部断裂特点和空间组合形态，细致刻画构造的空间变化和地层形变特征。在此基础上，应用倾角等测井资料严格标定后进行微细断层和油气层位的解释，采用地震属性及录测井资料验证，从而最终完成构造精细解释工作，为确定有利油气富集区块提供准确的构造模型，提高了裂缝性油气藏探井成功率。

二、运用成像测井技术

青西油田下白垩统油藏地质特征复杂，给常规测井解释带来很大困难。针对裂缝性储集层测井定量评价这一难题，成功应用了以成像测井技术为主、结合数控测井和录井资料对双孔介质的孔隙—裂缝性储集层识别与评价技术系列。应用全井眼微电阻率等成像测井（FMI）资料，准确识别复杂储集层，应用核磁测井（CMR），识别储集层的有效性，应用流体类型识别（FTI）处理划分油气水层，找准射孔井段，从而形成了一套主要以成像测井资料为主的准确识别复杂岩性裂缝性储集层的方法。通过加强储集层测井精细解释研究工作，油水层识别技术探索与应用取得初步效果，解释符合率有所提高，对有效层认识更明确，大幅度减少试油、投产过程中的无效工作量。

三、运用以近平衡钻井为主的技术

青西油田的储集层属于裂缝—孔隙型双重介质的油藏，该类油藏的保护技术对于油田是个新课题，国内外也无可借鉴的先例。青西油田的油气层保护技术是借鉴孔隙性油气层保护技术，从摸索物理保护方法到使用成熟的化学保护技术，从仅重视钻井过程保护到形成系统的钻井—完井作业油气层保护技术，寻找出适合青西裂缝—孔隙型双重介质的油气层保护技术。

1997 年，针对青西裂缝性储集层易污染且不易酸化改造的难题进行技术攻关，开展储集层压力研究，优选加重材料和储集层保护处理剂，对近平衡钻井技术进行可行性论证。在柳沟庄构造上部署的柳 102 井，禁止使用不易酸化处理的重晶石和单向压力封闭剂，改用易酸化的石灰石粉和铁矿石粉作为加重剂，实施近平衡钻井技术，将钻井液密度严格控制在 1.30 克 / 厘米 ^{3} 以内，完井方式由贯眼尾管完井改为射孔完井，完井试油获得初产 49.11 米 ^{3}/ 日，酸化改后产量达到 102 米 ^{3}/ 日的高产。

1998 年，在青西裂缝性储集层研究取得阶段性成果的基础上，探索裂缝性储集层保护技术，研发应用易酸化解堵的油层保护剂（油溶性树脂 EP−2 和裂缝暂堵剂 LF−1）进行裂缝性油层的储集层保护。

2002 年，针对裂缝屏蔽暂堵技术存在的缺陷，油田与中国石油勘探开发研究院钻井所协作开展“玉门油田深井钻井液研究与应用”科研项目，通过系统分析青西油田储集层物性，建立窿 8 井地层黏土矿物组分和理化性能剖面，突破了储集层保护的传统方法，实现了由物理方法向化学方式的改变，优选出阳离子钻井液体系。通过该项技术的实施，2003 年，青 2−19 井、青 2−20 井当年完井投产获得 100 立方米以上的高产，验证了阳离子钻井液和化学调控技术对青西裂缝性油层的适应性，该项技术在青西油田全面推广应用。

2004 年以来，随着青西主力区块地层压力逐渐下降，提出了系统性保护油气层的思路，即钻井过程、完井作业、试油投产和酸压改造进行系统保护，形成了青西油田裂缝性储集层保护的特色技术。

四、运用深度酸化技术

1998 年 8 月，柳 102 井经钻探试油获得工业油流，但产量低，油田决定实施增产措施，进一步认识青西油田勘探开发的潜力，采用稠化酸 + 闭合土酸的酸液体系，优化酸化施工参数，措施后产油量由 12.5 米 ^{3}/ 日上升到 133 米 ^{3}/ 日。2000 年 4 月，窿 4 井完钻试油获 108 米 ^{3}/ 日高产，采用稠化酸 50 立方米 + 稠化原油 20 立方米 +50 立方米稠化酸酸化，措施后产量增加到 253 米 ^{3}/ 日。

经过 1999—2001 年 20 口井的酸化改造后，与北京勘探开发研究院万庄分院合作，研究形成了前置酸、乳化酸、稠化酸、闭合酸交替注入酸化工艺技术。2002 年 5 月，在窿 8 井采用该技术实施酸化，日产量由措施前的 86.5 立方米上升到 201 立方米。

2002 年以后，相继研究形成了胶凝酸、高温低阻乳化酸、稠化酸、多元酸、常规酸等 5 大酸液体系和前置酸 + 胶凝酸 + 乳化酸多极注入工艺、胶凝酸酸压工艺技术、前置盐酸（乳化盐酸）+ 乳化土酸深度解堵工艺技术、复合解堵工艺技术等 5 套酸化工艺技术，提高了储集层酸化的针对性和措施的有效性。

储集层改造技术是决定青西油田能否实现有效开发的瓶颈技术。青西深度酸化工艺技术的成功研究和应用，不仅有效解决了油田开发的瓶颈问题，而且在勘探初期为油田的发现、滚动扩大做出了贡献。

第五章 勘探成果

第一节 发现的生油层系和勘探目的层

1987年以来，在酒东营尔凹陷、雅布赖盆地、南祁连盆地发现3套生油层系、2套勘探目的层。

一、生油层系

1. 下白垩统生油层系

下白垩统是潮湿气候下的湖相沉积。酒东坳陷营尔凹陷下白垩统半深湖—深湖相沉积的暗色泥页岩发育，有机质丰度高，以Ⅱ型干酪根为主，地化分析为好到较好生油岩，厚度较大且分布稳定，中下部下沟组和赤金堡组烃源岩热演化程度总体上处于成熟—高成熟阶段，达到了生油高峰阶段，上部中沟组烃源岩成熟度处于未熟—低熟阶段。

2. 中、下侏罗统生油层系

中、下侏罗统是潮湿气候条件下沉积的湖、沼相含煤建造，雅布赖盆地西部坳陷的盐场次凹、小湖次凹和梭托次凹发育中侏罗统青土井组和新河组下段两套烃源岩，其中新河组下段为盆地的主力烃源岩，青土井组为次要烃源岩层。盆地的烃源岩质量好，厚度大，分布稳定；有机质丰度高，均为中等—好烃源岩；有机质类型以偏油的Ⅰ型和$Ⅱ_1$型为主；热演化程度总体处于低熟—成熟阶段。南祁连盆地木里坳陷北部分布的侏罗系，基本达到了烃源岩的标准，机质类型Ⅱ型（$Ⅱ_1$型和$Ⅱ_2$型）为主，Ⅲ型次之，有机质演化程度处于成熟阶段。

3. 上三叠统生油层系

木里坳陷内大面积分布着尕勒得寺组的暗色泥岩，根据野外露头分析测试结果，暗色泥岩的有机碳含量已达好烃源岩指标，R_o值平均为1.37%，已进入高成熟期凝析油—湿气阶段。

二、勘探目的层

1. 白垩系目的层

主要为三角洲相的砂泥岩，扇三角洲相的砂泥岩、砂砾岩储集层。已找到酒东油田和青西油田。

2. 侏罗系目的层

主要为湖相或湖沼相砂岩，如雅布赖盆地雅探6、南祁连盆地DK–9井等出油井点。

第二节 油气资源评价

一、具有工业油流并投入开采的盆地

1987年以来获得工业油流并投入开发的盆地仍然只有酒泉盆地。

1993年，玉门探区第一口科学探索井酒参1井在酒东营尔凹陷长沙岭构造发现白垩系优质烃源岩，并获低产油流，此后钻探的营北1井、长101井、长101–X井、长2井获得油流。2005年，按照“古隆起、近油源、新层系”的思路，在长沙岭构造钻探长3井，获得工业油流，发现下白垩统下沟组K_1g_1油藏。2008年，针对K_1g_3部署长7井获得高产油流，发现下白垩统下沟组K_1g_3油藏。下白垩统下沟组储集层，总体以低孔、低渗储集类型为主，K_1g_3段平均孔隙度为15.2%，平均渗透率为182.4毫达西，属中孔中渗储集层；K_1g_1段平均孔隙度10.3%，平均渗透率4.2毫达西，属低孔低渗储集层。油藏类型为背斜型断块油气藏，驱动方式为弹性驱动，开采方式为自喷—抽汲。

1999年，柳102井在青西柳沟庄白垩系泥云岩获高产油流，打破油田勘探多年沉闷的局面，此后，窿101、窿103等井相继获日产百立方米以上的高产油气流，进一步扩大了窟窿山泥云岩油藏的范围；2001年，窿4在窟窿山白垩系砂砾岩获高产油气流，发现了窟窿山砂砾岩油藏；2002年，窿8井获高产油气流，窟窿山逆掩推覆带油气勘探取得重大突破。截至2004年，基本探明了青西油田。青西油田油藏类型为构造岩性裂缝型油藏，发育有泥云岩（泥质白云岩、白云质泥岩）、砂砾岩二类储集层。驱动方式为弹性驱动，

开采方式为自喷—抽汲。

二、发现小油藏或见少量油流的盆地

1987年以来，获得少量油流的盆地为雅布赖盆地。2010年，小湖次凹钻探（雅探1、雅探2、雅探3）三口探井，均获低产油流。2013年，小湖次凹洼槽带钻探雅探6井获工业油流，测试折算日产1.57立方米，地层压力系数1.01，抽汲求产稳定日产油1.2立方米，原油密度较小，为0.86克/厘米^3，微含水。产油层段物性明显好于邻近砂体，平均孔隙度为5.44%，平均渗透率为12.6毫达西。但此后钻探的雅探601井、雅探602井等相继失利。雅布赖盆地新河组下段砂岩储集物性差，整体表现为致密背景，油气充注程度低。在储集层整体致密的背景之下，测井解释和试油结论得到的油层段，主要分布在物性相对较好的薄砂层中，为典型的自生自储致密油成藏模式。

三、钻探见生油层及油气显示的盆地

1987年以来，钻探见生油层及油气显示的盆地为南祁连盆地。木里坳陷内大面积分布着尕勒得寺组的暗色泥岩，根据野外露头分析测试结果，暗色泥岩的有机碳含量已达好烃源岩指标。侏罗系主要分布于木里坳陷北部，研究数据表明，基本达到烃源岩的标准，有机质类型Ⅱ型（$Ⅱ_1$型和$Ⅱ_2$型）为主，Ⅲ型次之，有机质演化程度处于成熟阶段。2013年，中国地质调查局油气资源调查中心钻探的DK−9取心在侏罗系见油，DK10等井发现天然气水合物，其油气源来自中侏罗统或上三叠统，运移和被封堵的烃类在冻土层耦合作用下形成天然气水合物，冻土层为封盖层。

第三节　主要盆地油气远景评价

1987年以来，开展过三次资源评价工作，根据地质条件分析研究，认为有含油气远景的盆地有酒泉、雅布赖、潮水、武威、南祁连盆地。

一、酒泉盆地

对资源的预测计算主要采用盆地模拟法、氯仿沥青A法。综合各种计算，酒泉盆地常规油气地质资源量为5.17亿吨，可采资源量1.10亿吨，探明地质储量1.70亿吨，资源探明率约32.9%。其中酒西坳陷地质资源量为3.63亿吨，可采资源量0.92亿吨，探明地质储量1.58亿吨，资源探明率43.5%，剩余地质资源量2.05亿吨，剩余可采资源量0.47亿吨。

根据凹陷评价成果，青西凹陷为Ⅰ类生烃凹陷，青西凹陷—南部凸起复合含油气系统总石油地质资源量为3.09亿吨，占全盆地地质资源量的59.8%；剩余地质资源量1.56亿吨，占全盆地剩余地质资源量的45.0%，仍是勘探的主攻地区。营尔凹陷、石大凹陷已经发现商业油气田，综合评价为Ⅱ类凹陷，是勘探的接替地区。花海凹陷有一定的油气资源，见到低产油流，综合评价为Ⅲ类凹陷，有一定的勘探潜力。盐池、金塔、马营凹陷综合评价为Ⅳ类凹陷，资源量小，勘探潜力较小。

根据区带综合评价成果，老君庙构造带和窟窿山构造带是酒泉盆地Ⅰ类区带，长沙岭构造带、白杨河构造带为Ⅱ类区带，营北构造带为Ⅲ类区带。老君庙构造带、窟窿山构造带和长沙岭构造带是精细勘探的重点，白杨河构造带为下步预探区带，营北构造带为远景区带。

二、雅布赖盆地

雅布赖盆地油气资源包括常规油气资源和非常规油气资源（致密油）。常规油气资源主要分布在盐场次凹、梭托次凹中侏罗统新河组下段和青土井组，预测计算主要采用盆地模拟法、氯仿沥青A法和类比法，综合各种计算，盆地常规油气地质资源量4539万吨，常规油气主要分布在新河组下段，地质资源量3775万吨，占盆地资源量的83.1%；青土井组地质资源量764吨，占盆地资源量的16.9%。其中盐场次凹地质资源量为2427万吨；梭托次凹地质资源量2112万吨。雅布赖盆地致密油主要分布在小湖次凹中侏罗统新河组下段，利用容积法、小面元法和类比法三种方法计算致密油资源量，综合各种计算，致密油地质资源量为9796万吨。雅布赖盆地小湖次凹致密油有利区已基本明确，虽然资源丰度偏低，其致密油形成条件相对较好，而且前期钻探5口井获低产油流，1口井大型压裂后获工业油流，展现出致密油勘探的良好前景。

三、潮水盆地

油气资源预测主要采用盆地模拟法、氯仿沥青A法进行计算。潮水盆地总资源量为6034万吨，新

河组地质资源量 2196 万吨，占盆地资源量的 36.4%；青土井组地质资源量 3838 万吨，占盆地资源量的 63.6%。其中，庙北凹陷资源潜力较大，地质资源量 2084 万吨，新河组地质资源量 705 万吨，占盆地资源量的 11.7%，青土井组地质资源量 1379 万吨，占盆地资源量的 22.9%；盐井子、窖南、黄南凹陷有一定的资源潜力，周家井和西渠凹陷资源潜力较小。

四、武威盆地

武威盆地油气资源类型主要以非常规致密砂岩气和煤层气为主。盆地内致密砂岩气主要分布在儿马湖凹陷和头道湖凹陷石炭系太原组，采用快速评价法、小面元法和地质类比法对致密气资源量进行计算，计算出上石炭统太原组致密砂岩气的地质资源量为 1496 亿立方米，其中儿马湖凹陷致密砂岩气地质资源量为 1104 亿立方米；头道湖凹陷致密砂岩气地质资源量为 392 亿立方米。

武威盆地石炭系太原组为主要含煤地层，采用容积法对煤层气资源量进行计算，武威盆地太原组煤层气地质资源量为 1098 亿立方米，其中营盘凹陷煤层气地质资源量为 515 亿立方米，占盆地资源量的 46.9%，为盆地内煤层气勘探主要地区，腾 1 井于 2012 年 6 月 9 日经压裂后，截至 2013 年 4 月 23 日，累计产气 12541 立方米。其余凹陷煤层气地质资源量较低，勘探潜力较差。

五、南祁连盆地

南祁连盆地烃源岩和储集层展布规律的认识程度低，油气资源类型主要以非常规致密砂岩气和煤层气为主。采用快速评价法对木里坳陷致密砂岩气的资源量进行估算，南祁连盆地致密砂岩气主要分布在木里坳陷的三叠系尕勒得寺组，其地质资源量为 684.8 亿立方米。采用容积法计算，南祁连盆地侏罗系煤层气地质资源量 754.74 亿立方米，其中隐伏区侏罗系煤层气地质资源量为 691.74 亿立方米，占全盆地的 91.7%，为玉门探区未来煤层气勘探的远景区。

第四节　已开发油田油气远景评价

至 2017 年底，油气勘探在酒泉盆地先后发现并投入开发了老君庙、鸭儿峡、石油沟、白杨河、单北、青西和酒东 7 个油田。

一、老君庙油田

老君庙油田位于老君庙背斜带的中段，是一个不对称的背斜构造油田，南翼较缓为边水封闭，北翼倒转，主要含油层系为下古近系白杨河组干油泉段（K 层）、间泉子段（L、M 层）。K 层油藏为棕红色、杂色砂岩与泥岩互层的层状油层；L 层油藏岩性以中砂及粉砂岩为主，夹薄层泥岩，是 1 个底粗上细的正韵律沉积油层；M 层油藏为块状砂岩，剖面上无泥岩隔层，是低渗透、低饱和的孔隙—裂缝油藏。1984 年以前，K 层油藏探明储量 533 万吨，含油面积 3.13 平方千米；L 层油藏探明储量 2409 万吨，含油面积为 15.3 平方千米。M 层油藏探明储量 2236 万吨，含油面积 10.65 平方千米。1987 年，在庙北断背斜钻探的前探 1 井在 L 层获工业油流，探明储量 154 万吨，含油面积 1.8 平方千米，夹片油藏的发现为老君庙油田后期稳产奠定了储量基础。

截至 2017 年，老君庙油田累计探明石油地质储量为 5332.27 万吨，古近系剩余资源量 1496 万吨，主要分布在老君庙油田北翼和庙南地区。老君庙油田北翼是规模建产目标。2013 年庙 E101 在北翼发现 K 层油藏并获工业油流，2013—2015 年建立了老君庙构造北翼倒转模式，老君庙构造带北翼重新评价取得成效，老君庙油田向北拓展了 K 油藏，预测储量规模 426 万吨，已实现规模建产，也是近期开发建产的主要目标。

二、鸭儿峡油田

鸭儿峡油田位于老君庙背斜带的西段，是一个上下叠置的复合油藏组成的背斜油田，构造形态分为 3 部分，西部为不对称穹窿背斜，东部为老君庙背斜的西倾延伸部分，中间为鞍部。含油层系为古近系白杨河组间泉子段的 L 油层、M 油层、白垩系和志留系。古近系的 L、M 油层为棕红色的砂岩，岩性致密，为层状孔隙的背斜油藏；白垩系油藏为扇三角洲砂砾岩为储集层的构造——岩性油藏；志留系油藏是以志留系的千枚岩、板岩、粉砂岩、白云岩、花岗岩为主的古潜山裂缝性油藏，油层压力高，自喷能力强。1987 年以前，探明地质储量 2581 万吨，含油面积 21.83 平方千米。其中，古近系探明储量 1149 万吨，含油面积 10.3 平方千米；白垩系探明储量 523 万吨，含油面积 3.27 平方千米；志留系探明储量 909 万吨，含油面积 8.26 平方千米。

1987—1988 年，鸭 701 井和鸭 881 井相继在 509 断裂带二台阶志留系获得工业油流，701 断块和 881 断块志留系新增探明地质储量 127 万吨，新增含油面积 0.6 平方千米，志留系油藏累计探明含油面积 8.86 平方千米，累计探明石油地质储量 1037 万吨。

2005—2006 年，鸭西 1 井、鸭西 111 井和鸭西 112 井在鸭儿峡白垩系 K_1g_1 油藏相继获工业油流，2006 年提交探明储量 730.7 万吨，含油面积 7.1 平方千米。2013 年，鸭儿峡白垩系顶部 K_1g_{2+3} 油藏扩边提交探明地质储量 1608 万吨（新增 1085 万吨），面积 5.24 平方千米（扩展 1.97 平方千米）。

截至 2017 年，鸭儿峡白垩系探明石油地质储量 2339.3 万吨，古近系探明石油地质储量 1149.6 万吨，志留系探明石油地质储量 1037.0 万吨，累计探明叠合含油面积 22.64 平方千米，累计探明石油地质储量 4525.9 万吨。鸭儿峡白垩系和古近系剩余资源量较大，其中，白垩系剩余资源量 7298 万吨，主要分布在鸭儿峡白垩系下沟组（K_1g_1、K_1g_0 段）、赤金堡组（K_1c）和柳北地区。古近系剩余资源量 2084 万吨，主要分布在鸭儿峡古近系油藏外围。鸭儿峡油田油多层系聚集成藏，是立体勘探的主要目标区。

鸭儿峡白垩系 K_1g_1 油藏储量规模 1100 万吨，已规模建产，有扩边潜力。K_1g_1 油藏为构造岩性油藏，扇三角洲前缘主河道厚砂体、次生溶孔及微裂缝发育是高产稳产的基础。2016—2017 年部署的鸭西 12 井、鸭西 14 井等 6 口均获工业油流，落实地质储量规模 1094 万吨（基本探明），油藏面积 8.4 平方千米，其中 K_1g_1 油藏中南部“甜点”面积 5.1 平方千米，已规模建产，2017 年投产 6 口开发井全部获工业油流。鸭儿峡 K_1g_1 油藏三类目标有潜力：中南部“甜点”区可继续滚动建产；油藏北部直井分压合试、水平井提产，直井水平井相结合落实“甜点”区，可建产；K_1g_1 油藏砂体向北延伸，是油藏评价目标。

鸭儿峡白垩系中深层 K_1g_0、K_1c 和柳北 K_1g_0 具有规模勘探潜力。鸭儿峡 K_1g_0、K_1c 具有与 K_1g_1 相似的成藏背景，K_1g_0 扇体前缘面积 12 平方千米，预测溶孔及裂缝发育带面积 5.3 平方千米，鸭儿峡赤金堡组勘探程度低，预测有利圈闭面积 15.2 平方千米，鸭儿峡 K_1g_0、K_1c 具备形成构造岩性油藏的潜力，储量规模 2000 万吨；柳北 K_1g_0 油藏块状砂砾岩裂缝性油藏是勘探重点领域，2014 年鸭西 10 井获自喷高产油流，发现柳北 K_1g_0 油藏，2015 柳北 2X 井获工业油流，2017 年柳北 3 井钻井油气显示良好，测井解释油层发育，柳北 K_1g_0 展现出规模勘探潜力。柳北 K_1g_0 油藏与窟窿山类似，为砂砾岩裂缝性储集类型，扇前缘入湖砂砾岩体及裂缝发育区成藏条件有利，综合评价有利面积 13 平方千米，储量规模 1000 万吨；K_1g_0、K_1c 埋藏深、成藏复杂，但裂缝和溶蚀孔隙发育改善储集层物性，不受深度限制，亦具备高产条件。

鸭儿峡古近系外围仍有扩边潜力。2013—2015 年鸭西 6 等井获工业油流，鸭儿峡古近系油藏向南扩展，提交控制 510 万吨、预测储量 563 万吨，鸭西 6 区块已实现规模建产。2017 年继续向南扩展鸭西 15 井再获工业油流，鸭儿峡古近系向西、向南有扩边增储潜力，预测有利面积 4.6 平方千米。

三、石油沟油田

石油沟油田位于老君庙背斜带的东段，为古近系不对称背斜，其东部为氧化带，沥青封闭，内部断层发育，油水关系复杂，油层压力低，渗透率差，裂缝发育，为块状砂岩油田，主要产油层为古近系白杨河组间泉子段的 L、M 油层，含油面积 3.33 平方千米，探明地质储量 464 万吨。L 层和 M 层之间为钙质结核层分隔，L 层为厚层泥质中粒石英砂岩，为低渗透裂隙发育的块状砂岩油藏。M 层岩性同 L 层，具有孔隙与裂隙储集的双重性，也是低渗透的裂缝发育的块状油藏。1990 年，玉门油田勘探开发研究院经过地质储量复算，石油沟油田已开发石油地质储量 464 万吨，含油面积 3.3 平方千米。

四、白杨河油田

白杨河油田位于石北次凹白杨河构造带，是受断层控制的古近系南倾鼻状构造，含油层系为古近系白杨河组间泉子段与火烧沟组地层。间泉子段油层为层状砂岩油藏，火烧沟组中上部为层块状砂岩油层，剖面连续含油。1990 年，对白杨河油田储量套改，石油地质储量、含油面积均未发生变化，探明地质储量 297 万吨，总含油面积 1.24 平方千米。

五、单北油田

单北油田石北次凹白杨河构造带，是北部古近系单斜带上的鼻状构造，为断层封闭油藏。储油层为古近系白杨河组间泉子段砂岩与火烧沟组中上部块状砂岩。1987 年，通过地震、钻井地质资料的综合研究，确定单北油田是一个构造——岩性尖灭复合油藏。2005 年 12 月，对单北油田进行储量套改，石油地质储量、含油面积、石油可采储量均未发生变化。单北油田石油地质储量 203 万吨，含油面积 2.70 平方千米。

单东区域古近系油藏具备建产基础。白杨河构造带古近系剩余资源量1087万吨，主要分布在单东地区。2015年单东1井获工业油流，2016—2017年以富油气区带整体再评价的思路，共部署预探井、评价井10口，其中单东2、单东3、单东6、单东101、单东303、单东201H井等6口井获工业油流，单东古近系新增控制、预测储量526万吨，含油面积8.9平方千米，已整体控制单东古近系油藏，具备开发建产基础。

六、青西油田

青西油田位于青西凹陷窟窿山构造带。窟窿山构造带具有前陆冲断带特征，圈闭类型为断层相关褶皱。窟窿山背斜构造呈北西西向展布，是青西油田主体结构，分布有窟窿山砂砾岩油藏和窟窿山泥云岩油藏；柳沟庄断鼻（块）位于北部，存在反冲断层，分布有柳沟庄泥云岩油藏。青西油田由窟窿山泥云岩油藏和柳沟庄泥云岩油藏组成，窟窿山砂砾岩油藏是主力油藏。窟窿山砂砾岩油藏油层分布在K_1g_1、K_1g_0；窟窿山泥云岩油层分布在K_1g_{2+3}、K_1g_1、K_1g_0；柳沟庄泥云岩油藏油层分布在K_1g_{2+3}。青西油田具有扇三角洲前缘砂砾岩和半深湖泥云岩两类储集层，具有裂缝—孔隙型储集层特征。青西油田具有构造岩性油藏特点——构造控制油气的分布、岩相控制油气富集、裂缝控制油气产能。青西油田含油层段多、丰度高、油气原始地层压力大、油井初产高。三个油藏具有独特的油水关系。

1983—1991年，青西凹陷发现柳1井、柳3井、窿1井3口工业油流井。1991—1996年勘探工作基本处于停滞状态。1998年柳102井获高产工业油流，控制了柳沟庄油藏；1999年窿101井获高产工业油流，控制了窟窿山泥云岩油藏；2000年窿4井获高产工业油流，发现了主力油藏窟窿山砂砾岩油藏；2002年在推覆体部署的窿8井获高产，发现了窿8区块。至此，青西油田主力高产区已基本探明。2003年以来，油田扩边挖潜成功率较低，除柳沟庄泥云岩油藏向东扩边柳9井成功外，窿104井、窿15井因初产获工业油流，两个区块提交了探明储量，但储量不落实、难动用。目前青西油田累计探明含油面积35.85平方千米，探明石油地质储量6993万吨，剩余资源量3776万吨，主要分布在白垩系中深层，具有勘探潜力。

2017年对窟窿山油藏研究取得了新认识：（1）已发现油藏位于低角度逆掩滑脱断层下盘，多数井未钻遇K_1g_0下部及深层K_1c；（2）窟窿山发育了花状构造，走滑性调节断层为油气优势运移通道。通过研究明确了窟窿山构造带三类目标具有勘探潜力，一类窟窿山油藏主体下部赤金堡组，深层裂缝性储集层发育的有利相带是有利勘探目标；二类窟窿山东部扇三角洲前缘前期已有4口井获低产油流，与窟窿山西部具有相似的成藏特征，是下步预探的目标区；三类位于东西两大物源交汇处的窿15区块，609万吨（2005年提交）未动用探明储量，具备实现有效动用的潜力。

七、酒东油田

酒东油田位于营尔凹陷长沙岭构造带，主要储油层为下白垩统下沟组K_1g_3和K_1g_1段，为典型的源内成藏。2005年，长3井获工业油流，在长沙岭构造长3区块发现了K_1g_1油藏，由于湖底扇储集层非均质性强，没有获得规模储量，之后基本停止了K_1g_1勘探工作。2008年以来，长7井获得成功，随后一批探井、开发试验井相继获得工业油流，在长沙岭构造发现白垩系K_1g_3油藏，整体开发建成酒东油田。2009年K_1g_1油藏提交探明石油地质储量168.07万吨，含油面积2.42平方千米，2013年K_1g_3油藏提交探明石油地质储量1022.6万吨，探明含油面积13.96平方千米。截至2017年，酒东油田累计探明石油地质储量1190.73万吨，白垩系剩余资源量5840万吨，其中下沟组剩余资源量4553万吨，具有规模勘探潜力。

长沙岭K_1g_1是落实规模储量的勘探领域。长沙岭K_1g_1在长2、长3块均发现油藏。长2块预测辫状河三角洲前缘水下分流河道、河口坝有利的储集砂体面积10.8平方千米，2016年起按照“重新评价长沙岭构造带，力求发现油气富集新模式”的工作思路，提出“长2区块K_1g_1和K_1g_3油藏可能具有相似的成藏规律，油气在高断块和局部断块高点富集”的认识，部署的长19井获工业油流，试油稳定产液70米^3/日，产油28米^3/日，长沙岭K_1g_1油气勘探取得实质性突破，2017年长20井又获得成功，长2块K_1g_1新增预测石油地质储量512万吨，表明长沙岭K_1g_1油藏具有较好的油气成藏条件，有望再找到一个酒东油田。长3块K_1g_1段长3井、长4井等多口井获油流，预测湖底扇主水道及辫状水道是有利储集砂体面积10.2平方千米，是油气勘探的领域。长沙岭南翼围斜部位是拓展K_1g_3油藏的勘探领域。长沙岭K_1g_3油藏主体部位已基本探明，K_1g_3油藏南翼围斜部位紧邻酒东油田，位于凹陷生烃区，上倾方向的北东向断层具有遮挡作用，构造和砂体配置好，预测成藏模式与长2块K_1g_3油藏相似，落实有利面积16.1平方千米，资源规模1900万吨，是拓展K_1g_3油藏的构造—岩性勘探领域。1987—2017年油气勘探情况统计见表1–5–1。

表 1-5-1 1987—2017 年油气勘探情况统计表

年度	二维地震（千米）	三维地震（平方千米）	探井		探明储量													
			井数（口）	进尺（米）	老君庙油田		鸭儿峡油田		青西油田		酒东油田		石油沟油田		白杨河油田		单北油田	
					面积（平方千米）	地质储量（万吨）	面积（平方千米）	地质储量（万吨）	面积（平方千米）	地质储量（万吨）	面积（平方千米）	地质储量（万吨）	面积（平方千米）	地质储量（万吨）	面积（平方千米）	地质储量（万吨）	面积（平方千米）	地质储量（万吨）
1987 年	2689	—	8	30271	15.30	5178	10.30	2583	—	—	—	—	3.30	464	1.20	297	2.10	203
1988 年	1989.37	10.1	10	34893	15.30	5178	10.30	2583	—	—	—	—	3.30	464	1.20	297	2.10	203
1989 年	993.74	15.6	7	14866	17.10	5332	13.60	2710	—	—	—	—	3.30	464	1.20	297	2.10	203
1990 年	181.58	—	2	3830	17.10	5332	13.60	2710	—	—	—	—	3.30	464	1.20	297	2.10	203
1991 年	208.8	—			17.10	5332	13.60	2710	—	—	—	—	3.30	464	1.20	297	2.10	203
1992 年	308.09	17.26	1	755	17.10	5332	13.60	2710	—	—	—	—	3.30	464	1.20	297	2.10	203
1993 年	435	—	1	3882	17.10	5332	13.60	2710	—	—	—	—	3.30	464	1.20	297	2.10	203
1994 年	—	—	2	7623	17.10	5332	13.60	2710	—	—	—	—	3.30	464	1.20	297	2.10	203
1995 年	3819.65	52.276	1	427	17.10	5332	13.60	2710	—	—	—	—	3.30	464	1.20	297	2.10	203
1996 年	1023			4794	17.10	5332	13.60	2710	—	—	—	—	3.30	464	1.20	297	2.10	203
1997 年	1633	185	3	13740	17.10	5332	13.60	2710	—	—	—	—	3.30	464	1.20	297	2.10	203
1998 年	—	71	3	18013	17.10	5332	13.60	2710	—	—	—	—	3.30	464	1.20	297	2.10	203
1999 年	—	80	4	16072	17.10	5332	13.60	2710	—	—	—	—	3.30	464	1.20	297	2.10	203
2000 年	—	354	7	35367	17.10	5332	13.60	2710	6.80	654	—	—	3.30	464	1.20	297	2.70	203
2001 年	165	254	8	36172	17.10	5332	13.60	2710	13.20	1909	—	—	3.30	464	1.20	297	2.70	203
2002 年	809.5	358.56	6	21610	17.10	5332	13.60	2710	18.10	3552	—	—	3.30	464	1.20	297	2.70	203
2003 年	937	—	8	28313	17.10	5332	13.60	2710	21.50	4691	—	—	3.30	464	1.20	297	2.70	203
2004 年	634	129	11	27317	17.10	5332	13.60	2710	28.90	5750	—	—	3.30	464	1.20	297	2.70	203
2005 年	126	—	6	31936	17.10	5332	13.60	2710	35.83	6909.04	—	—	3.30	464	1.20	297	2.70	203
2006 年	272.65	276.57	3	27278	17.10	5332	20.70	3440.73	35.85	6993.37	—	—	3.30	464	1.20	297	2.70	203
2007 年	—	159.1	9	41460	17.10	5332	20.70	3440.73	35.85	6993.37	—	—	3.30	464	1.20	297	2.70	203
2008 年	—	174.2	9	32144	17.10	5332	20.70	3440.73	35.85	6993.37	—	—	3.30	464	1.20	297	2.70	203

续表

年度	二维地震（千米）	三维地震（平方千米）	探井		探明储量													
					老君庙油田		鸭儿峡油田		青西油田		酒东油田		石油沟油田		白杨河油田		单北油田	
			井数（口）	进尺（米）	面积（平方千米）	地质储量（万吨）	面积（平方千米）	地质储量（万吨）	面积（平方千米）	地质储量（万吨）	面积（平方千米）	地质储量（万吨）	面积（平方千米）	地质储量（万吨）	面积（平方千米）	地质储量（万吨）	面积（平方千米）	地质储量（万吨）
2009 年	—	153.95	9	21559	17.10	5332	20.70	3440.73	35.85	6993.37	2.42	168.07	3.30	464	1.20	297		203
2010 年	1178.3		12	44766	17.10	5332	20.70	3440.73	35.85	6993.37	2.42	168.07	3.30	464	1.20	297		203
2011 年	300.28	202.65	12	50218	17.10	5332	20.70	3440.73	35.85	6993.37	2.42	168.07	3.30	464	1.20	297		203
2012 年	914.88	206.77	8	39634	17.10	5332	20.70	3440.73	35.85	6993.37	2.42	168.07	3.30	464	1.20	297		203
2013 年	320	228.1	12	43829	17.10	5332	22.64	4525.89	35.85	6993.37	16.38	1190.73	3.30	464	1.20	297		203
2014 年	460	—	8	26237	17.10	5332	22.64	4525.89	35.85	6993.37	16.38	1190.73	3.30	464	1.20	297		203
2015 年	—	—	11	23909	17.10	5332	22.64	4525.89	35.85	6993.37	16.38	1190.73	3.30	464	1.20	297		203
2016 年	245	—	10	40104	17.10	5332	22.64	4525.89	35.85	6993.37	16.38	1190.73	3.30	464	1.20	297		203
2017 年	—	—	—		17.10	5332	22.64	4525.89	35.85	6993.37	16.38	1190.73	3.30	464	1.20	297		203

第二篇

钻井工程

玉门油田钻井业务起源于20世纪30年代末期，从1939年老1井利用顿钻开始钻井到1986年，已经发展成为集科研、生产与管理于一体，机构健全、设备先进、技术成熟的专业化施工队伍，先后钻成探井、开发井以及调整井3398口，累计钻井进尺310.24万米，为玉门油田勘探开发和长期稳产发挥了重要作用。先后有259支钻井队、21300余名钻井职工支援陕北四朗庙、新疆克拉玛依、青海柴达木、四川川中、黑龙江松辽盆地（大庆）、胜利、江汉、长庆等油田的勘探和开发建设，为中国石油钻井事业的发展壮大做出了重要贡献。“十五”以来，玉门油田钻井工程技术取得长足进步，4500米左右深井平均钻井周期由2001年的221.1天缩短至2017年119.06天，固井优质率由2001年的14%提高至2017年的63.95%。

第一章　钻井队伍

第一节　钻井管理

一、管理机构

1987 年，预探井、开发井的钻井管理工作分别由勘探部和油田开发处负责。

1992 年 10 月，成立采油厂，原油田开发处负责的调整井钻井管理职能一并合并到采油厂。

1993 年 3 月，撤销勘探部，勘探部负责的钻井管理工作由总工办下设的勘探办公室负责。

1994 年 3 月，成立勘探事业部，钻井管理业务由勘探事业部下设的勘探项目室负责。

1997 年 12 月，成立油田开发处，开发调整井的审定以及地质、工程设计的审批等工作由油田开发处负责协调和组织，具体的开发钻井管理工作仍然由采油厂负责。

1999 年 12 月，对勘探事业部机构进行调整，下设勘探科、经营科、钻井科、地质物探科 4 个科室。钻井业务主管部门为勘探事业部钻井科，开发新井井位的审定和地质、工程设计的审批工作由新成立的油田开发处负责。

2003 年 9 月，推行扁平化管理，将勘探事业部变更为勘探事业部（勘探处），将勘探开发处与采油厂油田开发生产技术部门归并，成立开发事业部（开发处），玉门油田探井和开发调整井的钻井工作分别由勘探事业部（勘探处）和开发事业部（开发处）负责。

2011 年 3 月，成立钻采工程研究院，勘探事业部钻井科和开发事业部工程技术科全员划转到钻采工程研究院，设立钻井工艺室和工程监督中心两个相关的钻井工程科室。按照工作界面划分，勘探事业部和开发事业部负责钻井工程合同签订、钻井工程设计审批和钻井工程决算等业务，钻采工程研究院主要承担钻前工程管理、钻井工程设计、钻完井工程管理、钻井监督管理、钻井工作量结算、钻井新工艺新技术研究及引进、推广应用等业务。

二、管理方式

1. 钻井科研管理

1987—1995 年，钻井基础研究工作主要由钻井处承担。钻井处结合玉门、吐哈新老区钻井工作的实际，先后开展了以“钾基聚合物防塌泥浆”“超高密度钻井液”“聚磺钻井液”“聚磺泥浆和高矿化度沥青泥浆”“两性离子型聚合物泥浆”等为代表的钻井液和屏蔽暂堵储集层保护技术研究，以近平衡钻井、优选钻头、压力监测、防斜钻具组合等配套技术为代表的酒西钻井工艺技术，适应鄯善油田牙轮钻头喷嘴优化组合、水力参数和机械参数优配的二阶段高压喷射钻井技术，以及 PDC 钻头的推广、应用等多项研究，有效助推了玉门老区、吐哈新区的钻井工作。

1999—2010 年，由勘探事业部牵头，先后与集团公司勘探开发研究院钻井所、西南石油学院（现西南石油大学）、石油大学（华东）等科研单位合作开展钻井技术研究工作，开展地层三压力剖面预测、岩石可钻性和地层理化性能等基础研究，开展井身结构优化，PDC 个性化选型及应用技术、螺杆 +PDC 钻头复合钻井技术、成熟阳离子钻井液技术、高压喷射钻井技术、欠平衡钻井配套技术、二次开发水平井高密度钻井液钻井技术、青西裂缝性油藏低密度固井技术等研究，组织实施工程试验井，开展先导性试验，总结形成了钻井相关的技术规范和标准。

2011—2017 年，玉门油田钻采工程研究院负责钻井技术研究和钻井工程管理。钻采工程研究院先后组织开展“玉门探区钻井提速技术研究及应用”“长封固段固井技术研究和应用”“钻井参数闭环优化技术在玉门地区的试验和应用”“玉门低压油藏充氮气欠平衡钻井技术研究和应用”“玉门探区钻井提速技术优化与应用”“鸭儿峡油田优快钻井配套技术研究与应用”“酒泉盆地砾岩层 PDC 钻头攻关试验”以及股份公司重大科技专项“玉门油田重上百万吨勘探开发关键技术研究”课题 8、“逆掩推覆带优快钻完井技术研究”等 13 项科研攻关，形成了逆掩推覆带钻完井配套技术，推动了油田钻井工程技术的进步。

2. 钻井工程设计管理

1987—1995 年，钻井工程设计工作由油田钻井处承担。

1996—2000 年，勘探事业部开始承担钻井工程设计。

2001—2007 年，因勘探事业部无钻井工程设计资质，油田委托吐哈油田钻采工艺研究院承担钻井工程设计工作。

2008—2010 年，勘探事业部承担钻井工程设计工作，勘探事业部于 2009 年取得集团公司石油工程技术服务企业钻井设计临时资质，2010 年取得集团公司石油工程技术服务企业钻井工程设计乙级资质。

2011—2017 年，钻井工程设计工作由新成立的钻采工程研究院承担。2014 年，钻采工程研究院取得集团公司石油工程技术服务企业钻井工程设计甲级资质。

3. 钻井监督管理

没有设立独立的钻井监理机构，钻井现场监督及管理工作先后由勘探部和钻采工程研究院工程监督中心管理。

1996—2010 年，勘探事业部负责钻井监督管理，勘探事业部、开发部甲方监督先后有 8 人取得中级监督资格，外聘钻井监督 6 人。

2011—2017 年 3 月之后，钻采工程研究院负责钻井监督管理。钻采工程研究院先后有 12 人取得中级监督资格，外聘监督保持在 11 ～ 16 人之间，监督上岗率 100%，确保每一口井有 1 名监督负责全过程监管。

4. 钻井工程管理

1995 年以前，拥有自己的专业钻井队伍，钻井日常管理和生产组织由钻井处负责。根据勘探开发需要给钻井处下达钻井工作量，并按钻井区域和进尺下达费用计划，钻井处根据井位下达情况，完成钻井设计、钻前工程、钻井搬迁、钻井全过程管理和完井后地貌恢复等任务。勘探开发管理部门负责钻井设计审批，按计划验收工作量完成情况，考核指标完成情况并予以结算。钻井工作量的完成情况是油田考核勘探、开发部门的主要指标。

1995 年 6 月，随着玉门油田钻井队伍划归吐哈油田，玉门油田钻井管理模式发生重大转变，由勘探事业部和采油厂负责钻井工程管理，开始引入市场化机制，通过议标选择钻井施工队伍，采取单井钻井承包模式。

2000—2010 年，由勘探事业部、开发事业部负责钻井工程管理，制定完善《钻井工程评标细则》《玉门油田钻井监督管理办法》《关于印发严密钻井组织强化科研攻关，提高钻井速度的通知》《玉门油田分公司（局）钻井提速奖励暂行办法》等办法。通过严格实行周会、月度会制度，强化开钻及打开油气层验收工作，对重要探井、进入油气层的井进行现场驻井等组织措施，有效强化了对钻井承包商的管理。

2011 年起，由钻采工程研究院负责钻井工程管理。在继续推行钻井单井承包的基础上，油田钻井工程管理方式由过程管理转向目标管理，即甲方负责钻井工程设计和工程监督管理（目标管理），乙方负责工程施工管理（过程管理），制定了《玉门油田钻井工程管理办法》《玉门油田钻井工程完井考核细则》。当年，探索由单井总包方式向区块总包方式转变的管理模式，与西部钻探公司签订了酒东区块总包协议。

2013 年，西部钻探签署了鸭儿峡白垩系 13 万吨产能建设钻井总包协议，一次性确定钻井工作量和费用，使钻井总包模式的内涵进一步丰富，极大地调动了西部钻探持续开展钻井提速的积极性，在甲乙双方的通力协作、共同努力下，西部钻探公司仅用 7 台钻机、10 个月时间，完成开、完钻 24 口平均井深 3713 米的钻井总包钻井任务，平均钻井周期 67.89 天，与 2012 年相比缩短 40%，钻井总包模式和所带来的提速效果被集团公司誉为“鸭儿峡现象”。此后，玉门油田大力推行区块钻井总包模式。

第二节　机构与队伍

一、钻井处

钻井处成立于 1980 年 5 月。截至 1987 年，钻井处机关设行政办公室、节能办公室、机动科、安全科、教育科、生产科、人事科、财务科、计划科、宣传科、组织科、保卫科、工会、团委、纪委、党委办公室16个科室；基层设6052队、4566队、4531队、4509队、32638队、32639队、32651队、32757队、32852队、32853队、32650队、32217队、1005队、802队等14个钻井队，141队、142队2个试油队，以及地质队、科技室、钻前大队、锅炉队、管子站、修配厂、前保站、泥浆站、测井站、器材科、工务科、汽车队、测试队、管理科、农工商公司、职工培训学校16个后勤队站，共有职工3690名。1987年5月，6052队奉命赴新疆吐鲁番承钻吐哈盆地的第一口科学探索井台参1井。

1988年1月，油田成立地质录井处，钻井处测井站、地质队划归地质录井处。7月，32638钻井队、32852钻井队进疆。9月，1507钻井队进疆。1988年底，钻井处赴疆人员达318人。

1989年5月，根据吐哈盆地钻井需要，32639钻井队、32853钻井队进入吐哈盆地开展钻探工作。

1990年1月，钻井处成立吐哈钻井临时指挥部。1990年，钻井处有钻井队15个、后勤厂队13个。

1991年，钻井处在吐哈成立玉门钻井指挥部，专门负责吐哈盆地的钻井工作。4月，钻井处新增45162队、45163队、45164队、45165队等4个钻井队，同时成立3个试油队和搬家安装队，钻井处共有钻井队19个。

1992年，钻井处新成立45176钻井队、45177钻井队2个钻井队。

1994年底，钻井处对基层部分队站进行调整归并，在保持一线钻井队伍基本稳定的基础上，成立了井架安装公司、供热公司、机修服务公司、汽车运输公司、泥浆技术开发服务公司、生活服务公司、建筑安装公司。

1995年6月，钻井处成建制划归吐哈油田，其中划转钻井队19个（6052队、60147队、4531队、4509队、45176队、45177队、45155队、45162队、45163队、45164队、45165队、45169队、32853队、32852队、32757队、32651队、32650队、32638队、1507队）、试油队2个（141队、142队），划转人员3706人。

二、油田作业公司

2000年4月，油田作业公司组建钻井队，配备人员48人，这是玉门、吐哈管理体制理顺以后玉门油田组建的第一支钻井队。

2003年2月，油田新成立2支钻井队，加原有的1支钻井队，分别命名为50638钻井队、50638D钻井队、50638L钻井队。

截至2005年10月，油田作业公司共有钻井队伍3支，职工149人。11月，3支钻井队及人员全部划转吐哈油田钻井公司。

三、乙方队伍

1996年后，随着玉门油田、吐哈油田管理体制的理顺，钻井施工、服务工作主要依靠乙方队伍来开展。截至2017年，通过招（议）标、单井承包、区块总包等形式，先后引进了吐哈、中原、江苏、大港、四川、华北等油田及西部钻探公司、渤海钻探工程公司、中国石化黄河钻井公司的钻井队伍，以及集团公司钻井工程技术研究院、吐哈钻采工艺研究院、中国海洋石油固井公司等单位的科研及专业技术服务队伍，在玉门油田从事钻井及专业技术服务工作。

1. 钻井队伍

1996年，开始引进乙方钻井队伍。吐哈钻井公司在油田钻探的6052钻井队、4509钻井队、4531钻井队成为第一批乙方钻井队伍。新进入油田的吐哈钻井公司32757钻井队、45169钻井队在钻完油1井和雅参1井后撤回吐哈油田。

1997—1998年，中原石油勘探局32358钻井队、江苏石油勘探局60128钻井队进入油田，分别钻成潮参1井、窖1井和酒东长101井。

1999—2004年，随着青西油田勘探取得新进展。油田先后引进吐哈石油勘探开发指挥部、四川石油管理局（含塔指二勘）、大港油田集团公司、华北石油管理局、江苏石油勘探局等油田22支钻井队。

2005—2008年，在油田从事钻井工作的钻井队伍共有14支，其中，吐哈勘探开发指挥部钻井队9支、大港油田集团公司钻井队4支、江苏石油勘探局钻井队1支。

2009—2011年，乙方钻井队伍13支，其中西部钻探公司10支、渤海钻探工程公司2支、中国石化集团公司黄河钻井公司1支钻井队。

2012 年，西部钻探公司钻井队伍扩大到 14 支，渤海钻探工程公司 2 支，中国石化集团公司黄河钻井公司 3 支钻井队。至 2015 年，乙方钻井队伍达到 19 支，其中，7000 米钻井队伍有 7 支、5000 米钻井队伍有 11 支、4000 米钻井队伍有 1 支。

2016 年，中国石化集团公司黄河钻井公司钻井队撤出油田，在油田开展钻井工作的有西部钻探公司 11 支钻井队、渤海钻探工程公司 2 支钻井队。

1996—2017 年，先后有 41 支乙方钻井队伍在油田开展钻井工程服务，共钻井 542 口，进尺 209.66 万米（表 2–1–1）。

表 2–1–1 1996—2017 年乙方钻井队伍统计表

年度	公司	队伍数	队号
1996 年	吐哈钻井公司	5	32757、4509、4531、45169、6052
1997—1998 年	吐哈钻井公司	5	32757、4509、4531、45169、6052
	中原石油勘探局	1	32358
	江苏石油勘探局	1	60128
1999—2004 年	吐哈石油勘探开发指挥部	10	45169、50544、4509、50618、50552、6052、60147、70547、70528、70511
	四川石油管理局（含塔指二勘）	5	6089、60139、60136、60146、70509
	大港油田集团公司	5	50548、50536、50647、70525、70520
	江苏石油勘探局	1	60128
	华北石油管理局	1	45179
2005—2008 年	吐哈勘探开发指挥部	9	50618、50718、50638、50552、60147、70511 70547、70559、70528
	大港油田集团公司	4	50527、50612、50647、70520
	江苏石油勘探局	1	70525
2009—2011 年	西部钻探工程	10	40019、50552、50618、50718、60147、70511 70547、70559、70528、70105
	渤海钻探工程公司	2	50202、50647
	中国石化集团公司黄河钻井公司	1	40499
2012—2015 年	西部钻探公司	14	40019、40679、5055、50618、50069、50068、50718 60147、70559、70528、70511、70529、70547、70194
	中国石化集团公司黄河钻井公司	3	40499、50566、70578
	渤海钻探工程公司	2	50528、50537
2016—2017 年	西部钻探公司	11	40679、40019、50552、50068、50718、50618 70559、70528、70511、60147、70547
	渤海钻探工程公司	2	70568、70521

2. 专业化技术服务队伍

（1）集团公司钻井工程技术研究院（前身是中国石油勘探开发研究院钻井所，以下简称北京钻井院）。1987—2000 年，北京钻井院支持油田完成台参 1 井、酒参 1 井、青科 1 井 3 口中国石油科学探索井钻探，台参 1 井获日产原油 51.44 立方米，发现了鄯善油田。2001—2006 年，油田与北京钻井院合作开展“玉门青西地区下沟组地层钻井液防塌技术”“定向井钻井液技术及油层保护技术综合研究”“玉门油田深井钻井液技术研究与应用”等 6 项基础研究。2001 年，结合青西油田地质特点，合作研究形成阳离子钻井液体系；2002 年，在青 2–19 井、青 2–24 井 2 口工程试验井试验成功之后，在青西油田全面推广两层井身结构和阳离子钻井液体系。2007 年 4 月，勘探事业部与北京钻井院合作完成了《钻井液用大分子量阳离子聚合物絮凝剂》《钻井液用小分子量有机阳离子泥页岩抑制剂》《钻井液用改性沥青类封堵防塌剂》《钻井液用液体润滑剂》《钻井液用抗高温抗盐降滤失剂》《钻井液用铁矿石粉》6 项玉门油田公司企业标准，使钻井液及主处理剂质量实现标准化、规范化管理。2007—2015 年，北京钻井院与玉门油田合作，组织开展了长 301 井、营 1 井、长 7 井、长 203 井、长 204 井、长 209 井、长 2–8 井、青 2–58 井、窿 118 井、鸭西 117 井 10 口工程试验井，实现了工程试验的目标。依据试验结果，编制了《酒东地区钻井液操作规程》《青西地区钻井液操作规程》《酒东地区 PDC 钻头现场操作规程》《中深水平井钻井液操作规程》等规程，为缩短钻井周期、降低复杂事故提供了经验和技术指导。2016—2017 年，钻成了志探 1 井、窿 18 井等工程试验井。

（2）中国海洋石油固井公司（简称中海油固井公司）。1999 年 4 月，引进中海油固井公司，完成青西第一口套管开窗侧钻的柳 5X 井和青 2–2 井直径 127 毫米尾管固井施工工作，固井质量优质。

（3）大港油田集团定向井技术服务公司。1999 年 11 月，在酒东第一口套管开窗侧钻的长 101X 井，大港油田集团定向井技术服务公司承担井眼轨迹控制技术服务，钻成长 101 套管开窗侧钻井。2008 年，该公司更名为渤海钻探定向井公司，继续在玉门油田开展定向技术服务，至 2017 年，先后在老君庙、鸭儿峡、青西完成定向井、水平井技术服务 219 井次。

（4）吐哈油田钻采工艺研究院。2001—2008 年，承担玉门油田“钻井工程设计”编制工作，进行专业化固井技术服务和现场施工组织 126 井（次），钻井液及处理剂质量检测 126 井（次）。2007 年在鸭 940 井开展氮气欠平衡钻井技术服务，2008 年在宽北 1 井开展充氮气欠平衡钻井技术服务。

（5）威德福公司。2004 年 8 月—2005 年 2 月，先后在青西 3 口井整体试验空气钻井提速技术，为中国石油空气钻井技术及装备的发展积累了经验。

（6）西部钻探钻井工程研究院。2010—2017 年，在玉门油田开展充氮气及液相欠平衡钻井技术服务 28 井次。

（7）渤海钻探钻井工程研究院。2014 年，与玉门油田以总承包模式承包了青 1–16 井钻井地质设计、钻井工程设计、钻井过程管理及完井后投产作业和储集层改造所有业务。

（8）长城钻探钻井工程研究院。2008 年，开始承担玉门油田二次开发特殊取心业务，先后在老君庙油田完成 7 口井的密闭取心和保压取心工作量。

第二章　钻井生产

第一节　探井钻井

1987 年起，先后在吐鲁番、酒泉、潮水、雅布赖、民乐、昌马和南祁连等盆地开展勘探钻井工作，截至 2017 年，钻成探井 275 口，累计进尺 109.63 万米。

一、老区钻探

老君庙油田：1987 年 6 月，庙北断背斜（夹片）前探 1 井开钻。该井由钻井处 32651 钻井队承钻，钻至井深 2621.87 米完钻。经电测解释 L_1 层 1900.2 ～ 1917.2 米共 4 段厚度 11.6 米油层，经中途测试，井口日产油 2 立方米。套管固井射孔完成后，压裂试采，下泵井深 1000 米，进行抽汲排液 9 天，累计出油 183.24 立方米，平均日产液 20.16 立方米，含水 3.44%。通过对该井的钻探与研究，认为庙北逆冲断裂中盘是一个含油气带，由此发现了老君庙构造推覆体中盘夹片。至 1989 年，共钻探井 13 口，累计进尺 2.73 万米，其中前探 6 井、前探 7 井获得工业油流，探明含油面积 1.8 平方千米，地质储量 154 万吨。

2013 年，油田对老君庙构造带再次评价，部署探井庙 E101 井、庙 K101 井，分别在井深 2256 米和 1100 米完钻。截至 2014 年，又钻探井 10 口，进尺 1.09 万米，发现老君庙庙北 I317 冲断片含油。

鸭儿峡油田：2006 年，鸭西 1 井开钻，拉开了鸭儿峡外围及深层滚动勘探的序幕。8 月，鸭西 1 井完钻，完钻井深 4804.26 米，试油获工业油流，发现了鸭西白垩系油藏。此后，相继部署了鸭西 2 井、鸭西 111 井，探明石油地质储量 730.73 万吨，含油面积 7.10 平方千米。2012 年，鸭西 102 井、鸭西 5 井完井，均获高产。

截至 2015 年，在鸭儿峡油田外围共钻探井 8 口，平均井深 3813 米，进尺 3.05 万米；在鸭西构造共钻探井 21 口，平均井深 4400 米，进尺 9.24 万米。

二、青西油田

青西油田自 1984 年西参 1 井钻探发现以来，截至 2017 年，先后发现了柳沟庄、窟窿山、柳北 3 个油藏。在柳沟庄区块钻成探井 26 口、进尺 12.06 万米，窟窿山构造钻成探井 36 口、进尺 16.96 万米，外围钻成探井 11 口、进尺 4.58 万米，共计钻成探井 73 口，平均井深 4605 米，累计进尺 33.62 万米。

1984—1987 年，在青西钻探了西参 1 井、窿 2 井、柳 1 井等 3 口探井。西参 1 井首次在青南次凹中沟组和下沟组发现油气显示，柳 1 井试油获日产油 5.8 立方米。1987 年 9 月，柳 1 井用土酸酸化后日产油量上升至 35 立方米，成为青西油田的第一口工业油流井。

1988 年 10 月，窿 1 井开钻；1990 年 1 月 1 日完钻，3 月试油，求得稳定自喷日产量 34 立方米，成为窟窿山油藏第一口工业油流井，发现了窿 101 区块。

1997 年 12 月，柳 102 井开钻；1998 年 6 月完井。经对 4219.5 ～ 4249.5 米井段测射联作试油求产，获得日产 50 立方米的工业油流，为青西油田的功勋井。

1999 年 8 月 10 日，窿 4 井开钻；2000 年 1 月 12 日完井；4 月 11 日对 4159 ～ 4200 米测射联作试油，求得日初产油 108 立方米。8 月，酸化改造后日初产油高达 253 立方米，从此发现了青西油田高产的窿 6 区块，打开了砂砾岩储集层的勘探局面。

2000 年 6 月 14 日，窿 5 井开钻；12 月 8 日完钻，19 日 10 时 55 分发生特大井喷事故。

2001 年 6 月 2 日，窿 8 井开钻；2002 年 1 月 25 日完钻；3—5 月，对 4 个试油层进行测射联作试油，其中第四层 4056.9 ～ 4148.3 米初期日产油 86.5 立方米，5 月 18 日酸压后日产油达 201 立方米，展示了窟窿山构造南翼勘探开发前景良好。至此，发现了窿 6、窿 8 等高产区块，随后投产的青 2–2 井、青 2–4 井、青 2–9 井等开发井，日产均在百立方米以上。

2017 年 11 月，完钻的柳北 3 井，试油获得日初产油 50 立方米。

三、酒东油田

1986 年，酒东盆地营尔凹陷钻探的第一口参数井——营参 1 井开钻，在白垩系钻遇生油层厚 1798 米，并发现荧光、油迹。12 月，钻至 5133.8 米完井，原钻机试油，对 2813.4 ～ 3267 米井段射孔排液，产出原油 15 千克。

1992 年 3 月，酒东盆地营尔凹陷第一口科学探索井——酒参 1 井开钻。1993 年 4 月，钻至井深 4700 米完钻，钻遇 8 套油层，见到了油流，发现酒东长 1 区块白垩系地层下段含油。

1997 年 10 月，长沙岭构造第一口评价井长 101 井开钻。1998 年 9 月 26 日完钻，完钻井深 4700 米，经测试日产原油达百吨以上，证实长沙岭构造含油气富积。

2005 年 11 月，长 3 井开钻，完钻井深 5050 米，在 4650.5 ～ 4866 层段射孔试油，用直径 4 毫米油嘴求产获得 24 米 ^{3}/ 日的高产，发现长 3 区块下白垩统下沟组 K_1g_1 段油藏，新增探明含油面积 2.42 平方千米，石油地质储量 168.07 万吨。

2008 年 6 月，长 7 井开钻，8 月 18 日钻至井深 3945 米完钻，试油获得高产油流，发现长沙岭构造下白垩统下沟组 K_1g_3 油藏，随后部署的长 9 井等 6 口探井、长 2−1 等 2 口开发试验井相继获得工业油流，长 7 区块新增探明储量含油面积 13.96 平方千米，石油地质储量 1022.66 万吨，标志着长沙岭油气勘探获得实质性的突破。

2011 年，按照“整体部署、整体勘探、整体评价、整体建产”的工作思路，部署的长 13 井、长 305 井等 9 口探井均获得工业油流，探明含油面积 17.05 平方千米，石油地质储量 1031.5 万吨，酒东营尔凹陷油气勘探取得新进展。

2016 年，长 19 井获得高产，进一步证实了长 2 区块 K_1g_1 油藏具有较好的油气成藏条件。

至 2017 年，在酒东区域钻成探井 65 口，平均井深 4345 米，累计进尺 28.24 万米。

四、吐哈盆地

1987 年 9 月 22 日，中国石油当年的第一口科学探索井——台参 1 井在吐哈盆地开钻。该井由钻井处 6052 钻井队承钻，1988 年 9 月 2 日，钻至井深 4466.88 米完钻。1989 年 1 月 5 日，获日产原油 51.44 立方米，被誉为 1989 年石油工业的第一枝“报春花”，发现了鄯善油田。由钻井处承钻的 2 口重点参数井——哈参 1 井和托参 1 井分别于 1988 年 9 月 18 日和 10 月 15 日开钻，1989 年 8 月 18 日，托参 1 井获高产油气流，日产原油 40.1 立方米、天然气 4776 立方米，发现伊拉湖油田。1989 年，在吐哈盆地钻探探井 8 口，进尺 1.75 万米。

1990 年 2 月，位于丘陵构造的陵 3 井开钻，6 月 19 日完钻，根据电测解释，在 2405.4 ～ 2644.4 米之间发现 13 个层段 90.3 米油层。7 月 13 日射孔试油，8 毫米油嘴求产，日产油 120 立方米、天然气 1.4 万立方米左右，发现丘陵油田。1991 年 10 月，部署在温吉桑构造上的第一口预探井温 1 井，射孔试油，日产油 64.1 吨、气 38.34 万立方米，获高产工业油气流，发现温吉桑油气田。至 1991 年底，先后抽调 11 个钻井队开赴新疆吐哈盆地开展钻探，钻探井 12 口、进尺 4.82 万米，控制石油地质储量 1.22 亿吨，为大规模开展吐哈石油会战奠定了资源基础。

1991—1995 年，持续开展勘探工作，先后在温吉桑区块内的 6 个闭圈上部署 6 口探井，其中 5 口井获得工业油气流和较好的油气显示，发现了温西油气田；在米登构造钻探了米 1 井、米 2 井、米 3 井等 5 口探井，其中米 1 井在钻探过程中共见 130.5 米的油气显示，在 2175 ～ 2844 米井段中途测试，平均日产油 3.89 立方米、气 1442.56 立方米的工业油气流，展示了米登油田良好的开发前景。通过钻探丘东构造的丘东 3 井、鄯善弧形构造带西端的柯柯亚乡的柯 7 井、鄯勒构造上的勒 1 井、红台 2 号构造高部位的红台 2 井、恰勒坎构造的恰 1 井以及葡北 1 井、神 1 井、红南 1 井、胜南 1 井等预探井，先后发现了丘东、巴喀、鄯勒、红台、恰勒坎、葡北、神泉、红连、吐鲁番等油气田，吐哈石油勘探取得了丰硕成果。

五、潮水—雅布赖区域

潮水盆地：勘探钻井始于 20 世纪 40 年代，钻探的窖南 4 井、窖南 5 井、窖 1 井、油探 1 井、油 1 井、金川 1 井、潮参 1 井、潮参 2 井等 8 口井均在 2000 米以上，在青土井区域见到少量油流。

1988 年 8 月，潮水盆地第一口预探井——油探 1 井钻成，完钻井深 3217 米，见到油气显示。

1995 年 7 月，金昌坳陷、红柳园坳陷完成金川 1 井（完钻井深 1846.11 米）、潮参 1 井（完钻井深

2088.13 米）。

2012 年，钻成煤层气预探井 3 口，进尺 3245 米。

1988—2012 年，潮水盆地共钻探探井 6 口，累计进尺 1.49 万米。

雅布赖盆地：1996 年，开始在雅布赖盆地进行钻探，参数井雅参 1 井于 8 月开钻，1997 年 3 月 29 日钻至井深 4510 米完钻。

2010 年，针对雅布赖盆地中部小湖次凹面积大，展布宽缓，保存条件相对较好的情况，油田转变勘探方向，以小湖次凹为重点，钻探了雅探 1 井、雅探 2 井、雅探 3 井 3 口探井。

2011 年，雅探 5 井钻至井深 2420 米完钻。实施了大规模缝网体积压裂，未获得工业油流。钻探的第一口水平井雅探 7H 井，完钻井深 2870 米，水平段长 297.17 米。

2013 年 3 月，雅探 6 井三开使用充气欠平衡技术钻至井深 3880 米完钻，测井解释差油层 11.3 米 /4 层，试油获得低产油流。后经大规模缝网体积压裂，日产油 3.9 立方米。雅探 6 井获工业油流后，随后钻探了雅探 601 井、雅探 602 井 2 口评价井。

2017 年，在雅布赖盆地钻探乌 1 井、磨山 1 井、乌 2 井 3 口探井，其中乌 1 井于 8 月钻至井深 2030 米完井，压裂后日初产液 19.2 立方米，日产油 7.2 吨；磨山 1 井钻至井深 1700 米完井，压裂后日初产液 13 立方米，日产油 1.1 吨。

1988—2017 年，在雅布赖区域钻探井 17 口，累计进尺 4.64 万米。

六、南祁连区域

南祁连盆地位于青海省境内，与酒泉盆地分列祁连山南北，地面海拔 3600 ～ 4300 米。

2011 年 4 月，南祁连盆地疏勒坳陷措日岗构造上钻探的第一口参数井祁参 1 井开钻，地面海拔 3854.68 米，设计井深 4150 米，为当时中国石油海拔最高的探井，经过 184.04 天的钻探，克服了海拔高、气温低（零摄氏度以下）、地质状况复杂等困难，钻至 4065 米完钻，钻遇了第四系、古近系、新近系、侏罗系、三叠系、二叠系及志留系地层，对盆地石油地质条件有了初步了解。

2014—2015 年，相继在天峻县境内木里镇钻探了木参 1 井、木参 2 井。地面海拔均超过 4000 米，其中木参 2 井地面海拔高度达 4150 米。

以上 3 口探井，累计进尺 8024 米。

七、单东区域

2015 年，重新对石北次凹古近系—新近系进行勘探，在单东区域完成了 2 口预探井单东 1 井、单东 2 井。单东 1 井钻至井深 2490 米完井，试油获工业油流，试油期间稳定机抽日产油 2.8 立方米，不含水。单东 2 井完钻井深 1418 米（火烧沟组），见到良好油气显示。

2016 年，完成 9 口井，其中预探井 4 口、评价井 5 口（水平井 2 口）。

至 2017 年底，单东区域石北次凹共钻探井 12 口，平均井深 1742 米，累计进尺 2.09 万米。其中有 7 口井投产获得工业油流，平均单井产油 2.49 米 ^{3}/ 日。

八、其他区域

1987—2017 年，在花海、昌马、武威等外围区域钻成墩 1 井、昌 1 井、腾 1 井、腰泉 1 井等探井 6 口，平均井深 3214 米，累计进尺 1.9284 万米。其中墩 1 井是 2004 年部署在花海盆地的一口重点预探井，实际完钻井深 3800 米。2013 年，完成水平井墩 1H 井。

第二节 开发井钻井

1987—2017 年，先后在老君庙油田夹片、鸭儿峡油田志留系、青西油田、酒东油田、鸭儿峡油田白垩系等油田（区块）进行开发井钻井工作。共钻成开发井 389 口，进尺 130.12 万米。

一、老君庙油田

1991—1993 年，推覆体前缘夹三构造的夹片区块集中建产，钻开发井 14 口、钻井进尺 2.74 万米，基本建成开发井网，建成 1 万吨原油生产能力。

2014—2017 年，庙北 I317 冲断片开始滚动开发，针对北翼冲断带地层破碎、高陡等复杂特点，应用定向井、水平井钻井技术，共完成 70 口，开井数 58 口，日产油 88 吨，综合含水 46.3%，年产能力接近 3 万吨，累计产油 51430 吨。

二、鸭儿峡油田

1987 年以来，鸭儿峡油田开发井钻井主要围绕志留系滚动开发和白垩系产能建设以及鸭 6 井区块古近系的开发进行。

1. 志留系油藏

共完成开发井 50 口，平均井深 3173 米，累计进尺 15.87 万米。

1987—1990 年，完成 30 口开发井的钻井工作，使志留系年产量达到了 7.28 万吨。

1991—1995 年，完成 10 口开发井，其中，鸭 701 井、鸭 703 井、鸭 881 井、鸭 882 井 4 口井获得高产，发现志留系油藏西断块的高产区，进一步完善了志留系油藏的基础井网，使阶段年产油量稳定在 6 万吨以上。

1996—2000 年，完善志留系油藏开发井网，完成 15 口，有 10 口井获得工业油流，成功率 66.6%，其中 1998 年 9 月投产的 917 井，获得日产油 21 立方米的较高生产能力。

2004—2011 年，重新研究认识潜山顶部，在 114 井周围完成 928 井、929 井。928 井日产液 18.5 立方米，含水 10% 以下，929 井产量很低。之后，油田每年在志留系钻滚动扩边开发井 1 ～ 2 口，除 2009 年投产的扩边井 944 井自喷投产，日产液 26.4 立方米外，其他扩边井均未取得大的突破，油田于 2011 年暂停志留系开发井钻井工作。

2. 鸭儿峡白垩系油藏

共完成开发井 66 口，累计进尺 25.40 万米。鸭儿峡白垩系 K_1g_2 油藏：2011—2017 年，鸭儿峡白垩系重新勘探取得突破，鸭儿峡油田掀起了新一轮开发井钻井高潮。白垩系产能建设相继完成 54 口开发井，平均井深 3710 米，累计进尺 20.03 万米。采用平台式布井，以直井、定向井、水平井建立基础井网。鸭西白垩系 K_1g_1 油藏：2012—2017 年，鸭西区块完成开发井 12 口，平均井深 4477 米，累计进尺 5.37 万米。鸭西古近系油藏：2014—2017 年，鸭 6 井区完成开发井 15 口，平均井深 3566.87 米，钻井进尺 5.35 万米。

三、青西油田

2000 年，青西油田柳沟庄构造第一口开发井—青 1–1 井、窟窿山构造第一口开发井青 2–1 井开钻，拉开了青西油田快速建产的序幕。至 2017 年，共完成开发井 108 口，平均井深 4641 米，累计进尺 50.12 万米。

四、酒东油田

2008 年，酒东油田长沙岭构造第一口开发井长 3–1 井开钻。至 2017 年，共完成开发井 53 口，累计进尺 22.49 万米。其中，K_1g_3 油藏完成 47 口井，平均井深 4201 米，累计进尺 19.74 万米；K_1g_1 油藏完成 6 口井，平均井深 4583 米，累计进尺 2.75 万米。

第三节　调整井钻井

1987 年后，随着老君庙、鸭儿峡、石油沟、单北、白杨河 5 个老油田处于后期开发，开展调整井的钻井工作，成为保持老油田稳产上产的重要手段之一。至 2017 年，共钻调整井 722 口，进尺 64.16 万米。

一、老君庙油田

老君庙油田作为我国最早投入开发的油田，随着开发程度的深入，也成为我国最早通过钻调整井进行开发井网完善和保持油田稳产的油田之一。

1987 年起，主要以加密井和更新井等常规调整井钻井为主，完善开发井网。

1994 年起，随着钻井技术的提高，开始规模化钻定向井。

2003 年，开始钻水平井。

2008 年起，引入二次开发理念，以重建井网结构体系为抓手，应用水平井技术在 M 油藏顶部区、低产区进行二次开发工程试验并大规模推广。

2011 年，开展“二次开发 + 三次采油”结合的开发试验，调整井规模不断加大。

至 2017 年，老君庙油田共钻成调整井 650 口，累计进尺 55.69 万米。

1. 常规调整井

1987—1988 年，老君庙油田平均每年钻调整井 40 口，有效完善了 M_3 与 M_1、M_2，L_1、L_2^1 为主体的开发井网。

1989—2000 年，在老君庙区域共钻调整井 188 口，累计增产原油 5.7 万吨。所钻的 16 口定向井，初期自喷生产，日产油 2 ~ 8 吨，定向井挖潜技术成为老君庙油田后期开发控制产量递减的重要手段。

2003—2007 年，老君庙油田引入水平井钻井技术和大位移定向钻井技术，完善 M 油藏西河坝储量失控区注采井网，钻调整井 56 口，平均井距由 180 米缩至 130 米，日产量由 2006 年的 41 吨提高到 76 吨。2003 年完成的第一口水平井 LH–1 井，井深 887 米，贯眼完成后产量达到邻井的 2.5 倍，生产平稳，水平井共完成 10 口，进尺 1.23 万米。

至 2010 年，老君庙油田针对 L 油藏北边部储集层物性差、储量动用程度低、剩余油富集的状况，重点对 L 油藏北边部下盘和北西区、北东区进行注采井网加密调整，先后钻调整井 24 口，单井平稳日产量 1.5 吨以上，北翼区日产量由 2006 年的 46 吨升至 2007 年最高时的 55 吨，占 L 油藏当时产量的 41%。

2013—2017 年，老君庙油田开始对夹片区域进行潜力研究，共完成定向井 4 口，证实了夹片区仍具有较大的挖潜空间。其中，青 3–5 井效果最好，日产油 6.9 吨。

2. 二次开发调整井

2008 年，老君庙油田启动了 M 油藏二次开发试验，按照“直注平采”的开发思路，采油井全部为水平井。2 月，二次开发调整井钻井开始，至 2010 年年底，顶部试验区共完成调整井 72 口，其中直井注水井 21 口、水平井 51 口，进尺 5.13 万米。水平井钻井成功率达 100%，单井平均日初产 3.0 吨以上，是直井单井日产的 2.5 倍，水平井已逐渐成为二次开发区的重要井型。

2009—2015 年，老君庙油田按照股份公司的总体安排，持续开展了以注水为主的“油田开发基础年”活动。完成注水井 90 口，进尺 7.24 万米，改善了老君庙油田的注水状况，为老油田稳产做出了贡献。

2011—2017 年，老君庙油田为扩大“二次开发”规模，将调整井钻井全部集中在 M 油藏东部低产区。2012 年，M 油藏东低产区开展以水平井为主的整体调整，新钻投产水平井 8 口、直井 2 口，累计产油 4546 吨，单井产量是老君庙油田平均水平的 10 ~ 20 倍，东低产区日产量由 20 吨上升到 60 吨，井网密度增加到 38%，区块开发水平大幅提升。2014 年，在低产区部署水平井 11 口，当年完钻 10 口，投产 9 口，通过分段压裂技术改造，获得较好生产水平，新建产能 1.5 万吨，累计产油 4133 吨，平均单井产量是周边直井 4 ~ 14 倍。2015 年，在 M 油藏东低产区油水边界内井网空白区域整体部署水平井 6 口、直井 2 口，完钻后经桥塞分段压裂改造投产，日产液 72.1 立方米，日产油 33.5 吨，水平井开发持续保持了较高水平。至 2017 年底，在 M 油藏东低产区钻成水平井 61 口，进尺 8.06 万米。

3.“二次开发 + 三次采油”结合调整井

2012—2013 年，针对老君庙油田 L 油层井网缺失、储采严重失衡的状况，以二次开发 + 三次采油（简称“二三结合”）开发技术政策为指导，以剩余油相对富集的 L_{12} 为开发对象，重新构建“二三结合”开发井网，采用 150 米五点注采井网，开展 16 注 25 采“二三结合”试验，完成调整井 41 口，进尺 2.31 万米。

二、鸭儿峡油田

1987—2017 年，鸭儿峡油田钻成调整井 16 口，平均井深 2532 米，累计进尺 4.05 万米，其中水平井 4 口、直井 12 口。

三、白杨河（含单北）油田

1987—1989 年，白杨河油矿利用自己组建的“土井队”，在单北油田钻成扩边井和加密调整井 11 口，使油田产量下滑的趋势得到遏制。

1995—1996 年，采油厂利用自钻力量，相继在单北油田钻成调整井 4 口。

2005—2017 年，完成 3 口调整井。其中白平 1 井，井深 1405.71 米，水平段在 Eh_{2+3} 油层中穿行 200 米，利用精密防砂管完井方式完井，排液生产效果良好，投产初期最高日产液 20 立方米，含水 30%。

1987—2017 年，白杨河（含单北）油田完成调整井 18 口，累计进尺 1.82 万米。

四、石油沟油田

1987—1989 年，相继钻调整井 16 口，之后停止钻调整井。

2006—2017 年，共完成调整井 38 口，平均井深 678 米，累计进尺 2.60 万米。石平 1 井，完钻深度 1070 米，生产效果良好。

1987—2017 年钻井工程主要指标统计见表 2-2-1。

表 2-2-1　1987—2017 年钻井工程主要指标统计表

年度	钻井口数（口）	钻井进尺（米）	平均动用钻机数（台）	平均队年进尺（米）	平均机械钻速（米/时）	平均井深（米）	取心长度（米）	收获率（%）
1987 年	65	78172	12	6514	3.34	1181		
1988 年	69	84058	11.52	7297	3.21	1120	44.02	83.26
1989 年	31	63753	12.36	5158	2.51	1956	48.14	98.64
1990 年	48	119063	13.68	8703	3.39	2331	50.05	98.33
1991 年	23	33317	2.92	11410	4.03	1525		
1992 年	27	31929	2.32	13763	4.15	1177		
1993 年	13	21800	1.7	12823	3.89	1156		
1994 年	16	26124	3.74	6985	2.95	1710		
1995 年	22	24320	3	8107	3.74	1287		
1996 年	19	24013	4	6003	4.17	1019		
1997 年	26	40836	4.5	9075	4	1541		
1998 年	23	49045	5.57	8805	2.58	1942	75.04	79.98
1999 年	21	34853	3.89	8960	2.5	1638	115.16	90.39
2000 年	24	71177	8.85	8042	2.7	2251	110	93.22
2001 年	30	97940	12.38	7909	1.61	3265	358.33	95.98
2002 年	33	74197	7.2	10300	1.63	2638	130.29	80.7
2003 年	27	72772	6.42	11334	1.62	1972	713.78	91.49
2004 年	33	88201	12.8	6891	1.89	2791	64.05	84.42
2005 年	39	84305	12.7	6636	1.79	2497	215.07	95.45
2006 年	47	111209	11.65	9547	2	2128	105.83	95.52
2007 年	47	99456	13.76	7226	1.98	2243	75.52	96.17
2008 年	61	129993	13.9	9351	2.34	2003	33.4	92.27
2009 年	38	105399	12.31	8564	2.62	2921	115.63	97.23
2010 年	56	130699	11.24	11625	3.21	2323	296.65	94.96
2011 年	80	180257	13.37	13483	3.26	2055	168.64	97.3
2012 年	81	194638	16.62	11713	2.81	2420	74.31	99.09
2013 年	102	254402	19.24	13224	2.89	2346	420.42	92.63
2014 年	90	210221	17.79	11814	3.35	2542	287.21	95.49
2015 年	72	184348	14.61	12622	3.65	2684	168.29	99.02
2016 年	52	136864	12.37	11063	3.97	2632	193.48	95.48
2017 年	61	169938	13.56	13526	4.07	2786	206.99	98.23

第三章　钻井设备

第一节　钻机

1987 年，在用的 14 台钻机主要有三种型号：（1）兰州石油机械厂制造的大庆 –130 型钻机，钻探能力 3200 米；（2）宝鸡石油机械厂制造的 ZJ45 型钻机，钻探能力 4500 米；（3）罗马尼亚制造的 F320–3DH 型钻机，钻探能力 6000 米。

1991 年，随着开发调整的特殊需要和勘探领域的扩大，为了适应不断发展的钻井工艺需要，解决因支援外油田钻机减少及钻机老化、零部件短缺等问题，玉门油田开始购置 ZJ–45 型钻机，并陆续增加到 10 台，部分钻机配备新型泥浆泵，钻机及配套设施不断完善，满足了快速钻井和在老区钻调整井的需要，钻井整体能力明显提高。

1995 年 6 月，钻井处划转吐哈油田时，在用钻机 20 台，其中 F320–3DH 型钻机 2 台、ZJ–45 型钻机 10 台、大庆 –130 型钻机 6 台、ZJ–15 型钻机 2 台。

1997—1998 年，引进中原石油勘探局大庆 –130 钻机 1 台、江苏石油勘探局 F320–3DH 钻机 1 台。

1999 年 11 月，引进大港油田集团公司 ZJ50 钻机 1 台。

2000 年，又引进大港油田集团公司 ZJ50 钻机 2 台。10—12 月，分别引进华北石油管理局 ZJ45 钻机 1 台、四川石油管理局 F320–3DH 钻机 1 台。钻机数量达到了 11 台（F320–3DH 钻机 4 台、ZJ50 钻机 5 台、ZJ45 钻机 2 台）。

2001 年，大量引进钻井队伍，钻机数量达到 19 台（ZJ70 钻机 6 台、F320–3DH 钻机 5 台、ZJ50 钻机 6 台、ZJ 钻机 1 台、ZJ40 钻机 1 台），其中吐哈勘探开发指挥部钻机 8 台（ZJ70 钻机 4 台、ZJ50L 钻机 3 台、F320–3DH 钻机 1 台）；大港油田集团公司钻机 3 台（ZJ50L 钻机 3 台）；四川石油管理局 5 台（ZJ70L 钻机 1 台、F320–3DH 钻机 4 台）；江苏油田钻机 1 台（ZJ70LC）；华北石油管理局钻机 1 台（ZJ45）；下半年，油田自购钻机 1 台（ZJ40）。

2002—2003 年 6 月，四川石油管理局先后撤出 4 台钻机（F320–3DH），仅余下 1 台 ZJ70 钻机。

2002 年 12 月—2003 年初，新购钻机 2 台，达到 3 台（ZJ40 钻机 1 台、ZJ50D 钻机 1 台、ZJ50L 钻机 1 台）。2004 年，1 台（ZJ50D）钻机出国。2005 年 11 月，上述 3 台钻机随钻井队一同划归吐哈钻井公司。

2003 年底，四川石油管理局 1 台 ZJ70L 钻机撤走。

2004 年，大港油田集团公司增加钻机 1 台（ZJ70），大港油田集团公司在油田服务钻机达到了 4 台。

2007 年，在玉门油田的承包商拥有钻机 14 台，其中 ZJ–70 型钻机 7 台（吐哈 5 台、大港 1 台、江苏 1 台），ZJ–50 型钻机 7 台（吐哈 4 台、大港 3 台）。当年，大港钻井的 4 台钻机先后撤出玉门。

2008 年 9 月，大港钻井 ZJ–50 型 2 台钻机再次进入玉门油田。江苏油田 1 台钻机（ZJ70LC）撤走。

2011—2012 年，中国石化黄河钻井三公司 3 台钻机进入玉门油田，其中 ZJ–70 型、ZJ–50 型、ZJ–40 型钻机各 1 台。

2014 年，在玉门油田钻井的钻机共 19 台，其中 ZJ–70 型钻机 7 台（西部钻探公司 6 台、黄河钻井三公司 1 台）、ZJ–50 型钻机 11 台（西部钻探公司 8 台、渤海钻探公司 2 台、黄河钻井三公司 1 台）、ZJ–40 型钻机 1 台（黄河钻井三公司）。

2015 年 8 月，渤海钻探公司将 1 台 ZJ50 钻机更换为 ZJ70 钻机。至 12 月，在用钻机 18 台，其中 ZJ–70 型钻机 8 台（西部钻探公司 6 台、黄河钻井三公司 1 台、渤海钻探公司 1 台）、ZJ–50 型钻机 9 台（西部钻探公司 7 台、渤海钻探公司 1 台、黄河钻井三公司 1 台）、ZJ–40 型钻机 1 台（黄河钻井三公司）。

2016 年，因工作量不足，中国石化黄河钻井三公司 3 台钻机撤出油田。渤海钻探公司将另一台 ZJ50 钻机更换为 ZJ70 钻机。

截至 2017 年底，在玉门油田从事钻井的在用钻机有 13 台，其中 ZJ–70 型钻机 7 台（西部钻探公司 5 台、渤海钻探公司 2 台）、ZJ–50 型钻机 6 台（西部钻探公司 6 台）。

1987—2017 年历年钻机情况见表 2–3–1。

表 2-3-1　1987—2017 年油田历年钻机情况一览表

年度	钻机型号	数量（台）		制造厂家	钻机隶属	主要配套设施
1987—1995 年	大庆 130	6	20	兰石厂	管理局钻井处 20 台	Z12V190BY-1 型高原柴油机，3NB-1000 型 3 缸单作用泥浆泵，4GX-350 型高压管汇
	ZJ45	10		兰石厂／宝石厂		JJ300/43A 型整体起放井架，12V190BY 型高原柴油机 3 台，3NB-1000 型泥浆泵 2 台
	F320-3DH	2		罗马尼亚		MB820B6 型柴油机 5 台，3NB-1300C 型泥浆泵 2 台，MA-320 型整体起放井架
	ZJ15	2		兰石厂		K 型 JJ70/39 井架，Z8V190 型柴油机 2 台，3NB-800 泥浆泵 2 台
1996—1999 年	大庆 130	1	8	兰石厂	中原石油勘探局 1 部，吐哈钻井公司 5 台，江苏石油勘探局 1 台，大港油田集团公司 1 台	Z12V190BY-1 型高原柴油机，3NB-1000 型 3 缸单作用泥浆泵，4GX-350 型高压管汇
	ZJ50	1		宝石厂		固控设备增加到四级、普遍配置国产离心机、引进美国德瑞克公司高频振动筛。逐步引进 12V190 柴油机、康明斯柴油发动机组，并配套顶部驱动钻井装置
	ZJ45	3		宝石厂		JJ300/43A 型整体起放井架，12V190BY 型高原柴油机 3 台，3NB-1000 型泥浆泵 2 台
	F320-3DH	3		罗马尼亚		MB820B6 型柴油机 5 台，3NB-1300C 型泥浆泵 2 台，MA-320 型整体起放井架
2000 年	F320-3DH	4	11	罗马尼亚	吐哈石油勘探开发指挥部 5 台，四川石油管理局 1 台，大港油田集团公司 3 台，江苏石油勘探局 1 台，华北石油管理局 1 台	
	ZJ50	5		宝石厂		固控设备增加到四级、普遍配置国产离心机、引进美国德瑞克公司高频振动筛。逐步引进 12V190 型柴油机、康明斯柴油发动机组，并配套顶部驱动钻井装置
	ZJ45	2		宝石厂		钻井泥浆泵 F-1300，柴油机 CP12V190ZL0-B，四级固控
2001 年	ZJ70	6	19	宝石厂	吐哈石油勘探开发指挥部 8 台，四川石油管理局 5 台，大港油田集团公司 3 台，江苏石油勘探局 1 台，华北石油管理局 1 台，玉门油田 1 台	固控设备增加到四级、普遍配置国产离心机、引进美国德瑞克公司高频振动筛
	F320-3DH	5		罗马尼亚		MB820B6 型柴油机 5 台，3NB-1300C 型泥浆泵 2 台，MA-320 型整体起放井架
	ZJ50	6		宝石厂		固控设备增加到四级、普遍配置国产离心机、引进美国德瑞克公司高频振动筛。逐步引进 12V190 型柴油机、康明斯柴油发动机组，并配套顶部驱动钻井装置
	ZJ45	1		宝石厂		JJ300/43A 型整体起放井架，12V190BY 型高原柴油机 3 台，3NB-1000 型泥浆泵 2 台
	ZJ40	1		宝石厂		钻井泥浆泵 F-1300，柴油机 CP12VMOZLO-B，四级固控

续表

年度	钻机型号	数量（台）		制造厂家	钻机隶属	主要配套设施
2002 年	ZJ70	4	16	宝石厂	吐哈石油勘探开发指挥部 5 台，四川石油管理局 5 台，大港油田集团公司 3 台，江苏石油勘探局 1 台，玉门油田 2 台	固控设备增加到四级、普遍配置国产离心机、引进美国德瑞克公司高频振动筛
	F320-3DH	5		罗马尼亚		MB820B6 型柴油机 5 台，3NB-1300C 型泥浆泵 2 台，MA-320 型整体起放井架
	ZJ50	6		宝石厂		固控设备增加到四级、普遍配置国产离心机、引进美国德瑞克公司高频振动筛。逐步引进 12V190 柴油机、康明斯柴油发动机组，并配套顶部驱动钻井装置
	ZJ40	1		宝石厂		钻井泥浆泵 F-1300，柴油机 CP12VMOZLO-B，四级固控
2003—2004 年	ZJ70	8	17	宝石厂	吐哈石油勘探开发指挥部 7 台，四川石油管理局 3 台，大港油田集团公司 3 台，江苏石油勘探局 1 台，玉门油田 3 台	固控设备增加到四级、普遍配置国产离心机、引进美国德瑞克公司高频振动筛
	F320-3DH	2		罗马尼亚		配套了 3NB-1300 型钻井泵和四级固控设备
	ZJ50	6		宝石厂		固控设备增加到四级、普遍配置国产离心机、引进美国德瑞克公司高频振动筛。逐步引进 12V190 柴油机、康明斯柴油发动机组，并配套顶部驱动钻井装置
	ZJ40	1		宝石厂		钻井泥浆泵 F-1300，柴油机 CP12VMOZLO-B，四级固控
2005—2008 年	ZJ70	7	4	宝石厂	吐哈石油勘探开发指挥部 9 台，大港油田集团公司 4 台，江苏石油勘探局 1 台	全部为 DB 型交流变频电驱动钻机，部分井队配置 F-1600 泥浆泵，SL-450 水龙头，开始电动
	ZJ50	7		宝石厂		更新改造循环固控系统和部分井架底座、钻机动力由柴油机发电改为电网供电，部分井队配置 F-1600 泥浆泵，SL-450 水龙头，开始电动
2009—2011 年	ZJ70	6	3	宝石厂	西部钻探工程公司 10 台，其中 ZJ-50D 钻机 1 台，渤海钻探工程公司 2 台，中国石化集团黄河钻井公司 1 台	部分井队配置 1500 转 / 分钟高速柴油机，F-1600HL 高压泥浆泵，SL-450 高压水龙头
	ZJ50L/D	5		宝石厂		JJ315/45-K5A 型整体起放井架，电动钻机配 3 台 CAT3512B 柴油发电机组，电传动控制系统 C/SCR1
	ZJ40	2		宝石厂		钻井泥浆泵 F-1300，柴油机 CP12VMOZLO-B，四级固控
2012—2015 年	ZJ70	7	19	宝石厂	西部钻探工程公司 14 台，其中 ZJ70D 钻机 1 台，ZJ50D 钻机 3 台，渤海钻探工程公司 ZJ50 钻机 2 台，中国石化集团黄河钻井公司 3 台	全部为 DB 型交流变频电驱动钻机，配 F-1600 泥浆泵，SL-450 水龙头
	ZJ50L/D	1		宝石厂		JJ315/45-K5A 型整体起放井架，电动钻机配 3 台 CAT3512B 柴油发电机组，电传动控制系统 C/SCR1
	ZJ40	1		宝石厂		钻井泥浆泵 F-1300，柴油机 CP12VMOZLO-B，四级固控
2016—2017 年	ZJ70	7	13	宝石厂	西部钻探工程公司 11 台，其中 ZJ-50D 钻机 3 台，渤海钻探工程公司 2 台	JJ450/45-K5A 型整体起放井架，G12V190PZLG 柴油机，F-1600HL 高压泥浆泵
	ZJ50L/D	6		宝石厂		JJ315/45-K5A 型整体起放井架，电动钻机配 3 台 CAT3512B 柴油发电机组，电传动控制系统 C/SCR1

第二节　钻井工具

一、井口工具

（1）吊钳。1987—1990 年，钻井队钻具上扣、卸扣使用的是旋扣器、B 型钳等。1991 年，配套推广使用江苏如东石油机械厂生产的 ZQ203/125 型液压大钳、气动旋扣器等工具，加快了钻进、起下钻的速度。配备了下套管专用的套管液压大钳，减少下套管作业时间，提高了完井时效。

（2）吊卡。吊卡用以悬挂、提升和下放钻柱，按结构分为侧开式、对开式（牛头式）、和闭锁环式。通常有钻杆吊卡、油管吊卡和套管吊卡。1992 年，推广使用侧开式吊卡、牛头式吊卡。

（3）吊环。为减轻钻井工人繁重的体力劳动，1992 年，将双臂吊环更新成单臂吊环。宝石厂生产的单臂吊环，起重能力为 250 吨，重量仅为 71 千克（当时美国的吊环 97 千克、苏联的吊环为 250 千克）。

（4）卡瓦。卡瓦用于卡住钻柱并悬挂在转盘上。分为三片式和多片式两种。通常有钻杆卡瓦、钻铤卡瓦和套管卡瓦。1992 年，推广使用多片式卡瓦。

2000 年后，引进 XJFH−5/35 型气动绞车等井口辅助工具。

二、井下钻具

1. 钻头

1987 年以来，使用江汉钻头厂制造的钻头有刮刀钻头、牙轮钻头、PDC 钻头和取心钻头。由于井身结构相对固定，使用 API 标准，常用钻头规格为 444.5 毫米（17½ 英寸）、311.1 毫米（12¼ 英寸）、241.3 毫米（9½ 英寸）、215.9 毫米（8½ 英寸）、152.4 毫米（6 英寸）。侧钻井因老井完井套管尺寸不规范，使用非标钻头，基本是根据需要自制。2015 年，随着钻井提速和井身结构的优化，使用 269.9 毫米（$7^5/_8$ 英寸）、165.0 毫米（$6^5/_8$ 英寸）钻头。

（1）刮刀钻头。刮刀钻头是以刮刀片为基体，刀口铺以切削材料（硬质合金）的钻头，按刀片数目，主要以二、三、四刀翼和尖钻头为主。1987 年以来，常规钻井已很少使用刮刀钻头，但老君庙油田的侧钻井因井眼尺寸所限，仍然使用刮刀钻头。

（2）牙轮钻头。因钻头底部带有可旋转的牙轮，切削齿交替接触井底，破岩扭矩小，故称牙轮钻头。1987 年后，钻井主要使用牙轮钻头，以三牙轮钻头为主，上部松软地层用铣齿三牙轮钻头。1995 年，开始使用新的系列编号，除了浅表层使用铣齿钻头外，全部使用镶齿钻头。2000 年，开始在深井试验进口牙轮钻头，以美国休斯公司和史密斯公司的镶齿三牙轮为主。进口牙轮钻头的轴承密封可靠性和承压能力较国产牙轮钻头高，钻井机械钻速比国产牙轮钻头高，但价格却是国产牙轮钻头的 2.5 ～ 3 倍，因此，使用量逐年减少。在常规钻井中，主要以 HJ 系列牙轮钻头为主，常用型号有 HJ517、HJ537G、HJ617、米 D517、HJ637G 等。

（3）PDC 钻头。PDC 钻头属金刚石钻头系列，因钻头切削齿使用聚晶金刚石而命名。1996 年，开始使用 PDC 钻头。因钻头使用寿命长，2000 年后成为钻井中主要的钻井工具。因各钻井承包商选择不同的钻头，所以钻头厂家多、型号繁杂，主要厂家有成都百斯特、新疆 DBS，主要型号为 M1955SS、M1355、M1355R、SF56H3、MM54DH3 等。另有大港中成、宝锐、成都迪普等厂家，主要型号有 BRS1955、BRS1655S、MD6532ZC 等。

（4）取心钻头。1987—1991 年，各种规范的取心钻头主要由钻井处管子站制造，以刮刀型取心钻头为主，采用电炉焊工艺。1992 年后，发展为专业钻头厂家生产制造，随取心工具配备使用，主要为 PDC 取心钻头。型号有 C201、CY305、HF503 等。

2. 钻柱

（1）钻杆。1987 年，使用日本 S135 直角钻杆（单根长度 9.5 米）。1994 年，推广使用内涂层钻杆，有效降低了循环摩擦阻力。1998 年，启用国产 G105 钻杆。2003 年，随着水平井技术的突破，开始使用加重钻杆。2007 年，随着欠平衡井的实施，开始使用斜坡钻杆。使用钻杆型号分别为 139.7 毫米（5½ 英寸）、127 毫米（5 英寸）、101.6 毫米（4 英寸）、89 毫米（3½ 英寸）、73 毫米（$2^7/_8$ 英寸）和 60.3 毫米（$2^3/_8$ 英寸），在满足常规钻井的同时，也能满足特殊工艺钻井。目前使用 127 毫米高抗扭双台肩大水眼钻杆，型号 DS50，钢级 S135，水眼 82.5 毫米。此外，还使用小直径钻杆，101.6 毫米高抗扭双台肩大水眼钻杆，型号 ST39，钢级 S135，水眼 65.1 毫米。主要用于小井眼侧钻以及套管内钻塞、洗井的特殊需要。

（2）钻铤。1987 年，使用的钻铤主要依靠进口，厂家为法国 SMF 和日本 NKK。1998 年，试用国产钻铤。油田使用钻铤规范主要有 228.6 毫米（9 英寸）、203.2 毫米（8 英寸）、177.8 毫米（7 英寸）、165.1 毫米（6½ 英寸）、158.8 毫米（6¼ 英寸）和 120.7 毫米（$4^3/_4$ 英寸）。

（3）螺杆钻具。1992 年前，油田钻井井下动力钻具主要为涡轮钻具。1992 年后，开始引进使用螺杆钻具。1996 年，大批量推广使用国产螺杆钻具。2003 年，开始使用单弯螺杆钻具，弯曲度从 1 ～ 2.5 度可选。单弯螺杆钻已经成为钻井提速和定向造斜的主要井下动力钻具。

（4）扶正器。1992 年后，整体螺旋式扶正器（152 毫米 /216 毫米 /245 毫米 /265 毫米 /311 毫米 /444.5 毫米）普遍使用。配备的钻具扶正器规格与钻头直径匹配，系列齐全，足尺寸和欠尺寸齐备。2013 年，试验滚轮扶正器、可变径稳定器等新型井下工具。

3. 套管

1987—2001 年，使用进口套管，套管直径分别为 339.7 毫米（$13^3/_8$ 英寸）、244.5 毫米（$9^5/_8$ 英寸）、177.8 毫米（7 英寸）、139.7 毫米（5½ 英寸）、127 毫米（5 英寸），108 毫米、102 毫米衬管用于侧钻或套管内衬补。根据强度不同，套管钢级分别为 P110、N80、J55。2002 年，青西油田青 2−20 井成为第一口使用国产化套管的油井。2006 年，油田所用套管全部国产化，规范和钢级不变，常用扣型为长圆扣、偏梯扣。2013 年，为满足投产压裂和延长油井寿命的需要，在酒东油田和青西油田部分井选择 TP125 钢级套管。2015 年，井身结构优化，增加使用 200.03 毫米和 193.7 毫米套管，为满足鸭西高压力储集层的套管压裂改造要求，油层全井段采用 TP125、TP140 或 Q125 的套管，特殊要求的使用 TP−CQ 扣。

第三节　配套装备

一、井控设备

1987 年，钻井作业普遍使用的是苏联、罗马尼亚链条式手动操作单闸板防喷器（KPQ），该设备结构复杂、操作烦琐、费时费力，关井时间较长。

1989 年，开始使用罗马尼亚生产的液压系统闸板防喷器，该设备结构简单、操作方便、关井迅速。

1992—1995 年，全面推广宝鸡石油机械厂液压闸板防喷器。

1996—2000 年，钻井作业普遍使用的是 35 兆帕级别的井控设备。

2001 年 3 月，开钻的窿 6 井，配备 FH35−35+FZ35−70+2FZ35−70 防喷器组合，此外配备除气器、液气分离器、可燃气体报警装置、有毒气体报警器、液面报警装置以及钻杆旋塞等辅助井控设施。此后，在青西、酒东钻井作业的井队均配备 70 兆帕闸板防喷器。

2008 年，在青西、鸭儿峡区块利用旋转防喷器和专用充氮设备进行充气欠平衡钻井。

二、固井设备

1. 油田内部固井设备

1987 年，在井下技术作业处设有专门的固井队，主要设备有 T148 水泥车 2 台、JN151 黄河水泥车 23 台、长征运灰车 2 台。随着固井工作量增加，购置 2 台美国产的 CPT986 双机双泵水泥车和 4 台 ZM440 日野运灰车，逐步提升了固井作业能力，实现了固井施工机械化。

1989 年，增加了 SNC35−16I 单机单泵天马水泥车 2 台。

1991 年，主要设备有 CPT986 双机双泵水泥车 2 台、SNC35−16I 单机单泵天马水泥车 7 台、JN151 黄河水泥车 3 台、ZM440 日野运灰车 4 台、SQH13 铁马运灰车 4 台、JN162 黄河背罐车 4 台、JN151 黄河背罐车 2 台、22 立方米立式灰罐 27 具、W9/7 压风机 5 台，其他辅助设备有固井管汇车 3 台、供液车 5 台等 61 台（套）。

1992 年，物资供应处在鄯善新建油井水泥干混站 1 座，购置固井水泥混拌装置，负责吐哈油气区固井水泥混拌工作。

1993—1995 年，井下处先后购置 T815 运灰车 5 台、SNC35−16I 单机单泵天马水泥车 2 台。1995 年 6

月，固井设备随井下处划归吐哈油田。

2000 年，作业公司成立固井队，配置 SNC40–17 水泥车 2 台，配备灰罐车、压风机、立式罐等配套设备。

2009 年，作业公司固井队购置 SNC70–25 双机双泵水泥车 1 台，固井能力提高，满足了中深井固井的需要。

2. 钻井承包商固井设备

在玉门油田从事钻井作业的钻井承包商，配备有专门的固井设备。

2006 年，吐哈钻井公司配有四机厂生产的 SNC50–30 万国双机双泵水泥车 1 部，配备 2 台 PG 卧式三缸泵，三缸泵最大工作压力 50 兆帕、排量 3 米^3/ 分钟，混浆系统配置高能混合器，最大混拌密度 2.30 克 / 厘米^3。

2008 年，西部钻探公司配备 1 部美国 S&S 公司生产的 55–30 双机双泵水泥车，水泥车配备 2 台 SPM 卧式三缸泵，三缸泵最大工作压力 55 兆帕、排量 3 米^3/ 分钟，混浆系统配置高能混合器，最大混拌密度 2.30 克 / 厘米^3。

2011 年，西部钻探公司配置有杰瑞公司生产的 SNC70–30 米 AN 双机双泵水泥车 1 部，水泥车配备 2 台 SPM 卧式三缸泵，三缸泵最大工作压力 70 兆帕、排量 3 米^3/ 分钟，混浆系统配置四代高能混合器，最大混拌密度 2.50 克 / 厘米^3。

2015 年，西部钻探公司配置了 1 部 SNC70–30MAN 双机双泵和 1 部 SNC55–17 单机单泵水泥车。

至 2017 年，西部钻探公司在玉门区域配备的固井装备有国产 105 兆帕双机双泵水泥车 1 部、SNC70–30MAN 双机双泵 2 部、SNC55–17 单机单泵水泥车 1 部、美国生产的 55–30 双机双泵水泥车 1 部，能同时满足 2 口井的固井作业。

三、野外生活装备

1987 年前，钻井队伍野外作业主要配备铁皮野营房。该野营房外形长 10 米、宽 3 米、高 2.9 米。内部配置电风扇、床头灯、暖气，随同配置伙房、餐厅、库房、锅炉房、发电房、配电房、机泵房及 40 立方米油水罐等配套设施。1987 年，油田勘探队伍重上吐鲁番，面对冬季寒冷、夏季炎热、风沙大的气候特点，油田为承钻台参 1 井的 6052 钻井队配备 38 套空调野营房。此后，空调野营房成为油田钻井等野外作业队伍的主要配置。

1991 年，开始使用瓦楞板式野营房，分为双人间、四人间和八人间，房间配有空调、电热板取暖等，冬暖夏凉。

1993 年，在鄯善空军场站附近的吐哈会战指挥部，配备 1 套公寓式标准野营房，由生活专业化服务队承包，对营房实行宾馆化管理，并实现集中制冷、24 小时供应热水。公寓式标准野营房配备专用洗澡间，使用热水炉，保证钻井职工每天能够用热水洗澡，缓解疲劳；配备洗衣间，由保洁员定期清洗员工工作服、被褥，打扫房间卫生；食堂转变为统一餐厅和操作间，轻便美观、保温密闭、防火性能好，就餐环境大为改善。钻井职工的野外生活有了质的改善。

2003 年，作业公司 40068 队承钻鸭南 101 井，井队配备了 1 套公寓式标准野营房，由生活专业化服务队伍承包，对员工餐饮、生活起居、营房设施等，实行宾馆化管理。此后，新型瓦楞式野营房成为钻井队伍野外工作、生活的标准配置。

第四章 钻井技术

第一节 常规井钻井技术

1987 年前，油田已形成各区块的钻井技术系列，保证了区域探井和开发井的钻井工作。之后，随着钻井设备性能的提高及井下工具的推广，油田进行井身结构优化、钻头优选、高压喷射、防斜打快、复合钻井、气体 / 充气钻井、浅层复杂井钻井七项科技攻关，使钻井整体技术有了长足进步。

一、井身结构优化技术

在不同时期、不同区块开展井身结构优化工作，有效提高钻井速度、降低钻井成本。

（1）老君庙油田：1987—2017 年，老君庙油田针对平面上压力分布不均、剖面上岩性差异大的问题，经过区域钻井资料分析，根据地层压力情况和缩径、井漏等钻井复杂情况，将油田分为 7 个区块，不同区块、不同井型采用不同的井身结构，形成了高压复杂区四层结构、普通高压区三层结构、相对低压区两层结构的井身结构技术。

（2）青西油田：1987—1999 年，共完成 11 口三层井身结构井，其中 5 口井采用直径 244.5 毫米 + 直径 177.8 毫米 + 直径 127 毫米三层井身结构，表层套管封固第四系、古近系—新近系地层，深度在 3300 米以上，技术套管下至预测主力油层顶部，深度在 4000 米左右，油层套管采用尾管固井完井。1998 年，将井身结构优化为“大三层”，表层套管尺寸增加至 339.7 毫米，深度优化至 300 ～ 500 米，244.5 毫米技术套管下至白垩系中沟组顶界 50 米左右，封固古近系—新近系中部的易水化段和柳沟庄组的石膏层段，油层采用 177.8 毫米尾管固井完井，共完成 6 口井。

1999 年 7 月—2000 年 8 月，共试验 5 口两层井身结构，在窿 4 井、柳 4 井、青 1–1 井、柳 6 井和窿 5 井试验两层结构。2000 年 12 月，窿 5 井在处理完井电测事故过程中发生井喷失控。

2001—2002 年，继续采用“大三层”井身结构，共完成 18 口。

2002 年起，随着钻井液技术进步和井控装备的完善，青西油田在开发井重新开展两层结构试验工作。2002 年，完成青 2–19 井、青 2–24 井两层井身结构井，表层直径 244.5 毫米下深 1500 米左右，油层下入 139.7 毫米套管。试验成功后在青西油田全面推广，考虑利用老井侧钻，油层采用（直径 177.8 毫米 + 直径 139.7 毫米）复合套管，直径 177.8 毫米套管下深至中沟组顶部。至 2010 年，完成 67 口井，其中三层井身结构 35 口，两层井身结构 32 口。

2010 年起，由于地层压力下降，开发井由两层井身结构优化为小三层结构，储集层实施油层专打。至 2017 年，共完成 28 口，其中探评井为 13 口。常压区继续采用两层井身结构井，共完成开发井 7 口。

（3）酒东油田：1987—2007 年，共完成 7 口井，初期采用了直径 339.7 毫米 + 直径 244.5 毫米 + 直径 139.7 毫米三层井身结构，目的层为 K_1g_1，表层套管封固古近系—新近系上部地层，深度 1500 米，技术套管封固古近系—新近系泥岩和白垩系中沟组紫红色泥岩，深度 4300 米，油层套管采用尾管悬挂，深度 5000 米左右。

2008 年，开发 K_1g_3 油藏，在长 7 井进行井身结构优化，将表层套管下深由 1500 米优化为 404 米，技术套管下入中沟组 50 米，形成了“新三层”井身结构。2009 年起，在长 203 井开始试验两层井身结构，共应用 9 口井，因二开长裸眼段内压力系统复杂，地层压力系数相差大，易发生井下工程事故，未推广使用。至 2017 年，应用“新三层”井身结构在 K_1g_3 油藏共钻井 58 口。在 K_1g_1 油藏共完成 22 口井，其中技术套管下入中沟组 50 米的 12 口，K_1g_1 油层专打 4 口，其余 6 口井技术套管下入中沟组或 K_1g_3 地层，具体深度依据钻井工程施工情况确定。

（4）鸭儿峡油田：2007—2011 年，鸭儿峡油田开展目的层欠平衡钻井，鸭 940 等井采用 339.7 毫米 × 177.8 毫米 ×127 毫米三层结构，取得了较好的效果。

2012 年，鸭儿峡油田 6 口井采用三层井身结构实施目的层欠平衡钻井，因射孔投产未见到明显地质效果，在鸭 K1–6 井将三层井身结构优化为 244.5 毫米 ×139.7 毫米两层，共应用 43 口井，提速增效效果明显。

2014 年，开发鸭儿峡古近系—新近系油藏，自鸭 6–1 井应用两层结构，表层套管下深 750 米，共应用 14 口井。

2016 年，自鸭 K1–39 井将表层套管下深由 700 米优化为 350 米，共应用 9 口。

（5）鸭西区块：2005—2006 年，采用了 339.7 毫米 ×244.5 毫米 ×177.8 毫米三层井身结构，完成 4 口。2013 年，鸭西 115 井采用直径 273 毫米 + 直径 193.7 毫米 + 直径 127 毫米三层井身结构，目的层为 K_1g_1；2014 年，鸭西 9 井又恢复为两层。至 2017 年，采用三层井深结构共应用 5 口井，采用两层井深结构共应用 24 口。

二、钻头优选技术

1. 牙轮钻头

1987—1995 年，钻井主要以三牙轮钻头为主，上部松软地层用铣齿三牙轮钻头，下部地层使用镶齿钻头。

1995 年起，开始使用新的系列编号，逐步使用滑动轴承金属密封牙轮钻头。

2000—2002 年，在青科 1 井、青 2–19 井和青 2–24 井等井试验了休斯、史密斯进口牙轮钻头 25 只，轴承密封可靠性和最大钻压允值较国产牙轮钻头明显提高，机械钻速比国产牙轮钻头提高 30% 左右，价格是国产牙轮钻头的 2.5 ~ 3 倍，整体经济效益较差。

2002—2017 年，主要使用国产江汉 HJ 系列牙轮钻头。常用型号有 HJ517、HJ537G、HJ617、MD517、HJ637G 等。其中，2012 年，试验 MD 系列高速牙轮钻头配合螺杆钻具复合钻井见到较好效果，在 PDC 钻头使用受限地层全面推广使用高速牙轮钻头。

2.PDC 钻头

1994—1999 年，在酒参 1 井、柳 103 井、柳 5X 在深部地层试验了 6 只 PDC 钻头，试验效果较差。

2000—2006 年，在青科 1 井试验的一只直径 311 毫米 PDC 钻头，井段 2563.45 ~ 4132.31 米，总进尺 1563.86 米，纯钻时间 850.42 小时，平均机械钻速 1.84 米 / 时，试验取得较好效果。2001 年，在青西古近系—新近系地层大规模推广，2006 年 PDC 钻头平均单只进尺 276.13 米，机械钻速 1.82 米 / 时。

2007—2008 年，由于钻头厂家多、型号繁杂，PDC 钻头指标差异大。将钻头费用从钻井工程费用中切出，组织中国石油勘探开发研究院钻井所、钻头厂家联合开展 PDC 钻头攻关，形成了各区域不同地层的 PDC 钻头系列。青西在 9 口井（5 口在推覆体内）上试验 9 只 PDC 钻头，平均单只进尺 819.32 米，平均机械钻速 2.87 米 / 时，钻井指标分别较 2006 年提高 61%、13%。酒东在 7 口井上共试验 8 只 PDC 钻头，平均单只进尺 1385.51 米，机械钻速 7.84 米 / 时。其中，营 1 井使用井段 1910 ~ 3828.6 米，进尺 1918.60 米，青西青探 1 井使用井段 3261.5 ~ 4416 米，进尺 1154.5 米。

2009—2017 年，随着复合片技术发展，PDC 钻头应用范围扩展至全井段。为了进一步提高白垩系下沟组含砾层段钻井速度，2016 年，在窿 17 井试验了非平面齿 PDC 钻头，试验井段 4756 ~ 5090 米，进尺 334 米，平均机械钻速 1.55 米 / 时，与邻井相比进尺增加 194 米，机械钻速提高了 49%。随后，在长 211 井继续试验非平面齿 PDC 钻头，井段 4068 ~ 4380 米，进尺 312 米，平均机械钻速 1.40 米 / 时，与邻井相比进尺增加 99 米，平均机械钻速提高 33%。2017 年，在青 2–81 井试验了尖圆齿钻头，试验井段 3752 ~ 4069 米，进尺 317 米，平均机械钻速 1.82 米 / 时，与邻井相比进尺增加 143 米，机械钻速提高了 49%。非平面齿 PDC 钻头和尖圆齿钻头的试验效果为深井钻井提速提供了新的技术思路。

三、高压喷射钻井技术

1987—2000 年，开始试验应用第二阶段高压喷射钻井技术。通过优化水力参数、优选最佳排量、应用高泵压、高比水功率和喷嘴优选组合，泵压达到 12 ~ 16 兆帕，喷射率 84.74%，机械钻速较未开展喷射钻井技术前提高 35% 以上。与此同时，试验了长喷嘴、中长喷嘴、脉冲喷嘴和斜喷嘴等特殊喷嘴的应用，平均单只钻头进尺提高 17%，机械钻速提高 22%。

2001—2009 年，开始试验第三阶段喷射钻井技术，以充分发挥水力破岩效率，提高机械钻速。在青深 1 井率先进行大排量与高泵压喷射钻井技术的试验应用，试验泵压 18 ~ 20 兆帕，随后在青 1–3 井、青

2–36 井及鸭西 2 井等 11 口井推广扩大试验，与邻井同井段常规钻井对比，机械钻速提高 22%。

2010—2017 年，随着机泵升级换代，开始推广三阶段喷射钻井技术，泵压达到 20 兆帕以上。其中，2010 年，西部钻探对 60147 队钻机进行了超高压配套改造，额定承压由 35 兆帕提高至 70 兆帕，在酒东油田承钻的长 11 井试验超高压喷射钻井技术，泵压 30 兆帕以上，三开深井段（4500 米以下）实现了超高压复合钻井，平均机械钻速 1.45 米 / 时，与常规钻井相比提高了 54%，高压设备配合螺杆钻具深部地层复合钻井在全井段成功应用，完钻井深 5392 米，设计周期 240 天，实际钻井周期 135 天，节约钻井周期 105 天，平均机械钻速 3.19 米 / 时。

四、防斜打快技术

酒西推覆体和古近系—新近系上部易斜地层的防斜与打快矛盾突出，一直困扰着钻井提速。

1987—2005 年，应用常规钟摆钻具、满眼钻具、偏轴钻具防斜等防斜打直技术，因地层倾角大，强化钻井参数后井斜无法控制，只能通过降低钻压控制井斜，防斜效果不理想。

2006 年，在青探 1 井古近系—新近系易斜地层首次引进试验斯伦贝谢公司的 Power–V 垂直钻井技术，试验井段井斜控制在 0.3 度以内，解放了钻压，钻井速度提高 19% 以上。随后在青 2–44 井、青 2–47 井等 6 口井高陡推覆体地层应用该技术，累计进尺 6081.57 米，井斜控制在 0.5 度以内，机械钻速较常规钻井方式提高 2.65 倍。

2013 年，在引进单稳定器动力钻具防斜打快技术的基础上，通过改进完善，形成低成本双稳定器动力钻具防斜打快技术，解决上部易斜井段井斜难控制、钻井速度慢的钻井难题。至 2017 年，在酒西包括推覆体在内的上部易斜地层应用 89 口井，取得较好的效果，应用井段比例达到 80% 以上，成为防斜打快的主要钻井技术。

五、复合钻井技术

2003 年，青 2–27 井第一次试验螺杆 + 牙轮复合钻井，与邻井青 2–19 井比，机械钻速由 5.49 米 / 时提高到 10.52 米 / 时，提高近 1 倍。在复合钻井试验取得成功的基础上，青 2–26 井开展了 PDC 钻头 + 螺杆复合钻井试验，与 PDC 钻头常规钻井相比，进尺从 437.62 米提高到 1213.04 米，机械钻速从 2.85 米 / 时提高到 7.09 米 / 时，提高 2.49 倍，行程钻速大幅提高，展现出了巨大的提速潜力。

2006 年，在酒东油田长 5 井开展复合钻井试验，单只 PDC 钻头进尺 1103.37 米、机械钻速 5.58 米 / 时，比邻井长 4 井同井段 PDC 钻头常规钻井机械钻速提高了 80%，为酒东油田钻井提速提供有效手段。至 2009 年，共推广应用 8 口井。

2010 年起，全面推广复合钻井技术。随着螺杆钻具制造工艺的进步，高温等壁厚螺杆和低转速大扭矩螺杆钻具在酒东深部高温地层和酒西含砾夹层试验均取得较好效果，解决常规螺杆钻具高温条件下使用寿命短、复合钻井高转速穿过夹层时钻头先期损坏的问题，复合钻井技术应用井段得到拓宽，呈现了跨越式增长。至 2017 年，酒东油田复合钻井技术应用比例 100%，酒西复合钻井技术应用比例提高至 80%，钻井速度以 10% 的幅度提升，成为中深井钻井提速的主要技术手段。

六、空气钻井提速技术

2003 年，青西油田窿 9 井钻至 2970 米中完时，钻井时间长达 309 天。为寻求提高钻井速度的新方法，在四开井段 2970 ~ 3307.5 米试验应用气体钻井，用空气做循环介质钻进 45.10 米，机械钻速 4.72 米 / 时，与中完前的 0.30 米 / 时相比提高了 10 倍以上，但因地层出水、环空堵塞导致钻井扭矩增大，后转为充气雾化和泡沫钻井，钻井速度仍然比泥浆钻井高 3 倍。

2004—2005 年，为进一步提高非目的层的钻井速度，借鉴窿 9 井空气钻井提速效果明显的经验，在勘探与生产分公司的大力支持下，开展了规模化空气钻井试验。使用威德福（Weatherford）亚太有限公司成套的空气钻井设备，先后在窿 15 井、青 2–17 井、青 2–33 井古近系—新近系地层和窿 15 井白垩系地层试验空气钻井，其中古近系—新近系地层进尺 3053 米，平均机械钻速 11.66 米 / 时，比钻井液钻井的 2.88 米 / 时，提高 4.04 倍；白垩系地层进尺 279.76 米，平均机械钻速 10.28 米 / 时，比钻井液钻井的 0.65 米 / 时，提高 14.81 倍。因青西油田古近系—新近系及白垩系地层普遍含水，空气钻井易形成泥饼环，泥包钻具导致卡钻，报废进尺 2412.96 米，空气钻井方式不适合青西油田。

七、钻井参数闭环优化导航系统

钻井参数闭环优化导航系统，由集团公司钻井工程技术研究院研发，是玉门油田重大专项课题 8“逆掩推覆带优快钻完井技术研究”的一项重要内容。该系统以钻头破岩效能优化技术为核心，基于水力—机械比能的钻头破岩效率定量评价方法，将全部有效的钻井参数整合成一个能体现钻头破岩效果的量化参数，通过实时采集、解析、监测与计算分析钻井数据，实时评价破岩能效并主动优化钻井参数，配套研发的节能提速导航仪将优化后的钻压、转速和排量参数直观显示在司钻面前，司钻按照推荐值钻进施工，打破传统经验做法，实现科学量化钻井。2015 年，雅布赖雅探 603 井等 5 口井试验成功后推广应用，至 2017 年底，所有钻机配套此系统，现场共应用 51 口井。

八、深井钻井提速工具攻关试验

（1）阿特拉扭冲工具：2009 年，为了提高志留系机械钻速，在鸭深 1 井三开试验由美国阿特拉公司生产的扭力冲击发生器配合 PDC 钻头的钻进技术，试验井段 3753.00 ~ 4108.05 米，总进尺 355.05 米，平均机械钻速 1.70 米 / 时，较鸭西 3 井 0.75 米 / 时的平均机械钻速提高了 127%。2013 年，窿 118 井二、三开全井段共试验阿特拉厂家扭力冲击工具 18 套，累计钻进进尺 3079 米，平均机械钻速 2.09 米 / 时。至 2017 年，在白垩系地层共推广使用 8 口井，进尺 1838 米。

（2）New-drill 提速工具：2014 年，在鸭 K2-1 井试验 New-drill 提速工具，井段 4308 ~ 4580 米，进尺 272 米，平均机械钻速 1.83 米 / 时。至 2017 年，在中沟组地层共推广使用 8 口井，进尺 2648 米。

（3）液力脉冲提速工具：2015 年，雅布赖雅探 603 井 2338 ~ 2495 米试验液力脉冲提速工具，进尺 157 米，平均机械钻速 2.12 米 / 时，后在古近系—新近系地层共推广应用 7 口井，进尺 3820 米。

九、浅层复杂井钻井技术

针对老君庙油田注水后，储集层压力系统发生变化，钻井过程中容易发生上部 K 层漏失、中部 BC 层遇水膨胀、L 层高压和下部 M 层井漏等问题，油田在推广应用井身结构技术、高密度钻井液（2.5 ~ 3.0 克 / 厘米 ^{3}）技术的同时，还发展防漏堵漏技术、复杂井下套管技术以及快速完井技术，满足压力异常区块的钻井要求。

1. 防漏堵漏技术

20 世纪 80 年代，在钻井处就形成了用羊毛、棉籽壳防漏堵漏的特色技术。

2000 年，为降低堵漏成本，就地取材，在油层以上钻井漏失时使用红土、胡麻草加纤维堵漏技术，油层段主要采用单封和复合堵漏剂随钻堵漏技术，在老君庙油田、石油沟油田取得很好效果。

2012 年，为解决老君庙油田顶部区钻井喷漏结合的问题，油田作业公司和钻采工程研究院联合研制化学堵漏技术，应用脲醛树脂堵漏技术在 F187-2-2P 井等 3 口失返性漏失井上堵漏成功。

2014 年，引进顿钻打表层技术，解决表层漏失问题。

2. 复杂井下套管技术

老君庙高压区调整井存在自上而下“漏、缩、喷”钻井难点，往往造成“钻下去起不出来钻具、起出钻具下不进去套管”的现象。

2011 年，引进掏穴扩眼工艺，形成复杂井下套管技术。

2012—2014 年，对掏穴器进行了多方面的技术改进，在下套管遇阻后，过套管进行掏穴扩眼。在 E118-1-1P 等 7 口井应用 10 段次，累计掏穴扩眼进尺 378.36 米，确保套管遇阻后下至设计井深。

第二节　特殊工艺井钻井技术

20 世纪 50 年代，开始在老君庙构造北翼断裂带下盘开始钻特殊工艺井，先后发展形成侧钻井、定向井等特殊工艺井钻井技术。20 世纪 80 年代末，老井恢复利用，又将侧钻井技术推向高潮。20 世纪 90 年代，为提高单井产量、解决地面障碍等问题，普遍采用定向井钻井技术。2000 年后，水平井钻井技术广泛应用。近年来，随着老油田油层压力下降，常规钻井方式产能建设效果逐渐变差，开始试验应用欠平衡钻井技术。

一、定向井

1994—1999 年，为解决老君庙油田石油河两岸井网不完善的需求，开始规模使用定向井钻井技术，并实现从单点定向向随钻定向的技术转变。老君庙油田第一口定向井 J259 井，轨迹设计为“直—增—稳”三段制，采用弯接头 + 直螺杆钻具及单点定向技术，在 250 米处定向一次成功，完钻井深 800 米，水平位移 31.5 米，最大井斜角 14.0 度，靶心距 18.07 米。鸭儿峡油田 920 井采用单点定向钻井技术，完钻井深 2865 米，最大井斜角 19.0 度，水平位移 208.05 米。

2002 年起，全面应用 MWD+ 单弯螺杆先进的定向井钻井技术，发展形成浅井、中深井定向技术。

2002—2017 年，青西油田共完成 34 口定向井，青 2–69 井最大水平位移 751.97 米，最大井斜角 33.5 度。

2009—2017 年，酒东油田在高密度钻井液条件下完成 14 口定向井，长 2–32 井最大水平位移 662.92 米，最大井斜角 39.7 度。

2012—2017 年，鸭儿峡油田应用定向井技术共完成 69 口井，鸭 K1–5 井最大水平位移 771.78 米，最大井斜角 49.3 度。

二、水平井

1. 浅井水平井

2003 年 5 月，老君庙油田 LH–1 井开钻，使用三层套管结构，利用 MWD 无线随钻测控技术，完钻斜深 885 米，垂深 661.32 米，水平段长 156.27 米，水平位移 429 米，最大井斜角 87.75 度，水平段垂向偏差仅 1.39 米，钻井周期 24 天，投产后产量是相邻直井的 2.5 ～ 3.0 倍。

此后钻成庙平 2 井等 5 口水平井，成功率 100%，平均油层钻遇率 90% 以上。形成了集井身结构优化、井眼轨迹控制、油气层保护、固井技术于一体的水平井配套技术。

2006 年以后，水平井在老君庙油田大规模应用。与此同时，利用水平井钻井技术，在鸭儿峡油田、石油沟油田、白杨河油田和单东探区也钻成一批高质量水平井。

至 2017 年，老油田钻水平井 120 口，建设产能 10.28 万吨，水平井年产量占总产量的 40.3%。

2. 中深井水平井

2007 年 11 月，青西油田第一口侧钻水平井青 2–31H 井开始施工，最大井斜角 85.6 度，水平段长 238.24 米。

2008 年 3 月，青西油田第一口水平井青 2–56H 开钻，完钻井深 4397 米，井斜角 63.8 度，水平段长 218.68 米。

2012 年 3 月，油田最深水平井鸭西平 1 开钻，完钻井深 5050 米，垂深 4336 米，水平段长 414.4 米，最大井斜角 82 度，钻井周期 241 天。

截至 2017 年底，相继钻成鸭 K1–1H 等 5 口水平井，平均井深 3775 米、钻井周期 112.49 天，其中鸭 5–1H 井水平段长 1067 米，是油田历史上水平段最长的一口井。

3. 外探区水平井

2011 年，雅布赖探区部署第一口水平井雅探 7H 井，井深 2870 米，垂深 2320 米，水平位移 683.19 米，最大井斜角 93.9 度，水平段长 297.17 米，油层钻遇率 64%。

2014 年，雅探 603H 井 2365 ～ 2758.16 米用斯伦贝谢钻井旋转导向技术和 LWD 随钻测井技术，进行着陆水平段钻进，着陆井深 2827.70 米，井斜 84.18 度、方位 165.64 度，钻至井深 3300 米完钻，井斜 92.00 度，方位 168.00 度，闭合距 747.43 米，水平段长 472.3 米。

在鸭西鼻状构造上钻成深层水平井鸭西 111H，在花海凹陷中央断裂带三墩构造上钻成墩 1H 井。鸭西 111H 井采用液压卡瓦式斜向器、陀螺仪定向、复式铣锥磨铣开窗侧钻技术。墩 1H 井用段铣开窗侧钻技术，实现了老井侧钻水平井钻探。

三、侧钻井

在 20 世纪 50—60 年代就发展了侧钻井技术，应用“卡瓦式定向器”定向技术、固定式斜向器定向技术和开窗铣锥制作技术，配合尾管固井技术，形成侧钻井配套工艺。20 世纪 80 年代末期，侧钻技术在油田得到发展，以套坏井点恢复为主的斜向器自由侧钻技术在老君庙油田推广。20 世纪 90 年代中期，侧钻技术在鸭儿峡油田展开，随着工艺的配套，形成以锻铣、斜向器及陀螺测斜仪器为主的侧钻技术。2002 年后，随着弯螺杆（导向马达）和MWD的引进，侧钻技术进一步发展，使侧钻井定向开窗、增斜效率和中靶精度全面提高。

（1）老君庙油田：1988年，老君庙油矿为恢复利用套坏井，成立专业化侧钻队。利用350修井机和简单的地面循环设备，开始大规模老井侧钻。通过老井眼找漏、通井、固斜向器、套管磨铣开窗、稳斜钻井、尾管固井、钻塞等工艺，钻成一批侧钻井。全部工具实现自制，斜向器采用2～3度坡面、注水泥固定，磨铣开窗采用单式和复式铣锥，自制丢手法输送尾管。至2017年，老君庙油田共侧钻217口井。

（2）鸭儿峡油田：1995年开始，发展中深井老井侧钻技术，1995年9月，完成鸭555X侧钻井。至1999年，完成侧钻井5口，其中鸭134X井是在$8^{5}/_{8}$英寸非标套管内完成的定向侧钻井。2012—2017年，钻成侧钻及侧钻加深井5口，其中：2015年完成的鸭西8X井侧钻段长1584米，钻井周期120.06天。

（3）青西油田：1999年4月，柳5X井进行侧钻，成为青西地区第一口套管开窗定向侧钻井，自3021.82米锻铣30米，运用螺杆钻具带PDC钻头进行增斜扭方位，侧钻至井深4776米，尾管悬挂完井，为青西地区的钻井施工积累宝贵经验。2003年2月，青2–12X井自3485米段铣至3494米，用149.2毫米钻头自3486米开始定向钻进，11月钻至井深4642米完钻，侧钻段长1156米，下入直径114.3毫米尾管固井完井。2004年4月，青2–9X井定向侧钻，采用陀螺测斜仪对斜向器定向到目标方位，钻至4717米完钻，采用尾管固井完成。之后，斜向器定向开窗技术在油田普遍采用，至2017年，青西油田完成侧钻、加深井20口。

（4）酒东油田：1999年11月，试采的长101井由于套管破裂无法生产，遂对该井进行定向侧钻。长101X井继续采用当时较成熟的锻铣定向侧钻技术，从3328.00米开始，锻铣套管30米，随钻三段制定向，完钻井深4114.51米，水平位移329.47米，实际闭合方位130.15度，靶心距25米，于2000年9月尾管悬挂固井后完成。2012年，使用斜向器定向开窗技术钻成长302X井。至2017年，酒东油田共完成侧钻井5口。

第三节　欠平衡钻井技术

随着油藏压力逐步降低，钻井过程储集层井漏问题突出，产能效果变差，2007年起先后在鸭儿峡油田和青西油田推广欠平衡钻井技术。

一、全过程氮气欠平衡技术

2007年4月，在鸭儿峡古潜山部署鸭940井。该井设计井深3100米，三层套管结构，三开为氮气欠平衡油层专打，采用贯眼完井。三开氮气欠平衡钻进，钻至2726～2729米时遇到高黏度稠油，岩屑被原油黏附，排砂管出口无岩屑排出，钻进中泵压升高，上提钻具有阻卡现象，气举循环也不出岩屑，起出钻具发现外表面全为原油和岩屑混合而成的固状物，采用柴油溶化油饼环，钻至井深2919米，三套油层全部钻出，提前完钻。打入GBC冻胶段塞封隔井筒，下入带眼尾管，微台阶悬挂完井，实现全过程氮气欠平衡钻井。包含5项技术：氮气欠平衡钻开低压油层技术、混油气举降解携砂钻进技术、裂缝油藏负压悬挂贯眼完井技术、冻胶段塞封隔井筒油气技术、全过程油层保护技术。

二、液相欠平衡钻井技术

2007年7月，在青2–10J井首次使用，欠平衡钻井井段4550～4902米，该井在钻开油气层后，每次下钻到底均有明显的后效显示，全烃达到99.99%，循环槽面明显见油花。注入冻胶9立方米，封闭井段4450～4902米，完成测井及下套管作业。用活性水替出井内全部钻井液完井。2008年，又在窿117井实施液相欠衡钻井，基浆密度1.18克/厘米^3，钻至4677.45米，上部井段出现垮塌，密度提至1.23克/厘米^3，停止欠平衡作业。至2017年，共完成液相欠平衡24口井。

三、充氮气液相欠平衡钻井技术

2011年，把青西滚动扩边作为增储上产的重点，依靠三维地震资料预测裂缝性储集层油气富集区，对低压低渗透油气层展开欠平衡钻井技术攻关。

在柳108井试验充氮气液相欠平衡钻井技术储集层专打，井段4190～4450米，钻井液基浆密度1.07～1.09克/厘米^{3}之间，充氮气排量35～40米^3/分钟，环空当量密度0.93克/厘米^3。钻井过程中多次点火成功，火焰最高 8 ～ 10 米，全烃值最高达 98%，原油不断混入钻井液，钻至井深 4434 米完钻，出原油 50 立方米左右，应用冻胶阀实现了测井、下直径 127 毫米筛管悬挂全过程欠平衡作业，初产原油 29 米 ^{3}/ 日，稳产 22 米 ^{3}/ 日。

2012 年，充氮气液相欠平衡钻井技术开始规模化应用，依托股份公司重大科技专项完善推广欠平衡钻井参数优化关键技术，与西部钻探合作研发多相流工况下井筒环空压力测量工具、阀底测压非标井下套管阀和欠平衡非固井分段完井工具等 3 种核心工具，形成满足酒西裂缝性储集层开发的全过程钻完井配套技术，在青 1–7 井首次使用一代套管阀 TGF178 毫米，应用 13 口，在窿 118 井使用具有阀底测压功能二代套管阀 TGF194 毫米，应用 2 口井。实现“点着火把打井”的储集层保护目的。在中国首次成功实现欠平衡钻井技术的规模化应用，欠平衡钻井成功率 100%。

至 2017 年，共完成充氮气欠平衡 15 口井，杜绝裂缝性低压储集层钻井井漏问题，达到及时发现和有效保护储集层的目的。

第四节 钻井液与油气层保护技术

一、钻井液

1987 年 8 月，中国石油学会在玉门召开“防塌泥浆技术研讨会”，针对钻井过程中井塌和钻井液防塌技术进行系统研讨，由此推动玉门油田钻井液整体技术的发展和进步。之后，针对老君庙油田开发注水形成局部高压，在钻调整井过程中存在井塌、井漏和井喷，钻井处泥浆站研制出 2.5 ～ 3.0 克 / 厘米 ^{3} 超高密度粗分散钻井液体系，至 1990 年钻成高压调整井 100 余口。

1992 年，与北京勘探开发研究院钻井所合作，在酒参 1 井上首次引入阳离子钻井液体系，钻成深度 4700 米深井，最高钻井液密度 2.10 克 / 厘米 ^{3}，顺利完成油田第一口科学探索井。

1994—1995 年，在钻井处 6052 钻井队承钻的营北 1 井、营探 1 井使用了钠盐（钾盐）聚合物、两性离子聚合物、聚磺等聚合物钻井液体系。

1997—2001 年，引进的钻井队伍使用各自熟悉的钻井液体系，主要有钠盐聚合物钻井液、钾盐聚合物钻井液、两性离子聚合物钻井液、聚磺钻井液、阳离子钻井液、复合金属离子聚合物钻井液、金属离子聚合物钻井液及正电胶钻井液等，给油田的钻井液管理带来了诸多困难。期间，油田也没有系统开展过适合青西裂缝性储集层保护评价。

2002 年，与北京勘探开发研究院钻井所合作开展“青西裂缝性油层保护技术的研究和试验”，通过筛选和评价，优选出阳离子钻井液体系，在青 2–19 井等井试验成功后，在油田全面推广应用。

2006 年，针对酒东地区钻井工程复杂事故多的现状，借鉴青西钻井液技术的成功经验，在工程试验井长 301 井试验高密度阳离子钻井液体系，最高密度 1.85 克 / 厘米 ^{3}，全井无复杂事故。

2008 年，在总结钻井液现场试验与应用的基础上，油田制定发布了《酒东地区钻井液操作规程》和《青西地区钻井液操作规程》，规范阳离子钻井液的维护工艺，为油田深井钻井提供技术保障。在 2009 年和 2010 年进行修订，进一步完善操作规程。

2011 年，玉门油田钻采工程研究院组建钻井液检测实验室，配备高温流变仪、高温高压泥页岩膨胀测定仪、高温高压滤失仪等 13 套仪器设施，主要承担现场钻井液性能的检测、评价及处理剂质量的鉴定。

2013 年，与集团公司钻井工程技术研究院合作完成“深井水平井钻井液体系研究及应用”科研项目，试验使用钻井液用稀释剂 HBF–1、沥青粉 SFT 等处理剂，进一步完善深井阳离子钻井液体系。

2015 年，渤海钻探公司在青 1–16 井首次应用复合有机盐（BH–WEI）钻井液体系，该体系能满足钻进施工，但因成本偏高未推广应用。

二、油气层保护技术

油气层保护技术始终随着钻井技术、钻井液技术的发展而发展，逐步形成适应不同阶段、不同储集层、不同岩性、不同井深的油气层保护技术。20 世纪 90 年代之前，油田油气层保护技术主要围绕砂岩油藏进行。之后，开展青西裂缝性油藏油气层保护技术的研究和应用，有效地减少污染，为砂岩油藏和裂缝性油藏的油气层保护提供经验和借鉴。

1. 砂岩油藏

20 世纪 80 年代，玉门油田的油气层保护技术在不分散钻井液体系的基础上，形成对油气层伤害较小的聚合物钻井液体系。

20 世纪 90 年代以后，与西南石油学院、北京勘探开发研究院钻井所合作，在聚合物钻井液基础上通过引入磺化酚醛树脂、磺化腐殖酸铬、磺化沥青和氯化钾等，形成“双磺”“三磺”钻井液体系，进一步提高了油层保护效果。

2. 裂缝性油藏

1997—2001 年，与西南石油学院合作，在青西裂缝性油藏应用屏蔽暂堵技术，油层保护效果不理想，完井后均需酸化改造才能获得高产，如青 2–2 井初产只有 2.6 米 ^{3}/ 日，经酸化改造后产量达 169 米 ^{3}/ 日。

2001 年起，针对青西裂缝性储集层保护难点，与中国石油勘探开发研究院钻井所合作，确定以钻井液技术、近平衡压力固井技术为关键的技术路线，开展油层损害机理、裂缝宽度预测研究，取消屏蔽暂堵物理保护方法，优选出以近平衡 + 油溶性颗粒封堵技术为主的化学絮凝封堵方法，经过青 2–19 井、青 2–24 井现场试验成功后，全面推广。通过 50 余口井的实施，直接投产获得 50 米 ^{3}/ 日以上的井 26 口，获得日产 100 立方米的井 15 口，为青西油田快速上产做出重要贡献。该成果经 2008 年改进，推广应用到酒东地区，解决高密度下孔隙性储集层保护难题，试井表皮系数 –3.98 至 –6.44，长 7 等多口井直接投产获高产。

2014 年，对阳离子钻井液体系进行完善和改进，加入胶体大阳离子、环保型稀释剂、改进型小阳离子 BSS 等改型处理剂，实现油层保护的同时符合环保要求。

第五节　固井技术

一、水泥浆技术

1988 年以前，固井使用的水泥是以温度级别为代号的国产油井水泥，主要使用的是 45 度水泥。

1988 年，使用 API 标准规范的油井水泥，老君庙油田、鸭儿峡油田的浅井使用 A 级，外探区深井使用 G 级。

1992 年，酒参 1 井 177.8 毫米技术尾管固井首次应用深井水泥外加剂，主要为降失水剂、减阻剂、缓凝剂，封固 3500 ～ 4200 米井段，施工顺利，固井质量合格。自此，水泥外加剂开始在油井固井中推广使用。

2004 年，针对青西油田裂缝性储集层保护问题，研究形成“低密早强 + 低密高强”的双凝低密度水泥浆体系，水泥浆密度 1.53 克 / 厘米 ^{3}。在青 2–32 井试验成功后，全面推广应用。

2010 年，针对酒东油田 K_1g_3 油层压力高、水层矿化度高、油水层间隔小的固井难点，通过使用高密度加重剂、胶乳等材料，研究形成高密度胶乳水泥浆体系，水泥浆密度 2.10 ～ 2.30 克 / 厘米 ^{3}，改善水泥浆的流变参数，提高水泥石强度，在长 209 井第一次试验应用，封固段长 850 米，固井质量优质。

2013 年，针对水平井在斜井段、水平段固井候凝过程中水泥浆易在井眼高边形成游离水通道的问题。通过使用增韧剂、稳定剂、微硅粉等材料，有效控制失水和游离液，水泥石具有微膨胀性能和较高的抗冲击能力，研究形成增韧防窜水泥浆体系。在鸭儿峡油田鸭 K1–1H 井试验成功，水平段固井优质率 95%。

2014 年，随着深井“小三层”井身结构和侧钻井的推广应用，目的层段采用直径 168.5 ～ 152.4 毫米钻头钻进，下入直径 139.7 ～ 127 毫米油层尾管固井完成。环空间隙只有 12.7 ～ 14.5 毫米，属于典型的小间隙固井。针对小井眼小间隙固井质量差和常规水泥石抗冲击能力差的难题，在水泥浆内加入防窜增韧剂，提高水泥石的抗冲击能力。至 2017 年，推广应用 16 井次，固井合格率 100%，优质率 50%。

二、固井工艺

（1）常规固井。2004 年，在青 2–32 井油层固井中使用低密度双凝水泥浆体系，一次性封固裸眼段长 4153 米（465 ～ 4618 米），固井质量合格。

2012—2017 年，为满足储集层改造要求，油层套管采用全封固固井工艺。鸭儿峡油田应用 77 口，平均封固段长 3652 米；鸭西白垩系区块应用 15 口，平均封固段长 4482 米；青西应用 12 口，平均封固段长 4542 米，其中 2016 年钻成的窿 17 井，固井水泥封固段达到 4984 米，属于封固段最长的井；酒东应用 11 口，平均封固段长 3709 米。

（2）内插法固井。1999 年以后，对直径大于 273.1 毫米以上的套管采用内插法固井。青西的窿 114 井是内插法固井最深的一口井，直径 273.1 毫米表层套管下深 2485.09 米，插座位置 2473.95 米，采用 1.38 克 / 厘米^3 的低密度和常规密度水泥浆，油井水泥用量 260 吨，浆体量 250 立方米。

（3）分级固井。1999 年，在柳 4 井直径 244.5 毫米套管固井中，试验非连续打开式两级固井工艺。2001 年，开始在直径 244.5 毫米技术套管和直径 177.8 毫米油层套管固井中推广使用，共使用 8 口井，其中 3 口井分级箍不能承受 30 兆帕试压要求而停用。

（4）尾管固井。在鸭儿峡油田、青西油田和酒东油田广泛应用。玉门油田常用的是 7 英寸、5½ 英寸套管回接。

（5）筛管顶部注水泥固井。1987 年，鸭 700 井采用贯眼完成，完钻井深 3500 米，井深 3237.8 米以下为贯眼，以上为固井。固井时在井深 3237.8 米处下入盲板，上接旋流短节，建立循环通道，固井一次成功。之后在青西、鸭西白垩系、志留系裂缝性储集层完井中广泛使用。2016 年，完成的窿 17 井使用该技术固井，效果良好。

（6）深井小间隙尾管固井。与常规尾管固井相比，具有环空间隙小、水泥环薄、施工压力高等特点。通过对水泥浆体系、高效冲洗液、浆柱结构、固井施工工艺等方面的研究，中深井共应用 64 口井，其中侧钻加深井 33 口，固井合格率 100%。

（7）特殊固井。老君庙油田的高压区块，钻井液密度高，同一裸眼段中压力系数差异大，存在喷漏同层。自 1987 年以来，特殊固井工艺主要有三种。①凝胶堵漏固井工艺。固井前，注入凝胶对漏层进行堵漏，成功后进行固井施工。漏失层之上一根套管安装一只或两只水泥伞，防止水泥浆漏失或下沉，保证固井质量。②正反注水泥浆工艺。正注时先注入加入堵漏剂的重浆 10 立方米，并注入附加 1 倍的水泥浆，采用早强水泥浆体系，水泥浆稠化时间在固井施工时间的基础上附加 20 分钟，使堵漏浆和附加水泥浆进入漏失层实现堵漏。固井声幅测井确定漏点后，再采用反注水泥浆工艺，实现全井筒环空封固。③注双密度水泥浆固井工艺。漏点上部采用低密度水泥浆，防止和减少上部漏失，下部采用常规密度或高密度水泥浆，平衡下部 L 层的压力。近 30 年来，固井质量合格率 95%，固井优质率 70% 以上。

第六节　取心技术

玉门油田自开发初期就开始钻井取心，先后购置了苏联、美国的取心工具，完成勘探开发初期的取心任务。20 世纪 80 年代，为了重新认识老君庙油层，按照“把油层拿到地面上来”、保持原始状态的要求，自主研发取心工具，岩心直径大于 100 毫米，并先后开展油基钻井液和密闭等特殊取心，通过工具和工艺的不断改进，取心收获率大幅度提高，有力保障对地质认识的获取和深化。

一、常规取心

1987 年后，继续用钻井处攻关队井下工具组研制成功的 YT−100 四型取心工具，结构简单、操作方便，卡心与割心结构合理，悬挂可靠，取心收获率较高，成为油田钻井取心最理想的工具之一。曾在鸭 548 井试验取心 12 次，总进尺 39.33 米，实际心长 38.38 米，平均收获率达到 98.73%。

20 世纪 90 年代，在鸭儿峡油田扩边钻探，逐步使用川 8−4 或川 7−4 取心工具和成型的金刚石取心钻头，大幅度提高了取心速度和取心质量。1998 年，32638 钻井队在鸭 9811 井使用长筒取心工具，在 2536.79 ～ 2567.19 米井段一次取心 30.4 米。

1990 年后，钻井处逐步发展和拥有中长筒取心、加压式取心、破碎地层取心、密闭取心以及定向井、水平井取心、小井眼取心等技术。

1997 年，4509 钻井队在鸭 912 井的 2812 ～ 2906 米井段用 5 天 15 小时 15 分连续取心 6 筒（双筒 5 筒、单筒 1 筒），进尺 93.10 米，心长 92.28 米，收获率 99.12%，为该地区最好成绩。

2001 年 9 月，70551 钻井队在青 2−4 井完钻井深 4400.00 米，使用长筒取心工具，在 3875.77 ～

4312.63 米，取心 20 筒，取心进尺 139.93 米，心长 136.93 米，平均收获率 97.86%。创该地区取心进尺最多的纪录。

2009 年，在长 2–2 井两层结构 3901 ~ 3989.41 米段进行连续取心，使用 2 只取心钻头连续取心 11 筒，平均单筒取心 7.72 米，累计取心进尺 84.98 米，取心收获率 99.75%。在钻井液密度高（2.00 克 / 厘米 ^{3}）条件下，创酒东探区连续取心新纪录。

二、密闭取心

密闭取心技术可以防止钻井液的污染，但岩心从井底取到地面，因压力降低和温度降低使岩心中的气体和原油中的轻质组分剧烈膨胀而散逸，所以不能反映井底条件下的原始状况。

1987 年前，油田密闭取心技术已十分成熟。

2006 年，为进一步研究老君庙油田的水驱采油情况，油田再次进行密闭取心，为老君庙油田剩余油分布规律的研究和二次开发方案的编制提供依据。

2008 年，在中国石油勘探开发研究院的指导下，经过先期调研和技术交流，油田选择长城钻探公司研究院取心所为合作单位，优化配置取心工具和技术，形成适合玉门油田的密闭取心技术。在老君庙油田不同区域开展密闭取心工作，在 B228 井、N4104 井、ND207 井等井试验成功。为提高取心效率，提高取心成功率，本次密闭取心采用直径 215 毫米 PDC 取心钻头，直径 181 毫米取心筒加取心钻具组合，取心进尺 223.99 米，取得合格岩心 218.29 米，取心收获率 97.46%。取心采用低渗透油基密闭液，充分保护岩心不受钻井液伤害，取心密闭率 95% 以上。

2010 年，为满足雅布赖探区地质资料的求取，摸清储集层油水关系，在雅探 5 井成功密闭取心，优选胜利 YM–8115 型密闭系列取心工具，使用无毒不易燃的油基密闭液，最大限度保持岩心的原始状态，取心进尺 2.01 米，收获率 100%。

2014 年，为调查油田注水状况，获得水驱指数，在老君庙油田 J296 井、NC14 井和石油沟油田 N725 井、N208 井再次开展密闭取心试验，取心全部成功，为编制注水治理方案提供依据和借鉴。

三、绳索取心

在油井钻探过程中，岩心收获率和取心效率决定着取心的质量。绳索取心是一种先进的取心钻探工艺。绳索取心采用大直径的钻杆，在钻具里面套装取心内筒，在钻进过程中，岩心缓慢地装在取心内筒中。当取心进尺达到内筒长度，岩心装满取心内筒时，采用带打捞器的绳索，从钻杆中把取心内筒提出。提取岩心后，又从钻杆中用绳索下入取心内筒，下到位后，取心内筒与取心钻头对接，起出绳索就可继续取心。

2010 年，油田作业公司购买绳索取心工具 1 套，在勘探开发钻井取心中开始应用。

2012 年，油田部署的 N4250 井，是酒西盆地老君庙油田 M 油藏外排区的一口资料井。钻井目的是进行全井段含油性分析与水淹状况评价，同时完善 M 油藏区域注采井网，提高区域油层水驱能量和最终采收率，完井后用于注水。N4250 井在 4 个取心段 340 ~ 657 米，共绳索取心 51 筒，取心进尺 137.3 米，心长 104.63 米，取心收获率 76.21%，达到松散岩心取心要求。该井自 2012 年 8 月 9—28 日，历时 20 天，取心 51 筒。实践证明，绳索取心具有取心效率高、岩心收获率高、岩心出井时间短、钻头寿命长、工人劳动强度小等优点，但也有岩心直径小的缺点。在此前后，绳索取心技术还在潮水盆地潮试 1 井、潮试 2 井、潮试 5 井 3 口煤层气预探井中应用，取心效果较好。

四、保压取心

2008 年，为了更加准确地了解和掌握老君庙油田剩余油分布规律，在老君庙油田 NF246 井井场旁修建了保压取心工厂。

2012 年，在 NF246 井进行保压取心。全井采用保形密闭取心和保压密闭取心工具及方式累计取心 102 筒，累计进尺 461.80 米，累计心长 421.58 米，岩心平均收获率 91.29%。其中保形密闭取心采用直径 215 毫米 ×PDC 取心钻头 + CQR194–115–M 型密闭取心工具共取心 70 筒，累计进尺 346.80 米，累计心长 334.09 米，岩心平均收获率 96.34%；保压密闭取心采用直径 241 毫米 ×PDC 取心钻头 + CQR180–105–M 型密闭取心工具共取心 32 筒，累计进尺 115.00 米，累计心长 87.49 米，岩心平均收获率 76.08%。应用保压取心技术，油田获取大量直观可靠的第一手资料，经开发部门研究分析，得出在已开发的储集层中“纯油层仍占二分之一，水淹层只占三分之一”的定性结论，为加深认识和制订老君庙油田稳产方案提供科学依据。

第七节 完井技术

玉门油田的完井方式主要是固井后射孔完井。此外，根据油藏特征，选择衬管完井、贯眼完井、尾管完井、筛管完井和分段完井等特殊完井方式。

一、固井（射孔）完井

固井后射孔完井是完井时下入油层套管并对套管外固井，然后射孔投产的完井方式。射孔完井是油田最常用的完井方式。

二、衬管完井

衬管完井是钻井至油层后下入油层套管，然后钻开油层，下入带眼管的完井方式。1987—1990 年，鸭儿峡油田志留系油藏开发井和青西油田探井普遍采用，鸭 701 井等井利用衬管完井取得较好生产效果。2007—2011 年，鸭儿峡油田志留系欠平衡钻井也采用衬管完井方式，微台阶悬挂器的使用，在减少套管重复段的同时，使悬挂效果更理想，保证套管悬挂质量。

三、贯眼完井

贯眼完井是一次钻完油层，下入油层套管时，油层部位下入带眼管，并对油层以上固井的完井方式。1991 年开始，鸭儿峡志留系油藏所有开发井全部采用贯眼完井方式，使裂缝油藏防止污染，油层潜力得到发挥。2003 年，油田试验水平井技术，起初的完井方式采用贯眼方式。

四、尾管完井

尾管完井是中途完井后，钻完油层，利用钻杆输送尾管到井底，将尾管悬挂在上一级套管并固井的完井方式。油田侧钻井普遍采用尾管完井方式，鸭儿峡、青西和酒东等油田三层结构深井也普遍采用尾管完井方式。

五、筛管完井

筛管完井是在钻完油层后，为防止生产过程中油层出砂，在油层段下入筛管的完井方式。2006 年，白杨河油田白平 1 井钻完水平段贯眼完井后，油层出砂严重，无法采油，用油管将精密防砂筛管送至井底并用封隔器封闭筛管与套管环形空间。之后，在石平 1 井、鸭平 1 井等 5 口水平井上使用，防砂效果明显。

六、分段完井

分段完井是利用裸眼封隔器将油层分隔成若干段，不进行固井的完井方式，完井后可以实施分段压裂。2015 年，在老君庙油田 I330H 水平井试验了分段完井方式，该井井深 1350 米，目的层为古近系间泉子组 M_1 油层，套管串结构为：套管 + 裸眼封隔器 + 套管 + 裸眼封隔器 +……+ 悬挂封隔器，将水平段分隔成四段，封隔器通过井口打压一次坐封。投产时，采用电缆速钻桥塞压裂方式，分四层压裂，入井总液量 1249.1 立方米，总加砂 161.8 立方米，其中粉砂 8.2 立方米、石英砂 153.6 立方米，分段压裂改造后自喷投产，平均月产油量 190.5 吨。

第五章　录井

第一节　机构与队伍

1987 年，录井工作由钻井处地质队负责。

1988 年 1 月，钻井处测井站和地质队合并，成立了地质录井处。录井处设地质录井队、地质综合队、测井队、新方法队、射孔队、气测队、仪修站、解释计算站、物资供应站、生活管理科等基层单位，共有职工 485 人。录井工作由地质录井队、地质综合队和气测队等基层队（站）承担。

1995 年 6 月，地质录井处整建制划归吐哈油田，油田不再设专业的录井队伍。

1996 年，按照“油公司”管理模式，建立起录井专业化服务市场。油田录井管理工作分别由勘探事业部、开发事业部及采油厂承担，勘探事业部主要分管所有大钻的地质录井管理工作，开发事业部及采油厂分管自钻井的地质录井管理工作。地质录井技术服务队伍通过招投标方式，引进外部专业队伍。在油田从事地质录井工作的主要有吐哈物探公司（录测井公司）8 个常规地质队、1 个综合录井队和 2 个气测队。

1998 年起，逐步引进华北录井、大港录井、四川录井和中原录井四家外部队伍进入油田从事录井工作。

2001 年 2 月，勘探事业部撤销地质物探科，分别组建物探科和地质科，地质录井工程的管理由地质科负责。

2002 年，中原录井、四川录井逐步退出油田市场。

2003 年起，玉门油田录井承包商队伍基本保持稳定，共有队伍 15 个（综合录井队 8 个，气测录井队 7 个），其中西部钻探吐哈录井公司有综合录井队 4 个、气测录井队 4 个，渤海钻探第一录井公司有综合录井队 1 个、气测录井队 3 个，渤海钻探第二录井公司有综合录井队 3 个。

2011 年后，开发井录井划归开发事业部管理，勘探部负责探井和评价井的录井管理。

2017 年 12 月，渤海钻探第一录井公司退出油田市场，在玉门油田服务的专业化录井公司分别为西部钻探吐哈录井工程公司和渤海钻探第二录井工程公司，共有录井队伍 19 个。

第二节　录井技术

1987 年以前，主要采取人工记录钻时、捞取砂样手工绘制地层剖面图等方法进行地质录井，录井仪器装备主要有 SQC−701F 气测仪和 QTI 气测全脱分析装置。

1988 年，首次引进法国地质服务公司 TDC 综合录井仪 1 台。该录井仪集气测录井、地质录井、钻井工程和泥浆录井于一体，对钻井过程中的油气显示、泥浆性能、钻井工程数据和岩屑数据等，都能及时得到反映，并进行计算机处理，为油田获得丰富的地质资料开辟广阔前景。引进当年，就承担吐哈油田发现井台参 1 井的常规录井任务。随着综合录井仪的引进，油田开始采用综合录井技术进行地质录井，提升油田录井工作在油气勘探中的地位和作用。

1989 年，引进 XZL−864 综合录井仪 1 台。综合录井技术成为玉门油田重点探井的主要录井技术。

1991 年，随着计算机处理技术在油田录井工作中的推广应用，玉门油田录井工作实现计算机处理出图，油田地质录井资料的处理水平有较大突破。

1993 年，开发出一套地化资料计算机处理解释技术，玉门油田地化录井技术日趋成熟，在油田现场生油岩评价、储集层评价、储量计算等方面发挥了重要作用。

1996 年，综合录井技术开始在油田探区内的探井、评价井陆续推广应用，并成为探井、评价井的常规录井技术。这一时期，一般开发井仍然采用气测录井。

1997 年后，随着新一代综合录井仪及多项特色录井技术加入录井领域，录井技术发展明显加快。

2002 年，首次在青西油田应用二维定量荧光录井技术，取得较好的效果。

2005 年，在酒东长 3 井应用岩石热解气相色谱分析技术进行录井，取得较好效果。此后，在酒东、鸭西、雅布赖、石大等探区的探井、评价井均有应用。

2016 年，在柳 15 井首次应用三维定量荧光录井技术，为判断地层含油情况，进行油气储集层评价提供重要参考。

至 2017 年，已经形成相对成熟的录井技术系列。其中，探井评价井录井项目主要有常规地质录井、综合录井、岩石热解色谱和远程传输；开发井录井项目有常规地质录井、气侧录井和定量荧光录井。在雅布赖、酒东、老君庙以及青西古近系、新近系砂泥岩地层主要采用常规地质录井、综合录井和岩石热解气相色谱三种录井方法，可完成显示层的定量解释与定性评价。在青西白垩系裂缝性油气藏增加定量荧光录井，通过荧光波长的变化可以实现对真假油气的识别。

第三节　主要工作

1987 年，录井 10 口，钻井取心 230.40 米，收获率 85.88%，在鸭 701 井取到志留系白云岩裂缝含油 4.52 米。

1988 年，录井 7 口，钻井取心 196.83 米。其中柳 2 井取心 9.20 米，累计油层厚度 120.8 米，试油获得高产。

1989 年，录井 9 口，钻井取心 159.72 米，首次在窿 1 井白垩系白云质泥岩、泥质白云岩发现裂缝含油。

1990—1997 年，主要在酒东凹陷、潮水和雅布赖盆地开展工作，每年仅有 1 ～ 2 口探井录井工作量，老区内部开发井不录井。

1998 年，录井 6 口井，共完成探井进尺 18739.25 米。取心进尺 182.28 米，心长 169.62 米，收获率 92.5%。在青西柳沟庄钻探柳 102 井，获高产油流，揭开青西油田勘探开发的序幕。

1999 年以后，工作量大幅增加，每年增加至 20 口井左右。至 2017 年底，共完成录井井数 365 口，录井 483167.2 米，取心 2766.44 米。

1987—2017 年地质录井工作情况见表 2–5–1。

表 2–5–1　1987—2017 年地质录井工作情况统计表

年度	地质录井（米）	取心（米）	井数（口）	资料合格率（%）	油气显示发现率（%）	资料差错率（%）	剖面符合率（%）
1987 年	25796	237.4	10	99.7	100	0.02	96.7
1988 年	26500	403.62	16	99.9	100	0.14	97.6
1989 年	14856	155.39	9	98.3	100	0.13	93.25
1990 年	9786	109.99	6	98.6	100	0.05	93.14
1991 年							
1992 年	4914	747.55	2	100	100	0.15	96.3
1993 年	1922	27.09	2	100	100	0.09	93.8
1994 年	2633	49.35	3	100	100	0.18	90.3
1995 年	400	30.76	1	100	100	0.04	94.5
1996 年	2872	75.88	1	100	100	0.25	93.3
1997 年	3075	140.63	2	100	100	0.18	87.2
1998 年	9739	134.65	6	100	100	0.06	90.4
1999 年	7493	140.88	7	100	100	0.17	91.3
2000 年	34329	189.65	15	100	100	0.09	97.5
2001 年	33896	185.33	19	100	100	0.14	90.1
2002 年	33518	163.12	20	100	100	0.13	93.9
2003 年	30764	177.32	18	100	100	0.16	94.3
2004 年	24470	128.67	23	100	100	0.15	93.6
2005 年	29685	156.79	26	100	100	0.09	94.1

续表

年度	地质录井（米）	取心（米）	井数（口）	资料合格率（%）	油气显示发现率（%）	资料差错率（%）	剖面符合率（%）
2006年	21737	114.65	20	100	100	0.21	90.2
2007年	25410	120.31	25	100	100	0.24	88.6
2008年	14525	88.64	15	100	100	0.27	93.4
2009年	19373	124.12	24	100	100	0.08	95.4
2010年	29823	110.21	26	100	100	0.05	97.2
2011年	25562	110.05	22	100	100	0.11	97.6
2012年	22009	32.12	17	100	100	0.14	97.8
2013年	33524	430.41	22	100	100	0.23	91.4
2014年	31127	177.85	21	100	100	0.18	93.5
2015年	15919	116.52	13	100	100	0.13	97.6
2016年	24488	143.4	17	100	100	0.24	97
2017年	25512	56.4	15	100	100	0.26	88.67

第六章　测井

第一节　机构与队伍

1987 年，测井工作由钻井处测井站负责，测井站共有测井队 4 个、找水队 1 个，有职工 269 人。

1988 年 1 月，将钻井处测井站和地质队合并，成立地质录井处，测井业务归地质录井处管理，具体测井工作由地质录井处常规测井队、新方法队（数控测井队）、开发测井队、射孔队等队伍承担。

1995 年，地质录井处整体划归吐哈油田，不再设专业化测井队伍。

1996 年 1 月，建立专业化管理队伍，测井业务由勘探事业部、开发事业部及采油厂管理。其中，探井、评价井的测井管理工作由勘探事业部负责管理，开发井、自钻井的测井管理工作由开发事业部及采油厂负责。1996 年起，通过建立专业化服务市场，以招投标的方式，引进吐哈油田测井队伍，在玉门油田从事测井工作。

1998 年，先后引进四川、华北、大港以及斯伦贝谢测井公司在玉门油田从事测井服务。

1999 年 7 月，重组改制，勘探事业部划归玉门油田分公司。油田地质测井管理工作由勘探事业部下设的地质物探科负责。

2006 年，与中油测井有限公司签署战略合作协议，大港、华北、四川测井相继退出油田市场。

2011 年，开发井测井管理工作划归开发事业部负责，勘探部主要负责探井和评价井的测井管理工作。

至 2017 年，主要有中油测井有限公司和斯伦贝谢测井公司 2 家专业化测井队伍在油田从事测井服务。

第二节　测井技术

一、采集技术

1987—1989 年，测井装备主要以 JD–581 电测仪、SD81 生产动态测井仪等国产设备为主。围绕酒西坳陷老油田周边油气勘探，主要采取电法测井技术、同位素吸水剖面测井技术等，少量探井采用 83 数字测井技术。随着测井仪器装备的发展，微球形聚焦测井、补偿密度测井等方法投入试生产，使深、中、浅电阻率系列配套，孔隙度测井系列技术进一步完善。

1990 年，引进第一套 CLS–3700 数控测井仪，完成哈 2 井全套数控测井作业，数控测井技术开始在油田逐步推广应用。数控测井技术包括地层倾角测井、长源距声波测井、伽马能谱测井等测井项目，采用数字记录、传输、处理信息的方式，不仅提高测井对储集层综合识别评价能力，而且有效提高测井资料的精度。

1993 年，油田生产测井工艺技术有较大进步，尤其是在 WFC 三参数（井温、自然伽马、磁性定位器）同位素注水剖面高压密闭（井口压力 27 兆帕）定点释放测试工艺技术方面取得长足的进步。油管传输和测射联作射孔工艺技术日臻成熟，大跨度多层位油管传输射孔工艺技术具备 300 米以上的施工能力，1993 年射孔工作量近 7000 米。

1996 年，参与玉门油田油气勘探服务的吐哈录测井公司，引进当时国内最先进的 CSU–Ⅴ和 DDL–Ⅲ、斯伦贝谢 MAXIS–500、ECLIPS–5700 和 CLS–3700 等数控成像测井设备，进一步提升玉门探区的数控测井技术。

2003 年，在老君庙油田成功完成第一口水平井 LH–1 井的测井工作。

2009 年，引进推广中国石油集团测井有限公司自主研发的 EILog 成套测井装备，该装备可开展常规测井以及 MCI 成像、PAL 阵列声波、MIT 阵列感应等特殊项目测井。

至 2017 年，主要使用 EILog、ECLIPS5700、斯伦贝谢的 MAXIS500 成像测井。

二、资料解释

1987—1995 年，测井解释主要采取人工解释的方法，利用经验公式建立图版进行解释。于 1988 年应用测井资料屏幕显示编辑系统与801野外磁带预处理技术，引进FMT资料处理软件与地层倾角处理软件。同时，对庙北夹片3号构造进行油气钻探综合评价，组建岩电实验室。通过声波孔隙度分析解释，确定老君庙油田的物性最小截止值、有效层的时差值。

1995年后，随着计算机技术的发展，逐步建立测井解释程序软件，实现计算机出图和自动解释。

1997年，引进集数据输入、处理储存、数据输出于一体的SUN−3000工作站，并先后装载当时最先进的Geoframe和Express两套大型处理软件和单井地层评价软件系统Forward，大大提高测井资料的综合处理和解释能力。

2000年起，中油测井吐哈事业部主要以Lead软件为主，进行测井资料解释，油田勘探开发研究院评价室拥有ResForm和卡奔软件，参与测井资料解释。

2013年起，陆续购置了LogVision和Techlog解释软件，有效提升测井资料解释能力及水平，能够完成EILOG、ECLIPS5700及MAXIS500设备所测的所有资料。

至2017年，根据老君庙、青西、酒东、鸭儿峡以及雅布赖等区域盆地不同的地质和储集层特点，形成各具特色的解释模型和评价解释技术：（1）老油田水淹层测井评价技术。通过对老君庙油田新老井试油资料进行对比和分析，总结不同水淹程度储集层测井响应特征，建立水淹层解释模型及分级评价体系，形成适合老君庙油田的水淹层测井评价技术为老君庙油藏开发提供了有效的技术支持。（2）酒东低阻油层测井评价技术。通过开展酒东低电阻率油气层储集层测井评价研究，有针对性地建立一套识别与评价孔隙型低阻油层的测井技术和以测井资料快速识别低阻油、气、水层的技术。在实验研究和理论分析基础上，建立白垩系低阻油层测井定量评价方法和模型，并形成较为完善的低阻油层测井评价方法。（3）雅布赖盆地低孔低渗透测井评价技术。针对雅布赖探区低孔低渗储集层，采取全井段全系列测井项目，以核磁测井作为核心资料，以阵列感应及双侧向联测、三孔隙度资料为主干，同时增加能谱及地层倾角等测井地质评价资料，最终建立雅布赖盆地测井解释方法模型，完善玉门探区低孔低渗储集层测井评价体系。（4）复杂储集层测井评价技术和致密油储层测井评价技术。针对青西双孔介质储集层，采用相对连通孔隙及侵入半径反演的方法，针对鸭儿峡低孔低渗储集层，运用核磁构建毛细管压力曲线及电成像孔隙度谱的方法，并以基础实验及储集层分类标准为依据，形成复杂岩性裂缝性储集层评价技术；针对柳沟庄泥云岩致密油和雅布赖砂岩致密油储集层，利用常规数据与成像测井数据，通过七性关系研究与七性参数计算，对致密油储集层进行综合评价研究，建立储集层三品质参数模型，通过三品质参数划分储集层，提高对柳沟庄泥云岩致密油和雅布赖致密油储集层评价的有效性和准确性。

三、测井系列

按照玉门油田勘探开发要求，针对不同探区的地质特点和勘探开发不同阶段的需要，选择必要的测井项目。通过对一些常规和特殊项目的优化，使不同探区不同储集层类型的测井技术系列基本固定下来，并最终形成不同探区固定的测井技术系列。

1. 表层及中完测井系列

玉门探区生产井表层不测井，探井（评价井）在表层均实施补偿声波＋井径井斜项目，非目的层中完测井实施标准测井项目，包括自然伽马、双侧向、补偿声波、井径井斜。表层固井与中完固井测井均采用声幅测井项目。

2. 完井组合测井系列

根据不同探区储集层类型的不同，确定不同探区完井测井系列。

（1）青西、鸭西探区裂缝孔隙性储集层测井系列。

岩性对比及工程测井：自然伽马、井径、井斜。

电阻率测井：双侧向。

孔隙度测井：阵列声波、岩性密度、补偿中子。

特殊项目测井：电成像。

固井测井：声幅、磁定位、变密度、自然伽马。

（2）砂泥岩孔隙性储集层测井系列：包括鸭西探区、酒东探区、雅布赖探区。

岩性对比及工程测井：自然伽马、自然电位、井径、井斜。

电阻率测井：双侧向、阵列感应。

孔隙度测井：阵列声波、岩性密度、补偿中子。

特殊项目测井：核磁共振测井（酒东探区根据井况选用）。

固井测井：声幅、磁定位、变密度、自然伽马。

特殊项目的选择：在青西、鸭西探区的裂缝性储集层，为准确识别裂缝，研究地质构造和沉积相，有效划分储集层，针对性地选择电成像和阵列声波测井，部分井为了取到高清晰度的电成像资料，工程采集上采用斯伦贝谢的F米I和DSI，加强裂缝识别和有效性评价。

第三节　测井装备

1987年，随着微球形聚焦测井、补偿密度测井投入试生产，使玉门油田深、中、浅电阻率系列配套，孔隙度测井系列进一步完善。

1988年，地质录井处成立后，拥有4个以国产JD–581仪器为主的裸眼井常规测井小队、2个以国产SJD–801和83系列为主的数字测井小队、4个以国产SD–81数字生产测井仪和JD–581为主的生产测井小队，同时担负着套管井的生产测试和同位素吸水剖面测井。2个以国产SQ–691为主的射孔取心小队全部使用的是国产井下仪器。与此同时，还引进83系列国产数字测井仪、地层倾角测井仪、声波变密度测井仪。

1990年10月，引进第一套CLS–3700数控测井仪。

1991年8月，从大庆测井公司引进1套NP–Ⅳ型C/O能谱测井仪。

1992年，第二套CLS–3700数控测井仪投入生产。1992年4月，引进AT+数控生产测井仪，仪器主要包括磁定位、示踪流量计、正负伽马仪、温度/持水组合仪、压力计、密度仪、涡轮流量计、声波噪声仪、声波变密度仪（CBL/VDL）。6月，从江汉采油工艺研究所引进JLS–直径25五参数产液剖面组合仪。

1993年初，JD–581裸眼井测井设备全部停止使用。先后购进SK–88、SDSK–92、SKC–92、SSQ–691等5套国产数字测井和射孔取心仪，实现了CLS–3700系列（三电阻率、三孔隙度、三岩性）裸眼井的大满贯测井。

1995年，从美国哈里伯顿公司引进一套EXCEIL–1000数控生产测井仪。

1996年，地质录井处整体划归吐哈油田后，主要依靠吐哈录测井公司测井设备承担测井工作。

1998年，先后引进四川、华北、大港及斯伦贝谢测井公司。所有大钻井全部采用进口数控测井系统完成测井资料采集，装备有CSU–Ⅴ、DDL–Ⅲ、斯伦贝谢Maxis–500、ECLIPS–5700和CLS–3700等先进的数控测井系统。自钻井主要测井仪器仍然为小数控。

2006年，与中油测井有限公司签署战略合作协议，大港、华北、四川测井相继退出玉门市场。

2009年，引进推广中油测井有限公司自主研发的EILog成套测井装备。

至2017年，应用的裸眼井测井装备主要有Maxis–500、ECLIPS–5700和EILog数控测井装备。

1987—2017年测井工作量统计见表2–6–1。

表2–6–1　1987—2017年测井工作量统计表

年度	测井井次	测井工作量（米）	合格率（%）	优等率（%）	解释符合率（%）
1987年	40	287157	99.8	94.40	
1988年	64	425389	100	92.30	
1989年	36	204463	100	99.89	
1990年	24	163462	100	88.61	
1991年			99.89	83.62	
1992年	8	331644	100	91.64	
1993年	8	29309	100	93.51	
1994年	12	43021	100	96.11	

续表

年度	测井井次	测井工作量（米）	合格率（%）	优等率（%）	解释符合率（%）
1995 年	4	14336	100	94.93	
1996 年	4	15310	100	94.25	
1997 年	8	28256	100	87.64	
1998 年	24	84770	100	31.75	
1999 年	28	70310	100	95.31	
2000 年	60	171645	100	94.28	
2001 年	76	150719	100	83.25	72.8
2002 年	80	129672	100	78.88	75.8
2003 年	72	100002	100	81.61	62.5
2004 年	92	123281	100	83.41	74.3
2005 年	104	116429	100	85.15	72.3
2006 年	80	128981	100	85.05	74.6
2007 年	100	202577	100	84.10	65.4
2008 年	60	99140	100	84.74	71.4
2009 年	96	105566	100	86.19	50.0
2010 年	104	214098	100	90.30	83.3
2011 年	88	308658	100	91.30	85.4
2012 年	68	263349	100	87.79	73.4
2013 年	54	243867	100	90.26	72.6
2014 年	93	268706	100	88.95	71.0
2015 年	68	181600	100	89.70	76.6
2016 年	72	229049	100	91.5	77.8
2017 年	60	177385	100	89.00	78.7

第七章　试油

第一节　机构与队伍

1987 年，试油工作由钻井处试油队、地层测试队承担，有职工 149 人。

1991 年，钻井处试油队、地层测试队划归井下技术作业处。井下技术作业处设有 3 个试油队、1 个测试队，承担试油任务。

1995 年，井下技术作业处整体划转吐哈油田后，无专业的试油队伍。

1996—1999 年，试油工作由采油厂侧钻队和修井队承担。勘探部、总工办、勘探事业部先后负责试油管理工作。

2000 年，油田作业公司成立 5 个专业试油队，主要承担青西、酒东等油田的试油任务。至 2011 年 2 月，油田探井、评价井的试油管理工作由勘探部钻井工艺科承担。

2008 年 4 月，向集团公司申报 1 支试油队伍资质。

2011 年 3 月，玉门油田钻采工程研究院成立后，探井、评价井试油业务管理工作整体划转至钻采工程研究院采油工艺室，试油任务由玉门油田作业公司承担。

2012 年，经集团公司审核批准，S17861 试油队乙级资质到期换证，S15862 和 S15867 试油队编号变更为丙级资质，取消 S12862、S10862、S08863 试油队资质。

2013 年，玉门油田作业公司对基层机构设置进行改革，撤销试油队编制，试油工作由各修井队承担。

2015 年 4 月起，探井、评价井试油业务管理工作由勘探部地质科负责。钻采工程研究院采油工艺室负责石油工程设计。

至 2017 年底，所有试油任务由玉门油田作业公司各修井队承担，其中，有 3 支队伍拥有集团公司试油队伍资质。

第二节　试油技术

1987 年前，大部分探井、评价井的试油工作均采取提捞法、抽汲法等试油技术，同时还采取光油管气举技术、原油溶解气诱喷、分层试油等多种试油技术。1987 年，在老君庙夹片的第一口评价井前探 1 井的钻井过程中和完井后，引进采用 MFE 地层测试工艺进行 3 次测试，获工业油气流。

1988 年，在青西柳沟庄构造柳 2 井、柳 3 井使用 MFE 测试工艺又相继获得油气流，特别是柳 3 井获得高产工业油流。此后，MFE 地层测试技术开始在玉门油田大力推广应用。

1990 年起，开始在鸭儿峡油田、吐哈战区采用多级气举阀气举试油工艺，其中，鸭 60 井、101 井、97 井等多口井通过 3 ~ 4 级气举阀气举试油，日排液量达 62 ~ 82 立方米，是传统抽汲法日排液量的 2.8 ~ 8.2 倍，排液时间也大大缩短。整个 20 世纪 90 年代，多级气举阀气举试油工艺成为鸭儿峡油田排液量少、无天然气油井的主要试油工艺。

1997 年，通过利用 XJ–450 修井机在青西油田开展深井试油工作，使 MFE 测试技术得到广泛应用，并形成常规地层测试、测试—射孔和测试—排液联合作业试油工艺。

1998 年 7 月，青西地区钻探的重点井柳 102 井采用测试—射孔联作试油工艺并应用桥塞分层试油新工艺试油，对 4219.5 ~ 4249.5 米井段进行求产，获得日产 50 立方米的工业油流，增加窟窿山口—柳沟庄区块的含油面积和油气储量。

2000 年开始，探井、评价井射孔时采用无固相清洁射孔液，即 1%BCS–851 清水溶液。2000 年，引进并应用 APR 全通径测试工艺技术。

2002 年 3—5 月，对窿 8 井四个试油层进行测试—射孔联作工艺试油，第四试油层 4056.9 ~ 4148.3 米获得日初产 91.75 立方米的高产油气流。

2003 年，引进跨隔—射孔—测试试油工艺，在柳北 1 井和窿 111 井应用获得成功，与常规测试方法相比，每层节约试油周期 3 ～ 4 天。

2004 年，中途测试工艺在墩 1 井取得成功，达到测试一层、评价一层、清楚一层的测试目的，成为勘探发现的主要手段之一。引进电缆桥塞及电缆倒灰工艺并在柳 8 井成功实施 2 次，确保对高温水层的封堵，为玉门探区高温、高压地层分层试油提供新的技术支持。

2005 年 9 月，鸭西 1 井采用测试—射孔联作工艺试油，通过对第二试油层酸化、第三试油层压裂改造，其中第二试油层日产油 1.57 立方米、第三试油层日产油 2.88 立方米、第四试油层日产油 3.5 立方米，成为鸭西区块第一口获得工业油流的井；12 月，长 3 井采用测试—射孔联作工艺试油，4 毫米油嘴放喷求产，日产油 18.0 立方米，且产量稳定，成为酒东探区第一口获得工业油流井，表明长沙岭构造良好的勘探前景，使酒东坳陷油气勘探进入一个新阶段。

2006 年，引进环空打压式多级起爆射孔技术对青西柳 10 井试油，实现两层同时起爆，实现大跨距射孔。

2007 年 3 月，长 4 井采用 RDS 阀压控测射联作工艺试油，获得工业油气流，4 毫米油嘴放喷，日产量达 14.35 立方米。

2010 年，在雅布赖盆地油气勘探中，先后对雅探 1 井采取 MFE+RTTS 封隔器测试—射孔联作工艺进行试油，对雅探 2 井采取常规试油 + 气举排液工艺试油。

2012 年 5 月，首次对腾 1 井煤层段实施压裂改造，排液时日产气 259 立方米，可持续点火，证实煤层气具有勘探潜力。

2014 年 5 月，在墩 1H 井应用连续油管水力喷砂射孔技术，进行 8 米（3 层）连续油管水力喷砂射孔施工，这是连续油管水力喷砂射孔技术在玉门油田的首次成功应用。

2017 年，通过优化工程设计，创新发展长沙岭 K_1g_1 油藏裸眼封隔分层试油设计，实现不固井、不压井分层试油，进一步完善了长沙岭 K_1g_1 油藏完井试油技术。通过优选试油井层，提高试油成功率，当年，试油井成功率 57.1%、试油层成功率 36.4%。

第三节　试油装备

1987—1990 年，油田试油专用设备主要有 PANEX 电子压力计、Kuster 手摇机械式读卡仪以及 WTC-1.0Ver 测试解释软件等。

1991 年后，先后引进地面直读车、高压三相分离器、电子压力计校验仪、电子读卡仪、油藏工程试井分析软件等具有国内外领先水平的装备技术，试油动力则配备 XT-12 通井机和 XJ-350、XJ-450 系列修井机等。

1996—1999 年，油田无专业试油队伍，主要以吐哈井下公司的试油队伍和设备为主。

2001 年，油田作业公司试油项目部成立之初，除配备 XT-12 通井机和 XJ-350、XJ-450、XJ-550、XJ-650 系列修井机等动力装置外，先后引进配备 CJZSI10000D 抽汲指深警示仪、LM76 调压式气控防喷盒。

2004—2008 年，逐步配套完善直径 68 毫米、直径 73 毫米、直径 89 毫米、直径 102 毫米、直径 127 毫米常规射孔枪，以及直径 89 毫米水平井射孔枪，直径 102 毫米、直径 127 毫米高能复合射孔枪。

2008 年，引进具有国内先进水平的 NPU1200/35DF 制氮气举车组，使油田成功实现 6000 米以内油水井的气举作业。

2016 年，油田购置连续油管车组及带压作业设备，使得试油井筒作业手段多样化。

第三篇

油田开发

玉门油田开发于1939年，是我国最早采用现代技术开发的油田，积累了丰富的油田开发技术和经验。到1986年底，先后投入开发建设老君庙、石油沟、鸭儿峡、白杨河、单北等5个油田，探明含油面积32.24平方千米，探明地质储量8725万吨；动用含油面积32.24平方千米，动用地质储量8725万吨；油水井1679口（油井1288口、注水井391口），开井1422口（油井1090口、注水井332口），年产原油63.5万吨；累计生产原油2152.2万吨。地质储量采出程度24.67%，采油速度0.73%，综合含水71.19%；油田累计注水7088.18万立方米。1987年后，又先后发现并投入开发青西、酒东2个新油田以及老君庙夹片、鸭西白垩系、老君庙I317冲断片等新区块，新增探明含油面积66.93平方千米、地质储量10280.99万吨。至2017年，年产原油40.0万吨，累计生产原油3760.1282万吨。

第一章　机构沿革

第一节　管理机构

1987 年，设有油田开发处，负责油田开发的管理工作。油田开发处下设地质科、采油工艺科、油田管理科 3 个科室。

1992 年 10 月，撤销油田开发处，原油田开发处的职能由新成立的采油厂承担。

1993 年 3 月，成立局总工程师办公室（简称总工办），下设的开发办公室具体负责油田开发规划的编制，负责重大技术方案的审查、论证及监督实施，负责油田开发重大技术工程、技术技措的项目管理工作。

1996 年 12 月，进行组织机构调整，将总工办调整为总局工办（油田开发处、炼化处），为一套机构、三块牌子，下设油田开发办公室、综合技术办公室等。

1997 年 12 月，撤销局总工办（油田开发处、炼化处），成立油田开发处，下设油田开发科、综合科 2 个职能科室。

1999 年 7 月，玉门油田重组改制，油田公司机关设置勘探开发处，下设油田开发科、综合科。2002 年 3 月，勘探开发处设油藏工程科、采油工程科 2 个科室。

2003 年 9 月，将勘探开发处与采油厂油田开发生产技术部门整合，成立油田开发事业部（开发处），下设油藏工程科、采油工艺科、地面工程科、油田管理科、综合办公室 5 个职能科室。

2005 年 7 月，油田重组整合，开发事业部（开发处）内设科室调整为油藏工程科、采油工艺科、地面工程科、综合办公室 4 个职能科室。

2010 年 11 月，将对外合作部并入开发事业部（开发处），成立开发部（对外合作部），为公司直属机构，下设油藏工程科、采油工艺科、地面工程科、工程技术科、外事管理科、综合科 6 个科室。

2012 年 5 月，开发部地面工程科整体划归基建工程处管理，开发部油藏工程科增设采油工艺及相关业务管理岗位，撤销采油工艺科、工程技术科。8 月，开发部（对外合作部）增设注采科。至此，开发部（对外合作部）共下设油藏工程科、综合科、外事管理科、注采科、乍得项目经理部办公室。

2017 年 11 月，开发部（对外合作部）更名为开发部，下设综合科、油藏工程科、注采科 3 个科室。

第二节　生产单位

1987 年，玉门油田原油生产单位有老君庙油矿、鸭儿峡油矿、白杨河油矿和石油沟油矿。1992 年 10 月，油田撤销油田开发处、老君庙油矿、鸭儿峡油矿、白杨河油矿和石油沟油矿，组建成立采油厂，承担玉门老区的原油生产任务和油田开发的管理职能。机关下设党委办公室、纪委监察科、人事组织科、工会、团委、厂办公室、劳动工资科、公安科、生产调度科、安全装备科、计划经营科、企业管理科、财务科、审计科、油藏工程科、采油工艺科、油田管理科等 17 个科室；基层设采油一队、采油二队、采油三队、采油四队、采油五队、采油六队、采油七队、采油八队（原鸭儿峡油矿）、采油九队（原白杨河油矿）、采油十队（原石油沟油矿）、井下作业一队、井下作业二队、测试队、注输队、运输队、机修厂、锅炉队、油田开发研究所、实业公司、油建工程队、东湖农场等 21 个单位。

1992 年 11 月，采油厂成立老君庙实业公司，为采油厂直接领导下的集体所有制经济实体，下设“四科一室”（劳动人事科、计划经营科、生产技术科、公司办公室）、“三个分公司”（鸿达分公司、白杨河分公司、永兴分公司）和“七厂、两队、一农场”（食品厂、内脂豆腐厂、地蜡厂、管子配件厂、装潢家具厂、服装厂、玻璃纤维厂、运输队、油建工程队、东湖农场）。

1996 年 12 月，采油厂部分组织机构调整，组建成立 7 个采油区队和 8 个井下作业专业队；成立废旧物资回收维修队和燃料站，其他生产辅助单位和后勤队站组织机构建制不变。

1998 年 7 月，采油厂对白杨河油田实行“个人挑头、集体承包、包死基数、独立核算、自主经营、风险共担”的承包经营机制。采油七区队队部迁往青西，正式接管青西油田。11 月，采油厂在石油沟召开“委托经营、集体承包”大会，对采油六区队（石油沟）进行调整队伍结构、转变经营方式的改革。1999 年 1 月，采油六区队实行“委托经营、集体承包”，承包期三年。

1999 年 7 月，玉门油田重组改制，采油厂隶属油田分公司管理。机关设党委办公室、组织科、宣传科、工会、团委、厂办公室、干部科、行政监察科、审计科、财务科、劳动工资科、计划经营科、企业管理科、安全环保科、生产调度科、机动科、科技科、采油科等 18 个科室，基层设采油一至七区队、单北采油区队、地质队、测试队、注输队、研究所、物资采办站、油田供热队、抢险维护队、油田助剂厂、公安科等 17 个单位。

2000 年 1 月，采油厂机关改革，机关科室减为党委办公室、群工科、厂办公室、审计监察科、生产技术科、安全环保（装备）科、经营科、人事科、市场管理科等 9 个，机关人员由 179 人减少到 112 人。11 月，撤销采油六区队、单北（包括白杨河）采油区，组建采油厂低产油井挖潜开发公司，12 月改为低产油井开发队，同时组建采油厂油田抢险维护工程队；撤销锅炉队建制。

2003 年，玉门油田撤销采油厂编制，按地质单元和业务划分，组建成立老君庙油田作业区、青西油田作业区、鸭儿峡油田作业区和工程技术服务中心。

2010 年 11 月，玉门油田成立酒东试采区；2012 年 5 月，酒东试采区更名为酒东油田作业区。2016 年 1 月，4 个作业区分别更名为老君庙采油厂（老君庙油矿）、鸭儿峡采油厂（鸭儿峡油矿）、青西采油厂、酒东采油厂。

一、老君庙采油厂（老君庙油矿）

老君庙油田自 1939 年投入开发以来，不同时期其组织机构和名称多次变动。1987 年起，延用老君庙油矿的名称。1987 年，油矿机关设油矿办公室、党委办公室、工会、团委、纪委、组织科、宣传科、保卫科、企管科、劳资科、培训科、计划科、财务科、安全环保科、生产调度科、工艺科、地质室、科技科、节能科、机动科等 20 个科室；基层设综合采油一队、二队、三队、四队、五队、六队、七队以及大修队、注输队、地面工程队、修配厂、试井队、运输队、锅炉队、研究所、劳动服务公司、管理科、器材科、子弟中学、东湖农场等单位。

1992 年 10 月，玉门油田“四矿合一”，成立采油厂，老君庙油矿编制撤销。

2003 年 9 月，玉门油田撤销采油厂建制，按地质单元成立了老君庙油田作业区、鸭儿峡油田作业区、青西油田作业区。白杨河油田、单北油田、石油沟油田划归老君庙油田作业区管理。老君庙油田作业区机关设综合办公室、开发技术科、生产运行科、安全装备科，基层设采油二队、三队、四队、五队、六队 5 个采油队和注输队、综合事务站、油田开发技能培训中心等单位。

2009 年 4 月，鉴于老君庙油田开发的历史地位和在海内外的重要影响，油田决定恢复“老君庙油矿”的名称，和老君庙油田作业区为一个机构、两块牌子。6 月，按照机构扁平化、管理职能专业化的原则，老君庙油田作业区（油矿）实行扁平化管理，作业区设生产运行部、安全机动部、开发技术部、综合办公室、采油服务中心“三部一室一中心”。生产运行部分管生产运行室、6 个采油工区和油水综合处理站；开发技术部分管地质室、工艺室、资料组；安全机动部分管 QHSE 体系管理组、现场安全监督组、交通监管组、设备管理组；采油服务中心分管油田维护班、物资保障班、化验试井班。

2012 年 5 月，老君庙油田作业区（油矿）对组织机构进行调整，调整后机关设综合科（附挂技能鉴定站）、生产运行科、开发技术科、安全设备科（附挂安全监督站）；基层设 4 个采油工区、联合站、采油保障队、油砂矿开采项目组、外围项目组。

2016 年 1 月，老君庙油田作业区（老君庙油矿）更名为老君庙采油厂（老君庙油矿）。3 月，老君庙采油厂综合科更名为综合办公室，4 个采油工区更名为 4 个采油队。

至 2017 年底，老君庙采油厂机关设综合办公室（附挂技能鉴定站）、生产运行科、开发技术科、安全装备科（附挂安全监督站）、计划财务科 5 个科室，基层设采油一队、采油二队、采油三队、采油四队、联合站、采油保障队、物资管理站、油砂试采项目部、外围项目部 9 个单位。

二、鸭儿峡采油厂（鸭儿峡油矿）

鸭儿峡油田1958年11月投入开发，随着不同时期组织机构的变革，名称也多次发生变化。1987年起，延用鸭儿峡油矿的名称。1987年，油矿机关设生产科、采油工艺科、地质室、财务科、劳资科、机动科、工程科、党委办公室、油矿办公室、组织科、宣传科和保卫科、教育科、计划科和器材科、工会等科室。基层下设采油一队、二队、三队，锅炉队，修井一队、二队、大修队，注水队，地面队，车辆队，维修队，攻关队，农工商公司，农场，子弟学校等单位。

1992年10月，玉门油田"四矿合一"，撤销鸭儿峡油矿编制，将其并入新组建的采油厂，为采油厂采油八队，隶属采油厂管理。

2003年9月，撤销采油厂建制，按地质单元成立鸭儿峡油田作业区。鸭儿峡油田作业区机关设生产运行科、开发技术科、安全装备科、综合办公室（党委办公室）4个科室；基层设采油一站、采油二站、采油三站、供热站、新总站5个单位。

2012年5月，鸭儿峡油田作业区将原采油一站、采油二站、采油三站、供热站、新总站合并重组，成立采油工区、联合站2个基层单位。

2013年10月，鸭儿峡油田作业区成立物资管理站，为科级编制。

2016年1月，鸭儿峡油田作业区更名为鸭儿峡采油厂（鸭儿峡油矿）。3月，鸭儿峡采油厂综合科更名为综合办公室（党委办公室），采油工区更名为采油队。

至2017年底，鸭儿峡采油厂机关设综合办公室（党委办公室）、开发技术科、生产运行科、安全装备科、计划财务科5个科室，基层设采油队、联合站、物资管理站3个单位。

三、青西采油厂

青西油田于1998年正式投入开发。起初，隶属采油厂管理。

2003年9月，成立青西油田作业区，机关设生产运行科、开发技术科、安全装备科、综合办公室（党委办公室）4个科室；基层设青西联合站1个基层单位。

2008年3月，青西油田作业区将生产运行科更名为生产运行部。

2011年2月，将炼化总厂脱盐装置36人及设备整体划转青西油田作业区，成立青西油田作业区脱盐站。

2012年6月，青西油田作业区将生产运行部改为生产运行科，组建成立采油工区。

2016年1月，青西油田作业区更名为青西采油厂。3月，青西采油厂综合科更名为综合办公室（党委办公室），采油工区更名为采油队。

至2017年底，青西采油厂机关设综合办公室（党委办公室）、生产运行科、开发技术科、安全设备科、计划财务科5个科室，基层设采油队、联合站、脱盐站3个单位。

四、酒东采油厂

2010年10月，油田成立酒东试采区，下设一室一站，即综合办公室、油水处理站。

2012年5月，酒东试采区更名为酒东油田作业区，酒东油田开发由试采转为集采油、注水、储输、油水处理、供热为一体的综合性生产单位。作业区机关增设开发技术科、安全设备科、生产运行科3个职能部门，将原综合办公室更名为综合科；下设采油工区和联合站2个基层单位。

2016年1月，酒东油田作业区更名为酒东采油厂。3月，酒东采油厂综合科更名为综合办公室（党委办公室），采油工区更名为采油队。

至2017年底，酒东采油厂机关设综合办公室（党委办公室）、开发技术科、安全装备科、生产运行科、计划财务科5个科室，基层设采油队、联合站2个单位。

第三节　员工队伍

1987年1月，4个油矿有采油队13个、注输队3个、工艺研究所2个、大修队2个、修井队10个、测试队1个、地面队5个，共有职工总数6658名。1988年，油田对开发系统的编制和定员情况进行重新核定，4个油矿共有职工6583人。

1992年10月，对开发系统的组织结构、产业结构、产品结构、队伍结构进行调整，组建成立采油厂，全厂有职工7418人。

1996年12月，采油厂下设采油队7个、注输队1个、地质队1个、研究所1个、作业队8个、测试队1个、废旧物资回收维修队1个、机修厂1个，有职工总数5381人。

1998年12月，按照总公司的要求，开展“五定”（定责、定编、定岗、定员和定岗位规范）工作。采油厂职工定员总数3628人，其中干部定员642人、工人定员总数2986人。油气主业人员2886人，非油气队伍718人，社会服务人员24人。

1999年7月后，随着玉门油田重组改制，井下作业队伍从采油厂划出，采油厂员工队伍大幅减少，至2000年12月，采油厂共有员工2124人。

2003年9月，采油厂撤销之后，一部分员工划归工程技术服务中心。至年底，老君庙、鸭儿峡、青西三个作业区共有职工1661人。

2010年10月，酒东试采区成立，有员工85人（合同化员工82人，市场化员工3人）。

至2017年底，4个采油厂共有职工1679人，其中女职工624人，管理及专业技术人员530人，操作服务岗位人员1149人；一线员工1459人，占员工总数87%。队伍构成：采油队（站）169个、联合站148个。学历构成：硕士研究生及以上学历21人，大学本科学历599人，大学专科学历439人，中专学历63人，高中、技校、职高学历427人，初中及以下学历136人。职称和技能等级构成：高级职称11人，中级职称95人，初级职称308人；技能专家7人，高级技师4人，技师56人，高级工799人，中级工186人，初级工24人。年龄构成：30岁及以下332人，31～35岁280人，36～40岁195人，41～45岁177人，46～50岁389人，51～55岁278人，56岁及以上28人（表3–1–1）。

表 3-1-1 1987—2017 年油田开发单位员工队伍变化情况统计表

年度＼单位	油矿					采油厂	油田作业区					采油厂（油矿）				
	老君庙	鸭儿峡	石油沟	白杨河	合计		青西	老君庙	鸭儿峡	酒东	合计	青西	老君庙	鸭儿峡	酒东	合计
1987 年	3759	1490	805	604	6658	—	—	—	—	—	—	—	—	—	—	—
1988 年	3702	1505	769	607	6583	—	—	—	—	—	—	—	—	—	—	—
1989 年	3852	1510	803	648	6813	—	—	—	—	—	—	—	—	—	—	—
1990 年	4267	1518	802	740	7327	—	—	—	—	—	—	—	—	—	—	—
1991 年	4360	1659	849	786	7564	—	—	—	—	—	—	—	—	—	—	—
1992 年	4278	1585	805	750	7418	7418	—	—	—	—	—	—	—	—	—	—
1993 年	—	—	—	—	—	7251	—	—	—	—	—	—	—	—	—	—
1994 年	—	—	—	—	—	6163	—	—	—	—	—	—	—	—	—	—
1995 年	—	—	—	—	—	6127	—	—	—	—	—	—	—	—	—	—
1996 年	—	—	—	—	—	5381	—	—	—	—	—	—	—	—	—	—
1997 年	—	—	—	—	—	5240	—	—	—	—	—	—	—	—	—	—
1998 年	—	—	—	—	—	4978	—	—	—	—	—	—	—	—	—	—
1999 年	—	—	—	—	—	4936	—	—	—	—	—	—	—	—	—	—
2000 年	—	—	—	—	—	1935	—	—	—	—	—	—	—	—	—	—
2001 年	—	—	—	—	—	1927	—	—	—	—	—	—	—	—	—	—
2002 年	—	—	—	—	—	1939	—	—	—	—	—	—	—	—	—	—
2003 年	—	—	—	—	—	2244	119	839	246	—	1204	—	—	—	—	—
2004 年	—	—	—	—	—	—	118	840	248	—	1206	—	—	—	—	—
2005 年	—	—	—	—	—	—	121	825	246	—	1192	—	—	—	—	—
2006 年	—	—	—	—	—	—	129	838	327	—	1294	—	—	—	—	—
2007 年	—	—	—	—	—	—	133	815	267	—	1215	—	—	—	—	—

续表

单位 / 年度	油矿					采油厂	油田作业区					采油厂（油矿）				
	老君庙	鸭儿峡	石油沟	白杨河	合计		青西	老君庙	鸭儿峡	酒东	合计	青西	老君庙	鸭儿峡	酒东	合计
2008 年	—	—	—	—	—	—	194	839	274	—	1307	—	—	—	—	—
2009 年	—	—	—	—	—	—	189	1121	314	—	1624	—	—	—	—	—
2010 年	—	—	—	—	—	—	184	1089	273	48	1594	—	—	—	—	—
2011 年	—	—	—	—	—	—	263	1024	283	82	1652	—	—	—	—	—
2012 年	—	—	—	—	—	—	274	985	332	86	1676	—	—	—	—	—
2013 年	—	—	—	—	—	—	283	959	337	99	1690	—	—	—	—	—
2014 年	—	—	—	—	—	—	307	921	401	110	1739	—	—	—	—	—
2015 年	—	—	—	—	—	—	317	902	404	119	1744	—	—	—	—	—
2016 年	—	—	—	—	—	—	—	—	—	—	—	322	869	394	124	1709
2017 年	—	—	—	—	—	—	—	—	—	—	—	370	774	393	142	1679

注：①总人数含退养人员。
②统计时间截至当年度 12 月 31 日。
③ 2003 年采油厂人数为 8 月统计人数。

第二章　地质特征

1987 年后，先后投入开发老君庙、鸭儿峡、白杨河、石油沟、单北、青西和酒东 7 个油田，所钻遇的地层自下而上有志留系（S）、石炭系（C）、二叠系（P）、三叠系（T）、侏罗系（J）、白垩系（K）、古近系（E）、新近系（N）及第四系（Q）等。其中古近系白杨河组间泉子段的 L、M 层和火烧沟组（E_3h），白垩系（K）中沟组（K_1z）、下沟组（K_1g），志留系（S）泉脑沟组（S_2q）是主要储集层；次要储集层为干油泉段 K 层。油田构造、断裂类型多样，储集层相对复杂，主要层段的沉积相有：冲积扇相、河流相、分流河—三角洲相、滨湖相。储集层岩性以粗、中、细砂岩为主。储集空间以孔隙为主，裂缝次之。已开发油藏的原始驱动类型有弹性溶解气驱、边底水驱动两种。全油田无统一的水动力系统，多数油藏属常温、常压油藏。依据集团公司的“七大类油藏”分类方法，可将玉门油田的油藏分为层状砂岩油藏、水动力封闭油藏、裂缝性古潜山油藏、断块岩性油藏、断块裂缝性油藏 5 类。

1987 年前，探明含油面积 32.24 平方千米，石油地质储量 8725 万吨，技术可采储量 3380.98 万吨。1987 年后，相继发现老君庙油田夹片构造前探 1 断块、青西油田、酒东油田 3 个油藏，并且在鸭儿峡油田志留系、白垩系两个油藏新增探明地质储量，共计新增探明含油面积 66.93 平方千米，地质储量 10280.99 万吨。截至 2017 年底，7 个油田累计探明含油面积 99.17 平方千米、石油地质储量 19005.99 万吨，技术可采储量 5069.91 万吨，标定采收率 26.7%。动用含油面积 76.27 平方千米，石油地质储量 16140.02 万吨，标定技术可采储量 4595.78 万吨。

第一节　老君庙油田

老君庙油田位于甘肃酒西盆地南部隆起带，地面平均海拔 2481 米。储集层为古近系白杨河组（E_3b），自上而下由 K、L、M 层 3 套砂岩层系组成，主要以冲积扇、辫状河流、三角洲沉积为主。3 套砂岩储集层平均有效厚度 50.1 米，原始含油饱和度 64.6%。

一、构造

老君庙油田为一北陡南缓的不对称穹窿背斜构造，其构造形态起初是通过踏勘地面露头而发现，并在开发过程中逐步被钻探所证实。

从老君庙油田开发初期至 1986 年，经过多次调查与研究，对老君庙油田的断层情况已经有一个完整的认识。老君庙背斜构造上断层发育，北翼的逆掩断层呈叠瓦状排列，使油层在北翼出现重复，构造两端及南翼断层也发育，虽然断距都不大，但影响油层及油水边界的分布。1987 年，在庙南单斜带与庙北逆冲断裂中盘（夹片）的勘探获得重大突破，钻探的前探 1 井获工业油流，探明含油面积 1.8 平方千米，发现夹片构造，为老君庙油田后期稳产奠定储量基础。

K 油藏北翼的逆掩断层把油藏分成南、北两个区块，并且使北翼油藏复杂化，出现多次重复，南翼北西向的平移断层又将南翼分成两个区块，整个油藏被断层分成 3 个区块，即北翼区、南翼西区和南翼东区。其中，南翼东块油藏遭受破坏，无工业化开采价值。

L 油藏构造有各种断层 12 条，其中逆断层 4 条，逆掩断层 1 条，正断层 4 条，平移断层 3 条，除 F53 平移层对油藏不起封隔作用外，其余断层不同程度地控制油藏的分布，造成原始油水边界的差异。油藏的形成、油气聚集以及油藏的展布均受北西西向逆掩断层控制。根据油藏断层的封闭情况、小层分布、渗透率变化和原始油水界面等因素，将油藏划分为 6 个区块：西区、中区、东区、北东区、北西区和西三角区。

M 油藏构造断层系统较 L 层的简单，在构造边部发育 5 条断层，除东部为平移断层外，其余均为逆断层。构造北翼受控于北西西向的逆断层，构造东端被北西向的平移断层错断，西部和南部被不活跃的边水封闭。根据断层遮挡情况、储集层分布、油水边界条件和产油情况等，将油藏分为 3 个区：顶部区、外排区和低产区。

二、沉积与储集层

老君庙油田储集层分布在白杨河群下部的间泉子组，纵向上含油层系多、厚度大、井段长，L油层和M油层为主要含油层系，储集层为一套砂岩、砂泥岩间互的河流相—冲积扇沉积。储集层物性差异大，油层非均质性强。

1. 地层

老君庙背斜隆起地区，自下而上分布有志留系，上二叠统窑沟群，三叠系西大沟群，中、下侏罗统龙凤山群，下白垩统新民堡群，古近系和第四系等地层。钻遇的古近系—新近系地层有白杨河组和弓形组，与下伏下白垩统红色含砾泥岩不整合接触。老君庙的下白垩统，仅在局部的砂岩中发现少量原油和沥青，无工业开采价值。古近系的白杨河组厚度约600米，包含了本区的主要油气储集层。白杨河组干油泉底部的K层是层状孔隙性油藏。白杨河组间泉子段底部的M层为长石岩屑砂岩，厚度60～70米，全部由不同粗细的砂岩组成，无泥岩隔层，是低渗透块状砂岩油藏。间泉子段上部的L层为棕红色硬砂质石英砂岩和泥岩，有20个含油砂岩层，每层厚度2～4米，中间为泥岩所隔，是层状砂岩油藏。经多种地化指标对比，老君庙油田的石油均来自下白垩统的湖相泥岩，古近系白杨河组的砂岩是良好的储集层，石油沟组是湖相的砂泥岩和石膏，沉积稳定，构成区域良好的盖层，又称BC层，是油藏岩相和地层对比的标志层。

1987年前，逐步认识到K、L、M油藏层间非均质性严重，层间矛盾突出，合理划分层系、进行小层对比可以有效地解决层间矛盾，实现油藏的相对均匀开发。油田在初步划分出K、L、M等产油层组的基础上，首次对老君庙油田K、L、M三个油藏的小层进行初步划分，并先后对L油藏进行小层对比和划分。1987年后，油田对M油藏的小层进行补充划分对比，重新认识油层，搞清资源状况，有效指导油田调整。根据钻井所揭露的地层岩性、电性及泥岩隔层的特征进行油层划分与对比，老君庙油田共划分出3套含油层（K、L和M层），9个砂层组（其中K油层3个、L油层5个、M油层1个），在L、M油层中又分为23个小层。开发层系的逐步细分，使地下流体以小层为单元运移，适应陆相河流相沉积砂体的分布规律和特点，丰富我国陆相油田注水开发的理论与实践。

2. 沉积相

1987年前，老君庙油田先后对古近系白杨河组间泉子段L油层沉积相、M层沉积相进行研究。研究结果表明，酒西坳陷属断陷盆地，其沉积特点与断陷有关。L油层的沉积中心位于老君庙油田以西的鸭儿峡油田鸭512井以西地区，物源区在老君庙油田以东的石油沟以南地区，主要水流方向基本上为南东→北西方向，与盆地长轴方向基本一致，物源主要来自东南方向，也有南北向。老君庙地区是辫状河和三角洲沉积，冲积扇和辫状河伴生，从L_3到L_1，由辫状河沉积变为三角洲沉积，主要发育河道、浅流河道、边（心）滩、分流河道、河口浅滩和河口砂坝等亚相。M层属冲积扇沉积，M层沉积物主要受季节性洪水控制，一次洪水泛滥总要将前一次洪水沉积物进行改造，重新冲刷和加积；往往形成不完整的韵律层，在纵向上形成双凸形，在横向上不易连通对比，形成平面上和剖面上非均质性强。M_1、M_2具有辫状河流沉积特点，M_3为扇顶亚相沉积。

1987年后，持续对老君庙油田的沉积相进行研究。研究认为，老君庙油田的M层沉积相的主要类型有冲积扇和辫状河流2种沉积相、3种沉积亚相、7种沉积微相。老君庙M油层沉积模式主要有三种类型，即M_3砂岩组内部的3个沉积单元均属于典型的山前（山麓）冲积扇缘沉积，M_2砂岩组内部的3个沉积单元均属于辫状河道沉积模式，M_1砂岩组内部的各沉积单元均属于辫状冲击泛滥沉积模式，不同的沉积模式控制不同沉积微相类型的发育。L油藏沉积相的主要类型有河流沉积、三角洲沉积2种沉积相、3种沉积亚相、13种沉积微相。老君庙北缘古近系K层、L—M层发育冲积扇、辫状河三角洲2种沉积相、5种沉积亚相、9种沉积微相。古近系沉积规律及沉积相展布特征为：M_3砂组南部辫状河发育下切谷沉积，砂体呈条带状分布；北部发育冲积扇扇根亚相，砂体呈扇状连片分布；M_1和M_2砂组主要发育冲积扇扇根与扇中沉积，砂体呈枝状分布；L—M层发育冲积扇扇缘沉积，径流水道呈窄条带状镶嵌于连片状漫流沉积内；L_{4+5}和L_3辫状河逐渐发育，砂体不断增厚，河道规模不断变大；L_1和L_2砂组三角洲砂体主要为分流河道复合体及水下分流水道—河口坝复合体；BC层由南东向北西，从前三角洲逐渐演化为湖相沉积；K油组发育三角洲沉积，可分为三角洲平原和三角洲前缘。

3. 岩性、物性

1）岩性

老君庙油田 K 层厚 65 米左右，上部为灰白色钙质砾状砂岩、浅红色粗—中粒砂岩夹棕红色泥岩，下部为浅红色中粒砂岩夹棕红色泥岩。砾石呈棱角至半棱角状，岩石成分为变质灰岩、石英、燧石。

L 层主要为橘红色细、粉砂岩夹红色泥岩，厚 40 ~ 70 米。岩石碎屑成分：石英含量 70% ~ 90%，平均 80%；长石含量 5% ~ 15%，平均 10%；岩屑含量 5% ~ 25%，平均 10%。平均粒径 0.07 ~ 0.187 毫米，颗粒磨圆次棱—次圆状，颗粒分选较差。岩石的成分成熟度和结构成熟度较高。胶结物的成分主要为泥质和钙质。胶结物含量 5% ~ 15%，泥质含量 5.9% ~ 11%，碳酸盐含量少。泥质胶结物中黏土矿物蒙脱石相对含量为 41.2%，伊利石为 46.8%，高岭石为 12%。纵向上 L_3 层钙质含量高，L_1 层钙质含量少；平面上泥质含量由东向西增加。

M 层为棕红色块状砂岩，地层厚度 60 ~ 70 米，自东南向西北增厚。砂岩成分主要是石英、长石和岩屑，含量分别占有碎屑物的 65% ~ 70%、10% 和 20%，属岩屑砂岩。石英以单晶为主，具波状消光和裂理，含包体。长石以微钾长石、中酸性斜长石为主，蚀变强，绢云母和高岭石化，岩屑成分与物源有关。胶结物主要为铁泥质和碳酸盐，泥质含量 10% ~ 30%，碳酸盐含量 5% ~ 10%。东部低产区受东南方向泥岩物源的影响，为泥质胶结型。顶部区、外排区和低产区主要是钙质胶结型。碳酸盐胶结物的平均含量为 5.3%，并与砂岩粒径成正相关。其中 M_1 以细砂岩为主，M_2 以细、中砂岩为主，M_3 则为含极粗砂，砾石的细、中、粗砂岩组合体。

2）物性

（1）孔隙度：老君庙油田 K 层孔隙度为 20.4% ~ 21.8%，平均为 21.1%；L 层孔隙度为 10% ~ 28%，平均为 23%；M 层孔隙度为 17% ~ 20%，平均为 19.1%。

（2）渗透率：老君庙油田 K 层渗透率为 236.9 毫达西。

L 层渗透率为 50 ~ 3500 毫达西，平均为 618.5 毫达西。储集层物性差异大，三个主力层组中储集层物性以 L_1 层最差，渗透率为 100 ~ 250 毫达西；L_3 层最好，渗透率为 500 ~ 1500 毫达西；L_2 层介于两者之间，渗透率为 150 ~ 600 毫达西。平面上，高低渗透带交错分布，剖面上不同渗透率段间互存在。在东西方向上油层物性逐渐变化，西部比中部和东部好，分选由西向东变差。在南北方向上物性变化剧烈。

M 层平均渗透率为 24.2 毫达西，且空间分布很不均匀。平面上，顶部区平均渗透率为 20.7 毫达西，外排区平均渗透率为 23.7 毫达西，低产区平均渗透率为 14.1 毫达西。剖面上，M_3 的平均渗透率仅为 9.1 毫达西，M_2 的平均渗透率为 20.1 毫达西，M_1 的平均渗透率为 29 毫达西。

（3）含油饱和度：K 层的平均含油饱和度为 65%；L 油藏平均含油饱和度为 77.0%；M 油藏平均含油饱和度为 53.5%。

三、油藏

1. 油藏类型

老君庙油田的主力油藏是 L 油藏和 M 油藏。K 油藏为层状砂岩背斜构造油藏。由北翼的逆掩断层把油藏分为南、北盘两个独立的油水系统，油气富集主要受构造断裂及砂体发育程度的控制。L 油藏为层状砂岩背斜构造油藏，其中 L_1、L_2、L_3 油藏分布广泛，而 L_4 和 L_5 为构造—岩性油藏，仅分布于背斜西部，在东部缺失。M 油藏为砂岩块状裂缝—孔隙型背斜构造油藏。

2. 流体性质

1）原油

老君庙油田原油属烷基环烷基类型，正构烷烃含量高。原油中胶质、蜡及沥青质、汽油含量较高，非烃元素硫、氮含量低。不同构造部位原油性质略有差异，M 层自顶部区向外排区、低产区原油性质逐渐变差。油田注水开发以后，由于注入水的影响，地层原油性质变差。

2）天然气

老君庙油田 L、M 油藏天然气为较高轻组分天然气类型，其中 M 油藏注水开发后其性质也发生变化，天然气中甲烷已降到 52.68%，乙烷、丙烷、丁烷均有不同程度上升，氧和氮的含量也有所增加。

3）油田水

老君庙油田原始油田水水型单一，均属于氯化钙型（$CaCl_2$），矿化度高。其中氯离子含量4296～40040毫克/升，总矿化度20000～70000毫克/升。经注水开发，矿化度降低。

3. 压力与温度

老君庙油田K、L、M油藏的原始地层压力各不相同，其中：K油藏地层压力3.86兆帕；L油藏平均地层压力9.28兆帕，压力系数1.2；M层平均原始地层压力9.31兆帕，压力系数1.17，均属于正常压力系统油藏。M层在原始状态下，属于同一个压力系统。油层开采后，随着不同层段注采的差异，油层压力在纵向上逐渐出现差异。在同一基准面上，M层分层压力在横向上的变化，M_1为0.39～2.59兆帕，M_2为0.98～1.27兆帕，M_3为0.20～2.45兆帕，这反映地层连通性较差的特点。

K油藏地层饱和压力1.92兆帕，L油藏地层饱和压力7.25兆帕，M油藏地层饱和压力6.27兆帕。三个油藏原始地层压力与饱和压力相差较大，K油藏地饱压差1.94兆帕，L油藏地饱压差2.03兆帕，M油藏地饱压差3.04兆帕。K油藏平均地层温度为15℃，温度梯度约为3.3℃/100米；L油藏平均地层温度30℃，温度梯度3℃/100米；M油藏平均地层温度32℃，温度梯度2.62℃/100米，均属于正常温度系统。

4. 流体分布

老君庙构造南翼普遍存在边水，起到封闭油气的作用。边水除受构造控制外，还受油田内放射状断层的影响，因此，油水边界参差不齐。开采初期，边水有明显的驱油作用，随着开采程度的加深，边水驱油能力逐渐减弱。

K油藏的油水运动主要受构造断裂控制，原始油水界面为2000～2200米。

L油藏原始含油边界西部海拔1270米，东南部1480米，油水过渡带西部宽度700～1000米，东南部60～220米，无气顶。构造南翼为不活跃边水封闭。具有统一的压力系统和油水分布系统。

M层油水分布比较清楚，北翼和东端由断层遮挡，西部和南翼为不活跃边水封闭。油水界面西高东低，油水过渡带分布不规则。原始含油边界高度不一，东部海拔1350米左右，南边部海拔1500～1550米，西部海拔1450米左右。油水过渡带一般宽150～200米，最宽达280米左右，主要分布在东段及西南段；最窄80米左右，分布在南缘927井附近。

四、储量

1987年前，对老君庙油田的地质储量进行十余次计算，先后确定老君庙油田K油藏含油面积3.31平方千米、探明地质储量533万吨，标定采收率25%，可采储量133.25万吨；L油藏含油面积15.3平方千米、探明地质储量2563.27万吨，标定采收率48%，可采储量1156.3万吨；M油藏含油面积10.65平方千米、探明地质储量2236万吨，标定采收率35%，为老君庙油田保持长期稳产提供科学、有效的依据。

1988年，对老君庙夹片构造前探1背斜断块油藏储量进行计算，新增探明石油地质储量154.0万吨，其中溶解气地质储量为0.83亿立方米。采用经验公式计算最终采收率为41%，可采储量为63.1万吨。

1990年，老君庙油田K油藏用经验公式法、统计曲线图版法、递减曲线法等8种类型、11种方法重新标定采收率，经国家储委审定为30%，后又进行过多次标定，结果未变，可采储量为160.0万吨。

1992年，老君庙油田M油藏采用多种方法对采收率重新标定为41%，可采储量为916.2万吨。

1993年，采用图版和经验公式法将老君庙L油藏夹片构造前探1断块（夹片区）最终采收率标定为26.8%，可采储量41.2万吨。

1996年3月，对已开发油田可采储量进行重新标定。经本次核实复查，除老君庙L油藏前探1断块外，其余油田（藏）的水驱曲线未出现新的拐点，衰减曲线的计算结果基本相同，因此沿用1993年昆明会议的标定结果。老君庙L油藏，前探1断块通过注水改变驱动类型，可采储量有所增加，通过经验公式计算，水驱采收率值基本集中在37%～45%，图版法稍高，从类比结果可以看出，L_1的采收率为43%，而夹片油藏L_1层间物性稍差，因此最终选用40%为该区块的采收率标定值，较1992年底净增9.4万吨。

2005年，油田进行储量套改，套改后老君庙油田K、L、M油藏可采储量分别增加8万吨、14.06万吨、110.04万吨。

至2017年底，老君庙油田的石油储量一直未变，探明石油地质储量为5332.27万吨，可采储量为2485.54万吨，标定采收率46.6%。按新的《石油天然气储量计算规范》（DZ/T0217—2005）综合评价，老君庙油田储量为中型、高丰度、中浅层、中产、中孔隙、高渗透性、轻质、低含硫储量。

第二节　鸭儿峡油田

鸭儿峡油田地处酒西盆地南部隆起带老君庙背斜构造带的西段，位于甘肃省玉门市以西9千米处，是由古近系—新近系、白垩系、志留系3个油藏叠合而成的复合型油藏。油田东与老君庙油田接壤，西与青西油田相连，南靠妖魔山，北临戈壁滩，处于北纬39°47′～39°51′，东经97°22′～97°30′，海拔2400～2940米。

一、构造

鸭儿峡油田自下而上沉积（揭开的地层）志留系、石炭系、二叠系、白垩系、古近系、第四系6套地层。3个油藏构造形态、断层分布各不相同。

1. L油藏

L油藏是鸭儿峡油田古近系—新近系砂岩构造油藏，整体面貌为“两隆一凹”的马鞍状背斜构造。北西部为一不对称的穹隆背斜，南缓（倾角6～10度）北陡（倾角30～60度），轴向为135度，闭合高度500米，高点在321井附近，海拔443米；东部为老君庙背斜的西倾延伸部分，南缓（倾角10～20度）北陡（倾角65度），轴向为120度；西南部发育一小型鼻状构造，走向北偏东12度，倾没端位于508井附近。

2. 白垩系油藏

白垩系油藏位于青西凹陷东部陡岸带509断裂带，依附506断层和柳北断层呈北西向展布，构造总体为一向南西倾没的大型鼻状构造。在早白垩世时以断阶形式与东部凸起相接，喜马拉雅期由于祁连山逆冲作用，在下白垩统产生北西走向的铲型逆断层，断层上盘地层发生褶皱变形，形成大型的断层传播褶皱，下盘则变形不大，基本保留原来的正断层形态。在鼻状构造的高部位形成鸭西白垩系油藏。

白垩系油藏主要受509同生断层控制，高点在701井附近，闭合高度500米左右。油藏四周为断层遮挡：东侧509同生断层（北北东走向先正后逆），西侧柳沟庄同生断层（北西西走向），北侧121井—517井逆断层（东西走向），南侧134井—553井逆断层（东西走向），断面南倾，中部发育两条次一级逆断层。

白垩系油藏主要控制油气的是509断层及121断层。大量资料证明509断层是白垩系油藏的油源断层，121断层则是油气圈闭断层，121井—543井断层南部527井、506井、503井、540井可长期高产自喷，而北部的546井、315井、507井只见到油气显示，说明121断层的切割封闭作用。

3. 志留系油藏

志留系油藏断裂构造复杂，整体上呈东高西低，南北呈一隆一凹的条带，逐渐向南西方向倾覆，由于长期继承性的断裂活动，断层发育，特别是北东走向的509断裂带、近东西走向的134断裂带将潜山分割成大小不一的20余个断块，断块平均面积小于1平方千米，而含油断块平均面积为0.6平方千米。

志留系侵蚀面总体呈现为一个倾斜的三角形断垒状潜山。构造高部位位于潜山的东部，高点在114井附近，由此向南西和西逐渐倾斜降低。在向南、向西倾斜到半山腰时，形成一个局部高点，即腰部。再向西下降到接近潜山边缘时，形成一个较低的二台阶。三角形断垒三边的边缘均急剧倾斜下降，尤以北东、北西方向的边缘最为陡峭。断垒边缘和内部，均有断层发育。已探明的比较连片的油气主要分布在东部的构造高部位、翼部、腰部、二台阶一带。

二、沉积与储集层

1. 地层

鸭儿峡油田自下而上发育志留系中统泉脑沟组（S_2q），白垩系下统（K_1），古近系白杨河组（E_3b），新近系弓形山组（N_1g）、胳塘沟组（N_1t）、牛胳套组（N_2n）和第四系玉门组（Q_1y）各段地层。另外在134断层以南还发育石炭系（C）和二叠系（P）。

志留系中统（S_2）岩性主要为千枚岩夹薄层变质砂岩，局部发育白云岩，与上覆地层呈角度不整合接触。地层可划分为上、中、下三段：上段以紫色为主，颜色较杂；中段为杂色段；下段颜色单一，为灰绿色岩层。油气显示最好是杂色段，井涌、井喷多发生在杂色段，其次为紫色段，灰绿段油气显示较为零星。

白垩系下统（K_1）岩性为泥岩交互的砂砾岩体，与上覆地层呈平行不整合接触，与下伏地层呈角度不整合接触。

古近系白杨河组间泉子段（E_3b_1）开发初期，根据老君庙油田地层划分方法，将鸭儿峡油田间泉子段细分为L、L—M、M层三个岩性段，其中L层为主要采油层段。M层岩性下部为棕红色石膏质中砂岩、粗砂岩夹棕红色泥岩、泥质粉砂岩，上部为暗棕红色泥岩夹棕红色细砂岩、石膏质中砂岩，厚度一般为60～180米；L—M层岩性为棕红色石膏质中砂岩、细砂岩夹暗棕红色泥岩，厚度一般为20～40米；L层岩性为棕红色细砂岩、泥质粉砂岩、中砂岩与暗棕红色泥岩不等厚互层，厚度一般为55～100米。

白杨河组石油沟段（E_3b_2）岩性为厚层暗棕红色泥岩。

白杨河组干油泉段（E_3b_3）岩性下部为棕红色泥岩及粉砂质泥岩；上部为暗棕红色泥岩、中细砂岩、含砾砂岩及砂质泥岩。

弓形山组（N_1g）岩性可分两段：下段以棕红色、棕色泥质粉砂岩、粉砂岩、含砾泥质砂岩为主，夹薄层棕红色粉砂质泥岩；上段以灰黄色、浅棕红色泥质粉砂岩为主，夹灰黄色粉砂质泥岩。

牛胳套、胳塘沟组（N_2n+N_1t）岩性可分3段：下段为灰黄色、浅棕红色粉砂质泥岩与浅灰色、灰黄色、棕红色泥质粉砂岩、细砂岩、泥质砂岩、含砾泥质砂岩呈不等厚互层；中段为棕黄色含砾泥岩、泥岩；上段为灰色粗砂岩、砂砾岩夹棕黄色含砾泥岩。

第四系玉门组（Q_1y）：岩性为杂色砾石层。

2. 沉积相

1）L油藏

L油藏沉积时酒西坳陷属断陷盆地，其沉积特点与断陷有关。L层沉积时，古水流来自两个方向，五、六井区南部174井以南和四井区东部方向。在整个L层沉积过程中，五、六井区以南的古水流由南至北依次通过五井区东部，六井区南部，一、四井区中西部，六井区大部，至十三井区。四井区东南部水流由南至北流经四井区，在一、六井区与五、六井区南部水流汇合后，向十三井区注入。L油藏属辫状河三角洲—湖泊相沉积，可细分为分流河道等9种微相。

L油藏沉积旋回特征明显，由底至顶砂岩粒度变细，垂向上砂岩粒度由底至顶依次表现为中粗砂岩—细砂岩—粉砂岩；横向上砂岩粒度由东至西也表现出粒度由粗变细的特点。在砂层组顶底部均有3～5米的泥岩隔层，并且泥岩隔层的沉积厚度在垂向上也有逐渐加厚的趋势，反映在L层每一沉积时间单元内都发生过水进水退的旋回特点。L油藏沉积旋回特征说明在整个L层沉积过程中，水体范围不断扩大，水动力能量不断减弱，与此同时，在每一沉积时间单元内，多次发生次一级水进水退的沉积环境变化过程。

2015年，通过对鸭儿峡油田L油藏精细地质研究，进一步确定L油藏沉积微相类型和发育特征，认为鸭儿峡油田古近系—新近系白杨河组间泉子段L层地层为辫状河三角洲平原—三角洲前缘—湖泊沉积体系，L油藏主要储集沉积相为三角洲前缘亚相，沉积微相以河口坝、远砂坝、水下分流河道和席状砂为主，物源方向以西南、东南向物源为主。平面上一般为4～6条水下分流河道汇聚的三角洲前缘沉积。

2016年，通过酒西坳陷古近系—新近系沉积相与鸭西6区块开发方案研究，认为鸭西6区块主要发育辫状河三角洲分流河道、河口坝及滨浅湖滩坝等微相。

2）白垩系

白垩系主要沉积体系为扇三角洲相，砂体发育。鼻状构造顶部油藏分布受沉积微相和岩性的影响较大，扇三角洲平原的辫状河水道的含砾不等粒砂岩、中细砂岩是主要的储油岩性，而河道间泥质含量较高的粉细砂岩、混杂堆积的砂砾岩含油气性较差，总体油藏的非均质性较强。在鼻状构造倾没端鸭西1区块，下沟组沉积相主要为扇三角洲前缘亚相，水下分流河道、前缘席状砂及深水浊积扇较发育，有利于形成岩性油藏。形成油气聚集的关键是存在上倾方向的遮挡条件。从鸭西1井取心含油岩性分析，水下分流河道的含砾不等粒粗砂岩含油气性最好，而粉细砂岩、砂砾岩含油气性较差。由于前缘砂体旋回性十分频繁，单个砂体延伸范围有限，加之向物源方向的遮挡条件，形成岩性圈闭和构造　岩性圈闭。

2014年，通过岩心观察和测井曲线特征分析，鸭儿峡油田白垩系油藏以扇三角洲沉积为主，发育平原、前缘和前扇三角洲3种亚相。平原亚相进一步划分为水上辫状河道、泛滥平原、河道间和泥石流4种微相；前缘亚相包括水下分流河道、河道间、河口坝和前缘席状砂几种微相。在明确物源方向近东西向基础上，确定了辫状河道大体走向、小层和油组的沉积微相平面展布特征。

3）志留系

震旦纪至奥陶纪，本区是一片汪洋，沉积形成震旦纪洋壳及其上覆泛海相沉积。到志留纪时，由于地壳运动海水面积不断缩小，在本区沉积一套巨厚的中、下志留统海相碎屑岩地层。此后，本区逐步上升，大洋最终消失，缺失上志留统沉积。晚志留世末期，碰撞、挤压作用进一步加强，下古生界沉积褶皱隆起，志留系古潜山逐渐形成，原岩为一套浅海相的碎屑岩夹薄层碳酸盐岩。北祁连地槽回返后，该套志留系地层经过长时期的地表和地下地质作用，遭受强烈的风化剥蚀，发生区域性浅变质作用并伴有花岗岩侵入，至白垩纪开始接受沉积，其后又经过一系列的地质作用和构造运动，最终形成现在的浅海相变质岩沉积。

3. 岩性与物性

1）L 油藏

L 油藏储集层主要为一套陆源碎屑砂泥岩组合地层，颜色以棕红色、暗紫红色、褐色、浅灰色为主，夹少量浅红色、灰绿色和灰白色。储集层的岩性主要以灰质、钙质细砂岩和含泥和碳酸盐岩粉砂岩为主，含油性好，多为油浸级和油斑级，其次为岩屑砂岩和泥质粉砂岩，少量中细砂岩，含油性差。L 油藏平均孔隙度 21.18%，平均渗透率 358 毫达西，属于中孔中渗储集层。

2）白垩系

白垩系油藏含油层段主要为下沟组，分上、下两套储集层段。储集层主要岩性为含砾砂岩、粗砂岩、粗中砂岩，岩性控制油气的分布。

上套储集层段主要是一套正旋回砾状砂岩、含砾不等粒砂岩，夹中细—粉细砂岩和不稳定砂质泥岩的混杂沉积，泥质含量高，分选差，岩性、物性在纵横向上变化较为复杂。岩性平面上从东向西，从北向南由粗变细。一般中细—中粗砂岩均普遍含油，粉细砂岩次之，砾状砂岩、砾岩胶结致密，含油差或不含油。有效厚度 51 米，主要是一套长石质硬砂岩。

下套储集层岩性以砂砾岩及砾状砂岩为主，主要分布在 592 井—554 井，为快速洪积堆积物，颗粒多为棱角状，分选极差，铁质、泥质胶结，但裂隙发育，有效厚度 44 米。

储集层物性表现为上套储集层段含油性好于下套储集层段。总体储集层物性差，孔隙度 7.5% ～ 11.46%；渗透率最小 0.01 毫达西，最大 2970 毫达西；泥质含量最小 5%，最大 40%，平均 30%。

3）志留系

志留系储集层原生孔隙度很低，岩层基本不具储集条件，但由于多次构造运动使性脆易裂的变质岩形成次生裂缝，使志留系部分岩层受到改造成为油气储集层。其储集层主要为千枚岩和变质砂岩，可分为三个岩性段：上部为紫色段，中部为杂色段，下部为灰绿段。杂色段是志留系最主要的储油层，储集空间以裂缝为主，局部发育有溶蚀晶洞。另外，在白云岩发育区，储集空间以溶孔和裂缝为主。主要储集空间类型有：风化裂缝、层理微裂缝、构造裂缝。

志留系储集层物性差，千枚岩储集层基质平均孔隙度为 2.34%，储集层空气渗透率一般小于 0.1 毫达西。电镜扫描岩心与岩屑均致密，在 1100 ～ 2100 倍的高倍下才见极少量的微裂缝，胶结物为极细的黏土，呈细碎的片状分布。试井解释的有效渗透率在 2 ～ 10 毫达西，主要为裂缝贡献。分布在油藏西部边缘局部地区，覆盖在千枚岩之上的薄层白云岩物性较好，其孔隙度达 10%，但分布局限，仅占全区石油储量的 10% 左右。

三、油藏

1. 油藏类型

鸭儿峡 L 油藏属构造整体面貌呈“两隆一凹”的马鞍状背斜。油藏埋深 1900 ～ 3100 米，总沉积厚度 80 ～ 100 米，有效厚度 8.3 ～ 26.5 米。油层有效厚度 16 米，有效孔隙度 22.4%，含油饱和度 65%，属中等丰度层状砂岩断块构造油气藏。

鸭儿峡志留系属裂缝性断块古潜山油藏，油藏平均埋深 2892 米，油层平均有效厚度 34.9 米，储集层物性差，基质平均孔隙度 2.34%，含油饱和度平均 70%。

鸭儿峡白垩系油藏属构造背景下因储集层岩性或物性侧向发生变化而形成的断块岩性油藏，其上部与新近系地层呈假整合接触，下部与石炭系、二叠系、志留系地层不整合接触，油气聚集受构造、岩性双重因素控制。油藏含油层段主要为下沟组（K_1g），分上、下两套储集层段。上套储集层段有效厚度 51 米，主要是一套长石质硬砂岩；下套储集层岩性，以砂砾岩及砾状砂岩为主，主要分布在592井—554井之间，有效厚度44米。

2. 流体性质

1）原油

鸭儿峡油田3个油藏的原油性质均较好，属于含硫低、含蜡低、凝固点低、相对密度低、黏度低的原油。

L油藏原始气油比高，地层原油黏度低，相对密度小，属于高饱和、低黏度轻质原油。由于断层分割，各个井区物性有所不同。五、六井区饱和压力、天然气溶解度和体积系数较高，原油黏度、相对密度较低；十三井区饱和压力、天然气溶解度和体积系数较低，原油黏度、相对密度较高；而一井区地层原油性质参数间于五、六井区和十三井区之间。油藏原始地层压力为28.78兆帕，地饱压差9.63兆帕。

白垩系油藏原油性质相差不大，地层原油黏度为4.4毫帕·秒，原油地层流动性好。油藏原始地层压力为44.27兆帕，地饱压差30.44兆帕。

志留系变质岩油藏地层原油性质存在一定差异，从早期录取原油性质的总体情况看，属于普通黑油。但个别井点相对密度及黏度很高，532井的脱气油黏度在37℃时为9860毫帕·秒，80℃时仍达757毫帕·秒，已属稠油范围，显示出该油藏的复杂性和内部非均质性。

2）天然气

鸭儿峡油田天然气为溶解气。其中，L油藏天然气的相对密度为0.037～0.7克/厘米^3，甲烷、乙烷、丙烷、丁烷、氮、二氧化碳、硫的含量分别为68.3%、14.93%、9.0%、4.08%、3.31%、0.6%、0.05%；S油藏天然气的相对密度为0.298克/厘米^3，甲烷、乙烷、丙烷、丁烷、氮、二氧化碳、硫的含量分别为64.98%、13.5%、8.66%、3.4%、6.82%、0.81%、1.1%。

3）地层水

鸭儿峡油田古近系—新近系L油藏的地层水属氯化钙型，总矿化度平均为5万毫克/升；白垩系油藏地层水属硫酸钠型，总矿化度平均为9.1万毫克/升；志留系油藏地层水属硫酸钠—氯化钙型，总矿化度为8.9万毫克/升。

3. 压力与温度

鸭儿峡油田L油藏原始地层压力为27.2～28.9兆帕，2005年地层压力11.6兆帕；白垩系原始地层压力为40.22～48.32兆帕，2005年地层压力14.54兆帕；志留系原始地层压力33.4～47.6兆帕，2005年地层压力10.11兆帕。

L油藏、志留系地温梯度3℃/100米，白垩系油藏的地温梯度为3.38℃/100米，属于正常温度系统油藏。L油藏平均油层温度77℃，志留系油藏油层温度86～110℃。

四、储量

1987年前，鸭儿峡油田对各油藏储量进行多次计算。其中，L油藏先后有5次储量计算，开发过程中一直沿用1963年的计算结果，圈定含油面积10.3平方千米，石油地质储量1149.6万吨；白垩系油藏经过2次计算，累计探明含油面积3.27平方千米，石油地质储量523.4万吨，最终采收率20%，可采储量104.68万吨；志留系油藏含油面积8.09平方千米，地质储量909.92万吨，采收率20%，可采储量182万吨。

1987—1988年，701断块和881断块先后试油试采获得工业油流，志留系油藏新增含油面积0.6平方千米、地质储量127万吨，其中溶解气地质储量0.79亿立方米。

至2005年底，鸭儿峡油田累计探明含油面积14.2平方千米，累计探明石油地质储量2710万吨，根据1995年石油可采储量标定，采收率为23.1%，可采储量626万吨。

2006年，鸭西1区块获工业油流，采用容积法对鸭西1区块白垩系下统下沟组油藏计算储量，提交探明石油地质储量730.73万吨、可采储量131.53万吨、含油面积7.10平方千米，并获国家储量委员会审批通过。由于储集层复杂，区块储量未能动用。

2013年，重新认识鸭儿峡油田白垩系油藏，对鸭西102区块探明储量进行复算，复算后含油面积5.24平方千米，探明石油地质储量1608.56万吨，可采储量225.20万吨，此次复算新增含油面积1.97平方千米，新增探明石油地质储量1085.16万吨，可采储量130.90万吨。

至2017年底，鸭儿峡油田累计探明含油面积22.64平方千米，累计探明石油地质储量4525.89万吨。动用含油面积15.54平方千米，石油地质储量3795.16万吨，技术可采储量826.05万吨。鸭西1区块未动用。

第三节　青西油田

青西油田位于甘肃省玉门市境内，距玉门市区以西40千米。东邻鸭儿峡油田，西接旱峡煤矿，南依祁连山，北望赤金镇。地理位置处于东经96° 40′ ~ 96° 50′，北纬39° 37′ ~ 39° 45′，因位于玉门市青草湾以西而得名。地处祁连山系妖魔山下，呈南高北低的冲积缓坡。青西油田地貌南部为急剧上升的高山区，中部被水流切割形成支离破碎的低山丘陵，北部为陡倾斜的洪积戈壁平原。位于中部低山丘陵之上，沟谷发育，地形十分复杂，地面平均海拔2500米左右，地表高差500米左右。

一、构造

1. 构造形态

青西油田整体上呈西高东低、南高北低的构造格局，由南向北依次可分为窟窿山背斜南翼、窟窿山背斜北翼和柳沟庄断鼻。

1）窟窿山背斜南翼

构造轴向北西西向，构造南部被逆掩在祁连山古生界基岩之下，以祁连山北缘逆冲断层为界，其南边界发育一系列走向290度的逆冲断裂，断面以南倾为主，向深部变缓。北部以窟窿山Ⅳ号逆断层为界。在下沟组下段$K_1g_1^2$顶构造图上，圈闭面积64平方千米，高点埋深3250米，闭合高度1000米。

2）窟窿山背斜北翼

构造轴向北西西向，北部以窟窿山Ⅰ号逆断层为界，南部以窟窿山Ⅳ号逆断层为界，其西部由于在燕山末期以及喜马拉雅期处于强烈的挤压环境下，构造变形强烈。在下沟组下段$K_1g_1^2$顶构造图上，圈闭面积66平方千米，高点埋深3550米，闭合高度1350米。

3）柳沟庄断鼻

构造轴向北西西向，夹持在窟窿山逆断层与柳沟庄逆断层之间，构造形态为一轴向北西西向的断鼻构造，整个构造地层较陡，在下沟组下段$K_1g_1^2$顶构造图上，圈闭面积18平方千米，高点埋深4080米，闭合高度1200米。

2. 断裂特征

青西油田的主要断裂系统由喜马拉雅期北西向逆冲断层和近南北向调节断层构成。祁连山北缘发育一系列走向约290度逆断层，断面以南倾为主，倾角大部分大于50度，断面向深部变缓，被近南北向平移断层切割。主要大断层为奥陶系与侏罗系之间的逆掩断层、志留系与白垩系之间的逆冲断层、窟窿山与柳沟庄地区之间的窟窿山逆掩断层及窟窿山近南北向平移断层。志留系与白垩系之间的窟窿山断层在地震剖面上明显，断层落实，断层上陡下缓，该断层为青西油田窟窿山油藏和柳沟庄油藏的分界断层。

柳沟庄逆断层：发育于喜马拉雅期末期，平面上呈弧形带状展布，走向近北西，断面南倾，倾角5 ~ 50度，浅部倾角30 ~ 50度，深部倾角5 ~ 10度，断距50 ~ 300米。该断层控制柳沟庄断鼻的构造格局及油气分布。

窟窿山逆断层：发育于喜马拉雅期末期，有3条断层，平面上呈弧形带状展布，由北向南依次为窟窿山逆断层、窟窿山Ⅱ、Ⅲ号逆断层。走向近北西，断面南倾，倾角5 ~ 50度，浅部倾角40 ~ 50度，深部倾角5 ~ 10长，断距50 ~ 400米，其中窟窿山逆断层断距较大，延伸长度在区内6 ~ 15千米。该组断层控制了窟窿山区块的构造格局及油气的富集，其中窟窿山逆断层是窟窿山和柳沟庄油藏的分界断层。

妖魔山逆断层：发育于喜马拉雅期早期，有3条断层，平面上呈条带状展布，由南向北依次为祁连山北缘逆断层、妖魔山Ⅱ级逆断层、妖魔山逆断层。走向近北西，断面南倾，向深部变缓，延伸长度在区内10 ~ 15千米。祁连山北缘逆断层为盆地的南部边界。妖魔山逆断层为妖魔山与窟窿山构造的分界断层，断距200 ~ 500米。妖魔山Ⅱ级逆断层将妖魔山断片复杂化，断距50 ~ 100米。

近南北向平移断层：发育于喜马拉雅期，在古近纪—新近纪活动较强，第四纪末至今仍有活动，为一组四条走滑断层，具有以下特征：（1）平面上呈平行状展布；（2）走向近南北向，断面近直立，垂直断距小，延伸长度约 4 ～ 9 千米；（3）断层两侧岩层无旋转现象。近南北向调节断层控制油气分布。主要分布于青西油田窿 6 区块，平面上呈“八”字形展布，并发育斜交的次级断层。该断裂带为有效裂缝发育带，控制窟窿山构造的油气富集。

二、沉积与储集层

青西油田储集层主要分布在下白垩统下沟组中，为扇三角洲前缘亚相的砂砾岩和半深湖亚相泥云岩，储集层裂缝发育，非均质性强。

1. 地层

1987 年前，对西参 1 井、窿 2 井、柳 1 井钻遇地层进行划分与对比，认为酒西坳陷是在古生界褶皱基底上发育起来的中、新生代沉积坳陷。下古生界、古生界为基底，中、新生界构成坳陷的沉积盖层。南缘出露志留系、石炭系、侏罗系、白垩系、古近系、新近系、第四系。坳陷中、新生界沉积盖层最厚超过 7000 米，白垩系仅发育下统。下白垩统自下而上分为赤金堡组（K_1c）、下沟组（K_1g）以及中沟组（K_1z），其中下沟组（K_1g）、赤金堡组（K_1c）为本区主要烃源层，下沟组（K_1g）为主要储集层。

1991 年，玉门油田研究院对柳沟庄地区开展油藏描述，将下白垩统新民堡群细分为中沟组（K_1z）、下沟组（K_1g），下沟组又细分为四段。

2000 年，通过储集层参数计算和评价，将青西油田下白垩统下沟组（K_1g）储集层划分为 Ⅰ、Ⅱ、Ⅲ 三类，在剖面上细分到亚段单元。

2005 年，依据沉积旋回特征和韵律特征，根据标志层，将下沟组划分为 4 个段，12 个亚段。

2014 年，通过窿 8 区块各个层非均质性系数分析及隔夹层平面剖面分析，K_1g_0 段储集层非均质性中等，层内及层间隔夹层发育相对较少；K_1g_1 段储集层非均质性相对较强，层内及层间隔夹层较发育。

2. 沉积相

青西油田的沉积储集层，主要分布在下白垩统下沟组地层中，沉积相类型分为扇三角洲相和湖泊相两大类，主要为扇三角洲前缘亚相的砂砾岩和半深湖亚相泥云岩。

极少一部分分布在下白垩统中沟组和古近系白杨河组地层中，其中中沟组为半深湖和扇三角洲前缘沉积亚相，古近系整体为辫状河三角洲—湖泊相沉积。

3. 岩性与物性

青西油田白垩系下沟组储集层岩性以砾岩、砂岩及泥质白云岩为主，少量白云质泥岩、石灰岩。总体岩性复杂，种类多。其中以泥岩占总样品数的 40.2% 为主，其次为砂砾岩占 39.1% 和白云岩占 20.2%，少量石灰岩占 0.5%。窿 6 区块和窿 8 区块储集层以碎屑岩类为主，窿 101 区块和柳沟庄区块储集层以碳酸盐岩类为主。由于青西油田储集层埋藏深，因杂基的充填、压实作用、胶结作用、石英次生加大、自生矿物的结晶等原因，大大减小原生孔隙，使得原生孔隙度小，通过对青西油田下沟组（K_1g）437 个样品的物性分析，孔隙度最小 0.01%，最大 14.2%，平均 3.43%，70% 样品的孔隙度主要集中分布在 1% ～ 6% 范围内。青西油田储集层基质渗透率小于 2 毫达西。但从岩心含油产状与物性分布交会图分析，总体孔渗相关性差，说明基质未形成渗流网络，需要裂缝沟通才能有效渗流。

三、油藏

1. 油藏类型

青西油田为构造背景下岩性裂缝性油藏，包括柳沟庄、窟窿山 2 个油藏，为自生自储并受断层和裂缝控制的复杂岩性油藏。主力产层埋深 4500 米左右，其地质特征为构造复杂、岩性复杂、裂缝发育规律复杂，平面非均质性强，剖面上含油井段长，油水关系复杂。下白垩统下沟组和中沟组为主要烃源岩层，其中下沟组为主要储集层，发育（砂）砾岩、砂岩及泥云岩三种岩性的储集层。油藏类型属常温油藏，天然驱动方式为弹性能量和边底水驱动。

2. 流体性质

1）原油

下沟组地面原油密度 0.8259 ～ 0.8772 克 / 厘米^3，平均 0.8574 克 / 厘米^3，25℃时黏度各井不同，窟窿山为 8.1 ～ 9.2 厘泊，柳沟庄为 33.1 ～ 63.1 厘泊，凝固点 13.8℃，初馏点 112.8℃，含蜡 11.7%，烷烃 45.9%，沥青质 8.0%，芳烃 15.7%，非烃 19.9%，为高含蜡原油，物性中等偏好。

2）天然气

下沟组油藏的气体为溶解气，仅含微量氮气（N_2）和二氧化碳（CO_2）。气体相对密度为0.6969～0.8874，平均0.8162；甲烷（CH_4）含量占61.06%～87.58%，平均72.2%；乙烷（C_2H_6）含量占9.03%～20.12%，平均15.3%；丙烷　己烷（C_3H_8　C_6H_{14}）含量占1.49%～16.54%，平均8.11%；氮气（N_2）含量占2.80%～4.46%，平均3.37%；二氧化碳（CO_2）含量占0.93%～1.455%，平均1.24%。

3）地层水

地层水矿化度平均约为50000～100000毫克/升，水型为碳酸氢钠（$NaHCO_3$），阳离子以钾、钠离子为主，次为钙离子，再次为镁离子；阴离子以氯离子占优势，次为碳酸氢根离子。地层水密度0.996克/厘米^3，气体平均溶解系数0.42米^3/米^3·兆帕，气水比5.33米^3/米^3，体积系数1.074，地层条件下水压缩系数9.299×10^{-4}/兆帕。

3. 压力与温度

青西油田平均地层压力系数1.36，各区块具有不同的深度与压力关系。其中，柳沟庄区块平均地层压力系数为1.36，窿101区块平均地层压力系数为1.32，窿6区块平均地层压力系数为1.36。青西油田的地温梯度为2.69℃/100米，属于低温的范畴。

四、储量

青西油田1998年开始计算探明石油地质储量。1998年，根据柳1、柳102井区的勘探开发成果，采用容积法计算柳1、柳102井区的储量，这是首次开展青西油田裂缝性油藏储量计算。在储量预审会上，股份公司储量评估专家认为，构造解释不够精细，油藏基础资料少，尤其是岩心分析等资料少（当时只有4块岩心分析样品），未同意上报探明储量。

1999年，窿101井试油试采获得工业油流后，采用容积法计算窿101井区的储量，但股份公司储量评估专家认为，青西油田裂缝性油藏容积法储量计算的各项参数研究不够准确，未同意上报探明储量。

2000年，根据柳1井、柳3井、柳102井等5口井的生产情况，采用动态法计算青西油田柳沟庄区块的储量。经国土资源部储量评审中心石油天然气办公室审查后，批准青西油田柳沟庄区块（柳3井块选取产量递减法、柳1—柳102井块选取压力恢复曲线法）新增探明含油面积4.5平方千米，探明石油地质储量654万吨，技术可采储量104.7万吨。

2001年，随着窿101井、窿102井、窿103井等7口井试油试采获得工业油流，采用容积法计算窿101区块的储量。经国土资源部储量评审中心石油天然气办公室审查后，批准青西油田窿101区块新增探明含油面积8.7平方千米，探明石油地质储量1255万吨，技术可采储量225.9万吨。

2002年，窿4井、窿6井等7口井试油试采获得工业油流，采用容积法计算窿6区块的储量。经国土资源部储量评审中心石油天然气办公室审查后，批准青西油田窿6区块新增探明含油面积4.9平方千米，探明石油地质储量1643万吨，技术可采储量262.9万吨。

2003年，窿8井等井钻探成功，采用容积法对窿8区块的储量进行计算。经国土资源部储量评审中心石油天然气办公室评审，批准青西油田窿8区块新增探明含油面积4.4平方千米，探明石油地质储量1139万吨，技术可采储量182.3万吨。

2004年，窿104J井试油试采获得工业油流，采用容积法对窿104区块的储量进行计算。经国土资源部储量评审中心石油天然气办公室审查后，批准青西油田窿104区块新增探明含油面积6.4平方千米，探明石油地质储量1059万吨，技术可采储量169.2万吨。

2005年，窿15井等井钻探成功，按照新的储量规范，采用容积法对窿15区块的储量进行计算。经国土资源部储量评审中心石油天然气办公室审查后，批准青西油田窿15区块新增探明含油面积5.28平方千米，探明石油地质储量609.10万吨，技术可采储量97.45万吨。随着柳4井、柳6井等井在柳沟庄油藏扩边钻探成功，采用容积法对柳沟庄油藏进行储量复算，新增探明含油面积2.65平方千米、探明石油地质储量549.94万吨、技术可采储量87.93万吨。经国土资源部储量评审中心石油天然气办公室审查批准，青西油田柳沟庄区块探明含油面积7.15平方千米、探明石油地质储量1203.94万吨、技术可采储量192.63万吨。

2006年，采用容积法对柳9区块储量进行计算，经审查批准青西油田柳9区块新增探明含油面积1.70平方千米、探明石油地质储量306.36万吨、技术可采储量49.02万吨。经历3次储量计算，青西油田柳沟庄区块合计提交探明石油地质储量 1510.3 万吨、技术可采储量 241.65 万吨。

至 2017 年底，青西油田累计探明含油面积 35.85 平方千米、石油地质储量 6993.37 万吨、技术可采储量 1118.91 万吨。累计动用含油面积 22.47 平方千米、石油地质储量 5026.2 万吨。窿 104 和窿 15 区块未能动用，窿 101 区块部分动用。

第四节　酒东油田

酒东油田位于酒泉盆地酒东坳陷营尔凹陷内部长沙岭鼻状构造，地处酒泉市以东 40 千米处，地面海拔平均约 1600 米。酒泉盆地营尔凹陷是在加里东褶皱基底上发育起来的中、新生代断坳叠置的凹陷，凹陷西起嘉峪关隆起，东到清水凸起，南倚北祁连山麓，北以天泉寺凸起相邻，南北长约 45 千米，东西宽约 30 千米，总面积 1300 平方千米，主要目的层下白垩统最大沉积厚度约 5000 米。

一、构造

酒东油田相继在长沙岭构造发现白垩系下沟组 K_1g_1 和 K_1g_3 两个油藏，K_1g_1 油藏由于地质条件复杂，尚处于勘探评价阶段，K_1g_3 油藏作为酒东油田主力油藏得到有效开发。

长沙岭构造为一轴向近东西向，依附于黑梁断层向东倾伏的大型断鼻，呈典型的“东断西超”箕状断陷构造格局，受多条东倾正断层的切割，自西向东被切割为多个局部断块。断块具有独立的油水系统，油水界面在各断块不同，压力系统也存在较大差异。K_1g_3 油藏顶面共划分长 10 断鼻、长 1 断块群、长 2 断块群和长 3 断块群 4 个较大规模圈闭，圈闭总面积 60 平方千米，其中长 1 断块群、长 2 断块群和长 3 断块群均已成藏。下白垩统下沟组 K_1g_3 段圈闭面积 138 平方千米。

二、沉积与储集层

1. 地层

酒东营尔凹陷长沙岭构造钻遇的地层由上到下依次为：第四系酒泉组、玉门组；古近系—新近系牛胳套—胳塘沟组、弓形山组、白杨河组、柳沟庄组；白垩系中沟组、下沟组、赤金堡组，其中下沟组 K_1g_3、K_1g_1 段是酒东长沙岭油藏主要目的层。

酒东 K_1g_3 段地层厚 111.2 ～ 251.4 米，内部根据各级旋回分为上、下 2 个油组 4 个砂组 8 个小层共 21 个单砂层。K_1g_3 Ⅰ油组地层厚度 50.7 ～ 119.9 米，各级旋回分为 2 个砂组 4 个小层 10 个单砂层。K_1g_3 Ⅱ油组地层厚度 48.6 ～ 154.9 米，各级旋回分为 2 个砂组 4 个小层 11 个单砂层。

根据层序划分标准，K_1g_3 油藏自上而下共分为：$K_1g_3^{2\text{-}2}$、$K_1g_3^{2\text{-}1}$、$K_1g_3^{1\text{-}2}$、$K_1g_3^{1\text{-}1}$ 四个小层，划分 C_1、C_2、C_3、C_4 四个油层组。C_1、C_2 油层组在长 7 井区、长 204 井区最为发育，对比性强，连续性好。C_3 油层组在长沙岭相对高部位发育，受断层影响各断块的连续性差；C_4 油层组在长 8 井区和长 302 井区发育。

2. 沉积相

酒东营尔凹陷构造演化的多旋回性形成沉积作用的多旋回性。早白垩世时期沉积作用主要受断陷控制，形成巨厚的以断陷湖泊沉积为主的沉积体系，在断陷湖泊周围发育有扇三角洲、辫状河三角洲沉积体系，其中辫状河三角洲是营尔凹陷白垩系最主要的储集相带。辫状河三角洲主要发育水下分流河道沉积，长沙岭地区 K_1g_3 段 $K_1g_3^{2\text{-}2}$ 层和 $K_1g_3^{2\text{-}1}$ 层有利储集层均在分流河道微相中发育，其次为河口坝微相和河道间微相。

3. 岩性与物性

长沙岭 K_1g_3 油藏的岩性主要以中砂岩（38.2%）、细砂岩（25.8%）、粉砂岩（21.1%）为主，还有少量泥质粉砂岩、砾状砂岩等。长沙岭下白垩统碎屑岩具有磨圆次棱，分选不均，结构成熟度差，成分成熟度差到中的特点。砂岩的碎屑组成包括石英、长石、岩屑，砂岩类型主要为长石岩屑砂岩和岩屑长石砂岩。

根据岩心分析统计，长沙岭下白垩统下沟组 K_1g_3 段有效储集层的物性特征为：最小孔隙度 2.05%，最大孔隙度 25.82%，平均孔隙度 15.2%；最小渗透率 0.056 毫达西，最大渗透率 1050.6 毫达西，平均渗透率 182.4 毫达西。

三、油藏

1. 油藏类型

酒东油田属断块岩性油藏。K_1g_3 油藏发育在长沙岭构造南翼，主要分布于长 1、长 2、长 3 断块。但各断块含油性差别大，油井产能悬殊，各断块具有独立的油水系统，受断层影响各油层组的油水界面在各断块不同，各断块压力系统也存在较大差异。油藏为常温、异常高压、常规黑油的断块油藏。

2. 流体性质

1）原油

酒东长沙岭 K_1g_3 油藏原油性质具有“五低、一中、一高”的特点，即密度低、黏度低、溶解气油比低、原油压缩系数低、胶质沥青质含量低、凝固点中等、含蜡量高。

2）天然气

流体组分表现为甲烷含量低、重质组分含量高。

3）地层水

酒东 K_1g_3 油藏地层水水型为氯化钙（$CaCl_2$）型，长 1 区块地层水矿化度较高，长 3 区块矿化度较低，长 2 区块矿化度中等。

3. 压力与温度

根据 K_1g_3 油藏长 2、长 3 含油区块的测压数据进行统计分析，最终确定酒东 K_1g_3 油藏的压力系统：长 2 区块压力系统压力梯度 1.18 兆帕 /100 米，地层压力系数 1.94，长 3 区块压力系统压力梯度 0.8 兆帕 /100 米，平均地层压力系数 1.27，属异常高压油藏。

对酒东长沙岭 K_1g_3 油藏 5 口井 8 个测试的静温数据进行统计，其结果 K_1g_3 油藏的地温梯度为 2.83℃ /100 米，属于低温的范畴。地温梯度与我国西部地区总体地温梯度一致。

四、储量

2007 年，采用容积法对酒东油田长 3 区块下白垩统下沟组 K_1g_1 段进行储量计算，提交股份公司审查。2009 年，经国土资源部储量评审中心石油天然气办公室审查后，酒东油田长 3 区块下白垩统下沟组 K_1g_1 段油藏新增探明含油面积 2.42 平方千米，石油地质储量 168.07 万吨，技术可采储量 27.90 万吨，标定采收率 16.6%。由于储集层复杂，区块储量未能动用。

2011 年，采用容积法对长沙岭 K_1g_3 区块储量进行计算。2013 年，经国土资源部储量评审中心石油天然气办公室审查批准，长 7 区块新增探明储量含油面积 13.96 平方千米，石油地质储量 1022.66 万吨，技术可采储量 102.26 万吨，标定采收率 10.0%。

至 2017 年底，酒东油田累计探明含油面积 16.38 平方千米，探明石油地质储量 1190.73 万吨，技术可采储量 146.74 万吨。其中长 3 区块 K_1g_1 油藏由于储集层复杂，储量未能得到动用。

第五节　石油沟油田

石油沟油田位于甘肃省玉门市境内，距老君庙油田东南 15 千米，地理坐标东经 97° 36′55″～97° 39′35″，北纬 39° 41′57.5″～39° 43′25″。四面群山环抱，东傍白杨河，南抵照壁山，西临老君庙，北依小孤山，地面海拔 2600 米左右。石油沟油田 1953 年钻探发现，是新中国第一个投入开发的油田。因油层出露地表、沿沟谷一带流出大量原油而得名，现属老君庙采油厂（油矿）管理。

一、构造

石油沟构造为古近系—新近系甘肃统地层构成的不对称穹隆背斜，不整合于火石山石炭系、二叠系、三叠系潜山上。是以老君庙背斜构造为主的次生构造，位于老君庙背斜带石油沟背斜构造的西翼，是燕山运动的产物。构造轴向北西 15 度，东西长约 15 千米，南北宽 7 千米，横贯于老君庙和大红圈构造之间。构造顶部已遭剥蚀，古生代地层出露地表，是一个受到破坏的不完整的构造油藏。构造南缓北陡，地层陡立，北翼倾角 70 度左右；南翼较缓，倾角 10～20 度，延伸至祁连山麓；西部古近系—新近系地层向西倾没，倾角约 30 度左右；东部靠近氧化带并与火石山相连。其东翼油层出露地表，沿着火石山西麓呈环状分布。油砂露头长约 2 千米，风化后呈灰黄色，沿沟谷一带流出大量原油，在沟的两侧形成沥青砾石滩。其下伏的三叠系、二叠系和上石炭统地层裂缝中亦见有沥青和原油。石油沟构造断层纵横，依断裂性质及生成先后可分 6 组。

老逆掩断层：走向近于东西，地面所见断面倾向东南，倾角在 55～80 度，最先生成。

老横断层：走向近南北，断面陡立，以水平移动为主，断线横向北推，横穿老岩系构成的背斜轴，不穿过古近系地层，属燕山运动之产物。

老正断层：走向不定，多沿老岩系层面滑落，古近系地层未受影响，生成于老横断层后。

新逆掩断层：走向大致与古近系穹状背斜层平行。断面倾向南西，发生于北翼近轴部处。

较新横断层：走向近南北，延伸均不远，发生于古近系红色地层中，均不穿过老岩系，说明生成时代较新，如煤燻沟横断层、间泉子油层附近的小横断层。

较新正断层：走向近垂直于穹状背斜轴，常见于南翼，最后生成。

二、沉积与储集层

1. 地层

石油沟地层属于多次地质运动抬升，侵蚀破坏，出露较为完整，主要地层有：上石炭统太原组、下二叠统大黄沟组、上二叠统窑沟组、三叠系西大沟群、下侏罗统龙凤山群、上侏罗统博乐砾岩、古近系甘肃统、新近系玉门砾岩、第四系酒泉砾石层。古近系甘肃统依岩性和颜色大致可分为上、下两部，下部为白杨河组，上部为疏勒河组。

2. 沉积相

根据地面露头、井下取出的岩心、测井曲线和粒度资料分析，石油沟 L 层主要是冲积扇环境的沉积物，是厚层块状的冲积扇砂岩体，内部无稳定的泥岩隔层。

M 油藏属河流—湖泊相正韵律沉积，油层底部与白垩系地层呈不整合接触，油层非均质性严重。M 层下部与老地层接触，其厚度之变化，与古地形有关，在井下钻经厚度一般为 50 ~ 61 米，整个砂层也并非全部储油，一般西部井含油较好，纯油砂厚度最厚的有 28.5 米（172 井），含油饱和度 60% ~ 70%。M 层分为三层，以几组高电阻为主分成 M_1、M_2 和 M_3，其间的夹层电阻较低，电位曲线的显示不定。

3. 储集层特征

石油沟油田储集层为古近系渐新统白杨河组间泉子段，分两个层组，即 L、M 层，其间为钙质结核层（L–M 层），为厚层块状碎屑岩。

间泉子段岩性橘红色厚层块状泥质中粒石英砂岩，钙质胶结，组织疏松，层理不明显，砂粒均匀，圆度较高，由圆至次圆，均为石英粒，直径在 0.25 毫米左右。中部为含石灰质结核砂岩层，并有薄层石灰岩，厚 20 ~ 30 米，依次分为 L、M 层，下部 M 层较粗，含有细砂砾，砂粒直径 1 ~ 2 厘米。此层为石油沟油田主要储油层，井下厚约 140 米，含少量泥岩夹层，含油不均匀、上下差异大，砂岩平均孔隙度在 20% ~ 25%，最低为 17%，最高可达 35%，渗透率变化大，50 ~ 2000 毫达西，孔隙度、渗透率相对较大，盖层为致密的巧克力色泥岩。间泉子段为优质储油层，因构造破坏，原油损失大。

L 层深度 150 ~ 300 米，厚 40 ~ 80 米，南薄北厚，顶部一般以石膏层为界，岩性为橘红色厚层块状泥质中粗粒石英砂岩，颗粒直径 0.25 毫米左右，分选较好，分选系数 1.73，胶结为钙质和泥岩，碳酸盐含量变化很大，最高 20%，一般为 5% ~ 6%，胶结程度疏松，剖面下粗上细为一正旋回沉积。从岩性上可以分为两段，上段基本上不含油，以棕红色粉细砂岩为主，夹少量泥岩。下段为粉细砂岩、中细砂岩和粗中砂岩，剖面连续含油。渗透率变化大，介于 0.052 ~ 2.07 毫达西，孔隙度 15.5% ~ 22.8%。

L–M 层深度 200 ~ 350 米，厚 30 米左右，为含石灰质结核的砂岩夹层，层内渗透级差较大。因渗透性差异大，在开发过程中水驱油效率西南部往往好于东北部。

M 层深度 300 ~ 550 米，厚 40 ~ 80 米，平均 64 米，东南薄西北厚，以中细砂岩、粉细砂岩为主，其次为粗中砂岩和砾状砂岩。底部变粗为厚层块状砂岩，内部无夹层，上部含油好，下部含油差。M 油层底与下覆地层呈不整合接触，为石油沟油田的主要生产层位，岩性为橘红色块状砂岩，粒度细，砂岩中石英占 45%~55%，油层非均质性强，黏土矿物主要为蒙脱石类，相对含量占 58.5%。岩石胶结疏松，分选系数 1.59。剖面为河流形成的洪积相正韵律沉积且连续含油无明显泥质夹层。油层分布稳定，地层倾角小于 15 度。受构造作用的影响，油藏内部发育有两组裂缝且具有明显的方向性，一组由沉积作用形成的水平裂缝，主要发育在 M 油层的上部，密度 15 ~ 17 条 / 米，呈闭合状；另一组受构造作用形成的垂直和斜交裂缝，主要分布 M 油层下部，呈开启状，裂缝宽 1 ~ 3 毫米，裂面充填沥青及原油，纵向延伸 5 ~ 10 米，往往与水平裂缝贯穿构成裂缝网状，因此 M 油层具有孔隙储油和裂缝储油双重介质的特征。M 层剖面为砂岩，连续含油，渗透率范围为 65 ～ 727 毫达西，孔隙度 16.2% ～ 21.1%。

三、油藏

1. 流体性质

1）原油

石油沟油田的原油属低硫、高含蜡轻质稀油。

2）天然气

石油沟油田天然气密度为 1.412 克 / 升，相对密度 1.221，其中甲烷、乙烷、丙烷、丁烷、氮气、氧气的含量分别为 22.67%、27.99%、27.5%、11.54%、12.58%、0.78%。

3）地层水

石油沟油田油层水基本上都属于氯、钠、钙水，可与老君庙油田水进行对比。一种是高矿化度，含盐量较高，与老君庙 L 层的水性相似，含盐量均在 40000 ～ 60000 毫克 / 升；另一种是矿化度较低，含盐量较少，相对密度较低，离子的反应百分值与上一种完全一致，水性相同，与老君庙 K 油层的水性相似，在构造外围的井产出水均属于此类，集中在Ⅱ、Ⅲ区，是由于金属将硫酸盐还原形成。

2. 压力与温度

石油沟油田原始地层压力 3.58 兆帕，饱和压力根据石 54 井、58 井高压物性计算得出为 1.2 兆帕。其中，L 层原始压力为 4.0 兆帕、原始饱和压力为 11.3 兆帕；M 层原始压力为 6.0 兆帕、原始饱和压力为 12.6 兆帕。原始油层温度，L 层为 18℃，M 层为 26℃。

3. 油藏类型

石油沟油田属背斜油藏。油田油水关系复杂，是一个油层压力低、渗透性差、裂缝发育的块状砂岩油田。L 层为层状砂岩油藏，M 层为块状、低渗透裂缝性油藏。

四、储量

1987 年前，石油沟油田先后进行 9 次储量计算。1990 年，对石油沟油田地质储量进行复算，结果与 1963 年复算结果一致，石油地质储量为 464.00 万吨，含油面积 3.3 平方千米，技术可采储量为 222.70 万吨。此后，地质储量未变，可采储量经过多次标定，变化不大。2017 年底，石油沟油田技术可采储量为 238.06 万吨。

第六节　白杨河油田

白杨河油田位于甘肃省玉门市东北方向约 17 千米处，海拔高度 1800 米，处于东经 97° 33′—97° 53′，北纬 39° 43′—39° 55′范围内。因油田区域内有白杨河流经，油田西南是玉门市清泉乡白杨河村，故油田亦命名为“白杨河油田”。现属老君庙采油厂（油矿）管理。

一、构造

白杨河油田是酒西盆地北部单斜带上向南倾的鼻状隆起构造，区域地面构造是一个东西长、南北短，南翼陡、北翼缓的狭长穹隆背斜构造，东西长 7 千米，南北长 3 千米，南翼最大倾角 19 度，北翼最大倾角 8 度，构造闭合差 80 米左右，构造闭合面积 20 平方千米左右。

白杨河油田地下构造为南倾鼻状隆起，东西两端有平缓圈闭，倾角 5 ～ 6 度，东南较平缓，倾角 2 度，南倾接近鼻褶最高处更平缓，向北一直抬起，构造东端有一条正断层切割，形成油藏遮挡，构造中部被一条平移断层切割，把油田分为东西两个区块，是由断层与鼻状构造组成的油藏。

二、沉积与储集层

1. 地层

白杨河油田地层出露全为早期第四纪酒泉砾石层，井下钻遇地层则与盆地北山出露地层一致，新生代、中生代、古生代地层俱全。含油层系为古近系火烧沟组和白杨河组间泉子段。火烧沟组分布范围从白杨河构造直至北山露头，北厚南薄，油藏埋深 1100 ～ 1200 米。火烧沟组为主力油层，油层厚 160 ～ 300 米，油层有效厚度 16.8 米。间泉子段厚 50 米，油层有效厚度 2.7 米。根据油层沉积的旋回性和隔层的发育程度，将油层划分为 2 个油层组，6 个小层。

2. 沉积相

对白杨河储集层沉积相的认识，前期以岩心资料为基础，从岩石类型、层间接触关系、结构构造、古生物、矿物成分、化学成分等入手，对白杨河油田区域的沉积特点进行研究。认为火烧沟地层在北部至北山露头一带较发育。根据钻井电测剖面对比，沉积南缘在白2井与白8井之间尖灭，北厚南薄，为北山沉积。

1989年出版的《中国石油地质志》卷十三《玉门油田》，在沉积相理论的指导下，认为白杨河油田储集层是一套河湖相碎屑岩沉积。

3. 岩性与物性

白杨河火烧沟组上部油层是主要产油层，间泉子组为次要产油层。其中，间泉子组的岩性大部分为石英砂岩，橘红、棕红色或灰绿白色、夹有棕红色薄层泥岩，白杨河构造北部顶部含石膏砂岩一层，中部橘红色或棕红色石英砂岩中普遍含有钙质结核，在白杨河下部含油，厚度变化极大，由13米至188米，东薄西厚，南北变化不大。

火烧沟组上部油层为主要产油层，含油范围由于受构造圈闭的控制，集中分布在鼻褶顶部，岩性为棕红色、灰黑色（含油）及灰色、灰白色（含水），细、中粒块状砂岩，含细粉砂、细砾较多，分选较差（1.8 ～ 2.6）。胶结物为碳酸盐类，胶结疏松。碳酸盐含量平均为4.81%，分布范围0.36% ～ 10.03%，白24井处含量最高。区域物性较好，渗透率较高，全层平均渗透率400毫达西，变化范围120.1 ～ 695毫达西，其中白27井处最高。根据白杨河油田32口取心井资料，油藏垂直渗透率与水平渗透率的比值为0.87，垂直渗透率略小于水平渗透率。孔隙度平均为22.65%，变化范围13.2% ～ 32.6%，其中白22井处为最高。含油饱和度平均为65.61%，变化范围51.7% ～ 74.2%。火烧沟组总厚为60米，纯油砂厚度平均为10.53米。

三、油藏

1. 油藏类型

白杨河构造是一个随基岩起伏形成的鼻状隆起，构造平缓，并伴有小型断层封闭而形成的油藏，油藏是由几组较厚的砂层组组成，岩相岩性变化大，含油面积小，属于底水油藏。白杨河油田存在底水，油水界面是一倾斜面，倾斜方向和构造一致，倾斜角为1.5度，具有统一的水动力系统。油藏天然驱油能量小，原油原始溶解气非常低，无原生气顶。虽然存在底水，但能量小，油藏不具备自喷能力。

2. 流体性质

1）原油

白杨河油田原油含胶质多，其中含蜡8.34%、含硫0.14%、含沥青3.32%、含胶质27.8%。

2）天然气

由于整个油田含气量较少，对天然气性质没有进行过大规模分析，仅对南部白1井间泉子层在1987年前做过高压物性取样分析，其二氧化碳、一氧化碳、饱和烃、不饱和烃、氢、氮的含量分别为4.2%、1%、86.8%、2.8%、1.38%、3.4%。

3）地层水

白杨河油田水型以碳酸氢钠型为主，火烧沟上油层地层水矿化度21250 ～ 23400毫克/升之间，最高23400毫克/升；间泉子油层地层水矿化度19614 ～ 20480毫克/升之间，最高20480毫克/升。

四、储量

1987年前，白杨河油田经多次储量计算，提交探明石油地质储量297.00万吨、储量面积1.20平方千米。1990年，油田进行储量套改，标定白杨河油田采收率为26%、可采储量为77.20万吨。在此后历次储量套改中，含油面积、地质储量未有变化，技术可采储量略有变动。2017年，白杨河油田标定采收率26.6%、可采储量79.02万吨。

第七节　单北油田

单北油田位于酒西盆地北部白杨河单斜带单北鼻状构造内，距离白杨河油田东北4.5千米，距离玉门市区北东 20 千米。地理坐标北纬 39° 38′ ~ 39° 58′，东经 97° 45′ ~ 97° 56′，辖区面积 2.70 平方千米，油田地面海拔 2000 米。是白杨河油田进入后期开发阶段，为寻求新的产量接替区自主开发的一个小油田。

一、构造

单北油藏构造是一个多断块油藏。断层具有斜滑移的特征，油水边界随断块的下降不断向西推移，油水界面约下降 40 ~ 100 米。

单北油田地面出露地层与白杨河油田相同，皆为玉门砾岩，但单北油田的岩性特征和各层厚度与白杨河油田存在一些小的差异。钻遇的地层大致有第四系及古近系—新近系牛胳套—胳塘沟组、白杨河组、火烧沟组，白垩系赤金堡组。

二、储集层物性及原油性质

单一区储油层中上火烧沟层（Eh_{2+3}）为中间无泥岩夹层的厚层块状砂岩。油层底部深度 696 米，平均有效厚度 5.6 米，有效孔隙度 22.9%，含油饱和度 45%，渗透率 100 ~ 500 毫达西，地面原油黏度 208 毫帕・秒（27℃），原始油层压力 4.7 兆帕。

单二、三区主力出油层火烧沟组 Eh_{2+3} 层为剖面连续含油、无明显泥岩夹层的块状砂层。岩性为灰褐色、褐灰色中细砂岩，胶结疏松，底部为底水。油层岩性和物性不如单一区。油层平均埋藏深度 820.85 米，原始地层压力 6.64 兆帕，饱和压力 0.6 兆帕，原始气油比 2.64 米^3/吨，地层温度 34℃，地面原油黏度 35.48 毫帕・秒（20℃），地下原油黏度 19.44 毫帕・秒（20℃），地面原油密度 0.86 克/厘米^3，含蜡量 13.66%，凝固点 10℃，含硫量 0.14%，胶质 11.96%，沥青 2.36%，渗透率 251.5 毫达西，孔隙度 24%，含油饱和度 43%，体积系数 1.04。

三、储量

1987 年前，单北油田的石油地质储量为 203.0 万吨，可采储量为 41.7 万吨。

1988 年，单北油田采收率标定为 28%，可采储量为 56.8 万吨。

2005 年 12 月，玉门油田进行储量套改，单北油田石油地质储量、含油面积、石油可采储量均未发生变化。单北油田石油地质储量 203.00 万吨，含油面积 2.70 平方千米，技术可采储量 56.80 万吨。技术可采储量经过多次标定，无大的变化，2017 年技术可采储量标定为 47.31 万吨。

第三章　开发部署

1987 年起，玉门油田全面进入后期开发。在老油田基本无新储量投入的情况下，开发系统面对资金短缺、设备陈旧，老油田稳产上产难度日益增大的严峻挑战，紧紧依靠科技创新，充分认识和掌握剩余油分布规律，精细编制油田开发五年规划和以“油田调整、注水治理、井组治理、增产挖潜、动态监测”为内容的年度综合调整治理五套方案，积极组织实施深化中低渗透层、小油田开发及增产挖潜措施，通过加密井网、分层注水、强注强采，突出井组调整治理，深挖小层潜力等措施，使老油田在后期开发中相继实现了 50 万吨、40 万吨两个 10 年稳产。2000 年后，随着青西、酒东、鸭西白垩系等新油田、新区块的发现，及时研究和编制开发规划和方案，按照开发方案有序进行建产和开发，确保新油田、新区块的高效开发，有效延缓老油田原油产量的递减。

第一节　开发规划

1987—2017 年，经历 30 余年的发展历程，跨越从“七五”计划到“十三五”规划 7 个五年规划（计划），始终坚持把编制好油田开发五年规划（计划）作为老油田发展的重大举措，科学规划、精心编制，有效指导油田的开发和建设。

一、“七五”规划

《玉门油田“七五”计划纲要油田开发分册》于 1986 年 10 月编制完成。该计划依据石油工业部《油（气）田编制“七五”计划座谈会纪要》要求，本着“少投入、多产出”“讲科学、讲质量、讲效益”的基本精神，以实现 50 万吨 10 年稳产为核心，科学合理地规划“七五”期间油田开发的目标、指导思想、主要措施。

基本内容为：鸭儿峡白垩系、志留系油藏在滚动开发中完善基础井网。老君庙 M 油藏钻少量调整井，井网控制在 39 口 / 千米 ^{2}。其他油田（藏）井网综合利用。油区层状砂岩油藏低产后期继续“层系简化”，暂闭水淹层（区），加强小层注水、挖潜。块状油藏实现“层系细分”，分段注水、采油，挖潜剖面潜力；在面积注水基础上，按油藏特点采用沿裂缝注水、周期注水、多向注水等方式。主力油藏注采井比达到 1 : 2 ～ 1 : 2.5。以小层（层段）注水、小层（层段）采油为核心，通过水井增注、油井排堵，提高油藏水驱波及系数，实现有效注水；排液采油从水淹层（区）、裂缝带（区）井转向非水淹层（区）、裂缝带（区）井，从高渗透层（区）井转向中低渗透层（区）井，从特高含水井转向中高含水井，以改变产液结构，有效排液，控制含水。

二、“八五”规划

1989 年 4 月，依据总公司《关于编制“八五”石油天然气开发规划的要求》，油田开始着手编制《玉门油区“八五”开发规划方案》。油田在相继实现 60 万吨、50 万吨分别稳产 10 年的基础上，以再创老油田 40 万吨稳产 10 年的新水平为目标，制订了两套开发方案。第一方案是适当投入保稳产方案，5 年稳产 50 万吨，累计产油 254.58 万吨。第二方案是压缩投资，允许递减五年少产原油 35.5 万吨。推荐方案和油田执行均为第一方案。方案的主要内容是：老君庙油田 M 油藏完善 M_3/M_{12} 井网，稳定 M_3 单采单注井数，油藏基本稳产；L 油藏改注为主，增加注水井点，注采井比例逐步达到 1 : 2，形成 L_1、L_2^1 为主体的 $L_{1、2}$ 开采系统；L 油藏夹片整体部署一次建成开发井网。鸭儿峡油田志留系、白垩系少量钻井，完善井网。确保 50 万吨以上稳产到 1995 年，平均年产油 50.9 万吨。由于“八五”规划是在油田重点工作西移，老区人财物全面支援吐哈会战的形势下组织实施的，仅完成了第二方案的要求。全油田实现 40 万吨以上高效开发，5 年平均产油 45.118 万吨，主力油田老君庙已采出可采储量的 89%。

三、“九五”规划

1995 年 12 月，油田编制完成了《玉门油区“九五”油田开发规划方案》，方案的重点是减缓递减，力争稳产，并结合油田实际，分别制订了三种方案，酌情选择。第一种方案是采取常规措施，以深化注水为核心，综合治理为手段，“三压、三提”（压缩维护性工作量、无功低效作业、井下作业费用，提高措施有效率、单井措施效果，井下作业有效期）为对象，提高经济效益为目标，立足现状，减缓递减方案。目标是总递减控制在4.87%，五年生产原油176.92万吨；第二方案是柳沟庄滚动开发方案，即在第一方案的基础上，增加柳沟庄的生产能力；第三方案是青西柳沟庄开发方案。根据经济评价，油田采取边认识、边开发、滚动前进的方法，推荐实施了第一套方案。其规划调整重点是：鸭儿峡油田志留系每年钻2口井，配合酸化和深抽措施保持稳产。老君庙油田M油藏继续细分M_3和M_{12}开采，稳定M_3单注单采集中区注采系统，调整M_1注水失控区井网；L油藏夹片完善注采井网。

在执行“九五”规划中，随着油田内部、外部市场环境的变化，在深化油田（油藏）地质研究及勘探出现转机的基础上，把油田开发工作的重心转移到青西油田滚动勘探开发上，并逐步接近第二套方案。其重点是，针对老油田的开发现状及问题，油田以地质综合研究、数值模拟、剩余油分布、提高采收率研究成果为基础，以油田监测资料为依据，在井网、层系、注水方式、注采结构等方面逐步调整技术政策。在老君庙油田、鸭儿峡油田完成新钻井102口（更新井88口、滚动开发井14口），产油4.5万吨。其中在老君庙钻定向井16口（M油藏15口、L油藏1口），累计产油3.4万吨，建产能3.7万吨，完善了M油藏的基础井网，使M油藏井网密度达到了43口/千米^2，L油藏井网密度23口/千米^2，有效提高油藏储量控制程度。鸭儿峡油田三套井网综合利用，志留系油藏通过钻滚动开发井，逐步完善潜山顶部的基础井网，L油藏利用S、K_1x停产、报废井改层来完善注采井网。对老君庙M油藏，继续关闭水淹层，加强小层注水，挖掘小层潜力，坚持M_3的单采；对老君庙L油藏关闭L_3高渗透水淹层，加强L_1、L_2低渗透层的开采；对鸭儿峡L油藏进行分注合采，使井网层系调整适应油田生产需求。同时，以点状面积注水为基础、优化注采结构，根据油藏地质特点，采取沿裂缝注水、周期注水等多种方式，使油田注采井比例保持在2.5～2.8。

1998年，青西地区柳102井获得百吨以上高产工业油流，发现柳沟庄油藏，揭开玉门油田勘探开发的重要一页。2000年，窿4井再获高产油气流，发现窟窿山油藏。至此，青西油田被发现，为油区增储上产，初步奠定了基础。同时勘探还评价优选出509断裂带、青西低凸起及鸭老南等重点勘探开发有利区域，为老油田增储上产持续发展提供丰富的物质基础。“九五”期间，油田原油产量持续在40万吨以上运行，累计产油205.68万吨，年平均产原油41.136万吨，实现了40万吨以上稳产10年的目标。

四、“十五”规划

2000年9月，油田为适应股份公司重组上市的形势，以效益第一、企业利润最大化为原则，编制《玉门油田分公司“十五”油气勘探开发计划和2015年远景规划》。其主要内容是：老区立足现状，优化注采和措施工作量，减少低效工作，每年钻更新井13口，减缓递减；新区基于非常规深层油藏的不断发现和现有采油工艺水平，依靠天然能量衰竭式开采，以不规则布井方式井距700～1000米优化布井，每年钻井15口，新动用地质储量1080万吨/年，可采储量170万吨/年，新建产能15万吨/年；2005年原油产量达到100万吨以上。

“十五”期间，油田按照“整体部署，分步实施、滚动开发、谨慎布井、稀井高产、控压稳产、区块接替”的总体方针，精心优化部署，坚持滚动开发，青西油田储量和产量跳跃式增长。2000年，首次用动态法向国家储委提交柳沟庄区块探明石油地质储量654万吨，柳沟庄油藏油层分布规律研究和储量规模认识取得重要进展。随着滚动开发进程的加快，相继打出窿101井、窿4井、窿6井、窿8井等一批高产井，发现窿101、窿6、窿8等高产区块。5月，窿4井获日产108立方米高产油气流，经酸压改造日产油达到253立方米，发现了窟窿山砾岩油藏。2002年5月，窿8井向南甩开扩边，在窟窿山逆掩推覆构造带砂砾岩储集层日喷原油94立方米，经酸压达到201立方米高产油流，窟窿山逆掩推覆体油气钻探取得突破性进展，被股份公司列为2002年油气勘探六大重要发现之一。2000—2005年，青西油田钻开发井42口，进尺18.97万米，探明2个油藏（柳沟庄油藏、窟窿山油藏）、4个油气富集区块（柳1—柳3区块、窿101区块、窿6区块、窿8区块），探明含油面积35.83平方千米、石油地质储量6909万吨，累计建产能64万吨。以“管理一流、技术一流、效益一流、素质一流”建成青西油田，原油产量由1999年的4.45万吨上升到2005年的47万吨，青西油田成为油田原油生产的支柱，带动玉门油田原油产量快速增长。老区在开发后期深化油藏综合研究成果的基础上，精雕细刻，立足剩余油分步，实行不规则的井网加密调整，2001—2005年钻加密调整井91口，建产能10.5万吨。持续实施“稳油控水”系统工程，逐步实施和完善了以“多井少注、点弱面强、分层注水”为特色的有效注水方式，成为老君庙、石油沟等注水开发油田提高采收率的重要基石。持续不断的中低渗透井网调整、层系转移、小层挖潜、优化注水等开发政策的实施，以及大修、侧钻、压裂等一系列增产挖潜技术的配套应用，老区综合含水从1978年的75%控制到76.4%，综合含水长期保持稳定，创造注水开发油田的新水平。主力油田（藏）水驱采收率不断提高，老油田储量套改前平均标定采收率36%，储量套改后平均采收率为37.7%，体现注水开发的成果。通过综合研究，鸭儿峡等老油田滚动扩边见到一定的效果。位于鸭儿峡志留系潜山顶部高产区北边部的鸭928井获得初产液18米^3/日、含水6%的高产，鸭北S油藏潜山认识获得了新的认识。2003—2004年对鸭北古近系—新近系下盘的老井167井、308井采取补孔试采后获得工业油流，展示了鸭北下盘L层有一定的开发前景。老区实现30万吨年稳产的开发目标。

“十五”期间，全油田新增油气动用可采储量945.2万吨，其中，青西新增动用可采储量798.3万吨、老区146.9万吨；五年累计生产原油334.13万吨，年平均产油66.826万吨，综合含水维持在60%左右，实现了产量上升、含水稳定的目标。

五、“十一五”规划

2006年3月，油田发布《玉门油田分公司“十一五”原油开发业务发展规划》，主要内容是：贯彻“稳定老区，加快新区，推进技术进步，提高开发水平”的工作方针和“快发展、低成本、高效益、可持续”的总体要求，通过新区持续不断的地质勘探和滚动开发，实现储量和产量大幅度增长，青西油田到2010年原油产量要上升到60.9万吨；酒东探区2008年开始建产，2010年原油产量上升到11.1万吨；老区继续深化地质研究，依靠精细油藏描述，加强以“稳油控水”为主的综合调整治理及滚动扩边，实现老油田30万吨/年持续稳产；到2010年，玉门油区五年新增动用地质储量6464万吨，原油产量跃上百万吨。

在执行“十一五”规划中，油田在勘探未有重大突破、后备储量严重不足、资源日渐枯竭的严峻形势下，重新确定“立足酒泉，深化酒西，突破酒东”的油气勘探方针，在认真分析酒泉盆地特殊的勘探历程和勘探特点的基础上，解放思想，转变思路，建立勘探开发一体化工作体系，开始在酒泉盆地开展新一轮油气勘探。2006年，探井长3井在K_1g_1油藏获得日产油27.8立方米的工业油流，标志着酒东新区开发揭开新的一页。2008年以来，在二次三维资料解释的基础上，油田调整勘探思路，立足于酒东下白垩统K_1g_3展开勘探，长7井等13口井相继获得工业油流，打开长沙岭地区勘探开发的新局面。2009年开始滚动建产，油井开井16口，年产油7.03万吨，两年钻新井13口，新建产能16万吨。到2010年，酒东油田K_1g_1、K_1g_3油藏共探明含油面积26.38平方千米，石油地质储量1190.73万吨，2013年整体提交K_1g_3油藏探明储量。累计生产原油7.4936万吨，综合含水10.8%，日产水平280吨，成为油田新的稳产上产接替区。

老油田立足剩余油挖潜，加强对注采失控区和油藏边部的储量动用；持续实施以井组为单元的注采关系调整，提高油田注采有效性；优化注采结构、产液结构和措施结构，深化“稳油控水”系统工程。“十一五”期间，应用精细油藏描述成果与剩余油研究等成果，部署加密调整井172口，建产能18.3万吨。其中老君庙完钻投产126口，建产能8.85万吨，当年生产原油2.55万吨；鸭儿峡完钻投产19口，建产能3.82万吨，当年生产原油1.0万吨。大力应用水平井技术，老区共完钻投产水平井63口，当年生产原油1.06万吨，平均单井产量是直井的2～3倍。2009年，启动油田注水专项治理工程，把注水工作放在油田开发的首位，以完善注采井网、细分注采层系、理顺注采关系为目的，从改善老油田注水状况入手，把“注好水、注够水、精细注水、有效注水”作为核心内容，制定以改变注水结构为主、油井治理为辅的区域精细调整治理思路，在高水洗区实行温和注水保持地层能量；在剩余油滞留区实行包抄式注水，充分挖掘油藏潜力；在边部渗流屏障区采取整体综合治理，完善注采井网，挖掘边部低动用潜力的办法，有效地延缓产量的递减，实现相对稳产，老油田含水连续33年稳定在75%左右，原油年产量保持在30万吨以上水平。根据窿6区块出现严重底水锥进、窿8区块出现能量亏空的现状，加强青西油田油藏动态研究及水体认识，研究油水分布规律及水淹机理，按照调整方案设计部署调整井12口，累积产油16.24万吨，弥补窿6区块产量递减。依靠封水调层、侧钻加深等手段，对青2-9、青2-2等21口井实施封水调层43井次，措施成功率100%，经济有效率66.7%，累计增产原油48.5万吨。通过开展注水可行性研究和先导注水试验，探索裂缝性油藏注水开发的可能。

“十一五”期间，因受世界金融危机的影响，2009年玉门油田采取限产措施，整体关闭石油沟、白杨河、单北 3 个低产油田和老君庙油田老一队、夹片、低产区及小马莲泉的所有油水井，油田生产指标呈现出下降趋势，五年累计动用地质储量 514.5 万吨，动用可采储量 234 万吨，生产原油 316.9 万吨，年均生产原油 63.38 万吨，新建产能 62.45 万吨，2010 年底油田实际生产能力 48.5 万吨。

六、“十二五”规划

针对“十一五”油田开发的现状，控制产量递减、保持油田相对稳产，成为“十二五”乃至“十三五”油田开发的重中之重。2011 年 2 月，油田发布《玉门油田分公司“十二五”油气勘探与生产业务规划实施方案》，方案根据油田勘探开发的实际，编制了三套“十二五”期间油田开发方案，方案一是老区相对稳产，酒东实现突破，酒泉盆地保持 51 万吨 / 年长期稳产；方案二是酒泉盆地保持 51 万吨 / 年稳产，雅布赖盆地取得突破，建产 10 万吨 / 年；方案三是酒泉盆地保持 51 万吨 / 年稳产，雅布赖、南祁连盆地获较大突破，2018 年原油产量突破 100 万吨。推荐使用方案一，并把提高老油田有效排液量，保持酒东新区有效稳定开发，作为“十二五”期间的重要工作内容和目标。其主要内容为：老区继续深化地质研究，以老油田二次开发为契机，依靠精细油藏描述和老油田潜力再评价，实现扩边增储；加强以“稳油控水”为主的注水专项调整治理工作，稳定并提高单井日产量，确保老油田 25 万吨 / 年稳产 5 年以上；通过优化措施、注水量及产液量结构，老油田含水上升率控制在 2% ～ 3%；加强青西、酒东油田注水试验步伐，延缓天然能量开发油藏递减，全油田实现 51 万吨 / 年连续稳产 5 年。2011 年 7 月，在油田第一次党代会上，提出“产量重上 100 万吨，率先创建百年油田”的“双百”油田建设目标，即通过“十二五”的发展，至“十三五”中期，油气产量重上 100 万吨 / 年。

“十二五”期间，油田按照“稳定老区，加快新区，推进技术进步，提高开发水平”的油田开发工作方针，以重大科技专项为契机，依靠科技进步，深化油藏地质认识和剩余油分布研究，取得显著成果，油田基本实现 50 万吨 / 年稳产 5 年。大力开展精细油藏描述，深化油藏地质认识。在青西窿 8 区块、酒东 K_1g_3 油藏、鸭儿峡 L 油藏等开展精细油藏描述，进一步刻画剩余油分布，提出开发技术调整政策。以区域统层和测井资料为依据确定地层组合，采用“旋回为基础，标志层控制，三级对比，逐级细分”的方法，对各油藏主要目的层段进行地层的统一标准划分与对比，其中窿 $8K_1g_0$、K_1g_1 划分 11 个小层、酒东长沙岭及周边共 71 口井的下白垩统 K_1g_3 段划分 2 个油层组 4 个砂层组 8 个小层 21 个单砂层，使油田精细油藏描述工作已覆盖 9 个单元，累计覆盖面积 83.82 平方千米，地质储量 13954 万吨，可采储量 3963 万吨。落实青西 7 条断层，解释内部小断裂，新增小断层约 18 条，完成青西 7 个小层的顶面构造图。按主控断层和油藏特征，进一步划分酒东长沙岭构造带的油田开发区块，完成断层解释、构造研究等工作。利用井资料结合岩心分析、测井相、单井相等，对青西、酒东沉积相展布进行研究分析，开展非均质性研究。通过地质统计分析、多因素逐级约束建模等技术手段实现青西窿 8 区块和酒东油田 K_1g_3 油藏三维地质模型的整装构建，其中酒东建模面积为 98 平方千米。开展酒东油藏工程分析，结合最新动态数据，分析油水井生产动态，对油藏开采特征、开发效果、剩余油分布、合理技术界限、开发方案制定及效果预测进行研究。研究结果表明，酒东油田采用不规则注采井网注水开发，水井单井日配注 50 立方米，阶段注采比 1.15，采出程度由 6.03% 提高到 16.24%，开发效果明显改善。加大油藏动态资料的录取力度，深化剩余油分布规律认识。大力开展电位法、井间示踪剂监测水流方向以及 9 口井的取心资料录取，指导油田调整治理的方向。对酒东 3 口开发井取心，研究区块 K_1g_3 油水分布特征、储集层保护、K_1g_1 含油性特征，落实长 9 井区整体含油性，明确 C_3 油层组油水边界。2012 年对长 2–18 井 K_1g_3 段取心，开展酒东油田注入水及储集层保护评价，优选出适合酒东油田的注入水型，长 202 井成为酒东油田第一口注水试验井。2014 年，在老君庙 M 油藏部署 3 口取心井工作量，重新开展微观孔隙结构及驱油机理研究，深入评价水驱开发潜力，形成 M 油藏特征的新认识，与开发初期相比，孔隙度、渗透率均有所上升，而含水饱和度上升，油相相对渗透率下降，速度变快，残余油饱和度较高。开展老君庙—青西构造带整体再评价，老君庙北翼冲断带和鸭儿峡白垩系获得突破。2013 年在老君庙北翼冲断片古近系—新近系部署 6 口评价井，发现北翼古近系—新近系 K 油藏，初步估算储量规模 500 万吨。同时庙 E102 井、庙 E103 井在老君庙构造钻遇弓形山组油藏，容积法估算地质储量为 660.1 万吨，2013—2015 年共投产开发井 20 口，16 口获工业油流，日产油 42.4 吨，累计产油 5441 吨，具备 1.5 万吨生产能力。2013—2014 年重新评价鸭儿峡白垩系油藏，在鸭 K101 井深层获低产油流，鸭 K103 井向北扩展 K_1g_2 油藏含油面积，储量复算新增探明储量 1085.16 万吨，新建产能 16.4 万吨，推动鸭儿峡油田产量稳步提高。落实鸭儿峡扇三角洲前缘 K_1g_1 上段有利含油面积 15.6 平方千米，储量规模 1100 万吨。鸭西 10 井酸化获高产，揭示鸭儿峡构造北部 K_1g_0 油藏有较好的成藏条件及含油性。2013 年 12 月鸭西 6 井压裂投产 L_3，自喷日产油 13.7 吨，发现鸭西古近系—新近系油藏。到“十二五”末，鸭西 6 区块提交控制储量 510 万吨，面积 7.6 平方千米，成为有利产能建设区块，鸭西 6 区块共投产开发井 17 口，建产能 4.4 万吨，目前日产油 45 吨，累计产油 1.5 万吨，稳定鸭儿峡 L 油藏的产量。持续开展注水专项治理活动。五年全油区共完成注水治理主干工作量 968 井次，其中老君庙油田完成 566 井次。至 2015 年，老君庙油田 M 油藏注采井网调整更新全面完成；青西、酒东复杂油藏实现“注上水”目标，缓解油田自然递减速度；老君庙 M 油藏、鸭儿峡白垩系油藏开始注气试验。

“十二五”期间，新增投入的酒东、鸭儿峡白垩系探明地质储量品质较差，新井产量递减快，新井投产第一年年递减率高达 60% ~ 80%，新井初产高，递减快，产能到位率较低，全油田累计生产原油 246 万吨，完成股份公司下达的生产任务。

七、“十三五”规划

2016 年 6 月，根据集团公司《关于开展“十三五”规划编制工作的通知》要求，结合《集团公司“十三五”发展规划纲要》及油田实际，按照“有质量、有效益、可持续”的发展要求，依据油藏评价取得阶段成果、资源潜力和勘探开发现状，油田编制完成《玉门油田分公司勘探与生产业务“十三五”发展规划》，提出不同油气产量规模的两个方案。方案一是立足老油田资源评价成果，老君庙油田立足冲断片增储、三次采油，保持稳产；鸭儿峡依靠增储上产；青西通过难动用储量区块挖潜，减缓递减；酒东依靠 K_1g_1 油藏增储建产，减缓 K_1g_3 油藏递减；油田五年新增动用地质储量 1500 万吨，每年新建产能 17 万吨，实现 48 万吨 / 年稳产。方案二是依靠老区整体再评价取得阶段成果，立足老君庙北翼、鸭儿峡白垩系油藏北部、青西古近系—新近系、酒东东南部含油规模进一步探明，新增动用地质储量 3000 万吨，每年新建产能 18 万吨，原油产量稳步增长，“十三五”末达到 60 万吨 / 年。方案一为推荐方案，主要内容包括：油田开发坚持“稳定老区，发展新区”工作思路，精细地质研究，狠抓老君庙北翼冲断带、鸭儿峡白垩系产能建设；常态化注水专项治理、二次开发等工作；深化老君庙、鸭儿峡油田三次采油矿区试验，夯实老油田稳产基础；依靠工程工艺技术进步，持续提高储量动用程度和采收率，进一步提升开发水平，五年新建生产能力 85 万吨，新钻井 306 口，在确保油田 48 万吨 / 年稳产的基础上实现产量新的突破。

2017 年，在玉门油田召开的第二次党代会上，油田审时度势，面对国际油价持续低迷的严峻形势，提出“十三五”期间，原油产量由 40 万吨 / 年上升到 50 万吨 / 年以上的奋斗目标。

“十三五”规划实施前两年，油田开发紧密围绕“稳增长、调结构、补短板、提效益、防风险”工作主线，开展五个方面的主要工作：(1) 精细评价鸭西 K_1g_1 油藏，实现整体控制，有效建产。2016 年重新评价鸭儿峡白垩系 $K_1g_1^3$ 油藏，细分研究单元，将油层组划分为 $K_1g_1^{3-1}$、$K_1g_1^{3-2}$ 两个油层。井震联合，开展沉积微相、砂体分布研究，刻画出河道厚砂体；准备出面积 7.8 平方千米新的建产区，储量规模 1000 万吨，其中“甜点”3 平方千米；同时攻关高应力储集层压裂技术，K_1g_1 油藏实现整体部署、有效建产。2017 年设计“甜点区”5 万吨产能建设整体方案。至 2017 年底已实施 13 口，投产 8 口均获得高产，累计建产能 4.3 万吨。同时向南部署评价井鸭西 106 井获高产、向北部署扩边井鸭西 1–9 井、鸭西 1–11 井，甜点区面积由 3 平方千米增加至 5.1 平方千米。(2) 利用地震及测录解释成果，结合同位素测井技术，老君庙油田北翼冲断带高陡逆冲倒转构造模式和成藏规律认识进一步深化，形成中部弓形山组下段、L 层、M 层及东翼弓形山组产能建设潜力区。经过 5 年的研究、评价、滚动建产，区域共投产油井 64 口，开井 56 口，日产 72 吨，年产能力 3 万吨，有效推进老君庙油田产能接替。(3) 深化酒东 K_1g_1 油藏评价。探井长 19 井 2016 年获平稳日产 20 吨以上工业油流，2017 年加快实施勘探开发一体化，重点开展构造精细解释及储集层含油性评价，整体部署探井、评价井、开发试验井 6 口，投产 5 口井中，仅长 19–1 井获得工业油流，评价认为长 2 区块 K_1g_1 油藏含油范围有限。(4) 持续推进重大开发试验，积极储备提高采收率技术。2016 年 3 月开始在鸭儿峡白垩系油藏中区开始减氧空气驱先导试验，鸭 K1–17 井、鸭 K1–36 井两口井注气一个月后，试验区递减速度明显减缓。正常注气期间，井组平均日产液稳定 45.4 立方米，日产油 30.6 吨，含水 32%。后期鸭 K1–17 井注气压力高（35 兆帕），气驱试验见到初步效果，试验井组累计增产原油 2894 吨，2017 年开始扩大注气试验规模，准备鸭 K1–37 井、鸭 K1–39 井注气。2016 年 4 月开始老君庙 M 油藏东低区氮气驱先导试验，4口井累计注气239.5万标准立方米，增油1457吨，试验井组日产液由25.15立方米上升至33.95立方米，综合含水由33%降至21%，日产油由16.85吨上升至23.55吨，下步优选新的注气井组，扩大老君庙油田氮气驱试验规模（8注46采）。2015年8月全面开展老君庙L油藏泡沫辅助弱碱三元复合驱4注9采开发试验，日总注入量200立方米，累计注化学剂15.3万立方米，氮气98万立方米，注入体积倍数0.35PV，完成方案43%。井组内日增油最高达12.6吨，累计增油4498吨。提高采收率试验仍处于调整评价阶段。（5）储集层改造技术取得长足进步。针对鸭西区块破压梯度高的改造难点，开展钻完井逆向设计，鸭西高应力储层采用定方位超深穿透复合射孔、前置土酸预处理、套管压裂、近井地带冻胶形成主导缝、远处大排量滑溜水提高裂缝复杂程度等技术，鸭西高应力储集层压裂技术趋于成熟。鸭西104井、鸭西14井、鸭西106井、鸭西1–4井、鸭西1–6井压裂获高产，为鸭西白垩系油藏产能建设提供技术保障。老君庙油田浅层重复压裂技术日渐完善。建立重复压裂选井选层标准，强化选井选层，综合应用纤维层内转向压裂、塑料球层间转向压裂、储能压裂技术，完善压裂改造工艺。2017年实施重复压裂34井次（其中转向压裂23井次、储能压裂4井次，常规压裂7井次），单井平均增油174吨，累计增油5921吨，为近五年最好水平。深井降压增注技术逐步完善。在分析酒东、青西高温储集层水井结垢堵塞原因的基础上，优化以盐酸、多氢酸为主体酸液的解堵体系，同时加大顶替液用量，增加酸处理范围，该降压增注技术成为酒东和青西油田正常注水的重要保障。

在国际油价持续低迷的大环境下，立足长期低油价，实施低成本开发战略，坚定不移走技术发展之路，精细开发，实现了酒泉盆地40万吨/年效益稳产。

第二节　开发方案

1987年后，采用“边勘探、边开发、边扩边、边发展”的战术思想，相继发现青西、酒东2个新油田，滚动开发鸭儿峡白垩系油藏。这些新油田、新区块在开发之初，都是采取边试采、边编制初步开采方案，在实施过程中逐步调整完善的方式进行，确保了开发效果。

一、青西油田开发方案

1. 方案设计

青西油田开发方案的编制大体分为三个阶段：1998—2000年为专题研究与概念设计阶段，2000—2002年为专业方案设计阶段，2002—2003年为整体方案设计阶段。在整个方案编制研究与设计过程中，油田针对青西深层裂缝性油藏的复杂情况，认真贯彻“利用先进技术、滚动勘探开发”的方针，严格落实“稳中求进，稳中求快，稳步发展，稳步提高”的工作思路，坚持“稀井高产，滚动开发”的开发原则，通过采用四项新技术、新工艺，确保了油田经济有效开发。

1998年，柳102井获高产工业油流，青西油田的勘探获得突破，青西油田开发方案编制被提上议事日程。1999年，开始青西油田开发方案研究，对油藏构造进行三维地震精细解释，建立泥质白云岩裂缝性油藏有效储集层的测井识别方法。2000年底完成《青西油田裂缝性油藏开发方案研究》。

2001年，相继开展“青西油田下白垩系裂缝性油藏油层划分对比方案及开发层系确定”“青西深层裂缝性油藏降低废弃压力提高采收率”“青西深层裂缝性油藏合理井网井距及相关开发技术政策”研究。当年，成立青西油田开发方案编制组，正式开始青西油田开发方案编制。2003年3月，编制完成《青西油田总体开发建设方案》，完成《青西油田窿8区块开发方案》的编制。2006年7月，完成《青西油田窿6区块加密调整方案》的编制。

2. 方案要点

《青西油田开发建设方案》设计在开发初期采用衰竭式开采，采用衰竭式接替开采方案为现场实施方案，即在开发初期采用衰竭式开采，按照先下后上并适当把上部较分散油层留作接替的原则进行开发，井网部署按照“稀井高产、长期稳产、持续发展、稳步推进”的油田开发发展原则。最终采收率16%，合理井距为600～700米，窿6区块稳产期采油速度1.4%～1.5%，窿8区块合理采油速度1.1%。其中柳沟庄区块划分为1套开发层系；窿101区块分两套开发层系；窿6区块采用衰竭式开采，分3套开发层系，在2006年7月根据实际生产状况，对窿6区块的开发方案进行调整，依然按照衰竭式开采井网部署的原则，采用不规则井网、井距300～350米；窿8区块采用衰竭式开采，分三套开发层系。后期在注水开发论证充分的基础上，先做注水先导性试验，成功后采取稀井网进行周期注水开发。青西油田油层井段长、层数多、厚度大，非均质性强，层间干扰严重，同时每个主力层段均有一定的储量，具备划分层系的隔层条件，但由于油藏埋藏深，钻井周期长，费用高，考虑经济性，方案最终采用一套井网开发。

《青西油田开发建设方案》设计部署：2002—2010年，柳沟庄区块、窿101区块、窿8区块、窿6区块共部署开发井39口，地质储量采油速度由最高0.8%逐渐下降至0.3%，年产油15万吨，累计产油280万吨。

3. 方案实施

《青西油田开发建设方案设计》认真贯彻“少投入、多产出”的方针，以“稳中加快、稳中求进、稳步推进、稳步提高”为工作思路，以提高总体经济效益为目标，通过确定合理产能、优化方案配产、在衰竭式开采的基础上，积极探索补充能量的开发方式，确定合理的井网井距，谨慎布井，以区块接替和层系接替实现油田的高产稳产，努力实现青西油田世界级超难度的深层复杂裂缝性油藏的经济高效开发。

（1）柳沟庄区块。柳沟庄区块从1984年3月西参1井试油投产，至2003年3月完成《青西油田开发建设方案设计》时，柳沟庄共有老井9口，由于地饱压差大、弹性能量充足，开发方案确定实施衰竭式开采。由于地质条件复杂，勘探开发一体化步伐进展缓慢。2000年在柳102区块提交654万吨地质储量后，于2005年在柳4区块新增探明地质储量549.94万吨，累计探明含油面积7.15平方千米，累计探明地质储量1203.94万吨。区块滚动开发进度也比较缓慢，1998—2010年完成方案设计井网建设，累计产油51.05万吨，高于方案设计。2011—2017年，根据二次三维地震资料，实施开发调整方案，开展内部调整和外部滚动扩边，至2017年底总井数达27口，开井20口，日产油65吨，年产油2.30万吨，综合含水66.61%，累计产油量70.15万吨，采油速度0.19%，采出程度5.66%。

（2）窿6区块。2000年5月，窿6区块第一口油井窿4井试油、投产，至2002年6月，先后有窿4井、窿6井、青2–2井、青2–4井、青2–9井、青2–11井、青2–12井、青2–18井8口井投产，开井6口，日产油量达到599吨，2002年12月上报探明含油面积4.90平方千米，石油地质储量1643万吨，可采储量262.9万吨。窿6区块开发方案在《青西油田开发建设方案设计》编制过程中采取边编制边实施的方式，根据窿6区块的地质特征及试油、试采特征，确定窿6区块采用衰竭式开采方案，并于2002年6月开始部署实施窿6区块开发方案，方案设计总井数19口，生产井总数17口，共部署新井9口。采取分批部署、滚动勘探开发的原则，新井分3批部署、投产，第一批部署投产的青2–19井、青2–20井、青2–21井3口井于2002年10—11月投产，日产能达到265吨；第二批投产的窿2X井、青2–12X井、青2–24井于2003年1月—2004年7月投产，青2–24井由于地质条件复杂而未获得产能，窿2X井、青2–12X井2口井日产能为150吨；第三批部署投产的青2–27井、青2–29井、青2–31井3口井于2003年10月至2004年5月投产，日产能达到275吨。由于投产的新井效果较好，在窿6区块的边部又部署了2口井，获得日产150吨的产能。至2005年12月底，投产新井13口，总井数21口，开井19口，日产油能力888吨，年产油32.5399万吨，综合含水12.42%，采油速度1.98%，采出程度7.32%，基础井网建成。由于底水锥进，共有9口井19个小层见水和暴性水淹。

2006年起，开始进行加密调整治理。2010年年底，窿6区块调整加密井网形成，区块进入低速采油期。至2017年底，总井数39口，油井开井12口，日产油能力18吨，年产油0.67万吨，综合含水94.0%，采油速度0.04%，采出程度12.88%，累计采油量211.63万吨。

（3）窿8区块。2002年5月，窿8区块第一口油井窿8井试油、投产，至2003年5月共有窿8井、青2–22井、青2–23井、青2–25井4口井投产进行试采，开井4口，日产油量达到194吨。6月，开始部署实施开发方案，由于地饱压差大、体积系数大，确定窿8区块采用衰竭式开采方案，采用不规则井网，井网部署充分体现“稀井高产、长期稳产、持续发展、稳步推进”的油田开发原则，采取一次性井网，尽量不打低效开发井，避免后期做大的调整，方案设计总井数12口，生产井总数12口，部署新井8口（2口评价井，6口开发井），新井分两批部署。至2005年12月底，投产新井5口，总井数9口，开井8口，日产油能力304吨，年产油10.0813万吨。2010年，基础井网建成，总井数17口，开井11口，日产油能力196.4吨，年产油7.17万吨，综合含水10.67%，采油速度0.61%，采出程度8.27%，累计产油98.02万吨。

2011年后，进行加密调整，加密部署新井9口。至2017年底该区块总井数26口，开井13口，日产油能力129吨，年产油4.70万吨，综合含水34.7%，采油速度0.40%，采出程度12.89%，累计采油量152.78万吨。

（4）窿101区块。1990年1月，窿1井试油投产。2000年12月，窿101区块上报探明含油面积8.70平方千米，石油地质储量1255万吨，可采储量225.9万吨。至2003年3月，窿101区块共有老井6口。由于地饱压差大、弹性能量充足，确定开发方案实施衰竭式开采。根据油藏地质特征及试油、试采情况，窿101区块开发方案确定其不具备大规模调整的潜力。由此，为了提高窿101区块的储量动用程度，油田于2005年部署1口开发井（青2–17井），但由于地层压力太低而未获得产能。当年，基础井网建成，总井数为7口，开井6口，日产油能力37吨，年产油1.1681万吨，综合含水25.27%。由于自喷井产量持续下降，到2010年，日产油23吨，年产油0.85万吨，综合含水52.36%，采油速度0.12%，采出程度3.42%，累计采油23.53万吨。2013—2015年，进行小井距加密滚动开发，其中加密部署的青2–6X井、青2–70井、青2–75井、青2–77井均获得高产。2017年底，区块总井数17口，油井开井5口，水井开井5口，日产油能力27吨，年产油0.99万吨，综合含水75.72%，采油速度0.14%，采出程度4.64%，累计采油量31.90万吨。

二、酒东油田开发方案

酒东油田自2009年正式投入滚动开发后，就着手进行开发方案的研究和设计工作。酒东油田属深层复杂断块油田，油田开发建设方案编制工作也经历边编制边实施边调整的过程，即在油田试采实践中，按照酒东年度调整治理实施方案，针对出现的具体问题及暴露出的开发矛盾，在开发建设方案的基础上及时进行方案的调整，取得比较好的开发效果。

1. 酒东长沙岭 K_1g_3 油藏开发建设方案设计

2010年，为加快酒东油田的开发速度，油田开展酒东油田开发建设方案的研究编制工作，于2011年3月编制完成《酒东长沙岭 K_1g_3 油藏开发建设方案设计》。

采收率标定：利用公式法、数值模拟方法进行计算，综合标定弹性驱采收率10%，确定长沙岭 K_1g_3 油藏水驱采收率29%。

开发层系的划分：综合考虑酒东长沙岭 K_1g_3 油藏各油层组的物性特征、压力系统、流体性质、储量规模、自然产能和隔层发育情况，确定 K_1g_3 油藏采用一套井网，一套层系，逐层上返进行开发。

开发方式：不规则点状面积注水开发。酒东长沙岭 K_1g_3 油藏储集层具有压敏特征，采用衰竭式开发产量下降快，因此酒东长沙岭 K_1g_3 油藏进行注水开发。

井网密度：采用经济极限法、采油速度法两种方法分别进行计算，综合两种方法的计算结果，确定注水开采的合理井距为330米，井网密度为9.2口/千米^2。

方案部署：总井数为40口，注水井12口，注水井数按1∶2部署，预计期末2025年采出程度13.04%，2010—2025年累计产油118.9万吨；油藏产油量高于8.0万吨/年定为稳产，则稳产期为6年；稳产期的采油速度为0.9%～1.3%，年产油量为8.5～11.8万吨。

2. 方案的实施及效果

截至2009年底，长沙岭构造内共钻各类井30口，其中探井10口，评价井14口，开发井6口。累计生产原油2.5万吨。

2010—2011年，酒东营尔凹陷油气勘探继续取得进展，采用衰竭式井网部署原则，投产新井17口，新建产能18.93万吨，新井产量4.92万吨，2011年油田产量达到最高，年产11.11万吨，大部分新井获得高产。油藏衰竭式开发井网建成。

2012—2015年，按照“完善注采井网和滚动扩边相结合”的思路，开始注采井网加密调整，以不规则点状面积注水开发井网部署为原则，投产新钻井24口，新建产能13.44万吨，新井产量2.87万吨，改注水井10口，主力产区注采井网逐步完善。

2016—2017年，油田没有新建产区块，依靠零星布井进行内部精细调整和外围滚动扩边。到2017年底，油井开井数43口，年产油7.12万吨，累计产油67.35万吨，水井开井数10口，日注水197立方米，累计注水32.10万立方米。采油速度0.7%，采出程度6.59%，综合含水43.77%。

三、鸭儿峡油田白垩系油藏19.3万吨产能建设方案

“七五”期间，鸭儿峡油田按照《白垩系油藏“七五”滚动开发规划》，在白垩系采用一套开发层系、

300 米井距完善基础井网，油藏年产量最高达到 3.99 万吨，基本达到方案设计目标。随后，由于地层能量的消耗，产量下降较快，1995 年年产仅为 1 万吨。

2011 年起，油田通过滚动扩边，对白垩系油藏进行再评价，逐步掌握和明确鸭儿峡白垩系油藏的地质特征，并于 2012 年 5 月，编制完成《鸭儿峡油田白垩系油藏 19.3 万吨产能建设方案》。

方案设计，在鸭儿峡白垩系油藏地质认识更加清楚的基础上，油藏新增探明地质储量 1085 万吨，新建产能 19.3 万吨，新钻井 50 口，其中水井 10 口，以菱形反九点法部署井网，注采井距为 200 米，后期逐步转注。整体部署，分 2 ~ 3 年实施，搞好区块和层间接替，力争鸭儿峡油田年产量达到 10 万吨，稳产 4 ~ 5 年的目标。

2011 年，白垩系新建产能建设工作全面展开，进行井网加密调整，至 2014 年底，采用平台式布井，共钻开发井 49 口，以直井和定向井建立基础井网、水平井辅助提高单井产能，压裂后投产，建产能 16.4 万吨，累计产油 9.2 万吨，白垩系产量由 2011 年 1.1 万吨上升到 2015 年的 5.7 万吨。

按照白垩系产能建设方案中确定的南北注水、中部注气的井网部署，油田编制《鸭儿峡油田白垩系油藏中区减氧空气驱试验方案》和《鸭儿峡油田 K1−17 井空气驱试验实施方案》，开展白垩系油藏空气驱现场试验。2015 年，在鸭儿峡 K1−17 井建成简易化注气站，开始注气。2016 年 3 月，注气井 K1−36 井正式注气。截至 2017 年底，两口注气井累计注气 371.4 万标准立方米，注入压力 32.5 兆帕，单井日注入量 1.2 万标准立方米。

第四章　开发历程

第一节　老君庙油田

老君庙油田开发于1939年，至1986年，已走过了47年的开发历程，先后经历建产期、高产期、降产期、低产期等油田开发的全过程，累计生产原油1621.83万吨，采出程度达31.32%。

1987年，老君庙油田已全面进入低产后期开发阶段，开采对象由物性好的层转向物性差的层，新钻井及各类采油工艺措施增产效果减弱，储集层物性及流体性质朝着不利于油田开采的方向变化。老君庙油田提出“M层稳产上产、K层稳产上产和L层减缓递减”的开发目标，通过采取以完善井组（区块）综合治理、调整注采井网层系为主体，以加密采油井点和增加产液剖面、增加注水井点和吸水剖面，提高注采对应程度为重点的调整治理措施，突出M油层的井网完善和L_1小层的分注和挖潜，M层和K层南冀东区达到了稳产上产，L层西区与西三角区和K层南翼西区延缓递减，老井的稳产程度达79%，整个油田的综合含水、压力保持平稳，达到了石油工业部一类油田标准。油井开井数712口，注水井开井数238口，日均产油937.9吨，年产原油34.23万吨。在延缓老油田递减速度，确保稳产的基础上，玉门油田坚持勘探不放松，在庙北断背斜钻探的前探1井获工业油流，探明含油面积1.8平方千米，地质储量154万吨，滚动发现老君庙油田夹片构造。

1988—1990年，老君庙油田坚持以调整、治理、挖潜、改造为重点工作内容，根据后期开发特殊需要，坚持把恢复停产报废井作为油田井网层系调整的重要途径，强化以“侧钻、加深、大修”为内容的油水井大修工作；坚持“分层、合理、平稳、有效”的注水方针，持续开展注水综合治理会战，注水井点、井次、注水能力逐年提高，注水开井数由1988年的258口提高到1990年的268口，注水井层由490层提高到529层，注水量由7697米^3/日提高到8000米^3/日，有效改善注水状况；全面应用井下诊断技术和参数优选技术，强化油田动态分析，在井筒挖潜上做文章，恢复“四坚持五过硬”“七字管井法”等优良传统，有效提高采油效率。1989年，庙北夹片全面投入开发，至1990年，新增产量12.4吨/日，成为老君庙油田实现稳产的主要接替区。当年，老君庙油田油井开井数707口，注水井开井数268口，年产原油32.34万吨，油田综合递减率、老井自然递减率分别控制在0.12%、11.75%，实现了L层上产、K层稳产、M层延缓递减的目标，在采出可采储量79.1%的情况下，创造原油产量连续10年保持在32万吨以上的高水平，油田开发指标连续4年达到总公司高效油田标准，当年12月，老君庙油田被总公司授予“高效开发油田”称号。

1991—1992年，老君庙油田以油田综合治理夺油上产会战为抓手，积极开展油水井大普查，强化油水井管理，挖掘井筒潜力；通过新钻、侧钻加深，合理调整注采井网和层系；坚持点弱面强的注水原则，以点状面积注水为基础，不断完善沿裂缝注水，强化注水效果。1991年，夹片地区开发基础井网基本建成，开井数达18口，并相继改注青3-7井、青4-9井2口注水井，注水2209立方米，开始注水开发。1992年，老君庙油田油井开井数达732口，水井开井数260口，年产量由1991年的31.03万吨下降到29.76万吨，地质储量采出程度达34.07%。

1993年起，老君庙油田针对后期可采储量越来越少，油田套损加剧、水淹井增多，注采矛盾日益突出，产量递减速度加快的严峻形势，坚持立足老井稳产，强化以注水为重点的油田综合治理，扩大分层注水程度和合理有效注水，提高油井有效排液量；坚持依靠科技进步，以调层大修、侧钻和新钻井为手段，调整和完善井网层系，挖掘小层潜力，确保老油田高效开发，取得较好效果。1995年，根据M油藏顶部区剩余油分布规律研究，部署4口定向井，均获得较高产能。1998年，老君庙M油藏西部通过5口新钻井和5口改注井，基本完善了B149、B197、F153三个井组的注采井网；M油藏东边部通过对低产区的调整治理，实现产量稳中有升；L油藏西三角采用周期性关闭油水井的方式，使储集层油水重新分布，取得产量上升、含水下降的好效果。1999年，坚持M油藏沿裂缝注水和东边部低产区的强化注水，实施区块整体调剖工艺，增加经济采出产量；对L油藏继续坚持周期注水，使该区产量上升，含水下降；对K油藏低效油井周围的注水井采取关闭措施，在“死油区”周围增加注水井点，实施以酸化增注为主的治理措施，确保油藏注水压力系统的平衡，实现老油田的相对稳产，当年产油23.42万吨。2001年，老君庙油田实现年产原油21.31万吨，取得连续10年年产原油20万吨以上的好成绩。当年，老君庙油田第三次获得集团公司“高效开发老油田”称号。

2002年，老君庙油田仅完成19.79万吨的年产量，原油产量首次跌破20万吨。

2003年起，面对老油田进入“双高”后期低产低速开采阶段，老君庙油田不断挑战老油田后期开发极限，提出以“稳中求进、稳中加快、稳中推进、稳中提高”的油田开发方针，制定并实施以井网完善和油田治理为出发点，以油水井井筒和地面管理有机结合、科技兴油、治理挖潜、滚动扩边为手段的油田稳产上产措施，有效遏制产量下滑的趋势。2003年，生产原油21.59万吨。至2005年，老君庙油田动用地质储量5332万吨，可采储量2264.3万吨；油井开井704口、水井开井233口，2005年产油18.81万吨，累计采油2103.2万吨，地质储量的采出程度达39.6%，可采储量的采出程度达93.3%，综合含水78.2%。

2007年，老君庙油田被集团公司列入二次开发试点油田之一。积极引入“二次开发”新理念，及时完成《老君庙油田二次开发框架方案》和《老君庙油田二次开发M油藏顶部区试验方案》的编制工作。

2008年，在M油藏顶部区进行二次开发先导试验，部署新钻井32口，投产21口，累计增产原油6110吨。

2009年，受国际金融危机影响，油价低迷，按照集团公司统一部署，实行限产政策。老君庙油田根据限产需要，关停部分低产、低效和边缘油水井。同时，按照“二次开发”方案要求，突出地面流程优化，实施以“集输流程、注水流程、污水流程、供热系统、供电系统”为主的地面系统工程改造，为实现油田数字化、信息化、智能化管理奠定基础。

2010年，老君庙油田首次成功在M油藏顶部区的C178H井进行水平井注水试验，投注后日增注水量60立方米，累计注水约7401立方米，开创老君庙油田实施水平井注水开发的先河。至年底，在M油藏顶部区共钻新井38口，其中直井（注水井）9口、水平井29口，进尺30538.07米，累计增产原油22708吨，单井日产1.57吨。水平井成功率100%，水平井单井平均初产均达到3.0吨以上，是直井单井日产的2.5倍，达到预期目标，水平井已逐渐成为二次开发区的重要井型，占新钻井的51.4%，占试验区开井数的32.5%，实现产能的有效补充。

2011年，老君庙油田正式启动调驱试验地面建设，2012年2月，第一批次4口井陆续开注。与此同时，“二次开发”推广到整个M油藏，M油藏共钻新井134口，其中油井77口（直井10口，水平井67口）、水井57口，累计产油22.85万吨，油藏平均总递减2.4%，采收率提高2.6个百分点，控制了产量递减速度。老君庙油田针对L油层井网缺失、储采严重失衡的状况，适时启动“二三结合”开发试验。试验区选择L层中区E18井、402井、I191井和418井连线范围内，面积0.85平方千米，储量约310万吨，采用150米五点注采井网，开展16注25采“二三结合”试验，即新钻16口注水井、25口采油井，共计41口井。

2013年，“二三结合”试验区41口新井完钻投产，“二三结合”开发井网全面建成。

2015年，老君庙油田I317冲断带部署的12口滚动开发井均获成功，I317−7井、I317−8井等4口井相继投产取得5吨/日以上的产量，证实冲断带的开发潜能。预测I317冲断带有2400万吨资源潜力，使老君庙油田的油区面积扩展2.4平方千米。至2016年底，庙北冲断带总井数已达44口，开井38口，日产油38.7吨，累计产油1.42万吨，成为老君庙油田重要的产能接替区。

至2017年底，老君庙油田共有油水井761口，其中油井628口、水井133口，年产原油12.46万吨，累计生产原油2284.22万吨，地质储量采出程度42.84%。

1987—2017年老君庙油田开发数据统计见表3−4−1。

表 3-4-1　1987—2017 年老君庙油田开发数据统计表

年度	动用含油面积（平方千米）	动用地质储量（万吨）	可采储量（万吨）	采油井数（口）	注水井数（口）	总井数（口）	年产油量（万吨）	累计产油量（万吨）	年产液量（万吨）	年注水量（万立方米）	年注采比	综合含水（%）	地质储量（%）	
													采油速度	采出程度
1987 年	15.3	5178.27	2072.15	713	238	951	34.2319	1649.3587	159.3608	280.2923	1.59	78.52	0.66	31.85
1988 年	15.3	5178.27	2133.25	736	257	993	34.193	1683.5517	160.2425	280.4006	1.59	78.66	0.66	32.51
1989 年	17.1	5332	2133.25	722	256	978	33.2164	1716.7681	147.0004	276.8712	1.70	77.40	0.62	32.20
1990 年	17.1	5332	2130.7	707	268	975	32.3428	1749.1109	144.0073	288.1623	1.80	77.54	0.61	32.80
1991 年	17.1	5332	2130.7	712	263	975	31.0329	1780.1438	135.1536	279.6349	1.89	77.04	0.58	33.39
1992 年	17.1	5332	2264.3	732	260	992	29.7577	1809.9015	131.1185	270.1928	1.89	77.30	0.56	33.94
1993 年	17.1	5332	2264.3	706	223	929	28.5521	1838.4536	119.2491	251.2207	1.92	76.06	0.54	34.48
1994 年	17.1	5332	2264.3	690	248	938	27.1349	1865.5885	113.7839	240.7789	1.91	76.15	0.51	34.99
1995 年	17.1	5332	2264.3	674	247	921	25.1803	1890.7688	103.1572	237.9525	2.06	75.59	0.50	35.46
1996 年	17.1	5332	2264.3	665	246	911	25.8839	1916.6527	97.9669	256.8252	2.38	73.58	0.49	35.95
1997 年	17.1	5332	2264.3	613	226	839	24.817	1941.4697	104.2109	246.6635	2.18	76.19	0.47	36.41
1998 年	17.1	5332	2264.3	611	219	830	24.3303	1965.8	102.0652	230.4039	2.08	76.16	0.46	36.87
1999 年	17.1	5332	2264.3	557	198	755	23.42	1989.22	87.6915	185.7243	1.93	73.29	0.44	37.31
2000 年	17.1	5332	2264.3	557	213	770	22.1245	2011.3445	76.4966	161.8006	1.92	71.08	0.41	37.72
2001 年	17.1	5332	2264.3	555	200	755	21.3092	2032.6537	76.6178	175.8367	2.06	72.19	0.40	38.12
2002 年	17.1	5332	2264.3	549	198	747	19.7857	2052.4394	80.2435	166.2232	1.89	75.34	0.37	38.49
2003 年	17.1	5332	2264.3	565	190	755	21.5922	2074.0316	89.6957	153.2688	1.61	75.93	0.38	38.90
2004 年	17.1	5332	2264.3	586	176	762	19.6303	2093.6619	86.962	123.2073	1.33	77.43	0.37	39.27
2005 年	17.1	5332	2396.4	590	167	757	19.0072	2112.6691	83.2188	124.062	1.37	77.16	0.35	39.62
2006 年	17.1	5332	2396.4	613	170	783	20.1473	2132.8164	86.0149	131.5045	1.42	76.58	0.35	40.00

续表

年度	动用含油面积（平方千米）	动用地质储量（万吨）	可采储量（万吨）	采油井数（口）	注水井数（口）	总井数（口）	年产油量（万吨）	累计产油量（万吨）	年产液量（万吨）	年注水量（万立方米）	年注采比	综合含水（%）	地质储量（%）	
													采油速度	采出程度
2007年	17.1	5332	2396.4	628	170	798	18.1617	2150.9781	79.4479	128.3994	1.48	77.14	0.34	40.34
2008年	17.1	5332	2396.4	649	152	801	17.0207	2167.9988	73.506	132.5846	1.65	76.84	0.32	40.66
2009年	17.1	5332	2396.4	606	120	726	11.6269	2179.6257	44.9634	119.6704	2.40	74.14	0.26	40.88
2010年	17.1	5332	2396.4	607	147	754	14.8369	2194.4626	63.9931	115.1167	1.67	76.81	0.24	41.16
2011年	17.1	5332	2396.4	634	170	804	13.6972	2208.1598	58.8117	119.1098	1.78	76.71	0.24	41.41
2012年	17.1	5332	2396.4	634	181	815	13.6407	2221.8005	45.2798	151.7199	2.94	69.87	0.26	41.67
2013年	17.1	5332	2396.4	669	182	851	13.7396	2235.5401	63.434	139.4912	1.90	78.34	0.25	41.93
2014年	17.1	5332	2396.4	649	169	818	13.2739	2248.814	64.8601	133.6321	1.84	79.53	0.25	42.18
2015年	17.1	5332	2447.12	667	158	825	12.7381	2261.5521	65.4888	125.6398	1.70	80.55	0.24	42.41
2016年	17.1	5332	2447.12	629	147	776	12.1653	2273.7174	58.6012	114.3553	1.69	79.24	0.23	42.64
2017年	17.1	5332	2456.86	628	133	761	12.0687	2285.7861	51.1110	105.6741	1.77	76.39	0.23	42.87

第二节　鸭儿峡油田

鸭儿峡油田发现于1956年，1958年正式开发。1958—1959年为建产阶段，随着油井数量的增加，主体井网基本形成，L油藏全面投入开发，志留系油藏也发现并投入开发，油井数量达到65口，年产原油达到35.15万吨，原油产量达到历史最高水平。1960—1964年为快速递减阶段，期间，由于放大油嘴、追求高产开发，开始进入快速递减阶段，1964年末与1959年末相比，日产油量由969.4吨下降到187.8吨。1965年后，进入相对稳产阶段，L油藏通过注水开发，递减趋势得到逐渐控制；1975年，白垩系油藏发现并投入开发后，产量开始回升，日产原油由200吨上升到272吨；1985年志留系油藏加大滚动扩边力度，发现549白云岩区块，产量又一次出现上升势头，日产原油由1984年的230吨上升到1985年的366吨。至1986年，鸭儿峡油田先后投入开发L油藏、白垩系油藏、志留系油藏，是我国第一个发现并投入开发的古潜山油藏、第一个投入开发的复式油田和深井油田，为我国古潜山油田的勘探开发、复式油田和深井油田的开发提供宝贵经验和有益借鉴。1986年，油田共开井96口，其中油井85口、水井11口，年产原油11.95万吨，累计生产原油304.98万吨。

1987年，L油藏作为鸭儿峡油田唯一投入注水开发的油藏，经过29年的开发和调整，注采井网逐步完善，注采比稳定，日平均产量保持在78吨左右；在“深探志留、兼顾三层、扩边连片、深化认识”的原则指导下，在509断层以西的志留系加深钻探，先后发现549井、564井、701井、703井、801井等中、高产区块，通过滚动完善开发基础井网，形成年产8万吨的生产规模；白垩系油藏通过滚动勘探开发，一次基础井网基本建成，至1988年，开井数达17口，其中自喷井3口，年产量达4万吨。1988年，鸭儿峡油田平均日产原油309.6吨，年产量达11.33万吨。

1989年起，鸭儿峡L油藏通过改注井、调层井以及大修井完善注采井网，提高注采对应程度，强化井组治理，改善注水开发效果，确保L油藏长期稳产。但白垩系油藏由于依靠自然能量开采，随着地层能量的消耗，产量递减较快，1990年年产量下降为2万吨，至1995年，年产量仅为1万吨。鸭儿峡油田按照《鸭儿峡油田“八五”开发规划方案》，依据志留系油藏侵蚀面海拔趋势剩余图和裂缝展布区域，在志留系油藏部署调整井10口，实际投产10口，使志留系油藏在“八五”期间阶段产油量稳定在6万吨以上。

1996年起，进一步加强对志留系油藏的综合研究，在鸭儿峡油田部署开展40平方千米的三维地震，进行志留系油藏地质特征再认识及扩边挖潜研究，先后部署的15口调整井，有10口井获得工业油流，其中1998年9月投产的917井，获得日产油21立方米的较高生产能力。由于2000年部署的923井、924井、925井等4口井未能获得工业油流，至2003年再未进行钻井。这一时期，L油藏通过持续调整治理，产量一直保持稳定，至2003年，日均产量仍保持在60吨以上。

2003—2008年，鸭儿峡油田对L油藏进行系统的研究工作，先后在一井区下盘、五六井区交界处、六井区边部、十三井区下盘取得较大的认识，尤其是一井区下盘发现低阻油层，试采获得较高的原油产量。通过对L油藏地质认识的不断加深，潜力区块的不断明晰，鸭儿峡油田通过采取调层补孔等措施，取得较好的效果，使L层日产量由2003年的60.6吨上升至2006年的110吨，并连续稳产三年。针对白垩系油藏和志留系油藏依靠天然能量开采，产量递减速度快、地层能量消耗大、储量接替不足的现状，油田采取滚动扩边的方式，加深对白垩系、志留系油藏的研究和认识。2004年起，相继部署鸭西927井、鸭西1井、鸭西928井、鸭西929井、鸭西934井、鸭西935井，以及鸭西2井、鸭西111井、鸭西112井等，其中鸭西928井日产液18.5立方米，含水10%以下，展现114潜山顶部区滚动扩边的潜力；鸭西1井投产后见到工业油流，平均日产油达到5吨，鸭西927井压裂改造后，获得初产8吨/日的产量，取得白垩系油藏具有向西扩边的新认识；鸭西2井投产后初产油7吨，含水5%，展现鸭西白垩系油藏向西扩边的良好前景，为下一步滚动扩边工作打下基础。以强化地质综合研究和深化油藏认识为核心，主攻134断裂带、509断阶带和潜山深层勘探，根据油藏精细描述成果，在509断阶带的北部和南部分别部署鸭西113井、鸭西3井2口评价井，在509断阶带的中部部署554J井1口侧钻加深井，在134断裂带的南侧部署944井。

2009年1月，鸭西944井自喷投产，4毫米油嘴日产液26.4立方米，含水4%；2009年，鸭西113井、554J井和鸭西949井获得低产；鸭西3井在钻井过程中见到良好油气显示，投产后未见到产能，但供液十分充足，日产液达16.7吨，表明该井所处区域的储集层裂缝较为发育，志留系滚动扩边取得突破。

2012 年，采取“请进来”的方式，邀请北京中国石油勘探开发研究院的领导、专家，通过召开专题研讨会，就鸭西难动用储量开发等进行深入研究，首次取得“不整合面”新的地质认识，白垩系油藏重新评价含油面积 3.67 平方千米，较原探明含油面积 3.27 平方千米增加 0.4 平方千米，复算老区地质储量达 1767.35 万吨，外围扩边储量估算 1000 万吨，具备建设 13 万吨产能的储量基础。

2013 年，鸭儿峡油田白垩系油藏 19.3 万吨产能建设工作全面启动，部署新钻井 29 口。2014 年，安排新钻井 19 口，并首次在白垩系部署 3 口水平井，至年底，开发井建产能 9.62 万吨，白垩系平均日产油由 2013 年的 102 吨上升到 157 吨，产量占全油田的 63%。针对白垩系整体地层能量较低，油井稳产困难，自喷井自喷期短、压力下降快的特点，再次启动白垩系油藏大型储能压裂和注水试验，并采取南、北区注水，中区注气的方式，以补充地层能量。随着白垩系油藏滚动扩边取得突破和鸭西产能建设的推进，鸭儿峡油田原油生产止跌回升，由 2009 年的最低年产 4.57 万吨，上升到 2015 年的 9.77 万吨。

2016—2017 年，鸭儿峡油田以白垩系扩边和鸭西产能建设为重点，鸭西 12 区块取得新突破，鸭西 104 井解释油层 20.5 米 /3 层，差油层 17.9 米 /3 层，含油水层 4.6 米 /1 层，2016 年 8 月投产 K_1g_1，日产液 12.7 立方米，含水 25%；鸭西 1–2 井解释油层 42.6 米 /3 层，差油层 35.9 米 /5 层，含油水层 6.1 米 /1 层，10 月投产，自喷生产，日产液 36.6 立方米，展现较好的开发潜力；鸭西 12 井获工业油流，鸭西 1–2 井获得高产油流。2017 年年初投产的探井鸭西 14 井，依靠高应力储集层压裂技术获高产油流，鸭西 14 井、鸭西 1–4 井、鸭西 1–5 井、鸭西 1–6 井均持续自喷且获得高产；鸭西 106 井压裂投产 K_1g_1 层后，自喷生产，初期日产液 16.4 立方米，含水 20%，后日产液 9.6 立方米、日产油 7.7 吨，含水 10%，证实白垩系西北边部滚动扩边具有较好效果。鸭西 6 区块自 2013 年 12 月鸭西 6 井 L 层喜获高产后，相继打出鸭西 6–1 井、6–6 井、6–12 井、6–10 井、6–13 井等一批高产井，区块产量保持向上。2016 年 1 月，6–14 井压裂投产 L_3 层，日产液 12.6 米，含水 50%，证实鸭西古近系—新近系西部断块为有利的扩边增储目标。2017 年 4 月，鸭西 15 井压裂 L_3 层，自喷投产，日产液 19 立方米，日产油 9.5 吨，含水 50%，8 月 12 日转抽，日产液 11.5 立方米，日产油 8.5 吨，含水 10%，为鸭儿峡古近系油藏向南扩展提供依据。

至 2017 年底，鸭儿峡油田油井开井 158 口，年产量 9.8 万吨，累计生产原油 586.63 万吨。

1987—2017 年鸭儿峡油田开发数据统计见表 3–4–2。

第三节　青西油田

青西油田发现于 1984 年，至 1987 年，先后钻探西参 1 井、窿 2 井、柳 1 井、西探 1 井、柳 3 井 5 口探井。西参 1 井首次在青南次凹中沟组和下沟组发现油气显示，证实青南次凹下沟组存在有利储集层，并由此发现青西油田。窿 2 井的钻探证实祁连山北麓为逆掩断层带推覆体构造。柳 1 井试油获 5.8 米 ^{3}/ 日初产，证实柳沟庄油藏具有勘探开发潜力。

1987 年 9 月，柳 1 井用土酸处理后，日产量上升至 35 立方米，成为青西油田第一口获工业油流的油井。

1989—1995 年，由于吐哈会战成为玉门油田“东山再起”的主战场，青西勘探基本停滞，仅对柳沟庄 36.4 平方千米区域面积进行三维地震勘探，对窟窿山（西南二物）油藏进行 20.12 平方千米三维地震勘探，对青西地区 238.16 千米进行二维地震勘探。部署钻探的窿 1 井，投产后稳定自喷，日产油 34 立方米，油质较轻，原油物性明显好于柳 1 井，成为窟窿山油藏第一口获得工业油流的油井和窿 101 区块的发现井。1995 年 9 月，窿 1 井酸化获得高产，初产达 130 米 ^{3}/ 日，证实窟窿山油藏具备高产的物质基础。

1995 年，玉门、吐哈管理体制理顺之后，及时调整勘探战略，重新将青西勘探放在首位。1997 年 12 月，在青西地区部署的重点评价井柳 102 井开钻。1998 年 6 月，柳 102 井完钻，对下沟组 4219.5 ~ 4249.5 米试油求产，日产油 50 立方米。1999 年 1 月，柳 102 井大型酸化压裂获得成功，日产突破百吨，达 133 米 ^{3}/ 日的高产，青西油田勘探获得重大突破，打破玉门油田勘探工作长期举足不前的被动局面，由此结束玉门油田自 20 世纪 50 年代以来原油产量持续下降的局面。1999 年，青西油田年产原油 4.53 万吨，累计产油 15.38 万吨。

2000 年，依据勘探成果和试采情况，青西油田具有产能建设的资源条件，本着边勘探、边建产、边开发的原则，拉开青西油田滚动勘探开发的序幕。玉门油田成立青西油田地面工程建设领导小组和青西油田地面工程建设项目经理部，开始分步实施地面产能建设。5 月，窿 4 井获日产 108 立方米高产油气流，经酸压改造后日产油

表 3-4-2　1987—2017 年鸭儿峡油田开发数据统计表

年度	动用含油面积（平方千米）	动用地质储量（万吨）	可采储量（万吨）	采油井数（口）	注水井数（口）	总井数（口）	年产油量（万吨）	累计产油量（万吨）	年产液量（万吨）	累计产液量（万吨）	年注水量（万吨）	年注采比	综合含水（%）	地质储量（%）	
														采油速度	采出程度
1987 年	13	2583	626	114	25	139	11.55	316.53	19.62	483.06	16.71	0.69	41.15	0.45	12.25
1988 年	13.6	2710	626	117	26	143	11.28	327.81	19.63	502.69	16.63	0.69	42.55	0.42	12.10
1989 年	13.6	2710	626	114	26	140	12.49	340.30	20.53	523.21	16.58	0.65	39.13	0.46	12.56
1990 年	13.6	2710	626	114	27	141	11.68	351.99	18.79	542.01	16.12	0.68	37.83	0.43	12.99
1991 年	13.6	2710	626	116	27	143	10.80	362.79	18.47	560.47	17.34	0.76	41.51	0.40	13.39
1992 年	13.6	2710	626	118	28	146	9.98	372.77	18.80	579.27	16.40	0.72	46.89	0.37	13.76
1993 年	13.6	2710	626	119	27	146	10.26	383.02	18.89	598.16	14.77	0.64	45.70	0.38	14.13
1994 年	13.6	2710	626	112	25	137	10.10	393.12	17.94	616.10	15.02	0.68	43.71	0.37	14.51
1995 年	13.6	2710	626	115	25	140	9.59	402.71	19.11	635.21	15.18	0.66	49.83	0.35	14.86
1996 年	13.6	2710	626	114	27	141	9.67	412.39	19.39	654.60	13.29	0.57	50.11	0.36	15.22
1997 年	13.6	2710	626	110	22	132	9.66	422.05	23.74	678.34	14.11	0.51	59.30	0.36	15.57
1998 年	13.6	2710	626	114	23	137	10.27	432.32	27.63	705.97	13.15	0.41	62.82	0.38	15.95
1999 年	13.6	2710	626	116	24	140	9.11	441.44	28.31	734.29	14.07	0.44	67.81	0.34	16.29
2000 年	13.6	2710	626	121	24	145	9.47	450.91	26.11	760.40	12.61	0.42	63.73	0.35	16.64
2001 年	13.6	2710	626	122	26	148	8.85	459.76	26.88	787.28	17.42	0.57	67.08	0.33	16.97
2002 年	13.6	2710	626	122	27	149	8.45	468.21	25.99	813.26	17.05	0.58	67.48	0.31	17.28
2003 年	13.6	2710	626	123	27	150	8.38	476.58	27.27	840.54	17.08	0.56	69.28	0.31	17.59
2004 年	13.6	2710	626	127	27	154	8.08	484.66	24.49	865.03	13.15	0.47	67.02	0.30	17.88
2005 年	13.6	2710	640.73	130	30	160	7.80	492.46	24.75	889.77	11.15	0.40	68.47	0.29	18.17

续表

年度	动用含油面积（平方千米）	动用地质储量（万吨）	可采储量（万吨）	采油井数（口）	注水井数（口）	总井数（口）	年产油量（万吨）	累计产油量（万吨）	年产液量（万吨）	累计产液量（万吨）	年注水量（万吨）	年注采比	综合含水（%）	地质储量（%）	
														采油速度	采出程度
2006 年	13.6	2710	640.73	135	30	165	8.36	500.82	25.43	915.20	17.32	0.60	67.14	0.31	18.48
2007 年	13.6	2710	691.71	139	33	172	8.40	509.21	25.83	941.03	18.53	0.63	67.49	0.31	18.79
2008 年	13.6	2710	691.71	142	35	177	8.15	517.37	26.35	967.38	18.43	0.62	69.07	0.30	19.09
2009 年	13.6	2710	691.71	142	39	181	4.57	521.94	9.27	976.65	20.09	1.81	50.68	0.17	19.26
2010 年	13.6	2710	691.71	144	39	183	7.13	529.07	16.20	992.85	19.96	1.04	55.97	0.26	19.52
2011 年	13.6	2710	691.71	143	41	184	6.52	535.59	19.72	1012.56	24.75	1.11	66.91	0.24	19.76
2012 年	13.6	2710	691.71	152	44	196	6.94	542.53	18.57	1031.13	33.54	1.57	62.61	0.26	20.02
2013 年	13.6	2710	691.71	177	53	230	8.23	550.76	21.53	1052.65	32.53	1.31	61.78	0.30	20.32
2014 年	23.8	3795.16	822.61	192	65	257	9.18	559.94	24.53	1077.19	40.97	1.45	62.57	0.24	14.75
2015 年	23.8	3795.16	822.61	211	64	275	9.77	569.71	25.37	1102.55	50.55	1.72	61.48	0.26	15.01
2016 年	23.8	3795.16	822.61	221	64	285	7.12	576.83	17.44	1120.00	36.82	1.81	59.20	0.19	15.20
2017 年	23.8	3795.16	826.05	232	64	296	9.80	586.63	22.70	1142.70	33.73	1.26	56.81	0.26	15.46

达到253立方米，发现青西油田主力产油区块之一的窿6区块，打开砂砾岩储集层的勘探局面。随即，着手编制正式开发方案。12月19日，窿5井发生特大井喷事故。首次用动态法向国家储委上交青西油田柳沟庄区块探明储量654万吨、探明含油面积4.5平方千米，柳沟庄油藏油层分布规律研究和储量规模认识取得重要进展。

2001年1月，青西油田第一口开发井青1−1井投产。年底，青西油田建成25万吨生产能力。

2002年4月，青西联合站一期工程正式开工建设。5月，窿8井向南甩开扩边，在窟窿山逆掩推覆构造带砂砾岩储集层日喷原油94立方米，经酸压达到201立方米高产油流，窟窿山逆掩推覆体油气钻探取得突破性进展，被股份公司列为2002年油气勘探六大重要发现之一。11月，青西联合站原油集输、原油处理、原油外输系统全面投入运行，一次开厂成功。

2003年3月，《青西油田开发建设方案设计》编制完成。6月，编制完成《青西油田窿8区块开发建设方案设计》。年底，单井、计量站、联合站、外输管线、35千伏变电站、电力外线、南站油库改造、南站液态烃站改造、拉油公路等九大系统建设全面建成投运。

至2005年，油田先后探明2个油藏（柳沟庄油藏、窟窿山油藏）、7个油气富集区块（柳1—柳3区块、柳4区块、柳9区块、窿101区块、窿6区块、窿8区块、窿104区块），探明含油面积35.83平方千米、石油地质储量6909万吨，可采储量1130.58万吨，控制地质储量1200万吨；共完钻各类井89口，其中参数井1口、探井27口，评价井21口，开发井40口，累计建产能64万吨，原油产量逐年攀升，由2000年的7.7万吨快速上升到2005年的47万吨，成为油田原油生产的支柱，带动玉门油田原油产量快速增长。

2006年，油田对主力开发区快窿6区块实施加密调整，先后钻调整井17口，有9口井获得了初产50米^3/日的产量，累计新建产能19.26万吨，有效弥补窿6区块产量的递减。青西油田原油产量达到峰值，年产原油50.85万吨，占玉门油田总产量的63%。

2008年起，随着青西油田新钻井大幅减少，老井调整治理难度大，加之大部分自喷井转抽，油田进入产量下降期，当年生产原油39.97万吨。

2009年，玉门油田开井50口，自喷井仅有9口，全面进入机械采油阶段。开始在柳沟庄和窿8、窿101区块进行注水试验。先后选择柳沟庄的青1−1井、窿101区块的窿102井、青2−17井和窿8区块的青2−25井、青2−46井、青2−50井、青2−57井共7口井开展注水现场试验。通过注水试验，柳102井组、青2−17井组、窿8区块的采油井青2−32井、青2−28井见到明显的注水效果，其中青2−17井组的窿103井注水见效后产液量明显上升，产气量大幅度增加；窿8区块的青2−32井、青2−28井产液量保持平稳且略有上升；柳沟庄油藏的柳102井组的各井稳产效果较好，尤其是柳102井，其产液量与水井注水状况对应明显。由于受全球金融危机影响，油田实行限产政策，全年生产原油19.39万吨。

2010年，随着窿6区块含水快速上升、窿8区块压力急剧下降，青西油田原油生产跌至最低点，生产原油15.69万吨、产气0.53万吨。

2011年，青西油田开始逐步扩大注水规模，注水井开井数达到6口，正式进入注水开发阶段。随着注水试验初见成效，加之在柳沟庄和窟窿山东块扩边取得进展，新建产能3.03万吨，原油产量稳中有升、箭头朝上，全年生产原油16.46万吨。

2012年，完成青2−38X井、青2−47井、青1−4井、青1−6井、青2−53井的改注工作，注水井点上升至11口，完成注水量74040立方米，注水效果进一步显现，稳产基础进一步夯实，全年生产原油17.57万吨。在前期试验井青2−51井、柳4井取得较好效果的基础上，电潜泵采油配套技术开始大规模应用。

2015年，青西油田电潜泵采油配套设施和技术日趋成熟，主力区块窿8区块重点井都已下电泵生产，共有电泵井11口，日产油202吨，占青西油田日产油的52.6%。青西油田成立电潜泵管理项目组，进一步强化电潜泵井的管理，通过对电潜泵泵型优化、泵挂深度、管柱组合及生产运行参数进行集体决策确定，强化电潜泵井运行分析，保证电潜泵井的平稳运行。

2017年，青西油田电潜泵井运行周期已由2016年的203天大幅延长至337天，检泵井次由2016年的28井次大幅下降至14井次，实现电潜泵井长周期平稳生产。至年底，青西油田累计钻各类井122口，建产能113.18万吨，油水井开井68口，日产油250吨，年产油8.70万吨，综合含水70.40%，累计产油量475.56万吨，采油速度0.17%，采出程度9.35%。

2000—2017年青西油田开发数据统计表3−4−3。

表 3-4-3　2000—2017 年青西油田开发数据统计表

年度	动用含油面积（平方千米）	动用地质储量（万吨）	可采储量（万吨）	采油井数（口）	注水井数（口）	总井数（口）	年产油量（万吨）	累计产油量（万吨）	年产液量（万吨）	年注水量（万立方米）	年注采比	综合含水（%）	地质储量（%）	
													采油速度	采出程度
2000 年	4.5	654	104.7	10	—	10	7.47	22.85	7.70	—	—	3.00	1.14	3.49
2001 年	13.2	1909	330.6	20	—	20	18.99	41.84	20.19	—	—	5.93	0.99	2.19
2002 年	18.1	3552	593.5	25	—	25	30.14	71.97	33.76	—	—	10.73	0.85	2.03
2003 年	22.5	4691	775.8	33	—	33	36.71	108.69	42.62	—	—	13.86	0.78	2.32
2004 年	28.9	5750	945.2	43	—	43	44.00	152.69	49.21	—	—	10.58	0.77	2.66
2005 年	36.83	6909.04	1130.38	48	—	48	47.80	200.49	54.84	—	—	12.84	0.69	2.90
2006 年	35.85	6993.37	1118.91	54	—	54	50.85	251.33	64.31	—	—	20.94	0.73	3.59
2007 年	35.85	6993.37	1118.91	64	—	64	47.41	298.74	63.80	—	—	25.69	0.68	4.27
2008 年	35.85	6993.37	1118.91	71	1	71	39.97	338.71	64.44	0.41	0.01	37.98	0.57	4.84
2009 年	35.85	6993.37	1118.91	73	6	79	19.39	358.10	32.55	1.11	0.03	40.42	0.28	5.12
2010 年	35.85	6993.37	1118.91	54	7	61	15.69	373.79	31.31	4.91	0.13	49.89	0.22	5.34
2011 年	35.85	6993.37	1118.91	57	7	64	16.46	390.26	40.27	4.50	0.10	59.12	0.24	5.58
2012 年	35.85	6993.37	1118.91	68	12	80	17.06	407.32	39.24	7.39	0.16	56.52	0.24	5.82
2013 年	35.85	6993.37	1118.91	61	13	74	17.51	424.82	45.95	8.88	0.17	61.90	0.25	6.07
2014 年	22.47	5026.2	804.21	64	17	81	16.13	440.95	44.59	15.15	0.29	63.83	0.32	8.77
2015 年	22.47	5026.2	804.21	71	16	87	11.93	451.61	31.71	21.02	0.57	62.39	0.24	8.99
2016 年	22.47	5026.2	800.96	66	17	83	9.74	461.35	31.62	25.68	0.72	69.20	0.19	9.18
2017 年	22.47	5026.2	761.89	60	17	77	8.70	470.06	29.40	22.06	0.67	70.40	0.17	9.35

第四节　酒东油田

酒东油田的勘探始于1985年。

1987—1995年，由于勘探战略西移和开展吐哈会战，玉门油田在酒东盆地主要以开展二维地震资料采集为主，钻探的第一口科学探索井——酒参1井，钻遇8套油层，见到油流，由此发现酒东长1区块含油。

1995年后，随着玉门、吐哈管理体制理顺，重新将酒东盆地勘探摆上重要议事日程，相继部署钻探长101井、长2井等评价井、探井，其中长101井经测试获日产原油百吨以上，证实长沙岭构造含油气富集。

2006年，在酒东盆地部署钻探的长3井试油获得高产，发现长3区块下白垩统下沟组K_1g_1油藏，新增探明含油面积2.42平方千米，石油地质储量168.07万吨。

2008年6月，部署在酒东盆地长沙岭构造的长7井开钻，钻至井深3945米完钻，试油获得高产油流，发现长沙岭构造下白垩统下沟组K_1g_3油藏，长7区块新增探明储量含油面积13.96平方千米、石油地质储量1022.66万吨。随后，部署钻探的长9井、长2-1井等6口探井、2口开发试验井相继获得工业油流，长沙岭构造的勘探工作在K_1g_3油藏取得突破性进展。

2009年，酒东油田正式投入开发。至年底，酒东油田长沙岭构造内先后钻成各类井达30口，其中探井10口、评价井14口、开发井6口，累计生产原油1.98万吨。

2010年11月，成立酒东试采区，酒东油田进入全面开发阶段，开发进程也随即加快。在组织人员全力开展酒东油田开发建设方案研究和编制工作的同时，地面产能建设工作同步展开。酒东K_1g_3油藏属于异常高压油藏，试采阶段，由于基础井网还未完全建立，油井采油速度低，驱动方式主要为弹性天然能量，大部分油井能够维持自喷生产。2011年起，随着开发程度的不断深入，一次开发井网不断完善，油藏地层压力开始下降，大部分油井逐渐失去自喷能力。酒东油田及时对停喷井进行转抽，采用人工举升方式稳定基础产量。在广泛论证的基础上，优选长202井组及长3井组开展高压注水先导性试验，为K_1g_3油藏实现“注上水”目标奠定基础。油田编制完成《酒东长沙岭K_1g_3油藏开发建设方案设计》，投产新井17口，新建产能7.35万吨，新增产量1.67万吨，原油产量大幅提升，全年生产原油达11.11万吨，比2010年增加4.08万吨。

2012年，酒东油田以19.2万吨/年产能建设地面工程为主线，以联合站建设、道路建设、高压注水、35千伏变电站建设等4项工程为重点，地面产能建设全面推进。在油田开发上，按照不规则点状面积注水原则，不断完善注采井网，注水井达到5口，日注水量120立方米，K_1g_3油藏实现“注上水”的目标。当年，油田新投产开发井10口，新建产能5.94万吨，新增产量1.37万吨，完成原油产量10.29万吨。

2013年，集油气处理、原油外输、蒸汽供热、污水处理为一体的酒东油田联合站建成投运；按照“井站一体、电子巡护、远程监控、红外防盗、视觉成像、智能管理”的新模式，酒东数字化油田建设初具规模，成为玉门油田第一个数字化油田，基本实现生产数据遥测远传、井场视频监控、示功图在线分析、油井远程启停等功能，提升现场管理水平。酒东油田K_1g_3油藏探明含油面积13.96平方千米，地质储量1022.66万吨，可采储量102.3万吨，至2013年底，已采出可采储量的30.15%，剩余可采储量71.41万吨，稳产上产的资源基础较为薄弱；加之大多数井只有一个主力层，且已动用，剩余潜力井层少，平面和剖面上调层挖潜余地小，限制酒东油田的发展。2013年，油田产量开始下降，仅完成8.56万吨，进入稳产调整期。

2014年，酒东油田不断加深油藏认识，在新层系、新区块上求突破。通过对K_1g_1成藏模式、砂体展布、油气分布、试采动态等方面的研究，有效动用K_1g_1油藏储量，部署的长3-7X井见到较好油气显示。长3区块K_1g_1探明含油面积2.42平方千米，石油地质储量168.07万吨；长4区块提交控制含油面积15.4平方千米，石油地质储量1218万吨，K_1g_1油藏成为酒东油田增储上产比较现实的接替层系。不断完善K_1g_3油藏注采井网，扎实推进产能建设工作，新钻井4口，新建产能2.4万吨。其中，长2-27井投产后日产油

16.6 吨；长 2—28 井投产后，实施酸化解堵措施，日产油 13 吨。

2015 年，酒东油田坚持“内部调整挖潜与外围滚动扩边”相结合，稳步推进产能建设，投产新井 6 口，新建产能 3.16 万吨；优化形成适合 K_1g_1 油藏“大段投产、增效射孔、小压差生产”的配套开发技术，K_1g_1 油藏开始稳步动用。全年原油产量完成 7.22 万吨，实现硬稳产。

2016—2017 年，酒东油田坚持“完善注采井网、加深低动用储量区块认识、滚动扩边”的原则，持续推进 K_1g_1 油藏精细勘探。通过重新评价长沙岭，进一步证实长 2 区块 K_1g_1 油藏具有较好的油气成藏条件，长 19 区块新增预测储量 512 万吨，夯实油田稳产的基础。2016 年，受国际原油价格持续低迷影响，原油产量维持在 6.53 万吨。2017 年，原油产量开始回升；至年底，开井 74 口，年产原油 7.12 万吨，累计生产原油 67.35 万吨。2009—2017 年酒东油田开发数据统计见表 3—4—4。

第五节　石油沟油田

石油沟油田于 1953 年钻探发现，是新中国第一个投入开发的油田。1955 年开始采油，1958 年全面投入开发，至 1986 年，已有 29 年的开发历史，全面进入后期注水开发阶段。1986 年，开井数 263 口，其中油井 204 口、水井 59 口，年产原油 4.71 万吨，累计生产原油 133.76 万吨，可采储量采出程度达 60.07%。

1987—1990 年，石油沟油田按照“七五”调整方案，通过加强注水井管理，增加注水井点和注水井层，有效提高分注能力、注水井综合利用率和注入水有效利用率；通过打更新井，提高高含水期油田开发的技术水平，确保油田稳产。期间，年产量一直保持在 4 万吨以上。

1991 年起，产量下滑加快，当年跌破 4 万吨，年产量为 3.92 万吨。石油沟油田通过实施封堵技术、压裂技术、水淹井层强采技术、配套应用磁技术、修套技术、清砂、防蜡技术、注水泵及流程改造技术等，扩大注水效果；首创高能气体压裂和超声波处理地层、人工地震物理法采油技术，提高油井产量；在井组、区块进行聚合物三次采油，提高采收率，有效延缓原油产量递减，至 2001 年，原油产量下降到 3.13 万吨。

2002 年，石油沟油田年产原油 2.86 万吨，地质储量的采出程度达 41.24%、可采储量的采出程度 87.10%。

2005 年起，石油沟油田利用Ⅲ区剩余油研究成果，采用压小层、覆膜砂压裂、氟硼酸防砂解堵等工艺技术，对有潜力的低产井实施大修、冲砂热洗等措施，有效延缓油田产量递减。与此同时，坚持“少投入、多产出、高水平、高效益”的原则，通过钻调整井、更新井、侧钻大修等手段，不断完善石油沟油田的注采井网，稳定油水井开井数和原油产量。期间，石油沟油田陆续部署的石平 −1 井、石平 −2 井等井，均取得 2 吨 / 日以上稳定产能。至 2014 年，石油沟油田油水井开井数仍保持在 119 口，其中油井 87 口、水井 32 口，原油产量基本稳定在 2 万吨以上。

2015 年，在石油沟油田部署的 N208 井，密闭取心结果显示，M 中下含油性较好，具有较好的生产潜力。8 月投产 M 中，平稳产能 2.42 吨 / 日，当年累计产油 218 吨。显示在石油沟油田部分水淹井组、水淹层段（M 中下），仍存在较富集的剩余油。

2016 年，顺断层走向部署的石平 −5 井，射 M 中下压裂自喷投产，稳产 5.0 米^3/ 日，含水 23%，当年累计产油 270 吨，进一步证实断层附近存在剩余油富集区。

2017 年，优化部署的石平 −6 井，仅投产 1/3 水平段，稳产 6.7 吨 / 日，含水 43%，产油 1083 吨。通过石平 −5 井、石平 −6 井的投产，进一步明确石油沟油田Ⅲ区北边部挖潜剩余油的开发方向。至年底，石油沟油田开井数始终保持在 105 口以上，年产量稳定在 1.85 万吨以上，累计生产原油 228.68 万吨，地质储量采出程度达 49.3%。

1987—2017 年石油沟油田开发数据统计见表 3—4—5。

表 3-4-4　2009—2017 年酒东油田开发数据统计表

年度	动用含油面积（平方千米）	动用地质储量（万吨）	可采储量（万吨）	采油井数（口）	注水井数（口）	总井数（口）	年产油量（万吨）	累计产油量（万吨）	年产液量（万吨）	年注水量（万立方米）	年注采比	综合含水（%）	地质储量（%）	
													采油速度	采出程度
2009 年	2.42			12	0	12	1.98	2.44	2.91	0	0.000	32.04	1.18	1.45
2010 年	2.42			19	0	19	7.03	9.47	8.32	0	0.000	15.42	4.18	5.63
2011 年	17.05	1022.28	102.23	32	1	33	11.11	20.58	15.53	0.04	0.002	28.44	0.93	1.73
2012 年	14.96	1022.28	102.23	41	5	46	10.29	30.87	13.68	1.24	0.079	24.75	0.86	2.59
2013 年	13.96	1022.28	102.23	42	10	52	8.56	39.43	12.42	4.81	0.340	31.09	0.72	3.31
2014 年	13.96	1022.28	102.23	47	10	57	7.45	46.91	11.76	7.44	0.562	36.63	0.63	3.94
2015 年	16.38	1022.28	102.23	52	10	62	6.79	53.70	10.73	5.12	0.423	36.79	0.57	4.5
2016 年	16.38	1022.66	102.26	56	13	69	6.53	60.23	10.86	6.31	0.519	39.85	0.55	5.06
2017 年	16.38	1022.66	103.57	61	13	74	7.12	67.35	12.67	7.15	0.508	43.77	0.6	5.66

表 3-4-5　1987—2017 年石油沟油田开发数据统计表

年度	动用含油面积（平方千米）	动用地质储量（万吨）	可采储量（万吨）	采油井数（口）	注水井数（口）	总井数（口）	年产油量（万吨）	累计产油量（万吨）	年产液量（万吨）	年注水量（万立方米）	年注采比	综合含水（%）	地质储量（%）	
													采油速度	采出程度
1987 年	3.3	464	222.7	205	61	266	4.7978	138.6606	19.8348	44.4323	2.0	76.51	1.03	29.88
1988 年	3.3	464	222.7	199	60	259	4.7474	143.408	20.2102	45.3027	2.1	76.12	1.02	30.91
1989 年	3.3	464	222.7	198	67	265	4.6635	148.0715	19.53	43.7761	2.2	77.83	1.01	31.91
1990 年	3.3	464	222.7	187	66	253	4.6056	152.6771	20.4877	41.8067	2.0	78.03	0.99	32.90
1991 年	3.3	464	222.7	183	65	248	4.2227	156.8998	19.2239	41.7639	2.0	80.54	0.91	33.81
1992 年	3.3	464	222.7	181	63	244	3.92	160.8198	20.143	44.8418	2.0	79.88	0.84	34.66
1993 年	3.3	464	222.7	165	66	231	3.7532	164.573	18.6495	41.6064	2.3	78.97	0.81	35.47
1994 年	3.3	464	222.7	166	65	231	3.6958	168.2688	17.5737	36.9514	2.3	79.45	0.80	36.26
1995 年	3.3	464	222.7	163	68	231	3.4146	171.6834	17.3202	44.219	2.0	81.27	0.74	37.00

续表

年度	动用含油面积（平方千米）	动用地质储量（万吨）	可采储量（万吨）	采油井数（口）	注水井数（口）	总井数（口）	年产油量（万吨）	累计产油量（万吨）	年产液量（万吨）	年注水量（万立方米）	年注采比	综合含水（%）	地质储量（%）	
													采油速度	采出程度
1996年	3.3	464	222.7	162	69	231	3.5012	175.1846	18.6901	44.7393	2.3	82.96	0.75	37.76
1997年	3.3	464	222.7	158	68	226	3.3018	178.4864	19.382	42.5709	2.2	83.29	0.71	38.47
1998年	3.3	464	222.7	101	53	154	3.1568	181.6432	18.8941	39.5125	2.2	82.04	0.68	39.15
1999年	3.3	464	222.7	91	47	138	3.1336	184.7768	17.5672	35.7405	2.1	81.42	0.68	39.82
2000年	3.3	464	222.7	89	48	137	3.1794	187.9562	16.997	31.4474	2.0	80.07	0.69	40.51
2001年	3.3	464	222.7	90	46	136	2.0092	189.9654	14.6008	31.4474	1.9	80.07	0.43	40.94
2002年	3.3	464	222.7	89	45	134	1.3776	191.343	13.9766	33.1084	1.3	81.49	0.30	41.24
2003年	3.3	464	222.7	89	45	134	2.6076	193.9506	15.1568	34.996	2.2	82.51	0.56	41.80
2004年	3.3	464	222.7	88	45	133	2.628	196.5786	15.5202	31.5397	2.0	83.17	0.57	42.37
2005年	3.3	464	222.7	88	44	132	2.3626	198.9412	15.1305	28.5902	1.8	82.92	0.51	42.88
2006年	3.3	464	222.7	89	42	131	2.0999	201.0411	10.5318	29.3085	2.7	81.58	0.45	43.33
2007年	3.3	464	222.7	89	41	130	2.8926	203.9337	15.7326	28.8307	1.8	81.90	0.62	43.95
2008年	3.3	464	222.7	89	44	133	2.8637	206.7974	18.1866	23.4435	1.3	84.25	0.62	44.57
2009年	3.3	464	222.7	84	34	118	1.5976	208.395	10.3844	21.8122	1.9	85.38	0.34	44.91
2010年	3.3	464	222.7	83	31	114	2.3831	210.7781	17.5853	22.879	1.3	86.81	0.51	45.43
2011年	3.3	464	222.7	84	30	114	2.1061	212.8842	15.1651	22.559	1.5	86.32	0.45	45.88
2012年	3.3	464	222.7	84	31	115	2.0343	214.9185	15.2468	24.1557	1.6	87.27	0.44	46.32
2013年	3.3	464	222.7	84	36	120	2.017	216.9355	13.9385	25.6844	1.8	85.99	0.43	46.75
2014年	3.3	464	222.7	87	32	119	2.0098	218.9453	14.2667	25.7485	1.7	86.23	0.43	47.19
2015年	3.3	464	222.7	87	29	116	1.9776	220.9229	15.8049	16.4369	1.0	87.48	0.43	47.61
2016年	3.3	464	236.56	88	34	122	1.887	222.8099	14.7791	15.9235	1.1	87.21	0.41	48.02
2017年	3.3	464	238.06	79	26	105	1.8544	224.6643	14.4714	15.2062	1.0	87.18	0.40	48.42

第六节　白杨河—单北油田

一、白杨河油田

白杨河油田发现于1955年，1959年全面开发，至1986年，已有28年的开发历史，先后经历快速上产期、降产初期、稳产期与降产失控期4个阶段。1986年，油井开井数已由1980年的60口降至33口，日产原油13.75吨，年产原油5020吨。

1987年起，生产基本上处于能生产多少就生产多少的自然状态，开井数不断下降，到1993年，开井数仅剩4口，日产原油6.5吨，年产量2373吨。1999年，日产量已降至1.49吨，白杨河油田一度处于报废边缘。

2004年，老君庙油田作业区提出“只有科技的进步，没有报废的油田”的理念，将白杨河油田恢复生产工作重新提上日程。2005年，白49井大修恢复生产后，初产液恢复到10.7米^3/日，含水65%，油田产量也逐步回升至5.4吨/日，年产油1698吨，2005年白杨河油田的可采储量采出程度97.06%。

2006年，老君庙油田作业区在二次开发理念的引导下，成立“白杨河底水油田后期调整挖潜治理”项目组，在单井潜力复查的基础上，通过水平井技术挖掘构造高部位剩余油潜力，在白杨河油田布水平井1口。白平1井投产初期最高日产液20米^{3}日，含水30%，后因出砂严重，不能正常生产。

2007年，老君庙油田作业区通过“白杨河油田后期挖潜综合治理研究”，在白杨河油田西区顶部部署火烧沟层水平井8口，其中调整井7口、调整兼扩边井1口；间泉子层水平井4口，其中调整井3口，调整兼扩边井1口；在油田东区部署火烧沟层水平井3口，间泉子层水平井2口；对白116井、白725井、白781井、白852井等井调至间泉子层生产；对潜力较大的7口井生产进行覆膜砂压裂，有效恢复白杨河油田的生产能力，至2010年底白杨河油田日产油量恢复至8.3吨，年原油生产能力3021吨。至此，白杨河油田已累计生产原油77.39万吨，采出程度25.99%，可采储量采出程度99.99%。

2015年，通过开发效果评价及二次开发方案研究，结合白杨河油田静、动态描述结果，应用数值模拟方法研究的剩余油分布规律成果，编制完成《白杨河油田二次开发方案》，依托新技术、新工艺，进一步挖掘Eh_{2+3}油层顶部剩余油和间泉子油藏剩余油。

2016年初，随着国际原油价格的不断下跌，白杨河油田大部分高含水油井因电费支出、措施费用、人工成本、原油拉转费用较高，开采效益极低。老君庙采油厂按照“开源节流、提质增效”开发方针，对白杨河油田实施低产低效油井整体关停方案，共关停油井14口，减少液量30.6米^3/日、油量1.66吨/日；当年仅保留4口油井正常生产，产液9.3米^3/日，产油3.3吨/日。

2017年9月，按照《关于加强自然保护区生态环境保护工作的通知》和《关于玉门油田矿业权与南山省级自然保护区重叠的清查情况及整改措施的通知》精神，老君庙采油厂将石油沟油田和单东探区30口采油井和9口注水井进行封井、拆除相关注采设备，并恢复自然地貌，为此，对采油三队完成当年原油生产计划任务造成一定困难。11月，采油三队对白杨河油田日产油0.3吨以上关停油井进行恢复，通过安装电动机直接开井，恢复7口油井生产。至2017年底，白杨河油田共开井11口，产液量14.6米^3/日，产油量2.8吨/日。

二、单北油田

单北油田发现于1960年，是白杨河油田进入后期开发阶段、为寻求新的产量接替区自主开发的一个小油田，至1986年，先后钻探发现单一、单二、单三3个油区，探明含油面积2.70平方千米，地质储量203万吨，技术可采储量56.8万吨。1986年，单北油田经过26年的开发，开始进入产量递减期，全年开井71口，其中油井61口、水井10口，日产原油66.38吨，年产原油2.42万吨，累计生产原油19.98万吨。

1987年后，随着油井含水普遍上升、油层压力下降，单北油田通过钻加密调整井、开展以“注水井为重点”的油田综合调整和治理，进一步完善注采井网，增加注水井点，逐步恢复地层压力，提高采液速度，在一定程度上减缓油田递减，但油田稳产形势和开发前景日趋严峻。1989年，白杨河油矿重心转向青西柳沟庄试采区，单北油田的钻井工作全面停止，进入“能产多少就采多少”的自然开发状态。

1990年，年产由1987年的2.37万吨下降至1.71万吨。至2006年，年产仅为6995吨。

2007年起，老君庙油田作业区通过对单北油田开发规律的研究、剩余油分布规律的认识，以及在整体调整治理可行性分析、论证的基础上，重新开始对单北油田进行综合治理和挖潜。通过组织实施以调整治理、大修恢复、油井防蜡治砂、调整注采关系等为主的一系列综合治理挖潜措施，保持向好势头。特别是D226井调整层位后，日增原油5吨，成为单北油田当时效果最好的一口油井。

至2010年12月，年生产原油4283吨，累计生产原油43.84万吨，采出程度21.6%，可采储量采出程度77.18%，油井开井34口，注水开井5口，综合含水89.51%，日产油量11.73吨。

2015年，在石北次凹部署预探井—单东1井，在古近系—新近系火烧沟组获工业油流，产油2.8米^3/日。通过对外围38口古近系—新近系老井开展复查，落实有利区面积12平方千米。

2016年，围绕石北次凹古近系—新近系有利区块，快速勘探、整体评价，先后部署9口井，其中预探井4口、评价井5口。其中单东1井、单东2井、单东3井、单东303井投产井试油获3.5吨/日的产量。

2017年，老君庙采油厂在单北部署探井3口，当年完井投产，日产油0.66吨，累计产油498吨。

1987—2017年白杨河油田开发数据统计见表3–4–6。1987—2017年单北油田开发数据统计见表3–4–7。

表 3-4-6　1987—2017 年白杨河油田开发数据统计表

年度	动用含油面积（平方千米）	动用地质储量（万吨）	可采储量（万吨）	采油井数（口）	注水井数（口）	总井数（口）	年产油量（万吨）	累计产油量（万吨）	年产液量（万吨）	年注水量（万立方米）	年注采比	综合含水（%）	地质储量（%）	
													采油速度	采出程度
1987 年	1.2	297	89.01	33	—	33	0.425	71.3016	2.7154	—	—	84.35	0.14	24.01
1988 年	1.2	297	89.01	28	—	28	0.387	71.6886	2.3809	—	—	83.75	0.13	24.14
1989 年	1.2	297	89.01	24	—	24	0.3784	72.067	2.2692	—	—	83.32	0.13	24.26
1990 年	1.2	297	77.2	20	—	20	0.3312	72.3982	1.9792	—	—	83.27	0.11	24.38
1991 年	1.2	297	77.2	20	—	20	0.2891	72.6873	1.8539	—	—	84.41	0.1	24.47
1992 年	1.2	297	77.2	9	—	9	0.2607	72.948	1.2584	—	—	79.28	0.09	24.56
1993 年	1.2	297	77.2	6	—	6	0.2373	73.1853	1.1714	—	—	79.74	0.08	24.64
1994 年	1.2	297	77.2	4	—	4	0.2344	73.4197	1.2201	—	—	80.79	0.08	24.72
1995 年	1.2	297	77.2	—	—	—	0.1578	73.5775	0.7418	—	—	78.73	0.05	24.77
1996 年	1.2	297	77.2	—	—	—	0.1485	73.726	0.7752	—	—	80.84	0.05	24.82
1997 年	1.2	297	77.2	—	—	—	0.1292	73.8552	0.686	—	—	81.17	0.04	24.87
1998 年	1.2	297	77.2	—	—	—	0.101	73.9562	0.5161	—	—	80.43	0.03	24.90
1999 年	1.2	297	77.2	—	—	—	0.0545	74.0107	0.2435	—	—	77.62	0.02	24.92
2000 年	1.2	297	77.2	—	—	—	0.162	74.1727	0.5249	—	—	69.14	0.05	24.97
2001 年	1.2	297	77.2	—	—	—	0.1033	74.276	0.4166	—	—	75.20	0.03	25.01
2002 年	1.2	297	77.2	—	—	—	—	74.276	—	—	—	—	0.00	25.01
2003 年	1.2	297	77.2	—	—	—	—	74.276	—	—	—	—	0.00	25.01
2004 年	1.2	297	77.2	—	—	—	0.1392	74.4152	0.4975	—	—	72.02	0.05	25.06
2005 年	1.2	297	77.2	1	—	1	0.1698	74.585	0.771	—	—	77.98	0.06	25.11
2006 年	1.2	297	77.2	1	—	1	0.2084	74.7934	0.9441	—	—	77.93	0.07	25.18
2007 年	1.2	297	77.2	1	—	1	0.5928	75.3862	2.6912	—	—	77.97	0.20	25.38
2008 年	1.2	297	77.2	1	—	1	0.6369	76.0231	3.3922	—	—	81.22	0.21	25.60
2009 年	1.2	297	77.2	1	—	1	0.322	76.3451	2.2453	—	—	85.66	0.11	25.71
2010 年	1.2	297	77.2	1	—	1	0.4056	76.7507	3.9997	—	—	89.86	0.14	25.84

续表

年度	动用含油面积（平方千米）	动用地质储量（万吨）	可采储量（万吨）	采油井数（口）	注水井数（口）	总井数（口）	年产油量（万吨）	累计产油量（万吨）	年产液量（万吨）	年注水量（万立方米）	年注采比	综合含水（%）	地质储量（%）	
													采油速度	采出程度
2011 年	1.2	297	77.2	2	—	2	0.2163	76.967	1.9569	—	—	88.95	0.07	25.91
2012 年	1.2	297	77.2	3	—	3	0.2546	77.2216	2.4871	—	—	89.76	0.09	26.00
2013 年	1.2	297	79.2	3	—	3	0.1659	77.3875	1.5929	—	—	89.59	0.06	26.06
2014 年	1.2	297	79.2	2	—	2	0.1882	77.5757	1.7152	—	—	89.03	0.06	26.12
2015 年	1.2	297	79.2	4	—	4	0.1714	77.7471	1.3252	—	—	87.07	0.06	26.18
2016 年	1.2	297	79.2	5	—	5	0.1405	77.8876	0.5721	—	—	75.44	0.05	26.22
2017 年	1.2	297	79.2	6	—	6	0.1387	78.0263	0.3436	—	—	59.63	0.05	26.27

表 3-4-7 1987—2017 年单北油田开发数据统计表

年度	动用含油面积（平方千米）	动用地质储量（万吨）	可采储量（万吨）	采油井数（口）	注水井数（口）	总井数（口）	年产油量（万吨）	累计产油量（万吨）	年产液量（万吨）	年注水量（万立方米）	年注采比	综合含水（%）	地质储量（%）	
													采油速度	采出程度
1987 年	2.7	203	56.8	67	12	79	2.3696	22.3449	6.4087	9.1964	1.41	63.0	1.17	11.01
1988 年	2.7	203	56.8	68	16	84	2.1222	24.4671	6.3615	9.7666	1.51	66.6	1.05	12.05
1989 年	2.7	203	56.8	65	13	78	1.9659	26.433	5.9216	9.9325	1.65	66.8	0.97	13.02
1990 年	2.7	203	56.8	63	11	74	1.709	28.142	5.8496	8.4222	1.42	70.8	0.84	13.86
1991 年	2.7	203	56.8	58	12	70	1.498	29.64	4.9154	7.2303	1.45	69.5	0.74	14.60
1992 年	2.7	203	56.8	56	12	68	1.1873	30.8273	5.1052	7.6885	1.62	76.7	0.58	15.19
1993 年	2.7	203	56.8	50	11	61	1.0696	31.8969	4.7427	7.6512	1.62	77.4	0.53	15.71
1994 年	2.7	203	56.8	51	10	61	1.1126	33.0095	4.7621	8.1703	1.7	76.6	0.55	16.26
1995 年	2.7	203	56.8	51	8	59	1.1121	34.1216	4.6252	8.1837	1.75	76.0	0.55	16.81
1996 年	2.7	203	56.8	55	8	63	1.0022	35.1238	4.3165	7.7839	1.79	76.8	0.49	17.30
1997 年	2.7	203	56.8	48	9	57	0.9581	36.0819	4.8144	7.684	1.58	80.1	0.47	17.77
1998 年	2.7	203	56.8	47	9	56	0.9029	36.9848	4.5833	7.3355	1.58	80.3	0.44	18.22

续表

年度	动用含油面积（平方千米）	动用地质储量（万吨）	可采储量（万吨）	采油井数（口）	注水井数（口）	总井数（口）	年产油量（万吨）	累计产油量（万吨）	年产液量（万吨）	年注水量（万立方米）	年注采比	综合含水（%）	地质储量（%）	
													采油速度	采出程度
1999 年	2.7	203	56.8	42	8	50	0.6616	37.6464	3.5602	7.5005	2.09	81.4	0.33	18.55
2000 年	2.7	203	56.8	48	9	57	0.586	38.2324	3.379	5.6282	0.9	82.7	0.29	18.83
2001 年	2.7	203	56.8	43	6	49	0.377	38.6094	2.2689	6.1046	1.61	83.4	0.19	19.02
2002 年	2.7	203	56.8	43	6	49	0.3391	38.9485	2.2156	5.1268	1.2	84.7	0.17	19.19
2003 年	2.7	203	56.8	44	7	51	0.7103	39.6588	4.3839	3.9071	1.02	83.8	0.35	19.54
2004 年	2.7	203	56.8	41	6	47	0.5546	40.2134	3.0744	3.297	0.98	82.0	0.27	19.81
2005 年	2.7	203	56.8	40	6	46	0.6642	40.8776	2.9009	2.9707	0.82	77.1	0.33	20.14
2006 年	2.7	203	56.8	40	6	46	0.4828	41.3604	2.4942	3.5959	1.08	80.6	0.24	20.37
2007 年	2.7	203	56.8	38	8	46	0.4779	41.8383	3.1243	4.9542	1.59	84.7	0.24	20.61
2008 年	2.7	203	56.8	38	8	46	0.5373	42.3756	3.7668	5.6326	1.49	85.7	0.26	20.87
2009 年	2.7	203	56.8	30	3	33	0.2963	42.6719	2.4443	2.8601	0.76	87.9	0.15	21.02
2010 年	2.7	203	56.8	34	5	39	0.453	43.1249	4.5291	3.7926	0.84	90.0	0.22	21.24
2011 年	2.7	203	56.8	35	5	40	0.3832	43.5081	3.1276	4.0346	1.35	87.7	0.19	21.43
2012 年	2.7	203	47.31	38	3	41	0.2942	43.8023	2.3658	4.1177	1.62	87.6	0.14	21.58
2013 年	2.7	203	47.31	37	4	41	0.3759	44.1782	2.3573	4.8921	1.93	84.1	0.19	21.76
2014 年	2.7	203	47.31	31	6	37	0.4051	44.5833	2.1889	4.7872	2.06	81.5	0.20	21.96
2015 年	2.7	203	47.31	29	8	37	0.3132	44.8965	1.7049	4.7757	2.69	81.6	0.15	22.12
2016 年	2.7	203	47.31	9	0	9	0.175	45.0715	0.7355	2.1387	2.71	76.2	0.15	22.20
2017 年	2.7	203	47.31	14	0	14	0.0742	45.1457	0.2212	1.7865	7.38	66.5	0.04	22.24

第五章 采油工程

第一节 采油

一、采油方式

1987年后，老君庙、鸭儿峡、石油沟、白杨河、单北等老油田已全面进入后期开发，除老君庙和鸭儿峡油田有少量的自喷井存在外，老油田基本依靠机械采油的方式进行生产。青西、酒东2个新投入开发的油田，在开发初期，油井自喷能力强，主要采取自喷方式采油，随着地层能量的下降，大部分自喷井相继停喷转抽，2个油田也先后进入机械采油阶段。

1. 自喷采油

1987年，老君庙油田仅在早期部分地面条件受限无法布井或注水见效区域新钻的个别油井（含定向井和水平井）仍能实现自喷生产，98%以上的油井已无自喷能力。鸭儿峡油田有自喷井10口左右。随着二台阶先后打出701井、703井、881井、882井等自喷井，至1989年，鸭儿峡油田自喷井维持在9口，年产原油4.79万吨，占总产量的38.3%。

1990年起，老君庙油田的自喷井数量保持在20口左右。随着开发的不断深入，砂、蜡、水害问题凸显，自喷井管理难度加大，老君庙油田的采油管理人员针对自喷井油层堵塞、油嘴易堵等问题，相继开展油层解堵、井口电加热保温、井口保温房保温、超声波延长结蜡周期等工作，并针对油层温度下降，造成自喷井结蜡点上移、清蜡困难等实际问题，开展热化学清防蜡试验，有效延长油井的自喷期。

1995年8月，鸭儿峡油田114井转抽，该井自喷长达34年之久，共自喷采油36.8万吨，成为玉门油田历史上自喷时间最长的油井，被称为“功勋井”。

1998年前，青西油田地层能量较好，油井投产初期基本以自喷采油为主。1998年，柳102井获高产油流后自喷井逐年增加。2000年之后，相继打出一批高产自喷井，油井自喷期较长，一般为2～3年。至2006年底，青西油田自喷井开井27口，占总开井数的51.9%；自喷井日产量高达1255吨，占油田日总产量的92.6%。由于地层压力持续下降和含水上升的影响，自喷井数量逐步减少。由于青西油田广泛应用系统试井、节点分析法和动态法科学管理油井，在工作制度、流程建设、维护措施方面形成适合青西自喷井特点的稳产系列技术，最大限度地延长油井自喷期，实现自喷井的相对高产和稳产。其中，柳1井实现了13年稳定间喷生产，并保持稳产；窿8井为青西油田产量最高的自喷井，从2002年至2009年实现8年自喷生产，自喷产油27.72万吨；窿4井为青西油田持续时间最长的自喷井，连续9年自喷生产，自喷产油22.55万吨。

2005年起，随着老君庙油田M油藏地质认识的深化，外排区I278井压裂后自喷投产，初期日产原油4吨，增强油田对低产区400万吨难采储量动用的信心。2005年，在投产的33口新钻井中，有7口井自喷投产。

2006年，老君庙油田新投产的N550井射开$M_3$807～814米段获得稳定液量5米^3/日、含水10%的自喷高产，使老君庙油田的自喷井数量由2003年的4口、单井日产能力1.0吨上升到23口、单井日产水平1.3吨，并获得长期有效自喷。老君油田作业区利用石油沟油田Ⅲ区剩余油分布研究成果，在对石油沟油田进行调整治理、大修恢复过程中，通过对874井进行小层选压进攻性措施，投产后实现自喷，结束了石油沟油田多年没有自喷井的历史。

2009年1月，在鸭儿峡油田志留系油藏南边部部署的滚动扩边井鸭944井自喷投产，成为当时油田第一口高产自喷井。

2010年，酒东油田K_1g_3油藏正式投入开发，初期地层压力高，油井基本能依靠天然能量自喷生产，油井自喷生产期较长，一般为4～5年。经过一段时间的开发，随着采出程度的增高，地层压力快速下降，新钻井自喷期逐步缩短，一般为1年。从2011年4月开始，长206井、长7井、长9井等8口井相继停喷转抽。

2013 年起，鸭儿峡油田相继打出 K1−8 井、鸭西 6 井、鸭西 10 井、K1−48 井、K1−41 井、K1−43 井等自喷井，鸭西区块投产自喷井逐渐增多。为了加强自喷井的管理，鸭儿峡油田针对自喷井油层堵塞、油嘴易堵等问题，发明多向连通的防堵油嘴，油嘴堵塞问题得到有效解决；制定出“自喷井 3451 管理法”（即三定：定人管理、定时清蜡、定期通井测压。四到位：专人负责到位、责任落实到位、清蜡质量到位、精细操作到位。五查：查油嘴、查刮蜡片、查钢丝、查绞车、查绳帽；一不放过：油井生产参数发生异常变化没有应对措施不放过），实现自喷井油套压、产量、含水的长期基本稳定；对于自喷井易在井筒内壁产生环状蜡，常规机械清蜡及多次化清、热化学清蜡效果不明显，鸭儿峡油田采油工利用废弃抽油光杆自行设计加工制作自喷井通井清蜡矛刺，延长清蜡周期。

截至 2014 年底，鸭西区块因地层能量亏空，自喷井的自喷周期都比较短，新井自喷时长最长为 162 天，其他新井自喷平均时长为 46 天。

2015 年，酒东 K_1g_1 油藏长 3−13 井投产自喷后，日产油 12 吨；长 3−7X 井投产自喷后，日产油 8 吨，2 口井产量占酒东油田产量的 7.5%，也实现 K_1g_1 油藏发现以来的真正开发动用。

2017 年，鸭儿峡油田共投产新井 11 口，其中自喷井 8 口，是鸭儿峡油田投产自喷井最多的一年。至 2017 年底，油田共有自喷井 54 口，其中老君庙油田 40 口、鸭儿峡油田 6 口、青西油田 1 口、酒东油田 7 口。

2. 机械采油

1）抽油机采油

1987 年，老君庙油田的人工举升采油技术已形成规模，抽油机采油工艺技术及其附件的配套均得到不断的改进与完善。抽油机机型主要使用油田机械厂生产的 CYJ3−1.2−7（H）B 型新系列游梁式抽油机。当年，以鸭儿峡油田为代表的深井抽油机采油，主要采用 CYJ10−2115 和 CYJ10−3312 型游梁式抽油机进行生产。

1988 年，鸭儿峡油田从江苏油田引进 LCJ1250 型链条抽油机，于 1989 年 1 月首次在 501 井等 6 口井进行深井采油配套工艺技术试验，并采用大机、长冲程、慢冲次、深泵挂，使油井供油半径增大，采油速度提高，泵挂最大深度达到 2198 米。工艺成功后，又通过现场不断测试及对井下工艺到地面设备综合配套工艺技术的不断改进和完善，使深抽工艺泵挂最深达到 2500 米，冲程最长达到 5.1 米，平均增产原油 2.95 吨 / 日，收到明显的深抽效果。

1992 年 4 月，青西油田柳 3 井转抽，这是青西油田第一口抽油井，采用 14 型 CYJY14−5.5−73HF 抽油机，直径 44 毫米杆式泵，泵挂深度 2004.5 米。

1994 年，由玉门油田第二机械厂试制的 CYJ12−5−48HB 型双驴头式抽油机，在鸭儿峡油田 M_3 井进行试验，油井生产正常，抽油机平衡效果较好，但由于该机易损件较多，现场维护复杂，遂停用。4 月，青西油田柳 3 井利用玻璃钢杆深抽，加深泵挂至 2820 米进行生产。此后，青西油田逐渐配套以 14 型为主，辅以部分 16 型常规抽油机，同时进行塔式抽油机的现场应用。随着各种型号的抽油泵组合的不断完善，青西油田的杆柱组合一般为直径 25 毫米、22 毫米、19 毫米的三级杆柱组合，主要使用 D 级钢抽油杆、H 级钢抽油杆和玻璃钢抽油杆，持续加深泵挂，基本满足深井机械采油的需要。

1999 年 1 月，酒东油田长 101 井试油后无自喷能力，安装 12 型抽油机（CYJQ12−5.0−53HPB）下泵采油，泵挂深度 2003.33 米；2001 年 12 月，长 2 井试油后安装 CYJQ10−5.0−53HPB10 型抽油机下泵采油，泵挂 1816.7 米；2008 年 7 月，长 4 井转抽生产，泵挂深度 1804.0 米。

2011 年 4 月，从长 206 井因无自喷生产能力转抽生产开始，酒东油田正式进入人工举升采油阶段。所有转抽油井均采用玉门油田机械厂生产的 CYJQ 系列游梁式抽油机和杆式整筒泵进行生产，抽油机为 CYJQ14−6.0−73HPB14 型和 CYJQ16−6.0−89HPB16 型，杆柱组合一般选用直径为 25 毫米、22 毫米、19 毫米的三级杆柱组，主要使用 H 级钢抽油杆和玻璃钢抽油杆，抽油泵使用直径为 38 毫米或 4 毫米杆式整筒泵。生产参数设定为泵挂深度 2000 ~ 2800 米，冲程 4.8 米，形成以大机、长冲程、慢冲次、深泵挂为主的深抽配套采油工艺，满足深井机械采油的需要。

2013 年 11 月，先后在鸭 33 井、鸭 192 井和柳 9 井试用油田机械厂生产的 WCYJD−14−8−46Z 型电控直驱立式抽油机，进行深井采油配套技术试验，试验表明电控直驱立式抽油机具有长冲程、低冲次、高效节能的优点，并在玉门油田进行推广应用。

2015 年 10 月，老君庙油田在 NF246 井使用玉门油田机械厂生产的 CCRZCYJ8 长冲程智能抽油机进行举升，冲程由原 1.8 米提高到 47.5 米，冲次由原来 270 次 / 时降低至 1.875 次 / 时，应用后，日耗电仅为原来的 21%，系统效率提高 20%，节能效果显著。2016 年 9 月，在 J261 井进行推广应用。

2017 年 1 月，青西油田引进 WCYJT 系列 22 型塔式抽油机，在青 2–35 井进行举升试验，采用直径 44 毫米新型深井抽油泵、直径 32 玻杆和 D 级钢杆四级组合，泵挂深度达到 3480 米，最大载荷 14.6 吨，生产运行平稳，基本满足青西油田柳沟庄区块、窟窿山东块和窿 8 区块部分油井下泵深度在 3200 ~ 3500 米的举升需求。

至 2017 年底，有在册采油井 1617 口，在册抽油机举升井 1514 口，抽油机举升井占 93.6%；正常开井 948 口，抽油机举升井 885 口，抽油机举升井占 93.4%。

2）螺杆泵采油

1991 年 10 月—1992 年 4 月，鸭儿峡油矿针对原油乳化严重、黏度大、地层易出砂等问题，引进地面驱动螺杆泵，先后在 556 井、596 井、48 井进行螺杆泵采油试验，因螺杆泵地面采油装置无防倒转装置，停机后快速反转，多次造成油管脱扣落井，试验失败。

2004 年，引进大庆油田钻采院研制生产的地面空心转子螺杆泵，在老君庙油田 H27 井开始试验取得成功后，又相继在 G209 井、J168 井、G209 井、276 井等井进行推广应用。2005 年 10 月，该工艺又在石油沟 248 井试验获得成功。此后，该工艺在老君庙、石油沟等油田浅井上得到推广应用。采用螺杆泵后抽油泵效由原来的 37% 提高到 71%，平均检泵周期由原来的 117 天上升到 347 天，收到显著的经济效益。

2005 年，引进法国井下螺杆泵进行深抽采油，在 915 井首次下井试验 PCM60TP2600 型井下螺杆泵，泵挂深度 2000 米，创造国内螺杆泵采油井泵深的最高纪录，使用至 2015 年，生产正常，泵效高，能耗低，增油效果明显，油井免修期达到 1064 天。8 月 22 日，在 565 井下井试验成功 PCM60TP2000 型井下螺杆泵，泵挂深度 1940 米，生产至 2008 年 7 月转抽油机采油。螺杆泵采油工艺适合稠油、含砂井、高含气井的开采，油井维护费用低，可解决普通抽油机无法正常举升的问题，节能增油综合效果显著。由于螺杆泵是容积泵，流量无脉动、轴向流动连续，流速稳定，因此它与游梁式抽油机相比，没有液柱和机械传动的惯性损失，是现有机械采油设备中能耗较小、效率较高的机种之一。

2007 年 4 月，在酒东油田长 4 井上试验 PCM120TP2000 型井下螺杆泵采油，泵挂深度 1903.33 米。投产后日产液 8 立方米，正常生产一周后泵卡停井。虽然工艺取得成功，但因泵挂深度、使用寿命的局限性，再未开展螺杆泵采油试验。

2008 年，青西油田引进德国耐驰 PCP 井下螺杆泵，在青 2–7 井、青 2–43 井、窿 15 井、窿 106J 井等 4 口井上试验螺杆泵采油技术，其中青 2–43 井螺杆泵下至 2000 米。试验仅在窿 15 井取得较好的效果，获得长期稳产。

2011 年起，由于螺杆泵项目没有后续投资，转子磨损后无法更换等原因，老君庙油田、石油沟油田均改为管式泵生产，其他油田无扩大推广。

截至 2017 年底，仅在石油沟油田有螺杆泵采油井 1 口，且正常生产。

3）水力活塞泵采油

1988 年，鸭儿峡油田在鸭 9 井、135 井等井进行水力活塞泵采油试验成功的基础上，建成 556 单体泵站，控制 8 口油井，最大下泵深度 2007 米，先后增产原油 10000 吨以上。该工艺的成功应用，基本上解决高黏度原油的开采问题。1989 年底，因停运锅炉房而转为抽油机采油。水力活塞泵采油由于后期维护费用较高，没有继续推广应用，于 2005 年 10 月停止试验。

4）电潜泵采油

2011 年，青西油田开展电潜泵采油技术研究和前期试验。先后在青 2–51 井、柳 4 井下电潜泵进行提液采油试验，实施后试验获得成功，达到提液采油的目的。

2012 年开始，在前期试验成功的基础上，不断推广和扩大电潜泵的应用规模，优选高含水、高气油比；高含水、低气油比；低含水、高气油比三种类型共 14 口油井进行扩大试验，获得显著的增产效果，截至 2015 年底已累计增产原油 53667 吨。

随着电潜泵的深入应用，对电潜泵泵型及参数也进行不断优化，根据油井供液能力的变化适当增加泵挂深度和增加气体分离器，同时强化井下作业和生产管理，使电潜泵的运行周期大幅度延长，电泵井的检泵周期由2013年的132天提高到2016年底的191天，基本确保电泵井长期平稳生产。

截至2017年底，油田有电潜泵采油井8口，均正常生产。

5）深井配套采油

（1）玻璃钢抽油杆。1993年4月，鸭儿峡油田针对泵挂加深和动液面持续下降，导致抽油机载荷不断加大，深抽井杆柱断脱频繁，常规抽油杆无法满足正常机采需要的现实问题，引进沙市钢管厂生产的玻璃钢抽油杆，并在549井进行试验，泵挂深度由1819米加深至2705米，日产原油由3.9吨上升至6.3吨，当年增产原油266吨，累计增产原油1100吨。后相继在588井、701井、703井、598井上使用，泵挂得到有效加深，提液、增油效果明显。但由于受工艺设计复杂和施工等因素的影响，在应用后期由于杆柱断脱严重而搁置。

2000年，采油厂再次对玻璃钢抽油杆深抽工艺进行探索、研究和完善，通过对杆柱的优化组合和工艺的科学配套，应用直径为38毫米深井泵，下泵深度达到3000米。先后在10型、12型、14型、16型游梁抽油机上应用玻杆深抽工艺67井次。玻杆深抽工艺经过试验、推广和配套完善三个阶段的发展，现场应用日益成熟。从2008年开始，逐步加大玻璃钢抽油杆的应用。同年4月，柳1井在杆柱中增加1130米的直径25毫米玻璃钢抽油杆将泵挂深度由1994.67米增加至2791.30米，增加生产压差4.1兆帕，投产后该井产液量由5.7米^3/日上升至16.3米^3/日。随后在柳4井、柳6井、柳13井、窿8井等井进行推广应用，均取得一定效果。

2012年12月，玻璃钢抽油杆深抽工艺首次在酒东油田长4井应用，泵挂加深至2803.87米，后又在长7井、长2−1井、长2−16井等井上试验。至2016年底，玻璃钢抽油杆深抽工艺共在酒东油田应用12口井，平均日产原油45.7吨。

2017年，玻璃钢抽油杆深抽工艺继续在酒东油田17口井上应用，共计应用22000米，最深泵挂至3000米，平均泵挂2800米。至年底，鸭儿峡油田应用玻璃钢抽油杆深抽工艺12口井，共计应用20000米，最深泵挂至3200米，平均泵挂2700米。青西油田应用14口井，共计18000米，最深泵挂至3100米，平均泵挂2700米。

（2）空心抽油杆掺稀油采油技术　2005年9月，针对青西油田中沟组稠油开采困难的处境，在柳5X井试验空心抽油杆掺稀油采油技术，措施后油井产液量由4.5米^3/日上升到22米^3/日。柳5X井应用空心抽油杆3000米，截至2017年底仍正常生产。2012年5月，在青2−7井换空心抽油杆掺稀生产，投产后产液量上升。2013年9月，在青1−11井进行深抽减载工艺技术研究试验。试验下入深抽减载器，加深泵挂至2825米，投产后生产压差增大3.6兆帕，产液量由1.65米^3/日上升至4.52米^3/日，抽油机悬点载荷明显下降，最大载荷由85.7千牛下降至76.6千牛，有效地挖掘井筒潜力。同时，该井下入深抽减载器后，延长油井免修期，生产至2017年9月因蜡卡上修，油井免修期1450天，上修后继续下深抽减载器生产，为进一步完善深抽减载工艺提供一条有效途径。

2014年5月，酒东油田长205井引进空心抽油杆掺稀采油技术，应用空心抽油杆2200米，2016年11月停用，累计增油1200吨。

二、油水井管理

1. 管理制度

1987年，制定《采油工程管理规定》，对油井完成、采油方法选择、油田注水、机械采油、低渗透油藏开发、稠油开采、堵水、井下作业、生产测井等工艺技术的实施做出具体规定，有效指导玉门油田的科学管理油井工作。制定下发《加强油田动态分析若干规定》，使玉门油田开发动态和油田生产动态分析更加制度化、标准化。

1988年10月，发布《采油技术标准》等3项企业标准（《采油技术标准》《油田修井作业标准》《油田测试标准》），使油水井技术管理实现有章可依、有规可循。

1989年10月1日，发布玉门油田开发技术标准七册。其中第三册《采油技术标准》，涵盖从新井投产到工作制度的确定、资料录取、采油设备的维护保养等标准、规定、要求、方法、规程34条，对油井的管理提出具体的执行标准，规范采油技术人员和岗位操作人员的采油管理行为。期间，还根据油井管理现状及存在问题，制定《油井基措ABC管理办法》，进一步加强修井措施的科学管理；制定《采油技术管理规程》《采油操作规程》《抽油泵技术管理规程》《试井操作规程》《化验操作规程》等文件，形成科学、合理的油水井管理工作制度。

1996年初，结合调整治理方案，发展完善“七字管井法”，对油井管理实行“憋泵、碰泵、调参、控制套管气、洗井、加溶剂、强化排液”等措施，全年共进行各类井筒挖潜措施1014井次，增产量达到15138吨，平均日增原油41.4吨。

2000年10月，采油厂相关采油技术标准的修订，统一归口至玉门油田分公司质量安全环保处发布，标准代号统一改为Q/SY YM××××-××××，标准名称采用中、英文书写。2000年，对现行的采油技术标准进行重新制修订。

2011年，按照玉门油田标准化技术委员会要求，由老君庙油田作业区牵头，对采油技术管理标准进行第一次修订。

2014年，青西油田作业区修订《青西油田油、水井资料录取管理办法》，针对青西油田不同区块进一步明确油井生产参数、产量、含水、测试等管理要求，重点加强新井、措施井投产和重点井的管理及资料录取的要求。制订《青西油田电潜泵井生产管理规定》，明确电潜泵井从选井、方案设计、施工管理、投产管理、系统诊断及故障处理、日常运行操作规定及资料录取的要求，规范电潜泵井的管理。

2015年，老君庙油田作业区根据采油技术管理标准，修订并颁布《油井现场管理要求》。主要对示功图、动液面、含水、含盐等资料录取，做出严格规定；对正常生产井、措施井、动态变化井等单井核产提出明确要求。

2017年，老君庙采油厂重新修订《老君庙采油厂油水井管理制度》，重新规定ABC类井划分标准，新增自喷井、新井、措施井及水井措施管理和A5上线管理要求等内容。

2. 管理措施

1）油水井大调查

开展油水井大调查活动，是掌握油水井生产状况、加强油水井管理的有效手段，也为玉门油田进行调整治理提供重要依据。长期以来，玉门油田一直坚持开展油水井大调查活动。

1987—1992年，四个油矿每年都组织人员，开展油水井大调查活动，摸清油水井生产现状，制订有针对性的油田调整治理方案。1987年，仅老君庙油田就组织465人次，进行3324井次的油水井大调查。

1993年，新组建成立的采油厂，面对油水井分布点多面广、生产状况复杂的局面，坚持组织开展从地下、井筒到地面的油水井大调查活动。先后查出各类问题2721个，整改2683个，整改率98.6%。通过大调查，关闭无效排液井12口，减少排液量72.2米^3/日；关闭无效注水井6口，减少无效注水量67637立方米。1999年，针对1988年油水井大调查活动中确定的334口低效、无效井，分别采取不同的调整转化措施，累计增产原油7400吨、增注水量7555立方米。

2004年，鸭儿峡油田通过油水井大调查，重新确定60口井况完好井和92口套损及井下有落物的井，为进一步调整挖潜奠定基础。

2007年，老君庙油田作业区对所辖区域4个油田的2214口油水井进行大调查，并将其钻采史、修井史（包括动态、静态数据）电子化，建立单井电子台账，形成老君庙油田作业区电子查询系统。

2011年起，青西油田每年坚持油水井大调查活动，坚持从油水井地面生产系统、生产状况、技术状况、井筒潜力、增储上产潜力及存在问题的全面调查，为油水井维护措施的制定和进一步调整挖潜奠定基础。

2014年，老君庙油田作业区开展油水井套管损坏情况大调查，共调查正常生产油井915口，发现套管损坏井425口，套损率46.4%；调查正常注水井289口，发现套管损坏井85口，套损率29.4%。

2015年，老君庙油田作业区对920多口油井、250口水井进行产状、工作制度及泵效等18项内容的全面调查并逐井分析，制订出参数优化方案及增产措施，并分步实施。

2016年，老君庙采油厂面对油价持续低迷、油田生产经营形势严峻的现实，为保障各项工作调整的针对性，开展“油水井生产状况大调查”活动，共调查油水井1171口井，发现问题84井次，通过措施调整全部整改。

2017年，老君庙采油厂持续开展日常普查、月度普查和针对性普查5次，普查油井3755井次，发现躺井39井次、不正常井56井次，通过扶趟治理，全厂躺井率控制在0.3%。鸭儿峡油田通过油水井大调查，现场核实128口油井的产液、含水、生产参数，有效优化采油措施、生产参数和管井措施，进行油井测试382井次，对原油乳化、地层供液不足、油井出砂、油井偏磨等问题进行集中优化和整改，提高单井产量和经济效益。

2）油水井ABC分类管理法

在油水井管理上推行ABC分类管理法始于1985年。油水井ABC分类管理法作为油水井日常管理的重要手段之一，坚持至今。

1987年起，四个油矿坚持ABC油水井分类管理，有计划、分阶段、有重点开展井筒挖潜工作，有效保证重点油水井的正常生产。

1989年，鸭儿峡油田对全矿油井按照3吨以上为A类、2吨以上为B类、2吨以下为C类的ABC分类法重新进行分类，对A类重点井实行“五定”（定人、定井、定任务、定措施、定经济责任制），坚持做到四及时、勤跑井、细分析，加强油井管理。当年，鸭儿峡油田有A类油井35口，占全矿产量的87.3%；有B类井13口，占产量的9.4%；有C类井42口，占产量的3.3%。

1991年，鸭儿峡油田按照ABC分类管理法，针对不同类型的油井制定相应的管理方法和工作制度，运用调整油井参数、冲数，加深尾管、泵挂，改变油井工作时间等措施，使井筒潜力得到充分的利用。全年完成采油小措施83井次，措施增产原油3073吨。

1993年，采油厂按照ABC管理法，突出A类井的管理，认真取全取准第一性资料，通过油水井分析活动，及时采取挖潜措施，使采油措施增产量达到14234吨。

1994年，采油厂对全厂1125口油井、420口水井实行ABC分类管理，宏观控制、区别对待，使A类油井已抽率95%以上。

2000年，青西油田对高产自喷井坚持通过系统试井方法确定合理工作制度，每月定期测流压，适时优化调整油嘴，采取“周期清蜡，不停井清蜡、大油嘴喷蜡”的方式，有效延长油井自喷期。针对具有一定边底水能量的窿6、柳沟庄区块的自喷井，实施小压差生产进行控水稳油，有效控制边底水推进速度。

2004年，老君庙油田作业区严格落实油水（井）各项管理措施，加强重点油（水）井的动态普查，坚持做好憋压、单量、测功图液面、测电流等具体工作，及时了解各井的出油情况，加强对重点井、骨干井以及措施井的管理力度，认真取全取准各项资料，对重点井、骨干井的动、静态资料进行对比分析，做到及时发现问题及时分析，及时采取措施，保证了油水井的正常生产。

2007年，青西油田对自喷能力弱、措施井加强管理，及时采取气举诱喷、替喷等方式，排除井筒积液和快速返排措施后残夜，延长油井自喷期。

2009年起，青西油田强化抽油井套管气的管理，通过在抽油井管柱合理深度安装气举阀、下封隔器，充分利用油套环空的高压天然气进行气举采油和负压采油，有效挖掘井筒潜力，最大限度发挥油井生产潜力，单井产量大幅上升。

2010年，鸭儿峡油田对高产自喷井944井进行特殊管理，适时调整油嘴，采取“一天一清蜡、两月一化清”的方式，有效延长该井的自喷周期。

2011年，酒东油田严格执行油井ABC分类管理，积极推行油井“个性化”管理，针对不同油井的特点，制定坚持小压差生产，控制产量递减；加强节点分析，科学控制嘴径，实现协调生产；坚持以机械清蜡为主，辅以热洗、化清，保证油井正常生产；坚持定期流压测试，准确掌握井筒流态；根据井口压力变化，不断优化油井工作制度；适时采用气举替喷，消除井筒积液的油井个性化管理办法，最大限度地发挥油井生产潜力，做到“一井一策”，使油田老井月递减率由2010年的6.5%控制在2011年的4%，降低2.5个百分点。

2012年，老君庙油田推行单井承包管理，将A类井由工区领导、技术人员承包管理，B类井由岗位长、采油技师承包管理。青西油田强化A类井的管理，推行以定标、定策、定人、定责的“四定”管井法，开展“每人精细管理一口井”管理活动，采取作业区领导挂职，技术骨干、采油技师共同对A类井进行强化管理，每天关注动态变化，及时分析并提出油井维护措施，确保了稳产。

2015 年，老君庙采油厂修订并颁布《油井现场管理要求》，明确规定 ABC 类油井资料录取制度，A 类井每月录取含水三次以上、含盐一次以上；B 类井每月录取含水两次以上，含盐一次以上；C 类井（包括高含水、间开井）每月保证含水、含盐一次以上。措施井和当年新井完井后，按 A 类井对待，措施后到平稳生产期加密资料录取。

2017 年，老君庙采油厂重新修订《老君庙采油厂油水井管理制度》，规定 ABC 各类油井资料录取制度。产液量：A 类油井每 10 天单量一次，B 类井每月单量一次，C 类井两个月单量一次，并辅以示功图计产。含水：A 类井每旬录取 1 次，B 类井每半个月 1 次，C 类井每月 1 次，对动态变化较大的油井加密取样。含盐：每月录取含盐一次，对动态变化较大的油井加密含盐资料。示功图、动液面：A 类井每半月取 1 次，B 类、C 类井每月取 1 次，对生产不正常井加密录取示功图、动液面资料。酒东油田对长 19 井、长 3−13 井等重点自喷井强化管理，加强资料录取，坚持自喷井日常清蜡制度，及时采取放喷、替喷等方式排除井筒积液，确保长期自喷稳产。鸭儿峡油田对所有油井重新进行“ABC”三级分类，A 类井每周为一个周期循环测取电流、含水资料，由技术队长及技师管理；B 类井每旬为一个周期循环测取电流、含水资料，由队部领导干部管理；C 类井每月为一个周期循环测取电流、含水资料，由一般员工管理，使油井在不同的生产动态下采用合理的采油参数，提高油井机采效率。

3）油水井分析活动

群众性油水井分析活动是玉门油田长期坚持的油水井管理的有效措施和优良传统。

1987 年起，老君庙油田推行采油工旬分析、月小结，队干部一月一次综合分析的油水井分析活动。

1993 年，采油厂通过油水井分析活动，及时制定和实施挖潜措施，使采油措施增产量达到 14234 吨，实现稳油控水目标。

2010 年，老君庙油田推行油井“体检表”，在现场操作员工中开展群众性油水井分析和比武活动，在技术人员中开展“人均每天分析 30 口井”活动，保证油水井的正常生产。

2013 年，老君庙油田作业区根据挖潜上产和实施重大专项的具体工作部署，结合作业区团员青年的实际情况，举办第一届“增储上产杯”青年工程技术人员油水井动态分析技能比武活动。

2014 年，老君庙油田作业区为积极发挥青年员工在油田开发、科技创新和生产管理中的生力军作用，持续开展油水井动态分析活动，举办第二届“增储上产杯”青年工程技术人员油水井动态分析技能比武活动。

2016 年，老君庙油田发动技术人员投身基础研究，深入开展油水井动态分析活动，举办“青工油水井动态分析技能比武”活动，共有 13 篇分析报告进行交流。

2017 年，青西油田坚持月度油水井动态分析，不断优化采油维护措施，实施调参、化学清蜡、油井热洗等采油措施 174 井次，累计增产原油 2899 吨。鸭儿峡采油厂重点针对油水井动态、进攻性措施进度、井筒挖潜、采油措施等进行分析、讨论，不断解决油田开发的技术难题，调整、部署下步措施方向，实施进攻性措施、采油措施、井筒挖潜等 455 井次，累计增产原油 7177 吨，为稳产上产起到积极作用。

第二节　注水

一、注水工艺

1. 分层注水

1）浅井分注

20 世纪 80—90 年代，井下分注工具一般采用 Y241 压缩封隔器 + 偏心配水器的组合工具；应用过程中，改进 DYMO−657−1 型偏心活动配水器的投捞工具释放器，提高配水合格率 1.2%。

进入开发后期，套管损坏井逐年增多。一些套管损坏井经过衬补、侧钻大修后成为小井眼井。原有的分层注水工具无法在小井眼中使用，致使玉门油田分注层数逐年减少。到 1995 年，尽管注水井开井数增加到 247 口，但注水井井层数却由 600 层下降到 425 层。1996 年，为了扭转这一不利局面，实现“点弱面强”的注水方针，采油厂开展直径 114.3 毫米以下套管的小井眼分注试验，采用直径 88 毫米的支撑式封隔器在庙995井、庙665井成功进行分注。增加注水井层2层，增注水量2800立方米。1998年，采油厂引进KPX-114（B）双级投捞偏心配水器及其配套工具，一直沿用至今。1996年，采用直径94毫米的KPX-94（B）偏心配水器及其投捞工具、直径95毫米水力压缩式封隔器，在老君庙油田套管内径为111.96毫米的C199井、B176井进行分注试验，完善2个井组的注采井网和层系。从此油田实现了衬补、侧钻大修注水井的分注。

2012年，针对老君庙油田注水井具有“定向井、小水量”的特点，引进桥式同心分注工艺，在J246井、358井、ND182井、NF186井、NH277井等5口分注井进行试验，改变传统的偏心分注作业方式。利用同心电动直测工艺发挥同心分注管柱在大斜度井中测调易对接、测调效率高等优势，较好地解决大斜度井分注测调难度大等问题，使测试调配技术进一步简便化、快捷化、准确化、智能化，满足老君庙油田精细分层注水的需要。

2012—2014年，老君庙油田针对KPX-94（B）偏心配水器使用年限长、调配测试成功率低的问题，引入大连华科K344压差式封隔器和PS配水器，应用44口井90个层，一次投捞成功率90%以上，调配测试成功率由40%提高至85%。

2015年，老君庙油田在C22井试验远程无线智能分层注水技术，通过两年试验，效果较好。

2016年，老君庙油田与第三方合作推广应用直读联动测调一体技术，将原来偏心配水器堵塞器换为无极可调式堵塞器，在5口井下分注井开展电缆一体化测调，测调28井层，合格26井层。2017年在25口井推广该技术，测调132井层，合格121井层，有效提升了测调合格率。老君庙油田又在4口井推广远程无线智能分层注水技术。

2）中深井分注

1991年11月，采用同心管柱，从江汉油田引进高压封隔器等注水工具，先后在鸭儿峡507井和605井进行井下分注试验。经过多次反复试验，均未取得成功。试验中，507井因测试工具卡死井中，而无法正常分注；605井因井下洗井单流阀漏失，封隔器无法坐封，也无法正常分注。

1997年，鸭儿峡油田应用同心配水器进行井下分注试验，采用同心配水器、压缩式封隔器进行井下分注，对封隔器改进后，使用相同方法又在605井进行试验，因封隔器故障而试验失败。2000年4月，重新起下管柱后，封隔器问题基本解决，但在用ZDL型电磁流量计对605井进行流量测试时，流量计遇阻而无法通过配水器，使该井分层水量测试失败，分注无法正常进行。

2009年7月，自行研制的井下分注管柱，在923井试验应用，虽然第一次试验成功，但第二次、第三次因投捞问题较多，不能有效实现分层注水。鸭儿峡油田仍未实现真正意义上的分层注水。

2012年，鸭儿峡油田开始在564井、923井、933井、954井等井进行中深井分层注水试验，到2013年完成8口中深井分层注水试验。分层注水坐封成功率100%，投捞、调配、测试成功率由原来不到50%提高到92.31%，井下工具及管柱使用寿命由平均30.6天延长至562天，实现中深井分层注水的目的。

截至2017年底，鸭儿峡油田中深井分层注水工艺技术已推广至9口井。

2. 水井增注工艺

1）磁化增注

1987年，注磁化水由单北油田扩大到老君庙油田和石油沟油田。老君庙油田全面推广磁化注水技术，至1988年9月290口注水井全部实现磁化注水，在可对比的140口井中，有效井为80口，有效率57%。1987—1990年累计增加注水量8.1万立方米。在石油沟油田，最先在673井、706井、6913井、6919井等井开展试验，并将磁化器安装到井口。通过试验，部分水井压力下降0.6～3兆帕，日注水量上升1～5立方米，试验区部分油井出现了产量上升、含水下降的情况。

1988年7月，开始在鸭儿峡油田中深井上推广注磁化水技术，在15井、18井、103井、121井、154井、305井、615井、8611井等18口注水井上分别安装中心场强为2000～4500GS的磁化器，进行深井注磁化水增注试验。初期注磁化水后注水压力上升，注水量下降，几个月后，注水压力下降，注水量开始上升，说明进行深井注磁化水有一定的增注效果。由于磁化器安装在井口，使磁化器安装更换方便快捷。

至1991年，石油沟油田75口水井已有59口注水井安装了磁化器，共增注水量7357立方米，油井增产原油2639吨。1995年后，磁化增注技术因推广增压注水而终止。

2）增压注水

1986年前，老君庙油田增压注水在M油藏东边部展开，先进行单井增压注水试验。试验中由于压力和水量无控制地大幅度提高，造成水井出砂严重，油水井串通和套管损坏，试验停止。老君庙增压注水停止后，鸭儿峡油田建成N1号注水厂，注水压力由8兆帕提高到15兆帕，水质净化达到部颁标准，并使用保护套管的YM−252注水配套工具，在五井区开始增压注水，当年增加注水量2295立方米。

1988年，老君庙M油藏东边因注水困难，欠注水量多，地层能量严重不足，增压注水再次被提上议事日程。为了合理控制注水压力，老君庙油矿在借鉴M油藏30多年注水经验的基础上，研究出合理注水压力的方法，为增压注水的压力控制提供理论根据。当年9月，在1号转水站安装增压泵一台，对N760井、J287井、K277井、K278井等5口井实施增压注水，注水压力由13.5兆帕上升至16兆帕，注水量由9米^3/日上升到52.1米^3/日。1990年1月，又增加L层N683井、195井、4123井、L254井、L261井、756井等6口注水井扩大试验，注水量由93米^3/日上升到160米^3/日。截至1993年底，东边部12口增压注水井累计增注10.2268万立方米，平均单井增注水量9797立方米，是压裂酸化等增注措施效果的12.45倍。在8个增压注水井组中，先后有5个井组见到注水效果，占试验井组的62.5%，累计增产原油4218吨。

1995年6月，老君庙夹片地区增压注水站投用，注水压力由15.0兆帕增至18.5兆帕，后又增至20兆帕；8月，老君庙L层西边部的7口注水井开始增压注水，注水压力由12.0兆帕增至15.0兆帕。到1996年9月，累计增注水量2.6万立方米，增产原油1811吨。1998年，8号配水站开始对南边部M、L层4个井组、5口井增压注水，注水压力由14.5兆帕增至17.5兆帕。2000—2004年，老君庙油田在K278井、I286井等井实施单井增压注水。

2005年11月，鸭儿峡油田N1号注水场改造后投入运行。改造后将系统压力由15兆帕提高到25兆帕，将注水泵更换为2台大港产5HB20−43型注水泵，各计量仪表更换为温州产LGLZD−25型电子水表和陕西产XLZD−80型、XLZD−100型水表。此次改造，基本上解决部分注水井因储集层渗透率低、物性差而吸水困难的问题。

3）防膨增注

1991年7月，老君庙油田选用BF−901黏土防膨剂，在M油藏低产区的7口井开展防膨增注试验。1992年10月，试验扩展到M油层外排区的195井、J246井、K248井、H276井、H268井，有效率100%，累计增注13333立方米。此后，老君庙夹片区也试验KCl防膨增注工艺，加药在污水处理厂完成。

2005年8月，引进缩膨剂，配制浓度5%的液体，在M油藏低产区的3口井开展缩膨降压增注试验，至2006年11月累计增注9848立方米。

4）HV砂岩酸酸化增注

2012年8月，油田引进了HV砂岩酸酸化增注技术，在老君庙、鸭儿峡、青西、酒东油田累计实施HV砂岩酸酸化增注措施60井次，累计增注水量53395立方米，增注有效期长达863天，取得较好的降压增注效果。

2014年4月，在酒东油田长2−18井实施HV砂岩酸酸化增注措施，措施后，注水压力由40兆帕下降至1兆帕，注水量由10米^3/日上升至26米^3/日，有效期达400天以上；长2−23井实施HV酸酸化增注措施后，注水压力由35兆帕下降至11兆帕，注水量由13米^3/日上升至33米^3/日，有效期达200天。

5）氟硼酸深度酸化增注技术

1999年7月，采油厂编制的氟硼酸深度酸化增注工艺方案，在鸭儿峡油田鸭25井实施后，注水压力由13.5兆帕下降到4.0兆帕，日注水量由4立方米上升到22立方米，有效期100天，后推广到245井、113井等井，至2001年，共增加注水量7075立方米，有效率100%。

6）缓速酸增注

2012年，针对青西油田注水压力逐步升高至35兆帕左右、注水困难的状况，开展14井次的普通酸化增注措施。该措施是以多氢酸为主体酸，是目前酸化增注改造的主体技术。至2017年底，共实施多氢酸增注50井次，增注水量9.98万立方米。

二、注水剖面调整

20 世纪 80 年代以后，油田对层状砂岩油藏剖面吸水差异大、注入水单层段突进或水线推进不均的注水井，实施以调整吸水剖面为主的工艺，主要采用各种固体悬浮液的调剖方法（如石灰乳、石灰石粉等），利用固体颗粒在大孔道或微细裂缝里造成一定程度的堵塞，有效调整吸水剖面和水流方向，增加水驱厚度，扩大水驱面积，改善开发效果。块状砂岩油藏则以堵裂缝或主流水线为主，主要使用大剂量的硅钙凝胶、黄胞胶—冻胶、聚丙烯酰胺凝胶等材料。

1. 固相颗粒调剖

20 世纪 80 年代后期，为了更有效地解决油田注水裂缝窜通的问题，老君庙油矿应用水玻璃—水泥、硅土胶泥等调剖工艺。通过大面积推广应用，有效封堵了水窜，使油区 216 口注水井恢复正常注水，水井利用率提高 3.2%，油井平均含水降低 18%，无效排液减少 70 万立方米，油井水淹井次由每年 15 口下降到 3 ～ 4 口。

2. 凝胶、冻胶类调剖

1994 年，为了预先封堵油层大通道，提高黄胞胶—冻胶驱油效果，油田先后在石油沟油田 M 油藏 147 井、123 井、185 井和老君庙油田 K 油藏北翼 C22 井、253 井进行黄胞胶—冻胶调剖，单井注入浓度 0.3% 黄胞胶—冻胶调剖剂 300 立方米。1996 年 8 月，又推广到老君庙油田 M 油藏 G176 井和 I237 井。之后，由于黄胞胶—冻胶调剖剂的成本居高不下，油田没有再进一步推广。

1999 年，随着聚丙烯酰胺价格的大幅走低，以及聚丙烯酰胺凝胶—膨润土双液法调剖技术在庙 G258、I237 井上试验成功，单一凝胶、冻胶类调剖技术的应用逐渐减少并停用。

3. 复合类调剖

1）膨润土 / 聚丙烯酰胺—铬明矾凝胶体系

1999 年，采油厂研发出颗粒型与凝胶型相结合的聚丙烯酰胺凝胶与膨润土复合调剖技术。凝胶为铬明矾交联剂与聚丙烯酰胺形成的强凝胶。至 2014 年，老君庙油田采用聚丙烯酰胺（铬明矾交联）凝胶与膨润土复合调剖剂调剖 273 井次，调剖有效率 81% 以上，累计增油 24800 余吨。

2）膨润土 / 聚丙烯酰胺—有机延缓交联凝胶体系

2003 年，引进中国石油勘探开发研究院采油所研制开发的系列有机交联剂，用以实现深度调剖目的。并与复合调剖技术相结合，形成了聚丙烯酰胺—有机延缓交联凝胶 / 膨润土体系。

至 2014 年，老君庙油田采用聚丙烯酰胺（铬明矾交联）凝胶与膨润土复合调剖剂调剖 104 井次，累计增油 9500 余吨。

3）膨润土 / 聚丙烯酰胺凝胶—柔性转向剂体系

2013 年，引进中国石油勘探开发研究院研制的调剖新材料柔性转向剂 SR−3 颗粒。通过向聚合物溶液中添加柔性转向剂，利用其良好的柔韧性和可变形性，实现运移—暂堵交替进行，形成“暂堵蠕动带”，迫使后续调剖液转向进入中渗带小孔道，扩大调剖液波及体积。

经过 2013 年、2014 年两年试验应用，效果明显，形成膨润土 / 凝胶—柔性转向剂调剖体系成熟技术。2015 年开始推广使用至全部调剖井。至 2017 年，老君庙油田共实施膨润土 / 聚丙烯酰胺凝胶—柔性转向剂复合调剖 149 井次，累计增油约 13700 吨。

4）含油污泥体系

2017 年，老君庙采油厂先后在 N319 井、石 729 井、D157 井、N955 井实施含油污泥调剖，4 口井共计注入含油污泥 1850 立方米。4 口井采取三段塞注入方式：为了提高总体封堵能力，防止污油泥窜流至邻井，设计 200 ～ 300 立方米聚合物凝胶作为前置段塞；主段塞注入 300 ～ 500 立方米，含水率 75% ～ 80% 的油泥，根据注入压力情况，添加不同浓度的颗粒材料；为防止污油泥返吐，封口段塞注入 100 ～ 150 立方米双激发无机凝胶封口。4 口井调剖后，注水压力小幅上升，注水量小幅下降，对应油井生产平稳，调剖效果有待进一步观察。

三、注水配套工艺

1. 周期注水

1990 年前，玉门油田先期在老君庙油田 M 油藏进行周期注水试验，并逐步扩大到老君庙 K 层南翼地区。1990 年以后，周期注水又推广到整个 L 油藏。

1996 年，在认真研究油层地质特点、区块生产情况及开采现状的基础上，油田编制 L 油藏（西区、中区和东区）周期注水实施方案，通过在井间和层间交替注水，至 2000 年，少注水 49000 立方米，区域日产油量由 30.5 吨上升到 31.5 吨，产液量和含水有所下降，取得较好的经济效益。

2004 年 5 月，单北油田所有水井，采用“注 30 天、停 30 天”的周期性注水工作制度，至 2006 年底，在其他措施投入很少的情况下，少注水 4.11 万立方米，节电 15.542 万千瓦·时，节约费用 14.2 万元，累计增产油量 3353 吨。

2009 年 11 月，青西油田窿 8 区块开始采取周期注水方式，防止注入水沿裂缝方向锥进。通过加强动态监测与注水效果分析，明确油水井对应关系，及时根据油井生产动态变化，不断优化调整单井注水参数，对注采关系对应较为明显的注水井，采取注 4 个月、停 2 个月的方式，注水量控制在 40 米 ^{3}/ 日，有效控制对应高产油井的含水上升，避免了出现明显串通和油井暴性水淹。

2. 找水流方向

20 世纪 80—90 年代，普遍应用硝酸钠、碘化钾等示踪剂找水流方向技术。

1993 年，在庙 H184 井用硫氰酸钾做示踪剂。1994 年 6 月，在鸭 104 井实施注硫氰酸钾找水流方向技术。由于这类示踪剂对人体均有不同程度的伤害而停止使用。

2004 年 12 月，开展以示踪剂在储集层中的色谱分离理论及对流扩散理论为基础的多种示踪剂井间监测技术。在 4252 井同时注入既溶于水又溶于油的分配型示踪剂氚化正丁醇和只溶于水的非分配型示踪剂氚水，对 9 口监测井进行长达 316 天的监测，从现场采集样品 1215 个，对应检测样品 2294 个，应用半解析法示踪剂监测资料解释软件对示踪剂资料进行综合解释，于 2005 年 12 月完成《老君庙油田 4252 井组同位素示踪井间监测解释》报告，为油田重新认识储集层、调剖堵水、区块方案措施调整提供了依据。

2008 年 4 月，通过在被测井周围环形布置多组测点，采用高精度的电位（梯度）观测系统，测试在注入 200 立方米含 3% 氯化钠的工作液施工前后的地面电位（梯度）变化，并通过一定的数据处理，达到解释推断注水井注水推进方位等有关参数的“电位法井间监测技术”。在青西油田实施 9 井次，在鸭儿峡油田实施 18 井次，通过在现场多井点的应用，为调整方案及工艺措施提供了理论依据。

2009 年，在井间示踪剂技术的基础上，采用“井间示踪剂监测技术”，在青西油田及鸭儿峡油田 513 井、N5 井、121 井、505 井、929 井四个井组开展多种示踪剂井间监测，有效指导了注水效果评价。

2011 年，采用华鼎鸿基石油工程技术（北京）有限公司的“台阵法水驱前沿实时监测技术”，应用于现场进行找水流方向。

2013 年，与中油测井吐哈事业部玉门项目部合作，引进由武汉地大石油技术有限公司研发的“注水井水驱前缘监测技术”，在老君庙油田 M 层 D157 井、E149 井、J236 井、J237 井、N955 井、N4131 井等 6 口井实施找水流方向。

2014 年，先后在酒东油田实施 12 井次的找水流方向测试或作业，其中电位法测井 7 井次、水驱前沿测试 3 井次、示踪剂找水流方向 2 井次。

3. 分层测试

1987 年，开始采用机械式压控释放器，进行同位素测注水剖面。1988—1995 年，用氢氧化锌和钡 131 在鸭儿峡 505 井等井开展同位素测试 34 井次。

1989 年底，引进 WFC（自然伽马、井温、磁定位）三参数组合仪，于 1990 年首次在老君庙油田进行前期的方法试验。1991 年初，在完成正常测试工作的同时，新工艺步入实际应用阶段，1989 年利用该方法测试完成 68 口井的测试工作量。1992 年，该项技术得到全面推广应用，并于 1993 年 7 月长春“生产测井新技术推广会议”上得到与会专家的充分肯定，油田步入国内注水剖面测试工艺技术的先进行列。20 世纪 90 年代末，油田引进自然伽马磁定位测井技术，通过与小数控配套的自然伽马磁定位测井仪，可以在注水井中进行同位素吸水剖面的测试。

1998 年，引进非集流式电磁流量计进行分层流量测试，提高测试精度，使配注合格率提高 3% 左右。将电磁流量资料和同位素示踪资料结合起来进行综合解释，减小同位素污染和地层大孔道等因素对示踪资料测试结果的影响，有效提高注水剖面测试资料录取的准确率。

1999 年，应用 DDL– Ⅲ数控生产测井设备，进行注水井流量计吸水剖面测试。

2000 年，采油厂测试队利用小数控测井仪对注水井进行吸水剖面测井，在无解释软件的情况下，引进华北、大港油田测井队伍，全年共完成注水井吸水剖面测井 28 口。

2003 年起，与吐哈测井公司合作，利用 SKH2000 地面仪，以温度、磁定位、伽马及电磁流量计或涡轮流量计等多参数遥传仪器组合测井，利用 WATCH 软件进行资料解释，实现放射性同位素示踪法测井中各类沾染的计算机自动校正，使资料具有更强的准确性和可靠性。

第三节　工艺技术

在长期的开发实践中，立足常规工艺，坚持科技攻关，积极引进推广新技术、新工艺，逐步发展形成 8 项适合老油田后期开发的系列工艺技术，为老油田调整挖潜、提高采收率提供技术保障。

一、以封堵调为主的稳油控水技术

1. 浅井封堵水技术

20 世纪 80 年代后期，为了有效解决油田注水裂缝串通问题，老君庙油矿应用水玻璃—水泥、硅土胶泥等调剖工艺，有效封堵水窜，使油区 216 口注水井恢复正常注水，水井利用率提高 3.2%，油井平均含水降低 18%，无效排液减少 70 万立方米，油井水淹井次由每年 15 口下降到 3 ～ 4 口。

从 20 世纪 80 年代到 90 年代初，老君庙油田进行大量的堵水工艺的研制与应用，使 L 油藏的 146 口油水井恢复正常生产，治理注水窜通井 165 口，油水井利用率提高 3%，对减少水淹井起到重要作用。L 油藏油井封堵水措施平均降低含水 18%，减少无效排液 7070 万立方米；通过堵水措施，使 M 油藏 80 口水淹井恢复生产，对 51 口注水窜通井进行治理，提高油水井利用率，使水淹井数逐年下降。

1996 年，开展活性稠油堵水工艺研究。3 月，在 J286 井、N942 井、H558 井现场试验，3 口井均实现含水下降、产油量大幅度上升。1997 年，在原配方的基础上改进堵剂性能，在 H219 井、J248 井、4176 井 3 口井试验，有效率 100%，确定性能稳定的科学配方，为砂岩油藏中、高含水油井堵水开辟了一条新途径。

2004 年，老君庙油田作业区根据老君庙油田的油藏地质特征和油田调堵剂应用的实际情况，研发出聚丙烯酰胺凝胶—水泥浆深部堵水工艺。

2008 年，采用 KJQSA–114（148）–50 型可取式桥塞，对庙平 –1 井、庙平 –5 井、庙平 –6 井及 F217H 井 4 口水平井进行机械式堵水措施，封堵后试压合格率 100%。2009 年后，由于现场没有合适油井，未再进行机械堵水施工。

2009—2017 年，浅井封堵水以水泥堵水为主，每年施工 1 ～ 2 井次，效果较差。老君庙油田累计实施丙烯酰胺凝胶—水泥浆深部堵水工艺 10 井次，共计增油 2923 吨。

2. 中、深井封堵水技术

1）注水泥塞封堵

青西油田属深井油田，平均井深 4600 米以上，油田普遍存在边底水，裂缝发育，致使部分油井含水大幅度上升甚至出现暴性水淹。1988 年起，开始深井打水泥塞封隔水层作业，以期解决以上问题。1988 年 7 月，在西探 1 井打水泥塞至 3934.32 米封堵 4090.4 ～ 4098.6 米层段（水层），使水泥浆作业由中温、中压区域，发展到高温、高压区域。之后，随着作业技术的进步及各种水泥添加剂的使用，深井打水泥塞封水成为油田稳油控水的一种重要技术手段。

2000 年 4 月，柳 5–X 井酸化时注悬空水泥塞，塞面 4183.18 米，封堵下部试油出水层段。

2004 年 11 月，柳 105 井注水泥塞至 4409.78 米，封堵 4418.0 ～ 4475.0 米低产水层，完井后于 12 月 1 日打悬空水泥塞 97.19 米封井，起到了简便、高效、低成本的效果。

此后，注水泥塞堵水成为油田的一项深井常规堵水技术，被广泛应用。2005 年，在青 2–20 井、青 2–21 井应用；2010 年，在青 2–38 井、酒东长 2–3 井应用；2013 年，在青 2–34 井应用；2014 年，在酒东长 3–7X 井、长 2–25 井应用；2017 年，在青 2–77 井应用，取得了较好的封堵效果。

2）注桥塞封堵

1998 年 8 月，油田对柳 102 井下桥塞封堵 4346 ～ 4355 米，桥塞深度 4339.0 米（直径 145 毫米）。

2000 年 8 月，对柳 4 井下桥塞 4398.91 米封堵。以上 2 口井采用打桥塞作业，均达到了封堵效果。此后，针对青西油田油层间距小、油层压力差异大或封堵高压水层的油井，通过采用先下桥塞封堵，后采用打水泥塞的方法进行封堵作业，成为深井封水的一种常用作业手段。到 2005 年，先后对青西油田深井进行注桥塞封堵作业施工 14 井次，均取得了良好效果。

2009—2011 年，在老君庙油田 F217H 井、庙平 -1 井、庙平 5、庙平 6 井、E196H 等 5 口水平井，下可取式桥塞机械堵水实施效果差，后采用大剂量水泥浆笼统堵水的方式，达到了堵水的目的，为水平井封堵水积累了经验。

2017 年 8 月，在青西采油厂青 2–23 井用电缆下直径 110 毫米盲堵式桥塞封堵水，桥塞深度 4350 米，单封堵水效果不佳。10 月，采用低位循环—高位灌注的方法在桥塞上面注水泥塞 8 米，封堵水成功。

3）化学堵水

2008 年 4 月，青西油田在青 2–45 井上进行改性栲胶堵水试验，现场注入 150 立方米改性栲胶溶液，注入压力 43.9 ~ 55.3 兆帕，排量 0.93 ~ 0.97 米^3/ 秒。候凝 7 天后开井，初期自喷生产，油压为 0.1 ~ 0.8 兆帕，产液从堵水前的 300 米^3/ 日降至堵水后的 12 ~ 20 米^3/ 日，含水由 100% 降至 64% ~ 89%，产液和含水均大幅度的降低。由于当时该井产液量较低，5 月 3 日进行气举工艺。气举后产液上升到 33.5 米^3/ 日，但含水上升到 100%。之后改转抽投产，产液上升到 51.2 米^3/ 日，含水 96% ~ 100%。

2011 年 9 月，青 2–43 井实施两段塞改性栲胶堵水试验，先注 30 立方米暂堵剂，注入压力 19.35 ~ 65.84 兆帕，排量 1.0 ~ 1.05 米^3/ 秒。后挤入 125 立方米改性栲胶溶液，注入压力 24.07 ~ 88.25 兆帕，排量 0.7 ~ 1.0 米^3/ 秒。关井候凝 10 天后，于 2011 年 9 月 30 日—10 月 6 日上修投产。投产后产液量由堵水前 70 米^3/ 日，下降到堵水后 4 ~ 10 米^3/ 日，含水小幅度下降，由 100% 下降 98% ~ 100%，堵水工艺取得了一定效果。

2016 年，改进化学堵水技术，采用改性栲胶、碱木素、聚丙烯腈、高温纳米堵剂材料等复配组合技术，现场试验青 2–61 井、青 2–51 井 2 口井。青 2–61 井措施后，含水由 100% 最低降至 95%，日产液量由 90 立方米下降至 40 立方米，累计增油 132 吨。青 2–51 井于 7 月进行化学堵水，堵水前，青 2–51 井，含水。措施后，日产液由 60 立方米下降到 26 立方米，日产油由 0.52 吨上升到 1.94 吨，含水由 99.1% 下降到 91.3%，累计增油 465 吨。8 月，鸭儿峡油田在鸭 K1–44 井实施改性栲胶堵水试验，堵水后投产，日产液量由堵水前的 18 立方米下降到 11 立方米，含水由 98% ~ 100% 降至 60% ~ 85%，累计增油 700 余吨。

2017 年，继续跟踪评价青 2–61 井、青 2–51 井、YK1–44 井化学堵水施工效果，进一步优化完善化学堵剂配方体系。

二、以压裂为主的油层改造技术

20 世纪 50 年代，率先成功研制并实施的压裂和酸化两项最主要的油层改造技术，填补我国压裂、酸化工艺的空白，为油田挖潜增效、增储上产创出一条适用有效的新途径，取得显著的增产效果。1987 年后，随着采油工艺技术的发展和开发的深入，玉门油田压裂逐步由浅井压裂、中深井压裂发展到深井压裂，工艺技术也由笼统压裂、选择性压裂、防砂压裂、堵水压裂、分层压裂、油套混压逐步发展到多级滑套分段压裂、缝网压裂、层内转向压裂、水力压裂、体积压裂、规模压裂等；酸化工艺由对砂岩油藏进行酸化解堵发展到对特殊岩性油藏进行以酸化工艺为主、复合解堵为辅的油层改造措施；研究、引进的 MY 系列油层化学解堵、延迟放热化学清防蜡解堵、声波处理油层、人工地震解堵等技术，有效释放油层潜力，进一步丰富和完善了油层改造的方法和手段。

1. 压裂

1987 年，浅井压裂主要在老君庙、石油沟油田进行。石油沟油矿针对含水较高的油井，继续开展泡沫压裂试验 8 井次，实现增产油量 477 吨。

1988 年 9 月，石油沟油矿与西安 204 所合作开展高能气体压裂试验，至 1990 年底，先后在鸭儿峡、石油沟、老君庙、白杨河油田实施高能气体压裂 36 口井（其中油井 34 口、水井 2 口），施工成功率 100%，施工有效率 93.1%，共增产原油 520 吨，可比井平均增产 54.2 吨 / 井，增产幅度 1.2 ~ 7.5 倍。1991 年 3 月，高能气体压裂技术被总公司总经理王涛称为“山沟里飞出的两只金凤凰”之一。到 20 世纪 90 年代中期，因经济性和部分井施工后套管变形错断，在油田停止使用，但在其他油田继续被推广使用。这一时期，油田在鸭儿峡区域开展的中深井压裂，由于压裂设备的限制，油藏改造对象主要为古近系—新近系储集层，压裂方式为油管＋封隔器和油套混压，排量 1 ～ 3 米^3/ 分钟，单井加砂量 5 ～ 20 立方米，压裂设备为油田机械厂制造的千型压裂车。截至 1997 年，共施工 76 井次，增产 18726 吨，平均单井增油 246.39 吨。

1997 年 10 月，采油厂使用吐哈油田的 1400 型压裂车，对 L、M、K_1x、S 四个油藏进行压裂施工，压裂方式由油套混压改为油管加分隔器施工。到 2000 年，施工 15 口，增产 3850 吨，平均单井增油 266.67 吨。

2000 年，采油厂以老君庙油田为重点，开始采取端部脱砂压裂工艺，造出短而宽的人工裂缝，使裂缝支撑效率和导流能力提高，压裂效果变好，有效期延长。同时，研制并应用人工岩层工艺技术，在裂缝末端固结地层砂及微细颗粒，形成较大强度的人工遮挡层，防止压裂砂返吐和地层出砂。至 2005 年，以上两项工艺技术分别在老君庙等油田施工 26 井次和 61 井次，施工有效率 96.1% 和 90.2%，增产油量分别达 3798 吨和 7686 吨。

2002 年，在浅井压裂中，通过发展水力冲刷压裂技术，较好地延长压裂有效期。采油厂针对青西油田复杂岩性裂缝性油藏的地质特征通过对储集层岩石物理力学性质研究、测定地应力场研究、支撑剂裂缝导流能力实验研究以及压裂液体系研究，初步确定高应力储集层的水力压裂工艺技术和工艺参数。

2003 年 6 月，对青 2–22 井、青 2–25 井的 4450 ～ 4486 米、4118 ～ 4233.5 米井段实施压裂措施，最高施工压力分别为 88.6 兆帕和 94.3 兆帕，高应力储集层水力压裂试验未获成功。

2005 年 7 月，在鸭 929 井采用加砂塞有效造缝技术，当前置液中加入 70 ～ 100 目粉陶后，压力由 72 兆帕降到 58 兆帕，封堵微细裂缝，降低滤失，为形成主裂缝创造条件，压裂施工获得成功，为裂缝性的油藏压裂改造提供了经验。

2008 年，针对水平井笼统压裂存在的问题，专门成立了专题研究项目组，结合老君庙油田油藏地质特征及压裂设备状况，研究出适合老君庙油田水平井砂塞预堵、塑料球选压分段压裂工艺，并引进适合老君庙油田水平井的两种分段压裂工艺技术，即双封单卡、水力喷射分段压裂工艺，在 63 口水平井上实施压裂措施，初步形成四套针对不同区块、不同井况的压裂工艺技术，取得较好的增油效果，基本满足老君庙油田水平井改造的需要。

酒东油田从开发初期，就针对性研究储集层改造技术，先后在长 2 井、长 3 井、长 4 井、长 5 井上对下沟组 K_1g_1 层段进行压裂酸化，均未取得突破。2009 年起，与西南石油大学合作，开展对下沟组 K_1g_3 油层的储集层改造研究，针对酒东 K_1g_3 储集层特点，在深化破裂压力预测、降低破裂压裂、泵注程序、缝高控制、压裂优化设计等研究认识的基础上，于 2010 年在长 7 井、长 102 井等 6 口井下沟组 K_1g_3 层段实施压裂，当年增产原油 2637 吨，实现了酒东下沟组 K_1g_3 层压裂技术的突破。

2011 年，针对鸭儿峡白垩系油藏完井方式以眼管完井为主，压裂有效期短、效果差的问题。通过优化压裂液体系、采用“变排量、多级段塞、线性加砂”压裂工艺，实现大规模、造长缝的目的。压裂 12 井次，有效 9 井次，平均加砂量 26.5 立方米（最大加砂量 41 立方米），增产原油 1359 吨，平均单井增产 113.3 吨。2011 年起，在酒东油田开展高含泥砂砾岩储集层改造工艺技术攻关，通过采取小台阶近线性加砂方式，研发流变性优良的高温压裂液体系，逐步形成适合酒东油田的规模压裂配套技术。

2012 年 5 月，综合应用加重压裂液（相对密度 1.3）、水力喷砂射孔、前置酸预处理、超高压设备、管柱优化等五项配套技术，在柳 12 井进行压裂，施工最高排量 5.1 立方米，最高压力 104.4 兆帕，加砂 15.3 立方米，压后初产液量 24.8 米^3/ 日，产油 11.72 吨 / 日，含水 48.7%，使高应力储集层压裂技术取得新进展。

2017 年，玉门油田钻采工程研究院成立中深水平井体积压裂项目组，从地质、开发井网以及工程的人工裂缝布放研究、人工裂缝参数与储集层性质匹配研究、入井材料与储集层、裂缝导流能力匹配、水平井复杂裂缝设计与优化、水平井分段压裂改造工艺等六个方面进行专题研究。9 月，对鸭平 4 井开展复合桥塞分 2 段 6 簇压裂施工，压裂后日产液 43.9 立方米，含水 30%，这是玉门油田第一次在中深水平井压裂中实现体积压裂，达到“千方液、百方砂”目标。2017 年，在墩 1H 井首次应用近井暂堵转向压裂工艺技术，实施了三段体积压裂改造。8 月 24 日，压后自喷排液，稳定液量每天 30 立方米，排液 3187 立方米，压裂液返排率100%，说明暂堵剂降解效果良好，为水平井重复压裂储备技术。

2013年开始，在鸭西试验并推广应用缝网压裂技术，采用大液量、大砂量、大排量缝网压裂模式。其中，鸭西6井于12月对E_3b层的3403.7～3407.6米实施复合压裂，压后自喷生产，日产液18立方米，日产油12.5吨，含水20%。2013年，在鸭西115井进行高应力储集层压裂施工，压裂获得突破。

2014年，与上海开远公司合作，研发出新型高压分层压裂工艺管柱。在鸭儿峡油田试验10井次，成功率70%。在鸭K1–8平台上实施准“工厂化”作业，对鸭K1–22井、鸭K1–28井和鸭K1–21井3口井同时进行压裂，并应用井下微地震裂缝实现实时监测，随时根据支撑裂缝方位调整施工方案。以“综合降低施工压力”为技术核心，应用前置酸预处理、低摩阻压裂液、支撑剂组合及井下管柱优化，在深度超过5000米高应力储集层的长306井压裂取得进展，最高施工压力98.86兆帕，加砂量达到46.3立方米。在鸭儿峡白垩系油藏实施水平井体积压裂3井次，平均单井增产428吨，取得较好效果。

2015年4月，针对鸭儿峡白垩系地层能量不足，部分新投井产量不理想的实际，优选鸭K1–9井、鸭K1–8井、鸭K1–41井开展大规模储能压裂试验及探索。单井注入液量3600～5700立方米，压后鸭K1–9井产液15.4米^3/日，产油11.99吨/日，含水10%（压前产液4.2米^3/日，产油2.7吨/日，含水25%）。邻井鸭527井、鸭881井、鸭K 1–29井和鸭K1–7也见到增油效果。同月，针对鸭5–1H井水平段长1066.79米的现状，为了获得最大的体积改造，制订9段18簇施工方案，经过7天连续作业，顺利完成施工。共注入液量12958立方米，加砂1057.4立方米，创造油田体积压裂改造的最大规模，达到“万方液、千方砂”改造规模。压后自喷投产，转抽后日产液16.1立方米，产油6.96吨/日，含水10%～80%，2015年累计产液3131立方米，产油811吨。针对酒东K_1g_1储集层孔隙连通性差，孔隙喉道匹配差的现状，在长3–13井试验大规模低摩阻滑溜水压裂+适量冻胶连续加砂压裂工艺，施工排量4.26～7米^3/分钟，最高泵压102.05兆帕，加砂62.6立方米，入井液量1819.6立方米，压裂后自喷投产，累计排液1432立方米，产油252吨。7月，长307井压后自喷排液，8月26日转抽，产液3米^3/日，含水70%，标志着酒东油田K_1g_1油藏压裂工艺取得初步成功。期间，长2–19井压后自喷，产液量由4米^3/日上升为16米^3/日，产油由3.3吨/日上升为12.97吨/日；长305井压后自喷，产液量由4米^3/日上升48米^3/日，产油由3.14吨/日上升为39.09吨/日。2015年，针对青西、鸭西高地应力裂缝性储集层，同吉林油田联合开展技术攻关，配备140兆帕耐高压压裂车组，105兆帕耐高压差封隔器，通过低摩阻加重压裂液、前置酸预处理、复合射孔、多裂缝控制、大通径压裂管柱、130兆帕高强度陶粒、高压设备及工具配套等技术手段，井下微地震裂缝监测、井下压力监测等设备与技术，3口试验井顺利完成施工，其中青2–73井于9月29日压裂，施工排量8.0～8.2米^3/分钟，压力77～89.9兆帕，入井液量1191立方米，加砂量39.3立方米，压后下泵排液，产量33.12米^3/日，产油13.82吨/日，含水53.8%，压裂技术攻关取得重要进展。

2016年，在I317–26井开展层内转向压裂试验，使水力人工裂缝成功实现了转向。油井初期选用2.1毫米油嘴控制放压，油压1.2兆帕，产液10米^3/日，含水20%左右，产油7吨/日，压裂效果显著。通过改进、制作连续投球装置，优化施工排量、单次投球数量和投球级数，现场试验7井次，均取得成功。该项工艺已成为实现层间封堵转向、提高老君庙油田剖面动用程度的一项重要技术手段。

2017年，针对鸭西白垩系高应力储集层，采用定方位连续射孔、前置土酸预处理、套管压裂、冻胶造主缝、远处滑溜水大排量施工形成复杂缝，鸭西14井、鸭西106井等6口井中有5口井获得较高产能，提升储量动用支撑能力。其中鸭西14井压前产液4.5米^3/日、含水99%，压后产液57米^3/日，产油43.9吨/日，含水10%。通过进一步强化措施井潜力论证，建立重复压裂选井选层方法，应用纤维层内转向压裂、塑料球层间转向压裂和储能压裂三项主体技术，重复压裂效果显著提高。老君庙重复压裂38井次（其中转向压裂21井次、储能压裂4井次，常规压裂13井次），单井平均增油229.6吨，累计增油8726吨，为近五年最好水平。

2. 酸化

1987年前，先后应用固体酸增注、酸—碱液处理、常规缓速酸深部酸化、杀菌酸化增注、深度自生氢氟酸酸化、泡沫酸化等工艺技术，开展砂岩酸化施工，取得显著的增产效果。1987年后，随着青西油田的开发，酸化施工逐步形成了适合于砂岩和特殊岩性两种类型的酸化工艺。

1987年，老君庙油矿继续利用泡沫酸化工艺，在老君庙油矿共施工9口井，有效率89.5%，累计增注量3.38万立方米，平均单井增注水量3752立方米，平均有效期267天。9月，采油厂采用常规盐酸酸化工艺，对青西柳1井进行酸化，产量由5米³/日上升为35米³/日，一周后油井产量稳定在12米³/日，证明盐酸酸化对青西油田具有一定的适应性。

1995年9月，采油厂组织对青西窿1井实施以氟硼酸为前置酸、盐酸和土酸为主体酸、氟硼酸为后置酸的常规酸化解堵措施，酸化后油井产量由2.1米³/日上升为130米³/日，一个月后降至30米³/日，一年后降至10米³/日，产量下降快，酸化解堵效果较差，未能达到酸化改造的目的。

1997年，采油厂针对老君庙油田部分水井出现严重的无机堵塞，研制出一项新型酸化工艺技术。该技术利用HF、H_3BO_3和HCl自行合成的氟硼酸具有的缓速酸性能，以改善油层剖面、疏通地层孔隙通道为重点，解除地层深部堵塞，扩大油流孔道。截至1999年11月底，水井施工25口，有效20口，有效率80%，累计增注水量68372立方米。2010年后，由于经济及成本原因停止使用。针对油井生产过程中产出液中携带的黏土或粉细砂粒与黏土混合物，掩埋油层或造成油井卡泵的问题，采油厂研究出一种黏土酸酸化防砂工艺技术。1999年7月，在鸭儿峡油田25井试验，注水压力由13.5兆帕下降到4.0兆帕，注水量由4米³/日上升到22米³/日，有效期100天，后来又在鸭245井、113井等井试验成功；至2001年，增加注水量7075立方米，有效率100%。之后，此项酸化工艺成为油田酸化施工的一项常规工艺。

1998年，针对青西油田采用常规酸化工艺效果不理想的实际，采油厂专门成立酸化项目组，开展酸压技术的研究。10月，引进国内碳酸盐岩储集层较为成熟的前置液压裂+多级注入酸化技术，对青西油田柳5井、窿3井和柳101井进行酸压改造，酸压后没有获得好的增产效果。

1998年，采油厂通过对储集层岩性和深度酸化机理的深入研究和不断探索，结合酸蚀裂缝导流能力模拟试验及优化设计，研究形成一套适合青西油田特殊油藏的深度酸压技术——前置盐酸解堵+稠化酸酸压+多组分酸闭合酸化技术。同时优化管径89毫米油管和管径76毫米油管组合，引进性能安全可靠的Y241封隔器组合工具，较好地解决青西油田因井深储集层温度高、施工压力高而导致施工管柱受力复杂，以及施工摩阻高的问题。1999年1月，对柳102井实施深度酸压，产油量由7.49吨/日增加到90.5吨/日，增产10倍以上，有效期达3年之久。之后，相继在窿1井、柳1井、窿101井取得成功。

2000年4月，采油厂对原油较稠、产量低（试油产量6.7米³/日）的隆5x井，采取有机解堵+稠化酸酸压工艺，使这口停产油井措施后自喷产油20米³/日，这是对青西油田中沟组高凝原油的一次有效尝试。8月，有针对性地对窿4井裂缝发育段和裂缝不发育层段进行彻底的改造，组织实施“稠化酸酸压+油基稠化液暂堵+稠化土酸酸化”技术，产液由58米³/日上升至256米³/日，成为青西油田第一口砾岩储集层开发的油井，为主力区块窿6区块的开发打开了局面。

2001年，针对储集层跨度大、层数多、裂缝发育差异大和酸化层间进液矛盾突出的问题，研究形成一趟施工管柱分层酸压施工工艺技术，较好地解决储集层因非均质性强、改造进液单一的问题，达到了一次施工处理多层之目的。

2002年，针对窟窿山油藏西部和中南区域出现大面积砂砾岩储集层的状况，研究形成“前置酸+胶凝酸酸压+乳化酸酸化+闭合酸酸化”的工艺技术。5月，对窿8井酸化获得成功，使青西油田的另一重要区块——窿8区块滚动勘探开发获得突破。同时，研究开发返排性能较好的“乳化盐酸+闭合酸”酸化工艺技术，至2006年，现场实施34口井，措施有效率61.8%，累计增产4.7万吨。

2004年后，研究低伤害酸化技术，采取“挤原油撑开裂缝+低密度、低伤害酸酸化”的工艺，初步形成以低密度、低伤害酸酸化为主的改造技术。至2005年12月底，复合酸化共施工18井次、措施有效率61%，增产原油9631吨。随后得到迅速推广，至2007年10月，现场实施53井次、工艺成功率100%，当年措施增油26901吨。

2010年，开展多氢酸酸液体系的研究，全年施工20口，累计增产油量5338吨，增注水量5923立方米。

2013年11月，采用138立方米转向盐酸+37立方米多氢酸在青2–20井进行现场施工。酸化后产液量由2米³/日上升到16米³/日，该技术填补油田转向酸酸化技术的空白。针对部分储集层的碳酸盐含量低，泥质含量较高，常规酸反应速度快、二次伤害严重、酸化效果差的状况，开展新型缓速酸液体系的研究与应用。2013—2014年，新型缓速酸酸化技术在青西、鸭西砂砾岩、泥云岩储集层现场应用34井次，增产原油19297吨，有6口井增产原油千吨以上。

2015—2017年，推广应用新型缓速酸酸化技术59井次，增产原油11693吨。结合对鸭西储集层岩性、裂缝发育程度，碳酸盐含量、脆性评价，开展转向酸均匀酸化+滑溜水形成复杂缝网+稠化酸深度酸压+冻胶形成长期有效支撑裂缝的“体积酸压”工艺试验，对鸭西8X井K_1g_0层段4519～4618.5米进行体积酸压，酸压后自喷投产，油压1.3兆帕，产液7.8米³/日，含水83%，累计排液748立方米。该工艺在油田首次试验成功，为鸭西白云质砂砾岩裂缝性储集层改造储备了技术。

三、以油水井大修理为主的井网维护技术

1. 解卡打捞

从1988年开始，开展小井眼打捞技术研究。先后购进直径60.3毫米的正扣、反扣小尺寸钻杆与直径88.9毫米的钻铤，引进直径95毫米油管捞筒、倒扣接头、可退式捞矛、公母锥等小尺寸打捞工具及直径95～92毫米的磨鞋、铣锥等修套磨铣工具，自行研制出直径88.9毫米的套铣管。对于砂卡、封隔器卡、小件落物卡等，采用倒扣、套铣、磨铣等解卡方法处理井下落物。对于水泥、钢丝绳和电缆等卡钻，采取钻、铣磨解卡方法。以解卡打捞为主的小井眼修井平均每年作业2口井以上。

20世纪80年代末至90年代初期，玉门油田迎来井下打捞作业工具自我研制、自我加工的大发展时期，设计直径73毫米倒扣接头、直径60.3毫米、直径73毫米可退式捞矛、直径73毫米钻杆安全接头、直径114.3毫米可退式捞筒、直径114.3毫米反循环打捞篮、直径114.3毫米小件落物打捞篮、GT2型抽油杆本体打捞筒、抽油杆接箍捞筒、直径114.3毫米SJ液压上击器、直径114.3毫米XJ1下击器等工具，改善油田修井工具的落后状态，基本上达到了解卡打捞工具系列化，使原有低效公、母锥造扣打捞变为高效的多工具直接打捞或震击解卡打捞，满足了油田开发的需要。

1989—1990年，玉门油田勘探开发研究院开展“修井工具系列化”专题研究，对现用的各类修井工具进行体系分类型谱编制，分10大类102种工用具，仅解卡、打捞类工用具就有50种225个之多，使油田修井工具走上标准化、系列化及规范化。

1996年11月，采油厂大修队使用XJ–450修井机到青西油田西探1井（井深4207米）进行深井打捞、修套作业，实现了修井机深井大修作业。

2001年，玉门油田作业公司引进测卡爆炸松扣技术。5月，在老君庙油田B151井应用该技术成功倒出钻杆70根，钻铤2根。引进双级扣连续套铣管，与爆炸松扣及切割技术联合应用，在青西油田窿3井使用双级扣连续套铣管套铣解卡，一次套开水力锚、压裂封隔器、直径73毫米油管8根，套铣解卡一次成功。到2015年底，使用双级扣连续套铣管套铣作业达到25井次，爆炸松扣及切割解卡技术施工14口。双级扣连续套铣技术及爆炸松扣与切割解卡技术，在中深井、深井解卡打捞中发挥了重要的作用。

2016年，应用深井水泥浆固化玻杆打捞技术，完成青2–56H井玻杆打捞，创出深井水泥浆固化玻杆打捞的新路子。

2017年，玉门油田作业公司应用活动、倒扣和套铣等快速解卡打捞技术，完成老君庙油田L258井、青3–7X井、石平2井、青2–3井、B186井、F129井、NC166井、NF277井、NF186井等9口井大修解卡打捞施工，解卡打捞施工成功率和施工速度明显提升。

2. 套管修理

1）套管整形

1988年，老君庙油矿研制出爆胀修套工艺新技术。10月，首次在F186井进行现场试验，施工后使该井井径恢复率92.2%，随后又进行6口井的爆胀修套作业，成功率100%，解决了套管大变形修复的难题，1988—1990年爆胀修套36口井，成功率89.4%。后因选井困难和爆胀使用药量控制难度大等因素，1990年后基本停止使用。

1993年，采油厂在柳2井用直径90毫米梨型胀管器对直径127毫米套管在4246米井段修套。在酒参1井和窿1井胀套施工中使用下击器与上击器组合钻具结构，分别对3700.57～3702.67米、3341.02～3343.32米的套管变形与破裂成功修复，深井修套工艺初步开始。到2015年，油田共完成深井套管修复6井次。

2016年，设计锅底双功能组合铣锥，完成YK1–18井套管修套，为今后修套措施新添利器。

2017年，玉门油田作业公司应用套磨铣打捞、套管回接工艺技术，完成酒东油田长19井套磨铣打捞，完成青西油田窿102井套铣修套、柳14井套铣修套和套管回接等复杂井大修任务，有效提高了复杂井的大修成功率，缩短了大修施工周期。

2）破裂修复

1987 年，老君庙油矿采用尾管法、顶管法及悬挂法等衬补的方式，在直径 139.7 毫米套管内，下入直径 108 毫米的无缝钢管，衬补后可进行高压作业，实施增产、增注措施，共实施修套衬补工艺 11 口井，成功率 100%。1988 年又施工 13 口，成功率 92.3%。由于钻塞钻具的限制，对下入直径 114.3 毫米及以上尺寸衬管的井，实施水泥固井，射孔完井；对于下入直径 114.3 毫米以下衬管的井，使用贯眼完井，基本形成了修套衬补比较完整的工艺技术，在玉门油田浅井中广泛实施，平均每年施工 10 口井以上。

2006 年，鸭儿峡油田引进套管补贴技术，先后对 615 井、32 井进行补贴，解决多年因套破出水和不能正常注水的难题。

2011 年，鸭儿峡油田利用膨胀管补贴等大修新技术实施油井大修 3 口，增油 465 吨，平均日增油 1.3 吨。

2016 年，采用新型锥形偏心胀管器，完成 N328 井套管补贴。

2017 年，在老君庙油田石平 3 井实施套管补贴取得成功。

四、以化学方法为主的油层系列解堵技术

随着开发的不断深入，由地（油）层、地质结构变化和井下施工作业造成的水堵、乳化堵、钻井泥浆堵、水泥浆堵、腐蚀产物堵、地层结垢堵、细菌堵、高界面张力与薄膜堵、有机物堵塞、酸渣堵等油层堵塞也日趋严重。针对油层堵塞状况，先后通过引进、研发，形成了系统的、适合油田实际的系列解堵技术，为玉门油田稳产、上产发挥了积极作用。

1. MY 系列化学解堵

1987 年，针对老油田后期开发中存在的砂、蜡、沥青、胶质等堵塞情况，研制开发的 MY−1、MY−2、MY−3 号解堵剂，开始在油田使用。

1990 年，研制开发 MY−4 号、MY−5 号、MY−6 号、MY−7 号解堵剂。MY 系列油层化学解堵剂在油田得到广泛应用。1998 年，因其增产效果显著，被总公司评为科技进步奖三等奖。至 2004 年 10 月，共施工 1620 井次，措施有效率 85.6%，累计增产原油 13.93 万吨，占同期采油量的 2.9%。

2005—2010 年，MY 系列化学解堵技术，作为一项常规的解堵技术，继续在玉门油田应用，共施工 19 井次，措施有效率 84.2%，增产原油 537 吨。

2011 年起，随着酸化解堵技术和复合工艺解堵技术的应用，MY 系列化学解堵剂技术停止使用。

2. 有机解堵工艺

1988—1993 年，老君庙油矿针对部分砂岩浅井油藏地层结蜡比较严重，采用火油（原油、汽油）对地层进行有机解堵。火油解堵 336 井次，有效率 54%，增产原油 4989 吨；汽油解堵 6 井次，有效率 33.3%，增产原油 1171 吨；原油解堵 140 井次，有效率 20%，增产原油 1.28 万吨。

1996 年，面对鸭儿峡油田部分油井产量骤减，部分油井经酸化措施后产量下降的现状，采油厂通过文献调研和对油井生产动态进行深入分析，对堵塞物进行定量分析，开发出有针对性的油藏解堵工艺技术。1997 年 1 月，对鸭 587 井解堵后，产液由 0.4 米^3/日上升到 2.5 米^3/日，增产油量 381 吨。1998 年 4 月，对鸭 581 井进行解堵，解堵后，产液由 5 米^3/日上升到 36 米^3/日，实现自喷生产，效果十分显著。深井解堵共 15 井次，有效率 87%，增产油量 6632 吨。之后，该技术主要在底层结蜡严重的部分深井继续使用。

2015 年，通过优化施工参数和完善工艺技术，形成“油 + 酸 + 油”的独特复合解堵技术，在青西、酒东油田老井重复改造中取得了较好的增产效果，至 2017 年，共施工 14 井次，增产原油 5170 吨。

3. 延迟放热化学解堵

1997 年，采油厂针对老君庙油田油管、套管和油层结蜡严重，油井免修期短，常规清防蜡剂和油层解堵剂成本高、清蜡效果差等问题，研究成功集油层放热、有机清蜡于一体的延迟放热化学清防蜡解堵剂。该解堵剂具有放热效率高、延迟放热时间可控、清蜡解堵彻底、一剂多效、不污染油层、增产效果明显等特点；9 月，该工艺在玉门油田推广应用。至 2005 年 12 月底，累计进行油层解堵 721 次、套管清蜡 1619 井次，措施有效 90%，累计增产原油 7.7 万吨，占同期采油量的 5.0%。

2006—2017 年底，延迟放热化学解堵技术共施工 9 井次，措施有效率 100%，增产原油 243 吨。

4. 无支撑压裂解堵

1997—1999年，鉴于青西油田窟窿山油藏窿1井酸后难以稳产，对该井实施8次无支撑原油压裂解堵，其中除1次因措施前油层受到污染特别严重无效外，其余均见到一定的增产效果。

2004年，针对青西油田油层较深、有机质堵塞少的实际，去掉原解堵剂配方中的溶剂油和二甲苯，相应地提高解堵剂中原油的比例（由原来的42%～71%提高到93%），并根据实验评价结果对表面活性剂做了部分调整。9月，在柳4井现场使用后，日产液量由18.2立方米上升到96立方米，含水由22%降至14%，日产油量由12.5吨上升到71.8吨。至2006年底，无支撑压裂解堵共施工22井次，有效17井次，有效率为77.3%，增产原油12717吨。

2007年后，随着压裂、解堵技术的进步，油田主要以有机解堵和常规压裂为主，无支撑压裂解堵技术停用。

5. 复合工艺解堵

1999年，采油厂针对有机物和无机物共同组成的复杂堵塞，在充分认识地层特征和堵塞机理的基础上，研究成功对有机、无机物堵塞均有显著解除作用的复合解堵技术。该技术是以多种有机成分和添加剂组成的液体体系为前置液，以缓速酸—氟硼酸酸液体系为主体液，不但对混合堵塞有显著解堵作用，而且对出砂井还有抑制地层出砂的作用。2000—2005年，先后在老君庙油田施工12口井，有效率100%，平均单井增油121吨，已发展成为浅井油田重要的油层解堵技术，丰富和完善了浅井油田改造的方法和手段。2006—2016年，油田采用复合工艺解堵技术，先后在老君庙油田施工4口，有效率100%。

五、以聚合物驱油为主的三次采油技术

开展三次采油技术的研究与应用工作，起步较早，也经历艰难曲折的漫长岁月，至1986年，先后开展表面活性剂驱油、火烧油层、二氧化碳液体驱油、碳酸水驱油、细菌稠化水驱油、泡沫驱油、胶束溶液驱油、201酸渣驱油、混气水驱油等12种三次采油方法实验和研究，但收效甚微。1987年后，油田坚持以提高采收率为目标，持续开展三次采油技术的研究和探索。

1. 碱—胶束—聚合物驱油

1985年，牵头组织包括大庆油田、北京石油勘探开发研究院等8个单位的科研人员与法国石油研究院（IFP）合作，针对老君庙油田地层特点，开始新一轮提高采收率技术即碱—胶束—聚合物驱油提高采收率技术研究。

碱—胶束—聚合物驱油提高采收率技术研究在先期室内研究的基础上，1994年3月，开始先导性矿场试验。为此，油田专门组建三次采油队，配合试验的现场工作。先导试验井组选择在L油藏中五区的H184井组，分中心评价井和外围观察井两部分。经预冲洗、注胶束、注聚合物三个阶段，至1996年10月试验结束，试验中共用YPS–3A石油磺酸盐306吨、活性剂105吨、AD–27聚丙烯酰胺6吨、氯化钾（KCl）220吨、碳酸钠（Na_2CO_3）114吨、正丁醇94吨、异丙酮14吨、碳酸钾（K_2CO_3）64吨。中心评价井增油151吨，外围增油280吨，创经济效益51.72万元。

这次研究试验历时15年，虽未取得预期的效果，但在一定程度上证明提高采收率的主攻方向不是扩大波及体积而是提高洗油效率，为老君庙油田L层提高采收率指明了方向。

2. 黄胞胶驱油

1992年，针对老君庙油田M油藏渗透率低、裂缝发育的特点，开始研究M油藏注黄胞胶提高采收率技术，即生物聚合物驱油技术。

1993年7月，在石油沟油田M油藏N135井组开展注黄胞胶先导试验。1994年，试验扩大到147井组、123井组和185井组，试验区块面积0.34平方千米。

1995年7月，注黄胞胶试验推广到老君庙油田K油藏北翼C22–253井组和M油藏G176和I237井组，至1996年10月，G176和I237井组未见到明显增产效果，C22–253井组累计增产原油1496吨。

1995年8月，在鸭儿峡油田选一井区N167井组的N167井为注聚合物试验井，并展开先导试验。扩大试验后，聚合物驱油在N167井组见效明显，其中310井注聚合物前月产油59.5吨，注聚合物后至1996年12月，平均月产油130吨左右，1997年元月开始含水平稳，比试验前下降近10%，含盐量升高，动液面上升，证明注聚合物已达到提高注水波及效率的作用。截至2001年7月，N167井组注聚合物驱油创造经

济效益 222 万元，投入产出比 1 : 3.24。

1997 年 8 月，鸭儿峡油田 614 井组开展扩大试验，但因 614 井吸水能力差，泵压高注不进停止试验。

1999 年 7 月，鸭儿峡油田 104 井组开始聚合物驱油工作，截至 2000 年 10 月底，累计增产原油 1771 吨。

2002 年 5 月，在 305 井注入聚合物溶液开展驱油工作，但增产效果一般，潜力不大。

3. 聚丙烯酰胺驱油

1998 年 10 月，在老君庙油田 L 油藏进行注聚丙烯酰胺推广试验。试验井组确定为西区 7007–C124 井组。

2002 年，新增 B115 注入井，以扩大注入规模。注聚丙烯酰胺初期使用的聚合物为法国产 AD–27 聚合物，后改为大庆产聚合物。

至 2005 年 12 月底，现场试验结束，停注，累计注入聚合物溶液 5.5411 万立方米，耗聚合物干粉约 36.3 吨，累计增油 1647 吨。

4. 凝胶调驱

2010 年，与北京石油勘探开发科学研究院合作，成立“老君庙油田 M 油藏二次开发深部调驱试验”项目组，在老君庙油田二次开发注水井网的基础上，优选试验井，扩大裂缝水线两侧平面注剂波及范围，开展凝胶调驱试验。

试验区主要注入层位是 M_3 层，局部井点维持原有的 M_1、M_2、M_3 合层调驱。设计注入井 14 口，按照注入井与裂缝接触关系和油井受效程度，将 14 口注入井划分为三种不同类型。一类井共有 7 口，分布于裂缝水系统中央地带，计划采用高强度、大剂量调驱；二类井共有 5 口，分布于裂缝水系统前缘地带，采用中强度、中剂量调驱；三类井主要指注入井点处于油带区域、规模较小并与原有水体系统无关的独立性裂缝系统，这类注入井共有 2 口。根据化学驱数值模拟研究确定，调驱体系总注入量设计为 1PV 裂缝优势通道体积，即调驱设计总注入量为 18 万立方米。依据方案要求，计划优先选择一类井开展试验，然后实施二类井和三类井。试验共分四批进行，每批 4 口注入井。

2012 年 2 月，凝胶调驱进入现场试验阶段，第一批试验井 NF227 井、G198 井、4252 井、H208 井，截至 2013 年底共计注入凝胶 49643 立方米，其中 NF227 井于 2013 年 7 月 18 日完成设计注入量。

2014 年，完成注入 2 口井（G198 井、4252 井），累计完成 3 口井，4 口井正注（H208 井、N4150 井、N495 井、N979 井），累计注入调驱剂 72515 立方米。

2015 年，完成注入 3 口井（N979 井、H208 井、N4150 井），累计完成 6 口井，2 口井正注（N495 井、I228 井），累计注入调驱剂 87146 立方米。另外，根据动态监测与临井串通情况，2015 年还对 NF227 井、N4150 井进行调剖措施。

2016 年，完成注入 1 口井（N495 井），累计完成 7 口井，4 口井正注（N966 井、H199 井、I228 井、N935 井），累计注入调驱剂 10.09 立方米。

2017 年，完成注入 2 口井（I228 井、N935 井），累计完成 9 口井，3 口井正注（N417 井、N966 井、H199 井），累计注入调驱剂 12.4 万立方米，累计增油 9157 吨。为保证后续调驱开发效果，结合已完成注入井生产资料，当年，对试验方案进行调整，总注入量由 18 万立方米减少至 15.8 万立方米，同时还对 N966 井、G176 井、NF186 井、H199 井、N417 井进行了调剖。

5. 泡沫辅助三元复合驱

2012 年初，与中国石油勘探开发研究院集中 40 余人，联合开展老君庙油田大幅提高采收率重大项目攻关，通过“二三结合”泡沫辅助三元复合驱试验，以期最大限度提高老油田的采收率。

试验区位于老君庙 L 油藏顶部区“2+3”试验区南侧，为“4 注 9 采”反五点井网，注采井距 150 米，试验目的层为 L_3 层，圈定面积 0.39 平方千米，原始地质储量 20.99 万吨。试验区日产液 180 立方米，含水 99%，日产油 1.6 吨，截至 2014 年 5 月，累计产油 347 吨，累计产水 39856 立方米，采出程度 48%，适宜化学驱挖潜。

试验计划分两步进行。第一步进行单井试注，以明确驱油体系注入能力、驱油性能，考察专项检测手段和能力，整改试验过程中暴露的问题等。第二步在单井试注的基础上进行“4 注 9 采”试验。单井试注设计前置段塞为聚表剂，主段塞为泡沫段塞与三元复合驱体系（ASP 体系）段塞交替注入，注入速度为液体 50 米 ^{3}/ 日、气体 3000 标准米 ^{3}/ 日，驱油剂总注入量 7500 立方米，注入时间 345 天。

2014 年 8 月，H199–8–3P 井开始试注，2015 年 4 月结束。注入聚表剂前置段塞 973 立方米，主段塞：泡沫液 3787 立方米 + 氮气 28240 标准立方米 + 低张力体系 3000 立方米，注液压力由 4.9 兆帕逐渐升至 7.5 兆帕，注气压力从 11.3 兆帕升至 11.6 兆帕。试注过程中对试注井进行凝胶调堵，优化了注入泡沫气液比。

2015 年 6 月，G185–6–3P 井、H196–8–4P 井、H198–6–4P 井 3 口井投入试验，先导试验全面展开。年底，累计注入化学剂 29525 立方米，注入氮气 450400 标准立方米。注入较早的 H199–8–3P 井，对应的 4 口油井均见到较好效果，H199–9–4P 井日产油由 0.21 吨升至 4.9 吨，含水由 99.4% 降至 81.7%；G185–7–3P 井日产油量由 0.04 吨升至 1.03 吨，含水由 99% 逐步降至 94% 左右。共计增油 1150 吨。

2016 年 1 月，H196–8–4P 井、H198–6–4P 井完成泡沫段塞注入，转注复合驱体系，分别注入氮气 250000 标准立方米、230000 标准立方米，化学剂 20422 立方米、19517 立方米，井组日产油量从 0.88 吨最高增至 10.83 吨，年底，日产油 6.12 吨，含水 96.24%。H199–8–3P 井、G185–6–3P 井注复合驱体系，注入量分别为 38495 立方米、23529 立方米。当年增油 1750 吨，累计增油 2900 吨。

2017 年 9 月前，正常注低张力驱油体系，后由于物料原因改注聚合物溶液。至年底，试验驱累计注入化学剂 153877 立方米，氮气 98 万标准立方米，完成设计总注入量的 41%。区块降水增油效果逐渐变差，增油量从最高 10.8 吨 / 日下降至 3.5 吨 / 日，平均含水由 94% 升高至 98%；当年增油 630 吨，累计增油 3530 吨。

6. 氮气驱

2012 年 9 月，针对老君庙油田 M 油藏低产区水敏低渗透油藏和鸭白垩系低渗透油藏注水开发的难度和“注不进、采不出、稳不住”的开发特征，为寻求新的能量补充方式，改善区块的注采状况，提高采收率，开始开展氮气驱先导试验。

试验区位于老君庙 M 油藏东部低产区，注气井分别为 J267H 井、NK277 井、I277H 井、J289 井，为 4 注 25 采井网，目的层位 M_3，计划注气 15 年，单井日注气量 2500 标准立方米（地面），提高采收率 8.86%。

2013 年 4 月、6 月，NL248 井、N4263 井先后开始氮气试注，排量 850 标准米^3/ 时，注气最高压力分别为 23.4 兆帕和 22.6 兆帕，地层条件下吸气指数为 6.63 标准米^3/（日·兆帕），地面条件日注气速度为 23903 标准立方米。

2015 年，编写老君庙 M 油藏东低区氮气现场实施方案，NK277 井、J289 井、I277H 井完成注气管柱下入及井口安装，组织更换 J267H 井下管柱及注气井口。

2016 年 4 月，完成压缩机、PLC 系统的调试。5 月，J267H 井、NK277 井、I277H 井、J289 井氮气驱开厂投注，至年底，累计注气 766917 标准立方米，累计增油 650 吨。

2017 年，注氮气 152.2 万标准立方米，累计注入氮气 251.3 万标准立方米；试验区当年增油 876 吨，累计增油 1508 吨。试验区降水增油效果明显，井组日产油由 16.8 吨最高增至 28.2 吨，含水由 33% 降低至 17%。

7. 减氧空气驱

2012 年，鸭儿峡白垩系油藏在立足注水开发的基础上，积极探索注气补充能量方式，提高油层动用程度和最终采收率。

2014 年，优选鸭儿峡白垩系油藏老区中部鸭 541 和 542 区块开展减氧空气驱试验，注采井网为“4 注 9 采”井网，井距 200 ~ 250 米，4 口注气井分别为 YK1–17 井、YK1–36 井、YK1–37 井、YK1–39 井，面积 0.98 平方千米，储量 271 万吨，试验目的层为 $K_1g_2^{2-2}$，分为 7 个小层，计划采取“先易后难”分步实施策略，首先动用主力油层，可有效减缓层间矛盾，提高开发试验效果；开采一段时间后，根据实际注气情况择机动用其他油层，发挥产能接替作用。计划注气 15 年，采用连续注气方式，前 4 年平均单井日注气量 12000 标准立方米，从第 5 年开始单井最大日注气量 21000 标准立方米。预计措施后总体采出程度达 17.04%，提高采出程度 12%，峰值平均单井日产油达到 8.9 吨。

2014 年 3—5 月，YK1–17 井氮气试注，共注入氮气 30 万标准立方米，最高注入压力 30 兆帕，排量 2 万标准米^3/ 日。2014 年 10 月至 2015 年 8 月，间歇注空气，注入压力 30 ~ 33 兆帕，共计注入空气 149630 标准立方米。

2015 年 9 月，开始注减氧空气，氧含量小于 6%，日注气速度 11000 标准立方米。

2016 年 3 月，YK1–36 井开始注减氧空气，日注气量 11000 标准立方米，油压 31 兆帕，累计注气 91

万标准立方米。11 月，YK1–17 井因注气压力高达 35 兆帕，停注。至年底，YK1–17 井、YK1–36 井累计注气 119.9 万标准立方米，试验区当年增油 825 吨，累计增油 2025 吨。

2017 年 4 月，对 YK1–17 井实施酸化解堵措施，5 月恢复注气，效果不明显；8 月，补孔，压裂，注气压力 30 ～ 35 兆帕，有效期较短，日注气量 2000 ～ 10000 标准立方米。监测到 YK1–36 井与相邻生产井 YK1–35 井、YK1–26 井发生气窜；10 月，开展泡沫调堵，调堵后注气压力上升 8.0 兆帕，日注气量为 11000 标准立方米。

2017 年 12 月，YK1–37 井、YK1–39 井改注，为注减氧空气做准备。至年底，YK1–17 井、YK1–36 井累计注减氧空气 373 万标准立方米；试验区当年增油 869 吨，累计增油 2894 吨。

六、以物理方法为主的油井增产技术

1. 高能气体压裂

1988 年 9 月，石油沟油矿与机电部 204 所合作开展高能气体压裂（又称可控脉冲压裂或多缝压裂）试验，首次在 7245 井压裂成功。之后，先后在鸭儿峡、石油沟、老君庙、白杨河油田共实施高能气体压裂 36 口井（油井 34 口，水井 2 口），成功率 100%，有效率 93.1%，比水力压裂（79.2%）提高 13.9%，累计增产原油 520 吨，可比井平均增产 54.2 吨，增产幅度 1.2 ～ 7.5 倍。经过 3 年试验，在 2000 米以内的套管中应用有效，并逐步完善较全面的配套测试技术，设计 5 种不同工艺管柱结构，四种不同压裂技术，可以满足不同类型油水井的压裂施工。

1990 年，鸭儿峡油田首次引进该技术并在 575 井、581 井、596 井、556 井 4 口井进行应用试验。575 井通过高能气体压裂，日产油由 3 吨上升至 7.5 吨。

1991 年 3 月，中国石油天然气总公司总经理王涛将高能气体压裂和声波处理油层两项新技术誉为“山沟里飞出的两只金凤凰”。因经济性和部分井施工后套管变形或错断，高能气体压裂技术在油田逐步停用，转而在其他油田服务。

2. 声波处理油层

1987 年，石油沟油矿与中科院成都分院传感换能研究所合作，联合开展声波处理油层技术研究工作。1989 年，开始投入现场试验。1990 年通过油田鉴定，获得科技进步二等奖。

1991 年 7 月，石油沟油矿物理法采油队在 258 井、888 井开展工艺技术的试验。超声波处理油层工艺对于易出砂、出水的油井是唯一的“温柔性”增产措施，具有施工简单，成本低廉，占井时间短的优点。当年，超声波处理油井 20 井次，可比井 20 井次，有效率达 90%，增产原油 471 吨，平均单井增油 23.5 吨，取得了良好的效果。

1992 年，超声波处理油层被中国石油天然气总公司立项推广。

1998 年，鸭儿峡油田在 575 井、586 井、587 井等 3 口井进行应用试验。其中，586 井通过超声波解堵，日产油由 11 吨升至 13.6 吨，不含水，效果较好。

2000 年以后，受产量和经济条件限制，石油沟油田超声波增注逐步停止。

3. 人工地震解堵

1993 年，采油厂引进吉林油田人工地震解堵技术，从吉林油田开发研究院调用 1 台 500 马力的震源机，先期在采油六队 4 个区块进行人工地震解堵采油试验，当年增产原油 1068 吨。

1994 年开始，采油厂机修厂仿造 2 台 500 马力的震源机，并先后在石油沟、白杨河油田进行人工地震解堵。截至 1997 年，累计施工 22 个区块，累计增产原油 5103 吨。

1998 年后，因人工地震解堵过的区块，部分油水井陆续出现出砂现象，该工艺被停止使用。

七、以特殊工艺井钻井为主的挖潜技术

1987 年起，侧钻技术在玉门油田得到进一步发展，以套坏井点恢复为主的斜向器自由侧钻技术在老君庙油田广泛推广，为挖掘老油田生产潜力，保持稳产上产，发挥了重要作用。

1988 年，老君庙油矿为恢复利用套坏井，成立专业化侧钻队。利用 350 修井机和简单的地面循环设备，开始大规模老井侧钻。通过老井眼找漏、通井、固斜向器、套管磨铣开窗、稳斜钻井、尾管固井、钻塞等工艺，钻成一批侧钻井。

1992 年，老君庙油田在 E221 井首次使用组合式铣锥开窗一次获得成功，缩短侧钻加深井的建井周期。

当年，老君庙油田实施侧钻加深井 19 口，成功 18 口，成为老君庙油田历史上侧钻加深井数最多的一年。

1994 年，为解决老君庙油田石油河两岸井网不完善的问题，开始规模使用定向井钻井技术。当年，老君庙油田第一口定向井 J259 井钻井成功。

1995 年，采油厂根据剩余油分布研究，打定向井 4 井，口口获得较高产能。9 月，鸭 555X 井使用钻机进行中深井侧钻，中深井侧钻技术在鸭儿峡油田逐步展开，并随着工艺的配套，逐渐形成以锻铣、斜向器及陀螺测斜仪器为主的中深井侧钻技术。期间，鸭 115 井侧钻后日产量由 0.5 吨上升到了 9.7 吨。

1999 年 4 月，柳 5X 井进行侧钻，成为青西地区第一口套管开窗定向侧钻井。之后，陆续对青 2–12 井、青 2–9 井等井实施定向侧钻。当年 11 月，酒东油田试采的长 101 井由于套管破裂无法生产，遂对该井进行定向侧钻，恢复了生产。

2002 年起，全面应用 MWD+ 单弯螺杆先进的定向井钻井技术，发展形成浅井、中深井定向技术。

2004 年 4 月，首次使用 ZJ–30 修井机在鸭 134 井中深井上采用锻铣、定向侧钻工艺，获得成功。至 2005 年，鸭儿峡油田共完成中深井侧钻 5 口，使部分停产低效井，重新焕发了生机。

2006 年以后，水平井在老君庙油田大规模应用。与此同时，利用水平井钻井技术，在鸭儿峡油田、石油沟油田、白杨河油田和单东探区也钻成一批高质量水平井。

2008—2011 年，石油沟油田累计完成侧钻大修井 5 口，日增油 3.79 吨。其中，134 井增产效果最为明显，日增液量 5 立方米，增油 0.77 吨。

2011 年 7 月，老君庙油田作业区对白杨河油田 T3 井进行修套衬补侧钻，产量上升了 1.35 吨 / 日，一直维持高产，至 2012 年 11 月，累计产油 584 吨，较 2011 年增加产量 450 吨。

2012 年起，老君庙油田作业区在 M 油藏东低产区开始以水平井为主的整体调整部署。当年新钻投产水平井 8 口，直井 2 口，累计产油 4546 吨，单井产量是老君庙油田平均水平的 10 ～ 20 倍，东低产区产量由 20 吨 / 日，上升至 60 吨 / 日，产量增幅达到 2.0 倍，井网密度增加到 38%，采油速度 0.75%，区块开发水平大幅提升。

2013 年，老君庙油田作业区在持续规模调整东低区的基础上，首次把西低区纳入调整目标，通过创建水平井挖潜示范区，全年投产水平井 10 口，新建产能 1.5 万吨。10 口水平井产能保持在 32.3 吨 / 日，稳定产量均 2 吨 / 日以上，平均产量是周边直井的 2.5 ～ 10 倍，当年累计产油 3322 吨，整体效果显著。

2014 年，老君庙油田作业区继续在低产区部署水平井 11 口，当年完钻 10 口，投产 9 口，通过分段压裂技术改造，获得较好生产水平，1—11 月，新建产能 1.5 万吨，累计产油 4133 吨。水平井成为老君庙油田完善低产区注采井网，提高采收率的重要手段。

至 2015 年，经过连续四年调整，老君庙油田低产区部署水平井 35 口，产量由 20.8 吨 / 日上升至 98 吨 / 日，井网密度上升到 65 口 / 千米 ^{2}，内部井网已调整到位，并保持水平井开发的较高水平。

至 2017 年，老君庙油田共完成各类侧钻井 217 口、鸭儿峡油田完成侧钻井 10 口、青西油田完成侧钻井 20 口，酒东油田完成侧钻井 5 口，对于油田后期开采中保护井点、提高采收率起到了重要作用。老油田共钻水平井 120 口，建设产能 10.28 万吨，水平井年产量占总产量的 40.3%。

八、以深井抽油和清防蜡为主的配套技术

1. 深井采油工艺综合配套技术

1987 年开始，鸭儿峡油田开展 LHG 热水循环保温技术的研究和试验，应用于边缘油井生产，推广 11 井站，不但节约能耗，而且提高采油时率。

1990 年前，鸭儿峡油田从安徽芜湖引进 PTC 电缆，先后在 16 口井上推广应用，有效防止出油管线的冻结，提高了采油时率。

1990 年后，经过不断改进，作为 PTC 保温电缆替代产品的防爆电伴热带在油田得以广泛应用。

1993 年 4 月，鸭儿峡油田针对泵挂加深和动液面持续下降，导致抽油机载荷不断加大，深抽井杆柱断脱频繁，常规抽油杆无法满足正常机采需要的现实问题，引进沙市钢管厂生产的玻璃钢抽油杆，并在 549 井进行试验，泵挂深度由 1819 米加深至 2705 米，日产原油由 3.9 吨上升至 6.3 吨，当年增产原油 266 吨。后相继在 588 井、701 井、703 井、598 井上使用，泵挂得到有效加深，累计增产原油 1100 吨，提液、增油效果明显。由于受工艺设计复杂和施工等因素的影响，在应用后期由于杆柱断脱严重而搁置。

1996 年，从江苏油田引进的闭式管柱抽汲技术，在鸭儿峡油田实施热液洗井 160 井次，总有效率达 99%，使此类油井的免修期平均达到了 290 天。

2000 年，采油厂采油工艺研究所再次对玻璃钢抽油杆深抽工艺进行探索、研究和完善，通过对杆柱的优化组合和工艺的科学配套，应用直径为 38 毫米深井泵，下泵深度达到 3000 米。先后在 10 型、12 型、14 型、16 型游梁抽油机上应用玻杆深抽工艺 67 井次。玻杆深抽工艺经过试验、推广和配套完善三个阶段的发展，现场应用日益成熟。

2005 年 9 月，针对青西油田中沟组稠油开采困难的处境，在柳 5X 井试验空心抽油杆掺稀油采油技术，措施后油井产液量由 4.5 米 ^{3}/ 日上升到 22 米 ^{3}/ 日。

2008 年针对青西油田油井气油比高，部分井套管压力高达 10 兆帕以上的特征，通过在生产管柱中安装一级或多级气举阀，控制套压和优化气举阀位置，同时关闭套压阀门，使得套管气在油管内与液体充分混合形成混合液，降低井筒液体的密度，大幅度降低井筒压力梯度，有效地增大生产压差。此项技术的优化应用与有杆泵采油相结合，形成适宜青西油田开采的“有杆泵—套管气气举复合举升采油”工艺，累计增产原油 35305 吨。尤其是在低含水、高气油比井通过套管气助流举升获得显著的效果。当年，油田逐步加大玻璃钢抽油杆的应用。4 月，柳 1 井在杆柱中增加 1130 米的直径 25 毫米玻璃钢抽油杆将泵挂深度由 1994.67 米增加至 2791.30 米，增加生产压差 4.1 兆帕，投产后该井产液量由 5.7 米 ^{3}/ 日上升至 16.3 米 ^{3}/ 日。随后在柳 4 井、柳 6 井、柳 13 井、窿 8 井等井进行推广应用，均取得一定效果。10 月，油田引进深抽减载技术在鸭儿峡油田 547 井、N9 井试验，其中鸭 547 井泵挂深度由 2005 米加深至 2600 米，产液量由 2.8 米 ^{3}/ 日上升到 3.6 米 ^{3}/ 日，最大载荷降低 15%。2008 年，青西油田在自喷井转抽后加深尾管至 4000 米左右，使地层产出的液体快速进入油管，加快液体的流速，降低井筒内的压力梯度，提高生产压差，排除井筒积液及积液的产生，保持井筒流态稳定，提高单井产量。2009 年 7 月，青 2−23 井转抽后加深尾管至 3985 米，当年增产原油 1179 吨。

2012 年 5 月，在青 2−7 井换空心抽油杆掺稀生产，投产后产液量上升。12 月，酒东油田玻璃钢抽油杆深抽工艺首次在长 4 井应用，将泵挂加深至 2803.87 米。后又在长 7 井、长 2−1 井、长 2−16 井等井上使用玻璃钢抽油杆深抽采油，泵挂深度为 2800 米左右。玻璃钢抽油杆深抽技术的应用，使酒东油田深抽配套采油工艺技术更趋完善。

2013 年 9 月，在青 1−11 井进行深抽减载工艺技术研究试验。试验下入深抽减载器，加深泵挂至 2825 米，投产后生产压差增大 3.6 兆帕，产液量由 1.65 米 ^{3}/ 日上升至 4.52 米 ^{3}/ 日，抽油机悬点载荷明显下降，最大载荷由 85.7 千牛下降至 76.6 千牛，有效地挖掘井筒潜力。同时该井下入深抽减载器后，有效延长油井免修期，截至 2016 年底油井免修期已达 1095 天，为进一步完善深抽减载工艺提供一条有效途径。10 月，青西油田对青 1−11 井进行深抽减载技术试验，泵挂深度由 2400 米加深至 2800 米，投产后产液量由 1.5 米 ^{3}/ 日上升至 4.3 米 ^{3}/ 日左右，起到了减载增产的应用效果。12 月，在青 1−12 井进行推广应用。

2014 年 5 月，酒东油田长 205 井引进空心抽油杆掺稀采油技术，至 2015 年 12 月底，长 205 井机械采油累计生产原油 993 吨，提高稠油区块的产油量。当年，鸭儿峡油田针对部分油井油稠、油水乳化严重，抽油泵效率低等问题，试验应用液力反馈泵和浸入式抽稠泵，下泵深度 2400 ~ 2500 米，先后在 911 井、K1−41 井等 6 口井使用，平均泵效达到 60% 以上。

2015 年，针对油田部分油井出砂严重问题，在 K1−31 井、932 井等 4 口井上试用长塞短筒防砂泵，解决了出砂油井的生产问题。当年，鸭儿峡油田对地层供液能力差、沉没度低的抽油井，通过优化杆柱组合，使用玻璃钢抽油杆加深泵挂及尾管数量，降低井下负荷，增加油井沉没度，提高油井产液量和抽油井机采系统效率，当年，共加深 56 井次，有效井次 38 井次，有效率 68%。其中泵挂加深 48 井次，尾管加深 8 井次，累计增加产液量 7623 立方米，增加产油量 2117 吨。同年，鸭儿峡油田针对部分抽油井偏磨的状况，引进硬质合金接箍进行防偏磨治理。先后在 YK1−3 井、YK1−41 井等 4 口井试验应用，截至 2017 年底，YK1−3 井免修期延长 425 天，YK1−41 井免修期延长 310 天。2016 年，在酒东油田应用 4 井次。

截至 2017 年底，油田应用玻璃钢抽油杆深抽的油井达 36 口。应用硬质合金接箍防偏磨技术 23 井次，措施井平均延长油井免修期 149 天。

2. 清防蜡维护技术

1）机械清防蜡

1988 年 4 月，油田自行设计制造 QLC−3500 型电动清蜡绞车，在鸭儿峡油田进行现场调试和试验，可以在井深 3200 米以内的油井进行清蜡和通井作业，基本满足了油田深井清蜡的需要。

同年 10 月，引进尼龙刮蜡器清蜡工艺，在老君庙油田 G257 井试验，抽油杆柱由抽油杆、尼龙刮蜡器、环氧树脂限位器组成，泵深 652.7 米，下入 3/4 英寸尼龙刮蜡器 620 个，尼龙刮蜡器下入 560 米，间距为半个冲程，用限位器控制活动范围，利用抽油机上下冲程，分别刮去抽油杆、油管壁上的积蜡，达到了清蜡的目的。针对老君庙油田前探 6 井结蜡严重，检泵周期只有 30 天的状况，下入尼龙刮蜡器后，检泵周期延长到 219 天。当年，老君庙油田油井下尼龙刮蜡器后，平均采油时率提高 5%，平均抽油泵效提高 5.6%，免修期延长 3.3 倍，减少修井次数 33 次，增产原油 508 吨。

1989 年，鸭儿峡油田推广抽油杆尼龙刮蜡器深井清蜡 11 口井，平均单井免修期由 45 天延长到 150 天，延长免修期 105 天，减少检泵井次 28 个。

1999 年 10 月开始，鸭儿峡油田开展 Enercat 防蜡器防蜡试验。同一套清防蜡器相继在 913 井、904 井、701 井上使用，使用年限达 6 年，防蜡效果显著。

2004 年 6 月，在青西油田青 1−2 井进行 Enercat 防蜡器抽油井井筒防蜡试验，试验期间油井主要结蜡段结蜡厚度明显变薄，蜡质变软，检泵周期延长 90 天，减少检泵 1 次，减少化学清蜡 3 次。此后，机械清防蜡作为一项成熟的工艺技术，在油田得到广泛的应用。

2）热洗清蜡

1986 年，引进空心抽油杆热洗清防蜡工艺。1987—1988 年，经过多次改进，攻克断脱、漏油、短路循环、洗卡泵等技术难关。至 1993 年，施工 41 井次，平均检泵周期由原来的 41 天延长到 171 天，少检泵 201 井次，减少修井占产 271.34 吨。

1996 年，老君庙油田开展熔蜡车洗井工艺技术试验，在 172 井、4135 井、E176 井、E156 井等 9 口井上定期热洗，取得良好效果，平均油井免修期由原来的 84 天上升到 224 天，平均单井上升 140 天。之后，此项工艺在老君庙、鸭儿峡及青西油田的油井上得以大力推广。

1998 年，采油厂引进可打捞式泵热洗工艺，通过在老君庙油田 60 余口浅井上对结蜡严重抽油井进行热洗清蜡，取得了延长了检泵周期，降低油井维护费用的效果。

2004 年以后，为节约成本，降低维护费用，青西油田逐步停用油井化学清蜡的方式，改为热油洗井清蜡方式，即把原油加热至石蜡熔点以上，然后将液体反复循环泵入井筒，以清除油管中的积蜡，延长油井检泵周期。现场试验证明可延长检泵周期 30 天以上。

2013 年 12 月，酒东油田引进多功能超导蒸汽清蜡车清蜡技术，通过 4 口井的清蜡试验，效果良好。这在油田属首次引进使用该技术。2014 年，在老君庙油田 D177 井、F198H 井等 3 口井进行试验，获得成功。

2015 年后，在玉门油田逐步推广，成为清蜡、热洗的重要技术。

3）化学清防蜡

随着科学技术的突飞猛进，油井化学清防蜡技术开始应用到油田领域。玉门油区先后试验磺化油、AE1910、1613、1227、EVA 等油溶型、水溶型和乳液型的化学清防蜡剂。

1987 年，研制出 1227 活性剂水膜防蜡工艺。该工艺是在油井检泵后用 1227 活性液洗井，在管壁上形成一层亲水增油的预膜，以达到防蜡之目的，具有溶蜡、防蜡、降黏等性能。在油井施工后，一次可延长油井免修期 2.9 倍，最长的可达到 4 倍。当年施工 7 口井 30 井次，有效率 100%。平均单井延长检泵周期 108 天，少检泵 39 井次，减少占产 40 吨，增产 331 吨。其中 G191 井，原来免修期只有 30 天，坚持每月用 1227 活性剂洗井后，免修期延长至 708 天。

1996 年，采油厂研制出井口加药清防蜡技术，将高效清防蜡剂从油井套管定期加入，达到延缓油井结蜡、延长油井免修期的目的。当年，实施井口加药清防蜡 49 口井，平均检泵周期由 66 天上升到 240 天，单井平均延长 174 天。老君庙油田夹片区油井实施井口加药以来，检泵周期由 265 天延长到 299 天。

1997 年，采油厂采用热化学延迟放热清防蜡技术，在老君庙、石油沟、白杨河油田进行油套管清蜡 228 井次，增油 8413 吨。1998 年，在青西油田窿 1 井等油井上应用热化学延迟放热清防蜡技术解除油套管蜡堵取得成功。

2003 年，采油厂根据青西油田原油性质、油田开采状况和油井产出液含水率的生产特性，研制出油基化学清蜡剂配方。在窿 1 井、窿 102 井、柳 1 井、柳 3 井、柳 4 井、柳 6 井、青 1–2 井等油井进行防蜡试验，单井加药浓度为 500 毫克 / 升，加药周期为 10 ～ 15 天，截至 2004 年 10 月底，7 口试验油井有效率达 100%，减少检泵 10 井次，单井平均每年节省费用约 12 万元，延长检泵周期 2 倍以上。此后，该技术成为老君庙油田化学清防蜡的主要手段，长期使用。

2005 年，开展乳液型清防蜡剂的研究试验工作。该技术是将油基清防蜡剂分散在水基清防蜡剂中形成一种新型乳液型清防蜡剂，具有油基和水基清防蜡剂的双重优点，在老君庙油田 608 井、G179 井、F239 井、J276 井等 15 口高含水油井进行试验，至 2007 年 10 月底，15 口井平均检泵周期由试验前 54 天延长到试验后 166 天，少检泵 41 井次，节约检泵费用 21.73 万元。针对鸭儿峡油田 L、S 油藏原油特点，油田研制出水基防蜡剂配方，在 881 井、586 井、882 井、558 井、702 井进行套管内加化学防蜡剂试验，取得了一定的防蜡效果。

2013 年，钻采工程研究院新研制的水基化学防蜡剂在老君庙油田 40 口井、鸭儿峡油田 25 口井上进行推广试验，实施 65 井次，其中进入评价期的有 61 井次，累计延长检泵、热洗周期 6903 天，平均单井延长检泵热洗周期 113 天，累计减少检泵 20 井次、减少热洗井 49 井次。此后，水基防蜡技术在玉门油田持续推广应用。

2014 年，亲水膜防蜡技术在老君庙油田 56 口井上进行推广，实施 85 井次，其中进入评价期的有 59 井次，累计延长检泵周期 8060 天，平均单井次延长检泵周期 136.6 天，累计减少检泵 85.5 井次。

截至 2017 年 12 月底，亲水膜防蜡技术已累计实施 204 井次，取得了较好的防蜡效果，具有较好的推广应用前景。

4）强磁防蜡

2002 年 8 月，引进空化声磁耦合防蜡技术。11 月，在老君庙油田 C188 井进行试验，油管结蜡剖面厚度由试验前 60 天结蜡 14 毫米，降低为 150 天结蜡 6 毫米，防蜡效果明显。之后，又陆续在老君庙油田 D189 井、酒东油田观 2 井和石油沟油田 121 井、816 井下入防蜡器，均不同程度延长检泵周期，其中，D189 井检泵周期由试验前的 60 天变为试验后的 300 天。该技术在老君庙、石油沟油田等浅井上进行持续推广应用。

2004 年，引进高强度磁化防蜡器，在鸭儿峡油田 527 井、556 井、861 井等 27 口井上开展防蜡试验，减少采油措施 94 井次，平均延长油井免修期 45 天以上，其中有 8 口井延长免修期 118 天以上，防蜡效果显著。

2017 年 6—7 月，鸭儿峡油田在 8 口井上应用强磁防蜡器，目前效果还在评价中。

5）ZJTF–1 特种合金防蜡技术

2012 年，引进 ZJTF–1 特种合金防蜡装置，在长 8 井和长 2–5 井上开展防蜡试验，油井结蜡速度明显减缓，油井热洗清蜡周期明显延长。

2013 年开始，该技术在酒东油田得到大面积推广应用，油井平均热洗清蜡周期大幅延长，平均达到 90 天以上，最长的达到 150 天。

截至 2017 年底，在 44 口井上推广 ZJTF–1 特种合金防蜡技术，共计实施 58 井次，平均单井延长检泵热洗周期 121.4 天，累计减少检泵 29 井次、减少热洗化清 134 井次。其中酒东油田有 22 口机械采油井应用 ZJTF–1 特种合金防蜡装置进行防蜡，占油田全部机械采油井的 61.11%。

6）其他清防蜡技术

2012 年，老君庙油田在 51 口井上推广微生物防蜡技术，共计实施 110 井次，其中进入评价期的有 85 井次，累计延长检泵周期 8424 天，平均单井延长检泵周期 99 天，累计减少检泵 67.6 井次。截至 2017 年年底，累计实施 432 井次，延长检泵周期 653.9 天，节约检泵费用 1635.6 万元，投入产出比 1 : 3.4。

2015 年，油田引进油管涂层防蜡技术，在老君庙油田 5 口井上试验，效果较好。2017 年 9 月，在鸭儿峡 K1–22 井、K1–47 井、K1–43 井上试验，至 12 月底，仍处于试验认识阶段。

2017 年，在青西油田青 1–8 井 1500 米以上试验陶瓷油管防蜡，至 12 月底，洗井周期分别延长 45 天、70 天和 124 天，载荷、产量平稳。

1987—2017 年玉门油田开发主要指标统计见表 3–5–1。

表 3-5-1　1987—2017 年玉门油田开发主要指标统计表

年度	动用地质储量（万吨）	采油井数（口）		产油（万吨）		产液量（万吨）		综合含水（%）	注水井数口		注水量（万立方米）		地质储量（%）	
		总井数	开井数	年	累计	年	累计		总井数	开井数	年	累计	采油速度	采出程度
1987 年	8725	1323	1100	53.7	2205.9	208.31	5320.41	74.22	410	329	347.29	7435.48	0.62	25.28
1988 年	9006	1343	1118	53.1	2259	209.23	5529.63	74.62	430	349	351.23	7786.71	0.59	25.08
1989 年	9006	1331	1093	53.58	2312.58	196.12	5725.76	72.68	441	350	348.69	8135.4	0.59	25.68
1990 年	9006	1310	1068	51.72	2364.3	192.18	5917.94	73.09	456	361	356.48	8491.88	0.57	26.25
1991 年	9006	1292	1057	48.74	2413.04	180.52	6098.47	73	459	354	346.01	8837.89	0.54	26.79
1992 年	9006	1310	1069	45.95	2458.99	177.34	6275.81	74.09	466	346	336.05	9173.93	0.51	27.3
1993 年	9006	1237	1011	44.69	2503.68	163.54	6439.35	72.67	457	314	318.49	9492.43	0.5	27.8
1994 年	9006	1128	994	43.1	2546.78	156.12	6595.46	72.39	420	331	305.57	9798	0.48	28.28
1995 年	9006	1142	978	40.34	2587.12	145.88	6741.34	72.34	428	335	298.27	10096.27	0.45	28.73
1996 年	9006	1152	959	41.61	2628.73	142.59	6883.93	70.82	438	337	322.12	10418.39	0.46	29.19
1997 年	9006	1048	847	40.02	2668.75	154.09	7038.02	74.03	398	296	313.27	10731.66	0.44	29.63
1998 年	9006	992	849	40	2708.75	154.97	7192.99	74.19	383	293	293.39	11025.05	0.44	30.08
1999 年	9006	986	780	40.85	2749.6	141.97	7334.96	71.22	378	265	246.81	11271.85	0.45	30.53
2000 年	9660	983	789	43.21	2792.81	131.74	7466.7	67.2	388	280	216.84	11488.69	0.45	28.91
2001 年	10915	1007	798	51.99	2844.8	142.8	7609.5	63.59	395	264	230.83	11719.52	0.48	26.06
2002 年	12558	1018	791	60.09	2904.89	157.95	7767.45	61.96	300	264	204.42	11923.94	0.48	23.13
2003 年	13697	1036	823	70	2974.89	178.69	7946.14	60.83	411	250	209.25	12133.19	0.51	21.72
2004 年	13697	1068	851	75.03	3049.91	179.75	8125.89	58.26	410	238	171.19	12304.39	0.55	22.27
2005 年	14491.94	1096	864	77.01	3126.92	180.69	8306.58	57.38	412	234	166.77	12471.16	0.53	21.58
2006 年	13725.8	1140	899	81.2	3203.05	188.53	8423.02	56.93	415	236	181.73	12652.66	0.59	23.34
2007 年	14032.2	1184	923	78	3281.05	191.34	8614.36	59.23	414	238	180.72	12833.38	0.56	23.38

续表

年度	动用地质储量（万吨）	采油井数（口）		产油（万吨）		产液量（万吨）		综合含水（%）	注水井数口		注水量（万立方米）		地质储量（%）	
		总井数	开井数	年	累计	年	累计		总井数	开井数	年	累计	采油速度	采出程度
2008 年	14240.36	1230	949	69.7	3350.75	194.03	8808.39	64.08	426	220	180.5	13013.88	0.49	23.53
2009 年	14240.36	1255	668	39.86	3390.61	105.62	8914.01	62.26	435	186	162.11	13175.99	0.28	23.81
2010 年	14240.36	1283	871	47.97	3438.58	146.67	9060.68	67.3	442	206	166.77	13342.76	0.34	24.15
2011 年	14240.36	1319	636	50.54	3489.12	155.4	9216.08	67.48	470	232	174.99	13517.75	0.35	24.5
2012 年	15262.64	1347	645	50.54	3539.66	137.78	9353.86	63.32	508	246	222.17	13739.92	0.33	23.19
2013 年	15054.48	1423	618	50.6	3590.26	161.9	9515.76	68.75	538	267	216.28	13956.2	0.34	23.85
2014 年	16140.02	1477	703	48.65	3638.91	165	9680.76	70.52	558	264	227.78	14183.98	0.3	22.55
2015 年	16140.02	1524	1031	43.69	3682.6	152.85	9833.61	71.42	567	241	223.54	14407.52	0.27	22.82
2016 年	16140.02	1568	949	37.76	3720.36	134.65	9968.26	71.95	575	234	201.23	14608.75	0.23	23.05
2017 年	16140.02	1617	948	39.77	3760.13	130.91	10099.17	70.02	583	210	185.6	14794.34	0.25	23.3

第六章　地面工程

玉门油田地面生产系统经过20世纪50至70年代及80年代前期的不断调整、优化和完善，到1986年已经基本形成符合油田开发实际的地面油气集输系统、注入系统、油气水处理系统以及水、电、路、讯齐全的配套系统，满足了老油田后期开发的需要。1987年后，老油田地面生产系统主要以调整改造、优化简化和完善为主；新投入开发的青西、酒东、鸭西白垩系等油田（区块），则本着“整体部署、分步实施”的原则，因地制宜、效益为主、科学规划、合理布局、配套完善，形成了与油田开发规模和开发方式相匹配的地面工程格局。

第一节　地面建设

一、老区调整改造

1987年后，玉门油田进入后期开发，油气产量低、含水高、伴生气大幅降低，油田地面工程建设主要以调整、改造、简化和优化为主。“七五”期间，重点进行老君庙油田以密闭连续混输流程为主的集输流程改造。

1990年起，在继续推进老君庙油田密闭混输流程改造，逐步向常温密闭流程过渡，提高油气综合利用率的同时，按照提高注水水质和注水系统效率的原则，本着“尽量选用先进设备和工艺流程”的思路，先后在老君庙油田建设小型轻烃回收装置、新2号注水厂，完成污水工程扩容、夹片增压注水站流程改造等改造工程，建成老君庙油田三次采油表面活性剂－聚合物驱油先导试验站，实现配注设备的国产化。在鸭儿峡油田西部边缘井进行单井罐集输流程改造，建设完成3座高压注水泵站，满足了油田高压注水开发的需要。

1995—1999年，随着老君庙油田全面推广井口火烧罐，逐步建成“单井罐简易拉油、集中处理”的主体流程，先后关闭单北、探五、鸭8号、9号，西山13号、7号，东山1号、4号、K19等9座锅炉房，关闭3座计量站。通过鸭儿峡油田油井改为电热棒井口罐生产计量，关闭3座计量站、2座锅炉房，降低了集输能耗和生产成本。

2003年，首次采用简化配水流程对鸭儿峡油田N1号注水场进行增压改造，通过采用“取消配水间、设置主干管、单井串接、简易井口”的配水工艺流程，鸭儿峡油田水井开井数明显上升，月有效注采比、日注水量均有较大程度提高。

2009年，针对老油田设备、管线腐蚀老化严重，集输系统运行效率低、能耗高、操作成本高，原有站场、管线、设备的设计能力与实际运行状态不匹配等问题，玉门油田公司对老君庙油田集输流程进行大规模改造。这次改造，利用油田地形优势，采用一级布站和“不加热集油、单管串接、软件计量、集中脱水”工艺，少部分无法实现进站的边远井、低产井采用罐车拉油，系统设计规模为年生产原油20万吨，平均含水80%。改造中，采用真空加热炉及换热器加热，高效三相分离器两段脱水、二段加药工艺，新建1套多相流计量装置、1套PLC系统；新建5条输油干线汇集到老君庙新总站集输系统；将477口油井井口拉油流程改造为管道常温冷输流程；完成498口油井计量系统安装，单井采用示功图远程遥测技术进行计量，实现了数字化管理；取消4座接转站、4座卸油点、2座锅炉房，集输半径由0.5千米增加到4.0千米，一条干线带井最多达到144口，缩减集输管网63千米，有效提升了油田生产时率和自动化管理水平。

2011—2015年，油气集输及处理系统重点开展石油沟、单北、鸭儿峡油田集输流程改造、石油沟总站改造、青西轻烃回收系统改造等。注水系统针对单北、石油沟注水系统进行整体优化简化改造；对鸭儿峡注水站进行扩容改造；针对鸭西增压注水试验，建设了增压站；对青西注水系统扩容改造。污水处理系统针对老君庙、鸭儿峡、青西、石油沟、单北、白杨河的污水处理站分别进行了改造。

2016—2017年，重点开展单北油田注水系统、鸭儿峡油田污水处理系统以及石油沟、单北、白杨河污水处理系统的改造等。先后完成了鸭儿峡油田集输管网建设、老君庙油田未进流程油井集输流程改造、青西低产井转抽集输流程建设、青西原油外输系统配套改造、石油沟和单北油田集输流程改造、石油沟总站改造、青西轻烃回收系统改造、单北和白杨河转油站改造等工程。

二、新投入开发油田（区块）地面产能建设

1. 青西油田

2000 年，青西油田经过滚动勘探与开发试采，取得具有建设 50 万吨 / 年的资源条件，成立青西油田地面工程建设领导小组和“青西油田地面工程建设项目经理部”，按照“统一规划、滚动开发、效益为主”的开发建设方针，开始了青西油田地面工程的建设。

2001 年 1 月，开始编制《青西油田产能建设可行性研究报告》；9 月编制完成初步报告，确定地面工程建设分步骤分系统设计、分步进行建设的模式；确立“以安全、节能、高效、经济、注重环保为指导思想，以效率与水平相结合为宗旨，以新技术、新思路为原则”的地面工程建设总体思路；11 月，完成《青西油田勘探开发一体化地面建设骨架工程初步设计》。2002 年 1 月，初步设计方案经股份公司审查后批准通过。

2002 年 4 月，青西油田地面工程建设一期工程开工。按照设计方案，先后建成青 1、青 2、青 3、青 4 共 4 座计量站及配套设施，安装站间油气集输管线 40.67 千米，敷设 16 口单井至 4 个计量站出油管线 18.80 千米。在联合站内建成处理规模为 50 万吨 / 年的原油脱水处理装置和 DCS 系统 1 套、10 千伏变电所 1 座。敷设完成青西油田联合站至炼化总厂原油、天然气、液化气外输管线 3 趟（同沟敷设），鸭儿峡油田新总站至青西外输管线支线 2 趟，青西 4 座计量站至联合站集油管线 4 趟，供水和天然气管线各 1 趟，各类管线总长度 141.83 千米。完成 35 千伏变电站系统、独立式综合自动化保护装置及辅助设备和设施建设，安装青 1、鸭青 35 千伏供电线路 2 趟、全长 64 千米；安装变电所 10 千伏输出线路 3 趟、共 28 千米。建成宽 7 米、长 28 千米拉油公路 1 条，新建鸭儿峡油田新总站 3000 立方米储罐等。2002 年 11 月，青西联合站原油集输、处理、外输系统全面投入运行。

2002 年 9 月，青西油田地面工程建设二期工程——青西联合站轻烃处理系统开工建设。2003 年 11 月，以 1 套设计规模为 25 万米^3/ 日的轻烃回收系统、1 套设计规模为 3 万米^3/ 日的大罐抽气系统为主的青西油田天然气处理系统全面建成投运。

2. 酒东油田

2011 年，随着酒东油田大规模开发建设，玉门油田开始着手对酒东油田进行地面工程建设进行整体规划。同年 4 月，完成《酒东油田长沙岭 K_1g_3 油藏开发建设方案设计》研究；12 月，《酒东试采区产能建设地面工程可行性研究报告》完成。

酒东油田采用一站式布局，建设规模为建设油井 33 口、注水井 17 口、联合站 1 座、RTU 阀室 1 座，原油处理及外输系统按照 19.2 万吨 / 年、污水处理能力 500 米^3/ 日、清水处理能力 500 米^3/ 日、注水供水能力 1000 米^3/ 日的规模一次部署到位。原油处理系统采用低温破乳、三相分离器脱水、负压闪蒸进行原油脱水稳定的主体工艺；油气集输系统采用单井串接、油气混输的单管不加热集输工艺流程；配套开展集中低压配水、单井增压 42 兆帕的注水工艺试验，以及配套消防、供电、自控、通信、道路、公寓等设施。规划将原油外输至西部原油管道 30 号阀室实现原油外输。

2012 年 9 月，酒东油田 19.2 万吨 / 年产能建设地面工程开工；2013 年 11 月，酒东联合站原油处理及集输系统成功投运并进入生产。

2013 年，酒东油田结合地面产能建设，实施集输系统数字化建设，按照“井站一体、电子巡护、远程监控、红外防盗、视觉成像、智能管理”的新模式，部署 33 口油井数据采集，采集三压一温、示功图、电量等参数，实现抽油机的远程启停；通过井场摄像头实现单井视频监控。数据上传采用 4GLTE 技术，实现窄带、宽带同时传送，在作业区监控，并送入办公网。系统按照 A11 建设规范的要求对数采、传输、后台等单元进行建设，确保作业区数字化系统稳定运行。作业区设置服务器 1 套，视频监控大屏幕显示系统 1 套对技术系统各项参数进行集中显示监控。实现生产数据远传、油井示功图遥测、井场视频监控、抽油机远程启停等功能。酒东站控系统由 1 套 DCS 系统、2 套 PLC 系统组成，总测控点数 567 点，完成原油处理、污水处理、原有外输等系统的生产自动化操作。实现油田生产数据自动采集、生产过程自动监控、生产场所智能防护、紧急状态自动保护，达到油水井无人定岗值守，联合站少人集中监控的目的，酒东油田

成为数字化水平最高的现代化管理的油田。

3. 鸭儿峡白垩系地面产能建设

2013 年，鸭儿峡白垩系油藏地面产能集输系统开始建设，74 口开发井通过树枝状单井串接油气集输管网实现油气密闭集输，6 条集输干线管网至接转站阀组，统一采用胺固化玻璃钢管道，设有收发球装置用于清管。建设鸭西接转站至鸭儿峡联合站的原油集输管线长度 7.9 千米，管道选用酸酐玻璃钢管道，管线起点为鸭西接转站，高程 2518 米，末点为鸭儿峡联合站，高程 2221 米，管道设清管发球器，人工定期发球，清除管壁结蜡、结垢，保证了管线畅通。

第二节 油气集输

1987 年以来，玉门油田根据不同的生产规模和开发方式，分别采用适合各油田地质和生产特点的油气集输系统。油气集输流程由单井罐拉油流程发展到油气密闭集输，使系统能耗不断降低、安全性能得到增强、运行效率进一步提高，为不同时期的高效开发、安全生产、节能环保提供了可靠保障。

一、集油流程

1987 年，并存 4 套油气集输系统：（1）20 世纪 50 年代建成的单井蒸汽伴随→选油站→接转站→总站流程；（2）20 世纪 60 年代改造的单井蒸汽伴随→计量站→集油区→总站流程；（3）20 世纪 70 年代引进的单管、常温、混输流程；（4）20 世纪 80 年代初结合老地层原油特性而设计的三管热水伴热流程。其中以蒸汽伴随流程为主，约占整个油田的 61.05%。输油方式有泵送与自流两种管道输油及汽车拉运方式，原油全部集输至总站。1987 年后，油田油气集输系统根据各阶段原油生产状况及需要，进行改造和设置，形成了与之相匹配的集油流程。

1. 蒸汽伴随流程

1987 年，老油田主要采用单井蒸汽伴随→选油站→接转站→总站和单井蒸汽伴随→计量站→集油区→总站 2 种模式的集输流程。其中，单井蒸汽伴随→选油站→接转站→总站集油流程也称选油站流程，因最早在老君庙油田采用，又称老君庙集输流程。此流程使不同油井采出的随带天然气的原油分别沿单井管线进入选油站，在选油站进行油气分离、计量和储存，然后将原油经输油管线输送至总站。当年，老君庙、石油沟、白杨河油田程度不同地存在选油站流程。选油站流程在一定程度上符合油气密闭集输的条件，在老油田开发初期发挥了重要作用，极大地提高了油田开发水平，但随着开发程度的深入，其存在的缺陷也日益凸显，天然气和石油轻质馏分损失较大，设备多、流程长、能耗大、工艺复杂、油气损失严重，管网内腐蚀加剧、穿孔跑油事故频繁发生，已不能适应玉门油田以调整为特点的快速递减开发时期的生产需要。单井蒸汽伴随→计量站→集油区→总站集输流程也称计量站流程，鸭儿峡油田开发初期，首次采用计量站流程，实现了选油站集输流程向计量站流程的跨越。当年，鸭儿峡油田主要以计量站流程为主。

1989 年后，老君庙油田开始大面积推广井口火烧罐，选油站流程逐渐停用。随之，石油沟、白杨河、单北油田也逐渐取消选油站模式，全部采用单井罐流程。

1995 年后，鸭儿峡油田也开始推广应用单井罐拉油流程，部分选油站（计量站）流程也逐步停用。

2. 罐车拉油流程

1989 年，研制出井口火烧罐，并在老君庙油田进行大面积推广，建成“单井罐拉油、集中处理”的主体工艺流程。该流程将原油经单井罐加温一次脱水、集油站加温二次脱水、输油总站三次脱水后，输送至炼油厂。此后，石油沟、白杨河、单北油田全部采用“单井罐拉油、集中处理”流程，老君庙油田除单井罐流程外，还存有少量“冷输”流程。

1995 年，鸭儿峡油田在 189 号选油站、558 计量站、129 计量站试验单井罐拉油流程，原油经单井出油管线进入单井罐，套管气用管线接至单井罐火嘴处点燃，实现原油加温，出油管线采用电缆保温，试验成功后逐步推广到全油田。

青西联合站建成之前，青西油田所有油井生产的原油均通过井口进入单井罐，再用罐车拉运到鸭儿峡油田新总站。2002 年之后，青西油田仅个别边远油井仍采用单井罐拉油流程，由罐车拉运单井罐的原油至联合站处理，卸油量最大达 495 米^3/ 日。

2009 年，酒东油田在长 7 井设集中拉油点，主要承担长 7 井、长 9 井及长 2-1 井三口油井拉油任务。到 2013 年 11 月，酒东油田 23 口油井产出液先经分离器简单处理后直接进单井罐流程，再由罐车拉运至炼化总厂或简易处理站。

2010 年，进行集输流程改造，除少部分无法实现进站的边远井、低产井采用罐车拉油外，绝大部分油井进入管道集输流程。

3. 管道集输流程

1）密闭常温输送流程

1987 年前，试验推广密闭常温输送流程，也称“冷输”流程。该流程是在取消传统“三管”或“双管”伴热流程之后，采用配套“加药通洗”措施而实施的一种单根油管集油输送的方法，其主要是将井口至计量站单管埋深 2 米以下，不加热输送。计量站间集油管线埋深 0.8 米，岩棉保温，保持定期通球，选点投药，各站均不再用蒸汽加热输送。不加热输送，既满足计量又降低油井回压，同时解决各计量站输油动力问题，成本低，节能效果明显。1987 年后，各油田均保留一定程度的“冷输”流程。

1989 年起，随着井口火烧罐的推广应用，在老君庙、鸭儿峡、白杨河油田陆续停用“冷输”流程。石油沟油田因其特殊的地形条件和管道距离短（一般不超过 0.5 千米）、便于操作和管理的生产特点，长期采用采用密闭常温输送流程，各单井原油通过自流的方式，经单井罐加温一次脱水、集油站加温二次脱水、输油总站三次脱水后，经汽车拉运至炼油厂。

2）油气密闭混输流程

2002 年，青西油田建成油井→计量站→联合站的密闭混输流程。计量站内设有计量分离器、真空加热炉、燃料气系统、发球筒、远程终端系统（RTU）等。单井来液依靠自身剩余压力和温度，经输油管线进计量站汇管，然后经真空加热炉加温后进计量分离器，经计量后集输至联合站。根据井口油压的不同情况，绝大部分井口采取井口不加热方式，实现原油从井口到末站的全密闭自压集输工艺。

2002 年，青西油田建成青 1、青 2、青 3、青 4 四座计量站，敷设站间油气集输管线 41 千米，其中 16 口单井至 4 个计量站集输管线 19 千米。2004 年，新敷设单井进计量站集输管线 17 千米。2006 年，建成青 5 计量站，敷设窿 8 井等 5 口进青 5 计量站集输管线 3 千米，敷设站外原油集输管线 7 千米。5 座计量站中最大设计处理液量为 800 米^3/ 日，单井实际最大进液量 230 米^3/ 日，气、液计量分别选用高精度的涡街流量计和质量流量计，计量数据经 RTU 远传至联合站中控室。混输油气再由计量站输送至联合站。

3）多井串接集油流程

2009 年前，老君庙油田部分单井采用汽车拉油方式，井口火烧罐腐蚀严重，安全隐患突出；现有集输流程投用年代久，腐蚀严重，跑冒滴漏现象频发。2009 年，老君庙油田借助二次开发的东风，以重建地面系统为契机，利用“南高北低、沟壑纵横”的地形特征优势，以数字化、信息化、智能化管理为基础，采用“一级布站、不加热集油、单管串接、功图计量、集中脱水”新工艺，对老君庙油田集输系统进行大规模改造。这次改造，按老君庙年产液 115 万立方米、综合含水 80%、原油产量 20 万吨 / 年设计，设计选井 477 口，主要分为站外技术管网改造、老君庙新总站内消防系统改造及安全隐患治理、老君庙单井计量系统完善三部分。通过改造，老君庙油田新总站新增 3 台分离器、2 台换热器、2 台加热炉、2 台转油泵、1 台天然气进口分液罐、1 套加药装置和 4 台增压泵；建设站外集油管线 64 千米，包括 4 号转油站—新总站、三队中转站—新总站 2 支总线，1 号、2 号、3 号、4 号、5 号 5 支干线及单井线；停用 4 号、7 号、28 号转油站及天然气锅炉和电锅炉，在原 4 号、28 号转油站附近设置总（干）线增压泵 2 台；单井计量井口装置采用远程遥测功图计产系统，实现远程检测遥控。2010 年 9 月，改造后的 1 号、2 号、3 号、4 号、5 号集输流程和总站按照“不加热集油、单管串接、功图计量、集中脱水”集输流程进入投运试运行阶段。2011 年，针对新的集输系统投运后存在的站外单井回压高、站内系统运行不稳定等问题，老君庙油田及时进行逐项整改，通过掺水流程、井口电磁加热等试验，确保集输流程的正常运行。“不加热集油、单管串接、功图计量、集中脱水”集输流程的投运，不仅有效解决原有流程老化引起的各类问题，消除安全隐患，而且在很大程度上减轻了员工的劳动强度、减少了用工总量、提高了油田生产时率和自动化管理水平。

2013 年，酒东油田在地面产能建设中，采用单管密闭集输流程，利用多井串联集油工艺技术，通过一级布站方式，实现了油、气、水单管密闭混输。该流程以联合站为中心呈树枝状展布，向南（1号）、东（2号）、北（3号）各建集输干线一条，通过3条集输干线串接油井39口，与单井单管集油工艺相比可节省管材约30%。单井来液依靠自身压力和温度，通过集输干线将油井采出油、水、气混输至联合站，最大程度简化前端。

2013年，鸭儿峡油田建设白垩系油藏地面产能集输系统，74口开发井通过树枝状单井串接油气集输管网实现油气密闭集输，6条集输干线管网至接转站阀组，统一采用胺固化玻璃钢管道，设有收发球装置用于清管。建设鸭西接转站至鸭儿峡联合站的原油集输管线7.9千米，高程2518米，末点为鸭儿峡联合站高程2221米，管道设清管发球器，人工定期发球，清除管壁结蜡、结垢，保证管线畅通。单井产液经集输干线进入接转站阀组，进站阀组来气液混合介质进一体化加热增压橇块加热单元，升温至30℃后进两相分离器分离出气相、液相；分离器含水液相（原油、污水）自压外输；分离器气相用螺杆压缩机增压至1.2兆帕后冷却外输；分离器气包相引一路天然气经大气冷却、气液分离后进入加热炉作燃料，加热进站油气水介质。接转站试投运后，由于热复合橇燃烧器装置分离效果较差，容易造成供气总线冻凝，装置运行存在较大的安全风险。2015年，重新设计安装1座气液分离罐，有效解决供气总线冻凝问题，使装置运行操作安全平稳。

2016年5月，石油沟油田采用单井串接模式对原有集输流程进行改造，建设1号线、2号线、92号支线、54号支线4条集油干（支）线，串接油井108口，实现单井串接密闭集输。

二、输油

根据输油区域和范围的不同，将输油分为内输和外输。内输指单井原油输送至玉门油田内部的集输站点，外输指集输站点的原油输送至炼油厂。1987年后，玉门油田储输系统综合应用选油站、计量站、井口火烧罐以及管道集输等多种集输流程，减少输油过程中的油气损耗，保证输油系统的安全。玉门油田储输系统经过30年的建设和发展，输油的管线、设备、设施不断改进和完善，从20世纪80年代的原油加热、增压输送发展到目前利用地形高差，全程无泵站、不加热、不增压输油，实现了原油输送的高效、安全、节能、环保。

1. 内输

1987年，老君庙油田和鸭儿峡油田主要采取蒸汽伴热流程，将单井产液经蒸汽伴热管线输送至选油站或计量站，经选油站或计量站对原油进行油气分离、计量和储存后，再经管线将原油输至总站。石油沟、白杨河油田则主要采用汽车拉油方式，将单井原油输送至选油站，在选油站计量储存，然后输送到输油总站，达到一定量后，汽车拉运至炼油厂。1989年，老君庙油田开始推广井口火烧罐，单井产液井井口火烧罐一次加温脱水后，用汽车将原油拉运至集油站进行二次加温脱水，再用汽车或经管线输送至总站。1990年后，单北油田集输逐步改造为汽车拉运，2000年后全部为汽车拉运。

2002年前，青西油田油井产液主要依靠汽车拉运至鸭儿峡油田新总站。2002年，随着联合站的建成投运，青西油田单井原油进入计量站，在计量站内选井计量后输送至联合站。

2009年前，酒东油田采用单井单罐进油方式，在长7井设一集中拉油点，主要承担长7井、长9井及长2-1井等油井的拉油任务，储油罐装能力为200立方米。

2009年，随着酒东油田投产井数的增加，集中拉油点储装能力严重不足，遂在酒东长7井东偏南1千米处建设一座集油站，距离简易原油储输设施较近的油井采用冷输流程，距离较远的井通过单井罐拉油至简易原油储输设施，站内设分离器对来液进行处理。

2010年，老君庙油田“不加热集油、单管串接、功图计量、集中脱水”集输流程改造工程完工投产，老君庙油田477口油井实现了单管密闭集输。

2013年，酒东油田联合站建成投运，油井产出液采用单管密闭集输流程工艺，单井来液依靠自身压力和温度，通过3条集输干线，将油井采出液混输至联合站。鸭儿峡油田在白垩系19.3万吨地面产能建设中，将74口开发井采用树枝状单井串接形式，建成6条集输干线管网至接转站阀组，实现油气密闭集输至鸭儿峡联合站。

2016年5月，石油沟油田采用单井串接模式对原有集输流程进行改造，通过4条集油干（支）线，串接油井108口，实现了单井串接密闭集输。

2. 外输

1987 年初，鸭儿峡油田新总站至炼油厂输油管线建成投运，该输油管线管径 150 毫米、长 10.94 千米，近期输油能力 12 万吨 / 年，远期输油 8 万吨 / 年。1987 年，老君庙油田新总站至炼油厂外输管线开始运行，该输油管线管径 159 毫米、全长 3.50 千米，输送能力为 30 万吨 / 年。

2002 年，建成青西油田联合站至炼化总厂原油外输管线，管径 219 毫米、全长 31 千米，设计压力等级 6.40 兆帕。外输管线设计采用通球技术及氩弧焊工艺焊接，并使用 L360 直缝电阻焊管。原油外输充分利用地形高差的特点，采用自压外输和泵输相结合的密闭输油流程，可以满足 50 万吨 / 年至 80 万吨 / 年的输量。

2009 年前，酒东油田生产的原油直接从单井通过汽车拉运至老君庙或鸭儿峡新总站，经老君庙或鸭儿峡新总站外输至炼化总厂。2010 年开始，各井产出液先转运到简易站，经过脱水处理后再由罐车拉运至炼化总厂。2013 年 11 月，随着联合站的建成投运，所有单井产出液经联合站处理合格（含水小于 0.5%）后，由罐车拉运至玉门卸油台交炼化总厂（青西脱盐站）。

2016 年 7 月，酒东原油外输系统投运，该外输系统经联合站建设至西部原油管道 30 号阀室的原油外输管线，保温伴热，管线埋深 1.8 米，长度 2.48 千米。至此，酒东油田原油外输方式由罐车拉运改为密闭集输方式，定期输入鄯兰干线 30 号阀室，标志着油田实现了原油管道外输。

三、天然气集输

1987 年前，老君庙、鸭儿峡、石油沟油田已经形成完备的天然气集输管网，先后采用自压集输和增压集输流程，将一部分天然气输送至配气站，供锅炉房作燃料和矿区居民使用。1987 年后，随着油田进入后期开发，各油田天然气产量明显减少，老油田油井伴生气仅够井口罐的加热使用。2002 年前，青西油田没有专门的天然气处理系统，单井伴生气主要供井口火烧罐加温，多余的伴生气放空燃烧。2002 年，青西联合站建成，天然气的利用率大幅度提高，经联合站天然气处理装置处理后，形成产量可观的液化石油气、Ⅰ号稳定轻烃和干气。老君庙、鸭儿峡等油田由于产气量小，仅供内部使用。

1. 伴生气集输

1987 年后，老君庙、鸭儿峡等油田油井伴生气逐年减少，难以规模开发和利用。随着井口火烧罐的推广应用，各油田通过逐年连接各单井天然气，为井口火烧罐提供燃气，逐步形成较完善的供气管网，保证了单井火烧罐的正常油温。

2003 年，青西油田建立并完善油井伴生气至联合站的集输管网，部分油井伴生气通过全封闭涡旋压缩机回收至管网。特别是柳沟庄区块湿气回收利用及低产井油气混输等项目的实施，到 2015 年共建成湿气管线 55 千米，回收了大量油田伴生气。

2013 年，油田新建一条鸭西区块至青西联合站的伴生气管线。管线起点为鸭西接转站，末点为青西联合站，全长 13.3 千米，使鸭西区块的伴生气得到有效利用。

2. 干气外输

青西联合站轻烃回收系统生产干气主要供外输和自用两部分。青西油田建成初期，一部分天然气用于真空加热炉加热原油，还约有 4 万～8 万米 ^{3}/ 日的天然气放空未得到利用。2003 年，青西联合站轻烃回收系统投运，所生产的干气经管线外输至炼化总厂，输送距离 31 千米，输送能力 30 万标准米 ^{3}/ 日。至 2017 年底，青西油田累计生产干气 4.5 亿标准立方米。

青西自用干气主要为联合站、计量站及单井的加热炉、热水循环炉、井口罐及食堂等使用。干气通过干气管网自联合站输至计量站、单井等燃气用户。干气管网分为两条主线，一条为联合站至青 1 计量站主干气线，分别向柳 9 井、青 2–6X 井、柳 108 井及青 2–74 井延伸四条分支线；另一条为联合站至青 2、青 3、青 4、青 5 计量站主干气线，分别向青 2–77 井、青 2–50 井、窿 6 井、窿 8 井及青 2–44 井等延伸多条分支线。截至 2017 年 12 月，干气自用管线敷设至 5 座计量站及 40 口油井，共敷设干气管线 40 千米。

3. 外输液化石油气

青西联合站轻烃回收系统液化石油气的产量为 68 吨 / 日。联合站有 3 具 100 立方米液化石油气储罐，设计储存天数为 1.8 天。青西联合站至炼化总厂液态烃站建有 29 千米的外输管线，外输管线采用液化气、干气外输管线同沟敷设，间歇输送的方式，将液化气管输至炼化总厂液态烃站。

至 2017 年 5 月，液化石油气累计外输 13.2 万吨。6 月，液化气外输管道因全线腐蚀泄漏，无法恢复而停用，液化气遂改为汽车拉运。

4. 稳定轻烃外输

青西联合站轻烃回收系统Ⅰ号轻烃的产量约 23 吨 / 日，联合站有 2 具 100 立方米轻烃储罐，设计储存天数为 4.7 天。Ⅰ号轻烃主要采取罐车拉运方式外销。

2005 年，Ⅰ号稳定轻烃最高产量为 0.33 万米 ^{3}/ 年，至 2017 年 12 月，Ⅰ号稳定轻烃累计产量为 2.3 万立方米，销售 8120 吨。

第三节 油气水处理

因各油田原油性质、开发规模不同，相应的原油、天然气和污水处理工艺及与之配套建设的地面处理设施也不尽相同。随着开发的深入，油气水处理设施由简易到复杂、从低级到高级不断优化完善，适应不同时期、不同油田油气水处理的需要。原油处理通过油气分离、原油脱水、原油稳定设施来完成，提高原油的合格率；天然气处理经过初级处理和深度处理，使油田伴生气得到了充分利用；采出水处理根据各油田注水开发规模的不同，建起污水处理厂和相对简易的污水处理设施，通过对采出水的系统处理和简易处理，污水水质达到回注的要求，既节约用水，又保护环境。在油气水处理过程中，根据各油田不同的原油性质和集输流程，采用不同的分离设备、脱水脱盐设备、加热设备、水处理设备等非标准设备，为油气水处理工艺的发展和完善发挥了重要作用。

一、原油处理

原油处理的主要工艺有油气分离、原油脱水脱盐、原油稳定等。油气分离先后采用油气分离器、三相分离器、橇装分离装置等。原油脱水由最初的单一自然沉降脱水、电脱水发展到三相分离器高效脱水、脱盐组合设备集中脱水工艺。青西、酒东联合站分别配套建设不同规模的原油稳定装置，使油田原油稳定系统的水平有了一个较大程度的提升。

1. 油气分离

20 世纪 90 年代，随着玉门油田进入后期开采，含水上升，油气比大幅度降低，伴生天然气明显减少，集中回收利用伴生天然气已不经济，至 1998 年，除个别计量站外，老油田不再集中进行油气分离。

青西油田的油气分离，分为两个阶段：2002 年以前，在单井油气分离器中进行油气分离，采用的是立式分离器。分离出的原油装车拉运到炼化总厂南站油库，分离出的伴生天然气除少部分用于原油伴热保温外，大部分就地燃烧。2002 年以后，在青西联合站原油处理系统中进行油气分离，采用高效三相分离器一段脱水、大罐抽气工艺技术，分离出的伴生天然气进轻烃回收装置，分离出的原油经处理后外输至炼化总厂南站油库。

2009 年，酒东油井产出油气在简易处理站分离器进行油气分离，分离出的原油装车拉运到炼化总厂，分离出的伴生气用于真空加热炉燃烧对原油进行加热。2013 年 11 月，酒东联合站投用后，油井产出油气经联合站两级三相分离器进行分离，分离出的伴生气供燃气锅炉燃烧，分离出的原油经原油稳定装置处理后进原油外输储罐后外运。

2. 原油脱水脱盐

1）电化学脱水

1987 年，老君庙油矿新总站脱水厂有电化学脱盐器 4 具，换热器 3 具，预热器 2 具，300 立方米热水罐 1 具，30 立方米脱乳剂混合水罐 1 具，含水、含盐化验器具 1 套，设计原油处理量 3000 米 ^{3}/ 日。采用的脱水工艺流程为：来液→油气分离→自然沉降→加药→脱水→预热→换热→电化学脱水→合格原油。对高含水原油，经加温、加脱乳剂后先在储油罐内进行沉降，初次脱掉一部分水后再经脱水器脱水，达到规定标准输送至炼油厂。

白杨河油田、石油沟油田因为产量低，含水量少，采用原油在储油罐加温脱水，用汽车拉运至炼油厂进行脱盐脱水处理的方式进行，电力脱盐装置停用。

2）热化学脱水

1987 年，鸭儿峡油田新总站原油脱水方法采用热化学处理，结合沉降法进行脱水，即在含水原油中加入脱乳剂进行破乳，加热至 45 ~ 50℃进入沉降罐沉降，放掉大部分游离水，进入净化罐保持温度，进行静止沉降，可达到原油脱水的要求，原油外输含水由原来的 15% 降至 8%。

2013 年，在鸭儿峡白垩系地面产能集输系统建成一座接转站，将集输管网来油气在接转站完成油气加热、分离、增压外输。破乳剂在一体化加热增压橇块分离器液相出口管道加入，与油水介质混合后进入原油外输干线，实现油水管道破乳。

2015 年，对鸭儿峡新总站进行流程改造，原油进卸油罐沉降脱水，卸油罐新增 3 台自动切水器，切水后原油经转油泵至换热器换热后，经原油储罐再次沉降脱水后外输至青西输油管道阀门池。

3）三相分离器脱水

2002 年，青西油田联合站建成投运。联合站原油处理系统，集中油气分离、原油脱水及污水处理等系统，工艺流程为：各计量站来液先进阀组汇合，加药后进分离缓冲罐进行气液分离和缓冲，分离出的天然气进轻烃回收装置，分离出的含水原油经脱水换热器加热后进三相分离器分离。三相分离器分离出的合格原油进原油储罐，大罐抽气后，由外输泵升压外输至炼化总厂南站油库；分离出的天然气与大罐气一起进入大罐抽气压缩机；分离后的污水（含油不大于 1 克 / 升）进污水沉降罐沉降，沉降后的污水（含油不大于 0.20 克 / 升）进干化池蒸发，沉降后的含水污油进污油回收系统。2007 年，青西联合站原油实际处理最高达到 66.61 万米^3/ 年。

2012 年，对青西联合站原油处理系统进行改造，将联合站原油处理系统改造为 20 万吨 / 年，原油综合含水 60% 的处理能力。此次改造，将原设计一段脱水流程优化为两段脱水流程，新建一级三相分离器 2 具，改造二级三相分离器 2 具及加药装置 2 套。各计量站来气液汇合后进两段三相分离器脱水，脱出的低含水原油进 2 具 5000 立方米原油储罐进行沉降脱水，合格原油经外输泵增压后外输或自压至南站油库，脱出的污水和三相分离器脱出的污水汇合后去污水处理系统。截至 2015 年底原油累计处理 615.35 万立方米。

2013 年 11 月，酒东联合站建成投运，原油脱水工艺应用高效三相分离器两段脱水工艺，进站阀组间来油、气、水三相混合介质经过一级换热器和一级三相分离器后，水相 20℃去污水处理装置，油水混合液相去静态混合器与破乳剂混合进入二级换热器用蒸汽升温至 60℃后进二级三相分离器。二级三相分离器分离出的含油污水 60℃去污水处理装置污水沉降罐。三相分离器通过控制气相流量稳定操作压力，油相、水相控制液位保证油相、水相层的稳定。分离出的原油进原油稳定装置进一步处理后进入原油储罐储存。

4）多级电脱盐脱水

各油田的交接原油进入油田炼化总厂脱盐站进行脱盐，处理规模为 150 万吨 / 年。脱盐站采用交直流电脱盐系统，五级电脱盐、三级超声波破乳，确保脱后净化原油的品质。

2009 年底，脱盐站引进使用超声波—电脱盐组合技术，降低脱盐站脱后含盐含水和化工原材料用量。

2011 年 2 月，脱盐站划归青西油田作业区管理。针对原油性质的变化，脱盐站重新加入少量破乳剂，采用破乳剂协同超声波破乳脱水，提高原油脱盐脱水率。原油脱水系统达到五级电脱盐、三级注水、注剂、三级超声波破乳的复合电脱盐脱水工艺系统。

至 2017 年底，实际处理液量达 187.43 万吨，原油系统密闭率达到 79.27%，联合站的负荷率 58.99%。

3. 原油稳定

1987 年，鸭儿峡油田西部产能建设原油集输流程采用三管热水伴热、单井进站、集中计量、密闭连续混输、总站集中处理、原油负压稳定和“三脱三回收”流程。

2002 年，建成投产的青西油田联合站，配套建设规模为 50 万吨 / 年的原油稳定装置，即 3 万标准米^3/ 日大罐抽气装置，主要回收原油储罐罐顶呼出气和三相气，以降低原油的蒸发损耗，保证原油储输的安全性。

2013 年 11 月，酒东联合站建成原油稳定装置，原油稳定工艺采用负压闪蒸技术，回收闪蒸轻烃降低原油饱和蒸汽压和蒸发损耗，提高原油储存及运输安全性。

2014 年 8 月，老君庙联合站进行集输及污水处理优化改造，原油罐内设负压排泥和收油布液设施，对加热炉进行改造，更换燃烧机，提升燃烧效率，更换加热盘管，新增双容积称重式计量橇，新建 700 立方米钻井液池和制氮厂房，配置压风机、干燥器、制氮装置等，对 DCS 系统扩容完善，彻底解决联合站原油脱水系统积砂结垢严重、回压高、污水处理能力不足、集输系统计量、油气管线氮气吹扫等问题。

二、天然气处理

1987 年后，玉门油田油井产生的天然气主要用于井口罐加热和岗位取暖。青西油田建成初期，一部天然气分用于真空加热炉加热原油，一部分天然气放空未得到有效利用。

2002 年，青西油田联合站建成后，实现油田天然气的综合利用，使油田的天然气处理利用进入一个新阶段。青西联合站天然气处理装置为一套 25 万米 ^{3}/ 日 ±20% 的轻烃回收装置，有 3 个气源——进站分离器分出气、三相分离器分出气和大罐抽气装置不凝气。伴生气处理的基本流程是增压—脱水—制冷—分馏。针对原料气成分较富，且其中原油稳定气所占比例较大的特点，对工艺流程进行充分优化。采用膨胀机制冷加丙烷辅助制冷的工艺，通过分馏原理将 C_1、C_2 从天然气中分离出来，回收 C_3、C_4 及以上重组分，生产出液化石油气、Ⅰ号稳定轻烃和干气。

2012 年，在青西联合站建成 1 套规模为 5 万米 ^{3}/ 日天然气脱碳装置，包括原料气吸收单元、MDEA 再生单元、MDEA 储存及补充单元。干气进行脱碳处理后，二氧化碳含量降至 3.0% 以下，提高了车用商品天然气品质。

2014 年，老君庙联合站对湿气流程进行改造，新建干燥器和高效纤维聚结器。将两相分离器和三相分离器顶部分离出来的湿气汇合后进入干燥器，除湿后的天然气进入缓冲罐进一步分离后，进入高效纤维聚结器，再除去气相中细小颗粒状液相后，干燥气作为加热炉燃料。

至 2017 年底，青西联合站脱碳装置累计生产商品天然气 6528 万标准立方米。

三、采出水处理

1987 年，老君庙油田有污水处理厂 1 座。该处理厂位于老君庙输油总站北面，负责对老君庙油田原油脱水过程中产生的大量污水进行储存沉淀、物理净化、化学净化、计量、质检等工作，并将处理后的污水输往注水站进行回注。老君庙油田污水处理厂采用“含油污水→除油罐→加药沉降→缓冲罐→一级过滤器→二级过滤器→净化水→外输”的工艺流程，将含油污水送入除油罐，除油后进行过滤，滤后水加压输往注水站进行回注。4 月，油田对污水处理厂进行改建，使污水处理量达到 2000 米 ^{3}/ 日。鸭儿峡油田输油总站建有污水处理系统，采用“一次除油—混凝除油—过滤”的流程，用“粗粒化”方法处理鸭儿峡油田的采油污水，处理后的污水排放至污水干化池，自然蒸发处理；白杨河油田新建污水处理装置建成投用，该装置建有 2 座分水池、2 座隔油池，安装 2 台污水泵，污水处理能力为每小时 8 立方米。

1991 年，油田在石油沟建成污水处理装置，新建 40 立方米一级沉降罐 2 具，200 立方米二级沉降罐 1 具。该污水处理装置将总站排放的污水经 2 具一级沉降罐初步油水分离后，进入二级沉降罐进一步沉降分离，然后排入天然渗坑进行渗漏和自然蒸发，污水处理能力为 60 米 ^{3}/ 日。

1992 年 4 月，老君庙油田对污水处理厂进行扩建改造，使日处理能力达到 3000 立方米。

2000 年，对老君庙污水处理厂再次进行改造。此次改造，采用“含油污水→一级沉降罐→二级沉降罐→加高除油罐→斜板除油罐→一级缓冲罐→二级缓冲罐→一级过滤器→二级过滤器→储水罐→外输”的工艺流程，通过添加絮凝剂、阻垢剂、杀菌剂、反洗剂等化学制品，使含油污水净化，达到回注标准。改造后的污水厂日处理能力达到 4000 立方米，均用于油田回注，是玉门油田最主要的污水处理设施。

2002 年，青西油田联合站设置 2 具 400 立方米污水沉降罐和 1 座 10000 立方米干化池，污水处理采用自然蒸发干化工艺，联合站内的污水经沉降罐沉降后进干化池蒸发，处理规模为 7 米 ^{3}/ 日。

2007 年，酒东油田修建 2 座 10000 立方米污水干化池，收集和干化处理酒东试采区产生的作业污水，实现钻井污水、修井作业污水安全排放。

2009 年，在青西联合站建成混凝过滤一体化污水处理试验装置，处理规模为 480 米 ^{3}/ 日，采用重力除油 + 混凝过滤 + 纤维束过滤三级处理工艺。2013 年，因污水矿化度高，造成污水装置设备及管线腐蚀泄漏严重而停用。

2010 年 9 月，酒东油田污水处理厂建成投运，三相分离器脱出的油田污水进入污水处理系统，采用橇装装置，经油水分离器、核桃壳过滤器、改性纤维束过滤器过滤后回注地下，污水处理能力为 20 米 ^{3}/ 时。

2013 年，在鸭儿峡联合站新建 1 座污水处理站。该污水处理站占地 2448 平方米，站内设综合泵房及配电室，新建 2000 立方米污水调节罐 1 具、1000 立方米污水沉降罐 1 具、200 立方米污水罐 1 具、100

立方米污油罐 1 具、污油回收系统 1 套、加药装置 2 台、排泥装置 6 台、回注系统 1 套，设计日注水能力 336 立方米。污水处理站用三相分离器将来水进入沉降罐进行除油和除砂，在进入沉降罐前添加絮凝剂和助凝剂，使沉降罐达到更好的沉降及油水分离效果。上层浮油重力进入污油罐，定期用污油回收泵进行回收；下层污泥定期经强排泥装置排入站外污泥池；沉降罐中层出水经调节罐达到 C1 标准由注水泵注入地层。当年，鸭儿峡白垩系接转站建成投运，接转站采用小水量组合式一体化污水处理装置，由初沉缺氧池、生物接触氧化池、二沉池、消毒池及消毒装置、提升泵、风机、控制系统组成，对污水进行处理。

2013 年，对青西联合站污水处理装置进行改扩建，采用“自然沉降 + 旋流分离（电化学离子稳定技术）+ 双滤料过滤”处理工艺，新增旋流分离器、双滤料过滤器等设备，污水处理能力达 1200 米^3/ 日。

2014 年，在老君庙、鸭儿峡、酒东油田新建应急干化池 3 座，重新改造青西干化池。7 月，酒东联合站污水处理装置建成投运，该装置采用“气浮 + 改性纤维球过滤”处理工艺和“污水→调储罐→油水分离器→脱油→氮气气浮加药→缓冲罐→砂滤器→纤维球过滤→净化水罐”处理流程，对采油污水进行处理，处理后的污水达到 A2 标准后回注油田，日处理量为 720 立方米。

至 2017 年，在老君庙采油厂有污水处理厂 1 座，在鸭儿峡、青西、酒东采油厂各有 1 套污水处理装置，对油田采油污水进行处理，年处理量达 127.58 万立方米，采出水处理达标率 91.31%。

四、非标准设备

非标准设备是根据油田生产实际，按照具体工艺条件，自行研究设计或定制的专用设备，对油气水处理具有重要作用。在油气水处理过程中，根据各油田不同的原油物性和集输流程，采用不同的非标准设备，其中常用的有分离设备、脱水脱盐设备、加热设备、水处理设备等。油气分离器从两相分离器发展到三相分离器再发展到一体化橇装分离设备，脱水设备有电脱水器和超声脱水，加热设备从火烧罐发展到真空加热炉、导热油加热炉、相变加热炉，水处理设备从混凝沉降罐发展到气浮装置、精细过滤配套设施，随着非标准设备的不断更新换代，推动了油气水处理工艺的发展和完善。

1. 分离设备

1）油气分离器

1987 年，采用翻斗计量分离器、气液分离器和油气水三相分离器。

1990 年后，由于伴生天然气数量明显减少，而且有相当一部分高含水井已无伴生天然气，分离器逐步停用。随着青西油田伴生气的增加，到 2002 年，建成单井立式油气分离器 20 具。集输系统和联合站投运后，在计量站增加 5 具立式计量分离器，联合站 2 具卧式分离缓冲罐。

2013 年 11 月，酒东联合站内建设瓦斯分液罐，该设备为圆筒形卧式双鞍座容器。容器的强度及稳定性计算严格按标准执行，并满足现行的相关标准规范。

2）三相分离器

三相分离器基本原理是依靠油、气、水之间互不相容及各相间存在的密度差进行分离的装置，通过优化设备内部结构、流场和聚结元件使油气水达到高效分离的目的。

2002 年，青西联合站外购 2 具高效三相分离器，分离器内分别设置油室、水室；油室、水室出口分别设置液位调节阀，根据设定的液位进行自动调节控制油中含水。高效三相分离器脱水后的原油含水达到 0.5% 以下，在油田脱水工艺中得到了推广应用。

2013 年 11 月，青西联合站原油处理系统改造时，将站内脱水流程由一级三相分离器脱水改为两级三相分离器脱水。

3）橇装分离装置

2012 年，老君庙联合站应用双容积连续称重计量装置：该装置将油气混合物的缓冲、分离、计量、混输等功能集成，通过智能远程终端控制系统可实现远程自动选井计量及旁通工艺流程切换，计量精度高、占地面积小、运行可靠，安装简单等优点。

2. 脱水脱盐设备

1987 年后，油田主要外购卧式电脱水器。到 1998 年以后，开始自己设计制造电力脱水器，由油田机械厂设计制造，主要规格为直径 3 米 ×5.5 米、直径 3 米 ×7.3 米的卧式电脱水器，设计原油处理能力 3000

米 ^{3}/ 日，使含水原油经过处理后能够达到规定标准。青西油田作业区脱盐站有 5 具电脱盐罐及 3 具超声波破乳器。电脱盐罐油水界面采用先进的射频导纳技术，原油脱盐、脱水在一定温度下，经过超声波破乳，注入新鲜水、破乳剂，通过静态混合器、球心混合阀等条件。经过交直流高压电场，原油中小水滴聚结成大水滴，靠油水密度差而将原油中的水和溶解在其中的盐分同时分离出来。

3. 加热设备

1987 年，由于“冷输”流程的全面推广，管道加热逐步停用。1989 年后，根据生产实际情况，使用井口火烧罐技术，利用井口不能回收的套管气为燃料，在储油罐内制装火烧筒及烟道，通过套管气在火烧筒内的燃烧，对井口液体进行储存与加热，以达到原油拉运的温度，热效率高，成本低，在油田得到普遍应用。

2002 年，青西油田采用真空加热炉用于油井及计量站的油气加热，以其自动节能燃烧器和真空相变换热技术优势，使其不仅炉效比传统水套加热炉有很大提高，而且安全稳定性也优越于水套加热炉。高效茶炉作为青西油田单井井口罐加热。污水厂供热系统采用 1 台 600 千瓦热水机组作为热源，供热介质为热水。

青西联合站原油处理系统和轻烃回收系统共用一套导热油系统。导热油系统主要设备有 2 台 2000 千瓦的 HG1800 型导热油加热炉，每台导热油炉均由单独的 PLC 控制，具有点火自动控制、熄火自动保护、报警等功能，其运行情况均由 PLC 远传至中控室进行实时监控，在中控室可以对导热油炉实现远程紧急停车。导热油炉燃料气共有两个来源，即进站原料气和外输干气。开厂时利用进站原料气作燃料气，正常生产时利用外输干气以及膨胀 / 压缩机密封气作燃料气。

2012 年，老君庙联合站应用分体式相变加热炉。该装置将燃烧装置、换热装置、抽气装置和自动控制进行集成，实现快速清砂、清垢，热效率不小于 92%，且燃烧机能适应燃气含液量大，能够远程及就地操作等功能。多组盘管式原油加热炉可以加热原油，也可以作取暖用，集多功能于一体。

2016 年 7 月，按照《油田生产系统节能监测规范》SY/T6275—2007 节能要求，对青西油田联合站 2 台导热油炉进行提效节能改造，利用烟气回收装置对导热油炉出口烟气换热，降低排烟温度，回收烟气余热用于污水处理单元用热负荷。在原有烟气出口处增加烟气回收装置，利用烟气余热加热循环水供污水处理系统利用；新建烟气回收装置基础，新建循环水泵，水泵布置在现有污水处理单元热水机组间，热水管网敷设在现有管架上，补水采用原有补水系统进行补给，停用现有污水处理系统加热炉。鸭儿峡接转站和老君庙联合站对加热设备进行调整改造。从酒东采油厂调拨安装 800 千瓦、2000 千瓦真空加热炉各一台，解决了鸭儿峡接转站一体化处理橇加热管束腐蚀泄漏无法正常生产问题。老君庙联合站新建旋流式蒸汽混合橇，改造螺旋板式换热器，将换热器板间距由 25 毫米加宽至 33 毫米，原油通道出口增大为 DN200，特殊的螺旋进气结构和换热器进口端的单流阀，解决了来液反窜和水击问题。旋流式蒸汽混合橇利用束管影射技术，将蒸气和原液均匀混合逐级梯度升温到 35 ～ 45℃左右。两个设备改造后，有效解决了老君庙联合站内换热设备效率低、经常堵塞等问题。

4. 水处理设备

1987 年后，先后对污水处理厂进行不断扩建和改造，使含油污水经混凝沉降罐处理后加压输往注水站回注，形成较为完善的处理工艺和地面配套设施。

玉门油田采出水处理基本的流程是“三段常规”处理流程。第一段为缓冲调节段，该段的设备是立式自然除油罐，其作用一方面对来水进行均质处理，为后续流程提供稳定的水质、水量，另一方面对来水中大颗粒的悬浮物及油珠粒径大于 100 微米的浮油进行初步分离，除油效率与罐深成正比。第二段为沉降分离除油段，采用设备为混凝除油罐和斜板除油罐，混凝除油罐是当油珠粒径大于 10 微米，利用油水密度差，靠物理方法可将大部分油除去，但当粒径小于 10 微米的油珠在水中所占比例较大时，必须加混凝剂，形成大颗粒的凝聚物，从而缩短油水分离过程。对于粒径在 10 ～ 100 微米的分散油虽不用混凝可以靠自然沉降去除，但沉降时间较长，采用粗粒化（聚结）除油罐，可提高除油效率。第三段的作用是去除微粒杂质。该段主要设备有石英砂过滤器、核桃壳过滤器、双层滤料过滤器、改性纤维球过滤器等。

2005 年，鸭儿峡油田作业区在 N1 号注水场建成 1 套清水处理设备，处理能力为 1200 米 ^{3}/ 日。2013 年，建成旋流分离 + 双滤料过滤器构成的污水处理装置。

2014 年，酒东油田建设污水处理装置，主要由调储罐、油水分离器、气浮装置、砂滤器、改性纤维球过滤器等设备组成。

5. 储罐

2015 年，油田大容量储罐主要分布在联合站及脱盐站，主要储罐有 5000 立方米、3000 立方米等内浮顶罐以及 500 立方米、1000 立方米、3000 立方米、5000 立方米立式拱顶储罐作为原油储罐使用；100 立方米、500 立方米、1500 立方米立式拱顶储罐作为储水罐使用；100 立方米卧式罐作为轻烃及液化气储罐使用。

6. 塔器

2003 年，青西联合站轻烃回收装置建有重接触塔、脱乙烷塔、脱丁烷塔各一具。2012 年，站内完成天然气脱碳装置建设，主要有再生塔及吸收塔各一具。

2013 年，酒东联合站投运，建有用于原油稳定的负压闪蒸塔，降低原油饱和蒸汽压和蒸发损耗的回收闪蒸轻烃。

第四节　注入系统

随着油田注气、注水开发和三次采油技术的实施，地面工程随之配套建设了相应的注入设施，经过不断调整和完善配套，形成了以注水为中心、以提高采收率为目的、适合不同时期油田开发需要的地面注入系统。

一、注水系统

1986 年，共有注水厂 5 座（老君庙油田 1 号注水厂、4 号注水厂，鸭儿峡油田新 1 号注水厂，白杨河油田白东注水厂，石油沟注水厂）、配水间 30 座，注水管线 166.3 千米，各种型号的注水泵 29 台，日注水量 8661 立方米。随着注水开发程度的深入，注水系统压力等级不断提高，注水地面工程经过不断改造和完善，地面设施实现了优化简化，保证了注水开发。

1. 注水厂（站）建设

1987—1990 年，为适应老君庙油田边部注水压力高、中部注水压力低的状况，对注水设施进行调整。新建 2 号注水厂、改造 4 号注水厂，实现注水与洗井分开设置。石油沟油田有注水站 1 座，配水站 6 座，供水能力 1200 米^3/ 日，总注水管线达到 6.2 千米。单北油田有单三区配水站、7 口注水井，注水总管线 3028 米，此后没有进行大的注水管网改造。

1990 年，建成鸭儿峡 547 井高压注水站，投注压力 25 兆帕。

1992 年，建成老君庙夹片注水厂，注水能力 300 米^3/ 日。完成老君庙 4 号注水厂及 1 号注水厂注水泵冷却水循环水系统的改造工程，年节约清水 11.93 万吨。1993 年，对夹片注水厂流程进行改造，日平均注污水量 58 立方米。

1999 年 10 月，建成鸭儿峡 594 井高压注水站。

2000 年，新建老君庙 4 号增压站。

2002 年 10 月，建成鸭儿峡志留系 575 井高压注水站。

2005 年 11 月，鸭儿峡油田 N1 号注水场增压改造系统投用后，水井开井数上升，月有效注采比由 0.41 升到 0.84，日注水量由 360 立方米提高到 510 立方米。

2007 年，对鸭儿峡五井区进行增压注水改造，新建 1 座增压站，实现 6 口单井注水，总日注水量约 220 立方米，注水压力在 45 兆帕以上。

2008 年，根据老君庙油田二次开发总体部署，实施老君庙油田注水系统改造工程，取消配水间和西山 1 号注水场，注水井由东山 4 号注水场集中注水，共建设站外注水管网 50.204 千米，形成 3 个注水系统，分别为东山注 15 兆帕清水系统、20 兆帕污水系统、西山注 20 兆帕清水系统，注水规模由 3400 米^3/ 日提升至 5400 米^3/ 日。

2013 年，鸭儿峡 N1 号注水厂扩容改造，新建一具 1000 立方米储水罐。次年，新增 1 台注水泵，注水量为 30 米^3/ 小时，注水厂注水能力达到 1200 米^3/ 日。

2014 年，针对石油沟油田注水系统流程复杂、管网腐蚀严重、计量设备陈旧、误差大等问题进行改造，新建 1 具 1000 立方米清水罐，迁装 2 台高压注水泵，对 2 号注水泵进行更换；敷设高压注水管线 16.28 千米，干线、支干线 4.84 千米，支线、单井线 11.44 千米；取消 7 座配水间，简化配水工艺措施。改造后，注水站注水规模为 1000 米^3/ 日。

至此，青西油田共建成3条供水干线，分别向青1注水泵房、青5注水泵房和部分单井供水。随着注水规模逐步扩大，先后投改注井19口，共敷设低压供水管线20千米以及高压注水管线6千米，输水能力1200米^3/日，注水量上升至800米^3/日。酒东油田先后投产12口注水井，建成供水管线20千米，注水管线0.72千米，日平均注水量达到170立方米。

2015—2016年，青西油田先后改注青2–72井、青2–74井、青2–76井、青1–18井等4口井，新建3套橇装式柱塞泵，有效解决窿8区块、窿101区块注采不平衡问题，增加柳108井组、青2–28井组地层能量，实现了油田稳产。老君庙油田共改注12口注水井，注水管线使用高压酸酐环氧玻璃钢管螺纹连接，阀门池、单井井口使用20号无缝钢管采用焊接连接，管线注水压力为15MPa，新装智能流量计、配水装置、远程遥测压力表等设施。

2017年，酒东长2–11井投改注，迁装一套橇装式柱塞泵，新建540米酸酐环氧玻璃钢低压供水管线，高压注水管线采用20号无缝钢管。至年底，油田共建注水站5座，年注水能力达455.8万立方米，适应了油田注水开发需要。

2. 注水设备

20世纪80年代后期，老君庙油田在新建的2号注水厂使用泵效更高的D270–150型高压电动离心泵，并在4号注水厂用D270–150型高压电动离心泵替代6D–100–150型泵，适应了注水需要。鸭儿峡油田结合志留系油藏10万吨/年产能建设进行流程改造，引进泵效高于离心泵的多柱塞泵替代18SB–5泵。

1993年，夹片注水站流程改造，安装2台3H–8/450型三柱塞泵。

2000年，石油沟根据注水和设备更新的需要，对注水站设施改造，安装三柱塞高压注水泵2台、五柱塞高压注水泵1台。

2002年，老君庙油田1号注水厂采用3S175B–51/13型柱塞泵替代6D80–120型离心式注水泵，改型后的注水泵以变频闭环控制，大大降低了能耗，每年节电120万千瓦·时。

2005年11月，鸭儿峡油田N1号注水厂采用大港生产的2台5HB20–43型注水泵，将系统压力由15兆帕提高到25兆帕，从根本上解决部分注水井因储集层先天性渗透率低、物性差而吸水困难的问题。

2011年，老君庙油田结合二次开发，完成1座注水泵房11台注水泵安装，注水泵设变频调节，基本满足油田二次开发需要。青西及酒东油田采用标准化高压注水橇装设备，设备由橇式房、高压注塞泵、变频电动机、变频配电控制柜、注水泵控制运行系统、流量计、中控间空调、轴头泵强制润滑等组成。

2013年，鸭儿峡N1号注水厂新装1台5ZB–25/27型注水泵，额定压力25兆帕。

3. 注水流程

20世纪80年代中后期，普遍采用双干管多井配水流程，一管使用，一管备用。注水流程为注水站—配水干管—多井配水间—注水井，即将金属储罐中的水经注水泵打至配水间或者配水站的总机关中，再输往各注水井。各油田根据注水井、注水量、注水压力不同，设置的配水间数量以及各注水站内所需注水泵设备不同。

20世纪90年代，为了满足鸭儿峡油田白垩系深层高压注水试验的需要，建成高压注水泵站，逐步形成高压注水流程，确立“单管注水、分区增压、阀组配注”的主体工艺流程，即注水站→注水干线→配水站（含增压注水泵）→注水井，从而使主体流程整体简化、运行效率提高。

2002年10月，建成鸭儿峡志留系575号高压注水站，采用单泵单井注入流程。

2005年，完成鸭儿峡油田N1号注水场的增压改造和注水工艺优化，采用“一组核心设备，两类调压设施，三套压力系统”的注水工艺技术。油田首次在25兆帕高压注水系统中采用“取消配水间、设置主干管、单井串接、简易井口”的简易配水工艺。注水流程形成一级布站方式，即注水站→注水干线→注水井，“优化”与“简化”技术国内领先。

2008年，青西油田开展深层裂缝高压注水开发先导试验，注水流程采用“低压供水、井口罐缓冲、单井单泵高压注水”工艺。

2009年，为满足油田采出水处理及回注地下，达到零外排的环保要求，酒东油田选择长2井对处理后的污水进行回注。将处理后的污水通过注水泵加压送至长2井井口并注入地层，井口注水最高压力为20兆帕，注水量10米^3/时。

2011 年，酒东油田开始进行“低压配水、高压注水”工艺试验，注水单井应用标准化高压注水橇块，单井注水系统采用“单井单注”配水工艺流程。老君庙油田注水系统改造工程采用“设置单干管、单井串接、稳流配水”流程，取消配水间，简化了流程。

2012 年，鸭儿峡建设 3 台注水泵橇块分别布置在 3 口单井井场，单井注水流量采用压力变频控制方案，取消井口配水器，实现 40 兆帕白垩系油藏高压注水。

2016 年，实施老区注水井节能改造项目，将鸭儿峡和老君庙采油厂的 197 口注水井口计量装置更换为注水智能监控一体化装置，配套安装流量计，更换管路阀门及 PLC 系统技术服务，实现远传调控，提升注水系统效率。完成石油沟油田注水系统改造建设，取消配水站流程，改为“设置主干管、单井串接、简易井口”的配水流程，埋地敷设玻璃钢管线共计 16.28 千米，新建砖砌阀门池 30 座；新建自动调节稳流配水工艺、远传系统，更换 54 座井口保温房，实现了远程智能控制。

至 2017 年年底，老君庙、鸭儿峡及石油沟油田等老区注水系统建成“集中供水、分区分压、单干管分配、多井串接、智能监控”工艺流程，取消配水间，简化配注流程，实现精准平稳注水；青西油田、酒东油田建成“低压供水、单井注水”流程，应用一体化集成橇块注水设备，实现了高压注水开发。

二、注气系统

从 1953 年开始注气地面工程建设的探索和实践，是中国石油行业最早进行注气试验的油田。到 1987 年，由于天然气产量有限，顶部注气因气源不足而中断，注气厂停用。2013 年起，再次启动注气试验，形成了新的注气系统和工艺流程。

1. 注气设施

2013 年，鸭儿峡油田在 541 井进行氮气试注。最初配备 1 套空气压缩机开展注气试验，平稳注气压力 26.5 兆帕，最高 32 兆帕，试注结果表明氮气有较好的注入性。

2014 年，油田选定 K1−17 井和 K1−36 井进行空气驱油试验。次年，在 K1−17 和 K1−36 井增加 2 套减氧机橇装设备，配备运行 LG • V−15/400−A 型复合式空气压缩机 1 台。新增空气减氧橇装设备设有 1 个缓冲罐，罐出口至增压压缩机之间通过钢制管道连接，为保证新增空气减氧机组与已建增压机组之间无障碍安全运行，两套橇装设备采用自控系统，设备监测数据信号传至新建操作室集中显示。当年，初步建成简易化注气站。

2015 年，老君庙油田 M 油藏东低区氮气驱试验项目开始实施，按照减氧空气泡沫驱试验项目工程方案设计，在老君庙采油厂四工区 J276 井建设注气控制室、配电室、变压器室、阀组间、阀门池，配置增压机。2016 年 5 月，老君庙油田 M 油藏东低区氮气驱试验项目正式开厂，试验采用 4 注 25 采井网，注汽井 4 口，累计注气 91.6 万立方米，当年累计增油 645 吨。

至 2017 年底，鸭儿峡采油厂共安装注减氧设施 4 套，其中 2 套为型号 DFQ900−40MD 的增压一体化集成装置，主要包括空气压缩机组、空气处理系统、膜分离系统和气体增压系统。另外 2 套为橇装装置，主要包括型号为 LG • V−15/400 的增压橇（由五级复合式空气压缩机组构成）和型号为 LOA/M6−15/XW 型减氧橇（由空压机、膜分离减氧系统构成），对空气进行压缩、干燥预处理、膜分离减氧、增压和控制后，实现注减氧开采。老君庙采油厂共安装注气设施 1 套，型号为 VFD−0.78/11−250 的减氧空气增压机，增压机进口压力 0.6~1.2 兆帕，出口压力 25 兆帕，额定功率 90 千瓦，排气量 200~550 标准米 ^{3}/ 时。

2. 注气流程

2015 年，鸭儿峡油田注减氧空气试验，注气流程为：空气—减氧橇装设备—减氧空气增压机—输气管道—注气井。

空气进入空气减氧机橇装设备，先经过过滤去粉尘、水滴等杂质，增压后经过分离得到低氧富氮空气，通过进一步过滤净化处理，除掉其中绝大部分的油、水滴及微小尘埃，使其达到注入井下所需要的净化空气指标含氧量不大于 6% 的要求，然后进入增压机增压至需要的压力，通过管道输送至注气井口装置，注入井下。

2016 年，老君庙油田开展注减氧空气试验，注气工艺流程为：供气—增压—注气。氮气气源由炼化总厂提供，通过 7.9 千米管线输送至增压站，到达增压站压力为 1.1 兆帕，经增压后压力达 11 兆帕后分别注入 J267H 井、I277H 井、J289 井、NK277 井等 4 口井，日注入气量约为 1 万标准立方米。

至 2017 年底，老君庙累计注入量约为 279 万标准立方米，试验区 25 口井日产液上升 4.2 立方米，动液面平均上升 29 米，累计增油 1971 吨。

三、注化学剂

油田开展三次采油技术研究与试验，起步早、时间长。在三次采油技术研究与试验中，逐步形成了与之相适应和配套的注化学剂设施，为研究和试验工作的开展提供了保障。

1. 注聚试验站

1992 年 7 月，老君庙油田建成三次采油表面活性剂聚合物驱油先导试验站，该工程分计量站和试验站两部分。计量站建筑面积 51.8 平方米，站内布置三块橇，即总机关橇、两相分离器橇和计量橇；试验站内的计量系统有五块托橇；注聚合物系统内有六块托橇，全部是美国进口，分别为输入聚合物托橇、混合大罐托橇、添加剂混合罐托橇、添加剂输送托橇和两块注入泵托橇。同时还建有沉降罐、成品罐、生水贮罐、磺酸盐贮罐、混合罐；站外建 40 平方米临时量油罐 1 具。试验站占地面积 3025 平方米，安装各种罐 7 具。该站充分利用南高北低的地势，将部分贮罐布置在高处，有利于泵自吸进液。试验站辅助设施有注碱系统和注聚合物系统。注碱系统厂房面积 126 平方米，库房面积 49.5 平方米，主要装置均为橇装，共有五块托橇，均为国内生产；注聚合物系统场房面积 157.5 平方米，主要装置有六块托橇，均为美国生产。1996 年底，三次采油表面活性剂聚合物驱油先导试验结束后试验站停用。

2. 注聚混配装置

1993 年以后，在聚合物驱油研究、试验方面做了大量探索，形成了适合区块、井组为主的简单、灵活的生物聚合物、黄胞胶冻胶、聚丙烯酰胺等三次采油技术。地面工程依托原注水地面系统并增加活动式注入设备，形成系统的注入设施。1997 年 8 月，设计出一套聚合物混配装置，形成了简易混配、在线熟化、橇装设备注入的小区块注聚流程。该设备适用于聚丙烯酰胺类聚合物驱油的配液要求。至 2005 年，分别在老君庙和鸭儿峡油田的五个区块试验。

2011 年，为了进一步提高老君庙油田采收率，完善二次开发技术，解决油藏层内及层间矛盾，在老君庙油田启动 M 油藏深部调驱项目建设。

2012 年 2 月，4 口井陆续开注。

2016 年，完成设备搬迁及安装工作，N966 井、N935 井、H199 井 3 口井实现注入，注入聚合物 8.8 万立方米，累计增油 1600 吨。

2017 年，N417 井、G176 井、N925 井 3 口井实现注入。

2012—2017 年，老君庙油田 4 套注聚地面设备进行 10 次搬迁，迁装变压器 4 台，敷设架空高压线路 2800 米，连接低压电缆 1380 米，连接供水管线 3120 米。累计注入聚合物 123352 立方米，累计增油 16206 吨。

1987—2001 年玉门油田地面建设实物工作量统计见表 3–6–1。

2002—2017 年玉门油田地面建设实物工作量统计见表 3–6–2。

第五节　石油沟油砂矿开发试验项目

石油沟油砂矿位于石油沟油田东侧构造抬升油层出露部位，呈条带状分布，面积约 0.7 平方千米，因出露地表部分轻质成分散失，胶质、沥青质含量增加，俗称氧化带。有两个油层组（L 层、M 层），其中 L 油层厚 10 ～ 74 米，M 层厚度 30 ～ 53 米，两层石油地质储量约 102.374 万吨。

2011 年，油田按照股份公司积极推广非常规油气资源勘探开发的要求，初步确立石油沟油砂开采试验项目。7 月，由辽宁圜球工程设计有限公司、绵阳保民能源投资管理有限公司、辽宁石油化工大学石油化工学院共同完成中国石油玉门油田分公司 20 万吨 / 年“油砂”水洗分离生产工艺设计。12 月，油田采集石油沟 L 层油砂样，送至辽宁石油化工大学和中国石油勘探开发研究院廊坊分院做含油率分析实验，两样品的平均含油率分别为 3.01% 和 8.2%。

2012 年 2 月 11 日，油田对石油沟油砂矿开采可行性方案进行研究讨论，形成共识。确定项目合作的框架为“合作共同开发”，合作方以技术服务为主，提供技术方案、技术支持和技术保障；建设方为玉门油田石油沟油砂开采项目部。工程定位为生产型示范工程，油砂分离工艺要达到既生产又示范的标准。至此，石油沟油砂开采项目前期工作正式启动，并进入可行性研究和初步设计阶段。

表 3-6-1　1987—2001 年玉门油田地面建设实物工作量统计表

项目名称		1987 年	1988 年	1989 年	1990 年	1991 年	1992 年	1993 年	1994 年	1995 年	1996 年	1997 年	1998 年	1999 年	2000 年	2001 年
新建油水井（套）	采油井	59	55	26	18	25	26	14	14	19	18	23	17	22	20	31
	注水井	0	28	26	26	21	21	14	14	11	15	10	10	3	15	8
	供水井		2												1	
新建各种管线（千米）	集油管线	3.3	42		6.3	5.6	9.6	9.6	13	6.4	8.3	9.9	6.3	5.1	3.8	12.9
	输油管线			12.3									3.5		3.9	
	注水管线	9.9	9.5	8.7	6.4	8.9	5.4	7.8	7	9	10.9	5.6	8.8	9.4	9.3	10.1
	供排水管线	1.3		1.4		0.9		1.4	1.2				0.5		1.4	2.4
	污水管线	0.5											3			
	其他管线						8.4	1.9		3.7		0.3				
新建各种站（座）	联合站	—	—	—	—	—	—	—	—	—	—	—	—	—	—	—
	转油站															
	计量间			1	2											
	注水站				1	1								1		
	污水处理站	1				1										
新建输电线路（千米）	35 千伏		14													
	6 千伏												2.5			1.4

表 3-6-2　玉门油田 2002—2017 年地面建设实物工作量统计表

项目名称		2002 年	2003 年	2004 年	2005 年	2006 年	2007 年	2008 年	2009 年	2010 年	2011 年	2012 年	2013 年	2014 年	2015 年	2016 年	2017 年
新建油水井（套）	采油井	19	26	31	30	46	43	51	35	35	56	61	98	74	56	47	56
	注水井	14	9	5	5	3	3	15	10	8	29	38	31	21	12	10	7
	供水井										1			1			

续表

项目名称		2002年	2003年	2004年	2005年	2006年	2007年	2008年	2009年	2010年	2011年	2012年	2013年	2014年	2015年	2016年	2017年
新建各种管线（千米）	集油管线	66	15	23	9	17	26	14	4	60	7	10	19	10	18	43	29
	输油管线	31		3									3		4		
	集气管线		55	28		15		26				8	14				
	输气管线	31															
	液化石油气管线	30															
	注水管线	7.7	15	10	28	6	7	10	3		57	7	12	31	6	1	
	供排水管线	5										13	9		10	8	26
	污水管线							2	13				6	1		2	
	其他管线		115	62				25					13			1	
新建各种站（座）	联合站	1											1				
	转油站												1				
	计量间	4				1											
	注水站	1															
	变电站	1										1					
	污水处理站								1	1		1	1	1			
新建输电线路（千米）	35千伏	64				5			15			11					
	10千伏	28		5	8	8	42		4	7	2	16	30	14	4	43	7
	6千伏				5												1
	380伏	5	8		10					8	5	10	4	2	16	4	1
新建路面（千米）	水泥路面											3					
	沥青路面	32										17	5	1			2
	砂石路面			30	20							10	11		25		

3月1日，油砂层剖面开挖，挖掘深度约15米后，由于安全环保等因素，由兰州中诚信工程安全咨询有限责任公司完成油砂挖掘的初步设计、施工图设计及相应的审核工作。

4月，油砂项目部拉运石油沟露头油砂至青海油田，试洗石油沟M层油砂1138千克，L层油砂700千克。根据试验，折算M层含油率为5.9%，L层平均含油率为2.8%。

经过多次论证，结合石油沟油砂资源潜力，油田决定：在石油沟油田建成油砂水洗分离装置1套，配套锅炉房1座；油砂开采选用露天开采、水洗分离技术，年洗油砂20万吨，年产原油1.5万吨。

5月2日，老君庙油田作业区成立石油沟油砂矿开采项目部，全面负责石油沟油砂矿的前期论证和开采工作。

8月6日，完成油砂水洗分离主体装置设计合同的“三重一大”申请和批复。

11月15—16日，作为“玉门探区非常规油气勘探开发目标优选”课题之一的“石油沟油矿油砂开采项目”通过股份公司科技管理部召开的重大科技专项开题设计论证会。

2013年1月，决定将老君庙油田作业区油砂矿开采项目部更名为老君庙油田作业区油砂试采项目部。5月，组织相关单位召开石油沟油砂矿开发试验项目启动会。老君庙油田作业区作为业主单位全面负责石油沟油砂矿开发试验项目的管理和建设；由相关单位和部门成立技术支持保障小组，与油砂试采项目部联合办公，全程参与协助项目实施及试投运工作，标志着石油沟油砂开采项目全面进入正式实施阶段。6月，石油沟油砂开采项目安全评价报告、职业病危害预评价报告通过甘肃省安全监督局评审。9月，油田成立石油沟油砂矿开发试验项目领导小组及项目部，领导小组由公司领导、相关单位和部门领导共同组成，领导小组主要负责抓好项目方案优化和运行协调，项目部要抓好项目具体实施工作。

2014年5月，对项目部委托辽宁圜球工程设计有限公司编制的《石油沟油砂矿开发试验项目消防设计文件》提请酒泉市公安消防支队进行技术审查。9月经酒泉市公安消防支队的审核，认为该工程消防设计合格。

6月，油砂项目部按照设计图纸继续进行油砂的采挖施工。8月，经油田同意，水电厂成立石油沟油砂开发工区，为水电厂下属科级机构，定员70人，其中主任兼党支部书记1人，副主任2人，负责油砂矿的生产管理和运行。10月9日，油砂水洗装置各直通加热蒸汽管线、盘管加热蒸汽管线及伴热管线试投运；10月14日循环水试剂管线试投运；10月28日，首次进料投砂试转，整体流程（各级打浆机、反应分离器、刮板输送机、真空皮带机、大倾角皮带、下料斗）完成联动试转。油砂开采采用两级打浆，三级分离，两级沉降，洗剂循环利用的主要工艺技术。

截至2015年10月底，油砂矿累计剥离土方量64.3万立方米，采挖出油砂约1万立方米，采挖面积约65000平方米，最大挖掘深度约25米；共联动试车投砂12次，累计投砂240立方米，累计试验314小时；回收至200立方米储罐中的原油约10立方米左右。11月，根据冬季运行方案，装置区整体停运、放空并保温。

到2016年底，由于受国际油价的影响，原油价格大跌，油砂开采项目暂时搁置，将装置区所有设备进行封存，等待时机再次投入试验。

第四篇

炼油化工

玉门油田炼油业务起步于1939年。起初，采用70加仑蒸馏锅成功炼制原油153加仑［1加仑（美）=3.79立方分米］，后铆制卧式蒸馏釜，炼出汽油、煤油、含蜡柴油等产品，开创中国现代炼油工业的先河。至1949年，炼油厂累计加工原油43.98万吨，占同期全国产量的90%以上，可生产国内奇缺的汽油、煤油、柴油、黄油、擦枪油、粗机油沥青、石油醚等12种石油产品。“一五”“二五”期间，作为新中国第一个五年计划重点建设工程之一的炼油厂，以平均两年建设、投产一套新装置的速度，先后成功投产达布斯裂炼厂以及离心脱蜡、沥青、焦化、制蜡、电化学脱盐（我国第一套）等11套装置，原油加工量达到50万吨/年，产品品种增加到39种，并成为我国第一个石油军品生产基地。此后至20世纪70年代，实现我国第一套提升管催化裂化装置的顺利投产，建成被誉为“五朵金花”之一的尿素脱蜡等一批特种油脂装置，并先后开发80号真空封蜡、航空液压油、2号喷气燃料等多种名优产品，产品品种也由39种猛增到138种，炼油厂发展成为燃料—润滑油（脂）型的综合型石油加工企业，也是中国军用油脂的主要生产基地。至1986年底，炼油厂可生产燃料油、润滑油、润滑脂、添加剂、石蜡、沥青、石油焦、凡士林、电气用油、真空油脂、液压油、白油等12大类180种石油产品。

第一章　机构沿革

第一节　发展历程

1987 年，炼油厂狠抓生产过程中的增产增收，常压装置处理量攻上 1990 吨 / 日的新水平。

1988 年，80 万吨 / 年常减压蒸馏装置建成，原油一次加工能力达到 150 万吨 / 年。炼油厂明确晋等升级的目标和措施，着力提高企业管理水平，被评为甘肃省一级企业。

1992 年，建成投产聚丙烯装置，实现了石油化工零的突破，炼化总厂发展成为燃料—润滑油（脂）—化工型的综合石油加工企业，走上了炼油化工综合发展之路。

1993 年，炼化总厂加工原油 1088188 吨，首次突破 100 万吨，各项生产计划全面完成，创建厂 54 年来炼化生产的历史最好水平。

1996 年 3 月，管理局“九五”重点工程 250 万吨 / 年常减压蒸馏装置及其 11 项配套工程破土动工，玉门石油人克服冻土作业、施工期限紧、配套工程广、组织难度大、与正常生产相互影响等诸多困难，向速度要效益，展现出了一幅众志成城的浩大工程建设场面。1997 年 8 月，250 万吨 / 年常减压蒸馏装置建设完成，开厂一次成功，炼化总厂原油一次年加工能力突破 300 万吨大关，实现了历史性跨越。1998 年，炼化总厂以市场为导向，以经济效益为根本出发点，不断调整产品结构，优化生产方案。针对白油市场看好的情况，及时组织试生产出各类白油以及 10 号、25 号变压器油和 10 号液压油，其中 10 号、25 号变压器油顺利通过权威机构——沈阳变压器研究所的鉴定，为炼化总厂变压器油参与市场竞争，拿到了“通行证”。

1999 年，制定 ISO 9000 质量体系认证工作的目标、程序、进度、部署和措施，通过 5 次内审、预审和模拟审核，于 12 月一次性通过北京三星九千质量认证中心终审，提高了炼化总厂信誉，扩大了企业知名度。

2000 年，炼化总厂优化生产组织，原油一次加工量达到 2050088 吨，首次突破 200 万吨大关。

2002 年，装置达标管理取得进步，常减压、重整、重油催化裂化 3 套装置实现股份公司级达标，柴油加氢、气分、聚合、酮苯、糠醛 5 套装置实现地区公司级达标。实施聚丙烯脱丙烷塔塔盘、后冷及凉水塔改造，聚丙烯产量创出单月最高 1400 吨的历史新高。

2007 年，在吐哈原油加工比例下降，原油性质逐渐劣化、重油平衡难度加大的局面下，通过提高重油催化裂化装置负荷率、掺渣率以及增开丙烷脱沥青装置等措施，全厂黑色产品仅剩石油焦一种，产率 2.9%，少产黑色产品 16.7 万吨。

2008 年，炼化总厂加工量达到 2677183 吨的历史最高点。这一年，油田与中油国际（乍得）有限公司签订乍得恩贾梅纳炼油厂对口支援整体承包合作协议，炼化总厂开始实施“走出去”的发展战略。

至 2010 年，炼化总厂围绕“特色 + 效益”的发展思路，加快结构调整和配套建设步伐，丙烷脱沥青、酮苯脱蜡、柴油加氢改质、重油催化裂化、MTBE、酸性水及硫磺回收等一批装置陆续新建、改扩建投用，为炼化产品质量升级、实现重油优化加工起到积极作用。与此同时，在建设“精品特色炼厂”战略方针的指引下，炼化总厂做大做强，以 15 号航空液压油、润滑脂、磺酸盐添加剂、白油和金属加工、纺织机械行业应用的特种工艺用油为主的特色项目，全面推进特油产品质量、产量、品种和档次的更新换代、晋档升级，确立了特色产品的优势。当年，特油产品达 6 大类 70 余个品种。

2011 年初，按照集团公司的决策部署，炼化总厂实施“短流程燃料型”战略调整，关停酮苯脱蜡脱油联合装置、丙烷脱沥青装置、糠醛精制装置、特油润滑脂生产系统等 11 套滑油、特油装置。2011 年，按照“汽油高标号，柴油低凝化，特油国防化，聚丙烯效益化”的要求，大力开展“两降一提”攻关活动，原油综合损失、炼油加工能耗有效降低，可比综合商品收率实现预算，全年有效减亏 2.11 亿元。开展厂容厂貌整治和目视化建设，为员工营造整洁、规范、安全的工作环境，坚定和鼓舞了员工发展短流程燃料型炼厂的信心。

2012 年，以深化节约降能耗、严抓细管降损失、综合回收提收率为主要措施，对标排名稳中有升，其中轻质油收率、原油加工损失率、原油综合损失率、炼油能耗、高标号汽油比例、高效产品比例 6 项指标创炼化历史最好水平。炼化总厂同比减亏 7.0449 亿元，10 月实现当月内部盈利 983 万元，这是自 1999 年以来炼化总厂首次实现单月内部盈利。

2014 年，面对市场需求不旺、价格持续走低、产品后路不畅等困难，科学调配运输方式，有效降低柴油库存和储输损耗，确保了资源进厂顺畅、产品后路畅通。首次实现 −10 号柴油夏季入藏和 −20 号车用柴油（国Ⅳ）的大规模销售。

2015 年，开展“四位一体”优化攻关，持续推进全员全方位精细化管理，“两降一提”攻关指标不断改善，炼油能耗比预算低 1.70 千克标准油 / 吨、同比降低 0.02 千克标准油 / 吨，原油综合损失率比预算低 0.03 个百分点、同比降低 0.03 个百分点，综合商品收率比预算高 0.2 个百分点。全年炼化总厂同比减亏 1.37 亿元，实现 7 次月度内部和板块双盈利。

2016 年，炼化总厂深入推进“四位一体”优化攻关和精细化管理，强力抓好提质增效，顺利完成历史上第 4 个“三年一修”和 72 项工程建设及 22 项技术改造项目，实现了汽油柴油国Ⅴ质量升级。短流程燃料型战略调整 6 年来，累计减亏增效 18.67 亿元，炼化业务实现扭亏为盈历史跨越，开创了 1999 年以来首次盈利的历史新纪录，甩掉了 17 年亏损的帽子。产品指标稳定达到国Ⅴ质量标准，柴油成品可以达到国Ⅵ质量标准。及时完成厂内国Ⅴ产品置换，与兄弟炼化企业一道同步迈入国Ⅴ时代，六年完成质量升级国Ⅲ、国Ⅳ、国Ⅴ“三级跳”。

2017 年，炼化总厂认真贯彻落实油田分公司“坚持做优做精，打好炼油化工持续盈利攻坚仗”整体要求，盈利能力和发展后劲稳步增强。明确转型升级方向，10 万吨 / 年高端低凝特种油品生产基地等转型项目得到集团公司认可。全年加工原油 2009330 吨，实现利润 4.24 亿元，首次实现全年连续月度盈利。炼油吨油利润 210 元 / 吨，上缴税费 36.77 亿元，利润、吨油利润和税费再创历史最好水平。汽油、低凝柴油、航空煤油、液压油、聚丙烯等高效产品同比增产增效，利润、吨油利润和税费再创历史最好水平。生产方面，着力增产高效产品，大力优化产品结构，全厂高效产品（不含国Ⅴ柴油）比例完成 38.99%，比预算高 6.27 个百分点，同比提高 4.06 个百分点。其中，−20 号柴油 3.11 万吨，创 2004 年以来历史新高；航空煤油 11.1 万吨，创 2002 年以来最好水平；聚丙烯产量达到 3.07 万吨，创 2009 年以来最好水平；15 号航空液压油完成 1376 吨，再创历史最好水平。销售方面，积极开拓液压油新兴市场，与光热发电新领域新用户签下第一单，标志着地面液压油成功进入太阳能发电领域，为探索炼化转型升级打响了第一枪。军用航空煤油在停供 7 年后于 8 月恢复发运。HSE 标准化建设方面，实现了高标准全厂全覆盖，21 家基层单位通过油田公司验收，标准化建设走在全省危化品行业前列，受到省安监局和炼化板块的好评。至此，炼化总厂开炼生产装置 21 套，其中燃料油化工系统 16 套，特油系统 2 套，环保系统 3 套。能生产汽油、煤油、柴油、液化气、聚丙烯、液压油、石油焦等 8 大类 30 种石油化工产品。

第二节　机构

1987 年，管理局设有炼油厂，负责以原油为原料，炼制生产石油产品。当年，机关设党委办公室、组织科、宣传科、厂办公室、工会、纪委、团委、总工程师办公室、生产调度科、计划科、工程科、机动科、计量科、技术安全监察科、环保科、企业管理办公室、人事科、保卫科、教育科、财务科 20 个职能科室；基层设脱盐车间、常减压车间、润滑油车间、焦化车间、氧化沥青车间、化工特油公司、动力车间、维修车间、仪表车间、电气车间、催化车间、储销科、质量检验科、工务车间、污水处理车间、石油产品开发研究所、设计室、器材科、生活管理科、农工商公司、子弟学校、技校炼油分校、汽车队 23 个单位。

1992 年 10 月，撤销炼化处、炼油厂及炼油厂特油分厂，以炼油厂、销售公司及炼化处等单位为基础，成立炼油化工总厂（简称炼化总厂），与销售公司为一套机构、两块牌子。至此，炼化总厂机关设党委办公室、组织干部科、宣传科、厂办公室、工会、纪委、团委、总工程师办公室、生产调度科、计划科、企业管理办公室、计量科、机动科、技术安全监察科、审计科、环保科、人事科、保卫科、教育科、财务科、质量管理科 21 个职能科室，基层设脱盐车间、一套常减压车间、二套常减压车间、润滑油车间、糠醛精制车间、焦化车间、氧化沥青车间、催化车间、聚丙烯车间、动力车间、水处理车间、仪表车间、电气车间、维修车间、机钳车间、修配车间、特油分厂、中心计量室、中心化验室、储销科、汽车队、器材科、石油产品开发研究所、设计室、环保监测站、职校、子弟学校、民警中队、工程科、液态烃站、管理科、篮球队、新兴实业开发公司 33 个单位。

1999 年 2 月，综合服务处石油制品厂整体划归炼化总厂。7 月，油田重组改制，炼化总厂属存续企业，隶属玉门油田分公司管理。至 1999 年底，机关设党委办公室、纪委、团委、宣传科、工会、组织干部科、厂长办公室、生产科、安全环保监察科、机动科、总工程师办公室、劳资科、教育培训科、综合科、技术监督科、审计科，设劳动力交流、职工再就业工作站和财务中心 2 个附属部门；基层设常减压车间、催化裂化车间、重整加氢车间、聚丙烯车间、丙烷脱沥青车间、润滑油车间、糠醛精制车间、重油车间、动力车间、水处理车间、炼油化工研究所、化验分析监测中心、特油分厂、储运分厂、配电车间、自动化工程公司、工程维修公司、销售公司、设计室、工程项目部、物资计划科、公安科。

2003 年 9 月，炼化处、炼化总厂相关技术部门及炼油化工研究所相关业务整合，炼化处机构与炼化总厂合并设立一套机构，发挥双重作用。

2005 年 3 月，炼化总厂组织机构调整，机关设综合办公室（附挂技能鉴定站）、质量安全环保部、生产部（下设生产科、计划科）、技术部、机动部；生产操作系统设常减压装置、重油催化裂化装置、酮苯脱蜡脱油联合装置、重整加氢联合装置、糠醛装置、重油装置、聚丙烯装置、特油装置、储运装置、液态烃装置、动力装置、水处理装置、原油装置 13 套装置；辅助生产系统设化验分析监测中心、炼油化工研究所、维护中心、工程公司、配电车间、工程科、接待科、销售公司 8 个单位。7 月，油田重组整合，炼化总厂隶属玉门油田分公司（玉门石油管理局）管理。同月，综合服务处氧气厂整体划归炼化总厂。

2011 年 2 月，150 万吨 / 年脱盐装置整体划转青西油田作业区。同月，工程公司机关、检修作业队、汽车班整体划入建筑安装工程处。4 月，炼化总厂调整组织机构，机关下设综合办公室、质量安全环保科、生产计划科、技术科、机动科；下设 23 个基层单位，其中生产车间 13 个：常减压车间、催化车间、重整加氢车间、聚丙烯车间、重油车间、液压油车间、水处理车间、酸性水车间、液态烃车间、原油车间、储运车间、动力车间、空分车间；辅助生产单位 10 个：化验分析监测中心、配电车间、机修车间、仪修车间、自动化中心、计量中心、工程项目管理部、综合事务站、销售公司、经警队。

2013 年 11 月，油田环境监督检测业务划归钻采工程研究院。

2016 年 12 月，设立计划财务科；生产计划科更名生产科。

截至 2017 年 12 月，机关设综合办公室、计划财务科、生产科、机动科、技术科、质量安全环保科 6 个科室；下设 25 个基层单位，其中包括常减压车间、催化车间、重整车间、加氢车间、聚丙烯车间、气分 MTBE 车间、焦化车间、液压油车间、水处理车间、酸性水车间、液态烃车间、油品车间、储运车间、动力车间、空分车间 15 个生产车间，以及化验分析监测中心、配电车间、机修车间、仪表车间、计量中心、工程项目管理部、综合事务站、销售公司、经警队、物资管理站 10 个辅助生产单位。

第三节　员工队伍

1987 年初，炼油厂在册员工 2989 人。

1988 年 12 月，在册员工 3114 人，其中干部 497 人，操作服务人员 2617 人。

1992 年，炼油化工总厂成立。年底在册员工总数 4409 人，其中干部 708 人、操作服务人员 3701 人。

1999 年，实行重组改制，至 12 月，在册员工总数 3712 人，其中干部 946 人、操作服务人员 2766 人。

2002 年，润滑油相关业务人员共计 208 人划至润滑油公司。

2005 年，综合服务处氧气厂 20 人划转至炼化总厂。年底，在册员工 2213 人。

2008 年，对口支援乍得恩贾梅纳炼油厂。含乍得员工在内，年末在册员工总数为 2631 人，其中管理人员 203 人，在聘专业技术人员 286 人（包括高级职称 8 人、中级职称 134 人、初级职称 144 人），操作服务人员 2142 人。

2011 年，有 251 人分流至水电厂、方圆物业公司、钻采工程研究院。2 月，150 万吨 / 年脱盐装置 11 人划至青西油田作业区。3 月，工程公司机关、检修作业队、汽车班共计 112 人整体划入建筑安装工程处。至 2011 年底，在册员工总数（含乍得员工）为 2595 人，其中管理人员 192 人，在聘专业技术人员 423 人（包括高级职称 4 人、中级职称 124 人、初级职称 295 人），操作服务人员 1980 人。

至 2017 年 12 月，炼化总厂共有在册员工（含乍得员工）2157 人，其中管理人员 207 人，在聘专业技术人员 452 人（包括高级职称 27 人、中级职称 203 人、初级职称 222 人），操作服务人员 1498 人。

第二章 工程建设项目

第一节 新建项目

一、80 万吨 / 年常减压蒸馏装置

80 万吨 / 年常减压蒸馏装置项目是管理局“七五”规划的重点工程。炼油厂设计室在 15 万吨 / 年常减压装置设计基础上完成设计。项目于 1987 年 4 月开工，兰州化学工业公司化工建设公司负责施工。1988 年 10 月 17—24 日一次投产成功。

主要实物工程量：建筑面积 3983.2 平方米，钢结构 460.2 吨，道路 9908 平方米，仪表 1909 台（件），塔 8 具（金属总重量 349.81 吨）、容器 26 具（金属总重量 52.275 吨）、储罐 24 具（金属总重量 374.21 吨）、加热炉 2 具，换热、冷却设备 78 台（金属总重量 305.425 吨）、机泵 89 台（套）、风机 21 台，工艺及辅助管线 46960 米，变压器 4 台（总容量 2560 千伏），电缆 20611 米，高低压配电盘 52 面。

二、30 万吨 / 年延迟焦化装置

1989 年 6 月，炼油厂向油田提出 30 万吨 / 年延迟焦化装置的立项申请。1989 年 8 月，工程计划任务书经总公司计划部审查批复。项目主体工程设计由洛阳石油化工工程公司承担，外围设计由炼油厂设计室完成。1990 年 5 月，总公司基建工程部通过工程初步设计审查，批复概算投资 3661.26 万元。

30 万吨 / 年延迟焦化装置布置在糠醛车间北、703 工厂南，西靠大冲沟，占地面积约 23000 平方米。1991 年 7 月，项目申请开工，“三通一平”及外围施工由油田油建公司承担；项目主体施工由兰州化学工业公司化工建设公司承担。装置于 1993 年 7 月建成投产。

主要实物工程量：加热炉 2 座、焦炭塔 2 具、塔器 7 具、容器 30 具，机泵 40 台（套）、冷换设备 30 台（套）、仪器仪表 1464 台（件），工艺管线 10330 米，除焦循环水池 3000 立方米，厂房 1500 ~ 2000 平方米。

三、50 万吨 / 年馏分油催化裂化工程及其能量回收系统工程

1991 年 7 月，总公司同意建设 50 万吨 / 年馏分油催化裂化工程及其能量回收系统工程，以使炼油二次加工能力与 150 万吨 / 年一次加工能力协调配套，提高炼油生产的应变能力，同时为“八五”期间汽油升级换代创造有利条件。项目委托中国石化总公司北京设计院完成初步设计和施工图设计。1992 年 5 月得到初步设计批复，项目批准概算总投资 8894.38 万元。项目建设地点位于 30 万吨 / 年催化装置北，中心化验室南，占地面积约 18000 平方米。项目于 1993 年 5 月开工，由兰州石化化工建设公司负责施工，同年 9 月项目中交。

主要实物工程量：设备 241 台（套），电气设备 149 台，仪器仪表 1690 台（件），仪表 DCS 系统 1 套，管道安装 29968.5 米，电缆 23440 米，电缆补偿导线 38970 米，钢结构制作安装 955.5 吨，防腐 37220 平方米，衬里 435 立方米，防火层 790 立方米，保温 998 立方米。

四、30 万吨 / 年催化重整—15 万吨 / 年柴油加氢改质联合装置

1991 年 7 月，决定建设一套 30 万吨 / 年催化重整—15 万吨 / 年柴油加氢改质联合装置，以提高汽油质量，使柴油安定性符合国家标准，满足我国汽车工业对燃油质量的要求。1992 年 5 月，项目总体初步设计交由中石化北京设计院完成。10 月，总公司做出初步设计批复，批准概算 11473.63 万元（1994 年修正概算总投资为 18000 万元，不包括外围）。1993 年 6 月，北京设计院完成联合装置施工图设计。1996 年 5 月，油田勘察设计研究院炼油分院完成了联合装置外围工程方案设计及外围工程施工图设计。

30 万吨 / 年催化重整—15 万吨 / 年柴油加氢改质联合装置地处厂区东北部，占地面积约 14014 平方米，建筑面积约 3297.84 平方米。项目于 1995 年 5 月开工建设，安装主体工程由中国石油天然气第七建设公司（简称中油七建）负责施工。1997 年 7 月项目中交。

主要实物工程量：办公楼 1 座，控制室 1 间，高低压配电间 1 间，重整泵房 1 间，加氢泵房 1 间，热

循环泵房1间，压缩机厂房1间，炉子10台，反应器7台，塔类4台，冷换设备39台（套），空冷器13台，容器类30台，机泵50台（套），压缩机7台，400立方米球罐3台，工艺管线32074.8米，阀门2138只，电气设备1107台（件），电力电缆11308米，控制电缆8861米，接地导线13080米，电缆桥架1117米，仪表设备1173台（件），仪表控制电缆1200米，软电缆9610米，补偿导线9300米，仪表阀门1321只，电缆槽162节，钢结构807吨。

五、250万吨/年常减压蒸馏装置

按照总公司对油田发展炼油化工的总体部署和要求，以及“扩大生产规模、优化产品结构、发展高附加值产品、以高质量的产品占领市场”的基本思路，决定建设一套250万吨/年常减压蒸馏装置。项目于1995年5月由甘肃省经贸委批准立项，装置总投资4950万元。

装置布置在原器材库房区域内，拆除原有器材库房，占地面积2000平方米。项目于1995年10月开工建设，主体安装工程由兰州化学工业总公司化工建设公司承担，其他罐、容器制作由油田机械厂加工。1997年6月项目完工，工期623天。项目于同年8月正式移交并投产。

主要实物工程量：建筑面积3651平方米，静设备206台、转动设备78台，工艺管线51298米，保温1217立方米，钢结构1530吨，钢筋混凝土3599立方米，素混凝土965立方米，砌砖639立方米，自动仪表2672台（套），电气设备669台（套），电缆44300米，电力电缆37640米。

六、25万吨/年丙烷脱沥青装置

1995年5月，针对润滑油馏程偏轻，黏度偏低的状况，拟新建一套25万吨/年丙烷脱沥青装置，以增加重质润滑油料的产量。该项目依据总公司1995年12月下发的《关于〈炼油化工总厂改扩建和白杨河水库工程可行性研究报告〉的批复》建设。工程概算10635.41万元，其中基本建设投资为8311万元。北京设计院承担项目设计工作。

装置建于厂区西北部，占地面积5840平方米。1997年4月开工建设，由中油七建承担施工任务。1998年12月项目中交，1999年5月竣工，装置一次投料试车成功。

主要实物工程量：设备77台（套），工艺管线14475米，电气设备43台，仪表设备1027台（件），钢结构325吨。

七、30万吨/年酮苯脱蜡脱油联合装置

30万吨/年酮苯脱蜡脱油联合装置项目，是炼化总厂改扩建工程中的一项重要工程，根据《关于〈炼油化工总厂改扩建和白杨河水库工程可行性研究报告〉的批复》，1996年11月，委托中国石油化工科学研究院提供《玉门吐哈原料生产润滑油基础油工艺的研究》试验报告。12月，委托中石化北京设计院进行项目初步设计。1997年5月，完成项目初步设计概算，工程造价为27605.81万元。

项目建设在250万吨/年常减压蒸馏装置北侧，占地面积约为20250平方米。由中国石化第五建设公司承建，1998年5月开工，1999年9月竣工。

主要实物工程量：混凝土9998立方米，钢筋437.5吨，砖砌2891立方米，加热炉2具，钢结构1300吨，工艺设备257台（套），工艺管道44000米，仪表设备1389台（件）、电信电气设备1900台（套），仪表控制电缆49200米、电信电气电缆111070米。

八、50万吨/年催化柴油加氢改质装置及外围工程

随着我国环境保护工作力度的加大，对各种车用燃料油的质量要求也更加严格。炼化总厂生产的催化柴油含有微量的单烯烃和大量的双烯烃等不饱和烃、多环芳烃及硫、氮化合物，储存安定性差，十六烷值低，远达不到国家柴油新标准的要求。50万吨/年柴油加氢改质装置工程，采用催化柴油加氢精制工艺，达到改善其安定性的目的，提高柴油质量，适应新标准的要求。2001年8月，委托中国石油华东勘察设计研究院（简称华东院）编制完成50万吨/年催化柴油加氢改质装置的初步设计。2001年10月，股份公司对项目初步设计进行批复，工程报审概算总投资18166.89万元，批准概算总投资17302.94万元。根据初步设计审查意见，华东院继续完成新建装置的施工图设计，装置外围工程施工图设计由油田分公司规划设计院完成。

新建装置位于聚丙烯装置南侧，占地面积6391平方米，建筑面积2427.38平方米；装置外围工程地处南站油库。装置主体工程于2002年3月开工建设，由中油七建四分公司负责装置主体部分施工，主体土建

由武威市第二建筑工程公司（简称武威二建）承建。外围工程于2002年7月开工建设，由新疆吐哈油田建设有限责任公司负责施工。项目于2003年7月完成中交。

主体装置主要实物工程量：高低压变配电室1座、中心控制室1座、压缩机厂房1座，加热炉3具、反应器3具、塔器2具、容器22具、空冷器5台、压缩机3台、冷换设备16台（套）、过滤器3台、机泵22台（套），钢结构263吨，工艺管道约20千米，DCS/ESD各1套。

外围配套工程主要实物工程量：南站油库5具5000立方米油罐改造，机泵7台、阀门217只、液位计5台，管架46组，工艺管线17.5千米，配电柜5面，电力电缆3920米、控制电缆940米、电缆桥架640米，混凝土消防路178米、挡土墙175米。

九、45万吨/年酸性水汽提及2500吨/年硫磺回收项目

“十五”期间，新建炼化装置相继投产，产生大量的酸性水和酸性气，对污水处理装置产生一定的冲击，并对大气环境造成严重污染。拟建设酸性水汽提及硫磺回收装置，以此缓解冲击和减少污染。项目可行性研究报告于2003年7月由华东院编制完成，2004年4月完成项目的初步设计。2004年7月，炼油与销售分公司做出初步设计批复，批复概算总投资4767.41万元。随后，委托青岛英派尔设计院进行施工图设计。

项目建于厂区西北角，东临延迟焦化装置，西靠水处理车间，装置总占地约6000平方米。装置主体安装由中国石油第一建设公司（简称中油一建）承建，土建工程由油田建筑安装工程处承担；附属及外围工程由华北石油工程建设有限公司施工。2004年7月，项目开工建设，2005年9月，项目中交。

主要实物工程量：主要建筑物包括硫磺成型机房513.52平方米，控制室及变配电室517.22平方米，彩板房793平方米；构筑物包括管架、构架、钢烟囱、设备管架基础、地坪、挡土墙等；安装工程主要有工艺管道27.22千米，静设备（含容器）74台，动设备38台，燃烧炉2台，钢结构517吨，电信电气设备78台、自控设备524台，电缆66.89千米。

十、2.5万吨/年MTBE装置

2003年，拟建一套2.5万吨/年MTBE装置，以适应新一轮车用燃油质量升级对烯烃、硫含量等指标要求，弥补汽油辛烷值损失，达到清洁燃烧的目的。2004年5月，委托中国石化齐鲁石化工程有限公司完成可行性研究报告的编制工作；2005年10月，委托北京中陆石油工程咨询公司对可行性研究报告进行咨询评估。齐鲁石化工程有限公司完成初步设计及施工图设计。外围工程由油田规划设计院完成设计。项目批复投资4295万元。

项目位于15万吨/年液态烃气体分馏装置北侧预留场地内，占地980平方米。2005年4月项目开工建设，主体工程由中油一建承建。2006年7月主体工程中交，9月，主体工程交接。外围工程由吐哈油建玉门分公司及华北石油工程建设公司承建，2006年12月中交。

主要实物工程量：静设备30台（反应器5具、各类罐9具、制作安装500立方米内浮顶油罐1具、塔器安装4具、换热器安装11具），动设备24台，电气、仪表设备283台，安装可燃气体监测报警系统1套，电缆4407.59米，钢结构244.36吨，安装工艺管线5694.52米，安装不锈钢管333.51米。

十一、10万吨/年瓦斯气C_3^+和H_2回收装置

2004年，拟建一套10万吨/年瓦斯气C_3^+和H_2回收装置，将干气管网中液态烃组分和氢气回收再利用。10月，油田规划设计院完成项目可行性研究报告。2005年1月，完成初步设计。5月，油田分公司对初步设计做出批复，项目设计概算总投资8801.41万元。

项目与2.5万吨/年MTBE装置、15万吨/年气体分馏装置和液态烃脱硫装置按联合装置统一设计布置，建于MTBE装置北侧空地，占地面积2214平方米。2006年4月开工建设，主体工程由中油七建负责施工，土建工程由威武二建第一工程处及中油七建承建。2007年10月项目中交。

主要实物工程量：各类设备247台（套），其中国外引进轨道球阀11台（套）、仪表控制系统1套。管道安装23170米，金属钢结构554吨，阀门680余只，水泥600余吨。压缩机厂房建筑面积871.2平方米。

十二、8万吨/年苯分离装置

2005年，决定建设一套8万吨/年苯分离装置。项目委托中国石油集团工程设计有限责任公司（简称CPE）大连分公司设计。2005年，炼油与销售分公司先后做出可行性研究、初步设计批复，批准设计概算总投资5085.26万元（不含外围工程）。

项目建设场地南邻重整装置，总占地面积8535平方米，其中装置占地面积4692平方米。项目建筑工程于2005年9月开工，由武威二建第十工程处负责施工。主体工程于2006年5月开工，由中油七建负责施工。2007年8月，项目整体完工。

主要实物工程量：钢结构420吨，设备103台（套），其中非定型设备23台（套）、机泵41台（套）、空冷器6台、换热器19台（套）、其他设备14台（套），工艺管线18400米，阀门1775只、管件4114只，弹簧支架6个，取样冷却器23只。

十三、8万吨/年异构化装置

随着高标号清洁汽油产量的不断增加以及《世界燃油规范》Ⅲ类标准的执行，重整汽油的辛烷值必须提高，以满足更清洁汽油的需要。异构化是提高整体汽油辛烷值最便宜的方法之一，且其工艺过程简单，路线灵活，可满足炼化总厂对辛烷值的不同要求。根据炼化总厂现有装置规模及产品特点，决定建设8万吨/年异构化装置，将重整汽油调和组分辛烷值提高到93以上，为大批量生产93号及以上汽油调和组分创造条件。项目主体及外围工程分别由CPE大连分公司、油田分公司规划设计院设计。2005年项目得到批复，计划投资3850万元。

项目与8万吨/年苯分离装置联合布置，长59米、宽49米，占地面积2891平方米，与装置南侧重整装置组成联合装置。2006年4月项目开工，建筑及安装工程分别由武威二建第一工程处及中油七建负责施工，2007年8月完工。

主要实物工程量：静设备38台（套），动设备20台（套），电气仪表设备361台（套），新建压缩机厂房315.2平方米，管架37吨、设备框架157吨、平台栏杆46吨。

十四、污水达标排放改造及回用工程

随着炼化综合配套加工能力的提高，污水排放量可达250吨/时，污水处理受到冲击致使无法完全实现达标排放。因此，拟对污水处理系统及厂区部分排污系统进行改造，使污水处理后水质达到国家二类一级排放标准。2005年11月，委托哈尔滨华春药化环保技术开发有限公司完成项目的设计工作。项目概算总投资8476.67万元，结算投资8126.89万元。2008年3月，完成施工图设计。

项目建于污水处理装置南侧，2008年4月开工建设，土建及安装工程的施工建设分别由武威二建及中油七建完成。2010年11月项目中交。

主要实物工程量：土建构筑物5项，建筑面积1041平方米，工艺管线安装12000余米，管配件2054件，动设备85台（套），静设备263台（套），仪表安装1765台（件），电器安装配电柜18台，仪表电缆敷设11398米、电缆敷设14907米。

十五、40万吨/年催化汽油加氢脱硫装置及外围配套工程

根据国家对汽油产品质量升级换代及满足车用汽油排放标准的要求，2014年1月1日开始执行车用汽油国Ⅳ标准。从2010年整体汽油质量指标看，汽油中的硫含量超标致使其质量满足国Ⅲ标准要求，但无法达到国Ⅳ标准硫含量50毫克/千克以下，烯烃30%以下，芳烃40%以下，苯含量1.0%以下的要求，这对汽油生产系统构成了严峻的挑战，因此建设一套40万吨/年催化汽油加氢脱硫装置势在必行。2011年12月—2012年10月，委托中国石油工程建设公司华东设计分公司完成项目可行性研究报告，并在集团公司要求下，按照生产国Ⅳ车用汽油调和组分，同时兼顾国Ⅴ车用汽油调和组分的生产条件进行初步设计。随后，股份公司规划计划局做出初步设计批复，批复概算总投资12819万元（不含税）。

项目建设场地位于50万吨/年柴油加氢改质装置南侧的预留地及待拆旧设备占用地，总占地5416平方米，其中压缩机厂房建筑面积635平方米，变电所建筑面积252平方米，中心控制室建筑面积332.1平方米。2012年10月项目开工建设，由中油七建负责施工。2013年9月进行中间交接，同年11月进行装置联动试车，并进行工程交接。

主要实物工程量：机柜间及变电所各1座，基础151个，混凝土约3700立方米；设备86台（套），其中塔器3具、反应器5具、换热器16台（套）、容器16具、机泵24台（套）、压缩机4台、空冷器9台、加热炉2具、其他7台（套），构架4座，管桥3座，压缩机厂房1座，埋地管线1200米，工艺管线28619米，阀门1813只；仪表设备519台（件）、电气电缆7.338千米、盘柜51面。

十六、炼油化工总厂达标污水深度处理回用项目

随着原油综合配套加工能力达到300万吨/年，炼化总厂污水排放量也随之大量增加，如能将这部分污水经深度处理作为循环水补充水、绿化用水及采暖补充水进行再利用，可实现节能减排之目的。由于装置污水处理流程没有深度处理工艺，达标排放污水水质不能达到循环水补水的水质指标，决定建设达标污水深度处理回用项目。2013年3月，委托中国石油天然气管道工程有限公司天津滨海分公司完成项目可行性研究及初步设计。2013年8月，甘肃省环保厅予以批复。后油田做出项目初步设计批复，审定概算总投资3913.82万元。

项目建于水处理车间污水处理池西侧，由北京碧水源科技股份有限公司进行EPC总承包，2013年8月开工建设，同年12月实现中交并投运。

主要实物工程量：建筑物有鼓风机房54平方米，配电室54平方米，双模厂房540平方米，加药间324平方米，建筑面积合计972平方米，构筑物有滤后水池1座，反洗废水池2座，CEB和CIP废水中和池1座。

十七、70万吨/年柴油加氢精制装置及外围配套工程

炼化总厂70万吨/年柴油加氢精制装置是以满足国家车用柴油达到国IV标准，并兼顾车用柴油国V标准升级要求而实施新建。同时，新建20000标准米^3/时制氢装置作为外围配套装置，以满足加氢装置的氢气需求。2013年4月，委托中国寰球工程公司辽宁分公司完成项目可行性研究，并于同年9月完成初步设计。项目分别于2013年9月及12月得到股份公司可行性研究及初步设计批复，批复初步设计概算投资49133万元。

项目建于40万吨/年催化汽油加氢脱硫装置西侧预留场地，占地面积11452.8平方米。2013年9月开始“三通一平”施工，由中国寰球工程公司辽宁分公司进行EPC总承包，主体安装工程由中油六建负责施工，20000标准米^3/时制氢装置由四川工业设备安装公司完成采购和安装工作。2014年10月，项目完成中间交接及工程交接。

主要实物工程量：基础162个，混凝土约5616立方米，设备113台（套），其中塔器3具、反应器6具、换热器11台（套）、容器27具、机泵27台（套）、压缩机6台、空冷器10台、加热炉1具、制氢转化炉1具，其他设备21台（套），构架4座，管桥3座，压缩机厂房1座，埋地管线3120米、工艺管线179790米，阀门5429只，仪表设备1091台（件），电气电缆108718米，盘柜68面。

十八、50万吨/年延迟焦化装置安全隐患治理项目

50万吨/年延迟焦化装置安全隐患治理项目，是为适应炼化总厂加工原油逐渐变重情况，增加重油加工能力实施建设。2012年11月，委托中国石油工程建设公司华东设计分公司进行可行性研究，建议异地改造延迟焦化装置，规模为50万吨/年。

2013年4月，炼油与化工分公司做出项目可行性研究批复，同意异地改造50万吨/年延迟焦化装置，配套建设吸收稳定、干气、液化气脱硫及液化气脱硫醇、蜡油脱碱氮部分。随后，委托中国石化集团洛阳工程有限公司进行初步设计。2013年9月，项目得到炼油与化工销售分公司初步设计批复，批复概算总投资30009万元。

项目建于厂区东南部，原80万吨/年常减压装置拆除后的区域内。项目于2013年10月开工建设，承建单位为中油一建。2014年10月，项目中交，同年12月竣工投产。

主要实物工程量：混凝土10400立方米，建筑面积1821.36平方米，钢结构2400吨；设备安装工程：塔9具，容器26具，储罐6具，换热器38台（套），过滤器10台，机泵74台（套），风机2台，压缩机1台，水力除焦系统1套；工艺管道安装工程：管线73186.45米，阀门6620只；电气安装工程：电缆87580米，中压柜18面，低压柜58面，综合保护柜类14套，油浸变压器4台，单独供电电动机86台，单独供电成套加药装置5套，单独供电自吸泵6套，防爆照明灯具836套，普通照明灯具210套，镀锌保护管14065米，接地扁钢15520米；自控仪表安装工程：16台盘柜，双金属温度计134支，热电偶157支，压力表250块，压力变送器85个，差压变送器9个，差压液位变送器34个，浮筒液位变送器12个，内浮筒4个，差压流量变送器64个，节流装置64个，多路温度采集系统11套，电磁流量计8个，质量流量计6个，楔形流量计15个，玻璃板液位计55个，磁致伸缩液位计1个，雷达液位计3个，中子料位计6套，调节阀83台，切断阀4个，烟道挡板7个，快开风门8台，氧化锆分析仪3台，可燃气体及有毒有害气体

报警器84台，仪表接线箱63个，测量引线99套，压缩机组监测系统1套，水力除焦监测系统1套。

十九、催化裂化装置烟气除尘脱硫及全厂加热炉燃料气脱硫工程

由于80万吨/年重油催化裂化装置再生烟气中的二氧化硫浓度和颗粒物浓度超出《石油炼制工业污染物排放标准（征求意见稿）》的要求，增上烟气脱硫设施的需求已经迫在眉睫，同时对干气脱硫装置进行完善，将净化后的干气送至高压瓦斯管网作为加热炉燃料。项目委托中国石油工程建设公司大连设计分公司完成可行性研究报告及初步设计。2013年12月，炼油与化工分公司做出初步设计批复，批复概算总投资6349万元。

烟气除尘脱硫分为洗涤塔系统及排液处理系统（PTU）两部分。洗涤塔部分东南侧与80万吨/年重油催化裂化装置相连，占地面积约200平方米；PTU部分位于洗涤塔西南侧，占地面积约700平方米。项目由中油一建PC总承包。催化烟气除尘脱硫单元2014年4月开始土建施工，2014年6月洗涤塔基础施工完毕，2014年8月PTU泵房主体结构施工完毕。安装工作从2014年6月初开始进行，同年10月项目中交。加热炉燃料气脱硫单元2015年3月10日开工，2015年6月25日工程中交。

催化烟气除尘脱硫单元主要实物工程量：混凝土1560立方米，钢筋75吨，钢结构118吨，塔器1具，容器3具，储罐1具，风机2台，压滤机2台，橇装2台，机泵18台（套），工艺管线8504米，阀门462只，电气设备96台（套），仪表设备85台（件），电气电缆31510米，仪表电缆32640米。

加热炉燃料气脱硫单元主要实物工程量：单元分两部分工程，一部分是酸性水装置中的胺液再生系统改造，主要更换胺液再生塔塔盘（ϕ1600毫米）25层、新增再生塔底泵2台及其他配套工艺配管、土建、配电内容；另一部分是气分脱硫装置内的脱硫设施改造，新增胺液净化橇块1套、溶剂循环泵2台、橇块排放罐1台及其他配套工艺配管、土建、配电内容。

二十、1.5万吨/年分子筛脱蜡装置安全隐患治理项目

为保证1.5万吨/年分子筛脱蜡装置的本质安全，消除装置存在的安全隐患，满足安全生产及产品质量升级要求，油田积极开展1.5万吨/年分子筛脱蜡装置安全隐患治理项目前期工作，委托武汉金中石化工程有限公司完成项目可行性研究及初步设计。2015年4月，油田分公司做出批复，批复概算总投资8091.24万元（不含税），基础设计概算总投资7522.96万元（不含税）。

项目建设场地东临70万吨/年柴油加氢精制装置，占地面积11700余平方米，工程施工由中油六建PC总承包。2015年7月项目开工建设，同年12月实现中交。

主要实物工程量：混凝土3000立方米、土方15821立方米、建筑面积415平方米，动设备39台（套），塔器5具、容器13具、空冷器6台、换热器20台（2台利旧）、储罐8具、炉子4台共167吨，工艺管线32000余米、阀门2600余只，金属钢结构710余吨，电气电缆15000余米、高压柜2台、低压柜22台、灯具319套，仪表设备570台（件）、仪表电缆75000余米，电信设备视频监控1套、火灾报警1套、扩音对讲1套，防腐27500平方米、保温720立方米、防火2800平方米、衬里160余吨。

二十一、15万吨/年轻汽油醚化项目

2016年，以对催化轻汽油进行进一步脱硫和降烯烃处理，适应汽油质量升级的要求为目的，决定建设15万吨/年轻汽油醚化装置。项目可行性研究设计及初步设计由中国石油工程建设公司华东设计分公司负责，2016年5月20日，油田分公司批复基础设计概算总投资9753.91万元（不含增值税概算总投资9099.26万元）。此后，华东设计分公司继续完成了项目的施工图设计。

中国石油工程建设公司华东设计分公司是项目的总承包单位。2016年7月13日开工建设，11月30日项目中交；12月5日进行联动试车，12月10日联动试车合格，12月16日进行交工验收。

主要实物工程量：工程施工由汽油醚化、抽提脱硫、汽油组分罐区改造、厂区工艺及热力管网改造四部分组成。主要设备有反应器7具、塔器5具、容器13具、换热器19台、空冷器8台、泵25台，配套土建、工艺、电气、电信、仪表、给排水及消防、暖通等设施。

二十二、酸性水汽提及硫磺回收装置环保隐患治理项目

为彻底解决硫磺回收装置超负荷运行隐患，实现达标排放，并满足2015年发布实施的《石油炼制工业污染物排放标准》（GB 31570—2015）“一套硫磺回收装置出现故障时不能向酸性气火炬排放酸性气”的规范要求，需实施酸性水汽提及硫磺回收装置环保隐患治理项目。新建硫磺回收装置设计规模为1万吨/年，按照两头一尾设计，即制硫部分规模2×5000吨/年，采用一级高温转化、两级催化转化工艺；尾气处理、

液硫脱气及成型造粒包装均按1套设置。新建溶剂再生装置规模按100吨/时设计，采用常规汽提再生工艺；现有酸性水汽提装置由55吨/时扩建至70吨/时。

依据建设工程设计合同，中国石油工程建设公司华东设计分公司进行可行性研究设计，于2015年12月22日通过股份公司批复。初步设计于2016年3月21日通过股份公司批复，批复基础设计概算总投资15619万元。

依据建设工程EPC合同，由中国石油工程建设公司华东设计分公司承担工程总承包，施工任务由中油一建完成。项目于2016年5月13日开工建设，同年11月9日中交后进行装置联动试车，12月26日工程交接。

主要实物工程量：项目包括新建的硫磺回收联合装置、改造的酸性水汽提装置、新建的火炬设施以及配套的区域控制室等设施。主要设备有塔器3具、反应器5具、容器35具、换热器23台、空冷器5台、风机6台、泵28台、焚烧炉1台、燃烧炉3台、火炬1座，配套土建、工艺、电气、电信、仪表、给排水及消防、暖通等设施。

第二节　改扩建项目

一、20万吨/年糠醛精制装置改扩建工程

1986年4月，石油工业部同意扩建糠醛精制装置，扩建规模为20万吨/年。

项目是在北京设计院设计的独山子炼油厂糠醛装置图纸的基础上，由炼油厂设计室结合实际修改完成。1986年7月，石油工业部规划设计总院对项目初步设计进行审查。工程总投资1146万元。由管理局油建公司负责施工。

工程于1986年8月10开工建设。1988年6月，油田基建处组织炼油厂、油建公司等单位，分设备、工艺电气、仪表、土建等5个专业组，按照设计图纸和有关规程标准对工程进行预验交审查。1988年6月30日项目中交。

主要实物工程量：加热炉1台，塔器5具，容器12台，换热器10台，机泵17台，建筑面积384平方米。

二、300万吨/年污水改扩建工程

老污水装置于1981年投用，处理能力180万吨/年。随着炼化装置的改造，炼油加工能力的提高，该装置已无法满足环保工作的要求，严重阻碍工业污水的达标排放。且经30余年运行，管线点蚀面蚀现象严重，酸碱污水无法处理，加药系统性能低下，工作效率难以提高，存在诸多安全隐患。故决定对污水处理装置进行改扩建。该工程原概算投资10108.53万元，调整概算为5398.68万元。

项目建于厂区西北角，占地面积23410平方米。由原炼化总厂设计室设计，管理局建筑安装工程处负责主体工程的安装施工。1999年7月开工建设，2000年5月中交，11月投运，彻底解决了工业废水对石油河的污染，实现达标排放。

主要实物工程量：机泵设备19台（套），刮渣刮泥机13台，SBR（序批式活性污泥法）生化罐4台，自动格栅机2台，主要有含油污油池、吸水池、中和池等16个构筑物，860平方米建筑物。

三、35千伏双电源扩容改造工程

2003年10月，甘肃省电力设计院完成项目可行性研究报告的编制工作。次月，西北勘察基础工程总公司第五工程处完成场地勘察测绘工作。2004年2月，新疆电力设计院完成电气、土建专业初步设计工作；3月，管理局对工程初步设计做出批复，工程报审总投资2291.90万元。随后，新疆电力设计院再次承担施工图设计工作，设计内容主要包括35千伏变配电装置，35千伏输电线路系统；6千伏系统扩容改造，35千伏及6千伏系统电气二次部分。

项目于2004年4月开工，土建工程由武威二建承担，电力工程公司负责完成安装工程。同年10月项目中交。

主要实物工程量：35千伏进线2套，35千伏配电装置1套，发电厂间隔部分2套，主控室二次改造，主变压器4台（新增2台，利旧2台），户外母线桥及电抗器系统2套，所用电及直流系统1套，防雷接地系统1套。

四、80 万吨 / 年重油催化裂化装置、15 万吨 / 年气体分馏装置和液化气脱硫装置技术改造工程

随着炼化加工量逐年增加，原油持续重质化，硫含量不断上升等问题的浮现，50 万吨 / 年催化裂化装置已无法适应重油优化加工的需要。拟对 50 万吨 / 年催化裂化装置进行扩能改造，同时配套新建一套 15 万吨 / 年气体分馏装置和一套 15 万吨 / 年液态烃脱硫装置。2003—2004 年，委托中国石化工程建设公司完成项目可行性研究报告和初步设计。随后股份公司就初步设计进行批复，项目主要工程包括 50 万吨 / 年催化裂化装置改造为 80 万吨 / 年重油催化裂化装置；新建 15 万吨 / 年气体分馏装置；新建 15 万吨 / 年液化气脱硫、干气脱硫单元，批准概算总投资 20774.57 万元，后调整计划投资为 42660 万元。

80 万吨 / 年重油催化裂化装置在原 50 万吨 / 年催化裂化装置基础上实施，东西长 194 米，南北宽 105 米。装置区占地面积 20370 平方米，装置总建筑面积 1718 平方米。2004 年 5 月，项目开工建设，施工单位为中油七建，12 月项目完工。2005 年 1 月，装置开厂一次成功。

新建 15 万吨 / 年气体分馏装置和 15 万吨 / 年液态烃脱硫装置建于 250 万吨 / 年常减压装置西侧的预留场地内，占地 980 平方米。项目由中油七建负责施工，2005 年 6 月开工建设，2006 年 7 月中交，同年 11 月一次投产成功。

80 万吨 / 年重油催化裂化装置主要实物工程量：建筑物 1 座，给排水管线约 1000 米，工艺管线约 15 千米，钢结构框架 7 座，余热锅炉 1 座，反应沉降器 1 具，烧焦罐 1 具，再生器 1 具，分馏塔、再吸收塔等静设备 37 台（套），机泵 38 台（套），压缩机 2 台，高压开关柜 31 台，低压开关柜 25 台，变压器 4 台，照明配管 2900 米，动力电缆 14465 米，控制电缆约 13492 米，仪表电缆 42000 米，引压反吹风管线 15640 米，电缆桥架 19 吨，变送器 211 块，热电偶 206 只。

15 万吨 / 年气体分馏装置和 15 万吨 / 年液态烃脱硫装置主要实物工程量：定型及非定型设备 42 台（套）、机泵 38 台（套）、机械设备 1 台，仪表控制系统 1 套，管道安装 4800 米，金属钢结构 118 吨，阀门 480 余只，水泥 90 吨，木材 18 立方米，设备最大总重量约 420 吨。

五、4 万吨 / 年聚丙烯装置扩建工程

15 万吨 / 年气体分馏装置投产后，气体产量大幅度增加，故决定扩建聚丙烯装置。2003 年 8 月，委托中国石化工程建设公司编制完成 4 万吨 / 年聚丙烯装置技术改造项目的可行性研究报告，后交由油田规划设计院完成工程初步设计，并承担施工图设计。项目概算总投资 3791.22 万元。

项目于 2004 年 5 月开工，建设于聚丙烯车间区域内，占地面积约 1365 平方米，建筑面积约 1816.8 平方米。主体工程施工由吐哈油建玉门分公司负责。2005 年 1 月完成中交，8 月进行工程交接。

主要实物工程量：聚合楼 1 座，包装厂房 1 座，配电室 1 间，料棚 1 间，工艺设备 30 台（套），丙烷压缩机 1 台，螺旋式氮气压缩机 1 台，机泵 8 台（套），防爆离心通风机 2 台，轴流风机 21 台，工艺管道 8500 米，阀门 790 只，全自动包装系统 1 套，重整氢变压吸制氢 1 套，DCS 自控系统 1 套，气体分析机柜 1 套，尾气回收系统仪表盘改造 1 套，变压器 2 台，电气设备 48 台（套），配电柜 18 面，启动柜 1 面。

六、40 万吨 / 年汽油加氢脱硫装置国Ⅴ适应性改造项目

2015 年，决定维持原设计规模不变，通过对 40 万吨 / 年催化汽油加氢脱硫装置进行工艺流程改造，采用首先对全馏分汽油经过预加氢，然后在分馏塔内实现轻、重汽油分离，重汽油进入加氢改质反应器进行芳构化反应后，再进入加氢脱硫反应器的工艺路线，使其生产的汽油由国Ⅳ标准升级到国Ⅴ标准。中国石油工程建设公司华东设计分公司进行可行性研究设计，2015 年 9 月 30 日得到批复后，完成初步设计。2016 年 1 月 12 日，项目得到油田分公司批复，批复基础设计概算总投资 2776.64 万元（不含税价 2523.03 万元）。随后，华东设计分公司完成了该项目施工图设计。

项目于 2016 年 5 月 5 日开工建设，由中国石油工程建设公司华东设计分公司负责 EPC 总承包。2016 年 9 月 3 日，项目中交，9 月 10 日进行联动试车，9 月 29 日联动试车合格，10 月 16 日进行交工验收。

主要实物工程量：更换新氢分液罐、稳定塔顶回流罐；新增第三加氢脱硫进料 / 反应产物换热器、轻汽油后冷器；新增轻汽油产品空冷器；增加机泵 2 台、水站 1 套、循环氢压缩机改造 1 台，配套土建、工艺、电气、电信、仪表、给排水及消防、暖通等设施。

七、50 万吨 / 年柴油改质降凝装置国Ⅴ标准升级适应性改造项目

2015 年，决定采用抚顺石油化工研究院研发的柴油加氢改质降凝技术方案，通过对 50 万吨 / 年柴油改

质降凝装置改造，使该装置出产的柴油由国Ⅳ标准升级到国Ⅴ标准。中国寰球工程建设公司抚顺设计分公司负责进行项目可行性研究，2015 年 9 月 30 日得到批复后进行初步设计。2016 年 1 月 12 日，油田分公司批复基础设计概算总投资 3804.72 万元（不含税价 3488.99 万元）。依据 2016 年 3 月 24 日建设工程 EPC 合同，抚顺设计分公司再次完成项目施工图设计。

项目为改造工程，所有新建构筑物及设备均在装置内，不需要新增占地面积，新建设施由构架区、泵区、地下罐池容器区组成，占地面积 122.50 平方米。2016 年 5 月 6 日，项目开工建设，工程总承包单位由中国寰球工程建设公司抚顺设计分公司负责；9 月 3 日，项目中交；9 月 10—29 日联动试车，随后投料试车，装置运行安全平稳，处理量达到设计规模；10 月 16 日，项目交工验收。

主要实物工程量：改造增加循环氢脱硫塔 1 具，容器 4 具，换热器 2 台，过滤器 3 台，泵 2 台，配套土建、结构、工艺、电气、电信、仪表、给排水及消防、暖通等设施。

八、减压深拔及换热流程优化改造项目

2016 年，决定对常减压装置进行减压深拔改造，将润滑油型常减压改造为燃料型常减压，为下游催化裂化装置提供更多原料，同时降低延迟焦化原料中轻质油含量。对换热网络进行优化，对存在安全隐患的管道和设备进行核算更换，保证装置顺利生产。项目由中国石油工程建设公司华东设计分公司承担可行性研究和后续设计工作。投资规模为 7485.56 万元。

项目为改造工程，所有新建构筑物及设备均在装置内，不需要新增占地面积。新建设施由常压构架、减压塔及构架、加热炉、液环泵和地下部分组成。2016 年 7 月 4 日，项目开工建设，主体工程由中油一建负责施工建设；9 月 5 日，项目中交；11 月 4 日，项目竣工并顺利投产；11 月 14 日，项目完成工程交接。

主要实物工程量：混凝土 200 平方米，设备基础 40 座，钢筋混凝土结构 300 立方米；减压塔改造 1 台，加热炉 2 台，静设备 27 台，动设备 13 台，可移动液压升降机 1 台；管线 9974.8 米，阀门 1595 台，过滤器等设备 23 台；给排水管道安装工程 252 米；6 千伏中压开关柜 2 台，低压开关柜 2 台，操作柱 13 台，电缆 4352 米；双金属温度计 97 支，热电偶 33 支，压力表 51 块，节流装置 2 套，板式流量计 10 台，转子流量计 4 台，涡街流量计 1 台，质量流量计 3 台，磁性液位计 4 台，浮筒 2 台，内浮球液位计 2 台，磁致伸缩液位计 1 台。

第三章　装置

第一节　主要生产装置

一、常减压装置

1. 装置概况

炼化总厂先后建设3套常减压装置，分别为15万吨/年常减压装置、80万吨/年常减压蒸馏装置及250万吨/年常减压蒸馏装置。

15万吨/年常减压装置建于1948年，经过数次改扩建，至1987年，装置采用两段汽化的工艺流程，年加工能力达到70万吨。1998年，装置停用。

80万吨/年常减压蒸馏装置建于1987年，1988年10月建成投产，至此，炼油厂原油一次加工能力达到150万吨/年。装置采用三次加热、四段汽化的工艺流程，加工玉门、吐哈混合原油。工艺设备包括2座立式圆筒炉、4具主要分馏塔、88台冷换器、机泵90台、各类容器29具、储罐28具。1998年，装置停用。

250万吨/年常减压蒸馏装置于1995年10月破土动工，1997年8月建成投产。装置采用二次加热、三段汽化的工艺流程，加工玉门、吐哈及塔里木混合原油，是一座燃料—润滑油型装置，该装置的建成投用，使炼化总厂原油一次加工能力突破300万吨/年大关。主要工艺设备包括2座立式加热炉、3具电脱盐罐、3具分馏塔、4具汽提塔、98台换热器、机泵88台、空冷设备26台、容器52具。

2. 技术改造

1990年，对80万吨/年常减压蒸馏装置加热炉进行改造，采用热管空气预热器余热回收技术，提高了加热炉热效率，降低了装置能耗。

1999年，将250万吨/年常减压蒸馏装置常三线抽出口由19层上移到21层，柴汽比提高，常三线油品一部分直接作为柴油调和组分，另一部分作为临氢降凝装置的原料。

2002年7月，通过对加热炉燃料系统油改气改造，瓦斯利用率提高，降低因瓦斯过剩而排空燃烧的可能性。同时，采用蒸汽、机械组合式抽真空技术，增设机械抽真空泵，与末端蒸汽抽空器并联，将不凝气抽出，作为加热炉燃料。

2003年9月，实施初顶汽油直输重整装置技术改造，在降低汽油损失、提高效益上有着积极作用。12月，将常、初顶油气与厂区软化水进行换热，一方面解决夏季常、初顶油汽冷却困难的问题，降低空冷风机冷却负荷，节约电耗220千瓦·时；另一方面使软化水管网温度达到80℃，节约软化水加热用蒸汽3吨/时。

2004年9月，完成减顶瓦斯切液系统扩容改造，并增设瓦斯换热器，改善减顶瓦斯火嘴燃烧不好的状况，减少了真空度波动。与此同时，利用加热炉脉冲燃气吹灰技术，减少加热炉烟气带走的余热，使常压炉对流室温度降低20～30℃，减压炉对流室温度降低10～20℃，空气热管换热器出口温度提高90～100℃。

2005年7月，实施常四线补减二中级技术改造，柴油收率得到提高，减压炉负荷下降。

2007年5月，通过实施减压塔顶增设冷却器技术改造，降低减压塔顶的温度，提高了减顶真空度和减压拔出率。6月，进行脱前原油换热流程恢复技术改造，脱前原油进罐温度和电脱盐罐的脱盐率提高，脱后油含盐、含水降低。

2008年3月，完成初顶瓦斯直输MTBE装置或至加热炉作为燃料技术改造。瓦斯分液塔出口与初顶瓦斯中间罐、加热炉管线连接，初顶瓦斯经分液塔分为两路，一路至加热炉，一路至MTBE装置，实现了初顶瓦斯的回收利用。

2009年12月，新增超声波脱盐设备，采用超声波—电脱盐组合技术，对注水后原油进行处理，增强油水在电场与重力作用下的分离能力。

2010年7月，采用组合式水热媒空气预热器替代热管式空气预热器。将高温段的扰流子空气预热器和低温段的水热媒空气预热器结合，确保了空气预热器长周期、安全、高效运行。8月，实施加热炉脉冲吹灰系统技术改造，实现了吹灰系统的自动控制，加热炉热效率提高。

2011年5月—2012年7月，对装置初、常、减顶瓦斯进行回收利用改造，增加1台压缩机、1具分液罐。瓦斯经分液罐切液后进入压缩机加压，入轻烃回收系统分离回收其中的C_3、C_4组分，其余组分作为干气排入瓦斯管网。

随着常压渣油直输80万吨/年重油催化裂化装置技术改造的完成，2014年3月，原油重质化造成减压系统超负荷问题得到解决，并为进一步实施减压深拔创造了条件。同时，优化了催化裂化原料性质，实现了装置间热联合。

2016年7月，依托千万吨级大型炼厂成套技术研究开发与工业应用课题二专题1——减压深拔技术研究开发的专有技术，对减压炉、减压塔实施燃料型、减压深拔改造。将减压塔由润滑油型改造为燃料型减压塔，设计5段填料，设3个侧线抽出，3个中段回流取热。与原塔相比，本次改造拆除3段填料，中段回流与侧线在同一位置抽出，调整部分抽出口位置及口径，实现为下游重油催化裂化装置提供更多原料的同时，减低延迟焦化原料的轻质油含量之目的。

2017年7月，在电脱盐系统排水管线后增设新型一体化含油污水除油器，该除油器内部设计有水力旋流器、六角蜂窝斜管填料、粗粒化聚集和静置分离4道工艺流程，能确保油水有效分离，缓解含油污水对水处理装置的影响，满足排放要求。

二、催化裂化装置

1. 装置概况

炼化总厂先后建成30万吨/年催化裂化装置和50万吨/年重油催化裂化装置，其中50万吨/年重油催化裂化装置于2004年将年加工能力提升至80万吨。

我国第一套工业化提升管分子筛催化裂化装置于1974年8月建成投产，使用油田自制的D–260型主风机。1986年，装置年加工能力达到18万吨。1989年，装置年加工能力达到30万吨。装置主要包括反应再生、分馏、吸收稳定、产品精制、余热锅炉5个部分，以蜡油、蜡膏和馏分油为原料，生产汽油、柴油、液态烃、干气等产品。2003年2月，装置停用。

1993年9月，50万吨/年催化裂化装置建成投产，采用提升管反应器和前置烧焦罐的高效再生工艺，加工混合蜡油。装置首次采用美国ABB公司MOD–300集散控制系统，自动化控制水平实现了历史性跨越。2004年9月，装置加工能力提升至80万吨/年，重油优化加工能力进一步配套，可加工50%混合蜡油和50%减压渣油。装置采用国内较为先进的两段提升管反应、新型预提升加速段、BWJ–Ⅱ型高效雾化喷嘴、汽油纤维膜脱硫醇、提升管出口密闭旋流式快分、多段高效汽提、低温热回收等技术，加工常压渣油、减压渣油、减压馏分油和焦化蜡油，生产汽油、柴油、液态烃、干气、油浆等。装置主要由反应再生、分馏、吸收稳定、余热锅炉、烟气能量回收系统、产品精制6个部分组成。

2. 技术改造

为了提高炼油二次加工能力，1988—1989年，将30万吨/年催化裂化装置再生部分由一段再生工艺改造成后置烧焦罐的两段再生工艺，改造后装置年加工能力提高至30万吨。

1990年8—9月，配合北京大学完成新型稀土复合氧化物——一氧化碳助燃剂在30万吨/年催化裂化装置的第一次试验及技术论证。结果表明，稀土助燃剂可以在工业装置上应用，可以代替铂助燃剂，再生器稀密相温差与用铂剂相同，为此项成果在全国的推广提供了理论依据和实践经验。

1992年，将30万吨/年催化裂化装置再生器布埃尔旋风器和杜康型旋风器更换成国内自行开发的PV高效旋风分离器。应用后，操作平稳，催化剂单耗下降，流化质量得到改善，同时烟气中排入大气的粉尘减少，适应环保要求。

1993年，石油裂解富气压缩机（H38–9）投入使用，结束了30万吨/年催化裂化装置10多年生产被气压机困扰影响的历史，为提高装置的加工量和轻油收率奠定基础。

1996年，开展提高轻质油收率的技术研究，采用焦化汽油作为终止剂，降低50万吨/年催化裂化装置反应器出口温度，避免过度裂化，投用烟机解决主风量不足的问题。此后，轻质油收率提高 1 个百分点，气体和焦炭的产率下降，保证了装置的全面达标。8 月，装置三机组试车成功。装置供风量由 40000 米 ^{3}/ 时增加到 50000 米 ^{3}/ 时，催化剂循环量由 600 ～ 800 吨 / 时降为 400 吨 / 时，装置操作条件进一步优化。

2000 年 8 月，随着塔指、青西原油加工比例的增加，50 万吨 / 年催化裂化装置改造为掺炼 30% 减压渣油的重油催化裂化。改造通过增设外取热系统，增加沉降器汽提段中部和上部汽提系统，提升管中部增加急冷油注入设施，改造能量回收机组以提高主风机供风量，增加钝化剂注入设施及油浆抗垢剂系统等一系列措施，重油加工方案得到初步优化。

2002 年 7 月，实施 50 万吨 / 年催化裂化装置 MGD 改造，使反应再生系统的操作平稳率有较大提高，催化剂跑损减少，液态烃收率较改造前提高 3% 以上，汽油质量得到改善。

2004 年，随着进厂原油结构调整，重油平衡问题日益突出，重油优化加工势在必行，为了实现重油加工的最大效益化和规模化，装置进行了扩能改造，将装置年处理量由 50 万吨提升至 80 万吨。改造同时引进国内外先进的生产工艺及设备，尤其是两段提升管与 VQS 组合工艺是国内首家采用，代表当时国内重油催化技术发展的先进水平。

2010 年，提出改造重油泵预热线的方案并付诸实施，应用后部分重油泵不能正常备用的问题得以解决。次年 8 月，该成果——一种重油泵的暖泵装置，获得国家知识产权局颁发的实用新型专利证书。同时，将催化裂化反应器提升管进料方式由分段进料改为环形进料，催化裂化反应器各路进料不均的现状得到改善，提升管内结焦减少，装置产品分布进一步优化。该成果先后获得国家知识产权局颁发的实用新型专利证书及发明专利证书。

2011 年 8 月，对第二段提升管进料流程进行优化改造。改造后油浆进入第二提升管上喷嘴，新鲜原料进入第二提升管下喷嘴，油浆、回炼油、新鲜原料实现分段进料，反应区域工况得以改善，装置总液收提高 0.55 个百分点，催化剂跑损单耗下降 0.21 个单位。

2013 年，实施改变催化剂再生方式改造。取消二密大孔分布板，再生器烧焦罐出口增设稀相管，将烧焦罐主风分布管更改为主风分布板，在烧焦罐底部增设两层格栅。改造后，催化剂活性提高 2 个单位，剂油比增加 0.5 个单位，产品分布得到改善。同时，将三级旋风分离器由立管式更换为 BSX 型，烟机入口催化剂细粉浓度由原来的 240 ～ 280 毫克 / 米 ^{3} 下降至 130 ～ 180 毫克 / 米 ^{3}，为烟机平稳运行创造了有利条件。

2014 年 11 月，应用中国石油自主的 JWGS 技术，采用烟气洗涤及废液处理的工艺路线的再生烟气除尘脱硫设施投入运行，催化装置烟气中的二氧化硫含量、颗粒物浓度达到大气污染物综合排放标准（GB 16297—1996）和石油炼制工业污染物排放标准（征求意见稿）要求，对改善周边区域空气质量，有效环境保护具有发展意义。

2016 年 10 月，常减压装置实施减压深拔改造后，停止掺炼渣油，装置原料构成性质改善。由此，装置液收上升 1.88 个百分点，催化剂活性提高 1.3 个单位，催化剂单耗下降 0.95 个单位，产品分布也随之改善。

三、焦化装置

1. 装置概况

炼化总厂建设有 3 套焦化装置，分别为 10 万吨 / 年常压—氧化延迟焦化装置、30 万吨 / 年延迟焦化装置和 50 万吨 / 年延迟焦化装置。

1976 年 7 月，10 万吨 / 年常压—氧化延迟焦化装置建成投用，装置分为常压系统和焦化系统两部分，两套系统既能联合，又能单独开炼。1987 年 5 月，拆除常压系统的塔器、机泵，焦化系统增设分馏塔，新建 2 具原料缓冲罐，装置加工能力由 10 万吨 / 年提高到 15 万吨 / 年，缓解了重油加工平衡难度。1992 年 9 月，装置停用。

1993 年 10 月，30 万吨 / 年延迟焦化装置建成，由焦化反应（焦炭塔）、分馏、吸收稳定、吹气放空、水力除焦、切焦水循环等系统组成。装置以减压渣油为原料，吸收稳定系统运行时主要产品为干气、液态烃、稳定汽油、焦化柴油、焦化蜡油和石油焦；吸收稳定系统停运时生产焦化富气、粗汽油、焦化柴油、焦化蜡油、石油焦等产品。1999 年 5 月，为配合 25 万吨 / 年丙烷脱沥青装置运行，同时减少黑色低附加值产品，装置停用。此后至 2004 年，装置数次开停。2015 年 12 月，新建 50 万吨 / 年延迟焦化装置投产运行，30 万吨 / 年延迟焦化装置彻底停用。

50 万吨 / 年延迟焦化装置于 2014 年 11 月投产，由焦化、分馏、吸收稳定、吹汽放空、水力除焦、切焦水密闭循环和冷焦水密闭处理等 7 部分组成，采用一炉两塔流程，处理减压渣油。主要产品包括干气、液化气、焦化汽油、焦化柴油、焦化蜡油、石油焦。

2. 技术改造

2007 年 6 月，30 万吨 / 年延迟焦化装置淘汰拆除气动二型半仪表控制系统，更新为 ABB 公司 DCS 集散控制系统，装置操作平稳率提高，仪表故障率和维修率降低，保证了装置的安全平稳运行和长周期开炼。

2010 年 8 月，对 30 万吨 / 年延迟焦化装置加热炉系统进行改造，增设加热炉空气预热回收系统，并改造加热炉辐射进料方式。改造后，加热炉热效率由改造前的 85% 提升到改造后的 92% 左右；同时加热炉运行周期延长，炉管结焦速率下降。

2015 年 5 月，50 万吨 / 年延迟焦化装置实施掺炼催化油浆和污油技术改造。通过将催化油浆与装置加工原料混合升温，入焦炭塔进行高温裂解缩合反应，同时利用装置急冷油线将脱水污油打入焦炭塔顶作急冷油使用等措施，装置液收提高，低附加值产品产量减少。

50 万吨 / 年延迟焦化装置以水处理装置回收的污油作为冷焦介质，每日可回炼污油 10 ~ 20 吨。2016 年 4 月始，石油焦执行新的质量标准，为保证石油焦挥发分符合质量标准，停止回炼污油，厂区污油失去处理途径。5 月，装置尝试使用污油作为急冷油，降低焦炭塔顶油气温度，平均回炼脱水后污油 50 吨 / 日，对比作为冷焦介质更具优势。自此，装置污油处理能力、液体收率均得到提升。

2016 年，使用经过装置取热后的高温热媒水取代蒸汽，作为装置轻质油及相关仪表的伴热介质，充分、合理利用热量，年可节约蒸汽约 4000 吨。

四、重整装置

1. 装置概况

30 万吨 / 年催化重整—15 万吨 / 年柴油加氢联合装置于 1995 年动工兴建，1997 年投产。30 万吨 / 年催化重整装置采用两段混氢工艺，选用了径向反应器、“∩”形反应加热炉管等先进设备，以直馏及焦化汽油馏分为原料，生产高辛烷值汽油组分，主要由预处理部分和重整部分组成。15 万吨 / 年柴油加氢装置利用制氢反应器生产开工用精制石脑油和开工用氢气。1999 年，15 万吨 / 年柴油加氢精制装置改造为 10 万吨 / 年柴油临氢降凝装置，后又于 2007 年，将其改造为 DSO–FCC 汽油加氢脱硫装置。

2002 年和 2016 年，分两次对 30 万吨 / 年催化重整装置实施扩能改造，将装置生产能力提升至 45 万吨 / 年。扩能后，装置工艺流程不变，仍以直馏汽油及焦化汽油馏分为原料，生产高辛烷值汽油组分，主要由预处理部分和重整部分组成。预处理部分包括预分馏、预加氢反应系统和蒸发脱水系统；重整部分包括重整反应系统、产品稳定系统。

2. 技术改造

2002 年，实施 45 万吨 / 年装置扩能改造工程。本次改造利旧改造设备 98 台，新增设备 15 台，主要完成了加热炉的扩能。

2010 年 7 月，对重整四合一加热炉余热回收系统进行改造，采用国内领先水平的新技术、新设备、新材料对炉子进行优化集成，新增落地布置的余热回收系统及组合式空气预热器，加热炉热效率提高。

2013 年 7 月，实施重整生成油增加脱氯反应器改造，苯分离溶剂环丁砜的劣化速度降低，溶剂耗量减小，系统设备腐蚀减缓，装置开炼周期延长。与此同时，对圆筒炉实施节能减排技术改造。通过更换烟道挡板和新型瓦斯燃料器，将高温烟气及助燃空气并入余热回收系统等措施，加热炉热效率提高，烟气排放量减少。

以适应汽油质量国Ⅴ标准升级，满足清洁燃料要求为目的，2016 年 8 月，继续实施 45 万吨 / 年催化重整装置扩能改造，对部分流程进行调整。改造通过更新第四重整反应器，更换重整进料 / 产物换热器 E–201 及二段混氢换热器为缠绕管式高效换热器等设备设施，装置生产能力提升至 45 万吨 / 年，同时增加了高辛烷值低硫清洁汽油组分产量，产品质量满足国Ⅴ标准要求。

2016 年 10 月，重整装置回流罐切水系统改造实施完成。将此前 3 具顶回流罐的切液方式由人工明排调整为密闭切水系统，确保了现场切水作业无硫化氢、污水外泄。

五、柴油改质异构降凝装置

1. 装置概况

装置于2003年7月建成，以催化柴油和常减压重质柴油馏分为原料，采用MCI（最大限度提高十六烷值）技术，生产精制柴油、低凝柴油、粗汽油和燃料气。装置投产后，柴油的硫、氮、胶质含量、颜色和安定性有所改观，尤其可提高催化柴油的十六烷值。

2. 技术改造

2011年9月，对装置实施生产低凝柴油方案的技术改造。装置采用FHI（劣质柴油加氢改质异构降凝工艺）技术，两剂串联、一次通过的工艺流程，在降低柴油产品硫、氮、芳烃，尤其是稠环芳烃含量的同时，降低凝固点，改善柴油密度、T95（95%馏出温度）和十六烷值等指标。改造后的装置，不但可以实施加氢精制生产方案，还可以采用低凝柴油生产方案生产 −10 号和 −35 号低凝柴油，满足低凝柴油的市场需求。

2016年7月，实施国Ⅴ标准质量升级改造，采用成熟技术，成功生产出符合国家标准的国Ⅴ标准清洁柴油，增加了产品的灵活性。8月，通过优化液压油分子筛脱蜡装置原料技术论证，实施装置精制柴油进分子筛脱蜡装置流程改造。至此，常二线馏分油可通过装置加氢精制后，再作为分子筛脱蜡装置原料，以降低航空液压油基础油硫、氮、氧、金属含量及溴价，给分子筛脱蜡原料注入新血液，为提高航空液压油产品质量奠定基础。

2017年5月，实施高压分离器外排氢气脱硫改造。氢气在15万吨/年液态烃脱硫装置完成脱硫后，再排入瓦斯管网，确保了炼化总厂加热炉烟气二氧化硫达到《石油炼制工业污染物排放标准》（GB 31570–2015）要求。

六、航空煤油脱硫醇装置

2003年9月投料试车，装置生产能力为25万吨/年，采用喷气燃料临氢脱硫醇RHSS专利技术，以直馏航空煤油馏分为原料，生产3号喷气燃料，满足军用或民用航空煤油的指标要求。装置包括临氢脱硫醇反应和产品分馏两部分。

七、苯分离装置

1. 装置概况

苯分离装置于2005年动工兴建，2007年8月投产，设计生产能力8万吨/年，采用SUPER–SAE–Ⅱ专利技术（环丁砜液—液抽提工艺），以环丁砜为溶剂，从重整稳定汽油中回收高纯度苯。装置由预分馏单元、抽提单元、溶剂再生单元和辅助单元组成。

2. 技术改造

2010年，实施汽提塔、回收塔抽真空系统改造。通过增加压控调节阀组用于控制两塔压力，消除压力波动引起的产品质量波动，为提高苯产品质量等级创造了条件。

2016年8月，实施重整、苯分离装置伴热系统改造，将2套装置的工艺、仪表及热媒水伴热改为全部由苯分离装置约150℃的高温凝结水供给，使装置凝结水余热得到有效利用。

八、汽油加氢脱硫装置

1. 装置概况

2012年开始建设，2013年10月竣工投产。装置预加氢部分设计规模为47.62万吨/年，加氢精制反应部分设计进料为40万吨/年。装置采用DSO+M技术，运用低压固定床工艺，对催化汽油进行预加氢、加氢精制和加氢改质，以改善汽油产品质量，满足调和生产国Ⅳ汽油产品的需求。

2. 技术改造

2016年7月，装置国Ⅴ标准质量升级改造，采用更有利于减少辛烷值损失的芳构化+加氢脱硫（M+DSO）流程，实现了生产国Ⅴ标准汽油的目标要求。

九、70万吨/年柴油加氢精制—20000标准米^3/时制氢联合装置

1. 装置概况

70万吨/年柴油加氢精制—20000标准米^3/时制氢联合装置于2013年10月动工建设，2014年10月建成并投产运行。柴油加氢精制装置采用柴油深度加氢脱硫技术，将直馏柴油和焦化柴油转化为低硫柴油。

装置由反应、分馏以及公用工程三部分组成。

制氢装置设计规模为20000标准米^3/时，与70万吨/年柴油加氢精制装置组成联合装置。装置以混合干气主要原料，液化气、液态烃、液态丙烷作为补充原料，采用变压吸附（PSA）净化工艺，提纯生产99.9%的工业氢。装置分为原料压缩、脱硫、转化、中温变换、PSA净化提纯、中低压锅炉余热发汽系统及公用工程部分。

2. 技术改造

2015年1月，进行优化制氢装置原料技术改造，将汽油加氢干气、重整富氢干气引入制氢装置原料线，停用液态烃原料，实现了制氢原料低成本化。

十、轻汽油醚化装置

1. 装置概况

2016年11月，轻汽油醚化装置竣工投产，生产能力15万吨/年。装置以40万吨/年汽油加氢装置分馏塔顶轻汽油为原料，促使轻汽油中活性烯烃最大限度地与甲醇进行反应，生产高辛烷值、低蒸汽压醚化汽油产品。装置主要包括轻汽油预脱硫和轻汽油醚化两部分工艺内容。其中轻汽油预脱硫采用河北精致科技有限公司研发的EHDS工艺技术，包括轻抽提脱硫部分和溶剂脱油再生部分等；轻汽油醚化采用中国石油化工研究院和中国石油工程建设公司华东设计分公司共同开发的LNE−2工艺，包括原料净化部分、一段醚化反应及分离部分、二段醚化反应部分、甲醇萃取及回收部分、公用工程部分等。

2. 技术改造

2017年5月，利旧40万吨/年汽油加氢脱硫装置国Ⅴ标准升级改造后闲置的轻汽油在线总硫含量分析仪，达到实时监控装置产品醚化汽油总硫含量的目的。

十一、聚丙烯装置

1. 装置概况

1992年建成投产的聚丙烯装置，处理能力为5000吨/年。装置采用国内自主研发的间歇式液相本体法聚合工艺，有2具12立方米聚合釜，1具14立方米闪蒸釜。1998年8月和2005年8月，装置先后实施扩容改造，分别将装置年处理能力提高至1万吨及4万吨。

4万吨/年聚丙烯装置共8套聚合反应系统，生产过程主要分为原料精制、聚合反应、闪蒸置换、粉体输送、自动包装、成品入库、尾气回收七道工序。装置生产过程除高效催化剂为手动加入外，其他操作全部采用浙大中控的JX−300X顺控DCS系统。有机蒸汽膜回收系统的应用有效降低了丙烯单耗。

2. 技术改造

1998年8月，完成1万吨/年聚丙烯装置扩容改造。改造过程中新增2具12立方米聚合釜和2具14立方米闪蒸釜，生产过程逐步采用高效催化剂，同时新建1套压缩冷凝工艺的尾气回收系统，聚丙烯产能达到1万吨/年。

2005年8月，通过新增4具12立方米聚合釜、4具10立方米闪蒸釜、1台压缩机备机、14具精制塔、1套变压吸附（PSA）提纯氢系统、1套自动包装线和有机蒸汽膜回收系统，实现了聚丙烯装置4万吨/年的产能建设。

2016年，实施膜分离回收装置升级改造。将卷式膜组件更换为叠式膜组件，进口粗滤和精滤器更换为带有压差显示的聚结器，控制系统也由PLC控制改为DCS控制，系统处理能力提高。

十二、液态烃脱硫装置

1. 装置概况

炼化总厂先后建成2套液态烃脱硫装置。

3万吨/年脱硫装置于1992年建成投产，是5000吨/年聚丙烯装置配套项目。装置采用催化氧化工艺，即在磺化钛菁钴催化剂作用下，用10%氢氧化钠水溶液进行液态烃脱硫。2001年，装置进行改造扩建，采用MDEA（N−甲基二乙醇胺）溶剂脱除硫化氢及催化氧化法脱除有机硫联合工艺，处理能力提高至9万吨/年。

2005年8月，15万吨/年液态烃脱硫装置异地开工建设，2006年7月建成，采用液膜脱硫醇技术，降低液化气中的硫化氢及硫醇含量。9万吨/年液态烃脱硫装置于同期停用。

2. 技术改造

随着聚丙烯生产规模的扩大，2001 年，3 万吨 / 年脱硫装置经过改造后处理能力达到 9 万吨 / 年。改造扩建采用 MDEA（N– 甲基二乙醇胺）溶剂脱除硫化氢及催化氧化法脱除有机硫联合工艺，催化来的液态烃经原料缓冲罐后进入脱硫抽提塔，用浓度为 20% 的 MDEA 溶剂进行抽提，脱除硫化氢后液态烃在磺化钛菁钴催化剂作用下用 10% 氢氧化钠碱洗脱硫醇，完成脱硫后送至气分装置。

2011 年 6 月，15 万吨 / 年液态烃脱硫装置液态烃水洗罐系统投用。该系统是利用相似相溶原理达到分离碱液与液态烃的目的。系统包括液态烃水洗罐、液态烃过滤器、液态烃聚结器、静态混合器和脱盐水泵等设备，可控制液态烃碱含量在 5 毫克 / 千克以下。

2013 年，对液膜脱硫塔内芯进行整体更换，并改变液膜脱硫塔进料方式，使脱硫后液态烃硫含量较改造前降低 9.04 毫克 / 米 ^{3}，下游 MTBE 总硫降低了 148.09 毫克 / 千克。

2014 年 10 月，完成高低压瓦斯塔串联改造项目。改造后，混合瓦斯先进入高压瓦斯脱硫塔，再进入低压瓦斯脱硫塔，进行两道脱硫工序，以保证其脱硫效果。

2015 年 3 月，增设胺液净化橇块，降低贫胺液中的热稳盐含量，确保了加热炉燃料气脱硫系统的高效稳定运行。

十三、气体分馏装置

1. 装置概况

炼化总厂先后建成 2 套气体分馏装置。

1992 年，作为 5000 吨 / 年聚丙烯装置配套项目之一的 3 万吨 / 年气体分馏装置建成投产。装置采用三塔精馏工艺，脱硫后的液态烃依次经过脱丙烷塔、脱乙烷塔和丙烯塔，分离出的丙烯进入聚丙烯装置。1997 年 10 月，新增 1 台 207 平方米的冷凝器，装置处理能力提高至 4.5 万吨 / 年。

2005 年，15 万吨 / 年气体分馏装置异地建成投产，4.5 万吨 / 年气体分馏装置同期停用。15 万吨 / 年气体分馏装置以脱硫装置脱硫后液态烃为原料，产品主要有丙烷、丙烯、C_4 馏分和不凝气。

2. 技术改造

2012 年 5 月，不凝气回收项目实施，将不凝气引入 80 万吨 / 年重油催化裂化装置进行丙烯再吸收，降低了丙烯损失。

十四、MTBE 装置

1. 装置概况

MTBE 装置于 2005 年 4 月开工，2006 年 7 月建成，设计规模为 2.5 万吨 / 年。装置采用反应精馏生产技术，以气体分馏装置的 C_4 馏分为原料，其产品 MTBE（甲基叔丁基醚）是高辛烷值汽油的重要添加剂，未参与反应的其他 C_4 组分管输至液态烃装置用作民用液化气销售。

2. 技术改造

2014 年 10 月，在 10 万吨 / 年瓦斯气 C_3^+ 和 H_2 回收装置脱丁烷塔系统的基础上，改造建成 2 万吨 / 年 MTBE 脱硫系统。系统采用 MTBE 萃取蒸馏降总硫技术，对 MTBE 实施萃取再蒸馏，低硫的 MTBE 从塔顶蒸出，高度富集含硫化合物的副产物从塔底抽出，作为加氢系统的原料。系统投用后，MTBE 硫含量可以控制在 45 毫克 / 千克以下。

十五、瓦斯气 C_3^+ 和 H_2 回收装置

1. 装置概况

装置于 2007 年 11 月建成投产，设计规模为 10 万吨 / 年，分为瓦斯气 C_3^+ 回收系统和 H_2 回收系统两部分。瓦斯气 C_3^+ 回收系统主要是将瓦斯经过增压、干燥、制冷、分馏过程，回收液态烃和 C_5^+ 轻烃；H_2 回收（膜分离）系统采用膜法回收氢气，为润滑油和柴油改质装置提供原料。

2. 技术改造

2013 年，用天邦膜技术国家工程研究中心的膜分离系统替代柏美亚公司的膜分离系统。该膜系统共分 5 组，每组 4 根立式并联膜棒，可根据原料气压力的大小进行切换和增减，保证氢气产品纯度。

2016 年 7 月，将压缩机 K–101/B 改造为 2D25–79/10.23–BX 型瓦斯抽气压缩机。自此，单机运行可加载满负荷，抽气气量能够平稳保持在 5500 ～ 6100 标准米 ^{3}/ 时。

十六、分子筛脱蜡装置

1. 装置概况

炼化总厂共有2套分子筛脱蜡装置，生产能力均为1.5万吨/年。

1970年1月，建成第一套分子筛脱蜡装置，以常二线柴油为原料，采用5A分子筛进行深度脱蜡，脱蜡后的常二线柴油凝固点达到-70℃以下，主要用作10号、15号航空液压油原料。装置主要设备有1具立式圆筒加热炉，2具反应塔，12台换热器，机泵6台，2具过滤器，3具容器，油品储罐8具。2015年，装置停用。

第二套分子筛脱蜡装置2015年12月建成投产，主要包括原料预处理系统和脱蜡系统两部分。原料预处理系统主要对常二线柴油进行切割处理。脱蜡系统以原料预处理230～300℃馏分为原料，经分子筛深度脱蜡，脱蜡油作为航空液压油装置的原料，副产品粗蜡输入70万吨/年柴油加氢精制装置，中间油返回原料罐循环使用。装置还增设低压蒸汽发生系统，用于回收低温热，加热厂区采暖水。

2. 技术改造

2007年，第一套分子筛脱蜡装置瓦斯加热器系统新增加1台加热器，解决了瓦斯带液问题，提高了装置运行平稳率。同时，对装置蒸汽系统进行改造，在进装置总蒸汽管线上增设蒸汽分液罐，解决了蒸汽带水问题，降低了加热炉负荷。

2016年7月，第二套分子筛脱蜡装置伴热系统改造。将伴热介质由热媒水改为除盐水，并新接伴热管线至70万吨/年柴油加氢精制—20000标准米^3/时制氢联合装置，利用与本装置高温介质换热后的除盐水，同时为3套装置提供伴热，降低能耗。

十七、液压油酸碱精制装置

1. 装置概况

炼化总厂先后建成2套酸碱精制装置。

第一套酸碱精制装置建于1962年，设计能力2000吨/年，第二套装置异地建成后停用。第二套酸碱精制装置建于1989年，主要完成工业白油、助剂油以及分子筛脱蜡油的酸处理、碱中和操作，脱除原料中的胶质、沥青质及大部分烯烃、稠环芳烃和硫化物。2011年短流程调整后，仅用于处理分子筛脱蜡油，为液压油白土精制装置提供原料。

2. 技术改造

2011年，增加1具液压油酸处理反应罐，将酸精制液压油产量提高一倍。

2015年，新增1具98%硫酸储罐，硫酸储存能力提高，硫酸质量相对稳定。

十八、液压油白土精制装置

1. 装置概况

炼化总厂建设有2套液压油白土精制装置。

第一套液压油白土精制装置建于1977年，用于对酸碱精制后的液压油进行热处理和白土补充精制，生产10号航空液压油基础油。1999年，由空军油料研究所与油田共同研发的15号航空液压油开始批量生产，装置同时承担15号航空液压油基础油的生产任务。2007年，白土精制装置异地改扩建，原装置停用。

第二套液压油白土精制装置于2008年建成投产，设计能力2000吨/年。该装置仍然采用热处理和白土精制两道工序，对酸碱精制后液压油进行处理，生产液压油基础油。热处理工序用于脱除酸精制液压油中的硫酸酯，进一步降低腐蚀。白土补充精制工序是利用活性白土的吸附能力，以改善油品的色度、抗氧化安定性、抗乳化性、绝缘性和残碳值。生产出的液压油基础油，按照凝固点进行划分，分别用于调和15号航空液压油、10号航空液压油及10号航空液压油（地面专用）3种产品。

2. 技术改造

2010年，对加热炉燃烧器进行更换，并新增瓦斯流量计和压力调节阀，减少了瓦斯加热炉的操作波动，提高了加热炉热效率。

十九、15号航空液压油调和生产装置

1. 装置概况

15号航空液压油调和生产装置先后共建设2套。

第一套15号航空液压油调和生产装置建设投产于1999年，设计生产能力1500吨/年，配置有母液配

置、基础油调和过滤、4 升方桶超声波清洗及万级洁净厂房灌装等基础设备设施。新 15 号航空液压油调和生产装置投用后，改造为 10 号航空液压油调和生产装置。

新 15 号航空液压油调和生产装置于 2007 年动工兴建，2009 年 7 月正式投产，设计能力为 2000 吨/年。系统以液压油基础油为原料，采用 DCS 自动控制、脉冲气动搅拌等设备设施，使调和过程基础油与添加剂母液能够充分融合，通过真空净油机、串并联双级超精细梯级过滤，最终在万级洁净厂房完成 15 号航空液压油成品的灌装，以确保 15 号航空液压油的颗粒污染等级满足 GJB 1177—1991（后改为 GJB 1177A—2013）标准要求。15 号航空液压油调和灌装系统还配有 4 升方桶超声波清洗系统，该系统是在超声波环境下，用添加清洗剂的纯净水，彻底清除附着在 4 升方桶上的重油污，清洁后的热风将方桶烘干后盛装油品，避免成品油的二次污染。

2. 技术改造

2007 年，第一套 15 号航空液压油调和生产装置调和罐搅拌方式由电动搅拌改为脉冲搅拌，缩短了油品调和时间，生产效率提高。

2013 年，彻底停用二号线蒸汽，改用气分 –MTBE 装置乏汽作为供热源，梯度利用了低温热源，降低蒸汽消耗。同时，采用 50 微米级再生式、10 微米级密闭式过滤器取代半自动板框过滤机，过滤时产生的油气得以完全消除。

2014 年，在 15 号航空液压油包装线自动捆扎机于码垛机之间新增一组高精度自动在线重量检测剔除设备，解决了因装箱机故障引起的 15 号航空液压油包装缺件问题。

二十、10 号航空液压油调和生产装置

1. 装置概况

10 号航空液压油调和生产装置历史上共有 2 套。第一套调和生产装置建于 20 世纪 60 年代，设置调和间、成品灌装间、焊桶间、成品库房等，2007 年后停用。

2009 年，对第一套 15 号航空液压油调和生产装置进行改造，作为第二套 10 号航空液压油调和生产装置使用至今。

2. 技术改造

2011 年，新增 4 头 10 千克圆桶自动灌装机 1 台，灌装精度得到提高。

2013 年，实施提高 10 号航空液压油调和能力改造。将 15 号航空液压油密闭式过滤器出口管线与 10 号航空液压油板框过滤机出口管线连通。改造后，10 号航空液压油可在 15 号航空液压油调和系统进行调和、过滤，调和量扩大了 3 倍，有效缩短了 10 号航空液压油的生产周期。

二十一、酸性水—硫磺回收联合装置

1. 装置概况

酸性水—硫磺回收装置建成于 2005 年 6 月，由 45 万吨/年酸性水气体装置及 2500 吨/年硫磺回收装置两部分组成。其中酸性水汽提装置包括酸性水汽提和减渣湿式氧化两套系统。硫磺回收装置包括溶剂再生、硫磺回收两套系统，主要是将溶剂再生系统与酸性水汽提单元分离出的酸性气通过部分燃烧及两级 Claus 催化反应，生产纯度达到 99.5% 以上的硫磺。

2016 年，“酸性水汽提及硫磺回收装置环保隐患治理项目”实施，酸性水汽提装置维持原工艺不变，处理量自 45 万吨/年扩能至 60 万吨/年，由酸性水预处理、加压汽提、侧线气三级分凝和尾气处理四部分组成。新建 2×5000 吨/年硫磺回收装置，装置工艺未作改变，由制硫、尾气处理、液硫脱气成型及公用工程四部分组成，按照两头一尾设置，共用酸性气分液和压送、液硫脱气及成型造粒、尾气处理、尾气焚烧和公用工程。同时，新建溶剂再生装置，设计规模为 100 吨/时，由溶剂配制、换热、再生三部分组成。

2. 技术改造

2013 年 7 月，实施碱渣无害化处理技术改造。改造后可对脱硫醇后的碱渣进行处理，将碱渣以 0.25%（体积）的比例注入汽提塔内，以提高硫化氢、氨气的拔出率，降低净化水中硫化物、氨含量。与此同时，通过增设预硫化线、烟气在线分析仪，加强了烟气中二氧化硫含量的监测；更换硫化氢/二氧化硫比值分析仪，一、二、三级冷凝冷却器，掺和阀及蒸汽减压阀等，提高了硫回收转化率。

2015 年 5 月，尾气吸收与处理系统顺利投产运行。该系统是硫磺回收装置配套的尾气处理设施，采用

加氢还原尾气处理工艺得到净化尾气。系统投产后，装置总硫收率从95%左右提高到98%以上，尾气炉烟气二氧化硫含量由2000毫克/米^{3}下降至960毫克/米^3。

2017年，实施汽提塔持续注碱技术。自15万吨/年液态烃脱硫装置来的碱渣分别从37层、41层塔盘注入汽提塔，塔内硫化氢、氨气的拔出率提高，使净化水中的硫化氢和氨氮含量分别下降至20毫克/升和50毫克/升以下。6月，老溶剂再生系统开工。将尾气加氢吸收塔底富液作为老再生系统进料，老再生塔底贫液作为原料打回吸收塔，如此往复循环，有效提高了吸收塔内硫化氢的吸收；同时，老再生塔顶含硫化氢的酸性气作为硫磺回收系统的部分原料气进行利用。此后，不仅固体硫磺产量稳固达到15吨/日，且尾气中二氧化硫、氮氧化物和废气烟尘含量分别稳定在150毫克/米^3、30毫克/米^{3}和60毫克/米^{3}以内，远低于《石油炼制工业污染物排放标准》要求。

第二节　辅助生产装置（车间）

一、储运装置

1. 装置概况

储运装置主要负责原油接卸、存储和输转工作，并配合油品装置完成油品倒罐调和及发运任务。主要有罐区、铁路装卸区和公路发油站，另有危险固废无害化处置装置、3座消防泵房及配套消防管网。

至2017年12月，共有在用生产储罐38具，总公称容量32.3万立方米。其中原油储罐8具，容量12万立方米，主要负责铁路、管输原油的接收、存储、输转至常减压装置工作。成品油储罐30具（包括汽油储罐10具，容量9万立方米；柴油储罐11具，容量9万立方米；航空煤油储罐5具，容量9000立方米；石脑油储罐2具，容量1万立方米；石油苯储罐2具，容量4000立方米），主要负责航空煤油的接收、调和、存储工作，石油苯的接收、存储工作，配合油品装置进行汽油、柴油、石脑油倒罐调和工作。另有切水罐、污水罐等在用辅助储罐共8具，总公称容量15800立方米。

至2017年底，铁路装卸区配置6条油品装卸铁路专用作业线，3座装卸栈桥（二、三线共用1座栈桥，四、五线共用1座栈桥，六、七线共用1座栈桥）。其中油二线为航空煤油和石油苯铁路装车专用线，栈桥有10个航空煤油、4个石油苯定量密闭装车小鹤管；油三线为石脑油装车和甲醇卸车线，栈桥有8个石脑油定量密闭装车小鹤管、6个甲醇卸车鹤位；油四线、油五线有2座装车大鹤管平台，每座平台两侧各布置1套汽油装车大鹤管和1套柴油装车大鹤管，其中油四线为汽油装车专用线、布置2套装车大鹤管，油五线为柴油装车专用线、布置2套装车大鹤管；油六、七线栈桥为已停用的原油卸车专用栈桥，每条线各有44个卸车货位。另有配套在用回油罐、卸车罐、污油罐共4具，总公称容量3500立方米。

公路发油站肩负酒嘉及周边地区的汽油、柴油、航空煤油、溶剂油的油罐汽车装车发运任务。装车栈台有10个装车货位，其中4个汽油货位，4个柴油货位，1个溶剂油货位，1个航空煤油货位。另有回油罐3具，电子汽车衡2台。

2. 技术改造

1993年8—9月，原油汽车卸车栈桥和卸车零位罐建成，汽车卸油能力达到30万吨/年。1997年停用。

原油卸车扩建工程于1994年5月竣工，建设配套六、七线原油卸车专用线和栈桥、卸车零位罐、转油泵房、消防等配套设施，扩大了原油铁路接卸能力。

1997年8月，南站油库新建汽油罐区12具储罐（共10万立方米），配套消防泵房和管网等设施，成品汽油存储能力提高。12月，南站油库新建4×20000立方米原油罐区，原油存储能力扩大。

1999年5月，新增油品车间至南站油库航空煤油及石脑油工艺管线，实现了航空煤油、石脑油接存。

西部管道炼化总厂计量站与南站油库间原油及成品油管线于2007年8月建成，南站库区具备了管输原油接卸及成品油管输出厂能力。10月，在铁路三线北侧建设卸车栈桥和配套设施、1具500立方米甲醇卸车零位罐、配套输转机泵，具备了甲醇铁路接卸和输转的能力。

2008年8月，南站库区建设了2具2000立方米苯罐及铁路发车系统，具备了石油苯储存、铁路发运能力。

2016年7月，环境事故应急系统改造完善项目开工建设，旨在通过实施三级防控系统事故应急池硬化防渗、设置单罐单防火堤，安装消防喷淋设施及DCS系统等措施，提高罐区的安全运行环境和事故预防能力。9月，在西北销售公司玉门分公司库区汽油、柴油输油线管道安装质量流量计，为汽油、柴油输油交接计量提供了从大罐交接向流量计交接的条件。

2017年6月，柴油罐区隐患治理项目开工建设。拆除72号、73号等7具航空煤油储罐，在原场地新建5具10000立方米内浮顶柴油储罐。10月，航空煤油泵房隐患治理项目开工，新建航空煤油调和泵房1座，新增航空煤油加剂橇块，同时利旧12台过滤器集中布置在146号罐组东侧，解决航空煤油调和隐患。

2017年8月，实施成品油装车系统油气排放达标治理项目。项目拆除铁路二、三线小鹤管装车栈桥，新建小鹤管定量密闭装车栈桥；铁路四、五线小鹤管装车栈桥改建为2座装车大鹤管系统；新增1套处理能力400标准米^3/时的油气回收装置，回收铁路、公路成品油装车油气，使其达标排放。同时，利旧公路装车系统上装鹤管平台，改建为1座航空煤油下装公路装车岛，实现航空煤油公路装车定量、密闭功能。

二、油品装置

1.装置概况

油品装置负责完成重整、柴油加氢、航空煤油加氢装置原料的储存、输转，以及汽油、柴油、重油等油品的调和和铁路装车工作，主要组成单元有罐区、铁路栈桥、公路栈桥、油品磅房、焦化磅房。

至2017年底，罐区有储罐29具，总容量11.2万立方米（其中汽油储罐8具，总容量3.4万立方米；柴油储罐15具，总容量5.8万立方米；抽余油3000立方米储罐1具；航空煤油3000立方米储罐1具；渣油储罐2具，总容量1万立方米，甲醇1000立方米储罐1具，MTBE 1000立方米储罐1具）；公路发车栈桥1座，3个发车货位；加油机2台，专为厂内小车加油；磅房2座，电子汽车衡2台（一台在北门，计量除拉运石油焦外的其余进出厂车辆；另外一台在东门，石油焦出厂计量专用电子衡）。共有机泵15台，其中柴油供料泵5台，柴油倒罐泵2台，航空煤油供料泵2台，汽油供料泵2台，渣油发车泵2台，热水泵2台。

2.技术改造

1988年初，对罐区进行扩容改造。新建储罐29具，其中汽油罐11具，柴油罐6具，原油罐10具，航空煤油罐2具。8月，新建4具80立方米尖底罐和1具加铅稀释罐，汽油调和加剂的准确性、均匀性得到有效提升。

2014年11月，建成2具5000立方米柴油中间罐，用于储存上游装置生产异常时外排的污油，并适时进行输转回炼。

2015年10月，新建油品至南站的汽油、柴油、航空煤油，石脑油，甲醇，低凝柴油压站线6条共4千米工艺管线，提高了长距离烃类管线的安全运行水平。

2016年10月，航空煤油洗槽站开工建设，12月完工，使铁路发送航空煤油罐车的清洁度满足《铁路罐车清洗设施设计规范》（GB 50507—2010）的要求。次年2月17日，首批4节航空煤油槽车清洗完毕，并顺利交付民航使用，标志着炼化总厂初步具备航空煤油槽车清洗的能力。6月，航空煤油洗槽站通过国家航鉴委验收。

2017年6月，柴油罐区隐患治理项目涉及的2具5000立方米柴油储罐动工建设，10月完工。至此，油品罐区具备柴油调和能力。同年9月，汽油柴油加剂流程改造项目开工，12月完工投用。改造新增循环泵2台，柴油加剂计量泵3台，汽油加剂循环泵1台，汽油加剂计量泵2台，增加流量机1台，使汽油柴油加剂实现了加剂量稳定、均匀、准确的专线加剂，有效提高了汽油、柴油一次调和合格率。11月，VOCs（挥发性有机化合物）治理油品罐区部分项目施工，新建1具水洗塔，对甲醇储罐和航空煤油储罐的VOC进行回收处理。

三、液态烃装置

1.装置概况

炼化总厂先后建成3套液态烃装置。

液态烃一站始建于1974年9月，有20立方米卧罐2具，100立方米球罐2具。年最大充装量10000吨，可充装省外及河西走廊一带15千克和50千克的钢瓶。随着原油加工量的扩大，1985年3月，异地建成液态烃二站，增设液化气汽车罐车装车装置。2000 年 3 月，二站停用。

现役液态烃装置建于 1993 年，1994 年 12 月正式投用，是油田接收存储液态烃和充装液化气铁路罐车的大型液态烃站，占地 20000 平方米，年可充装液态烃 10 万吨以上。

2010 年，集团公司实行液化气统销业务，液化气汽车罐车装车系统、液化石油气钢瓶自动灌装系统以及液化气压缩机等设备划转给昆仑燃气玉门充装站。

2. 技术改造

1999 年，建设液化气汽车罐车装车系统和液化石油气钢瓶自动灌装系统，以保障液态烃销路顺畅。汽车罐车装车系统主要用于充装液化石油气汽车罐车，通过汽车罐车发往较远的地区，最大设计充装量 7.2 万吨 / 年。液化石油气钢瓶自动灌装系统主要充装 YSP−15 和 YSP−50 型号液化石油气，销售于河西一带，最大设计充装量 2 万吨 / 年。

2003 年，新建 3 具 400 立方米球罐，主要接收青西油田伴生气，也可用于接收存储和发运上游装置生产的液态烃。

2016 年，在 8 具 400 立方米液态烃球罐底部安装符合国标要求的二次脱水器，同时配备安全阀、液位计、压力表和温度计等安全附件。自此，球罐切水作业过程不会带出液态烃气体和硫化氢，安全隐患得以消除。

2016 年，改造液态烃铁路装车系统。通过在栈桥安装定量装车控制柜、装车流量计、带声光报警的静电消除器，在装车泵出口和装车总气相管线安装紧急切断阀，并采用定量装车远程操作控制系统在操作室实现实时控制，提高了装车效率和装车精准度。

2017 年，按照 SH 3009《石油化工可燃性气体排放系统设计规范》规定，新建 57 米高架火炬，采用地面内传焰点火、现场手动点火和远程自动点火方式，确保在正常运行或事故排放时，能够将排放的可燃气体安全、可靠地在火炬设施中烧掉，并满足环境排放的要求。同年，新建事故应急池，包括 4000 立方米污水池 1 座，提升泵房 1 座，并对罐区排污管线进行改造，实现雨污分离排放。应急池污水通过提升泵输送至储运装置污水池，再至污水处理装置处置。

四、污水处理装置

1. 装置概况

污水处理装置建于 1981 年 6 月，占地面积约 11 万平方米，年处理污水能力 180 万吨。系统采用新老结合的方式建成，部分设施依托原有“老三套”（隔油—浮选—曝气）污水处理工艺，配套原油加工能力，进行多次改造和扩建。

2. 技术改造

2000 年 11 月污水处理改扩建工程建成投产，装置采用序批式间歇活性污泥法（SBR）处理工艺，集厌氧和好氧微生物处理于一体，处理能力达到 300 万吨 / 年，总排放口排放水质得到改善，主要排放污染物基本达到国家 GB 8978—1996 标准。

2010 年，污水处理系统达标排放改造竣工，应用新型生物膜法—曝气生物滤池（BAF），提高石油类物质的去除率，生化系统处理后的水质可稳定达到国家二类二级排放标准。10 月，水处理总排放口在线监测系统正式投入使用。

因吸入高度过高，取样泵易抽空无法为在线监测仪表持续供水，2014 年完成总排放口取样系统改造，提高了在线监测室的连续监测质量。

2016 年 9 月，实施关键调节部位自动化改造项目，10 月投入运行。改造在污水调节关键部位增加自动调节阀、液位计以及流量计等设施，实现了这些部位的远程监控和操作，提高了单元工艺精细化控制水平。

2017 年 6 月，浮选系统改造项目完工。项目于分配器南侧新建溶气浮选系统 1 套，采用一体化溶气气浮橇块，并在浮选系统进水管线设置自动控制仪表实现远程控制，结束了原浮选系统设备老旧、维修难度大、处理效率低的历史，达到高效去除水中乳化油、悬浮物等杂质的目的，进一步提升了总排放口的污水质量指标。9 月，VOCs 治理项目开工建设。该项目是将装置含有挥发性有机气体的水池全部进行加盖处理，而后将挥发性气体集中抽至 VOCs 处理单元进行无害化处理，最终实现挥发性气体的达标排放。

五、达标污水深度处理及回用装置

1. 装置概况

2013年12月，200米³/时达标污水深度处理及回用装置建成投产，装置以达标的二类二级排放污水为水源，先后通过流动床生物膜工艺、气浮滤池（DAFF）工艺、超滤和反渗透双膜工艺进行深度处理，再配合浓水处理工艺，使深度处理后的污水达到循环补充水、绿化水、采暖补水的指标要求，有效实现污水资源化。

2. 技术改造

2014年，完成“新型污水深度处理技术工业应用”项目。项目在采用移动床生物膜反应器工艺（MBBR）、气浮滤池（DAFF）预处理工序、双膜脱盐工序、反渗透（RO）浓水处理装置等多项国内先进新型污水深度处理工艺技术的同时，实现了净化污水的回收再使用。7月，生水改为回用水技术改造完成，年可节约生水约6万吨。10月，利用生化系统处理反洗废水，缓解并减轻了含油调节池高负荷时期的生产压力。

2015年11月，厂区采暖水管网采用回用水装置反渗透（RO）产水补充，RO产水得到充分利用，采暖水生水补水量减少。在南站库区北侧建设22万立方米的绿化蓄水池，用于冬季储存富裕的净化污水，并在春、夏、秋三季使用池内存水进行厂区绿化灌溉。在池北开辟3万余平方米公益林绿化区，种植树木2万棵，确保每年4月至次年1月间，达标污水可完全实现自我消化。2016年6月1日始，净化污水全部用于厂区循环水补水和绿化用水，污水总排放口基本实现零排放，污水处理工作进入历史新阶段。

六、空气分离装置

1. 装置概况

空气分离装置建于1954年7月，建设初期采用俄罗斯生产的30型装置，年产氧气24万立方米。2005年7月，由综合服务处氧气厂划转至炼化总厂。至2016年，车间拥有2套KZON–150 ／ 650型空气分离装置，1套氩气生产装置，生产氧气238万米³/年，氮气1030万米³/年，氩气2.4万米³/年，液体产品0.2万米³/年。

2. 技术改造

1989年，对150型空分塔进行改造，使设备具有GB 8980–88标准中高纯氮一级品的生产能力。1991年11月，完成炼油厂配套送气工程，开始向聚丙烯、催化装置供给高纯度氮气。

1997年，实施扩能技术改造，购置安装FON–170/650型分馏塔1具，HXK960/40型纯化器1台，PLPK8.33×2/18.6–4.9型透平膨胀机1台，3Z2–4/35型氮气压缩机2台，使氮气生产能力增加650标准米³/时。

2014年5月，采用空心笼式填料，提高冷却塔的冷却效率。11月，通过对循环冷却水冷却塔、高压空气输送流程及氮气管线进行改造，提高了装置管输氮气的供应量。

2016年8月，将3号空气压缩机的循环冷却水系统由串联方式调整为并联方式。投用后，空气加工量提升300万米³/年，节约生水耗量2700吨/年。

七、动力车间

1. 车间概况

动力车间承担油田炼化各装置蒸汽、生水、脱盐水、循环水、压缩风、瓦斯等的供给和调节任务。车间包括综合泵房、供风（包括东区空压机站、西区空压机站）、循环水（包括东区循环水泵房、西区循环水泵房）、蒸汽管网和采暖等五套系统。

（1）综合泵房。综合泵房由生水、软化除氧水和消防水系统三部分组成。生水系统建于1971年，供给各装置生产、消防、供热补水和生活用水的。主要包括东池（2000立方米）、西池（2000立方米）和南封闭池（2500立方米）三池及三台生水泵。最大供水能力880米³/时，正常供水能力450米³/时，正常供水压力大于0.30兆帕。1993年10月，软化除氧水系统建成投用，负责各装置余热锅炉和蒸汽发生器软化除氧水的制备与供应，有各类设备26台（套），正常供水能力80米³/时，最大供水能力120米³/时。1999年，消防水系统由油田炼化消防支队划转动力车间，负责各装置高压消防水供给，正常供水能力1350米³/时，稳压状态供水压力为0.7～1.0兆帕，泵启用状态供水压力为1.65～1.8兆帕。

（2）供风系统。供风系统包括东区空压机站、西区空压机站两部分，主要任务是供给各装置生产及仪表用风。西区空压机站建于 1964 年，最大供风能力为 200 米^3/ 分钟，供风压力 0.35 兆帕。东区空压机站于 1997 年建成投产，配备 3 台 VK8−3S 离心式压缩机、3 台无热再生干燥器。2007 年新增 1 台压缩机及干燥系统，专供 80 万吨 / 年重油催化裂化装置反应再生系统。2011 年，新增 2 台自动化程度高、处理量大的 TA6000 离心式压缩机，最大供风能力由 220 米^3/ 分钟提高至 300 米^3/ 分钟，供风压力提高至 0.52 兆帕以上，供风露点由低于 −20℃降低至低于 −40℃。2017 年，东区风系统新增 1 台 TA6000 压缩机。至 2017 年年末，东区空压机站有离心式压缩机 3 台、螺杆式压缩机 3 台，吸附干燥器 5 具、储气罐 4 具、缓冲罐 3 具及 5 台后冷换热器，供风能力为 600 米^3/ 分钟（吸入状态）。

（3）循环水系统。根据供水区域，循环水系统分为东区循环水和西区循环水两套系统。东区循环水系统由东、西两套供水系统组成，西供水系统于 1994 年建成，主要负责 30 万吨 / 年催化重整、50 万吨 / 年柴油改质、4 万吨 / 年聚丙烯、气分 MTBE、东区空压机站等装置的循环水供给。主要设备有 2500 立方米无填料凉水塔 4 具、旁滤器 1 具、供水泵 6 台、无阀过滤器 2 具、旁滤泵 1 台，加药计量泵 2 台，最大供水能力为 7000 米^3/ 时。东供水系统于 2004 年 10 月投产，为 80 万吨 / 年重油催化裂化装置、250 万吨 / 年常减压蒸馏装置、30 万吨 / 年酮苯脱蜡脱油联合装置供给循环水。主要设备有 3 台离心泵、1 具 3000 立方米填料凉水塔，最大供水能力为 3000 米^3/ 时。

西区循环水系统建于 1965 年，负责 1.5 万吨 / 年分子筛脱蜡、25 万吨 / 年丙烷脱沥青、20 万吨 / 年糠醛精制、30 万吨 / 年延迟焦化、30 万吨 / 年催化裂化、酸性水、西区空压机站、瓦斯集输站和 80 万吨 / 年重油催化裂化烟气脱硫系统等装置的循环水供给。主要设备有 2500 立方米凉水塔 1 具、离心泵 5 台，旁滤器 1 具。2011 年短流程战略实施以后，西区循环水服务单位逐渐减少，2016 年 11 月，西区循环水系统彻底退出历史舞台。

（4）蒸汽管网系统。蒸汽管网有四条蒸汽主线，其中 1 号线规格为管径 300 毫米，提供 1.0 兆帕蒸汽；2 号线规格为管径 350 毫米，供气压力为 0.6 兆帕；3 号线规格为管径 350 毫米，供汽压力为 0.3 兆帕（2004 年，3 号线停用）；中压蒸汽线规格为管径 250 毫米，供汽压力为 3.5 兆帕。

（5）采暖系统。采暖系统即供热站，建于 1974 年，以与蒸汽换热后的热生水为供热介质。该系统分为南、北两个供热区域，其中南区是为厂外住宅及公用设施供热，北区是为厂内生产装置及公用设施供热。2003 年后，南、北两个供热区域可并纳为一个系统运行，也可根据实际情况分系统运行。至 2016 年底，供热站有离心泵 8 台，管道泵 2 台，水罐 2 具，冷换 10 具，最大供水能力为 3000 米^3/ 时，最大供热量 3.0×108 千卡 / 时。2012 年，更换全部 9 台换热器和南北区 4 台供热泵，同时供热热源工艺也由原来单一的蒸汽热源，调整为首先利用 250 万吨 / 年常减压蒸馏装置初常顶的低温热，热量不足时再使用蒸汽热源的余热利用工艺，进一步降低了采暖用能。

2. 技术改造

随着 150 万吨 / 年炼油配套工程的逐步完善，二次加工生产装置与公用设施逐步增加，冷却水用量也同步上升。充分利用循环水资源，压缩新鲜水用量成为当务之急。故分两期对循环水系统进行改造，以达到改善循环水水质的目的。一期工程于 1993 年 6 月完成，在西区循环水新建 GFNS−2500 冷却水塔 1 座，投用后循环水供水温度从自然冷却改为强制冷却，可通过调整风机转速来调整循环水供水温度。1994 年，二期工程动工，新建东区循环水西供水系统，建设 4 具 GFNS−2500 凉水塔及其配套的水质净化投药设施，循环水处理量由 2500 米^3/ 时增加至 12500 米^3/ 时，水质提升，新鲜水补充量下降。

2002 年，新建 1 具 3000 米^3/ 时凉水塔、3 台 1872 米^3/ 时离心泵，形成东区循环水东供水系统，单独为 80 万吨 / 年重油催化裂化装置供给循环水。

2004 年，将供风系统 5 台 5L−40/8 活塞式压缩机、1 台 1−40/8 活塞式压缩机拆除，安装英格索兰 MH350−2S 螺杆压缩机 2 台，供风压力由 0.30 兆帕提高至 0.48 兆帕。

2006 年，对消防水系统进行改造。改造后的消防水系统由 2 台稳压泵、3 台消防水泵及外围管网和防冻式消防栓组成，结束了冬季消防水管网按需投用的状态。

2007 年，自水电厂引进一条 DN150 除盐水线，结束了油田炼化除盐水无法供给的历史。同时，由于除盐水品质比软化水高，加之各装置逐步配置了自己的除氧系统，软化除氧水系统就此停用。

2007 年 8 月，新建一条水电厂至炼化总厂规格为 DN250、供汽压力为 3.5 兆帕的中压蒸汽线，专供 80

万吨 / 年重油催化裂化、50 万吨 / 年延迟焦化、8 万吨 / 年苯分离及 10 万吨 / 年瓦斯气 $C3^+$ 等装置使用，实现了厂际深度热联合。

2010 年与 2013 年，分别将 1 至 4 号凉水塔、5 号凉水塔改造为无填料式凉水塔，凉水塔系统阻力降至原来的 1/2，冷却水量相比填料塔提高 10%。

八、配电车间

1. 车间概况

配电车间成立于 1996 年 4 月，其前身是电气车间，是油田炼化电力集散的枢纽单位，承担着厂区 100% 的电力供应和电力运行工作，同时肩负着电气技术数据的分析统计和电气设备的日常巡检、维护、检修工作。截至 2017 年 12 月，供配电系统分为厂区 35/6 千伏系统、南站 6/0.4 千伏系统和空分 6/0.4 千伏系统，采用双回路或双电源供电方式，供电等级均为一级负荷。共运行有高压配电室 9 个、高低压联合配电室 11 个、低压配电室 49 个及高压开关柜 455 面，低压开关柜 993 面，变压器 72 台，直流屏 47 套。

2. 技术改造

1987—1994 年，炼化总厂供电电源由水电厂直配，有 6 条线路跨越厂区，其中两路 35 千伏电缆线路直供 35/6 千伏变电站 35 千伏配电室。另外四条为架空线路，7 号、8 号架空线路分别为双根 LGJ–120 平方毫米，分别接入 7 号、8 号配电所；9 号、10 号架空线分别为双根 LGJ–185 平方毫米，分别引至一套催化、二套常减压装置配电室，形成了 6 条线路向总厂供电的局面。

1994 年，随着催化、常减压、重整加氢相继建成大型机组，多路分散供电已不能应对当时的形势，因此建成 35 千伏中心变电所，带动总厂 6 千伏系统以 35 千伏中心变电所为根系的放射状供电改造。

1996 年 4 月，拆除 7 号、8 号、9 号架空线路，架设由 35/6 千伏变电站 6 千伏配电室至 7 号、8 号、9 号配电所、80 万吨 / 年常减压蒸馏装置、风泵房、循环水泵房、酮苯脱蜡脱油联合装置等 7 个配电所的电缆。同时，新建西区 6 千伏配电所，电源从 7 号配电所引出，负责对水处理、氧化沥青、石蜡成型、成品罐区、精油厂等 5 套装置进行供电；新建南站油库 6 千伏配电所，配电所双回路电源线引自 12 号、14 号架空线。

2008 年 9 月，35/6 千伏变电站建成后，合并取消 7 号、8 号配电所高压系统，并对 7 号、8 号配电所低压系统进行改造。

1999 年 3 月，对 35/6 千伏变电站供配电网络保护系统进行微机智能化改造，将时间极差整体缩短为 0.3 秒，同时提高保护的可靠性、灵敏性、选择性和快速性。

2004 年 8 月，完成 35 千伏双电源系统改造，总容量为 103000 千伏安，较改造前增加 0.56 倍。

2006 年 10 月，将南站油库 34 台继电保护装置更换为微机型综合保护装置，以改善保护级间的配合。

2014 年 2 月，将 8 号配电所高压配电室配电盘及所属各设备负荷及控制电缆保护性拆除，安装新型 KYN28–12（Z）高压开关柜 16 面，设备运行可靠性提高。

2013 年 5 月，改造 13 号、14 号线电源柜，解决两路电源相位差等问题，实现南站总配电所双重电源供电。

2016 年 8 月，将中心变电所 1 号、2 号主变压器更换为有载调压变压器，对 6 千伏馈出线柜柜内二次回路改造。由此，解决了因运行电压超出允许电压的上、下限范围而分别引起的功率因数降低、电压偏低等问题，确保各装置的平稳生产运行。

2016 年，在重整加氢低压配电室、柴油改质高低压联合配电室、催化 2 号低压配电室、常减压高低压联合配电室、气分 MTBE 高低压联合配电室，加装低压快速切换装置。该装置的使用可以为不间断供电提供重要保障，通过快速自动切换到备用电源，保证不间断供电。

2016 年，对催化重整、柴油改质、催化裂化、常减压及气分 MTBE 等 5 套装置增加低压电动机群起自动柜；在制氢装置、柴油加氢装置的重要电动机以及常减压、催化重整、东区风泵房、东区循环水等装置的低压电动机回路加装抗晃电模块，进一步全方位提高低压配电系统的抗晃电能力。

九、仪表车间

1. 车间概况

仪表车间成立于 1981 年。1995 年 6 月，仪表车间划归新成立的工程维修公司。1998 年 12 月，仪表车间从工程维修公司划入新成立的自动化工程公司。2000 年，自动化工程公司解散，成立维护中心，仪表车间一部分划归工程维修公司仪修作业队，另一部分划归维护中心为三工区。2011 年 3 月，炼化总厂短流程调整，维护中心、工程公司撤销，成立仪修车间、自动化中心。2012 年，为进一步加强仪表自控系统维护管理，将仪修车间和自动化中心合并成立仪表车间。车间下设仪表南区仪表维护班、北区仪表维护班、西区仪表维护班、系统班维护班、安装班及机电班六个维护班组，主要负责各类仪表、生产控制系统、生产执行系统（MES）、ERP、班组绩效信息管理系统的维护检修及网络维护工作。

2. 技术改造

1997 年，将气分装置气动仪表改为电动仪表，采用智能逻辑控制技术，实现在线仪表实时监测，提高了装置的仪表“三率”、操作平稳率、产品馏出口合格率、丙烯收率及产品质量。

1999 年，完成炼化总厂自动控制系统完善升级，采用 HP180L 工作站全面取代 Multibus 节点，通过软件升级、开发和硬件更换，对各类应用软件进行 Y2K 问题测试、确认，解决了计算机 2000 年问题，自动控制水平提高。

2002 年，建立独立于 DCS 控制系统的 APC 软硬件平台，开发 APC 与 DCS 接口通信软件 RDI，建立基于化工过程的数学模型、质量指标软仪表并首次在常减压蒸馏装置使用，实现了基于模型的多变量预测先进控制。对 80 万吨 / 年重油催化裂化、30 万吨 / 年催化重整等主要生产装置的 DCS 控制器电源、数据通信系统冗余，UPS 电源报警信息实时监控、双机冗余及试点输入自动备投实施技术改造。

2003 年，完成总厂部分装置 DCS、ESD 光纤联网，实现了各装置生产装置数据的实时采集和厂级调度监控的管控一体化。

2004 年，建立基于化工过程机理的数学模型及多变量预测控制为主、多种高级控制策略的先进控制系统，并首次在 250 万吨 / 年常减压蒸馏装置应用。将全厂氮气计量交接仪表由旋进漩涡流量计改为涡街流量计，并配有积算仪，实现了温度、压力补偿，将工况流量测量 7% 的误差缩小到标准立方米 1% 的误差测量，可直接用于贸易核算。

2006 年，增加重催油浆回炼流量 FIC–290 回路设计计算选型施工并投用，提高了回炼油的控制操作能力。对南站 50 吨汽车衡进行技术改造，称重误差由 −50 千克 / 吨减小为 −10 千克 / 吨，达到测量精度等级。

2007 年，对 DCS 自动化控制系统所属的不间断电源系统（UPS）设备全面实施远程网络监控管理，实现了对 UPS 状态、输入输出各项参数、电池组状态、电池组电压、整流器和逆变器的状态、温度和电压、空调运行状态等的实时监测。同时能够迅速定位故障 UPS 设备及原因，缩短故障解决周期，提高设备的可靠性，降低生产装置的经济损失，降低维护人员的劳动强度。

2013 年，随着厂区 384 台无声光报警仪更新改造及库区和铁路栈桥区新增 160 台报警仪安装工作的完成，可燃气体报警器全部实现现场声光报警功能，现场安全预警提示能力提高。2013 年 6 月，通过完善 80 万吨 / 年重油催化裂化装置和 50 万吨 / 年柴油加氢改质装置的压缩机联锁逻辑、加装温度隔离栅，增加回路断路保护等措施，确保了大机组安全、平稳、长周期运行，减少了大机组误停机次数。酸性水 DCS 系统于 2013 年 9 月进行升级及扩容，实现了酸性水装置和瓦斯站的集中操作。2013 年 10 月，将 80 万吨 / 年重油催化裂化装置双动滑阀东阀、西阀和第一再生滑阀改为智能型比例电液控制机构，降低了电液滑阀故障率，消除了电液控制柜高压油路系统泄漏的安全风险。

2014 年 9 月，实现各装置 DCS 控制器运行状态的实时监控和查询。

新建 1.5 万吨分子筛脱蜡装置控制系统升级改造于 2015 年 11 月实施完成。将停用润滑脂装置的控制系统进行硬件系统设计、集成和控制系统组态及顺控程序的开发，用于新建 1.5 万吨 / 年分子筛脱蜡装置，降低备品备件购置数量，节约了资金。

2016 年 9 月，实施催化裂化、催化重整、柴油改质、气分 MTBE 装置仪表供电系统 UPS 并机冗余方式改为双机分段供电方式改造。改造后两台 UPS 独立运行，输出线路完全独立，消除了并机冗余带来的安全隐患，提高了仪表供电系统的安全性和可靠性。

2016 年，实施常减压装置减压深拔及 DCS 系统升级改造，彻底拆除 ADVANT 500 控制系统，更换为 Foxboro I/A 控制系统。新系统解决了控制器及操作站硬件采购困难的问题，消除了旧控制器负荷高的安全隐患，其方便、快捷、友好的操作界面得到操作人员的好评。为了尽量提前此次升级改造工期，维护人员拼时间、拼质量、拼进度，发起“检修之战”的冲锋，践行“做事情的时候，用心去做，并做到最好”，高标准完成了常减压系统升级改造工作，为装置顺利开厂和平稳运行保驾护航。

十、机修车间

1. 车间概况

机修车间前身可追溯到1987年以前的维修车间。1989年12月，维修车间分为机钳车间与维修车间，主要有钳工、车工（车、刨、铣、插、磨、钻）、机床维修工、锻工、铸工、镀铬工、热处理工等工种组成。1995年6月，划归新组建的工程维修公司。2011年3月，成立机修车间，下设钳工一班、钳工二班、综合班、密封班。主要负责转动设备和塔具的检修、日常维护，部分零配件的加工、修复及静密封垫的制作和动密封的调试、安装、维修工作。

2. 技术改造

1998年，成功投用50万吨/年催化裂化装置三机组，增大了催化装置处理量，降低了装置能耗，年节电费用可达500多万元，为装置达标奠定坚实的基础。

2000年，完成转动设备转子动平衡实验技术的应用与推广，实现50万吨/年催化裂化装置烟机转子等的动平衡测试，结束了转子必须送外检测的历时。

2003年，组建垫子房，开始生产高强复合垫和缠绕垫等，基本实现常用垫片的自给自足。同年，完成高强石墨垫的研制，填补了此前只能依靠外单位进行石墨垫制作的空白。

2004年，解决30万吨/年延迟焦化装置柴油泵（DY25−50×5）机泵运行振动的问题。

2004年，完成250万吨/年常减压蒸馏装置AY型热油泵（200AYⅡ−150A）泵体泄漏的修复，并对AY型热油泵（250AYⅡS−150×2C）冷却系统实施改造，消除机泵泄漏、减少设备停用时间、降低机泵材料费用及相关部件的损耗费用。

2005年，完成80万吨/年重油催化裂化装置热水泵机械密封国产化改造，降低了设备的运行成本。

2007年，消除80万吨/年重油催化裂化装置烟机气封间隙不均匀及泄漏问题。由于烟机机壳变形严重，造成气封间隙不均匀，配合间隙超标，烟机运行过程中烟气泄漏严重，改进、安装后烟气泄漏基本消除。

2010年，完成250万吨/年常减压蒸馏装置及45万吨/年催化重整装置引烟机、鼓风机轴封系统设计改造，提高了轴封的使用寿命，降低了泄漏的可能性。

2013年，将各装置高温热油泵、有毒有害泵、轻烃介质泵三大类高危泵密封端面由单端面改为双端面，使高危介质能被有效控制在双密封腔体内，防止高危介质直接与外界环境接触而引起的次生灾害，提高了机泵的运行周期。同时，将各装置共14台存在风险的长轴液下泵改为地面自吸泵，提高了设备的本质安全性，彻底消除了因长轴液下泵轴套机械故障，引发污水提升池（罐）闪爆事故的发生。

2016年，对装置机泵轴承仓润滑油杯进行改进。新式恒位油杯根据轴承润滑部位的高度调整液位，使轴承仓保持恒定的液位，确保轴承润滑良好，避免了因轴承仓润滑油液位过低或过高引发的轴承、油封、机械密封故障。

2017年4月，对气分装置抽气机1级、2级缸体结构进行技术改造，使抽气机运行满足工艺要求，并对环保产生积极影响。

第三节　关停装置

一、石蜡连续成型装置

石蜡连续成型装置1953年建成投产，1986年生产能力为4000吨/年。

1988年，完成装置扩建改造工程，设计处理量提高至1.2万吨/年。

2002年，新增1套3万吨/年板框式石蜡冷冻室、成品石蜡包装线，更换旧氨压机，使成品石蜡生产能力提高至4万吨/年。装置以润滑油装置的液态石蜡为原料，经石蜡成型机冷室冷却，使石蜡由液态变成固态成型，生产熔点为54℃、56℃、58℃、60℃的半精炼石蜡及熔点为70℃的微晶蜡。主要由原料储存、石蜡成型、冷冻系统、石蜡包装系统、石蜡输送等5部分组成。

受加工原料劣质化、重质化程度加深，石蜡原料减少影响，2008年10月，装置停用。

二、石蜡白土精制装置

石蜡白土精制装置建于1965年，石蜡精制能力0.45万吨/年，采用发汗脱油—石蜡白土精制工艺，生产粗石蜡、火柴蜡、52号、54号半精炼蜡。

2001年，新增XAZ80/1000自动板框压滤机2台，二级精制滤机1台，采用叶轮给粉机配合进口冲板流量计及微机控制，替代了手动滤机及文氏喉加白土工艺，装置加工量提高到4万吨/年。此后，装置以酮苯脱蜡脱油联合装置的减二、三、四、五线及轻脱油、常三线脱油蜡为原料，生产52～64号半精炼石蜡和70号微晶蜡。石蜡发汗系统同期停用。

2010年12月，石蜡白土精制装置停用。

三、糠醛精制装置

1965年7月，糠醛精制装置建成投产，设计生产能力4万吨/年。至1986年，处理能力达到9万吨/年。1988年装置停用。

20万吨/年糠醛精制装置于1988年建成，同年9月正式投产。装置以酮苯脱蜡减二线、减三线、减四线、减五线以及轻脱油为原料，采用先酮苯脱蜡，后糠醛精制的反序生产工艺，生产润滑油基础油。

1996年8月，装置采用新型高效规整填料和高效液－液进料分布器，产品质量改善，精制油收率、糠醛精制水平提高。2001年，采用双塔串联，溶剂分馏两段萃取的新工艺，将抽提高度由8米提高到16.8米，抽提效果、精制油收率得到提高。

2011年3月，装置停用。

四、酮苯脱蜡装置

7.5万吨/年润滑油酮苯脱蜡装置于1966年8月竣工投产。1986年，装置生产能力为15万吨/年。装置主要加工玉门原油减压二、三、四线馏分油，由结晶、过滤、回收、冷冻及惰性气体5个系统组成。1999年12月，装置停用。

30万吨/年酮苯脱蜡脱油联合装置于1999年11月开始试运行，主要以塔指—吐哈—玉门混合原油的减压二线至减五线馏分油、常三线馏分油以及轻脱油为原料，采用溶剂脱蜡脱油、滤液循环、多点稀释、两段过滤、多效蒸发等工艺，生产MVI100～MVI900、MVI−90BS、MVI−120BS脱蜡油，以及52～64℃脱油半精炼蜡、粗石蜡和70号微晶蜡，副产品为各线蜡下油。装置由结晶系统（脱蜡、脱油）、过滤系统（脱蜡、脱油）、氮气循环密闭系统、回收系统（油回收、蜡回收、蜡下油回收、水溶剂回收、溶剂干燥系统）、氨冷冻系统、原料罐区热水循环系统等组成。2004—2005年，先后试加工减五线油品、丙烷脱沥青轻脱油，以及常三线柴油原料，在生产出符合国标一级品的70号微晶蜡原料后，实现了柴油脱蜡，增加了石蜡产能资源。

2010年12月，30万吨/年酮苯脱蜡脱油联合装置停用。

五、润滑油白土补充精制装置

润滑油白土补充精制装置于1981年底建成投产，采用酮苯脱蜡脱油—白土补充精制处理工艺，设计加工能力3万吨/年。2002年，装置扩容改造，新增加热炉、接触塔、1具混合罐、2具白土罐、4具成品油储罐及12台机泵，生产能力达到20万吨/年。

2003年，建成润滑油基础油络合脱氮系统，基础油脱氮率达到80%，使润滑油基础油旋转氧弹指标达到MVIS深度精制基础油要求。2007年10月，润滑油液相脱氮—无白土低温吸附的联合精制系统投料试生产。工艺采用国内独创的WSQ−2型脱氮剂精制基础油，BLS−X100型吸附剂取代活性白土，改善了废渣排放带来的环保问题，润滑油基础油收率提高，加工成本与能源消耗降低。

2010年6月25日，润滑油白土补充精制装置停用。

六、氧化沥青成型装置

氧化沥青成型装置由炼油厂设计院设计，1986年9月建成投产，设计处理量5万吨/年，生产建筑沥青。

1998年，装置通过扩容改造，具备5万吨/年道路沥青的调和能力，开始批量生产100号甲、乙普通道路沥青。至此，氧化沥青成型装置由建筑沥青成型系统、道路沥青调和系统、渣油调和系统组成，以减压渣油、脱油沥青以及糠醛抽出油为原料，生产10号建筑沥青、100号普通道路沥青以及调和渣油，后续还开发AH−90、AH−110重质交通道路沥青等产品。1999—2001年，先后增设1万吨/年单枪头道路沥青纸袋灌装生产包装线、2 万吨 / 年双枪头道路沥青纸袋灌装生产包装线和 2 万吨 / 年建筑沥青纸袋灌装线，解决了沥青产品包装单一，市场覆盖面窄的难题。

2004 年 5 月，30 万吨 / 年延迟焦化装置投入运行，装置停用。

七、丙烷脱沥青装置

丙烷脱沥青装置于 1999 年 4 月一次试厂成功，加工能力 25 万吨 / 年。装置由抽提—沉降—临界回收、溶剂蒸发回收、溶剂汽提压缩回收三部分组成，采用两段抽提工艺，生产轻、重脱油和脱油沥青，实现了减压渣油的深度优化加工。

2000 年，首家实现了抽提塔温度梯度由原料温度和溶剂温度控制及中压丙烷热量的二次利用，使装置的溶剂超临界回收成为现实。2001 年，实行 FCC- 溶剂脱沥青组合工艺，采用脱沥青法替代传统的蒸馏法回收油浆中的饱和组分进行回炼，并将脱除的多环芳烃留在脱油沥青中，达到改善脱油沥青质量的目的。

2011 年 3 月，装置停产。

八、润滑脂生产系统

润滑脂生产系统由 2000 吨 / 年润滑脂装置、1 万吨 / 年润滑脂装置及真空油脂系统三部分组成。

1965 年，建成 2000 吨 / 年润滑脂装置。主要产品有 2 号低温脂、4 号高温脂、白色脂、3 号耐醇密封脂及锂基润滑脂系列产品和钙基润滑脂系列产品。1998 年，新增锂基润滑脂机械小包装系统。

真空油脂系统与 2000 吨 / 年润滑脂装置一并建成，设计能力 20 吨 / 年。系统以基础油、添加剂等为原料，生产真空油脂。装置分为真空油和真空脂两个生产部分。真空油部分主要生产真空泵油、扩散泵油和增压泵油。真空脂类生产系统主要生产各牌号真空脂、真空封蜡、真空封泥和绝缘胶管产品。其中，8 号绝缘胶具有极好的绝缘性能、良好的化学安定性和抗水性，神舟五号、神舟六号载人航天器上都使用过该产品。

1 万吨 / 年润滑脂装置于 2007 年动工兴建，2008 年正式投产。主要生产通用锂基润滑脂、二硫化钼锂基润滑脂、汽车通用锂基润滑脂、二硫化钼极压锂基润滑脂、极压锂基润滑脂、极压复合锂基润滑脂等系列产品。2009 年，复合铝基润滑脂工业化生产成功，填补了铝基润滑脂产品生产的空白。

2011 年初，润滑脂生产系统停用。

九、磺酸盐生产系统

磺酸盐生产系统由 202 装置、三次钙化装置和 1215 装置三套装置组成。

202 装置即石油磺酸钠生产装置。1962 年建成投产，设计能力 500 吨 / 年。1998 年，通过增加沉降时间、进行二次抽提等措施，成功生产 40 号石油磺酸钠。2006 年 9 月，国家新型技术实用专利“喷射雾膜磺化反应技术”研究项目完成。项目新建磺化反应实验装置，通过改变三氧化硫与减二线润滑油的接触模式，提高了磺化反应效率，缩短了磺化反应时间。

三次钙化装置即石油磺酸钙生产装置。1965 年建成投产，产品有 T101（低碱值石油磺酸钙）、T102（中碱值石油磺酸钙）。

1215 装置即石油磺酸钡生产装置。1967 年 3 月建成试产，设计能力为 50 吨 / 年，1990 年生产能力为 100 吨 / 年。主要生产防锈添加剂 T701（石油磺酸钡）和 T705（二壬基萘磺酸钡）。

2010 年，磺酸盐生产系统停用。

十、白油生产系统

白油生产系统于 1975 年建成投产，设计能力为 1000 吨 / 年。系统包括酸碱精制、抽提和白土处理 3 套装置，主要以磺酸盐生产系统抽余油为原料，生产工业白油、A 级白油、助剂油、导热油、软麻油、电容器油及变压器油等产品。

2010 年磺酸盐生产系统停用后，原料供给中断，白油生产系统随之停用。

十一、烃基脂调和系统

2008 年，利旧原白油生产系统酸碱装置 4 具沉降罐，增加 1 组换热套管和 3 台重油调和泵，改建成烃基脂调和系统，以重脱油、微晶蜡为原料，生产钢丝绳表面脂、钢丝绳麻芯脂、工业凡士林和石油脂类产品。系统采用先进的脉冲气动调和系统，设计生产能力 5 万吨 / 年。

2011 年，烃基脂调和系统停用。

第四章　产品

第一节　产品开发

1940年，炼油厂能生产汽油、煤油、柴油、蜡油4种石油产品。至1949年，可生产汽油、煤油、柴油、黄油、擦枪油、粗机油沥青、石油醚等12种石油产品。此后数年，逐步开发出各牌号柴油、沥青、机械油等产品。20世纪60年代，产品研发以特种油品和军品为主，液压油、润滑脂、凡士林、电器用油、真空油脂类产品相继问世。1964年，10号航空液压油等中国第一批军用产品研制成功并投入工业化生产，填补了多项国内空白。1966年，80号真空封蜡横空出世，满足了国防工业高真空、永久性密封的需要，被誉为“稀世珍宝”。1968年，开发生产的2号喷气燃料，为中国进口该类油品的历史画上了休止符，全军上下称之为“争气油”。1970年，成功开发出−35℃、−50℃坦克柴油。此后的产品研发方向仍以工业白油、助剂油、润滑脂、添加剂及真空油脂等高附加值特油产品为主。至1986年，能生产燃料油、润滑油、润滑脂、添加剂、石蜡、沥青、石油焦、凡士林、电器用油、真空油脂、航空液压油、白油12大类180种产品。

1987—1995年，研发以润滑油产品为主，特别是以汽油机油、柴油机油和齿轮油居多。此阶段，先后研制出通用型机床工业用润滑油、QD级30号高档汽油机油、QD级40号高档汽油机油、LDAB往复泵压缩机油、高级抗磨液压油、硫磷型中负荷工业齿轮油、CC级15W/40柴油机油、QD级14W/40汽油机油、16号坦克柴油机油、L−HM液压油、L−EQO 15W/40汽油机油、L−ECC 15W/40柴油机油、拖拉机传动液两用油、N68重负荷工业齿轮油、N100重负荷工业齿轮油、N150重负荷工业齿轮油、CC级15W/30柴油机油、L−TSA汽油机油、QD级15W/30汽油机油、GL−5 85W/90车辆齿轮油、GL−4 85W/90中负荷车轮齿轮油、CD级15W/30多级柴油机油、CC级L−E30柴油机油、CD级15W/30多级柴油机油、L−FD3轴承油、L−FD5轴承油、L−ECC30柴油机油、L−EQE15W/30汽油机油、GL−5 85W/90重负荷车辆齿轮油、L−H3液压油、GL−5 85W/90重负荷车辆齿轮油、L−EQE15W/30汽油机油、L−ECD30柴油机油、30QE/CC通用内燃机油等35种产品。与此同时，其他产品也有涉及：1988年和1990年，研发出3号喷气燃料和道路沥青。1992年，研发出RH−75航空汽油、−10号柴油、通用汽车锂基润滑脂。1993年，研制无臭煤油、特种工业白油。1994年，研发新标准（SH0528−92）真空泵油、10号航空液压油、20号液蜡油、石脑油。1995年，研制出多用途低温润滑脂、汽车通用锂基润滑脂。

1996—2000年，对中高档润滑油展开大量研发工作，全损耗系统油、汽轮机油基本实现研制系列化，同时兼顾少量添加剂、润滑脂、真空油产品的研发工作。先后研制出90号汽油、L−AN32全损耗系统油、L−AN46全损耗系统油、30CD级柴油机油、15号航空液压油、L−TSA32汽轮机油、L−TSA46汽轮机油、L−TSA68汽轮机油、稠化机油、40号石油磺酸钠、SE/CC通用内燃机油、56号半精炼石蜡、矿物油型真空泵油、L−ERC二冲程汽油机油、新一代Ⅲ型极压锂基润滑脂、溶剂稀释型防锈油、中重负荷工业齿轮油、溶剂稀释型软膜防锈油、FC超级风冷二冲程汽油机油、SE30汽油机油、ZL−2冷轧油、ZL−3冷轧油、6号普通液力传动油、8号普通液力传动油、高等级道路沥青、4号软麻油。1998年，15号航空液压油问世，此油品可替代国产10号、12号航空液压油和美国MIL−H5606e标准液压油，后成为我国军用飞机唯一指定用油。

2001—2006年，润滑脂研制步伐逐步加快，由此拉开炼化总厂特种油品飞速发展的序幕。先后研制出15号工业白油、复合汽车防冻液、L−DAB220往复式空气压缩机油、复合钙基润滑脂、复合锂基润滑脂、抗磨型油膜轴承油、涡轮涡杆油、10W/30SF四冲程摩托车专用油、无灰抗磨液压油、溶剂稀释型硬膜防锈油、第三代船舶中速机油、普通快速淬火油、高强石墨垫、微晶蜡、二硫化钼极压锂基润滑脂、白色特种润滑脂、轧辊脂、硫化切削油、不锈钢拉伸油、纺织机油。

2007年后，随着烃基脂装置的投产，烃基脂产品研发呈现白热化势头。同时，润滑脂产品在寻求外部汽车市场的同时，逐步完善产品种类，实现系列化生产。至2010年，先后研制出钢丝绳表面润滑脂、

MP–3 多效能锂基润滑脂、JH–4 整形油、金属板材洗净防锈油、高标号车用汽油、复合铝基润滑脂、钢丝绳麻芯脂、半流体减速机润滑脂、石油脂、工业凡士林、锂基润滑脂、纺织机油系列、普通开式齿轮油、滚珠轴承润滑脂、石油脂型防锈脂、HP 高温润滑脂、4200 系列防锈油、贵绳厂专用钢丝绳表面脂、防锈石墨锂基润滑脂、高效压延机润滑脂、聚脲润滑脂、高滴点钢丝绳麻芯脂、极压复合铝基润滑脂、铁路机车轮对滚动轴承润滑脂、汽车多效润滑脂、渔业钢丝绳脂、极压耐磨防锈脂、石墨锂—钙基润滑脂、乳化炸药凡士林、22 号液压油、BP 高效能润滑脂、嘉实多润滑脂、汽车底盘润滑脂，缠绕垫Ⅴ型钢带回收机、钢丝校直两用机、车用汽油，高档烃基脂、1 号复合钙基润滑脂、通用麻芯脂。2010 年，按照国标要求，车用汽油升级为国Ⅲ标准。

2011—2017 年，炼化总厂实施短流程发展战略，产品研发逐渐终止，除 2012 年研制出石油苯及丙烷外，仅按照国家要求，实施汽油、柴油质量升级换代。

第二节　产品类目

一、2011 年以前主要产品

2011 年以前，炼化总厂产品种类丰富，品类齐全，能生产燃料油、润滑脂、液压油等 17 大类 160 余种产品，1987—2011 年主要产品见表 4–4–1。

（1）燃料油：90 号车用汽油（Ⅲ）、93 号车用汽油（Ⅲ）、97 号车用汽油（Ⅲ）、5 号车用柴油（Ⅲ）、0 号车用柴油（Ⅲ）、–10 号车用柴油（Ⅲ）、–20 号车用柴油（Ⅲ）、–35 号车用柴油（Ⅲ）、3 号喷气燃料、煤油、5 号普通柴油、0 号普通柴油、–10 普通柴油、–20 号普通柴油、–35 号普通柴油、–35 号军用柴油。

（2）液压油：15 号航空液压油、10 号航空液压油、10 号普通液压油、低温地面液压油。

（3）石油磺酸盐：35 号石油磺酸钠、40 号石油磺酸钠、45 号石油磺酸钠、50 号石油磺酸钠、55 号石油磺酸钠、石油磺酸钙清净剂（T101、T102）、T701（油溶性石油磺酸钡）、T705 防锈剂（二壬基萘磺酸钡）。

（4）真空油（脂）：80 号真空封蜡、30 号真空封泥、80 号真空封泥、80 号真空封泥、1 号真空封脂、2 号真空封脂、3 号真空封脂、4 号真空封脂、3 号矿物油型扩散泵油、100 号矿物油型真空泵油、增压泵油、有抗氧剂仪表油、7 号绝缘胶、8 号绝缘胶、9 号绝缘胶。

（5）工艺用油：7 号工业白油、10 号工业白油、15 号工业白油、5 号低黏度工业白油、15 号助剂油料、26 号助剂油料、36 号助剂油料、A 级白油、1 号软麻油、4 号软麻油、10 号变压器油、25 号变压器油、320 号导热油、330 号导热油、不锈钢拉伸油、普通淬火油、硫化切削油、金属板材清洗防锈油、纺织专用油剂、高级针织机油、节能型纺织机油、4200 中黏度润滑防锈油剂、多效冲压油、普通开式齿轮油。

（6）润滑脂。

通用皂基润滑脂：1 号通用锂基润滑脂、2 号通用锂基润滑脂、3 号通用锂基润滑脂、000 号通用锂基润滑脂、00 号通用锂基润滑脂、0 号通用锂基润滑脂、00 号极压锂基润滑脂、0 号极压锂基润滑脂、1 号极压锂基润滑脂、2 号极压锂基润滑脂、3 号极压锂基润滑脂、0 号二硫化钼锂基润滑脂、1 号二硫化钼锂基润滑脂、2 号二硫化钼锂基润滑脂、3 号二硫化钼锂基润滑脂、汽车通用锂基润滑脂、3 号汽车通用锂基润滑脂、1 号石墨防锈锂基润滑脂、2 号石墨防锈锂基润滑脂、3 号石墨防锈锂基润滑脂、一汽大众汽车专用脂、一汽捷奥汽车专用脂、大众汽车通用锂基润滑脂、2 号 MP 多效能锂基润滑脂、3 号 MP 多效能锂基润滑脂。

复合锂基润滑脂：2 号复合锂基润滑脂、3 号复合锂基润滑脂、1 号极压复合锂基润滑脂、2 号极压复合锂基润滑脂、3 号极压复合锂基润滑脂、2 号轧辊润滑脂、3 号轧辊润滑脂、等速万向节润滑脂、2 号 HP 高温润滑脂、3 号 HP 高温润滑脂。

双金属及其他金属脂：4 号高温润滑脂、3 号耐醇密封脂、2 号汽车底盘润滑脂、3 号汽车底盘润滑脂、000 号减速机润滑脂、00 号减速机润滑脂、0 号减速机润滑脂、铁路机车轮对滚动轴承润滑脂、锂钙基润滑脂、铝基润滑脂、1 号复合钙基润滑脂、2 号复合钙基润滑脂、3 号复合钙基润滑脂、0 号复合铝基润滑脂、1 号复合铝基润滑脂、2 号复合铝基润滑脂、0 号极压复合铝基润滑脂、1 号极压复合铝基润滑脂、2 号极压复合铝基润滑脂、2 号高滴点钙基润滑脂、3 号高滴点钙基润滑脂、1 号多效钙基润滑脂、2 号多效钙基润滑脂、3号多效钙基润滑脂、滚珠轴承润滑脂、螺纹密封脂。

低温及白色特种脂：2号低温润滑脂、2号普通低温润滑脂、多用途低温润滑脂、2号白色特种润滑脂、3号白色特种润滑脂、极压聚脲脂、3号耐醇密封脂、2号精密机床主轴润滑脂、3号精密机床主轴润滑脂。

（7）烃基脂：钢丝绳表面脂、钢丝绳表面脂（专用）、钢丝绳麻芯脂、高滴点麻芯脂、石油脂、通用麻芯脂、3号石油脂型防锈脂、1号工业凡士林、2号工业凡士林、渔业钢丝绳脂、极压耐磨防锈脂、乳化炸药凡士林、68号普通齿轮油。

（8）石脑油：石脑油。

（9）溶剂油：油漆工业用溶剂油。

（10）石油苯：石油苯。

（11）聚丙烯：聚丙烯粉料（PPH–ED–012–A、PPH–XD–045–A、PPH–XD–075–A、PPH–XD–140–A、PPH–HD–225–A）。

（12）半精炼石蜡：50号、52号、54号、56号、58号、60号半精炼石蜡。

（13）微晶蜡：70号微晶蜡。

（14）沥青：10号建筑沥青、100号道路沥青、110号道路沥青。

（15）硫磺：工业硫磺。

（16）石油焦：石油焦。

（17）压缩、液化气体：氮气、纯氮、纯氧、医用氧、氩气。

表4-4-1 1987—2011年主要产品目录表

序号	各种产品			用途	备注
	牌	号	名称		
1	昆仑	90号、93号、97号	车用汽油（国Ⅲ）	汽油发动机燃料	GB 17930—2011
2	昆仑	5号、0号、–10号、–20号、–35号	车用柴油（国Ⅲ）	柴油发动机燃料	GB 19147—2009
3	昆仑	3号	喷气燃料	航空涡轮发动机燃料	GB 6537—2006
4	昆仑	5号、0号、–10号、–20号、–35号	普通柴油	柴油发动机燃料	GB 252—2011
5	—	—	石脑油	乙烯裂解原料	Q/SY 26—2009
6	昆仑	535、545	石油苯	有机合成或其他化工原料	GB 3405—2011
7	昆仑	(PPH–XD–040)、(PPH–XD–085)、(PPH–XD–150)、(PPH–XD–)、(PPH–HD–225–A)	间歇液相本体法聚丙烯树脂粉料	编织袋或其他包装	SH/T 1761.1—2008
8	昆仑	—	工业硫磺	工业原料	GB 2449—2006
9	昆仑	2B、3A、3B	石油焦（生焦）	电极、绝缘材料	SH/T 0527—1992
10	昆仑	15号	航空液压油	液压操纵系统工作液	GJB 1177—1991
11	昆仑	10号	航空液压油	液压操纵系统工作液	SH 0358—1995（2005）
12	—	10号	航空液压油（地面用）	液压操纵系统工作液	Q/SY YM 0024—2000
13	昆仑	—	工业氮	化工原料气、管道吹扫、气氛置换	GB/T 3864—2008
14	昆仑	—	工业氧	焊接、气焊、气割	GB/T 3863—2008
15	昆仑	—	纯氮	分析测试	GB/T 8979—2008
16	祁连	50号、52号、54号、56号、58号、60号	半精炼石蜡	制作蜡烛、蜡笔、包装用纸、文教用品，一般电信材料及木材加工	GB/T 254—1998

续表

序号	各种产品			用 途	备 注
	牌	号	名 称		
17	祁连	70 号	微晶蜡	膏状产品的上光剂，放锈剂	SH 0013—1999
18	祁连	100 号、110 号	道路沥青	道路路面	SH/T 0522—2000
19	祁连	10 号	建筑沥青	建筑工程防水	GB/T 494—1998
20	祁连	—	低温地面液压油	液压操纵系统工作液	Q/SY YM156—2004
21	祁连	35 号、40 号、45 号、50 号、55 号	石油磺酸钠	配置切削液以及各种乳化油、防锈油	Q/SY YM0016—2004
22	祁连	—	石油磺酸钙清净剂（T101、T102）	极压剂和金属清洁剂	SH/T 0042—1991（1998）
23	祁连	—	T701 防锈剂（油溶性石油磺酸钡）	润滑油和润滑脂的防锈添加剂	SH/T 0391—1995（1998）
24	祁连	80 号	真空封蜡	高真空泵系统永久密封用	Q/SY YM0012—2000
25	祁连	30 号，80 号	真空封泥	高真空等系统永久密封用	Q/SY YM0011—2000
26	祁连	1 号、2 号、3 号、4 号	真空封脂	高真空泵系统永久密封用	Q/SY YM0019—2000
27	祁连	3 号	矿物油型扩散泵油	扩散泵工作液	Q/SY YM0028—2000
28	祁连	100 号	矿物油型真空泵油	真空泵工作液	SH/T 0528—1992（1998）
29	祁连	—	增压泵油	真空增压泵工作液	Q/SY YM0009—2000
30	祁连	—	有抗氧剂仪表油	精密仪表的润滑和防护	Q/SY YM0007—2000
31	祁连	7 号、8 号、9 号	绝缘胶	灌注电缆头用	Q/SY YM0041—2000
32	祁连	7 号、10 号、15 号	工业白油	精密工具的封存	SH/T 0006—2002
33	祁连	5 号	低黏度工业白油	机械、精密仪器润滑用油	Q/SY YM0014—2000
34	祁连	15 号、26 号、36 号	助剂油料	化妆白油、导热油原料，机械润滑	Q/SY YM0004—2000
35	祁连	—	A 级白油	机械的润滑、防腐	Q/SY YM0010—2000
36	祁连	1 号、4 号	软麻油	苎麻纤维预处理油剂	SH/T 0355—1992
37	祁连	10 号、25 号	变压器油	变压器和电气设备绝缘油	GB2536—1990
38	祁连	320 号、330 号	导热油	加热装置用油	Q/SY YM0023—2000
39	祁连	—	不锈钢拉伸油	不锈钢制品加工过程用油	Q/SY 0172—2007
40	祁连	普通、快速	淬火油	淬火工艺用油	SH/T 0564—1993
41	祁连	—	硫化切削油	高负荷、低转速的金属加工操作用油	SH/T 0364—1992
42	祁连	—	金属板材清洗防锈油	金属表面清洗、防锈用油	Q/SY YM0186—2008
43	祁连	—	纺织专用油剂	纺织行业纺织机用油剂	Q/SY YM0174—2007
44	祁连	—	高级针织机油	针织机针织、成降片等部位润滑油	Q/SY YM0161—2006
45	祁连	30 号、40 号、50 号	节能型纺织机油	纺织行业纺织机用油	Q/SY YM0157—2005
46	祁连	4200	4200 中黏度润滑防锈油剂	金属零部件、工具等的封存防锈	Q/SY YM0187—2008
47	祁连	—	多效冲压油	工件的冲压加工过程用油	Q/SY YM0189—2008
48	祁连	—	普通开式齿轮油	无齿轮箱或有半封闭式齿轮箱的低速重负荷齿轮装置用油	SH/T 0363—1992
49	祁连	1 号、2 号、3 号	通用锂基润滑脂	滚动轴承的润滑	GB 7324—1994

续表

序号	各种产品			用 途	备 注
	牌	号	名 称		
50	祁连	000号、00号、0号	通用锂基润滑脂	滚动轴承的润滑	Q/YM XY0003—2009
51	祁连	00号、0号、1号、2号	极压锂基润滑脂	高负荷机械设备轴承及齿轮的润滑	GB 7323—1994
52	祁连	3号	极压锂基润滑脂	高负荷机械设备轴承及齿轮的润滑	Q/YM XY0013—2009
53	祁连	2号、3号	二硫化钼锂基润滑脂	滚动轴承的润滑	Q/SY YM0026—2000
54	祁连	0号、1号、2号	二硫化钼极压锂基润滑脂	高负荷机械设备轴承及齿轮的润滑	SH/T 0587—1994（2003）
55	祁连	—	汽车通用锂基润滑脂	汽车滚动轴承的润滑	GB/T 5671—1995
56	祁连	1号、2号、3号	石墨防锈锂基润滑脂	重负荷／冲击负荷或潮湿／污染环境下的高温摩擦部件及轴承的润滑	SH/T 0587—1994（2003）
57	祁连	—	一汽大众汽车专用脂	一汽大众汽车使用锂基润滑脂润滑的机械设备	Q/SY YM0210—2009
58	祁连	—	一汽捷奥汽车专用脂	一汽捷奥汽车使用锂基润滑脂润滑的机械设备	Q/SY YM0211—2009
59	祁连	2号、3号	MP多效能锂基润滑脂	中等载重汽车的轮毂轴承、底盘、电动机、水泵等摩擦部位的润滑	Q/SY YM0188—2008
60	祁连	2号、3号	复合锂基润滑脂	轧钢厂炉前辊道轴承、汽车轮轴承、重型机械、各种高温抗磨轴承及齿轮、涡轮、涡杆等润滑	Q/SY YM0033—2000
61	祁连	1号、2号、3号	极压复合锂基润滑脂	高负荷机械设备轴承及齿轮的润滑	SH/T 0535—1993（2003）
62	祁连	2号、3号	轧辊润滑脂	高温、高负荷机械设备润滑	Q/SY YM0158—2008
63	祁连	—	等速万向节润滑脂	等速球窝接合之类的接合处的润滑	Q/SY YM0143—2003
64	祁连	2号、3号	HP高温润滑脂	高温、高负荷机械设备润滑	Q/YM 0204—2009
65	祁连	4号	高温脂	高温、高负荷机械设备润滑	SH/T 0376—1992（2003）
66	祁连	3号	耐醇密封润滑脂	低速滑动、转动密封面的润滑与密封	Q/SY YM0025—2000
67	祁连	2号、3号	汽车底盘脂	机械设备润滑	Q/SY YM0173—2007
68	祁连	000号、00号、0号	减速机润滑脂	非循环润滑的减速机齿轮润滑	Q/SY YM0191—2008
69	祁连	—	铁路机车轮对滚动轴承润滑脂	铁路机车轮对滚动轴承的润滑脂	TB/T 2955—1999
70	祁连	—	石墨锂钙基润滑脂	重负荷／冲击负荷或潮湿／污染环境下的高温摩擦部件及轴承的润滑	Q/YM XY0019—2009
71	祁连	—	铝基润滑脂	与水接触的部位润滑	SH/T 0371—1992
72	祁连	1号、2号、3号	复合钙基润滑脂	机械设备的润滑	SH/T 0370—1995
73	祁连	0号、1号、2号	复合铝基润滑脂	机械设备的润滑	SH/T 0378—1992
74	祁连	0号、1号、2号	极压复合铝基润滑脂	机械设备的润滑	SH/T 0534—1993

续表

序号	各种产品			用　途	备　注
	牌	号	名　称		
75	祁连	2号、3号	高滴点钙基润滑脂	机械设备的润滑	Q/YM XY0005—2008
76	祁连	1号、2号、3号	多效钙基润滑脂	机械设备的润滑	Q/YM XY0010—2009
77	祁连	—	滚珠轴承润滑脂	机械设备的润滑	SH/T 0386—1992
78	祁连	2号	螺纹密封脂	螺纹连接部位润滑、密封和保护	Q/SY YM0029—2000
79	祁连	2号	普通低温润滑脂	轻负荷、高转速的密封滚珠轴承润滑	Q/SY YM0042—2000
80	祁连	—	多用途低温润滑脂	密封滚珠轴承润滑	GJB 2660—1996
81	祁连	2号、3号	白色特种润滑脂	食品、精防、制糖、制药、机械等的润滑	Q/SY YM0022—2000
82	祁连	—	极压聚脲脂	高温、高速及高负荷等苛刻条件下的设备润滑	SH/T 0789—2007
83	祁连	3号	耐醇密封脂	滚动轴承的密封和润滑	Q/SY YM0025—2000
84	祁连	2号、3号	精密机床主轴润滑脂	精密机床主轴的润滑	SH/T 382—1992（2003）
85	祁连	—	钢丝绳表面脂	钢丝绳表面的润滑、防锈及中、长期封存使用	SH/T 0387—1993
86	祁连	GS—1	钢丝绳表面脂（专用）	钢丝绳表面的润滑、防锈及中、长期封存使用	Q/SY YM0213—2010
87	祁连	—	钢丝绳麻芯脂	较高温度环境中对钢丝绳各股绳间的浸渍和润滑	SH/T 0388—1994
88	祁连	—	高滴点钢丝绳麻芯脂	较高温度环境中对钢丝绳各股绳间的浸渍和润滑	Q/SY YM0214—2010
89	祁连	—	石油脂	润滑脂原料及金属机械零件的封存	Q/SY YM0039—2000
90	祁连	—	通用麻芯脂	钢丝绳麻芯的浸渍和润滑	Q/YM XY0017—2009
91	祁连	3号	石油脂型防锈脂	金属表面的防锈	SH/T 0366—1992
92	祁连	1号、2号	工业凡士林	工业品原料及一般金属的防锈和润滑	SH/T 0039—1990
93	祁连	—	渔业钢丝绳脂	渔业用钢丝绳的润滑、防锈	Q/YM XY0024—2009
94	祁连	—	极压耐磨防锈脂	工程机械设备在极压工况下摩擦部位的润滑	Q/YM XY0025—2009
95	祁连	—	乳化炸药凡士林	乳化炸药用原料	Q/YM XY0023—2009
96	祁连	68号	普通齿轮油	齿轮转动装置的润滑	SH/T 0363—1992

二、2011—2017年主要产品

2011年，玉门油田对炼化总厂实施短流程燃料型发展战略，相继关停糠醛精制、酮苯脱蜡、丙烷脱沥青、润滑脂、烃基脂、磺酸盐、白油等生产装置，主要产品仅剩燃料油、聚丙烯、液压油、气体等8大类石油产品，2011—2017年产品见表4-4-2。

（1）燃料油：93号车用汽油（Ⅳ）、97号车用汽油（Ⅳ）、0号车用柴油（Ⅳ）、−10号车用柴油（Ⅳ）、−20号车用柴油（Ⅳ）、−35号车用柴油（Ⅳ）、普通柴油、煤油、89号车用汽油（Ⅴ）、92号车用汽油（Ⅴ）、95号车用汽油（Ⅴ）、0号车用柴油（Ⅴ）、−10号车用柴油（Ⅴ）、−20号车用柴油（Ⅴ）、−35号车用柴油（Ⅴ）、−35号军用柴油、3号喷气燃料（民用）、3号喷气燃料（军用）、石脑油、拔头油。其中，93号车用汽油（Ⅳ）、97号车用汽油（Ⅳ）、0号车用柴油（Ⅳ）、−10号车用柴油（Ⅳ）、−20号车用柴油（Ⅳ）、−35 号车用柴油（Ⅳ）等 6 种产品已于 2016 年底停产。

（2）石油焦：2B、3A、3B 石油焦。

（3）液压油：15 号航空液压油、10 号航空液压油、10 号航空液压油（地面用）。

（4）聚丙烯：PP−H GD 003、PP−H GD 013、PP−H GD 040、PP−H GD 085、PP−H GD 150、PP−H GD 230、PPH−HD−225−A、PP−H GD 320、PP−H GD 450、PP−H GD 650、PP−H GD 880、PP−H GD 990。

（5）石油苯：石油苯 −535、石油苯 −545。

（6）液化石油气：商品丙丁烷混合物、液化石油气。

（7）压缩、液化气体：工业氧、工业氮、纯氮。

（8）硫磺：工业硫磺。

表 4-4-2　2011—2017 年产品目录表

序号	各种产品			用　途	备　注
	牌	号	名　称		
1	昆仑	93 号、97 号	车用汽油（国Ⅳ）	汽油发动机燃料	GB 17930—2013
2	昆仑	0 号、−10 号、−20 号、−35 号	车用柴油（国Ⅳ）	柴油发动机燃料	GB 19147—2013
3	昆仑	89 号、92 号、95 号	车用汽油	汽油发动机燃料	GB 17930—2016
4	昆仑	0 号、−10 号、−20 号、−35 号	车用柴油	柴油发动机燃料	GB 19147—2016
5	昆仑	3 号	喷气燃料	航空涡轮发动机燃料	GB 6537—2006
6	昆仑	—	普通柴油	柴油发动机燃料	GB 252—2015
7	—	—	石脑油	乙烯裂解原料	Q/SY 26—2009
8	昆仑	—	液化石油气	工业和民用燃料	GB 11174—2011
9	昆仑	535、545	石油苯	有机合成或其他化工原料	GB 3405—2011
10	昆仑	(PPH−XD−040)、(PPH−XD−085)、(PPH−XD−150)、(PPH−XD−)、(PPH−HD−225−A)	间歇液相本体法聚丙烯树脂粉料	编织袋或其他包装	SH/T 1761.1—2008
11	—	—	拔头油	工业原料	Q/SY YM 0237—2014
12	昆仑	—	工业硫磺	工业原料	GB 2449.1—2014
13	昆仑	—	工业丙烷	燃料或工业原料	SH/T 0553—1993
14	昆仑	2B、3A、3B	石油焦（生焦）	电极、绝缘材料	NB/SH/T 0527—2015
15	昆仑	15 号	航空液压油	液压操纵系统工作液	GJB 1177A—2013
16	昆仑	10 号	航空液压油	液压操纵系统工作液	SH 0358—1995（2005）
17	—	10 号	航空液压油（地面用）	液压操纵系统工作液	Q/SY YM 0024—2000
18	昆仑	—	工业氮	化工原料气、管道吹扫、气氛置换	GB/T 3864—2008
19	昆仑	—	工业氧	焊接、气焊、气割	GB/T 3863—2008
20	昆仑	—	纯氮	分析测试	GB/T 8979—2008

第三节　优质产品

一、3 号通用锂基润滑脂

3 号通用锂基润滑脂是由 12− 羟基硬脂酸与氢氧化锂皂化，再稠化中等黏度的自产矿物型润滑油制成。

具有良好的抗水性、机械安定性、防腐蚀性和氧化安定性，适用于矿山机械、汽车、拖拉机轮毂轴承，大中型电动机等设备。

1987 年，该产品获得甘肃省优质产品称号。

二、10 号建筑沥青

10 号建筑沥青以减压渣油、脱油沥青和糠醛抽出油为原料，采用塔式连续氧化工艺制成，用于建筑屋面工程和地下防水工程。产品具有较好的柔韧性、粘连性、防水性和耐热度。

1987 年，该产品获得石油工业部优质产品称号。

三、10 号工业白油

10 号工业白油以减二线精制油为原料，采用传统酸碱精制、白土处理工艺制成。产品为无色、无荧光、透明油状液体，具有良好的氧化安定剂、润滑性。适用于化学、纺织、化纤、石油化工、电力、农业等行业；还可作为合成树脂和塑料加工等工业中的湿润剂，溶剂及润滑剂等。

1988 年，10 号工业白油获得甘肃省优质产品称号。

四、3 号喷气燃料（航空煤油）

3 号喷气燃料符合 GB 6537—1986 标准要求，其以玉门原油或新疆、玉门混合原油为原料，经常压蒸馏、碱洗、电脱水和白土精制等工序制成。产品具有闪点高、硫醇性硫含量低、馏程宽等特点；同时，与国内同类产品相比，具有颗粒物质含量低、烟点高等优点。

1987 年 11 月，该产品通过国家技术鉴定。1988 年，该产品获得甘肃省新产品、新技术成果二等奖；同年，获得石油工业部科技成果三等奖。

五、−35 号轻柴油

−35 号轻柴油以直馏柴油混合部分催化柴油、焦化柴油为原料，经加氢精制、调和而成。产品具有良好的发火性和低温流动性，适合最低气温在高于 −29℃的环境使用。

1990 年，−35 号轻柴油通过国家技术监督局评审，获国家优质产品银奖。

六、−10 号轻柴油

−10 号轻柴油以催化柴油、焦化柴油、直馏柴油为原料，经加氢精制、调和而成。产品具有良好的发火性和低温流动性，适合温度在 −5 ～ 4℃时使用。

1990 年，−10 号轻柴油被评为甘肃省优质产品。

七、15 号航空液压油

15 号航空液压油以吐哈原油为原料，经常压蒸馏、分子筛脱蜡、白土处理等工序，适量加入高效添加剂调和而成。产品执行 GBJ 1177A—2013 标准（替代 GJB 1177—1991 标准），满足美军 MIL−H5606E 液压油标准要求，主要用于航空液压传动机构的工作液，具有良好的高低温性能和液压传动性能，是我国现役主力战机液压系统唯一指定用油。

1991 年，N15 航空液压油获得总公司科学技术进步奖三等奖。

1998 年，15 号航空液压油通过国产航空油料鉴定委员会的联合化验。炼化总厂成为国内首家被批准生产此种油品的厂家。

2001 年，15 号航空液压油获得“中国企业新纪录”产品称号。

2012 年，15 号航空液压油获得“甘肃省名牌产品”称号。

八、磺化沥青产品

钻井液用磺化沥青 FTI−127 产品是由炼化总厂自产沥青及硫酸、氢氧化钠等 7 种化工原料，经过物理、化学反应生成的一种钻井液助剂，其质量指标达到 SY/ZQ014—1989 标准要求，与美国应用广泛的 SOLTEX 产品有同等功能。该产品具有水溶性指标高、剪切力低、配伍性好等特点，加入钻井液中，可以起到防塌、润滑、乳化、降滤失和高温稳定作用。

1992 年，该产品通过省级鉴定，填补了甘肃省内空白。

九、聚丙烯产品

聚丙烯产品采用国内自主研发的间歇式液相本体法聚合工艺制成，产品具有良好的机械性、耐热性、化学稳定性、耐水性和绝缘性，广泛应用于化工、化纤、建筑、轻工、家电、包装、农业、国防、交通运输、民用塑料制品等领域。

1999 年，聚丙烯产品被“1999 年国际化学工业科技成果博览会”组委会评为优秀成果金奖。“祁连”牌聚丙烯产品经国家有关部门推荐和国家权威专家、进出口商的严格评定，受到一致赞誉。

2013 年，聚丙烯树脂粉料获“甘肃省名牌产品”称号。

十、8 号绝缘胶

8 号绝缘胶属于真空脂类产品，具有极好的绝缘性能、良好的化学安定性和抗水性。主要适用于灌注电缆接头、分线盒以及用作加强电缆的填充物。神舟五号、神舟六号载人航天器上都使用过炼化总厂提供的 8 号绝缘胶。

2005 年，8 号绝缘胶被指定为“长征”系列运载火箭专用产品。

十一、10 号航空液压油

10 号航空液压油由精制的石油馏分并加有多种高效添加剂制成。产品具有良好的低温性、黏温性及抗氧化安定性、液压传递性能、抗磨性和抗剪切性，适用于飞机的主副液压系统、航空液压传动机构的工作液，同时还可用于其他高性能液压系统的工作液。如数控机床、乙酰胺循环泵、高压乙烯输送泵及船舶起重机、甲板机械、挖掘机、起重机、大型吊车、雷达车和铁路、电器开关等。

2005 年，10 号航空液压油被指定为“长征”系列运载火箭专用产品。

第五章　质量管理

第一节　管理制度

1987 年，执行《质量责任制》《产品质量监督检验实施细则》《石油产品标准化管理实施细则》《军用产品管理办法实施细则》《质量事故管理办法》等相关规定，该制度作为落实质量职能的措施起到了重要作用。

1988 年，推行质量管理责任制，在经济责任制中突出质量责任制，首次运用质量系数否决权，进行质量否决考核。同时，专门设置质量负责人进行严格的质量控制，形成党、政、工、团齐抓共管质量，厂部、车间、班组高度重视质量，生产全过程严格控制质量的管理体制。

1989 年，重新修订发布《质量责任制》。重新细化主要领导、企业管理办公室、职能部门和基层车间的质量职责，围绕“质量第一”的方针，上达贯彻国家相关质量工作的政策、法规，下至一线操作的工艺卡片、群众性质量活动；从厂长到操作员工，层层管理，层层落实，形成一个齐抓共管、立体有效的质量管理网络，并与质量否决考核挂钩，对深化全面质量管理起到积极作用。

1996 年，加强生产过程质量管理，实行质量否决制度，使各生产车间、各生产工序之间的衔接更为紧密，树立起上个车间（工序）为下个车间（工序）负责和服务，下个车间（工序）是上个车间（工序）用户的思想，馏出口、半成品的质量水平得到提高。同年，修订《军用产品管理办法实施细则》《石油产品标准化管理实施细则》《产品质量监督检验实施细则》等规定。

2000 年，发布《玉门石油管理局炼油化工总厂石油及石油产品试验方法企业标准汇编》及《化工原材料标准汇编》，对总厂原料、化工原材料、半成品、成品的化验分析工作做细致的规定，规范了试验方法、化验分析仪器的使用，并从源头控制了原料、原材料的规范入厂和使用。

2001 年，发布《炼油化工总厂产品质量责任追究实施办法（试行）》，对半成品、成品、出厂产品出现的质量问题实行质量责任追究。

2003 年，发布《产品质量监督检验管理细则》《质量事故管理办法》《馏出口合格率统计办法》《半成品、馏出口油品留样管理办法》《标准化管理人员工作职责》《炼油化工总厂外进化工原材料质量数量监督抽查实施细则》《玉门油田分公司炼油化工总厂出厂产品质量、数量争议处理办法》《中间产品及成品关键项目抽查检验规定》等规定，涉及生产石油化工产品的原料、生产、检验、储存、运输、销售及服务各环节质量管理工作。

2004—2005 年，先后发布《玉门油田分公司炼油化工总厂出厂产品质量、数量争议处理办法》《炼油化工总厂外进化工原材料质量数量监督抽查实施细则》《玉门油田分公司炼油化工总厂规章制度（储罐及管道清洗规定）》《玉门油田分公司炼油化工总厂规章制度（中间产品及成品关键项目抽查检验规定）》。

2008 年，发布《炼化总厂产品质量管理实施细则》，以贯彻“质量第一”的方针，不断提高产品质量，满足用户日益严格的质量需求，增强产品在国内外市场的竞争力为目的，对 2003 年发布的有关制度进行整合修订。同年，再次修订《军用产品管理办法实施细则》。

2009—2014 年，发布《炼油化工总厂产品质量管理实施细则》《炼油化工总厂操作规程管理规定》《玉门炼化总厂军用油品管理制度》，同时修订完善《炼油化工总厂产品质量管理实施细则》等制度和规定。

2015 年，全面修订完善制度体系，于 2016 年 4 月正式发布实施《炼化总厂规章制度汇编》，共 6 个分册，包括规章制度 351 项、工作标准 20 项、工作流程 168 项、工作模板 435 项，内容涵盖全面质量管理全部规章制度。至此，炼化总厂全面质量管理制度进入合规精细化管理时代。

第二节　全过程质量管理

炼化总厂自 1980 年开始推行全面质量管理工作。最初的质量仅围绕“产品质量”进行。在市场经济条件下，质量的概念也逐步扩大为产品质量、工作质量、服务质量等，全面质量管理工作也紧跟时代步伐，提出新的概念和新的发展，但“质量第一”的宗旨始终未变。

一、原材料管理

炼化总厂原材料分为原油和化工原材料两种。

1987年，炼油厂加强对青海、新疆原油的接卸管理，原油在出产地装车过磅后，由运输处负责在原地对汽车罐车进、出口阀门进行统一铅封后开始运输。原油入厂后，由司磅员确认铅封完好性并履行过磅手续，车间组织卸车后，过空磅并填写交接油结算凭证，作为结算凭证。至2008年，原油接卸采取抽样的方式，对铁路槽车、汽车罐车进行质量检验，合格后入库，数量由轨道衡和地磅计量确定。2008年开始，外进原油完全采用管输的方式入厂。原油采取储罐取样分析的办法。每批次原油输转完毕并沉降、切除游离水之后，需要按照GB/T 4756《石油液体手工取样法》取样后进行常规（密度、黏度、凝固点、水分、机械杂质等项目）化验分析。原油交接后3小时封样完毕，仲裁样按相关规定统一保存，由交接双方共同保管。同时，还要定期进行原油评价工作，以准确掌握当前原油的物理和化学性质，及时指导生产。

1987年，化工原材料严格按照《质量责任制》规定执行其检验工作，要求化工原材料在进入油田物资供应处时，厂家必须出具对应批次的质量检验合格证后，方可入库存放。而后炼油厂根据实际需要，联系物资供应处携带相关质检证明，将合格的化工原材料运送入厂。2000年开始，炼化总厂将化工原材料分为A、B、C三类管理，即分别指关键、重要和一般化工原材料。按照分类，对入厂全部化工原材料规定控制指标进行不同频率、不同程度的质量化验分析工作。化工原材料到货入厂，使用单位须对化工原材料外观和数量进行验收，同时报检，满足质量要求的化工原材料在具备生产厂（供货单位）完整齐全的产品质量合格证明（合格证、化验单和安全技术说明书）等质量资料后，方可接收入库。入库化工原材料应按照类别、品种、批次分区存放和保管，做好产品标识牌，注明生产日期、入库时间、数量及应急注意事项。原材料在储存期内定期进行质量检查，必要时由化验分析监测中心按规定进行质量抽查，防止变质误用。2008年，出台《炼化总厂产品质量管理实施细则》，此后进行数次修订，其中规定：首次订货或更换生产厂家时，由技术部对原材料供方进行有效选择和评价，选择能满足总厂产品质量要求、质优价廉、稳定供货的合格供方，以确保进厂原材料质量稳定；各单位应根据原材料质量标准（或验收标准）和检验计划，进行检验或验证，并向供方索取原材料质量合格凭证，妥善保存；经检验或验证合格的原材料方可入库。入库化工原材料应按照类别、品种、批次分区将放和保管，并进行标识和建立台账。原材料在储存期内应定期进行质量检查，必要时，通知化验分析中心按规定进行质量抽查，以防止变质误用；原材料出库时，应按到货期时间先后依次发放、并应附有质量检验合格单。使用原材料的生产单位对质量不佳、没有质量合格凭证的原材料，有权拒绝使用；不合格的原材料（包括储存变质的原材料）不准使用，并应与合格原材料进行隔离标识。特殊情况在确保对产品质量没有影响的前提下，按规定程序经主管领导批准后方可使用，并应做好记录，以保持其可追溯性；生产急需来不及进行检验的原材料，按照规定程序，经主管领导批准后紧急放行，但应记录和标识，一旦检验不合格或生产使用发生问题，应立即追回，并进行追溯处理。

二、生产工艺管理

20世纪80年代以后，生产工艺继续执行《工艺卡片》和操作规程管理。工艺卡片按照对工序影响的重要程度，分为A、B、C三类，分别指厂级、车间级和班组级控制参数，并建立控制点及操作平稳率台账，每班进行操作平稳分析，从根本操作上控制生产及产品质量波动。工艺卡片每年需要根据生产现状进行修订完善，同时根据工艺参数的重要性和对生产操作的影响程度，调整三级控制参数的数量，并由技术部门集中进行统一编号和签发，以保持其适用性。

操作规程按照生产装置进行编制，内容涉及工艺流程、工艺指标、生产技术操作等，可以指导员工尽快熟悉和掌握生产要领。2005年起，炼化总厂逐步实施新版操作规程管理。炼化总厂根据自身特点，将工艺技术规程并入操作规程当中，使其成为一个整体，涵盖了整个生产环节的所有操作，既有开停工操作、正常生产操作，也有生产异常处理方法，是生产操作的重要依据。同时，执行岗位操作卡片的生产装置操作管理模式。它与工艺卡片一样，必须保证其适用性及可操作性，因此，炼化总厂通过每年至少一次的工作循环分析（JCA），对已经制定的岗位操作卡片与员工实际操作进行对比分析、修订完善，确保了员工技能的提高和岗位操作的规范。

《炼化总厂产品质量管理实施细则》中规定：各生产装置必须建立健全生产装置工艺卡片和操作规程（岗位操作法），并严格按工艺卡片和操作规程（岗位操作法）组织生产；各生产装置原则上应按定型方案组织生产。若变更主要原材料、基本工艺流程、主要操作条件和产品调合工艺等，须对产品的主要性能重新评定，证明产品符合质量标准。所引起的一切变更，应按规定的程序经主管领导批准后方可执行；对影响产品质量的关键过程或岗位，应根据需要建立关键控制点、应用数理统计等科学方法加强管理，使主要工艺参数和质量指标处于受控状态；技术部根据需要组织对各生产装置进行标定，以对过程能力进行确认。

三、馏出口、中间产品（半成品）、成品质量管理

20 世纪 80 年代以来，炼油厂严守“质量就是生命”的红线，始终将包括馏出口、中间产品（半成品）在内的产品质量作为企业发展的一项重要工作，认真贯彻执行有关制度规定，严把产品质量关。

馏出口管理方面，对影响产品质量的关键过程或岗位必须建立工序管理点，制定工序管理点的管理内容、调节方法、检测记录等并做统计分析，使主要工艺参数和质量指标处于受控状态；每月对馏出口质量指标控制情况予以检查，对不合格指标按程序进行评审并建立记录，同时对出现的质量问题进行分析，反映纠正和预防措施实施情况，评价实施效果。

各装置生产的不直接出厂而需转入产品罐或转入下一工序继续加工的产品属中间产品（半成品）。在生产过程中，严格执行其质量标准（包括质量指标、技术条件），严格按分析检验计划进行分析。经检验分析确定为合格的中间产品（半成品），转入产品罐或转入下一工序继续加工；对质量不合格的中间产品（半成品），不得转入下道工序，需查明原因，进行处置和标识。同时，对出现的质量问题进行分析，制定纠正和预防措施，并对措施实施效果做出评价。

成品质量管理方面，其生产、调和必须符合工艺规定。与工艺不符的，产品的包装、标识不符合有关规定，不能判定为合格产品。生产装置建立成品质量台账、不合格产品质量台账；成品储存要控制储存温度，防止超温变质；小包装和团体产品（桶装、袋装、箱装等）须存放于指定库房或指定的位置，分品种（规格）、按批次码放，并进行标识。对生产过程中出现的成品质量问题，要及时进行汇总分析，制定纠正和预防措施，并做出措施实施效果评价。对于成品，炼化总厂严格执行“五不准出厂”的规定，即质量、品种、规格不符合要求不准出厂；分析项目不全不准出厂；没有产品质量合格证或检验单不准出厂；包装标识、容器不符合标准规定不准出厂；未按规定留样不准出厂，确保了出厂产品的质量处于完全受控状态。

四、标准化管理

1988 年，采用国际产品标准 4 个，修订产品标准 3 个。

1989 年，《中华人民共和国标准化法》正式施行，炼油厂在持续宣贯法规内容的同时，严格执行标准化管理规定，把重点放在产品标准的执行上。出厂产品必须执行现行有效的国家标准、行业标准、企业标准以及合同约定的指标。制定标准方面，凡已有强制性国家标准和行业标准的，严格执行，也可制定高于国家标准或行业标准的企业标准。没有国家标准、行业标准的产品须按照有关规定制定企业标准。未正式投产的新产品，可由技术部门组织制定暂定技术条件，或与新产品开发的委托单位或用户协商制定协议（合同）指标，新产品一旦正式投产，需组织制定正式标准。当年，配合总公司修订 12 项专业标准。此后，炼化总厂根据产品质量的变化情况，每年自主修订产品标准，并及时采纳新标准，废止旧标准。

1990—1994 年，依照“采用国际标准管理办法”，对 0 号轻柴油、−35 号轻柴油、−10 号轻柴油、3 号喷气燃料、10 号建筑沥青、2 号 B 级石油延迟焦、3 号通用锂基润滑脂、10 号航空液压油等产品从标准入手，对指标进行分析试验和质量改进，从而达到了国际标准的要求，已获得省标准局审核认证，取得“产品采用国际标准证书”。

1996 年，对 206 个企业标准逐一清理检查，废除了 12 个标准。在采用国际标准方面，炼化总厂主导产品的国际标准采标率 70% 以上。8 月，完成 10 号航空液压油、2 号低温脂、A 级白油等 5 项产品的出口商品生产企业登记注册的申报工作，并经甘肃省进出口商品检验局的审核验收，取得“出口商品企业注册证”。

1999 年，炼化总厂开始实施质量管理体系的管理模式，质量标准的采用、制定、修订和废止工作，完全按照 ISO 9000 管理体系的要求，结合《炼化总厂产品质量管理实施细则》中有关标准化工作的要求，纳入质量管理的常规工作，定期进行梳理排查。

2011 年后，使用产品标准 31 项，其中国家标准 15 项，国家军用标准 3 项，行业标准 5 项，企业标准 8 项。

五、质量事故管理

对于质量事故，炼化总厂有明确的定义。从 1987 年发布实施的《产品质量监督检验实施细则》，到 2008 年制定的《炼化总厂产品质量管理实施细则》，并经过此后的数次修订，至 2016 年，对质量事故做如下定义：凡因违章作业、误操作、分析差错、容器管线不洁、产品混串、化工原材料不合格及管理不善等原因，造成中间产品（半成品）、成品不符合质量标准或合同协议的质量要求，发生返工、产生次品和废品、降级降价，以及收货单位因产品质量问题发生退货或赔偿的，均属质量事故。

质量事故分为厂内事故和厂外事故。凡已经出厂的产品，不符合质量标准要求，责任属炼化总厂的，为厂外质量事故；其余均为厂内质量事故。产品出厂后炼化总厂主动发现产品不符合标准，在用户未入库前主动追回的，按厂内质量事故处理。

按照事故影响程度分为一般事故、严重事故、重大事故。一般质量事故是指一次直接经济损失在 30 万元（不含 30 万元）以下的质量事故。严重质量事故是指一次直接经济损失在 30 万元（含 30 万元）以上，100 万元（不含 100 万元）以下的，或经国家（省）、集团公司、股份公司质量监督检验部门抽检质量不合格的质量事故。重大质量事故是指一次直接经济损失在 100 万元（含 100 万元）以上的或由于质量问题，被国家级新闻媒体曝光、在社会上造成重大影响的质量事故。

厂内一般质量事故发生后，由质量部门组织相关科室及时查明原因，制订整改措施，提出处理意见，并形成事故报告，上报油田公司。发生严重和重大质量事故，由质量部门在 12 小时之内上报油田公司质量安全环保处。事故处理遵循“四不放过”（未查清事故原因不放过，未吸取事故教训不放过，未制定整改措施不放过，事故责任者未受到处理不放过）的原则进行严肃处理。

六、军用油品管理

20 世纪 60 年代，炼油厂成立军用油品生产领导小组，由厂长担任组长，军事代表室总代表、总厂管理者代表为副组长，负责军用油品的生产、质量、销售和售后服务管理，领导小组根据成员变动情况不定期进行调整。设立军用油秘书组，负责管理领导小组的日常事务性工作。至 80 年代，军用油品所需的原料油、原材料实行计划管理，根据原料计划完成油品的生产、出厂任务。90 年代后，炼化总厂军用油品的生产改为产品计划，即根据油品月（年）计划产量决定原料的产出量和原材料的需求量。

炼化总厂生产的军用油品，严格按照鉴定通过的工艺和质量标准组织，执行“五定”制度，化工原材料种类、主要工艺流程、添加剂配方、成品质量、指标不可随意更改。军用油品的储存运输实行“三专”，即专线、专泵、专罐，严禁窜线、混油。其中间产品执行“五不准移动”规定，即半成品质量不符合标准要求不许移动；分析项目不全不许移动；罐内停止进油后未经分析不许移动；容器管线不符合使用要求不许移动；特殊情况下未经主管厂长或主管副厂长批准不许移动。

化验机构专门设立军用油分析组，负责军用油的质量检验工作。成品检验合格后，须呈报炼化总厂主管领导、军代表签字后方可出厂。军用油产品出厂必须严格执行严于各级标准的内控指标。

对于出厂时造成数量短少、质量不符合要求的，召开军用油领导小组会议或秘书组会议，并成立调查小组，在军事代表室的监督协助下找出问题原因、研究解决办法、采取纠正措施；属接收部队和运输中的问题，由军事代表室和炼化总厂协助有关部门进行处理。

与军用油品的所有相关人员，必须遵守国家的保密制度和有关规定，对使用的化工原材料、添加剂，生产工艺、配方及质量指标等资料数据进行严格保密。

七、群众性质量管理活动

1987 年以来，炼化总厂始终重视群众性质量管理活动，调动广大员工的能动性、创造性，活动主题紧密围绕改进产品质量、开发新产品、推广新工艺、新技术、降成本、设备管理等方面，每年组织各单位开展形式多样的质量管理活动。

1987—1999 年，群众性质量活动主要围绕“转、找、增、谋”四个切入点进行，活动范围宽泛，参与人数均较多，完全体现了“群众性”的宗旨。全厂每年注册的 QC 小组总数始终保持在 100 个以上，1993 年达到了 150 个，参加活动人员保持在千余人，年成果率均达到 40% 以上，最高达到 76%。据不完全统计，这一阶段共有 25 个 QC 成果被评为总公司级优秀 QC 成果，17 个 QC 成果被评为省级优秀 QC 成果。

2000 年以后，炼化总厂群众性质量活动逐渐趋于缓和，呈现“少而精”的局面。每年注册的 QC 小组数量下降至 30 ～ 50 个，活动主题以降低加工损失、提高生产效率、解决生产技术难题和节能降耗为主。共有 2 个 QC 成果被评为国家级优秀 QC 成果，14 个 QC 成果被评为石油工业优秀 QC 成果，5 个 QC 成果被评为甘肃省优秀 QC 成果。

第三节　质量检验

一、检验标准

炼油质量检验执行的标准有国家标准、国家军用标准、行业标准、环境标准和企业标准。

1987 年，执行石油化工产品标准 55 项，其中国家标准 12 项，部级标准 17 项，企业标准 18 项，协议标准 8 项。

1999 年，执行油品分析标准 201 项，其中国家标准 119 项，行业标准 52 项，企业标准 23 项，国家军用标准 7 项。

2001 年始，大力开发各类特种油品及润滑脂产品，至 2005 年底，执行的油品分析标准增加到 264 项，其中国家标准 124 项，行业标准 54 项，企业标准 73 项，国家军用标准 13 项；执行环境标准 4 本合订本。因特种油品及润滑脂的继续研发，至 2009 年底共执行油品分析标准 282 项，其中国家标准 128 项，行业标准 54 项，企业标准 86 项，国家军用标准 14 项。

2010 年，实施短流程方案，取消执行 45 项产品及方法标准。至 2017 年底，执行各类标准 211 项，其中国家标准（GB）101 项，行业标准（SH）57 项，企业标准（Q/SY）38 项，国家军用标准（GJB）15 项。

二、仪器设备

1987 年，有爆震法辛烷值机 1 台，气相色谱仪 1 台，及紫外分光光度计等重要设备。

1999 年，有分析设备 293 台（套），其中进口仪器设备 55 台（套），计量器具 793 件（套）。重要设备有分析汽油辛烷值的爆震法辛烷值机 1 台，分析汽油中铅含量的原子吸收仪 1 台，分析油品及液化气中硫含量的电量法库伦仪 4 台，分析白油及水质样品等的紫外分光光度计数台、分析液化气及汽油组成用气相色谱仪数台。

2009 年下半年，由于汽油、柴油产品升级加上部分分析设备到报废期限，购置汽油辛烷值机、柴油十六烷值机、聚丙烯拉伸屈服强度仪、柴油多环芳烃分析用色质联用仪、柴油润滑性分析仪、紫外荧光硫、熔融指数仪等 29 台（套）设备。

2010 年，实施短流程方案，特种油品及润滑脂产品停产，封存 35 台（套）相关设备。至 2015 年，增加 5 台色谱仪，主要用于石油苯噻吩，石脑油组成、可燃气测定等分析任务。同时为提高分析称量准确度，淘汰报废全部物理架盘天平，更新为电子天平。2017 年，淘汰 3 台老式烘箱、1 台腐蚀测定仪、2 台马沸炉、1 台催化剂激光颗粒度测定仪。

至 2017 年底，中心共有分析设备 285 台（套）[其中进口仪器设备 56 台（套）]，计量器具 763 件套。主要大型精密贵重仪器（进口）有：分析车用汽油辛烷值用爆震法辛烷值机 2 台、分析车用柴油十六烷值用十六烷值测定仪 1 台、聚丙烯树脂拉伸屈服强度测定仪 1 台、轻质油品总硫测定仪 3 台、柴油多环芳烃色质联用仪 2 台、分析汽油中重金属用原子吸收仪 2 台、分析轻质油品及各烃类混合气体组成用气相色谱仪（国产及进口）23 台、分析油品中部分微量元素含量用 ICP（离子发射光谱法）测定仪 1 台、原油评价仪（国产）1 套。

三、化验分析

1987 年，化验分析工作由质量检验科负责，主要承担原油、各车间馏出口、半成品及成品的化验分析工作，以及合格证、检验报告的开具工作。化验分析工作以“三及时”（取样及时、分析及时、报结果及时）、“五准确”（采样准确、溶液准确、分析准确、计算准确、报结果准确）为宗旨。为保证样品分析准确度，所有出厂成品全部按双平行或更多次平行测定，以达到消除偶然误差，减少系统误差的目的，确保出厂产品质量完全合格。

1994 年 5 月，通过总公司化验工岗位认证，分析准确率 99.99%。

1996 年，国家技术监督局对聚丙烯树脂、3 号航空煤油、10 号轻柴油三种产品进行监督检验，甘肃省石油产品监督检验站对 90 号汽油和灯用煤油进行抽检，全部为合格产品。

2002 年，顺利通过股份公司组织的 3 次产品质量抽检，出厂产品质量合格率 100%。

2005 年，通过股份公司实验室能力考核，成绩较好。

2010 年，按照集团公司关于开展实验室间（原油含水、密度化验）数据比对工作的要求，油田在各单位 5 个化验室间开展原油含水、密度数据比对工作，炼化总厂化验分析监测中心排名第一。

2011 年，强化化验工基本功训练，“三及时、五准确”制度得到有效落实。是年，取得集团公司柴油中硫含量等 5 项参数实验室间比对试验全部项目满意的好成绩。国家、集团公司组织的产品质量抽检合格率均为 100%。

2013 年，强化数据分析，为各装置生产提供了科学依据。同时，高质量地完成了集团公司实验室比对。

至 2017 年，炼化总厂始终贯彻执行“化工原材料、中间产品分析准确率不低于 99.95%，出厂产品分析准确率必须保证 100%”的分析目标要求。出厂产品合格率已经连续 37 年保持 100%。

第六章　装置检修

炼化装置的检修，是确保装置安全、平稳、高效运行的重要手段之一。随着设备管理水平、设备本体质量、检修深度及检修质量的逐步提升，炼化总厂装置检修周期从20世纪80年代中后期的一年一修延长到1999年之后的两年一修，2005年起实现三年一修，确保了装置长周期运行。

第一节　一年一修

20世纪八九十年代，受设备管理水平及工艺设备自身状况限制，炼化总厂停工检修周期始终停留在“一年一修”的状态。这一时期，检修工作以生产装置及公用系统的整体检修为主要内容，同时涉及零星技改技措，涵盖塔器、加热炉、冷换设备、大型机组、储罐、容器以及电气仪表等设备设施。随着工程技术改造步伐的逐步深入，炼化生产装置逐步增多，装置检修深度逐渐加强，范围逐步扩大，由最初仅检修几套装置渐次扩大到30多套。1990年检修120余天，完成22套生产装置和公用系统的15具加热炉、49具塔器、175台冷换设备、356具储罐、322台（套）机泵、156具容器、23700多米管线及电气、仪表等设备的检修任务。1995年，完成31套生产装置及辅助生产系统4000余台（套）设备的检修任务。是年，二套常减压装置实现安全开炼600天，单套装置顺利实现“三年两修”的目标。

1998年检修，实现装置检修从“一年一修”向“两年一修”的顺利过渡。此次检修面对资金紧张、检修难度大、战线长、工期紧以及可调整劳动力不足等不利局面，完成50万吨/年催化裂化、250万吨/年常减压蒸馏等装置的大检修工作，装置大修达到“三好一成功”目标，即：检修设备工作好、装置检修质量好、装置验收好，做到一次开厂成功。

第二节　两年一修

1999年始，炼化总厂进入“两年一修”时期。2000年检修，250万吨/年常减压、50万吨/年催化裂化、重整加氢、聚丙烯等主要生产装置运行2年未停炉检修，糠醛、润滑油系统的装置运行3年未做大修，是年4—6月，对13套装置进行了大检修，共检修工艺转动设备1565台（套），电气设备2213台（套），仪表设备5417台（件）。

2002年检修于当年7月开始，9月底结束，涉及15个车间、24套装置，完成18856台（套）设备[包括高低压配电柜等1201面、变压器55台、电机671台、三表校验2840块，DCS 10套、UPS 11台、各类仪表7502台（套）、各类回路5301个]的检修内容。同时，重点针对工艺设备，特别是换热器管束的腐蚀泄漏影响装置长周期运行的突出问题，在常减压、催化、重整等装置腐蚀严重的部位，科学地使用抗硫化氢腐蚀性能良好的管束，使设备抗腐性能提高两倍以上；把催化反应器、再生器的检修作为工艺设备检修的重点，并从三方面对制约催化烟机长周期运行的因素逐一进行了改造。

2004年的装置检修工作于9月18日开始，共计27天时间完成27套生产装置、10套储输系统、14套公用系统、10123台（套）设备的全面大检修。为保证三年一修的目标顺利实现，对主要装置的高温高压及危险介质的阀门进行了大范围的更换，既消除了安全隐患，又为设备轮修创造了条件；通过提高材料等级，使各装置冷换设备管束、管线、阀门、塔器内件的腐蚀问题得到了有效遏制。将水处理装置SBR管内分布管更换为聚乙烯衬里管，腐蚀问题解决；配电系统的检修，配合工程改造完成了35千伏配电室双电源改造，提高了全厂的供电可靠性。

第三节　三年一修

2005年到2007年，是炼化总厂第一个“三年一修”时期。2007年装置检修自4月始，时长110余天，完成32套装置的检修工作，涉及冷换设备412台，机泵313台，塔器52具，容器321具，更换管线5120米；修理调节阀823台，DCS 16套，其他仪表3517台，高低压开关柜1673面，其他电气设备3853台(套)，电动机680台，静电接地4921点。是年，重点针对常减压、焦化、重整、催化等装置设备突显出的腐蚀问题，从加强设备内外防腐和提高材质两方面入手，根据现场工艺条件、腐蚀机理以及设备重要性的不同，选择性使用不锈钢、双相不锈钢等材料，提高了设备耐腐蚀等级。

2010年，完成28套装置的检修任务。除常规检修工作外，对钻杆弯曲较大、控制系统老化的切焦系统进行了整体更换；同时，实施仪表系统的完善和升级改造，更换了工程选型不符合工况的仪表和淘汰型仪表，追求成熟和可靠的仪表产品。

2013年6月27日至9月16日，经过81天的艰苦鏖战，炼化总厂第三个“三年一修”全部完工，检修项目共计3876项，电气类检修项目8603项，仪表类检修项目5565项，检修技改20项，工程项目甩头88项，隐患治理项目3项。当年重点解决80万吨/年重油催化裂化装置再生器问题，对其内部件进行整体更换；将三级旋风分离器由PST单管改造为BSX大三旋，解决单管容易堵塞问题。同时，新增重整装置外排氢、生成油脱氯反应器，避免和解决了氯离子形成的铵盐结晶问题，降低了机组的维修频次。

2016年，完成历史上的第四个“三年一修”，实施了7项工程建设项目及22项技术改造项目。检修历时55天，覆盖生产车间14个，生产装置21个。在完成常规检修项目的同时，2016年装置检修还完成4个工程建设项目和23项小型技改项目。电气专业完成主要装置低压电动机群起系统改造、抗晃电及综合自动化项目投用等工作；设备防腐方面开展多项专项工作，包括48台冷却器管束做内防腐、安装阳极块，主要生产装置安装在线腐蚀监测系统；另外，按照板块要求开展系统性的腐蚀检查工作，为下个运行周期的工艺防腐工作提出指导意见。

第七章　产品销售

第一节　销售机构

一、销售公司

1987 年 2 月，管理局将石油产品销售和管理权由局计划经营科下放给炼油厂，其他销售业务仍归局计划经营科统一管理。

1989 年 2 月，管理局以适应商品生产的新形势，加强经营销售工作的服务、平衡、协调职能，进一步提高全局整体经济效益为目的，撤销计划处经营科，成立经营销售处，为局职能处室，负责对全油田产供销进行宏观协调。同时负责对炼油厂、特油公司的产品销售工作进行监督、控制和指导。

1991 年 6 月，在经营销售处的基础上，成立局属销售公司，统管油田油品销售。销售公司级别为处级，与炼油厂为一套机构、两块牌子，具有销售管理职能，也有经销石油天然气及其产品等职能。下设政工办公室、行政办公室、计划经营科、综合调度科、财务科、运输科、公共关系科、原油科、四川分公司、宝鸡工作站、广州工作站、管理科。

1992 年 10 月，以炼油厂、销售公司及炼化处等单位为基础，成立炼油化工总厂，保留销售公司机构，与炼化总厂为一套机构、两块牌子，实现产、供、销一体化。

2001 年 2 月，油田分公司决定，成立中国石油天然气股份有限公司玉门油田玉门销售分公司，由炼化总厂管理。

二、驻外销售机构

1994 年 7 月，在四川成都组建成都特油经销部。

1995 年 12 月，销售公司下设四个分公司，即：西南、西北、北方、中原销售分公司。

1999 年 9 月，成立成都祁连石化有限责任公司。同时撤销销售公司原西南销售分公司。

2001 年 2 月，在成立中国石油天然气股份有限公司玉门油田玉门销售分公司的同时，成立玉门油田兰州销售分公司、郑州销售分公司、太原销售分公司、成都销售分公司、玉门油田销售分公司酒泉加油站、兰州销售分公司西宁加油站、太原销售分公司长治加油站，由炼化总厂统一管理。

2011 年 8 月，对驻外机构进行重组整合，具有销售业务的驻外机构为陕西玉门石油化工有限责任公司和四川石油经销有限责任公司，业务上接受销售公司归口管理。

2015 年 10 月，陕西玉门石油化工有限责任公司撤销。成都销售分公司划归炼化总厂。

三、销售业务划转情况

1992 年 4 月，将炼油厂特油分厂特种油品及其副产品的销售业务由销售公司划归炼油厂特油分厂。

1999 年 5 月，根据集团公司西部地区成品油销售“四统一”运行方案的有关精神，确保西部成品油销售体制改革的顺利进行，中国石油销售总公司制定西部地区成品油“四统一”实施细则，炼化总厂汽油、煤油、柴油资源纳入统一配置计划。

2008 年 12 月，按照集团公司建立适应炼油小产品销售特点的专业化销售体系的决定，炼化总厂沥青、燃料油、溶剂油、馏分油等炼油小产品由集团公司中油燃料油股份有限公司实行统销。

2010 年 10 月，炼化总厂液化气业务和玉门油田伴生气业务划归昆仑燃气，油田油品销售业务范围进一步缩小。

第二节　销售市场

一、国内市场

20 世纪 80 年代后，祁连牌（后改为昆仑）石油化工产品行销全国北京、天津、上海、黑龙江、内蒙古、新疆、河南、河北、山东、江苏、四川、云南等30个省、市、自治区。汽油、煤油、柴油等大宗产品主要销往四川、云南、甘肃、青海、西藏等省自治区。1994年起，先后成立西北、西南、北方和中原四大销售分公司，形成搏击华北、挤占西南，挺进华东，立足西北，辐射全国的大营销格局。

1999年5月，实行“四统一”销售后，炼化总厂汽油、煤油、柴油等大宗产品销售业务归西北销售统一管理。随着四川石化一千万吨炼厂的投产，汽油、柴油入川的份额减少，需求市场基本上在河西五地市。石蜡、聚丙烯主要以省内用户为主，省外用户为辅。润滑油等产品通过西南、中原销售分公司销往全国。15号航空液压油主要供给由中国人民解放军总后勤部统一配置的各油料部门，10号航空液压油销售对象主要为航空航天、军工等行业。航空煤油的销售重点是军队、西北民航和西南民航。溶剂油瞄准甘、陕、豫、津、鲁等省市油漆生产企业。

二、国际市场

20世纪80年代末开始，低温润滑脂、白油等石油产品销往朝鲜、巴基斯坦、日本、新加坡等国。进入21世纪，10号航空液压油作为一些机床及重型设备配套用油销往巴基斯坦、阿尔巴尼亚等国。

第三节　销售方式

一、计划统一销售

1990年之前，成品油实行统一计划，即国家统一制定出厂价，并根据炼油厂产量分量下达计划给各石油公司，严格按照国家计划足量交付于各石油公司。1990年以后价格依旧由国家制定，指令性计划逐年减少，管理局可以自己销售一部分。

二、“四统一”销售

1999年6月，股份公司对汽煤柴实行“统一市场、统一对外投标、统一品牌、统一售后服务”的“四统一”销售，炼化总厂汽油、煤油、柴油产品纳入“四统一”销售体系。同年，把营销工作重点放在润滑油、特种油等高附加值产品的销售上，通过壮大非配置产品销售队伍，推行代理销售，全年共发展代理经营点24个，大宗产品营销重点实现向柴油、高标号无铅汽油、航空煤油、化工轻油的转变。

2002年4月，集团公司对润滑油实行“四统一”销售，炼化总厂润滑油基础油交由玉门润滑油厂调和成品对外销售。

2008年12月，炼化总厂沥青、燃料油、溶剂油、馏分油等小产品纳入中油燃料油西北销售分公司的专业小产品销售体系，实行“四统一”销售。

2010年10月，炼化总厂液化气纳入中石油昆仑燃气公司，实行“四统一”销售。

三、自销产品销售

1987年，炼油厂生产的主要石油产品（包括特种油品）继续按照列入国家计划，实行统一销售的模式。1997年至2001年，特种油品实行以销定产，市场需要什么就生产什么、销售什么的销售模式。2002年始，销售公司将全国划为西北、西南、华东、华北和华中五大区块，开始全面拓展炼化总厂小产品市场的工作。这一时期实行“小产品区域销售”方式。

2011年后，“小产品区域销售”改为“自销产品销售”，非配置产品实现“直销”和“竞价销售”。当年，炼化总厂转型为短流程燃料型炼厂，石蜡随之退出历史舞台，特种油产品仅保留国家最需要的航空液压油类产品。

2016年，自销产品经过多年直销、竞价销售等销售模式的推行，采取以驻外销售机构销售为主，终端客户直销和竞价为辅的原则，建立完善以价格生成为核心的制度体系，实现阳光销售。

第四节　原油外进

一、公路原油外进

20世纪80年代，外进原油列入炼化原油配置计划，用于补给油田自产原油无法满足原油加工能力的迫切局面。20世纪80年代起，青海原油始终通过公路运输的方式进入炼油厂，1990年以后，不再每年配置，仅1993年、1994年和1998年入厂，此后彻底停止运输。1993年7月，总公司在乌鲁木齐召开有关新疆原油外运问题的会议，决定采用公路运输分流的办法，将吐哈原油用汽车运送至炼化总厂，以缓解铁路运输紧张的局面。

由于公路运输原油损耗大、成本高，1996年停止公路运输的方式。

二、铁路原油外进

油田原油外进铁路运输始于1982年，最初原油加工能力小，仅有油三线20个原油卸车货位，用于运输新疆王家沟原油。1991年，吐哈原油正式列入原油配置计划，全年4万余吨吐哈轻质油由火车运输至炼油厂。1996年，新疆王家沟原油停止运输。1998年，塔里木原油开始铁路运输。2000年，炼化总厂加工原油80%靠铁路运输实现。此后数年，原油加工能力逐步提升，铁路运输能力也随之显现出无法匹配的局面，经过几次扩能，原油接卸能力扩大至80个原油卸车货位。2007年管输原油进入炼化总厂，铁路运输时代彻底结束。

三、管输原油外进

2007年8月，西部原油管道玉门支线投用，原油运输瓶颈问题解决，外进损耗大幅降低，成为油田原油外进的唯一渠道。

2007年8月9日，由西部管道输送的首批塔里木原油油头进入炼化总厂133号原油罐，这是玉门油田开发68年来首次实现管道输入新疆原油，打破了长期以来单纯依靠铁路、公路运输外进原油的格局，原油外进方式有了历史性突破。8月11日，首批由塔里木输送的3万多立方米原油全部进入炼化总厂原油罐，仅耗时49小时，大大降低了原油运输成本。

2008年，哈萨克斯坦原油开始通过管输进入炼化总厂。

2009年，新疆原油实现管输入厂。

至2017年，炼化总厂外进原油由吐哈、塔里木、新疆和哈萨克斯坦4种原油构成。

1987—2017年原油加工量及主要产品统计见表4–7–1。

表 4-7-1 1987—2017 年原油加工量及主要产品产量统计表

年度	原油加工量（吨）	汽 油	煤 油	柴 油	润滑油	石油焦	石 蜡	沥青	润滑脂	添加剂	聚丙烯	石脑油
1987 年	672147	180650	43024	140540	62814	33666	3051	28473	283	2742	—	—
1988 年	753667	173940	43333	144053	47683	34489	4267	21288	338	2567	—	—
1989 年	850342	199774	45226	184591	49007	37540	3248	32987	353	1134	—	—
1990 年	877090	230851	50436	188986	58850	36339	2111	37351	294	437	—	—
1991 年	914637	233056	48482	210097	55663	37843	3016	49458	192	540	—	—
1992 年	964288	287796	43399	244622	43402	32603	2987	34392	193	1711	—	—
1993 年	1088188	343591	42005	298055	49249	44566	3012	28137	233	1621	251	12329
1994 年	1152280	366522	37956	327919	25844	57234	1262	54279	225	693	2859	
1995 年	1351912	507562	47429	408472	11710	58486	229	35473	61	1447	2049	
1996 年	1427048	508266	73272	436246	26548	51912	643	10169	188	1147	4240	22390
1997 年	1607485	523095	97175	465297	11359	49997	100	26023	121	1201	4344	84455
1998 年	1446964	476638	80626	453702	18285	47843	1221	21795	—	—	6778	
1999 年	1776550	431321	151565	626173	41166	53685	3057	44510	282	1246	10513	78122
2000 年	2050088	470273	185590	679202	70615	36239	10967	117139	426	1216	10000	41500
2001 年	2187905	524730	113401	806339	93864	—	17251	129654	91.69	1611	12309	37828
2002 年	2240321	448397	100746	888990	30096	—	25305	114984	185.202	1599	13733	56241
2003 年	2290908	446919	78820	928467	20541	—	42875	141688	805.384	1546	12241	9083
2004 年	2351968	367463	78991	1045186	23410	51664	42471	57696	528	2118	7041	63373
2005 年	2400216	385963	74975	1113511	2447	66085	38398	5395	1353.419	2461	16135	70815
2006 年	2559680	442673	86072	1109844	4593	73040	50147	42882	3580.086	2517	20894	100160
2007 年	2550232	338375	66597	1198588	9721	72372	55310	18867	3986.017	2531	28140	214212
2008 年	2677183	442459	83599	1196498	11294	88102	58128	38409	11113.67	2562	33312	169480
2009 年	2602276	450845	50264	1241656	541	78197	28392	94893	11566.431	2413	21128	162857
2010 年	2052570	389579	28031	952355	1037	61311	15590	96406	9514.6288	454	8949	127658
2011 年	2101563	482466	29069	1058290	955	90882	15838	14665	979	—	26064	38794
2012 年	2081566	514528	51290	1009576	1507	96508	5336	—	—	—	30100	43465
2013 年	1631511	403584	30890	788852	908	80565	—	—	—	—	18418	24077
2014 年	2000666	533107	44797	942766	1546	100879	—	—	—	—	23787	35478
2015 年	2000066	491185	61117	924087	1610	130953	—	—	—	—	24214	45885
2016 年	1751208	477037	49053	780393	1903	98479	—	—	—	—	22044	51525
2017 年	2009330	567732	110596	835085	2119	125810	—	—	—	—	30689	26076

第五篇

吐哈会战

吐哈会战是20世纪90年代初期，由中国石油天然气总公司组织、以玉门油田为主体开展的一场大规模石油会战。玉门石油人秉持“我为祖国献石油”的信念，发扬“三大四出”的优良传统和作风，为实现油田“东山再起、再现青春”目标，抛家舍业、别妻离子，西进吐鲁番—哈密盆地，在荒芜的西部戈壁，战严寒、斗酷暑，经过近5年时间艰苦卓绝的奋战，在吐哈盆地建成了一个年产300万吨的新油田。

第一章　吐哈盆地概况

第一节　地理地貌

吐哈盆地位于新疆维吾尔自治区东部的哈密地区和吐鲁番地区，南北分别与塔里木盆地和准噶尔盆地相邻，盆地东起梧桐窝子泉，西至喀拉乌成山，北依博格达山，南抵觉罗塔格山，东西长600千米，南北宽50～130千米，总面积5.35万平方千米。吐哈盆地地势东高西低，北高南低，一般海拔高度300～800米。吐鲁番盆底艾丁湖低于海平面155米，是我国大陆的最低处。除城镇周围绿洲外，多为戈壁荒滩，属大陆荒漠性气候，干旱炎热，夏季最高气温有过49.6℃的纪录，特别是吐鲁番素有“火洲”之称。由于盆地气压低，吸引气流流入，因此这里也是全国有名的“风库”，大风肆虐，曾吹翻过车辆。

哈密地区位于新疆维吾尔自治区最东端，地跨天山南北，总面积14.21万平方千米。东部、东南部与甘肃省酒泉地区（现酒泉市）相连，距玉门市区（现老市区）500余千米；南接巴音郭楞蒙古自治州；西部、西南部与昌吉回族自治州、吐鲁番地区毗邻；北部、东北部与蒙古国接壤，南北距离约440千米，东西相距约404千米，国界线长达577.6千米。哈密地区总的地貌为天山山脉由西向东横贯全区，中部隆起，南北低下，北面为丘陵荒漠，南为平原戈壁，形成南北两个封闭型盆地。海拔多在1000～3000米之间，哈密地区西南的沙尔湖海拔仅为53米，东部最高的喀尔里克山峰海拔4886米。哈密市是新疆地区发展的重点城市，工业以采矿业最为发达，纺织、皮革、农产品等加工业也较发达。

吐鲁番地区地处吐哈盆地西侧，位于天山南麓，东邻哈密地区，西北距乌鲁木齐市182千米，地形较为开阔平坦，坡度10‰～20‰，是一个以农业、棉纺、葡萄和农副产品加工为主的轻纺、手工业和旅游城市。鄯善县位于吐哈盆地西部，东接哈密，西连吐鲁番，北面有天山，南面为觉罗塔格山脉，海拔400米左右，往东距哈密市320千米，西去吐鲁番市90千米，到达乌鲁木齐市约282千米，是连接内地与新疆各地的交通要塞。

吐哈盆地内连片展布荒漠戈壁，世界起伏高差最大的沙漠——库木塔格沙漠紧临鄯善县城。盆地冬春季多大风、沙暴，新疆著名的两大风区：“吐鲁番—达坂城”三十里风区、“了墩—十三间房”百里风区均分布在本区界内，部分山口年八级以上大风最多达68天，非定时出现的最大风速可达40米/秒以上，阻断交通，破坏甚烈。区内水资源稀少，主要源自北天山山脉高山冰雪及山区降水直接补给，形成北高南低四大水系；地下水资源分布极不均匀，承压水与深层潜水共存。被喻为新疆绿洲“生命之泉”的坎儿井，延绵展布达5500千米，极具特色，蔚为壮观。吐哈盆地是新疆境内三大沉积盆地之一，也是在20世纪90年代以前我国大陆石油地质勘探程度较低的盆地之一。盆地位于西伯利亚、塔里木、哈萨克斯坦三大板块交汇部位的大地构造格架中，是在前寒武纪结晶基底和泥盆纪—石炭纪褶皱基底上发育起来的，以中、新生代内陆湖沉积为主的复合型盆地，属准噶尔—吐鲁番地块的一部分。

第二节　人文环境

吐哈盆地是古“丝绸之路”的重要通道，是以维吾尔族为主的多民族聚集区，人文内涵丰厚，地域特色鲜明，民族风情独特，名胜古迹众多，矿产资源丰富。

一、民族风情独特

吐鲁番和哈密地区自古以来就是一个多民族共同生活的地区，维吾尔族自高昌回鹘汗国以来，成为本地区的主体世居民族。除维吾尔族以外，还有汉族、哈萨克族、回族、蒙古族、满族等30多个民族居住在吐鲁番和哈密两地。吐鲁番市是一个多民族、多宗教的地区，伊斯兰教是吐鲁番市最大的宗教，为维吾尔、回、哈萨克等7个民族所信仰，约占地区总人口的74.98%。作为古丝绸之路重镇，世界上影响深远的中国文化、印度文化、希腊文化、伊斯兰文化四大体系和萨满教、祆教、佛教、道教、景教、摩尼教、伊斯兰教七大宗教交融交汇于此，形成了独具特色的历史文化。这里地处东西方文化、西域与中原文化交汇之地，既有鲜明的中原文化脉络，又有少数民族古老传统的风情，古老的木卡姆与历史悠久的屯垦文化、丝路文化，以及多彩的草原文化、丰富的民俗文化、灿烂的汉文化，构成了吐鲁番和哈密地区独特的民族风情。

二、名胜古迹众多

吐哈盆地横跨吐鲁番和哈密两个地区，区内名胜古迹众多、自然风光多样。吐鲁番是国家历史文化名城，西汉时期就是西域的政治、经济、文化中心，唐代后成为陆上丝绸之路重镇，自古以来一直发挥着贯通中西的重要作用。已发现文化遗址200余处，出土文物4万多件，历史上至少使用过18种以上古文字、25种语言。哈密是新疆通向中国内地的要道，自古就是丝绸之路的咽喉，有“西域襟喉，中华拱卫”和“新疆门户”之称。天山横贯哈密全境，形成了迥然不同的两个气温带，山北雪山草原风光、山南大漠风光，有“十里不同天，一日游四季”和“新疆风光缩影”之说。著名的名胜古迹高昌古城、交河故城、阿斯塔那古墓群、柏孜克里千佛洞、苏公塔、哈密回王府、盖斯墓，以及坎儿井、葡萄沟、哈密魔鬼城、东天山、巴里坤草原、伊吾胡杨林等一批风景名胜遍布区内。

三、资源蕴藏丰富

吐哈盆地独特的自然环境，造就了富集的矿产资源，已探明的矿藏有50余种。除石油天然气外，煤炭、黄金、花岗岩、芒硝的储藏量均名列中国矿产重要产地前列。

区内农副产品及自然资源也十分丰富，串珠状分布着大片绿洲，以瓜果生产和农牧业生产为主，是中国传统名优特色商品——无核葡萄与哈密瓜的原产地；五堡大枣、长绒棉等经济作物品质尤佳。区内分布新疆独有的天山云杉与西伯利亚落叶松混交林、野杏林、天然胡杨林、雪莲等特色植物与景观。野生动物中较为珍稀的物种有棕熊、雪豹、野马等。

第三节 早期勘探

吐哈盆地的油气勘察工作，经历了漫长曲折的过程，尤其是几代玉门石油人，为之前赴后继，艰辛探寻，夙愿终偿。

一、区域调查

1954—1957年，在吐鲁番盆地（包括哈密盆地）共有13个地调队、6个物探队开展地质调查工作，主要采用地面地质、重磁力勘探方法，结合地质井钻探和地质综合研究，对吐鲁番盆地基底结构、构造特征及储油构造进行研究，进行轻便钻井11口，总进尺5048.6米，完成了1：20万地质、重磁力普查。

二、初探吐鲁番

1958年3月，玉门矿务局组建吐鲁番勘探大队，接替新疆石油管理局在吐鲁番盆地展开石油勘察。油田先后有32个地质队、钻井队、物探队相继进入探区。4月，吐鲁番勘探大队用轻便钻机在七克台油砂下倾部位钻浅探井，当年完钻17口，进尺7370米，平均井深433.52米，最浅井（台1井）94.3米，最深井（台5井）752.7米，均进入中上侏罗系。5—11月，吐鲁番勘探大队用卡姆–500型钻机在火焰山背斜带胜金口背斜钻胜1井，井深329.6米，完钻后裸眼提捞，获少量重质原油。6—12月，吐鲁番勘探大队用地震车装钻机在七克台油砂附近钻生产浅井33口，其中，31口浅井共捞油54吨，平均日产油257千克。11月3—29日，吐鲁番勘探大队用艾迪尔–30型钻机在胜金口背斜东围斜钻预探井胜4井，于井深613米从侏罗系喷出大量原油和天然气，完井后试油，7.94毫米油嘴平均日产油18.49立方米，发现胜金口油田。

1959年3月，玉门油田成立吐鲁番矿务局。矿务局下设地质大队、钻井大队、运输大队、试采大队、作业大队、工程大队、炼油厂、机修厂、农场9个基层单位，人员最多时达4279人。在“背斜找油”和“找坳陷上斜坡”等勘探找油理论指导下，吐鲁番矿务局从钻探地表构造入手，先后进行“五一”型地震剖面4702千米，电法2556千米，钻井138口，总进尺13.8万米，其中参数井和预探井82口，进尺9.6万米。在7个构造上见到油气显示，初步查明吐鲁番拗陷的地层与构造概况，发现和证实了胜金口、七克台两个小油田，探明石油地质储量198万吨，并发现36个地面构造和9个潜伏构造，证实吐哈盆地是一个具备工业勘探价值的含油气盆地。

1960年2月，玉门油田在台北凹陷台北潜伏背斜部署的参数井台北1井开钻，该井井深3122米，钻井中，钻遇中侏罗系七克台组和三间房组油气储集层，曾取出含油砂岩岩心。由于早期井筒工艺技术落后，加之地质理论的历史局限，延迟了油田的发现。

1963—1964年，分别在台北凹陷东部丘陵背斜钻探参数井丘1井和丘2井，两井井深均为3000米，裸眼测试均未获油流。

1964年12月，石油工业部决定将吐鲁番盆地石油勘探工作移交新疆石油管理局，油田所有人员和设备全部撤回玉门。

三、重上吐鲁番

1983年8月，石油工业部在克拉玛依召开西北地区石油勘探会议，做出勘探重点西移的战略决策和部署，重新展开吐鲁番盆地评价和勘探工作。

1986年初，石油工业部一年一度的厂矿长会议在大庆召开，管理局局长黄树德和局党委书记王鹏向石油工业部部长提出“让玉门人上吐鲁番勘探”的申请，石油工业部部长王涛当即表态，把吐鲁番盆地的勘探交给玉门。4月，根据石油工业部的安排，管理局与北京石油勘探开发科学研究院、物探局组成吐鲁番盆地联合勘探研究队，共同对吐鲁番盆地的石油资源进行勘探。当年，联合勘探队根据吐鲁番盆地地震剖面资料，解释出了一个新的构造——台北构造。8月，勘探联队经过反复对比研究资料，提出了盆地首轮区域参数井井位建议方案，即台参1井，经石油工业部审定后列入1986年统一部署的10口科学探索井预算与管理，并把吐鲁番盆地和哈密盆地并列纳入勘探范围，统称为“吐哈盆地”。10月20日，局党委书记王鹏、局长黄树德在北京向石油工业部部长王涛、副部长李天相、总地质师严敦实汇报工作时，王涛对玉门油田提出了“东山再起，再现青春”的奋斗目标。从此，“东山再起，再现青春”成为一面旗帜，凝聚起数万玉门儿女，开始了艰难的二次创业。11月5日，刚从北京回到玉门的局党委书记王鹏，就率领有关地质人员和吐鲁番勘探联队的技术人员，匆匆启程，到吐鲁番—哈密盆地进行实地考察。经过一个多月的考察，考察队员行程4000多千米，踏勘6条地质剖面和台参1井的井位；与新疆维吾尔自治区和地方政府进行沟通交流，得到新疆维吾尔自治区政府和党委的全力支持；与新疆石油管理局就转交有关吐哈盆地地质资料达成了协议，为后续大规模勘探奠定了基础。

1987年9月22日，经过近一年时间的精心准备，吐哈盆地第一口科学探索井——鄯善构造带上的台参1井正式开钻，该井由钻井处6052钻井队承钻。

1988年7月，石油工业部组织吐哈盆地勘探开发项目招投标，玉门油田中标。在面积达4.8万平方千米的吐哈盆地，正式拉开了大规模勘探找油的帷幕。全局职工得知油田中标吐哈勘探项目后，群情振奋，纷纷请战。7月12日，管理局专门组织了由勘探部、研究院、钻井处、地质录井处等单位负责人和工程技术人员参加的考察组，在石油工业部勘探司副司长查全衡、管理局副局长赵熙寿的带领下，赴鄯善实地考察。8月31日，“吐鲁番—哈密盆地石油勘探项目组”正式成立，对外统称“新东石油勘探公司”。项目组本着边组建边勘探的精神，在哈密军分区招待所租了几间房子，将项目组的大本营设在距离前线最近的哈密。先后在哈密地区开始航空物化探，在台北凹陷柯柯亚—丘陵—台北构造带进行地面物化探，及时确定哈参1井和托参1井两口重点参数井。9月18日和10月15日，哈参1井和托参1井相继开钻。与此同时，项目组在取得大量航磁、重力、电法、地震和钻探成果的基础上，完成《吐—哈盆地石油地质条件分析及一九八八年——九九二年油气勘探总体设计》和《吐—哈盆地勘探项目管理方案》。当年，基本搞清吐哈盆地构造格局和主断裂分布，初步查明吐哈盆地侏罗系、二叠系具有良好的生、储、盖油组合，具备形成大中型油田的石油地质条件，表明吐哈盆地找油条件、现实前景十分乐观，为加速吐哈盆地勘探开发起到了重要作用。

1989年1月5日，台参1井经试油喜喷工业油流，合计日产原油51.44吨，发现了鄯善油田。2月28日，新东石油勘探公司（项目组）向总公司呈报《关于吐鲁番—哈密盆地区勘探项目和台北凹陷工业区带评价项目1989年勘探总体设计的报告》。报告认为，通过重上吐鲁番，特别是1988年以来的工作，盆地勘探取得重要进展，认识上有重要突破，找到油气田的前景十分优越。并提出，1989年要“加强综合勘探，突出重点区带，强化项目管理，加快实施节奏，高速度，高质量，高水平，高效益，开创吐哈盆地油气勘探新局面，为玉门东山再起多做贡献”。2月27日和3月4日，总公司根据吐鲁番石油勘探项目组（新东石油勘探公司）的报告，两次做出批示，要求玉门油田把油气勘探重点转移到吐哈盆地。按照总公司关于"玉门石油管理局勘探工作重点转向吐鲁番盆地"的重大部署，管理局抽调大批物探、钻井、试油、试采、辅助生产队伍以及综合研究队伍西进新疆，在广袤的吐哈盆地展开大规模的勘探找油工作。8月18日，吐哈盆地西部托参1井获高产油气流，日产原油40.1立方米，天然气4776立方米，发现伊拉湖油田。

1989年，完成二维地震3638.8千米，探井8口、进尺1.750557万米，VSP测井3口，试油6口23层。

1990年2月，位于丘陵构造的陵3井开钻。该井于6月19日完钻，根据电测解释，在2405.4～2644.4米之间发现13个层段90.3米油层。7月13日射孔试油，8毫米油嘴求产，日产油120立方米，天然气1.4万立方米左右，发现丘陵油田。当年，吐哈盆地共完成二维地震4957.39千米，三维地震34.56平方千米，钻探探井12口、进尺4.817406万米，VSP测井6口，试油3口8层。

1987—1990年，通过钻探，先后发现鄯善、伊拉湖、丘陵、温吉桑等4个油气田，控制石油地质储量1.22亿吨，为大规模开展石油会战提供了可靠的资源基础。

四、台参1井

台参1井是1987年石油工业部确定的10口科学探索井之一，也是吐哈盆地的第一口科学探索井。该井设计井深5600米，钻探目的层主探二叠系，兼探侏罗系，投资2000万元。台参1井钻探，没有邻井资料对比，没有参数数据参考，过程充满曲折。从1987年9月22日开钻，到1988年9月2日在侏罗系地层完钻，完井井深4383.89米。11月5日，转入原钻机试油。根据电测解释，台参1井在侏罗系有油层7层46.4米，决定试油5层。1989年1月5日，当射开第四层中侏罗统三间房组时，黄色气流首先从地心深处喷薄而出，稍后变成红色，最后变成褐色液体。在场的地质学家面露喜色说："这是轻质油，油质好"。当日喷油折算35.4立方米。台参1井是我国石油工业在侏罗系地层喜获工业油流的第一口油井，开创了找油新领域。同日，中国石油天然气总公司一年一度的厂矿长会议在北京举行。台参1井在侏罗系地层喜获工业油流，被誉为1989年中国石油工业的第一枝报春花。台参1井的突破，掀开了吐哈盆地侏罗系找油新的一页。

五、胜金口油田

胜金口油田位于新疆吐鲁番市胜金口乡，地处火焰山中部。油田西距吐鲁番市40千米，312国道从胜金峰下横切火焰山隘而过。地表为山丘，起伏较大，地面海拔高度平均为325米。当地气候炎热干燥，年降水量约16毫米，蒸发量大，最高可达3000毫米。夏季气温可达49.6℃，6—8月，平均最高气温均在38℃以上，中午沙面温度可达82.3℃。昼夜温差大，冬季严寒，最低气温可降至−28.7℃，属典型的内陆性气候。

1958年5月，吐鲁番勘探大队用轻便钻机在胜金口背斜钻探第一口预探井胜1井，在井深322米处发现油气显示，提捞获1公升原油，因工程事故使油井报废。11月3日又在该背斜东鞍部钻探胜4井。11月7日，胜4井在井深613米侏罗系地层发生井喷，喷出大量油气，对J_{2-32}地层试油，获日产18.5立方米的工业油流，发现胜金口油田。12月，转入试采，管理局给吐鲁番矿务局抽调30名采油工、26名炼油工，进入胜金口油田，并在当地建设了一座小型炼油厂，开展试采和炼油工作。

1959年，在胜金口钻井40口，其中包括33口探井及开发井，7口地质浅井。33口探井及生产井中，2口井工程报废，18口井地质报废，12口井获工业油流。

1960年，为搞清油藏范围，继续详探，钻井10口（其中详探井8口），9口井进行试油，当年采出原油5856吨，累计采出1.066万吨，明确了油田范围，完成了油田储量概算报告。

1962年12月，将吐鲁番矿务局改组为吐鲁番勘探处，将其所属炼油厂和试采大队合并为炼采大队。

截至1963年6月，先后投入试采的有胜4井、胜3井、胜24井、胜88井、胜38井、胜39井、胜2井、胜26井、胜60井、胜37井10口井。累计产液量36290.408立方米，产油22277.421立方米，产水14072.987立方米。由于油井压力下降、含水上升、产量低，管理局于1963年下半年陆续调回大部分采油和炼油职工，停止修井作业，仅留少量人员在天暖期间采取间歇开井的方式进行采油作业，炼油厂2—3月炼一次油。由于胜金口油田含油面积小、地质储量少、产量递减快（年递减率55%）、含水上升快（61.9%～71%）、年采油速度慢（0.2%），故于1964年年底，油田全面关井。

1989年，管理局重上吐哈盆地，成立胜金口项目组，对胜金口油田进行勘探开发。先后钻探胜101等新井，恢复了胜24、胜26等6口老井的生产，由局井下技术作业处承包管理。油井生产以抽油为主，初期平均日产油5吨左右，后递减到2吨，因含水较高，1991年再次关井停产。

第二章　会战组织机构

第一节　吐鲁番石油勘探项目组（新东石油勘探公司）

1988年年初，为加速吐哈盆地勘探，石油工业部决定进行招标，实行勘探项目管理，推行甲乙方合同制。玉门石油管理局以乙方身份，向甲方（总公司勘探司）提交项目方案及总体规划。6月30日，石油工业部吐哈盆地勘探工作会议在玉门召开。勘探司会同物探局、北京研究院、新疆石油管理局、西北地质研究所等单位组成专家评审组，对玉门油田提交的方案进行充分论证和现场答辩。会议通过玉门油田中标吐鲁番—哈密石油勘探项目，吐哈盆地列为玉门油田新的勘探开发区域。8月31日，石油工业部发出关于成立吐鲁番—哈密石油勘探项目组的通知。指出，为促进新区石油勘探，加快勘探工作改革步伐，决定将吐鲁番—哈密盆地的油气勘探工作作为石油工业部直接管理的勘探项目，成立吐鲁番—哈密石油勘探项目组。项目组受石油工业部的直接领导，是自主经营的经济实体，在地质勘探任务、勘探工作量、质量、工期、成本等方面，对石油工业部全面负责，对外称新东石油勘探公司。玉门油田为项目组的依托单位，负责该项目的管理工作，拥有优先获得该项目油气探明储量的有偿开采权。项目组设精干高效的工作班子，由生产和经营两个部门组成，编制定员25人。石油工业部委托玉门油田推荐项目经理，由石油工业部任命，副经理由经理聘任，报石油工业部备案。办公地点设在哈密军分区招待所。当日，玉门油田吐鲁番石油勘探项目组在哈密正式成立，对外称“新东石油勘探公司”。

第二节　吐鲁番勘探开发前线指挥部（新东勘探开发指挥部）

1989年3月6日，玉门石油管理局召开专题会议研究决定，在吐鲁番石油勘探项目组工作的基础上，成立吐鲁番勘探开发前线指挥部（又称新东石油勘探开发指挥部）。指挥部下设吐鲁番—哈密石油勘探项目组、分析组、工程组、试采组、办公组5个组，在前线指挥部的统一领导、统一指挥下，统一行动，为1990年大上吐哈做好一切准备。经局务会和局党委常委会决定，吐鲁番勘探开发前线指挥部指挥及项目经理由局长黄树德兼任，第一副指挥由副局长赵熙寿兼任，副指挥由副总地质师王昌桂、副总工程师温羡藩兼任。7月1日，办公地点由哈密军分区招待所迁往鄯善空军场站。

11月4日，为加快吐哈盆地勘探开发步伐，扩展勘探成果，抢建产能，尽快拿到产量，管理局决定，成立鄯善采油厂，为二级单位，正处级。主要职责是：在管理局和新东石油勘探开发指挥部领导下，根据总体规划，编制鄯善、伊拉湖等油田的开发和建设实施方案；完成分期建设产能任务；负责油井试采工作，完成原油生产任务；对钻井工程和地面建设工程进行监督；规划组织油田地面工程建设；搞好原油储输管理和外运；抓好队伍组织和建设。11月8日，为进一步加强新东石油勘探开发指挥部的力量，增加王世信、王新南、唐世荣、路锡良、肖周法5名副指挥，同时兼任吐鲁番—哈密石油勘探项目组副经理。分工：王世信、王新南负责全面日常工作，唐世荣负责勘探开发地质研究及对外科研合同，路锡良负责勘探项目兼勘探项目经理，肖周法负责经营管理工作。指挥部下设生产调度组、经营组、基电组、动态综合组、政工组、行政生活组、勘探项目组、开发项目组8个组。

1989年12月，吐鲁番勘探开发前线指挥部指挥由新任局长赵熙寿担任。

第三节　吐鲁番石油勘探开发会战指挥部

1990 年 5 月 10 日，总公司做出以玉门油田为主体，集中兵力、集中时间、集中资金，在吐鲁番盆地开展勘探开发会战的决策。6 月 15 日，根据总公司要求，管理局在吐鲁番勘探开发前线指挥部的基础上，成立吐鲁番石油勘探开发会战指挥部和临时党委。7 月 21 日，总公司办公厅印发《关于组织吐鲁番盆地勘探开发会战会议纪要的通知》，决定成立吐鲁番石油勘探开发会战指挥部。临时党委由王鹏、刘世洲、赵熙寿、唐世荣、王昌桂、王世信、郭敬、温羡藩、王德仁等 9 人组成，王鹏任临时党委书记，刘世洲任副书记；赵熙寿任指挥，唐世荣、王昌桂、崔辉、王世信、郭敬等任副指挥。同年 12 月，经管理局党政领导会议研究决定，在吐鲁番勘探开发会战指挥部机关设行政办公室、党委工作部、勘探部、开发部、钻井工程部、生产协调部、经营部、基建工程部、装备部、科技发展部等一室九部，定员 228 人；成立鄯善采油厂、试采指挥部，其中鄯善采油厂定员 979 人，试采指挥部 267 人；指挥部附设综合研究大队、通讯站、水电队、消防警卫队等，共有 406 人。

1991 年 1 月，为加快吐哈石油勘探开发，理顺内部关系，管理局决定，将吐鲁番石油勘探开发会战指挥部各职能部更名为处。同时，增设规划计划处、财务处、劳动工资处、外事处、水电筹建处、生活管理处、物资供应处等 7 个处，其中，水电筹建处、生活管理处、物资供应处既是职能处室，又是二级单位。1 月 28 日，经管理局党政领导联席会议讨论研究，决定增补曾晓明、周永华为吐哈石油勘探开发会战指挥部副指挥。

第四节　吐哈石油勘探开发会战指挥部

1991 年 2 月 13 日，总公司决定成立“吐鲁番—哈密石油勘探开发会战指挥部”，由总公司直接领导。同时明文规定：吐哈会战充分依靠和利用玉门油田的力量和优势，会战的后勤保障主要由玉门油田承担，玉门油田要在保持老区稳产的同时，全力以赴参与和支持会战，油田建成后统一由玉门石油管理局管理。2 月 25 日，吐哈石油勘探开发会战指挥部和中共吐哈石油勘探开发会战指挥部工作委员会正式成立。3 月 8 日，总公司决定，吐鲁番—哈密石油勘探开发会战指挥部的领导班子成员由以下人员组成：谭文彬任指挥，管理局局长赵熙寿任常务副指挥，副局长杨秀森、吴碧莲、罗玉成、梅士琪、唐世荣、姚树娣、王世信及张福祥、秦安民任副指挥，翟树人任总工程师，王昌桂任勘探总地质师，崔辉任开发总地质师。同日，总公司党组决定，中共吐鲁番—哈密石油勘探开发会战指挥部工作委员会由谭文彬等 19 人组成，谭文彬任工委书记，局党委书记王鹏任常务副书记，赵熙寿、刘世洲任副书记。原吐鲁番石油勘探开发会战指挥部临时党委随即撤销。会战指挥部设工委工作部、指挥部办公室、总调度室、勘探处、钻井工程处、油田开发处、基建工程处、装备处、科技处、规划计划处、财务处、劳动工资处、外事处、企业管理处、法律事务处（同企业管理处为一个机构、两块牌子）、设计管理处、公共关系处。干部 296 人，工人 9 人。二级单位设有鄯善采油厂、试采指挥部、物资供应处（与油田物资供应处为一个机构、两块牌子）、卫生处、职工医院、卫生防疫站（与油田卫生处、职工医院、卫生防疫站为一个机构、两块牌子）、生活服务公司（与油田生活公司为一个机构）、勘探开发研究大队、通信处（与油田通讯处为一个机构、两块牌子）、井下作业指挥部、水电筹建处。当时，除鄯善采油厂、试采指挥部等生产单位人员及各单位领导班子成员主要从玉门老区抽调，人员相对固定，其他单位干部和职工队伍定期与老区轮换，一线工人“三班两倒”，每隔 20 天回老区休息一次。新、老区党政工组织机构统筹安排、一体化运作，内部实行甲、乙方合同制。油田钻井、地调、录测井、运输、油建等作为乙方队伍参加会战。

1991 年下半年，指挥部先后在机关成立监督管理办公室、接待处、设备租赁中心（与装备处为一个机构、两块牌子）、经营销售处，组建设立绘解中心、北京办事处（与玉门油田北京办事处为一个机构）、《中国石油报》吐哈记者站（与玉门记者站为一个机构、两块牌子）。

1992 年 6 月 11 日，总公司党组同意，增补陈锦权、芦明厚为会战工委委员。11 月 1 日，总公司决定，任命吴涛、陶惠鑫、彭立垣 3 人为会战指挥部副指挥；总公司党组决定，李志新任会战工委常委、副书记。

当年，指挥部先后成立技术监督处、石油专用设备租赁中心、油田公安局、广州联络处、成都办事处、兰州办事处、钻井工艺研究所、《吐哈石油战报》社（与《石油工人报》社为一套机构、两块牌子）。撤销鄯善采油厂、试采指挥部、油田开发处，成立油田开发事业部、油田生产服务中心、油田开发总工程师办公室（隶属会战指挥部直接领导）；成立油田开发生产测试中心、乌鲁木齐天然气公司、哈密基地建设指挥部、哈密石油专用设备服务中心项目组、石油化工筹建办公室、新升实业公司、华油多种经营总公司（亦称四达实业总公司）。

1993 年 1 月，指挥部机关调整机构编制，职能机构设置为：工委工作部、指挥部办公室、总工程师办公室、生产协调办公室、规划计划处、财务处、劳动工资处、钻井工程处、基建工程处、科技处、公共关系处、政策法规处、技术监督处、审计处、机械动力处和外事处，编制定员 292 人。撤销企业管理处，成立政策法规处（对外称法律事务处和经济研究所），下设法律事务办公室、经济政策研究室。撤销生活管理处，增设生活监督科。撤销设计管理处，组建设计院（同油田设计院为一套机构、两块牌子）。撤销经营销售处，由经营销售处、乌鲁木齐天然气公司、鄯善油库、开发事业部作业区储装站、输气站、物资供应处加油站等单位组建成立销售公司。

1995 年 6 月 15 日，为了理顺玉门、吐哈管理体制，总公司决定，撤销吐鲁番—哈密石油勘探开发会战指挥部，成立吐哈石油勘探开发公司。除当时参加会战人员以外，将管理局所属钻井处、地调处、录井处、油建公司、运输处、二机厂、井下处 7 个单位成建制划归吐哈油田。

第三章　奋战吐哈

第一节　决策部署

随着台参1井喷油和鄯善、伊拉湖等油田的发现，吐哈盆地的勘探展现出良好的前景。1990年年初，总公司将吐哈盆地列为我国10大石油探区和6大增储上产地区之一。3月23日，管理局吐哈石油勘探开发前线指挥部在鄯善召开会战誓师大会，钻井处、地调处、录井处、井下处、研究院、运输处及试采指挥部等7个单位，代表2000多名参战职工，向前线指挥部签订年度项目承包合同。在同月召开的油田群英会上，局党委、管理局向全局广大职工、家属发出动员令：围绕1990年的奋斗目标，掀起大战吐哈，稳定玉门，夺取生产建设好成绩的新高潮。

大上吐哈的消息，不胫而走；大战吐哈的动员，激动人心。油田上下纷纷要求参加吐哈会战，参战的请战书、决心书，雪片般递交到各级组织。一时间，沉寂多年的玉门火车站热闹起来了，成千上万吨的钻机、井架，以及各类设备物资，从这里装上火车，隆隆西进；以往西行的列车经过这里，没有多少人上下车，这时却人满为患，西行列车的窗口，挤满了西征的将士，车下站满了送行的人群。2月17日，还是天寒地冻、滴水成冰的时候，地质调查处3个地震队的400多名勘探健儿，就迫不及待地踏上西征的路程。3月19日，已经集结在战区的9个钻井队和1个试油队，就已经拉开“疆场铁人杯”青工比武大赛。

4月，总公司领导莅临吐哈探区，对吐哈前线开展的“疆场铁人杯”“疆场雄鹰杯”等竞赛活动给予高度评价，并要求管理局要在新探区尽一切可能采用国内比较成熟的、先进适用的新技术，由“游击战”转为“阵地战”，一手甩开勘探，获得新的发现，一手站稳脚跟开发鄯善油田。

5月10日上午，在北京总公司党组会议室，总公司总经理兼党组书记王涛、总地质师阎敦实等同油田领导就吐哈会战进行座谈。王涛明确提出：总公司经过研究，决定在吐鲁番搞一个勘探开发会战，集中兵力，集中时间，集中资金，尽快搞出名堂。会战以玉门油田为主，总公司、北京石油勘探开发研究院、物探局参加，采取项目管理、甲乙方形式。要向塔里木学习，搞“两新两高”（新体制、新技术，高水平、高效益）。下午，王涛、阎敦实再次组织总公司人事教育局、北京石油勘探开发研究院、物探局等单位领导，和管理局领导一起，对会战的领导班子构成、参战队伍、会战部署等进行研究，进一步确定吐哈会战的基调。时隔不到半个月，5月26、27日，总经理王涛、副总经理李天相、总地质师阎敦实又亲赴鄯善视察，为吐哈会战鼓劲加油。6月，管理局根据总公司要求，成立吐鲁番石油勘探开发会战指挥部，8月，总公司下发文件，任命吐鲁番石油勘探开发会战指挥部和临时党委的班子成员，玉门油田党政主要领导战略西移，开始坐镇吐哈，指挥玉门，拉开了吐哈石油勘探开发会战的序幕。

至年底，玉门油田已有近6000名精兵强将，携带着精良设备，奋战在吐哈，油气勘探硕果累累：(1) 基本搞清吐鲁番盆地的构造格局，解释出圈闭60个，总面积1400平方千米，其中评价较高的有鄯善弧形构造带、火焰山构造带和托克逊构造带，预计盆地油气资源量16亿吨。(2) 继发现鄯善油田之后，又在鄯善弧形构造带东西两端预探中获得丘陵和温吉桑两个新含油气构造。(3) 通过加深勘探，发现中侏罗统西三窑组含油含气的新层系，预示着该带也是一个整装的油气富集带。(4) 鄯善油田储量报告经国家储量委员会评审通过，探明储量3438万吨、控制储量968万吨；丘陵油田预测三间房储量1亿吨，温吉桑预测储量1000万吨，超额完成总公司下达的储量任务。(5) 在鄯善油田开辟试验区，区内油、气、水、热、电5大系统已经投入运行，生产基本正常。(6) 证实哈密坳陷是一个具有一定生油能力、又有良好局部构造的找油找气接替区。截至1990年底，玉门石油人在4.8万平方千米的吐哈盆地相继发现鄯善油田、伊拉湖油田、丘陵油田、温吉桑油田等4个油田，含油总面积达80平方千米，而且构造发育良好，储量丰富，为大规模开展勘探开发会战奠定了资源基础。

1991年1月1日下午，由52辆罐车组成的运油车队抵达玉门，管理局举行隆重的剪彩仪式，欢迎运油车队的到来，也标志着开发52年的玉门油田“东山再起，再现青春”战略初见成效。正如总公司领导在会战指挥部成立动员大会上所讲，玉门石油人“短短三年时间，发现4个油田，在一个比较大的范围内探明和控制一批可观的石油地质储量，成为石油工业战略接替的一个重要而现实的有利战场。玉门局为支援新区会战，队伍用最强的、干部用最精的、设备用最好的，玉门风格和玉门人的精神风貌在吐哈会战中，有了新的发展。”

当年1月，在中共中央下发的第1号文件《关于制定国民经济和社会发展十年规划和“八五”计划的建议》中，吐哈盆地被列为中国西部石油勘探开发的主要地区之一。此时，吐哈会战已远远超出玉门“东山再起”的范畴，而上升为中国石油工业战略西移的一个重要战略步骤。全国各大新闻媒体也都把关切的目光，投向吐哈。2月2日，《人民日报》在一版显著位置刊发消息“吐鲁番—哈密盆地发现大油田”，同一天的《解放军报》和《经济日报》，发表相同主题的消息“石油勘探又抱一个‘金娃娃’”，紧接着《光明日报》、中央电视台、《工人日报》等首都各大新闻媒体，都争先恐后向海内外发布了这一重大发现。

面对吐哈盆地飞速变化的勘探形势，总公司党组经审慎研究，决定把吐哈盆地作为一个独立的战区，由总公司直接指挥。2月，总公司以玉门油田党政领导班子为主体，成立吐哈石油勘探开发会战指挥部和指挥部党的工作委员会，标志着吐哈石油勘探开发大会战正式打响。

按照总公司的要求，会战指挥部及工委的主要任务是：以新区为重点，统一领导新老区的石油勘探、开发和建设工作，统一领导参战队伍党的工作和思想政治工作。在“八五”期间，探明石油地质储量2亿～3亿吨，控制1亿吨，建成年原油生产能力200万～300万吨。从而使吐鲁番—哈密地区成为我国西部又一个新的石油生产基地，努力扩大玉门石油管理局的新区生产规模，进一步稳定和发展玉门老油区，为我国石油工业的继续发展做出贡献。两个“统一领导”，明确新老区之间的关系，有效稳定了军心，极大地鼓舞了参战队伍的士气。

在总公司的全力支持和协调下，4月，以玉门油田为主体组建起来的280人的勘探开发研究大队成立；300多人的指挥部机关人员全部到位；从老区抽调人员或以老区单位为主体组建的鄯善采油厂、试采指挥部、物资供应处、通信处、卫生处（职工医院、卫生防疫站）、生活服务公司、井下技术作业指挥部、水电筹建处等单位人员全部到位。

总公司石油勘探开发科学研究院、规划勘察设计总院等全国石油科研单位和院校的专家学者来了，石油地球物理勘探局、华北油田、长庆油田、中原油田等石油系统参战职工也云集于此。整个战区迅速形成四大主攻战场，即：整体解剖鄯善弧形构造带的重点预探评价战场；鄯善油田产能建设、开发上产战场；丘陵油田开发前期准备战场和区域评价勘探战场。面对战区地处荒漠戈壁，终年多风少雨，特别是夏季最热时地表温度高达70℃的艰苦环境，参战队伍冒着持续两个月的大风和一个多月的高温酷暑威胁，在生活条件十分简陋和生产条件尚不完全具备的情况下，日夜奋战在百里风区和火焰山下，边生产边建点，在较短时间内，迅速打开了局面。

以会战指挥部为总甲方，以玉门油田为主体，以石油科研企事业单位为技术支持和乙方专业化施工队伍提供工程技术服务的新型会战体制初步形成。6月，总公司又下发《关于吐鲁番—哈密地区石油勘探开发实行新型管理体制的实施意见》，确定吐哈探区“油公司”模式的基本框架，为吐哈会战进一步推行新体制奠定基础，也进一步加快了吐哈石油勘探开发的进程。

随着会战日渐深入，1991年11月19日17时45分，鄯善联合站那高大的火炬，腾空而起，和火红的太阳交相辉映。20日，在当时全国最长的原油装车栈桥下，一列满载吐哈原油的列车，在人们欢庆胜利的锣鼓声中，迎着朝阳，向东飞驰而去。西部大漠深处的一个新油田——鄯善油田，正式投产，吐哈石油勘探开发取得实质性突破。

1992年开始，会战指挥部坚持把吐哈会战作为石油行业“稳定东部，发展西部”总体战略的重要组成部分，认真贯彻落实“两新两高”“四个加快”“创出一条新路”和“二十字”（总公司和新疆维吾尔自治区确定的“依靠行业主力，依托社会基础，统筹规划，共同发展”）的会战指导方针，突出增储建产重点，相继确立“八五”期间实现两个“保四争五”（保证拿到石油储量4亿吨，争取5亿吨；保证建成产能400万吨，争取500万吨）的奋斗目标；到“八五”末，基本上建成一个新型的、以油气为主业的、多元化经营的、具有20世纪90年代水平的大型石油和石油化工综合企业框架的总目标。提出“两加快、一提高”（进一步加快内部改革、加快勘探开发步伐，一切工作都必须以提高经济效益为目标）的工作要求。正确的会战战略和明确的奋斗目标，成为搞好会战的源动力，激励焕发出了参战职工的拼搏精神、创造精神、奉献精神，促使会战不断取得新成果。

第二节 集中力量

吐哈石油会战，是中国石油天然气总公司“稳定东部、发展西部”战略的重要组成部分，也是玉门油田实现“东山再起，再现青春”的重大战役，按照总公司“集中兵力，集中时间，集中资金”搞好吐哈石油会战的要求，玉门石油管理局将会战摆到全局工作的重中之重，举全局之力，本着队伍上最强的、设备上最好的，投资、人员、设备、后勤保障和服务全部向会战倾斜，确保了会战的顺利进行。

一、队伍

1. 管理队伍

1988 年 8 月，管理局吐鲁番石油勘探项目组（新东石油勘探公司）成立，项目组班子成员由 25 人组成，拉开了在吐哈盆地重新勘探的序幕。

1989 年 3 月，吐鲁番石油勘探项目组（新东石油勘探公司）改组为吐鲁番勘探开发前线指挥部（又称新东石油勘探开发指挥部），局长黄树德兼任指挥及项目经理，副局长赵熙寿兼任第一副指挥，副总地质师王昌桂、副总工程师温羡藩兼任副指挥。玉门油田主要领导直接坐镇哈密，指挥和组织吐鲁番勘探开发工作。11 月，随着鄯善、伊拉湖等油田的发现，玉门油田及时成立鄯善采油厂，从老区抽调管理人员，组成鄯善采油厂的领导班子，具体负责鄯善油田的先导性开发试验。同月，增加王世信、王新南、唐世荣、路锡良、肖周法 5 名副指挥，同时兼任吐鲁番—哈密石油勘探项目组副经理，指挥部下设机构由项目组、分析组、工程组、试采组、办公组等 5 个组改设为生产调度组、经营组、基电组、动态综合组、政工组、行政生活组、勘探项目组、开发项目组等 8 个组，吐鲁番石油勘探开发的组织力量不断加强。

1990 年 6 月，按照总公司以玉门油田为主体，集中兵力、集中时间、集中资金，在吐鲁番盆地开展勘探开发会战的决策，玉门油田在吐鲁番勘探开发前线指挥部的基础上，成立吐鲁番石油勘探开发会战指挥部和临时党委。临时党委和指挥部成员全部由玉门油田党政领导班子成员及部分二级单位领导组成。玉门油田党政领导班子基本全部西移，坐镇哈密、指挥玉门。指挥部机关一室九部 228 名管理人员全部从老区抽调，实行定期轮换。1991 年 1 月，指挥部机关新增规划计划、财务、劳动工资等 7 个业务处室，管理力量进一步增强。

1991 年 2 月，吐哈石油勘探开发会战指挥部和中共吐哈石油勘探开发会战指挥部工作委员会正式成立，指挥部主要领导和会战领导班子除增加部分总公司机关的领导同志和各参战单位的现场指挥人员外，仍然以玉门油田为主体。会战指挥部机关人员全部从老区轮换抽调，干部达 296 人。至 1995 年 6 月，新、老区党政组织机构统筹安排、一体化运行，主要领导长期坐镇吐哈，机关工作人员定期轮换，基本做到了人人参与吐哈会战。

2. 科研队伍

（1）勘探开发研究。1989 年 6 月，管理局抽调勘探开发研究院等单位 40 名研究人员，成立吐哈盆地地质勘探综合研究大队，开始吐哈盆地地质勘探的综合研究工作。至 1991 年 3 月，吐哈战区研究人员增至 170 人（包括北京勘探开发研究院首批参战人员 33 人）。4 月，会战指挥部以地质勘探综合研究大队为基础，成立勘探开发研究大队，设地质勘探研究室、油田开发研究室、采油工艺研究室、矿场机械研究室、地质分析化验室、科技情报室、科技服务室、汽车队、总务后勤科、器材科等 10 个基层单位，在册职工 294 人。1992 年，科研试验单位增加到 12 个，职工人数达 475 人。至 1995 年 6 月底，勘探开发研究大队机关设党委办公室、行政办公室、科技科、生产科、财务科 5 个科室；基层设地质勘探研究室、油田开发研究室、采油工艺研究室、矿场机械研究室、地质分析化验室、科技情报室、科技服务室、汽车队、总务后勤科、器材科、三环科技实业公司等 11 个单位，在册职工 487 人。玉门油田勘探开发研究院除个别留守人员外，主要力量全部参与到吐哈石油会战当中。

（2）钻井工艺研究。1992 年 6 月，为提高钻井工程质量，建立科技服务管理网络，解决钻井科研难题，提高钻井时效，降低钻井工程成本，会战指挥部成立钻井工艺研究所，设置水泥、泥浆处理剂检测站、油气层保护室、泥浆工艺室、钻井工艺室、固井完井室、计算机工作站、打捞队等7个基层单位，编制定员114人。至1995年6月，钻井工艺研究所保持7个基层单位不变，在册职工109人。钻井工艺研究所利用原始地应力、测井资料和钻井工程资料对丘陵油田38口已钻井进行井眼稳定性力学评估技术，可绘制出15条全剖面曲线，建立丘陵油田区域孔隙压力、坍塌压力、破裂压力和推荐钻井液密度等值图和三维图，评估精度和符合率大于80%；研究出兼顾6个岩石机械特性的灰色聚类法优选钻头类型和钻头系列，在丘陵油田应用符合率大于85%。

（3）规划设计。1991年4月，会战指挥部设立设计管理处，为机关职能部门，设矿建设计科、油建设计科、综合科3个科室，编制定员15人，与管理局设计院为一个机构、两块牌子。主要负责工程设计管理，规划及方案审查，工程概、预算审查，设计单位优选和把关等业务。1993年1月，会战指挥部以管理局设计院为基础，将指挥部设计管理处调整为二级单位，组建成立设计院，与设计管理处、玉门设计院一个机构三块牌子。主要负责会战指挥部各项工程规划、咨询、测量等业务。油田设计院以吐哈会战为重点，先后完成鄯善油田20万吨/年产能地面建设规划、鄯善油库总体设计、鄯善油田开发试验区地面工程初步设计、鄯善和丘陵油田200万吨产能建设总体规划、哈密基地总体规划及住宅楼、鄯善油库扩容工程、乌鲁木齐输气公司指挥服务中心附属建筑初步设计、乌鲁木齐输气公司车库、巴喀油田产能建设地面工程（方案设计、方案设计附图）、鄯善油库扩大储运能力300万吨/年临时工程等工程设计工作。至1995年6月，设计管理处（设计院）设矿建设计科、油建设计科2个基层单位，有在册职工26人。

3.油气勘探队伍

（1）地质调查。1986年，玉门油田物探队伍开始进入吐哈盆地展开地震勘探工作。1989年，地质调查处有1支地震队在吐哈盆地进行地质勘查。1990年，又有3支地震队432名职工进疆，主要详查红山构造、十三间房构造以及十三间房南部的大南湖构造。至1991年3月，吐哈战区共有8支地震队、1支物化探队，其中玉门油田就有4支地震队活跃在战区勘探找油战场。当年1—5月，地调处地震勘探月记录达553剖面千米，创该处历年来同期最高水平；一级品率达到82.2%，创历史最高纪录。1992年2月，玉门地调指挥部5个地震队、1个化探队和指挥部机关、后勤保障单位近800名职工先后进疆。2月25日，2261地震队在TI92–613测线上打响全年地震生产的第一炮；至3月，玉门地调指挥部完成二维地震工作量179.68%剖面千米，以105.69%完成一季度地震生产任务，提前17天跨入二季度，实现起步开门红。1993年，地质调查处的地震勘探任务集中在吐哈战区，前线及后勤保障队伍全部投入到吐哈战区。至1995年玉门、吐哈管理体制理顺，地质调查处全部设备、资产和人员划归吐哈油田管理。

（2）地质录井。玉门录井队伍作为勘探开发吐哈油田的先遣队伍之一，早在1988年就奔波在吐哈盆地。当年，地质录井处与西安石油勘探仪器总厂测井服务队对台参1井分别进行了横向对比测井、电阻率测井、自然电位测井、自然伽马、声波测井、放射性测井、地层倾角测井、工程测井和固井质量测井等项目，后在综合解释的油层进行试油，获得工业油流，从而发现了鄯善油田。1989年5月，地质录井处成立驻疆工作组，将工作重点西移，重点开展地质、气测、电测、射孔生产等工作。1990年5月，驻疆工作组更名为新东石油勘探开发录井指挥部，有职工300多人。1992年，地质录井处常驻吐哈战区的勘探测井作业小队达7个，其中JD–581测井小队4个、SJD–801测井小队1个、CLS–3700测井小队2个，至1993年，地质录井处参战职工达600余人。会战中，广大录井职工以勘探找油大局为己任，一方面积极调试和使用好新的先进设备，不断采用新技术新工艺，一方面积极挖掘老设备的潜力，探井打到哪里，地质录井就跟到哪里，随时录取每一项地质资料。吐哈会战中，录井处测井、射孔、同位素测试等三项技术达到国内同行业先进水平，在吐哈勘探发现新油田、评价新油田的工作发挥了重要作用。在吐哈会战期间，玉门、华北、新疆、海洋等油田的录测井队伍参加会战，地质录井处是吐哈战区录测井的主力队伍。至1995年玉门、吐哈管理体制理顺，地质录井处设备、资产和人员全部划归吐哈油田管理。

4.油田开发队伍

1989年11月，玉门油田成立鄯善采油厂，设立了鄯善试验站、采油队、地面维护队、修井队等生产队（站），开始鄯善油田的先导性试验、产能建设和油田开发等工作，从厂领导班子到队（站）负责人及工人，全部从老区4个油矿抽调。1990年3月和5月，白杨河油矿分两批组建2个作业队，先期进入新疆，参与局鄯善采油厂的筹建和开发；6月，老君庙油矿综合采油二队以“红5号”车组为主体，组建修井突击队，赴疆参加吐哈会战；鸭儿峡油矿以修井三队为主体，由50多名职工组成突击队，赴疆参加吐哈会战。至1990年底，鄯善采油厂职工达341人。

1991年2月和6月，鸭儿峡油矿又分别为鄯善采油厂组建2支作业队。5月，石油沟油矿从全矿红旗100型修井车组中，各挑选1～2名技术尖子共26人，配备当时油矿最好的350型修井机，组成会战突击队，参与到吐哈会战中。当年，管理局从老区4个油矿选拔148名技术操作人员，在油田技工学校进行为期三个月的自动化管理培训后，分送大庆、吉林、西安等地进行油气集输、油气处理、仪表等专业培训，熟悉设备仪表、装置容器、管道线路，掌握其结构性能，进行模拟操作。这批技术操作人员到岗后，很快成为吐哈油田开发的骨干力量。

5. 施工作业队伍

（1）钻井工程。1987年9月，钻井处6205钻井队率先挥师吐哈，承钻吐哈盆地第一口科学探索井台参1井。1988年7月，32852、32638钻井队分别承钻哈参1井和托参1井2口探井；11月15日，6052钻井队打完吐哈盆地第一口科学探索井台参1井，1989年1月5日经试油喜喷工业油流，发现鄯善油田。1990年，钻井处有14支钻井队在吐哈探区开展钻探工作，全年共开钻20口，完钻20口，钻机月速度达到1115米，比1989年提高403米，钻井进尺达75300米，钻井周期和建井周期比1989年分别缩短33.48天和61.84天，实现“打一口成一口，打一口清楚一口，打一口顶一口”的奋斗目标。其中32852队“四开四完”，成为当年战区唯一一个钻井进尺上万米的钻井队。1991—1993年，玉门钻井队伍共钻井235口，钻井总进尺70.7529万米，刷新近40项吐哈玉门新纪录，并一举取得“会战三年三连冠”的佳绩。1991年，涌现出“八开八完、钻井先锋”的32651钻井队和“探井楷模”45155钻井队。1992年，32852队全年“十开十完”，年进尺突破3万米，勇摘战区排头兵的桂冠。1993年，是玉门钻井队伍辉煌的一年，32852钻井队安全、优质、高速实现“十六开十六完”，进尺突破4万米大关，并且做到全井全优、事故为零，写下玉门钻井史和吐哈战区最为壮丽的一页。至1995年6月，钻井处参加会战的职工达2167人，钻机16部，累计完成钻井总进尺95.54万米。

（2）井下作业。玉门油田井下技术作业处作为最早进入战区的会战队伍之一，在对胜金口油田进行开发管理和对鄯善区块第一口深井台参1井进行试采的同时，于1989年10月，组建一支有24部特车的压裂队奉命进疆，对鄯善油田进行先导性压裂实验。1991年4月，会战指挥部以井下技术作业处为主体，组建成立井下技术作业指挥部（与玉门油田井下技术作业处为一个机构、两块牌子），在疆人员由原来的100余人增加到780余人，至1991年底，参加会战的作业队达20支。1992年，作业队增加到21支，职工950人。到1993年，井下技术作业处已由一个单纯提供压裂和特车服务的单位发展成为集试油、测试、井下作业、压裂酸化和特车服务为一体的专业化井下作业队伍，先后承揽战区80%以上的工作量，并承揽战区全部压裂酸化作业，成为吐哈会战的主力军。1995年6月，井下技术作业处划归吐哈油田时，有在册职工1527人。会战期间，井下指挥部累计完成井下作业1349井次、压裂226井次、酸化155井次、试油285层、测试359层、试井1422层、特种作业231井次、特车出车27288班次。

（3）油田建设。1989年，玉门油田油建公司作为第一家进入吐哈的油田地面工程建设队伍，率先在战区展开施工作业。1990年3月，油建公司承建鄯善油田开发试验站和一部分土建工程。1991年2月，油建指挥部成立，初期总计约400余人。同年2月14日，油建公司承揽鄯善油库工程建设，至11月15日，工程全面竣工验交，开创了玉门油建施工史上“三最、四当年”（施工价值工作量最大，施工时间最短，施工质量最好；当年备料、当年施工、当年竣工、当年投产）的新纪录。1992年3月，油建指挥部职工有535人。当年，油建公司再创佳绩，在轻烃外运长途管道工程中，从安装到吹扫试压一次成功，1000多个焊口无一渗漏。鄯善油库扩容工程2具10000立方米储罐制造44天完工，刷新了1991年47天的纪录；优质高效地完成鄯善油气处理厂加拿大进口橇装设备的安装和鄯善物资库工程等十多项急难险重任务。1993年，油建公司工作再上新台阶，在米登首战油田地面产能建设，短短108天的时间内实现了油水并投，无一泄漏，工程质量优良率达到98%。同年，在战区质量大检查中，油建公司获得全战区基建工程质量总评第一名。1995年6月，玉门油建公司划转吐哈油田，划转职工1815人，其中工人1517人、干部298人。

6. 后勤保障及服务队伍

（1）公路运输。在吐哈油田勘探开发初期及吐哈会战时期，玉门油田运输处组织运输车辆及筑路工程队伍进入新疆，服务战区建设。1989年5月，为适应吐哈盆地勘探工作，运输处以五区队为主，成立临时综合车队驻鄯善，共有60人。1990年5月，运输处驻疆临时综合车队更名为新东石油勘探开发公司运输指挥部，时有职工240人。1991年1月1日，运输处22部罐车参加吐哈油田首批原油运抵玉门的任务。后连续承担吐哈油田原油东运（鄯善—玉门炼油厂）、西运（鄯善—乌鲁木齐石化总厂）及边远井站的转油工作。1993—1994年，原油拉运57025车次，计631539.40吨；累计拉运原油71174车，共计846658.92吨，确保战区的正常生产及原油的外运工作。1995年2月，运输处在吐哈战区成立运输分公司，承担吐哈战区的钻井搬迁等运输任务。同时在原公路工程队基础上，充实人员、设备，组建成立公路工程一分公司、二分公司，分别承担鄯善、哈密及玉门老区的公路施工任务。运输处主要承担吐哈战区钻井搬迁、原油拉运、客运交通、公路建设等工作。至1995年6月，玉门、吐哈管理体制理顺后，运输处设备、资产及人员全部划归吐哈油田，划归人员1901人。

（2）物资供应。1991年前，吐哈盆地的物资供应主要依托管理局物资供应处，物资供应处在全局资金紧缺的情况下，想方设法确保吐哈前线所需。1991年1月，物资供应处组建由146名参战职工、66台（套）设备组成的物资供应队伍，开赴吐哈会战前线，并组成战区物资处临时机构，开展早期会战工程的物资供应工作。同时，在玉门老区，全处上下积极行动，凡吐哈需要的物资全力给予支持，随要随发。从3月1日至4月15日，在短短45天时间里，组织发运200多个车皮。4月，战区物资供应处成立，与管理局物资供应处为一套机构、两块牌子，机关设办公室、财务科、器材管理科、金属科、机电科、化建科、配件科、综合调度科、生产技术科、保卫科10个科室，基层设鄯善物资库、生活管理科2个单位，同时设有北京联络处、上海联络处、西安联络处（均为副处级建制）、郑州联络处、沈阳联络站、兰州采购科、乌办采购科、成都办事处采购科、广州联络处采购科、酒泉采购科（均为科级建制）10个驻外机构，驻外机构同管理局驻外机构为一个机构、两个牌子，时有驻疆职工282人。12月，为在战区实现一级设库，物资供应处在鄯善火车站西侧3千米处开始修建鄯善物资仓库，建设面积72万平方米，设计年物资吞吐量40万吨。1992年3月，会战指挥部对物资供应处机构设置和定员编制调整，成立党委办公室、燃料科、送料服务队、质量检测站（副科级，归鄯善物资库管理），编制定员335人，其中干部139人、工人196人，处级职数7个、科级职数22个，机关定员132人，驻外机构编制定员不列入物资处编制定员。11月，为保证哈密基地建设器材供应，物资供应处组建哈密器材库，建设面积22万平方米，年吞吐量5万吨。1993年2月，物资供应处成立哈密器材库，实行一级设库、两级管理、直达供应管理体制，编制定员30人。至1995年6月，指挥部物资供应处机关设行政办公室、党委办公室、财务科、审计管理科、供应调度科、生产基建科、公安科7个科室，基层设金属科、化建科、机电科、配件科、鄯善仓库、哈密器材库、生活管理科、机械维修队、租赁中心、器材加工站10个队站，设驻外采购站10个，参战职工达335人。

（3）通信保障。1990年4月，管理局通讯处承接的新东通信站建设全面铺开，油田抽调卫星、通信、程控交换、线路等30多人参加通信会战；12月，吐鲁番石油勘探开发会战指挥部决定，成立通讯站，编制定员50人。1991年4月，会战指挥部决定成立通讯处，为二级单位，与管理局通讯处为一个机构、两块牌子，机关设办公室、生产技术办公室、计划财务办公室3个科室，基层设微波站、电话站、计算站、音像服务站、无线电检测站、供应站、通信工程队7个单位，时有在册职工108人，主要负责通信、电视、计算机应用服务等业务。1993年7月，会战指挥部决定，成立吐哈石油信息中心，作为通讯处的基层单位，编制定员42人，业务上接受科技处的指导。至1995年6月，会战指挥部通讯处编制定员190人，实际在疆参战职工196人。

（4）水电供应。1990年12月，随着吐哈石油会战的逐步推进，管理局水电厂派出4名干部赴疆参加吐哈会战，先期参与吐哈油田电源建设和水源建设。1991年1月，会战指挥部决定，以管理局水电厂为依托，组建水电筹建处，水电厂选派16名干部、工人前往吐哈战区，和第一批先遣人员一道开始组建水电筹建处。4月，水电筹建处成立，机关设综合办公室、生产技术科、工程科、经营科、水电管理科5个科室，基层设电气车间、供水车间2个单位，编制定员108人，主要负责战区水电筹建方案的制订、实施和水电设施运行管理及新技术引进等业务。11月，水电筹建工作基本完成，为加强战区供水供电工作，会战指挥部决定，将水电筹建处更名为供水供电处，机关设综合办公室、计划经营科、生产调度科、工程科、水电规划办公室5个科室，基层设电气车间、供水车间、生产准备队3个单位，编制定员287人，主要负责吐哈油田水电管理和供应保障，承担采油厂所属操作区的高低压线路维护等业务。1992 年 2 月，为满足吐哈新区水电生产经营需要，局水电厂对供水供电处内部机构进行调整，机关设政工办公室、行政办公室、计划经营科、生产调度科、工程科、水电规划办公室、财务科 7 个科室，基层设电气车间、供水车间、综合车间 3 个单位，至当年年底，水电厂参加吐哈会战的干部职工达 185 人。1993 年 5 月，在鄯善生产点 35 千伏变电所、供水泵站增加编制定员 28 人，供水供电处编制定员增加到 333 人。1994 年 2 月，为加强油田重点要害部位的守护，确保生产安全，会战指挥部决定成立供水供电处经济民警中队，编制定员 47 人，配备中队长 1 人，教导员 1 人，业务上受经济民警大队（吐哈油田公安局治安科）指导。1995 年 4 月，供水供电处成立电力调度所，行使吐哈地区电网调度管理权，并负责管理 110 千伏 /35 千伏开关站，增加编制定员 14 人，另增加丘陵地面产能建设 110 千伏变电所，新增编制定员 6 人。至 1995 年 6 月，以管理局水电厂为依托组建的吐哈供水供电处下设综合办公室、经营科、规划计划技术科、生产科、工程科 5 个机关科室和电气车间、供水车间、供电车间、生产准备队、水电实业公司、经济民警中队、电力调度所 7 个基层单位，在疆参战职工达 364 人。

（5）医疗卫生。1991 年 4 月，会战指挥部决定成立卫生处（职工医院、卫生防疫站），同管理局卫生处（职工医院、卫生防疫站）一个机构、三块牌子，主要负责战区医疗、卫生、防疫和计划生育工作计划的制订和实施，以及突发事件重大抢救等业务。5 月，战区职工医院从钻井处卫生所搬至鄯善县林业站，初期有会战职工 22 人。1993 年 6 月，卫生处在哈密基地设立卫生所。同月，哈密石油基地职工医院开始筹建。7 月，战区职工医院从鄯善县林业站迁至鄯善火车站镇生产基地。1995 年 6 月，哈密石油基地职工医院竣工，战区职工医院从鄯善火车站镇生产基地迁至哈密基地，卫生处（职工医院、卫生防疫站）机关设综合办公室、党群办公室、人事财务科、医务科、总护理部、计划生育办公室、爱卫会办公室 7 个科室，基层设门诊部、住院部、卫生防疫站、药械科、检验科、总务科、医达公司、鄯善分院 8 个单位，时有在册职工 111 人。同时，将鄯善火车站镇生产基地职工医院更名为鄯善分院。

（6）生活服务。1991 年前，会战指挥部和部分后勤单位会战职工的生活服务工作主要由管理局生活服务公司负责，其他各参战队伍的生活服务工作由各单位自行负责。当年 4 月，为建立运转灵活、精干高效的组织机构新模式，会战指挥部成立生活管理处，为指挥部职能处室，设生活办公室、生活监督办公室 2 个科室，主要负责战区会战队伍的后勤保障、生活管理等业务，并对战区参战队伍的生活进行监督；成立生活服务公司，与管理局生活服务公司为一个机构、两块牌子，主要任务是，依托玉门老区及社会，采购、调运大宗生活物资，保障会战指挥部机关的食宿及战区后勤生活服务。初期，社会服务公司机关设综合办公室、人事财务科 2 个科室，基层设供应科、总务科 2 个单位，编制定员 218 人（临时工 120 人）。1992 年 2 月，生活服务公司将总务科 5 个食堂管理业务及编制定员 81 人划出，成立食堂管理科。1993 年 1 月，会战指挥部撤销生活管理处，将生活管理与监督业务划归生活服务公司，并增设生活监督科。5 月，编制定员调整为 280 人，其中临时工 155 人。1994 年 4 月，为保证哈密基地一期搬迁工作的顺利进行，会战指挥部决定，生活服务公司组建哈密基地生活服务项目组，由生活管理处统一领导，编制定员 10 人，主要负责编制哈密基地生活系统的规划实施运行方案及设施验收和系统试运行，制定生活、管理、收费标准及有关规定和办法，做好一期职工搬迁工作。1995 年 4 月，为搞好少数民族的生活服务，尊重少数民族风俗，生活服务公司设立民族餐厅，统一由食堂管理科管理。至 1995 年 6 月，生活服务公司在疆参战职工共有 112 人。

（7）公安保卫。会战初期，战区治安保卫工作由管理局保卫处派员负责。1991 年 4 月，会战指挥部成立工委工作部，下设公安科，负责战区的治安保卫工作。1992 年 3 月，会战工委、指挥部从玉门老区保卫处抽调骨干力量，组建成立"新疆吐哈油田公安局"（对内称保卫处），下设政保科、刑事侦查科、治安科、消防科、交通科、办公室 6 个业务科室以及消防队 1 个直属单位，编制定员 104 人。主要负责油田内部治安综合治理，打击各类犯罪活动，维护交通秩序，开展消防管理，保护油田勘探开发建设，保障会战职工安全等业务。同时，在鄯善采油厂、物资供应处分别设立公安科（对内称保卫科），在试采指挥部、职工医院、通信处、吐哈研究大队、供水供电处、会战指挥部机关、绘解中心、哈密基地筹建处、吐哈石油战报社、油库等 10 个单位设公安特派员，编制定员 22 人。1994 年 2 月，会战指挥部组建吐哈油田经济民警大队，与吐哈油田公安局治安科为一个机构、两个牌子，在油田开发事业部、石油天然气销售公司、供水供电处、物资供应处设中队 4 个，编制定员 264 人。截至 1995 年 6 月，吐哈油田公安局机关设政保科、刑事侦查科、治安科、交通科、办公室 5 个科室，设消防大队（消防科）1 个直属单位，有在册职工 284 人。

（8）新闻宣传。1988—1989年，《石油工人报》社、《中国石油报》玉门记者站、玉门油田电视台分期分批派记者进入战区进行采访。1990年2月，《石油工人报》社、《中国石油报》玉门记者站联合在吐哈探区设立临时记者站，负责吐哈探区的新闻宣传工作。1991年1月，管理局电视台建立鄯善工作点，在玉门油田电视台开设“来自战区的报道”栏目。5月，石油工人报社派出9名编采人员赴疆，开始《石油工人报》吐哈版——《吐哈石油战报》的创刊筹办工作；通讯处在吐哈音像站成立，专门负责战区电视新闻报道和电视节目转播工作。6月1日，由石油工人报社创办的《吐哈石油战报》（试刊号）出版。7月1日，《吐哈石油战报》正式创刊，周一刊、每周一出版。同月，会战工委、指挥部成立吐哈石油战报社，与石油工人报社为一个机构、两块牌子。12月，为加强《中国石油报》对吐哈会战的新闻宣传工作，会战工委、指挥部决定，成立中国石油报吐哈记者站，与中国石油报玉门记者站为一个机构、两个牌子，挂靠《吐哈石油战报》社，行政业务受会战工委和《中国石油报》社双重领导，主要负责吐哈战区新闻宣传等业务，为《中国石油报》撰写新闻稿件。同月，玉门油田电视台在吐哈战区开办《战区新闻》，每周播出两期，《战区新闻》录像带带回玉门电视台播出。1992年7月，为加强对《吐哈石油战报》编辑、出版、发行工作的组织领导和业务建设，会战工委、指挥部决定，成立吐哈石油战报社，与石油工人报社一个机构、两个牌子，机关设综合办公室，基层设总编办公室、印刷厂，编制定员50人。至1995年6月，《中国石油报》记者站有在册职工4人，吐哈石油战报社有在册职工54人。

1995年6月，吐哈会战结束。12月，按照吐哈玉门石油集团《关于理顺吐哈玉门油田管理体制中有关队伍及人员划转的实施意见》精神，玉门石油管理局所属钻井处、地质调查处、地质录井处、井下作业处、油建公司、运输处、二机厂等7个单位陆续划转吐哈油田。其中机关科室81个，车间队站109个，钻井队18个，地质勘探队8个，油建施工队4个，地质录井测井队7个，井下作业队2个，汽车运输队7个，机械加工、机械修理车间10个，划转职工人数10330人。同月，对吐哈油田直属单位在玉门油田工作的职工、会战期间在玉门油田挂靠的8个单位（供水供电处、物资处、通讯处、职工医院、公安局、报社、生活公司、设计管理处）的职工也全部划转吐哈油田。

二、设备

1987—1995年吐哈会战期间，甲乙方单位共投入各类设备2000多台（套），其中玉门油田共投入各类设备924台（套），原值5593万元，净值3635万元。各类设备中，主要以录测井、钻井、井下作业设备、运输设备为主。

1987—1988年，主要投入使用的录测井设备是JD–581测井仪器和国内较先进的SJD–801数字测井仪器。1990年，地质录井处引进世界先进的CLS–3700测井设备，同时引进微机设备进行3700组合测井资料的数字处理。此后，CLS–3700测井设备成为吐哈战区勘探开发的主力测井设备。1993年后，地质录井处又先后引入多套SK–88小数控测井仪器，替代JD–581测井仪器。

1991—1992年，玉门油田在吐哈的15个钻井队共配备钻机15部，其中ZJ–45钻机6部，F320钻机2部，大庆–130钻机7部。从1993年起，钻井队伍租赁使用吐哈会战指挥部提供的国产ZJ–45钻机，以替换ZJ–130钻机。更替完善配套设备和工具，部分钻机配备自动送钻装置、自动灌泥浆装置、井涌井漏报警仪、人工智能电子指重表。完善、配套罐式循环系统。固控设备全部配备两层双台振动筛、除砂器和除泥器。在钻井过程中，管理局还积极推广使用PDC钻头。1991年，钻井处会同华北油田、长庆油田钻井公司与钻头生产厂家，设计和加工适用吐哈战区地层的PDC钻头。当时，会战指挥部采用以牙轮钻头的成本使用PDC钻头的费用补贴政策，推广使用川石·克里斯坦森公司R系列和江汉钻头厂B系列PDC钻头。1993年，在温米、丘陵使用各类PDC钻头97只，占钻头总数的15.32%。45164钻井队使用川石·克里斯坦森公司1只PDC钻头，连续钻穿齐古组、七克台、三间房、西山窑4套地层，钻井进尺达1394.4米，获全国金刚石钻头使用一等奖。45164钻井队使用川石·克里斯坦森公司的一只R435钻头，5次入井累计钻井进尺2660米，刷新全国PDC钻头单只进尺最高纪录。

井下技术作业处参加吐哈会战初期，作业装备陈旧、数量少，试油和井下作业总共只有8部动力。两个试油队的2台设备，一台是20世纪60年代的XT–12型通井机，另一台则是即将报废的ZJ15型钻机，设备性能差，工作效率低，作业能力小，施工工艺简单落后。会战中，井下技术作业处认真贯彻“两新两高”工作方针，瞄准国内外一流技术装备，大力引进和应用国内外先进成熟配套的新工艺、新技术、新装备。先后有计划、有重点地从国内购置应用 3XJ–350、450 修井机，SNC–400 型水泥车等国内先进设备 200 余台（套）；从国外引进西方压裂机组、地面直读车、高压三相分离器、连续油管车、液氮泵车、校表仪、读卡仪、膨胀裸眼测试器等国内外较先进的大型设备、井下工具和高精仪器。这些设备的引进应用，为试油测试、压裂酸化、井下作业提供先进的手段，为提高井下指挥部在战区的竞争实力，为保证吐哈石油勘探开发“保四争五”增储上产发挥了不可估量的作用。

管理局还积极调动修井、抽吸、运输等设备，全力以赴支援战区建设。为了保证战区运输，运输处将 90% 的优良设备投放到战区。1988 年，先后组织吊车、卡车等 95 辆往玉门南站运装参 1 井和托参 1 井所需钻机、钻具；1991 年，组织 22 辆罐车参加吐哈油田原油首次外运；1994 年，投入 170 余辆罐车拉运吐哈原油。1992 年，设备管理部门紧急抽调了 13 台抽油机用于战区采油厂生产。各后勤保障单位也是设备随队伍上，抽调最新、最好、最精良的设备，队伍走到哪，设备跟到哪，有力地保障了会战。

1995 年 12 月，玉门油田 7 个划转吐哈油田单位的 5939 台（套）设备全部归吐哈油田。设备固定资产原值 42527 万元，净值 20992 万元。

第三节　重点会战

吐哈会战期间，玉门油田不惜举全局之力，集中人力、物力、财力，全力以赴支持和参与会战，积极投身油气勘探、钻井会战和地面产能及配套工程建设等重点工程和项目建设的会战之中，为吐哈会战做出了巨大贡献。

一、油气勘探

会战期间的油气勘探工作，始终坚持以储量、效益为中心，遵循“程序不打乱，阶段不逾越，速度要加快，效益要提高”的科学勘探程序，通过建立、完善项目管理和专业服务市场，依靠科技进步和“五位一体”综合勘探，广泛应用多学科综合研究成果，应用盆地模拟、区域评价、油藏描述等先进技术，不断深化吐哈盆地地质理论与认识，先后进行台北凹陷鄯善弧形构造带整体评价解剖、台北凹陷西部综合勘探和鄯善弧形带及其毗邻地区深挖细找、滚动勘探等，发现和探明鄯善、丘陵、温吉桑、丘东、米登、巴喀、葡北、神泉、胜南、连木沁等 14 个油气田，累计探明石油地质储量 4024 万吨，探明天然气储量 26 亿立方米。

1991 年，油气勘探紧密围绕主攻鄯善弧形构造带，侦察火焰山—七克台构造带，准备哈密坳陷，加深研究托克逊凹陷的战略部署，全年共完成二维地震 4959.84 剖面千米，三维地震 23201 平方千米，地面物化探 1065 平方千米，完成 VSP 测井 6 口。当年，布置探井 23 口，完成 21 口，钻井进尺 7.4388 万米；取心进尺 1968.94 米，收获率达到 95.02%。试油 12 口 57 层，获工业油流井 8 口 18 层。探明含油面积 55.5 平方千米，石油地质储量近 1 亿吨；探明含气面积 27 平方千米，天然气储量 24 亿立方米。控制含油面积 25.7 平方千米，石油地质储量 2950 万吨。先后探明发现了温吉桑、丘东、柯柯亚等含油气构造。

1992 年，按照总公司确定的“探明一个带，评价两个带，甩开钻探三个区块”的工作部署，围绕解决西部管线立项所需的 2.5 亿吨储量任务、“八五”期间 400 万吨产能建设的资源准备和向新疆维吾尔自治区每年供气 6 亿立方米的资源基础等，勘探工作着眼全盆地，立足台北凹陷，共完成二维地震 6701.12 千米，三维地震 421.21 平方千米；地面物化探 1552 平方千米；完成 VSP 测井 11 口；试油 35 口 /143 层；探明含油气面积 67.2 平方千米，石油地质储量 4800 万吨；天然气储量 203.79 亿立方米；控制含油气面积 18 平方千米，油气地质储量 3000 万吨。全年探井开钻 44 口，完成 45 口，进尺 13.50 万米。通过对温吉桑、丘东、米登、巴喀等 4 个油气田的评价钻探，使累计探明含油面积达 130.1 平方千米，石油地质储量 1.7132 亿吨（含凝析油储量），含气面积 25 平方千米，天然气 240 亿立方米，基本奠定了建设 300 万吨产能的资源基础。

1993 年，勘探工作立足台北凹陷，坚持区域展开，走出弧形带，实现了勘探重点由台北凹陷东部向西部的转移。全年共完成三维地震 325.481 平方千米、完成二维地震 7649.80 千米、地面物化探 4223 平方千米，钻探井 47 口，进尺 13.69 万米，新发现圈闭 72 个，面积达 500 平方千米。新探明石油地质储量 1006 万吨，天然气储量 5.3 亿立方米，新控制石油地质储量 3431 万吨，天然气储量 72.11 亿立方米。

1994 年，勘探工作主要围绕重点突破台北凹陷西部、滚动勘探丘陵—温吉桑构造带以及区域甩开三个方面展开，完成二维地震 6941 千米、三维地震 390 平方千米、非地震物化探 1860 平方千米、高精度重力 1020 平方千米；钻探井 29 口，进尺 9.1629 万米。发现了玉果、胜男和红南—连木沁三个含油气区带。

1995 年年初，吐哈石油会战接近尾声，勘探工作坚持区域展开，搞好区带、凹陷的战略接替，进一步加大托克逊、哈密凹陷三叠系、二叠系的勘探工作量。通过开展柴窝铺等外围盆地的前期勘探研究，加快了后备新层系、新领域的勘探工作，为吐哈盆地的后续勘探开发奠定了基础。

二、压裂会战

按照《鄯善油田先导性试验区开发方案》，1990 年 10 月，由井下处压裂队承担施工，鸭儿峡油矿库柏 350 机组承担井下作业，采用管理局自行研制的千型压裂机组，对鄯 4–9 井进行压裂试验。至 12 月，共完成 4 口井的压裂试验，压后单井日产水平提高到 15 ～ 30 吨，是压裂前的 1.53 倍，增产效果明显，由此拉开了鄯善油田整体压裂序幕。

1991 年 1 月，《鄯善油田总体压裂设计（初稿）》编写完成，随后，吐鲁番石油勘探开发指挥部与总公司北京研究院万庄分院合作开展《鄯善油田总体压裂优化设计》研究。2 月，万庄分院和管理局组织 60 余名专家、工程师展开鄯善整体压裂的专题研究和工程设计。3 月 17—20 日，总公司开发生产局组织对《鄯善油田总体压裂优化设计》进行评审。参加评审的专家组成员认为方案体现了“两新两高”的方针，在设计上充分利用了现代水力压裂的新成果、新概念、新方法。设计技术水平在国内居领先地位。同时提出应针对鄯善油田几种不同类型井规范几种具体的压裂方案设计，做出样板设计，排液措施应进一步落实，砂比和预前置液的问题应进一步确定。4 月 17 日，鄯善油田压裂领导小组成立，具体负责鄯善油田整体压裂现场组织工作。领导小组设地质方案组、单井设计组、压裂质量技术监督组和生产协调组。5 月 20 日，鄯善油田整体压裂会战动员大会在吐哈会战指挥部驻地举行。

鄯善油田整体压裂会战历时 7 个月，参加会战的单位有井下作业指挥部、中原油田压裂队、万庄分院压裂酸化技术服务中心等单位。通过会战，全年压裂 43 口，投产压裂 30 口；分层压裂 33 口，限流法分压 7 口，投球分压 24 口，限流加投球 2 口，施工成功率 97.73%，采油指数提高 1.6 倍到 3.09 倍。鄯善油田实施整体压裂投产，在国内首次压裂投产覆盖率达到 74%，提高了采油速度，把经济技术边际油田提升为高效开发油田。油田开发压裂的理论在实践中得到完善，把传统的单井压裂增产理论提升为开发压裂理论，创造了低渗透油田开发基本模式。

三、钻井会战

钻井会战，是吐哈石油大会战中最具特色、最具规模的一场会战，前后历时三年时间，玉门钻井和华北、长庆（1992 年起由中原钻井承担）等兄弟油田的钻井队伍一道，相互协作、相互竞争，掀起一轮又一轮的钻井会战。共钻井 657 口，进尺 199.9 万米，有效保证了鄯善、温米、丘陵油田的开发建设。

1991 年初，会战指挥部依托玉门老区，组织玉门、华北、长庆等三个油田的 44 支钻井队，按甲乙方合同制形式，在鄯善油田摆开战场，开始了鄯善油田开发井的钻井会战。玉门钻井处承担着开钻 49 口、完钻 52 口、钻井进尺 16 万米的钻井任务。5 月 1 日，在吐哈石油会战指挥部办公楼前的广场上，树立起 47 个旗杆，悬挂着代表 3 个单位和 44 支钻井队的 47 面红旗，标志着整个战区钻井队伍之间以“夺杯、争牌、升旗、立功”为内容的“塔林杯”社会主义劳动竞赛正式拉开战幕。在竞争、激励、约束机制的作用下，参加钻井会战的钻井队不断刷新钻井纪录。玉门钻井队见红旗就扛、有指标就创、有金牌就夺，仅 1991 年上半年，就先后创出三项钻井新纪录：32651 钻井队在承钻 S11–14 井的过程中，用 44.1 天时间打完 3205 米的井深，完成各项设计工序，创出战区开发井的钻井周期最短纪录；45155 钻井队在温西 1 井的钻探中，全井取心 13 筒，共取心 107.35 米，收获率 100%，平均单筒进尺 9.50 米，创单井取心的战区最好水平；32638 钻井队在 S9–17 井的钻进过程中，创出班进尺 426.26 米，日进尺 702.12 米的战区最高纪录。5 月 30 日，32852 钻井队率先在战区突破万米大关。10 月 13 日，32651 钻井队实现“七开七完”，以 20050 米的进尺突破两万米大关。至 10 月底，在鄯善弧形构造带上开钻 146 口井，完井 108 口，完成钻井进尺 44.2 万多米。全年，玉门钻井有 7 个钻井队上万米，4 个钻井队上双万米，总进尺达 18.4 万米。创造出陵 25 井深井密闭取心平均单筒进尺 6.27 米和平均日取心 1.13 筒；S11–11 井 ZJ45 钻机搬家用 12 小时 10 分实现“三当天”，当天进尺达 173 米；温西 3 井探井取心 254.88 米，共计 32 筒，收获率均为 100%，单筒平均进尺 8.19 米，单筒进尺最高达 9.5 米等 4 项全国好水平。

1992年3月1日下午4时，来自玉门、中原、华北三个钻井指挥部的数百名钻井职工在吐哈石油勘探开发指挥部办公楼前举行升旗仪式，至此，战区第二轮钻井升旗竞赛活动正式开始。3月6日，玉门钻井指挥部32852钻井队在承钻的14井～16井上，仅用18天12小时，就使钻井进尺跃上3000米，创出当年战区钻井战线第一个新纪录。3月10日，战区44部钻机全部开钻运行。玉门钻井指挥部大胆引进、吸收消化钻井新工艺、新技术，从高压喷射钻井配套技术、油层保护技术、固井工艺技术、复杂地层钻井技术和改造设备技术五个方面抓起，全面加强钻头、钻具、钻井液、操作等方面的管理，与华北、中原钻井队伍取长补短、相互学习，展开激烈角逐，大大加快了钻井速度。玉门32852钻井队全年实现“十开十完”，年进尺突破3万米，勇摘战区排头兵的桂冠。截至11月17日鄯6–24井完钻，鄯善油田开发钻井全部结束。与1991年相比，当年钻机就位开钻时间提前了112天，在动用钻机和平均井深大体相当的情况下，多打井100口，多打进尺25.74万米，玉门32852、45164、华北4555钻井队都打出了3143～3385米井深，创造了只用19.5天时间的最高纪录，实现了总公司要求21天打一口3100米井的愿望。

1993年初，春节的喜庆还未散去，玉门、华北、中原油田的钻井队伍，就克服节后交通受阻、车票紧张等困难，日夜兼程赶赴吐哈，迅速投身温米、丘陵油田的开发钻井会战中。2月初，不到三天时间，玉门钻井指挥部的15个钻井队全部到位鸣机开钻，在温吉桑和丘陵油田拉开战场，以生产的早、稳、快投入到钻井大会战当中。2月8日，战区有28个钻井队相继开钻，2月15日，45台钻机全部到位，奏响战区第三次钻井升旗竞赛的序曲。会战指挥部通过开发井实行区块承包、一般探井实行单井承包、重点探井和特殊施工井实行日费制的管理模式，积极推行以目标管理为核心、以建井周期节约提成为激励、单井完井考核验收的管理体系，有力地促进钻井工作整体上水平。27支钻井队日夜奋战在温米油田，共钻开发井194口，钻井成功率达97.6%。全年，来自玉门、华北、中原三个油田的钻井队共完成钻井273口，井身质量合格率为100%，刷新14项钻井新纪录，钻井进尺上万米最快时间为47.0天，比1992年缩短35.81天。其中，玉门32852钻井队安全、优质、高速实现“十六开十六完”，进尺突破4万米大关，书写了玉门钻井史和吐哈战区最为壮丽的一页。钻井升旗竞赛，加之新技术的推广应用，有效促进钻井生产，钻井速度加快，工程质量提高，生产时效持续上升，创造了一系列国内钻井工程新纪录。与此同时，由于战区开发井超前完成，带来了钻井队伍一时相对过剩，停钻待命现象越来越严重，这为开辟钻井市场提供了契机。1993年6月6日，会战指挥部发标达三个月之久的预探井——陵深1井，在玉门钻井指挥部中心会议室举行签字仪式。此举表明，吐哈战区钻井生产已从竞赛转入竞争，正式进入市场竞争阶段。

1994年3月，通过招标进入钻井市场的32支钻井队云集吐哈，部署在丘陵、胜北等地，以丘陵油田三间房油藏开发钻井和葡北等7个构造带探井为重点，于25日全部鸣机开钻。在丘陵油田140万吨产能建设钻井大会战中，会战指挥部制定了21项规定，建立钻井市场，引入竞争机制，通过招标，让26支资质审查合格的钻井队进入，确保了钻井质量。26支钻井队针对丘陵油田西块和边缘部位底层倾角大、打井容易斜的特点，积极采取特殊钻具机构，采用钟摆扶正器、双效钟摆扶正器等工具控制井斜，运用分段吊打纠斜，有效控制了井斜，提高了工效，全年部署的122口生产井，于10月底全部完井，且全部达到开发要求。

1995年，由于战区能够投入开发的区块有限，钻井生产工作量严重不足，计划共打开发井69口，总进尺17.2万米，探井21口，总进尺7.5万米。钻井任务逐渐减少，钻井队伍过剩的矛盾日趋突显。为此，战区将钻井队伍由44支削减为27支，其中玉门10支、华北11支、中原6支。这27支钻井队伍，将采取招标方式，优胜劣汰，竞争取得战区开发井和探井的钻井任务。至此，战区大规模钻井会战基本结束。3月，经公开招标，7口开发井的钻井任务，玉门钻井承揽5口，华北、中原钻井各承揽1口。第一批2口探井，分别被玉门和华北钻井夺标。

四、地面产能及配套工程建设

1991年6月17日，在鄯善弧形构造带，4台大日野车上搭建起一座彩门，上书醒目的会标“鄯善油田50万吨产能地面建设开工典礼动员大会”，由此，拉开了建设国内一流油田的序幕。

1991年上半年，围绕鄯善油田50万吨地面产能建设，会战指挥部先后部署油田地面建设、油气处理厂、铁路专用线、鄯善油库、物资库以及水电、通信、道路等10项重点工程建设项目。建设单位主要有华北油建、玉门油建、大庆能源技术开发公司、新疆铁路局、地矿局等单位。华北油建承担鄯善50万吨地面建设工程，玉门油建承担鄯善油库、水源、试验站扩容等8项工程任务。鄯善油库工程是鄯善油田50万吨产能建设的重点配套工程之一，也是油建公司当年在吐哈会战中承担的最大的施工项目。自2月14日一开工，油建公司就以“创一流、上水平，创部优、争国优”为目标，坚持“两新两高”的方针，发扬“优质高效、严细求实”的企业精神，与华北油建等施工队伍展开激烈角逐。他们采用项目法施工，网络计划，“跳圈交叉”作业，自动切割下料，二氧化碳气体保护焊、气分倒装、电动倒链提升倒装法等施工管理方法和施工技术，不断强化施工管理和组织。4具5000立方米原油储罐的主体安装，只用了47天，创下公司同类储罐安装的新水平。原油装车栈桥长282米，耗去钢材254吨，仅用40多天就完成了任务，质量检验一次合格率为88.5%，在总公司组织的工程质量大检查中综合评分97.5分，被树为样板工程。首次制作的1万立方米罐，一次优良率达到91.5%。锅炉房工程施工，主体安装25天告捷，提高工效56%，创历史最好水平。鄯善油库工程以100%合格、优良率93%，创造了玉门油建施工史上施工价值工作量最大、施工时间最短、施工质量最好，当年备料、当年施工、当年竣工、当年投产的“三最、四当年”的新纪录。当人们从鄯善火车站下车，向南望去，新建的鄯善油库的4具500立方米的大罐，在阳光下，银光闪闪。罐壁上4个红色的大字“奋战吐哈”，清晰可见，让人一进这片土地，就立刻感受到一种强烈的会战气息。9月15日，鄯善油库装车栈桥提前完工。11月26日，鄯善油田50万吨地面建设工程，经过6个月的艰苦奋战，正式投油。

1992年，油田建设工程重点围绕鄯善油田50万吨地面产能配套工程展开，主要由玉门油建和华北油建承担。玉门油建先后完成鄯善油库扩容工程和24.5千米的瓦斯气外输临时供气干线施工任务。华北油建先后完成鄯善油田注水工程、液化气、轻氢储装站工程等任务。

1993年，战区地面工程建设呈现出激烈的竞争态势，玉门油建承揽油库扩容、溶剂油等五项工程；首次进入战区的中原油建，承揽温吉桑70万吨地面产能建设工程；华北油建向国际水平看齐，积极投入丘陵油田开发的前期准备工作。4月27日，战区隆重举行温米油田产能建设开工典礼暨温米联合站奠基仪式。8月，一直在战区承建油库、物资库、供水管道等油田产能外围工程的玉门油建，首次承揽米登20万吨产能地面建设任务。为了高标准、高质量完成米登20万吨产能建设任务，玉门油建多次组织人员专题研究，同时从所属各部门抽调具有丰富生产、经营管理经验的人员组建项目组，设置3个分项目，又选调了11个工种的精兵强将充实项目组。9月16日，一支由管、铆、钳、电气焊等7个工种组成的百人建安队伍，正式进驻米登油田，开始米登20万吨产能地面建设工程施工作业。项目组突出项目管理，制定“以目标控制为主线，全面落实标准，以经济承包责任制和经济劳务合同作保证，实行质量、安全否决”的方针，确保工程施工顺利开展。为解决管道整体内防腐这一难题，项目组在国内没有成功先例和经验可借鉴的情况下，不惜700万元的技术转让及人工费，大胆实践，成功在施工中应用H型管道整体内喷涂防腐新技术，成为国内首次使用该技术的单位，使施工总有效率达到98%，显著提高施工质量。施工中，充分调动广大职工的生产积极性，有效发挥广大职工的聪明才智，由工人自制的管子坡口机，有效解决了管线焊接坡口不规则影响对接质量的难题，提高了工程质量。经过项目组全体人员的共同努力，在短短的5个月有效施工期内，玉门油建职工不但按期完成了米登20万吨产能地面建设任务，还创造了大口径长输管道施工史上的新纪录，实现产值5000万元，人均达5万元。

1994年4月18日，吐哈战区最大的产能建设工程——丘陵油田140万吨产能地面建设工程正式开工，标志着丘陵油田向国际水平挺进。承揽丘陵油田140万吨产能地面建设工程的是华北油建，该工程主要由选井站、中心计量站、联合站、污水处理站等主体工程组成，占总工程量的95%。玉门油建主要承担鄯善油库二期扩容3具2万立方米油罐、战区南湖水源工程等配套工程施工任务。鄯善油库二期扩容建设工程是会战工委、指挥部为适应原油吞吐350万吨能力、提高油田储存能力的重点工程，包括3具高17.43米、直径40.05米、周长127米的2万立方米储油罐，1具2000立方米消防水罐和9千米多长的工艺管线安装等，整个工程工作量大、技术要求、质量要求高。该工程从1993年12月6日启动以来，玉门油建的74名职工，积极推行项目法管理，大胆采用电动倒链提升控制箱安装大罐等新技术，严把质量关，即提高了工效，又确保了质量，该工程于年底完工，一次验收合格。到年底，油田产能建设系统中，丘陵油田联合站油水系统、油罐、容器、设备、工艺等安装基本就绪，2座中心计量站已安装完备，10座选井站完成9座，单井管线施工130口，110千伏变电所主变、盘柜全部就位，站外集输注水干线、供水管线、外输油管线等全部完工，实现了地面工程建设主体完工的阶段性目标。

1995年，战区地面产能建设除丘陵油田在建项目外，战区于3月举行当年第一项产能建设工程——红胡产能建设工程招标，玉门油建一举中标。该项工程工期80天，设计产能5万吨，包括1座计量注水站、8千米输油管线、12千米输水管线以及13口油水井的井口安装等，是吐哈战区当年上产建设的三个区块之一。该工程于4月20日开工建设，历时半年全面建成。8月2日，经过各路队伍近两年的努力拼搏，具有国际水平的丘陵油田正式投产，标志着吐哈会战建成年产300万吨以上原油生产能力的预期目标全面完成。

第四节　两新两高

吐哈石油会战，作为总公司“稳定东部、发展西部”战略的重要战场，最鲜明的特色，就是坚持“两新两高”的会战方针，在短短不到五年时间内，高速度高效益建设了鄯善、温米两个国内一流油田和国际水平的丘陵油田。

一、新体制

会战伊始，总公司就明确提出，把吐哈会战纳入石油工业“稳定东部、发展西部”战略接替的整体运行之中，坚定不移贯彻执行“两新两高”方针，借鉴国际经验，在建立、完善、创新“油公司”新型体制的道路上不断探索，将主业与专业化施工作业、社会化服务、多种经营实行分离，全面实行项目管理和甲乙方合同制。

在领导体制上，成立以总公司副总地质师谭文彬为指挥兼工委书记、管理局领导班子成员为主体，实行新老区统一领导、分工负责的会战领导体制。

在管理体制上，不搞大而全小而全，施工作业队伍主要在依靠行业主力、依托玉门老区的基础上，战区择优选聘所需要的各类队伍。在会战的几年里，吐哈盆地汇集了来自全国29个石油企事业单位的1.3万人的乙方会战队伍。

在油田开发管理上，推行指挥部—事业部—作业区三级管理体制，形成投资、利润、成本三级责任中心。1992年8月，为了进一步加快吐哈油田勘探开发步伐，完善合同制的运行机制和竞争机制，指挥部组建成立油田开发事业部。油田开发事业部先后管辖鄯善作业区、温米作业区、丘陵作业区等油田，初步形成了以油气田生产经营成本核算为核心的“油公司”模式。

在重点工程建设上，推行项目管理。先后成立鄯善油田开发建设项目组、温米油田70万吨产能建设项目组、丘陵油田产能建设领导小组及项目组；成立指挥部监督管理办公室，从全国各油田选调钻井、地质监督和基建监理人员，逐步形成甲方协调、监督、管理保证体系，有效保证了各项重点工程的建设。

在施工作业上，实行公开招标和甲乙方合同制。会战一开始，指挥部就颁布实施《勘探开发统一定额标价》《合同管理条例》等制度，规范招投标和合同管理。通过公开招标和合同制的形式，先后引进玉门、华北、长庆、中原等油田的钻井、油建、压裂等施工队伍，参与到会战当中。

在后勤服务上，依托玉门老区，采取内组外聘方式，推行专业化服务和社会化服务。先后组织战区专业化钻机搬安车队、测井绘解中心等，面向全战区服务；成立指挥部物资供应处，确保设备物资的供应；成立生活服务公司，实现“吃饭餐厅化、住宿公寓化”，解决了参战职工的后顾之忧。

二、新技术

吐哈盆地地处戈壁沙漠，地理环境和气候条件恶劣，所属油气田又属于典型的低渗透、低孔隙、低饱和的复杂油田，地质状况复杂，勘探开发难度大。会战一开始，就面临着一系列技术难题和挑战。会战指挥部和管理局审时度势，适时引进引用国内外先进成熟技术，确保了会战高效开展。会战初期，通过采用高分辨率和三维地震技术；高压喷射钻井、低固相、无固相，泡沫泥浆和低密度水泥固井技术；分层压裂、高压精滤注水技术；双管分采和气举采油技术；混相驱和数字模拟技术；常温全密闭和自动化管理技术；轻烃回收和节能降耗综合利用技术等七套新技术，有效解决了地质勘探、钻井、地面建设、油气田开发等方面的难题。

在引进应用的基础上，广大科技人员逐步消化吸收，确立符合吐哈油气区勘探开发的主体工艺技术，主要包括数值模拟及注气混相驱技术；快速钻井、水平井及屏蔽暂堵等钻井工艺技术；整体压裂改造、稠油举升、气举采油工艺技术；油、气、水系统全密闭，油、气、水产物全处理，油、气、水质量全合格的“三全”配套技术；高效低耗节能技术等地面工艺技术。同时，针对吐哈盆地特殊的地理环境和气候条件，为了确保安全生产，减轻工人劳动强度和改善岗位工作环境，实现自动化管理，采用计算机集中控制，实现了油田集中数据采集、监控和处理。通过“三遥”（遥测、遥控、遥信），采取先进的程控交换通信系统，油气水计量自动化，实现了油田联合站外系统（包括油水井、选油站、计配站）无人值守。

三、高水平

吐哈石油会战，作为“八五”期间石油工业“稳定东部，发展西部”战略接替重要而现实的战场之一，一开始，就瞄准国内一流和国际水平，打一场高水平的石油会战。

在油气勘探上，按照主攻台北，整体解剖鄯善弧形构造带，尽快拿下大油田；甩开钻探托克逊、哈密，准备接替战场的整体部署，相继发现、探明14个油气田和6个工业性含油气构造（区块），累计探明石油地质储量2.08亿吨（含凝析油），天然气储量731亿立方米（含溶解气），实现了油气储量高速增长。

在钻井生产上，普遍采用以高压喷射为主的快速钻井技术、钻井液屏蔽暂堵技术等新技术，大力推广应用PDC钻头，有效提升了钻井质量和速度。仅在1991—1993年的钻井会战中，共完成钻井657口，总进尺199.95万米，创造14项战区钻井纪录和4项全国好水平（其中中原3267钻井队在1992年仅用23天打成井深3327米的鄯4–14井，玉门32852队在1993年创造42165米的队年最高进尺纪录），钻井速度以每年20%以上的幅度提高，开发井平均建井周期由71.32天缩短为1993年的35.3天，平均队年进尺由11129米提高为1993年的17334米，提高55.76%，23支钻井队年进尺上2万米，9支钻井队年进尺上3万米。

在油田地面工程建设上，实现了高速度、高水平。充分依托行业主体和社会力量，引进规划设计总院、华北勘察设计院等15家石油行业设计单位和邮电部郑州设计院等20余家部属设计单位，进行地面工程规划、设计工作，认真听取英国BP公司等国外专家的意见建议，确保了鄯善、温米及丘陵油田从方案设计上达到国内一流和国际水平。通过公开招标、公平竞争，引进玉门、华北、中原等油田建设施工队伍，参与油田产能建设。各路施工队伍以项目管理为抓手，交叉运行、突击施工，优质、高效完成了鄯善油田、温米油田、丘陵油田的产能建设及配套工程施工任务，确保了会战期间三大主力油田的按期投运。

在油田开发上，通过引进推广新工艺、新技术，探索出了一条用人少、效率高、效益好的低渗透油田开发新路子。鄯善油田作为吐哈油气区第一个投入开发的具有先导性试验性质的整装油田，采用单管密闭、油嘴搬家、不加热油气集输密闭流程，一级半布站和两级布站相结合，研制手动投球清蜡，改进高效油、气、水三相分离器等技术，原油集输损耗率0.85%，油气集输自耗气3.24米^3/吨，均达到国内先进水平。做到油、气、水单井计量自动化，井站无人值守，集中控制，数据自动采集、处理，达到88万吨产能110人管理。至1995年，累计生产原油307.33万吨，实现了有效开发，并形成了具有吐哈特色的单管常温密闭油气混输等24项工艺技术，为后续油田建设奠定了基础。温米油田地面建设全面推广选井站—中心计量站工艺，使单井计量周期达到30天，进一步简化集输工艺流程，积极引进高效三相分离器、二级平衡法真空脱氧等工艺，配套采用泵对泵供注水等15项新技术，至1995年，累计生产原油171.11万吨，开发建设达到国内一流标准。丘陵油田在总结鄯善、温米油田建设经验基础上，坚持“安全、适用、高效”原则，联合站总平面布置打破按专业分区模式，大部分设备按流程露天布置，工艺过程实现有机结合，减少工艺管线交叉往返；采用“先过滤、后除氧”的水质处理工艺，避免注水的二次曝氧；关键设备按API标准引进大排量的法国KSB型高压离心注水泵，减少厂房和公用系统设施；引进德国林德公司设计制造、国内配套的天然气处理装置，提升了技术水平；采用选井站—中心计量站等11项新工艺、新技术，实现人均管井数2.5口，人均年采油量1.33万吨，百万吨产能百人管理的目标，主要技术经济指标达到20世纪90年代国际先进水平。

四、高效益

截至1995年，吐哈石油会战，历时五年。在短短的五年时间内，吐哈盆地共预探圈闭85个，圈闭成功率39%；钻探井164口，成功率36%；平均每口探井探明油气储量148.6万吨，比全行业水平高出近3倍；每探明1吨油气储量投资9.9元，比全行业水平低40%。迅速建成年产310万吨原油与7亿立方米天然气的生产能力，年外供天然气6亿立方米；探区年产油量从1991年的20.34万吨快速递增到1995年的220.82万吨，原油产量每年以85%的幅度递增，累计生产原油559.58万吨，成为国民经济“八五”期间石油工业战略接替重要而现实的战场之一。

第四章　会战成果

吐哈石油会战，成果丰硕。在不到五年的时间内，不仅高速高效建成了鄯善、温米两个国内一流油田和一个国际一流油田——丘陵油田，实现年产300万吨原油的会战目标，而且还勘探发现丘东、鄯勒、葡北、神泉、吐鲁番、红南等14个油气田，为吐哈油田的大发展奠定了基础。

第一节　建成鄯善油田

一、勘探历程

鄯善油田的勘探始于20世纪50年代。当时，吐鲁番地质大队主要对吐鲁番地区进行了构造细测、重磁力详查等工作，发现了鄯善构造。

1958年3月，玉门矿务局组建吐鲁番勘探大队，展开吐鲁番石油勘察工作。在完成二维地震等工作的基础上，在台北构造带部署参数井——台北1井。该井由局3102钻井队钻探，于1960年2月开钻，1961年2月完钻，井深3122米，钻井过程中见到油气显示，取出了含油岩心。由于早期井筒工艺技术落后，加之地质理论的历史局限，延迟了油田的发现。

1986年初，玉门油田重上吐鲁番。8月，经勘探联队勘察，提出了盆地首轮区域参数井井位，决定在台北构造钻科学探索井台参1井。

1989年1月，台参1井喜获工业油流，发现了鄯善油田，也掀开了吐哈盆地侏罗系找油新的一页，拉开了吐哈盆地大规模石油勘探开发的序幕。

二、先导试验

台参1井出油后，管理局责成老君庙油矿于1989年1月成立试采大队，先期进入鄯善油田，开始台参1井试采测试工作。随着鄯善油田勘探成果的不断扩大，前期开发被提上议事日程，先导性开发试验陆续展开。1989年11月4日，管理局成立鄯善采油厂，全面负责试验站的建设与管理，开展鄯善油田先导性开发试验工作。

1990年4月，管理局组织编制《鄯善油田先导性开发试验方案》，选择油田Ⅱ号断层以东，油田顶腰区的台参1井、鄯3井、鄯5–9井、鄯3–9井等井所围1平方千米区域作为试验区，试验周期为1990年4月至1991年4月。5月，成立试采指挥部，以甲方身份，组织开展鄯善先导试验区、油库工程的设计委托等工作。1990年7月3日，鄯善油田试验区工程开工建设。8月10日，数千名钻井职工经过七个多月的连续奋战，实验区13口油水井的钻井任务全部完成。12月8日，鄯善油田第一口注水井鄯8井用水泥车试注获得成功。10月27日，由管理局油建公司承建的、被称为鄯善油田先导试验区“中枢神经”的注采联合站主体工程基本完工。12月26日，鄯善油田先导开发试验区建成投入试运行。先导试验区通过对油藏描述、产能认识、油田注水能力、初期开采特征、采油工艺技术及地面集输流程等六个方面进行先导试验，取得较详细的系统试油、试采、试注、试井、分析化验及开发井钻井、油层压裂试验等多项试验资料；较系统地取得断层方位、油井控制储量、弹性生产率、油井停喷期等重要参数；完成了单井评价和试验区评价；对优选开发方式，提高最终采收率具有重要意义。

由于试验区二期工程延期，几乎与50万吨/年产能建设同时投产，没有充分发挥作用。

三、开发建设

1. 方案编制

1990年12月，玉门油田勘探开发研究院和总公司勘探开发研究院共同组成鄯善油田开发方案编制小组，完成鄯善油田三间房组油藏开发方案的编制工作。设计在油层厚的中部区域采用一套井网两套层系开发，边部地区采用一套层系开发，井距250～300米，早期注水，注水方式采取反九点法和五点法结合，整体压裂投产，气举接替；设计年产能75万吨，分两期建成。同年，完成《鄯善油田50万吨/年产能地面建设初步设计》和《鄯善油田采油工艺方案》。

1991年1月11日至12日，总公司在哈密市召开《鄯善油田三间房油藏开发方案》评审会，认为方案研究深入，结论可靠，思路新颖，完全可行，建议立即组织实施。3月20日，总公司基建局组织对鄯善油田50万吨/年产能地面建设初步设计、50万吨/年原油稳定装置初步设计、30万米^3/日和10万米^3/日天然气处理装置初步设计进行审查。5月20日，总公司正式批准鄯善油田产能建设工程计划任务书，同意鄯善油田建设原油产能75万吨/年，钻井250口，注采井比例1∶1。8月1日，总公司基建局正式批复鄯善油田75万吨/年产能地面建设初步设计，同意1991年按50万吨/年产能建设初步设计审查的会议纪要执行。

2. 工程建设

1991年2月，按照总公司关于鄯善油田开发建设要走出一条新路子，达到国内一流水平的要求，鄯善油田开发建设借鉴国外“油公司”模式，在管理上推行新体制，实行项目管理和甲乙方合同制。1991年7月8日，会战指挥部成立鄯善油田开发建设项目组。项目组属会战指挥部内部阶段性相对独立的经营组织，对项目任务及与此相对应的责权利配套总承包，是项目实施全过程甲方总代表。项目组对投资、工期、质量全面负责，按批准的项目计划任务书和开发方案要求，完成250口开发钻井和相应的地面油、气、水集输系统建设，配套建成75万吨/年原油生产能力，承包项目总工期为1991年至1992年12月31日。

鄯善油田产能建设地面工程的勘察设计、器材供应与施工，由华北石油管理局总承包。施工单位以华北油建公司为主，华北公用事业处承担道路工程，新疆生产建设兵团第四建筑工程公司承担部分土建工程，大庆能源公司承担10万米^3/日、30万米^3/日天然气处理装置和50万吨/年原油稳定装置工程，玉门油建主要承担鄯善油库、物资库等外围配套工程。1991年6月17日，鄯善油田50万吨/年产能地面建设全面开工。经过玉门、华北油建等单位近2000名职工的日夜奋战，11月，鄯善油田50万吨/年产能地面建设工程及鄯善油库等配套工程全面完工，创造了当年设计、当年建设、当年投产、当年承担原油生产任务的“四个当年”的新水平。20日，会战指挥部在鄯善油库举行了首列原油外运剪彩仪式，标志着鄯善油田50万吨/年产能生产已具备条件。

1992年，会战指挥部组织玉门油建、华北油田、西北地质研究所等单位，完成了鄯善油田三间房油藏外围25万吨/年及扩边3万吨/年、西山窑10万吨/年产能建设任务，使鄯善油田的生产能力达到88万吨/年。

3. 投产投运

为了贯彻执行“两新两高”方针，在产能建设的同时，会战指挥部瞄准建设国内一流油田目标，从玉门老区抽调30余名管理干部分别送到加拿大、美国以及国内主要油田、技术协作单位进行对口上岗培训；聘请有关单位的专家、教授和工程技术人员来厂讲学。

1991年11月，会战指挥部成立投产工作领导小组，由鄯善油田开发建设项目组组织鄯善采油厂、玉门油建公司、华北设计院、华北油建公司、大庆能源技术开发公司等单位的有关人员，分7个专门小组完成投产准备。11月15日，首批43名上岗人员提前进入岗位，对设备仪表、装置容器、管道线路进行熟悉，掌握结构性能，进行模拟操作。11月18日16时鄯善联合站油气集输系统正式开始打水预热，21时21口油井开始出油，19日2时联合站见油，预投系统经过10小时操作，全面开启运行，初投72小时，各系统运行正常，投产一次成功，实现了产能建设方案设计的主要目标。

鄯善油田的开发建设，始终坚持“两新两高”方针，瞄准创建国内一流油田目标，积极探索作业区新体制，从单纯地依靠行政命令转变到用合同关系确立工作关系，无论是钻井、测井、测试、井下作业，还是地面工程、设备维护保运等，都按甲乙方合同的方式组织运行。在开发生产中，充分发挥自动化管理和先进工艺设备的优势，按“百万吨产能百人管理”的目标定编、定员。1993年5月1日，鄯善油田作业区由194人减少到146人，6月5日又由146人减少到110人，实现了88万吨产能仅110人管理。截至1995年年底，鄯善油田累计生产原油307.33万吨，有效探索出了一条低渗透低黏度油田高效开发的新路子。

第二节　建成温米油田

一、勘探历程

温米油田的勘探始于1964年。管理局吐鲁番勘探处在吐鲁番地区开展石油勘探工作，在丘东背斜西翼部署第一口预探井丘东2井，该井由32651钻井队承钻，3月5日开钻，10月21日完钻，井深3000米。在钻探过程中，发现油气显示，但受当时认识水平和工艺技术的局限，未能获得突破。

1989年5月，管理局在丘东背斜构造顶部部署丘东1井，7月，因工程事故提前完钻，经试油测试未获油气发现。而后根据地震资料精细解释，落实温吉桑地区的几个局部圈闭，同时分析砂体的变化规律，认为中侏罗统物源主要来自南部，温吉桑地区比丘东更近物源，储集层可能变好。

1990年，为探明温吉桑构造含油气性质和储集层变化情况，取得地质、录井、测井资料，确定温吉桑构造第一口预探井——温1井的井位。该井设计井深3000米，于7月18日开钻，9月17日完钻。10月19日，温1井射孔试油，日产油64.1吨、气383391立方米，获高产工业油气流，发现了温吉桑油田。

1991年7月，会战指挥部在温西Ⅰ号构造上部署的温西1井，经试油，获得高产工业油气流，显示温吉桑区块良好的含油前景。当年，战区对温吉桑区块内的局部圈闭进行构造预探，共在6个圈闭上部署6口探井，其中5口井获得工业油气流和较好的油气显示，发现了温西油气田。

1992年，会战指挥部先后在米登构造钻探了米1井、米2井、米3井等5口探井。米1井在钻探过程中，全井共见130.5米的油气显示；对米3井2175～2844米井段中途测试，发现平均日产油3.89立方米、气1442.56立方米的工业油流。为了进一步确认米登油田的含油区块，经指挥部研究确定，于当年12月31日，对米1井实施压裂改造，压裂一次成功，1993年1月1日，放喷成功，从2日到6日，累计产油280吨，米登油田第一口高产油井诞生，展示了米登油田良好的开发前景。

二、开发建设

1992年4月，会战指挥部组织编制《温吉桑—米登油田开发方案》和《温吉桑油田采油工程设计方案》，着手温米油田开发建设的前期准备工作。

1993年年初，指挥部集中玉门、中原、华北三个油田的27支钻井队，在温吉桑油田展开了钻井会战，当年，新钻开发井182口。4月27日，战区举行温吉桑—米登油田产能建设开工典礼暨温米联合站奠基仪式，标志着温米70万吨产能建设全面展开。

5月30日，按照“两新两高”要求，会战指挥部成立温米油田70万吨产能建设项目组，下设钻井工程组、油田开发组、地面工程组、经营组和综合组，全面负责温吉桑油田、米登油田产能地面建设和天然气处理装置工程建设。

在温米产能建设项目组的组织下，温吉桑油田50万吨产能地面建设由中原油建承担，于11月18日完工，先后完成了70万吨联合站1座（其中包括2500米^3/日污水处理装置1套、5000米^3/日清水脱氧装置1套、2000米^3/日注水装置1座）、中心计量站2座、计量接转站2座、选井站6座机相关的辅助、配套工程，24日，温米油田联合站投油一次成功。

米登油田20万吨产能地面建设由玉门油建承建，9月16日开工建设，12月28日完工，工程建设仅用了100天时间，就高效建成了2000米^3/日注水装置1座、中心计量站1座、选井站3座及相关的辅助、配套工程，首批8口油井顺利向联合站输油，实现了指挥部米登产能建设一次投用成功的目标。

温米油田自1993年4月开工建设以来，在不到8个月的时间里，就高速高效建成了年产70万吨原油的生产能力，实现了“四个当年”的产能建设新水平，达到了国内一流油田建设水平。

第三节　建成丘陵油田

一、勘探历程

20世纪50年代，在吐鲁番盆地的初步勘探中，发现了丘陵构造。

1963年4月，管理局吐鲁番勘探处在丘陵构造上部署了第一口参数井——丘1井，设计井深3000米。该井于1964年1月完钻，裸眼测试未获油流。

1984年起，物探局地调三处进入吐鲁番盆地，使用可控震源、数字地震等先进技术进行区域概查和部分地区的普查、详查以及重力普查和电法勘探，为丘陵油田的发现奠定了基础。

1986年，管理局重上吐鲁番。吐鲁番—哈密盆地石油勘探项目组在丘陵构造进行了大量的航磁、重力、电法和地震勘探工作。在取得翔实的地质资料的基础上，1989年7月8日，吐鲁番勘探开发前线指挥部在丘陵构造部署预探井陵1井。当年9月，因陵1井发生坍塌卡钻，该井报废。

1990年2月13日，经总公司批准，管理局吐鲁番勘探开发前线指挥部在丘陵构造部署的陵3井开钻。该井由局32757钻井队承钻。在钻进过程中，充分应用加深技术套管、应用钾盐聚合物和高矿化度乳化钻井液等技术措施，确保了钻井工作顺利进行。6月19日，钻至井深2670米顺利完钻。7月13日，陵3井射孔试油，8毫米油嘴日产油95.5吨、气16919立方米。至此，发现了吐哈油气区最大的油田丘陵油田。

二、陵4井抢险

陵4井是吐哈战区部署在丘陵构造西块的一口重点评价井。1990年7月，陵3井出油后，发现了丘陵油田。为了探明油田面积和油田构造，管理局吐鲁番勘探开发前线指挥部随即在陵3井西南边部署陵4井。该井在钻井过程中，发现了良好的油气显示，全井累计解释油层212.2米、17层段，是丘陵构造揭露油层最多的一口井。陵4井，肩负着一个高产整装大油田的开发评价，关系到一个连片含油带的整体解剖，它的命运，直接影响吐哈会战的重大部署。

1991年1月，由局井下技术作业处试油二队对陵4井开始进行试油作业，至4月21日，先后完成七个试油层的试油工作，在第七试油层获得日产油61.63立方米、气3.3万立方米的油气流。在随后进行的第九试油层的试油作业中，于5月2日15时17分发生强烈井喷。强大的气流将井下51根499米油管抛向半空，并撒向井场四周，狂啸而出的气柱达40多米高，凄厉的吼声数里可闻，浓烈的天然气弥漫在方圆数千米的空间，一场严重的火灾爆炸事故随时可能发生。井喷发生后，现场职工奋起抢险，立即切断电源、火源，10部水罐车昼夜穿梭，数具高压消防龙头和4部大排量水泥车，轮番向井口喷射冷却水，以防起火。会战工委、指挥部领导火速赶往现场，了解险情、指挥抢险。当日成立的抢险领导小组，连夜召开紧急会议，分析险情、研究制订抢险方案。从井下技术作业处、试采指挥部、华北井下作业指挥部调集精兵强将，组成4个抢险突击队和现场救护、物资供应、压井作业等队伍，立即投入紧张的抢险工作。此时的玉门老区，新型的千型压裂车组集结待命，随时准备赴疆抢险；职工医院组建的救护队，星夜兼程，赶赴吐哈。

5月3日一大早，会战工委书记、指挥谭文彬、工委常务副书记王鹏早早来到现场，坐镇指挥。上午11时，经过充分准备，7名尖刀班队员在指挥部和试采指挥部领导的率领下，冲向井口，拆卸原井口装置，进行排障。他们顶着巨大、浓烈的瓦斯气浪，连续冲锋了6次，有的队员被冲倒了，头上的安全帽和塞耳朵的棉球被吹掉，防毒面具也被气流刺穿，但他们毫不退缩，坚持在井口搏斗。经过三个多小时的连续奋战，原井口装置终于被拆除，抢险取得初步胜利。

5月4日，会战工委、指挥部在家的9名领导，全部到达抢险前沿阵地。职工医院救护队长途跋涉，以最快速度赶到现场；以指挥部机关处、科室长为主体的担架队，列队集结在井场；消防车、压井车，以及刚刚从玉门赶到的压裂车组，严阵以待。上午10时，由60名抢险队员组成的4支突击队，在所在单位党政、技术领导的率领下，依次进入岗位。

井下技术作业处领导分率第一、二梯队的突击小组，进入现场展开清场，装放喷管线和搭置井口工作台。在强大的气流冲击中，10多名突击队员冒着生命危险，经过两次冲锋，终于将封井器坐在井口。此时，井下处第三梯队的15名突击队员，立即替补上去，强装封井器装置。由于巨大的气浪冲击，封井器剧烈抖动，致使螺栓变形，队员们虽然经过两个小时的奋战，也未能就封井器固定在井口。此时，抢险队员们已精疲力竭，体力严重不支，不得不撤离现场。

重新加工的特制螺栓运到现场后，会战指挥部副指挥、抢险指挥张福祥亲自上阵，率领由试采指挥部、井下技术作业处领导和采油工组成的抢险队员们，又一次发起了冲锋。大家顶着巨大的气流，用肩抬着封井器，冲向井口。队员们轮番上阵，终于，封井器被死死固定在了井口。下午8点，由华北井下指挥部15名队伍组成的突击队，一鼓作气，强装采油树闸门，强关封井器成功。

5月5日18时30分，两台千型压裂车的轰鸣声戛然而止，压井成功。陵4井在狂喷78小时13分钟之后，被彻底制服。

陵4井井喷，既向人们留下了深深地思考和教训，但从另一个侧面，又展示了吐哈盆地油气勘探和开发的光明前景。

三、开发建设

1. 前期准备

丘陵油田，作为吐哈石油会战发现的最大的整装油气田，一经发现和证实，便引起了会战指挥部的高度重视。为了将丘陵油田建设成具有国际水平的油田，会战指挥部做了大量前期准备工作。

一是进行油藏评价。1990 年 7 月，陵 3 井开始试采，丘陵油田进入油藏评价阶段。通过地震、钻井、取心、录井、测井、试油、试采、分析化验、系统试井等多方面工作，进行全面的资料录取，初步完成了油藏基本特征、流体特征、储量计算、油藏能量及产能等油藏描述与评价。

二是进行概念设计。1992 年 1 月，由研究大队、总公司勘探开发研究院和华北油田设计院联合完成《丘陵油田开发概念设计》，邀请美国 ICT 公司对丘陵油田开发方式进行平行研究，邀请美国强思公司专家审议《丘陵油田开发方式研究与选择》。在此基础上，总公司评审通过《丘陵油田开发概念设计》。

三是进行开发方案编制。1993 年 5 月，会战指挥部与总公司勘探开发研究院联合编队，国内多家科研单位、高校和国外石油公司协作，设计完成《丘陵油田开发建设总体方案设计》。方案设计认真贯彻“两新两高”方针，开展 40 余项专题研究，研究应用 10 项新技术。邀请英国石油勘探公司（简称 BP 公司）7 位专家到油田现场考察评议《丘陵油田开发建设总体方案设计》，BP 公司专家提出 12 条建议，吐哈会战指挥部在方案设计中吸纳其可行的内容。4 月 25 日至 29 日，总公司开发局和基建局在吐哈会战指挥部主持召开《丘陵油田开发建设总体方案设计》审查会议。评审专家组认为总体方案设计较好地体现“两新两高”指导原则，突出经济效益，吸收并引进国外有关先进技术，特别是借鉴鄯善油田开发的实践经验；总体方案的基础扎实，论据充分，方法先进，结论和推荐方案可行，总体上达到了国际水平。5 月 11 日，总公司批准《丘陵油田开发建设总体方案设计》。

2. 产能建设

1993 年 10 月，丘陵油田产能建设领导小组及产能建设项目组、设备引进组和专家组成立。项目组借鉴鄯善、温米油田项目管理经验，引进国外项目“团队”的管理方法，按照系统工程的原理，设钻井工程、油田开发、地面工程和综合管理 4 个分项目组，实行矩阵式管理，4 个分项目组形成 4 个责任中心。在项目组人员的构成上，充分发挥新体制优势，面向整个行业吸收人才。项目组的 93 名成员，分别来自新疆、四川、大港等油田和吐哈战区的 16 个单位及处室，有研究单位的科技人员，生产单位的技术骨干，也有指挥部机关的经营管理人员，其中具有中高级职称的人员占到 34.40%，大专以上学历的占到 48.40%，10 年以上工作经历的占到 59%。

项目组成立之后，首先明确了用“一流的标准、一流的队伍、一流的机具装备、一流的器材设备、一流的管理”来实施丘陵油田产能建设。建产一开始，项目组就会同有关参战单位在收集、健全施工作业标准上做了大量工作。派出人员到国外实地考察，选送地面监督赴塔里木、大庆等地学习取经。在此基础上，对战区各井下作业施工标准进行统一归口，并由指挥部下发各单位执行。为了加深对国际水平开发标准的了解，项目组与石油大学签订“国外采油工程近期发展水平及经济技术指标调研”的科研合同。收集整理国际水平施工作业标准，取得了初步成效，解决了“无标准”可依的问题：地面工程编出《丘陵油田地面施工作业标准》一书；钻井确定了水平位移小于 50 米的高标准。

按照“整体部署，分步实施”原则，1993 年 5—12 月，钻开发井 58 口，进一步加深了地质认识，加强了油田构造、油层展布、油气水关系、低矿化度地层水测井解释、油井产能等问题的研究。1994 年 1—12 月，钻开发井 130 口，以“不多打 1 米进尺，不漏掉 1 个油层”为准则，重点加强随钻跟踪分析研究，及时修改设计，调整部署，确保了开发效果。

项目组通过引入竞争机制，于 1993 年年底启动地面工程招投标工作，确定华北油建公司承担产能建设总任务 95% 以上的工作量，玉门油建承建供水管线、原油外输管线、脱氧塔、原油稳定塔的制作和吊装，通讯处承建联合站内通信和无线移动通信工程，管理局运输处公路工程部承建干线和支线公路，中原油建承建管理局天然气处理装置，总公司第一工程建设公司承建轻油罐区建设。

1994 年 1 月，油田地面建设会战全面展开。参加油田产能建设施工任务的各路大军，以建设国际一流为标准，把确保工程质量、创建一流工程作为立足点，严密组织、精心施工，有效加快工程进度和提高了质量。1995 年 4 月 20 日，丘陵油田 110 千伏变电站完成微机监控系统的调试、试验和传动，具备送电投产条件；5月，丘陵油田联合站油水系统、油罐、容器、设备、工艺安装基本就绪，2座中心计量站已安装完毕，10座选井站全部完成，单井管线施工178口，站外集输注水干线、供水管线、外输油管线以及油田公路等全部完工，实现了地面工程建设主体完工的阶段性目标，一座现代化油田初具雏形。8月1日，丘陵油田油、水、电、信、控各系统达到投运条件。

在地面工程建设中，合理利用地层能量，采用多级分离，实现无罐无泵流程；在集油全过程采用单管密闭、不加热输送技术，把集输的自耗气降到5米^3/吨；打破传统的计量习惯，计量周期从15天延长到30天，每次连续计量24小时；油嘴搬家，采用选井站和集中计量流程，减少计量设施和自动监控点，油气计量采用两项分离、质量流量计加旋涡流量计、三项分离配套技术；采用分布式计算机自动控制系统，以集中与分散相结合的方式进行数据采集和检测，主要生产过程控制，实现井站无人值守，定期巡检；采用高效真空脱氧技术，使脱氧后水中含氧量小于0.05毫克/升；采用注水精细过滤，程序控制自动反冲洗技术，减轻了劳动强度；按API标准引进油田生产关键设备，确保机动设备运行2500小时以上；加热炉火嘴采用全自动机电一体化燃烧器，集风机、燃烧器、点火系统、熄火保护系统、温度控制系统于一体，自动化水平高，性能可靠；天然气处理装置采用丙烷加膨胀机制冷技术，分子筛脱水，减少投资，提高收率；总平面打破专业分区布置，工艺过程实现了有机结合，橇装设备，减少占地面积等11项新技术的应用，为实现“百万吨产能百人管理”创造了条件。

3. 建成投产

1995年3月，会战指挥部成立丘陵作业区。根据新体制的要求，结合丘陵油田生产特点，确定了作业区“一室三段”的机构设置。丘陵作业区从开发事业部所属各单位抽调70余名生产骨干，通过组织培训，参与施工过程，熟悉工艺流程，较好地掌握了设备性能和操作技能。为了确保投运一次成功，作业区先后组织编写《丘陵油田地面设施操作手册》《丘陵油田投产方案》，建立健全了油水井生产日报表等各种基础数据台账。8月2日，在丘陵油田开发建设项目组、各施工单位的共同努力下，丘陵油田投油一次成功，至23日，油田油、水、控、电、信、消防等系统调试完毕，转入正常运行。随着丘陵油田按年产原油120万吨投产，作业区在初期实现了“百万吨产能百人管理”，人均管井2.5口，人均年产油13333吨，主要技术经济指标达到了20世纪90年代国际水平。

第四节　发现的油气田

一、伊拉湖油田

1988年10月15日，管理局在伊拉湖构造上部署的第一口参数井——托参1井开钻。该井是继台参1井之后部署的一口重要的参数井，油田和地方领导极为重视，开钻之前，举行了隆重的开钻剪彩仪式。新疆维吾尔自治区党委书记宋汉良、主席铁木尔·达瓦买提，总公司勘探司副司长查全衡，局党委书记王鹏、局长黄树德、副局长赵熙寿参加了开钻仪式。

托参1井由局钻井处32638钻井队承钻，在钻进过程中，通过地质录井，发现油气显示41层366米。1989年8月12日，原钻机试油，获日产原油39.7立方米、天然气3286立方米的工业油气流，发现伊拉湖油田。

二、丘东气田

1964年3月5日，管理局吐鲁番勘探处在丘东背斜构造西翼部署丘东2预探井，10月完钻，完钻井深3000米。由于受工程技术条件限制和对轻质油特征认识不足等原因，裸眼测试未获油流，勘探工作中断20年。

1984年石油工业部物探局在该区开展了以二维地震为主的地质勘探。1989年5月在丘东背斜顶部钻探丘东1井，钻探过程中，因工程事故提前完钻，未获得油气发现。

1991年4月，会战指挥部在重新对丘东构造地震横向预测及其他地质资料分析后，认为西山窑组砂体发育，应是一个较好的含油气构造，故在构造南翼距丘东1井0.9千米处又部署丘东3预探井。在钻井过程中，见到良好油气显示。10月1日，在试油过程中，获得日产气11.3万立方米、凝析油19.8吨的工业油气流。至此，发现了吐哈油气区最大的整装凝析气田丘东气田。该发现被总公司列为1991年全国重要发现之一。

三、巴喀油田

1991 年，战区勘探工作按照主攻鄯善弧形构造带的整体部署，在鄯善弧形构造带西端的柯柯亚乡部署柯 7 井。该井于 5 月 31 日开钻，9 月 9 日完钻，钻进过程中，发现较好油气显示。10 月 11 日，经测试求产，获日产油 52.2 吨、气 5187 立方米的高产油气流，发现柯柯亚油田，控制石油地质储量 2160 万吨，控制含油面积 22 平方千米。因该油田与塔里木柯柯亚油田同名，遂更名为巴喀油田。

四、鄯勒油田

1991 年，吐哈研究大队通过对二维地震资料解释，发现了鄯勒 1 号构造。

1992 年，吐哈战区进一步加强台北凹陷山前带的勘探找油工作，在山前带鄯勒构造上部署第一口预探井勒 1 井。该井由管理局 45169 队承钻，于 2 月 27 日开钻，6 月 12 日完钻，完钻井深 3136.51 米，在钻探过程中见到大量由荧光至油浸级别的油气显示。该井完钻后，于当月 13 日转入原钻机试油，至 15 日，获得日产轻质原油 45.39 立方米、天然气 6000 立方米的高产油气流，发现了鄯勒油田。

勒 1 井出油，与台参 1 井出油具有同等重要的意义，它揭示了一个新的区带，即山前构造带，为鄯善弧形构造带找到一个新的接替区，同时也为今后勘探开发提供了一个规模较大的后备战场，标志着吐哈石油勘探取得重大突破。

五、红台气田

1989 年，管理局吐鲁番勘探开发前线指挥部在红台地区进行二维地震勘查，通过地质资料解释，发现红台 1 号构造。1992 年，通过预探山前，红台构造带获得新进展，发现红台 2 号构造，成为当年增储建产的重点区带。同年 9 月，吐哈战区在红台 2 号构造高部位部署红台 2 井，该井于当月 17 日开钻，钻探过程中见到良好油气显示。1993 年 2 月，进行中途测试，6.35 毫米油嘴获日产 1.01 万立方米的工业气流，发现红台气田。

六、恰勒坎油田

恰勒坎油田的勘探工作始于 1992 年。当年，按照战区勘探工作的总体部署，物探局在该地区开展二维地震，通过地质资料解释，发现恰勒坎构造。

1993 年 5 月，战区在恰勒坎构造部署了第一口预探井恰 1 井。该井于 29 日开钻，10 月 10 日开始试油，1994 年 4 月 10 日至 5 月 10 日，恰 1 井经压裂试油，获日产原油 15.1 立方米、天然气 3248 立方米的工业油气流，发现恰勒坎油田。

七、葡北油田

1984 年，管理局地调处在葡北地区进行二维常规地震和高分辨率地震采集，利用二维资料圈出葡北构造的基本形态。

1993 年，会战指挥部决定对葡北地区进行钻探工作。7 月 4 日，葡北 1 号构造高点上部署的预探井葡北 1 井开钻，10 月 1 日钻至井深 3550 米完钻。10 月 10 日至 12 月 3 日，对葡北 1 井进行试油，获日产油 140 立方米、天然气 33441 立方米的高产油气流，累计喷油 1582 立方米，从而发现了葡北油田。

八、神泉油田

1986 年，局地调处在神泉区块开始地震勘探工作，共完成二维地震测线 13 条，共 176 千米，并通过二维地震解释发现了神泉潜伏构造。

1993 年，会战指挥部在该区块部署预探井神 1 井，进行钻探工作。10 月 13 日神 1 井开钻，11 月 16 日完钻，完钻井深 2900 米。12 月 8—23 日，对神 1 井井下试油，获得日产原油 54.8 立方米、天然气 1.58 万立方米的高产工业油气流，发现了神泉油田。

九、红连油田

1958 年，管理局吐鲁番矿务局在红南地区部署地震勘探。1986 年，物探局地调一处先后两次进行地震勘探工作，共测得二维测线 20 条 876 千米，三维地震 320 平方千米，对该区构造特征、砂体和圈闭有了全面清晰的认识。1990 年，通过二维地震精细解释，首先发现红南 1 号侏罗系断鼻构造。

1991 年，会战指挥部在红南地区红南 1 号构造部署预探井红南 1 井，该井于 7 月 27 日开钻，11 月 28 日完钻，钻井过程见到良好的油气显示。1992 年 1 月，对红南 1 井进行试油，获日产 1.3 立方米的低产油流。1994年3月，指挥部组织对该井进行压裂改造，获日产油7.09立方米、气1332立方米，达到了工业油流的标准，发现了红南1油藏。

1993年，在红南2号构造钻探红南2井。1994年9月16日，对红南2井进行中途测试，获日产油60.96立方米、气20000立方米的高产油气流，发现了红南2油藏。红南油田由红南2块、红南1块构成。

1994年10月，依据三维资料描述与分析，指挥部在连木沁2号构造上部署连2井。该井于当月24日开钻，1995年7月开始试油，获日产原油73.43立方米、天然气2618立方米的高产油气流，发现了连木沁油田。红连油田由红南、连木沁两个油田构成，相距10千米。

十、吐鲁番油田

吐鲁番构造的勘探始于1986年。在早期二维地震解释的基础上，1990年7月，管理局新东勘探开发前线指挥部在吐鲁番构造东翼胜南1号构造高点部署第一口预探井胜南1井。

1993年5月19日至7月20日，对胜南1井试油，获得折算日产原油4.4立方米、天然气1104立方米的工业油气流，发现吐鲁番油田。

第五章　配套建设与后勤保障

第一节　地面配套建设

吐哈石油会战一开始，管理局和会战指挥部就将水、电、路、信等公用系统纳入会战的总体布局中，同步规划、配套建设水、电、路、信等公用系统，保证了战区生产、生活需要。

一、供水

吐哈战区水资源主要来自北部山区融雪，通过二唐沟、柯柯亚沟、坎儿其沟的汇集流出山口，形成具有年调节作用的地表水和地下径流。为了不与当地农业及群众赖以生存的坎儿井（浅水井）取水冲突，战区水源建设主要开采深层（80 ~ 120 米左右）地下水水源。

1990 年，管理局新东前线指挥部委托新疆地矿局编制《鄯善、丘陵地区油田开发用水的实施方案》，对该区域水源工程进行可行性论证。同年 12 月，管理局水电厂组成 4 人水电小组抵达吐哈战区开展会战用水调研筹划工作。1991 年，会战指挥部委托新疆维吾尔自治区流域规划委员会办公室开始鄯善县三河流域规划勘察工作，会战指挥部在战区成立水电筹建处（后更名为供水供电处），着手进行战区水电建设工作。按照新疆维吾尔自治区提出的战区水源地选择“高水高用、近水近用、宜井则井、宜渠则渠、小型分散”要求，水电筹建处将供水水源的选择地点放在七克台、柯克亚河床和坎儿其河三处，并取得鄯善油田第一水源的建设及 16 口水井取水许可证，并开始鄯善第一水源建设。1993 年，会战指挥部与鄯善县人民政府正式签订供水协议，保证了会战期间的开发用水。

1. 鄯善第一水源

位于鄯善火车站公路西南侧约 8 千米处，总建筑面积 3500 平方米，工程总投资 1200 万元，由管理局设计院设计，油建公司施工，是吐哈战区建成的第一个自备水源。该水源 1991 年 1 月开始施工，1991 年 10 月建成投运。建 3000 立方米水罐 2 具，1000 立方米水罐 2 具，500 立方米水罐 1 具，开凿水井 8 口，外输水泵 5 台，供水管线 22.5 千米，供水能力 400 万立方米 / 年，担负丘陵、鄯善、巴喀 3 个油田供水任务。随着油田所需供水量的增加及设备陈旧老化，供水供电处逐年对第一水源进行改造，1993 年 6 月敷设温米管线 23.8 千米，启用 K0 井、K7 井；1994 年对 5 号泵进行改造，加装 6 号、7 号泵。该水源的建设投运，为会战初期勘探、钻井、地面工程施工建设起到了保证作用。

2. 散井水源

工程总投资 160 万元，1993 年 10 月开始施工，1994 年 1 月建成投运。建 1000 立方米水罐 2 具，安装加压泵 5 台，将已有的 7 口水井联网，联网后向油库、鄯善联合站、鄯善基地生产点供水。

3. 丘东水源

位于鄯善火车站东南 3.5 千米处，总建筑面积 2164 平方米，工程总投资 300 万元，1994 年 4 月开始施工，1994 年 7 月建成投运。建 1000 立方米水罐 2 具，开凿水井 4 口，安装加压泵 3 台，敷设供水管线 6.14 千米，主要给鄯善基地生产点水站、西南区供水。

4. 南湖水源

位于鄯善县七克台乡南侧 4 千米处，总建筑面积 1616 平方米，工程总投资 1992 万元，1994 年 10 月开始施工，1995 年 9 月建成投运。建 3000 立方米水罐 1 具，开凿水井 8 口，安装加压泵 4 台，敷设供水管线 17.3 千米，主要为温米油田供水。

二、供电

吐哈会战初期，战区生产、生活用电主要依靠总装机容量 1700 千瓦的各临时柴油机发电点。为适应战区长远供电需要，1991 年 1—4 月，水电筹建处开始对鄯善油田供电系统进行可行性研究和勘察设计。12 月底，鄯善油田 110 千伏变电站建成投运，供水供电处（原水电筹建处）正式向吐哈战区开始供电。至吐哈会战结束，供水供电处先后在战区建成鄯善油田 110 千伏变电站、110 千伏 /35 千伏 /10 千伏中心变电站、丘陵油田110千伏变电站、鄯善生产点35千伏变电站、温米油田35千伏变电站、哈密基地35千伏变电站，确保了战区生产、生活用电。

1. 110千伏/35千伏/10千伏中心变电站

位于鄯善县火车站镇西3.5千米处，变电站占地面积19656平方米，总投资为1766.11万元，于1994年9月开工，1995年10月建成投运。为油田中枢变电站，安装有6.3万千伏安主变压器2台，经济输送容量9万千瓦，最大输送27万千瓦。

2. 鄯善油田110千伏变电站

位于鄯善油田西部，鄯善县城至火车站公路以北约2千米处，占戈壁滩地18.4公顷（1公顷=1万平方米），工程总投资为827.89万元，于1991年6月开工，1991年12月建成投运。站内安装容量16兆伏安主变2台，电压等级110千伏/35千伏/10千伏，变配电能力25600千瓦，主要供鄯善油田、巴喀油田、鄯善第一水源、鄯善油库等用电。

3. 丘陵油田110千伏变电站

位于鄯善公路北侧，距鄯善火车站8千米处，总建筑面积为803平方米，工程总投资为1030.77万元，于1994年4月开工，1995年6月建成投运，站内安装容量10兆伏安主变压器2台，电压等级110千伏/10千伏，变配电能力16000千瓦，主要供丘陵油田用电。

4. 鄯善生产点35千伏变电站

位于距鄯善县城30千米东北边，鄯善采油厂生产点南侧围墙内，站内包括4个小变电站，总建筑面积为426.55平方米，总投资为535万元，1992年5月开工，9月建成投运，站内容量4000千伏安主变压器2台，电压等级35千伏/10千伏，变配电能力6400千瓦，主要供鄯善生产点基地生活用电。

5. 温米油田35千伏变电站

于1993年10月建成投运，站内容量8000千伏安主变压器2台，电压等级35千伏/10千伏，变配电能力12800千瓦，主要供温米油田生产及生活用电。

6. 哈密基地35千伏变电站

位于哈密生活基地工业区N1路西200米处，总建筑面积716.2平方米，工程总投资340万元，开工时间为1993年9月，1994年6月建成投运，站内容量8兆伏安主变压器2台，电压等级35千伏/10千伏，变配电能力12800千瓦，主要供基地生产及生活用电。

三、通信

会战期间，战区通信系统建设及管理工作主要由管理局通讯处承担。通信系统建设按照“统筹规划、分期实施、远近结合、适度超前”的总体思路，先后建立以数字程控交换为中心，多种方式相结合的通信模式；形成以微波和光缆为传输干线，卫星通信、集群移动、一点多址通信系统为补充和完善的战区通信网。

1. 程控交换系统

1989年7月，管理局通讯处就开始编制吐哈前线通信网方案，拟建设1套SCPC卫星地球站、安装200门数字程控交换机，并进入石油专用通信网。1990年7月，通讯处在管理局吐鲁番石油勘探开发会战指挥部安装200门数字程控交换机1套，战区第一套数字程控用户电话交换机MSL–1ST投入运行，初装容量112线，一次安装用户86户，基本形成了以指挥部为中心，对内连接各参战单位的临时通信网。1994年1月，在鄯善前线生产点通信站安装1500门HICOM390程控交换机1套。2月，哈密基地通信工程建设完成工程初步设计，3月破土动工，工程投资7208万元，工程内容包括8200平方米的通信大楼，8240线的数字程控交换机等；5月，哈密基地通信楼200门数字程控交换机替代空分程控交换机割接。7月，吐哈石油专用通信网，以全自动方式与鄯善县邮电通信网联网。1995年5月，哈密基地通信楼安装完成容量为8242线的EWSD局用数字程控交换机。6月，哈密EWSD交换机通过数字微波与鄯善交换机联网成功，实现等位直拨。

2. 数字微波

1993年，吐哈战区微波通信网建设完成，先后建设微波站6座（西柯柯亚、柯柯亚、丘陵、三营、鄯善通信总站、协作工区）。1995年，鄯—哈微波建成，沿途300千米共建二堡、十五里庄、辽墩、1643高地、1380高地站5座，中心站1座。

3. 光缆通信

1994 年 1 月，鄯善生产点通信总站安装德国西门子公司 Hicom390 型 1500 门。6 月，建成鄯善生产点—油库和鄯善生产点—联合站 19 千米的光缆中继线路，通信网实现全网数字化。

4. 一点多址通信

1993 年 11 月，吐哈第一套一点多址数字式无线通信站在温米油田投运。1994 年 7—8 月，在丘陵、巴喀油田建成一点多址远地站各 1 座。

5. 集群移动通信

1993 年 3 月，在温米油田安装集群通信站 1 座。10 月，从法国进口的集群移动通信设备在三营临时通信站安装投运。

6. 卫星通信

1990 年 9 月，鄯善 SCPC/CVSD/PSK 石油卫星通信地球站通过国际卫星通信组织入网测试，加入石油专用卫星通信网运行，并开通向北京和玉门的双向电路 6 条。1993 年，指挥部临时通信站迁至鄯善火车站，7.3 米卫星地球站完成拆迁、安装和扩容。

四、道路

1. 铁路

1991—1995 年，吐哈战区先后建成铁路专用线 16.37 千米，主要有鄯善车站至油库原油装车栈桥、鄯善车站至轻烃外运站装车栈桥和鄯善车站至物资处货场 3 条铁路专用线，满足了战区原油、轻烃外运及生产建设物资运输的需要。

2. 公路

会战初期，吐哈战区没有正式道路，只有不足 50 千米简易砂石路，道路交通基础非常薄弱。为解决会战期间开发、建设、生产、生活迫切需要道路的矛盾，指挥部制定道桥修建的基本原则，公路施工任务主要由运输处公路工程队、公路工程公司承担。

1991 年 5 月，鄯善油田公路开工建设。公路东起鄯善火车站，向西北方向横穿油田。作为连接主要油田联合站、计配站、燃气发电站及注水站的主干线、支干线，采用沥青公路，按国家三级公路标准设计，路面宽 7 米，路基宽 10 米。连接偏远小站支线，采用砂石路，按国家四级公路标准设计，路面宽 4.5 米，路基宽 7.5 米。期中，公路沥青路主干线长 5.6 千米，支干线长 4 千米；各种干线、支线砂石路总长 9 千米。

1992 年，先后完成巴喀、米东、温 2 井—温 5 井、温 3 井—温 20 井、胜金口和 13 间房火车站—房 1 井等 6 条公路的修筑任务。其中位于柯柯亚地区的巴喀公路长 26 千米，米东公路以七克台乡为起点，长 34.5 千米。同时，修筑完成鄯善县城石油路和城区部分路段拓宽工程。

1993 年，完成鄯善、温吉桑、丘陵油田主干道以及鄯善生产点周边道路的修筑，形成了战区内部道路主体框架。道路等级按三级公路标准设计，沥青路面宽 7 米。

1994 年，完成 312 国道 K3894 至鄯善火车站 17.9 千米县乡道路升级改造，改善了周边交通条件。

至 1995 年，鄯善等 3 个油田的主干道建设里程达 55.4 千米。

3. 桥涵

吐哈战区地处天山南坡干旱戈壁，地面径流不发育。1991—1992 年会战初期，战区简易砂石路未设置过水桥涵。1993—1995 年，随着战区道路等级及路面的升级改造和油气区防洪工程的兴建，在鄯善、温吉桑、丘陵油田主干道修建了跨径为 1 ～ 2 米的钢筋混凝土矩形桥涵。在温吉桑油田主干道坎尔其流域下游主泄洪道和丘陵油田主干道柯柯亚河流域下游主泄洪道修建了 2 座跨径为 8 米的钢筋混凝土矩形小桥。

第二节　后勤保障

一、物资保障

1991—1992 年会战初期，战区物资管理实行的是“由指挥部统一指挥、统筹安排，统一计划、统一管理，主要物资统一平衡、甲乙方分工负责，一级设库、直达供应”的物资管理体制，物资采购按照“五统一”（统一计划、统一采购、统一订货、统一分配、统一管理）的原则，物资采购权统一归口物资部门，采购资金集中统一管理。管理局物资供应处代表指挥部行使物资供应管理职能，承担全战区物资供应、管理、协调、监督、服务业务。所有参战单位和承包单位的物资机构，在物资供应处业务指导下工作。

物资采购订货以计划分配、申请订货为主，市场调节为辅的原则开展工作。根据“统一管理、分工负责”的原则，国家指令性计划分配物资、石油专用物资、大宗物资、设备等由物资供应处统一组织货源或提供租赁；部分非国家指令性计划分配物资和市场可以采购到的物资由各会战单位物资部门自行采购或委托物资供应处采购。

物资供应处在比质比价基础上，实行“先厂家、后市场，先自治区内、后自治区外，先网络厂、后其他厂，先国营、后集体”的原则采购所需物资。

主要物资一级设库，直达供应送料到现场，不能直达供应的物资各单位领料时，由物资供应处提供机械人力装卸服务。物资供应处同时承担加油站、润滑油站、软化水站、水泥混拌、大宗泥浆材料散装出库等配套服务，实行 24 小时服务。为方便生产建设，在使用量相对集中的单位设有专用料库。战区内大宗主要物资供应执行统一计划价格。

1993 年，战区物资买方市场逐步形成，各会战单位相继建立起自己的物资采购部门，物资采购权逐步分散。

1. 重点工程项目物资供应

会战期间，重点工程项目物资供应具有物资品种繁杂、金额较大等特点，工程项目建设周期短，物资不易批量采购，供货时间紧张。为此，对重点工程物资供应主要采用异地远距离送货、大库存保供等方式进行。

1990 年 7 月，鄯善 10 口井实验站的物资供应采取在玉门采购好物资由汽车送到施工现场的方式，确保了工程物资供应。

1991 年，鄯善油田、鄯善 10 万立方米气处理、米登油田、温米 50 万立方米气处理等工程项目相继开工，物资供应处采取以大库存保大供应来解决当时的供应困难，这一时期工程项目的物资供应方式是由物资供应处各供应业务部门各自承担自己分工范围内的物资供应，具体流程为：工程各施工单位上报物资计划，物资供应项目组负责采购供应，施工单位按计划提货。

为了保证战区物资供应，物资供应处建立以综合供应科为一线供应指挥中心、仓库为窗口的供应运行机制，抽调精干力量，24 小时全天候、全方位、全覆盖的组织供应运行。1993 年，在组织温米产能建设急需管材的发运工作中，物资供应处上海采购点克服时间紧、货源缺、无车皮计划、铁路运输受限等困难，多方奔走，疏通协调，半个月发运管材 1155 吨、20 个车皮，保证了油田急需。在鄯善油田产能建设中，北京、沈阳等采购点接到供货急令，用 8 天时间就将压缩机电风扇运至乌鲁木齐市，使鄯善联合站的油气作业得以正常运行。1994 年 8 月，温米油田地面产能建设物资计划出台，要求 11 月份必须全部到货。而这些物资专用性很强，厂家又无现货，重新排产需要很长时间。物资供应处抽调人员组成温米油田项目组，齐心协力，催交催要，在铁路运输紧张的情况下，用汽车把物资从玉门、兰州、西安、成都、上海等地拉运回来，立即送达施工现场。哈密基地的建设是边设计、边施工、边供料，对此，物资供应人员深入现场、施工部门和用户单位，了解信息，掌握进度，预测消耗，并抽调专人到张掖、山丹等地催交催运所需物资，有力地保证了基地建设用料。

1995 年，指挥部对工程项目加强管理，建立工程项目管理制度，对工程设计、投资、施工、物资、人员进行全面监控与管理。这一时期，物资供应处也相应地加强对工程物资的供应管理，成立由处领导为组长的物资供应项目组，全面掌握工程进度、物资需求时间和数量，协调甲方、施工单位与物资供应处的关系。

2. 重点井配套物资供应

1991 年，组织落实专用管材 1000 多吨。1992 年，开始试行钻井大宗物资一级设库，直达供应，给玉门 32852 钻井队和中原 32814、3267 钻井队直接送料 134.5 吨。1993 年，钻井物资供应逐步走向规范化。

3. 仓储管理

会战初期，战区勘探开发所需物资的收、发、存工作和参战单位的物资中转，主要由鄯善县石油公司物资仓库承担。1991 年，物资供应处推土方 250000 立方米，平料场 320000 平方米，搭建料棚 7680 平方米，库房 19 个，在茫茫戈壁上建成了接卸、储存、发放物资的场地。为战区筹备供应各类物资 9.24 亿元，其中，钢材 11.49 万吨，石油专用管材 9.54 万吨，化工泥浆材料 7.61 万吨，各种油料 5.93 万吨，各类设备、电器材料 1258 项，2.3 亿元，配件 7600 万元，基本保证了会战物资的供应。各单位也开始建立自己的库房、料场。

1991 年 12 月，会战指挥部在鄯善火车站西侧 2.5 千米处动工建设鄯善物资库，1993 年 5 月竣工投产。库区东西长 1080 米，南北宽 650 米，总占地面积 719950 平方米。年周转能力 40 万吨，库存能力 10 万吨。

建有铁路专用线3条，总长2908米；各类库房10栋、料棚5座，机械自动化作业线2条，生产设施及生活辅助设施共35个建筑单体，总建筑面积为61189平方米。

1993年，指挥部在哈密生活基地西端、国道312线3595千米北侧建成哈密物资库，该库是为适应哈密生活基地建设需要建立的简易临时库房。库区占地面积120000平方米，仓储能力8万吨。专门负责指挥部哈密片区化工、机械制造、维修用料和基地建设物资的存储发放配送工作。

二、生活保障

吐哈会战期间，战区生活后勤保障工作主要依托老区和社会，推行以承包合同为中心、以项目管理为重点的生活管理体制，实行工作程序化、管理科学化、服务规格化、吃饭餐厅化、住宿公寓化的“五化”式专业化社会化服务，不搞“大而全”“小而全”，从而使职工住宿难、吃饭难、乘车难、看病难等问题得到基本解决。

1. 职工食堂

会战初期，各参战单位远离基地，条件艰苦。为了让会战职工吃上饭、吃好饭，各参战单位克服困难，因陋就简，开始陆续自办职工食堂或就餐点，尽最大努力改善职工生活。地质录井处食堂在炊管人员紧缺的情况下，办起了牛肉面馆；运输处则根据本单位司机上下班时间不统一的特点，开设了小吃部；油建公司刚上探区时没有厨房，就在草棚下垒灶做饭，炊管人员除承担近200人的饭菜外，还要每天往工地送两次饭。钻井处、地调处等单位食堂，既要保证驻地职工吃饭问题，又要保证工地职工就餐。至1990年年底，各参战单位共建成职工食堂29个，其中在鄯善双水磨机场空军大院会战指挥部机关建有3个职工食堂，主要为指挥部机关和大院内职工提供就餐服务。

1991年，指挥部对战区生活保障工作推行专业化社会化服务，依托管理局生活服务公司，在战区成立“吐哈生活服务公司”，制订战区生活后勤专业化服务的实施方案。新老区服务公司按照指挥部生活保障工作专业化社会化的要求，先后抽调会战职工37名，招聘各类服务人员110人，筹建职工食堂5个，购置各类设备73台（件），采购各类生活物资140多个品种173万千克，在短时间内解决了指挥部机关600多人的衣食住行和实际生活问题，承担了全战区16000多人的生活物资、采购供应工作。当年4月，指挥部在全战区推行餐厅化服务，生活补贴全部拨入职工食堂，职工就餐发放就餐券。当年全战区共有职工食堂107个，实行生活服务专业化承包的钻井队食堂16个，实行餐厅化就餐的食堂15个，实行份饭制就餐的食堂9个。玉门钻井指挥部先后与钻井实业开发公司签订15个钻井队的生活服务专业化承包合同，有的单位还与当地饭店签订承包服务合同，为战区推行生活服务专业化社会化树立了榜样。

1992年，战区职工食堂增加到127个，其中钻井、地震、试油、井下作业、采油等前线食堂71个，二线辅助单位食堂56个。战区45个钻井队，实行生活服务专业化承包的钻井队39个，承包率占井队食堂的86.7%。战区实行生活服务专业化社会化承包的食堂81个，占食堂总数的64%。从就餐形式看，实行餐厅化的有76个食堂，实行份饭制的有13个食堂，两项合计占食堂总数的70%；地震、油建、运输因工作性质特殊仍实行饭票制，占30%。战区各参战单位需要的大宗和短缺生活物资大部分由生活服务公司统一供应，当年共采购96个品种的生活物资，供应总量达194万千克。玉门钻井指挥部和玉门井下作业指挥部健全自己的物资供应体系，实现采购、储运、销售相配套。玉门钻井指挥部全年共采购各类生活物资98个品种，供应总量达106万千克，满足了26个食堂的需要。指挥部生活服务处在吐哈生活服务公司设立食堂管理科，具体负责所辖食堂的业务管理工作。同年，筹建职工食堂7个，招聘专业服务人员150人，购置设备80多台（套）。3月，指挥部召开生活服务专业化现场会，要求各单位进一步推广生活服务专业化工作，完善战区生活服务监督体系。根据现场会议精神，战区建立健全了指挥部、参战单位、生活承包服务队三级生活监督体系，制定下发生活服务监督实施细则，配备了生活监督员，向生活监督员颁发生活监督证书和生活监督证章，强化了战区生活监督工作。

1993年，会战指挥部机关食堂由鄯善双水磨机场空军大院搬迁到火车站新指挥点。1994年底，又相继在新指挥部大院建成民族食堂和聘用工食堂。其中：民族食堂配备食堂管理员1人，厨师和餐厅服务员各1人（均聘用少数民族人员）。

2. 住房及其他设施

管理局和会战指挥部在全力组织好会战的同时，努力改善职工的居住条件。在指挥部统一规划的区域内，各单位合理布局，不断完善本单位的住房，购置了必要的设施。指挥部组织有关人员对战区的住房情况、单位分布、生活设施配备等进行调查和协调，先后建起一批临建房，购置部分野营房，租用部分住房，使战区前线住房问题基本得到解决。1991 年，指挥部在战区开始推行职工公寓专业化服务，公寓的生活管理实行甲乙方合同管理。当年，生活服务公司新建临时住宅 221 间、搭设活动板房 19 栋。至 1992 年，战区职工住房有了很大改善，住宿实行公寓化管理，每个职工配备卧具一套，统一标准，统一管理，宿舍配有服务员。宿舍基本达到整洁规格化、卫生标准化。有的单位还设立了简易活动室、卫生所（保健站）、理发室等。战区的浴室、商店、供热、供水等生活设施也基本配套。

三、交通运输保障

会战期间，为方便参战职工往来于新老区，经与铁路部门协商，会战指挥部于 1991 年 6 月专门定包并开通了玉门至鄯善石油专用包车，每天往返玉门至鄯善之间。包车运行以来，主管部门为让职工能够安全舒适地乘车往返，由铁路部门固定专人跟车服务。冬季来临购置保温桶，满足会战职工旅途需求，装配了供暖设施。同时还招请特警人员维持车内秩序，保证乘车人员的旅途安全。从 1992 年 1 月开始，玉门至鄯善的火车包厢改挂上海至乌鲁木齐的 53 次特快列车，由鄯善至玉门的包厢仍挂在乌鲁木齐至成都的 114 次列车上，改变了以往战区职工来鄯善回玉门乘车均在夜晚的“两头黑”现象，缩短了乘车时间，减轻了旅途困乏。1993 年 8 月起，又开通至乌鲁木齐市，玉门至乌鲁木齐石油专用包车每日改挂在 69 次 /70 次特快列车尾部。

全战区 7 条线路 80 多个乘车点的公务巡回交通主要由玉门运输指挥部客运队担负，共开通指挥部至楼兰、楼兰至鄯善火车站、指挥部至鄯善火车站等往返线路车次，会战职工凭乘车证乘车。为了不断提高服务质量，客运队给各单位印发了《吐哈战区公务交通车时刻表》，方便了职工乘坐。

第三节　哈密基地

随着吐哈石油会战形势的发展，建设一个集生产指挥、科研设计、生活后勤、文娱教育为一体的后勤基地，成为管理局和会战指挥部工作的重中之重，被摆上重要议事日程。

1991 年 8 月，受会战指挥部委托，由管理局副局长、会战指挥部副指挥彭立垣带队，一行 4 人组成吐哈石油会战指挥部基地建设调查组，历时 14 天，对哈密地区（哈密市）、吐鲁番地区（吐鲁番市）、乌鲁木齐地区的总公司系统内部及地方所属部分工业企业及鄯善县地方部分企业进行了涉及吐哈基地建设内容的全方位调查研究工作。经过多方比较、论证，管理局和会战指挥部决定在哈密建立生产、科研、生活基地，并上报中国石油天然气总公司。9 月，会战工委决定成立哈密基地筹建处。

建设哈密石油基地，寄托着数万名参战职工、家属的心愿：既可解决奋战在海拔 2400 多米、高寒缺氧的玉门老区石油人长期期盼的“下山”愿望，又可解决广大参战职工常年远离家人，两地奔波之苦，更是玉门油田“东山再起，再现青春”的一种体现。

哈密基地规划建设得到中国石油天然气总公司领导的高度重视和大力支持。1992 年 6 月，总公司同意在哈密建设石油职工生产、生活后勤基地，并作为今后玉门老区和吐哈新区工作的指挥中心和重要的生活后勤、石油化工基地。7 月，会战工委撤销哈密基地筹建处，成立哈密基地建设指挥部，下设工程办公室、财务办公室、综合办公室，统一负责基地工程建设的领导、管理、协调、监督工作，对基地建设有关单位项目组进行业务领导和工作协调，统一领导和管理基地化工规划、多种经营规划。8 月，会战指挥部与哈密地区、哈密市有关部门就哈密基地的土地征用达成协议。

根据总公司的指示，基地的构思、规划、设计等自始至终体现了“两新两高”的指导思想。一是坚持实行专业化布局。统一建设居民区，服务设施、办公区既相对集中，又总体分开，不搞“小而全”和封闭式布局。二是坚持面向社会、依托行业，建立开放式的大二线服务体系。凡是地方、行业、老区已有的公用设施、产业均不自建。供水、供电、农贸产品交易等均依托哈密地区。三是坚持基地建设和化工、多种经营同步发展。使化工成为重要经济支柱，第三产业成为职工家属施展才干的场所。四是坚持职工家属各得其所，各有所为。一部分职工高效地从事主业，另一部分从事多种经营和第三产业，面向社会，进入市场，参与竞争，从而防止人员进驻基地后对新体制造成冲击。

基地建设的高要求、勘探开发的新形势和职工群众的热切渴望，促使哈密基地建设指挥部加快了哈密基地建设的步伐，高效率、快节奏的工作作风在建设中得到了淋漓尽致的体现。基地指挥部在建设上依据

"两新两高"的指导思想，本着"提高质量、降低造价、强化配套"的方针，提出"三年任务两年完"的口号，力图在最短的时间内，将哈密石油基地建设成为"规划统一、实施有序、配套完善、功能齐全、布局合理、居住舒适、生活方便、吸引力强，具有90年代特色的新型的石油基地"，争取在1995年8月实现首批职工迁住基地的计划。

1993年3月，哈密石油基地正式开工建设。基地位于哈密市西郊，距市中心12千米，东西长2.8千米，南北宽2.3千米，总占地面积644公顷，在总体规划上，东边为生活区，西边为工业区。生活区按1.5万人进行总体规划，建设工程分三期实施。第一期工程建设规模为7500人，总建筑面积控制在43.8万平方米，其中包括石油专用设备服务中心5.8万平方米；二期工程建设从1994年开始，建设规模为6800人，总建筑面积为33.1万平方米。

基地建设严格实行甲乙方合同管理，基地建设指挥部为甲方，施工队为乙方。所有施工队伍实行招标择优引进。在工作中，甲乙双方实行"两分两合"（即职责上分，思想上合；合同上分，工作上合）。基地建设所有开工项目，均实行项目管理。各项目组与基地建设指挥部签订"四包一分成"（包任务目标、包工期、包质量、包投资、投资节约分成）的承包责任书，落实承包内容和项目组的责、权、利。

1995年6月，历经万名建设大军两年时间紧张建设，吐哈基地主体工程与配套设施基本建成。一座集生产指挥、科研文卫、生活后勤、机修服务、多种经营为一体，功能比较齐全、系统比较配套、环境比较优美、生活比较便利的新型石油基地初具规模，开始投运。

一、住宅建设

1993年3月，哈密基地住宅工程开始施工。住宅工程设计由新疆建筑勘察设计院承担，新疆、江苏等地施工单位承担施工任务。1995年8月，第一期工程竣工投运，共建成4个住宅小区、3789套住宅。其中65型住宅1871套，75型住宅1598套，85型住宅288套，95型住宅12套，100型住宅20套。

1. 一区住宅工程

工程于1994年4月开工，砖混结构，地下一层，地上五层，总建筑面积83386平方米，总投资8463万元，总户数1080户（65型470户，75型610户），于1995年7月竣工。

2. 四区住宅工程

工程于1994年4月开工，砖混结构，地下一层，地上五层，总建筑面积67005平方米，总投资8064万元，总户数860户（65型440户，75型420户），1995年7月竣工。

3. 五区住宅工程

工程于1993年3月开工，砖混结构，地下一层，地上五层，总建筑面积101373平方米，总投资13571万元，总户数1349户（65型781户，75型568户），1995年7月竣工。

4. 十六区住宅工程

砖混结构，地下一层，地上四层。总建筑面积50567平方米，总投资7157万元，总户数408户（85型376户，95型12户，100型20户）。其中1993年3月至1994年11月完成建筑面积335646平方米。

二、公用设施建设

公用设施建设与住宅工程同步开工，至1995年12月，先后建成公寓、科教文卫、公安消防、办公等设施。

1. 公寓

单身职工公寓工程于1993年5月开工，由管理局设计院设计，砖混结构，地上五层，由江苏通州施工单位施工。总建筑面积15972平方米，共计4栋楼1264床，1995年12月竣工。

接待公寓分内宾公寓、外宾公寓2栋楼，于1993年6月开工，1995年6月竣工，由新疆建筑勘察设计院设计，江苏南通七建承建，框架结构。其中内宾公寓共12层，外宾公寓共3层，总建筑面积7237平方米，总投资2185.49万元。

2. 科教文卫设施

基地科研、教育、医疗、文化等设施于1993年5月陆续开工，至1995年10月，基本建成科研设计大楼、综合实验楼、岩心库、检测中心实验楼、中小学校、教培中心、幼儿园、文体中心、职工医院、公园等。这些设施主要由管理局设计院、新疆建筑勘察设计院、四川石油管理局勘察设计院、机械电子部第四设计院、西安市古建园林设计院等单位设计，新疆、江苏等地施工单位施工。

科研设计大楼主楼高十二层，配楼高五层，呈“L”形，采用框架结构，融科研实验、设计、学术交流多功能为一体。

学校包括石油第一中学、第一小学、第二小学。第一中学规模24个班，可供1080名学生就学；第一小学3层规模、24个班，可供1080名学生就学；第二小学1993年8月开工，至1995年8月完成，面积7231平方米。教培中心可满足900人同时培训。

幼儿园于1993年3月开工，由铁道部第一勘测设计院设计，江苏通州建筑公司承建。2层砖混结构，总建筑面积2865平方米，规模12个班，可供300名幼儿入托，1995年6月竣工。

公园内设人工湖、假山、儿童游戏等娱乐设施，总建筑面积102050平方米。

文体中心层高为4层，内设有健身房、舞厅、小型剧场等。

职工医院分住院部楼、门诊楼两部分。住院部楼共计5层，主体砖混局部框架结构，437个床位；门诊楼共计3层，主体砖混局部框架结构，日门诊量可达1000人次。

3. 公安消防

油田公安办公楼于1994年4月开工，1995年9月完工，4层砖混结构。消防站、训练塔于1994年10月开工，1995年8月完工，均由新疆建筑勘察设计院设计，四川南充建安公司承建。

4. 办公设施

办公设施包括指挥部中心大楼、物业公司办公楼、小车库等。其中指挥部中心大楼1994年3月开工，由新疆建筑勘察设计院设计，由新疆维吾尔自治区第三建筑公司承建，主楼高12层，配楼高5层，呈“L”形，采用框架结构，可容纳1254人办公，1995年11月竣工。物业公司办公楼于1993年10月开工，由新疆建筑勘察设计院设计，江苏泰县103队承建，1995年竣工。

工业区内的石油专用设备服务中心各单体工程至1995年下半年基本竣工，设备安装调试运转良好，已具备机修生产条件。多种经营亦初具规模，部分厂点建成投产。

为了给基地居民创造一个优美、舒适的生活环境，基地建设本着“地上地下同步进行，绿化与基建同步进行”的思想，先后在基地周边建成30米×10千米防风林带和15米×10千米经济观赏林及工业区与生活区30米×2.1千米隔离林带，行道树种植、4个生活小区及公共区绿化和植树工作全部完成，累计植树61.6万棵。

三、配套设施

随着基地系统、公建、住宅等工程建设的有序推进，水、电、暖、气等也于1993年7月全面铺开，至1995年10月，供热、供电、给排水、液化气、防洪、物资冷库等配套设施相继竣工。

1. 供热工程

1993年7月至1994年12月建成1号锅炉房，1993年10月至1995年10月建成1号、2号、3号、4号、5号、6号、7号、8号、9号、13号、14号换热站。

2. 供电系统

工程于1993年9月开工，由铁道部第一勘测设计院设计。建有35千伏、10千伏变电所和生活区电外网，各小区低压外围，由管理局水电厂电力公司承建，1994年6月竣工。

3. 给、排水系统

工程于1993年5月开工，由铁道部第一勘测设计院设计。建有756平方米的加压泵站、3具300平方米水塔、3000立方米水罐2具、工业、生活区给排水系统、基地外排水管道等。由管理局油建公司、自治区四建、哈密城建局等施工单位承建，于1995年3月竣工。

4. 液化气工程

工程于1994年5月开工，由中原石油勘察设计院设计。建有1700平方米液化气站、8.9千米的液化气主管网等。由管理局油建公司承建，1995年10月竣工。

5. 防洪工程

于1993年5月开工，由管理局设计院设计，管理局兴玉公司承建，1994年10月竣工。

6. 生活物资冷库

于1994年9月开工，由江汉油田勘察设计院设计，由新疆维吾尔自治区第四建筑公司承建，1995年10月竣工。

第六篇

油田科研

玉门油田是我国第一个采用现代技术开采的油田。开发初期，油田广聚贤才，一大批怀着“实业救国”梦想的知识分子，从全国各地汇聚到玉门这片热土，发挥自己的聪明才智，利用当时最为先进的勘探、开发、炼油等技术，加快油田勘探开发和炼油等事业的发展，奠定了我国石油工业发展的基础。早在1941年，就在机关附设研究室，并于1946年设立工程师室。新中国成立后，先后设立地质试验室、地质采油科学研究所、石油研究所、采油研究所、采油科学研究所、勘探开发规划设计研究院、勘探开发研究院等科研机构，在基层单位分别设立地质调查处处理解释站、钻井处科技室、老君庙油矿油田开发研究所、鸭儿峡油矿深井采油工艺研究所、炼油厂新产品开发研究所、机械厂产品工艺研究所等，广泛开展科学技术研究、新技术引进推广、新工艺攻关、新产品开发等工作，仅“六五”期间，就完成重点科技项目872项，其中获国家级成果1项、省部级成果7项、局级成果211项。1987年后，持续深化科技体制改革，完善配套各项措施，按照“稳住一头，放开一片”的原则，推进科技系统的人才分流和结构调整，建立起结构优化、布局合理、精干高效的科学研究体系和富有生机活力的技术创新机制，促进了油田科技进步和创新能力的提升。

第一章　机构

第一节　管理机构

一、科学技术委员会

1987 年，管理局设科学技术委员会，是玉门油田全面发展石油科学技术的决策和权力机构，其职责是对油田科研、技术革新、新技术推广、技术引进、人才使用、培养等方面的重大问题，进行综合研究，全面分析，并制定相应的条例、制度、方针和政策。下设地质勘探组、测井组、钻井组、油田组、机械组、炼油组、电气组、工程组、生活农副组、经营管理组，其主任委员由油田行政一把手担任，共有委员 92 名。

1995 年 11 月，有主任 1 名，副主任 2 名，委员 28 名。

1998 年 7 月，玉门油田科学技术委员会设立勘探、油田开发、石油炼制及化工、机械加工制造及电力工程、地面工程及其他等 5 个专业技术组，各组均设置组长、副组长各 1 名，共由 45 名高、中级专业技术人员组成。负责对油田勘探、开发、炼化、机械、电力、地面工程、计算机、医疗、多种经营、软科学等方面的重大技术课题、技术成果和发展方向进行讨论、论证和验收。

1999 年 7 月，重组改制后油田分公司于 2000 年 1 月设立了科学技术委员会，主任由行政一把手担任，设副主任 1 名，有委员 24 名；管理局于 2000 年 2 月对科学技术委员会成员组成进行调整，调整后，设主任委员 1 名，由局行政主要领导担任，设副主任委员 1 名，有委员 20 名。

2003 年 10 月，油田分公司根据人员岗位变动，对公司科学技术委员会（科技创新领导小组）成员组成进行调整，调整后，有委员 29 人。

2005 年 7 月，重组整合。11 月，对科委会（科技创新领导小组）组成人员进行调整，主任由油田行政主要领导担任，有副主任 1 名，有委员 33 名。主要负责研究并制定油田科技进步发展战略及中、长远规划，制定重大科技政策及激励措施，审定油田科研攻关项目、科技进步成果及重大高新技术、成熟技术的引进和推广等工作。

2008 年 2 月，科学技术委员会有主任 1 名，副主任 1 名，委员 30 名。

2011 年 1 月，对科学技术委员会人员组成进行调整，主任由党政主要领导担任，设副主任 1 名，有委员 27 名。

2017 年 10 月，对科学技术委员会人员组成进行调整，主任由公司党委书记、总经理担任，副主任由主管副总经理担任，有委员 26 人。

二、科技信息处

1987 年，管理局设有科学技术处和科技情报所。科学技术处下设科学技术科、电算科和科学技术协会办公室，共有职工 15 人，专门负责油田科技发展长远规划及年度计划的编制和组织实施，负责油田重点科技项目、新产品研发、新技术推广的组织和管理工作；科技情报所下设情报研究室、资料检索服务室、编印室、情报技术服务室、情报管理室，主要负责油田科技情报资料的收集、整理和服务工作。4 月，成立计算中心，与科学技术处电算科合署办公；成立计算机领导小组，办事机构设在科学技术处电算科，负责处理日常事务。6 月，撤销科技情报所，在科学技术处设情报室。科学技术处下设科技科、电算科、情报室 3 个科室。

1991 年 1 月，在科学技术处增设新技术推广站，负责将油田内外成熟适用的新技术（包括新成果、新产品、新工艺和装备等）在油田内推广应用。

1993 年 3 月，进行机关机构改革，将科学技术处下设科室调整为科技科、电算科、新技术推广站。

1996 年 7 月，根据总公司《技术市场管理办法》，成立技术市场办公室，与新技术推广站为一套机构、两块牌子。11 月，成立科学技术开发中心，科学技术处与科学技术开发中心、勘探开发研究院为一个机构、三块牌子。

1999 年 7 月，油田重组改制，科学技术处隶属油田分公司管理，更名为技术发展处，主要负责油田分公司科技发展长远规划及年度计划，组织新产品研制与开发，推广科技成果以及技术与装备管理等工作。管理局的科技管理工作由经济技术开发处负责。

2000 年 1 月，油田分公司根据技术发展处试运行情况，对技术发展处内设机构进行调整。

2002年1月，管理局进行机关机构调整，成立计划发展处，科技管理工作由计划发展处负责。

2003年1月，管理局在计划发展处增设科技管理科。9月，油田分公司对技术发展处内部组织机构进行调整，设科技管理科、信息管理科2个科室，附挂信息中心。

2005年7月，油田重组整合，油田分公司技术发展处与管理局计划发展处科技管理科职能合并，成立科技信息处，归口管理油田科技与信息工作，下设科技管理科、信息管理科2个职能科室。

截至2017年年底，科技信息处机构及职能保持不变。

第二节　科研机构

一、勘探开发研究院

玉门油田开展勘探开发综合研究工作起步较早。1946年，甘青分公司在矿场设研究室，有研究人员10人，主要开展凿井、采油、输油、输气等工程研究。1952年，设立地质室。1956年4月，成立地质采油科学研究所。1957年3月，成立石油科学研究所。20世纪60年代之后，先后设立石油研究所、采油研究所、采油科学研究所、勘探开发规划设计研究院。1981年，设立勘探开发研究院。至1986年，勘探开发研究院主要设地质勘探研究室、开发研究室、采油工艺研究室、采油机械研究室、电子计算机室、科技情报室、试验室等科研机构，有科研及后勤服务人员496人。

1987年，勘探开发研究院主要负责地质勘探、油气田开发综合研究工作。院机关设党委办公室、行政办公室、科技科、生产科、财务科5个职能科室，基层设地质勘探研究室、油田开发研究室、采油工艺研究室、采油机械研究室、电子计算机室、科技情报室、试验室、修配车间、材料库、管理科、汽车队、农场12个科室、工段，有科研及后勤服务人员536人。

1989—1995年，勘探开发研究院工作重心转向吐哈新探区，玉门老区与吐哈新区地质勘探和油田开发研究工作实行"一个中心、两个重点"的管理体制。以勘探开发研究院为主体，从其他单位抽调部分科研人员，组成吐哈盆地地质勘探综合研究大队，后更名为勘探开发研究大队，专门负责吐哈新区地质勘探和油田开发的科研工作。勘探开发研究院主要力量基本全部参加到吐哈会战之中，玉门老区仅保留少量科研人员，重点开展酒泉盆地的地质勘探和老油田的开发研究工作。

1995年6月，玉门、吐哈管理体制理顺，勘探开发研究院大部分科研机构与技术骨干随勘探开发研究大队划归吐哈油田，油田勘探开发研究队伍和力量骤减。其中，勘探室人员由75人减少为45人；开发室因人员大幅减少，缩编为开发组，挂靠采收率室；计算机室等个别科室人员全部划归吐哈油田。

1996年起，随着玉门油田中标潮水、雅布赖盆地的石油勘探和"立足酒泉、深化酒西、突破酒东"勘探方针的确立，为了加强地质勘探和油气开发研究，确保地质勘探取得突破和保持老油田长期稳产，勘探开发研究院先后重新组建开发室、计算机室等科研机构，充实科研队伍和力量。10月，成立科学技术开发中心，勘探开发研究院与科学技术开发中心、科学技术处为一套机构、三块牌子。至年底，勘探开发研究院机关设办公室、科技科、生产科、财务科等科室，基层设勘探研究室、开发研究室、采收率室、试验室、科技服务室等科研机构，有科研及后勤服务人员261人。

1999年7月，油田重组改制，勘探开发研究院隶属油田分公司。2000年2月，勘探开发研究院进行机构调整，调整后，机关设院办公室、科研办公室、财务科，基层设勘探室、开发室、采收率室、试验室、计算机室、科技服务室、情报室，共有员工168人。

2005年7月，重组整合，勘探开发研究院机关设综合办公室，基层设油藏评价研究室、地质勘探研究室、油田开发研究室、计算机应用研究室、地质分析试验室5个综合研究机构及科技信息档案室、科技服务室2个科研服务机构。

2009年5月，在勘探开发研究院成立海外研究中心，专门负责油田海外勘探开发项目的研究工作。

2012年3月，勘探开发研究院成立天然气研究室，为油田苏里格246合作区块天然气开发工作提供技术支持。

截至2017年12月，勘探开发研究院机关设院（党委）办公室、计划财务科、科技管理科，基层设油藏评价研究室、地质勘探研究室、油田开发研究室、乍得项目勘探研究室、乍得项目开发研究室、环江油田勘探开发研究室、计算机应用研究室、地质分析试验室、科技信息档案室等9个综合科研及服务机构，全院共有员工166人。

二、钻采工程研究院

1987年，采油工艺研究工作由勘探开发研究院采油工艺研究室、老君庙油矿油田开发研究所、鸭儿峡油矿深井采油工艺研究所承担。老君庙油矿油田开发研究所下设化工组、电算室、测压组、酸化组、磁化组、工艺组、资料室等机构，有职工64名。鸭儿峡油矿深井采油工艺研究所下设工艺组、工具组、电器仪表组，有职工63名。当时，油田没有设置专门的钻井工艺研究机构，钻井工程新工艺、新技术的研究、引进及推广应用工作主要由钻井处生产科、科技室等相关部门负责。

1992年10月，老君庙油矿油田开发研究所与鸭儿峡油矿深井采油工艺研究所整合，成立采油厂油田开发研究所，下设化工组、测压组、酸化组、工艺组、工具组、电器仪表组。

1999年12月，整合勘探开发研究院采收率室、采油厂油田开发研究所及采油厂科技科，成立采油工艺研究所（副处级单位），挂靠采油厂管理。采油工艺研究所下设油藏增产技术研究室、油田化学研究室、机械采油研究室、新工艺新技术推广站。

2003年9月，采油工艺研究所划转到油田工程技术研究与服务中心。下设油藏增产技术研究室、油田化学研究室、采油工艺研究室、井下工具研究室、实验室。

2005年7月，采油工艺研究所划转到油田作业公司。下设油藏增产技术研究室、油田化学研究室、井下工具研究室、实验室。

截至2011年2月，玉门油田主要依托吐哈钻采工艺研究院以乙方技术服务形式承担油田钻井工程设计及开展部分钻井工艺研究工作。

2011年3月，将勘探事业部、开发事业部、油田作业公司、炼化总厂、水电厂、机械厂等单位的钻采相关业务进行整合，成立钻采工程研究院，主要负责钻井、采油等相关领域的工艺技术研究，以及油田环境监督及测量分析，特种设备检验检测及热电、设备工具、油品、原煤等的技术测量分析等工作。成立之初，院机关设综合办公室、安全装备科、科技管理科3个职能科室，基层设钻井工艺室、采油工艺室、油田化学室、采油机械室、环境监测中心、技术检测中心、工程监督中心、化学助剂中心8个单位，共有员工148人。同年5月，成立乍得项目钻井采油工艺研究室。

截至2017年12月，钻采工程研究院机关设综合办公室、科技管理科、安全装备科、财务计划科4个部门，基层设钻井工艺室、采油工艺室、油田化学室、采油机械室、乍得项目钻井采油工艺研究室、工程监督中心、技术检测中心、环境监测中心、化学助剂中心9个单位，有员工175人。

三、炼油化工研究机构

油田炼油化工业务伴随油田开发而产生。初期，炼油工艺相对比较简单，产品也较为单一。20世纪50年代初，在建设新中国第一个石油工业基地的过程中，随着油田产量的增长，油田原油加工量也随之增加，产品品种不断丰富。为了提升炼化工艺、开发更多的石油产品，1955年3月，炼油厂从化验室抽出8名职工组建研究室，开始开展炼油工艺及新产品的研发工作。1957年3月，研究室大部分人员划归油田石油科学研究所，下设炼油研究室，专门从事炼化工艺和产品的研究工作，同时，炼油厂在化验室附设研究组。1959年6月，石油科学研究所炼油研究室划归炼油厂检验科。1979年10月，炼油厂成立炼油科学研究室。1984年，改为石油产品开发研究所。至1986年，石油产品开发研究所下设台架组、维修组、润滑油工艺研究组、CC级柴油机油研究组、抽余油综合利用研究组、高速沥青研究组、普通齿轮油研究组、防锈油研究组，有职工61人。

1987年，炼油厂石油产品开发研究所下设齿轮油组、液压油组、原油评价组、工艺组、内燃机油组、台架组、中试组、添加剂组和润滑脂组9个科研项目组，以及大班玻璃工岗位、维修岗位，主要负责炼油化工产品更新换代和新产品、新工艺的研究开发及原油评价工作。

1999年12月，油田分公司以炼化总厂石油产品开发研究所为基础，成立炼油化工研究所（副处级单位），挂靠炼化总厂。研究所下设炼油工艺室、炼油产品室、特油产品室、分析评定与新技术应用中心、综合办公室，有员工46人，其中专业技术人员43人。

2008年7月，炼油化工研究所内设机构调整为综合办公室、工艺研究一室、工艺研究二室、润滑脂研究一室、润滑脂研究二室、特油产品研究室、仪器分析室等。

2011年，炼化总厂实施短流程、燃料型改造，撤销炼油化工研究所，主要专业技术人员划转炼化总厂化验分析监测中心，炼化新产品开发、新技术新工艺引进推广等工作由炼化总厂技术科牵头，各基层车间协同承担完成。

第二章　科技管理

1987年起，玉门油田科技管理工作根据国家法律、法规和上级主管部门的有关规定，结合油田实际，综合运用经济、行政、法律手段，把现代科技资源优化配置，追求将最佳科技管理贯穿于科技管理的全过程，使油田科技管理逐步走向科学化、制度化、规范化。

第一节　管理制度

1988年，为了贯彻“经济建设必须依靠科学技术，科学技术工作必须面向经济建设”的战略方针，制定下发《深化科技体制改革的若干意见》，客观分析油田科技工作存在的问题与差距，提出了深化科技改革的主要任务，同时配套制定油田《放宽政策，振兴科技事业的若干规定》。

1998年，制定《关于推进科技进步的若干规定》《科技项目管理办法》《科学技术进步奖励办法》，进一步建立健全了田科技管理工作体制，完善科技项目管理和奖励的办法，加快了油田科技成果的转化步伐。

2000年5月，制定印发《玉门石油管理局科技项目管理办法》。6月，油田分公司制定印发《玉门油田分公司科技计划管理办法》《玉门油田分公司科技项目管理办法》。

2001年3月，制定印发《关于加强学科技术带头人队伍建设实施意见》。10月，制定印发《玉门油田分公司科学技术进步奖励规定》。

2005年7月，制定印发《玉门油田分公司科学研究与技术开发管理暂行办法》。

2006—2010年，先后制修订和完善《玉门油田分公司（局）科学研究与技术开发项目管理办法》《玉门油田分公司（局）科学研究与技术开发计划管理办法》《玉门油田分公司（局）技术创新奖励办法》，进一步明确科技计划、科技项目管理办法。

2012年，重新修订《玉门油田分公司科技奖励办法》，对油田科技奖励项目的设置、推荐程序、评审标准等进行补充和完善。

2017年，为了进一步调动油田科技人员的积极性和创造性，奖励在科技创新工作中做出突出贡献的个人和单位，参照《中国石油天然气集团公司科学技术奖励办法》，再次对《玉门油田分公司科技奖励办法》进行了修订。

第二节　科技计划

科技计划从时间上分，有中长远科技发展规划和年度科技项目计划；从管理层面上分，有国家、集团公司（总公司）、股份公司下达的科技攻关计划和油田重点攻关计划，以及各二级单位攻关计划，科研计划实行归口管理，油田机关科技管理部门主要管理国家、集团公司（总公司）、股份公司下达的科技攻关计划和油田重点攻关计划，二级单位科技科等主管部门主要负责管理本单位所承担的油田科技攻关计划和本单位自立攻关计划。

一、中长远发展规划

中长远科技发展规划是油田科技发展战略的重要组成部分，主要围绕油田整体工作五年计划及长远规划，紧扣油田生产建设的发展战略、任务和目标，每五年一编制，制定油田科技发展的方向和目标。

1987—1990年，主要执行1986年编制的《玉门油田“七五”计划纲要科学技术分册》。

1991年、1995年，编制《“八五”科技发展规划》《“九五”科技发展规划》，制定“八五”“九五”期间科技攻关和新技术推广应用规划、技术市场和企业科技发展规划以及科技装备发展规划。

2000年，油田分公司和管理局分别编制《油田分公司“十五”科技发展规划》《玉门石油管理局“十五”科技发展规划》，制定各自在“十五”期间科技发展的方向和目标。

2006年，“十一五”科技发展规划重点围绕勘探开发、炼油化工、工程技术服务等业务，分别编制

《勘探开发“十一五”科技发展规划》《炼化“十一五”科技发展规划》，制定“十一五”期间油田勘探开发、炼油化工等主营业务科技发展的方向和目标。其中，勘探开发“十一五”科技发展规划围绕油田勘探、开发业务发展战略，按照“快发展、低成本、高效益、可持续”的总体工作目标，在全面分析油田科技现状与技术需求的基础上，确定了关键技术思路，部署了重点技术攻关项目，通过加快技术进步步伐，大力引进国内外先进、适用、成熟的新工艺、新技术，提高油田整体技术水平和竞争实力，为油田原油产量重上百万吨奠定坚实的科技基础；炼化“十一五”科技发展规划把科技创效作为科研立项和确定技术发展战略的根本标准，通过引进国内外先进成熟的炼油工艺新技术，进行资源优化，调整装置结构和产品结构，实现产品的升级换代，提高炼化经济技术指标。

2010年，编制《勘探开发“十二五”科技发展规划》《炼油化工“十二五”科技发展规划》和《综合类业务“十二五”科技发展规划》。勘探开发“十二五”科技发展规划的目标为加快玉门油田勘探开发进程，保持储量稳步增长，实现资源接替的良性循环。为进一步做好油田优化和简化，挖掘老油田潜力，提高油田采收率，实现老油田持续稳产和上产；炼油化工“十二五”科技发展规划进一步确立“立足本厂、贴近生产、服务市场、研究开发和推广转化并举”的工作方针，坚持走科研、生产、市场一体化的路子，工作重心是加快燃料油升级换代步伐，尽快使汽油柴油达到国Ⅳ质量标准。提高炼厂装置的技术含量，提高产品质量和档次，扩展产品品种，降低产品成本，实现炼化可持续发展。提高炼厂的各项经济技术指标。根据实际情况，研究开发有自己特色的新工艺、新技术、新产品，使产品结构更加合理，新产品效益更加突出；综合类业务“十二五”科技发展规划围绕水电、机械制造、建筑安装、综合服务等行业，坚持“突出重点、攻克关键、创新与再创新并重、务求突破和有所作为”的科技工作方针和“主营业务战略驱动、发展目标导向、顶层设计”的科技发展理念，旨在促进工程技术服务进步，提升油田综合类业务技术实力、竞争实力和可持续发展能力，同时更好地在降本控费、开拓市场、增收创效、服务生产、服务员工上发挥积极作用。

2014年，科技发展规划仍然按照勘探开发、炼油化工和综合类业务3个类别，分别编制了对应领域的“十三五”科技发展规划。其中，勘探开发“十三五”科技发展规划的总体思路是围绕油田勘探、开发及工程技术领域科技发展规划，发展完善老探区效益勘探、老油田效益开发两项勘探开发理论认识，形成成熟探区精细勘探技术系列、低丰度岩性油藏勘探技术系列、断陷湖盆致密油勘探技术系列、复杂油藏有效开发技术系列、高含水老油田进一步提高水驱采收率技术系列、高含水老油田三次采油系列等六大技术系列。建成老油田持续提高采收率和非常规油气勘探开发两个示范区，打造高层次的科研创新团队，为玉门油田重上百万吨提供技术支撑；“十三五”期间，炼化总厂将持续完善“短流程燃料型精品炼厂”建设，通过科技创新着力解决总厂发展瓶颈问题，在原油加工能力不扩大的条件下，提高原油重质化、劣质化变化的适应能力，汽油柴油产品实现国Ⅴ标准升级，采用先进技术完善装置结构，实现产品结构优化，提高高附加值产品收率，不断提升经济技术指标，增强盈利能力；综合类业务“十三五”科技发展规划内容涵盖水电、机械制造、建筑安装、综合服务、方园物业等行业。水电业务发展战略紧密围绕“服务油田、保障供给”的工作主线，加大设备更新和技术改造力度，积极采用新技术、新工艺，确保供电可靠率、供水保障率99%以上。积极发展光伏发电等新业务，开拓水电厂发展范围，向绿色电厂、效益电厂转变。机械加工制造业务坚持以“三抽”设备制造为主、炼化装备和建材产品为辅、配件加工和技术服务为补充的产业定位政策，坚持以优质产品、特色产品稳固油田内部市场、大力拓展外部市场，强化以科技兴企、人才强企、质量稳市场的发展战略，强化为油田公司服务的理念，为实现公司“十三五”规划提供强有力的技术支撑。建筑安装依托工程建设，结合项目特点，确定研究方向、研究重点和控制目标，注重跟踪和引进国内外先进技术和工艺，固化一批具有推广应用价值的新技术、新工艺，为油田快速发展提供更好的技术服务。综合服务结合综合服务处点多面广、行业杂多、市场准入门槛较低，性质彼此独立、关联度差的实际，积极推广应用新产品、新技术、新工艺，不断提高装备水平，提升产品质量和服务质量，降低成本，提高效率，增加效益。推广应用高科技数字化、信息化管理手段，为油田快速发展提供更好的技术保障服务。方圆物业坚持把增强科技创新能力作为科技发展的战略基点，坚持把提高自主创新能力摆在科技工作首位，坚持科学技术为经济社会发展服务这一中心任务，按照“发挥优势，加强创新，重点突破，跨越发展”的科技工作方针，持续提升服务能力，安全优质高效的服务油田生产，持续推进自身发展。

二、年度科技计划

1. 计划编制

年度科技计划的编制以中长期科技发展计划为依据，以生产和市场为导向，是年度业务发展计划的重要部分。年度科技计划分国家级、省（部）级、局级和厂（处）级，实行分级编制。内容包括生产和市场存在的主要问题分析、解决问题的可行性分析、科技攻关项目排序、重点研究内容及投资回报分析、主要保证措施。

（1）国家和省（部）级的计划项目。1987—1999 年，由科技处组织立项论证，科技委员会审定上报，国家和省（部）审批下达，科技处组织实施。2000—2005 年，由经济技术开发处、计划发展处组织立项论证，局科委会审定上报国家和集团公司，经国家和集团公司审批下达后，科技主管部门组织实施；油田分公司由技术发展处组织立项论证，公司科委会审定上报国家和股份公司，国家和股份公司审批下达后，由技术发展处组织实施。2006—2017 年，国家和省（部）级的计划项目，由科技信息处负责组织立项论证，经科委会组织专家审定后，由科技信息处负责上报国家、集团公司，上级审批下达后，由科技信息处组织实施。承担的国家和集团公司重大科技项目有：老君庙油田 L 油藏化学驱油技术研究、注水油层微生物活动规律及控制研究、吐鲁番盆地（含煤成气）远景及勘探方向研究、石油磺酸盐膜式磺化工业生产试验、煤层气水平井、多分支水平井钻井技术研究、煤层气欠平衡钻井配套技术研究等。承担的股份公司重大科技专项和科研项目有：吐鲁番哈密盆地石油地质综合研究、西北油气区古近系研究、老君庙油田递减规律研究、河西走廊地区诸盆地侏罗系石油地质综合评价及目标选择、玉门油田重上百万吨勘探开发关键技术研究、煤层气富集规律研究及有利区块预测评价、玉门探区第二次、第三次、第四次油气资源评价、玉门探区新区新领域勘探目标评价、玉门探区重点勘探领域综合研究与预探目标评价、青西油田窿 8 区块精细注水研究、酒泉盆地精细地质研究及勘探目标优选等。

（2）局级（油田公司级）计划项目。1987—1999 年，每年下半年由所属各单位提出下一年度科研攻关项目的初选，报对应专业处室审核后，将下年度的科技计划及科技项目建议书上报油田科技处。油田科技处围绕生产经营实际、技术发展趋势及在生产中遇到的重点瓶颈性技术难题，组织技术专家组分析、论证后，交油田科委会审定，最终确定开展科研项目的攻关目标和研究内容，并以油田文件的形式正式下达科研计划，项目正式启动。2000—2005 年，局级（油田公司级）科技项目的立项一般按以下程序进行：①科技项目预审。项目申报单位根据油田中长期科技发展计划和本单位生产经营需求，提出项目建议书，报油田科技主管部门审查。②编写项目开题设计报告。科技项目经油田科委会预审通过后，申报单位编制项目开题设计报告。报告中应明确研究的关键技术、商业价值。③由科技主管部门组织评估机构或技术、管理等方面专家组成项目审查组，对项目的技术路线、经济技术考核指标提出审查意见，并下达科技计划。科技计划下达后，由科技主管部门与项目承担单位签订专项合同。《科技项目合同》一经签订，该项目就完成了立项过程，纳入油田科技项目计划管理。科技项目研究周期一般为 1 ～ 2 年，最多不超过 3 年。2006 年起，科技项目的立项，每年 10 月底由所属各单位提出科技计划建议书，报科技信息处审查。科技信息处根据生产经营实际及年度业绩考核目标，综合技术专家的意见对科技计划建议进行预审。预审通过后的科技项目由计划建议提出单位进行项目论证并编制项目开题设计报告。科技信息处分专业组织技术专家组成项目审查组，召开项目开题论证会，对项目的研究内容、技术路线、协同工作条件、经济技术考核指标及项目实施中 HSE 的要求等提出审查意见，审查通过的项目报油田科学技术委员会审批立项。未经专业技术专家项目审查组通过、油田科学技术委员会审批的项目不予立项。至 2017 年，油田共编制下达科技项目 1430 项。

（3）厂（处）级项目。由二级单位根据生产经营重点、难点和科技需求情况，自行编制和审批下达，报油田科技主管部门备案。

2. 实施与管理

1987 年前，年度科技计划采用指令性计划，由科技处直接下达各承研单位，承研单位按计划完成研究任务。

1988 年，按照《深化科技体制改革的若干意见》精神和要求，对科技计划管理进行改革，逐步压缩局定计划，扩大指导性计划，提倡基层甲乙方承包。局定课题根据不同情况，分别实行任务承包、效益承包、技术水平承包。至 1992 年，油田对科研项目（课题）采取分类管理的方式，对承担的国家级、总公司和省级课题，实行计划管理；对局级课题实行招标承包合同管理。

1993 年，开始试行科研课题项目管理。当年，油田将地质勘探的综合研究课题及资金切块到勘探部项目组，项目组根据工作量和工作内容，直接向课题组下达资金。季度、半年度、年度进度报表由课题组向项目组报告的同时，向油田科技处报告。由科技处协同勘探部项目组对课题组进行经常性课题检查、指导和协调，加强了项目实施的全过程检查监督。

1994 年，出台《科技项目管理办法（试行）》，进一步规定了科技项目管理的论证、立项、实施和验收程序。

1996 年，对科技重大项目实行“科技工程”管理办法。当年，油田将青西柳沟庄油藏滚动勘探开发、湖水盆地金昌坳陷油气聚集规律和凹陷评价及雅布赖盆地早期石油地质条件及参数井位研究、鸭儿峡油田综合调整方案研究 3 个研究项目，通过组织论证，由有关部门和项目承担单位组成领导小组，确定项目长，通过在资金上给予重大扶持，统一计划、统一安排、统一实施、统一检查，实行工程化管理。

2000—2005 年，油田科技项目的实施与管理工作分别由油田分公司和管理局各自组织和开展，实行项目前期工作阶段、运行阶段和后评价阶段的全过程管理。油田分公司按照《科技项目管理办法》，严格按照甲乙方合同制组织项目实施，由公司技术发展处代表甲方，履行审定科技项目计划内容，检查项目进展情况，验收合同，审定、划拨和核销科技费用，审定主要仪器、设备购置计划，审批外协合同等职责。科技项目正常开展工作以后，甲方（技术发展处）每季度对项目进行一次检查和考核。检查内容包括：合同的执行情况，完成的工作量，取得的新认识、新成果，经费使用情况，存在的问题和下一步打算。重大科技项目，由技术发展处组织专业技术人员进行专项检查。科技项目完成阶段工作量或全部工作量以后，由技术发展处按照合同规定的工作内容，进行项目阶段验收或整个项目工作验收。

2006 年起，科技项目推行项目经理负责制，实行项目用户总监监督制。根据项目的性质和研究内容，确定项目承担单位及配合研究单位，原则上由项目提出单位作为项目的承担单位。项目承担单位负责成立项目组。项目组由项目经理或项目长、项目组成员和项目用户总监组成。项目经理原则上由项目承担单位负责确定，跨单位、跨专业的项目由项目牵头单位负责确定。项目经理应具有相应的专业知识，一般应有五年以上研发工作经验，有较强的组织管理与协调能力；在项目实施周期内，项目经理应保证至少有 70% 的工作时间用于本项目的管理和研究；为确保项目经理的工作时间，项目经理不能同时担任两个项目的管理工作；承担集团公司（股份公司）项目的项目经理须通过集团公司（股份公司）科技项目管理培训和资格认证，持证上岗。项目组人员组成要有利于多学科融合，能够解决油田业务发展和科技项目研究中遇到的技术问题；原则采取个人申请、自愿组合、双向选择的办法，项目研究承担单位负责协调，项目经理确认；在项目实施期间，项目主要研究人员应全工时参加项目的研究工作。项目用户总监一般由成果应用单位派出，由具有五年以上技术管理工作经验的专业技术负责人担任，由科技信息处确认；项目用户总监代表油田及成果应用单位对成果的应用效果和效益进行确认。

项目执行严格按照集团公司科研项目管理模式的要求，从组织管理、实施过程以及工作评估与考核管理等方面进行项目的全过程控制和管理。建立了月度科技例会制度，及时了解掌握各项目的阶段性工作、所取得的认识及存在的问题和下一步工作，协调解决科研项目在运行中出现的问题，督促科研项目按计划运行，定期将项目执行情况以科技简报的形式下发有关单位和部门，及时反映和通报油田科研项目进展情况，加强科技管理部门对项目的管理和监控力度。建立科技项目执行中期检查制和年度验收制，对于没有完成研究内容、没有达到项目攻关目标的项目，一律不验收、不核销科技经费。

2012 年，重新修订《科学研究与技术开发项目管理办法》，科技项目继续推行项目经理负责制，由项目经理依据开题设计报告制订科技项目实施方案，确定工作目标、进度、人员等。对油田设立的重大科技专项，可根据需要成立项目领导小组、项目专家组和项目管理办公室。科技项目实行执行情况报告制度，承担单位每年第四季度向任务下达方提交项目年度执行情况报告，重大科技专项按季度向科技信息处提交项目季度进展报告，重大事件随时报告。

截至 2017 年，先后完成国家科技项目 15 项、集团公司（股份公司）科技攻关项目 140 项、局级（油田公司级）科技攻关项目 1080 项。

第三节　科技经费

一、经费来源

科技经费的来源主要有上级拨款或贷款、油田和基层单位自筹资金。

1987 年起，承担的国家、总公司和甘肃省科技项目，基本上都是通过总公司或甘肃省向油田下达的指令性计划，这些科技项目的经费分别由国家、总公司和甘肃省下拨。当年，油田用于科技研究、新产品开发及新技术推广的经费主要从生产成本费用中划出，占生产成本费用的 1% ～ 2%，至 1994 年，油田下拨的科技经费每年基本保持在 400 万元。

1995 年，按照总公司“全行业科技投入逐步达到不低于总销售收入的 2%，其中总公司不低 0.5%，总公司直属企业不低于 1.5%”的规定和要求，开始逐年增加科技投入，并允许从科技成果转让、技术产品销售、技术咨询服务等收入中提成和建立科技发展基金。当年，油田下拨科技经费 548 万元。1996 年，下拨科技经费 600 万元。1997 年，下拨科技经费达 1000 万元。

2000—2005 年，承担的国家和集团公司科技项目由国家和集团公司下拨科技经费，部分科技项目的经费采取向集团公司贷款的办法解决；管理局及基层单位自筹科技经费，仍然从生产成本费用中划拨。油田分公司承担的国家和股份公司科技项目，科技经费由国家和股份公司下拨；油田分公司及基层单位自筹科技经费，从生产成本费用中划拨。

2006 年起，承担的国家科技项目由国家给予适当资助；承担的集团公司和股份公司科技项目由集团公司或股份公司下达专项科技经费，油田根据项目实施需要安排一定配套经费；油田设立的科技项目，科技经费分资本化经费和费用化经费两部分，其中资本化经费由油田规划计划处下达，并纳入油田整体投资计划统一管理；费用化经费由油田财务处下达，并纳入油田整体成本计划统一管理。2006 年，油田安排科技经费 980 万元，实际发生 1013.23 万元。随着油田科技管理体制和机制的进一步建立和完善，油田建立了稳定的增长机制，持续加大了科技投入力度。2011 年，油田下达科研项目投资 1250 万元；2012 年，下达科研项目投资 2335 万元；2014 年，科研项目投资计划 1800 万元。

二、经费管理

1987—1989 年，对科技经费的使用实行切块管理，以连续三年各专业系统实际使用的经费为基数，结合当年承担的科研项目数量，由油田科委会将经费切块划拨各单位。

1990 年，为了加强资金的管理核算，油田将科技经费统一到科技处管理，不再切块分拨。由科技处负责，实行计划管理，专款专用，按合同检查、按进度核销，实行一年两次核销制度，改变了过去年底一次核销突击花钱的做法。

1998 年，制定出台《科技项目管理办法》，规定科技项目的经费原则上采取谁出题，谁收益，谁出钱的办法，视不同类型的项目，分别实行拨款贷款方式。作为指令性项目下达的具有全局意义的应用基础研究项目和应用技术研究项目，其全部研究费用从当年油田科技经费中划拨；作为指令性项目下达的重大技术引进、新工艺、新技术、新产品、新装备的研制、开发、应用等项目，其费用由油田科技经费和受益单位科技经费共同列支；作为指导性项目下达和各单位自行确定的技术开发、技术推广等项目，费用原则上由各单位自理。如果经双方协商，达成货款协议，可从油田科技经费中贷款。科技项目的贷款为无息贷款，一次性借贷，分期还本。贷款偿还期限一般为 1 ～ 2 年，最长不超过 3 年。

2000 年，油田分公司制定出台《科技项目管理办法》，规定科研经费实行预算和决算制度。2005 年，油田分公司依据股份公司《科学研究与技术开发管理暂行办法》，制定油田《科学研究与技术开发管理暂行办法》，进一步明确了科技经费管理的办法。油田科技经费实行专款专用、专项管理；科技项目的投资和经费实行全额预算、过程控制制度，按项目计划规定进行管理。项目申请单位在申请油田科技项目时，根据研究内容，按股份公司科学研究与技术开发管理暂行办法中项目经费预算框架，如实测算项目经费的投入，编制项目经费预算明细，内容包括材料费、实验费、外协费、差旅费、设备购置费、样机试制费、现场试验费、其他直接费用、不可预见费、人力资源费、管理费等，管理费不得超过项目总经费的 10%，重大科技专项管理费不得超过总经费的 5%。科技信息处在审查项目开题设计时，同时审查项目经费预算。科技项目经油田科委会审批立项后，由科技信息处根据各单位科技项目经费预算及油田年度安排的科研投资计划，确定科技项目投资计划报规划计划处，由规划计划处负责下发各单位科技项目投资计划。

项目启动后，当即下拨不超过合同总额的 30% 的首付款，作为启动资金。嗣后，按照合同规定的进度和阶段目标完成情况分期支付；项目完成并依据合同对项目验收后，留 10% 左右的尾款，在外协方完全移交成果并完成了合同所规定的技术转移、技术服务和后续支持后，付清尾款。每次拨款由项目承担单位申请，科技信息处审查，财务处拨款。

集团公司或股份公司下拨的科技费用，全额用于其指定项目，若项目已列入油田计划项目经费，从该项预算中扣减。项目研究内容调整，计划经费相应调整。二级单位自筹资金跟着项目走，由本单位科技主管领导审定，科技主管部门或岗位管理。

三、经费决算

项目结题时，承担单位编制决算报告，科技信息处审查认可后，财务处核销。资金超计划部分由承担单位自筹资金解决；资金结余时，结余部分由财务处结转下年度科技经费。当年应完成的项目，必须在当年结算；跨年度项目，按进度逐年核销费用，项目结题时总决算。因各种原因经批准中止的项目，由承担单位做出已发生费用报告，经科技信息处审核认可后核销已发生经费，剩余资金收回，结转下年科技经费。

第四节　成果鉴（评）定与奖励

一、成果鉴（评）定

科技项目在完成阶段工作量或全部工作量以后，必须按照合同规定的工作内容，进行项目阶段验收或项目整体验收。只有通过验收的项目，才能申报科技成果鉴定或评定。

1987—1999 年，科技项目的成果鉴定权属总公司和甘肃省科委，油田科委和管理部门无权对科技项目进行成果鉴定。申报总公司鉴定的成果是指列入国家或总公司科技计划内的应用技术成果，其他科技成果向省科委申请鉴定。经总公司或省科委鉴定的科技成果要按照总公司科技成果登记办法进行成果登记。

总公司和省科委科技成果鉴定计划以外的科技成果，由油田组织评定。由成果完成单位视成果大小提名或邀请 5 ～ 9 名与成果无关的同行专家（含少数管理专家）组成评审组，就成果的创造性、先进性、应用价值、成熟程度、推广的条件和前景、存在的问题以及技术资料等进行综合评价，并经油田组织和主持评审部门签署评定意见、科技主管部门加盖科技成果评定专用章后生效。

总公司、省级科技成果鉴定和油田科技成果评定的结论，作为申报总公司、省和油田科技进步奖和国家自然科学奖、发明奖的重要依据，没有经过鉴定和评定的成果，不得申报成果奖。

2000 年后，管理局和油田分公司的科技成果鉴定工作，申报集团公司和甘肃省进行鉴定；成果验收与评定工作，分别由管理局和油田分公司组织。

2005 年，油田分公司印发的《科学研究与技术开发管理暂行办法》规定，科技成果的完成单位在成果通过验收和评定后，要及时向油田科技主管部门申请并通过股份公司科技知识产权信息系统进行科技成果登记。其中，申请专利的成果，申请专利后再进行登记；定为专有技术保护的成果，经认定为专有技术后再进行登记。没有通过油田成果评定成果不能进行登记，没有登记的成果不得参加股份公司组织的各种科技奖励评选，也不推荐参加集团公司及甘肃省等组织的各种科技奖励评选。

2011 年，重新制定《科学研究与技术开发项目管理办法》，对油田科技项目的验收内容、方式、结论等做出明确规定。科技项目在完成后 3 个月内应进行验收，重大科技专项应在生产规模应用或取得显著效果后组织验收。项目验收内容包括：计划任务及主要技术经济考核指标完成情况、主要成果与创新、对外协作研究情况、知识产权与技术有形化完成情况、成果应用情况及前景评价、科技经费决算及使用情况、项目组织管理综合评价情况等。验收资料包括：验收申请表、开题设计报告、财务决算及项目验收评价报告、科学技术成果应用证明、项目研究报告、技术有形化资料、外协验收材料。项目验收方式包括：会议验收、函审验收、现场验收、权威机构检测验收等，其中会议验收、函审验收、现场验收，由任务下达方确定验收方式，成立验收委员会，验收委员会由相关领域技术专家及科技等具有高级以上职称的人员组成，人数一般7人以上；检测验收由任务下达方委托有资质的检测机构进行检测，根据检测报告确定验收意见和结论。验收结论分为通过验收并有重大突破、通过验收、暂缓验收、不通过验收。完成开题设计报告要求，取得重大理论技术创新，经济、社会效益显著，验收结论为通过验收并有重大突破；完成开题设计报告要求，验收结论为通过验收；验收委员会对验收意见存在较大异议、需要补充相关材料或证明，验收结论为暂缓验收；提供的验收资料不真实，或未按开题设计报告执行，验收结论为不通过验收。同时，对完成验收的项目，在研究成果应用1年以上后，由科技信息处组织开展后评价工作。

截至2017年，油田通过部级成果鉴定项目14项，省级成果鉴定项目8项。

二、知识产权保护及专利管理

1987年，主要通过石油工业专利服务中心玉门石油管理局代理处及局专利工作联络网进行专利管理。当年，为了鼓励职工广泛参与发明创造，促进油田科技进步，油田发布《玉门石油管理局专利工作管理暂行条例》，明确了专利申请与代理、专利申请权、专利权的转让、专利纠纷解决以及奖励的程序、办法。

1998年5月，炼化总厂与空军油料研究所历经10年时间，联合研制的15号航空液压油正式通过国家鉴定，成为10号、12号国产和美标MIL–H–5606E进口液压油的替代产品，使油田成为国内首家也是唯一被批准生产15号航空液压油的企业。

2000年6月，油田分公司制定下发《玉门油田分公司知识产权工作管理暂行规定》《玉门油田分公司专利工作管理办法》《玉门油田分公司专有技术管理办法》，明确了油田分公司知识产权管理机构，加强了专利和专有技术以及商标、服务标记、商业名称和标志、著作、计算机软件等知识产权的保护力度。

2001年6月，管理局制定印发《玉门石油管理局专利工作管理办法（暂行）》，明确了专利管理机构、专利产权保护办法和考核奖惩制度，强化了企业专利管理工作。

2005年，油田重组整合后，及时调整知识产权管理委员会，修订和完善《玉门油田分公司（局）知识产权工作管理办法》《玉门油田分公司（局）专利工作管理办法》《玉门油田分公司专有技术管理办法》，明确科技信息处为油田知识产权管理机构，配备了专职知识产权管理人员，专门负责油田知识产权的规划、制度、评估、专有技术、专利申报等工作，为做好知识产权管理、实施和保护奠定了基础。当年，整筒管式防砂抽油泵通过国家专利局授权，“喷射雾膜磺化反应器技术”“超耐候弹性防水涂料及其制造方法”2项发明专利、“承扭抽油杆”“抽油、抽水双作用抽油泵”“输油管道自动取样器控制系统”“外挂式铝合金隐性纱窗”“平开窗铝型材”5项实用新型专利通过国家专利局申请受理。

2010年起，按照集团公司《知识产权战略纲要》要求，不断加强知识产权战略管理，努力提升知识产权创造能力，积极推动知识产权转化运用，有效加大了知识产权保护力度。

截至2017年，获得国家知识产权局授权并处于有效期内的专利共39件，其中发明专利7件，外观设计1件。

1987—2017年获得授权专利统计见表6–3–1。

三、奖励

1987—2000年，局厂两级设立科技进步奖，含科研成果奖、新技术改进推广奖、优秀科技管理奖3大类，每年进行一次评定和奖励。1998年，为了更进一步调动广大科技人员和职工的积极性，油田在实行科技进步奖励的基础上，设立科技项目重奖基金，对在探明油气储量、增加原油产量、提高经济效益方面有特别重大贡献的科技项目和做出突出贡献的科技人员、职工实行重奖。其中，在新区勘探中，经综合研究，提出勘探方案，实施后探明油气储量，每探明100万吨储量，奖励5万元；在已探明地质储量的地区，经过扩边挖潜，每新增100万吨储量，奖励3万元；在已开发地区，运用单项提高采收率技术，每新增可采地质储量100万吨，奖励10万元，采用单项新工艺、新技术提高原油产量，每年增产10000吨，奖励10万元；在全局生产建设中，通过单项技术开发、推广、引进，提高经济价值，每年超过1000万元，投入产出比达1∶4以上，按税后利润的2%一次性奖励。油田获国家级科技进步奖、发明奖、优秀项目奖等奖项7项；获石油工业部、总公司科技进步奖38项；获甘肃省科技进步奖14项。油田评定奖励科技进步项目363项。

表 6-3-1　1987—2017 年油田获得授权专利统计表

序号	发明名称	专利类别	专利（申请）号	授权公告日	发明单位	发明人
1	一种酸渣综合利用的方法	发明专利	8610155.4	1988 年 7 月 20 日	炼油厂	张正仁　张凌芬　张鸿科　杨新民　张秀芳
2	饮料瓶	外观设计	01305607.7	2001 年 12 月 19 日	万龙纯净水厂	田玉军
3	一种航空液压油包装容器	实用新型	01202348.5	2002 年 1 月 9 日	炼油化工总厂	刘峰友　樊玉明
4	利用气体开采流体的方法及装置	发明专利	98107194.5	2002 年 3 月 20 日	采油厂	景辉元
5	液体灌装装置	实用新型	02207147.4	2003 年 4 月 16 日	万龙纯净水厂	王玉生　张国栋
6	整筒管式防砂抽油泵	实用新型	200420091627.4	2005 年 9 月 21 日	机械厂	张　淳　胥掌世　阎秀文　谢永吉　刘　林　郑　雷　房宗杰　杜世荣　林多果
7	输油管道自动取样器控制系统	实用新型	200520016951.4	2006 年 8 月 9 日	青西油田作业区	谢见太　李炼文　李宏伟　吴树强　艾红玲　杨　帆
8	承扭抽油杆	实用新型	200520078880.0	2006 年 8 月 30 日	机械厂	胥掌世　张　淳　王子健　杨希龙　阎秀文　房宗杰　李　健　谈生祥　贾　波　苗　东　刘国栋　李　超　王自军　朱永华
9	平开窗铝型材	实用新型	200520078876.4	2006 年 8 月 30 日	机械厂	钟永海　倪本超　秦社教　韩　灵　孙现法　王子江　何霞霞　杨希辉　茹国忠　杨永宏　吕小明　李承平
10	抽油、抽水双作用抽油泵	实用新型	200520078878.3	2006 年 8 月 30 日	机械厂	张　淳　王子健　杨希龙　阎秀文　房宗杰　杜世荣　王自军　李　超　王丽霞
11	外挂式铝合金隐形纱窗	实用新型	200520078877.9	2006 年 8 月 30 日	机械厂	钟永海　倪本超　秦社教　韩　灵　孙现法　杨希辉　何霞霞　张莉卿　王子江　徐俊华　李承平　杨永宏
12	钻井液用阳离子乳化沥青防塌剂及其生产方法	发明专利	200410079225.7	2007 年 6 月 20 日	科达化学有限责任公司	束卫东　张　宾　陈荣富　马　磊　窦爱云
13	抗腐蚀抽油杆及其制造方法	发明专利	200410079237.X	2007 年 11 月 28 日	机械厂	张　淳　邓小茹　胥掌世　贾　波　高桂林　王子健　余立强　林多果　王明军　徐友华
14	多台锅炉按比例调节补水系统	实用新型	200720103850.X	2008 年 3 月 26 日		刘晓金　熊中辉　张利民　王俊涛
15	无固定阀防砂抽油泵	实用新型	201020623710.7	2011 年 6 月 22 日	机械厂	张　淳　钟永海　郑　雷　胡怀胜　谢海玮　吴永正　贺国伟　刘云鹏　陈妙莉　刘　刚　严小龙　刚瑞超　向　超
16	一种重油泵的暖泵装置	实用新型	201120035715.2	2011 年 8 月 24 日	炼油化工总厂	李吉俊　姜义全　旷军虎　王自军　郝雄慧　李金宝　张志亮　毕文峰　杨森林
17	天然气净化装置	实用新型	201220243577.1	2012 年 12 月 12 日	机械厂	吴永正　刘云鹏　魏　光　刘　波　向　超　杨虎生　胡汝军　李永新　王晔霏

续表

序号	发明名称	专利类别	专利（申请）号	授权公告日	发明单位	发明人
18	一种有杆泵的套管气气举复合举升完井管柱	实用新型	201320100273.4	2013年10月9日	青西采油厂	朱宗良　沈世波　吴国罡　吴建福　宋先邦　杨　帆　谢长富
19	盘根更换装置	实用新型	201420536649.0	2015年1月21日	钻采工程研究院	傅建军　郑　雷　张正平
20	一种导向套	实用新型	201420713172.9	2015年6月3日	老君庙采油厂	张其荣　王玉锋　汪建勇　王辅德　姜东华　王光宇
21	一种抽油杆刮蜡器	实用新型	201520357985.3	2015年10月14日	油田作业公司	陈全柱　黄小平　张万华
22	一种抽油杆井口控制器	实用新型	201520356260.2	2015年10月14日	油田作业公司	陈全柱　黄小平　刘世英
23	一种磨铣鞋	实用新型	201520382368.9	2015年11月18日	油田作业公司	陈全柱　黄小平　张万华　谭照信
24	一种碎屑打捞器	实用新型	201520434556.1	2015年11月18日	油田作业公司	张万华　黄小平　陈全柱
25	一种油田二次开发深部聚合物调剖装置	实用新型	201520281372.6	2015年11月25日	机械厂	吴永正　谢海玮　马光合　刘　波　张中勤　武　旭　张玉泉　张小军　张春海　马建辉
26	一种催化裂化反应器的进料方法及装置	发明专利	201310036090.5	2016年1月20日	炼油化工总厂	尤兴华　王万真　张利群　刘　强　旷军虎　王兹尧　李吉俊　于秀龙　毕文峰　张志亮
27	一种双端面机械密封装置密封性能检测工具	实用新型	201520749046.3	2016年2月10日	炼油化工总厂	雷　勇　李　强　杨　阳　雷　强　李玲攒　蒲　洋　马枭勇　蔺永萍　王育民　孙国强
28	一种联轴器找正仪	实用新型	201520748428.4	2016年2月10日	炼油化工总厂	严晓祁　雷　勇　雷　强　杨　阳　李玲攒　余传森　张　维　巫恭同　管继红　赵俊林
29	一种钻井用扩孔掏穴器	实用新型	201521089861.8	2016年6月8日	油田作业公司	杨　杰　曹卫东　陈小刚
30	一种油井酸化缓蚀剂及其制备和应用	发明专利	201210285634.7	2016年11月2日	钻采工程研究院	孙梦慈　王万真　陶育恩　陈智敏
31	一种抽油杆连接提升环	实用新型	201620776645.9	2017年1月4日	油田作业公司	陈全柱　黄小平　张万华
32	一种抽油杆倒扣器	实用新型	201620857654.0	2017年2月8日	油田作业公司	陈全柱　黄小平　陈怀强　刘世英
33	一种油管手动锁紧防溅工具	实用新型	201620821739.3	2017年2月8日	油田作业公司	陈全柱　华嘉泉　陈　庆
34	套管悬挂器	实用新型	201621301646.4	2017年7月7日	钻采工程研究院	傅建军　张中勤　郑　雷　张正平　兰　芳　李成智
35	一种抽油杆用钢及抽油杆的制造方法	发明专利	201410433322.5	2017年8月4日	机械厂	吴永正　潘洪国　马光合　贺国伟　谢海玮　贾　波　刘　林
36	计数装置	实用新型	201621165977.X	2017年8月4日	油田作业公司	刘世英　张　刚　陈全柱
37	抽油杆打捞工具	实用新型	201720028810.7	2017年10月13日	油田作业公司	陈全柱　黄小平　彭　斌　曾爱华　刘世英
38	一种灌铅打捞筒	实用新型	201720179285.9	2017年10月13日	油田作业公司	陈全柱　黄小平　彭　斌　曾爱华　韩继峰
39	一种柴油机供油系统	实用新型	201621491156.5	2017年10月13日	油田作业公司	赵文义　刘玉年　范振明　陈建林　杨明阳　张国锐

2001—2004年，按照《玉门油田分公司科学技术进步奖励规定》，油田分公司将科技进步奖励范围划分为科学技术研究成果和新技术推广成果，每两年评审一次，设一、二、三等奖，如有特别重大的成果可设特等奖，奖励标准为特等奖50000元、一等奖20000元、二等奖10000元、三等奖5000元。油田分公司获集团公司（股份公司）科技进步奖3项、获甘肃省科技进步奖2项，公司评审表彰科技进步奖44项。这一时期，管理局仍按每年评审奖励一次进行，先后获集团公司科技进步奖1项，评审表彰局级科技进步奖36项。

2005年12月，制定《玉门油田分公司（局）技术创新奖励办法》，设置技术创新奖，并将技术创新奖奖励范围划分为一类成果（应用技术类成果）和二类成果（应用基础理论成果和公益类成果），每两年评审一次。技术创新奖分为一等奖、二等奖、三等奖3个等级，如有特别重大的应用技术类成果可设特等奖，奖励标准为特等奖100000元、一等奖50000元、二等奖30000元、三等奖20000元。截至2008年，油田共获国家科技进步奖1项、集团公司（股份公司）科技进步奖7项、甘肃省科技进步奖2项，油田评审奖励技术创新奖46项。

2009年8月，制定《玉门油田分公司科技奖励办法》，重新设置玉门油田科学技术进步奖（科技进步奖），仍按每两年评选一次进行。科技进步奖设特等奖、一等奖、二等奖和三等奖，每次奖励项目总数不超过30项，其中一等奖不超过5项、二等奖不超过7项，特别奖特别设置，由专业评审组从一等奖中推荐，油田科技奖励委员会评审，每次不超过1项。奖励标准仍为特等奖100000元、一等奖50000元、二等奖30000元、三等奖20000元，但可根据油田实际情况适时调整。2011年，按照《玉门油田分公司科技奖励办法》的有关规定，对申报的科技进步成果进行形式审查、专业组评审、科委会审定以及报纸、网络公示，共评选出2009—2010年度科技进步成果30项。

2011年起，每年进行一次评审奖励。2012年，对《玉门油田分公司科技奖励办法》进行重新修订完善，将科技进步奖设一等奖、二等奖和三等奖3个等级，每次奖励项目总数仍控制在30项以内，其中一等奖不超过5项、二等奖不超过10项、三等奖不超过15项。奖励标准为一等奖每项8万元、二等奖每项5万元、三等奖每项3万元，特等奖特别设置，予以重奖，奖金由油田科委会研究决定。至2017年，油田先后获国家科技进步奖9项、集团公司（股份公司）科技进步奖65项、甘肃省科技进步奖17项，油田评审奖励科技进步奖723项。

1987—2017年获得的国家级科研成果奖项统计见表6-3-2。1987—2017年获得的集团公司科研成果奖项统计见表6-3-3。1987—2017年获得的甘肃省科研成果奖项统计见表6-3-4。1987—2017年获得油田级科研成果奖项统计见表6-3-5。

表6-3-2　1987—2017年获得国家级科研成果奖项统计表

序号	成果名称	奖励等级	完成单位	获奖年度
1	钾基聚合物防塌泥浆	国家科技进步奖二等奖	玉门石油管理局、其他油田	1987
2	石油机械难加工关键件的切削加工技术	国家科技进步奖三等奖	玉门石油管理局机械厂、石油工业部研究院等	1987
3	现代化管理实用高级软件	全国计算机优秀项目三等奖	玉门石油管理局科技处	1987
4	纤维素酶在石油压裂液中的应用	国家发明三等奖	玉门石油管理局勘探开发研究院	1989
5	酒西盆地油气形成	国家科技进步奖三等奖	玉门石油管理局	1989
6	高碳铬不锈钢铸钴合金泵阀研制	国家科技进步奖二等奖	玉门石油管理局机械厂	1990
7	吐哈盆地石油特征含油气远景综合评价	国家科技进步奖三等奖	玉门石油管理局	1993
8	中国中西部前陆盆地石油地质理论、勘探技术及油气重大发现	国家科技进步奖二等奖	中国石油天然气股份有限公司勘探开发研究院、塔里木油田分公司、西南油气田分公司、新疆油田分公司、中国石油集团东方地球物理勘探有限责任公司、玉门油田分公司、青海油田分公司	2006
9	高汽油收率低碳排放系列催化裂化催化剂工业应用	国家科技进步奖二等奖	中国石油天然气股份有限公司石油化工研究院、兰州石化分公司，中国石油大学（北京）、广西石化分公司、大港石化分公司、哈尔滨石化分公司、玉门油田分公司	2017

表 6-3-3　1987—2017 年获得的集团公司科研成果奖项统计表

序号	成果名称	奖励等级	完成单位	获奖年度
1	中国北方白垩系划分对比及油气远景	石油工业部科技成果一等奖	玉门石油管理局、其他油田	1987
2	铸钴合金高碳铬不锈钢泵阀新材质研究	石油工业部科技成果二等奖	玉门石油管理局、石油工业部勘探开发部研究院、中科院金属所	1987
3	甘肃西部主要沉积盆地油气资源评价	石油工业部科技成果二等奖	玉门石油管理局勘探开发研究院	1987
4	玉门油田深井压裂配套工艺技术	石油工业部科技成果三等奖	玉门石油管理局勘探开发研究院、鸭儿峡油矿、机械厂、井下技术作业处	1987
5	抽油杆热锻成型凹模提高使用寿命的研究	石油工业部科技成果三等奖	玉门石油管理局、沈阳金属研究所	1987
6	酒西盆地构造特征与油气聚集	石油工业部科技成果二等奖	玉门石油管理局	1988
7	玉门三号喷气燃料	石油工业部科技成果二等奖	玉门石油管理局炼油厂	1988
8	高含水油田后期开发综合配套增产工艺技术	石油工业部科技成果三等奖	玉门石油管理局	1988
9	磁化技术在玉门油田的应用研究与推广	石油工业部科技成果三等奖	玉门石油管理局	1988
10	老君庙油田超高密度钻井液的研究与应用	石油工业部科技成果三等奖	玉门石油管理局	1988
11	酒西地区科学钻井技术	总公司科技进步三等奖	玉门石油管理局钻井处	1989
12	老君庙 L 油藏残余油分布及调整挖潜研究	总公司科技进步三等奖	玉门石油管理局勘探开发研究院	1989
13	吐哈盆地台参 1 井科学探索井综合评价	总公司科技进步一等奖	玉门石油管理局	1990
14	30 万吨／年提升管催化裂化装置改造	总公司科技进步二等奖	玉门石油管理局炼油厂	1990
15	老君庙油田 L 油藏数值模拟研究及应用	总公司科技进步三等奖	玉门石油管理局	1990
16	MY 一系列油层解堵剂研制及现场应用	总公司科技进步三等奖	玉门石油管理局	1990
17	玉门局事务处理系统的建立	总公司科技进步三等奖	玉门石油管理局	1990
18	老君庙 L 油层化学驱油技术	总公司科技进步二等奖	玉门石油管理局	1991
19	注水层微生物活动规律及其控制研究	总公司科技进步三等奖	玉门石油管理局、老君庙油矿、勘探开发研究	1991
20	N15 号航空液压油研制	总公司科技进步三等奖	炼油厂	1991
21	磁化技术的推广应用	总公司新技术推广金牌奖	玉门石油管理局	1991
22	油水井坏套治理工艺技术	总公司新技术推广银牌奖	玉门石油管理局	1991
23	有杆泵深抽配套工艺技术	总公司新技术推广铜牌奖	玉门石油管理局	1991
24	吐哈盆地石油地质特征及含油气远景综合评价	总公司科技进步一等奖	玉门石油管理局	1992
25	中国注水开发油田提高原油采收率潜力评价及发展战略研究	总公司科技进步一等奖	玉门石油管理局	1992
26	试油配套技术	总公司科技进步三等奖	玉门石油管理局	1992
27	KD 级抽油杆	总公司科技进步三等奖	玉门石油管理局机械厂	1992
28	中国油气区古近系—新近系	总公司科技进步特等奖	玉门石油管理局	1993
29	酒东盆地石油地质地球化学综合研究和远景评价	总公司科技进步一等奖	玉门石油管理局	1993
30	金属及涂层材料土壤腐蚀数据积累及腐蚀与防护研究	总公司科技进步二等奖	玉门石油管理局设计院	1993
31	吐哈盆地现场录井油气水层判别标准研究	总公司科技进步三等奖	玉门石油管理局	1994
32	大跨度油管传输及测射联作射孔工艺推广应用	总公司科技进步三等奖	玉门石油管理局	1994

续表

序号	成果名称	奖励等级	完成单位	获奖年度
33	20万吨／年糠醛精制装置改造技术	总公司科技二等奖	玉门石油管理局炼油化工总厂	1997
34	MY系列解堵剂研制推广应用	总公司科技三等奖	玉门石油管理局采油厂	1997
35	玉门老君庙油田M油藏调整挖潜技术	总公司科技二等奖	玉门石油管理局采油厂	1997
36	YW微型高聚混配装置研制及在玉门油田聚合物驱油研究中的应用	集团公司科技二等奖	玉门石油管理局勘探开发研究院	1999
37	酒西盆地青西坳陷柳沟庄窟窿山裂缝性油藏油气富集规律	集团公司科技三等奖	玉门石油管理局勘探开发研究院	1999
38	新型压裂液研究及应用	集团公司科技三等奖	玉门石油管理局采油厂	1999
39	酒西盆地青西油田裂缝性油藏勘探技术	集团公司科技创新一等奖	玉门石油管理局勘探开发研究院	2000
40	玉门青西深井复杂岩性裂缝型油藏深度酸压技术研究与应用	股份公司创新奖三等奖	玉门油田分公司工程技术服务中心	2004
41	青西油田油气富集规律	股份公司创新奖三等奖	玉门油田分公司勘探开发研究院	2004
42	通过技术改造实现重油优化加工	股份公司创新奖三等奖	玉门油田分公司炼油化工总厂	2004
43	青西裂缝性油藏有效储集层识别与水动力系统研究	股份公司创新奖三等奖	玉门油田分公司	2005
44	中国前陆盆地石油地质理论及勘探实践	集团公司技术进步一等奖	中国石油勘探开发研究院、塔里木油田分公司、西南油气田分公司、新疆油田分公司、玉门油田分公司、青海油田分公司	2005
45	裂缝性复杂岩性储集层新型酸压技术研究与实践	股份公司创新奖二等奖	廊坊分院、玉门油田分公司	2006
46	酒泉盆地窟窿山复杂油藏描述及地震勘探技术研究	股份公司创新奖三等奖	玉门油田分公司勘探开发研究院、勘探部	2006
47	青西油田窿6、窿8区块调整治理研究及实施	股份公司创新奖二等奖	玉门油田分公司开发事业部、勘探开发研究院	2007
48	鸭儿峡油田L油藏精细挖潜技术研究	集团公司技术进步三等奖	玉门油田分公司开发事业部、勘探开发研究院、鸭儿峡油田作业区	2008
49	玉门油田复杂深井钻井提速技术研究与应用	集团公司技术进步三等奖	集团公司钻井工程技术研究院、玉门油田分公司	2008
50	酒泉盆地营尔凹陷油气成藏条件及预探突破	集团公司技术进步三等奖	玉门油田分公司勘探开发研究院	2009
51	老君庙油田水驱潜力评价及调整挖潜研究	集团公司技术进步三等奖	玉门油田分公司开发事业部、勘探开发研究院	2009
52	老君庙油田M油藏顶部区二次开发先导试验及研究	集团公司技术进步三等奖	玉门油田分公司开发事业部、勘探开发研究院、老君庙油田作业区	2010
53	催化汽油选择性加氢脱硫技术（DSO）的开发与工业应用	集团公司技术进步一等奖	股份公司石油化工研究院、玉门油田分公司、润滑油分公司、乌鲁木齐石化分公司、中国石油工程建设公司	2011
54	玉门油田优快钻井配套技术的研究与应用	集团公司技术进步二等奖	集团公司西部钻探工程有限公司、玉门油田分公司、集团公司钻井工程技术研究院	2011
55	鸭儿峡油田志留系油藏调整挖潜技术研究	集团公司技术进步三等奖	玉门油田分公司	2011
56	酒西坳陷精细勘探目标评价研究	集团公司技术进步三等奖	玉门油田分公司	2012
57	老君庙油田提高水驱采收率技术研究与矿场试验	集团公司技术进步三等奖	玉门油田分公司	2012
58	酒东地区深井水力压裂技术研究与实践	集团公司技术进步三等奖	玉门油田分公司	2013

续表

序号	成果名称	奖励等级	完成单位	获奖年度
59	鸭儿峡白垩系目标精细研究与评价	集团公司技术进步三等奖	玉门油田分公司	2014
60	青西—老君庙构造带油藏整体重新评价	集团公司技术进步三等奖	玉门油田分公司	2014
61	鸭儿峡—老君庙地区古近系—新近系、白垩系勘探精细研究与井位部署	集团公司技术进步三等奖	玉门油田分公司	2015
62	白垩系高应力储集层压裂技术研究与试验	集团公司技术进步三等奖	玉门油田分公司	2015
63	老君庙油田北部构造带滚动开发研究与实践	集团公司技术进步二等奖	玉门油田分公司、集团公司勘探开发研究院	2016
64	中国石油第四次油气资源评价	集团公司科学技术进步奖特等奖	集团公司勘探开发研究院、大庆油田有限责任公司、长庆油田分公司、西南油气田分公司、塔里木油田分公司、青海油田分公司、新疆油田分公司、华北油田分公司、吉林油田分公司、辽河油田分公司、吐哈油田分公司、大港油田分公司、玉门油田分公司（玉门石油管理局）、冀东油田分公司、浙江油田分公司	2017
65	难钻地层个性化 PDC 钻头提速研究与应用	集团公司科学技术进步奖一等奖	集团公司休斯敦技术研究中心、塔里木油田分公司、大庆油田有限责任公司、玉门油田分公司（玉门石油管理局）	2017

表 6-3-4　1987—2017 年获得甘肃省科研成果奖项统计表

序号	成果名称	奖励等级	完成单位	获奖年度
1	API 抽油泵关键部件工艺技术攻关	甘肃省科技进步三等奖	玉门石油管理局机械厂	1987
2	新型钻井液 PSC 处理剂的研制与应用	甘肃省科技进步三等奖	玉门石油管理局钻井处等	1989
3	YS–CE 新型整筒抽油泵	甘肃省新产品开发一等奖	玉门石油管理局机械厂	1989
4	A 级白油	甘肃省优秀新产品三等奖	玉门石油管理局炼油厂	1990
5	7 号、18 号、24 号助剂油	甘肃省优秀新产品三等奖	玉门石油管理局化工特油公司	1990
6	河西走廊主要沉积盆地二次油气资源评价	甘肃省科技进步二等奖	玉门石油管理局勘探开发研究院	1997
7	可采储量预测新方法（模型）研究	甘肃省科技进步二等奖	玉门石油管理局采油厂	1998
8	导向浮阀塔盘在常压蒸馏塔上的应用	甘肃省科技进步三等奖	玉门石油管理局炼油化工总厂	1998
9	常压塔直接生产 –35 度柴油技术	甘肃省科技进步三等奖	玉门石油管理局炼油化工总厂	1998
10	50 万吨 / 年催化裂化装置提高轻质油收率和降低能耗配套技术	甘肃省科技进步三等奖	玉门石油管理局炼油化工总厂	1998
11	裂缝 – 低渗透油藏生物聚合物驱油技术	甘肃省科技进步三等奖	玉门石油管理局勘探开发研究院、采油厂	1998
12	玉门油田延迟放热化学清防蜡解堵剂的研究与应用	甘肃省科技进步三等奖	玉门石油管理局采油厂	1999
13	老君庙油田 M 油藏压裂工艺技术研究与应用	甘肃省科技进步三等奖	玉门油田分公司采油厂	2000
14	玉门油田氟硼酸防砂工艺技术研究与应用	甘肃省科技进步三等奖	玉门油田分公司采油厂	2000
15	青西油田开发井优快钻井技术研究与应用	甘肃省科技进步三等奖	玉门油田分公司勘探事业部	2006
16	酒泉盆地窟窿山复杂油藏油藏描述及地震勘探技术研究	甘肃省科技进步三等奖	玉门油田分公司勘探开发研究院、勘探事业部	2008
17	高产汽油抗重金属污染催化裂化催化剂的研发与工业应用	甘肃省科技进步二等奖	股份公司兰州化工研究中心、兰州石化公司、玉门油田分公司炼油化工总厂	2017

表 6-3-5　1987—2017 年获得的油田级科研成果奖项统计表

序号	成果名称	完成单位	等级	获奖年度
1	酒西盆地青西 1836 队地震资料解释	地质调查处	一等	1987
2	甘肃西部石油地质的编写	勘探开发研究院	一等	1987
3	超高密度泥浆调配工艺	钻井处	一等	1987
4	玉门油区 1987 年方案执行及调整效果	老君庙油矿、鸭儿峡油矿、石油沟油矿、白杨河油矿、勘探开发研究院、油田处等	一等	1987
5	干式减压生产润滑油的技术改造	炼油厂	一等	1987
6	调整工艺，提高常减压处理能量	炼油厂	一等	1987
7	胡麻地化学除草试验示范与推广	农工商公司所属农场	一等	1987
8	西参 1 井 5 口区域参数井综合评价	勘探开发研究院、石油工业部研究试验中心	二等	1987
9	酒西盆地南带石油地质条件及勘探方向	勘探开发研究院	二等	1987
10	钾基聚合物泥浆	钻井处	二等	1987
11	常规测试推广应用（含中途测试）	钻井处	二等	1987
12	深井压裂酸化工艺技术进步	鸭儿峡油矿、勘探开发研究院、油田处	二等	1987
13	抽油机井井下诊断技术	老君庙油矿等	二等	1987
14	套管内衬修理技术	老君庙油矿	二等	1987
15	石油沟油田十项新技术推广成果	石油沟油矿	二等	1987
16	90 号汽油调制工艺	炼油厂	二等	1987
17	第二代 K 级杆	机械厂、中科院、石油工业部研究院金属所	二等	1987
18	M-12 型可控震源车电液伺服阀和气控元件测试装置	修理厂、航天部 609 研究所	二等	1987
19	五十零汽缸套试制生产	运输处	二等	1987
20	35kV 电力系统安装消弧线圈	水电厂	二等	1987
21	闭路电视大面积安装调试	通讯处	二等	1987
22	低跨平行弦式钢桁架工字型钢板柱应用于抽油泵改造工程	设计处	二等	1987
23	三瞬模块，VAX-730 剖面照相，利用地震资料预测地层压力等三个软件的开发应用	地质调查处	二等	1987
24	大容量线性规划管理高级软件	科技处	二等	1987
25	鸭南区块圈闭综合评价	勘探开发研究院	三等	1987
26	酒东盆地古近系—新近系白杨河群储盖对比划分及评价	钻井处	三等	1987
27	三级固控系统推广应用	钻井处	三等	1987
28	地层压力预测和检测技术	钻井处	三等	1987
29	SLT-30-2 型轻便水龙头研制与应用	勘探开发研究院、老君庙油矿、石油沟油矿	三等	1987
30	聚丙烯酰胺 5 号调剖剂研究及现场应用	勘探开发研究院	三等	1987
31	MY-1 号油井处理剂研究与推广应用	老君庙油矿	三等	1987
32	泡沫酸化技术	老君庙油矿	三等	1987
33	提高电场强度，实现鸭矿原油直接脱盐	炼油厂	三等	1987
34	18 号、24 号助剂油试生产	化工特油公司	三等	1987
35	研制试生产 100 号道路沥青	炼油厂	三等	1987
36	自动焊配套设施装置和封头切割机	油建公司	三等	1987

续表

序号	成果名称	完成单位	等级	获奖年度
37	汽车抗磨剂的推广应用	运输处、钻井处、井下技术作业处	三等	1987
38	Cys-ZA 型压裂酸化电子监测仪表车的改制及现场检测	井下技术作业处	三等	1987
39	数控机厂推广应用	机械厂	三等	1987
40	9 号、10 号炉过热器革新	水电厂	三等	1987
41	选控式超短波无线电话系统	钻井处	三等	1987
42	预应力混凝土 V 型折板的设计生产和吊装拉运技术	油建公司	三等	1987
43	催化装置再生器集气室改造	炼油厂	三等	1987
44	分子筛脱蜡装置加热炉改造设计	炼油厂	三等	1987
45	物资信息管理和账务管理	器材处、油建公司	三等	1987
46	胃病电脑诊疗系统	职工医院	三等	1987
47	最优化求地层真电阻率及侵入带直径	钻井处	三等	1987
48	酒西科学钻井技术实践	钻井处	一等	1988
49	老君庙 L 油藏剩余油分布及挖潜方向	勘探开发研究院	一等	1988
50	胶束聚合物驱油方法可行性研究	勘探开发研究院	一等	1988
51	新型抽油整筒泵	机械厂、机动处	一等	1988
52	酒西盆地有利含油区块综合评价	勘探开发研究院	二等	1988
53	老君庙油田 M 油藏沉积相研究	勘探开发研究院、北京大学地理系	二等	1988
54	吐哈盆地地质条件及油气勘探规划	勘探开发研究院、勘探部	二等	1988
55	河西东部石炭—二叠纪地层及油气评价	勘探开发研究院、西安地质学院	二等	1988
56	酒西复杂地区野外施工方法试验	地质调查处	二等	1988
57	抗盐抗温钻井液处理剂 PSC	钻井处、西南石油学院、山丹化工厂	二等	1988
58	灌注泵端面密封装置	钻井处	二等	1988
59	83 系列数字测井仪引进应用	地质录井处	二等	1988
60	老君庙油田 L 层减缓递减率研究	老君庙油矿	二等	1988
61	注水系统机泵改造节能技术	油田处、三电办、老君庙油矿、鸭儿峡油矿、石油沟油矿	二等	1988
62	石油沟油田五项新技术推广应用	石油沟油矿	二等	1988
63	汽车安全检测线	运输处	二等	1988
64	焦化柴油精制工艺	炼油厂	二等	1988
65	新技术在第二套常减压上的应用	炼油厂	二等	1988
66	CC 级柴油机油调和工艺及工业生产	炼油厂	二等	1988
67	1215 装置产能扩建改造	化工特油公司	二等	1988
68	程控机功能开发和程控通信网	通讯处	二等	1988
69	6# 汽轮机组满负荷发电改进	水电厂	二等	1988
70	地震仪器配套改造	地质调查处	二等	1988
71	全局市区采暖工程规划设计	规划设计院	二等	1988
72	石蜡发汗及连续成型改造工程	炼油厂	二等	1988
73	计算机辅助决策网络信息管理系统	计算中心、科技处、勘探开发研究院、培训总校	二等	1988

续表

序号	成果名称	完成单位	等级	获奖年度
74	通用账务管理系统	计算中心、炼油厂、油建公司	二等	1988
75	葡萄挂果初期示范试验	兴玉公司、戈壁庄农场	二等	1988
76	气调法苹果梨保鲜试验	生活服务公司	二等	1988
77	低温体外循环心内直视手术	职工医院	二等	1988
78	量值传递方案的制订及检定系统的建立	质量管理处、老君庙油矿、机械厂、二机厂、水电厂等	二等	1988
79	酒东盆地构造解释及局部圈闭评价	地质调查处、勘探开发研究院	三等	1988
80	三维地震勘探野外采集方法	地质调查处	三等	1988
81	酒西盆地钻探综合评价	地质录井处	三等	1988
82	北祁连逆冲断裂带前缘地质构造和含油气评价	地质调查处、中国地质大学石油系	三等	1988
83	分级注水泥，提高固井质量	钻井处	三等	1988
84	801 磁带预处理和地层倾角程序开发	地质录井处	三等	1988
85	SJD–581 测井仪和微机改造	地质录井处	三等	1988
86	老君庙注水井井口测压及资料解释	老君庙油矿	三等	1988
87	鸭儿峡油矿综合节能技术	鸭儿峡油矿	三等	1988
88	单北油藏扩边钻探地质研究	白杨河油矿	三等	1988
89	注水井吸水剖面同位素测井改造	地质录井处、油田处	三等	1988
90	颜氏燃烧器在我局的推广应用	老君庙油矿、机械厂、二机厂、计划处、科技处	三等	1988
91	QLC–3500 型电动清蜡车	勘探开发研究院、鸭儿峡油矿	三等	1988
92	抽油杆连续热处理工艺优化	机械厂	三等	1988
93	可控震源大修工艺及装备	二机厂	三等	1988
94	进口井式炉安装调试与改进推广	机械厂	三等	1988
95	试制数控机床专用重导轨油	炼油厂、机械厂	三等	1988
96	绝缘油料的调和工艺	化工特油公司	三等	1988
97	石门子水源渗水道改进	水电厂	三等	1988
98	想象与形象的结合——北坪幼儿园	规划设计院	三等	1988
99	炼厂糠醛工程塔器吊装技术	油建公司、运输处	三等	1988
100	微机控制绘制油田等压图	油田处、石油工业部施工技术研究所	三等	1988
101	油田开发综合信息网络传输系统	老君庙油矿	三等	1988
102	右心导管检查术	职工医院	三等	1988
103	器材物资信息完善管理	物资供应处	三等	1988
104	光杆、接箍和抽油机大修，抽油泵部标的执行	机械厂、老君庙油矿	三等	1988
105	酒西盆地青西南带地质特征及勘探前景	勘探开发研究院	一等	1989
106	老君庙 L 油藏数值模拟研究应用	勘探开发研究院	一等	1989
107	玉门油田五十万吨十年稳产综合技术	油田处、老君庙油矿、鸭儿峡油矿、石油沟油矿、白杨河油矿、勘探开发研究院	一等	1989
108	ϕ38.1 及 ϕ57 整筒泵泵筒珩磨头	机械厂	一等	1989
109	20 万吨 / 年糠醛二段抽提新工艺装置	炼油厂	一等	1989
110	提升管催化裂化装置改造	炼油厂	一等	1989

续表

序号	成果名称	完成单位	等级	获奖年度
111	技术标准体系的制定	质量管理处	一等	1989
112	制（修）订油田开发技术标准	油田处、勘探开发研究院	一等	1989
113	炼油化工技术人员岗位职务规范	炼油厂	一等	1989
114	PDC 取心钻头在油田应用技术	钻井处	二等	1989
115	无预冲洗在庙 L 层提高采收率的应用	石油工业部研究院、勘探开发研究院	二等	1989
116	膨胀修套工艺技术	老君庙油矿、甘肃省化工研究院	二等	1989
117	油水井侧钻工艺技术	老君庙油矿	二等	1989
118	化学驱油藏地质研究及驱油体系评价	勘探开发研究院	二等	1989
119	链条机深井工艺及工具	鸭儿峡油矿	二等	1989
120	MY2# 解堵剂的研究与试验	老君庙油矿	二等	1989
121	反应器一级旋风分离器翼阀试制	机械厂、炼油厂	二等	1989
122	可控震源液压元件测试	二机厂	二等	1989
123	N15 号航空液压油的研制	炼油厂	二等	1989
124	水电厂 9 号、10 号线扩容改造工程	水电厂	二等	1989
125	科学饲养肉猪	钻井处	二等	1989
126	石油企业通用劳资系统和安全系统	计算中心、劳资处、安全处	二等	1989
127	钻井地质完井绘图系统	地质录井处	二等	1989
128	新技术总体推广及实施效果	科技处等	二等	1989
129	油田设备管理制度、规程、标准	机动处	二等	1989
130	油田后期调整井位的优选	老君庙油矿	二等	1989
131	吐鲁番坳陷地质研究及勘探部署建议	勘探开发研究院	三等	1989
132	哈密坳陷地震解释及初步评价	地质调查处	三等	1989
133	微机在地震勘探野外采集中的应用	地质调查处	三等	1989
134	VSP 勘探技术应用	地质调查处	三等	1989
135	可卸式双作用套铣筒	钻井处	三等	1989
136	801 数字测井与地层倾角测井的推广应用	地质录井处	三等	1989
137	水力压裂裂缝监测处理系统及应用	勘探开发研究院、油田处	三等	1989
138	深井清防蜡新技术应用	鸭儿峡油矿	三等	1989
139	油井复配酸深度酸化	老君庙油矿	三等	1989
140	油田试井分析软件	老君庙油矿、计算中心	三等	1989
141	抽油杆六轴自动机床的技改调试投产	机械厂、大连工学院、沈阳第三机床厂	三等	1989
142	玉 $5^1/_2$ 英寸抽油井Ⅱ型偏心井口装置	勘探开发研究院、油田处、老君庙油矿、白杨河油矿	三等	1989
143	微机辅助机械设计	二机厂、机械厂	三等	1989
144	各型汽车挡风玻璃	运输处	三等	1989
145	气相磺化	化学特油公司	三等	1989
146	900 平方米冷却塔淋水装置改造	水电厂、西北电力设计院	三等	1989
147	电视实况的现场直播与转播	通讯处	三等	1989
148	电厂三期扩建化学水处理工程	规划设计院等	三等	1989

续表

序号	成果名称	完成单位	等级	获奖年度
149	油建公司锅炉设计	规划设计院等	二等	1989
150	炼厂催化塔吊装安装工艺	油建公司	三等	1989
151	春小麦品种更新	兴玉公司	三等	1989
152	蔬菜速冻试验与应用	生活服务公司	三等	1989
153	微机绘制构造图软件	勘探开发研究院	三等	1989
154	胃癌普查和药械库管理系统	职工医院	三等	1989
155	吐鲁番坳陷天然气远景及勘探方向	勘探开发研究院	一等	1990
156	鄯善油田储量报告	勘探开发研究院	一等	1990
157	聚磺泥浆和高矿化度沥青泥浆的应用	钻井处	一等	1990
158	高能气体浅井压裂技术	石油沟油矿、西安 204 所、科技处	一等	1990
159	老君庙油田 L 油藏化学驱油技术研究	勘探开发研究院	一等	1990
160	KD 级抽油杆	机械厂、冶金部钢铁研究总院、石油勘探开发科学研究院机械所等	一等	1990
161	液态烃分子筛叠合生产试验	炼油厂	一等	1990
162	QD30 号汽油机油研制	炼油厂	一等	1990
163	酒西有利勘探区综合评价及含油预测	勘探开发研究院	二等	1990
164	酒泉盆地古近系研究	勘探开发研究院	二等	1990
165	吐哈东部地震资料解释和综合研究	地质调查处	二等	1990
166	吐哈盆地构造研究及综合评价	勘探开发研究院	二等	1990
167	LANDMARK 系统在青西资料解释中开发应用	地质调查处	二等	1990
168	酒西吐哈地层矿物理化性能及泥浆标准	钻井处	二等	1990
169	中长及加长喷嘴钻头在吐哈的推广应用	钻井处	二等	1990
170	科学试油配套工艺及方法试验与完善	钻井处	二等	1990
171	大功率电脉冲油井增产技术	石油沟油矿、成都传感所、科技处	二等	1990
172	注水层微生物活动规律及控制研究	老君庙油矿、勘探开发研究院、中科院	二等	1990
173	鄯善油田储集层研究	勘探开发研究院	二等	1990
174	鄯善油田 4 口井压裂工艺研究与试验	新东指挥部、勘探开发研究院、井下技术作业处	二等	1990
175	老君庙油田稳产配套技术及效果	老君庙油矿	二等	1990
176	鄯善油田油藏特征及试采评价	新东指挥部	二等	1990
177	抽油杆锻造成型新工艺	机械厂、华中理工大学	二等	1990
178	YK-1 型压裂车远控仪	勘探开发研究院、西安航天部	二等	1990
179	二套常减压热管空气预热气余热回收	炼油厂	二等	1990
180	机炉数字监控系统	水电厂	二等	1990
181	混凝土滑动台面的设计与施工	油建公司	二等	1990
182	葡萄栽培试验及大面积推广	兴玉公司	二等	1990
183	Opseis 仪器的调试与应用	地质调查处	三等	1990
184	吐哈盆地野外采集方法研究	地质调查处	三等	1990
185	台北凹陷探明含油构造储集层初评	地质录井处	三等	1990
186	吐哈地区静止堵漏研究及应用	钻井处	三等	1990

续表

序号	成果名称	完成单位	等级	获奖年度
187	川式取心工具推广应用	钻井处	三等	1990
188	油管传输负压射孔技术推广应用	地质录井处	三等	1990
189	脉冲试井研究	勘探开发研究院	三等	1990
190	沥青门吊 20 吨电子轨道秤	炼油厂、甘肃省自控公司	三等	1990
191	增压泵油生产工艺改造	化工特油公司	三等	1990
192	鄯善卫星通信地球站	通讯处	三等	1990
193	计算机辅助审计管理系统	计算中心	三等	1990
194	人事管理系统软件	干部处	三等	1990
195	酒东盆地长沙岭构造储集层评价	勘探开发研究院	二等	1991
196	酒西盆地白垩系储集层特征及评价	勘探开发研究院、北京大学	二等	1991
197	酒东石油地质地球化学研究及远景评价	勘探开发研究院、北京勘探院	二等	1991
198	玉门油田“八五”开发方案	勘探开发研究院、油田处、规划设计院	二等	1991
199	单井化学示踪剂法测残余油饱和度	勘探开发研究院	二等	1991
200	老君庙油田东边部高压注水试验	老君庙油矿	二等	1991
201	100 号甲、60 号甲道路沥青的工业化生产	炼油厂	二等	1991
202	柳沟庄地区油藏描述	勘探开发研究院	三等	1991
203	不同资料的综合应用与储集层初步预测研究	地质调查处	三等	1991
204	三维地震技术在复杂地区的勘探效果	地质调查处	三等	1991
205	AE5035 原油破乳剂研究及现场试验	勘探开发研究院	三等	1991
206	MY–IV 号油层化学解堵剂的研制与应用	老君庙油矿	三等	1991
207	190 柴油机性能测试配套	二机厂	三等	1991
208	整筒抽油泵装泵检泵装置	机械厂	三等	1991
209	ϕ2600 毫米焦化分馏塔制造技术攻关	机械厂	三等	1991
210	钢串片液压自动串片机	运输处	三等	1991
211	汽车转向角度测量仪	运输处	三等	1991
212	塔 –5 塔盘开孔率的调整	炼油厂	三等	1991
213	1 号炉技术改造	水电厂	三等	1991
214	微机系统安全维护及系统服务	计算中心	三等	1991
215	工程测量纵横剖面图计算机辅助绘制	规划设计院	三等	1991
216	老君庙油田 M 油藏开发模式研究	勘探开发研究院	一等	1992
217	老君庙油田 L 油藏开发模式研究	勘探开发研究院	一等	1992
218	190 系列柴油机增压器性能测试系统	二机厂	一等	1992
219	新疆鄯善油库优化工程设计	规划设计院	一等	1992
220	柳沟庄油藏地球物理特征及参数分析应用技术	勘探开发研究院	二等	1992
221	老君庙油田 L、M 油藏开发工艺技术系列研究	采油厂	二等	1992
222	优化常压塔回流取热比例实现塔顶零回流操作	炼油化工总厂	二等	1992
223	加工吐哈原油工艺优选	炼油化工总厂	二等	1992
224	双向进油抽稠防气抽油泵的研制	机械厂	二等	1992
225	自动化加油站微机控制管理系统	运输处	二等	1992

续表

序号	成果名称	完成单位	等级	获奖年度
226	一万立方米内浮顶油罐设计	规划设计院	二等	1992
227	酒东盆地营尔凹陷构造储集层特征及有利区带评价	勘探开发研究院	三等	1992
228	老君庙油田 L_1 油藏化学驱数值模拟及效果预测	勘探开发研究院	三等	1992
229	深孔钻镗床改造卧式珩磨机	机械厂	三等	1992
230	噪声对石油工人身体影响的调查研究	职工医院	三等	1992
231	酒泉疗养院医疗楼设计	规划设计院	三等	1992
232	运输处职高烹调楼设计	规划设计院	三等	1992
233	河西走廊主要沉积盆地二次油气资源评价	勘探事业部、勘探开发研究院	一等	1993
234	高效液相色谱法测定黄单胞菌胶（黄原胶）	勘探开发研究院	一等	1993
235	CY−1# 清蜡剂研制及现场应用试实验	采油厂	一等	1993
236	L−EQD15W/30 汽油机油研制	炼油化工总厂	一等	1993
237	H38−9 石油裂解富气压缩机用于催化裂化生产	炼油化工总厂	一等	1993
238	15W/30CC 级多级柴油机油	炼油化工总厂	一等	1993
239	YM−1050 型压裂车研制	勘探开发研究院、机械厂、井下技术作业处	一等	1993
240	酒东盆地营尔凹陷有利区带及圈闭综合评价	勘探开发研究院	二等	1993
241	两性复合离子聚磺泥浆在鸭西复杂井的应用	钻井处	二等	1993
242	《碱 / 胶束 / 聚合物驱油研究》（书刊）	勘探开发研究院	二等	1993
243	利用正效应原理优化 70 号汽油配方	炼油化工总厂	二等	1993
244	L−TSA 汽轮机油	炼油化工总厂	二等	1993
245	提高热效率延长锅炉使用寿命的配套技术	水电厂	二等	1993
246	玉门油田数字交换机的技术改造	通讯处	二等	1993
247	工程建设动态数据库及应用系统	通讯处、基建处	二等	1993
248	人工晶体植入手术	职工医院	二等	1993
249	全局农场大面积试种啤酒大麦成功	多种经营总公司	二等	1993
250	《玉门油田志》	党委工作部	二等	1993
251	井架安装作业技术	钻井处	二等	1993
252	一九九三年度圈闭评价报告	勘探开发研究院	三等	1993
253	PDC 钻头在玉门的应用	钻井处	三等	1993
254	管道内防腐整体涂敷技术	油建公司	三等	1993
255	0 号轻柴油等七项产品采用国外标准	炼油化工总厂	三等	1993
256	局技术标准汇编（1990—1993 年度）	技术监督处	三等	1993
257	玉门地区 120 例正常人动态心电图资料分析	职工医院	三等	1993
258	石油沟油田生物聚合物驱油技术	勘探开发研究院、采油厂	特等	1994
259	高热值油井清蜡技术	采油厂	一等	1994
260	硅基键合单柱离子色谱法测定油田水质	勘探开发研究院、中国科学院兰州化学物理研究所	一等	1994
261	一九九四年玉门油田开发方案的编制与实施	采油厂	一等	1994
262	河西地区对外招标区块地质评价与找油前景分析	勘探开发研究院	二等	1994
263	配套钻井技术在鸭儿峡地区的应用	钻井处	二等	1994

续表

序号	成果名称	完成单位	等级	获奖年度
264	玻璃钢油杆深抽技术应用	采油厂	二等	1994
265	加剂柴油工业化生产	炼油化工总厂	二等	1994
266	CIPHER910、KENNEDY9300 磁带机与微机联机改造	地质录井处	二等	1994
267	普通机床数控技术改造	机械厂	二等	1994
268	微乳液—聚合物驱油技术研究	勘探开发研究院	二等	1994
269	酒泉盆地黏土矿物分布规律及图册编制	勘探开发研究院	三等	1994
270	窿一井、酒参一井井下复杂情况诊断及修复技术	钻井处	三等	1994
271	定向钻井技术在老君庙高压调整井上的应用	钻井处	三等	1994
272	鸭儿峡油田化学清蜡试验与研究	采油厂	三等	1994
273	PYC－Ⅰ型配液车试制应用	井下技术作业处	三等	1994
274	168 综合经济信息处理系统	通讯处	三等	1994
275	《生物表面活性剂》（书）	陕西省科学院酶工程研究所、勘探开发研究院	三等	1994
276	HF－Ⅲ型原油盐、水分析仪	采油厂	三等	1994
277	禽病诊断与监测技术推广	华油养殖公司	三等	1994
278	老君庙油田 M 油藏顶部区剩余油分布规律研究	采油厂、西南石油学院	一等	1995—1996
279	潮水盆地石油地质特征及勘探目标选择	勘探开发研究院	二等	1995—1996
280	雅布赖盆地分析模拟评价及勘探目标选择	勘探开发研究院	二等	1995—1996
281	玉门油田 M 油藏调剖技术研究	勘探开发研究院、采油厂	二等	1995—1996
282	老君庙油田 K 层聚合物驱油技术研究	勘探开发研究院、采油厂	二等	1995—1996
283	MY－7# 解堵剂研制与应用	采油厂	二等	1995—1996
284	定向钻井技术在老君庙油田后期开发调整中的应用	采油厂、吐哈石油勘探开发指挥部钻井公司	二等	1995—1996
285	人工地震采油技术试验应用与新型震源车的设计制造	采油厂	二等	1995—1996
286	五十万吨催化裂化装置提高轻质油收率和降低装置能耗的技术研究及应用	炼油化工总厂	二等	1995—1996
287	改造丙烯精制系统	炼油化工总厂	二等	1995—1996
288	20 万吨糠醛装置技术改造	炼油化工总厂	二等	1995—1996
289	喷焊机床的设计与制造	机械厂	二等	1995—1996
290	联合进路鼓室成形术	职工医院	二等	1995—1996
291	老君庙油田递减规律研究	勘探开发研究院	三等	1995—1996
292	中性二壬基萘磺酸钡添加剂的研制	炼油化工总厂	三等	1995—1996
293	生产 −35 度柴油的技术研究	炼油化工总厂	三等	1995—1996
294	12—13 号锅炉排粉机及除尘器改造	水电厂	三等	1995—1996
295	管道工程纵剖面图计算机辅助设计软件	规划设计院	三等	1995—1996
296	中坪锅炉房工业锅炉微机自动监控系统	生活服务公司	三等	1995—1996
297	多用途低温润滑脂国家标准	炼油化工总厂	三等	1995—1996
298	深井非酸性油井解堵工艺技术的研究与应用	采油厂	一等	1997
299	雅布赖盆地石油地质特征综合研究	勘探开发研究院	一等	1997

续表

序号	成果名称	完成单位	等级	获奖年度
300	高强度加长抽油光杆	机械厂	二等	1997
301	一次成型式抽油杆限位扶正刮蜡装置的研制	机械厂	二等	1997
302	炼化总厂 35kV 变电站可行性方案研究及设计实施	水电厂	二等	1997
303	导向浮阀塔盘在常压蒸馏塔上的应用	炼油化工总厂	二等	1997
304	气体分馏装置仪表控制改造	炼油化工总厂	二等	1997
305	新型压裂液研究及应用	采油厂	二等	1997
306	鸭儿峡志留系油藏综合研究及挖潜方案	勘探开发研究院、采油厂	二等	1997
307	ISO 9000 质量体系的建立和运行	机械厂	三等	1997
308	消失模铸造工艺技术在衬套泵缸套上的应用	机械厂	三等	1997
309	9 号—11 号炉浓淡燃烧器技术改造	水电厂	三等	1997
310	深抽井抽油杆防断脱技术研究与应用	采油厂	三等	1997
311	1. 酒西盆地青西坳陷勘探目标评价及优选 2. 青西柳沟庄地区勘探开发潜力评价及井位意见	勘探开发研究院	三等（合并）	1997
312	鸭儿峡油田 L 层聚合物驱油技术研究应用	勘探开发研究院、采油厂	三等	1997
313	玉门油区“九五”油田开发规划方案	勘探开发研究院、油田处、采油厂	三等	1997
314	计算机地质制图软件应用	勘探开发研究院	三等	1997
315	柳沟庄—窟窿山地区白垩系油藏特征及勘探开发部署	勘探开发研究院	一等	1998
316	玉门油田氟硼酸防砂工艺技术研究与应用	采油厂	一等	1998
317	1 万吨／年聚合装置扩容改造及 CS-1 型高效催化剂的应用研究	炼油化工总厂	一等	1998
318	老君庙油田压裂工艺技术配套及推广应用	采油厂	二等	1998
319	延迟放热化学清防蜡解堵剂的研究与应用	采油厂	二等	1998
320	鸭儿峡油田志留系油藏测井解释方法研究	油田开发处、江汉石油学院	二等	1998
321	鸭儿峡油田志留系油藏解堵工艺技术研究与应用	勘探开发研究院	二等	1998
322	柴油机油产品开发生产	炼油化工总厂	二等	1998
323	液压油系列产品的研究与生产	炼油化工总厂	二等	1998
324	加长抽油杆研制	机械厂	二等	1998
325	乳腺肿瘤 PS2 基因及增殖细胞核抗原的免疫组化研究	职工医院	二等	1998
326	玉门石油信息服务网络建设安全管理技术应用	通信公司、清华大学	二等	1998
327	酒西盆地柳沟庄油田石油储量复算	勘探开发研究院	三等	1998
328	青西裂缝油层保护技术的研究与应用	勘探事业部	三等	1998
329	汽油机油产品开发及生产	炼油化工总厂	三等	1998
330	特油新产品开发及生产	炼油化工总厂	三等	1998
331	水电厂五期工程锅炉主辅机匹配的优化应用	水电厂	三等	1998
332	高效 PC4300 型泡沫脱硫除尘器引进应用	水电厂	三等	1998
333	恶性肿瘤的动脉灌注化疗	职工医院	三等	1998
334	酒西盆地青西油田油藏地质评价及勘探开发部署	勘探开发研究院	一等	1999—2000（玉门油田分公司）

续表

序号	成果名称	完成单位	等级	获奖年度
335	青西深层裂缝性油藏勘探工程技术及油层保护技术研究与应用	勘探事业部	一等	1999—2000（玉门油田分公司）
336	青西油田特殊岩性油藏深度酸化工艺技术研究与应用	采油厂	一等	1999—2000（玉门油田分公司）
337	青西深层裂缝性油藏开发技术研究及探明石油储量计算	勘探开发研究院	一等	1999—2000（玉门油田分公司）
338	炼厂气的综合利用	炼油化工总厂	一等	1999—2000（玉门油田分公司）
339	酒东盆地营尔凹陷含油气系统特征及目标评价	勘探开发研究院	二等	1999—2000（玉门油田分公司）
340	酒西盆地南部含油气系统石油地质条件及勘探方向	勘探开发研究院	二等	1999—2000（玉门油田分公司）
341	裂缝性储集层评价及预测技术	勘探开发研究院	二等	1999—2000（玉门油田分公司）
342	玉门油田聚合物驱油及调剖技术研究与应用	采油厂	二等	1999—2000（玉门油田分公司）
343	采油工艺配套技术推广应用	采油厂	二等	1999—2000（玉门油田分公司）
344	15# 航空液压油生产工艺的配套	炼油化工总厂、规划设计院	二等	1999—2000（玉门油田分公司）
345	丙烷脱沥青技术改造	炼油化工总厂、规划设计院	二等	1999—2000（玉门油田分公司）
346	玉门油区扩边增储目标优选及建产计划	勘探开发研究院	三等	1999—2000（玉门油田分公司）
347	鸭儿峡志留系油藏三维地震资料解释应用、扩边挖潜及井网调整研究	勘探开发研究院	三等	1999—2000（玉门油田分公司）
348	玉门油区开发数据库技术研究	勘探开发研究院	三等	1999—2000（玉门油田分公司）
349	浅井水力压裂技术改进与完善	采油厂	三等	1999—2000（玉门油田分公司）
350	贯眼完井条件下封堵水技术研究与应用	采油厂	三等	1999—2000（玉门油田分公司）

续表

序号	成果名称	完成单位	等级	获奖年度
351	老君庙油田夹片调整治理研究及应用	采油厂	三等	1999—2000（玉门油田分公司）
352	炼化总厂自动控制系统完善升级	炼油化工总厂	三等	1999—2000（玉门油田分公司）
353	优化工艺条件　提高柴汽比	炼油化工总厂	三等	1999—2000（玉门油田分公司）
354	三台供热站及供热管网节能改造	规划设计院	三等	1999—2000（玉门油田分公司）
355	热电厂抽汽余热利用	生产运行处、水电厂	二等	1999—2000（玉门石油管理局）
356	CYJQ14-6-73HPB 抽油机的研制	机械厂	二等	1999—2000（玉门石油管理局）
357	泥浆固控系统设计制造	油田作业公司	二等	1999—2000（玉门石油管理局）
358	13 号炉燃烧系统改造	水电厂	三等	1999—2000（玉门石油管理局）
359	经尿道前列腺增生、膀胱肿瘤电切术	职工医院	三等	1999—2000（玉门石油管理局）
360	农作物营养与施肥要点的研究	农副业公司	三等	1999—2000（玉门石油管理局）
361	建设项目经济评价计算程序开发	经济技术开发处	三等	1999—2000（玉门石油管理局）
362	6 号—7 号机高压加热器改造	水电厂	三等	1999—2000（玉门石油管理局）
363	高血压脑出血经颅骨血肿穿刺碎吸术	职工医院	三等	1999—2000（玉门石油管理局）
364	青西油田油藏描述及井位研究	勘探开发研究院	一等	2001—2002（玉门油田分公司）
365	青西油田开发井优快钻井技术研究与应用	勘探事业部	一等	2001—2002（玉门油田分公司）
366	老君庙油田措施选井方法优化研究及实施	采油厂	一等	2001—2002（玉门油田分公司）

续表

序号	成果名称	完成单位	等级	获奖年度
367	通过技术改造，实现重油优化加工	炼油化工总厂	一等	2001—2002（玉门油田分公司）
368	酒泉盆地油气资源评价	勘探开发研究院	二等	2001—2002（玉门油田分公司）
369	青西油田窿 101 区块及窿 6 区块探明储量计算	勘探开发研究院	二等	2001—2002（玉门油田分公司）
370	青西深层裂缝性油藏开发技术研究	勘探开发研究院	二等	2001—2002（玉门油田分公司）
371	青西油田新型酸液体系及配套技术研究与应用	采油厂	二等	2001—2002（玉门油田分公司）
372	CMAS 人工岩层及 MACS 复合离子高分子抑砂剂新型防砂技术研究与应用	采油厂	二等	2001—2002（玉门油田分公司）
373	青西油田原油处理系统工艺技术研究及投运方案的编制与实施	采油厂	二等	2001—2002（玉门油田分公司）
374	润滑油白土精制与石蜡系统扩容改造	炼油化工总厂、规划设计院	二等	2001—2002（玉门油田分公司）
375	酒泉盆地白垩纪小型箕状断陷油气聚集规律及勘探方向	勘探开发研究院	三等	2001—2002（玉门油田分公司）
376	玉门油田分公司信息网络建设	勘探开发研究院	三等	2001—2002（玉门油田分公司）
377	老君庙油田高压复杂区钻井配套技术研究与应用	采油厂	三等	2001—2002（玉门油田分公司）
378	玉门油田注水井深度调剖技术研究与应用	采油厂	三等	2001—2002（玉门油田分公司）
379	原油强化蒸馏技术的工业化应用	炼油化工总厂	三等	2001—2002（玉门油田分公司）
380	原油评价数据库管理系统的开发与应用	炼油化工总厂	三等	2001—2002（玉门油田分公司）
381	炼化总厂 250 万吨 / 年常减压装置抽真空技术改造	炼油化工总厂	三等	2001—2002（玉门油田分公司）
382	糠醛装置两段液—液萃取工艺改造	炼油化工总厂	三等	2001—2002（玉门油田分公司）

续表

序号	成果名称	完成单位	等级	获奖年度
383	通过技术改造，提升聚丙烯装置加工能力	炼油化工总厂	三等	2001—2002（玉门油田分公司）
384	红外光谱法快速分析高碱值石油磺酸盐（Ca）清净分散剂的碱值及质量	炼油化工总厂	三等	2001—2002（玉门油田分公司）
385	油田电网改造工程	规划设计院	三等	2001—2002（玉门油田分公司）
386	NORRIS 抽油杆的研制	机械厂	一等	2001—2002（玉门石油管理局）
387	ϕ28 毫米整筒抽油泵设计、研制与推广	机械厂	二等	2001—2002（玉门石油管理局）
388	大湾二级水电站综合自动化系统的设计开发应用	水电厂	二等	2001—2002（玉门石油管理局）
389	老君庙油田定向钻井技术的引进与应用	油田作业公司	二等	2001—2002（玉门石油管理局）
390	白内障超声乳化吸除术	职工医院	二等	2001—2002（玉门石油管理局）
391	野外施工沙漠公寓的开发制造	油田作业公司	三等	2001—2002（玉门石油管理局）
392	单纯性肾囊肿的穿刺硬化治疗	职工医院	三等	2001—2002（玉门石油管理局）
393	CYJQ3-1.5-3.5HPB 抽油机的结构及成本优化	机械厂	三等	2001—2002（玉门石油管理局）
394	经内镜诊治胆胰疾病	职工医院	三等	2001—2002（玉门石油管理局）
395	基因诊断技术的临床应用	职工医院	三等	2001—2002（玉门石油管理局）
396	异体血光量子疗法治疗重型肝炎疗效观察	职工医院	三等	2001—2002（玉门石油管理局）
397	HL 级抽油杆的研制	机械厂	三等	2001—2002（玉门石油管理局）
398	GT 型筛砂机的开发与设计	建筑安装工程处	三等	2001—2002（玉门石油管理局）

续表

序号	成果名称	完成单位	等级	获奖年度
399	6 号汽轮机调速系统技术改造	水电厂	三等	2001—2002（玉门石油管理局）
400	老君庙油田优质快速钻井配套技术的研究与应用	油田作业公司	三等	2001—2002（玉门石油管理局）
401	门式非标卸煤机论证设计及实施	水电厂	三等	2001—2002（玉门石油管理局）
402	青西 35 千伏线路及变电站设计方案优化和实施	水电厂	鼓励	2001—2002（玉门石油管理局）
403	开发应用变频调速给粉控制技术	水电厂	鼓励	2001—2002（玉门石油管理局）
404	两路市电延时切换供电系统的研制与应用	通信公司	鼓励	2001—2002（玉门石油管理局）
405	网络用户管理计费系统的设计与开发	通信公司	鼓励	2001—2002（玉门石油管理局）
406	由区域排版到文字排版转变的技术	新闻中心	鼓励	2001—2002（玉门石油管理局）
407	高效套磨铣工具焊制工艺的研究与应用	油田作业公司	鼓励	2001—2002（玉门石油管理局）
408	玉门探区特殊工艺钻井技术	勘探事业部	一等	2003—2004（玉门油田分公司）
409	窟窿山复杂油藏油藏描述	勘探开发研究院	一等	2003—2004（玉门油田分公司）
410	青西油田开发方案	勘探开发研究院	一等	2003—2004（玉门油田分公司）
411	古姆达格油田后期调整挖潜方案研究	老君庙油田作业区	一等	2003—2004（玉门油田分公司）
412	微晶蜡的研制与生产	炼油化工总厂	一等	2003—2004（玉门油田分公司）
413	合理利用低温热，提升炼厂用能水平	炼油化工总厂	二等	2003—2004（玉门油田分公司）
414	酒泉盆地窟窿山逆掩推覆体地震勘探技术研究	勘探事业部	二等	2003—2004（玉门油田分公司）

续表

序号	成果名称	完成单位	等级	获奖年度
415	1. 酒泉盆地石油地质综合研究与预探区带优选 2. 青西凹陷目标评价及勘探部署 3. 营尔凹陷油气聚集条件研究及勘探部署	勘探开发研究院	二等（合并）	2003—2004（玉门油田分公司）
416	1. 鸭儿峡复式油藏地质综合研究与扩边增储目标优选及挖潜改造 2. 鸭儿峡复式油藏滚动扩边及调整挖潜研究	勘探开发研究院、开发事业部	二等（合并）	2003—2004（玉门油田分公司）
417	老君庙油田重复压裂技术的创新与改进	油田工程技术研究与服务中心	二等	2003—2004（玉门油田分公司）
418	1. 老君庙油田高含水低产后期剩余油分布规律研究与调整挖潜 2. 老君庙油田西河坝地质复杂区剩余油研究与整体调整	开发事业部、老君庙油田作业区	二等（合并）	2003—2004（玉门油田分公司）
419	鸭儿峡油田 L 油藏低电阻油层研究与实践	鸭儿峡油田作业区	二等	2003—2004（玉门油田分公司）
420	1. 青西油田油井生产特征及稳油控水对策研究 2. 青西裂缝性油藏有效储集层识别及水动力系统研究 3. 青西深层裂缝性油藏稳油控水技术研究与应用	勘探开发研究院、开发事业部、青西油田作业区	二等（合并）	2003—2004（玉门油田分公司）
421	青西油田原油解堵技术研究与应用	青西油田作业区	二等	2003—2004（玉门油田分公司）
422	膜分离技术在丙烯回收装置的应用	炼油化工总厂	二等	2003—2004（玉门油田分公司）
423	炼化总厂供配电系统优化改造	炼油化工总厂	二等	2003—2004（玉门油田分公司）
424	地质分析化验数据处理系统	勘探开发研究院	三等	2003—2004（玉门油田分公司）
425	深井无固相压井液研究与应用	油田工程技术研究与服务中心	三等	2003—2004（玉门油田分公司）
426	青西油田油井清防蜡技术研究与试验	油田工程技术研究与服务中心	三等	2003—2004（玉门油田分公司）
427	加热炉油改气技术改造	炼油化工总厂	三等	2003—2004（玉门油田分公司）
428	老区锅炉煤改气工程设计	规划设计院	三等	2003—2004（玉门油田分公司）
429	青西油田 35 千伏变电站及线路优化设计	规划设计院	三等	2003—2004（玉门油田分公司）
430	35 千伏调容式消弧线圈自动跟踪补偿技术改造	水电厂	一等	2003—2004（玉门石油管理局）

续表

序号	成果名称	完成单位	等级	获奖年度
431	钻井新技术在玉门老君庙油田的应用	油田作业公司	一等	2003—2004（玉门石油管理局）
432	新型沥青类钻井液用防塌剂的开发与应用	科达化学有限责任公司	二等	2003—2004（玉门石油管理局）
433	鸭儿峡变电所综合自动化技术改造	水电厂	二等	2003—2004（玉门石油管理局）
434	CYJQ 16-6-89HPB 型抽油机研制	机械厂	二等	2003—2004（玉门石油管理局）
435	解卡新技术的引进与应用	油田作业公司	二等	2003—2004（玉门石油管理局）
436	早期颅骨修补对重型颅脑外伤术后神经功能恢复的临床应用和研究	油田医院	二等	2003—2004（玉门石油管理局）
437	入炉煤的经济掺和优化改造	水电厂	三等	2003—2004（玉门石油管理局）
438	抽油杆端部锻造中频透烧专用缝式感应器的研制	机械厂	三等	2003—2004（玉门石油管理局）
439	抽油杆热处理 -2 号电阻炉智能控制技术改造	机械厂	三等	2003—2004（玉门石油管理局）
440	活性气体（CO_2）保护半自动下向焊技术的引进推广	建筑安装工程处	三等	2003—2004（玉门石油管理局）
441	ADSL 在玉门石油信息网中的应用	通信公司	三等	2003—2004（玉门石油管理局）
442	奶牛卵巢囊肿的综合防治	农牧业公司	三等	2003—2004（玉门石油管理局）
443	补肾活血中药对女性激素的影响	油田医院	三等	2003—2004（玉门石油管理局）
444	营尔凹陷目标评价及勘探部署	勘探开发研究院	一等	2005—2006
445	阿尔及利亚 438B 区块综合研究及部署	勘探开发研究院	一等	2005—2006
446	青西油田窿 6、窿 8 区块稳产技术及开发调整方案研究	勘探开发研究院、开发事业部、青西油田作业区	一等	2005—2006
447	80 万吨／年重油催化裂化装置配套技术改造	炼油化工总厂	一等	2005—2006
448	抗扭抽油杆抗扭接头的研制及加工工艺技术研究	机械厂	一等	2005—2006
449	玉门探区油层保护配套技术研究与应用	勘探事业部	二等	2005—2006

续表

序号	成果名称	完成单位	等级	获奖年度
450	玉门探区深井综合配套技术的研究与应用	勘探事业部	二等	2005—2006
451	青西凹陷目标评价及井位部署	勘探开发研究院	二等	2005—2006
452	玉门探区复杂储集层测井评价技术	勘探开发研究院	二等	2005—2006
453	鸭儿峡油田 L 油藏精细挖潜技术研究	开发事业部、勘探开发研究院、鸭儿峡油田作业区	二等	2005—2006
454	鸭儿峡油田注水系统改造工程技术研究及实施	开发事业部、规划设计院、鸭儿峡油田作业区	二等	2005—2006
455	喷射雾膜磺化反应工艺技术开发及研究	炼油化工总厂	二等	2005—2006
456	储集层预测技术方法研究与应用	勘探开发研究院	三等	2005—2006
457	酒西坳陷目标评价及勘探部署	勘探开发研究院	三等	2005—2006
458	青西油田复合解堵技术研究与应用	青西油田作业区	三等	2005—2006
459	老君庙油田复杂区域定向钻井工艺技术的研究	油田作业公司	三等	2005—2006
460	青西油田外输原油破乳脱水技术研究	油田作业公司	三等	2005—2006
461	低产低效油田上产与高效开发研究	老君庙油田作业区	三等	2005—2006
462	老君庙油田 M 油藏东边部低产区综合研究与挖潜	老君庙油田作业区	三等	2005—2006
463	老君庙油田水驱潜力评价及调整挖潜研究	开发事业部	三等	2005—2006
464	高档润滑脂－轧辊脂的研制及工业生产	炼油化工总厂	三等	2005—2006
465	常三线油品脱蜡工艺的研究及工业应用	炼油化工总厂	三等	2005—2006
466	电厂 110 千伏电力系统改造	水电厂	三等	2005—2006
467	美国喷焊机床国产化改造	机械厂	三等	2005—2006
468	16 层螺旋 CT 仿真内窥镜成像的临床应用与内窥镜对比研究	油田医院	三等	2005—2006
469	大规模跨局移机不改号业务在玉门油田的应用	信息中心	三等	2005—2006
470	营尔凹陷目标评价及勘探部署酒泉盆地酒东长沙岭 K_1g_3 油藏发现及地震勘探技术	勘探开发研究院、勘探事业部	一等	2007—2008
471	玉门探区优快钻井技术	勘探事业部	一等	2007—2008
472	老君庙油田 M 油藏顶部区二次开发先导试验及研究	开发事业部、勘探开发研究院、老君庙油田作业区	一等	2007—2008
473	高辛烷值清洁汽油生产技术的应用	炼油化工总厂	一等	2007—2008
474	青西地区油气富集规律及勘探开发部署	勘探开发研究院	二等	2007—2008
475	鸭儿峡油田志留系油藏精细描述及鸭 944 井成功	勘探开发研究院、鸭儿峡油田作业区	二等	2007—2008
476	青西油田开采技术研究	开发事业部、油田作业公司、青西油田作业区	二等	2007—2008
477	玉门油田低渗透储集层新型酸液体系研究与应用	油田作业公司	二等	2007—2008
478	基础油液相脱氮及低温吸附精制技术的应用	炼油化工总厂	二等	2007—2008
479	抽油杆疲劳寿命研究及应用	机械厂	二等	2007—2008
480	玉门油田裂缝性储层及低阻油层测井评价技术	勘探开发研究院	三等	2007—2008
481	青西油田窿 6 区块油藏描述及调整井井位部署	勘探开发研究院	三等	2007—2008
482	玉门油田水平井分层改造工艺技术研究与应用	开发事业部、油田作业公司	三等	2007—2008
483	老油田层系新认识与挖潜	老君庙油田作业区	三等	2007—2008
484	利用组合溶剂抽提技术，实现低质资源向高附加值产品转化	炼油化工总厂	三等	2007—2008
485	应用新工艺新技术，实现锂基脂、复合铝基脂规模化系列化生产	炼油化工总厂	三等	2007—2008

续表

序号	成果名称	完成单位	等级	获奖年度
486	防脱抽油杆的研发	机械厂	三等	2007—2008
487	疗养院供热系统改造	方圆物业管理公司	三等	2007—2008
488	玉门油田网络安全技术的应用与开发	信息中心	三等	2007—2008
489	冠心病的介入诊断、治疗及护理	油田医院	三等	2007—2008
490	营尔凹陷 K_1g_3 油气富集规律研究	勘探开发研究院	一等	2009—2010
491	酒西坳陷精细勘探目标评价研究	勘探开发研究院	一等	2009—2010
492	酒东地区钻井提速技术研究与应用	勘探部	一等	2009—2010
493	玉门探区及邻区诸盆地前期评价研究	勘探开发研究院、勘探部	一等	2009—2010
494	酒东 K_1g_3 油藏工程方案研究	勘探开发研究院	一等	2009—2010
495	酒东地区深井水力压裂技术研究与实践	开发部、油田作业公司、酒东试采区	一等	2009—2010
496	老君庙油田提高水驱采收率技术研究与矿场试验	开发部、勘探开发研究院、老君庙油田作业区	一等	2009—2010
497	老君庙油田整体改造工程标准化设计	规划设计院、开发部、老君庙油田作业区	一等	2009—2010
498	DSO–FCC 汽油加氢脱硫技术工业应用	炼油化工总厂	一等	2009—2010
499	HK 超高强度级防腐抽油杆研制	机械厂	一等	2009—2010
500	雅布赖盆地石油地质特征研究	勘探开发研究院	二等	2009—2010
501	酒东油田自喷井稳产技术研究与实施	酒东试采区	二等	2009—2010
502	青西油田窿 6 区块精细油藏描述及调整挖潜研究	勘探开发研究院	二等	2009—2010
503	玉门油田深井气举排液技术研究与应用	油田作业公司、青西油田作业区、开发部	二等	2009—2010
504	乍得 Bongor 盆地一期油田投产方案研究	勘探开发研究院	二等	2009—2010
505	玉门油田开发志编纂	开发部、老君庙油田作业区	二等	2009—2010
506	气举技术在青西油田的应用	青西油田作业区	二等	2009—2010
507	玉门油田大修配套技术研究与应用	油田作业公司	二等	2009—2010
508	应用新技术，改造污水处理系统，实现污水达标排放	炼油化工总厂	二等	2009—2010
509	超声波破乳技术在电脱盐的应用	炼油化工总厂	二等	2009—2010
510	电厂能耗分析及节能研究	水电厂	二等	2009—2010
511	酒泉盆地营尔凹陷白垩系低电阻孔隙型储集层测井解释方法研究	勘探部、勘探开发研究院	三等	2009—2010
512	青西复杂裂缝性边、底水油藏油水运动规律理论研究与应用	勘探开发研究院	三等	2009—2010
513	青西油田深井机械采油配套工艺技术研究与应用	油田作业公司、青西油田作业区	三等	2009—2010
514	青西油田注水研究与试验	青西油田作业区	三等	2009—2010
515	老君庙油田 M 油藏注水现状评价及综合治理	老君庙油田作业区	三等	2009—2010
516	应用先进技术，提高炼厂加热炉效能	炼油化工总厂	三等	2009—2010
517	抽油杆高效中频感应加热设备研发	机械厂	三等	2009—2010
518	玉门油田通信机房环境与动力监控系统的应用	信息中心	三等	2009—2010
519	微通道经皮肾穿刺输尿管镜下气压弹道碎石取石术（MPCNL）的临床应用	油田医院	三等	2009—2010
520	酒西坳陷青西凹陷目标精细研究与评价	勘探开发研究院	一等	2011
521	玉门探区钻井提速技术研究与应用	钻采工程研究院	一等	2011

续表

序号	成果名称	完成单位	等级	获奖年度
522	深井压裂酸化改造技术研究与应用	开发部、钻采工程研究院、青西油田作业区、鸭儿峡油田作业区	一等	2011
523	酒东油田 K_1g_3 油藏精细描述及井位部署	勘探开发研究院、酒东试采区	一等	2011
524	应用 FHI 技术实现柴油低凝化生产	炼油化工总厂	一等	2011
525	营尔凹陷预探目标评价及长沙岭东部扩展勘探研究	勘探开发研究院	二等	2011
526	雅布赖盆地高密度三维高效采集地震勘探技术研究	勘探部	二等	2011
527	老君庙油田水平井分段压裂技术研究	开发部、钻采工程研究院、老君庙油田作业区	二等	2011
528	青西油田深抽配套技术研究和试验	青西油田作业区	二等	2011
529	老君庙油田油井远程遥测计量系统完善	规划设计院、老君庙油田作业区、开发部	二等	2011
530	大修作业技术在中深井上的应用与探索	油田作业公司	二等	2011
531	恩贾梅纳炼厂项目 3 万吨／年聚丙烯装置设计	规划设计院、恩贾梅纳炼油有限公司	二等	2011
532	优化催化工艺流程和操作，提高经济技术指标	炼油化工总厂	二等	2011
533	玉门油田勘探与生产 ERP 系统建设与应用	科技信息处、财务处、规划计划处、物资采购管理中心、设备管理处、生产运行处、炼油化工总厂	二等	2011
534	玉门矿区供电网络及收费系统升级改造	水电厂	二等	2011
535	玉门低压油藏充氮气欠平衡钻井技术研究与应用	钻采工程研究院	三等	2011
536	玉门油田测井评价及储量研究	勘探开发研究院	三等	2011
537	青西油田老井复查及挖潜研究	勘探开发研究院	三等	2011
538	酒东油田采油工程方案的编制与实施	酒东试采区	三等	2011
539	鸭儿峡油田稳产技术研究与应用	鸭儿峡油田作业区	三等	2011
540	水平井技术在低渗透裂缝性砂岩油藏中的应用	老君庙油田作业区	三等	2011
541	酒东油田地面工程总体设计	开发部、规划设计院、酒东试采区	三等	2011
542	水平井修井技术研究与应用	油田作业公司	三等	2011
543	XT12 通井机自背式液压立放井架研发	油田作业公司	三等	2011
544	优化改造 MTBE 装置反应形式，提高技术指标	炼油化工总厂	三等	2011
545	优化运行膜分离系统，提高碳三装置液体收率	炼油化工总厂	三等	2011
546	优化玻璃钢管线施工工艺提高一次试压合格率	建筑安装工程处	三等	2011
547	煤层气抽采专用抽油泵研制	机械厂	三等	2011
548	玉门油田信息网络提速研究和应用	信息中心	三等	2011
549	MEAW 矫治技术在牙颌骨性错颌畸形中的应用	油田医院	三等	2011
550	鸭儿峡白垩系目标精细研究与评价	勘探开发研究院、勘探部、开发部	一等	2012
551	鸭儿峡白垩系 13 万吨产能建设方案设计	勘探开发研究院、开发部、钻采工程研究院、鸭儿峡油田作业区、规划设计院	一等	2012
552	乍得 Bongor 盆地石油地质综合研究和有利目标评价	勘探开发研究院	一等	2012
553	白垩系高应力储集层压裂技术研究与试验	钻采工程研究院、开发部、酒东油田作业区、鸭儿峡油田作业区、青西油田作业区	一等	2012
554	苯产品优质增产技术攻关	炼油化工总厂	一等	2012
555	雅布赖盆地沙漠区精细地震勘探技术研究	勘探事业部	二等	2012
556	玉门探区钻井提速技术优化与应用	钻采工程研究院	二等	2012
557	乍得一期油田稳产方案研究与实施	钻采工程研究院、勘探开发研究院	二等	2012

续表

序号	成果名称	完成单位	等级	获奖年度
558	多措并举，有效控制 K_1g_3 油藏递减	酒东油田作业区、勘探开发研究院、开发事业部、钻采工程研究院	二等	2012
559	青西油田综合调整治理研究与实施	青西油田作业区、勘探开发研究院、开发事业部	二等	2012
560	青西—老君庙构造带油藏整体重新评价	开发事业部、勘探开发研究院、鸭儿峡油田作业区、老君庙油田作业区	二等	2012
561	双凝双密度水泥浆固井技术的研究和应用	油田作业公司	二等	2012
562	老君庙油田 M 油藏水井综合治理研究与实践	老君庙油田作业区	二等	2012
563	炼厂气综合利用技术攻关及应用	炼油化工总厂、水电厂	二等	2012
564	抽油杆生产线更新改造	机械厂	二等	2012
565	EILog 成套测井装备在玉门油田的推广与应用	勘探部	三等	2012
566	雅布赖盆地成藏特征研究及目标精细评价	勘探开发研究院	三等	2012
567	玉门油田水平井体积压裂技术研究与应用	钻采工程研究院、开发部、老君庙油田作业区、鸭儿峡油田作业区	三等	2012
568	鸭儿峡油田老井复查潜力研究	鸭儿峡油田作业区、勘探开发研究院、开发部	三等	2012
569	带压作业工艺技术推广应用	开发部、钻采工程研究院、老君庙油田作业区	三等	2012
570	老君庙油田集输系统降压技术研究与现场实验	老君庙油田作业区	三等	2012
571	水平井封隔器解卡打捞技术的探索与实践	油田作业公司	三等	2012
572	15 号航空液压油铜片腐蚀技术攻关	炼油化工总厂	三等	2012
573	催化装置节能降耗技术研究及应用	炼油化工总厂	三等	2012
574	新材料型防腐抽油杆研制	机械厂	三等	2012
575	高压变频技术在电厂给水泵的应用	水电厂	三等	2012
576	三维工厂设计软件数据库、图形库二次开发	规划设计院	三等	2012
577	钢骨架塑料复合管安装技术研究	建筑安装工程处	三等	2012
578	基于 SNMP+API 网络管理系统的研究与应用	信息中心	三等	2012
579	关节镜下清理术加钻孔减压联合玻璃酸钠治疗膝骨性关节炎	油田医院	三等	2012
580	鸭儿峡油田优快钻井配套技术研究与应用	钻采工程研究院	一等	2013
581	鸭儿峡—老君庙地区古近系—新近系、白垩系勘探精细研究与井位部署	勘探开发研究院	一等	2013
582	青西裂缝性油藏注水开发与窿 8 区块稳产技术研究与应用	开发部、青西油田作业区、勘探开发研究院、钻采工程研究院	一等	2013
583	玉门油田低渗透油藏降压增注技术研究与应用	开发部、老君庙油田作业区、鸭儿峡油田作业区、酒东油田作业区	一等	2013
584	汽油国Ⅳ质量升级技术的工业应用	炼油化工总厂	一等	2013
585	老君庙构造带三维地震勘探技术攻关及应用	勘探部、勘探开发研究院	二等	2013
586	老君庙油田 L 油藏“二三结合”试验区复杂地层钻井配套技术研究	油田作业公司	二等	2013
587	乍得 Ronier 和 Mimosa 油田油藏综合研究及调整措施实施	勘探开发研究院、钻采工程研究院、乍得项目部	二等	2013
588	高含泥砂砾岩储集层改造技术研究	钻采工程研究院、开发部、勘探部、酒东油田作业区、青西油田作业区、鸭儿峡油田作业区	二等	2013

续表

序号	成果名称	完成单位	等级	获奖年度
589	鸭儿峡白垩系产能建设方案优化和关键技术研究	勘探开发研究院、钻采工程研究院、鸭儿峡油田作业区、开发部	二等	2013
590	老君庙油田M油藏低产区增储挖潜研究与实践	老君庙油田作业区	二等	2013
591	深井大修配套工艺技术的研究与应用	油田作业公司	二等	2013
592	酒东试采区产能建设地面工程	规划设计院、酒东油田作业区、建筑安装工程处	二等	2013
593	炼化总厂高危泵、液下泵隐患治理技术攻关	炼油化工总厂	二等	2013
594	ϕ32/ϕ38毫米大直径抽油杆研制	机械厂	二等	2013
595	雅布赖盆地勘探目标评价及井位研究	勘探开发研究院	三等	2013
596	乍得H区块六盆地石油地质综合研究及目标优选	勘探开发研究院	三等	2013
597	酒东油田清防蜡工艺技术研究与应用	酒东油田作业区	三等	2013
598	青西油田电潜泵采油技术研究与应用	青西油田作业区	三等	2013
599	中深井分层注水工艺技术研究与应用	钻采工程研究院、开发部、老君庙油田作业区、鸭儿峡油田作业区	三等	2013
600	老君庙油田清防蜡技术研究与应用	老君庙油田作业区	三等	2013
601	鸭儿峡油田大规模压裂关键技术研究	鸭儿峡油田作业区、钻采工程研究院、开发部	三等	2013
602	重整圆筒炉节能减排技术改造	炼油化工总厂	三等	2013
603	新型污水深度处理技术工业应用	炼油化工总厂	三等	2013
604	多功能节能型野营房研制	机械厂	三等	2013
605	小型罐制作自动化施工技术推广与应用	建筑安装工程处	三等	2013
606	柴油–LNG混合燃烧技术的应用	综合服务处	三等	2013
607	油田生产视频监控系统的网络互联研究	信息中心	三等	2013
608	玉门电网调度地理信息数据库的开发	水电厂	三等	2013
609	外周血管性疾病的介入诊断与治疗	油田医院	三等	2013
610	酒泉盆地青西凹陷构造带目标精细研究与评价	勘探开发研究院	一等	2014
611	老君庙复杂构造井中地震技术研究与应用	勘探部	一等	2014
612	高应力储集层体积压裂改造关键技术研究	钻采工程研究院、开发部、老君庙油田作业区、鸭儿峡油田作业区	一等	2014
613	老君庙油田北部构造带滚动开发研究与实践	开发部、老君庙油田作业区、勘探开发研究院	一等	2014
614	增产国IV低凝柴油技术攻关	炼油化工总厂	一等	2014
615	鸭儿峡白垩系复杂储集层测井评价技术研究与应用	勘探开发研究院	二等	2014
616	长封固段固井技术研究与应用	钻采工程研究院、油田作业公司	二等	2014
617	新型缓速酸增产增注技术研究与应用	钻采工程研究院、开发部、酒东油田作业区、青西油田作业区、鸭儿峡油田作业区	二等	2014
618	玉门油田延长油井免修期新技术研究与应用	开发部、钻采工程研究院、老君庙油田作业区	二等	2014
619	酒东油田长2区块综合治理研究与实践	酒东油田作业区、勘探开发研究院	二等	2014
620	青西油田优化调整注水方案研究与实践	青西油田作业区、勘探开发研究院	二等	2014
621	老君庙油田浅表层漏失段顿钻技术及综合性堵漏技术研究	油田作业公司	二等	2014
622	碱渣无害化处理技术研究与应用	炼油化工总厂	二等	2014
623	自动锻造模具国产化设计制造	机械厂	二等	2014

续表

序号	成果名称	完成单位	等级	获奖年度
624	腹腔镜腹股沟疝修补术（LIHR）的技术对比研究	油田医院	二等	2014
625	乍得 Bongor 及其外围诸盆地目标评价与勘探部署研究	勘探开发研究院	三等	2014
626	鸭儿峡白垩系油藏扩边井位优选与实施	勘探开发研究院、开发部、鸭儿峡油田作业区	三等	2014
627	研究完善砂蜡水防治技术，提高油田开发效果	钻采工程研究院	三等	2014
628	酒东复杂断块油藏高压注水技术研究与应用	酒东油田作业区	三等	2014
629	鸭儿峡油田老井稳产研究及实施	鸭儿峡油田作业区、开发部	三等	2014
630	钾－铵基抑制性聚合物钻井液技术在老君庙油田的应用	油田作业公司	三等	2014
631	制氢原料优化研究及工业应用	炼油化工总厂	三等	2014
632	1 号、2 号锅炉点火系统升级	水电厂	三等	2014
633	重型卡车用液化天然气气瓶研制	机械厂、清洁能源开发公司	三等	2014
634	降低 1 号、2 号汽轮机汽耗率研究	水电厂	三等	2014
635	油田三网业务集中管理平台的开发应用	信息中心	三等	2014
636	MIG/MAG 自动焊在管道工厂化预制中的研究与应用	建筑安装工程处	三等	2014
637	鸭儿峡地区油藏精细研究与井位部署	勘探开发研究院	一等	2015
638	逆掩推覆带优快钻完井技术研究	钻采工程研究院	一等	2015
639	鸭儿峡油田上产技术对策研究与实施	鸭儿峡采油厂、开发部、勘探开发研究院	一等	2015
640	炼化总厂增产汽油技术研究与应用	炼油化工总厂	一等	2015
641	营尔凹陷新领域油气成藏条件研究与目标评价	勘探开发研究院	二等	2015
642	储能压裂技术研究与探索	钻采工程研究院、开发部、老君庙采油厂、鸭儿峡采油厂	二等	2015
643	玉门探区第四次油气资源评价	勘探开发研究院	二等	2015
644	M 油藏低产区边部难动用储量区水平井规模开发研究与试验	开发部、老君庙采油厂	二等	2015
645	玉门油田难动用储集层压裂改造技术攻关与应用	开发部、钻采工程研究院、酒东采油厂、青西采油厂	二等	2015
646	乍得一期注水工程方案与实施	勘探开发研究院	二等	2015
647	青西油田低动用储量区有效开发技术研究与应用	开发部、勘探开发研究院、钻采工程研究院、青西采油厂	二等	2015
648	酒东油田调整挖潜研究与实施	酒东采油厂、开发部、勘探开发研究院	二等	2015
649	老君庙油田复杂井段固井工艺技术研究	油田作业公司	二等	2015
650	优化重油加工组合工艺混炼吐哈稠油	炼油化工总厂	二等	2015
651	复式永磁电机抽油机的推广应用和设计改进	机械厂	二等	2015
652	I317 冲断带 N_2S_1 油藏地质研究与开发实践	老君庙采油厂	二等	2015
653	青西致密油储集层参数定量计算及岩石物理实验	勘探部	三等	2015
654	青西古近系—新近系缝网压裂技术研究与应用	钻采工程研究院、勘探部、鸭儿峡采油厂	三等	2015
655	老君庙 L 油藏泡沫复合驱单井试注研究评价	开发部、老君庙采油厂、钻采工程研究院	三等	2015
656	老君庙油田长泥岩段底层定向钻井技术研究	油田作业公司	三等	2015
657	应用数字化系统，提高采油管理水平	酒东采油厂、信息中心	三等	2015

续表

序号	成果名称	完成单位	等级	获奖年度
658	青西油田污水处理技术研究与应用	青西采油厂	三等	2015
659	炼厂装置间热联合技术研究与应用	炼油化工总厂	三等	2015
660	油气水三相分离器研制	机械厂、青西采油厂	三等	2015
661	降低1号、2号锅炉排烟温度技术攻关	水电厂	三等	2015
662	玉门市（矿）区供水管网数据库的建立	水电厂	三等	2015
663	管道不停输带压开孔封堵技术研究和应用	建筑安装工程处	三等	2015
664	无创产前筛查在预防胎儿出生缺陷中的应用	油田医院	三等	2015
665	鸭西白垩系勘探开发一体化研究及井位部署	勘探开发研究院、勘探部、开发部	一等	2016
666	营尔凹陷成藏条件研究及长沙岭 K_1g_1 勘探突破	勘探开发研究院、酒东采油厂	一等	2016
667	裂缝性油藏基质改造技术研究	钻采工程研究院、勘探部、开发部、青西采油厂、鸭儿峡采油厂	一等	2016
668	青西油田窿8区块精细注水调整及滚动扩边研究	勘探开发研究院、青西采油厂	一等	2016
669	应用FHI、M+DSO组合技术，实现汽柴油国V质量升级	炼油化工总厂	一等	2016
670	酒东 K_1g_3 油藏滚动扩边潜力评价与产能建设部署研究	勘探开发研究院	二等	2016
671	玉门油田低渗透油藏气驱提高采收率技术研究与现场试验	开发部、钻采工程研究院、规划设计院、鸭儿峡采油厂、老君庙采油厂	二等	2016
672	老油田开发后期调整挖潜技术研究与实施	开发部、勘探开发研究院、钻采工程研究院、酒东采油厂、青西采油厂、老君庙采油厂、鸭儿峡采油厂	二等	2016
673	乍得一期油田稳产对策研究与实施	勘探开发研究院、钻采工程研究院	二等	2016
674	M油藏低产区滚动扩边实践与认识	开发部、老君庙采油厂	二等	2016
675	玉门油田裂缝性油藏水平井分段改造工艺技术研究与应用	油田作业公司	二等	2016
676	5000m深井钻井提速技术	钻采工程研究院	二等	2016
677	石北次凹古近系目标评价及井位部署	勘探开发研究院、勘探部、老君庙采油厂	二等	2016
678	常减压装置减压塔结构优化及减压深拔技术工业应用	炼油化工总厂	二等	2016
679	超长冲程采油系统设备研发	机械厂、老君庙采油厂	二等	2016
680	鸭西6区块精细油藏描述研究与应用	开发部、勘探开发研究院、鸭儿峡采油厂	三等	2016
681	精细试采，有效动用 K_1g_1 油藏储量	酒东采油厂	三等	2016
682	鸭儿峡白垩系油气规律富集研究及现场实践	鸭儿峡采油厂、开发部、勘探开发研究院、钻采工程研究院、勘探部	三等	2016
683	乍得项目油田生产稳产上产配套措施研究及应用	乍得项目部	三等	2016
684	青西油田人工举升工艺配套技术研究与应用	青西采油厂	三等	2016
685	连续油管快速修井技术研究与应用	油田作业公司	三等	2016
686	鸭儿峡油田白垩系油藏地面产能集输系统建设	规划设计院、鸭儿峡采油厂	三等	2016
687	低渗透储集层水井高效酸增技术研究与应用	钻采工程研究院、开发部、酒东采油厂、青西采油厂	三等	2016
688	分子筛装置工艺改进技术研究及应用	炼油化工总厂	三等	2016
689	Doseo盆地目标优选与部署建议	勘探开发研究院	三等	2016
690	水平井地质导向技术在单东201H井成功应用	勘探部	三等	2016

续表

序号	成果名称	完成单位	等级	获奖年度
691	六期热控系统升级及其相关控制系统的研发	水电厂	三等	2016
692	大型储罐倒装法施工自动焊接技术研究和应用	建筑安装工程处	三等	2016
693	橇装式聚合物驱油装置	机械厂	三等	2016
694	心脏电复律联合胺碘酮治疗心脏电风暴临床疗效研究	油田医院	三等	2016
695	体外冲击波碎石术（ESWL）的临床应用	油田医院	三等	2016
696	玉门油田重上百万吨勘探开发关键技术研究	勘探开发研究院、钻采工程研究院、勘探部、开发部	特等	2017
697	青西凹陷白垩系目标精细研究及井位部署	勘探开发研究院、勘探部	一等	2017
698	老君庙油田庙北冲断带综合调整治理技术研究与实施	开发部、老君庙采油厂、钻采工程研究院	一等	2017
699	鸭儿峡油田持续上产对策研究与应用	鸭儿峡采油厂、开发部、勘探开发研究院、钻采工程研究院	一等	2017
700	柴汽比 1.0 弹性调整生产方案研究及应用	炼油化工总厂	一等	2017
701	酒东 K_1g_3 油藏稳产技术研究及产能建设井位部署	勘探开发研究院	二等	2017
702	营尔凹陷区带目标评价及勘探开发井位部署	勘探开发研究院、勘探部	二等	2017
703	乍得 West Doba 盆地天然气开发可行性与勘探部署研究及乍得一期油田稳产方案编制与实施	勘探开发研究院、钻采工程研究院、规划设计院、开发部	二等	2017
704	复杂油藏精细注水调整治理研究与实践	开发部、青西采油厂、鸭儿峡采油厂、酒东采油厂、老君庙采油厂	二等	2017
705	Baobab 油田稳产对策研究及实施	乍得项目部	二等	2017
706	鸭儿峡白垩系油藏产能建设方案设计及规模建产	勘探开发研究院	二等	2017
707	低温破乳剂的试验和应用	老君庙采油厂、钻采工程研究院	二等	2017
708	炼厂瓦斯脱硫稳压达标技术攻关	炼油化工总厂	二等	2017
709	玉门油田动力设备柴油机供油系统设计改进与应用	油田作业公司	二等	2017
710	超长冲程抽油泵研制与推广应用	机械厂	二等	2017
711	青西地区深井钻井配套技术完善与应用	钻采工程研究院	三等	2017
712	酒泉盆地录井综合评价方法研究及应用	勘探部	三等	2017
713	玉门油田深井小间隙固井技术研究与应用	钻采工程研究院	三等	2017
714	玉门油田深抽采油配套技术研究与应用	钻采工程研究院、开发部、酒东采油厂、青西采油厂、鸭儿峡采油厂	三等	2017
715	雅布赖盆地区带评价优选及井位部署研究	勘探开发研究院、勘探部	三等	2017
716	青西油田电潜泵采油优化研究与应用	青西采油厂	三等	2017
717	酒东油田储量低动用区调整挖潜研究与实践	酒东采油厂、勘探开发研究院	三等	2017
718	突出效益优化方案增产高效产品	炼油化工总厂	三等	2017
719	外排污水达标排放配套技术研究及应用	炼油化工总厂	三等	2017
720	水电厂低温热源利用技术的研究与应用	水电厂	三等	2017
721	玉门油田酒泉基地数字化视频监控系统技术研究与应用	方圆物业管理有限责任公司、信息中心	三等	2017
722	物采中心压裂砂厂提高产品质量技术研究与应用	物资采购管理中心	三等	2017
723	玉门油田零散物资竞价交易系统的开发应用	信息中心	三等	2017

第三章　科技攻关

第一节　油气勘探研究

一、基础研究

1987—1990 年，围绕酒泉、吐鲁番—哈密、巴音浩特等盆地的地质勘探，广泛开展盆地构造、石油地质特征、油气形成规律等综合研究。先后承担“中国北方白垩系划分对比及油气远景”“甘肃西部主要沉积盆地油气资源评价”“天然气（含煤成气）资源评价与勘探测试技术”“河西走廊地区油气勘探新领域的研究”“吐鲁番盆地天然气（含煤成气）远景及勘探方向研究”“吐鲁番—哈密盆地石油地质综合研究”“酒西盆地构造特征与油气聚集”“甘肃西部古近系地层划分与对比研究”“酒泉盆地古近系研究”“酒泉盆地侏罗—白垩系储集层研究”等一批国家、石油工业部、甘肃省“七五”重点攻关项目，完成“生油研究”“祁连山北麓逆掩断裂带地震资料解释”“酒泉盆地地震资料解释与综合研究”“酒西盆地南带石油地质条件及勘探方向”“酒东盆地古近系—新近系白杨河群储盖对比划分及评价”“吐—哈盆地地质条件及油气勘探规划”“酒西盆地有利含油区块综合评价”“甘肃河西走廊东部地区石炭—二叠纪地层研究及油气资源远景评价”“勘探方法与资料处理”“综合地震、地质勘探技术研究”“河西重点盆地石油地质研究”“酒西盆地有利区域精细地质研究”“酒东盆地营尔凹陷勘探方向研究”等一批管理局定科研项目。通过石油地质综合研究和物化探、三维地震、VSP 和人机联作等先进勘探技术的推广应用，油田在吐哈新区勘探取得重大突破，先后发现了鄯善、丘陵、温吉桑、伊拉湖等油田，为大规模开展吐哈石油会战奠定了资源基础。老区青西勘探取得进展，西参 1 井、柳 1 井、窿 1 井等相继获得油流，勘探方向进一步明晰；部署在老君庙夹片地区的第一口预探井——前探 1 井获工业油流，压裂后日产油 16 吨，1989 年 3 月，经国家储量委员会审查批准，老君庙夹片构造前探 1 背斜断块油藏地质储量 154 万吨，老君庙油田储量合计增加为 5332 万吨；在鸭 509 断层以西发现新的含油地层，用容积法计算 701 断块和 881 断块志留系地质储量，新增地质储量 127 万吨。

1991 年起，随着吐哈会战大规模展开，油田主要油气勘探研究队伍和力量投入到了吐哈会战当中，油气勘探研究工作以吐哈新区为重点，兼顾老区。当年，在吐哈新区主要开展“吐哈盆地油气形成条件研究”“鄯善弧形构造带整体综合研究”，在老区开展“酒泉盆地综合研究”“河西重点盆地勘探评价研究”。通过开展“酒西盆地白垩系油藏沉积相研究”，对鸭西地区下沟组的沉积类型进行了重新确认。

1992 年，吐哈新区、玉门老区油气勘探研究分开运行，老区重点承担总公司科研项目“甘肃西部主要沉积盆地油气二次资源评价”，包括“酒西盆地油气二次资源评价”“酒东盆地油气二次资源评价”“区域主要盆地油气二次资源评价”。

1993 年，在继续开展“甘肃西部主要沉积盆地油气二次资源评价”研究的同时，承担总公司下达的“中国陆相大油田——老君庙、鸭儿峡油田地质规律及勘探经验研究”，组织开展管理局确定的“酒西盆地鸭老南地区油藏早期预测”“酒东盆地营尔凹陷有利含油气构造带研究及评价”“河西走廊区域盆地石油地质综合研究”“花海凹陷构造解释及综合研究”“酒西盆地柳沟庄油藏综合评价及储量计算”等项目的科研攻关。4 月，部署在酒东坳陷长沙岭构造带上的全国第六口科学探索井——酒参 1 井完钻，该井首次在营尔凹陷下白垩统发现较好的成藏组合并获得油流，证实长沙岭构造带为一个含油气构造，明确了营尔凹陷长沙岭低隆起带仍然是当时勘探突破的最有利区带。

1994—1995 年，持续开展“酒东盆地营尔凹陷石油地质综合研究”“酒西盆地柳沟庄油藏特征研究及滚动勘探开发井位部署”“河西走廊主要沉积盆地综合评价及勘探方向”等研究。1995 年 5 月，玉门油田中标潮水、雅布赖盆地勘探后，及时组织开展了“雅布赖盆地石油地质条件综合评价及科学探索井位研究”。

1996 年，应用先进的层序地层学地质理论，采取专家论证指导和基础研究相结合、综合研究和重点突破相结合等方法，集中在酒泉、潮水、雅布赖盆地及河西走廊开展“河西走廊地区诸盆地侏罗系石油地质综合评价及目标选择”“潮水盆地石油地质特征及区探井井位研究”“金昌坳陷成藏规律及圈闭描述评价”“雅布赖盆地分析模拟评价及勘探目标选择”“青西柳沟庄复杂油藏分布规律及滚动勘探开发”“武威、民乐等区域盆地地质特征及勘探前期评价”“酒东盆地营尔凹陷油气成藏规律研究及勘探部署”等研究，进一步落实了酒东营北—长沙岭以及潮水窖南青土井 2 个有利区带和潮水盆地东部红柳园坳陷，部署的雅参 1 井在侏罗系钻遇低成熟生油岩并发现油气显示。

1997 年，按照“立足酒泉、深化酒西、突破酒东”的勘探方针，油气勘探研究在继续做好“中国北方侏罗系石油地质综合评价及目标选择”“潮水盆地（红柳园坳陷）盆地分析及区探井选择”“潮水盆地金昌坳陷勘探目标研究”“雅布赖盆地资源预测及勘探目标选择”等研究工作的同时，突出酒西、酒东勘探重点，相继开展“酒东盆地营尔凹陷油气聚集规律研究及勘探目标选择”“玉门探区圈闭描述及勘探部署”“酒西盆地青西坳陷勘探目标评价及优选”“青西柳沟庄地区勘探开发潜力评价及井位意见”等研究，加快了青西、酒东地区的勘探开发步伐。

1998 年，围绕青西勘探突破，相继开展“柳沟庄窟窿山地区白垩系油藏特征及勘探开发部署”“青西坳陷勘探目标评价及鸭儿峡柳东地区扩边挖潜”等研究，在酒西坳陷青西凹陷部署的柳 102 井，获日产 50 立方米的高产工业油流，酸压后达百吨以上，打破了油田长期以来勘探找油的沉闷局面。开展的“酒东盆地营尔凹陷含油气基本规律研究及勘探目标评价”“潮水盆地石油地质特征综合评价及勘探部署”“雅布赖盆地萨尔台凹陷有利构造带评价及勘探目标优选”等研究，进一步深化了对酒东、潮水、雅布赖等盆地的地质认识，明确了勘探目标和方向。

1999—2000 年，通过“酒泉盆地白垩系小型箕状断陷油气聚集规律及勘探技术”“柳沟庄窟窿山油藏描述及综合评价”“酒西盆地青西坳陷、南部隆起勘探目标评价及优选”“柳沟庄窟窿山地区四性关系研究”“酒西盆地青西地区油藏评价及勘探开发井位部署”等精细研究工作，使青西油田油藏分布规律和储量规模认识取得了突破性进展，油田首次用动态法向国家储委上交了青西油田柳沟庄区块探明地质储量 654 万吨、探明含油面积 4.5 平方千米，为青西油田正式开发奠定了资源基础。油田坚持酒东、潮水、雅布赖等盆地的勘探不放松，先后开展“酒东盆地营尔凹陷重点圈闭描述评价及勘探目标选择”“雅布赖盆地萨尔台凹陷有利构造带评价及勘探目标优选”“潮水盆地石油地质特征综合研究”“河西走廊银根诸盆地综合评价及勘探目标选择”“油田地质动态综合研究”“河西走廊重点盆地评价及优选”“酒西盆地鸭老南地区圈闭特征及目标评价”“酒东盆地营尔凹陷含油气系统研究”“花海凹陷石油地质特征研究及勘探潜力分析”“酒西盆地石北大红全坳陷石油地质特征及勘探目标选择”等研究。

2001 年，通过开展“酒西盆地目标评价及勘探部署研究”“酒西盆地青西油田油藏描述及勘探开发部署”“酒西盆地南部含油气系统石油地质条件及勘探目标评价”等研究，进一步深化了对青西油田复杂岩性裂缝性油藏油气富集规律、构造特征、储集层特征等地质认识，为青西油田滚动勘探开发提供了理论指导。通过“酒泉盆地重点地区储集层横向预测”“区域盆地目标评价及勘探部署研究”“酒西盆地石北—大红圈地区石油地质特征及勘探目标评价”“酒东盆地营尔凹陷目标评价及勘探部署研究”“潮雅盆地有利勘探目标评价”“酒泉盆地有利区块三维目标处理及储集层横向预测”等研究，加深了对酒东、潮雅等盆地的地质认识。

2002 年，针对青西油田滚动勘探开发，开展“酒西坳陷目标评价及勘探部署”“青西油田油藏描述及储量计算”“酒泉盆地青西油田砾岩裂缝性油藏描述”“酒泉盆地窟窿山逆掩推覆体地质评价技术研究”；针对酒东盆地勘探，开展“酒东坳陷目标评价及勘探部署”；通过老资料复查及以往勘探工作总结，开展“酒泉盆地花海凹陷、民乐盆地目标评价及勘探部署”研究。

2003—2005 年，以酒东、酒西、武威、花海等盆地为重点，先后组织开展“河西走廊白垩纪盆地石油预探目标优选及部署”“酒东坳陷油气聚集规律研究及勘探部署”“酒泉盆地青西油田窟窿山构造南翼油藏地质特征及井位部署”“窟窿山构造油气富集规律研究及储量计算”“酒泉盆地青西凹陷目标评价及勘探部署”“青西油田油藏描述及储量计算”“酒泉盆地石大、花海凹陷勘探目标评价及部署”“营尔凹陷油气聚集条件研究及勘探部署”“河西地区诸盆地勘探区块评价及优选”“青西油田油气富集规律及勘探开发部署”“酒西坳陷目标评价及勘探部署”“营尔凹陷目标评价及勘探部署”“区域盆地目标评价及勘探部署”等综合研究，通过在窟窿山构造上钻探窿 104 井，在青西深层首次发现了油气藏，打开了青西深层勘探的局面；窿 15 井获工业油流，使青西油田的范围向东扩大，初步形成了青西亿吨级场面；鸭西区块的鸭西 1

井，获日产8立方米的工业油流，鸭西白垩系滚动扩边取得突破；酒东盆地长沙岭构造钻探长3井获工业油气流，酒东勘探获得实质性突破。

2006年，油气勘探研究认真贯彻“立足酒泉、深化酒西、加快酒东、准备外围”的勘探方针，通过“青西凹陷油藏评价及井位部署”“酒西坳陷目标评价及勘探部署”等综合研究，使酒西油气勘探取得新的进展，鸭西1区块探明地质储量730万吨；通过“营尔凹陷勘探目标评价及部署”等综合研究，进一步深化了对营尔凹陷油气成藏条件及规律、沉积与储集层、断裂体系等的认识；立足武威、潮水、雅布赖、昌马、银根—额济纳旗等盆地勘探，组织开展以“玉门探区区域盆地区带（区块）评价及目标优选”为重点的综合研究，使雅布赖盆地成为新区勘探重点。

2007—2010年，在油气勘探上持续开展“青西凹陷目标评价及井位部署”“酒西坳陷目标评价及勘探部署”“酒东坳陷目标评价及勘探部署”“营尔凹陷目标评价及勘探部署”“玉门探区区域盆地勘探目标评价及优选”“石大凹陷目标评价及勘探部署”“青西凹陷白垩系油气富集规律及青西油田滚动扩边研究”“酒西坳陷南部凸起古近系和中深层成藏条件研究及目标评价”“酒西坳陷勘探目标评价及井位部署”等综合研究。

2011—2015年，坚持按照“深化酒西，加强酒东，突破潮雅，钻探南祁连，优化矿权”的勘探方针，持续开展“青西凹陷白垩系目标精细研究与评价”“鸭儿峡白垩系目标精细评价与部署研究”“鸭儿峡志留系目标精细研究与评价”“509断裂带志留系潜山成藏条件分析与目标评价”“老君庙构造带勘探目标评价与优选”“老君庙构造带古近系构造解释与目标评价”“青西油田滚动扩边研究与井位部署”“青西凹陷古近系整体评价与目标优选”“青西凹陷基岩潜山成藏条件分析与目标评价”“营尔凹陷目标评价与勘探部署”“营尔凹陷油气地质综合研究”等精细勘探研究，鸭西白垩系勘探再获突破，鸭儿峡白垩系在K_1g_1油藏部署的鸭西12井获日产13.5吨的工业油流，柳北扇体部署的柳北2X井获日产27.3吨的工业油流，部署在青西古近系的鸭西103井、鸭西9井先后获得成功，投产的开发井口口见油，控制含油面积7.6平方千米；老君庙油田北翼评价取得新成效，部署的庙E105井、106井分别获得工业油流，I317冲断带滚动勘探获得突破，探明I317冲断带有资源储量潜力，使老君庙油田的油区面积扩展2.4平方千米；石北次凹重新勘探取得新成果，西部缓坡带部署的单东1井在古近系获日产2.8立方米的工业油流，完钻的单东2井发现油气显示17.21米，落实有利面积12平方千米，石北次凹古近系呈现连片成藏的特点，展示白杨河、单北油田外围具有勘探潜力；在酒东北部次凹落实了贺家梁、楼庄及下河清等构造—岩性目标，营尔凹陷长沙岭构造K_1g_3油藏提交探明石油地质储量1022.66万吨，含油面积13.96平方千米。加强了外围盆地的油气勘探综合研究，“雅布赖盆地结构与构造演化”“雅布赖盆地沉积体系与储集层特征”“雅布赖翘倾型残留盆地油气分布规律”“连片三维层序格架下构造精细解释”等研究工作的深入开展，进一步明确了雅布赖盆地的勘探方向和目标，雅探6井获工业油流，雅布赖盆地侏罗系油气勘探获得一定进展；以“南祁连高原盆地油气地质条件综合评价及勘探部署”项目研究为重点，选择勘探潜力较大的木里坳陷，以侏罗系、三叠系为主要研究目的层，系统分析烃源岩和构造演化，进行成烃、成藏研究，优选有利预探目标；开展玉门探区非常规油气勘探研究，进行了“武威盆地油气勘探前景评价”“潮水盆地煤层气试采研究及煤层气勘探前景评价”“武威盆地煤层气预探部署及钻后评价”等专题研究。

2016年，以落实鸭儿峡白垩系K_1g_1油藏可动用储量为目标，开展“鸭儿峡地区油藏整体评价及精细研究”，整体部署的鸭西104井、鸭西105井获工业油流，鸭西14井、鸭西1-2井获高产油气流，表明鸭儿峡白垩系K_1g_1油藏具备建产条件，落实有利含油砂体面积7.8平方千米、“甜点”面积3平方千米。本着以老井重新认识为切入点，重新构建地下地层格架、构造模式、沉积体系，重新认识油藏特征及勘探潜力，在青西油田开展“窟窿山构造带评价”研究，重新评价取得新认识，提出窟窿山山前为逆冲倒转高陡构造新认识，认为窟窿山向西向东有扩展潜力，部署钻探的窿17井、窿18井2口预探井，窿17井见油气显示。开展的“营尔凹陷新领域油气成藏条件研究及目标评价”，通过重新分析长沙岭构造带油气成藏条件，认为长2区块K_1g_1和K_1g_3油藏可能具有相似的成藏规律，具有较大的勘探潜力，通过进一步开展精细构造解释、沉积相分析及储集层预测，落实长2区块K_1g_1段断块结构及砂体分布，落实圈闭并部署预探井长19井，在目的层发现良好的油气显示，完钻后日产油28立方米，长沙岭构造带下沟组K_1g_1获得新突破，酒东油气勘探继2008年发现酒东油田之后又获得新发现。对石北古近系进行整体再评价研究，通过开展“石北古近系油气勘探新发现”研究，共落实有利勘探面积13.8平方千米，优化部署探井4口、评价井5口，其中单东2井、单东3井、单东101井、单东201H井、单东303井等5口井获工业油流，单东302井获低产油流，单东古近系油藏新增控制、预测储量526万吨。以落实雅布赖、南祁连、潮水等外围盆地勘探有利区带，实现勘探突破为目标，继续开展了“外围盆地油气成藏条件研究及目标优选”项目工作。

2017年，立足青西—老君庙富油气区带，按照整体控制鸭儿峡白垩系K_1g_1油藏、探索窟窿山油藏东西两侧、鸭儿峡白垩系K_1g_0、庙南斜坡古近系的勘探要求，开展“鸭儿峡白垩系油藏整体评价与井位研究”“窟窿山构造带整体再评价及井位部署”“庙南斜坡古近系目标精细研究与井位部署”3个专题研究。立足酒东长沙岭构造，以实现规模增储为目标，开展“长沙岭构造带K_1g_1段目标评价及井位部署”“营尔凹陷成藏规律研究及目标评价”。围绕“石北次凹有利目标评价及井位部署”，开展构造解释、石北次凹勘探潜力评价、沉积、储集层评价、成藏条件分析、有利目标优选等为内容的精细研究。在外围盆地，进一步深化雅布赖盆地石油地质条件整体评价、区带成藏组合和成藏条件和勘探部署及矿权优化方案设计等研究，优选小湖次凹红茨梁构造带乌兰构造部署钻探的乌1井获得工业油流，雅布赖盆地油气勘探取得突破；持续开展南祁连盆地区带评价优选研究，深化了对木里坳陷结构及构造特征、烃源岩评价及油气资源勘探潜力的认识；结合矿权优化，开展潮水盆地区带评价优选研究。

二、新技术研究与推广

1987年，针对探区地震资料处理方法较单一、综合评价相对技术落后的现状，油田积极承担国家“七五”重点攻关项目“数值模拟新方法新技术研究”。按照石油工业部引进计划，油田引进、推广海洋石油“用层速度计算地层孔隙度”“地震资料的特殊处理”“合成地震记录仪的制作技术”“勘探开发的早期评价”“油藏早期评价”“综合录井技术”以及“地震勘探及数据处理技术”等新技术。

1989年，通过开展“玉门地区山地地震技术研究与完善”“玉门地区测井技术的研究与应用”“玉门地区测井资料处理及解释方法研究”等攻关，开发、引进、推广和应用综合勘探技术、高精度综合勘探技术和山地地震技术，实现了人机联作地震资料解释，提高了油田油气勘探效率和成功率。

1990年，以消化、应用、提高高分辨率勘探、VSP勘探、三维地震等综合勘探配套技术为主，开展“综合地震、地质勘探技术研究”“吐—哈盆地野外采集方法研究”“青西地区白垩系地震地层学研究”“Landmark解释系统的开发应用”等研究工作。引进应用GR哈特综合录井仪及TDC综合录井仪、3700数控测井仪及3284数据处理机、C/0比能测井仪及多臂井径测井仪等先进录测井仪器和设备，确保了录测井资料的准确性。

1991年，引进、推广地震资料计算机处理系统（野马3284）、人机联作解释系统、横波勘探技术、三维地震勘探技术、VSP垂直地震剖面技术、高分辨率地震勘保技术、物化探技术、储集层横向预测技术等新技术，开始建立现场地质快速分析研究室和勘探数据库2个系统，完善勘探装备配套和工艺技术系列，提高了地震资料采集、处理、解释能力和方法。

1992—1995年，先后开展人机联作解释系统、同位素测井配套技术、地震资料解释系统应用软件、CONVEX−C3210地震资料处理系统配套技术的开发、引进和推广工作。

1998年，开展“勘探开发图形库的建立与应用”“计算机技术在勘探上的开发应用”等科研攻关，开始引进运用地质制图软件系统绘制图件，建立以Geom−a和Geosys等制图软件为基础的图形数据库；引进应用Landmark和IES地震资料软件、测井解释软件P包、油藏描述软件RM包，建立ALPH−A工作站，实现了地震资料解释目标处理和特殊处理。

1999年，运用成像测井、数字测井资料进行油气水层定量解释、四性关系建立、标准解释图版制作确定、油气层解释判别；运用复杂地表二维、三维地震野外采集施工方法、三维地震资料常规与特殊处理方法、成像测井识别裂缝技术、非零距井源VSP测井技术和复杂岩性油气藏储集层横向预测技术，进行储集层横向预测，形成了一套适合酒泉盆地深层、隐蔽、复杂油气藏勘探的先进实用的技术系列。

2000年，通过三维可视化、测井资料处理与解释、地震解释、平衡剖面等软件的引进开发，以及Mapinfo软件和地层压力预测软件与岩性预测软件的研制开发，实现了Maplnfo软件的动态数据信息可视化管理、空间或沿层的压力预测、砂岩百分比的计算，为酒东长沙岭地区三维地震提供了较为准确的预测压力数据。运用高精度三维波阻抗反演、储集层物性参数提取、砂体横向预测等技术，为搞清鸭老南L、M油藏砂体的横向展布、准确提取目标区块的物性参数和地震解释提供了可靠的资料。引进相应变速成图软件，开展“二维地震解释变速成图方法研究”，为绘制变速构造图、厚度图等地质图件提供了方便。

2001年，通过开展测井多井评价研究，建立青西地区岩性、电性、物性、含油性之间定量或半定量关系；确定裂缝储集层参数合理的计算模型，对储集层参数进行计算；应用成像测井裂缝识别技术；确定油水层解释判别标准图版多项科研攻关，大幅提高了油气层综合解释符合率，形成了青西地区裂缝性油层识别技术。

2002—2003年，利用酒泉盆地窟窿山逆掩推覆体高精度卫星照片、CEMP及大地电磁测深（MT）等资料，通过开展窟窿山逆掩推覆带地震资料处理攻关，进行了“酒泉盆地窟窿山逆掩推覆体地质评价技术研究”，形成了逆掩推覆带三维激发、接收技术，负责地表、地下地质结构下三维静校正技术，逆掩推覆带三维地震处理技术，有效提升了野外资料的一级品率和资料处理剖面的合格率。

2004年，开展“逆掩推覆体山地地震叠前偏移技术”研究攻关活动，形成了一套适用于逆掩推覆体山地地震资料成像的叠前时间偏移处理流程和方法。

2005年，开展“酒泉盆地复杂山地逆掩推覆体地震勘探技术”研究，通过系统总结和优化地震采集激发接收技术，进行静校正技术、叠前偏移处理技术研究和超长炮检距地震勘探技术试验，形成了当时物探技术条件下的先进的采集处理技术系列。

2006—2007年，持续开展“玉门探区岩性油气藏地震勘探技术”研究。

2009—2010年，针对酒泉盆地营尔凹陷白垩系孔隙型储集层高泥质、低孔渗、低阻等测井解释难题，通过开展酒泉盆地孔隙型储集层探井测井解释下限标准图版、酒东低阻砂岩储集层流体性质判别和测井精细解释方法等研究攻关，提高了流体判别准确率和储集层参数计算精度，形成了一套适合酒泉盆地低电阻孔隙型储集层测井精细解释技术。

2011年，通过雅布赖盆地高密度三维观测系统设计技术、源驱动可控震源交替扫描技术、实时监控高效采集技术、沙漠区改善检波器耦合的接收技术、沙漠区静校正技术、沙漠区处理技术等研究，形成了适合雅布赖盆地油气勘探的高密度高效三维地震采集勘探技术。

2012—2013年，通过岩石物理实验研究和测井及时模型研究，形成了雅布赖盆地的油气层测井综合评价技术。

2013—2015年，以“复杂地质条件地球物理关键技术研究与应用”课题研究为内容，持续开展逆掩推覆构造三维地震采集技术、逆掩推覆构造叠前深度偏移技术、老君庙二次三维叠前深度偏移处理技术、复杂地表静校正技术、复杂构造井中地震技术、地震资料融合各向异性处理技术、雅布赖小湖凹陷薄层砂岩储集层三维地震资料保幅处理等研究；通过岩石物理实验，开展测井系列的适应性评价及优选、水淹层测井定性识别方法、低饱和度储集层测井评价方法及砂砾岩储集层测井评价方法、剩余油饱和度解释模型研究及老君庙构造北翼新区块井旁构造分析；通过对青西复杂储集层测井评价方法进行完善，建立窟窿山双孔介质储集层测井储集层评价标准，开展青西凹陷岩石力学及地应力测井研究和测井多井评价，以及雅布赖小湖致密砂岩、青西柳沟庄泥云岩致密油测井识别与评价方法研究。通过探索复杂构造井中地震技术在逆掩推覆构造勘探的适应性，逐步形成了冲断构造叠前深度偏移关键技术及流程、薄砂岩低渗透储集层保幅处理技术系列、复杂储集层测井评价配套技术、泥云岩致密油测井评价技术、老油田测井解释评价配套技术。

2016—2017年，开展“酒泉盆地录井综合评价方法研究及应用”攻关，通过现场岩屑显微（荧光）照相、X衍射（XRD）分析等特殊录井项目的推广应用，形成了适合酒泉盆地的岩性识别录井方法，提高了岩性识别准确性；通过对气测、气相色谱等单项录井技术进行深入研究，以及核磁录井、3Q05气测仪等新技术应用，对录井采集各项参数进行归一化，分区块、分层系建立解释标准，形成了油气水录井综合解释方法；通过统一标准，建立了适合酒泉盆地不同区块的录井解释规范。

2017年，开始进行“酒泉盆地窟窿山逆掩推覆构造带地震勘探技术研究”，以期提高三维资料品质、改善剖面信噪比，达到地层偏移归位准确、逆掩推覆断面成像清楚、原地系统分辨率提高，进而落实窟窿山地质结构和砂砾岩及裂缝发育带。

第二节　油田开发研究

一、基础研究

1987年，油田开发研究工作以实现老油田生产50万吨再稳产为目标，先后组织开展“石油沟油田油、水物化性质、分布特点研究”“老君庙油田M油藏开发研究”“鸭儿峡志留系、白垩系储集层上产趋势研究”“老君庙油田注水系统防治细菌危害的研究”“鸭儿峡老地层递减规律及产量预测研究”等科研攻关。

1988—1990年，在承担国家“七五”攻关项目“注水油层微生物活动规律及其控制研究”的同时，先后开展“老君庙油田M油藏开发程序研究”“石油沟油田开发试验与研究”“L油层储量、产量研究及注气试验”“老君庙油田L油藏剩余油分布规律及调整挖潜方向研究”“鸭儿峡油田K_1x油藏注水方式可行性研究与试验”“白杨河单北油田扩边钻探地质研究”“玉门油田开发研究”。

1991—1995年，持续开展“老君庙油田多层砂岩油藏和裂缝性低渗透砂岩油藏开发模式研究”“改善水驱效果的实例剖析”等总公司下达的重点科研项目攻关。通过开展“鸭儿峡油田白垩系注水试验和志留系注水可行性研究”“玉门油区调整效果及潜力分析”“老君庙油田M油藏开发模式研究”“青西开发井的评价研究”“庙北夹片油藏数值模拟”“鸭儿峡油田剩余油开采可行性研究”等科技攻关，为老油田开发、提高采收率提供了理论指导。

1996—1999年，油田开发研究工作以鸭儿峡油田和青西油田为重点，通过开展“鸭儿峡油田综合调整方案研究”“鸭儿峡油田志留系油藏工程研究”“鸭儿峡志留系油藏开发地质研究”“鸭儿峡志留系油藏三维地震解释应用、扩边挖潜及井网调整研究”和“青西油田试井资料分析研究”“青西油田裂缝性油藏开发方案研究”，加深了对鸭儿峡油田志留系油藏高产规律的认识，加深了对鸭儿峡油田L层剩余油分布规律的认识，加深了对青西柳沟庄油藏的认识，为鸭儿峡油田的调整和青西柳沟庄油藏滚动开发提供了依据。同时，承担总公司下达的科技项目“老君庙油田递减规律研究”。

2000年，开展“青西油田深井举升工艺方式选择与评价”项目研究，依据青西油田前期的生产和压力测试资料，以单井为研究对象，形成了一套适合青西油田特点的油藏动态预测、完井方式选择、单井优化设计、人工举升方案编制，以及方案技术经济评价为一体的系统理论方法。同时编制配套的计算软件，设计每口油井生产能力及转入机械采油时机各不相同的举升方案，最终借助技术经济评价结果，确定出每口油井的最佳接替举升方案，为青西油田合理开采提供了依据。

2001年，开展“酒泉盆地青西凹陷窟窿山构造油藏描述”项目研究，对青西油田地层及沉积，多井综合地层评价及油层参数汇总，精细构造解释、岩性及油层横向预测，油藏特征描述，静态地质建模，以及双孔介质动态建模等内容进行研究，为青西油田开发提供了理论依据。通过“青西油田下白垩系裂缝性油藏油层划分对比方案及开发层系确定”研究，在含油层段内划分出油组及小层，并编制解释图版，计算储集层参数，评价各类裂缝段对产能的贡献，选择合理的开发射孔层位及完钻层位，完成了下白垩统储集层四性关系和油层划分对比方案研究。开展“青西深层裂缝性油藏降低废弃压力提高采收率研究”，从油藏和井筒举升两个方面研究降低废弃压力的可能性，针对青西油藏地质和开采特征，开展油藏递减规律及产能分析，确定降低油藏井底压力提高采收率的可能性，对可能的采油方式进行综合评价，并编制经济有效的采油工艺方案，推荐合理的采油方式。“青西深层裂缝性油藏合理井网井距及相关开发技术政策”的研究，全面开展青西油田油藏及油井动态特征、油藏温压系统、油井产能及动用储量、开发方式及驱动能量、合理井网井距，以及采油速度等研究工作。

2002年，借助窿4井、窿6井等井试油获得高产油流的时机，适时开展“青西深层裂缝性油藏开发技术研究”。研究认为下沟组油藏的油水界面分布具有层状、上高下低、过渡带宽的特征，油藏驱动类型为早期弹性驱和中后期的边底水驱动，确定了合理的开采速度。开展“青西深层裂缝性油藏开发期油藏描述”“青西深层裂缝性油藏油层识别、划分对比方法研究”等科技攻关。

2003年，窿8井获高产油流，针对窿8区块的地质特点，采用多学科相结合的技术和手段，对油藏地质特征进行综合研究，开展开采机理和三维数值模拟研究，落实了窿8区块的油藏构造、油藏类型、储量规模、油气富集区块和层位，并在三维裂缝地质模型的基础上，建立了合理的数值模型和网络模型。

2004 年，运用层序地层学研究方法，开展“老君庙油田白垩系油藏评价研究”，确定了白垩系分布特征，并在详细地层对比和地层划分的基础上，编制白垩系顶面构造图，确定了白垩系油藏构造特征。在利用鸭儿峡油田钻井、测井、录井、岩心分析及生产动态资料分析研究的基础上，应用三维地震解释、地质建模、油藏数值模拟技术，结合鸭儿峡油藏自身的特点，进行“鸭儿峡复式油藏地质和油藏工程综合研究”，完成三个油藏的调整治理挖潜和扩边增储目标优选研究，通过在白垩系、志留系和 L 油藏的现场实施，取得了较好的效果。完成“鸭儿峡油田 L 油藏低电阻油层研究与实践”项目，在 L 油藏的调整治理挖潜中，针对电阻率小于 4 欧姆 · 米、含油饱和度大于 40% 的低电阻油层进行重新认识，尤其在一片区下盘取得突破性的进展，证实低电阻油层在 134 断层带和一井区广泛分布，为鸭儿峡油田增储上产提供了潜力区块。

2005 年，在老君庙油田进行“M 油藏东边部低产区储集层伤害机理研究”，通过在该区 K286 取心井上录取 M_1、M_2 的岩样，并取得井口原油、L 层污水、清水等样品以及 M 油藏地层水分析资料后，进行储渗空间、岩石矿物、流体性质、注入水配伍性等方面的研究，并对储集层敏感性进行评价，证明 M 油藏东低区属于低渗特低渗、低压、低丰度的“三低”油层，是应力变化非常敏感的储集层，采取早期注水或同步注水甚至提前注水的方式进行开采，使油藏保持在较高的压力水平上进行开发，以利于油井稳产。

2006 年，应用地质建模、油藏数值模拟技术，开展“鸭儿峡油田 L 油藏精细油藏描述研究”。同时，开展 L 油藏沉积特征、剩余油分布规律、水体分布等研究，对 L 油藏的沉积特征有了更为深入的认识，找到了一些油气相对富集井区。

2007 年，开展“白杨河油田后期挖潜综合治理研究”，通过对白杨河油田油藏地质、生产动态等资料进行收集和分析，完成白杨河油田 78 口井的细分层对比，首次对底水块状砂岩进行精细层位对比，把白杨河油田白杨河组和火烧沟组划分 19 个小层，通过建立白杨河油田三维精细地质模型，进行油藏数值模拟研究，深化了对剩余油气饱和度空间分布特征和剩余油丰度分布特征的认识，提出了针对白杨河底水油田经济可行的综合治理方案。完成“鸭儿峡油田志留系油藏调整挖潜及滚动扩边研究”专题研究，依据志留系油藏的地质特征及大量的动态资料，逐步搞清油藏剩余油分布特征，提出了调整挖潜方案，提高了老油田的最终采收率。

2008 年，以沉积学的基本原理和方法为指导，综合构造—地层分析、地球物理学、地球化学、盆地分析等理论和方法，通过钻井、测井等资料的综合分析，开展“老君庙油田 L 油藏沉积微相研究及有利区预测”。“老君庙油田 K 层油藏构造和储集层综合研究”通过观察取心井，分析、清绘测井曲线、建立地层数据、进行地层对比和剖面对比以及绘制构造等高线平面展布图、砂体厚度等值线平面图等工作，系统总结了老君庙油田 K 层油藏构造特征及砂层厚度分布特征。在精细地层对比研究基础上，开展“鸭儿峡油田志留系油藏描述”研究，搞清了志留系油藏顶部构造特征，部署的滚动扩边井鸭 944 井，4 毫米油嘴自喷产液 30 米 ^{3}/ 日，含水 5%，成为志留系油藏时隔 18 年后获得的又一高产自喷井。

2009 年，开展“老君庙油田二次开发先导试验区数值模拟研究”，进一步深化对 M 油藏的地质认识，明确油藏剩余油分布规律，为二次开发调整部署提供了依据。

2010 年，结合鸭西 3 井、鸭西 113 井及鸭 944 井、鸭 948 井、鸭 949 井等钻探成果，开展“鸭儿峡油田志留系油藏 509 及 134 断裂带油气富集规律研究”，为将志留系油藏 509 及 134 两个断裂带列为志留系油藏滚动扩边的优选区带提供了依据。通过开展“营尔凹陷 K_1g_3 油气富集规律研究”，编制了酒东长沙岭 K_1g_3 油藏工程方案。

2011 年，开展“青西油田窿 6 区块精细油藏描述”研究，精细落实区块内断层发育等构造细节，搞清了储集层的空间展布、裂缝发育特征及油水运动规律，建立了三维双孔地质模型，有效指导了开发调整方案的部署。

2012 年，结合夹片区、白垩系地质资料的重新认识、油气运移聚集规律的分析，以及储量评价，开展“老君庙油田北部地质构造评价研究”，提出了老君庙油田北部深层 I317 冲断带的地质概念。“鸭儿峡油田提高 L 油藏水驱效果研究”，从 6 个方面进行整个油藏的水驱效果评价，准确找出油藏水驱过程中存在的问题，并提出了鸭儿峡 L 油藏提高水驱效果的技术、方法及井网调整建议，为油田下一步提高水驱效果，深入开发挖潜，提供了重要技术依据和支持。

2013年，针对老君庙构造带地质结构复杂、“一口井一个地质现象”、油藏地质规律难以把握等情况，对评价井部署进行调整，同时结合评价井随钻录井、电测、试油等资料，开展“老君庙富油区带地质体系重构研究”，明确构造演化对油气展布的控制作用以及古近系油气展布规律。开展“青西油田窿8区块注水综合研究”，深化窿8区块油藏地质特征认识，明确裂缝发育状况、展布方向及注采对应关系，为窿8区块的精细注水和高效合理开发提供了依据。

2014年，开展“鸭儿峡白垩系油藏产能建设方案优化及滚动扩边研究”，通过优化产能建设方案，开展注采对应性及适应性研究，改转13口注水井，年底白垩系油藏注水量达300米^3/日，实现了注上水目标。同时，加强白垩系油藏滚动扩边研究，井震结合，优化滚动扩边部署，鸭K1−47井等滚动扩边井相继获得自喷较高产量。“青西油田窿8区块精细油藏描述研究”充分应用区块内的岩心、录井结果，测井、地震资料，试油、生产动态资料以及新钻井资料，对窿8区块地层、沉积、构造、储集层、裂缝分布规律及油藏工程进行进一步深化研究，编制该区块注水开发方案。当年，利用冲断带高陡倒转地层对比技术，开展“老君庙北翼冲断带精细地层对比研究”，认为老君庙北翼冲断带为逆冲高陡倒转构造模式，首次发现弓形山油藏，并明确了走滑断块潜力在弓形山组和K层油藏，伴生断块（局部发育）潜力在L/M油藏，老君庙主力油藏L/M油藏有很大的关联性，I317冲断带潜力在弓形山组和L/M油藏，中部及东翼以弓形山组油藏为主，西翼以L/M油藏为主，前探1夹片为有产建前景的领域。同年8月，应用岩心、测井、地震及动态资料，对老君庙构造带K、L、L−M、M层进行地层划分与内部结构分析，开展区域沉积体系的分布特征研究，并重点开展L、M层沉积微相的研究，完成“老君庙构造带古近系沉积储集层特征研究”项目。研究认为，冲断带L、M油藏在老君庙油田北部构造带自西向东呈条带状连片分布，钻探证实在不同的深度、层位都有较好的工业油流，连片分布、规模成藏。至此，庙北构造I317冲断带有了较清晰的构造模式。

2015年，在中国石油勘探开发研究院复杂逆冲断裂体系下高陡倒转地层对比方法的基础上，开展“老君庙油田北缘及冲断带古近系潜力区精细地质研究”，研究出“构造模式宏观控制、倾角资料辅助、井震结合综合识别对比”的逆冲高陡倒转地层精细划分与对比方法，将庙E101井冲断带重新定位为冲断带K层。开展“青西油田柳沟庄油藏精细描述综合研究”，建立初始化油藏数值模拟模型，完成了区块及单井历史拟合，针对区块剩余油进行分析，编制调整方案。同年，还开展“老君庙构造带地质再认识以及油藏整体评价研究”“鸭儿峡古近系岩心分析”“鸭西古近系沉积储集层特征研究”等科技攻关。

2016年，开展“I317冲断带N_2S_1油藏地质研究与开发实践”项目研究，通过东翼N_2S_1油藏地层精细对比，建立N_2S_1油藏有效层测井解释标准，开展N_2S_1油藏潜力评价，进一步明确I317冲断带各油藏的油气展布规律。“鸭儿峡白垩系油气富集规律研究”部署的鸭西1−2井射孔投产$K_1g_1$3−1段油层，3毫米油嘴自喷稳定产液65米^3/日，含水10%。“鸭西白垩系勘探开发一体化研究及井位部署”，通过油藏精细研究与井位部署，深化油藏控油因素和富集规律认识，使鸭儿峡地区精细研究取得新进展，落实K_1g_1油藏含油面积7.8平方千米、储量规模1000万吨，“甜点”面积3平方千米，进一步深化$K_1g_2{}^2$段油藏油水分布特征和含油气性认识。针对酒东K_1g_3油藏，持续开了“复杂断块油藏油水分布规律研究”，通过研究，认为夹角断层形成的墙角型断块构造相对高部位油气较富集，从而在长2区块“油少水多”的东部条带精心部署钻探了长2−34井，投产C1油层组自喷获得30米^3/日，含水40%的初产。同时部署在油藏内部的长2−30井、长3−15井等获得高产油流。当年新建产能2.65万吨，新井全年生产原油0.99万吨，产能贡献率38%，创四年来最佳水平。

2017年，针对青西窿8区块、酒东K_1g_3油藏、鸭西6区块等复杂油藏的开发现状，重点组织开展“窿8区块沉积微相研究”“酒东K_1g_3油藏微构造特征和沉积微相研究”“鸭西6区块沉积微相和砂体展布特征研究”，运用裂缝网络DFN模拟技术，建立青西窿8区块裂缝性油藏双重介质地质模型；应用相控确定性建模方法，建立酒东K_1g_3油藏复杂断块油藏三维地质模型；应用随机性建模方法，建立鸭西6区块三维地质模型。同时，组织开展“青西窿101区块弧形断裂带两侧和窿8区块西部、南部滚动扩边潜力评价”“酒东K_1g_1油藏小层精细对比和砂体展布特征研究”“鸭西12区块、白垩系油藏西北部、鸭西6区块西部有利储集层和油水分布研究”等科技攻关活动，优化部署了扩边井位。当年，酒东长1−3井投产后，日产油16吨，长19区块新增预测储量512万吨；在鸭西12区块南部完钻的鸭西106井投产K_1g_1层后，自喷初产液

16.3 米^3/ 日，获得高产；白垩系油藏边部油水分布特征进一步明确，$K_1g_2^{2-2}$层储集层连续性好，白垩系油藏西北部可新增含油面积 0.98 平方千米、地质储量 150 万吨；鸭西 6 区块向西扩边钻探的鸭西 15 井自喷投产，日产油 8.5 吨、含水 10%。

二、工艺技术研究

1987 年，在外围勘探未获重大突破的情况下，为了确保老油田长期稳产上产，进一步提高采收率，在加强开发综合研究的基础上，突出采油新工艺、新技术的研究、开发、引进、试验和推广应用，有效解决老油田后期开发带来的油水井套损严重、注采工艺落后、增产措施效果不佳、产量递减不能有效控制等矛盾。至 1990 年，油田在持续开展“老君庙油田 L 油藏化学驱油技术”“微生物三次采油”“数值模拟新方法新技术研究”“注水油层微生物活动规律及控制研究”“化学驱油中表面活性剂稀体系的探索”等国家“七五”重点攻关项目的同时，先后开展“解堵增产工艺研究”“堵水新工艺研究”“老君庙油田套管损坏治理研究”“有杆泵抽油技术研究”“深层油藏增产改造技术措施研究”“油气计量技术研究”“脉冲油层处理技术研究”“深井有杆泵采油技术研究”“青西试采工艺技术研究”“原油降凝、降黏剂研究与应用”“化学清蜡剂研究与应用”“玉门地区原油降黏、破乳、清防蜡剂的研究”“有杆泵深井采油工艺技术配套”“高能气体压裂技术”等科技攻关活动。与法国国家石油研究院共同开展“老君庙油田 $L_{1、2}$ 油藏三次采油可行性研究与现场先导实验”。开展以水力活塞泵采油试验、长冲程抽油机深抽试验、气体射流泵深采试验等为内容的“深层油藏采油方式试验”和利用太阳能进行井口保温和原油脱水试验。推广应用油藏数值模拟技术，抽油机井井下诊断技术，颜氏火嘴，轻油回收，封堵调综合堵水技术，压裂酸化改造油层技术，泡沫压裂工艺，油井井下诊断技术，空心抽油杆热洗清蜡技术，磁技术应用一条龙技术，热洗清蜡工艺，封堵调综合治理工艺等先进实用的工艺技术。

1991—1999 年，先后承担开展“深井高能气体压裂工艺技术研究”“大功率电脉冲油井增产技术（声波油井增产技术）试验与研究”“老君庙油田开发模式及工艺技术系列研究”“多层砂岩油藏和裂缝性低渗透砂岩油藏工艺技术系列研究”“高含水期采油工艺新方法研究”等国家、总公司科技攻关项目。开展“三次采油新技术研究”“有杆泵深井抽油装备与工艺技术研究”“油水井压力、温度、流量及井下动态测试技术研究”“碱、表面活性剂—聚合物复合驱油技术研究”“三次采油数值模拟技术”“聚合物调整吸水剖面研究”“三元复合驱三次采油新技术研究”“微生物提高采收率技术研究”“复合驱油技术研究”“鸭儿峡油田稠油降黏技术开发”“多元复合驱技术研究”“微生物采油技术研究”“聚合物驱油技术研究”“青西鸭儿峡酸化工艺技术研究”“深度调剖、堵水技术的研究”“鸭儿峡油田深井堵水技术研究”“探区深井油层改造技术研究”等科技攻关活动。推广实施“老君庙油田 L 油藏胶束 / 聚合物驱油先导试验”“老君庙油田 L 油层表面活性剂 / 聚合物驱油先导试验”“老君庙油田 M 油层东边部低产区增产增注技术试验”“声波处理油层技术试验”“中深井高能气体压裂技术试验”“超声波防垢试验”“地面驱动螺杆泵采油试验”“鸭儿峡油田、石油沟油田聚合物驱油现场试验”“人工地震强化采油试验”“聚合物调整吸水剖面现场试验”“老君庙油田 M 层 G175 井组聚合物驱油试验”“老君庙油田 K 层聚合物驱单井组试验”“鸭儿峡油田一井区聚合物驱油试验”“石油沟油田生物聚合物驱油扩大试验”“老君庙油田 H184 井组碱 / 表面活性剂 / 聚合物驱油试验”等试验，使油田的储采比逐步达到平衡。推广应用“浅井高能气体压裂技术”“声波处理油层增产技术”“杀菌增注技术”“MY 系列化学解堵剂解堵技术”“延长检泵周期技术”“玻璃钢抽油杆技术”“生物聚合物调剖技术”“人工地震强化采油技术”“玻璃钢抽油杆深抽技术”“三次采油数值模拟技术”“化学解堵及清防蜡技术”“高能气体压裂技术”“黄胞胶调剖技术”“延迟放热化学解堵技术”“深井非酸性油层解堵技术”“定向井侧钻斜井技术”“射孔参数优选及软件应用”“选择性堵水技术”“氟硼酸酸化防砂技术”“深抽配套工艺技术”“分层注水技术”等一系列新工艺、新技术，有效增加了单井、区块的产油能力。

2000—2005 年，围绕青西油田的滚动勘探开发，开展“玉门油田深层裂缝性油藏开发技术（含青西油田开发方案）研究”“酒西盆地特殊油藏油层保护及增产技术研究”“深井酸化压裂技术研究”“青西非常规油藏开发技术政策研究”“青西裂缝性油藏稳产技术研究”“青西油田采油工程技术研究”“青西油田深层特殊岩性裂缝性油藏水力压裂技术研究”“青西裂缝性油藏测试技术研究”“青西油田底水油藏稳油控水及封堵水技术研究”“青西油田油层改造技术研究”“青西小井眼复合射孔技术研究”等科学研究工作，进行

“青西油田深层裂缝性油藏能量补充先导试验”，推广应用“裂缝—孔隙型油藏油层保护技术”“青西油田深度酸化技术”“机采井静压测试技术”“深层特殊岩性裂缝性油藏水力压裂技术”等工艺技术，形成了适合青西油田开发的以深度酸化压裂为主的油气层改造技术，以原油解堵、复合解堵、优化工作制度、优化生产管柱、优化压井工艺和压井液体系以及流态重建技术为主的稳产技术，以及以小压差生产、小跨度射孔、逐层上返、水淹层回采等一系列技术措施为主的控水稳油技术。围绕老油田稳产上产，开展“微生物采油技术研究”“鸭儿峡油田志留系油藏贯眼完井方式下找、封水技术研究”“老油田提高采收率技术研究”“鸭儿峡、青西油层保护技术研究”“新型污水处理技术及分层注水工艺研究”“浅井延迟交联深度调剖、堵水技术研究”“油井清防蜡技术研究”“新型分层注水技术研究”“深部调剖、堵水改变水流方向技术研究”等研究，进行“老君庙油田M油藏提高采收率技术先导试验”“新型污水处理技术及分层注水工艺试验”等试验，推广应用“深井酸化压裂技术”“油层保护技术”“延长油井免修期技术”“新型井口加药技术”“油井清防蜡技术”“螺杆泵采油技术”等最新采油工艺技术，进一步完善和提升了适合老油田开发的采油工艺和技术。

2006年起，在继续开展“青西油田开采技术研究”“老君庙油田M油藏提高采收率技术研究”“青西油田储集层改造技术研究”“油井清防蜡技术研究”等科技攻关和试验的同时，先后组织开展“老君庙油田粉砂防治技术研究”“试油配套技术研究”“深井大修技术研究”“物理清防蜡技术研究”“酒东探区深井压裂技术研究”“有杆泵防偏磨技术研究”“水平井配套采油工艺技术研究”“青西油田防垢、防腐、破乳脱水工艺技术研究”“酒东、酒西深井水力压裂工艺技术研究”“酒东、酒西深井区酸化技术研究”“水平井采油工艺及修井技术研究”“酒东、酒西特殊储集层改造工艺技术研究”“老君庙油田水平井分段压裂工艺技术研究”“玉门油田深井气举排液技术研究”“青西油田延长油井免修期配套技术研究”“酒东探区采油工艺技术研究”“青西油田深抽配套技术研究”“酒东油田注水工艺技术研究”“雅布赖探区探井压裂改造技术研究”“水平井分段压裂及配套修井技术研究”“电潜泵采油工艺技术研究”等科技攻关活动，研究开发、引进推广和完善了“物理清防蜡技术”“水力射流泵排液技术”“玉门油区大修技术”“深井水力压裂技术”“水平井采油工艺及修井技术”“酒东、酒西特殊储集层改造工艺技术”“老君庙油田水平井分段压裂工艺技术”“封隔器滑套投球多级压裂工艺技术”“青西油田延长油井免修期配套技术”“老油田清防蜡新工艺新技术”“防垢及除垢新工艺新技术”等。

2012年，开展“玉门油田水平井分段压裂改造工艺技术研究与应用”“玉门油区特殊井立体压裂技术研究”“中深井分层注水工艺技术研究与应用”“中深抽油井提高系统效率技术研究”“老君庙油田M油藏二次开发深部调驱试验”“青西油田封堵水技术研究及试验”“酒东油田高压注水现场试验技术研究”“套坏井修复技术研究与实施”“水平井固井界面整体固化胶结防窜技术研究与应用”等攻关活动。

2013—2015年，持续开展“老油田水驱提高采收率关键技术研究”“青西—老君庙构造带有效开发关键技术研究”“三次采油技术研究”等重点科研项目的研究攻关工作，并先后组织开展“复杂岩性高应力储集层改造技术研究”“水平井体积压裂技术研究”“中深井分层注水工艺技术研究”“中深抽油井提高系统效率技术研究”“鸭儿峡油田高黏原油集输工艺技术研究”“青西油田窿8区块稳产技术研究”“酒东油田清防蜡技术研究”“老君庙油田浅表层漏失段顿钻技术及综合性堵漏技术研究”“鸭儿峡油田封堵水工艺技术研究”“玉门油田深井泵配套采油技术研究”等研究工作，推广应用“水平井体积压裂”“暂堵转向压裂”“储能压裂”等压裂新工艺新技术。

2016年，开展“高应力裂缝性储集层改造技术研究”“玉门油田新型防砂技术研究”“玉门油田深抽配套技术研究”“鸭儿峡白垩系油藏泡沫防气窜技术研究”“青西油田人工举升工艺配套技术研究”“鸭儿峡油田延长油井免修期技术研究”“重复压裂技术研究”“采出水精细处理与回注技术研究”等科研攻关工作。

2017年，在继续开展“鸭儿峡白垩系油藏泡沫防气窜技术研究”的同时，开展“酒西高应力储集层改造技术研究”“玉门油田深井调堵技术研究”“老君庙油田机械防砂技术研究”“鸭西12区块有效开发技术研究”“酒东油田提高油井生产时效技术研究”等科研攻关的同时，进行“鸭儿峡油田机械分采技术试验”“注水井智能分层注水技术现场试验”“青西油田超深泵挂采油配套技术研究与试验”等试验，对引进推广的“泵送桥塞分簇射孔技术”进一步进行了完善。

第三节　钻井技术研究

20世纪80年代初，由于油田钻井装备较差、钻井工艺技术相对落后，造成钻井成本高、速度慢，严重影响着勘探开发的进程和效果。其主要表现在：钻井液种类和处理剂没有形成体系，不能有效对付复杂地层的钻井和防止油层污染；只能开展原始数据的测量和记录，没有形成钻井参数优选体系；井控技术不完备，无法开展平衡钻井和中途测试，丛式井等特殊钻井在油田还是空白。为此，“七五”期间，油田提出“科学打井”的奋斗目标，在不断改进和提升钻井装备水平的同时，加强了钻井工艺技术的科研攻关和新工艺新技术的引进、推广步伐，快速提升了油田钻井工艺技术水平。

1987—1990年，玉门油田钻井工艺技术的研究、引进和推广应用工作，主要由钻井处负责，按照石油工业部和油田确定的科研课题和引进推广计划，结合钻井生产实际，开展科研攻关和引进推广。针对科学打井工艺不配套、油气检测技术水平低、地层垮塌严重等问题，先后开展“防塌泥浆系列的研究与试验”“提高深井固井质量工艺技术研究”“钻井参数优选”“地层测试技术研究”“地层压力检测研究”“PDC取心钻头在玉门油田的应用”等科技攻关活动；按照石油工业部新技术推广合同，引进推广以“地层测试器中途测试技术”“近平衡钻井及井控技术”“地层压力预测检测技术”“优选参数钻井技术”等8项技术为主的科学钻井配套技术；研制、引进和推广“油气检测技术”“综合录井技术”“页岩分析技术及防塌泥浆技术”“泥浆示踪剂技术”“高压喷射钻井”“高效优质喷射式钻头”“川式取心工具”等新工艺新技术及新产品，稳步提升油田钻井技术水平。1988年，钻井处仅用6个半月时间，就快速、优质地拿下了青西地区柳2井、柳3井2口4500米的深井钻探任务，建井周期创同类地区历史最好水平。1989年，钻井处通过完善地层压力预测、监测技术和高压喷射配套技术，推广川8–3、PDC等各类取心钻头和外返孔式取心工具，岩心收获率、单筒取心进尺大幅提升，特别是在吐哈盆地托参1井的测试求产中，通过采用强力喷射、螺杆泵、气流泵、桥塞等新技术，快速解放了油气层。

1991年起，由于钻井处绝大部分钻井队赴疆参加吐哈会战，钻井处钻井技术的科研攻关和新工艺新技术的引进、推广等工作主要围绕吐哈盆地的钻井生产开展。1991年，钻井处在吐哈盆地以完善配套三阶段高压喷射钻井技术为重点，组织开展“低压低渗油层保护钻井技术研究”“复杂井钻井技术研究”“快速钻井参数优选研究”“复杂井固井技术研究”“数控钻机应用研究”5项研究，推广“全函喷射钻井”“随钻地层压力监测及近平衡钻井”“现代井控技术”“泥浆优选优配”“低压低渗油气层固井完井技术”“中长筒密闭取心”“井下事故预防及处理”“优质快速钻井技术”等8项新技术。

在老区，由于钻井工作量的下降，科研攻关和新工艺新技术的引进推广工作大幅减少。1992年，钻井处在承钻酒参1井的过程中，引进推广“全函三阶段高压喷射钻井技术”“随钻震击器，上、下击器，随钻减振器，随钻打捞爪等事故预防技术”“钻井参数优选”“钻头优选”“阳离子钻井液”“屏蔽式钻井液暂堵技术”等多项科学快速钻井新技术。1994年，为了进一步加快青西柳101井的钻井速度和有效保护油层，钻井处采用川克巴拉斯新型钻头，应用屏蔽暂堵油层保护新技术和优质低密度钻井液，进行青西钻井油层保护新技术的研究和试验。1995年，针对鸭儿峡油田的深井开发，通过进行深井侧钻工具和测试技术的引进配套，组织开展“深井侧钻技术研究”，对鸭555井等报废井通过侧钻作业进行了修复利用。

1996年后，玉门油田钻井工作主要依靠外部队伍开展，针对钻井科研队伍和力量薄弱的现状，勘探部主要采取内外结合的方式，主动与吐哈钻采工程研究院、西南石油学院等科研队伍、院校合作，共同开展钻井工艺技术的研究、引进和应用工作。1998年，针对青西储集层裂缝性油藏钻井难度大、油气层保护技术研究薄弱的状况，勘探部与西南石油学院协作开展“青西深层裂缝性油藏勘探工程技术及油层保护技术研究”，通过对下沟组裂缝—孔隙性油藏储集层物性特征和损害机理的研究，形成了青西油层保护的技术思路和钻井方法，并优选了适合本地区裂缝性油藏特点的钻井液体系和油层保护方法，有效地发现和解放了油气层，加快了青西油田的勘探开发步伐。

2000年，针对PDC钻头由乙方管理及使用，PDC钻头厂家多、型号杂，PDC钻头使用未获突破的情况，油田通过钻井承包合同，要求乙方钻井队伍优选试验和使用PDC钻头。当年，在青科1井钻井中，乙方队伍选用一只311毫米M1975SGPDC钻头，自井深2563.45米处钻至4132.31米，钻井总进尺1563.86

米，纯钻时间893小时25分钟，平均机械钻速1.75米/时，创造了玉门地区PDC钻头总进尺、钻井总时间的两项最高纪录。该井PDC钻头的试验成功，为青西地区快速钻进探索了一条行之有效的途径。至2001年，在青西和酒东使用了25井次共54只钻头，其中，青2–9井、青2–8井使用了2只311毫米GP536D钻头，钻井进尺分别为1012米和697.98米，纯钻时间为372小时和107小时45分钟，平均机械钻速为2.72米/时和6.48米/时，尤其是青2–8井使用的PDC钻头创造了青西地区的机械钻速最高纪录，为使用好高效能钻头提供了依据和借鉴。

2001—2005年，针对青西区块地应力、井壁稳定性、钻井提速、钻井液体系繁杂等情况，勘探事业部开展“青西油田阳离子聚合物钻井液技术研究”“青西油田开发井优快钻井技术研究”，进行技术攻关，优选出阳离子正电胶钻井液体系，通过在青2–19井、青2–24井、窿8井等50余口井的试验结果表明，该钻井液体系所钻井井下复杂时效和井径扩大率大幅度下降，油层段井径扩大率由1998年的12.05%下降至2005年的4.61%，复杂时效由3.55%下降为0.59%。针对青西开发井钻井速度慢、周期长、成本高（钻井成本占开发总投资的70%左右）等问题，开展“青西油田开发井优快钻井技术研究”，探索出一套适合开发井优快钻井的方法，钻井周期逐年缩短，由2000年以前的8.18台月/口井缩短到2005年的5.99台月/口井，尤其是推覆体以外完成井的钻井速度得到大幅度提高，由2000年以前的7.78台月/口井降低到2005年的4.50台月/口井左右，缩短了3.28台月/口井，事故复杂时效降低1倍以上。实现了股份公司提出的“推覆体以外4个月打1口开发井”的目标，弥补了油田“九五”期间钻井科研的空白，为加快油田勘探开发进程，特别是对高陡巨厚的逆掩推覆体地层的钻井工作，提供了经验和借鉴。针对青西窟窿山逆掩推覆带勘探的突破，青西油田勘探开发向南、向西扩展，逆掩推覆体厚度和地质复杂程度进一步增大，油田组织开展“玉门探区特殊工艺井钻井技术研究”，通过利用破碎带可钻性较好的地质区域打定向井，避开了大段、块状推覆体地层，推覆体钻井井段由2652米减少为1425米，减少了46%；机械钻速由0.88米/时提高到2.83米/时，提高了2倍以上；使得推覆体钻井周期由169.50天缩短至33天，缩短了4倍多；2002—2004年，青西油田钻成的16口特殊工艺井中有10口井获得日产50立方米以上的高产，填补“九五”期间在青西地区无特殊工艺井的技术空白。油田与威德福亚太有限公司合作开展“空气钻井试验”科研工作，先后在青西油田窿15井、青2–33井、青2–17井、窿14井4口井的推覆体志留系、古近系和白垩系地层进行了空气、雾化、泡沫3种循环介质的欠平衡钻井试验，累计进尺4365.30米，平均机械钻速6.25米/时，空气、雾化、泡沫钻进平均机械钻速较常规钻井都有了突破性提高，并录取了大量的现场试验数据和资料。虽然因地层出水问题未能解决而终止试验，但为油田后期开展的空气、雾化、泡沫和微泡液相欠平衡钻井等技术的推广应用，奠定了基础。

2006—2010年，进一步加强同集团公司钻井工程技术研究院、西部钻探工程有限公司、西南石油学院等科研单位、生产单位和院校的合作，并将集团公司钻井工程技术研究院作为主要依托单位。先后开展“玉门探区油气层保护钻井配套技术”“玉门探区钻井提速配套技术”“玉门探区优快钻井技术”“酒东坳陷水平井钻井技术”“玉门油田优快钻井配套技术”“酒东探区工程试验井钻井提速技术”“鸭儿峡油田134断裂带钻探技术”等研究工作。其中，针对青西推覆体老地层可钻性差、易井斜、储集层保护难度大等钻井现状，开展“玉门探区油层保护配套技术研究”，试验应用Power–V垂直钻井、高效能PDC钻头、充气钻井等技术，采用近平衡钻井+裂缝封堵的油气层保护钻井液技术，利用测试压力资料确定合理的钻井液密度，实现对储集层的及时发现和保护，形成了7项钻井提速配套技术，实现了“青西探井7个台月、开发井5.5个台月、柳沟庄3个台月、酒东6个台月打1口井”的目标；针对钻探向5000～6000米打井，井底温度高达180℃，井底压力达到105兆帕，暴露出裸眼井段长、井控难度大、钻井速度慢、井身质量控制困难、侧钻施工泵压高、高温钻井液性能不稳定、小间隙固井困难等问题，开展“玉门探区深井综合配套技术的研究”，从相应的高温高压钻井液体系优选和深井井身结构，以及高温高压工具的测试分析入手，形成了适合玉门油田深井配套钻井技术，深井钻井成功率100%，试验井段PDC钻头行程钻速与牙轮钻头相比提高20%，复杂时效、事故时效小于5%，固井施工一次成功率100%，油气层固井质量合格率大于80%，试油成功率100%；针对山前推覆体地层内钻井易斜易塌、下部白垩系地层可钻性差、多套压力系统并存，致使井下复杂、事故频繁等影响玉门钻井速度的因素，开展“玉门探区优快钻井技术研究”，形成了一套适合玉门探区的钻井提速配套技术，效果显著。开展“玉门油田复杂深井钻井提速技术研究与应用”，完成5

口井垂直钻井（其中4口井钻穿推覆体地层），共使用6只个性化PDC钻头，单只进尺达到1798.88米，1只钻头即可打完二开进尺，平均机械钻速9.32米/时，与2007年进尺1306.71米、机械钻速7.39米/时的指标对比，在单只进尺增加近500米的情况下，平均提高26%；开展的“酒东地区钻井提速技术研究和应用”，针对下沟组K_1g_3油藏（4000米左右）在古近系地层井斜大、钻井速度慢、“红层”易坍塌以及压力系统复杂等问题，从进一步评价和优化井身结构入手，利用测井资料建立酒东区块三压力剖面，确定井身结构，制订防斜措施，优化钻井液性能，成功钻成2口工程试验井，在酒东长沙岭构造北部推广应用，白垩系深层钻井提速效果明显，5000米左右的井钻井周期由270天缩短到158天，4000米左右的井钻井周期最短为55.60天。开展的“PDC高效能钻头实验攻关”研究，将PDC钻头从钻井成本中切出，由甲方统一管理，改变了以往PDC钻头厂家多、型号杂、难以有效评价的缺陷；通过签订“单只钻头技术协议”的方式进行钻头（机械钻速、进尺）指标考核，优选技术实力较强的5个厂家参与玉门探区个性化PDC钻头的技术攻关，优选出2家技术实力雄厚的钻头厂家，经过钻头专家、油田技术人员、生产厂家共同研究，优选钻头类型，编制“钻井液操作规程”和“PDC钻头现场操作规程”，有效提高了单只钻头进尺和平均机械钻速，为酒东探区钻井提速奠定了基础。

2011年，成立钻采工程研究院，专门负责油田钻井工程技术的研究、引进和推广应用工作。当年，该院针对探区钻井难度大、老区中深井白垩系提速瓶颈未根本解决、钻井恶性事故时有发生、钻井速度慢等问题，开展“玉门探区钻井提速技术研究及应用”，通过成熟配套技术的集成和优化，试验美国阿特拉扭力冲击、特种PDC旋转钻井及欠平衡钻井等技术。同比2010年，酒东区块钻井周期在平均井深增加67.83米的情况下缩短了16.79天；青西区块青2–65井、青2–66井白垩系深层引进扭力冲击钻井技术，平均310米段长钻井周期缩短17.75天；钻成的井深4980米的深井青2–66井，历时142.13天，创青西5000米井最快纪录。

2012—2015年，钻采工程研究院持续开展“雅布赖盆地优快钻井提速技术”“玉门探区欠平衡钻井配套应用技术”“玉门探区中深层水平井钻完井技术”“玉门探区钻井提速技术优化与应用”“雅布赖盆地新型钻井液”“鸭儿峡油田防斜打快钻井配套技术”“逆掩推覆带优快钻完井技术”“长封固段固井技术”等科研攻关。其中，“玉门低压油藏充氮气欠平衡钻井技术研究和应用”，针对青西等油田长期依靠天然能量开发，地层压力下降，采用两层井身结构方式钻井，目的层段井漏时有发生，产生污染储集层等问题，论证筛选充氮气液相全过程欠平衡钻井技术，第一口充氮气欠平衡钻井的评价井——柳108井，实施筛管完井后自喷，日产油26.1吨；相继钻成的鸭950井酸化后初产4米^3/日，青2–66井和青1–7井在钻进中见到油气显示。通过开展“酒西区块储集层充氮气液相欠平衡钻井技术应用”，在目的层应用充氮气液相欠平衡钻井25口井，均未发生井漏，解决了储集层漏失问题，其中17口井（68%）钻井过程中点火成功，最大限度地发现和解放了油气层，打开了青西油田精细勘探开发的新局面。针对新区地质条件复杂、勘探难度大，老区中深井白垩系提速瓶颈仍未根本解决，钻井技术水平发展不均衡等问题，开展“玉门探区钻井提速技术优化与应用”，从井身结构优化、个性化PDC钻头、阳离子钻井液以及复合钻井技术、扭力冲击和液力脉冲新工具等方面攻关，在青西钻井15口（2口开窗侧钻井、1口水平井），平均井深4426.58米，井深减少148.99米，钻井周期165天，同比增加6.32天；机械钻速2.27米/时，同比提高5.58%；在酒东K_1g_3钻井9口，平均井深4307.78米，钻井周期84.56天，与2011年相比，平均井深减少51.98米，钻井周期缩短8.4天，实现了2012年酒东直井钻井周期85天的提速目标。在酒东K_1g_1钻井2口，平均井深5425米，机械钻速3.32米/时，钻井周期136.12天，与2010年相比井深增加365米，机械钻速提高0.53米/时（提高19%），钻井周期缩短6.96天；钻成5650米的深井丰2井，钻井周期134.33天，创酒东最快钻井纪录。针对鸭儿峡K区块地层易井斜、鸭西区块可钻性差、夹层多等问题，开展“鸭儿峡油田优快钻井配套技术研究与应用”，通过井身结构优化，利用地震资料和邻井地层压力分析，结合Power–V垂直钻井防斜打快技术和异形钻具力学分析软件，解决了鸭K区块易井斜和鸭西可钻性差的问题，钻井速度大幅度提高，与2012年钻成的4口井相比，钻井周期缩短51.64天，平均机械钻速提高1.68米/时（71%）；通过开展“力推钻井提速，创造鸭儿峡现象”的研究，在鸭K项目中大胆尝试工厂化作业，形成五大钻井模式，钻井周期最短的鸭K1–24井（井深3665米）仅用24天完成钻井任务，创鸭K区块钻井周期最短纪录，创造了钻井提速的“鸭儿峡现象”，被誉为集团公司小区块钻井总承包的典范。针对酒泉盆地逆掩推覆带油藏埋深

3500 ~ 5000 米左右，地质构造复杂、岩性多变，非均质性强；上部推覆体地层普遍含砾，倾角大，易井斜；新近系含砾岩地层钻头选型难，白垩系高硬度高研磨地层，缺乏成熟有效的提速工具；深层破碎带发育，地应力复杂，井壁失稳问题突出等复杂情况，钻采院与集团公司钻井工程技术研究院、西部钻探工程有限公司协作，持续开展“逆掩推覆带优快钻完井技术”“5000 米深井钻井提速技术”等攻关和试验，形成深井提速工具研发与应用、全过程欠平衡钻完井、预弯曲动力钻具防斜打快等 7 项关键技术，发明了适合 $8\,^1/_2$英寸、$9\,^1/_2$英寸两种井眼尺寸的液力脉冲提速工具，自主研制了适合 $8\,^1/_2$英寸、$9\,^1/_2$英寸两种井眼尺寸的扭力冲击提速工具，创新设计了可测压Ⅱ代 $7^5/_8$ 非标尺寸欠平衡井下套管阀，创新发展了双稳定器预弯曲动力钻具、防斜打快技术等 4 项科技创新成果；2013—2016 年，完钻井 122 口，平均井深 4079 米，钻井周期 99.43 天，与 2012 年相比钻井周期缩短 16.01%（18.96 天）；形成的全过程欠平衡钻完井技术有效解决了裂缝性低压储集层井漏和保护油气层的问题。

2016—2017 年，重点开展“酒东油田超深井钻完井技术研究与试验”“酒泉盆地深井钻完井配套技术研究”。

第四节　炼油化工研究

油田炼油化工科技攻关活动主要围绕炼化工艺的提升和新产品的研制、开发而开展，其中新产品的研发工作已在“炼油化工篇”中做了详细介绍，这里不再重述。本节主要记述炼化工艺技术的研究、引进及推广应用工作。

1987 年起，针对炼油厂设备陈旧、装置生产能力不配套等问题，以加快炼油技术改造步伐、提高装置生产能力、配套能力和产品质量为重点，开展一系列科技攻关活动。当年，开展“分子筛减压吸附精制白油工艺研究”，通过筛选合适的分子筛，确定适合炼油厂分子筛减压吸附装置的工艺条件、工艺流程和生产方法。同年，开展“石油磺酸盐三次钙化工艺研究”，引进推广“三次钙化”工艺，生产出了合格的石油磺酸钙产品。

1988—1990 年，完成总公司下达的“液态烃分子筛叠合生产试验”，通过自主设计对原磷酸叠合装置进行改造，建成我国第一套分子筛催化剂叠合装置，并对 SKP- Ⅰ型叠合分子筛催化剂进行第一周期、第二周期及烧焦再生中试工艺试验，生产出质量合格的汽油产品，同时实现了催化剂的工艺再生。炼油厂相继完成“焦化柴油精制工艺”“1215 装置产能扩建改造”“新技术在第二套常减压上的应用”“石蜡发汗及连续成型改造工程”“20 万吨 / 年糠醛二段抽提新工艺装置”“气相磺化”“二套常减压加热炉热管空气预热管余热回收”“增压泵油生产工艺改造”等科技攻关项目，通过对部分装置改、扩建以及引进新技术，达到提高装置处理量、提高油品产量和收率的目的。其中，通过开展“20 万吨 / 年糠醛二段抽提新工艺装置”项目攻关，自行研制抽出液芳烃分离、抽出液循环抽提等新工艺，装置主要技术指标达到设计要求；“气相磺化”研究，改变了原有磺酸盐生产硫酸 + 油品的液 - 液反应方式，改用气化的三氧化硫通入油品内进行磺化，生成的酸渣易于分离，油品质量提高。

1991—1992 年，开展“八五”国家首批工业化试验项目——“石油磺酸盐膜式磺化工业生产试验”，应用“七五”成果对装置进行改造，改进磺化器结构，扩大生产能力至 3000 吨 / 年。装置采用薄膜磺化技术，产品收率得到提高。开展的“塔 -5 塔盘开孔率的调整”技改项目，将二套常减压装置塔 -5 塔盘的开孔率降低为 10.3%，塔内阀孔气速提高，有效解决了混炼吐哈油后该塔漏液问题，减二线、减三线、减四线油品质量提高。

1992 年，开展“吐哈原油评价”“催化裂化装置旋风分离器系统技术改造”“优化常压塔回流取热比例实现塔顶零回流操作”“加工吐哈原油工艺优选”“改造塔盘结构提高加工多种原油应变能力”“白油生产中石油磺酸钠的回收”“污水及凝结水回收利用”“利用旧炉加热采暖水”等多项研究，应用先进的工艺技术，提高了炼油二次加工能力。

1993—1994 年，先后完成“H38-9 石油裂解富气压缩机用于催化裂化生产”“利用正效应原理优化 70 号汽油配方”“碳四馏分制高辛烷值汽油组成分的技术开发”“重油掺水乳化燃烧”等研究，工艺方案持续优化。

1995—1996年，开展“丙烷脱沥青及超临界溶剂回收工艺研究”，考察沉降法两段脱沥青工艺条件下产品质量和收率，确定了轻脱油生产润滑油基础油的条件；探索生产高黏度重质润滑油方案和用直接法或调和法生产道路沥青的可能性；研究超临界溶剂的回收工艺。通过这些措施和手段，使丙烷脱沥青装置运行达到国外同类装置先进水平。

同期开展的“润滑油基础脱氮工艺”研究，采用WSQ–2脱氮剂对轻、中、重机油进行脱除碱性氮的系统应用试验，使产品碱性氮的含量降至10毫克/千克以下，提高了润滑油基础油的抗氧化能力。“高压釜循环剪切制脂工艺”的研究，探索高压釜皂化和循环剪切制脂工艺，皂基润滑脂生产周期缩短，产量增加。开展的油田重点项目“玉门吐哈减三线、减五线生产润滑油基础油工艺研究与试验”，完成脱蜡工艺、脱蜡脱油滤液循环工艺、糠醛精制工艺的研究内容，探索用玉门吐哈减三线、减五线蜡油生产相应的中性油的条件，以减三线、减五线脱蜡脱油滤液生产石蜡的试验等加工工艺。开展的“提高轻质油收率技术研究”，采取增加提升管注入反应终止剂工艺、改变生产方案等一系列技术措施，轻质油收率78.52%，消除了生产瓶颈。“减压渣油催化裂化可行性研究”“五十万吨催化裂化装置提高轻质油收率和降低装置能耗的技术研究及应用”“改造丙烯精制系统”“生产–35度柴油的技术研究”等研究，从提高产量、降低能耗、优化工艺等方面入手，解决了炼化总厂原油加工量持续增长带来的问题。

1997年，围绕炼油化工的技术改造和改扩建工程，以引进、应用炼化新设备、新工艺、新技术，提高石油产品的收率和质量，降低能耗和成本为切入点，完成“糠醛加热炉烟气余热回收技术应用”“HT–1黑陶瓷高温辐射涂料引进应用”2个项目，加热炉热效率得到提高；“导向浮阀塔盘在常压蒸馏塔上的应用”“聚丙烯酰胺混凝剂的应用”“3号航空煤油质量改进”“气体分馏装置仪表控制改造”4个项目，在优化工艺操作、提高产品质量方面发挥了作用。

1998年，通过“提高润滑油产品质量的技术攻关”，找到了润滑油产品的馏分油在存储期间比色回升的根本原因和精制过程中酸值下降幅度小的原因，使润滑油产品产量和质量都上了一个新台阶。通过开展“催化裂化装置实现达标的技术攻关”，降低了催化装置的能耗，实现了装置渣油掺炼，装置的运行水平得到提高。

1999—2000年，进行“移动式燃气脉冲吹灰技术的研制及在加热炉上的应用”研究，彻底解决了二套常减压加热炉炉管集灰严重的问题。通过开展“炼厂气的综合利用”，利用全厂燃料气平衡，合理分配加热炉燃烧介质等措施，消灭了燃烧几十年的瓦斯火炬和燃烧3年的氢气火炬，提高了装置的操作平稳率。完成“丙烷脱沥青技术改造”，通过实施停用抽屉塔顶加热盘管、增加高压空冷后冷器、降低丙烷进料温度、调整换热流程等技术措施，首家实现了抽提塔温度梯度由原料温度和溶剂温度控制，首家实现了中压丙烷热量的二次利用，节约加热蒸汽并降低空冷的冷却负荷，实现了溶剂的超临界回收。“优化工艺条件，提高柴汽比”研究，通过对分馏装置进行优化操作条件，扩大柴油馏分量，同时优化催化裂化装置反应条件应用，提高提升管出口急冷和快分技术，选用适合增产柴油的催化剂及助剂，将柴油加氢装置改为柴油降凝装置，优选降凝剂调合加剂柴油等手段和措施，产品分布更加合理，全厂柴汽比有了明显提高。

2001—2002年，先后开展“原油评价数据库程序的建立”“原油强化蒸馏技术的应用与研究”“原子吸收法测定油品中重金属含量（Ni、V、Pb、Mn）”“红外光谱法快速分析磺酸盐清净分散剂”“原有评价及原油各馏分性质分析”等研究，从油品分析方面对生产实践进行指导，同时为炼化的顺利生产提供了有力后盾。承担的股份公司研究项目“在250万吨/年常减压装置应用先进控制”，通过建立基于化工过程的数学模型，动态矩阵控制DMC，充分利用已投用的DCS资源，开发了适合250万吨/年常减压蒸馏装置的先进控制系统，实现了产品质量的卡边控制。开展“润滑油精制系统的技术改造”，对糠醛二段萃取工艺进行改造，并在润滑油白土精制前增加脱氮工艺，较好地提高了基础油的比色和氧化安定性。

2003—2004年，先后实施“构建玉炼管控一体化网络，实施生产计划与实时优化调度系统”“污水回用技术的应用研究”“设备的运行监测及故障诊断技术应用”“玉门油田原油性质普查”“汽油实施新标准的工艺技术研究”“催化裂化废催化剂再利用技术的研究”“膜分离技术在丙烯回收装置的应用”“润滑油基础油质量达标措施的探索及实施”“氮气回收技术应用的可行性研究”“强化萃取剂的应用研究”“润滑油无白土工艺研究应用”“磺酸盐添加剂工艺改造”“酸渣的综合利用研究”“合理利用低温热，提升炼厂用能水平”“炼化总厂供配电系统优化改造”“加热炉油改气技术改造”等科研攻关项目，从生产工艺、设备、节能、环保等多方面入手，有效提高了装置运行水平和产品质量。

2005—2006年，开展“高辛烷值清洁汽油生产技术的应用”，通过优化重整、催化、烷基化、MTBE汽油组分的调合比例，确定93号、95号、97号高清洁汽油的调和方案，建立了汽油中氧含量测定及锰含量测定2个试验方法。“柴油加氢精制催化剂工业试验”研究，在装置现有条件下，将重油催化裂化柴油十六烷值提高了7～10个单位，使精制柴油硫含量符合欧Ⅲ标准。在大力发展特种油品的大环境下，实施“石油磺酸直接生产T101工艺改进研究”和“喷射雾膜磺化反应工艺技术开发及研究”“常三线油品脱蜡工艺的研究及工业应用”3项研究，对石油磺酸盐产品量质并举做出了贡献。两年期间，完成“大型分析仪器的配套完善及分析方法的开发”“溶剂萃取分离法分析石油磺酸钠含量、平均分子质量及无机盐含量”“毛细管色谱法分析煤柴油馏分中正构烷烃组成及碳数分布”等研究，实现了提升化验分析能力与提高产品质量的无缝对接。

2007—2008年，实施“低凝油品深度脱蜡工艺的开发”研究，在对比考察尿素脱蜡工艺、“努列克斯”工艺对络合反应的影响后，确定了尿素脱蜡工艺生产液蜡和仪表油、变压器油等低凝油品的生产方案。“焦化蜡油溶剂精制工艺的开发及工业应用”，通过分析焦化蜡油的理化指标，研究确定了焦化蜡油溶剂精制剂油比、精制温度、沉降时间等工艺条件，抽余油质量得到提高，为催化裂化提供了优良的原料。“聚丙烯改性技术的研究及应用”对本体聚丙烯进行了增韧和增刚改性，同时改善了聚丙烯材料的耐老化性能和耐光老化性能，提交了一种利用自产聚丙烯作为主要原料改性生产出合格聚丙烯塑料桶的生产方案。实施的“基础油液相脱氮及低温吸附精制技术的应用”研究，针对润滑油生产老三套工艺缺陷和基础油氧化安定性不合格的情况，引进已经在国内获得成功应用的基础油液相脱氮及低温吸附精制的联合补充精制工艺，使润滑油基础油碱氮含量明显降低、氧化安定性达到深度精制基础油标准，实现了润滑油基础油的升级换代。“利用组合溶剂抽提技术，实现低质资源向高附加值产品转化”研究，采用将糠醛抽出油全部改进丙烷脱沥青装置，利用丙烷脱沥青工艺实现糠醛抽出油的选择性分离，再将丙脱沥青、催化装置过滤后的油浆全部改进焦化装置的运行方案，使炼化总厂重油加工路线得到优化，实现了低价值资源向高价值资源转化的新途径。

2009—2010年，先后开展“原油和残渣燃料油中金属含量测定法的建立（电感耦合等离子体发射光谱法)”“超声波破乳技术在电脱盐的应用”“应用先进技术，提高炼厂加热炉效能”等5项研究，促进了炼化总厂提质增效工作。其中，“原油和残渣燃料油中金属含量测定法的建立（电感耦合等离子体发射光谱法)”研究，确定了电感耦合等离子体发射光谱法测定原油和残渣燃料油中镍、钒、铁、钙、钠含量的方法。“超声波破乳技术在电脱盐的应用”，采用了脱盐效果好、操作稳定的物理脱盐方法——超声波破乳技术替代原有的电—化学组合脱盐工艺，大大降低了原油的脱后含盐量。

2011—2017年，以“短流程、燃料型”改造和转型升级为切入点，大力实施工艺优化、装置增效、节能降耗为主的科研攻关，先后开展“优化催化工艺流程和操作，提高经济技术指标”“优化改造MTBE装置反应形式，提高技术指标”“优化运行膜分离系统，提高碳三装置液体收率”“航空液压油储存安定性研究”“15号航空液压油铜片腐蚀问题技术攻关”“利用多维气相色谱仪测定汽油烃类组成的方法研究”“催化裂化催化剂的监测与状态判断研究”“降低苯分离装置溶剂损耗的技术攻关”“污水生化处理系统微生物镜相分析研究”“提高轻质油品电导率的技术攻关”“苯产品优质增产技术攻关”“炼厂气综合利用技术攻关及应用”“催化装置节能降耗技术研究及应用”“MTBE产品脱硫方案研究”“轻质油品氯含量分析方法的建立与应用”“聚合装置降低‘三剂’消耗技术攻关”“催化重整装置原料优化技术攻关”“炼化总厂高危泵、液下泵隐患治理技术攻关”“重整圆筒炉节能减排技术改造”“新型污水深度处理技术工业应用”“常减压装置工艺防腐技术攻关”“改善催化裂化装置产品分布技术攻关”“催化裂化装置优化蒸汽生产方案研究及应用”“制氢原料优化研究及工业应用”“炼化总厂增产汽油技术研究及应用”“碱渣无害化处理技术研究与应用”“优化重油加工组合工艺混炼吐哈稠油”“催化装置烟机入口颗粒浓度与轴振动关系研究”“延迟焦化装置优化循环比技术攻关”“炼厂装置间热联合技术研究及应用”“炼厂高含盐污水处理方案研究及应用”“常减压装置换热网络用能优化”“脂肪酸脂型柴油抗磨剂使用性能评价及应用”“分子筛装置工艺改进技术研究及应用”“应用FHI、M+DSO组合技术，实现汽柴油国V质量升级”“常减压装置减压塔结构优化及减压深拔技术工业应用”“航空液压油橡胶膨胀率影响因素研究”“间歇液相本体法聚丙烯装置顺控系统优化”等近 40 项科研攻关项目。其中：

“航空液压油储存安定性研究”，对部队现存不同年份、在不同环境和气候条件储存的 10 号、15 号航空液压油进行抽样分析，研究确定出 10 号及 15 号航空液压油储存期限。

“15 号航空液压油铜片腐蚀问题技术攻关”研究，针对原油重质化、劣质化不断加剧的问题，通过研究其原料的原油结构及对各个生产工序工艺参数的优化，确定其腐蚀机理并提出优化工艺方案，使 15 号航空液压油产品性能满足 GJB 1177–91 指标要求。

“催化裂化催化剂的监测与状态判断研究”，经过分析催化剂粒径分布，研究出催化剂中细粉含量变化的规律，并找到催化剂失活的原因。

“污水生化处理系统微生物镜相分析研究”，首次绘制出炼化总厂水处理系统的微生物图谱。

“催化装置烟机入口颗粒浓度与轴振动关系研究”，引进三旋入口催化剂粉尘浓度监测设备，探索研究出烟机入口催化剂粒度浓度、三旋入口颗粒物粒径分布、烟机入口温度等与烟机振动之间关系，确保了催化烟机的全年平稳运行。

“碱渣无害化处理技术研究与应用”，针对碱渣成分中硫化物、硫醇、酚类、石油类、环烷酸等有毒有害物质增多，且颜色变深、带有恶臭气味，给环保带来压力的局面，实施碱渣注入汽提塔处理的无害化工艺处理技术，净化水中的硫化物、氨氮明显降低，汽提处理效果提高。

“优化重油加工组合工艺混炼吐哈稠油”研究，通过调整入厂原油结构，优化重油加工方案，适当提高常减压装置加工吐哈稠油的比例同时降低加工量方案，加大脱金属剂、高温中和缓蚀剂注入量等措施，克服了原油劣化对开炼后期装置安全平稳运行带来的巨大挑战。

“分子筛装置工艺改进技术研究及应用”，实施了对原料炉进料量、原料炉出口温度、蒸汽加热炉出口温度、吸附塔床层温度、操作周期的优化，增产液压油原料 10% 以上，同时使中间柴油质量达到了 −35 号低凝柴油标准要求。

第五节　工程技术及后勤服务研究

1987 年后，玉门油田立足工程施工、机械修理与加工制造、通信信息、医疗卫生及农副业生产等工程技术保障和后勤服务，坚持以科技创新为引领、以新技术推广为抓手，广泛开展科研攻关活动和新技术推广工作，有效提升了油田工程技术保障能力和后勤服务工作水平。

一、工程施工技术研究

1987 年，先后在油建公司推广“混凝土无声破碎剂”“自动焊接容器纵环缝”“非金属材料无损检测技术”等新技术。

1988 年，研制成功立式拱顶罐制造机具及人孔法兰加工方法，形成大罐制造新技术，提高了大罐制造机械化水平；引进应用乳化沥青或改性沥青玻璃纤维油毡等屋面防水、管道防腐新材料，提高了防水、防腐效果。

1991—1995 年，通过引进、推广“管道内喷涂防腐技术”“管道内外防腐配套技术”“大型储罐组装及智能保证技术”“精密喷焊工艺技术”“输油管线爆炸焊接技术”“爆炸制造球形容器技术”等新技术，有效提升了油田管道防腐技术和大型储罐建造能力。

2000—2005 年，为了有效提高建筑安装工程施工质量，拓展建筑安装施工市场，管理局在加大施工设备投入和改造力度的同时，加大了工程施工新技术的研发、引进力度。先后推广应用“公路施工全站仪测量技术”“在役压力管道焊缝缺陷分析与处理技术”“聚氨酯直埋式防腐保温管技术”“活性气体 CO_2 半自动下向焊技术”“沥青混凝土拌和站水除尘技术”“工程项目管理软件”等新技术。

2010 年，为了有效降低玻璃钢管线泄漏率，提高玻璃钢管道安装施工质量，提高管线一次试压合格率，最大限度地降低施工成本和材料浪费，实现经济效益最大化，建安处开展了“优化玻璃钢管线施工工艺，提高一次试压合格率”科技攻关。

2012 年，随着新型环保管材钢骨架塑料复合管在油田的引进使用，结合钢骨架塑料复合管广泛的应用领域和前景，建安处开展“钢骨架塑料复合管安装技术研究”科技攻关，选配合适的连接设备，确定同材质不同管径的电熔连接参数，制定钢骨架塑料复合管电熔连接工艺参数表，解决钢骨架塑料复合管与PE管、钢管的互换连接问题和钢骨架塑料复合管热膨胀及收缩的难题，制定钢骨架塑料复合管施工的质量保证措施，编制完成《钢骨架塑料复合管施工作业规程》和《钢骨架塑料复合管连接技术工艺规程》，不仅拓展了建安处的技术服务领域，扩大了安装业务范围，填补了油田钢骨架塑料复合管安装技术的空白，也为油田较大规模引进和替代价格昂贵、寿命较短的低压钢制管材提供了技术支持。

2013年，建安处针对油田储罐需求量大，而储罐制作工艺落后、效率低、质量不稳定的矛盾，开展“小型罐制作自动化施工技术推广与应用”科技攻关，通过对空气离子自动切割机和氧—乙炔自动切割机进行技术改造，合理确定埋弧焊焊接薄板焊件工况参数，组合应用自动切割技术、埋弧自动焊和二氧化碳气体保护焊技术，有效减轻了员工的劳动强度，提高了施工效率，降低了施工成本。

2014年，为了加快管道安装工程施工速度，缩短工期，改善和提高管道安装工程施工质量，建安处开展“MIG/MAG自动焊在管道工厂化预制中的研究与应用”科技攻关，加快了现场安装施工速度，缩短了安装工期。

2015年，建安处开展“管道不停输带压开孔封堵技术研究和应用”科技攻关，填补了油田带压开孔封堵技术应用空白，为开展带压管道改造和管道更换、抢修工作提供了技术支持。

2016年，为了掌握大型储罐倒装施工法中储罐自动焊接方法和工艺流程，形成储罐自动化焊接工艺规程，建安处开展“大型储罐倒装法施工自动焊接技术研究和应用”，成功探索出二氧化碳气体保护焊打底+碎焊丝填充+埋弧自动焊盖面的联合焊接工艺和罐顶二氧化碳气体保护焊工艺，填补了油田大型储罐倒装法施工自动焊接技术应用的空白，为建安处制作大型储罐奠定了技术基础。

2017年，针对西部管道、西气东输大口径管线的应急抢修处置、阀门更换、阀室再建等工作，建安处开展“大口径管线应急抢修关键工艺技术研究与应用”科技攻关，研究应用“大口径输油、输气管线冷切割技术”“大口径管线应急抢修换管、管口错位下料技术”“长输大口径厚壁管站场、线路X80钢维抢焊接技术”“大口径阀门、管线更换应力消除技术”关键技术，有效提高了大口径管线、阀门更换安装一次验收合格率，管线、阀门焊接一次合格率和施工功效。

二、机械修理与加工制造技术研究

1987年，开展“抽油杆镦锻成型工艺与锻模研究”“抽油泵制造工艺技术研究”“油气混烧发动机技术攻关”“提高12V−190柴油机修理质量升级攻关”“汽车大梁矫正技术”等科研攻关活动；推广应用以“二轮螺纹液压工艺”“接箍挤压丝锥”“金属喷焊”“镀铬工艺”“抽油杆锻模钢”和数控车床为内容的“机械制造新工艺”；推广应用“汽车不解体检测新方法”“辉光离子三元共渗技术”等机械修理新技术。

1988年，开展“抽油泵制造技术研究”“可控震源车检测与修理技术配套研究”“汽车检测与修理技术配套”“抽油杆连续式热处理工艺改进”等科研攻关，推广应用了抽油杆不旋转加工技术、表面处理新工艺和整筒泵热处理技术。

1989年，完成总公司下达的“七五”科技攻关项目“抽油杆镦锻成型工艺与锻模研究”，有效解决5/8英寸、3/4英寸杆锻造长经比过大不易成型的难题，避免了聚料时打弯、扭曲等缺陷，形成了独具特色、符合API标准的抽油杆锻造工艺。

1993—1994年，引进并开发应用“电熔焊机械加工新技术”“电脉冲整体锻模制造配套技术”。通过应用单版机技术，对普通车床进行数控化改造，实现了车床加工数字化控制。

1995年，利用引进的喷锌头和自制的浸锌槽，通过H级抽油杆表面热浸锌试验和应用，形成了抽油杆热浸锌工艺规模生产能力。

1996—1999年，为了有效解决制约机械加工产品质量的瓶颈问题，先后开展“喷焊机床的设计与改造”“特种抽油杆制造工艺完善和产品机械性能综合评价”“泵管振动时效工艺方法研究”等科技攻关；进行“衬套泵缸套采用20钢替代20CrMo钢工艺试验”，推广应用“接箍全挤压丝锥制造技术”。其中，喷焊机床的试制成功，克服了进口设备喷涂范围有限、成本较高等局限，符合国内喷涂设备发展的需要，有效解决了机械厂抽油杆生产中热喷涂技术的难题。

2004年，机械厂为了解决使用的椭圆形感应器透烧抽油杆时存在的难以实现透烧给料自动化、透烧使用人力多、感应器易损坏等问题，开展“抽油杆端部锻造中频透烧专用逢式感应器研制”科技攻关，通过采用逢式感应器对抽油杆端部进行透烧，实现透烧给料自动化，有效减轻了操作人员的劳动强度，降低了人工成本，提高了经济效益。当年，通过采用变频拖动技术，对抽油杆热处理2号电阻炉进行智能控制技术改造，实现了淬火水套供水量和积水量的自动控制和记忆，有效减少了重复劳动、节省了时间、提高了工效、节约了能源、提高了产品质量。

2005年，针对国内现有设备只能生产10米以内抽油光杆，而国外订货为12～15米光杆，年需求量在18000根以上的情况，机械厂开展“15M台车式回火炉的研制”科技攻关，以13～15米淬火、回火工艺，温度控制，保温节能为重点，经调研论证，利用既有生产工艺技术，依托电炉厂家，制造15M台车式回火炉，解决了12米以上光杆的生产难题。同年，还开展“抽油杆、抽油泵国外先进生产线引进调研论证”“不锈钢复合板容器制造工艺技术研究”等项目。

2006年，针对部分油田采用螺杆泵+常规抽油杆采油，造成杆柱井下断脱的事故时有发生，增加采油成本，限制螺杆泵批量采购的状况，机械厂在学习和对照美国、俄罗斯等国家抗扭抽油杆生产技术的基础上，开展“抗扭抽油杆抗扭接头及加工工艺技术研究”，研制开发了抗扭抽油杆抗扭接头，填补了国内抗扭杆的空白；杆头不旋转加工技术推广应用，有效降低了抽油杆的生产成本，提高了产品质量，缩短了与国内外特别是欧美石油机械制造业强国之间的差距。当年，为了实现美国进口喷焊机床绝大部分电器元件国产化，机械厂开展“美国喷焊机床国产化改造”科技攻关。

2008—2009年，机械厂针对国内外市场对9.14米以上抽油杆需求量增加，以及厂内中频感应加热设备效率低、故障频繁、感应圈结构不合理、控制系统设计不合理等原因造成杆弯曲变形和质量不稳定等问题，开展“抽油杆高效中频感应加热设备研发”科技攻关，成功设计并制造出国内首条双头多级中频淬火自动化生产线设备，有效解决了加长抽油杆的生产难题。

2013—2014年，针对引进的俄罗斯抽油杆热模锻自动生产线进口模具采购周期长、价格高，而国产锻模的使用寿命短的现状，为了有效解决自动锻造模具国产化，降低生产成本，机械厂开展“自动锻造模具国产化设计制造”科技攻关，通过采用真空热处理技术、数控设备加工技术及特殊检验工艺，使模具的硬度及几何尺寸达到设计要求，实现了模具国内加工和使用寿命达到锻打10000次以上的目标。

2015—2017年，围绕复式永磁电动机抽油机、底部固定深井抽油泵、超长冲程采油系统设备、防垢抽油泵以及油管举升机等新产品的引进、研发工作，重点开展“复式永磁电动机抽油机的推广应用和改进设计”“底部固定深井抽油泵的结构设计改进和推广应用”“超长泵筒抽油泵的结构和组织制造工艺技术攻关设计”“激光熔覆技术、纳米高分子复合材料涂层的工艺研究”“特色防垢抽油泵的加工工艺及技术难点研究”“超长冲程抽油泵研制与推广应用”“油管举升机适用性研究”“油管举升机安全可靠性、智能化研究”“油管举升机结构设计、强度校核及制造和工艺研究”“油管举升机试验、矿场应用效果研究”等科技攻关活动，有效提升了机械厂抽油机、泵等产品的技术含量和市场竞争力。

三、供水供电技术研究

1987年，水电厂为了有效减少烟灰污染、降低废水的pH值，实现废水回收利用，开展“烟灰水处理工艺技术攻关”研究。持续开展“微机调度系统研究”。

1989—1990年，开展“节电、节煤技术研究”“锅炉燃烧系统自动监测研究”“机炉数字监控系统研究”，以及“粉煤灰综合利用调研”等科技攻关。其中，通过开展“机炉数字监控系统研究”，采用20世纪80年代最新开发设计的微处理和先进的大规模CMOS集成电路及高精度运动放大器，建立由SZC−N4数字转速表测控系统、XS−12数字温度自动巡测仪、DSB−111数字压力显示仪、DNH型电脑火焰监视仪组成的机炉数字监控系统，保证了机炉运行参数准确、稳定，使机炉运行更加安全经济，提高了操作人员对机炉的控制能力。

1994年，开展“锅炉酸洗工业配套技术”研究与应用，保证了锅炉垢清管洁，正常运转。

1995年，推广应用“发电机组热平衡测试技术”，提高了发电机组的发电量。

1996—1997年，通过引进MB88工作站和RTU巡检系统，建立NOVELL监测网络，研制、开发“电力系统实施多任务监控运动技术SCADA系统”。在水电厂五期改扩建工程施工中，为了确保电厂烟尘排放符合国家《燃煤电厂大气污染物排放标准》，水电厂开展“高效PC4300型泡沫式脱硫除尘器的开发应用”

科技攻关，首次采用 PC4300 型泡沫式脱硫除尘器用于锅炉除尘，经在 15 号炉使用，除尘器出口烟尘排放浓度、二氧化硫排放浓度均大大低于国家《燃煤电厂大气污染物排放标准》，除尘效率达到 99.2%，脱硫率 34.88%，为三、四期改扩建的 5 台锅炉水膜除尘器进行泡沫脱硫除尘器改造，提供了借鉴。

1997—1998 年，针对煤种多变、煤质下降、燃烧稳定性差，造成锅炉打闪和灭火事故发生，为了提高锅炉燃烧稳定性和低负荷稳燃能力，水电厂推广应用“浓淡燃烧器节能技术”，对 9 ~ 13 号锅炉及五期新建的 2 台锅炉的燃烧器进行浓淡燃烧技术改造，加强了锅炉机组的低负荷调整能力和低负荷燃烧的稳定性，也有效降低了烟气中二氧化氮的含量。

2001 年，开发应用“消弧线圈自动调谐系统”，对电力网络安全性进行改造，通过加装有载可调节消弧线圈、阻尼电阻及控制部分、微机控制器及接地选线装备，提高了系统自动调节能力，减少了停电次数，维持了系统的正常运行。

2003 年，引进应用 Lan–96NQ 型凝汽器专用清洗剂清洗凝汽器技术，对凝汽器进行清洗，克服了强酸介质清洗操作的危险性，减少了清洗废液量，并有效抑制了铜管在酸洗时脱锌、黄铜—碳钢复合件的电偶腐蚀。

2004 年，针对 14 号、15 号锅炉母管跨度过长、气压过高现象，水电厂开展“14、15 号炉气压偏高现象研究与解决”项目攻关，消除了锅炉运行中存在的严重安全隐患。

2007—2009 年，水电厂先后引进“水汽在线监测技术”“8000 系列超速保护装置技术”“综合自动化技术”等新技术，实现所有水汽仪表集中控制、管理和监控；降低设备的误动和拒动率，提高了设备安全运行周期；提高白杨河二级水电站的励磁系统、调速系统等单元配置的自动化程度，实现了对电站内设备的自动化控制、远距离监测。2009 年，针对油田生活基地搬迁后矿区用电负荷减少的实际，为了进一步消除矿区电网安全隐患，提高供电安全性和经济性，水电厂开展“玉门矿区供电网络及收费系统升级改造”项目攻关，根据玉门矿区公寓用户、市政、工商业用户的用电特点和电网结构，重新布局、合理规划矿区电网结构，淘汰高耗能用电设施，采用低压载波集抄技术和安装 IC 卡预付费电表，有效降低了线损，规范了电能计量，提高了供电安全性和经济性。

2010 年，开展“电厂能耗分析及节能研究”，水电厂专门成立能耗诊断研究小组，对机、电、炉、燃、化、热六大专业，汽轮机、锅炉、热力系统、辅机等设备与系统以及全厂多台机组的运行方式优化、出力系数、环境温度等进行了综合诊断，找出凝汽器冷却管脏污严重、真空系统严密性差、循环水泵运行方式不合理、冷却水塔性能差；省煤器或空气预热器的换热面积不足、空气预热器和吹灰器积灰严重；锅炉运行氧量偏高，锅炉送、引风机电耗增加；自制磨煤机钢球质量差，影响磨煤机出力，致使磨煤机电耗增加；引风机实际运行压力与设计压力偏差较大，风机运行效率偏低等机组能耗高的主要原因，先后采用优化锅炉运行参数、提高凝汽器真空、降低汽轮机热耗率等多项节能技术，对机组进行改造，使机组的经济运行水平明显提高。当年，针对锅炉给水系统采用调节阀调节水位方式落后、性能差、能耗大、运行费用高、经济效益差等问题，推广应用“高压变频技术”，首次采用大功率高压变频技术、无谐波整流、逆变技术、宽电压技术等技术，对锅炉给水泵进行变频改造，调整了给水系统运行方式，使 DCS 技术和通信技术很好地结合，有效提高了设备的自动化程度、给水泵电动机的功率因数，减少了输入电网的谐波量及设备启动时对电网的冲击，保障了电网的平稳运行。

2011 年，针对电网信息管理长期处于人工统计、分析数据，手工绘制图形，主要依赖于管理人员的经验、专业知识、记忆能力和对电网熟练程度进行信息检索，工作方式落后、工作效率低、信息错误率大的状况，开展“玉门电网调度地理信息数据库的开发”项目攻关，利用数据库技术、GPRS 通信技术、微电脑技术、GPS 技术和网络技术等，建立玉门电网调度地理信息数据库，提升了电网管理的自动化和信息化水平。

2012 年，为了提高大湾二级水电站系统的可靠性，降低检修费用，水电厂开展了“大湾二级电站自动化控制系统优化”项目攻关，在对比分析各种控制调速系统优劣的基础上，选择适合大湾水电站实际的控制调速系统，通过综合自动化控制系统、调速系统及监控系统的优化，提高了各发电机、变压器、线路保护的运行可靠性，实现了水轮发电机开停机、并网自动化，提高了全站实时运行状态监控的稳定性。

2013 年，为了制定各台锅炉实施停炉保护的具体操作方案，确定其技术有效性和经济合理性，实现锅炉安全长期运行的目的，水电厂开展“锅炉停炉保护方案研究”。

2014年，为了提高石油沟、白杨河油田、玉门东站铁路供电的可靠性，降低线路故障对用户的影响，提高线路倒闸操作的安全性和可靠性，水电厂开展“提高多电源及多配电分支线路供电可靠性研究”，通过建设35千伏东站线路开关站及选线装置，对东站3条线路分支进行有效隔离，提高了东站35千伏线路运行的经济性和可靠性；通过对多分支、多电源线路倒闸操作方法进行研究分析，制定防误操作措施，提高了线路维护、检修的安全性。

2015年，针对矿区供水管网投用时间久、用户更替频繁、管线连接随意，以及管线定位难、停水难、水损高等问题，为了准确掌握管线的供水区域、供水用户、供水量和地下掩埋管线的运行状况，实行供水管线动态数据管理，水电厂开展“玉门市（矿）区供水管网数据库的建立”科技攻关，利用先进的定位仪器对供水管线进行系统全面的探测，在完成供水管线普查、准确掌握管线地理信息和属性信息的基础上，建立玉门市（矿）区供水管网数据库，实现了供水管网数字化、可视化、支持决策智能化、供水信息服务化、管线管理规范化。

2016年，为了有效提高循环水热能利用率，减少循环水排污量，降低水电厂自用水量，提高水资源利用率，水电厂开展“循环水综合利用研究”科技攻关；针对六期1号、2号机组和锅炉分散控制系统接近服役期限，版本老旧，以及后期增加的ABB控制系统、PLC S7-200控制系统等工控系统因技术壁垒造成的无法实现数据通信和传输，关键公用数据不能方便调用共享等造成的控制系统多样、维护管理不便、系统安全稳定性差等状况，水电厂开展“六期热控系统升级及其相关控制系统的研发”科技攻关，通过综合应用先进的网络通信技术、计算机技术以及过程控制技术，将六期1号、2号机组原DCS控制系统升级为新华XDC800控制系统，升级所有主控单元及卡件；将汽轮机DEH电液调节系统升级为最新控制系统，升级主控单元及伺服模块；利用六期DCS升级过程中拆除的ABB控制柜研发了热水泵房、循环水利用、六期水汽品质等设备的远方监控系统，实现了多个系统统一管理，运行人员清晰监控和对运行设备的可靠操作，降低了维护难度和成本，提高了六期DCS、DEH系统的稳定性。

2017年，开展“水电厂低温热源利用技术的研究与应用”。同时，针对三五区源水水质不稳定、出水水质波动的问题，水电厂开展“三五区水处理制水工艺研究”，通过对比、分析，找出三五区水处理工艺存在的不足，制定合理的水处理技术和工艺，提高了供水浊度、细菌总数、游离氯等各项指标的控制能力。

四、信息工程与技术研究

20世纪80年代中期，现代化通信技术和计算机已开始在玉门油田逐步推广和使用，陆续建立2个电算站和16个电算室，分布在各基层单位和机关职能处室，配备专业人员110多人，形成了一支应用计算机技术的骨干队伍，应用成绩居甘肃省先进行列。

1987年起，进一步加强各种计算机软件的开发、引进工作，加快计算机推广应用的步伐。至1988年，以“微机网络试点与数据库建立”为课题，进行局机关ETHER网络试点，将局机关IBM-PC/XT机兼容机联网，开始开发应用现代化管理程序；通过在各油矿建立单井数据库、在研究院建立勘探油藏静态数据库、在油田开发处建立油田开发静态数据库等，建立油田数据库和数据存储，形成了油田勘探开发数据通信网络雏形。同时，在器材处开展“物资信息管理研究”，开始用微机进行物资收、发、存动态管理和物资计划、分配、积压管理，对进口管材进行微机质量检验。通过“通信系统改造与功能开发应用”项目研究，开发完善了程控交换机的功能，建立了自动转移通信系统。

1989年起，在完善配套管理软件的基础上，加强生产应用软件的开发与应用工作，先后推广地质勘探人机联作、计算机辅助钻井工程设计、地质综合录井图数字化处理、抽油井井下诊断、压裂裂缝监测及参数优选、油田节点分析、计算机辅助设计及微机汽车监测、油藏数值模拟、测井资料解释、自喷井采油软件、油田生产数据通信网络系统、油田开发经济管理系统、安全管理系统等软件，进一步完善了机关事务网，提高了计算机应用水平。

1991年，开展“计算机应用技术研究”“全局信息管理系统总体设计”等科技攻关。

1992—1993年，开展“远程数据通信及联网”项目攻关，安装开通玉门—鄯善远程卫星数据通信；实现了3-网、Novell网、Dec网并网运行。

1997—1998年，开展“Intranet/Intrant网络技术可行性调研”“玉门石油管理局综合信息系统建设总体规划”“玉门石油信息网运行模式、网络管理、运行机制和安全应用研究”“Intranet/Intrant 技术在玉门石油信息网上的应用和石油信息检索及动态查询在 WWW 上的集成”等科技攻关，进一步完善和丰富了石油信息的检索和动态查询，有效解决了玉门石油信息网的管理、应用问题，实现了与国际互联网的联接。

1999 年，先后开展“玉门石油管理局机遇互联网的虚拟专用网建设”“WWW 环境下异种 DBMS 通信的研究与开发”“计算机 2000 年问题的技术攻关”“语音邮箱软件升级改造”科技攻关。

2000 年，推广应用“拨号网络系统”新技术，实现了高速、稳定、丰富的信息服务，扩大了油田计算机网络市场和电话拨号网络市场。

2001 年，设计并开发“玉门石油管理局网络路由与用户管理计费系统”，解决了出口路由汇接、路由划分、NAT 和网络计费及管理系统问题，为网络用户提供了优质高效服务。

2005 年，随着网络技术的发展，通信公司开展“企业办公自动化（OA）”技术研究。

2006—2007 年，结合酒泉生活基地搬迁，科技信息处与信息中心联合开展“玉门油田分公司基地搬迁网络规划及方案”研究，编制符合基地搬迁后油田生产、科研及管理工作实际的信息网络规划和方案。

2008 年，按照集团公司的统一安排和规范要求，油田开始推广实施“中国石油 A1A2 系统”；开展“付款审批管理信息系统的开发于应用”研究，实现了油田付款审批管理流程网络化、简捷化和科学化。

2010 年，开展“玉门油田通信机房环境与动力监控系统的应用”研究，利用油田现有的通信网络进行架构，采用先进的计算机、网络和数据采集技术对通信机房的动力、环境、安全等信息进行数据采集、监控和管理，实现了对油田偏远地区通信机房的交流电压、直流电压、蓄电池单节电压、机房温度、湿度、烟感、水侵、门磁等数据的实时监控、故障检测、告警信息自动处理、数据查询和管理等功能。

2011 年，开展“玉门油田信息网络提速研究和应用”科技攻关，通过采用 10GE ETHERNET 组网技术、基于 HTTP 协议的 CACHE 技术，选用性价比最高和延展性最灵活的网络设备，使油田信息网互联网出口由 900 兆增加 1500 兆，提速效果明显；同时，利用原有的设备资源，建成跨多个系统的 2GE 聚合链路平台，提高了油田信息网抗故障风险的能力。

2012 年，开展“基于 SNMP+API 网络管理系统的研究与应用”科技攻关，实现了油田信息网和各业务应用服务器等设备性能、网络状态的实时监控，避免了因设备故障和网络性能下降造成的业务损失，保证了油田信息系统和网络运行的安全性和稳定性。当年，推广使用集团公司勘探与生产调度指挥系统（A8）项目中的多级联网视频监控集成应用系统平台。

2013 年，以集团公司推广使用的勘探与生产调度指挥系统（A8）项目中的多级联网视频监控集成应用系统平台为基础，以油田各二级单位自建的视频监控系统为对象，开展“油田生产视频监控系统的网络互联研究”，采用边研究、边建设的方式，将水电厂、炼化总厂、物采中心和信息中心等单位的视频监控网连入油田生产视频监控管理平台和勘探与生产调度指挥系统（A8）项目中的流媒体管理平台，实现了油田视频监控网络“分区监视、集中管理、统一协调”的建设目标。

2014 年，针对油田生活基地家庭宽带系统、数字电视系统、固定电话三种信息业务系统分别归属不同部门独立管理，收费接口互不兼容的现状，开展“油田三网业务集中管理平台的开发应用”科技攻关，通过采用先进适用的 SOA 架构、数据库与电视系统实现无缝集成、宽带和“一卡通”采用标准可扩展的通用接口等方式，使固定电话、数字电视、数据网络三个互不兼容的计费系统有机融合，形成统一的综合营收系统，并实现了与油田“一卡通”系统顺利对接，提升了信息中心业务能力和服务水平，降低了运营维护成本。

2015 年，开展“玉门油田 A11 项目推广建设”科技攻关，搭建起符合 A11 建设规范的、覆盖全油田的数采、传输、管理子系统，提高了油田数字化、信息化水平。

2017 年，开展“玉门油田零散物资竞价交易系统的开发应用”科技攻关，将为提高物资采购效率、降低物资采购成本以及创造公平竞争环境、加强物资采购效能监察等工作的开展提供良好的信息环境。

五、医疗卫生技术研究

1987—1990 年，以引进和应用新的诊断方法和治疗手段，提高常见病、多发病的诊断率和治愈率为重点，大力推广开展二尖瓣分离、动脉导管未闭、心包剥离手术、直视心脏外科手术等手术。承担总公司“噪声对石油工人身体影响及治理的卫生学评价”科研攻关项目，首次采用噪声声强分布图、噪声污染、整体抽样、筛选等新方法、新技术、新概念，对玉门地区钻井作业主要噪声源、噪声对钻井作业工人健康的影响等进行大规模调查，为保护作业人员的身体健康提供了科学依据。开展的“宫颈癌普查”，为油田妇女宫颈病变早期治疗提供了科学依据。

1991 年，开展“中草药微量元素分析”，推广应用于“心脏外科换瓣手术”“艾滋病血清检查方法”，提高了心脏外科手术水平和艾滋病判断水平。

1992 年，引进推广“心脏人工瓣膜换瓣技术”“显微外科手术”“人工晶体植入手术”等技术。

1993 年，通过引进动态心电图技术，开展“玉门地区 100 ～ 150 例正常人动态心电图检查分析”，对玉门地区 120 例正常人进行检查，确定在海拔 2400 米高度地区生活的正常人的心率范围，填补了国内高原地区正常人动态心电图的空白，为胸痛、心悸、晕厥、呼吸困难、心律失常等常见症状的病因诊断，心肌缺血的定量、定性诊断，心脏储备能力的判定以及选择安装起搏器的适应症、抗心律失常药物及抗心绞痛药物的疗效判定等，具有重要的指导意义。通过开展“采用乙吗噻嗪治疗心律失常及疗效分析”，探索了心律失常观察方法和治疗药物。

1994 年，针对慢性胆脂瘤型中耳炎、慢性骨疡型中耳炎、慢性单纯性中耳炎等病患，引进应用“联合进路鼓室成形术”。至 1996 年 8 月，完成手术 7 例，全部成功，无一例出现手术并发症，成为河西地区唯一一家开展该手术的医院，为油田及周边地区中耳炎患者提供了一个新的治疗方法。

1998 年，开展“乳腺肿瘤 PS2 基因及增殖细胞核抗原的免疫组织化学研究”，利用免疫组织化学（免疫组化）技术，使乳腺肿瘤 PS2、ER、PR、PCNA、AgNOR 的项目检测方法日趋完善，为提高乳腺肿瘤的诊断及治疗水平提供了依据。

1999 年，推广应用“经尿道膀胱肿瘤电切术”“经尿道前列腺电切术”“鼻窦内窥镜下鼻腔内囊吻合术”“高血压脑出血路内血肿碎吸术 + 尿激酶灌洗”等新技术；开展了“玉门地区人群 100 例椎—基底动脉经多普勒血流动学观察”，总结出了玉门地区正常值范围。

2000—2001 年，开展“基因诊断技术的研究与应用”，开始在职工医院推广应用基因诊断技术。

2003 年，引进推广“脑梗塞静脉溶栓术”“自体表皮移植技术治疗白癜风”以及“曼迪森 500 系列半导体激光治疗机临床治疗技术”等新技术，首次在玉门地区开展“自体表皮移植技术治疗白癜风”和采用曼迪森 500 系列半导体激光治疗机进行临床治疗。

2006 年，通过开展“变态反应性疾病血清特异性 IgE 检测的临床意义”科技攻关，明确了部分过敏性疾病的致敏物质，为临床针对性治疗提供了依据；通过开展“螺旋 CT 仿真内窥镜成像技术与纤维内窥镜对比研究”，为临床提供了精准的诊断依据。

2007 年，引进应用冠心病介入诊断、治疗及护理技术，完成冠心病介入诊断、治疗及护理病例 60 例，成功率达 100%。引进“腹腔镜下血管结扎速技术”，扩大微创技术在手术科室中的应用。通过开展“肌松麻醉深度监测在临床麻醉中的作用及应用评估”，为指导麻醉医师合理使用镇静、镇痛、肌松类药物，减短病人麻醉苏醒时间，降低术后并发症，提高麻醉成功率，提供了指导。

2008 年，在临床推广应用“Leep 刀治疗宫颈疾病”和“CT 引导下经皮介入治疗肝脏良恶性占位病变”手术，扩大“戴美激光治疗静脉曲张”手术治疗范围。

2009 年，开展“急性心肌梗死患者血浆 B 型尿钠肽的变化研究”“恩替卡韦和阿德福韦酯对慢性乙肝疗效的对比研究”“PICC 在长期静脉用药中的应用问题及对策”等研究，开展“反复上呼吸道感染患儿正常与患病时血免疫球蛋白及 C 反应蛋白的动态监测”研究。

2010 年，引进推广“微通道经皮肾穿刺输尿管镜下气压弹道碎石取石术”“胰岛素泵在 2 型糖尿病患手术期的临床应用”，以及“颈动脉超声、经颅多普勒联合检查在缺血性脑血管病早期诊断的应用”等新技术，并开展“大黄蛰虫胶囊联合阿德福韦酯对乙肝肝纤维化的疗效研究”。

2011 年，开展“关节镜下清理术加钻孔减压联合玻璃酸钠治疗膝骨性关节炎”“利多卡因联合笑气应用于无痛人流中的临床疗效观察”“MEAW 矫治技术在牙颌骨性错颌畸形中的应用”“自拟滋阴活血汤治疗慢性萎缩性胃炎疗效观察”等多项科技攻关，其中，通过开展“关节镜下清理术加钻孔减压联合玻璃酸钠治疗膝骨性关节炎”，应用 69 例患者，手术过程均顺利，无感染、血管神经损伤等严重并发症，治疗后所有患者关节疼痛、关节功能和活动范围均有不同程度的改善。

2012—2013 年，开展“老年性髋部骨折的内固定选择研究”“外周血管性疾病的介入诊断与治疗”等科技攻关，推广开展“消化道支架的临床应用”“血清胱抑素 C 与尿微量蛋白联合检测在肾病早期诊断中的临床应用”等新技术。

2014 年，开展“腹腔镜腹股沟疝修补术（LIHR）的临床疗效观察”，通过对 TAPP 和 TEP 两种手术方法的研究，观察腹腔镜腹股沟疝修补术（LIHR）的临床疗效，达到规范手术操作，降低手术并发症发生率和复发率；开展“薄层液基检测技术（TCT）及 TBS 诊断分类法在宫颈脱落细胞检查中的应用”，引入预防为主的健康理念，通过对肿瘤的早期发现，早期诊断，对高危人群进行干预治疗，降低了子宫颈癌的发病率及死亡率。

2015 年，通过推广“无创产前筛查在预防胎儿出生缺陷中的应用”，引进时间分辨荧光免疫技术、产前筛查诊断技术等新技术，率先在全省开展孕早中期联合筛查，并使油田医院的围产优生技术水平在酒嘉地区居于领先。当年，还开展“注射用细辛脑佐治肺结核合并慢阻肺近期疗效观察”，形成了具有自身特色的肺结核合并慢阻肺患者的治疗技术。

2016 年，针对泌尿系结石属多发病、常见病，对于直径在小于 2 厘米的泌尿系结石，非手术治疗容易得到患者认可及接受的现状，油田医院引进应用“体外冲击波碎石术”，进行体外冲击波碎石术 200 余例，治疗有效率达 90.2%。开展“心脏电复律联合胺碘酮治疗心脏电风暴的临床疗效研究”和“LigaSure 在痔疮手术治疗中的对比研究”。

2017 年，组织开展“腹腔镜结直肠癌手术的技术对比研究”“酒泉市成人 2 型糖尿病流行病学调查及防治、干预研究”“玉门油田 H 型高血压与血脂水平的相关性分析研究”等科技攻关，为直肠癌、糖尿病、高血压、高脂血症等疾病的诊断和治疗，提供了理论指导和临床经验。

第六节　重大科技专项

2012 年 5 月初，为了集中解决勘探开发面临的技术瓶颈难题，支撑原油产量重上百万吨，玉门油田依托集团公司整体技术优势，发挥科技引领作用，设立“玉门油田重上百万吨勘探开发关键技术研究”重大科技专项。专项下设 9 个课题，其中，勘探方面 3 个课题，分别为“酒泉盆地精细勘探技术研究及目标优选”“外围盆地油气成藏条件研究及目标优选”“玉门探区非常规油气勘探开发目标优选”；开发方面 3 个课题，分别为“青西—老君庙构造带整体评价及有效开发关键技术研究”“老油田水驱提高采收率关键技术研究”“三次采油技术研究与应用”；工程领域 3 个课题，分别为“复杂地质条件地球物理关键技术研究与应用”“逆掩推覆带优快钻完井技术研究”“复杂岩性高应力储集层改造技术研究”。10 月，集团公司批复同意设立“玉门油田重上百万吨勘探开发关键技术研究”重大科技专项。12 月 24 日，专项启动会在北京召开。

2013 年 1 月，成立“玉门油田重上百万吨勘探开发关键技术研究”重大科技专项领导小组，设立科技专项项目组及专项管理办公室，股份公司重大科技专项“玉门油田重上百万吨勘探开发关键技术研究”攻关工作正式展开。12 月，股份公司同意批复专项经费 22731 万元，其中资本化经费 5206 万元，费用化经费 17525 万元。

2013—2017 年，玉门专项通过攻关，发展完善老探区效益勘探及老油田效益开发理论认识，形成成熟探区精细勘探技术系列、复杂油藏有效开发技术系列等 7 大勘探开发特色技术系列和复杂岩性裂缝性储集层地震预测、高含水老油田开发后期精细注采结构调整、高应力储集层改造综合降低施工压裂技术等 11 项核心技术。授权分离固体中油和水的多级萃取器、内推式封隔器、一种压裂液性能评价系统等专利 17 项，受理测定电场中岩石润湿性的方法、用于水力压裂物理模拟实验的射孔装置及方法等专利 13 项，制定层状砂岩储集层单砂体内部构型刻画技术、低摩阻加重压裂液应用规范等标准（规范）14 项。研制国产化扭力冲击工具、全参数钻井节能导航仪等工具 / 设备 7 套，研发低浓度胍胶压裂体系、低摩阻加重压裂液体系等配方 6 个，编制钻井参数闭环优化综合提速系统等软件 5 套，发表鸭儿峡地区古近系断裂特征与油气成藏模式探讨、青西油田下沟组构造裂缝发育特征与分布预测、鸭西异常高应力储集层加砂压裂探索与实践等论文 66 篇，全面完成专项计划的研究任务，达到预期的目标。先后获得省部级以上科技成果 6 项，其中，一等奖 1 项、三等奖 5 项。2017 年 12 月，重大科技专项“玉门油田重上百万吨勘探开发关键技术研究”通过验收。

一、勘探领域

1. 酒泉盆地精细勘探技术研究及目标优选

该课题在系统开展酒泉盆地构造、沉积储集层、油气成烃成藏等研究的基础上，攻关核心技术及关键技术，重点开展勘探领域、区带、目标优选评价等多个方面的研究工作。课题实施期间形成专有技术5项，发表论文6篇。

研究取得的2项主要创新成果：（1）整体研究，发展完善酒泉盆地老探区效益勘探理论知识，指出酒泉盆地为断—压叠合盆地，明确了鸭儿峡鼻状构造带白垩系、青西—老君庙构造带古近系、石北白杨河构造带古近系、酒东长沙岭构造带白垩系等“七带两层”为盆地有利的勘探区带；（2）形成了以复杂岩性裂缝性储集层地震预测核心技术、中深层泥云岩及致密砂岩储集层成岩相分析技术、逆掩推覆构造高精度建模技术、成熟探区复杂目标综合评价技术等为内容的成熟探区精细勘探技术系列，支撑了油气勘探领域部署和发现取得新突破新进展。

研究取得的4项主要创新点：（1）酒泉断—压叠合盆地具有“断压叠合、晚期生烃”“立体输导、高效充注”“断圈双控、高效富集”的成藏特征；（2）应用断层相关褶皱理论，形成逆掩推覆构造多信息综合高精度建模技术，建立老君庙冲断带构造新模型，首次提出窟窿山构造带山前为倒转构造样式；（3）建立与地质条件下基本相同的微咸化湖盆泥岩及云质泥岩生排烃模拟技术与排烃模式，客观评价酒泉盆地油气的资源潜力；（4）提出叠后多属性交汇融合可预测大尺度裂缝体系，地震纵波叠前地震属性可预测中尺度裂缝体系。

课题研究成果有效支撑了油气勘探部署，共部署实施预探井、评价井59口，其中，36口井获工业油流；酒泉盆地落实三级石油地质储量5539万吨，其中，探明石油地质储量1511万吨、控制石油地质储量1591万吨、预测石油储量2437万吨；鸭儿峡白垩系鸭西102井、柳12井、鸭儿峡古近系鸭西6井及老君庙北翼四个区块实现规模建产，支撑了油田稳产。

2. 外围盆地油气成藏条件研究及目标优选

该课题重点完成雅布赖盆地成烃成藏规律、沉积体系、有利储集层分布预测、有利区带及目标精细评价、潮水等盆地成藏条件分析与凹陷优选等研究内容，在研究中应用新理论、新技术和新方法，系统评价盆地勘探潜力，明确了外围盆地勘探方向和有利区带，形成外围盆地勘探配套技术。在研究过程中，形成专有技术1项，发表论文8篇。

研究取得的5项主要创新成果：（1）发展翘倾型残留盆地原型盆地分析技术，恢复雅布赖盆地原型结构和三个次级凹陷的构造样式；（2）形成翘倾型残留盆地成烃成藏分析技术，厘定雅布赖盆地有效烃源岩分布、成藏期次及成藏模式；（3）形成低渗透薄砂岩有利储集层预测技术，在相控模式下进行特征曲线重构及波阻抗反演，预测了各油层段砂体的分布；（4）形成低丰度岩性油藏勘探技术系列，落实了雅布赖盆地有利区带及目标，雅探6井、乌1井获工业油流；（5）潮水、南祁连等盆地成藏条件研究及资源潜力评价，优选出庙北和木里2个有利凹陷，形成外围盆地地质评价技术。

取得的6项主要创新点：（1）发展翘倾型残留盆地原型盆地分析技术，明确了盆地结构及构造演化特征；（2）形成翘倾型残留盆地原型盆地分析技术，厘清雅布赖翘倾型残留盆地成烃成藏特点；（3）形成低渗透薄砂岩有利储集层预测技术，落实目的层有利砂体的分布；（4）形成侏罗系湖相低丰度岩性油藏勘探技术系列，优选出小湖次凹4个有利区带和目标；（5）建立低丰度岩性油藏勘探技术系列，支撑雅布赖盆地油气勘探取得突破；（6）潮水、南祁连等盆地成藏条件研究及资源潜力评价，优选出庙北和木里2个有利凹陷，形成外围盆地地质评价技术。

通过研究，在雅布赖盆地优选出小湖洼槽、红茨梁、北部斜坡、西部斜坡4个有利区带，落实圈闭8个，部署预探井8口，其中，洼槽带雅探6井、红茨梁乌1井获工业油流，雅布赖盆地油气勘探取得突破。潮水、南祁连盆地优选出庙北凹陷、木里凹陷2个有利凹陷，明确了外围盆地勘探方向和部署思路。

3. 玉门探区非常规油气勘探开发目标优选

该课题重点围绕玉门探区致密油、煤层气、油砂矿开展研究工作。完成了青西、花海凹陷致密油成藏模拟实验、致密油储集层结构与储集性能评价、致密油成藏条件与富集机理研究，明确了2个凹陷致密油勘探潜力，优选出了有利目标。对武威盆地、南祁连盆地含煤地层进行系统评价，重点落实煤层展布特征，分单元评价煤层气富集成藏条件，优选了煤层气有利区块。完成石油沟油砂水洗分离技术研究，进行油砂水洗分离现场试验。研究建立标准 1 项、操作规范 1 套，发表论文 11 篇。

研究取得的 3 项主要创新成果：（1）探索掌握了酒泉盆地白垩系断陷湖盆致密油成藏机理、富集模式与控制因素，建立了断陷湖盆泥云岩致密油储集层测井评价及地震预测技术、断陷湖盆致密油综合评价核心技术，提出了研究区“甜点”预测思路与方法，在青西、花海凹陷内优选和落实 4 个致密油“甜点”目标；（2）系统研究武威、南祁连盆地煤层气赋存条件，探索认识了研究区煤层含气量、煤岩渗透性、煤层气富集的主要控制因素，发展和完善石炭系煤层地震多属性预测技术及中煤阶煤层气有利区块评价技术，评价优选出了营盘和江仓矿区 2 个煤层气有利区块；（3）石油沟油砂水洗分离工艺室内实验及试剂研制取得较好效果，研发出先进的油砂水洗分离工艺实用新型技术和装置。

取得的 9 项主要创新点：（1）以含油气系统观点、源储组合为研究和评价的基本单元开展研究。深刻揭示了青西地区常规油气系统与非常规油气系统的统一性，两者在油气成因与分布上存在紧密联系，共存于一个统一的含油气系统中，在成藏和分布上构成一个完整的序列，相互过渡和转化，常规油藏只是致密油藏的“甜点”。（2）建立山间断陷反转湖盆云质岩致密油、碎屑岩致密油成藏与富集模式。从机理方面，揭示常见类型的源储组合的致密油成藏与富集特征及其差异富集条件，在青西地区进一步揭示了致密油成藏“压差推进、跳跃式充注、多尺度微孔缝输导、非均匀弥漫式边运边聚，有序连续的差异性富集，供烃与散失动态平衡”的致密油成藏机理模式，在此基础上建立分布富集模式。阐明了研究区致密油成藏与富集的主控因素是源储品质及其组合类型、裂缝发育程度。（3）提出纳米石油地质学的理论框架，该理论是纳米科技与石油地质学之间的交叉学科，以纳米油气的生成、滞留、运移、聚（富）集、赋存、散失的机理和分布规律为主要研究内容，以非常规油气形成、产出状态和分布特征为研究目标，从而获得对非常规油气生成、运移、聚集、保存与分布富集规律性的理论总结，为非常规油气成藏研究与勘探提供了新的研究思路。（4）提出“源储组合成藏单元”这一概念，拟定“四定”预测思路并研发了直接定量表征和预测致密油“甜点”目标的技术方法，即“优源 R_o 定边界（前景区）、源储组合定区带、四优条件（优源、优相、优缝、优保）匹配定‘甜点’、多层叠合定目标与井位（或井轨迹）”的总体思路并形成了相应的技术方法。权威机构查新表明“源储组合成藏单元”为本次研究首次提出的概念。（5）建立石炭系构造煤判识标准。以武威盆地营盘凹陷的主采煤层为主，分析了盆地内构造煤发育情况，建立了基于测井评价的构造煤判识标准，预测了营盘凹陷主力煤层原生煤发育区。（6）发展完善石炭系中煤阶煤层气有利区块评价技术。武威盆地发育焦煤、肥煤，煤岩煤质类型好，但构造煤发育，综合评价研究区煤岩煤质特征（煤层厚度、煤岩类型、镜质体反射率、煤层埋深）、煤层气赋存特征（含气量、渗透性）、煤层气保存条件（构造、水文条件、顶底板岩性、煤储层的吸附性），形成了适合武威盆地石炭系中煤阶煤层气有利区块评价技术及方法。（7）具有能耗低、设备运转稳定、处理量大、对原料粒径要求低等优点的卧式打浆搅拌技术。（8）能够大幅度降低尾砂含油率、“两级打浆、三级分离”的多级分离技术。（9）采用过滤机、离心机设备能够达到泥—剂及砂—剂快速分离，最大限度降低试剂损耗和热能损失的试剂循环利用技术。

研究成果应用于生产后，支持了探区非常规油气勘探生产部署工作。在青西、花海凹陷部署钻探了致密油探井柳平 1 井及墩 1 井，在武威盆地部署钻探了武试 1 井、武试 2 井两口煤层气探井，并进行了排采。建成油砂水洗分离装置 1 套，进行了试运行。

二、开发领域

1. 青西—老君庙构造带整体评价及有效开发关键技术研究

该课题立足于青西—老君庙构造带整体认识评价和产能建设区块优选，主要完成鸭儿峡白垩系、老君庙冲断带、鸭儿峡古近系产能建设区块优选评价及产能建设部署。形成冲断带断层综合识别解释、逆掩冲断带高陡倒转地层对比、冲积扇—河流相砂体等时地层对比、冲断带多方法油层综合识别和扇三角洲砂体精细刻画等 5 项关键技术。在青西—老君庙构造带优选动用石油地质储量 1595 万吨，滚动建产新增原油产量 22.57 万吨。研究形成专有技术 1 项，技术规范 1 项，发表论文 7 篇。

研究取得的 5 项主要创新成果：（1）提出青西—老君庙构造带“双层”演化特征，明确了构造与油气成藏期次关系，确立了立体评价思路；（2）提出逆掩冲断带高陡地层对比方法，发现并开发了老君庙弓形山油藏，展示了老油区仍有增储上产潜力；（3）系统评价小型叠合盆地沉积储集层空间展布规律，拓展了鸭儿峡油田的含油范围，立体开发了鸭儿峡白垩系油藏；（4）形成多学科裂缝综合识别技术，开展了扇三角洲砂体精细刻画，评价发现了白垩系鸭西10有利区块；（5）提出裂缝性油藏渗析采油能量传导机理，制定了深层复杂油藏大井丛、直平组合、立体开发、渗析采油开发技术政策，现场试验初步见效。

取得的3项主要创新点：（1）提出青西—老君庙构造带“双层”演化特征，明确了构造演化与油气运聚的时空配置关系；（2）形成逆掩冲断带高陡地层对比方法，首次发现并开发了弓形山油藏；（3）提出裂缝性油藏渗析采油能量传导机理，制定了裂缝性油藏开发技术政策。

经过持续攻关和实践，进一步明确和落实鸭儿峡白垩系、鸭西古近系和老君庙冲断带三个重点区块。累计优选可动用石油地质储量1595万吨，老君庙北翼冲断带弓形山组、L层−M层及前探1夹片弓形山组有新增可采储量的潜力。滚动建产新增原油产量22.57万吨，为油田增储上产奠定了坚实基础。通过课题组织运行和研究，有效指导油田“十三五”规划部署和中长期规划编制，形成特色油藏评价和有效开发技术，持续支撑油田产能建设和稳产，提升了科研水平和学术水平，培养了复合型科研人才。

2. 老油田水驱提高采收率关键技术研究

该课题在精细地质研究的基础上，重构老君庙油田地下认识体系，量化表征高含水开发后期油藏剩余油分布，搭建了“二三结合”开发模式，明确M油藏直注平采井网系统，精细注采结构调整取得较好效果；建立酒东油田深层高压薄层砂岩油藏注水开发技术政策；形成以高含水老油田精细注采结构调整为核心的7项关键技术，累计增油11.38万吨。课题申请专利4项（授权3项，受理1项），形成专有技术7项，形成标准、规范4项，发表论文8篇。

研究取得的5项主要创新成果：（1）精细刻画储层内部单砂体构型，分类描述储集层质量差异，建立了油藏三维精细预测模型；（2）建立多方法综合剩余油表征技术，实现老油田高含水阶段剩余油精细量化表征；（3）开展层系细分和井网重构技术研究，探索水区提高采收率方法和途径，搭建L油藏“二三结合”开发模式，矿场试验取得初步成果；（4）深化M油藏渗流机理认识，分区制定油藏注采调控对策，完善“直注平采”井网系统，精细注采结构调整取得良好效果；（5）形成酒东高压薄层砂岩油藏有效注水开发技术，实现油田注上水目标。

取得的3项主要创新点：（1）明确M油藏储集层质量差异机理，创新建立M油藏储集层质量分类标准，突破储集层非均质认识的困局；（2）形成密井网条件下三维构型建模方法，精细量化老油田高含水阶段剩余油表征；（3）首次构建L油藏“二三结合”井网开发模式，矿场试验取得良好效果。

通过持续攻关和实践，重点解决高含水老油田开发后期剩余油量化表征、高含水油田井网层系重构、高含水老油田注采结构精细调整、深层高压薄层砂岩油藏有效注水开发等关键技术。成果实施后，老君庙油田2013—2016年实现年产油15万吨四年硬稳产，累计增油11.38万吨。酒东油田总递减由2013年的24%降低到2017年的3%，实现了7万吨以上稳产，总增油量6.5万吨，高压薄层砂岩油藏已初步见到注水效果。

3. 三次采油技术研究与应用

该课题全面完成玉门油田三次采油潜力评价、化学复合驱油技术研究与试验、注气开发关键技术研究与试验和多元热流体分散降黏开发技术研究等研究内容和技术考核指标，完成室内实验521组，优化设计3个三次采油方案，开展4个井组化学驱矿场试验和6个井组空气驱矿场试验，充实和丰富玉门油田三次采油技术理论体系，取得了一批有形化成果，为油田长期稳产和可持续发展提供了重要的技术支撑。研究期间申请专利4项，授权3项，发表论文9篇，发布公司技术规范2项。

研究取得的4项主要创新成果：（1）形成不同类型油藏三次采油适应性评价技术，明确三次采油潜力，编制玉门油田三次采油发展规划。通过评价筛选，玉门油田适宜化学驱的储量为5186万吨，适合气驱的储量为11770万吨。（2）明确玉门高含水油田提高采收率主体技术，研发优化了复合驱技术体系，矿场试验效果明显。以油水间界面张力、复合体系稳定性、化学剂吸附滞留、泡沫体系综合指数、物理模拟驱油试验的采收率等因素为主要评价指标，研制出高稳定耐油泡沫体系和强乳化的弱碱三元复合驱配方体系，在水驱采收率55%的基础上提高采收率25.83%。老君庙L油藏泡沫复合驱先导试验“4注9采”现场试验增产原油2900吨，10年评价期内预测提高采收率15.49%。（3）形成水敏低渗透油藏及复杂岩性油藏注气开发关键技术，矿场试验效果初现。形成注气提高采收率可行性评价技术、注气油藏工程技术、注气开发效果评价技术、气驱注采工艺技术等注气开发关键技术。鸭儿峡白垩系油藏和老君庙M油藏低产区开展矿场试验，至2017年末，实施注气6个井组，累计增油2675吨。（4）研制出多元热流体分散降黏剂配方体系，储备化学辅助多元热流体开发技术。针对石油沟油田水驱冷伤害引起的原油中蜡质析出、吸附问题，利用乳化法降低石蜡晶体沉积、降低油水界面张力，调整油水流度比，研制出乳液降黏辅助水驱体系配方。

取得的3项主要创新点：（1）研发强发泡高稳定泡沫配方体系；（2）研制针对老君庙L油藏的强乳化弱碱三元低张力体系；（3）首创非稳态高效再生泡沫复合驱技术。

经该课题研究，三次采油可增加可采储量2075万吨，平均提高采收率12.24%。化学驱在老君庙L油藏顶部开展试验4个井组，增产原油2900吨。气驱在鸭儿峡白垩系中区已开展试验2个井组，增产原油2025吨；老君庙M油藏4个井组氮气驱试验已增产原油650吨。矿场试验验证了化学复合驱及注气技术的可行性，具备推广条件。

三、工程领域

1. 复杂地质条件地球物理关键技术研究与应用

该课题针对制约油田勘探开发的地球物理难点，开展系统的复杂地质条件高精度三维地震配套技术、复杂储集层测井评价配套技术、致密油测井评价技术以及老油田测井配套技术攻关，建立研究区三维地震采集系列和测井采集系列，提高了地震识别圈闭精度和测井解释符合率。通过研究，申报发明专利4项，已获得国家专利局授权专利3项；获得软件著作权2项，制定企业标准1项，发表论文9篇。

研究取得的5项主要创新成果：（1）逆掩推覆构造带地震采集配套技术。针对老君庙逆掩冲断构造复杂、地层倒转、破碎的地质特点，通过采取长排列高密度宽方位地震观测系统、井震联合宽频激发等技术，为落实老君庙构造模式打下了坚实基础，形成了世界先进、国内领先的逆掩推覆构造地震配套技术。（2）地震资料成像技术及不同年度采集三维地震资料连片融合处理技术。针对柳沟庄泥云岩裂缝性储集层方位各向异性明显的特征，在青西地区不同年度三维地震资料基础上，采用融合处理技术、分方位处理技术，青西融合各向异性分方位处理成果有力支撑了对于单组缝的高精度预测。针对雅布赖盆地中侏罗统新河组内的薄砂岩储集层，开展井控保幅岩性目标处理攻关，通过高精度静校正、井控相对保幅处理、井控高分辨率处理、各向异性叠前时间偏移处理技术的运用提高了资料的保真度及分辨率，最终处理成果较以往资料频带拓宽至7～51赫兹，小断裂成像明显改善，砂体特征较为清楚，为该区薄砂岩储层的识别提供了有效资料。（3）裂缝性砂砾岩储层测井评价技术。以青西凹陷复杂岩性裂缝性储集层为研究对象，强化机理研究，针对鸭儿峡双孔介质储集层，首次提出相对连通孔隙及侵入半径反演的方法、针对鸭儿峡低孔低渗储集层运用核磁构建毛细管压力曲线及电成像孔隙度谱的方法，并以基础实验及储集层分类标准为依据，开展储集层参数精细建模研究，形成了复杂岩性裂缝性储集层评价技术，最终成果应用于测井综合评价，解释符合率显著提高，有效支撑了青西凹陷勘探新发现及储量提交。（4）泥云岩致密油"七性"参数测井评价技术。以柳沟庄泥云岩致密油和雅布赖砂岩致密油储集层为研究对象，利用常规数据与成像测井数据，通过七性关系研究与参数计算，对致密油储集层进行综合评价研究。建立储集层三品质参数模型，通过三品质参数划分储集层，能够对柳沟庄泥云岩致密油和雅布赖致密油储集层有效性进行准确评价，有力支撑了油田致密油测井评价。（5）老君庙油田水淹层测井评价技术。以老君庙油田为研究对象，优化老油田测井系列，开展水淹层识别方法研究，形成了适合老君庙油田的水淹层测井评价技术，研究成果最终为水淹层评价、为老油田后期开发提供了有效的技术支持，水淹层解释符合率由70%提高到78%。

取得的主要创新点：逆掩推覆构造"两宽一高"三维地震采集配套技术、基于初至层析射线密度约束的风化层建模方法、高密度地震资料采集外界干扰警戒方法、逆掩推覆构造Walkaway-VSP成像技术、双孔介质储集层相对连通孔隙度计算方法、基于电成像和核磁共振测井资料的孔隙结构参数计算方法、裂缝性砂砾岩储集层分类技术、基于粒序变化的岩性识别方法。

通过地震技术攻关，老君庙冲断带内幕有反射、断面和夹片成像得到改善，波阻特征清楚，低频和高频明显拓展，冲断带构造基本落实，断层解释与钻井符合率为100%，初步落实浅层K油藏北部边界，北扩面积1.7平方千米。通过测井技术攻关，解释符合率实现质的提升，青西凹陷白垩系探井、评价井测井解释符合率由73%提高到84.2%，开发井由82%提高到89.7%；老君庙水淹层解释符合率由70%提高到78%；为鸭儿峡白垩系块状砂砾岩勘探突破、三级储量研究、老君庙北翼新区发现、老君庙油田开发提供了技术支持。

2. 逆掩推覆带优快钻完井技术研究及规模化应用

该课题完成了逆掩推覆带深井安全快速钻井技术研究与应用、复杂地层水平井钻完井技术研究与应用和全过程全平衡钻完井配套技术研究与应用 3 个专题的研究。通过研究，钻井全面提速，深井钻井周期缩短 16.01%，4000 米水平井钻井周期 112.94 天。全过程欠平衡钻完井推广应用 25 口井；形成了逆掩推覆带深井优快钻完井配套技术，有力支撑了油田增储上产任务的完成。该课题研制工具 7 套，申报、获得专利 16 项，制定技术规范 3 项，软件登记权 2 套，发表论文 7 篇。

研究取得的 3 项主要创新成果：（1）研发钻井参数闭环优化综合提速系统及扭力冲击提速工具，双稳定器与弯曲动力防斜打快提速技术，新型阳离子钻井液技术，形成逆掩推覆带深井钻井提速配套技术。2013—2016 年，完钻井 122 口井，平均井深 4079 米，钻井周期 99.43 天，与 2012 年相比，平均机械钻速提高 15.85%，平均钻井周期缩短 16.01%（18.96 天），复杂事故下降 67.9%，固井优质率提高 17.14%，为加快油田勘探开发进程、降低钻井成本发挥重要作用。（2）全过程欠平衡钻完井技术进一步配套和完善，成为油气发现和老区低压储集层有效保护的重要技术手段。全过程欠平衡钻完井技术应用 25 口井，解决了裂缝性低压储集层钻井井漏问题，有效保护和解放油层气，10 口探井及时发现油气，15 口开发井中 6 口高产。（3）初步形成中深水平井钻完井配套技术，实施 5 口井，定向段机械钻速提高 51.25%，钻井周期下降 39.55%，为今后应用中深水平井提高产能建设效果提供了技术储备。

取得的 4 项主要创新点：（1）钻井参数闭环优化综合提速系统，实现了钻井参数优化从传统的钻前设计优化向实时优化的转变，发挥了钻头破岩潜能，提高了破岩效率；（2）突破 $7^5/_8$ 英寸非标准尺寸套管阀有限空间限制，形成具有阀底测压功能的Ⅱ代套管阀，填补了国内空白；（3）研发液动式扭力冲击工具，填补了国内空白；（4）克服多相流工况脉冲信号衰减难题，研制成功多相流井筒压力测量工具，填补了国内空白。

该课题实现了钻井技术进步，钻井周期缩短 16.01%；水平井单井产量是直井、定向井的 2.8 倍以上，提高了油田开发效益；欠平衡实现油气层的及时发现和有效保护。为油田建设产能 51 万吨、探明地质储量 1511 万吨提供了强有力的工程技术支撑。液力脉冲提速工具已推广应用到新疆油田、塔里木油田，双稳定器预弯曲动力钻具防斜打快技术已成功用于吐哈油田、青海油田。

3. 复杂岩性高应力储集层改造技术研究

该课题开展了大量的三轴岩石力学参数测试、岩心矿物组分分析、地应力测试、压裂材料评价、压裂体系优化与性能测试等室内实验分析，建立了储集层改造适应性评价方法，形成 2 套低摩阻加重压裂液体系；通过定方位射孔、酸预处理、钻完井一体化工程设计与大通径压裂管柱设计，形成了综合降低施工压力技术，高应力储集层压裂技术在鸭西、青西白垩系异常高应力油藏应用 18 井次，单井平均日产量 11.8 吨，累计增产 18409 吨，提高了低品位储量的动用程度；基于三大指数研究，建立了“甜点”识别方法和中深水平井分段多簇优化设计方法，形成了以快钻桥塞为主体技术的水平井体积压裂工艺，在鸭儿峡油田、花海探区实施 7 井次，产量达到直井的 2 ~ 4 倍。通过研究，该课题申报发明专利 4 项，发布企业标准 1 项，发表论文 9 篇。

研究取得的 3 项主要创新成果：（1）深化复杂岩性高应力储集层的地应力纵横向分布认识，形成了针对异常高应力梯度储集层的降低压裂施工压力技术；（2）针对异常高应力梯度多储集层特点，形成了提高直井增产有效期的分层压裂、缝网压裂等高效改造技术，提高了储集层改造程度和措施效果；（3）针对复杂岩性储集层特点，形成了水平井体积改造优化设计和分段改造施工工艺技术。

取得的 3 项主要创新点：（1）基于生产指数、压裂指数、作业指数三大指数研究，建立了中深水平井体积压裂甜点识别方法和分段分簇优化设计方法；（2）以硝酸盐为加重剂，基于分子设计与模拟，合成具有延迟交联功能的交联剂，研发了低摩阻加重压裂液体系；（3）深化体积压裂技术，以低压低渗储集层有效动用为目标，结合“驱油置换”理念，坚持“地质油藏、压裂改造、开采模式”一体化，创新裂缝控藏、能量补充、渗析驱替同步化技术，初步形成大规模储能压裂工艺技术。

2013—2016 年，共完成高应力储集层改造、中深水平井体积压裂试验 261 井次，增产原油 94601 吨，为油田原油稳产做出了贡献；通过分层分段压裂、规模压裂、新型缓速酸酸化、复合解堵等技术进步与创新，为油田勘探开发、原油生产提供了技术支持；以雅探 6 井、鸭西 6 井、鸭西 116 井、鸭西 115 井、鸭 K103 井、鸭西 10 井为代表的一批井压裂酸化后获理想产能，助推雅布赖盆地、青西凹陷古近系、鸭儿峡西部及北部白垩系的勘探开发，为油田稳产提供了技术支撑，为 2567 万吨低动用储量的开发奠定了工艺技术基础。

第七篇

工程技术服务

玉门油田建矿初期，主要以勘探开发、炼油生产为主，工程及配套建设服务保障处在起步和逐步建立阶段。在国家第一个“五年计划”时期，在全国各行各业的全力支持下，玉门油田建成了新中国第一个石油工业基地，同时也形成了修井作业、油田建设、机械制造与维修、水、电、路、运输、通信、物资器材供应等门类齐全的工程建设和服务保障行业和队伍。后虽历经多次整建制支援其他油田建设，但工程建设及服务保障机构一直较为健全。随着油田的持续发展，至1986年，油田修井作业、工程建设、机械制造与维修、水电热供应、运输、通信、物资供应等队伍已恢复和扩大到9300余人。1987年后，按照生产建设需要，油田多次对工程建设及服务保障队伍进行调整和改制，并逐步加大机械装备、生产设施和设备的更新换代力度，装备水平逐年改进，服务保障能力持续增强，为油田生产建设发挥了重要的支撑和保障作用。

第一章　井下作业

1949年，已经开发了10年的老君庙油田，出现了油层堵塞、套管变形等问题，严重影响着油田的稳定开发与发展。为了有效解决这些问题，油田组建了我国石油工业史上第一支专业修井队伍，开始在老君庙油田从事简单的换井口、加深采油管柱、清蜡、热洗、冲砂等工作。1950年，玉门油田成立井下作业大队，开始专业从事冲砂、抽汲、热洗等修井措施。后经不断发展壮大，至1986年，在4个油矿中，均设有专业修井作业队伍，专门从事油田井下施工作业。其中，老君庙油矿有1个大修队、14个修井小队，鸭儿峡油矿有3个修井队，白杨河油矿有1个大修队、1个修井队，石油沟油矿有1个修井队，共有修井动力51部，有修井职工1213人。与此同时，还设有井下技术作业处（简称井下处），主要承担油田大型压裂、深井固井和特车服务等工作。

第一节　机构与队伍

一、厂（矿）修井队

1987年，老君庙油矿下设1个大修队，在7个综合采油队均设修井小队，共有修井小队14个，全矿共有修井动力33部，职工657人；鸭儿峡油矿下设3个修井队，有修井动力10部，职工277人；白杨河油矿设有大修队、修井队，有修井动力8部，职工130人；石油沟油矿设1个修井队，有修井动力7部，职工149人。

至1992年9月，老君庙油矿保持作业一队、作业二队2个大修队和14个修井小队不变，有修井动力29部，职工670人；鸭儿峡油矿有3个修井队，修井动力10部，职工295人；白杨河油矿有大修队、修井队各1个，修井动力7部，职工130人；石油沟油矿有修井队1个，修井动力5部，职工134人。当年10月，油田对开发系统机构进行改革，撤销老君庙、鸭儿峡、白杨河、石油沟4个油矿，合并成立采油厂。采油厂下设作业一队、作业二队2个大修队，10个采油队均设修井队。其中，原老君庙油矿7个采油队建制保持不变，内设修井小队14个，修井动力26部，职工763人；采油八队（原鸭儿峡油矿）设3个修井小队，修井动力5部，有职工80人，主要承担鸭儿峡油田的修井任务；采油九队（原白杨河油矿）设大修队、修井队各1个，修井动力4部，职工90人，主要承担白杨河油田的修井任务；采油十队（原石油沟油矿）设修井队1个，修井动力4部，职工110人，主要承担石油沟油田的修井任务。

1996年11月，采油厂推行厂内采油、修井甲乙方合同制，对部分基层机构进行调整，将原作业一队、作业二队合并成立井下作业一队；将原采油一队、采油二队的井下作业队伍与采油分离，合并组建成立井下作业二队；将采油三队、四队、五队、六队、七队、八队、九队、十队的修井队伍与采油队分离，组建成立了作业三队、四队、五队、六队、七队、八队。当年，采油厂共有修井动力34部，有职工805人。

至1999年10月，采油厂保持8个井下作业队不变，有修井动力40部，职工1135人。

二、油田作业公司

1999年11月，随着油田重组改制、主辅分离，按照专业化管理的要求，将采油厂井下作业管理部、8个作业队整体划出，组建成立管理局井下技术作业公司，同月，更名为油田作业公司，主要从事油田浅层钻井、侧钻、试油、大修、常规修井、压裂、酸化、固井、机修、特车服务等业务。同时，成立油田作业处，与油田作业公司一套机构两块牌子，全面负责油田井下作业市场的开发、管理等工作。机关设生产安全运行部、技术市场部、经营人事部和综合办公室4个部门。基层下设侧钻队、大修队、深井队、作业一队、作业二队、生产服务中心、钻修工程研究所等7个基层单位。

2000年1月，原采油厂老君庙实业公司机关部分人员、机修厂、特车一小队和在吐哈油田进行技术服务的井下作业队共计295人及资产划归油田作业公司。随后，油田作业公司将服务于吐哈油田的各项业务进行整合，成立吐哈项目部。至年末，油田作业公司机关设综合办公室、生产协调部、质量安全环保部、技术市场部、经营人事部5个部门；基层设作业一队、作业二队、侧钻队、大修队、深井队、生产服务中心、钻修工程研究所、钻井队、特车队、机修厂、青海项目部、吐哈项目部、燃料供应站13个单位，有职工1057名。

2005年8月，管理局油田作业公司和油田分公司工程技术研究与服务中心整合，成立玉门油田分公司油田作业公司。新成立的油田作业公司增加了采油工艺技术研究与应用、油田测井测试、射孔和化学助剂生产等业务。机关设经理（党委）办公室、计划财务科、组织人事科、生产运行科、质量安全环保科、机动装备科、钻井技术科、修井技术科、市场开发科、群工科（工会、团委）10个科室。基层设50638钻井队、50638L钻井队、侧钻队、试油队、大修队、常规作业队、特车队、钻采设备检测维修中心、测试队、化学助剂厂、燃料供应站、采油工艺研究所、资产回收大队和吐哈项目部、塔里木项目部、青海项目部、冀东项目部、克拉玛依浅井钻井队以及埃及项目部、土库曼斯坦项目部、阿塞拜疆项目部21个单位，员工总人数1446人。

2009年5月，油田作业公司在玉门本部推行“扁平化”管理改革。撤销侧钻队、大修队、试油队、深井作业队、常规作业队，成立20个单机作业队；钻采设备检测维修中心复名为机修厂，新增钻前工程队、压裂队、生活管理站3个单位。扁平化改革以后，机关职能科室5个，正科级基层单位11个（含驻外项目部1个），单机作业队20个，员工总数1751人。

2013年1月，油田作业公司对20个单机作业队重新划分整合成立5个专业化钻修队伍；撤销钻修工程队，业务由专业队伍和机修厂承担；测试队更名为试井队。调整后基层设修井一队、修井二队、修井三队、修井四队、侧钻作业队、压裂队、试井队、特车队、机修厂、器材保管站、生活管理站、塔里木项目部和乍得项目部13个单位。

2015年，油田作业公司有在册员工1458人，其中合同制员工906人，市场化用工486人。先后取得集团公司井下作业队伍资质46支，按资质等级分，有甲级队伍1支、乙级队伍32支、丙级13支；按作业性质分，有大修12支、小修23支、侧钻3支、试油3支、固井1支、压裂1支、试井2支、井控1支。

至2017年12月，油田作业公司机关设综合办公室、计划财务科、生产运行科、设备管理科、质量安全环保科、工艺技术科6个部门，机关附属单位2个，职业技能鉴定站和安全监督站；基层设修井一队、修井二队、修井三队、修井四队、带压作业队、侧钻作业队、压裂队、试井队、特车队、机修厂（钻采设备检测维修中心）、物资管理站、生活管理站、塔里木项目部和乍得项目部14个单位，取得集团公司井下作业资质队伍46支。有在册员工1411人，其中合同制员工930人（含内部退养职工88人），市场化用工481人。

三、井下技术作业处

井下技术作业处（简称井下处）成立于1976年3月。1986年，主要有压裂队、固井队、水泥车队、保养站、攻关队、供应站、后勤办公室等基层单位，有职工500余名，重点开展深井压裂、深井固井、特车作业等工作。

1987年，机关设党委办公室、行政办公室、财务科、生产机动科等科室；基层单位有压裂队、固井队、水泥车队、保养站、攻关队、供应站、后勤办公室、农工商管理站等。

1988年8月，井下处增设新疆胜金口油田作业队。

1991年5月，吐哈井下技术作业指挥部（简称井下指挥部）正式成立，与局井下处为一套机构、两块牌子，同时为新老区服务。9月，为适应新老区管理体制和生产需要，局对井下处的机构定员编制进行调整，调整后，机关设生产科、机动科、安全环保科、经营科、计划企管科、劳资科、科技科、行政办公室、党委办公室、组织科、宣传科、纪委（工会、团委）、保卫科等14个科室；基层设作业一队、作业二队、作业三队、作业四队、作业五队、作业六队、试油一队、试油二队、试油三队、压裂一队、压裂二队、特车一队、特车二队、测试队、生产准备队、汽车队、保养站、地质队、基建工程队、井下实业公司等23个单位。至此，井下处由原来单一的特车服务，逐步转变为集试油、井下作业、测试、压裂、特车服务为一体的综合性生产服务单位。

1995年5月，井下指挥部（井下处）共有职工1527人，其中干部370人，女职工276人。6月，随着玉门—吐哈管理体制的理顺，井下作业指挥部（井下技术作业处）整体划转吐哈油田。

四、乙方修井队伍

1995年6月，随着玉门、吐哈管理体制理顺，井下技术作业处整体划归吐哈油田后，玉门油田在较长时期内，一直没有压裂、特种车辆等施工队伍和装备，主要依赖吐哈井下公司、长庆油田压裂队、青海油田压裂队等队伍开展压裂酸化、特车作业等服务。2000年，随着油田重组改制，油田井下作业市场不断开放，油田外一些井下作业队伍相继进入油田，开展油水井大修、检泵等作业。开展修井施工作业的乙方队伍主要有3个。

1. 吐哈油田作业队伍

1996年2月，吐哈井下公司在玉门油田派驻项目部，重点提供常规压裂酸化、试油测试、大修侧钻、热洗、调剖、特车作业等服务。

1998年2月，吐哈井下公司成立玉门项目组，有设备32台（套），人员87人，主要开展压裂酸化、特车作业等服务。

2000年，项目组更名为项目部，设器材供应组、财务经营组、生产调度组，下设压裂酸化班、特车班、维修班，共有职工46人，特种车辆及辅助车辆共28台（套）。全年完成压裂酸化193井次、特车1146班次、试油1井次、三相分离计量2井次。

2001年，项目部更名为玉门分公司，下设侧钻一队、试油五队、压裂二队，共有职工109人，有作业动力2部、特种车辆及辅助车辆35台（套）。全年完成压裂酸化施工162井次、特车作业1293班次、修井作业4井次、试油测试4个地质层、地面计量2井次。首次参与油田大修作业，完成了鸭114井复杂大修、石油沟816井等5口井侧钻等任务。

2005年1月，玉门分公司更名为玉门技术服务公司，下设试油五队、压裂二队，共有职工61人，特车及辅助车辆36台（套）。当年，完成常规压裂189井次、大型压裂29井次（酸压28井次）、连续油管车作业21井次、特车服务1410班次、调剖26井次、试油修井18井次。

2008年12月，吐哈井下公司撤出油田市场。

2. 青海油田修井队

2003年初，青海油田井下作业公司30余人进入鸭儿峡油田，从事油田油水井大修、检泵作业，主要设备为XJ−550修井机。截至2008年底撤离玉门油田，共施工240井次。

3. 长城钻探工程公司井下作业队

中国石油集团长城钻探工程公司井下作业队，于2011年5月携带XJ110Z修井机1部、DYZY18−21/35带压装置1套，员工45人，相继进入老君庙作业区、鸭儿峡作业区从事不压井带压技术服务。至2015年共完成工作量121井次。

第二节　施工作业

一、常规作业

1987—1992年，油田常规修井作业主要由老君庙、鸭儿峡、白杨河、石油沟四个油矿各自的修井队承担，主要任务是根据油田油水井的生产变化情况，进行检泵、基措等日常维护性修井作业。在此期间，各个油矿修井队以缩短检泵周期、提高措施成功率为目标，不断强化修井管理工作，积极推行修井任务总承包、修井计件工资制、8−8小时工作制等管理措施，适时组织开展油田注水综合治理挖潜会战、夺油上产会战、扶躺井会战，有效提高了修井质量和效率，确保了各油矿原油生产任务的完成，也涌现出了以老君庙油矿综合二队红5号车组为代表的一批修井战线上的先进典型。

1992年10月至1996年10月，采油厂的常规修井工作由各采油队下属的修井小队承担。各采油队普遍采取内部甲乙方合同制、车组单车承包、8−8小时工作制和一班制倒班等形式，设立修井质量监督台，将修井质量同工资、奖金挂钩，有效提高了修井质量，确保了采油厂各采油队的原油稳产、上产。

1996年11月，采油厂全面推行厂内采油、修井甲乙方合同制，将修井作业队伍从采油队中分离，重新组建了8个井下作业队伍，并制定出台《内部采油、修井甲乙方制试行办法和结算办法》，实行“分灶吃饭、独立核算、参与竞争”的管理体制。在此基础上，采油厂对8个井下作业队实行严格的“两包六考核”（承包指标为产值、产值费用率，考核指标为安全生产、修井有效成功率、资料全准率、设备完好率、红旗一类岗位达标率、内部管理水平和精神文明建设）和独立核算、自负盈亏、超利分成计奖为内容的承包经营责任制，有效提高了井下作业队伍的积极性和主动性。1997年，井下作业措施有效率达到91.45%，施工一次合格率达到98.54%，施工成功率达到99.04%。1998年，采油厂通过进一步完善采油、修井甲乙方制管理办法，调整理顺价格体系，实行以收抵支、超利分成、自挣自养的经营机制，建立了统一开放、竞争有序、比较完善的内部作业市场，促进了工作效率、工作质量的提高，全厂井下作业系统打破区域界限，跨队作业，出现了作业队之间争活干、"抢饭吃"的现象。全年完成常规井下作业3961井次，措施增产量达41653吨，平均单井增产51吨，单井措施成本28536元/井。1999年，围绕40万吨原油稳产，采油厂进一步强化井下作业各项管理工作，积极引进和推广应用新工艺、新技术，修井时效、作业质量进一步提高，全年完成常规修井作业3728井次。

2000年1月，油田作业公司正式运行。在人员少、设备落后，各项工作还处于理顺阶段的情况下，面对油田躺井多、产量被动的局面，作业公司及时调整人员、动力，积极组织开展修井会战，各作业小队普遍采取一队双机作业，连续工作12小时以上，公司日出勤动力保持在30部以上，最高时达42部。至7月底，完成井下工作量1058井次，施工成功率、作业时效分别达到99.5%和86.2%，较好地保证了采油厂原油生产的平稳运行。8月，油田作业公司与油田分公司签订井下作业关联交易协议。9月1日，油田作业公司召开誓师动员大会，以全面实现全年修井2200个井次、生产经营指标盈亏持平为目标，在全体职工中开展"大干四个月，实现双目标"的劳动竞赛。面对繁重的作业工作量，作业公司全体职工以最大的热情、最足的干劲、最优的质量，积极投身到以"比降低成本，赛经济效益；比安全生产，赛修井速度；比施工质量，赛优质服务；比严细管理，赛队伍作风"为内容的"四比四赛"竞赛活动之中，截至12月21日，油田作业公司全面完成了关联交易协议规定的2200个井次的总工作量。

2001年4月，油田作业公司对基层单位设置进行调整，成立常规作业大队，主要负责老君庙、石油沟区块的油水井维修作业。鸭儿峡、青西油田的修井作业由深井作业大队和青西作业大队负责。面对常规作业工作量大、利润含量低的不利局面，三个作业大队坚持一切从甲方生产出发的服务标准，采取"一队双机"作业，严格按照施工要求作业，努力加快施工速度，缩短占井周期，杜绝无效作业，做到了检泵井当天上修、当天完井、当天恢复生产的"三个当天"，牢固占领了区内常规修井市场。

2002年开始，随着油田作业公司"走出去"步伐的加快，先后撤销深井作业大队和青西作业大队，区内常规修井作业重点由常规作业大队承担。常规作业大队按照关联交易协议，加强现场质量管理，执行"两反""五查"及"十不开工"验收制度，开展作业风险评估，落实应急预案，严把"四道关口"，开展以"人人争效益、项项争第一、队队夺红旗"为内容的优质服务杯劳动竞赛，使施工合格率始终保持99%。2003年，常规作业大队作业四小队被集团公司授予"百面红旗"单位。2005年1—7月份，常规作业队月修井达75井次。

2005年8月，随着油田重组整合，油田逐步清退外部修井队伍，修井任务全部交由油田作业公司负责。随着修井任务日趋繁重，当年9月，油田作业公司撤销青海项目部，重新组建深井作业队，进一步加强了常规修井作业力量，确保了各作业区原油生产的平稳运行。

2007年，面对油田躺井多、产量被动的不利局面，常规作业大队全力提速，打破不上夜班的惯例，主动放弃休息，将出勤动力由平常的13部增加至16部，创出了6月份月交井199口的历史新高。深井作业队、试油队取消休假制度，积极投身修井会战，通过实行单井交叉作业，半月之内就完成了窿2井、青2–29、青2–41等9口重点措施井的施工。2008年8月，为配合三个作业区完成原油上产工作目标，油田作业公司在全体员工中采用"5+2""白+黑"的工作方式，及时发起夺油会战。通过有效有序的组织会战，当月交井达225井次，创历年单月交井之最，也有效遏制住了青西油田产量下滑的趋势，确保了老君庙油田和鸭儿峡油田原油产量迈上计划线。

2009年，按照集团公司统一部署，油田整体限产，井下作业工作量与2008年相比下降了51.97%。油田作业公司及时调整动力部署，采取作业小队跨区域集中会战的方式大打歼灭战。先后在2月份、7月份和10月份开展三次修井作业小会战，确保了各采油作业区修井作业工作量的有效落实。四季度，面对青西油田作业区21口转抽井施工任务，油田作业公司及时将在鸭儿峡区域施工的5部作业动力全部调往青西，使青西作业区的修井作业动力达到了7部，确保了21口转抽井施工任务的按期完成。

2010年，为了尽快恢复因限产造成的油田原油产量严重下滑的不利局面，油田作业公司根据工作量分布情况，及时将青西作业的2支队伍部署到酒东试采区承担新井投产和试油任务，合理调遣5部深井作业动力，有效兼顾青西和鸭儿峡油田对作业动力的需求。在3月份、8月份和10月份开展的修井会战中，5个常规作业小队取消了轮休制度，将日出勤动力由10部增加到了15部，小队干部全部充实到一线班组，采取交叉作业的形式，确保了各轮会战的高效开展，全年共计完成检泵作业701井次，基措619井次。

2011年，根据原油生产的变化情况，油田作业公司打破钻修作业界限，按需优化调整动力配置，确保了各作业区的动力需求。1月，针对天气严寒、躺井增多的特殊情况，油田作业公司集中力量组织了青西、鸭儿峡、老君庙作业区的扶躺井工作，快速高效地完成了123口扶躺井工作量，确保了三个作业区原油生产的良好开局。5月中旬，为解决老君庙作业区注水井治理所需修井动力严重不足的问题，油田作业公司将在鸭儿峡作业的1部深井修井动力一分为二，组建2部浅井修井动力，调往老君庙，使老君庙作业区内的常规修井动力达到了14部，保证了老君庙作业区产量的快速回升和注水井的有效治理。6月中旬，在雅布赖从事钻井作业的D17863队完成雅探4和杉参1井的钻井任务后，油田作业公司将该部动力迅速回撤到青西，由钻井转型到修井，开始常规修井作业。8月，针对油田欠产严重和酒东油田修井动力紧张的矛盾，在不影响钻井生产任务的情况下，又及时抽出一部钻井动力从事修井作业，缓解了酒东油田修井作业动力不足的矛盾。

2013年6月，油田作业公司将新井投产和措施上产放在第一位，组织开展“百日修井会战”，日出勤作业动力达34部。

2015年，油田作业公司以原油上产为中心，面对各作业区措施工作量积压严重，急需增加作业动力，而浅层钻井和侧钻井工作量不足，部分作业动力时有等井号现象的不利局面，积极推行钻修一体化新理念，在侧钻队工作量不足的情况下，调整从事检泵等常规修井作业，有效破解了作业动力不足的矛盾。

2016年，油田作业公司以修井提速提效为抓手，坚持按施工管理标准化、规范化、程序化组织施工，全年修井一次合格率达98.9%。

2017年，油田作业公司常规修井作业以扶躺井、保稳产为己任，全力配合油田开展的恢复基础产量攻坚仗活动，合理调配和部署修井动力，修井生产时效大幅提升，综合提速达8.5%，确保了各油田原油生产的正常运行。

二、压裂、酸化

压裂、酸化工艺技术是玉门油田在20世纪50年代率先研制成功并实施的两项最主要的油层改造技术，为油田挖潜增效、增储上产开辟了一条适用有效的新途径，也填补了我国压裂、酸化工艺的空白。通过实施压裂、酸化技术，取得了显著的增产效果，压裂、酸化工艺技术也日趋成熟和完善，至1986年，随着采油工艺技术的发展和油田开发的深入，玉门油田压裂工艺已由浅井压裂发展到中深井、深井压裂，应用盐酸、土酸处理油层也在油田得到广泛应用，成为油井解堵增产的有效手段。

20世纪80年代后期，压裂施工任务主要是在各油矿修井队的配合下，由井下处压裂队进行。使用的压裂设备为油田自行研制的YM−1000型压裂机组。

这一时期，石油沟油矿针对含水较高的油井，开展泡沫压裂试验，在1986年进行泡沫压裂试验5井次，4井次取得效果，增产原油51吨的基础上，又先后于1987年、1988年进行泡沫压裂施工8井次，增产原油477吨，在一定程度上证明了泡沫压裂的有效性。1988年9月，石油沟油矿首次在7245井进行高能气体压裂试验获得成功。随后，在鸭儿峡、石油沟、老君庙、白杨河油矿进行试验，至1990年年底，共实施高能气体压裂试验36口井（油井34口、水井2口），成功率100%，有效率93.1%，累计增产原油520吨。1989年2月，鸭儿峡油矿881井实施“先酸浸、后清洗、再酸压”施工，获得高产工业油流，日产油由3立方米增加到73立方米，酸化压裂取得成功，年增产原油13000吨。1990年，鸭儿峡油矿把志留系地层作为采取进攻性措施的突破口，进一步完善合理的参数和配方，区分不同岩性油井选择酸种，酸化10口井，井井见效益，累计增产原油2万多吨。其中酸化施工的882井由抽油井变为自喷井。当年10月，油田自行设计制造的YM−1050E压裂车投产运行，井下处压裂队使用该压裂车在石油沟油矿144井首次压裂获得成功。

1991—1995年，井下处压裂队在全力以赴确保吐哈会战压裂施工的同时，积极配合老区原油稳产上产工作，圆满完成了各项压裂、酸化施工任务。仅1991年7月，就组织开展压裂施工89口，施工合格率100%，创压裂队建队以来的最高纪录。

1995 年 6 月，随着玉门、吐哈管理体制的理顺，井下处划归吐哈油田，油田压裂施工处于既无队伍又无装备的状态，压裂施工主要依赖吐哈油田压裂队等外部队伍来进行。至 1999 年年底，采油厂先后进行压裂施工 886 井次。

在此期间，采油厂依靠自身力量，积极开展深井酸化施工工作。1996 年，全年酸化 9 井次，增油 702 吨，特别是二次酸化 588 井获得成功，为今后深井酸化提供了依据。1997 年 3 月，采油厂对青西油田西探 1 井成功实施大型酸化施工。1999 年，通过引进先进的酸化压裂设备，对鸭儿峡和青西油田重点井进行大型酸化压裂，取得了平均日增产能 110 立方米的好成绩。1995—1999 年，采油厂共实施酸化施工 78 井次。其中，柳 102 井实施大型酸化措施后，日产液量由原来的 10 立方米上升到了 100 立方米以上。

2000—2008 年，压裂施工主要由油田作业公司集中进行压前各项施工准备，引进吐哈井下压裂队等外部队伍集中进行压裂施工，先后完成了 1545 井次的压裂施工任务。

在此期间，油田作业公司把酸化施工作为创收工作的主要突破口，通过优化人员组合，强化高效施工，确保施工质量和效果，争取到了较为饱满的酸化施工工作量。2004 年，试油项目部在青西油田柳 4 井酸化压裂施工中，创造了仅用 5 天时间就完成从设备搬迁到酸压结束的新纪录，受到甲方赞誉。2007 年，油田作业公司先后调集试油队的全部动力和深井作业队的 3 支队伍，组织开展了以促进青西油田上产为主题的酸化进攻仗，对青西油田展开了连续五轮持续 7 个月的酸化会战，酸化工作量达 54 井次，有效促进了青西油田的产量回升。

2009 年 6 月，新成立的油田作业公司压裂队正式投入现场施工。至当年 12 月，先后在老君庙、鸭儿峡、青西油田作业区和潮雅探区逐步实施了浅井、中深井、深井酸化、压裂 82 井（次），施工作业成功率达 100%，增产原油 6700 余吨。

2010 年，油田作业公司积极开展水平井分段压裂技术、雅布赖探区水力压裂技术与压后快速排液技术的研究，在前期实施砂塞预堵分段压裂、塑料球选择性压裂的基础上，通过研究开发分段压裂井下工具，优化管柱设计和工艺设计，水平井分段压裂经过 3 井次现场试验，工艺成功率达到 100%，标志着水平井分段压裂技术在玉门油田开始走向成熟；利用自主研制的深井气举排液工具，使雅探 1 井和雅探 2 井由压裂前的基本无产量变为压裂后的 7.0 米 ^{3}/ 日、含水 80% 和 1.6 米 ^{3}/ 日、含水 20%，使得雅布赖探区水力压裂与压后快速排液技术研究初见成效。与此同时，针对酒东长 3 井、长 4 井压裂施工始终未取得好的增产效果的实际，在开展大量的室内研究、论证分析和设计优化的基础上，与西南石油大学联合攻关，对长 7 井、长 102 井 K_1g_3 储集层进行压裂改造，两口井初产均达到 50 米 ^{3}/ 日以上，实现了酒东深井水力压裂技术的重大突破。

2012 年，油田作业公司与钻采工程研究院通力协作，先后成功实施了水平井滑套压裂、深井加重压裂、体积压裂等压裂技术在现场的应用，实现了玉门油田油层改造技术新的突破。

2013 年，油田作业公司以创建“千方液、百方砂”工艺技术品牌为目标，先后在鸭儿峡白垩系通过桥塞分层套管压裂、封隔器逐级坐封分层压裂实施大规模压裂试验 42 井次，平均单井加砂量由 41.8 立方米上升到 67.3 立方米，单层最大加砂量达到 118.5 立方米，单井最大加砂量达到 314.5 立方米，增产原油 14113 吨；在老君庙油田实施水平井体积压裂改造施工 23 井次，累计增产原油 4744 吨，平均单井增油 206.3 吨；对鸭西 6 井实施低黏线性胶 + 交联胶复合压裂，实现产油 12.5 吨 / 日，推动发现鸭西古近系—新近系高产新区块；在雅探 6 井实施缝网压裂试验，入井液量 1894.1 立方米、入井砂量 101.3 立方米，刷新了油田缝网体积压裂单层最大规模压裂纪录，该井压裂后突破油流关，日产油 10.1 立方米，超过了工业油流标准，推动了雅布赖盆地油气勘探的突破。

2014 年，压裂施工立足“区域集中、重点突出、常规分散”的原则，发扬连续作战的过硬作风，有序、高效地转战四个作业区及雅布赖探区，在确保重点井压裂计划按节点如期实施的同时，见缝插针地安排小压计划，全年酸化、压裂 254 井次，施工液量 69667 立方米，年增产原油 4.06 万吨，增注水量 1.6 万立方米，彰显了压裂酸化技术在油田后期开发中的重要作用。当年，通过深化“压裂规模、压裂工艺、压裂参数”的优化研究，油田作业公司取得了常规压裂、水力喷砂射孔、不动管柱滑套分层压裂、水平井桥塞分段分簇压裂工艺技术在现场实施的不断进步，油井改造效果明显提高；“千方液、百方砂”工艺技术实现了常态化应用；继雅探 6 井首次成功运用缝网压裂技术以后，相继又在鸭西 112 井、鸭 K1−1H 井、鸭 K1−1 井成功运用，探索出了适合鸭儿峡鸭西区块储集层特点的综合性压裂技术，为储集层的有效动用创造了条件，缝网压裂技术开始大规模推广。同时，成功在墩1H井进行连续油管水力喷砂射孔施工，进一步丰富了井下作业工艺应用。

2015年，面对油田储层改造中“大液量、大排量、高砂比”的变化，在压裂队现有压裂车组无法独力承担的情况下，油田作业公司相继与渤海钻探、哈里伯顿、西部钻探等单位联合作业，压裂施工的保障能力进一步增强。在鸭5-1H井压裂施工中，成功实施9段18簇压裂，入井总液量12958立方米，总加砂量1057.4立方米，达到了“万方液、千方砂”改造规模，创造了油田体积压裂改造的最大规模。当年，“千方液、百方砂”规模施工井次达到40井次，完成储能压裂8口、大型压裂19口、水平井体积改造11口、高应力储层压裂4口，全年压裂施工液量达122830.12立方米，加砂量达8930.36立方米，酸化施工液量达5519.3立方米。

2017年，随着油田作业公司熟练掌握水平井复合桥塞分段分簇压裂工艺、超高压致密储层压裂工艺、不停泵塑料球选择性压裂工艺等多项工艺技术，形成了符合玉门油田井型和储层特点的“多级选发分簇射孔、桥塞泵入和坐封丢手、电缆高压防喷地面系统”等一系列特色技术，成为具有玉门特色的长久品牌。当年，老君庙油田C228井等24口油井实施重复转向压裂，单井平均增油207吨，压裂效果明显。

三、大修、侧钻

1987—1992年，4个油矿当中，老君庙油矿有2支大修作业队伍、白杨河油矿有1支大修作业队伍，专门从事以侧钻、加深、修套为主的油水井大修作业，鸭儿峡油矿、石油沟油矿的修井队伍，在从事日常修井作业的同时，也承担一些打捞冲砂、封层堵水、调层补孔等大修作业。1987年，石油沟油矿修井队在新209井进行第一次衬补修套作业获得成功，为油矿恢复和修复套损报废井，延长油水井寿命，保持长期稳产提供了新的经验和手段。1988年，老君庙油矿大修队配套了ZJ-15钻机和BIR修井机，提升了以侧钻、加深、修套为主的油水井大修作业能力，开辟了一条“少投入、多产出”的新路子。当年，石油沟油矿引进大修内衬修套技术，修套5井次，增产609吨。1989年，鸭儿峡油矿修井队采用打捞冲砂、封层堵水、调层补孔等回采工艺，先后对18口“死井”进行大修作业，使这些油井相继恢复了生产，累计增产原油7390吨。

1992年，老君庙油矿积极开展小套管侧钻、尾管固井等工艺技术的研究，全年完成2口井的试验施工任务，为侧钻工艺开拓了新的路子。当年，完成油水井大修50井次，增产原油4500吨。

1992年10月，油田对开发系统机构进行调整，采油厂作业一队、作业二队主要承担油田的大修、侧钻任务。1995年，大修、侧钻工艺技术取得长足进步，侧钻井通过使用组合式铣锥开窗一次成功，改变过去用复式铣锥开窗、再用单式铣锥修窗的方法，减少了起下钻的次数，既节约劳动力，减少占井时间，又有效提高生产效率。1996年，采油厂通过设备更新、购置一批先进打捞工具，有效提升了打捞深度。当年，采油厂大修队使用XJ-450修井机在青西油田西探1井（井深4207米）进行深井打捞、修套作业，实现了修井机深井大修作业。至此，油田打捞作业深度由原来的2000米增加到4700米。

至1999年，油田侧钻、加深施工作业不断发展，通过采取无钻铤开窗技术、使用新型锥形铣锥和柱式铣锥组合式铣锥等，有效缩短了侧钻作业开窗时间和建井周期，并由浅井侧钻逐步向中深井、深井侧钻发展。

1999年11月，随着油田重组改制，新成立的油田作业公司设立了侧钻队、大修队，专门负责油田油水井的大修、侧钻工作。

2000年开始，油田作业公司将大修、侧钻作业作为稳内拓外、占领市场、增收创效的主要抓手，在做好钻修设备升级换代工作的同时，通过充实技术力量、加大科技投入、改善工艺措施，有效提高了大修、侧钻施工作业能力和水平。

在大修施工中，油田作业公司通过引进测卡爆炸松扣技术、双级扣连续套铣管、爆炸切割技术等先进工艺技术，并经现场联合应用，有效解决了大修作业中集打捞、修套、衬补于一体的工艺挑战。至2005年年底，先后在窿3井、鸭524井使用双级扣连续套铣管套铣解卡技术，在青T-1井、青2-3井、青2-34井、窿114J井使用测卡爆炸松扣及切割技术，均获成功。期间，使用双级扣连续套铣管套铣作业25井次，爆炸松扣及切割解卡施工14口，使油田套铣、解卡作业得到了快速发展，尤其在中深井、深井解卡打捞中发挥了重要作用。

在侧钻作业中，油田作业公司积极引进PDC钻头，采用欠平衡快速钻进工艺，有效提高了钻井速度，缩短了建井周期，侧钻水平也稳步提升。2004年，油田作业公司首次使用ZJ–30修井机在鸭134井深井上采用锻铣、定向侧钻工艺获得成功；在青西油田先后完成了青2–15X井、青2–12X井、青2–13X井、青2–14X井等井的侧钻任务，初步形成了深井小井眼侧钻加深井的轨迹控制技术、安全钻井技术、快速钻井技术、固井工艺技术、完井投产技术等5项配套技术。至2005年年底，油田作业公司基本承揽了老君庙、鸭儿峡及青西油田全部的侧钻作业，为老油田后期开采中保护井点、提高采收率起到了重要作用，也为青西油田增储上产做出了贡献。

2006年，随着油田重组整合，为油田作业公司大修、侧钻业务带来了新的发展机遇，但随之而来的大修工艺技术水平的相对落后和大修速度的缓慢，也严重制约着大修业务的有效开展。为此，油田作业公司将侧钻队淘汰下来的F–800泵和固控系统调配至大修队，用于老君庙油田和青西油田从事大修、侧钻等作业，既提高了设备的利用率，又提高了老君庙油田的侧钻速度和青西油田的大修速度；将青西油田不适用的旧钻杆用于老君庙作业区的低负荷大修作业，实现了钻具的最大效能。大修设备配置水平的提高，随即提高了大修效率，大修、侧钻井次大幅度上升。同时，通过大力推广应用套管燃气动力补贴技术、小尾管悬挂固井技术、套管膨胀贴补修套技术等大修新工艺，在喇叭口位置做斜向器、钻铣铣锥开窗等系列侧钻工艺新技术，通过应用偏心胀管器、探针式铣锥、活动式导引磨鞋、复式磨铣筒、滚珠整形器、顿击器等新工具，有效解决了修套、涨套、扩通径作业的技术难题，提升了大修、侧钻作业水平，完善了作业手段。

2008年，针对20世纪六七十年代因井下落物及套管损坏等原因而停产的老井实施了“复活术”，通过侧钻、磨铣、打捞、修套等大修工艺技术的实施，53口停产井及低效井恢复产能。当年，采用在喇叭口位置做斜向器、钻铣铣锥开窗等系列侧钻工艺新技术，使油田侧钻井的作业周期大幅度缩短了15～20天；应用套管膨胀贴补修套新工艺，使大修周期缩短了5～7天。在老君庙区域大修作业实现了10天一口井的目标。

2012年，油田作业公司将技术管理与创新作为提速的突破口，针对每个区域、每口井的井型特点，总结成功经验，形成作业模板，助力侧钻井提速。在青3–7X井成功实施了定向侧钻工艺，为今后自由侧钻向定向侧钻转化奠定了技术基础；鸭68井侧钻初试成功，一举打破了鸭儿峡深井侧钻屡试屡败的瓶颈，填补了油田作业公司在鸭儿峡区域深井侧钻工艺方面的空白；通过对鸭儿峡区域鸭953井、鸭957井2口井实施中深层侧钻作业，成功攻破“老大难”区域，即“2+3结合”试验区侧钻井技术，为以后“2+3结合”试验区技术提效提供了技术支持。

2014—2016年，通过引进、改进大修工具，优化措施方案，配套完善高速螺杆、引进专业钻头、提高循环能力等工艺措施，积极推行快优大修技术，快速完成了鸭K1–7井、青2–27井、N540井、长2–8井、H247井、窿1井等井的大修作业，使一批具有上产潜力的油井“死而复生”。水平井钻塞技术日益成熟，钻塞速度大幅度提高。通过引进和完善，实现了超细水泥堵水工艺在现场的应用。

2017年，应用活动解卡、倒扣解卡和套铣解卡等快速解卡打捞技术，完成老君庙油田L258井等9口井大修解卡打捞作业；应用套磨铣打捞、套管回接工艺技术，完成长19井等井的套铣修套任务。当年，塔里木项目部首次推广应用助推器钻塞技术，完成多口封隔器井打捞施工，有效解决了大斜度及水平井修井作业中的脱压问题，大幅度提高了钻磨、套铣时效及经济效益。

四、试油

玉门油田开展正规的试油工作始于20世纪50年代，至20世纪80年代末，先后发展应用提捞法、抽汲法、光油管气举技术、原油溶解气诱喷、分层试油等多种试油技术，其中，提捞法排液和抽汲法诱导油流试油工艺，开创了中国试油工作的先河，其理论和实践奠定了试油工艺的基础。

1990年前，在钻井处设2个试油队，主要承担油田的试油工作，主力设备为XT–12通井机和ZJ–15钻机装备。随着吐哈会战步伐的加快，管理局于1991年新成立了3个试油队，并对原有的2个试油队的设备进行改造完善，提升装备性能，扩大试油队伍。同年，将试油队伍从钻井处划归井下处管理。至1995年，试油队伍在全力承担吐哈新区试油任务的同时，兼顾老区的试油工作。这一时期，利用S10–250压风机，开始在鸭儿峡油田进行多级气举阀气举试油工作，先后在鸭儿峡60井、101井、97井等多口井进行3～4级气举阀气举，效果明显。当年5月，试油队伍随井下处划归吐哈油田。之后，未组建新的试油队伍，主要依赖吐哈试油队开展试油工作。

2000年，随着青西、酒东勘探步伐的加快，油田作业公司成立试油项目部。当年起，通过关联交易协议，试油项目部开始在青西开展试油工作。至2005年，先后采用桥塞分层试油、封隔器分层试油、氮气气举排液等工艺，完成了青西油田窿7、窿104井、窿8井、窿9井、窿10、窿11井、青2–34井、窿15井、鸭西1井、墩1井、青2–15井、酒东油田长3井等井的试油工作，为青西作业区的上产和酒东探区的勘探突破做出了贡献。

2005年之后，所有试油工作全部由油田作业公司试油队完成。

2008年，油田作业公司在青西油田进行气举排液技术试验，通过10井次的试验，成功率达100%，气举排液试油技术取得突破性进展。8月，油田作业公司利用新购置的制氮车组在石平−1井、青2–30井、窿4井和青2–56井等多口井上进行现场气举作业，效果良好。至2009年年底，制氮车组先后完成新区、老区67井次的气举诱喷作业，累计运转415.5小时，共制氮气40.3万立方米，有效弥补了玉门油田在气举、诱喷等作业领域的空缺。

2010—2017年，油田作业公司围绕青西、酒东、鸭西等区块的勘探开发，大力推广应用气举排液试油技术、高应力储集层复合射孔技术、前置酸预处理技术、套管压裂技术、复合压裂技术等多个关键技术，有效增大了储集层改造体积、改善了储集层渗流能力，增加了孔眼与天然裂缝串通概率，提高了裂缝连通程度。

2016年，投资购置了连续油管车组及带压作业设备，使得试油井筒作业手段更加多样化。

2017年，鸭西14井、鸭西15井试油后自喷投产；鸭西106井试油投产后，日产液量78立方米，含水3.2%，日产油75.5立方米。当年，通过引进10.5兆帕高压三相分离器、70兆帕除砂器、70兆帕油嘴管汇等，使试油装备逐步向正规化、标准化、专业化迈进。

五、浅层自钻井

1987年，白杨河油矿大修队自钻调整井5口，进尺4847米；自钻探井2口，进尺786米。

1988年7月，石油沟油矿利用6135修井机，进行自钻井作业，30天扩钻裸眼井7口，总进尺923.5米，平均井深131.93米，全部用168.3毫米报废套管，下入深度50米左右，油层裸眼完井。

1994年起，采油厂配备1部ZJ–15钻机、1部BIR修井机，使用CB–500钻井泵、12V135柴油机，安装简易的振动筛处理泥浆设备，开始开展浅井钻井业务。5月，采油厂作业二队承钻的第一口自钻井D235井完钻交井。当年，采油厂共完成自钻井6口，为采油厂立足内部挖潜、节资降耗开辟了一条新路。

1995年，采油厂逐步运用高压长喷嘴牙轮钻头和PDC（金刚石）钻头，使自钻井钻井班进尺达到143.73米，钻井平均进尺提高30%。当年，共完成自钻井8口。

1999年，采油厂在参考钻头参数的基础上，根据不同地区，选用合适的钻压与泵压，有效地提高了钻井速度和钻头使用率，平均建井周期由26.5天提高到24天，其中，B155自钻井建井周期只有22天。

2000年起，油田作业公司大力拓展浅层钻井业务，通过使用自主设计制造的浅井钻井液固相控制系统，应用浅井钻井防卡解卡技术，浅层钻井质量和水平不断提升，当年浅井钻井卡钻减少了60%，解卡成功率达到了90%。

2002年，为避免BC层钻井液浸泡时间过长而导致缩径的卡钻事故发生，油田作业公司在老君庙507井应用国内较先进的PDC钻头，进一步缩短了钻井周期。

2003年，油田作业公司将主体设备由XJ–450修井机更新为XJ–550和XJ–650，钻井泵CB–500泵更换为F–800泵。通过改进循环系统，采用三级固相控制系统，钻井液性能得到了改善。

2004年，油田作业公司抓住老君庙作业区挖潜上产的良机，成立了第三支浅井钻井队，在老君庙作业区一举完成了BC层缩径严重、高压水层纵横其间的I146井，打破了该区域“钻井禁区”的神话。随后，在该区域连续作业5井次，完成了一季度钻井11口井目标。

2005年，油田作业公司通过优化钻井液性能、优化钻具组合，优质完成了E118、B186等6口井的定向钻井任务。首次成功完成了K286井的密闭取心任务，完成了白平1井水平井钻井施工。为了全力满足老君庙作业区稳产的需要，油田作业公司克服天寒地冻的不利因素，顶风雪、战严寒，打破了往年12月停钻整修的惯例，优质、高效完成了G227、B227等钻井任务，全年共完成20口自钻井，实现钻井进尺14486.75米，为老君庙作业区的原油稳产奠定了基础。

2006年，油田作业公司开展了“提升管理水平，严抓安全生产，大战二、三季度，力保三十口井”的劳动竞赛活动，全年完成自钻井33口，而且，还打出了L286井、N4247井、H275井、F218井等多口自喷井。

2008 年，油田作业公司以钻井提速为抓手，全力组织开展钻井会战，钻井队伍由 3 支增加到 5 支，主体设备为 4 部 ZJ30 钻机、1 部 ZJ40 钻机，实现双机双泵（其中三部动力使用双 F1300 泵组），配备标准的井控设施，四级固控处理设施，既满足了水平井钻进的要求，又有效提升了钻井速度。全年完成钻井 41 井次。

2010 年，随着老君庙油田二次开发的深入推进，以及油田扩编勘探、煤层气业务的拓展，浅层钻井工作量激增，油田作业公司充分挖掘内部潜力，及时将 1 支浅层钻井队伍重组整编为 2 支，先后承担韩城、潮水煤层气钻井工作；将 1 支大修队伍成功转型为浅层钻井队伍，承担老君庙油田的钻井工作，从而使浅钻动力由年初的 4 支增加到 6 支，满足了各类钻井工作的需要。与此同时，将车载钻机钻井由单纯在老君庙油田钻开发井，发展到开赴潮雅探区进行探井和煤层气井的钻探工作。钻井队伍在探索中快速掌握了煤层气钻井技术，使韩城煤层气钻井逐步提速，潮水煤层气钻井工作顺利完成。当年，油田作业公司钻井队伍不仅掌握了煤层气钻井绳索取心技术，填补了玉门油田煤层气钻井的技术空白，也极大满足了勘探工作的需要。

2012 年，油田作业公司投入 ZJ–40 车载钻机首次承钻鸭儿峡油田 L 层注水井 2 口，进尺 5120 米，平均钻井周期 35.77 天，平均建井周期 47.41 天。鸭儿峡区域两口井的成功完钻，标志着油田作业公司在该区域的中深井钻井技术日趋成熟。同年，在 2 口资料评价井中分别使用绳索取心、川 7–4 常规取心、密闭取心、保压密闭取心四种技术，取心进尺 837.04 米，取心收获率 84.34%。针对老君庙油田 L 油藏 2+3 试验区开发方案对钻井工作的要求和异常复杂的地层特点，油田作业公司优化应用钻井掏穴技术、小井眼简化井身结构钻蠕动 BC 层防塌技术、防漏堵漏工艺、有线随钻井口定向装置、隔离平衡节流固井等技术，至 2013 年底，共完成试验区钻井 41 口。

2014 年，在井深大幅增加的情况下，钻井周期进一步缩短，实现浅层钻井 49 口，平均机械钻速提高 24.57%，平均钻井周期较上年同期缩短 3.54 天，钻井提速明显。D08861、D15866、C12862 三支钻井队年钻井进尺达到了万米以上，打造出了老君庙低成本浅层钻井的品牌。

2015 年，面对迄今为止国内海拔最高的两口新探井，油田作业公司的钻井健儿，努力克服高原缺氧、气候严寒、保障困难、地质复杂的不利条件，先后两上木里高原，顺利完成木参 1 井和木参 2 井的钻井任务，为油田认识木里探区的地质构造及储集层特性积累了宝贵的第一手资料。是年，共完成钻井 36 口，进尺 53052 米。

2016 年，油田作业公司深化“精细化、数字化、超前化”管理模式，积极推广应用井深结构优化技术、顿钻技术、长泥岩段大斜度双靶定向井配套提速技术以及特色钻井液技术，有效解决了浅层钻井中的表层漏失、钻井液成本高等问题，持续提高了钻井机械钻速、降低了钻井液成本。单井钻井周期较非顿钻井周期平均减少 5.43 天，总体机械钻速提高 11.79%，钻井周期下降 12.14%，钻井液成本连续四年降幅保持在 18% 以上。

2017 年，油田作业公司在巩固完善“浅层低成本钻井技术”品牌的基础上，主攻直螺杆稳斜打快技术，精细控制大斜度长稳斜段井眼轨迹，完善松散地层取心技术，强化油层保护，持续降低钻井液成本，优质高效完成了老君庙油田 I317 冲断带产能建设钻井会战、雅布赖盆地磨山 1 井、乌 1 井等重点钻井任务，全年共完成钻井 38 口，进尺 60834 米。平均钻井周期 16.22 天，同比缩短了 7.05%。其中乌 1 井与 2011 年雅探 8 井相比较机械钻速提高了 0.54 米 / 时，增幅 10.63%；建井周期缩减了 3.69 天，减幅 7.98%；创造单只钻头最高 12.05 米 / 时的机械钻速，实现了雅布赖探区车载钻机钻井技术的又一次提升。

六、特种作业

2016 年，油田作业公司通过引进连续油管作业、不压井带压作业、泵送桥塞射孔压裂等新技术、新装备，成功实现自主应用，为油田作业公司实现转型升级奠定了基础。当年，实施连续油管作业 36 井次、不压井带压作业 15 井次、泵送桥塞射孔压裂 37 井次。

2017 年，通过熟练掌握带压情况下的各类作业能力，带压作业施工范围进一步扩大，在鸭 K1–23 井运用高压自封全程带压起下作业，实现了 3500 米深井带压冲砂、通井、刮削、酸化作业。连续油管施工 37 井次，其中老君庙采油厂 I317–41 井通过实施连续油管校深射孔作业，填补了油田连续油管校深射孔作业的空白。持续发展泵送桥塞分簇射孔工艺，逐步实现了自主独立施工，完成 47 井次、88 层的工作量，施工成功率 100%，下井一次成功率 100%，平均施工周期 2 层 / 天，达到并超过国内平均施工周期。引进定方位射孔新工艺，完成 7 井次的施工任务，其中鸭西 106 井等井实施定方位射孔、压裂后，获得了良好的增产效果。1987—1992 年各油矿井下作业工作量统计见表 7–1–1。1993—1999 年采油厂井下作业工作量统计见表 7–1–2。2000—2017 年油田作业公司井下作业情况统计见表 7–1–3。

表 7–1–1　1987—1992 年各油矿井下作业工作量统计表

单位	年度	工作量（井次）完成情况						
		压裂	酸化	检泵	基措	大修	自钻井	备注
老君庙油矿	1987 年	92	1	1511	730	12		
	1988 年	225	24	1349	951	60		
	1989 年	576	19	1300	1025	76		
	1990 年	209	22	1166	850	72		
	1991 年	233	11	1824	852	39		
	1992 年	182	23	1228	813	43		
鸭儿峡油矿	1987 年	3	1	608	67	1		
	1988 年	6	1	584	80	1		
	1989 年	1	6	503	70	1		
	1990 年	3	3	444	63	2		
	1991 年	4	5	380	90	4		
	1992 年	10	2	421	60	3		
白杨河油矿	1987 年	20	13	1062	92	1		
	1988 年	18	18	1163	90	1		
	1989 年	21	17	1120	104	1		
	1990 年	15	20	1176	84	2		
	1991 年	20	15	1158	86	2		
	1992 年	26	10	1126	80	1		
石油沟油矿	1987 年	43		884	209	7		
	1988 年	39		763	193	5	7	
	1989 年	38		761	221	4		
	1990 年	25		710	188	6		
	1991 年	29		753	169	3		
	1992 年	31		740	178	2		

表 7–1–2　1993—1999 年采油厂井下作业工作量统计表

年度	工作量（井次）完成情况						
	压裂	酸化	检泵	基措	大修	侧钻 / 自钻井	备注
1993 年	205	23	3207	1230	53		
1994 年	282	23	3120	1191	59	16/6	
1995 年	259	17	3318	1155	45	14/8	
1996 年	199	22	3326	1000	30	8/14	
1997 年	178	13	3349	952	35	6/22	
1998 年	139	8	3139	822	38	6/12	
1999 年	111	19	3118	610	29	18/0	

表 7-1-3　2000—2017 年油田作业公司井下作业情况统计表

年度	工作量（井次）完成情况							
	压裂	酸化	检泵	基措	大修	浅层钻井	试油	备注
2000 年	193	13	1587	650	31	11	8	
2001 年	162	8	1666	631	38	14		
2002 年	123	5	1687	733	52	35		
2003 年	173	12	1676	835	59	38	4	
2004 年	176	15	1800	940	24	24	12	
2005 年	189	11	1250	631	20	20	6	
2006 年	222	17	1281	675	35	33	6	
2007 年	229	22	1431	674	47	16	13	
2008 年	78	15	1516	801	44	41		
2009 年	93	15	677	264	25	19	4	
2010 年	137	35	1333	619	8	30	5	
2011 年	143	37	1566	679	20	50	11	
2012 年	104	21	836	650	31	46	9	
2013 年	122	21	701	606	11	50	13	
2014 年	88	41	544	625	23	48	18	
2015 年	147	66	621	669	19	36	14	
2016 年	77	36	602	413	8	31	8	
2017 年	56	28	753	566	21	38	17	

第三节　外部市场

一、国内市场

1. 吐哈油田市场

1991 年，老君庙油矿、鸭儿峡油矿、白杨河油矿、石油沟油矿分别组织修井动力参加吐哈石油会战。1992 年 10 月，采油厂成立吐哈井下作业指挥部，设 4 个井下作业队伍及其他辅助单位，主要从事吐哈新区井下作业、油水井机械清蜡、油井管理、抽油机保养及抽油机搬迁工作。

1992—1997 年，采油厂以井下作业为主，在吐哈油田从事各项技术服务的队伍逐年壮大。1993—1995 年，采油厂吐哈市场年产值保持在 3000 万元左右，1997 年上升到 5000 万元，处于盈利状态。

1998 年，采油厂吐哈井下作业指挥部更名为采油厂吐哈井下作业大队。

2000 年 1 月，吐哈井下作业大队划入油田作业公司。2 月，更名为油田作业公司吐哈项目部。

2001 年 10 月，油田作业公司大修队伍进入吐哈油田市场，当年完成复杂井大修 2 口。

2002 年，吐哈项目部施工队伍增加到 9 支，作业范围包括机采井、电泵井、气举井和稠油井各类施工。大修作业也延伸到吐鲁番油田，首次进行大修打捞防砂管施工，通过 5 口井的实践和总结，在打捞悬挂烧结式防砂管和 ϕ148 毫米 TBS 防砂管方面，形成了以套、磨、割、铣为特色的高效打捞工艺技术，使施工周期缩短了一半，效率提高了一倍，使吐哈项目部大修作业在吐哈油田占据了一席之地。

2003 年，吐哈项目部拓展了鄯善采油厂的注水井洗井业务，首次承担压裂项目，扩大大修范围。同时，在边缘井的管理上也取得了突破，由原来的单井管理发展为连片区域管理，作业动力也持续保持在 9 部。大修作业继续探索和完善了分采分注井封隔器管串的打捞工艺技术，年作业能力达到 10 口以上。引进和使用高效磨鞋处理水泥固死油管大修作业，相比较传统工艺效率提高了一倍以上，创造了多个施工参数：单只磨鞋平均进尺 20.1 米，最高进尺 27.49 米，平均寿命 30.85 小时，最高寿命 47 小时。

2004 年，在丘东油田承揽气井作业，重回温米、丘陵清蜡工作。大修动力再次获准进入吐哈各个油田市场，一个大修队伍进入了宝浪油田。在吐哈市场配套完善工具、工艺技术，突破了打捞电泵作业的瓶颈；完善了带尼龙刮蜡器抽油杆落入套管等复杂落物打捞工艺。在宝浪油田，首次在 48 小时内完成在井深 2874 米水平段 368 米的钻塞施工；首次引进高效燃气动力套管补贴加固技术，完成 12 米漏失井段的补贴施工；采用钟摆钻具组合、特殊设计并制作专用的分瓣锥面铣鞋、运用合理的施工参数，成功修复了已经开窗出套、找不见原井眼、几近报废的宝 1309 井这口高产油井。几口复杂井的成功作业，赢得甲方对玉门大修队伍和技术的充分肯定。

2005 年，吐哈项目部全年共完成井下各类作业量 300 井次，实现主营业务收入 3268 万元。当年购置带压作业装置，率先在鄯善油田和丘陵油田进行了低压油井带压检泵作业试验，取得了一定的效果。

2006 年下半年起，吐哈项目部工作量大幅下降。2007 年上半年，油田作业公司撤销吐哈项目部，设备、人员撤回玉门。

2. 青海油田市场

2000 年 4 月，油田作业公司成立青海项目部，4 支作业队伍约 130 人先后进入青海油田，进行浅井钻井、油水井大修及常规修井等服务。当年共完成浅井钻井 3 口。

2001 年，完成浅井钻井 6 井次，完成产值 1200 万元，基本实现了自挣自养。

2002 年，实现了钻井年进尺 14700 米，产值 1700 万元，巩固了原有的工作量。

2003 年，积极参与大修、试油及浅层钻井等工作量的招投标工作，共完成产值 2000 多万元。

2004 年，由于各类油田服务项目日费降低，成本增加，项目部难以为继，遂于 2005 年撤销青海项目部，回撤玉门。

3. 塔里木油田市场

2001 年 9 月，经管理局与塔里木油田分公司协商，决定派修井队伍到塔里木油田进行修井作业。

2002 年 3 月，油田作业公司撤销青西作业大队，成立塔里木项目部，4 支作业队伍近 100 人进入塔里木油田，进行修井作业，当年，创产值 1641 万元，实现利润 150 多万元。

2003 年，塔里木项目部相继在中石化西北局办理 3 支队伍资质，进入该油田采油一厂施工。在塔里木油田增加 2 台 XJ850 修井机市场准入，同年 6 月份投入施工。当年，队伍市场准入资质由 7 支扩大到 10 支，作业范围遍及塔里木油田和塔河油田。

2005 年，相继完成了 HD4−11H 系水平井小井眼打捞作业和 DH12 井首口连续油管打捞作业，为塔里木项目部发展了新的特色技术。

2007 年，在塔河油田优质完成了井深为 8408.00 米的塔深 1 井的试油，该井堪称亚洲第一深井，施工期间由于精良的装备、严密的生产组织、过硬的技术素质、良好的现场管理而赢得了甲方的一致赞誉。

2009 年，先后进入西气东输项目经理部和塔中勘探开发一体化经理部市场，取得了 6 口井的工作量，创产值 263 万元。同年，再次进入中断 4 年之久的塔河采油二厂市场，取得了 10 口井的工作量，创产值 280 万元。

2010 年，强化与塔里木和塔河油的沟通与交流，承揽了更多的高附加值工作量，竞争能力显著增强。

2011 年 12 月底，撤出塔河油田设备、人员，进入塔里木油田施工。2013 年根据玉门本部增加设备需要，回撤玉门本部 2 部修井动力。

2014 年，项目部取得塔里木油田“井下复杂、事故处理技术服务”资质，承担了 TZ405、LG8−1、TE1、LN57、YM6、DH1−5−9 等一大批高风险复杂井施工任务。在塔中 405 井承担了塔里木首口套管挫断修补套任务，历经 100 多天努力，顺利完成任务。

至 2015 年底，塔里木项目部在塔里木和塔河油田累计施工 1204 井次，交井合格率达到 100%，交井成功率达到 99.5%。实现收入约 70699 万元，特别是 2011 年以来，连年盈利，累计实现利润 3310.7 万元。在塔里木油田开展试油修井服务的 10 家单位 38 支队伍中，油田作业公司塔里木项目部就占有 7 支队伍，2013 年起，每年的安全审核评比打分，连续三年排名第一。塔里木项目部已经形成了井控与防硫配套技术、裸眼水平井冲钻防卡技术、水平井井下复杂解卡打捞技术、定容性碳酸盐易漏易喷捞砂防卡技术等一系列代表性的技术，成为塔里木油田井下作业市场上的一支劲旅。

2016 年，塔里木项目部完成施工 48 井次，在同比减少 17 井次的情况下，创收 5788 万元，实现利润 606 万元。

2017 年，塔里木项目部依靠过硬的技术和服务能力，优质高效完成 DH1–6–9 井光纤检测实验，HA15–14 井解堵，LN2–S24–21X 井、TE1–2H 井、LN2–5–16 井大修等多口复杂井、重点井的施工作业；采用高效磨铣工具 + 导向螺杆钻具 + 井下可变径液力助推器及优化工具组合，利用压井液作为原动力，有效解决 HD4–H92 井等大斜度及水平井修井作业中的脱压问题。全年完成作业井 57 井次，收入 4231 万元。

4. 长庆油田市场

2002 年 8 月，成立长庆项目部。2 个修井小队、44 名人员，以 J40 修井机和 XT–12 通井机为主力设备，进驻长庆油田采油四厂，进行试油及常规井下作业。截至 2003 年 11 月，共完成试油、检泵作业 39 井次。年底，因工作量不足，项目部人员全部撤回玉门。

5. 冀东油田市场

2005 年 3 月，成立冀东项目部，组织 XJ–750 钻井设备 1 部、XJ–250 修井设备 1 部及人员 30 多人进入冀东油田进行施工作业。先后完成侧钻小井眼水平井钻井 1 口、常规作业修井 40 井次，实现产值 700 万元。因工作量严重不足，于 2005 年 10 月，回撤玉门本部。

6. 克拉玛依油田市场

2005 年 3 月，由 13 名职工组成克拉玛依浅井钻井队，开赴克拉玛依油田从事浅井钻井服务。当年，实现钻井进尺 11550 米。2006 年，完成浅层钻井进尺 12700 米。2007 年，完成浅层钻井进尺 16741 米。2008 年 3 月，油田作业公司撤销克拉玛依浅井钻井队，人员及设备撤回玉门。

7. 韩城煤层气市场

2010 年 2 月，以 C15864 队、压裂队及一支大修队伍为班底，成立韩城煤层气项目部，进入中石油煤层气公司韩城市场。项目部历时 5 个月，共完成压裂 32 层，钻井 6 口。通过在韩城煤层气钻井及压裂的施工作业，锻炼了油田煤层气钻井及压裂施工队伍，掌握了煤层气钻井技术，满足了油田勘探急需，填补一项技术空白。8 月上旬，压裂队撤至玉门，两支钻井队伍撤至潮水盆地从事煤层气钻井，先后完成 3 口井的钻井任务后，撤回玉门。

二、国际市场

1. 土库曼斯坦合作项目

2002 年 12 月，管理局与土库曼斯坦合作项目启动，此项目为玉门油田 63 年来首次赴国外施工作业。当月，4 名技术管理人员携带施工作业设备，赴土库曼斯坦库姆达格油田，进行部分关停油水井恢复生产及施工技术服务。所管理油田的原油产量逐月上升，增产量达到 160 吨 / 日以上，取得了可观的经营效益。当年在中国石油天然气勘探开发公司投资年会上，土库曼斯坦合作项目以投资少、回报高得到了集团公司的高度赞扬，创造了国外合作开发油田的成功典范。在 4 年的合作中，提出的许多施工建议经实施后，油田产量大幅度提高。

2. 阿塞拜疆项目

2003 年 5 月，油田作业公司与 CNODC（中国石油天然气勘探开发公司）签订修井作业合同，成立阿塞拜疆项目部，项目部由 7 人组成，使用设备为 XJ–550 修井机。7 月，修井设备到达阿塞拜疆后，应甲方要求，配套完善修井设备从事钻井业务。

截至 2005 年 1 月，项目部共钻井 3 口、试油 2 口、大修 6 口。当年因工作量不足，阿塞拜疆项目部撤销。

3. 埃及钻井项目

2004 年 6 月，油田作业公司成立埃及钻井项目部。当月，项目部配套 50D 钻井设备及辅助设施全部迁往埃及。8 月 10 日，钻井设备在埃及 BARP–115 井安装完成并接受中埃钻井公司的开工验收。至 2006 年 6 月，共完成 15 口井的钻井任务。当月，埃及项目部资产及人员整体划转吐哈钻井公司。

4. 哈萨克斯坦项目部

2006 年 1 月，油田作业公司通过与长城钻探公司协商，将阿塞拜疆 XJ–550 修井机及人员撤迁至哈萨克斯坦从事修井作业，哈萨克斯坦项目部随即成立。6月正式开工，至2008年，哈萨克斯坦项目部共完成大修井24井次，实现产值633万美元，利润120万美元。10月，该项目部资产以及部分人员划转西部钻探公司。

第四节　设备

一、钻修设备

20世纪80年代末期，玉门油田修井作业主力机型为青海石油工程机械厂制造的红旗－100型、XT–12型通井机，同时还有AT2M–80型通井机、美国CooPer–6135修井机、苏联C–80重型通井机、美国IDECO（BIR–3165）修井机及江汉四机厂制造的BLK–3165修井机等。

1987年，老君庙油矿主要以红旗－100、XT–12通井机为主，当年，引进3台美国IDECO（BIR–3165）修井机，用于深井大修作业，配套使用CPQ–3A、300G–31钻井泵组。鸭儿峡油矿主要以XT–12和XT–15通井机、1部美国IDECO（BIR–3165）修井机为主，当年，引进江汉四机厂制造的BLK–3165修井机、XJ–350型修井机。白杨河油矿修井设备主要有4台德国进口太拖拉T148轮式修井机、1台苏制C–80通井机、3台红旗－100型通井机、2台CooPer–6135修井机。石油沟油矿有9台红旗－100通井机、1台CooPer–6135修井机。

1988年，老君庙油矿新购江汉四机厂制造的BLK–3165修井机开始现场修井作业。同年，成立专业侧钻队伍，侧钻设备为2台IDECO–350型作业机、1台大庆150型钻机，配套使用2ND45/80型钻井泵，后发展为NB2–350型双作用泵。白杨河油矿接管1部江汉四机厂XJ–350修井机在青西油田窿1井进行大修、打捞作业。

1989年，白杨河油矿新购置1部青海XT–12修井机，替换CooPer–6135型修井设备。石油沟油矿首次购置1部XT–12通井机。

1991年，老君庙油矿引进江汉四机厂XJ–350型、XJ–450型修井机、青海石油工程机械厂XT–15型通井机。至1992年10月，四个油矿共拥有各类修井设备49台（套）。

1992年底，采油厂购置XT–12通井机12台。

1993年，新增XJ–350修井机、XT–12通井机各1部。

1994年，采油厂开始使用江汉四机厂XJ–450型修井机和南阳二机厂制造的TJC–4685修井机，进行浅井侧钻和中深井大修作业。

1997年，采油厂首次购进XJ–650（ZJ–20）型车载钻机，进行深井常规修井作业。同时，新增XT–12通井机6台。

1998年，新购XJ–450修井机2台。

1999年底，油田作业公司组建初期，共有XT–12通井机46台，修井机16台。16台修井机中，XJ–350型修井机8台、XJ450型修井机7台、XJ650型修井机1台，其中3台艾迪克修井机、1台库柏修井机和2台XJ–350修井机均为20世纪80年代出厂的超期服役设备；46台通井机中，84%为超期服役设备，设备老化程度严重。

2000—2004年期间，管理局先后投资购置XJ–250修井机12台、XJ–550修井机4台、XJ–650修井机3台、XJ–750修井机4台；购置F–800钻井泵组10套、购置F–500钻井泵组2套，油田井下作业的设备状况有了很大程度的改善。

2005—2015年期间，购置XJ–750修井机5台、XJ–850修井机2台，更新XJ–450修井机3台，改造XJ–250修井机4台，购置TJ–12通井机14台；购置F–1300钻井泵组10套、F–800钻井泵组10套、F–500钻井泵组2套，有效增强了油田作业公司的作业能力。

2016年，先后购置引进了1套连续油管作业机和1套带压作业装置，提升了常规作业效率，填补了油田带压作业的空白。同时，为侧钻作业配置6套钻台机械手和1套气动刮泥器，实现了钻井作业上钻杆、甩钻杆、排钻杆、下立柱、接钻杆对扣、方钻杆进出鼠洞等作业的自动操作，有效改善了钻台的作业环境，提高了钻台作业的安全性和自动化水平，降低了员工的劳动强度。

2017年，油田作业公司对使用年限过长、性能差、高能耗的9台XT–12通井机及1台艾迪克XJ–350修井机进行报废处理。至年底，油田作业公司井下作业主体设备有XJ–250～XJ–850系列修井机54部，XT–12、TJ–12通井机41部（其中新设备14台，报废再用设备27台），连续油管作业机1套；配套设备F500—F1300型系列钻井泵组32套；30～326千瓦系列发电机组34套。

二、压裂设备

20世纪80年代，先后通过自制、改制机械混砂车、双筒立式混砂车、风吸式混砂车、供液专用泵车等压裂配套设备，配合使用由井下处与勘探开发研究院合作研制的四参数仪，由勘探开发研究院自行设计的YM–451型封隔器和YM–1000型扇型管汇，进行压裂施工。至1989年，压裂施工主要使用的是自主设计制造的YLC1000–D型压裂机组，配套有8部1000型压裂车、3部混砂车、1部仪表车、5部拉砂车。该套装备，使油田压裂施工实现了运砂、加砂、混砂、供液机械化，施工参数记录自动化、仪表化。

1992年底，井下处引进美国制造的1400型压裂机组（共9部），开始拥有2套压裂机组，其中，在吐哈新区配备1套进口压裂机组，玉门老区配备1套国产压裂机组。

1995年6月，压裂队及装备随井下处整体划归吐哈油田之后，玉门油田长期处于既无压裂队伍，也无压裂设备的状态，一直依赖吐哈油田、青海油田、长庆油田等外部油田的压裂设备进行压裂施工。

2009年4月，投资7300万元，购置配套2000型压裂机组。其中，SJX5360TYL105压裂泵车6部、GYC5251TSS12压裂砂罐车4部、SJX5301THS压裂混砂车1部、SJX5290TYG压裂管汇车1部、SEV5131TYB压裂仪表车1部，单梁、双梁桥式吊车各1部，重新组建了油田的专业压裂队伍。

2012年1月，新增投资3300万元，购置2000型压裂泵车2部、混砂车1部、仪表车1部，压裂队压裂装备达到2000型压裂泵车8部、管汇车1部、混砂车2部、罐车5部、仪表车2部、ATS–35供酸橇（吊装泵）1部，压裂施工作业能力进一步增强。

至2017年，油田作业公司拥有压裂酸化主体设备19台（套）。其中，2000型压裂泵车8部，混砂车2部，管汇车1部，仪表车2部，12立方米砂罐车5部，20立方米砂罐车1部。

三、特车装备

1986年，特车作业由井下处负责实施。井下处主要有S10/150型黄河系列压风机、蒸汽锅炉车、美国道威尔公司CPT–986型大功率固井水泥车等特车装备。1987年，引进投用了罗马尼亚400型（AC–400BC）水泥车。至1990年，井下处有2部黄河151型车载300型水泥车、2部黄河162型车载锅炉车、1部S10/250型压风机。

1991年，为井下处购置10部罗马400型水泥车，全部调入吐哈新区，参与吐哈会战。当年5月，井下处成立特车队，共有特种设备17部，其中水泥车12部、压风机3部、锅炉车2部。

1995年5月，井下处划归吐哈油田，玉门油田仅有少见的几部老旧特车装备，由采油厂管理和使用。

1996—1997年，采油厂先后购置了1部锅炉车、1部350型水泥车。

1999年11月，油田作业公司成立之初，有特种车辆21部，主力机型为300型水泥车6部、350型水泥车2部、锅炉车8部、平板车2部、罐车3部。

2000年6月，油田作业公司成立固井队，优选购进了SNC40–17Ⅱ固井机组。其中，固井水泥车2部、下灰车1部、供液车1部、背罐车1部。同时购置400型水泥车1部、锅炉车4部，基本满足了油田侧钻固井、高压井挤水泥等工艺的需要。

2001年，新增购置400型水泥车4部，350型水泥车3部，锅炉车3部。

2002—2006年，相继增加锅炉车3部、400型水泥车2部、罐车3部、背罐车1部。

2007年，引进700型水泥车。

2008年6月，购进具有国内先进水平的NPU1200/35DF制氮气举车组，成功实现6000米以内油水井气举作业。

2009年，购入供液车、下灰车、锅炉车各1部。

2010—2016年，相继购进固井水泥车1部、700型水泥车1部、400型水泥车2部、锅炉车3部。

至2017年底，油田作业公司共有特种车辆47辆。其中，固井车组和制氮车组各1套；700型水泥车4辆、400型水泥车13辆、350型水泥车2辆；锅炉车13辆，罐车4辆、背罐车2辆。

第二章　水、电、热供应

水、电、热供应由水电厂承担。水电厂始建于1939年，是伴随着油田的发展而成长起来的企业自备电厂，主要担负着玉门油田及玉门市老市区工、农业生产和居民生活用水、用电、用热的供应任务，是一个融发电、供电、供水、供热于一体的综合性生产、服务单位。

第一节　机构人员

1987年，水电厂机关设厂办公室、宣传科、组织科、纪委、团委、工会、生产科、机动科、教育科、技术科、人事科、财务科、计划科、保卫科、改革办公室等科室，基层设燃运、热工、化学、锅炉、汽机、电气、供电、供水、工务、器材科、三电办公室、管理科、保卫科、农工商公司（机电厂、花海农场）等14个车间（队、站），共有职工1483人。

1992年7月，管理局成立电力工程公司和局供水工程公司。

1994年5月，管理局电力工程公司和供水工程公司合并更名为局电力水力工程公司，与水电厂为一个机构、两块牌子。当时，管理局电力水力工程公司具备220千伏及以下送电线路和变电站建设、安装、调试整体工程施工总承包及水源、渠道、供水管网、小型水库、水电站等水利工程建设项目的施工资格。

1999年7月，重组改制，水电厂隶属存续企业。

2005年7月，重组整合，水电厂机关设综合办公室、质量安全环保科2个科室，设生产运行部、设备技术部、工程管理与经营部3个直属机构，基层设燃运工区、化学工区、热工工区、锅炉工区、汽机工区、电气工区、水电工区、供水工区、供热工区、机电维修工区、销售服务中心、电力水利工程公司、综合事务中心、物资管理站等15个单位，共有员工1144人。至此，电力水力工程公司通过ISO9001：2000质量体系认证，已发展成为甘肃省电力工程施工总承包二级施工企业，可承担单项合同额不超过企业注册资本金5倍的单机容量20万千瓦及以下的机组整体工程，220千伏及以下送电线路及相同电压等级的变电站整体工程施工总承包；可承担单项合同额不超过企业注册资本金5倍的库容1000万立方米、装机容量10兆瓦以下水利水电工程、水轮发电机组、输变电工程的建筑安装、金属结构制作安装；压力钢管、闸门制作安装、给排水工程及辅助生产设施的建筑安装和基础工程的施工；可承担投资额3000万元以下的一般工业、公用工程和公共建筑的机电安装工程的施工。

2017年11月，按照玉门油田“五定”（定岗、定编、定员、定责、定量）工作的总体精神及要求，结合水电厂生产经营实际，对水电厂组织机构进行调整。调整后，水电厂机关设综合办公室、组织人事科、计划财务科、生产科、质量安全环保科、设备技术科等6个科室，基层设检维修车间、燃运车间、化学车间、锅炉车间、汽机车间、电气车间、热工车间、水电车间、供水供热车间、供电车间、电力水利工程公司、物资管理站等12个单位，共有员工1012人。

第二节　供水

一、水源、水量、水质

1. 水源及水量

玉门矿区工业和生活用水主要来自祁连山冰雪融化和山区降水形成的径流——石油河和白杨河，流域面积分别为656平方千米和825平方千米，合计约1460平方千米，平均年径流量分别为3618万立方米和4770万立方米，合计约8400万立方米。石油河水源（即豆腐台水源）河床水潜流入渗水管，平均取水1000米^3/时，年约850万立方米，全年内冬、春两季流量极小（流量占全年的16.7%），夏、秋季为洪水期，流量较大，水量随季节变化，极不均衡。2001年之前，白杨河径流有水源两处，一是石门子水源，二是白杨河水源。白杨河水源由玉门市控制分流，经 16.7 千米地下渠道输入矿区，两处供水共计 1800 米 ^{3}/时，年约 1600 万立方米，夏季农业灌溉期给油田供水量减少，难以满足用水需求。2001 年，白杨河水库建成投用，净增工业及城市生活用水 500 万立方米，净增农林业用水 320 万立方米，彻底解决了玉门矿区用水紧张的矛盾。

2. 水质

1989 年之前，对于水质的化验和鉴定，仅进行浊度的化验，一般情况下，油田注水浊度不超过 5 毫克 / 升，其他生产、生活用水不超过 5 ～ 10 毫克 / 升。1989 年，先后增加了色度、pH 值、总硬度、挥发酚类、细菌总数及大肠菌群等 19 项化验项目。当时，由于生活用水与工业用水未分流，未分别处理，加之 1987 年老君庙油矿地层裂缝导致原油渗入水道，污染了水源，长期得不到彻底清除，造成生活用水水质在浊度、细菌总数等项目上不符合卫生标准，据《截至 1989 年底地下水水源储量表（玉门地区）》显示，当年，白杨河水源浊度经处理后大于 30 毫克 / 升（标准为 3 毫克 / 升）；豆腐台、白杨河水源细菌总数为 10 ～ 500 个 / 毫升（标准为 100 个 / 毫升），大肠菌群 5 ～ 8 个 / 毫升（标准为 3 个 / 毫升）。1990—2000 年间，管理局陆续对豆腐台、白杨河等水源进行改造，在豆腐台净化站新建沉砂池、加药池，三五区净化站经过两次扩建，新增平流式调蓄预沉池、气浮过滤一体化装置等，对生活用水和工业用水进行分流供应，一定程度上提升了供水水质。但由于两个净化站在建设和改造中的先天不足（均没有水质化验室，不利于供水水质监测，及时发现供水中的有毒有害物质，保证供水安全），加之净化设备设施年久失修，造成在净化过程中过滤、澄清效果差，净水达标困难。通过 2016 年五、六月两次净化站出水水质监测数据表明，豆腐台和三五区净化站的出水水质浊度达不到国标《生活饮用水卫生标准》GB 5749—2006 关于浑浊度的要求。特别是豆腐台净化站由于没有过滤段，两次检测，出水水质严重不达标。

二、供水设施

1. 豆腐台水源

位于石油河中下部，距水电厂约 8 千米，始建于 1947 年。1992 年 4 月，豆腐台水源实施第三次改造工程，新修 266 米的引水涵洞，安装 4 个闸水设备，提高了从石油河取水的能力。1994 年 5 月至 8 月底，又新建豆腐台沉沙池，解决了豆腐台在夏季洪水期大量砂石沉入原平流式沉淀池的问题，既提高了水质，降低了净水成本，又减轻了工作人员的劳动强度。截至 2017 年，豆腐台水源有流量为 126 ～ 288 米 ^{3}/ 时的水泵 6 台，日供水能力达 7000 ～ 11000 立方米。

2. 石门子水源

位于白杨河中上游的河谷中，距水电厂约 32 千米。该水源建于 1956 年，当时主要负责供应石油沟油矿生产和生活用水。1988 年 5 月，水电厂对石门子水源进行改造，在水源闸口的河床敷设了渗水管道，增大了工业用水及民用水自流量，提高了水质标准。

3. 白杨河水源

位于白杨河下游的河谷中，距水电厂约 25 千米，始建于 1958 年。1993 年 5 月，为缓解玉门市和油田生产及居民生活用水紧张的矛盾，管理局投资新建白杨河渠道复线工程。该工程从白杨河渠道分水闸开始至水电厂三五区净化站，采取全封闭渠道的建设方式，全长 9649.3 米，设计流量 2500 米 ^{3}/ 时。同时，作为白杨河渠道复线工程的配套工程，实施了北水南调工程，从三五区净化站至中坪水池敷设一条管径 377 毫米、管长 1815 米的管线，改造两台大容量水泵，对市区南北用水进行调配，夏季，可解决解放门以下区域居民的生活用水，冬季，可解决老君庙区域工业注水用水和南坪区居民生活用水。白杨河水源于 2001 年被白杨河水库取代。

4. 白杨河水库

位于距玉门老市区东南约 26 千米处的白杨河峡谷。1998 年 4 月，兴建的白杨河水库工程开工，2001 年 10 月，白杨河水库工程竣工投产，下闸蓄水。白杨河水库坝高 66.8 米，总库容 943 万立方米，最大供水量为 2.5 米 ^{3}/ 秒。白杨河水库的建成，净增工业及城市生活用水 500 万立方米，净增农林业用水 320 万立方米，新增灌溉面积 0.27 万亩，水库蓄水到正常水位时水库面积约为 0.49 平方千米，回水长度达到 2.35 千米。水库的建成投用，彻底改变了玉门矿区用水紧张的局面。

5. 豆腐台净化站

位于豆腐台水源，始建于 1978 年，来水水源为石油河，含砂量大，水质较好，属典型的山区浅水河水源。主要供应老君庙采油厂的 1 号注水厂、4 号注水厂、鸭儿峡采油厂、东山和市区的东岗水池、南坪水池、中坪水池，承担着老市区解放门以上区域的工业、生活用水。在三五区净化站供水紧张时可以进行“南水北放”。1992 年，在豆腐台净化站修建大闸拦河闸坝引水枢纽，建设引水渠道和东、西 2 座沉砂池。1998 年，建成新渠道，与旧渠道互为备用，单渠引水流量为 0.5 米 ^{3}/ 秒。同时，建设 2 座 5 立方米的加药池，采用湿式投加，以保证预沉池的水质净化（图 7−2−1）。2000 年和 2010 年，先后对豆腐台泵房进行了两次改造。

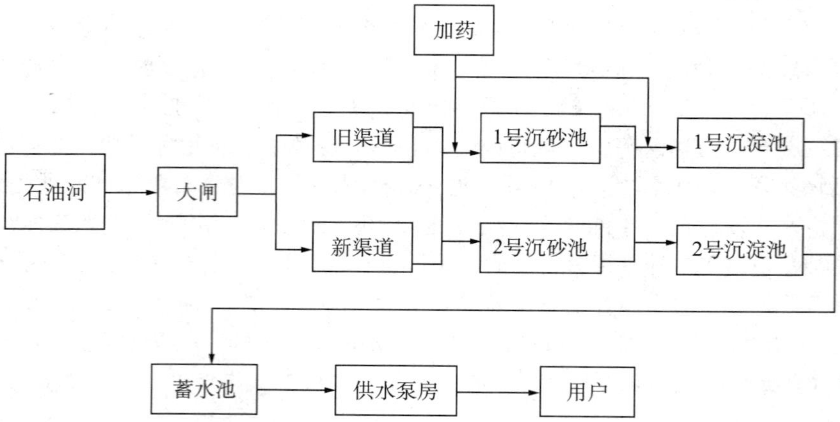

图 7−2−1　豆腐台净化站水处理工艺流程示意图

主要设备设施有：取水能力 4 万立方米左右的大闸拦河闸坝引水枢纽 1 座；2 座沉砂池，2 座 5 立方米的加药池，处理水量达 2000 米 ^{3}/ 小时的平流式预沉池 2 座，配有 5 台多级单吸分段式离心泵（D 型泵）、6 套电磁流量计、21 套电动闸门等设备的泵房 1 座，1000 立方米和 300 立方米蓄水池各 1 座。

6. 三五区净化站（解放门净化站）

三五区净化站又称解放门净化站，位于老市区解放门西北处，始建于 1978 年。来水水源为白杨河径流。2001 年之前，通过 2 条输水渠道从白杨河水源引水，白杨河水库建成投用之后，原输水渠道延伸至白杨河水库。在石油河枯水季节，三五区净化站还负责“北水南调”，给豆腐台净化站供源水。

三五区净化站经两次扩建之后，形成了集“沉淀、过滤、气浮、消毒”于一体、日处理量达 11 万立方米的中型水厂，主要承担炼化总厂、机械厂、水电厂等单位的工业用水，以及解放门以下区域的生活用水。其主要设备设施有：2 条全长（单条）15.63 千米，设计引水流量分别为 3600 米 ^{3}/ 时、3000 米 ^{3}/ 时的新、旧渠道；配备有 3 大 2 小共 5 台单级双吸式离心泵的提升泵房、2 大 2 小共 4 台多级单吸分段式离心泵（D 型泵）的调水泵房；2 座进水浊度为 20 ～ 50 毫克 / 升、出水浊度 3 ～ 5 毫克 / 升、单座出水量为 320 米 ^{3}/ 时的无阀滤池；2 座出水总量 2300 米 ^{3}/ 时、出水浊度 5 ～ 20 毫克 / 升的机械加速澄清池；4 座总容量 6000 立方米、出水总量 2300 米 ^{3}/ 时、出水浊度 5 ～ 20 毫克 / 升的平流式调蓄预沉池；4 座气浮过滤组成的气浮过滤一体化装置；6000 立方米蓄水池、600 立方米蓄水池和 300 立方米蓄水池各 1 座。

三五区净化站为二级处理：源水经过机械加速澄清池为一级处理，出水浊度 5 ～ 20 毫克 / 升。经过无阀滤池为二级处理，出水浊度 3 ～ 5 毫克 / 升。同时，经由渠道、预沉池、机械加速澄清池供给气浮过滤一体化装置处理后的出水，只能供小池，用于市区生活水的供给（图 7−2−2）。

7. 高位水池

在矿区供水管网上，设有东岗水池、南坪水池、中坪水池和三三区水池 4 个高位水池，通过重力自流负责矿区的工业、生产用水供给。

（1）东岗水池。有 2 座 500 立方米蓄水罐和 DN150、DN100 两条供水管线，由豆腐台泵房供水。主要负责市区单路以东区域的供水，包括北坪二村楼房。

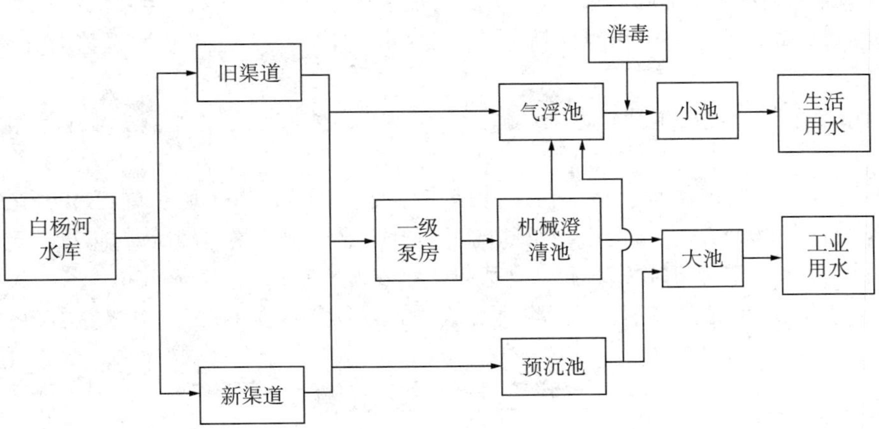

图 7–2–2　三五区净化站水处理工艺流程示意图

（2）南坪水池。有 1 座 5000 立方米蓄水罐、1 座 1000 立方米蓄水罐、6 条供水管线，由豆腐台泵房供水。主要负责北坪各村及单位的供水。

（3）中坪水池。有 2 座 1000 立方米蓄水池、6 条供水管线，由豆腐台净化站重力自流供水。主要负责市人民医院、炼化总厂公寓、玉门商场、北坪二、八村、三台北村、消防二大队、氧气厂、三台换热站、三台南村、炼油厂餐厅、四台村、敬酒厂等区域的供水。

（4）三三区水池。有 1 座 10000 立方米蓄水罐、1 座 1000 立方米蓄水池、5 条供水管线，由三五区净化站供水。主要负责三三区以下区域的供水，包括水电厂、炼化总厂、机械厂、物资处、火车南站等单位。

三、供水管理

20 世纪 80 年代末期，按照 1984 年制定的《玉门石油管理局供用水管理办法（试行）》，采取由计划处编制、平衡各单位的月、季、年用水计划，由水电厂按计划执行供水任务的方式进行供水。年供水总量保持在 2300 万立方米以上，1989 年达 2480 万立方米。其中，采油注水用水约 800 万立方米、炼油用水约 600 万立方米、发电用水约 500 万立方米，油田工业用水约占 98%，市政单位用水 150 万立方米。对油田职工家属住宅等生活用水，实行每户每月 20 立方米定量供水的政策。这一时期，油田工业用水和生活用水均按照 0.25 元 / 米 ^{3} 的标准收取水费。为了鼓励节约用水，油田制定严格的奖惩措施，即工业用水超过用水计划 10% 时，其超过部分加 5 倍收费，超出计划不足 10% 时，超出计划部分加 2 倍收费；对生活用水，低于定量的，每立方米奖励 0.25 元。1991 年，水电厂对工业用水进行价格调整，由之前的 1 万立方米 2500 元调整为 3000 元，对市政单位和油田内部生活用水价格未做调整。

进入 20 世纪 90 年代之后，随着油田进入后期开采，注水量逐年增大；炼油二次加工配套完善，炼量增加，耗水量也随之增加；经过三、四期扩建，火力发电装机容量不断扩大，发电耗水量不断增加；矿区老旧平房、危房改造，新建楼房增多，居民生活用水也迅猛增长。至 1995 年，矿区工业生产和居民生活用水总供应量突破 2800 万立方米，其中生活用水约 485 万立方米。

1995 年 6 月，玉门、吐哈管理体制理顺之后，吐哈油田在玉门单位及职工家属大规模迁往哈密，市区常住人口由 8 万多人锐减至不足 5 万人，市区生活用水量大幅度下降，每年减少生活用水 212 万立方米左右。

1999 年，针对供水价格偏低，与供水成本严重倒挂的现状，经酒泉地区物价处同意，对供水价格进行调整，调整后，工业及经营用水为每立方米 1.4 元、居民生活及行政事业用水为每立方米 0.70 元。

至 2000 年，油田注水、炼油、发电等工业用水基本保持稳定，采油厂和炼化总厂依然是用水大户，年用水量为 1051 万立方米。这一时期，水源及净化站先后进行了多次改、扩建，但由于受水源水量限制，矿区供用水矛盾依然比较突出。

2001 年，白杨河水库建成投运，矿区缺水的问题得以彻底解决。从当年起，采油厂、炼化总厂加大了节水工程的实施力度，先后改、扩建老君庙和炼化总厂污水处理厂，年处理量达 310 万立方米，污水重复利用，新鲜用水量明显下降。至2003年，减少新鲜用水量达385万立方米。当年，根据酒泉地区《行署物价处关于玉门石油管理局供水价格的批复》精神及甘肃省供水价格，将工业用水调整为每吨2.1元、生活用水调整为每吨1.00元。

2005年起，市政单位和油田生活基地陆续搬迁，造成矿区人口数量急剧减少，生活用水量也有较大幅度下降。

2014年，参照玉门市城市供水价格、污水处理费标准以及《甘肃省取水许可和水资源费征收管理办法》中关于水资源费征收标准，经玉门市物价局同意，将工业供水价格调整为每吨2.05元（含代收的水资源费0.15元）、生活用水调整为每吨1.25元（含代收的水资源费0.15元）

截至2017年，矿区工业生产和居民生活年用水总量基本维持在1500万立方米左右。

第三节　发供电

一、发电

1. 火力发电

1987年，水电厂有汽轮发电机组6台，发电总容量3万千瓦，发电量1.47268亿千瓦·时。其中，1～4号汽轮发电机组为1958年9月投产，5号机组为1960年投产，6号机组为1984年投产，1～5号机组为超期服役。锅炉机组共有10套，其中1～6号锅炉机组为1958年投产，7号锅炉机组为1960年投产，8号锅炉机组为1966年投产，1～8号锅炉机组均属超期服役，9号、10号锅炉机组分别于1983年、1984年投产。

1989年，水电厂在实施三期扩建工程中，又续建“一机一炉”，即7号发电机组和11号锅炉机组，有效扩大热电生产能力。至1990年底，水电厂发电总装机容量达到4.2万千瓦，发电量达2.029亿千瓦·时。

1993—1995年，水电厂进行四期扩建，新建8号、9号两台1.2兆瓦的汽轮发电机组和12号、13号两台130吨/时的锅炉机组，两组机、炉分别于1994年10月和1995年2月正式投产，水电厂的发电能力进一步提高，发电量首次突破3亿千瓦·时大关，极大缓解了玉门地区电力供需紧张的矛盾。1995年8月，嘉酒电网330千伏变电所与西北大电网联网，结束了小电网长期孤立运行的历史，水电厂的电力也进入西北大电网，玉门地区的供电环境得到了进一步优化，电力供应的平稳性、可靠性大大增强。

1996年，水电厂五期扩建工程开工。五期扩建，历时三年，先后建设完成1台2.5兆瓦的汽轮机组和1台130吨/时的锅炉机组，机、炉运行采用微机采集监控，电力生产自动化程度和能力上了一个新的台阶，矿区电力紧张的矛盾终于从根本上得到了缓解。

随着国家西气东输工程启动和青西油田勘探取得重大突破，为玉门油田做强做大电力生产供应基础产业提供了千载难逢的发展机遇。2002年，管理局向集团公司提出热电技术改造申请和立项。2003年7月，集团公司同意实施热电技术改造工程。8月20日，热电技术改造工程正式开工建设，在一、二期机组的原址上先后建设完成2台25兆瓦汽轮发电机组和2台220吨/时燃煤锅炉。2006年9月12日，热电技术改造工程竣工投产，水电厂装机容量由73兆瓦提高到123兆瓦。当年，年发电量达4.7358亿千瓦·时。

2012年，水电厂实施锅炉烟气脱硫环保达标工程，建设一组脱硫塔，降低了烟尘、氮氧化物的排放。

2014年前，三、四期5台锅炉分别报废停运，2014年12月，五期2台锅炉因环保设施不完善停运。2015年起，在用的三、四、五期的6～10号及六期的1号、2号等7台机组中，6～10号汽轮机组因投运时间久远，设备陈旧，抽凝机组供电标准煤耗远高于国内平均水平和同行业水平，同时设备老化严重，故障较多，加之系统复杂，运行维护困难，维护费用高，机组年平均利用小时数少，主要作为备用机组和低负荷发电运行机组使用。先后对六期锅炉又进行了烟气排放达标治理改造，加装了脱硝、除尘及低氮燃烧装置，实现了环保达标排放（表7-2-1、表7-2-2)。

至2017年，水电厂火力发电全部依靠2006年投用的1、2号机炉进行，总装机容量123兆瓦，年发电量为5亿千瓦·时。

表 7-2-1　水电厂锅炉设备基本情况

序号	编号	每小时锅炉容量（吨）	锅炉炉型	投产日期	备注
1	9 号	65	煤粉炉	1983 年	2015 年底停用
2	10 号	65	煤粉炉	1984 年	2015 年底停用
3	11 号	65	煤粉炉	1989 年	2015 年底停用
4	12 号	130	煤粉炉	1994 年	2015 年底停用
5	13 号	130	煤粉炉	1995 年	2015 年底停用
6	14 号	130	煤粉炉	1997 年	2015 年底停用
7	15 号	130	煤粉炉	1998 年	2015 年底停用
8	1 号	220	煤粉炉	2006 年	在用
9	2 号	220	煤粉炉	2006 年	在用

表 7-2-2　水电厂汽轮机组基本情况

序号	编号	机组型号	投产日期	额定功率（瓦）	工业抽汽量（吨/时）	抽汽压力（兆帕）
1	6 号	C12-35/10	1984 年	12	50	1.0
2	7 号	C12-35/10	1989 年	12	50	1.0
3	8 号	CC12-3.43/1.57/0.245	1994 年	12	50	1.57
4	9 号	CC12-3.43/1.57/0.245	1995 年	12	50	1.57
5	10 号	C25-0.981	1997 年	25	30	0.98
6	1 号	CC25-8.83/3.92/1.27	2006 年	25	120	1.27
7	2 号	CC25-8.83/3.92/1.27	2006 年	25	120	1.27

2. 水力发电

1999 年，油田重组改制后，管理局把电力生产供应作为基础产业，积极推进做强做大。当年年底，开始介入水力发电业务，先后于 2000 年前后投资建设白杨河一、二级水电站、大湾二级水电站，于 2004 年收购龙腾水电站，成为水电厂发电业务的重要补充。四座水电站总装机容量 14400 千瓦，年发电量 5500 ~ 6000 万千瓦·时。水力发电作为水电厂发电业务的重要补充，主要采取就近上网的方式消纳。

（1）白杨河一级、二级水电站。位于玉门市老市区以东 26 千米的白杨河峡谷。1999 年 4 月，白杨河水库枢纽工程开始施工。在白杨河水库施工建设中，油田投资建设白杨河一级电站和白杨河二级电站。其中白杨河一级电站装机容量为 2×400 千瓦；白杨河二级电站装机容量为 2×500 千瓦，两级电站总装机容量 1800 千瓦。2001 年 9 月，白杨河一、二级电站机组投运发电。

（2）大湾二级水电站。位于玉门镇西南疏勒河水利枢纽工程昌马总干渠 8 号陡坡至 11 号陡坡之间，距玉门市新市区 32 千米。大湾二级水电站利用昌马总干渠灌溉用水实施水动力发电，引水量 35 米 ^{3}/秒，实际利用水头 22 米。1999 年 11 月正式立项，2000 年 5 月破土动工。水电站工程由水闸、引水渠、前池、溢流堰、压力管道、主厂房、水轮发电机组、尾水堰、输变电及其配套工程构成，总装机 6000 千瓦（3×2000），年发电 2100 万千瓦·时，年利用 3500 小时。2001 年 9 月，大湾水电站 1 号机组并网。

（3）龙腾水电站。龙腾水电站位于大湾水电站下游 3 千米处，装机容量为 3×2200 千瓦，2002 年投产运行。2004 年 6 月，油田收购龙腾水电站。

水轮发电机组情况统计表 7-2-3。

表 7-2-3　水轮发电机组情况统计表

编号	水电站名	发电机组型号	额定功率 / 电压	年运行时间	备注
1	白杨河一级水电站	卧式水轮发电机组 SFWK400	2×400 千瓦 /6.3 千伏	全年运行	2001 投产
2	白杨河二级水电站	卧式水轮发电机组 SFWK500	2×500 千瓦 /6.3 千伏	全年运行	2001 投产
3	大湾二级水电站	立式水轮发电机组 SF2000	3×2000 千瓦 /6.3 千伏	每年 3—11 月	2001 投产
4	龙腾水电站	立式水轮发电机组 SF-J2200	3×2200 千瓦 /6.3 千伏	每年 3—11 月	2002 投产
合计			14400 千瓦		

二、供电

1. 供电枢纽

（1）总控制室。原建于 1956 年，重建于 1994 年。占地面积 504 平方米，是玉门地区电力系统的总枢纽，担负着发电、购电、供电的调整和输送等任务，装有发电、购电、供电及市、局主要用户的输电线路、继电保护、自动调节信号等装置，是集发电、配电、供电为一体的综合性集控室。电气主控室是玉门油田及玉门老市区生产、生活的动力心脏，担负着矿区所有生产单位和居民生活区的电力供应，同时还担负着国家重点工程——西气东输、西油东送玉门加压站的供电任务。总控制室共分 4 个电压等级，分别是 110 千伏、35 千伏、6 千伏和 0.4 千伏；7 台发电机组：其中 1 号、2 号机为 30 兆瓦，10 号机为 25 兆瓦，6 ～ 9 号机为 12 兆瓦；7 台主变压器：1 号主变压器 37500 千瓦安，2 号、3 号主变压器 40000 千瓦安，4 号、5 号主变压器 12500 千瓦安，6 号主变压器 10000 千瓦安，7 号主变压器 10000 千瓦安；10 条 6 千伏线路，11 台厂用变压器，9 条 35 千伏配电线路，4 条 110 千伏线路。110 千伏母线经厂 2 号、3 号主变压器与 6 千伏、35 千伏系统并列运行，经由玉厂Ⅰ回线、玉厂Ⅱ回线与酒嘉地区电网并列运行，交换电能。

（2）老君庙变电所。原建于 1958 年，重建于 2009 年，距厂区约 10 千米，建筑面积 245 平方米。主要供老君庙区域的采油、注水、机械维修及豆腐台水源用电。装有主变压器 2 台，总容量 12600 千瓦安，2 条 35 千伏进线，8 条 10 千伏配出线。

（3）鸭儿峡变电所。原建于 1960 年，重建于 2008 年，距厂区约 16 千米，建筑面积 180 平方米，主要供鸭儿峡区域及旱峡煤矿生产和生活用电。装有主变压器 2 台，总容量 8000 千瓦安，2 条 35 千伏进线，4 条 10 千伏配出线。

（4）白杨河变电所。始建于 1975 年，重建于 2014 年，距厂区约 18 千米，建筑面积 122 平方米，主要供白杨河油田生产、生活用电。装有主变压器 1 台，容量 3150 千瓦安，1 条 35 千伏进线（与东站变电所进线接在一起），2 条 6 千伏配出线。

（5）石油沟变电所。原建于 1973 年，重建于 2014 年，距厂区约 18 千米，建筑面积 122 平方米，供石油沟油田生产、生活及石门子水源用电。装有 3150 千瓦安主变压器 1 台和 1 条 35 千伏进线、3 条 6 千伏配出线。

（6）戈壁庄变电所。原建于 1966 年，1991 年进行改建，2015 年重建，距厂区约 22 千米，建筑面积 4200 平方米，主要供戈壁庄区域农业生产用电。装有 1 台主变压器，容量 3150 千瓦安，1 条 35 千伏进线，3 条 6 千伏配出线。1 号线与东湖变电所 1 号线联络。

（7）东湖变电所。建于 1980 年，2014 年重建，距厂区约 13 千米，主要供东湖地区农副业生产、生活用电。装有 1 台主变压器，容量 3150 千瓦安，1 条 35 千伏进线，2 条 6 千伏配出线。

（8）花海变电所。建于 1975 年，2014 年原址重建，距厂区约 75 千米，建筑面积 61 平方米。主要供花海农场农副业生产、生活用电。装有主变压器 2 台，总容量 6300 千瓦安，1 条 35 千伏进线，3 条 10 千伏配出线。10 千伏线路为树干式电网，互不联络。

（9）青西变电所。建于 1998 年，2002 年重建，是水电厂首座无人值守变电所，距厂区约 35 千米，建筑面积 900 平方米。主要供青西油田生产、生活用电。装有主变压器 2 台，总容量 8000 千瓦安，2 条 35 千伏进线，3 条 10 千伏配出线。

（10）酒东变电所。建于 2012 年，主要供酒东油田生产、生活用电。装有主变压器 1 台，容量 3150 千瓦安，1 条 35 千伏进线，2 条 10 千伏配出线。

2. 电力供应

水电厂作为玉门油田自备电厂，主要为采油、炼化、机械制造、工程技术服务、后勤服务等油田内部及玉门市老市区提供生产生活用电。

20 世纪 80 年代中后期，由于供用电矛盾突出，为了确保油田原油生产、炼油化工等重点生产工作正常进行，对油田内部生产用电的供应，主要依据 1984 年印发的《玉门石油管理局供用电实施细则》，由各单位按月、季、年提出用电计划，经三电办公室根据油田下达的各单位生产建设计划和各单位提出的用电计划综合编制、平衡用电计划，供电部门按计划进行发、购、供电工作。由于水电厂与嘉峪关电厂、酒钢电厂、803 电厂并网运行，水电厂充分利用电网谷峰差电价机制，合理调整机组负荷，采取低谷时段少发电、多购电，高峰时段满发满带、减少购电量的方式，确保了发供电的经济平稳。这一时期，原油开采、炼油化工、机械制造及市区居民生活用电逐年增加。1987 年，水电厂供电总量为 20404 万千瓦 • 时，到 1989 年，供电总量达 22900 万千瓦 • 时，其中，原油生产用电 6400 万千瓦 • 时、炼油化工用电 5270 万千瓦 • 时、机械制造用电 1900 万千瓦 • 时、市政用电 1500 万千瓦 • 时。

20 世纪 90 年代，在发供电矛盾突出的情况下，为了控制用电负荷过快增长，达到供用电基本平衡，玉门油田各单位生产生活用电仍然采取由油田每年下发《年度用电计划及节电指标》《年度单耗计划定额》，水电厂严格按照用电计划进行供电的方式。对于超计划用电，采取加价收费的管理措施，确保发供电平稳运行。1995 年，重新修订了《玉门石油管理局供用电实施细则》，在电力供需矛盾突出的情况下，仍然实行计划发、供用电管理，由生产调度处负责编制、平衡各单位月、季、年度用电计划。当年，主要生产单位采油厂用电 7175.44 万千瓦 • 时、炼化总厂用电 11233.25 万千瓦 • 时、机械厂用电 1587.25 万千瓦 • 时，水电厂自用电 6983.86 万千瓦 • 时，全年供电量达 3.1 亿千瓦 • 时。同时，随着当年嘉玉电网与西北大电网联网运行，供电的稳定性、可靠性虽然有了很大程度的保证，但也带来了电力市场整体供大于求的局面，至 1999 年，水电厂年供电总量为 28387 亿千瓦 • 时。

2000 年起，水电厂在发电量稳步提升的情况下，电力供应逐步由卖方市场转入买方市场，电力供应市场呈现萎缩现象。11 月，按照关联交易协议，对工业生产及民用电价格进行了调整。调整后，居民生活电价为 0.389 ～ 0.379 元 /（千瓦 • 时）、非居民照明电价为 0.537 ～ 0.527 元 /（千瓦 • 时）、商业电价为 0.687 ～ 0.677 元 /（千瓦 • 时）、普通工业电价为 0.461 ～ 0.441 元 /（千瓦 • 时）、大工业电价为 0.346 ～ 0.326 元 /（千瓦 • 时），并采取峰谷电价区别收费，鼓励用户按峰谷合理调配用电时间、多用电。与此同时，水电厂抓住加快青西油田勘探开发步伐、西气东输工程建设和西部管道建设等机遇，先后于 2002 年 10 月，建设完成了青西油田 64 千米 35 千伏输电线路和变电所工程，开始为青西油田输送电力；2003 年与西气东输项目部签订为玉门压气站供电的协议；2004 年 4 月，水电厂为西气东输玉门压气站建设的 10 千伏供电线路投运；2005 年 4 月，水电厂与西气东输、西部管道玉门压气站签署供电协议，开始为西部管道开展供电业务。以上供电业务的拓展，有效稳定了水电厂的电力供应市场，也为进行热电技术改造工程奠定了基础。

2005 年起，水电厂针对钻井现场钻机油驱改电驱，对青西变电站设施进行了改造，积极为钻井钻机提供电力服务，扩大了供电范围。

至 2017 年，水电厂的供电范围东到酒东，西到赤金，南到采油厂，北到花海，拥有变电所 9 座，35 千伏线路 14 条，6 千伏至 10 千伏线路 34 条，年供电总量 55114 亿千瓦 • 时。

第四节　供热

水电厂供热热源主要来自热电联产机组中的锅炉机组，其所产蒸汽除满足汽轮机发电外，部分蒸汽和发电后的抽汽则为炼油化工等工业生产用热和居民生活采暖提供供热服务。

一、工业供热

20 世纪 80 年代末，水电厂工业用蒸汽主要向炼油厂供应，年供汽量为 63 万吨。在夏季汽量充足时，供给市化工厂每小时 15 吨的用量。

“八五”期间，随着炼油厂150万吨/年二次加工配套完善，用汽量有所增加，期间，水电厂为炼油厂年供汽量达80万吨以上。

1994年，水电厂通过1号、2号、3号3趟管线为炼化总厂供热，当年，冬季用汽量高峰时段，1号管最大供汽量达21.5吨/时、2号管最大供汽量达60吨/时、3号管最大供汽量达51吨/时、南站油库最大供汽量为20吨/时。

1994—1999年，水电厂通过热1号、2号、3号管线和南站油库4趟供汽管线向炼化总厂供汽。其中，热1号管所供蒸汽为8号、9号汽轮机Ⅰ段抽汽，热2号、3号管和南站油库所供蒸汽为6号或7号汽轮机抽汽。

2000年起，水电厂与炼化总厂就供热蒸汽签订关联交易协议，热1号、2号、3号管供热价格均按48元/吨结算。期间，炼化总厂为了降低炼油加工成本，先后于2002年3月、2003年初停用了3号供热管道和2号供热管道，1号管高品质蒸汽的用量不断加大，但整体蒸汽用量逐年下降，至2005年，已由2000年的126.17万吨下降到68.9万吨。

2005年7月，玉门油田重组整合后，水电厂加大了对炼化总厂蒸汽供应的服务力度，蒸汽供应量开始逐年增长。

2008年3月，油田分公司投资建设了从中坪换热站到老君庙作业区新总站的供汽管线，水电厂开始通过中坪换热站向老君庙作业区新总站供蒸汽，月供应量4000吨左右。

2017年10月，水电厂开始向玉门铁路南站供应蒸汽，月供应量为500吨。当年，水电厂工业蒸汽供应量达111.7万吨。

二、生活供热

1987年，民用供热系统由水电厂热水循环泵房、热水泵站及三三区、三五区供热管网组成，采取集中联片供热方式进行供热。供热范围主要包括和平路四村、五村、六村、七村，东运路六村、七村，三三区鸭白石生活区等区域，供热用户主要为水电厂、鸭白石3个油矿、培训学校、运输处、地调处、机械厂、农工商公司等22个单位的部分住宅区。

1990年10月，水电厂对和平路五村、六村住宅区供热管网进行调整改造，更换管线480多米，提高了民用供热质量。

1994年3月，针对水电厂1号热水泵站供热南路的14号主管线腐蚀严重，水电厂采取敷设架空管线的方式进行了改造。

1999年，将3台锅炉房改建为换热站，将水电厂富裕蒸汽管输引至原三台换热站，通过蒸汽—水换热后供热，同时对供热管网进行了相应的调整，热电联产供暖区域辐射到三台区和北坪区，新增供热面积27.6万平方米。

2000年，水电厂对供热系统进行了改造，在厂区内集中建造热水泵房换热站（也称供热操作站），将各台机组的供热抽汽集中管理、统一调配。供热操作站内设有三个供热联箱，1号、2号联箱为工业用汽联箱，3号联箱为采暖用汽联箱，其中1号联箱的工作压力为1.27兆帕，工作温度为340摄氏度，主要向炼油厂1号管道、新三台管道送汽供热；2号联箱的工作压力为1.0兆帕，工作温度为304摄氏度，主要向三台、化学、油库、热水泵房管道送汽供热；3号联箱的工作压力为0.196兆帕，工作温度为210摄氏度，主要向热水泵房、生活管道送汽供热。除此之外，还有炼厂中温中压管道直接使用的是高压机组一段抽汽，压力为3.43兆帕，温度为420～430℃。

2006年，将中坪锅炉房改建为换热站，综合服务处、采油厂公共区域及南坪住宅区域的供热热源，由水电厂负责供应。

2008年起，矿区油田及市政单位陆续拆除了12座锅炉，冬季生活供暖全部通过热水泵房换热站、中坪换热站、三台换热站3座换热站及玉门市老三台换热站集中供热。

2011年3月，油田分公司对矿区供热资源进行整合，中坪换热站、三台换热站资产、设备及人员整体移交水电厂管理，由水电厂采取热电联供的方式负责矿区供热。当年，新增十六区换热站。

2012年12月，水电厂正式成立供热工区，负责玉门矿区换热站的运行管理，市政供热的协调，所属供热区域管线及附属设施的维护管理。分别通过热水泵房换热站（厂内、十六区换热站）、中坪换热站、三台换热站、玉门市老三台换热站 4 座换热站为矿区单位和居民提供冬季供暖。

至 2017 年，水电厂厂区架设有 5 条蒸汽管网，其中 1 号、2 号线及中温中压管道主要供应炼化总厂各装置及工业生产用汽；新、老三台热网主要满足全部冬季供暖和部分生产用汽。供热主管网长度 30 余千米，生活供热面积 94 万平方千米。

1987—2017 年水电厂生产经营指标统计见表 7−2−4。

表 7−2−4　1987—2017 年水电厂生产经营指标统计表

年度	火力发电量（亿千瓦·时）	水力发电量（万千瓦·时）	供水量（万吨）	供汽量（万吨）	利润（万元）
1988 年	1.67		2414	94.5	127.9
1989 年	1.816	—	2429	102.3	202.7
1990 年	2.029	—	2488	106.08	316.43
1991 年	2.235	—	2491	117.2	112.8
1992 年	2.364	—	2496	108.66	187
1993 年	2.4275	—	2651	104.75	187
1994 年	2.7432	—	2757	106.57	254.87
1995 年	3.26	—	2820	129.86	411.13
1996 年	3.15	—	2813	119.8	4.58
1997 年	3.26	—	2819	119.75	1393.09
1998 年	3.31	—	2824	110	1100
1999 年	3.65	—	2114	122	1820
2000 年	3.74	—	2736	126.17	1193
2001 年	4.1	—	2432	108.8	1431
2002 年	4.14	1500	2288	103.68	1074
2003 年	4.16	3111	2199	90.8	1351
2004 年	3.86	4934	1999	83	1385
2005 年	4.29	5647	1752	68.9	1285.41
2006 年	4.24	4964	1669	85.34	3075.9
2007 年	4.76	5637	1588	97.96	−1059
2008 年	5.78	6274	1568	99.3	−1938
2009 年	5.48	6096	1575	119.7	−466.3
2010 年	5.3	6634	1557	128.6	−2929
2011 年	5.46	6100	1570	117	−5167
2012 年	5.48	5702	1481	95.47	−8521
2013 年	5.42	5834	1420	83.27	−6747
2014 年	6.04	5759	1345	82.48	−4900
2015 年	4.4	6267	1369	74.56	1159
2016 年	3.6	6180	1153	81	−1166
2017 年	5.26	6339	1062	112	1408

第三章 建筑安装

第一节 工程设计与监理

一、设计机构与资质

玉门油田的工程设计工作起步于建矿初期。1952年11月，矿务局成立设计处，后历经设计室、设计院、设计处等机构变化。至1986年，管理局下设设计处，既履行机关职能，又是独立的经济实体。处内设办公室、土建室、公用室、油田工艺室、工程规划室、勘测资料室等机构，共有职工63名，其中工程师9名、助理工程师12名、技术员18名。主要承担油田所属各区块地面建设规划设计或调整改造规划设计，油田生活区建设或改造规划设计，油田地面建设工程的单项设计和勘探、钻井、采油公用系统的设计，生产、生活服务设施的设计，第一、二类压力容器和第三类低压、中压容器的设计，以及一般地形、地貌、导线的勘察测量等任务。

1988年4月，设计处更名为规划设计院，下设办公室、规划经济室、油田工艺室、土建室、公用室、勘察资料室、油田地面工程研究室、炼油分院等，全院有工程技术人员120人。

1992年2月，规划设计院更名为勘察设计院，院内组织机构延续原规划设计院组织机构不变。1993年3月，管理局决定，勘察设计院承担双重职能，既是局属基层单位，又行使全局设计管理职能。

1999年7月，玉门油田重组改制，勘察设计院隶属油田分公司，下设办公室、设计室、炼油分院等部门，共有职工70人。12月，勘察设计院改组为油田分公司规划设计院，主要承担油田工程建设的规划、勘察、设计及工程监理、设计咨询等职能。机关设综合办公室，基层设设计一室、设计二室、设计三室、生产经营办公室、勘察经济室、规划咨询室、工程监理部等部门，共有员工63人。

2004年7月，根据《甘肃省人民政府办公厅转发省建设厅等部门关于甘肃省工程勘察设计单位体制改革实施意见（试行）的通知》文件精神，油田分公司将原“玉门油田规划设计院”改制成立为“玉门油田百思特工程咨询有限责任公司”；将原“玉门油田工程监理分公司”改制成立为“玉门油田威尔工程监理有限责任公司”。

2005年7月，玉门油田重组整合后，油田分公司规划设计院更名为玉门油田规划设计院，主要负责油田的工程设计及监理工作。持有石油天然气行业（油田地面、油气库、油气处理加工）、建筑行业建筑工程乙级设计和丙级工程勘察证书；化工、石油、房屋建筑工程乙级监理证书。拥有压力管道及一、二类压力容器设计资质。机关设综合办公室，基层设工艺室、土建室、公用室、工程监理部4个单位，共有职工79人。

2006年6月，玉门油田玉石监理工程建设有限责任公司整体划归设计院。

2008年3月，化工、石油和房屋建筑工程乙级监理资质升级为甲级资质。

2010年3月，监理资质完成市政公用工程、电力工程乙级和公路工程丙级增项。6月，将玉门油田威尔工程监理有限责任公司整体并入玉门油田百思特工程咨询有限责任公司，保留玉门油田百思特工程咨询有限责任公司名称。

2012年4月，成立规划设计院运行管理科，所需人员配置由设计院内部调剂解决。

2017年4月，规划设计院设立计划财务科，定员3人。9月，成立规划设计院项目管理室，定员5人。

至2017年底，规划设计院机关设办公室（党委办公室）、生产科、计划财务科，基层设工艺室、土建室、公用室、监理部、项目管理室，共有员工84人，其中，管理、专业技术人员80人，操作服务人员4人；具有高级技术职称资格人员23人，中级职称资格人员35人，初级职称资格人员14人，实习员1人，其中，注册咨询工程师5人，注册监理工程师24人，注册造价工程师3人，注册化工工程师1人，注册电气工程师1人。可承揽10万立方米以下油库、30万吨/年联合站、炼化中小型装置、污水处理、油田计量站、增注站、加气站、35千伏以下电力输电线路、高度50米以下公共建筑及20层以下住宅、宿舍，10万平方米以下住宅小区、自动化控制、防腐等工程的勘察、设计和咨询工作。

二、主要设计项目

规划设计院以服务油田地面工程建设、炼化中小型装置及各项技术改造扩建、生活基地和矿区配套建设为重点，通过建立健全工程设计质量奖惩制度、工程设计回访制度、设计文件质量责任追究制度、质量管理办法、质量评定标准等制度办法，强化对设计图纸质量的检查考核力度，确保了设计质量、图纸优良率、项目完成正点率和现场服务到位率。具体设计项目见表7–3–1。

表7-3-1　1987—2017年规划设计院主要设计项目统计表

年度	项目名称	规模
1987年	北坪三村居住区详油规划	共占地49000平方米，本规划30栋共5个楼型的住宅楼，共计812户，按户均4人计，可居住3250人
	87–住9、10住宅楼	总建筑面积4749.79平方米
1988年	鸭新总站至炼油厂油管线工程	设计规模抽油量近期12万吨/年，远期8万吨/年
	钻井处公寓楼工程	总建筑面积3145.96平方米
	张掖基地服务楼	总建筑面积2650.33平方米
	民族路六村详细规划	原有旧居住区的地址上，扩建卫生所一栋，本区内西南外设置公共活动中心，内设活动楼2700平方米一座，游艺厅二座1256平方米，共占地10.3万平方米
	玉门石油管理局市区住宅供热规划设计	全局市区总面积892899平方米，其中生产厂房274940平方米，公用设施185466平方米，职工宿舍88774平方米，家属住宅343719平方米供热采暖面积，截至1980年，共计521426平方米，占总面积的58.39%
1989年	局医院放射科楼项目	建筑面积2195平方米
	北坪四村住宅规划项目	根据村内现有布置情况，规划地占地23400平方米
	炼油厂脱盐厂扩建工程	扩建后，原油储输、脱盐、脱水能力为150万吨/年。外输能力可供第一套（旧）常减压装置70万吨/年，第二套（新）常减压装置80万吨/年
	酒泉疗养院退休职工住宅楼	总建筑面积4074.8平方米，其中商店606.97平方米，库房办公室为301.34平方米，住宅3966.5平方米
	油建华龙实业公司综合楼	总建筑面积1317.859平方米
	鄯善油田20万吨/年产能地面建设规划	设计规模为23万吨/年（原油）、3960万米^3/年（天然气）
	新疆吐哈盆地鄯善油库总体设计	按50万吨/年设计分期分批建设，最终扩建为100万吨/年
1990年	炼油厂南站油库改造工程	远期规模接卸原油100万吨/年，发运成品油90.7万吨/年，油库储油能力245000立方米，航空煤油调和8万吨/年，新建建筑物2080.39平方米，新建库容量配套的炼厂至南站油库输油管线及电厂至南站油库蒸汽管线8条
	鄯善油田开发试验区地面工程	试验区投入开发面积2.25平方千米，油层有限厚度35米，地质储量365万吨，本区域管辖9口采油井，4口注水井，1座实验站，占地面积19410平方米
1991年	鄯善、丘陵油田200万吨/年产能建设总体规划	该项目开发方案：(1)规模：建成原油生产能力50万吨/年。(2)动用储量1883万吨，储量动用率为68.2%，动用面积12平方千米。(3)采用正方形井网，中部2平方千米的范围内井距250米，其余10平方千米井距300米，油水总井数138口，其中油井88口，注水井44口，观察井3口，评价井3口。(4)油田自喷期1年，月自然递减率6%，采油速度2.65%，稳产期3～5年，最终收采率30%。丘陵油田开发设想规模：1993年建成原油田生产能力150万吨/年，开发层系以三间防油层为主，同时考虑西山窑和七克台油层的开发，单井产油量按30吨/日，共需钻生产井150口，注水井50口，总井数200口
	炼油厂幼儿园	建筑面积2130.125平方米
	炼油厂南站油库锅炉房	锅炉房内装DZS4–1.25–Q的燃油蒸汽锅炉3台，颜氏火嘴（附配套鼓风机）4套，机泵安装锅炉给水泵1–GC–5×7（附配套电动机）3台，离心水泵2DA–8×2（附配套电机）2台，高温齿轮油泵2CG–1.5/16（附配套电动机）2台，蒸汽往复泵2QS–9/17型1台，场地面积3321.9平方米，拉油工路349米
	炼油厂职工宿舍楼	建筑面积3574.418平方米，6层108户，住432人

续表

年度	项目名称	规模
1991 年	水电厂兴电公司综合楼	建筑面积 1097 平方米
	鸭儿峡新总站至炼油厂输油管线	管线流量应保证 108 米 ^{3}/ 时，耐压 11.0 兆帕
1992 年	生活公司办公楼	建筑面积 2529.12 平方米
	炼油厂解放门小区块详细规划	规划总平面 18100 平方米，住宅楼总建筑面积 22966.35 平方米，本区块共规划 11 栋住宅楼，共计 370 户，按每户 3.5 人计算居住人口为 1295 人
	哈密基地总体规划	该工程规划包括设计研究中心、生产指挥及采油指挥中心、住宅区、综合医院、接待公寓、文化教育、商业服务，总建筑面积共 979859 平方米
	炼油厂仪表车间主楼	建筑面积 2493.3 平方米
1993 年	炼油厂电气车间办公楼	建筑面积 2185.08 平方米
	吐哈油田哈密基地住宅	建筑面积 2396.4 平方米，共计 30 户；93– 住 1、住 2 住宅楼，建筑面积 3481.76 平方米
	新疆鄯善油库扩容工程	建造 4 具 10000 立方米钢制内浮顶原油储罐，建造 1 具 5000 立方米钢制内浮顶原油储罐
1994 年	吐哈油田乌鲁木齐输气公司指挥服务中心附属建筑初步设计	建筑面积 32200 平方米
	94– 住Ⅰ住Ⅱ住宅楼	建筑面积 5488.19 平方米
	武威油库工程	年销售量 10000 吨 / 年，库容量 600 立方米，其中，70 号汽油 5000 吨 / 年，设计容量 100 立方米 ×3，90 号汽油周转量 2000 吨 / 年，设计容量 500 立方米 ×3，柴油 0 ～ 10℃ 3000 吨 / 年，设计容量 100 立方米 ×3，该油库属于四级石油库
	巴喀油田产能建设地面工程	共建 51 口井，与中原石油勘探局勘探设计研究院合作完成
	吐哈油田鄯善油库扩大储运能力 300 万吨 / 年临时工程	本次扩容按年周转规模 300 万吨 / 年设计，增加 2 具 50000 立方米浮顶油罐，使库容达到 26.7 万立方米，储存天数由原储存天数 17 天（16.5 万立方米）增加到 24 天，达到增加库容，完善配套设施，缓解油田产、运、销的矛盾
1995 年	炼化总厂化验中心	建筑面积 4612.69 平方米
	水电厂除灰治理工程	（1）贮灰场占地面积 27.18 万平方米，挖土方量 20.84 万平方米，填土方量 21.21 万平方米，排水竖井 2 个。（2）灰渣沟全厂长 2144.3 米，涵洞段 436.6 米，架空段 209.8 米，灰渣沟采用铸石板衬砌，公路涵洞 2 个，防洪圆管涵洞 2 个。（3）清水渠全长 1707.3 米，倒虹吸段一处，水井 2 个，防洪涵洞 7 个。（4）新梁 6 千伏供电线路 544 米。（5）新建贮灰场值班室（包括工具间）建筑 5 间，面积 29.11 平方米。（6）将原老花海公路（柏油路）作为交通运输用，对其公路按原公路等级需修补三处，其中一处续设涵洞
1996 年	兰州西部科技开发公司电子产品生产线工程	建设板卡生产线和总装生产线，板卡生产线年产量 2.5 万块，总装生产线年产量 5000 台
	采油厂新总站至炼化总厂输油管线工程	采油厂新总站至炼化总厂总机关房输油管线输油能力 116 ～ 233 米 ^{3}/ 时
	炼化总厂南站油库成品油装车系统改造工程	设计规模为适应炼化总厂 250 万吨 / 年配套的要求，成品油发运量考虑为汽油发运量 94 万吨 / 年，航空煤油发运量 20 万吨 / 年，普通煤油发运量 16 万吨 / 年，柴油发运量 96 万吨 / 年；装车栈桥：近期 48 个鹤位，栈桥长 288 米，远期 96 个鹤位，栈桥长 576 米
	南站液态烃汽车发槽及罐装系列工程方案设计	该工程设计指导思想是为了从根本上彻底解决市区残液的问题，实行空瓶换满瓶的用气制度，保证炼化总厂 250 配套改造工程的用地需求，适应当前全局改革形势的发展
	炼化总厂化验中心	建筑面积 5103.82 平方米
1997 年	氧气厂锅炉房改造工程初步设计	锅炉房建在东岗研究器材科院内，占地面积为 120 米 ×100 米，在满足工艺要求的前提下，结合场地的实际情况，做到功能齐全，分区明确，环境优美，运输方便，布局合理紧凑，节约用地

续表

年度	项目名称	规模
1997 年	炼化总厂南站液态烃汽车发槽及罐装工程工艺	设计规模及基本设计参数为液化石油气汽车发槽量 792 吨 / 日，液化石油气就地装瓶 45 吨 / 日（3000 瓶 / 日），液化石油气装车及罐瓶温度为 0 ～ 45℃，每班净工作时间为 6 小时 /（台班）
1998 年	吐哈油田录测井公司职工文化娱乐活动室	总建筑面积 597 平方米
	酒泉疗养院锅炉房改造工程初步设计	包括锅炉间、仪表控制室、变配电间、风机间、煤仓间的设计，锅炉房的仪表设置，本着安全、可靠、经济，实用的原则，利用锅炉机组配套的仪表控制柜，新购置安装 3 台 SZL5.6–1.0/115/70–A Ⅱ热水炉
	炼化总厂南站油库成品油装车系统改造工程工艺	为解决专用油品的装车问题，栈桥 576 米，96 个鹤位，114 组鹤管，其中有 18 个鹤位为双鹤管式
1999 年	局工会会员培训中心综合楼	建筑面积 1792 平方米
	职工医院外科妇科住院部大楼	建筑面积 4248 平方米
2000 年	玉门油田西安离（退）休基地 4# 住宅楼	总建筑面积 3542.28 平方米，共计 42 户
2001 年	采油厂 8# 接转站锅炉房工程	设计范围包括锅炉间、泵房水处理间等辅助设施，锅炉房单台蒸发量 2 吨 / 时，总蒸发量 6 吨 / 时，额定工作压力 1.25 兆帕
	中油玉门石油站 6 千伏配电室改建工程	玉门石油站单电源供电改为双电源供电，供电等级为二级
	采油厂老君庙油田 M 层东边部增压注水站改造	规模为 270 米 ^{3}/ 日的注水增压，相关工艺及配套系统改造
	采油厂 1 注水场改造	其设计规模为 1200 米 ^{3}/ 日的原注水工艺流程的更新及相关工艺和配套系统改造，占地面积 4500 平方米
	炼厂南站油库航空煤油调合及发车系统改造工程	南站油库 76、79、80 罐新开罐咀管径 300 毫米，接一条管径 300 毫米的管线至现有航空煤油调合、发车泵房。调合泵房内原有的一台泵拆除，更换为浙江萧山佳力管道泵厂的管道泵（250GYU60），流量 500 米 ^{3}/ 时，扬程 60 米，效率 78.5，电动机功率 110 千瓦，气蚀余量 4.5 米
	玉门炼化总厂 4 万吨 / 年石蜡精制装置工程	装置处理 4 万吨 / 年（年开工时间 5000 小时），白土加入量 3% ～ 5%，石蜡成型原料罐区新增 2 具 200 立方米原料罐，新酮苯装置原料罐采用热水保温，防止原料氧化变质
2002 年	95948 部队电网改造工程初设	17 号变电所现有变压器 2 台，单电源进线，建设年代较早，已无法满足基地的试验要求，变电所出线为电压 6 千伏等级，功率损耗较大，不适合长距离供电，需升级为 10 千伏等级
	炼化总厂 50 万吨 / 年催化柴油加氢改质外围工程	本设计根据国家有关方针、政策、规定和要求进行编制，力求满足工艺需要，避免各种管线迂回往返、缩短管线长度，方便生产操作和维修管理，本设计中所采用的管线均为大径钢管。管径 600 毫米及管径 400 毫米的循环水线采用螺旋焊缝钢管，其余为无缝钢管
	炼化总厂南站油库消防水系统改造工程可行性研究	包括 10 万立方米汽油罐区、8 万立方米原油、老罐区（含原油罐、柴油罐、航空煤油罐、小产品罐等），3 个罐区，另有每年 35 万吨 / 年汽车发油站、液态烃发槽及罐装站及 4 条成品油发车专用线及栈桥，两个原油铁路卸车专用线及栈桥，总占地面积为 127.2 万平方米
2003 年	玉门油田酒泉基地芳沁园住宅小区工程（1 号住宅楼）	其设计包括单体工程土建、给排水、采暖、电气设计，总建筑面积 4712.4 平方米，户均建筑面积 98.18 平方米，户均使用面积 75.72 平方米，地下室建筑面积 745.02 平方米，户均 15.52 平方米
	玉门油田酒泉基地芳沁园住宅小区工程（90–D 型住宅楼）	本设计为玉门油田酒泉基地住宅小区芳沁园 90–D 型住宅楼通用设计，本工程没有半地下储藏室（丁类物品）的六层砖混住宅楼，地震设防烈度为 7 度，屋面防水等级为Ⅲ级，建筑耐火等级为二级，建筑等级为 B 级，房屋设计使用年限为 50 年

续表

年度	项目名称	规模
2003 年	采油厂天然气回收利用锅炉煤改气工程	（1）自场输管线至鸭儿峡新建锅炉房管径 80 毫米输气管线 1165 米，炼化总厂至老君庙新总站锅炉房管径 125 毫米管线 4939 米，新总站分叉至 7 号锅炉房管径 100 毫米输气管线 2380 米，新总站分叉至 4 号锅炉房管径 65 毫米输气管线 1521 米，7 号锅炉房至 15 号锅炉房管径 80 毫米蒸汽管线 860 米的敷设。（2）4 号锅炉房 2 台 2 吨／时蒸汽锅炉的改造，7 号锅炉房 3 台 2 吨／时蒸汽锅炉的改造。（3）4 号锅炉房、7 号锅炉房、新总站锅炉房内的配套设计（包括配电消防通风机自控设计）
2004 年	玉门油田酒泉基地芳沁园住宅小区室外工程	规划总建筑面积 151932.5 平方米，其中建筑面积 140948.54 平方米，居住总户数为 1284 户，居住总人口为 4109（3.2 人／户），住宅建筑层数 6 层，每栋均设半地下室
	4 万吨／年聚丙烯装置扩建工程	原丙烯原料罐区的 6 具 100 立方米罐改为丙烷罐，原 2 具丙烷球罐改为丙烯原料罐，并保留原流程，对原聚合装置的各系统进行核算扩容，以使扩建后的聚合装置达到年产聚丙烯 4 万吨的生产能力
2005 年	鸭儿峡油田作业区 N1# 注水场改造工程	敷设高压注水管线站外管径 114 毫米 ×16 毫米的高压注水管线 8122 米，敷设管径 89 毫米 ×12 毫米的高压注水管线 7884 米，敷设管径 76 毫米 ×11 毫米的高压注水管线 3786 米，注水管线设计压力 27 兆帕
	酒泉基地外国语学校外教公寓楼	建筑面积 1982 平方米
	炼化总厂 3 万吨／年液压油装置可行性研究	本项目为 3 万吨／年液压油装置（含外围）设计，分析化验依托总厂的中心化验室，装置所用水电汽风等公用工程依托玉门油田分公司炼化总厂现有的公用工程系统
2006 年	玉门油田酒泉基地实验楼方案设计	实验楼作为档案科技楼的辅楼，主体设计为五层，占地面积 901.53 平方米，总建筑面积 4460.4 平方米
	玉门油田酒泉基地岩心库方案设计	建筑面积 2272.21 平方米，占地面积 2436 平方米，可存放 20000 米现有岩心，并保证未来 10 年岩心存量增加的需求
	玉门油田酒泉基地职工公寓楼	职工公寓楼单体建筑面积 6215 平方米，其中商铺建筑面积 725 平方米，居住面积 5490 平方米
	青西油田青 5 计量站工程	总处理液量 800 米 ^{3}／日，单井液量 35 米 ^{3}／日，最大单井液量 180 米 ^{3}／日
2007 年	玉门油田方圆物业酒泉基地疗养院锅炉房改造工程方案设计	在疗养院锅炉房内预留位置安装一台 SZL5.6-10/115/70-A Ⅱ热水锅炉，安装相应的配套设施，扩大控制室面积，改造疗养院目前架空敷设的供热网管，使之与疗养院规划相配套，按照当地政府环保部门的要求，将煤场及输送系统全部改造为密闭系统，更换除尘设备，使得烟气排放达到环保要求
	玉门油田酒泉基地档案科技楼	框架结构，总建筑面积 10851.89 平方米
	玉门油田酒泉基地实验楼	五层框架结构，单体建筑面积 4460.4 平方米
	玉门油田酒泉基地续建幼儿园工程	框架结构，总建筑面积 5437 平方米
	炼化总厂消防系统改造工程（厂区消防系统）	炼油化工总厂规模 300 万吨／年配套，场内储罐区最大单罐容积 10000 立方米，装置最高高度 70 米
	炼化总厂消防系统改造工程（南站消防系统）	设计范围为南站油库稳高压消防系统的设计
	炼化总厂瓦斯气中 C_{3+}、H_2 回收装置工程	装置年处理炼厂瓦斯气 10 万吨／年，装置操作弹性为 ±20%
	炼化总厂特油系统安全环保隐患治理改造（航空液压油部分）初设	设计新建液压油调和、罐装、成品包装系统和原料油精致部分设备更换两部分，对于新建部分按照 10000 吨／年进行公用系统规划，在平面布置上为扩建预留了场地
	炼化总厂特油系统安全环保隐患治理项目 -02 初设（修改）	设计包括原料精制部分设备更换，调和、罐装、成品包装系统，原料白土精制整体搬迁，对公用系统按照 10000 吨／年进行规划，在平面布置上为扩建预留了场地
2008 年	水电厂热水泵站及供热管网改造工程	新建水电厂热水泵站用电设备配电、泵站照明系统及接地设计
	老君庙油田二次开发地面工程方案设计	根据老区现状遵循安全、环保、实用的原则对集输系统进行设计，集输系统要达到局部冬季运行条件及常输使用要求，老君庙新总站流程及消防按统一布局、整体规划进行设计

续表

年度	项目名称	规模
2008 年	炼化总厂特油生产系统隐患整改项目——润滑脂部分可行性研究（修改版）	《可行性研究报告》确定的该项目的规模为 10000 吨／年，其中接触器生产线 2 套，一套能力为 3000 吨／年用于生产汽车通用锂基酯和二硫化钼锂基酯，另一套能力为 5000 吨／年，用于通用锂基酯生产，压力釜生产线 1 套，能力为 2000 吨／年，主要用于生产白色脂、复合锂基酯、聚脲脂和新产品放样
2009 年	酒东油田产能建设地面工程方案设计	设计产能规模为 20 万吨／年，主要工程内容为长 7、长 8、长 9、长 2–1（单井集输系统已建成），长 203、长 302、长 10、长 102、长 202 等井的单井集输设计，待定 5 口井的集输设计，控制室／值班室设计及相关照明、采暖
2010 年	恩贾梅纳炼厂项目 3 万吨／年聚丙烯装置	本装置位于恩贾梅纳炼厂厂区内，在厂区的最北面，装置东侧是自备电厂和全厂性仓库，装置南侧是重油催化装置，装置西侧是液化气和丙烯罐区，装置北侧是厂区北围墙，占地总面积 18080 平方米
2011 年	水电厂至三台蒸汽管线设计	水电厂至三台换热站新上蒸汽管线的设计，两端连接部分的设计，中坪及三台换热站水处理设备的更换
	老君庙污水处理系统改造工程	对老君庙新建污水处理系统装置进行供电系统及外围电源接入设计，污水处理规模按 3000 米^3/ 日考虑
	酒东 35 ／ 10 千伏供电系统工程	建设 35/10 千伏无人值守变电所 1 座，一期 1 台 ×3.15 兆伏安，二期 2 台 ×6.3 兆伏安
	酒东试采区产能建设地面工程可行性研究报告	共建油井 33 口、注水井 17 口、联合站 1 座，建成产能 19.2 万吨／年
2012 年	酒东油田 19.2 万吨／年地面建设 EPC 总承包工作开展情况	建成产能 19.2 万吨／年，油井 33 口、注水井 17 口、联合站 1 座，投资约 2.8 亿元
	酒东联合站 35/10 千伏变电所	酒东联合站内建设 35/10 千伏无人值守变电站 1 座，容量为 2 台 ×6.3 兆伏安
2013 年	玉门油田注气提高采收率项目方案设计	鸭儿峡作业区 2 口投改注井的流程建设及其配套设施，供水管线从现有 25 兆帕注水系统管线接入，新建增压注水泵及配套井口保温房、井口管线保温伴热等辅助设施，鸭儿峡作业区 2 口注空气井的流程建设及井场空气增压泵橇装设备的供配电、厂房、设备基础、注气井口装置，为实现对冬停夏注井的独立控制，方便停注时放空管线，防止冻赌，设计院对老君庙注水系统增加水井 T 接控制阀门进行方案设计，在单井支线连接支干线处增设阀门，并于该处设置阀门池，当单井需停注时，关闭该单路单井阀门，放空该线路管线，不影响其他单井正常注水工作
	炼化总厂重整生成油和外排氢增加脱氯系统改造项目	针对玉门油田炼化总厂重整装置脱氯系统进行改造，主要改造重整装置重整生成油增加 2 具脱氯塔及重整装置重整外排氢增加 2 具脱氯塔
	炼化总厂 2013 年检修技改项目	主要改造内容为第二提升管回炼油进料处增加回炼油环形管和雾化蒸汽环形改造，2 号蒸汽线出装置分配器增加副线和调节阀的改造及 2 号蒸汽线和进装置 1 号蒸汽线连通增加分配器的改造
	酒东试采区产能建设地面工程（联合站部分）	联合站整体按原油产量 19.2 万吨／年设计
	鸭儿峡油田白垩系油藏地面产能集输系统建设初步设计集输系统	共建油井 74 口、接转站 1 座、建成产能 20 万吨／年
2014 年	老君庙油田 M 油藏减氧空气泡沫驱先导试验（注气部分）	根据勘探开发研究院提供的老君庙油田 M 油藏开发方案，试验井为 4 注 25 采的试验井网，注气／泡沫井 4 口，其中 3 口为投改注井
	玉门炼化总厂厂外长距离烃类管道隐患治理项目	设计为玉门炼化总厂距离烃类管道隐患治理设计
2015 年	老君庙油田报废井封堵项目（可行性研究初步设计）	投资 1028 万元，主要工作量为 70 口环保隐患
	石油沟集输设施完善项目（方案）	投资 1986 万元，主要工作量为集输管线 22.6 千米，500 立方米罐 1 具，500 立方米应急池 1 座
	老君庙油田 L 油藏弱碱三元复合驱先导试验项目（方案）	投资 2541 万元，三元配注站 [15 台（套）设备]，4 口注入井

续表

年度	项目名称	规模
2015 年	老君庙原油拉运及环保治理（方案）	投资 2097 万元，172 口单井集输管网，700 立方米污水罐
	青西油田 2015 年注水工程（施工）	投资 332 万元，2 口井，配 100 立方米罐，泵，流量计及配套管线的设计
	青西油田脱盐站原油罐安全隐患治理项目（方案）	投资 460 万元，3 具 5000 立方米罐换浮盘，1 具 5000 立方米罐换罐底
	鸭儿峡油田白垩系中区减氧空气驱试验项目（施工）	投资 1985 万元，2 口注气井，2 口注水井，橇装设备 4 套
	鸭儿峡油田采油污水治理项目（设计可行性研究）	投资 2857 万元，设计 1500 米 ^{3}/ 日处理规模
	鸭儿峡地面产能鸭西 6 区块集输系统建设项目（方案）	投资 1144 万元，29 口单井集输管网的方案设计
	鸭儿峡油田白垩系油藏注气项目（方案）	投资 2032 万元，减氧增压一体机 2 套，2 口注气井
2014 年	老君庙油田 M 油藏减氧空气泡沫驱先导试验（注气部分）	根据勘探开发研究院提供的老君庙油田 M 油藏开发方案，试验井为 4 注 25 采的试验井网，注气 / 泡沫井 4 口，其中 3 口为投改注井
	玉门炼化总厂厂外长距离烃类管道隐患治理项目	设计为玉门炼化总厂距离烃类管道隐患治理设计
2015 年	老君庙油田报废井封堵项目（可研行性研究初步设计）	投资 1028 万元，主要工作量为 70 口环保隐患
	石油沟集输设施完善项目（方案）	投资 1986 万元，主要工作量为集输管线 22.6 千米，500 立方米罐 1 具，500 立方米应急池 1 座
	老君庙油田 L 油藏弱碱三元复合驱先导试验项目（方案）	投资 2541 万元，三元配注站［15 台（套）设备］，4 口注入井
	老君庙原油拉运及环保治理（方案）	投资 2097 万元，172 口单井集输管网，700 立方米污水罐
	青西油田 2015 年注水工程（施工）	投资 332 万，2 口井，配 100 立方米罐，泵，流量计及配套管线的设计
	青西油田脱盐站原油罐安全隐患治理项目（方案）	投资 460 万元，3 具 5000 立方米罐换浮盘，1 具 5000 立方米罐换罐底
	鸭儿峡油田白垩系中区减氧空气驱试验项目（施工）	投资 1985 万元，2 口注气井，2 口注水井，橇装设备 4 套
	鸭儿峡油田采油污水治理项目（设计可行性研究）	投资 2857 万元，设计 1500 米 ^{3}/ 日处理规模
	鸭儿峡地面产能鸭西 6 区块集输系统建设项目（方案）	投资 1144 万元，29 口单井集输管网的方案设计
	鸭儿峡油田白垩系油藏注气项目（方案）	投资 2032 万元，减氧增压一体机 2 套，2 口注气井
2016 年	炼油化工总厂南站油库成品油装车系统达标排放隐患治理项目	装车系统改造分为三部分：(1) 公路装车系统，原有公路上装系统改为下装系统。(2) 火车装车系统：原汽柴油小鹤管装车系统改为大鹤管密闭系统；原航空煤油、石脑油、苯改为密闭小鹤管装车系统、移动原甲醇卸车鹤位。(3) 新设油气回收系统
	玉门油田分公司炼油化工总厂柴油罐区安全隐患治理项目	新建 2 个罐区，南站罐区新建 5 座 10000 立方米内浮顶罐，厂内新建 2 座 5000 立方米内浮顶罐
	玉门炼化总厂铁路洗槽站改造项目	改造玉门炼化总厂原有润滑油卸车厂房，改造后安装 4 套蒸汽密闭洗车系统，鼓风置换干燥系统 1 套，真空抽污系统 1 套
	水电厂一线队点建设项目	对玉门矿区水电厂大门外道路及林带进行改造升级，改善职工业余活动场地环境和卫生状况
	老君庙油田 I317 冲断带注水项目	新建 2 口注水井，2 台注水橇，新建 25 千米站外注水管线，配套井场标准化设施及远传监控设施
	青西采油厂原油储罐隐患治理项目	6 具油罐 2 具污水罐隐患整改，配套远传仪表监控、污水泵房、防火堤、消防道路、消防设施等

续表

年度	项目名称	规模
2016年	酒东采油厂能源管控试点示范项目	酒东能源管控系统建设，开启油田数字化“能源管控”方面新引擎，提高能源管理水平的同时改善电网品质，节能降耗成果显著，电网功率因数提高到0.95以上。酒东采油厂能源管控平台，完成生产数据、电、水、燃气数据的采集，同时进行数据处理分析，达到集团公司监测级管控中心的建设标准。项目同时设置自动滤波装置一套，对不同大小和频率的谐波进行快速跟踪补偿，实施后降低电网谐波含量，降低用电设备能耗和延长用电设备使用寿命，提高油田电网的供电品质，电网功率因数提高到0.95以上
	钻采工程研究院化学助剂中心安全环保隐患治理项目	根据防火规范，调整厂房间距；新建料棚
2017年	炼化总厂新增可燃有毒有害气体探测器项目	该项目针对储运车间部分储罐、催化车间新原料罐区、油品车间部分储罐，而设置可燃、有毒气体检测器，共新增可燃气体检测器56台，有毒气体（硫化氢）检测器28台，有毒气体（甲醇）检测器9台，并将所有可燃、有毒气体检测器的报警信号上传至有人值守的控制室、值班室，同时可燃、有毒气体检测器配套声光报警器，实现泄露所产生的现场报警，让工作人员能够及时发现储罐的泄露问题，从而解决了现场储罐储存物的泄露所带来的安全隐患，避免了在现场巡检、操作及施工时可能发生的安全事故
	炼化总厂储运车间航煤发车管线更换项目	新接航空煤油发车管线采用20号无缝钢管，管径219毫米 ×7毫米管线，以明敷方式，沿航空煤油罐区发车过滤器出口，向东接至原坦柴线上。利用南北方向坦柴线路接至航空煤油过滤器房西侧管径200毫米的油四线航空煤油铁路发车线接头处
	老君庙油田污水系统优化调整改造项目	对原有污水处理系统进行优化改造，增加1具沉降罐，对原有分离器增加内防腐，增加1套双滤料过滤器提高处理水质，改进污泥脱水系统，使脱水的污泥满足运输条件
	老君庙油田M油藏东低区氮气驱扩大试验项目	在现有4注25采井基础上扩大注气区域，形成8汽45采扩大注气井组，新增4口注气井：工329H、工323H、工287H、工287，新增设1套减氧压缩一体机。
	青西采油厂隆17井投产工程	隆17井投产
	酒东联合站设施配套完善项目	采出水处理系统：新建1具沉降罐增加沉降时间，新建1台污泥转输泵，把钻井液池的污泥转输至站外干化池。 新建2间工具房，满足酒东采油厂生产需要
	建筑安装工程处修保站维修、喷漆房建设项目	新建1座维修工房，建筑面积216平方米，采用门式钢架结构。同时设置超声波水洗设备、举升设备、空压机等。配套上述工作重新设置或改造相关各部分的给排水、暖通和电气

三、工程监理

1996年4月，随着国家工程建设监理制度的逐步推行，管理局成立工程建设监理公司，挂靠规划设计院，开始着手建立工程建设监理工作的各项规章制度和监理人员的培训取证工作。

1999年，工程建设监理公司取得二等以下（含二等）化工石油、房屋建筑工程监理乙级证书，开始在油田内部开展工程监理工作。当年，工程建设监理公司开始承揽监理工程，先后开展炼化总厂300万吨/年污水改造工程、局工会会员培训中心工程、疗养院住宅楼工程的监理工作。

2000年5月，工程建设监理公司划归油田分公司管理，更名为玉门油田分公司工程建设监理中心，挂靠油田规划设计院，在油田规划设计院设工程监理部，重点负责油田各项建设工程的监理工作。当年，先后开展白杨河水库工程、疗养院西院住宅楼工程、青西公路工程等工程的监理工作。

2001年2月，成立中国石油天然气股份有限公司玉门油田监理分公司，持有化工、石油工程监理乙级、房屋建筑工程监理乙级证书。12月，管理局成立玉石监理工程建设有限责任公司，下设经营管理办公室、工程监理一部、工程监理二部。

2004年7月，油田分公司对工程设计及监理机构进行公司制改制，成立玉门油田威尔工程监理有限责任公司，与工程监理分公司为一个机构、两块牌子。

2006年6月，将原玉石监理工程建设有限责任公司整体划归油田规划设计院。

2008 年，监理分公司取得化工、石油和房屋建筑工程监理甲级证书、电力和市政工程监理乙级证书、公路工程丙级证书。可承揽原油年处理能力 150 万吨以上、天然气日处理能力 1520 万立方米以上、年产能 50 万吨以上及配套设施的油田工程，原油年处理能力在 500 万吨以上的炼油化工工程，容器压力 8 兆帕以上、油气储罐 10 万米^3/ 台以上、长输管道 120 千米以上的油气储运工程，28 层以上一般公建、建筑面积 12 万平方米以上小区等工程的监理工作。

截至 2009 年，监理分公司比较大的监理项目重点集中在玉门油田内部，先后完成了 3 台供热站至水电厂供热管网改造工程、润滑油厂 2000 立方米罐工程、炼化总厂 656 改造工程、酒泉基地建设工程、炼化总厂 MTBE、气分脱硫工程、老君庙 4 号注水场、老君庙注水系统改造工程等工程项目的监理工作。

2010 年，随着酒泉基地大规模建设项目完成，监理分公司在确保油田重点工程监理工作的前提下，充分发挥技术专长，积极参与市场竞争，努力开拓外部市场。从当年开始，到 2017 年，先后开拓嘉峪关、临夏等地的天然气利用工程、民用住宅工程以及中缅油气管道、云南成品油管道工程、西气东输三线管道工程等市场的监理工作。

1999—2017 年重点工程监理项止统计见表 7−3−2。

第二节　建筑安装机构与队伍

一、管道运维服务公司（建筑安装工程处）

管道运维服务公司（建筑安装工程处）成立于 1996 年 8 月，由当时的采油厂玉龙公司和兴玉公司建安公司合并组建，时名为建筑安装工程处。成立之初，机关设财务科、党群办公室、办公室、工程科；基层设玉龙建筑工程公司和兴玉建筑安装公司。12 月，撤销玉龙建筑工程公司和兴玉建筑安装工程公司，设建筑一队、安装一队、安装二队、公路铁路工程施工队、机械施工队、工程材料管理站、工程质量监测站、经营办公室等 8 个基层队、站，有各类管理人员 33 人、工人 185 人。由于技术力量薄弱、施工机具不配套，行业级别资质证书仅为甘肃省二级、施工企业为总公司行业三级，初期仅能从事工业民用建筑、油田地面维护安装和公路筑路维护等生产任务。

1999 年 7 月，玉门油田重组改制，建筑安装工程处归存续企业管理，其组织机构延续管理局时期，机关设党委办公室、工会、处办公室、财务科、计划经营科、生产技术科等科室，基层设安装一队、安装二队、建筑队、防腐保温队、公路铁路工程施工队、机械施工队、工程材料管理站、工程质量监测站、保温材料厂、石材厂等单位，有职工 383 人。8 月，管理局成立局筑路工程公司，与建筑安装工程处一个机构、两块牌子。

至 2000 年底，建筑安装工程处先后取得集团公司颁发的化工石油和水利电力工程施工三级资质，甘肃省建设厅颁发的公路工程和工业与民用建筑工程施工二级资质、B 级压力管道施工、混凝土预制构件生产一级资质和省建委认证的一级试验室资质。

2001 年 7 月，建筑安装工程处进行公司制改制，在酒泉市工商局注册成立玉门油田工程建设有限责任公司；9 月，在玉门市工商局注册成立玉门油田建筑安装工程有限公司，两个公司均为独立法人单位。至此，建筑安装工程处可承担各类化工、石油、石油化工装置的设备、管道安装；承担各类防腐保温工程的施工；承担各类一般工业和公共、民用建设项目的设备、线路、管道的安装，非标准钢构件的制造、安装，包括锅炉、通风空调、制冷、电气、仪表、电机、压缩机组等设备安装；承担 35 千瓦以下输配电站、线路建设；承担各类工程的无损检测；承担各类管道工程及配套工程的施工。

2002 年，建筑安装工程处取得房屋建筑工程施工总承包贰级、公路路基工程专业承包贰级、公路路面工程专业承包贰级、公路工程总承包贰级、土石方工程专业承包贰级、混凝土预制构件专业承包贰级、市政公用工程施工总承包贰级等资质。

2004 年，建筑安装工程处取得防腐保温工程专业承包壹级资质、化工石油设备管道安装工程专业承包壹级资质、管道工程专业承包叁级资质。至此，可承担各类化工、石油装置的设备、管道装置；各类防腐保温工程的施工；30 层以下，30 米跨度以内的建筑物，高度 100 米以下构筑物的建筑施工；小型工业建筑项目的设备、线路、电器、仪表的安装；非标准钢构件的制作、安装和一般民用、公用建设项目的设备安装；高速公路路基、一级标准以下公路和独立大桥工程的施工。

表 7-3-2　1999—2017 年重点工程监理项目统计表

年度	项目名称	规模
1999 年	炼化总厂 300 万吨 / 年污水改造工程	
	局工会会员培训中心工程	
	疗养院住宅楼工程	
2000 年	白杨河水库工程	
	疗养院西院住宅楼工程	
	青西公路工程	
2001 年	三台供热站至水电厂供热管网改造工程	
2002 年	玉门润滑油厂 2000 立方米罐工程	
	炼化总厂 656 改造工程	
2003 年	酒泉基地开工建设	
	炼化总厂 MTBE 气分脱硫工程	
2005 年	老君庙作业区危房改造三队夹片注水站工程	
	青西油田勘探开发一体化地面建设骨架工程（新总站改造工程）	
2006 年	玉局 10 万吨 / 年甲醇项目	
2007 年	玉门油田酒泉基地保健中心住院楼	本工程位于酒泉市敦煌路与肃州路交界处，建筑总面积 13022.55 平方米，建筑高度 38.4 米。地上 10 层，建筑面积 11845.98 平方米，地下 1 层，建筑面积为 1176.57 平方米。地下室防水等级一级，屋面防水二级；结构形式为框架剪力墙结构，抗震烈度为 7 度，使用年限为 50 年
	玉门油田酒泉基地中心商贸城	总建筑面积 31900.18 平方米，建筑基底总面积 10900.96 平方米，主体结构形式为框架结构。抗震设防烈度为 7 度，建筑耐火等级一级，屋面防水等级二级，设计使用年限 50 年
	玉门油田酒泉基地茗翠园	本工程为 6 层带半地下室砖混结构住宅。设计使用年限为 50 年，建筑结构安全等级为二级，建筑耐火等级为二级，抗震设防烈度为 7 度，屋面防水等级为Ⅲ级，丙类建筑
	工业园区机械厂工程	总建筑面积 6350.36 平方米，结构为 1 层框架结构，总投资 495.31 万元
	玉门油田酒泉基地综合办公楼	建筑总面积 7341.72 平方米，结构为 6 层框架结构
2008 年	玉门油田酒泉基地实验楼工程	地上 5 层，总建筑面积 4460.4 平方米，建筑结构形式为框架结构
2009 年	玉门 CNG 加气母站工程	建筑面积 1218.21 平方米，占地面积 6133.03 平方米，抗震烈度为 8 度，耐火等级二级
	玉门油田酒泉 CNG 加气子站工程	该工程包括站房 1 座，加气棚 1 个，压缩机 1 台，围墙及地坪。站房 2 层，站房 246.24 平方米，总高 7.5 米，占地面积 13561.88 平方米，站房为 2 层砖混结构；加气棚占地面积 567 平方米，4 台加气机，结构为网架结构

续表

年度	项目名称	规模
2009 年	玉门油田嘉峪关 CNG 加气子站工程	本工程位于嘉峪关市西区约 3 千米 G312 国道北侧，建设包括 2 层站房，占地面积 264.6 平方米，总高 7.5 米，场地总建筑面积 4296.62 平方米，结构为 2 层砖混结构；加气棚为网架结构
	玉门油田酒泉基地疗养院疗养 2 号楼工程	本工程位于酒泉疗养院中院 1 号楼北，建筑面积 9665.91 平方米，建筑高度 20 米，地上 5 层局部 3 层，主体结构为框架结构，基础为筏形基础
	炼化总厂瓦斯气体中 C_{3+}、H_2 回收装置	建设规模 10 万吨／年，投资 7990 万元，结构类型为钢结构
	鸭儿峡供电系统改造工程	新建改建 10 千伏配电线路 40.2 千米，全线组立杆塔共计 641 基，其中铁塔 31 基，电杆 610 基。架设变压器 84 台，安装真空无功补偿装置及普博治理装置 7 套
2010 年	中国石油润滑油昆仑快速换油项目工程酒泉新城站	建筑面积 1335.6 平方米，结构为框架结构，耐火等级二级
	老君庙供电系统改造工程	场地土方开挖平整长 80 米，宽 67 米，配电室为 3 层的框架结构，包括水、电、暖及通风，院内的设备混凝土基础、电缆沟，变电所院子围墙长 49 米，宽 39.5 米的砌筑，广场砖敷设等
	炼化总厂特油安全环保隐患治理工程 -01	本工程为特油系统安全环保隐患治理 -01 厂房及包装库房钢网架和屋面板工程，采用螺栓球节点网架，轴线尺寸为 81 米 ×78 米，局部跨为 23.4 米。周边多柱点支承，下弦支承，结构找坡，屋面材料上下层采用彩钢板，为了美观和防火的需要，采用新工艺，隐蔽檩条。屋面保温材料为 75 毫米厚玻璃丝棉，容重为 16 千克。网架基本结构为：檐口高度 1.8 米，屋脊净高 2.745 米，上弦静载 0.35 千牛，下弦静载 0.10 千牛，地震设防烈度 7 度
2011 年	炼油厂液态烃球罐隐患治理改造工程	400 立方米球罐 3 具，投资 1200 万元
	水电厂 3 台供热改造	工艺管线安装 3250 米，投资 1300 万元
	玉门盛浩建材家具市场	1 期：29365.58 平方米；2 期：26638.64 平方米；3 期：25405.96 平方米。总投资 1.3 亿元
	酒东 35/10 千伏供电系统	主体 3 层、建筑面积 899.4 平方米。投资 900 万元
	中缅油气管道及云南成品油管道工程	管线长 558 千米、20 个阀室、4 个场站
	长庆油田—呼和浩特原油管道工程	管线长 578 千米、14 个阀室、11 个场站
2012 年	炼化总厂储罐液位自动计量及远传监控改造	新建综合办公楼 1 座及罐区仪表安装，总投资约 1000 万元
	青西作业原油处理系统改造工程	4 具三相分离器更换及配套的工艺、电器、仪表安装，总投资约 1100 万元
	玉门油田职工体育活动场所工程	建筑面积 3525 平方米（地上），地下 120 平方米
	瓜州桥湾 LNG 汽车加气站	站区占地面积 4455.2 平方米，建设总投资 1191.25 万元
	玉门油田酒泉基地续建工程 C 区（欣露园）1 号、2 号车库工程	车库上部覆土为 1.4 ~ 1.5 米。地下车库层高 4.20 米。其中 1 号地下车库 10652 平方米、2 号地下车库 10085 平方米，总建筑面积为 20737 平方米
2013 年	水电厂煤场挡风防尘墙项目	新建拖拉机维修工房东侧外沿处设置 12 米高挡风抑尘墙一排，长度 73.5 米煤场西侧环形道路外沿空地处设置 12 米高挡风抑尘墙一排，长度 115.1 米，煤场北侧围墙设置 12 米高挡风抑尘墙一排，煤场南侧挡土墙外侧空地处设置 8 米，挡风抑尘墙 361.5 米。投资约 700 万元

续表

年度	项目名称	规模
2013 年	祁连宾馆室内外改造项目	宾馆室内新增消防管线，采暖及给排水管线进行更换，室内重新进行装饰装修，室外修建 400 立方米水池一座。投资约 800 万元
	鸭儿峡供水管网改造工程	新建供水管线约 8 千米。投资约 564 万元
	鸭儿峡作业区脱盐改造工程	新建 2 具 1000 立方米罐；1 具 200 立方米罐，2 具 2000 立方米罐更换罐底，投资约 425 万元
	井下作业公司一线队点建设项目	东山作业队新建 2 层砖混房，白杨河队站新建单层砖混房和材料房；白杨河队站约 128 平方米，东山作业队约 800 平方米，投资约 300 万元
	青西联合站原油处理系统改造建设工程	4 具三相分离器更换及配套的工艺、电器、仪表安装。总投资约 1100 万元
	青西油田污水达标处理工程	1200 米 ^{3}/ 日处理能力。钢结构厂房 2 座，200 立方米罐 2 具等及配套工艺电气仪表，投资约 1900 万元
	青西油田作业区 2013 年防洪防汛工程	1 号标段：联合站至南站油库长输管线新建缓冲 32 处，合计 1242 米；草袋维护 9 处，合计 290 米。2 号标段：窿 1 井沟口修建防洪沙坝 180 米，青西主道路 28 千米 +10 米新建过水路面，长 50 米；防洪沙坝 530 米，防洪墙 120 米。3# 标段：防洪沙坝 180 米，新建跌水共 200 米，新建涵洞 15 处
	玉门油田酒泉基地续建工程 C 区（欣露园）住宅工程	17 栋高层商品楼工程
2014 年	炼化总厂催化裂化装置烟气除尘脱硫及全厂加热炉燃料气脱硫工程	烟气脱硫装置包括洗涤塔和 PTU 部分，全厂加热炉燃料气脱硫装置为对旧有装置改造项目，包括胺液再生系统和脱硫系统两部分，同时建设配套的工艺，电气，仪表设施
	玉门矿区供水管网改造工程	敷设自南坪水池至解放门新北派的供水管线全长约 2.8 千米，设计压力 1.6 兆帕，东岗新建 2 具 500 立方米罐，南坪新建 1 具 1000 立方米罐；敷设自中坪水池至解放门区域的供水管线，全长约 2277 米，设计压力 1.6 兆帕
	老君庙油田 M 油藏减氧空气泡沫驱先导试验（注气部分）	新建钢结构变压器室、配电室、阀组间、控制室各一个；注气管线 3.6 千米及配套的电气仪表
	老君庙联合站至炼化总厂原油管道隐患治理	新建一条老君庙联合站至炼化总厂脱盐罐区的输油管线，全长 4.23 千米，管材采用 20# 无缝钢管
	酒东油田作业区 2014 年防洪防汛工程	联合站南 300 米毛石混凝土防洪坝，3–7 井 300 米毛石混凝土防洪坝，污水污泥处理厂西 200 米素混凝土防洪坝
	玉门油田教育分局学校基础设施改造工程	小学功能教室、音乐教室、卫生间等活动场所改造；一中和二中的卫生间等活动场所改造，一中改造面积 973 平方米，二中改造面积 796 平方米
	中缅油气管道及云南成品油管道工程	管线长 558 千米、20 个阀室、4 个场站
	西气东输三线西段（二标段）管道工程	计线路长度 529 千米，其中线路段 507.1 千米（含中型穿越），提前施工段 6.3 千米，大型穿越 12 处，穿越长度 15.6 千米。设置监控阀室 4 座，监视阀室 13 座。本段管道始于乌苏压气站，经独山子，沙湾县、石河子市、玛纳斯县、呼图壁市、昌吉、乌鲁木齐西山、盐湖南，再经大河沿镇、葡萄沟最后进入鄯善到达鄯善压气站
2015 年	炼化总厂场外长距离烃类管道隐患治理项目	炼化总厂至南站 16 条烃类管线进行更换和拆除，其中更换 11 条，拆除 4 条。电缆敷设 3400 米，光缆敷设 1300 米
	炼化总厂 1.5 万吨 / 年分子筛脱蜡装置隐患治理项目	本项目包括原料预处理部分、脱蜡部分、配套系统罐区和控制室、配电间、白土精制装置加热炉搬迁及公用工程。脱蜡装置区东西长 84 米，南北长 52.5 米，总占地面积 4410 平方米。配套罐区单元新增罐容 3200 立方米（8 台）。位于分子筛脱蜡装置南侧，占地约 3200 平方米。单元内设有泵棚一座，内设机泵 6 台

续表

年度	项目名称	规模
2015年	鸭儿峡作业区总站流程改造项目	拆除联合站内部原有工艺管线合计约2140米并进行更换，新增2台浮头式换热器，1台单螺杆原油外输泵，换热器布置于现有综合泵房西侧，单螺杆原油外输泵布置在综合泵房南侧
	北坪四村环境整治及排水系统维护项目	北坪四村新建商铺单体建筑面积315.25平方米，单层砖混结构10间，长48.5米，宽6.5米，高3.3米及配套水、消防暖电等。拆除第5、6、7栋住宅楼及楼门前地坪；拆除原有商铺5间，拆除花池3个，拆除毛石挡土墙3道；拆除坡道3个。新建北坪四村休闲广场；分商业区、休闲区及健身区三部分及配套路灯、电缆接地及绿化等工程。
	自由路东段（北坪商业街）及油田玉门矿区治安管理办公场所维修工程（公安分局办公室）	自由路东段：拆除混凝土台阶、水泥台、排污井、旧路灯、彩板房、混凝土挡土墙、排污管沟、采暖管沟、混凝土地坪、沥青路面等；拆除后新建混凝土台阶、新建铺石材地坪、新建混凝土地坪、道牙等。 公安分局办公室：将原有大楼破损门窗更换为断桥隔热型铝合金平开窗；对大楼外立面进行公安外观标识改造；更换大楼洗手池底破损瓷砖；大楼后院地坪敷设塑胶面层；对大楼后院卫生间进行犬舍改造；更换办公楼内的卫生器具及散热器
	张掖市CNG加气站工程土建安装工程	新建CNG加气站（标准站）1座，设计规模为2万米^3/日，主要工程内容包括调压计量橇1套，脱水装置1台，加臭装置1套，集水罐1台，程序控制盘1台，储气井3座（储气井比例按高：中：低=1：1：2，合计12立方米）。国产双枪自动售气机4台，风冷式压缩机2台
	兰州军区空军油库安全专项整治工程张掖消耗库	新建2000立方米罐1具，安装100立方米罐10具，50立方米罐4具，更换7台泵，新增4支鹤管，新建700立方米消防水池1座，消防泵房1座，配套工艺管线2000米，道路6400平方米
2016年	炼化总厂储罐区安全隐患治理项目	原有罐区的储运改造包括4具原油罐原工艺管线、消防管线及支架、罐顶护栏拆除，罐区整体下挖0.8米，新工艺管线、消防管线及管墩、支架、罐、护栏、切水器安装，防火堤内地坪硬化。罐区内静电接地，电气、自控仪表安装，新增液位计、温度计。液态氢罐区安装一个高架火炬，铁路装车增设装车控制系统。航空煤油配电室外新增防爆低压配电柜1台，低压配电柜1台，高杆灯6套
	炼化总厂拔头油铁路装车改造项目	新建一趟炼化总厂重整至液态烃站工艺管线，增加铁路装车泵2台，改造相应的铁路装车鹤管及配套设施
	炼化总厂酸性水及硫磺回收装置环保隐患治理项目	新建1万吨/年硫磺回收装置，酸性水汽提装置改造，新建溶剂再生装置、新建区域控制室及配电室等
	炼油化工总厂50万吨/年柴油改质降凝装置国Ⅴ升级适应性改造项目	在原50万吨/年柴油加氢改质装置内新增一套循环氢脱硫系统，并且更换柴油精制剂。该部分的公用工程系统利旧原50万吨/年加氢改质装置的公用工程系统，包括仪表气、氮气、放空管线、循环水等；范围包括原50万吨/年柴油加氢改质装置界区外1米的所有改造内容和新增的系统外管廊管线的设计；仪表、电气为装置区内的新增全部仪表和电气设备的安装；新增的机柜仍然位于原装置的机柜间和变配电室内
	炼化总厂40万吨/年催化汽油加氢脱硫装置国Ⅴ适应性改造项目	40万吨/年催化汽油加氢脱硫装置边界线内进行改造，在原有框架内增加第三加氢脱硫进料/反应产物换热器、除盐水站、稳定塔回流泵；新氢分液罐、稳定塔顶回流罐原位置更换；新氢压缩机、分馏塔底重沸炉泵改造；装置设计规模为40万吨/年
	炼化总厂15万吨/年轻汽油醚化项目	（1）生产装置：装置主要包括轻汽油预脱硫和醚化两部分工艺内容。其中轻汽油预脱硫工艺包括轻抽提脱硫部分和溶剂脱油再生部分等；轻汽油醚化工艺包括原料净化部分、一段醚化反应及分离部分、二段醚化反应部分、甲醇萃取及回收部分、公用工程部分等。（2）公用工程及配套设施：6/0.4千伏变电所和现场机柜室等。（3）工艺及热力管网、厂区供电等改造
	炼化总厂检修工程	炼化总厂11个装置催化装置、常减压装置、焦化装置、加氢装置、重整装置、动力车间、聚丙烯装置、酸性水装置、水处理车间、气分MTBE车间、电气车间塔器检修、加热炉检修、反应器检修、管线更换、换热器检修、更换等

续表

年度	项目名称	规模
2016年	炼化总厂电力系统抗晃电和继电保护系统隐患治理项目	(1) 对全厂1个35千伏总变电所及6千伏开闭所、13个6千伏装置变电所之间进行通信网络的搭建及组态，在35kV变电所控制室设置一套独立的全厂电力。(2) 对6千伏开闭所所有出线柜新增电能质量监测装置、分段母联设置多功能表计及相关配套设备进行安装及调试；对各子配电室进线柜进行改造，对新增电能质量监测装置、多功能表计及相关配套设备进行安装及调试。(3) 对6千伏消防水配电室及6千伏四合一配电室总自保单元进行更换
	炼化总厂环境事故应急系统改造完善项目	在液态烃站北侧新征地块内新建1座消防废水池及废水提升泵房；在南站库区北侧新建1座消防废水应急池及废水提升泵房；对原油罐区、汽油罐区、苯罐区进行防火堤改造、地坪改造及给排水改造；对南站库区道路进行改造：新建消防道路19603平方米，拓宽消防道路1141平方米；在厂区对脱盐罐区、油品罐区、酮苯罐区进行防火堤改造、地坪改造及给排水改造；对常减压装置区、催化装置区、柴油加氢改质装置区、重整装置区、酸性水装置区、聚丙烯装置区、气风脱硫装置区七个装置区的排水系统进行改造
	炼化总厂航空煤油洗槽站改造项目	新建4套槽车清洗设备，动静设备安装10台（套）。工艺管线安装1200米。监控系统一套共4个摄像头，火灾报警2台
	玉门油田鸭儿峡老区注水井节能改造项目（二）	鸭儿峡作业区50口26兆帕注水井单井井口工艺管线改造
	青西联合站加热炉提效节能改造工程	导热油加热炉烟管增加2台换热器、1千米热水管线；锅炉房新增2台循环泵
	青西油田办公基地生活污水处理系统维护项目	新建污水调节池2座，空压机房1座（砖混结构，建筑面积25平方米），安装1台水处理装置、混凝土排水管180米；绿化水管线安装200米
	老君庙石油沟集输设施完善工程	新建集输管网约23.7千米，采用酸酐环氧玻璃钢管，树枝状串接163口单井的集输管网及井场工艺改造。管线及井口保温；安装25千瓦电磁加热器3台，收发器装置4台。石油沟接转站设施完善：对破损严重的蒸汽、排气、倒油管线进行更换，采用酸酐环氧玻璃钢管，并进行管线保温；安装污水泵2台，倒油泵1台、钻井液泵1台、负压排泥装置2套；制作并安装500立方米玻璃钢罐1具；利旧5具500立方米罐，更换罐底和加热盘管并做阴极保护、罐体保温等。其他设施完善：主要包括整改值班室1座，修建500立方米应急池1座、阀门池40个、铁艺围栏400余米、污水罐基础1座、其他设备基础共11座，配套的工艺、电气、自控等
	玉门油田老君庙老区注水井节能改造项目（一）	老君庙共12口单井投改注。井口装置改造135口，部分井口安装井口保温房
	农牧公司饲料加工设施改造项目	新建236.6平方米单层轻钢门式钢架结构饲料加工车间1座；安装1座饲料加工设备；200立方米消防水罐1座；以及配套的电气、仪表、消防
	水电厂六期脱硫完善项目	低氮燃烧器改造+SCR选择性催化还原法（尿素法制备还原剂，催化剂层数按2+1层设计）脱硝+电除尘器改造（保留电除尘原一电场，电除尘原二、三电场改为布袋除尘器）+引风机及电动机扩容改造
	酒泉基地鸿硕园天润园环境综合治理项目	本工程为酒泉基地鸿硕园天润园环境综合治理项目，主要为行道砖路面、道牙、散水、混凝土台阶、井圈井盖的拆除及恢复，绿化的主要工作为种植灌木、种植绿篱，其中1标段为鸿硕园，2标段为天润园，3标段为园区绿化
	武威机场油库综合整治工程监理	储备库新建2座50立方米覆土卧式罐组；储备库工艺管道1400米管线更新；储备库泵房安装油泵及配电、安装1台过滤分离器、安装工艺设备；储备库覆土罐室密闭门、采光孔和油罐静电接地系统改造；储备库新建消防道路3100平方米；消耗库新建寒区消防水池、消防泵房、安装消防泵及工艺
	西部管道乌鲁木齐输油输气分公司新建项目	改造项目11项，维检修项目40项

续表

年度	项目名称	规模
2017 年	玉门油田炼化总厂柴油罐区安全隐患治理项目	新建 2 个 5000 立方米罐，5 具 1 万立方米罐，低压配电室 1 座及配套的电气仪表等附属工程
	炼化总厂挥发性有机物（VOCs）治理项目	(1) 炼化设施泄露检测与修复：对炼厂进行 PID 识别，首次实施泄露检测与修复工作，搭建 VOCS 控制平台。主要分析化验设备是手持红外热成像仪 1 台、FID 检测仪 4 台、密闭采样器 48 台。 (2) 油品罐区 VOCS 治理：场内油品车间甲醇储罐 VOCS 排放治理、苯罐区增设油品回收设施、汽油罐更换全接液浮盘等。主要设备是甲醇水洗橇块、油品回收装置、储罐等，新建配套自控、电气、给排水、土建基础等设施。 (3) 污水处理厂 VOCS 治理：新增废气处理设施、污水池体加盖，新建配套自控、电气、给排水、土建基础等设施
	老君庙集输系统优化改造项目	新建 3 条集输线，集 32 口油井进原有 1# 线
	老君庙油田 L 油藏软碱三元复合驱先导试验项目	先导试验注入井先进行 4 口井的试注试验。新建综合泵房、控制室各 1 座，6 具配液罐罐区，污水收集池 1 座，50 立方米清水罐 1 具及配套道路等。柔性复合管 4 条，合计总长 1240 米，站内主要设备为碱分散装置、聚合物分散装置
	2017 年老君庙采油厂罐区隐患治理项目	新建 2 座仪表控制室，对罐区火灾报警、防静电接地进行改造
	青西公路、桥涵维护改造项目	4 座桥涵拆除后新建，2.2 万平方米路面修复
	2017 产能建设新井投产项目	新建 3 井次流程、分离器、储罐及配套设施新建抽油机、变压器及配套设施，新建无线一体化功能模块、RTU 装置及配套设施
	鸭儿峡油田白垩系油藏减氧空气驱先导试验项目	增加 YK1-37 及 YK1-39 两口注气井
	机械厂电镀废水重金属污染设施改造项目	镀铬车间旧设备拆除，新设备安装，房屋粉刷，镀铬车间进行粉刷
	玉门矿区供水改造项目	管网改造：南坪水池西路管径 100 毫米管线、南坪水池西路管径 200 毫米管线供水区域改造。豆腐台净化站北侧新桥头处新建至南坪水池供水管线，新建无缝钢管直径 219 毫米 ×71743 米，新建钢筋混凝土矩形阀井 2 座，安装 5 个闸阀。管网改造（中坪水池部分）：管径 250 毫米自压水管线为三五区水池专用管线，在中坪水池及三五区水池设置流量计，新建钢筋混凝土矩形阀井 2 座，安装闸阀 6 个和电磁流量计 2 套
	玉门市润泽环保再生能源新技术有限公司年处理 13 万吨危废固废项目	本项目包括预处理车间、物化车间、机修车间、洗桶车间、1 号暂存库、3 号暂存库、浴室、化验检验室共 8 个单体的土建安装及钢结构工程，总建筑面积 11527.06 平方米
	玉门油田酒泉维抢修中心建设项目	玉门油田酒泉维抢修中心建设项目设置的建筑单体包括：综合楼、设备仪器用房、维修厂房、设备库房、料棚、车库、门卫室等。本项目总用地面积 66474 平方米（约合 99.71 亩），新建建筑总面积（约建筑面积）6643.75 平方米
	西部管道乌鲁木齐输油输气分公司新建项目	改造、维检修项目 61 项

2005年7月，玉门油田重组整合，油田分公司原工程技术研究与服务中心相关业务及人员划转建筑安装工程处，员工总数增至514人。年底，建筑安装工程处对基层设置进行调整，下设安装一队、安装二队、机械一队、机械二队、修保站、防腐保温队、公路工程施工队、建筑队、质量监测站、综合事务站、管道维抢运营部11个队站。当年，建筑安装工程处取得玉门市政府颁发的特种设备安装改造维修GA、GB、GC类压力管道施工许可证，甘肃省建设厅颁发的安全生产许可证。

2006年7月，按照油田机构整合整体部署和设置原则，建筑安装工程处机关设置综合办公室、生产技术科、安全设备科、经营科、预算科等科室。10月，通过酒泉市工商局注册成立玉门油田工程质量检测有限公司，并取得甘肃省建设厅核发建筑工程检测甲级，建筑安装工程、市政工程、公路（桥梁）工程检测乙级资质和计量认证证书。

2011年3月，成立建筑安装工程处检维修作业队，并将原炼油化工总厂工程维修公司机关、检修作业队、汽车班等整体划入检维修作业队，建筑安装工程处员工总数增至612人。为了提高安全监管能力和水平，在建筑安装工程处设安全监督站，附挂安全设备科。

2012年5月，建筑安装工程处更名为管道运维服务公司（建筑安装工程处）。

2013年1月，西部管道公司武威至永昌（东段）、柳园至嘉峪关（西段）管道巡护工作正式交付管道运维服务公司（建筑安装工程处）管理，管道运维服务公司（建筑安装工程处）增设管道巡护队，下设武威、清泉、柳园3个巡护分队。

2014年11月，管道运维服务公司（建筑安装工程处）取得矿山工程施工总承包三级资质，经营范围包括土木工程建筑，公路与城市道路工程，桥梁工程，线路、管道、设备安装，混凝土构件生产、销售等。

至2017年底，管道运维服务公司（建筑安装工程处）机关设综合办公室、财务科、预算科、安全设备科、生产技术科、QHSE监督站等科室。基层设安装一队、安装二队、机械工程队、防腐保温队、检维修作业队、管道巡护队、公路工程队、建筑队、质量监测站、综合事务站等单位，共有职工578人。

二、油田建设工程公司

油田建设工程公司成立于1956年2月，先后更名为油田地面工程处、油田地面工程大队、油田建设工程处、油田建设工程公司等。1986年，机关设党委办公室、宣传科、组织科、保卫科、工会、纪委、团委、公司办公室、计划科、预算科、技术科、人事教育科、质量科、安全环保科、机动科、财务科、企业管理办公室、资料室等职能科室，基层设工程一队、工程二队、工程三队、工程四队、金属构件厂、水泥构件厂、攻关队、机械供应站、器材科、管理科、农工商公司等单位，共有职工1340人。

1990年5月，油田建设工程公司对外称为玉门石油管理局油田建设工程处。

1994年3月，油田建设工程公司成立玉龙建筑工程公司。

至1995年5月，油田建设工程公司机关设办公室、党委工作科、总工程师办公室、企业管理办公室、财务科、预算科、劳动工资科、机动设备科、经营计划科、生产安全科、质量检验科、审计科、监察科等科室，基层设第一工程项目部、第二工程项目部、第三工程项目部、第四工程项目部、电器仪表安装队、混凝土构件厂、金属构件厂、机械化工程队、锅炉队、安装队、防腐保温公司、运输队、物资供应科、开关柜厂、培训教育中心、老年工作站、生活管理科、华龙实业公司等单位，共有职工1811人。6月，总公司理顺玉门、吐哈管理体制，油田建设工程公司整体划归吐哈石油勘探开发会战指挥部。

第三节　重点工程施工

1987—1995年，玉门油田一般工程建设施工任务主要由油建公司承担。近十年间，油建公司先后参与完成鸭儿峡油矿输油管线、老君庙油矿污水处理改造工程、炼油化工脱盐改造工程、焦化外围南管带施工工程、二套常减压检修改造工程、白杨河水源管线工程、南站油库2具10000立方米罐制作工程、炼化总厂东路循环水改造工程、豆腐台水源沉砂池工程等施工任务。

1996年之后，新组建的建筑安装工程处成为油田工程建设的主力军，在承担完成油田维护、钻前工程、新井投产、地面建设、炼化改造、油气管道、道路及民用建筑等施工建设任务的同时，随着装备技术水平的提升和施工能力的增强，积极参与市场竞争，先后承揽部分外部施工作业。

一、维护工程

1996 年，重点完成西河大桥加固工程、局内铁路、自营公路的维护等工程。

1997 年，先后承揽炼化总厂成品油装车系统改造、检修等工程。完成南坪锅炉房采暖、豆腐台水源和西河大桥抢险以及公路维修、铁路维护等维护和抢险应急工程。

1998 年，先后承担水电厂五期扩建循环水改造、水电厂五期扩建露天油库及油处理室、采油厂东湖农场机修点工程、鸭儿峡油矿新总站至炼厂输油管线抽换、水电厂矿区储水改造工程、生活公司平房改造维修、炼厂新栈桥轻油回油管线改造、采油厂青西柳 102# 新井投产、炼厂新兴公司糖醛厂消防泵房、炼厂检修工程等 42 项改造、维修工程。

1999 年，开展鸭儿峡大桥修复工程、采油厂桥头转油站改造工程、生活公司供热管网改造工程、炼化总厂南站油库改造工程、炼化总厂南站油库重油及发车系统改造等 21 项工程。

2000 年，完成职工医院外围绿化及院内改造工程、注水厂改造工程、JQ3–7 配水站改造等 23 项工程。

2001 年，完成豆腐台水源防洪工程、鸭儿峡油矿新总站维修工程等施工任务。

2002 年，重点完成炼 –2 线栈桥改造、采油厂 4 号锅炉房改造等工程。

2003 年，完成采油厂注水系统改造工程。

2004 年，完成水电厂循环水一、二期改造，水电厂主厂房拆除等工程。

2005 年，完成单井流程改造 59 口，抽油机安装拆卸 78 台（套）。

2006 年，完成单井流程改造 35 口。更换 5000 立方米罐罐底 2 具、架设线路 2.3 万米、敷设电缆近 1 万米。当年，开始承揽油田新井投产任务，完成新井投产 47 口。

2008 年，完成新老区新井投产 58 口井，完成青西转抽井、恢复井流程改造 11 口。

2010 年，完成新老区新井投产 53 口井，完成近 7 万平方米的矿区道路改造工程、老君庙作业区防洪工程、机械厂新厂房辅助设施施工以及炼化总厂工艺管线检修等任务。

2011 年，完成新井投产 59 口，实施炼化装置检维修作业 8708 项。实施完成水电厂—三台换热站供热管线改造、玉门倒班基地改造等改造工程施工任务。

2012 年，完成新井投产 74 口、炼化装置检维修 910 项，实施应急排障 39 井 / 次。

2013 年，新井投产完成 113 口，为炼化总厂检修换热器 339 台、空冷器 23 台、更换各类闸阀 505 只、盲板制作安装 2248 块、阀门试压 5133 只。

2014 年，完成新井投产 87 口、炼化装置检修维护 1198 项，应急配合 55 次。

2015 年，完成新井投产 69 口、炼化装置检修维护 1335 项，应急维修服务 200 次。重点完成老君庙采油厂联合站配套完善改造工程、鸭儿峡采油厂联合站系统改造工程、青西采油厂 4 个计量站的流程改造工程、老君庙采油厂清水管网改造工程以及各采油厂钻后钻井液池处理工程项目的施工任务。

2016 年，完成新井投产 40 口、炼化总厂检修维护作业 1043 项。完成怡静园 2 号锅炉房供暖管线抢修、鸭儿峡接转站等一系列应急抢险任务。

2017 年，先后完成老君庙油田集输系统优化调整改造、炼化总厂储罐区安全隐患治理项目（一期）原油罐区 4 具 20000 立方米罐改造、（二期）酮苯罐区 7 具 5000 立方米储罐消防系统改造、汽油罐区 12 具储罐消防系统改造以及炼化总厂环境事故应急系统 2 座消防应急池、2 座泵房和 8 个装置区防火堤、地坪及排污系统改造等油田内部改造施工任务。

二、钻前工程

2000 年 3 月，建筑安装工程处成立钻前工程施工大队，开始介入油田钻前工程施工。先后承揽青西、酒东油田钻前工程施工任务。

2004 年，承揽青西隆 15 井、柳 9 井及花海墩 1 井等 5 口井的钻前工程。

2005 年，完成长 3 井等钻前施工任务 21 口。

2006 年，完成青 2–41 井、2–47、柳 10 井等钻前工程 58 井次。

2007 年，全年共完成 34 项钻前任务，价值工作量 1184.78 万元，实现产值 3107.41 万元。

2008 年，完成钻前工程 129 口（其中新区探井、开发井井场 27 口，老区二次开发井井场 49 口，老区大修井井场 53 口）。

2009 年，完成酒东长 302 井、鸭 948 井、青西青 2–62 井等 16 口重点井的钻前施工任务。

2011 年，完成钻前工程 88 口。

2012 年，完成外探区雅布赖探 9H 井以及 4 个采油厂钻前工程 83 口，施工内容包括井场道路、井场土方平整、污水池深砂池开挖等。其中，大钻前工程 35 口，土方工作量 52.5 万立方米；小钻前工程 48 口，土方工作量 28.8 万立方米。

2013 年，完成外探区雅布赖雅探 10 井及 4 个采油厂钻前工程 94 口。其中，大钻前工程 42 口，土方工作量 63 万立方米；小钻前工程 52 口，土方工作量 31.2 万立方米。

2014 年，完成雅布赖雅探 603H 井和 4 个采油厂钻前工程共计 85 口。其中，大钻前工程 42 口，土方工作量 63.3 万立方米；小钻前工程 43 口，土方工作量 25.8 万立方米。

2015 年，钻前工程主要在酒泉盆地，全年完成钻前工程 72 口。其中，大钻前工程 41 口，土方工作量 61.5 万立方米；小钻前工程 31 口，土方工作量 18.6 万立方米。

2016 年，全年完成钻前工程 44 口。其中，大钻前工程 25 口，土方工作量 25 万立方米；小钻前工程 19 口，土方工作量 16.27 万立方米。

2017 年，完成酒泉盆地钻前工程 73 口，雅布赖磨山 1 井、乌 1 井钻前工程 2 口。其中，大钻前工程 34 口，土方工作量 39.5 万立方米；小钻前工程 41 口，土方工作量 20.2 万立方米。

三、油田地面工程建设

1996 年，完成井口火烧罐制作、输油管线改造等油田地面建设施工任务。

1998 年，承担完成采油厂输油管线改造、桥头转油站改造等工程。

2002 年，承揽青西联合站至炼化总厂油库油气烃长输管线工程、青西油田生产服务中心建设等油田建设工程施工项目。重点完成青西地面建设骨架一体化工程中中标的油、气、烃外输管线工程。

2005 年，建筑安装工程处承揽鸭儿峡 Nl 号注水场改造工程以及化学制剂车间改装和 M 油藏可冻凝胶配注站 2 项大型新建工程。在鸭儿峡 Nl 号注水场改造工程施工中，面对施工现场地处山区，山大沟深、道路不畅、作业环境恶劣，车辆和施工机具难以直接到达施工现场的施工难题，参战职工硬是靠人拉肩扛，安装 350 型井口 33 井次，管线防腐保温和焊接质量一次合格率达 100%，试压吹扫投产一次成功。

2005 年 4 月，建筑安装工程处承建的西气东输甘肃段水土保持及生态恢复工程开工建设，该工程是建筑安装工程处第一次承揽的大型环保生态工程，价值工作量达 2700 万元。项目部通过不断强化质量意识和责任意识，在每一个区段和每一个关键节点，安排技术人员进行现场全过程监督。经过四个多月的紧张施工，顺利竣工。在甘肃、新疆两个省区施工的所有标段中，经过业主、监理和 EPC 的严格评价，第一家通过国家环保总局验收，在同行业树立玉门油建全新的形象。

2007 年，完成夹片注水系统改造施工任务。

2008 年，先后承揽青西油田先导性注水试验工程、老区投改注工程等施工任务。完成老君庙油田、鸭儿峡油田投改注 21 口井 80% 的工作量。

2009 年，重点完成老君庙集输和注水系统改造工程、青西先导性注水试验工程、酒东简易原油储输设施工程等地面建设工程。承担的老君庙集输系统改造工程施工，站外采用常温集输一级布站模式，安装钢管及玻璃钢管支线 61.8 千米，电伴热柔性复合管 6.8 千米，新建增压站 2 座，安装设备 21 台（套），单井计量装置 516 套。承揽的老君庙注水系统改造工程，新建泵房、阀组间和变压器室各 1 座，安装注水泵等设备 27 台（套），安装 1 号管线 17.4 千米，2 号主干线 0.9 千米。青西先导性注水试验工程，是青西油田地层能量补充的关键项目。新建单井注水站 2 座，青五联合注水站 1 座，安装高压注水泵和输水泵各 4 台，体积不同的利旧油罐 2 具，安装利旧输水管线和各种规格玻璃钢管 14.32 千米，完成 5 口改注井的高压注水井口、管线安装以及站内土建、电器仪表等配套工程，确保了当年隆 8 区块和隆 102 井的试注施工。

2010 年，重点完成酒东简易原油储输设施和污水处理及回注工程、老君庙注水系统改造、老君庙集输流程调整改造等施工任务。

2012 年 9 月，酒东联合站建设工程开工，建筑安装工程处先后安装设备 102 台（套）、各类工艺管线约 10 千米、阀门 691 个，安装压力、温度、物位、流量仪表共计 200 块，控制阀门及其他电器元件 142 台，敷设电缆约 44 千米，建设中控室等建筑物 6 座，面积 2987 平方米。完成青西油田扩大注水工程、鸭儿峡油田超高压注水工程、青西油田柳沟庄流程改造完善项目、酒东注水项目、鸭儿峡采油污水治理等工程建设。

2013年7月，老君庙集输及污水处理优化工程开工。通过一年时间的施工，完成新建污水处理装置罐区部分、站内氮气管网及站外放空总管、钻井液池部分、污水处理装置泵房及6号罐部分、原油除砂沉降罐（T–101）部分和脱水区部分的工艺安装、防腐保温、电气仪表、设备安装及土建施工，进行部分老旧设备和相关工艺管线的拆除。鸭儿峡作业区鸭西区块地面产能集输系统建设工程开工建设，该工程建设规模为油气集输能力20万吨，油气外输能力20万吨。先后完成74口油井集输管网、1座接转站，及其供配电、道路、自控、通信、给排水和消防等辅助设施的建设。

2014年3月，青西油田污泥污水应急处理厂建设项目开工，先后完成回注玻璃钢污水管线，青2–8井、青2–10井、青–29井等3口井井场工艺管线安装和注水井口装置、4座阀门池砌筑和安装；6具100立方米污水罐制作安装、3台橇装式注水泵安装，1台外输泵和2台回收泵安装；新建5000立方米应急干化池1座，原有污油池改造及配套工艺管线安装；3口井井场和站内电气安装；新建围墙和毛石护坡砂石路面和场地硬化以及配套的土建工程等，当年年底完工。4月，石油沟油砂矿开发试验工程开工。该项目位于石油沟矿区，占用场地15公顷，设计生产规模为20万吨/年油砂水洗分离装置，年产1.5万吨重油，主要装置有油砂预处理、油砂反应分离系统、砂剂分离反应系统、油剂分离系统、泥剂分离过滤系统。厂区的西侧由北向南依次为：锅炉房、配电室、生产装置，东侧由北向南有：事故池、罐区、办公室、控制室及消防水罐水泵房，在生产装置的西侧由北向南依次有砂堆场、泥堆场及原料堆场。该项目于10月底完工。5月，石油沟油田注水系统改造工程开工，在不到3个月的工期内，先后建设完成702井、673井等54口单井的注水地面流程安装、4条注水管线（DN80 PN20兆帕共815米、DN65 PN20兆帕共3010米、DN50 PN20兆帕共2940米、DN40 PN20兆帕共8858米）的工艺流程安装、24个阀门池制作安装、管沟开挖及配套土建工程建设任务。8月，实施老君庙石油河、甘油泉环境污染隐患治理项目，先后完成59个污油池新建工作。9月，参与石油沟油田油砂开采土石方剥离工程，剥离岩石量1174.52立方米，基建剥离量40.6立方米，可采矿量707.3立方米，每月剥离量4.51万立方米，油砂矿量1.55万立方米。

2015年7月，老君庙油田4号、7号转油站及污水厂管线完善项目开工，先后完成4号注水场至联合站污水管线安装，7号转油站至中转站输油管线安装，4号转油站至联合站输油管线安装，低压配电和仪表安装、接地安装，配套的土建工程等，当年10月底完工。

2017年，重点完成老君庙油田集输系统优化调整改造、青西油田投改注等地面工程建设。

四、炼油化工工程建设

1997年5月，建筑安装工程处承建的炼化总厂南站油库成品油装车系统改造工程开工，该工程主要分栈桥、工艺管线、设备、电气、仪表、消防管线及配套的土建项目七个单元工程，至1998年7月工程完工。建筑安装工程处先后完成长576米，横跨距2.8米，纵跨距6.0米，拼装平台底标高3.5米的装车栈桥；全长4000米的工艺管线及全长3680米、86个消防栓的消防管线的施工任务；完成管道增压泵5台，流量计8台，200立方米汽油罐、100立方米溶剂油罐各1具，立式罐2具，节能型AY回油泵4台，卧式分离器1具，以及配套的电气仪表等设备的安装任务；建设完成回油泵房，1号计量间及其他附属土建设施，开挖管沟长度约3400米，土方工作量12000立方米。建筑安装工程处还承接炼化总厂4具5000立方米罐的制作任务。建筑安装工程处采取内引外联的办法，统筹协调施工中的各个环节，通过开展“辛苦我一个，目的保工程”的劳动热潮，创造了45天罐主体率先完工的好成绩。

1998年4月，液态烃汽车发槽及灌装工程开工建设。该工程占地12768平方米，先后建设完成灌装间、仪表间、泵房、压缩机房、门卫及销售室等，建筑面积1567.89平方米，地坪面积8777.26平方米，以及道路、通风设施、围墙、挡土墙、排洪沟、管支墩、采暖通风、给排水等配套工程。安装工艺管线、消防管线总长8611米，各类设备以及配套电气仪表80余台（套）。

1999年7月，炼化总厂300万吨/年配套污水改扩建工程开工建设，该工程为1999年省重点治污项目。先后建设完成含泵房、操作间、投放间以及变压器室等房屋建筑，总建筑面积346.4平方米；采用防渗钢筋混凝土结构，建设含油污水及含碱污水格栅调节水池2座4间，占地面积3313.32平方米，水池容积13253.28立方米，钢筋用量170吨；完成装置周围挡土墙208米，各类基础36个，钢筋混凝土管沟419米等附属工程；完成塔罐设备10具、机泵设备38台（套）、各类仪表22台（套）、各类工艺管线19805.9米的安装施工。2000 年 9 月，该工程竣工，单机试运转、联合试运转一次成功，工程建成后炼厂污水处理达到国家排放标准。

2004 年 7 月，炼化总厂 60 万吨 / 年酸性水汽提及 2500 吨 / 年硫黄回收装置工程开工，该工程当年投资 4767.41 万元，项目共分为 14 个单元，其中酸性水汽提单元设计规模为 45 万吨 / 年，硫黄回收单元设计规模为 2500 吨 / 年，干气脱硫设计规模为 10 吨 / 年。工程开工后，建筑安装工程处先后完成硫黄成型机房、控制室、配电室，以及回收塔基础、汽提塔基础、急冷塔基础、洗涤塔基础，消防道路、场区道路等土建工程；安装容器 34 具，各类冷换设备 28 台（套），分离设备 4 台，机泵 25 台，反应器 2 台，燃烧炉 2 台，空冷器 2 台，空气压缩机 1 台，各类仪表设备 295 台（套），各类灯具 238 台（套）；建造完成总储量为 4620 立方米的立式储罐 7 台。

2012 年，建筑安装工程处先后完成炼化总厂航空煤油固体颗粒超标整改项目、催化装置分馏塔循环回流脱水隐患改造工程、常减压装置三项瓦斯回收改造工程、瓦斯管网残液回收改造工程等建设项目。

2015 年 4 月，炼化总厂储罐区安全隐患治理项目动工，该项目主要分南站库区、原油罐区、液态烃罐区三部分，10 月完工。

2016 年，管道运维服务公司（建筑安装工程处）承担炼化总厂安全隐患治理项目。作为当年的重点施工项目，专题研究、专项部署，及时成立工程项目经理部，主要领导亲自协调，主管领导全面负责，机关部门及相关单位共同参与，从项目前期论证、技术方案编制、过程管控等方面入手，加强施工组织管理，优化生产结构，强化资源调配，实行以目标管理为核心，以单项工程考核为手段的施工组织模式，向施工管理要效益，有力确保了工程建设项目稳步推进。在项目建设过程中，面对作业面狭小、交叉施工作业多、施工场地交付滞后等因素，及时调整施工资源，加强工厂化预制工作，充分发挥参建队伍专业技术优势，在人员设备相对紧张的情况下，细化作业单元，优化人员配备，集中力量对重点设备、工艺安装进行攻坚啃硬，使原油罐区工艺管线阀组工艺预制深度达到 70%，提高了场地交付后作业时效。优质高效完成炼化储罐隐患治理改造项目（一期）8 万立方米原油罐区、液态烃定量装车系统、火炬系统外围工程；4 具 5000 立方米罐区隐患改造项目（二期）、炼化拔头油铁路装车改造项目、铁路航空煤油洗槽改造项目等建设任务。

2017 年，先后完成炼化总厂储罐区安全隐患治理项目（一期）原油罐区 4 具 20000 立方米罐改造、（二期）酮苯罐区 7 具 5000 立方米储罐消防系统改造、汽油罐区 12 具储罐消防系统改造，以及炼化总厂环境事故应急系统 2 座消防应急池、2 座泵房和 8 个装置区防火堤、地坪及排污系统改造任务。制作完成 2 具 5000 立方米、2 具 10000 立方米储罐的建设任务，实现了管道运维服务公司（建筑安装工程处）独立承担大型储罐制作的突破。

五、管道工程

2002 年 4 月，建筑安装工程处首次长输管线施工——青西油田勘探开发一体化地面建设骨架工程——油气外输管线开工建设。该工程位于甘肃省玉门市境内酒西盆地，在新建青西拉油道路北侧，外输管线所经路线的地表均为丘陵戈壁，地面平均海拔 2100 米左右，管线呈两头高，中间低走势。起点是青西联合站，平行于新建的青西拉油道路，跨越石油河至炼化总厂南站油库和液态烃站。除跨越段外，管线基本采用管沟直埋敷设。除天然气管道采用 PE 防腐层外，其余两趟管线的防腐保温首次采用聚氨酯“一次成型”防腐保温工艺，由建筑安装工程处防腐保温厂加工生产。工程于当年 10 月中旬竣工。此后，建筑安装工程处管道施工任务主要集中在西部管道工程建设中。

2005 年 4 月，由建筑安装工程处承建的西部原油成品油管道玉门支线工程开工建设。甘肃省玉门原油成品油支线工程（YMZC−E012）属于西部原油成品油管道工程第十六标段，位于甘肃省玉门市境内。其分部工程主要包括线路工程、312 国道穿越、兰新复线铁路穿越、管道分段试压、线路阴极保护、管道附属工程及水工保护，其中线路工程全长 15.263 千米（穿越铁路 1 处、公路 2 处、光缆 4 处、干渠 1 处、管线 2 处），北起清泉镇玉门分输站，穿过 312 国道和兰新复线铁路后到达玉门市玉门计量站。工程开工之后，针对西部管道玉门支线成品油管线为两趟管线同沟敷设的情况，建筑安装工程处采用两趟管线沟上组焊施工组织方法，自打火开焊以来，6 天内顺利通过“百口磨合”，经 UT、RT 检测，合格率达 100%，并获 EPC“西部管道质量特别奖”。2007 年 7 月底，该工程顺利竣工验交。

2008 年 3 月，建筑安装工程处承建兰郑长管道配套宝鸡油库改造工程。该工程合同造价 630 万元，工作量包括2座5000立方米油罐及基础、防火堤和140米消防道路的拆除、垃圾外运，新建消防道路，铁路栈桥到罐区6条管线移位，新增计量区至罐区3条管线安装及自控、仪表等配套设施。改造工程在油库运营的前提下进行，为了确保油库的运行安全和施工顺利进行，项目部认真落实各种票证的办理，坚持安全监管到位和安全管理制度的全面落实，有效地解决油库工程施工和生产运行之间的矛盾，做到施工和运行互不干扰。通过全体项目人员的共同努力，宝鸡油库工艺管线安装于2009年3月30日按期完成，具备承接管道油品的条件，6月初，全部工程完工并交付使用。

2008年10月，建筑安装工程处承建西部管道—永登成品油支线工程。该工程起点为西部成品油管道46号阀室，终点为永登成品油计量站，输送的油品为西部管道输送的0号柴油、90号汽油、93号汽油等成品油，输送方式为密闭顺序输送，2009年6月底竣工。

六、公路工程

2001年6月，由建筑安装工程处承建的青西拉油专用道路工程开工建设。该工程全长28.76千米，其中沥青路面23.32千米，水泥混凝土路面5.44千米，路宽7米，鸭支线3千米大桥1座，小桥6座，涵洞38处。路面结构均采用水泥稳定层——5+2沥青混凝土路面。该工程是建筑安装工程处第一个公路总承包工程，之后，建筑安装工程处的公路工程施工主要以外部市场为主。

2001年7月，建筑安装工程处第一个外部市场独立施工的公路路基工程——甘南王达公路（王格尔塘—达久滩）开工建设。该工程包括路基工程12千米，路宽9米，涵洞13座。路基采用分层填筑，分层碾压，于2002年8月竣工。

2003年6月，建筑安装工程处承揽的省道嘉峪关—玉门三级公路改建工程开工，该工程全长51千米，路宽8米，起点位于白杨河水管所门口，至赤金连接312国道，路基路面施工，部分小桥加固，新建板涵1座，工程于2004年8月底竣工。7月，建筑安装工程处承建的西气东输管道工程甘肃段伴行路工程开工建设，该工程全长110千米，路宽7米，路基结构为底基层—基层—面层（砂砾磨耗层），建设管涵71处。建筑安装工程处在工程施工中采用“砾砂固土”方案，有效缩短了施工工期，节约了成本。该工程于2004年11月建成投运。

2004年，建筑安装工程处成功中标清嘉高速公路土建工程。该工程是建筑安装工程处第一个外部市场独立施工的高速公路路基工程，也是建筑安装工程处第一次独立完成大跨径桥梁的主体施工。工程于当年5月1日开工建设，在6个月的施工工期内，建筑安装工程处通过应用土工布进行软基处理技术，采用分层填筑、分层碾压方法，完成长5千米、路宽26米的路基工程，建设下部结构为墩台式、上部结构为预应力张拉梁桥式大桥5座，板涵7座。

2005年3月，建筑安装工程处承揽的西部原油成品油管道拌行路施工建设任务开工，该伴行路全长80千米，路宽8米，路面结构为泥结碎石路面，其中涵洞131座、过水路面18处。该工程是建筑安装工程处第一次独立完成桩—柱式桥梁的施工，2006年7月底竣工投运。

2006年8月，建筑安装工程处承建的G312国道玉门油田酒泉基地过境段改建工程开工，在完成清除垃圾、基槽开挖后，建筑安装工程处创新工作措施，采取路基工程、水泥稳定层工程、油面工程，以及道牙和非机动车道同时、多点进行施工的方法，抢工期、保进度。先后投入大型机械施工设备40余台（套），人员200多人，仅用不到4个月时间，就顺利完成路面长1.954千米、宽42米、机动车道16米、分隔带3米、非机动车道5米、人行道5米的施工建设任务，方便了油田生活基地及周边群众的出行。

七、公用设施及民用建筑

2002年，围绕酒泉基地建设，建筑安装工程处提前在酒泉立项建设酒泉预制构件厂。当年完成规划设计、建厂、生产三个过程，10月底项目建成，至11月份，具备年生产混凝土空心板2万立方米的生产能力，并能够批量生产合格的道路砖、屋面瓦等产品。产品质量经酒泉地区质监站检测，抗折强度达到合格，为占领酒泉生活基地建设混凝土预制构件市场打下了基础。

2003年，中标酒泉基地系统工程和16栋总建筑面积达8000平方米的住宅楼工程。

2004年，建筑安装工程处承揽酒泉基地紫荆园13幢住宅楼修建工程。

2006年，承揽百合园8栋住宅楼、主系统及围墙、道路等工程施工任务。按照当年开工、当年完工、当年入住的“三当年”目标，建筑安装工程处精心组织。至年底，承建的住宅楼、主系统、道路、围墙以及退管中心活动室、教学楼等工程全部完工，还完成承瑞园换热站基础和管沟开挖、热网管线安装完成等工程。预制构件厂为承瑞园提前储备了90%的预制构件，为续建工程按期开工提供了保证。

2012年9月，按照公司统一安排，建筑安装工程处对酒泉基地生活及绿化用水管网进行了改造，先后改造敷设DN400钢骨架塑料复合管供水管线2条，分别长1950米和480米；修建龙源系统进口分水包阀门池1座，欣露园DN400阀门池1座，芳沁园增压泵房1座，百合园内DN300阀门池1座；进行龙源系统百合园总进口、酒泉供电系统百合园总进口、芳沁园绿化总进口、龙源系统怡静园总进口改造；通过在紫荆园、茗翠园、芳沁园、怡静园等园区新建水表井，对园区绿化管网改造。该工程于2013年10月底完工。

2013年10月，管道运维服务公司（建筑安装工程处）承揽酒泉基地欣露园外围配套工程。该工程主要包括热网系统、水系统、围墙及道路、门岗房及大门、室外消防报警系统、天然气管道工程及弃砂石、建筑垃圾清理及外运。该工程于2014年5月30日完工。

第四节　主要设备

1996年8月，建筑安装工程处成立之初，施工设备非常匮乏，全处共拥有起吊和推挖设备5台，运输和翻斗车设备16台，焊接设备17台，动力设备1台，机加工设备9台，办公和通信设备12台，测量、检测、检验、试验设备8台，土建、防腐、预制、安装设备2台，其他设备5台。

1997—1999年，建筑安装工程处逐步新增和更新了起吊、推挖设备3台，筑路设备5台，运输、翻斗机动设备14台，焊接设备19台，设备状况有了一定程度的改善。

2000—2005年，管理局为了支持建筑安装工程处提升工程施工能力，先后投资购置筑路设备20台，起吊、推挖设备21台，运输、翻斗机动设备26台，有效改善了设备状况。

2005年8月，油田分公司工程技术服务中心抢险队划归建筑安装工程处，抢险队所属的6台起吊设备、19台推挖设备、3台装载机、21辆运输设备及22台焊接设备，全部划归建筑安装工程处。

2006—2014年，陆续投资购置更新起吊、推挖设备19台，筑路设备1台，运输、翻斗机动设备31台，焊接设备57台，其他设备70台，机加工设备5台，办公、通信设备122台；测量、检测、检验、试验设备91台；土建、防腐、预制、安装设备30台。

至2017年，管道运维服务公司（建筑安装工程处）拥有各类在册设备618台（套），总功率34983.45千瓦，新度系数0.12。其中，搬运机械47台（套）、运输车辆85台（套）、工程机械92台（套）、焊接切割设备184台（套）、检测试验设备77台（套）、其他设备133台（套）。

第四章 机械制造

机械厂是玉门油田承担石油机械产品加工制造任务的专业生产单位，始建于1939年，是随着玉门油田的诞生而成立的中国石油行业最早的石油机械加工制造厂之一。1986年，年机械制造总量7729.2吨，生产的抽油杆、抽油泵2个系列11种产品保持了省、部级优质产品称号，生产的三型抽油机被评为甘肃省优质产品。1986年，“玉石”牌抽油杆产品在国内最早取得美国石油学会API会标使用许可证；1988年，“玉石”牌抽油泵产品在国内最早取得美国石油学会API会标使用许可证；1988年，机械厂取得压力容器D1、D2级国家产品设计许可证和制造许可证。1997年，通过挪威船级社（DNV）审核，获得ISO9001质量管理体系认证证书。2002年，“玉石”牌抽油机取得美国石油学会API会标使用许可证。是中国石油天然气股份有限公司定点的“三抽”石油产品及配件制造厂和“三抽”设备网络成员单位、中国石油技术开发公司“三抽”产品出口合作单位，是中国《抽油杆》《抽油杆及其接箍》《抽油杆吊钩》《抽油杆吊卡》《组合抽油泵》行业标准和《抽油泵及其组件》国家标准的主要修订、起草单位。至2017年，拥有“玉石”牌抽油杆、抽油泵、抽油机、压力容器、井下工具、电器柜、轻钢结构件和野营房等8大类近百种产品。

第一节 机构与队伍

1987年，机械厂机关设生产科、计划科、财务科、安全科、机动科、厂办公室、劳资科、教育科、技术科、企业管理办公室、党委办公室、组织科、宣传科、纪委、工会、团委，基层设抽油杆锻造车间、抽油杆冷加工车间、抽油杆热处理车间、抽油泵车间、抽油机车间、铸造车间、精铸车间、铆锻车间、机钳车间、工维车间、热处理车间、动力车间、检验科、器材科、生活科、工程科、产品研究所、汽车队等单位，共有职工1923人、劳保编外158人、合同工30人，总计2111人。

1999年7月，玉门油田重组改制，机械厂隶属存续企业管理，厂机关设党委办公室、组干科、教育科、纪委、工会、团委、厂办公室、生产部、计划科、审计科、财务科、人事科、总工程师办公室、技术科、质量管理科、鉴定站、保卫科等部门，基层设抽油杆分厂、抽油泵分厂、精密铸造厂、容器车间、工维车间、热处理车间、抽油机车间、动力车间、汽车队、检验科、器材科、管理科、研究所、经营部、通达实业开发公司、镁合金厂、报废设备废旧金属回收再生公司、吐哈“三抽”设备服务中心等单位。至2000年年底，先后有765名职工自愿有偿解除了劳动合同，职工人数减少为436人。

2005年7月，玉门油田重组整合，机械厂为油田分公司（局）下属单位。当时，厂机关设厂办公室、人力资源科、财务科、质量安全环保科、综合办公室等部门，基层设抽油杆锻造车间、抽油杆热处理车间、抽油杆冷加工车间、抽油泵车间、抽油机车间、容器车间、冲压车间、窗户车间、轻钢车间、钻采配件厂、哈萨克斯坦项目部、“三抽”服务中心、经营部、开发部、后勤服务部、汽车队、器材科、质检科等单位，共有职工648人。

2016年4月，按照国务院国资委、集团公司“僵尸企业”处置及特困企业专项治理工作要求和“连续三年亏损或利润总额为0、连续三年资产负债率大于85%（含）、连续三年经营活动先进流量净额为负”的摸底筛查标准，机械厂被集团公司纳入特困企业治理范围，开始了为期三年的特困企业专项治理工作。

2017年，按照特困企业治理政策，机械厂优化用人机制。5—11月，实施富余人员分流措施，玉门油田内安置员工225人。11月，经油田分公司批复，针对机构臃肿、管理层级多等制约因素，全面开展以定责、定编、定岗、定员、定岗位规范为内容的“五定”工作，将队站科室由22个压缩整合为15个、班组由90个压缩为26个、岗位由194个压缩为108个。调整后，全厂机关设办公室（党委办公室）、组织人事科、质量安全环保科、计划财务科、生产科、技术科，基层设抽油杆车间、抽油泵车间、抽油机与容器车间、工具加工车间、塑料加工服务车间、销售服务中心、吐哈“三抽”设备服务中心、物资检验站、综合事务部。至年底，全厂共有员工414人，其中合同化员工277人，市场化用工137人。

第二节　产品研发

作为石油机械设备尤其是“三抽”产品的专业生产制造企业，机械厂重视新产品的研究和开发工作，1987—2017年，先后成立产品研究所、抽油杆攻关队、抽油泵引进队、产品开发部、技术部、技术科等，专门负责“三抽”产品及其他产品的研发工作。

一、抽油杆

1987年，针对抽油杆腐蚀严重的状况，通过采用镍钼钢材料，试制KD级抽油杆，经过两年的攻关，试制完后首先在四川盐务局的双流、自贡盐场下井10口，在含硫化氢300毫克/升，氯化钠257克/升严重腐蚀介质的卤水中，使用400天，无一断脱。1991年，KD级抽油杆和抽油杆锻造成型新工艺通过了总公司鉴定，KD级抽油杆产品被授予石油装备科技进步二等奖。

1992年1月，机械厂和西安交通大学强度研究所共同研究的“抽油杆断裂力学分析”通过总公司科技发展局的鉴定。该项目研究首次系统地将断裂力学理论用于D级杆的缺陷评定、寿命预测，并将符合力学应用要求的抽油杆新材料用于D级杆的生产，提高了D级杆的寿命，填补了国内空白。

20世纪90年代中后期，针对油田开发中下泵深度的不断增加，机械厂开始超高强度抽油杆产品的研究和探索。1994年，进行空冷贝氏体抽油杆的试验和超高强度抽油光杆的试制。1997年，研制生产出长度达到9.5米、材质为35CrMo的高强度加长光杆，后经矿场使用，为提高材料的工艺稳定性和矿场适用性，将材质改为30CrMo。当年，准贝氏体钢在D级抽油杆生产中的应用试验成功。超高强度H级抽油杆的研制也得到了突破性进展，材料为35CrMo，经矿场使用，为提高材料的工艺稳定性和矿场适用性，后改为30CrMo，抗拉强度达到965～1195兆帕，屈服强度不小于795兆帕，具备批量生产能力。同年，研制开发了一次成型式抽油杆限位扶正刮蜡装置。

2001年，针对油井热洗、清蜡等工艺技术的进步，适时研制焊接式空心抽油杆和焊接式空心光杆。2002年，采用42CrMo材料，研制和开发NORRIS抽油杆。2003年，为解决油井腐蚀严重的问题，研制开发镀铬光杆；为适应超深井采油需要，研制开发HL级超高强度材料型抽油杆。

2004年，机械厂争取到集团公司“抗扭抽油杆抗扭接头的研制及加工工艺技术研究”项目，开创了玉门油田重组改制后集团公司级科研项目立项零的突破，并争取科研经费150万元。

2005年11月，研制生产出HY工艺型超高强度抽油杆。

2006年12月，机械厂承担的“抗扭抽油杆抗扭接头的研制及加工工艺技术研究”项目通过集团公司科技发展部验收。

2009年，选用中铬合金钢，开始制造KH级超高强度防腐抽油杆，并研制成功了防脱抽油杆。

2010年，试制生产出直径32毫米、直径38毫米的大直径抽油杆。

2012年，研发新材料型防腐抽油杆，等同美国AISI4330材料抽油杆。

2013年，研制生产直径29毫米超长镦粗型光杆，满足了超长采油工艺需求。

2015年，研发生产镦粗型喷焊光杆，解决了光杆腐蚀和过度磨损的问题。

2017年，完成企业标准《KH级抽油杆》的编制。8月，申报的“一种抽油杆用钢及抽油杆的制造方法”获国家发明专利。

二、抽油泵

1988年10月，机械厂抽油泵国外技术引进工程投产，生产的新型整筒抽油泵技术领先、质量可靠，迅速成为机械厂抽油泵系列产品中的主打产品，较好地占领了国内油田市场，深受用户好评。

1990年，面对激烈的“三抽”市场竞争，原有老产品L150衬套泵面临着淘汰的危险，机械厂立即着手L300衬套泵的研制，当年研制成功，并投入批量生产。

1991年，随着进口深孔珩磨头国产化研制攻关工作取得突破，机械厂及时研制出直径95毫米大排量抽油泵、过桥泵、防气泵、环流泵、捞脱泵、双向进油抽稠泵、防腐泵、碳氮共渗泵等新产品。其中，环流泵在当年全国“三抽”订货会上展出，受到用户青睐，仅新疆油田一次订货就达250台。

1996年，针对用户需求，采用焊接加长泵管方法，研制出冲程达8米的长冲程抽油泵。

1997 年，及时捕捉国外抽油泵需求信息，开发研制出口蒙乃尔合金抽油泵。

2000 年，开发研制直径 38 毫米、直径 44 毫米可打捞衬套泵。

2002 年，设计制造直径 28 毫米整筒泵、吐哈专用防气泵、直径 32 毫米、直径 38 毫米双密封杆泵。

2003 年，研制开发防砂、防气杆式泵。

2004 年，开发深抽泵、吐哈底部固定杆式泵和 API RWBC200、RWBC250 两种规格的薄壁抽油泵。

2006 年，先后设计、制造出口俄罗斯 25−106 型抽油泵。针对吐哈油田特殊的油井需求，设计开发直径 32 毫米、直径 38 毫米、直径 44 毫米斜井泵、35−375TH 环空测试防腐抽油泵等符合吐哈油田生产需要的抽油泵新产品，下井试验一次成功。

2011 年，面对国内煤层气勘探开发需求，设计开发煤层气抽采专用抽油泵，该产品在韩城煤层气和临汾煤层气公司试验获得成功。

2013 年，针对煤层气忻州分公司对大排量斜井泵的需要，开发直径 83 毫米、直径 70 毫米管式斜井泵。

2014 年，针对吐哈三塘湖采油区块井斜大含砂油井以及水平含砂井需要，开发直径 38 毫米、直径 44 毫米强启闭携砂管式斜井泵。

2015 年，设计开发直径 38 毫米、直径 44 毫米底部固定深井抽油泵，满足了 3500 米以上深井开采需要。

2016 年，针对大庆油田聚合物驱采油工艺油井结垢问题，开发了直径 57 毫米、直径 44 毫米防垢抽油泵。针对吐哈稠油井高温氮气吞吐工艺油井，开发直径 38 毫米、直径 44 毫米防气抽稠功能型杆式泵。按照油田节能减排要求，开发的直径 70 毫米、直径 57 毫米、直径 44 毫米、直径 38 毫米系列超长冲程抽油泵（≤ 50 米）、长冲程杆式泵（8 米），满足了油田中后期油井供液不足以及低渗透油井开采需要。

2017 年，编制完成 GB/T 18607《往复式整筒抽油泵》国家标准。同钻采工程研究院合作完成有杆注水泵的开发，进行有杆注水矿场试验。

三、抽油机

1994—1998 年，先后开发 CYJY5−2.5−18HB、CYJQ14−6−73HPB、CYJY4−1.8−9HB 抽油机。

2002 年 12 月，与石油大学（北京）签订 CYJY5−3−26HB 抽油机优化设计合同，对抽油机各主要结构件进行建模、有限元分析和优化设计，以降低整机成本。同年，研制 CYJQ16−6−89HPB 抽油机。

2003 年，研制开发前置式 4 型、8 型、异相式 5 型、常规式 8 型抽油机。

2004 年，研制 CYJQ8−3−37HPB 抽油机。

2006 年，针对陕北市场需求，研制开发 CYJQ10−4.2−48HPB 抽油机。

2010 年，研制开发煤层气开采专用抽油机。

2014 年，进一步优化设计 CYJQ10−3−37HPB、CYJQ10−4.2−48HPB 抽油机。

2015 年 6 月，按照集团公司无游梁式抽油机推广应用的要求，与贵州航天林泉有限公司合作开发推广复式永磁电机直线抽油机（型号 WCYJD14−8−40Z），进一步改变机械厂抽油机产品结构。10 月，机械厂采用 50 米以上超长冲程抽油机、复合材料柔性光杆、超长组合泵筒抽油泵，在老君庙油田进行超长冲程采油设备现场试验，达到了采油工作“长冲程、低冲次”的理想运行状态。

2016 年，根据市场需求，将复式永磁电机抽油机产品系列化，与贵州航天林泉有限公司合作开发 WCYJD8−6−25Z、WCYJD10−7−30Z、WCYJD12−7−42Z 抽油机。

2017 年 8 月，中国石油天然气股份有限公司勘探与生产分公司在酒泉厂区召开新型立式抽油机产品技术鉴定会，将复式永磁电机抽油机名称改为电控直驱立式抽油机。当年，机械厂完成《超长冲程采油装置》《超长冲程无游梁式抽油机》企业标准的起草发布。

四、其他产品

20 世纪 80 年代末期，机械厂开始着手 1050 型压裂车的设计研发工作，1990 年总装成功，并通过总公司鉴定。

1994 年，开发设计 RV−02−15A16 立式容积式换热器，ϕ2200、ϕ2000S165 容积式换热器。

1997 年，研制成功 YLQ−1000 型橇装压裂设备，并开发设计了 U 形管式换热器（PN6.4）、BIU700−2.5/25−120−6/25−40 Ⅱ换热器、冷凝器。

1999 年，开发设计捞油车。

2001 年，设计制造 180T 拔管机；开发新型高效油气分离器。

2002 年，随着油田在酒泉建设生活基地，机械厂在酒泉开始筹建轻型钢结构生产线、冲压生产线、窗户生产线。2003 年，先后开发夹芯复合板、铁艺围栏、C 型檩条、防盗门、散热器、塑钢和铝合金门窗、电器柜等产品。

2007 年，开发新型野营房，在塔里木油田获金牌产品，改善油田钻井、井下作业职工野外生活条件。

2008 年，开发设计原油电脱水器。

2011 年，开发设计高效油、气、水三相分离器以及天然气净化罐。

2013 年，开发油田二次开发深部聚合物调剖搅拌装置。

2014 年，开发稳压注水罐。

2015 年，完成重型卡车用液化天然气瓶的研制，克服内胆支撑强度、多层缠绕绝热保温、夹层抽真空等问题，建成年产 1000 只重型卡车用天然气瓶生产线。

2016 年，开发不锈钢折流杆换热器。当年，油田二次开发深部聚合物调剖搅拌装置获得国家实用新型专利。

2017 年，为油田作业公司开发油管举升机，提高了作业自动化程度，降低了工人劳动强度。

第三节　产品生产

1986 年，机械厂经过 48 年的发展，已成为以生产抽油杆、抽油泵、抽油机等拳头产品为主体，其他石油机械配件为辅助的综合性机械加工制造企业。生产的主要产品有抽油杆 2 个型号 7 个规格、抽油泵 2 个型号 26 个规格、抽油机 4 个型号，以及抽油光杆、加重抽油杆、井口密封填料盒、抽油杆钩、油管吊卡、井下工具等石油机械配件等。当年，生产抽油杆 201 万米、抽油泵 4002 台、抽油机 117 台，机械制造总吨位达 7729 吨。

一、“三抽”产品

20 世纪 80 年代末，随着国家经济体制改革的不断深化，石油行业也进入快速发展的轨道，也为机械厂的抽油杆、抽油泵及抽油机等“三抽”产品的生产带来新的发展机遇。但是，生产设备陈旧、工艺技术落后与进一步扩大“三抽”产品的生产规模、提高产品品质的矛盾日益突出，已严重制约“三抽”产品的生产。为此，在石油工业部的支持下，机械厂于 1985 年达成从美国引进成套整筒抽油泵生产线的协议，开始实施国外技术引进工程，并于 1986 年对抽油杆生产线进行一期改造，为机械厂扩大“三抽”产品生产规模、实现产品升级换代奠定了基础。

1987 年，机械厂充分利用抽油杆一期改造工程形成的新的产能，以稳定国内市场和寻求出口突破为立足点，在原材料供应困难、国内市场竞争激烈的情况下，强化管理、深挖潜力，不断提高抽油杆制造质量和优质品率，全年加工制造抽油杆 208.87 万米，同比增产 7.87 万米。抽油泵车间在国外技术引进工程还未完工之际，利用原有生产线，合理组织生产，广泛开展“双增双节”活动，推广应用内控镀铬喷焊、刷镀、数控等 5 项新工艺、新技术，保证了生产的顺利进行，全年加工制造抽油泵 4200 台。在国外技术引进工程施工中，相关工程技术人员和工人边安装调试、边消化吸收，确保了工程进度，并于当年年底开始 120 台 API 样品泵的生产。当年，生产制造抽油机 102 台。

1988 年，机械厂瞄准国际、国内先进水平，以进入甘肃省一级企业为目标，全面推行承包经营责任制，广泛开展“抓管理、上等级”活动，不断完善企业的经营机制，调动全厂职工的生产积极性。在抽油泵国外技术引进工程中，一手抓工程进度、一手抓试生产，生产的新型整筒泵达到 API 标准。6 月，顺利通过美国专家鉴定，获美国石油学会颁发的 API 证书，美国石油学会正式授权机械厂深井抽油泵及其配件制造使用 API 会标。10 月，抽油泵国外技术引进工程竣工投产，开始批量生产，产品通过总公司鉴定，至年底，生产新型整筒抽油泵 838 台，有效改善了机械厂的产品结构，抽油泵制造技术达到了国际先进水平，为 1989 年形成产能奠定了基础。当年，完成抽油杆生产 239.3 万米、抽油泵生产 5153 台、抽油机生产 121 台，抽油杆、抽油泵产量创历史最好纪录。

1989 年，面对原材料涨价、供应紧张，部分军工和地方企业加入石油机械制造行业，石油机械产品竞争日趋激烈的不利因素，机械厂以提高经济效益为中心，以承包经营为动力，以质量求生存，进一步充实和完善“三抽”产品的质量保证体系，大力开展“新型产品创双优，质量管理上水平”“双增双节”“多增产、补损失、做贡献”等活动，“三抽”产品生产稳定增长，全年加工制造抽油杆 255.4 万米、抽油泵 7091 台、抽油机 132 台。

进入 20 世纪 90 年代，石油机械产品的竞争更加激烈，油田内部水、电供应不足，原材料涨价、运输困难，严重制约着机械厂的生产工作。为此，机械厂以保老用户、保油田内部为重点，紧紧抓住吐哈石油会战的有利时机，一方面强化生产组织和管理，不断完善生产经营承包责任制，调动广大职工的生产积极性；另一方面强化质量管理，调整产品结构，满足用户需求，确保了“三抽”产品生产的稳步发展。1990 年，抽油杆、衬套泵等产品，顺利通过甘肃省、总公司优质产品复查，继续保持优质产品称号，全年生产制造抽油杆 264.98 万米、整筒泵 3516 台、衬套泵 3912 台、抽油机 114 台。

1991 年，以提高“三抽”产品的产能和质量为重点，大力开展技术改造和技术革新，先后委托华东工学院设计制造抽油杆新型锻模；引进阿塞拜疆淬火设备，对抽油杆热处理生产线进行技术改造；新建密闭装配试泵工房，有效提升了抽油杆、抽油泵的生产质量。当年，生产制造抽油杆 280.01 万米、抽油泵 6352 台、抽油机 129 台。

1992 年，按照总公司深化改革，转换企业经营机制的要求，管理局将机械厂全面推向市场，实行自主经营、自负盈亏的经营机制。机械厂及时制定《内部改革纲要》和与之相适应的十六项配套管理办法，先后成立杆、泵两个分厂，并对其余单位划分经济性质，使全厂从机构设置、经营方式等方面，进一步理顺了单位之间的经济关系，调动了广大职工的工作热情。至此，机械厂在生产经营上，把利润指标作为考核的硬指标，有效改变过去就项目抓项目，就生产抓生产的传统经营方式；在生产管理上，由行政指令的方式向合同项目管理转变，进一步严肃生产的计划性和产品的灵活性。“三抽”产品的生产单位，开始在增加效益、提高市场占有率上下功夫，在激烈的市场竞争中，一方面扩大经销队伍，加强售后服务，另一方面加紧生产适销对路的新产品，全年生产制造抽油杆 300.4 万米、抽油泵 5276 台、抽油机 82 台。

1993 年，全国钢材价格大涨，给机械厂生产经营带来严重困难，加之机械制造行业竞争日趋激烈，造成机械厂“三抽”产品在东部油田市场订货严重不足，个别生产车间陷入停产停工状态。当年，仅生产制造抽油杆 143.2 万米、抽油泵 5199 台、抽油机 59 台。

1994 年，面对“三抽”产品市场疲软的严峻形势，机械厂及时转变经营思想，增强市场观念，牢固树立“用户第一”的思想，坚持以过硬的质量、优质的服务、低廉的价格、良好的信誉开拓市场，占领市场。凭借机械厂良好的信誉和过硬的产品质量，逐步恢复和巩固国内油田市场，进一步开拓国际市场，有效恢复了“三抽”产品的生产。当年，生产制造抽油杆 265.94 万米、抽油泵 6397 台、抽油机 102 台，为机械厂实现工业总产值和销售总额“双上亿”（工业总产值完成 1.0193 亿元，销售总额完成 1.0017 亿元）做出了积极贡献。

1995 年，围绕出口产品批量大、时间短、质量要求高、技术难度大、材质特殊，机械厂及时成立出口泵会战指挥部，全厂上下总动员，组织开展出口泵大会战，主攻单位和参战单位紧密配合，日夜奋战，在短短约 4 个月时间里，就完成了 900 台抽油泵、10775 根（套）配件的制造任务，做到了正常生产和出口任务两不误，受到了总公司和外商的好评。当年，生产制造抽油杆 263.63 万米、抽油泵 6569 台、抽油机 57 台。

1996 年，面对“三抽”产品订货中品种杂、批量小、小泵多、交货周期短、劳动力紧缺，机械厂在“三抽”产品生产中，采取合同直接与生产车间见面的方式，加快了生产节奏，提高了生产效率。全年生产制造抽油杆 275.7 万米、抽油泵 7550 台、抽油机 130 台。

1997 年，机械厂以国家“三抽”产品生产许可证换证工作、国际 ISO9000 质量认证工作以及总公司技术监督“三法”检查工作为契机，全面加强质量管理，全面推行 ISO9000 质量体系，顺利通过“三抽”许可证换证审查，在油田内率先获得国际 ISO9000 质量证书。对抽油杆、抽油泵两个分厂试行全额计件工资制，推行了目标成本管理，有效调动了职工的生产积极性。全年生产制造抽油杆 290.6 万米、抽油泵 7946 台、抽油机 111 台，杆、泵产量创历史最好成绩。

1998 年，机械厂根据抽油杆制造耗能高的实际，先后投资 137 万元，对 1 号电炉和 2 号电炉进行节能技攻和大修，对 4 台锻锤进行彻底大修，将油炉透烧加热改为中频透烧，使抽油杆制造过程中的综合能耗下降10%，抽油杆废品率控制在1%之内。但是，由于受东南亚金融危机和国际油价下跌影响，石油机械产品市场严重萎缩，同时，由于国内各大油田重复建设建造的“三抽”产品生产线已形成规模，内部保护、低价倾销、恶性竞争的现象十分严重，加之机械厂地处内陆，生产、运输成本高，产品价格倒挂，负担沉重，造成机械厂“三抽”产品在外部市场优势减少、竞争乏力，导致订货量急剧下降，产品产量连年下滑。当年，生产制造抽油杆237.2万米、抽油泵4928台、抽油机36台；1999年，生产抽油杆189万米、抽油泵3926台、抽油机29台；2000年，生产制造抽油杆完成197.82万米、抽油泵及泵管完成4395台、抽油机23台。

2001年，机械厂首次对生严经营格局作了定位，提出第一年扭亏、第二年稳定、第三年发展的“三年三步走”发展战略，确立做精、做细、做强五大产品、走规模经营的道路。力求在“三抽”产品上做到人无我有的特型化，人有我精的优质化，以需求定产品的市场化，以高效生产降低单元成本的规模化。通过全力抓好ISO9000换版、API换证、产品质量年检、出口产品商检、HSE体系的制定和宣贯、电子商务系统的建立、海尔理念在“玉石”品牌中的拓展与应用等工作，提高了企业资信和“玉石”品牌“三抽”产品的美誉度，“三抽”产品的生产逐步回暖。当年，生产制造抽油杆完成296.45万米、抽油泵完成7731台、抽油机完成35台。

2002年，机械厂抓住全国石油机械制造回暖的有利时机，针对抽油杆产品供不应求、抽油泵（机）产品订货不足的市场实际，及时调整工作思路，扩大旺销产品产能，拓展抽油杆产品的规格系列，实现了“三抽”产品生产稳中向好。当年，生产制造抽油杆336.14万米、抽油泵5577台、抽油机55台。

2003年，机械厂针对国内“三抽”机械产品严重超饱和的现状，抢抓集团公司海外开发战略的机遇，与中技公司在哈萨克斯坦阿克纠宾合作建设抽油机、抽油泵组装维修生产线项目，首次实现“人才、技术、资本、产品、服务”走出国门、走向世界的目标和油田在海外建厂零的突破。坚持设计制造与推广应用相结合的方针，不断延伸产品品种和规格，先后研制开发防砂防气杆式泵、镀铬光杆、前置式4型、前置式8型、异相式5型、常规式8型抽油机等“三抽”新产品，为增强“三抽”产品的市场竞争力奠定了基础。全年，生产制造抽油杆331.72万米、抽油泵完成6863台、抽油机151台。

2004年，机械厂采取低成本营销战略，严格实行“市场价格倒推成本法”，有效控制“三抽”产品的生产成本。全年，生产制造抽油杆285.2987万米、抽油泵6686台、抽油机75台。

2005年，机械厂通过申报并取得《抗腐蚀抽油杆及其制造方法》《承扭抽油杆》《整筒管式泵》《抽油、抽水双作用抽油泵》4项实用新型专利，提升“三抽”产品的市场竞争力，促进“三抽”产品的生产。全年生产制造抽油杆324.5939万米、抽油泵7422台、抽油机83台。

2006年，机械厂先后实施抽油泵喷焊机床国产化改造、抽油杆模具的优化设计，解决了抽油杆、抽油泵生产上的瓶颈问题，提高了抽油杆、抽油泵的质量等级和生产效率。全年，生产制造抽油杆321.8017万米、抽油泵6212台、抽油机82台。

2007—2008年，机械厂在满足油田内部“三抽”产品供应的同时，成立中部、西部销售服务中心，加大外贸出口的销售力度，形成了中、西、玉门、外贸四头并进的销售格局，确保了“三抽”产品生产的相对稳定。2007年，生产制造抽油杆320.0004万米、抽油泵7178台、抽油机93台；2008年，生产制造抽油杆288.00万米、抽油泵5647台、抽油机91台。

2009年，由于大部分生产设备老化，精度下降，维护成本高，生产效率低，严重制约抽油杆、抽油泵和抽油机的产能提高，加之国内市场低迷，销售额萎缩，国际市场时好时坏，石油系统外同行业厂家低价竞争，导致产品出口量没有大的突破和改观。全年，生产制造抽油杆241.98万米、抽油泵3850台、抽油机102台。

2010年，虽然受国际金融危机影响，机械厂外贸出口难度加大，但国内煤层气的勘探开发，又为机械厂“三抽”产品的生产与销售带来了机遇。仅上半年，就签订3型抽油机60台、4型抽油机240台的供货合同，抽油机排产量倍增。“三抽”产品各车间推进“全员、全过程、全要素”的精细管理，实施低成本战略，开展“增收节支、降本控费”活动，强化定置管理，规范生产组织，确保了“三抽”产品生产有序进行。全年生产制造抽油杆275.06万米、抽油泵4918台、抽油机262台。当年，抽油杆技术改造项目开工建设。

2011年，机械厂以提升整体竞争力为目标，以加大产品结构调整力度，形成科学合理的“三抽”产品的配套生产为手段，通过增加数控车床、铣床等部分抽油泵零件加工设备，使抽油泵产能恢复到8000台/

年以上；增加龙门铣、镗床、钻床、插床等抽油机加工设备，使抽油机产能翻了一番，达到年产500台以上的生产能力，满足了韩城煤层气开发和新区块、新领域对各种抽油机的需求。全年，生产制造抽油杆278.34万米、抽油泵3905台、抽油机306台。

2012年5月，经过两年的紧张施工，抽油杆技术改造项目正式竣工投产。该项目拥有世界上先进的抽油杆自动锻造等多种设备，囊括国内抽油杆锻造、热处理、冷加工一流的先进技术，生产抽油杆规格涵盖了直径16毫米～直径29毫米全系列产品，为机械厂“十二五”末到2015年实现抽油杆600万米/年奋斗目标，主导产品生产水平走在同行业前列，提供了能力保证。投产当年，自动锻锤生产线就生产抽油杆达114万米。全年，新、旧生产线共生产制造抽油杆340.78万米，生产抽油泵4888台、抽油机170台。

2013年，“三抽”产品中抽油杆产量大幅上升，全年生产制造抽油杆434.43万米，生产抽油泵3158台、抽油机155台。

2014年，机械厂通过签订中石油煤层气市场抽油泵和抽油机产品框架合同、吐哈油田“三抽”产品框架合同、林泉航天电机有限公司永磁复合电机直驱式抽油机战略合作框架协议，拓展长庆油田周边区块抽油机、延长油田抽油杆、煤层气抽油泵、新疆煤层气抽油杆和抽油泵等外部工作量，确保“三抽”产品市场和生产的稳定。“三抽”产品的生产遵循“生产围着销售转”的理念，有序有效开展。全年，生产制造抽油杆344.39万米、抽油泵4686台、抽油机120台。

2015年，受国际原油价格持续低位震荡、集团公司压缩投资规模、各油田降本控费等因素的影响，机械厂经营环境严重恶化，内外部市场“三抽”产品订货量大幅下降。全年生产制造抽油杆215.28万米、抽油泵3950台、抽油机49台。

2016年，在国际油价持续低迷、集团公司总体投资规模压减、油气主业产能建设节奏调整的大环境下，机械厂“三抽”产品市场受到巨大冲击，产能开工严重不足，全年生产制造抽油杆141.93万米、抽油泵3703台、抽油机40台。

2017年，机械厂全面落实集团公司特困企业专项治理工作要求，综合施策，集中发力，积极调整产业结构，开源节流、降本增效，扭亏脱困步伐得到加快。全年生产制造抽油杆137.2万米，抽油泵2653台，抽油机89台。同年，完成电镀废水重金属污染设施改造项目主体工程，对抽油泵镀铬工艺和废水污染问题进行了改造。

二、压力容器

1987年，机械厂针对玉门油田内部对压力容器产品的需求，本着改善产品结构，提高经济效益，决定建立继“三抽”产品之后的第四个经济支柱，即压力容器的制造。当年，在提出压力容器制造决策之后，全厂上下通力协作，日夜奋战，仅用两个多月时间，就取得甘肃省一、二类压力容器制造许可证。共生产制造换热器29具、1立方米储气罐2具、2立方米储气罐2具、650加热炉汽包1具。

1988年9月，机械厂取得一、二类压力容器设计资格证书，从而形成从设计到制造一体化的生产格局，为机械厂发展压力容器的生产奠定了基础。当年，生产制造的压力容器产品主要有换热器、重沸器、储气罐、催化瓦斯水封罐等，年产量为42具165.3吨。

1990年，机械厂依托炼油厂装置改造工程和油田原油产能工程建设，先后生产制造脱丙烷塔进料换热器、丙烷冷却器、脱乙烷塔重沸器、脱丙烷塔顶冷凝器、氮气加热器，以及油气分离器、原油过滤器、立式储罐、干燥罐等容器产品65具，制造吨位达113.3吨。

1991—1995年，压力容器生产在密切配合炼厂检修工作和油田原油生产的同时，将全力支援吐哈会战作为重中之重，对吐哈会战急需的各种压力容器始终做到了优先安排、优先生产。五年间，生产的各类压力容器产品主要有换热器、冷凝器、油气分离器、分馏塔、储气罐、原油过滤器、重沸器、硫酸压送罐、稳定塔、除氧水分配器等。

1996年，随着炼化总厂250万吨/年常减压装置的开工建设，以及催化、重整加氢装置改造扩建，加之酒钢等外部市场的扩展，各类压力容器订货量猛增。当年，先后生产制造各种型号冷却器、冷凝器、换热器、碱洗水洗罐、脱水罐、分液罐、烧焦罐、净化空气罐、注水罐、封油罐、储气罐等197具，总产量达720.4吨，创压力容器生产以来最高纪录。

2000—2004年，由于机械厂压力容器产品主要供应油田内部采油及炼化改造检修之需，加之产品主要集中在换热器、储罐、塔器等方面，市场狭小、产品单一，年加工制造量基本维持在 200 ～ 400 吨之间。

2005 年，围绕热电技术改造、炼化总厂 MTBE 和甲醇项目工程建设，加工制造各类压力容器 53 具。新增复合板容器和 30 毫米以上中厚板容器产品。

2006—2009 年，随着油田重组整合，油田产能建设速度加快，炼化改造和检修工作量增加，机械厂压力容器制造业务在压力容器产品需求不旺的情况下，积极拓展抽油机铆焊件加工及油田检维修业务，一定程度上缓解压力容器生产量不足的压力。这一时期，压力容器的生产制造主要集中在炼化总厂装置改造、检修中各类塔器、换热设备、罐类及油田生产中急需的油气压裂缸、原油电脱盐器、油气分离器、换热器等产品，共生产制造各类压力容器 85 具。

2010—2014 年，压力容器制造业务以炼化总厂装置改造和检修等工作为重点，以《压力容器设计许可证》换证审核为抓手，严格落实 ISO9001 质量管理体系和 HSE 管理体系，强化压力容器生产配套图纸、工艺文件的设计优化工作，提升压力容器的生产质量。这一时期，生产制造的主要产品有：蒸汽分水器、液态烃水洗罐、预分馏塔回流罐、瓦斯气缓冲罐、天然气分液罐、气液分离器、油气分离器、油气压力缸、换热器、两相分离器等，五年间，共生产制造各类压力容器 371 具。

2015 年，压力容器生产主要为炼化总厂加工制造各类容器、换热器，为青西油田、老君庙油田和综合服务处等单位加工制造天然气分液罐、两相分离器、油气分离器、收发球筒、压缩机分液缓冲罐等，全年生产压力容器 82 具，其中罐类 48 具，换热器 34 具。

2016 年，参与炼化总厂柴油国Ⅴ升级改造项目所需容器制造任务，全年生产制造各类压力容器 49 具，其中罐类 16 具，换热器 33 具。

2017 年，机械厂围绕油田用户需求主动做好压力容器产品的生产、销售和服务，全年生产压力容器 42 具。其中，为油田作业公司生产水泥罐 10 具、车背罐 30 具，为鸭儿峡采油厂生产储药罐 2 具、换热器管束 1 具，为酒东采油厂生产换热器管束 2 具。

三、井口装置及井下工具

20 世纪 80 年代末，机械厂根据采油及井下作业工作需要，生产的井口装置主要有油套管混合压裂井口装置及高压管汇装置。井下工具形成了封隔器、闭锁式油管吊卡、气动卡瓦、抽油杆吊卡、井口密封盒、光杆卡子、油管锚、井下油气分离器、滚轮接箍、抽油杆吊钩、水力锚等 20 多种系列产品。开发生产摩擦台钳、摩擦钳、勾头扳手、检泵和装泵工作台等维修配套工具。

20 世纪 90 年代，机械厂积极配合油田采油生产和井下作业工作，严把井口装置和井下工具的制造质量，确保井口装置和井下工具的生产和供应。1992 年，开始生产轻便式井架、游动滑车、1050 型压裂车、350 型采油采气井口、可调心密封填料盒、防脱杆接箍、套管放气阀等新产品。1993 年，陆续生产制造气动卡瓦、羊角吊卡以及各种封隔器等产品。

2001 年，生产制造 180 吨拔管机、新型脱接器、泄油器等产品。

2005—2006 年，机械厂高低压井口装置先后获得 API 会标使用许可证，通过挪威船级社（DNV）审核，获得 ISO9001 质量体系认证证书。完成 250 型井口管线、出口气锚、光杆卡子等产品的生产制造任务。

2007 年，为适应酒东油田和青西油田自喷井清蜡工作需求，全年生产 60 套最大清蜡深度 1350 米、最大提升载荷 2000 牛的清蜡绞车。

2008 年以后，机械厂井下工具的生产量较小，仅少量生产制造偏心配水器、封井器、250 井口、350 井口、简易套管头、标准套管头、双层套管头、K344 封隔器等产品。

四、民用产品

2002 年，随着酒泉生活基地的开工建设，机械厂为了进一步调整产品结构，大力发展民用产品的加工制造，在酒泉工业园开始筹建轻型钢结构生产线、冲压生产线、窗户生产线。2003 年，轻钢、冲压、窗户 3 条生产线建设完成，开始试生产防盗门、散热器、塑钢及铝合金门窗、电器柜等产品。当年，生产轻钢产品 200 吨、窗户 10000 平方米、暖气片 10 吨、防盗门 300 套、高低压柜 4000 面。

2004 年，机械厂取得甘肃省质量技术监督局国家生产许可证发放管理办公室审核通过的彩钢门窗、铝合金门窗、塑钢门窗的生产许可证。当年，随着酒泉生活基地玉兰园、茗翠园、芳沁园、兆祺园、怡静园、紫荆园等 6 个园区陆续进入后期建设阶段，3 条生产线开始批量生产，至 2005 年，共生产塑钢门、窗

398565 平方米；单元门、防盗门 11027 樘，电器柜 15516 面；铜铝复合散热器 446303 柱。

2006—2011 年，随着酒泉生活基地百合园、承瑞园、鸿硕园、天润园的陆续开工，由于供热方式改为地暖，散热器产品在满足油田各单位内部需求的同时逐步停产，其他产品的生产工作量相对保持稳定。至 2011 年，生产塑钢门、窗 403180 平方米；单元门、防盗门 58378 樘，电器柜 32143 面；铜铝复合散热器 110160 柱。

随着酒泉生活基地一期工程结束，民用产品的需求也开始大幅下降。2012 年，以油田矿区公寓改造为契机，加工生产散热器 109827 柱、塑钢窗 1470 平方米、单元门 572 樘。

2013 年，为酒泉生活基地欣露园生产供应电器柜 1175 面，窗户 9570 平方米。

2014 年，民用产品除部分轻钢结构件、电器柜零星生产外，其余产品均停产。

1987—2017 年机械厂主要产品目录见表 7–4–1。

表 7–4–1　1987—2017 年机械厂主要产品目录

类别	规格型号	杆体直径（毫米）	级别	接箍和异径接箍外径（毫米） 足尺	接箍和异径接箍外径（毫米） 小井眼	长度（毫米） 长杆	长度（毫米） 短节
抽油杆	CYG16（$^5/_8$）	15.9	C、D、K、KD、HL、HY	38.1	31.8	7620 9140 8000 10000	500 1000 2000 3000
	CYG19（$^3/_4$）	19.1		41.3	38.1		
	CYG22（$^7/_8$）	22.2		46	41.3		
	CYG25（1）	25.4		55.6	50.8		
	CYG29（$1^1/_8$）	28.6		60.3			

类别	规格型号	杆体直径（毫米）	螺纹名义直径（毫米）	长度（毫米）
光杆	GGD25（1）	25.4	30SR 24SR	6096 7620 8000 9140
	GG29（$1^1/_8$）	28.6	24PR 27PR	
	GG29（$1^1/_8$）镦粗型	28.6	24SR 27SR	
	GG32（$1^1/_4$）	31.8	30PR	
	GG32（$1^1/_4$）镦粗型	31.8	30SR	
	GG38（$1^1/_2$）	38.1	35PR	
	GG38（$1^1/_2$）镦粗型	38.1	40SR	

类别	规格型号	加重杆直径（毫米）	外螺纹名义直径（毫米）	加重杆长度（毫米）
加重杆	32	31.75	24SR	6000 7620 8000 9140
	32	31.75	27PR	
	35	34.93	24SR	
	35	34.93	27PR	
	38	38.1	27SR	
	41	41.28	30SR	
	44	44.45	30SR	

类别	名　称	规　格	投产日期	备　注
抽油机	前置型游梁式抽油机	3 型、4 型、5 型、8 型、10 型、12 型、14 型、16 型	1998 年	
	异相型游梁式抽油机	4 型、5 型	1996 年	已停产
	常规型游梁式抽油机	8 型	2003 年	已停产
	复式永磁电机抽油机（无游梁式）	8 型、10 型、12 型、14 型	2015 年	
	超长冲程抽油机	6 型、8 型、10 型、12 型、14 型	2015 年	

续表

类别	名　称	规　格	投产日期	备　注
抽油泵	管式抽油泵	ϕ28	2002 年	冲程长度≤ 8 米
		ϕ32、ϕ38、ϕ44、ϕ57、ϕ70	1986 年前	1986 年前为组合式管式抽油泵
		ϕ28、ϕ32、ϕ38、ϕ44、ϕ57、ϕ70、ϕ83、ϕ95	1997 年后	1987 年后为整筒式管式抽油泵
	杆式抽油泵	ϕ28	2002 年	冲程长度≤ 8 米
		ϕ32、ϕ38、ϕ44、ϕ57	1987 年后	
	管式斜井抽油泵	ϕ28、ϕ32、ϕ38、ϕ44、ϕ57	1999 年	冲程长度≤ 8 米。
	管式斜井抽油泵	ϕ70、ϕ83	2013 年	冲程长度≤ 8 米
	杆式斜井抽油泵	ϕ28、ϕ32、ϕ38、ϕ44、ϕ57	1999 年	冲程长度≤ 8 米
	杆式防气抽油泵	ϕ28、ϕ32、ϕ38、ϕ44	1995 年后	冲程长度≤ 8 米
	管式防气抽油泵	ϕ38、ϕ44、ϕ57	2002 年	冲程长度≤ 8 米
	液力反馈抽稠泵	ϕ44/ϕ32、ϕ57/ϕ38、ϕ70/ϕ44	2009 年	冲程长度≤ 6 米
	长塞短筒防砂抽油泵	ϕ38、ϕ44、ϕ57	2007 年	冲程长度≤ 6 米
	煤层气抽采专用抽油泵	ϕ38/ϕ28	2012 年	冲程长度≤ 6 米
	强启闭携砂管式斜井泵	ϕ38、ϕ44、ϕ57	2013 年	冲程长度≤ 6 米
	底部固定深井抽油泵	ϕ38、ϕ44	2015 年	冲程长度≤ 8 米
	防垢抽油泵	ϕ44、ϕ57 等	2016 年	冲程长度≤ 6 米
	防气抽稠功能型杆式泵	ϕ38、ϕ44 等	2016 年	冲程长度≤ 8 米
	超长冲程抽油泵	ϕ38、ϕ44、ϕ57、ϕ70、ϕ83 等	2016 年	冲程长度≤ 50 米
类别	名　称	规　格	级　别	投产日期
压力容器	压力容器	DN150—DN4000，碳钢，不锈钢、复合板	D1、D2	1988 年
	浮头式换热器	DN325—DN1400，碳钢，不锈钢	D1、D2	1993 年
	固定管板式换热器	DN325—DN1400，碳钢，不锈钢	D1、D2	1993 年
	U 型管式换热器	DN400—DN1400，碳钢，不锈钢	D1、D2	1993 年
	原油电脱水器	碳钢，玻璃钢衬里，复合板	D2	2008 年
	油气水三相分离器	碳钢，玻璃钢衬里，复合板	D2	2012 年
类别	名　称	规　格	级　别	投产日期
压力容器	油田二次开发深部聚合物调剖搅拌装置	8000 × 3400 × 3400	常压	2013 年
	稳压注水罐	DN1000—DN2000，碳钢，不锈钢	D1	2014 年
	收发球筒	DN150—DN250	D2	2015 年
	折流杆式换热器	DN400—DN1400，碳钢，不锈钢	D1、D2	2016 年
	固井用水泥罐	DN2500，碳钢	D1	2017 年
	油井井口全自动加药装置	2000 × 800 × 800	常压	2018 年
	计量分离器	DN1200，碳钢	D2	2018 年

备注：表中 SR 代表抽油杆螺纹；PR 代表光杆螺纹。
DN：公称直径，单位毫米；长 × 宽 × 高单位毫米。

第四节　设备

1987 年，机械厂主要生产车间有抽油杆锻造、冷加工车间、热处理车间、抽油泵车间、抽油机车间、铸造车间、精铸车间等，主要生产设备有自动锻压机、250T 平锻机、六角转塔车床、箱式电阻炉、数控车床、数控加工中心、无心磨床、立式珩磨机、外圆磨床、普通车床、镗床、摇臂钻床、管螺纹车床、铣床、刨床、立式车床、电焊机等，各类设备共计 220 台（套），绝大部分设备基本都处于陈旧老化状态。

1988 年，抽油泵国外技术引进工程竣工投产，新增 15U15VC 数控车床、数控加工中心、卧式珩磨机、340–20 无心磨床、喷焊重熔机组、淬火机床、深孔镀铬、碳氮共渗井式炉等美国进口设备，抛丸机、无心磨床、摇臂钻床、H2–060 数控车床、7815 数控车床等国产设备。这些设备的引进，改善了机械厂抽油泵生产的设备状况，提升了抽油泵的加工制造能力和产品质量，促进了抽油泵产品的升级换代。

1989—1999 年，陆续新增液压拧扣机、汽车电子衡、空气压缩机、平锻机、射线探伤机、数控车床、无心磨床、万能外圆磨床、仿形车床等设备。这些设备的更新，基本属于零星购置，在一定程度上改善了生产工艺，提高了生产效率，但设备陈旧老化的状况没有从根本上得到改观。

2001 年，新增压力式喷砂机、六角车床、二氧化碳保护焊机、X 射线探伤机、管板自动焊机、中频炼钢炉、涡流探伤仪、冷却塔等设备，全厂共有数控车床、无心磨床、自动锻压机、平锻机、普通车床、六角车床、镗床、摇臂钻床、管螺纹车床、铣床、刨床、电焊机及各类运输车辆等设备 586 台（套）。

2002—2004 年，随着轻钢、冲压、窗户 3 条生产线的投入，陆续增加了型材铣切机、H 型钢组立机、龙门式焊接机、门式起重机、数控转塔冲床、静电喷涂线、彩钢瓦压型机、数控切割机、夹芯隔热板生产线等 169 台（套）。

2005—2010 年，陆续新增螺杆式空气压缩机、液压剪板机、数控铣床、水平分模平锻机、杆头中频加热系统、抽油杆棒料探伤机、高压水射流油管清洗线、全自动油管试压机、油管探伤机、抽油杆冷拔机等设备，全厂共有数控车床、无心磨床、自动锻压机、平锻机、普通车床、六角车床、镗床、摇臂钻床、管螺纹车床、铣床、刨床、电焊机及各类运输车辆等设备 754 台（套）。

2011—2012 年，机械厂实施抽油杆技术改造工程，先后购置和引进俄罗斯梁赞市重型锻压机械股份公司 6300KN 型抽油杆锻造自动生产线、国产 W56–30 七辊矫直机、EMT08–R16/29 型抽油杆探伤设备、SH630T 水平分模锻锤、KHCYG–1 型热处理机组、QBT694Y 辊道抛丸机、BSK–5Z 五轴数控抽油杆专用车床、JQC 抽油杆浸漆包装机等进口和国产设备 36 台（套），机械厂抽油杆的生产制造能力达到 600 万米 / 年。

2013—2014 年，对抽油泵、抽油机生产的老旧设备进行改造升级，两年新增液压拧扣机、高压清洗机、电火花线切割机床、数控车床、节能变压器、整流弧焊机等设备 148 台（套），在一定程度上缓解了设备陈旧对抽油泵、抽油机生产造成的影响。2014 年，机械厂共有各类生产设备 845 台（套），设备新度系数为 0.32。

2015 年，投资购置随车起重运输车 1 辆、工程车 1 辆。大修锻锤、双梁起重机、六角车床、铣床等 7 台（套）。

2016 年，投资购置管板焊机 2 台、液压胀管机 2 台、小型挖掘机 1 台、气动试验泵 1 台。大修油管清洗线、X 射线探伤机、数控等离子切割机、中频感应加热电源等设备 9 台（套）。

2017 年，投资购置管束抽装机 1 台、气动试压泵 1 台、工程车 1 辆、皮卡 1 辆、光纤激光打标机 1 台、液压拧口机 1 台。大修数控等离子切割机、抛丸机、数控车床、数控铣床等设备 6 台（套），见表 7–4–2。

表 7–4–2　2017 年机械厂主要生产设备统计表

设备名称	规格型号	单位	数量
转塔六角车床	C3163	台	18
自动锻锤	B1238–00.2–001P	台	1
液压胀管机	GYZJ–320D	台	2

续表

设备名称	规格型号	单位	数量
摇臂钻床	Z3080*25	台	5
无心磨床	340–20	台	1
无心磨床	HFC	台	1
卧式铣镗床	TPX6111B	台	2
卧式铣镗床	T68/85	台	2
卧式铣镗床	T612A ϕ 125	台	1
卧式铣镗床	T6112/125	台	1
卧式升降台铣床	X6140	台	2
卧式珩磨机	H760B	台	4
卧式珩磨机	单轴 10 型	台	3
台车式电阻炉	RT–90–10	台	5
双头无心外圆砂带磨床	M5015MA	台	2
数控铣床	XKA5040A/C	台	3
数控卧式车床	BSK–5Z 150MM	台	10
数控四棍卷板机	WB12NC–50*25001	台	
数控管子螺纹车床	QK1312A	台	2
数控管螺纹车床	STC 1135PIPE	台	1
数控车床	CK7815	台	3
数控车床	CK3732	台	1
数控车床	CAK5060di	台	5
数控车床	CAK50135di	台	1
热处理电炉机组		台	3
平锻机（10ZX04）	630kN	台	1
平锻机	CD500T	台	1
平锻机	ASM450T	台	1
喷焊重熔机组	27*100kW	台	1
落地及卧式车床	CW6163	台	25
龙门铣床	X2016/6M	台	1
龙门刨床	B2016A	台	2
立式升降台铣床	XA5032	台	12
立式车床	C534J	台	1
立式车床	C5116A	台	2
宽砂轮无心磨床	M11200	台	1
宽砂轮无心磨床	M11100	台	1
井式加热电阻炉	RJJ–75–9	台	2
井式加热电阻炉	RJJ–105–9	台	3
剪板机	QC12Y	台	3
滚齿机	YM31125	台	1

续表

设备名称	规格型号	单位	数量
滚齿机	Y38	台	1
管子螺纹车床	Q1319	台	5
管板自动氩弧焊机	WZM1-315	台	4
单臂刨床	B1012A	台	1
插床	B5032E	台	3

第五节　销售

1987年，作为玉门油田内部最先进入市场竞争的机械厂，面对激烈的市场竞争和国内“三抽”产品生产过剩的不利局面，加大销售服务工作的力度，先后组织十个组次、40多人深入全国各油田走访，征求用户意见，现场解决产品存在的质量问题，在当年抽油杆、抽油泵订货量不足的情况下，新增抽油杆订货85万米、抽油泵订货700多台，确保了全厂生产任务的完成。当年，成功举办石油工业部1988年“三抽”产品订货会，扩大机械厂“三抽”产品的影响，深受用户好评，抽油杆、抽油机订货量大幅增长，订货饱满。与此同时，先后5次派人参加广交会、陆上石油工程展览会，进行考察、了解，熟悉情况，在中技公司、石油工业部制造司等有关部门的协助下，与外商进行接触，建立业务联系，疏通渠道，首次向新加坡出口抽油杆，创汇2.175万元，实现了走向世界的目标。

1988年，在抽油泵进口生产线落成、新型整筒泵投产之后，机械厂邀请全国各大油田的用户来油田参加用户座谈会，广泛征求用户意见，介绍新型整筒泵的性能、特点，使新型整筒泵一经问世就受到大家的青睐，全年，仅大庆、胜利、中原、青海等9个油田订货量就达3000台。

20世纪90年代初，面对军工企业和民营企业纷纷进入石油产品制造行业，市场竞争更加激烈的现状，机械厂改变过去由上级分配任务、靠指令性计划“等饭吃”的观念，坚持面向市场、用户至上的原则，运用科学的预测手段，采取召开座谈会、参加订货会等方法，深入全国各个油田，收集信息，推销产品，服务现场，着力提高产品知名度。通过加强横向联合，发展对外经济技术合作，有效发挥了机械加工优势。在“三抽”产品供大于求的形势下，以市场为导向，提高应变能力，树立竞争观念，进一步强化以销售围绕市场转、生产围绕销售转的经营机制，通过巩固国内市场、发展社会市场、开拓国际市场，对定型产品化整为零，利用现有服务网点，进行联合生产，散件组装，有效扩大了销售。

1994年，机械厂先后建成东北、中原、陕北、吐哈、克拉玛依6个服务网点，产值和销售实现“双上亿”的目标。

1996—1999年，面对激烈的市场竞争，机械厂推行“稳住东部市场、恢复华东市场、坐镇西部市场、战胜陕北市场、发展新疆市场、开拓塔里木市场、争取外贸市场、占领局内市场”的营销战略，在推销老产品的同时，扩大新产品和高利润率产品的订货及销售额，采取内销和外贸互补的办法，在全力巩固国内市场的基础上积极开拓国外市场。1998年，通过与大庆总机厂联合生产抽油泵、与长庆油田机械厂联合生产抽油杆，实现了共同占领市场。通过与局外贸进出口公司密切协助，先后投标达62余次，其中9个标书中标。1999年，面对国内各油田内部保护、重复建设、油田限产等综合因素影响，及时调整营销策略，捕捉市场信息，加大产品宣传和营销力度，先后参与国际投标6259万元，中标657万元，出口额456.7万元。

2000年，面对供大于求的国内“三抽”市场，机械厂确立“立足西部，稳定东部，拓展外贸”的市场开发战略，重新调整部署驻外站点布局，加强东北、中部等5个销售网点的人力配备和政策倾斜，与各工作站签订经销责任书，靠前销售、靠前服务；在大庆、靖边、吐哈等油田分别建立集销售、服务、维修为一体的销售基地。在产品出口方面，采取联营、联合、特别委托、多方代理等方法，全年参与国际投标56项，中标金额2554.91万元，投标储备4489.11万元，弥补了国内销售不足。

2002年，全力塑造“玉石”品牌形象，开拓国内外市场。面对抽油杆产品供不应求，抽油机、抽油泵产品订货不足的市场格局，及时调整工作思路，扩大旺销产品产能，拓展抽油杆产品系列，建立区内、国内、国际“三位一体”的销售网络体系，利用地域优势、技术优势、装备优势全面开拓西部市场，稳固长庆、陕北、吐哈、青海市场，同时在塔里木、克拉玛依等油田打开了销售局面，收到了良好效果。

2003年，针对国内市场饱和、竞争激烈、产品价格走低，及时调整营销思路，创新营销机制，确立“全力为油田公司服务为主线，理顺东部，发展西部，多渠道拓展海外市场”的市场营销策略。针对不同区块采取不同措施，在吐哈“三抽”服务中心推行内部利润考核与销售提成并举的方法；在塔里木推行以服务为主、逐步渗透的办法；在北京推行了工作站超额分成的办法；在陕北采取划区块分销的办法；在克拉玛依采取中间代理和来料加工。同时，以合资建厂的方式开辟新的销售渠道，与中国石油技术开发公司、哈萨克斯坦阿克纠宾油田机械厂合资组建的石油机械厂在阿克纠宾十月城成立，标志着机械厂首次实现“人才、技术、资本、产品、服务”走出国门，走向世界的目标，也实现了玉门人海外建厂零的突破。当年，酒泉建材分厂针对生活基地建设之需，成立建材销售组，负责油田基地建设所需的门窗、暖气片等民用建材的各项销售工作，当年门窗等建材产品销售总额达176.0748万元。

2004年，机械厂采取“走出去”和“请进来”的方式，积极参与国际竞争，在南美市场的合作实现突破，出口产品从东南亚逐步发展到中东、东欧、南欧、南美市场；哈萨克斯坦建厂初见成效，全年订购抽油泵500台。

2006年，机械厂开拓定边华油“三抽”配套市场，吐哈“三抽”中心销售稳步推进，产品出口国家由原来的哈萨克斯坦、俄罗斯、印度、埃及、叙利亚等国延伸至苏丹、缅甸、阿曼、文莱等国，并开拓发展了澳大利亚市场，成功在阿曼配套28口油井，扩大了“玉石”产品在国际上美誉度。

2008年，机械厂在销售部成立中部、西部销售服务中心，形成中、西、玉门、外贸四头并进的销售格局，外贸出口主要为阿曼、澳大利亚、埃及以及叙利亚，完成5625万元，创外贸销售最好业绩。

2009年起，受国际金融危机影响，同行业厂家低价竞争，机械厂对外销售额不断萎缩，加之酒泉基地建设结束，工作量减少，全厂重点产品销售额逐年递减。

2010年，针对煤层气市场在国内的发展壮大，开始介入煤层气开采市场的机、泵销售，当年签订240台抽油机供货协议。同时，在陕西韩城建立具备抽油泵检修、抽油机维护、保养的售后服务站。

2011年，通过拓展煤层气市场，稳固和扩大西部新疆市场、青海市场份额，靠前服务促销售，有效稳定了市场销售。

2012年，在稳定和巩固吐哈、青海油田市场份额的同时，延长油田、上海申瑞等市场的产品销售有所回升。

2013年，全力推行项目化管理，在内保油田服务、外拓市场上创新销售模式，完善网络布局，提升市场应对能力，形成立足本部，拓展西部，稳定中部，兼顾其他的多元化销售格局。

2015年，面对全球油价持续下跌、国内油田限产、投资减少等不利影响，以及国内部分石油机械生产厂家不惜血本、低价倾销，机械厂因产品结构单一、成本过高、产品价格倒挂等条件限制，生产和销售都受到严峻挑战，当年销售收入仅完成14750.45万元，2016年仅完成11257.37万元。

2017年，受各油田持续压缩投资的影响，销售情况异常严峻，“三抽”产品供大于求的局面没有根本改变。为此，机械厂加大产品结构和市场结构的调整，重点在大庆油田、青海油田加快新产品的推广力度。青海油田完成复式永磁电机抽油机的试验，大庆油田销售超长冲程抽油机39台（套），长冲程防垢抽油泵36台，新产品的推广销售稳步推进。集团公司特种“三抽”产品招标采购会首次在玉门油田召开，为机械厂“三抽”产品的销售提供了机会。超长冲程采油装置、超长冲程抽油泵、防腐抽油杆、垢砂防卡式抽油泵等新产品进行挂网定价，为机械厂新产品的后续销售工作提供了价格依据。具有防腐、防垢等功能的“四防”特种油管在油田完成下井试验并取得良好效果。全年完成产品销售及维修服务收入13455.93万元，同比增加2199.03万元，增幅19.53%。

1987—2017年机械厂主要经济指标统计见表7-4-3。

表 7-4-3 1987—2017 年机械厂主要经济指标统计表

年度	现行价工业总产值（万元）	不变价工业总产值（万元）	机械制造总产量（吨）	销售收入（销售额）（万元）	抽油杆产量（万米）	抽油泵产量（台）	抽油机产量（台）
1987 年		2760.80	8034.70	3835.5	208.87	4200	102
1988 年		3428.90	9213.00	3090.24	239.30	5153	121
1989 年		4715.50	9857.60	5162.5	255.40	7091	132
1990 年		5640.50	9901.90	6720.66	264.98	7428	114
1991 年		7714.90	10245.40	6976.63	280.01	6352	129
1992 年		7443.80	10868.70	5370.17	300.40	5276	82
1993 年		5779.00	7736.90	8050.75	143.20	5199	59
1994 年	10193.00		9118.80	10017	265.94	6397	102
1995 年	11355.00		9028.70	10004.98	263.63	6569	57
1996 年	13468.00		14038.00	10180.63	275.70	7550	130
1997 年	11841.70		10326.70	10277.11	290.60	7946	111
1998 年	9439.00		8828.30	8255.8	237.20	4928	36
1999 年	7045.70		6799.50	6410.62	189.00	3926	29
2000 年	7316.50		7595.30	6342.74	197.82	4395	23
2001 年	9158.97		10471.54	8281.6	296.45	7731	35
2002 年	8821.16		11525.48	8749.4	336.14	5577	55
2003 年	9140.11		11461.99	9950.07	331.71	6863	151
2004 年	14674.74		11663.33	10634.53	285.29	6686	75
2005 年	15658.00		13889.00	11564.07	324.59	7422	83
2006 年	17487.00		15527.35	17932.8	321.80	6212	82
2007 年	16661.67		14127.27	19782.03	320.00	7178	93
2008 年	19272.30		14397.21	19753.7	288.00	5647	91
2009 年	11826.26		10100.25	16232.21	241.98	3850	102
2010 年	11589.95		10649.79	9556.76	275.06	4918	262
2011 年	15273.00		13382.82	15602	278.34	3905	306
2012 年	16601.00		14963.28	18075	340.78	4888	170
2013 年	23594.40		22448.08	23347.8	434.43	3158	155
2014 年	22712.58		27106.82	20359.23	344.39	4686	120
2015 年	14445.15		14553.48	14750.45	215.28	3950	49
2016 年	11331.22		7443.45	11257.37	141.93	3703	40
2017 年	13349.28		6132.83	13455.93	137.20	2653	89

第五章　物资采供

玉门油田物资供应工作伴随着油田的诞生而产生。1951年11月，成立器材供应处，主要承担玉门油田生产建设所需的各类物资器材的供应工作。至1986年，物资供应系统共有职工1167名，有库房203座，占地63870平方米；料场30个，占地4400平方米；料棚36座，占地16307平方米；各类设备203台（套）。全年物资销售收入达21003.7万元，消耗20795.1万元，平均物资储备资金10296.3万元。

第一节　机构

1987年，玉门油田物资管理工作实行两级管理。器材供应处为一级管理机构，代表管理局行使整个油田物资管理职能，各二级单位的器材科（库）为二级机构，在器材供应处业务指导下，负责本单位物资供应与管理工作。器材供应处机关设党委办公室、行政办公室、生产科、审计科、综合调度科、器材管理科、金属材料科、机电科、化轻建材科、配件科、财务科等职能科室，基层设器材总库、供应维修队、机械作业队、生活科、农工商公司、农场等单位。老君庙油矿、鸭儿峡油矿、钻井处、炼油厂、水电厂、机械厂、油建公司等主要生产单位均设有器材科（库）。

1988年4月，器材供应处更名为物资供应处（简称物资处）。处机关设党委办公室、行政办公室、生产科、综合调度科、器材管理科、金属材料科、机电科、化轻建材科、配件科、财务科、审计科、科技科、企业管理办公室等职能科室。基层设器材总库、供应维修队、机械作业队、生活科、农工商服务公司、农场、驻兰州器材工作组等单位。8月，为了加强玉门油田与沿海地区横向经济联系，物资处在上海成立驻沪联络处，对外代表管理局，对内受物资处直接领导。

1991年1月，管理局成立驻北京联络处，隶属物资处统一管理，物资采购和催办交运等业务受物资处指导，其他业务受局有关部门指导。

1993年11月，物资供应处对机构设置进行调整，机关设党委办公室（工会列入党办，单独履行职权）、行政办公室、财务科、供应调度科、管理审计科5个科室，基层设营销公司、供应公司、生产服务公司、生活服务公司、多种经营公司，附挂各驻外联络处。

1994年3月，为适应吐哈会战需要，物资供应处分别在玉门、吐哈设立职能机关，机关分别设党委办公室、行政办公室、供应调度科、财务科、审计管理科、生产基建科、经营科、公安科、监察科；基层设物资供应事业部、对外开发事业部、多种经营事业部、生产服务事业部、生活服务事业部和上海、北京、西安3个驻外联络处。其中，物资供应事业部，下设玉门、吐哈分部，由原玉门、吐哈9个供应科室和玉门、鄯善、哈密3个物资库，北京、上海、西安3个联络处及辖区采购站、组和处直属站（组）组成，原玉门、吐哈质检科并入物资供应部，以处机关供应调度科为运行机构；对外开发事业部，由北京、上海、西安3个联络处及西南、兰州、乌鲁木齐、广州等开发经营中心组成，以处机关经营科为运营机构；多种经营事业部，由原长城实业公司组成，任务、指标不变；生产服务事业部，由机械维修队等内部辅助单位组成，以处机关生产基建科为职能机构；生活服务事业部由玉门、吐哈生活管理科、卫生所、托儿所、老龄站组成。7月，为满足新、老区物资供应需要，物资供应处在北京、上海、西安、沈阳、成都、郑州、兰州、酒泉、张掖、广州等地设立常驻物资供应站，机构名称为玉门—吐哈油田物资供应处供应站，主要负责物资采购、催交运输及所属地区国家经济政策、市场物资信息收集、反馈等。10月，物资供应处成立营销公司，公司下设兰州、西安、成都、北京4个供销站。

1995年6月，玉门、吐哈管理体制理顺，物资供应处在吐哈设立的机关科室、物资供应事业部吐哈分部（包括哈密、鄯善物资库）以及部分驻外物资供应站等机构、资产和人员划归吐哈油田，物资供应处所属机关和基层单位机构保持不变。

1996年4月，为进一步加强油田物资系统管理，集中使用生产物资采购资金，加速周转，降低成本，提高效益，管理局将采油厂物资供应站、炼化总厂器材科、水电厂器材科及通信公司、生活服务公司、研究院、局机关、教培中心、石油工人报社等10个单位的器材科（库）划归物资处统一管理，在物资处增设采油物资科、炼化物资科、水电物资科和综合物资科，初步形成“物权归口，集中采购，分片设点，直达供应”的物资管理体制。时年，物资供应处机关设党委办公室、行政办公室、供应调度科、财务科、审计管理科、生产基建科、经营科、公安科、监察科；基层设总库、采油物资科、炼化物资科、水电物资科、综合物资科、机械维修队、长城实业开发公司及驻外采购站（组）等单位，全处共有职工428人，其中干部146人，工人282人。

1997年9月，物资供应处成立兰州龙翔股份有限责任公司。

1999年4月，长城实业开发公司更名为多元开发经营部。7月，油田重组改制，物资供应处隶属管理局管理，负责全油田的物资采购、供应与管理工作。其组织机构延续之前设置，保持不变，至年底，有职工290余人。

2000年1月，物资供应处对机关及基层机构设置进行调整，机关设党群工作部、行政办公室、审计监察科、生产安全调度科、物资管理科、财务科、公安科等科室，基层设物资供应科、采油物资科、炼化物资科、水电物资科、综合物资科、总库、多元开发实业部、西安项目部、龙翔股份有限责任公司等单位。7月，物资供应处成立龙祥物资贸易有限公司。11月，物资供应处设立北京采购站。12月，油田分公司在生产与质量安全环保处增设物资采办管理科，负责油田分公司物资采购的管理工作。

2002年1月，物资供应处对基层机构设置进行调整，撤销多元开发部，成立生产服务部；撤销龙翔物资贸易有限公司所属的北京、上海、沈阳、西安、郑州、兰州、广州、成都、酒泉、玉门10个经营部，归并成立了北京、上海、兰州3个工作站。2月，物资供应处经甘肃省煤炭经营企业资格审查领导小组批准，取得煤炭经营资格证，获准开展对外经营业务。5月，物资供应处承揽“西气东输”国家重点工程管线的接卸、仓储、倒运业务，分别成立玉门和酒泉两个“西气东输”物资中转站。玉门、酒泉“西气东输”中转站接受西气东输管道总公司采办处、中油管道物资装备总公司西气东输工程项目经理部的业务指导和工作指令，按照工程管理规定，完成钢管的接卸、验收、代储、发放工作，并做好各项资料的填写、上报工作。同月，物资供应处为配合油田酒泉生活基地搬迁工程，在酒泉基地工业园区内新建物资储存、转运库，并成立酒泉物资库工程项目组。9月，物资供应处获准增加石油专用管检验及压裂砂生产与销售项目。

2003年9月，油田分公司根据股份公司关于“一级法人、行政两级管理、业务三级管理”和减少管理层次、推行扁平化管理的要求，将物资采购管理办公室与采油厂燃料站、炼化总厂物资计划科等单位整合，组建成立物资采购管理中心，隶属分公司机关直属机构，负责油田分公司物资采购、电子商务、物资消耗管理及所属单位包括油料、生产物资、劳保用品、办公用品在内的物资采购招标、配送、质量监督和物资管理等业务，下设综合科、物资计划科、物资供应科，共有员工50人。

2004年2月，物资供应处为适应供应经营发展需要，对内部机构进行调整，撤销原采油物资科、炼化物资科，成立油田物资科，主要负责油田分公司所属各单位的物资供应、配送等服务工作。

至2005年7月，物资供应处机关设党群工作部、行政办公室、物资管理信息科、财务科、生产安全调度科、物资管理科、公安科等科室，基层设物资供应科、油田物资科、水电物资科、综合物资科、总库、压裂砂厂、生产服务部以及北京、上海、兰州工作站等单位，有职工271人。

2005年12月，随着油田重组整合，“玉门石油管理局物资供应处”和“玉门油田分公司物资采购管理中心”整合，成立玉门油田物资采购管理中心（物资供应处）（简称物采中心）。整合后的物采中心（物资供应处）主要负责油田生产建设所需冶金炉料、有色金属、钢材、木材、煤炭、石油专用管、石油专用化工、钻井设备、机电设备等物资供应及配送，为油田生产提供专业化服务，同时承担油田物资采购的管理职能。机关设综合办公室、生产安全调度科、物资计划供应科、物资管理信息科4个部门；基层设炼化物资供应站、油田物资供应站、机电物资供应站、综合物资供应站、物资总库、酒泉物资库、物资配送站、压裂砂厂8个单位，共有员工237人。

2006年3月，物采中心撤销玉门矿区三三区劳保用品商店，人员及业务划归油田物资供应站。5月，为确保库区安全，物采中心（处）成立经济民警大队，附属生产安全调度科管理。

2007年3月，为进一步优化配置，提高效能，物采中心撤销机电物资供应站，整体划归炼化物资供应站。

2013年，对物采中心机构设置进行调整，机关设综合办公室、物资管理信息科、生产运行科、安全装备科4个科室，物资计划供应科1个直属机构和经警队1个附属机构；基层设物资总库、采油物资供应站、炼化物资供应站、综合物资供应站、机电物资供应站、物资配送中心、压裂砂厂7个单位。当年，油田在老君庙油田作业区、鸭儿峡油田作业区、炼化总厂、水电厂、机械厂、综合服务处、方圆物业公司等7个单位成立物资管理站，将油田作业公司器材保管站、建筑安装工程处综合事务站更名为物资管理站。上述9个单位物资管理站，在物采中心的指导下，按照集团公司和油田分公司物资管理、仓储管理相关标准、规范和规章制度，专门负责本单位物资需求计划的编制、上报，本单位生产和工程建设所需物资到达现场后收、发、存管理，以及现场六十大类物资收、发、存实物及资金报表的汇总和上报。

至2017年底，物采中心（物资处）机关设综合办公室、物资管理信息科、生产运行科、安全设备科、物资计划供应科6个科室，基层设物资总库、采油物资供应站、炼化物资供应站、综合物资供应站、机电物资供应站、物资配送中心、压裂砂厂7个单位，有在册员工233人。

第二节　物资采购

1987年，随着国家经济体制改革的逐步深入，玉门油田物资采购的形式开始由单一的计划管理模式向指导性和市场调节转变。当时，除指令性计划分配物资由器材处向石油工业部申请，石油工业部供应局按国家指标和调拨价进行分配外，市场采购、自采、外协加工、串换、调剂、求援、自产加工等方式，已在油田相继推行。当年起，为了减少对国家指令性分配物资的依赖，逐步适应生产资料市场化的经营方式，器材处开始着手组织跨地区、跨部门的横向经济网络协作体系，通过强化业务科室和北京、上海、沈阳、西安、兰州、成都、郑州、广州、酒泉、新疆等驻外采购站（组）的信息收集工作，建立生产厂信息档案，为器材处比质比价，最大限度发挥采购资金的效益，起到了积极作用，至1989年，物资处通过市场采购的物资已达2/3以上。与此同时，油田本着“统放结合”的原则，先后制定《自采物资目录》《关于自采物资管理的补充规定》，逐步扩大了油田各单位的自采权限，并规范了各单位的自采行为，确保了急需物资和零星物资的供应。

1991—1999年，随着市场经济的逐步建立和发展，物资处一方面充分利用各驻外联络处和采购站（组）的地域优势，广泛搜集全国信息和市场行情，把握物资采、供、销趋势；另一方面，组织人员深入油田基层单位和施工现场，了解掌握生产工程建设和物资需求情况，及时调整物资采购策略。1991年，在打破行业界限，依托社会，开展多种形式的联营代销，逐步建立相对稳定的供应网络和长期可靠的供货关系，确保货源稳定的同时，对部分地方建材、设备等物资在比质比价、比信誉的基础上，开始以招标方式进行订货。1994年，物资处制定下发《关于进一步加强对外物资采购活动中有关制度的通知》，重新明确“物资采供审核制度”“财务付款稽核制度”“物资入库验收制度”，有效杜绝乱购、重购、错购、多购现象。这一时期，物资处通过严格实行供货网络动态管理和入网资质审查，建立和完善外部供应网路，在比质比价基础上，按照“先厂家、后市场，先省内、后省外，先网络厂、后其他厂，先国营、后集体”的原则进行采购。同时，对大宗且无合适网络内厂家的物资，采用招议标订货的形式进行；对常耗料采取代理销售和代储代销的方式，有效减少了物资库存和经营风险。为了规范采购行为，油田还陆续制定、完善《物资处业务规范》《物资处合同管理暂行规定》《物资处采购分工目录》等规章制度。

1999年7月，油田重组改制后，油田分公司的物资采购业务主要由物资采购管理办公室、物资采购管理中心负责管理，部分物资的采购，按照委托代理采购协议，由物资处组织采购，物资处同油田公司物采中心以计划分交的形式，统一委托，统一办理手续。2001年10月，油田分公司出台《玉门油田分公司物资采购管理办法（暂行）》，对物资采购的计划、采购、供应等管理程序进行规范。这一时期，油田分公司物资采购的方式，按组织形式分为统一采购、统一组织采购、自行采购、委托代理采购；按工作形式分为招标采购、询价采购和独家谈判采购。

2004年，油田分公司下发《物资采购与电子商务管理办法》，进一步细化物资采购管理程序，电子商务在油田物资采购领域首次出现。期间，物资处对配件、阀门、钢材、仪器仪表等采购量较大的物资，实施电子市场动态交易采购，电子商务采购从品种、数量到成交额逐年增长，为油田物资采购现代化奠定了技术基础。

2005年7月，物采中心按照集团公司推行的“集中采购、分散操作”的物资管理要求，坚持物资管理的“五个集中统一管理”，即：集中统一物资计划管理、集中统一物资采购管理、集中统一物资供应市场管理、集中统一物资仓储管理、集中统一货款结算与材料核算管理，对油田所需物资实行统一储备、直达供应的“物资采购高度集中、供管合一”管理体制。

2009年，按照集团公司统一管理、两级集中采购的要求和《中国石油天然气集团公司一级采购物资目录》，相继制定《玉门油田分公司物资采购管理办法》《玉门油田分公司物资供应商管理办法》《玉门油田分公司招标管理实施细则》等制度，实行集团公司总部与油田两级物资集中采购。对列入集团公司一级采购物资目录的物资，由物采中心负责汇总编制油田一级采购物资需求建议计划，上报集团公司进行集中采购；对未列入一级采购物资目录的其他物资，作为二级采购物资，由物采中心负责集中采购。2010年，按照集团公司对物资供应商实行统一归口、两级管理的要求，将物资采购供应商管理由企管法规处移交至物采中心，实现了与上级部门的对口管理。年底，共有物资供应商433家，其中一级物资供应商101家，二级物资供应商332家。在日常采购中，物采中心严格按照《集团公司物资采购管理办法》《玉门油田分公司物资采购管理办法》的规定，对一级物资采购进入能源一号网实施网上集中采购；二级物资实行20万元以上招标采购，推行竞争机制，确保“阳光采购”；对不具备招标条件，专业性强、原厂商配件或独家产品的物资，经油田领导审批后，在充分了解其成本构成，比照同期市场价格的基础上，进行独家谈判采购。招标采购、网上采购成为油田物资采购的主要形式。当年，油田两级物资集中采购度达到了100%，节约采购资金5819.39万元，采购资金节约率达6.8%。期间，电子商务采购快速增长，仅2010年电子采购额就达2.36亿元。

2013年6月，物采中心作为中国石油物资采购管理信息系统推广应用第三批上线单位，成功上线，在系统完成采购方案、采购结果、采购订单，物资采购业务全部在物采系统中运行，实现中油物资采购管理信息系统与ERP系统的集成对接。物采中心大力实施“阳光”采购工程，加大集中采购、招标采购和代储代销力度，按照油田物资采购管理“统一计划、统一采购、统一仓储”工作模式，积极推广物资采购标准化，有效提升了物资采购管理水平。

2014年，物采中心引入分级制，强化对供应商的动态考核。通过对供应商资质、产品质量监督抽查结果、用户意见等相关信息进行打分，实施供应商ABC分类管理，对优秀供应商予以晋级，问题供应商予以降级，逐步淘汰产品质量、服务或业绩不佳的供应商。通过减少二级采购物资供应商中非制造商的比例，吸收有实力、重信誉的制造商，着力培育主力供应商和战略合作伙伴，推动了采购管理向资源管理迈进。

2015年，签订采购合同1878份，物资采购额6.31亿元，其中招标采购合同538份、2.16亿元，电子商务采购合同394份、3.02亿元，两项合计占采购总额的82.1%，比价谈判采购合同731份、0.28亿元；经“三重一大”审批，通过单方谈判签订采购合同215份、金额0.85亿元，同比减少26.7%。

2016年，签订采购合同1689份，其中通过招标签订采购合同544份、2.08亿元，通过电子商务签订采购合同374份、金额3.51亿元，两项合计占总采购额的82.5%；通过比价谈判签订采购合同568份、金额0.21亿元；经“三重一大”审批，通过独家谈判签订采购合同203份、金额0.98亿元，全年共完成物资采购额6.78亿元。

2017年，签订采购合同1454份，其中通过招标、议标及电子商务签订采购合同1316份、金额9.87亿元，物资采购招（议）标率93.5%，节约采购资金3785万元。当年，油田物资两级集中采购度达100%，全年共完成物资合同采购额10.55亿元。

第三节　物资供应

1987年，基层各单位普遍设立器材科（库），专门负责本单位物资需求计划的编制上报、物资领取与发放等工作。物资处（器材处）按照各单位上报的物资需求计划，与各单位签订内部供需经济合同并进行采购进货。当时，主要采取代储领取、直达供料的方式为油田各单位日常生产、工程建设供应物资。代储领取是油田物资供应的主要方式，即物资处（器材处）采购的物资到达后，经验收组验收，库房依据验收单登记账卡入库。各单位领用物资时，由器材处主管该项物资的计划供应科室根据供货合同填写分配单，基层供应员持分配单到库房换移拨单领料。各单位收料后凭移拨单与器材处办理付款手续。除机电设备、国外料、新型材料实行实进实销外，其余均按照内部计划价结算。各基层车间用料时，填写领料单到本单位器材科领取。车间设有材料点存放常用低值易耗物资。

1988 年，物资处结合油田重点工程建设，开始在重点工程建设中开展物资供应承包业务，联合工程项目有关的基层器材科（库），承包工程所需全部物资的配套供应，确保重点工程的顺利开展。当年，对钢材、木材、大宗化工等双轨制物资，按油田生产计划核定供应量，并在实行市场价的基础上按国家统配比例返回价差，对机电设备实行实际价，对专用管材、有色金属、建材、各类配件、二类机电产品等仍实行计划价。

1990 年起，面对老区保持原油稳产和炼化配套改造，吐哈新区会战步伐加快，物资供应的任务日趋繁重。物资处在强化物资计划管理，确保需求计划准确性的同时，按照物资供需经济合同，确保物资供应；对重点工程建设项目物资，推行物资供应承包责任制和工程用料项目管理。在吐哈新区，按照“两新两高”要求，推行直达供应的方式，逐步取消参战甲方单位的二级库，借助战区乙方队伍和社会力量，实现了勘探、钻井、油田开发、重点工程建设所需物资的现场送料。

1994 年，物资处在内部物资供应份额不断减少、市均占有率不断收缩，市场竞争日趋激烈，生存发展受到严重挑战的情况下，积极推行供应事业部运行机制，通过仓库现场开单、现场发料、料场服务的“一条龙”供应服务，做到了新老区统一、科库统一、内外统一。全年老区供应物资总量达 47 万吨，物资销售额达 2.3 亿元；吐哈新区供应物资总量 12.37 万吨，物资销售额 63664 万元。

1995 年后，随着玉门、吐哈管理体制的理顺，管理局不断深化物资系统改革，强化物资供应运行管理，推行专业化服务、市场化经营，逐步撤并部分二、三级库，通过“一级设库、大宗物资直达供应、日常物资分片设点、零星物资门市化经营”，既节约了成本费用、提高了效率，又加快了物流速度、方便了生产。

2000 年起，面对油田主副分离，勘探开发、炼油化工主营业务自行采购物资量增大的情况，物资处一方面紧盯青西联合站建设、青西会战、炼化检修、钻机改造、水电厂锅炉改造等重点工程建设，通过专人蹲点、主动沟通、现场服务，确保油田内部物资供应市场的稳定；另一方面，积极争取西气东输管道建设物资中转、西部管道工程建设物资中转等业务，拓宽物资供应的服务范围，实现了对外开展物资供应和配送服务的突破。2002 年，全年实现物资销售额 3.88 亿元。2004 年，实现销售额 5.5 亿元。期间，物采中心和物资处充分发挥现代化办公设施的优势，分别建立集物资计划、采购、库存、合同、价格、调拨、结算为一体的物资管理网络系统，实现了从物资需求信息的收集到付款审核全部通过计算机完成。

2005 年，新整合成立的物资采购管理中心（物资供应处）及时整合完善物资信息商务平台，新增油田内工程料价差与税金分开统计、供应商查询、制度查询等功能。坚持“抓难点、保重点、全面兼顾”的原则，对油田勘探开发急需物资，采取顶死看牢的方法，落实货源、保证供应；对热电技术改造、炼化检维修、酒泉生活基地建设等重点工程建设用料，专人负责、跟踪服务，确保了油田内部物资供应工作的稳步增长。

2006 年，物采中心围绕油田勘探开发、炼化生产、技改项目、重点工程建设等重点工作，坚持专人负责、靠前服务，实行 24 小时待命、全天候服务，采取服务方式“零距离”、物资供应“零拖延”、解决问题“零推诿”、采购物资“零差错”的“四零式”服务举措，以质量保信誉、以服务保市场，始终做到了保质保量、供应及时、配送到位、保障有力。当年，实现销售收入 12.16 亿元。

2008 年，物采中心创新供应方式，将消耗量大、采购频率高、单位价值低、品种杂、市场供应充足的部分Ⅱ、Ⅲ类物资进行超市化经营和管理，在酒泉商贸中心选址建立物资供应超市。初期，物资供应超市主要提供办公用品、小件易耗品，后逐步扩大品种范围，给用户带来极大方便。

2009 年，物采中心把确保油田勘探开发和重点工程建设物资供应作为重点，及时跟进酒东油田地面工程建设、老君庙油田技术系统改造工程、酸化压裂施工、新井钻井、青西联合站检修、炼化废水达标工程建设等一线施工现场，加强与各工程项目部的沟通与联系，在提前做好计划与采购工作的同时，采取建立重点材料催交运行大表、派专人到厂家坐催、合理库存、按工程节点及时配送等方法，确保了重点物资的供应。完成物资供应额 8 亿元。

2011 年起，油田内部物资供应工作遍及 4 个油田作业区、炼化总厂、水电厂、油田作业公司、机械厂、建筑安装工程处、综合服务处、勘探开发研究院、设计院、物业公司、油田医院、新闻中心等一线生产、工程技术保障、矿区服务各个单位，外部市场有西气东输、西部管道等国家重点工程和在油田从事钻井、测井、录井等工程技术服务的乙方队伍，供应范围东至雅布赖等探区，南至青海天峻县木里盆地，西至瓜州、柳园等地，距离远、范围广、点多面宽；所需物料用量大、型号多、品种杂、时间紧，专用设备技术要求高。物采中心坚持以“工作超前、供应及时、质量可靠、保障有力”为标准，通过提前介入、跟踪服务、督促发运、特事特办、现场验收交接等方式，确保了重点物资的供应。当年，针对常耗物资计划性不强、需求时间分散、申请采购频次多、无法形成批量、采购成本增加等问题，不断完善代储代销措施，加大代储代销力度，专门组织有关人员根据历年消耗规律编制《2011 年常耗物资代储代销计划》，涉及 23 个大类，9212 项物资，金额 10261 万元，通过分期分批实施公开招标采购，为生产单位用料提供了方便，有效减少了资金的占用。

2012 年，累计收到物资需求计划 41323 项，签订供应合同 2053 份。在优先保障油田勘探开发、炼化生产、重点工程建设、苏里格 246 区块前期评价等重点物资供应的同时，进一步加大了常耗物资的代储代销力度，编制常耗物资代储代销方案 28 个，数量和范围涉及 29 个大类、11021 项，金额达 9567.2 万元。全年，销售金额达 9.98 亿元

2013 年，全年收到需求计划 39886 项，同比增加 12.56%；累计签订采购合同 2305 份，物资采购额 14.3 亿元，库存余额 1.04 亿元。

2014 年，收到物资需求计划 39126 项，签订合同 2299 份，物资采购总额 10.17 亿元，计划执行率 83.9%。

2015 年，物采中心全面梳理代储代销目录，不断拓展代储代销品种，全年代储代销 27 个大类、7839 项，金额达 1.31 亿元，保证了物资供应顺畅。

2016 年，以“合规、质量、效率”为出发点和落脚点，大力推进服务方式“零距离”、物资供应“零拖延”、解决问题“零推诿”、采购物资“零差错”的“四零式”服务举措，确保了炼化总厂大检修 4005 项物资正点到位。首次对油田三次采油技术推广应用的核心设备——三元复合驱配注装置试行两阶段招标，并取得成功。

2017 年，总库铁路专用线到货 5392 车、35.6 万吨，全年配送物资 1.9858 万吨。

第四节　仓储管理

一、仓储设施

1987 年，油田物资系统共有库房 203 座、63870 平方米，料场 30 个，4400 平方米，料棚 36 座、15307 平方米。其中，由物资处管理的库房有散装水泥库、轴承库、201 弹药库、焊条库、劳保库、工具库、停用设备库、废料库、石棉制品库、电料库、小五金库、设备库、仪表库、拖拉机配件库、工矿配件库、汽油车配件库、农机配件库、内燃机配件库等 47 座，面积 5513.5 平方米；料场 5 个，面积 604952 平方米；料棚 7 个，面积 5513.5 平方米。库区占地总面积 75 万平方米，其中，1956 年建设投用的库房有 15 座。有铁路专用线 2 条，全长 3.1 千米。有 3 座装卸作业站台，货位 63 个，年吞吐能力约 74 万吨。

1990 年起，为了确保吐哈会战物资供应及时、到位，物资处在鄯善临时建设 1 个 2400 平方米的简易料棚和 2000 平方米的水泥平台的基础上，先后投资建设鄯善物资库、哈密物资库。鄯善物资库库区东西长 1080 米，南北宽 650 米，总占地面积 719950 平方米。年周转能力 40 万吨，库存能力 10 万吨。建有铁路专用线 3 条，总长 2908 米；各类库房 10 栋、料棚 5 座，机械自动化作业线 2 条，生产设施及生活辅助设施共 35 个建筑单体，总建筑面积为 61189 平方米。哈密物资库占地面积 120000 平方米，仓储能力 8 万吨。1995 年 6 月，随玉门、吐哈管理体制理顺，以上仓储设施、设备及人员整体移交吐哈油田。

1994 年 12 月，在管理局仓储管理工作等级达标检查认定小组对全局仓储管理工作检查和复查认定中，物资处物资仓库晋升为三级仓库；酒精库、玻璃库、石棉制品库、有色金属库晋升为二级库房；型钢料场、

管材料场、板材料场晋升为三级料场；纯碱库、水泥库晋升为三级库房。

1996 年，管理局推行专业化管理，撤销各基层单位的器材科（材料库）及其管理的各类仓库、料场和料棚，在物资处设立采油物资科、炼化物资科、水电物资科、综合物资科 4 个专业科室，原各单位所属各类仓库（不包括针线箩筐、自制料库）、料场和料棚分别由以上 4 个专业科室进行管理。

2002 年，物资处在酒泉工业园区修建酒泉物资库。库区总面积 90829.95 平方米，有长 465 米的铁路专用线 1 条，设 12600 平方米煤场 1 个、1650 平方米料棚 1 栋、27500 平方米料场一处，站台 6800 平方米，主要设备有 60 吨汽车衡 1 台，40 吨龙门吊 1 台。该库地处酒泉工业园区中心，东与酒泉糖厂专用线相接，南距酒泉火车站 8 千米，北邻 312 国道和 G30 高速公路，交通便利。酒泉物资库的建设，为物资处开拓西气东输、西部管道建设物资中转服务市场，扩大社会物资仓储服务，保证酒泉生活基地建设物资供应，创造了有利条件。

2008—2012 年，物采中心（物资处）结合“三基”工作，从改观库容库貌入手，以现场整齐、美观、安全、实用为标准，大力推行仓储标准化建设。在新建 1 座面积 1792.88 平方米全封闭门式轻型房屋钢结构库房的同时，针对仓储及各种系统设施陈旧老化等问题，对污水、消防水管线、铁路站台等 8 项安全隐患整改项目进行整改，先后拆除危险库房 6 座，平整料场 39000 平方米，安装目视化管理标示牌 23 个，修剪库区内外树木近千棵，完成了重要区域安全警示线设置工作。

2013 年，在拆除玉门 27 号、29 号库房，对 16 号库房和阀门库进行修缮维护的基础上，在玉门总库新建 1 座 1792 平方米的彩钢库房，在酒泉物资库新建 1 座 6136 平方米的轻钢门式钢结构料棚，满足了库存物资的需要。

2014 年，青西油田作业区建设了占地面积 10500 平方米的料场 1 个。其中，新建钢结构料棚 2 座，面积 720 平方米；新建货架 8 处、卸车台 1 个。

至 2017 年，物采中心（物资处）共有各类库房、料棚 69 座，面积 2.8 万平方米，料场 37 万平方米。拥有铁路专用线 3 条，全长 2.78 千米。

二、制度建设

1987 年，物资仓储管理方面的制度和办法主要有：《器材仓库保管员岗位责任制》《器材仓库（组）流动红旗评比办法》《针线箩筐管理制度》《器材处库房保卫制度》《现场物资管理制度》《现场物资管理实施办法》等。

1988—1995 年，随着物资管理体制由计划经济下的“五统一”转变为“统放结合”模式，相继制定《玉门石油管理局仓储达标验收细则》《玉门石油管理局仓储管理工作等级标准及认定办法实施细则》《TQC 管理制度》《质量责任制》《计量责任制》《计量管理制度》《物资质量检验制度》等仓储管理制度。

1996 年，推行物资供应专业化管理，原有的仓储管理制度已不能适应新体制的需要。1997 年，物资处组织力量，结合专业化管理运行的实际，重新修订完善《物资供应处物资供应业务范围》《物资质量检验管理制度》《物资验收管理制度》《物资保管保养细则》《物资的出库与退库制度》《库存物资的盘点与盘盈处理方法》《玉门石油管理局化学危险品收、发保管规定》《化学危险品收发保管规定》《物资供应处 201 库制度》《物资入库计量验收制度》《仓库财务管理制度》《仓库安全防火管理制度》《物资仓储管理工作等级标准》等仓储管理制度和办法。

2012 年，制定出台《玉门油田物资仓储管理规范》《玉门油田现场物资管理规定》《物资供应业务实效管理规定》，对仓储管理工作主要制度进行缺失补充和更新完善，形成了完备的制度体系。

2013 年，制定《关于完善和规范物资出库流程的规定》和《玉门油田分公司物资仓储管理实施细则》。

2016 年，制定出台《起重作业安全注意事项》《煤炭管理工作流程》《火车到煤检尺验收》《“十不让”工作要求》等工作制度。

2017 年，制定《玉门油田分公司应急物资储备管理办法》。

三、管理措施

1987—1995 年，物资处秉持“四号定位”“五五摆放”等仓储管理的科学方法和物资保管保养先进经验，严格按照《器材仓库（组）流动红旗评比办法》《针线箩筐管理制度》《现场物资管理制度》《现场物资管理实施办法》《玉门石油管理局仓储达标验收细则》《玉门石油管理局仓储管理工作等级标准及认定办法实施细则》等制度和规定，通过建立物资消耗数据库、库存积压责任追溯机制，狠抓仓储管理标准化建设和现场物资管理，油田仓储管理程序和仓储建设逐步走向规范化、制度化。按照仓储管理科学化的要求，库房管理做到库存物资规范化（“五五摆放”“四号定位”“四对口”，上盖下垫，标记明显）；物资保管发放业务处理网络化；工作制度、岗位标准、业务流程、应知应会、服务公约等“看板”化。1992 年，经油田仓储管理等级达标检查认定小组对油田 25 个单位仓储管理等级进行认定，共有 4 个单位仓库被命名为二级仓库，5 个单位仓库被命名为三级仓库；1 个库房被命名为一级库房，53 个库房被命名为二级库房，28 个库房被命名为三级库房；13 个料场（棚）被命名为三级料场（棚）。1994 年，为了强化物资管理、发放全过程质量效益管理，规范供应秩序，物资处坚持物资验收入库“三检查”制度，确保物资管理“三勤、五清、四对口”（勤清点、勤整理、勤保养，名称相符、规格型号不混、数量准确、质量清楚、附件资料齐全，账、卡、实、资金要对口）。当年，物资处成立“四料”处理项目组，制订《积压物资销售经营承包考核办法》《全员推销积压、报废物资奖励及造成新积压报废物资惩罚办法》，动员全处职工全方位推销处理积压、报废物资，全年处理积压、报废物资 675 万元。

1996 年，按照“一级设库、二级管理、门市化经营”的目标，设置总库、采油物资科、炼化物资科、水电物资科、综合物资科 5 个仓库，实行专业管理。5 个仓库按照总公司仓储管理达标等级验收标准，深入开展仓库建设。通过对年久失修的土木结构库房进行维修改造、发动职工对器材重新码放，对库区主要标牌进行更换等工作，使库存物资全部做到摆放“三线一面”“五五化”，基础资料填写更加规范，有效提升了仓库管理水平。当年，在物资处达标验收中，采油物资科被评为二级仓库，总库、炼化物资科、水电物资科、综合物资科被评为三级仓库。

1997—2005 年，物资处严格按照物资管理制度要求，以“六平一代”（平库存、平期货、平闲置、平修旧、平积压、平自制、找代用）、“四号定位”“五五摆放”“三条线”（标签一条线，材料摆放一条线，料架一条线）、“三清”（数量清、质量清、账卡清）等为标准，严把验收入库关，坚持依据合同、到货验收通知单，对入库物资的品种、型号、规格、数量、质量及配套情况，查对质量证明书、合格证、说明书、发货明细表，做到证物相符；依据“物资到货通知单”，对零星、大宗物资按时限验收，开箱点件或检尺（检斤）验收，强检物资取样送检；按照验收结果、检验报告及时填写“物资到货验收记录”，办理入库手续，建立“物资明细账”、登记物资料签卡片、填制磅码单，做到验收记录齐全、准确，妥善保管，装订成册，实现仓储物资账、卡、物、资金“四对口”。严把物资保管保养关，坚持按照物资性能采取相应的保管方法，实行保养经常化制度，定期检查保养，做到“五防”（防火、防盗、防潮、防锈、防霉变）、“三无”（无损坏、无变质、无隐患）和“十不”（不锈、不潮、不冻、不霉、不腐、不变质、不挥发、不漏、不爆、不混）；坚持按照物资保管技术要求，对库存物资适当进行加垫、通风干燥、定期清洁或重新包装，对存放与保养方式不当的物资及时进行改进，保证了所保管物资质量完好无损。以“四化”为标准，以建设一流物资库区为目标，加强库区建设，根据仓储物资的性质和要求，对库区严格分类、分区、合理布局，按照物资的不同属性、规格，定位、分区存放，做到规格不混、材质不混、数量准确、账实相符，实现了库存物料存放“规则划一、标记鲜明、库容整洁”。期间，物资处打破原来只整卖、不零售，只保生产、不对外经营的单一模式，开放总库，面向社会开展物资代储、代验、代发放和仓库库房出租等业务，既盘活了仓库的各类资产，又获取了最大的经济效益。2001 年，实现站台收入 44.43 万元。2004 年，酒泉物资库在确保生活基地建设物资供应的同时，面向社会市场开展代储代销业务，为周边社会市场代储棉籽 10000 余吨、铁粉 5000 吨，实现了创收增效目标。

2006 年，物采中心对库存物资收、发、存业务实行统一储备、直达供应的仓储管理模式，减少了中间仓储环节，改变了物资分散储备、多级库存、物资积压、物流设施利用率低的局面。

2008 年，物采中心以标准化库房建设为目标，以现场整洁、美观、安全、实用、5S 管理为原则，以醒目、清晰、直观为标准，加强仓库软硬件建设，先后对 9 万平方米钢材料场进行规划整治，浇筑钢筋混凝土条形支墩 125 套，制作 500 个马鞍形钢材料架，形成了规格统一、横竖成排、标识醒目的钢材料场；新建彩钢库房 2 座，彩钢料棚 3 座，根除了化工料棚安全隐患。结合工作实际，对各库站不同岗位的规章制度进行了修订和更新；各库站也制定、完善了以仓储保管、物资验收、物资配送为主要内容的部门管理制度，做到了制度上墙，规范运行，提升了仓库管理水平。

2009 年，物采中心严格按照“六平一代”原则，加强积压物资和数管物资的平衡利用。先后针对酒泉生活基地建设工程剩余料，通过转移玉门库，加大处理力度，使库存由年初的 60 余万元下降到 49 万元；积极推销和代用甲醇工程剩余料，节约资金 20 余万元；将积压多年的近 200 立方米保温材料进行代用，节约资金 30 余万元；加大酸化剩余化工料利用处理力度，节约资金 10 余万元；适时开展石油专用管、阀门等数管物资专项效能监察，摸清了库存，堵塞了漏洞，为平衡再利用提供了精确信息。

2014 年，按照“低占用、快周转、保生产”的原则，严格执行集团公司《物资仓储技术规范》《物资仓储管理规范》，通过合理规划库容，确定合理库存，建立库存积压责任追溯机制，对入库满三个月以上的物资，主动联系调剂平衡使用，加快流转速度，避免占用仓储资源；对无动态物资和积压物资，通过油田内部调剂和处置，使库存物资结构合理，存货规模合理；严格执行半年一全盘制度，加大库存物资检查盘点力度，对石油专用管、煤炭、化工原料等重点物资进行盘查，分析库存结构，掌握库存状况，为实施“六平一代”提供了保证；对库存通用标准件实行“能代则代”措施，采取提前与用户、设计、造价等部门沟通，争取在生产维修、工程建设等项目中进行代用或降级使用的做法，最大限度盘活了库存闲置积压物资。全年，平库代用无缝管、阀门等物资共 40 项，价值达 81.3 万元。

2016 年，物采中心按照集团公司物资采购管理部《关于全面应用物资仓储条码及电子标签应用系统的通知》精神，在矿区物资总库开始物资仓储条码及电子标签应用系统试点工作，为保证 2018 年底前全面实现仓储业务数据自动采集和处理奠定了基础。全年，物采中心库存余额 0.78 亿元，库存周转次数 5.213 次。

2017 年，持续深化“零库存”理念，将无动态物资和积压物资的处理作为“降本控费”重点项目，持续加大对无动态物资和积压物资的处置力度，库存项数减少 278 项，资金下降 1662.09 万元，占年初库存资金的 21.29%，完成了集团公司降库 15% 的硬指标。至 12 月末，库存 6358.98 万元，库存降幅 18.6%；积压无动态物资利用 111 万元；物资一次入库检验合格率 100%。

四、质量管理

加强物资质量管理，为油田生产提供合格物资和优质服务，是物资供应单位的基础性工作，也是物资供应单位的生存之本。长期以来，物资供应单位十分重视物资供应工作的全面质量管理，也为之做出了不懈努力。1987 年前，器材处先后成立质量管理委员会，质量、标准化管理委员会，标准化和计量领导小组等组织机构，加强质量、计量和标准化管理工作的领导；坚持每年开展“质量月”活动，提高了全体职工的质量意识和质量管理水平；利用较为先进的专用管材和阀门试压检验设备，组建 30 余人的大宗物资验收组，加强物资验收、检验力度，确保了采购物资的质量。

1987 年起，物资供应处坚持以质量管理委员会、计量和标准化领导小组为主体，以开展“质量月”活动为抓手，以全面质量管理达标验收为契机，以各项质量管理、计量和标准化建设规定、制度为规范，持续加强全员质量意识教育、全面质量管理、物资入（出）库验收、检验、监测以及仓储物资保管保养等工作，有效减少并杜绝了劣质、残次以及不合格产品和物资流入油田市场，为油田及社会市场提供了品质优良的物资和优质的服务。

1989 年 9 月，为了加强物资验收工作，确保油田生产建设物资质量，物资供应处成立物资检验科，专门负责经营物资内在质量的自检、送检等工作。

1996 年，物资供应处以实行专业化管理为契机，建立健全各类供应员质量责任制，编制、完善重点工程质量手册，建立质量查询制度，重新强调入库物资必须随带“三证”、订货合同必须有明确的质量标准和主要技术指标。为了加强物资质量监控，物资供应处在物资采购、验收、保管、发放、使用环节上设置质量控制点。当年，对总公司规定的 9 大品种物资，做到了全部检测。

1999 年，物资供应处修订完善《物资质量检验管理制度》，进一步规范了物资质量检验、监测工作。

2002 年，物资供应处套管试压厂投运，共检测套管 96000 米，实现投资回报率 24%。当年，通过 ISO9000：2000 质量体系认证。

2003 年，物资供应处成立物资质量检测站，按照有关标准进行石油专用管材、阀门、压裂砂支撑剂检验；负责对石油专用管、阀门、压裂砂支撑剂的质量进行总结和数据分析。

期间，物资供应单位严把物资入库验收关，根据物资的不同料性，采取由验收人员与保管员分工负责，必要时共同验收的办法进行。其中，金属材料采用检尺计斤；大宗化工、油品、建材定量包装的抽检点数，散装材料按堆量方，并进行抽样化验；专用设备由用户、仓库、供应人员共同参与现场开箱点验，内在质量由用户自行检验；港口直达物资由质量检测站归口负责联系报验和组织商检。零星料 3 天内验收完毕，大宗料 7 天内验收完毕，整列到货 10 天内验收完毕。

2006 年，先后修订完善《质量管理办法》《物资入库计量验收制度》《危险化学品管理办法》等制度，完成 QHSE 管理体系文件的升级换版工作，通过了质量管理体系的年度监督审核。

2007 年起，物采中心在对到货物资确保“三证”齐全的基础上，进一步加强物资到货验收，对检修及工程用料做到了箱箱开箱验收、件件逐个过目，对钢材、阀门等强检物资做到了批批强检、项项合格。2012 年，全年完成套管检测 23 万米，物资质检送样 912 项，阀门质检 3996 只。2013 年，完成套管检测 3.9 万支、41 万米，阀门质检 4950 只，物资质检送样 1068 项。期间，出台《玉门油田分公司物资采购质量管理实施细则》，就物资的到货验收与检验、出库，物资的仓储、保管及质量问题、事故与纠纷处理等重新进行了规范。

至 2017 年，物采中心（处）质量管理体系更加健全，质量管理体系覆盖率达到 90% 以上、认证复审通过率达到 100%；计量检测能力持续上升，计量检测体系持续完善，产品质量抽查计划完成率达到 90% 以上，强制检定计量器具受检率达到 100%；逐步形成了符合物采中心实际、规范完善的物资质量管理流程架构和分级、分类标准。

第五节　物资配送

20 世纪 80 年代后期 90 年代初期，物资供应的服务功能日益凸现，为了强化物资供应的服务意识和功能，物资供应处开始在油田勘探开发、原油生产、炼化检修改造以及重点工程建设领域，实行现场送料，按用户的物资需求计划或物资调拨单，将物资直接送达生产现场。期间，物资供应处在总库设置送料队，开展物资送料工作，做到了不论批量大小、数量多少、价格贵贱，随要随供、随需随送，既方便了生产、提高了效率、加快了物流速度，又有效保障了重点生产建设物资的及时供应。1992 年，将吐哈新区重点物资直达供应作为一项重要工作，1994 年，现场送料 2.4 万吨，创利 26.3 万元。

1996 年，物资供应处在总库送料队的基础上成立物资配送站，专门负责重点物资的配送业务。8 月，物资供应处制定《关于大宗物资配送到现场程序的规定》，进一步规范了物资配送的程序。

1998 年，针对炼化总厂酮苯脱蜡工程、丙脱工程、装置检修以及水电五期扩建收尾、水源工程建设等重点工程相继实施，物资供应部门主动揽麻烦、送方便，简化业务流程，超常规组织供应，在工程建设现场建立常用料供应点、随要随供的基础上，加大物资配送力度，大到设备、塔具，小到轴承、油壬，全部实行配送到现场上门服务。当年，在配送高峰期，创造了日送料 320 吨的佳绩，全年累计配送物资 27734 吨。

2000 年 12 月，物资供应处依据关联交易协定，为了超前做好油田分公司和管理局各项生产建设物资的供应服务工作，对物资配送费用制定最高限价标准。当年，共配送物资 18994 吨，创利 48.3 万元，配送及时率达 98%、准确率和满意率均达 100%。

2001 年，配送人员牢固树立“宁可让利，不让市场”的思想，专门送 1 只阀门、1 根角钢、3 块玻璃等零星料 70 余次，全年配送物资达 28765 吨。

2002 年，物资供应处挤出资金购置沃尔沃拖车、抓管机、25 吨吊车等配送设备，大大增强了物资接卸、倒运、配送能力。

2003 年，配送工作针对西气东输中转所需物资配合车辆多、时间紧的特点，及时调整工作思路，改变工作方式，采取见缝插针、加班连点、轮班倒换等各种方法，缓解了车辆紧张与确保配送之间的矛盾，做到了物资配送及时、准确、安全无损，全年共计配送物资 3.8 万吨，倒运、堆码西气东输管线 23 万吨，配送及时率、准确率均达到了 95% 以上。

2004 年，全年接卸、配送设备 363 台（套），化工、钢材、水泥等物资 3.76 吨。

2005 年，新整合成立的物采中心（物资供应处）抓住油田内部开工工程多、西部管道建设到货量大的有利时机，将物资配送工作作为提升服务水平、增加增收创效渠道的有效途径和全中心工作的重中之重，及时调整原总库配送站和生产服务部运输班，成立物资配送站，下设运输班和配送班两个班组，配备员工40人，配备各类车辆32部，其中大型配送专用车辆17台，加强了物资配送力量。当年，接卸、倒运设备162台（套）、4392件，配送水泥、钢材、化工料等物资52600吨。至此，经过十多年的发展，物资配送业务从最初的红砖、水泥等建材的单一配送发展到配送化工、石油专用管、钢材、机电设备等各类油田生产物资的全面配送，直达物资配送量3万吨，在服务油田勘探开发、炼化生产等工程建设项目以及国家西气东输，西部管道一、二、三线河西走廊段物资中转中发挥了重要作用。

2006年，配送各类物资6.8万吨。

2009年，针对物资配送无偿服务，配送频次增加，配送成本大幅上升的现状，物采中心对工程建设所需设备、生产所需零星料采用汽运直达现场的方式，既减少了物资入库后再配送的数量，又有效降低了配送频次和成本，全年，直达现场物资累计达530余车1万余吨。

2012年，配送各类物资1.8万吨。

2013年，制定《防止石油专用管运输过程中滑落的9条安全措施》，对“石油专用管滑落隐患”进行专项治理，使物资配送工作向标准化和专业化方向发展。全年累计配送各类物资2.75万吨，倒运3.57万吨；配合油田97井次酸化压裂，配送酸化用料3422.9吨。夺油上产会战期间，创下了物资月配送3328吨、周配送1000吨的纪录。

2014—2017年，物采中心坚持“服务第一，用户至上”的服务理念，引入现代物流机制，采用PDCA工作循环法，改进和完善操作规程、“两书一表”和岗位操作卡等风险防控措施，坚持实行“全天候配送”物资配送制度，基本实现了物资配送全过程受控。通过制定并实施《物资配送管理规定》《设备钢材现场接卸作业安全管理规范》《设备操作规程》《物资配送十一个到位》等规章制度，逐步提高了配送队伍专业化、标准化、规范化程度，实现了各项物资配送的安全、准确、及时。期间，针对油田各采油厂物资需求分散的实际，优选运输路线，依据不同物资种类，需求特点，优化实施直达、配载、协同配送等方式；对油田水泥、石油专用设备、钻井液材料等品种单一、需求量大的物资，采取专人押运送达用料单位；对钻采配件、工具及小批量零星物资，做到24小时全天候全方位无借口服务，确保了油田生产和重点工程建设的顺利进行。

第六章　通信信息

第一节　机构与队伍

1987 年，通讯处作为专门负责油田通信、信息、电视业务开发、运行、安装和维护工作的基层单位，机关设办公室、经营办公室、生产技术科，基层设电话站、电视台、卫星地面站、供应站、劳动服务站，共有职工 261 人。4 月，油田成立计算中心，与通讯处一套机构、两块牌子。

1995 年 11 月，通讯处更名为通信公司，机关设办公室、党委办公室、纪委、工会、团委、生产技术部、计划财务部，基层设电话站、电视台、综合服务部、多种经营部、音像中心、信息中心等单位。

1999 年 7 月，油田重组改制，通信公司隶属管理局管理，主要负责油田内外的通信、信息、电视业务的开发、运行、安装和维护工作。机关设计划财务科、生产技术科、党委办公室、行政办公室、纪委、工会、团委 7 个部门，基层设电话站、电视台、通信工程部、通信维护部、多种经营部、综合站、市场部 7 个单位，共有职工 261 人。

2003 年，管理局撤销通信公司，成立玉门油田通信有限责任公司（简称通信公司），通信公司属局控股子公司，为独立法人单位，独立经营。机关设有综合办公室、计划财务科、生产技术科 3 个部门，基层设通信事业部、电视台、网络运行部、工程维护部、市场营销部、综合事务部 6 个单位。

2005 年 7 月，油田重组整合后，通信公司组织机构延续原设置，机关设综合办公室、计划财务科、生产技术科 3 个部门；基层设通信事业部、电视台、网络信息部、工程维护部、市场营销部、综合服务部 6 个单位，员工总数 185 人（合同化用工 143 人，市场化用工 6 人，退养人员 36 人）。

2006 年 5 月，撤销通信公司，成立信息中心，统一负责油田信息、通信、电视等业务运行管理与服务工作。信息中心机关设综合办公室、营销科、生产技术科 3 个职能科室，基层设网络运行部、信息门户部、通信事业部（电视台）、信息工程部、信息维护部、综合事务部 6 个基层单位。

至 2017 年 12 月，信息中心机关设办公室（党委办公室）、安全生产科、计划财务科、科技科 4 个部门，基层设数字油田部、智能工程部、通信事业部（电视台）、网路运行部、信息维护部 5 个单位，员工总数 156 人。

第二节　通信

1987 年以前，通信业务主要采取人工转接及机电式接续方式进行，用户以单位办公电话为主。1987 年 1 月，油田程控交换机引进项目立项，7 月 25 日，通信技术改造项目开始实施，引进安装加拿大北电公司 5200 门程控机。11 月，老君庙油矿、石油沟油矿、鸭儿峡油矿程控机相继割接，卫星地面通信全国 15 个站全部联网，正式开通。12 月，通讯处由步进制到程控交换全网割接一次成功。同时，电话站人员及所有设备从三三区老电话大楼迁至新通讯楼。至年底，通信业务完成电话服务量 43069 台 / 月，卫星电话全年接转长话达 13991 人次。

1991 年，油田卫星通信信道扩展 2 条，并安装玉门市至东站 24 路特高频通信设备，实施了市局通信联网及进入全国自动大网工程。10 月，玉门市邮电局公众网和油田专业网进行联网，全市统一为五位号码，联网后以汇接局方式进入全国自动大网，汇接局设计性能具备直拨全国、直拨国际的用户性能。1992 年 12 月，通讯处程控交换机中心局及 4 个分局版本升级和市邮局联网，使油田电话进入全国大网，实现了国内国际自动直拨。至此，油田电话全部实现程控化，拥有程控交换机 9 台（套），总装机容量达到 15500 门。

1995 年起，为确保油田正常生产指挥，满足油城兴起的住宅电话热潮，通讯处开始对通信网进行扩容，老电话大楼 SL–IXT 3000 门数字程控交换机和中心局扩容的 SL–IXT 3000 门数字程控交换机先后开通投入运行。当年，新装住宅电话 2036 部。

1996 年 1 月，随着酒泉地区电话升位联网（电话号码升至七位），油田专网并入酒泉地区公网。为了有效缓解用户装电话难的矛盾，通讯处先后实施特油—机厂光缆管道工程、安全路四村、机厂—三八路、北坪三村、东岗南村、民族路六村、三三区—鸭儿峡桥头、东运路七村、青年路等电缆扩容工程。并于 12 月建成并开通 VAST 卫星地球站，油田 VAST 卫星地球站与总公司通信公司专网联网成功，实现了石油专网的自动拨号，并能进行数据传输。自此，玉门石油人结束了使用十年之久的卫星专网长途人工挂话方式，用户可通过自动直拨方式与全国 50 多个石油企事业单位通话。当年，油田电话服务量达 128626 台 / 月，总装机容量首次突破 1 万部，达到 11000 部。

1998 年 1 月，通信公司在通信楼安装架设一座小型铁塔，将原有微波、BP 机无线环的发射天线移至铁塔上，提高了通信话音质量和用户的接通率。1999 年，与中国人民解放军总装备部新疆马兰寻呼台联网，开始经营无线寻呼业务，实现了地区同播及全国漫游。建成了集电话、电视、信息网络为一体的“三网合一”光环主干传输网，实现了同缆同芯传输，使电话、电视、信息融为一体。

2000 年 1 月，开通玉门远望寻呼台，实现油田寻呼系统的全国漫游，进一步扩大通信公司服务业务，提高了油田通信服务水平，当时，拥有寻呼用户 2100 多户。3 月，油田对通信网络进行全面改造，将玉门中心机房、炼油厂机房程控交换机更换为中兴 ZXJ10 程控交换设备；将水电厂、采油厂、机械厂 SL1−ST 程控用户交换机更换为中兴 ZXA10 接入网 ONU 设备；将特油机房 SL1−XT 用户交换机更换为中兴 ZXA10 接入网设备。更换后的设备技术更加先进，运行稳定可靠，技术性能达到了国内先进水平。改造后的油田通信设备和线路可以向全网 13000 多用户提供多项通信信息业务和功能。8 月，油田同中国联通嘉峪关分公司签订多项合作协议，在移动电话、互联网、IP 电话等领域进行合作经营，优势互补，利益分成，并于 12 月，开通油田移动通信网，发展移动用户 3000 多户。至年底，通信公司已形成电话程控交换机总容量 18500 门，数字微波通信线路总长 25 千米，敷设传输电缆总长 465 皮长千米，光缆传输线路总长 60 千米，明线 148 杆程千米的玉门油田专用通信网，有固定电话用户 10727 户，BP 机用户 2145 户，调度电话用户 100 户，130 移动通信用户 4055 户。

2001 年，随着青西油田的开发建设，油田投资建设青西油田通信工程，扩大通信业务，确保了青西油田的开发建设。与中国联通合作开通 193 长途电话、IP 电话业务，拓宽了服务领域和范围。并与中国网通达成合作协议，开通网通 IP 电话业务。

2002 年，中国联通在玉门成功开通 133CDMA 网，并向用户开办装机业务，至 2004 年，油田移动用户达到 15490 户。

2004 年 3 月，酒泉基地通信主系统建设及公建设施等通信配套建设开工。先后在酒泉基地指挥中心 1 号楼调试安装华为 9000 线 C&C08 程控交换机、华为 NE40 路由器、S8512 核心交换机、MA5200 接入服务器、MA5300ADSL 接入设备、烽火 SDH 传输设备和有线电视分前端设备、UPS、高频开关电源等设备。按照“两个光环一条线、三种业务一个网”的网络规划要求，实现了玉门、酒泉电话、电视、信息网络互连，确保了“下山”后油田通信网络的正常运营。2005 年 7 月—2006 年 10 月，陆续在酒泉基地怡静园、兆祺园、芳沁园、百合园、紫荆园、疗养院分别安装华为 C&C08 交换模块、622 兆传输设备、高频开关电源设备、MA5300ADSL 接入设备。为各园区安装电视接收设备，三网信号延伸进入酒泉基地，开始为各园区用户提供全方位的三网业务服务，实现了各园区电话、数字电视、模拟电视、信息网络 ADSL 方式的正常使用。2006 年 10 月—2008 年 10 月，先后完成承瑞园汇聚层及接入层交换机的安装，完成鸿硕园、天润园华为 C&C08 交换模块、622 传输设备高频开关电源、汇聚层及接入层交换机的安装，实现为各园区提供电话、电视、网络信息（局域网方式）服务。2007 年 12 月—2008 年 1 月，完成应用服务的升级更新，更换通信计费服务器和 C&C08 交换系统 BAM 服务器，使得服务器的运营与应用前端的需求保持一致，消除了服务器瓶颈、连接断开和脱机现象，提高了计费系统的可靠性和交换系统后台网管性能。2008 年，油田住宅电话拥有量达 13052 部。2009 年 3—9 月，设计建设开通油田客服话务平台。安装调试客服话务平台设备并投入运行，使得电视、电话、信息网络业务更加符合三网融合技术发展的要求，提高了油田通信对外服务水平和工作效率。

至 2009 年底，酒泉基地通信主系统建设及公建设施等通信配套建设全面完成。优质高效完成了酒泉基地 10 个住宅园区的通信主系统工程施工和油田 1 号、2 号办公大楼、科技楼、档案楼、综合楼等公建设施通信工程项目的施工投运，安装调试开通中心机房、各园区机房通信设备，使玉门油田酒泉生活基地具备了先进高效的有线电视传送、语音接入和数据业务接收能力，满足了油田广大员工对现代化的信息通信业务的需求。

2010 年起，信息中心先后实施酒东通信工程、欣露园及公建商铺通信工程、矿区光缆扩容工程、西部钻探酒泉工业园区通信工程等新建、改扩建项目，使油田信息传输进入以光缆为主的时代，扩大了服务范围，提高了服务水平。期间随着移动电话的普及，油田住宅电话的装机数量呈下降趋势。2016 年 9 月，本着有序退出低端低效业务，推进“两网”外包改革，将住宅电话业务移交中国电信酒泉分公司。

第三节　信息

一、信息网络

1987 年 4 月，为了全面加速油田计算机技术的开发推广和应用的步伐，发挥计算机技术在生产、科研和企业管理中的重大作用，油田成立计算中心，油田信息网络建设逐步推开。11 月，计算中心 MICROVAX－ Ⅱ计算机安装调试成功并投入试用。

1991 年，计算中心架设全局第一条长 2.4 千米的光缆，完成局机关和计算中心两大数据处理中心的一体化工程，实现“三网”并存，资源共享。建设开通“局机关事务网”，开展与吐哈战区点对点卫星数据通信。

1993 年 10 月，开通“168 综合经济信息网”，免费为用户提供信息服务。每天接收来自北京经济电讯社、总公司石油综合信息网中的 70 万汉字信息和 30 万英文信息，除动态信息外，还购置“中国宏基数据库”“国家法律数据库”“外商投资数据库”等 8 大静态数据库，将约 2250 万汉字信息显入“168 信息网”中，有十多家单位联网，实现了信息资源共享。

1994 年，局机关局域网开始建设，形成了油田信息网络雏形。

2000 年 8 月，同中国联通嘉峪关分公司开始在互联网领域进行合作经营，当月，信息服务局域网用户达 255 户，拨号用户 207 个。12 月，油田信息传输通过与联通互联，解决了网速慢、不稳定的矛盾。

2001 年 1 月，油田石油数据信息网与中国联通互联网顺利互联。5 月，油田信息网络通过联通出口接入 INTERNET 互联网，出口带宽 10 兆。年底，调试开通油田 168 拨号上网服务，信息用户增加至 700 户。

2002 年起，随着信息技术的飞速发展，通信公司紧跟时代潮流，紧盯市场发展，以提高信息服务能力和水平为抓手，先后 3 次对网络出口进行扩容，使信息数据端口由最初的 2 兆扩为 6 兆，至 2003 年，扩为 100 兆，2004 年，网络主干达 1000 兆。油田 ADSL 宽带网接入系统的开通，更使油田信息网络的服务能力跃上一个新台阶。在此期间，集团公司视频会议系统、油田远程视频会议系统以及石油信息网的陆续开通，使油田生产管理和组织协调的信息化程度不断得到提高。

2005 年 8 月之后，通信公司以油田整合和生活基地搬迁为契机，将通信公司、勘探开发研究院、财务处、人事处、物采中心等单位信息网络设备优化整合，统一搬迁安装在酒泉基地生产指挥中心机房，实现了网络的集中管理运行。及时启运玉门油田企业信息门户（http：//10.87.1.2），重新设计油田公司及各二级单位的门户网页，重新划分油田办公网 IP 地址，为酒泉基地和玉门矿区两地办公提供了有效的信息平台和载体。搭载开通具有实效性和交互性的网络视频会议系统，安装完成中油股份财务软件和 GPS 车辆监控系统服务器软件，完成财务软件 CS 架构的整合，实现了财务管理网络化。期间，油田家庭网络也得到长足发展，家庭网络用户逐年增长，2005 年，发展网络用户 1507 户；2006 年，油田网络用户达 2487 户。

2007 年，为了有效提升办公网络的稳定性、安全性，提高家庭网络的上网速率，信息中心通过与中国电信酒泉分公司运营商合作，将网络出口由中国联通改接为中国电信，使网络出口带宽从 100 兆拓展为 120 兆，改善了制约油田网络发展的瓶颈。当年，油田发展网络用户 4581 户，达历史最好水平。油田开始组织实施中国石油 A1、A2 项目，该项目于 2008 年 10 月完成，实现了石油行业地球科学、石油钻井、生产信息数据资料的资源共享，确保油田各作业区基础数据的准确录入、上传，为油田开发建设和生产管理增添了新的活力和动力，油田信息化办公系统进一步完善。

2009 年起，在逐步深化与中国联通公司合作力度，实现网络出口双链路的基础上，通过购置安装高性能网络NAT日志转换设备和日志服务器等设备，将油田办公网切入城市热点身份认证系统进行管理，加强互联网安全保护，确保了油田信息网络运行环境的安全可靠；通过新增网络提速设备（网络核心交换机1套、网络用户管理BAS 1套、深度检测防御体系1套、储存设备1套，合计投资193万元），将互联网出口带宽扩到1.5G，用户上网速度有了明显提高。至此，高效、快捷、方便的油田信息化网络结构基本形成，极大地提高了油田自动化办公效率和信息化管理水平。至2010年底，油田信息网络用户达到10098户。

2011年1月，将油田办公网外网出口带宽由4兆扩充到189兆，以双链路方式与中国石油兰州数据中心相连接入互联网。当年，按照集团公司信息化建设的要求，为了有效增强企业信息的安全性，将办公网与家庭网两网进行分离。通过两网分离，有效缓解和解决了上网高峰期网络拥堵的矛盾，全网运行质量进一步提高。在此基础上，及时开通运行集团公司OA网上公文处理系统和人力资源管理系统，拓展网上办公平台，有效增强了企业管理水平。

2014年，抓住三大运营商相互让利竞争的商机，在不增加带宽租用费的条件下，将油田家庭网出口带宽从1.5G扩容到2.5G，进一步提高了用户上网速率。同时，开通无线WI–FI上网新业务，丰富并满足了用户对信息新技术、新业务的需求。采用PPPOE拨号上网方式，将家庭网用户全部割接到新系统，增强家庭网络接入性能，为用户自由选择不同上网方式做好了前期技术准备。

2016年8月，油田办公网用户达3135户，家庭网用户达9394户。9月，为了有效降低网络资费、提高家庭网用户的上网速率，经公开招标，油田将家庭网全部移交中国电信酒泉分公司。

2017年，按照集团公司信息管理部要求，信息中心安装调试并上线运行终端用户强制检测设备，部署360客户端，分区段将油田各单位终端计算机切入桌面安全管理系统进行统一管理，提升了油田网络的安全性能和终端设备稳定运行水平。在“勒索”病毒爆发期间，闻“警”而动，及时断开油田专网与外网的连接，指导关停病毒入侵的“445”端口，有效应对并成功防治“勒索”病毒的侵袭，保证了油田正常的生产办公秩序。当年，信息中心调试开通移动办公终端即时通系统（F11），并完成信息中心用户在线试运行。在整理完善即时通信组织架构后，将先期在勘探部、开发部、勘探开发研究院等单位推广实施即时通系统的应用，为员工工作学习提供方便。至年底，油田办公网用户有3102户。

二、数字化建设

1. 智能化小区建设

油田数字化建设工作始于2004年10月。先期工作主要集中在酒泉生活基地智能化管理方面。当时，随着油田酒泉生活基地建设的有序推进，生活基地智能化一期、二期工程也相继展开，至2009年10月，先后完成酒泉基地各小区及生产指挥中心、综合服务楼等公共建筑电视监控、周边防越、楼宇对讲、背景音乐、电子巡更、监控中心的设备安装调试和运行，为基地生活小区及公共设施提供了智能、安全、实用的安防服务。2012年，矿区服务部在酒泉生活基地开展数字化小区建设，由信息中心负责数字化小区的建设和维护工作。围绕数字化小区建设，信息中心先后完成酒泉基地10个园区、1号办公楼停车场及疗养院门禁、人禁系统的各项施工及设备安装调试，使酒泉基地生活小区实现了智能化管理。

2014年，对生活小区安防系统进行改造，先后安装并调试视频摄像头725个，架设电子信息发布屏24套，为创建平安矿区提供了有效的技术手段。通过持续优化完善基地10个园区及疗养院门禁系统各项功能，跟踪整改运行过程存在的问题，提升了园区用户的数字化体验。

智能化小区的建设和应用，有效提高了园区住户的幸福指数和安全保障系数。

2. 数字化油田建设

数字化油田建设起步于2013年。按照集团公司加快数字化油田建设的部署和要求，信息中心成立数字化油田建设领导小组，专门负责集团公司和油田数字化建设方针、政策及相关技术标准的贯彻落实，负责数字化油田建设整体发展规划和项目实施计划方案的编制、数字化油田建设项目相关管理制度和操作规程的制定完善，负责集团公司和油田公司推广的数字化、信息化项目的组织实施，油田信息化建设中生产设施网络监控、数据传输等数字化管理软硬件设备的技术支持和维护保养，油田数字化建设项目的工程施工、油田数字化建设项目的维护与管理，油田数字化生产管理平台系统及相关硬件的升级、更新、维护及技术培训等工作。同年，油田数字化建设工作先期在酒东油田启动。信息中心通过采用4G技术和宽带无线技术手段，先后组织实施酒东作业区光缆线路敷设、通信铁塔搭建、油井井场立杆、视频监控摄像头安装以及联合站总控台设备调试安装等工作，使酒东油田60%以上的主要油井实现了远程监控遥测和远程数据采集上传，信息技术与油气生产的融合度更加密切，技术支撑力度进一步提高。

2014年，在进一步完善酒东油田油水井各系统功能，率先实现采油数据的远程采集、传输与应用共享的基础上，又先后对鸭儿峡作业区具备条件的57口油水井、老君庙作业区61口油水井进行数字化建设，实现了鸭儿峡、老君庙2个作业区油井实时数据采集、井场视频监控、抽油机远程启停等功能。数字化信息系统的应用，使各作业区取得了管理成本降低、操作成本降低、劳动强度降低，生产组织方式优化、生产效率大幅提升的“三降低一优化一提升”的良好效果。

2015年，先后完成老君庙采油厂29口注水井的投改注项目，酒东采油厂6口油井、青西采油厂5口油井数采设备的安装调试等施工建设，给各采油厂的油井管理插上数字化的“翅膀”，为油田原油上产提供了必要的信息技术支持。通过采用先进的信息科技手段，完善采油、注水、集输、电力、视频等系统的数据采集，达到数据整合、数据可视及数据分析的目的，为生产决策提供有力支撑，实现生产数据自动采集、远程监控、生产预警等智能辅助决策功能，支持油气生产过程管理，有效促进了采油生产方式的转变，也极大提升了油气生产管理水平和综合效益。

2016年，信息中心全面介入油田数字化油水井的运维工作，先后接收4个采油厂952口油水井的数字化运维管理，完成老君庙、青西采油厂60多口油水井数采设备的安装调试施工任务，全力推进老君庙油田、鸭儿峡油田187口注水井节能改造项目建设。

2017年，以实施“玉门油田数字油田建设顶层设计及总体方案研究”战略合作项目为契机，把合作与引智相结合，组织开展油田信息化建设现状调查研究，为建设数据中心、提升油田信息化水平进行了方案论证和前期准备。推进油气生产物联网（A11）项目建设系统平台搭建、服务器安装调试、油井现场视频数据测试等工作，确保了集团公司推广的油气生产物联网（A11）项目系统平台在油田部署成功。配合勘探部、开发部、油田作业公司等单位，完成对243口井钻、录、测、试专业数据规范性及完整性的检查、合并，并将校验核对后的有效数据加载到A1（2.0）系统，数据可靠性进一步提高，为勘探开发大数据建设奠定了基础。全面完成老君庙、鸭儿峡199口注水井节能改造、70口油井数采设备和18台监控摄像机的安装调试等16个项目的施工建设；利用网桥技术，通过在原长202基站和原长3基站上新安装基站端设备11台，安装远端站设备5台，进一步扩大了酒东油田油气区信号带宽和覆盖范围，进一步提升了油田数字化建设水平。

第四节　电视

1987年5月，油田有线电视系统开始建网。10月1日，玉门油田有线电视正式试播，初期开通电视频道5个，电视用户13994户。

1988年，油田电视台建立第一座卫星电视地面接收天线，中央电视台节目及国内上星电视节目由电视台直接接入并转播。年底，随着第二座卫星电视地面接收天线的建立，油田有线电视播出频道增加到10个。

1990年，油田卫星地面站的建成投运，为油田展现一个全新的信息境界，实现电视转播同中央电视台的同步，结束了玉门人看一周后“新闻”的历史。电视得到迅猛发展，油田形成了有线与无线并举的格局，电视节目增加5套，矿区闭路电视覆盖面达到95%以上，服务量达到20000余户。

1991年4月，通讯处增加6.3米电视地面单收站1座，建立第三座卫星电视地面接收天线。至1994年年底，闭路电视服务量达到最高值31226户。

1995年，随着通讯处第四座卫星电视地面接收天线的建立，油田有线电视开始转播中央台加密收费电视。

1996年，油田有线电视传输系统部分干线采用光纤输入，开通频道16个，闭路电视节目达到16套，全网服务量稳定在28000户。

1997年，电视台机房进行大修，闭路前端设备更换为吉洛德前端，开通频道25个，有线电视服务稳定在27788户。

2000 年 10 月，电视台更新增加调制解调器、接收机、混合器、光发射机等设备，使电视节目由原来的 26 套增加到 38 套。至年底，拥有 13800 多户闭路电视用户，全天候传送 38 套节目供油城收看，建成 4 座电视接收天线，拥有 10 千瓦和 1 千瓦电视发射机各 1 台（套）（一主一备），收视覆盖半径达 100 千兆，具备了多套新上星电视节目的接收、转播条件，同时还在闭路系统中传送调频立体声广播。

2002 年 9 月，电视台搬迁至通信大楼。结合搬迁，调整改造接收、播出设备，将大部分原模拟信号改为数字信号，并增加 2 套电视节目，使播出节目增加至 40 套。

2004 年 3 月，开始油田数字电视平台的搭建及传输应用系统的建设，先后完成玉门电视前端数字化改造、玉门前端到酒泉基地分前端的 1550 超干线系统、酒泉基地分前端系统等施工建设任务。2005 年 9 月，随着酒泉生活基地的搬迁启动，同步开通了酒泉生活基地的有线电视信号。至 2006 年年底，全网播出模拟电视 45 套，数字电视节目 79 套。

2009 年 8 月，建设开通玉门油田网络电视平台，提高石油企业内部视频新闻交流的时效性，全方位、多层面为油田员工群众提供了中国石油新闻和石油专题报道等各种信息，使网络电视平台成为油田员工进行内、外部学习交流的窗口。

2012 年 5 月，按照国家广电总局 2015 年将全面停播模拟电视信号、播出数字电视信号的要求，为保证油田住户正常文化娱乐需求，油田投资 408.8 万元，实施酒泉基地数字电视整体平移项目。通过对酒泉基地 10 个园区及疗养院共 14128 户的数字电视整体平移工作，为油田员工家属提供了节目内容丰富、电视信号清晰的数字电视节目 83 套。同时，为确保玉门油田网络电视系统良好运行，对网络电视系统设备进行升级改造，以点播和直播方式实现“玉门油田新闻”“中国石油报道”“中央一套”电视新闻在油田内部企业网络上的直播和即时点播。

至 2017 年底，油田电视全网可传送 126 套数字电视节目，有用户 17874 户。

第七章 综合服务

第一节 机构沿革

综合服务处成立于1996年8月。玉门油田归并兴玉实业开发公司石化厂、玉美皮鞋厂，生活公司服装厂、氧气厂和物资供应处乙炔气厂、三环商贸（集团）公司等单位，组建成立综合服务处。综合服务处机关设处办公室、党群工作部、营销部、生产技术部、财务部5个科室，基层设服装厂、氧气厂、乙炔气厂、塑料厂、汽车队、石油制品厂、玉美皮鞋厂、综合加工厂、农场、三环商贸公司10个单位，全处有职工503人。

1997年3月，综合服务处进行内部组织机构调整，机关设处办公室、党群办公室、生产科、经营科、技术科、人事保卫科、财务科、审计科8个科室，基层设服装厂、氧气厂、乙炔气厂、塑料厂、汽车队一队、汽车队二队、石油制品厂、调和油厂、溶剂油厂、综合加工厂、三环商贸公司、玉美皮鞋厂、器材科、管理科、农场、退管站等16个单位。

1998年2月，综合服务处将汽车一队、汽车二队合并，成立运输大队，石油制品厂与调和油厂合并，沿用石油制品厂名称。10月，综合服务处撤销机关人事保卫科、审计科2个科室，撤销基层管理科、退管站2个基层单位。至12月，机关共设6个部门、基层设12个单位，全处有职工494人。

1999年2月，石油制品厂整体划归炼油化工总厂，溶剂油厂移交吐哈油田。5月，综合服务处机关设处办公室、党群工作部、生产技术部、财务部、营销部5个科室；基层撤销综合加工厂和戈壁庄农场，成立农副公司；成立汽车修理厂，隶属运输大队。7月，油田重组改制，综合服务处隶属于存续企业，机关设处办公室、党群工作部、生产技术部、财务部、营销部5个科室；基层设服装厂、氧气厂、乙炔气厂、塑料厂、运输大队、三环商贸公司、玉美皮鞋厂、器材科、农副公司9个单位，全处有职工435人。

2000年1月，将综合服务处整体划归新兴实业开发公司，合并组建新兴实业开发处，撤销局机关事务部建制，使用综合服务处机构名称。

2001年4月，新兴实业开发处与综合服务处合并，沿用综合服务处机构名称。9月，机关设办公室（含党委办公室、工会、纪委、审计监察）、人事科、计划财务科、生产科、安全科、市场管理科6个科室，基层设小车大队、客车大队、运输大队（钻探装备搬迁大队）、祁连宾馆（集团）、物资供销科、氧气厂、乙炔气厂、劳保厂、塑料制品厂、制桶厂、三环商贸公司、张掖气站等单位，全处有职工597人。

2002年，先后就部分基层机构进行调整组合，成立玉门油田旅游汽车运输公司、制气公司、包装制品公司、油气储销公司、装饰装潢工程公司。

2005年7月，玉门油田重组整合，综合服务处组织机构延续原设置，机关设处办公室、计划财务科、企业管理科、机动设备科、安全科、生产科、人事科等部门，基层设运输大队、客运大队、小车大队、氧气厂、乙炔气厂、制桶厂、塑料厂、祁连宾馆、新兴宾馆、玉门加油站、酒泉加油站、劳保厂、物资供销科、长安汽车修理厂、达奇公司、健达公司、装饰装潢工程公司等单位，有职工701人。8月，综合服务处撤销物资供应科等机构，成立能源公司，负责油田内部和协作工程单位成品油计划配置和供应；成立综合服务处酒泉商贸管理中心，负责玉门油田酒泉基地和玉门矿区范围内的商业网点管理。12月，为进一步合理设置组织机构，优化管理流程、提高运行及管理效率，油田撤销教育培训中心，原教育培训中心机关、教育培训部、特种作业培训部、井控培训部、驾驶员培训学校资产和人员整体划归综合服务处；原局工会所属的万龙纯净水厂、梦江南旅游度假村资产及人员整体划归综合服务处。综合服务处成立油品运输队，主要承担油田矿区原油转运和化工原料运输工作；成立玉门油田汽车维修中心，承担油田内部各种车辆的维护、保养、修理，并面向社会汽修市场承揽业务；撤销综合服务处塔里木项目部、达奇公司、健达公司。

2006年5月，综合服务处成立酒泉接待服务中心，主要负责油田酒泉基地范围内的公务接待及会务服务等。9月，综合服务处进行内部机构调整，调整后，机关设综合办公室、生产运行科、安全机动科、市场营销科4个部门，处直属单位设技能鉴定培训站，基层设运输大队、小车大队、客车大队、油品运输队、塑料制品厂、制桶厂、劳保厂、纯净水厂、乙炔气厂、能源公司、商贸管理中心、汽车维修中心、祁连宾馆、新兴宾馆、酒泉接待服务中心15个单位。11月，酒泉基地商贸中心建成投运，综合服务处酒泉商贸管理中心更名为综合服务处商业管理公司。

2007年6月，油田CNG项目部划归综合服务处，由综合服务处负责CNG加气站玉门母站、嘉峪关子站、酒泉子站筹备建设工作。

2009年2月，CNG玉门加气站、嘉峪关加气站、酒泉加气站正式对外运营，3个加气站建制均隶属综合服务处管理。

2011年5月，撤销塑料制品厂与制桶厂，合并成立包装制品厂；撤销能源公司，CNG项目部更名为燃气公司。

2012年5月，为更好地适应专业化服务的需求，将综合服务处技能鉴定培训站井控培训部资产及人员整体划归油田作业公司。

2013年12月，综合服务处机关设综合办公室、生产运行科、质量安全环保科、设备管理科、经营管理科5个科室，直属单位职业技能鉴定站，基层设运输大队、油品运输队、客车大队、小车大队、人和汽车修理厂、长安汽车修理厂、特车修理厂、包装制品厂、劳保厂、纯净水厂、燃气公司、商业管理公司、酒泉接待服务中心、祁连宾馆、特种作业培训部、驾驶员培训学校16个单位，共有员工938人。期间，综合服务处紧扣市场需求，不断调整发展战略，形成以运输为主导，产品加工制造（塑料制品、制桶、劳保服装、纯净水）、燃气销售、宾馆餐饮、商业贸易、汽车修理为支柱，职业培训（特种作业培训、井控培训、驾驶员培训）为补充，新项目开发增实力的产业格局。

2017年1月，综合服务处成立对外合作管理中心。5月，兰州玉金加气站划归综合服务处经营管理，原清洁能源公司90名员工划归综合服务处。至年底，综合服务处机关设综合办公室、生产运行科、质量安全环保科（安全监督站）、计划财务科、设备管理科4个科室，综合职业技能鉴定站1个直属单位；基层设运输大队、客车大队、小车大队、油品运输队、汽车维修服务中心（人和汽车维修服务有限责任公司、长安汽车修理厂、特车修理厂）、包装制品厂、劳保厂、纯净水厂、燃气公司、商业管理公司、酒泉服务中心、对外合作管理中心、祁连宾馆、特种作业培训部、驾驶员培训学校、物资管理站16个单位。全处有在册员工895人（其中内部退养172人）。

第二节　汽车运输

玉门油田运输业务起步较早，随油田的开发而产生。至1986年，主要由运输处承担油田的运输任务。运输处有汽车队5个，分别负责客车、卡车、吊车、自卸车、油罐车等各型车辆的管理、调派工作，承担油田公务交通、物资运输、油品运输、井队搬迁等运输服务工作；设有修理厂、驾驶员培训学校、橡胶制品厂、公路工程队、供应站等辅助生产单位，负责车辆维修、后勤保障、公路维护及驾驶员培训等工作。

1996年起，随着运输处整体划转吐哈油田，管理局运输业务在继续依托吐哈运输力量的同时，开始逐步由综合服务处以及各单位自有车辆承担运输任务。1999年10月，油田对各基层单位运输车辆进行整合，统一归并综合服务处管理。至2001年4月，综合服务处通过购置、更新各型车辆，形成了集货运、搬迁、吊装、客运等为一体的综合运输服务能力。当年起，吐哈油田运输筑路公司逐步退出油田运输市场，综合服务处全面承担了油田运输业务。

一、机构与队伍

1.运输处

1987年，运输处机关设党委办公室、工会、纪委、团委、处办公室、生产科、技术科、财务科、保卫科、安全环保监察科、检验科、组织科、宣传科、人事科14个科室，基层设一区队、二区队、三区队、四区队、五区队、修理厂、橡胶制品厂、供应站、公路工程队、器材科、管理科、子弟学校、东湖农场、农工商公司、驾驶员培训学校、高级职业中学16个单位。全处拥有格斯、东风、解放、五十铃、日野牌等各型卡车，加藤、解放8～30吨等各型吊车，解放、丰田、桑塔纳、上海、巡洋舰牌等各型大小客车，共计

402 辆，有职工 2128 名。

1989 年 12 月，为适应吐哈新区石油勘探工作需要，确保新老区生产建设顺利进行，运输处撤销公路工程队，成立运输处公路工程大队，下设公路工程一队、公路工程二队、公路维护队。至年底，运输处机关设党委办公室、工会、纪委、团委、处办公室、运输科、技术科、财务科、保卫科、安全环保监察科、检验科、组织科、宣传科、人事科 14 个科室，基层设一区队、二区队、三区队、四区队、五区队、汽车修理厂、供应站、公路工程大队、橡胶厂、器材科、管理科、驾驶员培训学校、子弟学校、职业高中、星火实业开发公司、检测站 16 个单位。拥有各型车辆 398 辆，有职工 1827 名。

1992 年 8 月，玉门石油管理局成立公路工程公司，与运输处一套机构，两块牌子。当年，随着吐哈会战的深入，运输处车辆更新速度也随之加快。至年底，运输处各型车辆增至 445 辆，其中重型车 318 辆，小型车 18 辆，大、中型客车 72 辆，吊车 37 辆。

1994 年，运输处增设鄯善采油厂运输队。当年，运输处各型车辆再次增加，达 507 辆，其中重型车 389 辆，小型车 19 辆，大、中型客车 54 辆，吊车 45 辆。

1995 年 1 月，运输处撤销公路工程大队，成立公路工程一分公司、公路工程二分公司和运输分公司。其中，公路工程一分公司主要承担鄯善地区公路修筑、维护等任务；公路工程二分公司主要承担哈密基地、玉门老区的公路修筑、维护等任务；运输分公司主要承担吐哈油田钻井搬家、安装、大宗物资拉运、公务交通及生产生活服务配合等运输任务。至 5 月，运输处机关设党委办公室、处办公室、工会、纪委、团委、生产调度科、技术科、财务科、公安科（武装部）、安全环保监察科、检验科、组织科、宣传科、人事科 14 个科室，基层设一区队、二区队、三区队、四区队、五区队、运输分公司、公路工程一分公司、公路工程二分公司、汽车修理厂、供热车间、器材科、管理科、检测站、建筑安装公司、油品供应中心、退管站、星火实业开发公司 17 个单位，有职工 1901 人。

1995 年 6 月，随着玉门、吐哈管理体制理顺，运输处整建制划归吐哈油田。

2. 综合服务处运输队伍

综合服务处汽车队前身为农工商公司汽车队，创办于 1985 年。1988 年，隶属于兴玉实业开发总公司，有职工 115 人。1996 年 8 月，汽车队隶属综合服务处管理，有职工 135 人。

期间，在运输处三区队设有小车二队，有丰田陆地巡洋舰、丰田面包、丰田皇冠、南斯拉夫红旗、桑塔纳、北京 212 吉普、伏尔加等车辆 32 辆，职工 47 人。1990 年 9 月，小车队划归局办公室管理，并成立局办公室小车队。1991 年，随着吐哈会战，小车队小车班增至 8 个，有丰田陆地巡洋舰、丰田面包、依维柯、丰田皇冠、丰田子弹头、标志、奥迪、尼桑公爵、凯迪拉克、桑塔纳、三星大发客货、五十铃客货、北京 212 吉普、北京 213 吉普、丰田皮卡、雪弗莱皮卡、伏尔加、广州大客等车辆 123 辆。1995 年 6 月，玉门、吐哈管理体制理顺，小车队 72 人、64 辆车划归吐哈。至当年 12 月，小车队下设 8 个小队，有各类小车 65 辆，职工 76 人。

1997 年 3 月，综合服务处进行内部组织机构调整，将汽车队分为汽车队一队、汽车队二队。局办公室小车队划归机关事务部，并成立机关事务部小车大队。

1998 年 2 月，综合服务处将汽车队一队、汽车队二队合并，成立运输大队，有职工 126 人。

1999 年 2 月，综合服务处在运输大队机修班基础上成立汽车修理厂，隶属运输大队。5 月，管理局整合采油厂、炼油化工总厂、水电厂、教培中心、物资处、机械厂、职工医院等单位 9 座以上大、中客车，成立客车大队，客车大队挂靠采油厂，按照“自主经营、自我发展、自负盈亏、自我完善”的原则自行管理，承担油田职工客运交通及公务接待，全队有各型客车 144 辆，有职工 127 人。7 月，油田重组改制，机关事务部小车大队归存续企业管理，随后，陆续将采油厂 29 辆车、31 人，炼化总厂 15 辆车、23 人，研究院 10 辆车、13 人，医院 3 辆车、3 人，机关总务科 9 辆车、9 人，离退休管理处 3 辆车、3 人划归小车大队，至此，小车大队有小车班 11 个，有丰田陆地巡洋舰、丰田 4500 沙漠王、丰田 4700 沙漠王、三菱帕杰罗、三菱速跑、丰田面包、丰田皇冠、丰田子弹头、奥迪、桑塔纳、北京 213 吉普、丰田皮卡等各型小型车辆 127 辆，有职工 149 人。11 月，客车大队划归存续企业，隶属老君庙实业公司管理，其服务性能和承担任务不变。

2000 年 1 月，老君庙实业开发公司客车大队 44 辆各型客车、74 名职工划归新成立的综合服务处（原机关事务部），综合服务处下设小车大队、客车大队、汽车修理队（汽修厂）。2月，新兴实业开发处归并原综合服务处运输大队、炼化总厂新兴实业开发公司汽车队和老君庙实业开发公司运输一队、二队组成运输公司，运输公司下设一队（卡车、吊车、挖掘机车、装载车）、二队（罐车）、三队（小车、客货车）、汽车修理厂等单位，有职工105人。12月，新兴实业开发处将汽车修理厂从运输公司分离，独立经营，有职工25人。

2001年4月，新兴实业开发处与综合服务处合并，沿用综合服务处机构名称，综合服务处运输业务主要设运输公司、小车大队、客车大队、汽车修理队、汽修厂。6月，综合服务处成立油田钻探装备搬迁大队，与运输公司为一个机构、两块牌子，主要承担油田勘探、开发设备的搬迁运输工作。9月，运输公司更名为运输大队，撤销汽修厂和汽修队机构建制，划归运输大队统一管理。

2002年5月，经酒泉地区旅游局批复同意，油田成立玉门石油管理局旅游汽车运输公司，同客车大队一个机构、两块牌子，参与酒泉地区旅游市场运输服务。

2004年4月，综合服务处将运输大队汽车修理厂分离，成立特车修理厂。9月，管理局成立玉门油田人和汽车维修服务有限责任公司，归综合服务处经营管理。期间，油田分公司机关成立小车班，陆续购进4辆丰田越野车、1辆公羊商务车、1辆尼桑皮卡车、17辆帕拉丁越野车，2003年成立小车队，隶属生产运行处管理。至2005年6月，油田分公司小车队有各型小车29辆，丰田面包车、考斯特面包车各1辆，有职工30人。

2005年7月，玉门油田重组整合，油田分公司小车队划归综合服务处小车大队，加之前划归的教培中心、新闻中心的小车，小车大队各型小车达118辆，有职工128人。12月，综合服务处成立油品运输队，有员工41人，其中聘用工27人，专门承担油田原油转运和化工原料运输工作；成立玉门油田汽车维修服务中心，人和汽车维修服务有限责任公司、特车修理厂、长安汽车修理厂归玉门油田汽车维修服务中心管理，承担油田内部各种车辆的维护、保养、修理，并面向社会汽修市场承揽业务。至此，综合服务处运输业务主要有运输大队、小车大队、客车大队、油品运输队、汽车维修服务中心（玉门油田人和汽车维修服务有限责任公司、长安汽车修理厂、特车修理厂），全面承担油田汽车运输和内外部维修业务。

至2017年，综合服务处运输业务机构设置基本保持不变。

二、大宗物资运输

1987—1995年，玉门油田大宗物资运输主要由运输处承担，主要从事拉运原煤、芒硝、石膏、水泥以及油田生产、生活物资等业务。

期间，于1988年3月，组织20辆车从旱峡煤矿拉煤4629吨，从青海石油管理局采油厂往110总站拉水10万立方米。6月，从天祝煤矿拉煤50000吨。8月，从油田建设工程公司往炼油厂拉运高6.38米、长23米、重44吨的催化二段再生器，创大件运输新纪录。11月，全力配合水电厂扩建改造工程，挖掘汽轮机组、循环水罐等土方基础，拉运土方23000余立方米。

1989—1990年，运输处连续两年组织拉煤会战，共计拉煤167172.9吨；同时对外拉运芒硝、原煤、石膏、水泥矿石等物资。

1994年，运输处面对油价下滑、原油公路运输不畅、市场竞争激烈等各种不利因素，全方位服务新、老区油田勘探开发及其重点工程建设物资运输服务，组织拉芒硝、送沥青、运钢材，全年完成物资运输9952.68万吨·千米，创历史最好水平。

1995年上半年，运输处针对老区用煤紧张的状况，组织自卸车、卡车开展转煤会战，每天拉运1000吨、单车运煤80吨。6月，运输处划归吐哈油田后，吐哈油田运输筑路公司继续承担玉门油田物资运输服务，全年拉煤192500吨，实现各种物资运输7006.37万吨·千米。

1996年起，物资运输服务任务逐渐由综合服务处汽车队承担，至2000年，汽车队拉运原煤188800吨，运输油田生产、生活物资8995吨。

2001年起，综合服务处运输大队在做好为油田各单位运输各类生产设备和物资的同时，积极开拓内、外部市场，先后承揽为青海花土沟运送乙炔气、氧气，为青海花土沟、北京、天津等地配送抽油杆，为酒泉基地建设拉运红砖、水泥，为西气东输工程玉门段、武威段建设拉运所需管材、配件，为404钛白粉厂、酒钢公司、中国石油第七工程建设公司吊装物资等业务。

2004 年，青海玉树地震后，支援青海玉树抢险救灾，从安西到青海玉树运送大型修路设备 128 吨。

2005 年，综合服务处运输大队承担酒泉生活基地的搬迁任务，9 月组织首批住户搬迁，至年底共搬迁住户 2150 户。

2008 年，汶川“5 • 12”地震发生后，为汶川地震灾区运送油田救援物资 4 拖车、130 吨，行程 1800 多千米。

2012 年，运输各类物资 3059.4 万吨 • 千米，运输量创历史最高纪录。

2013—2014 年，综合服务处在做好日常物资运输的同时，配合苏里格、雅布赖、南祁连勘探，组织运送各类生产、生活物资。

2001—2017 年综合服务处物资运输量统计见表 7-7-1。

表 7-7-1　2001—2017 年综合服务处物资运输量统计表

年份	物资运输量（万吨・千米）	年份	物资运输量（万吨・千米）
2001 年	1785	2010 年	2089
2002 年	1586	2011 年	2156.07
2003 年	1959	2012 年	3059.4
2004 年	2397	2013 年	2016
2005 年	2287.9	2014 年	2121
2006 年	2109.1	2015 年	2136
2007 年	2308	2016 年	2728
2008 年	1838.5	2017 年	3027
2009 年	1935		

三、钻探装备搬迁

1987 年，勘探开发钻探装备搬迁工作主要由运输处承担，搬迁范围东起民乐盆地，西至吐鲁番。当年 11 月，运输处接到钻井处井队装备装火车搬迁吐鲁番的任务，立即组织人员，连夜冒雨运输吊装钻井设备 27 节车皮。

1988 年，运输处在组织好老区钻探装备搬迁重点工作的同时，先后组织 9 辆吊车、16 辆卡车，为吐哈战区运装设备 44 车；组织 45 辆车，往玉门南站运装设备 110 车；组织 7 辆吊车、18 辆卡车从前探 6 井、钻修队、安装队等 8 个点往南站运送设备 156 车，保证了哈参 1 井、托参 1 井钻井设备顺利启程运至吐哈探区。

1991 年，运输处在新、老区搬迁工作中，通过提前查看运输线路，制订方案，落实人员和设备，大大缩短了搬迁周期，为井队钻井节约了时间。其中，32853 井队搬迁仅用时 7 小时 55 分钟，创造了吐哈战区钻井搬迁的最快纪录。

1993 年，运输处创造连续 8 天每天搬迁 2 口井、连续 42 小时搬迁 5 口井的新纪录。至 1995 年 5 月，运输处共完成玉门、吐哈井队搬迁 830 井次。

1995 年 6 月，运输处划归吐哈油田，吐哈运输筑路公司五分公司开始承担油田钻探装备搬迁工作，当年共完成钻井搬迁 23 井次、采油厂大修队搬迁 48 井次。至 2001 年年初，油田钻探装备搬迁工作一直由吐哈运输筑路公司五分公司承担。

2001 年 6 月，综合服务处成立钻探装备搬迁大队，开始承担钻探装备搬迁工作。2002 年，综合服务处货运、吊装配套的运输能力达到 460 吨，具备全面承担钻探装备搬迁工作的能力，全年完成大钻搬迁 9 井次、侧钻搬迁 8 井次、大修搬迁 12 井次、小修搬迁 159 井次、试油搬迁 7 井次。

2003 年，钻探装备搬迁大队在完成油田内部钻探装备搬迁的同时，不断拓展外部市场，搬迁范围东至太原，西达新疆。11 月，综合服务处塔里木项目部成立，开始参与塔里木油田钻探设备搬迁工作。

2005 年，综合服务处增派新购的 7 辆 40 吨尼桑拖车驻疆，塔里木项目部车辆增至 19 辆。当年，在冀东钻井设备搬迁中，出车35辆，横跨7省区，往返5400多千米。至年底，综合服务处钻探装备搬迁大队先后参与驻塔里木油田的吐哈油田运输公司大钻搬迁19井次、华北油田运输公司大钻搬迁17井次、中原油田运输公司大钻搬迁16井次，为油田作业公司驻塔里木油田项目部侧钻队搬迁40井次、修井队搬迁52井次，完成搬迁吐哈油田驻塔里木油田修井队35井次、塔西南修井队41井次搬迁任务。

2006年，综合服务处在“百日夺油会战”中，创造7天搬迁6口油井设备的纪录。

2008年，综合服务处钻探装备搬迁实现了多口井同时、交叉、长距离安全搬迁的目标。在昌1井搬迁中，搬迁大队克服战线长、路况差、环境保护任务重等诸多不利条件，连续奋战近1个月，顺利完成设备搬迁，为钻井赢得了主动。

2011年3月，玉门油田首次钻探南祁连，综合服务处钻探装备搬迁大队承担了西部钻探70型钻机的搬迁任务，共出车140台次，用时12天，单程行驶1200千米。

2012年，钻井装备搬迁遍及油田内外，远至河北沧州、陕西宝鸡，以及雅布赖探区，全年共完成大钻37井次、侧钻38井次、大修24井次、试油21井次、小修272井次的搬迁任务。

2013年，两次跨越蜀道，一次穿越内蒙古草原，往返行程1.2万千米，拉运钻探设备280多车。在夺油上产会战中，用短短20天时间，圆满完成鸭儿峡至雅布赖、雅探10井至雅探11井、雅探601井的钻探装备搬迁任务。全年累计安全行驶231万千米，完成大钻搬迁59井次、侧钻搬迁43井次、试油等小型搬迁568井次。

2014年，综合服务处以玉门矿区、苏里格、雅布赖、南祁连等大型搬迁为重点，全年安全行驶208万千米，累计完成大钻搬迁33井次井，侧钻、试油等小型搬迁526井次。

2015年，综合服务处配合油田勘探开发，完成大钻搬迁36井次、侧钻搬迁42井次、大修搬迁15井次、小修搬迁225井次。

2017年，综合服务处完成大钻搬迁35井次、侧钻搬迁44井次、大修搬迁14井次、小修搬迁208井次。

2001—2017年综合服务处钻探装备搬迁统计见表7-7-2。

表7-7-2　2001—2017年综合服务处钻探装备搬迁统计表

年份	大钻（井次）	侧钻（井次）	大修（井次）	试油（井次）	小修（井次）
2001年	7	0	11	7	123
2002年	9	8	12	9	159
2003年	12	15	22	10	169
2004年	11	21	18	11	189
2005年	12	25	19	12	148
2006年	15	36	19	14	158
2007年	11	34	15	11	106
2008年	17	33	18	17	91
2009年	22	18	19	20	189
2010年	24	29	17	47	179
2011年	33	47	47	230	127
2012年	37	38	24	21	272
2013年	59	43	10	240	318
2014年	33	52	11	249	214
2015年	36	42	15	197	225
2016年	16	39	17	234	185
2017年	36	44	14	218	208

四、油品运输

1987—1992 年，原油转运、外运工作由各油矿自有罐车负责拉运，1993—1999 年，采油厂自行承担厂内原油拉运工作。期间，运输处主要承担青海油田和吐哈战区原油拉运工作。2001 年 4 月起，油田原油拉运业务全部由综合服务处承担。

1. 油田内部原油拉运

1987 年，老君庙油矿、鸭儿峡油矿、石油沟油矿、白杨河油矿各自拥有数量不等的罐车，原油转运、外运主要由各油矿自行组织罐车拉运。其中老君庙油矿有罐车 4 辆、鸭儿峡油矿有罐车 3 辆、石油沟油矿有罐车 4 辆、白杨河油矿有罐车 3 辆。兴玉实业开发公司部分罐车也参与原油拉运工作。

1989 年，老君庙油田研制出井口火烧罐，进行大面积推广，建成“单井罐拉油、集中处理”的主体工艺流程，原油经单井罐加温一次脱水，罐车转运至集油站，集油站加温二次脱水，集油总站三次脱水后，经罐车拉运至炼油厂。当年，白杨河油田全部采用“单井罐拉油、集中处理”的集输流程，原油经单井罐罐车转运至集油站，再由集油站外运至炼油厂。

1990 年后，单北集输流程逐步改为罐车转运。

1993 年，鸭儿峡油田除 2 个选油站仍采用油气储输流程外，其余均采用罐车转运。期间，青西油田处于勘探初期，油井少、井距大、产量低，所有油井生产的原油均通过井口进入单井罐，再采用罐车转运到鸭儿峡新总站。

1994 年，老君庙油田新总站投运后，原油拉运仅剩油田内部转运，平均每天投入转油罐车 5 辆，将单井罐原油内部转运至 7 号、28 号、E15 等集油站。

1999 年 7 月，玉门油田重组改制后，采油厂所有罐车统一划归老君庙实业开发公司管理并从事原油转运、拉运业务。

2001 年 4 月，原油拉运业务全部由综合服务处承担。当年，综合服务处转运、外运液量 238000 吨。

2002 年 11 月，青西油田联合站建成投产，青西油田个别偏远油井采用油井→单井罐→汽车转运→联合站的原油转运方式，由综合服务处罐车承担从单井罐至联合站的液量转运任务。综合服务处全年转运、外运液量 245000 吨。

2005 年，鸭儿峡油田有油井 130 口，119 口采用单井罐转运，其中 34 口井采取油井→单井罐→汽车转运→集油站→新总站，85 口井采取油井→单井罐→汽车转运→新总站，8 口油井采取油井→选油站→汽车转运→新总站的原油集输转运模式，综合服务处每天调派 6 辆罐车，承担液量转运任务。

2006 年，综合服务处平均每天调派 3 辆罐车，将老君庙作业区一工区单井罐原油内部转运至 28 号、E15 卸油台；调派 5 辆油罐车，将二、四工区单井罐原油内部转运至 7 号卸油台。石油沟和单北油田原油，均由综合服务处罐车从单井罐转运至石油沟总站后，拉运至炼油化工总厂。

2006 年以后，鸭儿峡油田主要采用油井→单井罐→汽车转运→新总站方式转运原油，综合服务处平均每天调派 10 辆罐车转运原油。

2012 年前，酒东作业区原油拉运采用单井罐拉运，由综合服务处调派罐车将原油从单井罐转运至油水处理站，经处理后，再拉运至炼油化工总厂。全年，拉运液量 112561 吨。

2013 年 11 月，酒东联合站建成投运，部分偏远井仍采用单井罐转运方式，其他油井主要依靠集输方式输送原油，将单井产液输送至联合站处理后，综合服务处调派罐车将处理好的原油运至炼油化工总厂。雅布赖项目部所产原油由综合服务处罐车从雅布赖探区拉运至老君庙作业区 7 号卸油台。

2015 年，综合服务处平均每天调派青西油田作业区拉油罐车 4 辆左右，调派老君庙油田作业区拉油罐车 11 辆左右，调派鸭儿峡油田作业区拉油罐车 10 辆左右，调派酒东油田作业区拉油罐车 12 辆左右，全年转运、外运液量 930039 吨。

至 2017 年，综合服务处罐车出勤日均为 24 辆，全年拉运原油（液量）1050000 吨。

2. 青海原油拉运

1987 年，按照总公司安排，青海油田原油拉运工作由玉门油田运输处负责，转运青海原油 24000 吨。

1988—1989 年，运输处拉运青海油田原油至玉门炼油厂 21357 吨；拉运青海油田原油至柳园火车站 550.58 吨。

1990 年，运送青海油田原油 1972 车次、14706.69 吨。

3. 吐哈原油拉运

1990 年，吐哈会战成果初现，台参 1 井等油井陆续出油，运输处开始承担吐哈原油拉运任务。

1991 年，运输处组织 22 辆罐车参加吐哈原油首次外运。

1993 年，运输处拉运原油 2445 车次、27619.358 吨。

1994 年，随着油价放开，原油公路运输不畅，运输处把吐哈原油拉运作为中心工作，先后投入 170 余辆罐车，全力以赴拉运原油 5443 车次、65905.2 吨。

1995 年上半年，运输处积极疏通吐哈原油运输渠道，实行原油拉运单车考核，全处共拉运原油 1515 车次、18598.5 吨。

4. 成品油拉运

1987—1995 年，运输处在进行原油拉运的同时，还承担了油田成品油运输任务。1990 年，运输处往山西、陕西等七省、区、县运送各类成品油 497.6 吨，从青海花土沟至格尔木运送柴油 300 吨。1993 年，外运成品油 14000 余吨。

2006—2017 年综合服务处原油（液量）拉运统计见表 7–7–3。

表 7–7–3　2006—2017 年综合服务处原油（液量）拉运统计表

年份	拉运原油（液量）（吨）			
	青西油田	老君庙油田	鸭儿峡油田	酒东油田
2006 年	235800	475894	241500	8030
2007 年	241200	482400	241200	37411
2008 年	154874	456215	268974	155985
2009 年	131545	392691	241472	152995
2010 年	104649	258598	257298	144383
2011 年	141740	294517	262951	132677
2012 年	134295	365142	266582	112561
2013 年	116417	337481	294648	106045
2014 年	120495	388287	355584	81741
2015 年	121548	381076	342357	85058
2016 年	338688	423360	169344	52154
2017 年	201555	442955	369490	36000

五、公务交通及客运服务

1987 年，运输处有大客车 36 辆、小客车 32 辆、交通卡车 10 辆，单次客运能力 2580 人次，主要提供市区、农场及各单位岗位职工上下班公务交通服务。当时，老君庙油矿、鸭儿峡油矿、石油沟油矿、白杨河油矿、炼油厂、水电厂、机械厂、钻井处、地调处、技工学校、培训总校等单位，组建有车间级或班组级车队，拥有数量不等的大、中、小型客车，承担本单位的公务交通服务。因运力不足，鸭儿峡油矿等单位还租用酒泉运输公司的卡车，承担客、货运输。

1990 年，吐哈会战开始，公务交通路线增至新疆哈密、鄯善、乌鲁木齐、克拉玛依、库尔勒、和田、喀什等地。运输处在承担玉门老区公务交通的同时，为吐哈石油会战提供公务交通服务。

1991 年，管理局办公室小车队以及炼油厂、老君庙油矿、鸭儿峡油矿等基层单位，先后购置巡洋舰、皇冠、依维柯、标志、奥迪、尼桑公爵、桑塔纳、北京 212 型吉普、北京 213 型吉普、广州大客、驼铃大客等车辆，公务交通车辆的数量开始逐年增加。当年起，随着公务交通车辆数量的增加、档次的提升，利用敞篷车（卡车）运送职工上下班的交通方式逐渐退出油田历史。

1995 年 1 月，管理局办公室小车队有大、中、小型客车 129 辆，人员 148 人，单次客运能力达到 830 人次，重点承担油田机关及吐哈石油会战公务交通服务。运输处有大客车 55 辆、中小客车 21 辆，单次客运能力约 2620 人次，承担油田新、老区 32 条公务交通线路服务。当年，油田公务交通客运量达 109 万人次。

1996 年起，随着运输处划归吐哈油田，油田职工上下班公务交通主要靠各单位自行解决。

1999 年 5 月，为加强油田客运能力，按照“集中化管理、集约化生产”的发展思路，油田整合采油厂、炼油化工总厂、教育培训中心、物资供应处、机械厂等单位的 9 座以上的大、中型客车，组建成立客车大队，承担油田大、中型客车公务交通服务。客车大队按照“自主经营、自负盈亏、自我发展、自我完善”的原则挂靠采油厂。客车大队有大中型客车 144 辆，职工 127 人，单次客运能力约 4320 人次。

2000 年，针对客车大队客车品牌多、车型杂、车况差的状况，将 46 辆大中型客车移交资产处置中心处置、10 辆中型客车划转油田作业公司等单位，客车大队仅保留 44 辆大中型客车，为油田公务交通服务。当年，综合服务处与油田分公司机关、采油厂及炼化总厂等单位签订《关联交易〈客运合同〉》3 份，运行大客车 23 辆，日客运周转量 4140 人次；与局机关及油田作业公司、水电厂、机械厂、物资处、教培中心、建筑安装工程处、油田医院等单位签订《客运合同》10 份，运行大客车 17 辆，日客运周转量 3060 人次；开通运营玉门至酒泉公务交通，每周 2 趟，日运送职工约 106 人次。

2001 年起，综合服务处推行“小车服务礼仪化、客车服务航空化”的服务理念，为油田提供各种公务交通服务。

2002 年，随着“旅游汽车公司”的成立和客车大队客车档次的提升，客运业务开始向外部市场拓展，通过挂靠、租赁、承包等多种形式，开辟张掖、敦煌、武威、兰州、航天城及周边地区部分旅游客运业务和接待业务。配合在嘉峪关天下第一墩举行的“西气东输工程开工仪式”，出动客车 16 辆，运送乘客 700 多人，展示了良好的企业形象。

2004 年 6 月，承接在酒泉召开的“全国乡企经贸洽谈会”客运接待任务，出动客车 14 辆，运送乘客 630 多人。

2005 年 7 月，油田重组整合，综合服务处客车大队继续承担矿区的客运交通，为员工提供客运服务。当年 9 月，酒泉生活基地开始搬迁，玉门矿区至酒泉生活基地公务交通运行进入常态化，每天一班两趟，日运送乘客 90 多人次。

2006 年起，随着职工家属和部分单位陆续搬迁酒泉，矿区单位和职工逐年减少，矿区交通主要集中在老君庙油田作业区、鸭儿峡油田作业区、青西油田作业区等单位。当年，矿区日运行大型客车 14 辆，日均运送乘客 2520 人次；日运行中型客车 6 辆，日均运送乘客 360 人次。

2008 年，客车大队先后有 28 辆客车配合北京奥运会“祥云”火炬嘉峪关传递、观摩“神舟七号”载人火箭发射和甘肃省“深入学习实践科学发展观活动研讨班”等大型活动客运接待，运送乘客 1200 多人次。

2009 年起，矿区至酒泉基地公务交通随着油田各单位工作和休息模式的改变而改变，矿区单位与客车大队签订包车合同，由客车大队负责提供公务交通服务。当年，矿区至酒泉基地公务交通每天往返发车 10 班次，日均接送职工 880 人次左右。同年，经酒泉市旅游局批复同意，综合服务处获得县际旅游客运营运资格，依靠“中国石油”良好的品牌形象，开始承接兰州假日旅行社、敦煌红太阳旅行社等旅游团队。

2010 年，在甘肃省“残运会”和“特运会”期间，出动 6 辆客车，承担客运接待服务。

2011 年，矿区至酒泉公务交通增至每天 16 趟左右，年运送职工数量 24.19 万人次。

2015 年，矿区至酒泉公务交通平均每天发车 34 趟次，日均运送职工 1462 人次。

至 2017 年，客车大队在矿区运行公务交通 27 辆，日均接送职工 1835 人次；矿区至酒泉基地日均执行交通 33.28 趟次、接送职工 1407 人次。先后配合酒泉市“两会”、驻酒部队军事演习等重大活动，提供客运接待服务 30 多次，使用大中型客车 120 多辆，运送乘客 5120 多人次；承接兰州假日旅行社、敦煌红太阳旅行社等旅游团队 120 多次，运送乘客 3260 多人次。

2001—2007 年玉门油田公务交通客车数量及客运量统计见表 7–7–4。

表 7-7-4　2001—2017 年油田公务交通客车数量及客运量统计表

年份	大型客车（辆）	中型客车（辆）	小型客车（辆）	总车数（辆）	年客运量（万人）	年行程（万千米）	单次客运能力（人）
2001 年	44	12	122	178	355.30	447.12	2590
2002 年	38	18	114	170	358.26	445.56	3250
2003 年	35	20	126	181	353.25	453.13	2150
2004 年	35	20	122	177	355.03	451.75	2550
2005 年	30	20	110	160	346.56	495.42	2513
2006 年	50	20	129	192	348.25	508.91	2513
2007 年	48	20	122	190	372.65	529.42	2513
2008 年	48	20	123	191	383.02	341.19	2513
2009 年	59	20	122	201	366.03	448.40	2789
2010 年	57	20	114	191	351.98	496.86	2780
2011 年	58	22	128	208	367.96	485.40	2680
2012 年	65	22	126	213	408.62	492.53	2986
2013 年	57	22	126	205	398.76	470.25	2876
2014 年	57	23	116	196	418.87	441.71	3001
2015 年	44	23	127	194	409.62	380.97	2961
2016 年	49	26	124	199	141	217	3690
2017 年	53	26	149	228	171.94	369	3236

六、运输装备

1. 运输处

1987 年，运输处有格斯、东风、解放、五十铃、日野、加藤、丰田、桑塔纳、上海牌等各型卡车、吊车、客车 402 辆，其中重型车 313 辆、小型车 35 辆、大中型客车 36 辆、吊车 18 辆。

1988 年，运输处各种车辆减至 396 辆，其中重型车 300 辆、小型车 42 辆。

1989 年，运输处在用的各型车辆中，1954 年出厂的吉斯 150 型有 42 辆，平均行驶 110 万千米以上，部分格斯、五十铃、日野也面临报废。为保证车辆的安全运行，油田投资 40 万元，先后购置解放牌 141 卡车 10 辆。至年底，运输处有各型车辆 398 辆，其中重型车 299 辆、小型车 44 辆、大中型客车 36 辆、吊车 19 辆。

1991 年，随着生产建设的迅速发展，油田全年用煤量达到 49 万吨，运输处在用的 23 辆自卸车，最大运输量仅有 10 万吨，难以满足油田生产需要。为了增加运输能力，新增东风 DD347 自卸车 5 辆，红岩 CQ30190/Z32 十七 T 轻型自卸车 10 辆。至年底，运输处有各型车辆 373 辆，其中重型车 297 辆、大中型客车 38 辆、小型车 12 辆、吊车 26 辆。

1992 年，为了更好地配合吐哈会战，油田在加快运输处车辆更新换代的同时，加大对运输处车辆购置的投入，当年，各型车辆增至 445 辆，其中重型车 318 辆、小型车 18 辆、大中型客车 72 辆、吊车 37 辆。至 1994 年，运输处各型车辆增加到 507 辆，其中重型车 389 辆、小型车 19 辆、大中型客车 54 辆、吊车 45 辆。

1995 年，运输处拥有解放 141、东风、日野、尼桑、奔驰、斯太尔、五十铃、红岩、卡马斯等罐车、卡车，加藤、多田野、长江 8 ~ 30 吨吊车，解放、鞍山、广州等大客车，北京吉普、丰田的士头、三菱等小客车共计 479 辆。其中重型车 378 辆、小型车 18 辆、大中型客车 43 辆、吊车 40 辆（表 7–7–5）。

表 7-7-5　1987—1995 年运输处运输装备统计表

年份	重型车（辆）	小型车（辆）	大中型客车（辆）	吊车（辆）	总车数（辆）
1987 年	313	35	36	18	402
1988 年	300	42	36	18	396
1989 年	299	44	36	19	398
1990 年	297	42	36	19	394
1991 年	297	12	38	26	373
1992 年	318	18	72	37	445
1993 年	321	17	73	46	457
1994 年	389	19	54	45	507
1995 年	378	18	43	40	479

2. 综合服务处

1995 年 6 月，玉门、吐哈管理体制理顺，局办公室小车队有各型小车 65 辆。

1996 年 8 月，综合服务处汽车队有各种车辆 45 辆，其中货车 23 辆、客货车 19 辆、小客车 3 辆。

1997 年，老君庙实业公司集中管理采油厂所属基层单位的油罐车，有油罐车 17 辆。

1999 年 5 月，整合采油厂、炼油化工总厂、水电厂、教培中心、物资处、机械厂、职工医院等单位的 9 座以上大中型客车，成立客车大队，有各型大中型客车 144 辆。

1999 年底，随着油田重组改制，各单位运输装备陆续划归综合服务处、新兴实业开发公司、机关事务部、老君庙实业公司等单位管理。

2001 年，综合服务处为适应油田钻探装备搬迁需要，陆续淘汰东风 EQ−141 等小吨位卡车、丰田客货车，新购置 21 吨斯太尔重型罐货两用卡车，30 吨拖车，30 吨、40 吨加藤吊车等。至年底，综合服务处拥有各型车辆 259 辆，其中货车 32 辆、客货车 19 辆、小客车 122 辆、大中型客车 56 辆、吊车 3 辆、罐车 27 辆。

2002 年起，为了帮助综合服务处有效占领区内运输市场、开拓外部运输市场，管理局在资金运作十分困难的情况下，挤出资金，陆续为综合服务处投资购置东风日产平板拖车，30 ~ 55 吨加藤、多田野吊车，金龙、沃尔沃、亚星奔驰等大型豪华客车，考斯特、依维柯等中型客车，4700 沙漠王、4500 沙漠王、三菱帕杰罗、三菱速跑、丰田普拉多、奥迪等小客车，使综合服务处的运输装备水平和能力都得到较大程度的提升。至 2005 年，综合服务处运输装备经过逐年淘汰、更新，各型车辆达 278 辆，其中货车 59 辆、客货车 24 辆、大中型客车 50 辆、吊车 10 辆、罐车 25 辆、小客车 110 辆，设备新度系数达 0.481。

2006 年，随着玉门油田重组整合，加大对综合服务处运输装备的投资力度，确保了运输装备的更新换代。当年，综合服务处各型车辆达 376 辆，其中货车 79 辆、客货车 51 辆、大中型客车 70 辆、吊车 10 辆、罐车 37 辆、小客车 129 辆，设备新度系数 0.475。

此后，逐年对综合服务处的运输装备进行升级换代，满足了油田区内运输市场的需求，提高了对外开拓市场的竞争力。至 2017 年，综合服务处有各型车辆 378 辆，其中货车 69 辆、客货车 44 辆、小车 149 辆、客车 79 辆、吊车 18 辆、罐车 19 辆（表 7−7−6）。

七、车辆维修

1. 运输处汽车修理厂

1987 年，运输处汽车修理厂有汽车修理工 268 人，拥有曲轴、凸轮轴、活塞椭圆磨床，连杆校正器、搪钢机、搪瓦机等各种修理设备 35 台（套），电器实验、检修设备 52 台（套），年大修格斯、解放、东风等各型汽车 120 辆左右。1995 年，运输处汽车修理厂有员工 157 人，生产班组 16 个，79 个生产岗位，有各类汽车维修设备 165 台，设玉门、哈密、鄯善三个汽车维修服务点，主要担负油田内部及社会各类汽车的大修、小修及维护保养，常压容器、机械零件的加工制造和维修等工作，年均大修汽车 60 台左右。1995

年 6 月，运输处汽车修理厂划归吐哈油田。

表 7-7-6　2001—2017 年综合服务处运输装备统计表

年度	货车（辆）	客货车（辆）	小客车（辆）	大中型客车（辆）	吊车（辆）	罐车（辆）	总车数（辆）
2001 年	32	19	122	56	3	27	259
2002 年	36	19	114	56	6	26	257
2003 年	36	19	126	55	7	26	269
2004 年	36	19	122	55	10	25	267
2005 年	59	24	110	50	10	25	278
2006 年	79	51	129	70	10	37	376
2007 年	76	50	122	68	10	37	363
2008 年	69	61	123	68	10	40	371
2009 年	81	46	122	79	14	46	388
2010 年	90	45	114	77	14	54	394
2011 年	51	23	128	80	18	52	352
2012 年	54	27	126	87	18	52	364
2013 年	86	27	126	79	18	43	379
2014 年	81	28	116	80	17	37	359
2015 年	83	29	127	67	17	27	350
2016 年	73	44	161	75	18	30	400
2017 年	69	44	149	79	18	19	378

2. 长安汽车修理厂

1994 年，职工培训总校在玉门油田驾驶员培训学校院内设立长安汽车修理厂，建筑面积 350 平方米，有职工 20 人、修车地沟 4 条、举升机 1 台、库房 7 间、待修停车区 2000 平方米。10 月，长安汽车修理厂取得玉门市工商行政管理局颁发的《营业执照》，主要从事汽车、摩托车及大、中、小型车辆维修，汽车配件、轮胎、润滑脂的销售等业务。

1995 年 11 月，长安汽车修理厂划归教育培训中心开元实业公司。1998 年 6 月，长安汽车修理厂搬迁至三三区东运路南侧，占地 5000 平方米，有 1000 平方米砖混结构维修工房一间、办公室 2 间、库房 1 间、宿舍 5 间、地沟 4 条、停车区约 3000 平方米，拥有举升机 3 台、烤漆房 1 幢，配有调漆机、扒胎机、轮胎动平衡机、喷油清洗机、维修故障解码仪等现代机修设备。

2002 年 5 月，长安汽修厂划归综合服务处，更名为综合服务处长安汽车修理厂，有职工 28 人。

2005 年 12 月，长安汽车修理厂划归综合服务处汽车维修服务中心管理，主要承担除大吨位载货车辆外的其他各型车辆大、中、小修及二级维护和事故车辆的修理。

2014 年 6 月，长安汽修厂在厂区北部原有 2 条地沟的基础上，加修室外维修工棚约 600 平方米，前院划分出停车区约 3000 平方米。

至 2017 年，长安汽车修理厂有职工 9 人，拥有轮胎平衡机、调漆机、发动机换油机、发动机免清洗机、举升机、扒胎机、整形机及维修故障解码仪、喷油头测试仪、电脑检测仪等汽车维修检测设备 25 台（套），主要为油田及周边提供依维柯系列、尼桑系列、五十铃系列、丰田系列、三菱系列、奥迪系列、桑塔纳系列等中小型汽车维修，年维修能力接近 4000 台次。

3. 特车修理厂

1999 年 5 月，综合服务处在运输大队成立汽车修理厂，有职工 10 人、外聘人员 20 人，主要承担综合服务处内部的汽车修理任务。初期，仅承担处内车辆的维修，年均修理量为 84 台次。

2003 年 10 月，综合服务处汽车修理厂被哈尔滨瑞达工程机械制造维修有限公司、日本株式会社加藤制作所确定为中国市场代理商，全权委托汽车修理厂在西北地区维修、保养KATO产品，代理销售KATO产品、零部件。

2004年3月，汽车修理厂更名为特车修理厂，有职工18人。当年起，随着人员力量的加强和技术水平的提高，开始承接油田内部其他单位的车辆维修工作，年修理量达2500台次以上。

2005年12月，划归综合服务处汽车维修服务中心管理，主要承担大吨位载货车、吊车等特种车辆的大、中、小修及二级维护。

2011年起，开始零星承接社会车辆的维修工作，当年，修理社会车辆4台次。

2012年2月，特车修理厂获得北京三星九千认证中心质量管理体系认证。

2013年9月，特车修理厂取得酒泉市公路运输管理局颁发的《中华人民共和国道路运输经营许可证》，为一类汽车维修企业，承担整车修理、总承修理，整车维护、小修、维修竣工检验等业务。全年，维修车辆2588台次，其中大修7台次、二级维护198台次，小修2383台次，外修车辆46台次。

至2017年，特车修理厂有员工23人，维修工房2000多平方米，室外停车、维修场地7000多平方米，待修区3500多平方米，办公区域约800平方米，有喷油头测试仪、发动机综合检测仪、电脑解码仪、螺杆式空压机、发动机免拆清洗机、发动机换油机、道路清障车等各种维修服务设备24台（套）。全年，维修各种车辆2595台次，其中大修14台次、二级维护217台次、小修2364台次。

4. 玉门油田人和汽车维修服务有限责任公司

2003年，管理局在酒泉市肃州区解放路设立人和汽车维修服务有限责任公司，公司占地面积5333平方米，其中办公区域360平方米、住宿区域504平方米、客户休息室70平方米，有修理工房5间1200平方米、大型烤漆房2间、喷漆辅助工房1间、车体整形工房2间、材料库1间326平方米，停车场面积3400平方米。配置举升机6台，四轮定位仪、大梁校正仪、故障解码仪、轮胎充氮机、二氧化碳保护焊机、冷媒加注机、空气压缩机、动平衡机、道路清障车等各1台。

2004年10月，注册成立玉门油田人和汽车维修服务有限责任公司，并取得《营业执照》，隶属综合服务处经营和管理。经营范围为汽车外表钣金、专项修理、配件、轮胎、润滑油（脂）、五金交电、化工产品（不含化学危险品）的销售，汽车咨询、服务、美容、洗车等。初期有职工3人、聘用工16人。

2005年4月，人和汽车维修服务有限责任公司取得酒泉市公路运输管理局颁发的《中华人民共和国道路运输经营许可证》。经营范围为一类汽车维修，包括整车修理、总承修理、整车维护、小修、维修竣工检验等。当年8月，新建维修工房180平方米。12月，划归综合服务处汽车维修服务中心管理，主要承担高中档车辆的大、中、小修及二级维护和事故车辆的修理。

2012年，职工增加到13人，聘用工达31人。

2013年，加修3米地沟1条，购置蓄电池平衡重式叉车1辆、交流弧焊机1台、台式钻床1台、微型风冷移动式往复空气压缩机2台、快速充电启动两用机1台。

2014年4月，重新取得酒泉市公路运输管理局颁发的《中华人民共和国道路运输经营许可证》。

期间，针对油田内部车辆特性，与亚星奔驰、三一重工等企业合作，建成特约维修站，较好地解决了亚星奔驰、沃尔沃、金龙等大型豪华客车、三一混凝土罐、泵车的各类故障；通过送外学习、强化技能训练，较好地掌握丰田、三菱、奥迪、别克、大众等系列中高级小客车、越野车维护、保养和修理技能，在酒泉、嘉峪关及玉门地区的汽修行业中，具备了较强的竞争实力。

至2017年，人和汽车维修服务有限责任公司共有职工9人，拥有大型烤漆房、四轮定位仪、大梁校正仪、故障解码仪、举升机、动平衡机、道路清障车等各种汽车维修服务设备22台（套），厂区可同时容纳50台次车辆停放、进行10辆各类车辆的大修或15台次车辆的二级维护作业，年维修能力约4000余台次，全年维修各种车辆2479台次。

第三节　宾馆餐饮

一、宾馆

1987—1999年，管理局设有第一招待所、第二招待所等接待场所，主要用于油田内、外部人员往来接待、会议服务等。期间，部分单位的多种经营系统为了增加创收渠道，相继投资兴建鑫盛楼、溪源大酒店等宾馆。1999年7月，油田重组改制后，存续企业将宾馆等服务业务纳入综合经营范畴，相继在兰州、北京、上海、成都等地投资兴建和改造了以兰州甘肃阳光大厦为代表的三星级以上宾馆5座，宾馆业务成为当时管理局对外增收的重要补充。2007年12月，甘肃阳光大厦移交集团公司，集团公司以阳光大厦为龙头，组建成立中国石油阳光酒店集团。2005年，油田重组整合以后，祁连宾馆、酒泉接待服务中心等继续隶属综合服务处管理，兰州石油大厦、北京沙滩宾馆、上海瀚海明玉酒店、成都金玉阳光酒店与上述城市油田驻外办事处（联络处）合署办公，开展经营活动。2016年，油田对兰州石油大厦、上海瀚海明玉酒店、成都金玉阳光酒店3座宾馆进行改制。

1. 第一招待所

1987年，管理局在玉门市南坪区设有第一招待所。该招待所建于1956年，建筑面积2875平方米。设客房部、膳食部等，有客房80间、床位140张、会议室2个、餐厅1个，日均接待能力100人左右。1997年9月停止运营。

2. 玉门东站招待所

1987年，管理局在玉门市东站设有玉门东站招待所。该招待所建于1956年，建筑面积400.5平方米。有客房30间，床位68张，归油田第一招待所管理。2000年9月关闭。

3. 第二招待所

1987年，管理局在玉门市南坪区设有第二招待所。该招待所建于1979年，位于第一招待所旁，建筑面积4600平方米。设客房部、膳食部、会计室等，有客房66间，床位125张，会议室4个，会议厅1个，食堂1个，餐厅1个。主要接待油田内部各种大中型会议、住宿、就餐等。第二招待所与第一招待所为一套机构、两块牌子，均由局办公室管理。1997年9月，第二招待所停止运营。

4. 新兴宾馆

1987年，炼油厂招待所下辖南门招待所、北门招待所、东门招待所3所招待所。1992年更名为炼油化工总厂招待所。2000年1月，炼油化工总厂招待所划归新兴实业开发处，南门招待所更名为新兴宾馆，北门招待所、东门招待所业务归新兴宾馆管理。2001年4月，整体划归综合服务处。

新兴宾馆（南门招待所），位于玉门市四台区，建筑面积5677平方米，有北楼和南楼。北楼建筑面积2436平方米，1986年建成投运。南楼建筑面积3241平方米，1994年建成投运。内设客房部、餐饮部、多功能歌舞厅、健身康乐中心等，有各式客房108套（间），床位194张，会议室4个。餐饮可提供小吃、排档及高中档宴席，能同时接待400多人就餐。2008年6月关闭。

北门招待所位于玉门市三三区东运路，建筑面积2020平方米，1986年5月建成投运。1987年，北门招待所有标准客房60间，床位120张。1999年12月，北门招待所停止运营。

东门招待所，又称炼油化工总厂第二招待所，位于玉门市三三区解放路，建筑面积2411平方米，1989年10月建成投入运营，集住宿、餐饮、办公于一体，有客房49间、床位140张，食堂和餐厅各1个。2006年5月停止运营。

5. 张掖接待站（张掖油田宾馆）

张掖接待站（张掖油田宾馆）建于1986年，位于张掖市张火公路0.6千米处，占地面积6000平方米，建筑面积约1600平方米。2003年，张掖油田宾馆有客房40间（其中套间4间、标准间12间、普通间24间），总床位60个，会议室1个，食堂1个，餐厅1个，茶水房1间，2吨小型锅炉1台，公共浴室1间，停车场2个，主要接待油田有关往来人员的住宿和就餐。2008年12月停止运营。

6. 鑫盛楼

1993年7月，采油厂在玉门市南坪区建成鑫盛楼，建筑面积3333平方米，集餐厅、住宿、娱乐、办公为一体，有标准客房26间，床位72张，可容纳200人就餐。2000年1月，鑫盛楼划归新兴实业开发处。2001年4月，鑫盛楼划入综合服务处，之后停运。

7. 溪源大酒店

1995年11月，水电厂在玉门市三三区解放路建成溪源大酒店，建筑面积6500平方米。2001年9月，溪源大酒店划归综合服务处管理。溪源大酒店设有客房部、餐饮部、舞厅、商店等，有客房36间、床位70

张、会议室1个、餐厅1个。2004年9月，溪源大酒店停运。

8. 祁连宾馆

1997年9月，玉门油田在玉门市中坪区建成综合培训中心并投入运营，占地面积6600平方米，建筑面积9216平方米，隶属油田机关事务部管理。1999年12月，综合培训中心更名为祁连宾馆，划归综合服务处管理，主要承接油田往来接待任务。祁连宾馆下设客房部、餐饮部、洗浴中心等，有客房68间（其中套房14间、标准间40间、单间14间）、床位112张，大型会议室1个、中型会议室1个，日住宿接待服务能力112人、餐饮接待服务能力400人次。2003年3月，祁连宾馆被评为“三星级宾馆”。2006年12月，祁连宾馆在承担油田业务接待服务的同时，开始向矿区员工供应工作套餐，日均就餐接待量约400人次。2013年6月，祁连宾馆对水、电、暖系统以及客房部、餐饮部等室内外设施进行维修改造。至2017年12月，祁连宾馆下设客房部、餐饮部，有客房68间（其中套房14间、标准间40间、单间14间）、床位112张，会议室3个，有职工12人，日住宿接待服务能力112人、餐饮接待服务能力约400人次。2017年，祁连宾馆全年住宿接待10165人次，餐饮接待163290人次。

9. 玉门油田酒泉服务中心

2005年10月，对原酒泉疗养院康复楼（1号楼）进行装修改造，内设客房34间，床位62张，会议室1间。2006年5月，综合服务处成立玉门油田酒泉接待服务中心，主要负责油田内外接待及会务服务等。2009年5月，接待服务中心新建2号楼投用。2号楼建筑面积12083．35平方米，下设客房部、餐饮部、前台、工程部、核算室、办公室等，有客房59间、床位97张、包厢8个、宴会大厅2个、会议室1个、休息室1个。主要为油田及酒泉市周边提供住宿、餐饮、会务等接待服务工作。2013年以后，酒泉接待服务中心工作重心逐渐从油田内部接待服务向油田外部转移，与多家婚庆公司、旅行社互惠合作，婚宴、家宴成为创收支点，零星接待已成主流，对外创收成为收入主渠道。2016年3月10日，玉门油田酒泉接待服务中心更名为玉门油田酒泉服务中心。2017年，全年住宿服务13281人次，餐饮服务44389人次。

二、职工餐厅（食堂）

1987年，玉门油田所属各单位大都设有职工食堂，为本单位单身职工和倒班职工提供就餐服务。各单位职工食堂实行自办、自管，生活管理处负责对各单位职工食堂进行业务指导、炊管培训，对库房、账务、饭菜品种、饭菜质量、服务态度、卫生等进行监督检查。

1995年6月，玉门、吐哈管理体制理顺，随着运输处、钻井处、地质调查处、油建公司、二机厂、录井处、井下技术作业处等单位划归吐哈油田，以上单位的职工食堂也随之划入吐哈油田，油田其他单位仍有自办职工食堂。

1999年7月，玉门油田重组改制，生活服务业务由存续企业管理，大多数单位职工餐厅经营困难被合并或关停。至2000年6月，仅老君庙油田作业区、青西油田作业区、油田作业公司、水电厂等单位及个别基层队（站）、农场保留职工食堂11个。

2005年底，酒泉生活基地开始陆续搬迁，矿区职工就餐难问题逐渐显现。至2010年，随着矿区职工、家属全部搬迁酒泉生活基地，矿区倒班职工就餐矛盾更加突出。

2011年2月，统一部署矿区职工餐厅新建、恢复和改造工作，在对现有职工餐厅进行恢复、改造的同时，在中坪区新建1个职工餐厅，以满足矿区倒班职工就餐需要。

2013年，矿区新职工餐厅建成投运，基层各单位也陆续完成职工餐厅的恢复和改造工作。新建改造职工、家属餐厅投入使用后，油田实行职工就餐补助、一卡通式管理，职工可持就餐卡选择在矿区任何一个职工餐厅就餐。

至2017年，在矿区中坪区、老君庙采油厂、鸭儿峡采油厂、青西采油厂、酒东采油厂、炼油化工总厂、油田作业公司、机械厂、农牧公司等单位，设有职工餐厅33个，有餐饮服务人员285人。

1. 老君庙采油厂职工餐厅

1987年，老君庙油田有一食堂、二食堂、三食堂和采油一队、二队、五队、六队、七队等基层队站食堂，1999年6月前相继停办。

2005年底，老君庙油田作业区在南坪区新办1个简易职工餐厅，运行一年多后关闭。

2013年8月，老君庙油田在一工区、二工区、四工区、白杨河、石油沟相继新建、改建职工餐厅。

2014年9月，新建改建餐厅全部投入使用，总建筑面积750平方米，配有消毒柜、蒸饭车、冰箱、压面机、绞肉机、和面机、保温售饭台、声光报警器、气体探测器等设备51台，餐饮服务人员33人。其中，一队、二队、四队职工餐厅只提供午餐服务，三队职工餐厅提供早餐、午餐服务。

至2017年，职工餐厅共配有餐饮服务人员25人，日均就餐人员330人次左右。

2. 鸭儿峡采油厂职工餐厅

1987年，鸭儿峡油田有一食堂、二食堂、机关食堂、地面队食堂、回民食堂，1999年底前先后停办。

2000年6月，鸭儿峡油田作业区采用个人承包经营方式开办1个餐厅，后因承包人多次变更，食堂时办时停。

2013年初，鸭儿峡油田作业区在N1号注水场附近新建职工餐厅，建筑面积200平方米，配有和面机、压面机、绞肉机、蒸箱、烤箱、电冰箱、消毒柜、炉灶等设备10台，有餐饮服务人员16人。

至2017年，日均就餐人员约480人次。

3. 青西采油厂职工餐厅

1998年，青西油田设有1个职工餐厅，建筑面积65平方米，每天有100人次左右在青西油田上班的职工就餐。2009年8月，随着作业区生产发展和员工人数的增加，原有餐厅不能满足员工就餐需求，原职工餐厅停用，新建并投用1个新的职工餐厅。新建职工餐厅建筑面积420平方米，设计就餐接待能力150人，餐厅配有蒸饭车、和面机、压面机、绞肉机、馒头机、电冰箱、消毒柜等设备10余台，有餐饮服务人员10人。

2017年，每天实际就餐人员140人次左右。

4. 酒东采油厂职工餐厅

2012年11月，酒东油田职工餐厅建成并投入运行，能够接待60人同时用餐。

2014年8月，随着作业区生产发展和职工公寓落成，就餐人数增加，新建并投运1个新的职工餐厅，原职工餐厅停用。新投运的职工餐厅建筑面积260平方米，设计就餐人员90次，有蒸饭车、和面机、压面机、绞肉机、电冰箱、馒头机、消毒柜等设备10余台，有餐饮服务人员6人。

至2017年，正常就餐人员为140余人次左右，生产高峰时就餐职工达150余人次。

5. 油田作业公司职工餐厅

油田作业公司各作业队作业地点不固定、远离生活区、工作连续性强，职工餐厅建设呈现出分散性、流动性和多点式特点。

2000年，试油队、深井队、常规一队各有1个职工餐厅。

2001年，常规队职工餐厅增加至4个，各餐厅均有蒸饭车、和面机、压面机、绞肉机、电冰箱、馒头机、消毒柜等设备。

至2017年，随着作业点的增多，职工餐厅增加至18个，每天就餐职工约2300人次。

6. 炼油化工总厂职工餐厅

1987年，炼油厂有职工餐厅和厂内夜点餐厅。1989年9月，因职工餐厅设施设备年久，使用面积狭小，不能满足职工就餐需要，炼油厂新建2800平方米炼化餐厅，原职工餐厅关闭。1999年12月，炼化餐厅和厂内夜点餐厅停办。

2005年10月，炼化餐厅重新投运，主要为本厂职工提供就餐服务。

2013年，矿区各餐厅实行就餐一卡通后，炼油化工总厂职工餐厅就餐人员除本厂职工外还有油田其他单位职工。

至2017年，炼油化工总厂职工餐厅有和面机、压面机、馒头机、切肉机、蒸饭车、电冰箱、消毒柜、液化气炉具等设备20余台，有餐饮服务人员56人，每天就餐人员达1800人次左右。

7. 水电厂职工餐厅

1987年，水电厂有职工餐厅1个，主要为本厂单身职工和倒班职工提供就餐服务。

1996年8月，原职工餐厅停用，新建面积430平方米的职工餐厅投入使用，就餐人员为本单位职工。

2013年，矿区各餐厅实行就餐一卡通后，水电厂职工餐厅就餐人员除本厂职工外，允许油田其他单位职工就餐。

至2017年，水电厂职工餐厅有消毒柜、冰箱、冰柜、压面机、绞肉机、和面机、切面机、切肉机等设备24台，日均就餐人员1100人次左右。

8. 机械厂职工餐厅

1987年，机械厂有一餐厅、二餐厅、回民餐厅，1999年11月前，职工餐厅相继停办。

2007年，机械厂为解决矿区倒班职工就餐问题，把万事达餐厅改建成职工餐厅，使用面积1000平方米，接待能力240人，日就餐人员130多人次。餐厅主要有炉灶、冰箱、蒸饭车、压面机、和面机、馒头机、绞肉机、烤箱、消毒柜、洗碗机、保鲜柜、售饭车等设备35台，餐饮服务人员21人。

2016年，机械厂职工餐厅改造污排、排水井等设施，对售饭厅进行装修，改善了就餐环境。

至2017年，平均每天就餐约300人次左右。

9. 农场职工餐厅

1987年，基层各单位农场均设有职工餐厅，随着吐哈油田所属单位划转和油田机构整合，各单位农场职工餐厅也进行了归并整合。

2004年，各农场划归农牧业有限责任公司管理。农牧公司先后对花海农场、戈壁庄农场、东湖农场、白杨河农场、华油养殖场职工餐厅进行了改造和修缮。

至2017年，农牧公司有职工餐厅5个，餐饮服务人员10人，主要为各农场员工提供餐饮服务，每天有105人次左右就餐。

10. 矿区油田职工餐厅

2011年2月，将新建、恢复、改造职工餐厅作为重要民生工程，决定在玉门市老市区公园路新建1座油田职工餐厅。当年10月，油田职工餐厅建成投入运营，隶属综合服务处管理。油田职工餐厅建筑面积2253平方米，分为食品加工区、就餐区、办公区、停车场、辅助场所，配备蒸饭车、格林斯达星冰柜、高速三功能搅拌机、和面机、储水式电热水器、远红外食品烘炉、面包发酵箱、即时豆腐豆浆机、板式换热机组、绞肉机、压面机等设备30余台（套），设计就餐能力为500人次，有餐饮服务人员49人。

2017年，日均就餐人员1205人次，高峰时日就餐达到1531人次。

11. 民族餐厅

2012年11月，在矿区油田职工餐厅东侧改建投运民族餐厅，隶属于综合服务处管理。民族餐厅建筑面积294.4平方米，配备蒸饭车1台，电烤箱1台，单门消毒柜1台，格林斯达星冰柜（4门）1台，设计就餐能力100人。2017年，民族餐厅日均就餐33人次。

第四节　产品生产

2001年4月，综合服务处有制桶厂、塑料制品厂、劳保厂等生产厂点，产品生产包括制桶、塑料制品加工、劳保服（鞋）制作等，后经不断发展和改造升级，产品种类逐渐增多，生产规模不断扩大，并发展成为综合服务处的重要产业之一。

一、包装制品

1. 制桶

制桶工作起步于1966年，属炼油厂辅助生产装置，年设计生产各种桶能力20万只。至1987年，主要生产用于盛装15号航空液压油、30号真空封泥、润滑脂等石油产品的15千克方桶、0.5千克圆盒和1千克圆盒等产品。

1988年10月，制桶厂划归化工特油公司，随着油田特油小产品生产量的不断增长，制桶厂快速发展壮大，先后新建200升钢桶生产线、5千克桶生产线，开发出200升闭口钢桶、5千克圆桶。1988年12月，制桶厂有15千克方桶、5千克圆桶、1千克圆盒、0.5千克圆盒、200升钢桶、印铁等包装桶生产设备，主要生产15千克方桶、5千克圆桶、1千克圆盒、0.5千克圆盒、200升钢桶等产品。

1992年11月，制桶厂划归炼油化工总厂新兴实业开发公司，有员工61人，主要生产200升闭口钢桶、15千克桶、0.5千克圆盒、1千克圆盒等产品。12月，制桶厂获得甘肃省进出口商品检验检疫局颁发的《出口商品包装质量许可证（200升闭口钢桶）》，并加入甘肃省包装协会，成为省包装协会会员。

1997 年 3 月，为配合炼油化工总厂 15 号航空液压油升级换代，购置北京航空 625 研究所研制的 4 升扁方桶生产线和上海多伦公司印铁线。7 月，两条生产线顺利投产，生产出盛装 10 号、15 号航空液压油的彩色印铁 12 升圆桶、4 升扁方桶。

2000 年 1 月，制桶厂划归新兴实业开发处；2001 年 4 月，划归综合服务处，全厂有职工 30 人，有 4 升扁方桶、200 升钢桶、12 升圆桶、1.2 千克圆盒、印铁等生产设备。

2002 年 1 月，制桶厂新购开卷矫平机，兴建 200 升钢桶清洗喷涂生产线，实现了钢桶下料自动剪切矫平，分色喷涂，结束了自 200 升钢桶生产以来一直手工刷涂的历史，使 200 升钢桶的一次生产合格率达到 98% 以上；引进 4 升扁方桶顶盖易拉盖技术，完善了 4 升扁方桶生产工艺。4 月，玉门润滑油厂成立，制桶厂成为该厂所需钢桶等包装物主要供应商。10 月，制桶厂取得 ISO9000 质量体系认证。

2003 年 6 月，通过改造喷涂生产线，购置胀锥机等锥形桶生产设备，并利用现有 200 升钢桶生产线，研发生产出 220 升锥形桶，当年生产 220 升锥形桶 3 万只。制桶厂全年生产各类包装桶 22.2 万只。

2004 年 10 月，为配合玉门润滑油厂高档润滑油小包装物需要，制桶厂投资兴建 3.5 升吹塑桶生产线，生产 3.5 升吹塑桶 22 万只。年底，为配合成都七星润滑油公司油品包装，制桶厂 3.5 升吹塑桶生产线整体搬迁至成都。2005 年 2 月，成立制桶厂成都制桶分厂。

2007 年 9 月，制桶厂对 200 升钢桶生产线全面进行改造，新购置全套开卷、矫平、剪切、错位冲压、卷圆、点焊、缝焊、扳边、波纹、胀筋、封合、试压等生产设备。2008 年 5 月，对 12 升圆桶生产线进行技术改造，新购置缝焊机、立式翻边机、自动封合机等设备。改造后，200 升钢桶、12 升圆桶产能、生产效率及产品质量大幅提高。

2009 年 3 月，制桶厂新购置自动剪切、自动冲压、自动注胶烘干、缝焊、扳边组合、封合、试压等全套 4 升扁方桶生产设备，引进智能控制、自动检测等先进技术，对 4 升扁方桶生产线进行改造，剪切、冲压、注胶、缝焊、缝合等工序形成自动化流水作业，开始生产新型提把、螺旋嘴 4 升扁方桶。

2010 年，炼油化工总厂短流程改造，润滑油装置关闭，制桶厂 200 升钢桶生产无需求，200 升钢桶生产线全面停产。当年，制桶厂有 4 升扁方桶、200 升钢桶、12 升圆桶、印铁等生产线，卷板剪切冲压等制桶生产设备，全年生产 4 升扁方桶 19.9 万只、12 升圆桶 4.9 万只、0.6 升圆盒 1.8 万只。

2011 年 4 月，制桶厂、塑料制品厂合并组建包装制品厂。

2013 年，包装制品厂停用印铁生产线。

至 2017 年，制桶业务有 4 升扁方桶、12 升圆桶、200 升钢桶 3 条生产线，主要生产 10 号、15 号航空液压油包装用 12 升圆桶、4 升扁方桶，以及聚丙烯、硫黄包装等产品，全年生产各类包装桶 49.6 万只，其中 4 升扁方桶 41.8 万只、12 升圆桶 7.79 万只。

2. 塑料制品

1992 年 4 月，兴玉实业开发总公司在玉门火车南站南侧建设塑料制品厂，下设编织袋车间，有职工 65 人，配有拉丝、圆织、印刷、缝纫等编织袋生产设备，生产造粒厂聚丙烯粒料包装编织袋。

1996 年 8 月，塑料制品厂划归综合服务处，全年生产各种类型编织袋 33.8 万条。

1997 年，综合服务处通过招商引资，在玉门市南坪区原油田二机厂院内成立玉辉包装公司，合资生产编织袋。合资方提供 2 套拉丝机组、1 套覆膜机组、24 台四梭圆织机、12 台缝纫机等主要编织袋生产设备。1998 年 12 月，由于市场、效益、合作方等诸多因素，玉辉包装公司生产经营难以为继，全面停产，综合服务处将塑料制品厂与玉辉包装公司合并，有员工 120 人。

1999 年底，由于部分职工有偿解除劳动合同，塑料制品厂基本处于半停产状态。

2000 年 1 月，随着油田重组改制，塑料制品厂划归新兴实业开发处，并对拉丝绕丝系统进行改造，全年生产编织袋 20 多万条。

2001 年 4 月，塑料制品厂划归综合服务处，有职工 14 人，全年生产销售编织袋 116.23 万条。

2002 年，为适应炼油化工总厂聚丙烯生产和外部市场编织袋需求，综合服务处将塑料制品厂搬迁至玉门市三台北村，并进行设备技术改造。购置拉丝机 1 套、涂膜机 1 套、四梭圆织机 8 台、切袋机 1 台、三色印刷机 1 台、缝纫机 12 台，于 2003 年 4 月 9 日投产，有职工 18 人，全年生产聚丙烯包装袋 20 万条，水泥、化工原材料等包装袋 185 万条。

2007 年，随着编织袋生产规模的不断扩大，塑料制品厂购置小六梭圆织机 7 台。

2009 年，针对玉门润滑油厂油品小包装物需求，投资重建塑料桶生产线，当年生产 3.5 升、3.0 升吹塑桶 27 万只。

2010 年，随着炼油化工总厂短流程改造，润滑油装置关闭，塑料制品厂 3.5 升、3.0 升吹塑桶无市场需求，随即停产，只生产塑料编织袋等。

2013—2017 年，包装制品厂共生产编织袋 788 万条。

二、劳保用品

1. 劳保服装

玉门油田劳保服装的生产起始于 1963 年。1987 年 8 月，农工商公司下属的缝补厂设缝纫一班、缝纫二班、锁钉班、工业品班 4 个班组，有飞人牌、标准牌、上工牌等缝纫机、裁剪机、钉扣机、锁眼机、篷布机等服装生产设备 76 台（套）。

1989 年 12 月，缝补厂更名为服装厂，全厂有职工 45 人。

1990 年 6 月，油田多种经营系统公司撤并，服装厂划归生活服务公司（生活管理处）。

1992 年 4 月，服装厂新建生产大楼投用，设经销部、机修班、锁定班、裁剪班、缝纫一班、缝纫二班、篷布班、零活班 8 个班组，有职工 45 人，外聘职工家属等人员 70 人。

1996 年 8 月，服装厂划归综合服务处管理，有服装生产设备 82 台（套）、职工 46 人、外聘职工家属等人员 62 人。

1998 年 8 月，为了规范内部市场，突出行业特点，将采油厂、炼油化工总厂两个劳保加工点划归服装厂管理，服装生产设备达到 152 台。

2000 年 1 月，服装厂划归新兴实业开发处。

2001 年 4 月，服装厂划归综合服务处。5 月，综合服务处将服装厂、玉美皮鞋厂合并成立劳保厂，下设服装班，有服装生产设备 154 台。

2011 年 4 月，劳保厂对全厂设备进行更新，报废 154 台服装生产设备，新购置平缝机、包缝机、锁眼机、钉扣机等服装生产设备 97 台，从根本上解决了设备落后的问题，实现了服装加工质量的大幅提升。6 月，劳保厂首次设计生产运动服系列产品。

至 2017 年，劳保厂主要生产防静电单工服、棉工服，单、棉手套等产品。全年生产各种劳保服装 30800 套（件），单、棉劳保手套 111300 双，运动服 774 套。

2. 劳保鞋

玉门油田生产劳保鞋始于 1985 年。当年 8 月，为了解决部分残疾人的就业问题，成立玉美皮鞋厂。玉美皮鞋厂设制鞋班 1 个，有职工 30 人，其中残疾职工 20 人。1987 年，玉美皮鞋厂隶属农工商公司管理。

1988 年 6 月，玉美皮鞋厂划归兴玉实业开发总公司管理，全年生产各种皮鞋 19111 双。

1992 年 7 月，玉美皮鞋厂新建建筑面积 2400 平方米的四层生产大楼，一楼设产品展览室、零售商店、业务洽谈室，二楼为劳保皮鞋及各种线缝鞋生产线，三楼为商品鞋生产线，四楼为旅游鞋、布鞋生产线，全年生产各种鞋 19281 双。

1996 年 8 月，玉美皮鞋厂划归综合服务处管理，有职工 30 人，全年生产各种鞋 30972 双。

2000 年 1 月，玉美皮鞋厂划归新兴实业开发处，设下料、缝制、底工 3 个班组，有员工 11 人，各种制鞋设备 48 台（套），主要生产劳保皮鞋，全年生产 6038 双。

2001 年 4 月，玉美皮鞋厂划归综合服务处。5 月，服装厂、玉美皮鞋厂合并成立劳保厂。

2003 年 6 月，劳保厂取得《劳动防护用品定点生产证书》。

2006 年 1 月，劳保厂取得《全国工业产品生产许可证》。

2010 年 4 月，劳保厂对制鞋设备进行更新，报废 48 台制鞋设备，新购置平缝车、人字车、高头车、内线机及压紧机、烘箱等皮鞋生产设备 28 台。

2015 年 5 月，劳保厂取得国家特种劳动防护用品安全标志管理中心颁发的《特种劳动防护用品安全标志证书》。

至 2017 年，有制鞋设备 29 台，主要生产单皮鞋、棉皮鞋、保护足趾安全鞋等劳保产品。全年生产各种劳保皮鞋 7368 双。

三、纯净水

1998 年 9 月，管理局工会在三八路原运输处子弟学校院内，利用闲置学校教室，兴建万龙纯净水厂。万龙纯净水厂厂房面积 900 平方米，购置 7200 型纯净水制水、100 桶 / 时桶装灌装、2000 瓶 / 时瓶装、500 毫升制瓶设备各 1 套，生产 18.9 升桶装纯净水、矿化水、11.2 升桶装富思水、350 毫升瓶装冰川水、330 毫升瓶装冰川水、350 毫升随身装“沙漠之狐”饮用纯净水等产品，主要服务油田及周边市场。同年，炼油化工总厂工会利用原职工食堂建设三叶纯净水厂，分别引进 500 桶 / 日、800 桶 / 日两条纯净水生产线，生产 18.9 升桶装纯净水，日均生产 800 桶左右，供应炼油化工总厂职工及家属。

2005 年 4 月，万龙纯净水厂搬迁至玉门市老市区炼油路，同炼油化工总厂工会三叶纯净水厂合并，厂房面积 417 平方米。

2006 年 10 月，纯净水厂在酒泉市肃州区解放路 20 号（原酒泉疗养院）设立分厂，厂房面积 150 平方米，有纯净水生产设备 1 套。

2010 年 7 月，综合服务处在酒泉生活基地欣露园西南新建纯净水厂，纯净水厂整体搬迁。新厂占地面积 1260 平方米，建筑面积 700 平方米，购置二级反渗透制水设备 1 套、450 桶 / 时桶装灌装线 1 套、6000 瓶 / 时瓶装灌装线 1 套、350 毫升空瓶吹瓶设备 1 套，对原所有纯净水生产设备进行更新，并关闭玉门炼油路、疗养院纯净水生产线，主要生产 18.9 升桶装饮用纯净水、11.2 升桶装饮用纯净水、350 毫升瓶装饮用纯净水、550 毫升瓶装饮用纯净水、2 加仑桶装饮用纯净水。

2017 年，纯净水厂全年生产桶装水 308653 桶，瓶装水 576000 瓶。纯净水及关联产品辐射肃州区、周边部队、金塔等地。

1998—2017 年纯净水厂产品生产统计见表 7–7–7。

表 7–7–7　1998—2017 年纯净水厂产品生产统计表

年份	桶装水（桶）	瓶装水（瓶）
1998 年	65205	37440
1999 年	260819	149760
2000 年	258101	211648
2001 年	269409	193508
2002 年	297598	191572
2003 年	270650	212216
2004 年	238758	242104
2005 年	233756	321392
2006 年	165162	204320
2007 年	201391	157302
2008 年	207155	158349
2009 年	206744	159168
2010 年	210251	0
2011 年	210731	312388
2012 年	236859	311736
2013 年	227936	278832
2014 年	230599	251785
2015 年	205359	247970
2016 年	279545	404112
2017 年	304653	576000

第五节 商贸管理

一、概况

20 世纪 90 年代初，油田实行多元化发展战略。1993 年 10 月，成立三环商贸（集团）公司，有员工 57 人，设办公用品部、家电部、副食部、百货部、建材部、服装部、汽配部等，对外开拓商贸业务。1996 年 8 月，三环商贸（集团）公司划归综合服务处管理。

1999 年，玉门油田重组改制，北坪区、三三区、勘探开发研究院、炼油化工总厂等 60 多间商业门点、三环商贸（集团）公司划归新兴实业开发处管理。2001 年 4 月，隶属综合服务处管理。12 月，综合服务处撤销三环商贸（集团）公司建制，矿区商业门店由个人租赁经营。

2003 年 12 月，成立酒泉基地中心商贸区项目部，下设工程项目部、招商办公室，全面负责中心商贸区的承建、完善及沿街商铺的招商出租工作。陆续在酒泉基地建成新天地中心商贸区，玉兰园、茗萃园、紫荆园、芳沁园、百合园、承瑞园、鸿硕园、天润园、欣露园等商铺。

2005 年 6 月，原酒泉疗养院东、中、西院，盘旋西路、康复路，酒泉基地在建、新建商业设施统一划归综合服务处管理。

2008 年 5 月，对矿区所属商业网点进行优化整合，北坪区 30 间、中坪 15 间、三三区 6 间、三台区 7 间商业门点和厂房，全部交付综合服务处统一管理。

2015 年 12 月，玉门矿区只有北坪区部分门点仍在继续租赁经营。酒泉疗养院东院、中院、西院、盘旋西路等门点正常租赁经营，酒泉基地建成商贸区 10 个，全部交由综合服务处运营管理。

二、商贸区

1. 新天地中心商贸区

2004 年 7 月，新天地中心商贸区正式开工建设，分 1 号、2 号、3 号、4 号、5 号五个楼区，2006 年 12 月建成投运。新天地中心商贸区占地面积 27000 平方米，建筑面积 35000 平方米，南北长约 300 米，东西宽约 96 米，由 5 栋三层建筑组成。新天地中心商贸区位于油田酒泉生活基地“一心、两轴、五带”的核心位置，东接基地文化广场，北依酒泉市政广场，南邻景观大道，与世纪大道毗邻，紧邻油田办公大楼，基地中轴线世纪大道和景观大道分别从东南两侧穿区而过。中心商贸区集购物、休闲、娱乐、美食、健身、商务、办公、金融等功能于一体。1 号楼建筑面积 3727.62 平方米，为三层建筑，坐南向北，以办公、银行、邮政储蓄等经营项目为主；2 号楼建筑面积 4561.88 平方米，为三层建筑，坐西向东，以银行、保险、证券交易、教育培训等经营项目为主；3 号楼建筑面积 4509.15 平方米，为三层建筑，坐西向东，以银行、电信、教育培训等经营项目为主；4 号楼建筑面积 12152 平方米，为三层建筑，坐西向东，为大型购物商场，主营男女服装、饰品、化妆品等；5 号楼建筑面积 9950.83 平方米，为三层建筑，坐西向东，主要以生活超市、药店、美容美体、餐饮、金融等经营项目为主。

2. 玉兰园商贸区

2004 年 10 月，玉兰园商贸区开工建设，2005 年 7 月建成。玉兰园商贸区位于玉兰园小区沿敦煌路 1 号、2 号住宅楼下及沿飞天路 13 号、14 号住宅楼下，总建筑面积 5440.488 平方米。其中，1 号楼楼底商铺 10 套，建筑面积 1368.112 平方米；2 号楼楼底商铺 10 套，建筑面积 1459.312 平方米；13 号楼楼底商铺 8 套，建筑面积 1364.132 平方米；14 号楼楼底商铺 8 套，建筑面积 1248.932 平方米。玉兰园商贸区主要以生活超市、银行、保险、餐饮、娱乐等经营项目为主。

3. 紫荆园商贸区

2005 年 6 月，紫荆园商贸区开始建设，2006 年 7 月建成。紫荆园商贸区位于紫荆园西门南北两侧，均为二层建筑，建筑面积 6388.2 平方米。以生活超市、餐饮、银行等经营项目为主。

4. 茗萃园商贸区

2005 年 6 月，茗萃园商贸区开工建设，2006 年 7 月建成。茗萃园商贸区位于茗萃园东大门南北两侧，商贸区坐西向东，为一层建筑，总建筑面积 3530 平方米。以生活超市、书店、银行等经营项目为主。

5. 芳沁园商贸区

2011 年 5 月，芳沁园商贸区开工建设，10 月建成投运。芳沁园商贸区为一层建筑，位于芳沁园东大门南北两侧，南侧用于油田退管中心活动中心及油田医院社区卫生所，北侧 26 间为配套商业门点。用于商业出租面积共 1547.3 平方米，主要以餐饮、超市等经营项目为主。

6. 百合园商贸区

2009 年 4 月，百合园商贸区开工建设，10 月建成投运。百合园商贸区位于百合园大门东西两侧，为一层框架建筑，建筑面积 760 平方米，用于商业出租，以超市、餐饮等经营项目为主。其中东侧建筑面积 434 平方米，西侧建筑面积 326 平方米。

7. 承瑞园商贸区

2007 年 7 月，承瑞园商贸区开工建设，2008 年 12 月建成。承瑞园商贸区位于承瑞园西南侧，为二层框架结构，建筑面积 1872.48 平方米，以餐饮、银行等为主。

8. 鸿硕园商贸区

2009 年 4 月，鸿硕园商贸区开工建设，8 月建成。鸿硕园商贸区为复式框架结构，位于鸿硕园小区东门两侧，房屋均坐西向东，南北分 A、B 两区，建筑面积 9095.6 平方米。其中 A 区为菜市场、卫生所、特色小吃及日用超市。B 区为生活超市、美容美发、小吃餐饮、教育培训、银行、劳保加工等。

9. 天润园商贸区

2009 年 4 月，天润园商贸区开工建设，8 月建成。天润园商贸区为复式框架建筑结构，建筑面积 3728 平方米，以办公、保险、驾校、印刷等为主要经营项目。

10. 欣露园商贸区

2014 年 4 月，欣露园商贸区开工建设，2015 年 3 月建成。欣露园商贸区位于欣露园小区东大门南北两侧，共 72 间，建筑面积 5673.27 平方米，以生活超市、小吃餐饮、教育培训、银行储蓄等经营项目为主。

第六节　油品、燃气销售

从 20 世纪 90 年代起，为适应市场需求，玉门油田相继兴建、改造一批加油站、加气站，对外开展油品、燃气销售业务。

一、加油站

1992 年 9 月，酒泉疗养院在酒泉市解放路兴建健达加油站，1993 年 5 月投产。健达加油站占地面积 1700 平方米，有 80 平方米营业室 1 间、20 立方米储油罐 2 具、25 立方米储油罐 1 具、加油机 3 台，设计加油能力 5000 吨 / 年。

1994 年，兴玉实业开发公司在玉门南站兴建加油站，1995 年 8 月投产。玉门南站加油站有 60 立方米储油罐 4 具、160 立方米储油罐 3 具、加油机 5 台，设计加油能力 5000 吨 / 年。

2000 年 1 月，地质调查处加油站划归综合服务处达奇公司。该加油站有 20 立方米储油罐 6 具、50 立方米储油罐 1 具、加油机 2 台、油泵 1 台，设计加油能力 5000 吨 / 年。炼油化工总厂北门加油站划归新兴实业开发处，2001 年 4 月划归综合服务处。炼油化工总厂北门加油站占地面积 2000 余平方米，有 10 立方米储油罐 3 具、20 立方米储油罐 2 具、加油机 6 台，设计加油能力 5000 吨 / 年。

2000 年 5 月，在酒泉市肃州区解放路投资建设酒泉加油站，2001 年 10 月建成投运。主要销售成品油及石油液化气。酒泉加油站占地面积 13320 平方米，建筑面积 950 平方米，有建筑面积 800 平方米综合楼 1 栋、建筑面积 150 平方米营业厅两处、80 立方米储油罐 4 具、100 立方米石油液化气储罐 3 具、10 立方米石油液化气残液罐 1 具、压缩机 1 台、输液泵 2 台、单枪加油机 6 台、石油液化气加注机 2 台，设计加油能力 15000 吨 / 年，液化气充装能力 50000 吨 / 年。

2000 年 8 月，成立玉门油田油气储销有限责任公司，先后隶属新兴实业开发处、综合服务处管理。为了开拓外部市场，油气储销有限责任公司开始分别在酒泉市肃州区、武威市凉州区、青西油田、玉门市三三区、张掖市张火路等地新建、改建加油站。

2001 年 5 月，在武威市凉州区南关建设武威加油站，2002 年 10 月投产。武威加油站占地面积 13320

平方米，其中加油区 5328 平方米，加气区 7992 平方米，有两层办公楼 1 栋、营业厅 2 处、80 立方米储油罐 4 具、单枪加油机 6 台，设计加油能力 9000 吨 / 年，液化气充装能力 5000 吨 / 年。

2002 年 7 月，综合服务处成立油气储销公司，将玉门南站加油站、炼油化工总厂北门加油站、达奇公司地调处加油站合并为玉门加油站，青西加油站、酒泉加油站、武威加油站、张掖加气站等单位划归油气储销公司，实行统一管理、协调运作、分级负责、单独核算。综合服务处在玉门市三三区原技工学校校区新建玉门加油站，2004 年 5 月建成投产。玉门加油站有 30 立方米储油罐 6 具，加油机 8 台，地下泵房 1 座，设计加油能力 20000 吨 / 年。南站加油站、炼油化工总厂北门加油站、达奇公司加油站随即停运。

2002 年 8 月，在青西油田建设青西加油站，10 月建成投产。青西加油站有 30 立方米储油罐 1 具，40 立方米储油罐 1 具，加油机 2 台，设计加油能力 3000 吨 / 年。

2003 年 6 月，将位于张掖市张火公路 0.6 千米处的退管中心张掖退休基地加油站划归综合服务处，实行专业化管理。8 月，成立张掖油气销售有限责任公司（张掖加油站），并对原加油站进行改扩建。2004 年 12 月，张掖加油站建成投产，占地面积约 6000 平方米，有 300 平方米砖混结构站房一栋、50 立方米地埋式储油罐 3 具、单枪加油机 11 台，设计年加油能力 8000 吨。

2004 年 3 月，将综合服务处青西加油站、健达加油站、张掖加油站、武威加油站等，与中国石油甘肃销售分公司位于敦煌市的沙洲大酒店进行资产置换，划归中国石油甘肃销售分公司。

2005 年 5 月，酒泉加油站石油液化气加气部分从酒泉加油站分离，划归方圆物业管理有限责任公司。8 月，综合服务处成立能源公司。11 月，玉门加油站、酒泉加油站、老君庙作业区加油站、鸭儿峡作业区加油站划归能源公司管理。

2009 年 3 月，按照集团公司专业化管理的要求，综合服务处能源公司及所属加油站及业务划归中国石油甘肃销售分公司。

二、加气站

1. 石油液化气加气站

20 世纪 90 年代初，炼油厂在张掖市张火路设立石油液化气加气站，设计销售石油液化气 5000 吨 / 年，主要为油田张掖退休基地职工及周边居民提供石油液化气充装服务。2001 年 4 月，张掖石油液化气加气站划归综合服务处。2014 年 3 月，张掖石油液化气加气站关闭。

2. 天然气加气站

2007 年 6 月，CNG 项目部划归综合服务处，负责筹备建设玉门、嘉峪关、酒泉加气站。

2009 年 2 月，玉门加气站、嘉峪关天龙加气站、酒泉加气站建成投运。玉门加气站位于炼油化工总厂北门东侧，占地面积 6133.03 平方米，建筑面积 1218 平方米，拥有橇装天然气压缩机 3 台、地下储气井 4 口、加气柱 3 台、售气机 2 台、缓冲罐 1 座、调压站 1 个、CNG 脱水装置 2 套、冷却水循环系统 1 套，设计年天然气加注量 2737.5 万标准立方米；酒泉加气站位于酒泉市肃州区飞天路西侧，占地面积 13561.88 平方米，建筑面积 1003.325 平方米，拥有 550 平方米 CNG 加气区、460 平方米站房 1 座、橇装天然气压缩机 1 台、地下储气井 3 口、卸气柱 1 台、加气机 4 台，设计年天然气加注量 547.5 万标准立方米。

嘉峪关天龙加气站位于嘉峪关市西南国道 312 线东侧，占地面积 4296.6 平方米，建筑面积 768.6 平方米，有二层站房 1 座、橇装天然气压缩机 1 台、储气井 2 口、卸气柱 1 台、售气机 4 台、CNG 调压控制系统 1 套，设计年加气量 547.5 万标准立方米。

全年，3 个加气站销售天然气 380 万立方米，其中玉门 10 万立方米、嘉峪关 150 万立方米、酒泉 220 万立方米。

2011 年 4 月，撤销 CNG 项目部，综合服务处成立燃气公司。玉门加气站、嘉峪关天龙加气站、酒泉加气站 3 个加气站划归燃气公司管理。

2012 年 5 月，嘉峪关天龙加气站被昆仑能源（甘肃）有限责任公司全资收购，更名为昆仑能源（甘肃）有限责任公司嘉峪关分公司。9 月，玉门加气站进行 LNG/L–CNG 加气站改扩建，2013 年 9 月竣工并取得甘肃省质量技术监督局颁发的《气瓶充装许可证》。气站占地面积 4246.3 平方米，有 60 立方米 LNG 卧式储罐 1 座、LNG 低温潜液泵 1 台、LNG 加气机 1 台、卸车增压器及 EAG 加热器等，设计年 LNG 加气量 547.5 万标准立方米。

2013 年 5 月，酒泉加气站进行 LNG/L-CNG 加气站改扩建，12 月竣工并取得甘肃省质量技术监督局颁发的《气瓶充装许可证》。加气站占地面积 13561.88 平方米，有 60 立方米 LNG 储罐 2 具、LNG 加注橇 1 台、L-CNG 气化橇体 1 台、LNG 加气机 2 台。2015 年，新增 LNG 空气压缩机 1 台，LNG 空气压缩机分液罐 1 具。设计年 LNG 加气量 547.5 标准立方米。

至 2017 年 12 月，综合服务处燃气公司下设玉门加气站、酒泉加气站 2 个加气站，年销售 CNG3027 吨、LNG1358 吨。

2009—2017 年综合服务处加气站销售情况统计见表 7-7-8。

表 7-7-8　2009—2017 年综合服务处加气站销售情况统计表

年份	玉门加气站销售量（吨）		嘉峪关加气站销售量（吨）		酒泉加气站销售量（吨）	
	CNG	LNG	CNG	LNG	CNG	LNG
2009 年	17	—	87	—	179	—
2010 年	237	—	384	—	241	—
2011 年	200	—	450	—	264	—
2012 年	622	—	248	178	306	—
2013 年	614	48	—	—	372	—
2014 年	533	133	—	—	287	368
2015 年	275	230	—	—	177	413
2016 年	2116.06	236.7	—	—	1439.98	2935.67
2017 年	1748	209	—	—	1279	1139

第八章 对外合作

20 世纪 80 年代中期，在国家经济委员会、计划委员会和石油工业部的支持下，管理局雇佣美国地球物理服务公司进行祁连山地震勘探，打开了玉门油田对外经济技术合作与交流的“窗口”。改革开放以后，尤其是 1987 年后，玉门油田各领域的对外合作与交流活动日渐增多，通过引进国外地震、钻井、录测井、酸化压裂、炼油化工、机械制造等方面的先进技术和装备，以及配套的计算机硬件和软件，使油田的生产技术水平和市场竞争力得到较大提升。进入 21 世纪，玉门油田大力实施“走出去”战略，在工程技术服务和机械产品相继进入国内各油气田市场的同时，紧随集团公司实施的海外战略步伐，积极开拓海外市场，稳步推进海外对口支持项目，油田勘探开发、炼化生产、工程技术服务等逐步扩展到了阿塞拜疆、土库曼斯坦、埃及、乍得等国家，石油机械产品远销 20 多个国家和地区，“海外玉门”建设成果显著。

第一节 机构与队伍

一、管理机构

1987 年，管理局机关设有外事处，专门负责玉门油田的外事业务。

1993 年 3 月，将外事处由正处级降格为正科级，设立局外事办公室（正科级），挂靠在局办公室，业务由局主管领导直管。主要负责油田外事联络、技术交流，办理外籍人员来油田活动和油田人员因公出国的各种手续，以及各类设备的引进、审批、签约，归口管理油田所属中外合资、合营项目和对国外劳务承包、劳务输出等工作。1997 年 6 月，撤销局外事办公室（正科级），恢复成立外事处（正处级）。

1999 年 7 月，玉门油田重组改制后，管理局继续保留外事处设置。油田分公司外事工作及进出口业务由技术发展处负责。

2002 年 11 月，管理局将外事处更名为国际经济技术合作处。设外贸进出口公司、国际合作科 2 个科室。

2005 年 7 月，玉门油田重组整合，将管理局生产运行处市场开发科、局外事处、油田分公司技术发展处对外合作职能、机构与人员划出，合并成立经济技术合作开发处，负责油田对外经济技术合作和市场开发的战略研究、市场调研、对外合作项目的组织协调和落实等工作。新成立的经济技术合作开发处下设市场开发科，附挂外贸进出口公司。9 月，根据对外合作和开拓国际市场的需要，油田分公司（局）成立对外合作项目运行领导小组，设哈萨克斯坦钻井及工程服务、阿尔及利亚综合服务、产品出口 3 个项目部。

2010 年 2 月，为了加强对外合作项目的协调服务工作，油田分公司成立玉门油田海外中心北京工作站，有员工 5 名，主要负责海外合作及油田对外合作的组织协调和服务工作。11 月，经济技术合作开发处更名为对外合作部，并入新成立的开发部，与开发部为一套机构、两块牌子，下设外事管理科。

2011 年 8 月，对驻外机构进行重组整合，将玉门油田海外中心北京工作站与北京办事处合并，资产、业务及在册合同化员工，整体划入北京办事处集中统一管理。

2012 年 9 月，成立乍得项目经理部办公室，隶属开发部（对外合作部）。至此，对外合作部下设外事管理科、乍得项目经理部办公室 2 个职能科室。

至 2017 年，对外合作部机构保持不变。

二、队伍

1. 对外经济技术开发总公司

1987 年 6 月，管理局成立对外经济技术协作办公室，与外事处为一套机构，主要承担油田全民所有制范围内对外横向经济联营与协作，逐步发展成为一个相对独立的经济实体，同时统管油田各项外事、外贸及资料翻译工作，负责引进技术项目合同的谈判、联系和组织工作，掌握合同的执行情况，做好外籍人员来华、回国及油田出国人员的各种事务性工作。7 月，成立龙达实业公司，与对外经济技术协作办公室、外事处为一套机构、三块牌子。

1990 年 6 月，成立对外经济发展公司（龙达实业公司），与对外经济技术协作办公室为一套机构、两个牌子。1991 年 11 月，将外事处从对外经济技术协作办公室（对外经济发展公司）划出，对外经济技术协作办公室（对外经济发展公司）更名为对外经济技术开发总公司。公司下设财务部、经营销售部、公共关系部，有职工 41 人。主要负责引进国内外先进技术、装备、物资；负责局对外技术协作、劳务输出；经营局生产的各种产品；负责广东及周边地区的物资采购及信息收集；积极开展广州、深圳、珠海及港、澳、台等地区的业务联系。

1999 年 7 月，玉门油田重组改制，经济技术开发总公司（广州联络处）隶属管理局，下设办公室、接待处、财务部、协作发展部、公共关系部、物资贸易部、康胜国际贸易有限公司等部门，共有职工 59 人。

2002 年，经济技术开发总公司（广州联络处）所属的各分公司及机构先后改制、撤并，至 7 月，经济技术开发总公司撤销。

2. 外贸进出口公司

1997 年 6 月，成立外贸进出口公司，与外事处为一套机构两块牌子，有职工 12 人。外贸进出口公司系局直属公司，为局内相对独立的经济实体，是局属有关单位对外贸易的代理机构，按照独立核算、自负盈亏的原则，进行经营管理，其费用、收入按照对外贸易额的一定比例收取。

1999 年 10 月，管理局对局机关组织机构进行调整，调整后的外贸进出口公司（外事处），设综合科、外事科（进出口部）2 个职能科室。共有职工 11 人。

2002 年 11 月，管理局将外贸进出口公司（外事处）更名为国际经济技术合作处，在国际经济技术合作处设外贸进出口公司。

2005 年 7 月，玉门油田重组整合后，外贸进出口公司附挂在新成立的经济技术合作开发处。

2010 年 11 月，经济技术合作开发处更名为对外合作部，外贸进出口业务由对外合作部下设的外事管理科负责。

3. 海外研究中心

2009 年 5 月，为了进一步加强海外项目的研究和管理，油田在勘探开发研究院组建海外研究中心，下设地质勘探、油田开发和钻采工艺 3 个研究科室，专业配置涵盖石油地质、物探、测井、储量、开发地质、油藏工程、采油工程等方面，采取固定与非固定模式开展研究工作。

2011 年 5 月，以勘探开发研究院、钻采工程研究院为依托，进一步加强海外研究力量，在海外研究中心设立乍得项目勘探研究室、乍得项目开发研究室，并与钻采院乍得采油工艺室一起共同承担海外项目的勘探开发综合研究及现场技术支持工作。其中乍得项目勘探研究室、乍得项目开发研究室设在研究院，乍得项目钻井采油工艺研究室设在钻采院，日常技术业务服从海外研究中心统一安排。其中，乍得项目勘探研究室人员编制 16 人，专业技术人员定员 14 人；乍得项目开发研究室人员编制 20 人，专业技术人员定员 18 人；乍得项目钻井采油工艺研究室人员编制 10 人，专业技术人员定员 8 人。

至 2017 年底，海外研究中心共有各类专业技术人员 30 人，其中公司一级技术专家 2 人、院一级工程师 4 人，形成了专业齐全、外语水平较高的复合型人才团队，为建设“海外玉门”提供了人才保证。

4. 对口支持队伍

2002 年 11 月，管理局与中国石油勘探开发公司签订“土库曼斯坦库木达格油田作业工程服务合同”，拉开了油田从事海外合作业务的序幕。

2004 年，管理局组织开展“海外项目管理及作业人员培训项目”，选送 45 名管理干部和专业技术人员脱产进行为期两年的培训。其中，一年为外语强化培训，15 人赴俄罗斯参加俄语培训，30 人赴上海外国语大学、马来西亚参加英语培训；一年为操作技能培训，重点开展电焊、汽车驾驶、电工等操作技能培训。与此同时，选派 8 人分别参加了中油国际有限公司组织的经理班、商务班、专业技术人员班等国际石油合作储备人员培训，选派 8 人赴乌兹别克斯坦水利大学参加俄语培训。

2005 年，与阿尔及利亚阿达尔上游项目签订成建制对口支持协议，成为国内第一家为海外业务提供上游服务支持的油田单位，先后累计派出各类生产管理及技术人员 26 人，包含从采油厂厂长到主要生产岗位的管理人员。

2008 年 8 月，乍得炼厂项目和玉门油田签署乍得炼厂项目对口支持合作协议，确定由油田整体为乍得炼厂生产运行提供人员和技术支持。11 月，在进行操作人员选拔、培训的同时，选派 3 名管理人员先期介入项目设计和生产准备工作。

2009 年 1 月，选派 37 名工程技术人员赴乍得炼油厂开展现场工作。9 月，选派 7 名管理人员赴乍得开展油田开发、财务、档案、人事管理工作。后陆续选派工程监理、设备管理等管理人员进入乍得开展相关业务工作。当年，水电厂针对乍得自备电厂建设，对选拔的 40 名管理人员和工程技术及操作人员进行了培训。期间，玉门油田按照海外对口支持人才培训“出一备一”的思路，采取内培和外培相结合的方式，全方位开展人员选拔、培训和储备工作。

2010 年 1 月，中油国际乍得公司与玉门油田签订对口支持协议，双方决定在石油加工领域合作的基础上，继续深化在上游油气开发领域的合作。油田开发管理、工程技术及操作人员的选拔、培训工作也随即展开。12 月，首批 25 名上游操作人员进入现场。当月，油田与长城钻探工程有限公司在北京签署“战略合作框架协议”和“乍得 CNPCIC 公司油田附属服务项目合作协议”，乍得工程技术服务项目由油田承担。油田立即着手对准备赴乍得执行测试和清蜡任务的 9 名工作人员开展 HSE、井控及防控培训和证书申领工作。

2011 年 1 月，先后两次派出 394 名管理、工程技术及操作人员进驻乍得恩贾梅纳炼油厂，提前介入生产现场，精心组织炼油厂各项开厂前的准备工作。1—2 月，为保证乍得 RONIER 油田一期生产管理和油田建设的顺利进行，按照乍得 RONIER 油田生产实际，分两批派出 49 名管理人员、工程技术人员和采油工，进入上游生产现场。4 月，乍得一期正式投产，油田开发现场管理、工程技术人员及操作人员达 77 人。6 月，乍得炼油厂一次开车成功，从事炼油生产的油田员工达 371 人。至此，在乍得从事上下游对口支持及油田附属服务的人员已达 457 人，涵盖现场管理、工程技术服务、人事管理、财务管理、监督管理、档案管理、党务管理和新闻宣传各个方面，包含油田开发、炼油生产、油井测试、清蜡和电力供应等各方面的管理干部、工程技术人员和操作人员。

2012 年油田乍得项目对口支持人员情况统计见表 7–8–1。

2014 年 10 月，随着乍得采油厂 2.1 期正常投入运行，为了满足现场工作需要，清蜡项目新增 4 人，人员达 13 人。

2016 年，乍得上游对口支持人数由 98 人增加到 126 人，对口支持人员采用“背靠背”工作模式，同时在岗 66 人。

期间，对所有对口支持人员采取内培和外培相结合的方式，进行全方位的培训，其中，英语培训 551 人次、防恐培训 412 人次、驾照培训 536 人次，在北京外语培训中心、广州培训中心和石油大学培训 169 人，在北京中国石油国际化人才培训中心培训管理人员 26 人，在青海油田进行为期 3 个月的全脱产培训 12 人。

至 2017 年底，油田在海外长期工作的员工有 512 名，其中乍得采油厂 177 人、乍得炼厂 318 人、乍得清蜡项目 13 人、阿尔及利亚 438B 项目 4 人。

表 7–8–1　2012 年油田乍得项目对口支持人员情况统计表

单位	员工总数	党员人数	职称结构				学历结构				年龄结构					
			正高级	副高级	中级	初级	硕士及以上	大学本科	大学专科	中专及以下	50 岁及以上	45 ~ 50 岁	40 ~ 45 岁	35 ~ 40 岁	30 ~ 35 岁	30 岁及以下
炼油厂	374	162		18	46	32	2	99	112	161	1	22	122	147	54	28
清防蜡	8	6		1	2	1		3	1	4		2	4	1	1	
采油厂	104	62	1	16	22	9	1	47	39	17	0	6	45	25	21	7
合计	486	230	1	35	70	42	3	149	152	182	1	30	171	173	76	35

第二节　进出口业务

一、装备技术引进

1988 年，先后从美国引进 1 套 SID–801 数字测井仪和 1 套 GLS–3700 数控测井仪，有效提升了油田测井装备水平。

至 1990 年，地调处先后引进 MZ–12、MZ–18、Y2700CBC 型等国外先进震源车，引进 Command– Ⅲ、Timap– Ⅱ和 LANDMARK 人机联作系统，有效增强了野外地震勘探的手段和方式，提高了资料采集效率和资料处理解释质量。

1994 年 7 月，投资 1060 万元，引进美国 CONVEX 计算机处理系统。1995 年 1 月，该系统正式在地调处投入使用，结束了油田地震资料处理解释工作依靠外部单位完成的历史，开始由地调处自行独立完成。

1997 年，依托新成立的外贸进出口公司，择优从美国、日本等国为油田炼化改造进口 UPC 系统和 DCS 系统，进口额达 3000 余万元。

2000 年，兰州新世纪彩色印刷包装有限责任公司先后从德国、瑞士等国引进当时世界上最为先进的海德堡胶印印刷设备、博斯特印后加工设备，进口设备总值约 3400 万元。

2002 年 6 月，为配合青西联合站建厂，从美国等国家和地区进口 2 台原料气压缩机、1 台丙烷压缩机、1 套 DCS 控制系统及 2 台热媒加热系统，进口额达 175 万美元。

2006—2009 年，先后为勘探开发研究院进口 GOCAD 软件、JASON 软件和兰德马克解释软件；为油田医院进口 CT 设备，合同金额 66 万美元。期间，结合炼化总厂重整加氢改造、MES 技术改造升级等，进口 DCS 系统、ESD 设备。

2010 年 1 月，为机械厂进口由俄罗斯梁赞重型机械有限公司设计制造的抽油杆自动锻造设备，设备金额 251.45 万欧元。该生产线于 2012 年 5 月调试完毕正式运行，从原材料的上料、加热及锻造各工位实现全自动化操作，大大减少设备操作人员，减轻操作工的劳动强度，可生产 5/8 英寸、3/4 英寸、7/8 英寸、1 英寸 4 个规格的抽油杆，并实现了相同规格的 4 根抽油杆同时进行锻造，大大提高了工作效率。

2017 年 12 月，从日本为油田医院进口 64 排螺旋 CT 机，进口额 949.8 万元。

二、产品出口

1987 年，机械厂首次向新加坡出口抽油杆，创汇 2.175 万元。

1992 年，机械厂为印度、巴基斯坦等国提供产品和服务，扩大出口量，年产品出口创汇 38.8 万美元。

1995 年，机械厂先后向罗马尼亚、美国、墨西哥、印度尼西亚、乌兹别克斯坦出口“三抽”产品 6 批次。其中，在罗马尼亚国际爱世有限公司 1857 万元杆式抽油泵及配件招标中，战胜国际国内几十家公司的竞争，一举中标，成为建厂以来批量最大、金额最多的一次出口产品，创油田及中国石油机械系统对外贸易之最。当年，机械产品订货完成 1.28 亿元，出口创汇 1951 万元。

1997 年，出口以抽油杆、抽油泵为主的 4 批次产品，总金额 760 多万元。

1999 年，参与国际投标 6259 万元，中标 657 万元，出口额 456.7 万元。

2000 年，采取联营、联合、特别委托、多方代理等方法，参与国际投标 56 项，中标金额 2554.91 万元，投标储备 4489.11 万元。

2003 年，机械厂与中国石油技术开发公司、哈萨克斯坦阿克纠宾油田机械厂合资组建的石油机械厂在阿克纠宾十月城成立，标志着油田机械厂首次实现了“人才、技术、资本、产品、服务”走出国门、走向世界的目标，也实现了玉门人海外建厂零的突破，也为扩大石油机械产品海外销售创造了有利条件。

2004 年，出口产品从东南亚逐步发展到中东、东欧、南欧、南美市场；哈萨克斯坦建厂初见成效，全年订购抽油泵 500 台。

2006 年，产品出口国家由原来的哈萨克斯坦、俄罗斯、印度、埃及、叙利亚等国延伸至苏丹、缅甸、阿曼、文莱等国，开拓发展澳大利亚市场，成功在阿曼配套 28 口油井。共参与国际投标 300 余次，中标 1722.35 万元，形成销售 2068.59 万元。

2007 年，产品出口至澳大利亚、阿曼、埃及等国，实现出口订货额 5523.48 万元，形成销售 2562.54 万元。

2008 年，外贸出口主要为阿曼、澳大利亚、埃及以及叙利亚等国，完成销售 5625 万元。

2011 年，先后签订出口埃及、哈萨克斯坦、泰国、叙利亚等国抽油杆、抽油泵订单，出口产品订货额 1010 万元，外贸销售额 1257 万元。

2012 年，实现出口产品订货额 4143.36 万元，外贸销售额 3231.35 万元。

2013 年后，外贸出口工作积极应对国外市场变化带来的新挑战，继续依托已建立的海外合作关系，通过与有实力的国内生产厂商加强合作，努力拓宽出口产品的范围，继续扩大高附加值产品的出口。从以前单一的“三抽”产品出口逐步扩展到油田化学剂以及固井材料的出口。

2015 年，首次向塞尔维亚国家石油公司（NIS）出口第一批金额为 12.5 万欧元的 5 种油田化学剂。

2016 年，首次中标 45 万欧元 8 种油田化学剂和微硅粉的两年期采购合同。

2017 年，再次中标塞尔维亚国家石油公司（NIS）所需 12 种油田化学剂和微硅粉采购的两年期合同，中标金额 58 万欧元。至此，油田出口化学剂产品品种由 2015 年最初的 5 种增加到 15 种，并从井下油田化学剂扩大到地面设施及工艺管线处理剂，丰富了油田出口产品的种类，为进一步扩大出口创收奠定了基础

1988 年—2006 年石油机械产品首次进入国外市场名录见表 7–8–2。

表 7–8–2　1988—2006 年石油机械产品首次进入国外市场名录

年份	首次进入的国外市场	销售产品	备注
1988 年	印度	抽油杆	
1992 年	巴基斯坦	抽油泵	
1995 年	美国	抽油杆接箍	
1995 年	印度尼西亚	抽油泵、抽油杆	
1995 年	罗马尼亚	抽油泵	
1995 年	俄罗斯	抽油杆	
1995 年	墨西哥	抽油杆配件	
1996 年	科威特	短杆	
1997 年	苏丹	抽油杆、抽油泵	
1997 年	乌克兰	抽油泵	
1998 年	哈萨克斯坦	抽油泵	
2000 年	叙利亚	抽油杆	
2000 年	阿联酋	抽油杆配件	
2001 年	土库曼斯坦	抽油泵	
2001 年	委内瑞拉	抽油杆	
2001 年	乌兹别克斯坦	抽油杆	
2002 年	加拿大	抽油杆配件	
2002 年	古巴	抽油杆	
2003 年	阿塞拜疆	抽油杆	
2003 年	阿曼	抽油杆	
2005 年	澳大利亚	抽油杆	
2005 年	阿尔及利亚	抽油泵、抽油杆	
2005 年	埃及	抽油杆	
2006 年	利比亚	抽油杆	
2006 年	克罗地亚	抽油杆	
2006 年	缅甸	抽油杆	

第三节　经济技术交流

1987 年，玉门油田在 27 个重点科研项目上同美国、法国及国内 60 个院校厂所进行经济技术交流与协作，并特邀部分国内外专家来油田讲学、咨询，先后组织人员赴美国、法国、新西兰等国学习考察。时年，

新西兰维多利亚大学科伦博士和约翰斯博士来油田进行地质考察并讲学。

1988 年 11 月，经过三年时间的合作，中法“关于老君庙油田 L 油藏化学驱油提高采收率可行性研究合作”项目，通过中国石油天然气总公司的验收。

1989 年 8 月，法国石油研究院专家勒穆茨哥和珀蒂来油田参加老君庙 540 井单井预冲洗试验。

1992 年 1 月，玉门油田与法国石油研究院（IFP）在法国巴黎签署“关于老君庙油田 L 油藏碱 / 胶束 / 聚合物驱油先导试验”协议，法方将为老君庙油田 H184 井组先导试验无偿提供 15 吨聚丙烯酰胺，并派专家参与矿场先导试验。

1994 年 1 月，美国 BESTGONGSI 公司的包尔和他的助手奥蒂斯来油田，进行 H184 井组“三次采油”设备调试工作。6 月，针对油田对花海、潮水等地实现对外招标，美国美孚石油公司来油田实地考察，并买走武威盆地资料包；7 月，澳大利亚 BHP 公司来油田实地考察，成为继美国美孚石油公司之后，第二家来油田考察的公司，并买走武威盆地资料包；至 8 月，共有 3 家外国石油公司买走花海、武威盆地的 3 个资料包，创汇 8.2 万元。

期间，由于玉门油田主力参加吐哈会战，老区技术力量相对薄弱，致使许多项目因缺乏技术和学科带头人而无法开展。为了解决这些问题，油田积极与加拿大、法国等国家，以及国内各大院校、科研院所进行协作，联合开展石油地质、油田开发和采油工艺、炼油化工、机械制造等综合研究，油田对外协作单位最多时达 40 余个。

1996 年 6 月，加拿大化学专家泰勒和油藏工程师森格尔来油田研究院进行为期 16 天的讲学活动。

2010 年 9 月，中油国际（乍得）炼油有限公司派出 50 名乍得学员，来油田进行为期 3 个月的 HSE 及炼油和自备发电厂相关理论、实际操作等业务的培训，这是中国石油海外项目外方人员在中国国内进行的规模最大的一次培训。

2011 年 11 月，为了进一步了解国际知名油公司的物探技术发展趋势及新技术应用情况，了解国际油公司的数字化建设情况，加快油田数字化建设步伐，油田选派 1 人，随集团公司组织的考察访问团，赴沙特阿拉伯、阿曼等国，对阿美石油公司、PDO 石油公司进行考察访问，并对数字化油田建设进行调研。

2013 年，先后选派 2 人，分别赴美国、加拿大进行致密油勘探开发技术、非常规油气勘探技术的学习、交流和考察。

2014 年 11 月，选派 1 名财务管理人员到美国休斯敦大学，参加了为期 6 个月的国际财务管理培训。

至 2017 年，先后派出 54 批、共计 84 人次，赴美国、加拿大、澳大利亚、日本等国家参加学习、培训和考察、交流活动。

第四节　海外研究项目

2002 年，在集团公司和中国石油勘探开发公司的帮助和支持下，玉门油田首次进入土库曼斯坦古姆达格油田开展综合挖潜稳产项目研究。该项目合同约定，5 年投资 500 万美元，增油 16 万吨。通过对古姆达格油田地质、生产历史进行综合研究，提出挖潜稳产方案，实施 3 大类（井筒管理、开发调整、修井措施）10 小项（恢复、提捞、井筒挖潜、加深、注水、回采、补孔、压裂、防砂、堵水）、701 井次的上产措施。方案执行第一年增油 13.7 万吨，3 年累计增产原油 16.77 万吨，全面完成合同计划。

2004 年，开展阿塞拜疆 Karabagli 油田后期挖潜项目研究。通过 Karabagli 油田进行剩余油分布规律分析、计算区块和层系的剩余可采储量、新钻井可行性论证，优选井位，提出意向性新井井位 7 口。经专家组把关、项目组成员讨论，最终确定 3 口新钻井为第一批实施计划；调研国内外油田以及玉门油田成功注水经验，研究可行的注水方式，确定 6 个注水井组，设计注水参数并进行了论证；根据低电阻油藏研究结果和后期研究结果，优选出大修、补孔、停产井恢复、深抽参数优化等措施井共 90 口。

2005—2008 年，开展阿尔及利亚 438B 区块勘探评价。该项目的研究成果，对 438B 区块现场三维地震部署、井位研究、钻井完井技术、采油工程设计、地面工程设计等起到了技术支持作用。依据研究成果部署 7 口探井和评价井，其中 5 口井（HEBA−1 井、HEBA−3 井、BHT−P1 井、BKZ−4 井、KG−Z−1 井）试油均获得日产百吨以上油流，新建产能 20 万吨 / 年，使该区块总产能达 40 万吨 / 年以上。并编制完成

14 个油田的开发方案，设计油田注水开发产能 100 万米^3/ 年。

2008 年 8 月，规划设计院依靠过硬的设计水平和在同类聚丙烯装置的独特设计技术，在和业主选择的另外两家甲级设计院的竞争中脱颖而出，赢得恩贾梅纳炼厂 3 万吨 / 年聚丙烯装置的设计合同。恩贾梅纳炼厂 3 万吨 / 年聚丙烯装置采用液相小本体生产工艺，由丙烯精制、聚合闪蒸、造粒包装和尾气回收等组成系统，装置的投料、聚合、输送、造粒、包装等均可实现自动化生产，其自动化操作水平和丙烯单耗在国内同类装置中处于领先地位。该项目于 2009 年 5 月顺利通过业主、总体设计院及施工方的审查。

2009 年 10 月—2010 年 10 月，开展阿尔及利亚 350 区块 BEL 凝析气藏开发技术经济综合评价。该项目是中油国际（阿尔及利亚）公司委托玉门油田开展的研究课题，研究内容包括综合地质研究、气藏工程、钻井、采气、地面工程建设及经济评价 6 个部分，要求通过研究，最终对 BEL 气藏的技术、经济性做出可行性评价。经过综合研究，BEL 气藏开发项目储量规模小，储集层物性差，单井产能低，地面投资大，加之地下不确定性因素，项目评价期内无法收回投资，在规定的合同条款下，项目无法获得效益。建议项目公司及时放弃该区块，为 CNODC 总部参考决策提供了科学依据。

2010 年起，依托海外研究中心，全力开展乍得油气勘探、油田开发以及采油工艺技术的研究。当年，应用乍得项目钻井、试油和其他相关资料，在原有地质研究、油藏研究、开发方案及其他各项研究成果的基础上，对 Ronier 和 Mimosa 油田整体开发方案进行评价和把关，对关键中间开发参数、重要指标进行复算和确认；对油田一期投产开发的各油田储量、采收率、各单井产量剖面、投产时的采油方式、射孔设计、完井方式、各区块产量、采油速度、递减率、能量变化及能量接替、稳产战略及产量接替安排等进行系统计算与研究，并提出稳妥可行的投产方案。并先后为乍得一期油田现场生产、乍得油田地面工程开停厂及运行等提供了管理方案。

2011—2014 年，先后开展乍得一期油田稳产方案、油田注水工程方案、油田生产动态分析及措施方案等研究工作。通过一期油田稳产方案研究，措施效果明显，实施油井措施 28 井次，措施增油 4.8 万吨，区块接替优选 4 口井试采，第一年采油 9.5 万吨，稳产措施当年累计增油为 14.3 万吨。通过油田注水工程方案研究，2 个区块实施注水并见明显效果，地层压力下降减缓，年产量递减由 28% 下降到 20%。在乍得项目一期油田生产动态分析及措施方案研究中，实施油井措施 11 井次，措施有效率 75%，措施增油 2.9 万吨。通过区块接替优选 8 口井试采，当年采油 9.5 万吨；稳产措施当年累计增油 12.4 万吨。

期间，先后承担“Bongor 盆地石油地质综合研究和有利目标评价”“H 区块 Bongor 盆地深化研究及外围盆地目标优选”和“乍得 H 区块 Bongor 盆地及其外围盆地目标评价及勘探部署”等 3 个乍得勘探研究项目，依据研究成果，对 4 个盆地、17 个有利区带提交建议井位 25 口井 /35 个井点；项目公司参考并实施 9 口井，其中 4 口井试油获得商业油气流，有力支撑了乍得勘探项目的良好运行。

2015 年，开展乍得 Bongor 盆地一期油田油藏工程及稳产对策研究，开发井井位建议 8 口，实施 3 口，新建产能 14.5 万立方米；油井措施 5 口，日增产 140 立方米，其中 R4–10 井实施补孔作业，日增油 75 立方米。

2015–2016 年，开展 Doseo–Salamat 盆地与 West Doba 盆地地质综合研究，提交 10 个可钻目标、4 口建议井位，建议三维地震部署两期共 504 平方千米，一期已全部采纳实施。

2017 年，通过开展 West Doba 盆地地质综合研究与开发可行性研究，明确区块天然气商业开发可行性较差和找油为主的勘探对策，提交盆地下步勘探目标 11 个、建议井位 2 口，建议二维地震部署 460 千米 /20 条。

第五节　海外对口支持项目

2007 年，中国石油天然气集团公司与乍得石油部在北京签署协议，启动炼厂合资项目，并计划于 2008 年 10 月 26 日破土动工，2011 年建成投运。面对千载难逢的拓展海外发展机遇，玉门油田抢抓机遇，主动出击，积极谋划开拓海外发展之路。

2008 年 11 月，玉门油田与中油国际（乍得）有限责任公司签订乍得恩贾梅纳炼油厂对口支持合作协议，揭开双方战略合作的序幕。2009 年 9 月，与中油国际（乍得）有限责任公司签订上游合作协议；2010

年1月，中油国际（乍得）有限责任公司与玉门油田签订对口支持合同，继续深化在上游油气开发领域的合作。此后，玉门油田还先后与长城钻探工程有限公司、中国石油海外勘探开发公司签署战略合作框架协议。这些协议的签署，标志着玉门油田在海外石油勘探开发及工程技术服务、炼油化工等领域与中石油强势单位展开战略合作，实现优势互补、互利共赢、相互支持、共同发展。

2011年1月，玉门油田成立海外工作领导小组和办公室，整体负责推进油田海外工作健康、有序发展。为适应海外项目发展要求，油田充分发挥上下游一体化的优势，建立完整的支持体系和管理体系。至2017年，乍得对口支持项目逐渐呈现出管理有序、业务增加、水平提升、服务优质的良好局面，合作关系和基础稳步加强，海外业务规模不断扩大，工程技术服务范围逐步增加，并且在乍得对口支持项目中做到“四个第一”，即第一个成建制人员借聘的地区公司；第一批对口支持的地区公司；第一个上下游一体化支持的地区公司；第一个确定创立对口支持品牌的地区公司，逐步创建起“管理精细、技术先进、团队一流、安全高效”的合作品牌。

一、乍得上游对口支持项目

2010年1月，玉门油田与中油国际（乍得）有限责任公司签署乍得上游项目对口支持合同，启动了玉门油田在上游油气开发领域与中油国际（乍得）有限责任公司的合作。时年，中油国际乍得上游项目已钻探70多口井，发现可观的油气资源，已探明亿吨规模储量，计划2011年6月建成100万吨产能，到2020年左右建成千万吨级油气田。

乍得上游对口支持项目启动后，玉门油田以海外研究中心为主体，及时组织开展“乍得油田生产运行管理手册”的编制和“乍得Bongor盆地Ronier和Mimosa油田投产方案”的研究工作，并选派一批懂外语、会管理、通商务、懂法规、精技术的复合型人才进驻乍得采油厂，参与乍得一期油田的地面工程建设、开发技术支持、电站运维及输配电等方面的工作。

2010年12月，玉门油田首批采油操作人员进入乍得采油厂。

2011年1—2月，第二批、第三批现场操作人员陆续到达乍得采油厂。至4月，上游项目全部员工到达现场，他们白天跑现场、看流程、练操作，晚上学制度、搞培训、熟规程，做好了油田投产前的各项准备工作。通过精心组织、周密安排，保证了油田开厂一次成功。当月，乍得一期油田正式投产。5月，正式开始外输合格原油。当年生产原油30.5万吨。

2012年，为了确保原油产量顺利完成和油田良性开发，油田员工发挥玉门老油田在油田开发、管理、生产方面的经验和优势，根据各井的油藏特征与生产参数，制定个性化的油井管理制度；定期进行动态分析，做到油井动态分析常态化；根据产量需求，科学调整油井工作制度和采油措施，做到油井调整措施科学化；严格执行常规资料录取标准与动态监测计划，并结合油井生产动态，适时加密资料录取，满足油井科学分析的需要，做到油井资料录取标准化。6月，生产装置顺利移交。当年，4口试采井顺利投产，单井产量超过预期水平，年产油达9.5万吨；找水堵水技术在R−1区获得成功；封气技术在M−5区块获得成功；单井试注求取注水工艺参数在R−4、M−4区获得成功。全年完成原油产量58.89万吨。

2013年，在全力做好一期油田各项生产管理工作的同时，认真组织开展2.1期扩建工作。2014年4月，2.1期扩建完成并成功投产运行，当年产油100万吨。

至2015年6月，区块共钻井249口，发现69个含油断块，一期和2.1期共有4个油田投入开发，采油井数也由最初的56口增长到150口。当年，原油产量达到260.15万吨，

2016年，乍得采油厂下设采油、生产、维护、电站和培训等5个部门，管理着设计年处理能力为200万吨的CPF一座、设计年处理能力分别为30万吨和160万吨的FPF各一座、OGM14座（其中CPF和MFPF各一座）、油水井155口、注水站3座和总装机容量为16.5兆瓦的自备电站一座。当年10月，乍得上游项目PH油田实现快速投产，标志着乍得项目2.2期油田开发生产正式拉开序幕，潜山开发进入新阶段。11月后，通过井站结合调整和优化，处理能力进一步提高，油田生产和处理能力实现300万吨以上平稳运行，老井月自然递减率、月综合递减率分别为3.3%、2.2%，综合含水低于5%。当年，提前18天完成年270万吨原油生产计划。

2017年，随着乍得上游项目2.2期工程建设全面启动，上游对口支持人数由124人增加到179人。在国际油价持续低迷、油田稳产形势严峻的背景下，采油厂采取“提产量就是降成本、提效益”的策略，潜

心研究、扎实开展油田动态分析；多措并举、实施有效增产措施，使原油产量快速回升。与此同时，面对“装置与油田，小马拉大车”的实际情况，在油气处理装置长期处于超负荷运行的状态下，突破脱水、脱气瓶颈制约，克服气、液大幅波动对装置系统的冲击，降低大风、雷电、停电等因素的干扰，确保装置设备超负荷状态下的安全平稳运行，创造了油田投产以来装置设备管理运行的最好水平。当年，提前6天完成了300万吨原油生产任务，全年生产原油306.4万吨，原油产量再创历史新高。

二、乍得下游对口支持项目

2008年8月，乍得炼厂项目和玉门油田签署乍得炼厂项目对口支持合作协议，确定由玉门油田整体为乍得炼厂生产运行提供人员和技术支持。乍得炼厂是中乍两国恢复外交关系以来签署的第一个炼化合作项目，由中油国际有限公司（CNPCI）与乍得石油部合资建设。炼厂一期工程项目原油加工能力为100万吨/年，总体规划为250万吨～300万吨/年。10月，玉门油田管理人员开始介入项目设计和生产准备工作。

2011年3月，大批操作人员进入现场工作。6月，按照精心编制的《乍得炼厂总体试车方案》，通过三个开厂阶段，实现了“开车一次成功”的既定目标，产出了合格的汽油、煤油、柴油、液化气和聚丙烯等产品。

2012年，乍得炼厂处于成品油市场的初步占领和开发阶段，全年生产运行一直处于高库存、低负荷状态，导致不同装置均出现至少5次切料内循环或停工现象，给炼厂运行带来较大的安全隐患。面对困境，油田员工不断摸索，找出了低负荷开炼的最佳方案和参数，并通过加强生产受控管理，全年实现了低负荷运行下的安全生产。

2013年3月，经过与乍得石油部谈判，实现了对乍得首都的供电，履行了合资协议中的所有义务。期间，由于乍得销售柴汽比与炼厂生产柴汽比有较大差异，汽油需求远小于柴油的需求，为了实现装置低负荷下的连续生产，减少开停工损失，广大技术人员不断优化产品结构，实施了提高柴汽比的生产方案，全年仅发生一次计划性停工。当年5月，乍得炼厂质检中心取得“ISO9001：2008质量管理体系”认证。年底，MES系统正式上线运行。

2014年5月，随着上游开采新区块原油，原油性质变差，轻质油收率下降，催化原料残炭升高。乍得炼厂积极应对因进厂原油性质改变而带来的生产难题，通过实施放宽柴油产品低温流动性指标、制定新牌号柴油质量标准、常压装置常三线采取深拔方案提高柴油收率和柴汽比、催化装置更换新型催化剂LVR-60R等措施，实现了炼厂的平稳长周期运转。当年10月，按计划实施开炼以来的首次大检修，按计划实施了工艺优化、节能降耗、设备、安全等18项技术改造，并一次开厂成功。

2015年后，乍得炼厂在确保各装置安全平稳运行的基础上，稳步提高原油加工量，加强生产与销售的紧密衔接，最大限度地满足乍得市场需求。当年，税前利润实现3151万美元，完成103%；现金贡献实现8576万美元，完成113%；单位油气加工成本实现17.42美元/桶；投资预算控制实现98.93%；原油加工量实现73.5万吨，完成105%；综合商品率实现90.12%，加工损失率实现0.89，炼油综合能耗实现132.14千克标准油/吨。

2016年，由于受乍得成品油市场需求低迷的影响，原油加工量实现57.35万吨，仅完成计划的79.65%。随着原油加工量减少，单位现金加工费为20.50美元/桶，超出目标值5.05美元/桶。当年，税前利润实现4166万美元，完成130.19%；现金贡献实现1.05亿美元，完成125.31%；综合商品率实现91.56%，加工损失率实现0.88%。

2017年，乍得炼厂税前利润5226.60万美元，完成业绩指标212%；现金贡献11952.44万美元，完成业绩指标131%；原油加工量70万吨，完成业绩指标107.7%；单位现金加工费16.38美元/桶，完成业绩指标102%。

三、乍得配套服务项目

2010年12月，玉门油田与长城钻探工程有限公司在北京签署“战略合作框架协议”和“乍得CNPCIC公司油田附属服务项目合作协议”，乍得工程技术服务项目由玉门油田承担。

2011年3—4月，玉门油田8名工程技术服务人员分两批到达乍得施工现场，1部6000米试井车、1部熔蜡车、1部锅炉车、1部400型水泥车4辆特车同期抵达。在长城钻探公司的支持下，项目部人员迅速开展安装营地野营房、装配检查调试设备和工具，修订完善操作规程和管理制度，熟悉现场生产情况，确保了技术服务工作在油田开厂之前准备就绪。5 月，相继开展自喷井流压测试、压力恢复测试、洗井洗管线等服务。10 月，随着油田修井工作的展开，进行了连续的油管抽油杆清蜡服务。

2014 年 4 月，为满足乍得采油厂 2.1 期作业的需要，第二套清蜡特车设备赴乍得开展服务，使清蜡工程车增加到 2 部，配合服务特车 6 部，分别为锅炉车 2 部、热洗车 2 部和 400 型水泥车 2 部。当年，中方干部员工由 8 人增加到 12 人，并有当地雇员 9 名。项目部人员采取“一人多岗”模式，既是试井工、清蜡工，又是特车操作工，根据工作需要及时调整。

至 2017 年，玉门油田乍得清蜡项目部清蜡项目快速发展，工作量稳步增长。

2011—2017 年得清蜡项目部工作量及收入情况统计见表 7-8-3。

表 7-8-3　2011—2017 年乍得清蜡项目部工作量及收入情况统计表

年份	清蜡		流压测试		压力恢复测试		特车		总收入（美元）
	井次	收入（美元）	井次	收入（美元）	井次	收入（美元）	台班	收入（美元）	
2011 年	186	239754	19	47614	4	148876	53	289719	725963
2012 年	396	510444	38	95228	4	148876	91	451881	1206429
2013 年	563	752942	42	108906	1	39080	199	547441	1448369
2014 年	553	748762	45	118440	1	39080	114	787590	1693872
2015 年	1179	1694511	74	194768	3	117240	165	533475.02	2539994
2016 年	1211	1661033	48	117657	0	0	222	423548.59	2202238.59
2017 年	1286	1659724	48	109464	0	0	185	568430.2	2337618.2

第九章　划转及撤并单位（业务）

第一节　苏里格天然气开发项目

一、项目背景

苏里格气田位于内蒙古鄂尔多斯市境内的苏里格庙地区，隶属长庆油田分公司管理。苏里格气田从1999年开始进入大范围勘探，2001年前，探明储量2204.75亿立方米。2003年，新增探明储量3131.77亿立方米，以累计探明5336.52亿立方米的地质储量成为中国第一特大型气田。

2005年1月，长庆油田公司引入市场化合作机制，创造性地运用“技术集成化、建设标准化、管理数字化、服务市场化”的低成本开发战略，实现了苏里格气田的规模有效开发。通过招标确定与长庆石油勘探局、辽河油田、四川油田、大港油田和华北油田五家未上市企业合作开发苏6等7个区块，由长庆油田公司开辟苏14重大开发试验区，形成"5+1"开发模式。当年，随着玉门油田存续企业工程技术服务队伍装备水平和服务能力的提高，管理局向股份公司提出参与长庆油田苏里格气田开发建设的请示，专门成立了参加长庆油田苏里格气田开发建设领导小组。

2008年5月，为加快实现苏里格气田200亿立方米宏伟目标，长庆油田公司与川庆钻探、长城钻探、渤海钻探、西部钻探和华北油田在苏里格东西区6个区块开展第二期合作开发，形成新的"5+1"合作开发模式，开发规模进一步扩大。

2012年，面对油田勘探开发资源基础薄弱，为了进一步加快“双百”油田建设步伐，玉门油田再次向集团公司、股份公司上报《关于期望参与鄂尔多斯盆地勘探开发建设的请示》，在取得集团公司、股份公司的同意和支持后，经与长庆油田分公司积极协商，玉门油田分公司与长庆油田分公司签署《苏里格气田苏246区块开发协议》和《苏里格气田苏246区块开发建设合同》。双方确定：合作范围为苏里格气田苏246区块地面坐标划定范围内二叠系石盒子组及山西组天然气资源，面积为2000平方千米；合同期限为20年，分为评价期、建设期及生产期三个阶段，其中评价期1～2年，建设期2～3年。由玉门油田分公司作为合同乙方全面负责实施三个阶段的评价、建设和生产经营工作。与其他参与开发建设单位采取的“5+1”模式相比，主要有两点不同：一是玉门油田以玉门油田分公司的名义签约合作；二是玉门油田将全程参与作业区块的评价期、建设期建设和生产期的气田采集生产作业。

二、机构与人员

2012年3月，玉门油田分公司正式成立天然气开发项目部。项目部编制为正处级单位，下设3个科（综合科、计划财务科、生产技术科）。6月，天然气开发项目部增设对外协作科。8月，成立天然气开发项目部党委，10月，增设质量安全环保科。11月，根据集团公司《关于玉门油田分公司设立苏里格天然气开发项目部有关问题的批复》要求，玉门油田分公司天然气开发项目部更名为玉门油田分公司苏里格天然气开发项目部，并成立项目部工会。至此，苏里格天然气开发项目部下设综合科、计划财务科、生产技术科、安全装备科、对外协调科5个科室，在册员工28人。

以上机构和人员一直保持至2015年5月，苏里格天然气项目部工作人员（留2人）撤离苏里格气田。

三、项目实施

2012年，按照“加强研究，强化评价，有效开发”的部署思路，评价钻探工作量主要围绕区块东部展开；2013年，在区块西部展开。整个评价阶段重点开展二维地震资料采集及老资料重复处理；地震地质结合优选有利区，优化部署评价井；探井重新测试及评价井压裂试气；结合试气试采情况，总结测井岩、电关系特征，提高测井资料识别气、水层的准确性；优选试气效果较好的井开展长时间试采。

1. 地震

区块共收集2012年以前采集二维地震资料2226千米/83条，采集年度为2005—2010年，其中模拟线1049千米/45条，数字线1177千米/38条；2012年7月，按照“落实西部结构，完善东部二维测网”的原则，优化部署全数字二维地震 760 千米 /19 条；区块测网密度东部达到 1 千米 ×2 千米，西部较稀为 1.2 千米 × （3 ~ 4.5）千米。

2. 评价井钻井

2012—2013 年，共三批次部署评价井钻井 20 口：

2012 年 6 月，部署第一批次评价井钻井，主要以东北部为重点，围绕苏 230 井区、鄂 13 井区和苏 231 井区部署评价井 9 口。

2012 年 9 月，部署第二批次评价井钻井，在区块中东部、东南部部署评价井 7 口。

2013 年，部署第三批次评价井钻井，在西部及重点井区部署评价井 4 口。

依据评价需要，2 年完成 20 口钻井任务。其中区块东北部完钻评价井 8 口，井距 2.0 ~ 4.7 千米，平均单井控制面积 16.9 平方千米；中东部完钻评价井 6 口，井距 2.9 ~ 9.5 千米，平均单井控制面积 39.1 平方千米；东南部完钻评价井 3 口，井距 4.6 ~ 6.2 千米，平均单井控制面积 45.2 平方千米；西部区完钻评价井 3 口，井距 6 ~ 14 千米，平均单井控制面积 137.5 平方千米。

3. 探井重新测试

通过综合分析，选择 3 口探井（苏 230、鄂 34、苏 231）重新进行测试，测试结果为只有 3 层获产量，且产气量大幅降低。

4. 评价井压裂、试气

苏 246 区块完钻井共发现盒 $_4$、盒 $_5$、盒 $_6$、盒 $_7$、盒 $_8$、山 $_1$、山 $_2$、太原、本溪等 9 个层段含气，其中盒 $_8$、山 $_1$、山 $_2$ 段录测井评价和测试效果相对较好，但分布较稳定的只有盒 $_8$ 段。

根据测井解释结果，对区块内完钻评价井全部进行压裂试气，共压裂试气 33 层 /20 层。经过试气，20 口井全部产水，井口产量大于 1 万米 ^{3}/ 日的井仅有 3 层 /3 井，但水气比高。

压裂试气结果可分为三类：测试获稳定产量 5 层 /3 井（苏 246–14–9 山 $_2$ 段，苏 246–22–11 山 $_1$ 段、太原组，苏 246–28–4 山 $_2$ 段、盒 $_8$ 下）；测试见气未获稳定产量 22 层 /16 井；测试未见气 6 层 /6 井。

5. 长排采试验

2013 年，优选区块测试效果较好的 4 口井（苏 246–14–9、苏 246–72–16、苏 246–33–8、鄂 13）进行长时间试采试验。获得以下认识：区块只有少部分井水气比低于 10 万米 ^{3}/ 米 ^{3}，具有一定的连续生产能力，但压降快，难以长期稳定生产；大部分井水气比高于 10 米 ^{3}/10 万米 ^{3}，不具备生产条件；控压试采可适当控制产水，但产气量低不利于携液；强排采水、长时间试采排水后，产水量并未降低；强排采水后，压力恢复速度慢，地层供气不足。至当年 11 月底，苏 246 区块完钻评价井 20 口，压裂试气 33 层 /20 井，全部产水，有 3 层 /3 井初产大于 1 万米 ^{3}/ 日，平均单井产气量为 0.3 万米 ^{3}/ 日，且水气比较高。其中测试获稳定产量 3 层 /3 井，测试见气未获稳定产量 25 层 /16 井，测试未见气 5 层 /5 井。

第二节　第二石油机械厂

一、机构沿革

第二石油机械厂（简称二机厂）始建于 1960 年 3 月。先后名为内燃机大修厂、内燃机修造厂、内燃机修理厂，主要从事内燃机、通井机、拖拉机等设备的大修理，以及钻采配件、震源车配件的加工制造工作，是石油工业部确定的震源车、12V190 柴油机修理定点厂之一。至 1987 年，内燃机修理厂主要下设厂办公室、党委办公室、工会、团委、财务科、人事教育办公室、机动科、技术科等机关科室，内托修理车间、震源车间、加工车间、铸锻车间、金工车间、修配车间、攻关队、运输队、器材供应站、质量管理站、家属管理站、生活服务站，花海农场、子弟小学、农工商管理站等生产服务单位。全厂共有职工 1150 人。

1988 年 1 月，内燃机修理厂更名为第二石油机械厂。至年底，全厂共有职工 982 人。

1992 年 1 月，经总公司同意，以二机厂为主体组建哈密石油专用设备服务中心。1993 年 5 月，哈密石油专用设备服务中心开工建设。

1995 年 6 月，随玉门、吐哈管理体制理顺，第二石油机械厂整体划转吐哈油田。

二、重点产品

1. 机修作业

二机厂机修作业主要有12V190柴油机修理、震源车大修理等业务。1987年，油田对二机厂实行“模拟分散、自主经营、歉收自补、超利分成”的经济承包制度，要求机修作业全面开拓、占领西北市场。为了满足开拓市场和提高机修作业质量的需要，二机厂土法上马，建成12V190柴油机密闭工房。厂领导多次带领计划科外协人员和部分车间领导，深入青海油田、新疆油田等单位，开辟、巩固和发展12V190柴油机修理的外部市场，先后与青海油田、新疆油田等单位签订12V190柴油机大修合同37台，实际修理35台，增加销售收入114.5万元。是年，机修产品服务除满足油田内部需求外，逐步扩大了青海油田、新疆油田、物探局、大庆油田、长庆油田、胜利油田等外部市场的机修份额。全年共完成内拖大中修380.21个标准台、震源车大修理30个实际台。

1988年，二机厂制定《12V190柴油机大修内控标准》《震源车大修理技术条件》两个报部标准，进一步建立完善质量管理网点。内拖修理车间走访用户找差距，通过对27台大修车的走访调查，带着问题前往济南柴油机厂、青县机械厂考察、学习、取经。震源车间面对物探设备大修工作量减少，主动承担万国震源车、莫尔车、奥南发电机组等进口设备的大修理。全年共完成内拖大中修362.17个标准台、物探设备大修理23个实际台。

1989年，随着陆地勘探条件的变化，可控震源车工作的区域日趋减少，震源车修理业务也急剧下降，震源车间的职工发挥车间液压系统修理的优势，先后承接液压挖掘机、液压卷板机、液压垃圾斗装卸车以及井口吊车的修理，想方设法修理青海地调的莫尔汽车、曼车、尼桑拖车、奥南柴油发电机组等老大难车，有效拓展了市场。当年，内拖大中修完成366.12个标准台，进口设备大修理完成22个实际台。1989年12月，经甘肃省质量局产品监测站对12V190柴油机大修和进口设备大修现场监测认证，分别认定12V190柴油机大修为一级品、震源车修理为先进水平。可控震源车大修理和M-12可控震源设备桑斯川德液压泵及马达模拟测试2项成果在石油系统第一届“石油新技术交流会”上获铜牌奖。

1990年，二机厂不断强化12V190柴油机大修质量，组织人员赴新疆、青海等单位，开展产品售后服务，并在吐哈会战前线建点，跟前服务。12V190柴油机大修后平均运转小时比1989年上升990小时，抽样调查47台前期大修机资料表明，有16台使用寿命超过1万小时。当年，共完成内拖大修理426.39个标准台，比1989年增长16.46%，进口设备大修完成6台。

1991年，面对厂区坍塌、滑坡危险区域内内拖修理车间总装工房停产、机修业务减少的不利因素，内拖修理车间、震源车间紧密结合吐哈石油会战，不失时机开展机修会战，先后完成12V190柴油机大修35个实际台、通拖设备21个实际台。全年共完成内拖大中修431.76个标准台，12V190柴油机大修后平均使用周期达到9760小时，进口设备大修理完成2个实际台。

1992年，内拖大修理业务主要修理的有12V190柴油机、8V190柴油机以及HT-100通井机（拖拉机、推土机）、XT-12通井机、QT-120拖拉机、SH-120推土机、东75拖拉机（推土机）、东60拖拉机（推土机）、铁牛拖拉机等，特种设备大修理主要包括各类发动机和莫尔钻机。当年，共完成内拖大中修476.81个标准台、特种设备大修理7个实际台。

1993年，随着油田内外部机修市场的不断开放，市场竞争日趋激烈，二机厂机修市场逐步萎缩，机修任务逐渐减少，全年完成内拖大修理398.42个标准台，同比减少16.44%，完成特种设备大修理3个实际台。

1994年，随着哈密石油专用设备服务中心开工建设，二机厂立足“新区建厂、老区稳产”，确保了机修业务的基本稳定。当年，完成内拖大中修309.39个标准台、特种设备大修理2个实际台。

1995年，二机厂在整体搬迁哈密新厂区工作量大、战线长的情况下，坚持边生产、边搬迁，共完成内拖大修理220.5个标准台，特种设备大修5个实际台。

2. 加工制造

（1）配件加工。二机厂主要生产钻机配件、采油设备配件、内燃机和通拖设备配件以及震源车配件等配套产品，供应范围遍及大庆油田、华北油田、胜利油田、大港油田、南阳油田、新疆油田、江汉油田、中原油田、管道局、华北机械厂、华东机械厂、物探局、404厂、酒钢公司、10号基地以及铁路系统等。

1987 年，工厂不断提高拖带轮总成、支重轮总成、引导轮总成、抽油泵柱塞、阀体、阀座、装配杆、阀罩等配件的加工制造质量，全年生产加工钻采和震源车配件 428 项 74620 件，制造总吨位达 875 吨。

1988 年，二机厂进一步健全质保体系，完善以《车间质量考核评分办法》为主要内容的质量管理制度 12 种，健全从厂长到车间主任、班组长和检验人员的岗位责任制 60 种、资料台账 62 种，质量管理流程图 65 张，层层分解下达质量方针目标和质量指标，实行质量否决，产品质量显著提高，机加工废品率比指标降低 0.54%。全年生产加工配件 400 项 43323 件，制造总吨位达 1083 吨。经甘肃省石化厅、省质协检查诊断合格，省质量管理局复查认定，二机厂以总分第二被评为甘肃省 1988 年度质量管理先进单位。

1989 年，突出抽油泵配件、钻井泥浆泵配件等钻采配件的加工生产，全年生产加工配件 251 项 47779 件，制造总吨位达 1466.37 吨。

1990 年，随着机修业务减少、油田内外部钻采配件需求量下降，二机厂配件加工量开始下滑。当年，二机厂为了遏制配件产品加工量下滑的趋势，以产品创优为重点，将支重轮产品确定为创建甘肃省优质产品项目，建设完成月制造 150 套支重轮生产能力的生产线，强化支重轮制造生产质量。全年生产加工配件 333 项 46953 件，制造总吨位达 1472 吨。

1991 年，全年生产加工配件 307 项 43537 件，制造总吨位达 2235 吨。“玉力牌”支重轮获甘肃省 1991 年优质产品称号。

1992 年，以改进提高抽油泵配件制造质量为重点，进一步贯彻落实质量责任制，推行“质检人员风险抵押金承包”，建立“工序责任卡”，实行多项工序“废次品曝光”制度，进一步改进抽油泵配件加工工艺、严格工艺流程，稳定了南阳油田、新疆油田等单位的抽油泵配件市场。全年生产加工配件 192.09 项 24826 件，制造总吨位达 1597.2 吨。

1993 年，厂领导及经销人员倾巢而出，多次去新疆油田、青海油田、吐哈会战指挥部、酒钢、八一钢厂等单位联系、沟通，先后承揽新疆八一钢厂、酒钢的技术改造项目。面对八一钢厂冷床制造时间紧、任务重，油田炼油厂技改配件、厂内新产品高压压风机配件及哈密新厂建设工装需求量大的状况，全厂再次组织配件制造大会战。加工车间在修配、铸锻等车间的大力配合下，克服技术、设备、人员不足等困难，组织、动员全体职工开展各种形式的劳动竞赛，连续奋战半年时间，完成冷床加工件 140 多吨。全年，生产加工配件 129 项 134105 件，制造总吨位达 1496.01 吨。

1994 年，二机厂配件加工任务急剧减少，生产车间工作量严重不足。全年生产加工配件 295 项 14025 件，制造总吨位达 893.45 吨。

1995 年，配件加工重点转向抽油机配件的生产制造，全年生产加工配件 49 项 24584 件，制造总吨位达 2189.84 吨。

（2）野营房。野营房及配套设施是二机厂的主导产品之一。从 1978 年开始试制橇装式野营房，二机厂逐步开发职工野外作业使用的住宿野营房、伙房、餐厅、库房、锅炉房、发电房、配电房和机泵房及 40 立方米油水罐等配套铆焊件产品，陆续配备钻井队、地调队、井下作业队和采油队等野外生产单位。至 1986 年底，共生产各种野营房 493 套。

1987 年，随着油田勘探再次西征吐鲁番，野营房及其配套设施、40 立方米工程罐等产品的需求量大幅增加。年初，钻井处急需 30 套空调野营房，二机厂在时间短、任务重、气候寒冷、人员紧张的情况下，举全厂之力，抢时间、争进度，从全厂抽调 36 名中青年干部和工人，充实到野营房制作队伍，开展野营房制作大会战。从 3 月 5 日开始，到 4 月 10 日结束，仅用 35 天时间，顺利完成 30 套野营房的制作任务。当年，共制作野营房 197 套。

1988 年，二机厂积极配合吐哈新区勘探，继续以会战的形式组织生产。野营房的主要制造单位金工车间多次开展小型会战，尤其是 8 月份会战成绩突出，创造出两个人一个月制造出 3 套野营房的生产新纪录。全年，二机厂共制造各类野营房 109 套，保证了为吐哈探区钻井队伍配备野营房及配套设施的生产工期和制造质量。

1989 年，油田分配二机厂 98 件（套）随钻机配套工程，从 3 月份开始，全厂总动员，先后有 5 个车间 9 个单位，包括机关后勤单位的 230 人次，组织开展历时 160 多天的钻机配套工程大会战，按期完成野营房、40 立方米油水罐、配电房、机泵房等钻机配套工程。当年，工厂承揽库尔勒会战指挥部订制的集装箱式野营房，这是二机厂铆焊件产品首次进入新疆市场，也是与其他厂家进行竞争的新产品，该产品工艺复杂、焊接难度大、技术要求高，全厂从技术部门到生产单位，边设计、边备料、边开工，按期完成了制造任务。全年，制造各种野营房117套，总吨位达820.56吨。经甘肃省质量局产品监测站监测认证，二机厂野营房制造产品为合格产品。

1990年，二机厂紧紧抓住吐哈会战的有利时机，不断改进野营房制造工艺，提高制造质量和水平，使野营房内装饰质量和外观质量比1989年有较大进步。当年，全厂提出“一切为前线着想，一切为吐哈让路”的口号，围绕野营房制造任务，机关干部率先垂范，抽调精兵强将支援生产车间，组织开展劳动竞赛，共制造各种野营房163套。

1991年，二机厂分别于6月份和12月份召开专门会议，专题研究解决野营房制造质量和加快生产进度问题，开发瓦楞板式野营房。上半年，以金工车间为主，铸锻、修配、震源、钢门钢窗厂等单位的352名职工参加，开展为吐哈战区钻井队、试油队制造野营房、泥浆罐、油水罐配套任务的铆焊件会战，全厂职工任凭任务翻番的重荷和露天作业的艰辛，累计加班22000多小时，先后为吐哈战区3个钻井队、4个试油队制造各种野营房19个品种、645件（套）。进入9月份，吐哈战区野营房需求量增加，金工车间马不停蹄，又一次组织“大战90天，完成野营房制造80套”的突击战。全年共制造各种野营房444套，总吨位达1684.39吨，野营房一级品率达到78%。

1992年，二机厂野营房制造再掀高潮，3月份，修配车间职工采取分片包干的方式，每天坚持工作12小时以上，连班加点，7天内完成了6套野营房的制造任务。金工车间在面对竞争激烈的野营房制造市场，向职工讲形势、明任务、加压力，开展各种形式的劳动竞赛，为用户制造各种野营房总吨位达981.75吨，瓦楞板式野营房在吐哈战区4个厂家评比中名列第一。全年，制造各种野营房372套，总吨位达1500.5吨。

1993年开始，吐哈战区野营房及配套设施趋于饱和，二机厂当年制造各种野营房201套。1994年，二机厂野营房制造量大幅减少，全年制造41套野营房。至1995年，全年仅制造20套野营房。

（3）钢门钢窗。20世纪80年代后期，油田为了改善职工住房紧张的局面，进一步加大了住宅楼的修建任务，加之周边地区基建速度加快，二机厂抢抓机遇，积极开发钢门钢窗的加工生产，拓宽增收创效的渠道。1987年，在上年试生产0.68万平方米的基础上，克服一无专用厂房，二无精良设备的生产困难，因陋就简组织生产。全年，共生产钢门钢窗2.1万平方米。

1988年，二机厂投资30余万元，建成年生产能力6万～10万平方米的钢门钢窗生产线，改善钢门钢窗生产工艺。12月，将钢门钢窗生产从金工车间划出，成立钢门钢窗厂，对外称“甘肃省玉门市钢门钢窗厂”，实行“独立核算、自主经营、自负盈亏、自我发展”和“包死基数、确保上交、超利分成”的承包方式。当年生产钢门钢窗3万平方米。

1989年7月，二机厂钢门钢窗厂取得甘肃省建设委员会颁发的雪山牌25A空腹钢窗生产许可证。9月，二机厂就全面提高钢门钢窗产品质量召开专题会议，研究制定加强质量意识教育、落实质量责任制、强化检验、实行质量否决奖励等提高产品质量的措施和办法，进一步提高钢门钢窗的生产质量，当年生产钢门钢窗3.1万平方米。

1990年，随着产品质量的提高，钢门钢窗产品受到用户好评，订货量不断增加，当年生产钢门钢窗3.4万平方米。

1991年，钢窗厂先后3次组织职工赴四川学习新型推拉门窗技术，不断改进钢门钢窗生产工艺，全年生产钢门钢窗6万平方米，钢门钢窗一级品率达78%。

1992年，随着吐哈会战基建工程量的增加和哈密生活基地建设的启动，二机厂在哈密建设的钢窗厂初具规模，截至10份已生产钢门钢窗1.47万平方米。全年，共生产钢门钢窗3.6万平方米，钢门钢窗一级品率达80.5%。

1993年，哈密生活基地建设进入高潮，钢门钢窗需求量大增，二机厂玉门、哈密两个生产场点同时加大生产规模，开足马力进行生产。当年，新开发的川87–102新型推拉钢门钢窗投入生产。全年，共生产钢门钢窗近10万平方米，实现产值近1000万元。

1994年，二机厂新建推拉窗型材生产线和薄板型材轧制生产线，不仅满足了本厂钢门钢窗型材的供应，而且还供应酒泉、哈密两地其他钢门钢窗生产企业。当年，钢门钢窗的生产逐步转移到哈密，玉门厂点的生产基本停止。

3. 新品研发

1987 年开始，二机厂先后调整厂科技工作领导机构，成立 15 人组成的科学技术管理委员会，设立研究所，进一步加强对新产品开发的组织领导，加大资金和技术力量的投入，加快新产品开发的步伐。经反复调研论证，确定了抽油机、高压压风机等新产品开发项目。

（1）抽油机。1989 年 2 月 27 日，二机厂与机械电子工业部兰州石油机械研究所签订联合研制 CYJ12–10–2500 长冲程液压抽油机的合同。该抽油机是国内第一台滚筒式长冲程液压抽油机，被机电部列为科研基金项目。1990 年，兰州石油机械研究所完成整体设计后交由二机厂制造。二机厂成立专业队，研究解决自制件加工、外协件落实、图纸整改完善等一系列问题，当年基本完成大部分配件制造工作量。同年，与西安石油学院合作研制的 CYJ12–7.5–74 型六连杆抽油机，经过对小样机进行模拟试验证实结构设计可行，申请了专利，并协作完成了全套图纸的设计工作。1991 年 11 月，长冲程液压抽油机完成组装调试，经厂内 8 小时、24 小时的连续运转实验，无异常现象发生，基本完成了工厂试验。六连杆抽油机也完成配件制造和组装工作量，进行了厂内实验。1992 年 9 月，长冲程液压抽油机完成 500 小时油田试验。同年，对六连杆抽油机进行结构优化设计。1993 年 2 月，二机厂开始试制由华北油田第一机械厂研制的 CYJ10–5–53–HB 异型抽油机、CYJ12–5–53–HB 异型抽油机（俗称双驴头抽油机），试制Ⅱ CYJQ10–4.2–53HP 型抽油机、Ⅱ CYJQ12–5–48HB 型抽油机、Ⅱ CYJQ14–5–73HB 型抽油机（俗称两级平衡抽油机）。1994 年，进一步优化抽油机的设计，改进制造工艺，完善工装设备，较好解决了抽油机制造过程中存在的焊接变形、连接强度等问题。年末，将金工车间更名为抽油机车间。当年，制造双驴头抽油机 5 台。1995 年，初步确定双驴头抽油机和两级平衡抽油机为制造方向，开始批量生产。在传统产品市场处于萎缩的形势下，两种机型的抽油机先后打入油田内部、吐哈新区、青海油田等市场，成为二机厂的主导产品之一。全年共生产各种型号抽油机 99 台，为二机厂搬迁哈密后规模生产制造抽油机奠定了基础。

（2）高压压风机。1989 年，通过走访胜利、中原、华北、大庆、辽河、大港等 6 个油田，对高压压风机的制造进行调研考察；与机械电子工业部合肥通用机械研究所接触，对高压压风机的制造和使用情况做详尽调研并初步达成合作协议。1990 年，油田决定与合肥通用机械研究所签订联合研制 15 米^3/ 分钟、25 兆帕车装式高压压风机的技术合同，开始设计和绘制各总成件的图纸。1991 年，与合肥通用机械研究所一起完成了高压压风机部件与总体设计图纸评审。1992 年，开始高压压风机所需自制件加工、外购件的采购等工作。1993 年 9 月，成立高压压风机试制领导小组，加快配件制造和组装进度。至 1994 年底，试制的高压压风机组装完成。1995 年，高压压风机整机送往合肥通用机械研究所进行检测。后经整改、完善，最终通过国家级鉴定。

三、哈密石油专用设备服务中心

二机厂厂区东靠公路、西邻河坝，经常出现坍塌、滑坡等险情，雨季尤为严重，严重威胁着二机厂正常的生产生活秩序。

1991 年 6 月，总公司会同甘肃省地震局对二机厂坍塌区进行调查，经甘肃省地震局专家监测，若发生较大烈度地震，二机厂 2/3 的地段都会滑落。调查组在调查报告中认为“二机厂 7 个生产车间，有 6 个车间在危险区”。按照总公司和局领导的批示，结合吐哈石油会战的实际，当年 8 月，管理局及吐哈会战指挥部同意二机厂迁厂立项。

1992 年 1 月，经总公司同意，以第二石油机械厂为主体组建哈密石油专用设备服务中心。9 月 15 日，哈密石油专用设备服务中心建设项目组成立。

1993 年 5 月 1 日，哈密石油专用设备服务中心厂区建设项目正式开工建设，建筑面积 54458.93 平方米。10 月，哈密石油专用设备服务中心综合修理车间工房、抽油机制造工房、机械加工工房等 21 个单体工程，以及 8 个厂区系统配套工程基本完成，购置设备 254 台（套）。

1996 年 3 月，工厂完成整体搬迁，并更名为吐哈石油勘探开发指挥部机械厂。

第八篇

矿区服务

1987—1991 年，后勤服务工作主要由生活服务公司、卫生处（职工医院）、酒泉疗养院、保卫处、农工商管理处（农工商公司）以及普教处等基层单位承担，部分基层单位相应设置生活管理科、卫生所、保卫科、农场以及中、小学校和幼儿园，负责本单位职工的生活后勤服务工作。

1992 年起，按照总公司专业化管理、社会化服务、市场化运作的要求，实施教育培训、医疗卫生、生活服务、公安保卫、离退休管理等配套改革举措，将生产和生活后勤服务分开，生活后勤实行专业化管理、社会化服务；将职工教育、普通教育、幼儿教育合为一体，实行统一集中管理；将房产、供热、医疗业务从二级单位分离出来，实行专业化管理、区域化服务。这一时期，生活服务业务经过多次专业化整合，服务设施建设不断健全，服务领域不断延伸，服务功能不断完善，服务水平不断提高。

1999 年 7 月，玉门油田重组改制，后勤服务业务及人员划归存续企业管理，面向全油田提供教育、房产物业、供热、医疗卫生、安全保卫、农牧业生产、离退休管理等服务。

2004 年，将公安、学校等相继移交酒泉市管理。同时，逐步健全社会保障体系，切实提高房产物业、供热、医疗卫生、治安保卫、农牧业生产、离退休管理等工作水平，后勤保障工作取得稳步发展。

2007 年起，按照集团公司矿区服务系统改革要求，玉门油田创建新型矿区服务管理体系。9 月，成立矿区服务事业部，对油田房产管理、物业服务、医疗卫生、治安保卫、农牧业生产、离退休管理等矿区服务业务实行集中统一管理，建立起矿区服务新型管理体制和运行机制。

至 2017 年底，房产管理、物业服务、生活基地供水供热、环卫保洁、绿化、医疗卫生、治安保卫、农牧业生产、社会保险、离退休管理等工作由矿区管理部、方圆物业公司、油田医院、保卫处、农牧公司、社保中心、离退休管理中心等单位承担。

第一章　物业服务

第一节　机构沿革

1987年，负责管理局生活物资供应、生活设施管理维护、住房管理工作的主要单位是生活服务公司，各基层单位也普遍设立生活管理科，负责本单位的生活物资供应、职工食堂管理、自建住房管理等工作。生活服务公司机关设党委办公室、行政办公室、工会、团委、生活科、生活供应科、房产科、人事科、财务科、生产科、供热科、工程科等12个科室；基层设锅炉队、氧气厂、服装厂、食品加工厂、多种经营站、房管站、汽车队、服务区、北坪幼儿园等9个单位。当年6月，增设生活管理处，与生活服务公司一个机构、两块牌子。

1990年10月，撤销生活服务公司，成立生活服务处。生活服务处（生活管理处）机关设党委办公室、行政办公室、生产办公室、财务科等10个科室；基层设锅炉队、房管站、南坪幼儿园、北坪幼儿园、生活库房、汽车队、器材科、生活服务区、氧气厂、加工厂、服装厂等11个单位。

1995年12月，管理局按照专业化管理的要求，推行生活服务系统改革，撤销生活服务处及基层单位生活管理科，保留生活管理处，成立生活服务公司。生活服务公司与生活管理处为一个机构、两块牌子。生活服务公司机关设党委办公室、纪委、团委、工会、财务科、劳资科、行政办公室、生产科、机动安全科、供热管理科、房产管理科、住房资金管理中心（房改办）、生活监督科13个部门；基层设南坪房管站、北坪房管站、三台房管站、三三区房管站、十九区房管站、维修中心、南坪供热站、中坪供热站、北坪供热站、新市区供热站、生活物资供应站、器材供应站、老龄工作站、公安科、劳保服装厂、氧气厂、汽车队、生茂公司、建安公司等19个单位。

1996年3月，生活服务公司北坪幼儿园、南坪幼儿园划转教培中心管理。8月，生活服务公司服装厂、氧气厂归并综合服务处。12月，华油养殖公司和油建公司花海农场划归生活服务公司管理。华油养殖公司作为相对独立的经营实体，仍纳入多种经营系列。

1999年7月，油田重组改制，生活服务公司隶属于管理局，组织机构延续之前的设置，主要负责物业管理、部分区域采暖供热、排污管网清理、房屋维修工作；负责全局房改、职工住房调配、住宅小区环境卫生、绿化、液化气充装等工作。

2000年1月，随着市场生活物资的丰富和便利，油田生活服务的重点由以生活物资供应逐步转向物业管理与服务，生活服务的性质也由福利服务型向经营服务型转变。为此，撤销生活服务公司（生活管理处），成立物业管理公司（物业管理处），机关设公司办公室、党委工作部、监察科、计划财务科、住房资金管理中心等5个科室；基层设北坪物业管理站、南坪物业管理站、三台物业管理站、三三区物业管理站、十六区物业管理站、供热站、维修中心、多元开发部、花海农场、生活管理站等10个单位。

2001年4月，物业管理公司（物业管理处）与农牧业公司（农副业管理处）机构合并，沿用物业管理公司（物业管理处）机构名称。合并后单位管理职能及现行定员不变，所属基层单位生产运行方式保持不变。12月，物业管理公司改制设立玉门油田公用工程有限责任公司。

2002年4月，管理局对物业管理公司实行改制，成立玉门油田方圆物业管理有限责任公司（简称方圆物业公司）。

2003年4月，方圆物业公司对内部组织机构进行调整，机关设党委工作部、监察科、办公室、计划财务科、市场开发部、住房资金管理中心，基层设北坪物业管理站、南坪物业管理站、三台物业管理站、三三区物业管理站、十六区物业管理站、酒泉（原疗养院）物业管理站、供热站、生活管理科、维修中心、多元开发部、农牧公司。12月，油田将物业管理公司原有的物业管理、农牧养殖、房产管理三项业务实行分类管理和经营，设立方圆物业管理有限责任公司，仍与物业管理处为一套机构、两块牌子。将管理局财务处（国有资产管理处）住房资金管理中心与物业管理公司房产中心合并，成立油田房产管理中心。房产管理中心下设房产管理科、住房资金管理科、房产交易部、物业监督办公室4个科室。

至2005年7月，方圆物业公司机关设计划财务部、物业管理部、综合办公室（2部1室），基层设园林绿化公司、保安公司、中坪物业管理站、北坪物业管理站、三三区物业管理站、酒泉液化气站、维修中心、供热站、排污管理站等9个单位。10月，为确保酒泉生活基地物业管理工作的平稳衔接，方圆物业公司增设酒泉物业管理站。12月，随着玉门油田撤销教育培训中心机构编制，原教育培训中心所属幼儿园资产及人员（16人）整体划归方圆物业公司。

2007年8月，根据集团公司《矿区服务系统改革实施意见》和《关于玉门油田矿区服务系统改革实施方案的批复》要求，实施矿区服务系统改革。撤销后勤服务处（机关党委）和房产管理中心，成立矿区服务事业部。矿区服务事业部机关设综合办公室、计划财务部、公益事业管理部、房产物业管理部。其中，计划财务科主要负责矿区规划、计划管理、财务预算、成本核算、资产资金管理等工作；公益事业管理部下设综合管理科、离退休人员管理科，主要负责文化教育、公共交通、社会保险、托幼服务、离退休人员和医疗事物的管理及其他公益性服务；房产物业管理部下设房产管理科、物业管理科、安全环保与设备管理科，主要负责矿区服务系统的运行及各类配套设施的管理，负责生产、质量、安全、环境保护、节能、房产管理等工作。

2008年3月，方圆物业公司进行组织机构调整，机关设综合（党委）办公室、生产技术科、安全环保设备科3个科室，基层设供热站、维修中心、排污管理站、园林绿化站、矿区物业管理站、基地第一物业管理站、基地第二物业管理站、玉泉园物业管理站、公共物业管理站、保安大队、液化气充装配送站、幼儿园、客户服务中心等13个单位。

2010年9月，方圆物业公司酒泉液化气充装配送站整体划转中石油昆仑燃气有限公司西北分公司管理。

2015年11月，将西安离退休基地、成都离退休基地、兰州离退休基地、上海瀚海明玉大酒店划归矿区服务事务部管理。

2017年3月，撤销矿区服务事业部，成立矿区管理部，主要履行酒泉基地和玉门矿区环境绿化、托幼服务、离退休和医疗管理、员工食堂管理、矿区公寓和油田住房管理、住房资料档案管理、公用建筑和配套设施管理及物业服务的监督协调等职责。至年底，方圆物业公司机关设综合办公室、生产技术科、计划财务科、安全环保设备科、再就业管理科5个科室，基层设供热站、维修中心、排污管理站、园林绿化站、矿区物业管理站、基地第一物业管理站、基地第二物业管理站、玉泉园物业管理站、公共物业管理站、欣露园物业管理站、保安大队、幼儿园、客户服务中心、物资管理站等14个队（站），有员工719人。

第二节　住房建设与管理

一、住房建设

1. 矿区住房建设

1987年以前，职工住房主要以简易的砖混、砖木结构平房以及简陋窑洞房为主，矿区仅在北坪等区域有少量的低层楼房，职工住房十分紧张。

1987年，随着玉门油田生产规模的扩大和矿区职工家属人数的增加，在鼓励各单位自筹资金解决职工住房问题的同时，管理局逐步开始建造楼房。至1989年底，先后在南坪区、北坪区、三台区、三三区等区域共计建成87栋3498套住房，建筑面积20.88万平方米，形成12个自然村落居住小区。三年期间，建设总建筑面积超过1987年以前所建楼房规模的总和，改善了职工的居住条件和生活环境。

1990年开始，持续加大住房建设投资力度，住房建设全面铺开。以改造和拆除中心区域简易、简陋、危旧砖木、窑洞房等棚户区为重点，先后在北坪区7个自然村、三台区3个自然村、三三区8个自然村建造楼房，进一步完善各新建小区基础配套设施。1994—1996年期间，为了有效缓解住房紧张的矛盾，修建了部分经济适用房供职工选购。至1996年，共计建成楼房161栋6280套，建筑面积38.88万平方米。

玉门矿区通过10年的规划和建设，累计建成住房248栋9778套，建筑面积59.76万平方米。住房成套率95%以上，人均居住面积超过15平方米。1996年以后，在矿区再未成规模建造住房。

2. 各驻外离退休基地住房建设

20 世纪 90 年代初，管理局在张掖进行住房建设试点，建成楼房 9 栋 220 套，建筑面积 13640 平方米。

1997 年，在兰州（西地所和磨沟沿）开建小高层 5 栋 364 套，建筑面积 30086.7 平方米。

1998 年，在酒泉疗养院原基础上开建玉泉苑离退休基地住房 22 栋、936 套、建筑面积 76606.64 平方米；在成都开建 11 栋、560 套、建筑面积 48399.9 平方米的红运花园离退休基地小区。

1999 年，在西安开建 14 栋、564 套、建筑面积 49391.18 平方米的玉秦苑离退休基地小区。

3. 职工公寓

20 世纪 80 年代末，各单位除早期建设的一、二栋二层单身职工宿舍楼外，普遍在简易的平房或简陋的窑洞房生活、工作，基础设施建设资金的短缺，长期制约着单身职工居住条件的改善。

20 世纪 90 年代，矿区职工公寓的住房建设也仅有炼化总厂、老君庙、机械厂等几家单位投资修建，至 2005 年，矿区共有单身职工宿舍 13 栋、492 套、12598 平方米。

2005 年，在酒泉疗养院东院投资修建 1 栋大学生单身公寓楼，共计 108 套、5359 平方米。

2011 年起，随着酒泉生活基地的搬迁到位，将玉门倒班基地调整改造列入 8 项民生工程之一，对 97 栋 3556 套 21.19 万平方米矿区住房分批分期实施改造。至 2013 年，通过对矿区住房上、下水、采暖管线的改造，重新进行地砖铺设、浴室地面倒坡以及屋面的粉刷，焕然一新的矿区员工公寓全部改造完成，投入使用，有效缓解了一线员工住宿紧张的矛盾，改善了矿区员工居住环境和居住条件。

二、房产管理

20 世纪 80 年代末 90 年代初，玉门油田房屋资产大都归属各二级单位，采取各单位自建自管的分散管理模式，生活服务公司（生活管理处）主要履行住房业务、政策的指导职能，房产物业管理处在较低级的运行管理阶段。由于长期处于低租金、福利分房、各单位自建自管分散的管理模式，一定程度上造成住房建设资金的短缺，不能形成规模投资建设。当时，职工住房人均居住面积不足 9 平方米，住房成套率不足 75%。

1992 年底，组建成立住房制度改革办公室和公积金管理中心，正式拉开了住房制度改革的序幕。

1993 年，相继出台《玉门石油管理局住房制度改革实施方案及配套实施管理办法》《住房制度改革配套实施管理办法补充规定的通知》《玉门石油管理局公有住房售后维修养护管理暂行办法的通知》《玉门石油管理局关于下发局驻外办事机构、离退休基地实施房改有关规定的通知》《玉门石油管理局住房制度改革领导小组关于实施安居工程预收款修建经济适用住房的通知》等制度、办法，适时启动住房制度改革。通过在企业内提租发补贴、出售公有住房、推行住房公积金、建立住房基金等房改政策和配套措施的实施，一定程度上缓解了企业住房建设资金短缺的矛盾，提高了职工购房能力，改善了职工群众的住房条件，使油田职工人均居住面积达到 9 平方米，住房成套率 85 %以上。

1995 年 5 月，管理局各单位的自建住房全部划转生活服务处（生活管理处），由生活服务处（生活管理处）房产科统一负责住房的分配、管理工作。当年，生活服务处（生活管理处）对移交接收的油田房屋进行梳理和清查，摸清玉门矿区民用住房及各驻外办事处、离退休基地住房的分布情况、新旧程度、分配派住情况、使用情况、空置待分配住房的情况。生活服务处根据矿区民用住房分布情况，成立南坪房管站、北坪房管站、三台房管站、三三区房管站、十九区房管站，具体负责所分管区域民用住宅的管理、分配、出售、维护等工作。至 1997 年，相继制定出台《玉门石油管理局深化住房制度改革实施意见》《住房公积金管理办法》《公有住房租售办法》《玉门石油管理局个人住房公积金担保贷款暂行实施办法》《民用住宅分配办法》《住房分配管理监督办法》《房产管理监督暂行办法》《对外出租住宅管理暂行办法》《公有住宅管理的若干规定》《住宅小区维护管理暂行管理办法》《住宅区生活垃圾袋装实施管理办法（暂行）》《房产管理文明服务暂行标准》《住户接待室工作标准》《回访用户制度》《文明小区标准》等 20 多项制度、办法、实施细则及相关操作标准。使住房分配进一步制度化、规范化，缓解了住房分配矛盾，提升了房产管理水平。

1997 年 9 月，按照“个人存储、单位资助、统一管理、专款专用”的原则，全面推行住房公积金制度。

2003 年 12 月，公有住房的产权管理、出售出租、住房资金管理等均由新成立的房产管理中心负责。当年，房产中心开始着手酒泉生活基地住房分配、出售、搬迁以及水电气暖和物业服务等房改政策和相关制度的起草和拟定。

2005年，结合酒泉生活基地搬迁，相继出台《玉门油田住房分配货币化实施办法》《玉门油田住房搬迁补偿实施办法》《玉门油田酒泉基地首批住房出售管理办法》《玉门油田民用水电气暖和物业服务收费制度改革实施细则》等10多项房改政策，在酒泉生活基地的搬迁中，真正实现了住房分配货币化。5月，酒泉生活基地首批住房兆祺园8号楼建成投运，移交房产中心管理；至12月，共有兆祺园、玉兰园、怡静园、茗翠园、芳沁园、紫荆园6个小区178栋楼7410套住宅竣工验收，移交房产中心。

2006年起，随着酒泉生活基地的修建完成和逐步搬迁，矿区住房逐步腾退和大量空置，给住房管理带来极大难度。为此，房产部门积极整合矿区民用住房，通过集中中心区域，逐步压缩边缘区块，调整、集中预留矿区北坪、三台北村等中心生产区域11栋、392套、23301.52平方米住房作为新婚周转房；分批次改造完成97栋、3562套、211932.61平方米住房作为矿区倒班基地职工公寓；对矿区腾退、空置的211栋、5870套、334592.5平方米住房分批次移交资产处置中心或玉门市政府，有效提高了矿区住房的利用率。

2017年1月，根据国务院《关于国有企业职工家属区"三供一业"分离移交工作的指导意见》、集团公司《关于推进"三供一业"分离移交工作的指导意见》精神，按照《矿区民用水电气暖和物业服务收费制度改革指导意见》，将实行多年的物业管理费暗补政策改为明补。至此，玉门油田民用水电气暖和物业服务收费制度改革全面完成。

第三节　采暖供热

玉门矿区属高寒亚干旱气候区，月平均最高气温16℃，最低为−10.6℃，极端最高气温为31.3℃、最低为−23.7℃，四季不甚分明，冬季漫长（254天）寒冷且多雪，矿区每年冬季采暖供热周期从10月1日开始一直到来年的5月底结束，长达7个月时间。

1987年，矿区生活采暖供热工作主要由生活服务公司归口管理。管理局共有庙矿东岗区、庙矿八井区、内燃气修理厂、中坪、北坪、钻井处、研究院、水电厂、轮胎厂、机械厂等10个供热区，划片建有锅炉房，供热总面积134.1823万平方米。其中中坪锅炉房、三台锅炉房和中坪蒸汽锅炉房由生活服务公司锅炉队管理，有锅炉14台（8台4吨热水锅炉、2台6吨热水锅炉、4台4吨蒸汽锅炉），供热面积达60万平方米，供热范围包括中坪和北坪区域的供暖及油田医院的供气。其他区域的采暖供热分别由三台锅炉房、老君庙油矿东岗锅炉房、内燃气修理厂锅炉房、油建公司锅炉房以及水电厂发电余热供给。

1996年，生活服务公司锅炉队更名为中坪供热站，负责原有区域供热工作。10月，采油厂东岗锅炉房与二机厂2座锅炉房（5台6吨热水锅炉、2台4吨热水锅炉、2台4吨蒸汽锅炉）移交生活公司，生活公司新成立南坪供热站，负责管理东岗锅炉房和二机厂，供热区域为南坪生活区和采油厂厂区内部供热。

1999年，三台锅炉房改建为换热站，将水电厂富裕蒸汽管输引至原三台锅炉房处，通过蒸汽—水换热后供热，同时对供热管网进行相应的调整，使三台供热区面积由原来的15.2万平方米增加至27.6万平方米，供暖区域辐射整个北坪区。

2000年5月，油建公司下属锅炉房（6台6吨热水锅炉）整体划转至物业管理公司。油建锅炉房位于玉门市十六区东北侧，占地面积约2000平方米，主要承担着物资供应处、机械厂等单位公用设施及部分民用住宅的冬季供暖任务，供热面积12万平方米，其中公用设施有2.8万平方米，民用住宅为9.2万平方米。8月，油田投资128万元对原油建锅炉房的锅炉本体及附属设施进行维修改造，对机械厂—原油建公司锅炉房外围供热管线进行改造，并从油建锅炉房到机械厂架设一条1230米供热管线，承担机械厂区域、纯净水厂等近6.7万平方米的供热区域，同时取消机械厂锅炉房。当年，南坪供热站所管辖的二机厂锅炉房停运拆除，中坪供热站与南坪供热站合并为一个供热站，管理着东岗、中坪、油建、蒸汽4个锅炉房和三台换热站。

2002年6月，中坪蒸汽锅炉房停用关闭。

2005年10月，酒泉生活基地1号锅炉房投运，方圆物业公司开始承担酒泉生活基地的采暖供热工作。酒泉基地冬季采暖供热周期每年从11月开始，至次年4月上旬结束，共6个月时间。1号锅炉房安装有4台型号为DHL29−16/150/90−AⅡ的膜式水冷壁角管锅炉，单台锅炉装机容量为29兆瓦/时，总装机容量为116兆瓦/时，场区总占地面积32212平方米，供热面积133万平方米。当年，方圆物业公司供热站共有东岗锅炉房、中坪锅炉房、油建锅炉房、酒泉基地1号锅炉房、酒泉疗养院锅炉房5座锅炉房和三台换热站、酒泉基地1号、2号换热站等3座换热站，承担供热面积163万平方米的采暖供热任务。

2006年，方圆物业公司利用中坪锅炉房原有泵房与水处理设施，加装换热设备，改建为以水电厂蒸汽为热源的换热站，负责为综合服务处、采油厂公共区域及南坪住宅区域供热。

2007年5月，矿区东岗锅炉房正式停运关闭。8月，酒泉基地承瑞园换热站（3号换热站）建成投运。至12月，物业公司供热站在酒泉基地共管辖1号锅炉房、离退休基地锅炉房（原疗养院锅炉房），1～3号换热站，酒泉基地新增采暖面积14万平方米，酒泉离退休基地锅炉房新增供热面积4910平方米。在矿区管辖油建锅炉房1座锅炉房、中坪换热站、三台换热站2座换热站。

2008年5月，酒泉离退休基地锅炉房关闭拆除，改建为换热站。同年9月，酒泉生活基地二期工程配套的2号锅炉房以及4号、5号、6号换热站建成投运。2号锅炉房安装有2台型号为DHL29-16/150/90-AⅡ的膜式水冷壁角管锅炉，单台锅炉装机容量为29兆瓦/时，总装机容量为58兆瓦，锅炉房场区总占地面积25375平方米，总供热面积为77万平方米。当年，酒泉生活基地新增采暖面积41万平方米，其中鸿硕园、天润园新建小区住宅面积36万平方米，幼儿园新增0.547万平方米，档案馆新增1.08万平方米，实验楼新增0.45万平方米，文体活动中心新增1.83万平方米，接待中心2号楼新增0.93万平方米，承瑞园商铺新增0.547万平方米。

2009年5月，矿区供暖结束后，油建锅炉房正式关闭停用，玉门矿区只剩中坪和三台2座换热站。

2011年3月，对矿区供热资源进行整合，中坪换热站、三台换热站资产、设备及人员整体移交水电厂管理，方圆物业公司正式退出矿区供热工作，由水电厂采取热电联供的方式负责矿区供热。方圆物业公司仅承担酒泉生活基地的采暖供热。

至2017年，酒泉生活基地所有供热全部由基地1号、2号锅炉房统一集中提供，供热面积达213万平方米。其中，1号锅炉房供热面积133万平方米，2号锅炉房78万平方米。一级、二级供热管网4.65万米。

第四节　环卫绿化

一、环卫保洁

1987—1995年，玉门矿区北坪三村、四村、六村、七村、南坪五村、东岗北村生活住宅区域环卫保洁工作由生活公司负责管理，具体承担楼房周边和楼道的卫生打扫、清洁以及楼前楼后小面积花池绿植的栽种和养护。其他各厂区、住宅区域环卫保洁工作由油田各二级单位自行管理。

1995年底至1996年初，随着房产专业化管理的全面实施，各单位原来承担各自住宅区环卫工作的生活管理科相继划归生活公司管理。生活公司先后在相关区域成立房管站，由各房管站负责相关住宅小区的环卫保洁和垃圾清运工作；其他各厂区生产区域的环卫保洁工作由各单位自行管理。

1996—1998年，管理局先后筹集资金235万元用于环卫绿化建设。其中投资40万元对所有住宅区的217个垃圾斗进行加盖封闭，推行垃圾袋装化管理；投资28.5万元修建水冲公共厕所3座；投资30万元新建、改建液化气站13个；投资23万元对玉门油田40%的住宅楼道进行粉刷、维修；投资9万元对一些住宅区指示标牌进行配置；投资近10万元在一些住宅区增设100套石桌石凳、6个阅报栏和上百个果皮箱等公共设施。

1999年3月，机关事务部管理的机关后勤服务业务划归生活公司管理，机关办公楼白楼、灰楼和档案楼以及院落的环境卫生和维修工作由生活公司承担。

2005年底，酒泉生活基地生产指挥中心1号楼、2号楼及玉兰园、茗翠园、紫荆园、芳沁园、怡静园、兆祺园等小区陆续建成投运，油田环卫保洁工作的重点开始转向酒泉。方圆物业公司相继成立公共物业站和基地物业管理站，主要承担生产指挥中心1号楼、2号楼、综合楼、活动中心、科技档案馆、实验楼、体育馆、综合楼及文化广场的二次供水、低压配电、制冷通风、消防设施维护、设施管护、维修修缮、清洁保洁、会议服务以及6个小区的环卫保洁工作，管理各类设备设施380余台（套），服务面积17万平方米。

2006年8月，方圆物业公司在原酒泉疗养院区域设立物业站，负责承担酒泉疗养院东、中、西院28栋住宅楼和1126户住户、接待中心、退管中心的物业服务工作，包括环境卫生清扫、保洁，小区环境绿化养护，小区住户的供电、供水，入户暖气管网、供排水管线的维修修缮和住宅区内公建设施的维修养护工作，服务面积为 20.5 万平方米。

2008 年 3 月，方圆物业公司对矿区 154 栋公寓楼、403 个单元、5239 户实行集中管理，并承担环卫保洁工作，同时负责矿区油田机关公建楼宇 2.6 万平方米楼道的清扫、31.4 万平方米外围清扫工作。

至 2008 年底，酒泉基地环卫保洁面积达到 206.117 平方米。环卫保洁范围包括：指挥中心 2 栋楼、综合楼、活动中心、科技档案馆、实验楼、体育馆、综合楼、文化广场、10 个园区（百合园、紫荆园、玉兰园、茗翠园、芳沁园、怡静园、兆祺园、承瑞园、天润园、鸿硕园，共 349 栋楼房、1269 个单元、14934 户）、世纪大道东西两侧、景观道、林带。这些区域的环卫保洁、日常生活垃圾清运、公用设施管护等业务全部由方圆物业公司基地第一物业管理站和第二物业管理站承担。

期间，方圆物业公司通过开展“楼长负责制”亲情服务、“走动式”服务等活动，拉近和住户的距离，增强了共建文明和谐小区的合力。2012 年，酒泉基地兆祺园被集团公司评为文明示范小区；2014 年，酒泉基地玉兰园被集团公司评为文明示范小区。

2015 年，欣露园（17 栋楼房、39 个单元、1690 户）及 1 号、2 号车库建成投运，方圆物业公司成立欣露园物业管理站，开始承担区域内环卫保洁、日常垃圾清运、园区物业服务工作，服务面积 11.5 万平方米。

截至 2017 年底，方圆物业公司共承担酒泉生活基地、离退休基地 14 个园区 398 栋楼房、油田生产指挥中心 5 栋办公楼区、文体中心、幼儿园及玉门矿区前线指挥部 8 栋办公楼和 3562 余套公寓的环卫保洁、排污运输、维修修缮等任务，物业管护面积达 219.98 万平方米。

二、绿化

1987—2002 年，玉门矿区公共绿化养护工作由物业管理公司生活（服务公司、生活服务处）负责管理，其他片区绿化由各单位负责维护。

玉门矿区地处大戈壁，自然环境恶劣，环境绿化主要以植树造林为主，同时在生活区、厂区建有花园、花坛、花池、草坪等。1986 年，矿区绿化面积达 266.6 公顷，存活各类树木 150 余万株，有花坛、花池 2032 个，矿区绿化覆盖率 5% 左右。

1993 年，植树 26.786 万株，参加义务植树活动职工近万人，树木成活率 87%。

从 1996 年开始，集中人力、物力和财力，加大住宅区的绿化力度，努力改善居住环境。至 1999 年，在北坪三村建成一个 2500 平方米的住宅花园，在北坪六村修建 3 个沿街花池，在十六区建成 3 个总面积超过 5000 平方米的花园，住宅区花池 257 个的有效绿化面积达 14000 平方米，基本达到村村见绿的目标。

2000 年，筹资 200 多万元进行住宅区绿化和基础设施建设综合治理，其中上半年拆除南坪、十六区等区域空闲房屋 700 户，绿化大小花池 285 个，总面积 24692.64 平方米；新增花池 4 个，面积 568 平方米；种植杨树 100 棵，榆树 2000 棵，种植各类花卉 10 余种。

2003 年，在矿区共植树 40328 棵，种植花坛、花池 2.87 万平方米，新建苗圃 0.67 万平方米，花卉基地 5.3 万平方米。其中炼化总厂种植草坪 10000 平方米，植树 6825 棵，引种花卉 50 多种；水电厂植树 3500 余棵，种植草坪 10000 平方米。酒泉生活基地开工建设，方圆物业管理公司成立酒泉项目部，先期参与酒泉生活基地的绿化规划和建设工作。

2005 年，玉兰园、兆祺园、怡静园、茗翠园、芳沁园、紫荆园绿化工程开工建设，其中玉兰园绿化面积 44015 平方米、兆祺园绿化面积 67240 平方米、怡静园绿化面积 101539 平方米、茗翠园绿化面积 38105 平方米、芳沁园绿化面积 60610 平方米、紫荆园绿化面积 81380 平方米。景观带、景观路行道树开工建设，绿化面积 5772 平方米。

2006 年 4 月，酒泉基地生产指挥中心绿化工程开工建设，当年 12 月竣工。同年，酒泉基地商贸中心完成绿化。

2007 年，百合园绿化工程开工建设，绿化面积 138515 平方米；生产指挥中心（续建）绿化工程开工建设；景观带、景观路行道树绿化全线建成；承瑞园绿化工程开工建设，绿化面积 64273 平方米；景观带接管面积 74338 平方米。

2008 年，紫荆园东南三角地带、幼儿园树木种植、南防风林、玉泉园（原酒泉疗养院）东院景观带、飞天路，酒泉基地1号、2号办公大楼大树补种移植绿化工程相继开工建设。伴随石油摇篮文化广场的建设，27090平方米广场绿化同期完工。

2009年，鸿硕园、天润园绿化工程开工建设，两个园区绿化面积167401平方米。

生活基地搬迁酒泉后，玉门矿区47.6万平方米的绿化养护工作由方圆物业公司矿区物业管理站承担。2012年，由于玉门矿区青年林树木病虫害严重，导致部分树木死亡，油田对部分病害枯死树木进行砍伐更新，新种植杨树8400株。

2013年，完成2.2万平方米草坪秃斑改造工作。

2014年，对石油摇篮文化广场篮球场南侧绿地进行补种；对遮蔽住户采光、遮蔽摄像头、行人行车的树木落头和缩冠修剪600棵，景观路行道柳树截干落头1888棵。同年，欣露园绿化工程随小区建设同步开工。为打造油田基地第一个高层小区绿化景观，在植物的品种选择上淘汰了柳树等劣汰品种的种植。小区首先建成一期（1区、2区）工程，共绿化面积为50664平方米，其中常绿乔木560株、落叶乔木1230株、花灌木6000株、绿篱1800延长米，并预留49000平方米苗圃区（3区、4区）。

2015年5月，对石油摇篮文化广场和怡静园种植和移栽乔木146株、灌木3094株、色带绿篱19953株、宿根花卉6073株。

2016年，将欣露园小区预留苗圃地按小游园设计进行绿化，共种植常青乔木700株、落叶乔木2700株、花灌木6000株。

至2017年12月，酒泉生活基地绿化建设按照“先绿化、后美化”的总体要求，遵循“春有花、夏有荫、秋有果、冬有青、三季有花、四季见绿”的绿化理念，经过九年的建设，完成了11个生活小区、17个公建区、3.2千米景观带以及其他周边防护林等绿化任务，绿化面积109.87万平方米，11个园区合计绿化面积813742平方米，公建及外围333922平方米，酒泉疗养院区域绿化面积64165平方米。共种植各类乔木30余种4.919万株、花灌木40种11.9万株、藤本植物6.9万株、绿篱1.68万延长米、花卉7.8万株，草坪75万平方米，小区绿地率达到40%以上。

第五节　幼儿教育

玉门油田幼儿教育起步于1952年，玉门矿务局在南坪建立第一所幼儿园，时有保教人员5人，入托幼儿30人。至1986年，玉门油田幼儿园（托儿所）共有21个，园舍建筑面积8362平方米，入托幼儿2066人，有保教人员331人，其中职工279人、家属52人，教职工中大学毕业2人、幼师毕业14人、中专毕业11人、高中毕业84人、初中毕业114人。建有保健室7间，教学、活动室131间，幼儿卧室124间，食堂23间，配有手风琴8台、脚踏风琴34台、电视机6台、录音机11台、幻灯机7台、洗衣机15台、室外玩具（秋千、转椅、滑梯、跷跷板、荡船、电动飞机、碰碰车、儿童自行车、平衡木、篮球架等）98件、室内玩具（电子琴、电动火车、坦克、积木等）835件。

1987年，21个幼儿园、所归基层各单位管理科或生活科管理，业务工作由生活公司生活科设专人负责，对幼儿园、所进行检查评比，职工医院每年对幼教系统教职工进行身体检查。

1988年10月，北坪幼儿园建成投用，机关、医院、研究院托儿所撤销，人员及设施按区域统一划归生活管理处北坪幼儿园管理。

1990年1月，物资处幼儿园改扩建后，入托婴、幼儿达160名，设有2个小班、1个中班、1个大班和1个全托班（40名幼儿），有工作人员15名。

期间，南坪幼儿园、三台幼儿园及水电厂等各单位幼儿园相继新建教学楼，更新教学设施设备，并按照国家颁发的教学大纲开展教学工作。

1992年1月，为解决鸭儿峡、白杨河、石油沟油矿职工子女入托问题，在3个油矿家属区建成综合楼幼儿园，入托婴、幼儿260名，有保教人员33名，设有2个大班、2个中班、2个小班共6个班。

1993年1月，炼油厂幼儿园投入使用，入托婴、幼儿320名，有保教工作人员40余名，设有大、中、小共8个班。

1994年7月，为缓解北坪区幼儿入托难问题，投资251万元对北坪幼儿园进行扩建，新增面积2743

平方米，扩建后新增班级6个，其中大班3个、中班3个，新增入托幼儿240人。

1995年6月，玉门、吐哈油田管理体制理顺，地调处托儿所、运输处托儿所、油建公司托儿所、第二石油机械厂托儿所等随其所在单位统一划归吐哈油田。

1996年3月，将基层单位所属的8所幼儿园、所整建制划转新成立的教培中心管理。教培中心设立幼教科，具体负责幼教业务，玉门油田幼儿教育开始专业化管理。教培中心按照服务区域重新进行划分，将原北坪幼儿园更名为教培中心第一幼儿园；原南坪幼儿园、采油厂幼儿园合并，更名为教培中心第二幼儿园；原炼化总厂幼儿园更名为教培中心第三幼儿园；原鸭儿峡、水电厂幼儿园合并，更名为教培中心第四幼儿园；原机械厂、物资处幼儿园合并，更名为教培中心第五幼儿园。

1997年1月，经对各幼儿园综合评估，第一幼儿园、第二幼儿园被评定为教培中心一类幼儿园；第三幼儿园、第四幼儿园、第五幼儿园被评定为教培中心二类幼儿园。10月，第一幼儿园、第二幼儿园通过甘肃省教委评估验收，晋升为“甘肃省一类幼儿园”，第三幼儿园、第四幼儿园、第五幼儿园为“酒泉地区二类幼儿园”。

1999年底，幼教系统100余人因与油田有偿解除劳动合同或内退而离开工作岗位，实际在岗职工仅90人。

2000年12月，教培中心幼教科撤销，幼儿园业务归教育科管理。

2001—2003年9月，教培中心相继撤销第四幼儿园、第五幼儿园。

2004年3月，为贯彻落实国有企业主辅分离、辅业改制的精神，适应企业改革与发展的需要，按照园校互补、共同提高、全面发展的要求，油田教育集团对幼教系统实行改革，由19名在岗职工集体承包幼儿园，走上了一条“企助民办、自挣自养、自主生存、自我发展”的新路，并将幼儿园更名为玉门油田外国语学校附属幼儿园，第一幼儿园为总园、第二幼儿园为南坪分园、第三幼儿园为三台分园。

2006年1月，玉门油田外国语学校附属幼儿园划归方圆物业公司管理，更名为玉门油田方圆物业管理有限责任公司幼儿园。3月，酒泉生活基地芳沁园幼儿园建成投运。酒泉基地幼儿园占地面积7999.2平方米，建筑面积5100平方米，户外绿化和活动面积达3000多平方米。设有教具资料室、舞蹈室、美术室、多功能活动大厅、隔离室、保健室及图书区和标本展示区等8个活动区角。室外有2个大型小博士综合乐园及幼儿沙池、儿童攀岩墙、投球器、小型滑梯、摇椅、转椅、跷跷板等娱乐设施，全园有各类保教书籍1000多册、幼儿图书1万多册，有打字机、复印机、录像机、数码相机、投影仪等现代化教学设备。班级内有钢琴、教学电视、教学实物平台、DVD、录音机、空调、热水器、消毒柜、饮水机等设施设备。共有17个教学班，其中幼小衔接班6个、大班4个、中班4个、小班3个。幼儿园时有教职员工66人，入托幼儿570名。

2007年，随着员工、家属大规模变迁酒泉生活基地，物业公司幼儿园在矿区设置保教点，负责未搬迁员工子女的入托保教工作。至2008年2月，矿区保教点共招收幼儿50名，开设大班、小中班2个混合班，有保教人员5名。

2008年3月，酒泉基地鸿硕园幼儿园建成投用。鸿硕园幼儿园建筑面积7850平方米，设有教室、活动室、舞蹈室、多功能活动大厅等共18间。有工作人员38名，其中幼师15名、保育员15名。设有幼小衔接班2个、大班2个、中班2个、小班2个，入托幼儿240名。

2013年8月，为解决少数民族幼儿入托就餐的问题，在鸿硕园幼儿园改造设立1所少数民族幼儿餐厅。9月，鸿硕园幼儿园少数民族幼儿餐厅投入使用。

2015年9月，对芳沁园、鸿硕园2所幼儿园食堂进行名厨亮灶改造，新建防火顶棚，安装不锈钢隔断，配置消毒灯、感应式洗手池和17台筒形网络摄像机及2台硬盘录像机，使幼儿食品制作实现了全过程监控。

至2017年12月，物业公司2所幼儿园共有教职员工76人，其中聘用人员34名；有幼教高级教师8人、幼教一级教师14人、幼教二级教师4人。开设18个教学班，有在册幼儿649名。当年，新入园儿童体检率、传染病控制率均为100%，服务满意率97%；幼儿平均出勤率85%以上，教学兑现率100%，食谱兑现率98%以上。

第二章　医疗卫生

第一节　油田医院

一、机构沿革

玉门油田医院前身为油田职工医院。1987年，职工医院与卫生处为一套机构、两块牌子。行政序列设行政办公室、医务科、总护理部、人事教育科、财务科、总务科、住院部、门诊部；党群序列设党委办公室、组织办公室、宣传办公室、纪委、工会、团委、保卫办公室；临床科室设内科一病区（消化、内分泌）、内科二病区（呼吸、心血管）；外科一病区（普外、烧伤）、外科二病区（骨科、创伤）、外科三病区（胸、脑、泌）、麻醉科；妇产科、儿科、传染科、中医科、口腔科、眼科、耳鼻喉科、皮肤科。另设有保健科、职业病科（工业卫生职业病防治所）、理疗科、针灸室、手术室、急诊室；医技科室设检验科、放射科、功能检查科、药械科、中药加工房、同位素室、病理室、供应室、血库、入院处等。卫生处设有卫生防疫站、计划生育办公室、爱卫会办公室、结核病防治所。各厂矿处按区域覆盖设有7个卫生所、8个保健站。

1995年5月，职工医院对内部组织机构进行调整，机关设办公室、工会、人事教育科、财务科、医务科、总护理部；卫生处设防疫站、计生办、结核病防治所、爱国卫生委员会；基层设外科、内科、妇产科、儿科、传染科、麻醉科、中医科、口腔科、眼科、五官科、皮肤科、理疗科、急诊科、保健科、放射科、检验科、功能科、药剂科、总务科、生活科、医达公司等单位。12月，油田将各厂矿处卫生所（站）划归卫生处统一管理，并按照区域重新划分为：南坪卫生所、三台卫生所、三三区卫生所、十九区卫生所。是月，职工医院通过全省二级甲等医院评审验收。

1999年7月，玉门油田重组改制，职工医院（卫生处）隶属于玉门石油管理局。职工医院机关设党委办公室、行政办公室、工会、人事教育课、财务科、医务科、总护理部、保卫科等8个部门；基层设外科、内科、妇产科、儿科等14个临床科室，病理科、放射科、理疗科等5个医技科室，信息科、管理科等8个辅助部门。卫生处设防疫站、计划生育办公室、爱国卫生运动委员会、结核病防治所。

2003年12月，职工医院改制更名为油田医院，成为由油田控股、医院职工参股的股份制医院，为相对独立的经营实体。医院机关职能部门由改制前的11个压缩整合为1室2部，即综合办公室、医务护理部、财务经营部，并将原管理科、设备科、保卫科合并成立了后勤保障部。

2005年7月，玉门油田重组整合，油田医院延续之前设置不变，机关设综合办公室、医务护理部、财务经营部。基层设外科、内科、儿科、妇产科、感染科、手术麻醉科、急诊科、眼科、耳鼻喉科、口腔科、皮肤科、中医科、理疗科13个临床科室；设放射科、检验科、功能科、药剂科4个医疗技术辅助科室；设社区服务部、康复医院、后勤保障部3个部门。卫生处设防疫站、计划生育办公室（爱国卫生委员会）、结核病防治所3个部门。

2007年8月，甘肃省卫生厅授权酒泉市卫生局组团对所属地区二甲以下等级医院进行评审验收，油田医院通过二级甲等医院评审验收。

2013年12月，玉门油田医院机关设综合办公室、医务护理部2个部门。基层设外一科、外二科、内一科、内二科、儿科、妇产科、传染科、手术麻醉科、急诊科、眼科、耳鼻喉科、口腔科、皮肤科、中医科、康复理疗科15个临床科室；放射科、检验科、功能科、药剂科4个医疗技术辅助科室；社区服务部（分设4个社区服务站）、体检中心、综合事务部3个部门。卫生处设职防所（卫生防疫、结核病防治、职业病防治）、计划生育办公室2个部门。共有职工399人。

至2017年，玉门油田医院机关设综合办公室、医务科、总护理部，基层设外一科、外二科、内一科、内二科、内三科、儿科、妇产科、手术麻醉科、急诊科、眼科、耳鼻喉科、口腔科、皮肤科、中医科、康复理疗科15个临床科室，放射科、检验科、功能科、药剂科4个医疗技术辅助科室以及社区服务部（分设

4个社区服务站）、体检中心、综合事务部3个部门；卫生处设卫生防疫站（油田工业卫生职业病防治所）、油田计划生育委员会办公室、爱卫会办公室。

全院有床位220张，在册员工358人，在岗员工259人，其中合同制员工224人，短期合同工35人。卫生技术人员246人，其中主任医师2人、副主任医师30人、副主任药剂师3人、副主任检验师1人、主治医师61人、主管药剂师5人，主管检验师3人、主管护师45人、住院医师14人、药剂师3人、检验师4人、护师40人、医士4人、药剂士1人、检验士4人、护士26人。

二、诊疗系统

1. 门诊系统

门诊系统由门诊部负责，直接管理挂号室、收费室、中西大药房、注射室、输液室、入院处等窗口岗位，协调管理各临床科室门诊和医技科室诊疗工作。

（1）挂号室。1987年以来，挂号室每年承接45万～50万人次的挂号及4万～5万份门诊病历的周转运行。1990年，新门诊大楼建成投用后，为了简化手续、方便就诊，试行门诊病历由个人保管。1994年，随着企业医院对社会的全面开放，取消门诊普通挂号，试行医疗咨询、门诊导医和就诊服务。2005年10月，玉门油田酒泉基地医院建成投入使用后，随着全院网络系统的开通运行，挂号室实行了挂号就诊一卡式服务系统，极大地方便了广大患者的就诊服务。

（2）收费室。1992年12月，出台医疗制度改革方案和实施细则，医院诊疗活动中，严格按照国家及企业规定的各项医疗收费标准收取费用。收费处计价、收费全部实行微机管理和操作，最后汇总、清点上缴财务对其逐账进行稽核、审查。酒泉基地新医院开诊运行后，全院实现收费网络化。

（3）入院处。入院处岗位行政归门诊部管理，业务属医院总护理部管辖。入院处除正常办理入院、出院手续外，每天还要深入各病区联系、了解病床使用及周转情况，按病历进行预先核算，提前通知病人费用使用情况，及时补交押金保证治疗，防止漏费和跑费发生。1992年实行医疗制度改革后，入院处配置了计算机，出入院病人实行微机管理。1999年底，全院计算机联网，入院处与各病区计算机率先上网，提高了工作质量和效率。酒泉基地新医院开诊运行后，实现网络化运行。

（4）急诊科。1989年10月，新门诊大楼竣工投用后，专门设有宽敞的抢救室和观察室，并配备了常规抢救器械设备，急诊室医生护士均由内外科门诊当班医生和注射室护士兼职。

1994年11月，医院正式成立急诊科，设置急诊科主任和护士长、护士岗位，但无固定医生，急诊病人由当班护士电话联系所需科室门诊医生前来急诊科诊治。

1997年8月，为了加强职工医院院外急救，提高急救及应变能力，职工医院成立“120”急救中心，并以内、外科门诊医生中班、夜班在急诊科值班的方式确定应诊医生。

2000年4月，固定内科医师2人、外科医师2人、急诊科医师2人，共计6名医师在急诊科诊断室全天候应诊，并随时出诊抢救各种紧急病人。11月，“120”急救中心并入急诊科，并配备了固定的全科医生和专业护士。

2005年，急诊科配备有救护车、袖珍急救呼吸机、心电图机、心电监护仪、除颤机、电动吸引器、移动式心电图机、电子洗胃机、除颤监护仪、上楼梯担架等设备，拥有病床10张，并设有诊断室、处置室、操作室和45个座位的单体沙发输液室，日均输液50～60人次，最高时达120～130人次。

2017年，急诊科有医护人员19人。

（5）体检中心。2006年5月，玉门油田医院正式设立体检中心，定员2人。

2010年5月，医院扩建体检中心，购置体检所需仪器设备及办公设施，体检中心实现一站式服务。自体检中心成立以来，每年都有6000～7000人次进行各种层次的健康检查。

从2015年开始，根据油田有关要求，体检中心对在岗员工每年进行一次健康体检，退休人员每两年检查一次。同时，将体检软件升级为体检中心管理软件。

至2017年，全年各种体检达13743人次。体检中心主要设备有医用电子血压计、人体成分分析仪、500毫安X光机、骨密度测定仪、彩色多普勒B超、三导心电图机等，有医护人员9名。

2. 临床科室

（1）内科。内科分内一、内二、内三3个科室。

①内一科。内一科创建于1958年，主要收治心血管系统、呼吸系统、血液系统、神经内科疾病患者。

1987年，职工医院在内儿科住院部大楼设有内一病区，病区有床位40张，其中单人病房4间、双人病房4间、三人病床8间，设有CCU病房（重症监护室）1间（病床2张）、抢救室2间（每间1张病床）。

1990年，内一科组建心血管专科，建立冠心病监护室，采用美国太空实验室研制生产的中央心电监护系统，对心血管疾病危重患者的心电、血压、血氧饱和度、中心静脉压、肺动脉压、肺动脉看楔压等进行监护。

1991年，购置心电、血压、呼吸、氧饱和度为一体的心电监护系统，能同时监测3～4名重症病人。

期间，通过开展大剂量尿激酶静脉溶栓治疗急性心肌梗死，小剂量尿激酶及低分子肝素治疗不稳定性心绞痛，提高了患者临床治愈率；通过开展心电图运动负荷试验及多巴酚丁胺试验，提高用无创诊查方法诊断冠心病的符合率，对冠心病患者心功能恢复的评价提供了科学依据。

1992年，购置24小时动态血压监测器及监护心电图的Hotter仪，为高血压及冠心病的诊断提供了确切依据。

1993年，购置了全自动智能化心电图分析仪，可及时了解患者心肌功能，同时购进体外心脏起搏器、除颤器，为重症患者挽救生命赢得了宝贵时间。

1995年，第一例心脏运动负荷测试成功，极大地提高了冠心病、心绞痛的诊断准确程度。

1998年，购进颅内血肿穿刺碎吸器及开展颅内血肿引流术，增加血肿的排除与吸收，使脑出血患者的死亡率大幅度降低。同时，引进食道电生理调搏新技术，给快速型心律失常患者带来了福音。另外还配置了纽帮100型呼吸机，进一步完善了抢救措施。

1999年起，心血管专业通过直立倾斜试验在临床上的应用，提高了对晕厥的诊断率，特别是对中青年血管迷走性晕厥的诊治取得了较好的疗效；通过开展经食道调搏心脏电生理检查及永久心脏起搏器的安装，对心律失常的诊断和治疗有了进一步的提高；通过开展选择性冠状动脉造影诊断冠心病，经皮冠状动脉腔内成形术及支架置入术治疗冠心病的介入治疗，累计达100余例。神经内科专业在做好常见病、多发病的防治及疑难病诊治的同时，建立独立的经颅多普勒、脑电图室，开展心理门诊，开展眩晕及颈椎病、脑动脉硬化、癫痫的临床检测，对脑血管疾病做到了早期诊断，及时治疗；开展失眠、焦虑症和抑郁症的诊断和规范治疗；开展微创清除颅内血肿方法治疗脑出血取得确切的临床效果；针对脑梗塞的早期静脉溶栓及规范化治疗，使医院的临床诊疗水平上了一个新台阶。

2005年10月，酒泉基地油田医院建成投用后，内一科有床位34张，其中单人病房4间、双人病房4间、三人病房6间、中心监护病房床位4张；设有中心监护病房、护士站，中心监护病房与护士站连通一体，便于治疗与抢救。监护室配有中央供氧、中央吸引及床边心电、血压、呼吸、脉搏氧监护仪器，以及心电除颤仪2台、同步十二导联心电图机1台、有创呼吸机1台、无创呼吸机2台、输液泵3台，可同时监护危重患者4人，为提高危重患者的治疗和抢救成功率提供了可靠的保障。

至2017年，全科有员工21人，其中副主任医师3人、主治医师3人、住院医师1人，均为大学本科以上学历；主管护师2人、护师4人、护士8人，均为大学专科以上学历。年住院患者693人。

②内二科。内二科创建于1958年，主要收治内分泌、消化、肾病及部分呼吸系统、神经内科等方面的疾病患者，设有消化内科、肾脏内科、呼吸内科、内分泌科等专业科室。

1987年，职工医院在内儿科住院部大楼设有内二病区，有床位40张，其中单人病房4间、双人病房4间、三人病房8间；病区设监护室1间（2张病床）、抢救室2间（每间1张病床）；护理部有护理人员10人，其中护师1人、护士4人、护理员5人。

消化内科除开展常规胃肠镜检查外，已能开展逆行胰胆管造影。20世纪90年代，消化内科先后开展十二指肠乳头切开及胆管取石内镜下食道胃底静脉曲张注入硬化剂治疗、上消化道大出血内窥镜治疗、胃肠道息肉电凝切除等介入治疗，至2000年，开展十二指肠乳头切开及鼻胆管引流术等新技术已达20余例，均获成功。

期间，肾脏内科率先在玉门地区开展肾活检技术，对各种急慢性肾炎、肾功能衰竭、继发性肾脏疾患的治疗均有丰富的临床经验。其中，开展的“单纯性肾囊肿穿刺治疗”，成为当时在玉门地区治疗同类疾病数量最多、效果最好的专业科室，至2000年，已达30余例。

呼吸系统除开展常规纤维支气管镜检查外，还开展纤维支气管镜下止血、注入药物、肺泡灌注等治疗，对肺心病、慢性支气管炎、肺炎、胸膜炎治疗有独到之处。

内分泌科先后与同位素室联合开展血醛固酮、皮质醇检、胰岛素释放实验，与检验科联合开展糖化血红蛋白、胶原、结缔组织疾患的各种免疫学检查。对糖尿病、甲状腺功能亢进、更年期综合征以及各种继发性内分泌功能紊乱的治疗经验丰富、技术先进、疗效显著。

2001年，内二科与河北医科大学中医药研究院糖尿病研究所联办糖尿病专科，使糖尿病的诊断治疗更加规范有效。

2005年10月，玉门油田医院搬迁至酒泉基地，内二科有床位33张，其中单人病床4间、双人病床4间、三人病床6间、重症监护病房床位3张；设有重症监护病房、护士站，重症监护病房与护士站连通一体，便于观察与治疗。重症监护室配有中央供氧、中央吸引及床边多参数监护仪、心电除颤监护仪、三道心电图机、多功能中央监护系统（一托三），为提高危重患者的抢救治疗提供了有力的保障。

2014年，内二科主持完成了酒泉市1984例糖尿病流行病学调查，调研报告《酒泉市1984例糖尿病流行病学调查及防治对策研究》在2015年中国西部第四届内分泌代谢暨甘肃省医学会第八届内分泌会议上做大会交流。

2016年，内分泌科参与全国Ⅰ型糖尿病流行病学调查甘肃省启动工作，在“全国Ⅰ型糖尿病流行病学调查”中占有一席之地。

至2017年，内二科有员工21人，其中副主任医师4人、主治医师2人、住院医师1人；主管护师2人、护师2人、护士10人。年住院患者660人。先后开展上消化道大出血内窥镜治疗、胃肠道息肉电凝切除等介入治疗及十二指肠乳头切开及鼻胆管引流术等新技术50余例，“单纯性肾囊肿穿刺治疗”50余例。内一科、内二科门诊量累计达50455人次。

③内三科。内三科成立于2014年，由传染科与内一科部分专业整合而来，主要负责呼吸系统疾病及传染病的诊疗和防治。

1987年，职工医院设有传染科，有1400平方米的传染科大楼1座，设病床40张，其中单人病房2间、双人病房2间、三人病房10间，设急诊室1间、观察室1间（3张病床）。当年起，传染科已经对常见传染病如肝炎、肺结核、细菌性痢疾、猩红热、流腮、风疹等，形成了完善的诊疗方案；对少见的传染病如伤寒、流行性出血热等疾病，具备较高的诊疗水平和临床经验；对罕见的Ⅰ号、Ⅱ号烈性传染病也有一定的应急处理能力，并设有专门的病房及消毒隔离措施。

2003年，在全国性“传染性非典型肺炎”疫情暴发之后，传染科按照玉门油田和医院的安排，及时设立发热门诊，全力配合和参与防治工作，先后对返回矿区的1702人进行严格的体检和诊治，对282人安排家中隔离观察，对收治的14例医学留观患者，严格按“非典”防治规范，由专职医护人员全程负责。

2005年10月，传染科搬迁至酒泉基地油田医院传染科住院部大楼，设病床40张，其中单人病房2间、双人病房2间、三人病房10间，设急诊室1间、重症监护室1间（3张病床），另为结核病防治所预留10张病床。当年起，随着传染病疾病谱的变化，油田内部及周边常见传染病患者已经很少，传染科收治的患者大多为肝炎病人，且数量较少，病床使用率较低。而内一科、内二科病房却常年处于饱和运行状态，病人住院经常出现预约排队现象。

2014年，玉门油田医院将传染科与内一科部分专业整合，成立内三科，病区设在医院综合楼二楼。当年，内三科有病床32张，其中双人病房6间、三人病房6间、重病监护室病床2张。设重病监护室1间，配有中央供氧、中央吸引及中央监护系统（一托二）。

内三科诊疗范围主要包括重症哮喘合并呼吸衰竭、大咯血、肺部感染、重症肺炎、肺源性心脏病、慢性阻塞性肺疾病合并呼吸衰竭、肺部晚期肿瘤；慢性乙、丙型肝炎的规范抗病毒治疗，各种原因导致的肝硬化、脂肪肝的中西医结合治疗，重症肝炎及各种原因导致的急性肝衰竭抢救等。

至2017年，科室有员工18人，其中副主任医师2人、主治医师2人、住院医师2人、主管护师2人、护师2人、护士8人。年门诊量为6918人次、住院患者619人。

（2）外科。玉门油田医院外科创办于1941年，至1986年，外科分外一科、外二科、外三科。1995年，玉门、吐哈管理体制理顺之后，油田职工、家属人数缩减，医院人员也减少1/3，医院规模也随之缩小，医院随撤销外三科，将其业务并入外一科、外二科。

①外一科。外一科成立于1958年，主要设有普外、腹腔镜、血管疾病激光治疗、乳腺、肛肠、烧伤、脑外、神经外科等专科。

1987年，外一科有病床30张，其中单人病房2间、双人病床5间、三人病房6间。护理部有护师3人、护士6人、护理员1人。

1995年，引进腹腔镜技术后，在玉门乃至酒泉地区率先开展了微创外科手术——经腹腔镜下胆囊切除术，首批术者14例均获满意效果，腔镜（微创）专科成为油田医院的特色品牌。

2005年10月，油田医院搬迁酒泉基地后，外一科有病床35张，其中单人病房4间、双人病床5间、三人病房7间，设有外科ICU病房1件。配有1套德国Storz腹腔镜系统、1套德国蛇牌腹腔镜系统、1套德国胸腔镜系统、1套德国Storz单孔腹腔镜系统、美国强生超声刀、1套美国Ligasure（血管结扎束闭合系统）、1套美国戴美Diomed（激光血管治疗仪）等先进手术设备。

2008年，外一科被甘肃省医学会普外专业委员会腹腔镜外科学组授予甘肃省（酒嘉地区）腹腔镜诊疗技术培训基地。

2013年，腔镜（微创）科被酒泉市卫生局评为酒泉市医学重点专科。

至2017年，外一科有医护专业技术人员21人，其中副主任医师4人、主治医师3人、住院医师1人；主管护师2人、护师4人、护士7人。

期间，腔镜（微创）科陆续开展胰头癌、胆总管下段癌根治术等一系列普外高难度手术治疗，累计实施腹腔镜胆囊切除术，腹腔镜胆总管探查、取石术，腹腔镜阑尾切除术，腹腔镜胃大部切除、胃癌根治术，腹腔镜肠粘连松解术，腹腔镜腹股沟疝修补术，腹腔镜肝肿瘤切除术，腹腔镜甲状腺肿瘤切除术，腹腔镜结直肠癌根治术等各类腔镜手术5000余例，实施各类复杂手术300余例，各类微创手术成功率达95%以上。

胸外科成功为患者实施肺癌、食道癌、贲门癌根治术、纵膈肿瘤、肺大泡手术治疗、全食管切除、食管上段与胃吻合术、支气管肿瘤袖状切除、胸壁肿瘤切除、胸腋下小切口肺大泡切除、动脉导管封闭手术。开展胸部恶性肿瘤正规化疗巩固疗效，提高了肿瘤病人生存率。肛肠专科应用血管结扎束闭合系统施行痔手术，患者无疼痛、不出血、伤口恢复快。疝专科对腹股沟疝无张力修补术积累了丰富的临床经验，累计开展手术近200例，效果好、疼痛轻、活动早。

烧伤整形专科应用微粒皮移植术、全真皮血管网皮片移植术、各类带蒂皮瓣移植术等多项新技术，在重度电烧伤、大面积烧烫伤治疗中均无死亡病例，成功救治了烧伤面积达85%的重度烧伤患者，在烧伤创面处理、化学烧伤等治疗方面积累了成功经验。通过参与2000年油田重大井喷爆炸受伤人员的全过程抢救治疗工作，积累了丰富的临床经验。

甲状腺乳腺专科先后开展甲状腺良恶性肿瘤的手术治疗，乳腺肿瘤早期诊断、乳癌改良根治术，以及早期乳腺癌保乳手术；对甲状腺瘤、乳腺包块在腹腔镜下行美容或微创手术治疗。2006年，引进美国Di0med810nm激光治疗仪治疗下肢静脉曲张，至2017年，共完成手术200余例。

神经外科专业通过颅内血肿清除术，多次成功抢救特重型颅脑损伤患者；采取钻颅血肿软通道引流术，开展高血压脑出血微创术，取得良好临床效果；应用CTA、DSA技术，快速准确诊断脑血管疾病，在重度颅脑损伤和高血压脑出血微创治疗技术方面在酒嘉地区处于领先地位。2016年，外一科开始探索创建“癌痛规范化治疗示范病房”，以期提高肿瘤患者的生存质量，更大程度地体现对患者的人文关怀。

②外二科。外二科成立于1958年，主要收治骨科、泌尿、血液透析等方面的疾病患者。

1987年，外二科设有病床32张，其中单人病房1间、双人病房5间、三人病房7间，护理部有护师3人、护士5人、护理员3人。主要收治骨伤病人，骨科是职工医院重要临床科室。

1991年，第二石油机械厂一名职工在加班时不慎将左手从手腕处被机器切断，在兰州军区陆军总院骨科专家的指导下，外二科成功地实施了断肢再植手术。

1995 年 6 月，职工医院撤销外三科，原外三科泌尿外科、颅脑外科并入外二科。

2000 年起，泌尿外科开始开展腹腔镜下肾囊肿去顶减压、精索静脉高位结扎、肾上腺肿瘤切除、肾癌根治术、经尿道前列腺电切术、经尿道膀胱肿瘤电切术、经尿道输尿管狭窄内切开术、经皮肾微通道肾结石气压弹道碎石取石术、膀胱及输尿管结石弹道碎石术、体外冲击波碎石、激光包皮环切术等手术，微创治疗逐渐成为专科特色。

2005 年，油田医院搬迁酒泉基地，外二科诊疗设备和手术设备大为改观，全科有病床 35 张，其中单人病房 3 间、双人病房 5 间、三人病房 6 间、血液透析室床位 4 张；设有外科 ICU 病房、血液透析室等。拥有 C 型臂 X 光机、膝关节镜、腰椎间盘臭氧治疗仪、电磁骨科康复治疗仪、关节镜配套、深部静脉血栓防止系统、下肢静脉泵、CPM 功能锻炼仪等设备。能开展全髋置换术、全膝置换术、脊椎脊髓损伤的钉棒内固定术、椎间盘突出手术治疗、复杂骨折及关节内骨折手术治疗、断肢（指、趾）再植术等治疗，其中骨创伤及老年脆性骨折手术治疗在酒嘉地区属较高水平。

ICU 病房统一安装中央供氧、中央吸引，配有多功能中央监护系统（一托四）、多频振动排痰机、心电除颤监护仪、多功能无创呼吸机、三导心电图机等仪器设备。设有病床 4 张，配有护理人员 5 人，其中主管护师 1 人、护士 4 人。主要针对外科重症病人及其他科室手术后危重病人进行 24 小时抢救监护，至 2017 年，收住抢救危重病人 1000 余例。

血液透析室拥有金宝 AK200 血液透析滤过机、AK96 及 AK95 血液透析机、日本旭化成 ACH–10 床旁血液血滤机等血透设备。主要用于肾功能衰竭的替代治疗、各种原因导致的急慢性肾衰及多器官功能障碍综合征的抢救和治疗，年开展各种血液净化治疗近 2000 人次。

至 2017 年，外二科有医护专业技术人员 21 人，其中副主任医师 2 人、主治医师 3 人、医师 1 人、医士 1 人；主管护师 2 人、护师 5 人、护士 7 人。年住院病人 600 人。外科门诊量累计 12305 人次。

（3）手术麻醉科。手术麻醉科由麻醉科和手术室组成。

①麻醉科。麻醉科成立于 1987 年，其前身为 20 世纪 70 年代初成立的麻醉室，主要承担油田医院各科手术病人的麻醉手术。

至 2000 年，麻醉科有丹麦 A61–20 型人工心肺机 1 台、美国 A–28582 型全能麻醉机 1 台、M–904E 多功能麻醉机 1 台、生理参数监护仪 3 台、心电监护除颤仪 1 台，年手术工作量 1000 余例。

2005 年 10 月，酒泉基地油田医院建成投用后，麻醉科陆续更新全新的仪器设备，主要有：麻醉机 2 台、麻醉监护仪 1 台、高频电刀 4 台、手术 X 光机 1 台、手术腔镜清洗设备 1 台、纤维光导喉镜 1 台、麻醉深度多参数监护仪 1 台、除颤启搏监护仪 1 台、手术成像监视系统 1 套、多功能呼吸机 1 台、中央监护系统 1 套。

至 2017 年，麻醉科有专业技术人员 5 人，其中副主任麻醉师 1 人、主治麻醉师 1 人、麻醉医师 2 人、麻醉医士 1 人。

②手术室。1987 年，手术室设在 1958 年建成的住院部大楼，有手术室 8 间，其中大手术室 3 间、小手术室 5 间，另设器械室、敷料室、石膏室等，同时，在门诊设手术室和换药房。

2000 年 3 月，手术室迁入新落成的外妇住院部大楼，设手术室 5 间，其中 50 平方米大手术室 3 间、30 平方米手术室 2 间，每间手术室均安装冷光子母手术无影灯，配有电动吸引器、高频电刀、电动手术床，设有中心供氧装置和电视监视系统，可配合油田医院各科室进行手术。

2005 年 10 月，酒泉基地油田医院建成后，设手术室 5 间（3 大 2 小），有电动手术床 6 张、电动手术台 1 张、手柄调焦子母手术无影灯 3 台、子母手术无影灯 2 台、高频电刀 4 台、手术对接床 1 台，配有中央供氧、中央吸引和电视监视系统。手术室在使用前整体进行了层流净化改造，分别安装 5 台高性能空气净化装置，手术期间整个工作环境都处于无菌状态，确保空气洁净安全。

至 2017 年，手术室有工作人员 7 人，其中主管护师 4 人、护师 1 人、护士 2 人。年手术量 1264 台。

（4）妇产科。玉门油田医院妇产科成立于 1953 年 1 月，至 1986 年，由妇科和产科两个专业科室组成。

1987 年，妇产科病区有床位 35 张，妇科和产科病区分开设立。产科设置产房、婴儿室，有待产床 2 张、婴儿床 16 张；门诊设产科检查室、妇科检查室、计划生育门诊和门诊手术室。

1991 年，妇产科成功摘除一例重达 8.5 千克的巨型卵巢囊肿，成为油田医院有史以来最大的一例。

2000年，妇产科搬入新建成的外妇住院部大楼，条件得到很大改善，设病床22张，其中双人病房5间、三人病房4间，另设胎心音监护室1间，产科病房按照国家爱婴医院标准要求，全部实行母婴同室化管理，并配有中心供氧装置、电脑语音传呼系统。

2005年10月，酒泉基地油田医院建成投用后，妇产科病床增至27张，其中两人病房6间、3人病房5间，产科全部实行母婴同室温馨病房，还专门设有婴儿沐浴间，配有温度湿度均适宜婴儿的蓝光保温箱等设施。

至2017年，妇产科共有专业技术人员13人，其中主治医师4人、医师1人；主管护师5人、护师1人、护士2人。年门诊量达7392人次、住院患者400人。

（5）儿科。儿科始建于1942年，至1986年，儿科设在内儿大楼三楼，医疗条件和诊疗水平已有很大程度改善和提高。

1987—1999年，儿科医务人员结合临床实践不断总结经验，采取送出去进修学习、购置新设备提高诊疗手段，全科人员素质和业务水平逐步得到提高，儿科逐渐发展成为职工医院重要临床科室。期间，儿科已能熟练进行心脑复苏、心律失常纠正、气管插管、人工冬眠以及哮喘持续和惊厥持续状态的诊治；对新生儿开展出生时的新法复苏，有效降低了新生儿窒息发生；对新生儿进行早期NBNA测定，早期干预治疗，有效防止了后遗症及并发症的发生，为人口的优生优育发挥了重要作用。积极引进推广新技术、新疗法，1997年，开展儿童静脉留置针，减少了静脉穿刺次数，减轻了患儿痛苦，深受家长欢迎；1998年，推广应用小儿静脉头皮针胸骨穿刺，降低了患儿骨质损伤，提高了穿刺成功率。1999年3月，运用综合疗法抢救孕34周、体重仅为0.9千克的早产儿获得成功，创造了油田医院建院60年的历史纪录。

2000年，儿科搬入外妇住院部大楼；2005年10月，搬入酒泉基地油田医院。酒泉基地油田医院儿科设有病床36张，其中单人病房3间、双人病房2间、三人病房8间、新生儿病房1间（床位2张）、重症监护室床位3张，单人间和双人间全部实行家庭化温馨病床，设有专门洗手间，病房配有沙发、电视、饮水机等。病区全部安装中央供氧和中央吸引、电脑语音传呼系统，重症监护室配有远红外线抢救台、一拖二中央监护系统、美国熊牌小儿呼吸机。全科配有小儿心电图机、新生儿多功能监护仪、敏筛定量过敏原检测系统、儿童多参数监护仪、新生儿培养箱、新生儿光疗箱、新生儿抢救台、早产婴儿培养箱、双通道WZ微量注射泵、持续正压呼吸机、电动吸引器等设备。

至2017年，有医护人员16人，其中副主任医师1人、主治医师4人、住院医师2人；护师6人、护士3人。年门诊量达14174人次、住院病人796人。

（6）眼科。油田医院眼科始建于1952年，至1986年，长期处在只有2间半的平房进行诊疗，诊疗设备也十分简陋，住院病人统一安排在综合科病房，有病床10张。

1989年，眼科搬入新门诊大楼，先后购置日本NINEK AR–3300型电脑验光仪、日本TOPCON TRV–50VT眼底照相机、日本TOPCON OMS–600型眼科手术显微镜、日本TOPCON LC–150型氩离子激光治疗仪等设备，设有宽敞明亮的诊断室、仪器先进的检查室、设备齐全的治疗室，诊疗条件有了一定程度改善。眼科的显微手术技术有了长足的进步，白内障囊外摘除人工晶体植入术、超声乳化吸除术、抗青光眼小梁切除术、以及多种眼底疾病的治疗等已成为眼科常规的治疗方法。

2000年3月，眼科搬入新建成的外妇大楼，眼科病房设在外二科病区，有病床4张。

2005年10月，眼科搬入酒泉基地油田医院，设有检查室、治疗室等，配有美国UMTP公司BE–3000超声乳化机1台、天津MD–820全自动视野仪1台、间接检眼镜1台、组合验光台1台、自动旋光仪1台、使用型弱式治疗仪1台、焦度计1台等先进仪器设备，为临床诊断治疗创造了良好条件。

至2017年，眼科有专业技术人员2人，其中副主任医师1人、主治医师1人。年门诊量达3832人次、住院病人8人。

（7）口腔科。口腔科成立于1946年8月，当时称为牙科，1953年开始称口腔科。至1986年，口腔科诊疗设备十分简陋，技术力量也较为薄弱。

1989年10月，口腔科搬入新门诊大楼后，先后购置牙科综合治疗机、丹麦空气压缩机、法国牙科X线机以及国产光固化机、高频离心机、口腔技工台等仪器设备，诊疗条件有了很大改善，也陆续开展了各种原因引起的牙痛、牙折、牙脱位、口腔黏膜病、颞颌关节紊乱、牙不齐、面目畸形、口腔颌面创伤、口腔颌面肿瘤等疾病诊治。

2005年10月，酒泉基地油田医院建成投用后，先后购置口腔综合治疗机、牙科综合治疗机、日本NSK洁牙机、口腔微波治疗仪等仪器设备，诊疗条件大幅改善、诊疗水平稳步提升。当年起，口腔科先后开展采取无痛法——龋齿祛腐凝胶为小患者进行牙体龋齿治疗；通过微波热凝术进行口腔良性肿瘤治疗，取得了较好的临床效果。MEAW矫治技术的推广开展，使颌骨骨性错颌畸形得到了有效医治。“方丝弓矫治技术”“直丝弓矫治技术”等新技术进行牙性畸形的矫治，以及利用“肌激动器”“前方牵引器”等方法进行颌骨骨性畸形的矫治，深受患者欢迎。

2013年，开始开展口腔种植义齿，至2017年，已进行到复杂种植义齿阶段。

至2017年，口腔科有专业技术人员8人，其中副主任医师1人、主治医师5人、医师1人、技士1人。当年门诊量达1365人次、住院病人1人。

（8）耳鼻喉科。耳鼻喉科创建于1956年，至1986年，长期处于设备简陋、诊疗条件较差的状况。

1989年，耳鼻喉科搬入新门诊大楼后，新设诊断、检查、治疗室和耳听力监测室，诊疗条件有所改善。至1999年，先后开展喉切除术、喉内显微手术、腭咽成型术、联合过路鼓室成形术、鼻内窥镜手术、外鼻矫形手术等较高难度手术。

2000年，新外妇住院部大楼落成后，耳鼻喉科在外一科病区设置病床5张。

2005年10月，耳鼻喉科搬入新建成的酒泉基地油田医院，先后购置德国鼻窦内窥镜手术系统1套、丹麦声阻抗中耳分析仪1台、美国耳声发射仪1台、日本理音听力计1台、鼻内窥镜1台、前庭功能改造1台、多功能微波治疗仪1台、耳鼻喉综合治疗台2台、支气管镜1台、耳内窥镜1台、多功能微波手术器1台等十多台（套）先进仪器设备，使诊疗手段和治疗水平得到进一步发展和提升。

2010年起，耳鼻喉科引进新型冷光源气管、食道镜新技术用于临床后，多次成功进行气管、食道内诸如牙齿、大头针、戒指、刀片等复杂异物的取出术，手术成功率100%。

至2017年，耳鼻喉科有专业技术人员3人，其中副主任医师1人、主治医师1人、医士1人。年门诊量2803人次。

（9）皮肤科。皮肤科创建于1959年，到20世纪80年代，陆续开展液氮冷冻、二氧化碳激光治疗、皮肤外科手术及皮肤美容治疗等十余项业务。

1995年，皮肤科设立性病诊疗室，开展玉门地区的性病调查及诊治工作。

至2000年，皮肤科拥有二氧化碳激光机、音频治疗仪、波姆光治疗仪、电离子手术机、皮肤磨削机、多功能美容机、冷冻治疗壶、显微镜、柳叶刀、白癜风治疗仪等先进诊疗设备，能够开展皮肤整疣、血管瘤、黑色素痣、纹身、硬皮症、皮神经炎、瘢痕疙瘩、带状疱疹、单纯疱疹、口腔溃疡、白癜风、爆粉症、凹陷性疤痕、腋臭、痤疮、黄褐斑、酒渣鼻、皮脂腺瘤、皮肤病理检查等业务。同时，在门诊设有手术室，开展皮肤浅表肿瘤、纹身等手术治疗，通过封闭疗法治疗瘢痕疙瘩、痤疮、囊肿、带状疱疹、后遗神经痛，疗效显著。

2005年10月，油田医院搬迁酒泉基地后，皮肤科新配置了以色列E光皮肤治疗仪、多功能微波治疗仪等先进仪器设备，为诊断治疗创造了更好的条件。

至2017年，皮肤科有专业技术人员2人，其中主治医师1人、医师1人。年门诊量5970人次、手术治疗2003人次。

（10）中医科。中医科成立于1959年，至1986年，有中医门诊大楼1座、中药加工大楼1座，设有中药房和住院部，有病床10张。陆续开设中医内科、中医外科、肾病科、脾胃病科、肝病科、痔瘘科以及各种疑难杂症特色专科。

1987—2005年，中医科一直在中医门诊大楼从事诊疗活动，住院病区设在综合科，有病床10张。痔瘘科为中医科特色专科，年开展痔瘘手术3050台。

2005年10月，油田医院搬迁酒泉基地后，矿区中医门诊大楼停用，中医科在酒泉基地医院设有老年病专科等门诊4间，中药房统一归药房管理，住院病区先期挂靠内科，后因内科住院病人较多，转挂妇科病区。

至 2017 年，中医科有专业技术人员 4 人，其中副主任医师 3 人、主治中医师 1 人。年门诊量 32173 人次。

3. 医技科室

（1）放射科。放射科成立于 1954 年，至 1986 年，仅有 200 毫安、300 毫安、500 毫安等几套较大型的 X 光机和 50 毫安移动式光机，检查诊断条件有限，仅能开展胸透、拍片等一般性的诊断检查。

1992 年，职工医院放射大楼建成投运后，陆续配置自动注射器、1000 毫安 X 光机、乳腺红外线诊断仪、乳腺 X 光机、300 毫安双床双管 X 光机、CT 机、胶片自动冲洗机等设备，使放射科逐步发展成集 CT、介入放射、普通放射为一体的综合性影像诊疗科室。

2005 年，油田医院搬迁酒泉基地后，放射科拥有 16 排螺旋 CT 机、数字化多功能 C 型臂、数字 X 线成像系统、移动式床旁 X 线拍片机、乳腺钼靶机、遥控透视 X 线机、红外乳腺检查仪等 10 余台（套）先进设备，可开展全身各部位 CT 常规扫描和增强扫描，全身各部位 X 线摄片、透视检查，高分辨 CT 扫描、立体重建、特殊位置的放大扫描，CT 引导下经皮穿刺活检、肾囊肿穿刺治疗，CT 介入诊断治疗，大剂量静脉滴注肾造影、膀胱充气造影、尿道造影、子宫输卵管造影、椎管造影、四肢静脉造影、T 管造影、胆道造影、胰胆管造影、漏管窦道造影、泪管造影、腮腺造影、腹膜后充气造影以及乳腺钼靶摄影与近红外线扫描等检查和治疗。

至 2017 年，放射科有专业技术人员 8 人，其中主治医师 6 人、医师 2 人。年均开展各项检查 15739 人次。

（2）检验科。检验科成立于 1958 年，是油田医院集医疗、教学、科研为一体的综合性实验诊断医学科。科室设临床血液体液、临床化学、临床免疫、临床微生物、分子诊断、临床输血等 6 个专业组，建立临检室、生化室、免疫室、艾滋病初筛实验室、化学发光免疫室、微生物实验室、PCR 实验室、血液室、血库等 9 个检测实验室。

2000 年 1 月，同位素室划归检验科。2005 年，病理科划归检验科。

至 2017 年，全科共有各类专业技术人员 14 人，其中副主任医师 1 人、主管检验师 4 人、检验师 5 人、检验士 4 人；拥有罗氏 CobasC501 ⑵全自动生化分析仪、迈瑞 BS−800 全自动生化分析仪、雷杜 ABL80 血气分析仪、雅培 −iSTAT300 血气分析仪、XN 全自动血液体液分析仪、特定蛋白分析仪、全自动化学发光测定仪、全自动时间分辨荧光免疫分析仪、实时荧光定量 PCR 分析仪、全自动细菌鉴定及药敏分析仪、DM2500 多功能相差荧光显微镜、心梗鉴定仪等各类先进的检验设备；心衰、心梗以及血栓性疾病的快速实验诊断，甲状腺疾病、风湿病和肾脏疾病的早期实验诊断，早期免疫功能的检测以及过敏原筛查和孕早、中期序贯产前筛查为检验科的特色专业。检验科开展检诊项目达 400 余项，累计完成检诊 168020 人次。

（3）功能科。功能科成立于 1984 年，至 1986 年，全科下设 B 超室、脑电图室、心电图室。

1995 年，随着超声诊断技术的提高和彩色多普勒血流显像技术的迅速兴起，并广泛应用于临床，油田购置 1 台 TC−2000 经颅多普勒诊断仪，成立 TCD 室，开始用于脑动脉硬化、短暂性脑缺血发作、脑动脉狭窄、蛛网膜下腔出血、血管性头疼、脑动脉畸形、脑动脉瘤颅内血压增高、脑死亡等疾病的诊断。

2000 年起，B 超机功能检查逐渐被彩超机所替代，心脏及腹部彩超成为临床各科室固定常规检查项目，并逐步新增甲状腺癌及四肢血管的超声检查。

2005 年，随着玉门油田医院搬迁酒泉基地，功能科逐步配备更为先进的彩色超声多普勒仪、彩色多普勒 B 超仪、便携式彩色多普勒超声诊断仪、三导心电图机、三道心电图机等设备，可开展心脏类疾病、周围血管疾病、腹部疾病、子宫及附件疾病、产科疾病、腹膜后疾病、甲状腺及甲状旁腺疾病、乳腺疾病、眼科疾病的彩、B 超和心电图检查及诊断。

至 2017 年，功能科有专业技术人员 5 人，其中主治医师 1 人、医师 3 人、医士 1 人。年检查及诊断工作量达 16721 人次。

（4）针灸理疗科。针灸理疗科成立于 1959 年，1986 年分为针灸和理疗 2 个科室，主要负责职工医院关节炎、风湿性肌炎、佝偻病、支气管炎等多种慢性疾病的针灸和理疗。

1989 年，针灸和理疗合为一个科室。至 2000 年，针灸理疗科设有电疗室、光疗室、磁疗室、针灸室、按摩室、疼痛专科门诊等多个治疗诊室，逐步发展成为集治疗、康复和保健为一体的综合性科室，开展的服务项目涉及针灸、按摩、艾灸、镇痛、电疗、磁疗、光疗、牵引、离子导入等。

至 2017 年，针灸理疗科有专业技术人员 5 人，其中副主任医师 1 人、主治医师 3 人、医师 1 人。有熏蒸治疗机、红外偏振光治疗仪、半导体激光治疗机、磁振热治疗仪、多功能微波治疗仪、下肢自动康复机、微机控制牵引治疗机、多功能艾灸仪、超短波电疗机、电脑音频药物导入治疗仪、低频电磁波治疗机、智能型六合治疗机等理疗设备 20 多台（套）。年针灸理疗患者达 5715 人次。

（5）药剂科。

玉门油田医院药剂科前身为药械供应科，成立于 1956 年，至 1986 年，设西药房、中药房、住院部药房、供应室、制剂室、药品库房等班组。

1993 年，药械科更名为药剂科，主要负责油田医院的药品集中采购、中西药处方调配、药品检验与临床药学和药物研究等工作。

2000 年，药剂科下设门诊西药房、中药房、住院部药房、便民药房、药品检验室兼临床药学和药物研究室、灭菌制剂室、普通制剂室、药品库房等 9 个班组岗位，日调配中、西药处方约 500 张，住院部药房摆放药品约 300 人次，配制灭菌、普通制剂 30 多个品种。

至 2017 年，药剂科有员工 10 人，其中副主任药师 1 人、主管药师 4 人、药师 5 人。日调配中、西药处方约 472 张，住院部药房摆放药品约 172 人次。

（6）远程会诊。

1997 年 8 月，职工医院正式成立远程医疗会诊中心，首次与上海瑞金医院、中山医院、第六人民医院、胸科医院、第二医科大学附属医院、中国医科大学龙华医院、仁济医院、华山医院，以及北京首都医科大学宣武医院等十几家国内一流医院开通远程医疗专家会诊系统。

2007 年，玉门油田医院开通甘肃省人民医院远程医疗专家会诊系统。

2012 年，开通北京解放军 301 总医院、解放军海军总医院、解放军空军总医院、武警总医院、北京协和医院、北京儿童医院等 6 家国内知名“三甲”医院远程会诊系统。

2015 年，开通中国石油远程医疗会诊系统，建立外请专家及转诊绿色通道，满足油田员工家属多层次就医需求。

2007—2017 年，玉门油田医院通过远程医疗会诊系统共为 192 名患者提供远程医疗会诊，仅 2017 年开展远程会诊达 18 人次，为油田医院和患者解决各类疑难杂症提供了便利。

4. 社区服务

1987 年，玉门油田医疗卫生社区服务机构设有老君庙油矿卫生所、地质调查处卫生所、钻井处卫生所、水电厂卫生所、机械厂卫生所、运输处卫生所、炼油厂卫生所、油建公司卫生所、鸭儿峡油矿保健站、白杨河油矿保健站、石油沟油矿保健站、修理厂保健站、培训总校保健站、技工学校保健站、戈壁庄农场保健站等 8 个卫生所、7 个保健站，共有医护人员 167 人，设床位 66 张，日门诊工作量 1638 人次，社区服务人数达 61376 人。

1990 年，吐哈石油会战打响后，职工医院奉命在会战前线鄯善设立卫生所，1991 年又在鄯善县筹备成立吐哈石油会战前线医院。为驻外离退休基地选派专职医护人员，设置健康服务机构。

1995 年 6 月，玉门、吐哈管理体制理顺后，地调处卫生所、钻井处卫生所、运输处卫生所、油建公司卫生所、第二石油机械厂保健站等 5 个社区医疗服务机构与其所在单位统一划归吐哈油田。12 月，油田决定将各厂处卫生所（保健站）划归职工医院统一管理，并按照服务区域重新划分并设立了南坪卫生所、三台卫生所、三三区卫生所、十九区卫生所。

2005 年 3 月，撤销南坪卫生所、三台卫生所、三三区卫生所、十九区卫生所建制，合并成立社区医疗服务部。年底，油田医院搬迁酒泉基地后，及时在矿区设立了医疗急救站，配有内外科专职医生、护士及救护车，为矿区员工提供医疗服务。

2006 年 10 月，设立百合园卫生所。

2009 年 10 月，设立鸿硕园卫生所。

2013 年，先后在疗养院西院建立 1 所卫生所，东院设置医务室。将鸿硕园卫生所更名为“油田医院社区卫生服务一站”，疗养院西院卫生所更名为“油田医院社区卫生服务二站”，疗养院东院医务室更名为

“油田医院社区卫生服务三站”，将搬入芳沁园东门南侧的原百合园卫生所更名为“油田医院社区卫生服务四站”。

以上社区卫生服务站及矿区医疗急救站与油田医院实现网络全覆盖，信息共享，面向玉门油田职工、家属和社区，发挥多元化医疗功能，开展预防、保健、医疗、康复、健康教育、计划免疫和一般常见病、多发病的诊疗服务，为社区居民提供了有效、经济、方便、综合、连续的医疗服务。

5. 护理系统

1987 年起，职工医院设有管理护理工作的专门机构——总护理部，护理工作实行主管院长分管的总护理部总护士长负责制，总护士长、科室护士长两级管理体制。科室护士长及护理人员受总护理部和所在科室的双重领导，护理人员在院内的调配由总护理部负责。在病房管理方面，一个病区设一个护理单元，由若干医护人员组成，护士长在总护理部和科室领导下负责本护理单元的管理工作，护士岗位严格执行三查七对和交接班制度，熟练掌握常规疾病和专科护理技术，每日做好规定范围内的卫生清扫工作，保证病人安全，避免交叉感染。当年，职工医院基础护理已达到正规化、制度化、标准化程度，并逐步推广专科护理。

1988 年，护理部以首批 5 例低温体外循环下心内直视手术为重点，组成心外专科护理小组，配合开展二尖瓣闭式分离、动脉导管未闭结扎、房室间隔缺损修补术、心脏瓣膜替换术等一系列心外手术患者的专科护理工作，为后来设立的 ICU、CCU 等重症监护病房的专科护理奠定了基础。当年，经局卫生技术人员中（初）级职务评审委员会考评审定，职工医院具备主管护师任职资格 8 人、护师任职资格 61 人、护士任职资格 87 人。

1996 年，随着医疗市场的逐渐开放和医学模式的逐步转变，传统的“以疾病为中心”的护理模式开始逐步向“以病人为中心”的整体护理模式转变，当年，职工医院总护理部率先在儿科进行整体护理试点。1997 年 6 月，相继在外科 ICU 病房和内科 CCU 病房进一步推广。

1999 年开始，职工医院住院部各病区普遍推行整体护理，即将病区护士分为两组，每组由 3 人组成，每个护士负责 6 ~ 7 位患者从入院到出院的全程护理，包括入院介绍、手术及检查前后的注意事项、出院指导等。整体护理工作通过主动参与帮助患者康复的全过程，使入院病人有专门护士负责，医生放心、患者满意，让病人真正得到了优质护理、优质服务。

至 2017 年，玉门油田医院共有护理人员 149 人，其中主管护师 42 人、护师 47 人、护士 60 人，病房床位与护理人员之比为 1：0.41，护师以上人员占护理总人数的 59.8%。

1987—2000 年玉门油田医院护理工作量统计见表 8-2-1。2001—2017 年玉门油田医院护理工作量统计见表 8-2-2。

第二节　卫生防疫与职业病防治

一、卫生防疫

1987—2017 年，玉门油田卫生处（职工医院）下设卫生防疫站，主要负责国家法定传染病的管理与突发公共卫生事件的应急处理，开展计划免疫、工业卫生及职业病防治，进行爱国卫生、食品卫生、学校卫生的监督监测和妇幼保健工作，组织职工健康体检，开展卫生宣传教育等工作。

1. 传染病防治

1987 年，玉门油田卫生防疫站对流行病、传染病和地方病的管理逐步走上正轨。通过设立防疫组、地方病组、流行病组等专业机构，增加专业人员，防治力量不断增强、防治范围不断扩大；通过各种形式的广泛宣传，油田上下传染病防治意识不断增强；通过采取投服碘油胶丸，每年秋天八九月间对 I 号病自然疫源地现场勘察，出入人员检疫，进行 I 号苗接种等防治措施，有效控制了油田急性传染病的发生及流行。1989 年，油田法定传染病发病率已下降到 54.18 ‱。

进入 20 世纪 90 年代以后，随着企业内部改革的不断深化，玉门油田卫生防疫站的专职人员逐步减少。此后，传染病防治主要集中在甲乙丙丁戊五型肝炎抗原抗体水平的测定、病毒性肝炎流行病学分析和病毒性肝炎血清分类及综合防疫措施的探索上，使油田各种传染病发病率逐年下降，至 2017 年，玉门油田各种传染病发病率仅为 12.17 ‱。

表 8-2-1　1987—2000 年玉门油田医院护理工作量统计表

年份	床位使用（人次）	陪员率（%）	抢救（人次）	抢救成功率（%）	肌肉注射（人次）	静脉输液（人次）	静脉注射（人次）	抽血（人次）	输血（人次）	各种穿刺（人次）	各类皮试（人次）	导尿（人次）	灌肠冲洗（人次）	送取标本（人次）	各种小治疗（人次）	翻身擦背（人次）	一级护理（人次）	换药（人次）
1987 年	95059	5.39	2544	96.54	238985	41605	9281	10510	942	113	23547	479	9076	10963	6582	2274	10514	27176
1988 年	96848	8.4	2284	95.67	237370	50073	7841	14425	842	680	17714	521	11207	12081	8730	2311	1190	21176
1989 年	87222	5.59	1874	94.08	217890	44520	10082	11448	886	1789	15813	634	22983	13041	7711	1678	8525	20341
1990 年	92836	8.8	1423	92.76	239874	55261	11037	12244	1238	1364	20649	782	15643	14651	7373	3281	10201	19995
1991 年	88406	7.6	1483	92.04	255253	55027	9613	10559	631	1755	26137	913	12490	15345	7762	3346	8602	20543
1992 年	84976	5.41	1561	93.91	296083	53274	9200	12313	644	717	23180	794	12323	16637	10259	2930	9638	18714
1993 年	80475	5.94	3562	96.38	266169	76407	12335	12610	1041	1073	31883	673	11777	20063	7635	1328	10359	15261
1994 年	81283	6.48	3519	97.58	267416	69405	20743	16647	988	1083	27605	584	10276	21300	1874	9266	2651	13496
1995 年	73210	6.81	1193	95.47	266810	90604	15441	32210	560	678	27053	637	6469	21923	4981	12704	4592	11543
1996 年	71481	7.91	557	91.74	164965	98138	16675	18580	749	524	24858	656	5449	21425	6981	10523	6609	13792
1997 年	60490	9.67	567	91.18	164435	107895	10388	18287	860	749	25940	703	5632	24217	10521	14206	4054	10736
1998 年	53094	8.78	701	90.44	108635	126034	17475	20820	903	478	27308	425	4281	25553	19709	12473	4989	8762
1999 年	57313	7.65	754	93.1	98918	123680	16356	19440	671	326	21000	470	3151	22499	16157	11247	4419	8891
2000 年	38244	7.57	1014	94.08	65609	104857	10859	13014	508	349	18422	646	4367	15215	12031	17588	3582	7733

表 8-2-2　2001—2017 年玉门油田医院护理工作量统计表

年份	床位使用（人次）	抢救（人次）	死亡人数（人）	抢救成功率（%）	肌肉注射（人次）	静脉输液（人次）	静脉加注（人次）	静脉注射（人次）	抽血（人次）	输血（人次）	各类皮试（人次）	导尿（人次）	灌肠冲洗（人次）	胃管（人次）	各种小治疗（%）	翻身擦背（人次）	一级护理（人次）	换药（人次）	观察出诊（人次）	实习生（人）
2001 年	31278	540	36	93.3	38764	101798		13212	10442	272	13421	296	1143		17245	5710	1678	7891	278	38
2002 年	29989	710	43	93.9	41221	117351		10126	10697	312	12212	495	94		16398	6590	2243	8128	213	30
2003 年	32013	713	50	93	37243	111484		11278	10402	281	13997	291	2605		14818	5780	2552	8553	185	38
2004 年	29264	679	38	94.4	33377	110383		12781	10107	254	14176	369	3323		17033	4009	2653	7145	229	32
2005 年	25824	791	41	94.8	34112	111046		14299	10728	240	17573	397	1929		17219	4891	2857	8952	529	24

续表

年份	床位使用（人次）	抢救（人次）	死亡人数（人）	抢救成功率（%）	肌肉注射（人次）	静脉输液（人次）	静脉加注（人次）	静脉注射（人次）	抽血（人次）	输血（人次）	各类皮试（人次）	导尿（人次）	灌肠冲洗（人次）	胃管（人次）	各种小治疗（%）	翻身擦背（人次）	一级护理（人次）	换药（人次）	观察出诊（人次）	实习生（人）
2006 年	23042	910	18	98	20631	79128		10987	10588	155	8311	317	2367		19485	9198	2135	7680	396	18
2007 年	31334	1016	72	92.9	27095	100907		16268	16633	212	15207	420	3686		22402	9047	2716	7387	377	13
2008 年	37981	920	67	92.7	27658	116021	203174	31197	15811	340	14093	335	1125	544	22472	8636	1921	6229	583	26
2009 年	36129	1437	56	96.1	24542	90526	178601	16777	17478	177	11098	370	765	161	21405	8611	1539	4937	461	27
2010 年	46913	1691	47	97.2	26178	99883	236805	21311	21965	242	12143	400	878	493	46999	11656	1011	4388	659	28
2011 年	41638	1448	50	96.5	33377	117423	246152	18268	22079	231	13314	324	806	582	74832	14936	1010	4647	524	35
2012 年	46900	1982	74	96.3	29462	89693	232351	19299	18584	273	7108	357	635	745	91269	19463	449	4647	321	25
2013 年	47006	2102	72	96.6	42758	152025	264362	24473	22530	430	12567	447	549	728	105853	30245	406	6872	558	26
2014 年	49892	2139	55	97.4	51174	115607	260761	27371	24344	1398	8994	319	533	793	158806	27270	513	5855	452	35
2015 年	45125	2070	66	96.8	29796	104411	246237	21386	23647	927	10811	341	511	185	105853	23809	372	5076	524	22
2016 年	4779	1469	80	94.6	30827	113715	242722	35533	26335	468	8465	549	425	80	159492	30302	531	5764	553	37
2017 年	42619	1417	77	946	27899	87293	201761	40066	22881	249	6825	733	268	80	169242	26824	659	5471	441	31

2. 计划免疫

1988 年，玉门油田儿童计划免疫“四苗”覆盖率 95% 以上，提前两年实现国家“七五”规划中以省为单位和以县为单位“四苗”接种率 85% 的规定目标。当年，对油田处以上领导干部、工程师以上科技人员共 2730 人进行肝功、乙肝标志物（即两对半）的检查测定和乙肝疫苗的注射，在此后的几年中，油田职工、家属及新生儿注射乙肝疫苗近 10 万人次。自 1989 年以来出生的婴儿 100% 的进行乙肝疫苗注射，大儿童接种甲肝疫苗，大大降低了肝炎少龄的发病率。至 2017 年，油田儿童计划免疫“四苗”覆盖率一直保持在 99% 以上，收到了预防保健效果和良好的社会效益。

3. 妇幼保健

1987 年后，卫生防疫站妇幼保健组每年都做出计划安排，对玉门油田妇女进行妇科疾病普查及托幼机构健康体查，调查油田所属幼儿园及社区散居儿童的健康发育情况，完成妇女孕产期保健计划和孕产妇、新生儿系统化管理推行方案，按照《母婴保健法》相关规定要求，对油田新出生的婴儿进行新生儿疾病筛查。

2012 年，玉门油田医院对油田 35 ～ 50 岁适龄妇女进行以“宫颈癌、乳腺癌”为主要内容的妇女病普查工作，接受普查的妇女 6000 余人，其中查出“两癌”可疑患者 6 人，最终确诊“乳腺癌”并进行手术 3 人，确诊“浸润性宫颈癌”并手术 1 人，为 560 名患者不同程度妇科病的女同胞及时制订相应的治疗方案。

2015 年开始，女职工由过去每两年体检一次改为每一年体检一次，包括“两癌”筛查内容，提高了生殖健康服务水平。

二、职业病防治

20 世纪 80 年代初，成立工业卫生职业病防治领导小组，领导小组组长由油田主管领导担任，成员由工会、职工医院及相关单位领导组成，并在卫生处（职工医院）设立工业卫生职业病防治所，与卫生防疫站为一套机构、两块牌子，专门负责职业病的防治工作。

1987 年起，工业卫生职业病防治所每年都要对新上岗工人进行全面体检，并建立有毒有害作业工人档案。

2001 年，在集团公司组织的“九五”期间工业卫生及职业病防治检查考核中，获西北片区第一名，受到集团公司通报表扬。

2006 年，玉门油田工业卫生职业病防治所通过甘肃省卫生厅专家组对职业健康体检的省级资质认证，为进一步做好企业职业病防治工作打下了坚实的基础。

2015 年起，职业病防治所按照国家卫生计生委新颁布的《职业健康监护及技术规范》要求，每年对油田 200 多个作业场所危害因素进行现场监测，并对油田所属 2000 余名接触职业性危害因素的员工进行职业健康体查，建立健全职业健康档案。

至 2017 年，玉门油田职业病防治所拥有原子吸收仪、气相色谱仪、电测听力仪、肺功能仪等先进设备，职业卫生监测和检验手段日趋丰富和完善，现场监测更加规范科学，年进行作业场所危害因素现场监测 263 场次，对接触职业性危害因素的员工进行职业健康体查达 2186 人次。

第三节　计划生育

一、机构与队伍

玉门油田计划生育委员会是油田计划生育工作的领导机构，下设计划生育办公室，为油田计划生育工作的办事机构，一直设在油田卫生处（职工医院）。基层单位普遍设立计划生育委员会，固定 1 ～ 2 名专兼职人员从事计划生育工作。

1987 年，计划生育办公室有专职工作人员 4 人，基层单位配备专职工作人员 17 名、兼职工作人员 12 名。

1995 年后，随着玉门、吐哈管理体制理顺，玉门油田总人口大幅减少，以及油田内部改革的进一步深化，将计划生育办公室工作人员减少为 2 人，基层单位则主要以兼职为主，共有专职、兼职计生干部 21 人。

2000 年起，计生办长期有专职工作人员 2 人，基层单位全部配备兼职计生干部。

2016 年，计生办有专职计生干部 1 人。

至 2017 年，计划生育委员会由 15 人组成，计划生育办公室仍设在卫生处（油田医院），有工作人员 1 人。基层单位计划生育工作机构健全，人员配备到位，共有兼职计生干部 24 人。

二、业务工作

1987—2000 年，计划生育工作紧密围绕落实国家计划生育有关政策，以严格控制人口增长为目标，以计划控制为手段，严格按照地方政府下达的生育指标，稳步推进计划生育工作。至 2000 年，油田有总人口 33116 人，年自然增长率 7.9‰，计划生育率基本保持在 100%。

2001 年起，以稳定低生育水平为目标，进一步深化计划生育综合改革，将人口计划由刚性管理变为柔性管理、由计划控制变为政策控制，积极推行计划生育职工自治、避孕节育措施“知情选择”，广泛开展“婚育新风进万家”活动，在油田形成了新的婚育观念和生育文化。至 2005 年，油田年均人口出生率为 7.34‰、年均自然增长率 4.18‰、计划生育率 100%、年均独生子女证领证率 97.3%、年均综合节育率 96.7%。

2006 年起，计划生育工作在继续保持低生育水平的基础上，积极转变工作方式，由管理型向服务型转变，不断拓展服务领域。通过推行避孕节育知情选择、男性生殖健康、艾滋病预防、出生缺陷干预等工程，坚持为孕前及孕期妇女免费服用叶酸、对已婚育龄妇女定期进行妇科普查、为育龄妇女更换超过使用期限的宫内节育器、开展微笑列车唇腭裂患者筛查登记和油田 0 ～ 5 岁出生缺陷 50 个病种基线调查，有 5 名患儿得到救治，使计划生育工作更加人性化。积极落实国家和地方政府计划生育优惠政策，油田首批 276 户计划生育特殊困难家庭得到救助，15 户（29 名）特别扶助对象享受到国家扶助政策。至 2010 年，油田适时启用育龄妇女信息系统（WIS 系统）、人口与育龄妇女信息系统（P&WIS 系统）、甘肃省全员流动人口管理系统（GPL 系统）、国家人口宏观管理与决策信息系统（PADIS 系统）和育龄妇女阳光服务管理系统，实现了人口服务管理全员化、系统网格化、办公自动化、数据共享化、服务人性化、宣传信息化。5 年来，油田年均人口出生率 5.64‰、年均死亡率 4.04‰、年均自然增长率 1.58‰、计划生育率 100%，无计划外生育，独生子女证领证率 97.3%，年均综合节育率 97.6%，有 909 对夫妇领取《独生子女父母光荣证》。

2011 年起，在坚持计划生育基本国策、严格执行现行计划生育政策、稳定低生育水平的同时，将关怀帮扶计划生育特殊家庭纳入计划生育工作的重点。至 2015 年底，先后为以 24 户失独家庭、11 户独生子女三级以上残疾家庭为重点的 365 户家庭、408 人次计划生育特困救助和特别扶助对象建立了救助和扶助档案，累计获得国家、省市配套救助扶助资金 148 万余元。

2016 年，随着国家全面二孩政策的实施，及时完善《二孩生育登记服务指南》、修订《再生育审批服务指南》、新制订《失独家庭一次性补助对象确认程序》和《失独家庭夫妇住院护理补助对象确认程序》等制度，改革生育服务管理制度，实行生育登记服务制度，优化办事流程、简化办理手续，极大方便了员工群众。当年，一孩生育登记 113 人、二孩生育登记 67 人、三孩审核批复 1 人；特别救助独生子女户单亲死亡家庭 6 户、失独家庭 18 户 32 人、伤残家庭 10 户 16 人，享受国家特别扶助金 32.4364 万元，10 户失独家庭获得一次性补贴 18 万元。

2017 年，深入推进“十三五”期间“婚育新风进万家”活动，以培育“婚育文明、性别平等；计划生育、优生优育；生活健康、家庭幸福”的新型婚育文化为重点，以倡导文明婚育、传播健康知识、弘扬家庭美德为主要任务，坚持计划生育基本国策，依法实施全面二孩政策，深入推进孕前优生健康检查项目，积极开展高危计划怀孕人群孕前优生健康检查和孕育神经管畸形高危人群干预工作，认真落实亲情关爱、温暖特殊家庭工程，全年发放叶酸 1422 瓶，叶酸人数占出生人数的 98% 以上；为 53 户 62 人落实扶助资金 41.5 万元、6 户 10 人落实失独家庭一次性补贴 10 万元、8 户特困家庭落实救助补贴 2.4 万元、6 位失独老人落实住院护理补助 1.03 万元。

1987—2017 年玉门油田人口自然变动统计见表 8–2–3。

表 8-2-3 1987—2017 年玉门油田人口自然变动统计表

年份	总人数（人）	出生数（人）	出生率（‰）	计划内（人）	计划外（人）	计划生育率（%）	死亡数（人）	死亡率（‰）	自然增长率（‰）	领证数（人）	领证率（%）	综合节育率（%）
1987 年	58200	586	10.2	584	2	99.7	136	2.38	7.84	4749	97.62	94.2
1988 年	56679	588	10.23	588	0	100	125	2.17	8.05	5195	95.13	96.48
1989 年	56604	702	12.39	702	0	100	137	2.42	9.98	5802	97.3	92.83
1990 年	58543	686	11.92	685	1	99.85	158	2.74	9.17	6418	98.36	92.83
1991 年	62165	644	10.67	644	0	100	160	2.65	8.02	6913	96.93	93.95
1992 年	62595	685	10.9	685	0	100	166	2.64	8.26	7535	97.28	93.97
1993 年	65801	726	11.23	726	0	100	208	3.22	8.01	8288	97.66	85.92
1994 年	68486	765	11.39	765	0	100	207	3.08	8.31	9158	97.37	86.96
1995 年	69603	754	10.98	754	0	100	197	2.83	8.01	9909	96.81	70.85
1996 年	37919	375	9.28	375	0	100	93	2.28	6.99	5783	98.15	
1997 年	38400	503	13.1	503	0	100	110	2.87	10.25	6106	97.95	
1998 年	37751	374	9.91	374	0	100	102	2.68	7.14	6461	97.53	
1999 年	37105	379	10.3	379	0	100	107	2.9	7.3	6703	99.35	95.9
2000 年	33116	388	10.4	388	0	100	93	2.6	7.9	6091	98.07	90.7
2001 年	33406	296	8.87	296	0	100	94	2.82	6.06	6096	94.53	92.56
2002 年	33299	301	9.01	301	0	100	86	2.58	6.45	6344	98.59	91.5
2003 年	33686	191	5.71	191	0	100	98	2.93	2.78	6435	98.83	93.29
2004 年	32019	197	6	197	0	100	122	3.72	2.29	6314	98.21	92.76
2005 年	32177	220	6.85	220	0	100	120	3.74	3.05	6151	97.51	92.65
2006 年	31819	161	5	161	0	100	110	3.4	1.6	6030	97.87	93.37
2007 年	30770	181	5.78	181	0	100	134	4.28	1.5	5844	99.22	89.02
2008 年	31848	175	5.59	175	0	100	136	4.34	1.25	5960	96.83	88.53

续表

年份	总人数（人）	出生数（人）	出生率（‰）	计划内（人）	计划外（人）	计划生育率（%）	死亡数（人）	死亡率（‰）	自然增长率（‰）	领证数（人）	领证率（%）	综合节育率（%）
2009 年	31545	190	5.99	190	0	100	141	4.45	1.55	6011	96.64	88.38
2010 年	31858	181	5.71	181	0	100	119	3.75	1.96	6024	94.94	88.72
2011 年	30649	173	5.54	173	0	100	128	4.1	1.44	5875	94.99	89.25
2012 年	30682	208	6.77	208	0	100	189	6.15	0.62	5791	94.55	90
2013 年	30763	160	5.21	159	1	99.38	198	6.44	−1.23	5538	94.8	90.01
2014 年	31105	171	5.53	171	0	100	178	5.75	−0.22	5412	93.97	90
2015 年	30942	95	3.06	95	0	100	285	9.19	−6.13	5145	93.68	89.65
2016 年	30861	186	6.08	186	0	100	250	8.17	−2.09	4759	79.34	86.88
2017 年	30260	195	6.52	195	0	100	136	4.55	1.97	4674	79.01	89.05

第三章　油田保卫

第一节　机构与队伍

1987年前，玉门油田治安管理、经济保卫、消防和武装工作分别由保卫处和武装部负责，地质调查处、钻井处、老君庙油矿、鸭儿峡油矿、炼油厂、水电厂、机械厂、油建公司、二机厂、运输处、器材处、技工学校、农工商公司等13个主要生产单位及人数较多的后勤服务单位设立保卫科，白杨河油矿、石油沟油矿设立人事保卫科，其他生活后勤或人数较少的单位则设有专职保卫干部承担本单位的治安保卫工作。

1987年6月，将保卫处与武装部合并，保卫处（武装部）为一个机构、两块牌子。保卫处（武装部）机关设党委办公室、一科、二科、三科、武装科、行政管理科，基层设消防大队，消防大队下设消防一中队、二中队、经济民警中队和2个直属小队，经济民警中队下设青草湾201库民警分队、南站成品油库民警分队、新总站民警小队和直属民警分队。

1988年2月，增设水电厂民警分队。5月，根据甘肃省公安厅指示精神，将保卫处（武装部）改组为公安处（武装部），各厂（矿、处）保卫科以油田公安处为前缀，无保卫科的单位，增设1～2名公安特派员。改组后，公安处（武装部）机关设党委办公室、政工科、调研和秘书科、生产治安科、刑侦科、预审科、武装科、行政管理科，基层设消防大队。6月，撤销设在消防大队的经济民警中队和所属的2个直属消防小队。在生产治安科设经警岗位，主要负责油田经济民警的业务监督、检查、指导和武器管理、服装发放及直属民警小队的领导等工作。4个民警分队分别划归器材处、炼油厂、老君庙油矿和水电厂管理，其编制、经费、人员考核和后勤供应、设施均由用警单位负责，保卫科主管。

1989年6月，公安处增设交通安全管理科，负责玉门油田交通安全教育、安全检查及规定范围内的交通管理等工作，业务上由公安处、安全处双重管理，并接受酒泉地区公安处交警支队和玉门市公安局交警队的业务指导。8月，按照酒泉地区公安处的批复，公安处成立经济民警大队，下辖直属小队、炼油厂民警中队、老君庙油矿民警分队、水电厂民警分队等。11月，直属小队（机动小队）撤销，并入消防大队。

1991年11月，武装部从公安处划出，为机关职能处室。老君庙油矿、钻井处、炼油厂等9个单位各设1名专职武装干事，其余单位设1名兼职武装干事。

1993年7月，公安处撤销老君庙油矿保卫科、鸭儿峡油矿保卫科、石油沟油矿保卫科、炼油厂保卫科、技工学校保卫科建制，成立采油厂保卫科、炼化总厂保卫科、培训中心保卫科。12月，玉门油田民警大队老君庙油矿分队更名为玉门油田民警大队采油厂中队，具体担负注输队新总站、采油八队新总站、采油九队、采油十队以及厂区等五处重点要害目标及区域的守卫、治安巡逻任务。

1994年起，采油厂、炼化总厂、水电厂、机械厂等单位相继成立武装部，与保卫科（公安科）为一套机构、两块牌子。

1995年，随着玉门、吐哈管理体制理顺，公安处在吐哈参战的干部职工划转吐哈油田公安局，地调处、钻井处、油建公司、运输处、二机厂等单位保卫科也随之划转吐哈油田。11月，公安处所属机构进行调整，调整后，机关设党委办公室、处办公室、生产保卫科、刑事侦查科、治安科、预审科等科室，基层设消防大队、管理科。

1996年4月，武装部新增机构编制，下设办公室和军事科2个科室。8月，经酒泉地区公安处批复同意，公安处组建成立物资供应处经济民警中队，负责物资供应处总库、201库、乙炔气厂等重点部位的守卫和巡逻工作。12月，公安处新增一科、一队，即公安处五科和直属治安队，为一套机构、两块牌子，统管油田机关、科技中心、新闻中心、通信公司办公区域和重点部位的治安管理和治安巡逻。当年，成立生活服务公司保卫科、职工医院保卫科，培训中心保卫科更名为教育培训中心保卫科。

1999年4月，机关进行机构调整，武装部从机关职能序列划出，业务独立。7月，玉门油田重组改制，公安处隶属玉门石油管理局管理，其职能仍然是负责油田内部治安保卫和消防工作。所属基层单位保卫科

（公安科）隶属所在单位管理，业务仍受公安处指导。10月，武装部合并至公安处。至年底，公安处机关设党委办公室（政工科）、行政办公室、生产治安科、刑侦科、预审科等科室；基层设管理科、消防大队，消防大队下设3个消防中队；武装部设办公室、军事科2个科室。

2003年9月，撤销采油厂、炼化总厂公安科，合并组建公司综合治理办公室，与生产运行处合署办公，下挂经济民警中队，负责油田分公司内部治安及综合治理工作。

2004年4月，公安处成立酒泉基地保卫科，其业务由酒泉基地建设指挥部和公安处领导，并接受酒泉市公安局、肃州区公安局的业务指导。8月，公安处公安业务移交酒泉市公安局管理，成立酒泉市公安局玉门油田公安分局，公安处52名干部职工和水电厂、机械厂、物资供应处、教培中心、职工医院所属保卫科及油田公司综合治理办公室（生产运行处）等单位的32名保卫人员，共计84人划转移交。公安处组织机构延续原设置，主要负责油田内部保卫及消防工作。

2007年1月，撤销公安处，成立保卫处（武装部、消防支队）。保卫处、武装部、消防支队为一个机构、三块牌子，机关设综合办公室、武装保卫科、消防科，基层设消防大队，消防大队下辖消防一队、消防二队、消防三队。

2008年4月，保卫处增设治安巡逻队，附挂保卫科，与保卫科为一个机构、两块牌子。

2011年4月，保卫处（武装部、消防支队）机关增设安全装备科，取消消防大队管理层级，在机关设立战训科。

至2017年，保卫处（武装部、消防支队）机关设综合办公室、武装保卫科（治安巡逻队）、消防科、战训科、安全装备科4个科室，基层设消防一队、消防二队、消防三队、驻清泉油库消防队4个消防队；共有干部、员工223人。

第二节　保卫工作

一、治安管理

20世纪80年代，玉门油田公安保卫部门按照中央“严打”指示精神和油田内部治安综合治理委员会的统一部署，瞄准工作重点，坚持标本兼治，打防并举、以防为主，先后开展了“反盗窃”“除六害”“挖团伙”等破案战役，有力地维护了油田社会治安稳定。

进入20世纪90年代，针对油区勘探开发领域扩大、吐哈会战全面展开、点多面广线长、维护治安稳定任务艰巨的特点，公安处一手抓防范，一手抓打击。在防范方面形成了“七大网络”，即要害部位治安防范网络，生产区、作业区、家属区治安防范网络，车间、班组治安防范网络，物防、技防、人防相结合的治安防范网络，治安督查防范网络，大型文化活动治安防范网络，治安整顿防范网络，使油田内部治安管理进一步严密化。在打击方面，适时开展了打击“黄赌毒”“百日严打”等专项斗争，通过充实完善基层保卫组织，把工作重点放在打击盗窃、贩毒等违法活动上，成功破获了一批大案要案。1991年，发生各类刑事案件60起，破案率80.7%；治安案件发生63起，查处率100%；查获各类违法犯罪分子196人，刑事、治安案件较往年均有下降，破案率上升。1993年，刑事案件破案率80%以上，重大、特大刑事案件破案率90%以上。1996年5月至7月，在以“破大案、抓团伙、攻积案、追逃犯”为内容的“百日严打”斗争中，公安处破获各类刑事案件11起、摧毁犯罪团伙6个、抓获逃犯5名，挽回经济损失19万余元。1998年，组织开展“严打”集中统一行动3次、治安整治15次、追逃战役4次，破获各类刑事案件36起，其中重大、特大案件7起，查获作案成员43名，依法逮捕19人；摧毁犯罪团伙5个、成员26人；抓获各类逃犯14人，收缴盗窃原油15吨，挽回经济损失29.5万元。此后，刑事案件发案数始终控制在职工总数的3‰以内，治安案件发案数控制在职工总数的5‰以内，创造了良好的内部治安环境。

2001年开始，公安处以侦察破案为突破口，不断增强打击的针对性和实效性，先后组织开展严打整治、破案会战、反盗窃专项战役、打击“两抢”、治爆缉枪、油区治安秩序专项治理等一系列专项战役和打击行动，始终保持了对危害油田各类刑事犯罪主动进攻和高压打击态势。

2002年，公安处共立各类刑事案件32起，破获26起，破案率为81%；摧毁犯罪团伙5个17人，抓获犯罪嫌疑人32名，依法逮捕8名，刑事案件总数较2001年下降55%。同年，坚持滚动排查、确定重点、集中警力、全面出击、大规模专项整治与小范围区域治理相结合等措施，围绕影响油田生产经营突出的物资被盗、废品收购站（点）、暂住人口、出租房屋、经营网点、民工队、闲置资产集中区域管理混乱等治安问题，先后组织开展为期10个月的油区治安秩序专项整治和8次集中清查行动，重点审查违法嫌疑人员160余名，抓获违法人员11名，端掉非法收购窝点2个，缴获作案工具100余件、大小车辆16台及大批被盗的油田物资，有效遏制了原油被盗案件的发生，扭转了油区治安混乱的被动局面，挽回经济损失40余万元。

2003年，按照公安部等8部门和集团公司的统一部署，在油田开展了为期5个月的油田生产治安秩序专项整治行动，共出动警力430人次，审查违法人员100余人，查获各类机动车60余部，收缴各种油品15余吨和油管、钻杆等300余米，清查土炼油炉12处、土炼油坑10处、废品收购站点44家、出租房屋348间，摧毁炼油窝点1处，收缴油罐1具、油槽2具及加温发电设备等。同年11月，根据省市政法、公安部门统一部署，积极组织开展了打击"两抢一盗"等多发性侵财犯罪冬季攻势行动。年内，及时破获了一批大案要案，其中，酒泉联通分公司玉门基站价值30余万元的GPS天线被盗案、油田作业公司价值38.7万元的测斜仪被盗案以及油田作业区油管、原油被盗等价值高、影响大的案件和影响油田形象的重大事件全部破获，及时挽回了经济损失。

2004年8月，玉门油田公安业务移交酒泉市，公安处不再承担"处理治安纠纷案件和一般治安案件，以及侦破刑事违法案件"职能，业务重点转向配合地方公安系统，开展油田内部治安保卫工作。

2008年5月，保卫处配合玉门油田公安分局启动矿区治安"卡口"活动，共查获被盗物资3起，查获废旧油管共计110根。配合油田公安分局开展专项整治活动，全年深入各单位现场蹲坑守候64车次312人次512小时，现场抓获偷盗原油车辆14辆、摩托车12辆，偷盗油田生产物资的作案人员21人次；保卫人员开展巡逻巡查275车次1120人次1248小时，抓获偷盗的原油和物资近40吨、被盗油管2619米、原油14吨、电动机26台、阀门21个；油田内部全年共发盗窃案件77起，现场巡逻抓获37起，同比案件下降26%。

2011年，保卫处组织召开油田治安保卫工作会议，分析、研究治安保卫工作重点，制定了在油田各厂区、作业区采取以加固和完善防护栏、防盗门、照明设施、加高围墙及增加铁丝网、防盗水泥隔离桩、推挖防盗沟（坝）等必要的物防措施，有效地遏制了油田物资被盗案件的上升势头。

2013年4月，配合玉门油田公安分局对玉门矿区及周边的土炼油窝点、废旧金属收购站点进行调研、摸排、清理、整顿工作。查出隐蔽在矿区及周边的非法自制炼油装置14家、废旧金属收购站点32家。

2015年起，认真吸取天津"8·12"危险品爆炸特大事故教训，保卫处突出防范重点，强化措施落实，与玉门油田公安分局矿区派出所联合对油田各单位的危险爆炸物品、剧毒危险化学品、易燃（爆）物品及场所进行了一次专项清理、检查排查，做到了防患于未然。

2016年，与玉门油田公安分局建立防范检查、治安治理、打击犯罪等长效机制和上下联动的治安方案体系。严厉打击盗油违法犯罪活动，制定《玉门油田分公司打击整治打孔盗油违法犯罪专项行动方案》。召开专题会议研究部署，对全油田的输油气管道进行全面检查、清理、排险。全年开展不同形式的治安防范检查30次，检查部位640个、110人次、900小时，查出治安隐患6处，整改率100%。接警27起（油田发生盗窃案件5起），处理油田内部纠纷16起。

2017年，开展各种形式的治安检查38次、114人次、570小时，检查部位560处，查出问题16个，现场整改10个，限期整改6个，整改率100%。处理玉门油田内部纠纷4起。与玉门油田公安分局、玉门市公安局联合开展各类治安专项检查5次，发现治安隐患2处，下发治安隐患通知书2份。与公安机关协调处理1起油田农场纠纷事件。借助公安、综治、维稳部门信息大平台，加强对油田重点人员、外来承包商队伍的有效管控。

二、综合治理

1987年，管理局各基层单位普遍建有治保会，负责基层内部治安综合治理工作。

1989年，对基层原有267个治保会进行整顿，在新单位、新部位健全了治保组织，充实了治保力量。

1991年5月，按照中共中央、国务院《关于加强社会治安综合治理的决定》有关要求，成立内部治安综合治理委员会，由玉门油田党政主要领导担任正副主任。10月，制定下发《内部治安综合治理分工责任制》，实行治安工作"一票否决"。

1994年起，对综合治理有关办法进行修订、完善，进一步强化"社会治安一票否决制"，增强了玉门油田内部治安保卫工作。共建立各种形式的治安联防组织30多个、治保会331个。

1997年，各单位成立综治委员会（领导小组）13个、成员121名，整顿调整治保会176个、成员877人，明确了内部治安综合治理第一、二责任人。

1998年，及时修改完善《处置群体性突发事件工作预案》，明确处置原则、方法和运用的法律手段；组建信息网员队伍，强化油田内部政社情收集工作，实现了以公安保卫部门为主体，各单位、各部门密切配合，齐抓共管，群防群治的良好局面。

2000年，针对重组改制后新的管理体制，及时调整组建由玉门油田主要领导牵头的油田内部治安综合治理委员会，确保了油田改制过程中内部治安综合治理工作有人管、有人抓。

2003年，调整建立综合治理工作机构，做到主管、分管、机构、人员"四落实"。制定了《处置突发事件预案》，成立维稳工作领导小组，建立情报信息网络，加强油田政情社情调研和职工思想动态分析，落实各级组织维稳工作责任制和矛盾纠纷排查制，组织开展油田内部社团、宗教等组织的专项调查；建立以基层治保会、民调组织、重点要害部位值班看守、单位值班门卫、辖区公共场所、生产厂区组建治安巡逻队、护厂护校队、经济民警和保卫干部为主体的四道防线。当年，油田建立基层治保会195个、841人，民调组织157个、471人，治安巡逻队、护厂护校队8支72人，经济民警94人，外聘保安6人。

2007年，制定下发《施工服务承包单位治安管理办法》，与各施工服务承包单位签订治安管理协议，为外来施工单位更好地服务油田建设提供保障；成立综合治理领导小组16个、车间（队、站）成立治保会118个。

2008年，将综合治理的重点放在"防、控、查、巡"上，落实矿区生产区域巡控、生产要害和重点部位管控、机关部位掌控措施，做到了安排、部署、检查、巡逻责任到车间（队、站）、到人、到岗。

2011年，针对治安案件多次出现反弹、治安形势有所变化的实际，保卫处与玉门市公安局、玉门油田公安分局建立定期、不定期警务联防联席会议制度和警务联防巡逻工作机制，联合开展全天候巡、防、查、堵、抓工作；狠抓"人防、物防、技防、制度防"措施落实，实施以内保巡防为骨干，厂、站值守巡逻为补充，联片联保、联防联守的人防体系。

2013年，制定《玉门油田分公司综合治理奖惩办法》，与各单位签订目标责任书，形成了群防群治的治安保卫工作网络。

2016年，有治保会188个，治保会作用发挥率保持在85%以上。

2017年，保卫处配备保卫人员11名，各单位配备专兼职保卫人员22名、巡逻人员55名，成立治保会118个，治保会作用发挥在85%以上。进一步完善《玉门油田分公司综合治理奖惩办法》，与各单位签订目标责任书，形成了群防群治的治安保卫工作网络。

三、禁毒工作

1987年以来，高度重视禁毒工作，通过多种手段开展禁种、禁吸、禁贩宣传，打击毒品犯罪。

1992年，公安处铲除罂粟2824株。

1993年，公安处成立缉毒队，截获毒品6克，没收毒资1600元，依法逮捕1人，强行戒毒4人。

1997年，根据中共中央、国务院和甘肃省委关于开展禁毒专项斗争的安排意见，管理局成立禁毒领导小组，设立办公室，负责组织、检查、督促和指导禁毒工作。油田公安处开展了禁毒追逃专项斗争。

1998—1999年，公安处广泛发动群众，深入摸查吸毒人员，掌握吸毒底数。加大打击力度，先后破获多起贩毒案件。定期组织力量，现场清查可能种植毒品原植物的地方，杜绝局内私种原植物。把帮戒工作放在首位，以戒截流，摧毁毒品扩散网络，断绝毒品"消费市场"。

从2000年起，公安处认真贯彻禁吸、禁贩、禁种"三禁并举"、堵源截流、严格执法、标本兼治的工作方针，长年坚持不懈地开展禁毒专项斗争，组织警力缉毒扫毒，清查毒源。每年"6·26"国际禁毒宣传日期间，组织人员深入到车间（队站），集中进行宣传教育，并对列管的吸毒人员建立列管档案，签订责任书，定期进行谈话帮扶。以创建“无毒单位”为目标，开展毒情调查，落实禁毒戒毒工作措施，建立以单位、家庭、公安保卫部门“三位一体”帮教小组。当年，公安处破获贩毒案件10起，缴获毒品海洛因70.58克，其中贩毒大案4起；对油田内部吸毒人员强制戒毒4人，依法劳教3人，无毒单位达到87.9%。2001年，查处贩毒案件1起，缴获毒品海洛因34.58克，打击贩毒分子3人，油田吸毒人员总数进一步减少。至2003年，油田没有发生制毒、贩毒及非法种植毒品原植物等违法犯罪活动，列管的吸毒人员复吸率为零，戒断巩固3年以上人数达到90%以上。

2007—2017年，对重点吸毒人员采取“四位一体”（保卫部门、单位、家庭、社会）的管理方式，成立帮教小组，加大帮扶管教力度，抓好日常帮教监控，使一些长期戒毒的人员得到解脱重返工作岗位，回归正常生活。

四、防恐、反邪教工作

20世纪90年代中期，按照国家反邪教形势任务要求，玉门油田开始将反邪教工作列入重要议事日程。1991—1994年，油田公安部门多次开展社团、基督教、境外会道门渗透、卫星地面接收站与“六种人”专题调查，密切掌握职工思想动态，对境外非法组织寄给油田的反动宣传品做了妥善处理。1997年，油田建立帮教小组61个，对列管的61名后进帮教对象进行帮教，帮教好转率达88.5%。

1999年，成立处理和解决“法轮功”问题领导小组，开始全面打击“法轮功”邪教组织。公安保卫部门坚持“挽救多数、孤立少数、打击处理顽固分子”的原则，每年坚持对油田内部“练功点”及时坚决有效地依法取缔，对个别顽固不化的“法轮功”练习者，列入重点，建档管理，严密监控，及时妥善处理，油田所有“法轮功”练习者，经帮教全部得到解脱。对“法轮功”类音像、书刊等非法物品，采取有力措施及时全面进行收缴和公开销毁处理。

2000年，加强反邪教情报信息网络建设，强化情报信息的收集和传递。深入油田重点单位，对“法轮功”练习者特别是重点人员进行面对面的“回访”，了解掌握其行踪和活动，依靠所在单位各级组织落实监控措施；积极收缴“法轮功”非法宣传品，对涉及“法轮功”的书刊、传单、资料、录音、录像制品、徽章、李洪志画像等各种物品，依法及时进行搜查、收缴和销毁；对重点人员所使用的微机、打字机、复印机等进行清查，依法对2名“法轮功”骨干分子进行刑事拘留审查，对4名“法轮功”骨干分子给予治安警告。为适应斗争长期性的需要，对骨干分子逐一建立个人档案，对其参加活动、现实表现和处理情况进行记载，列入重点进行管理，收到良好效果。

从2002年起，先后多次组织开展打击“法轮功”违法犯罪活动专项战役；围绕节假日、重点敏感期，组织开展集中清查统一行动；对“法轮功”重点人员，按照“盯死看牢”的原则，采取集中办班、动态跟踪、经济控制、异地托管等措施，强化监控工作，确保了安全，防止了反弹。

2007年起，针对反恐斗争的严峻形势，油田安全保卫部门及时审定防恐怖袭击重点单位、重点目标及部位，建立健全档案，制定应急预案，定期进行演练。

2009年，新疆“7·5”事件发生后，安全保卫部门认真贯彻落实集团公司“八个必须”要求，强化整体人防，突出重点目标，落实具体措施，实行24小时全天候巡逻值守、值班备勤制度；强化重点目标的防控，落实治安网员、治安巡逻队、保卫干部的专查、专巡、专防“三级”治保防线；强化信息防控，主动与玉门油田各单位、油田公安分局、玉门市公安局、玉门市综治办等部门联勤，严格执行“零报告”制度，较好地维护了油田治安秩序的稳定，圆满完成了国庆安保防恐任务。

2010年，认真落实“7·5”事件一周年之际的防恐工作，建立反恐情报互通联防机制，强化重点要害的密防、密控和点、线、面的巡查，确保了生产设施的安全。当年，对前往乍得工作的350名油田员工进行了防恐培训。

2014年，针对昆明“3·1”暴恐事件，保卫处严格落实24小时值班、领导干部带班制度和重大情况报告制度，加强安保防控信息搜集、整理、分析、研判；对防恐袭击重点单位、重点要害部位，建立健全和完善档案，制定了应急预案；强化玉门油田防恐应急分队力量建设和实战演练、实战技能训练，着力提高防恐应急处置能力，确保一旦发生重要情况或突发事件，能够快速反应，准确出击，协调配合，妥善处置；全体专兼职保卫人员昼夜巡查，确保了油田生产生活的安全稳定。

2015年，采取宣传展板、挂图、横幅、视频、报纸、散发传单、专题教育等形式，坚持开展综合治理及法制宣传教育进矿区、入园区活动，通过“6·26”禁毒宣传、园区LED显示屏滚动播放治安、防盗、防诈骗等知识，增强广大员工和社区群众学法、守法、遵法、用法意识。依照程序对油田部分不复吸毒人员进行了解脱。

2016—2017年，紧密围绕“平安油田”建设，制订宣传活动方案，积极开展法制宣传教育进矿区、入园区活动，进一步增强了油田员工及家属的法制意识。

第三节 消防工作

一、队伍

1987年，保卫处下设的消防大队，有2个消防中队和2个直属小队，分别驻老君庙油矿、炼油厂以及鸭儿峡油矿、石油沟油矿、白杨河油矿。当年，消防大队共有9个战斗小队，有消防员300余人。

1988年5月，公安处撤销驻石油沟、白杨河油矿2个消防小队，在消防大队设置防火股、战训股。当年，公安处设消防大队、消防一中队、消防二中队，消防大队有直属小队1个，共有战斗小队7个，有消防人员300余人。

1989年，公安处消防一中队驻老君庙油矿，主要负责老君庙油矿、二机厂等单位和老君庙总站等要害部位的防火灭火任务；消防二中队驻炼油厂，负责炼油厂等单位的防火灭火任务，并在鸭儿峡油矿设有1个消防小队，负责鸭儿峡油矿的消防工作；消防大队直属队主要担负油田机关、医院、中小学校等位于中坪区域的单位的消防工作。

1990年，公安处在炼油厂南站油库设专勤机动小队1个，有消防人员24人，专门负责南站油库的消防工作。

1994年，消防大队有204人，承担新老区消防任务。

1999年4月，公安处将消防大队防火股、战训股合并，成立业务股；在炼化总厂南站油库成立消防三中队，隶属消防大队管理，主要担负南站油库区域的防火和火灾扑救工作。撤销隶属消防二中队的鸭儿峡消防队。

2006年7月，消防大队接收西北销售公司玉门分公司的消防业务；11月，消防大队招录53名市场化员工，消防人员增至194人。

2007年1月，油田成立消防支队，与保卫处、武装部为一套机构，下设消防科、消防大队，消防大队下设消防一队、消防二队、消防三队，有消防人员184人。

2011年4月，保卫处（消防支队）取消消防大队建制，在机关设立战训科，下设消防一队（特勤队）、消防二队、消防三队3个消防队，有人员181人。

2012年4月，保卫处（消防支队）成立清泉油库消防队，有消防员22名。8月，增设玉门油田驻中石油西部管道公司新疆鄯善油库消防队，有消防队员30人。

2016年3月，撤销驻新疆鄯善油库消防队，30名消防指战员充实到消防支队各岗位。

至2017年12月，消防支队设有战训科、消防科、安全装备科、消防一队（特勤队）、消防二队、消防三队、清泉油库消防队等7个科队，共有13个战斗小队、186名消防指战员。

二、装备

20世纪80年代末期，公安处消防装备主要有各类消防车20辆，以中、小型泡沫、水罐、干粉消防车为主，配备的防毒面具、通信工具等器材品种单一、功能简单，仅能起到简单的防护功能，通信手段较为落后。

1990年后，陆续为消防队装备更新消防车辆，其中有2辆大型“斯太尔”消防车，一定程度上缓解了消防装备落后的状况，但未从根本上提高油田消防装备水平，难以满足油田生产建设和突发事件的抢险救援以及灭火工作的需要。至2000年，消防在用的20台（套）消防装备中，仅有2辆大型“斯太尔”消防车，各类中型消防车8辆，其余10辆均为小型泡沫、水罐、干粉、抢险救援、登高消防车，且有5辆为报废在用（1990年前购置），6辆已到报废期，报废在用和已到期的消防车所占比例达50%以上。

2001—2005年，油田先后购置SJD5160GXFPM65解放泡沫消防车、SJD5260GXFPM120A解放泡沫消

防车、SJD5260GXFPM120A 解放泡沫消防车各 1 辆，SJ5220GXFPM90W1 五十铃泡沫消防车 2 辆，使油田消防装备有了一定程度的改善。

2006 年起，先后更新各型消防车 5 辆、水罐消防车 1 辆、泡沫消防车 1 辆；新增 32 米高喷消防车 1 辆，16 米高喷多功能泡沫消防车 4 辆，干粉 / 水联用消防车 2 辆，抢险救援消防车 1 辆，消防指挥车 1 辆，通信指挥车 2 辆，32 米云梯消防车 1 辆，宿营车 1 辆，移动供气消防车 1 辆，应急通信指挥车 1 辆，福特运兵车 1 辆，56 米高喷消防车 1 辆。期间，为所有消防战斗人员配备方位灯、跌倒报警仪和头灯，添置有毒有害气体检测仪、防爆头盔等抢险救援装备，油田消防及抢险救援装备达到较为先进的水平。

至 2017 年，消防支队共有消防装备 39 台（套）。其中，各型消防车 31 辆（水罐消防车 1 辆、泡沫消防车 13 辆、抢险救援消防车 1 辆、干粉 / 水联用消防车 2 辆、干粉消防车 1 辆、32 米及 56 米高喷消防车各 1 辆、32 米云梯消防车 1 辆、16 米多功能消防车 2 辆、供气消防车 1 辆、消防指挥车 3 辆、应急通信车 2 辆、运兵车 1 辆、宿营车 1 辆），各类灭火剂总载量 179 吨（水 117 吨、清水泡沫 46 吨、抗溶性泡沫 6 吨、干粉 9 吨）；拥有 6.8 升正压式空气呼吸器 152 套，119 火警调度指挥系统一套，北斗定位系统一套 36 台，中继台一套和 450 兆无线对讲机 35 部，无线车载台 23 台；方位灯 58 套、呼救器 24 套、气体检测仪 5 套、红外测温仪 8 套以及跌倒报警仪等各类先进消防和抢险救援装备。

三、防火工作

长期以来，消防工作坚持以“预防为主、防消结合”的工作方针，始终以为油田创造保障有力的消防安全环境为目标，以“落实消防责任、强化监督管理、服务油田建设”为主线，有效发挥了消防工作维护油田生产、油气开发、工程建设安全的职能作用。

1987 年，加强重点要害防火措施的检查与落实，确保了全油田 60 个一、二级消防重点要害未发生火灾事故。

1990 年，开展防火检查 4 次，检查部位 2820 个，下发《重大火险隐患通知书》5 份；举办消防讲座 8 期，培训义务消防员 2700 余人；全年审批用火手续 114 份。

1992 年，举办消防知识培训班 11 期，培训义务消防员 2700 余人；防火检查 1169 人次；审批重大用火手续 170 份。

1994 年，重新确定 44 个消防一、二级重点要害，通过强化防火监督检查，落实各项防火措施，确保了重点要害无火灾事故。

1995 年，制定《公共娱乐场所消防管理办法》，加大对油田区域内舞厅、歌舞厅、卡拉 OK 厅、音乐茶座、电子游戏室、录像厅、体育场等公共娱乐场所的安全防火检查力度，对 28 个符合消防管理标准的公共娱乐场所颁发《消防安全合格证》，有效消除了火灾隐患。

1996 年，加强对油库、公共娱乐场所、易燃易爆装置、重点施工现场、生产要害部位的防火监督检查，检查部位达 8000 余处，下发《重大火险隐患通知书》15 份，问题整改率达 87%。深入车间、队站、班组、学校讲防火安全课 44 场次，受教育人员 5200 人；举办消防业务培训班 44 期，培训义务消防员 5000 余名。

1997 年，组织专业消防人员深入各单位现场、工地、井场、市场要害部位、油库和公共娱乐场所，进行防火监督检查 1560 人次，检查部位 1250 余处，查出隐患 2750 个，下发重大火险隐患通知书 4 份，整改率 83%。全年举办防火知识课 49 场次，受教育人员达 6000 余人。

1998 年，组织力量对全局 50 个公共娱乐场所、570 个易燃易爆场所、部位、12 个消防重点单位和 6 个商业网点开展消防安全大检查，下发《重大火险隐患通知书》5 份，督促整改各类火险隐患 1926 个。对 12 个申请建设的工程项目进行消防审核，审核发放《消防安全许可证》33 份；举办各种形式的消防知识培训班 12 期，培训义务消防员 900 余名；深入车间、队站、班组、工地、井场讲授防火知识课 49 场次，受教育人员达 2800 余人。

1999 年，对生产要害部位和公共娱乐场所进行防火检查 3100 人次，检查部位 1400 个，查出火险隐患 1850 个，下发《重大火险隐患通知书》3 份，整改 2451 个。全年讲授消防安全知识课 42 场次，受教育人员达 2750 人。

2000 年，进行消防大检查 7 次，现场检查部位 1169 个，查出火险隐患 1790 个，下发《重大隐患通知书》3 份，督促整改 1486 个。全年义务举办消防知识培训 21 场次，培训义务消防员 2150 人。

2001 年，开展防火安全大检查 1120 人次，检查部位 2331 个，发现隐患 4933 个，督促整改 4094 个。举办消防安全培训 10 场次，培训义务消防员 2100 余人。

2002 年，开展防火防爆专项检查 870 人次、检查部位 1680 处，发现问题 2470 个，整改率达 86%；办理审批用火手续 85 份。讲授消防常识课 11 场次，组织开展灭火演习 8 场次，培训义务消防员 2100 人。

2003 年，开展防火安全专项检查 950 人次，检查部位 1740 处。全年讲授消防常识课 18 场次，开展灭火演习 12 场次，培训义务消防员 2300 人次。

2004 年，开展消防检查 1482 人次，检查部位 1480 处，发现问题 2372 个，现场整改 2106 个。全年开展消防常识授课 14 场次，组织消防灭火演习 8 场次，培训义务消防员 2200 余人。

2007 年，开展现场消防检查 3796 人次，检查部位 2327 处，发现各类问题 1985 个，下发《责令限期整改通知书》16 份、《重大隐患整改通知书》5 份，现场整改 1696 个，现场整改率达 85%。全年共讲授消防常识 25 场次，组织灭火演习 21 场次，培训义务消防人员 2800 人。

2008 年，开展消防检查 2907 人次，检查部位 2553 处，发现各类问题 1532 个，下发《责令限期整改通知书》32 份、《重大隐患整改通知书》6 份，现场整改 1302 个，现场整改率达 85%。全年举办消防常识课 25 场次，组织灭火演练 22 场次，培训义务消防人员 3210 人次。

2011 年，开展消防检查 1800 人次，检查部位 2450 处，发现各类问题 1675 个，下发《责令限期整改通知书》12 份、《重大隐患整改通知书》1 份，现场整改 1547 个，现场整改率达 92%。全年讲授消防常识课 35 场次，组织灭火演练 20 场次，培训义务消防人员 2845 人次。

2012 年，开展消防检查 1434 人次，发现问题 554 个，现场整改 539 个，现场整改率达 97%。举办消防应急培训、演练 33 场次，培训人员 2920 余人次。

2013 年，开展消防检查 399 人次，查出各类问题 310 个，下发《消防检查问题整改通知书》70 余份，现场整改 288 个，整改率达 93%。全年举办消防培训 31 场次，培训人员达到 2100 人；举办消防演练 12 次，参与职工达到 700 多人。

2015 年，开展消防检查 316 人次，发现问题 159 个，下发《责令限期整改通知书》23 份、《重大隐患整改通知书》2 份，现场整改 153 个，整改率达 96%。全年举办消防培训班 26 场次，培训 2800 余人次。

2016 年，开展消防监督检查 3122 人次，发现问题 1450 余个，签发《责令限期整改通知书》39 份、《重大隐患整改通知书》4 份，整改 1410 余个，整改率达 97%。全年举办消防培训班 21 期，组织灭火演练 20 场次，培训义务消防人员 3460 人次。

2017 年，全年开展消防监督检查 389 人次、发现问题 159 个、整改 153 个、整改率达 96%，签发《责令限期整改通知书》15 份。办理用火、断路手续 59 份。举办消防培训班 33 期，培训义务消防人员 2120 余人次。组织参与管道消防演习、执行现场安全监护任务 16 车次、58 人次、220 余小时。

四、战训工作

消防工作始终贯彻“练为战”的指导思想，把消防技能训练与消防战斗紧密结合，通过科学设定消防业务基本功训练项目，不断强化岗位练兵和应急预案演练，积极参与各类消防比武和消防戒备，为圆满完成各类火灾的扑救、开展重大事件的抢险和救援，奠定了扎实的基本功。

1991 年 8 月，在西北四油田消防会操比赛中，玉门油田消防获团体总分第二名，其中两节拉梯、两节吸水管连接、挂钩梯分别取得第一名，有 11 名队员在四个项目中打破了甘肃省 1990 年消防比武企业组最高纪录。

2000 年，在“6·25”玉门特大水灾抗洪抢险和“12·19”青西窿 5 井井喷爆炸起火抢险灭火战斗中，玉门油田消防始终战斗在抢险救灾第一线，顽强拼搏、无私奉献，受到油田表彰奖励。

2002 年，经甘肃省消防局对玉门油田消防大队开展执勤岗位练兵活动进行考核，消防大队取得甘肃省第二名的好成绩。

2005 年 4 月 21 日，在玉门市三三区煤炭公司招待所附近，发生一起液化石油气槽罐车泄漏事件，周围空气中的液化气浓度达到 50% 以上，槽罐车随时有起火爆炸的危险，严重威胁着水电厂、炼化总厂的生产和周边居民生命财产的安全。公安处消防大队接到报警后，迅速调集 12 台消防车赶赴事故现场，组成抢险突击队，参战消防指战员冒着生命危险，连续奋战7个多小时，排除了险情，避免了一场严重危及公共安全的重特大事故的发生，保护了人民群众生命财产和油田生产的安全，树立了“油田卫士”的良好形象，受到了中国石油天然气集团公司、甘肃省政府，酒泉、玉门市政府的高度赞扬，被玉门油田命名为“英雄团队”。

2010年9月，组队参加甘肃省企业专职消防队业务大比武，取得团体总分第三名的好成绩。

2016年，积极推进消防队伍专业化建设，组队参加甘肃省消防实战化技能比武大赛，取得6米拉梯第一名、100米负重跑（集体）第三名、手抬机动泵供水操第三名的好成绩，在全省26支参赛队中获得团体总分第四名，并获参赛精神文明奖。

2017年，共开训业务理论、体能、技能训练项目76个，全员考核合格率93.77%。组队参加甘肃省消防部队实战技能比武和省安监局第一届危化品应急救援竞赛活动，荣获1个第二名、4个第三名和全省消防部队岗位大练兵团体总分第三名的好成绩；在省安监局组织的永靖县刘化集团安全生产跨区域液氨泄漏事故应急拉动演练中，长途奔袭1000余千米参与抢险救援，提升了队伍应急响应、远程指挥、快速机动和跨区域应急救援能力。加大实战化综合演练，全年开展消防实战演练178场次、902车次、3456人次。

1987—2017年玉门油田消防战训情况统计见表8-3-1。

表8-3-1 1987—2017年玉门油田消防战训情况统计表

年度	基本功训练		现场监护戒备			建立防火档案（份）	制订灭火作战方案（份）	实战演练（场次）	扑救火灾		
	项目数	年考核合格率（%）	车次	人次	小时				起数	油田内部（起）	灭火成功率（%）
1987年						32					
1988年						32					
1989年						32			2	—	100
1990年			114	570	317.5	32			9		100
1991年						32					
1992年						32					
1993年						32					
1994年						32					
1995年						32					
1996年						32					
1997年	23	78.00				32	8	37	53	38	100
1998年	23	81.20				32	23	43	50	13	100
1999年	21		45	225	1410	32	23	56	34		100
2000年	20		105	525	3400	32	23	48	34	4	100
2001年	23		137	617	3396	32	26	31	38	10	100
2002年	23	93.80	100	550	2161	32	27	54	35	7	100
2003年	35	81.00	441	2005	7822	32	29	58	28	4	100
2004年						32					
2005年						32					
2006年						30					
2007年	22	85.90	642	3272	13000	30	23	15	43	10	100
2008年	58	87.00	420	1578	10000	30	23	20	61	0	100
2009年	56	87.00	406	1627	7113	30	—	12	23	3	100

续表

年度	基本功训练		现场监护戒备			建立防火档案（份）	制订灭火作战方案（份）	实战演练（场次）	扑救火灾		
	项目数	年考核合格率（%）	车次	人次	小时				起数	油田内部（起）	灭火成功率（%）
2010 年	81	85.88	442	1494	6419	30	—	7	27	9	100
2011 年	73	91.00	167	680	2564	30	19	11	18	2	100
2012 年	88	92.00	139	554	2063	30	—	16	10	3	100
2013 年	86	95.08	148	556	1968	30	41	85	21	2	100
2014 年	65	92.80	113	452	1424	30	41	90	21	2	100
2015 年	74	90.39	106	428	1170	30	32	85	10	2	100
2016 年	76	92.42	103	412	949	30	—	24	23	7	100
2017 年	90	93.76	51	804	596	30	25	178	11	1	100

第四节　武装工作

一、民兵工作

1. 组织建设

1987 年以来，坚持新时期军事战略指导思想，不断深化民兵工作的调整改革，实行由数量规模型向质量效益型、人力密集型向科技密集型两个转变，对民兵组织进行大规模调整、压缩，按普通、基干两类进行组编，突出高炮专业分队和应急分队建设。1987 年，有在编民兵 4480 人，其中基干民兵 1530 人，下设“82”炮连、高机连、防化连、高炮连、高炮营指挥排、步兵连、普通民兵连等连排。

1990 年，按在编民兵 3743 人的规模进行民兵整组工作，其中基干民兵 1150 人，设 7 个建制连、30 个建制排；普通民兵 2593 人，设 25 个建制连、60 个建制排。

1992 年，武装部根据“八五”期间油田基干民兵组织发展的规划，合理确定基干民兵的布局。当年，在编民兵 9440 人，其中基干民兵 550 人，设 7 个建制连、29 个建制排；普通民兵 8890 人，设 96 个建制连、286 个建制排。以武装部（连部）、油建公司（步兵）、老君庙油矿（防爆）、鸭儿峡油矿（侦查）为基础，组建 100 人的油田民兵应急分队。

1996 年，随着玉门、吐哈管理体制理顺，玉门油田在编民兵缩减为 5100 人，其中基干民兵仍保持在 550 人。生活公司组建 1 个应急排，与采油厂联合组成民兵应急分队。

1999—2000 年，针对玉门油田重组改制，部分职工与油田有偿解除劳动合同，玉门油田组织结构、队伍结构发生重大变化的实际，武装部门依据改革和生产经营实际，以质量建设为中心，以便于领导、便于编组组训、便于执行任务、不影响生产经营为原则，对油田民兵组织进行重新布局和调整。2000 年，在编民兵 672 人，设 1 个高炮专业技术分队（建制营）和 1 个民兵应急分队（建制连），高炮专业技术分队主要以炼化总厂、水电厂、机械厂等装备有高炮的单位为依托，并从物资处、建安处等单位组编建制班、排进行补充；民兵应急分队将采油厂统一编组改为由采油厂、炼化总厂、水电厂各组编 1 个 13 人应急班组成。

2001 年，民兵应急分队由采油厂、炼化总厂、水电厂各组编 1 个 13 人应急班组成改为在青工相对集中、人员易抽调的组建，由武装部统一指挥。

2005 年，在编民兵 502 人，其中基干民兵 382 人，设 1 个高炮专业技术分队和 1 个专业对口分队（建制连）。高炮专业技术分队主要以由炼化总厂、水电厂、油田作业公司基干民兵为依托，以老君庙油田作业区、机械厂、综合服务处、通信公司、公安处等单位的基干民兵为补充，下设 3 个连、9 个排、27 个班；专业对口分队下设道路抢险、对空防护和医疗救护 3 个排，分别由建安处、炼化总厂和职工医院组成，每排 30 人。

2006 年起，不再编组普通民兵，基干民兵编组突出专业化、对口化、质量化、科学化。当年，分编民兵高炮营 339 人，下设 3 个高炮分队，每个分队 113 人；分编野战输油分队 120 人，应急分队 40 人，配备 43 名连、排民兵干部，主要由政治合格、军事素质好的车间（队、站）领导和班组长担任。

2010 年，以大单位为依托，以相邻中小单位为补充，共编基干民兵 707 人，分编为民兵高炮分队 1 个营 339 人、野战输油分队 241 人、应急维稳分队 94 人、应急燃气设备抢修分队 33 人。

2017 年，共编基干民兵 499 人，主要集中在油田 10 个二级单位编组，分编为民兵高炮营 339 人，下设 3 个高炮分队，每个分队 113 人；野战输油分队 120 人，应急分队 40 人，配备 36 名连、排民兵干部。

2. 军事训练

1987—2006 年，民兵训练主要围绕酒泉军分区等上级组织下达的民兵军事训练任务，以自训为主。通过坚持思想教育与军事训练相结合、集中轮训和平时操练相结合，确保了训练时间、内容、参训人员、效果“四落实”。

1988 年，对白杨河油矿的 23 名基干民兵（步兵），集中 20 天时间，进行队列、单兵战术、操枪和实弹射击训练；对高炮分队 40 名民兵进行 20 天的集中军训。

1991 年，组织老君庙油矿等 9 个单位 9 名新配武装专干参加酒泉军分区为期半年的业务集训。

1996 年，严格按岗施训，训练应急分队 128 人、高炮分队 54 人，施训 200 课时，完成了队列基础、射击、战术、擒拿、盾牌防爆术等 5 个科目的训练任务，参训人数 100%。

1998 年 6 月，组织 40 名民兵在酒泉市郊驻训，以高炮训练为主，施训 25 天，并进行了枪代炮空中射击课目演示。

2003 年 7 月，组织民兵高炮分队 40 人集训 30 天，参加酒泉市民兵军事训练汇报课目演示，获得第一名。

至 2006 年，3600 多名干部、员工参加“军事日”活动，掌握了射击要领，增强了国防观念；8600 多名高年级学生接受了短期军训。

2007 年开始，民兵训练走向基地化、正规化。当年 7 月，抽调民兵 42 人和双“37”高炮 4 门，参加酒泉市民兵训练基地第一期集训，封闭驻训 30 天，获得演示课目第一名。

2011 年 7 月，抽调民兵 48 人和双“37”高炮 4 门，参加酒泉市民兵训练基地第五期驻训 15 天，获得参训课目演示汇报一等奖。

2012 年 7 月，抽调民兵 40 人和双“37”高炮 4 门，参加民兵训练基地第六期驻训，向酒泉市党政军领导进行了演示汇报。

2013 年，按照上级军事机关要求，自训应急民兵队伍 30 人，高炮科目 164 人。

2014 年，训练民兵高炮专业分队 220 余人，合格率 100%。

2015 年，训练民兵高炮专业分队 226 人，合格率 100%。

2016 年，选送 2 名专职武装干部、民兵干部参加省军区为期 20 天民兵高炮业务集训；抽调 5 名高炮分队民兵统一进驻酒泉市民兵训练基地，完成高炮课目 3 个项目 50 天强化训练，并代表油田民兵参加省军区在兰州举办的全省民兵岗位练兵比武，取得 1 个第五名、1 个第七名、1 个第八名的好成绩。

至 2017 年，民兵军事训练立足现有装备，遵循组、训、装协调发展原则，突出高炮分队、应急分队及民兵干部、武装干部年度训练，依据“仗怎么打兵就怎么练”的要求，严格管理，规范施训，各类各项军事课目训练年年达标。先后有 2100 名基干民兵接受了队列、射击、高炮操作等基础训练，储备合格高炮专业技术兵 1020 人，培训武装干部、民兵干部 142 人。

3. 武器装备管理

油田民兵的武器装备由酒泉军分区按规定拨发，由油田武装部统一使用和管理。

1987 年起，认真贯彻执行《民兵武器装备管理规定》，突出武器装备管理安全，先后制定武器出入库登记、使用、保养、检查登记以及干部 24 小时值班、执行双人双锁等 22 项管理制度，不断完善防盗、防火、避雷等各项安全防护设施，使油田民兵武器仓库和 2 个高炮仓库全面达到“四有”“四防”“四无”，实现了安全无事故，武器完好率达到 100%。

1988 年 10 月，通过开展武器仓库专项治理活动，重点清查非配发、非制式爆炸品储存情况，对不符合存储要求的枪械零配件、导爆索等 6 大类爆炸品，进行了集中销毁。

1989年，通过实行枪机与枪身分离存放、武器弹药库室门窗封闭、全体干部住库值班，确保了武器弹药安全。

1991年4月，在酒泉军分区工作组指导下，对在人防工程检查中发现的180枚早期炮弹引信进行了集中销毁，消除了安全隐患。

1994年6月，根据《军事设施保护法》要求，经玉门市政府批准，油田民兵武器仓库列为军事管理区。

2004年3月，对民兵武器库所有轻武器组织上交，所有军用弹药由酒泉军分区武器库统一集中管理。使用时，由武装部到酒泉军分区办理请领和交库手续。

2005年，制定《民兵高射武器管理办法（暂行）》，进一步明确油田民兵高射武器的入库保管、检查保养、技术管理、安全管理、请领使用等制度和办法，确保了油田民兵高射武器始终处于良好的技术状态。

2006年5月，集中上交民兵武器库各类库存炮弹，由酒泉军分区仓库保存。6月，根据酒泉军分区指示，玉门市老市区民兵武器库移交油田武装部代管。8月，油田武器仓库经技术改造并达标验收后，正式代存油田射孔弹药。

2012年4月，根据酒泉军分区安排，油田将长期存放、不易运输的“4.0”火箭筒弹集中上交销毁。

2013年，改造完善民兵武器、射孔弹药的安全储存设施，进一步落实了看护、发放制度。

2014年6月，根据上级要求，对库存军用弹药进一步清理整顿，历年训练结余弹药全部上交酒泉军分区武器仓库。

2016年，对民兵武器仓库升级改造电视监控系统，实现了全方位、多级多层视频监控。

2017年，油田民兵武器库共有双“37”高射炮18门。其中，水电厂炮库6门、机械厂炮库6门，武器库3门，配有专人保管，每季检查维护一次；酒泉军分区民兵训练基地3门，作为训练使用。与此同时，民兵武器库还有部分民兵训练器材装备，并代储油田作业公司射孔弹和爆破雷管等民爆物品。

二、兵役与拥军优属

1. 兵役工作

1987—1992年，管理局兵役工作由武装部负责，主要开展预备役建设、兵役登记和复退军人安置工作。期间，玉门油田武装部坚持每年对现有预备役人员逐一核对审查、调整补充、登记造册，对18～20周岁玉门油田待业青年进行兵役登记。征兵期间，玉门油田武装部只负责征兵宣传、动员和摸底、报名等工作，应征青年的政审、体检等工作由玉门市相关部门负责，合格后交玉门市征兵领导小组审定批准后入伍。至1992年年底，油田登记储备预备役军官4名、预备役士兵146名，安置复退军人146人，累计有55人应征入伍。

1993年，成立征兵领导小组及办公室，开始组织应征青年兵役登记和文化、政治、体格、年龄审查工作，合格人员加盖玉门市征兵办印章后批准入伍。至1996年年底，登记储备预备役士兵52名，累计安置复退军人52人，有36人应征入伍。

1997年，按照总参谋部和省、地区军区关于开展兵役登记、做好平时征兵准备工作的指示精神，首次开始从预征对象中征兵。认真贯彻兵役登记与征兵工作紧密结合的原则，严格按应服兵役、免服兵役、不得服兵役和缓征人员的条件和要求，通过走访、调查、集中体检等方式，开展兵役登记工作。当年，确定预征对象36人，并发放了由省征兵办统一印制的《预征对象通知书》。

2003—2011年，在认真做好兵役登记和平时征兵准备工作，确保适龄青年在册、预征对象在位的同时，按照上级预先核定的征集名额，先后选送165名应征青年入伍，安置退伍军人115人。

2012年起，征兵工作交由政府兵役机构直接办理，油田武装部只负责兵役登记和平时征兵准备工作。

2017年，有6人入伍。

2. 拥军优属

1987年以来，玉门油田十分重视拥军工作。每逢“八一”建军节，都要组织开展由民兵、复转军人、军烈属、驻军代表等不同层面代表参加的座谈会、联谊会，共庆建军节；组织开展各种形式的走访、慰问等拥军活动，支持军队建设。始终保持和加强同驻玉门、驻酒泉部队的联系，玉门油田领导和相关部门经常走访邻近部队，了解部队困难、慰问部队官兵，先后无偿提供了沥青、水泥、轻质油品等大量物资，有力支援了部队正规化建设。至2012年，先后赴酒泉军分区、装甲12师、武警消防支队、总后驻炼厂军代室、肃州区武装部等驻酒泉部队慰问，密切了军企关系。

重视军属、烈属的优抚工作。逢年过节，玉门油田领导和相关部门都要到军烈属家中嘘寒问暖、走访慰问。1994年，对管理局58户军烈属家庭逐一进行了慰问。1996年，慰问军烈属18户。2016年，慰问军属家庭23户，发放慰问金18500元。2017年，先后走访、慰问军属16户，发放慰问金12500元。

三、人防工作

1987—2003年，人防工作主要以抓好已建工程维护管理为主，先后维护管理人防工事36000平方米，改线重建工事930平方米，被覆加固工事3400平方米，使早期工事保持了基本的战备效能。

2004年后，以保障地面安全为主，先后会同玉门市人防办对所属工事详细检查后，长期性封堵26处出入口和4处竖井。2007年6月，采用钢筋混凝土浇筑，彻底封堵了人防工事地下指挥所西河坝沿2处出口。

2008—2017年，针对大部分出入口封存的实际，重点突出日常安全管理，坚持月巡查、年检查制度，定期开展巡检活动，及时消除安全隐患，杜绝了可能发生的毁坏工事现象，使经过被覆加固的人防工程基本达到了通畅、通风、清洁的要求，有效保护了地下设施。期间，坚持定期维护保养人防警报器，使油田管理的3台人防警报器始终处于良好状态，按期完成了年度人防警报信号试放工作，增强了员工人防意识。

第四章　农牧生产

第一节　概况

玉门油田农牧业生产起步较早。1941 年甘肃油矿局成立之后，油矿开始在酒泉开办农场，至 1949 年，日平均可向矿区供菜 3000 ～ 4000 千克。

1959 年，响应中央提出的“全党动员，全民动手，大办农业，大办粮食”的号召，开始在戈壁庄、东湖等地开垦荒地，种植面积逐步扩大。

1961 年，按照石油工业部“蔬菜以自给为主，粮食作物以种植饲料为主，一人一亩地，一天一斤菜，一月一斤肉”的号召，管理局党委提出“奋战几年，实现粮、菜、油、肉自给”的口号，将农副业生产列入油田生产任务计划之中，先后建成 6 个农场、13 个农业生产点，耕地面积达 1944.9 公顷。

1974 年，成立花海会战指挥部，组织人力在花海开垦荒地。至 1986 年，共开办 16 个农场，总耕地面积达 2610.3 公顷，累计生产粮食 11099.19 万千克，蔬菜 8317.74 万千克，油料 549.64 万千克，肉食 266.36 万千克，瓜果 1543.39 万千克，蛋、奶 132.27 万千克。累计上交国家粮食 1018.61 万千克，支援外油田粮食 45 万千克。

1987 年，农工商管理处为管理局农副业生产管理的职能部门，下设农牧科，专门负责玉门油田农牧业生产的业务指导、监督检查和考核等工作。有 16 个农场，即老君庙油矿东湖农场、白杨河油矿农场、石油沟油矿农场、鸭儿峡油矿戈壁庄农场、钻井处花海农场、井下处农场、地调处农场、运输处农场、研究院农场、水电厂花海农场、油建公司花海农场、机械厂花海农场、内燃机修理厂花海农场、炼油厂戈壁庄农场、农工商公司农场、局机关农场，分别由以上所在单位管理。有总耕地面积 2376.7 公顷，有农场户 1728 户、4673 人，从事农牧业生产的职工有 315 人、家属有 1804 人、待业青年 28 人、聘用工 338 人。油田各农场在保证农业人口粮、油、肉、菜等自给的基础上，为油田提供和补充了大量农副产品，满足了油田职工群众的生活需求，同时也成为解决部分职工与家属两地分居的重要途径之一。

1988 年 6 月，农工商管理处更名为多种经营管理处，为油田农牧业生产的主管部门。

1992 年，在“菜篮子”工程建设中，成立华油养殖公司，为多种经营总公司直属公司。机关设办公室、财务科、经营科和生产技术科，基层设奶牛场、养鸡场、养猪场、肉联厂、饲料加工厂和后勤管理供应站；有从业人员 115 人，其中全民所有制职工 24 人、集体职工 6 人、聘用工 85 人。当年起，随着农转非户籍政策的逐步放开，油田农场户大幅减少，从事农牧业生产的家属工也大幅减少，至 1994 年，居住在农场的农场户全部搬迁矿区居住。

1996 年 8 月，划转吐哈油田单位所属的 9 个农场全部移交给管理局，其中，钻井处花海东西 2 个农场耕地面积 363.3 公顷、油建公司花海西农场耕地面积 96.67 公顷，交由水电厂管理；油建公司花海东农场交由生活服务公司管理；二机厂花海农场，耕地面积 123.18 公顷，交由机械厂管理；井下处东湖 2 个农场耕地面积 120.87 公顷、运输处东湖农场耕地面积 180 公顷，交由采油厂管理；地调处东湖农场，耕地面积 142.3 公顷，交由华油养殖公司管理。9 个农场总耕地面积 1306.93 公顷亩，其中果园 34.27 公顷、林地 104.05 公顷。12 月，华油养殖公司划归生活服务公司管理。

1997 年，随着各单位农场的调整合并，油田农场归并为采油厂农场、炼化总厂农场、综合服务处农场、水电厂农场、机械厂农场、生活公司农场 6 个农场，总耕面积 2208.13 公顷。当年，从事农牧业生产的家属工全部退出农场生产劳动，农牧业生产全部由职工承担。为了加强农牧业生产的力量，油田安排 76 名复转军人到各农场工作。

1999 年 4 月，撤销多种经营管理处，成立多元开发管理处，下设农牧科，专门负责油田农牧业生产的综合协调、业务指导、监督考核及服务管理等工作。7 月，油田重组改制，农牧业生产隶属存续企业管理。8 月，将生活服务公司华油养殖公司、农场，采油厂戈壁庄、东湖、白杨河农场，炼化总厂戈壁庄农场，综合服务处农副公司等单位进行整合，组建成立农牧业公司。

2000 年 1 月，成立农副业管理处，与农牧业公司为一个机构、两块牌子，统一管理油田农牧业生产及经营管理工作。农牧业公司（农副业管理处）机关设生产技术科、计划财务科、供销科、综合办公室，基层设华油养殖公司、戈壁庄农场、东湖农场、花海农场、白杨河农场。至此，除水电厂、机械厂 2 个单位还保留农场外，油田其他单位农牧业生产场点全部由农牧业公司接管。

2001 年 4 月，将农牧业公司（农副业管理处）与物业管理公司（物业管理处）机构合并，油田农牧业生产及畜牧养殖等工作由物业管理公司（物业管理处）负责。

2002 年 11 月，将水电厂花海农场和机械厂花海农场整体移交物业公司管理。至此，油田结束了由基层单位自办农场的历史，油田农牧业生产实现了统一管理、专业化经营。

期间，农牧系统针对各农场人工成本的不断上涨、粮食和经济作物销售价格不断下滑、亏损日益严重的经营状况，积极探索职工个人承包、面向社会对外租赁承包等多种生产管理形式，确保耕地收益。至 2002 年底，对外承包耕地达 999.53 公顷，有效降低了农场的经营成本和经营风险。

2003 年起，各农场不再自主种植粮食和经济作物，粮食和经济作物的种植全部采取对外承包的方式经营，各农场仅负责提供水电及农机具服务，通过收取租金和服务费确保耕地的收益。12 月，物业管理公司三项业务（物业管理、农牧养殖、房产管理）分离，成立农牧业有限责任公司（简称农牧公司）。

2004 年初，农牧公司将华油养殖公司划分为华油奶牛场、华油养鸡场、华油后勤管理站和华油特禽厂 4 个独立的厂（场）站。5 月，农牧公司完成了组织机构设置，机关设综合办公室、生产经营部 2 个科室，基层设戈壁庄农场、东湖农场、花海农场、白杨河农场、华油奶牛场、华油养鸡场、华油后勤管理站、华油特禽厂。当年，农牧公司有耕地面积 2866.67 公顷。随着市场行情的变化，农牧公司开始大规模调整种植结构，逐步减少粮食及经济作物的种植面积，重点转向适合当地气候特点、具有良好发展前景的牧草产业，至年底，农牧公司苜蓿种植面积已扩大到 757.2 公顷。

2008 年 1 月，农牧公司将华油后勤管理站与华油奶牛场合并，同时将奶牛场和乳品加工业务分离，成立华油乳品加工厂。当年，农牧公司机关设综合办公室、市场经营部 2 个科室，基层设戈壁庄农场、东湖农场、花海农场、白杨河农场、华油奶牛场、华油养鸡场、华油乳品加工场、牧草加工厂 8 个单位。

2017 年 4 月，农牧公司机关机构设置调整为综合办公室、生产运行科、计划财务科，基层组织机构保持不变。至年底，农牧公司共有从业人员 136 人，其中油田员工 57 人、外聘 79 人；拥有耕地面积 2378.47 公顷，播种面积达 1757.93 公顷，其中自种苜蓿面积 237.93 公顷，其余均实行对外租赁承包种植。1987—2017 年，累计生产粮食 11788.35 万千克，瓜、果、蔬菜 10104.83 万千克，经济作物 2896.82 万千克，种植加工牧草 71184.22 万千克、产肉 436.56 万千克、产蛋 1392.38 万千克、产奶 2973.69 万千克。

第二节　农业产生

一、粮食作物

20 世纪六七十年代，为了解决油田职工口粮短缺的矛盾，为国家减轻负担，玉门油田通过开垦荒地，大办农业，广泛种植了以小麦、玉米为主的粮食作物，不仅有效解决了油田职工口粮短缺的矛盾，也为国家粮食生产做出了一定贡献。

1987 年起，各农场在普及甘春小麦 11 号、12 号种植的基础上，引进推广甘春 15 号、新春 2 号等高产良种小麦，有效提高了小麦单产。当年，油田粮食种植面积达 1652.07 公顷，粮食总产 527 万千克。

1989 年，引进优质良种，采取大田种植和地膜覆盖种植技术，开始种植玉米，至 1993 年，种植面积达到最大，为 266.67 公顷。当年，粮食种植面积达 1702.59 公顷，粮食总产 616.72 万千克。

1993 年前，各农场因地制宜，采用套种、带田等方式，广泛种植蚕豆、大豆、青稞、高粱等杂粮，丰富了油田粮食种植品种。

1994 年起，玉门油田农业生产开始逐步由福利型生产向经济效益型转变，各农场突出经济效益，大力发展高效农业，大胆引进和扩大种植具有市场前景和较高经济价值的各类粮食作物，先后引进种植硬质优质小麦 2004 和甘春 20 号优质小麦、啤酒大麦、黄豆等，通过推广地膜种植、化学除草等新技术，使粮食生产连年取得较好收成，至 1996 年，累计生产粮食达 1415.62 万千克。

1998 年起，随着粮食价格的下滑和种植结构的调整，玉门油田粮食种植面积大幅减少。当年，各农场粮食种植面积为 990.4 公顷，仅为 1987 年 1789.27 公顷的 55%，但随着粮食单产的提高，粮食总产量达 494.83 万千克，仅比 1987 年的 652.66 万千克减少了 156.5 万千克，减少率为 24%。

2002 年，各农场对外承包经营耕地面积达 999.53 公顷，各农场粮食种植面积进一步减少。当年，粮食作物种植面积 525.93 公顷，产量 259.58 万千克。

2003 年起，各农场粮食作物主要采取对外承包的方式种植，不再自种粮食作物。

二、经济作物

1987 年起，玉门油田农业生产按照油田稳定粮食产量、适当扩大经济作物、大力发展畜牧养殖业的总体布局，开始有计划地调整粮食作物与经济作物的种植比例，逐步扩大经济作物种植面积。1987 年，以胡麻为主的油料种植面积 310.47 公顷，油料总产 44.9 万千克；瓜果种植面积 146.7 公顷，总产 506.33 万千克；蔬菜种植面积 34.1 公顷，总产 189 万千克。“七五”期间，累计生产油料 178.78 万千克、瓜 2140.62 万千克、果 31.4 万千克、蔬菜 859.21 万千克。

1991—1995 年，管理局农业生产继续围绕为油田职工、家属提供丰富的农副产品，进一步加大蔬菜、瓜果的种植面积，新增苹果、苹果梨、葡萄等水果产品，为油田职工家属及周边市场提供了优质的瓜果、蔬菜产品。五年累计生产油料 72.908 万千克、瓜 1696.47 万千克、果 174.13 万千克、蔬菜 228.87 万千克。期间，花海农场种植的红优二号西瓜和黄河蜜甜瓜获中国第二届丝绸之路瓜州节铜杯奖。

1996 年，各农场共种植蔬菜 9.16 公顷，其中有温室 1.13 公顷、塑料大棚 0.23 公顷，年产 38.19 万千克；瓜类种植面积 23 公顷，其中西瓜 11.33 公顷、甜瓜 12 公顷、籽瓜 9.67 公顷，年产 48.7 万千克；有果园 10 个，面积 63.6 公顷，其中苹果 4.13 公顷、苹果梨 36.8 公顷，年产 18.14 万千克。

1997 年，进一步扩大优质瓜果种植面积，瓜类种植面积 36.67 公顷，其中西瓜 16.67 公顷、甜瓜 17.33 公顷、籽瓜 2.67 公顷，年产 161.85 万千克；果园增加到 15 个，面积增加到 94.8 公顷，其中苹果 8.67 公顷、苹果梨 57.67 公顷、葡萄 15 公顷，年产 102.14 万千克。

1998 年，针对管理局农业逐步由福利型向效益型转变的新变化，各农场因地制宜、长远规划，积极改善种植结构。当年，花海农场引进种植棉花 290.87 公顷，年产 64.58 万千克，产值 291.79 万元。东湖、戈壁庄等农场种植小茴香 11.73 公顷，年产 1.79 万千克，产值 4.02 万元；种植孜然 30.07 公顷，年产 2.04 万千克，产值 22.51 万元；种植甜菜 19.67 公顷，年产 52.64 万千克，产值 12.41 万元；种植红花 1.33 公顷，年产 0.2 万千克，产值 0.24 万元；种植蓖麻 1.08 公顷，年产 0.04 万千克，产值 0.12 万元。开始培育早酥梨等市场需求量大的果品，利用温室扩大冬季蔬菜的种植规模，扩大品种优、销路好的西瓜和甜瓜种植面积，瓜类种植面积达 112.2 公顷，其中西瓜种植面积 48.6 公顷，年产 147.65 万千克；甜瓜种植面积 57.93 公顷，年产 41.84 万千克。通过采取产品订货会、展销会及洽谈会等灵活多变的促销手段，拓展了玉门油田农产品的销售市场，种植的早酥梨远销香港地区。

1999 年，以棉花、孜然等为主的经济作物种植面积 251.07 公顷，年产 41.27 万千克；蔬菜种植面积 7.63 公顷，年产 20.26 万千克；15 个果园面积 88.73 公顷，果品产量 55.95 万千克；瓜类种植面积 98 公顷，年产 228.32 万千克。以上产品除瓜果在油田内部销售一小部分外，其余全部面向外部市场销售。

2000 年起，随着玉门油田重组改制，存续企业将农业生产作为企业生存发展的重要补充，针对农副产品种植结构单一、销售不畅、效益低下，农场经营管理难度大、亏损严重的情况，在大力推行职工个人承包、对外租赁经营等承包政策的同时，保持并增加棉花、孜然等经济作物种植面积和规模，确保耕地收益的基础上，积极探寻新的发展方向。2001 年，基本形成了东湖区以孜然为主、花海区以棉花为主的经济作物种植格局，种植形式以职工个人承包和对外承包为主。当年，经济作物种植面积 550.4 公顷，产量 107.31 万千克；瓜果、蔬菜种植面积 59.53 公顷，产量 78.02 万千克。2002 年，在东湖农场试验种植中药材 13.33 公顷 14 个品种，因土壤、气候、环境等因素不适宜中药材种植，试验未获成功。

2003 年起，经济作物的种植全部采取对外承包的方式经营，各农场不再自种经济作物。

三、牧草产品

1987—1991 年，各农场畜牧养殖基本处于分散经营、零散养殖的状况，牧草的种植也比较分散，重点以苜蓿为主，仅供自养畜禽的喂养。

1992 年起，华油养殖公司管理的耕地，主要种植苜蓿、青贮玉米等草产品，以供内部养殖饲料需要，其他农场仍以零散种植为主。至 1998 年，牧草种植面积为 120.4 公顷，其中苜蓿 60.4 公顷、青贮玉米 56 公顷，年产 399.99 万千克。

2000 年起，随着粮食和经济作物价格大幅走低，开始科学合理调整种植结构，根据市场需求，逐年有计划地增加牧草种植面积，拓宽销售渠道，使牧草产业逐步发展成为油田农牧业的支柱产业。

2001 年，牧草种植面积达 157.73 公顷，年产 636.45 万千克。

2003 年，东湖农场开始种植紫花苜蓿，面积达 200 余公顷。2004 年，随着种植技术日趋成熟，苜蓿种植延伸到白杨河农场、花海农场，苜蓿种植面积迅速扩大到 460 多公顷，当年收获苜蓿干草 588 万千克。白杨河农场、东湖农场、花海农场成为油田紫花苜蓿的主要种植基地。随着紫花苜蓿种植面积的扩大和销量的增加，同年 6 月，建设牧草加工厂，建成年加工能力 2000 万千克的草颗粒加工生产线，填补了油田没有农产品深加工的空白。

2006 年，东湖农场、白杨河农场两大苜蓿基地建设初具规模，留床苜蓿面积达到 520 公顷。牧草加工实现了产销两旺，当年加工苜蓿干草 490 万千克，与国内 5 个省、市 17 家客户建立了稳定合作关系。

2009 年，新播苜蓿种植面积 286.3 公顷，使苜蓿种植面积达到 716 公顷，收割苜蓿干草 614.1 万千克。

2011 年，新播苜蓿 124.2 公顷，使苜蓿种植面积保持为 723.39 公顷，全年生产苜蓿干草 642.7 万千克。

2012—2013 年，随着牧草产品价格持续走高，农牧公司始终保持苜蓿种植面积在 633.33 公顷以上，生产苜蓿干草 1300 多万千克。2013 年，积极争取由农业部、财政部主导的高产优质苜蓿种植示范项目，东湖农场 200 公顷高产优质苜蓿示范项目获甘肃省农牧厅批准立项，争取补贴资金 180 万元。

2014 年，由于进口牧草数量激增，加之周边苜蓿种植面积逐年扩大，牧草销售价格有所降低。农牧公司在通过公开招标，与 3 家长期合作、信誉良好的客户签订销售合同，确保销售量的同时，采取缩短每茬苜蓿的收割时间、延长苜蓿生长时间等方法，降低了产品质量风险。当年，苜蓿种植面积调整为 569.47 公顷，加工生产高密度苜蓿草捆、草颗粒等草产品 406.9 万千克。

2015 年，针对苜蓿连续多年重茬种植，留床苜蓿退化快、面积减少，田间杂草蔓延等状况，农牧公司加快苜蓿更新速度，当年新种苜蓿 331 公顷，使苜蓿种植面积保持为 659.23 公顷。

2016 年，在适当压缩东湖农场苜蓿种植面积、扩大花海农场新种面积的同时，积极探讨种植新工艺，新种的 41.47 公顷苜蓿采取春季种植燕麦草、秋季播种苜蓿的方式，收获燕麦草 14.8 万千克，既解决了轮作倒茬的问题，又解决了新种苜蓿当年没有收入的矛盾。当年，自种苜蓿 605.99 公顷，生产牧草 502.1 万千克。

2017 年，针对苜蓿草价格断崖式下跌、销路不畅、留床苜蓿退化严重的实际情况，农牧公司迅速对种植结构做出调整，将苜蓿种植面积由 605.93 公顷减少到 237.92 公顷，减少的面积对外租赁，进行轮作倒茬。

第三节 畜牧养殖

1987—1990 年，管理局畜牧养殖处于分散经营的状态，16 个农场普遍从事大牲畜、猪、羊、鸡等的养殖，但规模小、产量低，肉、蛋产品仅供应单位内部职工家属，畜禽产品供需矛盾较为突出。“七五”期间，各农场累计向职工家属供应肉食 88.71 万千克、牛奶 195.96 万千克、蛋 54.02 万千克。

1991 年，实施“菜篮子”工程，兴玉实业开发总公司建成存栏 200 头的奶牛场、12 万只的养鸡场、1500 多头的猪场，同时配套建成年加工能力 30 万千克的肉联厂、年加工 1500 万千克的饲料加工厂，油田畜牧养殖开始向专业化、规模化养殖发展。1991 年底，兴玉实业开发总公司及各农场大牲畜存栏 484 头（匹），其中黄牛 255 头、奶牛 193 头；家禽家畜存栏 101657 只（头），其中猪存栏 5663 头、羊 4070 只、鸡 91924 只；有鱼塘 8.6 公顷，牧养面积 8.6 公顷，养鱼 13.25 万尾；年产肉 22.84 万千克、牛奶 35.34 万千克、蛋 25.56 万千克、鱼 0.5569 万千克。

1992 年，华油养殖公司作为油田专业化养殖公司，所属奶牛场、养鸡场、养猪场分别存栏奶牛 153 头、猪 3078、鸡 58000 只，各农场也分别饲养一定规模的肉牛、羊、猪、鸡、鱼等。年末，全油田大牲畜存栏 324 头（匹），其中黄牛 158 头、奶牛 162 头；家禽家畜存栏 115635 只（头），其中猪存栏 5455 头、羊5605只、鸡104575只；鱼塘牧养面积8.53公顷，养鱼5.1万尾；全年产肉32.95万千克、牛奶37.57万千克、蛋21.61万千克、鱼0.7983万千克。

1994年，为了确保华油养殖公司肉、蛋、奶的产供销平衡和畜牧产品的质量，进一步满足和丰富油田职工的"菜篮子"，对各农场分散经营且生产成本高、亏损严重的小型养殖场，采取关、停、并、转等措施，进行清理和关闭。华油养殖公司存栏奶牛195头、猪3645头、羊2475只、鸡78500只；产肉35.3万千克、蛋80.74万千克、牛奶47.67万千克。其他农场仅保留120头黄牛和15.4公顷鱼塘、12.8万尾鱼的养殖。

1996—1997年，华油养殖公司通过推行承包经营责任制，大幅精简机关工作人员，有效调动职工的生产积极性，开拓青海、新疆、柳园、敦煌等周边市场，产品销售持续向好。至1997年底，华油养殖公司饲养奶牛285头、猪1303头、羊2302只、肉鸡0.3万只、蛋鸡5.16万只，产肉28.62万千克、蛋71.4万千克、牛奶69.19万千克；有养鱼池10个，牧养面积6.87公顷，养鱼5.97万尾，产鱼0.68万千克。

1999年起，农牧公司根据市场需求和变化，在稳定奶牛、蛋鸡养殖数量，确保牛奶、鸡蛋内外部市场供应的基础上，及时调整养殖结构，引进畜牧养殖新品种，开展市场短缺、供应量少、产值高的特色养殖。当年，针对市场猪肉供应充足，华油养殖公司开始逐步压缩猪的养殖数量，至2000年，猪存栏由上年的735头已减少至251头。同年，引进鸵鸟、鹧鸪、山鸡、乌鸡、肉狗等养殖项目，形成了以鸵鸟、肉狗、肉兔、山鸡等为主的特色畜禽养殖；引进小尾寒羊500只，在白杨河农场建立专业化养殖场。至2003年末，农牧公司存栏奶牛363头、鸡45113只、羊2885只、鸵鸟32只、肉狗75只；年生产销售鲜牛奶92.58万千克、鸡蛋80.1万千克，出售羊1042只、鸡21052只。

2004年，受口蹄疫、禽流感暴发流行、饲草料价格上涨等不利因素影响，农牧公司通过调整养殖结构，优化种群结构，保留效益稳定的蛋鸡、奶牛、肉羊养殖项目，关停鸵鸟、肉狗等亏损项目，保持养殖业的稳定发展。年底存栏奶牛410头、蛋鸡5.1万只、羊3158只；生产鲜牛奶101.94万千克、鲜蛋68.3万千克。

2007年起，农牧公司适应市场需求，本着进退有度的原则，适当调整养殖规模，蛋鸡饲养规模不断压缩，奶牛养殖规模逐步加大。当年，新建乳品加工厂，新增酸奶等乳制品，乳制品通过了国家食品卫生安全QS质量认证，新开辟了嘉峪关、玉门市新市区等周边市场。年末，存栏奶牛470头、鸡4.11万只、羊1150只，生产鲜奶125.7万千克、鲜蛋39.3万千克。

2008—2009年，受全球金融危机和"三聚氰胺"事件影响，国内乳制品、禽蛋消费市场普遍受到冲击。面对危机，农牧公司沉着应对，以优质原料生产为基础，以满足内部市场供应为保障，严格质量控制，强化生产组织和管理，加大市场开发力度，确保了油田乳制品、禽蛋产品在消费受限、市场疲软环境下的平稳生产和销售。2008年，存栏奶牛保持在530头、鸡2.5万只、羊1100只，生产鲜奶140万千克、鲜蛋34.9万千克，出售羊660只、活鸡40570只；2009年，存栏奶牛510头、鸡2.455万只、羊830只，生产鲜奶131.2万千克、鲜蛋32.2万千克，出售羊793只、活鸡16297只。

2010年起，针对禽蛋产品价格低迷，饲料价格、劳务费上涨等不利影响，农牧公司在保证内部供应市场稳定的基础上，按照全年存栏3万只鸡的规模编制周转计划，有效稳定了禽蛋产品市场价格和产量；奶牛养殖通过持续优化牛群结构，强化防疫检疫，提高了牛群整体产能；乳品加工以市场为导向，以鲜牛奶生产为重点，重质量、强管理，鲜牛奶、酸奶等乳制品保持了强劲的销售势头，鲜牛奶产量实现了连年增长。随着奶牛养殖规模和品质的提高，乳品加工逐渐发展成为农牧公司的生产支柱。2013年，存栏奶牛555头、鸡2.48万只、羊767只，生产鲜奶154.78万千克、鲜蛋29.97万千克。

2014年，围绕国家食品质量安全QS复证和食品生产企业许可证审核认证工作，通过对乳品加工车间进行改造，更新收奶口、酸奶包装机等设备，新增质量检测设备和化验仪器，实现了标准化管理、精细化作业。当年，存栏奶牛553头、鸡2.927万只、羊641只，生产鲜奶162.23万千克、鲜蛋37.11万千克。

2015—2016年，农牧公司畜牧养殖在保持存栏数量基本稳定的同时，鲜牛奶、鲜蛋产量保持了稳步增长。

至2017年底，农牧公司存栏奶牛462头、蛋鸡3万只、羊308只。2017年生产原奶168万千克，加工生产乳制品165.5万千克；生产鲜蛋39.7万千克，出栏活鸡9066只，制作供应松花蛋51万枚。1987—2017年，累计生产销售鲜牛奶2973.699万千克、鲜蛋1392.38万千克。1987—2017年玉门油田农牧业生产情况统计见表8–4–1。

表 8-4-1 1987—2017 年玉门油田农牧业生产情况统计表

年份	总耕地面积（公顷）	总播种面积（公顷）	粮		经济作物（油）		瓜果、蔬菜		牧草产品		肉（千克）	蛋（千克）	牛奶（千克）	年末牛存栏（头）	年末羊存栏（只）	年末猪存栏（头）	年末鸡存栏（只）	全员劳动生产率（元/人）	年收入（万元）
			种植面积（公顷）	产量（千克）	种植面积（公顷）	产量（千克）	种植面积（公顷）	产量（千克）	种植面积（公顷）	产量（千克）									
1987 年	2376.69	2352.86	1652.73	5270000	304.47	449000	171.19	6953300	224.47	3975500	114000	104000	409000	218	2109	2483	22558	—	—
1988 年	2587.07	2380.47	1645.67	5335000	277.75	397000	302.19	6393000	154.87	2835900	156000	87300	412000	213	4245	4212	47693	—	—
1989 年	2663.07	2353.13	1728.26	5559000	300.80	365000	173.00	5568600	151.07	2898900	191000	118000	409000	298	6025	4190	35997	—	—
1990 年	2488.87	2143.05	1597.94	5466000	251.97	247000	109.98	5499500	183.16	3503100	230000	142000	356000	232	3883	4357	43049	—	—
1991 年	2485.97	2064.49	1556.41	5840000	152.00	162300	84.02	4906200	272.07	7979800	228500	326100	353400	193	3092	3077	38800	—	—
1992 年	2451.13	2119.93	1640.23	6554600	161.92	189300	96.11	4787600	221.67	5513500	329500	216100	375700	153	3192	3078	58000	—	—
1993 年	2357.20	2016.47	1702.59	6167200	53.07	70800	92.61	3681900	168.20	2676500	379100	311400	402300	148	2683	3697	76600	—	—
1994 年	2254.27	1769.2	1439.26	5017700	55.48	81200	118.26	4862500	156.20	3077000	353000	807400	476700	195	2475	3645	78500	—	—
1995 年	2260.93	1792.07	1544.80	5646800	48.42	129000	47.45	1992900	151.40	4302500	393400	603000	676000	200	2186	2867	25100	—	—
1996 年	1267.53	1017.4	897.60	3491700	13.33	15800	23.53	1050300	82.93	2006000	402900	885400	640000	250	1008	1959	48700	—	—
1997 年	2208.13	1870.93	1789.27	6526600			5.40	2833700	76.27	3990700	286200	714000	691900	285	2302	1303	54600	—	—
1998 年	1944.42	1594.95	990.40	4948200	371.26	456700	112.89	2378600	120.40	4000000	137400	757500	728000	258	2331	865	78160	—	—
1999 年	1943.87	1608.07	1125.93	4884700	275.13	442900	122.34	3017400	84.67	3213000	72300	597300	744500	274	2496	735	73662	—	—
2000 年	1820.40	1505.93	947.67	4191600	313.07	331100	176.66	1872000	68.53	4244200	67300	572400	750000	244	2016	251	61980	—	—
2001 年	2866.67	1402.33	613.67	2937700	550.40	1073100	80.53	884000	157.73	6364500	78900	564600	857900	320	3323	78	66565	10.19	1039
2002 年	2866.67	1457.8	525.93	2595800	660.87	940100	125.13	1181000	145.87	5705500	78300	720000	1000000	342	2701	12	66900	9.84	1151
2003 年	2866.67	1611.47	633.07	3400800	557.00	936000	108.87	1350000	312.53	6727500	47200	801000	925800	363	2885	—	45113	10.87	1228
2004 年	2866.67	1580.13	169.73	1084500	552.00	1096300	101.20	1021000	757.20	9078800	68500	683000	1019400	410	3158	—	51000	12.86	1440
2005 年	2866.67	1656.13	507.80	2785000	553.13	1126600	58.80	824400	536.40	13423100	71200	560000	1080400	430	2470	—	43700	15.36	1705
2006 年	2866.67	1600.93	406.07	6254000	571.07	1325700	19.86	530000	603.93	12875000	78400	440000	1150000	430	1440	—	46000	17.71	1895

续表

年份	总耕地面积（公顷）	总播种面积（公顷）	粮		经济作物（油）		瓜果、蔬菜		牧草产品		肉（千克）	蛋（千克）	牛奶（千克）	年末牛存栏（头）	年末羊存栏（只）	年末猪存栏（头）	年末鸡存栏（只）	全员劳动生产率（元/人）	年收入（万元）
			种植面积（公顷）	产量（千克）	种植面积（公顷）	产量（千克）	种植面积（公顷）	产量（千克）	种植面积（公顷）	产量（千克）									
2007 年	2866.67	1633.8	346.67	5980300	644.93	1934700	48.42	934000	593.78	12090900	70600	393000	1257000	470	1150	—	41141	22.53	2253
2008 年	2866.67	1662.11	411.47	1950600	581.20	1742800	83.38	679600	586.07	12974600	70800	349000	1400000	530	1100	—	25000	21.15	2073
2009 年	2866.67	1631.93	293.93	1467500	467.40	1400800	58.86	2631600	811.73	10539200	31900	322000	1312000	510	830	—	24550	21.42	2056.55
2010 年	2866.67	1636.93	296.67	1484400	525.33	1366100	0.80	15000	814.13	15427700	32600	341000	1400000	520	530	—	25998	22.34	2100
2011 年	2866.67	1743.07	333.40	1591000	565.53	1696500	0.27	15000	843.87	14934100	31200	345000	1199800	507	1166	—	30346	25.84	2300
2012 年	2866.67	1798.89	261.53	1176900	441.27	992800	220.00	6354900	876.09	138878300	44200	342500	1431100	532	1002	—	25163	34.15	2800
2013 年	2866.67	1793.76	171.93	773700	569.27	1707800	70.66	4240000	981.90	164040100	28500	299700	1547800	555	767	—	24803	35.83	2794.5
2014 年	2866.67	1696.04	60.00	900000	684.88	1946700	160.00	4823600	791.16	102285000	82000	371100	1622300	553	641	—	29275	46.75	3366
2015 年	2866.67	1744.08	301.34	2938000	523.67	1571000	67.48	2125600	851.59	126084300	97600	397000	1808900	515	732	—	24116	52.12	3544
2016 年	2866.67	1686.27	216.00	2268340	409.60	1288900	519.60	15582000	541.07	5047000	75600	356000	1620000	534	595	—	25000	37.13	2487.7
2017 年	2866.67	1757.933	348.30	3395900	1106.33	3485200	65.37	2059100	237.93	1150000	37500	397000	1680000	462	308	—	30000	46.41	3249

第五章 社会保险

第一节 管理机构

20 世纪 90 年代初，随着国家对企业医疗保险制度和职工养老保险制度改革的逐步推行，1992 年 4 月，玉门油田成立退休费用统筹管理委员会（非常设机构），主要负责油田退休费用的统筹规划。在劳动工资处成立劳动保险科，为退休费用统筹业务的主管部门。

1994 年 11 月，为了深化三项制度改革，保障油田职工在年老、患病、工伤、失业、生育等情况下获得必要的物质帮助及职工死亡后为其遗属提供必要的物质帮助，进一步加强行业统筹和社会保险工作，撤销退休费用统筹管理委员会，成立社会保险管理委员会，负责油田社会保险政策和基金方面的重大决策，协调各有关部门的工作；撤销劳动工资处的劳动保险科，设立社会保险科，作为油田社会保险管理委员会的办事机构，负责油田社会保险业务的日常工作。

1995 年 12 月，成立医疗保险事务所，在油田社会保险管理委员会的领导下，专门负责全局医疗保险基金的统筹、管理和使用，全局医疗保险人员医疗保险手册和个人医疗账户的建立和管理，编制全局医疗保险基金的预算、决算，核销医疗保险对象的医疗费用等工作，行政上隶属局劳动工资处，业务上受社会保险部门指导。

1996 年 12 月，为了加强社会保险管理，理顺社会保险管理体系，成立社会保险中心，为油田机关附属机构，挂靠劳动工资处。下设社会保险科、医疗保险事务所，具体负责全局职工养老、待业、医疗、工伤、生育等保险制度的建立、完善和管理，筹集、管理各项保险基金，统一建立并管理各种保险手册及账户，负责保险对象保险费用的核销等工作。

1999 年 7 月，玉门油田重组改制，油田社会保险行业统筹隶属管理局社会保险中心管理。社会保险中心属管理局人事处附属机构，其下设机构保持不变，主要职责为：负责贯彻落实国家社会保险政策，拟定油田（玉门石油管理局、玉门油田分公司）职工养老、医疗、工伤、失业、生育等保险制度并组织实施；负责筹集和管理各项保险基金；负责统一建立和管理职工养老保险、医疗保险手册及个人账户；负责保险对象各项保险待遇执行和费用核销；负责油田职工家属、遗属及 20 世纪 60 年代精简下放人员有关待遇管理及发放等工作。

2000 年 4 月，为适应玉门油田重组改制后的新形势，管理局和油田分公司联合成立油田社会保险管理委员会，管理委员会主任、副主任由管理局和油田分公司分管领导担任，委员由劳资、计划、财务、纪委（监察）、工会及社会保险中心负责人担任。

2002 年 1 月，社会保险中心从管理局人事处编制中分离出来，为管理局所属事业单位，并更名为玉门油田社会保险中心。时设社会保险科、保险基金科、医疗保险事务所 3 个科室。

2003 年 8 月，甘肃省劳动和社会保障厅授予“玉门油田社会保险中心”为“甘肃省劳动和社会保障厅玉门油田社会保险中心”，实行一套机构、两块牌子，行政上隶属于油田领导，业务上接受甘肃省劳动和社会保障厅的指导。甘肃省劳动和社会保障厅玉门油田社会保险中心受省劳动和社会保障厅的委托，按照国家和甘肃省的有关规定，统一管理和经办油田所有员工和中石油系统托管单位员工的社会保险业务工作。

2004 年 10 月，社会保险中心成立有偿解除劳动合同人员养老保险科，专门负责油田系统有偿解除劳动合同人员养老保险关系接续、档案移交以及具体业务的经办。自当年起，玉门油田系统有偿解除劳动合同人员养老保险费由社会保险中心负责核定和征收。

2005 年 1 月，成立社会保险中心帮助有偿解除劳动合同人员再就业服务站，专门负责玉门油田有偿解除劳动合同人员再就业用工岗位需求计划和安置等工作。

2005 年 7 月，玉门油田重组整合，社会保险中心机构设置及职能保持不变。

2006 年 1 月，社会保险中心成立职工养老保险科。

2007 年 3 月，对社会保险中心机构设置及人员编制进行调整，社会保险中心下设社会保险科、职工养老保险科、医疗保险科、保险基金科、有偿解除劳动合同人员养老保险科、帮助有偿解除劳动合同人员再就业服务站等 6 个职能科室。4 月，成立补充医疗保险委员会，主任由玉门油田主管领导担任，委员由组织人事、财务、纪委（监察）、工会、社会保险中心等部门负责人及部分职工代表组成，主要负责组织研究并审定油田补充医疗保险实施办法，决定油田补充医疗保险的年度提取比例，监督检查油田补充医疗保险的执行情况和资金使用情况，组织协调和决定补充医疗保险其他重大事项。

2010 年 8 月，由于甘肃省政府机构改革，甘肃省人力资源和社会保障厅授予玉门油田社会保险中心为“甘肃省人力资源和社会保障厅玉门油田社会保险中心”，继续实行一套机构、两块牌子，行政上隶属于玉门油田领导，业务上接受甘肃省人力资源和社会保障厅和甘肃省社会保险事业管理局指导。

2012 年 2 月，社会保险中心成立社会保险稽核科。

2016 年 4 月，经甘肃省社会保险事业管理局同意，设立“甘肃省社会保险事业管理局玉门油田社会保险中心”，作为甘肃省社会保险事业管理局社会保险派出机构，执行国家和甘肃省各项社会保险政策，接受甘肃省社会保险事业管理局业务指导。

至 2017 年，玉门油田社会保险业务在甘肃省人力资源和社会保障厅、甘肃省社会保险事业管理局的指导下，始终做到了油田社会保险管理委员会和社会保险中心机构健全、人员配备齐全、业务工作到位，为做好油田职工、离退休人员、工农业家属工及有偿解除劳动合同人员基本养老、医疗、工伤、生育、失业保险待遇核发和离退休人员生活补贴发放等工作发挥了重要作用。当年，社会保险中心下设社会保险科、职工养老保险科、社会保险稽核科、医疗保险科、保险基金科、有偿解除劳动合同人员养老保险科、帮助有偿解除劳动合同人员再就业服务站 7 个职能科室。

第二节　基本养老保险

1988 年 3 月，管理局根据国务院 1986 年发布的《国有企业实行劳动合同制度暂行规定》，制定印发《关于筹集劳动合同制退休养老基金和职工待业保险基金的通知》，开始筹集劳动合同制退休养老基金和职工待业保险基金，按月缴纳至玉门市社会劳动保险局。

1996 年 9 月，管理局根据国务院《关于深化企业职工养老保险制度改革的通知》要求和中国石油天然气总公司《关于印发深化石油系统职工养老保险制度改革实施方案的通知》精神，制定《深化职工养老保险制度改革实施方案》，开始建立养老保险费由企业和个人共同缴纳，养老保险基金由统筹基金和个人账户构成的新型基本养老保险制度。实施方案自当年 1 月 1 日起执行，养老保险费开始由企业和职工个人共同缴纳，企业按上年度职工缴费工资总额的一定比例缴纳，职工按个人缴费工资基数的 2% 缴纳。养老保险基金由统筹基金和个人账户构成，个人账户按职工缴费工资基数的 10% 逐月记入，包括个人缴费 2% 和企业缴费划转计入 8%；企业缴费扣除划入个人账户部分后的资金用于建立统筹基金。职工到达法定年龄，凡个人缴费累计满 15 年或本方案实施前参加工作，连续工龄（包括缴费年限）满 10 年的人员，均可按月领取养老金。同月，为职工填写《石油职工养老保险个人账户手册》，开始记录个人缴费情况和个人账户存储情况。

1998 年 5 月，根据《国务院关于建立统一的企业职工基本养老保险制度的决定》和中国石油天然气总公司《印发〈关于建立统一的石油企业职工基本养老保险制度具体问题的实施意见〉的通知》精神，油田制定《统一职工基本养老保险制度实施办法》。从当年 1 月 1 日起，职工个人缴费比例统一调整为本人上一年度月平均工资的 4%；企业缴费执行总公司统一确定的缴费比例；个人账户记载费率由原来的 10% 调整为 11%，包括个人缴费 4% 和单位缴费划转计入 7%；统一基本养老金计发办法，按照老人老办法、新人新办法、中人中办法计发养老金。8 月，按照《国务院关于实行企业职工基本养老保险省级统筹和行业统筹移交地方管理有关问题的通知》和《劳动和社会保障部、财政部关于基本养老保险行业统筹移交地方管理有关事项的通知》精神，油田基本养老保险工作按照“先移交后调整”的原则，由行业统筹移交甘肃省管理，参加甘肃省省级统筹。

1999 年 6 月，养老保险管理信息系统统一使用劳动者居民身份号码作为全国统一标识的、唯一的个人编码名称。8月，甘肃省劳动厅对油田原行业统筹退休的936人进行复审，对符合退休条件的343人纳入养老保险社会统筹，对违反国家规定办理提前退休手续的593人，由油田委托行业社保经办机构代管，符合国家规定退休条件时，再纳入养老保险基金支付基本养老金。同月，甘肃省劳动厅、财政厅对油田基本养老保险纳入甘肃省省级统筹后的原行业统筹项目进行清理、审核。对核定统筹项目内的基本养老金，从省级统筹基本养老保险费用中支付；未列入统筹项目内的部分由企业在管理费用中列支。对原行业统筹的已离退休人员养老保险待遇原则上维持不变。10月，按照甘肃省劳动厅、财政厅《关于调整原行业统筹企业基本养老保险有关问题的通知》规定，自1999年1月1日起，油田缴纳基本养老保险费的比例为23.5%，个人缴费比例为5%，以后每两年提高一个百分点，最终达到个人缴费工资基数的8%。

2000年1月，为离退休人员办理全省统一的《职工退休证》。3月，按照甘肃省劳动厅、财政厅《关于调整企业职工及离退休人员死亡丧葬费的通知》精神，离退休人员死亡后丧葬补助费由800元调整为1200元。4月，油田养老保险基金开始实行"收支两条线"管理。养老保险费由玉门市地税局负责征收，社会保险中心负责养老保险待遇的核算、发放以及基金的收支、会计核算等工作。

2001年2月，玉门油田社会保险管理委员会制定下发《关于调整职工和离退休人员死亡后抚恤金、丧葬费发放标准的通知》，将油田职工和离退休人员因病和非因工死亡后，一次性抚恤金由500元调整为800元；丧葬补助费标准继续执行1200元。

2002年7月，对拟退休人员的基本情况开始公示，并实行职工特殊工种岗位变动报告制度和女职工转岗报告制度。

2003年，开始建立规范、统一的离退休人员和职工基本养老保险个人账户数据库。

2005年11月，玉门油田养老保险数据库采集完成，在职人员和离退休（职）人员入库率100%，数据和原始资料记载误差率控制在2%以内，顺利通过甘肃省社会保险事业管理中心的检查验收。

2006年1月，养老保险个人账户的规模统一由本人缴费工资的11%调整为8%，全部由个人缴费形成，单位缴费不再划入个人账户。有偿解除劳动合同人员以全省上年度在岗职工工资为缴费基数，缴费比例20%，其中8%计入个人账户。

2007年4月，按照甘肃省劳动和社会保障厅、财政厅、总工会《关于调整我省企业职工和退休人员因病、非因工死亡一次性丧葬补助费和一次性抚恤金的通知》精神，将因病、非因工死亡职工和退休人员死亡后一次性丧葬补助费由1200元调整为2500元；一次性抚恤金由800元调整为1200元。

2008年1月，根据甘肃省劳动和社会保障厅、财政厅、总工会《关于调整企业职工和退休人员因病、非因工死亡供养直系亲属生活困难补助费的通知》精神，对职工和退休人员因病、非因工死亡供养直系亲属配偶、父母在城镇居住的生活困难补助费标准调整为每人每月290元，在农村居住的生活困难补助费标准调整为每人每月270元；供养直系亲属子女、弟妹在城镇居住的生活困难补助费标准调整为每人每月250元，在农村居住的生活困难补助费标准调整为每人每月230元。7月，按照甘肃省劳动和社会保障厅、财政厅、总工会《关于调整全省企业职工和退休人员因病、非因工死亡一次性丧葬补助费和一次性抚恤金的通知》精神，将因病、非因工死亡职工和退休人员一次性丧葬补助费发放标准调整为3500元；一次性抚恤金发放标准调整为1750元。11月，按照甘肃省委组织部、老干局等部门《关于调整离休干部及遗属有关生活待遇的通知》和省委组织部等部门《关于转发中共中央组织部等部门〈关于提高部分离休干部护理费标准和扩大发放范围的通知〉的通知》精神，对离休干部去世（非因工）一次性抚恤金和离休干部遗属生活困难补助标准进行调整。离休干部去世（非因工）一次性抚恤金按照生前最后一个月领取的基本养老金（离休时计发的基本养老金和历次按规定增加部分之和，不含各种补贴）为基数，一次性发放20个月；遗属生活困难补助标准调整为：红军时期的由原来每人每月450元调整为600元，抗战时期的由原来每人每月380元调整为500元，解放战争时期的由原来每人每月300元调整为400元；已故离休干部供养的其他人员生活困难补助标准调整为：在城镇居住的由原来每人每月200元调整为350元，在农村居住的由原来每人每月150元调整为250元。

2009年1月，按照甘肃省委组织部等部门《关于转发中共中央组织部等部门〈关于提高部分离休干部护理费标准和扩大发放范围的通知〉的通知》精神，为1949年9月30日前参加革命工作的离休干部调整并发放护理费。7月，按照甘肃省劳动和社会保障厅、财政厅、总工会《关于调整全省企业职工和退休人员因病、非因工死亡一次性丧葬补助费和一次性抚恤金的通知》精神，将因病、非因工死亡职工和退休人员一次性丧葬补助费发放标准调整为4000元；一次性抚恤金发放标准调整为2000元。

2010年7月，根据甘肃省人力资源和社会保障厅、财政厅、总工会《关于调整全省企业职工和退休人员因病、非因工死亡一次性丧葬补助费和一次性抚恤金的通知》精神，将因病、非因工死亡职工和退休人员一次性丧葬补助费发放标准调整为4530元；一次性抚恤金发放标准调整为2265元。

2011年3月起，根据甘肃省人民政府办公厅《转发省人社厅、财政厅〈甘肃省城镇企业职工基本养老保险关系转移接续实施办法〉的通知》精神，油田参保人员进出本省流动就业转移企业职工基本养老保险基金，以各年度实际缴费工资为基数，按20%（个人账户8%、统筹基金12%）转移资金。7月，根据甘肃省劳动和社会保障厅、财政厅、总工会《关于调整全省企业职工和退休人员因病、非因工死亡一次性丧葬补助费和一次性抚恤金的通知》精神，将因病、非因工死亡职工和退休人员一次性丧葬补助费发放标准调整为4931元；一次性抚恤金发放标准调整为2466元。8月，根据酒泉市有关政策规定，为具有甘肃省城镇居民户籍、在油田参加过3年以上工农业生产劳动的4332名“五七工”“家属工”办理基本养老保险。9月，为符合领取养老金条件的3934人开始发放养老金，人均每月600元。

2012年3月，基本养老保险个人账户网上查询系统依托油田门户网站，实现参保人员养老保险数据实时查询。

至2015年5月，按照国家和甘肃省有关规定，连续11年按10%以上的平均水平为玉门油田离退休人员调增基本养老金，油田离退休（职）人员养老金平均水平为3535元；连续4年为“五七工”“家属工”调增基本养老金，人均养老金达1003元。

2016年6月，根据甘肃省人力资源和社会保障厅、财政厅《关于阶段性降低社会保险费率的通知精神》，自当年5月1日起2年内，将基本养老保险单位缴费比例由20%降低为19%。9月，根据甘肃省人力资源和社会保障厅、财政厅《关于2016年调整退休人员基本养老金的通知》精神，为7155名退休人员和3686名“五七工”“家属工”调整养老金，其中退休人员人均月增资201.77元，“五七工”“家属工”人均月增资76.38元，自当年1月1日起按调整后的标准发放养老金。

2017年4月，根据甘肃省人力资源和社会保障厅、财政厅《关于调整企业离休人员和新中国成立前参加革命工作的退休老工人艰苦边远地区津贴标准的通知》精神，为30名离休人员和新中国成立前参加革命工作的退休老工人按二类区标准调整发放艰苦边远津贴。8月，按照甘肃省人力资源和社会保障厅、财政厅《关于2017年调整退休人员基本养老金的通知》精神，为7512名退休人员和3693名“五七工”“家属工”调整养老金，其中退休人员人均月增资188.33元，“五七工”“家属工”人均月增资60.26元，自当年1月1日起按调整后的标准发放养老金。

第三节　医疗保险

玉门油田医疗保险制度的建立始于1995年。当年12月，制定下发《玉门石油管理局医疗保险暂行规定》和《玉门石油管理局医疗保险暂行规定实施细则》，决定自1996年1月1日起，为职工、离退休（职）人员及其供养直系亲属建立新型医疗保险制度，医疗保险费由用人单位和职工个人缴纳，医疗保险基金由统筹基金和个人账户构成。用人单位按上年度职工工资总额的9%缴费，职工按本人上年度月平均工资的1%缴费，退休人员按上年度本人月平均退休生活费的0.5%缴费。职工、离退休人员个人账户由个人缴费和单位缴费划入定额两部分构成，个人缴费全部记入个人账户；单位缴费划入定额按职工、离退休人员所属年龄段的定额标准划入，约占单位缴费额的35%左右。单位缴费扣除划入个人账户资金后的剩余部分，用于建立统筹基金。职工、退休人员发生的医疗费用，先从个人账户支付，个人账户不足支付时，超出个人缴费基数3%以下部分，由本人自付；以上部分，进入统筹基金按规定比例报销。具体报销比例为：1000元以内部分，报销75%；1000元至5000元部分，报销80%；5000元至10000元部分，报销85%；10000元以上部分，报销90%；退休人员在以上基础上提高5%，异地就医降低5%。离休人员建立个人账户，医疗费用全额报销。供养直系亲属不建立个人账户，医疗费用按50%报销。在此之前，油田社会保险管理部门和各单位依据《玉门石油管理局关于使用〈职工医疗保险手册〉和〈供养直系亲属医疗保险手册〉

的通知》精神，为职工、离退休人员和职工供养直系亲属分别办理《职工医疗保险手册》和《供养直系亲属医疗保险手册》，用来记载参保人员个人缴费和使用医疗保险金的情况。

1999年，甘肃省出台《城镇职工医疗保险制度改革总体规划》，全省城镇职工医疗保险实行属地统筹。鉴于油田特殊的发展历史、地理环境和职工工作、生活条件，甘肃省同意将油田作为一个省管独立的医疗保险统筹单位，按照甘肃省《城镇职工医疗保险制度改革总体规划》的相关要求，继续实行行业统筹，企业内部封闭运行。

2000年1月，按照属地管理的原则，玉门油田基本医疗保险纳入酒泉市统计范畴，继续执行油田内部封闭运行政策，用人单位缴费比例调整为6%，职工缴费比例调整为2%，退休（职）人员缴费比例仍为0.5%。同时调增单位缴费划入个人账户的定额标准。

2001年1月，退休（职）人员个人不再缴费。统筹基金设定起付标准和最高支付限额。起付标准暂定为甘肃省上年平均工资的10%左右（2001年为700元），最高支付限额为甘肃省上年平均工资的4倍左右（2001年为30000元），超过最高支付限额部分由个人自理或参保人员通过商业保险等途径解决。

2002年1月，基本医疗保险统筹基金起付标准调整为800元。建立职工大额医疗费用补助制度，补助对象为参加玉门油田基本医疗保险的职工和退休人员，补助资金从基本医疗保险统筹基金中列支，累计最高支付限额为10万元（含基本医疗保险统筹基金最高支付限额3万元）。同时，执行供养直系亲属医疗补助办法，年最高补助限额为7500元。

2003年4月，在职工大额医疗费用补助制度的基础上，建立职工补充医疗保险制度，用于支付职工、离退休人员在一个会计年度内，累计超过基本医疗保险统筹基金最高支付限额以上的住院医疗费用。补充医疗保险基金单独建账、单独管理、集中使用。用人单位暂按上年度职工工资总额的1%缴费，个人不缴费；补充医疗保险基金的具体支付比例为：医疗费用在10000元以下部分，核报80%；10001～50000元部分，核报85%；50001元以上的部分，核报90%。补充医疗保险基金使用设定最高支付限额，2003年暂定为10万元。

2007年4月，制定《玉门油田有偿解除劳动合同人员基本医疗保险实施办法》《玉门油田有偿解除劳动合同人员基本医疗保险实施细则》，决定自当年1月1日起，为接续基本养老保险的有偿解除劳动合同人员接续基本医疗保险和补充医疗保险，执行政策与职工、离退休人员一致。截至9月底，共为6000余人填写发放《个人医疗保险手册》，签订《基本医疗保险就诊协议》，建立基本医疗保险个人账户。同月，根据《中国石油天然气集团公司企业补充医疗保险管理办法》，制定《玉门油田补充医疗保险实施办法》，从当年1月1起，建立独立的补充医疗保险基金，实行单独建账、核算和管理，专户存储，专款专用。筹资比例：企业暂定为1%，个人不缴费。基金支付范围：基本医疗保险统筹基金最高支付限额以上的住院医疗费、特殊病种门诊医疗费。支付比例：50000元以下部分，核报85%；50000元以上部分，核报90%。最高支付限额12万元。5月，修订完善基本医疗保险管理办法，调整基本医疗保险统筹基金起付标准为900元；同时，调整国家规定的基本医疗保险支付部分费用的诊疗项目以及住院治疗费、护理费、手术费等的支付比例，并对体内置换人工器官及置放材料做出最高限价。

2010年1月，调增基本医疗保险个人账户中单位缴费划入个人账户的定额标准，提高基本医疗保险统筹基金的具体报销比例，修订完善国家基本医疗保险规定支付部分费用的诊疗项目及住院治疗费、护理费、手术费在统筹基金的支付规定。基本医疗保险用人单位缴费比例由原来的6%调整5%，另外的1%用于建立员工供养直系亲属医疗补助基金。2月，补充医疗保险基金的最高支付限额调整为200000元。4月，根据集团公司《关于实施〈中国石油天然气集团公司企业补充医疗保险管理办法〉有关问题的通知》精神，修订完善油田补充医疗保险实施办法，将补充医疗保险基金的筹集比例由原来的1%调整为4%，将慢性病和特殊病种门诊医疗费纳入补充医疗保险基金支付范围，调整支付比例为员工90%、退休人员95%。5月，根据《酒泉市城镇居民基本医疗保险实施方案》及其补充规定，为了方便油田员工供养直系亲属参加酒泉市城镇居民基本医疗保险，进一步提高油田员工供养直系亲属的医疗保障水平，社会保险中心为油田员工供养直系亲属开始代办城镇居民基本医疗保险，纳入医疗补助范围的供养直系亲属可同时享受城镇居民基本医疗保险待遇。

2011年2月，玉门油田社会保险管理委员会下发《关于印发〈玉门油田医疗保险门诊特殊病、慢性病的诊断及医疗费报销规定〉的通知》，对参保人员门诊特殊病、慢性病的诊断及医疗费的报销做出明确规定。4月，将酒泉市人民医院、解放军第25医院、玉门市第一人民医院老市区分院纳入油田医疗保险定点医院。

2012年1月，按照《关于调整补充医疗保险待遇的通知》《关于提高基本医疗保险待遇的通知》《关于调整玉门油田基本医疗保险部分人工器官、体内植入材料、一次性医用材料支付标准的通知》要求，将补充医疗保险基金最高支付限额由20万元调整为30万元；住院医疗费在基本医疗保险报销中按比例个人承担部分，在补充医疗保险基金中员工再报销90%，退休人员报销95%；超过基本医疗保险最高支付限额的住院医疗费和慢性病门诊医疗费、特殊病种门诊医疗费，员工报销90%，退休人员报销95%。将基本医疗保险最高支付限额调整为4万元，住院床位费调整为每人每天20元。进一步规范和明确了部分人工器官、体内植入材料、一次性医用材料的支付办法和报销比例。整理以往碎片化的员工供养直系亲属医疗补助政策，完善并制定《玉门油田分公司员工供养直系亲属医疗补助暂行办法》。

2013年7月，玉门油田基本医疗保险纳入甘肃省直接管理。纳入省级管理后的油田医疗保险，继续执行油田内部政策，基金实行收支“两条线”管理。医疗保险费由油田社会保险中心负责收缴后上缴甘肃省财政专户，甘肃省社会保险事业管理局为油田基本医疗保险核拨周转金，玉门油田社会保险中心向甘肃省社会保险事业管理局按时核销医疗费。

2014年1月，将补充医疗保险基金最高支付限额调整为50万元，报销比例为96%。6月，医疗保险待遇通过开户银行直接划入参保人员医疗保险银行卡，不再支付现金。建立医疗费报销双核查机制，门诊大额医疗费和住院医疗费发票，经稽核人员与就诊医院联系核实后方可报销。

2015年，先后将酒泉市第二人民医院、酒泉市中医院确定为玉门油田医疗保险定点医院。

2017年8月，玉门油田基本医疗保险、补充医疗保险按《甘肃省城镇职工基本医疗保险、工伤保险和生育保险诊疗项目目录（2017版）》支付医疗费用。11月，与酒泉市社保局办理移交8300多名油田员工家属参加酒泉市城镇居民医疗保险参保手续，自2018年1月1日起，油田员工家属直接参加酒泉市城镇居民医疗保险，由肃州区社保局负责办理。

第四节　工伤、生育、失业保险

一、工伤保险

1998年前，玉门油田职工发生工伤事故或确认为职业病，其医疗费、一次性伤残补助金、工亡职工丧葬费、供养亲属抚恤金、一次性工亡补助金等费用，由所在单位承担。

1998年5月，为了适应社会保险制度深化改革的需要，统一工伤保险待遇，进一步明确职工在工作中遭受事故伤害和患职业病后获得医疗救治、经济补偿和职业康复的权利，逐步实现分散工伤风险，促进工伤预防，玉门油田转发劳动部1996年下发的《企业职工工伤保险试行办法》，决定自当年1月1日起，执行《企业职工工伤保险试行办法》。为了确保新老制度平稳过渡，在试行期间暂不实行工伤保险基金统一筹集，但要求各单位按照“试行办法”规定的工伤保险项目、标准、开支渠道、会计科目等建立基础资料，并按规定的标准认真执行。其中，对职工因工负伤后在治疗期间发生的医疗费用仍由职工所在单位负担；职工因工负伤治疗终结后，因旧伤复发或工伤后遗症治疗所发生的医疗费、残疾辅助器具费，经局安全部门证明、医院检查确认、局劳动鉴定委员会鉴定、所在单位登记后，由局社会保险中心暂从医疗保险统筹费中按规定予以报销；伤残职工的一次性伤残补助金、工亡职工的丧葬费、供养亲属抚恤金、一次性工亡补助金等其他费用也暂由职工所在单位支付。

2004年4月，玉门油田社会保险管理委员会转发《甘肃省人民政府办公厅批转省劳动和社会保障厅关于贯彻落实工伤保险条例实施意见的通知》，决定自当年1月1日起，按照《工伤保险条例》有关规定，开展基金筹集、工伤认定、劳动能力鉴定、待遇支付等工伤保险各项业务。

2006年3月，按照甘肃省劳动和社会保障厅、财政厅《关于从2006年1月1日起调整企业工伤职工伤残津贴、生活护理费及因工死亡职工供养直系亲属抚恤金的通知》精神，玉门油田从2006年1月1日起，为2003年12月31日前发生工伤并按月享受伤残津贴、生活护理费的工伤职工及按月享受因工死亡职工供养直系亲属抚恤金的人员，调整伤残津贴、生活护理费和供养亲属抚恤金。

2007 年 7 月，为当年 6 月 30 日前发生工伤并按月享受伤残津贴、生活护理费的工伤职工及按月享受因工死亡职工供养亲属抚恤金的人员，调整伤残津贴、生活护理费和供养亲属抚恤金。

2009 年 1 月，按照甘肃省劳动和社会保险厅、财政厅《关于企业“老工伤”人员纳入工伤保险统筹管理的意见》精神，本着待遇不降低的原则，将参加工伤保险之前受到事故伤害或者按照职业病防治法规定诊断、鉴定为职业病，并按照当时的政策，将认定为工伤、鉴定了伤残等级，由企业支付工伤待遇的“老工伤”人员，纳入工伤保险统筹管理。

2012 年 4 月，玉门油田工伤保险纳入甘肃省省级统筹，执行全省统一政策，基金实行“收支两条线”管理。工伤认定、劳动能力鉴定及基金核拨由甘肃省人力资源和社会保障厅、甘肃省社会保险事业管理局负责，油田社会保险中心负责工伤事故的上报、工伤保险的协调、工伤待遇的支付等具体业务的办理。

2013 年 8 月，按照甘肃省人力资源和社会保障厅《关于印发〈甘肃省工伤保险辅助器具配置项目和费用限额〉的通知》精神，从 8 月 15 日起，油田工伤保险辅助器具费用按照甘肃省工伤保险辅助器具配置项目和费用限额进行报销。

至 2017 年，按照甘肃省有关规定，连续 12 年为工伤人员调整伤残津贴、生活护理费和供养亲属抚恤金标准。当年，为一级伤残人员每人每月增加伤残津贴 106 元、二级增加 101 元、三级增加 97 元、四级增加 92 元、五级增加 87 元、六级增加 78 元；将生活完全不能自理人员生活护理费调整为每人每月 2481 元、大部分不能自理人员生活护理费调整为 1985 元、部分不能自理人员生活护理费调整为 1489 元；增加供养亲属抚恤金，其中配偶每人每月增加 48 元，其他亲属增加 40 元。同时，按照《关于印发甘肃省城镇职工基本医疗保险工伤保险和生育保险药品目录（2017 版）的通知》要求，油田工伤保险按新版药品目录支付药品费用。

二、生育保险

1998 年 5 月，制定《玉门石油管理局职工生育保险试行办法》，决定自当年 1 月 1 日起，在油田建立生育保险基金，实行局内统筹，单位按上年度工资总额的 0.8% 缴费，个人不缴费。生育保险基金用于支付女职工生育的检查费、接生费、手术费、住院费、药费，以及按规定休产假期间的生育津贴（产假工资）。

2011 年 12 月，下发《玉门油田生育保险办法》和《关于明确油田生育保险部分待遇费用定额标准的通知》，确定油田生育保险实行油田内部统筹，用人单位按本单位上年度员工工资总额的一定比例缴纳生育保险费，缴费比例暂定为 0.8%，最高不超过工资总额的 1%，员工个人不缴费；生育保险基金由用人单位缴纳的生育保险费、生育保险基金的利息、滞纳金及依法纳入生育保险基金的其他资金构成，实行收支两条线管理，用于生育津贴、生育医疗费用、计划生育手术医疗费用及法律、法规规定的用于生育保险的其他费用等项目的支出。同时，将员工配偶属未参加生育保险的非城镇人员、城镇无业人员或其他人员的男员工，纳入生育保险医疗费支付范畴，按女员工生育保险医疗费支付标准的 50% 予以报销。并确定油田女员工生育医疗费定额标准（顺产 2500 元，剖宫产 5500 元）和计划生育手术费定额标准。

2013 年 7 月，玉门油田生育保险纳入甘肃省直接管理，继续执行油田内部政策。

2016 年，对婚育假进行调整，自 9 月 1 日起，女职工按产假 180 天、男职工按护理假 30 天享受生育津贴。

2017 年 11 月，按照《关于印发甘肃省城镇职工基本医疗保险工伤保险和生育保险药品目录（2017 版）的通知》要求，玉门油田生育保险按新版药品目录支付药品费用。

三、失业保险

1998 年 5 月，制定《职工失（待）业保险管理暂行规定》，开始建立内部失（待）业保险基金，主要用于支付内部失（待）业人员的基本生活费、医疗费、转岗培训费、死亡丧葬费以及供养直系亲属的抚恤金、救济费等。

1999 年 1 月，按照国务院颁发的《失业保险条例》，油田社会保险中心开始建立失业保险基金，经办失业保险业务。缴费比例为单位按全部职工工资总额的 2% 缴纳，职工个人按本人工资的 1% 缴纳。

2000 年 4 月，为了贯彻落实国务院《失业保险条例》，进一步完善玉门油田失业保险制度，充分体现和遵循失业保险权利与义务相一致的原则，根据甘肃省劳动厅、财政厅、人事厅及酒泉地区有关通知精神，制定下发《关于参加失业保险社会统筹有关问题的通知》，要求所属各单位及职工参加失业保险，依法缴纳失业保险金。根据玉门油田实际，确定单位和职工缴纳失业保险费的比例，其中，单位按全部职工工资总额的 2%，按月足额向社会保险中心缴纳；职工个人按本人工资的 1% 缴纳，由单位代为扣缴。为职工统一办理《职工失业保险手册》。同月，油田失业保险纳入玉门市统筹，执行属地失业保险政策，失业保险费由玉门市地方税务局负责征收。

2002 年 10 月，根据《失业保险条例》和甘肃省有关规定，为玉门油田有偿解除劳动合同人员发放失业保险金。

2009 年 11 月，玉门油田失业保险纳入酒泉市统筹，仍由玉门市地方税务局负责征收。

2015 年 3 月，按照甘肃省《关于调整失业保险费率有关问题的通知》精神，玉门油田按照全省统一标准缴纳失业保险费，其中：单位费率为 1.5%、个人费率为 0.5%。

2016 年 6 月，根据甘肃省关于阶段性降低社会保险费率的通知精神，玉门油田失业保险费率由 2% 下调至 1.5%，其中：用人单位费率由 1.5% 下调至 1.2%，职工个人费率由 0.5% 下调至 0.3%。

2017 年 4 月，玉门油田失业保险费率由 1.5% 下调至 1%，其中：用人单位费率由 1.2% 下调至 0.7%，职工个人费率保持 0.3% 不变。

第六章　离退休人员管理

第一节　管理机构

1987—1989 年，离退休人员的管理实行专业、单位、群众管理相结合，以各二级单位管理为主的管理体制。先后成立老干部工作领导小组、老龄工作领导小组、老龄工作委员会，以人事教育处老干部科、劳动工资处劳动保险科及玉门油田工会退休职工管理部为主要办事机构，负责油田离退休职工及老干部工作，各二级单位成立由党、政、工各部门参加的退（离）休职工管理委员会和老龄工作站，负责以“老有所养、老有所为、老有所医、老有所学、老有所乐”为内容的具体工作。期间，分别在酒泉、张掖、兰州设有离退休职工休养所（干休所）。

1990 年 12 月，成立离退休职工管理处，同时设立老干部处，为一套机构、两块牌子，下设综合科、离退休干部管理科、退休工人管理科 3 个科室。随着离退休职工管理处的成立，各二级单位相继建立离退休职工管理站，按照“统一领导、分级管理、区别对待”的管理方法开展工作，离退休工作实现统一归口管理。离退休职工管理处作为油田职能部门，主要负责全局离退休工作的日常管理（包括 20 世纪 60 年代精减下放和退职人员及工、病、亡遗属的管理），协调、督促、检查各基层单位的离退休服务工作。当年，油田共有离退休职工 2571 人，20 世纪 60 年代精减下放和退职人员 3764 名，工、病、亡职工遗孀 1126 名。

1991 年 5 月，成立离退休工作管理委员会，离退休职工管理处为委员会日常办事机构。

1993 年，实施机关改革，离退休职工管理处（老干部处）下设机构调整为综合科、离退休职工管理科。

至 1998 年 7 月，离退休职工管理处（老干部处）设综合科、离退休职工管理科 2 个职能科室，矿区 15 个单位有 12 个单位成立离退休管理站。共有离退休人员 5021 人，其中离休干部 83 人、退休干部 1408 人、退休工人 3529 人。

1998 年 9 月，按照油田深化改革的总体思路，为了进一步理顺离退休工作管理关系，形成统一的专业化管理体系，将离退休管理工作从各单位分离出来，包括兰州、张掖、酒泉、成都 4 个离退休基地，整合成立离退休人员管理中心，实行离退休工作集中统一管理。保留老干部处职能，为一个机构、两块牌子。离退休人员管理中心（老干部处）机关设办公室、离退休人员管理科，基层设第一管理站、第二管理站、第三管理站、第四管理站、第五管理站、第六管理站，以及酒泉退休基地、张掖退休基地、兰州退休基地、成都退休基地。至年末，离退休人员管理中心管理各类人员 9037 人，其中离退休人员 4992 人、退职人员 83 人、精减下放人员 2595 人、职工遗属 1367 人。

1999 年 7 月，玉门油田重组改制，离退休人员管理中心隶属存续企业，组织机构及职能延续不变，继续负责油田离退休人员、精减下放人员、退职人员的管理服务工作。

2000 年 4 月，离退休人员管理中心机关设立财务科。7 月，将第四退管站、第五退管站合并为第四退管站，第六退管站更名为第五退管站。

2001 年 8 月，成立西安离退休人员管理基地，与西安办事处一套机构、两块牌子，其业务受离退休人员管理中心指导，行政隶属西安办事处管理。

2002 年 3 月，离退休人员管理中心撤销第五管理站，业务与辖区并入第四管理站。

2004 年 1 月，对离退休人员管理中心机构进行调整，机关设综合办公室、综合科、管理科、财务科 4 个科室，基层设第一管理站、第二管理站、第三管理站、第四管理站、酒泉退休基地第一管理站、酒泉退休基地第二管理站、张掖退休基地、兰州退休基地、成都退休基地 9 个单位。3 月，撤销离退休人员管理中心综合科，成立离退休人员管理中心文体娱乐宣传教育科。

2006 年，离退休人员管理中心在酒泉生活基地组建兆琪园、玉兰园、紫荆园、芳沁园、怡静园 5 个管理站，撤销合并玉门矿区 4 个管理站，成立矿区退管站。

2007 年 2 月，兰州退休基地、成都退休基地分别交兰州办事处、成都办事处管理，离退休人员管理中心对两处离退休管理业务给予指导。6月，撤销离退休人员管理中心财务科，归并油田财务处。同年，撤销玉门矿区退管站。

2008年3月，离退休人员管理中心对内设机构进行调整，机关设综合办公室、管理科、文教科3个科室，基层设第一管理站（原酒泉退休基地第一、第二管理站）、第二管理站、第三管理站、第四管理站、张掖退休基地管理站5个单位。12月，张掖退休基地离退休人员整体搬迁至酒泉生活基地，张掖退休基地管理站随迁酒泉，管理鸿硕园、天润园、承瑞园3个园区离退休人员及家属。

2011年12月，撤消张掖退休基地管理站，人员分流到第四管理站，鸿硕园、天润园、承瑞园3个园区离退休人员及家属归第四管理站管理。

2015年11月，将西安离退休基地、成都离退休基地、兰州离退休基地划归矿区服务事业部管理，分别成立矿区服务事业部西安离退休基地、矿区服务事业部成都离退休基地、矿区服务事业部兰州离退休基地。

2017年3月，撤销矿区服务事业部，所属西安离退休基地、成都离退休基地、兰州离退休基地划归离退休人员管理中心管理。至年底，离退休人员管理中心机关设综合办公室、离退休人员管理科、文体教育科3个科室，基层设第一管理站、第二管理站、第三管理站、第四管理站、兰州退休基地、西安退休基地、成都退休基地7个单位。管理各类人员13620人，其中离休干部17人、退休人员5482人、有偿解除劳动合同退休人员2598人、退职人员30人、精减下放人员1025人、遗属1224人、工农业家属工3056人。

第二节　退休基地

一、酒泉退休基地

酒泉退休基地设立于1983年。当时，在酒泉疗养院设立退休职工休养所，至1987年，在疗养院东院先后建成退休职工及职工家属住宅楼2栋、退休职工活动楼1栋，有退休职工85人。

1992年，建成488平方米住宅楼2栋。1996—1997年，油田在疗养院东院建成住宅楼1栋，在中院建成住宅楼3栋。至1997年底，共有退休职工220人。

1998年9月，酒泉退休职工休养所划归离退休人员管理中心，更名为离退休人员管理中心酒泉退休基地。期间，先后建成门球场1个、地掷球场2个，新修保健室、阅览室等。

1999—2000年，先后在疗养院西院建成14栋、672户住宅楼，在东院建成2栋、96户住宅楼，安置离退休人员851人。

2003年，在疗养院西院（玉泉苑）建成酒泉退休基地娱乐中心。

2004年1月，离退休人员管理中心在酒泉退休基地设立第一管理站（疗养院东院）、第二管理站（疗养院中院、西院）。

2006年，在西院修建420平方米门球场1个。

2008年3月，离退休管理中心将酒泉退休基地一、二管理站合并，并更名为离退休人员管理中心第一管理站。

二、兰州退休基地

1989年，在兰州市城关区雁儿湾路西地所院内建设6号住宅楼，安置离退休职工93人。同时，设立兰州干休所，属兰州办事处管理。

1991年5月，调整兰州办事处机构设置，干休所更名为离退休职工管理站。

1996年11月，离退休职工管理站更名为干休所。

1997年，在兰州办事处南面，建成12号楼，该楼属高层建筑，共21层36户，安置油田离退休职工54人。

1998年9月，离退休管理工作实行集中统一管理，兰州干休所划归离退休人员管理中心管理。离退休人员管理中心成立兰州离退休基地。

2000年，在西地所院内建成8号楼、9号楼。8号楼有住户112户；9号楼产权归西地所，给油田2层12户。

2002年，在西地所院内建成7号楼，有住户108户。

至2006年底，兰州离退休基地安置并管理各类人员480人，其中离休干部22人、退休人员342人、工农业家属工95人、退休人员遗孀21人。

2007年2月，兰州退休基地业务划归兰州办事处（兰州石油大厦）管理，离退休管理业务接受油田离退休人员管理中心指导。

2015年11月，兰州离退休基地划归油田矿区服务事业部管理。

2017年3月，兰州离退休基地划归离退休人员管理中心管理，下设综合管理部、离退休管理部、物业管理部等3个部门。管理西地所院内3栋楼（6、7、8号楼）、9号楼17、18两层，石油大厦（磨沟沿）南面的12号楼，王马巷2栋楼，共363户，各类人员584人，其中离休干部3人、退休人员361人、有偿解除劳动合同退休人员114人、工农业家属工72人、退休人员遗孀34人。

三、成都离退休基地

1998年，在成都市武侯区红运街2号，投资修建占地面积22000平方米，有11栋住宅楼的成都离退休基地。离退休基地分玉苑和西苑两部分，玉苑有9栋住宅楼共420户，西苑有2栋住宅楼共140户。配套建有3层综合楼1栋，建筑面积900平方米，一层为退休职工活动室，二层、三层为办公场所和阅览室，综合楼顶部搭建一个板房为多功能室。当年9月，成立成都离退休基地，隶属玉门油田离退休人员管理中心管理，下设综合办公室、离退休管理科。初期，安置离退休人员461人，成都离退休基地管理各类人员6人。

2007年2月，成都离退休基地划归成都办事处（金玉阳光大酒店）管理，离退休管理的具体业务受油田离退休人员管理中心指导。

2011年10月，成都退休基地机构调整，设离退休管理部、物业管理部。

2015年11月，成都离退休基地划归玉门油田矿区服务事业部管理。

2017年3月，划归离退休人员管理中心管理，下设离退休管理部和物业管理部2个部门。年末，成都离退休基地各类人员852人，其中离休干部1人、退休人员539人、有偿解除劳动合同退休人员149人、工农业家属工131人、退休人员遗孀32人。

四、西安退休基地

2001年8月，成立西安离退休人员管理基地，与西安办事处一套机构、两块牌子。11月，在西安市长安区投资修建的西安离退休基地（玉秦苑小区）建成，修建住宅楼14栋，建筑面积50001平方米；配套建设轻钢结构板房300平方米，作为文化娱乐活动室。初期，安置离退休人员491人。

2012年，建成职工文化娱乐活动综合楼及卫生室，新建门球场、健身广场，更新了户外健身器材，退休基地生活小区配套设施进一步完善，文化娱乐设施更加健全。

2015年11月，西安离退休基地划归油田矿区服务事业部管理。

2017年3月，划归离退休人员管理中心管理，下设综合科、财务科、离退休管理部、物业管理部、销售部等。年末，西安离退休基地管理各类人员827人，其中离休干部6人、退休人员444人、有偿解除劳动合同退休人员120人、工农业家属工194人、退休人员遗孀63人。

五、张掖离退休基地

张掖离退休基地筹建于1986年，由生活管理处负责。至1988年底，先后建成住宅楼4幢，可安排住户100户。当年12月，成立生活管理处张掖接待站，下设离退休职工休养所。至1989年8月，张掖离退休基地先后安置离退休职工127人。

1989年9月，张掖离退休职工休养所移交张掖石化筹建处管理。随后，张掖石化筹建处设置退离休职工管理站。

1999年2月，撤销张掖石化筹建处，成立离退休人员管理中心张掖离退休基地。至此，张掖离退休基地占地面积93333平方米，拥有9栋住宅楼和2栋公用楼房；管理各类人员134人，其中离休干部2人、退休人员123人。

2008年12月，张掖退休基地整体搬迁至酒泉，搬迁离退休人员107人、有偿解除劳动合同退休人员171人、工农业家属工48人、退休人员遗孀16人。搬迁酒泉生活基地后，离退休人员管理中心继续保留张掖退休基地机构建制，主要负责管理鸿硕园、天润园、承瑞园3个园区离退休人员及家属。

2011 年 12 月，离退休人员管理中心撤销张掖退休基地机构设置，工作人员及所管理的离退休人员划归第四管理站。

第三节　主要工作

一、落实待遇

1987 年以来，认真执行党和国家有关离退休工作的方针和政策，紧密围绕“六有”（老有所养、老有所依、老有所教、老有所学、老有所乐、老有所为）方针开展工作。特别是在落实“两项待遇”方面不懈努力，使广大离退休人员感受到了党的关怀和油田的温暖

1. 政治待遇

1987—1997 年，按照党和国家离退休人员“基本政治待遇不变”的原则，重点抓了四项待遇的落实。

政治学习、阅文待遇。1989 年，给离休干部配发党政方面的文件各 1 份，在职干部能看到的文件和听到的报告，离休干部也可以看到听到；对于行动不便的，在不违背保密制度的前提下，派专人去家中传达。副处级以上干部，由所在单位每月组织 1 次阅读有关文件。从 1991 年起，组织离休干部和副处级以上退休干部每月集中进行 2 次文件阅读及政治理论学习；各单位坚持每月组织 1 ～ 2 次离退休职工集中学习，传达上级文件和重要会议精神，使离退休人员的思想不断适应新形势的发展，进一步加深对党的方针政策的理解，坚定社会主义信念，自觉与党中央保持一致。2006 年，根据实际情况，将离休干部及副处级以上退休干部阅读有关文件和形势任务学习调整为每两月进行 1 次。

知情待遇。坚持重大事项向离退休职工及时通报，党中央、国务院、地方政府以及集团公司的重大方针政策、重要会议等，按照规定范围，由相关领导和部门分别向局、厂处离退休干部及时通报。油田重要决策、部署，各厂处生产经营形势、改革发展动态，由相关部门和单位定期不定期地向离退休职工通报，每年不少于 2 次；对离退休职工普遍关心或希望了解的情况，以及油田生产、改革、经营及社会治安等“热点”问题，由相关部门及时向离退休人员通报。

参加政治生活待遇。凡离退休党员超过 3 人的退管站，均建立离退休党支部或党小组，所有党员都纳入组织管理，参加组织生活。严格按照党章规定和党组织要求，健全了以“三会一课”为主要内容的组织生活制度，党员大会至少每季召开一次，支委会和党小组会每月召开一次，党课每半年上一次。1998 年离退休管理体制改革后，调整理顺了基层离退休党组织，普遍完善“三会一课”和党员民主生活等若干制度，对离退休党员按居住区域，重新进行建档立册，保证了党员定期过组织生活，参加党内会议、学习和活动。

参政议政待遇。重大决策出台，事先征求离退休人员的意见；涉及离退休人员切身利益的会议和重大活动、决定，邀请离退休人员代表参加，听取他们的意见和建议。注重发挥离退休人员在青少年教育方面的政治优势，1991 年，油田成立“关心下一代委员会”，吸收了有一定工作经验的老干部为“关心下一代委员会”成员。

1998 年起，离退休人员“政治待遇”重心逐步转向以宣传教育为主。除抓好正常的政治理论学习外，结合不同阶段宣传教育工作的重点和主题，组织离退休人员有针对性地开展多种形式的形势任务宣传教育活动。1999—2000 年重组改制期间，通过在《石油工人报》开设“老年天地”专栏、半价订阅《石油工人报》供离退休人员阅读、编写派发《情况反映》等方式，多角度宣传重组改制后离退休工作面临的形势、任务，确保广大离退休职工了解形势、明确任务、政策清晰，思想稳定。2004—2006 年，重点围绕油田重组整合、基地搬迁、发展稳定开展形势任务教育。2006 年，随着基地各园区离退休人员逐步搬迁到位，个别离退休人员对房改、子女就业、福利待遇等政策心存疑虑，玉门油田安排专人撰写形势任务宣讲材料，分别深入到成都、西安、兰州、张掖、酒泉和矿区各退管站，集中进行为期 17 天的“形势、目标、任务”主题宣讲教育活动，详细解答离退休人员和家属普遍关心的问题。期间，共召开报告会 12 场次，各类座谈会 21 场次，家属工大会 7 场次，听取形势任务报告的离退休人员和家属达 4000 余人次，理顺了情绪，稳定了队伍。2007—2017 年，主要围绕贯彻学习党的十七大、十八大、十九大以及全国和油田“两会”精神、勘探开发形势、和谐稳定等开展宣传教育。特别是每年油田“两会”结束后，离退休人员管理部门组织人员或深入到各退管站和离退休基地，或印发宣传材料，就离退休人员普遍关心的企业经营形势、基地建设、

房改政策、生活待遇、物业收费、子女就业等热点问题进行深入细致的宣讲，以提高老同志对局情的了解和认识，思想观念生活行为紧跟形势发展变化。利用对散居各地离退休人员、精简下放人员信函调查的机会，宣讲企业经营形势、面临的困难，解答各项政策，有效地减少了散居人员信访、上访频率。邀请医疗、公安、法院等系统专家，就预防医疗保健诈骗、电子信息诈骗、反邪教防邪教和老年人关心的有关老年病防治、法律常识开展讲座，提高了离退休人员的个人防范和健康保健意识。

为方便离退休人员了解时政，各退管站和退休基地普遍设有阅览室，订有几十种报纸、杂志，供老同志阅览。2002 年，开始为离退休老干部每年免费赠阅“两报一刊”（《中国石油报》《石油工人报》《中国石油报·金秋周刊》）、退休人员每户每年免费订阅一份《石油工人报》，为部分老干部订阅《老同志之友》。之后，又为退休人员每户每年增订一份《中国石油报·金秋周刊》。

2. 生活待遇

1987 年以来，玉门油田严格落实国家和石油系统有关生活待遇政策，凡国家明文规定的政策，都不折不扣地执行，没有明文规定的，也尽可能在政策允许的范围内从优从宽给予考虑，保证了离退休人员的生活待遇稳步改善。

1989 年，制定下发《离休干部管理实施细则》和《退休职工暂行管理办法》《离退休职工疗养暂行规定》，就离退休职工安置、“两项待遇”、发挥作用、丧葬和遗属困难补助、疗养等做出明确规定。其中在生活待遇方面规定：离休干部除按规定发给工资外，享受同级在职干部同样的非生产（工作）性福利待遇；离休干部凭《离休荣誉证》在局医院保健科就诊，建立病历档案，并每年安排一次体检，医院为老干部设立专门病房；离休干部的健康疗养实行费用包干，就地疗养者（1000 千米以内），每人每年发给健康营养补助费 200 元；外出疗养者（1000 千米以外），专门安排疗养点，发给疗养包干费 400 元；享受副局级以上待遇的离休干部外出疗养时，另加疗养包干费 100 元。退休职工在住房、取暖、水电、液化气、农产品补贴、生活供应等方面，按在职职工的标准享受；退休职工不论居住省内外，均享受公费医疗，其死亡后的丧葬费、抚恤费、遗属生活困难补助费等与在职职工一样对待；离休干部每年疗养一次，退休干部每三年疗养一次，退休工人每五年疗养一次；在外地居住的离退休职工，根据有关规定，按居住地的取暖标准发给煤贴。

1991 年，制定下发《离退休职工管理工作中几个问题的暂行补充规定》，对离退休职工安置、生活待遇等存在的遗留问题做出进一步规定和明确，统一了口径。各单位在落实离退休人员生活待遇时，严格掌握政策尺度，坚持“四个优先”“三个一样”，即：紧缺副食品供应优先，急诊看病优先，用车优先，分配住房优先；食品供应水平同在职职工一样，医疗保健同在职职工一样，困难救济同在职职工一样。

1992 年，根据国家、总公司和玉门油田有关政策，适当增加离退休职工的离退休金，增加（增发）了粮食补贴、工龄津贴、生活费。年底，试行职工医疗制度改革方案，对离退休职工给予比在职职工优惠的政策，医疗费用全部由企业负担，并在油田医院增设专为离退休职工就医提供方便的保健门诊和药房，受到了广大离退休职工的拥护。

1996 年，玉门、吐哈管理体制理顺，涉及两个油田离退休职工管理的配套措施、政策尚未出台，造成人心不稳，管理局及时与吐哈油田协调，并筹措资金，重点解决了医疗费报销等问题。

1998 年，在资金极度紧张的情况下，拨款在酒泉、兰州、成都修建离退休职工住宅楼；成都 12 栋楼房交付使用后，拨款近 100 万元，用于搬迁组织工作，并在酒泉、张掖、兰州、成都新安置退休职工 320 多人。同时，为玉门矿区 1200 名离退休职工进行了 6 个方面、26 项内容的身体普查。

1999 年，在玉门油田各项经济形势日趋严重、各项费用不断压缩的情况下，为 1999 年 6 月底前已办理正式离退休手续的离退休人员发放一次性生活补贴；为离退休人员办理和解决健康疗养费发放、饮水机配备、活动场地维修改造等 15 件实事。

2003 年，解决了曾为玉门油田发展建设做出贡献的 3883 名家属的生活补贴问题。

2004 年 10 月，按照集团公司有关政策，按离退休人员原级别岗位调整生活补贴发放标准，并为 2003 年底前离退休的 4619 名离退休人员发放了生活补贴。

2006 年 9 月，出台《离退休人员管理办法（暂行）》，规定：离退休人员无论居住何地，均享受国家规定的养老及医疗保险，并按上级有关规定办理报销手续。其死亡后的丧葬费、抚恤费、遗属生活困难补助费等均按上级有关规定执行。继续执行离休干部按年全额发放、退休干部分三年全额发放、退休工人分五年全额发放的健康疗养费发放办法。离退休人员享受由企业所发放的生活补助和住房、物业管理、水、电、暖等项补助补贴政策，离退休人员的子女在上学、就业、住房等方面享受与在职员工子女同等待遇。

2011 年，历时近两个月，对 3 个驻外基地 2010 年底退休人员和酒泉基地 65 周岁以上人员共 2553 人进行了健康体检。

2013 年，协调解决离退休人员交叉户天然气进户和物业管理费及水费、家属工丧葬费办理、鳏寡孤独人员大病手术住院陪护、长期住院人员的医药费报销等问题。

2015 年，协调解决了疗养院东西两院公共用水费用结算、玉门油田居住哈密基地退休人员的门禁卡办理、部分精简下放人员生活费补发等问题。

2016—2017 年，建立健全了久病困难离退休人员家庭大病医疗补助和长效帮扶机制。

二、管理服务

1987—1997 年，离退休人员实行由各基层单位分散管理的模式，工作重点侧重于管理工作，每年在“老人节”、春节等重大节庆期间，由油田领导和厂处领导带队，有重点地对矿区居住的退休职工和职工遗属进行节日慰问。对家居外地的退休职工，由管理部门统一组织，每三年轮流慰问一次，每年慰问三分之一的离退休职工。

1992 年，制定下发《离退休职工管理服务工作实施细则（试行）》《离退休职工自管委员会工作条例（试行）》，明确离退职工管理工作责任分工，实行目标管理。

1998 年起，离退休管理中心秉承“以服务为中心、以稳定为重点、以和谐为根本”的工作理念，开始把工作重心从日常管理逐步转移到以服务为主，在各退管站开展争当“优质服务杯”、争当“优质服务明星”、争创“优质业务”等活动，主动深入到单身孤寡、生病住院、年老体弱、行动不便以及发生丧事的离退休人员家中，定期上门服务、扶残助困、奉献爱心、协助解决生活上的困难。2004 年，离退休管理中心共为离退休人员上门服务 584 次、慰问住院病人 350 余人次、为 70 岁以上老人祝寿 91 人次、协助办理丧事 87 起、发放各类票证 1 万余张，邮寄调查信函 1800 余封、接待来访 860 余人次、处理各类信访函件 1540 余件，汇寄养老金、辞职人员生活费 377.59 万元，发放健康疗养费 167.73 万元，遗属生活费及补贴 253.75 万元、春节慰问费 46.23 万元、办理《老年优待证》170 份，并为 72 名特困高龄老人和 10 名孤寡老人建立了服务、救助卡，服务满意率达到 90% 以上。

2010 年，坚持“以情为真，服务至上”的工作方针，把情为老所系、利为老所谋、办为老所需作为履行服务职能、创新服务方式、提升服务质量、规范服务程序、拓展服务领域的目标，积极倡导“走动式”服务，全年走访家庭 4700 余户次，对重点户家庭走访慰问 2226 人次，慰问住院病人 402 人次，举办生日祝寿 164 人次，协助处理丧事 92 起，处理各类信访 1386 件，办理老年优待证 274 个。

2011 年，继续深化“走动式”管理，认真履行“四个一”“六必访”“五不许”服务承诺，落实“亲情服务卡”服务和定期慰问制度，全年对重点户家庭家访慰问 1713 人次，慰问住院病人 476 人次，普遍走访慰问 2312 次，为老职工生日祝寿 70 人次，协助处理丧事 86 起。

2013 年，重新摸排重点服务对象，落实“四个到位”措施（高龄鳏寡查看到位、重病伤残帮扶到位、特困救助引导到位、社会服务措施到位），对 80 岁以上高龄老人定期电话问候、定期走访帮扶，全年共走访慰问高龄鳏寡、重病伤残困难家庭 1064 户次。

2016 年，推行“针对性、走动式、亲情化”服务，做到了日常服务到位、重点服务到家、特殊服务到人。日常走访慰问 861 户次，探视住院病人 273 人次，为老职工生日祝寿 169 人次；协助处理丧事 135 起；妥善处理精减下放人员诉求问题 32 件。对 80 岁以上高龄老人定期电话问候、定期走访帮扶，全年共走访慰问高龄鳏寡、重病伤残困难家庭 732 户次。

2017 年，持续开展“针对性、走动式、亲情化”服务活动，定期深入离退休老人家庭，嘘寒问暖、了解情况、征求意见、沟通释疑；提高慰问标准，重新摸排重点服务对象，全面落实“五必访”“四到位”措施，离退休人员养老金、节日慰问金、健康疗养费、遗孀生活费、护理费、生活补贴等做到了及时准确、足额发放。分期分批为 2893 名离退休人员进行健康体检，探视住院病人 318 人次、为高龄老人生日祝寿

400人次，发放大病医疗救助金36.6万元、困难户帮扶金6.9万元。

三、文体活动

1987—1997年，离退休职工的文体活动由基层各单位自主组织开展。基层各单位除为离退休职工提供必要的文化娱乐活动场所外，重点结合离退休职工的自身特点，组织开展老年门球和地掷球活动。

1987年，在矿区、酒泉退休基地建有活动室45个、门球场9个。为了组织广大离退休人员走出家门，参加体育活动，于1989年举办了第1届"长寿杯"老年门球赛，促进了老年门球活动在油田广泛兴起。1991年，门球场由11个增加到17个，有门球队20支、地掷球队2支；4月，在甘肃省举办的第三届老年地掷球比赛中，酒泉休养所女队获团体第一名，并代表甘肃省参加10月在北京举办的全国地掷球赛；5月，酒泉地区举办第七届门球赛，油田有9支队伍参赛，有2支荣获冠、亚军。1992年，新增门球场9个，达到26个，初步形成了遍布油田的活动网点；4月，代表总公司在兰州承办第二届西北协作区老年门球赛，油田老年门球队夺得团体第二名；5月，3个老年门球队参加酒泉地区第八届老年门球赛，取得团体第一名；6月，油田老年门球代表队参加甘肃省老年门球临泽赛区复赛，夺得团体第一名。

1998年，离退休人员管理中心成立后，着手整合离退休职工文体活动。组织举办第一届中老年台球赛。10月，在原老年艺术团基础上，成立金秋艺术团。

1999年，离退休人员管理中心组织举办第一届中老年乒乓球赛。组建700人的老年秧歌队，参加玉门油田春节社火表演，老年社火队开始成为每年油田春节社火表演的主要参与力量。

2004年，离退休人员管理中心组织成立乒乓球、台球、门球、柔力球、空竹队、秧歌队、金秋艺术团、银铃合唱团等8个老年文体协会、团队，有会员1250人。9月，成立老年大学，有教学班9个，学员426名。老年大学同时负责各协会和艺术团、合唱团的日常管理和业务指导工作。金秋艺术团编排的舞蹈《我是玉门石油人》《千手》，分别在甘肃省老年文艺节目调演和集团公司中国石油第二届离退休职工文艺调演中荣获一等奖和最佳节目奖；银龄合唱团在油田"庆国庆"企业歌曲大赛中荣获二等奖；老年门球队在酒泉地区第17届老年门球比赛中获第一名。

2005年，老年大学对各协会和艺术团、合唱团的章程办法、运行计划进行了健全完善，并成立书画协会、太极协会和老年管乐队。先后承担油田"春之韵"大型文艺晚会，观众达2000余人；举办两次老年大学教学成果展示，参演300人，展示成果30项。老年大学编排的踢踏舞《我为祖国献石油》和舞蹈《裕固欢歌》，在甘肃省第八届中老年文艺节目调演中分获一等奖和二等奖。在纪念建党84周年之际，老年大学抽调230余人，编排一台以歌颂党的光辉历程为主题的"壮丽航程"大型文艺节目，在矿区和酒泉疗养院连演3场。

2006年，老年大学先后举办"春之声""七月欢歌""鱼水情深"等多场大型文艺晚会，组织文艺小分队深入到水电厂、炼化总厂、采油厂等单位慰问演出15场次；编排的舞蹈《高原春风》《花鼓心声》在甘肃省第九届中老年文艺节目调演中分获一、二等奖。相继举办乒乓球、台球、门球比赛，承办酒泉市第七届中老年门球赛，在各园区推广花扇、花绢、花棍、彩带、柔力球、空竹、秧歌等健身项目，培训各类骨干600余人。组建中老年秦腔协会和190人的威风锣鼓队、100人的安塞腰鼓队。

2007年春节，威风锣鼓队、安塞腰鼓队首次在油田进行社火表演，并组织600人的社火队，参加酒泉市春节社火表演。此后，威风锣鼓队、安塞腰鼓队每年参加油田、市区组织的春节社火表演；威风锣鼓队曾多次受邀为酒泉市各类比赛、开业、庆典仪式助兴表演。举办第一届中老年综合运动会，共设7个比赛项目和10个表演项目，参赛运动员达1000人次。

2008年，离退休人员管理中心组队参加第四届酒泉市城区老年乒乓球赛和老年门球赛，其中乒乓球代表队分别取得男子团体第一、女子团体第三和男女单打第一，有2支门球队分获第一、第四名。

2009年，以庆祝玉门油田开发70周年为契机，组织老年大学学员编排大型文艺节目《玉门颂》；以庆祝新中国成立60周年为主题，组织400余名中老年人举办"颂歌献给党"大型合唱歌咏比赛，表达离退休人员对党、对祖国的热爱之情；以活跃中老年人精神文化生活、陶冶思想情操、增强健康意识为目标，举办第三届中老年综合运动会，共设置门球、台球、乒乓球、国际象棋等4个比赛项目，参加各类比赛的人员达300多人。

2010年，老年大学开办2期培训，开设舞蹈、声乐、书画、太极、二胡等5个专业9个教学班，培训学员 952 人次。举办第四届油田中老年综合运动会，有 600 多名运动员参加门球、台球、乒乓球、羽毛球、象棋、广场舞等 6 个项目的比赛。

2012 年，老年大学舞蹈、声乐、管乐、书画、电脑等专业 11 个教学班 900 名学员在校学习。举办庆“七一”大型歌舞晚会、“秦之韵”秦腔专场演出、广场红歌比赛、大型团体操表演。分别承办酒泉城区和油田第 24 届中老年“长寿杯”门球赛。普及广场健身舞 10 期 30 套。

2015 年，柔力球协会参加酒泉市“巨龙杯”首届广场舞大赛，7 支参赛队伍均进入复赛，其中“金胡杨”柔力球队获“最佳人气奖”和“精神文明”奖。

至 2017 年，老年大学先后开设舞蹈、广场舞、形体训练、声乐、合唱、二胡、管乐、书画、太极拳、太极剑、瑜伽、计算机等专业教学班 320 多个，累计报名学员 1.2 万多人次；集中培训群众文化艺术项目 35 套，培训文艺骨干 150 名，参训学员 1730 人次。

第七章　划转或撤并单位（业务）

第一节　油田多种经营

玉门油田多种经营工作起步于20世纪60年代逐步建立和发展起来的农副业生产和集体经济，至20世纪80年代，随着我国社会主义市场经济的建立和发展，油田集体经济取得长足发展，到1986年，玉门油田先后成立农工商公司10个、劳动服务公司15个，多种经营厂点240个，其中工业生产厂点28个、商业网点11个、建筑施工队伍16个、运输车队12个、服务业173个，参加生产劳动的城市家属1716人、待业青年836人，年产值6590330.59万元，年创利418675.53万元。1987年起，坚持“以油为主、多元发展，一业为主、多种经营”的方针，持续发展多种经营，至20世纪90年代初期，油田多种经营达到鼎盛时期，拥有相当经济实力和生产经营规模，成为当时的支柱产业之一，被誉称为油田经济发展的“半壁江山”。1996年后，随着市场竞争日趋激烈，多种经营系统产品销售及服务市场逐步缩减，部分厂点甚至出现亏损。为此，通过撤、并、减等方式，调整并压缩多种经营生产规模。1999年，随着油田重组改制，多种经营工作全面退出油田。

一、机构与队伍

1987年，管理局从事多种经营工作的单位主要有农工商公司，设有面粉厂、牛奶厂、石油制品厂、木器制品加工厂、油毡纸厂、汽车队、建筑队、戈壁庄农场等，重点从事农副业生产、石油制品、木器加工以及建筑安装等业务。钻井处、老君庙油矿、鸭儿峡油矿、炼油厂、水电厂、油建公司等单位设有农工商公司，其他单位设有服务站，专门负责和从事本单位的多种经营工作。4月，成立农工商管理处，为油田多种经营工作的职能部门，与农工商公司为一套机构、两块牌子，各单位农工商公司或服务站的相关业务统一由农工商管理处管理。当年，先后两批从职工待业子女中招收大集体职工600多人，安置聋哑残疾青年20多名，使集体经济从业人员达到6500余人。

1988年6月，农工商管理处更名为多种经营管理处，农工商公司更名为兴玉实业开发总公司，多种经营管理处与兴玉实业开发总公司为一套机构、两块牌子。多种经营管理处是油田集体经济的主管职能部门，依照油田集体经济管理办法，负责各单位集体经济各项业务的指导、监督、协调和服务工作。兴玉实业开发总公司为集体所有制经济实体，是相对独立的集体经济经营单位，机关设党委办公室、行政办公室、生产科、财务科、农牧科、计划经营科、人事教育科、工商管理科、审计科、工会、对外协作办公室等，基层设有沥青厂、制蜡厂、汽车队、工程队、加工厂、皮鞋厂、牛奶场、养鸡场、轧钢厂、综合修理厂、农场等生产经营厂点。8月起，炼油厂、老君庙油矿、水电厂、机械厂、油建公司、运输处、钻井处、鸭儿峡油矿等单位的农工商公司先后更名为新兴实业开发公司、老君庙实业开发公司、兴电实业开发公司、通达实业开发公司、华龙实业公司、星火实业开发公司、钻井处实业开发公司、鸿达实业公司；石油沟油矿、二机厂、录井处、生活公司、总校、井下处、职工医院、物资处等单位先后成立永兴实业公司、新鑫实业公司、生茂实业公司、华佳实业开发公司、科教实业公司、飞跃实业公司、医达实业公司、长城实业公司、玉门职业技术实业公司。至年底，油田集体所有制的公司发展到26个，从业人员达7600余人。

1990年，按照总公司把多种经营列为石油工业发展的“三大战略”之一的要求，对多种经营工作实行统一规划、统一领导、统一管理。按照国务院和总公司关于清理整顿公司的要求，油田对多种经营系统开办的26个公司进行清理整顿，保留老君庙、钻井、新兴、华龙、兴电、星火、通达、新鑫、鸿达、永兴、地调处等11个实业开发公司，对飞跃、信达、华昌、华佳、医达、科教、长城、生茂等8个实业开发公司进行撤并，对机械厂技术开发公司、油建公司施工技术开发咨询公司、油建公司青年科技文化开发公司、研究院技术开发咨询公司、运输处职业技术实业公司、运输处祁连技术服务公司、炼油厂炼油化工技术实业公司等7个公司全部撤销。对各厂、矿开办的公司和多种经营单位（包括11个保留公司和8个撤并公司以及原 7 个劳动服务站），工商登记为兴玉实业开发总公司的分支机构，具有双重管理性质的集体经济实体，其中 8 个撤并的公司及原 7 个劳动服务站一律更名为多种经营站。筹建龙达公司、张掖化工基地，新开辟成都、广州、深圳等对外窗口。

1991 年 12 月，多种经营管理处从兴玉实业开发总公司划出，为玉门油田机关职能部门，下设综合科、农牧业科、经营计划科、财务科、技术科 5 个职能科室。兴玉实业开发总公司作为油田多种经营系统的独立的经济实体，机关设公司办公室、党委办公室、人事保卫科额、财务科、生产科、机动安全科、工会等科室，基层设石油制品厂、汽车队、建筑安装公司、玉美皮鞋厂、制蜡厂、牛奶场、加工厂、器材科、酒泉修理厂、农场、面粉厂等单位。当年，管理局多种经营系统建成工业厂队 34 个、建筑安装队 6 个、车队（运输班组）16 个、商业门店 37 个、饮食服务网点 100 多个；安排城市户口家属 2109 人，组织 1310 名农场户家属参加劳动，安置待业青年就业 143 人、集体职工 710 人；吸纳退离休职工和社会闲散劳动力 1980 人，安置主业富余职工 1632 名。

1992 年 7 月，成立多种经营总公司，作为玉门油田统一管理多种经营的职能机构，与多种经营管理处为一个机构、两块牌子，对内行使管理职能，对外具有独立法人资格，基层各单位所设立的多种经营机构，包括兴玉实业开发公司均为多种经营总公司下属挂靠式的分支经济实体，在业务上归口多种经营总公司统一管理。多种经营总公司设经理办公室、经营计划部、技术开发部、财务部、农副业部、审计部等部门。兴玉实业开发总公司更名为兴玉实业开发公司，为玉门油田多种经营总公司下属挂靠式分支经济实体，其机构设置保持不变。当年，老君庙油矿和油矿工会联营投资 30 余万元，对实业公司的木器厂进行扩改建；生活服务处为扩大老区服装行业，投资 80 万元，对劳保服装厂进行扩建，年生产能力由原先的 5 万标准套增加到 8 万标准套；地调处电线厂通过配套改造，初步形成年产各类电线 3000 千米的生产规模，产品生产扩大到 5 大类、17 个品种；兴玉公司筹建年产 5000 吨聚丙烯造粒工程和年产 300 万条纺织袋厂，物资处筹建年产 3 万瓶溶解乙炔气厂。在马鬃山设立对蒙边境贸易窗口；在上海浦东参加华油股份有限公司并投股 150 万元，设立面向国际的外贸窗口；在兰州高新技术开发区成立西部技术开发公司，设立国内的贸易窗口；与新加坡、太平洋（私人）有限公司、台湾博多公司、香港番发实业公司、台湾航运公司、酒泉清水镇、哈密乡镇企业管理局等单位分别签订合资开办高中档润滑油厂、珍珠岩泡沫玻璃钢管厂、花岗岩板材厂、膨润土厂的意向书；油田驻北京办事处与北京汽车出租公司联营合办“汽车运输公司”，驻广州办事处与深圳东方明珠大酒店合资成立“玉田公司”，在广州黄埔区筹建“保税仓库”，太湖度假村与湖州航运公司合办“航运公司”，大力发展外向型经济。油田多种经营生产规模不断扩大，产业结构得到进一步改善。1992 年，管理局 19 个实业公司、16 个多种经营站，共有各业网点 255 个，其中工业厂点 49 个、运输队 16 个、建筑安装队 6 个、商业网点 38 个、饮食服务网点 105 个、其他服务队 21 个；从业人员达 9390 人，其中全民职工 2513 人、集体职工 725 人，安置待业青年 110 名、残疾人 58 人，吸纳离退休职工和社会闲散劳动力 3588 人。

1993 年 2 月，将多种经营总公司从机关划出，仍与多种经营管理处为一个机构、两块牌子，由机关职能机构逐步向经济实体过渡，下设经理办公室、经营计划部、技术开发部、财务部、农副业部、审计部、劳动人事部等部门，有兴玉实业开发公司、经济技术开发公司、华油养殖公司、西部科技开发公司 4 个直属公司。当年，各基层单位相继组建成立三环商贸公司、华佳实业公司、酒泉健达实业开发公司、达奇实业公司、勘察设计研究院科技咨询服务部、甘肃荣兴实业开发公司、松龄科工贸实业公司、前进科工贸实业公司、永泰实业公司、通信技术设备公司、医达实业公司、长城实业公司、阳关实业公司等集体所有制经济实体，除三环商贸公司为多种经营总公司直属公司外，其他为多种经营总公司的分支机构，纳入多种经营系统归口管理。多种经营系统以管理局驻外单位为依托，先后在北京、上海、广州、太湖、西安、成都、张掖、酒泉等地，组建 15 个经贸实体，积极参与市场竞争；建成 25 个加油站，在省内初步形成了石油产品零售网络。

1994 年 1 月，对多种经营系统的经济体制进行调整，按照“统一领导、分级管理、总体规划、协调发展”的原则，将多种经营系统划分为多种经营单位和劳动就业服务单位，实施两种不同性质的经营管理方式。已纳入多种经营系统管理及以后主业转化经营机制逐步分离的工业、运输、建筑安装和其他服务于主业的厂队、车间等，其经济性质为全民所有制；商业、饮食业、服务业及小型工业等，属集体所有制，多种经营总公司设劳动就业服务公司，各厂处、实业公司设劳动就业服务站，负责劳动就业服务企业的管理和业务，行政上隶属各级多种经营单位兼管。4 月，兴玉实业开发公司由集体所有制转换为全民所有制，其主要经营单位有石油制品厂、汽车队、建筑安装公司、塑料加工厂、溶剂油厂、玉美皮鞋厂、加工厂、农场、面粉厂等。

1995 年下半年起，随着玉门、吐哈管理体制的理顺，7 个划转单位所属的钻井、华龙、新鑫、地调等多种经营单位划归吐哈油田。

至 1996 年 7 月，多种经营总公司机关设党委办公室、行政办公室、劳动工资部、生产协调部、技术开发部、计划经营部、财务部、审计部、农副业部等科室，有直属公司 5 个、挂靠式公司 19 个，有生产经营网点 247 个，其中工业厂点 49 个、建筑安装队 5 个、汽车运输队 14 个、农牧养殖业场点 17 个、餐饮服务网点 162 个；从业人员 5056 人，其中全民职工 3055 人、集体职工 558 人、临时工 53 人、其他聘用人员 1390 人。8 月，撤销多种经营总公司，保留多种经营管理处，为油田机关职能部门，设综合科、计划财务科、农牧科、集体经济科，全面负责玉门油田多种经营管理工作。同时，撤销兴玉实业开发公司，将原兴玉实业开发公司石油制品厂、皮鞋厂、汽车队，生活服务公司劳保厂、氧气厂，物资处乙炔厂及三环商贸公司合并，组建成立综合服务处；将建安公司与采油厂玉龙建安公司合并，组建成立建筑安装工程处；将多种经营总公司直属的华油养殖公司划归生活服务公司。

1998 年 12 月 15 日，根据集团公司“调整、改制、扭亏”的总体要求，为进一步深化全局经济体制改革，理顺管理体制，合理调整产业结构，撤销多种经营管理处及油田所属多种经营企业，对资产和人员进行重组。至 1999 年 7 月，多种经营单位仅剩老君庙实业开发公司和炼化总厂新兴实业开发公司。2001 年 1 月，撤销新兴实业开发公司和老君庙实业开发公司，原新兴实业开发公司与综合服务处合并成立新兴实业开发处；老君庙实业开发公司所属吐哈井下作业、机修厂、运输一队特车一小队全部人员和资产划归油田作业公司，运输一队（除特车一小队）、运输二队及多元开放经营厂点人员、资产划归新成立的新兴实业开发处，客运大队划归新成立的综合服务处。

二、发展概况

1987 年，参照乡镇企业管理办法，管理局制定《集体经济管理办法》和与之相配套的五个方面的政策性规定（包括农副业管理细则、集体合同制工人管理规定、聘用临时合同工的规定、集体经济财务管理暂行规定、全民企业车间交集体经营若干问题的规定），使多种经营系统管理工作逐步走上正规化和制度化。通过与各厂、矿、处分管厂（矿、处）长签订《集体经济效益目标责任书》，推行承包经营责任制，使油田多种经营工作出现农、工、商三行并举，农、林、牧、副、渔、工、商、运（输）、服（务）、建（筑）十业兴旺的好势头。当年，集体经济性质的工业厂点和工程建筑队比 1986 年增加 75%，汽车队和饮食服务网点增加了一倍。

1988 年，坚持“以油为主，多元发展；一业为主，多种经营”的发展战略，生产经营范围和规模不断扩大，拥有工业、运输、建筑等各类厂队 69 个，开办商贸、饮食服务网点 174 个，全年实现生产经营总值 6622 万元，创利 1181.7 万元。同时，根据“一厂两制，所有权和经营权两权分离”的原则，有 11 个厂矿单位把一些亏损或微利的生产车间（班组）交由集体性质的单位经营，转换经营机制，使它们“起死回生”。

1989 年，本着“宏观管住管好，微观放开搞活”的原则，在多种经营系统建立起全员风险抵押承包机制，优胜劣汰的市场机制，多劳多得的分配机制，干部能上能下、工人能进能出的用人机制和扶优限劣的激励机制。在多种经营管理处设立内部银行，制定下发《集体经济内部银行管理规定》，使内部银行很好地发挥监督控制职能、信贷职能、结算职能和信息反馈职能。11 月，制定下发《关于进一步巩固和发展农副业生产的决定》，对依法取得土地使用证的局属农场，实行局和厂（矿）两级管理，并从多种经营部门的生产发展基金中提取 15% 作为以工补农资金，用于农田基本设施维护、农业新技术引进和小型农机具的购置等，增强了农业发展后劲，调动了农副业生产的积极性，使社会生产总值与 1986 年相比，增长 29%，达到 8537.2 万元，创利润 156207 万元。

1991 年，多种经营工作坚持“积极扶持、合理规划、正确引导、加强管理”的指导方针，制定多种经营“八五”发展规划、《集体经济管理办法补充规定》《集体承包全民企业辅助生产单位实施细则》，以及扶持集体经济发展的13条优惠政策。全年完成技术改造7项，新增效益600万元；开发新产品14个，新增产值100万元。全系统有16项油品、3项工业产品取得甘肃省有关部门颁发的生产许可证，4项产品取得局级生产许可证；7个厂队通过甘肃省石化厅、商业厅、公安厅联合审验，取得“化学危险物品经营许可证”。多种经营系统以集体自筹资金、全民贷款形式，先后购置各类机动车辆90多部，支援吐哈石油会战；为吐哈会战提供泥浆材料、陶粒砂等生产物资5869吨、加工制作野营房136套、大罐80具；承包食堂20个、招待所16个、平井场64口，使驻疆会战的22个钻井队和地震队实现了住宿公寓化、吃饭餐厅化。

1992年，制定下发《关于加快发展多种经营的实施办法》《调整临时合同工工资待遇的通知》《关于提取流动基金和专项基金的通知》《关于提取国家能源交通重点建设基金预算调节基金和提高职工福利基金比例、提高固定资产价值标准的通知》《内部银行贷款办法》《多种经营系统内部审计工作暂行规定》《建立经贸网络试行办法》《经营承包方案》和《投资管理办法》，对年总产值在5000万元以上的老君庙实业开发公司、钻井实业开发公司和新兴实业开发公司经理给予享受副处级待遇，有效调动多种经营系统从业人员的积极性，促进了油田多种经营的发展。张掖石化筹建处的磺化沥青，井下处的陶粒砂，钻井处的重晶石粉、石灰石粉、膨润土粉在吐哈战区打开了销路。其中磺化沥青经总公司和甘肃省技术部门鉴定，水溶性等6项指标居国内同类产品前列，获得与美国产品同等的功能，形成年产千吨的规模，年创利润百万元，填补了省内空白。炼化总厂新兴实业公司精细油化工厂29种产品按国家一级标准生产，有11个产品取得省级生产许可证，年产值由297万元增加到894万元，年加工量由5500吨上升到11000吨，其中–10号柴油获省优质产品，产品出厂合格率100%。油田有17个多种经营单位在吐哈战区设立服务项目，有1225人参加吐哈石油会战，参战运输车辆207辆、建筑安装队6个、井下作业车组18个、后勤服务队13个，承担价值工作量5000多万元。各实业公司还先后整建制承包经营生活服务处劳保服装厂、氧气厂、汽车队，运输处橡胶厂、公路工程队，水电厂修配车间、金属监测站，机械厂节箍班等8个全民性质的生产单位。当年，多种经营系统拥有固定资产6145万元，流动资金2400万元；经济效益大幅度提高，产值、利润创历史最好水平，社会总产值达到2.59亿元，创利税3900万元，全员劳动生产率达到2.84万元，为主业提供资金450万元。在油田多种经营工作中，工业、建筑安装业异军突起，二、三产业成为多种经营系统强有力的经济支柱。拥有500万元以上的厂队4个，1000万元以上的厂队2个。第二产业的年生产经营总值为1.6亿元，占总产值的64%。第三产业有143个营业点，年生产经营总值达到7550万元，占总产值的30.2%。

1993年，从理顺管理体制，加强内部管理入手，制定下发《关于对有关组织、部门兴办经济实体加强管理的决定》，加强对多种经营系统的管理和指导，逐步理顺主管部门与多种类型经济实体之间的关系。多种经营总公司制定下发《加强多种经营宏观管理的补充规定》《项目论证管理办法》《投资贷款管理办法》《产品质量管理办法》《对外经济合同管理办法》《新技术、新产品、新项目开发奖励的暂行规定》等，进一步强化和完善了经营承包责任制。全年投资7325万元，新上项目和扩改建项目67个，其中外向型项目32个，当年投产或开张营业项目62个。兴玉公司筹建的300万条编织袋生产线7月开机投产，产品纯度达98.5%，与使用电石浮桶相比，可节约三分之一的能源。全年，多种经营系统完成生产经营总值43791万元，实现利润4336万元，全员劳动生产率达到5.19万元/人，新接纳主业分流人员1094人，支援主业资金500万元，提前两年实现了多种经营“八五”奋斗目标。

1994年，按照总体部署，各单位在多元开发上培植新的经济增长点，开辟增效创收的新门路，为减轻主业人员过剩和资金匮乏压力，依据市场需求，对21个老厂点从产品质量、工艺技术、生产能力等方面进行改造完善，增加产值2900万元，创造效益350万元。在配套完善上年新建项目，抓紧投运创效的同时，新筹建刨花板厂、无模具密封件厂、麦芽厂、花岗岩板材厂等20多个项目。同时，在上海、广州、兰州等城市组建27个经贸实体，增强对外创收能力，驻外商贸机构全年共创产值4800万元，利润224万元。在全面推行全员劳动合同制管理的基础上，制定、完善以岗位责任制为中心的9项制度，努力提高商饮企业服务质量，积极创建“消费者信得过商店”。多种经营系统成立两个“消费者监督站”，有32人担任兼职监督员。有7个商饮门点获玉门市“消费者信得过商店”的称号和匾牌。有18个生产岗位被油田授予“红旗岗位”。全年，多种经营生产经营总值达70293万元，同比增长60.51%，实现利润3567万元，全员劳动生产率达到 73000 元 / 人，同比增长 40%。

1995 年，多种经营系统围绕提高经济效益和安置主业分离职工两大任务，制定《多种经营体制改革方案》和《多种经营系统深化三项制度改革实施办法》和《多种经营系统项目管理办法》。通过加强财务管理，清理账外资金，并转、注销多头账户 16 个。有 7 种产品取得油田产品质量许可证。对 21 个生产厂点进行扩建改造，增加产值 3842 万元，增效 210 万元。全年，多种经营生产总值达 10.1 亿元，同比增长 43.7%；实现利税 3614.3 万元；全员劳动生产率达到 9.83 万元 / 人，同比增长 22.5%。安置主业分流职工 732 人。

1996 年，多种经营系统筹建的上海华东通讯电缆厂、上海保健表厂、板材厂、金属镁厂、石墨垫子厂、张掖液化气厂（站）等新项目相继投产，糠醛厂、电子产品厂、兰州中山路工程陆续开工建设，成为多种经营发展的重要力量。在加快新项目建设投产步伐的同时，进一步加强老厂点的挖潜增效工作，新兴实业开发公司焦化柴油碱洗装置、润滑油试厂、西河坝污油回收等项目如期完成改造、扩建任务；氧气厂对医用氧项目配套完善，通过省主管部门的验收，成为甘肃省第四个获得医用氧气生产资格的厂家；老君庙实业公司对弯头系列产品进行技术改造，品种增至 22 个；通达公司对抽油杆接箍项目进行技术改造，生产能力由 15 万支增加到 30 万支；兴电实业公司利用油料改造模具，加工保温卡子 12000 件，节约资金 5 万元。当年，多种经营生产总值达到 6.8 亿元，实现利润 1206 万元。

1997 年，面对多种经营系统市场萎缩、工作量严重不足的状况，油田大力调整多种经营管理方式和产业机构，把多种经营的人事、财务、物资等纳入全局统一管理的行列，加强对多种经营厂点的审计、监察工作。坚持筹建骨干工业企业、改造挖潜老厂、综合治理农业的总体部署，新建年产 400 吨的糠醛厂、年产 250 万只 4 升方桶生产线和 600 万张彩印马口铁生产线的制桶厂，扩大润滑油中试产的产能；对石油制品、氧气生产、石材加工、柴油碱洗、弯头生产、汽车修理等项目进行技术改造。在经营谋略上，采取以销定产、优质服务、抢占市场的策略，开创营销工作新局面。把发展高效农业作为急待开发的新的增长产业，列入议事日程，着力改善农业基础设施，加强配套完善工作。全年多种经营实现销售收入 6.4 亿元，在承担 3655 名职工工资、奖金及附加费 8406 万元的基础上，向油田上缴利润 1000 万元。

1998 年，面对“扭亏增盈”的艰巨任务，多种经营管理处制定出台《多种经营企业建立现代企业制定的实施办法》和多种经营企业改建股份有限公司、有限责任公司及股份合作制、“全民民营”的办法等规范性文件，组建成立多种经营物资供销公司、劳保用品公司、建筑安装公路工程公司、劳动服务公司等四个专业化公司，着力打造石油化工、建安与建材、非金属矿业、机械加工和电子工业、农副业产品生产及其加工、汽车运输、商贸及饮食服务等六大支柱产业的新格局。新兴实业开发公司与美国埃克森公司合作进行玉门基础油配方设计，生产出 10 多个品种的中高档润滑油；兴电实业公司利用现有设备进行技改和新产品研制，开发低压开关柜、球磨机钢球、水处理剂等系列产品，兴建棉花加工厂；老君庙实业开发公司人工地震技术打入青海油田市场。

1999 年，多种经营工作基本退出油田管理体制。1987—1997 年玉门油田多种经营基本情况统计见表 8–7–1。

表 8–7–1　1987—1997 年玉门油田多种经营基本情况统计表

年度		1987 年	1988 年	1989 年	1990 年	1991 年	1992 年	1993 年	1994 年	1995 年	1996 年	1997 年
上缴税金（万元）		42.5	76.13	130.1	223.73	352.5	421	542.6	262			
实现利润（万元）		335.3	1181.7	1562.7	1406.6	3423.7	4267.3	4336	3566.7	3600		
生产经营总值（万元）		3217.75	6622.4	8537.2	8551.63	13713.82	26433.07	43791.71	70291.4	90500		
其中	矿区	2564.41	5849.88	7706.97	7771.19	12851.33	26433.07	42661.99	69084.48			
	农场	649.34	772.52	830.23	780.44	862.49	1972.1	1129.7	1206.9			
总人数		6598	7624	6897	6811	7898	9316	8472	9652			

续表

年度		1987年	1988年	1989年	1990年	1991年	1992年	1993年	1994年	1995年	1996年	1997年
全员劳动生产率（元／人）		4870	8686	12378	12555	17363	28374	51690	72827			
实际上缴管理费（万元）							147.6	205.7	233.5			
上缴主业扶持费（万元）							451.7	462.7	537.5			
多种经营网点（个）	小计	136	246	229	233	271	238	302	304	362		
	工业	49	52	42	43	46	51	90	91	108		
	建筑	4	6	2	7	5	8	6	7	9		
	运输	11	11	8	11	17	20	21	21	24		
	商业	21	36	36	41	44	53	95	127	102		
	饮服业	31	119	113	85	107	86	68	38	94		
	农场	16	18	18	18	18	18	18	13	14		
	养殖业					2	2	4	7	11		
	其他	4	4	4	28	32						

第二节　油田教育工作

由于玉门油田特殊的发展历史和地理环境，决定了油田普通教育和职业教育工作在企业不同发展时期的重要地位和作用。长期以来，玉门油田十分重视职工及其子女的教育培养工作，在大力发展普通教育，解决职工后顾之忧的同时，针对企业对紧缺人才的需求情况，先后开办技工学校、职业高中、电大、党校函授、石油中专、培训学校等职业教育、学历教育和职工培训学校，形成了幼儿教育、普通教育、职业教育、学历教育、职工培训等门类齐全的教育培训体系。2000年以后，随着国家教育体制改革的深化和企业转换经济机制，以及国家分离企业办社会职能进程的加快，油田逐步移交了中小学校，停办了职业教育和学历教育。

一、管理机构

1987年，玉门油田机关设教育处、职工培训处，分别负责油田各学校的教学管理和全局职工的文化教育及技术业务培训工作。

1988年7月，撤销教育处，成立普通教育处，统管全局中小学教育、教学工作，归口管理全局中小学的校长任免、教师调动、教学经费、奖金分配、升级晋级、教育教学各项业务工作。撤销职工培训处，成立宣传教育处，油田职工的文化教育和技术、业务培训等工作，由宣传教育处负责。11月，成立人事教育处，油田干部的学历教育、岗位培训等工作由人事教育处负责管理，并负责职工培训总校的业务指导工作；油田工人的文化教育、岗位培训、考核发证以及技工学校、职业高中和驾驶员培训学校的业务指导等工作由劳动工资处负责。

1990年12月，成立职工培训处，下设干部培训科、工人培训科和培训站（甘肃省特殊工种第31号培训站），主要负责油田职工的文化技术培训、学历教育等业务。

1991年11月，在普通教育处增设招生办公室，与会考办公室为一个机构、两块牌子。

1993年4月，推行职工教育体制改革，撤销职工培训处，将技工学校、职工培训总校和隶属运输处管理的职业高中、驾驶员培训学校等学校合并，组建成立了职工培训中心，为油田所属基层单位，既承担具体教学任务，又负责油田职业教育、学历教育和职工培训工作的管理职能。职工培训中心下设电大中专部、技校、党校、驾驶员培训学校、职业高中、专业技术培训部、31号考核站等单位。为了保持教学工作的相对稳定与独立，电大中专、技校、党校按副处级单位设置，对外仍保留玉门石油管理局电大工作站、玉门石油管理局石油中专、玉门石油管理局技工学校、中共玉门石油管理局党校、玉门石油管理局驾驶员培训学校、玉门石油管理局职业高中、甘肃省特种作业第31号培训考核站等7个机构名称。7月，根据《玉门石油管理局普通教育体制改革方案》，撤销普通教育处，成立普通教育中心（以下简称普教中心），为油田所属基层单位。将运输处、钻井处、炼油厂、鸭儿峡油矿、石油沟油矿、机械厂、白杨河油矿和老君庙油矿等基层单位管理的中小学校划归普教中心统一管理，由分散办学改为集中办学。作为承担玉门油田基础教育任务的教学实体单位，普教中心机关设综合办公室、教育管理科、教研室、财务科、会考招生办公室、后勤服务部、勤工俭学部等部门，基层设第一中学（原子弟中学）、第二中学（原运输处学校）、第三中学（原钻井处学校）、第四中学（原炼油厂学校）、第一小学（原子弟小学）、第二小学（原机械厂小学）、采油厂采油八队学校、采油十队学校等8所中小学校。

1995年10月，撤销培训中心、普教中心，合并成立教育培训中心，全面负责玉门油田内部的学历教育、职业技术教育、职工培训、中小学普通教育、幼儿学前保教等工作，机关设行政办公室、党委办公室、工会、团委、劳动人事科、财务科、职工培训科、普教科、幼教科、教研督导室、招生办公室等科室，基层设第一、二、三、四中学，第一、二小学，采油厂采油八队学校、采油十队学校，第一、二、三、四、五幼儿园，职工培训学校（下设党校、电大中专部、驾校、专业培训部、31号站等）、职业技术学校等单位。

2000年1月，教育培训中心对职教系统机构设置进行调整，撤销技工学校，将原职业技术学校职业中专的教学业务、教学人员及教学设施并入职工培训学校。至年底，教育培训中心机关设行政办公室（劳资科）、党委办公室、工会、团委、财务科、培训科（招生办）、教育科、保卫科等科室，基层设第一、二、三中学，第一小学，第一、二、三、四、五幼儿园，职工培训学校（下设党校部、电大部、中专部、31号站、实习科等）。

2003年5月，教育培训中心撤销培训学校及下设机构；撤销党校机构建制，保留党校牌子。新设立电大中专部［内设继续教育部、教务（学）部、协调部］、培训部（内设特种作业培训考核站、技能鉴定站、井控培训中心、驾校）。12月，对教育系统进行改制，撤销教育培训中心，成立玉门油田教育集团。教育集团为独立的事业法人单位，主要负责油田学历教育、职业教育、普通教育、幼儿教育工作，实行市场化运作，独立经营，自挣自养，自负盈亏，自我发展。教育集团机关设综合办公室、教育人事部、经营财务部3个部门，基层设油田外国语高级中学、油田外国语小学、第二中学、第三中学、第一幼儿园、第二幼儿园、第三幼儿园、电大中专部、培训部、成人外国语学校等单位。

2004年4月，按照国务院、甘肃省政府“中央企业分离办社会职能”相关要求和集团公司统一部署，玉门油田与酒泉市签订《移交协议》，将教育集团中小学移交酒泉市政府。油田教育集团在中小学移交后，主要负责油田学前保教及职业教育培训等工作，机关机构保持不变，基层设电大中专部、培训部、成人外国语学校、幼儿园等单位。

2005年4月，玉门油田教育集团更名为教育培训中心，机关设综合办公室、人事与市场拓展部、经营财务部3个部门，基层设电大项目部（对外称甘肃广播电视大学玉门石油管理局分校）、特种作业培训项目部（对外称甘肃省特种作业玉门油田培训站）、井控培训项目部（对外称玉门油田井控培训中心）、外语培训部（对外称玉门石油管理局成人外国语学校）、学前保教部（对外称玉门石油管理局幼儿园）、驾驶员培训项目部（对外称玉门石油管理局驾驶员培训学校）6个单位。主要任务是面向油田、面向社会，开展形式多样的教育培训业务。12月，撤销教育培训中心机构建制，人员及资产在油田内分流和划转。

二、普通教育

1. 中小学设置

1987年，管理局根据职工子女的分布情况，设有完全中学1所（老君庙油矿子弟中学），在运输处、钻井处、炼油厂、鸭儿峡油矿农场和石油沟油矿窑洞地农场设有5所九年一贯制学校，有二机厂子弟小学、机械厂小学、白杨河油矿小学和老君庙油矿东湖农场小学等4所小学。各学校设有小学教学班102个、初中教学班 45 个、高中教学班 11 个，共有在校小学生 3878 人、初中生 2077 人、高中生 320 人。

1989 年 2 月，老君庙油矿子弟中学更名为管理局职工子弟中学，二机厂子弟小学更名为管理局职工子弟小学。

1993 年 4 月，白杨河油矿小学和老君庙油矿东湖农场小学撤销。7 月，对普通教育系统管理机构进行调整，普通教育由各单位分散办学改为由普教中心集中办学。同月，职工子弟中学更名为第一中学，职工子弟小学更名为第一小学。普教中心针对油田职工子女的分布情况，对中小学设置进行调整，设 1 所完全中学（第一中学）；5 所九年一贯制学校，分别为第二中学（运输处学习）、第三中学（钻井处学校）、第四中学（炼油厂学校）、鸭儿峡油矿学校、石油沟油矿学校；2 所小学，分别为第一小学、第二小学（机械厂小学）。有小学教学班 90 个、初中教学班 45 个、高中教学班 10 个，共有在校小学生 3439 人、初中生 2043 人、高中生 567 人。

1995 年 6 月后，随着玉门、吐哈管理体制理顺，职工家属及子女人数大幅减少，加之油田大部分农场户农转非后搬入市区居住，部分学校生源枯竭。1996 年 1 月，教育培训中心撤销了采油厂采油八队学校、采油十队学校初中部，学校布局减少为 7 所，其中 1 所完全中学（第一中学）、3 所九年一贯制学校（第二、第三、第四中学）、3 所小学（第一、第二小学，采油十队小学）。当年，各学校占地面积 154256 平方米、校舍面积达 42909 平方米；共设有小学教学班 72 个、初中教学班 40 个、高中教学班 17 个；有在校小学生 3078 人、初中生 1761 人、高中生 846 人。

1997 年 3 月，第三中学与第四中学合并为油田第三中学，第二小学撤销。

至 1998 年，有完全高中 1 所、九年一贯制学校 2 所、完全小学 1 所。各学校设有小学教学班 61 个、初中教学班 32 个、高中教学班 17 个，共有在校小学生 2684 人、初中生 1327 人、高中生 894 人。

2003 年 8 月，成立外国语学校，将第一中学更名为油田外国语高级中学，第一小学更名为油田外国语小学；第二中学、第三中学仍为九年一贯制普通学校。当年，各学校设有小学教学班 54 个、初中教学班 25 个、高中教学班 20 个，共有在校小学生 2236 人、初中生 1144 人、高中生 1016 人。2004 年 4 月，玉门油田中小学校移交酒泉市政府，中小学校设置不变。

2006 年 2 月，中小学校搬迁酒泉生活基地后，按照生活基地学校布局，酒泉市教育局玉门油田教育分局将中小学设置调整为玉门油田外国语高级中学、油田子弟学校、外国语实验学校。

2. 师资队伍

20 世纪 80 年代初期，玉门油田普通教育师资力量相对比较薄弱，部分学校教师不足的矛盾较为突出。期间，玉门油田一方面争取中、高等师范院校毕业生来油田工作，缓解教师不足的矛盾；另一方面，从外省市、外县市大量招聘优秀教师充实油田各学校，加强油田师资队伍力量。至 1986 年，管理局各中小学校共有教师 481 人，符合教学学历要求的有 302 人，占教师总数的 66.53%。

1988 年，开始执行国家教委制定的《中（小）学教师职务试行条例》，对教师学历提出新要求，要求小学教师达标学历为中专、初中为大专、高中为本科。当年，经甘肃省中（小）学教师高级职务评审委员会首次评审通过的油田中学教师高级职务的有 25 名、中学一级教师 47 名，小学高级教师 62 名。对未达到规定学历的青年教师，采取“请进来，走出去”、就地培训和委托培养的办法，鼓励在职教师通过参加自考、函授、电大等学习，提升素质，提高学历层次。同时，分年度有计划地选送一批优秀教师到全国各大、中专师范院校离职进修。

1994 年，玉门油田中小学有任课老师 489 人，其中高中任课老师 51 人、初中任课老师 195 人、小学任课老师 243 人，大学本科毕业 57 人、大专文化程度 172 人、中专（中师）以下文化程度 233 人。教师队伍的学历达标率高中为 64.7%、初中为 92.5%、小学为 96.2%，基本满足了中小学教学需要。

1996 年，玉门市开展教师资格认定工作，玉门油田被认定为小学教师资格的有 680 人、初中教师资格 353 人、高中教师资格 120 人。

进入 21 世纪，玉门油田教育集团对教师学历提出更高要求，要求小学教师具备大专学历，初中具备本科学历，高中具备教育硕士学历。

2003 年，为了充实玉门油田高中一线教学队伍力量，面向全国教育发达省份招聘教师 20 人，招聘外籍教师 7 名。

至2004年，玉门油田352名中小学教师中，具有高级专业技术职务资格的有24人、中级专业技术职务资格的有176人、初级专业技术职务资格的有67人，外聘教师6人、外籍教师2人；有市级学科带头人14人、骨干教师23人；研究生班结业10多人，在职硕士研究生10余人。

3. 教学经费

玉门油田中小学的办学经费主要靠企业自筹解决。

1989年，制定下发《中、小学教育工作管理条例》，该条例规定，教育经费由普通教育处集中掌握，各学校分散管理，实行教育经费包干管理负责制。按上级文件精神，每年按办学规模、在校学生人数核准教育经费下拨普通教育处，由普通教育处与管理局签订《教育经费包干责任书》；普通教育处核准下拨给各学校的教育经费由主管校长与普通教育处签订包干责任书，并按普通教育处制定的《教育经费包干管理办法实施细则》具体执行。期间，除普通教育处直属的子弟中学、子弟小学外，其他学校的教职工工资、新建工程、校舍维修、物资供应、供热取暖、用车、水电、职工就医、子女入托、生活福利等费用，仍由办学单位承担；教职工奖金由油田按机关平均水平拨普通教育处下发各中小学校，各办学单位奖金高于学校水平时，由办学单位补足高出部分。

1993年4月，实行集中办学，中小学教育经费继续实行费用包干，全部由油田核拨教育培训中心，再由教育培训中心与各学校签订教育经费包干责任书后下拨各学校。

2004年，下拨教育经费1584.4万元。

2005年1月起，随着玉门油田中小学校移交地方政府，中小学校经费由中央财政转移支付，油田不再承担。

1987—2004年玉门油田普通小学办学情况统计见表8−7−2。1987—2004年玉门油田普通中学办学情况统计见表8−7−3。

表8−7−2 1987—2004年玉门油田普通小学办学情况统计表

学年度	学校数	班级数	学生人数	招生人数	毕业人数
1987年	9	102	3878	676	548
1988年	9	103	4032	739	495
1989年	9	107	4017	630	578
1990年	9	110	3833	533	505
1991年	9	104	3500	466	598
1992年	9	101	3329	486	611
1993年	7	90	3439	676	578
1994年	7	90	3338	592	602
1995年	7	90	3360	600	594
1996年	5	72	3078	533	561
1997年	3	69	2994	474	411
1998年	3	61	2684	396	406
1999年	3	56	2427	417	429
2000年	3	50	2081	369	331
2001年	3	48	2044	376	337
2002年	3	47	2036	367	345
2003年	3	54	2236	469	335
2004年	3	50	2270	326	288

表 8-7-3　1987—2004 年玉门油田普通中学办学情况统计表

学年度	初中					高中				
	学校数	班级数	学生人数	招生人数	毕业人数	学校数	班级数	学生人数	招生人数	毕业人数
1987 年	6	45	2077	643	610	1	11	320	130	94
1988 年	6	42	1787	526	749	1	10	312	134	88
1989 年	6	42	1721	624	623	1	11	336	140	98
1990 年	6	45	1608	525	595	1	10	471	141	96
1991 年	6	47	1672	609	427	1	10	449	165	100
1992 年	6	46	1820	615	490	1	12	480	180	140
1993 年	6	48	2043	721	481	1	11	567	225	160
1994 年	6	48	1970	632	607	1	13	786	220	180
1995 年	6	48	1874	631	660	1	16	736	209	171
1996 年	4	40	1761	526	668	1	17	846	250	200
1997 年	3	34	1503	478	519	1	18	852	261	220
1998 年	3	32	1327	403	454	1	17	894	266	213
1999 年	3	29	1115	393	434	1	15	778	230	285
2000 年	3	25	871	285	323	1	14	676	220	305
2001 年	3	22	913	325	260	1	15	762	276	275
2002 年	3	23	976	372	283	1	17	879	273	267
2003 年	3	25	1144	392	277	1	20	1016	379	343
2004 年	3	25	1145	349	353	1	20	1052	275	359

三、职业教育

1987—1995 年，承担玉门油田职业教育的主要有技工学校和职业高中。1995 年，技工学校和职业高中合并成立玉门油田职业技术学校。1999 年，技工学校停止招生，玉门油田不再开展职业技术教育工作。

1. 油田技工学校

玉门石油技工学校创建于 1957 年 3 月。至 1986 年，有教职工 250 名，其中教学人员 143 名，累计结业各专业学生 6687 名。

1987 年，技工学校占地面积 14.44 万平方米，校舍总面积达 28975.57 平方米；拥有教学主楼 1 座、图书楼 1 座、实验楼 1 座，配套建有物理、化学、电工、金工、水力学、钻井液等实验室及地质、机械制图、钻采修、内燃机、机械陈列室 11 个，有 1 套完整的井控实验装置，1 座校内钳工、管工内修等实习厂房；设有学生阅览室、教工资料室，图书馆藏书达 6 万余册。学校除总校外，还设有炼油厂分校、医院分校，开设有钻井、采油、修井、安装、冷加工、电焊、电工、内燃机、炼油、护理 10 个专业。学校面向社会招生，实行高中毕业考入技校的学生 2 年、初中毕业考入技校的学生 3 年的学制（在招收高中学生的修井等专业试行一年制）。学校实行“毕业证”和“技术等级考核证”“双证”制度，学生修完全部教学内容，成绩合格，且参加工人技术等级考核，合格者发给毕业证书和相应的技术等级证书。学生毕业后，主要面向油田就业，由国家统筹安排、择优分配。当年，技工学校招收新生 310 人，毕业 713 人，有 711 人分配到油田就业。

1988 年 2 月，为了解决玉门油田高级技工人才短缺的矛盾，在技工学校开办了“高级技工培训班”，该班学制为一年，全脱产学习。当年，技工学校开设的专业主要有钻井、采油、修井、地震、内燃机修理、热加工、机械、运行、电焊、铆管钳、炼油、测井等，毕业学生 629 人，全部分配油田各单位就业。

1989 年 9 月，玉门油田批转《技工学校招生分配实施办法》，规定技工学校招生计划由学校和油田劳资处共同商定，实行差额招生和淘汰制度，并落实招生规模、招生地区和专业设置，于前一年的 9 月上报总公司和省招生办公室。坚持“定向招生、定向分配、定向择优录用”的招生原则，学校和用人单位签订办班合同，并在必要时由用人单位向学校提供专业教师、特殊设备和实习场地，做到厂校结合，共同完成培训任务。当年毕业 699 人，全部分配油田各单位就业。

1990 年，学校共有教职工 266 人，其中教师 118 人，拥有大学本科文化程度 22 人、大专 55 人、中专 23 人、其他学历 18 人，被聘高级技术职称 9 人、中级 22 人、助理级 41 人、员级 36 人；共有在校学生 1649 人，其中炼油厂分校 437 人、医院分校 48 人，校内理论基础课学习 15 个班（含炼油厂分校 4 个班）720 人，现场实习 22 个班（含炼油厂分校 5 个班、医院分校 1 个班）929 人。当年毕业学生 451 人，全部分配油田各单位就业。

1991 年，技工学校取消一年制学制，高中班全部实行二年制。新增驾驶专业，招收初中毕业生 26 人；护理专业招收初中毕业生 50 人。新增学生 300 余人，在校学生达 1700 余人。

1993 年 4 月，进行职教体制改革，技工学校隶属新组建的培训中心，对外仍保留技工学校名称，下设教务科、基础科、专业科、实习厂等机构。为了改革现行技校学生的统招统配制度，逐步建立起企业自主办学、学校按需培养、单位择优录用的技校招生分配新机制，制定《改革技工学校招生分配制度实施办法》。技工学校主要面向油田内部招生，在油田招生计划内实行定向培养，与油田所属用人单位签订定向培养合同。在油田招生计划外，技工学校可招收一定数量的外单位委培生和自费生，委培生的数量、专业、对象及录取标准，由学校直接与委培单位商定后签约执行。定向培养的技校毕业生，由合同单位依据培养合同进行录用；未定向单位的毕业生，学校可向用人单位推荐，并由用人单位同毕业生个人双方洽谈后确定。当年，技工学校招收采油、修井、炼油等专业学生 500 人。

1994 年，招收新生 400 人，毕业学生 822 名，全部由甘肃省劳动局派遣油田分配就业。

1995 年，技工学校进一步完善技能训练基础设施，充实了电工、地质实验室，新建了计算机室、电工训练室，被甘肃省政府和总公司命名为省（部）级重点技校。同时，按照劳动部、总公司和甘肃省有关精神，开始按内招学生 400 元 / 人、社招生 800 元 / 人的标准收取培养费。10 月，推行“三教（幼教、普教、职教）合一”改革，成立教育培训中心，技工学校、职业高中划入教育培训中心新组建的职业技术学校，对外仍称技工学校，与职业高中共享教学资源。

1996 年，技工学校招生 305 人，其中内招 194 人，为地方代培 109 人。

1997 年，技工学校设有办公室、学管科、专业科、实习科、技能鉴定站和基础科 6 个科室，下设汽修、烹饪、服装、幼教、电工、计算机、电教、机械、钻井、采油、修井、地质、内燃、炼化、矿机、钳工、制图、数学、物理、化学、语文、政治、体育等 23 个教研室。学校有教职工 148 人，专业教师 104 人，其中文化基础课教师 28 人、专业课教师 59 人、实习指导老师 17 人，具有高级职称 9 人、中级职称 41 人、助理职称 38 人。学校占地面积 15.6 平方米、建筑面积 4.06 平方米，校内建有 6538 平方米教学楼、1642 平方米实验楼、1624 平方米图书楼、2605 平方米办公楼、1904 平方米实习厂、9360 平方米宿舍楼 3 栋、460 平方米职工食堂、1780 平方米学生食堂等建筑，设有汽车驾驶修理演练场、烹饪操作室、服装制作训练室、幼教形体训练和音乐演奏室、电器维修室、计算机操作室及机房、电视教学放映室、实习厂、钻采修演练场等技能训练场所。当年，学校开设汽修、服装、幼教、宾馆、电器维修、铆焊、电工、机电、司炉、热机、供排水、炼化、炼机、油田自动化等 17 个专业，招收新生 215 名，其中文艺、体育特长生 15 名，在校学生 1110 名。

1998 年，经甘肃省教委批准，管理局以技工学校为基础，在职业技术学校开办中等职业技术学校（职业中专）。

1999 年，技工学校除高级技工班招收学员 60 余人外，其他专业停止招生。至年底，累计培养学生 23000 余人。

2000 年 1 月，技工学校机构撤销，职业中专与职工培训学校的石油中专合并。

2. 油田职业高中

玉门石油管理局高级石油职业中学（简称油田职业高中）是油田为响应国家“先培训、后就业”的方针，适应国家劳动用工制度改革，改变油田中等教育机构单一状况而创办的。该校创办于1986年9月，是油田第一所，也是唯一一所三年制不包分配的中等职业技术学校。创办初期，学校由油田教育处管理，采取分散办学的方式，所设采油、油田地面工程安装、机械加工和汽车驾驶4个专业，分别设在中坪培训楼、技工学校、老君庙油矿职工培训学校和运输处职工培训学校，有专职教师21人，聘请兼职教师10人。当年招收学生194名。

1987年，学校搬迁至运输处子弟学校小学部，由运输处承办。学校校园面积13796平方米、建筑面积2500平方米，当年，新开设烹饪、机加工、安装3个专业，招收学生150名。同时，开始承担油田各种计划内、外的职工培训任务。同年9月，以酒泉地区最高分通过省C级职高检查验收。

1988年开始，在招收原专业学生的基础上，开始招收高二后的分流生，学制一年半，共招收电工、汽车修理、电子电工等专业3个班140人。

1989年，职业高中已具备完整的管理机构体系和专业设置。学校设置政教科、教务科、总务科和技术服务部4个职能科室，在专业设置上突出电子电工、焊工和烹调3个相对稳定的重点专业，同时开办油田开采、地面工程安装、机械加工、汽车修理和机电维修等专业，形成了有49名教职工（专职教师33名）、外聘教师14名、在校学生478名，具有较为完善的实验和训练条件的办学规模。当年，职业高中开始承担甘肃、青海、新疆三省（区）石油系统高级维修电工的培训任务，并被甘肃省评为“全省首批办得好的职业高中”。

1990年1月，按照甘肃省教委的要求，油田将职业高中高二后分流生的学制由一年半改为二年，其中理论教学一年半，实习半年。并开始使用全省统一毕业证验印和发放。

1992年，油田职业高中共有在校学生450人，有教职工57人，其中专职教师35人。学校配套修建了烹饪中心，专门承担在校学生教学实习、在职职工三级厨师取证等任务。全年职业高中先后举办各类计划内、外职工培训班37期，培训职工2058人（次）。

1993年4月，将职业高中划归新组建成立的培训中心。7月，培训中心将职业高中划并到技工学校，成为技工学校的一个教学部门，所有教学设施设备依托技工学校。除10名专业老师充实到技工学校基础科外，其他人员分流到电大中专部、专业培训部、驾校等单位。职业高中开设烹饪和旅游2个专业，有在校学生140名左右。8月，决定从1993届毕业生起，油田职业高中毕业生实行《毕业证》和《技术等级证》制度，“双证”作为今后录用时确定技术等级、工资待遇的依据。

1995年8月，职业高中在原有专业的基础上，新增电器维修、幼儿教育、汽车驾驶及维修、服装制作4个专业。10月，撤销培训中心，成立教育培训中心，职业高中随技工学校一同并入教育培训中心新组建的油田职业技术学校。

1997年，职业高中汽车驾驶与维修专业招收学员80余人。

1998年，职业技术学校开办职业中专，职业高中停止招生，保留牌子，人员从事其他职业教育。12年间，职业高中培养学生5200余人。

三、学历教育

20世纪80年代起，随着石油工业的迅猛发展，各行各业急需大量有文化、有知识的专门人才，人才紧缺的矛盾十分突出，玉门油田根据工作需要，每年选送一定数量的职工到相关院校进行深造；另一方面，陆续开办党校函授部、电大、石油中专等成人高等教育学校，加强内部干部职工的学历教育，有效改变了干部职工的学历层次，解决了人才短缺的矛盾。

1. 党校

玉门油田党校成立于1983年12月，其前身为1971年11月成立的毛泽东思想学习班，1974年3月改称“五七干校”，1977年9月改称干部学校。油田党校主要以党员、干部短期业务培训为主。

玉门油田党校的学历教育始于1984年。当年，玉门油田党校设立党政管理中专班，首批招收油田内部在职党政干部学员50名。84级、85级党政干部中专班学制为两年半，86级改为两年学制，至1986年，党校党政干部中专班在校学员120名。

1987 年，玉门油田党校隶属职工培训总校，对内为职工培训总校党校教学部，对外称玉门石油管理局党校。当年，党政干部中专班招收新生 40 名，毕业 50 名。

1988 年，为了加强现职干部的岗位职务培训，保证各级党员、干部以党的十三大文件为基本内容的政治理论轮训工作正常开展，管理局暂停了党政干部中专班的招生工作。

1988 年，党校开始申办大专学历教育。1989 年，设立中央党校函授学院甘肃分院玉门学区，开始招收大专学历教育学员，设经济管理、行政管理 2 个专修班。

1990—1994 年，停招学历教育学员，只进行短期培训。期间，于 1993 年 4 月成立培训中心，党校隶属培训中心管理，对外仍称玉门石油管理局党校。按照中央党校函授学院和甘肃分院的要求，党校校委会对党校的师资、办学规模等情况进行了综合评估，确立了党校教育“无短班不活、无函授班不稳”的新理念，将党校函授教育重新纳入教学重点。

1995 年，经甘肃省教委批准，党校恢复学历教育，开设 1 个经济管理专业大专班、1 个党政管理专业本科班，招收大专函授班学员 118 名、本科函授班学员 45 名。10 月，党校隶属新成立的教育培训中心职工培训学校，为职工培训中心党校部。时年，党校部有教职工 14 人，其中专职教师 12 人，下设办公室、社会学科教研室、经济学科教研室、函授学科教研室。

1996 年，招收经济管理大专班学员 73 人、党政管理大专班学员 80 人。1997 年招收经济管理大专班学员 160 余人。1998 年招收经济管理大专班学员 150 人、经济管理本科班学员 78 人。

1999 年底，党校 14 名教职工中，有 11 人因与玉门油田有偿解除劳动合同或自行离职，离开工作岗位，教职工仅剩 3 人。自 2000 年起，党校学历教育停止招生，每年只进行短期培训。

2003 年 5 月，党校人员分流，只保留牌子，业务划归教育培训中心培训部。

2. 电大分校

玉门油田电大分校始建于 1980 年，时为甘肃广播电视大学玉门石油管理局工作站。初期开设电子、机械 2 个大专专业，后陆续新增了企业管理、工业会计、工业统计、物资管理、土建、电子计算机、管理工程、油田开发、党政专修、汉语言文学、法律、审计等专业，除党政专修专业为 2 年制学制外，其余专业均为 3 年，主要招收油田内部具有高中文化程度的在职职工。至 1986 年，学校共有教职工 40 人，其中专职教师 30 人，共招收学员 650 名，毕业 252 名，在校 3 个年级 11 个专业 13 个教学班有学生 369 名。

1987 年，电大工作站隶属于职工培训总校，对内为职工培训总校电大教学部，对外称甘肃广播电视大学玉门石油管理局工作站。学校下设政工办公室和教学办公室，分别负责思想政治工作和教学工作。学校校舍总建筑面积 6151 平方米，其中教室面积 3341 平方米、图书阅览室 750 平方米、实验室 750 平方米，有藏书 5 万余册；学校配备有电视机、录音机及闭路电视演播等电教设备；有专职教师 30 人、兼职教师 25 人。学校的生活、后勤、财务、图书阅览、教学实验等工作由职工培训总校统一负责。

1990 年，电大工作站在校学生达 700 名。

1993 年 4 月，成立培训中心，培训中心将电大工作站与石油中专机构合并，设立培训中心电大中专部，对外仍保留玉门石油管理局电大工作站名称。电大中专部有专职教师 26 人。

1994 年 12 月，电大工作站更名为甘肃广播电视大学玉门石油管理局分校（简称电大分校）。

1995 年 10 月，电大分校（电大中专部）隶属新成立的教育培训中心职工培训学校。

1999 年 3 月，教培中心撤销职工培训学校电大中专部，重新设立电大部，对外仍称甘肃广播电视大学玉门石油管理局分校。

2000 年，电大部有教学管理人员 13 人，建有 5 座多媒体网络教室、1 座计算机投影教室，拥有校园网、“电大在线”平台、“卫星接收小站”、VBI/IP 信息接收系统，有物理、化学、电工、家电维修、机械、力学等实验室和 2 座计算机室，图书馆藏书 6 万余册，形成基于卫星传播、地面微波接受、有线电视、计算机网络等三网合一的网络技术环境和现代远程教育环境，集学历教育和非学历教育、脱产教育和业余学习并存，中专、大专、本科教育于一体的多学科、多层次、多功能的综合性办学实体。电大分校开始开展“人才培养模式改革和开放教育试点”工作，首次开办开放式本科学历教育。

2002 年，电大分校与省电大继续教育学院、中国医科大学等学校联合办学，进一步拓宽了办学和招生渠道，扩大办学规模，全年招收各类学历教育学生 595 人，在校学生人数达到 1140 人。

至 2004 年，开放教育先后开设了法学、英语、计算机科学与技术、会计学、工商管理、汉语言文学、土木工程、机械设计、教育管理、行政管理 10 个本科专业和金融、计算机应用、水利水电工程、护理学、教育管理、法学、工商管理、物业管理、电子信息等 13 个专科专业，累计招生 1097 人，毕业学生 287 人，在校学生 790 人，占学校学历教育总数的 65.8%。

2005 年 12 月，撤销教育培训中心，将电大分校机构保留，暂挂综合服务处，暂停招生。

至 2013 年，电大分校最后一批学员毕业。电大分校先后为油田和社会累计输送土木建筑、电子技术、电气工程、油田开发、石油加工、石油工程、机电一体化、电力系统、有机化工、物资管理、法学、临床医学、护理、工业统计、汉语言文学、公安交通、水利水电等 56 个专业的专科、本科毕业生近 6000 人。

3. *石油中专*

玉门油田石油中专成立于 1985 年，隶属于培训总校，为培训总校石油中专部，生活、后勤、财务等工作由培训总校统一负责，教学工作相对独立，对外称石油中专，有关教学业务由甘肃省教委代管。至 1986 年，先后开设了财会、采油、计算机、钻井等专业，招收学生 158 名。

1987—1993 年，石油中专隶属培训总校，有专职教师 10 名。先后开设了修井、地质、化工等专业，在招收具有初中文化程度的在职职工的同时，于 1989 年起，开始招收一定数量的初中应届毕业生，扩大了招生范围。

1993 年 4 月，成立培训中心，培训中心将电大工作站与石油中专机构合并，设立培训中心电大中专部，对外仍保留石油中专名称，教学业务与电大工作站实行资源共享。至 1994 年底，石油中专累计招生 1000 余人。

1995 年后，成人职工学员学习形式由全脱产变为业余，石油中专招生面向应往届初中毕业生和社会青年，在校学员分业余班和脱产班两种。10 月，石油中专（电大中专部）隶属新成立的教育培训中心职工培训学校，有专职教师 30 人。

1998 年起，石油中专先后增设市场营销、会计电算化、石油化工、计算机、家电维修、物业管理等多个专业，到 2000 年，累计招收业余职工学员 300 人，待业青年、社会青年学生 180 人。

1999 年 3 月，教培中心将职工培训学校电大中专部拆分，重新设立了中专部。

2000 年，石油中专与原职业技术学校职业中专合并。当年，招收计算机应用、会计电算化、工业企业管理、市场营销 4 个专业学生 150 余人。

2001 年，石油中专与江苏石油化工学院联合办学，开设了计算机应用、采油工程 2 个专业大专班，教学形式为业余，毕业证由江苏石油化工学院颁发。

2003 年，油田将学历教育全部归并到电大分校。至 2005 年 7 月，石油中专最后一批学员 150 人毕业。

第三节　清洁能源开发与利用项目

一、机构与队伍

2011 年 5 月，中国石油昆仑能源有限公司与玉门油田就共同合作开发甘肃省内天然气综合利用和终端销售有关事宜达成协议，同意注册成立“昆仑能源（甘肃）有限公司”，为昆仑能源有限公司全资子公司。昆仑能源出资 834 万元，对兰州天龙天然气销售有限公司（包括兰州天龙天然气加气站、嘉峪关天龙天然气加气站）进行股权收购（股资 500 万元），同时注资 1 亿元，采用股权与增资相结合的方式，于 2012 年 4 月完成了甘肃公司注册工作。

2012 年 8 月，玉门油田成立清洁能源开发公司，属油田二级单位，与昆仑能源（甘肃）有限公司为一个机构、两块牌子，对外经营名称为昆仑能源（甘肃）有限公司。公司机关设综合科、计划财务科、安全生产科、工程技术装备科 4 个职能科室。公司运行初期，由于投入站点少，公司仅有机关的 16 名人员，各基层加气站的人员关系仍在油田原单位。

2013 年 3 月，清洁能源开发公司设立嘉峪关分公司、兰州分公司、武威分公司、酒泉分公司、瓜州天然气销售有限公司。

2014年9月，兰州加气站、嘉峪关加气站的部分管理人员共计30人关系转入清洁能源开发公司，至年末，公司在册人员49人。

2015年1月，兰州天龙加气站5名管理人员、嘉峪关加气站剩余25名管理及操作人员共计30人划入清洁能源开发公司。8月，增设金昌分公司。11月，随着敦煌、金昌和武威加气站的相继投产运营，公司采用公开招聘的形式从机械厂、水电厂公开招聘15名员工转岗培训，充实到各加气站。

2016年3月，成立清洁能源开发公司低温产品事业部。上半年，兰州玉金加气站划入清洁能源公司管理。当年，清洁能源开发公司有在册员工111人，其中合同化员工69人、市场化子女工42人。

2017年6月，随着清洁能源开发公司相关业务管理权移交昆仑能源有限公司，油田撤销清洁能源开发公司。

二、加气站

1. 嘉峪关分公司LNG/CNG加气站

嘉峪关分公司（原名为嘉峪关市天龙天然气加气站），位于嘉峪关市G312线2891千米处东侧，主要从事CNG及LNG汽车的加气业务。该站原名称为“嘉峪关市天龙天然气加气站”，为CNG加气子站，由油田投资于2009年2月建成投运，建设规模为处理25兆帕压缩天然气1.5万标准立方米。该站原占地面积4296.6平方米，总建筑面积768.6平方米，主要设备有压缩机1台、储气井2口（总容积为6立方米水容积）、卸气柱1台、售气机4台，CNG调压控制系统一套，配套设施为二层站房1座，加气罩棚1座，是嘉峪关市第一座建成投运的CNG汽车加气站。

2012年4月，昆仑能源出资收购变更为“昆仑能源（甘肃）有限公司嘉峪关分公司”。5月，昆仑能源（甘肃）有限公司又投资对该站进行重新装饰，同时投资332.4万元增设一套LNG橇装加气设备，于10月建成投运。

2013年因嘉峪关LNG加气设备距离312国道较近且场地狭小，不利于安全生产，经昆仑能源（甘肃）有限公司董事会同意投资进行LNG/CNG改扩建。同年，昆仑能源（甘肃）有限公司出资300万元以拍卖方式取得将该站东南侧2005平方米的土地使用权进行改扩建，并购置LNG移动加液车1台，用于周边地区未建成LNG加气站的区域内提供移动LNG加气和救援服务。改扩建工程于2014年5月13日开工，主要工程量为站房一座，房屋建筑面84.32平方米；设备安装60立方米立式储罐1具、LNG双泵橇1套、LNG加气机2台，LNG加气罩棚1座，水平投影面积136.8平方米。2014年9月完工，10月投产启用，原LNG橇装加气设备停用。

2. 瓜州桥湾LNG加气站

瓜州桥湾LNG加气站工商注册名称为“昆仑能源瓜州天然气销售有限责任公司”，注册资金100万元，内部管理隶属于昆仑能源（甘肃）有限公司酒泉分公司。该站位于G30高速桥湾出口桥湾古城向东85米处。该加气站由昆仑能源（甘肃）有限公司投资749.97万元，2012年7月开工建设，2013年6月建成投运。

该站占地面积4860平方米，设计规模为30000标准米^3/日，为二级加气站（实际建设为三级站）。站内主要设备设施有60立方米LNG储罐1具、低温泵橇（包含1台LNG低温泵、1台增压泵、1台EAG加热器、2台LNG加液机）1套、缓冲罐1具、BOG加热器水浴式电加热器、发电机、空压机各1台。

3. 金塔县鼎新镇LNG加气站

金塔县鼎新镇LNG加气站隶属昆仑能源（甘肃）有限公司酒泉分公司，位于甘肃省酒泉市金塔县鼎新镇酒航公路22千米处，是晋冀宁和内蒙古额济纳旗、阿拉善左旗、阿拉善右旗进入甘肃前往青藏及新疆的主要通道之一。该站由昆仑能源（甘肃）有限公司投资745.07万元，于2013年4月开工建设，2014年10月建成投运。

该站占地面积10044平方米，设计规模30000标准米^3/日，为三级加气站。建有储气区、工艺区、加气区及站房公寓区。房屋建筑面积342.55平方米。加气区主要设备设施有60立方米卧式LNG低温储罐1具、空温式气化器、低温潜液泵、LNG双泵橇1套、BOG回收罐橇1具、加液机2台、加臭机、空压机、LNG加气罩棚1座，水平投影面积148.5平方米。

4. 敦煌市七里镇 LNG 加气站

敦煌市七里镇加气站隶属昆仑能源（甘肃）有限公司酒泉分公司，该站位于 215 国道南侧（215 国道也称敦煌格尔木公路，是连接敦煌、肃北、阿克塞，进入青海和南疆的交通要道）。该站由昆仑能源（甘肃）有限公司投资 782.04 万元，于 2013 年 10 月 15 日开工，2015 年 7 月建设完工，2015 年 9 月 18 日投运。

该站占地面积 6720 平方米，设计规模 30000 标准米 ^{3}/ 日，为三级加气站。站房建筑面积 342.55 平方米，设备安装 60 立方米卧式储罐 1 具、LNG 双泵橇 1 台、BOG 回收橇 1 台、单枪 LNG 加气机 2 台、LNG 加气罩棚一座，水平投影面积 148.5 平方米。

5. 金昌市河雅路加气站

金昌市河雅路加气站隶属昆仑能源（甘肃）有限公司金昌分公司，位于甘肃省金昌市河雅路以东、武汉路以南。加气站北侧为武汉路，西面为 212 省道、南面为规划运输公司，东面为鸵鸟厂。该站由昆仑能源（甘肃）有限公司投资 1592.62 万元（含建设经营权拍卖费 1050 万元），于 2014 年 8 月份开始土建施工，2015 年 10 月 26 日建成投运。

该站占地面积 2960.83 平方米，建（构）筑物占地面积 195.18 平方米，设计规模为 15000 标准米 ^{3}/ 日。站房及设备为整体橇装式设备，橇装式设备包括 30 立方米卧式低温储罐 1 具，泵橇及加液系统 1 套。

6. 武南煤炭集疏运中心 LNG 加气站

武南煤炭集疏运中心 LNG 加气站属于昆仑能源（甘肃）有限公司武威分公司，位于武威市凉州区 G30 武南出口东 200 米处。该站由昆仑能源（甘肃）有限公司投资 2184.36 万元（含建设经营权拍卖费 1233.75 万元），于 2014 年 10 月开工建设，2016 年 1 月投入运行。

该站由占地面积 10000 平方米，设计规模为 25000 标准米 ^{3}/ 日，为三级加气站。二层站房建筑面积 498.96 平方米。主要设备有 60 立方米卧式储罐 1 具、LNG 潜液泵橇 2 套、BOG 加热器 1 台、LNG 加气机 2 台。LNG 加气罩棚 1 座，水平投影面积 173.25 平方米。

7. 兰州天龙 CNG 加气站

兰州天龙 CNG 加气站隶属于昆仑能源（甘肃）有限公司兰州分公司，位于兰州市城关区红山根东路 345 号。该加气站 2007 年 12 月底建成，2008 年 3 月正式投产运营，为 CNG 加气标准站，设计处理能力 1.8 万标准米 ^{3}/ 日。加气站占地面积 5.085 亩，气源由昆仑燃气城市管网供给。主要设备有压缩机 3 台［处理量 620 米 ^{3}/（小时·台）］、后置高压干燥器 1 台（1800 米 ^{3}/ 小时）、储气井 4 口（总储气能力 3000 立方米）、加气机 6 台、循环冷却水系统 1 套。

该站原隶属兰州天龙天然气销售有限公司，2012 年 4 月昆仑能源有限公司对其股权收购，变更为昆仑能源（甘肃）有限公司兰州分公司。

8. 兰州玉金 CNG 加气站

兰州玉金 CNG 加气站建于 2003 年，位于兰州市七里河区南滨河西路 150 号，金港城石滩子排洪沟以西，183 号道路与南滨河西路交接处。占地面积约 1300 平方米，气源来自兰州天然气市政输气中压管网，主要设备有压缩机 2 台、双枪加气机 4 台、储气井 6 口（水容积 2 立方米），以及缓冲罐、回收罐、冷却塔、排污罐等辅助设备。

该站原隶属于油田兰州销售公司，2016 年 1 月 1 日起整体划归清洁能源开发公司管理。

三、低温车载瓶制造

2012 年，国内 LNG 汽车业务发展迅猛，昆仑能源有限公司推动 LNG 汽车改装每年需 15000 只低温瓶，国内 LNG 车载瓶生产厂家不能及时供货，无法满足当时的 LNG 汽车和改装所需车用瓶的需要，且西部地区没有 LNG 车载瓶生产企业。随着 LNG 重卡车辆的全面推广，油田配套投资 LNG 汽车改装厂。为此，2012 年 9 月，昆仑能源（甘肃）有限公司决定利用玉门油田机械厂现有一、二类压力容器设计和制造能力，引进车载低温瓶生产技术，申请与国内车载瓶生产厂家合作，建设一座年生产能力 1 万只 LNG 车载瓶生产厂，延伸甘肃公司 LNG 产业链，做大做强 LNG 综合利用业务。

2013 年 6 月，昆仑能源（甘肃）有限公司与石家庄安瑞科气体机械有限公司签署合作协议，在酒泉建设生产能力 1 万只 / 年的低温车载瓶生产厂，8 月，以“酒泉市安瑞科昆仑深冷机械有限责任公司”的名称正式注册成立合资公司，该公司注册资金 1000 万元，其中昆仑能源（甘肃）有限公司货币出资 600 万元，占 60% 股份；石家庄安瑞科气体机械有限公司货币出资 200 万元、技术入股 200 万元，占 40% 股份。同月，油田机械厂成立 LNG 低温瓶厂建设项目组，并与合资公司实现业务对接，按定员配置管理人员和操作服务人员 45 人。

2013 年 9 月，LNG 低温瓶厂建设项目正式启动，该项目厂房位于油田酒泉基地南工业园区机械厂厂内，总建筑面积 8865 平方米，采用门式框架钢结构厂房，内配自流平地面、高低压配电室、水暖消防和监控设备，机械化设备生产线及安装设备共 97 台（套）。

2014 年 9 月，工程全部完工，进入试生产状态。至 2015 年底，先后取得国家质检总局颁发的特种设备 B3 类《压力容器制造许可证》，通过卡狄亚标准认证（北京）有限公司的 ISO9001 质量管理体系认证审核，完成 220 只 450 升车载低温瓶的试生产。

2016 年 1 月，清洁能源开发公司精简 LNG 低温瓶厂建设项目组机构及人员，并划归清洁能源开发公司管理。3 月，成立清洁能源开发公司低温产品事业部。12 月，该项目工程完成竣工验收，并进行了转资。

第四节　甘肃阳光大厦

1996 年 2 月，经公开招标，管理局取得甘肃省兰州市中山路 11 号地块的有偿使用权，中标面积 5546.8 平方米。5 月，管理局成立“兰州中山路工程项目开发领导小组”，开始项目建设的前期规划设计和准备工作。按照兰州市政府规划意向，油田规划建设 3 栋点式楼。后因市规划局调整，建设用地减少，实际使用土地面积 4270.8 平方米，遂将 3 栋点式楼压缩为 2 栋塔楼，并依据建设中山路商业金融一条街的要求，在塔楼底部设计 6 层商业用裙楼。11 月，完成初步设计工作。1997 年，正式开始施工建设。1998 年 8 月，为了确保工程项目竣工投产后，开发、经营、销售等业务顺利开展，管理局决定由局兰州西部房地产开发公司全权负责兰州市中山路 11 号地块的开发、经营和销售工作。

1999 年底，重组改制后的管理局，审时度势，顺应国家西部大开发的潮流，决定将兰州市中山路 11 号地块的开发建设项目改建为集现代化办公、高档公寓、商住为一体的商务大厦。2000 年 1 月，管理局组建设立兰州中山路阳光酒店有限责任公司，开始按照五星级涉外旅游酒店标准进行改造施工和建设。8 月，成立兰州阳光大厦物业管理有限责任公司。10 月，筹建设立甘肃阳光大厦有限责任公司。

2002 年 5 月底，历时两年多时间，完成大厦全部土建二次改造的室内外装饰工程施工、酒店 11 个配套系统施工以及开业所需物品配置、手续办理及人员招聘培训工作。进入试营业阶段。7 月，管理局决定在兰州市成立甘肃阳光大厦有限责任公司，下设综合办公室、人力资源部、经营财务部、营销部、前厅部、客房部、西餐厅、康体中心、采供部、内务部、工程维护部、洗涤部、物业公司 11 部 1 室 1 公司。酒店占地面积 4266 平方米，总建筑面积 30000 平方米，由主楼、辅楼和六层裙楼及地下一、二层组成。拥有各类型套房和普通客房共计 12 类房型，客房总数 225 间（套），餐饮面积 3000 平方米，餐位 400 个，拥有豪华中餐包房 12 间、6 个中小型会议室及功能完备的 SPA、娱乐、购物等配套设施，是集商务、休闲、游泳、健身、娱乐、中西餐饮、购物为一体的设施齐全、功能完备的涉外商务型酒店。试营业阶段，累计接待宾客 19350 人次，其中外宾 2826 人次、国内宾客 16524 人次，客房平均出租率为 53.8%。

2002 年 9 月 26 日，甘肃阳光大厦通过国家旅游局五星级饭店评审，取得国家旅游局核发的五星级饭店的批复和证书，成为中国石油和甘肃省第一个五星级酒店。10 月，甘肃阳光大厦正式营业。

为了树立良好的企业形象，建立适应市场竞争需要的经营理念和发展战略，把阳光大厦建成与国际接轨的理念新、管理新、经营好的西部酒店业的新星，阳光大厦率先在兰州酒店业引入 CI 管理体系，委托专业 CI 设计单位对大厦的形象定位、经营理念、企业目标及宗旨、对外广告形象以及服务质量等进行全面设计，印刷成册，作为员工入职前的一项重要内容，强化培训；格局行业规范，及时制定所有岗位的服务程序及标准，成立服务质量监督室，不定时对各岗位服务质量进行督查；针对酒店业服务发展趋势，提出服务细微化、满足客人一切合理要求的服务理念，推出向住店客人送欢迎茶、致欢迎卡，向 VIP 客人送鲜花、果盘，为婴儿设立保育室等特色服务；对协议客房和长住客，坚持定期回访制度，征求客人对酒店的意见和建议。试营业仅三个月，阳光大厦就被兰州市公安局外事处评为涉外接待最佳酒店。

至2007年，甘肃阳光大厦先后获“福布斯中国最优商务酒店50强”“中国酒店百强十佳商务酒店”“亚洲酒店业最佳商务品牌酒店”“国际白金管家卓越服务奖”和“第二届中国饭店金星奖”等称号。10月，通过国家旅游局满五年期五星酒店评定性复核，为酒店的可持续发展奠定了基础。12月，按照集团公司对所属酒店旅游资源进行整合重组的要求，甘肃阳光大厦有限责任公司业务、资产和人员整体划归中国石油华油集团公司管理。

第五节　兰州新世纪彩色印刷包装有限责任公司

1999年底至2000年初，管理局面对区内市场狭小、发展空间不足的矛盾，按照“四加一”发展战略总体布局，大力实施“走出去”战略，通过对兰州印刷行业现状和发展趋势的考察和论证，决定在兰州投资新建以彩色印刷为主的印刷包装项目。5月，成立项目组；7月，正式立项；9月，动工建设。建设过程中，引进当时世界上最为先进的德国海德堡胶印印刷设备、瑞士博斯特印后加工设备等设备，进口设备总值约3400万元人民币。

2001年4月，管理局在兰州市成立兰州新世纪彩色包装印刷有限责任公司，下设综合办公室、财务部、生产车间、营销部、创意部、质检部、供销部7个部室。10月，经过一年多时间的建设，建成当时国内技术水平最先进、西北地区规模最大、最具现代化水平的高档彩色包装印刷中心，主要承印制作药盒、酒盒、烟盒等各种高档彩色包装盒，以及印制挂历、画册、食品袋、书刊等产品，质量达到国家精细标准。当月正式挂牌营业。

2005年7月，油田重组整合，兰州新世纪彩色包装印刷有限责任公司下设综合办公室、财务部、生产技术部、营销部、制版中心、印刷车间、事业开发部7个职能部门，共有员工133人，其中在册合同化员工53人、社会化用工80人。

2007年3月，兰州新世纪彩色包装印刷有限责任公司对内部组织机构进行调整，撤销生产经营部、印刷车间、柔印事业部，成立市场营销部、标签事业部、包装事业部、生产技术部；原生产经营部质量管理划入设备维护部，原印刷车间单柔单凹机组划入标签事业部。

2009年2月，兰州新世纪彩色包装印刷有限责任公司对内部组织机构进行调整，撤销标签事业部、包装事业部，成立印刷车间；撤销产品事业部，原产品事业部业务及人员并入市场营销部。3月，油田对兰州新世纪彩色包装印刷有限责任公司组织机构进行调整，调整后设综合办公室、生产技术部、设备维护部、市场营销部、印刷车间，在册合同化员工15人。

2010年4月，由兰州新世纪彩色包装印刷有限责任公司起草制定的《模内标签》行业标准经国家工业和信息化部发布后正式实施，填补了国内包装《模内标签》行业标准的空白。

2011年6月，玉门油田决定对兰州新世纪彩色包装印刷有限责任公司进行关闭清算。8月，油田将兰州新世纪彩印包装有限公司资产、业务及在册合同化员工整体划入兰州办事处集中统一管理，注销兰州新世纪彩色包装印刷有限责任公司。

第六节　酒泉疗养院

酒泉疗养院地处甘肃省酒泉市南关，成立于1953年，为中国石油第一所疗养院，总占地面积158509.50平方米，建筑面积25847.58平方米，是一所以疗养为主兼有保健康复和休养的多功能综合性疗养院。至1996年，累计接待疗养人员11875人次。

一、机构及人员

1987年，酒泉疗养院下设办公室、医务室、退休职工休养所3个部门。

1989年11月，酒泉疗养院增设党委办公室。

1992年，酒泉疗养院设党委办公室、行政办公室、医务科、总务科、休养所5个部门，有职工144人。其中医护人员64人，行政管理人员80人。

1997年12月，酒泉疗养院机关设党委办公室、行政办公室；基层设医务科、总务科、休养所、健达公司4个科室，有职工139人。

1999年7月，玉门油田重组改制，酒泉疗养院隶属管理局管理。组织机构延续之前设置，机关设综合办公室1个部门，基层设医疗服务部、接待服务部、物业管理部3个单位，有职工110人。

2000年6月，疗养院成立康复医院。康复医院与酒泉疗养院为一个机构、两块牌子，下设综合门诊部、住院部、辅助检验科。其业务接受油田卫生处领导，并接受地方有关部门的指导、监督和检查。康复医院以职工医院为依托，实行社会化服务、市场化经营，独立核算，自负盈亏，在专业技术上与局职工医院开展医疗协作，优势互补。

2003年2月，撤销酒泉疗养院机构建制，人员及资产在油田内分流和划转。酒泉疗养院原医疗服务部划归职工医院，原接待服务部划归综合服务处，原物业管理部划归方圆物业公司。

二、环境与设施

1987年，酒泉疗养院有疗养楼2幢（即一疗区、二疗区）以及办公楼、理疗化验、放射房、文化娱乐楼、浴室等治疗、生活设施，拥有血流图机、心电图记录仪、超声心动仪、心电图机、超声波诊断仪、胃镜等诊疗仪器及动力设备24台（套），床位260张。

1991年，康复楼建成并投入使用，有床位20张。同时新建与康复楼相配套的新餐厅一座，增设治疗室，建成可收看7个频道节目的有线电视系统和院内程控电话；在文化室增设小舞厅，开辟摄影服务项目。对疗养设备进行更新，新置B超、心电图机、电动按摩床等医疗、理疗设备仪器12台（套），进一步完善了医疗手段，增强了康复功能。

1994年，疗养院新建多功能娱乐厅1座；新增理疗设备5台（套），新置X光机、牙科医疗器械安装并投入使用，新置和安装健身器材24台（套）。

1995年，购置心电监护仪、尿十项化验仪、心电图机等医疗设备4台（套），进一步提高了医疗康复手段。

1996—1997年，疗养院为疗区、休养所及家属区进行加密电视联网的安装，对康复楼卫生间、客房、餐厅进行装修改造，开办音乐舞厅。陆续建成人工湖、假山、曲桥长廊、六角凉亭、花坛等人文景观，院内环境建设基本实现了园林化、公园化，成为酒泉市区一大休闲活动景区。

三、疗养业务

酒泉疗养院主要担负接待玉门油田内部及外油田疗养职工来院疗养康复任务。

1987—1990年，疗养院设门诊、理疗区和疗养区。疗养区设有一疗区和二疗区。门诊除收治各种常见病外，还设有中西医药房和制剂室。理疗区开设光疗、激光、红外线、紫外线、热辐射、磁疗、药离子导入、高频、低频、电熨、蜡疗、声疗、电疗、X诊断、化验和音乐治疗等50多个项目，并配合太极拳、太极剑、气功、广播体操等对疗养员进行综合治疗。疗养区主要收治慢性病、职业病患者，以功能锻炼、物理治疗和药物治疗为主，主治呼吸系统、消化系统、心血管系统等各类疾病，并接待健康疗养。

1991年4月，康复楼正式投入使用，对外称三疗区，主要接待油田厂（矿）以上劳动模范、具有25年工龄以上的职工、副处级以上干部以及具有中级以上技术职称者。

疗养院坚持“以疗为主，疗养并重，有病治病，无病休养”的原则，每年开院时间从2月起至12月结束，共开院10个月，每期疗养1个月。疗养员入院后，要进行全面系统的体格检查，发现病情及时治疗，对疑难杂症和病情严重的患者，及时组织会诊和治疗。至1999年，年均接待疗养员达1832人，诊治工作量达到4500人次，康复率达到95%，服务满意率达95%，诊断符合率达到98%，床位利用率达到107%；累计接待油田内外疗养员25882人次，其中油田内部疗养20408人次，外部疗养5474人次。期间，酒泉疗养院在保证正常疗养业务的同时，积极适应疗养形势变化，开展旅游疗养活动，每年组织疗养人员赴酒泉、嘉峪关、敦煌等周边地区旅游。从1990年起，先后开辟酒泉—兰州—天水、酒泉—兰州—西宁以及祁连山松树林、新城林场、石河桥度假村等旅游线路。1996年，与油田工会联合开办“双休酒泉一日游”活动，当年接待“双休”度假人员2185人次。2000年，开通“航天城”旅游线路。

2000年起，疗养院疗养人数大幅下降，全年接待内外疗养人员仅372人次。

2002年，疗养院疗养业务终止。

1987—2002 年酒泉疗养院疗养人数统计见表 8–7–4。

表 8–7–4　1987—2002 年酒泉疗养院疗养人数统计表

年份	疗养人数	年份	疗养人数	年份	疗养人数
1987 年	1849	1993 年	2190	1999 年	1127
1988 年	1944	1994 年	2304	2000 年	372
1989 年	2089	1995 年	2203	2001 年	
1990 年	2049	1996 年	2042	2002 年	
1991 年	2289	1997 年	1696	2003 年	
1992 年	2255	1998 年	1473		

第九篇

油田改革

1978年12月，党的十一届三中全会拉开了中国改革开放的序幕，中国社会主义现代化建设进入新时期。随着中国改革开放步伐的加快和逐步深入，玉门油田也迎来了千载难逢的机遇和巨大的变革。至1986年，玉门油田从解放思想入手，遵循“一个中心、两个基本点”的基本路线，积极稳妥、循序渐进，拟定和实施一整套深化改革、加快发展的措施：在指导思想上，摒弃“以阶级斗争为纲”的禁锢，步入“以经济建设为中心”的正确轨道；在领导体制上，改变党政不分，推行厂长（经理）负责制；在组织机构上，解体“大而全、小而全”，逐步推行专业化管理；在分配制度上，打破平均主义“大锅饭”，实行联产承包经济责任制；在管理方式上，消除高度集中、捆得过死的弊端，扩大二级单位的经营自主权；在劳动人事上，打破“终身制”“铁饭碗”，推行“工人竞争上岗、干部竞聘上岗”；在运行机制上，打破计划经济的模式，按利润、劳务、费用三大类型划分单位，把局内行业最大限度推向市场；在发展战略上，改变“拿油、靠油、吃油”的单纯思路，做出“一业为主，多元发展”的决策，广大职工的思想发生了深刻变化，效益观念、竞争观念、人才观念、市场观念逐步深入人心。

1987年后，玉门油田始终将改革贯穿在发展建设的全过程，从机制体制、组织机构、管理方式等各个方面，探索尝试、深化改革，为油田发展注入了强大的生机和活力，使油田的经营机制不断转换，管理方式有效创新，企业活力和经济控制力逐渐增强，发展空间得到拓展，老油田与时俱进，实现了持续有效稳健和谐发展。

第一章　体制改革

第一节　局（厂）长负责制

20 世纪 80 年代中期，根据中共中央、国务院《关于搞好厂长负责制试点工作的通知》，首先在老君庙油矿、炼油厂、研究院 3 个生产经营性质不同的单位进行厂（矿、处）长负责制试点，党委和行政工作分开运行。试点单位改革传统的经营管理、生产管理和干部任用方式，厂（矿、处）长对生产经营、行政管理全面负责。对干部实行任期制和招聘制，一些技术精、业务强的人员走上了干部岗位，一些在生产管理方面能力较强的行政领导发挥了更大的作用。老君庙油矿对站区、岗位实行考核指标层层分解，搞承包组合；对原油产量实行季度、月双波动计划管理，并将工资总额、成本指标使用等 7 项权力下放基层，调动了全矿职工的积极性，较好地完成了原油产量、原油单位成本和原油商品率三项指令性指标。炼油厂的生产和安全管理得到加强，由于行政指挥更加灵活，新技术改造和新产品开发效率提高，原油加工量提高，产品质量稳定。研究院实行院长负责制后，科技研究主动权提高，科研方面取得了较好的成绩，1987 年以 130.3% 超额完成当年科研任务，增产原油 2.8 万多吨，取得经济效益 587 万元。通过这三家试点单位的经验，油建公司和设计处开始推行经理、处长负责制。

1987 年，全面实行局（厂）长负责制，局长负责制明确局长由甘肃省委任免，任期 4 年，可以连任，但不超过 3 届，局长对全局生产建设、经营管理、行政工作实行集中统一指挥，全权负责，对全油田的生产经营方式、产供销活动、自筹资金支配、机构设置、人事任免、用工办法、工资奖励和超产产品的浮动价格等重大问题有决策权。配套制定实行局长负责制的 6 项条例、制度、措施，分别是《中国共产党玉门石油管理局组织工作暂行条例》《玉门石油管理局党委工作制度》《玉门石油管理局局长工作暂行条例》《玉门石油管理局经济管理体制改革方案》《玉门石油管理局职工代表大会暂行条例》和《局党政领导班子思想作风建设七项措施》。在《玉门石油管理局职工代表大会暂行条例》中，界定了党委、局（厂）长和职代会三者的地位、作用及权限，由局（厂）长全面负责，党委保证监督，职工民主管理。

1987 年，制定出台《玉门石油管理局厂（矿、处）长负责制条例》（以下简称《条例》），各厂（矿、处）党委的决策权交予厂（矿）长，厂（矿）长对企业的生产经营、利税指标的实现和行政工作实行统一领导、全面负责。按照责、权统一的原则，给各厂（矿、处）下放八个方面的权力，即厂（矿、处）长、经理有生产行政指挥权、经营管理权及部分经营决策权；对科级以下干部的聘任、任免权；副厂长及厂级技术负责人的人选提名权；定员编制内的机构设置权；奖励性收入和奖金捆在一起考核及分配权、工资总额使用权；按国家规定和有关程序对职工的辞退权和奖惩权；对有特殊贡献的职工实行奖励晋级权；油田外劳务收入中按比例分成内的使用权及炼油厂、机械厂产品销售权和计划外产品的价格制定权。《条例》对厂长的任免、职责、职权、指挥系统及责任制、奖励等事项也做出具体规定，明确厂（矿、处）长、公司经理由局长任命，任期 4 年，在任职期满前三个月，局长征求局、厂两级党委和职工代表大会的意见，同意后可以连任，但不得超过规定的任职年限。有条件的单位，厂长可以由厂职工代表大会直接选举，报局长批准任命，在职工代表大会提出罢免厂长的建议或厂长提出辞职时，由局长组织有关部门调查裁处。厂长的职权是对本厂的生产经营和行政管理工作全面负责，实行集中统一指挥；对生产经营、行政管理工作中的重大问题有决策权，但要符合油田的总体部署和利益，并召开厂务会议进行讨论，听取意见。在油田授权的范围内，厂长有权代表企业行使经济法人权利，对外进行业务联系，签订经济合同，开展联合经营；在油田规定的范围内，厂长对本厂的资金、物资、设备有调度处置权。对本厂各级行政干部和工人有调整安排权；厂长按国家法律、法规和油田有关规定，有权决定或建议建立、修改和废除本厂生产经营和行政管理方面的各项规章制度；厂长有权提出副厂长等厂级行政干部的任免名单，征求同级党委意见后报请局长任免。厂长负责管理、考核、任免科室长、车间主任等行政干部，并报油田备案。在提出厂级行政副职任免名单，或者任免科室长、车间主任等行政干部，遇有与党委意见不一致时，由厂长最后决定。有条件的单位，车间主任也可以由全车间职工选举产生，报请厂长任命。科室长和车间主任的副职按定员规定由正职提名，报请厂长任命。

为全面推行好厂长负责制，各厂（矿、处）建立和健全了以厂长为首的统一生产指挥系统，分为厂部、车间、班组三级，各厂（矿）的主要管理权力集中在厂部。各级行政领导和每个职工的职权范围细化明确，将责任和经济效益相联系，建立起岗位责任制和经济责任制，按月、按季考核并作以记录，做到了人人有权、有职、有责。各单位对生产经营计划、产品销售、价格、物资选购、资金使用、资产处理、机构设置、人事劳动管理、工资奖金、联合经营等方面也进行了一系列调整。

建立厂（矿）长离任经济责任审计制，凡实行厂长任期目标责任制的厂、矿、处长或经理，离任以前（包括提拔、调动、免职、离退休等），由主管部门提请审计部门审计，取得审计公证并经局领导签认后，方可办理调离手续。

局（厂）长负责制实行后，玉门油田的生产经营管理方式得到进一步“松绑”，1987 年，实现了原油产量 50 万吨稳产第八年的计划，当年生产原油 53.3 万吨，原油加工量 67 万余吨，实现工业总产值 4 亿余万元，比计划增长了 6.8%。至 1989 年底，原油生产实现了 50 万吨 / 年稳产 10 年的目标。

第二节　隶属关系划转

1988 年 9 月，中国石油天然气总公司成立，管理局改由甘肃省政府和中国石油天然气总公司双重领导，以甘肃省政府领导为主。局机关设 20 个职能处室、3 个直属机构，基层设 27 个二级单位，当年全局职工 2.61 万人。

1990 年 1 月，国务院国函字（1990）63 号文件批复，玉门石油管理局划归中国石油天然气总公司管理，党组织关系仍然隶属甘肃省委管理。

第三节　理顺管理体制

1995 年 6 月 15 日，中国石油天然气总公司决定，为理顺玉门吐哈油田管理体制，同意组建玉门吐哈企业集团管理委员会，履行“规划、协调、监督、服务”职能，全面负责理顺体制的各项工作，特别是人员、财务、资产的划拨及哈密基地搬迁等重要事项。下属玉门石油勘探开发公司（仍称玉门石油管理局）和吐哈石油勘探开发公司，为两个独立的法人，实行局长、经理负责制。玉门吐哈企业集团设办公室，配主任一名（副局级），副主任两名（正处级）；并在中共吐哈石油勘探开发指挥部工作委员会的基础上，组建中共吐哈石油勘探开发公司临时委员会。

6 月 21 日，总公司决定任命陈耕为吐哈玉门石油企业集团管理委员会主任，赵熙寿、杨秀森为副主任，罗英俊、李志新、刘世洲、黄亦纯为委员。任命刘世洲为玉门石油管理局局长，孔繁瑾为副局长、总工程师，高玉江为副局长；免去赵熙寿玉门石油管理局局长职务，免去杨秀森副局长、总地质师职务，免去罗玉成、梅世琪、唐世荣、姚树梯、王世信、吴涛、陶惠鑫副局长职务。任命罗英俊为吐哈石油勘探开发公司总经理，石兴春、吴涛、唐世荣、王世信、姚树梯、陶惠鑫为副总经理，刘宏斌为总工程师，袁明生为总地质师。总公司党组决定，任命黄亦纯为玉门石油管理局党委书记，刘世洲为党委副书记，张东泉为党委委员、常委、党委副书记、纪委书记，田玉军为工会主席，增补周永华为玉门石油管理局党委常委，增补彭立垣、田玉军为玉门石油管理局党委委员、常委，增补孔繁瑾、高玉江为玉门石油管理局党委委员；免去王鹏玉门石油管理局党委书记、常委、委员职务，免去李志新党委副书记、常委、委员职务，免去刘世洲工会主席职务，免去赵熙寿、杨秀森党委常委、委员职务。任命李志新为吐哈石油勘探开发公司临时党委委员、书记，罗英俊为临时党委委员、副书记，张国栋为临时党委委员、副书记、纪委书记，石兴春、吴涛、唐世荣、王世信、姚树梯、陶惠鑫为临时党委委员。

9 月 8 日，根据中国石油天然气总公司《关于理顺玉门吐哈油田管理体制问题》的文件精神，吐哈玉门石油企业集团管理委员会决定，将玉门石油管理局地质调查处、钻井处、地质录井处、油建公司、运输处、井下技术作业处、第二石油机械厂 7 个单位成建制划归吐哈石油勘探开发指挥部管理。至 12 月，7 个划转单位的 81 个机关科室、109 个车间队站、18 个钻井队、8 个地质勘探队、4 个油建施工队、7 个地质录井测井队、2 个井下作业队、7 个汽车运输队、10 个机械加工和机械修理车间及会战期间在玉门油田挂靠的供水供电处、物资处、通讯处、职工医院、公安局、报社、生活公司、设计管理处等，共 1.8 万名职工和家属完成划转剥离。

1996 年 2—3 月，按照企业集团管委会第二次会议《关于理顺吐哈玉门油田管理体制中资产划转问题的会议纪要》精神和资产划转实施意见的要求，玉门、吐哈油田开始组织 7 个划转单位、8 个挂靠单位、驻外办事处等单位填报玉门和吐哈油田需要相互调拨的固定资产明细清册。4 月，玉门、吐哈油田组织资产、财务、机动等部门对相互划转和调拨的固定资产明细进行了核对确定。5—6 月，双方对固定资产，包括动产不动产、互占资产、流动资产包括债权债务、贷款借款以及多种经营项目在清查核对的基础上，按照清册进行了核对交接。7 月，双方根据企业集团管委会关于“对驻外办事处机构按照理顺产权归属、明确管理主体、面向双方服务、不再重复投资的原则”，对北京、上海、兰州、西安、成都、广州 6 个办事处以及广州、成都、郑州、沈阳 4 个物资采购点的资产、人员、账目等进行了划转交接。8 月，吐哈油田将钻井处、油建公司、二机厂、井下处、地调处、运输处等 6 个划转单位所辖的 9 个农场（花海 5 个，东湖 4 个）全部移交给玉门油田，9 个农场总耕地面积 19604.01 亩，共有资产 2278885.13 万元。

1997 年 11 月—1998 年 9 月，玉门油田向吐哈油田陆续移交了划转单位相关档案。

第四节 重组改制

1999 年 6 月 21 日，集团公司下发《中国石油天然气集团公司关于企业重组的意见》（以下简称《意见》）的通知，要求集团公司所属企业把重组改制与结构调整结合起来，核心业务与非核心业务分开核算和管理。根据业务划分范围，确定相关资产和人员，按精简、效能、科学的原则设置机构，做到职责明确、权责统一，管理人员不增加。重组改制与结构调整做到整体设计、分步实施，规范运作、管理到位，以核心业务较快发展，带动和促进非核心业务的发展，避免同业竞争，降低交易成本。玉门油田设局机关和 27 个二级单位，职工总数 18400 人。局机关设 18 个职能处室和 11 个附属机构，共 466 人，其中职能处室共计 262 人，附属机构共计 204 人。二级单位中含 5 个油气主业单位，包括采油厂、炼化总厂、勘探开发研究院、勘探事业部、规划设计院，共 9521 人；11 个辅助生产及多种经营单位，包括水电厂、机械厂、通信公司、建安处、综合服务处、西部科技开发公司、经济技术开发总公司、物资供应处、技术检测中心、物业公司、机关事务部，共 6194 人；11 个社会服务单位，包括教培中心、新闻中心、职工医院、酒泉疗养院、公安处、离退休职工管理中心、北京联络处、上海联络处、西安办事处、兰州办事处、成都办事处，共 2219 人。

6 月下旬，根据集团公司《意见》要求，着手准备重组改制工作。7 月，制定《玉门油田重组实施方案》上报集团公司。同月，集团公司批复，同意玉门石油管理局重组方案，把玉门油田核心业务与非核心业务分开、分立，将从事油气勘探开发、油气集输及储运、炼油化工、油气产品销售、勘探开发研究和炼油化工研究等核心业务划出，重组和建立中国石油玉门油田分公司，下设采油厂、炼油化工总厂、勘探事业部、勘探开发研究院、规划院五个二级单位，采油厂、炼油化工总厂为核心业务分公司的生产运行中心和成本控制中心；勘探事业部、勘探开发研究院、规划院为技术研究、规划和开发中心；油田分公司机关设经理办公室（党委办公室）、炼化处、勘探开发处、技术发展处、计划财务处、审计监察处、生产与质量安全环保处、企管与法规处、人事处（组织部）9 个职能部门、定员 95 人。

重组调整后的非核心业务机关进一步压缩机构和定员编制，重组后机关设 8 个职能部门：局办公室（企业管理处、法律事务处）、党委工作部（组织部、宣传部、统战部）、审计监察处（局纪委）、群工处、经济技术开发处、计划财务处、人事处、生产与安全环保处，定员 130 人。对所属非核心业务的单位进行调整：将从采油厂分离出来的井下作业队伍（包括采油厂的井下作业科和老君庙实业公司所属的吐哈作业队）组建成立井下技术作业公司；将全管理局农副业机构及人员进行集中统管，组建成立农副业公司；将采油厂、炼化总厂、研究院所属的小车队划归机关事务部小车队统一管理；将采油厂分离出来的生活管理站等其他机构和人员划入老君庙实业公司，从采油厂分离，由局直接管理；将从炼化总厂分离出来的职工活动中心等其他机构和人员也划归新兴实业公司，从炼化总厂分离，由局直接管理；将从勘探开发研究院分离出来的局信息中心归并通信公司，将从研究院分离出来的科达公司等其他机构和人员也划归通信公司管理。其他非核心业务二级单位未做调整。

至 1999 年底，核心与非核心业务分开、分立运行正常、业务理顺、人员到位，油田进入了新的发展时期。

第五节　重组整合

自 2005 年 7 月 15 日起，集团公司委托股份公司对玉门石油管理局实行管理，并承担国有资产保值增值责任。按照集团公司要求，玉门石油管理局和玉门油田分公司的领导班子和管理机关进行整合，成立一个领导班子、一套机关职能部门，对玉门油田的上市业务和未上市业务实行统一管理。保留玉门石油管理局独立法人、工商及税务登记资格。玉门石油管理局职工总量控制和工资总额计划，由集团公司直接向玉门石油管理局下达，同时送股份公司。玉门石油管理局所属业务与玉门油田分公司分账运行，按集团公司会计制度规定，进行独立会计核算，编制财务报表，上报集团公司汇总。玉门石油管理局的预算指标由集团公司下达，股份公司组织进行考核。同日，集团公司党组、集团公司和股份公司在玉门油田召开干部大会，宣布重组整合的决定。孔繁瑾任玉门油田分公司（玉门石油管理局）总经理（局长）、党委副书记，高玉江任副总经理（副局长）、玉门油田分公司党委书记，陈建军、熊湘华、桑运超任副总经理（副局长）、党委常委，孙永会、张作祥任副总经理、党委常委，严晓昱任党委副书记、纪委书记、工会主席。

8 月，玉门油田分公司与玉门石油管理局机关机构整合，坚持集中统一、精简效能；实事求是、科学先进；责权统一、协调一致；职责清晰、平稳有序四项原则。设职能部门 18 个，6 个党群部门分别是党委办公室、党委宣传部（统战部、企业文化部）、纪委监察处、工会、团委、机关党委（机关行政事务部）；6 个综合管理部门分别是总经理（局）办公室、规划计划处、财务资产处、人事处（组织部）、企管法规处、审计处；6 个专业管理部门分别是生产运行处、质量安全环保处、机动设备管理处、科技信息处、经济技术合作开发处、基建工程管理处；油田（局）机关包括 9 个附属部门：信息中心、资金结算中心、财务核算中心、资产处置中心、定额计价中心、职业技能鉴定中心、档案馆、文化娱乐管理中心（文化宫）。

重组整合后，玉门油田业务包括油气勘探开发及炼油加工、工程技术服务、生产服务、社会服务，有员工 12812 名，其中油气生产员工 4208 名，炼油生产员工 2216 名，生产服务、社会服务等人员 6388 名。

第二章　组织机构改革

第一节　机关改革

一、局机关改革

1993 年，因支援吐哈探区会战，玉门油田机构和人员减少，为了强化决策层、精干管理层、分离执行层，对管理局机关进行改革，坚持新老区“一盘棋”的思想，使老区机关改革与新区相衔接，为实现“坐镇哈密、指挥两头”的总体格局奠定基础。改革以“规划、控制、决策、协调、监管、服务”为原则，重新梳理各处、室职能和职责，设置管理机构，实现机构不重叠、职能不交叉、管理层次化、工作满负荷。

在改革中，机关实行双向选择、聘任上岗、责权统一、有上有下、有进有出的干部人事管理制度，对于从机关分离出来的人员通过兴办和充实经济实体，充实和加强基层，有组织地参加新区会战予以安置。少数老同志下岗，部分年老体弱者，根据自愿的原则办理提前退休，并按政策规定适当提高待遇标准，部分较年轻的人员参加培训后重新上岗。2 月，局机关完成改革，机关处室数由 29 个精简为 21 个，压缩率 27.58%；科室比原来减少 40 个，压缩率 39.60%；工作人员 403 人，减少了 139 人，精减率 25.65%。通过这次改革，局机关成为机制更加健全、功能完善，结构合理、精干高效、运转灵活的领导机关，人员素质大幅提高。由局副总师以上领导干部组成企业决策层，各职能部门作为管理层，按相对独立的职能单元划分为五大动态管理系统：（1）以局办公室、总工办、综合管理、科技发展部门为主体的综合管理系统；（2）以计划、财务管理为主要内容的经营管理系统；（3）以人事、劳资管理、党的组织建设为主体的人事劳动管理系统；（4）以生产协调、设备管理、基建管理、安全环保为主体的生产协调系统；（5）以党办、纪检、群工部门为主体，以精神文明和“四有”职工队伍建设为主要内容的党群监督保证系统。五大系统共设 20 个职能部门，下设 61 个科室，定员 403 人，另设机关总务处，负责机关后勤服务工作。

在机关机构改革中，职能接近、业务相近的部门，实行合并，其中组织部与干部处合并成为一个机构、两块牌子；党委办公室、宣传部、统战部合并成一个机构、三块牌子。能形成实体的从机关分离，实现职能下移，撤销油田开发处、炼化处，设立局总工程师办公室，撤销普教处、培训处，组建局普教中心、职工培训中心。多种经营管理处与多种经营总公司为一个机构、两块牌子，从局机关分离形成实体。工作业务不饱满的，按“满负荷”要求向综合部门充实，将勘探部的管理职能划归总工办，设立外事办公室，由主管领导直管；撤销勘探部和外事工作处。除上述部门及单位承担的管理职能外，其他管理职能分别由局属各有关单位负责。生活服务处承担全局的房产、生活后勤方面的管理职能，物资供应处承担全局的物资管理职能，勘察设计院承担全局设计管理职能，职工医院承担全局医疗卫生、计划生育等管理职能。

1999 年 4 月，对局机关进行机构调整和精简编制定员，坚持集权与分权相结合的原则，保证了机关对全局的有效管控。以直线职能制为主并附以事业部制组织形式，实行分级管理。能集中的权力集中在局党政主要领导为首的决策层，机关各职能部门作为决策的参谋机构并授权行使专业范围内的协调管理职责，各生产经营单位具有相对独立的自主生产经营权。各部门重新进行“定责”“定岗”，进一步厘清事权范围，职能横向不交叉，纵向不重叠，不属于机关管理职能的事务从各部门分离，机构、岗位设置综合兼职、满负荷运行，人与事优化配置，杜绝了因人设事、因人设岗、因人设职的现象。调整期间，机关全体人员全部下岗，采取公开竞聘上岗和考核聘任相结合的方法逐级竞聘上岗。为保证竞聘工作顺利实施，油田成立局机关干部竞聘工作领导小组，出台《局机关干部竞聘上岗和考核聘任实施办法》《局机关干部竞聘上岗资格审查细则》。根据机构调整方案和要求，将机关职能处室和附属部门总定员、正副处室长（正副主任）及所属科室长职数在《石油工人报》上予以公告。4 月中旬，竞聘工作按规定程序进行，未能竞聘上岗的富余人员，进入再就业服务中心分流安置，安置的方法：（1）在机关内部调整、补充各有关部门和直属单位的缺员；（2）部分业务骨干带职充实到局属各单位厂（处）、科室、车间（队、站）等领导岗位；（3）专业化技术人员充实到科研、技术监督、工程监督及基层专业技术岗位；（4）年龄达到内部退养条件的人员实行退养。4 月 21 日，所有竞聘上岗人员全部到位。调整后的局机关职能处室由 21 个调整为 18 个，减少 14.3%，定员由 330 人压缩到 244 人，减少 26.1%；机关附属部门由 7 个调整为 9 个，定员由 71 人压缩到 66 人，减少 7%；科室由 70 个调整为 63 个、减少 10%。机关总定员由 401 人压缩为 310 人，减少 22.9%。这次改革是玉门油田在石油石化行业重组以后为实现扭亏脱困、持续发展而进行的一次较大规模改革。

二、厂矿机关改革

1993 年，随着局机关的改革，局属单位也对机关机构和人员进行较大改革。局属各单位分别对原有部门的工作职能进行重新分析，清理机关科室人员，在原有机构的基础上，定编、定责、定岗、定员，精简机构、精干管理人员，机关职能部门数压缩率和人员精简幅度达 30%。2 月下旬，油建公司本着“精简效能、精干搞活、治懒不治老弱病残”的原则，将公司结构划分为工程建设、多种经营和后勤服务三个部分。大幅减少机关人员，由 160 人减少为 80 人。机关将计划科等 5 个职能科室合并成经营部，主要负责市场开发、工程承揽等工作，在原施工研究所的基础上组建技术开发部，主要负责新技术、新工艺、新产品、新市场的研究、开发和推广。10 月，水电厂完成机关改革，实现“两个百分之三十”，即机构设置压缩 30%，机关工作人员精简 30%；地质录井处机关机构压缩 20%，人员压缩 30%，按照先机关后基层、先干部后工人，先后勤后前线的顺序，层层竞争上岗，建立“上岗、试岗、待岗、在岗培训”的“四岗”动态组合制度，实行易岗易薪。

2006 年 4 月，将所属二级单位的财务管理权限整合集中，11 日，召开财务人员竞聘上岗动员大会，14 日，开始集中竞聘。来自机关和各二级单位的 152 名从事财会、核算及具有财务会计从业资格的人员参加竞聘，历时 3 天，通过演讲、答辩、打分评比，135 人实现了竞聘上岗。2007 年，公司又对新纳入上市业务的单位实施全面会计集中核算，通过此次会计机构调整和人员竞聘上岗，实现了油田财务管理机构、人员与业务的全面集中。全面集中后财务资产处下设预算管理科、价税管理科、投资管理科、资产管理科、资本运营科、会计稽核科、综合信息管理科、清欠办公室、内控办公室、工会财务科 10 个职能科室，总定员 74 人；附属成本管理中心（包括勘探开发成本科、炼油化工成本科、辅助生产成本科、后勤服务成本科、工资费用管理科、内部交易科）、会计核算管理中心（包括会计核算一科、会计核算二科）、材料核算管理中心（包括材料管理科、材料核算科、材料稽核科 3 个科室）、资金核算管理中心（包括资金结算一科、资金结算二科）、住房公积金管理中心，总定员 126 人。

2016—2017 年，对计划财务系统进行机构调整，撤销财务处成本核算中心和会计核算中心，将原财务处除集中报销以外涉及所属单位的财务会计业务划归公司所属单位，同时与所属单位经营核算、资产管理、投资管理、计划统计、节能节水、定额造价等业务进行整合，在老君庙采油厂、鸭儿峡采油厂、青西采油厂、酒东采油厂、炼油化工总厂、油田作业公司、水电厂、机械厂、综合服务处、建筑安装工程处、信息中心、物资采购管理中心、方圆物业管理有限责任公司、油田医院、农牧业有限责任公司成立计划财务科，在勘探开发研究院、钻采工程研究院、规划设计院、离退休人员管理中心、油田保卫处、新闻中心综合办公室增设计划财务岗位。相关单位经营科或从事经营核算业务的机构一并撤销，原经营科承担的合同管理业务划归单位综合办公室。财务处内控办公室划归企管法规处，实现内控与风险管理的“管办分开”；规划计划处定额计价中心成立建设工程造价科和物探钻井造价科，将财务处物探及钻井定额概预算职能划归规划计划处定额计价中心物探钻井造价管理科。财务处设置预算成本管理科、会计核算管理科、价税管理科、投资管理科、资产管理科、综合信息科、资金管理科、会计稽核科、薪酬费用科。附挂资金结算中心，下设资金结算科、工会财务科、住房公积金管理科（住房公积金分中心）9 个职能科室。这次调整是油田计划财务系统自 2006 年调整后，时隔十年的一次重大改革调整，提升了企业专业化管理和风险管控能力。

第二节　四矿合一

1992 年 10 月，按照总公司专业化管理、社会化服务、市场化运行的要求，以构建“油公司”体制为目标，油田对组织机构、产业结构、产品结构、队伍结构进行调整改革，在开发系统建立新型管理体制，撤销油田开发处、老君庙油矿、鸭儿峡油矿、白杨河油矿、石油沟油矿，成立了采油厂，称为“四矿合一”。

采油厂作为相对独立的经济实体，实行自主经营、自负盈亏、自我发展、自我约束，对油田开发、经营管理和资产增值负全面责任，在原油生产、油田建设、投资管理使用上称为主体和总甲方，既是生产运行中心，也是投资中心、利润中心和成本控制中心。其他直接为油田生产提供专业服务的单位作为乙方，在油田服务的过程中获取收入。采油厂的主要职责是：保证原油生产任务的完成和超额完成，搞好安全生产；负责油田生产投资的管理与使用，挖掘潜力，努力提高油田投入产出效益；完成利润计划，实行自负盈亏，推行全面核算，强化成本控制；承担原油田开发处的管理职能，根据油田开发条例，负责编制中长期油田开发规划和年度开发方案，完成总公司交予的各项任务，负责科技进步，科学开发管理油田。通过实行新型的管理体制，确立了油田开发总甲方的主体地位。四矿一处合并后，造成原有机关人员富余，10月14日，采油厂对科级干部进行干部公开考核聘任，按照自我推荐、组织考察、领导提名、上下意见结合等程序，在原有90名机关科级干部中选拔42名思想过硬、业务能力较强的人员担任机关科室领导。至10月底，采油厂管理体制理顺，全厂共有13名处级干部、42名科级干部、195名科室人员，职工7418人；厂机关设17个科室，基层设10个采油队及井下作业队、注输队、运输队、机修厂等，共21个单位。

至2003年9月，油田实行扁平化管理，撤销采油厂，按照地质单元分别组建青西、老君庙、鸭儿峡3个油田作业区。

第三节　炼化机构调整

1992年，以构建“油公司”体制为目标，油田对组织机构、产业结构、产品结构、队伍结构进行调整改革。按照产供销一体化、炼油化工集团化的思路，撤销局炼化处、炼油厂及炼油厂特油分厂，以炼油厂、销售公司及炼化处等单位为基础，组建炼油化工总厂，与销售公司为一套机构、两块牌子。新组建的炼油化工总厂业务是全面负责石化产品的产、供、销活动，保证原油加工任务的完成，实行全面经济核算，强化成本管理；按期按质完成炼油技术改造任务，提高配套加工能力；负责外进原油的运输和产品销售及新产品的开发，提高投入产出效益。

炼化组织机构的调整为油田炼化产品的产、供、销活动参与国内外市场竞争打下了基础。11月12日，炼化总厂机关机构及人员调整到位，34名科室长、153名机关工作人员试聘上岗。

第四节　三教合一

1993年7月，将职工教育、普通教育从二级单位中分离出来，实行统一集中管理，组建成立普教中心和培训中心。

普教中心作为教学实体单位，统一管理油田8所中小学，承担基础教育任务，将各单位分散办学改为集中办学，提高教学质量和办学水平，减轻生产经营单位的负担。中心教职工总人数590人左右，实行主任负责制，内部实行分级分权管理，以各中小学为教学单位组织教学工作，负责安排每学年、每学期工作计划，给予指导、督促、检查、考核、评估，确保教学指标的完成。各中小学推行校长负责制，对教职工实行聘用制，择优聘用教师，职务能上能下，职随岗变；工资能升能降，易岗易薪，按教学工作实绩奖励，对教育教学效果突出、贡献突出的优秀教师实行重奖。原子弟中学更名为玉门石油管理局（以下简称“局”）第一中学、原运输处学校更名为局第二中学、原钻井处学校更名为局第三中学、原炼油厂学校更名为局第四中学；原子弟小学更名为局第一小学、原机械厂小学更名为局第二小学、原石油沟油矿学校更名为局第三小学、原鸭儿峡油矿学校更名为局第四小学。由普教中心统一管理。

1995年11月，将幼教、普教和职教统一管理，组建教育培训中心，称为“三教合一”。在原普通教育中心和培训中心基础上，将炼化总厂普通教育学校、炼化总厂职业技术学校、北坪幼儿园、南坪幼儿园、炼化总厂幼儿园、水电厂幼儿园、机械厂幼儿园、物资供应处幼儿园、采油厂第一幼儿园、第二幼儿园统一划归教育培训中心管理。主要承担教育管理和教学实体两大职能，规范幼儿教育，强化普通教育，优化职业教育，使“三教”相互衔接，协调配合，实现优势互补、资源共享、整体配套一体化管理。教培中心机构设置本着精干、合理、效能、机构综合化、人员兼职化、精简管理层、加强教学实体的基本原则，教职员工定员 1094 人，其中机关人员由 95 人压缩为 60 人；普教系统 468 人，幼教系统 235 人，职教系统 256 人，后勤服务系统 75 人。“三教合一”打破了油田教育几十年来分散、闭塞、企业多级办学的格局，是当时油田向“油公司”体制转型而走的教育专业化路子。

第五节　扁平化管理

1999 年底，重组改制后的玉门油田分公司实施低成本战略，调整核心单位的组织机构、队伍结构和劳动组织形式，优化岗位和人员编制，员工总量由重组初期的 7000 多人减少到 5000 多人，原油生产人均占有量由重组初期的 133 吨提高到 288 吨，炼油人均加工量由 560 吨提高到 750 吨左右，勘探取得较大突破、原油产量上扬、炼化销售赢利。通过几年的生产经营，勘探新区在短期内大幅度上产难度增大，操作成本增加，炼化产品结构有待调整。为了更好地促进企业生产经营，提升核心业务竞争力，让组织结构、管理方式适应外部发展变化，油田分公司根据股份公司关于“一级法人、行政两级管理、业务三级管理”的体制要求，进行组织结构调整，改变传统的直线型组织结构模式，推行扁平化管理，对综合业务进行集中管理，压缩管理层次、精干队伍。在采油和炼油两个板块分别实行油田分公司—采油作业区—采油站（班组）和油田分公司—炼油厂—炼油装置的模式设置组织机构框架，保证公司的集中统一领导，提高管理效率。集中生产与技术管理职能，按业务分别成立勘探事业部和开发事业部，采油厂分为三个作业区，其性质为生产型责任中心。集中生产、技术服务队伍，实现主辅分离，通过调整充实，逐步发展成为公司内部保障有力、服务及时到位的专业化技术服务队伍，承担起公司主业发展的保障和服务职能。集中归并两级机关综合管理职能，将公司机关与二级单位机关综合管理职能和部门进行归并整合，机构集中设置，管理幅度直接延伸到作业区等基本生产单元，能够为公司领导战略决策、规划、管理、协调、监督等提供服务，达到减少管理层次、降低管理成本、加快信息传递、提高工作效率的目的。整合集中科研、信息队伍，发挥科研人员和管理人员的集约优势。

组织结构的调整明确了公司机关、事业部及二级单位等各个单元的职能划分及主体定位，减少了管理层次，强化综合职能，机构趋向扁平化。按照综合业务实行一级管理，业务相对集中，机关综合管理职能进一步强化的要求，把公司机关与二级单位机关党群、组织干部、劳动人事、计划财务、审计监察、企管法规等业务相对集中整合，一级设置，使管理层次减少，保证决策、规划、管理、协调、监督职能作用的发挥。将生产、技术管理、指挥协调等业务向下集中，按生产单元设立事业部，直接管理服务于采油作业区和炼化生产等，炼化总厂保留原名称不变，只设精干的生产组织、技术管理部门，不作为独立单位，相当于事业部性质。公司机关由 11 个处室减少为 9 个，精减 18%。两级机关总定员由 356 人压缩到 309 人，精减 13.2%，压缩管理岗位及人员，充实专业技术岗位及人员，改善和提高操作服务岗位人员的整体素质及结构。具体调整改革内容是撤销采油厂，按照地质单元分别组建为青西、老君庙、鸭儿峡 3 个油田作业区；将采油厂采油工艺研究所、抢险队、测试队、助剂厂整合成立油田工程技术研究与服务中心，为公司直属基层单位；采油工艺研究所继续保留副处级机构规格，所长由副经理兼任；将勘探开发处与采油厂油田开发生产技术部门归并整合成立油田开发事业部，并挂油田开发处的牌子，为公司直属机构，发挥开发处和开发公司双重作用；炼化处与炼化总厂技术开发部及炼化工艺研究所相关业务整合，炼化处机构与炼化总厂合并设立一套机构，发挥双重作用；销售公司划归油田分公司直接领导，销售业务仍由炼化总厂管理，组织机构与炼化总厂相对独立。集中物资采购管理业务，以公司物采办、采油厂燃料站、炼化总厂物资计划科为基础组建成立油田分公司物资管理中心，为公司直属机构，负责物资采购、电子商务、物资消耗管理等；集中各单位分设的信息服务机构，组建油田分公司信息中心，为公司直属机构，附挂技术发展处；将公司工会、团委与下属各单位工会、团委办事机构整合组建群工处，负责公司工会、团委等群众组织工作。撤销采油厂、炼化总厂公安科，合并组建公司综合治理办公室，下挂经济民警中队，负责公司内部治安及综合治理工作，综合治理办公室与生产运行处合署办公；生产运行处增设设备管理科。调整以后公司组织机构包括：青西油田作业区、老君庙油田作业区、鸭儿峡油田作业区、炼油厂、勘探开发研究院、规划设计院、油田工程技术研究与服务中心、销售公司 8 个基层单位；总经理办公室（党委办公室）、计划财务处、人事处（党委组织部）、企业法规与关联交易处、质量安全环保处、审计监察处（纪委）、技术发展处、生产运行处、群工处9个机关职能部门；勘探事业部（勘探处）、开发事业部（开发处）、物资采购管理中心3个直属机构和6个附属机构。总定员4950人，助理5人，处级职数69人。

为顺利完成结构调整，推行扁平化管理，油田分公司还出台配套改革措施，打破单位行政级别，对单位按生产规模、承担任务、效益贡献等指标分类区别管理，单位负责人区别待遇；打破员工身份界限，改身份管理为按岗位管理，以责定岗、按岗聘任、以岗定酬、岗变薪变。强化业绩管理，改革薪酬决定机制，完善内部运行机制。

第六节　移交社会职能

2004年8月，根据《国务院办公厅关于中央企业分离办社会职能试点工作有关问题的通知》的有关规定，按照甘肃省和集团公司的统一部署，油田企业办社会职能移交酒泉市。按照“整体移交、资产划拨、人随资产业务走、费用按人定”的原则，油田所属公安、全日制普通中小学整体移交给酒泉市，实现政企分开。

移交的公安系统包括局公安处所属的刑侦大队、治安大队、水电公安科、物资公安科、机械厂公安科、职工医院公安科、教育集团公安科及油田分公司所属的采油公安科、炼油公安科，油田酒泉生活基地在建公安、保卫办公场所建成后部分移交；移交的中小学包括玉门油田教育集团所属的玉门油田一中（又称为玉门油田外国语学校中学部）、玉门油田二中、玉门油田三中和玉门油田第一小学（又称为玉门油田外国语学校小学部），玉门油田酒泉生活基地在建中小学建成后完成移交。

8月4日，玉门石油管理局与酒泉市人民政府签署油田中小学移交地方政府协议，油田4所中小学成建制纳入酒泉市教育系统管理，共移交人员488人，其中在职人员282人，内部退养人员69人，中小学离退休教师137人。移交后，油田二中和油田三中整合为玉门油田子弟学校。8月15日，酒泉市人民政府与玉门石油管理局、玉门油田分公司签署了油田公安移交地方政府协议，移交公安人员85人。

公安和中小学校移交酒泉市后，依旧承担着玉门油田公安保卫和教育服务工作。2005年酒泉生活基地建成，玉门油田公安分局、玉门油田教育分局先后成立，办公地址设于酒泉生活基地规划区内。油田公安分局管理着酒泉生活基地园区居民的公安保卫、刑事侦查、户籍管理、出入境办理等。油田教育分局承担酒泉生活基地及周边学区内适龄学生的九年义务制教学和普通高中教学，下设玉门油田小学、玉门油田高级中学、玉门油田第二中学。

第三章　管理方式改革

1992 年，中国石油天然气总公司将玉门油田列为首批推向市场的油田之一，并下发改革要求，油田随即成立改革办公室，制订总体改革方案，在产业结构、组织结构方面做相应变动，对采油、炼油和多种经营系统进行组织机构改革，对钻井、地调、录井、井下等单位按项目管理的要求，走施工作业专业化道路，辅助生产单位走向油田内部市场，围绕深化完善经营承包责任制，提升企业经营活力。

第一节　经济承包责任制

20 世纪 80 年代末期，承包经营责任制和项目管理是油田内部经营管理的重要方式。通过建立承包指标体系和严格的考核制度，使承包对油田生产经营起到推动和约束作用，投资管理体制得到理顺，项目效益负责制不断健全。

1987 年以前，钻井处、油建处等基层单位尝试实行经济承包，从厂（处）到队（站）层层下任务、搞承包，多劳多得，降低生产材料和能源的消耗，提高工作效率，对职工超额的工作量给予奖励，激发了生产积极性，促进了各项生产任务的完成。1987 年，各厂（矿）进一步推进经济责任制度，机械厂、建安处、设计处等单位召开专业会议，评估、论证生产任务，着手改革实报实销的经营方式，将承包任务和内容细化分解，车间（队站）的生产任务、生产能力、总成本、经济效益与利益分配有效挂钩，其中设计处仅 1987 年就实现盈利 30 万元。炼油厂把生产任务、安全责任、质量、能耗等指标分解落实到车间、班组、岗位和人头，制定产、供、销一条龙的经营体系，做到畅销产品以产定销，滞销产品以销定产，在做好生产的过程中实现了增产增收，提前一个月完成全年利税指标。

1988 年，广泛实行承包经营责任制，加快企业由生产型向生产经营型，战术型年、季、月度管理向战略型长远管理，党委领导下的厂长负责制向厂长负责制等三个方面的转变。在对甘肃省上交 5000 万元包干、对总公司原油生产 48 万吨包干的基础上，分四批同 22 个厂、矿、处签订为期三年的承包合同或目标承包责任书，规范局、厂间的责、权、利关系，积极推行车间对厂（矿）、班组对车间（队、站）、个人对班组的层层承包，激发了各单位生产经营的活力，促进了全油田生产经营目标的超额完成，成效显著。

从 1992 年开始，进行新一轮经济承包，将通用性强、直接面向市场的经营单位作为市场调节对象，模拟社会企业放开经营，增加效益考核指标，调整相应政策，将二级单位按生产经营单位、专业技术服务单位、后勤费用单位划分，建立以油田开发、炼油化工、多种经营为主体产业，其他围绕主业服务的生产经营运行机制。对不同类型单位实行不同承包政策，形成主体单位靠油吃饭，施工作业单位靠技术吃饭，辅助生产和后勤单位靠服务吃饭的局面。通过扩大单位自主权，从纵向上规范厂对局、车间（队站）对厂（矿）、班组对车间、个人对班组的责、权、利关系，初步形成纵向承包到底、横向配套到边的经营体制。采油厂、炼化总厂、油建公司、钻井处、地调处、录井处、井下处、运输处、水电厂、通讯处、机械厂、二机厂、物资供应处、设计院、多种经营总公司共 15 个单位面向油田内外部市场实行承包经营责任制。采油厂实行原油产量、上缴利润包干，超企业计划原油销售利润全留；炼化总厂实行上缴利税总包干，超利分成；油建公司实行百元产值工资含量、上缴利润包干；钻井处、地调处实行盈利全留、亏损自负，工资自筹，资金自提；录井处、井下处、水电厂、通讯处、运输处、机厂、二机厂、物资供应处实行盈亏平衡，亏损自负，盈利全留；设计院实行上缴利润包干，超利分成；多种经营总公司实行上交常数递增包干。研究院、生活管理处、报社、公安处、培训总校、技工学校、职工医院、酒泉疗养院、张掖筹建处、普教处、兰州办事处、成都办事处共 12 个单位实行核定费用不超支，完成行业工作目标、质量、安全指标的目标责任制。承包经营责任制起到了内部调控的作用，较好地激发了单位自身经营活力。

第二节 项目管理

20 世纪 80 年代末期，项目管理是油田内部管理的重要经营方式。从这一时期起，以项目定任务、定投资、定工期，提高投资效益，全面推行项目管理。在实施重点项目管理中实行经济承包责任制，包工期，包投资，包质量，包投产，包劳动安全、环境保护、工业卫生，包竣工验收，在全局各项重点建设项目中发挥了重要作用。

1988 年 4 月，对酒西盆地勘探试行项目管理，组建酒西勘探项目组，研究院与局签订《酒西盆地综合研究承包合同》，项目管理自此开始。6 月 30 日，石油工业部在玉门召开吐鲁番—哈密盆地勘探工作会议。管理局成立的吐哈勘探项目组以乙方身份，向甲方——石油工业部勘探司提交项目方案及总体规划。勘探司会同物探局、北京石油勘探开发研究院及新疆石油管理局、西北地质研究所有关专家组成评审组，对乙方提交大会的方案、规划进行充分论证和现场答辩。评审组认为管理局吐哈盆地总体规划方案立项地质依据比较充分，论述比较全面系统，资料丰富，论证有据，项目管理符合改革精神。原则通过玉门油田吐哈项目组中标，面积达 4.8 万平方千米的吐哈盆地，成为玉门油田勘探新领域，这也是油田项目管理实践上的一次重大突破。在吐哈会战中，项目管理成为最重要的形式，保证了吐哈探区的高效开发。

1990 年，按照总公司的要求，全面实行项目管理，成立推行项目管理领导小组，局长赵熙寿担任推行项目管理领导小组组长，副局长杨秀森、吴碧莲、唐世荣担任副组长，采用“统一安排、分路编制、分步进行、按期完成，局集中审定，报总公司审批”的办法，做好立项基础工作，由企管处负责推行项目管理的合同管理制度和有关规章制度的制定。当年立项 25 个，包括吐哈新区四个方面 16 个项目和玉门老区 9 个项目。吐哈新区勘探方面项目有托克逊工业区带预探及评价项目、鄯善工业区带预探及评价项目、哈密坳陷预探及评价项目、火焰山工业区带预探及评价项目；开发方面项目有鄯善油田 20 万吨产能建设及配套项目、丘陵油田开发前期准备项目、伊拉湖油田开发前期准备项目、新预探构造发现并试采项目；地面工程建设方面项目有鄯善油库工程建设项目、水源及供水工程建设项目、临时综合维修点工程建设项目、生产生活临时设施工程建设项目；新技术推广项目有低渗透油藏油层保护技术推广项目、油层改造技术推广项目、测井测试技术推广项目、电算技术推广项目。玉门老区项目有酒泉盆地滚动勘探项目、区域盆地评价勘探项目、老油田稳产项目、青西滚动开发项目、炼油 30 万吨焦化技术改造项目、炼油 150 万吨配套技术改造项目、6 万平方米矿建工程项目、机修制造完善配套项目、其他公用设施配套项目。25 个项目分别由各主管处、院编报建议书，组建项目组，由勘探部负责吐哈和玉门的 6 个勘探项目，油田处、吐哈开发部负责产能建设、开发前期准备、试采及老油田稳产等 6 个项目，计划处、吐哈经营部、设计院负责油库工程、供水工程、生产生活临时工程、矿建工程等 6 个项目，科技处负责吐哈的 4 个新技术推广项目，炼化处负责玉门炼油技术改造的 2 个项目，机动处负责玉门机修制造完善配套项目。项目管理的全面推广逐步改变了油田的管理方式，提高了勘探、开发和生产建设部署、方案实施的科学性和精确性。

1992—1993 年，以项目管理为生产经营的主要运行方式，对生产要害单位及重点工程实行项目法管理，以油建公司为代表的生产专业化单位打破以往公司（厂、处）—队（站、厂）的直线式管理方式，油建公司解散 5 个综合施工队，成立工程项目部，项目部按工种、班组组建劳务市场和设备租赁市场，将承担的工程项目完全纳入合同管理，按工程任务成立 10 个项目经理部，设置 22 个项目经理，由业务经验丰富、熟悉生产的人员担任项目经理，再由项目经理聘任各自的财务、预算、技术、质量等管理人员，项目经理就劳务、机具设备等生产要素的使用签订合同，各项目经理按责任大小分别向工程建设部缴纳风险抵押金，形成了较为完善的项目管理模式。1993 年 4 月，该油建公司承担的南站液态烃三通一平及 800 米管线工程项目仅 15 天就完成了施工，体现了项目管理的优势。8 月，炼化总厂润滑油装置检修采用定期项目管理，将检修人员分成几个项目组，分阶段制定检修计划，对安全措施、质量验收、后勤服务、检修工作量定人定项目进行承包，实现了科学管理，使现场作业更加合理、有序、有效。10 月，油田制定《项目管理暂行办法》，对油田勘探、开发与建设等重点项目，包括区域勘探、区带勘探及相关单项工程；产能建设工程；炼油化工、水电建设及配套工程；其他生产发展工程等，项目管理实行项目经理负责制，在具体实施中实行承包经济责任制，采取目标责任承包和风险抵押承包两种形式。根据项目性质，勘探项目以勘探事业部为甲方建设单位；产能建设及油田改造项目，以采油厂为建设单位；炼油、水电建设及改造项目，以炼化总厂或水电厂为建设单位。以建设单位为主，组成项目管理负责组，作为甲方负责项目实施，地调、钻井、井下作业、录井、油建、设计等单位作为局内乙方单位。1993 年，研究院在地质勘探研究中实行项目管理，取得了 17 项科研成果。

1995 年 6 月，玉门—吐哈体制理顺后，加深扩大勘探领域，适时成立酒东、潮水、雅布赖盆地风险勘探项目管理委员会，全权负责酒东、潮水、雅布赖盆地勘探项目；7 月，潮水—雅布赖盆地风险勘探项目经理部成立，该项目部是在油田风险勘探项目管理委员会领导下，相对独立负责实施潮水—雅布赖盆地勘探作业的实体，以项目管理方式实行计划单列、资金切块、自主经营。

1996 年 4 月，组建炼油化工改造工程项目，签订包保协议，落实项目经理责、权、利，实行目标管理，通过招标投标、优选施工单位和器材供应厂家；编制总体建设部署，强化质量全过程管理，严把设计、器材、施工、生产准备质量关，做好竣工验收和考核，做到了一次投产。

2003 年，根据产能建设和西气东输工程对电力的需求成立水电厂热电技术改造工程项目部，全面负责该项目实施，确保了项目的顺利进行。

之后，项目管理成为油田经济运行的主要方式。

第三节　内部资产经营责任制

1997 年，在通信公司首次进行内部资产经营责任制试点，规范资产所有者与经营者在资产经营活动中各自的权利、责任、义务。1998 年，油田又根据不同单位生产经营特点，采取不同的形式，在全油田开始推广经营责任制。对采油厂、炼化总厂、水电厂、通信公司、设计院等单位实行内部资产经营责任制；对物资供应处、职工医院、生活公司、新闻中心、教培中心、酒泉疗养院、公安处、科技中心、局机关、机关事务部、各驻外办事处等实行承包责任制；对机械厂实行减亏及上交资产占用费承包经营责任制；对多种经营系统实行上缴利润与工资挂钩承包经营责任制，建立了勘探、机修等 11 个内部专业市场，实行一厂一策、处室联责、奖罚兑现的办法，突出了成本（费用）、效益指标的考核，弱化了产值、产量指标的考核。内部资产经营责任制的实施，彻底扭转了资产无偿占有和无偿使用的经营方式，增强了投资风险意识，为全油田资产的保值增值创造了条件。

1999 年 3 月，下发《内部资产经营责任制实施办法》，两年不变，指标分年度下达，坚持五点原则：(1) 以投资讲回报，占用资产必须保值增值；(2) 突出效益指标，2000 年必须扭亏为盈；(3) 效率优先，工效挂钩；(4) 生产经营指标统一下达；(5) 坚持资产经营与严格管理相结合的原则。根据各单位的生产经营情况，分单位、分年度建立明确的扭亏增盈责任制，盈利单位确保多盈利，亏损单位必须在规定期限内扭亏，对有收入的费用单位和各外办，区分不同情况逐年核减费用或实现自负盈亏。其中，炼化总厂、水电厂、通信公司、兰州西部公司在保证 1999 年上缴利润的基础上，2000 年必须增盈；采油厂在局给予补贴后实现盈亏平衡，两年不变；机械厂 1999 年在免交资产占用费后实现减亏目标，2000 年必须扭亏；建筑安装工程处、综合服务处实现盈亏平衡，两年不变。物资供应处、技术监督检测中心、设计院实行自挣自养。物资供应处执行油田材料供应价格政策，价差收入与管理费分开核算，实行自挣自养：技术监督检测中心按油田收费标准收费，实行自挣自养；设计院推行限额设计，按标准取费，自挣自养。职工医院、生活公司、新闻中心、教培中心、酒泉疗养院、公安处、科技中心、局机关事务部、离退休人员管理中心等单位，费用在 1999 年基础上，2000 年再压缩 5%。各驻外办事处，1999 年区分不同情况核减费用，2000 年全部实现自负盈亏和增盈。对局机关各职能处室实施挂钩考核工作目标和重点工作任务。当年油田与二级责任单位、局机关各处室分别签订资产经营责任书。

2000 年 2 月，油田公司制定业绩考核办法，与各单位签订内部经营业绩合同，明确相应的责任与权利，作为决定对单位和领导的奖惩依据，每个季度进行一次考核。11 月，建立全员业绩考核与管理评价体系，以业绩作为衡量业务能力、工作水平的综合体现和重要依据，量化考核结果。建立中层经营管理岗位、基层生产经营一线管理岗位和一般管理、操作服务岗位三个层次的考核评价体系，分别由分公司、厂（院）、车间（队、站）组织考核，根据岗位性质差异，分为勘探开发、炼油销售、科研管理、规划设计、机关部门等不同类别，分别确定相应的考核实施细则、逐级负责、逐级考核。油田公司副处级以上领导干部由油田公司负责考核，二级单位科级以下经营管理人员、专业技术人员由本单位负责考核，公司机关科级以下干部由本部门考核，操作服务人员由员工所在车间（队、站）负责考核。至2005年油田整合前，油田公司每年修订下发业绩考核量化办法，并组织实施各级、各类员工的考核。

2001年，管理局确定实现销售收入6.1亿元，同比增长10%；工业增加值1.36亿元，同比增长8%；亏损单位全部实现扭亏；在消化三项费用缺口的基础上实现利润130万元的年生产经营目标。为实现年度目标，管理局制定生产经营业绩考核办法，根据各专业板块不同特点，确定不同的经营责任制类型，将经营业绩作为对单位和领导班子考核的依据。至2005年油田重组整合前逐年下发生产经营业绩考核办法，确定年生产经营目标和单位业绩考核细则。

2005年11月，根据机构整合的实际，以油田分公司和管理局年初各自下达的生产经营业绩考核目标和考核办法为依据，按照不同层次和类别组织实施全员业绩（绩效）考核。

2006年，是油田机构整合后生产经营步入整体运行的第一年，也是“十一五”规划的起步年。当年，油田确立原油产量82万吨，原油单位操作成本7.21美元/桶，炼油加工量250万吨，吨油现金加工成本110元/吨的生产经营目标。油田将所属单位按生产经营的关联程度，划分为主要生产单位、工程技术服务单位及其他单位三个类别进行考核，其中青西油田作业区、老君庙油田作业区、鸭儿峡油田作业区、油田作业公司、勘探开发研究院、炼化总厂、水电厂为主要生产单位；建筑安装工程处、机械厂、综合服务处、规划设计院、物资采购中心（物资供应处）、通信公司、消防保卫为工程技术服务单位；方圆物业管理有限责任公司、油田医院、农牧业有限责任公司、离退休人员管理中心、新闻中心、西安离退休基地（西安办事处）、上海大联石油化工有限责任公司、科达化学有限责任公司、深圳玉美达石业有限公司归入其他单位。各类单位采取滚动考核方式，季度预考核预兑现，年终总考核兑现，以此激励单位和员工按时间段完成生产经营业绩指标。考核以产量、加工量、利润、成本、费用等指标为主，同时考核其他主要经济技术指标，业绩考核指标分为效益类指标、营运类指标、控制类指标三类。当年，油田较好地完成了生产经营目标，原油产量81.8万吨，原油单位操作成本13.08美元/桶，炼油加工量256万吨，吨油现金加工成本156.63元/吨。

2011年，进一步完善绩效考核体系，1月出台《玉门油田公司（局）绩效考核办法》，坚持逐级、分类、综合考核，覆盖全员，重点激励。考核体系由关键绩效指标和总经理（局长）单项奖组成，效益类指标、服务类指标、营运类指标、人员类指标作为关键绩效指标。2012年9月，油田将绩效考核管理业务由企管法规处划归人事处，成立人事处业绩考核科。12月，印发《玉门油田分公司全员绩效考核管理办法（试行）》，重新编制《管理人员年度绩效合同》《专业技术人员年度绩效合同》《操作和服务人员年度绩效合同》。

2015年，调整优化绩效考核，延续业务考核单元，根据各业务考核单元不同单位的功能定位，对效益类指标权重进行调减，将营运类指标权重进行调增，新增功能性指标，规范控制类指标，通过调整优化引导各单位按照本单位主营业务既重视经济效益，也注重发展质量，兼顾全面发展，确保生产经营活动全面受控。

2016年1月，六届四次职工代表大会上，代表们讨论废止2011年出台的《玉门油田分公司（局）绩效考核办法》，通过《玉门油田分公司业绩考核办法》，围绕“稳增长、调结构、补短板、提效益、防风险”主题，调整优化了业绩合同结构与指标组合，根据生产经营特点，按季度细化分解预算指标，加强指标完成情况的动态监控，突出季度预考核，对标引导，严格兑现，按照集团公司上下统一的绩效考核结果标准分级制度和累计积分制度，推进了绩效考核结果与干部员工选拔任用、职称晋升、评先选优、薪酬晋级晋档、培训发展和辞退解聘的应用。

第四节　单位改制

2003年9月，按照集团公司《关于进一步明确主辅分离辅业改制有关问题的通知》要求，以精干壮大主业、放开搞活辅业、提高核心竞争力为目标，根据企业产业定位方向，以业务性质为划分依据，界定企业辅业资产范围，进行主业与辅业、生产服务于社会服务的分离工作，对同类辅业进行整合，实行专业化管理，成本独立核算。

12月，撤销玉门石油管理局通信公司，成立玉门油田通信有限责任公司，为玉门管理局控子公司，独立的法人单位，实行独立经营。撤销玉门石油管理局物业管理公司，原有的物业管理、农牧养殖、房产管理，按照业务类别分类管理和经营，改制后分别成立玉门油田方圆物业有限责任公司（玉门石油管理局物业管理处）、玉门油田农牧业有限责任公司和玉门油田房产管理中心，为独立的法人实体，实行市场化运作，农牧公司成立党、工、团组织，关系挂靠玉门油田方圆物业有限责任公司。原财务处住房资金管理中心、原物业管理公司房产中心和部分房管人员合并组建成立玉门油田房产管理中心，其党、工、团组织关系挂靠机关。撤销教育培训中心，成立玉门油田教育集团，为独立的事业法人单位，实行市场化运作，独立经营，自挣自养，自负盈亏，自我发展；撤销职工医院，成立玉门油田医院，为独立的事业法人单位，油田医院与卫生处实行一套人员、两块牌子的管理体制。

12月19日，6家改制单位揭牌，改制成立的6家单位通过企业化经营、市场化运作、规范化管理、社会化服务真正实现自主经营、自负盈亏，主业与辅业“分灶吃饭”的体制和机制，标志着企业主辅分流和辅业改制工作进入新阶段。

第五节 采油岗位劳动组织改革

1987年后，在采油岗位采取的专业化管理模式提高了劳动效率，保证了基础资料的完善，提高了管井质量，有效地节约了劳动力。

1987年5月起，根据石油工业部指示，在老君庙油矿综合采油四队进行劳动组织改革试点后，在各油矿部分采油队上改革采油岗位劳动组织，实行加强白班、取消夜班的专业化管理。将原来的采油岗位三班四倒制改为专业化管理，将采油工根据工作需要，分为油井管理、基础资料、设备维修保养等几个专业班，夜间油井管理采用上班人员乘车巡井方式进行，其他工作均集中在日班进行。在井下作业系统，实行“四班两倒12小时弹性工作制”。

1993年，采油厂改革修井作业队伍劳动组织，修井小队实行弹性工作制，改革效果良好。采油三队修井小队在改革劳动组织的同时，重新修订工作制度，完善班长、车长责任制、修井工岗位责任制、班组长职责和安全操作规程等12条管理措施。1个月内检泵交井22口、措施交井14口，施工一次合格率达91.7%。

第六节 矿区服务系统改革

2007年5月，按照集团公司矿区服务系统进行改革要求，以“三统一”“三分开”为重点，创建新型矿区服务管理体系。“三统一”“三分开”坚持管理体制统一、核算办法统一、管理范围和工作要求统一，实现生产经营业务与矿区服务业务分开运行、分开核算、分开考核。

9月7日，以“三统一”“三分开”为核心，成立矿区服务事业部，对矿区服务业务实行集中统一管理，建立起矿区服务新型管理体制和运行机制。矿区服务事业部机关设综合办公室、计划财务部、公益事业管理部，房产物业管理部，总定员37人。综合办公室主要负责日常行政事务、人员管理、党群工作、公共关系协调及维护稳定等工作；计划财务部主要负责矿区规划、计划管理、财务预算、成本核算、资产资金管理等；公益事业管理部主要负责文化教育、公共交通、社会保险、托幼服务、离退休人员和医疗事务的管理及其他社会公益性服务；房产物业管理部主要负责矿区服务系统的运行及各类配套设施的管理，负责生产、质量、安全、环境保护、节能、房产管理等工作。矿区服务系统建立统一的核算制度、预算程序、服务价格体系和考核制度，保障矿区服务体系的规范运行。按照简化、优化玉门基地，配套完善酒泉基地，方便生产生活，减少费用开支的总体思路，统一规划、量力而行、满足需求、节能环保、有序发展。

2008年2月21日，矿区服务事业部正式挂牌运行。按照工作定位和三大职责，推进服务业务专业化管理，加快矿区及生活基地调整改造步伐，抓好规范化管理，提高服务水平，控制成本费用，加强住房管理，建立矿区绿化工作长效机制，强化工作考核，推行目标管理，使矿区服务专业化服务、市场化运作、规范化管理水平不断提升。经过多次整合，逐步形成了以物业管理、公用事业、社会公益、医疗卫生、离退休管理、文化体育、托幼、社会保险、公务交通等业务为主的矿区服务格局。

第四章　专项改革

第一节　三项制度改革

1992 年，根据中国石油天然气总公司提出的专业化生产、社会化服务、开放经营的总体部署和要求，对劳动、人事、工资三项制度进行改革，并制定《玉门石油管理局劳动人事工资制度配套改革总体方案》《玉门石油管理局开展优化劳动组合推行全员劳动合同制实施方案》《玉门石油管理局岗位技能工资制试行办法》。油田首次进行岗位劳动评价工作，对岗位的劳动责任、条件、心理等要素进行系统的测评和估价，重新开展定编、定员、定岗、定责工作，加速了三项制度的配套改革。

一、劳动制度改革

自 1987 年，贯彻国务院和甘肃省关于改革劳动制度有关精神，对新招工人实行劳动合同制，制定出台《玉门石油管理局劳动合同制工人管理办法》及《玉门石油管理局劳动合同制工人管理办法（细则）》，这是对油田原有劳动制度的一次重大改革。改革后，对 1984—1987 年间甘肃省劳动制度改革在油田试点招收的招聘制合同工重新签订劳动合同，经单位批准已经考入中专以上各类学校学习的人员，毕业后按有关规定执行，尚未毕业或中途退学的人员仍重新签订劳动合同。对油田在国家劳动工资计划内招用的长期性工作岗位工人，除国家另有规定外，统一实行劳动合同制，合同期限按照油田生产情况确定，从 1988 年起招收的技校生，毕业后也按合同制工人分配。在《玉门石油管理局劳动合同制工人管理办法（细则）》中，对劳动合同制工人合同的签订和解除，在岗期间的待遇和组织管理都做出了明确规定。

1993 年，为深化劳动人事工资制度改革，加强劳动管理，提出全员劳动合同化管理，制定《玉门石油管理局全员劳动合同化管理暂行办法》，油田及各厂、处单位与所有固定制和合同制职工用签订上岗（聘用）合同的形式，规范双方责任、权力和利益关系的动态化劳动组合。优化岗位设置，坚持先进合理的定员标准，坚持全面考核、机会均等、平等竞争、择优上岗的原则。

1995 年，全面推行全员劳动合同制，沿用了 40 多年的固定工制度被打破，所有职工与企业签订劳动合同，以法律文书形式明确双方的责、权、利，保护各自的合法权益，为劳动领域其他方面改革奠定了基础，培育和发展了劳动力市场体系。8 月，根据劳动部、总公司及甘肃省关于实行全员劳动合同制的有关精神，出台《全面实行全员劳动合同制实施方案》，编印《实施劳动合同制有关问题解答》手册，下发到基层班组，让职工学习、了解、掌握劳动合同制的有关知识。全员劳动合同制实施后，局长、局党委书记与总公司法人代表或委托代理人签订劳动合同；副局长、局党委副书记、局正、副总师与局法人代表或委托代理人签订劳动合同；局属各二级单位的行政正职作为法人代表在二级单位的委托代理人，与局法人代表或委托代理人签订劳动合同；其他人员与所在用人单位的委托代理人签订劳动合同；新录用的职工（含国家统一分配人员）由局人才交流服务中心或劳动力交流服务中心负责办理录用手续。自办理录用手续之日起 15 日内用人单位与新录用职工签订劳动合同。全员劳动合同制破除了固定职工与合同制职工、干部与工人的身份界限，油田的劳动管理工作走向依法治理的轨道，并调动了职工的积极性和创造性，增强了职工的危机感和市场择业意识。10 月 5 日，水电厂作为试点单位，全厂实行劳动合同制。至年底，全体员工与油田签订了劳动合同。

2011 年 2 月，制定《劳动合同管理实施细则》，明确劳动合同管理实行统一制度、归口管理、分级管理体制。

1998 年，根据集团公司和甘肃省要求，调整队伍结构、减员增效、实施再就业工程。通过优化岗位设置和资源配置，盘活用好员工队伍，坚持与组织结构、资本结构调整结合进行，以产权结构、产业结构调整为先导，整体设计、整体推进、力求实效。深化劳动制度改革，加大“上岗、试岗、待岗”三岗制工作力度，建立职工竞争上岗、富余下岗、合理流动的动态用人机制。实施再就业工程，拓宽就业门路，为下岗职工重新就业创造条件。加强转岗培训，通过培训提高下岗人员再就业竞争能力。控制用工总量、清退外雇工，为下岗职工腾岗、让岗。根据总公司确定的工作方针及原则，油田通过解体“小而全”的组织结构和深化劳动制度改革，调整油气主业、非油气产业、社会服务三支队伍结构。确立改革目标，到“九五”末，全局职工总量控制在19000人以内，实现“712”的队伍结构目标，即进一步精干油气主业队伍，使之控制在7000人以内。其中采油（含井下作业）队伍控制在3000人以内，炼化含（销售）队伍控制在3000人以内，管理机关和科研等人员控制在800人以内。努力发展非油气产业，在生产发展的基础上非油气产业队伍达到10000人左右。逐步压缩社会服务队伍，控制在2000人以内。其中文教队伍控制在800人以内，医疗卫生队伍控制在500人以内。现有油气主业队伍和社会服务队伍富余1200人左右，“九五”后三年每年应分流400人左右。到2000年，油气主业队伍人均实物劳动生产率提高45%左右，人均采油量和原油加工量分别提高40%以上和45%以上，全员劳动生产率增加值达到10万元以上。在效益增长、效率提高的前提下，确保职工实际工资水平稳定增长。

为配合减员增效、实施再就业工程，严格控制职工总量增长，开展岗位定责、定编、定岗、定员、定上岗规范工作。主营业务中炼油按照人均加工量1000吨标准定人，采油按照人均产油260吨标准定人。主业定员坚持以效益为依据，服务队伍定员以规模为依据，精干局、厂、车间（队站）三级机关，把服务单位的非主业人员分离出来，三产与主业脱钩，独立核算；遵循先易后难的原则，清退局属各单位外雇施工队、外租车辆、外雇劳务工和返聘工；解体“小而全”，运作机修、运输专业化管理，建立12个内部专业市场，包括勘探事业部负责的勘探市场，开发处和采油厂负责的开发市场，机动处负责的内部产品机修市场，机动处和资产处负责的限制设备调剂市场，物资处负责的物资市场，人才交流中心负责的人才交流劳动力市场，科技中心负责的科技市场、调度处负责的运输市场，基建处负责的基建市场，生活管理处负责的住宅物业市场，安全处负责的劳保用品市场和经管处负责的农副产品市场。内部专业市场的建立运行，形成一个统一开放、竞争有序、调控得当的内部市场体系，以多种形式实现下岗职工再就业安置。

1999—2000年，玉门油田分公司和玉门石油管理局组织有偿解除劳动关系工作。油田分公司与部分职工有偿解除了劳动关系，在册员工由6600余人减至4892人。1999年12月，管理局制定《职工自愿解除劳动关系有关问题的规定》，依据《劳动法》和集团公司有关规定，凡签订1年以上劳动合同，在其劳动合同期限以内，距国家规定退休年龄5年以上，生产、工作岗位离得开的员工，均可按照本人自愿、单位审查同意、报人事部门批准、签订协议、法律公证的程序与企业有偿解除劳动关系。从1999—2001年，在册员工由1.17万人减至8052人。

2005年，启动有偿解除劳动合同人员再就业工程。采取本人自愿的方式，有偿解除劳动合同人员与企业签订劳动协议，先后有6000余人上岗。为了搞好再就业工程的管理工作，建立“有偿解除劳动合同”再就业管理机构，制定再就业管理制度。有偿解除劳动合同人员再就业服务站（简称再就业服务站）是玉门油田有偿解除劳动合同再就业人员的归口管理机构，全面负责油田有偿解除劳动合同再就业人员的管理工作，各用工单位具体负责有偿解除劳动合同再就业人员的日常组织和管理工作。通过日常督查，年度考核，典型选树，教育培训等多种方式，做好对再就业人员的管理服务，使再就业队伍保持稳定。

2008年1月，颁布《油田帮助有偿解除劳动合同人员再就业管理办法》，加强有偿解除劳动合同人员的再就业工作。再就业岗位以公益性、辅助性岗位安置为主，其范围是：在玉门矿区、酒泉生活基地及各单位生产区域，从事环境卫生、绿化、治安巡逻、公用设施、厂区厂房看护以及生产经营单位从事辅助生产、后勤服务、搬运勤杂等工作的岗位。油田还在医疗、保险、居住、子女就业、到龄退休等方面对再就业人员进行政策帮助。

至2017年12月，共安置再就业人员3291人，为2683名再就业人员办理了退休手续。

二、干部人事制度改革

1987年，改革干部管理体制，落实10个方面的用人权，破除干部职务终身制，推行领导干部竞争上岗、全员聘任制，形成了能上能下、易岗易薪的用人机制。

1988年6月，管理局党委、管理局决定面向油田招聘兴玉实业开发总公司经理一职。经自愿报名、资格审查、组织考察，18名同志符合竞聘条件。8月15日，通过竞聘演讲、现场答辩、评委评审，油田历史上首位竞聘选拔的正处级干部产生。这次公开竞聘正处级干部，是管理局党委、管理局在干部管理制度方面的一次有益尝试，既为油田多种经营业务发展选拔领导干部，也为扩大选人用人方式积累了有益经验。

自此，油田将公开竞聘作为干部选拔任用的一种重要方式，先后公开竞聘研究院院长、局团委书记、机关处室长、二级单位正副职以及机关和基层科级干部。

1992年，将炼油厂作为干部制度改革试点单位，一批工作能力强、生产经验丰富的工人、技术人员走上了企业管理的岗位，通过半年的试用期，均胜任工作，使生产和安全管理有很大起色。10月，制定《劳动人事工资制度配套改革总体方案》，在干部管理上，实行分级管理，按照管理权限，油田重点管理好各单位、各部门的领导班子，并负责干部队伍的宏观管理和总量控制。12月，兴玉公司进行的干部人事制度改革为其他单位提供了借鉴，其核心为给基层下放干部人事权，公司经理聘任基层行政正职，正职提名副职，经过公司组织部门考察后下文，其余干部由基层公开招聘，择优聘任，聘任后的干部如出现事业心不强、业务能力低，或因责任心不强造成重大失误者，基层领导集体研究后，可由基层行政正职直接罢免。

1993年10月开始，根据总公司《石油企业干部聘任制试行办法》要求，结合油田实际实行干部聘任制，将公开竞聘作为干部选拔任用的一种重要方式，逐步建立起“聘任上岗、责权统一、能上能下、能进能出、易岗易薪”的竞争择优机制，打破干部工人身份界限，破除干部职务终身制，科学合理按需设岗，按岗定员、按职数配人，按规定程序、考试或考核合格，经审批聘任上岗，按照分级管理原则，实行逐级聘任，压缩了机构编制和人员总数。聘任以公开、平等、竞争、择优为原则，先后公开竞聘研究院院长、局团委书记、机关处室长、二级单位正职和副职以及机关和基层科级干部。当年，聘任干部人数达5315人，占干部总数的84%，落聘干部424人，占干部总数的6.7%，选拔任用了一批年轻干部，形成了后备干部培养、使用一体化工作体系。截至年底，全油田选拔储备30名局级、300名处级、2000名科级后备干部。

1994年11月，下发《关于做好选拔、培养、使用年轻干部工作的通知》，使年轻干部的选拔、培养、使用制度化和常态化，保证干部队伍具有生机和活力。下发《关于推进干部聘任制有关问题的补充通知》，本着按需设岗、按岗定员、按定员配人的原则，建立起聘用上岗、责权统一、能上能下、易岗易薪的干部人事制度，打破干部、工人界限，破除干部职务的终身制。

1995年3月5日，在干部聘任制工作中全面推行“本人申请干，群众拥护干，组织批准干”的“三干法”，并对首次聘任和提拔使用的干部实行“两考一试”制度，把住干部的“入口关”和“晋升关”。局属各单位党政领导班子的正副处级干部（包括总师）、局机关职能处室的正副处室长和按处级干部管理的局党群组织的负责人、局属各单位基层队站党政领导干部，机关职能科室的正副科室长和按科技干部管理的党群组织的负责人，局多种经营系统的处级及以下各级领导干部都按照“三干法”聘任，凡要求按“三干法”聘任和任命的各级领导干部必须按规定要求把60%群众信任票作为领导干部聘任的基础条件，群众信任票达不到60%的，上级或正职提名无效，组织干部部门不考察，党委或行政不得任命或聘任。原职任处、科级领导干部参与竞聘同级职务时，因群众信任票达不到60%而落聘的，不得按原级别调整聘任或任命。单位的行政正职重新聘任后，一般情况下在职的副职均应重新参加竞聘，原职务自行消失，正职和副职的聘任需有时间差，即正职到任后再履行副职的聘任。

1996年3月28日，在机械厂进行厂长聘任副厂长工作试点，由140名来自机械厂机关、基层的职工代表推荐主管经营、销售、技术、人事、后勤的副厂长人选，推荐结果作为厂长提名的重要依据，经厂和局组织干部部门考察、听取局主管领导和局党政主要领导的意见，局党政领导会议审议通过后，由局下聘文，厂长和副厂长签订聘书。

1997年，公开招聘各级各类干部60多名，按“三干法”从优秀工人中选拔干部295名。

1999年4月，制定《局机关干部竞聘上岗和考核聘任实施办法》《局机关干部竞聘上岗报名申请资格审查细则》，机关全体干部竞聘上岗，通过公平竞争，共有47名处级干部、110名科级干部、189名一般干部走上机关工作岗位。

2000年7月，对管理局控股公司和全资子公司的财务负责人员实行委派管理制度，依照《推荐、委派财务经理、财务科长实施办法》，委派的财务科长定员划归局计划财务处，由计划财务处进行管理和直接领导。

2002年11月，制定《人才招聘管理规定》，就人才招聘的组织、计划、审批程序、待遇以及人才招聘的行为规范进行了明确规定，管理局统一招聘的应届大专院校毕业生应签订5年以上劳动合同；从局外招聘的急需、紧缺且本人愿意长期在单位工作的人才，根据具体情况签订1～3年的聘用合同；局控股公司招聘的人才，根据《控股企业运行管理暂行办法》和《控股企业人事劳动薪酬管理办法（暂行）》的有关要求，结合实际情况，签订劳动合同或聘用合同。

2004年12月，制定《中层以下经营管理岗位人员竞聘（任）实施办法》，坚持按需设岗、按岗竞聘原则，推行岗位聘任制和竞争上岗办法，在一般管理岗位，开展科长、高级业务主管、业务主管和业务主办以及助理业务主办岗位竞聘工作，建立起公开、平等、竞争、择优的用人机制，实现了管理人员由“身份管理”向“岗位管理”的转变，使管理岗位序列更加规范。

2005年7月，重组整合后，在干部人事制度改革上，坚持五个“统一”，即发扬民主与组织把关相统一，竞争性选拔结果与干部实际表现相统一，干部业绩考核结果与干部使用相统一，年轻干部实践培养与选拔使用相统一，干部一贯表现和全部工作相统一。在选拔干部中，明确竞争性选拔方式的适用情形，完善干部选拔任用考核评价机制。

2012年，开始干部选拔任用工作“一报告两评议”制度，以公开竞争为主要方式的干部选拔任用制度改革取得重要进展，竞争性选拔人才机制基本建立，竞争性选拔干部的比例达到100%，从基层选拔干部的用人导向普遍形成，选人用人公信度落到了实处。按照发布公告、个人报名、资格审查、述职演讲、民主推荐、信任投票、任前公示和会议讨论的推荐考察程序，实现了组织认定与群众认可的统一。

三、工资制度改革

1985年以后，试行吨油工资含量包干和工效挂钩的全效益工资，逐步建立起以岗位技能工资为主要形式的新型工资分配制度，完善工资总额包干管理办法，用工资总额调控职工总量，促进内部组织结构和队伍结构优化，使工资管理与分配逐步走上岗酬结合、劳酬结合、易岗易薪的动态管理轨道，也完成了半效益性的基本工资加奖励向各种全效益工资制过渡。1990年5月，油田颁发《完善集体合同制职工工资制度的有关规定》，并安排多种经营系统的部分集体合同制职工浮动晋升半级工资，从1989年10月起薪。

1992年，深化企业工资制度改革，将油建公司作为三项制度改革试点单位，机械厂作为岗位技能工资改革试点单位，试行岗位技能工资制，出台《岗位技能工资试行办法》，把劳动报酬和职工个人的劳动岗位、劳动技能、劳动贡献紧密联系，实现工资分配与最佳年龄、最大贡献、最多报酬的统一。工资制度改革与劳动、人事、培训、考核以及保险福利等制度的改革相结合，建立劳动评价体系、岗位技能工资标准体系，实行工效挂钩、考核上岗、动态管理，做到易岗易薪、岗薪相符。11月，油田制定《1992年职工调整工资实施办法》，从浮动升级和岗位（职务）工资两个方面拉开分配差距。1993年5月，实行单位职工工资总额与职工人数变化挂钩，用工资总量控制职工总量，使职工的劳动报酬与单位经营好坏及个人劳动成果挂钩。6月，油田打破干部和工人的界限，全部职工统一执行石油企业职工技能工资标准。10月，制定《关于调整职工岗位（职务）工资标准的通知》，对行政管理人员、专业技术人员、操作及服务人员分别进行岗位劳动评价和岗位归级。在工资分配上向一线及苦脏累险、有毒有害岗位倾斜，按照不同等级予以调整。

2000年8月，建立起以业绩考核为基础的新型薪酬激励制度，实行薪酬总量与单位业绩指标挂钩办法，加大变动薪酬部分的比例，实现工资投入产出的最佳效益，规范工资分配和工资支付管理，完善工资储备制度。2003年，为适应公司“快发展、低成本、高效益、可持续”的经营战略要求，发挥工资分配的激励职能，油田分公司进行基本工资制度改革，调整工资关系，引入劳动力市场价位理念，通过市场导向逐步调整不同岗位人员的分配关系；强化激励职能，建立以岗位工资为主的基本工资制度，以岗定薪，岗变薪变，体现岗位责任、履岗能力、岗位业绩与收入的相对统一；优化工资结构，根据各类人员、各个岗位的不同情况，分别设定不同的工资结构和工资单元，建立适合公司实际的现代薪酬分配体系；突出劳动力市场价位，用劳动力市场价位来调整内部分配关系使各类岗位人员的收入逐步向劳动力市场价位靠拢，特别是要提高业务骨干、紧缺人才的收入，真正实现收入与对企业的贡献等要素的结合；坚持配套改革，基本工资制度与人事、劳动、分配等制度改革相结合，立足于建立新制度、新机制。对不同岗位分别执行不同的基本工资制度。高级管理人员按照股份公司高级管理人员年薪制管理办法的有关规定，实行年薪制；中层及以下管理岗位人员和技术岗位人员实行岗位等级工资制；操作服务岗位人员实行岗位技能工资制。

从2000年起，深化工资分配制度改革。2月，制定《经营者年薪制试行办法》，在5家单位进行工资分配制度改革试点，试行经营者薪酬，新兴实业开发处率先对部分厂队领导试行企业年薪制，责任到人、权责统一、重奖重罚。全局对职工个人逐步建立技术要素、技能要素、资金要素参与收入分配的新机制，既实现多劳多得，又实现多能多得。规范单位工资支付行为，维护职工获得劳动报酬的权利，考核分配以控制用工总量、激励员工进取为重点。2001 年 4 月，全面推行经营者年薪制，根据经营者经营国有资产中取得的生产经营成果和所承担的责任、风险确定其薪酬。

2004 年 12 月，制定《劳动工资运行管理办法》。玉门油田分公司在册并签订一年以上劳动合同的员工均实行月工资制，不分大、小月，日工资按月工资的三十分之一计算。当缺勤天数多于出勤天数时，工资按实际出勤天数计发；出勤天数多于缺勤天数时，工资按缺勤天数扣发。规定病假、事假、探亲假、婚丧假等几种特殊情况下的工资管理办法。岗位（技）工资按所聘任的岗位确定，岗变薪变，易岗易薪。2004 年，高级管理人员实行由岗位基薪和效益年薪构成的年薪制，中层及以下管理人员和专业技术人员实行由岗位工资、津贴、奖金构成的岗位等级工资制，操作和服务人员实行由岗位工资、津贴、奖金构成的岗位技能工资制，工作急需的各类紧缺人才及通用工种和易替代岗位人员实行协议工资制。此后，对基本工资制度进行不断调整和完善，水电气费补贴、带薪休假、健康体检、疗养成为合同化员工固有的福利。

2006 年 1 月，针对重组整合后的形势，制定《劳动工资运行管理办法》，建立起与现代企业制度相适应的薪酬分配制度，从员工计时工资、特殊情况下支付的工资、加班工资、夜班津贴及各种津补贴、基本工资制度的动态运行、各种新录用人员的工资待遇、员工调动工作后的工资处理九个方面做了重新确定。2006 年，制定《完善基本工资制度实施方案》，工资调整重点是适度提高员工总体收入水平，重点向生产一线、关键岗位、技术骨干和艰苦地区倾斜。调整岗位（技）工资标准，管理、专业技术和操作与服务岗位在现岗位工资标准基础上进行调整；规范并提高关键和艰苦岗位上岗津贴标准、地区补贴标准；完善技术津贴制度，建立技能津贴制度，对按规定聘任在岗的技能人才、技师、高级技师、技能专家，在聘期内执行技能津贴；调整岗位工资动态运行办法，将管理岗位和专业技术岗位人员的岗位工资考核晋档期由三年调整为两年。调整操作服务岗位的动态运行办法，以 2003 年基本工资制度改革为界，2003 年之前参加工作的，其岗位变动后的岗技工资按“就近平高套入”的原则确定；2003 年之后参加工作的，由高岗级变动到低岗级的，按同级同档的原则确定；由低岗级变动到高岗级的，按“就近平高套入”的原则确定。2011 年和 2012 年，油田贯彻向基层一线和关键艰苦岗位人员倾斜的原则，对工资制度进行进一步规范要求和调整，重点清理规范工资总额内的津贴补贴项目，按照岗位性、能力性、累积贡献性、地区性和保留五大津贴功能分类，统一规范津贴项目，建立了项目简明、功能清晰、效能突出、管理规范的津贴制度。

第二节　计划管理制度改革

1987 年，计划管理部门主要负责中长期计划和规划，年、季度生产建设计划，投资规模控制，生产经营信息管理，能源管理等工作。计划管理分为纵向和横向系统，局计划处设置规划室、计划科、投资科、统计科、节约科。二级厂（矿、处）中，主要生产单位设置计划科，辅助生产及后勤单位在生产科或经营办公室内设置计划组。车间（队、站）在业务组内设置专职或兼职的计划统计岗位。横向上建立以综合计划统计为中心，以专业计划统计人员为骨干的管理网络。

1988 年，对计划管理进行改革摸索，加强中长期计划和规划，采取综合部门和各专业部门协作配合的方式编制五年和十年计划。计划管理以细管年度、协调季度、下放月度，减少指令性，扩大指导性计划指标范围，重点是管好年度的生产经营计划，协调好季度之间的平衡衔接。年度生产建设计划实行统一归口，分级分系统管理，在油田增设投资科，以加强建设项目的方案审查，进行概预算复查，并采取单项工程投资包干，资金分系统切块包干使用等方式。季度计划按照年度计划确定的生产建设任务，编制协调计划，年度指令性指标分季衔接、全局互相协作配合，使水、电、热、原油生产、外进、加工等方面协调运行。月度作业计划由各厂（矿、处）自行管理，各单位编制后报生产调度处作为组织月度生产运行的参考。

1989 年，制定《局计划管理暂行规定》，对油田年、季、月度生产建设经营计划的编制管理和经营计划审批程序，中、长期计划的编制管理和审批程序，投资管理，生产建设经营计划执行情况的检查和统计分析，石油及其他产品的产、运、销协调、平衡经营管理四个方面进行了相关规定。同时，本着细管年度、粗管季度、下放月度的原则，根据指令性经营指标和指导性经营指标，对油田年、季、月度生产建设经营计划的编制管理和经营计划审批程序，投资管理、生产建设经营计划执行情况检查、统计分析方面进行了改革创新。当年按照“规定”共复查7个建设项目，削减不合理预算资金787万元，对控制投资规模、掌握建设项目的标准、降低工程造价效果明显。在对历经两年建设完工的炼油厂常减压工程的施工决算进行复查时，削减了重复和不合理计算628.53万元，增加漏项25万元，使该项工程总造价由3427.28万元降为2823.75万元。通过概（预）算复查，分析出预算超概算、造价上升主要因素，为控制投资规模积累了宝贵经验。

1993年，根据国务院国有企业转换经营机制条例的要求和总公司的实施意见，制定转换经营机制的若干规定。明确局与厂之间的经济关系和二级单位应有的13项权利，界定局和二级单位的总体职能、管理方式及经营责任。油田调整计划指标体系，改革投资管理办法，改变以往高度集中的计划管理体制，使全局的计划管理向强化投资管理、搞好宏观调控、提高经济效益的市场经济体制过渡。减少了指令性计划，增加了指导性计划，逐步转变企业计划职能。加强协调、监督和服务的功能。计划部门工作重心从日常性工作转向重视中长期计划、开展经济预测、制定经济目标，使企业计划以经济效益为中心，搞好规划、管好主业投资方向，减少失误。给一批二级单位适当下放自主权，使其自主经营、自我发展。油田在掌握总量平衡、控制投资投向的同时，改变建设投资由局包揽的做法，采取了维持简单再生产的投资由各单位自筹自用、扩大再生产的投资由局通过多种形式筹措、建设单位投资有偿使用、项目自主安排调整等新措施，局计划部门着眼于生产经营持续稳定发展、防止出现短期行为和违反国家及上级规定的同时，集中有限资金，确保勘探开发、炼油配套改造等重点生产建设项目的落实，并控制非生产性投资规模，形成宏观管住管好，微观放开搞活的局面。将指令性指标由1991年的34项大幅压缩为18项，指导性指标改变一竿子插到底的直接管理模式，从烦琐、复杂和许多不需要管、也管不好的事务中解脱出来，逐步取消月度计划、简化季度计划、强化年度计划，建立起了以经济效益为主的计划指标体系。

第三节 财务管理制度改革

1989年，为保证实现长远规划、年度计划的利税目标，制定《财务管理试行办法》，改革单一的财务核算职能，向管理会计发展。全面核算企业的经济活力，考核经济效果，进行会计监督，实施事前预测、论证，事中监督，事后评定，使财务管理能够为经营决策提供科学依据，取得经济效益，评估各单位的信誉业务。油田建立以利润为中心的核算体制。局厂建立两级利润中心，研究制定全局的总目标利润，把全局的总目标利润分解为厂矿利润目标，指令性计划下达与工资奖金挂钩。全面推行承包经营责任制。按照“包死基数，确保完成，超收多留、减收自补”的原则，把各单位建成独立自主经营、独立核算、联立计奖、自负盈亏的经济实体。建立局厂两级内部银行，引入监督、控制、信贷、结算机制。油田财务系统引入计算机，逐步推广应用微机分析财务数据。

1993年，根据上级要求改革财务管理制度，实行新的会计制度，建立新的核算体系，完善资金管理和使用办法。财务管理改革遵循的原则是：以产权为纽带，理顺内部经济关系，加强宏观调控，严格资金管理，优化管理资产配置，提高资产利用率，真实反映经营状况，保证国有资产的保值增值；以产出定投入，严格控制投资规模，制定合理的投资计划，不断提高投资效益；在资金使用上，确保主业和效益好的建设项目，维护油田整体经济利益，实现资金统一、集中、分级管理，建立自我约束机制，做到精打细算，量入为出，自求平衡。为二级单位走向市场、参与竞争提供了制度保证。

在实行新会计制度后，根据税收、物价改革的实际，于1994年5月撤销原财务处资金管理科，成立油田内部金融管理机构——玉门石油管理局内部银行。在资金管理上将银行的资金筹集、融通、存贷、结算、监督、控制等职能引入企业，建立和培育内部资金市场，加强对油田资金的调控、管理和监督，由财务处领导兼任内部银行行长，业务上行使独立职能，行政上隶属财务处管理。1996年4月，撤销内部银行，按照集中、分离、专业化管理的原则，成立财务结算中心，对财务资金实行集中管理，宏观控制，统筹安排。实现了资金由局统一管理，资金的使用和决策仍由各单位管理，使事后决算变为事前控制。保证生产建设资金不被挪用，减少计划外工程的支出，培育内部市场，防止资金外流。结算中心规范了各单位的财务制度执行行为，确保资金流向和使用的真实性，减少了失误，对全局经济发展、提高资金的使用率起到了促进作用。同年制定《流动资金管理办法（暂行）》《低值易耗品管理办法（暂行）》《闲置、报废资产管理办法（暂行）》《流动资金贷款管理办法（暂行）》，进一步规范了财务管理行为，做到合理、节约使用资金，提高了流动资金的使用效益，对局属二级单位用于生产性的流动资金因周转不足，可以申请流动资金贷款；加强了低值、易耗品和闲置、报废资产的管理，促进资产合理、有效利用，减少资金浪费。1997 年 5 月，为强化会计基础工作，油田一次下发《玉门石油管理局内部会计稽核制度》《玉门石油管理局原始凭证管理制度》《玉门石油管理局财务会计档案管理制度》《玉门石油管理局票证管理制度》《玉门石油管理局财务印鉴管理制度》《玉门石油管理局会计工作交接管理制度》《玉门石油管理局货币资金管理办法》等七项制度。

2003 年 1 月 1 日，启用新的中油财务管理信息系统，财务管理实现会计集中核算。

第四节　医疗制度改革

1987 年，已经形成一整套完整的企业医疗管理机制，为企业职工及职工供养直系亲属提供了较好的医疗卫生服务保障。至 20 世纪 90 年代初期，随着社会经济发展和经济体制改革的不断深入，由于缺乏有效的管理约束机制，不断增多的医疗投入依然难以更好地保障广大职工的医疗需求，且加重了企业负担。油田劳保医疗制度存在的问题也越加明显，比较突出的表现是：医疗费用由企业全包，花多花少与个人利益无关，不珍惜药品，不注意节约，浪费比较严重；制度不严，管理不善，一方劳保，多方享受，药品流失严重，不正之风难以抑制。

1992 年 10 月，为了克服劳保医疗制度存在的弊端，合理利用医疗经费，促进职工医疗卫生事业的健康发展，根据国务院关于加快改革公费医疗、劳保医疗制度的精神，结合实际情况，制定《玉门石油管理局医疗制度改革方案》，经职代会团组长会议审议通过后，进行了一个多月的试行。12 月，油田正式出台《医疗制度改革方案》及《医疗制度改革方案实施细则》，于 1993 年 1 月 1 日起执行。这次医疗制度改革，考虑到了油田面临的经济形势和个人承受能力，把保障职工的身体健康放在首位，适度启用经济手段，推行部分医疗费与个人利益挂钩，逐步完善企业劳保医疗制度。采取职工诊疗疾病以劳保医疗为主、个人少量负担的方式，起到管好经费、堵塞漏洞、克服浪费、有效治疗、保障健康、有利生产的作用，在逐步改善医疗条件的基础上，把油田劳保医疗事业办好。根据专业化管理的要求和油田医疗卫生的实际情况，局卫生处、职工医院仍实行处、院合一的组织形式，职工医院实行院长负责制。局属各单位的卫生所（站）业务归口卫生处统一管理。局、厂两级医疗机构所需的医疗器械、药品等由局职工医院统一采购、发放。职工医院除按规定掌握使用全局各单位缴纳的劳保医疗费外，管理局将分年核定承包指标，给予适当投入，并按局定考核指标奖惩兑现。推行部分医疗费与职工个人利益挂钩，实行就医少量收费的制度。

1995 年，根据医疗制度改革要求，为健全和完善全局职工医疗保险制度，保证职工的基本医疗，加强油田医疗保险基金的统筹、管理和合理使用，制定《玉门石油管理局医疗保险暂行规定》及《玉门石油管理局医疗保险暂行规定实施细则》。12 月 18 日，油田成立医疗保险事务所，该机构在油田社会劳动保险管理委员会领导下工作，行政上隶属局劳动工资处，业务上受社会保险部门指导。医疗保险事务所负责建立和管理全局医疗保险人员的医疗保险手册和个人医疗账户、编制全局医疗保险基金的预、决算报告，定期编制有关会计、统计报表，账簿、台账的建立和管理，核销医疗保险对象的医疗费用。1996 年 1 月 1 日，油田进行医疗制度改革，并出台方案，原属二级单位的保健站、卫生所划归职工医院统一管理。医疗保险制度实行医疗保险基金统筹与个人医疗保险账户相结合，医疗保险费用由企业和个人共同承担，个人承担的保险费是月平均工资总额的 1%，同时考虑到了离退休职工、老红军、伤残军人、省部级劳动模范等一些特殊政策。

2003 年 12 月，对 6 家单位进行改制，撤销玉门石油管理局职工医院，成立玉门油田医院（以下简称油田医院），为独立的事业法人单位，实行市场化运作，独立经营，自挣自养，自负盈亏，自我发展。服务范围主要以内、外科临床技术为基础，眼科、耳鼻喉科、口腔科、儿科、妇产科、感染科为补充，在满足油田职工、家属基本医疗的情况下，面向社会、面向市场，有针对性地开展各类医疗保健服务项目。参照《公司法》及有关规定，建立相应的法人治理结构和章程，相关政策按局务会决定的意见和改制方案执行，章程、机构设置和人员编制报局备案，并将局卫生处与油田医院实行一套人员、两块牌子的管理体制。医院机关由 11 个科室部门压缩整合为一室两部，即综合办公室、医务护理部、财务经营部。撤销南坪卫生所、三台卫生所、三三区卫生所建制，合并成立社区医疗服务部。门诊各科室单列为二级科室，病理科并入检验科，收费室隶属财务经营部，入院处、挂号处室隶属医务护理部。12 月 16 日，油田委任董事长、副董事长、董事、监事，聘任油田医院院长、副院长。油田医院以这次改革为契机实施品牌战略、特色战略，以特色化、差异化、个性化的服务，按照市场发展的要求，立足油田，面向社会，发展内、外科的临床技术为基础，其他科室为补充的优势专科，提升了主要业务水平和服务档次。

2005 年 7 月，玉门石油管理局和玉门油田分公司机构整合后，玉门油田医院的基本定位是：服务油田生产，保障员工健康，为油田职工家属提供优质、可靠的医疗服务。2007 年，油田依据离退休（退职）人员和有偿解除劳动合同人员的基本医疗需求，制定《玉门油田员工基本医疗保险暂行管理办法》《玉门油田有偿解除劳动合同人员基本医疗保险实施办法》和《玉门油田有偿解除劳动合同人员基本医疗保险实施细则》。2010 年，适当提高参保人员基本医疗保障水平，合理利用医疗保险资源，制定出台《玉门油田基本医疗保险补充规定》《玉门油田补充医疗保险实施办法》，自 1 月 1 日起执行。2011 年，油田社保中心对玉门油田医疗保险参保人员患门诊特殊病、慢性病的诊断认定及治疗费用报销做出了详细规定，并对油田医院出具 31 种特殊慢性病诊断认定书指定科室和医疗专家授权名单。2011 年 12 月 9 日，公司（局）连发三个文件，调整提高基本医疗保险待遇和人工器官、体内植入材料、一次性医用材料支付标准做出了补充通知。2014 年 3 月 7 日，又调整补充医疗保险待遇，提高支付限额，调整报销比例。油田 30 年来历次医疗制度改革，使医疗保险制度逐步健全完善、医患各方权益更有保障。

第五节 住房制度改革

20 世纪 80 年代末 90 年代初，职工家属的人均居住面积不足 9 平方米，住房成套率不到 75%。处于低租金、福利分房、各单位自建自管分散的管理模式。

1993 年 2 月，8.54 万平方米的新房交付使用，996 户职工迁进新居。为了更好地使用已有住宅，实现“以房养房”的目标，3 月，油田根据中国石油天然气总公司和甘肃省住房制度改革的要求，进行住房制度改革，成立住房制度改革领导小组。房管部门开始实行分房新制度，住房登记实行统一填表、统一摸底、统一标准、统一分配，凡缺房户和要求调房户均需持户口本到房管部门集中填表，由房管部门统一分房，不再分配给单位，住房分配后张榜公布，以便群众监督。11 月，油田开始实施住房制度改革，坚持国家、企业、个人三者共同负担的原则，坚持租售并举、多住房多交钱、交叉部分执行地方方案。设定了近期和长期目标，近期目标是从“八五”末到“九五”期间，改变低租金的住房制度。住房租金达到维修费、管理费、折旧费、投资利息和房产税五项因素的成本租金水平，并逐步向商品租金过渡；重点解决危房户和无房户问题，争取人均居住面积达到或超过 9 平方米，住房成套率达到 85% 左右，使职工的居住条件和生活环境明显改善。长期目标是在住房租金标准达到八项因素（在前五项因素基础上加土地使用费、保险费和利润）的商品租金水平，人均居住面积达到或超过 10 平方米，住房成套率达到 95% 以上，每户都有一套舒适的住房，完成住房商品化机制的转换，实现住房商品化、社会化。

改革项目包括提租发补贴、出售公有住房、推行公积金、建立住房基金。油田管辖的公有住房按使用面积计算提租金，租金均按五项计租，即每平方米使用面积平均月租金 2.01 元（楼房 2.15 元，平房 1.70 元）。集体宿舍的租金标准相应提高。统一制定住房计租办法，按照房屋结构、设施以及不同的区域、楼层等因素确定房屋的实际租金标准。住油田公房并在局内无依托单位的住户按商品租金缴纳房租。截至 1994 年 2 月底，油田 2907 户租房户和 1326 间集体宿舍共交房租 52.36 万元。

玉门油田所属公有住房，除列入改造和不便出售的外均可出售。凡油田具备分配住房条件的在职职工和离退休职工均可申请买房，并在享受的住房标准内每户只能一次性优惠购买一套住房。售房的价格根据靠近城镇的远近和不同区域（矿区和外探区住宅与城市区域的距离）标准价确定为三类，一至三类每平方米售价分别为 200 元、180 元、160 元，新建住房的标准价，按住宅本身建筑造价加征地、拆迁补偿费计算；旧住宅的标准价按重置价成新折旧每年递减 2% 计价。市场价一至三类每平方米分别为 540 元、510

元、480 元；售房面积按 15 年以下工龄（或一口人居住）的小于 53 平方米；16 ～ 22 年工龄的小于 58 平方米，23 年以上工龄小于 65 平方米；处级领导和干部（包括高级工程师、离休干部）小于 85 平方米；局级领导小于 105 平方米。超标准面积，按市场价的 50% 计售。自 1993 年 12 月 1 日至 12 月 31 日，油田开展首次售房，共售出 12151 套，占楼房总数的 92.3%，回收售房资金 6100 万元。

凡未购房的油田在职职工，均实行公积金制度。公积金的缴存率是以单位与职工个人的与标准工资加 5 元副食补贴额的 5% 计算提取，两者均存入职工名下公积金账户，归个人所有，比照银行活期存款利息计息，其中，单位承担的 5% 由油田住房资金管理中心在售房存款利息中支付。

为便于资金集中管理，用于发放职工住房补贴、维修改造出租住宅、归还贷款本息等，这次改革中建立了住房基金，基金主要来源于企业安排的住房建筑资金、按规定提取的住房折旧费、原用于住房维修和房租补贴的资金、出售住房回收的资金、职工住房公积金、住房租金收入和住房基金存款利息。油田成立了住房资金管理中心，由局住房制度改革领导小组领导，加强对住房基金的管理。该中心负责企业内部住房资金筹集和管理，实行独立核算，与局房改办为一套机构，两块牌子。

随着职工收入的不断增加和住房条件的不断改善，租金改革的力度逐步加大，公有住房提租采取分步实施的办法。第一步，从 1993 年 11 月 1 日起，平均每平方米使用面积月租金 2.01 元，租金水平达到占双职工家庭平均工资的 12.6%；第二步，1998 年，住房租金提高到占双职工家庭平均工资的 14.5%；第三步，至 2000 年住房租金达到占职工家庭年平均工资的 15%。1994 年 11 月，油田为加强局驻外机构、离退休基地住房管理制定相关政策，对局驻外办事机构、离退休基地在房改实施过程中存在的问题，做出明确规定。这次住房制度改革使油田住房资金实现良性循环，改善了职工的居住条件，打破了传统的住房福利制，实现住房商品化。

1996 年，深化住房制度改革，全面推行住房商品化、社会化，加快经济适用住房建设。在住房制度上实行全员公积金制度，推进租金改革，出售公有住房，并探索发展住房交易市场和多种形式的物业管理市场。10 月，制定《深化住房制度改革实施意见》，将住房投资由国家、单位统包的体制改变为国家、单位、个人三者合理负担的体制；将各单位建设、分配、维修、管理住房的体制改变为社会化、专业化运行的体制；将住房实物福利分配的方式改变为以按劳分配为主的货币工资分配方式。自 10 月起，油田所属各单位（包括驻外办事机构、离退休基地）的在职职工，均按照“个人存储、单位资助、统一管理、专项使用”的原则交纳住房公积金。交纳基数为职工个人的月工资总额（包括技能工资、岗位工资、地区补贴、生活补贴），由职工个人及其所在单位，按职工个人月工资总额的 5% 逐月交存，归个人所有，存入个人公积金账户。

1999 年 1 月 1 日起，停止住房实物分配，逐步实行住房分配货币化，凡 1998 年 12 月 31 日以后新建的经济适用住房，按微利价购买，只售不租。

2005 年，酒泉生活基地建成，根据国家、集团公司深化国有住房制度改革、实行住房分配货币化的方针政策，结合酒泉基地建设搬迁和油田实际，油田经过讨论修订，制定出台《玉门石油管理局、玉门油田分公司住房分配货币化实施方案》《玉门油田住房分配货币化及住房搬迁补偿实施细则》《玉门油田酒泉基地首批民用住房出售管理办法》《玉门油田困难户购房贴息贷款办法》《玉门油田酒泉基地物业管理暂行办法》和《玉门油田物业管理收费办法》，几个办法的出台有效实现了新老房改政策的衔接，保障了酒泉生活基地住房货币化分配的执行和酒泉生活基地的顺利搬迁。

第六节　社会保险制度改革

自 1986 年起逐步建立健全了企业劳动保险机构，社会保险由养老保险逐步扩大到待业保险。1988 年，油田在劳动制度改革的同时，对劳动合同制工人退休养老基金和职工待业保险基金实行社会统筹，1986 年 10 月 1 日以前合同制（招聘制）工人退休养老金由企业按劳动合同制工人工资总额的 10% 补缴，合同制工人个人不再补缴。从 1986 年 10 月 1 日起合同制工人的退休养老金由企业和劳动合同制工人共同缴纳，企业按合同制工人工资总额的 17% 缴纳，劳动合同制工人个人按本人标准工资的 3% 缴纳，个人缴纳部分由企业按月在工资中代扣，缴纳的退休养老金记入社会保险机构签发的“退休养老基金登记册”，职工待业保险基金按企业全部职工标准工资的1%缴纳。仅1993年，收缴固定职工离退休费用基金1869.02万元，收缴劳动合同制职工养老保险统筹基金513.7万元，收缴待业保险基金92.92万元。

1994年5月，规定了养老保险基金提取标准。企业固定职工按月工资总额的17%缴纳；企业劳动合同制职工按月工资总额的17%缴纳；个人按本人月技能工资的3%缴纳，由单位从工资中代缴。集体企业劳动合同制职工养老保险基金的缴纳标准比照全民所有制劳动合同制职工缴纳标准执行。国有企业和集体企业以及多种经营系统均按全部职工工资总额的1%缴纳待业保险基金。

1996年，根据国务院和总公司文件精神，加大职工养老保险制度改革力度，出台《玉门石油管理局深化职工养老保险制度改革实施方案》，并于9月开始实施职工养老保险制度。“方案”规定了改革基本养老金计发办法等一系列改革措施，使油田职工养老保险管理纳入法制化、规范化的轨道。1999年9月1日，职工养老保险行业统筹移交甘肃省管理。

2002年2月，将社会保险中心从人事处编制中分离，更名为玉门油田社会保险中心。

2003年8月，根据甘肃省劳动厅和社会保障厅文件精神，玉门油田社会保险中心更名为甘肃省劳动和社会保障厅玉门油田社会保险中心。

2005年7月，重组整合，成立玉门油田社会保险中心。

2011年6月，甘肃省劳动和社会保障厅玉门油田社会保险中心更名为甘肃省人力资源和社会保障厅玉门油田社会保险中心。行政上隶属玉门油田分公司，业务上接受甘肃省人力资源和社会保障厅指导。主要负责贯彻落实国家关于社会保险有关方针、政策、法令、法规；油田员工、离退休人员养老、医疗、工伤、生育、失业保险的管理及各项保险待遇的报批、审核、支付；油田有偿解除劳动合同人员的养老保险及再就业管理；社会保险基金征缴及管理；负责协调、处理与社会保险有关的问题和纠纷。

第七节 物资采供改革

1995年，对物资管理系统进行体制改革，实现专业化管理，坚持财权统一、加速周转、方便生产、降低成本、提高效益原则，实行集中采购、集中使用采购资金，建立一级设库、直达供应、分片设点、门市化经营的物资管理新体制。根据各单位生产用料需求特点，设立采油、炼油化工和水电等专业库，不再重复设库，保证物权归口统一。

在价格管理上，由物资供应处对全处物资采购价格进行监督，局内销售执行计划价格，计划价由物资供应处进行测算与调整，报局财务处审批下发执行。对无计划、无合同或超定额供料及对外销售价格随行就市。在定额管理上，由物资供应处根据局内材料消耗规律制定出切实可行的物资储备定额，合理储备，提倡代储代销制，节约储备资金，保证局内生产不间断进行，起到“储水池”作用；各单位生产部门结合单位实际，材料消耗定额报局审核后下达执行，同时局制定出全局物资消耗指数（百元产值耗材料比例）由物资供应处进行考核，进行宏观调控。在采购管理上，建立较为完善的三级物资供应网络，一级为生产厂家，二级为专业公司及石油系统供应处、石油供办，三级为其他物资部门，坚持先厂家后市场、先内后外不保护落后、比质比价、降低采购成本的原则。局内资产物资在局内销售必须通过物资供应处，多种经营部门未经物资供应处许可不得在局内从事物资营销业务。在资金管理上，对全局采购资金实行统一管理，对生产单位核定的材料资金，只核定指标，不拨款，生产单位从物资供应处获得材料后，由局根据大计划及生产维修计划予以核销，做到定人员、定储备资金、定储备品种，随时检查，监督指导。同时，对各单位的废旧料加强管理，建立交旧领新制度，以杜绝现场管理中存在的漏洞。

所有需用物资按程序编报计划，对供货周期长、金额大的设备、原材料及其他专用物资，由需用单位与物资供应处签订内部经济合同，确保计划的准确性；物资采购由物资供应处行使采购权，执行“货比三家、择优选购”的原则，具备招标条件的，实行招标订货。对专业技术很强的仪器、设备的采购，由生产单位技术人员参加订货，提出技术要求，负责技术把关，物资供应处负责商务谈判，签订合同，支付货款。物资验收一律由物资供应处对入库物资进行质量、数量等方面的验收，物资出库以物资处配送中心、送料依据计划按时、按量送达指定地点，或由用料单位直接到总库、分库、专业库及供应点上门提料，调往局外的物资销售权归口物资供应处管理。物资供应处与生产单位之间凭领料单进行货款结算，总库与分库、专业库、供应点之间的材料往来，用内部流转单调拨，不办结算。

1996年3月，进一步深化物资管理系统改革，将采油厂等10个单位的器材科（库），划归物资供应处管理。6月，油田针对多种经营系统的物资供应工作进行专门规定，多种经营系统的物资供应工作在实行自成体系供应管理的前提下，由物资供应处进行宏观指导，供应上互通有无。局多种经营总公司物资供应站统一负责全局多种经营系统物资供应管理工作，并实行“五统一”的管理体制，即统一计划采购、统一供应储备、统一平衡调剂、统一仓库管理、统一价格结算。多种经营系统生产建设所需物资中除大宗物资钢材、木材、水泥、煤炭仍由物资供应处供应，其余物资原则上由多种经营系统自行采购或请物资处采购。物资供应处供给多种经营系统的原材料（即统采物资）价格执行局计划价，其余物资实行市场价。多种经营系统的生产厂家，可作为局二级生产单位对待，物资处将其产品纳入采购计划，自产产品在局内优先销售，凡多种经营系统生产并能满足主业需要的产品，不得向外采购。多种经营系统的商贸流通点，不得经营大宗物资，其余物资经局有关部门按有关规定审定合格后，作为局内供应网店，向物资处供货，结算办法由财务处、多种经营管理处、物资供应处共同协商解决。

1999年7月，重组改制后将产能建设、基本建设、技改措施、更新改造项目、科研、生产检（维）修等过程中所需采购的原材料、燃料、辅料、设备等共60大类物资作为统采物料，统一计划、统一采购、统一供应，结合物资采购管理工作的需要，制定《物资采购管理办法（暂行）》。油田分公司在生产运行处设物资采购管理办公室（以下简称物采办），全面负责油田分公司的物资采购工作；所属采油厂、炼化总厂、勘探开发处、研究院、规划设计院等单位也相应设置了物资管理和供应部门，在物采办的领导下，负责各单位的物资采购工作。

2003年9月，将物采办与采油厂燃料站、炼化总厂物资计划科等整合，组建物资采购管理中心，专门负责油田分公司的物资采购、电子商务、物资消耗管理等工作。

2004年2月，发布《物资采购与电子商务管理办法》，推进物资采购电子化进程。对资金额大、采购量大、通用性强，能形成批量以享受批量优惠价格，适合集中管理的物资和在生产、基建成本构成中占有较大比例，适合网上采购的物资采取电子采购方式；对不能上网采购的物资由物采中心招标采购、谈判采购或委托代理采购。4月，物资供应处物资管理信息系统（BS模式）投入使用。

2005年12月，整合物资采购管理业务，成立玉门油田物资采购管理中心（物资供应处），为一个机构，两块牌子。

2010年3月，为加强规范物资供应商管理工作，优化采购资源、规避采购风险、保证采购质量、控制采购成本，制定《玉门油田分公司物资供应商管理办法》。6月，油田根据集团公司有关要求进行物资采购管理信息系统建设，于2013年6月完成交易平台和管理平台信息化建设。物资采购中心（物资供应处）作为中石油物资采购管理信息系统推广应用第三批上线单位，成功上线，在系统完成采购方案、采购结果、采购订单，油田物资采购业务全部在物采系统中运行。

第十篇

基地建设

玉门油田建矿初期，由于受当时交通、运输和通信条件的限制，仅在东岗、西河坝等地修建了二层办公楼、四合院（俗称圆门宿舍）、“八卦房”以及供单身员工居住的“九间房”“丁种住宅”和“丙种住宅”，解决了部分职工和家属的居住问题。但由于条件所限，大部分工人主要居住在西河坝窑洞和地窨子里。

新中国成立后，在加快建设新中国第一个天然石油基地的同时，开始大规模基础建设，为油田职工和家属建起一排排土木、砖混结构的窑洞房和平房，从根本上解决了职工的居住问题。20 世纪 50 年代中后期，在酒泉城郊建起“石油新村”，但随着国家进入困难时期，大批职工家庭又回迁矿区，“石油新村”逐渐废弃。

20 世纪 80 年代起，鼓励基层各单位自筹资金解决和改善职工住房问题，先后在南坪、北坪、三台、三三区等区域修建了楼房。之后，逐步加大住房建设资金投入，加快中心区域老旧窑洞房、平房改造步伐，至 1996 年，在矿区共建造楼房 248 栋 9778 套，绝大部分职工家庭搬入楼房居住，住房条件大为改观。

20 世纪 90 年代后期，随着玉门油田内部改革的逐步深化和经营机制的转换，玉门作为典型的“孤岛”城市的缺陷，诸如远离社会、市场狭小、交通不便、信息闭塞等，对企业主要产品的销售、工程技术服务队伍开拓市场、职工子女求学就业、下岗分流职工创业和再就业等造成的不利影响日渐显现，一定程度上成为影响油田职工队伍和社会稳定的重要因素。加之玉门油城地处祁连山麓，平均海拔 2345.7 米，高寒缺氧，长年风沙，自然环境和气候条件十分恶劣，矿区居民常年饮用硬度大、污染严重的祁连山融雪沉淀水，细菌总数、大肠杆菌、放射性铀等含量超标，导致矿区居民多发性支气管炎、肺气肿、高血压、脑出血、肝癌、肺癌等疾病发病率较高，严重影响了矿区职工的身体健康，矿区居民平均寿命低于全国平均寿命 10 岁左右。搬迁“下山”成为几代玉门石油人期盼的“夙愿”。

1998 年起，玉门市有计划地将城市建设的投资大规模转移至玉门镇（今玉门市新市区），开始市政机关、企事业单位整体搬迁的准备工作。1999 年，玉门油田重组改制，6000 余名职工有偿解除劳动合同。2000 年，玉门市新市区市政机关大楼、部分企业工业厂房建成，市政机关、地方企事业单位开始逐步搬迁。经过坚持不懈的努力，在酒泉盆地勘探取得突破，青西油田滚动勘探开发进入快车道，酒东油田勘探日渐明朗，在河西走廊全面展开勘探，勘探战场逐步东移，为油田搬迁“下山”创造了有利条件。

2000 年 10 月，玉门油田正式向集团公司提出生活基地搬迁设想，得到了集团公司、股份公司领导的高度关注。2001 年，在集团公司、股份公司和甘肃省的大力支持和帮助下，玉门油田生活基地选址酒泉，并得到集团公司批准立项。从 2003 年 8 月一期住宅楼开工建设，到 2015 年欣露园小区住宅楼竣工投用，油田共分三期建成 11 个住宅小区、366 栋住宅楼，共 16624 户，所有符合搬迁条件的油田职工、家属全部搬迁酒泉生活基地，实现了几代玉门石油人“下山”的夙愿。

第一章　决策立项

第一节　搬迁决策

1983 年，当管理局在矿区建设第一栋居民住宅楼时，职工代表就提出过“下山”提案。由于考虑到修建基地会加重国家和企业负担，提案未能实施。20 世纪 80 年代末到 90 年代初，玉门人经过 8 年艰苦卓绝的吐哈会战，建成了年产 300 万吨以上的大油田，修建了哈密基地，解决了部分玉门人的“下山”问题，但绝大多数玉门石油人依然生活在高寒缺氧的祁连山麓。

进入 20 世纪 90 年代中后期，随着社会主义市场经济的飞速发展和油田资源存量的下降，促使玉门油田必须走出封闭的峡谷，融入更为广阔的市场空间，融入功能更为齐全发达的城市社会，寻求新的发展。1999 年，玉门油田重组改制后，封闭、落后的“孤岛”经济，严重制约着油田“走出去”的步伐。“十五”期间，甘肃省将玉门镇定位为农业经济开发区，成为玉门市的政治、经济、文化中心。并从 1998 年开始，玉门市有计划地将城市建设的投资大规模转移到玉门镇，相对停止了老市区的城镇建设投资和公用设施的维护修缮。2000 年，玉门市政府开始将政府所在地搬迁到海拔较低、交通相对便利的玉门镇；原住玉门的吐哈油田职工，大量搬迁到哈密；玉门油田部分职工有偿解除劳动合同后，移居他乡谋生，导致玉门城市人口锐减，城市规模迅速萎缩，市场开始萧条。多年费尽心血在高寒戈壁上建成的绿化园地、住宅道路及生活配套设施，得不到维护，严重老化。加之市区离火车站 30 余千米，距离 312 国道 20 千米，坐飞机最近也要到距离玉门市区 70 余千米的嘉峪关机场，远离社会、市场狭小、交通不便、信息闭塞，石油基地运行成本加重，职工子女就业难度增大，油田部分企业的多元发展失去基础，严重影响着职工队伍和社会的稳定。期间，玉门油田结束了勘探多年沉闷徘徊的不利局面，青西油田勘探开发取得重大突破，具备滚动勘探开发的资源基础；酒东盆地勘探、鸭老南构造带勘探等取得新进展；油田勘探战略东移，在河西走廊重新摆开勘探战场，为油田“下山工程”奠定了现实的基础。

2000 年，管理局和油田分公司领导班子从企业生存发展的战略高度出发，紧密结合油田生产经营工作实际、企业所在地自然环境、职工群众所处生活环境以及玉门市政府搬迁的现实状况，提出了搬迁“下山”的设想，并开始进入调研论证。当年曾在玉门油田工作过的一大批老石油、老领导，时刻牵挂着依然生活在高寒戈壁的玉门石油人，他们通过各种方式和途径，传递着玉门人的呼唤，表达着他们对玉门老油田的深切关怀。特别是原石油工业部的几位老部长，更是惦记玉门油田的发展，在很多场合表达了他们和玉门石油人一样强烈的“下山”愿望。

2000 年 12 月 23—26 日，集团公司副总经理阎三忠莅临玉门油田现场指导工作，油田领导向阎三忠汇报了玉门油田生活基地搬迁“下山”的初步想法。阎三忠表示支持玉门油田生活基地搬迁，并对嘉峪关、酒泉两市进行了实地考察。

2001 年 4 月 16 日，管理局、油田分公司组织召开两家领导班子联席会议，会议将生活基地搬迁“下山”列入重要议事日程，正式提出“下山”的设想。6 月 11 日，管理局、油田分公司联合行文，向集团公司呈报关于搬迁生活基地的请示。

第二节　考察选址

生活基地搬迁，是几代玉门石油人长期的愿望和迫切的需求，在搬迁请示经集团公司原则同意后，油田本着改善职工生活条件、有利于职工家属的身心健康和发挥油田自身优势，繁荣地方经济，促进油田持续稳定发展的原则，在集团公司、股份公司的指导下，随即展开生活基地搬迁选址工作。

2001 年 5 月，股份公司副总裁罗英俊一行 10 人莅临玉门油田检查指导工作，油田分公司、管理局向罗英俊汇报了基地搬迁的有关情况，罗英俊实地考察了酒泉和嘉峪关两市。随后，油田领导专门赶赴兰州，向正在兰州考察工作的集团公司副总经理陈耕汇报了玉门油田关于基地搬迁工作论证报告和工作思路。

2001年6月，油田分公司和管理局两套班子的主要领导，多次专程赴京向集团公司领导就基地搬迁工作进行专题汇报。集团公司总经理马富才听取玉门油田基地搬迁工作汇报后，对基地选址、建设、油田内部改革做出重要指示。8月，集团公司派出相关人员实地考察评估。9月13—18日，受集团公司委托，由集团公司咨询中心牵头，17名专家组成考察评估组，赴玉门油田进行搬迁选址调研论证。评估专家组先后考察了玉门矿区、玉门镇、嘉峪关、酒泉、张掖、兰州等地。在兰州石油大厦召开玉门油田基地搬迁选址论证会，并向甘肃省人民政府通报了有关情况。

10月3日，根据集团公司的安排部署，集团公司规划设计部副主任江夕根一行3人，放弃国庆休息，专程赶赴玉门，与玉门油田领导共同研究基地搬迁的有关事宜，修改论证报告。

10月17日，集团公司总经理马富才主持召开总经理办公会议，听取并研究了集团公司规划部关于玉门油田基地搬迁的汇报。会议原则同意玉门油田的“下山工程”，并决定将玉门油田的生活基地搬迁到酒泉市。

酒泉市位于河西走廊中段，西距玉门市区87千米，是丝绸之路上的文化名城。海拔1445米，铁路公路发达，是连接新疆、内蒙古、青海、宁夏等省区的重镇，水资源丰富，土地肥沃，农业商贸业发展较快，属典型的城乡并存城市。不仅是全国有名的商品粮基地，也是我国实施“西部大开发战略”的前沿城市。

玉门油田酒泉生活基地选址位于酒泉市西南新城开发区内，北距市中心1.9千米，南距火车站9千米，占地2101亩。基地北起敦煌路，南至规划中的环城南路，东起解放路，西至规划中的环城西路，东西长1800米，南北宽1200米，形态呈L形，东西向的312国道及南北向的肃州路从基地中部穿过。基地向北通过新城区主要景观道路“世纪大道”，与市政府及人民广场相望，通过肃州路、解放路与酒泉老城区相联系。

第三节 论证立项

自集团公司原则同意玉门油田基地搬迁之后，为了尽快完成立项，争取优惠政策，管理局、油田分公司领导多次向集团公司、甘肃省政府、酒泉市政府相关部门和领导汇报基地搬迁工作，协商解决基地搬迁中存在的问题。集团公司、股份公司及有关部门领导对玉门油田基地搬迁问题给予了极大关注和指导，先后多次来玉门视察调研、指导工作，听取基地搬迁专题汇报。甘肃省委、省政府，酒泉市委、市政府也把玉门油田生活基地的搬迁，作为发展甘肃经济，推动地方繁荣的良好机遇，表示大力支持和亲切关怀，对玉门油田的“下山”问题给予极大的关注，尤其是在规划设计、招投标、税费减免等方面给予了政策支持。

2001年10月22日，玉门油田领导陪同集团公司规划计划部副主任江夕根与酒泉地委、行署领导，在兰州就玉门油田基地搬迁有关问题进行了磋商，特别就基地学校、油田医院等企业办社会问题达成一致意见。10月24日，酒泉地区行政公署下发《关于整体接纳玉门油田生产、生活基地搬迁酒泉优惠政策的函》，就玉门油田基地建设的有关优惠政策向集团公司予以答复。

10月28日，玉门油田领导和酒泉地委、行署的领导，在兰州向集团公司副总经理阎三忠、规划计划部副主任江夕根，就玉门油田基地搬迁实施意见及酒泉地区关于玉门油田基地搬迁提供建设用地和相关优惠政策进行了汇报。10月29日，在听完相关汇报后，集团公司副总经理阎三忠、规划计划部副主任江夕根在油田领导的陪同下前往甘肃省政府，就玉门油田基地搬迁问题与省政府领导交换了意见。

11月3日，玉门油田领导在北京向集团公司副总经理陈耕汇报玉门油田基地搬迁有关问题和贯彻落实集团公司办公会议精神时，陈耕就基地规划、基地建设、建设标准、工程造价以及组织领导等方面工作做出了具体指示。11月6日，油田领导再次赶赴兰州，就玉门油田基地搬迁有关问题向省长陆浩做了专题汇报。11月16日，省长陆浩专门视察玉门油田，对玉门油田的发展、基地搬迁以及与地方政府的合作等问题做了重要指示。

11月23日，管理局、油田分公司联合行文，向甘肃省政府呈报《关于申请减免基地建设搬迁有关费用的请示》《关于申请建立玉门油田有形建筑市场的请示》，为玉门油田建立有形建筑市场、征地费减免、征地税减免等问题积极争取相关政策。12月21日，管理局、油田分公司联合行文，向集团公司呈报《关于实施住房分配货币化有关问题的请示》，就基地搬迁有关职工、家属、遗孀的住房补贴政策向集团公司进行争取。

在全力争取各项搬迁政策的同时，2002 年 1 月 5 日，基地建设指挥部印发基地总体规划方案招标邀请函，邀请上海同济大学建筑设计院、北京华茂中天建筑设计有限公司、甘肃省建筑设计研究院进行基地总体规划设计，从中优选符合上级单位和部门要求、又切合油田实际的基地设计方案。

1 月 24 日，集团公司副总经理陈耕因公出国，委托集团公司总经理助理刘海胜听取了玉门油田关于基地搬迁工作汇报，并就基地规划、拨付征地资金等问题做了指示。

2 月 9 日，集团公司副总经理、股份公司总裁黄炎视察了酒泉基地现场，对基地选址及筹建工作给予肯定，特别要求做好这次基地搬迁，并以此为契机，在搬迁中充分体现各项改革措施的到位，充分体现改革的精神，改革的措施要继续向前推进。

3 月 5 日，向集团公司副总经理陈耕汇报酒泉基地筹建运行工作，陈耕就基地规划、建设标准、工程造价、质量监督、物业管理、房地产开发、工程招标、建设程序、发展与稳定及新老基地运行等做了重要指示，要求：总体规划先由咨询中心领导、专家会同甘肃省建设厅、酒泉地区建委专家及玉门油田有关人员召开专家评审会，评选出最佳方案，经修改完善后报集团公司审查；基地建设标准要适当，要向前看，适当超前，不能落后于当地小区建设，但也要考虑实际，不能与全国最先进的小区比；基地规划、设计、施工必须招标，坚持好必要的程序，安排好建设进度，不能太着急；职工购房要利用按揭、贷款等形式，把职工、遗孀、困难户的搬迁问题解决好。

3 月 14 日，酒泉基地建设指挥部与酒泉市在酒泉地区招待所完成签订征地协议。根据基地建设需求，3 月 21—22 日，甘肃省建设厅副厅长刘祖和一行五人，赴酒泉现场办公，对玉门油田酒泉基地建设招投标、工程监理、质量监督及收费等问题与地方政府进行了协调和答复。

3 月 26—28 日，基地建设指挥部组织有关领导、专家、代表近 20 人，在兰州石油大厦召开玉门油田酒泉基地总体规划内部评审会，对基地总体规划方案进行内部评审，形成一致意见。4 月 2—3 日，基地建设指挥部再次在兰州石油大厦召开酒泉基地总体规划专家评审会，来自集团公司咨询中心、规划计划部、股份公司规划计划部以及甘肃省、酒泉地市、兄弟油田、建设行业 14 个单位的 30 名专家参加了评审，通过广泛征求意见、推敲论证，最后形成一致意见，将同济大学方案作为推荐方案，并提出了修改完善意见和建议。

集团公司领导时刻关注玉门油田酒泉基地建设规划论证工作，在初步确定基地建设推荐方案后，2002 年 4 月 21—24 日，集团公司副总经理陈耕一行 11 人莅临玉门油田调研指导工作。专门听取了玉门油田所做的酒泉基地筹建工作汇报和同济大学所做的总体规划方案汇报，得到陈耕的认可，并亲临酒泉基地选址区域现场考察，与酒泉地市领导进行座谈交流，协调解决基地建设论证规划中出现的各种问题。5 月 30 日—6 月 4 日，集团公司纪检组组长、股份公司监事会主席李克成一行 7 人莅临玉门油田，对酒泉基地选址区域进行了详细认真的考察，听取了酒泉基地筹建工作汇报并做了重要指示。他要求玉门油田要加快基地搬迁进度，要运用全新的管理模式，实现企业化运作、社会化管理来经营新基地，并以此为契机，重新审视自我，实现体制创新、机制创新、制度创新、发展思路的创新，以加快油田整体发展步伐。

5 月 10 日，集团公司规划计划部下发《关于做好玉门油田酒泉基地建设规划及企业内部结构调整和深化改革规划的通知》，对基地规划方案编制、功能定位、建设规模、投资规模及油田内部改革和结构调整等问题提出了明确要求。

5 月 15 日，赴上海同济大学建筑设计研究院，按照集团公司规划计划部针对总体规划的审查要求，对酒泉基地规划设计进行更改完善，与设计院签订规划设计合同。

6 月 28 日，在北京沙滩宾馆召开酒泉基地筹建工作汇报会，集团公司副总经理陈耕及集团公司规划计划部、股份公司规划计划部、集团公司办公厅的相关领导参加会议。在听取基地建设指挥部所做的酒泉基地筹建工作汇报和总体规划汇报后，原则同意酒泉基地总体规划方案、建设规模及投资规模。

7 月 1 日，正式向集团公司呈报酒泉基地建设项目立项报告。报告从玉门油田酒泉基地选址概况、基地功能定位和建设规模、投资规模及资金筹措三个方面进行说明，报请集团公司审批立项。同时，根据集团公司减少压缩基地建设相关费用的要求，7 月 2 日，油田领导就基地征地税减免问题向省地税局做进一步汇报争取。

7月10—13日，集团公司发展研究部总经济师胡绎一行莅临玉门油田，就油田房改工作进行调研，形成了玉门油田职工房改补贴的初步意见。

在加快规划设计论证工作的同时，基地建设指挥部加快工作进度，积极与地方政府协调沟通，衔接好施工前的准备工作。8月21日，酒泉地区行署专员李沛文一行到酒泉基地建设指挥部现场办公，了解基地筹建进展情况，现场协调解决世纪大道开通、地面拆迁、道路接口等实际问题，为基地建设做好开工前的准备工作；22日，酒泉基地建设指挥部召开酒泉基地规划衔接会，标志着基地详细规划经过地方政府审核，与酒泉城市整体规划正式衔接。

8月27日，集团公司正式批准玉门油田酒泉基地建设项目立项，同意玉门油田酒泉基地建设总体规划方案。基地建设规划包括生产指挥、科研培训及居民生活。生活基地以玉门油田住户为主，兼顾吐哈油田玉门住户和西北销售公司玉门分公司住户。批复基地总用地面积为2101亩，其中征用地1801亩，地方政府划拨教育和医疗卫生用地300亩。基地建筑总面积为97万平方米，其中公共建筑面积7万平方米、住宅面积90万平方米。建筑容积率控制在1左右。公共建筑中，包括生产指挥中心、科研设计中心、职工公寓及培训中心、教育及医疗设施。住宅建筑按10000户规划，包括玉门油田、吐哈油田、西北销售玉门分公司等单位住户。配套建筑包括燃煤锅炉房1座以及基地内道路、供排水、采暖、供电、通信系统及人防工程等建设。同时要求玉门油田加强对基地搬迁建设的组织领导、规划工程建设和设备购置招标工作，科学安排施工，严格投资控制，强化质量管理，加快建设进度，把酒泉基地建成精品工程和效益工程。

第二章　管理机构

第一节　基地建设指挥部

2001 年 11 月 17 日，管理局、油田分公司在酒泉疗养院召开联席会议，成立“玉门油田酒泉基地建设领导小组”“玉门油田酒泉基地建设指挥部”两个机构。

玉门油田酒泉基地建设领导小组组长由时任油田分公司党委书记、总经理刘世洲担任，管理局党委书记高玉江、局长田玉军、油田分公司副总经理（党委副书记）孔繁瑾任副组长，成员由管理局、油田分公司其他成员组成。领导小组的工作职责是对基地申报立项，规划设计、工程建设、“下山”搬迁、搬迁后的生产运行等重大事项进行总体研究决策，领导基地建设指挥部开展各项工作。

酒泉基地建设指挥部由刘世洲任总指挥，高玉江任副总指挥，黄冶、周兴中、陈发禄、蒲奎元、沈晓夜任副总指挥。基地建设指挥部工作职责是在基地建设领导小组的领导下，具体负责基地建设、搬迁等工作。酒泉基地建设领导小组和酒泉基地建设指挥部成立后，管理局、油田分公司高度重视，从各单位抽调精兵强将，充实和加强了酒泉基地建设指挥部的力量，使酒泉基地建设指挥部拥有了一支精干高效的建设队伍。

2001 年 11 月 29 日，酒泉基地建设指挥部在酒泉疗养院康复楼二楼会议室召开第一次会议，暂时成立工程管理办公室、规划设计管理办公室、房地产开发管理办公室、工程监理办公室（招标办公室）、物资管理办公室、财务办公室、指挥部办公室 7 个部门。2001 年 12 月 5 日，酒泉基地建设指挥部 16 人首次进驻酒泉疗养院开始办公。

2002 年 8 月 12 日，管理局、油田分公司在祁连宾馆召开领导联席会议，调整酒泉基地建设领导小组和指挥部机构成员，成立玉门油田基地建设指挥部党委（临时）、纪委（临时）、工会（临时）。调整后的酒泉基地建设领导小组由孔繁瑾、高玉江任组长，田玉军任副组长；调整后的酒泉基地建设指挥部由高玉江任总指挥，熊湘华、黄冶、周兴中任副总指挥；熊湘华担任玉门油田基地建设指挥部党委（临时）书记、纪委（临时）书记、工会（临时）主席。

2002 年 10 月 9 日，正式成立指挥部办公室、工程管理办公室、规划设计管理办公室、计划与造价管理办公室、工程监督办公室（招标办公室）、财务办公室、物资管理办公室、房地产开发管理办公室 8 个管理部门。

2003 年 6 月 18 日，玉门油田酒泉基地建设指挥部、玉门油田酒泉基地建设指挥部党委（临时）正式挂牌。

2003 年 8 月 14 日，由于油田内部机构调整，酒泉基地建设指挥部撤销房地产开发管理办公室，原房地产开发管理办公室房地产开发管理业务归口管理局物业管理处，绿化业务划归指挥部工程管理办公室。同时成立锅炉房工程项目部，系统工程项目部，玉兰园（含保健中心）、兆祺园（含中小学）、怡静园工程项目部，绿化工程项目部。

2004 年 3 月 5 日，酒泉基地建设指挥部将工程管理办公室与规划设计管理办公室合并，成立工程与设计管理办公室，下设工程管理部、设计管理部。

2004 年 5 月 31 日，酒泉基地建设指挥部将工程与设计管理办公室和物资管理办公室合并，成立工程管理办公室，下设工程管理部、设计管理部、物资管理部。

第二节　基地建设项目部

2005 年 11 月 7 日，根据酒泉基地建设工作的实际，油田对酒泉基地建设项目组织机构进行了调整，将酒泉基地建设指挥部调整为酒泉基地建设项目部，项目部总定员控制在 30 人以内。基地建设项目部下设综合管理办公室和工程管理办公室。

2006 年 2 月 25 日，基地建设项目部成立工程招投标领导小组及工程招标、投标管理办公室。

第三节　基地配套完善项目部

2011 年 5 月，玉门油田向集团公司矿区服务工作部提交关于欣露园小区项目立项申请。当月获批。

2011 年 11 月 4 日，成立酒泉基地配套完善建设工程协调领导小组，领导小组办公室设在矿区服务事业部。成立酒泉基地配套完善项目经理部，负责工程建设的全面协调管理工作。

项目经理部下设办公室、设计部、施工部、计划部、财务部、物资部、房产部 7 个部门。办公室主要负责招标文件的编制及招标，施工手续的办理，编制、签订各类合同，起草公文；设计部主要负责项目规划方案、初步设计、施工图审查及建审的报批，办理设计项目政府相关手续；工程部主要负责施工单位、监理单位的现场监督管理，全面协调管理、控制施工质量、安全、工期和工程竣工验收及移交；计划部主要负责工程概预算及工程经济指标的编制审查，标底的编制，设计变更、现场签证审核和工程竣工结算的审核；财务部主要负责工程建设资金的筹措和管理，进度款的拨付及决算；物资部主要负责工程材料的计划审批及材料供应单位的资质审查以及材料的协调监督及统计；房产部主要负责住房分配方案的制订和住房分配及住房管理。

2011 年 11 月底，基地配套完善项目部从水电厂、建安处等 7 个单位（部门）抽调 27 名工程技术管理人员，加强了项目部工作力量。项目部办公室、设计部、工程部、计划部 4 个部门集中办公，办公地点设在疗养院原酒泉基地建设指挥部办公楼，其余部门在原办公地点办公。

2013 年 3 月 27 日，随着欣露园小区开工建设，基地配套完善项目部又成立了住宅楼工程项目组和外围系统工程项目组。住宅楼工程项目组主要全面负责住宅楼工程建设的协调、管理工作；外围系统工程项目组全面负责外围系统工程的协调、管理工作。

2015 年 4 月，欣露园小区建成投用，基地配套完善项目部撤销。

第三章　住宅建设

酒泉基地住宅主要以6层砖混结构住宅为主，住宅标准为基本入住条件。单体户型主要是吸取发达地区流行的房型特点，结合当地实情，从搜集到的200多个方案中优化选择40多个房型，经过职工代表投票，将认可度较高的户型制作成模型，并在文化宫展出由职工进行打分，最终将打分高的户型，作为酒泉基地住宅选用户型。

第一节　一期建设

酒泉基地一期住宅建设主要包括兆祺园、玉兰园、怡静园、芳沁园、紫荆园、百合园、茗翠园、承瑞园8个园区的建设。按户型面积分为70型2种、90型3种、110型4种、130型1种、150型1种；按户型结构分为两室两厅、三室两厅、三室一厅、四室两厅；按卫生间数量分为单卫、双卫两种；按楼梯朝向分为南楼梯和北楼梯两种。户型采用了“三大一小”的设计理念，即大客厅、大厨房、大卫生间、小卧室。卫生间与卧室靠近，餐厅与厨房靠近，餐厅与客厅相连，形成大空间；卧室、卫生间与客厅、餐厅相隔，形成动静分区、功能分区、生理分区的私密性空间。

2002年12月10—12日，酒泉基地建设指挥部组织酒泉基地一期8个园区的设计招标工作，大连市旅顺建筑设计研究院、北京华茂中天建筑设计有限公司、铁道部第一设计院、甘肃省建筑设计研究院、兰州有色冶金建筑设计院、玉门油田规划设计院、江苏油田设计院7家单位中标。

2003年6月18日，在酒泉基地生产指挥中心规划区举行“玉门油田酒泉基地奠基仪式”。甘肃省委书记、省人大主任宋照肃与油田领导、酒泉市党政领导共同为基地奠基。

2003年6—8月，酒泉基地建设指挥部完成酒泉基地兆祺园、玉兰园、怡静园的施工招投标。2003年8月开始，3个小区陆续开工建设。

2004年2—4月，酒泉基地建设指挥部完成酒泉基地芳沁园、茗翠园、紫荆园的施工招投标。2004年6月开始，3个小区陆续开工建设。

2005年5月31日，酒泉基地兆祺园8号楼经过严格审验，指挥部、油田房产管理中心、物业公司、职工代表一致认为该楼建筑质量合格，达到合同要求。随后指挥部与油田房产管理中心签订协议，正式将兆祺园8号楼移交油田房产管理中心管理，标志着酒泉基地住宅建设正式开始竣工，并投入使用。截至2005年12月，兆祺园、玉兰园、怡静园、茗翠园、芳沁园、紫荆园共6个小区178栋楼7410套住宅完成竣工验收，正式投用。

2006年3月，百合园开工建设，2006年11月百合园竣工，投入使用。

2007年3月，承瑞园开工建设，2007年11月承瑞园竣工，投入使用。

截至2007年底，酒泉基地一期8个住宅小区全部完成建设并投入使用，有10000户职工搬迁酒泉。

第二节　二期建设

酒泉基地二期住宅建设主要为天润园、鸿硕园建设，欣露园小区仅做了规划，按照分期实施，作为预留用地。天润园、鸿硕园的户型主要是沿用一期住宅建设职工认可度较高的户型，户型主要选择2种110型、1种90型、2种70型，户型结构为三室两厅一卫、三室两厅双卫、三室一厅一卫和两室两厅一卫，结构均为6层砖混结构。

2005年，根据酒泉基地建设实际情况及玉门矿区住户搬迁需求，经集团公司批准，同意在原规划基础上开工建设二期工程。

2006年7月3日，基地建设项目部组织相关专家对新疆建筑设计研究院、北京华茂中天建筑设计有限公司、甘肃省建筑设计院、兰州有色冶金设计院所做的玉门油田酒泉基地续建小区设计方案进行了评审。

经过评审，北京华茂中天建筑设计有限公司所做设计方案被确定为二期续建方案。

在相继完成土地征用及规划、设计、施工等政府性手续办理后，2008 年 3 月，二期工程天润园、鸿硕园顺利开工建设，天润园、鸿硕园共 71 栋住宅楼 6432 户。2008 年 11 月，工程建成投用。

第三节　三期建设

2008 年底，酒泉生活基地搬迁工作全部结束，属于搬迁政策范围内的住户已经全部搬迁酒泉生活基地，矿区住房调整为生产倒班公寓。

2009 年起，玉门油田新进大学毕业生、复转军人、员工子女陆续结婚，由于新婚户未纳入酒泉生活基地住房搬迁范围，只能暂时安排在矿区倒班公寓，这部分员工的住房矛盾逐渐突出。

2010 年 10 月至 2011 年 2 月，为解决这部分员工的住房问题，玉门油田及时向集团公司反映和汇报，将其作为油田重大民生工程，就欣露园小区的启动建设积极争取相关政策。

2011 年 2 月 17 日，召开欣露园建设专题会议，确定欣露园住宅为经济适用房，成本价销售给职工。

5 月，正式向集团公司矿区服务工作部提交关于欣露园小区项目立项申请，并获集团公司矿区服务工作部批复同意。

10 月 20 日，在玉门油田生产指挥中心 1 号楼 1107 会议室举行了欣露园方案评审会。会议确定欣露园住宅按照 11 层和 18 层相结合，总户数 3500 户左右，按两期实施，一期 1800 户左右，剩余的按第二期考虑，11 层选用一部电梯两户的户型，18 层选用两部电梯 3 户的户型。

11 月 4 日，成立酒泉基地配套完善建设工程协调领导小组和酒泉基地配套完善项目经理部。

2013 年 1 月 20 日，在完成欣露园小区各项规划、设计等政府性审查手续后，项目部组织进行欣露园小区住宅楼招标，最终 8 家施工单位中标。

2 月 28 日，项目部召开欣露园小区住宅建设项目启动会。3 月 8 日欣露园小区开工建设。

2015 年 4 月，欣露园小区竣工验收，投入使用。欣露园小区一期建设 17 栋住宅楼，总户数为 1690 户。

第四章　配套建设

第一节　公共建筑

2002 年 8 月，集团公司对玉门油田酒泉基地建设项目进行了批复，将基地功能定位为生产指挥、科研培训及居民生活，批复的配套公共建筑内容包括生产指挥中心、科研设计中心、职工公寓及培训中心和教育及医疗设施，教育医疗设施为在基地内规划建设 1350 人中学 1 所、1080 人小学 1 所、保健中心 1 所。根据集团公司批复内容，基地建设指挥部于 2002 年 10 月 23—25 日在酒泉市工程建设交易中心组织完成了酒泉基地生产指挥中心、科研设计中心、中小学、保健中心设计招标工作，分别由中国石油设计有限责任公司中标生产指挥中心、科研设计中心，甘肃省建筑设计院中标中小学，玉门油田规划设计院中标保健中心。甘肃省建设厅招标办、酒泉市建委的负责人和专家参加并监督了招标工作。

2003 年 1 月，设计单位分别完成生产指挥中心、科研设计中心、中小学、保健中心的初步设计，并通过基地建设指挥部组织的初步设计预审。同月，管理局综合服务处开始筹备酒泉基地商贸中心项目的前期调研论证，并委托大连天鸿建筑设计有限责任公司进行设计。酒泉基地商贸中心属于综合性商业建筑，位于酒泉基地规划的中心位置，世纪大道西侧，与文化广场相对。4 月 16 日，向集团公司、股份公司提交配套公共建筑初步设计审查申请，同时提交初步设计文件、初步设计预审意见。4 月下旬至 5 月中旬，集团公司规划计划部、股份公司规划部采取函审的方式，组织有关单位对上报的公共建筑进行初步设计审查，并在 6 月 11 日以文件形式对各公共建筑初步设计进行了批复。7 月，根据初步设计审查意见，各设计院完成配套公建单体的施工图设计。同时，向甘肃省建设厅报审、办理、完成施工图审查手续。8 月，在祁连宾馆举行酒泉基地中学、小学工程招标会。江苏淮阴建工集团中标中学教学楼，武威市高坝建筑工程公司中标小学教学楼。月底，酒泉基地中学、小学开工建设。小学建筑面积 6913 平方米，主体三层，框架结构；中学建筑面积 13039 平方米，主体四层，局部五层，框架结构。同月，在祁连宾馆举行酒泉基地保健中心门诊楼工程招标会，江苏第一建筑公司中标保健中心门诊楼。保健中心门诊楼建筑面积 6913 平方米，月底开工建设。10 月 23 日，在祁连宾馆二楼会议室举行基地生产指挥中心工程招标会，来自全国各地的 7 家建筑单位参加竞标。最终，新疆冶金建筑集团公司中标。生产指挥中心工程用地面积 8441 平方米，占地面积 1585 平方米，总建筑面积 25623 平方米，建筑层数为地下 1 层，地上 16 层，主体结构为框架剪力墙结构。在建筑风格上，整个建筑为弧形立面布置，外墙包封铝塑板和中空玻璃幕墙，屋面为从 13 层至 16 层逐渐上升的坡屋面，具有浓厚的现代建筑气息。11 月 8 日，玉门油田举行隆重仪式，为油田生产指挥中心举行开工典礼。同月，酒泉基地商贸中心完成初步设计。

2004 年 3 月，成立酒泉基地商贸中心项目部，负责商贸中心项目的实施。6 月，完善保健中心功能，在原门诊楼的基础上，续建部分住院部，续建住院部建筑面积 13034 平方米，177 个床位，地下 1 层，地上 9 层，局部 10 层，其中 1、2 层为综合门诊，3 ~ 8 层为住院部，9 层为手术区，局部十层为会议室；主体采用钢筋混凝土框架剪力墙结构。保健中心住院部 9 月开工建设，2005 年 5 月主体封顶。2005 年底竣工投入使用。6 月 16—18 日，集团公司在兰州石油化学工业公司召开关于油田教育、公安系统移交地方政府管理兰州片分片会议，要求增加酒泉基地办学规模和公安办公场所。6 月 30 日，在酒泉市建筑交易市场组织酒泉基地商贸中心公开招标，新疆建筑工程集团公司获得商贸中心的承建资格。2006 年 11 月竣工，2007 年 1 月正式投入使用。7 月 6 日，向集团公司上报《关于在玉门油田酒泉基地追加中小学教育及油田公安办公场所的有关问题的请示》。7 月 8 日，酒泉基地中心商贸区开工建设。酒泉基地中心商贸中心建筑面积 3.5 万平方米，由 5 栋三层单体建筑组成。7 月 28 日，集团公司规划计划部批复，同意追加全日制中小学 1 所及公安办公设施。根据批复，玉门油田专题研究基地学校建设问题。决定在酒泉基地建设 1 所义务教育全日制中小学一体的学校，由基地建设指挥部组织实施。9 月，针对酒泉生活基地周边无托幼机构及设施，基地建成后，无法解决职工子女入托、幼教的问题，为了确保 2005 年基地搬迁，决定在酒泉基地建 15 个班、可容纳幼儿450人的幼儿园1所。同月，酒泉基地生产指挥中心大楼主体封顶。10月15日，在祁连宾馆二楼会议室举行酒泉基地全日制中小学教学楼工程招标会，武威再就业建筑工程公司中标。酒泉基地全日制中小学教学楼位于酒泉基地东南百合园小区，建筑面积7000多平方米，框架结构。10月21日，工程开工建设。

2005年1月17日，酒泉基地幼儿园工程施工进行招投标，武威高坝建筑公司中标。基地幼儿园位于芳沁园西北角，建筑面积4981平方米，按15个班，三层，主体结构为钢筋混凝土框架结构。3月，幼儿园建设项目开工建设，年底竣工验收投入使用。5月，集团公司领导在玉门油田视察时，同意油田提出的增加房源、矿史展览馆、职工活动中心、档案馆、科技实验用房、岩心库及磁带库等。10月12日，向集团公司提出《玉门油田公司（局）关于申请酒泉基地完善配套项目的请示》。12月，集团公司批复同意玉门油田酒泉基地完善配套项目建设，新建职工文化活动中心、玉门油田矿史展览馆、档案馆、科技实验楼、岩心库。7月，酒泉基地中学、小学教学楼工程分别进行了单体竣工验交，交付油田教育分局。8月，保健中心门诊楼完工验收。10月，酒泉基地全日制中小学教学楼竣工；年底，酒泉基地生产指挥中心大楼竣工，投入使用。

2006年7月，根据实际情况，对生活基地小学进行了扩建，扩建1栋建筑面积1200平方米、框架三层结构、以教室为主的教学楼。

2007年3月，召开专题会议，就逐步解决员工子女入托问题进行专题研究。由于酒泉基地7个居民住宅小区仅有1所设计规模为15个教学班、食宿最大容量为450名的幼儿园，随着百合园、承瑞园、天润园、鸿硕园小区的建设投运，员工子女入托问题将更加突出和迫切。会议决定，再新建1所规模18个教学班、食宿最大容量为600名的幼儿园。续建幼儿园总建筑面积5437平方米，地上三层，框架结构。该项目于当年5月开工建设，年底竣工投入使用。8月，酒泉基地文化活动中心开工建设。酒泉基地文化活动中心总建筑面积18282.48平方米，主体地下1层、地上3层、局部4层，地下一层战时为常6级乙类人防地下室，平时为舞厅与保龄球厅；地上一层为会议室、展览馆及文化教育用房；二层为会议室、展览区及活动区；三层为放映室及活动用房；四层为职工文化教室进行建设。工程上部结构采用框架结构，基础采用独立基础。该项目于2008年底竣工投入使用。

第二节　配套工程

玉门油田酒泉基地配套系统工程根据分期建设规模分期配套建设，一期是按照前期批复的1万户住宅和公共建筑进行配套建设，项目于2003年与小区同步实施建设，2005年完成，交付使用。二期是按照续建批复的6400户规模和公共建筑进行建设，项目于2006年开工建设，2008年完工交付使用。主要配套建设内容包括道路系统、给排水系统、消防系统、供热系统、供配电系统、通信系统等。在全部搬迁完成后，又对燃气系统和门禁系统进行了配套完善建设。

一、道路系统

基地一期道路系统主要有景观路、锅炉房进场路、小区内部道路。

酒泉基地景观路北临东西向的绿化景观带，西起环城西路，东至解放路，贯穿世纪大道和肃州路，全长1784米，道路等级为城市支路—小区路，Ⅱ级标准，道路宽度15米，行车道9米，两侧人行道各3米，路面为混凝土路面。

锅炉房进场路位于基地以东，为一期1号锅炉房配套建设，东起锅炉房，西至解放北路，道路全长418米，按照厂矿道路三级场外道路标准建设，道路宽度6米，路面为混凝土路面。

小区内部道路主要为小区环路、组团路和宅前路，全部为混凝土路面，其中小区环路宽度7米，组团路4米，宅前路2米。

2007年，基地二期续建项目启动建设，为保证新建小区的正常使用，对原一期景观路向西延伸，延伸长度750米，同时对新建小区周边的原市政道路进行延伸，其中飞天路（原312国道）向西延伸650米，宽度42米，原环城西路向南延伸1800米，道路宽度42米。

二、给水系统

酒泉基地供水主要包括生活用水、生产办公用水、消防用水、绿化用水、道路喷洒用水等。在一期工程建设前期，玉门油田就供水压力、水量、管径、接头位置等与酒泉市供排水总公司沟通、对接，最终达成一致，并签署了供水协议。

基地供水水源依托市政给水系统，由市政给水管网提供两路给水管线，一路为肃州路东侧管径500毫米的干线，另一路为解放北路东侧管径500毫米的干线，市政水厂保证14500立方米的日用水量。供水系统通过两个干线接入点与小区内供水连通，形成环状管网，供水系统包括市政接入点至各小区干线、小区环网、小区环网至各楼栋支线。消防系统与生产生活用水合建，在适当位置设置消火栓。该项目2003年9月开工建设，2004年11月竣工。

2007年，基地二期续建项目启动建设，配套建设6400户给水系统，由酒泉市龙源水厂提供市政给水，主要建设市政给水总管网至新建小区给水干线，以及小区内部给水、消防的环网。该项目2008年6月开工建设，2008年9月竣工并投入使用。

三、排水系统

基地排水主要包括住宅生活污水和公建生活污水，其中住宅生活污水和公建污水直接由室外排水系统排入市政污水系统，公共建筑厨房污水经隔油池处理后排入室外排水系统，医院污水经处理达到《医院污水排放标准》后，排入室外排水系统。一期工程建设时，基地建设指挥部与酒泉市供排水总公司就接口位置、排水量、排水坡度、接入点高程等问题展开对接、明确，并签署了排水协议。

一期建设按照1万户配套要求，基地排水分三路排入市政排水管网，分别为沿肃州路西侧DN400的排水管线，接入点为原312国道与肃州路交叉点；沿解放北路西侧DN400的排水管线，接入点为原312国道立交桥与解放路交叉点；新建沿世纪大道西侧DN400排水管线，接入点为世纪大道与敦煌路交叉点。园区污水经小区内排水干线汇总，公共建筑污水直接引出室外，就近接入这三路排水管网，最终汇入市政沿敦煌路的排水管网，该项目2003年9月开工建设，2004年11月竣工。

2007年，基地二期续建项目启动建设，二期新建小区排水系统主要建设沿环城西路南北向排水主管网、环城西路至世纪大道沿敦煌路东西向的排水主管网，以及小区内部的排水支线。该项目2008年6月开工建设，2008年9月竣工并投入使用。

四、供热系统

基地供热方式为集中供热，供热范围为基地住宅、公建和其他有采暖需求的建筑物，主要由锅炉房、换热站和热网组成，项目分两期建设。

根据集团公司《关于玉门油田酒泉基地建设项目的批复》和《关于玉门油田酒泉基地集中供热工程锅炉房初步设计的批复》要求，酒泉基地一期配套建设锅炉房1座（1号锅炉房），该项目占地面积35953平方米，建筑面积5734平方米，安装4台29兆瓦（40吨/时）管式链条炉排燃煤热水锅炉，供热面积120万平方米。锅炉房最初规划选址在解放路以西，环城南路以北，位于基地一期征地范围内的东南角，2002年5月9日，酒泉市环保局下发《关于玉门油田酒泉基地集中供热锅炉房选址问题的意见》，要求玉门油田重新考虑锅炉房选址位置。7月，酒泉市环保局对酒泉基地集中供热工程锅炉房环境影响报告书批复通过。工程委托中国石油集团工程设计有限责任公司华北设计分公司设计。11月，经与酒泉市政府协商，最终确定锅炉房选址在解放北路东侧，距离解放北路385米处。同月，集团公司对酒泉基地集中供热工程锅炉房初步设计予以批复，酒泉市肃州区建设局印发《关于玉门油田生活基地锅炉房规划选址的批复》，办理了建设用地规划许可证和国有土地使用证。酒泉市环保局同意变更集中供热锅炉房建址。

2003年3月，在酒泉建设工程交易中心组织施工公开招标，由中国石油吉林化建工程股份有限公司承建，玉门油田玉石监理有限责任公司进行全过程监理，设备及主要材料根据《玉门油田酒泉基地建设物资供应委托协议书》由物资供应处进行采购、供应。2003年4月18日，酒泉基地供热工程开工。2005年7月完工，当年开始供暖试运行。2006年9月，酒泉基地建设项目部组织对工程进行了竣工验收。

酒泉基地换热站按照一期建设规模和热负荷分布设置3座，分别为第一换热站，设计容量56.2兆瓦，布置在兆祺园与怡静园之间商贸中心东南角；第二换热站，设计容量54.0兆瓦，布置于百合园西北角；第三换热站，设计容量56.2兆瓦，布置于承瑞园东南角。1号、2号换热站均采用地下布置，3号换热站采用地上布置，站内设置换热间、水处理间、值班室、配电室、维修间和药品库。换热站工艺系统主要包括换热器、循环水泵、补水定压装置、软化水设备、除氧器、水箱。该项目2003年9月开工建设，2004年7月完工。

基地一期建设供热采用间接供热方式，由锅炉房产生的高温水通过管道输送到换热站与被加热水经过换热站进行热量交换后由管网接至各小区和公建。基地热网分为两部分，一次热网为锅炉房至3个换热站之间的管道，二次热网为换热站至各小区、公建之间的管道和小区内部管道。布置形式一次网采用枝状布置，二次网进小区前采用枝状布置，小区内部采用环状布置。敷设方式为一次网和二次网进入小区入口采用管沟敷设，小区内部环网采用直埋敷设。该系统工程2003年8月开工建设，2004年11月竣工。

2007年，基地二期续建项目启动建设，对新建6400户进行供热系统配套建设。新建锅炉房1座，供热能力2×29兆瓦（80吨/时），设置2台燃煤角管热水锅炉，即基地2号锅炉房，位于欣露园西南角，建筑面积4541.88平方米，主要包括锅炉房、辅助用房、引风机房、输煤廊、煤坑、除渣廊、灰水系统、烟囱等设施，安装2台DHL29−1.6/150/90−AⅡ型锅炉及附属设施和配套工艺、电气和仪表系统的安装。新建4号、5号2座换热站，4号换热站设计容量34.9兆瓦，位于天润园西南角；5号换热站设计容量21.8兆瓦，位于2号锅炉房院内。2座换热站均采用地上布置。新建2号锅炉房至4号、5号换热站之间的一次供热管网，采用枝状布置，管沟敷设。新建4号、5号换热站至新建鸿硕园、天润园小区之间干线以及小区内环网支线，直埋敷设。2号锅炉房于2007年5月15日开工建设，2008年9月20日竣工。供热管网工程于5月开工，7月完成。小区内热网系统2008年7月开工，9月完成建设。

五、供配电系统

酒泉生活基地建设之前，玉门油田与嘉峪关电业局就供电负荷、供电方式、用电要求等进行了沟通，并签署供电协议。基地电源由嘉峪关电业局提供4条10千伏线路供电，并实现“手拉手”供电方式，4条线路分别来自果园和肃州2座110千伏变电站，以保证基地供电的可靠性。

一期配套供电建设主要是基地范围内10千伏供电网、10千伏高压开闭所、各小区箱式变电所，以及箱变至各楼栋和公建的电网。修建10千伏高压开闭所2座（简称1号开闭所和2号开闭所），1号开闭所建于商贸区东南侧景观带处，2号开闭所建于紫荆园西南角景观带处。10千伏高压开闭所设高压室、直流电源室、检修室，按12回出线设计，备用2回出线。高压配电室电气主接线采用单母线分段方式，分列运行，当一段母线或一回路进线检修时，另一段母线或另一回进线承担该段母线的全部二级负荷。配电装置采用交流金属封闭铠装移开式高压开关柜，配真空断路器。其中，基地科研设计中心、生产指挥中心、卫生所、锅炉房等二级负荷采用附设式变配电室，由2座高压开闭所分别引一回路专线供电；基地小区供电主要采用环网式，电源电压为10千伏；住宅楼以及一般性公建采用10/0.4千伏箱式变电所供电，设置箱式变电所时采用2台变压器；属于三级负荷且用电设备容量大的公用建筑由箱式变电所，双回路供电。一期供配电系统于2003年9月开工。2005年7月，开闭所及兆祺园、怡静园、玉兰园、茗翠园、芳沁园与紫荆园供配电网络完工；2006年9月，百合园供配电工程完工；2007年8月，承瑞园供配电工程完工。

2007年，基地二期续建项目启动建设，对新建小区进行供配电系统配套。主要配套建设1座10千伏高压开闭所，即基地3号高压开闭所，从肃州变电站引2路电源，供电能力13000千瓦，2路进线互为热备，10千伏母联设备自投。配电室内设22面中置柜，采用微机测控保护装置。同时建设新建小区内箱式变电所，以及箱变至各楼栋和公建的电网，该工程于2008年9月完工，投入使用。

六、通信系统

基地一期通信系统主要包括语音数据网络、有线电视网络、通信线路、通信机房等建设内容。在生产指挥中心设置中心机房，在基地设置外围机房，由基地场区通信管道将中心机房及外围机房连接起来构成一个环状，语音数据骨干网采用环型拓扑结构，有线电视网络采用星型拓扑结构。骨干网络传输介质采用24芯单模G652光缆，2个网络以共揽分纤方式共享光缆资源。

语音数据网络采用10G以太网为传输平台。语音业务由安装在中心机房的程控交换机提供，通过中继网关并入骨干网络，综合接入设备通过骨干传输平台提供的GE透明接口实现与交换机的链接，并向用户提供POST接口。数据业务由中心机房的应用服务器提供，通过骨干传输平台和光缆，以GE接头连接住宅楼和办公楼交换机，最终通过非屏蔽5类双绞线实现数据到用户桌面。有线电视网络将矿区传来的电视信号同其他电视信号混合后，用光发射机和光分路器将电视信号通过光纤传送至住宅楼或公建设施内的光节点。通信线路主要是采用在综合管沟内电缆桥架敷设方式，个别地段采用通信塑料管道或镀锌钢管敷设方式。通信机房主要是在生产指挥中心设置中心机房，在小区内设置外围机房。中心机房内布置网管中心机房、电源室、电池间、配线室、值班室，室内安装语音数据网络所需的程控交换机、高端路由器、中继网关、服务器、开关柜、蓄电池等设备和有线电视网络所需的光发射机、光接收机、混合器、分配器、分支器等设备。外围机房包括设备间、电源室，室内安装语音数据网络所需的高端路由器、综合接入设备、配电箱、蓄电池等设备和有线电视网络所需的光分路器。该系统工程2003年8月开工建设，2004年11月竣工。

2007年，基地二期续建项目启动建设，对新建6400户进行通信系统配套。包括通信主光缆敷设及SDH传输、有线电视系统、数据通信系统，通信电缆管道及配线。该项目于2008年年底完工投入使用。

七、燃气系统

随着西气东输二线酒泉段的建成通气，酒泉市天然气利用工程酒泉门站、中压输送管网的投用，为玉门油田酒泉基地燃气入户创造了条件。

2010年7月30日，召开“酒泉生活基地天然气入户方案”讨论会，会议原则同意昆仑燃气公司酒嘉分公司提交的酒泉生活基地天然气进户方案。同时成立公司天然气进户协调领导小组，全面负责和协调酒泉基地天然气入户工作。

2011年1月18日，玉门油田与中国石油昆仑燃气酒泉分公司签订玉兰园、承瑞园、怡静园、兆祺园、茗翠园、紫荆园、芳沁园、百合园、天润园、鸿硕园共10个园区349栋楼房14934户的供气合同。酒泉基地燃气入户系统主要安装10个园区燃气调压柜，敷设调压柜至小区各楼栋燃气管网，安装楼栋外围楼管、立管等燃气输配管线以及安装户内输配管线、燃气阀表、报警器。管网均采用管径20毫米无缝钢管，有效保证庭院燃气管道的供气安全性。在户内燃气计量表前设置电磁阀和可燃气体探测器，当泄漏气体浓度较低时达到报警浓度，可触发声光报警，由人工进行确认，并执行相关安全操作；当泄漏气体浓度上升达到混合气体爆炸浓度下限的40%，以另一频率进行声光报警，若延时固定时限后仍未进行相关操作，则由报警控制系统触发命令，切断电磁阀，以阻止爆炸混合气体继续聚集，确保居民安全。9月，第一批玉兰园、兆祺园、茗翠园、怡静园、百合园、天润园、鸿硕园7个园区供气系统陆续开工建设，2012年11月，陆续竣工并投入使用。

2012年9月，第二批芳沁园、紫荆园、承瑞园3个园区相继开工建设，12月陆续竣工，并投入使用。至年底，所有园区全部一次性通气点火成功，运行正常，正式投入使用。

八、小区数字化系统

酒泉生活基地整体搬迁后，经过近3年的整体运行，总体状况良好，基地基础服务设施得到进一步配套完善，功能得到发挥。

2011年，物业公司开始搭建生活基地数字化管理平台，完善智能化安防系统，健全多元化客服体系，提高生活基地安防保卫能力，推动物业管理服务水平提升。按照“借鉴长庆经验、满足基本功能、注重实用效果”的总体要求和遵照“统一规划、分步实施、有效利旧、改造升级、技术先进、成熟实用”的原则，先后编制完成《关于酒泉基地完善园区视频监控系统项目论证报告》和《关于酒泉基地数字化小区项目报告》，并得到了油田计划部门的批复。

2011年5月13日，玉门油田对物业公司《关于酒泉基地数字化小区项目的请示》进行批复，同意开展"一卡通"系统建设。项目分为三个阶段实施，即酒泉基地和玉门矿区“一卡通”建设、小区出入口门禁、车禁系统建设和小区数字监控系统建设。

2011年9月15日，酒泉基地和玉门矿区“一卡通”项目正式开工建设。12月，完成数据平台基础资料库的搜集、整理和建立。2012年6月，经过试用和调整完善，酒泉基地“一卡通”系统正式投用。10月，玉门矿区职工餐厅“一卡通”系统建设完成，并投用。11月，补充完成了非在线单位的“一卡通”系统。至此，玉门油田“一卡通”项目建设全部完成。

2012年7月15日，玉门油田对物业公司《关于方圆物业公司酒泉基地数字化社区建设方案的论证报告》进行批复。9月7日，酒泉基地门禁系统正式开工建设，主要建设内容为在各小区主出入口设置人禁、车禁、非机动车禁装置，在小区次入口设置人禁和非机动车禁装置，主要实现小区入口处的人车分离，保证出入口畅通、安全，限制小区外人员、车辆的自由出入。该项目2013年5月完成施工，6月开始试运行，12月完成调试整改，正式投用。

2013 年 6 月 3 日，玉门油田批复同意《酒泉基地数字视频监控系统工程方案》。9 月，酒泉基地小区数字化监控系统开工建设，主要建设内容分为三部分。第一部分为园区数字监控系统，包括百合园、紫荆园、玉兰园、茗翠园、芳沁园、怡静园、兆祺园、承瑞园、天润园、鸿硕园 10 个园区的出入口、主干道路、停车场，小区围墙设置监控探头，系统前端摄像机采用红外网络型高速球型摄像机，摄像机至汇聚点的信号传输采用网络传输，系统后端 10 个园区设置小区监控分中心，实现管理、控制、存储、监视功能，监控网络主要包括用于支撑监控网络运行的小区内网络光电缆敷设、网络设备安装、调试、试运行等工作。第二部分为天眼工程数字监控系统。主要是在与园区毗邻的东西向 4 条道路（敦煌路、飞天路、景观路、环城南路）及南北向 4 条道路（解放北路、肃州路、世纪大道、环城西路）边上设置监控探头；系统前端摄像机采用红外网络型高速球型摄像机，摄像机至汇聚点的信号传输采用网络传输，系统后端按照油田公安分局要求设置监控分中心，所有天眼监控信号接入公安分局监控分中心，实现集中存储，控制和管理功能，天眼网络主要包括小区间用于天眼工程互联的主干网络光缆敷设、网络设备安装、调试、试运行等工作内容。第三部分是设置各小区信息发布屏，小区主出入口设置 2.97 平方米显示屏，次出入口设置 1.15 平方米显示屏，用来实现油田重要通知、信息发布等。该项目主体工程于 2014 年 9 月完工，经过试运行及调试整改，12 月 25 日，正式运行。

第五章　工程管理

第一节　工程与质量管理

基地建设从一开始，指挥部就着手整章建制，依照国家、省市有关法规和集团公司、股份公司有关要求，依据基地建设实际，由基地建设指挥部各业务部门认真编写，指挥部认真研究、修改，制定规划设计管理类、工程项目管理类、招标投标类、监督监理类、工程造价管理类、物资管理类、财务管理类、综合管理类 8 大类 28 项涉及工程建设方方面面的规章制度，同时在 2003 年 12 月汇编完成《玉门油田酒泉基地建设指挥部制度汇编》一书。

为确保把酒泉基地建设成为精品工程、人本工程、阳光工程、效益工程和示范工程，酒泉基地建设指挥部按照集团公司、股份公司要求，严格各项工程管理，统筹安排，科学管理，规范运作，高效推进，确保按期、优质、安全、高效完成建设任务。

一、招投标管理

基地建设指挥部严格招投标制度，从源头上确保工程质量。从基地筹建开始，基地建设指挥部就按照国家招投标办法等有关规定，制定健全基地建设招投标管理办法等有关制度。在建设过程中，从规划设计、物资采购、工程施工，全部实行招投标，优选引进资信好、素质高、质量优、保障到位的单位、队伍和物资，从源头上制止和杜绝影响工程质量、安全、造价的问题。坚决做好标底编制保密工作，指挥部制定“发生泄密，就地除名”的严厉措施。在标底编制时，工作人员断绝与外界的一切往来，实行全封闭作业，上缴个人通信工具，邀请油田纪委监督。在招投标过程中，指挥部成立由管理局、油田分公司、甘肃省建设厅和酒泉市建设局负责人组成的工程招标领导小组和招标办公室，领导和实施工程招标的具体工作。建立三个工作机构：招标领导小组领导下的工程招标管理办公室；依法组建的评标委员会；由管理局纪委、油田分公司纪委、酒泉基地建设指挥部纪委和法律事务部门负责人组成的招投标监审小组。三个机构相对独立，相互制约，互相监督，各司其职，保证了招投标工作的公开、公平和公正。同时，针对每次开标，甘肃省工程建设招标投标管理办公室、甘肃省监察厅、甘肃省工程建设交易中心三个部门都坚持派员来油田，组织和监管工程开标、评标和定标活动。

二、合同管理

基地建设指挥部制定严格的合同管理体系，以合同为主线实行全过程合同管理。通过设置合同管理部门、合同管理岗位，配备专职合同管理人员、制定合同专用章使用制度、统一使用合同示范文本等，有效规范、统一各部门合同签约中的法律行为。基地建设的经济关系全部签订经济合同，从严、从细规定了履约内容，规范了经济行为。

三、物资采购、供应和管理

基地建设指挥部与管理局物资供应处签订合同，在指挥部的监督下，由物资供应处代表指挥部对酒泉基地建设所需建设物资进行招标采购，并负责建设物资的采购、催交运、接货、验收、入库、保管、发放工作。指挥部设立物管部门，负责物资计划、信息的收集、招标材料的质量验收。在物资采购的过程中，坚持先考察调研，核实生产厂家资信，再通过招标，比质比价，采用循环降价等方法，优选质优价廉的物资。招投标评委由管理局和油田分公司专家、工会及技术监督部门相关人员组成，管理局纪委、油田分公司纪委、指挥部纪委、法律人员共同参与招评标，全过程监督，做到公平、公正、公开，“阳光”采购，通过严格的物资采购程序，有效控制了建设物资的质量。对到货的物资加强质量检验工作，及时对到货物资抽样，送交酒泉、兰州、北京、上海等地进行商检。同时做好各项售后服务，编写有关产品保养、使用、安全维护手册。

四、工程质量管理

根据酒泉生活基地建设实际，基地建设指挥部成立生产指挥中心、系统工程、中小学、住宅工程等 8 个项目部，选聘懂业务、会管理的专业人员担任各项目部经理，指挥部与各项目经理通过签订目标责任书，明确工程工期、质量、安全等管理目标。各项目部制定周密的施工网络计划，协调各方面关系，严格执行管理规定，落实工作部署。每天召开生产碰头会，每周召开生产调度会和项目经理、监理单位例会，及时解决工程建设中存在的问题。通过管理体系和各项制度的建立，确保各建设项目质量、进度、安全、投资得到有效保障。

五、现场管理

酒泉基地建设指挥部加大现场监督力度，专职质检人员和管理人员坚守施工现场，按规范标准监督管理，严把“三关”，确保工程优质安全。

（1）严把材料进场检验关。确保进场材料、半成品、构配件质量，在严格控制甲方所供材料质量的同时，重点抓好乙方自采材料的把关验收，不合格材料绝不容许进入施工现场。

（2）严把工程质量关。对于质量监督计划中设为停监点和必监点的部位，严格按“两标”“两个不准”“四个重点”和“四个加大”的要求进行监督。

（3）严把施工资料收集关。对施工资料随时收集，随时整理，及时检查其完整性、真实性和有效性，各种资料做到了规格化、系统化、表格化。

六、施工企业管理

基地建设指挥部始终坚持对施工企业严格管理。通过坚持开展每月一次工程建设大检查，加大对施工企业的考核管理力度。通过定期召开甲方会议，对各个施工标段现场管理、施工进度、工程质量、工程资料情况进行评比打分，现场公布，在312国道边设置工程质量进度评比台，采用一类单位升旗，三类单位降旗的方式，形成施工单位相互之间比工程进度、比质量、安全、文明施工的竞赛场面。施工黄金季节开展劳动竞赛和“信得过施工企业”评比活动。对管理不善、施工进度缓慢的施工企业采取召开专题会、现场会、发书面通报、经济处罚等措施进行整顿，对工作出色单位邀请下一轮招标并奖励分值等办法，彰扬先进，鞭策后进，促进了施工管理工作上水平。

七、监理管理

基地建设指挥部择优选用玉门油田分公司监理公司、玉门石油管理局玉石监理公司、吐哈油田诚信监理公司和酒泉顺帆监理公司等具有资质的正规监理公司，同时下发《玉门油田酒泉基地建设指挥部工程建设监理实施细则》，要求监理单位组建现场监理机构，派驻具有国家注册证书的人员担任总监理工程师，同时配备专业齐全的专业监理工程师和监理员，以满足工程建设监理需要。同时要求监理公司结合工程实际情况编制监理规划，明确工作目标，确定具体的监理工作制度、内容、程序、方法和措施，监理规划必须经监理单位和建设单位审批。对于采用新材料、新工艺、新技术、新设备的工程，以及专业性较强、危险性较大的分部分项工程，要结合工程特点，编制有针对性和可操作性的监理实施细则。在实施过程中，监理公司采用旁站监理、平行监理、巡回检查等多种方式对工程质量进行事前、事中和事后控制。指挥部还制定相关奖惩办法，加强对监理人员的管理，对于未按照有关规定实施监理或有其他不良行为的，责令其改正，并按管理程序给予相关处分，情节严重的人员和单位，按规定从酒泉基地工程建设中予以清除。通过完善的制度和严格管理，规范监理过程，约束监理人员行为，保证工程质量。

八、工程质量监督管理

酒泉基地建设指挥部组成以主管副总指挥为领导、由工程管理办公室和工程监督办公室监督的工程质量管理与监督体系。建立由施工企业自控、业主管理、监理公司监理、工程质量监督、职工代表巡视的“五位一体”的控制和监管体制，并下发《玉门油田酒泉基地建设指挥部工程质量监督实施细则》。根据甘肃省工程质量监督站授权，玉门油田工程质量监督站和酒泉市工程质量监督站共同组成基地工程质量监督组。监督组按照编制的工程质量监督计划以及设置的停监点和必监点，进行到位监督和检查。主要监督检查工程建设各方责任主体的质量行为和工程实体质量。通过巡检与抽检相结合、实测实量与审阅资料相结合、施工企业自查与检查组检查相结合的方式，对地基基础、重点部位、关键工序、隐蔽工程和主体工程等重点内容进行监督检查，确保施工质量合格。

九、工程竣工验收管理

下发《玉门油田酒泉基地建设指挥部关于进行建设工程竣工验收的通知》，规定竣工验收应该具备的7项条件，成立工程竣工验收委员会和工程竣工验收工作小组，明确了各自的工作职责。工程验收由指挥部组织，工程监督办公室、甘肃省工程质量石油化工玉门监督站和酒泉市建筑工程质量监督站具体负责实施。成立由建设、勘察、设计、监理、施工、房产等部门和职工代表参加的验收工作组。验收分为两个阶段进行，第一阶段为初验阶段，单位工程完成后，符合验收条件，施工单位即可申请工程初验，初验工作由监理公司或建设单位项目经理负责实施，工程监督办负责监督验收，按质量验收表内容逐户、逐项验收；第二阶段为复验阶段，工程初验合格后将建筑及安装质量验收表及附件签字盖章，由指挥部验收工作组进行复验，复验采取随机抽取单元号、楼层和户号验收，按照验收内容表逐项检查。复验合格后，施工单位向用户单位移交工程，向建设单位移交工程竣工资料，合格后可投入使用。验收不合格的，验收组书面通知施工单位整改，整改合格后，再进行复查。验收组分为观感验收组、实测实量验收组和资料验收组，通过采用听汇报、看实物、查资料、现场实测实量等方法，对建设实体进行验收。同时，指挥部还对具备验收条件的各项工程，制定详细的验收时间表，保证验收质量和验收工作的有序开展。

第二节　造价控制

2003 年起，为把建设投资使用好、控制好，基地建设指挥部前期组织人员对酒泉及周边城市商品房、经济适用房工程造价进行调查、分析对比，分析查找当地房价与基地住宅房价的差距，按照集团公司对基地的立项批复和初步设计批复，结合房改政策，反复进行房价测算，研究制定控制造价的对策，对房价的构成做到心中有数：

（1）从设计源头控制投资，在保证设计合理的前提下，通过优化调整，降低工程造价。按照原规划方案，基地设有 8 个换热站，经过优化调整，在不影响供热效率的情况下，将 8 个换热站整合为 2 个，有效压缩了投资；在供热管网敷设中，经过土质分析，将原有管沟敷设改为直埋敷设，节约资金近千万元。

（2）在投资管理上，严格执行“三算三审四控制”制度、资金集中管理和审批制度，杜绝投资审查和资金审批上的漏洞，降低工程造价，减少非建设费用支出。在指挥部本部的管理费用控制上，从细微处入手，节约费用。严格控制指挥部管理人员，建立高效精干的建设队伍，指挥部职工工资和补贴政策执行管理局和油田分公司的最低标准，就低不就高。指挥部办公因陋就简，办公设备从油田调剂使用，严格控制新购设备。

（3）注重从工程预算、计划造价的编制上控制投资，认真细致进行标底编制工作。

（4）加大现场管理和“三算”审查的力度，从严控制预算，从严办理施工现场经济签证，严把结算审查关，做到该审查的必须严格审查，不该付的坚决不付。

第六章　基地搬迁

第一节　搬迁方案

2001年9月，展开职工住房普查和建档工作，对玉门油田所属单位职工、离退休人员、有偿解除劳动合同人员的住房情况、住房产权状况、已缴房款情况、使用状况、房屋基本状况进行普查，并填写《职工住房状况调查表》，在完成普查的基础上建立职工住房档案。

2001年9月，成立住房分配货币化领导小组，下设领导小组办公室，具体业务归口管理局物业管理处，主要负责编制和修订油田关于深化住房制度改革，实行住房分配货币化的实施方案。组织编写《关于住房分配货币化实施方案》。在方案制定过程中，多次召开房改领导小组及房改工作人员会议，认真分析油田的现状和存在的问题及困难，多次与集团公司房改办联系征求意见并广泛听取各方面的意见和建议，经过多次修改，分别提交房改领导小组、职代会团组长会和管理局、油田分公司党政工联席会议讨论通过。2002年11月，玉门油田正式将修改完成的《关于住房分配货币化实施方案》和《玉门矿区职工住宅搬迁补偿办法》向集团公司提交。12月，集团公司住房制度改革办公室对提交的货币化实施方案和搬迁补偿办法进行批复，同意玉门油田住房分配货币化实施方案及职工住宅搬迁补偿办法。

2004年8月，管理局、油田分公司召开领导联席会议，就酒泉基地住房价格、住房补贴、房改方案、物业管理等问题进行专题研究。

2005年，按照集团公司批复的货币化实施方案和搬迁补偿办法，制定完成《玉门油田住房分配货币化实施办法》《玉门油田住房搬迁补偿实施办法》《玉门油田酒泉基地首批住房出售管理办法》等办法，经油田房改领导小组认真讨论，油田职代会团组长（扩大）会议审议通过。8月24日，玉门油田正式将《玉门油田住房分配货币化实施办法》《玉门油田住房搬迁补偿实施办法》《玉门油田酒泉基地首批住房出售管理办法》向集团公司进行报批。10月10日，集团公司住房制度改革办公室批复同意。

2006年5月，集团公司批复同意的《玉门油田住房分配货币化实施办法》《玉门油田住房搬迁补偿实施办法》《玉门油田酒泉基地首批住房出售管理办法》和《玉门油田酒泉基地首批住房分配计分办法》以文件形式正式下发执行。

第二节　搬迁组织

2004年5月，管理局、油田分公司联合召开基地建设领导小组会议，研究基地住宅搬迁问题，按照基地建设计划和建设进度，确定从2005年5月开始组织搬迁。

2005年8月，召开酒泉基地搬迁准备工作会议，就酒泉基地搬迁过程中的组织、协调、搬家用具配备、车辆运输、装卸车、安全保障、搬迁保险及基地小区的水表、电表抄表结算与通信业务的迁移开通等有关事宜进行专题研究。并成立酒泉基地搬迁运行领导小组，全面负责基地搬迁过程中的运行管理工作。搬迁运行领导小组下设搬迁运行协调办公室，办公地点设在生产运行处，负责搬迁工作的组织协调、运行监督等具体事宜。搬迁运行协调办公室下设6个协调小组：综合协调组，主要负责按顺序排出每天的搬迁户数并及时通知搬迁户，受理职工群众的投诉，解决群众反映的问题，协调处理运输、装卸队伍在搬迁工作中的相互关系，会同有关单位签订搬迁货运合同、客运合同、装车合同、卸车合同；车辆运输协调组，主要负责协调搬迁过程中车辆的安排及运输过程存在的问题；搬迁装卸服务组，主要负责装卸过程中组织、协调、监督工作；后勤服务组，主要负责搬家过程中的物品配发和服务保障工作，联系回收配发物品；安全保卫组，主要负责搬迁运输过程的安全监督，联系协调安全保卫工作；财务核算组，主要负责发生费用的审核结算及保险等有关业务。

9月4日，玉门油田以书面形式向酒泉市政府和嘉峪关市政府提出申请，请酒泉市和嘉峪关市政府协调沿线交管、运管、路政等管理部门为搬迁车辆创造条件，提供便利，使搬迁工作能够顺利进行。

9 月 5 日，成立住房分配办公室，全面负责酒泉基地住房分配工作，办公地点设在房产管理中心，住房分配办公室下设综合组和咨询组两个业务工作组。

9 月 15 日，离退休、遗孀按照打分排序开始进行选房，拉开了酒泉基地搬迁的序幕，选房按照打分排名的顺序进行，遗孀、离退休职工按照打分排名优先选房。

9 月 28 日，象征着玉门油田建矿 66 周年的首批 66 户搬迁户搬迁至酒泉基地。上午 9 时 30 分，玉门油田在机关院内隆重举行酒泉基地首批搬迁住户欢送仪式。中午 12 时 40 分，酒泉市委、市政府和油田相关人员在酒泉基地玉兰园小区门口举行隆重的首批搬迁户入住欢迎仪式，酒泉市委、市政府领导出席仪式并讲话。

随着酒泉基地住宅小区的陆续投用及职工选房情况，分四批组织搬迁。在 2006 年底，组织完成第一批 6 个园区搬迁任务；2007 年底，组织完成第二批百合园搬迁任务；2008 年底，组织完成第三批承瑞园搬迁任务；2009 年底，组织完成第四批天润园、鸿硕园搬迁任务。截至 2009 年底油田总共搬迁至酒泉用户达到 1.5 万户，顺利完成搬迁任务。酒泉基地生活小区基本情况见表 10–6–1。

表 10–6–1　酒泉基地生活小区基本情况表

园区名称	计算单位	玉兰园	茗翠园	紫荆园	芳沁园	兆祺园	怡静园	百合园	承瑞园	鸿硕园	天润园	欣露园	合计
居民户数	户	732	414	1584	1272	1020	2400	2928	1272	1464	1848	1080	16014
其中：系统外居民户数	户	100	31	200	159	112	296	360	87	26	27	—	1398
小区占地面积	平方米	73700	71200	207100	132000	131400	179870	264600	107600	230400	207800	97800	1703470
住宅栋数	栋	14	24	40	32	20	50	75	30	29	42	17	373
多层住宅栋数	栋	14	24	40	32	20	50	75	30	29	42	—	356
高层住宅栋数	栋	—	—	—	—	—	—	—	—	—	—	17	17
住宅套数	套	732	414	1584	1272	1020	2400	2928	1272	1464	1848	1690	16624
多层住宅套数	套	732	414	1584	1272	1020	2400	2928	1272	1464	1848	–	14934
高层住宅套数	套	—	—	—	—	—	—	—	—	—	—	1690	1690
住宅建筑面积	平方米	78000	54800	164900	141000	113220	198400	310800	125700	169200	197300	171686	1725006
多层住宅建筑面积	平方米	78000	54800	164900	141000	113220	198400	310800	125700	169200	197300	—	1553320
高层住宅建筑面积	平方米	—	—	—	—	—	—	—	—	—	—	171686	171686
住宅户型	套	732	414	1584	1272	1020	2400	2928	1272	1464	1848	1690	16624
70 ~ 90 平方米户型	套	—	—	—	—	—	780	552	360	—	240	—	1932
90 平方米以上户型	套	732	414	1584	1272	1020	1620	2376	912	1464	1608	1690	14692
公共设施建筑面积	平方米	8455	3310	29835	3390	690	672	1104	486	5796	3218	28506	85462
物业管理用房面积	平方米	50	15	429	311	490	672	414	486	96	118	1152	4233
商业用房面积	平方米	7805	3295	29306	1547	—	—	690	—	5400	3100	918	52061
文体活动室面积	平方米	600	–	100	1132	200	—	—	—	300	—	5700	8032
停车库面积	平方米	—	—	—	—	—	—	—	—	—	—	20736	20736
其他公共设施面积	平方米	—	—	—	399.6	—	—	—	—	—	—	—	399.6
绿地面积	平方米	44015	38105	81380	63610	79598	101539	138515	64272	84993	82407	32767	811201
道路面积	平方米	16685	23095	98120	44890	32902	38931	74085	21828	118407	92493	14672	576108
停车位	辆	74	174	189	214	173	142	736	173	623	746	726	3970

第十一篇

企业管理

玉门油田在长期的生产建设实践中，形成了一套行之有效的企业管理机制，至1986年，在管理机关先后设立局办公室、计划处、财务处、劳动人事处、职工培训处、企业管理处、生产调度处、安全环保处、机动处、基本建设处、审计处等部门，履行油田行政事务、生产运行、规划计划、财务资产、劳动人事、职工培训、安全环保、岗位建设、法律事务、设备、基建工程以及内部审计等综合协调以及管理职能。1987年后，随着社会主义市场经济的发展和内部改革的深化，玉门油田开始由单纯的生产型向生产经营型转变，向管理要效益的思想日渐强烈并逐渐固化。为了适应企业内外部环境的巨大变化，玉门油田以构建现代企业制度为目标，从加强企业管理制度和体系建设入手，大力推广先进的企业管理理念和方式方法，使企业管理体制更加符合现代企业管理要求，更加符合油田持续稳健发展需求。至2017年，机关设置公司（党委）办公室、规划计划处、财务处、人事处、企管法规处、生产运行处、质量安全环保处、设备管理处、基建工程处、审计处等部门，具体负责油田行政事务、规划计划、财务资产、人力资源、生产运行、“三基”工作、法律事务、内部市场、质量安全环保、设备、基建工程以及内部审计等企业管理工作。

第一章　行政管理

第一节　机构

1987 年，管理局办公室设秘书科、文书科、档案科、行政科。

1988 年 9 月，成立档案馆，编制定员 12 人，行政上隶属局办公室，与档案科一套机构、两块牌子。

1990 年 11 月，在管理局办公室成立小车队，总定员 108 人。

1991 年 5 月，在管理局办公室档案科增设史志岗位，定员 4 人。

1993 年 3 月，管理局办公室设秘书科、调研科、文书科、档案科（档案馆），总定员 41 人，另外设立局外事办公室（科级），挂靠管理局办公室，定员 4 人。

1996 年 12 月，对机关机构进行调整，管理局办公室设秘书科、文书科（信访室）、档案科（档案馆）、外事科，总定员 30 人。

1999 年 7 月，玉门油田重组改制，油田分公司设立经理办公室（党委办公室），试运行。10 月，管理局将局办公室业务与党委办公室、企业管理处、法律事务处业务合并，成立局办公室（党委办公室、企业管理处、法律事务处），下设秘书科、机要文书科、企业管理科（市场管理科）、法律事务室 4 个职能科室，附挂局玉关律师事务所，共有职工 20 人。

2000 年 1 月，油田分公司将经理办公室（党委办公室）机构调整为总经理办公室（党委办公室、宣传部、统战部），下设文秘科、群工科（工会、团委办公室）、宣传科（统战科）3 个职能科室，共有职工 16 人，附挂档案馆（职工 8 人）。同月，管理局将局办公室、党委办公室业务和企业管理处、法律事务处业务分离，成立局办公室（党委办公室），下设秘书科、机要文书科 2 个职能科室，共有职工 9 人。

2002 年 1 月，管理局对局办公室（党委办公室）机构进行调整，设秘书科、机要文书科（信访办）、接待科 3 个职能科室。

2003 年 9 月，油田分公司对总经理办公室（党委办公室、宣传部、统战部）机构进行调整，设秘书科、宣传科（企业文化科）、接待科 3 个职能科室，附挂档案馆、机关事务科，共有职工 18 人。

2005 年 7 月，油田重组整合，油田分公司总经理办公室（党委办公室）和管理局办公室（党委办公室）的行政职能、接待业务和人员合并成立公司（局）总经理（局长）办公室，设秘书科、文书科、接待科，附挂档案馆。主要负责公司（局）重点工作的综合协调和督查落实，综合性文件的起草工作，大型综合性会议、活动的协调组织；负责公文管理、信访工作、接待工作、档案管理工作。

2010 年 11 月，总经理（局长）办公室与党委办公室合并，成立公司（党委）办公室，设秘书科、文书科、信访（维护稳定）办公室、接待科 4 个职能科室，附挂档案馆。主要负责公司（党委）重点工作的综合协调和督查落实，大型综合性会议、活动的协调组织，综合性文件、材料、领导讲话的起草，上级来文管理、公文制发及机要保密工作，对外联络、接待管理，档案管理，信访（维护稳定）工作。

2011 年 6 月，为加强保密和网络舆情管理，在公司（党委）办公室设立机要保密科，定员 4 人。

2012 年 11 月，成立史志编纂办公室，为公司机关附属机构，挂靠公司（党委）办公室，与档案馆为一套机构、两块牌子。主要负责编制档案编研规划和计划；负责油田志、年鉴、大事记及重大编研项目的编纂，为上级提供年鉴档案编研资料；负责档案编研成果、信息的交流，编纂出版准备工作。

至 2017 年 12 月，公司（党委）办公室设秘书科、文书科、接待科、信访（维护稳定）办公室、机要保密科 5 个职能科室，附挂档案馆（史志办），共有员工 25 人。

第二节　文秘工作

办公室秘书岗位主要承担办文、办事、办会三大职能，具体负责撰写油田行政年度工作报告、工作汇报、领导讲话等重要材料；负责油田重要决策事项的办理和督办；适时组织开展工作调研，掌握有关情况，为文稿撰写、领导决策提供参考；负责油田各类文件的核稿、综合性文件的起草工作；负责油田重要会议的组织、会务、记录及《会议纪要》的整理，协助做好油田各类大型活动的筹备工作；负责重要信息的收集整理并向集团公司报送，按要求向集团公司报告油田年度履行社会责任情况的报告。

文书岗位承担油田公文阅办、催办、印信管理、公文处理、公文制发等日常管理工作；负责涉密文件、资料的传输和管理；按照印章管理规定规范用印和出具证明、便函；做好内部文印、报纸杂志和邮件的保管分送等工作。

1987 年以来，办公室文秘人员作为领导干部身边工作人员，通过参与政务、搞好服务，为协助油田领导干部完成日常工作做出了应有的贡献。

一、调查研究

文秘工作将调查研究作为了解情况、改进作风、推动工作上水平的重要抓手，结合上级精神和有关要求，赴基层单位、有关部门开展各类调研工作，在此基础上形成有价值的调研意见，为领导层决策、细化工作部署提供参考。1987 年以来，重点开展了以下调研：

（1）突出企业主副业分开运行、重组整合、谋划五年规划、党代会等关键、特殊时期的发展战略调研，摸清了现状、分析了形势、明确了思路，在完善形成油田不同时期发展战略上发挥了应有的作用。

（2）开展好陪同油田领导现场办公的专项调研，及时掌握基层情况、存在的问题，根据领导对有关问题的意见进行梳理汇总，并协调督促有关部门抓好落实。同时在调查的基础上，对问题进行分析研究，透过现象看本质，提出切实可行的解决办法，为制定有关工作部署、细化工作措施提供了重要依据。

（3）实施开展勘探增储、开发稳产上产、炼化减亏增效、工程技术增强保障等领导关心、群众关切、事关改革发展的专项调研，形成了一批有价值的调研意见建议，并被油田有关工作安排部署采纳吸收，促进了工作水平的提升。

二、文稿撰写

1987 年以来，文秘工作者按照出思想、出思路、出精品的要求，结合上级精神、油田实际和管理层意图，完成了各类报告、讲话、汇报等材料的撰写工作。

（1）在广泛深入了解情况、研判形势、梳理思路、征求意见的基础上，撰写每年一度的玉门油田“两会”（职代会和党委扩大会）工作报告，充分体现了油田发展战略、明确了年度任务目标和重点部署，是指导油田各单位、各部门推动各项工作的基本遵循。

（2）完成向省委省政府、集团公司及上级有关部门来油田的检查组和调研组的汇报材料，介绍油田工作情况和打算，客观反映油田存在的问题，为老油田发展赢得各方理解、关注、支持创造条件。

（3）牵头组织有关部门完成了综合性文件、企业履行社会责任报告、大型活动等综合性文稿的起草，确保了有关工作的顺利运行。

（4）完成其他文稿的撰写，充分体现公司决策意图和管理层意图，为统一思想、明确目标、抓好工作落实等发挥了应有的作用。

（5）抓好信息报送和编撰工作，在不同时期先后编撰刊发《情况反映》《党的工作》《油田动态》等内部刊物，为上情下达、下情上传发挥了桥梁纽带作用；同时，将油田重点工作情况及时上报至集团公司办公厅总值班室和集团公司网站信息报送平台，使集团公司领导和总部各专业部门能够及时掌握油田工作情况。

三、督查督办

1987 年以来，玉门油田文秘工作紧密围绕油田重点工作，把督查督办工作作为促进工作落实、提高工作效率、保证政令畅通、增强执行力的重要手段，健全完善全程跟踪、督办联动、评估反馈、通报等工作机制，创新督办工作思路，推动了各项工作的落实。

（1）抓玉门油田年度重点工作的落实。通过将油田“两会”确定的目标任务、重点部署，制定下发《重点工作分解表》等形式，明确各项工作任务的责任领导、责任部门（单位），抓责任落实，并定期不定期对落实情况进行汇总通报，推动了油田各项决策部署的落实。

（2）抓集团公司、股份公司、地方政府来文以及各类传真件的办理，严格时限，规范流程，确保事事有着落，件件有回音。

（3）抓领导现场办公、会议研究确定、日常安排的事项专项督办，推动了重点、热点、难点工作的推进落实。

（4）抓油田其他重点事项的督办，发挥联系上下、沟通左右、协调内外的中枢职能，确保了一些阶段性、突发性、临时性工作的落实。

四、会务组织

加强会务管理，精细做好玉门油田层面各类会议的会务组织工作，将会议时间、地点、内容、着装等要求准确通知参会人员，收集会议议题并拟定会议议程，确保了各项会议的顺利进行，同时列席油田党委会、总经理办公会，做好会议记录，整理会议纪要，准确记载和反映会议议定和决策事项，不仅为推动工作落实提供了依据，也留存了宝贵的历史资料。

（1）与相关部门紧密配合，确保了玉门油田干部大会、勘探开发年会、炼化年会、各类主题活动动员会等大型会务的组织工作。

（2）严细认真，确保了玉门油田总经理办公会、党委会等决策会议的顺利召开。

（3）做好集团公司视频会、与地方政府座谈会等会议的筹备召开。

五、公文管理

作为公文的归口管理部门，办公室文秘岗位按照严谨认真、规范高效的原则，开展了大量公文的审核、处理工作，确保了油田公文行文质量和公文办理效率。1987—2010 年，重点开展了以下工作：

（1）抓好公文管理工作。按照《集团公司公文处理办法》的规定，认真做好来文的接收、传阅和督办工作，确保文件及时接收、及时传阅、及时办结，做到责任落实，处理及时、传阅受控。坚持对紧急公文跟踪督办，重要公文重点督办，一般公文定期督办的原则，对纸质公文要在批办过程中严格履行登记、签收手续，特别是对涉及有时限要求的公文要做好记录并及时催办，确保及时办理，不论是节假日还是晚上，及时请示领导并与关处室沟通，做到件件有回音，事事有着落。

（2）抓好公文制发工作。严格按照《党政机关公文格式》国家标准执行，对以油田名义发文的文种、格式、发放范围进行把关，对存在的问题提出修改意见，并且把好文件出口，不拖延时间，确保公文高速运行，提高了办理质量和效率，并且对基层上报油田不符合要求的公文及时退回，提高了公文质量。

（3）抓好办公专网管理工作。根据集团公司《关于进一步加强和改进计算机及移动存储介质保密管理工作的通知》要求，严格按照电子文件的管理办法和保密规定做好密级文件的管理和收发等工作，确保商业秘密和工作秘密的安全。

（4）抓好文件的归档工作。依据《集团公司档案管理实施细则》和《归档电子文件格式规范》的相关规定，按照存储格式、保管期限、密级和保密期限的划分，确认归档范围，认真填写档案目录，对文件进行归档，留存了档案资料。

2011 年起，玉门油田实现无纸化 OA 电子公文办公后，承担油田电子文件系统和集团公司办公专网的日常管理和维护工作，完成集团公司办公专网未涉密文件与油田电子公文系统对接、电子公文系统与档案 E6 系统的对接工作，实现了电子文件在办结后顺利自动归档。

2012 年，针对玉门油田二级单位和机关机构设置变动，对电子公文系统功能及时进行增加和调整，全年制作电子公章 11 枚，电子签名 913 枚，新增收发文流程 26 个，新增、调整系统用户 300 多人次。

2013 年，按照国家公文标准规定，对 46 家基层单位（部门）的发文流程，共计 378 条，包括发文模板、主题词、版记、公章日期、公章落款、版头密级标注等进行全面更新，使系统完全符合新国标及集团公司公文管理的要求；当年还对 5 家驻外单位的发文流程、发文模板进行规范，并重新制作电子印章。为新增发文单位及时开通公文系统，全年累计更新、新增电子印章 16 枚，新制作开通电子签名 6 人次。

2014 年，对 80 名用户重新进行授权或权限调整。

2015 年，按照集团公司统一部署，圆满完成了办公专网换装升级工作。

2016 年，在办公专网应用系统新增加值班管理模块和信息管理模块，对终端办公环境、终端安全及涉密存储介质、信息导入导出、电磁泄漏发射防护进行检查。

2017 年，接收上级文件 4000 余份、地方政府部门文件 1600 余份，督办时效性强的文件 180 份；严把文件出口关，不拖延时间，确保公文高速运行，提高了公文的办理质量和效率，全年共制发文547份，印制会议材料8万多页；坚持专人专机负责管理，每周定期对办公专网网络密码机进行检查，每月末向集团公司保密办上报保密设备检查情况，每年配合集团公司进行办公专网网络密码机更新或升级换钥工作，全年通过专网报送上行公文99份、专网邮箱发件89份、收件86份。

第三节　档案管理

一、制度建设

1987年，档案馆（室）始终把贯彻执行国家标准作为指导档案工作的依据，在全局持续推行《文书档案案卷皮格式》《科学技术档案案卷构成一般标准》《照片档案管理规范》《档案著录规则》等国家标准，严格按照档案标准体系管理档案。

1988年，修订完善《文书档案管理细则》，制定《会计档案管理制度》《审计档案管理办法》《档案分类大纲》《科技档案归档范围、保管期限、密级划分表》等制度，规范了档案收集整理工作。

1991—1993年，以加强档案馆标准化建设为重点，组织完成《企业档案工作标准》的编写工作，针对档案工作七道程序（收集、整理、保管与保护、鉴定与销毁、统计、利用、编纂与编研）制定详尽标准，在全油田档案系统推行。编制《科技档案分类大纲》，对油田地质勘探档案进行重新分类编号编目。重修修订《档案管理细则》以及各类档案的管理办法、条例、规定等共12种，修订规章制度18项，对油田档案按照统一的编号体系和分类方法进行整理，为实现档案管理标准化创造了条件。

1997年，先后制定《玉门石油管理局档案分类实施细则》《油田开发科技档案汇交办法》《勘探档案汇交管理办法》，进一步完善并规范了档案管理制度。

2001年9月，油田分公司制定《档案工作实施细则》，对档案工作机构与职责、文件材料的积累整理与归档、档案管理、档案信息开发利用、奖励与惩罚等做出明确规定。

2011年，制定《玉门油田分公司档案管理制度》，对库房管理以及档案的归档、接收、保管、借阅、鉴定与销毁、统计、保密等进行了详细的规定。

2012年，制定《档案工作评价办法》，在油田启动档案评价工作。按照评价办法要求，档案工作评价内容包括组织管理、设施设备、基础业务建设、信息化建设、年度重点工作等五个部分；评价标准分为A、B、C三个等级：90分（含）～100分为A级，80分（含）～90分为B级，80分以下为C级。

2014年初，档案馆就建设项目档案管理制定4项条款，并作为建设项目合同的刚性条款，将建设项目档案管理纳入合同管理，从源头上规范了建设项目档案的管理工作。

2017年，为了加强地质资料委托保管工作，制定《玉门油田地质资料管理规定（试行）》。

二、基础建设

1987年，档案室总面积为2862.4平方米。当时，由于基础建设投入不足，档案馆藏场所条件简陋，局档案室库房紧张，部分档案散存在旧机关大楼（灰楼）。基层许多档案室的办公室与库房交叉使用，档案管理设施较为落后。

1988年，局档案馆成立，开始逐步加大档案基础设施建设力度。

1990年，拨款15万元为档案馆添置了微机、终端机、复印机等设施并改善保管条件；拨款7000元，为石油工人报解决了整理历史照片档案的经费问题。

1991年，为档案馆购置40套五节柜和五组密集柜、1台复印机。各基层档案室也相继配备了档案工作必需的各种设施和设备。

1993年5月，局机关新办公大楼投运后，将科技楼改为档案馆库房，所有档案搬进大楼内存放。档案库房面积达5018.4平方米，比1992年增加1000多平方米。油田档案馆及基层9个单位的档案室配备计算机11台，另有终端机3台、复印机15台、缩微摄影机1台，档案管理现代化水平明显增强。录井处、生活公司、公安处等二级单位档案室也陆续搬进了新建成的办公大楼，改善了保管条件，增加了安全系数。

1997年，档案馆购置20列档案密集架，配置586计算机1台，更新了所有灭火器，安装了防护栏杆，档案设施得到进一步改善。

2009 年，酒泉基地新建档案科技楼投运，档案馆从玉门矿区搬迁至酒泉生活基地。档案科技楼 1 ～ 6 层为档案馆档案库房，有档案库房 45 间；7 层为办公区，设有办公室、借阅室、整理室、档案目录室、档案培训室等，总建筑面积 6536 平方米。为保障档案安全，楼内安装有自动报警感应灭火系统，库区外围、走廊和部分库房内安装监控系统，档案库房、阅览室、办公室实行“三分开”，同时配备了计算机等现代化办公设备，档案库存条件、办公设施、借阅环境得到彻底改善。

2013 年，新建容量 6 万米的全自动岩心库，年底投入使用。

2017 年，在档案馆 1 ～ 6 楼和档案借阅室安装视频监控设备一套，档案库存和借阅安全进一步得到保证。

三、业务建设

1. 收集保管

1987 年后，档案馆每年以件为单位接收、移交各类档案，根据馆藏档案存在的问题，有针对性地进行整理鉴定，使馆藏档案规范化、标准化程度逐步提高。

1988—1990 年，持续开展档案管理晋等升级达标活动，至 1990 年底，有 25 个基层单位档案室升级达标，其中国家二级 18 个、省一级 7 个，全局升级面达 92.6%，国家二级档案管理单位占全局档案室总数的 66.7%，占主要生产单位总数的 94%，在升级面和国家二级单位所占比例上，居全省企业之首。档案馆完成“微机档案管理系统”的软件编制、修改完善工作，并进行试运行，通过初步鉴定，开始建立档案系统计算机联网检索和公用数据库，档案馆和部分基层单位档案室开始有关资料数据和档案目录的输入，共接收文书档案 788 卷、科技档案 1441 卷、底图 2356 张；油田档案馆馆藏各类档案 7.08 万卷，总长度 1990 米。其中文书档案 3.46 万卷、会计档案 3600 卷、科技档案 3.26 万卷、底图 13 万张。

1991—1993 年，推行档案馆标准化建设。档案馆通过编写《企业档案工作标准》，在全油田档案系统大力推行档案工作收集、整理、保管与保护、鉴定与销毁、统计、利用、编纂与编研七道程序。通过编制《科技档案分类大纲》，对地质勘探档案进行重新分类编号编目；对勘探、基建档案分类不尽合理、代字代码不规范的部分进行了较为科学的组配，改换为标准装具，并对整改好的档案入密集架，做到“账、物、卡”三对口。按照国家标准，自行设计制作了照片档案的全套装具。对房产档案进行了系统整理归档。推行文书档案装具及格式，对文书档案按照标准有计划、有步骤地进行系统整理，对历年编号不统一的部分进行系统编号和重新编目。将文书档案“永久”和“长期”两种档案进行分柜管理，调整了财务档案库房，并针对原老君庙、鸭儿峡、石油沟、白杨河 4 个油矿综合类档案一套与二套混装、未进行系统整理且无卷内目录等问题，逐卷、逐盒、逐柜进行了整理、编录、入柜。对馆藏的 9124 卷民国时期的档案进行逐卷调查，填写了著录卡片，并上报甘肃省档案局，为建立全省目录中心提供了资料。重修修订《档案管理细则》以及各类档案的管理办法、条例、规定等共 12 种，修订规章制度 18 项，对油田档案按照统一的编号体系和分类方法进行整理，有效提升了油田档案管理标准化水平。期间，档案馆进一步扩大收集范围，增加档案门类。除抓好全局文书、会计、勘探开发、基建等门类的正常归档外，重点抓了科技、房地产、音像、实物档案的收集、整理工作。档案人员深入基层收集照片、荣誉、实物等，丰富了馆藏内容。每年根据鉴定计划，组织人员对上级来文、本局档案依照保管期限和密级进行鉴定。1991 年，对已失去保存价值的 11470 份上级文件、资料予以销毁，对局内 2395 卷档案提出了解密和降密意见；1992 年，共鉴定会计档案 2086 卷（册）、文书档案 1800 卷（册），并向主管领导提交了 6940 卷（份）销毁档案清册。1993 年，档案馆共接收档案 11984 卷、底图 1523 张、照片档案 243 张，销毁档案 5940 卷次。

1996 年，档案馆加强了房地产、合同、协议等重要文件的归档工作。

1997 年，开始着手进行玉门、吐哈档案交接的前期准备工作。1998 年 9—11 月，玉门、吐哈双方相互移交档案，玉门油田档案馆向吐哈油田档案馆移交文书档案 50 份、勘探档案 21 类（井数 239 口、文字报告 4117 份、附图 8542 张、附表 1510 件、底图 4811 张、硬纸图 183 张、地震记录 18841 张）；吐哈油田档案馆向玉门油田档案馆移交磁带 14633 盘、胶片 2993 张、纸质档案 8495 盒 6020 卷 463 张、岩屑剖面 93 口井，岩心照片册以及岩心、岩屑 3 间库房。

1999 年 1 月，档案馆开始推广应用中国石油档案信息管理系统。

2010 年起，档案馆严格执行《集团公司档案管理手册》规定，在做好年度各类档案收集整理归档的同时，重点保证管理、勘探开发、建设项目、会计等档案的“应收尽收、应归尽归”。

2012 年 12 月，档案馆通过国土资源部委托保管地质资料资质验收，被批准为委托保管单位，并由国土资源部授予“国土资源部地质资料委托保管单位”。

2013 年 12 月，档案馆顺利通过集团公司档案评价验收，档案管理工作由 2012 年的 C 级水平跃升至集团公司档案工作 A 级行列，档案管理水平得到了全面提升。建立档案馆（史志办）网站，并利用“国际档案日活动”“档案在我身边”征文活动等平台，大力宣传档案工作，开展历史档案征集活动。

2015 年，对建设项目、设备仪器、产品类档案实行集中管理，相关二级单位向档案馆进行了移交。同时，二级单位的档案管理由原来的档案收集、整理、归档、保管、统计、利用等全方位的管理，向档案的收集归档进行转变。随着档案馆将所属单位档案资源纳入油田档案管理范围，减少了档案资源的重复归档和重复保存，推动了油田整体档案资源的科学配置和共享利用，全面实现了文书、勘探开发、建设项目、科研、财务、设备仪器、产品、声像、实物、资料共 10 大类档案的集中统一管理。

至 2016 年，档案馆对从企业文化处收集到的上万张实物照片和电子照片档案进行归档、整理，整理照片档案 1.7 万张。与此同时，与油田工会进行联系沟通，对 1999 年移交给矿区矿史展览馆的部分实物档案进行了收回，重新进行了归档整理。

2017 年，成立汇交管理小组，加强了地质资料委托保管工作，经过对标达标，油田地质资料委托保管工作通过国家地质资料检查组的检查验收，岩心库获股份公司“2013—2016 年地质资料管理十佳库房”。至年底，档案馆共馆藏勘探开发、管理、会计、建设项目、科研、设备仪器、产品、声像、实物、资料共十大类 8.6 万卷、65.3 万件档案。

2. 档案利用

1987 年起，档案工作始终坚持“档案重在管理，贵在利用”的原则，档案的提供与利用实行无偿服务，并通过多种方式，多层次、多渠道为企业各项工作服务。期间，档案馆主要实行实体借阅。为了杜绝档案久借不还、毁损丢失等问题，档案馆制定了《孤本贵重档案外借实行押金制度》《油田内部人员档案借阅利用表》《油田外部人员档案借阅利用表》《涉密档案借阅利用表》，在充分做好登记、备案工作的基础上，对丢失档案和久借不还的人员，视情节轻重分别做出停止借阅、通报批评、罚款等处理，有效规范了档案借阅利用工作。与此同时，档案馆还采取“电话咨询”“预约借阅”“电话调阅”“送档上门”等服务方式，为借阅者提供了方便。

1992 年，利用馆藏档案，整理完成了高级工程师简介、油田小传等资料。10 月，试编《玉门油田年鉴》(1991)，后将书名改为《玉门油田工作概况・大事记》，开始逐年编辑。《玉门油田年鉴》(1991) 被《中国专家人名辞典甘肃分卷》收录。

1993 年，档案馆共接待利用者 8064 人次，提供档案 21653 卷次、资料 1489 册次；复制档案资料 39960 张。至年底，先后为吐哈会战提供了 1958—1964 年吐鲁番地区大量的探井档案，为新区开发提供了可靠的基础资料，为胜金口老井重新开采节约了大批资金。

1994 年，以史料的三次加工为突破口，组织撰写了老君庙小考、玉门油矿地下党组织、鸭儿峡油矿洪灾始末等一批人文、历史、政治、生产、著名人物、事故灾害方面的文稿，有 7 篇被收进玉门市政协文史委编辑的《玉门文史资料》。

1996 年，编撰完成《玉门油田档案史料》。

1999 年，编纂完成《玉门油田大事记》(1939—1998)。利用馆藏资料、实物完成玉门矿区油田矿史展览馆的筹建工作。期间，为《石油摇篮》《石油师人—在玉门油田纪实》等书籍的撰写工作，提供了大量的档案资料。

2000—2013 年，先后为《中国油气田开发志—玉门油气区油气田卷》《中国油气田开发志—玉门油气区卷》《石油摇篮・记忆》《玉门油田企业文化辞典》《玉门油田大事记》(1999—2014) 的编撰工作提供了档案资料，并利用馆藏资料、实物，协助完成了“玉门油田展览馆”的筹建工作。

2014 年，随着档案数字化项目的实施，档案馆开始实行网上借阅。单位或个人通过申请，经档案馆授权，在规定时限内，在油田档案管理系统查阅所需档案资料。6 月，正式开通文书档案网上借阅。之后，陆续开通建设项目档案、勘探开发档案等档案的网上借阅工作。

2015 年后，为集团公司玉门油田勘探开发重大科技专项组以及科研人员开展生产科研工作，提供了大量原始凭证和准确数据；为吐哈油田、西部钻探等兄弟单位编撰组织史、酒泉市博物馆筹建以及编纂《玉门油田志（1987—2017）》等提供了大量的档案史料。

至 2017 年，史志办先后完成《玉门油田年鉴》2013 年卷、2014 年卷、2015 年卷、2016 年卷的编辑出版工作。

3. 数字化建设

2012 年底，档案馆数字化建设项目正式立项，档案数字化项目组成立，开始进入调研论证、专业队伍招标等前期准备工作。

2013 年 3 月，油田档案数字化建设项目正式启动。项目组依据《中国石油天然气集团公司档案数字化技术规范》，制定《档案数字化工作管理制度》《档案数字化流程细则》等管理制度，通过认真填写《档案数字化加工利用登记表》《档案数字化加工验收单》《档案数字化安全检查表》，加强档案出库、拆分、扫描、抹白、著录、质检、装订、备份、入库等环节的监督检查，完善管控措施，确保了档案安全和加工质量。2013 年完成 400 万页工作量，档案数字化率 33%。

2016 年 2 月，档案数字化项目历时近三年，共完成文书、勘探开发、建设项目、科研等类档案的数字化加工工作，累计加工 1359.7 万页档案，档案条目及数据全部成功挂接到集团公司档案管理系统，馆藏可转化档案全部实现数字化，形成了“一级集中、两级管理”的档案管理工作格局，推动了油田档案科学化管理水平。

第四节　机要保密

一、制度建设

1988 年 7 月，为切实做好复印秘密文件管理工作，局党委保密工作领导小组制定《玉门石油管理局局、厂两级机关复印秘密文件暂行规定》。

1991 年 10 月，局党委保密委员会统一制定或修订了油田文书、档案、宣传报道、电子计算机、打字、复印、通信、生产调度、领导阅文、会议等 11 项涉密工作的保密制度。

1998 年，重新修订《玉门石油管理局商业秘密管理暂行办法》，制定《保密工作考核标准》，使保密工作日趋制度化、规范化和科学化。

2000 年 5 月，印发《玉门油田分公司商业秘密管理暂行办法》《玉门油田分公司两级机关保密管理规定（试行）》。

2011 年，建立健全《密码管理使用制度》等 13 条制度，进一步明确了保密事项和保密措施。

2014 年，下发《玉门油田分公司工作人员保密行为十不准》《计算机及网络保密十项禁则》《移动存储介质保密十项禁则》。

2016 年，修订《玉门油田分公司保密管理规定》《玉门油田分公司保密指标考核实施细则》。

2017 年，修订完善《玉门油田分公司商业秘密分级保护目录（3.0）》《玉门油田分公司涉密人员管理办法》。

二、宣传培训

1987 年，为配合保密教育，局保密工作领导小组订阅《保密工作》杂志、《保密文件汇编》和《情报、间谍、保密》一书，发至各单位。同时印发《保密手册》2350 册，翻印转发各种学习材料达 3164 份。订购保密教育录像片，在全油田巡回播放。举办为期两天 31 人参加的《国家机关工作人员保密手册》学习班，对部分专兼职保密人员进行了保密工作培训。

1988 年，集中进行四次保密教育活动，共印发《保密手册》2350 本；集中播放保密录像片 40 场次，观看 6094 人次；组织收看内部保密教育片，上映 17 场次，观看 20021 人；编印《保密法学习宣传材料》2500 本，发至各单位进行学习。举办全局专兼职文书工作保密学习班，系统讲授加强“三秘”文件管理业务知识，学习中办、国办关于加强秘密文件管理的规定，对文件的签收、登记、承办、传阅、借阅、归档、销毁等重要环节提出统一的格式和要求。

1989年，先后播放10部保密教育录像片，播看67场次，观看14700多人次。开展《保密法》宣传活动，采用宣讲辅导、专题讲座、专题广播、知识竞赛等形式，进行讨论，加深学习和宣传。组织撰写《保密法》学习宣讲材料，分四期刊登在《石油工人报》专题栏目里。各单位共撰写学习宣讲材料102份、组织辅导讲座25次，举办学习班29次，1538人次参加。开展《保密法》学习宣传周活动，利用报纸、专栏、广播、电视、黑板报、标语等各种宣传工具和形式，集中力量，广泛宣传，大造声势。举办《保密法》知识竞赛，进行各种形式的测验、考试、竞赛共25场次，参加3673人次。

1993年，局党委保密委员会组织开展《保密法》颁布五周年纪念活动，在玉门油田电视台举办"保密教育电视周"活动，在《石油工人报》开辟"保守秘密，人人有责"宣传专栏；召开纪念保密法颁布五周年座谈会和各业务系统保密工作情况交流会，整理汇编《保密法规文件选编（二)》，征选保密工作论文参加总公司、省保密局论文评选活动。

1996年，举办专兼职保密人员取证培训班，140名文秘人员、要害岗位人员、计算机操作人员参加培训。组织保密教育录像片巡回播映活动，共组织27场次，油田50多名处级以上领导干部、1200多名涉密人员观看。

1998年，组织参加全国保密法规知识竞赛，有9253人参加答卷。

2008年，利用油田信息网创办以工作动态、网络安全、法律法规、规章制度、业务知识、形势教育、正反案例等为主要内容的"保密在线"宣传教育。

2012年，组织120余名领导干部和涉密人员观看保密教育片《筑牢保密防线》。举办65人参加的保密知识培训班，特邀集团公司保密专家授课。组织开展《保密法》宣传月活动，利用"保密在线"、座谈研讨、挂图、横幅等形式开展保密宣传教育，在《石油工人报》开辟保密宣传专栏，刊登4篇科技保密知识。

2013年，开展新颁布《中华人民共和国保密法》和集团公司《保密管理规定》的宣贯工作。举办保密知识、电子公文系统管理员培训班，培训55人次。

2015年，组织开展保密警示语征集活动，共征集作品985件，对部分优秀作品进行了表彰奖励，精选作品在《石油工人报》上刊登。积极组织参加全省保密法律法规知识竞赛活动，油田副处级以上领导干部、相关专业技术人员及专兼职保密干部共计1286人参加了本次活动。

2016年，组织开展以"三个一"为主题的"保密宣传月"活动，组织一次保密业务培训，播放一次保密教育警示片，落实党委书记（保密委主任）讲一次专题党课活动。参加国家保密局"心系国家安全，争做忠诚卫士"征文活动，上报征文3篇。

2017年，组织开展国家保密法及其实施条例、油田分公司制定下发的网络保密管理、商业秘密分级保护目录、定标密管理、机要文件保密管理、非涉密计算机及移动存储介质的使用等有关制度的宣贯；组织观看保密教育警示片《办公室的一天》《手机背后的课网》和《保密技术防范常识》等，强化了干部员工的保密意识。举办保密管理人员培训班，机关处室、各二级单位45名保密管理人员参加了学习培训。

三、管理措施

1987年，管理局保密工作部门高度重视文件保密的防范，严格按文书处理程序处理文件，局、厂之间文件坚持按发文通知单核对签收，严防文件丢失。油田机要文件由过去的半年一查、年底归档改为一月一查、一季一清、半年归卷。狠抓无线电通信中的保密，对无线电通信保密工作实行"统一领导，归口管理，分级负责"，局无线电通信工作由局无线电管理委员会统一领导、局无线电管理委员会办公室具体负责日常工作。全年审定通信保密要害岗位66处，重新划分密级，油田所有无线电设备实现了专人管理、使用。对大型通信设备（卫星通信）加装了国产保密机。

1988年，严格文件清退、销毁制度，要求各单位的文件清退、归档工作要严格执行秘密文件清退、销毁方面的制度，严禁向废品收购部门出售秘密文件、资料和刊物，同时加强了对局、厂两级机关部门和车间（队站）文件管理情况的检查。对保密工作实行分级负责、归口管理。全局涉外科技、宣传报道、无线（有线）电通信、治安保卫、文书档案的保密工作由外协办、科技处、宣传思想工作处、通迅处、公安处、局办公室归口负责。局党委办公室负责保密工作的组织、协调、监督和检查。

1990—1991年，局机关各部、委、处、室结合自己的业务工作，认真对照《石油天然气工业国家秘密及其密级具体范围的规定》和其他有关工作的保密范围，开展定密标密工作，逐条进行对号入座，并经审查核定，形成了各系统工作中的国家秘密和密级规定。依据审定范围，重新审定保密要害岗位的工作，经局党委保密委员会审核，确定局党办机要保密科、局党委组织部干部科、局纪委检查室等87个岗位为保密要害岗位。

1994年，29个基层单位和部门按照保密范围对产生的102项秘密事项及时进行定密标密，其中机密级15项，秘密级87项，涉及油田经济建设方面的保密事项占56%。

1996年，突出经济和科技保密工作，将经济活动中形成的各种内部资料、报表图纸，特别是关系油田经济发展的“九五”规划、科技成果、油品价格调整方案等纳入保密范围，严格管理，并加强重点工程建设中的保密工作。重新审定保密要害岗位61个，形成了自上而下，直达部分车间、岗位的四级保密工作网络。

1998年，实行保密工作量化考核，制定《保密工作考核标准》，分4大类10个方面综合考评，使保密工作日趋制度化、规范化和科学化。

1999年，玉门油田重组改制，油田分公司、管理局加强重组与上市工作中的保密工作，在各项评估工作中，需要向中介机构提供资料时，均严格执行国家保密局《对外经济合作提供资料保密暂行规定》和集团公司要求，按照提供资料保密工作的基本程序，严格把关，严防泄密。

2002年，油田分公司加强对涉密岗位、涉密人员手机使用的保密教育和管理。

2006年，保密委员会积极开展自查自改活动，对16个单位的保密规章制度建立、重点涉密岗位（部位）、人员、内容管理、涉密公文的运行情况等进行检查落实，制定《关于加强网络信息保密管理的通知》，并对本系统已经上网公布的信息进行一次全面检查，消除了泄密漏洞。

2008年，在成果地质资料清理工作中，对各类成果地质资料约96725件进行全面清理和鉴定，确定涉及国家秘密121件，涉及企业商业秘密3162件。

2009年，将玉门石油办公网与家庭网隔离，对重点涉密单位实行办公网络与自控网络的物理隔离，同时建立完善各类信息安全管理应急预案、上网信息保密审查制度。

2010年，组织开展商业秘密密级核定工作，使定密、更密、解密和鉴定工作步入科学规范、持续改进的轨道。在原有“三铁一器”基础上，为要害部门配备红外线防盗报警装置、监控装置、碎纸机、灭火器等设施设备。配合集团公司安装配置24部生产经营专网电话，确保保密渠道畅通。

2011年7月，对玉门油田涉密测绘成果管理工作进行了专项检查。

2012年7月，顺利通过集团公司、甘肃省保密局分别对玉门油田涉密办公专网进行的专项测评。9月，深入25个重点涉密单位、部门，对组织机构、保密宣传、文件管理和公司所属的34部生产经营专网电话情况进行督导检查。

2013年，在广泛调查研究和反复征求各位领导和各部门意见的基础上，对《玉门油田秘密信息分级保护目录》进行2次修订完善，进一步加强了商业秘密的规范管理、使用和准确标密、定密。完成了全国保密普查工作17大类432个普查项目的填报工作。

2016年，对各单位互联网、内网门户、邮件、新媒体（微博、微信公众号）、股份OA系统等上载信息进行拉网式排查，组织开展保密重点单位专题调研，开展涉密人员确定、涉密级别划分、涉密数量统计及备案等工作。

2017年，组织领导干部签订《保密责任书》、涉密人员签订《保密承诺书》；开展保密业务、网络信息、专网评估等专项检查。精准管控密码设备，及时完成了密码设备更换工作和办公专网身份认证系统升级换装工作。

第五节　驻外机构

1987年前，管理局仅在兰州设立驻兰州办事处，负责甘肃省有关会议精神的传达、与甘肃省有关部门的联络、玉门油田所需物资的采购等工作。1987年后，为适应改革开放的新形势，更好地服务油田生产建设任务，掌握经济和物资信息，试销部分油气产品，加强油田与各大城市各行业、部门的横向经济联系，管理局相继设立了上海联络处、成都办事处、北京办事处、广州联络处、西安办事处、兰州西部科技开发、西北运销公司等驻外机构。1999 年 7 月，玉门油田重组改制后，油田分公司相继成立了兰州、成都、郑州、太原 4 个销售分公司，并分别设立了北京联络处、兰州联络处；管理局大力开拓外部市场，相继组建设立了兰州石油大厦（三星）、北京沙滩宾馆（三星）、上海瀚海明玉大酒店（四星）、成都金玉阳光大酒店（四星）、四川玉门石油销售有限责任公司、上海大联石油化工有限责任公司、四川成都七星润滑油销售有限责任公司、陕西玉门石油化工有限责任公司、兰州新世纪彩色包装印刷有限责任公司、深圳玉美达石业有限责任公司、甘肃阳光大厦有限责任公司（阳光大厦为五星级）等驻外机构。2005 年 7 月，玉门油田重组整合后，为合理配置资源、精简驻外机构，将部分驻外机构进行资源整合，机构合并。2015 年，按照集团公司《关于清理规范驻外办事处有关工作的通知》精神，撤销了上海联络处、成都办事处、西安办事处等机构，并对上海瀚海明玉大酒店、成都金玉阳光大酒店和兰州石油大厦进行改制经营，所有权归油田。至 2017 年，油田驻外机构仅保留北京、兰州 2 个办事处。

一、北京办事处

1991 年 1 月，为了加强同总公司各业务部门的联系，进一步发展同各地区及行业的横向经济协作，成立了局驻北京联络处，其前身为局驻北京工作组，与器材处北京采购供应站为一套机构、两块牌子。9 月，吐哈石油勘探开发会战指挥部成立北京办事处，与局北京办事处为一个机构、两块牌子。办公地点设在北京市东城区草园胡同 8 号。1992 年 8 月，迁至北京市西城区西直门外大街新兴东巷甲 15 号华侨酒店。

1995 年 6 月，吐哈油田驻北京办事处与局驻北京办事处分开运行。当年 11 月，管理局对北京办事处的定员编制和职能进行调整，调整后设办公室、接待科 2 个职能科室，共有职工 9 人。此后，管理局先后在北京办事处设立祁连工贸公司、阳关科贸有限责任公司等。

1999 年 6 月，管理局为了理顺驻外办事处和经营实体的管理体制，实行统一归口管理，将采油厂多元开发管理部下属的北京市格格出租汽车公司划归北京办事处管理。7 月，油田重组改制，北京办事处隶属管理局管理。

2000 年 2 月，在北京设立沙滩宾馆，沙滩宾馆属局广州康胜公司管理。沙滩宾馆位于北京市东城区沙滩后街 28 号，占地面积 1354.6 平方米、建筑面积 49.8.4 平方米，有客房 61 间、办公用房 6 间、会议室 2 个、餐厅 1 个。

2001 年 1 月，管理局将广州康胜公司所属沙滩宾馆与康胜公司分立，组建北京沙滩宾馆有限公司。10 月，为加强驻外单位管理，合理配置资源，管理局将北京办事处与北京沙滩宾馆有限公司合并，为一套机构、两块牌子。

2002 年 4 月，油田分公司设立北京联络处，负责公司与集团公司、股份公司总部的工作联系；办理公司在北京及周边地区的有关业务；收集、传递相关信息；负责公司有关销售业务的协调和联系；负责公司及相关人员的接待工作；负责有关商贸业务，为企业增加收益。

2005 年 7 月，玉门油田重组整合后，将油田分公司北京联络处与管理局北京办事处（沙滩宾馆有限公司）合并，成立油田分公司（局）北京办事处（沙滩宾馆有限公司），下设办公室、接待科、财务科、商贸部（阳关商贸公司）、前厅销售部、客房部、工程保卫部、餐饮部 8 个部门。

2007 年，针对沙滩宾馆房间布局不合理、家具外观陈旧、消防设备设施不达标等问题，为了做好 2008 年北京奥运会的住宿接待工作，沙滩宾馆进行了装修改造。

2011 年 8 月，将北京办事处（沙滩宾馆有限公司）、北京乾方通达有限责任公司、玉门油田海外中心北京工作站合并，注销北京乾方通达有限责任公司，资产、业务及在册合同化员工整体划入北京办事处集中统一管理。10 月，对北京办事处（沙滩宾馆有限公司）组织机构进行调整，下设综合科、财务科、接待科 3 个职能科室，酒店管理部、海外工作部 2 个基层单位。

2013 年 11 月，沙滩宾馆顺利通过全国旅游星级饭店评定委员会“三星级饭店”复核。年底，宾馆被东城区商业联合会授予“服务诚信示范单位”。

2015 年 12 月，按照集团公司《关于清理规范驻外办事处有关工作的通知》精神，油田将北京办事处与沙滩宾馆有限公司机构分设。沙滩宾馆有限公司隶属矿区服务事业部管理。

2016 年 1 月，对北京办事处机构进行调整，调整后设综合办公室、接待科 2 个科室。

至 2017 年 12 月，北京办事处、沙滩宾馆有限公司组织机构保持不变。

二、上海联络处

1988 年 12 月，管理局成立上海联络处，其前身为创建于 1971 年的物资供应处驻上海采购站。地址在上海市虹口区赤峰路 370 弄 1—2 号。

1993 年 9 月，为发挥整体效能，将上海联络处与“吐哈石油勘探开发会战指挥部驻上海联络处”合并，为一套机构、两块牌子，下设物资采购科、采购供应科、接待科、综合办公室 4 个职能科室。11 月，上海联络处搬迁至上海市宝山路 450 弄 5—6 号。

1995 年 11 月，吐哈油田上海联络处机构与管理局上海联络处分开分立，上海联络处下设办公室、接待科、经营科 3 个职能科室。

2002 年 12 月，管理局在上海投资建设的四星级涉外酒店——上海瀚海明玉大酒店破土动工。2004 年 3 月，瀚海明玉大酒店开业经营。9 月，正式挂牌四星级涉外酒店。该酒店注册资本 5000 万元，位于上海市杨浦区周家嘴路 1888 号。酒店占地 5.3 亩、建筑面积 13095 平方米，拥有客房 125 间（套）。上海瀚海明玉大酒店与上海联络处为一套机构、两块牌子。

2005 年 7 月，玉门油田重组整合后，上海联络处（上海瀚海明玉大酒店）组织机构及设置延续不变。

2011 年 8 月，对上海大联石油化工有限责任公司进行股权处置，退出股权经营，将合同化员工根据本人意愿划入上海联络处统一管理。

2015 年 10 月，按照集团公司《关于清理规范驻外办事处有关工作的通知》精神，撤销上海联络处，上海瀚海明玉大酒店隶属矿区服务事业部管理。

2016 年 12 月，根据《集团公司关于宾馆酒店和驻外办事处专项整改的意见》和集团公司第二批宾馆酒店专项整改的批复意见要求，上海瀚海明玉大酒店实行对外租赁经营。对外租赁经营后，继续保留玉门石油管理局上海瀚海明玉大酒店名称；原有员工全部由租赁方聘用并管理，工资薪酬由租赁方支付；油田分公司作为驻外宾馆酒店的出租方，上海瀚海明玉大酒店对外租赁的租金收缴、财务核算、资金管理由财务处按照制度规定办理。

三、兰州办事处

兰州办事处成立于 1954 年 3 月，是玉门油田设立最早的驻外办事处，1968 年 7 月撤销。1979 年，在兰州重设办事处。

1987 年，兰州办事处下设办公室、器材供销科、接待科，共有职工 28 人。

1988 年 4 月，成立“玉门石油管理局兰州办事处综合经销部”，其经营性质为集体所有制，实行独立核算、自主经营、自负盈亏，经销部人员编制为 7 人。经营范围包括石油化工产品、五金交电、金属材料等批零兼营，并代办油田农工商公司在兰州的物资采购及保管工作。

1991 年 5 月，管理局对兰州办事处机构进行调整，调整后设接待科、经营科、办公室、离退休职工管理站。

1994 年 9 月，由兰州办事处管理经营的兰州石油大厦建成投用。该酒店位于兰州市七里河区南滨河中路 1 号，共 10 层，建筑面积 8892 平方米，有客房 128 间、床位 208 个，会议室 2 个、餐厅 1 个。石油大厦与兰州办事处为一套机构、两块牌子，兰州办事处也随之由白银路王马巷迁至石油大厦。按照管理局《关于兰州石油大厦对外营业的批复》精神，石油大厦在搞好管理局来兰州职工正常接待工作的同时，部分多余床位可以对外经营，并严格按照国家政策规定，办理有关经营手续，合法经营、依法纳税、严格管理、搞好服务。

1995 年 9 月，对兰州办事处（石油大厦）机构编制进行调整，下设办公室、接待科、维修队、多种经营公司。

1996 年 11 月，对各驻外办事处（联络处）机构、定员编制及基本职能进行调整，兰州办事处（石油大厦）下设办公室、接待科、干休所、经营公司，原维修队更名为工务科。

1997 年 5 月，为了加快兰州退休基地住宅楼工程建设工作，管理局成立兰州 7 号住宅楼项目经理部，具体业务由兰州办事处负责管理。

1999 年 7 月，玉门油田重组改制后，兰州办事处（石油大厦）隶属管理局，组织机构延续之前的设置。

2002 年 4 月，油田分公司设立兰州联络处，并将兰州销售分公司划归兰州联络处管理，为一套机构、两块牌子，负责公司与省市有关工作联系；负责公司在兰州及周边地区的特种油品及其他非配置石油产品销售业务；收集、传递相关信息；负责公司及相关人员的接待工作。7 月，甘肃省旅游局批准兰州石油大厦为三星级旅游涉外饭店。

2005 年 3 月，管理局将兰州西部科技开发公司整体划归兰州办事处（石油大厦）管理，兰州西部科技开发公司名称、经营范围不变。7 月，油田重组整合后，兰州办事处（兰州石油大厦）隶属油田分公司(局)，组织机构延续原设置不变，下设综合办公室、接待科、客房餐饮部、物业管理部、保卫科、玉油商贸公司 6 个职能管理部门。

2007 年 2 月，将兰州离退休基地管理纳入兰州办事处（兰州石油大厦），实行统一管理，业务接受离退休管理中心指导。

2011 年 8 月，将兰州办事处（石油大厦、兰州离退休基地）与兰州销售分公司合并，将注销后的兰州新世纪彩印包装有限公司的资产、业务及在册合同化员工整体划入兰州办事处集中统一管理。离退休管理和销售业务作为兰州办事处内部业务，行政上由兰州办事处直接管理，业务上分别接受离退休管理中心和炼化总厂销售公司归口管理。至此，兰州办事处拥有酒店经营、油品天然气营销、离退休管理服务三大业务板块。10 月，对兰州办事处（石油大厦、兰州离退休基地、兰州销售分公司）内设机构进行调整，下设综合科、财务科、安全机动科、接待科 4 个职能科室，酒店管理部、物业管理部、离退休管理部、销售部 4 个基层单位。

2015 年 10 月，按照集团公司《关于清理规范驻外办事处有关工作的通知》精神，将兰州办事处和石油大厦分开设立，石油大厦隶属矿区服务事业部管理。

2016 年 1 月，对兰州办事处机构进行调整，下设综合办公室、接待科 2 个科室。12 月，根据《集团公司关于宾馆酒店和驻外办事处专项整改的意见》和集团公司第二批宾馆酒店专项整改的批复意见要求，兰州石油大厦实行对外租赁经营。对外租赁经营后，原有玉门油田员工全部由租赁方聘用并管理，工资薪酬由租赁方支付；油田分公司作为驻外宾馆酒店的出租方，兰州石油大厦对外租赁的租金收缴、财务核算、资金管理由财务处按照制度规定办理。

至 2017 年 12 月，兰州办事处组织机构保持不变。

四、西安办事处

1993 年 5 月，为了加强玉门油田有关单位在陕西省及周边地区物资业务采购、催交运联系业务，提供与油田密切联系的政治、经济、技术信息，为油田职工出差、休假、旅游等提供接待服务工作，成立了玉门石油管理局驻西安办事处，与吐哈石油勘探开发会战指挥部驻西安办事处为一套机构、两块牌子，下设办公室、接待科、采购站。

1997 年 2 月，玉门石油管理局、吐哈石油勘探开发指挥部驻西安办事处正式分开设立和管理。

1999 年 7 月，玉门油田重组改制，西安办事处隶属管理局管理，组织机构保持不变。

2001 年 8 月，针对西安离退休基地建设工程即将竣工，管理局决定设立西安离退休人员管理基地，基地与西安办事处为一套机构、两块牌子，下设办公室、离退休人员管理科、物业管理科 3 个科室。

2008 年 11 月，将陕西玉门石油化工有限责任公司合并到西安办事处（西安离退休基地），调整后的西安办事处（西安离退休基地）、陕西玉门石油化工有限责任公司下设综合办公室、财务科、离退休人员管理科、物业管理科 4 个科室。

2011 年 8 月，对驻外机构进行重组整合，将油田分公司于 2001 年 2 月成立的郑州销售分公司、太原销售分公司与西安办事处（西安离退休基地）、陕西玉门石油化工有限责任公司合并，其资产、业务及在册合同化员工整体划入西安办事处集中统一管理。

2015 年 10 月，按照集团公司《关于清理规范驻外办事处有关工作的通知》精神，撤销西安办事处，西安离退休基地隶属离退休人员管理中心管理。

五、成都办事处

1989 年 7 月，为了加强玉门油田与西南地区各级政府及有关单位的业务联系，收集相关经济技术信息，为油田职工出差、旅游、疗养等提供食宿、票务等服务，代理石油产品经销业务，管理局在成都设立了办事处。

1990 年 8 月，由成都办事处与成都市东城区商委、锦江区百货公司、锦江区日杂公司、锦江区中药材公司联合投资修建的“新华东路商厦”竣工，大楼总建筑面积 6800 平方米，成都办事处拥有 4700 平方米产权。

1991 年 1 月，成都办事处下设办公室、接待科 2 个科室。9 月，吐哈石油勘探开发会战指挥部成都办事处成立，与管理局成都办事处为一套机构、两块牌子。

1993 年 1 月，成都办事处开始对大楼进行室内装修、安装配套设施、购置室内家具等。5 月，在综合楼五至七层设立招待所，主要负责油田来成都出差、疗养、旅游人员的食宿。

1996 年 11 月，吐哈石油勘探开发指挥部成都办事处与油田驻成都办事处分开运行，并对资产、人员进行了分割，由管理局投资购置的七层综合楼 4700 平方米、住宅 1525 平方米产权仍属玉门油田；吐哈油田投资购置的 680 平方米房屋，产权属吐哈油田，人员划归管理局。成都办事处下设办公室、接待科、经营科 3 个科室。

1999 年 7 月，玉门油田重组改制，成都办事处隶属管理局管理，机构设置保持不变。

2000 年 1 月，管理局将四川（玉门）石油经销有限责任公司从成都办事处划出，为独立法人经济实体。

2004 年 2 月，按照管理局“四加一”发展战略的总体布局，为了提升对外服务能力和服务水平，提升企业的市场竞争力，打造“玉门石油”品牌，管理局对成都办事处原招待所投资改建，设立了金玉阳光大酒店，注册资金 1980 万元。该酒店位于成都市成华区双林路 88 号（原新华东路商厦），主楼 7 层、附楼 6 层，总建筑面积 13000 平方米，有客房 154 间、会议室 5 个、西餐厅 1 个，附楼 1 ～ 2 层为中餐厅（10 个包厢、1 个可容纳 150 人同时用餐的大厅）、3 层为茶坊（10 个棋牌室包间、1 个可容纳 80 人的茶坊大厅）。

2005 年 2 月，成都金玉阳光大酒店设总经理办公室（人力资源部）、财务部、前厅营销部、管家部、宴会部、工程部、保安部“一室七部”。3 月，酒店开始试运行。10 月，正式投入运营，并成功挂牌四星级酒店。

2011 年 8 月，将成都办事处（金玉阳光大酒店）、成都离退休基地与四川石油经销有限责任公司、成都销售分公司合并，并注销成都销售分公司，将其销售业务纳入四川石油经销有限责任公司，资产、业务及在册合同化员工整体划入成都办事处集中统一管理。10 月，油田对成都办事处（金玉阳光大酒店、成都离退休基地、四川石油经销有限责任公司）机构进行调整，下设办公室、财务科 2 个科室和酒店管理部、离退休管理部、物业管理部、销售部 4 个基层单位。

2015 年 10 月，按照集团公司《关于清理规范驻外办事处有关工作的通知》精神，撤销成都办事处，人员分别划转到金玉阳光大酒店、成都离退休基地和四川石油经销有限责任公司。

第二章 规划计划管理

第一节 机构

1987年，管理局机关设计划处，专门负责规划、计划、统计以及节能节水等管理工作。全处共有工作人员28名，下设规划室、计划科、统计科、节约科、经营科。

1988年12月，计划处撤销经营科，增设投资管理科。

1991年1月，计划处增设能源监测站。

1993年3月，规划室与计划科合并，为计划规划科，统计科改为统计信息科。

1995年1月，计划处增设炼油化工科。

1996年4月，管理局成立工程建设项目咨询部，挂靠计划处。12月，计划处调整更名为规划计划处，定员23人，下设规划计划科、项目投资管理科、统计信息科3个职能科室，附挂局工程建设项目咨询部。

1999年4月，管理局对机关机构进行调整，规划计划处下设规划室、计划科、综合统计科3个职能科室，定员20人，附挂经济技术咨询部、工程定额计价中心。工程定额计价中心下设工程项目造价科、工程定额管理站。7月，玉门油田重组改制。10月，管理局成立计划财务处，下设计划统计科、财务科、资产科、财务结算中心4个职能科室。计划管理业务由规划统计科负责。

2000年1月，油田分公司成立计划财务处，下设规划计划科、财务科、资产科，财务结算中心、定额计价中心附挂计划财务处管理。8月，管理局计划财务处增设造价预算科。

2002年1月，管理局撤销计划财务处，成立计划发展处，将原企管处（法律事务处）、经济技术开发处统一归并计划发展处，下设计划统计科、造价预算科、企业管理科（市场管理科）、法律事务室，共有职工17人。

2003年9月，油田分公司计划财务处组织机构调整，下设规划计划统计科、会计成本科、预算管理科3个职能科室，附挂定额计价中心。

2004年8月，油田分公司规划计划与财务资产业务分设，成立规划计划处，下设规划科、计划统计科，附挂定额计价中心，共有员工19人。

2005年8月，油田分公司规划计划处和管理局计划发展处的规划计划职能合并，成立公司（局）规划计划处，下设规划科、计划统计科、投资项目管理科、定额计价中心4个职能科室。

2007年6月，公司（局）规划计划处撤销计划统计科，分别设立计划科、综合统计科。

2010年11月，将计划科、综合统计科合并。当年，规划计划处下设规划科、投资管理科、计划统计科3个职能科室，附挂定额计价中心。

2013年2月，在规划计划处成立节能节水管理科。

至2017年12月，规划计划处设规划科、计划统计科、投资管理科、节能节水管理科4个职能科室，附挂定额计价中心（物探钻井造价科、建设工程造价科），有员工23人。

第二节 规划管理

1987—1989年，玉门油田规划部门的主要任务是督促、落实“七五”计划的执行情况。期间，以保持年产50万吨10年稳产为目标，积极开展油田后期开发潜力、提高采收率、剩余油分布规律研究，认真实施综合调整治理、“稳油控水”、滚动扩边增储措施，使开发了半个世纪的老油田从1980年开始连续10年保持年产50万吨稳产，保持高效油田开发水平。按照“东山再起，再现青春”奋斗目标，重上吐鲁番，在新疆东部摆开勘探找油的新战场，先后发现了鄯善油田、依拉湖油田、丘陵油田、温吉桑油田，探明加控制油气储量达1.58亿吨，为大规模开展吐哈石油会战奠定了基础。

1990年，启动“八五”计划和十年规划的编制工作，提出以党的十一届三中全会以来的路线、方针、政策为指针，坚持四项基本原则，加强思想政治工作，发扬艰苦奋斗优良传统，坚持“两个文明”一起抓，继续深化经济体制改革，以油气勘探为重点，以油气开发为基础，以炼油、机修制造为支柱，依靠科技进步和科学管理，加速发展生产力，不断提高经济效益，实现油田经济的良性循环，努力建成“上下游工业统一经营、协调发展的石油生产和石油加工基地”，实现油田“东山再起，再现青春”的基本思路。明确了“八五”期间和未来十年的奋斗目标，即吐哈新区勘探开发“八五”前两年新增地质储量1亿吨，建产能100万吨；后三年新增地质储量0.5亿吨，建产能50万吨；“九五”期间再增地质储量1亿吨，建产能100万吨；玉门老区坚持稳产，推广、发展适合玉门区块特点的采油工艺技术，进行综合治理，狠抓科学管理，再创老油田年产40万吨稳产10年的新水平；原油加工和石油化工配套完善炼油厂150万吨/年技术改造，“九五”期间再以新增的150万吨/年原油作原料发展石油化工和多种经营，“八五”末实现利税3亿元，“九五”末达到5亿元；同时大力开展科学研究，引进、推广新技术、新工艺、新设备，依靠科技进步发展石油工业，10年实现科技项目5000项，总公司、省级科技成果50项，局级科技成果500项，创经济效益15000万元；加强生产辅助系统和队伍建设，适应油田勘探开发和炼油生产需要，“八五”末，油田工业总产值达到10亿元，“九五”末达到15亿元；在发展生产和提高效益的基础上，量力改善职工物质文化生活。

1993年，启动“九五”规划编制工作。至1995年，历经两年时间，编制完成了管理局“九五”发展规划和2010年远景目标。“九五”期间，全局总的工作思路是：认真贯彻执行党的路线、方针、政策，以两个根本性转变为基本指导方针，以提高经济效益为中心，以深化改革为动力，以科技进步和科学管理为重要手段，全心全意依靠工人阶级，充分调动和发挥全体职工的积极性、创造性，加快实施以勘探开发为基础，炼油化工为主导，多元开发为经济支柱的发展战略，培植更多的经济增长点，为实现上下游资源接替和投入产出的良性循环努力奋斗。“九五”的奋斗目标是：力争地质勘探取得突破，找到2～3个新油气田，新增探明储量3000万吨，控制储量1500万吨；控制老油田原油产量递减幅度，继续保持相对稳产，5年产油180万吨，平均年产36万吨，通过老区滚动勘探开发和新区产能建设，力争2000年原油生产能力达到50万吨；加快炼油化工改造，“九五”末期，原油加工能力在“八五”基础上翻一番，达到300万吨/年，5年加工原油1000万吨。发展石油化工，建设2万吨/年丙烯酸工程；努力实现扭亏增盈，前三年盈亏持平，后两年实现盈利；产业结构、队伍结构调整取得重大进展，形成主业队伍8000人，多元开发10000人，社会服务2000人的格局；改革取得重要成果，初步建立现代企业制度，“油公司”模式基本形成，“四自”机制进一步健全；经济效益明显提高，销售收入在“八五”基础上翻一番，达到50亿元（含多种经营）；工业增加值“九五”末达到11.7亿元，年均增长19.92%，工业总产值（90年不变价）“九五”末达到15.47亿元，年均增长12.37%；加快多元开发的发展速度，2000年多种经营利税达到1亿元；随着生产的发展和经济效益的提高，职工收入逐步增加，住房、医疗、生活福利、文化设施等得到改善。2010年远景目标是，新增探明地质储量10000万吨，控制储量4000万吨；原油产量100万吨；原油加工量400万吨/年；销售收入100亿元；职工生活达到比较富裕的小康水平。

1997年5月，玉门油田首次以战略规划为主题召开工作会议，初步确定“九五后三年全局生产经营发展思路”“我局地质勘探的主攻方向和战略部署”等7项战略研究课题。按照“依据上年、预测当年、覆盖三年、环环相扣”的原则，进行三年滚动发展计划的编制。

1999年7月，玉门油田重组改制后，管理局成立“十五”计划和2015年远景规划领导小组，启动“十五”计划和2015年远景规划的编制工作，并完成了油田服务业务2000—2005年业务发展计划。

2000年，根据股份公司勘探与生产分公司“十五”计划和2015年远景规划编制工作会议精神和炼油与销售分公司编制“十五”规划的通知要求，油田分公司成立“十五”计划编制领导小组，启动油田分公司勘探开发和炼化“十五”规划编制工作。当年，完成炼化“十五”发展规划纲要并上报股份公司炼油与销售分公司。炼化“十五”发展规划纲要对炼化“十五”发展进行了战略部署，“十五”期间，炼化发展的奋斗目标是：原油加工量2001年达到210万吨，2002年230万吨，2003年后均为250万吨，使炼油装置满负荷运行。降低成本，原油现金单位加工成本2001年控制在100元/吨以内，2002年98元/吨以内，2003年96元/吨以内，2004年95元/吨以内，2005年94元/吨以内。通过2～3年努力，做到加工市场价原油不亏损，“十五”末略有盈利。具体发展方向和重点：(1) 发展润滑油、特油，增加产量，扩大品种，提高质量。润滑油产量达到 20 万吨 / 年，其中高档润滑油每年以 10% 的幅度增加；特油产品产量达到 5 万吨 / 年以上，航空液压油、真空泵油、扩散泵油、增压泵油、白油等实现规模效益；白油产品实现系列化，质量达到食品级、化妆级水平；石蜡产品实现系列化，部分达到食品级、医药级质量水平；聚丙烯产量达到 2 万吨 / 年。(2) 主要产品汽、柴、煤油，润滑油、石蜡等进行加氢精制，提高产品档次，实现升级换代。汽油质量执行《车用无铅汽油》标准（GB 17930—1999），柴油质量达到新标准的要求。(3) 通过催化参炼渣油和丙烷脱沥青，实现重油加工方案优化，提高润滑油和汽油质量，道路沥青产品达到高等级道路沥青的标准，停产石油焦。(4) 能耗、物耗、收率、加工损失等经济技术指标达到国内先进水平，主要生产装置达标率 80% 以上。(5) 完善非统配产品的销售网络，同时加强技术、管理和销售等各方面人才的培养，提高员工素质和业务水平。

2002 年，根据股份公司“勘探与生产分公司规划计划管理办法暂行规定”文件精神，油田分公司成立规划计划编制工作领导小组，组织相关单位启动“玉门油田分公司 2003 年度业务发展计划”与“玉门油田分公司 2003—2007 年滚动业务发展规划”的编制工作。

2003 年，根据集团公司 2003 年工作会议精神，管理局组织开展了未来“五年”（2003—2007 年）滚动发展计划编制工作。

2004 年，油田分公司成立“十一五”业务发展规划编制工作领导小组，启动并安排油田分公司“十一五”业务发展规划建议计划的编制工作。当年，组织编制完成油田分公司 2005—2007 年老油气田地面系统优化简化调整改造规划，规划提出了解除制约生产发展瓶颈类项目 11 个，安全类项目 6 个，节能降耗类项目 5 个，以及非安装设备更新类项目；管理局组织编制完成了 2004—2008 年滚动计划编制工作。

2005 年，根据集团公司关于编制“十一五”区域规划的有关要求，结合实际，编制《玉门油田“十一五”区域发展规划》，确立了“快发展、低成本、高效益、可持续”的战略方针；明确“立足勘探开发、加快炼化配套、搞好水电保障、增强技术服务、开拓内外市场、发挥整合优势、协调有效发展”的总体定位；提出“按‘十一五’确定的预算指标，勘探开发实现利润总额 21.6 亿元，炼油生产实现利润总额 13.5 万元，未上市部分在政策帮扶下逐步实现扭亏为盈。职工总数得到有效控制，将玉门油田建设成为和谐、稳健发展的成长型企业，各项经济技术指标达到中国石油中等偏上水平”的主要经营目标。油田分公司“十一五”规划编制新增设备、科技与信息、安全环保、矿区管理、人力资源、企业管理和企业文化等六个方面的专项规划编制，以形成油田全面发展的规划。

2006 年，按照股份公司“十一五”发展计划纲要和勘探与生产分公司相关主要计划指标，对已编制完成并经勘探与生产分公司初步审查的《“十一五”油气勘探开发业务发展规划》进行调整和完善，明确了油田油气勘探发展战略和油气勘探与开发重点生产目标。编制完成《勘探开发“十一五”科技发展规划》和《炼化“十一五”科技发展规划》。根据集团公司、股份公司有关要求，编制完成了酒泉生活基地调整改造“十一五”专项规划，并制定印发《玉门油田酒泉基地规划建设管理细则》，就酒泉基地规划建设程序、建设用地规划管理、建设工程规划管理、档案要求、责任等做出明确规定。

2007 年，委托中国石油大学（华东），对玉门油田“十一五”规划开展环境影响评价。编制完成《中国石油天然气股份有限公司玉门油田分公司“十一五”规划环境影响评价实施方案》，并上报国家环境保护总局审查备案。

2008 年，成立“十一五”后三年和“十二五”发展规划编制工作领导小组。按照集团公司明确的各地区公司不再编制总体规划的总体要求，油田规划编制的主要任务是配合集团公司、股份公司各专业公司和分公司及有关业务部门做好各专业一体化规划和专项规划的编制工作，重点是油田勘探与生产业务“十一五”后三年及“十二五”发展规划的编制。按照集团公司规划编制要求，专业一体化规划编制业务范围包括油气勘探开发规划、炼油生产发展规划、石油工程技术服务规划、工程建设业务规划、机械加工制造业务规划、物资供应业务规划、矿区服务业务规划等。

2010 年，开始组织编制“十二五”实施规划。按照油田实施规划编制要求，专业一体化规划编制业务范围包括油气勘探及油藏评价规划（含煤层气勘探）、油气开发及产能建设规划、炼油业务发展规划、工程技术服务及生产服务规划（包括油田作业、工程建设、水电供应、机械加工制造、物资供应、综合服务、矿区服务等业务）。组织开展“十二五”科技发展规划的编制，并编制完成了油田《“十二五”用地规划》。

2013年，按照“三步走”工作部署、“双百”油田建设目标要求，成立相应的规划编制工作领导小组，先期组织启动油气勘探及油藏评价、油气开发、矿区服务业务、物资采购管理业务、油田建筑安装业务、机械加工制造业务、综合服务业务、油田井下作业业务、信息通信业务、水电业务“十三五”实施规划的编制工作。

2014年，正式启动勘探开发和炼油化工“十三五”规划编制工作。“十三五”规划体系由总体规划、专业规划、专项规划组成。总体规划主要明确油田总体发展战略、目标和重点部署，提出战略布局、重大项目和保障措施等。专业规划主要包括：油气勘探及油藏评价业务发展规划、油气开发业务发展规划、天然气及煤层气业务发展规划、炼油业务发展规划、海外业务发展规划、工程技术服务业务发展规划、生产服务业务发展规划、机械制造业务发展规划、水电业务发展规划、综合服务业务发展规划、矿区服务业务发展规划、农牧业业务发展规划等；专题规划主要为煤岩油业务发展规划；专项规划主要包括科技信息化发展规划、人力资源规划、安全环保规划、节能节水规划、质量计量标准化规划、制度流程建设规划、企业文化规划等。同时，油田成立国内油气对外合作“十三五”规划编制领导小组及规划编制工作小组、“十三五”土地利用规划编制工作领导小组及规划编制工作小组，着手相关规划的编制工作。

2015年，委托中国石油规划总院编制完成《玉门油田公司炼化业务“十三五”发展规划》，并上报股份公司。

2016年，在编制完成“十三五”整体发展规划草案的基础上，结合集团公司编制印发的“十三五”发展规划纲要，对“十三五”总体发展规划再次进行修改完善与补充，完成了“十三五”总体发展规划编制。

2017年，正式编印下发《玉门油田分公司“十三五”发展规划纲要》。

第三节　计划管理

1987—1988年，全局的生产经营计划由计划部门依据石油工业部和甘肃省下达的生产建设任务，围绕油田的中长期发展规划进行编制，分年、季、月度生产经营计划。年、季、月度生产经营计划经油田审核同意后，按年、季、月下达基层单位执行落实。

1989年，为了适应内外部环境的变化，管理局对计划管理进行改革。(1) 改革年、季、月生产建设经营计划的管理。本着细管年度、粗管季度、下放月度的原则，油田着重组织部署好年度生产建设经营计划，控制和协调好季度计划的实施。年度计划实行统一归口、分级管理，油田主要负责指令性计划的编制和检查，各厂（矿、处）负责本单位指令性计划和指导性计划的编制和检查。缩小指令性计划，扩大指导性计划，除上级下达的指令性计划以及对全局生产建设经营有举足轻重的指标外，其余均为指导性计划指标。油田不编制季度指令性的生产建设计划，只编制季度协调平衡计划，以协调全局纵、横向主要指标的衔接，供日常生产组织和各部门安排工作之用，不作为考核依据。月度生产作业计划由各厂（矿、处）自行编制实施。(2) 加强中长期计划的管理。计划工作的重点逐步由年度转移到中长期计划的编制、控制、监督和协调，中长期计划突出经济效益，重点是搞好生产和建设之间的衔接平衡、资金的需要和可能之间的衔接平衡、近期目标和长远战略目标的衔接平衡。

1992年，管理局开始计划管理体制改革，简政放权，加强宏观调控，从而使基层单位有了更大的生产经营自主权。根据总公司生产经营建设计划，为强化季、月度生产经营和项目建设管理，油田在编制下达年度生产经营计划的基础上，将年度生产经营计划细化到季度，每季编制下达季度生产经营计划。

1993年，逐步调整计划指标体系，改革以往高度集中的计划管理体制，使计划管理向强化投资管理、搞好宏观调控、提高经济效益的市场经济体制过渡。(1) 逐步转变企业计划职能，同时加强协调、监督和服务职能。计划部门的工作重心也从日常性工作转向重视中长期规划，开展经济预测，制定经济目标，使企业计划以经济效益为中心，搞好规划。(2) 给二级单位适当下放自主权，使其自主经营、自我发展。油田大幅度压缩全年指令性指标，由1991年的34项减为18项。指导性指标改变以往的直接管理模式，逐步取消月度计划，减少季度计划，强化年度计划，建立起了以经济效益为主的计划指标体系。当年，为了理顺关系、转换机制、培育内部市场，提高项目管理水平，实现建设项目工期、质量、投资的有效控制，管理局制定并实施《项目管理暂行办法》。

从“九五”开始，将规划计划工作的重点放在战略规划上，计划管理工作实现了由日常计划管理向宏观战略研究与管理的转变。

1996年起，根据当年下达的生产经营计划和全年下达的业务通知单及请示报告批复单为依据，每年编制下达油田固定资产投资调整计划。

2000年，重组改制后的油田分公司按照股份公司下达的生产经营指标，围绕油田开发、炼化生产，重点以原油产量、原油商品量和原油加工量、轻质油收率、综合商品率、加工损失、原油综合损失率、炼油能耗等为主要技术经济指标，编制年度生产计划，上报股份公司审核同意后，下发基层单位，指导基层单位编制年度、季、月生产经营计划和组织生产经营活动。管理局结合生产经营实际和业务发展现状，不再编制下发年、季、月度生产经营计划，重点编制下发投资计划。

2005年7月，玉门油田重组整合后，将非上市部分纳入上市公司管理，开始统一将原油产量、原油加工量等指标作为基层各单位、机关各部门的必成指标，进行考核，然后按照油田开发、炼油化工、工程技术服务、后勤服务等板块，分单位编制年、季、月度生产经营计划，下发各单位组织实施。对生产经营计划的编制，重点突出油气勘探、油田开发、炼化生产等主营业务发展，工程技术和后勤服务以满足油田开发需要、提升应急抢险能力和整体经营能力为重点。

2009年1月，根据集团公司规定，原油产量将按净产量口径计算，即原油产量中不再包含原油损耗量，发生的原油自用量可以计入原油产量中，但必须提供相应的自用依据。依据此规定精神，玉门油田重新下达2009年1月份的原油产量计划。2月，按照股份公司《关于规范自用油业务流程的通知》精神，玉门油田生产自用油自当年1月1日起由甘肃销售酒泉分公司负责供应结算，不再按月下达自用油计划。11月，受三维地震影响，决定将全年50万吨原油产量计划下调2万吨，调至48万吨。

2011年，为了进一步加强生产经营工作的组织管理，以月度生产计划的完成确保年度生产计划的完成，玉门油田规定各有关单位要依据年度生产经营计划，结合生产运行季节性特点，科学制定本单位的月度生产经营建议计划，每月26日前上报计划部门，为计划部门科学合理编制下月生产经营计划，提供依据。

2012—2017年，基层各单位按照玉门油田“五年”规划的总体部署，结合本单位生产实际，于每年7月前，向计划部门编制上报下一年度生产经营建议计划。原油生产以狠抓稳定和提高单井日产的“牛鼻子”工程，按照效益标准化优化新区产能建设，加强老区精细化管理，深入开展注水专项治理，采取各种措施，减缓递减，夯实老油田稳产基础，确保原油产量稳中有升，以及优化油田开发方式，加强地面技术系统的优化、简化、标准化工作，降低损耗，努力提高商品率等为重点；原油加工量以统筹考虑加工能力、市场需求、资源条件和经济效益等因素，杜绝超能力加工，有效减低单位原油加工成本，持续改善各项技术经济指标、优化炼化产品结构，加快推进产品质量升级等为重点。生产经营建议计划经计划部门统筹形成年度生产经营计划，报股份公司审核批准后，按年、季、月度计划下发各单位组织实施。

第四节 投资管理

一、管理制度

1989年，制定下发《加强投资管理暂行规定》。对投资项目基本建设运行程序，分级管理及项目管理层级，投资资金管理，设计管理和概、预、决算管理以及对建设项目的监督检查等进行了明确。

1993年，制定下发《项目管理暂行办法》。

2004年，制定下发《投资管理办法》。《投资管理办法》在投资计划管理、项目投资管理、建设项目投资审批程序、投资项目考核与奖惩等6个方面对固定资产投资管理进行了规范。

2009年，根据股份公司内控与风险管理部《关于规范科技、资本运营和内控业务流程的通知》《关于规范投资业务流程的通知》和业务流程管理工作交流视频会议要求，玉门油田以管理职责为切入点，制订详细的流程梳理实施方案，并组织财务资产、规划计划、科技、基建等部门对科技、资本运营、内控和投资4个领域的业务流程进行规范，编制发布《科技、资本运营、内控、投资业务管理内部控制指引》，其内容主要包括基本业务流程自录、业务风险数据库、权限指引表、业务流程图、风险控制文档等。

2011 年，制定下发《投资项目管理办法》。在管理机构和职责、项目前期管理、初步设计管理、项目组织管理、招投标管理、勘察设计管理、合同管理、物资采购管理、施工管理、投资管理、投产试运行管理、竣工验收管理、HSE 管理、项目后评价管理、投资项目考核等 19 个方面对投资行为和管理程序进行了规范。

2016 年，制定下发《玉门油田分公司投资管理实施细则》，加强油田投资管理工作。并制定《后评价管理实施细则》。

二、管理措施

1988 年，按照国务院、中国石油天然气总公司和甘肃省石化厅关于清理固定资产投资在建项目、压缩投资规模、调整投资结构的指示精神，在玉门油田开展固定资产投资大检查，检查范围涉及全民所有制建设项目和集体所有制建设项目，基本建设项目和技术改造项目，生产性建设项目和非生产性建设项目以及油田投资项目和各单位自有、自筹资金项目等。通过固定资产投资检查清理，玉门油田全民所有制在建项目能严格执行计划，无计划外项目。因集体所有制在建项目未纳入全民企业管理，在建项目虽然能够按照批准计划执行，但存在扩大工作量现象。油田投资结构合理，投资比例恰当，符合总公司精神，资金使用符合国家规定。

1989 年，为了进一步深化投资体制改革，控制投资规模，加强建设项目管理，简化项目审批程序，实行投资有偿使用，提高投资效益，强化投资主体的自我约束机制，理顺投资管理关系，管理局制定《加强投资管理暂行规定》，有效规范投资项目基本建设运行程序、项目管理层级、投资方向、投资项目的资金使用等。

从 1990 年起，开始全面推行项目管理工作。

1992 年，编写项目管理《项目承包责任书》，首次对地震、勘探等 3 个项目实行项目管理，为玉门油田全方位实行项目管理奠定了基础。复查工程预算投资 8846.44 万元，压缩规模，核减预算不合理投资 490.68 万元。对不具备条件的 43 个项目实行投资包干，包干金额 1823.95 万元，节约资金 73.31 万元。

1993 年，改革投资管理办法，由计划管理开始向强化投资管理过渡，注重管好企业投资方向，减少失误。在控制投资方面采取维持简单再生产的投资由各单位自筹自用、扩大再生产的投资由局通过多种形式筹措，建设单位投资有偿使用、项目自主安排调整等新措施，集中有限的资金，确保勘探开发、炼油配套改造等重点建设项目的落实，并控制非生产性投资规模，形成了宏观管住管好，微观放开搞活的局面。

1994 年，改善计划投资管理，以防止出现短期行为。（1）确保必要的勘探开发工作量和 150 万吨 / 年炼油配套改造及水、电重点工程项目投资；（2）控制国家专控设备购量及非生产建设项目和矿区建设投资、面积的比例。向总公司申请投资总规模从 3.5 亿元增加到 4 亿元，储量有偿使用费从 2400 万元争取到 3350 万元，基本上保证了全局重点工作和生产建设资金的落实。

1996 年，加强以控制投资为目的的项目管理，成立工程项目咨询部，加强对建设项目的科学论证工作，严格工程项目立项与审批工作。全面实行招议标，优选施工队伍，维护甲方利益，有效控制投资。将投资重点放在重点工程建设上，对油田开发所需资金给予必要支持，在推广采油新技术方面，加大科技含量的投资，安排钻井投资和油田地面工程设施建设资金。对 250 万吨炼化改扩建等工程项目，根据工程进度及时审核和安排投资，并申请 3600 万元贷款全部用于炼化改扩建项目，对其他建设项目实行“效益第一”的原则；对重复建设项目一律不批；楼堂馆所严格控制立项，对非生产性设备禁止购置，严格控制投资限额，对超过限额的单位严肃处理，并在年度不予调整。使有限的资金用在刀刃上。

1997 年，按照以收定支、以产出定投入的原则，对投资进行综合平衡，加强投资规模的总量控制。建立项目资本金制度及项目法人责任制度，明确投资主体，强化投资风险约束机制。推行限额设计，严把设计审查关，达到了减少投资、降低工程造价的目的。实行从项目论证评估、设计、物资采购、优选队伍、施工管理到工程验交、决算、结算的全方位、全过程的项目管理，提高工程质量，降低工程进价。严格控制对外投资，禁止参与搞房地产活动，严格控制非生产性建设，禁止建设高档楼堂馆所和娱乐设施；严格控制产品和生产能力已经过剩项目，禁止计划外工程。

1998 年，从项目建设源头抓起，坚持无经济论证的投资项目不批，无效益的投资项目不干，回报周期长的投资项目不决策的原则，缓停建工程5项，停止小轿车、移动电话、高档音响和高档办公用品的批购，压缩投资2000万元。对39个建设项目实行投资包干，有效控制了工程费用。严把工程设计审查关，优化设计方案，节约投资420万元。对16个项目的概算、结算进行审查，减少投资4500多万元。推行施工队伍、物资采购招议标制，为提高工程质量、降低工程造价发挥了重要作用。

2001年，为避免国有资产流失，管理局成立外投外借及对外担保清查领导小组和办公室，开始彻底清查对外投资和对外借款及对外担保情况。清查范围：(1) 截至2000年12月31日账面尚有余额的。对1999年1月1日以后，已通过资产评估及作为坏账核销的外投外借资金也根据不同情况有重点地进行了清查。(2) 各单位向本单位以外和本单位所在地以外外投外借的资金。(3) 异地存款（包括银行和非银行金融机构存款），也视同对外借款一并进行清查。通过采取逐个项目进行清查登记，摸清情况；明确项目清查责任，采取强有力措施，认真回收追偿；建立外投外借资金专项报告制度，维护了企业利益。

2002年，油田分公司对工程建设项目的实际进展和投资完成情况进行清理，对跨年建设项目和列入2002年度投资计划的建设项目进行清理，并对竣工项目尽快办理工程结算。

2004年，油田分公司对2000—2003年计划下达的重点投资项目进行投资效益分析和总结，明确投资方向，为做好投资及扩编制工作提供了决策依据。

2005年，在全油田范围内开展投资项目计划清理工作，编制完成玉门油田《2000—2004年投资状况及效益分析》报告。

2006年，根据股份公司关于转发《国务院办公厅转发发展改革委等部门关于加强固定资产投资调控从严控制新开工项目的意见的通知》精神，油田按要求进行认真清理，对通过可行性研究批复，尚未下达投资计划，正在进行前期工作的项目立即实施停工处理，保证股份公司的指示精神落到实处。经过清理未发现违反安全生产、环保等要求的项目，勘探、开发、炼油等安全环保隐患治理项目建设经过严格论证后，上报股份公司进行批复立项。同时，油田在设备购置上也严格控制进口设备数量，无提前采购设备的现象。

2011年，本着提升投资回报和经济效益的原则，就加强投资管理和做好年度投资控制做出要求：(1) 所有项目必须按照集团公司要求完成降低项目投资5%的投资控制目标；(2) 加强组织领导，明确责任目标，细化方案措施，量化制订控制投资的方案和措施，形成各方联动携手降低投资的合力；(3) 以方案优化为重点，强化方案设计审查，从源头做好投资控制。(4) 强化物资采购管理及招投标管理，进一步推广EPC等项目管理模式，降低工程项目投资；(5) 不断总结、归纳、分析投资控制工作中取得的成效、经验和做法，不断提高投资管理和控制水平。

2014年，要求各有关单位在进行投资总额1000万元以上的工程建设项目概（估、预）算投资计算时，要根据项目建设期的长短，计算负息资金利息，并列入项目总投资，油田将按照财务实际入账金额在项目完成后进行结算。

2016年，根据股份公司投资框架和投资计划，克服股份公司投资规模和工作量规模大幅压减，投资总量在集团公司下达总量基础上再压缩15%的实际困难，在摸底调研、充分调查论证、上下对接、综合平衡的基础上，结合油田多方案优化论证制定的年度原油产量、产能建设生产经营部署，编排相配套的投资策略措施，合理安排投资计划，对事关油田发展的勘探开发给予资金保障，并抓好执行落实，保证了油田生产经营的正常开展，确保了油田勘探开发工作量和投资价值最大化。将加强投资管理与年度总体工作部署结合起来，加强项目前期管理，按照合规管理的要求，严格执行投资项目前期管理制度和工作程序，提高项目前期工作质量，抓好项目科学论证和投资管控，对建设项目改变以往项目方案设计代替可行性研究加初步设计的简化做法，要求除个别工艺简单、投资额度较小的项目外，所有项目必须开展可行性研究，待项目可行性研究批复后开展初步设计；加大项目风险因素评估，严格压缩控制投资高、效益差的低产低效项目；严格落实项目方案两级审查制度，在建设单位预审查的基础上，协调组织油田安全、生产、基建、设备等相关部门进行工程建设项目可行性研究报告或方案设计审查，对建设项目工艺、技术、造价等方面内容进行严格审查把关，从项目前期杜绝项目建设高标准、超规模、无效投入等现象，努力提高建设项目投资效益和资本回报质量，规避建设项目盲目投资。

2017年，根据股份公司投资计划及投资总量在集团公司总量基础上压缩10%的要求，油田围绕提质提效中心，深化细化投资管理，注重投资管理实效，严格执行投资项目前期管理制度和工作程序，规范项目审批决策程序，加强项目风险因素评估，抓好项目科学论证，提高项目前期工作质量，严格压缩控制投资高、效益差的低产低效项目。把投资管理向前延伸，抓好项目建设前期论证，强化项目前期方案优化，落实项目方案两级审查，对建设项目工艺、技术、造价等进行严格审查把关，从项目前期杜绝项目建设高标准、超规模、无效投入等现象，规避项目建设盲目投资，使投资在项目前期得到控制，提高了建设项目投资效益和资本回报质量。

三、项目后评价

从2009年起，玉门油田开始强化投资项目后评价管理工作。

2010年，对青西油田天然气回收综合利用项目及水电厂余热利用工程两个项目开展后评价工作，并编制完成《青西油田天然气回收综合利用项目后评价报告》及《水电厂余热利用工程后评价报告》。

2012年，成立投资项目后评价工作领导小组，加强投资项目后评价工作的组织和领导，进一步规范油田投资项目后评价管理工作。领导小组在规划计划处下设后评价协调办公室。

2013—2014年，先后编制下达2013年、2014年项目后评价计划通知，举办后评价培训班，对玉门油田有关部门及二级单位相关人员170余人进行后评价业务专项培训。两年共开展后评价项目88个，其中详细后评价项目5项，简化后评价项目14项，归类后评价项目70项。

2016年，下达安排全年项目后评价工作计划，完成项目详细后评价6项，简化后评价11项，归类后评价53项，并上报集团公司备案。

2017年，开展后评价项目45个，其中详细后评价项目5个，简化后评价项目3个，归类后评价项目37个。

第五节　统计管理

1987年，国家发布实施《中华人民共和国统计法实施细则》。为保证《统计法》《中华人民共和国统计法实施细则》在玉门油田的全面贯彻落实，制定印发《关于认真贯彻中华人民共和国统计法实施细则的通知》，各项统计工作开始纳入法制化轨道。

1989年，开展统计法规执行情况大检查。按照国家统计局、国务院法制局和监察部以及总公司的要求，重点对统计法在各单位的贯彻执行落实情况、存在的主要问题，以及与玉门油田相关的原油产量、钻井进尺、投资状况等年报指标进行检查，针对反映出的部分单位在统计工作中对工业总产值统计内容或价格存在认识模糊、不准确，影响正确统计等问题，为保证统计资料的可比性，准确反映油田工业生产的发展状况，根据工业总产值的计算原则、工业总产值的价格计算方式，以及国家统计有关制度，结合油田工业总产值统计的历史基础，对工业产品1980年不变价格予以确定。针对玉门油田多种经营发展较快，部分工业产品虽不属车间环节中间产品，但工业产值反映了油田生产规模的扩大和生产速度的提高，为了统筹全油田一体化经营，对多种经营系统工业总产值统计工作进行了要求，纳入玉门油田工业产值统计范围。

1992年，对1991年统计年报和1992年定期统计报表制度进行了修订。

1993年，在全油田开展上年投入产出情况调查。玉门油田价值型投入产出共涉及27个产品部门和20类外购产品及劳务。实物型投入产出共涉及27个实物产品，其中主要自产产品9种，主要外购产品18种。当年，统计年报实施企业统计“一套表”。

1994年，制定《统计工作制度》和《统计工作评比办法》。《统计工作制度》从统计岗位责任制、统计目标管理制、统计法规执行情况检查制、统计例会制、统计原始资料、统计台账、统计报表管理制、统计资料管理制等10个方面对玉门油田统计工作进行规范，成为油田统计人员从事统计活动遵守执行的规范和准则。

1995年，国家统计局对国民经济核算体系和统计调查方法制度进行重大改革，开始向新核算体系转轨。当年，结合总公司统计报表制度，编制玉门油田综合统计报表制度。

1997年，进行统计执法大检查初查工作，重点对各单位、各部门学习宣传《统计法》，并对执行情况和统计工作中有无统计违法情况进行检查。该次统计执法大检查，是《统计法》修改后组织的第一次执法检查，为油田统计执法和依法治理统计奠定了良好基础。

2001年，油田分公司修订编制《2001年统计年报和2002年定期报表综合统计报表制度》。为了推进依法统计，稳定统计机构和人员，强化统计基础工作，从源头上预防和制止弄虚作假，确保统计数据的准确性、科学性，油田分公司分别对采油厂、炼化总厂和勘探事业部开展《统计法》和“两办通知”执行情况进行了检查。

2003年，对《综合统计报表制度（2002年综合统计年报和2003年综合统计月快报）》和《生产经营与统计工作目标管理评定办法》进行了修订。重新修订的制度和办法在报表内容、结构、报送时间以及评定内容和评分标准等方面都做了较大调整，为各单位认真贯彻《统计法》，建立健全综合统计报表的审核、交接、档案、签署等管理制度，提高统计数据质量奠定了基础。

2006年，对各单位对外直接报送的各类统计报表进行了清理。

2008年，成立第五次投入产出调查领导小组，制定第五次投入产出调查实施方案，在全油田开展2007年投入产出调查工作。为响应国家开展的第二次全国经济普查，根据玉门市政府《关于做好第二次全国经济普查的通知》要求，成立第二次全国经济普查领导小组，配合做好经济普查工作。

2011年，为配合玉门市做好全国第一次水利普查工作，准确获取普查动态数据，确保普查数据来之有据，玉门油田所属各单位建立用水及取水数据台账，按月填报水利普查用水及取水调查表。

2013年，开展2012年投入产出调查工作。调查内容涉及成本、费用和利润构成等重点，以及运输费、修理费、差旅费、办公费、机物料消耗和研究与开发费等典型调查。玉门油田按工业企业进行全面调查，同时信息中心和方圆物业公司作为法人按服务业被抽查参加本次调查。

2014年，针对机构的变动、投资管理主体的变化以及个别单位统计岗位人员变动频繁等原因影响油田统计工作的情况，要求所属各单位按照统计工作要求，配备生产盘库、综合统计、投资统计及生产经营分析等与统计工作任务相适应的专（兼）职统计人员。

2015年，制定《统计工作管理实施细则》。统计工作管理实施细则从组织机构与职责、统计基础工作、统计调查与统计分析、统计信息披露与共享、统计监督检查等7个方面对油田统计工作进行了规范。

2016年，印发《玉门油田分公司综合统计工作管理实施细则》。细则在对报集团公司、股份公司、甘肃省工信部、甘肃省统计局、酒泉市统计局、肃州区统计局及玉门市统计局的各类统计报表进行仔细研究的基础上，进一步完善生产经营与统计指标体系，报表制度涵盖了玉门油田主要生产经营的所有业务，全面反映了油田生产经营运行及能源消耗状况，规范了油田的统计工作业务范围。

2017年，进一步加强统计工作的标准化和规范化管理，完善生产经营与统计指标体系，报表制度涵盖公司主要生产经营的所有业务，能够全面反映公司的生产经营运行及能源消耗状况，规范了公司的统计工作业务范围。按照股份公司投资报表新要求，及时规范用财务数据填报投资报表，重新修订报表制度，规范统计口径，按时完成集团公司、地方政府投资年报和各类定期报表上报；按时完成“三供一业”分离移交项目运行情况表，医疗机构情况统计报表等上报工作，为集团公司了解油田医疗机构情况提供依据。

第六节　节能节水管理

一、管理制度

1987年，修订《能源消耗定额（第一分册）》。修订范围包括地质勘探设备、油田注采设备、井下作业设备、运输车辆等四部分设备能源消耗定额，共计修订173种机型（或项目）。其中，比原消耗定额升高的机型15种，占8.67%，比原消耗定额降低的机型30种，占17.34%，与原定额持平的128种，占73.99%；淘汰161种机型（或项目）；增订122种机型（或项目）。修订后的定额基本反映了全油田生产过程的主要设备用油指标状况，成为编制能源计划、供应能源和检查考核消耗的基本依据，为加强能源管理，促进节能打下了基础。

1988年，制定《主要能源消耗指标承包办法》。能源消耗指标主要包括汽油、煤油、柴油、润滑油、渣油、原煤、电等重要能源指标。制定《能源节约奖励办法》。实行能源节约奖励的品种主要有煤炭、电力、汽油、煤油、柴油、重油、蒸汽、液化石油气、催化烧焦、燃料气等。玉门油田的统配原油商品率和炼厂的石油产品商品收率同在考核指标之列。

1993年，制定《自用成品油及渣油消耗指标管理办法》。

1996 年，针对油田能源消耗定额部分内容与不断发展的生产经营形势不相适应的情况，对主要能源消耗定额进行了增订与修订，使全局能源消耗定额管理覆盖率 80% 以上。

2000 年，管理局重新编制、修订《能源消耗定额》，作为油田编制能源消耗计划、能源供应和能源消耗考核、检查的依据。

2004 年，油田分公司印发《节能节水暂行管理办法》《节能节水统计暂行管理规定》两项节能节水管理制度。

2008 年，依据新修订的《中华人民共和国节约能源法》《重点用能单位节能管理办法》《中国石油天然气集团公司节能节水管理办法》，制定《节能节水管理实施细则》。《实施细则》在管理机构与职责、计划考核与定额管理、能源计量与统计管理、节能节水监测、节能节水项目管理、合理用能用水、节能节水技术进步、节能节水宣传培训、节能节水检查与奖惩等 10 个方面对节能节水管理进行了规范。

2009 年，制定印发《节能节水考核评比办法》。

2010 年，制修订《节能节水统计管理规定》《节能节水监测管理规定》《固定资产投资工程项目节能节水管理规定》三项节能节水管理制度。

2013 年，制修订《节能节水管理办法》《节能节水考核评比办法》《节能节水统计管理规定》《节能节水监测管理规定》《节能节水专项投资项目管理规定（试行）》及《固定资产投资项目节能评估和审查管理规定（试行）》等六项管理制度。

2016 年，对《节能节水管理办法》《节能节水考核评比办法》进行了修订和完善。

二、重点工作

1988 年，开展原油、天然气及石油产品清理检查工作。清理检查包括：清理分配销售计划执行情况，清理油、气资源利用情况，清理资源去向，掌握原油、天然气及石油产品产、供、销情况和问题。当年起，油田开始按年、季向各单位下达自用油（气）消耗计划。

1989 年，在石油天然气总公司节能升（定）级达标中，白杨河油矿和油建公司升（定）为国家二级节约能源企业，运输处、水电厂、老君庙油矿、鸭儿峡油矿、石油沟油矿升（定）为总公司级节约能源企业。

1990 年，组织完成更新改造高压电容器 1500 千瓦、更新改造低压电容器 1000 千瓦、深井泵更换潜水泵 5 台、改造低压线路 10 千米、改造电阻炉加保温材料 5 台、更新节能型变压器 5 台、安装钻机余功发电机 2 台、安装高转差率电动机 5 台、更新高效注水泵 1 台、安装各类计量仪表 250 块等 10 个节电技措项目。

1991 年，完善能源统计体系，建立统一的节能统计报表和能源消耗原始台账，制定节能统计分析制度和评比办法，形成局、厂、车间三级能源统计网络。全年，在油田论证实施节能技术改造和新技术推广项目 25 项。

1992 年，首次将节能统计工作纳入计算机管理，开发 1 套节能统计报表软件。汇编 1980—1990 年节能统计资料，系统地反映油田 10 年来节能指标的完成情况。组织实施老君庙油矿更新 2 台高效注水泵，鸭儿峡油矿安装 30 口油井节电箱，水电厂、机械厂、老君庙、炼油厂等单位安装使用 15 台变频调速器，老君庙、白杨河油矿安装使用 4 台天然气发电机，油田更新 15 台节能型变压器、改造 JO 型电动机 800 ～ 1000 台等 7 项节电技措项目；锅炉安装热管换热器、推广硅酸盐保温材料 2 项节煤项目；以及推广燃油掺水技术、油井常温输送工程等 13 项节油项目和污水厂改造、瓦斯集输系统改造及火炬治理等节能技术改造和新技术推广应用项目。

1993 年，筹措资金 1122 万元，开展炼厂瓦斯回收利用、采油厂污水厂改造、安装变频调速器等 14 项节水、节电、节气、节油节能技术改造和新技术推广应用项目。

1994 年，对地调处、钻井处、采油厂、水电厂、井下处、机械厂、运输处等 12 个主要生产单位节能降耗挖潜措施、节能合理化建议项目实施情况，主要能耗消耗情况和节能技措项目实施、节能新技术推广应用情况进行了检查。

1996 年，完成机械采油系统（抽油机监测 140 台）效率测试、供热系统（锅炉 20 台、热力管网 5 条约 2000 米）、各类泵 20 台、各类变压器 20 台及油田主要用水单位用水量测试工作。

1997 年，组织实施煤粉燃烧技术应用、高压电容补偿改造、引进煤计量装置等 12 项节能技术改造及节能新技术推广项目。

1999 年，围绕节能工作和节能技术改造项目，完成采油厂各型抽油机 150 台、注水输油泵 20 台、水电厂变压器 100 台、炼化总厂加热炉 4 台、局相关单位 36 台锅炉等的节能检测工作。同时开展燃油锅炉改燃煤锅炉、绿色照明推广应用等 11 项节能技术改造项目。

2000 年，按照《节约能源监测管理暂行规定》，进行水电厂各类机泵 20 台、锅炉 2 台、变压器 50 台，机械厂各类机泵 2 台、锅炉 2 台、窑炉 6 台，物业管理公司各类机泵 20 台、锅炉 10 台等的节能检测工作。同时开展 6 项节能技术改造项目。

从 2004 年起，开始进行节能节水型企业创建活动。油田分公司、管理局分别制定评价考核体系和评价考核规范，明确创建目标。此后，油田每年开始对各单位节能节水型企业创建工作进行自评考核。

2005 年，油田组织开展“十五”资源节约成果和“十一五”资源节约潜力调查分析活动。本次资源节约成果和潜力调查的内容包括：各单位节能、节水、节材和“三废”资源、余能资源、废旧物资综合利用，以及开发利用非常规水资源、新能源和可再生能源等。

2006 年，为贯彻落实科学发展观和节约资源基本国策，切实加强重点耗能企业节能管理，实现全省“十一五”规划纲要提出的到 2010 年单位生产总值能耗比 2005 年降低 20% 以上的目标，受省政府委托，省经委与油田签订节能目标责任书。节能目标责任书要求：（1）到 2010 年底，玉门油田实现节能 6.93 万吨标准煤。（2）玉门油田要采取切实有效措施，确保实现“十一五”节能目标。（3）玉门油田对列入本责任书的拟建和在建节能项目，应按期开工、建成，并确保发挥效益。（4）甘肃省经委每年对企业执行情况进行考核，将考核结果抄报国家发展和改革委员会，并向社会公布。同年，玉门油田组织开展了耗能用水现状调查及潜力分析活动，并启动“十一五”节能节水发展报告的编制工作。成立能源审计领导小组，对重点耗能单位开展“十五”能源审计。

2008 年，深入推进节约型企业建设，加大节能目标考核力度，组织实施节能技改项目和新技术推广应用，实现节能 1.51 万吨标准煤、节水 66.38 万立方米。油田获甘肃省节能工作先进单位和集团公司节能节水型企业称号。

2010 年，股份公司油田节能监测中心计划监测玉门油田 3 个作业区 20 台加热炉、15 台输油泵、10 台注水泵，共计 45 台耗能设备，但由于 11 台加热炉、7 台输油泵、2 台注水泵，合计 20 台耗能设备不具备测试条件，实际测试 25 台耗能设备（其中，9 台加热炉、8 台输油泵、8 台注水泵），完成监测计划的 53.36%。股份公司西北石化节能监测站对炼化总厂 7 台加热炉、3 台泵机组进行了监测。

2011 年，在股份公司完成玉门油田加热炉、蒸汽管线节能抽测工作的同时，完成了对所属 10 个单位的 114 台抽油机、27 台机泵、2 台锅炉、2 条供配电线路、2 台电加热炉、7 台车辆等耗能设备及系统节能监测。

2012 年，制定《“十二五”节能节水工作方案》。方案工作目标是：主要用能单耗指标在 2010 年基础上平均下降 17% 以上、主要用水单耗指标平均下降 7% 以上；节能节水工作走在甘肃省重点用能企业前列。“十二五”期间，实现节能量 6.3 万吨标准煤、节水量 50 万立方米，全面完成集团（股份）公司和甘肃省下达的节能节水目标任务。由于国家发改委公布玉门油田“十二五”万家企业节能量目标为 62198 吨标准煤，远远高于股份公司下达的 14000 吨标准煤。为减轻油田后三年节能降耗压力，玉门油田对年度节能节水考核指标进行了调整。

2012 年，中国石油勘探与生产公司完成玉门油田第二轮次注水系统的节能抽测工作；中国石油炼油与化工公司完成炼化总厂工艺加热炉、泵机组、压缩机组和蒸汽管线节能抽测工作。根据勘探与生产公司安排，股份公司油田节能监测中心对老君庙、鸭儿峡作业区运行的 6 套注水系统，10 台注水泵进行节能监督监测。监测结果评价：平均系统效率 40.15%。其中，节能监测合格系统 2 套；节能监测节能运行系统 1 套。平均功率因数为 0.9466，合格率 80.00%；平均机组效率为 77.81%，达到限定值考核指标要求的 7 台，达到节能评价值考核指标要求的 6 台。

根据炼油与化工公司安排，中国石油西北石化节能监测中心（股份公司西北石化节能监测站）对炼化总厂 14 台工艺加热炉、5 套泵机组、4 套压缩机组、3 条蒸汽管线进行节能监测。监测结果评价：（1）加热炉：常减压装置的 F−101 常压炉和 F−102 减压炉、催化重整 F101 炉和 F205 炉共 4 台加热炉的 5 项考核指标全部合格，依据标准判定为节能监测合格工艺加热炉。其他 10 台加热炉中各有 1 ～ 3 项监测不合格，依据标准判定为节能监测不合格工艺加热炉。（2）泵机组：动力车间泵机组的3号、4号、5号和东区2号、常减压车间P123–2泵机组的2项考核指标全部合格，依据标准判定为节能监测合格泵机组。（3）压缩机组：重整装置的氢气压缩机组K202/2的2项考核指标全部合格，依据标准判定为节能监测合格压缩机组。K101/2、K301/1、K201压缩机效率不合格，依据标准判定为节能监测不合格压缩机组。（4）蒸汽管线：1号蒸汽管网（1.0兆帕）合格率98%、2号蒸汽管线（0.8兆帕）合格率99%、中压蒸汽管线（3.5兆帕）合格率100%。

2013年，勘探与生产分公司下达节能量指标为0.3万吨标准煤、节水量指标为7万立方米；按照国家"十二五"万家企业节能量目标，玉门油田分解2013年节能量指标为11765吨标准煤、节水量指标为7万立方米。1—9月，按照集团公司节能节水量计算方法，玉门油田实际完成节能量5540.52吨标准煤、节水量5.41万立方米，分别完成勘探与生产分公司下达指标的184.67%、77.29%；完成油田分解年度节能量指标的47.09%、节水量指标的120.22%。2011—2013年，玉门油田累计完成节能量4.07万吨标准煤，节水量22.75万立方米，分别完成国家万家企业"十二五"节能量目标的65.45%；股份公司下达"十二五"节水量目标的65%。甘肃省工业和信息化委员会与玉门油田签订《重点用能企业节能目标管理责任书》，要求到2015年，实现原油加工单位综合能耗在2010年基础上下降5%，平均每年下降1%，即由81.3千克标准油/吨下降到77.32千克标准油/吨。截至2013年9月底，玉门油田原油加工单位综合能耗完成75.70千克标准油/吨，提前超额完成了"十二五"目标。至2013年底，油田全年实现节能量9808吨标准煤、节水量7.59万立方米。

2014年，成立"十三五"节能节水规划编写协调小组，组织开展"十三五"节能节水专项规划编制工作。按照集团公司采用技措法计算，油田上报完成节能量9590吨标准煤；按照产品（工作量）单耗法考核，公司实现节能量3515吨标准煤、节水量27.56万立方米。

2016年，邀请第三方认证机构，对原油开采、石油炼制、发电供热、加工制造等所涉及能源采购、接收储存、加工转换、输配使用、余热回收利用等过程分两个阶段进行了认证审核，油田获得中国船级社质量认证公司颁发的能源管理体系认证证书，成为股份公司16个油气田首家独立通过能源管理体系认证的企业。油田加大用能用水监测力度，在确保完成股份公司下达年度抽测任务的同时，制定全年160台（套）设备、系统对比测试工作计划，重点组织开展油田注水系统、加热炉、抽油机井和炼化加热炉、机泵效率测试工作，全年共完成油田5套注水系统的抽测、普测任务；对11个单位的抽油机、机泵、锅炉、加热炉、热电炉、柴油机等耗能设备及系统进行对比测试，共完成69台（套）耗能设备的监测，提高了用能单位对重点用能设备运行管控水平。编制上报"水电厂提高热力系统效率综合节能改造项目""低效高耗设备更新"和"玉门油田分公司油气生产加热炉提效工作"项目的总结评价报告和"玉门油田电机能效提升工作总结"；组织完成《玉门油田电机提效节能改造项目可行性研究报告》和《供热系统换热器改造项目可行性研究报告》论证，上报勘探与生产公司，落实"玉门油田电机能效提升节能改造项目"专项资金1300万元；组织编制完成《常减压装置减压深拔及换热流程改造项目节能评估报告》，上报酒泉市工信委，获得该项目的"能评"批复。为进一步摸清各单位能源消耗现状，能源流程的变化以及节能节水工作潜力，组织开展"十二五"能源审计。全年，油田共完成节能量10559吨标准煤，节水量8.23万立方米，节能量完成年度计划目标的211%，节水量完成年度计划目标的165%。

2017年，实行能效对标管理，制订能效对标方案，建立能效对标指标体系，开展对标分析，考核能效对标指标完成情况，对超标指标进行了重点控制。开展能源评审，跟踪落实整改能源评审中存在的问题。开展项目前期能评工作，完成炼化6个项目、油田2个技术改造项目能评。加大节能监测力度，完成油田输油泵、炼厂加热炉抽测和普测任务；组织油田节能监测站对11个重点用能单位进行监督测试，全年完成135台（套）设备测试。推进能耗定额管理，在油田建立定额标准体系，使公司用能、用水处于可控状态。在采油厂建立抽油机井管理平台，实现采油数据的在线采集、分析评价及预测；在炼化总厂安装MES系统，实现装置运行参数实时监控；水电厂安装单台炉煤粉计量装置，对入炉煤粉量进行计量监控。制定《关于进一步加强能源管控工作的意见》，在酒东采油厂先期开展能源管控试点示范，完成项目施工图设计工作。抓好节能专项工程实施，开展节能科技研发，关停低效淘汰落后工艺设备，全年完成节能量1.29万吨标准煤、节水量15.19万立方米。

第三章　财务资产管理

第一节　机构

1987年，财务处下设成本科、财务科、资产科、综合科、机关财务组，共有工作人员27名。主要负责油田财务会计业务，并对油田所属各单位财务工作进行检查指导。

1989年1月，财务处将机关财务组改组为机关会计科，隶属财务处。

1992年1月，成立国有资产管理处，与财务处为一个机构、两块牌子。将原财务处资产科更名为国有资产科，并增设财产保险科、资产核算科。

1993年3月，对机关机构进行改革，改革后财务处（国有资产管理处）下设生产财务科、基建财务科、综合科、资产管理科、机关财务科5个职能科室。

1994年1月，在财务处（国有资产管理处）增设价税科。5月，撤销资金管理科，成立玉门石油管理局内部银行。内部银行是油田领导下的企业内部金融管理机构，在资金管理上，将银行的资金筹集、融通、存贷、结算、监督、控制等职能引入企业，建立和培育内部资金市场，提高资金的使用效益。同月，将生产财务科更名为会计核算科。

1996年3月，撤销内部银行，成立财务结算中心，行政上隶属财务处管理。12月，财务处（国有资产管理处）机构进行调整，下设会计核算科、国有资产管理科、资金管理科、价税科、机关会计科5个职能科室；附挂财务结算中心。

1999年7月，油田重组改制。管理局将规划计划处与财务处合并，成立计划财务处（国有资产管理处），下设统计计划科、财务科、资产科、财务决算中心，共有职工29人。油田分公司成立计划财务处，下设规划计划科、财务科和资产科，附挂财务结算中心。12月，管理局成立资产处置中心，下设资产评估科、资产处置科。

2000年7月，管理局对所属13个二级单位实行财务科长委派制，由计划财务处管理和领导。8月，管理局计划财务处增设价税科、造价预算科。

2001年6月，管理局计划财务处增设资本运营科。

2002年1月，管理局撤销计划财务处（国有资产管理处），成立财务处（国有资产管理处）（简称财务资产处），并将房产中心的住房资金管理业务划出，归并财务决算中心。财务资产处下设财务科、价税科、资本运营科3个职能科室，附挂财务决算中心、资产处置管理中心。12月，油田分公司对所属二级单位财务实施会计集中核算，成立财务会计管理核算中心，与计划财务处一套机构、两块牌子，下设综合管理中心、会计管理核算中心、材料管理核算中心、价税管理核算中心、投资管理核算中心、资产管理与核算中心、工资及费用管理核算中心、采油成本管理核算中心、炼油成本管理核算中心9个专业管理中心。财务集中管理后，基层各单位不再设财务会计核算岗位，相关业务由各专业管理中心承担。

2003年9月，油田分公司对计划财务处组织机构进行调整改革，下设规划计划统计科、会计成本科、预算管理科3个职能科室，附挂会计核算管理中心、定额计价中心。12月，管理局成立玉门油田房产管理中心，并将财务资产处住房资金管理业务划入房产管理中心。局财务资产处下设资产科、价税科、资产运营科、会计核算中心4个科室，附挂财务结算中心、资产处置管理中心，共有职工20人。

2004年8月，油田分公司将计划财务处分设为财务资产处与规划计划处，财务资产处下设预算管理科、会计成本管理科、资产管理科、价税管理科4个职能科室，附挂会计管理核算中心、中油财务公司玉门业务受理处。会计管理核算中心下设成本核算科、投资核算科、工资费用核算科、材料核算科、财务结算中心5个科室。

2005年7月，玉门油田重组整合。8月，油田分公司财务资产处和管理局财务资产处合并，成立公司（局）财务资产处，下设预算管理科、成本管理科、价税科、工资费用管理科、资产管理科、资本运营科6

个职能科室和会计核算中心、财务结算中心、资产处置中心 3 个附属机构。其中，会计核算中心设成本核算科、投资核算科、材料核算科；财务结算中心设结算一科、结算二科。全处共有员工 90 人。

2006 年 3 月，将会计核算中心材料核算科与物资采购管理中心（物资供应处）财务科合并，成立材料核算中心，附挂财务资产处，下设材料管理科、材料核算科、材料稽核科。

2007 年 6 月，将原管理局各二级单位财务管理部门撤销，人员、业务集中到财务资产处管理。财务资产处下设预算管理科、价税管理科、投资管理科、资产管理科、资本运营科、会计稽核科、综合信息科、清欠办公室、内控办公室、工会财务科等 10 个职能科室，附挂 5 个附属机构：成本核算管理中心（设勘探开发成本科、炼油化工成本科、辅助生产成本科、后勤服务成本科、工资费用管理科、内部交易科 6 个科室）；会计核算管理中心（设会计核算一科、会计核算二科 2 个科室）；材料核算管理中心（设材料管理科、材料核算科、材料稽核科 3 个科室）；资金结算中心（设资金结算一科、资金结算二科 2 个科室）；住房公积金管理中心。同时，财务资产处对各驻外机构财务人员实行委派。财务资产处时有员工 225 名。

2010 年 9 月，财务资产处更名为财务处，并将资本运营业务归并综合信息管理科，将清欠办公室归并会计核算中心，将工会财务科、住房公积金管理中心业务划归资金结算中心，成立表外资金管理科，成本核算中心分流内部交易业务。调整后，财务处下设预算管理科、价税管理科、投资管理科、资产管理科、会计稽核科、综合信息管理科、内控办公室 7 个职能科室；附挂成本核算中心、会计核算中心、资金结算中心 3 个附属机构。其中成本核算中心由原成本核算管理中心、材料核算管理中心整合成立，下设勘探开发成本科、炼油化工成本科、辅助生产成本科、工资费用管理科、材料管理科、材料核算科、材料稽核科 7 个科室；会计核算中心下设会计核算一科、二科；资金结算中心由原资金结算中心、住房公积金管理中心整合成立，下设资金结算一科、二科、表外资金管理科。

2011 年 9 月，成立驻外机构重组整合财务工作小组，启动对成都销售分公司、太原销售分公司、郑州销售分公司、北京乾方通达有限责任公司的清算注销程序。整合后的驻外机构财务管理工作，实施“资产统一管理，会计统一核算，账务统一设置，资金统一运作，人员集中管理，‘一支笔’审批”的会计集中核算模式。驻外机构财务委派人员受财务处业务领导，组织关系转入相应单位。10 月，财务处增设土地管理科。

2013 年 1 月，财务处增设资本运营科。3 月，将成本核算中心材料稽核科、材料管理科合并，成立材料稽核管理科；同时成立成本核算中心成本项目管理科。9 月，将管理局住房公积金管理中心更名为油田分公司住房公积金管理中心，与财务处为一套机构、两块牌子，对外称玉门油田分公司住房公积金管理中心，内部以现有表外资金管理科的编制运行，业务上受酒泉市住房公积金管理中心的管理和指导。同月，成立油田住房公积金管理委员会，下设办公室，挂靠财务处。随着财务处部分机构调整，财务处下设预算管理科、价税管理科、投资管理科、资产管理科、会计稽核科、综合信息管理科、内控办公室、土地管理科 8 个职能科室；附挂成本核算中心、会计核算中心、资金结算中心 3 个附属机构。其中，成本核算中心下设勘探开发成本科、炼油化工成本科、辅助生产成本科、后勤服务成本科、成本项目管理科、工资费用管理科、材料稽核管理科、材料核算科 8 个科室；会计核算中心下设会计核算一科、会计二科 2 个科室；资金结算中心下设资金结算一科、资金结算二科、表外资金管理科 3 个科室。

2016 年 12 月，对财务系统机构进行改革，撤销财务处成本核算中心和会计核算中心，将原财务处除集中报销以外涉及所属单位的财务会计业务划归所属单位，同时与所属单位经营核算、资产管理、投资管理、计划统计、节能节水、定额造价等业务进行整合，在油田所属生产单位成立计划财务科，未成立计划财务科的部分单位在综合办公室增设计划财务岗位。将财务处内控办公室划归企管法规处，实现内控与风险管理的“管办分开”；将财务处物探及钻井定额概预算职能划归规划计划处定额计价中心物探钻井造价管理科；将财务处工会财务管理业务集中到财务处资金结算中心。改革后，财务处设预算成本管理科、会计核算管理科、价税管理科、投资管理科、资产管理科、综合信息科、资金管理科、会计稽核科、薪酬费用科 9 个职能科室；附挂资金结算中心，下设资金结算科、工会财务科、住房公积金管理科（住房公积金分中心）。

至 2017 年 12 月，财务处设预算成本管理科、会计核算管理科、价税管理科、投资管理科、资产管理科、综合信息科、资金管理科、会计稽核科、薪酬费用科 9 个职能科室，附挂资金结算中心；资金结算中心设资金结算科、工会财务科、住房公积金管理科（住房公积金分中心），有员工 74 人。

第二节　资金管理

长期以来，财务部门坚持树立和强化“现金为王”的资金管理理念，不断加强和改革资金管理办法，确保了油田生产经营工作的顺利开展。

1989年9月，开展整顿资金管理秩序活动，为促进管好用好各项资金，提高资金使用效益，进一步建立健全资金管理制度，实行资金有偿占用，控制资金使用，加速资金周转奠定了基础。

1993年，对现行的财务管理制度进行全面改革，初步建立新的财务管理体系，强化财务的宏观管理。为了保障财务管理改革办法的顺利实施，油田还制定多渠道、多层次筹措资金、强化资金管理职能、加强经济监督等3项配套措施。

1994年5月，成立内部银行，统一管理各二级单位在各商业银行开立的银行结算账户资金，资金结算按内部银行管理流程办理。各二级单位在内部银行开户，所需流动资金均向内部银行贷款，并按规定利率计付利息；同时各二级单位收入款也存入内部银行，也按规定利率计付存款利息，对外借贷业务统一由内部银行办理。内部银行是油田领导下的企业内部金融管理机构，在资金管理上，将银行的资金筹集、融通、存贷、结算、监督、控制等职能引入企业，建立和培育内部资金市场，提高了资金的使用效益。

1997年，玉门油田合并多种经营银行账户，吸纳资金2700万元，实现资金的归口管理。当年9月，油田为在职职工设立个人住房公积金缴存专户。

1998年，制定下发《个人住房公积金担保贷款暂行实施办法》，对住房公积金的贷款对象和条件、程序、额度、期限和抵押方式等情况做了明确规定。

1999年7月，玉门油田重组改制，按单位划分为上市与非上市企业，资金也按上市与非上市进行管控。油田分公司成立资金结算中心，管理上市单位资金结算业务；管理局保留内部银行，管理非上市单位资金结算业务。同年12月，油田分公司成立资金预算委员会，组织编制预算草案，并对资金收支总量、现金流量、生产经营目标、重大投资建设项目、大额度资金运作进行审查。

2000年7月，管理局制定《资金管理办法》，对现金管理、银行存款、有价证券的管理做出规定。其中在现金管理方面，要求各单位、部门、团体财务机构必须配备专职会计和出纳人员、建立现金和银行存款账簿，加强货币资金核算，及时反映收、支、结存情况。实行中油财务软件，进行微机管理记账的单位，现金和银行存款日记账，不得由计算机代替登记，必须由专人人工登记、保管，做到日清月结。严格执行银行核定的现金库存限额，超出部分应当天送存银行，需要调整库存限额的应向局资金结算中心提出申请，由资金结算中心会同银行一同审定。不得坐支现金，因特殊经营需要，确需坐支现金的应及时向资金结算中心申报，由资金结算中心和开户银行一同审定坐支数额。会计在编审会计凭证时应写明事由及其用途。出纳人员对发生的现金收支业务要及时入账，确保账实相符。不允许以白条顶库、不允许将单位收的现金以个人的名义公款私存，不允许搞货币资金两本账，不允许保留账外现金。严禁出纳人员兼管报销和会计档案管理，收入费用及债权账务管理，每笔现金收、支业务必须有领（交）款人、出纳员、会计、复核、主管五人分别签章，并加盖现金收讫、付讫专用章。财务管理部门应加强对现金使用的监督和检查，建立现金盘点制度，定期和不定期地组织对库存现金的盘点，编制库存现金清查盘点表，发现长款和短款应及时做出收账和赔款处理。不允许在保险柜中存放个人现金、存折、金银首饰等贵重物品。

2000年，油田分公司资金实行全面集中，通过对每日收入资金归集到总部，总部对地区公司上存资金利息按高于银行同期利率计息，利息收入再冲减财务费用；关联交易封闭结算款项，通过在中油财务公司内部各账户之间划转，真正实现内部结算在途资金的“零”沉淀，体现资金集中管理的优势，节约大量的财务费用，降低资金周转，提高了油田的整体经济效益。

2003年，随着西气东输工程建设、酒泉基地建设和水电六期改造工程、加油加气站建设工程等新项目陆续开工建设，管理局维持正常生产经营活动急需的生产流动资金严重匮乏。为了解决资金匮乏的困境，管理局分别向集团公司和中油财务有限责任公司申请注入流动资金和申请流动资金贷款。当年，向中油财务有限责任公司贷款6000万元。2005年，再次贷款19000万元。

2004年11月，管理局制定《货币资金和银行账户管理办法》，对各单位现金，银行存款、贷款，其他货币资金，以及银行账户、银行结算票据、内部结算票证等与货币资金相关业务的管理进行规范。其中在现金管理方面，严格规定：在合法规范的前提下，运用金融结算工具，减少直接以现金方式办理的收支业务。能够办理转账结算的业务，不得办理现金收付。因特殊情况需要提取大量现金时，超过1万元的提取现金业务必须由2人共同经办，超过10万元现金企业务必由保卫人员押运。对职工个人发放的工资、奖金补贴等，直接划入职工个人银行账户。每日收取现金1万元以上的单位或机构（如医院、加油、加气站等），要与银行签订上门收款协议，由银行定时上门收款，确保不存放大量现金。制定库存现金限额，严格按核定限额管理现金，超过库存限额的现金于当日存入银行，需要调整库存限额的应向局财务结算中心提出申请，由财务结算中心会同银行同审。

2006年，随着非上市单位纳入上市公司管理，玉门油田开始全面推行货币资金封闭运行和“收支两条线”管理，制定驻外单位资金管理模式，推动货币资金和“收支两条线”封闭运行，实现省内外23家单位正式上线运行。截至11月底，驻外单位累计上存资金4.83亿元，下拨资金4.36万元，即保证了资金安全，又提高了资金使用效率。对托管单位在银行开设的账户进行清理和归并，撤销无动态资金账户17个，合并同类型账户8个；加强油田内部贷款管理，对所属19个单位的内部贷款进行清理核实，收回内部无效贷款10667万元。当年，油田分公司归还原管理局贷款12000万元及其他应付款项等近5亿元的资金。

2007年，深入推进资金集中管理，全面取消原管理局所属单位财务科，人员和业务集中到财务处，实现油田资金全面统一、高度集中的扁平化资金管理模式。所有收入每日归集总部，支出实行透支管理，严格按资金收支两条线上收下拨资金。当年，根据集团公司要求，将工会会费、住房公积金纳入财务资产集中管理，并依据住房、养老、工会等相关法规，结合公司实际，制定表外资金监管办法，加大了表外资金的监管力度。

2008年，在现金流通环节深化资金封闭运行和收支两条线，实现产品销售同比增加现金流入3.03亿元。在纳税环节，及时结算外进原油，妥善处理留抵税款，现金流支出同比减少2.07亿元；在资产流通环节，处置低效、无效资产，增加现金流入8071万元；在投资环节，压缩支出，减少现金流出9757万元。通过努力，现金净流量由亏转盈2.18亿元。同年6月，制定《玉门油田社会保险基金货币资金和银行账户管理办法》，对现金、银行存款、其他货币资金以及银行账户等与货币资金相关业务的管理进行了规范。

2012—2013年，严格控制现金出口，认真履行付款审批程序，严格付款凭证、审批单及合同审查核对三级审批关，按照权限审批制度，办理各种付款业务。积极疏通现金入口，建立收入资金台账，对每一笔收入款项，及时与银行对账单核对，实现与银行同步收款，降低了未达款项。强化对银行账户、余额、支票、预留印鉴及其他有价证　等基础性工作的管理力度，努力防范各种风险。对各现金收款点，每月进行一次盘点清查，确保了现金收款网点资金安全。

2015年起，玉门油田逐步取消现金使用，付款通过财企直连、银企直连等方式进行，个人零星收款使用POS机、微信等方式进行。财务处在现金收款点安装银行POS机23部，减少了现金收取量，保证了现金收款的安全。

2011年5月，按照股份公司关于地区公司资金管理平台推广实施工作安排，启动资金管理平台上线运行工作；6月实现资金管理平台系统与正式FMIS7.0账套系统的并行；7月11日实现单轨上线。资金管理平台涵盖油田全部资金业务，核算的银行账户69个，资金单位33个，业务部门63个；财务用户184人，业务用户54人。资金从业务端进行控制，增强了业务部门对资金管理工作的控制能力。资金计划编制由财务部门向业务部门延伸，资金结算也按照“谁付款、谁发起”及“先计划、后花钱”的原则，向业务前端延伸，所有资金类收付业务都在资金管理平台中实现，从而加强了资金源头控制，全面清楚地反映出油田的资金流向。资金管理平台的上线使用，统一资金管理流程，精简了运行环节，资金管理向业务部门延伸，增强了油田整体资金运营管控能力。

2013年，开始大力推广运用开通银企直联支付业务，提高资金效率，规范资金结算管理制度，通过银企直联UKEY三级审核支付功能，平稳、便捷、高效运作资金，保障生产经营有序进行。

2014年，开始充分利用油田商业信用，在物资采购、销售、工程建设等部门全面推广实行票据“商信通”业务。

2016 年，根据集团公司资金部司库平台建设的总体安排和要求，启动司库平台优化升级运行方案，按时间节点全面实施总分联动账户管控资金。

至 2017 年 12 月，玉门油田资金流入预算 145 亿元，实际流入 139.6 亿元，差额 5.4 亿元；全年资金流出预算 147.6 亿元（其中集团公司外流出预算 97.7 亿元），实际流出 150 亿元（其中集团公司外流出 108 亿元），差额 2.4 亿元。资金流入计划年完成率 96%，流出计划年完成率 101.6%，超出年度预算 1.6%。流入流出均较好完成公司年度资金总预算。

第三节　预算与成本管理

一、预算管理

1997 年 6 月，制定《预算管理办法（暂行）》，开始逐步引入财务预算管理。建立局、厂两级预算管理委员会。玉门油田经营收入预算、经营支出预算、投资预算、经营成果预算以及收支总预算等预算编制工作，由预算管理委员会组织，采取自下而上和由上而下相结合的程序进行，以计划、财务部门为主，会同勘探、开发、销售等有关部门共同完成。

1999 年 7 月，玉门油田重组改制后，管理局预算管理委员会保持不变。油田分公司成立预算管理委员会，负责油田分公司年度预算编制工作的组织指导。

2002 年 12 月，油田分公司实施会计集中核算，所属各单位预算由计划财务处统一管理、统一编制、统一考核。

2003 年 9 月，油田分公司计划财务处成立预算管理科，专门负责油田预算的编制。

2005 年 7 月，玉门油田重组整合后，针对整体上市后的不同板块和不同类型，建立标准的预算管理模式和差别化的预算指标体系，形成了一套以利润和成本费用控制为重点的两级（公司、基层单位）预算目标管理和五级（公司、采油厂、车间队站、岗位、个人）费用控制的全面预算管理机制，使预算管理水平有了新的提高。主要做法如下：

（1）细化预算目标。预算指标按照纵横分解，层层包干，落实到位，责任到人的原则，将成本费用分为预警费用（五项费用）、人员费用、专项费用、常规费用和折旧折耗，按成本费用要素细化分解落实到作业区、车间队站、岗位和个人；将修理费、进攻性措施费等重点费用切块到职能部门包干管理，形成职能部门横向控制、成本中心纵向落实，控制结果双向负责的内部控制制度。

（2）分解预算指标。预算分解采取完全成本法，按照自上而下、自下而上、上下结合的方式进行。预算分解以生产量、工作量为基础，以近三年历史数据为参考，采取零基预算与增量预算相结合的方法。预算分解工作由油田预算管理委员会总体安排部署，具体编制工作主要由财务处负责完成。预算管理委员会办公室根据集团公司、各专业公司及预算管理委员会对预算年度工作的安排部署，结合各单位上报的预算编制建议预算，经预算管理委员会审核后，上报专业公司审批。同时编制油田总预算，然后按照总部确定的油田总预算分解编制各单位年度、季度、月度预算，经预算管理委员会批准后，下达各单位。各单位将油田下达的预算指标，分解落实到车间（队、站）、班组（岗位）和个人，形成全方位的预算执行责任体系。

（3）强化预算控制。预算管理坚持“没有预算的项目坚决不实施，没有项目的合同坚决不谈判，没有预算的费用坚决不审批，没有预算的资金坚决不支付”的“四不”原则，充分发挥预算对生产经营的管控作用，进一步提升预算执行力度，使生产经营按照预算目标规范运行。油田与各二级单位，各单位与车间队站、岗位、个人逐级签订业绩合同，通过各级业绩合同的签订，层层落实预算目标控制责任，层层传递成本控制压力。建立油田、基层单位、车间（队、站）三级经济活动分析制度。油田按照分级各有侧重的原则，细化分析重点，每月对预算执行情况进行分析，每季度召开经济活动分析会，使财务控制和监督落到了实处。

（4）建立预算考核评价办法。在预算管理中强化预算的检查落实，工作部署坚持周安排、周布置、周检查，按季兑现，一季一考核、半年预考核、年终总考核，严考核、硬兑现。

2007 年，重新调整预算管理委员会，修订预算管理办法。针对托管单位纳入上市业务统一管理后不同类型、不同板块等业务特点，设置不同参数，建立较为科学的预算模型，制定差别化的预算管理机制。根据管理与效益的需要，在油田所属单位推行全额成本预算管理，将奖金兑现、市场化用工、后勤物业管理费细化到二级单位，使各单位盈亏及经营状况得到真实全面的反映。对驻外销售单位实行人均回报包干的预算办法，首次在外站、外办、控股子公司推行现金流“投资回报”制度。

2008年，以大预算管理为框架，将预算涵盖到了玉门油田各个层面、各类业务。引入预算对标管理体系，在炼化板块实施以现金加工费为重点的11项经济技术指标的对标分析，找出差距，落实措施，各项指标有了明显进步。通过搭建预算管理信息平台，每季编制预算执行情况简报，半年召开经济活动分析会，有效加强预算控制。年底，随着中国石油预算管理信息平台在油田上线运行，从此改变了手工测算并填制预算报表的方式，做到了电算化数据的集中统一归口管理，实现了勘探板块、炼油板块、科研板块和三个板块汇总及国资委预算管理报表的集中统一填写，自动进行预算数据汇总，报表勾稽关系更加严谨、规范，数据更为准确，提高了工作效率和预算报表质量。

2010年起，按照《中国石油天然气集团公司预算管理办法》，玉门油田开始着力构建以坚持市场化、完善业绩驱动为核心的大预算管理框架，建立以“工作目标为起点、以过程控制为重点、以完成任务为结点”的预算链条。

至2017年，坚持大预算管理的方向，每年根据集团公司、各专业分公司及预算管理委员会对年度工作的安排部署，结合各单位、部门上报的建议预算，按勘探开发、炼油化工、科研以及工程技术服务、矿区服务等不同板块，编制油田及所属各单位建议预算，经预算管理委员会审核，上报专业公司审批后，下发各单位、各部门执行。

二、成本管理

1987—1996年，各二级单位实行独立核算。各单位按照国家颁布的《企业会计准则—基本准则》《企业财务通则》的规定制定单位目标成本、班组核算、成本预测、成本控制和分析等成本管理核算办法。期间，油田油气生产成本核算的地质区块有老君庙油田、鸭儿峡油田、石油沟油田、白杨河油田、单北油田5个。炼化成本费用管理核算工作以落实“一厂一策”的承包经营制为重点，推行目标成本管理，实行成本、效益否决制，加强以成本费用控制为中心的现场管理，探索成本进岗位、费用到人头的管理模式见到成效，炼油加工费有效降低。

1997年，根据《石油工业内部会计核算办法》的要求，油气生产成本通过原油天然气生产科目核算，同时全面推行FMIS财务管理信息系统进行会计核算，成本科目挂接辅助专项核算“成本中心”，核算基层队站的成本费用。

2000年后，纳入油气生产成本核算的单位主要有老君庙油田作业区、鸭儿峡油田作业区、青西油田作业区、油田工程技术研究与服务中心（测试队、助剂厂、抢险队、机械工程队、研究所）、开发事业部。炼化成本费用管理围绕股份公司低成本发展战略，成本费用核算管理工作加大了预算管理力度，对炼化总厂原油加工量、综合商品收率、轻油收率71.24%、柴汽比1.61、加工损失0.99%等主要技术经济指标以及现金管理费用、现金营业费用、财务费用、炼油现金单位加工费、内部利润等财务预算指标进行全面控制和预算考核。成本费用核算管理工作围绕“特色+效益”的发展方向，以优化产品结构为重点，将现金单位加工费作为成本的警戒线，在动力消耗上，充分利用瓦斯和氢气，减少燃料油的消耗；加强排放口管理，降低排放口含油量；提高加热炉热效率，增加自产蒸汽量；科学规划控制化工原材料的消耗，不断降低材料采购成本。成本费用管理工作持续加强生产过程管理，努力提高产品质量和装置开炼水平，降低生产成本，使炼油现金加工费得到有效控制。在业绩考核上，将全年的业绩指标，按生产车间逐一分解，并细化到班组及个人。对大型机组、转动设备故障，进一步明确规定了考核标准，全厂上下强化了考核手段，对关键指标、重点项目进行重点考核，炼油加工效益持续提高，较好地完成了股份公司下达的各项经济技术指标。

2002年12月，油田分公司取消二级单位财务科，财务核算管理全部集中到财务处，并通过FMIS财务管理信息系统在油田内实行财务集中核算、集中管理。同时，根据股份公司关于财务集中管理的指示精神，对所属二级单位财务实施会计集中核算，成立油田财务会计管理核算中心，下设采油成本管理核算中心、炼油成本管理核算中心。

2003年1月起，开始执行新《企业会计制度》，增加了部分新科目，逐步完善了预算管理办法、内控手册等成本管控手段。

2004 年 10 月，油田分公司制定《成本、费用核算管理办法》《修理（检修）费用核算管理办法》《班组岗位核算制度》，有效加强了成本费用的控制。

2005 年，开始推广作业成本管理信息系统，炼化总厂按照板块的统一要求和部署，进行炼化成本作业信息系统的推广应用工作，完成信息系统装置报表的定义，10 月，实现在作业成本管理信息系统中完成装置报表上报，提高炼化产品成本核算的完整性和准确性，提高了炼化产品成本费用核算管理水平。采取切实可行的措施降本降费，大幅度压缩可控费用的支出，禁止大手大脚、浪费现象的发生，会议费、招待费、差旅费和办公费大幅度下降。将油田作业公司为油气生产发生的成本费用纳入油气生产成本核算体系，将撤销的原油田工程技术研究与服务中心测试队、助剂厂、研究所等单位合并到油田作业公司。

2007 年 6 月，财务资产处进一步强化财务集中管理职能，加强财务功能建设。通过整合，财务资产处下设成本核算管理中心，分勘探开发成本、炼油化工成本、辅助生产成本、后勤服务成本、工资费用管理、内部交易等六个方面进行成本核算。9 月，中国石油实施会计一级集中核算，对油气生产成本的核算进行优化，取消了驱油物注入费、井下作业费、测井试井费、油气处理费、其他辅助生产、科研费用支出、厂矿管理费等一级核算科目，油气生产成本科目挂接自定义辅助核算“作业过程”，作业过程包括采出作业、驱油物注入、稠油热采、油气处理、轻烃回收、井下作业、测井试井、厂矿管理。成本核算按作业过程归集，按费用要素核算。

2010 年起，炼化自制半成品在财务信息系统中实现按实际成本核算，提高了成本费用核算的完整性和一致性。

2011 年 6 月，ERP 系统成功上线运行，炼化成本费用核算管理实现了本质提升，炼化生产成本、自制半成品成本、库存商品成本、本期销售成本全部实现系统集成、自动结转，减轻了工作强度，提高了工作效率和质量。

2013 年起，开展开源节流降本增效工程，每年年初编制开源节流降本增效工作方案，并在年底进行工作总结，积极采取有效措施，可控费用及原油油气操作总成本实现逐年下降。

2017 年，ERP2.0 系统正式上线后，油气生产成本统一集中管理，月末结转更加简单、便捷，极大缩短结转时间和工作强度，提高了工作效率和质量。油田对财务系统机构进行改革，在基层单位成立财务科或设立财务岗位，使油田及基层单位成本中心、责任中心划分更加科学合理，部门核算更加精细，成本核算实现了向单位内部延伸。

第四节　资产管理

一、资产清查

1989 年，固定资产划分标准为：使用年限一年以上，单项价值 800 元以上的生产资料。部分设备、工具低于上述标准，但系企业的主要设备，使用年限较长，数量较多，也列为固定资产核算。

1993 年 1 月，固定资产划分标准调整为使用年限一年以上，单项价值 2000 元以上的有形资产。固定资产种类达到 18 个，包括油气生产井和注水井、油气集输设施（联合站、输没站等）、输油气管线、炼油化工装置、储油设施、石油专用设备（钻机、特种车辆等）、施工设备（拖拉机、起重机等）、运输设备、动力设备（内燃机、发电变电设备等）、传导设备（输电线路、供热管网等）、通信设备、供排水设施（水源井、水管线等）、机修加工设备、工具和仪器、其他设备（医疗、教学、环保、公安消防、印刷、办公、文体生活设施等）、房屋、一般建筑物（公路、桥梁、仓库等）、土地。

1990 年 8 月，组织全油田资产管理人员参加为期 3 天的固定资产管理学习班。随后，各单位立即组织有关人员对本单位的资产进行了详细清查、分类和造册。

1993 年，对闲置设备进行调查，并登记整理成册。

1994 年，组织专业清查队伍 531 人，对全局固定资产、低值易耗品、器材物资、货币资金、在产品、自制半成品、在建工程、土地房屋等进行全面清查。清查采取以物对账，以账查物，见物就点，是账就清的方式，共清查固定资产原值 17.25 亿元，净值 6.13 亿元；盘盈各类固定资产 4000 万元，净值 1198 万元；盘亏固定资产 7575 元，净值 1316 元；毁损报废资产 9437 万元，净值 459 万元；重估后比重估前增加固定资产净值 2.01 亿元。共清查流动资产 11.97 万元，器材产成品、半成品毁损报废 1913 万元，削减损失 73.8 万元，坏账损失 3.6 万元，债券投资 1420 万元，其他投资 831 万元。共清查在用低值易耗品 415767 件。

1996 年，对 7 个划转吐哈油田单位的 5939 台（套）设备，固定资产原值 42527 万元，净值 20992 万元，进行逐台逐项的核实。对 207 台（套）设备，原值 1195 万元，净值 77 万元，进行鉴定报废。对 19491 万元新完成的固定资产进行逐台审查、核实、转资。

1997 年，对各单位所占有的国有资产进行产权登记，做到产权界限清楚，归属明确。

1998 年，开展全局性闲置、报废资产摸底调查活动，对闲置、报废资产采取先局内调剂、后局外拍卖的方式进行处理。同时对多种经营系统进行清产核资。

2000 年，油田地下油气资源进入资产管理范围。开始对新购置的重大设备，组织专家评审委员会，从技术、经济、生产、安全、环保等方面进行综合论证，装备采购实行集中采购和生产厂家资质、价格网上公示制，以便招标选购质优价廉的装备；经检验接受后，转为资产入账。在资产形成过程中，逐步实现细化管理。基建管理部门、资产管理部门和审计部门实行全程参与，从基建投资计划到现场施工、工程验收，直到查物点物、转资进账，实施全过程管理，保证了增量资产质量。资产使用单位按时计提折旧费和资产占用税，上缴上级财务，保证更新改造资金的需求。当年起，油田财务、机动设备管理部门每年至少组织两次固定资产清查盘点工作，保证固定资产的安全、完整、账实相符。

2001 年起，以效益为中心，以回报为目标，以“优化增量，盘活存量，提高质量，控制总量”为原则，推行“全员、全方位、全过程”的资产管理，对重大装备的购置，除进行前期专家评审外，在使用中进行效益评估，不断完善经济技术论证，提高决策的科学性。对存量资产开展细化优化管理，增加资产技术含量，谋求资产使用效益最大化；对低效和闲置资产广开渠道，加大调剂利用力度，逐步建立起效益型资产管理模式。

2005 年，通过清查，共清理出低效闲置资产原值 10396 万元，净值 1117 万元；待报废资产 24048 万元，净值 4545 万元；对原管理局资产逐项核实共核销减值准备 32050 万元；对划转吐哈的钻机及配套设施进行核实，圆满完成资产交接工作；对制桶厂、公安科和 5 个加油站进行资产清查，积极配合完成上述单位的重组工作；对长期股权投资进行清理，对长期股权投资存在的问题，提出了处理意见，上报股份公司批准后进行了划转。

2006 年 4 月，对资产减值核销做出明确规定：核销的不良资产，严格按照集团公司资产核销办法第五章“资产核销审核程序”中的有关规定执行，对应核销的资产，先由玉门油田内部责任部门取证，填报资产核销审批表，上报玉门油田资产管理部门逐项进行核实后，报油田纪委（监察处）、审计处对核销资产进行审核，提出审查意见，油田财务资产处根据以上部门的审查意见，对核销资产事宜提出处理意见，提请总经理办公会审查通过之后，进行具体账务处理。8 月，召开总经理办公会，就 2006 年正常固定资产和非正常固定资产报废的有关事宜进行认真研究和讨论。要求各有关单位于 9 月底以前将固定资产报废账务处理完毕，抓紧做好报废固定资产的清理工作。同时对报废固定资产建立台账，实物资产上缴财务资产处资产处置中心妥善保管，以防资产流失。

2007 年 6 月，成立资产清查工作领导小组，开展了为期一个月的资产清查工作。

2011 年 5 月，对固定资产、库存物资进行清理调查。9 月，组织相关部门对资产情况进行彻底清查。经审查、鉴定，对 2012 年下半年使用期限已到、折旧已提足、永久性退出生产经营、净残值率符合股份公司规定标准的 1839 项固定资产做报废处理。其原值 28186.64 万元，净值 12732.72 万元，减值准备 12440.14 万元，净额 292.58 万元。

2012 年，对固定资产、库存物资进行清理调查，调查内容包括资产盘盈、盘亏及毁损情况；固定资产使用状况；固定资产产权状况；库存物资闲置及质量情况。共查出盘盈、盘亏、毁损、停用、权属不清等各类资产 5421 项。

2014 年，按照“处置无效资产、盘活存量资产、用好增量资产、减持当前资产、稀释未来资产”的资产管理思路和集团公司、股份公司《关于清理和处置低效无效资产的通知》，对各单位资产进行梳理与清理，共清理出低效无效资产 900 项，原值 42873 万元，其中在用低效资产 88 项，原值 5562 万元，闲置无效资产 812 项，原值 37311 万元。

2015 年，组织相关部门对各单位固定资产进行彻底清查，对使用期限已到、折旧已提足、永久性退出生产经营的或已损坏、不能正常使用的 1039 项固定资产做报废处理。其原值 7918 万元，净值 1614 万元，减值准备 225 万元，净额 1389 万元。

2016 年，清查资产共 58235 项，资产原值 166 亿元。清查出需报废资产 3335 项，调整、调拨资产 22329 项。2016 年各单位上报需报废固定资产原值 7.35 亿元，净值 3.05 亿元，减值准备 1.57 亿元，净额 1.49 亿元。总部批复处置低效无效资产，包括 5 套炼油装置及 1 项甲醇在建工程，其原值 22323 万元，净值 3217 万元，减值准备 300 万元，净额 2917 万元。

2017 年，清查出需报废资产原值 11.56 亿元，净值 4.59 亿元。全油田固定资产原值 88.99 亿元、净值 44.08 亿元；油气资产原值 83.95 亿元、净值 41.26 亿元。

二、资产折旧

玉门油田固定资产实行分类核算，同时按单项资产设立固定资产卡片。

1987 年 6 月，随着国家会计制度改革，企业分类折旧年限划分了上下限。

1993 年，玉门油田向甘肃省石化厅提出报告，从 1993 年 10 月起，按国家规定的新的分类折旧年限计提折旧。炼化总厂采用双倍余额递减法计提折旧，其他单位一律按局定分类折旧年限计提折旧，油田维护费新形成的固定资产不再计提折旧，地质勘探单位使用的固定资产按新制度规定提取折旧。油田内的学校、医院、托儿所、疗养院、俱乐部以及其他文教、卫生单位的固定资产按条例的规定提取折旧，钻机折旧改为统一按石油专用设备类的折旧年限提取。固定资产净值减值率按原值 5% 确定。

2001 年，开始执行中国石油 5.0 资产系统固定资产目录，延续平均年限法分类计提折旧。

2005 年，执行中国石油固定资产目录（2005），应用 5.5 固定资产系统。此次升级后，对固定资产折旧进行调整。

2007 年，集团公司财务部组织制订《中国石油天然气股份有限公司固定资产目录》，根据企业新会计准则和国家其他相关规定，按照继承历史、修订细化、合理补充、适当调整的原则，特别针对实际情况，对预计净残值率由原来的一律 5%，调整为 0%、3%、5% 三个档次。

至 2017 年，一直执行中国石油集团固定资产目录，启用资产信息系统 CPCAMIS6.0 版本。对资产的调动、增减及办理汇款、结算等，进行全面监督，实现了账、卡、实物、资金“四对口”

三、资产处置

1993 年，对 2000 多项报废的资产进行审查和鉴定，共报废各类设备 2735 台（套），油水井 100 口，资产原值共计 15560 万元。这是自建矿以来油田报废数量最大、金额最多的一次。

1995 年 4 月，根据总公司《关于企业闲置设备调剂利用管理办法》的精神，向总公司国有资产管理局提出关于成立闲置、报废资产调剂中心的请示，其主要目的就是以处理报废资产为主，充分发挥资产效用，并负责审核评估属调剂范围内的国有资产，并对有利用价值的资产修复和整理，对闲置报废资产公开销售。

1996 年 10 月，制定《闲置、报废资产管理办法》，要求定期对闲置、报废资产的存量进行确认和鉴定，组织对闲置、报废资产的清理、回收，进行集中管理、统一配置或对外处理。

1998 年 3 月，成立资产物资调剂领导小组和资产物资调剂中心。资产物资调剂中心通过信息网络和调剂市场，面向油田各单位、石油系统及社会各界进行资产的调剂工作。

1999 年 12 月，管理局成立资产处置中心。资产处置中心隶属计划财务处（国有资产管理处），履行对闲置、报废、积压、低效资产的变现职能，租赁资产的协调管理职能。

2004 年 3 月，按照集团公司专业化重组整合的要求，先后将 3 支钻井队划转西部钻探，成都昆仑润滑油厂划转润滑油公司，3 座加油站划转甘肃销售，兰州阳光大厦、敦煌沙州大酒店 2 家五星级酒店划转华油集团，实现资产变现 7.4 亿元。

2011 年 3 月，制定《资产处置管理办法》，规定：资产处置方式包括出售、拆除、封存、对外投资、捐赠、债务重组、非货币性交易等。油田对资产处置实行一级集中管理，资产出售应以公开方式进行。财务资产处是油田资产处置工作的主管部门，负责资产处置综合管理，对各单位提出的资产处置申请组织审核、报批及处置工作。资产处置必须依据《集团公司资产评估细则》规定，按照先评估后处置的程序进行。同时制定《固定资产管理暂行办法》，明确规定财务资产处、设备管理处为固定资产的主要管理部门。法律事务、审计、监察等部门负责固定资产对外处置的监督检查工作。各单位负责本单位固定资产的实物管理工作。

2012 年，经审核、鉴定，对地区公司权限内的 4184 项，共计原值 63124.36 万元、净值 22898.84 万元、减值准备 13440.21 万元、净额 9458.63 万元的资产进行了报废处理。至 12 月，对低效、无效、闲置、报废的资产加大内部调剂使用和处置变现力度，对内调剂使用固定资产 1680 台（套），对外实现资产处置收入 1.23 亿元。

2015 年，组织相关部门对各单位固定资产进行彻底清查。经审查、鉴定，对 2015 年使用期限已到、折旧已提足、永久性退出生产经营的或已损坏、不能正常使用的 1039 项固定资产做报废处理。其原值 7918.26 万元，净值 1613.63 万元，减值准备 224.8 万元，净额 1388.83 万元。

2017 年，经股份公司批准油水井报废共计 51 口，原值 44572.22 万元，净值 24127.44 万元，减值准备 18087.65 万元，净额 6039.79 万元；向股份公司上报炼油装置报废申请未批准 7 套，994 项资产，原值 46031.47 万元，净值 14574.76 万元，减值准备 13649.21 万元，净额 925.55 万元；经公司批准正常报废资产 1278 项，原值 10256.61 万元，净值 1190.94 万元，减值准备 579.77 万元，净额 611.17 万元；非正常报废资产共 683 项，原值 7891.55 万元，净值 2341.52 万元，减值准备 478.98 万元，净额 1862.54 万元；无形资产报废共 39 项，原值 807.34 万元，净值 0 元。部分资产处置权限下放到二级单位，财务处负责处置审批及评估，二级单位负责处置招标、实施处置。

第五节　会计核算

1987—1993 年，玉门油田生产、基本建设、后勤服务等单位财务系统全部使用自行开发的财务管理信息系统。

1991 年，按照财政部关于开展会计达标升级活动的要求和总公司的部署，玉门油田从整顿会计基础工作，建立正常的会计工作秩序，完善会计工作机制入手，遵照“抓基础，达标准，上等级”的原则，组织开展了会计达标升级活动。

1992 年，推行会计制度改革，取消资金平衡表、利润表，增加资产负债表、损益表、现金流量表。

1996 年，使用集团公司统一推广的中油财务管理信息系统。3 月，在玉门油田范围内开展整顿会计工作秩序活动，先后制定有关规章制度 7 个，以及财务处各科室、岗位有关制度，推进了油田会计工作的规范化、标准化。

2000 年，油田分公司开始依据股份制会计制度建账核算。

2001 年，油田分公司依据《企业会计制度》，按照勘探、炼化、科研三个板块进行会计核算。

2002 年 12 月，玉门油田上市业务推行以“撤销二级单位财务科、开展油田层面一级会计核算”为标志的集中核算，撤销老君庙油田作业区、青西油田作业区、鸭儿峡油田作业区、炼化总厂、研究院、设计院等全部基层单位的财务科，将全部财会人员集中到财务处统一办公，实现真正意义上的“人员统一办公，资产统一管理，会计统一核算，账务统一设置，资金统一运作，成本统一计算”为标志的会计集中核算。

2003 年，玉门油田非上市业务实现新旧科目转换，建立新制度下的科目体系，顺利实施了《企业会计制度》。

2005 年 7 月，股份公司在账套设置上采用原上市单位和整合上市单位两个账套，分别核算各单位资产、损益情况，月末财务报告汇总上报。管理局账套暂时保留，只是收取上市公司土地租赁费，无其他经营业务。整合上市后的单位分别在勘探板块、炼油板块、科研板块核算。

2006 年，财政部颁布包括 1 项基本准则、38 项具体准则和应用指南的新会计准则体系——《企业会计准则（2006）》，标志着中国会计准则和国际会计准则的实质性趋同。为全面贯彻新准则，股份公司印发《中国石油会计手册》，为地区公司的会计一级核算提供了统一标准。

2007 年，根据股份公司财务一级集中核算的精神和精简、高效的要求，对组织机构和业务进行持续整合，合并原上市单位和整合上市单位两个账套，实行高度集中的一级财务管理核算体系，撤销整合上市单位财务机构，财务人员由集中前的 286 人减少到 165 人，形成管理层次少、职责清晰、程序简化、执行有力、信息准确、办事高效快捷的财务管理运作模式，实现“十个统一”、解决“四个难题”、取得“八项成效”（“十个统一”：人员统一办公、账簿统一设置、支出统一审批、凭证统一编制、预算统一安排、资金统一运作、资产统一管理、材料统一核算、成本统一计算、表外资金统一控制。“四个难题”：如何充分发挥基层单位经营积极性、如何进行预算考核兑现、如何对驻外单位进行监控、如何促进财务与业务的有机融合。“八项成效”：缩短了管理链条、简化了核算程序、节约了人力资源、降低了管理成本、规范了投资行为、畅通了信息渠道、实现了有机融合、降低了经营风险）。

2007 年，开始制定会计一级集中核算标准化方案、设计业务处理流程，应用中油财务 7.0 系统，进一步推进会计一级集中核算工作。通过开展一级集中核算系统的研发工作，把所属各二级单位和控股子公司同油田财务结算中心全部纳入一个账套之中，实行油田报表一次生成，会计核算实体由二级集中核算后的 28 个集中成为 1 个。9 月，玉门油田组织业务骨干近百人，进行大规模培训和建账，建立 28 个责任中心，输入凭证 1 万多张，建立 7500 多个基建合同和工程项目数据库。一级会计核算系统建成后，所有内部交易一次性抵销，流程进一步简化，核算工作进一步规范。

2008 年，油气资产折旧计提方法由直线法改为产量法，所提折旧与当期生产的石油天然气数量相关，反映公司油气资产的成本补偿情况更科学，并与国际准则趋同。

2011 年，按照集团（股份）公司的统一部署，玉门油田历时一年半，建设的 ERP 系统上线运行，实现计划投资、生产运行、产品销售、物资供应、设备管理等业务与财务的有机融合，使油田生产经营实现了全过程、全方位、全层次、全领域受控管理。

2016 年，勘探板块核算下的五级责任中心四川石油经销处按业务划归炼化板块核算。

2017 年，根据 ERP 和 FMIS 融合上线需要，及时修改更新对照表，全力配合融合 FMIS 升级及 ERP2.0 改造工作。根据财务改制业务需求，申请新的责任中心 16 个，改造油气生产业务的账务处理方式。通过中油瑞飞二级运维、网络、视频等手段提升财务处三级运维解决问题能力，确保 ERP 集成业务、FMIS7.0 系统顺畅、平稳运行，组织学习 ERP2.0 平稳上线 500 余人次，结合公司财务核算体系变化，讨论、设计新财务核算体系下 ERP 与 FMIS 融合 2.0 实施方案。持续加强 ERP 及融合系统的运维管理，根据 ERP 和 FMIS 融合需要修改更新对照表，保证会计核算日常工作顺利进行。按集团公司资本运营部要求，如期召开控股公司股东会，制订股利分配方案，获所属控股公司股利 1947.87 万元。至年底，油田分公司股权投资项目共有 17 项，投资成本 32131.83 万元。

第六节　价税管理

1987 年，根据国家税收政策，对多种经营税收进行规定：凡为油田职工生活服务、为企业生产服务及劳务结算的项目，不进行税收登记，免于纳税。属于全民企业产品延伸加工或三废处理所办的多种经营项目，其征税范围应依照现行税收政策和产品处理方向区别对待：产品归属全民企业或用于生产的部分不征税；产品外销部分，依照外销发票额予以征税；农工商系统所办的小商店、营业性食堂应全部进行登记，由税务机关酌情确定税种和税额。

1990 年，玉门油田划归总公司管理，国务院明确规定，在改造老油田，发展新产业的过渡期间，实行上缴税金基数包死、常数递增，超额部分返还的优惠政策。对玉门油田实行 5000 万元税金包干政策，保留到 1995 年。上划后，甘肃省和中国石油天然气总公司过去给玉门油田的一切优惠政策保持不变，根据国家税收政策规定，依法交纳税金。油田上缴税金超过 5000 万元，每年由省财政厅负责返还玉门油田弥补亏损，返还税金用于炼厂和油田技术改造和装备更新。若上缴税金不足 5000 万元，由玉门油田补足。

1993 年 12 月，根据国家税制改革基本原则和总公司有关文件精神，制定《内部税收管理暂行办法》，形成和建立了油田税收管理体系，真正体现了供、产、销为一体的法人地位，在油田内遵循统一管理、统一纳税的税收管理原则。

1994 年，国家进行第二次重大税制改革，玉门油田新增汽油、柴油消费税、原油资源税和矿产资源补偿费 1.4346 亿元；扩大了增值税在油田的征收范围，由原来单一的机械产品征收增值税扩大到油田各个采购销售以及对外提供加工修配劳务等环节，且税率提高，税额大幅度增加。为了理顺税制交纳关系，建立健全新税制运行的内部机制，油田根据新税法的特征，开始建立以“油公司”为主体的企业内部“供产销”一体的交纳税款体系，确定“油公司”为法定纳税人地位，油田所有税款由纳税人统一征收、管理和交纳。同年，财务处设置价税科，各二级单位设专人专岗，对应交税款进行建账、汇总、上报。在局厂分级管理责任制的约束下，既保证各项税款的按时上交，又防止资金的流失。同年，油田停止交纳产品税，开始根据国家实行的新税制实施办法交纳增值税、消费税、矿产资源补偿费。同时，油田制定出台《增值税内部核算与管理暂行办法》，对增值税专用发票的使用做出严格规定。

1998 年 3 月，印发《内部税收管理暂行办法》，明确油田税收管理的范围和内容，应交纳的税种和核算方法。当时，玉门油田应纳税税种有：增值税、消费税、营业税、城市维护建设税、教育费附加、资源税、车船使用税、土地使用税、房产税、印花税、个人所得税等。

1999 年，针对有偿解除劳动合同人员经济补偿问题，根据劳动部、集团公司有关文件精神，按职工工作年限发给一次性经济补偿金，平均每个职工解除劳动合同需支付一次性经济补偿金 9.82 万元。按照国家税务总局《关于个人因解除劳动合同取得经济补偿金征收个人所得税问题的通知》规定，对于个人因解除劳动合同取得一次性经济补偿收入，应按“工资、薪金所得”项目计征个人所得税，玉门油田每个职工应支付的个人所得税约 13219.20 元，油田 4000 人与企业有偿解除劳动合同将增加 5287 万元的支出。经油田争取，税务部门充分考虑玉门油田的特殊情况和困难，免征了有偿解除劳动合同应纳的个人所得税。

2000 年 8 月，管理局个人所得税税前扣除项目除按国家税务总局规定的津贴、补贴外，车补、洗理、地区津贴、住房公积金、养老保险金、医疗保险金六项也在税前扣除。玉门油田申请将调整工资后的绩效工资（包括职工书报费、洗理费、交通费、野外津贴、高原补贴等五项费用）以及按技能工资和岗位工资的 30% 提取的地区津贴，在计算个人所得税时全额扣除。根据集团公司企业考核办法，玉门油田年终给职工发放的兑现奖，采取“按月考核，年终集中发放”的形式，在计交个人所得税时，按月分摊计算，年终集中交纳税款。

2004 年起，国家多次进行税制改革，玉门油田一直依据我国石油企业的特定企业状况和现行税制环境，对自身税收筹划问题与实务操作进行深入、系统的研究。以企业经营活动为筹划对象，围绕企业战略，结合企业特征，通过科学安排企业的各项涉税活动来开展筹划工作，并依据现行税费负担的构成比例确定本企业税收筹划重点。

2005 年，将 1999 年分离的主业和辅业进行重新整合，并对企业的财务管理和税收筹划进行了相应的调整。

2006 年 3 月，《石油特别收益金征收管理办法》颁布执行，石油特别收益金实行 5 级超额累进从价定率计征，按月计算、按季交纳。石油特别收益金征收比率按石油开采企业销售原油的月加权平均价格确定，起征点为 40 美元 / 桶。当年，油田员工工资、薪金所得以每月收入额减除费用 1600 元后的余额计算应纳税所得额。

2008 年 1 月，按照新颁布的《中华人民共和国企业所得税法》，油田所得税税率降低为 25%。玉门油田对安置的残疾人员，按照支付给残疾职工工资据实扣除的基础上，在计算应纳税所得额时按照支付给残疾职工工资的 100% 加计扣除。3 月，油田个人所得税工资薪金所得费用扣除标准由 1600 元提高到 2000 元。

2011 年 6 月，个人所得税工资薪金所得费用扣除标准由 2000 元提高到 3500 元。

2015 年 1 月，石油特别收益金征收比例起征点提高至 65 美元 / 桶。7 月起，油田用于地质勘探、钻井、井下作业、油气田地面工程等施工临时用地，厂区以外的铁路专用线、公路及输油（气、水）管道用地；油气长输管线用地，在城市、县城、建制镇以外工矿区内的消防、防洪排涝、防风、防沙设施用地，暂免征收城镇土地使用税。

2016 年 1 月起，开展研发活动中实际发生的研发费用，未形成无形资产计入当期损益的，在按规定据实扣除的基础上，按照本年度实际发生额的 50%，从本年度应纳税所得额中扣除；形成无形资产的，按照无形资产成本的 150% 在税前摊销。5 月，国家取消营业税，从此营业税退出历史舞台，玉门油田全面推行营改增工作，范围扩大到建筑业、房地产业、金融业、生活服务业，并将新增不动产所含增值税纳入抵扣范围。

2017年4月，财务系统机构改革后，纳税申报工作发生变化。玉门油田财务处对油田涉税业务进行梳理和研究，完成了涉税业务的下放，由机构整合前的统一记账、统一申报改变为各二级单位自己进行记账、编制各类报表上报财务处，由财务处进行汇总，核对申报。由各单位分别计提，财务处汇总申报纳税的有增值税、消费税、资源税、环保税、个人所得税、印花税、车船使用税、文化事业建设费、城建税及教育费附加；财务处统一申报的有房产税、城镇土地使用税、企业所得税。7月，增值税税率简并为11%，取消13%的增值税税率。当月，施行对个人购买符合规定的商业健康保险产品的支出，在个人所得税法规定减除费用标准之外限额扣除。9月，对纳入管理费用的党组织工作经费，实际支出不超过职工年度工作薪金总额1%的部分，据实在企业所得税前扣除。

第四章　人力资源管理

第一节　机构

1987 年，管理局机关设有劳动人事处，专门负责干部、工人管理以及劳动组织和工资管理工作，下设劳动组织科、工资科、工人管理科、干部科 4 个职能科室。2 月，将干部管理职能从劳动人事处划出，成立干部处，与党委组织部为一套机构、两种职能，下设组织科、干部科、老干部科、技术干部科 4 个职能科室，主要负责制定干部管理制度，负责干部选拔、任免、调配、晋级、奖励工作；负责专业技术干部培养、教育、管理；负责大中专毕业生分配、安排、实习和转正管理等工作。职工业务、技术培训工作由职工培训处负责。

1988 年 1 月，撤销管理局工人技术考核委员会，成立管理局职工岗位培训考核委员会。7 月，撤销职工培训处，将宣传部和职工培训处合并组成宣传教育处，下设干部教育科、工人教育科、宣传科 3 个职能科室，干部教育科、工人教育科专门负责职工文化教育、专业技术及业务培训和考核工作；同月，在劳动人事处增设劳动保险科。11 月，劳动人事处更名为劳动工资处，下设劳动组织科、工资科、工人管理科、工人教育科、劳动保险科 5 个职能科室；同月，干部处与党委组织部分设，干部处改为人事教育处，下设干部科、老干部科、干部教育科、技术干部科 4 个职能科室。

1989 年 2 月，劳动工资处机构调整，下设调配科、工资科、劳动组织科、劳动保险科、工人培训科 5 个职能科室；同月，人事教育处进行机构调整，下设干部管理科、技术干部科、老干部科、干部培训科 4 个职能科室。

1990 年 12 月，将原人事教育处的干部培训科、劳动工资处的工人培训科划归新成立的职工培训处，下设干部培训科、工人培训科、培训站（即“三十一号站”）3 个职能科室；将原人事教育处的老干部科、劳动工资处的劳动保险科划归离退休职工管理处，“两项”基金筹集和管理业务划归劳动工资处工资科；原临时考核机构的工人录用考核、上岗转岗考核、升级考核、工人技师考评聘任等业务以及人员和资产划归劳动工资处工人管理科；同时，将人事教育处更名为干部处，下设干部管理科、技术干部科 2 个职能科室。

1991 年 11 月，干部处增设机关干部管理科，将管理局直属工作处机关干部管理职能划归该科。

1993 年 3 月，干部处与党委组织部合并，成立局党委组织部、干部处，为一个机构、两块牌子，下设干部管理科、技术干部科、组织科、干部调配科 4 个职能科室。4 月，将职工培训处、石油工人技校、职工培训总校与隶属于运输处的局职业高中、驾驶员培训学校合并，组建成立培训中心，为局属处级单位，培训中心具有双重职能，既是教学实体单位，又是全局职工教育和职业技术教育的管理部门。

1994 年 11 月，成立管理局社会保险管理委员会（非常设机构），办事机构设在劳动工资处社会保险科。同时，撤销劳动保险科，成立社会保险科。12 月，成立管理局劳动力交流服务中心，为管理局内部劳动力交流中介机构，业务归口劳动工资处管理；同月，成立管理局人才交流服务中心，与党委组织部、干部处为同一个机构，该机构下设办公室，与党委组织部、干部处的干部调配科合署办公。

1995 年 7 月，成立管理局技能鉴定中心，由劳动工资处管理。11 月，撤销培训中心、普教中心，合并成立教育培训中心。12 月，劳动工资处撤销综合科，并在劳动力交流服务中心下设办公室、工人管理科，为一个机构、两块牌子，在管理局技能鉴定中心下设办公室、工人培训考核科，为一个机构、两块牌子。

1996 年 12 月，人才交流服务中心和劳动力交流服务中心合并，成立人才劳动力交流服务中心。同月，党委组织部、干部处调整变更为干部处（组织部），下设干部管理科、技术干部科、组织科、干部调配科 4 个职能科室。

1997 年 9 月，成立管理局综合培训中心，隶属管理局机关事务部管理，业务上接受职工培训部门的指导。

1998 年 3 月，成立管理局职工再就业服务中心，该中心与人才劳动力交流服务中心为一套机构、两块牌子。

1999 年 4 月，劳动工资处进行调整，下设劳动组织科、劳动工资科、培训考核科（职业技能鉴定中心）。同月，干部处（组织部）进行调整，下设组织科、干部管理科、技术干部科 3 个职能科室。至此，管理局干部选拔任用、专业技术干部队伍建设、劳动组织管理、劳动用工管理、职工教育培训、薪酬管理等业务工作，逐步统一到干部处（组织部）和劳动工资处。

1999 年 7 月，油田重组改制，油田分公司设人事处（组织部）。10 月，管理局将原劳动工资处、干部处（组织部）相关业务合并，设立人事处（人才劳动力交流中心、中国石油玉门职业技能鉴定中心），下设干部科、劳资科、培训考核科 3 个职能科室，附挂社会保险中心、职业技能鉴定中心（与培训考核科为一个机构）、人才劳动力交流中心（职工再就业服务中心）3 个附属机构。

2000 年 1 月，油田分公司对机关机构和编制进行调整，人事处（组织部）下设组织人事科、劳资科、职业技能开发科 3 个职能科室。同月，管理局将附挂于人事处的社会保险中心分离出去，调整后的人事处（人才劳动力交流中心、中国石油玉门职业技能鉴定中心）下设干部科、劳资科、培训考核科（职业技能鉴定中心）、交流配置科 4 个职能科室。10 月，管理局将教育培训中心职工培训管理职能划归人事处。

2003 年 8 月，油田分公司推行扁平化管理模式，对综合业务进行集中管理，分公司的人力资源管理业务由人事处（组织部）统一管理，二级单位不再设置人力资源管理机构。9 月，分公司组织机构调整，人事处（组织部）下设组织干部科、技术干部与培训科、员工管理科、劳动组织科、工资保险科 5 个职能科室。

2005 年 7 月，玉门油田重组整合。8 月，油田分公司人事处（组织部）与管理局人事处合并，成立公司（局）人事处（组织部），下设组织干部科、技术干部与培训科、员工管理与综合科、工资保险科、劳动组织科 5 个职能科室，附挂人才劳动力交流服务中心、职业技能鉴定中心。12 月，成立玉门油田劳务派遣服务中心，该中心与油田人才劳动力交流服务中心为一个机构、两块牌子，隶属人事处（组织部）管理。

2006 年 1 月，玉门油田劳务派遣服务中心、甘肃省陇兴劳务派遣服务中心玉门油田工作站正式挂牌。

2007 年 1 月，人事处（组织部）机构调整，组织干部科分设为组织科、干部管理科。

2008 年 11 月，人事处（组织部）下设干部管理科、组织科、劳动组织与绩效考核科、薪酬管理与人事信息科、员工管理与综合科、培训科 6 个职能科室，附挂技能鉴定中心。

2012 年 9 月，将绩效考核管理业务由企管法规处划归人事处，人事处设业绩考核科；原劳动组织与绩效考核科更名为劳动组织科。

至 2017 年 12 月，人事处（组织部）下设劳动组织科、业绩考核科、薪酬管理与人事信息科、员工管理与综合科、干部管理科、党委组织科、培训科 7 个职能科室，附挂职业技能鉴定中心。

第二节　干部管理

一、管理干部

1. 管理制度

1987 年前，认真贯彻落实党的干部队伍建设“四化”方针，相继制定出台《干部管理工作暂行规定》《干部管理暂行标准》《干部管理工作有关规定》《局厂两级领导班子后备干部管理制度》《玉门石油管理局关于对行政干部试行聘任制的规定》《关于严格控制编制、控制领导干部职数的规定》，以及《民主评议领导干部的试行办法》等干部管理的制度、规定。

1988 年，为了加快推进全局经济体制改革步伐，保证局、厂长负责制和承包经营责任制的顺利实施，使每个干部各得其所、人尽其才、才尽其用，管理局将干部管理工作纳入全局整体改革方案之中，制定《干部管理实施办法》。

1990 年 10 月，制定《后备干部选拔培养和管理的实施办法》。12 月，制定《关于部分厂、处配备副总师有关规定》。

1991 年，制定《干部调配任免若干暂行规定》《局、厂中层行政领导干部选拔任用程序的暂行规定》

《关于实行领导干部交流的实施细则》《关于建立领导干部回避制度的暂行规定》等。

1992—1994 年，为了全面推行干部聘任制，局党委、管理局先后制定出台《玉门石油管理局管理干部聘任办法》《干部聘任制实施细则》《关于按“三干法”聘任领导干部有关问题的规定及工作程序》。

1995 年，制定出台《关于按“三干法”聘任领导干部有关问题的规定及工作程序》《关于按“三干法”对全局领导干部聘任上岗的安排意见》。

1996 年，制定实施了《干部队伍建设实施意见》等一套办法，有效规范干部队伍建设。

1998 年，制定《干部培训登记管理办法》。

1999 年，制定《厂、处领导班子职数化管理办法》《局机关干部竞聘上岗和考核聘任实施办法》《局机关干部竞聘上岗报名申请资格审查细则》，

2000 年，制定《选派优秀中青年干部挂职锻炼工作办法（暂行）》；油田分公司制定《建立全员业绩考核与管理评价体系的指导意见》《干部选拔任用工作监督检查实施细则》和《干部年度考核试行办法》。

2001 年，制定《中层及以下管理人员业绩考核暂行办法》。

2006 年，制定《领导人员问责和引咎辞职制度》《干部选拔任用公示制度》。

2011 年 4 月，为了有效规范领导人员选拔任用、管理监督工作，玉门油田党委制定了《玉门油田分公司领导人员管理实施细则》。

2012 年，制定《关于“以提高选人用人公信度和组织人事工作满意度为重点，继续深化讲党性、重品行、做表率活动”的实施意见》。

2015 年，制定下发《进一步加强企业所属领导班子建设实施意见》《关于加强干部选拔任用工作监督实施意见》《关于进一步加强党员领导干部教育管理监督实施意见》《公司所属领导班子和领导人员综合考核评价实施细则》《干部任职前人事处（组织部）听取纪委监察处意见和纪委监察处回复人事处（组织部）意见的试行办法》《领导干部个人有关事项报告抽查核实实施细则》等。

2016 年 5 月，重新修订《玉门油田分公司领导人员管理实施细则》。6 月，为进一步规范领导人员选拔任用工作，提高选人用人质量，按照集团公司有关精神，制定《公司纪委书记全过程监督领导人员选拔任用工作实施办法（试行）》。9 月，为了进一步明确和细化油田领导人员选拔任用工作的程序和环节，突出实际操作和过程纪实，指导、规范和监督油田领导人员选拔任用工作，玉门油田党委配套《玉门油田分公司领导人员管理实施细则》，制定《玉门油田分公司领导人员选拔任用工作规范》。

2017 年，为了深入贯彻落实中央关于全面从严治党、从严管理干部的要求以及集团公司党组对选人用人工作的新规定，重新修订《玉门油田分公司领导人员选拔任用工作规范》。

2. 选拔任用

长期以来，各级党组织始终坚持“党管干部”的原则，坚持加强干部队伍建设，注重从基层一线工人和优秀年轻知识分子中选拔任用干部，建立一支政治素质过硬、工作能力突出、作风优良扎实的干部队伍。党的十一届三中全会以后，油田根据干部革命化、年轻化、知识化和专业化的方针，进一步加强后备干部队伍建设，加大对干部德、能、勤、绩的考核、考察力度，至 1986 年，基本形成管理有序、梯次分明、知识和专业配置合理的干部队伍结构。

1987 年，依据《玉门石油管理局关于对行政干部试行聘任制的规定》，按照聘任干部的范围、条件、权限、持续、手续等方面的有关规定，在严格控制干部总数和领导干部职数的基础上，开始在全局推行行政干部聘任制。首次在局兴玉公司公开招标，选聘了总经理，在取得成功经验后，对勘探开发研究院公开招标，选聘了院长。与此同时，在部分车间（队站）级单位开展了招标选聘试点。

1990 年，认真贯彻落实总公司第一次干部会议精神，按照“四化”方针和德才兼备标准，从调整班子结构、加强班子建设入手，对 28 个厂矿的领导班子、247 名副处级以上干部、208 名后备干部进行了考察，先后调整交流处级干部 209 人，提拔任用 59 名，使一批较优秀的中青年干部被选拔到各级领导岗位，厂处领导班子的整体结构有了新的改善。

1992 年，选择炼油厂进行干部聘任制试点，在试点基础上制定出台《玉门石油管理局干部聘任办法》，从制度上保证干部聘任制的推行，并配套了聘任合同等有关文件。根据干部考核制度，干部管理部门对处级领导和后备干部进行考核，及时提出部分单位领导班子调整交流的意见，当年，共考察干部 48 人，提职

17 人，调整任免 105 人。

1993—1994 年，积极稳妥地推进干部人事制度改革，依据《玉门石油管理局管理干部聘任办法》《干部聘任制实施细则》《关于按“三干法”聘任领导干部有关问题的规定及工作程序》，开始全面推行干部聘任制。为了有效推进干部聘任制，通过开展干部岗位劳动评价，先后对全局 29 个单位的 3776 个干部岗位进行劳动评价，确定干部工资待遇随岗变动的方案。开展局授权二级单位行政正职聘任副职和有条件的单位设常务副职及助理的试点工作，积极探索干部聘任工作的有效途径。对新聘上岗、从工人中首聘和提职的干部实行“先考试、后上岗，先试用、后聘任”的“两考一试”制度。落实“本人申请干、群众拥护干、组织批准干”为内容的“三干法”，把 60% 的群众信任票作为对领导干部聘任的基础条件，群众信任票达不到 60%，上级或正职提名无效；组织干部部门不考察，党委或行政不得任命或聘任。1994 年，全局共聘任干部 6157 人，解聘不称职干部 55 人，初步形成了干部能上能下、易岗易薪的运行机制。在此基础上，进一步建立健全后备干部考核台账和档案，对局级后备干部建立信息库，处级后备干部建立档案，科级后备干部建立考核台账，加大了后备干部选拔、培养和使用力度，1994 年，确定 100 名优秀干部列入百名干部工程，确定 300 名处级后备干部，基层单位重新建立了科级后备干部队伍。

1995 年，制定厂处领导班子年轻化建设三年规划，加强人才储备工作，开始实施“选拔储备 20 名局级后备干部、200 名处级后备干部和 1000 名科级后备干部”的干部队伍建设“221”人才工程。坚持备用结合，动态管理，对业绩显著、德才条件趋于成熟的，大胆提拔到相应的领导岗位，特别优秀者破格提拔使用。对本质好、有潜力但缺乏基层工作经验或艰苦环境锻炼的年轻干部，派到关键岗位或“急、难、险、苦”环境中进一步锻炼；对发展潜力不大或经不住考验的，及时进行调整。先后对 4554 名干部进行年度思想状况和工作实绩考核，有 885 名干部被评定为优秀，3642 名干部被评定为胜任，考核不胜任的 27 名干部被低聘或解聘。随着油田人才市场的启动，本着“公开、平等、竞争、择优”的用人原则，首次公开招聘录用 11 名秘书和宣传干部，公开招聘多种经营总公司华油养殖公司经理。

1999 年 4 月，实施局机关改革，通过报纸、电视刊播改革方案、竞聘上岗考核办法，张榜公布竞聘岗位、竞聘条件、竞聘程序，全局有 470 名干部职工踊跃参与局机关各岗位的竞聘，有 47 名处级干部和 189 名一般干部通过竞聘走上机关工作岗位。当年，玉门油田按照本人述职、群众民主测评、组织干部部门考核、主管领导综合评定等考核程序，对机关 25 个处室（附属单位）、17 个二级单位、7 个驻外机构的 4752 名干部进行了年度考核，考核覆盖面占全局现职干部的 97.5%，962 名干部综合考评为优秀，3781 名干部的综合考核为胜任，9 名干部综合考核为不胜任。

2000 年，重组改制后的油田分公司，坚持以业绩考核为主、评价标准量化的原则，科学、准确的评价管理干部业务能力、工作水平、履行职责、完成任务等实际工作业绩情况，实行竞争上岗和末位淘汰制度，建立起能上能下、能进能出的正常流动机制。当年 9 月起，油田分公司按照《中国石油天然气股份有限公司关于选拔领导人员实行任前公示的暂行办法》的规定，对干部选拔任用开始进行任前公示。

管理局大力实施以“10 名局级后备干部、200 名处级后备干部、500 名科级后备干部”为内容的后备干部队伍“125”计划，每年选拔 5 ~ 10 名优秀后备干部担任处级领导岗位助理、重点项目或国外项目基层领导职务，加快锻炼成长。出台一系列选拔优秀中青年干部的政策、办法，选派一批优秀中青年干部到机关和基层进行挂职锻炼。当年，管理局按照“谁出资、谁用人、谁管理、谁负责”的原则，积极探索改制企业新的干部人事制度，制定《处级领导班子职数化管理规定》，压缩定员，精干队伍，处级干部由 121 人减至 95 人，减少了 21.5%；制定《公开推荐处级后备干部暂行办法》，在领导干部的选拔任用上，公开推荐，公开竞争，并注重专业、年龄、文化结构的合理调配，将 21 名懂经营、会管理、具有专业知识的干部调整充实到领导班子中，新提任 10 名干部到领导岗位，优化了班子和干部队伍的结构。

2004 年，管理局制定实施《关于管理人员和专业技术人员公开竞聘上岗工作指导意见》，首次将面试、答辩引入干部考察，对局团委副书记等岗位进行公开竞聘，增强干部选拔的透明度。

2005 年 7 月，玉门油田重组整合。为了适应整合后的新形势，进一步加强干部的培养、选拔、任用、管理和监督工作。各级组织坚持“党管干部”的原则，做到管原则，把好导向关；管标准，把好入口关；管程序，把好规则关；管监督，把好使用关。通过强化干部目标管理，严格执行干部任前公示制，规范干部使用期满考核制度，加大干部调整和交流力度，不断完善干部选拔任用机制，形成干部能进能出、择优聘任的动态交流、管理机制。当年，对基层党政主要领导实行了交叉任职，有5名干部被提拔使用，对70余名干部重新进行了明确和调整交流。

2011年起，严格按照《党政领导干部选拔任用工作条例》、集团公司党组《关于进一步加强和规范企业领导人员选拔任用工作的通知》和《关于落实“三重一大”决策制度的实施办法》规定的程序选拔任用干部，坚持进行民主推荐、组织考察、党委会议研究和任前公示，在干部考察中充分发扬民主，听取纪检监察部门等方方面面的意见，全面考察干部的德、能、勤、绩、廉，注重工作实绩。确立领导干部“德、能、勤、绩、廉”的具体考核评价标准，把综合考核评价结果作为班子调整、干部任用和薪酬分配的重要依据，进一步发挥考核评价标准的鲜明导向作用。积极落实干部交流制度，打破不同业务、单位的限制，强化岗位交流和锻炼，有计划、有步骤地提拔使用、调整交流副处级以上领导干部，领导干部跨单位、跨部门、基层与机关之间调整交流力度逐年加大，及时发现和储备一批优秀的后备干部人才。至2013年，先后调整交流副处级以上领导干部207人，提拔使用46名优秀年轻干部。

2014年，坚持民主、公开、竞争、择优的原则，广开举贤荐能之路，组织进行机关、科研设计单位等24个缺员岗位竞聘，公开选拔，竞聘上岗试用23人；组织进行处级领导人员选拔任用工作和新提任副处级领导人员民主评议，干部选拔任用工作群众满意度和新提任干部民主测评信任度分别达到95.92%和87.53%。

2015—2017年，坚持按照动议、民主推荐、组织考察、党委会研究、公示、任前谈话等程序，通过公开竞聘方式，公开选拔副处级领导干部。三年来，共调整交流处级领导干部18人，提拔任用处级干部10人。结合各单位职代会干部考核履职测评工作，组织进行厂处级后备干部的民主推荐选拔工作，进一步充实厂处级后备干部，形成了制度化的常态管理机制。

3. *教育培训*

1987年，结合全局开展的正面教育，突出在干部队伍中开展“坚持四项基本原则、坚持改革开放”，反对资产阶级自由化的思想教育。

1988年，按处级以上干部、科级干部、党员、职工群众、家属等层次，分层次开展十三大精神学习和基本路线教育。对处级以上领导干部、科级干部以及纪检、组织、宣传系统的各类人员，分别进行一周至一月的脱产培训，共举办处级干部学习班6期，参加188人，占应培人数的78.4%；举办科级干部学习班76期，参加1240人，占应培人数的91.4%。

1989—1990年，管理局党委把提高干部队伍的政治素质作为加强干部队伍建设的重中之重，坚持加强马克思主义基本理论的学习教育，组织广大干部系统学习《马克思主义哲学》《关于社会主义若干问题学习纲要》和邓小平同志关于建设具有中国特色的社会主义理论等重要内容。局党委先后举办4期处级干部学哲学班，对101名副处级以上领导干部进行为期30～40天的脱产培训。

1991年，各级党组织从防止和平演变的大局和新老区工作需要出发，加强干部队伍的思想作风建设，通过制定《厂矿领导班子思想作风建设标准》《处以上领导干部职业道德规范》，完善思想作风建设制定。通过对干部队伍现状进行调查，对副处级以上干部普遍考核，广泛听取群众意见，对一些领导干部思想作风方面存在的不良倾向，公开进行严肃批评，使全局干部受到了震动；对少数问题比较多的干部，个别谈话，“黄牌”警告，限期整改；对教育后仍不称职的干部免除领导职务；对极个别违反党纪政纪的给予纪律处分。在坚持领导干部日常政治理论学习的同时，开办处级干部轮训班和短期读书班7期，参加受训干部289人次。

1992年，先后选派11名现职领导干部分别参加省委党校和总公司举办的中青年干部培训，局内自培现职处级干部52名、中青年后备干部36名、车间主任（队站长）69名。

1994年，管理局党委坚持用建设有中国特色的社会主义理论教育和武装干部，以学习《邓小平文选》三卷为重点，围绕“正确认识计划和市场的关系，促进油田抓住机遇，更快更好地发展”“充分认识社会主义的本质、目标、任务，加快转换企业经营机制，建立现代企业制度”等八个专题，先后举办3期处级干部学习班、1期处级干部读书研讨班。与此同时，油田汇编《公司法》《经济合同法》《会计法》《劳动法》等11个法律法规，纳入各级干部的政治理论学习和处级干部、车间主任、中青年干部学习班当中，加强了经济法规的学习教育。

1995—1996 年，各级组织坚持不懈抓两个根本性转变教育，把各级领导干部作为学习教育的重点，用科学的理论武装头脑，组织各级干部系统学习《邓小平文选》《邓小平同志建设中国特色社会主义理论学习纲要》、党的十四届五中全会《建议》和市场经济知识。

1997 年，党政组织在认真组织全体干部学习贯彻党的十五大精神的同时，注重加强领导干部的业务培训，先后对领导干部进行外语和计算机“双培训”，举办现代化管理、现代科技、财会经济、外经外贸等多种专题讲座短训班，全年培训各级各类干部 1832 人次，有效提升广大干部参与经济活动的能力。

2000 年，重组改制后的管理局和油田分公司同步在厂处领导班子和领导干部中深入开展“三讲”教育活动。结合“三讲”教育活动，管理局在局、厂机关开展以“科学理论武装、优质服务示范、为基层排忧解难、依法规范言行”为内容的“四大行动”；采取请进来的方式，在领导干部中举办“三个代表”重要思想专题讲座，召开“西部大开发”形势教育专题报告会。通过“三讲”教育和“四大行动”的开展，领导干部的责任意识明显增强，思想作风、工作作风明显转变。当年，为了进一步规范企业法律事务工作，确保依法治企，管理局举办专兼职法律事务管理人员培训班，进行“国有企业公司制改制与公司法”“中华人民共和国合同法”“玉门石油管理局合同管理规定”等内容的培训。

2001 年，油田分公司采取内配与外培相结合的方式，先后以强化生产组织运行和加强基层管理为主要内容，举办 1 期车间主任、队站长培训班；以逐步推行无纸化办公、电子商务和网络信息传输，提高管理人员计算机应用水平为内容，分别举办计算机普及班和提高班，对两级机关工作人员进行计算机知识培训；以现代企业制度和《股份制知识读本》为内容，举办 4 期股份制知识培训班，对 100 余名两级机关科室长和车间主任、队站长进行了轮训；以股份公司各部门组织举办的各类培训班为依托，先后选送各类管理人员参加经理办主任、总会计师、财务处长、土地管理、法律事务、安全总监、安全监督、秘书工作等业务培训。

2003 年，油田分公司为了提升经营管理人员的整体素质，先后举办企业领导干部管理创新培训班、企业薪酬体系与绩效考核管理培训班、企业文化建设高级培训班、基层党支部书记及政工干部新知识培训班，对 200 余名各类经营管理人员、劳动人事管理人员以及党支部书记和政工干部分别进行为期 5 ～ 7 天的脱产培训。管理局先后选派 1 名处级干部赴美攻读 MBA；选派 32 名中青年干部、30 名处级干部，分别在北京进行为期 60 天和 40 天的专门脱产培训。

2004 年，油田分公司与股份公司总部、各专业公司、科研院所、石油院校等培训机构签订约 210 人次的送外培训协议，先后选送 20 名高级经营管理人员、处级干部参加股份公司举办的岗位任职资格培训，选送 45 名专业管理人员参加规划计划、财务资产、劳动人事、质量安全、审计等管理业务培训。

2006 年，随着玉门油田重组整合，进一步理顺干部培训机制，强化干部培训的计划性。按照股份公司处级及以上领导人员五年内轮训一遍的要求，选派 12 名规划计划、法律、设备、质量安全、科技、纪检、炼油技术等重要处级管理岗位的管理人员，参加总部组织的任职资格培训；落实与股份公司总部、各专业公司等培训机构签订的 41 个项目、210 人次的外培计划，组织相关经营管理人员到有关院所、企业进行短期适应性培训。与此同时，对 840 名生产管理人员、商务人员以及党务工作者等，适时进行了强化培训和岗位锻炼，改善了知识结构，增强了工作能力，提高了综合素质。

2007—2008 年，各级组织坚持以“三个代表”重要思想和科学发展观为指导，组织广大干部深入学习党的十七大精神和科学发展观重要论述，深入开展大庆精神铁人精神的再学习再教育活动，教育和引导广大干部进一步解放思想，切实增强贯彻落实科学发展观的自觉性和坚定性。期间，按照股份公司年度干部培训计划，相继选派部分处级干部和经营管理人员参加股份公司组织的岗位培训和业务培训。

2009 年，在深入学习实践科学发展观活动中，举办学习实践科学发展观厂处领导干部培训班，对 180 余名副处级以上领导干部进行学习实践科学发展观专题辅导和培训。

2013 年，根据中央《2013—2017 年全国干部教育培训规划》和集团公司《关于贯彻落实中共中央 2013—2017 年干部教育培训规划实施意见》有关精神，为进一步加强和改进干部教育培训工作，不断提升干部队伍的能力素质，制定《关于贯彻落实中央〈2013—2017 年全国干部教育培训规划〉的实施意见》。当年，根据集团公司关于进一步强化处级领导干部党的十八大理论学习培训的精神，组织处级干部和厂处副总师参加为期一天的党的十八大理论培训，通过观看专题讲座、理论辅导、撰写学习心得等方式，使领导干部对党的十八大理论的精神实质和重大意义有了深刻的认识和理解。

2014 年，先后组织举办 2 期领导干部学习贯彻习近平总书记系列讲话精神培训班，玉门油田领导结合油田改革发展实际，就学习领会习近平总书记系列讲话和贯彻落实党的十八大、十八届三中全会精神进行专题辅导。

2015 年，选拔 34 名优秀中青年干部，以加强理想信念和党性教育、提高依法合规治企能力为重点，联合酒泉市委党校，举办玉门油田整合以来首次中青年干部培训班。

2016 年，组织举办 1 期领导干部专题培训班，两天时间，共培训处级领导干部 112 人。利用北京石油管理干部学院的优质资源，组织开展领导力培训，全年轮训处级领导干部 40 人。

2017 年，通过专题辅导的形式，对 180 名副处级以上领导干部，组织进行党的十八届六中全会精神专题学习培训。先后选派 20 名处级领导干部参加领导力拓展培训，选送 20 名优秀中青年干部参加领导力基础培训。委托广州石油培训中心，举办第十期中青年干部培训班，培训 40 岁以下优秀科级干部 40 名。

二、专业技术干部

1. 队伍建设

1987 年前，集中精力落实党的知识分子政策，通过平反各类冤假错案，突出提高各类知识分子待遇，重点解决各类专业技术人员特别是中青年专业技术人员工资偏低的问题，对具有中、高级职称的知识分子和有突出贡献的青年知识分子给予特殊照顾等，有效调动了知识分子扎根玉门、献身油田的工作热情和生产积极性。

20 世纪 80 年代末至 90 年代初，大力实施“515”人才工程，通过选拔培养 500 名中青年专业技术骨干、100 名专业技术学科带头人和 50 名局级专业技术拔尖人才，有效缓解了专业技术人才“断层”矛盾，形成了一支跨世纪的科技队伍。至 1992 年，全局共有各类专业技术人员 7490 人，其中高级职称 254 人、中级职称 1397 人、初级职称 4991 人，初步建立起了高级专家、勘探开发、炼油化工、企业管理、市场营销、财会、外贸专家、多种经营、医疗卫生、职教普教以及思想政治工作等 10 支专业化科技队伍。

1993 年 3 月，印发《关于高级专家退（离）休和返聘的暂行规定》，对已取得教授及相当于该级职称（正高级工程师）的，或属总公司有突出贡献的高级专家，确因工作需要，并能坚持正常工作者，由专家所在单位提出意见，征得本人同意，按干部管理权限报主管部门审批，适当延长退（离）休年龄，一般延长 1 ～ 3 年。对从事科研、设计、医疗卫生、经济、农牧、翻译、情报、法律、编辑、大中专教学岗位的高级专业技术人员，确因工作特别需要，退（离）休后，可返聘承担有关专业技术工作。聘请单位与返聘的高级专家签订《返聘合同书》，包括返聘期、岗位、任务、目标、报酬、权限、责任和义务等。4 月，油田出台政策，高级专业技术职务干部退休后享受行政处级政治、生活待遇。10 月，印发《对做出重大贡献的职工实行重奖的办法》，分别就油气勘探、油田开发方面做出突出贡献的科技人员给予 2 万～ 5 万元的重奖，对在新技术应用、新产品开发方面做出突出贡献者给予 3 万～ 5 万元的重奖，加速推进科技进步。

1995 年 10 月，制定出台《加速选拔和建设跨世纪学术技术带头人队伍的实施意见》，加速人才储备工作，在全局组织实施“55”工程，即“九五”期间全局知识分子队伍发展到 5000 人左右，调整专业结构，使主体专业技术干部达到 50% 以上；提高整体素质，大专以上学历人员达到 50% 以上。当年，通过实践锻炼和组织培养，在 10 多个专业领域遴选出油田首批跨世纪学术技术带头人，其中总公司级 13 名、局级 61 名。油田首次实行人才和用人单位“双向”选择，旨在通过人才合理流动，稳定现有人才，吸收外来人才，逐步实现人才自主择业，单位自主用人，市场调节供求，完善社会化服务，保证生产和发展对人才的需求。

1996 年，相继制定出台《关于对专业技术人员加强外语培训的安排意见》《专业技术人员继续教育管理办法》《关于稳定和吸引人才的决定》《关于对专业技术人员进行计算机应用能力培训的安排意见》，加大专业技术干部学习培训力度，加速专业技术队伍建设。

1997 年 4 月，评选表彰 11 名局内有突出贡献专家，并推荐 61 名跨世纪学术技术带头人，纳入人才库进行管理。

2000 年，重组改制后的管理局经过各单位选拔、推荐，组建一支 200 人的学术、技术带头人队伍，作为局重点发展项目的专业技术人才队伍，由人事部门直接掌握管理。

2002年8月，管理局制定《关于加强人力资源开发工作的若干规定（暂行）》，就专业技术干部队伍建设做出一系列规定。(1) 建立集团公司、局和厂（处）三级学术技术带头人选拔管理机制。实施学术、技术带头人队伍建设“525”目标，即：推荐选拔集团公司级5名、局级20名、厂（处）级50名的学术技术带头人。学术技术带头人每两年评选一次，原则上在专职从事技术工作中的人员中产生，对集团公司级、局级、厂（处）级学术技术带头人每年分别给予3000元、2000元、1000元的技术津贴，并实行动态管理，每年考核一次，考核不合格或离开专业技术岗位的，其称号和待遇自动取消。(2) 建立“导师制度”。高级专业技术人才和学术技术带头人，负有培养专业技术人员的职责，导师人选由人事部门会同各单位提出，局科技委员会及专业委员会审定，采取组织推荐、个人申请、导师提名等方式，确定每个导师的培养对象，签订“培养合同”，培养期限为2年。导师须对培养对象专业技术水平的提高给予指导，保证其在规定的时间内达到相应的专业技术水平，完成培养任务的导师一次性奖励2000元。(3) 对在集团公司、局和厂（处）重大科研、生产、新技术应用、新产品开发、经营管理项目中做出突出贡献的专业技术人员给予重奖。采取项目招标、岗位竞聘等形式，让专业技术人才竞聘担任科研机构、重大课题组负责人，承担重要项目。对承担具有良好前景和经济效益的科研、新产品开发项目，在经费上给予倾斜，取得显著经济效益的，经局科学技术委员会评审认定，可按获得直接经济效益5%～8%的比例予以奖励，凡独立完成的，奖金全部发给个人，集体完成的项目，按分担责任、贡献大小合理分配。

“十五”期间，油田分公司实施“551”人才规划，加强专业技术人才队伍建设，一支具有一定理论功底、技术攻关能力强、能够承担公司重大课题研究、技术攻关和技术改造项目的人才队伍逐步形成。2004年12月，油田分公司印发《专业技术岗位人员竞聘（任）实施办法》，对专业技术岗位实行竞聘（任）上岗，其中高级工程师以上专业技术岗位的竞聘（任），由公司主管领导、人事部门、有关单位（部门）领导及专家组成的岗位竞聘考评小组推荐提名，公司领导班子集体研究，公司直接聘任；工程师以下专业技术岗位的竞聘（任），由人事部门和本单位（部门）领导及专家组成的岗位竞聘考评小组推荐提名，通过民主投票、聘前考核，实行公开竞聘，由本单位聘任。在实施过程中，合理设置专业技术岗位，实行评聘分开、动态管理，由身份管理转向岗位管理，逐步形成科学的人才选拔使用机制，为优秀人才脱颖而出营造了公平竞争的平台。

2011年初，制定出台《“十二五”人才开发规划》，大力培养创新型人才和团队，提升高级人才、领军人才和海外人才等重点人才的比例，努力打造一支规模合理、优秀可靠的人才队伍。以培养造就高层次创新人才为重点，谋划人才引进、培养、使用、管理的政策机制，推动人才队伍建设工作上水平；积极营造激发人才活力的环境，加快主干专业后备技术人才的引进步伐，落实“一对一”导师带徒培养制度，充分发挥导师在科研攻关上的引领作用；拓展专业技术人才的成长通道，在科研单位建立行政和专家双序列职务职称体系，最大限度地激发各类专业技术人才的创造潜能和创新活力。

2013年3月，颁布《技术专家管理办法》，就企业级技术专家的岗位设置与职责、选聘与待遇、考核与管理、培养与使用形成了工作制度，专门成立技术专家考评委员会，在技术专家队伍建设上，坚持“重能力、重潜力、重业绩”原则，以培养和选拔专家型优秀科技人才、技术带头人为目标，以提高专业技术人员学习吸收、实践应用、研究攻关、开拓创新四种能力为重点，探索“项目＋人才”管理模式，明确科研领衔、技术把关的目标责任和工作任务，组织参与重大项目咨询、学术技术交流、评审、鉴定等工作，完善考核方式，薪酬激励，促进前沿理论、专业知识的提升。明确高级技术专家培养人才的责任，提出工作要求和科研任务，充分发挥导师在科研攻关上的引领作用，加快培养精益求精、勇于攻关、善于钻研的青年科技人才。

2014—2017年，坚持科技创新与高层次人才培养相结合，从技术创新、科研项目及重点工程中选拔和锻炼人才，推进技术专家队伍建设。积极推进专业技术“双序列”改革，先后制定出台《科研单位建立专业技术岗位序列实施方案》《科研单位建立专业技术岗位序列有关问题的补充规定》以及油田一、二级技术专家选聘方案，先期在勘探开发研究院进行试点。2017年，油田选拔推荐的1名优秀专业技术人才典型和4名青年科技英才人选中，有3人入选中国石油首批青年科技英才名录。当年，有1名领导干部被续聘为甘肃省领军人才，3名领导干部当选酒泉市首批领军人才。

2. 职称评聘

1987年前，集中精力开展落实知识分子政策工作，先后对1090名工程技术干部进行了套改、复审和晋升工作。当年12月，按照甘肃省、石油工业部及甘肃省石化厅职称改革领导小组关于开展职称改革、实行专业技术人员职务聘任制工作的安排和部署，成立专业技术职称改革工作领导小组，设立工程技术、经济专业、医疗卫生、中小学教学人员等6个中级职务评审委员会，并开始专业技术职务评聘的各项准备工作。基层各单位也相应成立职称改革工作领导小组。

1988年1月，职称改革工作领导小组制定出台《玉门石油管理局实行专业技术职务聘任制实施办法》。7月，首批153名工程技术人员，经管理局工程技术中级职务评审委员会评审，具备工程师任职资格；66人具备卫生技术中级职务任职资格；37人具备经济师（会计师、统计师）任职资格。当月，对原49名获工程师职称的人员进行中级职务任职资格认定，同时评审通过73人具备工程师任职资格。至年底，共评审通过工程师任职资格343人、经济师（会计师、统计师）任职资格106人、卫生技术中级任职资格40人、中小学教师中级任职资格14人、讲师任职资格20人。当年，还成立了思想政治工作人员聘任经济专业中级职务评审委员会。

1989年4月，经甘肃省新闻职称改革领导小组和甘肃省中级新闻专业职务评审委员会评议审查，有4人具备记者中级新闻专业职务任职资格、4人具备编辑中级新闻专业职务任职资格。5月，经管理局管理经济专业高级职务评审委员会评审，并报总公司职改领导小组同意，有9人首批具备高级管理经济师任职资格。当年，集中开展管理经济师任职资格的评审工作，先后有239人通过管理经济师职务任职资格评审、91人通过管理经济初级职务任职资格评审。

1991年，从解决职改工作中的突出矛盾和问题入手，重点开展专业技术职务任职资格的微调补缺工作，对中、高级职务的评审，以选拔、评审有突出贡献的专业技术人才和中青年拔尖人才为主，初级职务的评审，主要以解决大、中专毕业生的晋升初级为主。与此同时，把“四定”、机构编制、干部定编工作有机结合，组织制定全局专业技术职务设置标准和设置方案，为专业技术职务的资格评审和聘任工作提供了依据。当年，先后组建大学、中专、技校教师，卫生技术、农牧技术和新闻专业中级职务评审委员会。根据总公司规定，中、高级专业技术职务的参评人员开始统一参加总公司组织的外语水平考试，考试语种为英、俄、日、德、法五种，中级以60分为合格、正副高级以75分为合格。

1992年，制定出台《关于专业技术职务评聘的实施细则》，专业技术职务评聘工作转入经常化。当年，钻井处、采油厂、炼化总厂、研究院、录井处、机械厂、地调处等单位成立工程技术中级职务评审委员会。当年起，按照国家财政部、人事部《关于印发〈会计专业技术资格考试暂行规定〉和〈实施办法〉的通知》、总公司《关于转发〈会计专业技术资格工作若干问题解答（一）等两个文件〉的通知》《关于转发〈审计专业技术资格考试暂行规定〉和〈实施办法〉的通知》精神，开始对参评会计和审计专业的技术人员，逐步转向参加全国统一资格考试。

1993年，制定出台《专业技术职务聘任暂行办法》，完善专业技术职务评聘程序和制度。高级职务由局统一下达意向性推荐指标，由单位推荐到各专业考评组，各专业考评组组织答辩和考核评价排序。答辩一般先由晋升人员进行述职，再进行专业知识答辩，合格者推荐到高评会。中级职务由局直接下达推荐或评审指标，由单位组织答辩，其中从事科研设计、医疗卫生、大中专技校教师、中小学教师进行论文、述职和专业知识三方面的答辩，其他岗位的专业技术人员进行述职和专业知识两个方面的答辩。答辩考核合格者推荐到局评委会评审，对具备主体系列中级评审权的单位，除非主体系列报局外，工程系列破格和从事专业十二年的也要报局统一评审。当年，国家统一进行的专业技术资格考试专业种类进一步扩大到经济、会计、统计、审计、计算机软件等专业。

1994年，贯彻落实《中国石油天然气总公司关于企业思想政治工作人员专业职务评聘工作转入经常化的实施方案》，政工职称评聘工作转入经常化。当年，油田对取得高、中级专业技术职务任职资格的人员，开始统一填发总公司高、中级专业技术职称证书，参加国家统一组织的会计、经济专业技术资格人员（由国家统一发证）和取得统计专业高、中级职称人员（由国家统计局发证）除外。当年起，油田不再进行经济、会计、审计、统计系列中、初级技术职务评审，全部统一参加国家组织的资格考试。

1996年1月，制定《专业技术职务考核暂行办法》，以聘任合同中规定的任期目标、任务和岗位职责为依据，主要考核受聘人员现任职务应具备的基本知识能力和履行聘任合同中反映出来的工作数量、质量、工作业绩、专业技术水平和能力等，考核结果作为专业技术人员续聘、解聘、晋升和奖惩的依据。5月，颁布《专业技术职务聘任暂行办法》，明确专业技术职务实行评聘分开，一律实行聘任制，聘期一般为三年，受聘的专业技术干部享受岗位职务工资，并实行易岗易薪、岗变薪变、人随岗走的动态管理。

1997年，修订完善《专业技术考核暂行办法》，突出定性和定量相结合、民主评议和答辩相结合、专业职务和工作实绩相结合，进一步严格考核标准。当年下半年，玉门油田参考华北油田量化评审的具体做法，先期在采油厂、炼化总厂工程技术系列晋升中、初级职称中进行量化评审试点。职称量化评审，有效较少人为因素和评审矛盾，提高了职称评审工作的科学化程度。

1998年9月，制定《职称量化评审指导意见》，开始在工程技术、医疗卫生、经会统审、中小学教师、大中专技校老师系列和政工专业晋升高、中级职称全面推行量化评审。同时，制定《专业技术职务岗位设置指导意见》，进一步完善和加强"聘任上岗、责权统一、能上能下、易岗易薪"的专业技术职务聘任制，逐步实行专业技术职务任职资格与技能工资及其他待遇脱钩，聘任职务与工资待遇挂钩。

1999年12月，油田分公司组建职称改革工作领导小组，搭建起职称评审体系：职称改革工作领导小组办公室，工程技术、经会统审、政工3个高级职务评审委员会，4个工程技术中级职务评审委员会，4个初级职务评审委员会。中评会及初评会设在各厂、院，下放中级、初级职称的评审权限，各评委会按各自的权限履行职责。职改办作为公司职改工作的业务管理机构严格履行职责，宏观调控，对各评委会的工作进行监督考核。

2000年4月，油田分公司制定出台《专业技术岗位设置指导意见》，将油田分公司专业技术岗位总数控制在1000人以内，高、中、初级职务结构比例为1：6：11，逐步从微观管理向宏观管理转变，从数量管理向职能管理转变，实行资格评审与职务聘任分开，差额聘任、竞争上岗。5月，管理局印发《专业技术岗位设置及人员聘任指导意见》，按照生产经营发展需求，科学、合理、规范地设置专业技术岗位，使各系列、各层次岗位形成专业配套、层次分明、结构优化、适合需求的专业技术岗位设置管理体系，就高不就低，责、权、利相一致，行政职务与专业技术职务相对分离，评聘分开，动态管理；实行竞争上岗，择优聘任，差额聘任，每年对专业技术人员进行一次全面考核，并按规定实行末位淘汰。11月，针对重组改制后油田机构的变动情况，油田分公司成立"中国石油天然气股份有限公司玉门油田分公司职称改革工作领导小组"，设立工程技术、经会统审、政工专业3个高级职务评审委员会，采油厂、炼化总厂、研究院、分公司机关4个中级职称评审委员会和4个初级职称评审委员会。管理局重新调整职称改革工作领导小组，重新组建高级职称评审委员会，下设工程技术、经会统审、政工、中学教师4个专业评审组。分别负责4个系列参加高级职称评审人员的量化考评和向高评会推荐参加评审人员。

2001年11月，油田分公司制定《专业技术职务评聘暂行规定》，进一步建立健全了专业技术职务任职资格评审和专业技术职务聘任制度，完善职称量化评审体系。职称评审严格按照摸底、考核、推荐、答辩、评审、审批的程序进行，严格坚持"评审政策、控制指标、推荐人选、述职答辩、评审结果"五个公开，实施并推行职称评审全过程的"公示制"。全面推行量化评审，将学历、资历、外语水平、科技成果、论文、工作态度与敬业精神、解决实际问题的能力、述职答辩等评审评价因素进行量化，设置权重占比，现场答辩，评委打分排序。通过量化评审，建立起一套系统、科学的量化评价机制，全面准确衡量专业技术人员的能力、水平。

2002年后，管理局进一步改革和完善专业技术职务评聘制度，在职称评聘中，实行低职高聘，高职低聘，易岗易薪，严格按岗位职数考核聘任。职称评审向专职从事技术工作人员倾斜，对虽不具备评定高中级职称学历、资格条件的专业技术骨干，特别是中青年拔尖人才，按照突出创新意识，重业绩、重能力的原则，在每年的职称评审中，按一定的比例下达破格评审指标，不占用单位职称评审指标。对具有高级职称的技术人才，积极推荐集团公司评定教授级高级职称或享受政府特殊津贴。对参加国家统一考试的经济、会计、统计、审计等系列专业人员的职务聘任，与其他系列同步进行、同等待遇。

2002年，管理局根据集团公司规定，1978年以前参加工作人员晋升政工专业高、中级职称，可不进行外语水平考试，但须参加政治理论统一考试并达到60分以上。油田分公司针对普遍推行的党群工作兼职化，对政工专业技术职称的评审进行严格控制，鼓励相关人员参加国家统一资格考试。

2003 年，油田分公司政工专业中、初级职称均须参加国家统一资格考试，油田不再进行评审。

2005 年 7 月，玉门油田重组整合，根据机构调整状况，重新调整职改领导小组，组建工程技术地质勘探、油田开发、炼油化工、机械电力中级职称评审委员会和其他专业综合评审委员会等 5 个中级职称评审委员会。各系列高级职称评审委员会不做调整，补充机电储运专业组。当年，各系列高级职称由油田统一组织答辩、评审；中级职称由各中评会组织答辩、评审；初级职称由油田职改办委托各单位评审。

2006 年，恢复政工职称的评审工作，但参评政工职称人员须在玉门油田两级机关副处级以上领导岗位并专职从事思想政治工作。

2008 年起，集团公司对物探、测井、机械、信息、安全环保、新闻（翻译、出版）、教师和卫生系列（专业）开展集中专业化评审，油田仅负责汇总报送参评人员相关评审资料。经、会、统、审、政工以及地面建设和油气储运专业，按集团公司要求，统一参加由塔里木油田、吐哈油田、青海油田和玉门油田共同组成的联合高评委会组织的评审。根据集团公司授权，油田设油气田开发、地质勘探和石油炼制 3 个高评组，负责油气田开发、地质勘探和石油炼制 3 个专业高级职称的评审工作。

2009 年，在党、工、团组织中专职从事思想政治工作的人员，专职从事企业文化、纪检、信访、保卫、老干部、计划生育工作的人员可参评政工专业技术资格评审。

2010 年起，根据集团公司要求，参评高级会计师资格的人员均应参加国家高级会计师资格考试（分数在评审时参考，2011 年起应取得高级会计师资格考试成绩合格证并在有效期内）；参评高级审计师资格的人员均应取得高级审计师资格考试成绩合格证（在有效期内）。

2011 年，共有专业技术人员 3698 人，占员工总量的 26.22%，其中主体工程专业技术人员有 2255 人，占整个专业技术队伍的 60.97%；高级资格人员 420 人，占队伍的 11.3%，中级 1452 人，占队伍的 39.26%，初级 1816 人，占队伍的 49.15%。聘任在岗的专业技术人员 1468 人，占专业技术队伍的 39.7%。

2012 年，中级职称评审分油气田开发、地质勘探、石油炼制、机电信息、设计安装、政工和综合 7 个评审组，高级评审组根据集团公司授权，分为油气田开发、地质勘探和石油炼制 3 个组。当年，符合条件的参评人员有 269 人，其中正高 4 人、副高 46 人、中级 140 人、初级 79 人；工程技术系列 207 人，占参评人数的 76.95%；政工系列 38 人，占参评人数的 14.12%；经会统审及其他系列 24 人，占参评人数的 8.9%。经集团公司机械专业高级技术职务评审委员会、信息专业高级技术职务评审委员会、地面建设与油气储运、政工专业高级技术职务评审委员会及油田分公司地质勘探、油气田开发、石油炼制专业高级技术职务评审委员会评审通过，集团公司职改办审核同意，油田有 29 人晋升高级专业技术职务任职资格；经油田分公司工程技术、幼儿教师、政工、农牧、新闻系列各中级、初级专业技术职务评审委员会评审通过，油田分公司职改工作领导小组审核同意，有 150 人具备中、初级专业技术职务任职资格（中级 93 人、助理级 32 人、员级 25 人）。

2014 年，符合条件的参评人员 325 人，其中正高 3 人、高级 70 人、中级 121 人、初级 131 人；工程技术系列 235 人，占参评人数的 72.3%；政工系列 36 人，占参评人数的 11.1%；经会统审及其他系列 54 人，占参评人数的 16.6%。有 32 人晋升高级专业技术职务任职资格，158 人具备中、初级专业技术职务任职资格。

2015 年，符合条件的参评人员 316 人，其中高级 81 人、中级 119 人、初级 116 人；工程技术系列 248 人，占参评人数的 78.5%；政工系列 41 人，占参评人数的 12.97%；经会统审及其他系列 16 人，占参评人数的 5.06%。有 39 人晋升高级专业技术职务任职资格，166 人具备中、初级专业技术职务任职资格。

2016 年，取得高级专业技术职务任职资格的有 51 人，取得初、中级专业技术职务任职资格的有 240 人。

至 2017 年，在岗专业技术干部共有 3440 人，其中，正高级职称人员 13 人、高级职称人员 531 人、中级职称人员 1451 人、初级职称人员 1445 人。聘任在岗的专业技术干部 2105 人，其中，高级职称人员 132 人、中级职称人员 665 人、初级职称人员 829 人。

2005—2017 年玉门油田评审的专业技术职称情况统计见表 11-4-1。

表 11-4-1 2005—2017 年玉门油田评审的专业技术职称情况统计表

年份	教授级高级职称（人）				高级职称（人）				中级职称（人）				初级（人）			
	工程类	经济类	政工类	其他	工程类	经济类	政工类	其他	工程类	经济类	政工类	其他	工程类	经济类	政工类	其他
2005 年	3				35	1	1	2	61	5	8	18	141	30		22
2006 年					46			2	66			4	68			8
2007 年	5				49	5	1	7	64			22	30			8
2008 年					25	2		3	61			13	29	12		43
2009 年	2				16	1	2	5	42		9	12	22		16	8
2010 年					20		2	3	56		9	7	23		4	13
2011 年			1	1	29	5	3	2	94	26	5	44	25	10	12	16
2012 年					27		2		77	3	9	4	18	11	14	14
2013 年		1			26	2	5	1	80	6	16	9	14	10	25	8
2014 年					18	6	5	3	65	3	5	5	47	8	14	11
2015 年	2		1	1	24	6	7	2	75	4	4	11	45	1	18	8
2016 年					42	2	3	4	143	3	8	3	49	7	18	9
2017 年	1		1	1	48	3	2	2	105	12	5	17	33	8	10	6

第三节　劳动组织管理

一、劳动组织

1. 生产组织形式

1987年，玉门油田围绕油气生产，大体划分为勘探、开发、炼油、油田建设、水电供应、机械制造与维修、运输、科研、生活后勤等板块，各专业根据生产流程细分为若干相互衔接的作业单元。共有26个基层单位，基本按照管理局—二级单位—队站（车间）—班组（岗位）的形式设置。

1992年，将原老君庙油矿、鸭儿峡油矿、石油沟油矿、白杨河油矿整合成立采油厂。采油厂采取厂—大队—小队—岗位的组织形式。

1999年7月，玉门油田重组改制后，管理局基层单位生产组织形式基本保持不变。油田分公司按公司—厂（院）—队站（车间）—班组（岗位）设置。

2003年8月，油田分公司推行扁平化管理模式，对两级机关综合管理业务进行集中管理，根据发展需要对二级单位做了较大幅度的调整。将采油厂按作业区域划分为青西油田作业区、老君庙油田作业区、鸭儿峡油田作业区，并配套成立了油田工程技术研究与服务中心，作业区采取作业区—队站模式。

2005年3月，炼化总厂取消车间编制，实行装置化管理，厂部直接管理生产装置。7月，油田重组整合，除炼化总厂、3个油田作业区按照扁平化模式管理外，其他单位基本按照油田分公司（管理局）—厂（处）—队站（车间）—班组（岗位）的模式运行。

2009年，油田作业公司推行扁平化管理改革，撤销侧钻队、大修队、试油队、深井作业队、常规作业队，成立20个单机作业队，科级单位压缩到11个。

2011年，炼化总厂调整组织机构，将原装置恢复为车间，并加强基层管理和技术力量。

2012年，对老君庙油田作业区、鸭儿峡油田作业区、青西油田作业区组织机构进行调整，基层设采油工区和联合站等单位，恢复油田分公司—作业区—采油工区（队站）—班组（岗位）模式。

至2017年，基本按照油田分公司（局）—厂（处）—队站（车间）—班组（岗位）组织机构模式运行。

2. 生产运行方式

1987年，连续生产单位（钻井、采油、炼油、机械加工、发供电）一般采取“五班三倒”方式，进行倒班作业；野外勘探队伍根据季节和施工作业量，适时调整作业时间，生产旺季实行连续作业，淡季安排休假或培训；其他生产后勤服务采取早8：00至下午6：30的正常作息时间，周日休息。

1992年起，采油厂为了保证原油生产任务的完成，在修井队伍中推行8—8工作制，即早上8：00上班，连续作业至第二天早上8：00，后油田在部分油建施工队伍中推广施行。

1995年，开始执行5天工作制，周六、日休息。

20世纪90年代中后期，逐渐在部分采油岗位取消夜班，采取巡井制，减轻采油工的劳动强度。

2002年，油田分公司在部分岗位取消夜班，并将连续生产岗位的“五班三倒”逐步改为“四班三倒”。

2006年，随着酒泉生活基地的搬迁，为了确保矿区生产顺利运行，进一步提高工作效率、提高管理水平、提高后勤保障能力、改善员工生活质量，玉门油田进行生产运行方式的优化。在矿区设立前线生产指挥部，由公司（局）主管领导、生产运行处、质量安全环保处、机动设备管理处等相关部门组成，矿区生产单位实行值班领导负责轮换制，全面负责本单位矿区生产安全、后勤、治安工作。大班生产实行“三班轮换制”或“两班轮换制”，小班实行“五班两倒制”或“四班两倒制”。“三班轮换制”：将大班员工分为三个工作班，其中两个班在矿区工作，一个班在酒泉休息。每个班在矿区工作10天，回酒泉基地休息5天，5天轮换一班，不实行双休制；“两班轮换制”：将大班员工分为两个工作班，一个班在矿区工作，一个班在酒泉休息，一周轮换一次，不实行双休制；“五班两倒制”：将小班员工分为五个作业班，两个作业班按白班、夜班连续生产，每个班工作时间为12个小时，三个作业班替补轮休，每个作业班在矿区工作6天，回酒泉休息4天；“四班两倒制”：将小班人员分为四个作业班，两个班在矿区倒班（每班工作12小时，在矿区连续工作4天），另两个班在酒泉基地休息，4天轮换一次。其中，老君油田作业区大班员工实行“三班轮换制”，小班员工实行“四班两倒制”；青西油田作业区大班员工实行“两班轮换制”，巡井和联合站小班员工实行“五班两倒制”；鸭儿峡油田作业区大班员工实行“两班轮换制”，小班员工实行“四班两倒制”；炼化总厂、水电厂大班员工实行“三班轮换制”，小班员工实行“五班两倒制”；油田作业公司、机械厂、综合服务处、建筑安装工程处及其他后勤服务单位，根据本单位生产服务特点，在保证生产正常运转、提高生产效率、最大限度降低成本的前提下，灵活确定轮换方式和矿区工作周期。

至2017年，基本保持以上生产运行方式不变。

二、劳动用工

1986年前，职工的来源主要通过招收社会青年、安置复转退伍军人、接受国家分配的大中专毕业生和技校毕业生解决。至1986年，累计招收社会青年49179人、安置复转退伍军人37799人、接受国家分配的大中专学生6491人，技校毕业生7313人。1987年，玉门油田有职工2.73万人。

1990—1991年，随着吐哈会战大规模展开，玉门油田劳动力较为紧缺，经甘肃省和总公司同意，在甘肃省各地、市招收一批“五大生”，这也是玉门油田最后一次大规模招收社会青年。1991年底，职工总数达34166人。

1992—1995年，随着“三项制度”改革的逐步实施和推进，先后制定出台《开展优化劳动组合，推行全员劳动合同制实施方案》《职工内部提前离退休暂行办法》《全员劳动合同化管理暂行办法》《关于精干主业分离人员的通知》等制度、办法，在全局推行优化劳动组合、全员劳动合同制、提前退休等改革举措，逐步建立起了优化劳动配置、有效激励、基本稳定、合理流动的劳动用工运行机制，职工身份也由国家职工变为企业职工，开始逐步取消固定工、劳动合同制工等不同用工形式，打破了工人与干部的身份界限。

1995年6月，玉门、吐哈管理体制理顺，在吐哈会战人员及划转单位职工划归吐哈油田，管理局职工总数由3.09万人减少到1.8968万人。8月，油田出台《全面实行全员劳动合同制实施意见》，全面推行全员劳动合同制，延用40多年的固定工制度被打破，所有职工与企业签订劳动合同，以法律文书形式明确双方的责、权、利，保护各自的合法权益。

1996年7月，按照主体产业与多种经营分开、主业生产与辅助生产和后勤服务分开，实行专业化管理、社会化服务。主体生产单位坚持满负荷工作原则，按生产实际和定员、定额标准，调整内部组织结构。在干部中实行“三干法”动态管理，在工人中实行“三岗”制；按照效益原则，合理调整组织结构，实行转岗分流、减员增效和再就业工程。

1997年5月，修订《组织机构与劳动定员管理办法》，明确组织机构和劳动定员的管理实行局、厂（处）两级管理体制，要求各二级单位合理确定劳动力总量，进行劳动定员管理。

1998年5月，实施减员增效及再就业工程，建立健全竞争上岗、富余下岗、合理流动的劳动用工机制，把富余人员从岗位上撤下来。完善局内人才劳动力市场机制，加强下岗人员管理，保障基本生活；与产业结构、资本结构、队伍结构调整紧密衔接，及时做好下岗职工转产转岗培训工作；积极采取措施，多渠道分流下岗职工；把住入口、畅通出口，严格控制职工总量的增长。与此同时，出台配套措施：扶持多种经营发展；实行退休退养办法；实行女职工休哺育假办法；准许富余职工停薪留职或以其他方式自谋职业；清退自行用工，腾出岗位安置富余职工；组织开展跨地区、跨部门的劳务输出；组织和开展文化、技能培训；加强对外来劳务队伍管理；建立职工再就业基金。10月，印发《职工离岗退养和自谋职业等问题的补充规定》，就离岗退养和自谋职业做了详尽的规定。12月，下达和执行定员编制指标，油田所属单位职工总数为14890人：采油厂3628人、炼油化工总厂4041人、机械厂700人、水电厂1450人、通信公司261人、综合服务处494人、生活公司849人、物资供应处497人、公安处250人、设计院70人、机关及事务部226人、教培中心828人、新闻中心136人、科技中心273人、职工医院512人、酒泉疗养院110人、技术监督检测中心55人、建筑安装工程处359人、张掖筹建处50人、离退休管理中心101人。

1998年的“五定”为“九五”后两年全面实施下岗分流、减员增效提供了基本依据。按照以产定人、以效益定人的工作方针和原则，确定各单位用工总量，并明确主业与多元开发、机关与基层、干部与工人的总量结构，第一次实现定员人数少于实有职工人数的突破，油田拟定定员与原定员相比压缩16%，与实有人数相比压缩9%。逐级落实劳动关系清理清退工作，全年共清退各类自行用工1094人，清退率为67%。通过腾岗、顶岗，使536名下岗和富余职工得到分流安置。一系列分流办法的出台与实施，使1900多名职工撤离岗位，有效缓解了富余职工多、分流难度大的矛盾。至年底，职工总数1.8876万人。

1999年，继续深化劳动用工制度改革，以建立适应社会主义市场经济要求的劳动用工机制为目标，以严格新增职工的接收、录用及管理为重点，以加强劳动合同管理为主要内容，配套推进分配制度和社会保险制度改革，使劳动用工制度更好地适应企业改革与发展的需要。通过深化劳动用工制度改革，建立以市场配置为主，职工能进能出的用工机制，职工总量得到有效控制，继续实现负增长，职工素质和劳动效率逐年提高，劳动管理合同化、收入货币化、保险社会化。截至集团公司对油田进行企业重组改制前，油田共有二级单位27个，职工1.89万人。

1999年7月，玉门油田重组改制，新组建的油田分公司在册员工6600余人，管理局在册员工总数1.17万人。油田出台有偿解除劳动合同政策，至2000年底，油田分公司有1696人与企业有偿解除劳动合同；管理局先后有4123人有偿解除劳动合同，年末职工总数分别控制在5099人和8128人。

2001—2005年，油田分公司通过人员带资分流、清理清退临时性用工、实行末位淘汰等途径，优化劳动组织结构，进一步推进减员增效工作。管理局为了有效减轻劳动用工压力，解决职工子女就业问题，推行内部离岗退养政策，大量职工离岗内部退养；积极组织分离企业办社会职能，把所属的玉门油田一中、二中、三中、第一小学和刑侦大队、治安大队以及水电厂、物资处、机械厂、职工医院的公安科机构和人员，整体移交给酒泉市管理。根据集团公司统一安排，陆续将所属所有加油站资产、业务和市场整体划入中石油甘肃销售公司。至2005年5月，油田分公司在册员工4495人，管理局在册员工总数7517人。

2005年7月，玉门油田重组整合，整合后员工总数为1.1205万人。

2006年起，按照集团公司保持用工总量负增长的具体要求，继续实行内部退养政策，严格控制新增人员数量。针对劳动力匮乏、青黄不接，有偿解除劳动合同人员再就业压力大，职工子女待业人数多的实际，积极采取措施，清退外聘临时工，挤出岗位和资金，返聘有偿解除劳动合同人员；通过市场化配置方式，将职工子女短期员工纳入市场化用工范围管理，解决了职工子女的就业问题。至2012年底，油田员工总数有1.3342万人，其中市场化员工2058人。

2014年，按照集团公司推行有关辅助性、服务性业务外包的要求，组织对各单位一些技术含量低、劳动密集性强的低效低端非主营业务实行业务外包，减少劳务派遣用工，降低劳动用工风险，缓解劳动力结构性紧缺的矛盾。为了盘活内部资源，大力推行内部业务承包，实现了优势互补，保障了相关业务的高效顺畅运行。员工总数为1.2114万人，其中市场化员工2062人。

2016年，以严控用工总量为前提，积极推进组织结构优化，积极探索内部业务承包模式，充分利用水电厂、机械厂技术优势，承接鸭儿峡采油厂井下注氮业务、酒东采油厂清蜡业务，协调富余人员承担物业公司园林绿化养护业务；加强人员需求余缺调剂，将机械厂专业对口富余人员划转至清洁能源开发公司，支持新业务发展；持续改善队伍结构，全年优化调整各类人员923人次，新入职员工全部充实到生产一线，实现人员配置"漫灌"向"滴灌"转变。

至2017年12月底，员工总数为11362人，其中市场化员工2022人。1987—1998年玉门油田劳动用工情况统计见表11-4-2。1999—2005年玉门油田分公司劳动用工情况统计见表11-4-3。1999—2005年玉门管理局劳动用工情况统计见表11-4-4。2006—2017年玉门油田分公司（局）劳动用工情况统计见表11-4-5。

表11-4-2　1987—1998年玉门油田劳动用工情况统计表

年份	调进（人）	调出（人）	招工（含职工子女就业安置）（人）	大中专毕业生（人）	退伍军人接收（人）	内部退养（人）	有偿解除劳动关系（人）	再就业人员安置（人）	职工总数（人）
1987年	83	474	1331	247	33	—	—	—	27349
1988年	97	705	2619	266	70	—	—	—	29518
1989年	69	501	693	242	17	—	—	—	29792
1990年	185	295	2649	319	12	—	—	—	32468
1991年	324	260	1196	567	120	—	—	—	34166

续表

年份	调进（人）	调出（人）	招工（含职工子女就业安置）（人）	大中专毕业生（人）	退伍军人接收（人）	内部退养（人）	有偿解除劳动关系（人）	再就业人员安置（人）	职工总数（人）
1992 年	163	104	496	518	120	—	—	—	35035
1993 年	37	140	622	618	104	—	—	—	30933
1994 年	73	108	693	319	157	—	—	—	30939
1995 年	327	11808	312	243	60	—	—	—	18968
1996 年	297	431	250	186	100	—	—	—	19033
1997 年	534	511	243	179	62	—	—	—	19018
1998 年	21	50	55	108	40	—	—	—	18876

表 11-4-3　1999—2005 年玉门油田分公司劳动用工情况统计表

年份	调进（人）	调出（人）	大中专毕业生（人）	退伍军人接收（人）	内部退养（人）	有偿解除劳动关系（人）	再就业人员安置（人）	职工总数（人）
1999 年	7085	4	24		—	21	243	7105
2000 年	5	22	10	15	96	1675	154	5099
2001 年		4	27	20	3	42	4	5092
2002 年		200	20					4892
2003 年		4	20	11	5			4892
2004 年		43	19	9	131			4862
2005 年 7 月	6441	6	24	13				11205

表 11-4-4　1999—2005 年玉门石油管理局劳动用工情况统计表

年份	调进（人）	调出（人）	大中专毕业生（人）	退伍军人接收（人）	内部退养（人）	有偿解除劳动关系（人）	再就业人员安置（人）	职工总数（人）
1999 年	6	7146	67	51		402	118	11861
2000 年	7	37	26	25	166	3721	158	8128
2001 年	5	9	19		2	2	60	8052
2002 年	7	8	110	21	3			8027
2003 年	4	5	52	8	21			7979
2004 年	14	10	68	35	611			7950
2005 年 7 月		6441						1509

表 11-4-5　2006—2017 年玉门油田分公司（局）劳动用工情况统计表

年份	调进（人）	调出（人）	招工（含职工子女就业安置）（人）	大中专毕业生（人）	退伍军人接收（人）	内部退养（人）	有偿解除劳动关系（人）	再就业人员安置（人）	职工总数（人）	
									合同化用工	市场化用工
2006 年		112		101	56				12648	
2007 年	1	39		164	21				12648	

续表

年份	调进（人）	调出（人）	招工（含职工子女就业安置）（人）	大中专毕业生（人）	退伍军人接收（人）	内部退养（人）	有偿解除劳动关系（人）	再就业人员安置（人）	职工总数（人）	
									合同化用工	市场化用工
2008 年		92		141				725	12557	2035
2009 年	7	55		97				2316	12359	2035
2010 年	5	102		78	19				12167	1119
2011 年	94	25		120	17	237			12068	2031
2012 年	2	18	198	145	22	196			11284	2058
2013 年	4	17	28	147	24	227			10538	2071
2014 年	2	12	136	70	46	236			10052	2062
2015 年	2	7		191		272			9930	2060
2016 年		7		37		304			9662	2054
2017 年		21		15		365	27		9312	2050

第四节　薪酬管理

一、工资管理

1987 年，油田统一执行“全国大中小企业职工工资标准”。之后几年，为了实现薪酬管理的宏观控制和微观搞活，制定《综合考核奖励办法》，将原来的考核主要指标改为综合全面考核，开始实行工资总额下放包干、综合考核控制的管理方式。建立《工资基金监督册》《工资基金计划表・结算单》，加强薪酬监督检查工作，每半年检查分析一次薪酬管理状况。

1992 年 7 月，为离退休人员按本人月基本离、退休金的 10% 的标准增加离退休金；9 月，护士在本人现行工资标准的基础上提高 10%。10 月，颁发《劳动人事工资制度配套改革总体方案》，改革工资分配制度，建立起全面反映职工劳动质量和数量的内部分配制度，实行全员岗位、效益工资与承包指标挂钩，继续完善结构工资、定额工资、计件工资等分配方式，强化工资杠杆的激励作用。出台《岗位技能工资制试行办法》，以按劳分配为原则，以加强工资宏观调控为前提，以基本劳动要素的测评为基础，以岗位技能工资（基本工资和辅助工资）为主要内容，按职工实际劳动贡献分别确定劳动报酬，通过试点实现新旧工资制度的平稳过渡，逐步走上按劳分配、效率优先、岗酬结合、劳酬结合、易岗易薪的动态管理体制。11 月，调整工资分配标准，从浮动升级和岗位（职务）工资两个方面拉开分配差距。

1993 年 5 月，实行单位职工工资总额与职工人数变化挂钩，用工资总量调控职工总量，使职工的劳动报酬与单位经营好坏及个人劳动成果挂钩。6 月，打破干部和工人界限，全部职工统一执行石油企业职工技能工资标准。9 月，增发离退休职工生活补贴，保证离退休职工的生活水平随着生产经营的发展逐年有所提高；10 月，调整职工岗位（职务）工资标准，对行政管理人员、专业技术人员、操作及服务人员分别进行岗位劳动评价和岗位归级；调整职工技能工资，所有职工在本人现行工资等级的基础上，调整晋升一级工资；调整艰苦岗位津贴，坚持工资分配向一线队伍及苦脏累险、有毒有害岗位倾斜，按照不同等级予以调整。12 月，增发离退休职工生活补贴，增发的生活补贴进入本人基本离退休金，并可作为增发 10% 基本离退休金的基数。

1994 年 10 月，进一步完善职工工资制度，完善技能工资标准，调整岗位工资标准，归并调整津贴、补贴，适当增发离退休干部生活补贴。

1995 年 9 月，印发《岗位技能工资动态管理办法》，坚持实行考核上岗，易岗易薪，岗薪相符，动态运行。10 月，调整职工技能工资、岗位工资标准和基本生活补贴，晋升技能工资；为离退休人员增发生活补贴和调整基本生活补贴。

1996年4月，建立部分野外生产一线岗位内部浮动工资制度，即在野外工作满10年以上浮动一级，满20年以上浮动两级，满25年以上浮动三级；建立连续生产岗位倒班津贴；提高夜班津贴标准；调整门岗工岗位工资标准。4月，调整工人技师职务津贴标准，受聘上岗到野外施工岗位上工作的工人技师津贴每人月40元，高级技师津贴每人月70元；在生产及辅助生产岗位上工作的工人技师津贴每人月30元，高级技师津贴每人月60元；在机关后勤服务岗位上工作的工人技师津贴每人月25元，高级技师津贴每人月55元。11月，调整职工岗位工资标准、基本生活补贴标准，提高离退休人员基本生活补贴标准、增发离退休人员生活补贴，其中，基本生活补贴每人月增资240元。制定印发《企业人工成本分析评价办法》，旨在加强企业人工成本管理，提高劳动投入效益。

1997年7月，调整大专及其以上学历人员初始工资待遇标准，归并、调整职工书报费、洗理费和交通费补贴标准，理顺职工工资标准体系，逐步扭转津贴补贴标准项目繁杂的状况，提高"三费"发放标准。8月，实行岗位工资动态管理，每三年为一个考核晋档期，并严格考核兑现。10月，调整职工技能工资标准，对在册并已定级的职工，经考核合格，在本人现行技能工资标准的基础上晋升一级，已达到技能工资最高标准的不再晋级；为保障和提高离退休人员基本生活水平，适当增发了生活补贴。

1999年7月，玉门油田重组改制。10月，管理局印发《调整职工工资实施方案》，调整的职工技能工资执行集团公司新拟技能工资标准，重建岗位工资标准体系，清理归并津补贴，建立关键生产岗位上岗津贴，新增人员实行合同工资制。

2000年起，管理局进一步深化工资分配制度改革，2月，印发《经营者年薪制试行办法》，在5家单位进行工资分配制度改革试点，探索经营者责、权、利最佳结合的有效方式，试行并不断完善经营者薪酬，建立新型的分配机制和激励约束机制，为全面推行年薪制奠定基础。对职工个人逐步建立技术要素、技能要素、资金要素参与收入分配的新机制，既实现多劳多得，又实现多能多得，进一步规范单位工资支付行为，维护职工在提供正常劳动后获得劳动报酬的权利；建立企业内部以效益为中心，以控制用工总量、激励员工进取为重点的考核分配办法；确立管理局宏观指导，各单位微观搞活的薪酬分配指导原则，调整教师酬金发放标准，提高驻外施工作业队补助标准。6月，对1999年4月以来，大中专、技校毕业生以及转业退伍军人和系统外调入人员实行月薪制，月薪标准按局统一岗位工资标准体系（含30%地区补贴）确定，同时参与所在单位的奖金分配。同年8月，油田分公司制定《搞活内部分配的意见》，建立起以业绩考核为基础的新型薪酬激励制度，实行薪酬总量与单位业绩指标挂钩办法，加大变动薪酬部分的比例，实现工资投入产出的最佳效益，规范工资分配和工资支付管理，完善工资储备制度。与此同时，确定离岗退养期间的生活费标准按照不超过本人退养前工资和津补贴标准水平（不含奖金和岗位性津补贴，下同）的80%确定。对工龄男满30年和女满25年的，按照本人退养前岗位工资、技能工资、工龄工资和各种工资性津补贴的80%计发。对工龄男满25年不满30年和女满20年不满25年的，按照75%的比例计发。对工龄满10年的其他退养人员，按照70%的比例计发。员工在退养期间，不享受奖金和岗位性津补贴。退养期间计算连续工龄，每年递增的工龄工资作为计发退养生活费基数。遇调整工资和各种工资性津补贴（不含岗位性津补贴）标准时，退养员工可按规定参加调标，并将调整后的标准作为计发退养生活费的基数。退养期间不参加岗位工资晋档和技能工资升级。对因工致残要退出生产、工作岗位，终止与企业的劳动关系，按标准发给工伤伤残抚恤金。11月，印发《建立全员业绩考核与管理评价体系的指导意见》，坚持考核结果与薪酬体系相挂钩，严考核、硬兑现。玉门油田部分职工离岗退养，离岗退养期间的生活费标准按照不超过本人退养前工资和津补贴标准水平（不含奖金和岗位性津补贴）的80%确定。员工在退养期间，社会保险和住房公积金缴费均执行在岗员工同一规定，但不享受奖金和岗位性津补贴，停发各项劳保护具。退养期间计算连续工龄，每年递增的工龄工资作为计发退养生活费基数。

2001年4月，油田分公司印发《员工带薪年休假办法》，员工在休假期间工资福利待遇不变。管理局推行经营者年薪制，根据经营者经营国有资产中取得的生产经营成果和所承担的责任、风险确定其薪酬。7月，为稳定职工队伍和吸引人才，专门下发《关于误餐补助费发放办法的会议纪要》，在岗职工均属发放范围。

2002年，管理局完善以利润指标为主要内容的业绩考核管理办法，加大工效挂钩力度，切实体现多劳者多得、多贡献者多得、多创效益者多得。7月，进一步明确内部退养人员的生活费由各单位按时发放，不再随所在单位的经济效益状况与在岗职工同比例浮动，已搬迁到外地居住的退养人员在异地银行领取生活费。

2003年，管理局强化企业收入思想，工资由企业收入决定，管理局总量控制，各单位自主搞活，进行以岗位测评、竞争上岗、业绩考核为主要内容的分配制度改革。

2004年，管理局制定《基本工资制度改革实施方案》，高级管理人员实行由岗位基薪和效益年薪构成的年薪制，中层及以下管理人员和专业技术人员实行由岗位工资、津贴、奖金构成的岗位等级工资制，操作和服务人员实行由岗位工资、津贴、奖金构成的岗位技能工资制，工作急需的各类紧缺人才及通用工种和易替代岗位人员实行协议工资制。此后，对基本工资制度进行不断调整和完善，水电气费补贴、带薪休假、健康体检、疗养成为合同化员工固有的福利。12月，油田分公司制定《劳动工资运行管理办法》，建立起与现代企业制度相适应的薪酬分配制度，在计时工资、特殊情况下支付的工资、加班工资、夜班津贴、各种津补贴、基本工资制度的动态运行、各类新录用人员的工资待遇、调动工作后的工资处理等方面做出明确规定，进一步强化工资分配的激励职能，贯彻分配向责任重、贡献大、技能要求高及一线艰苦岗位人员倾斜的原则，稳定核心骨干队伍，初步建立了符合现代企业制度的考核评价制度体系。制定《完善基本工资制度实施方案》，调整岗位（技）工资标准，调整工龄津贴标准，完善地区补贴。

2006年1月，针对重组整合后的形势，制定《劳动工资运行管理办法》，建立起与现代企业制度相适应的薪酬分配制度，从员工计时工资、特殊情况下支付的工资、加班工资、夜班津贴及各种津补贴、基本工资制度的动态运行、各种新录用人员的工资待遇、员工调动工作后的工资处理九个方面做了重新确定。制定《完善基本工资制度实施方案》，调整岗位（技）工资标准，管理、专业技术和操作与服务岗位在现岗位工资标准基础上进行调整；规范、提高关键和艰苦岗位上岗津贴标准；调整工龄津贴计发办法，现行工龄津贴标准不变，将计发办法调整为按工龄累积计发；调整地区补贴标准；完善技术津贴制度；建立技能津贴制度：对按规定聘任在岗的技能人才、技师、高级技师、技能专家，在聘期内执行技能津贴；调整岗位工资动态运行办法，将管理岗位和专业技术岗位人员的岗位工资考核晋档期由三年调整为两年。调整操作服务岗位的动态运行办法：以2003年基本工资制度改革为界，2003年之前参加工作的，其岗位变动后的岗技工资按“就近平高套入”的原则确定；2003年之后参加工作的，由高岗级变动到低岗级的，按同级同档的原则确定；由低岗级变动到高岗级的，按“就近平高套入”的原则确定。

2007年12月，制定《调整完善基本工资制度实施方案》，在保持岗位序列、工资对应关系不变的基础上，提高岗位（技）工资标准。管理和专业技术岗位人员按现岗位工资岗级及档次套入新的岗位工资标准，操作和服务岗位人员按现岗技工资岗序及档次套入新的岗技工资标准。套入新标准后，岗位（技）工资考核晋档期连续计算。按照分配进一步向艰苦边远地区倾斜的原则，分类别适度提高地区补贴标准。按照中国石油天然气股份有限公司《关于规范统一关键和艰苦岗位上岗津贴的实施意见》和《关于玉门油田分公司完善基本工资制度的批复》，执行上岗津贴正式标准。规范夜班津贴制度，在分类别划分执行范围的基础上，适当提高夜班津贴标准。按照股份公司“先冻结、后清理；先规范、后完善；先简单、后复杂；先共性、后特殊”的原则，对现行的其他津补贴项目及标准全部冻结。

2009年6月，制定《员工带薪年休假办法》，明确年休假期间员工的工资及福利待遇不变。赴境外工作人员不执行玉门油田年休假规定，按《中国石油天然气集团公司赴境外工作人员薪酬管理办法》及公司赴境外工作人员有关休假规定执行。

2010年11月，印发《调整规范基本工资制度实施方案》，统一规范津贴项目。按照岗位性、能力性、累积贡献性、地区性和保留津贴之五大津贴功能分类，规范和统一津贴项目。其中岗位性津贴包括上岗津贴和夜班津贴，原关键和艰苦岗位上岗津贴统一改称为上岗津贴；能力性津贴包括技术津贴和技能津贴，技术津贴是按照技术专家、技术带头人和技术骨干，建立分专业、分层次的津贴制度。技能津贴是按照技能专家、高级技师、技师及操作技能骨干，分层次建立的技能津贴制度；累积贡献性津贴包括工龄津贴；地区性津贴包括艰苦边远地区津贴，原地区补贴统一改称为艰苦边远地区津贴；按照“老人封定水平，新人不再享受”的原则，将三费和专业技术补贴按固化保留的标准合并后，纳入保留津贴管理，统一改称为保留津贴。制定《调整市场化用工薪酬制度实施方案》，统一员工与市场化用工工资制度，统一工资项目及标准，市场化用工工资制度由协议工资制调整实行基本工资制度。

2011年，以现行工资标准体系为基础，保持岗位序列和工资关系不变，调整岗位（技）工资标准。管理和专业技术岗位人员按现岗位工资岗级及档次执行新的岗位工资标准，操作和服务岗位人员按现岗技工资岗序及档次执行新的岗技工资标准。执行新标准后，岗位（技）工资考核晋档连续计算。管理和专业技术岗位，在现行岗位工资标准档次的基础上分别增加2～4档标准；操作和服务岗位，在现行岗技工资标准档次的基础上增加4档标准；提高夜班津贴标准。

2016—2017年，根据玉门油田在科研单位建立专业技术岗位序列的相关规定，在科研单位建立以市场价位为导向，以岗位评估和业绩考核为基础，综合反映岗位价值、能力水平、工作业绩，体现公平、合理、规范、有序的专业技术人员岗位绩效工资制度。

二、奖金管理

1991年，出台《促进青工岗位成才的规定》，对35岁以下的青年工人，在生产、质量、安全等方面取得突出成就，除授予荣誉称号外，在企业3%的晋级中晋升一级工资。

1992年6月，加强单项奖金管理，对在生产的重点工作中做出贡献的有功人员进行特别奖励，根据职工在受奖工作中承担的责任大小，严格按标准进行考核，提高单项奖金的透明度。

1995年，推行《石油企业百元产值工资含量包干办法》，即百元施工价值工资奖金含量包干承包责任制，把原油产量、投资、亏损、费用指标进行挂钩，按照目标责任进行考核奖励。

1997年，根据国家“关于加强工资收入分配宏观调控的要求”，完善企业“两定、两自、一挂钩”经营制度，逐步推行资产经营责任制，实行工效挂钩。

1998年，对各单位继续实行工效挂钩考核，坚持增人不增工资、单位工资总额随效益考核浮动的原则，结合各单位不同的生产经营特点，设置资产经营保值增值的考核指标，制定与之相适应的工效挂钩浮动办法，把奖金与部分工资捆在一起，考核发放、弹性浮动，较好地用活了工资总额。

1999年3月，加大工资总额与单位经济效益指标的挂钩考核力度，将单位工资总额的30%作为浮动工资部分与考核指标全额挂钩浮动，完成经营承包指标，返还30%的浮动工资，完不成经营承包指标，全部沉没。与此同时，对二级单位领导的考核奖惩兑现也进行了详尽规定。

2000年，管理局设立奖励基金，用以鼓励在各项生产经营工作中做出突出贡献的单位、个人和承包单位领导班子风险抵押奖励。8月，油田分公司实行按季度预核奖金办法，公司对各单位按季预核70%的业绩奖金，由单位掌握使用，增强考核兑现的及时性。公司对各单位业绩目标完成情况实行定期检查，年终考核兑现。

2001年2月，管理局发布《中层及以下管理人员业绩考核暂行办法》，全面、客观、公正、准确地考核评价中层及以下管理人员履行岗位职责、完成任务情况，每半年预考核一次，年终正式考核，以此作为确定其薪酬、奖惩的依据。综合业绩分值低于或等于80分的，不兑现业绩奖金；综合业绩分值高于80分的，以80分为起点，每高1分按业绩奖金标准的5%兑现奖金；综合业绩分值130分封顶。对在生产、经营、科研等方面为公司做出重大贡献的，另行给以奖励。

2002年8月，管理局下发《关于加强人力资源开发工作的若干规定（暂行）》，设立“优秀人才专项奖励基金”：每三年评选一次“十佳专业技术人才”和“十佳工人技术明星”，对获此荣誉称号者，每人一次性奖励3000元。设立“操作人员技能竞赛大奖”：每两年在主干技术工种开展技能竞赛，优胜人员分别授予局一、二、三级技术能手称号，并分别给予3000元、2000元、1000元的奖励。建立员工发明、成果命名奖励制度，对在科技发明、新产品开发、工艺流程革新、工艺操作创新、经营管理创新、信息开发利用上的优秀员工，以其姓名或其他方式对其成果予以命名，颁发命名证书，按创效程度给予奖励；对在生产、经营、科研工作中取得国家专利，促进企业经济效益显著提高的人员，给予5000～10000元的奖励。对考取各类需要注册（执业）资格资质证书的人员，一次性给予2000元奖励。实施有效人才引进政策，对经营发展急需的普通高等院校本科及以上学历毕业生，凡愿来局工作并签订五年以上劳动合同者，给予10000～20000元的奖励金，按国家有关政策规定和企业实际确定工资标准；研究生、本科生在结婚时一次性分别给予15000元、5000元的安家补助。

“十一五”时期，充分发挥薪酬分配激励创效的导向作用，着力完善工资总额与单位效益挂钩机制，坚持工资总额向一线生产单位和效益突出单位倾斜的原则，加大利润与工资总额挂钩力度，突出利润指标考核；持续开展人工成本评价分析和人力资源量化分析，引导单位通过转变发展方式和生产组织形式、优化装置和产品结构、依靠科技进步、提高员工素质和生产自动化水平等多种方式，提高劳动生产效率，控制人工成本过快增长；不断调节工资分配关系，坚持有限增量向科研和生产一线倾斜，充分发挥基本工资中岗位性津补贴等项目的调节功能，提高一线关键、艰苦岗位人员和技术骨干人才的工资水平。

“十二五”时期，强化薪酬管理执行力，突出收入分配导向作用，实行“月度预发，季度预考核，滚动计奖，年底总考核”的考核兑现联动机制，重点向工作任务重、业绩突出、劳动效率高的基层站队和核心骨干员工倾斜，向生产一线、关键艰苦岗位员工倾斜，逐步缩小合同化和市场化员工的奖金收入差距；细化“增人不增工资总额、减人不减工资总额”政策，鼓励单位减少用人，促进人员合理流动；建立健全薪酬与单位、个人业绩考核结果紧密挂钩的基本制度和员工公平、科学、合理的薪酬增长机制；制定两级机关、二级单位业绩考核兑现办法，实施精准激励；细化人工成本管理，加强人工成本评价和人力资源量化分析工作，把人工成本构成项目全部纳入控制范围，严控相关费用计提比例，清理不合规项目列支，完善劳务费用的核定管理办法，加强劳务费用的管理；抓好薪酬福利制度的修订完善，重点修订完善劳动工资运行管理办法、岗位归级表、业绩奖金考核兑现发放办法和员工考勤及假期管理制度，形成综合配套的薪酬福利规章制度体系；完善以企业年金为主要内容的福利制度，实现薪酬福利工作规范化、制度化。

2016—2017 年，持续完善工效挂钩机制。坚持“基本工资 + 津补贴”保持不变、业绩奖金随效益考核浮动发放的原则，按业务考核单元分类切块核定奖金总额，完成奖金与效益联动的能增能减机制，实现了奖金兑现向效益好、贡献大的单位倾斜，向一线主营业务单位倾斜，单项嘉奖实行精准激励，有限的工资增量全部用于激励盈利单位。

第五节　绩效考核管理

1987—1999 年，主要推行经济承包责任制和经济责任制考核。

1987 年，实行经济责任制综合考核，对各单位实行任务、利润、成本或费用包干综合考核，超产、增利、节约提成奖励，完不成考核必成指标扣减工资总额，完不成其他考核指标扣奖金。

1988 年，实行承包经营及经济责任制综合考核，对老君庙油矿、石油沟油矿、机械厂、修理厂、水电厂、运输处、通讯处、炼油厂、特油公司、农工商公司及龙达公司等 12 个实行承包经营单位按承包合同进行考核奖罚，对其他单位实行任务、利润、成本或费用包干综合考核，超产、增利、节约提成奖励，对完不成考核必成指标的，扣减单位工资总额，完不成其他考核指标的扣奖金。

1989 年，继续实行承包经营及经济责任制综合考核，勘探系统（地调、钻井、地质录井处）实行储量、任务、质量、单位成本、总投资规模、工资总额切块包干的系统管理经济责任制，由系统制定考核奖罚办法，负责系统工资总额的考核发放；油田系统（四个油矿、研究院、井下处）实行原油产量、开发指标、原油商品量、单位成本、建设规模、工资总额切块包干的系统管理经济责任制，由系统制定考核奖罚办法，负责系统工资总额的考核发放；其他系统（炼油厂、机械厂、特油公司等 17 个单位），分别实行不同形式的承包经营责任制和经济责任制。

1990 年，实行生产经营目标经济责任制综合考核，考核方式延用上年度奖罚办法。

1991 年，完善生产经营目标经济责任制综合考核奖励办法，制定年度超产增利、节约考核奖罚办法，实行奖金分区考核，切块管理，油田党政工负责人与二级单位签订目标责任书。

1992 年，推行生产经营承包综合考核，实行任务包干、成本节约提成；利润包干、超利分成；超产吨油奖金含量；利税包干、超利分成；资产经营承包、保证上缴，余额全留、自主分配；费用包干、节约全留；工作目标考核；原油产量、投资、亏损、费用指标挂钩等考核奖励办法。制定《1992—1995 年内部承包办法》，把油田所属单位分为经营型、专业服务型、生产型、后勤事业型四类，按照不同类型分别采取不同的承包经营形式，签订承包责任书。

1995 年，实行内部承包经营，根据分解落实局定主要承包目标的要求及各单位生产经营的特点，内部承包分投资承包、定额亏损、上缴利润、盈亏平衡、费用包干、租赁经营等类型的承包责任制。

1996年，在内部承包经营中，明确各级行政、党委一把手为本单位承包的第一责任人，实行承包集团风险抵押制度，把经营指标的完成情况同奖惩任免结合起来，形成承包的责任机制；实行成本费用否决制，把成本、费用等承包指标同单位工资总额增长、兑现挂钩，当年新增工资部分，单位靠降低成本（或节约费用）消化，年终不调整成本、费用、利润等指标，形成成本管理和工资正常增长的激励机制；强化财务、审计、监察监督，形成承包考核的监督机制。

1997年，实行内部承包（资产）经营，根据分解落实局定主要承包目标的要求和各单位不同的生产经营特点，内部承包（资产）经营的基本形式为：上缴利润、盈亏平衡、资产经营和费用包干四种责任制类型，四种责任制构成的主要指标体系分为两大类：主要效益考核指标和资产营运（或占用）与工作质量指标。对第一种指标的考核有奖有罚；对第二种指标的考核原则上只罚不奖，即完成或超额完成原则上不奖（个别与直接产生效益的指标除外），完不成则罚。

1998年，实行内部资产经营责任制考核，根据各单位不同的生产经营特点，管理局内部资产经营责任制采取以下几种形式：对采油厂、炼化总厂、水电厂、通信公司、设计院等单位，实行内部资产经营责任制，同时按规定上交资产占用费；对物资供应处、职工医院、生活公司、新闻中心、教培中心、酒泉疗养院、公安处、科技中心、张掖筹建处、局机关、机关事务部、各驻外办事处实行工作目标与费用包干，同时上交资产占用费的承包责任制；对机械厂实行减亏及上交资产占用费的承包经营责任制；对多种经营系统实行上缴利润与工资挂钩的承包经营责任制。实行内部资产经营责任制，由管理局与二级责任单位签订资产经营责任书。考核指标分两大类：一类是责任指标，一类是考核指标。责任指标与核定的工资基数、基本增量工资挂钩考核；考核指标与基本增量工资和超额效益工资挂钩考核。第一类指标有奖有罚，第二类指标只扣不奖。

2000年起，油田分公司实行业绩考核，公司与各单位签订内部经营业绩合同，考核以成本、利润指标为中心，将比较重要的营运类、组织类指标纳入考核指标体系，按照其重要程度确定其权重大小，一并进行考核。公司成立由企管与法规处、人事处、计划财务处、总经理办公室（工会）、审计监察处组成的考核小组，负责对各单位、各部门进行考核。考核每季进行一次，考核结果季度只兑现80%，其余部分待年终总考核后再兑现。

2001年，油田分公司将单位主要业绩目标与单位薪酬总额挂钩，根据考核结果增减薪酬总额；以利润、成本（费用）等指标为内容，增加经济技术指标：第一类为利润和操作成本等效益类指标；第二类为营运类指标；第三类为安全环保、员工总量、保持稳定和廉政建设等控制类指标。公司业绩考核小组对所有单位每半年考核一次，上半年为预考核，年终为总考核，每季对各单位（处室）主要指标进行跟踪检查。

2002年，油田分公司对所属各单位实行业绩目标与薪酬总额挂钩考核浮动，根据考核结果增减薪酬总额。中层管理人员由公司按本办法组织考核兑现，并实行风险抵押金制度。对所属各单位的考核延用上年度考核方式，考核小组负责资料的收集、汇总、分析，并按本办法提出考核兑现意见、经公司总经理审定后组织进行兑现。

2003—2005年，油田分公司实行薪酬总额与业绩指标挂钩考核。对各单位内部的辅助生产、施工作业、服务保障等基层单位在业绩及薪酬管理上实行与各二级单位分开管理、分别考核的办法，其薪酬总额从各自的成本或收入中提取，具体考核和薪酬总额决定办法由各二级单位提出，报公司审定后执行。期间，管理局推行生产经营责任制考核。其中，2000年根据各单位不同情况，采取6种生产经营责任制形式：（1）上缴利润，超利按比例提奖，减利按比例从工资总额中扣罚的生产经营责任制。（2）盈亏持平，超利按比例提奖，亏损按比例从工资总额中扣罚的生产经营责任制。（3）盈亏持平，盈利按比例提奖，亏损按比例从工资总额中扣罚的生产经营责任制。（4）核定费用包干，费用节余按比例提奖，超费用按比例从工资总额中扣罚的经济责任制。（5）定额补贴后自负盈亏，盈利按比例提奖，经营超费用按比例从工资总额中扣罚的生产经营责任制。（6）按关联交易规定控制费用的经济责任制。包死上缴利润或股利基数，超利全留，少缴利润扣罚工资的经超利全留，少缴利润扣罚工资的经营责任制，留利分配由董事会决定。管理局对所属单位建立以效益指标为主，与管理指标、劳动贡献指标相结合的配套考核指标体系，和责任单位签订生产经营责任书，实行年度工资总额与生产经营指标完成情况挂钩考核的办法。考核小组负责对经营指标的考核工作，对各单位分整体和领导班子两个层次考核，实行季度检查、半年预考核，年终总考核兑现。2001 年，增加对全资和控股子公司按股本核定资本回报额的经营责任制。各单位生产经营业绩由考核小组实行按季度滚动考核，年终总考核兑现的办法。2002 年，对全资和控股公司，实行资产经营责任制，按局核定的比率上缴投资回报，具体考核按签订的三年期资产经营责任书执行。对局属单位领导班子的经营业绩考核，按《经营者年薪制办法》进行，其中对全资和控股公司经营者，根据行业特点、经营规模和经济效益，实行不同类型的年薪制，按照薪酬总额与投资回报指标完成情况挂钩的考核办法予以考核。2003 年，对全资和控股公司实行半年预考核，年终总考核，对公司经营者实行年度总考核，奖罚按局考核结果由各公司兑现。2004 年，增加对局事业法人单位的考核，实行薪酬总额与投入资本回报和营业收入增长率指标完成情况或费用控制指标挂钩的办法。2005 年，管理局生产经营责任制延用 2004 年的形式。

2006 年起，统一实行业绩考核。以业绩合同的方式，将全年关键业绩指标分解量化并落实到各单位、各部门，按照业绩指标在业绩合同中的重要程度，综合确定业绩指标的权重及目标值。各单位、各部门主要领导作为受约人与公司总经理、党委书记签订业绩合同，党政主要领导分设的，党政正职同签一份业绩合同。对所属单位的考核以产量、加工量、利润、成本、费用等指标为主，同时考虑其他主要经济技术指标，将业绩考核指标分为三类：第一类为效益指标，第二类为营运指标，第三类为控制类指标。油田采用已成熟的 KPI 模式，实行薪酬总额与业绩指标挂钩考核，根据考核结果确定并兑现薪酬总额，薪酬总额分为基本薪酬和业绩奖金两部分。对各单位（部门）实行滚动考核方式，按照确定的奖励标准，季度预考核预兑现，年终总考核兑现。成立由企管法规处、人事处、财务资产处、规划计划处、质量安全环保处、纪委监察处、审计处、工会等组成的考核小组，由企管法规处牵头，各业务相关部门提供考核资料，由考核小组提出具体考核兑现意见，经总经理（局长）办公会研究审定后实施。2008 年，对驻外销售分公司实行业绩考核，驻外销售分公司员工实行年薪制，业绩考核由公司直接管理，每个员工的具体考核兑现，由驻外销售分公司负责管理。各驻外销售分公司以签订年度业绩合同的形式，明确年度业绩指标，根据业绩指标完成情况确定年薪总额。年薪分为基本年薪和超利嘉奖。各驻外销售分公司的考核指标以经营利润、产品销量、货款回收为主要内容，同时考核安全管理、基层建设、员工队伍管理等其他指标，并将其分为三类：第一类为效益类指标、第二类为营运类指标、第三类为组织类指标。

2012—2017 年，实行全员绩效考核，绩效考核的对象按上级授权和干部人事管理权限，从油田领导班子成员到全体员工，其中油田领导班子正副职考核按集团公司有关规定执行，总经理助理、副总师、安全副总监和单位（部门）领导班子正副职的绩效考核，由玉门油田考核；其他管理人员、专业技术人员和操作服务人员的绩效考核，由其所在单位（部门）考核。成立绩效考核管理委员会（以下简称绩考委），下设绩效考核工作领导小组。绩考委主任由公司总经理、党委书记担任，副主任由公司领导班子副职担任，成员由公司机关相关职能部门负责人组成。公司绩效考核工作领导小组下设办公室，负责绩效考核管理委员会的日常工作，办公室设在人事处。各单位（部门）建立健全了领导机构和相应的工作机构，制定和完善相关工作制度，明确分管领导、业务工作人员和岗位职责，强化绩效考核的组织保障和机制保证，全面落实油田全员绩效考核工作。绩效合同逐级签订，油田对各单位（部门）绩效评价周期为年度，实行季度预考核，年终总考核；各单位（部门）对其机构、人员绩效考核周期可自主设定为月度、季度或年度考核。公司对各单位、各部门按照奖励标准、奖励系数，年度绩效合同与季度预算指标相结合，实行累计考核、滚动计奖，季度预考核预兑现，年终总考核兑现，标准绩效奖金的测算及兑现按规定执行。

第六节　职业培训与技能鉴定

一、职业培训

1987—1989 年，对初中文化程度的职工大规模普及高中文化知识，2000 余名职工参加高中文化补习，对取得职工高中文化学习合格证的人员予以奖励。

1988 年 1 月，根据劳动人事部要求，撤销局工人技术考核委员会，成立局职工岗位培训考核委员会。

1989 年 5 月，成立管理局司炉工培训学校。该校行政上隶属局职工培训总校，司炉工的培训计划、理论与实际考试、成绩评定及操作证的发放由局司炉工考试委员会组织进行。7 月，成立"玉门石油管理局特种作业安全技术考核委员会"，常设机构命名为"甘肃省特殊工种第三十一号培训考核站"，简称"三十一号站"，该站设在职工培训总校。考核委员会下设电工、起重、焊接等 6 个考核小组。

1992 年，实行班站长凭证上岗制度，培训、考核合格的人员，由管理局培训考核委员会发给班站长岗位培训合格证书，并按总公司规定的标准发给岗位津贴。

1993 年，在科学合理划分岗位的基础上，按照技术工种和非技术工种分别制定出操作性强、定量与定性相结合的岗位规范，成为工人进行岗位培训，实行持证优化上岗和岗位职务工资的基础。同年 8 月，在全油田范围内全面开展工人岗位培训和上岗资格考核工作，将专业知识的"应知"和实际技能的"应会"贯穿于培训考核之中。为确保工人凭证上岗，要求岗位培训人数达到工人总数的 90% 以上，参加岗位考核的工人要达到工人总数的 95% 以上。10 月，印发《工人凭证上岗管理办法》，油田逐步建立起培训、考核、使用、待遇相结合的运行机制。

1994 年，实行工人一专多能培训，提倡充分发挥劳动力潜能，根据生产发展对劳动力综合利用调配的需要，有计划有组织地对工人实施不同工种、不同岗位或同工种、不同岗位的技术等级培训或岗位技能培训，为工人创造更多的择岗上岗机会。同年 5 月，印发《职工培训管理暂行规定》，成为职工培训工作的指导性文件。开始把突出实际技能为重点的培训作为全面提高工人队伍技术素质的重要措施。

1996 年 5 月，制定《职工培训办班管理暂行办法》，使职工培训工作逐步走向制度化、规范化、科学化。8 月，出台《专业技术干部培训管理办法》《送培研究生的暂行规定》，进一步改善专业技术队伍学历结构，解决经济发展对高级专业技术人才和复合型人才的需求。11 月，印发《职工转岗培训管理办法（暂行）》，加强转岗职工再培训工作，通过加强培训，增强职工再上岗能力。

1998 年，开办面向玉门油田的西南石油学院硕士研究生课程进修班，使油田的职工教育达到一个新的层次。当年培训干部 1810 人次，培训工人 5125 人次。

2000 年，管理局制定下发《关于加强人力资源开发工作的若干规定》《员工培训管理规定》《关于大力推进职业资格证书制度建设的若干意见》《技术能手评选表彰实施办法》《名师带徒制度》等，用制度保证员工培训工作的实施。油田分公司制定《员工教育培训管理暂行办法》，将培训效果作为人事考评的重要内容，做到"培训—考核—使用—待遇"相结合，以完善企业人力资源结构，全面提高员工队伍素质为目的，在员工中开展教育培训活动，主要包括岗位培训、技术等级培训、适应性培训、特种作业人员安全技术培训、继续工程教育和学历教育等。员工教育培训工作实行统一规划，分级管理，严格教育培训考核机制，本着"培训一次，提高一次"的原则进行，逐步由企业内部封闭型的自主培训，转变为开放型的市场化、社会化培训，降低培训成本，追求培训效益最大化。

2001 年，管理局遵循"以人为本"的方针，坚持以用人单位为主体，内部人才劳动力需求为导向，以培养、使用、待遇一体化为原则，培训职工 2451 人，其中培训干部 1219 人次、专业技术人员继续教育 109 人、工人 1123 人次；轮训班组长 43 名。

2002 年，管理局培训各级各类人员 2442 人次，培训率达 39%。其中干部培训 728 人次，专业技术人员继续教育 140 人次，工人培训 1574 人次。首次进行较大规模的复合技能培训，130 名消防队员参加机动车驾驶员培训，经过严格的理论知识和实际操作技能培训，取得驾驶员职业资格证书；为提升专业知识水平和学历层次，开办医疗类研究生课程进修班，共有 32 人参加培训学习。全年参加各类学历教育职工 64 人。轮训班组长 45 名。

2003 年，管理局培训各级各类人员 2281 人次，培训率 29%，其中干部培训 808 人次，专业技术人员继续教育 508 人次、工人培训 965 人次。启动"对外作业人才培训项目"，进行出国作业人员国际石油钻井井控（IADC）和 HSE 培训，共有 196 人次参加该项目的培训，获得海外作业资格；在全局钻工中举办钻井技术专业高等职业技术教育，70 名技术工人参加为期三年的专业知识学习。轮训班组长 50 名。

2004 年，管理局出台《全员岗位考核实施方案》，参与考核的员工共计 5057 人，占全局应考职工总数的 85.9%。培训各级各类人员 2836 人次，其中干部培训 1074 人次，专业技术人员继续教育 171 人次、工人培训1591人次。

2005年，管理局积极实施人力资源工程，抓好新项目甲醇厂操作人员技能培训，选送80名职工到格尔木炼油厂进行相关知识和操作技能培训，为甲醇厂顺利开厂提供人力保障。12月，为参与集团公司海外宾馆的管理与服务，选派16人赴马来西亚参加为期四个月的宾馆管理英语听说强化培训以及国际商务知识培训。全年轮训班组长188名。

“十五”时期，油田分公司实施“人才强企”战略。在人才培养上，制订《员工教育培训管理暂行办法》，以提高学习能力、实践能力和创新能力为重点，制定中长期人才开发规划，不断完善人才培养机制，通过专门培训、岗位培养、送外培训等多种方式，精心做好人才队伍的建设。通过岗位练兵、技术竞赛等活动，重点培养一批创新能力强、具有特长、绝活的外向型人才和一岗精、二岗通、三岗懂的一专多能的复合型操作技能人才，实现建设一支熟练掌握操作技能，能够解决生产过程疑难复杂问题的操作人才队伍的目标。

2006年，重组整合后的油田分公司（局），重新修订完善《员工培训管理办法》，制定《关于加强一线员工培训工作的意见》。优化整合资源，推进实训基地建设，配套完善6个专业技能鉴定培训站功能，建立车间、队站岗位练兵培训平台，构建三级实训网络，逐步形成了多层次、全覆盖、高质量的培训体系。持续推进培训能力转型升级，推进炼化企业仿真培训系统建设，将仿真培训作为炼化业务提升员工实际技能水平的重要手段。8月，“中国石油远程培训网”正式开通，以集团公司远程培训平台为基础，油田逐步搭建起信息化数字培训平台，为员工开展教育培训提供一个有力的平台。根据油田劳动用工整体规划和实际，分步开展“三支队伍”能力提升培训，通过加强管理、落实责任、强化监督、严格考核等措施，实现培训人次、培训覆盖面、培训效果三个提升。实施“5511”人才培训工程，即500名管理、技术人员能力提升培训，500名高技能人才培训，1000名海外项目人员语言培训，1000名员工岗位适应性培训。树立员工培训效益理念，以加强领导人员党性教育、提升履职能力为重点，组织领导班子成员、关键岗位处级干部参加集团公司调训、轮训；以培养专家型科技人才、技术带头人为目标，积极选送优秀业务骨干赴集团公司培训基地或高等院校学习，掌握科技前沿知识，加强科技创新型人才培养；以提高岗位技能为导向，员工岗位应知应会、操作规程、HSE知识技能培训合格率100%，高级工技能鉴定复审验证率100%，新增员工、关键岗位和特种作业人员100%持证上岗。重组整合后，油田开展的重点培训项目：

（1）安全监督培训。2010年、2013年，分别有188名和125名安全管理人员参加集团公司安全监督取证、复证培训。

（2）海外项目备员培训。组织开展海外项目备员英语900句培训和达标考试，先后有600余名员工参加培训；500余名员工参加海外作业人员防恐取证培训；32名员工赴中国石油大学（北京）参加英语模拟托福培训；28名员工赴中油国际化人才培训中心（长沟）参加俄语培训；25名员工赴中国石油大学（华东）参加英语培训；77名员工参加采油厂人员岗前培训。

（3）国际化人才“千人培训工程”。选拔专业技术人员和管理人员参加集团公司为期半年的国际化人才“千人培训工程”，其中2008年培训20人、2009年培训5人、2010年培训46人（其中英语35人、俄语11人）、2011年培训20人、2012年培训22人、2013年培训10人、2014年培训6人、2015年培训7人、2016年培训2人。2009年选派11人参加为期半年的“海外项目骨干培训”。

（4）建制送外培训。先后选送20名综合办公室主任、30名基层党支部书记、26名纪检监察人员、20名培训管理负责人赴广州培训中心参加业务培训；27名劳资管理人员赴西安阳光人力资源管理培训中心参加薪酬管理与人事信息培训；36名员工到大港油田参加HSE、井控及现场操作培训；41名员工赴西安电力高等专科学校参加值长集控仿真培训；31名员工赴江汉油田四机厂参加设备维修人员培训；20名员工赴格尔木炼油厂参加甲醇装置操作技术培训；29名员工赴独山子炼厂参加MTBE装置操作和脱硫气分装置操作培训；25名员工赴管道局焊接培训中心参加焊接技术培训；12名员工赴胜利油田井下公司参加压裂施工作业骨干培训。

（5）在职硕士培养。2008年至2015年，先后有18名员工参加在职硕士学习。

（6）员工子女转专业培训。2007年至2016年，先后有564名员工子女参加转专业培训。

2006—2017年玉门油田培训情况统计见表11-4-6。

表 11-4-6　2006—2017 年玉门油田培训情况统计表

年份	培训总数（人）	管理人员（人）				专业技术人员（人）					操作人员（人）			
		小计	国际合作人才	局级	处级	小计	国际合作人才	两级技术专家	高级职称人员	中级职称人员	小计	两级技能专家	技师及高级技师	班组长
2006 年	6955	1170	3		25	430	90	1	31	114	5355		14	125
2007 年	6254	1108		5	37	732		1	64	303	4414		48	91
2008 年	8550	1670		31	321	998	20	1	75	371	5882	2	140	219
2009 年	8693	1759	3	2	102	743	70	3	90	256	6191	8	127	253
2010 年	10358	1327		5	73	707		1	67	247	8324	17	247	
2011 年	9260	2264		6	172	1165		1	62	266	5831	1	77	
2012 年	11302	2421		6	154	1359		1	72	555	7522	16	148	
2013 年	10536	2781		13	318	1756			190	513	6061		104	184
2014 年	12253	2961		3	314	1747			128	838	7545	1	535	259
2015 年	9609	1766		5	133	1364		1	165	588	6479	4	197	174
2016 年	7943	980		5	119	1375		1	95	518	5588	18	137	452
2017 年	13702	2209		3	142	3828			184	1276	7665	20	463	263

二、技能鉴定

20 世纪 90 年代，开始建立工人凭证上岗制度和工人技师考核聘任制度，全面开展岗位达标考核。

1995 年 7 月，成立职业技能鉴定中心，附挂于劳资处。主要职责是：贯彻国家和总公司有关职业技能鉴定的各项方针、政策，制定油田职业鉴定计划以及各项管理工作制度；组织工人技术等级考核、鉴定以及工人技师的考核及评聘工作；对油田所属各类职业技术学校（石油中专、技工学校、职业高中、驾驶学校）、各种培训班的毕（结）业生进行技术等级考核、鉴定；负责技能鉴定试题库的建立、管理和维护，编写技能鉴定培训教材和考评员培训教材，对考评员进行培训、考核和聘任；负责职业技能鉴定站的规划、筹建以及管理，并指导其业务工作；颁发权限内的各种证书；开展职业技能竞赛；负责职业技能鉴定经费的筹集、使用、管理。8 月，成立油田开发、炼油化工、机械加工、水电讯热、综合、钻井、物探、井下作业、公路运输、油建安装等 10 个职业技能鉴定站，各技能鉴定站为局职业技能鉴定中心的直属站，级别为科级，业务上受局鉴定中心领导，人事关系隶属于所在单位，人员配备由所在单位选拔、考核，经局职业技能鉴定中心审核同意后，由单位聘任。

1996 年 4 月，玉门石油管理局职业技能鉴定中心被甘肃省劳动厅命名为第五十七国家职业技能鉴定所，承担审批后的社会化工种职业技能鉴定。

至 1999 年，先后对 8340 名工人进行中级工考核、对 924 名工人进行高级工考核，其中，中级工合格率为 94.36%，高级工合格率为 79.4%。9 月，经集团公司批准，“玉门石油管理局职业技能鉴定中心”更名为“中国石油玉门职业技能鉴定中心”，并通过甘肃省年检评估验收。

2001 年，在甘肃省年检评估验收、职业技能鉴定质量大检查中，油田职业技能鉴定中心被评选为国家优秀鉴定所。

2003 年，制定出台《职业技能鉴定实施细则》，进一步规范考务管理、题库管理、证书管理以及经费管理，建立起职业技能鉴定工作委员会、鉴定中心、鉴定站三级管理体制和“集中领导、归口管理、统一计划、分级实施”的运行体制，中心、各站职责清楚，运行合理。

2004 年 12 月，对鉴定机构名称进行调整，所属鉴定站名称依次更名为“中国石油玉门职业技能鉴定中心第一鉴定站”（油田开发），“中国石油玉门职业技能鉴定中心第二鉴定站”（炼油化工），“中国石油玉门职业技能鉴定中心第三鉴定站”（机械加工），“中国石油玉门职业技能鉴定中心第四鉴定站”（水电供热），“中国石油玉门职业技能鉴定中心第五鉴定站”（综合服务）。撤销原设在教育培训中心的综合技能鉴定站（玉门石油管理局职业技能鉴定中心第五鉴定站）。

2006年，进一步整章建制，规范管理，先后制订完善《职业技能鉴定工作规程》《职业技能鉴定质量督导员管理办法》。

2009—2010年，完成职业技能鉴定机构质量管理体系认证工作，从职业技能鉴定机构质量管理体系文件的编写、试运行以及认证申请和体系文件的正式上报，到集团公司预审，通过国家人力资源和社会保障部审核专家组职业技能鉴定机构质量管理体系的合格评估，标志着油田职业技能鉴定质量管理工作迈上了新的台阶。

至2017年，先后完成职业技能鉴定27510人次，涉及工种最多达132个，鉴定范围包括在职职工、职业技术学校毕业生、社会化人员等。

三、技术竞赛

1989年，组织开展首届职工技术季赛，共有采油、修井、车工、钳工、电工、电焊、汽车司机、汽车修理、材料和厨工等10个工种参赛。经过层层选拔，严格评审，评出26个优胜单位和集体，191名技术能手。此后，坚持每两年开展一次技术竞赛，以此促进和推动以提高技术技能为重点的岗位技术练兵和技术培训工作，调动广大职工努力学技术、苦练基本功，不断提高业务素质。

1993年，印发《工人技术竞赛管理办法》，将技术竞赛分为局级（含各油田、企业、协作区之间开展的技术竞赛）、厂（矿）级和车间级三级，局级同工种技术比赛一般每两年举行一次，协作区级技术竞赛按协作区规定时间组织参加，各二级单位技术竞赛每年举行一次，车间（队站）根据生产和队伍技术状况适时地开展技术竞赛和技术练兵活动。

1997年5月，成立玉门石油管理局技术能手专家评审委员会。6月，印发《技术能手评选表彰实施办法》。

2000—2004年，重组改制后的管理局、油田分公司分别举办两届职工技术技能竞赛。2001年，管理局组织开展第六届职业技能竞赛。参赛工种为井下作业工、汽车驾驶员、仓库保管员、文字录入员、热力司炉工、电焊工、电工、车工等8大工种，1000余名职工参加厂、处级的技能选拔赛，245名选手参加局级技能竞赛，共产生局级技术能手36名。2002年，油田分公司举办第一届员工技能竞赛，参赛工种有采油、炼油、汽车驾驶、电工、焊工、钳工、油品化验、自动化控制、管铆工、计算机等10个工种，经过比赛，共产生公司级技术能手10名，二等奖26名，三等奖75名。2003年，管理局组织第七届职业技能竞赛。参赛工种为采油工、井下作业工、钻井工、炼油操作工、电焊工、电工、钳工、车工、护理员、人力资源管理员、财务会计员、计划统计员、文字录入员等13大工种，1500余名职工参加厂、处级的技能选拔赛，287名选手参加局级技能竞赛，共产生局级技术能手50名，其中一级技术能手9名，二级技术能手16名，三级技术能手25名。2004年，油田分公司举办第二届员工技能竞赛，共设采油、炼油、电工、焊工、钳工、油品化验分析、自动化控制、管铆、计算机操作、汽车驾驶员共10个工种，2000多人次集中参加赛前培训，竞赛活动历时5个月，共计2715人次参加比赛。

2006年6月，出台《职业技能竞赛管理办法》，进一步规范职业技能竞赛活动，公司（局）级技能竞赛一般每两年组织一次，同一专业工种竞赛的间隔时间不少于两年，厂（处）级技能竞赛根据实际情况确定，但间隔时间不少于一年。举办油田第三届职业技能竞赛，3000余名员工参加不同形式的岗位练兵活动，1300余名员工参加厂、处级的技能选拔赛，414名选手参加公司（局）级技能竞赛，52名优胜者受到嘉奖，其中油田级技术能手11名、二等奖16名、三等奖25名。同时，选拔、集训14名选手参加中央企业（石油石化赛区）职业技能竞赛和甘肃省职业技能竞赛。

2008年，组织第四届职业技能竞赛，231名选手参加油田级技能竞赛，74名优胜者受到表彰奖励，其中油田级技术能手10名，二等奖12名，三等奖17名，优秀选手35名。选拔、集训8个工种（专业）22名选手参加集团公司职业技能竞赛。

2010年，举办第五届职业技能竞赛。286名选手参加油田级技能竞赛，90名优胜者受到表彰奖励，其中油田级技术能手8名、二等奖14名、三等奖20名、优秀选手48名。选拔、集训3个工种（专业）的22名选手参加了集团公司职业技能竞赛。

2011年，举办物资仓储职业技能竞赛活动，12个单位的138名员工参加竞赛，有30名员工受到奖励。

组织12名员工参加集团公司常减压装置操作工、炼油工艺、维修电工等3个工种的职业技能竞赛，在常减压装置操作工竞赛中取得1人为铜牌、1人为优秀选手、团体第六名的良好成绩。

2012年，举办第六届职业技能竞赛。278名选手参加公司级技能竞赛，76名优胜者和1个班组受到表彰奖励。选拔、集训3个工种的13名选手参加集团公司职业技能竞赛。

2013年，组织11名员工参加集团公司集输工、催化重整装置操作工、机泵维修钳工3个工种的职业技能竞赛。支持油田医院和成都办事处开展职业技能竞赛，成都办事处获得成都市旅游服务技能大赛团体三等奖、优秀组织奖及西餐宴会摆台个人单项二等奖的好成绩。

2014年，组织第七届职业技能竞赛，共有14个厂、处单位近2900余名员工参加不同形式的岗位练兵活动，1400余名员工参加厂、处级的技术比武和技能选拔赛，368名选手参加油田级技能竞赛，有10名选手获得参赛工种第一名，被授予“公司技术能手”称号；有20名选手获得二等奖；30名选手获得三等奖。经过选拔、集训等环节，组织7名员工参加集团公司采油工、汽煤柴油加氢装置操作工两个工种的职业技能竞赛，获得一枚铜牌、2名优秀选手的历史最好成绩。

2015年，组织3名员工参加集团公司催化裂化装置操作工的职业技能竞赛，1名员工获优秀选手称号。配合油田工会、油田医院开展职业技能竞赛，对参加甘肃省“振兴杯”全省青年职业技能大赛获得前三名的2名优秀选手，报请集团公司审核确认技师资格。

2016年，组织第八届职业技能竞赛，6名选手获得参赛工种第一名，被授予“公司技术能手”，12名选手获得二等奖，17名选手获得三等奖，28名选手获得“优秀选手奖”。

四、技师考评

1988年2月，成立工人技师评审委员会。3月，开始进行工人技师聘任制工作。工人技师聘任制工作首先在钻井处、老君庙油矿、炼油厂试点。9月，经试点单位工人技师初评委员会评议推荐，管理局工人技师评审委员会评审，44名职工具备工人技师任职资格。

1989年1月，制定《工人技师管理办法（试行）》。工人技师评聘坚持条件，岗位设置定责定编，工人技师不脱离本工种生产岗位，工人技师任期中实行岗位责任制；任期一般为3～5年，各单位在工人技师任职的最后一年中，进行下任工人技师的申报、考核、评审及聘任工作；凡申报评聘工人技师的技术工人，经考核合格由各单位在局核定的编制内，根据生产实际需要，择优聘用。工人技师受聘后，每年综合考核一次，并将考核结果列入本人档案。

2006年，制定《工人技师考核办法（试行）》，严格聘任上岗工人技师的考核工作。考核内容包括德、能、勤、绩效四个方面，以考核工作业绩、技术革新为重点；考核工作每年进行一次，同员工业绩考核工作同步进行，考核单位根据技师考核的结果，评出优秀、称职、基本称职、不称职等四个档次。

2008年4月，首个由工人技师组成的群众性技术活动组织——青西油田作业区技师协会成立。

2013年，创办《技师园地》刊物。《技师园地》以服务公司技能人才队伍建设为宗旨，坚持公益性、非营利性，是集团公司两级技能专家、高级技师、技师、优秀高级工等技能操作骨干人员，以及从事现场工作的专业技术人员进行技术交流、经验分享、成果发布的专业性刊物。当年油田技师协会成立。技师协会下设秘书处，各单位设分会，油田主体专业和人数较多的通用工种设专业分会，单位分会和专业分会受油田技师协会的领导和业务指导。秘书处设在人事处，为协会的常设工作机构，负责组织开展协会的日常工作。

2017年，在部分主体工种中开展首席技师评聘工作。先期将采油工、集输工、井下作业工、柴油机修理工、催化裂化装置操作工、汽（煤、柴）油加氢装置操作工、延迟焦化装置操作工、电气值班员、锅炉运行值班员、电焊工等10个工种纳入首席技师评聘试点，试点工种人数2053人，占油田操作员工比例为32.3%。

至2017年底，考评技师70人，聘任在岗48人；考评高级技师16人，聘任在岗13人。

五、技能专家

2005年11月，颁布《技能专家评聘管理实施细则》，技能专家每三年评选一次，实行聘任制，聘期三年，对技能专家实施年度考核和续聘考核，建立技能专家津贴制度，津贴标准为每月2000元。

2006年，建立技能专家联系制度，为9名技能专家确定与各级组织的联系人，确保完成任期目标提供便利条件。

2008 年，对 9 名技能专家进行年度考核。

2009 年 4 月，从 40 名人选中选拔聘任 16 人为公司技能专家，其中 2 人经集团公司评选，被聘任为集团公司技能专家。

2011 年，对在岗的 16 名两级技能专家进行年度考核和任期届满考核。

2012 年，完成两级技能专家评聘，52 人参加两级技能专家评聘，22 人被聘为公司级技能专家，其中 3 人被聘任为集团公司级技能专家。

2013 年，完成 3 名集团公司技能专家、19 名公司技能专家的年度考核、优秀率达到 59%。

2014 年 7 月，为了搭建起高技能领军人才充分发挥作用的平台，加快培养技能骨干后备接替人才，油田制定出台《关于创建技能专家工作室的实施意见》，稳步推进技能专家工作室创建工作。当年，完成对 3 名集团公司技能专家、19 名公司技能专家的年度考核，优秀率达到 67%。向集团公司推荐申报建设 5 个企业级专家工作室和两个集团公司级技能专家工作室的计划。

2015 年，根据《玉门油田分公司关于开展续聘和补充技能专家的通知》安排，对聘期届满的公司技能专家进行新一轮的补充评聘，从符合参加评选条件的 36 名技师和高级技师中，选拔聘任公司技能专家 22 名，集团公司技能专家 4 人。挂牌运行油田技能专家工作室 5 个，其中 2 个被认定为集团公司技能专家工作室。

2017 年，制定实施《高技能人才管理办法》，组织完成 22 名两级技能专家 2016 年度考核，4 名集团公司技能专家在上级部门考核中全部获得优秀。陈全柱工作室被确定为省级技能大师工作室。

第五章　企管法规管理

第一节　机构

一、管理机构

1987年，基础工作、岗位建设、法律法规等工作由企业管理处负责。企业管理处下设基础工作管理科、企业管理科、经济法制办公室（法律顾问室）。8月，法律顾问室和经济法制办公室更名为法律事务室。

1990年12月，管理局成立法律事务处，同企业管理处为一套机构、两块牌子。

1991年5月，成立企业管理现代化委员会，办事机构为企业管理处，主要职责是审议确定局管理现代化中长期工作规划，协调相关工作关系，检查、考核局属各单位和部门现代化管理工作。

1993年3月，企业管理处更名为综合管理处，与法律事务处一个机构，两块牌子，下设综合科、法律事务室、企管科。基本职责为：根据上级政策，研究拟定企业经营决策、改革方案、综合管理办法及承包方案，推广企业现代化制度，并组织考核；为油田及有关单位提供法律咨询服务；负责重大经济合同的审定并协助签约；归口管理经济合同、工商登记、广告和商标业务，受油田委托代理参加企业的招标、投标、租赁、拍卖和诉讼与非诉讼业务；统管企业管理基础工作。

1996年12月，综合管理处更名为企业管理处，下设企业管理科、法律事务室、经济政策研究室。

1997年7月，成立局法律服务中心（酒泉玉关律师事务所）。该中心（所）挂靠在局企业管理处（法律事务处）。

1998年7月，管理局对市场管理委员会成员进行调整，同时，成立局市场管理办公室，与企业管理处为一个机构、两块牌子，市场管理办公室负责委员会的日常工作。

1999年7月，玉门油田重组改制。9月，油田分公司设立企管与法规处，下设企管科、法规室2个职能科室。10月，管理局企业管理处、法律事务处业务与局办公室业务合并，成立局办公室（党委办公室、企业管理处、法律事务处），企业管理处（法律事务处）下设发展研究室、市场管理科、法律事务室。

2000年2月，管理局将企业管理处、法律事务处与局办公司、党委办公室业务分离，成立企业管理处（法律事务处），下设企业管理科（市场管理科）、法律事务室，附挂局玉关律师事务所，主要负责制定局内部承包考核办法，对局属单位实施考核；负责局经营管理体制转换、制度研究及改革方案的起草；负责岗位建设的检查及指导，牵头组织岗位责任制检查；负责局内部市场的界定和管理；负责审查、监督局项目的招投标工作；负责为局生产经营提供法律咨询；负责经济合同、工商登记及商标广告的管理，代理调处经济纠纷；负责企协日常工作。局玉关律师事务所主要负责接收局、局属单位及其他当事人聘任或委托，代理行政、民事、经济诉讼，参与局债权债务的追偿与清欠。9月，酒泉玉关律师事务所与管理局脱钩，脱离行政隶属关系，不再纳入局定编定员范围，不再承担管理局对其赋予的原有职能，管理局不再管理其正常业务。

2001年1月，油田分公司对机关机构和定员编制进行调整。企管与法规处下设企管科、法规室2个职能科室。主要负责组织研究与公司发展有关的经济政策，提出意见和建议，对企业改革发展中遇到的热点难点问题提出有关方案和建议；负责规章制度管理；负责内部市场管理、负责法律事务工作；负责公司有关工商注册等工作，负责基础管理，负责公司与所属单位经济责任书的签订，指标完成情况的考核工作。

2002年1月，管理局撤销企业管理处（法律事务处），将其职能及人员统一归并新成立的计划发展处（法律事务处）。计划发展处（法律事务处）增设企业管理科（市场管理科）、法律事务室。

2003年9月，油田分公司将企管法规业务与关联交易业务合并，成立企管法规与关联交易处，下设企管科、法规室和关联交易科3个职能科室。

2005年7月，玉门油田重组整合。8月，油田分公司企管法规与关联交易处和管理局计划发展处（法律事务处）的企管法规管理职能合并，成立公司（局）企管法规处，下设企管科、法规室2个职能科室，主要负责油田规章制度体系化、规范化建设与管理，负责油田改革、改制及相关经济政策、方案、制度办法的研究、制定或审核；负责内部市场管理；负责企业经营业绩考核、基础建设、岗位建设、现场管理的监督检查及基层建设规章、制度、规范的完善与监督落实；负责油田法律事务，做好企业内部合同管理、招投标管理、工商登记管理；负责油田诉讼和非诉讼业务的管理；负责企业管理协会日常工作。10月，企管法规处成立律师事务部，作为附属机构管理。

2012年9月，公司（局）成立招标管理办公室，为机关附属部门，挂靠企管法规处。

2016年12月，财务处内控与风险管理业务划归企管法规处，企管法规处增设内控与风险管理科。

至2017年12月，企管法规处设企业管理科、法律事务科（招标管理办公室）和内控与风险管理科3个职能科室。

二、石油企业协会玉门油田分会

中国石油企业管理协会玉门油田分会成立于1986年10月，是组织研究、探讨石油企业管理科学和总结推广企业管理经验的群众性团体。其主要职责是推广、运用国内外行之有效的企业管理方面的先进经验；通过调查研究，向领导或有关部门提出企业管理方面存在的问题及改进企业管理，提高企业素质，提高经济效益的建议；组织推广运用现代化管理方法及管理手段，不断提高企业管理水平，配合有关部门，进行企业管理干部的培训，在职工中普及管理现代化的基础知识教育；组织编印协会刊物，举办有关企业管理方面的讲座，报告会、研讨会等，开展学术和经验交流活动；开展玉门油田企业管理问题的咨询服务；加强同兄弟单位企协、管理研究部门和高等院校的联系，进行经验、信息和资料的交流，积极开展学习和组织外出考察；完成中国石油企协委托的各项任务，并向其报告工作，接受工作指导。

1987年以来，玉门油田企协每年积极组织开展调查研究，举办经济政策、企业管理等方面的理论研讨会，从不同方面对搞活油田经济提出许多建设性意见，对制订和完善改革方案、优化组织结构、转变机关职能、经营承包责任制等起到了积极的参考作用。选派专业人员参加国家有关部门举办的高层次理论研讨会，多篇论文被《石油企业管理》等国家级刊物刊登。

2016年，以“创新性、实践性、效益性”为标准，组织开展玉门油田创新成果、论文征集评选活动，11家单位共计5篇成果、8篇论文获推荐资格。经中国石油企业协会评审，油田获成果二等奖1项、成果三等奖1项；获论文二等奖1篇、三等奖1篇。

2017年，组织开展2017年度全国石油石化企业管理现代化创新优秀成果、优秀论文和优秀著作评选推荐工作，向中国石油企协推荐1篇成果、3篇论文。经石油企业协会评审，油田获成果二等奖1项，获论文二等奖1篇、三等奖1篇。

第二节 规章制度管理

1987—1999年，玉门油田和各单位分别拥有规章制度的制修订权限，但规章制度管理工作尚未形成完整、规范的制度体系。

2001年1月，油田分公司颁布《规章制度管理规定》，对公司规章制度实行统一归口管理，按照公司和厂（处、院）两级授权与分类制定的原则，明确规章制度的立项、论证、起草、审查、审批与发布、实施、废止等各环节的管理，并将规章制度分为综合类、计划与统计管理类、财务与资产管理类、劳动人事类等15个类别，初步建立起分类管理的规章制度管理体系。

2004年3月，油田分公司下发《关于规章制度管理中有关问题的通知》，就公司及所属单位规章制度审查程序、规章制度的发布格式、题头和编号等做出明确规定。

2005年7月，玉门油田重组整合后，公司（局）进一步强化规章制度的规范化管理。油田结合实际，对原有的规章制度管理办法进行修订，完善规章制度管理体系，加强规章制度的程序管理，不论是从规章制度的立项、起草，还是规章制度的论证、审批发布，都建立一套完备的管理程序，避免草率、随意制定制度，增强了规章制度修订的计划性；规章制度的形成机制和更新、废除机制不断完善，规章制度的先进性、科学性、可操作性进一步增强，制度质量明显提高。油田各职能部门积极围绕实施资源、市场和管理水平的提高，不断适应集团（股份）公司科学发展和油田公司内外部经营环境的变化，重点突出实施性和生产作业制度建设，大力推进制度创新，努力提高制度管理水平。至 2010 年 5 月，先后对 82 项规章制度进行制定和修订，对已被其他后续相关制度文件替代或者其规范的管理事项已发生较大变化、工作中不再适用的相关制度进行废止，从而形成了以综合管理、计划统计与节能管理、财务资产与内部控制管理、人力资源管理、市场交易管理、安全环保管理等按专业管理，覆盖油田主要生产经营活动，与总部规章制度保持一致和协调的规章制度管理体系。

从 2010 年起，持续强化规章制度的规范管理。5 月，下发《关于进行规章制度清理评价和提出制度建设三年规划的通知》，开始对现行的规章制度进行全面清理，对规章制度的内容进行认真评估，并对每项规章制度逐一进行继续有效、修订、废止的评价，形成梳理评价报告。梳理评价的范围包括以油田或部门名义颁布的目前仍然有效的全部规章制度，但不包括普通的规范性文件、技术标准、操作规程、作业指导书等。在此基础上，提出 2011—2013 年规章制度制、修订规划。

2012 年，开始规章制度建设顶层设计工作。按照总部机关制定基本制度和重要综合性业务制度、专业分公司制定专业管理制度、地区公司细化补充实施性制度和作业类制度的制度体系架构的要求，油田在系统梳理各业务管理职能的基础上，规划设计制度体系框架和具体内容。(1) 机关各部门和有关单位对本部门（或单位）各专业领域的规章制度管理现状进行认真梳理和评估，全面理清本部门（或单位）规章制度建设与业务管理的匹配情况。(2) 按照油田现有的职能设置和管理要求，对本部门（或单位）所涉及的各项业务进行科学、明晰的划分，依据业务划分对本部门（或单位）的制度框架进行研究和设计。(3) 明确各项业务应执行和建立的具体制度及制度管理所覆盖的范围和层级。油田制定下发 2013—2015 年规章制度制、修订三年规划。

2014 年，制定下发《玉门油田分公司规章制度“十三五”规划》。

2015 年 8 月，对《规章制度管理办法》再次进行修订，进一步细化规章制度制、修订范围、权限、程序、监督与实施等事项，尤其是对玉门油田和基层单位规章制度的制修订权限进行明确：对凡涉及玉门油田所属单位的共同事项，由油田建立统一的制度规范，各单位不再制定新的规章制度。玉门油田所属单位规章制度主要是生产作业类制度，各单位可根据生产经营特点制定差别化的现场管理、激励约束、考核监督等规章制度；对油田规章制度未覆盖的事项也可制定本单位的相关制度，并报油田规章制度管理部门和分管部门备案。12 月，对各单位、机关各部门 2015 年之前执行有效的规章制度进行全面清理评价，共清理出各类规章制度 1246 项，其中，机关部门清理出规章制度 321 项，二级单位清理出规章制度 925 项。

至 2017 年，随着玉门油田管理体制和方式的变化，对相关制度进行修订完善，先后废止 121 项规章制度。

第三节　基础工作管理

一、岗位责任制大检查

玉门油田从 20 世纪 50 年代创造性地开展岗位责任制大检查活动，有效加强基础管理工作。在大庆会战期间，以玉门油田为主力的会战队伍引入岗位责任制大检查机制，对促进会战时期的基础管理工作、提高管理水平发挥了重要作用。随后，石油行业在全系统进行推广，取得了良好效果，岗位责任制大检查成为石油行业、特别是玉门油田促进基础管理工作的优良传统。至 1986 年，玉门油田已连续开展 45 次岗位责任制大检查。

1987—1998 年，岗位责任制大检查基本上每年开展一次，检查内容包括经营指标完成、堵塞漏洞、规章制度建立与落实、现场管理、班组成本费用核算等。其中 1988 年开展的第 47 次岗位责任制大检查首次把思想政治工作责任制引进岗位建设中。

1999 年，因玉门油田重组改制，岗位责任制大检查中断一年。

2000—2004 年，管理局继续坚持岗位责任制大检查活动，先后开展第 58 到第 63 次岗位责任制大检查，并把检查重点逐渐从经营任务、现场管理、成本考核向安全管理转变。期间，油田分公司于 2003 年组织开展基础管理工作大检查。

2005—2007 年，岗位责任制大检查活动暂停。

2008 年，岗位责任制大检查活动重新恢复，重点检查“反违章禁令”及岗位责任制的建立与执行、基础工作管理制度的建立、基础资料的设置及其规范化管理、质量安全环保管理及防洪防汛、设备和仪器仪表管理、质量、计量、标准化、流程管理和规章制度建设、合规管理落实等。

2009—2010年，再次暂停岗位责任制大检查活动。

2011年，为了全面贯彻落实集团公司基础管理建设工程推进会精神，检查《玉门油田分公司基础管理建设工程实施方案》的落实情况，推进以质量、计量、标准化、流程管理和规章制度建设为主要内容的基础管理建设工程，确保各项工作规范、有序、安全开展，组织开展以推进基础管理建设工程为主要内容的第65次岗位责任制大检查。在各单位、各部门自查自改的基础上，油田进行了全面检查。

2012年，以推进“三基”工作为切入点，以基层建设、基础工作、基本素质为主要内容，组织开展了第66次岗位责任制大检查。

2013年，以安全生产管理、设备管理、岗位责任制落实、生产作业现场管理为主要内容，组织开展第67次岗位责任制大检查。

2014—2016年，分别以实施开源节流降本增效活动、开展“重塑中国石油形象”大讨论、传承“苦干实干、三老四严”的“石油精神”为重点，先后组织进行第68、第69、第70次岗位责任制大检查。

2017年，以“夯基础、强管理、促提升”为主要内容，进行第71次岗位责任制大检查活动。

二、企业进等升级

1987年3月，对企业进等升级工作做出安排，总目标是进入石油工业部二等企业，并向一等企业迈进；炼油厂、机械厂达到省一级企业。重点工作是以“增产节约、增收节支”活动为重点，全面完成1987年各项生产建设任务；从抓基层工作入手，做好企业达标的基础工作；牢固树立“向管理要效益”的观念，全面推行现代化管理方法；制订切实可行的升级规划和安排；提高认识，加强组织领导，保证进等升级顺利进行。11月，油田根据中国石油天然气总公司发布的《石油企业升级标准和国家级企业审定办法》，对照企业升级标准的10项考核指标，对晋升省一级和国家二级企业工作做出安排。

1989年2月，就申报省一级和国家二级企业提出请示。年底，油田获甘肃省一级企业称号。

1990年7月，根据油田晋升国家二级企业的申请，中国石油天然气总公司会同甘肃省主管部门组成联合考核组，按照国务院企业管理指导委员会的各项规定和《油田企业升级标准》，对油田进行考核验收。10月，经国务院企业指导委员会核定，玉门油田质量、物耗、经济效益和安全等企业升级指标达到国家二级企业标准，被命名为“国家二级企业”。

三、基础工作建设

1987年，开展岗位整顿工作。通过岗位整顿和岗位责任制大检查，玉门油田基础工作向规范化、统一化、标准化方面前进了一步，在石油工业部同工种竞赛中，玉门油田有18个基层（队站）获得金银铜牌奖。

1988—1990年，以岗位建设为特征的基础建设步伐加快。1989年，玉门油田首次把思想政治工作责任制引进岗位责任制，并对全局24个二级单位责任书的139个必成目标、124个考核指标逐项进行考核、兑现，考评出一类单位7个、二类单位16个、三类单位2个。1990年，重新树立样板岗位11个，红旗、一类岗位建设水平相应提高，比例有所上升。

1992年，把现场管理作为突破口，狠抓岗位建设。制定下发《加强现场管理工作的实施意见》《基层车间（队）现场评分细则》，确定30多个现场管理试点单位。9月，召开现场管理经验交流会，进行观摩交流。重点抓样板岗位建设，经过严格评定验收，新命名样板岗位11个。采取分类指导、常抓不懈的方法，全面检查与重点抽查相结合，按标准严格考核，使现场管理和岗位建设发生了深刻变化，初步扭转了以搞卫生应付检查的现象，有效地促进了全局现场管理水平的提高。

1993年，对原有规章制度和岗位责任职责按职能任务重新进行修订完善，结合岗位测评和系统岗位规范，进一步严格在岗人员技术条件、工作责任、文化程度和素质能力要求，对一些图表资料进行清理和整理，对使用的进行补充完善，提高了工作效率。11月，开展基础与安全工作大检查，重点检查以岗位责任制为核心的各项规章制度的执行情况、现场管理规格化、冬季安全文明生产、厂容厂貌、基础资料等，收到明显效果。

1995年，以抓岗位建设为重点，狠抓以岗位责任制为内容的各项制度的贯彻落实，先后修订完善《岗位建设基础工作大检查的标准》《过硬基层建设标准》；开展创红旗、建样板、建设过硬基层和“四岗”建设活动，岗位面貌有了较大改观。全局 6661 个岗位中，红旗、一类岗位分别占 18.5% 和 46.2%。

1997 年，把基础建设的重点放在岗位建设和现场管理上，修订完善《玉门石油管理局岗位建设管理办法》，深入二级单位现场进行督促和检查，验收并命名样板岗位 11 个。

2001 年，管理局开展岗位建设与现场管理清理、整顿活动。经过清理整顿，基本摸清现有岗位数量、名称、人员、工作性质等基本情况，并造册登记；摸清各单位在现场管理、岗位建设方面已建立的规章制度，进行分类统计汇总；对各岗位设立的各种资料、报表，上墙的各种制度、牌证，生产现场各种挂图、安全警示标牌，进行全面清理。凡是失效、过时的制度，多余不用的标牌、挂图，一律进行了清除。重新修订“样板岗位”“红旗岗位”标准。

2003 年 6 月，油田分公司组织开展基础管理工作大检查。检查重点突出规章制度的建立与执行、岗位责任制的建立与落实、基础资料的规格化，物资管理、管理创新、项目管理、业绩目标、设备及仪器仪表、HSE 管理、质量计量管理等 10 个方面。通过基础管理工作大检查活动的开展，基本控制基础工作滑坡的局面，夯实了油田分公司发展的基础。

2004 年 2 月，管理局部署开展反“低、老、坏”“软、懒、散”活动。活动以建立规范化的制度和程序为根本，坚持按照责任使用人，依靠制度管理人，运用规范约束人，做到事事有人管，人人有责任，事事有标准，事事有考核，提高整体管理水平；坚持向从严管理要效益，向精细管理要效益，向创新管理要效益；坚持对照职能相称原则，查找组织目标实现了没有；坚持对照标准规范，查找执行到位了没有；坚持对照创新思变能力，查找思想转变了没有；坚持对照观念与现代经济相适宜的新思维，查找目标观念、竞争观念、质量观念、创新观念和服务观念发挥出来了没有；坚持对照现有的管理水平，查找行动到位了没有；坚持对照自己对企业的忠诚度，查找与企业一荣俱荣的整体观念树立了没有；坚持对照企业分配的薪酬，查找奉献给企业的智慧成比例了没有。活动中从严处理了一批事故责任人和违规违纪者。通过活动的开展，使油田政令进一步畅通，安全管理、质量管理、制度执行等方面有了新的提升和改进。

2005 年起，开始全面加强基层建设。按照集团公司《基层建设纲要》的要求，在专题调研、摸清现状的基础上，先后制定《加强基层建设的实施意见》《基层建设考核标准》《关于进一步加强和改善基础工作的通知》，明确工作目标，制定具体措施，完善考核办法。成立基层建设领导小组，确立统一部署、以点带面，分步实施、整体推进的工作思路，形成了党政主要负责人亲自抓，组织、企管部门牵头抓，各有关部门协调配合抓的基层建设工作格局。

2007 年 9 月，制定《进一步加强基层建设的实施意见》，提出用 3 至 5 年时间把基层建设成为组织坚强有力、队伍素质优良、技术先进配套、管理科学规范、环境文明整洁，领导班子好、党支部作用发挥好、队伍建设好、工作机制好、基础管理好、经济效益好的“六好”过硬团队，油田过硬基层达到 30 个以上，一类基层达到 60% 以上；减少二类基层，不出现三类基层，基层建设整体处于行业先进水平。开展“基层建设基础年”活动，通过适时召开基层建设推进会，组织现场观摩，进行经验介绍，对照先进找差距，使基层建设全面铺开、整体推进。

2008 年一季度，机关相关部门会同基层各单位，按照公司《关于进一步加强和改善基础工作的通知》精神，对基础工作现状进行全面摸底调查。各单位针对“两个建设”“三个规范”和“一个提高”内容的贯彻落实，结合本单位生产经营实际，普遍拟定《基础工作管理规范》，完成“一岗两制”责任制的修订、审核、汇总工作。油田开展“基层建设年”活动，恢复岗位责任制大检查，并再次组织基层建设专题调研，对基层建设工作进展情况进行全面系统的调研和督促检查，进一步明确目标任务，不断赋予新的内容。

2009 年上半年，各单位对经企管法规处审核的《基础工作规范》进行了发布，使油田基础管理工作做到了界面清晰、依据明确。按照油田《关于进一步加大〈基础工作管理规范〉落实力度的通知》精神，各单位依据发布的《基础工作管理规范》，严格执行岗位责任制，狠抓现场管理和环境卫生整治工作，使油田现场管理和环境卫生面貌发生了很大变化。

2011 年，在资金运转十分困难的情况下，专门从安全生产费用中抽出部分资金，为炼化总厂、老君庙油田作业区、油田作业公司、青西油田作业区、酒东试采区、鸭儿峡油田作业区等 10 个单位分配计划资金，对各单位所选试点岗位进行目视化建设。

2013 年，结合玉门油田党委开展的基层建设示范队（站）创建活动，经现场调研，再次对开展示范队

（站）创建活动的相关单位下拨了专项资金，开展示范队（站）创建和目视化建设。

四、对标管理

2010 年，在炼化总厂全面开展以对照先进水平找差距，积极落实措施，严格量化考核，提高指标水平为内容的对标管理。通过与先进指标对照，对各项指标进行评价，寻找、确认、跟踪进而超越设定目标，在管理上实现新突破。炼化总厂对照国内外同行业先进标准广泛开展对标管理，及时发现和改进不足，找出制约发展的外部因素和内在问题，明确方向，促进管理升级。坚持与同行业最优数据对标、与油田历史数据对标，把对标活动作为查找问题的过程，作为虚心交流相互提高的过程。通过对标管理，掀起了比指标、找差距、学先进、争上游的热潮，使绩效指标得到有效提高。

2012 年，按照国务院国资委和集团公司管理提升活动的总体部署和工作要求，全面启动管理提升活动。6 月，把强化对标管理作为提升精细化管理水平、提高发展质量的主要抓手和工作重点，制定下发《关于进一步细化完善管理提升专项方案积极开展对标管理工作的通知》等文件要求，玉门油田和基层单位两个层面分别制定对标项目和对标目标，筛选出涵盖公司各业务领域的 773 项对标指标项目，补充完善对标指标数据库，初步形成了集中统一管理、分专业建立对标指标、分级实施、分层落实、按季度考核兑现的对标管理体制和运行机制。

至 2015 年，通过对管理短板、瓶颈问题的持续改进，对标管理效果明显，油田的油气单位操作成本、完全单位成本均控制在预算指标之内，能源消耗管理水平居集团公司前列、炼油化工总厂的主要经济指标持续进步。

五、“三基”工作

以基层建设、基础工作、基本功训练为主要内容的“三基”工作，是 20 世纪 60 年代大庆油田总结出的基层管理经验，并在石油行业得到发展推广。1986 年前，油田始终把“三基”工作作为企业发展的根本，常抓不懈。

1989—1990 年，开展学大庆群众活动，提出把加强以党支部为核心的基层建设、推进企业管理现代化、强化基础工作作为活动重点，先后创建“五个一”党员责任区（点）4136 个；组织举办高、中级技工和班组长操作技能培训，工人培训面达 52%。

1994 年 5 月，对 23 个单位的基础工作进行检查指导，发现个别单位对基础工作重视不够，工作流于形式，基础资料不健全，“跑、冒、滴、漏”与“低、老、坏”问题依然存在，油田决定开展一次全局性基础工作大检查。重新修订“基础工作检查验收标准”，并在全局掀起自查自改热潮。通过自查自改，共查处各类问题 8200 个，整改 7475 个，修订、完善各类制度 1090 项，组织现场观摩交流 103 场，初步建成“四岗”548 个。9 月，油田组织开展基础工作大检查。检查以“三基”工作为主要内容，以恢复“三基”工作为起点，专项治理“跑、冒、滴、漏”与“低、老、坏”，消除一批事故隐患为目的，重点检查以岗位责任制为中心的现场管理制度的建立健全及执行情况，安全生产及设备管理情况，厂容厂貌及岗位规格化情况，班组岗位建设及岗位练兵情况，“样板岗”“示范岗”“先锋岗”“三八红旗岗”的建设情况以及完成生产任务和经营指标等情况。经过检查验收，油田红旗、一类岗位的比例分别达到 18.5% 和 46.2%。

2005 年，玉门油田重组整合后，及时编印《大庆精神、铁人精神，基层建设“三基”工作简明知识问答》按人手一册，发至职工手中，持续开展大庆精神铁人精神再学习再深入活动，宣传和普及“三基”工作知识。

2011 年 10 月，集团公司下发《关于全面加强“三基”工作的若干意见》。按照集团公司部署和工作安排，全面启动以加强基层建设、基础工作、基本功训练为主要内容“三基”工作，成立“三基”工作领导小组和“三基”工作推进办公室，将“三基”工作全面纳入业绩考核。围绕集团公司加强“三基”工作的“六个主要目标”和“七项重点工作”要求，通过召开公司领导干部会议、组织开展油田第 65 次岗位责任制大检查、召开机关职能部门务虚会、公司党政主要领导带领机关职能处室负责人深入基层进行调研和现场办公、从公司和厂处两个层面制定加强“三基”工作三年推进计划并组织推进、组织开展“三基”工作推进自检自查等工作，把“三基”工作的推进与公司的生产经营、安全环保、重点项目运行紧密结合，与公司的“十二五”规划结合，以“三基”工作的推进为抓手，积极推进以“四强”党组织、“四好”班子、“五好”党支部、“六好”党员为内容的“4456”党建和班子建设工程，开展“一类基层”和“五型”班组建设，组织开展安全环保年和管理基础年活动，启动实施基础管理建设工程，开展“全员提素质、整体上水平”活动，实施人才强企战略，推动“三基”工作的持续深入开展，在加强基层建设，夯实基础管理，提高员工队伍整体素质方面取得了较大成效。

至2015年，通过开展“千百十”创建活动，先后建成集团公司级“千队示范工程”示范单位6个，创建油田公司级基层建设示范队（站）14个、标杆“五型”班组109个，选树“双星”员工1004名，一类基层、“五型”班组达标率分别为85%、95.3%；构建规范管理平台、完善基础管理体系，不断提升质量、计量、标准化、制度、流程基础业务能力；加大培训力度，创新培训形式，拓展培训途径，广泛开展岗位练兵和技能竞赛，完成员工各类培训13120人次，员工政治素养和业务技能不断增强，队伍执行力明显提升；积极开展党的群众路线教育实践活动，玉门油田党建工作取得了新成效；规范矿区管理，提升服务质量，和谐稳定基础进一步加强；大力弘扬大庆精神铁人精神和玉门优良传统，石油摇篮文化建设不断加强，油田获得“改革开放35周年企业文化竞争力优秀单位”称号。油田“三基”工作实现了全面加强、全面覆盖、全面提升，并形成了长效工作机制。

2016年后，玉门油田“三基”工作进入常态化管理。

六、合规管理

2014年10月，下发《全面开展合规管理工作的通知》，启动合规管理工作。按照工作部署，合规管理工作从2014年10月至2020年12月，分三个阶段进行。工作目标是：全面落实合规管理责任，逐步建立起全面覆盖、全员参与、内容完整、责任明确的合规管理制度规范和前期预防、过程控制及违规惩处机制，力争用两年时间，全面建成系统完备、运转有序的合规管理体系，2020年左右达到集团公司先进水平；始终坚持合规管理高于经济利益，在全体员工中培育并形成以守法合规为荣、以违法违规为耻的价值取向，确保党员领导干部不违纪、生产经营管理活动不违法、各项工作运行不违规，最大限度减少和避免违规行为导致的风险事件，坚决杜绝重大违法违规行为发生；深入推进合规管理工作，发挥各级组织的推动作用，力争实现全员合规承诺率、全员合规培训率、全员合规建档率、规范性文件合规审查率“四个”百分百，确保员工行为规范受控，切实树立诚实守信、依法经营的公司形象。具体措施是：着力构建合规管理体系；着力加强规章制度建设；突出商务领域合规管理；突出专项业务领域合规管理；突出对“权力”部门和人员的合规管理；突出合规风险预防和控制；全面开展合规培训；积极营造合规文化氛围。同时确定2015年为“合规管理年”。

2015年，编制、印发《玉门油田分公司合规管理实施方案》《玉门油田分公司合规管理考核实施细则》；为员工发放《中国石油天然气集团公司诚信合规手册》；组织13000多名在岗员工、有偿解除劳动合同再就业人员、劳务用工人员签订《合规承诺书》；组织各单位、部门完成合规管理信息系统搭建工作，完成公司12635名员工的信息录入、隶属关系设置、角色分配和合规承诺书上传等工作。

2016—2017年，对合规管理、风险辨识评估、合规评价等工作进行安排部署，明确体系机制、合规审查、培训要点、风险防控等方面的内容和要求。开展合规评价，完成年度两级领导班子成员合规综合评价工作；发布合规评价，修订完善《机关处室、基层单位领导班子成员合规综合评价要点和标准》。开展合规风险辨识梳理，组织各单位、各部门2000多名关键岗位员工参与合规风险辨识评估，完成合规风险辨识评估的汇总统计工作，辨识出合规风险441项，补充完善合规风险防控措施，规范合规风险防控机制。加大对承包商、供应商、服务商的合规审查力度，对进入油田对外交易领域的600多家承包商、供应商、服务商的合规表现开展合规审查，防止利益输送和不正当竞争行为的发生；开展对交易对象不良合规表现和合规建设情况的合规审查；不断深化合规培训效果，组织开展以《中华人民共和国宪法》《中国石油天然气集团公司管理人员违纪违规行为处分规定》《诚信合规手册》等为内容的全员在线合规培训，在职员工培训率达到100%。

第四节　内部市场管理

1987—1996年，玉门油田内部市场管理工作仅包含单一外委修理业务。随着油田的改革和机构的变化，油田内部市场管理工作的职能范畴也从单一的外委修理等发展到后来的多门类、多行业的内部市场准入管理工作。

1987 年 4 月，初步建立机加工、机修、运输专业市场，相继制定出台《局内部产品、机修市场管理办法》，初步界定各专业市场的管理范围，实行内部市场准入制度，强化项目专管、资金监管，有效地维护了油田整体利益。4—12 月，共受理产品外购、设备外委修理、技术服务等 1073 项，节约资金 920 万元。

1997 年，正式建立和培育内部市场，规范市场行为。积极培育勘探、基建、物资采购等内部专业化市场，规范交易行为和操作程序；建立甲乙方合同机制，维护甲方的权益；建立内部产品和机修市场，加强局内部交流与合作，维护全局整体效益，减少资金外流。全年内部产品市场交易额达到 3714 万元，外购和委托加工费下降 35.4%。

1998 年，开始规范管理内部市场。按照“先内后外、合理保护，公开交易、平等自愿”和“内部市场，内部占领”的原则，先后启动运行勘探、开发、物资、基建、运输、机加工、劳保、技术等 12 个专业市场。适时调整市场管理体制，成立市场管理委员会，健全内部市场统一、开放、竞争、有序的管理体系。制定下发《内部市场管理通则》《专业市场管理工作目录》《内部市场准入证》等 26 项管理办法和制度，界定各专业市场的管理范围。强化项目专管、资金监管，20 万元以上的项目必须经过专业市场审核、市场管理办公室复审、合同管理部门把关和主管领导审批四道关口，有效地维护全局整体效益。全年清退外雇施工队 35 个，外租车辆 96 辆，外流资金同比减少 1700 多万元。

2000 年 6 月，管理局根据油田重组改制实际情况，重新修订并印发《市场管理办法（暂行)》，就内部市场管理的主要任务、管理机构、职责及范围、专业市场管理部门及管理范围、资质管理及市场准入、结算管理、监督管理等做出了明确规定。

2001 年 5 月，根据股份公司有关规定，油田分公司制定《市场管理办法》，确定市场管理的总体目标，明确统一管理、分工负责的运作方式。将原有的 12 个专业市场，简化为勘探开发、基建工程、物资采购及检（维）修、技术检测 4 个专业组。6 月，成立油田分公司市场管理委员会，市场管理委员会办公室设在企管法规处。

2005 年 7 月，玉门油田重组整合后，重新修订《内部市场管理办法》，将专业市场管理组重新划分为 9 个（油气勘探、油田开发、基建工程、物资采购、车辆运输与水电讯、技术检测、设备资源、科研开发、工程建设设计)，明确准入办理程序，增加对承包商的业绩考核与评价内容。按照内部市场管理办法，油田优选施工队伍，对 40 多家队伍发放《内部市场准入证》。

2010 年 9—11 月，开展承包商清理整顿工作，经过专业市场管理组和内部市场管理部门重新审核，确定了一批合格的承包商，注销、吊销了部分承包商的内部市场准入证。

2013 年 5—6 月，针对个别承包商、供应商围标、串标、借用资质、供应的产品不符合质量要求等问题，开展承包商、供应商清理整顿工作。其中，承包商的清理由企管法规处牵头，会同各专业市场管理组，分勘探、油田开发、基建工程（含勘察、设计、建筑安装、监理)、车辆运输与装卸服务、技术检测检验服务与绿化保洁、设备资源类、科研开发与技术服务、药品及医疗器械类、其他类等 9 个专业市场，对已经办理油田内部市场准入的承包商进行逐一的清理造册工作，全面摸清了承包商的现状。油田各承包商使用单位，也对本单位使用的承包商进行彻底的检查清理，重点检查清理在承包商的引入方式、资质证照是否符合要求、工作过程中是否存在围标、串标、借用资质、转包、分包以及安全、质量等方面存在的问题。供应商的清理由物资采购管理中心牵头，对已经准入的所有供应商进行逐一的清理造册工作，全面摸清供应商的现状，重点清查供应商工作过程中围标、串标、借用资质及所供应产品的质量、售后服务等方面存在的问题。

2014—2016 年，陆续对原有的市场管理办法进行修订。特别是 2016 年新修订的《内部市场管理办法》，按照现阶段油田市场管理实际情况和不同类别的服务项目，重新划分 10 个专业市场管理组（油田勘探、油田开发、基建工程、设备资源、车辆运输、科研开发、人力资源、医疗服务、安全环保、综合服务)，进一步明确专业职能分工。“办法”还确定了先内后外、扩大内部市场占有率的管理原则；增加市场管理委员会例会制度，完善内部市场监督机制；增加相关合规要求及业主单位、HSE 监督中心相关职责，明确承包商队伍 HSE 培训的责任主体。7 月，对玉门油田内部市场准入证进行第四次改版，新版证书在版面、纸质等部分进行优化更新。

至 2017 年 12 月，经市场管理委员会审批准入承包商 53 家；累计办理承包商、服务商年检 150 家，退出 29 家。

第五节　资质管理

1987—2005年，玉门油田资质管理的范围主要在工程技术服务及施工作业、工程建设领域。依据建设部《资质管理规定》和集团公司《施工作业队伍资质管理规定》及有关要求，组织有关技术、管理人员，组成施工作业队伍资质考核小组，对申报的钻井、井下作业、试油、固井、建筑安装等内部施工作业队伍进行现场全面考评，对达到标准的队伍，向集团公司提出资质认证审核。对外部基建施工队伍，严格审查施工企业资质，通过对老队伍进行分类排队，对新队伍实行实地考察，在确认施工队伍资质合格的基础上，按施工队伍的施工经历、管理状况和基本素质，分等级择优录用施工队伍。

2006年5月，根据《中国石油天然气集团公司石油工程技术服务企业及施工作业队伍资质管理规定》有关要求，成立石油工程技术服务企业及施工作业队伍资质初审领导小组。资质初审领导小组是玉门油田资质管理的决策机构，其主要职责是贯彻国家及集团公司有关资质管理的政策、法规和规定；组织开展油田内部资质管理活动；负责玉门油田工程技术队伍资质的申报和复审工作；负责来玉门油田施工作业的工程技术队伍资质审查和报批工作；负责对玉门油田资质管理工作的监督、检查及指导。资质初审领导小组下设资质初审办公室，办公室设在企管法规处。资质初审办公室具体组织实施企业和队伍资质管理工作。7月，组织召开资质初审领导小组第一次会议，安排玉门油田工程技术作业队伍资质初审工作，完成资质管理相关资料移交工作，确定初审专家组组成人员，对拟上报的作业队伍初审资料进行预审核。8月，组织专家组对作业队伍现场进行评分，填写简评及推荐意见，完成了对油田作业公司所属的侧钻队、大修队、小修队、试油队等专业队伍的资质评审推荐及相关资料、数据的整理和上报工作。

2007年1月，经集团公司资质管理委员会评审，油田作业公司32支队伍取得集团公司钻井与井下作业工程技术服务和施工队伍资质，其中侧钻队3支，大修井队10支，小修井队14支，试油队5支。

2008年2月，对工程技术服务企业及施工作业队伍资质初审领导小组及办公室人员进行调整。4月，按照集团公司设备申报计划的有关要求，根据油田生产建设需要，申报2支大修队伍资质和1支试油队伍资质。10月，根据《中国石油天然气集团公司石油工程技术服务企业及施工作业队伍资质管理规定》，对主力设备使用年限在8年以上且资质在有效期范围内的工程技术服务队伍进行年审；为迎接集团公司勘探开发工程技术服务市场队伍资质情况检查，组织力量对油田勘探开发工程技术服务市场队伍资质情况进行自查自改，及时整改存在问题，最后顺利通过集团公司检查。

2009年1月，对工程技术服务队伍资质问题进行检查整改，严格核查、清理无资质队伍，坚决解决无资质施工问题；对于进入玉门油区的队伍，符合条件的，经资质初审领导小组审查后报集团公司资质管理办公室。

2010年7月，根据生产建设需要，申请1支固井队伍和1支压裂酸化队伍的设备编号及队伍资质。油田作业公司所属的固井队、压裂队取得集团公司设备编号及队伍资质。

2012年，资质管理全部实现网络系统管理。通过资质管理网络系统按时上报工程技术服务队伍动态报表、统计报表和市场管理情况总结。经集团公司审核批准，S17861试油队乙级资质到期换证，S15862和S15867试油队编号变更为丙级资质，取消S12862、S10862、S08863试油队资质，对相应的装备编号做出相应调整。完成《钻井工程设计乙级资质证》变更手续。完成中国石化胜利油田两支系统外钻井队伍资质续展。

2013年11月，在集团公司例行检查中，针对X04861等6支作业队伍一队多机问题，油田及时召开资质检查问题整改专项工作会议，对所发现的问题，依据作业实际情况，制定整改措施，并按照日间作业队的相关资质要求，撤销原有6支队伍，向集团公司资质办公室重新申请15支作业队伍资质。

2014年3月，X03861等15支作业队伍获得相关资质。完成中国石化胜利油田黄河钻井公司40499SL、50566SL、70578SL等3支系统外钻井队伍资质续展，确保钻井工作顺利进行。

2014年，对具备装备评估的队伍进行集中整理上报，其中，对符合评估条件的5台修井机，交由兰州石油钻采炼油化工设备质量检验所完成设备评估工作。配合集团公司资质管理评价中心完成中国石油钻井工程技术服务满意度指数调查工作，对担负油田设备评估的兰州石油机械研究所进行评价考核。

2015年，随着油价的持续低迷，内部工作量的减少，外部队伍在玉门油田逐步清退等原因，油田资质管理工作受到集团公司资质管理委员会的免检。

2016年，完成油田作业公司3支试油队复审换证领取工作，新申报1支大修队伍乙级资质（队号D17860）。按照集团公司“严格增量，压减存量”的要求，核减中石油外部队伍（中石化胜利油田所属40499SL、50566SL、70578SL钻井队）。

2017年，完成油田作业公司队伍资质到期换证、队伍资质升级工作，新增一支带压小修队资质，一个连续油管企业资质和一支连续油管队资质。至12月，油田所属的油田作业公司取得集团公司作业资质的队伍共有47支，其中，大修队13支、小修队22支、侧钻队3支、试油队3支、固井队1支、压裂队1支、测试队1支；甲级队伍1支，乙级队伍33支，丙级队伍13支。

第六节　法律事务管理

一、法律咨询服务

1987—1988年，玉门油田法律事务部门主要采取三种方式开展法律咨询服务：(1）从调查研究和接触的法律事务中掌握问题。采取《法律建议书》或面谈形式，主动提供咨询服务。(2）根据局领导的要求和来访者提出的问题，提供咨询服务。(3）直接参加局产供销协调领导小组的活动，提供法律论证。咨询内容包括纠纷处理，外汇管理、对外贸易等十多个方面。由于及时提供法律咨询，避免了可能发生的经济损失。仅1988年，提供各种法律咨询421次、咨询意见301条。

1989—1990年，为企业生产经营决策提供法律咨询，成为法律事务部门的首要任务。法律事务部门在做好一般性的法律咨询服务同时，集中精力为原局集体所有制单位经营加油站的做法、局内单位间联营体经营管理方式的确定等提供咨询服务。其中，1990年共提供各种法律咨询235次，咨询意见461条；提供《法律建议书》13份，法律建议83条；对重大生产经营决策提供高层次法律咨询21次，咨询意见177条，分别占总咨询工作量的8.9%和38%，创经济效益228.72万元。

1991—1996年，法律事务部门积极参与重大合同及投资项目谈判、签约，介入重大交通事故调查分析处理工作，支持炼化改造等重点工程建设，从法律角度为油田重大问题的处理提供咨询和建议，有效地增强咨询服务的效果。仅1996年，各级法律事务部门就及时、准确、有效地为局厂、处及各经营单位提供优质法律咨询服务1096次，提出建议752条，形成法律建议书54件，采纳率96%。

1997—1998年，随着企业改革与发展的深入，企业在经营决策、管理过程中，面临大量的涉外经济贸易、税收、破产、房地产、企业改组等方面的法律问题，提供高效、优质的法律咨询服务，为企业经营决策进行法律咨询论证，有效地避免和降低决策风险成为企业法律事务工作的重要内容。油田各级法律事务人员在深入调查研究的基础上，积极参与经营决策的前期法律论证，大胆开展法律咨询服务工作，取得了良好的效果。1998年，共提供法律咨询220多次、咨询意见306条。

1999—2005年，法律事务部门的工作重心转向为企业重组改制过程中所涉及的企业隶属关系、产权关系、分配制度、用工制度、保障制度等提供法律咨询服务。玉门油田法律工作者在油田重大项目论证、资产重组、产权交易及产业、产品结构调整后所涉及的国家价格、财政、金融、税收、资源等方面积极为各级领导提供可靠的法律依据，提出了切实可行并具有操作性的论证报告和法律意见。

2005年7月，玉门油田重组整合后，运用法律手段，为“三重一大”决策提供优质的法律服务，最大限度地防范法律风险成为法律事务部门的主要工作。法律事务部门在多方调研、查证的基础上，以法律意见书的形式及时为重大决策、重大项目的运作提供法律依据，提示法律风险，出具参考意见，以预防和减少企业经营管理风险。同时，重点做好油田改革过程中涉及法律事务的各项工作，着力提高法律论证把关质量，确保依法决策、规范运作，为油田改革提供优质法律服务。先后参与公司风险报告、风险事件库、风险数据的编制，对各项业务存在的法律风险进行详尽的评估；参与公司管理提升活动，完成法律管理现状和问题诊断报告、法律管理提升活动方案的上报工作；参与公司与河北恒安泰油管有限公司柔性复合管合作项目，在资信调查、合作谈判、起草法律文件等方面提供法律服务。通过积极参与重大项目法律服务，促进了油田项目管理、问题管理的水平和质量。

1998—2017年玉门油田法律服务情况统计见表11–5–1。

表 11-5-1　1998—2017 年玉门油田法律服务情况统计表

年份	法律咨询（次）	咨询意见（条）	年份	法律咨询（次）	咨询意见（条）
1998 年	220	306	2008 年	301	280
1999 年	200	206	2009 年	361	286
2000 年	276	210	2010 年	280	270
2001 年	306	210	2011 年	280	260
2002 年	201	230	2012 年	360	350
2003 年	200	190	2013 年	320	310
2004 年	189	181	2014 年	350	310
2005 年	260	280	2015 年	330	290
2006 年	270	263	2016 年	360	302
2007 年	310	320	2017 年	280	270

二、法律业务培训

1987 年，玉门油田电大开设有三年制法律专业大专班 1 个，有学员 30 余人。

1988 年，对电大法律班学员毕业实习和毕业作业进行审查、评定，最终选送 4 名学员参加全国企事业法律顾问培训班学习。选派法律顾问室 1 名工作人员参加省工商局举办的广告、商标管理培训班学习；在局电大开设《经济法专业证书》教学班 1 个，为期一年半，培训学员 35 人。

1989 年，分别举办经济合同管理人员学习班和经济合同业务人员业务培训班各 1 期，参加培训人员 60 人。合同管理业务培训班在深入学习《经济合同法》基础上，侧重学习合同管理方面的法律规定和局有关合同管理的制度。经济合同业务人员业务培训班突出“怎样管好合同”的培训主题，重点学习《经济合同法》。根据油田法制建设的需要，推荐 5 名职工参加成人自学法律专业考试。

1990 年，组织局级、处级行政领导及经济管理干部共 96 人参加的经济法律、法规培训班，系统学习经济合同、工商企业行政管理、税务管理等法律、法规。

1991 年，组织 96 名局、厂领导干部和经营管理骨干参加甘肃省计委主办的经济法律法规广播讲座培训班，一次合格率、结业率均为 100%。同时，选派 7 人外出参加更高层次的法律知识培训，是历年从事法律顾问工作接受外培人数最多的一年。动员组织 34 名具备条件的人员报名参加 1992 年度全国首次举办的法律顾问资格考试。

1995 年，炼化总厂、生活服务处、物资供应处等单位法律事务部门针对本单位工作需要，开办 4 期专业法知识讲座，重点讲授经济合同法、质量法、统计法、计量法、劳动法等法律知识，进一步提高了销售、采购的法制观念。

1996 年，选派 3 人参加中国政法大学举办的律师培训班的学习。选派 3 人代表玉门油田参加省经贸委举办的企业法律顾问经验交流研讨会并做了经验交流。

1997 年，选派 3 人参加总公司政策法规局举办的股份制改造、合同管理等方面的法律培训班。邀请西北大学法律系老师为油田法律事务人员讲解合同法等有关市场经济的法律知识。

1998 年，组织新任中层以上领导干部接受以《经济合同法》等为主要内容的法律知识培训。面向重要部门负责人先期开办一期 12 人的经济法律培训班。举办合同业务员短期法律培训班，有 125 人参加考试，经综合考评，授予 94 人签订经济合同资格。国家第一次举办企业法律顾问执业资格考试，经过各二级单位推荐和法律事务处认真筛选，有 58 名符合报考条件的法律工作人员参加考试。

1999—2005 年，结合“三五”“四五”普法，加强对经营管理人员、法律事务专职管理人员等进行市场经济条件下常用经济法律、法规的培训。

2006—2010 年，重点针对合同招投标、劳动用工、安全生产、医疗等法律风险易发环节，每年组织各单位经营管理人员、安全管理人员、合同承办人员、法律工作人员进行专题培训，系统学习《合同法》《劳动合同法》《安全生产法》《招标投标法》《民事诉讼法》《物权法》《侵权责任法》《工伤保险条例》等相关法律规定。玉门油田及所属各单位共举办培训班92场次，累计培训114948人次。不断加强企业法律顾问资格人员队伍建设，全油田具有企业法律顾问执业资格人员共计22人，根据有关要求，全部按期参加甘肃省国资委主办的企业法律顾问注册和培训活动；同时，鼓励油田内部符合报考条件的人员参加企业法律顾问职业资格考试，为建立企业法律顾问制度创造了条件。

2013年，为落实中央企业法制工作第三个三年目标，确保油田法律人员执业资格率80%，玉门油田进一步加大法律人员执业资格率达标工作力度，要求未取得法律顾问资格的专兼职法律人员全部报名参加国家企业法律顾问资格考试，连续四年未能考取法律顾问资格证书的人员建议调离法律岗位。油田选派2人参加集团公司企业法律顾问培训，12人参加国家企业法律顾问资格考试，24名取得法律顾问资格的人员参加甘肃省国资委组织的法律顾问注册培训。

2014年，制定下发《玉门油田分公司法律人员三年持证上岗工作实施方案》。按照方案要求，当年起，油田每年根据集团公司法律部组织的法律顾问、司法考试等考前培训计划，采用模拟考试方式择选优秀人员参加集团公司考前培训班。至2017年12月，公司取得法律顾问及司法职业资格证（律师资格证）等法律资格证人员共24人，公司级法律人员持证上岗率100%。

三、诉讼与非诉讼业务的管理

1987年起，法律事务部门受玉门油田法人代表和享有法人资格代表单位的厂（矿）长委托，以全权代表身份，参加和组织各类经济纠纷的诉讼和非诉讼活动，有效维护了油田的经济利益。

1987—1990年，法律事务部门平均每年受理和指导各类纠纷案10多起，为玉门油田挽回和避免经济损失1000多万元。其中，1988年，采取代理和指导代理方式参与局、厂两级处理各种经济纠纷共18起。包括：受理代理和指导代理的民事诉讼纠纷共7起，非诉讼民事纠纷9起，督促判决执行2起，挽回经济损失65.7万元。督促油田清债工作，组织各单位认真清理1987年以前的债权，并与甘肃省工商局债务清理公司联系，将23笔总计90.76万元债权上报给省工商局债务清理公司协助处理。1990年，采取一般指导与重点参与办案相结合的方式，通过诉讼和非诉讼的手段，调处各类经济纠纷28起，挽回经济损失65.78万元。

从1991年起，法律事务部门代理案件逐年增多，工作量日益加大。1991年，先后完成争议、纠纷的代理调处32起，挽回经济损失131.92万元。1996年，代理各类经济纠纷38起，通过诉讼和非诉讼手段为企业避免损失2735.8万元。全力以赴进行债权的诉讼清欠工作，先后起诉14个单位，标的金额3971.2万元。1997年，运用诉讼和非诉讼手段，积极清理1993年、1994年形成的债权，全年共代理诉讼17起，利用非诉讼手段解决纠纷14起，挽回经济损失797.1万元。

1998年，进一步强化经济纠纷管理，对玉门油田内单位之间以及与集团公司内的其他单位之间产生的合同纠纷，重在调解解决，不提起诉讼；对与其他单位之间产生的合同纠纷，及时上报油田法律事务处，由其决定处理的方式和办法，从而使经济纠纷及时得到正确处理。全年法律事务部门代理经济合同纠纷24起，挽回和避免经济损失近百万元。

1999年，相继制定出台一系列制度，不断强化纠纷案件管理。7月，管理局制定《诉讼与非诉讼法律业务管理暂行规定》，明确诉讼与非诉讼法律业务的范围和局及各单位法律事务部门（岗位）、有关业务处室在诉讼与非诉讼法律业务中的职责，对诉讼与非诉讼案件受理程序等进行规范。

2000年10月，油田分公司根据《中国石油天然气股份有限公司合同管理暂行办法》《中国石油天然气股份有限公司纠纷案件处理暂行办法》，对指导油田及所属单位、部门，与其以外的公民、法人和其他组织间发生的纠纷案件，包括以民事诉讼程序、行政诉讼程序、仲裁程序或非诉讼方式进行处理的纠纷案件进行规范。

2001年5月，油田分公司印发《纠纷案件处理办法》，明确公司纠纷案件的归口管理部门，并就公司纠纷案件的管理、时效规定、收集和保全证据、处理程序、责任追究等做出明确规定。

2005年，开始实行纠纷案件集中管理。及时制定印发《纠纷案件管理办法》，要求各单位发生纠纷案件，必须通过案件管理系统予以申报，由企管法规处统一协调处理，实行纠纷案件的责任追究制和警示教育制度，不断提高纠纷案件的处理效率和处理质量。

2010年，处理经济合同纠纷案件5起；劳动争议案件4起；行政案件2起。这些案件或调或讼，都得到妥善解决，为企业避免和挽回经济损失近438万元。

2015年，制定《纠纷案件管理实施细则》，明确纠纷案件的管理流程和责任追究。

2016 年，办理各类纠纷案件 11 起，其中土地侵权纠纷 1 起，租赁合同纠纷 1 起，劳动争议纠纷 2 起，侵权赔偿纠纷 1 起，医患纠纷 2 起，建设工程施工合同纠纷 4 起，有 4 起案件审理终结，避免和挽回经济损失 200 万元。

2017 年，办理诉讼案件 17 起，处理完结 11 起。

四、内部工商和标识管理

1987 年起，法律事务部门积极协助地方工商行政管理部门对企业内部工商进行监督管理。主要进行的工作有：依法进行企业营业登记和法人登记；组织营业执照审验，申请企业变更登记；协助地方工商管理部门在企业中进行的各种检查、审核工作，组织贯彻工商部门向企业提出的关于加强合同管理以及其他管理意见和建议，为工商部门在企业进行的各项服务提供方便；调查油田商标注册情况，审查申请注册商标，统计各种商标的注册、申报和注销情况，狠抓商标管理；负责集团标识、企业自有标识的使用和监督；协助开展国家禁购商品、专卖商品和食品卫生等监督管理工作。

1988 年，对尚未在工商行政管理部门登记注册，领取《营业执照》的 11 个分支机构，组织登记注册。针对因部分机构变动、单位的分立或合并，在商标的使用上时常发生分歧的问题，参照国家商标管理规定，制定《商标管理规定》，建立起申请使用、注册、变更等一整套制度，明确注册商标的权属问题，避免了内部纷争。

1990 年，依照国家关于工商登记管理的规定和总公司有关要求，编制确认油田登记主管机关和各类企业注册总体方案。甘肃省工商行政管理局依法确认玉门油田登记主管机关为其委托的酒泉地区工商行政管理局管理。油田集中力量为所属 52 个生产经营单位进行重新登记注册、换发证照的工作。

1991 年，为 52 个生产经营单位、网点进行重新登记注册、换发证照的工作。按照国务院《社会团体登记管理条例》《甘肃省社会团体登记管理条例实施细则》有关规定，开始对油田内部社团实行统一管理，当年造册建档的各类社会团体共有 11 个。

1992 年，第一次对全局多种经营系统 100 多个经营网点工商登记及管理状况进行全面检查，并提出许多建设性意见。

1995 年，集中力量对 262 个经营单位和网点进行清查验收，对采取挂靠经营、承包租赁经营、联营等方式借用油田名义进行生产经营活动不合规范的 13 个经营网点进行全面清理整顿。做好 7 个成建制划转吐哈油田单位的划转工作，在工商登记清查验收的基础上，进行营业执照合同专用章及其他经营性印章的收缴、注销、公告工作。

1997 年，顺利地完成进出口业务项目的工商登记变更，为 48 个二级单位及经营网点办理上年度的年检，为 13 个单位办理开业登记，为 9 个单位进行变更登记，为 34 个单位及经营网点换发新式营业执照。9 月，深入到 3 区 6 县（市），对盗用、借用油田名称进行经营活动的 36 家单位进行清理整顿，基本上肃清侵权玉门油田名称的行为，有效地维护了企业名称专用权利和社会声誉。

1998 年，共办理 10 个单位的开业登记，为 7 个单位进行变更登记，为 48 个二级单位及经营网点办理年度的年检，为 38 个单位及经营网点换发了新式营业执照。做好商标、广告服务工作，在 1 月份“祁连”牌商标被认定为甘肃省著名商标的基础上，又将“玉炼”商标申请代理注册，实行将厂名融于商标之中的做法，使用户更易接受，更易了解企业，“玉炼”商标比原来的“祁连”商标范围更广，共在三大类产品上申请注册，几乎涵盖了油田所有炼化产品，其中包括一些即将投产的新产品。3 月、8 月，“玉炼”各种名优产品分别参加“哈萨克斯坦商品交易会”“兰州商品交易会”，并荣获“兰州商品交易会”最佳布展奖。1999 年 1 月，“祁连”牌聚丙烯产品作为入选改革开放 20 年最具影响品牌，参加中国企业管理协会举办的《中国企业报》《人民日报》《经济日报》《企业管理》等报纸杂志广告宣传展示，为油田品牌形象的树立起到了很好促进作用。

2002 年，油田分公司对重组后保留使用的原以玉门石油管理局名义注册的 4 个单位营业执照和玉门销售公司的 3 个营业执照，及时办理了注销手续。根据已下发的《玉门油田分公司经营性机构内部工商管理规定》，进一步规范经营性机构的工商登记管理工作，使该项工作走上了制度化、规范化。根据中国石油天然气集团公司与中国石油天然气股份公司签订的《商标使用许可协议》和油田分公司商标使用的具体情况，拟订《商标使用许可补充协议》。3 月，在甘肃省工商局组织的省著名商标评审中，“祁连”牌商标被评为甘肃省著名商标。5 月，管理局举行“玉门石油”标志揭牌仪式，开始全面导入企业形象识别系统。2003 年，开始全面介入标识管理工作。6月，“玉门石油”图形商标通过国家工商行政管理总局初审，并在全国出版发行的《商标公告》中予以发布。

2005年起，结合股份公司清理法人实体工作，油田加大清理不规范企业的力度，大大减少企业工商登记的数量，同时制定和下发《玉门油田经营性机构管理办法》，以规章制度的形式对企业工商登记管理规范化，对工商登记管理实行企业内部工商登记统一申报、归口审批、集中办理。截至2010年，油田所属工商登记企业（门点）由2005年前的83户减至54户，全面达到规范化管理的工作要求。在商标和标识管理方面，油田成立品牌管理工作小组，制定下发《玉门油田分公司中国石油标识和商标使用管理办法》，以规章制度的形式明确品牌管理工作中各部门的职责分工，细化了标识、商标使用的审批程序。积极做好企业自有商标的监督管理工作，促进规范使用，至2010年，企业6个自有注册商标全部完成续展。

2013年，玉门油田在进行营业执照年检、清查、注销、变更的同时，甘肃阳光大酒店有限公司所属“金玉阳光”商标无偿转让给玉门油田。

2015年，完成“金玉阳光”“佩纳”“金玉”等商标的续展以及油田分公司、管理局营业执照、组织机构代码证法定代表人变更工作，办理管理局组织机构代码证换证手续，完成油田分公司、管理局企业工商登记信息网上公示。

2016年，完成玉门油田所属单位工商变更登记5户，注销登记1户。根据工商行政管理机关的要求，完成油田分公司、管理局“三证合一”换证工作，启用新的企业统一社会信用代码。开展“玉石”商标到期续展申报。根据玉门市工商局要求，完成本年度商标回访资料填报。根据方圆物业公司在“营改增”后遇到的经营管理问题，在油田所属法人实体中开展调研，并形成调研报告。配合完成成都、兰州、西安、上海等驻外单位的工商税务登记、房产、车辆权属和银行账号变更等相关工作。

2017年，按照集团公司部署，成立公司制改制工作领导小组，全面启动全民所有制企业公司制改制工作，对玉门石油管理局、6家全民所有制企业实施公司制改制，玉门石油管理局完成公司制改制，名称变更为玉门石油管理局有限公司，至12月，6家全民所有制企业公司制改制任务全部完成，并完成公司制改制工商登记手续。围绕集团公司压减法人实体任务，做好有关单位生产许可变更、工商登记注销工作的谋划、协调。所属公司制企业修改公司章程，将党建工作内容纳入公司章程，并办理工商登记备案手续。全年完成油田所属单位工商变更登记6户，注销登记4户。完成商标内部转让6件，商标续展3件。

第七节　合同与招投标管理

一、合同管理

玉门油田合同管理分外部合同管理和内部合同管理两大类。

1987年，企业转轨变型后，玉门油田用合同固定经济关系日益普遍，合同管理成为油田一项重要业务。2月，制定出台《对外经济合同管理暂行规定》，明确对外经济合同的管理、审查、代理授权、纠纷管理、决算等。通过局长授权和工商行政管理机关确认，确立各单位法人资格代表地位和对外签订经济合同的主体资格。随着企业内部改革的深入，各单位之间采用合同形式固定经济关系日益明显。4月，制定《内部经济合同管理暂行规定》，并指导制定相应的实施细则，使内部合同管理开始有章可依，维护合同的严肃性。对于重大复杂合同，法律事务部门直接参与签订，督促履行。对内外部合同的签订、履行、检查、纠纷及其处理，都编制有季度统计报表，逐季进行统计。

1988年，在法律事务部门设立合同管理岗位，配备专人。基层22单位配备合同管理专兼职人员，10个单位参照玉门油田经济合同两个“规定”要求，制定本单位合同管理的规章制度。对一些使用广泛、格式固定的合同类型，编制可靠适用的合同范本和合同纸，提供业务人员使用。严格法人授权委托管理，专门印制《法定代表人授权委托书》和《法人授权委托证明书》，严格规定凡是以油田名义对外签订各类经济合同，首先必须取得法定代表人出具的《授权委托书》，然后在法律顾问室换取《法人授权委托证明书》，方可作为油田对外签订经济合同、开展有关对外业务的代理人，有效杜绝了乱签合同和合同主体资格不合格等问题。

1989年9月，组织开展“重合同、守信用”活动。“重合同、守信用”活动分为内部经济合同和外部经济合同两种形式开展，其中内部经济合同“重合同、守信用”活动由油田统一组织开展；内部经济合同

“重合同、守信用”的评选每两年开展一次，每次评选 5 ～ 7 个单位，占油田所属单位的 20% ～ 25%。外部经济合同的“重合同、守信用”活动每年评选一次，统一由地方政府或工商行政管理部门组织开展。油田按照有关评选条件、考核标准及要求组织检查、自查后申请参加；基层各单位只保证和配合油田参加，不参加政府部门组织的评选。至 1992 年，连续三年获得酒泉地区“重合同、守信用”先进单位称号。1994 年被甘肃省命名为“重合同、守信用”先进单位。2001 年 12 月，被国家工商行政管理总局首批命名为国家“重合同、守信用”企业。

1990—1997 年，开始严格执行经济合同报表定期填报和经济合同人员持证上岗制度；对合同专用章实行统一刻制、统一管理，对空白合同文本进行备案。

1998 年，对《合同管理办法》作重大修订，同时印发《合同管理工作程序（试行）》，从而使合同管理办法和工作程序更切合实际，更便于操作执行。为规范企业主体行为，根据各单位合同业务量的大小，重新核定各单位的合同专用章，收回旧章，统一配发带有编号的防伪章，制定印章专人保管，按规定程序审核加盖的制度，防止印章过多过滥，代章签约，无章签约的现象。严格控制携带空白签章合同外出签约，因工作确实需要，必须履行必要的审批手续，有效地保证油田生产经营活动的有序进行。为规范企业签约行为，实行统一、分级法人委托授权制度。对合同标的金额 50 万元以上的关系油田利益的重大经济合同，由局领导进行一事一委托的统一授权，代表油田对外进行商务活动，对签订 50 万元以下的经济合同，由局法定代表人专门授权各二级单位负责人依法行使，并颁发《法人授权委托证》，各单位负责人根据工作需要还可以在其授权范围内，进行转委托授权。根据经济业务“分类归口管理”的原则，按照职能部门的业务范围，由厂、处领导委托授权于业务部门负责某一类合同的签订与履行。

1999 年起，就合同管理工作相继出台一系列规定。2000 年 2 月，油田分公司规范合同专用章、合同审查专用章的管理，要求各单位在合同限定签订中使用油田分公司合同专用章；合同签订之前，按规定程序进行审查，同时停止使用原管理局合同专用章、合同审查专用章。3 月，管理局就规范和落实企业内部合同管理做出规定：所有对外联营合作项目，都必须报局审批，二级单位不得签订直接对外投资合同；未经局审批，二级单位一律不得对任何局外单位和个人提供担保；对融资租赁、承包租赁、建筑安装工程承包、建设工程勘察设计、技术开发与转让、担保、抵押、联营广告发布等重要合同，必须报法律事务处审批或备案；和个体经营者签订合同，要有第三者提供担保或财产抵押，并进行公证；积极推广使用国家发布的合同示范文本和管理局已审定的合同文本。不经过局法律事务处审核和当地行政管理部门审查，各二级单位一律不得印制合同文本。2001 年 4 月，油田分公司印发《合同管理办法》，就合同的管理机构、职责、权限及授权、订立、履行与决算、奖惩等做出规定。2002 年，油田分公司印发《合同管理补充规定》，要求合同谈判由合同承办部门组织，计划财务部门、合同管理部门、关联交易处、审计监察部门及有关专业技术部门参加，其中，50 万元以上的合同项目，公司计划财务处、企管与法规处、审计监察处及有关专业处室参加；10 万元以下的项目，可由合同承办部门独家参加谈判，但油田方面参与人员不得少于 3 人；50 万元以下的项目，根据实际，可以电话、传真、电子邮件等形式进行谈判，但应以一定的形式加以确认和记录。合同谈判应制作合同谈判记录，参与人员亲笔签字。2004 年 3 月，油田分公司就简化合同审查程序做出规定：凡报公司审查、审批的合同，在合同谈判（或招议标）结束后，参与合同谈判的公司有关部门当场履行审查职责签署审查意见，不再进行重复审查。各单位不再设定内部审查程序，由单位领导签字后直接报公司审批。公司还调整了特殊类合同的管理程序。

2005 年 7 月，玉门油田整合后，对合同管理方式也进行有效整合，及时颁布新的合同管理办法和管理程序，合同管理体制实行集中管理体制下的分级授权管理模式，各二级单位合同管理人员根据公司授权，管理 20 万元以下的支出类合同和 200 万元以下的收入类合同管理工作；公司企管法规处法规室负责公司所有支出类合同和 200 万元以上收入类合同的管理工作。严格合同专用章专管制度，根据生产经营实际和合同管理工作特点，依据业务划分，给签订收入合同较多的五个单位配发合同专用章，并严格规定配发印章的单位的合同管理人员仅对 200 万元以下的收入类合同审查完毕后进行盖章，这五个单位 200 万元以上的收入合同和其他单位的所有合同，在合同信息系统审查完成后，均由合同管理人员或承办人员负责送公司企管法规处审查无误后加盖合同专用章。企管法规处负责对合同章的刻制、使用和管理，实行合同章专人保管制度。在专用章使用上严格按照规定程序审核加盖。对携带合同专用章外出签约的，按规定授权签约人应填报合同专用章借用申请，由单位负责人签署意见，呈报总经理特别授权，公司合同管理部门密封印章并办理借用备案手续。规定严格控制各单位携带盖有合同专用章空白合同文本外出签约，遇到特殊情况需要携带时，必须履行审批手续，记录借用的份数、合同编号、用途、使用情况并备案，进一步加强对合同章的管理，避免对合同专用章的滥用。深入推行合同谈判制度，要求采购、法律财务、计划、纪委、技术部门都参与进来，强化合同管理的各个环节，实现合同业务从静态管理到动态管理的转变。建立健全合同档案，实行合同文档的标准化管理，推行合同文本标准化制度。油田要求各单位对外签订合同时，一律使用股份公司制定的标准合同文本。合同档案也实行统一分类、统一编号、统一文本、统一格式的规范化科学化管理，通过加强合同管理，提高签约质量，避免出现经济纠纷和无效合同，有效预防了经济犯罪。

2007 年初，针对合同审查审批流程较长，影响合同管理效率的情况，在广泛调研的基础上，下发《关于进一步加强合同、招投标管理的通知》。针对合同审查审批工作中出现的有些部门人员对合同审批职责不明确、审查意见含糊不清的问题，下发《关于进一步明确参加合同谈判部门及范围的通知》，进一步明确各部门参加合同谈判和审查把关的范围和重点，规范合同审查质量。针对每年合同运行过程中出现的问题，下发《关于进一步加强合同管理工作的通知》，严格规定合同的审查审批、合同授权、重大合同法律论证、合同选商、合同履行、合同评价分析、合同考核，强化合同管理、规范合同运作。

2012 年，开展提升合同管理相关流程执行力工作，重点对 2011 年以来签订的合同进行梳理和分析，对重复且无实质性内容的审核、审批等流程环节进行简化，明确流程各环节的具体工作内容和运行时间，从根本上解决了事后合同和合同签订不及时等问题，提升了合同管理相关流程的执行效率。

2014 年 2 月，印发《合同管理实施细则》，对合同管理的机构和职责、管理权限、合同订立、合同履行、变更、变更和解除、合同管理信息系统、监督与责任进行了明确。

2017 年，加大合同监督检查力度。坚持招标合同季度检查工作，通过季度分批检查，做到二级单位招标合同检查全覆盖。加强合同变更管理。进一步完善合同变更流程。根据类别和项目性质，科学设置控制节点，明确审核审批部门和审批层级，堵塞变更漏洞。加大合同纠纷风险防范力度。实行“统一授权、归口管理、两级负责、专业把关、过程监控”的合同管理体制，落实“谁订立、谁履行、谁负责”的合同管理原则，起草设备维修 HSE 合同标准文本。

二、招投标管理

2001 年，国家颁布《中华人民共和国招标投标法》，玉门油田正式开始招投标管理业务。6 月，油田分公司开展整顿和规范市场经济秩序工作，对完善招投标制度，严格市场准入管理做出相关规定，要求按照公平、公正、公开和内部队伍同等优先的原则，建立公平竞争、优胜劣汰、统一开放的市场体系，做到有序竞争、规范运作。严格公司对外项目的招投标程序，坚决杜绝招投标中的弄虚作假行为，通过严格的招投标工作，选择优秀的施工作业队伍进入公司内部市场。

2002 年，油田分公司制定并发布第一个《招投标管理办法》，对招标准备、投标、开标、评标、定标进行规范。2004 年，油田分公司针对《招投标管理办法》施行以来存在的问题，进一步明确必须招标的范围、招标文件发售期限、评标专家的抽取、标底价的制订主体和程序、对串通投标的防范、招标开标纪律、评委评分要求等事项，使招标制度更为规范。

2005 年，将完善招投标制度作为规范商务交易行为的重点来抓，大力宣贯《招投标法》，制定《招标法管理办法》，进一步明确必须进行招标的范围，要求符合招标条件的合同项目必须进行招标，严格非招标项目的审批程序，使油田招标活动走上制度化、规范化之路，从而基本杜绝人为因素造成的不必要损失，杜绝了经营过程中规避招标、虚假招标等违法违规行为。至 2009 年底，油田招标率达到 70%。通过招标，为油田节约资金每年都在千万元以上，有效降低了油田的对外交易成本。

2010 年，进一步完善和细化招标管理规定和程序，及时对有关业务人员进行培训，执行新的招标程序。为了进一步扩大合同签约选商的范围，增强签约的竞争性，以提高选商和签约质量，油田决定对有条件的合同项目的招标，改变邀请招标的方式，实行面向社会发布招标公告的公开招标方式。明确公开招标合同项目的范围、招标公告在玉门油田门户外网上发布，对投标申请人资质预审等，开始首次公开招标。

2012 年，根据集团公司《关于转发国资委纪委〈关于中央企业继续深入开展工程建设领域突出问题专项治理工作的通知〉的通知》要求及油田合同管理相关规定，油田进一步规范合同项目非招标审批及工程招标管理中存在的有关问题，严格非招标合同项目的审批，明确规定：可不招标事项通过《公司三重一大决策申请单》形式确定，100万元以上项目由玉门油田领导班子上会讨论通过；各单位的建设工程项目，不分标的金额大小，必须严格按照《招投标管理实施细则》规定组织招标。为规范招标管理工作，提高招标工作质量和专业化管理水平，油田成立公司招标管理办公室，主要负责制定招投标管理办法，招投标的组织、管理和审核、监督、检查工作，负责招标相关业务报批、信息维护，负责编制招标文件、解决有关招标项目发生的法律纠纷问题。

2013年2月，《中华人民共和国招投标法实施条例》《中国石油天然气股份有限公司招标管理办法》发布实施后，玉门油田结合实际制定发布《招标管理实施细则》，在各单位积极组织开展《中华人民共和国招投标法实施条例》《中国石油天然气股份有限公司招标管理办法》的学习宣贯，并按照统一部署，完成了本单位招标管理制度的梳理、修订与完善。

2014年，初步确立“管办分开、专业实施、协调把关”的招标和合同管理运行模式，由招标管理办公室负责招标的事前审核指导、事中监督把关和事后定期检查，对所有工程、服务项目进行现场监督，会同纪委（监察处）对各单位招标及合同管理定期抽查，基建、计划、财务、审计等职能部门对招标工作审核把关，建立违规责任追究制度和考核奖惩制度，油田基本实现招标管理专业化。4月，对《招标管理实施细则》进行修订。制定《招标评审专家和专家库管理实施细则（试行）》《招标费用收支管理规定》，并发布实施。

2015—2016年，先后两次对《招标管理实施细则》进行修订，明确竞争性谈判的程序，采用分类实施集中采购招标，压缩招标时限，提高了招标效率。为解决招投标过程中限制潜在投标人报名、投标人恶意竞争、协商报价等问题，制定《招标投标异议和投诉处理暂行规定》《对不诚信企业行为处理暂行规定》，建立招标报名的监督机制，从制度上明确异议投诉的渠道、要求及程序，规定对不诚信承包商的处理办法及处罚措施。制定《“三重一大”决策制度实施细则》《招标费收支管理实施细则》，进一步规范“三重一大”审议程序及招标费的收支管理内容。对20万元以下的货物、服务项目明确了竞争性谈判采购模式，鼓励通过竞争性谈判签订合同，提高采购效率。为规范竞争性谈判程序，制定《竞争性谈判公告》《邀请招标审批表》《竞争性谈判失败转签约谈判审批表》模板，并上载油田合同管理系统供各单位使用。同时为了满足生产经营需要，提高招标效率，对除股份公司限额以上依法招标的项目以外的项目，适当缩短招标周期，工程项目、物资采购、技术服务类项目的招标期限比以往缩短7天，大大提高了招标效率。

至2017年12月，共签订采购、油田工程、建设工程、技术、加工承揽、运输、服务、租赁、水电气热供应等11类合同共计2541份，标的金额为27.95亿元，合同签约率100%。其中收入类合同222份，金额为3.09亿元，支出类合同2318份，金额为24.86亿元。全年支出类合同经招标、电子商务及竞争性谈判签约的合同1719份，标的金额为15.13亿元，按签订合同份数统计全年招议标率74.16%。

第八节 内控管理

2004年3月，根据美国《萨班斯—奥克斯利法案》（以下简称《萨—奥法案》）对上市公司的要求，核心业务单位实行内部控制管理体制。油田分公司按照股份公司部署，成立内控体系建设领导小组。

2004年4月至2005年7月，内控体系建设领导小组就内控项目背景介绍、《萨—奥法案》主要内容、COSO内部控制框架、中国石油总部内控体系建设整体安排及相关要求进行宣传和贯彻，并针对油田实际制订内控体系建设工作实施方案。

2007年9月，按照中国石油内部控制部要求，将内控项目组调整到财务处。财务处成立内控办公室，配置5名专职人员，负责内控体系建设、维护和测试。

2016年12月，将内控管理业务划入企管法规处。企管法规处设立内控与风险管理科，定编3人。

一、体系建设

自2004年3月股份公司启动内控体系建设工作以来，油田分公司内控项目组在各有关单位、机关处室的积极配合下，按照股份公司要求，分阶段完成业务流程图绘制、文字说明、风险分析与风险控制文档编制、关键控制管理文件编制以及随着油田《内控体系建设实施方案》的下发，完成了控制环境、信息系统调研与建设等大量基础性的工作，并通过跟单作业、关键控制测试和对内控文档集中审查与二次测试工作的开展，进一步完善了油田内控体系建设的各项基础资料。内控体系建设设计阶段工作基本完成。

2005年1月14日至2月5日，开展内部控制体系建设阶段跟单作业测试工作。按照“简化、融合、有效”的要求和“谁负责、谁对接”“谁主管、谁完善”的责任体系，进一步强化了内控体系建设。编印下发《内控体系建设简明知识学习问答》4500余册，发布各类规章制度126项，在体系建设中共计完成19类业务流程描述工作。其中勘探与生产业务板块涉及14项业务流程，炼油与销售业务板块涉及规划计划、建设过程、生产过程、存货管理、产品销售等5类特性业务流程，共描述业务流程438个，编写文字说明413份；通过对438个业务流程的风险评估、分析，确定899个风险点、1467条控制措施，编制风险控制文档151份。确定油田与对外财务报告和披露事项相关的88个重要业务流程。对重要业务流程中275个存在业务风险、固有风险和舞弊风险等可能造成财务重大错报的重要风险点进行认真评估，制订关键控制措施436条，收集关键控制证据式样61个，编制程序文件51份。建立《关键控制业务流程目录》《关键控制风险数据库》，完成《关键控制管理文件》的编制。通过关键控制测试，验证《关键控制管理文件》的编制质量和油田控制活动的规范性。构建了内控体系框架，编制了内控文档，完善了控制环境建设，基本建成符合《萨—奥法案》要求和企业实际并主要侧重于财务报告可靠性的内部控制体系。

2006年1月1日，正式发布《内部控制管理手册》并组织实施。12月，将过去以WORD、VISIO和EXCEL文档建立的以纸介质管理的内控管理分册，转换为以ARIS平台为媒介的网络化信息管理分册，为内控体系实现网络化管理和测试奠定了基础。

2007年，逐步建立起一套涉及22个一级流程，包含584个末级子流程和260个关键控制点，涵盖油田生产经营管理的内部控制体系。以“简单、简捷、效率”为目标，按时完成《内部控制管理手册——玉门油田公司分册》6个分册的修订、转版工作，油田内部控制体系更加规范、完善。各单位按照规范的流程，严格执行生产经营管理的各项关键控制活动，对确保资产完整，防止欺诈和舞弊，实现经营管理目标起到了应有的作用，对不断强化油田内部管理，提升管理水平起到了良好的促进作用。

2008年，进一步规范、统一控制证据表单。根据玉门油田各类控制证据表单存在使用不规范、内容不完整、格式不统一的实际，结合《内部控制管理手册——玉门油田公司分册》(2008版）的具体要求，专门下发《〈内部控制管理手册——玉门油田公司分册〉控制证据表单的通知》，对油气田开发建设、财务管理、资产管理、采购管理等12大类、161张控制证据表单，明确规定使用规定和要求，确保了各类经营业务控制的有效性和控制证据的完整性。本着“业务规范、流程完整、控制全面”的原则，从防范法律风险的角度，对油田层面业务流程进行集中梳理和完善，共修订完善原有内控流程42个，嵌入风险点102个，完善防控措施235项。主要业务领域实现了法律风险防控流程化，强化了内控体系的法律风险防控功能。

2009年，初步建立监督、考核、评价运行机制，保证各项控制的受控运行。组织编写《业务流程管理信息系统浏览指南》，挂接在油田内控网页上，为浏览、查询提供便利；对财务资产、计划、审计、人事等重点部门的部分人员进行现场操作培训。按期完成内控测试系统监督分册的补充建模（内控测试数据初始化）工作，为内控测试奠定良好的基础。组织相关部门人员，在广泛征求财务资产、计划规划部门意见的基础上，以规章制度及业务发展计划管理与监督、财务管理与监督、会计核算管理、预算管理、内部控制与风险管理等5个方面、27个具体项目为内容，编制《玉门油田公司总会计师业务管理权限指引》，并于6月发布执行。

2010年，玉门油田内控与风险管理委员会审议并批准发布《内部控制管理手册——玉门油田公司分册》(2011版），组织编制油田内控体系运行有效性自我评价报告。设置专职的系统管理员负责业务流程管理信息系统日常运行维护和管理。3月，按期完成内控测试系统监督分册的补充建模（内控测试数据初始化）工作。首次自行完成内控手册非流程部分在ARIS系统内的挂接。通过检查挂接包层级正确性、运行自动挂接脚本、修改错误提示信息等步骤，及时准确地完成挂接任务，保证手册的按期发布。依照集团公司基础管理建设工程流程管理实施方案的整体部署，紧密结合油田流程管理的实际情况，从指导思想、主要工作、保障措施、组织领导等四个方面制订《玉门油田公司流程管理实施方案》，并及时下发组织实施，累计编辑印发《基础管理建设工程工作简报》8期。

2011年，审议并通过《内部控制管理手册——玉门油田公司分册》(2012版），编制完成公司内控体系运行有效性自我评价报告。按照《股份有限公司业务流程管理办法》和相关业务流程规范，先后规范梳理预算管理、公路运输、质量（产品）与标准、安全环保与节能、炼油与化工等业务流程，并及时发布实施。全面落实内控管理职责、管理权限和工作程序，实现管理规范、控制有效，为内控体系有效运行提供制度保障。对部分重要业务执行标准和岗位操作规范进行进一步细化描述，制定“三重一大”合同事项审批程序和标准，重新修订岗位操作规范，以《员工岗位职责描述》中岗位权限和工作职责为框架，以具体岗位操作流程为主线，全面、准确、系统地反映岗位执行业务流程和步骤，将财务、资产管理的重要流程、风险及控制措施细化、分解落实到具体工作岗位。形成以相关财务管理制度、办法为依据，符合内部控制要求，固化员工岗位流程及职责权限的公司《财务岗位操作手册》。强化业务流程管理信息系统运行维护和管理。内控部门设置系统管理员专职岗位，全面负责业务流程管理信息系统日常运行维护和管理。4 月，完成 ARCM 系统数据初始化工作，为玉门油田内控测试奠定坚实的基础。7 月，配合完成新版 ARIS7.1 版本系统的压力测试和相关信息的反馈工作，为新版 ARIS 系统上线运行做出贡献。组织专人编制《业务流程管理信息系统（ABP）浏览指南》，分发给相关部门及执行岗位，并挂接在公司内控网页上，方便了用户的查询和使用，提升了系统的应用效率。

2012 年，通过准备、实施和上报三个阶段，开展风险管理报告工作，全面建立企业风险管理报告体系。严格依照集团公司风险评估规范，制定玉门油田《风险发生可能性标准》和《风险影响程度标准》；紧密围绕油田“十二五”规划和年度生产经营管理目标，编制完成目标设置与分解一览表；以集团公司风险数据库为蓝本，确定战略、经营、报告、合规 4 大类 36 个风险作为评估基础，编制形成《风险事件库》《企业层面风险数据库》。通过风险分析、风险评价，首次形成玉门油田年度企业风险管理报告，确定油气资源风险、健康安全环境风险、价格波动风险、投资风险、运营监控风险、突发性自然灾害风险等 6 个重大风险，并确定风险的主责部门，制定重大风险管理策略和解决方案。完成资金管理平台、资产管理信息系统租赁模块相关业务流程规范和发布实施工作，进行对外采购、科技管理、系统控制实施三个方面的专项调研，开展提升合同管理相关流程执行力专项工作。从风险发生可能性、影响程度、风险等级标准三个方面制定《风险评估标准》，为企业层面风险评估奠定坚实的基础。梳理确认涉及重要法律风险的部门和单位共计 22 个，涉法岗位 179 个，涉及风险点 959 个，编制形成《法律风险岗位防控指引》，并汇编后印刷 120 册发放到有关部门和单位，便于指导涉险岗位人员的工作开展，初步形成以《防控体系手册》为经、《岗位防控指引》为纬的重点业务领域全覆盖的法律风险防控体系。将法律风险防控与公司风险管理、HSE 管理体系结合，使法律风险防控体系成为公司风险管理、内控体系的有机组成部分。

2013 年，按照相关要求，规范梳理物资采购管理业务流程，并及时发布试运行。结合玉门油田所从事的业务实际，先后规范梳理采油（气）厂、“三重一大”、勘探与生产 ERP 系统等 25 个领域的相关流程；对流程规范尚未覆盖的井下作业、工程设计、通信等业务进行认真梳理，并将相关情况向总部做详细反馈，为油田全部业务执行规范的业务流程奠定基础。5 月，完成 ARCM 系统数据初始化工作，为油田内控测试做好准备。8 月，配合完成新版 PPM 自定义分析系统意见征求的反馈工作。将《中国石油业务流程管理信息系统使用指南》分发给相关部门及执行岗位，并对主要业务部门流程执行人员开展专题培训，方便相关人员对业务流程管理信息系统访问和对执行流程及控制的及时查阅，提升系统的应用效率，最大限度发挥了业务流程管理信息系统的作用。

2014 年，组织相关人员就物资采购管理系统权限分配和重要业务流程进行专项测试，协助解决个别权限互斥等问题，确保物资采购管理系统上线后相关业务流程和风险控制执行到位。持续提升合同管理相关业务流程执行力，根据修订完善后的《合同管理实施细则》《招标管理实施细则》等制度，进一步优化合同、招标管理业务流程，确立“管办分开、专业实施、协同把关”的运作模式，基本实现了招标的专业化操作，建立了较为完善的招标监督检查机制，使玉门油田合同和招标管理工作质量有效提升。内控工作在外部审计毕马威会计师事务所年度财务报告控制测试时以零例外事项全面通过。按照集团公司企业管理部（内控与风险管理部）下发的《关于加强风险损失事件管理工作的通知》要求，从 6 月份起，按月对公司风险损失事件进行收集和分析，建立风险损失事件库，加强了对风险事件信息的统一管理，并按季度进行上报。

2015 年，进一步完善企业风险管理报告制度，明确风险主责部门，制订风险应对措施及解决方案，并及时发布执行，有效防控重大风险事件的发生。尤其是依照集团公司《风险评估规范》，紧密结合油田风险评估的实际，优化应用风险评估的工具和方法，对风险发生的可能性、影响程度、风险等级标准进行进一步细化和量化，修订完善《风险评估标准》，增加判断风险可能性的定性考虑因素，协助分析人员判断风险可能性等级；在风险分析过程中，考虑风险事件信息与控制测试结果作为分析风险可能性与影响程度的定量因素，明确重大风险和主责部门及协助部门，油田的总体风险偏好和风险承受度，建立起业务部门、内控与风险管理部门、内部审计监察三道防线，提升了公司风险管理整体水平。

2017年，启动油气开发产能建设项目风险评估及程序性审核工作。制订并发布执行风险应对措施及解决方案，按季度做好公司各专业领域风险事件的收集汇总及风险事件分析报告工作。组织财务管理、ERP2.0相关流程、合同管理及二级物资采购管理等领域的流程优化、简化工作。制定《玉门油田分公司内控管理办法》《玉门油田分公司风险管理实施细则》。

二、体系维护

2008年5月，对会计一级核算系统相关的收拨款、上存资金计息、确认资产凭证数据传递、内部交易平台主数据维护、短期负息资金、封闭结算、标准管理、期末截止和关账、内部交易核对和抵消、对外财务报告等21个末级业务流程的相关内容进行调整，并从6月1日起按照《关于印发财务报销业务流程的通知》要求执行。7月，结合油田会计集中核算的实际，新增和调整财务网上报销业务流程24个及相关控制文档。8月，按照“结合实际、注重实质、简洁高效、先易后难”的原则，对油气生产业务流程进行统一梳理和规范。通过全面梳理涉及采油（气）业务的100个末级流程，实现油气生产业务流程的“四个统一”，即统一流程名称和编码，统一流程起止点，统一关键控制，统一实施证据。明确了管理部门和岗位，形成了完整的业务流程。在风险控制方面，按照全面风险管理的要求，转换财务报告风险173个，控制措施250项；新增重要经营风险29个，控制措施29项；完善法律风险102个，防控措施235个；使各类风险和对应控制落实到相关业务流程中。结合公司实际对此次规范要求的证据表单进行调整和补充，全面梳理公司有关生产经营管理的各项规章制度，对其进行修改和补充完善，确保控制依据充分。10月，及时补充和调整无形资产管理4个末级业务流程的相关控制内容，并相应补充明确有关系统权限，以满足信息系统控制要求，并从11月起执行。11月份，在油田范围内全部上线财务网上报销系统，并严格按业务流程和RCD文档的规范标准执行。12月，油田完成2009版内控管理手册修订工作，并予以发布实施。《内部控制管理手册——玉门油田公司分册》（2009版）包括24个一级流程、561个末级子流程，230个风险控制文档（RCD）、260个关键控制点、13个应用系统风险控制文档（ARCD），法律风险点102个，控制措施235个，经营风险点29个，控制措施29个，覆盖了油田主要经营管理环节和岗位。

2009年6月，组织编写《中国石油天然气股份有限公司玉门油田分公司总会计师业务管理权限指引》，内容包括“规章制度及业务发展计划管理与监督”“财务管理与监督”“会计核算管理”“预算管理”“内部控制与风险管理”等五个主要业务管理事项、27个具体项目。对投资、科技信息、资本运营、内控和信息领域的业务流程进行规范，先后规范投资业务流程17个、科技业务流程8个、资本运营业务流程8个、内控业务领域业务流程8个、信息业务流程17个。编制油田《投资、科技、资本运营、内控和信息业务管理内部控制指引》，其内容主要包括基本业务流程目录、业务风险数据库、权限指引表、业务流程图、风险控制文档等内容。经内控与风险管理委员会讨论通过后，分别发布实施。

2010年，对“三重一大”、矿区服务、财务管理、内部审计、国际事业等领域流程进行规范，共计规范“三重一大”具体事项对应流程50个，矿区服务流程19个，财务管理流程93个，国际事业流程8个，内部审计流程5个。其中新增47个，删除33个，合并5个。编制《玉门油田分公司矿区服务和财务管理、内部审计、国际事业内部控制指引》，其内容主要包括基本业务流程目录、业务风险数据库、权限指引表、业务流程图、风险控制文档等内容，并陆续组织发布实施。

2011年5月，组织完成资金管理平台系统权限分配测试，油田资金管理平台系统按期单轨切换运行。完成预算管理33个末级流程的规范梳理，其中，油田级预算流程9个，油气预算流程4个，炼油预算流程4个，关联交易流程6个，编制风险控制文档7个。完成公路运输19个末级流程的规范，落实风险控制点49个，编制风险控制文档18个。完成质量（产品）与标准17个末级业务流程，5个重要业务流程；安全环保与节能54个末级业务流程，5个重要业务流程；炼油与化工106个末级业务流程，34个重要业务流程的规范梳理并及时发布实施。

2012年，制定下发公司《提升合同管理相关业务流程执行力专项实施方案》，对合同管理、事后合同等情况进行全面调查统计，客观、详细、完整地填写各类调查统计报表，公司要求对20万元以上的支出性合同油田法律人员必须参加合同谈判和招标，进行现场审查把关，并总结合同审查应注意的六个方面的问题；在治理事后合同上，8月份组织召开专题讨论会，认真查找事后合同发生的根源，制定提高合同筹备和审批的效率，提前制定采购计划，做好需求预测和适当的储备等措施，实现合同管理流程的统一和优化，合同网上审批率达到98%以上。在合同履约监督上，每季度企管、纪委部门对合同、招标工作进行例行检查，对存在的问题及时提出改进意见；建立合同履行跟踪监管制度，对每个合同建立合同承办进度跟踪表，并按季度分析合同签约、履行情况，及时发现存在的问题，提出改进意见和建议，在全油田进行通报。实施合同系统与审计系统的对接。使审计人员及早介入合同承办过程的监督，在合同管理系统中对合同进行适时跟踪审计，发现问题及时要求合同承办部门整改，将有关问题消除在合同签订生效前，也对系统中审批节奏的加快、预防事后合同发挥了很好的作用。强化合同制度建设，对公司《合同管理办法》中的总则、合同管理职责、合同的订立、审核、合同的履行、变更、解除及终止等事项的70余条细则逐一进行修订，进一步提高合同管理水平，使公司合同管理工作规范化、制度化、科学化。全年，公司共组织签订合同3186份，涉及金额115.53亿元。

2013年，玉门油田物资采购管理系统的建设和正式上线运行，对物资采购管理业务流程进行修改、增加和完善，新增预测计划、一级物资目录式采购管理等26个业务流程，调整采购方式、供应商管理等7个业务流程，删除无库存账的二级单位需求计划处理（上市内或非上市内）等4个业务流程，增加“物资采购管理系统敏感事务及分配规则”“物资采购管理系统职责分离矩阵”等系统控制内容。

2014年，完成ERP系统控制适用性调研工作。结合玉门油田ERP系统上线运行实施和相关应用控制落实情况，对业务范围、信息系统实施使用情况、ERP系统功能模块、实施范围、接口情况进行调研，重点突出对ERP流程执行情况的分析，涉及全部业务流程729个，其中含ERP操作环节流程203个，含ERP系统关键控制点重要业务流程139个，ERP系统流程覆盖率28%。规范梳理财务集中报销领域业务流程。结合财务集中报销系统的升级，组织成立财务集中报销领域业务流程规范小组，结合实际对财务报销收付款、差旅费报销、探亲费报销、会议费报销、招待费报销、办公费报销、专项费报销、运费仓储费报销、分摊费用报销、劳务费发放、付款申请等27个业务流程进行全面分析、梳理。重新绘制业务流程图，对控制措施的相关描述进行补充、调整，替换制度索引23条，删除个别不符合实际的流程。修订完善风险评估标准，细化风险数据库，补充丰富风险事件库，规范公司风险评估程序、方法和运行机制；梳理出32个一级风险，细化78个二级风险，形成《玉门油田公司风险数据库》。

2015年，对《内部控制管理手册——玉门油田公司分册》的内容进行全面修订和完善，新增制度20条（其中股份15条、公司5条），替换制度8条（其中股份7条、公司1条），删除失效制度76条；依据部门、职责变化修订权限指引表22个流程权限指引；修订关键控制措施19条；规范梳理人力资源管理业务流程57个，根据流程适用性分析补建重要业务流程2个；修订电子表格信息1张。修改后的《内部控制管理手册——玉门油田公司分册（2016版）》基本业务流程由731个增加到762个，增加31个；重要业务流程由2015版的334个减少到328个，减少6个；重要风险由530个减少到523个，减少7个；关键控制点由760个增加到764个，增加4个。以集团公司人力资源管理专业规范为蓝本，建立风险管控、流程运行、制度标准等管理文件一体化的人力资源管理专业流程规范，共梳理形成业务流程57个，风险控制文档12个。删除个别不符合实际的流程，使业务流程和实际工作相符，实现与集团公司保持“目录架构一致、重要管理业务一致、业务流程描述一致、关键控制措施一致”的目标并发布实施。以集团公司风险数据库为蓝本，分析内外部环境对企业经营管理的持续影响，通过风险辨识与评估，将符合业务领域和管理环节的32个一级风险、78个二级风险，进行进一步细化完善，形成2016年《玉门油田分公司风险数据库》。

三、内控测试

自2004年3月按照中国石油总体部署启动内控体系建设工作以来，聘请第三方中介机构内控咨询专业人员与公司内控管理人员组成内控测试项目组，每年开展内控自我测试，测试部门及单位覆盖率100%，重要流程和关键控制点覆盖率90%以上。配合集团公司管理层测试，对测试发现的例外事项，统一组织相关部门、单位落实整改。

第六章　生产管理

第一节　机构

1987 年，生产管理工作由管理局生产调度处负责。生产调度处下设调度科、综合科、三电办公室、运输管理科 4 个职能科室。

1990 年 5 月，生产调度处增设玉门铁路南站铁路运输室，属生产调度处运输管理科管理。

1993 年 3 月，生产调度处机构进行调整，下设生产调度科、生产综合科、水电讯管理科、运输科。其主要职责为：按照油田年度生产经营总体部署，组织指导油田生产经营运行，协调处理运行中的重大问题；定期分析生产运行情况，搞好预测；负责水、电、讯、运协调平衡及铁路专用线的管理，会同有关部门制定出公用系统的总体规划并组织实施。

1996 年 4 月，管理局成立“三电”办公室，与生产调度处为一套机构，下设的办公室与生产调度处水电讯管理科合署办公，日常业务由水电讯管理科负责办理。12 月，局机关机构进行调整设置，生产调度处下设生产运行科、公用系统管理科、综合科。

1999 年 4 月，管理局将生产调度处与机动处合并，成立生产调度处（机动处），下设生产综合信息科、生产运行科、公用系统管理科、设备管理科、机修运输市场科 5 个职能科室。7 月，油田重组改制。10 月，管理局成立生产安全机动环保处，下设生产协调科、机动设备管理科、安全环保监察科、技术监督科 4 个职能科室。

2000 年 1 月，油田分公司成立生产与质量安全环保处。下设生产协调科、技术监督科、安全环保科，附挂油田公司工程管理办公室。12 月，油田分公司生产与质量安全环保处增设物资采办管理科；7 月，管理局将生产协调、设备管理业务与安全、环保业务分离，将生产安全机动环保处分设为生产协调处和安全环保监察处。

2001 年 1 月，油田分公司撤销生产与质量安全环保处，设立生产运行处，下设生产运行科、工程管理科、物资采办科 3 个职能科室。

2002 年 1 月，管理局将生产协调处更名为生产运行处，下设生产协调科、设备管理科，主要负责重大生产工作的协调和生产过程中突发事件的处理；负责全局的机动设备管理，组织全局各类车辆的年检工作；负责全局生产信息收集与反馈；负责全局水、电、路、讯、运等公用系统管理工作；协调组织、监督检查局辖公路、桥涵日常维修，大修等工作。12 月，管理局设立市场开发处，与生产运行处为一个机构、两块牌子。

2003 年 12 月，管理局将设备管理职能从生产运行处划出，生产运行处（市场开发处）下设生产运行科、市场开发管理科 2 个职能科室。

2005 年 7 月，玉门油田重组整合。8 月，油田分公司生产运行处和管理局生产运行处生产运行管理职能合并，成立公司（局）生产运行处，下设生产运行科、综合信息科 2 个职能科室。主要负责油田生产信息的收集、分析、处理，各种生产信息的上传下达；负责油田供排水、用电、通信、供暖的管理；负责油田道路养护工作，负责井控、防洪、防震等突发性生产事件的应急处置和抢险组织协调工作。

2008 年 1 月，在生产运行处增设井控与应急管理科。

至 2017 年 12 月，生产运行处下设生产运行科、综合信息科、井控与应急管理科 3 个职能科室保持不变。

第二节　生产运行管理

一、生产调度会

1987 年，生产调度会实行每月、每季度、每半年、每年召开一次的制度。生产调度会的主要作用是了解掌握油田各单位生产指标完成情况、在生产组织运行过程中存在的问题、需要协调解决的问题，以便更好地安排、组织下一步工作；充分发挥生产调度系统组织、指挥、协调、监控和服务职能，积极协调解决基层单位存在问题，重点做好油田各项主要生产工作的组织实施和管控。生产调度会结束后，生产运行管理部门形成文字材料下发各二级单位遵照执行。生产调度会对油田各二级单位生产运行工作起到了很好的指导和推动作用，为油田各二级单位全面完成月度、季度、上半年、全年各项业绩指标起到了积极促进作用。

1999 年 10 月，管理局开始每周召开一次生产协调会，会议时间定为每周五上午。通过每周生产调度会，使生产运行管理部门能及时了解掌握油田生产信息，通过统计分析，为油田领导决策提供科学依据，生产管理水平得到了进一步提升。

2005 年，玉门油田重组整合后，生产调度会沿用每周召开。同时要求各二级单位每周召开调度会，传达油田生产调度会会议精神，落实调度会安排的工作，安排部署本单位工作。

2011 年 9 月，制定下发《生产调度会会议制度》，规定调度会实行周、月、季、年召开制。每周调度会周一召开；每月调度会次月 7 日之前召开；季度调度会季度末次月 7 日之前召开；半年及全年调度会择时召开。制度还规定周、月、季、半年、年度调度会的参加人员范围、汇报内容、汇报程序、汇报单位。其中，月、半年、年度调度会议还要求指定汇报单位发言，将管理经验、典型做法、组织生产典型事例进行交流，最后由油田领导进行讲话总结。

2011—2017 年，玉门油田及各生产单位通过建立定期生产会议制度，坚持生产调度会制，及时安排油田生产经营工作，解决存在问题、安排部署好下一步工作任务。玉门油田生产调度会有每周调度会、每月调度会、每季调度会及年度调度会，由生产运行处负责组织召开，形成《勘探开发例会纪要》和《生产调度会决定执行情况公报》，并按要求及时向勘探与生产分公司汇报。各单位生产调度会也按要求形成生产调度会纪要或公报，做到工作安排责任落实，进度落实。生产调度会做出的工作安排和阶段性工作部署，由生产运行处牵头负责跟踪监督落实，责任单位和部门在规定的时间内完成，按时上报，保质保量，不打折扣。

生产调度会主要内容：勘探、研究、钻采部门汇报勘探部署、井位征地、钻前施工、钻机搬迁及各钻（修）井承包商当日生产运行动态及重点工作的组织运行情况；开发部门汇报油田产能建设总体部署、采油作业当日油（水）井生产动态变化、原油外输；当年探井、评价井、开发井完井投产进度；油田产能建设地面工程等重点工作完成情况；炼化总厂汇报炼化生产总体运行方案、重点装置运行动态、装置计划和非计划检修进度、原油外进、成品油外销、油品库存、炼化技改等情况；水电厂、管道运维服务公司（建筑安装工程处）、信息中心汇报水、电、热、信、路等相关专业运行动态、存在问题、解决措施及正常维护情况；油田作业公司汇报油田井下作业动力的安排、出勤、重点井施工情况；建安处汇报建筑安装业务地面工程施工、钻前工程进度、炼化维运及综合业务服务保障情况；工程管理部门汇报公司重点工程建设安排部署和工作进度、存在问题，根据施工单位的要求，积极配合协调解决好基层反映需要解决的问题。生产运行管理部门根据油田勘探开发整体工作部署和阶段性重点工作，会同相关部门编制油田重点工作阶段性运行大表，明确时间节点和责任单位，落实工作进度，确保重点工作计划、安排、组织、进度受控。

二、生产组织

油田生产组织包括日常生产组织和重点工作生产组织。

日常生产组织：主要通过各生产单位建立的以生产调度为中心的生产组织指挥系统，收集汇总生产指令和各类信息，组织协调生产运行，做到“上情下达、下情上报”。连续性生产单位调度室坚持 24 小时值班，365 天管生产的生产管理模式，组织和协调本单位生产运行工作，其他非连续生产单位根据本单位具体情况安排落实正常值班。各级值班调度在规定的时间内定期向油田总调度室汇报当日生产情况，对油田安排的工作及需要了解的问题，及时向油田调度部门反馈信息。加强日常生产管理，根据油田每周生产调度会工作安排，各单位认真落实，全力组织，及时反馈工作开展情况。各级生产值班调度岗位通过建立健全值班记录，清楚掌握本单位日常生产情况、重点工作动态、突发事件处置、油田调度工作安排的处理情况，并认真填写生产值班记录，建立跟踪制度，随时汇报，做到事事有着落，件件有回音。生产运行管理部门按照油田每月下发的月度生产经营计划，监督检查各单位生产计划的执行情况，通过综合统计分析，将计划执行过程中存在的问题和建议及时反馈油田主管领导和相关业务部门，为领导决策提供依据。通过定期收集掌握油田重点生产信息，组织协调好日常生产运行。

重点工作生产组织：协调各单位根据季节、气候特点，超前组织并抓好电气春检、防洪防汛、冬防保温等单项重点工作组织，做到计划、组织、人员和物资落实。协调各单位编制电气春检、防洪防汛、冬防保温工作运行大表，建立相关台账，并分别在3月1日前、4月10日前、8月20日前将工作运行大表上报油田生产运行部门，生产运行部门通过检查落实工作到位情况，组织处理好存在的问题。在玉门油田电网检修时，生产运行部门通过提前与供电单位、主要生产单位共同研究确定检修方案，科学统筹安排，制定工作运行大表，使电网检修工作与油田低压供电线路检修及大型用电设备的检修同步进行，避免发生重复停电检修，把检修工作给油田生产带来的影响降至最低。防洪防汛、冬防保温工作量根据各单位上报计划，由生产运行部门牵头，会同相关部门现场核实确定，对确定下达的防洪防汛、冬防保温工程，各单位严格按照油田下达计划执行，不超预算；各单位认真抓好各项工程进度，在规定时间内完成相关工作量。对油田安排的其他重点工作，各单位按照“目标、责任、措施、时间”四落实的要求，结合实际编制工作运行计划，并报送生产运行部门，生产运行部门负责落实监督检查并做好协调和服务。

第三节　生产管理制度

1987年，随着改革的深入发展，经营活动在企业中越来越占据重要地位，为了使生产保障经营、经营促进生产、防止分工负责而产生经营、生产“两张皮”，油田制定《关于改革生产管理的若干规定》，对生产中的经济政策、切块管理与统一协调有关问题进行明确和规范。生产调度在组织、协调生产过程中逐步开始用经济杠杆的作用来调整油田生产运行，各级生产调度用行政手段组织生产的方式开始弱化。

1988年，生产调度指挥进一步加强，关系进一步理顺。生产调度处坚持每周六局生产分析会制度，建立每季度全局生产、经济、思想政治工作、内部治安情况报告分析会制度，开展每季度系统主管领导带队现场办公活动，有效地调动了局厂两级党政工领导一心一意搞经济建设的积极性。同时，油田对生产运行管理部门岗位职责进行进一步划分和明确，将生产组织管理过程的责、权、利进一步具体化。

1989年，强化生产运行综合信息管理工作，各单位相继设立信息岗位，加强对生产信息的综合分析。同时，普遍修订了原有制度，使生产管理制度更加符合实际。

1990年，把生产调度工作纳入标准化管理中，生产调度处和基层单位制定了生产运行管理标准和技术标准。各单位通过推广现代化管理方法，运用计算机编制报表，开展生产经营分析，大大提高了生产组织效率。12月，玉门油田被列为全国重点骨干企业，每月开始按规定上报有关生产经营指标完成情况，为国务院及时进行宏观决策提供依据，也为各重点骨干企业反映情况提供渠道。

1991年，随着厂矿经营承包责任制的全面推行，直接指挥生产的方式逐步被以生产协调为主的方式所代替，调度业务由单纯用调度指令、行政手段组织生产转变为依靠经济合同、用经济手段协调生产。

1992年，随着企业逐步走上市场化，生产调度处调整职能和业务，明确“宏观协调、调度指挥、监督执行、综合服务”四项职能，突出抓好日常生产运行管理，协调基层走向市场。

1993年，生产调度处强化对单位之间、单位与局重大利益问题发生冲突的监督控制，凡双向或多头反映到局的问题，及时予以调度协调。在重点工程项目管理中，对项目权限内的事采取不限制、不干预的方式，重点做好监督、检查、协调和服务工作。注重调度指挥生产的整体效益，把收集分析生产信息、组织指挥、协调、服务和检查生产的重点放在原油生产、炼化生产等主业上。

1994年，开始强化宏观调度。根据部分单位推向内部市场，勘探、开发实行项目管理和甲乙方合同制，重点工程和基建项目公开招标等新的形势，生产调度处通过各种渠道了解、掌握生产和市场信息，并及时提供给各生产单位，使之尽快适应市场经济的冲击。在产能建设中，改变过去的指令性做法，把生产管理权归口到采油厂，生产调度处只掌握全面生产动态，督促进度，协调解决困难。

1996年，加强新体制下的生产运行管理工作。先后制定完善《局供用电实施细则》《局供用水管理办法》《局铁路专用线管理办法》《局内部公路运输市场管理办法》《局生产调度监督暂行办法》等制度。发挥二级调度作用，通过召开由各生产单位领导参加的生产运行座谈会，相互沟通生产经营信息。对提出需要解决的问题，能当场决定的，立即拍板敲定；需进一步协调的问题，分轻重缓急在一周内解决和落实。

1997 年，制定《生产调度运行监督管理办法》《调度系统月度生产协调会、电话会及基础工作管理规定》等规定，生产协调有章可循。拟定《关于调度分级管理的意见》，按单位生产性质、规模大小、效益情况划分 A、B、C 三类，将大量日常现场生产组织协调工作转移到二、三级调度，突出总调度“整体运行、宏观调控、保障运行”的职能。

1998 年，调度系统开通本地调度网，在处理日常生产和突发性事件中发挥了重要作用。炼化总厂、水电厂等单位重要岗位实行生产动态计算机监控，油田不但为调度系统配备计算机，而且还给调度人员增加和更新 BP 机，使调度指挥、管理生产的手段更加方便快捷。3 月，印发《生产调度管理监督办法》，就公用设施的管理（水、电、热、信、路、排污等）监督、生产运行的日常监督、突发性事故抢险救灾的组织监督、季节性工作和重点工程进度的监督、项目管理合同以及协议的执行监督、生产运行监督电话反映问题和处理情况的监督等进行了规范和要求。

1999 年，玉门油田重组改制，生产调度系统分油田分公司和管理局两个系统，并随着职能变化分别成立生产运行管理部门。管理局生产运行管理部门的主要职责是围绕油公司主营业务，提供工程技术服务，组织开展安全环保、后勤、水、电路信公用系统保障等业务，通过关联交易这一主要方式为油田分公司提供服务配合。生产调度工作的主要任务就是通过协调关联交易过程存在的问题，努力提高服务配合工作的效率和质量，确保油田分公司业务的快速发展。

2004 年 1 月，油田分公司下发《原油、液化气、干气内部输送管网运行管理办法》。《办法》对连接老君庙、鸭儿峡、青西 3 个作业区及炼油化工总厂的原油输送、液态烃输送、干气输送管网及其附属设施的运行管理进行名称、管理界点、维护权限、运行操作规定。在生产运行中，油田公司赋予生产运行处全油田储输系统的运行组织协调职责。

2005 年 7 月，随着玉门油田重组整合，成立统一的生产指挥机构——生产运行处，进一步加强生产现场管理，发挥组织、协调、监控、服务职能，有效组织、协调油田生产经营活动。生活基地搬迁酒泉，成立玉门矿区生产指挥协调领导小组，靠前指挥矿区生产经营。矿区生产指挥协调领导小组由公司主管生产安全副总经理、主管生产总经理助理、安全副总监和生产运行、质量安全环保、设备、基建工程管理、开发等相关部门业务人员组成；日常工作由生产运行部门负责牵头。玉门矿区生产指挥协调领导小组由上述部门相关人员按专业和目前所负责业务搭配编组，实行一周一轮换工作值班制度。各处室值班人员由副总师以上领导带班，相关科室长和科室人员参加，即处长、科长、科室工作人员各一人组成。

2008 年 8 月，下发《关于生产现场工作流程与管理界面责任划分的通知》，进一步理顺矿区生产设施、公用设施管理维护界限，增强协作功能，提高执行力，杜绝因流程界面不清造成的推诿扯皮、消极应付、管理失控等不良现象。其核心内容是：明确各单位在生产过程中的工作流程和管理界线划分、理清责任主体。对勘探开发生产过程中钻井工程从提交井位、勘定井位、钻前征地、钻前排障、钻前工程、钻前工程验交、设备搬迁每个工作环节都明确了责任主体和管理界限，让每个单位都清楚知道自己所承担的工作和所负责任；在钻井工程、自钻、侧钻、大修井、油（水）井小修及各类措施井、完井、新井投产、供水管网、供电线路、生活供热、通信设施、公路管理、铁路专用线管理、公用设施管理使用方面明确了各单位责任主体以及工作界面，取得了很好效果。

2012 年，投资建设勘探与生产调度指挥系统（A8），从而使油田生产管理向数字信息化迈出坚实一步，油田各主要生产单位通过公司（A8）系统平台，实现生产数据的互联实时传输，极大地提高了工作效率和生产管理水平。

2016 年，制定《铁路专用线管理办法》。该办法对各线路的产权进行划分，生产运行处为铁路专用线的业务主管部门，线路设备设施委托兰州铁路局嘉峪关工务段、电务段检查维修，货运由兰州铁路局玉门南站承运。该办法还对铁路专运线的管理职责、维护费用、违章行为、责任追究等进行了规定。

2017 年，制定《玉门油田分公司供用热、供用电、供用水管理办法》，对油田所属玉门矿区和酒泉基地区域内供用热、电、水的规划、建设、经营、使用和管理进行具体、明确的规定。制定《玉门油田分公司原油储罐机械清洗管理（暂行）规定》，对油田所属各二级单位原油储罐机械清洗的管理进行全面具体的要求与明确。

生产运行管理部门在抓好正常的生产组织的同时，还积极做好对外公共关系的协调和应急处置工作。

1987 年以来，本着“互惠互利、资源共享”原则，先后进行玉门油田生产运行过程中水、电、路、信、勘探开发征地、应急处置突发事件等工作与地方政府部门、其他企事业单位的联系、沟通、协调工作；加强了油田铁路专用线管理方面的对外联系、协调工作以及油田取、用地下水相关资质的办理工作，水资源费缴纳对外协调、配合工作。

第四节　应急管理

一、管理措施

1996 年 7 月，修订并重新印发《破坏性地震应急预案》，明确发生地震灾难时应急组织机构职责、应急领导小组的组成、应急抢险人员构成、物资装备应用、后勤保障以及应急抢险的步骤、程序以及善后处理等。

2002 年 7 月，根据甘肃省安监局文件要求，编制《企业化学事故应急救援预案》并呈报甘肃省安监局。12 月，制定印发《防震减灾应急预案》，明确发生地震灾难时应急组织机构职责、应急领导小组的组成、应急抢险人员构成、物资装备应用、后勤保障以及应急抢险的步骤、程序以及善后处理等。12 月，编制印发《应急反应工作手册》，从应急反应处理原则、应急预案的管理与演练、应急反应组织机构与成员、突发事件应急处理程序等方面进行了要求。

2003 年 4 月，制定下发《非典型肺炎应急处置预案》，明确应急领导小组及各小组职责、各单位职责、分工，疫情防护措施，应急处置措施等。同时下发《非典型肺炎疫情现场调查处理方案》。

2004 年 1 月，向玉门市政府上报玉门油田应急联系方式，加强与地方政府的应急联系和协调。7 月，印发《抗洪抢险应急预案》《防洪防汛应急预案》《井喷及井喷着火应急预案》《火灾、爆炸事故应急预案》，明确油田发生以上应急事件时，油田应急处置组织机构职责、应急领导小组的组成、应急抢险人员构成、物资装备应用、后勤保障以及应急抢险的步骤、程序以及善后处理等。

2006 年 12 月，开始在玉门油田范围内进行应急预案的编制工作。

2007 年 2 月，认真汲取 2006 年“7・6”洪灾教训，印发《酒泉基地办公大楼突发事件应急预案》，明确了基地办公大楼发生突发火灾、地震灾害等突发事件时的应急抢险、人员疏散、善后处置程序及措施。5 月，修订印发《防洪应急预案》，在原预案的基础上，细化应急抢险人员的职责，强化组织体系，明确应急物资的储备、应用、补充等。加大防洪防汛设施投入力度，在汛期来临前各类防洪工程均按期完工投用，并于 5 月下旬组织防洪工程检查验收。在运行过程中，做好人员、物资、预案三落实，落实值班制度和值班人员，做好防洪物资储备，以备急用。进入雨季，各油田作业区定时监测天气变化，分析云层厚度，及时向调度部门报告，做好相应准备。在日常工作安排中，生产运行处加强与气象单位的沟通与联系，及时通报天气预报和降水情况预测，做到全天候监控，以便随时采取相应对策。油田组织开展多次防洪演练，增强实战能力和各部门联动能力，要求作业队伍对人员讲清处置方法，归队时及时清点人员与设备。

2008 年 1 月，在生产运行处增设井控与应急管理科，定员 3 人。7 月，玉门油田应急管理办公室在原有应急预案的基础上，依据《中华人民共和国突发事件应对法》及相关法律法规，起草修订《突发事件总体应急预案》以及 13 个专项应急预案并予以发布。11 月，制定下发《井喷失控事故责任追究制度》，就井喷失控事故责任追究做了明确的规定。

2011 年，按照集团公司有关要求，由生产运行处牵头，抽调相关专业技术人员组成应急预案修订与初评小组，对油田 2008 年 7 月发布的《突发事件总体应急预案（试行）》和 13 个专项预案进行修订和初审，并将《酒泉基地办公大楼突发事件应急预案》作为二级预案进行管理。修订后的玉门油田总体预案及其他 13 个专项应急预案，通过内部审核和管理评审，经油田安全委员会审议通过，正式发布。10 月，制定下发《应急物资储备管理办法》，该办法从总则、购置和储备、调拨与使用、监督与责任等方面对油田应急物资管理做了详尽的要求和规范。

2012 年，根据玉门油田应急预案设置现状及安委会要求，编制新增《新闻媒体突发事件专项应急预案》《涉外突发事件专项应急预案》《火供品爆炸、丢失、被盗突发事件专项应急预案》《有线电视、网络信息安全专项应急预案》等 4 个专项应急预案，形成玉门油田“1+17”（1 个总体应急预案、17 个专项应急预案）预案模式，在股份公司勘探与生产分公司和甘肃省安监局进行备案。组织相关部门和预案评审员对公司所属21个基层单位的21个总体应急预案和155个专项应急预案逐一评审，达到编制要求。公司建立健全应急队伍6支，应急保障体系得到完善。按照公司应急物资储备管理办法要求，对公司应急物资进行统一挂牌，建立台账，确定专人保管。在酒东油田、青西油田建立物资库房，储存储备井控装备、人身防护、检测仪器、加重材料、防洪等各类应急物资，为应急抢险提供物资和设备保障。5月，组织防洪工作检查，落实防洪工程项目10项，协调防洪资金672万元，保证防洪工作正常开展和安全度汛。坚持每年6月安全月期间开展一次应急实战演练。当年，进行机关大楼应急实战演练，参练人员518名，观摩人员40名，出动设备48台（套），演练历时25分钟。

2013年，在鸭儿峡新总站进行防洪防汛综合实战演练。演练实行酒泉指挥中心、鸭儿峡新总站、青西窿5井三地联动的方式，参练人员167名，出动设备9台套，历时50分钟。

2014年，制定下发《玉门油田应急管理工作指导意见》，加强应急平台数据库的建设，以“一网五库”（应急工作联络网、预案法规库、救援队伍专业库、专家库、典型案例库和物资储备库）为基础，全面推进和完善玉门油田应急平台系统的建设，不断充实应急管理系统数据库的信息数据。建立应急管理专家库，共收录各单位推荐的应急专家70余人；开展应急管理系统上线实施，先后完成用户培训、数据采集、预案数字化、应用模式建立和运行机制保障等工作。通过系统实施应用，系统功能和初始化数据可以为企业Ⅱ级以上突发事件处置提供辅助决策和数据支撑，达到预期实施效果。下发《关于进行申报重大危险源及重要装备设施的通知》，规范重大危险源及重要装备设施管理。经过各单位梳理申报，共收录玉门油田范围内重大危险源及设施、设备20个目标，进行登记备案工作。6月，在炼化总厂储运车间组织苯罐泄漏着火综合实战应急演练，参练人员300名，观摩人员200名，出动设备30多台（套），历时60分钟。7月15日、10月2日，玉门市老市区（矿区）接连两次发生鼠疫疫情，油田在第一时间组织成立玉门矿区鼠疫疫情处置工作领导小组，及时启动应急处置预案，生产运行处积极协调矿区单位稳定管理，与地方疫情防控部门联合协作，有效防止了疫情扩散。

2015年，组织玉门矿区办公楼应急疏散综合实战演练，参练人员240名，出动设备9台（套），历时30分钟。

2016年4月，成立应急预案修订领导小组，抽调相关人员，开始对2011年发布的一个总体预案和17个专项预案进行修订。11月，经油田安委会审议通过，油田新版“1+17”应急预案发布并实施。本次发布应急预案有《总体应急预案》《洪汛灾害突发事件专项应急预案》《地震灾害突发事件专项应急预案》《气象灾害突发事件专项应急预案》《井喷突发事件专项应急预案》《环境突发事件专项应急预案》《危险化学品泄漏及中毒突发事件专项应急预案》《重大交通事故突发事件专项应急预案》《火灾突发事件专项应急预案》《民用爆炸物品爆炸丢失突发事件专项应急预案》《特种设备突发事件专项应急预案》《公共卫生突发事件专项应急预案》《群体性突发事件专项应急预案》《公共文化场所和文化活动突发事件专项应急预案》《恐怖袭击突发事件专项应急预案》《涉外突发事件专项应急预案》《网络信息安全突发事件专项应急预案》《新闻媒体突发事件专项应急预案》。协同西部钻探工程公司国际钻井公司在酒东长2–34井（50068钻井队）进行井喷失控应急联合演练，演练前双方均进行演练培训。演练历时3小时，参练人员200多名。

2017年1月，制定《玉门油田分公司应急物资储备管理办法》，对油田应急物资的储备、使用、购置等进行详细明确的规定。5月，全球爆发“勒索”病毒，给油田网络信息系统安全运行带来严重影响，油田在第一时间及时启动《网络信息系统安全突发事件专项应急预案》，对公司范围内所有计算机进行控制，安排专人进行系统升级防护，采取有效应对措施，由于处置措施得当，处置及时，在病毒肆虐期间，油田范围内的计算机未发生中毒事件，确保网络信息系统安全运行。当年，在青西采油厂进行危险化学品泄漏及中毒突发事件应急演练活动，演练出动消防车5台，其他车辆10余台，参演人员约200人。通过演练，发现了油田在应急处置方面的不足之处，通过后期消项，油田应急处置能力得到了完善。

二、重大抢险救灾活动

1. 2000年“6·25”特大洪灾

2000年6月25日，玉门地区突发暴雨，日降雨量36.6毫米，特别是当天18时30分至20时30分和13时50分至15时35分两个时段内，降雨量分别达到15.6毫米和16.4毫米，造成山林滑坡、洪水泛滥，玉门油田遭遇历史上最严重的的特大洪灾，道路冲毁、交通受阻、线路毁坏、供电中断、光缆冲断、通信瘫痪、水源被毁、用水告急、设备淹没、房屋倒塌、农田被毁，特别是豆腐台水源遭到毁灭性破坏，管理局直接经济损失5600余万元。特大暴雨给油田分公司造成严重损失：采油厂697口油井停产，原油总产量每天减少440吨；炼化总厂由于部分装置停产等原因，原油日加工量由过去的近7000吨降至6000吨。灾情发生后，油田分公司、管理局立即启动抢险应急预案，组织力量投入抢险，管理局于当天夜里紧急动员，成立抗洪救灾领导小组，生产调度部门组成抗洪救灾办公室，24小时监控指挥。各单位紧急行动，1000多人组成18支抢险队，出动31台设备，展开抗灾自救。油田分公司全力以赴抗洪救灾，恢复生产。公司领导于6月25日晚连夜赶赴采油、炼化等厂区察看灾情，并立即成立抗洪救灾领导小组，周密部署救灾工作。公司各单位分路成立领导小组，24小时指挥抗震。采油厂组成突击队，分路到鸭儿峡、白杨河、石油沟、老君庙东西山等地抢险，3天3夜不回家。炼化总厂抢险力量集中力量抢修铁路线，3天时间有400多人参与抢险，每天工作在18个小时以上，施工21000余立方米，投入机械设备20多台（套）。经过油田上下连日奋战，终于取得抗洪抢险重大胜利。

2. 2000年12月青西窿5井井喷

2000年12月19日上午10时55分，由吐哈石油勘探开发指挥部钻井公司4509钻井队承钻的青西窿5井在放喷过程中，由于平板阀本体处刺穿，油气喷入机泵房，引起井喷着火，造成2人死亡，4人轻伤，经济损失438722.91万元。井喷着火事故发生后，油田分公司立即向中国石油天然气股份有限公司作了紧急汇报，同时制订并启动窿5井抢险应急预案。集团公司、股份公司组织吐哈石油勘探开发指挥部、油田分公司等单位及专家立即成立抢险指挥部，组织专业灭火队伍及消防力量，全力组织抢险灭火。由于上级组织的高度重视，抢险指挥部组织得力，措施得当，集团公司副总经理阎三忠亲临现场组织抢险，经过玉门油田分公司、吐哈石油勘探开发指挥部、四川石油管理局灭火公司、青海石油管理局、物探局和玉门石油管理局油田作业公司、建安处、物资供应处等单位的通力合作，12月30日抢险成功。

3. 2002年12月5.9级地震

2002年12月14日21时27分27秒，玉门市（北纬39.8度，东经97.3度）发生5.9级中强破坏性地震，震中位于旱峡煤矿和妖魔山一带，震中烈度为七度，受灾面积8910平方千米。地震发生后，油田紧急部署预防和救灾工作。油田分公司防震减灾领导小组成员及四个专业小组的成员在21时40分全部赶往公司应急指挥部，召开紧急会议，部署抢险救灾工作。同时启动《防震减灾应急预案》，并对预防可能发生的余震破坏和次生灾害工作做出精密部署和安排。管理局立即召开紧急会议，各单位党政主要负责人在接到电话后，于22时之前全部赶到会场。各单位从12月14日开始，实行领导干部24小时值班，加强调度值班。同时，对要害岗位、高危部位进行全面检查。立即启动地震应急预案，水电厂、建安处、综合服务处、通信公司、物资处、公安处、物业管理处、职工医院等单位按照预案要求，对主要设施进行全面检查，进行物资准备，公安处加强检查巡逻。管理局还成立地震预防临时领导小组和办公室，落实地震预防工作。由于预案措施到位，在“12·14”地震至12月25日发生的85次余震（其中4级以上余震2次）中，油田没有发生一起火灾和人员死亡事件。

4. 2005年“4·21”液化气大面积泄露险情

2005年4月21日，一辆装满液化石油气的外地槽罐车，在进入玉门市三三区煤炭公司招待所时，槽车顶部的安全阀被大门撞坏，液化气严重泄露，在很短的时间内，周围空气里的液化气浓度达到50%以上，槽车随时有可能起火爆炸，险情严重威胁着水电厂、炼化总厂的生产和周边居民生命财产的安全。险情发生后，管理局、油田分公司立即启动应急预案，并会同玉门市主要领导迅速赶赴现场，疏散群众，组织抢险。油田公安处消防大队接到报警后，迅速出动，连续奋战7个小时，终于排除了险情，避免了一场严重危及公共安全的重特大事故的发生，保护了人民群众的生命财产和油田生产的安全。

5. 2006年2月特大雪灾

2006年2月5日至14日，玉门油田遭受30年不遇的暴雪，严重威胁油田生产，在突如其来的雪灾面前，油田启动灾害天气应急处置预案，由玉门油田领导统一指挥，各二级单位主要领导负责落实，全力以赴组织油区道路畅通和生产现场积雪清扫，组织生产技术人员对油水井和生产装置隐患进行调查，及时组织消缺，确保生产运行正常。全力组织各类工程机械，紧急组成抢险防灾队伍，全面恢复油区道路，本着保重点的原则，首先保证外探区道路畅通。生产运行处及时组织推土机、铲车、刮路机进行抢修恢复，在

15 日凌晨 6 时调集到市区主干道以及通往 3 个作业区的道路上推雪开路，并动用农牧公司春耕备用的平地机，派人在坡道、弯道和路口抛撒炉灰防滑，预防交通事故发生。当日 10 时，3 个作业区主干道全部开通。为保证行车交通安全，油田及时启动特殊天气条件下的交通应急预案，在道路积雪未清扫前，采取交通管制措施。生产运行部门和安全管理部门决定，长途用车严格控制并提高一级由油田主管领导审批，停发酒泉公务车，酒泉基地搬迁用车计划推迟执行，沿途用车非生产不予放行。交通安全管理人员上班开展不断检查，纠正处理违章行为。在油田上下共同努力下，雪灾期间，未发生停井、停钻报告，油田供水供热管网、原油储输系统、炼化生产等重点装置未出现冻堵事故，经受住了严重自然灾害的考验。

6. 2006 年“7·6”特大洪灾

2006 年 7 月 6 日 13 时左右，青西油田作业区、鸭儿峡油田作业区突降暴雨，引发山洪泥石流，形成罕见的局部特大洪灾。造成在青西油田作业区的承包商单位 5 人死亡，4 人失踪，15 人受伤，给油田生产生活造成严重损失。两个作业区施工的 9 部钻机全部停钻，人员全部撤离；作业区公路多处被毁，交通受阻，供水管网、供电线路、输气管线、输油管道大面积破坏，造成供水、供电、通信中断，油水井停产停注，部分油井短期内无法恢复生产。洪灾发生后，立即启动抗洪抢险应急预案，通知作业区撤离员工，油田领导在第一时间内赶赴现场，指挥抢险救灾。组织 300 人的抢险队伍开展自救，力争将灾害损失降到最低程度。由于山洪导致道路被毁，其他车辆无法通行，协调物探局 4 辆大型野外作业的奔驰车，先后 6 次冒着生命危险将 15 名受伤人员转移到矿区实施紧急救助。在 1 小时内将围困在水中的 9 支钻井队的近 450 人撤离至安全地带。与承包商单位一道组成搜救组，大规模、拉网式、不间断地搜救失踪人员。为了迅速组织开展抢险救援工作，在前线生产指挥部召开前线救灾紧急会议，落实人员伤亡和救援工作。油田领导分工负责，成立人员救援组、生产恢复组、道路交通抢险组、公用系统保障组、综合事务协调组，分头开展抢险救灾工作。为保证安全，油田公安机关对受灾地区实行交通管制。经过 8 个昼夜的奋勇抢险，油田生产于 7 月 13 日全部恢复正常。

7. 2007 年“7·19”洪灾

2007 年 7 月 18 日 13 时许至 19 日 20 时，酒泉地区连续多天出现持续中到大雨，造成酒东探区、青西、鸭儿峡、石油沟、白杨河油田生产公用系统大面积受损，道路交通损毁严重。灾情发生后，玉门油田紧急启动防洪应急预案，立即组织抢险、恢复生产。玉门油田主要领导分工负责，亲临现场指挥。生产运行处要求有关生产单位和乙方施工队伍迅速执行抗洪抢险应急预案，加强山区、油区的人员和车辆管理，同时通知相关单位迅速派出抢险队伍，赶赴抗洪抢险一线抢修道路、疏通泄洪道。当天上午，建筑安装工程处就近紧急调运工程机械设备在第一时间赶到交通受阻部位，并从本部派出设备增援，清理道路淤积泥沙，保证指挥、抢险车辆通过，抢救被洪水围困的车辆和人员。油田共组织抽调各类工程机械设备 34 台（套）疏通受损道路，使各作业区中断的交通在最短时间内恢复畅通。各受灾作业区在降水停歇后，积极组织人员抢险自救，恢复被迫关停的油水井，加固防洪设施，清理井场积水，让设备在短时间内运转起来，并配合原油罐车紧急拉运原油，缓解原油憋罐影响生产的局面。经过油田上下奋力抢险，油田各路生产全部恢复正常。

第五节　井控管理

1987 年以前，玉门油田井控工作的重点是防止井喷，即只是单纯地用钻井液密度高低来控制井喷作为衡量井控工作的好坏，对油气层的保护关注较少，油田也未设立的专业井控管理部门和人员。

1987 年，在钻井处成立井控车间，负责井控设备的检修、试压、调试工作。在石油技工学校成立井控培训点，对钻井和井下作业人员进行井控技术和井控设备的取证培训工作。

1988 年 2 月，正式实施井控操作合格证制度，井控管理、设计、操作人员经过培训取得合格证后，方可从事井控工作。

1990 年 10 月，根据总公司要求和全国井控工作会议精神，成立钻井井控领导小组，开始加强钻井井控管理工作。

从 2000 年起，随着玉门油田勘探开发范围的逐步扩大，对地层认识的不断深入，以及勘探开发技术水平、施工工艺的不断提高，井控工作受到玉门油田的高度重视。2001年，制订《钻井井控实施细则》。将技工学校井控培训点更名为玉门石油管理局井控培训中心，加强钻井和井下作业井控培训。2003年，成立钻井和井下作业井控领导小组，在钻井和井下作业现场逐步配齐了井控装置，玉门油田井控监督管理机制逐步形成。

2004年，随着石油行业“积极井控”理念的推行，井控工作也开始由单纯的防止井喷，发展到保护油气层，提高油井产量，科学、全面、完整、主动地做好井控管理工作。8月，油田分公司、管理局印发《玉门油田钻井作业井控工作实施细则（试行)》，“细则”围绕井控工作九项管理制度，对井控设计、井控装备、钻开油气层前的准备、钻开油气层、防火防爆、防硫化氢安全措施、井喷失控的处理、井控技术培训、欠平衡钻井安全技术规定等做出要求。9月，油田分公司、管理局联合开展井控检查，全面检查乙方3支钻井队伍，油田作业公司2个钻井队、2个侧钻队、2个大修队、5个小修队、2个试油队的井控管理落实情况以及井控培训中心培训工作。

2005年，印发《钻井作业井控工作实施细则（试行)》《井下作业井控管理实施细则（试行)》，进一步规范钻井作业、井下作业井控工作。9月，经集团公司人事劳资部决定，玉门石油管理局井控培训中心更名为中国石油玉门油田井控中心。10月，由于玉门油田整合后机构、人员发生较大变化，油田对原井控领导小组进行了调整。

2006年，印发《钻井井控实施细则》《井下作业井控实施细则》，全面落实“警钟长鸣，分级管理，明晰责任，强化监管，根治隐患”的井控管理方针，强化全员井控意识，严格执行井控管理规定及技术要求，健全组织机构、明确岗位责任。修订《井控检查验收标准》《专职井控监督岗位职责》《完井工作程序及标准》《勘探事业部井喷失控事故应急预案》，建立井控存在问题消项整改制度和井控例会制度，使井控管理工作更有针对性，更切合实际。通过规章制度体系的完善，井控管理工作进一步制度化、标准化、规范化，作业现场井控设备安装更加规范和符合要求。

2008年1月，在生产运行处增设井控与应急管理科，具体负责油田的井控管理相关工作，建立和完善油田应急保障系统，做好突发性事件的组织协调处理和应急救援工作。

2009年，玉门油田井控培训中心资质认证为“井下作业甲级资质”。

2010年，修订印发《井下作业井控实施细则》《钻井井控实施细则》，以“积极向上的队伍精神状态，规范严格的装备配套管理，有效到位的过程掌控能力，迅速准确的岗位操作技能”的“积极井控”理念为指导，通过规章制度、标准、操作规程的建立，使玉门油田井控管理工作逐步实现了制度化、标准化、规范化。

2011年，在酒东、青西油田储备井控专项应急物资，共投入5类共384.5万元物资。制定《冬季井控风险防范措施》《三高井井控针对性措施》，修订完善《井控检查验收标准》《井控设备安装、试压标准》《井控设备配套标准》等管理制度。

2012年，随着钻采工程研究院成立，原勘探事业部、开发事业部工作职责发生改变，油田组织相关部门，重新修订完善钻采工程研究院、勘探部、开发部（对外合作部）3个部门井控管理工作界面和工作职责。针对油田钻井和井下作业井控实施细则存在的问题和不足，组织编写测井、录井、固井、射孔、压裂、测试等钻井和井下作业相关方井控工作职责，修订完善《井控检查验收标准》《井控设备安装、试压标准》《井控设备配套标准》《完井工作程序及标准》《专职井控监督岗位职责》等。组织施工单位推行《井控分级管理职责》《井控设备检修标准》。下发《三项设计审批程序及制度》，对井控设计的内容及要求进行规范，细化设计中的井控工作要求，从源头杜绝井控风险。

2013年，根据集团公司2012年版《钻井井控技术规范》《井下作业井控技术规范》标准，修订完善油田《钻井井控实施细则》《井下作业井控实施细则》，以“积极井控”和“井控为天、井控为先、井控为重”理念为指导，明确井控领导小组的职责，细化各部门的岗位分工，规定现场防喷演习的要求，制定现场井控设备的安装技术要求。与西部钻探公司玉门分公司、渤海钻探公司玉门项目部建立预警联动机制，成立井控及各类应急管理机构，玉门油田统一指挥、综合协调、属地管理为主的井控应急管理体制逐步形成。

2014年，修订《钻井井控实施细则》《井下作业井控实施细则》，制定《冬季井控管理规定和保温措施》《节假日期间井控风险防控措施》《夜间作业井控安全管理规定》，不断强化井控管理体系建设。

2015 年，继续完善《井控管理考核管理办法（试行）》《钻井、井下作业井控检查考核表》《三项设计人员井控检查考核表》，使井控检查和考核更有依据。制定《井控经验分享制度》，落实井控经验分享制度。

2016 年，修订完善《甲乙方井控“三联”管理制度》，下发《规范三项设计中井控内容和技术要求》《井控管理考核办法》。其中《井控管理考核办法》规定钻井、井下作业现场井控检查的管理职责、过程监控、考核评价、违章与处罚、罚金管理等方面的内容，对三项设计单位、油田作业公司、钻井、井下作业承包商及相关技术单位的考核进行了量化定性。

2017 年，组织制定《井控管理规定》《设计变更管理制度》，修订完善《钻井、井下作业井控实施细则》《井喷失控事故责任追究制度》《甲乙方井控“三联”管理制度》《井控管理考核办法》，油田井控管理逐步制度化、标准化、规范化。至年底，共为玉门油田及乙方承包商培训各类人员 23741 人次。

第七章　安全环保与质量管理

第一节　机构

1987年，安全环保与质量管理工作分别由安全环保处和质量管理处负责。安全环保处下设安全监察科、交通监察科、环保监察科3个职能科室。

1990年7月，质量管理处调整更名为技术监督处，下设质量科、计量科、标准化科3个职能科室。

1993年，管理局对安全环保处机构进行调整，调整后下设安全科、环保监察科2个职能科室。

1996年12月，安全环保处调整更名为安全环保监察处，下设安全监察科、环保监察科2个职能科室。

1997年8月，成立技术监督检测中心，与技术监督处为一套机构、两块牌子。技术监督处（技术监督检测中心）下设综合科、技术监督科2个职能科室。主要负责全局质量、计量、标准化等方面工作的技术监督与综合管理；负责水电厂供给各单位的水、电、蒸汽的计量，综合服务处供给炼化总厂的氮气计量，生活公司供给有关单位的蒸汽计量，采油厂与炼化总厂的原油交接计量等；负责局属各单位部分计量器的检定；负责局属各单位的能源、环保、压力容器监测。

1998年3月，安全环保监察处增设交通安全监察科。

1999年7月，玉门油田重组改制。10月，管理局将生产调度、安全环保、设备管理等业务合并成立生产安全机动环保处，下设生产协调科、机动设备管理科、安全环保监察科、技术监督科4个职能科室。原技术监督处（技术监督检测中心）机构、职能保持不变。

2000年1月，油田分公司成立生产与质量安全环保处，下设生产协调科、技术监督科、安全环保科3个职能科室，附挂工程管理办公室。7月，管理局将安全环保职能及人员从生产安全机动环保处整体划出，成立安全环保监察处，下设安全监察科、环保监察科2个职能科室。

2002年1月，管理局撤销技术监督处（技术监督检测中心），质量监督管理职能划归安全环保处，安全环保处增设质量监督科，并将安全环保处更名为质量安全环保处。质量安全环保处下设安全监察科、环保监察科、质量监督科3个职能科室。技术检测中心及其所属的检测站整体划入水电厂。

2005年7月，玉门油田重组整合。8月，油田分公司质量安全环保处与管理局质量安全环保处合并，成立公司（局）质量安全环保处，下设技术监督科、安全监察科、环保监督科、交通安全管理科4个职能科室。

2006年2月，质量安全环保处增设QHSE体系管理科。

2010年11月，对质量安全环保处机构进行调整，将安全监察科和交通安全环保科归并调整为安全管理科，质量安全环保处下设安全管理科、环保监督科、质量管理科、综合管理科4个职能科室。

2015年12月，成立HSE监督中心，附挂在质量安全环保处。

至2017年，质量安全环保处设安全管理科、质量管理科、环保监督科、综合管理科4个职能科室，附挂HSE监督中心。

第二节　安全管理

一、安全管理制度

1987—1994年，先后制定《安全生产挂牌及经济奖罚暂行办法》《违章经济处罚暂行条例》《局机关、处领导干部承包要害生产部位试行办法》《安全生产奖惩办法》。

2000年，油田分公司制定《安全生产奖惩实施细则》《领导干部实行安全生产风险抵押金制度的管理办法（试行）》《领导干部定点承包安全生产关键装置和要害部位（单位）管理办法（试行）》《交通安全管理实施细则》；管理局制定《安全生产管理规定》。

2002年，管理局制定《交通安全管理办法（暂行）》。

2003年，油田分公司制定《HSE奖惩管理办法》《交通安全管理程序》；管理局制定《机动车辆安全管理补充规定》《安全动火管理办法》《高处作业安全管理办法》。

2004年，油田分公司制定《安全生产监督管理办法》《民爆物品安全管理办法》《放射性物品及放射作业安全管理办法》《施工现场临时用电安全管理办法》《特殊作业安全管理办法》《危险化学品安全管理办法》。

2005年，油田分公司制定《HSE奖惩管理办法》。

2005年7月，油田重组整合后，油田制定《酒泉基地搬迁安全管理暂行规定》《安全生产管理规定》《安全生产监督检查办法》《安全教育培训管理办法》《安全技术措施管理办法》《事故隐患管理办法》《HSE合同管理办法》《劳动防护用品管理规定》等38项管理办法。

2006年，制定《QHSE奖惩管理办法》《GPS车辆监控管理制度》。

2007年，制定《工程技术服务承包商安全环保管理办法》《健康安全环保信息系统管理实施细则》。

2010年，制定《作业许可管理程序》《公司机关干部安全行为准则》《生产质量安全环境信息报告管理办法》《作业许可管理补充规定》《承包商和供应商安全环保质量管理规定》。

2011年，修订《交通安全管理办法》；制定《生产安全事件管理办法》。

2012年，制定《QHSE过程管理考核规定》。

2013年，制定《员工工伤事故申报工伤保险和雇主责任险的规定》。

2014年，制定《HSE自主管理评估标准（暂行）》《安全生产和环境保护业绩考核实施细则》。

2015年，制定《职业病危害告知与警示管理办法》《燃气业务安全监督管理办法》《员工安全环保履职考评实施细则（试行）》《基层班组安全活动管理规定》《HSE信息系统考核细则》。

2016年，修订《HSE监督管理办法》。编制《HSE管理体系量化审核标准（试行）》。制定《基层站队HSE标准化建设验收管理暂行规定》。

2017年，制定《安全生产和环境保护业绩考核实施细则（试行）》《质量计量业绩考核实施细则》《QHSE过程管理考核实施细则》《危险化学品安全综合治理实施方案》。

二、安全教育和培训

1. 安全教育

“七五”期间，将每年的5月作为“安全月”。1991年起，将每年5月的第二周作为“安全生产周”。“安全月”“安全生产周”活动期间，充分利用《石油工人报》《班组学习园地》、有线电视以及板报、标语等手段，宣贯安全环保理念，引导职工关注安全、践行安全，大力宣传“安全第一、预防为主”的方针和思想。

1997年，在“安全月”活动期间，编印《安全指南》手册5000本，编写1996年以来典型事故案例汇编，下发到基层单位和职工手中，广泛宣传安全管理工作。

1998年，围绕贯彻江泽民总书记“三条指示”和“责任重于泰山”的讲话精神，广泛开展安全教育年、安全月以及HSE管理体系的学习宣贯活动。

2002年起，将每年的6月定为“安全生产月”。

2008年2月，集团公司发布《中国石油天然气集团公司反违章禁令》，玉门油田大力宣传贯彻落实反违章“六条禁令”，汇编《安全文化成果集萃》。结合生产实际对“六大禁令”逐条进行剖析落实，下发对禁令条文的进一步解释，各单位各部门采取多种形式宣贯落实，各级安全管理部门加大监督检查力度，及时纠正违章行为，保证了禁令落实到岗位。

2009年，将安全教育的重点放在HSE管理九项原则和安全经验分享的宣传上。

2012年，配合安全经验分享推广活动，安全部门制作安全经验分享课件，在各种场合进行宣传推广。

2014—2015年，安全部门订购《安全生产法》《环境保护法》释义读本、印制“两法”单行本13000本，人手一份，进行逐级宣贯学习。油田14个处室、4个直属机构、22个二级单位、6个驻外机构，共10693名在岗人员（包含领导层、管理人员和操作员工）参加两法考试，合格率100%，实现了“全员培训，全员考核，全员持证”。

2016—2017年，组织开展以一次安全知识竞赛、一次安全演讲、一次应急演练、一次生产安全事故警示教育等为主要内容的“八个一”活动。通过开展“和谐油田幸福家”安全演讲比赛，选拔出6个优秀作品，深入基层进行12场安全巡回演讲。基层各单位结合工作实际，组织开展“‘安全在我心’安全文化大比拼”“优秀安全操作员工评比”以及“班前会上想一想，安全事项不能忘”的安全工作“十个想”等形式多样的安全文化宣传活动。

2. 安全培训

20世纪90年代，油田建有2个安全教育室，每年有计划地组织举办安全培训活动。各单位针对生产实际，有计划、有步骤地进行全员培训，提高职工的业务、技术水平和遵章守纪的自觉性。

1998年，强化安全法规知识教育和培训工作。

2004年，安全管理、安全监督培训人数超过400人次，参加全国注册安全工程师考试通过率达到20%。

2005年，对240名危险化学品从业人员和管理人员进行取证和复证培训工作，进行全员安全知识考试。

2006年，举办两期QHSE管理体系内审员培训班，有18个单位的139名体系骨干参加了培训；培训450名基层管理干部、专（兼）职安全监督人员；组织63名安全监督参加全国注册安全工程师执业资格考试。

2007年，培训承包商160人；培训副处级以上安全主管领导60人；培训清洁生产管理人员60人；培训安全监督60人；培训班组长860人。

2008年，培训处级干部98人；对HSE管理体系“两书一表一卡”进行培训，培训班组长60人。

2010年，举办安全监督培训班，参加186人；举办2期QHSE管理体系文件宣贯培训班，参加142人次；举办2期HSE管理体系内部审核员培训班，参加260人。

2011年，举办安全总监、安全科长业务培训班，培训50人次。

2012年，举办QHSE管理体系取证培训班，培训80人次；各单位共建立138个岗位培训矩阵，培训课件444个，开展“需求型”培训938学时，培训员工4000人次。

2013年，举办两期以HSE理念和工具为主要内容的处级干部培训班，培训处级干部160人；举办2期HSE监督人员和HSE专职干部培训班，共计培训358人次；组织2期车间队（站）长共90人赴长庆油田现场观摩交流学习。

2014年，培训各单位机关科室、基层队站内审员160人；举办2期《化工企业保障生产安全十条规定》培训、宣贯，对200名安全管理人员、基层队站长进行培训考核；培训班组长100人次；培训各基层单位信息系统管理维护人员50人；举办由副处级以上领导、二级单位安全副总监以及安全、生产、设备科长参加的《安全生产法》和《环境保护法》培训班。

2015年，举办新版管理体系文件学习培训班，培训各二级单位、机关处室体系管理人员94人；举办安全环保履职能力和基层站队标准化建设宣贯培训班。举办安全环保履职能力评估培训班，全年处级领导、注册安全工程师、审核人员、安全管理人员的外派取（复）证培训67人。

2016年，举办QHSE内审员培训班，培训内审员81人；邀请集团公司安全环保研究院专家，举办HSE管理体系量化审核及HSE标准化站队建设相关知识培训，培训相关人员190人；邀请大庆职业学院来油田举办HSE监督取证培训班，对102名监督人员进行取证培训，取证率100%；每季度对各二级单位安全监督相关人员进行专业培训，全年培训507人。

2017年，参加安全生产管理人员进行安全生产知识和管理能力培训考核取证70人；注册安全工程师继续教育35人；开办2期基层站队安全监督人员取证培训班，155名安全监督参加培训，实现了持证上岗；开展审核员培训，160名审核员参加取证培训；全年开展安全监督培训6期，594名安全监督人员参加培训。

三、安全专项工作

1. 安全活动

1987年一季度，在“安全生产双百日”活动中，局、厂各级单位采取多种形式，强化对职工安全教育，加深对活动的认识，通过多层次的查违章、反违章、加强综合性治理等措施，消除大量的事故隐患，事故总数、重大事故、因公死亡人数和经济损失大幅下降。8—9月，认真汲取大兴安岭火灾事故教训和2

起重大事故教训，开展“三查三反”安全大整顿活动。活动以“查各级安全生产责任制，查违章，查隐患；反官僚主义，反松劲麻痹思想，反低标准、老毛病”为内容，以反对官僚主义在安全工作的表现、麻痹思想、违章作业在安全生产中的危害为重点，对全局21个单位的71个车间、147个班组岗位进行安全检查。活动中，管理局召开各类动员会615次，召开厂（矿、处）专题会议80次，印发宣传材料3725份，制定安全责任书87份，制定安全措施199条，自查出问题4644个，整改4237个，整改率91.2%。在检查中，局查出问题96个，当场整改49个，整改率51%。

1989年11月至1990年2月，开展“反违章、反违纪、反事故，整顿安全管理，确保冬日安全生产”百日安全活动。活动分宣传教育和学习培训、抽查现场和整改隐患、落实措施和总结表彰三个阶段。活动引入“人机工程”“安全系统工程”等科学管理方法，安全生产挂牌制试行“事故预防通知书”，即对已显露出重大不安全因素的单位，先给单位领导出示黄牌警告，促使其整改；对已出示“事故预防通知书”，而未能引起重视，造成事故的单位，追究其领导责任。

1990年12月至1991年3月，开展“学规章、查违章、反事故、保安全”百日安全活动。活动包括学习“安全第一、预防为主”的安全生产方针、油田《安全生产管理规定》、油田内外安全生产先进经验；在学习认识的基础上，查劳动纪律、工艺纪律、安全纪律执行严不严；查事故隐患，消除物的不安全因素。

1995年，深入开展“抓三标、促管理、保安全、创效益”活动。

2002年，管理局开展“反违章、查隐患、抓落实、保安全”活动。

2004年，管理局以开展“反违章、查隐患、促整改”为主题的“安全生产管理年”活动为契机，开展安全生产“十个一”专项活动。活动中以安全普法教育、专业人员培训取证、上街咨询宣传、文艺晚会、观摩验收、预案演练等形式为载体，将安全知识渗透到群众性教育活动的每一个具体环节中，营造了安全宣传教育的浓厚氛围。

2006年起，以岗位危害因素辨识、事故隐患辨识、“三违”行为辨识为内容，持续组织开展“三个辨识”活动。每年通过建立员工岗位风险识别档案，印制《员工岗位“三个辨识”档案表》和《员工安全环保承诺书》，员工填写岗位危害因素、“三违”行为及事故隐患，做出安全生产承诺。活动中，以车间（队、站）为单位，形成较为系统的、全面的“员工个人辨识档案表”，定期对员工识别出的危害因素进行评价汇总和整理。各单位根据评价结果对岗位危害因素、“三违”行为及事故隐患实行分类、分级管理，采取相应的削减、预防和控制措施。对评价出的重大危害因素、重要环境因素、较大以上隐患逐个制订相应的管理方案及应急预案，并在现场或设施、设备处悬挂标识牌，注明危害因素或环境因素的内容及控制措施，加强员工培训，实施现场监控，定期检查或验证。通过“三个辨识”活动，使员工全面了解和掌握岗位及所有作业过程中存在的危害因素、事故隐患和“三违”行为，明辨操作过程中的“是”与“非”，不去违章，拒绝违章，实现了“我的岗位无隐患，我的身边无违章”的安全工作目标。

2007年，开展以“强三基、反三违、严达标、除隐患”为主题的“安全环保基础年”活动。

2008年，开展“零违章”员工评选活动。“零违章”员工需符合“自觉遵章守纪”“所在岗位当年无事故”“所在岗位安全文化氛围浓厚”“员工有很强的安全防范意识和操作技能”等八项条件。年初，对首次评选出的1095名“零违章”员工进行表彰奖励。评选“零违章”员工，对培养广大员工狠反“三违”、自觉遵章的思想意识，促进员工遵守安全生产规章制度和操作规程、杜绝人的不安全行为具有重要的作用，有效促进了“个人零违章、岗位零隐患、单位零事故”安全管理目标的实现。

2009年，全面启动安全经验分享活动，明确“安全经验分享”活动“三讲、三不讲”，即必须讲清过程、讲清原因、讲清教训，不能只讲故事、讲过程和讲结果。员工将本人亲身经历或看到、听到的有关安全、环境和健康方面的经验做法或事故、时间、不安全行为、不安全状态等总结出来，通过班前会、安全会、员工大会、学习会等形式进行经验介绍和安全分享，吸取教训，全员健康安全环保意识不断提升，营造了全员安全的文化氛围。

2010年，持续推进“安全经验分享”活动，各单位将“安全经验分享”活动作为各种会议的第一项议程，各基层队站在召开班前会议之前，都要开展“安全经验分享”活动。

2011—2012年，以加强宣传引导、整顿干部作风、强化安全培训、推进体系建设为重点，持续开展

“全员提素质、整体上水平”活动。通过各级领导干部率先垂范，深入一线，认认真真地查找存在的“低、老、坏”问题，不折不扣地履行好安全职责，有效解决了领导班子对安全工作重视不够、认识不到位及执行力弱、工作作风不扎实等问题；通过完善领导干部、安全管理人员、专（兼）职安全监督、班组长和操作员工，及承包商队伍安全教育培训制度，开展全员岗位需求性培训，提升了员工素质；通过开展单位间交叉审核和现场管理专项审核，推行目视化管理、属地化管理和“岗位写实”活动，建立标准化作业现场，提升了 HSE 体系管理水平。

2014 年，全面落实“党政同责、一岗双责”制度，建立完善四级风险防控体系，通过深化“打非治违”工作，先后组织油气集输管线、公共聚集场所、餐饮业“排查隐患、堵塞漏洞”消防安全检查，油品装卸拉运、储罐区静电接地安全设施检查，酒泉生活基地住户天然气使用安全检查，“六打六治”打非治违、承包商现场施工专项检查，以及每季一次的安全生产综合大检查等各类安全专项督查和综合性大检查 12 次，有效推进安全自主管理，HSE 基础工作得到进一步夯实。

2017 年，以“HSE 体系建设提升年”活动为抓手，以风险管控为核心，强化责任落实，深化体系运行，推进隐患治理，加强现场监督，严守底线红线，较好地完成 HSE 工作目标任务，使油田安全环保形势总体保持了稳定可控。

2. 安全检查

1989 年 9 月，为贯彻总公司开展安全生产检查指示的通知精神，组织专业检查组，对基层安全生产情况进行复查验收。复查验收的重点：（1）领导挂点制度、交通安全十八法、“三标”建设三项工作的落实情况；（2）检查现场安全设施、现场规章制度、防火、防爆、防触电、防车祸、防洪等安全技术措施的落实；（3）查安全教育、培训的落实，特别是新入厂人员的三级安全教育和安全活动是否做到时间、人员、内容、记录四落实。

1995 年，先后对电气设备、储运设施、重点工程项目、易燃易爆地点、公共娱乐场所等进行了检查，及时消除了各类事故隐患。

1997 年 7 月，配合“安全月”活动，安全处、机动处、综合管理处、技术监督处、公安处组成联合检查组，对 14 个单位进行安全月活动检查和上半年安全管理考评，对检查和考评中发现的问题限定了整改时间。

2004 年，对北京沙滩宾馆、上海瀚海明玉大酒店、上海大联石化有限公司、西安退休基地、陕西（玉门）石油化工有限责任公司、兰州阳光大厦、新世纪彩色包装印刷有限责任公司、兰州办事处、成都办事处、四川石油销售有限责任公司、成都七星润滑油有限公司 11 家单位进行了工作现场安全状况和安全基础资料检查。

2005 年，组织储运系统、井控、驻外单位和工程建设项目等专项安全检查。

2010 年，扎实开展“狠反违章、排查隐患、堵塞漏洞、消除死角”专项整治活动：整顿干部队伍作风，对负有事故责任的干部进行严肃处理；系统修订操作规程和作业指导卡，开展以“四查四落实”为主要内容的专项检查，从严处理违章问题。强化安全管理，细化禁令，发动员工辨识危害因素、事故隐患和“三违”行为，有针对性开展 4 次综合性和 5 次专项安全大检查，对危险许可作业及酸化压裂等高风险作业进行全过程监控和现场监督，确保了施工作业的安全。

2012 年，分别组织开展承包商施工现场检查、“打非治违”专项督查、井控应急专项检查、石油库安全自查、大型储罐密封情况自查、防洪防汛工作专项检查和节前安全大检查。全年组织各类安全专项督查和综合性大检查 12 次。

2013 年，先后组织节假日公共聚集场所消防安全检查、夏季防雷防汛防油气火灾爆炸检查、冬季防滑防冻安全监察、集输管线油气站场专项检查、油气库区民爆物品专项检查、办公场所专项检查、承包商施工现场专项检查等安全督查 32 次。

2014 年，组织各类安全专项督查和综合性大检查 12 次。先后组织油气集输管线隐患排查、油田所属餐饮、公共聚集场所“排查隐患、堵塞漏洞”消防安全检查、油品拉运及装卸静电接地、安全设施检查、酒泉生活基地住户天然气使用安全、“六打六治”打非治违等专项检查，组织开展“陆上石油天然气安全生产督查”“危险化学品安全生产三项行动”及每季一次的安全生产综合大检查。

2015 年，以“零泄漏、零火灾、零爆炸、零死亡、零事故”为目标，分阶段部署节假日和各季节安全环保大检查、陆上石油天然气安全生产检查、石油储运设施检查、储罐设施设备安全大检查、防洪防风大检查、危险化学品储罐区安全专项检查、服务系统及出租场所安全专项检查和环境保护大检查 26 次，查出各类问题 206 项，整改 154 项，整改率 75%。

2017 年，开展专项监督检查，对重点施工作业现场实行旁站式监督，对重点生产现场和设备设施进行巡回式监督，严格监督、严查违章，有效保障生产作业过程安全。两级监督共开展现场监督检查 7794 次，检查现场 12412 个，发现问题 1797 个，查处违章 104 项，收取 HSE 教育费 66400 元。对二级单位 9 家安全监督站进行专项审核（暨年度考核），审核共发现问题 118 项，提出改进建议 84 条，促进监督机构规范运行。

3. 安全基础工作

1987 年，实行安全生产目标管理，层层签订安全生产责任书，颁布《安全生产挂牌制及奖罚暂行办法》和《违章经济处罚暂行条例》，实行安全生产挂牌制，安全生产搞得好挂红牌，连续发生大事故挂黄牌，发生重大事故挂黑牌。

从 1988 年起，大力推行“一个必办”制度和“三标”班组建设。“一个必办”即领导干部承包挂点要害生产部位必办。要求局领导、局机关处级领导干部一对一承包挂点局要害生产岗位，厂（处）单位处、科级干部承包挂点本单位要害部位，并根据承包的安全生产状况和要害部位等级对承包挂点领导进行考核，奖惩兑现，确保要害部位的安全生产。“三标”班组建设即创建安全生产标准化班组、标准化岗位和标准化现场。通过规范化管理，夯实班组安全基础工作，提高现场管理水平和岗位工人素质，从而达到本质化安全状态。油田每三年对“三标”班组进行达标验收检查，不合格者予以取消“三标”称号。至 1989 年，油田普遍建立安全挂点责任制，463 个要害岗位实行安全挂点，“三标”班组建设有序推进。

1990 年，着手建立安全教育考核、安全工程技术、安全监督检查和安全项目计划管理等“四个体系”。由于“四个体系”的组员由各部门负责人组成，真正实现了安全工作党政工团齐抓共管，促进了油田的安全管理工作。当年起，玉门油田开始以“四个杜绝”“三个不超”（千人死亡率不超过 0.1，千人重伤率不超过 0.3，千台车死亡率不超过 4）、“一个稳定”，考核各单位安全生产指标。

1992 年，开始实行领导承包要害岗位制度。印发《局、处领导干部承包要害生产部位试行办法》，把要害岗位按照危险程度划分为一、二、三级，根据不同危险级别进行奖罚。

1993 年，将安全工作的重点放在“三标”班组建设上，从班组安全教育入手，加强安全监察、考核、奖罚力度，增强班组人员安全意识，提高安全生产技能。把安全生产指标列为企业内部承包责任制考核内容，坚持“管生产必须管安全”的原则，党政工团齐抓共管，同生产、经营指标同等对待，定期考核，与单位、职工个人经济利益挂钩，分层分级实行安全承包，形成安全压力层层传递，风险共担，确保了安全生产责任制落到位。

1994 年，重新调整局、厂两级领导班子承包安全生产要害部位，并对承包人的权力、义务和要求做了重新规定。针对季节特点，以“防火、防交通事故、防重大人身伤亡事故”为重点，开展安全管理制度、操作规程再教育。坚持开展创建安全生产标准化班组、标准化岗位和标准化现场的“三标”活动，巩固、完善“三标”班组建设，全局共建“三标”班组 1036 个，达标率为 66%。

1995 年，制定下发安全生产奖惩办法、安全生产风险抵押金管理暂行办法等制度，开始实行全员安全风险抵押金制度。

1997 年，颁发安全生产奖惩考核办法、修订安全人员管理规定。油田有工业生产班组 863 个，“三标”班组 691 个，达标率 80.05%。

1998 年，坚持“谁主管、谁负责”的原则，实行要害部位安全承包挂点制度，逐级落实安全生产责任制，使思想、责任、工作三到位。

2000 年，管理局与所属 15 个单位、4 个部门的安全生产第一责任人或委托人签订“三位一体”安全责任制合同，夯实了安全生产管理基础。

2002 年，油田分公司、管理局积极推行 HSE 管理体系。油田分公司试行与全员、与承包商、与关联交易方签订安全生产合同制度，做到“源头介入、过程监督、结算控制”的全过程管理。

2003年，管理局建立和推行HSE标准示范岗，推行安全生产状况评估，强化日常安全工作，生产事故和交通事故明显下降。

2004年，管理局组织开展岗位操作规程制（修）定工作，制（修）定设备操作规程、生产作业规程、工艺技术规程、安全生产规程四大类800余项，为安全生产提供了更加贴近现场的理论依据。

2005年，由于油田作业公司连续发生两起重大人身伤亡事故，管理局决定对油田作业公司进行停产整顿。5月，局整顿领导小组进驻油田作业公司，通过调研、座谈等形式，对停产整顿工作全程督查。7月，玉门油田重组整合后，安全管理工作持续跟进。开展以“生产现场标准化、岗位操作标准化、基层管理标准化”为主要内容的安全质量标准化工作和全员、全方位的“三违”行为辨识和隐患整治，建立起重大危险源数据库，实行分级监控。

2007年，在各生产单位、工程技术服务类承包商所属班组推行员工班前安全宣誓制度。同时，规范安全监督管理，油田作业公司、建筑安装工程处建立安全监督站，大力推进“零违章、零隐患、零事故”活动；对重大施工进行全过程监护，在大型酸化压裂施工中，两级安全监管人员始终在施工现场进行监护；对油田作业公司、水电厂、机械厂、综合服务处、建筑安装工程处等8家单位的安全生产现状进行评价。

2011年，在8个主要生产单位设立安全监督站，重点环节和高风险作业做到监督到位、安全受控。提出基层安全管理“三个硬约束”：（1）员工自身的“硬约束”，即按岗位操作卡操作的自身约束；（2）制度管理的“硬约束”，即提高执行力的制度约束；（3）现场管理的“硬约束”，即加强现场监督管理的约束。“三个硬约束”作为基层安全管理的一项工作制度，对增强基层员工安全防范意识，提高员工安全操作技能，提升基层安全管理水平发挥了重要作用。开始积极推进需求型培训、安全目视化管理和属地管理试点；开展员工岗位写实、完善操作指导卡，推行有感领导、强化直线责任；推进清洁生产和绿色队站建设。进行单位间交叉审核和现场管理专项审核工作，对14个基层单位修订的2638个岗位操作卡，进行了检查验收。

2013年，按照《关于修订公司QHSE管理体系文件的通知》和“一岗双责”的管理要求，油田及各二级单位重新梳理部门（队站）工作职责、工作流程，对照集团公司相关制度、规范进行修订完善，使体系文件、工作职责更加明确，HSE责任更为清晰。辨识和确定十大安全风险和两大环境风险，构建起了油田四级风险防控框架。

2014年起，按照“统一领导、落实责任、分级管理、分类指导、全员参与”的原则，不断完善以各级党政主要负责人为核心的安全生产责任体系，形成“管工作必须管安全”“管业务必须管安全”“党政同责、一岗双责”和主要领导亲自抓、分管领导具体抓，班子成员各司其职、齐抓共管的管理格局。

2015年，副科级以上领导干部制定《个人安全行动计划》674份，严格对实施情况进行跟踪检查，实施率达100%，有效落实“一岗双责”。持续开展全员岗位危害因素、“三违”行为和环境风险辨识，全年填报风险辨识档案表11400份，签订安全环保承诺书9424份，员工岗位风险识别能力进一步提升。按照油田公司、厂（处）、车间（队、站）、班组岗位，自上而下运用安全检查表定期开展风险排查，采用风险矩阵法、LEC等工具对风险进行评价和等级划分，结合生产经营各环节中的风险防控责任与防控组织架构，班组岗位突出作业步骤和操作风险防控，基层站队突出生产流程、作业环节风险防控，二级单位突出重点队站、关键装置和要害部位风险防控。玉门油田辨识确定十大安全风险和两大环境风险，21个基层单位共确定厂（处）级风险129个、车间（队、站）级风险614个、班组岗位级风险1619个，持续完善了四级风险管控体系，形成“横向到边、纵向到底、全面覆盖”的风险管控网络。

2016年，与15个机关部门、35个二级单位主要负责人签订《安全环保目标责任书》50份，二级单位与车间队站签订231份，车间队站与班组共签订533份，全体员工签订《安全承诺书》共11400份，通过目标层层分解，压力逐级传递，安全环保责任得到有效落实。各级领导、机关处室长积极践行有感领导，制定、落实个人安全行动计划900余份。

2017年，推进双重预防性机制建设，老君庙采油厂、炼化总厂、油田作业公司等单位完成了风险分级防控清单编制工作，风险防控框架基本建立。

四、交通安全管理

1987 年，在自辖路段均设有交通安全检查岗，负责检查交通安全情况。

1988 年，根据国家《中华人民共和国道路交通管理条例》有关条款实施的需要和玉门市区道路、交通状况，油田先行在解放路自公园路口至解放门路段设置机动车道和非机动车道隔离栏，并按国家标准在路面划各种交通标线；在建设路自解放门至和平路口路段按国家标准划各种交通标线。

1990 年，交通安全管理“十八法”在玉门油田全面推广，有力地推进了车队的基础建设和安全生产。

1994 年，狠抓交通事故管理，对违章行车造成事故者，给予从严查处。通过抓反复、反复抓，有效控制了交通事故。同比，交通事故下降 32.9%。

1998 年，印发《交通安全管理暂行办法》，明确交通安全管理的组织机构、职责、驾驶员、机动车辆、矿区道路、车辆装载与运输、交通违章与事故管理、奖惩考核等与交通安全密切相关相关要求。

2000—2005 年，制定《交通安全管理实施细则》《交通安全管理办法》《交通安全管理程序》等，加大安全管理力度。同时，发布《长途车安全禁令》《关于进一步加强节假日、特殊天气交通安全管制的通知》，规定长途用车、节假日和特殊天气用车，必须由油田主管安全和生产的领导批准，安全管理部门对驾驶员进行长途安全教育，签发《长途安全行驶令》《节日机动车辆通行证》；节假日期间，非生产用车一律实行“三交一封”（交驾驶证、交行驶证、交车钥匙，封存车辆）。

2006—2007 年，发布交通安全管理刚性措施 8 条，对超速驾驶、酒后驾驶、违章驾驶、发生交通事故造成重大人员伤亡、无证驾驶等制定严格的处罚措施。制定《关于机动车辆安全带使用的规定》，要求员工乘坐公务车辆必须使用安全带；制定《GPS 车辆监控管理制度》，在机动车上安装 GPS 监控系统，对车辆行驶速度和行驶线路进行全面监控。

2008 年，开展“百日交通安全专项整治”活动，对车辆实行限速管理。

2009 年，颁布执行《酒泉基地园区交通管理办法》，对机动车辆在园区行驶、停放、管理等方面进行了详细规定。

2010 年起，开始陆续为公务用车安装车载北斗导航定位系统，利用先进的技防措施，提高对交通安全的预防、管控能力。

2011 年，重新修订《交通安全管理办法》，新增“员工因工作来往酒泉—玉门矿区、外探区，必须按规定乘坐油田公务车”的规定，禁止员工因公来往酒泉—玉门矿区驾乘私家车。

2012 年，重新修订完善《酒泉基地园区交通管理办法》，将园区交通安全管理与住户车辆增多、用户用车需求增加、安全隐患增多等实际情况相结合，使园区交通安全管理更加合理和人性化。

至 2013 年，先后为 1050 台各类车辆安装车载北斗导航定位系统。当年，采用 GPS 等技防措施，监控分析车辆 2869 台次，发现并督查整改问题 41 项。通过采集车辆行驶视频数据，实现了可视化管理和对驾驶过程全程监控与分析。

2016 年，进一步推广车载视频监控系统，完成综合管理平台建设，安装车载北斗导航 / 全球定位（BDS/GPS）监控系统 96 台。为了确保员工往来酒泉—玉门矿区的交通安全，油田制定出台《玉门油田分公司员工上下班乘坐公务车管理规定》，再次对员工因工作来往酒泉—玉门矿区等乘坐公务车辆进行了明确规定。

五、事故管理

1987 年，转发甘肃省石化厅《关于加强企业事故管理的通知》，要求二级单位相关科室，对分工负责管理的事故，要认真搞好调查、登记、统计，并按时向本单位安全技术部门报送报表；按《各类事故明细月报表》的内容要求，在每月 25 日前，各单位安全技术部门将综合报表报局安全环保处。伤亡、火灾、爆炸、交通事故的等级划分及统计、上报标准，仍按石油工业部《石油工业安全生产管理规定》第九章事故管理条款进行统计上报。

1988 年，把千人死亡率、千人负伤率、事故发生率三项指标同单位的产量、质量、利润等经济技术指标挂钩，列入经济承包内容，并层层签订责任书，层层落实安全责任，逐步形成全行业、全过程、全部门、全员管理的网络。严格实行“挂牌与奖罚”制度，积极推广安全生产标准化，对实现安全生产起到了很好的保障作用。全油田事故次数、大事故、死亡人数、重伤人数、事故损失同比明显下降，消灭了重大火灾、重大爆炸、多人中毒和工业生产的死亡事故，实现了报省石化厅的千人死亡率为零和报总公司工业生产死亡率为零，事故发生率和千人死亡率创39年来最好水平，油田获得甘肃省石化厅颁发的《安全生产单位》锦旗。

1994年，制定《石油企业职工伤亡事故调查处理程序》，明确规定：轻伤1人以上，直接经济损失一次在1000元以上的小事故以及一般事故、重大事故和特大事故均应报管理局。小事故在24小时报告管理局安全部门；一般、重大、特大事故立即报告管理局安全部门，由管理局安全部门同时报上级有关部门和当地劳动部门、检察部门。事故调查报告（包括没有人员伤亡的火灾、爆炸、锅炉压力容器事故和交通事故）均按《企业职工伤亡事故调查报告书》格式编写，凡填写《企业职工伤亡事故调查报告书》的各类各等级事故，均应按时填报“石油企业生产伤亡事故明细月报表”报管理局安全部门。

从1995年起，加大安全监督力度，狠抓重点部位、要害岗位的安全监护，强化安全预防措施，加大违章处罚力度，及时整改事故隐患，严格事故管控，对玩忽职守、违章指挥、违章作业造成重大伤亡和财产损失的事故责任者给予严肃处理，油田连续多年保持了较好的安全生产形势。当年，油田共发生各类生产事故8起，与1994年相比，事故总数下降38.6%，工业生产死亡人数下降50%。

1996年，千人死亡率、重伤率和千台车死亡率分别控制在0.053‰、0.105‰、1.2‰。

1998年，事故起数、重伤人数、轻伤人数、经济损失分别比上年下降1.6%、38.5%、41.8%、68.8%，做到了“四个杜绝”“三个不超”“一个稳定”和无死亡事故。

2000年，印发《设备事故管理办法（草案）》，规定了设备事故的定义、分类、预防、管理、报告、鉴定、处理等内容与要求。转发《中国石油天然气股份有限公司事故管理暂行规定》《中国石油天然气股份有限公司事故报告统计制度》，要求各单位严格执行股份公司事故管理规定和事故报告统计制度。

2003年，印发《质量事故管理办法（暂行）》，对产品质量、工程质量、施工作业质量和服务质量事故的管理进行了规范。

2004年6月，印发《设备事故管理办法》，就设备事故等级（特大事故、重大事故、大型事故、一般事故和小事故）的界定、各类设备发生事故的报告、调查、处理以及事故的统计、分析等进行了规定。

2005年7月，玉门油田重组整合后，持续强化事故管理，主要生产单位中，老君庙油田作业区和鸭儿峡油田作业区2个单位连续四年实现零事故；青西油田作业区、物业公司和信息中心3个单位连续三年实现零事故；炼化总厂实现了零火灾事故，事故起数降低到1起；水电厂、机械厂、综合服务处事故起数控制在限定指标之内。杜绝了一般以上环境污染责任事故，污染物排放浓度和总量控制在地方政府规定的指标以内。2005年油田作业公司事故起数由上年的3起上升为9起，发生交通亡人事故和工业亡人事故各1起，造成重伤5人、死亡2人。

2007年，集团公司发布《生产安全事故管理办法》，为严肃事故管理工作，玉门油田将未遂事故和违章事件当作事故来管理，凡是发生事故包括未遂事故和事故苗头，无论情节如何、责任如何，必须立即电话上报，当日16时以前发生的事故，必须当天上报事故快报表，16时以后发生的事故，必须次日10时以前上报事故快报表。玉门油田对全年发生的各类事故，包括承包商事故，按照事故管理程序都及时进行了通报和处理；同时将其他油田发生的事故及时通报到各基层单位，结合实际，举一反三，深刻汲取事故教训，教育和警示本人和广大员工，查找存在的问题和隐患，避免类似事故的发生。加大违章处罚力度，对违章按照“四不放过”进行处理，使员工不去违章、不敢违章。并设违章监督投诉电话，投诉的内容一经核实，给予投诉人一定的奖励。

2009年，通过采取一系列有效措施，防范和控制了各类事故的发生，安全环保总体形势保持了相对稳定好转，全年实现了无工业生产火灾事故，各项安全环保控制指标均好于历史同期。与上年相比，工业生产事故减少41.6%，杜绝了死亡事故。交通事故与上年相比持平，杜绝了死亡事故。

2010年，制定《质量事故管理实施细则》和《“三违”行为、未遂事件和事故事件举报（报告）奖励办法（暂行）》。杜绝了一般以上环境污染责任事故，污染物排放浓度和总量控制在地方政府规定的指标以内。

2011年，制定《生产安全事故责任人员处分实施细则（试行）》，加大了对事故责任人的处罚力度。

至2017年，连续七年未发生一般A级及以上安全生产事故。

1987—2017年玉门油田各类事故情况统计见表11–7–1。

表 11-7-1　1987—2017 年玉门油田各类事故情况统计表

年度	发生事故（起）				一般 A 级（起）	B 级（起）	C 级（起）	死亡人数（人）	重伤人数（人）	轻伤人数（人）	事故直接经济损失（元）
	总起数	生产	火灾	交通							
1987 年	152	95	3	54	8（重大）	28（大）		8	23	102	125774.85
1988 年	134	86	3	48	1（重大）	12（大）		1	10	94	106943.12
1989 年	118	69	7	49	4（重大）	19（大）		2	7	82	172120
1990 年	22	7	1	15	5（重大）	17（大）		5	13	106	181314
1991 年	121	90	2	31	2（重大）	2（大）		3	1	59	230916.5
1992 年	171	102	3	69	6（重大）	22（大）		11	10	92	354188.5
1993 年	146	75	3	71	1（特大）	15（重大）	20（大）	15	8	74	1054723.5
1994 年	124	83	6	41				12	8	43	662537.2
1995 年	117	65		52				4	4	113	1044639.4
1996 年	87	64	23					3	6	76	513792.5
1997 年	70	58	12					4	4	113	644374.83
1998 年	56								9		96163
1999 年	62	52	10					1	7	17	351973
2000 年	70							2	4	40	565283
2001 年	43							4	3	38	304974
2002 年	54							5	8	39	622414.8
2003 年	48							5	6	33	812668
2004 年	49							4	5	32	489316
2005 年	49							10	2	39	1708089
2006 年	34							5	4	29	1555560
2007 年	20	6	3	11				2	3	6	578200
2008 年	14	12		2	2	4	8	1	2	3	135000
2009 年	9	7		2	0	3	6		3	5	144000
2010 年	17	11		4	3	3	11	4	2	23	1863000
2011 年	8	5		3	1	3	4	1	3	3	164000
2012 年	9	5		4	2	2	5	2	2	8	583000
2013 年	5	4		1	0	1	4	0	1	5	75000
2014 年	7	5		2	0	0	7	0	0	6	66000
2015 年	11	9	1	1	0	4	7	0	3	11	50000
2016 年	7	3	1	3	0	1	6	0	2	3	75000
2017 年	7	6	0	1	0	0	7	0	0	6	30000

第三节　环境保护

玉门油田开展环境保护工作始于 1978 年。1984 年，率先在石油行业成立环境监测中心站（附挂在炼油厂），开展对大气、“三废”（废气、废水、废渣）、噪声等污染物的监测工作，为油田环保管理工作提供了科学依据。1985 年，开始实行“三年控制，十年治理”环境保护十年规划。当年，玉门油田成立环境保护领导小组，各厂矿相应成立“环保会”，制定环境保护规划。至1986年，油田已结形成比较完善的环境保护管理体系。

1987年后，实行环境保护工作行政领导一把手负责制，把环境保护工作的好坏作为企业管理水平高低的重要标志，纳入玉门油田生产建设发展战略规划，加强对环境保护工作的组织领导，在人、财、物上对环保项目给予支持。每年与酒泉地方政府签订环保目标责任书，把环保工作置于区域环境质量目标考核之中，并自觉接受政府的监督管理。认真执行集团公司下达的污染物排放削减计划，并把各项指标层层分解到基层单位，坚持严考核、硬兑现。对新建工程严格执行环境评价与“三同时”制度，尽最大努力控制新污染源的产生。

一、管理制度

1999年，颁布实施《环境保护管理办法》。

2001年，颁布实施《酒泉盆地石油勘探开发环境保护管理办法（暂行）》。

2004年，颁布实施《石油勘探开发环境保护管理实施细则》《油田作业环境保护管理办法》。

2005年，颁布实施《电磁辐射环境保护管理规定》和《建设项目环境保护管理规定》。

2006年，修订《石油勘探开发环境保护管理实施细则》。

2011年，颁布实施《新区石油勘探开发环境保护规定》。

2013年，颁布实施《钻井固废环境管理办法（试行）》。

2014年，颁布实施《油田作业环境保护管理办法》。

二、污染治理

“七五”期间，投资1400多万元用于环境保护，完成治理项目22个。其中1988年，水电厂投资170万元完成了2号、8号炉除尘器改造，2号烟囱由原来的45米改建成为120米；完成了地下烟道的改造，使4～9号炉烟气排入120米高的烟囱，10号、11号炉烟气排入80米高的烟囱，减少烟囱的排放量，降低了玉门市区的烟尘污染。完成鸭儿峡油矿一批集油站、计量站集输流程系统改造和机械厂除尘器改造等治污项目。1989年，对老君庙、鸭儿峡、白杨河、石油沟等油矿污水排放处理系统进行更新改造，提高含油污水处理率。1990年，鸭儿峡油矿投资2万元，购置隔音材料，采用隔音、限音、消声等措施，对新1号注水站噪声进行治理，使噪声由86分贝下降到76分贝。二机厂钢窗厂自制安装了2台隔音装置，经反复试验改进，噪声由109分贝降到85分贝左右。

1992年，投入工业“三废”污染治理资金631万元，竣工治理项目12个。采油厂投资380万元对污水处理厂进行改造。生活公司将原有除尘效率较低的PW型旋风除尘器更换为文丘里管麻石水膜除尘器，并新建除灰水沉淀循环使用设施。机械厂抽油杆冷加工车间自行设计制造DGH望多管回流式高效除尘器，投入使用后，车间内粉尘由原来的33毫克/米^{3}降低至4.5毫克/米^3，工作环境得到了明显的改善。炼厂与采油厂的含油污水经装置处理后回收污油28997吨，创价值853万元。采油厂当年共回收落地原油1314吨，获经济效益26万元。

1995年，主动承担起石油河污染治理的重任，并按照“三年初见成效，五年大为改观”的目标要求，组织实施石油河治理总体方案，投资1200多万元建设水电厂除灰工程，使水电厂的污水处理达到排放标准，石油河外貌得到彻底改观。

1999年7月，玉门油田重组改制后，持续加大投入，强化环境保护和污染治理。

2000年，油田分公司“三废”处理工程通过甘肃省环保“一控双达标”检查验收。

2001年，油田分公司开展新区环境评价和老污染源治理，污染物削减指标控制在地方环保部门的要求之内。

2002年，管理局在工业污染源达标排放的基础上，进一步深化污染治理，投资20万元对渡铬污水处理设施进行改造，购置污水排放检测仪；投资60万元对煤场设备、设施进行改造，在煤厂周围加装敷设供水管线及喷淋装置，做到定时喷洒，保持煤厂湿度，减少粉尘飞扬。

2003年，管理局实行环境目标管理，与生产单位签订年度环境保护目标责任书；建立完善环境管理档案，实现对污染源全过程控制；积极进行井下作业清洁生产试点工作。全年，投入上百万元用于环境污染治理。

2004 年，管理局不断强化放射源、射线装置管理。因地制宜搞好绿化美化，植树 38765 株，种花、种草 332735 平方米，绿化直接总投资 239.3 万元。

2005 年 7 月，玉门油田重组整合后，股份公司对环保业绩考核指标更逐严格，油田也随之加大对环境污染治理和控制力度，环保工作全面完成股份公司下达的环保业绩考核指标，污染物排放总量也控制在地方政府下达的指标以内，未发生环境污染责任事故行为。

2006 年，成立环境监测中心，进一步加强污染处理设施的运行监控。编制风险控制和污染治理措施方案，积极推行清洁生产工艺技术，保持“三废”处理设施的平稳、高效运行，使废气、废水集中处理、集中排放，废渣按有关规定堆放，不断提高处理后污水的回用量，严格控制污染物排放量，确保污染排放“严达标”。对进入玉门油田的承包方队伍进行环保资质准入管理，严格落实承包商的环保责任，全面落实环境保护现场交接验收、检查制度，确保了油田施工作业现场的环境保护。

2007 年，安全环保隐患治理安排改造项目 13 项，总资金 10883 万元。先后实施炼化总厂环境事故应急系统建设项目，完成机械厂电镀废水处理设施，建设油田污染治理项目。在青西、酒东各建设 1 座污水集中处理防渗干化池和固废处置场。实施水电厂控制设备清洁生产方案，大大降低了生产运行成本，保证了锅炉设备运行的安全可靠性，主要污染物排放浓度严格控制在标准以内。对油田钻井、井下作业等施工现场进行 56 次环保专项验收，进行污水、固废处理处置及地貌恢复工作，杜绝了生产现场乱排乱放造成的环境污染问题。

2008 年，完成炼化总厂环境事故应急系统建设项目、玉门矿区集中供热改造项目、油田污染治理设施项目，启动火电烟气脱硫除尘改造项目、油田固废无害化处置项目和青西油田采油污水处理及回注项目。推进青西、鸭儿峡油田作业区和炼化总厂的清洁生产审核，实现“节能、降耗、减污、增效”的预期目标。加强从勘定井位、钻前工程，到完井试油以及修井等施工现场的环保验收。完成污染源普查和在线监测系统建设任务。编制《污染源普查研究报告》，完成废气在线监测系统的安装调试任务，开展清洁发展机制（CDM）合作开发，将酒泉基地太阳能热水器推广项目和玉门矿区供热集中改造项目进行 CDM 合作开发，使油田从碳减排中获得收益。

2009 年，完善项目建设改造实施方案。对炼化总厂、水电厂和物业公司环保运行在线监测系统进行实时监控，考核主要污染物排放的达标总量控制状况。开展酒东、青西油田地下水和豆腐台、石油河重点监控断面的水环境质量监测。

2010 年，扎实推进污染治理项目，污染减排取得历史性突破和跨越性发展。炼化总厂 300 万吨 / 年污水升级达标改造项目、水电厂 2×220 吨 / 时锅炉烟气脱硫项目、青西采油污水处理场、酒东采油污水处理场建成投用，启动炼化总厂危险废固无害化处置工程的施工设计。组织完成基层单位有关工业和医疗通途放射、辐射环境的环境影响评价报告编制工作。

2011 年，建成老君庙采油污水处理回注改建工程、水电厂烟气脱硫装置，完成酒泉基地 2 号锅炉房煤场粉尘污染治理工作；通过技术改造，炼化总厂污水处理后转输到水电厂得到综合利用；炼化总厂富余瓦斯回收输送到水电厂锅炉掺烧，节约了燃煤消耗。开展 3 次石油物探施工作业专项监督检查，12 次钻井工程、修井作业和地貌恢复工作的专项验收。

2012 年，完成环保隐患治理项目 5 项。通过治理，玉门油田采油污水基本实现回注；酒泉基地供热站煤场对周围环境的污染得到治理。全年主要污染物减排指标控制在集团公司考核指标内。启动青西油田污水处理达标改造项目、钻井修井废弃泥浆及废渣无害化处理项目、水电厂化学水装置粉尘污染治理项目 3 个环保治理项目。

2013 年，实施青西油田采油污水处理工程、油田作业废水治理工程、老君庙石油河环境隐患治理工程。炼化总厂危险固废无害化处置工程经甘肃省环保厅批准后投入试运行。

2014 年，实施玉门油田污水油泥收集处理工程（“6 • 30”项目）、老君庙石油河环境隐患治理工程。

2015 年，炼化总厂达标污水深度处理回用设施投入试运行后，污水回用量不断提高，炼化污水排放总量同比下降 31.5%。玉门油田开发过程中产生采油污水和作业污水，经过处理后，全部回注地层，实现零排放。所有国控重点污染源均安装运行在线监测系统，实现了数据及时有效传输。完成了炼化总厂催化烟气及全厂加热炉烟气脱硫项目、水电厂锅炉烟气脱硝除尘改造项目。

2016年，建设炼化总厂新酸性水汽提及硫黄回收装置。水电厂彻底关停五期锅炉，如期完成六期锅炉烟气脱硫增容配套改造。继续深化危险废物规范整治，编制甘油泉地区土壤及生态环境综合治理初步方案。污染治理设施正常运行，废气排放稳定达标。油田采出水做到了处理后回注，炼化达标废水实现绿化回用。油田生产、作业现场的废液、废固全部按规定收集、转运、储存或处理处置，钻井完井现场恢复地貌，通过环保部门验收，杜绝了随意排放、就地填埋等违规行为。

2017年，全面落实污染减排措施，油田采出水实现100%达标回注，炼化污水实现达标回用95.8%（超过70%的控制指标）。油田各类工业废气脱硫、脱硝、除尘设施长期正常运行，做到排放浓度和总量达标。完善油田内部环境因素辨识和环境风险清单，炼油化工总厂实施挥发性有机物（VOCs）综合整治项目；机械厂完成电镀废水重金属污染治理项目建设；老君庙、鸭儿峡采油厂按期关停10吨以下燃煤锅炉4台；老君庙采油厂完成125口报废油水井封堵。开展涉及自然保护区油田生产经营和环境管理状况综合调查，涉及祁连山自然保护区的矿权全部无条件退出；与玉门市林业局签订《南山省级自然保护区保护协议》；拆除建筑安装工程处沥青拌合站，石油沟油田和单东油藏关停油井17口、注水井9口、封井16口。

2008—2017年玉门油田环保项目投资统计见表11-7-2。

表11-7-2　2008—2017年玉门油田环保项目投资统计表

年份	投资项目名称	投资总额（万元）
2008年	水电厂干式除灰系统完善、污水处理完善、湿式除尘器改造及烟气脱硫装置建设、热电技术改造粉煤灰减排、运煤铁路、输煤系统，装卸设备、地下煤仓改造等项目	23120
	机械厂镀铬车间排除镀铬酸雾项目	110
	综合服务处油品运输队废油、水回收装置项目	50
2008年	酒泉基地锅炉房储煤场改建项目	500
	老君庙油田8号集油区隐患治理、采油五队报废停产井治理项目	132
	鸭儿峡油田单井采油污水治理、报废井污水治理项目	1400
	青西油田联合站污水处理项目	1700
2009年	水电厂脱硫改造项目	4327.4
	酒东、青西油田环保隐患治理项目	101.39
2011年	油田作业及钻井废弃物处理项目	500
2012年	青西油田污水处理达标改造项目	1649
	鸭儿峡油田采油污水治理工程	759.94
	炼油化工总厂达标污水深度处理回用项目	3600
	钻井修井废弃泥浆及废渣无害化处理项目	1348
	水电厂化学水装置粉尘污染治理项目	283
	酒泉基地供热站煤场改造项目	1881.39
2013年	老君庙石油河、甘油泉环境污染隐患治理项目	1680
	石油沟、白杨河及单北油田井口治理项目	150
	玉门炼化催化裂化装置烟气除尘脱硫及全厂加热炉燃料气脱硫工程	7172
	机械厂除尘、通风系统改造项目	1095
	物采中心物资总库煤场粉尘污染隐患治理项目	1210
2014年	水电厂六期锅炉烟气排放达标治理改造及粉尘治理项目	4671
	水电厂输煤系统粉尘治理项目	212
	油田作业公司修井废液不落地收集项目	760
	采油污水治理项目	2000

续表

年份	投资项目名称	投资总额（万元）
2015 年	炼油化工总厂酸性水汽提及硫黄回收装置环保隐患治理项目	16805
	水电厂六期锅炉脱硫设施完善项目	2901
2017 年	水电厂六期锅炉烟气超低排放达标治理改造工程	2708
	水电厂化学水处理工艺升级改造工程	2508
	鸭儿峡、青西油田安全环保隐患治理项目	3351

第四节　质量计量管理

一、质量管理

1. 管理制度

1991—1999 年，先后颁布实施《质量管理小组活动管理办法实施细则》《产品质量监督检查管理办法》《产品质量监督检验管理办法》《局级产品质量监督检验机构管理办法》《质量管理小组活动管理办法》《技术监督管理办法》等制度、办法。

2000 年，油田分公司先后颁布实施《原油交接质量和计量规定》《工业产品质量认可证管理实施细则》。管理局颁布实施《服务质量管理办法》《生产、采购产品质量认可管理规定》《质量管理办法》《质量事故管理办法（暂行）》。

2010 年，颁布实施《生产质量安全环境信息报告管理办法》《质量事故管理实施细则》《承包商和供应商安全环保质量管理规定》。

2011 年，颁布实施《原油交接质量、计量管理补充规定》（暂行）《质量健康安全环境管理体系管理手册计量管理分册》《工程技术服务单位和驻外办事处综合服务满意度考核实施细则》《公司机关服务满意度考核细则》。

2014 年，制定实施《质量计量业绩考核实施细则》。

2. QC 小组活动

1987 年，有注册 QC 小组 613 个。坚持按程序活动与定期检查诊断相结合的方法，推动 QC 小组活动健康发展，全年取得 QC 成果 232 项，创局级优秀 QC 小组 55 个，部、省级 8 个，厅、局级 21 个，创经济效益 1130 万元。组织 143 名副处级以上领导干部和基层单位 1500 名职工参加全国质量基本知识统考，及格率达 100%。

1988 年，改革 QC 成果评定办法，实行成果发表与活动评价相结合，以活动评价为主的办法，制定会场发表占 40%、现场检查评价占 60% 的评分标准，科学考核 QC 成果。全年注册 QC 小组 605 个，取得成果 270 项，有 9 个 QC 小组获部级优秀（先进）QC 小组称号，2 个 QC 小组获省级优秀 QC 小组称号，20 个 QC 小组获省石化厅级优秀 QC 小组称号，获经济效益 1567.9 万元。

1989 年，颁布《质量管理小组活动管理办法实施细则》，从组织管理、活动和教育、交流和发表、评选与奖励等方面对 QC 小组活动进行严格规范。按照“细则”规定，局每年组织一次 QC 小组成果发表和经验交流会，各主要生产单位每年至少召开 1 ～ 2 次成果发表会。成果发表与活动评价分别按百分制评比，然后按系数折合相加计算出总分。油田 QC 小组取得成果 274 项，获经济效益 2000 万元，创省厅级优秀 QC 小组 25 个，省级优秀 QC 小组 2 个，总公司级优秀 QC 小组 8 个。其中，二机厂工艺研究所 CAD 二次开发 QC 小组获总公司一等奖。

1991 年，水电厂供电车间线路改造 QC 小组的“庙西—　四五至一四二六段线路改造”、锅炉车间安全经济运行 QC 小组的“提高二号炉技术改造效果”获石油工业辅助系统 QC 成果三等奖。

1994 年，制定《质量管理小组活动管理办法》，对 QC 小组组建、登记注册、课题选择、申报奖励等进行规范，加强 QC 小组管理工作。原《质量管理小组活动管理办法实施细则》同时废止。采油厂新技术推广QC小组获得甘肃省、总公司、国家优秀QC小组称号；油建公司质量科、炼化总厂催化车间降耗QC小组等4个QC小组获甘肃省、总公司优秀QC小组称号；机械厂并式炉等3个QC小组被评为总公司优秀QC小组。

1996年，采油厂采油10队QC小组获总公司优秀QC成果二等奖。

1998年，对《质量管理小组活动管理办法》进行修订，使组织管理、活动教育、发表评选、表彰奖励等方面更加规范。局每年组织一次优秀QC小组活动成果发布会，评选出局级优秀QC小组活动成果及推荐总公司、甘肃省级优秀QC小组活动成果。

2000年起，油田分公司以“提高产品质量、降低质量成本”为主题，积极开展QC小组活动，至2003年，油田分公司登记注册QC小组62个，坚持正常开展活动的QC小组35个。有6个成果获国家、甘肃省质协、中国石油质协优秀QC成果。

2004年，管理局4个QC成果被推荐获集团公司一、二、三等奖。

2005年，管理局登记注册QC小组124个，取得成果50个，其中1个成果被甘肃省质量协会推荐为国家级优秀QC成果。

2012年，登记注册QC小组110个，参加QC小组活动人数826人，取得QC小组成果数65个。其中“优化工艺、精细管理、降低原油初加工损失”QC活动获石油工业优秀QC成果二等奖，2个活动获三等奖。

2013年，取得QC小组成果65个，直接经济效益约8572万元。

2014年，登记注册QC小组123个，取得QC小组成果65个，直接经济效益约2445万元。

2015年，开展活动课题123个，取得QC小组成果75个，直接经济效益约2445万元。

2016年，登记注册QC小组109个，取得成果81个，创经济效益约6553万元。

2017年，登记注册QC小组102个，取得成果77个，创经济效益约6553万元。其中2个QC活动分获集团公司QC小组活动成果二等奖和三等奖。

3. 质量创优

玉门油田质量创优活动始于1978年至1986年，先后有32种产品获得国家、石油工业部、甘肃省优质产品称号，对于打开产品销路，提高企业经济效益起到了积极作用。

1987年，对已获得的优质产品根据产品的技术和质量指标，进行全面测定分析对比，并制订巩固提高的措施，以确保优质产品声誉，增强产品竞争能力。同时对全部产品的质量实行“月分析、季检查”制度，查隐患，堵漏洞。油田主要产品生产单位不断巩固提高质量管理水平，强化现场质量管理，组织质量攻关，使产品质量稳步提升。机械厂获石油工业部质量管理奖，炼油厂3号工业锂基脂获省优质产品称号。

1988年起，按照国家关于“在国有大中型企业强行推行全面质量管理”的要求，狠抓技术基础建设，不断强化现场质量管理，严格执行评优标准，明确提出创优目标，逐项落实创优措施，普遍开展质量创优活动，促进了产品质量、工程（作业）质量、服务质量和工作质量的提高。第二石油机械厂获甘肃省质量管理奖；炼油厂3号喷气燃料获甘肃省优质产品称号。

1989年，有10个单位取得国家全面质量管理达标合格证，油田通过甘肃省一级质量管理企业审验，机械厂整筒管式抽油泵获国优银牌奖，炼油厂0号轻柴油、3号喷气燃料获部优产品称号，炼油厂2号B级石油焦、特油公司T705添加剂获甘肃省优产品称号。

1990年，有4个单位取得国家、总公司全面质量管理达标合格证，炼油厂获总公司质量管理奖，石油沟油矿获省级质量管理奖。有33种产品分别获国优、省优、部优称号，其中炼油厂35号轻柴油获国优银质奖，10号轻柴油获省优称号。

1991年，围绕国家“质量、品种、效益年”活动，不断强化质量意识和全面质量管理，促进了产品质量提升。石油沟油矿获总公司质量管理奖，鸭儿峡油矿获甘肃省质量管理奖；油建公司YWB−2Ⅱ型、2Ⅲ型钢筋混凝土预应力大型屋面板获部级优质产品称号，二机厂玉力牌D60PL−支重轮获甘肃省优质产品称号。

1996年，重点抓“以质量求生存，以质量求效益”的全员质量意识教育，把产品质量、工作质量、服务质量都纳入质量考核指标，形成了产品上档次、业务求过过硬、服务求优质的局面。

1999—2005 年，大力实施名牌战略，产品竞争力大幅提升，共有 21 种产品获国家和省部级优质产品称号。其中，1999 年，炼化总厂顺利通过北京三星九千中心的审核认证，获得 ISO 9002 国际质量体系认证证书，认证覆盖产品包括燃料油（脂）、添加剂及化工原料等 13 大类 180 多种牌号。2004 年，抽油泵、抽油杆产品成为甘肃省和集团公司级名牌产品；油田作业公司 50638 钻井队和试油一队成为“中国石油星级队伍”；管理局被列为争创甘肃省和集团公司级名牌产品、“中国石油星级队伍”单位。

2007 年，在第五届中国包装印刷产品交流展示会上，兰州新世纪彩色包装印刷有限公司摘得包装印刷质量评比金奖，同时还有 2 项产品分获金奖和优质奖。

2012 年，制定《综合服务满意度考核实施细则》，按照规定细致落实、考核，开展内部质量管理体系审核、认证。通过优质产品培育，炼化总厂 15 号航空液压油和机械厂抽油杆产品通过甘肃省企业质量信誉等级评价，并被评为 AA 级。

2013 年后，按照质量管理体系要求，严把物资采购、产品出厂质量关，加强质量检验基础建设，狠抓制度完善及落实，强化过程管理，石油石化、石油机械等主导产品质量稳定提高。通过细化指标，严格考核，对质量指标和服务质量按季度进行测评，提升了工作质量和服务质量。

2014 年，机械厂抽油机获甘肃省名牌产品称号。

2016 年 5 月，炼化总厂获酒泉市政府质量奖，并通过甘肃省质量信用等级（AA）复评。

二、计量管理

1. 管理制度

1988—1999 年，先后颁布实施《计量管理办法》《关于计量工作管理办法》《关于计量检定、计量校验、计量操作人员考核管理的规定》《关于计量检定规程制、修订工作的管理规定》《计量工作管理办法》等。

2000—2005 年，油田分公司颁布实施《采油厂与炼化总厂之间原油交接计量规定》《计量管理实施细则》《原油交接质量和计量规定》等；管理局颁布实施《计量管理办法》。

2007 年，颁布实施《计量管理实施细则》。

2014 年，颁布实施《质量计量业绩考核实施细则》。

2015 年，颁布实施《水电厂供炼油化工总厂蒸汽计量管理规定（试行）》。

2. 日常计量管理

1987 年，作为国家二级计量合格企业，计量管理经石油工业部检查验收，被评为二级计量管理西北组第一名。炼油厂获国家计量局颁发的一级计量合格证。

1988 年，在炼油厂、水电厂、机械厂、通讯处成立 4 个局级计量室，在老君庙油矿、鸭儿峡油矿、内燃机修理厂、钻井处、运输处、油建公司、水电厂、炼油厂、局医院成立 9 个厂级计量室。油田顺利通过国家二级计量复核。

1989 年，认真贯彻总公司《计量管理工作会议纪要》精神，二级计量水平在巩固中不断发展和提高。机械厂、特油公司分别晋升为国家一、二级计量企业，油田计量管理晋升甘肃省一级企业。13 项局、厂最高计量标准器的复核换证工作全面完成。

1990 年，进入国家二级计量企业行列，炼油厂和机械厂达到国家一级，创优质项目 100 个。

1995 年，计量工作在完善计量器具的同时，加强日常监督检查，保证了量值的准确。

2004 年，水电厂技术检测中心通过省级计量评审。管理局通过制定计量器具周检计划，加强日常考核，计量器具周检率 96% 以上，其中，强制性计量器具检定 1480 具，非强制性计量器具检定 952 具，保证了经营数据的准确和生产、安全有效运行。

2005 年，油田分公司、管理局按期组织开展计量检定工作，并逐步完善计量标准装置。开展加油站计量检查，抽查了贸易结算计量器具；进行原油、液化石油气交接计量的仲裁工作。全年检定计量器具 11720 台（件）、色谱仪 9 台，并对炼化总厂地中衡、油田在用衡器和加油机进行检定。

2006 年，完成 1 项新建和 22 项复查最高计量标准装置的考核任务，对机械厂次级计量标准装置进行考核，并颁发次级计量标准装置考核合格证书。先后仲裁解决原油交接各方 170 次计量异议，涉及原油量 40 万立方米，纠正误差量 1.2 万吨，保障了原油交接的顺利进行。

2007 年，修订《计量管理实施细则》，规范油田能源计量工作。对油田生产现场能源计量情况进行调查，整理、汇总，完善了油田能源计量器具台账，建立了油田能源计量数据库。全年检定生产现场在用计量器具 12760 台（件）。

2008 年，按照计量器具的周检计划，采取自检、送检、巡检相结合的办法，检定生产现场在用计量器具 6685 台（件）。

2009 年，检定计量器具 12175 台（件）。

2010 年，着手建立玉门油田测量管理体系。送外培训油田测量管理体系审核员 11 人；检定生产现场在用计量器具 11680 台（件）。

2011 年，统一对玉门油田各有关单位最高计量标准装置进行调整理顺，开展计量标准装置自查整改和测量管理体系认证工作；编制、发布计量检测体系手册和程序文件。采取自检、送检、巡检相结合的办法，检定生产现场在用计量器具 12560 台（件）。

2012 年，编制玉门油田测量管理体系目标责任书和考核细则，公司与各二级单位签订测量管理体系目标责任书，编制计量器具 ABC 分类周检计划。

2013 年，开展测量管理体系认证工作，编写重点测量过程测量不确定度评定报告；开展内审和管理评审。水电厂、炼油化工总厂取得中启计量体系认证中心颁发的《测量管理体系认证证书》（AA 级）。

2014 年，开展最高计量标准装置复核工作，组织内审员培训取证，开展能源计量工作。

2015 年，编制实施《集团公司落实国家〈计量发展规划（2013—2010 年）〉实施方案》情况的评估报告；完成 12675 台（件）计量器具、30 台色谱仪的检定。

2016 年，筹建 4 项油田最高计量标准。在信息中心筹建精密压力表检定装置、变送器检定装置、二等铂电阻温度计检定装置和温度变送器校准装置，通过甘肃省质量技术监督部门的现场考核，取得国家计量标准考核证书。完成炼化总厂 2 项和机械厂 1 项工作计量标准装置的考核工作，并颁发考核证书。完成 35711 台（件）生产经营现场用于贸易结算、安全防护、能源管理、工艺检测等方面计量器具检定工作。

2017 年，完成 14263 台（件）生产经营现场用于贸易结算、安全防护、能源管理、工艺检测等方面计量器具检定工作。

三、标准化

玉门油田标准化管理工作始于 1983 年。

1987 年，标准化管理经石油工业部检查验收，获部标准化管理西北组第 1 名。

1989 年，对 10 个基层单位进行标准化管理达标验收。

1991 年，发布《C12−35/10 型汽轮机运行操作规程》等 18 项局级企业标准。为了深入贯彻、实施《标准化法》，把标准化工作纳入法制管理轨道，提高玉门油田标准化管理水平，建立一个层次分明、结构合理、专业配套、种类协调、技术先进、具有玉门油田生产经营特色的技术标准体系，玉门油田对现行企业技术标准进行了全面清理整顿。

1994 年，开始将标准制修订、标准复审、标准配备、标准宣贯实施和标准化培训作为重点工作来抓，使标准化工作取得了进步。

1999 年，玉门油田重组改制前，所执行的标准化管理制度主要是《玉门石油管理局标准化工作管理办法》。

2000 年，油田分公司根据股份公司有关要求，参照《中国石油天然气股份有限公司标准化管理办法》和《中国石油天然气股份有限公司标准制修订管理规定》，制定《标准化管理实施细则》和《企业标准制修订管理规定》。

2001 年，油田分公司制定《标准实施监督管理规定》，对标准化管理方面的制度进行补充完善。

2004 年，根据集团公司《关于做好 2003 年度石油工业工程技术服务企业和施工作业队伍资质年检工作的通知》，管理局施工作业队伍初审委员会严格按照年检程序、年检范围和《审核细则》，对 2003 年度取得乙级资质证书的 8 支施工作业队伍进行审核，经审核符合乙级资质标准。对 27 项局级企业标准进行制修订，并有针对性地下达 10 项国际、国内和企业标准进行宣贯。

2005 年 7 月，玉门油田重组整合后，开展以“生产现场标准化、岗位操作标准化、基层管理标准化”为主要内容的安全质量标准化工作，并对上述规章制度进行修订、补充和完善，同时增加《标准化成果管理规定》，并纳入油田 QHSE 作业文件进行管理。完成代码证年检工作，对下属单位办有的代码证进行备案、登记。根据炼化产品测定方法的更新，对玉门油田现行的 2 项企业标准的个别内容进行调整、修改，发布标准修改通知单，满足了生产和销售的需要。

至 2012 年，先后承担或参与 1 项国家标准制修订、9 项行业标准制修订、5 项集团公司企业标准的制修订，组织制修订 296 项油田分公司企业标准，并发布实施，基本形成玉门油田内部配套标准体系。

2013 年和 2015 年，玉门油田各有 1 项企业标准，分别在集团公司第一届和第二届优秀标准奖评奖中，获得优秀标准三等奖。

至 2017 年，共配备重点标准文本 13496 本，油田公司企业标准文本 11536 本；共选派 95 人次参加上级部门举办的各类标准化培训班，举办 10 期标准化知识培训班；在集团公司历届标准化论文征集评选中，油田共有 2 篇标准化论文获二等奖，7 篇标准化论文获三等奖，22 篇标准化论文获优秀奖。

四、技术监督

1987 年，为抓好全员、全过程的质量管理，增强质量意识，管理局组织 143 名副处级以上领导干部和 1500 名职工，参加全国质量基本知识统考，及格率达 100%。

1989 年，管理局通过省一级质量管理企业审验，全面质量管理统考达 59%，超过国家规定的 30% 的考试面。

1994 年，对主导产品和主要施工作业质量进行监督抽查 4 次，抽查产品 33 种，综合合格率 93.9%，主要产品（汽油、煤油、柴油）质量保持稳定。油田印发《产品质量监督检验机构管理办法》，建立油田化学剂、钻井液及添加剂等 6 个质量监督机构。其中，1 个通过资格审查，2 个递交审查申请。机械厂生产的抽油杆在 1994 年国家质量抽查中名列前茅。主要施工作业质量如钻井、测（录）井等，质量稳中有升，钻井井身质量、固井质量、射孔合格率 100%；地质录井资料全准率 100%；油井基措有效率 98.1%，比 1993 年提高 24.4%；基建工程合格率 100%，优良率 88.1%，比 1993 年提高 6.8%。对多种经营系统工业产品质量采取的主要措施是“质量认可”。油田多种经营系统共有 7 个单位的 15 种产品提出取证申请，油田技术监督部门对达到规定条件的 12 种产品颁发“质量认可证”。至 1995 年，多种经营系统的 37 种产品出厂合格率 92.5%。在外购物资质量监督方面，对油田 51 名物资采购员、订货员进行质量等方面的培训。各单位根据市场变化，重新修订《物资采购制度》，加强对外购物资的质量把关和监督，油田抽查物资品种 15 个，合格率 86.7%，检测出不合格物资 11 批次，拒付和索赔 292.96 万元。

1995 年，开展提高关键工序一次合格率和降低不良品损失活动，全年降低不良品损失 100 多万元。开展物资采购监督抽查，全年重点物资检测率 100%，总的物资检测率 60% ～ 70%。

2005 年，仲裁解决油田作业区与炼化总厂之间原油交接计量异议；协调解决青西油田作业区与鸭儿峡油田作业区之间原油交接计量问题。完成对科达化学公司 3 个油田化学剂产品《质量认可证》复评，企业的市场竞争力进一步增强。

2006 年起，进一步加大质量监督工作。当年，配合股份公司质检机构、酒泉市技术监督局，对油田 8 个批次的汽油和柴油产品、油田采购压力表、钻井液添加剂、压裂支撑剂和油田化学剂、抽油杆等的质量进行监督抽查，并对采购物资进行日常的监督抽查。

2007 年，在物资产品质量监督抽查工作中，对不合格产品及时进行退货或换货处理，挽回经济损失约 25 万元。

2008 年，组织对成品油、原油、射孔器材、压裂支撑材料、抽油设备、钻井液添加剂、油田化学剂、仪器仪表质量进行监督抽查，开展低能源放射性含水分析仪现状调研。对质量、计量进行了监督抽查。

2009 年，及时公正地仲裁各油田作业区与炼化总厂之间原油、液化石油气质量、计量纠纷 60 余起，开展质量、计量监督抽查工作。组织对油田产品质量、外进物资质量、计量器具等进行监督抽查。修订完善了技术监督管理规章制度。

2010 年，做好油田内部物料的质量、计量交接工作。及时公正地仲裁各油田作业区、酒东试采区与炼化总厂之间原油、液化石油气质量、计量纠纷 20 余起。

2011 年，配合国家质检总局完成对油田汽油、柴油产品质量监督抽查任务，配合集团公司完成对油田车用汽油等 6 种自产主导产品和采油集输用化学剂等 13 种采购产品质量抽查任务。在炼化总厂化验室设立车用压缩天然气质量检测岗位，制定《车用压缩天然气质量控制管理规定》，购置车用天然气质量检测设备，加强了对车用压缩天然气的监测和监督。

2013年，严把物资采购、产品出厂质量关，加强计量检测和质量检验基础建设，狠抓制度完善及落实，强化过程管理，石油炼化、石油机械等主导产品质量稳定提高。

2014年，玉门油田5项最高计量标准装置取得中华人民共和国专项计量授权证书。

2015年，编制实施《集团公司落实国家〈计量发展规划（2013—2010年）〉实施方案》情况的评估报告。

2017年，按照酒泉市质量技术监督局关于开展能源计量审查工作的要求，统一部署能源计量自查工作。组织各单位深入贯彻实施《用能单位能源计量器具配备和管理通则》（GB 17167—2006）标准，对照《重点用能单位能源计量审查规范》（JJF1356）和《石油石化行业能源计量器具配备和管理要求》（GB/T20901），认真开展自查，形成自查报告。

第五节　体系建设

1990年，制定下发《关于建立安全管理四个体系的通知》，开始着手建立安全教育考核、安全工程技术、安全监督检查、安全项目计划管理四个体系。

1999年，油田分公司建立QHSE管理体系。炼油化工总厂完成ISO 9001质量管理体系初次认证。

2001年，管理局建立并发布QHSE管理体系，11个主要生产单位也相继建立各自的QHSE管理体系，并按期组织内审和管理评审。

2002年，管理局有6个单位完成HSE管理体系认证，机械厂、水电厂、综合服务处3个单位完成HSE与GB/T 28000（OHSAS）的整合；油田作业公司完成QHSE体系间的整合。油田分公司进行QHSE管理体系换版，对管理体系进行了完善。

2003年，管理局按照《集团公司HSE管理体系创优升级计划》的要求，编写完成环境、安全、健康、质量管理体系认证、创优升级、整合的总体安排表，制定下发《玉门石油管理局深化环境、安全、健康、质量管理体系的意见》，制定《化学危险品安全管理办法》《放射源、射线装置管理办法》《电磁辐射环境保护管理规定》等5个作业文件，使作业文件达到30个。为了提高对突发事件处理的整体应急反应能力，制定《重特大生产安全事故应急救援预案》《玉门石油管理局化学事故和反恐怖袭击应急处置预案》等6个应急预案，进一步完善了管理体系。已取得HSE体系认证的基层单位，完成基层HSE作业指导书的修订。主要生产单位的基层（队、站）普遍实行风险识别管理，“两书一表”在车间（队、站）得到了很好的推广应用。

2004年，有5个主要生产单位和11个技术服务单位通过HSE体系认证工作，体系管理在基层工作中不断深化和完善。在此基础上，开始进行HSE标准示范岗建设和观摩工作，确立3个车队、4个油田作业大队、厂区工作的4个车间为第一批HSE标准示范岗，随后又有15个岗位跨入HSE标准示范岗行列。

2005年7月，随着玉门油田重组整合，对安全管理体系、HSE管理体系及质量管理体系也进行整合，主要生产单位水电厂、机械厂、综合服务处、油田作业公司、建筑安装工程处、方圆物业管理、物资供应处分别完成QHSE、OSH、IS0 9000及IS0 14000四个管理体系间的整合，推行HSE标准示范岗建设，建立21个HSE标准示范岗。

2006年，依照集团公司Q/SY 2.2–2001标准，油田编写QHSE管理文件，发布玉门油田A/0版QHSE管理体系文件，包括QHSE管理手册、33个程序文件、42个作业文件及36个记录文件。收集、整理质量、环境保护、安全生产、健康、卫生及劳动保护四大类通用部分的法律、法规205个。

2007年，健全完善“两书一表”，完成基层站队HSE作业指导书337个；施工作业HSE作业计划书710个；岗位操作卡1152个，其中岗位操作卡937个，岗位关键操作卡215个；HSE现场检查表147套，覆盖到油田16个基层单位的所有生产岗位和主要服务岗位；建立玉门油田HSE信息系统平台，强化了管理体系内部审核工作。

2008年开始，进一步强化体系内部审核，对体系内部审核进行统一安排和部署，各主要生产单位之间开展交叉审核。通过集团公司组织的HSE管理体系审核和集团公司两个板块一年两度的审核，共计查出各类问题2071项，通过对问题的原因剖析整改，同类问题的查找整改，进一步提高了管理水平。

2009年，对2006年发布实施的QHSE体系文件进行全面修订换版。B/0版管理体系文件（《质量管理手册》《HSE管理手册》、34个程序文件、42个作业文件）把原《作业文件》（B/0版）中涉及许可作业（危险作业）的爆破作业和放射性作业一并纳入，共形成18项规范，作为《作业文件》（B/0版）的后续文件进行发布。

2010年，完善HSE管理体系，结合集团公司HSE新规范，对18项规范进行转化发布，落实内审和外审167个不符合项的纠正预防措施，确保了体系的持续改进。

2013年，玉门油田及基层单位进行“一岗双责”的修订，业务职责更加明确、HSE责任更加清晰。

2014年，对《健康、安全和环境管理体系管理手册》《质量管理体系管理手册》、33个《QHSE程序文件》、72个《QHSE作业文件》进行修订。制定《基层站队HSE标准化建设工作实施方案》，启动基层站队（车间、装置、库、所）HSE标准化建设工作。

2015年，编制完成《安全环保履职能力考评实施细则》，编制印发《管理干部HSE履职能力评估测试题》题库2000本，并分HSE知识测试、访谈和汇总反馈等三个阶段，完成了科级以上领导干部能力评估工作。

2016年，编制完成《HSE管理体系量化审核标准（试行）》，启动量化审核试点工作，对青西采油厂和鸭儿峡采油厂开展量化审核。推进基层站队HSE标准化建设，按照《基层站队HSE标准化建设工作实施方案》，各单位围绕“管理合规、操作规范、设备完好、环境整洁”的总要求，编制完成油田开发、炼油化工、井下作业、供电供水、机械制造等专业37个站队建设标准和验收规范，修订《岗位责任制》78项、操作规程35项、操作卡355张、检查表32项、制作安全目视化标识牌3348块。12月，玉门油田机关相关部门组成验收组，采取现场访谈、观察、操作模拟等方式，对41个符合验收条件的基层站队进行评审验收，有39个站队达标，占油田站队总数的32.5%。

2017年，结合“HSE体系建设提升年”活动，全力开展全员履职能力评估、基层站队HSE标准化建设、双重预防性工作机制建设、HSE量化审核工作，力促HSE量化审核评估级别提升，实现了从C1级到B2级的提升。完成42个基层站队HSE标准化创建及验收，达标率76.3%，总达标率85.6%。

第六节　劳动保护

1987年，制定《关于对从事有毒有害作业人员进行就业前体检的规定》，开始对从事有毒有害作业人员就业前进行体检。

1990年，修订《职工个人劳动防护用品发放标准和管理办法》，规定劳动防护用品的发放标准和方法。

1993年，制定实施《职工保健食品管理办法》，对各单位保健食品的发放做出明确规定。制定下发《职工保健津贴管理办法》，规定有毒有害人员保健津贴分甲乙丙三等，分别为每月45元、30元、21元，按在岗实际天数发放；每年7、8、9三个月发放饮料或解毒剂，标准按保健食品丙等执行。

1995年，按照总公司的要求，对职工工作服实行统一换装，实现性能、款式、颜色、标准和标志范围的“五统一”。

1998年，依据《石油企业职工个人劳动防护用品管理规定及配备标准》，制定《劳动防护用品管理办法》，进一步完善内部劳动防护用品市场，加强对职工劳动防护用品的管理。

2001年5月，管理局对劳保资金发放进行改革，在全局范围内实行劳保用品发放刷卡制。管理局印发《个人劳保护品配发办法（暂行）》，对劳保护品的配发采用统一配发和建立个人劳保护品费用磁卡两种发放方式。统一配发的劳保护品主要包括面向全局职工的职业性工装和各单位根据自身生产特点配发的工装。管理局将职工个人应享受劳保待遇扣除统一配置所发生费用后的余额，在年初全部打入个人劳保护品费用磁卡中，职工凭个人劳保护品费用磁卡，在管理局指定的劳保护品配发服务点任意选取所需的个人劳保护品。其中，试油、钻井、修井工种和油田建设系列每人每年1100元，供水、发电、供电、通信和石油化工系列每人每年950元，各通用工种系列每人每年800元。管理局对每年人均120元的防暑降温费统一配发有关清凉饮品。

2003 年，管理局开展职业病监护，完成职业健康监护 256 人。开展有毒有害作业场所检测，检测粉尘作业场所 6 个、高温作业场所 8 个、噪声作业场所 11 个。对 12 个单位职业卫生档案进行复核，建档合格率达 100%。

2005 年 2 月，组织对各二级单位开展职业健康普查，对存在各种职业病危害因素和职业病危害场所，由各二级单位建立档案，逐步达到集团公司职防中心健康管理的要求。4 月起，陆续组织各二级单位 30 ～ 40 岁和 50 岁以上员工及新入厂员工 3200 人进行健康监护检查，健全员工个体监护资料，提高员工健康监护水平。炼化总厂、水电厂分别以各自单位的办法为依据发放保健津贴。7 月，玉门油田重组整合后，重新修订《保健津贴管理办法》，将全油田有毒有害从业人员保健津贴发放等级分为甲乙丙丁四级，分别为每月 90 元、75 元、66 元和 51 元，发放人数为 4095 人。同时发布《劳动防护用品管理规定》。

2006 年，对有毒有害作业场所进行监测，对浓度超标的有毒有害作业场所进行治理，并加强对员工个体的防护工作，对从事接触噪声、放射性、粉尘和有毒作业的 2000 多名员工进行职业性健康监护检查，对 30 岁以下员工和新入厂员工共 1200 人进行非职业健康监护检查。

2007 年，对 817 名接触粉尘、高温、放射、微波、毒物的人员进行定期体检工作；按规定对油田 40 岁以上在职员工共 3904 名进行健康监护检查；对 195 个有毒有害作业场所进行定期监测，并对超标场所下发隐患整改通知书。按照集团公司对员工防护服、工作鞋“性能、款式、标准、颜色、标志”五统一要求，统一制作发放工作服、工作鞋，为所有有毒有害作业场所员工配置劳动防护用品，提高个体防护能力。

2009 年 4 月，对《劳动防护用品管理规定》进行修订。先后对 1919 名接触噪声、粉尘、射线、高温、酸碱人员和 899 名 50 岁以上在职员工、高级职称人员和副处级以上干部进行健康监护体检。

2010 年，先后组织 1216 名接触噪声、粉尘、射线、高温、酸碱人员以及 5510 名 30 岁以下、40 岁到 50 岁之间的在职员工进行定期体检。

2011 年，发布《油田员工个人劳动防护用品管理规定》，进一步明确员工个人劳动防护用品的术语和定义、工种序列、种类及品名、基本要求、部门管理职责、供应商管理、发放管理、护品配备和报废管理等内容。先后对 1586 名接触噪声、粉尘、射线、高温、酸碱人员和 4551 名员工进行健康监护体检，开始分级建立和完善职业卫生档案。

2012 年，认真落实职业健康体检工作，先后组织 1601 名接触噪声、粉尘、射线、高温、酸碱人员和 4551 名员工进行健康监护体检。定期对油田存在噪声、粉尘、高温等职业危害的 209 个场所进行监测，并将监测结果及时录入 HSE 信息系统。

2015 年，制定《职业病危害告知与警示管理办法》，投入 50 万元资金，补充“职业病危害告知卡”“中文警示说明”标识标牌共计 6300 件。对油田 15 个基层单位 197 个存在噪声、粉尘、高温等职业危害的场所，进行定期监测。全年非职业健康在岗人员体检 7712 人次，接害岗位员工职业健康监护体检 2392 名。

2016 年，对 15 个基层单位 252 个存在噪声、粉尘、高温等职业危害的场所，进行定期监测。全年非职业健康在岗人员体检 12674 人次，接害岗位 2057 名员工 100% 进行职业健康监护体检。

2017 年，对 15 个基层单位 263 个存在噪声、粉尘、高温等职业危害的场所，进行定期监测。非职业健康在岗人员体检 6700 人次，接害岗位 2231 名员工 100% 进行职业健康监护体检。

第八章　设备管理

第一节　机构

1987 年，玉门油田设备管理工作由机械动力处负责。机械动力处下设设备管理科、制造科和锅炉科 3 个职能科室。

1993 年 3 月，管理局机关进行改革，机械动力处下设设备管理科、综合管理科 2 个职能科室。

1996 年 12 月，管理局机关机构调整，机械动力处下设设备管理科和市场管理科 2 个职能科室。

1999 年 7 月，玉门油田重组改制。10 月，管理局将机械动力处业务划归生产安全机动环保处，下设机动设备管理科，主要负责管理局设备管理工作。

2000 年 7 月，管理局生产安全机动环保处更名为生产协调处，下设的机动设备管理科机构保持不变。

2001 年 1 月，油田分公司成立生产运行处，下设生产运行科、工程管理科、物资采办科，其中物资采办科代管油田分公司设备管理工作。

2002 年 1 月，管理局生产协调处更名为生产运行处，下设设备管理科机构职能保持不变，主要负责机动设备管理，组织各类车辆的年检工作。

2003 年 9 月，油田分公司生产运行处增设设备管理科，负责油田分公司装备设备的管理工作。12 月，管理局将设备管理职能从生产运行处划出，成立机械动力处，下设设备管理科。

2005 年 7 月，玉门油田重组整合。8 月，将油田分公司生产运行处设备管理科业务与人员划出，与管理局机动处合并，成立公司（局）机动设备管理处，下设设备管理科、压力容器管理科 2 个职能科室。

2010 年 9 月，机动设备管理处更名为设备管理处，下设设备管理科、压力容器管理科 2 个职能科室。

2013 年 2 月，压力容器管理科更名为特种设备监察科。

至 2017 年，设备管理处设设备管理科、特种设备监察科 2 个职能科室。

第二节　设备管理制度

1987 年 12 月，制定《设备管理优秀奖评选办法与实施细则》，详细规定了局设备管理优秀奖的评选范围、评选程序、评奖条件和表彰办法等内容。

1989 年 3 月，制定《企业设备管理条例实施细则》，规定：设备管理和维修以“依靠技术进步、促进生产和预防为主”为指导思想，坚持“设计、制造与使用相结合，日常维护保养与计划检修相结合，修理、改造和更新相结合，专业管理和群众管理相结合，技术管理和经济管理相结合”原则，实行三级管理，明确设备前期管理、使用、维护和检修、改造与更新、事故管理、设备管理基础工作、教育与培训、奖励与惩罚的具体要求。

1990 年 4 月，制定《加强机电设备进口审查管理办法（试行）》，明确规定管理局机电设备、备件、仪器仪表的进口审查工作的归口管理部门和机电设备引进管理的范围、程序及要求。

1996 年 4 月，制定《设备管理奖惩办法》，详细规定设备管理的奖惩程序、奖励对象与标准、处罚对象与标准等内容。

1997 年 3 月，制定《内部产品、机修市场管理办法（暂行）》，明确内部产品和机修市场的管理范围、管理要求、管理机构和职责等。

2001 年 10 月，管理局制定《特种设备管理办法》，明确管理部门职责，对局内锅炉、压力容器、压力管道、电梯、起重设备、静电接地及避雷装置、厂内机动车辆、游艺机和游乐设施等特种设备的设计、制造、购置、安装、使用、保养、维修、改造、检验和报废等环节加强管理和监察，以防止和减少特种设备事故的发生。

2002年1月，管理局制定《设备计划选型及购置管理办法》，对设备购置可行性报告与方案决策、购置计划的申报和批准、设备选型与购置程序等做出明确规定。

2004年6月，管理局制定《设备管理条例实施细则》，明确了设备管理范围、管理原则、管理分级、管理任务、管理目标；详细规定设备管理的机构与职责、管理内容、管理程序、设备事故管理、特种设备管理、设备基础工作管理、教育与培训、奖励与惩罚等内容。制定《设备事故管理办法》，对设备事故报告、调查和处理工作进行规范，明确了设备事故分类和设备事故报告、事故调查、事故处理、事故预防程序。

2005年7月，玉门油田重组整合后，连续三年开展全面的设备管理制度体系建设工作。2006年2月，制定《机动车辆管理实施细则》《特种设备管理办法》《设备润滑管理制度》《机动车辆维修管理办法》。4月，制定《设备管理实施细则（试行）》，确定油田设备管理的范围、管理方针、管理目标、管理任务和管理原则，设定设备管理考核指标项目，明确设备管理组织机构和职责，详细规定了设备管理基础工作内容，以及前期管理、引进管理、使用与维修、油水管理、防腐蚀管理、技术改造及“四新”技术应用、技术开发与培训、闲置报废与处理、仪表自动化、备品配件管理、事故管理、资源市场管理、检查与考核、奖励与处罚方面的管理内容及管理要求。2007年3月，制定《重点设备管理制度（试行）》《设备资料、档案管理制度（试行）》《设备验收、安装制度（试行）》《设备使用制度（试行）》《设备维护保养制度（试行）》《设备封存、报废管理制度（试行）》《设备事故管理制度（试行）》7项设备管理制度。2008年3月，制定《闲置报废资产修复再利用管理办法》。

2012年1月，制定《设备分类分级管理办法》，规定了设备分级管理机构与职责、分类评定方法、分级标准和分类分级管理要求。

2014年3月，制定《特种设备安全管理办法》，明确特种设备管理范围包括锅炉、压力容器、压力管道、电梯、起重机械、厂内专用机动车辆等；特种设备安全管理遵循“依靠技术进步和预防为主”的方针，坚持“安全第一、预防为主、节能环保、综合治理；统一领导、分级负责、直线责任、属地管理”的原则；“办法”详细规定特种设备安全管理的机构与职责、特种设备的设计制造管理、购置验收管理、安装调试、注册登记、使用管理、改造维修、检验检测、处置、事故处理等方面的内容。制定《电梯使用维护管理办法》《特种设备安全阀使用维护管理办法》，并对2006年制定的《设备管理实施细则（试行）》《设备维护保养制度（试行）》进行修订，出台《设备管理实施细则》《设备维护保养及修理管理办法》。

2015年4月，制定《废旧油品回收管理办法（暂行）》，详细规定设备废旧润滑油品的管理机构与职责、废旧油品回收及处理程序。至此，初步形成了完善的公司设备管理制度体系。

2016年8月，制定《设备变更管理规定》，对设备变更的提出、分类、危害分析、审查、审批、实施、验收等做出具体要求，规范设备变更管理，控制变更产生的风险和危害，确保了设备操作、维护、管理及相关人员的健康和安全。

第三节　设备日常管理

1987—1989年，以设备现代化管理为重点，组织相关力量，对管理局内主要生产单位关键设备技术性能及机修产品市场进行多次调查，调查范围涉及通井机、修井机、施工机具、大型运输卡车、吊车、金属切削机床的技术性能、老化程度，新型整筒泵、抽油杆、抽油机、柴油机和震源车大修理等外销机械产品的使用情况、售后服务、市场信息等。加强设备动态监测技术，重点对汽车不解体检测站的设备设施进行配套完善。先后发布《设备规划选型及购置管理标准》等12项企业标准、《石油钻机完好标准》等42项标准。制定下达炼油设备、钻机、井下作业机、水泥车、压裂车、抽油机、注水泵、输油泵等重点设备主要经济技术指标。

1990—1991年，先后发布《C12–35/10型汽轮机运行操作规程》等18项规程、《ZJ–45J钻机大修理技术要求》等31项标准，对49项电力设备、钻机的运行程序、操作规程、检修规程以及井下作业资料录取等进行了规范。

1992年，开展“设备润滑年”活动，通过健全设备润滑管理体制，建立润滑管理网络，明确润滑管理基本要求，贯彻润滑“五定”，实施按质换油，加强设备油品使用管理，改善了油田设备润滑管理面貌，提升了润滑管理水平。

1993 年 8 月，投资新建设备润滑技术服务中心，对设备润滑实行专业化管理。

1994—1996 年，以贯彻《全民所有制工业交通企业设备管理条例》为契机，开始全面落实设备管理责任制，健全完善局、厂、车间三级管理网络，理顺管理层次，进一步修订设备管理的标准、制度和措施，提高正确使用和保养设备的自觉性；注重加强设备日常维护保养，采取多项措施，消除设备“松、旷、漏、缺、脏”现象；加强设备油水管理，按照油水管理密闭输送、油品对路、专罐专储、定期监测、按质换油的要求，完善润滑图册标准；加强报废闲置设备管理，对闲置设备进行分类造册建账，对闲置设备的调剂利用进行严格规定。至 1996 年，设备完好率达到 95.6%，利用率平均达到 70%。

1997 年，设备管理严格执行维护保养制度，千方百计挖掘设备潜力，对闲置设备在全局调剂使用，盘活存量，控制增量，提高了设备的利用率，设备完好率 93.93%，利用率 74.16%。开展以现场管理、基础资料、油水管理、事故管理、更新改造、状态监测和故障诊断推广应用为重点的设备管理工作检查，促进了设备管理水平的不断提高。

1998 年，开始推行设备目标管理和投资责任制，要求设备投资追求回报。设备管理以“十字作业”为重点，严格操作规程，强化设备的现场管理，合理调剂使用闲置设备。主要生产设备的完好率 96.9%，综合利用率 77.1%。

1999 年 7 月，玉门油田重组改制，油田分公司、管理局设备管理工作以贯彻落实规章制度，开展管理达标活动，加强设备管理、操作、维修人员专业技术培训为主要内容。随后四年，油田分公司和管理局设备管理机构持续调整，至 2003 年底，油田分公司和管理局设备管理机构及职能趋于稳定。2004 年，围绕开展反“低、老、坏”和“软、懒、散”活动，强化设备管理基础工作，推行设备的规范化、制度化管理。6 月，组织开展以组织机构、维护保养、车辆管理、人员培训、事故管理、“四新”技术应用、特种设备管理为主要内容的设备管理工作检查。

2005 年 7 月，玉门油田重组整合后，开始对设备实行专业归口管理，强化组织、监督、检查、协调管理职能。通过建立健全设备管理制度体系，加强基础管理，强化现场管理，设备管理工作实现由“管、用、修”向“设计制造和使用维修相结合、维护保养和计划检修相结合、预防维修和状态维修相结合、修理改造和更新相结合、专业管理和全员管理相结合、技术管理和经济管理相结合”的转变，杜绝设备“跑、冒、滴、漏”现象，消除隐患，降低能耗，保障设备安全平稳运行，提高了设备综合完好率和综合利用率，油田拥有主要专业设备 10 大类 5020 台（套），设备新度系数 0.51，特种设备注册登记率达到 98.6%，检测完成率达到 100%。全年未发生一起重大、特大设备责任事故。

2008 年，在设备管理方面推行“以提高设备运营效益为主线，追求寿命周期费用最经济为目标，逐步培养设备经济管理”的理念，注重科学管理，提高设备运行效益。

2010 年，强化特种设备安全监管，协调解决特种设备注册登记遗留问题。8 月，召开设备管理研讨会，各单位进行设备管理经验介绍和技术交流。

2011 年 9 月，勘探与生产 ERP 系统正式上线运行，为设备管理的规范化、信息化运行奠定良好基础。10 月，编印《设备管理基础知识汇编》，内容包括设备管理基本知识、设备使用及维护保养方面的专业知识、公司设备管理制度等。

2012 年，开始推行设备分类分级管理，按照评定细则完成 11476 台设备的定级分类，评定 A 类设备 193 台、B 类设备 6982 台、C 类设备 4301 台。开展设备特色管理，对各单位设备管理特点进行分析和总结，找出管理特色和亮点，建立油田作业公司压裂队、方圆物业公司基地锅炉房、炼化总厂常减压等 9 个设备管理示范车间、示范岗。组织编制《设备润滑管理手册防雷防静电接地点图册》，绘制设备润滑点图册和静电接地点图册，统一制作挂贴标识，推进目视化管理水平。规范各级设备管理资料目录，完善管理基础资料，建立齐全、完整的设备台账、运转记录，定期编制统计报表，加强设备 ERP 系统的运行与维护管理，做到 ERP 数据与设备账物相符、数据录入准确完整、更新维护及时，提升设备基础资料质量，充分发挥 ERP 系统的管理和辅助决策功能，逐步使设备管理实现无纸化、规范化、信息化。

2013 年，推进设备目视化管理，对设备现场进行标识，制作规范设备专责牌、设备操作保养提示牌，实现设备标识明确、安装整齐、涂装规范。开展设备润滑站建设，在各单位设备密集区域建成简易润滑站 7 个、标准润滑站 9 个、移动润滑站 1 个，改善各基层队站设备润滑条件。细化设备管理考核体系，对 13 个单位 37 项考核指标进行细化、量化，保证了设备考核的实际效果。

2014 年，推行设备问题管理，积极开展设备隐患排查整治工作，认真开展设备故障分析，制定整改措施，及时消除设备故障隐患。开展特种设备管理、现代设备管理、勘探与生产 ERP 系统操作等专业培训。加强重点设备经济技术评价，完成重点设备经济技术评价报告 48 份。

2015 年，落实重点设备驻厂监造制度，组织修井机、洗井清蜡车和固井水泥车等重点设备的驻厂监造。推进设备状态监测和润滑检测，共完成关键设备状态监测 8205 台次，油品检测分析 2457 台次；加强设备维修承包商考核管理，实现设备外委维修规范运行，杜绝设备维修管理中的违纪违规行为。响应油田“开源节流、降本增效”活动，开展废旧油品回收工作，回收废旧润滑油品 20.5 吨，开展闲置设备调剂利用工作，全年完成设备内部调剂三批次 54 台（套）。

2016 年，编制主要设备购置和维修技术规格书标准模板，明确技术规格书、技术协议主要内容、参数和要求，实现设备技术规格书和技术协议模板化，提高设备购置和修理技术协议的编制质量；开展设备润滑手册编制工作，完善设备润滑油品替代方案，统一设备润滑标准；加强设备前期管理，编制 2017 年设备购置计划，组织设备购置和改造技术交流 8 次，审查技术协议 78 份，参加连续油管作业机、修井机、固井水泥车等重点设备到货验收；加强设备现场管理，持续开展设备现场标准化建设，落实设备日常维护保养和检查，不断改进提高。坚持开展设备状态监测和润滑检测工作，完成关键设备状态监测 8507 台次，润滑检测分析 2965 台次，发现并诊断设备重大故障 5 台次。加强设备启用、停用动态管理，积极开展闲置设备调剂利用和高耗低效设备淘汰报废工作，调剂利用闲置设备 14 台，鉴定报废高耗低效设备 92 台。

2017 年 3 月，勘探与生产 ERP2.0 系统建设正式启动，经过方案设计、系统实现、单元测试、集成测试、并行验证、数据切换六个阶段，于 9 月顺利上线运行，提高了设备信息化管理水平和管理效率。

至 2017 年 12 月，共有各类设备 11285 台（套），设备资产原值 60.57 亿元，净值 25.43 亿元，新度系数 0.42。其中，勘探开发设备 6091 台（套），资产原值 19.68 亿元，净值 3.59 亿元，新度系数 0.18；炼油化工设备 5194 台（套），资产原值 40.89 亿元，净值 21.84 亿元，新度系数 0.53。设备综合完好率 98.89%，主要专业设备综合利用率 62%，重特大设备责任事故 0 起。

第四节　设备维修与更新改造

一、设备维修

1987 年，玉门油田有直系机修厂 2 个，附属各单位的机修车间（队站）13 个，机修班组 18 个。设备大修范围包括：内拖设备、2V190 柴油机、震源车、汽车、钻机、注采设备等。设备维修以“十字作业”（清洁、润滑、紧固、调整、防腐）为主要内容，分为定向修理、周期检修、大修理三级保养，关键设备和关键进口大型设备维修实行“特级维护制”。修理厂努力提高大马力柴油机、震源车修理质量，积极争取到石油部震源车定点修理业务。

1989 年，筹建“玉门锅炉计量仪表维修校验站”，开始加强计量仪表的维修和校验。重点进行 12V190 柴油机、震源车、进口汽车及修井设备的大修理，完善工装及测试手段，提高设备部件技术性能。建立健全各种设备管理动态监测手段和故障诊断技术，通过完善可靠先进的科学数据，逐步实行按设备的实际状况进行保养和计划维修。二机厂 12V190 柴油机大修理质量获得总公司一等品称号，被确定为全国石油系统定点修理厂之一。

1991 年底，开展冬季设备整修活动，整修重点包括地震、钻井等勘探设备，油田注输、修井设备，井下作业特车，运输设备，金属切割机床，施工机械及各单位主要生产设备。整修坚持普遍整修与重点整修相结合，以总公司颁发的“单机设备检查年审评分标准”为标准，对主要生产设备进行台台过滤，对关键生产设备影响使用性能和冬季安全运行的缺陷进行了专项重点修理。

1992 年，针对水电厂 1 号—5 号发电机和 1 号—8 号锅炉长期满负荷服役和维修资金不足的问题，组织力量对水电厂现有发电机、锅炉进行台台过滤，确定检修方案与项目，落实检修费用。炼油厂设备大检修期间，相继进行 19 套装置的检修，按期完成 2936 台（套）设备、2829 台仪器及 13385 米工艺管线的检修任务。

1993 年，完成 190 柴油机大修理 70 标准台，内拖大修理 65.5 标准台，钻机大修理 50 标准台。

1997 年，颁布《内部产品、机修市场管理办法（暂行)》，对内部机修市场的管理范围、管理要求、管理机构等进行严格规定，进一步规范了机修市场。

2002 年，炼化装置顺利实现“两年一修”的目标，为“三年一修”打下了良好的基础。

2005 年，设备维修坚持“应修必修、修必修好”的方针，重点强化主要生产运行设备计划检修和定期保养的监管力度，对主要生产运行设备计划检修执行情况及时进行统计，确定设备的大（小）修、定期保养的时间和对应的检修项目内容，依据技术标准和各类设备检修及维护保养规程设备进行检修，使设备检修质量和技术性能达到了制造厂家或国家的规定标准。

2006 年，对影响生产的关键设备实行“机、电、仪、操、管”五位一体的特级维护管理。严格落实设备维护修理制度，避免和控制设备失修或过度维修。充分利用设备季节性停用之际，逐台对设备进行认真整改，确保设备整修安全、高效、节约、优质完成。严格规范油田内部机修市场，除关键设备和主要设备送外修理外，大部分设备的修理主要立足于油田内部单位，同时加强外部修理单位的资质审查和市场准入工作，杜绝硬件设施不完善、技术落后、管理混乱的单位进入油田内部市场，有效地保证了设备修理质量。

2007 年，设备维修坚持“强化保养、推进润滑、促进检测、技术修复、规范维修、全面监督”方针，通过加强对设备的前期管理和维护保养，使设备效能得到充分发挥。

2012 年，组织开展设备冬季修理、锅炉夏季修理、机动车辆集中整修等季节性整修。整修采取闭环管理方式，严把整修质量关，通过季节性整修，恢复设备性能，消除设备隐患，保障了设备周期内安全平稳运行。

2013 年，强化设备维修过程管理，严把设备送修审批和修理质量验收关，实施设备维修精细化管理，避免设备欠修和过度维修。强化设备检修市场的准入管理，坚持总量控制、重点保障、有序竞争的原则，加强维修服务供应商的资质审核，开展服务供应商考评工作，确保设备维修工作有序进行。组织锅炉夏修、钻修设备和工程机械冬修等季节性设备整修活动，全年整修设备 1897 台次。

2014 年，强化维修费用管理，按照设备维修费用专业化管理的要求，细化维修管理流程，分解维修费用控制指标，加强设备维修费的统计分析，实现维修费用全过程控制。全年，油田开展季节性整修，完成锅炉夏季检修、机动车辆集中整修和设备冬季整修 658 台次。制定《设备维护保养及修理管理办法》，明确规定：设备的维护保养实行日常维护保养、一级保养和二级保养三级保养制度；设备修理由专业维修人员进行，分为三级保养、定项修理、小检修及大修理；设备修理坚持“先内后外、择优选用，长期合作、全面服务”的原则；油田内部维修技术条件或维修能力不能满足修理要求时，可将设备维修委托外部单位。

2016 年，严格设备外委维修审批，落实设备自修，加强维修费用统计分析，减少资金外流，内部维修工作量大幅提高，设备外委维修费同比大幅减少。

二、设备更新改造

1987 年 10 月，根据开发需要，设计制造 2 台 E 型 1650HP 大功率大排量新型压裂车，年底完成设计，1989 年二季度完成总装调试并投产。

1988 年 10 月，机械厂整筒抽油泵引进项目竣工投产并通过验收，获 API 证书，泵筒内壁采用渗碳、镀铬、氮化处理，柱塞进行耐磨合喷焊处理，泵阀用优质高碳铬不锈钢制造，泵的密封性、耐磨性大幅提升，泵效提高 20% ～ 30%，检泵周期大大延长，经济效益非常显著。

1989 年，开展锅炉节能工作，推广使用新型离子浮床软水器，燃油锅炉和工业炉全面推广应用颜氏火嘴。完成莫兹 12 型震源车、不压井液压修井机改造工作。机修制造方面，出口“三抽”产品及石油机械配件 19 个品种，整筒泵年产能力达到 3000 台。

1991 年 12 月，在水电厂、炼油厂、老君庙油矿设点，开展老旧电机磁性槽泥改造工作，对全局 1897 台 5 千瓦以上 JO 系列电机实施节能改造，1994 年底前全部完成，节能效果显著。

1995 年，在机修制造方面研究开发蒙乃尔合金杆式泵、特型抽油泵、异型抽油机等 6 项新产品，推广新技术 18 项，创效 2700 万元。

1996年，炼油化工装置加大技术改造力度，先后实施丙烯气分系统、精制系统工艺技术改造，精制能力由3万吨/年提高到4.5万吨/年，催化“三机组”实施润滑、密封改造后，日处理能力增加300吨、节电150千瓦时。机械制造瞄准新产品开发，自行设计、制造简易喷焊机床，对数控机床进行技术改造，研制开发空心柴油泵、加长高强度光杆、厚壁泵、短泵等新产品。全年，共完成新产品开发4项，推广新技术13项，创效3000多万元。

1997年，水电厂推广应用可调浓淡燃烧技术，锅炉燃烧稳定性明显提高。

1998年9月，炼化总厂新引进的瓦斯压缩机正式投运，年节约燃料油近6000吨，节支400万元。重整加氢车间经技术改造，加工成本由每吨600多元下降至90元。

2004年，管理局研发的整筒管式防砂抽油泵、抗腐蚀抽油杆及制造方法、钻井液用阳离子乳化沥青防塌剂及生产三项产品和技术通过国家专利局初审。

2006年，对60台高耗能2115型和3312型抽油机实施节能改造，另将40台抽油机更新为深井螺杆泵，项目实施后年节电201万千瓦·时、节能效益101万元。

2007年，投资新购2000型压裂机组1套、NPU1200/35DF型制注氮系统1套，以满足青西、酒东油田酸化压裂、气举驱油措施、深井稠油油藏氮气欠平衡钻井等工作需要。更新XJ–750修井机2台，助力油田勘探开发及老君庙油田二次开发。

2009年，投资3000万元，对机械厂抽油杆生产线进行技术升级改造，引进俄罗斯重型锻压机械股份公司自动化程度高、技术先进、生产效率高、产品质量稳定的抽油杆自动锻造生产线。2012年，改造项目建成投产，抽油杆年生产能力由350万米提高到600万米，产品质量、生产效率大幅提升，更好地适应了市场需求和集团公司装备制造发展要求。

2010年，对老君庙和鸭儿峡油田机采系统实施节能改造；对青西联合站丙烷压缩机、膨胀增压机进行技术改造。

2012年，对酒泉基地供热站2号锅炉房和5座换热站的19台热水循环泵进行变频技术改造。实施水电厂汽轮发电机组及辅机汽封改造。推行集中润滑技术，在修井机、压裂车、汽车起重机等重点设备上安装集中润滑装置42套。引进储罐机械清洗技术，清洗原油储罐33具16.7万立方米，回收原油7000吨，经济效益显著。

2013年，为消除制动系统安全隐患，将青西油田作业区12台CYJQ14–6–73HPB型抽油机外抱式刹车装置改造为内涨式刹车系统。对各单位的407台大型电机和303台泵实施智能润滑技术改造，改善润滑状况，降低故障率和维修成本。对油田作业公司25台修井机井架照明系统和低压应急照明系统进行电气改造，提高修井机安全技术条件。对16个润滑油站进行标准化改造，统一配置润滑器具，改变润滑设施陈旧、润滑管理不规范局面。

2014年，更新老君庙油田作业区JO、JO2、JHO系列电动机100台，更新单北注水站低效高耗注水泵、供水泵各2台，更新机械厂落后淘汰型变压器16台、电焊机10台。为保证设备良好润滑，推广设备集中润滑技术，安装修井机、水泥车、锅炉车、熔蜡车、抽油机、施工机械集中润滑装置72套。

2015年，集团公司决定在玉门油田和大庆油田建设电控换向型无游梁式抽油机生产基地。在与林泉航天电机公司合作研发、试验电控换向型无游梁式抽油机基础上，油田投资1250万元，开展电控换向型无游梁式抽油机推广试验工作。

2016年，生产安装试验电控换向型无游梁式抽油机25台。

2017年，在对电控换向型无游梁式抽油机前期进行测试、试验的基础上，开展产品生产许可证申请、经济性评价工作，组织产品改进方案论证会，分析、讨论该型抽油机在试验应用中存在的问题和改进建议。8月，组织召开电控换向立式抽油机鉴定验收会，通过勘探与生产分公司的鉴定验收，至2017年底，在鸭儿峡、青西、酒东、老君庙油田推广应用数量达到28台，取得了良好的节能效果。

第五节 特种设备管理

1992年，贯彻《锅炉房安全管理规则》，编印统一内容格式的锅炉房管理八项制度和六种记录，方便基层。狠抓新增锅炉安装及夏季停炉检修工作。全年新增锅炉 15 台，大修锅炉 19 台。

1993 年，新增锅炉 12 台，大修锅炉 13 台。

1995 年，组织机械厂、油建公司顺利完成一、二类压力容器制造许可证的换证和新增 192 具压力容器的登记上报工作。

1997 年，开展锅炉夏季大检修，对在用的 105 台生产、生活供暖锅炉进行逐台检修和验收，合格后发给《锅炉准运单》，保证锅炉检修质量。按照要求，对 1995 年以来新增的压力容器的软件资料进行认真整理审查，对压力容器逐台进行核定与造册登记，整改不符合要求的问题，使 288 具压力容器顺利注册登记。

1998 年 10 月，成立起重机械检测站和避雷装置检测站，起重机械检测站主要承担全油田起重机械的安全技术检测工作；避雷装置检测站主要负责全油田避雷装置及静电接地装置的安全技术检测工作。

1999 年，完成 79 台锅炉、246 具压力容器、6000 余只液化石油气钢瓶及部分溶解乙炔气瓶和无缝钢瓶、121 台起重机械、640 处静电接地极和避雷装置的检验检测工作。

2000 年，起重机械检测站和避雷装置检测站合并组建油田技术监督检测中心，负责起重机械、压力容器、避雷及静电接地装置等的安全技术检验检测工作。

2002 年 3 月，管理局按照省质量技术监督局关于特种设备普查登记的统一安排，组织开展全局特种设备普查工作，全面清查各类特种设备，掌握特种设备数量、注册登记等基本情况和具体技术参数，逐台填写《特种设备注册登记表》进行登记造册；收集、补充和完善无使用登记证特种设备的出厂原始资料、安装基础资料等，进行注册登记。

2003 年，管理局组织完成 31 台锅炉、63 具压力容器、8000 只液化石油气钢瓶、900 只氧气瓶、30 只氮气瓶、350 只乙炔气瓶、881 台起重机械、971 处静电接地和避雷装置的安全技术检验检测工作。

2006 年 6 月，组织开展在用锅炉、压力容器、起重机械、电梯、厂内机动车辆、压力管道、游艺设施等各类特种设备的全面清查工作，清查出无使用许可证、未按期进行验检、检验后检验机构未及时出具检验报告等不符合《特种设备安全监察规程》管理规定的锅炉 60 台、压力容器 363 具、起重机械 9 台、厂内机动车辆 8 辆。通过清查，健全完善特种设备档案，同地方政府技术监督部门协商解决注册和检验问题；对因原始资料缺失、安全技术条件达不到规程管理要求而无法取得注册登记的特种设备，强制停用并限期进行报废，从而规范了特种设备管理工作，确保了特种设备运行安全。

2007 年 5 月，开展特种设备专项检查，对在用锅炉、压力容器、起重机械、厂内机动车辆、电梯等各类特种设备的登记注册、维护使用、检验检测进行全面检查，限期整改查出的问题，提高特种设备的本质安全性。

2010 年，组织完成 45 台锅炉、720 具压力容器、6705 只液化石油气钢瓶、4 只氧气瓶、8 只液氮气瓶、220 台起重机械、130 台厂内机动车辆、29 部电梯、12294 处避雷及静电接地装置的安全技术检验检测工作。

2012 年，组织炼化总厂、水电厂等单位开展压力管道普查工作，核实压力管道数量、材质、管径、压力、介质、使用年限等详细信息，建立健全压力管道台账，绘制压力管道平面示意图。调查统计防雷防静电接地数量，建立静电接地台账 16 本，绘制静电接地分布网络图 186 张，开展防雷防静电接地目视化管理，挂贴静电接地标识牌 12506 个，标识规格统一，颜色醒目，检测日期、接地电阻、责任单位等内容齐全，辅助各单位更好地开展静电接地检测工作。

2013 年，加强特种设备购置前期论证，实地考察石油沟油砂矿项目蒸汽锅炉制造厂资质条件、生产设备、制造能力情况，从可靠性、安全性、技术性、经济性等方面进行综合分析论证，优选技术先进、性能优良、经济适用、安全可靠的产品。强化特种设备专业技术培训，全年组织特种设备作业人员参加作业资格取证培训 16 次，确保特种设备作业人员持证上岗。组织开展特种设备专项检查，重点检查青西脱盐站原油罐区、鸭儿峡自用加油站油罐及加油机静电接地、水电厂六期电站锅炉安全阀在线校验、机械厂丙烷罐定期检验、酒东联合站三相分离器注册登记等项目，查出问题 33 个，限期整改，消除隐患。

2014 年，制修订《特种设备安全管理办法》《特种设备安全阀使用维护管理办法》和《电梯使用管理办法》，健全特种设备管理制度体系。10 月，集团公司安全检查组对玉门油田贯彻落实《集团公司特种设备安全管理办法》情况进行验证检查，对油田特种设备安全监管工作给予了充分肯定。

2015年，完成静电接地和避雷装置检测24116点，校验安全阀912只，检验起重机械69台、压力容器91具。7月，组织开展特种设备安全专项检查，强化管理、操作人员安全主体责任，以“三落实、两有证、一检验、一预案”（落实管理机构、落实管理制度、落实管理人员，特种设备使用登记证、特种设备作业人员资格证，特种设备定期检验，特种设备事故应急专项预案）为基础，对锅炉、压力容器、起重机械、电梯、厂内专用机动车辆、压力管道、CNG和LNG加气站、氧气充装站、各类气瓶（液化石油气钢瓶、乙炔气瓶、氧气瓶、液氨钢瓶）、避雷及静电接地装置的注册登记、安全监管、定期检验等进行检查，并按照集团公司特种设备安全评价要求，对油田特种设备使用管理情况进行全面评价，确保特种设备本质安全，开创特种设备安全监管新局面。

2016年，玉门油田特种设备增加至1774台，其中电站锅炉2台，工业锅炉22台，起重机械271台，压力容器1361具，电梯93部，厂内机动车辆25辆。压力容器注册登记率99.19%，其余特种设备注册登记率为100%。共完成24台锅炉、748具压力容器、93部电梯、110台起重机械，23部厂（场）内专用机动车辆、484只气瓶、1725只安全阀检验检测工作，并对27052点避雷装置及静电接地进行安全技术检测。

2017年，按照玉门市质量技术监督局通知要求，组织相关单位认真清查，将不符合要求并长期停用的10吨以下燃煤锅炉使用证进行注销。组织开展特种检验检测工作，共完成20台锅炉、76具压力容器、95部电梯、27台起重机械，23部厂内专用机动车辆、1398只安全阀检验检测工作，对16261点避雷装置及静电接地进行安全技术检测。加强特种设备基础管理工作，组织开展特种设备普查工作，完善特种设备登记信息，掌握特种设备实际情况；按照“三落实、两有证、一检验、一预案”要求，修订完善特种设备应急预案，夯实特种设备管理基础。年底，玉门油田共有特种设备1790台，其中电站锅炉2台、工业锅炉18台、起重机械145台、压力容器1507具、电梯95部、厂内机动车辆23辆。压力容器注册登记率达99%，其余特种设备注册登记率100%。

第九章 基建管理

第一节 机构

1987年，玉门油田基建管理工作由基本建设处负责。基本建设处下设施工管理科、三算科、工程质量监督站3个职能科室。6月，成立抗震防灾委员会，下设抗震防灾办公室，办公地点设在基本建设处。

1989年3月，成立工程招标领导小组，下设工程招标办公室，办公室设在基本建设处。

1991年11月，基本建设处增设土地管理办公室，土地管理办公室与市局城建联合办公室为一套机构、两块牌子。

1995年7月，成立工程质量检测中心，工程质量检测中心设在油田建设工程公司，与油建公司试验室为一套机构、两块牌子，业务上受基本建设处管理。

1996年12月，管理局机关机构调整，基本建设处下设工程管理科（抗震防灾办公室、工程招标办公室）、工程造价科（工程建设标准定额站）、工程质量监督站（市局城建联合办公室）。

1998年2月，管理局将基本建设处更名为基建工程管理处。

1999年4月，管理局机关机构调整，基建工程管理处设工程管理科，附挂工程监理公司。5月，工程质量监督站划归技术监督处管理。

1999年7月，玉门油田重组改制，管理局取消基建工程管理处。10月，恢复基建工程管理处机构，下设工程管理科。工程监理公司划归油田分公司。

2000年1月，油田分公司成立工程管理办公室，附挂在生产与质量安全环保处。8月，管理局将工程质量监督站从技术监督处划出，挂靠局基建工程管理处。

2001年1月，油田分公司撤销生产与质量安全环保处，设立生产运行处和质量安全环保处。生产运行处下设基建工程管理科（对外称工程管理办公室）。11月，油田分公司、管理局成立“玉门油田酒泉基地建设领导小组”和“玉门油田酒泉基地建设指挥部”，基建工程管理处工作重点转向基地建设。同月，管理局成立建设安全监督站，挂靠基建工程管理处，与工程质量监督站为一个机构、两块牌子。

2002年1月，管理局机关机构调整，基建工程管理处设工程管理科（招标办公室）、工程质量监督站（建设安全监督站、市局城建联合办公室、土地管理办公室）2个职能科室。

2005年8月，将油田分公司生产运行处工程管理办公室职能和人员划出，与管理局基建工程管理处合并，成立公司（局）基建工程管理处，下设工程管理科、工程质量监督站2个职能科室。

2010年8月，基建工程管理处更名为基建工程处。

2012年5月，将开发部地面工程科整体划归基建工程处，成立基建工程处地面工程科。

2014年7月，基建工程处地面工程科增加设置油田管道和站场完整性管理、油田地面工程前期技术管理、油田水处理和注水系统地面管理岗位。

至2017年12月，基建工程处设地面工程科、工程管理科、工程质量监督站3个职能科室，有员工17人。

第二节 工程管理制度

1987年，已经形成的工程管理方面的制度主要有《工程建设技术管理办法》《工程建设竣工验收实施办法（试行）》《关于建筑安装工程安全施工的规定》等，对油田规范施工措施、作业规程、质量标准、技术责任、安全管理等起到了积极作用。

1994年，制定《基本建设招标投标实施细则》。

2000—2001年，油田分公司制定《工程建设管理实施细则》《工程建设监理实施细则（暂行）》。

2004 年，管理局制定《工程建设招标投标管理办法》。

2006 年，制定《酒泉基地规划建设管理细则》。

2008 年，制定《工程建设项目招标投标管理实施细则》《施工队伍管理细则》《工程建设项目分包管理细则》3 项管理制度。

2010 年，制定出台《进一步加强基建工程管理的有关规定》。

2011 年，制定《基建工程运行管理规定（试行）》《基建工程竣工验收细则（试行）》2 项管理制度。

2012 年，制定《油田作业区地下管线保护办法（试行）》《建设工程监理工作程序执行到位率考核细则》。

2014 年，制定《玉门油田分公司工程建设及检维修承包商管理实施细则》。

2016 年，对《基建工程运行管理规定（试行）》《基建工程竣工验收细则（试行）》2 项管理制度进行修订。

第三节　工程管理

1987 年，玉门油田设有专门机构，对工程建设实行统一管理。计划完成各类建筑面积 16.17 万平方米，由于实行招标和加强了工程管理工作，工程建设质量好，速度快，实际开工率 99.7%，完工率 82%，民用建筑施工节约投资 80 万元。

1988 年，民用工程通过招标、预算包干等方式节约资金 825 万元，有 2 项工业工程、10 项民用工程分别被初评为全优或优良工程。在炼油厂新糠醛工程建设中，基建工程管理部门严把进度、质量、器材、工艺、安全等环节，组织炼油厂、油建公司等单位分设备、工艺、电气、仪表、土建等专业组，依据设计图纸（包括追加工作量）和有关技术规程标准，对工程工作量、质量、安全、环保、技术资料等进行全面的检查，推进了工程进度和质量。

1989 年，在工程建设中，注重加强工程计划、投资、设计、预算、招标等全过程管理，狠抓工程准备、施工、验交三个衔接，落实开工审批、质量监督、费用控制、竣工验收、组织措施等重要环节，基本建设开始逐步走上程序化、科学化轨道。全年工程成本降低 170.88 万元，降低率为 5%；组织预算审查，对全局 220 项工程，8263.16 万元投资进行复审，共削减各种不合理资金 875.43 万元。加强自营工程管理，油田其他单位完成自营价值工作量 723.41 万元，完成年计划的 107.15%。贯彻治理整顿方针，建设市场整顿初见成效。重点对无证施工、越级承包、质量低劣、偷工减料等违法现象进行查处，取缔没有固定技术力量和五级施工资格证的 3 个开发公司的建筑队，对全局 27 个建设单位和施工建材、供应单位进行清理，并对 1986 年以来的 365 个建设项目以及 21142.79 万元投资情况进行清理清查，共查出 9 个方面的问题。

1990 年，工程建设系统在治理整顿形势下，狠抓建设程序、速度、质量、安全、监督、核算六大关键环节，继续整顿施工队伍，完善建筑市场，确保重点工程。全局建成投产项目 115 个，为计划的 91.27%，其中完成重点单项工程 3 个。全年完成建设投资 9300 万元，工程优良率 84.65%，比计划提高 1.65%，工程质量一次合格率 100%。主要单项工程，计划 126 项，开工率 100%，竣工 115 项，竣工率 91.27%。

1994 年，以炼化技术改造和水电厂扩建为契机，在建设工程施工领域大力推行项目管理制。组建专业齐全，责、权、利相统一，管理严格科学的项目管理经理部，后又向物资供应单位延伸。

1995 年，在设计院组建工程监理公司。经过两年试点，开始在全油田中型的建筑工程和部分安装工程中推行，收到很好效果。

1996 年起，开始对所有 50 万元以上的工程建设项目全部实行招投标制。炼化配套改造 250 万吨常减压工程开工建设。油田通过招标投标，优选了施工单位和器材供应厂家。健全完善工程建设管理体系。严把立项审批关，凡属单位立项的基建工程项目，由建设单位编报项目建议书、可行性研究报告及设计部门编制的初步设计，根据项目分级管理的权限，区别不同情况经审批后列入年度计划方可实施。凡投资在 100 万元以上的项目报管理局审批或管理局审查后报总公司主管部门审批；凡投资额在 100 万元以下的项目，建设单位根据年度批准计划直接编制设计委托书，报管理局投资主管部门审批后，委托设计部门开展设计。对委托设计部门设计的项目，首先进行初步设计或方案设计，并编配概算，初步设计或方案设计经管理局主管部门审批后，根据审定的设计规模、标准，投资方可开展施工图设计。对中小型项目推行项目投资包干和招议标制度；对重点项目或大中型项目实行项目管理，成立工程项目咨询部，聘任数名工程建设项目咨询专家。严把招标投标关，坚持在招投标前先对施工队伍进行筛选，由管理局工程质量监督站对其进行资质等级、施工许可证、营业执照等有关证件和实有业绩进行严格的审查，择优采用施工队伍。管理局招标办公室在工程招标中邀请监察、审计、计划、法律事务处等部门参与，公开进行，接受咨询和监督。水电厂“五期”安装工程采取招标方式优选队伍，设计概算下浮 6.8%，节约安装费近 300 万元。全年油田共进行 17 次招议标工作。

1998 年，在工程建设中继续把包投资、包工期、包质量、包安全、包投运这一有效的管理方式引向深入，加强工程概、预算管理，对 39 个建设项目实行投资包干，有效控制了工程费用。

1999 年，继续加大目标管理。相关部门与各建设单位建立目标责任制，明确目标责任人，并对责任人与工资挂钩考核。局内新开工项目，在完善项目法人责任制的同时，建立工程质量领导责任制和工程质量责任终身制。工程合同签订之前，建设、勘察设计、施工、监理、材料供应单位都签订工程质量责任书。

2000 年，对新项目建设实行市场管理模式。投资方式上，实现投资主体多元化；项目管理上，实行业主负责制，谁调研、谁负责，谁建设、谁经营管理并承担风险；管理体制上，严格按照《公司法》的规定，建立规范的法人治理结构；健全内部市场管理体系，完善管理制度，简化运作程序，提高运行效率。凡是本局队伍能够承担的工作量，不准局外队伍进入。

2004 年，油田分公司实施扁平化管理，将采油厂分成 4 个油田作业区，由开发事业部具体负责实施作业区地面工程建设管理。炼化总厂在重催等技改工程中，采取特殊的管理办法和强有力的组织措施，狠抓工程设计、设备订货、施工组织以及工期、进度和质量。

2006 年，严把市场准入关，对施工队伍从资质、质保体系、组织机构、机具设备、工程业绩、不良行为等方面进行综合评价，准入 66 家施工单位（其中玉门油田内部施工单位 3 家）。定期从合同履约情况、施工能力、不良行为等方面评价，对进入油田内部市场队伍进行动态管理。

2007 年，对在建的老君庙夹片注水系统改造工程、炼化总厂 8 万吨 / 年苯分离装置等 9 个重点工程施工现场开展质量安全联合大检查。经过综合考评，有 68 家施工单位获得市场准入资格，13 家不合格施工单位被清理出油田市场。

2008 年，成立标准化设计领导小组和标准化设计工作小组，两个小组分别由玉门油田及部门主管领导担任组长。基建处作为牵头部门，着手组织和推进老君庙油田地面工程标准化设计工作。

2010 年，在工程招标降本控费方面取得明显效果。基建管理部门采用合理低价中标法、综合打分评标法，使工程招标让利下浮点较往年平均降低 4% 左右，并建立招标评审专家库。梳理 13 项基建工程管理制度，废止 5 项，修订完善 2 项。完善工程质量监督、施工图审查、施工进度、工程验收等工程建设管理的内控体系建设。水电厂烟气脱硫项目实施“业主 +EPC+ 工程监理”的管理新模式。

2012 年 5 月，将开发部地面工程科整体划归基建工程处管理，青西、老君庙、鸭儿峡、酒东 4 个作业区指定生产科为工程建设管理机构，设立工程建设管理岗位，行使开发部地面工程科工程建设业主职能。至此玉门油田工程建设形成以基建工程处为监督指导、业主单位（基层建设单位）具体负责的工程建设管理体系，重点工程实施“业主 +EPC+ 监理（PMC）”管理模式，逐步建成一套监控有力、行之有效的工程管理体系和管理制度。

2014 年，加强玉门油田管道与场站完整性管理工作，确定基建工程处为油田完整性管理的归口管理部门，主要负责制修订完整性管理实施细则、程序文件、作业文件和油田公司级标准规范；协调和监督采油厂按照公司的总体要求实施管道完整性管理，定期对采油厂完整性管理实施绩效进行考核，督促采油厂按照考核结果持续改进；负责油田水处理和注水系统的地面管理工作；逐步建立油田完整性管理体系文件和管理程序文件。先后对老君庙油田等 4 个作业区及炼化总厂共 20 条管道及 10 个站场完整性管理运行情况进行调研，收集相关技术资料；建立油田主要油气管道及场站相关图纸台账，编制相关管理制度；办理老君庙作业区联合站至炼化总厂输油管线及炼化总厂外输管线地方政府有关手续；完成 4 个油田作业区和炼化总厂《管道保护法实施调研报告》《油田油气管道保护和安全管理工作的调研报告》。成立工程建设承包商管理领导小组，明确承包商管理部门和责任。深入油田 16 个主要生产单位，对工程建设“打非治违”和承包商安全监管情况进行检查，发现12个安全隐患问题，并进行治理。

2015年，收集整理完整性管理现有相关制度10个，发布《玉门油田分公司注水开发油田水处理和注水系统地面生产管理实施细则（试行）》。科学开展完整性管理工作，对玉门油田油、水、气等管道及站场进行分类识别，针对不同类别的管道和站场采取差异化的管理方法。完成油田管道和站场高后果区、高风险区普查，对老君庙联合站至炼油厂原油外输高后果区管线进行专项治理。

2016年，基建工程管理部门遵照玉门油田有关工程内部承包管理的相关要求，与4个采油厂及炼厂、水电厂、设计院、建安、机厂、信息中心等主要单位沟通对接，确定内部工程技术服务单位参与的工程项目37项，承担16368万元的合同工作量，工程内部市场占有率提高18%。发布《玉门油田分公司油田采出水和注水系统水质达标率考核办法》。高效完成青西联合站检修工作，对101具压力容器和196只仪器仪表进行检定检验，对68条压力管道进行壁厚测定和缺陷检测。

2017年，成立以工程建设主管副总经理任组长，主要参建单位和职能部门一把手为副组长，相关单位为成员的工程建设领导小组，领导小组下设6个具体实施项目工程项目部，基建处相应成立地面和炼化工程两个协调小组，全面负责重点工程的指导、协调、督促、检查等工作。成立公司地面工程竣工验收工作领导小组，清理出需要竣工验收的工程29项，全部验收完毕。至12月，玉门油田实施建设工程项目47项，其中，重点工程炼化总厂柴油罐区安全隐患治理项目完工投运；炼化总厂成品油装车系统油气达标排放隐患治理项目主体部分投运；炼化总厂挥发性气体（VOCs）项目、鸭儿峡与青西油田安全环保隐患治理及地面系统优化调整改造项目及水电厂生产供热改造工程按计划运行。发布《玉门油田分公司管道和站场完整性管理规定》。积极开展试点工程，对青西采油厂采取PCM+埋地管道检测仪和超声导波，完成106.32千米的外输管道和集油管道的检测工作，对102处检测出的问题进行了整改。

第四节　工程质量监督

1987年1月，组建成立工程质量监督站，主要负责油田建筑安装工程的质量监督工作。

1989年，开始建立工程质量监督检验网络，完善工程质量检验评定标准，理顺工程质量监督机制。通过严格选拔，形成一支素质过硬、机具配套、管理水平较高的施工队伍。开展全过程工程质量“样板起步”活动，组织专职质量监督人员对重点工程建设、施工单位进行全过程的质量监督管理。油田工业工程质量合格率100%，优良率84.33%，创局级全优工程2项。民用工程质量合格率100%，创10项局级优良工程。

1991年，在重点工程建设中推行“三工序”“三检制”，不断强化质量管理措施。注重加强质量监督力量，通过培训，有61人取得合格证，并配备10名专职质量监督员，6台质量检测仪，40台质量检测工具。

1994年，在炼化总厂、水电厂、采油厂、丙烯酸工程指挥部、生活服务公司设立工程质量监督分站，5个分站业务上归管理局工程质量监督站领导，与所在单位工程管理科一个机构、两块牌子，工程管理科具体负责单位的工程建设管理工作。经专业培训和考试，177人取得工程质量监督员、质量检查员上岗资格，其中，总公司级工程质量监督员4人、局级工程质量监督员24人、局级工程质量检查员34人、企业级局级工程质量检查员115人。

1996年7月，工程质量监督站取得中国石油天然气集团公司基本建设工程办公室颁发的第017号资质证书。

1997年，开始编制《工程质量监督管理手册（第一版）》，对石油天然气工程质量管理体系、石油天然气工程质量监督体系和石油天然气工程质量监理体系进行调整，相互职责进行了划分。

1999年12月，工程质量监督站取得中国石油天然气集团公司《石油天然气工程质量监督总站》颁发的第12号新资质证书及石油天然气玉门工程质量监督站印章。监督完成新建、扩建、技术改造建设项目共计63项。

2001年，集团公司发布《石油天然气工程质量监督程序》和《石油天然气工程质量监督用表格格式》，石油天然气玉门工程质量监督站开始在油田分公司新建、扩建、改造工程中执行质量监督工作。

2002年，监督完成新建、扩建、技术改造建设项目共计22项。同年7月，玉门工程质量监督站取得甘肃省建设厅颁发的第105号资质证书及甘肃省工程质量化工石油玉门工程监督站的印章，成为甘肃省工程质量监督总站下属专业工程质量监督站。

2003 年，管理局基建工程管理处工程质量监督站与油田分公司工程管理办公室联合开展油田分公司工程质量监督工作，先后监督完成新建、扩建、技术改造建设项目 17 项。石油天然气玉门工程质量监督站取得酒泉市事业单位登记玉门石油管理局颁发的《事业单位法人证书》。

2005 年，工程质量监督开始执行《石油天然气建设工程质量监督工作程序》(2005 年版)。

2006 年，监督工程项目 21 项，全年办理工程质量监督注册手续 24 项，对受监工程质量检查 310 次，填写各种监督记录 1286 份，查阅施工资料 2320 余册，发出工程质量整改通知单 21 份。在酒泉基地质量监督站成立工程质量监督小组 3 个，按照工程质量监督计划，对设置的停监点进行 600 余次监督、检查和认证。对玉门油田酒泉基地 30 栋住宅楼、6 个公建项目进行数次定期或不定期的工程质量检查，共签发《工程质量整改通知单》12 份，提出整改的质量问题 75 条。

2008 年，进一步加大工程质量监督力度，对一般小型工程 1 个月不少于 3 次巡查，投资较大或工期较长的重点工程 1 个月不少于 8 次巡查。深入施工现场质量检查达 310 次，填写各种监督检查记录 623 份，核查施工资料 2320 余册，发出工程质量整改通知单 21 份。

2012 年 1 月，工程质量监督管理信息系统 1.0 版本开始运行。3 月，油田派人参加甘肃省建设工程质量安全监督人员培训，有 14 人取得甘肃省建设工程质量安全监督员证书，其中 9 人取得主任监督员证书、5 人取得监督员证书。

2013 年，按照集团公司监督总站 2013 版《工程质量监督程序》，修订《工程质量监督管理手册》。

2014 年 1 月，《工程质量监督管理手册》(2014 版) 正式出版，上报集团公司质量部、石油天然气工程质量监督总站备案。11 月，石油与天然气工程质量监督总站工程质量监督管理信息系统 2.0 版本开始系统测试；12 月，石油天然气玉门工程质量监督站开始上线试运行。全年监督工程项目 50 项。

2015 年 4 月，工程质量监督管理信息系统 2.0 版在石油天然气玉门工程质量监督站正式上线运行。有 18 名职工取得石油天然气玉门工程质量监督一级、二级工程师、监督员资格。

2017 年，结合油田工程项目实际情况，合理制定 27 份详细的监督计划，强化材料设备进场、工程主体结构监督和日常巡查，全年监督覆盖率 100%，工程质量处于受控状态。对工程实体质量、参建单位质量行为和执行基本建设程序等情况开展监督检查。全年对受监工程开展监督检查累计 50 人次，提出并纠正施工管理、质量、安全方面的问题 58 个，下发质量问题整改通知书 4 份。

第十章　内部审计

第一节　机构

1987 年，玉门油田设有审计处，专门负责油田的内部审计工作。

1988 年 10 月，管理局成立行政监察处，行政监察处与审计处为一个机构、两块牌子、两种职能，审计处（行政监察处）设审计科、监察科 2 个职能科室。

1989 年 3 月，根据总公司、甘肃省的安排，管理局建立审计监察体系，在钻井处、炼油厂、机械厂、物资供应处、老君庙油矿、兴玉总公司 6 个单位成立审计监察科，科室定员 3 人；其他生产单位和辅助生产单位及兰州石油化工研究院，设立专职审计监察员，千人以上的单位定员 2 人，千人以下的单位定员 1 人；培训总校、技工学校、普教处、医院、研究院、通讯处、公安处、规划设计院、兰州化工设计院、报社、酒泉疗养院等单位可定兼职人员，统筹搞好审计监察工作。各单位审计监察科及专兼职审计监察员，属双重领导，主要受管理局审计处（行政监察处）领导，如工作需要或遇到大的案件，进行大的审计项目或组织政纪监察等，管理局审计监察处可以抽调二级单位的审计监察员，共同完成工作任务，各单位专兼职审计监察人员的任免，需经审计监察处同意，工资、奖金、福利等归各单位负责。

1990 年 12 月，将行政监察处从审计处划出，审计处单独设立，下设财经法纪审计科、经济效益审计科、综合科。

1993 年 3 月，对审计处下设机构进行调整，调整后，设财务审计科、经济效益审计科 2 个职能科室。

1996 年 12 月，管理局对机关机构进行调整，调整后，审计处下设办公室 1 个科室，附挂审计所，审计所设财务收支审计科、经济效益审计科、基建工程审计科 3 个科室。

1999 年 7 月，玉门油田重组改制。10 月，管理局将纪委监察处、审计处合并设立审计监察处，下设综合办公室、检查审理室、效能（执法）监察室以及附属机构审计所。

2000 年 2 月，油田分公司成立审计监察处（纪委），下设纪检监察室和审计室。7 月，管理局将审计监察处审计职能及人员整体划出，设立审计处，审计处下设综合科、审计科（审计所）。

2005 年 7 月，玉门油田重组整合。8 月，将油田分公司审计监察处（纪委）的审计职能、机构、人员和管理局审计处合并，成立公司（局）审计处，下设工程审计科和效益审计科。

2015 年 5 月，审计处增设专项审计科，重点承担集团公司审计部部署安排的专项审计工作，同时将原效益审计科的合同审计、信息系统审计、内部控制审计职能划归专项审计科。

至 2017 年 12 月，审计处设工程审计科、效益审计科、专项审计科 3 个职能科室，有员工 12 人。

第二节　审计制度

1988 年 1 月，根据国务院、审计署和石油工业部关于开展厂长离任经济责任审计的要求，结合玉门油田实际情况，制定《厂长（经理）离任经济责任审计实施细则》。通过对任期届满、免职、撤职、辞职及其他原因调离岗位厂长任期责任目标完成情况、财务收支是否合理合法等主要内容审计，促进厂长负责制的落实，监督厂长权利和责任的履行，保证经济体制改革、完善企业经营机制和完善企业领导人员的工作交接制度的顺利进行，为合理选配干部提供依据，以适应国家和企业的需要以及职工群众的要求。

1989 年 8 月，制定《审计档案管理细则》《事前审计控制实施办法》，就提高审计控制能力，减少资金流失、堵塞漏洞，把一些不必要的支出和可以避免的浪费损失控制在事发之前做出规定。

1991 年 12 月，制定《审计业务管理暂行考核细则》，使油田审计工作向制度化、法制化和规范化方向发展。

1992 年 9 月，制定《玉门石油管理局多种经营系统内部审计工作暂行规定》，在玉门油田多种经营系统实行内部审计制度。

2003年8月，根据国家审计署《关于内部审计工作的规定》和集团公司《石油内部审计规范》，管理局相继制定《内部审计工作准则》《审计部门审计强制性措施的规定》《漏审责任追究办法》《计算机辅助审计实施办法》《审计部门审计信息管理工作规定》《审计部门统计管理工作规定》《经济合同管理审计实施办法》《专项资金审计实施办法》《专项审计调查实施办法》《审计部门审计公文处理的规定》《审计部门审计复审的规定》《审计部门审计处理处罚规定》《企业内部控制制度审计实施办法》《建设工程项目审计实施办法》《审计档案管理工作规定》等，使管理局内部审计工作进一步规范化、制度化、标准化。

2006年4月，根据国家有关法律法规和《中国石油天然气股份有限公司内部审计规定》，制定《玉门油田分公司（局）内部审计工作实施细则》，规定油田内部审计机构、人员及职权，审计内容与程序，审计工作管理，违规责任等。

2014年1月，制定《玉门油田分公司经济责任审计实施细则》，规定经济责任审计的对象、应遵循的原则，以及机构与职责、审计的主要内容、审计程序、审计评价的主要内容和指标、责任界定与结果运用等。

第三节　审计工作

一、财务收支审计

1987—1993年，审计部门坚持实事求是、客观公正、宽严适度的原则，对油田所属单位及所兴办经济实体财务收支的合规性、合法性进行审计。对会计报表、会计，账簿和会计凭证真实性、合规性和准确性，内部控制的健全性、符合性和有效性，资产、负债、所有者权益、损益的完整性、合理性和正确性等进行审计。针对存在的财务管理问题以及资产不实、效益流失、投资管理不善等问题，提出处理意见，促进被审计单位加强会计基础工作，改善企业经营管理，严肃财经纪律，保护企业合法权益，加强廉政建设，提高企业效益。

1994年，开始把新旧会计制度的接轨和新会计制度的执行情况纳入财务收支审计范畴，坚持“一个基础”“两个延伸”，使财务收支审计向提高经济效益和内控制度的有效性、完善性延伸。

1996年，根据玉门油田生产经营和深化改革的需要，结合审计力量的实际状况，将财务收支审计作为必审项目。

2001年，按照重新修订的《会计法》规定，财务收支审计突出三个方面内容：(1) 着重审计油田全资、独资、股份制企业财务资料的真实性、完整性和财务收支的合规性、合法性及内部控制的健全有效性；(2) 重点审查有无截留收入、私设“小金库”、乱上计划外项目及其他违犯财经法规的问题；(3) 核实盈亏，明确经营责任，建立追偿债权和管理股权的责任制度，避免资产、效益流失。

2005年，实现财务收支审计覆盖面100%。

至2017年，审计部门共实施完成财务收支审计项目131项。

二、经济责任审计

1988年，对任期届满、免职、撤职、辞职及其他原因调离岗位的厂长（经理）进行离任经济责任审计，目的在于促进厂长负责制的落实，监督厂长权利和责任的履行，保证经济体制改革、完善企业经营机制和企业领导人员工作交接制度的顺利进行，为合理选配干部提供依据，以适应国家和企业的需要以及职工群众的要求。

1989年，审计部门对部分任期届满离开工作岗位的厂长（经理）进行离任审计，通过对任期目标、管理水平及经济效益情况、执行财经政策情况、债权债务清理情况、固定资产和流动资金的管理以及使用情况等进行审计，客观评价任职期间企业经营情况、经济效益情况、财经纪律执行情况及工作业绩。

1996年，根据玉门油田生产经营和深化改革的需要，结合审计力量的实际状况，将厂长（经理）离任经济责任审计作为必审项目。

1998年，根据《石油工业经济责任审计规范》要求，审计部门依法对法定代表人任职期间承担和履行经济责任情况进行监督、鉴证和评价。未经审计，不得解除任期内的经济责任，法定代表人年度经济责任考核，坚持“不经审计，不予考核；不经考核，不予兑现”的原则。审计时限分为年度审计、任期届满审计和离任审计。其目的在于审查、评价法定代表人任职期间的经营业绩，划清、确认或解除其应承担的经济责任，为兑现奖惩、考核干部提供依据。

2008年，推行届中经济责任审计，根据人事部门的委托，油田审计部门对部分任期超过3年的厂长（经理）进行届中经济责任审计，审计从业绩考核、重大经营决策、财务信息、资产质量、内部控制等方面入手，注重加强对经营管理者履行经济责任情况的客观评价和有效监督。

至2017年，玉门油田审计部门共实施完成经济责任审计项目107项。

三、基建工程审计

1987—1995年，审计部门对机械厂抽油杆技术改造等工程的投资效益进行审计，审计主要对相关的经济技术指标进行对比分析，评价工程投资效益。

1996年，根据油田生产经营和深化改革的需要，结合审计力量的实际状况，将非生产性基建项目开工前审计、外包工程预（结）算审计作为必审项目。

2000年，审计部门扩大基建工程、维修工程项目审计覆盖面，从单纯的预（结）算审计向投资的全过程审计转移、变被动为主动，维护企业的利益。

至2017年，审计部门对炼油化工总厂催化裂化装置烟气除尘脱硫及全厂加热炉燃料气脱硫项目等84个基建工程项目进行审计，建设工程项目审计的范围包括：集团公司及油田以国有资产投资或者融资为主的建设工程项目；玉门油田单位承揽工程后，外包、分包的工程项目；油田维护、炼化检修、技术服务等维修工程项目。重点审计建设工程项目在概算执行、物资采购、合同管理、施工管理、资金管理中存在的问题；审计招投标、工程分包等关键控制环节的规范性；审计对外结算项目是否存在风险因素、制度性缺陷和管理漏洞；审计建设工程管理制度的健全性、执行的有效性和项目管理规范性。通过审计，共审减工程项目预算、结算、决算费用21132.34万元，发现基建工程项目在招投标、工程管理、投资控制、竣工决算等实施过程中存在的薄弱环节及潜在风险，促进建设工程项目有关单位加强管理，保障建设资金合理、合法使用，提高投资效益。

四、管理效益审计

1987—1991年，审计部门实施完成运输处等单位经营管理效益审计，通过审计协助企业完善经营管理，提高经济效益。

1992年，采取重点项目全面审，专题项目集中审的方式，把管理效益审计作为项目审计的重点内容，促进企业改善经营管理，释放内部潜能。审计中，以财务收支审计为基础，在真实、合规的基础上，对经济事项的效益性进行评价，真实地反映被审计单位的经营状况，找出存在的问题，分析经营和效益潜力，提出可操作的建议。

2009年，审计部门着力突出管理加效益的审计格局，实行监督与服务并举的审计模式，把审计作为提升企业管理和效益的重要手段，不断增强经营者依法依规的经营意识，降低经营风险，维护油田利益，促进企业发展和价值增值。

2016年，围绕机构改制过程中的重点领域、重点事项，开展油田驻外机构经营管理情况审计。审计中密切关注改革措施的推进和协调配合情况，促进被审计单位增强自主经营意识，防范风险，为驻外机构改制提供依据和参考。

2017年，聚焦玉门油田守法合规，推进依法治企的工作部署，结合油田生产经营需要，实施完成兰州玉金加气站、上海大联石油化工有限公司、北京办事处经营管理情况审计。审计主要针对经营管理过程中存在的问题和薄弱环节，审查经营指标完成情况、收入及成本费用情况、销售实现情况和内部控制等，揭示和挖掘管理短板、重点风险点、制约影响企业发展和效益的重要因素。至12月，共实施完成经营管理效益审计76项。通过对被审计单位经营管理情况进行全方位、全要素、全过程分析和梳理，评价企业经营活动的合理性、有效性和价值性，发现经营管理活动中的弱项、控制盲点，分析产生的原因，提出有针对性的解决措施，促进被审计单位不断强化内部管理，做到各项工作运行规范、执行到位、运转高效、全面受控，达到管理增效的目的。

五、内部控制审计

1996年，根据生产经营和深化改革的需要，结合审计力量的实际状况，将新建公司（企业）内部控制制度的审计作为必审项目。

1997年，审计部门有重点地对全局有关生产经营单位、多种经营单位的财务会计和其他经济活动的内部控制制度情况进行审计，开展建筑安装工程处内部控制制度审计。重点检查现金管理制度执行是否严格；不相容岗是否做到实质上的分离；账户管理是否严格；生产经营过程中各业务凭证流转程序是否合理，既保证生产经营活动的正常开展，又起到相互制约的管理作用。通过审计，找出内部控制的薄弱环节，帮助和促进被审单位建立健全内部约束和制衡机制，加强管理，防止舞弊，维护企业资产的安全和完整。

2008年，按照股份公司内控体系建设的要求，开展管理层测试工作，促进和完善内控体系建设。把内控测试和常规审计有机结合，将内部控制审计贯穿于审计项目之中，促进企业用规范和制度来约束管理行为，在关键环节做到事前有制度可规范，事中有流程可依据，事后有记录可检查，有效抵御和防范经营风险，预防和避免违规与舞弊行为，使企业各项生产经营活动和管理各环节都处于受控状态，企业风险得以及时预警和有效控制，保障油田生产经营按照确定的战略目标规范、有序、有效地运行。

至2017年，审计部门共实施内部控制审计项目8项。

六、专项审计

1987—1998年，审计部门发挥专项审计深入细致的长处，先后分层次、有重点地实施完成了炼油厂积压物资专项审计等项目。

2013年，根据集团公司审计部统一安排，统筹协调审计资源，上下联动，对油田库存物资管理情况进行专项审计。

2014年，根据集团公司《关于对会议等经费使用情况进行审查的通知》（审计〔2013〕372号）文件要求，全面贯彻落实中央、甘肃省和集团公司关于改进工作作风、密切联系群众，厉行勤俭节约、反对铺张浪费的有关规定，对玉门油田2013年会议、公务用车、通信费、业务招待费、差旅费、出国（境）费用、培训费及礼品费等经费使用情况进行审查。并按照集团公司审计部整体部署，针对企业在发展中可能存在的重大风险和突出问题，开展了玉门油田表外资金专项审计调查等项目。

2015年，围绕风险控制，从实际出发，转变工作思路，坚持以问题和风险为导向，强化对重点风险领域的专项审计。实施完成玉门油田2012—2014年勘探与生产板块安全生产费用专项审计、科技经费使用与管理专项审计、困难职工帮扶资金专项审计、炼油化工总厂安全隐患治理项目专项审计、油田报废井隐患治理专项审计。

2016年，为应对经济下行和低油价对油田生产经营带来的冲击和影响，按照集团公司审计部统一部署，认真剖析油田生产经营管理重点、领导关心的关键风险环节，合理统筹安排玉门油田内部审计资源，实施完成了油田2014—2015年修理和运输费用专项审计、油田存货管理情况等专项审计。

2017年，按照集团公司审计部统一部署，及时开展与玉门油田业务相关的2014—2016年应收款项管理、商业汇票管理、自用油气管理与使用情况专项审计。

至2017年，审计部门实施专项审计项目63项。审计从油田发展战略、重点领域、关键环节等方面入手，结合玉门油田生产经营实际，选择领导、群众关心的热点问题，倾向性、苗头性问题，适时开展与油田业务相关的专项审计，促进被审计单位管理水平和防范风险能力不断提高。

七、预算审计

1995年，作为总公司的重点审计任务之一，审计部门开始对预算的执行情况进行试审计，以控制成本费用支出。

1996年，对企业总体规划经营管理中的资金预算管理、财务管理、预算的编制、审批、下达、制度的执行以及现金流量中成本费用控制，长期投资，各种收入等财务领域的预算执行情况进行审计，通过审计，评价预算执行情况，对经营管理提出意见和建议。

1998年，审计部门加大预算审计力度，对采油厂、炼油化工总厂1997年度预算执行情况进行就地审计，核实预算收入的编制和实现情况，预算支出的审定和控制情况，预算利润的计算根据和实现情况，流动资产和固定资产的完整性及各项资金的使用、分配、计提的合规性和合法性。

2001 年，根据股份公司审计部要求，将预算执行情况审计作为一项必审制度。

至 2017 年，审计部门共实施完成预算审计项目 6 项。通过审计，加强对“违算”行为的审查和解剖、分析发生“违算”问题的原因；加强对收支不纳入预算管理、搞资金体外循环任意挤占生产成本、私设“小金库”等违纪问题查处；加强对预算日常管理的审计，分析预算执行情况，发现预算管理制度中存在的薄弱环节，提出改进和完善的意见和建议。

八、合同审计

2009 年，审计部门依法对经济合同的签订、执行及结果的合法性、合规性、准确性及效益性进行审计监督，维护企业的合法权益，促进合同履行，提高经济效益。当年，实施完成炼化板块 2008 年经济合同执行情况审计，重点梳理合同执行过程中的普遍性问题和个性化问题，探索进一步规范合同管理的方法和措施，促进合同管理的规范运行，防范合同运行中的法律风险。

2010 年，实施完成公司钻井工程合同执行情况审计，发现其中部分钻井工程合同存在技术指标超标、合同执行不严格、合同约定的违约责任落实不到位等问题。

2012 年 2 月，经集团公司审计部对玉门油田合同审计系统测试认可后，启动生产环境下合同管理系统与审计管理系统的平台对接，正式立项开展支出性经济合同签约前审计。

至 2017 年，借助合同辅助审计系统，审计关口前移，按照不同合同类型，细分审计目标，确定审计重点，共抽查合同 1213 份，围绕合同价款进行全要素审计。通过对合同立项依据的充分性和签约程序的合规性，合同文本的规范性，合同价款或报酬、结算方式、履行期限及纠纷处理等条款内容的合法性审计，发现合同文本不规范、事后合同比例高、合同文本内容审核不严谨、程序不规范等问题。

九、信息系统审计

2011 年起，按照集团公司审计部整体部署和发展规划，推进信息化建设，开展信息系统审计。推广应用审计管理系统，实现全部审计项目在系统中运行，缩短信息整理和加工时间，提高审计信息的及时性；综合应用数据仓库系统，缩短数据查寻时间，提高数据分析效率，为财务数据、审计信息的获取提供快速通道。

期间，开展的玉门油田医院管理信息系统（HIS）运行情况审计，针对系统在运行过程中存在管理制度不完善，应急预案缺失，人员权限设置、系统维护缺少书面文档或依据，系统中存在多余权限、多余账户以及账号权限与用户现岗位不相符等问题，提出修改、增加系统中部分授权审批功能模块，完善系统管理规章制度，规定各级各类人员的操作审批权限等审计意见和建议，保证了油田医院经营管理状况及相关财务、会计信息传递、汇总的真实性、准确性，达到了提高油田医疗信息化程度、提升医疗服务水平、降低医院运行成本的目的。

第十二篇

党群工作

第一章　油田党组织

第一节　组织机构

一、油田党委

1987 年，玉门油田党组织关系隶属甘肃省委管理。中共玉门石油管理局委员会由 21 名委员组成，其中常委有王鹏、李志新、黄树德、赵熙寿、贾志仁、张焕君、王德仁、黄亦纯、刘世洲 9 人，王鹏任党委书记，李志新任副书记。

1988 年 9 月，中国石油天然气总公司成立，玉门油田由甘肃省政府和中国石油天然气总公司双重领导，党的组织关系隶属甘肃省委。

1989 年 7 月，管理局召开党的第九次代表大会，选举产生中共玉门石油管理局第九届委员会，当选党委委员 21 人、常委 8 人，王鹏、李志新、黄树德、赵熙寿、刘世洲、黄亦纯、张焕君、王德仁为党委常委。王鹏任党委书记、李志新任副书记。

1990 年 1 月，国务院批复玉门石油管理局划归中国石油天然气总公司管理，党组织关系仍隶属甘肃省委直接管理。9 月，局党委增补杨秀森、吴碧莲为局党委常委。

1995 年 6 月，玉门、吐哈管理体制理顺，总公司党组决定，黄亦纯任党委书记，刘世洲、张东泉任党委副书记，增补周永华、彭立垣、田玉军为局党委常委，增补孔繁瑾、高玉江为局党委委员。

1996 年 10 月，中共玉门石油管理局第十次党员代表大会召开，选举产生第十届委员会，当选党委委员 21 人，常委 7 人。黄亦纯任党委书记，刘世洲、张东泉任副书记。孔繁瑾、田玉军、刘世洲、张东泉、高玉江、黄亦纯、彭立垣为党委常委（常委按姓氏笔画排序）。

1998 年 4 月，刘世洲代理党委书记职务。

1999 年 9 月，随着油田重组改制，集团公司党组决定，成立玉门油田分公司党委，实行委员制，党组织关系由管理局党委代管，刘世洲任分公司党委书记，孔繁瑾任分公司党委副书记。同时，任命张东泉为管理局党委书记，高玉江为局党委副书记。

2001 年 3 月，集团公司党组对局党委班子进行调整，高玉江任局党委书记。

2002 年 2 月，集团公司党组对油田分公司党委班子进行调整，孔繁瑾任党委书记，熊湘华任党委副书记。10 月，集团公司党组决定，孙永会、张作祥任局党委常委。

2005 年 7 月，玉门油田重组整合，集团公司党组批准管理局党委并入油田分公司党委，成立中国共产党玉门油田分公司委员会，由高玉江、孔繁瑾、严晓昱、陈建军、熊湘华、桑运超、孙永会、张作祥等 10 人组成。高玉江任分公司（管理局）党委书记，孔繁瑾、严晓昱任分公司（管理局）党委副书记，油田党组织关系隶属于甘肃省委。

2009 年 6 月，集团公司党组决定，张作祥任分公司（管理局）党委副书记。

2010 年 6 月，集团公司党组决定，张作祥任油田分公司（管理局）党委书记。11 月，集团公司党组、股份公司决定，刘圣志任油田分公司（管理局）党委副书记。

2011 年 7 月，油田分公司召开第一次党员代表大会，大会选举张作祥、刘圣志、陈建军、桑运超、孙永会等 7 人为第一届委员会委员，张作祥任党委书记，刘圣志任党委副书记。

2013 年 11 月，中国共产党玉门油田分公司委员会，由张作祥、刘圣志、陈建军、桑运超、孙永会、刘战君、范铭涛 7 人组成，张作祥任党委书记，刘圣志任党委副书记。

2015 年 1 月，集团公司党组决定，牛君昌任油田分公司党委委员。7 月，集团公司党组、集团公司（股份公司）决定，陈建军任油田分公司（管理局）总经理（局长）、党委副书记。9 月，按照集团公司党组关于在部分企事业党委设立专职纪委书记的要求，孙永会任油田分公司纪委书记。

2017 年 1 月，陈建军任油田分公司（管理局）总经理（局长）、党委书记。4 月，油田分公司第二次党员代表大会选举陈建军、桑运超、孙永会、刘战君、范铭涛、牛君昌 7 人为第二届委员会委员，陈建军任党委书记。9 月，玉门石油管理局改制为玉门石油管理局有限公司，陈建军任玉门石油管理局执行董事、总经理。12 月，集团公司党组决定，高志胜任油田分公司党委委员。

二、党委机关

1. 党委办公室

1987 年，玉门油田党委下设党委办公室，作为油田党委的综合办事机构，主要负责玉门油田党委各项工作的综合协调和督查落实，负责油田党委各类综合性文件的起草工作，负责油田党委各类综合性会议、活动的协调组织，负责油田保密组织、机构、队伍、保密要害岗位的管理和制度建设、检查考核、培训工作等。下设秘书科、政策调查研究室、信访接待室 3 个职能科室。

1993 年 3 月，管理局机关进行机构改革，成立党委工作部（宣传部、统战部），党委办公室归并在党委工作部（宣传部、统战部）。下设的秘书科、机要保密科为党委办公室的职能科室，负责玉门油田党委各项重点工作的综合协调、督促落实。

1996 年 12 月，管理局撤销党委工作部（宣传部、统战部），重新成立局党委办公室，下设秘书科、机要保密科。

1999 年 7 月，玉门油田重组改制，油田分公司设立经理办公室（党委办公室），主要负责公司党政公文处理，接待、会务、保密、档案、信访以及党群工作。10 月，管理局对机关组织机构进行调整，将党委办公室、企业管理处、法律事务处合并到局办公室，下设的秘书科、机要文书科为行政和党委办公室的综合职能科室，负责管理局党政公文处理，重点工作的综合协调、督促落实，以及接待、会务、保密、档案、信访等工作。

2000 年 1 月，油田分公司将经理办公室（党委办公室）机构调整为总经理办公室（党委办公室、宣传部、统战部），下设文秘科、群工科（工会、团委办公室）、宣传科（统战科）3 个职能科室，附挂档案馆。管理局将局办公室、党委办公室业务和企业管理处、法律事务处业务分离，成立局办公室（党委办公室），下设秘书科、机要文书科 2 个职能科室，统筹为行政和党委服务。

2005 年 8 月，将公司总经理办公室（党委办公室）和管理局办公室（党委办公室）的党委管理职能、机构和人员划出，合并成立公司（局）党委办公室，主要负责公司（局）党委重点工作的综合协调和督查落实，党委文件的起草，党委大型综合性会议、活动的协调组织，党组织公文管理；负责机要保密工作、信访和维护稳定工作。下设秘书科、机要保密科、信访（维护稳定）办公室。

2010 年 11 月，公司（局）将党委办公室与总经理（局长）办公室合并，成立公司（党委）办公室，下设秘书科、文书科、信访（维护稳定）办公室、接待科 4 个职能科室，附挂档案馆。

至 2017 年底，公司（党委）办公室机构及职能保持不变。

2. 党委宣传部（统战部）

1987 年，玉门油田党委下设宣传部，专门负责油田的政策理论教育、思想政治工作、新闻宣传和统一战线等工作。下设宣传科、理论科、统战科 3 个职能科室。

1988 年 7 月，撤销党委宣传部和职工培训处，成立宣传教育处，下设干部教育科、工人教育科、宣传科 3 个职能科室。10 月，撤销宣传教育处，成立宣传思想工作处，负责油田党的路线、方针、政策的宣传贯彻，政治理论、职业道德的宣传教育；负责全局职工思想政治工作，搞好形势教育；指导办好《石油工人报》、电视节目及群众文艺宣传等。

1989 年 1 月，管理局在宣传思想工作处设置宣传新闻科和思想工作科。6 月，将全局民事调解工作划为局行政序列，在宣传思想工作处增设民事调解办公室。11 月，撤销宣传思想工作处，恢复党委宣传部，下设宣传科、理论科、统战科、新闻科 4 个职能科室。

1991 年 11 月，成立党委统战部，与党委宣传部为一套机构、两块牌子。党委宣传部（统战部）设宣传科、理论科、统战科、新闻科 4 个职能科室。

1993 年 3 月，机关机构改革，撤销党委宣传部（统战部），成立党委工作部（宣传部、统战部）。下设的宣传科、理论教育科、统战科为党委宣传部、统战部的职能科室，具体负责油田的新闻宣传、理论教育、思想政治工作、精神文明建设和统战工作。

1996年12月，撤销党委工作部（宣传部、统战部），重新成立局党委宣传部（统战部）。下设宣传科、理论科、统战科3个职能科室。

1999年7月，玉门油田重组改制，油田分公司和管理局分别对机关职能处室进行调整。10月，管理局将党委组织部和党委宣传部合并，成立组织宣传部（统战部），下设的宣传科为党委宣传部（统战部）的职能科室，具体负责管理局的新闻宣传、思想政治工作、企业文化建设、精神文明建设及统战等工作。

2000年1月，油田分公司根据试运行情况，将经理办公室（党委办公室）机构调整为总经理办公室（党委办公室、宣传部、统战部），下设的宣传科（统战科），具体负责公司宣传思想工作。

2005年8月，公司（局）将总经理办公室（党委办公室）与局党委组织宣传部的宣传、统战职能合并，成立公司（局）党委宣传部（统战部、企业文化部）。下设宣传科（统战科）、企业文化科2个职能科室。

2010年9月，公司（局）将机关党委、公司团委与党委宣传部（统战部、企业文化部）合并，成立企业文化处（党委宣传部、机关党委、团委）。下设的企业文化科（宣传教育科），负责公司（局）新闻宣传、思想政治工作、企业文化建设、精神文明建设和统战工作。

2011年10月，企业文化处（党委宣传部）增设宣传科，主要负责油田新闻宣传、思想政治工作和统战等业务。

至2017年底，企业文化处（党委宣传部）下设宣传科、企业文化科2个职能科室。

3. 党委组织部

1987年，玉门油田党委组织部下设组织科、干部科、老干部管理科3个职能科室。党委组织部的主要职责是：负责全局党的建设和干部管理工作，当好党委的参谋，使党的组织建设和干部工作服从"四化"、促进"四化"、确保"四化"；按照党在新时期的思想路线、政治路线和组织路线的要求，精心选拔培养一大批具有专业知识能力，年富力强的革命事业接班人；建立一支既坚持社会主义道路，又具有专业知识能力的又红又专的干部队伍；按照新形势的要求，重视党员教育，提高党员质量；整顿党的组织，从制度上、方法上加强和改善党的领导，以适应"四化"发展的迫切需要。2月，成立干部处，与党委组织部为一套机构、两块牌子，党委组织部（干部处）下设组织科、干部管理科、老干部科、技术干部科4个职能科室。

1988年11月，党委组织部与干部处分设，党委组织部下设组织科、干部科2个职能科室。

1993年3月，党委组织部与干部处合并，成立组织部、干部处，为一个机构，两块牌子，下设干部管理科、技术干部科、组织科、干部调配科4个职能科室。

1996年12月，管理局对局机关组织机构进行调整，将党委组织部（干部处）（局人才交流服务中心）调整变更为干部处（组织部）。调整后的干部处（组织部）设组织科、干部管理科、技术干部科3个职能科室。

1999年7月，玉门油田重组改制。油田分公司成立之初，设立人事处（组织部），主要负责员工培训管理，干部、员工管理，领导班子建设，工资分配及管理，人力资源开发及计划管理，机构编制，劳动定额管理，劳动统计等工作。10月，管理局对局机关组织机构进行调整，将原党委组织部和党委宣传部合并成立局党委组织宣传部（统战部），下设的组织科具体负责全局党组织建设、党员队伍建设和纳新工作。

2000年1月，油田分公司根据试运行情况，将人事处（组织部）机构进行调整，调整后的人事处（组织部）设组织人事科、劳资科、职业技能开发科3个职能科室。

2005年8月，随着玉门油田机构整合，公司将公司人事处（组织部）与管理局人事处合并，并将管理局组织宣传部组织业务划入，成立公司（局）人事处（党委组织部），下设组织干部科，具体负责油田党组织建设、党员教育管理和党员发展等工作。

2007年1月，为适应党建工作需要，对人事处（党委组织部）所属的组织干部科机构业务进行调整，分别设立组织科、干部管理科。

至2017年底，党委组织部机构、职能保持不变。

三、基层党委

1987年，油田党委下设22个基层党委和5个厂处党总支。

1995 年 5 月，钻井处、井下处、油建公司、运输处、地调处、录井处、二机厂 7 个单位整建制划转吐哈油田，玉门油田党委所属基层党委减少为 18 个，有党总支 17 个、党支部 280 个、党小组 659 个。

至 1999 年 6 月，管理局党委所属基层党委有 19 个，有党总支 12 个、党支部 259 个，党小组 544 个。7 月，玉门油田重组改制，设立中共玉门油田分公司委员会和中共玉门石油管理局委员会。2000 年，油田分公司党委所属基层党委有 4 个，有党总支 5 个、党支部 77 个，党小组 143 个；管理局党委所属基层党委有 17 个，有党总支 2 个、党支部 157 个、党小组 277 个。

2002 年 9 月，为了建立健全酒泉基地建设指挥部党群组织机构，经管理局党委、油田分公司党委研究决定，成立酒泉基地建设指挥部临时党委。管理局党委成立甘肃阳光大厦有限责任公司党委。至年底，管理局所属基层党委有 17 个，有党总支 5 个、党支部 159 个、党小组 403 个；公司所属基层党委 5 个，临时党委 1 个，党总支 5 个，党支部 74 个，党小组 157 个。

2003 年 9 月，油田分公司党委成立老君庙油田作业区党委、青西油田作业区党委、鸭儿峡油田作业区党委、工程技术服务中心党委，所属基层党委增加至 8 个，有党总支 3 个、党支部 77 个、党小组 158 个。12 月，管理局党委决定对所属改制单位党委名称予以变更：中共玉门石油管理局通信公司委员会变更为中共玉门油田通信有限责任公司委员会；中共玉门石油管理局物业管理公司委员会变更为中共玉门油田方圆物业有限责任公司委员会；中共玉门石油管理局职工医院委员会变更为中共玉门油田医院委员会；中共玉门石油管理局教育培训中心委员会变更为中共玉门油田教育集团委员会。当年，局属基层党委有 17 个，有党总支 5 个、党支部 181 个。

2005 年 7 月，玉门油田重组整合，保留中共玉门油田分公司委员会和中共玉门石油管理局委员会，为一套机构。公司（局）党委所属基层党委有 21 个，有党总支 14 个、党支部 244 个、党小组 588 个。

2007 年，先后成立中共玉门油田分公司农牧业有限责任公司委员会、中共玉门油田分公司矿区服务事业部委员会。恢复中共玉门油田分公司（局）兰州阳光酒店有限责任公司委员会。公司（局）党委所属基层党委 23 个、党总支 17 个、党支部 252 个、党小组 539 个。

2008 年 2 月，成立西安办事处党委。公司（局）所属基层党委 24 个、党总支 14 个、党支部 258 个、党小组 554 个。

2012 年 8 月，成立苏里格天然气开发项目部党委。公司（局）所属基层党委 28 个、党总支 10 个、党支部 259 个、党小组 520 个。

至 2017 年底，公司（局）党委所属基层党委有 23 个，有党总支 13 个、党支部 251 个、党小组 502 个。

第二节　党员代表大会

一、中共玉门石油管理局第九次党员代表大会

1989 年 7 月 27—29 日，中共玉门石油管理局第九次党员代表大会在玉门召开，出席大会的正式代表 420 名。

会议听取和审议王鹏作的《坚持四项基本原则、反对资产阶级自由化，全面增强党组织的战斗力》的工作报告；万世荣作的《端正党风、严肃党纪，保证改革开放的顺利进行》的工作报告；黄亦纯作的《关于党费收缴使用情况的报告》。

会议选举产生中共玉门石油管理局第九届委员会和纪律检查委员会，九届一次全委会选举产生常委会和书记、副书记，当选党委委员 21 人、常委 8 人，王鹏任党委书记、李志新任副书记，黄亦纯任纪委书记。王鹏、李志新、黄树德、赵熙寿、刘世洲、黄亦纯、张焕君、王德仁为党委常委。

二、中共玉门石油管理局第十次党员代表大会

1996 年 10 月 3—4 日，中共玉门石油管理局第十次党员代表大会在玉门召开，出席大会的正式代表 300 名。革命战争时期入党的老同志和管理局驻外办事机构负责同志列席会议，甘肃省委副书记兼省纪委书记李虎林，省委组织部、酒泉地委、玉门市委、玉门—吐哈企业集团办公室的领导参加了会议。

会议听取并审议由黄亦纯作的《加快两个根本性转变步伐，不断提高党组织战斗力，为实现我局“九五”发展目标而奋斗》的工作报告，张东泉作的《围绕油田改革发展，推进党风廉政建设，保证全局二

次创业再造辉煌目标顺利实现》的工作报告；田玉军作的《关于党费收缴使用情况的报告》。

大会选举产生中共玉门石油管理局第十届委员会和纪律检查委员会，十届一次全委会选举产生常委会和书记、副书记。当选党委委员21人、常委7人，选举黄亦纯为党委书记，刘世洲、张东泉为副书记，张东泉为纪委书记。孔繁瑾、田玉军、刘世洲、张东泉、高玉江、黄亦纯、彭立垣为党委常委（常委按姓氏笔画排序）。

三、中共玉门油田分公司（局）第一次党员代表大会

2011年7月6—8日，中共玉门油田分公司（管理局）第一次党员代表大会在酒泉召开，出席会议的正式代表180人，列席代表86人。

会议听取并审议张作祥作的《加强党的建设，凝聚发展力量，为实现“双百”目标而努力奋斗》的工作报告，刘圣志作的《围绕中心、服务大局，为实现“双百”目标提供有力保证》的工作报告和《党费收缴使用情况的报告》。

大会以无记名投票、差额选举的方式，选举产生中共玉门油田分公司（管理局）第一届委员会和纪律检查委员会。选举张作祥、刘圣志、陈建军、桑运超、孙永会等7人为第一届委员会委员，张作祥为第一届委员会书记，刘圣志为第一届委员会副书记；选举产生第一届纪律检查委员会委员，张作祥为第一届纪律检查委员会书记。

四、中共玉门油田分公司（局）第二次党员代表大会

2017年4月27—28日，中共玉门油田分公司第二次代表大会在酒泉召开，出席会议的正式代表200名，列席代表80名。

会议听取并审议陈建军作的《坚持党的领导，全面从严治党，为实现油田战略目标提供坚强保证》的工作报告，孙永会作的《坚持从严执纪，强化责任担当，为油田公司稳健发展建设百年油田提供纪律保证》的纪委工作报告和牛君昌作的《党费收缴、使用情况的报告》。

大会以无记名投票、差额选举的方式，选举产生中共玉门油田分公司（管理局）第二届委员会和纪律检查委员会。选举陈建军、桑运超、孙永会、刘战君、范铭涛、牛君昌7人为第二届委员会委员，陈建军为第二届委员会书记；选举产生第二届纪律检查委员会委员，孙永会为第二届纪律检查委员会书记。

第三节　党委重点活动

一、教育活动

1. 坚持四项基本原则、坚持改革开放教育

1987年，以学习贯彻党的十二大精神为重点，把中央关于坚持四项基本原则、反对资产阶级自由化的精神同玉门油田实际情况有效结合起来，通过召开为期4天450多人参加的政治工作会议，深入探讨搞好坚持四项基本原则、坚持改革开放教育的方式方法、重点内容和有效途径。抓住职工群众反映强烈的物价、党风和内部社会治安等“热点”问题，先后组织召开党政工团各级负责人、新老干部、党员、群众、师生各个层次，以及民主党派各界人士代表参加的座谈会15个，逐步把正面教育引向深入。5月至党的十三大召开前，玉门油田党委针对职工思想动向，抓住倾向性问题，着重对广大职工进行“两个基本点”相互关系的教育，通过组织编写辅导材料，进行正面辅导；组织开展700人参加的迎“七一”演讲活动和“两个基本点”三分钟演讲等活动，寓教于乐，扩大教育覆盖面。玉门油田各级组织在充分利用传统方法进行正面教育的基础上，努力探索适应新时期正面教育的方式和方法，分层次传达文件、系统理论灌输、专题讨论、算账对比、群众性演讲活动、答题考试、知识竞赛、典型教育、协商对话等方式，既增添正面教育的新意和活力，又达到释疑解惑、武装头脑的效果，帮助广大党员、干部和职工群众加深了对一个中心、两个基本点的理解，坚定了坚持四项基本原则、坚持改革开放的信念。

2. 党的基本路线教育

1988年，为了全面、准确理解和贯彻党的十三大精神，管理局党委组织全局党员、干部和职工群众广泛开展以“一个中心、两个基本点”为核心的基本路线教育。在学习教育中，局厂党委编印发放辅导学习材料14000份，利用《石油工人报》转载《工人日报》学习十三大文件100题，为基层学习提供了指导。

组织宣传辅导人员带上录音、录像和辅导资料，到一线单位巡回宣讲辅导，全年组织专题辅导260场次。举办处级干部学习班6期，参加188人；科级干部学习班76期，参加1240人；党员培训班150期，参加5716人。管理局党委在全局范围内组织开展“生产力标准”问题大讨论，在分析局情、厂情，回顾十年改革得与失的过程中，引导职工群众进行“改革给我带来什么，我为改革做些什么”的讨论，《石油工人报》开辟了讨论专栏，发表讨论稿件89篇。各单位通过闭卷测试、开卷考试、抽签问答和命题抢答等形式，组织开展竞赛222场次，6211名党员参加了竞赛活动。

3. 特色理论教育

1990—1998年，坚持以马克思主义基本理论，党的十三大、十四大、十五大精神，以及邓小平南行巡讲话和江泽民“七一”讲话精神为指导，以《马克思主义哲学纲要》《关于社会主义若干问题学习纲要》《毛泽东选集》《邓小平文选》《邓小平同志建设有中国特色社会主义理论学习纲要》等为重点，通过学文件、读原文，专题讨论、宣讲辅导等形式，深入持久地开展了建设有中国特色社会主义理论教育。

4.“三讲”教育

1999—2000年，按照中央、集团公司党组、甘肃省委的统一安排和部署，以副处级以上干部作为重点，在厂处领导班子和领导干部中深入开展以“讲学习、讲政治、讲正气”为内容的“三讲”教育活动。油田党委围绕“学、找、写、讲、评”五个环节，采取群众提、上级点、互相查、个人找、背靠背评议、面对面谈心、召开专题民主生活会等形式，进行自我剖析，查摆存在的差距、不足和问题，制定整改措施，不断改进思想和工作作风。通过“三讲”教育，领导班子和领导干部的责任意识明显增强，思想作风、工作作风明显转变。经民主测评，职工群众对领导班子和领导干部的满意率分别达到96%和98%以上。

5. 保持共产党员先进性教育活动

2005年7月，按照中央和集团公司党组的统一安排和部署，玉门油田集中半年时间，参加第二批保持共产党员先进性教育活动。在教育活动中，各级党组织始终坚持以邓小平理论和“三个代表”重要思想为指导，按照三个阶段十三个环节的要求，以邓小平理论、“三个代表”重要思想、党的十六大和十六届三中、四中全会精神以及《保持共产党员先进性教育读本》为重点内容，组织开展以“认真学习、深入讨论、广泛谈心、严格剖析、积极整改”为内容的主题实践活动，党员教育的覆盖面、学习时间、学习内容完成均达到100%。各级党组织召开组织生活会288次，评议党员的覆盖面100%，评议情况通报面达到100%，党员党性分析和整改措施落实率100%。先进性教育活动中，党员领导干部建立联系点118个，深入联系点177人次，有267名党员领导干部联系203户困难户。玉门油田党委班子紧密围绕涉及加快油田发展、机构整合、安全生产、企业管理、党组织建设、稳定工作和基地搬迁六个方面的主要问题，形成《油田党委领导班子整改方案》，针对员工群众关心的加快勘探开发步伐、加快机构和体制整合力度、解决基地搬迁过程中往返玉门、酒泉乘车难、房源不足、部分中小学生入学难等热点、难点问题，逐一进行整改和落实。在保持共产党员先进性教育活动中，共下拨教育活动专项资金132万元，落实整改专项资金4667.44万元，解决各类突出问题225个；各级党组织和党员干部走访慰问困难群众329户，党员与群众结成帮扶对子267对；送温暖活动捐款捐物总价值达48.76万元；新建基层党组织10个，调整补充基层党组织负责人41人，解决基层党组织活动场所45个，累计培训基层党委书记、支部书记等党务骨干587人次，发展新党员118人，有243人向党组织递交入党申请书。

6. 深入学习实践科学发展观活动

2009年，按照中央要求和集团公司党组统一部署，始终突出“党员干部受教育、科学发展上水平、员工群众得实惠”这一总体目标，始终坚持以两级领导班子和处级以上党员领导干部为重点，严格按照“学习调研、分析检查、整改落实”三个阶段的学习实践活动要求，及时成立学习实践活动领导小组和办公室，建立健全学习实践活动工作例会、领导干部联系点、指导检查、信息报送四项制度。通过建立学习笔记，撰写心得体会，落实学习内容和任务，公司两级领导班子和机关部门撰写调研报告52篇。通过开展谈心活动，征求意见建议，撰写个人分析检查材料，两级领导班子召开专题民主生活会48场；形成符合实际的领导班子调研报告、分析检查报告和整改落实方案。玉门油田活动专题网页被集团公司学习实践活动办公室确定为向中央领导展示的十家网页之一。经民主测评，玉门油田深入学习实践科学发展观活动群众满意度93.17%；22个基层单位群众满意度测评均在85分以上，18个单位达到90分以上。

7. 党的群众路线教育实践活动

按照中央、甘肃省委、集团公司党组的整体部署，自 2013 年 8 月开始，组织开展为期半年的党的群众路线教育实践活动。在集团公司党组第七督导组的指导下，各级党组织紧扣“为民务实清廉”主题，认真贯彻“照镜子、正衣冠、洗洗澡、治治病”的总要求，牢牢把握“聚焦作风建设，集中解决‘四风’问题”目标任务，突出副处级以上领导干部和厂（处）、公司机关重点对象，扎实开展学习教育、听取意见；查摆问题、开展批评；整改落实、建章立制三个环节的工作。共组织集中学习 540 次，参加 4000 余人次，组织专题讨论 151 场；组织召开基层干部、一线员工、先进模范、离退休人员、再就业人员等各方面代表座谈会 15 场，邀请 119 名党员、干部、群众代表上门谏言，发放《征求意见调查问卷》1360 份，多渠道征求意见建议，公司领导班子共查摆出 10 个方面 24 个具体问题，班子成员共查摆出 63 个方面 101 个具体问题，基层各单位、机关各处室共查摆“四风”问题 2600 个。公司班子成员累计谈心 167 人次，基层各单位、机关各处室班子成员共计谈心 2190 人次。在公司班子民主生活会上，7 名班子成员相互提出批评意见 101 条；基层各单位、机关各处室共召开 47 场专题民主生活会，班子成员相互提出批评意见 819 条。对查摆出来的“四风”问题和征求到的意见建议，坚持边查边改、立行立改，对文件和会议多以及员工工伤保险赔付和住房公积金贷款、使用等政策研究不深不细、执行不到位等问题，及时进行整改。坚持把制定好《整改方案》作为整改落实的重要环节来抓，党政主要领导亲自主持、研究制定，形成《整改方案》，做到整改的问题及主要表现、目标要求、具体措施、牵头领导、责任单位、协同部门、完成时间“七明确”。先后梳理、完善已有制度 31 项，制修订《领导人员职务消费管理办法》《完善学习制度的规定》《改进调查研究工作的规定》《推进重大决策部署落实的规定》《会议管理办法》等 38 项规章制度。油田基层各单位、机关各处室梳理制度 817 个，其中废止制度 27 个，修订完善 455 个，新建制度 153 个，建立健全了联系群众长效机制。

2014 年，按照中央、甘肃省委和集团公司党组对持续深化整改落实工作的部署安排，油田党委采取自查、逐级督查、情况通报的方式，对党的群众路线教育实践活动进行了“回头看”。

8.“三严三实”专题教育

2015 年，集中开展“三严三实”专题教育，扎实做好五个“关键动作”。(1) 抓好集中学习。制定下发《“三严三实”专题教育方案》，两级领导班子逐篇研读《习近平谈治国理政》《习近平关于党风廉政建设和反腐败斗争论述摘编》，组织集中学习 251 次。两级党委中心组专题研讨 103 次，按“党政‘一把手’引领发言、班子成员交流发言和党委书记总结发言”的步骤组织会议，重点围绕学习认识、问题查找以及整改措施等内容进行交流，副处级以上党员干部交流学习心得 400 多篇。(2) 抓实党课教育。公司两级党委书记带头讲党课，两级党委班子成员共讲专题党课 160 场次，参加党课学习 5000 余人次，选送的 3 篇党课课件在集团公司评选中，分获二、三等奖。(3) 抓好问题查摆。两级党委班子成员主动查找整改“不严不实”问题 300 多个。(4) 召开专题民主生活会。专题民主生活会召开率、参会率、到会指导率均达到 100%。(5) 抓好整改。坚持边学边查边改，从现在改起、从自己改起、从突出的问题改起，列出“不严不实”问题清单，建立整改台账，一项一项整改，严格正风肃纪。

9.“两学一做”学习教育活动

2016 年，按照中央、集团公司党组和甘肃省的安排部署，把开展“两学一做”学习教育作为落实全面从严治党要求和党员经常性教育的基础工程，组织制订开展“两学一做”学习教育实施方案、督导方案和运行大表。紧扣“学”“改”“做”“促”四个关键，各级党组织分类分层开展学习教育，玉门油田“八个规定动作”在党支部落地见效。按照“三个基本”要求，各党支部落实“三会一课”等制度规定，组织开展精品党课评比、专题知识测试、典型案例征集、学习教育抽查评价、撰写心得体会、党员标准大讨论等特色活动，党支部主体责任有效落实。突出问题导向，各级党组织自下而上查找突出问题，归纳具体表现，深入分析原因，建立整改台账，实行销号管理，推动践行“四讲四有”合格党员标准常态化、长效化。在“两学一做”学习教育中，各级党组织组织集中学习 1558 次、专题讨论 969 场次、上党课 892 场次，开展知识测试 4 次，党员撰写心得体会 3000 多篇；利用专栏专题和微信平台等宣传典型经验做法，编发《工作简报》49 期，推送各类信息 1000 多条；1 个创新工作案例在甘肃省国有企业“两学一做”推进会上交流，2 篇党支部书记优秀党课材料获集团公司通报表彰。

二、主体活动

1.“学做上”主体活动

1991年，围绕全局中心工作，开展“学理论、做主人、上水平”主体活动。组织广大党员干部认真学习《马克思主义哲学纲要》《毛泽东选集》《关于社会主义若干问题学习纲要》以及江泽民总书记“七一”讲话和党内条规等内容，坚定社会主义信念；在职工群众中，以“双基”教育为抓手，组织开展“四大讲”和忆比教育活动，提高广大职工的思想觉悟。开展岗位形象大讨论，举办优秀主人报告会，宣传33位“扎根戈壁三十年”的老职工的事迹。围绕吐哈会战和老区稳产，开展超产超标、双立功、创业杯、巾帼杯等劳动竞赛，推动了各项工作上水平。油田党风党纪和党员教育工作受到甘肃省的表彰；局工会被全总和省总工会分别评为“全国群众文化工作”先进单位和“模范职工之家”“先进基层工会”“职工合理化建议先进单位”；共青团工作在团中央召开的全国青年工作会议上做经验介绍，被评为“全国青工五小活动”先进单位和甘肃省“创业杯”优胜单位；吐哈地质勘探成果辉煌，丘东和柯柯亚被总公司列入1991年全国油气十大重要发现之一；钻井战线先后创出10项战区纪录和3项全国纪录；原油产量在艰难拼搏中实现了稳产；7个科技进步项目创国内一流水平，其中有2项属国内首创。

2.“当主人、创效益”主体活动

1994年，为了充分调动和发挥广大职工的主人翁积极性，实现生产上台阶、工作上水平，组织开展“当主人、创效益”主体活动。围绕油田稳产增效目标，玉门油田工会广泛组织开展“生产创纪录、经营创效益、前线降成本、后勤降费用”的劳动竞赛，各单位共组织88项单项竞赛，创造新纪录128项，有317人立功受奖；涌现出各类技术能手和尖子286人，工人明星168人；提合理化建议21528条，技术改进措施167项，创造和节约价值843万元。共青团组织以开展“百万效益创收”活动为抓手，确定“全局团员青年增产节约和增收节支百万元”的目标，组成青年突击队，积极承包“青字号”工程，广大青年团员通过挖潜增效、科技攻关、收旧利废、销售产品，共创收821.72万元，涌现出100名青年岗位能手和10名青年岗位能手标兵。全局各级组织把创建共产党员“先锋岗”、职工“样板岗”、共青团员“示范岗”、女工“三八红旗岗”，作为“当、创”活动的重点，通过党群部门现场指导、召开观摩会典型引路，全年创建党员“先锋岗”19个、“样板岗”20个、共青团“示范岗”13个，“三八红旗岗”11个。

3.“爱国、爱油田，岗位做贡献”主体活动

1995年，围绕生产经营目标，部署开展“爱国、爱油田，岗位做贡献”主体活动。围绕主体活动，全局上下积极开展“四岗”和过硬基层创建活动，党群部门深入基层和岗位，进行现场指导，及时召开创建工作交流会，以点带面推动工作，各单位将创建活动与劳动竞赛、合理化建议、技术练兵、岗位技术能手竞赛、党员“332”成才工程等活动紧密结合起来，提高基础管理工作水平。各级工会组织瞄准生产经营的难点和重点，深入开展以“集体创先进、生产创纪录、经营创效益、前线降成本、后勤降费用”为内容的“三创两降”劳动竞赛，全年创各类新纪录240项，创经济效益1860多万元，征集并采纳的合理化建议6860条，技术改进287项，共创造和节约价值3778.8万元；共青团组织以开展“成本进岗位、费用到人头”和创建“百项优质青年工程”活动为抓手，组织青年突击队包项目、包工程、包质量、包进度，选难题、攻难关，全年共创青年优质工程243项。

4.“转、找、增、谋”主体活动

1996年，开展“转观念、找差距、增效益、谋发展”主体活动。结合全局产业调整后的实际，开展两个根本性转变大讨论，发动各级领导干部和职工群众查找计划经济体制下思维方式、传统经济增长方式、粗放管理等方面的表现和工作中的差距，进一步明确两个文明建设的主攻方向；学习推广邯钢“模拟市场核算，实行成本否决”的经验，推行目标成本管理，开展成本进岗位、费用到人头活动，将成本费用指标层层分解，进岗位、到人头；大力开展群众性的经济活动分析，广大职工立足岗位，节约挖潜，人人精打细算，个个当家理财，为减亏做贡献；工会组织开展“增效益、降成本、降费用”夺金杯立功竞赛，创纪录137项，提合理化建议11201条；各单位突出增加岗位经济效益、控制成本费用、加强岗位管理、提高职工业务技术素质等重点，认真落实“四岗”及过硬基层创建措施，把共产党员和共青团员的先锋模范作用和职工的主人翁作用渗透到岗位建设中，全局申报创建“四岗”46个，过硬基层10个。

5.“鼓劲、奋发、创新、增效”主体活动

2000年，把振奋精神、凝聚人心作为首要任务，在全局开展以“鼓劲、奋发、创新、增效”为内容的主体活动。各级组织围绕局“以工业经济为基础，第三产业为接替，农业牧业为补充，社会公益保稳定”的四大发展战略，开展形式多样的形势任务宣传教育、“求生存、谋发展”大讨论。围绕持续重组改制、优质服务、占领内部市场，如何走出去开辟新的市场，如何培植新的经济增长点，如何加强内部管理，深化内部改革等问题，组织职工理思路、定措施、出主意、想办法。通过大讨论，全局上下在五个方面达成了共识，并进行了积极努力：牢牢占领内部市场，是持续生存发展最现实的基础，大力开展“优质服务年”活动；开拓外部市场，是发展的根本出路，大力实施“走出去”战略；深化改革，是发展的根本动力，大力实施“消肿”、改制；关联交易，是当前全局生产经营正常运行的保障，积极主动地与油田分公司进行洽谈；保持队伍稳定，是实现生存发展的关键，大力加强和改进思想政治工作。

6.“抓机遇、强素质、创品牌、增效益”主体活动

2002年，按照管理局党委的部署，各单位充分利用领导班子会、党委扩大会、职代会、党员干部大会、车间职工大会等时机，开展大讨论、提合理化建议、征集新项目、开展专题研讨、技术咨询等活动，见缝插针创市场，优质服务创效益，开发项目增活力，发挥潜力谋发展，把主题活动搞得有声有色。新闻媒体开辟“抓、强、创、增”专栏，全面报道各级组织广泛发动职工，创造性地开展主题活动，全方位抢抓发展契机的举措，大力宣传全局强素质的经验、创品牌的办法、增效益的途径，激发了广大职工为企业持续发展献计献策、拼搏奉献的积极性。

7.“树立新理念、服务上水平”主体活动

2002—2003年，油田分公司党委紧密围绕生产经营中心任务，部署开展“树立新理念、服务上水平”主体活动。公司各级党组织引导员工树立成本观念、效益观念、市场观念、管理增效、科技是第一生产力的观念，认真开展形势任务教育，深化效益党支部创建活动，为生产经营鼓了实劲。工会组织以产量、质量、成本、效益为重点，开展采油“业绩杯”、炼化“效益杯”跨年立功劳动竞赛和提合理化建议活动，为广大员工在生产经营主战场建功立业创造了条件。团组织以“突破一个新区块、开发一项新项目、总结一项先进操作法、推广一项新技术”为内容，开展“金点子”活动，发挥青年员工在生产经营中的主力军作用。女工组织努力调动女工的工作积极性，“巾帼创新业”活动取得了较好的效果，为公司勘探开发、炼油化工等重点工作提供了有力保证。

8.“学、创、争”活动

2003—2004年，管理局各级组织紧紧围绕企业改革稳定发展实际，积极组织职工开展“学理论、创业绩、争效益”活动，促进全局两个文明建设水平的同步提高。坚持在“学”字上下功夫，积极营造良好的学习氛围。通过学习“三个代表”重要思想和十六大、十六届三中、四中全会精神，大力倡导科学的发展观、人本观，以此来引领企业全面进步、健康成长。采取学习座谈、媒体宣传、理论研讨等形式，大力推介《海尔的创新管理》《细节决定成败》《把信送给加西亚》《谁动了我的奶酪》等书籍，积极创新态度决定一切、细节决定成败等新理念，不断提高领导干部的创新力、执行力和精细管理的能力。坚持创新载体，不断深化主体活动。全局各单位把开展“两反”“五查”活动作为深化主体活动的新载体，抓住机遇、借机造势，借势推进，狠抓“低、老、坏”，狠反“软、懒、散”，不断优化生产组织，严格生产运行，加强安全管理，强化科技创新，变精放经营为精细操作，向从严管理要效益，向精细管理要成果，有效推动了基层管理工作水平的提升。坚持典型引路，推动活动深入开展。对全局双文明建设中涌现出的16个标杆集体和13名劳动模范，进行大张旗鼓的宣传表彰，鼓舞了干劲。召开“学创争”主体活动总结表彰大会，对活动开展两年来涌现出的12个效益党支部和12个效益明星，进行表彰，并制作事迹和荣誉展板，在各单位进行巡回展出，在职工中产生了积极的反响。报纸、电视、《班组生活》开辟专栏，大力宣传典型，营造了“学、创、争”的深厚氛围。

9.“学、上、迎”主体活动

2009年，紧贴稳产上产和“5321”工程，精心部署开展“学理论、上百万、迎矿庆”主体活动，在油田上下掀起了抓党建、促发展的良好氛围。两级党委中心组以上率下，认真学习党的十七大、十七届三中全会和集团公司工作会议、领导干部会议精神，通过请专家辅导、听报告、座谈研讨、撰写体会文章等形

式深化学习效果；各级党组织充分利用“三会一课”、班前会、安全宣誓等时机，采取灵活多样的形式，组织广大党员、干部和员工群众学习党的方针政策、上级精神和玉门油田“两会”精神。两级党委和各级组织紧扣生产经营实际，组织开展以“形势、目标、任务、责任”为主题的形势任务教育、“发展杯”劳动竞赛、“三上产”夺油竞赛以及“青年立功竞赛”等活动，调动了广大员工的生产积极性。以展示“石油摇篮”风采，传承优良传统，弘扬玉门精神为主线，实施庆祝玉门油田开发70周年“五个一”系列活动，坚定了油田员工实现原油产量重上100万吨的信心和决心。

10.“学理论、提素质、上水平”主体活动

2013年，为了进一步提升玉门油田党建科学化水平，结合党的群众路线教育实践活动，组织开展“学理论、提素质、上水平”主体活动。各级党组织以“学习贯彻党的十八大精神，全力推进‘双百’油田建设”为主题，结合管理提升活动和“千队示范工程”，充分利用“三会一课”、党员责任区、党员承诺制、党建“三联”责任点等形式，紧扣年度业绩目标，通过系统深入学习党的十八大精神，全面开展党的群众路线教育实践活动和“夯实安全保发展、精细管理促上产”劳动竞赛、“强‘三基’、筑堡垒、当先锋”活动、争创基层建设示范队（站）等经常性创先争优工作，提升了党员素质，促进了各项工作上水平。

三、重点工作

1.“四岗”建设

1994年，把创建共产党员“先锋岗”、职工“样板岗”、共青团员“示范岗”、女工“三八红旗岗”，作为“当主人、创效益”活动的重点，制定创建“四岗”的标准，党群部门深入基层和岗位进行现场指导，召开观摩会进行典型引路，当年，全局创建样板岗20个，党员“先锋岗”19个，共青团“示范岗”13个，“三八红旗岗”11个。1995年，将降成本、降费用、增效益作为“四岗”和过硬基层创建的重点，把创建工作与劳动竞赛、合理化建议、技术练兵、岗位技术能手竞赛、党员“332”成才工程等活动结合起来，全年各单位申报局验收的“四岗”共154个，过硬基层29个。1996年，创建工作突出增加岗位经济效益、控制成本费用、加强岗位管理、提高职工业务技术素质等重点，全局申报创建“四岗”46个，过硬基层10个。1997年，持续深化“四岗”创建活动，把共产党员、青年团员的先锋模范作用和职工的主人翁的作用，渗透到岗位建设、成本费用控制、提高经济效益、增强职工素质中去，促进了管理水平的提高。1998年，突出减亏增效重点，创建“四岗”31个。

2. 党员“332”成才工程

1995年，为了提高党员素质，加快党员成才，组织实施党员“332”成才工程，即“九五”期间，在45岁以下党员中培养专业技术尖子300名、企业管理专家300名、操作和岗位技术能手200名。

3. 领导干部“十佳公仆”

1996年，在党员干部中开展“公仆杯”活动。“公仆杯”干部评选标准是：密切联系群众，全心全意为人民服务；秉公办事，不徇私情，模范地执行各项制度；保持艰苦奋斗的优良传统；所在单位的党风、政风有进一步好转；赢得职工群众的拥护和信赖。“公仆杯”干部由职工群众无记名投票评选，选票达到60%以上的获得厂、处级“公仆杯”干部荣誉；达到85%以上获得局级“公仆杯”干部荣誉。油田通过新闻媒体进行公仆形象大讨论，开展兵教官、“一助一”“一帮一”等活动，对全局评选出的“十佳公仆”进行表彰奖励。“十佳公仆”评选活动的开展，进一步密切了干群关系，强化了全心全意为人民服务的宗旨意识。

4.“211”工程

1998年，以2000年实现盈亏持平为目标，在全局开展“两控一增一减（控制成本、控制费用、增效益、减亏损）”活动，简称“211”工程。各级组织紧密围绕减亏扭亏重点，广泛开展形势任务教育和艰苦奋斗、顾全大局精神教育，讲局情、讲责任、讲奉献，组织党员、干部和职工群众开展“211”活动大讨论，动员职工勒紧腰带过日子，千方百计增收节支。在全局职工中开展“一增两降、小管家”竞赛，勘探现场开展“五比五赛”，销售战线开展“一创一争当”，团员青年中开展“三金”工程、百万创效青年突击队竞赛，女职工中开展“强、降、增”竞赛，各单位跨年立功竞赛丰富多样，激发了蕴含在职工群众中的巨大劳动热情和创造精神。

5.“基层建设年”活动

2004年，按照集团公司基层建设工作会议要求，油田结合实际开展“基层建设年”活动。（1）落实

“三同时”原则，建立健全各级党组织。(2) 以思想作风建设为重点，加强领导班子建设。制定下发《领导班子工作制度》《关于加强领导班子思想作风建设的实施意见》。(3) 适应新形势要求，加强制度建设。制定《基层建设五年工作规划》，对党委、党支部开展工作的程序、制度、方式进行了重新规范，使基层党支部工作更加制度化、规范化。按照“科学、规范、精简、实用”的原则，修订、完善和规范各项基层管理制度，形成标识明显、规范统一的基层工作规章体系，为加强基层建设提供了制度保证。(4) 以“五好”建设为目标，加强党支部建设，按照党政一肩挑和交叉任职的基本原则，在机构改革和基层班子调整中，选配一批年龄在45岁以下，文化程度在大专以上、熟悉本单位生产经营、热心党务、具备一定领导能力和协调能力的干部，走上兼职领导岗位。

6.“456”和“4456”创建工程

2006年起，为加强基层党建工作，持续开展“456”和“4456”创建工程。

2006—2009年，开展以“四好”班子、“五好”党支部、“六好”党员为主要内容的“456”创建工程。期间，适时开展基层建设专题调研，摸清基层建设现状和存在的问题，明确了创建目标，分步规范化推进创建活动。在“四好”班子创建方面，通过制定《“四好”班子创建活动实施方案》《“四好”班子量化考核暂行办法》，加大年度业绩考核和履职测评，对优秀处级干部进行表彰奖励，对不称职、考核排序靠后的领导人员给予降职免职、黄牌警告、诫勉谈话，选拔调整处级领导干部优化班子结构等措施，使各级领导班子和领导干部深入基层解难题、顶关键，扑下身子抓落实，引领企业发展的能力进一步增强。在“五好”党支部、“六好”党员创建方面，通过对基层党支部书记进行改选，举办党支部书记脱产培训班和入党积极分子培训班，对驻外办事处等单位的党组织设置进行调整和健全，开展党员责任区、创建党员先锋岗、实施党员示范工程等，使党支部的战斗堡垒作用和党员的先锋模范作用有效发挥。

2010—2015年，在“456”创建工程的基础上，深化以“四强”党组织、“四好”班子、“五好”党支部、“六好”党员为主要内容的“4456”创建工程。几年来，深入开展创先争优活动和党建“三联”示范点工作，进一步规范干部选拔任用、教育培训、考核评价和监督管理工作，制定完善《领导人员管理实施细则》等3个制度，认真提炼推广班子建设优秀经验，切实强化民主生活会督导、年度履职测评工作，干部队伍的综合素质和履职能力进一步增强。坚持“三同步”原则在新组建单位及时建立健全党组织，圆满完成基层党组织换届工作，认真落实《基层党支部工作条例》，完成基层党支部分类定级，对工作薄弱的基层党支部进行整顿转化，进一步规范党员教育管理，基层党组织建设不断加强。

7. 基层建设和“五型”班组创建

2007年起，将加强基层建设作为一项重点工作，明确“上下联动、全员参与，典型示范、整体推进”的创建原则。创建活动中，成立创建工作领导小组，形成党政主要领导亲自抓，分管领导具体抓，组织、工会、企管部门分工牵头抓，安全、机动、办公室等部门协调配合抓，齐抓共管、一级抓一级、层层抓落实的创建工作格局。制定基层建设和“五型”班组考核标准，纳入二级单位生产经营业绩考核和领导干部业绩考核，严格标准，动态管理。以油田考核标准为依据，划分并命名标杆基层、标杆“五型”班组及一类基层和“五型”班组，每年检查验收一次，每两年命名表彰一次。相继开展基层建设基础年、推进年、提升年活动。本着典型示范、以点带面，先易后难、全面推进的原则，以老君庙油田作业区603岗位、炼化总厂常减压蒸馏装置、油田作业公司常规队四小队3个“百面红旗”单位和“标杆班组”鸭儿峡油田作业区113岗位为示范，指导、引领基层建设和“五型”班组创建工作。从重温玉门精神，弘扬大庆精神、铁人精神入手，形成了继承优良传统、推进创建活动的浓厚氛围。2008年，对12个标杆基层单位、20个标杆“五型”班组予以表彰，对首批达标的38个一类基层单位、153个“五型”班组予以命名。2009年，对当年达标的71个“一类基层”单位、163个“五型”班组进行命名。2011年3月，召开基层建设暨“五型班组”创建总结表彰大会，共选树标杆基层单位22个，标杆“五型”班组45个；命名一类基层150个，达到基层总数的85%；命名“五型”班组408个，达到班组总数的95.3%。之后，按照“全员提素质、整体上水平”的总体要求，油田持续推进基层建设和“五型班组”创建活动，有效提升了基层管理水平。

8. 党建“三联”示范点

2010年5月，按照集团公司《关于开展党建“三联”示范点工作，进一步提高基层党建科学化水平的实施意见》，油田党委开展以“党委（总支）委员联系基层党总支或党支部，党支部委员联系班组，党员联系生产经营岗位”为内容的党建“三联”示范点工作。要求每名党委（总支）委员联系 1 ～ 2 个基层党支部，每名党支部委员联系 1 ～ 2 个班组，每名党员联系 1 ～ 2 个岗位，定期深入开展调查研究，做好工作指导和热诚服务，使联系点成为党员和党员干部的责任区、各单位党建工作的示范点、基层建设标杆和研究解决问题的试验点，提高了油田基层党建工作科学化水平。

9. 示范队创建

2012 年，按照集团公司开展“千队示范工程”的统一部署和基层建设规范化、基础工作精细化、基本功训练体系化的“三基”工作要求，油田党委推荐老君庙油田作业区采油四工区、青西油田作业区采油工区、炼化总厂催化车间、综合服务处运输大队等 6 个基层单位为集团公司级基层示范车间队站，有序推进创建工作，至 2013 年，如期完成 6 个示范单位创建工作，达到示范标准，老君庙油田作业区采油四工区荣获集团公司“新时期基层建设百个标杆单位”称号。在推进集团公司级示范队创建的同时，注重创建成果转化推广，提出公司级示范队站创建目标要求，制定《玉门油田基层建设示范队站推进计划》，按照创建主体和创建方向、示范的基本标准、程序和内容，确定 14 个具有良好基础和一定代表性的示范队站，下达“示范任务书”，制定推进计划，建立公司领导和机关部门挂点创建联系制度，定期对创建情况进行调研督导，指导帮助解决困难问题，按计划、有步骤、整体协调推进，最终创建公司基层建设示范队 12 个。通过深入挖掘基层建设示范实践活动中的具体做法、特色经验和实际效果，总结形成 13 个典型案例，并遴选 7 个具有代表性的案例，以视频联播的形式进行展示交流，起到了很好的示范带动效应。总结推广分专业、分单项、有特色的基层建设经验，并固化为油田的基本规范做法，使之成为油田基层建设的标杆，推动了油田基层建设进一步规范化、科学化。

10. 党务公开

2013 年，按照集团公司《关于党的基层组织实行党务公开的意见》，油田党委制定《玉门油田分公司党委党务公开实施细则》，明确各级党组织党务公开的内容、形式、范围、程序、时限及制度保障等。党务公开的形式有党内会议、下发文件、定期通报、党务公开栏、油田报纸、内部刊物、油田局域网、油田电视等；党务公开的内容是党组织自身建设情况、党组织履行职责情况和其他有关情况等。要求党务公开的时限与公开的内容和范围相适应，做到稳定性的内容长期公开，常规性的内容定期公开，阶段性的内容按阶段公开，时效性强的内容即时公开。

第二章　组织工作

第一节　领导班子建设

一、工作制度

1987—1999年6月，在认真贯彻落实《玉门石油管理局党、政领导班子思想作风建设的七条措施》《玉门石油管理局党委会工作制度》《玉门石油管理局党委书记办公会制度》等工作制度，加强各级领导班子的政治理论学习教育、思想作风建设、民主集中制建设以及领导能力建设的基础上，先后制定和修订完善《关于廉政建设的若干规定》《党政领导班子民主生活会制度》《厂矿领导班子思想作风建设标准》《处以上领导干部职业道德规范》《党风廉政建设责任制实施办法（暂行）》《领导班子思想作风建设若干规定》《厂处领导班子年轻化建设三年规划》《局厂两级领导班子议事规则》《领导干部民主生活会实施意见》《关于厉行节约制止奢侈浪费行为的实施细则》《厂、处领导班子职数化管理办法》等。

1999年7月—2005年6月，油田分公司党委先后制定《加强厂（院）班子建设的若干意见》《厂、处领导班子建设考核评比标准》《领导班子思想作风建设若干规定》《领导班子分工抓基层领导班子建设责任制》《领导班子议事规则》《党委工作制度》《班子建设考核标准》《党风廉政建设责任制实施办法》等；管理局党委先后制定《党委领导班子工作制度》《处级领导班子职数化管理规定》《公开推荐处级后备干部暂行办法》《领导干部任期经济责任审计规定（暂行）》《关于加强和改进作风建设的实施意见》等制度和办法。

2005年7月，油田重组整合，公司（局）党委及时制定《领导班子工作制度（试行）》，分别就领导班子的责任制度、会议制度、学习和培训制度、公文审批制度、思想作风建设制度进行修订和完善。

2006年，修订完善《党委中心组学习制度》《关于加强领导班子和领导干部思想作风建设若干规定》，制定《任期经济责任审计制度》《重大事项汇报函询制度》《领导人员问责和引咎辞职制度》《干部选拔任用公示制度》。

2007年，制定《“四好”班子创建活动实施方案》《“四好”班子量化考核暂行办法》。

2010年，重新修订《领导班子工作制度》，结合油田实际，进一步完善议事规则。

2011年，结合党的群众路线教育实践活动，公司（局）党委先后制定《领导人员管理实施细则》《所属领导班子和领导人员综合考核评价实施细则》《实行领导人员问责的实施细则》等3个制度。

2015年，公司（局）党委制定《关于进一步加强所属单位领导班子建设实施意见》《关于进一步发挥政治核心作用的实施细则》《领导班子和领导人员综合考核评价实施细则》《任期经济责任审计制度》《重大事项汇报函询制度》《干部选拔任用公示制度》《领导人员问责和责任追究制度》《领导干部谈话制度》《实行领导人员问责的实施细则》等综合配套制度，在落实领导责任、规范议事程序、强化民主决策等方面发挥了重要保障作用。

2016年，制定《玉门油田分公司党委“四好”领导班子、“四强”基层党委、“五好”党支部、“六好”共产党员考核办法》，涉及领导班子建设的主要包括“四好”领导班子量化考核评价标准、“四强”基层党委量化考核评价标准等。

2017年，修订完善《领导人员管理办法》《领导人员选拔任用工作规范》。

二、主要工作

1987—1988年，围绕全面推行局、厂长负责制、深化企业改革，油田两级党组织按照局党委提出的“宣传改革、解释政策、传播经验、疏通思想、促进改革”的基本思路，转变职能、改进方法，大力加强领导班子建设。（1）局党委班子带头加强自身建设，通过落实中心小组学习制度、书记办公会制度、参加党小组会议制度和班子民主生活会制度，建立和完善适应三个条例要求的党委和常委工作制度、学习制度以及思想作风建设的措施，对企业重大决策实行有效保证和监督。（2）认真落实局厂两级中心小组政治理论学习制度，用党的方针政策武装领导干部。（3）认真落实民主生活会制度，通过事先征求群众意见、会前发“告示”通报会议内容、纪检、组织部门派员参加或调阅会议记录等形式，强化了领导班子民主生活会制度的落实，保证了会议的质量和数量。

1990 年，管理局党委把领导班子建设作为党的建设的首要任务和全局学大庆的两个突破口之一，以提高领导干部的政治素质为重点，认真组织学习马克思主义基本理论，举办 4 期处级干部学哲学班，对 101 名副处级以上领导干部进行为期 30 ～ 40 天的脱产培训，系统学习《马克思主义哲学纲要》《关于社会主义若干问题学习纲要》和邓小平同志关于建设具有中国特色的社会主义理论等重要内容；用大庆经验指导各级领导班子建设，制定了加强局、厂领导班子思想作风革命化建设的六条标准，修订完善十二项制度和办法，建立健全加强后备干部培养、考察的制度，并结合领导班子和干部考察、党风政风检查、岗位责任制检查、企业升级验收等工作进行落实。5 月起，油田党委在协助上级对局领导班子进行考察的基础上，对 28 个厂矿领导班子进行考察，考察率 100%，考察正、副处级干部 247 人，占应考察人数的 98.8%，考察后备干部 208 名，一批优秀中青年干部被选拔到各级领导岗位。与此同时，局党委把干部联系群众、机关为基层服务，作为加强领导班子建设、改进领导作风的重要措施，建立和完善机关干部现场办公、参加劳动、逐级谈心、生产值班、挂点等六项制度，把机关为基层服务、干部为群众办事制度化。

1991 年，在坚持领导干部日常政治理论学习的同时，开办处级干部轮训班和短期读书班 7 期，共有 289 人次参加。

1992 年，根据《领导班子建设标准》和《干部考核办法》，综合考核 6 个单位的领导班子和 54 名副处级以上领导干部，补充调整 17 个单位的领导班子，建立完善 236 名处级后备干部考核台账和档案，先后选派 11 名现职领导干部分别参加省委党校和总公司中青年干部培训，局内自培现职处级干部 52 名、中青年后备干部 36 名。

1993 年，采取民主测评、投信任票等方式，先后对基层领导班子状况进行调查摸底，对 140 名副处级以上领导干部进行考核；对 4 个厂处党委班子中行政技术干部比例未达到二分之一的进行补充，对 8 个厂处领导班子进行调整，对 124 名副处级以上干部进行交流，推行党委副书记兼任行政副职、共青团系统干部到基层挂职等制度，14 名优秀中青年后备干部走上领导岗位，全局厂处领导班子的知识结构和能力结构更趋合理。

1994 年，大力推进领导干部年轻化进程，调整、交流、留用、退岗领导干部 117 名，选拔 17 名青年干部走上副处级以上领导岗位，使 72% 的处级领导班子中有 40 岁以下的年轻领导干部。

1995 年，管理局党委把推进领导班子年轻化、培养跨世纪干部作为加强党的建设的重点，制定领导班子年轻化三年规划，提出领导班子年龄、职数、素质等具体标准和落实措施。按照干部“四化”方针和德才兼备的原则，对炼化总厂、采油厂等 9 个基层党政领导班子进行调整、交流和补充，班子成员 45 岁以下的占 1/3，70% 具有大专以上文化程度；15 个班子中配备 35 岁以下年轻干部。采取群众推荐、领导提名、组织考察等方式，在全局范围内选拔出 373 名优秀年轻干部，作为处级后备干部人选，为油田新老干部交替打下了基础。

1996 年，坚持把思想政治建设放在班子建设的首位，突出讲学习、讲政治、讲正气，先后举办处级干部专题学习班，在领导干部中开展“公仆杯”活动，组织公仆形象大讨论，进行“兵教官”教育活动。坚持把优化机构作为提高班子整体功能的有效措施，对全局部分厂处班子进行调整，使 9 个班子达到“321”目标；对 135 名处级干部进行了德能勤绩全面考核。

1997 年，进行领导干部外语和计算机“双培训”，先后举办现代化管理、现代科技、财会经济、外经外贸等专题讲座和短训班，加强领导干部业务培训。按“四化”标准对 10 个厂处班子进行调整，选拔优秀年轻后备干部 213 人，促进了领导班子年轻化。当年，局党委集中两个月时间，采取民主评议、走访调查、打分考核等方式，从八个方面对全局 16 个厂处领导班子进行调查考核和全面分析，好的和比较好的班子 14 个，占 87.5%，一般化班子 2 个，占 12.5%。通过深化“公仆杯”活动，涌现出 44 名优秀处级干部和“十佳公仆”。

1998 年，通过对 12 名处级干部进行交流，选拔 20 名后备干部进行跨单位跨专业轮岗锻炼，选送 40 名年轻干部和技术骨干参加地质勘探、油田开发、管理工程等专业在职研究生班学习，举办副处级以上领导干部政治理论、资产经营、法律法规、财税金融、网络信息、工商管理以及做领导工作基本理论、基本程序、基本规则等培训班，提高两级班子领导经济工作的能力。当年，局党委以“231”为目标，进一步优化厂处班子年龄结构，注重配好两个“一把手”，全局9个厂处班子达到“231”目标，使油田“231”目标由原来的56%提高到62%。

2000—2004年，管理局党委结合油田重组改制后企业生存发展的困难和复杂形势，把提高各级领导班子驾驭全局、团结带领职工谋发展的能力，作为领导班子建设的重点和关键，把对班子考核的重点放在党政共同对改革发展的领导、驾驭生存发展的能力上；放在抓大事、谋发展，解决重大问题的决策水平上；放在共担压力、共担风险，共同落实以效益为中心的态度上；放在拓展市场、优质服务、科学管理，提高生存能力，拓展发展空间的实效上。把对班子成员考核的重点放在责任意识到不到位、工作态度到不到位、执行政策到不到位、团结协作到不到位上。2000年，将21名懂经营、会管理、具有专业知识的干部调整充实到领导班子中，新提任10名年轻干部到领导岗位，优化了班子结构。2001年，本着优化结构、精干高效、充实加强、交流提高的原则、先后对12个单位（部门）的领导班子进行调整交流，一批年轻、高层次专业技术人员进入领导班子，领导力量进一步加强。采取量化考核、部门综合考核、主管领导综合评定的方式，通过公开述职、民主测评、个别走访等，对全局处级干部进行全面考核，职工群众对领导干部的满意率91%以上。2002年，管理局制定下发《关于加强和改进作风建设的实施意见》，明确提出领导干部“六带头、六力戒”的要求。各级领导干部严格按照“双六”要求，规范自己的言行，约束自己的行为，增强领导班子和领导干部统揽全局、正确决策，有效驾驭经济工作的能力。当年，根据全局生产经营、结构调整、基地建设的需要，调整、充实21名优秀年轻干部进入二级单位领导班子，管理局各级领导班子年龄、知识、专业技术结构更趋合理。2003年，局党委坚持从企业长远发展的大局出发，大力推进领导班子年轻化、知识化进程，先后对13个二级单位、驻外机构和局机关有关处室的领导班子进行调整、充实和加强，一批老同志退出班子，10多名35岁左右的年轻干部走上了领导岗位，全局处级干部的平均年龄下降2.5岁，本科文化程度的比例上升5.4%。2004年，局党委坚持“改善结构、精干高效、配置合理”的原则，先后对18个单位（部门）的26名处级干部进行调整充实，有6名年龄在35岁左右的年轻干部进入领导班子。

期间，油田分公司以“三讲”教育为抓手，进一步建立健全民主集中制的有关制度，普遍实行厂（院）务公开，落实“集体讨论，民主集中，个别酝酿，会议决定”的制度，严格执行重大问题集体研究决策制度，形成集体领导和个人分工相结合的工作机制，增强领导班子的整体功能。大力选拔培养优秀年轻干部，通过“退养一批、淘汰一批、引进一批”等措施，使厂、院领导班子实现结构优化、搭配合理、精干高效的“221”目标（即45岁以下占二分之一，40岁左右二名，35岁以下至少一名），公司4个厂（院）领导班子平均年龄40.7岁，大学本科以上占63.3%。全面推行领导班子成员业绩考核和年度民主评议，以业绩考核为主线，强化综合素质考核，对班子成员的“德、能、勤、绩、廉”做出定性和定量评价，充分发挥班子业绩综合考核工作在干部考察、识别、教育、激励、监督等方面的综合功能，并通过实行末尾淘汰制，提升基层领导班子的整体水平。

2005年，结合保持共产党员先进性教育活动和油田重组整合的新形势，制定《加强“四好”领导班子建设实施意见》，以加强思想建设为根本，以提高领导班子管理能力为重点，以健全各项政策制度为保障，启动开展“四好”领导班子创建活动。各级党员领导干部坚持从自身做起，带头记笔记，带头上党课，带头开展谈心活动，带头广泛征求意见，带头参加组织生活，带头抓整改。对征集到的群众意见和建议，认真梳理，不回避矛盾和问题，虚心接受，正确对待，多次召开专题会议，分析原因，制定整改措施，狠抓整改提高，工作作风有了明显转变。当年，结合油田重组整合后部分班子年龄结构、专业结构不合理、综合能力偏弱等问题，采取公开选拔、竞聘上岗、交流任职、教育培训等措施，调整充实领导班子，使两级班子凝聚力和战斗力得到加强。

2006年，以建立健全党的先进性建设长效机制为契机，进一步深化以“政治素养好、经营业绩好、团结协作好、作风形象好”为主要内容的“四好”领导班子创建活动，通过细化标准、分解目标、落实责任，着力提高各级领导班子的管理能力、理论素养和政策水平。通过修订完善《党委中心组学习制度》《关于加强领导班子和领导干部思想作风建设若干规定》，制定《任期经济责任审计制度》《重大事项汇报函询制度》《领导人员问责和引咎辞职制度》《干部选拔任用公示制度》，全面推行领导班子成员业绩考核和年度民主评议，实行末尾淘汰制。以业绩考核为主线，强化综合素质考核，对班子成员的“德、能、勤、绩、廉”做出定性和定量评价，充分发挥班子业绩综合考核工作在干部考察、识别、教育、激励、监督等方面的综合功能。当年，对综合考核为优秀班子的，进行了表彰奖励；对年度业绩综合考核为差班子的，进行了诫勉谈话。

2007 年，按照集团公司党组“四好”领导班子创建活动的总体部署与要求，制定《“四好”班子创建活动实施方案》《“四好”班子量化考核暂行办法》，进一步明确创建目标，细化考核标准，通过分步组织实施，逐级落实责任，使创建活动步入规范化轨道。在油田召开的“四好”班子经验交流会上，组织基层党组织观摩学习 7 个有典型、有特色、有实效的先进班子经验，辐射和带动了油田“四好”班子建设工作。在当年的年度业绩考核和履职测评中，基层 22 个领导班子好与较好的比例达到 97.4%。

2008 年，按程序和标准对 183 名副处级以上领导干部、59 名厂（处）长助理、副总师进行年度履职测评，对 6 名不称职的领导人员给予降职免职处理，对考核排序靠后的干部给予黄牌警告、诫勉谈话，对 9 名负有安全生产责任的科级以上干部实施责任追究，领导干部的动态管理得到进一步加强。选拔聘任 9 名领导干部，涉及 5 个单位，进一步优化了领导班子结构。

2009 年，两级党委始终把领导班子建设放在重中之重的位置，持之以恒抓好“四好”班子创建活动。坚持党委中心组学习制度，认真执行油田《“三重一大”决策制度实施细则》，两级领导班子民主决策能力进一步提升。按照“德才兼备、以德为先”的原则，油田选拔调整 13 名处级干部，班子结构与整体功能得到进一步改善和发挥。严格按照考核办法和程序，先后对基层单位、机关部门、驻外机构领导班子和副处级以上领导干部进行年度考核和履职测评。

2010—2013 年，坚持按照班子职位设置结构和“形成梯次的年龄结构、互补的知识结构、配套的专业结构和相容的个性结构”的班子建设方向，大力选拔优秀年轻干部，同时用好各个年龄层次的干部，特别重视选好配强“一把手”，切实把政治上强、民主作风好、有驾驭全局能力、清正廉洁的领军人物选拔到主要领导岗位上来，有效地提升领导班子团结协作和整体工作效能。积极落实干部交流制度，从优化基层班子结构入手，打破不同业务、单位的限制，强化岗位交流和锻炼，有计划、有步骤地提拔使用、调整交流副处级以上领导干部，领导干部跨单位、跨部门、基层与机关之间调整交流力度逐年加大。至 2013 年，先后调整交流副处级以上领导干部 207 人，提拔使用 46 名优秀年轻干部，厂处领导班子大学本科以上学历占 67%，形成以 45 岁为主体，40 岁以下占三分之一的梯次结构。当年，老君庙油田作业区领导班子获“中国石油创建‘四好’领导班子先进集体”称号，6 个基层单位领导班子被油田评为“四好”领导班子。

2014—2015 年，在建设“四好”领导班子长效机制上求突破，通过建立个人自学、中心组学习、脱产进修“三位一体”的学习机制，严格落实领导干部述学、评学、督学制度，提高理论学习的质量与效果，打造政治素质好的领导班子；围绕抓基层、强基础，努力实现企业安全发展、清洁发展、和谐发展的目标，打造经营业绩好的领导班子；通过不断健全完善科学的决策制度和机制，不断提高贯彻民主集中制原则的自觉性和坚定性，形成靠制度管人、按程序办事的工作机制，打造团结协作好的领导班子；通过严格落实“忠诚事业、踏实苦干、勤奋学习、干净做人、有所作为”的要求，打造作风形象好的领导班子。通过采用多维度测评、定量考核与定性评价相结合等方法，加强对领导班子和领导人员年度综合考核评价。综合运用班子巡视、干部谈话、绩效分析、民主测评和综合评价等方式进行延伸考察，提高了干部考评工作的科学性和真实性。

2017 年，坚持按照好干部“五条标准”，严格程序标准，抓好党政正职和重要岗位干部的选拔配备，共提拔使用处级干部 13 人、调整交流 23 人。认真贯彻落实集团公司优秀年轻干部培养选拔座谈会精神，把优秀年轻干部纳入后备干部人才库，选拔 20 人参加集团公司领导力基础培训，举办中青年培训班培训 38 人，优选 32 人分别参加集团公司领导干部拓展轮训、党委书记专题培训和“一岗双责”示范性培训。对 43 个班子、142 名处级干部进行了年度履职测评。

第二节　基层党组织建设

一、工作制度

1987 年，管理局党委制定《党支部工作制度》，内容包括集体领导制度、组织生活制度、党员教育制度、党员管理制度、党员发展工作制度、思想政治工作制度六个方面。

1988 年，从全面实行局、厂长负责制的大局出发，紧密结合新格局中党组织建设工作，重新修订和完善《玉门石油管理局党组织工作条例》《党支部工作制度》，确保党政职能分开、党支部书记兼职化情况下党务活动的正常开展。

1992 年，制定《党的基层组织选举办法》，明确党支部委员会每届任期两年。

2000 年，油田公司党委制定《先进党支部考核评价标准》，确定先进党支部“六好”标准，即效益业绩好、班子建设好、队伍素质好、基础工作好、党内生活坚持好、群众工作好。局党委制定《关于改制和新建企业党的基层组织建设的有关规定（暂行）》，要求企业改制到哪里，党的基层组织就要建在哪里，改制和新组建工作要与基层党组织的建立健全同时考虑、同步到位，确保党的基层组织正常有序开展工作。

2002 年，管理局党委制定《关于进一步加强基层党组织工作的通知》，督促基层党组织改选和增补，健全和完善各项制度。制定《流动党员管理暂行办法》，做到新经济组织的建立与党建工作同步规划、同步设置、同步考核。制定《发展党员公示制和责任追究制办法（试行）》，在接纳新党员过程中全部实行公示制，提高了发展党员工作的透明度。

2004 年，管理局党委制定《关于进一步加强驻外单位和施工项目部党组织建设工作的意见》，在新成立单位、驻外项目部、送外培训班及时建立党支部（党小组），抓好党组织活动的开展。

2006 年，制定《进一步加强新形势下基层党组织建设基本工作制度》，积极推进党建工作制度化建设。

2013 年，制定《党务公开实施细则》，强调基层党（总）支部党内事务的内容、程序、结果等在适当范围内予以公开，尊重党员主体地位，推进党内民主建设。

2015 年，制定《基层党组织建设基本工作制度》，重申党支部换届选举制度、“三会一课”制度、组织生活会制度、民主评议党员制度、党员学习教育制度、党员汇报谈心制度、发展党员工作制度、思想政治工作制度、创先争优制度、党员责任区制度、基层建设工作制度、群众工作制度等 12 项党支部建设工作制度，进一步规范了基层党组织建设工作，完善了党建工作责任制，健全了党建工作长效机制。

2017 年 7 月，制定《玉门油田分公司党建工作责任制实施办法》。

二、主要工作

1987 年，党委对全局党的组织生活长计划、短安排，分月下达“三会一课”内容，实行目标管理，使“三会一课”制度落到实处。通过举办党支部书记培训班，使 94% 以上的专职党支部书记分批参加为期一个月的脱产轮训。

1988 年，管理局党委认真按照中央关于贯彻落实《企业法》的通知精神，为了全力支持局（厂）长全面负责企业两个文明建设工作，通过在水电厂进行试点后，对全局两级党委机构设置进行改革，局党委按照一部一委（党委工作部、纪委）、厂矿党委一律按照一办一委（党委办公室、纪委）设置。同时，积极推进基层党委书记、党支部书记兼职化。年底，全局 352 个基层党支部中，有 305 个党支部实行兼职，占全部党支部的 86.9%；基层党委书记兼职的达 20 个，占厂矿党委、党总支的 74%。

1989 年，认真贯彻落实党的十四届四中全会精神，在调整充实党务干部的同时，对各单位党委书记和部分党支部书记实行专职，将二级单位党总支改为党委，在千人以上基层单位的党委设立宣传科、组织科，千人以下单位配备专干，加强了基层党组织建设的工作力量。

1990 年，在对厂矿领导班子建设、党支部建设和党纪党风进行专题调研分析的基础上，从处级以上领导干部抓起，集中举办学哲学班；从党内抓起，层层举办党员轮训班，用马克思主义哲学观点澄清在党的思想理论建设上被资产阶级自由化搞乱了的理论是非，提高了从思想上加强党的建设的自觉性。各级党组织落实局党委提出的加强党的建设和思想政治工作十条措施，理顺机制、健全机构、充实力量，对野外作业队和百人以上的车间、队站党支部书记基本实现了专职。

1991 年，把升级达标活动作为加强党支部建设的主要措施，制定以支部建设为核心，包括基层队站双文明建设主要任务在内的党支部升级达标试行办法和考核标准，实行党支部工作目标管理。厂矿党委按照《党支部升级达标竞赛办法》和考核标准，抓典型，抓难点，总结经验，具体指导。基层党支部结合实际落实措施，不断夯实基础工作，发动党员以实际行动促升级达标。当年，有 30 个党支部达到一级标准，有 220 个党支部达到二级标准。

1992 年，玉门油田突出生产经营技术指标，紧贴改革实际，进一步创新升级达标活动，分基层、机关、前线、后勤分别制定考核办法，简化考核程序，突出经济建设这个中心，增强实效性和可操作性。当年，在党支部升级达标竞赛活动和党支部“十面红旗”评选活动中，有 60 个党支部达到一级党支部标准，10 个党支部获局党支部“十面红旗”称号。

1993 年起，持续在全局开展党支部升级达标活动，油田各级组织以“党支部工作升级达标竞赛活动”为契机，开展以赛自身建设，比支部班子战斗力强不强；赛党员教育，比党员模范作用好不好；赛群众工作，比党员责任区成绩大不大；赛团结协调，比党政领导配合紧密不紧密；赛保证作用，比双文明建设成果优不优为内容的“五赛五比”竞赛活动，使党支部建设工作更加具体化、形象化。

1997 年，为了建立局厂党委抓基层党组织建设的责任制，形成一级抓一级、一级带一级、一级对一级负责的工作运行机制，局党委开展基层党支部建设专项调查，先后组织召开党委书记、厂处长、党支部书记、职工群众不同层次座谈会 30 多个，深入 54 个基层党支部（占全局党支部总数的 18.6%）进行实地调查，总结推广一批基层党委、党支部工作的先进经验。

至 1999 年，通过持续 9 年时间开展党支部升级达标活动，全局建成一级党支部 95 个，占党支部总数的 35%。

2000 年，针对重组改制中机构撤并、岗位变动、人员调整等实际，管理局党委利用半个月时间，对全局基层党组织机构设置及人员配备情况进行专题调研，及时指导油田作业公司、新兴实业开发处、农牧公司、综合服务处等单位建立健全基层党的组织，进一步完善基层党建工作网络。油田分公司党委落实党政干部一岗双责制，全方位推行党政兼职和交叉任职，基层党支部（总支）书记实行“一肩挑”，兼职和交叉任职率达到 100%。

2001 年，管理局党委坚持不断加强改革发展过程中党的基层组织建设，做到党组织建设与企业重组改制同步运行、同步到位。先后指导督促重组改制和班子调整的 4 个基层单位，健全了党的组织机构和工作制度；11 个驻外子公司和办事处均建立健全了党的组织机构，制定和完善了工作标准和工作责任制；调整厂、处党委 3 个，调整重建基层党支部 26 个，培训党支部书记 73 人。

2002 年，管理局举办有 46 名专兼职党支部书记和党务工作人员参加的培训班，邀请工作出色的党支部书记进行经验介绍。抓好控股企业党组织的建立和对外施工队伍中党组织活动的开展，做到新经济组织的建立与党建工作同步规划、同步设置、同步考核。管理局党建工作经验入选甘肃省《党的基层组织建设成就巡礼》，在全省进行宣传。

2003 年 9 月，在集团公司党组召开的党建工作会上，炼化总厂常减压车间、采油厂 603 岗位、油田作业公司常规作业大队四小队被集团公司评为“百面红旗”单位，受到大会表彰。

2004 年，管理局党委针对驻外单位和送外培训人员多的实际，出台《关于进一步加强驻外单位和施工项目部党组织建设工作的意见》，在所有新成立的单位、驻外项目部、送外培训班都及时建立党支部（党小组），做到队伍走到哪里、党组织就建到哪里。油田分公司党委以“五好”党支部建设为目标，在机构改革和基层班子调整中，选配一批年龄在 45 岁以下、文化程度在大专以上、熟悉本单位生产经营、热心党务、具备一定领导能力和协调能力的党支部（总支）书记。

2006 年，针对油田重组整合后部分机构调整，油田党委坚持“三同步”原则，及时对驻外办事处等单位的党组织设置进行调整和健全，对 50 多个基层党支部书记进行改选，做到了哪里有经济组织，哪里就有党组织。选派基层党委书记、党支部书记参加外培，使基层党组织负责人的工作技能得到了提高。

2007 年，各单位党委坚持创新载体，落实制度，持续开展“五好”党支部创建达标活动。坚持内外培训相结合的方式，党支部书记培训率 100%。坚持采取灵活多样的方式，认真落实“三会一课”制度，开展党员责任区、创建党员先锋岗、实施党员示范工程等，不断建立健全先进性教育长效机制，71 个列入中期整改计划的问题得到较好解决。

2008 年，玉门油田各级党组织结合“五好”党支部创建活动，开展“效益党支部”“三级联创”等形式多样的争先创优活动。当年，基层党支部“三会一课”落实率 95% 以上，党组织吸引力不断增强。

2010—2012 年，油田各级党组织把“创建先进基层党组织，争做优秀共产党员”活动，作为深入学习实践科学发展观活动的继续和延伸，成立领导小组，制订实施方案，构建工作机制，持续开展以“五好”

党支部创建、“基层组织建设年”和“为民服务创先争优”活动。各级党组织认真落实“三联”示范点，开展“一诺三评三公开”活动，围绕“为民服务”和“破解难题”两大主题，认真履行“公开承诺”，积极践行“七项服务”，集中开展“破解难题”。2011年，油田各级党组织和广大党员共兑现承诺6944项、点评党组织289个、点评指导工作5117次、为员工群众办好事1833件，完成急难险重任务2775件。2012年，兑现承诺6944项，为员工群众办好事1833件，完成急难险重任务2775件，集中破解难题60件。

2013年，根据新建单位和海外项目特点，及时健全基层党支部，确保党组织健全率、党员教育覆盖率两个100%。扎实推进集团公司《基层党支部工作条例》的落实，以党支部工作升级达标活动为抓手，不断深化“五好”党支部创建活动。

2014年，按照党支部每3年期满换届的要求，各单位任届期满的党支部认真准备、严履程序，党支部换届工作正常、扎实开展。扎实开展工作薄弱党支部整顿工作，结合党支部升级达标考核结果，确定13个工作相对薄弱的党支部，对存在的3类问题6种具体表现，细化18项具体举措。通过“问题真、措施细、行动实、标准严”，自上而下、划分阶段、明确时限、消项管理，按时完成了任务，基层党支部整体战斗力、凝聚力和服务保障能力得到提升。

2015年，采取集中示范和分片进行相结合的方式，开展党支部书记轮训工作，举办第15期党支部书记培训班，分2批28个班次，对27个党委的276名党（总）支部书记全部进行了轮训。在《石油工人报》开设“融入中心、服务大局，基层党建经验交流”专栏，巩固延伸轮训实效，分4期共选登体会文章11篇。深入推进基层党支部升级达标活动，严格按照党支部“五好”量化评价标准进行考核，对考核排名末尾的22个工作相对薄弱的党支部进行了集中整顿。

2016年，通过对工作相对薄弱支部整顿工作进行“回头看”，指导基层党组织召开民主生活会、组织生活会和开展民主评议党员，逐级排查党组织换届情况，严格按程序完成22个基层党委、任期届满党支部（总支）换届改选，基层党组织凝聚力战斗力显著增强。结合党建工作的新形势、新要求，修订改版党支部工作综合记录本、党小组工作记录本，党组织建设基础工作更趋规范化。油田党委举办第16期党支部书记培训班，45名基层党支部书记接受了为期7天的脱产培训。

2017年，制定《党建工作责任制实施办法》，修订汇编23项党建工作制度。组织开展两次党建工作专项督查，指导15家单位将党建工作总体要求纳入公司章程。建立基层党组织按期换届提醒督促机制，指导4个基层党委和任期届满党支部完成换届工作。分层级组织开展党组织书记抓党建工作述职考评，同步跟踪调整基层党组织，党组织建立健全率保持100%。当年，油田与广州石油培训中心合作，借助高层次培训资源，举办第17期党支部书记示范性培训班，50名基层党支部书记参加集中培训。

三、特色活动

1. 党员责任区

1990年，各级党组织开展党员责任区活动。党员责任区活动以“每个党员有一个责任点，每月为群众做一件实事，至少交一个非党员朋友，每季义务献一个工日，全年增收节支价值一百元”为内容，根据每个党员的工作单位和居住区域划分责任区，党员不仅要完成“五个一”，还要负责做好责任区内职工群众的思想工作，真正发挥党员先锋模范作用，全局共划分2099个党员责任区。

2. 党支部升级达标活动

1991年，开展以“五赛五比”为内容的“党支部工作升级达标竞赛活动”。“五赛五比”，即赛自身建设，比支部班子战斗力强不强；赛党员教育，比党员模范作用好不好；赛群众工作，比党员责任区成绩大不大；赛团结协调，比党政领导配合紧密不紧密；赛保证作用，比双文明建设成果优不优。党支部工作升级达标按一、二、三类三个档次升级，油田统一划分三类升级档次，制定统一考核标准。竞赛采用指标量化、百分考核、综合评价的方法，每半年考核一次。一级支部由油田党委组织部全面检查、验收，油田党委确认、命名，二、三级支部由各单位党委确认、命名。从1991年开始连续9年开展以“党支部升级达标活动”为主要内容的目标管理，全局建成一级党支部95个，占党支部总数的35%。

3. 党支部“十面红旗”

1992年，开展党支部“十面红旗”评选活动。评选活动每年一次，由各单位党委推荐、局党委组织评选，“七一”进行命名表彰。油田重组改制后，从2000年开始，局党委和油公司党委分别评选党支部“十面红旗”，进行命名表彰。2005年，油田重组整合后，油田党委每两年组织评选表彰一次党支部“十面红旗”，在《石油工人报》、油田电视和《班组生活》等媒体上进行广泛宣传，组织基层党支部观摩学习。开展“十面红旗”评选，在基层党组织中营造学先进、比先进、争先进的浓厚氛围，为加强党支部建设，发挥党支部战斗堡垒作用起到了示范和引领作用。

4.“两争当”活动

1993年，在全体党员中开展以“争当改革和经济建设的模范”“争当执行党章党纪的模范”为主要内容的“两争当”活动。各级组织和党员把“两争当”活动与党支部升级达标活动结合起来，坚持做到“四在前”，即完成任务干在前，遵守制度走在前，关心同志想在前，思想工作做在前。1993年7月，局党委对“两争当”活动中涌现出的先进党支部“十面红旗”、优秀共产党员“十大先锋”进行了表彰。

5. 效益党支部创建活动

2003—2004年，紧密结合“学、创、争”主体活动，大力开展争创效益党支部活动，两年先后涌现出12个效益党支部。

6.“五好”党支部创建达标活动

2006年，把“五好”党支部创建达标活动作为党支部建设的有效抓手，制定《“四好”领导班子、“五好”党支部、“六好”党员目标考核暂行办法》，明确以“好的领导班子、好的党员、好的员工队伍、好的工作制度、好的工作机制、好的工作业绩”为内容的“五好”党支部考核办法及量化考核细则。2010年5月起，把开展党建“三联”示范点工作和“五好”党支部创建达标活动结合起来，通过建立党员示范井、推行属地化管理、践行“一线工作法”、制定各级联系点工作大表等，使联系点成为党员和党员干部的责任区、各单位党建工作的示范点、基层建设标杆和研究解决问题的试验点，提高了基层党建工作科学化水平。

7. 党支部“六个一”创建活动

2007年，按照集团公司关于基层党支部“六个一”创建要求，开展党支部“六个一”创建活动。“六个一”创建工作内容是：选配一个好书记，建设一个好班子，带出一支好队伍，完善一套好制度，构建一个好机制，创造一流工作业绩。创建工作目标是：书记作用突出、班子坚强有力、队伍素质优良、制度规范健全、机制灵活有效。油田两级党委精心组织，紧密围绕“双百”油田建设目标和“三步走”发展战略，不断加强队伍建设和制度规范工作，强基础、固堡垒、促发展，增强了基层党支部的凝聚力、战斗力和号召力。

8.“创先争优”主题教育实践活动

2010年5月—2012年6月，按照中央要求和集团公司部署，开展以“创建先进基层党组织、争当优秀共产党员”为内容的创先争优主题教育实践活动。活动紧紧围绕“双百”目标、“三步走”战略，以深入学习实践科学发展观为主题，以创建“四强”党组织、“五好”党支部和争当“四优”“五好”党员为内容，以加强基层组织建设，提升基层党建水平，增强党员宗旨意识为要求，以推动油田发展有新进展、促进矿区和谐有新气象、服务员工群众有新气象、基层组织建设有新加强为目标，分阶段组织落实。2012年6月29日，油田召开创先争优表彰大会，对5个创先争优活动先进单位、11个“创先争优破解难题”优质项目、9个“为民服务创先争优”优质项目、10个“创先争优活动”群众满意窗口、36个先进基层党组织、200名优秀共产党员和30名创先争优活动优秀组织者及39篇理论研讨获奖论文进行了表彰。青西油田、油田作业公司钻修工程队、水电厂电气工区介绍开展“创先争优促发展”“创先争优破难题”“为民服务创先争优”的经验，优秀党员代表宣讲了立足岗位创先进、无私奉献争优秀的先进事迹。

9. 基层组织建设年

2012年，组织开展了“基层组织建设年”活动。活动以“强组织、增活力、创先争优迎十八大”为主题，突出着力解决基层党组织建设中的问题、着力增强基层党组织创造力凝聚力战斗力、着力完善加强基层党组织建设体制机制三个重点，落实“抓落实、全覆盖、求实效、受欢迎”四项工作要求，实现基层党组织的战斗力、基层党组织书记素质、党员队伍生机活力、基层基础保障水平、基层党建制度化水平进一步提升五个目标。油田各级党组织坚持以“4456”创建活动为载体，着力在谋划好思路、建设好制度、管理好阵地、开展好活动、发挥好作用上下功夫。基层党支部严格执行《基层党支部工作条例》等规定，推进实施党支部建设标准化工程；落实“五好”党支部创建工作标准，推进实施党支部建设标杆工程；按照集团公司大调查、大督查、大排查的要求，推进实施党支部建设基础工程，收到了良好的效果。

10.“提质增效先锋号（岗）”活动

2012年，在基层党组织和党员中开展争创“提质增效先锋号（岗）”活动。主要内容：加强科学管理、提高管控水平、促进发展方式转变、提升发展质量效益。工作目标：实现油田基础建设持续加强、管理现代化水平显著提高、体制机制更加富有活力、质量安全环保业绩全面提升、管理绩效明显改善“五个目标”。

11.“四合格四诠释”党员岗位讲述活动

2017年，为了进一步推进“两学一做”学习教育常态化制度化，按照集团公司党组的统一部署，在全体党员中组织开展“四合格四诠释”党员岗位讲述活动。油田各级组织将党员岗位讲述作为落实“四合格四诠释”岗位实践活动的有效载体，贴近生产经营中心工作，认真落实党课讲述、职责讲述、典型讲述、在线讲述“四项内容”，持续开展以“书记带头讲、委员定期讲、党员轮流讲、典型引领讲”为主要形式的党课教育，各级党组织书记带头讲工作标准、履责差距和改进措施；将岗位讲述融入中心工作，紧扣工作职责、工作流程、岗位风险，全体党员对照标准找差距、明责任、理思路，做到“工作流程一口清”“岗位风险一口清”；将岗位讲述与弘扬石油精神相结合，通过总结讲述老一辈石油人拼搏奉献的真实故事和一线党员岗位建功的生动事例，把优良传统宣传出来、传承下去；通过开辟新媒体课堂，创建党员学习讲述微信群、QQ群等在线互动交流平台，把“线下讲”与“线上讲”结合起来，使党员岗位讲述在空间上进一步延伸，推进了党员岗位讲述，参与讲述党员达3000多人。

第三节　党员教育管理

一、党员教育

1987年，玉门油田党委以“一个中心，两个基本点”为主要内容，全年举办党员轮训班139期，参加4764人，占党员总数的71.7%。当年，油田被甘肃省委有关部门推荐参加了上级党员教育工作经验交流会。

1988年，以举办党员轮训班、开展党日活动和“三会一课”等形式，组织党员全面学习《中国共产党章程》《中国共产党党员领导干部廉洁从政若干准则》，强化党员的理想宗旨教育。当年，油田党委以党的十三大精神为内容，举办党员培训班150期，参加培训党员5716人，占党员总数的87.5%。

1989年，结合学习贯彻党的十三届四中全会精神，轮训党员6943名，占全局党员总数的95%。

1990年，以“树立崇高理想，坚定政治方向，增强党性观念”为目标，在党内组织开展以“读书、读报、读刊”为内容的“三读”活动。基层单位采取脱产培训、业余自学、集中辅导、撰写读书心得、定期交流等形式，认真组织“三读”活动，全局近9000名党员、入党积极分子和部分群众参加“三读”活动，共举办党员轮训班139期，参加近4000人，组织各种形式讨论2341次。

1991年，在党员中开展学《毛泽东选集》、学江泽民总书记“七一”讲话、学党内条规为内容的“三学”活动和基本国情、党的基本路线、党的基本知识为内容的“三基本”教育。

1992年，结合玉门油田走向市场的实际，突出市场观念、效益观念、竞争观念和创新观念教育，不断创新党员教育的方式方法，发挥业余党校的阵地作用，举办党的十四大文件和《中国共产党纪律处分条例》学习班；创新电化教育方式，为基层提供40多部电教片，丰富了党员教育内容。

1995—1997年，玉门油田党委坚持在全体党员中开展以学《中国共产党章程》、学特色理论为内容的“双学”活动，累计培训党员3480人。采油厂党委坚持集中学习与专题讨论相结合、个人自学与集中交流相结合、走下去与请上来相结合、专题研讨与解决实际问题相结合的学习方法，效果显著，学习经验在全省干部党员学理论经验交流会上进行了交流。

2000—2004年，重组改制后的管理局党委持续在全体党员中开展以“三基”“四信”为内容的党性教育。各级党组织按照“思想觉悟高于群众、业务技术强于群众、工作业绩优于群众、遵章守纪严于群众”的要求，不断强化教育，严格管理，严格考核，通过实行党员挂牌上岗，开展以比服务意识、比服务质量、比服务满意率、比服务收益高低为内容的“四比”活动，引导广大党员在市场开发、重点工程建设、生产一线和急难险重任务中，率先垂范，带头奉献，挑大梁，顶关键，为职工群众树立榜样。

期间，玉门油田公司党委制定下发《关于党员领导干部深入基层上专题党课的通知》，编写出《实践

“三个代表”，争做合格党员》的专题党课教材提纲，在一线基层党支部对全体党员进行以“三个代表”重要思想为主题的党课教育，进一步提高了党员队伍的整体素质。

2005 年，把保持共产党员先进性教育活动作为强化党员意识、升华党性观念的一次重大洗礼，组织广大党员认真学习研读《中国共产党章程》、邓小平理论、“三个代表”重要思想论述，党的十六届四中、五中全会精神等内容，使党员在深入学习中接受教育，打牢了永葆先进性的思想基础。

2006 年，紧密围绕《中国共产党章程》、科学发展观、党的十六届六中全会精神、社会主义荣辱观等重点内容，玉门油田党委及时订购发放《江泽民文选》、江泽民《论社会主义市场经济》《社会主义荣辱观学习读本》等学习资料，将“八荣八耻”的具体内容印发到党员干部当中，强化了党性教育和“八荣八耻”教育。

2009 年，结合深入学习实践科学发展观活动，油田党委紧密联系国际金融危机带来的不利影响，紧密联系生产经营面临的新形势、新困难，紧密联系工作实际和党员干部思想实际，进一步严格和落实党委中心组理论学习制度、党员干部理论学习制度、“三会一课”制度，先后为党员领导干部和基层党支部配发《深入学习实践科学发展观活动领导干部学习文件选编》《毛泽东邓小平江泽民论科学发展》《科学发展观重要论述摘编》三本书，突出党员领导干部为重点，通过请专家辅导、听报告、脱产培训、座谈研讨、学习交流、撰写体会文章，强化学习，做到学习有计划、有要求、有考勤、有记录，确保内容、时间、人员、效果四落实，有效促进了各级党员领导干部深入开展学习实践活动的自觉性和积极性，进一步提高了各级领导干部认识问题的能力、创新思维的能力、把握机遇的能力、开拓市场的能力、经营管理的能力。

2013 年，在为期 5 个月的党的群众路线教育实践活动中，发放规定学习书籍、党的十八届三中全会辅导读本、编印参阅资料 3000 余本；组织集中学习 540 次，参加 4000 余人次。通过集体收看《新时期新形势下党的群众路线》《密切联系群众，克服官僚主义》《实干兴邦，反对形式主义》专题讲座，播放《教育实践活动专题讲座》《苏联亡国亡党 20 年祭》等光盘，丰富了专题辅导讲座内容。以“筑牢宗旨意识和群众观点，查找‘四风’问题明确整改措施”“联系当前集团公司反腐倡廉工作严峻形势，加深‘四风’方面突出问题危害性的认识”“认真吸取大连石化、青岛安全责任事故教训，强化安全环保责任”为主题，先后组织开展马克思主义群众观点和党的群众路线、反腐倡廉和加强安全生产管理中的作风建设等 3 次专题学习讨论会，召开专题讨论会 151 场次，保证了时间、内容、人员、效果“四落实”，加深了对马克思主义群众观点和党的群众路线内涵的再学习、再认识、再提高，为深入开展教育实践活动奠定思想基础。

2015 年，在“三严三实”专题教育活动中，坚持读原著学原文悟原理、以集中学习为主，组织党员领导干部逐篇研读《习近平谈治国理政》《习近平关于党风廉政建设和反腐败斗争论述摘编》，集中学习 251 次。按“党政‘一把手’引领发言、班子成员交流发言和党委书记总结发言”的步骤组织专题研讨，两级党委中心组专题研讨 103 次，副处级以上党员干部交流学习研讨心得 400 多篇。党员教育覆盖面达 100%。

2016 年，在“两学一做”学习教育中，为基层党支部和党员领导干部配发学习读本、音像教材 1375 本，各级党组织举办专题培训班 26 期、培训党务骨干 680 人次。

2017 年，按照“大学习、大宣传、大落实”要求，以推进“两学一做”常态化制度化为契机，制订学习培训计划，采取中心组学习、专题辅导、测试答题、撰写心得体会等多种方式，分层组织党的十九大精神学习培训，举办副处级以上党员领导干部专题讲座 2 期，两级党委中心组集中学习、专题讨论 184 场次，参加测试答题 5525 人、撰写心得体会 260 多篇，党员干部参与率达 100%。

二、党员管理

1987 年，玉门油田党委在解决无党员班组上下功夫，着力解决 227 个生产班组无党员问题。

1988 年，管理局各级党组织和近七千名党员，按照局党委的统一安排和部署，结合本单位两个文明建设的具体工作，开展形式多样的“争创最佳党日”活动，各单位推荐项目参加竞赛，全局评出“为一线职工唱赞歌”等 17 个“最佳党日”。制定《关于处置不合格党员的暂行办法》，坚持从严治党，党员违纪率同比下降 54.5%。

1990 年，采取重点培养发展、抽调机关党员下基层、动员后勤党员上前线等措施，解决前线党员少和部分班组无党员的问题。通过开展各种形式的创先争优活动，有效发挥党员的先锋模范作用。当年，在全局评选的 43 名劳动模范中，党员占 91.1%；在 11 个学大庆样板岗位长中，党员占 55%。在以落实“五个一”为内容的“共产党员争当学大庆排头兵”活动中，全局党员建立责任区点4136个，为群众做好事、办实事13269件，与群众交朋友9674名，义务献工53172.7个工作日，双增双节价值255万元。

1993年，在全体党员中广泛开展以“争当改革和经济建设的模范、争当执行党章党纪的模范”为主题的“两争当”活动。各单位党委结合本单位生产经营和工作实际，定目标，定措施，抓落实，引导广大党员不畏苦脏累险，勇挑工作重担，激励和带动职工为油奉献，促进了生产建设的发展。在全局“两争当”活动中，评选出优秀党员“十大先锋”，1036名优秀共产党员受到表彰，树立了市场经济条件下共产党员的新形象。

1994年，结合玉门油田开展“当主人、创效益”主体活动，开展创建共产党员“先锋岗”活动，通过制定创建标准、典型引路，全局创建党员“先锋岗”19个。

1998年，玉门油田党委制定《关于在转岗分流中加强党员管理的暂行规定》，通过在下岗队伍中成立临时党支部，有效加强了下岗党员的管理。

2001年，管理局党委对个别不合格党员进行妥善处理，纯洁了党员队伍。

2002年，管理局党委制定《流动党员管理暂行办法》，加强对控股企业和对外施工队伍中党员的管理；在党员中开展以“比服务意识、比服务质量、比服务满意率、比服务收益高低”为内容的“四比”活动。

2006年，通过开展党内活动、实行党员责任区、创建党员先锋岗、实施党员示范工程等途径，落实“六好”党员争创活动。油田各条战线上的共产党员在各自的工作岗位上，挑大梁，站排头，身体力行，率先垂范，用模范行动和奉献精神，展示良好形象，起到了一个党员一面旗的作用。结合先进性教育活动取得的成功经验，深入开展民主评议党员活动，参评率达到99.5%，党员合格率达到100%。

2007年，持续开展“六好”党员创建达标活动，认真落实“三会一课”制度，开展党员责任区、创建党员先锋岗、实施党员示范工程等，建立健全保持共产党员先进性教育长效机制，71个列入中期整改计划的问题得到较好解决。

2012年，在党员中深入开展“建区创岗”“亮牌服务”“三联”示范等主题实践活动，党员带头技术攻关，带头岗位奉献，带头创先争优。各级党组织和广大党员围绕“为民服务”和“破解难题”两大主题，认真履行“公开承诺”，积极践行“七项服务”，集中开展“破解难题”，共兑现承诺6944项，为职工群众办好事1833件，完成急难险重任务2775件，集中破解难题60件。

2015年，围绕“真抓实干、提质增效”主题，充分利用党员责任区、党员承诺制、党员先锋岗、党建“三联”责任示范点、党务公开等形式，持续开展形式多样、富有成效的党日活动，严格“三会一课”、组织生活会等经常性党内生活，坚持开展民主评议党员，党员的先锋模范作用得到了有效发挥。

2016年，按照上级组织安排，油田党委开展党费收缴专项检查，通过制定专项检查实施方案，划定范围，细化内容，落实责任，分段推进，在时限要求内完成了专项检查，强化了党员意识和党性观念。集中进行党员组织关系排查工作，147名“失联党员”纳入了组织有效管理。

2017年，按照集团公司党组的统一部署，把党员岗位讲述作为推进“两学一做”学习教育常态化制度化的主要举措，作为深入推进“四合格四诠释”岗位实践活动的重要任务，作为广大党员思想和工作的全面体检，深入开展党员岗位讲述活动，组织引导广大党员紧密结合实际，切实讲清岗位职责、讲足典型事例、讲准差距不足、讲好改进措施，进一步强化了党员意识和责任使命，增添了工作动力。

三、党员发展

1987年，按照“积极培养、保证质量、改善结构、突出重点”的原则，吸收新党员366名。

1988年，制定《关于发展党员工作的暂行条例》，进一步规范党员发展工作。通过组织入党积极分子学习党的基本知识，开展“是党员就要符合党员标准”讨论，做到了培养教育落实，入党手续严格，吸收发展及时。当年，以知识分子、生产一线工人和无党员班组为重点，共发展党员385名，充实了党的队伍。

1992年，重视在生产一线发展党员，制定下发《关于加强在生产一线发展党员的意见》，使一线无党员班组由1991年的26%下降到18.5%。

2000年，管理局党委针对大批职工与企业有偿解除劳动合同，党员比例下降、“无党员班组”增多的实际，积极做好新党员发展工作，全年发展新党员89名。

2001年，管理局党委坚持有计划地做好新党员发展工作，全年共发展新党员132名，基层一线班组的党员比例有了较大幅度上升。

2002 年，制定《发展党员公示制和责任追究制办法（试行)》，在接纳新党员过程中全部实行公示制，提高发展党员工作的透明度。重视对入党积极分子的培养，突出在生产一线、骨干岗位和优秀青年知识分子中发展新党员，全年发展党员 163 名。

2003 年，管理局党委按照“坚持标准，保证质量，改善结构，慎重发展”的要求，全年发展新党员 94 名。

2004 年，管理局党委注重在生产一线青工和年轻知识分子中发展党员，不断为党组织增添新的力量，全年共纳新党员 107 名。

2005 年，在油田党委保持共产党员先进性教育活动中，有 356 名入党积极分子主动参加学习教育活动，有 98 人向党组织递交了申请书。

2006 年，培养入党积极分子 376 名，发展新党员 167 名。

2007 年，发展党员 136 人，培养入党积极分子 320 名。

2008 年，坚持把党员培养成骨干、把骨干培养成党员的思路，新党员中一线骨干和知识分子比例逐步提升，全年发展党员 142 名，培养入党积极分子 390 名。

2009 年，举办 180 人参加的入党积极分子培训班，发展党员 143 人。

2012 年，通过健全“双向培养”机制，发展党员 156 人，主要生产单位做到了班班有党员。

2013 年，按照中央“控制总量、优化结构、提高质量、发挥作用”要求，严格落实发展党员总量调控目标，进一步规范发展党员工作。举办第 16 期发展对象培训班，153 人对党的基本知识进行了系统学习，全年发展党员 139 名，确保全年发展党员数量控制在计划指标范围内。

2015 年，持续不间断开展入党积极分子培训，严把入党积极分子培养关，举办了第 18 期入党积极分子培训班，全年发展党员 174 名。

2016 年，坚持“双培养”模式，全年发展党员 134 名。

2017 年，组织入党积极分子开展党的基本理论培训，全年发展党员 107 名。

1999—2017 年玉门油田党组织及党员情况统计见表 12–2–1。

表 12-2-1　1995—2017 年玉门油田党组织及党员情况统计表

年份	基层党委（个）	党总支（个）	党支部（个）	党小组（个）	党员（人）															入党积极分子（人）
					党员总数	在岗党员	正式党员	预备党员	男	女	少数民族	35 岁及以下	36 ~ 54 岁	55 ~ 59 岁	60 岁以上	研究生	大学本科	大学专科	高中（中专）	初中及以下	
1995 年	18	17	280	659	5375			336													
1996 年	18	12	275	660	5442			304													
1997 年	18	15	292	681	5884	3969	5513	371	4909	975	53	1692	2473	602	1117	1056			1937	2891	1031
1998 年	19	12	275	660	6167	3960	5833	334	5128	1039	55	1864	2490	567	1246	5	1227		2049	2886	898
1999 年	19	12	259	544	6373	4039	6056	317	5249	1124	59	1660	2818	421	1474	7	1394		2107	2865	520
2000 年	22	7	234	420	5718	3440	5507	211	4753	965	46	1338	2471	367	1542	13	1347		1823	2535	351
2001 年	22	8	245	551	5935	3181	5676	259	4918	1017	50	1313	2588	315	1719	23	416	1106	1858	2532	609
2002 年	22	10	252	560	6081	3309	5866	215	5073	1008	54	1363	2680	318	1720	21	447	1147	1925	2541	251
2003 年	24	8	258	568	6239	3508	6030	209	5124	1115	55	1294	2808	359	1778	21	506	1256	1980	2476	506
2004 年	23	14	235	573	6450	3472	6230	220	5269	1181	58	1179	3012	439	1820	50	576	1406	1956	2462	524
2005 年	21	14	244	588	6640	3403	6411	229	5354	1286	62	1164	3208	490	1778	33	735	1456	1969	2447	445
2006 年	20	18	257	567	6739	3468	6558	181	5416	1323	67	1072	3310	538	1819	35	827	1482	1987	2408	363
2007 年	23	17	252	539	6786	3929	6622	164	5411	1375	70	979	3370	592	1845	38	958	1486	1947	2357	395
2008 年	24	14	258	554	6848	3727	6680	168	5424	1424	72	871	3466	623	1888	39	1290	1592	1738	2189	402
2009 年	24	15	261	551	6935	3821	6773	162	5474	1461	76	796	3527	659	1953	49	1347	1644	1767	2128	429
2010 年	25	15	262	556	6964	3847	6852	114	5480	1484	76	728	3552	660	2024	49	1375	1669	1787	2084	477
2011 年	26	11	252	540	7119	3975	6968	151	5569	1550	79	733	3620	677	2089	48	1487	1718	1820	2046	460
2012 年	28	10	259	520	7281	4126	7113	168	5653	1628	84	780	3668	693	2140	54	1617	1773	1843	1994	452
2013 年	28	10	259	551	7405	4234	7263	142	5713	1692	87	821	3688	677	2219	62	1701	1818	1880	1944	551
2014 年	28	10	266	570	7523	4349	7342	181	5746	1777	92	880	3837	669	2137	68	1815	1858	1901	1881	509
2015 年	27	11	264	565	7657	4419	7483	174	5810	1847	97	921	3854	624	2258	85	1923	1903	1917	1829	471
2016 年	26	12	264	560	7701	4383	7567	134	5823	1878	99	915	3934	580	2272	89	1997	1926	1918	1771	438
2017 年	23	13	251	502	7693	4297	7590	103	5803	1890	103	870	3986	524	2313	91	2071	1925	1907	1699	383

第三章　纪检监察工作

第一节　组织机构

1987年，管理局机关设纪委，下设检查室、审理室和办公室。

1990年12月，管理局将局行政监察处从审计处划出，与局纪委合并，为一个机构、两块牌子，两种职能。局纪委、监察处下设办公室、检查室、审理室3个职能科室。

1999年7月，玉门油田重组改制。10月，管理局对原局纪委、监察处调整为局纪委、审计监察处，下设综合办公室、检查审理室、效能（执法）监察室、审计所4个职能科室。

2000年1月，油田分公司设立纪委、审计监察处，下设检查审计科。7月，按照集团公司加强存续企业审计监督工作与审计机构必须独立设置的要求，管理局将局纪委、审计监察处组织机构调整变更为局纪委（监察处）和审计处，局纪委（监察处）原纪检监察职能不变，下设办公室、一室、二室3个职能科室。

2003年12月，按照股份公司关于“一级法人、行政两级管理、业务三级管理”，减少管理层次，推行扁平化管理的相关要求，油田分公司撤销了二级单位审计监察机构，加强一级审计监察力量，公司审计监察处（纪委）下设纪检监察室、审计室。

2005年8月，随着企业重组整合，油田将原油田分公司审计监察处（纪委）的纪律检查、行政监察职能划出，与管理局纪委、监察处合并，成立公司（局）纪委、监察处，下设纪检监察科、审理效能监察科、办公室3个职能科室。

2013年7月，对纪委、监察处内设机构和岗位定员进行调整，增设审理监督室，将案件审理职能和专项监督检查职能等业务划归审理监督室。调整后，纪委、监察处下设案件检查室、审理监督室、效能监察室、办公室4个职能科室。

至2017年，纪委、监察处机构保持不变。

第二节　纪律检查

一、党风廉政教育

1987—1989年，针对改革开放的新形势，坚持以党章和《关于党内政治生活的若干准则》为重点，通过举办培训班、“三会一课”、报告会、典型剖析、电化教育等形式，组织党员、干部深入开展党规党纪教育。

1990—1992年，制定党风党纪教育三年规划，先后编印《党风党纪教育资料选编》《案例与思考》和《政策问答》600份，《党纪政纪知识手册》《纪检监察工作资料选编》20000余册。通过办班培训、典型案例教育、正面典型教育、回访教育、播放录像片、开展征文活动等方式，组织党员、干部系统学习《关于共产党员在经济方面违纪处分的若干规定》等11个条规。三年间，共举办党风党纪学习班733期，培训6371人。组织6000余名党员干部参加条规教育测验考试。

1993—1996年，继续以条规教育为重点，坚持每年举办党风政纪学习班，进行党风政纪教育。坚持以党风廉政建设为主题，举办主题党课教育，先后举办党课教育1020场次。1996年，组织7663名党员干部、入党积极分子和经济部门工作人员参加全国党纪政纪条规知识竞赛，油田荣获全国党纪政纪条规知识竞赛甘肃赛区优秀组织奖。

1997年，以《中国共产党党员领导干部廉洁从业若干准则（试行）》和《中国共产党纪律处分条例》为重点，举办党员干部培训班53场次1814人次，电视教育16场11185人次。组织8404人参加“六部法规”答卷活动。全年选树“廉政勤政好干部、好党员”22名。

1998年，不断深化廉政准则、八条规定等廉洁自律规定的学习。组织开展《行政监察法》知识竞赛，参赛人数达 2981 人，占应参赛人数的 103.9%。油田各单位结合实际，组织开展争当“勤政廉政好干部、廉洁奉公好党员”、党风廉政知识宣传周等活动，增强了领导干部廉洁自律的意识。

1999 年 11 月起，在油田分开分立的五年多时间里，油田分公司党委和管理局党委结合各自工作实际，分别开展各具特色的党风廉政教育活动。

油田分公司党委坚持以廉政准则、八条规定等廉洁自律规定为重点，充分利用政治理论学习日、党日活动等形式，采取专题辅导与自学相结合、法规宣传与案例剖析相结合等方式方法，广泛开展自律意识教育。坚持以重大典型案件材料以及有关规章制度为主要内容，通过举办辅导讲座，组织专题讨论，观看电视教育片，广泛开展警示教育。在强化学习教育的基础上，认真落实领导干部廉洁自律“五项规定”和领导干部廉洁从政“六条要求”，在公司副科级以上干部中建立廉政档案，认真执行“礼品登记”“个人收入申报”“业务招待费使用情况向职代会报告”“重大事项报告”以及廉政诫勉谈话制度，有效规范了党员、干部行为。

管理局党委通过组织开展“电视教育月”“学法规、学条例”教育、党风党纪知识测试、“牢固树立正确的权力观教育”等形式多样的教育活动，坚持在党员、干部中开展条例教育、条规教育、责任教育、案例教育，有效提升党员、干部的廉洁自律意识。在 2002 年集团公司组织的党风廉政建设抽样调查中，管理局党风廉政建设满意、较满意率 95.8%，领导干部廉洁自律满意、较满意率 96.3% 以上。

2004 年，油田分公司党委和管理局党委都把学习宣传贯彻《中国共产党党内监督条例》《中国共产党纪律处分条例》作为党风廉政教育的重点，编印发放《〈党内监督条例〉50 题》和《〈党纪处分条例〉55 题》，组织党员、干部和入党积极分子参加“两个条例”的集中学习、“两个条例”测试活动，并将测试结果记入本人廉政档案。

2005 年 7 月，玉门油田重组整合后，油田党委先后组织 2577 人次参加股份公司《纪检监察部门信访举报工作规定》宣传教育活动和《建立健全教育、制度、监督并重的惩治和预防腐败体系实施纲要》《“三个代表”重要思想反腐倡廉理论学习纲要》及《国有企业领导人员廉洁从业若干规定（试行）》知识竞答活动。制作 20 套党风廉政教育报告会光盘，在各单位巡回播放 52 场次，观看讲座的干部员工达 2758 人次。组织 1051 名党员干部参观玉门市预防职务犯罪教育展览。3700 多名党员干部收看中央电视台《唱响正气歌》文艺晚会。集中转发集团公司和股份公司下发的 23 件典型案件剖析材料，引导党员干部通过对典型案例的学习，举一反三，吸取教训，增强了党员干部廉洁从业的自觉性。

2006 年，在党员干部中开展以召开一次党委中心组学习会、上一次党课、组织一次学习贯彻党章的知识竞答活动、开展一次党纪条规专题教育、进行一次宣传表彰先进、开展一次有意义党日活动为内容的“六个一”主题教育活动，领导干部讲党课或做辅导报告 12 次，开展反腐倡廉主题教育活动 18 场次。油田纪委统一为二级单位配发新创“八荣八耻”和优秀廉政歌曲集以及卡拉 OK 伴奏带，在全体员工中进行“树荣辱观，唱正气歌”为内容的宣传教育活动；组织 2876 名党员干部、4921 名员工参加集团公司和股份公司组织的学习党章知识竞答和反舞弊知识问答活动，增强了反腐倡廉教育的趣味性。

2007 年，先后给党员干部及要害岗位工作人员发放廉政教育台历、周历 911 本，配发《惩防体系》宣传图片、资料书籍 417 套。组织开展“廉洁文化建设”征文活动，油田有近千人撰写警言、警句、对联 900 多条，撰写各种论文、心得体会等文章，在《石油工人报》上刊登 245 篇，形成了浓厚的廉洁文化建设氛围。以树立科学发展观、正确的权力观和业绩观主题教育活动为抓手，组织观看《天职》《罪案鉴戒》《反腐要案纪实》等反腐倡廉教育片，参加玉门市检察院举办的“筑牢法纪防线，走好人生每一步”的专题法制讲座，扩大了反腐倡廉的教育面，增强了广大党员干部遵纪守法、廉洁从业的自觉性。

2008 年，各级组织不失时机地利用中心组学习、班子民主生活会、干部大会、党组织活动日等多种形式，狠抓党员干部的党风廉政教育。先后为党员干部发放各种学习资料 1200 余份，印发《贪恋钱财走险路，以身试法葬前程》等 11 起典型案例，组织 7000 余人次观看电教片《居安思危—苏共亡党的教训》；与玉门市人民检察院积极合作，将 54 种职务犯罪编辑成《预防职务犯罪知识选登》，刊登在油田《石油工人报》上，共登载 21 期。以领导干部亲属为重点，深化廉洁文化建设活动，先后为领导干部亲属发放《廉洁风采录》《廉洁文化在中国石油》《廉洁持家启示警示》光盘及书籍 300 余册（张）；组织召开 40 多名领导干部配偶参加的“亲情助廉座谈会”，与会干部亲属就如何开展好家庭助廉活动、把好家庭廉洁关等进行座谈，承诺与领导干部一起构筑起拒腐防变的家庭防线。以两级机关和领导干部为重点，开展“牢记两个务必，加强作风建设”主题教育活动，两级党委共召开各种学习动员会 20 余次，开展各种学习活动 45 次，党政一把手上专题党课 28 次，党员干部共上交学习心得 230 余篇，征求群众意见和建议 95 条，整改落实率达 94%。

2009 年，坚持把反腐倡廉教育列为领导班子学习、干部培训和党组织生活的重要内容，采取专题学习、党课教育、办班培训等方式，组织党员、干部系统学习《中国共产党巡视工作条例》《关于实行党政领导干部问责的暂行规定》《国有企业领导人员廉洁从业若干规定》《关于开展工程建设领域突出问题专项治理工作的意见》，以及《集团公司管理人员违纪违规行为处分规定》《中国石油高级管理人员廉洁从业学习材料》等内容。选树并表彰 10 名廉洁从业模范干部和 10 名廉内助，为各级干部树立了学习的榜样。通过组织党员干部参观警示教育基地、听取法制讲座、收看职务犯罪案例教育片、组织开展廉洁文化广告和漫画创作等方法，进一步增强了反腐倡廉教育的警示效果。

2010 年，继续以《国有企业领导人员廉洁从业若干规定》《中国石油反腐倡廉教育培训教材》《集团公司管理人员违纪违规行为处分规定》等为主要内容，组织各级党员干部开展专题学习活动。在两级领导班子及其成员和重点岗位管理人员中，开展“忠诚事业、承担责任、艰苦奋斗、清廉奉献”主题教育活动。通过组织一次党委中心组学习、上一次党课、开展一次警示教育、组织一次答题活动、宣传一批先进典型事迹为内容的“五个一”活动，全年组织各种学习活动 45 次，党政一把手上专题党课 28 次，厂处副总师以上干部撰写个人学习心得 230 余篇，1965 名副科以上干部及重要岗位管理人员参加了法规知识答题测试。

2011 年，坚持日常教育与集中教育相结合，组织党员干部学习《中国共产党党员干部廉洁从业若干准则》《关于共产党员在经济方面违纪处分的若干规定》和集团公司“5 条禁令、20 个不准”及有关廉洁自律各项规定。持续开展“忠诚事业、承担责任、艰苦奋斗、清廉奉献”主题教育活动。先后组织 1352 人分 25 场次观看《珍惜岗位、远离犯罪》教育片，组织 150 名领导干部和重点岗位人员参观最高人民检察院“惩治和预防渎职侵权犯罪”巡展，有效增强了党员干部廉洁从业的自觉性。

2012 年，以案施教，进一步强化警示教育。组织党员干部对集团公司《机关算尽终成空》等 18 个案例进行学习，对照检查，使党员干部时刻保持自警自律。举办油田重组以来第一期处级干部培训班，以廉洁从业教育为重点，对新任职的 36 名处级干部进行集中培训。培训中，集团公司党组纪检组领导专程来油田，为学员做专题辅导讲座；酒泉市检察院领导结合酒泉市近年的职务犯罪典型案例，深刻剖析诱发职务犯罪的主客观因素以及带来的启示；组织参观警示教育基地，听职务犯罪人员现身说法，近距离感受身陷囹圄之人的悔恨和教训，在处级干部中产生了较大影响。

2013 年，以开展“转作风、树清风、严纪律、促廉洁”主题教育活动和党的群众路线教育实践活动为契机，通过组织专题学习集团公司廉洁从业模范干部先进事迹，举办处、科级干部培训班，“三会一课”党课辅导等形式，强化了党纪条规和典型示范引导教育。通过印发集团公司典型案例剖析、播放警示教育片、组织厂处副总师以上干部到监狱听取服刑人员现身说法等方式，持续开展了警示教育。通过与酒泉市人民检察院开展“两联系、两促进”专题活动，在油田设立“检察联络站”，开展预防职务犯罪教育；利用油田有线电视、纪检监察网页和文化广场、员工餐厅、办公区 LED 屏幕等，组织开展了为期 4 个月的“倡廉洁、树清风”廉政公益广告展播活动，增强了反腐倡廉教育的效果。

2014 年，通过在油田纪检监察网页上开辟学习教育专栏，登载有关反腐倡廉建设、党纪条规、典型案例等学习资料，深化了日常教育。结合油田发生的违纪违法案件，召开副处级以上干部及重要岗位科室长参加的干部大会 3 次，通报案件、提出协查要求，进行警示教育。并以“深刻反思、吸取教训、明确目标、全面改进”为主题，增开油田两级领导班子专题民主生活会。两级班子成员针对油田发生的违纪违法案件，从落实领导责任、以身作则和工作管控三个方面，认真反省和分析查找班子和自身存在的问题和不足，从理想信念、党性修养、执行力建设、工作效率等方面，深刻剖析产生问题的根源，并有针对性地制订改进措施，做到了吸取教训、举一反三。油田党委以贯彻落实中央“八项规定”精神和《国有企业领导人员廉洁从业若干规定》为切入点，抓住春节、中秋、国庆等重要时间节点，对公款吃喝、公款旅游、收送节礼、大操大办婚丧事宜等行为进行严格要求和监督检查。169 名副处级以上干部填报《不出入私人会所、不接受和持有私人会所会员卡承诺书》；对副科级以上干部业务招待费使用、车辆管理和票据报销等相关方面的情况进行集中排查。当年，油田五项费用大幅度下降，其中，业务招待费同比下降54.74%，会议费下降49.6%，培训费下降19.41%，出国（境）费用下降37.91%，差旅费下降1.37%。

2015年，把反腐倡廉教育与践行“三严三实”专题教育结合起来，通过廉洁从业专题讲座、干部培训班、干部大会、反腐倡廉教育党课、参观警示教育基地等形式，开展形式多样的反腐倡廉教育活动。以党员领导干部为重点，邀请甘肃省纪委和甘肃省人民检察院领导进行廉洁从业专题讲座；利用油田有线电视和局域网组织开展《作风建设永远在路上》视频专题教育活动。全年进行反腐倡廉形势任务及党纪条规教育159场7549人次，警示教育67场4139人次，参观警示教育基地11场488人次，廉洁从业知识测试401人次。

2016年，以开展“学系列讲话、学党纪条规、做合格党员”和学习《中国共产党廉洁自律准则》《中国共产党纪律处分条例》《中国共产党问责条例》等党纪条规为重点，采取多种形式，利用多种载体，通过廉洁从业专题讲座、干部培训班、反腐倡廉专题党课、参观反腐倡廉警示教育基地、观看大型专题片《永远在路上》、配发《党员领导干部违纪违法典型案例警示录》等方式，深化典型案例警示教育。通过在重点节假日、重要时间节点进行节前提醒和任前谈话等方式，教育引导党员干部自觉遵纪守法、廉洁从业。全年共开展教育317场15142人次，进行廉洁从业知识测试1286人次，对11名处级干部进行了任前廉洁谈话。

2017年，以党的十九大、十八届中央纪委七次全会、十二届甘肃省纪委七次全会、中央企业及集团公司党风廉政建设和反腐败工作会议精神为内容，开展反腐倡廉教育386场次30323人次，组织参观反腐倡廉警示教育基地191人次，进行廉洁从业知识测试98人次。

二、党风廉政建设制度

1987年，制定《关于对党员干部实行党内监督的规定》。

1988年，制定《关于局厂两级机关工作人员保持廉洁的若干规定》。

1989年，制定《关于廉政建设的若干规定》和《干部廉洁守则》。

1990年，制定《纪检工作会议制度》《纪检干部联系群众制度》《党风党纪检查制度》《纪检信访处理报告制度》《党风评论员制度》《信访工作试行条例》《信访达标规则》，修订《纪律检查工作细则》。

1991年，制定《党支部党风党纪工作规范》《纪检监察部门参加或列席有关会议的决定》，修订完善《纪检工作七项制度》《纪检信访工作细则》。

1992年，制定《纪检监察工作为经济建设和改革开放服务的实施意见》，修订完善了《玉门石油管理局廉政建设的若干规定》。

1993年，修订完善《关于加强党风廉政建设的若干规定》和党风廉政建设责任制。修订完善《原油、成品油管理办法》《石油产品销售审批制度》和《石油产品价格管理制度》等七个方面的制度、规定。制定《物资积压奖惩办法》和《报废物资管理办法》，补充制定《加强废旧物资及账外料管理的补充规定》。

1994年，修订完善《关于加强党风廉政建设若干规定》。

1995年，制定《加强局厂班子思想作风建设意见》《关于认真执行“不准接受可能对公正执行公务有影响的宴请”和“不准参加用公款支付的营业性娱乐活动”两项规定的实施意见》《关于副处级以上领导干部收入申报的实施办法》《关于国内交往中收受礼品登记标准和上交处理的实施办法》《关于业务招待费使用情况向职代会报告的实施办法》《对外投资（贷款）有关规定》。修订完善《局厂领导班子成员抓党风廉政建设责任制》。

1996年，制定《关于加强局厂两级班子及其成员监督的若干规定》《关于对同级党政班子及其成员违反党纪政纪初核暨报告制度的实施意见》《关于局厂两级纪检监察部门接到对下一级党政班子成员检举控告后向上一级报告的制度》《关于选拔任用领导干部应征求同级纪检监察部门意见的制度》《关于任免纪检监察部门领导干部征求上级纪检监察部门意见的制度》《关于对领导干部违反规定用公款考取汽车驾驶执照的处理规定》《关于党员干部婚丧嫁娶中有关问题的规定》《对私设“小金库”的处理（暂行）规定》。印发《关于局外业务往来接待〈暂行〉现定》等六项配套制度。

1997年，制定《玉门石油管理局党委、玉门石油管理局关于厉行节约、制止奢侈浪费行为的实施细则》及《补充意见》。

1998年，修订完善党风廉政责任制，制定下发《移动电话暂行管理办法》。

2000年，制定《党风廉政建设责任制实施办法》《效能监察实施细则》《玉门油田分公司通讯费用管理办法》《业务往来及接待工作规定》《加强销售部门党风廉政建设若干规定》等。

2001年，制定《关于落实领导干部廉洁自律工作的实施意见》《玉门油田分公司物资采购管理办法》《玉门油田分公司关于在招投标工作中实施监督检查的暂行办法》。修订《采油厂车辆使用管理、运费结算管理办法》《采油厂原油拉运管理制度》《炼化总厂自备车租金收取结算办法》《炼化总厂自备车检修运行管理办法》。

2002年，制定《关于严肃保密纪律的通知》。

2004年，制定《公司纪委、监察处负责人同所属单位党政主要负责人廉政谈话制度》。出台《物资采购与电子商务管理办法》《关于进一步加强招标投标管理工作的通知》。

2005年，制定《公司招投标管理办法》《合同管理办法》《合同管理工作程序》《内部市场管理办法》和《关于严肃物资采购、工程招投标和工程管理纪律的通知》。

2006年，根据集团公司《建立健全教育、制度、监督并重的惩治和预防腐败体系实施意见》，制订《实施办法》。制定《治理商业贿赂专项工作实施方案》《反舞弊工作制度》和《招投标管理办法》《合同管理办法》。

2008年，制定《社会保险基金货币基金和银行账户管理办法》《社会保险基金会计核算办法》《社会保险基金财务管理办法》《工程施工类承包商管理办法》《工程施工类承包商招标管理实施细则》《基建工程项目分包管理办法》《产品驻厂监造管理办法》，修订《差旅费管理暂行办法》。

2009年，修订《党风廉政建设责任制实施细则》。完善《QHSE教育费收支管理规定》《玉门油田公司物资采购管理办法》。

2010年，制定《进一步加强基建工程管理的有关规定》；颁布实施《招标管理实施细则（试行）》及《承包商和供应商安全环保质量管理规定》；制定《招投标及谈判监督工作规范》和《参加招投标谈判的过程监督范围》等内部工作制度。

2011年，修订下发《基建工程运行管理规定（试行）》《基建工程竣工验收管理细则（试行）》《资产处置管理办法》《投资项目管理办法》《2011年建设工程预算和结算规定》《关于进一步加强公司合同招投标管理的通知》等制度办法，完善以“三重一大”决策制度为主要内容的制度体系。

2012年，制定《领导人员职务消费管理办法》《监督部门联席会议制度》和《生产安全事故与环境事件责任人员行政处分实施细则》等制度规定。

2013年，制定《领导人员职务消费管理办法》《物资计划管理实施细则》《差旅和会议费用管理办法》《玉门油田公司物资仓储管理实施细则》。

2014年，制定《招标管理实施细则》《禁止企业离职人员从事与企业有关的经营活动通知》《房屋及场地出租管理办法》等制度。

2015年，制定《领导干部落实党风廉政建设“一岗双责”实施办法》《党风廉政建设约谈实施办法》《党风廉政建设指标考核细则》。

2016年，制定下发《玉门油田分公司领导干部落实党风廉政建设“一岗双责”实施办法》《机关部门落实党风廉政建设监管责任实施办法》《党风廉政建设约谈办法》《所属单位党委纪委向公司党委纪委报告工作办法》《规范党员干部亲属经商办企业行为规定》和《党员干部操办婚丧喜庆事宜管理规定》等6项制度。

2017年，制定《推进党风廉政建设和反腐败工作三不腐有效机制的工作方案》。

三、党风廉政建设责任制

1987—1988年，按照中央关于加强党风廉政建设的各项重大决策和部署，通过建立党风政风考核台账、层层签订党风承包责任制、建立党员责任区（点），加强党风廉政建设。

1989年，制定《关于廉政建设的若干规定》，第一次提出局、厂两级领导干部对本单位、本系统廉政建设负有领导责任。

1993年3月，制定《党风廉政建设责任制实施办法（暂行）》，明确玉门油田各级党政领导班子和领导干部党风廉政建设责任制的责任范围、责任内容、责任实施、责任追究等事项，逐步形成五有（有考核标准、保证措施、检查制度、奖惩办法、党风档案）、三结合（党风廉政制同分管的工作，同分管的部门单位、同经济责任制相结合）为内容的三级抓党风建设的责任制体系。至1997年，玉门油田党委坚持把党风工作纳入双文明建设评比内容，坚持支部月检查、厂矿季检查、局党委半年一次全面检查的党风检查制度，坚持定期或不定期开展党风党纪、政风政纪大检查和廉政考核，坚持开展纠正行业不正之风活动，坚持建立党风评论员制度，聘任党风评论员，加强了党风廉政建设。

1998年，中共中央、国务院颁布《关于实行党风廉政建设责任制的规定》。玉门油田党委认真贯彻落实《规定》精神，先期在采油厂、物资处两单位进行党风廉政建设责任制试点工作，从工作人员到厂（处）领导，从党支部到党委，层层签订责任书，关键岗位和要害部门工作人员写出廉洁自律保证书，形成了党风廉政连带责任落实体系，为在油田全面实行党风廉政建设责任制奠定了基础。

1999年，在认真总结党风廉政建设责任制试点工作的基础上，组织开展党风廉政建设责任制学习测试活动，开始全面落实党风廉政建设责任制及“四个一”要求。

2000年，油田分公司党委和局党委分别制定出台《党风廉政建设责任制实施办法》。油田分公司党委对党员领导干部党风廉政建设责任区进行重新划分，把所有基层单位、机关科室落实到人，明确班子成员对职责范围内党风廉政建设应承担的领导责任。公司5名领导及科以上干部，人人都有自己的责任区，初步形成纵向到底，横向到边，一级抓一级，一级对一级负责的党风廉政建设责任制。为使责任制落到实处，公司及各单位都专门成立考核领导小组，明确考核部门，将考核内容纳入党政领导班子、领导干部业绩目标考核之中，强化了责任追究。

局党委按照班子成员分工，重新划分班子成员抓党风廉政建设责任区（点）。各基层单位制订《实施办法》或《实施细则》，层层签订保廉责任书或责任保证书，形成了分工负责、一级抓一级、层层抓落实的工作格局。局、厂都建立健全由党政主要领导任组长的考核领导小组，把考核内容纳入党政领导班子、领导干部目标考核之中，与干部考评、民主评议等相结合，与生产经营责任制同步考核，同时奖罚，并将考核结果作为领导干部业绩评定、奖励惩处、选拔任用的重要依据。

至2004年，油田分公司不断完善和落实党风廉政建设责任制，做到严格规范、严格要求、严格检查、严格考核。每年党政主要领导都要与班子成员、油田所属单位、部门签订《党风廉政建设责任书》，确定责任点，明确责任范围。同时，严格强化责任追究，把责任追究的范围、规定和要求在“责任书”中详细列出来，并将责任制的内容纳入党政领导班子、领导干部年度业绩目标考核之中，解决领导责任虚化的问题。先后对18名违反责任制度的党员领导干部及相关人员实施了责任追究。

局党委、管理局坚持把党风廉政建设责任制纳入班子建设和领导干部目标管理，层层签订责任书，每年重新划分责任区，将党风廉政建设与生产经营和其他业务工作一同部署、一同检查、一同考核。坚持廉政鉴定制度、提拔任用和诫勉谈话制度，共为全局634名副科级以上干部建立廉政档案，先后对79名党员、干部进行廉政谈话、诫勉谈话、通报批评以及纪律处分等责任追究，对3个处级单位、4个车间（队、站）进行通报批评，对1个厂处党委发了纪律检查通知书，对2个处级单位、14个车间（队、站）组织进行了诫勉教育。

2005—2007年，各级组织始终把党风建设和反腐败工作摆上重要议事日程，把抓党风建设责任与抓生产经营管理责任结合起来，做到责任内容相互渗透、责任目标相互统一，使党风建设与其他业务工作相互促进、协调发展。油田645名副科级以上干部分别与主管领导逐级签订党风廉政建设责任书和廉洁自律承诺书。按照分级、分项、分工负责的要求，对489个责任区进行重新划分，形成了党委书记负总责，谁主管谁负责，一级抓一级，一级对一级负责的责任体系和工作格局。紧盯责任主体，严格责任追究。2005年，按照一级抓一级的原则，对责任区发生违法违纪案件的7名处级干部进行诫勉谈话，对单位6名党员领导干部及相关人员实施了责任追究。2006年，油田1647名党员干部，对照中纪委《关于严格禁止利用职务上的便利谋取不正当利益的若干规定》进行自查自纠，并分别向集团公司党组和油田党委写出自查自纠报告和承诺书。油田党委对发生违纪案件的7名处级干部进行了诫勉谈话。2007年，先后对责任区发生违法违纪案件的6名处级干部和22名相关人员实施了责任追究。

2008年，从玉门油田党委到各二级单位党委再到各基层党支部，都层层修订完善《党风廉政建设责任书》，将各级组织和人员必须履行的职责写进责任书，要求对照执行。变革签订责任书的形式，各单位党委书记和机关处室的正职与公司纪委书记签订责任书，二级单位行政正职及其他副职与本单位党委书记签订责任书，机关处室副职与正职签订责任书，二级单位党支部书记与本单位党委书记签订责任书，层层签订，层层监督，层层落实，全年共签责任书823份。根据分工，重新划分党风建设责任区，分管领导对责任区内的党风建设负全责。从而使油田在落实党风建设责任制上做到三个“一同明确”，即领导班子集体责任与领导干部个人责任一同明确；业绩工作责任与党风建设责任一同明确；管好承包单位的责任与管好亲属及身边工作人员的责任一同明确。

2009年，按照中央《关于实行党风廉政建设责任制的规定》，依据“一岗双责”要求，修订《油田公司党风廉政建设实施细则》，进一步完善责任分解机制、监督检查机制、责任考核机制，明确了责任范围，细化了责任内容，完善了考核细则。当年，有178名处级干部分别与油田党委和本单位党委签订党风廉政建设责任书；1044名科级干部及重点岗位人员与本单位党组织层层签订党风廉政建设责任书。

2010年，175名处级干部分别与油田党委和本单位党委签订党风廉政建设责任书，1011名科级干部及重点岗位人员与本单位主管领导签订责任书。油田党委组织开展党风廉政建设责任制落实情况检查，两级领导班子成员带头自查，带头整改，就责任区内党风廉政建设责任制落实情况进行自查并写出自查报告，找出了存在的不足，提出了整改措施。

2011年，督促各级领导干部看好自家门，管好自家人，切实履行“一岗双责”，落实辖区内的党风廉政建设责任，组织各级党政领导及人、财、物等关键要害岗位的人员逐级签订责任书1173份，并把责任落实情况融入年度工作中进行统一考核，构成一级抓一级，一级带一级，纵向到底，横向到边的责任体系。180名处级以上干部分别向集团公司和油田公司报告个人重大事项，并在职代会上进行述职述廉，接受员工群众的民主评议和监督，群众满意率95%以上。

2012年，玉门油田党委分别同所属21个基层单位党委及14个机关部门签订党风廉政建设责任书；油田纪委督导各单位、各部门按照“谁主管、谁负责”的要求，对党风廉政建设责任进行细化和延伸，并将党风廉政建设责任制落实与惩防体系建设相结合，与生产管理工作同部署、同检查、同考核，促使各级领导干部看好自家门、管好自家人，切实履行“一岗双责”，形成了逐级负责、齐抓共管、落实有效的工作格局。当年，共签订责任书1136份，其中，处级170份，科级966份。因安全责任事故、违规违纪问题，对14人进行责任追究，其中行政处分14人，对10人收取了QHSE教育费。

2013年，按照“一岗双责”要求，重新修订《党风廉政建设责任制考核实施办法》，进一步加强对党风廉政建设责任制执行情况的监督和检查考核。组织179名处级干部、1083名科级干部及重点岗位人员逐级签订《党风廉政建设责任书》。

2014年，先后召开14次党委会，专题学习中央及甘肃省委、集团公司党组关于反腐倡廉建设的工作部署、要求及集团公司党组《关于落实党风廉政建设主体责任和监督责任的实施意见》和推进会精神，专题研究落实“两个责任”、建立作风建设长效机制等制度措施。按照履职有责、失职问责、一岗双责、党政同责的要求，修订完善《党风廉政建设责任书》。根据干部管理权限和职责范围，组织油田公司党政正职与领导班子副职，领导班子副职与分管单位、部门党政正职，各单位、部门领导班子成员与所管辖业务范围内人员逐级签订党风廉政建设责任书1739份，组织重点岗位人员签订廉洁自律承诺书980份，构建了局、处、科三级自上而下、层层负责的责任体系。通过对党风廉政建设责任制落实情况的检查考核，及时督导解决工作中存在的问题，并严格按照党风廉政建设责任制规定，实施责任追究10人次。

2015年，认真履行党风廉政建设主体责任，加强组织领导，从明细责任内容、抓好压力传导、强化制度保障入手，将党风建设和反腐败工作与油田生产经营的各项工作，一起安排部署，一起检查考核。通过组织召开落实党风廉政建设“两个责任”推进会，层层签订《党风廉政建设责任书》和《廉洁从业承诺书》，发约人与受约人进行约谈，面对面交流沟通、提醒警示，层层传导压力、层层落实责任，推进了党风廉政建设责任制的落实。全年，油田党政领导对新提拔聘任、岗位调整交流的处级干部任前廉政谈话7人次，对信访受理核查后不构成违纪问题的领导干部诫勉谈话6人次，对合规管理监察、专项监督检查中存在管理问题的相关单位负责人提醒谈话10人次。

2016年，进一步建立健全责任体系，组织领导人员逐级签订《党风廉政建设责任书》1990份，签订

《廉洁从业承诺书》1831份。通过加强责任落实过程管理、检查考核和责任追究，对2名履行责任不到位的领导干部进行了责任追究。

2017年，全面推进党风廉政建设“属地管理、直线责任”模式，按照党风廉政建设责任范围，实施党风廉政建设责任谈话，逐级签订党风廉政建设责任书和廉洁从业承诺书，督促领导干部切实履行“一岗双责”。当年，逐级签订《党风廉政建设责任书》2037份，签订《廉洁从业承诺书》1745份；油田领导班子成员按照责任范围，对138名处级干部开展党风廉政建设责任约谈；油田纪委书记专题约谈基层纪委书记22人次；油田党委、纪委对提拔任用和调整交流的27名处级干部进行基层任前廉政谈话。

四、惩防体系建设

2005年1月，中共中央印发《建立健全教育、制度、监督并重的惩治和预防腐败体系实施纲要》，油田党委从抓学习教育入手，狠抓落实。当年，结合油田分公司和管理局机构整合，及时出台《关于严肃油田机构整合期间工作纪律的通知》，确保整合工作和谐有序运行。油田机构整合后，及时制定公司《领导班子工作制度》《加强“四好”领导班子建设实施意见》和《基层党组织基本工作制度》，严格对领导干部的要求。针对物资采购集中管理，制定出台《公司招投标管理办法》《合同管理办法》《合同管理工作程序》《内部市场管理办法》和《关于严肃物资采购、工程招投标和工程管理纪律的通知》，明确十条纪律，规范程序，严格要求。建立物资招标投标和商务谈判登记台账，实行招投标和商务谈判“一书一表”（招投标及商务谈判通知书、监察部门参加招投标及商务谈判情况登记表）制度，规定20万元以上的项目必须进行招标，未经招标的项目有关部门不得办理结算付款手续。对财务实行集中统一管理，强化了资金运作过程的监督控制。坚持对群众信任度较低、精神状态不佳、综合考评末位的科处级干部进行诫勉谈话。全面推行干部竞聘上岗，任前公示和征求纪委意见制度，改变了干部任用的封闭状态，增强了公开性和透明度。

2006年，认真贯彻落实中央《建立健全教育、制度、监督并重的惩治和预防腐败体系实施纲要》和集团公司《实施意见》精神，结合油田实际，制订下发《实施办法》，并编制责任分解表，把惩防体系建设工作纳入各职能部门的整体运作中，层层分解，做到每项工作有人抓、有人管。为加强组织领导，油田成立由主要领导任组长、相关部门领导为成员的惩防体系建设领导小组。油田各责任部门按照责任分解表，稳步推进惩防体系建设。全年，油田机关各职能部门共制定、修订完善涉及计划、财务、人事、采购、销售、安全等方面的管理监督制度33项，监督管理的制度体系更加健全。

2007年，围绕《国有企业领导人员廉洁从业若干规定》，油田党委在“两节”前印发《关于元旦春节期间廉洁自律有关纪律的通知》，提醒党员干部自重、自省、自警、自励，倡导廉洁从业、干净干事的良好风尚。油田将领导干部年度业绩考核结果纳入领导干部廉洁从业档案管理体系，作为干部考评任用的重要依据之一，使党员干部牢固树立“不能为”的意识。认真落实中纪委《关于严格禁止利用职务上的便利谋取不正当利益的若干规定》，共有1647名党员干部对照规定进行自查自纠，并分别向集团公司党组和油田党委写出自查自纠报告和承诺书。围绕规范事权、财权、人事权和物权“四项权利”，完善《党政领导班子议事规则》《领导干部述职述廉制度》等，进一步明确企业的“三重一大”事项都要按照程序进行研究，实行科学民主决策；完善以“全面预算管理、资金集中管理、会计集中核算”为目标的财务管理体系，强化多级监控，保证每项资金使用都能控制在计划范围之内；完善《加强高技能人才队伍建设的实施意见》《年度业绩考核办法》，使人才队伍建设和干部选拔任用及管理工作逐步制度化、规范化；完善《关于进一步规范合同、招投标管理的通知》《玉门油田分公司重点设备管理制度》，使每一项管理工作更加有章可循，处罚有据可依。通过规范“四权”，全油田基本形成了用制度规范从业行为、按制度办事、靠制度管人的反腐倡廉制度体系。

2008年，按照集团公司《惩防腐败体系建设2008—2012年实施计划》要求，结合油田实际，对权力运作的重点岗位、关键部位、重要部门进行认真分析研究，合理分解各项任务指标，制订《玉门油田公司惩防腐败体系建设2008—2012年实施办法》和《2008—2010年年度推进计划》，把130项工作任务分解到17个牵头部门和19个基层单位。围绕事权、财权、人事权和物权“四权”建设，分别制订《社会保险基金货币基金和银行账户管理办法》《社会保险基金会计核算办法》和《社会保险基金财务管理办法》，加强油田社会保险基金管理，规范会计核算和财务行为，确保了资金的安全与完整，维护了参保人员的合法权益；制订《工程施工类承包商管理办法》《工程施工类承包商招标管理实施细则》和《基建工程项目分包管理办法》，加强对工程施工的管理；制订《产品驻厂监造管理办法》，加强对重要产品和设备的监督和管理，规范产品驻厂监造，保证了产品和设备的质量；修订《差旅费管理暂行办法》，严格控制差旅费支出；下发《关于进一步加强公司合同管理工作的通知》，加强合同管理，优化工作程序，提高了工作效率。

2009 年，根据集团公司要求，及时制订《惩防腐败体系建设 2009—2012 年实施办法》，并把落实《实施办法》作为一项政治任务，列入重要议事日程，同生产经营工作一起部署、一起落实、一起检查。根据工作分工，及时调整以党委书记为组长的油田惩防体系建设工作领导小组。围绕细化具体事项和落实措施，形成六个方面、96 项具体任务的年度推进计划。根据惩防体系建设任务共担的要求，把 2009 年的工作任务分解到 17 个牵头部门和 19 个基层单位，明确责任部门、责任人、进度要求和具体措施。在工作推进中，通过定期召开联席会议、走访、调研、督办等形式，牵头部门及时协调解决工作中遇到的困难和问题，确保工作按计划如期推进。全年共清理规章制度 16 类 163 项，废止 14 项，修订 18 项具体制度和业务流程。

2010 年，按照惩防腐败体系建设“科学规划、分步实施、突出重点、整体推进”的工作要求，油田及时调整惩防腐败体系领导小组成员，制定 2010 年任务分解表，将 80 项目标任务细化分解到机关各部门和各基层单位。由党委办公室牵头修订油田公司《领导班子工作制度》九章 44 条，将“三重一大”民主决策制度等最新规定融入领导班子议事规则中，进一步规范领导班子集体决策程序和决策行为。结合内控体系建设，以完善“三重一大”决策制度和规范“人、财、物、事”四项权力为重点，计划、审计、法规、内控等部门，将集体决策程序、决策执行、决策监督和责任追究的相关要求程序化，使民主决策制度日趋完善。结合油田工程领域存在的突出问题，制定并出台《进一步加强基建工程管理的有关规定》，再次明确各职能部门在基建工程管理中的职责和权限，进一步规范工程计划、工程监督验收、工程付款等管理工作；颁布实施《招标管理实施细则（试行)》及《承包商和供应商安全环保质量管理规定》，进一步规范工程建设市场秩序；纪检监察部门结合近年来招投标、谈判监督工作实践，制定《招投标及谈判监督工作规范》和《参加招投标谈判的过程监督范围》等内部工作制度，明确了招投标及谈判工作监督的原则、范围、内容和方式，统一了监督尺度。这些制度的完善和实施，对规范管理、降低和预防腐败风险起到了重要的保障作用。

2011 年，结合玉门油田反腐倡廉建设实际，纪检监察部门通过走访调研、征求意见建议等方式，制定 2011 年惩治和预防腐败体系工作计划，将 76 项工作任务分解、落实到 17 个职能部门和 21 个基层单位，明确了各有关部门和单位共同推进惩防腐败体系的责任、目标、工作进度和具体措施，做到了目标、任务、责任、时间“四落实”。围绕“三重一大”事项，以民主决策、规范管理为重点，以防控风险、净化生产经营环境为目标，结合油田生产经营管理实际，加大领导决策、安全环保、财务资产、工程建设、招投标管理等方面的制度建设，先后修订下发《基建工程运行管理规定（试行)》《基建工程竣工验收管理细则（试行)》《资产处置管理办法》《投资项目管理办法》《2011 年建设工程预算和结算规定》《关于进一步加强公司合同招投标管理的通知》等制度办法，进一步规范“三重一大”集体决策程序，理顺相关业务流程，完善以“三重一大”决策制度为主要内容的制度体系，进一步提高了管理水平和风险防控能力。

2012 年，按照惩防体系实施办法，制订《推进计划任务分解表》，将 80 项任务细化分解到机关部门和基层单位，明确了具体目标、任务和要求，形成了各负其责、齐抓共管的责任体系。结合内控体系建设和风险管理机制建设，通过对两级机关及人财物关键岗位进行全面梳理，查找权力行使、制度机制、流程执行、思想道德、职责履行等方面的风险点，建立了风险管控策略及应对方案。通过制订《领导人员职务消费管理办法》《监督部门联席会议制度》《生产安全事故与环境事件责任人员行政处分实施细则》等制度规定，使职务消费、监督程序、事故处理有章可循；通过制订《廉洁风险防控工作实施方案》《进一步加强合同招投标管理的通知》等 10 项制度，充分发挥防控制度在经营管理中的保障作用，进一步提升了制度的管控能力。采取自查、抽查及年度综合考核相统一的方式，对各单位、各部门惩防体系建设任务完成情况进行检查，并按照《检查考核评价表》进行量化考核打分，保证了 2012 年目标任务的全面完成。

玉门油田党委坚持以制度建设为抓手，在严格监督和执行到位上下功夫，既保证各项工作在运行中全面受控，又突出重点领域、敏感部位的制度创新，带动了惩防体系建设全面推进，较好地实现了惩防腐败体系第一个五年计划的预期目标，逐步形成了有效防范腐败风险的管控机制，油田公司被集团公司评为2008—2012年惩治和预防腐败体系建设工作先进单位。

2013年，制定《贯彻落实2013—2017年惩防腐败体系建设工作规划的实施办法》和年度推进计划，将目标、责任、进度和措施落实到具体部门和单位。各牵头部门自觉把惩防腐败体系建设的分工任务与本部门职责结合起来，发挥监管职能，履行监管职责；各监督部门认真落实联席会议制度，做到监督资源共享，使惩防腐败体系建设与内部控制、风险管理体系做到有机结合。玉门油田两级领导班子及其成员切实履行“一岗双责”，把惩防腐败体系建设任务纳入年度工作安排，制订工作方案，细化工作措施，创新工作方法，推动工作落实，有力推进了惩防腐败体系建设。

2014年，以落实惩防体系建设年度目标为抓手，按照玉门油田2013—2017年惩防体系建设实施办法，将五年计划合理分解，制定2014年度任务分解表，把42项工作任务逐项落实到46个二级单位和部门，形成了各司其职、各负其责、协调配合、整体推进的工作格局。油田党政主要领导严格做到重要工作亲自部署、重大问题亲自过问、重点环节亲自协调、重要案件亲自督办、重大情况亲自汇报，全年主动召开26次会议，协调配合甘肃省纪委、甘肃省检察机关专案组工作，听取纪检监察部门问题线索初核、自办案件查办处理情况等汇报，对信访核查、案件检查、效能监察、专项监督检查等工作提出具体要求，及时研究解决工作中遇到的疑难问题，指导纪检监察部门开展工作。先后向集团公司党组和甘肃省纪委、检察院汇报党风廉政建设、案件查处情况15次。玉门油田班子成员自觉履行“一岗双责”，在认真抓好生产经营工作的同时，定期研究、部署、检查分管单位、部门的党风廉政建设工作，严格督促执行改进作风和廉洁自律各项规定，定期对党员干部进行廉洁谈话，推动了玉门油田反腐倡廉建设工作的深入开展。

2015年，按照《玉门油田分公司2013—2017年惩治和预防腐败体系建设实施办法》，制订惩防体系建设2015年任务推进计划，将党风廉政建设党委主体责任、纪委监督责任和部门监管责任，作风建设，科学有效预防腐败等五个方面的工作任务分解到18个职能部门和28个二级单位。油田各单位以贯彻落实中央八项规定精神为切入点，紧盯元旦、春节、五一等重要时间节点，加大对领导干部公款吃喝、公款旅游、公车私用等问题的监督检查力度。玉门油田党委印发《玉门油田公司党员干部操办婚丧喜庆事宜申报表》，对党员干部操办婚丧喜庆事宜进行规范，92名党员干部进行了申报登记。对公司187名副处级以上领导人员（含25名离岗退养）收送红包礼金问题进行专项检查，所有领导人员就申报事项的真实性及遵守廉洁从业规定等事项做出承诺。开展领导人员及其亲属经商办企业情况专项检查，公司1271名副科级以上干部对本人及其亲属经商办企业情况进行如实申报，有效预防和控制了腐败案件的发生。

五、信访举报及案件查处

1. 信访举报

1987—1989年，玉门油田纪委主要通过设立举报信箱以及接待群众来信来访等形式，接受群众的监督、举报等信息。

1990年，认真贯彻中纪委两次信访会议精神，制定《信访工作试行条例》《信访达标规则》《纪检信访处理报告制度》等工作制度，建立了信访回执制度，使信访工作开始正规化。

1993年，玉门油田纪委通过油田电视和《石油工人报》公布举报电话，增设30个举报箱，扩大了信访举报的渠道。

2005年，认真贯彻落实中央纪委《关于依纪依法规范纪检监察信访举报工作的若干意见》和股份公司《纪检监察部门信访举报工作规定》，严格信访举报的程序和要求，较好地发挥了信访举报工作在党风建设中的“第一关口”作用。

2006年，随着玉门油田生活基地搬迁，油田纪委及时在办公楼设立举报信箱，公布举办电话，建立网上举报中心，设立举报邮箱，进一步畅通了信访举报的渠道。

2014年，坚持把信访举报作为发现腐败问题线索的重要来源，明确信访举报统一由公司纪委核查，防止了问题线索流失。

1987—2017年玉门油田受理群众来信来访情况统计见表12–3–1。

表 12-3-1　1987—2017 年玉门油田受理群众来信来访情况统计表

年份	来信来访（件次）	办结（件次）	办结率（%）
1987 年	110	107	97.27%
1988 年			
1989 年	152	77	51.9%
1990 年	401	387	96.5%
1991 年	546	496	90.84%
1992 年	321	316	98.4%
1993 年	519		
1994 年	423	411	97.2%
1995 年	360	334	95.4%
1996 年	358	342	95.6%
1997 年	188	172	93%
1998 年	268	255	95%
1999 年			
2000 年	42	42	100%
2001 年	24	24	100%
2002 年	14	14	100%
2003 年	19	19	100%
2004 年	11	11	100%
2005 年	34	34	100%
2006 年	16	16	100%
2007 年	38	38	100%
2008 年	8	8	100%
2009 年	9	9	100%
2010 年	13	13	100%
2011 年	22	22	100%
2012 年	12	12	100%
2013 年	21	19	90.48%
2014 年	26	25	96.2%
2015 年	28	24	85.7%
2016 年	73	68	93.2%
2017 年	48	48	100%

2. 案件查处

玉门油田党委始终坚持有腐必反，支持纪检监察部门严厉查处各类违纪案件，保持油田正常的生产、生活秩序，维护了油田的改革、发展成果，密切了党群、干群关系。

1987 年，以打击经济犯罪为重点，深入开展经打斗争，严厉查处各类违纪案件，保证了油田改革的顺利进行。共调查经济案件线索 8 起，立案 2 起，涉及 3 人。查处党员违纪案件 10 起，涉及 10 人，开除党籍 3 人，留党察看 4 人，党内警告处分 2 人。

1989 年，把查处反对四项基本原则，坚持搞资产阶级自由化的案件；不执行党中央方针、政策或采取“上有政策，下有对策”，阳奉阴违的案件；贪污盗窃，行贿受贿，弄权勒索，严重违法乱纪的案件；利用职权，谋取私利，不择手段地为自己捞好处的案件；用公款请客送礼、大吃大喝、严重铺张浪费的案件作为查处的重点，积极摸排调查线索，及时查处违纪案件，全年共查处党员违纪案件 14 起，受到党纪处分的党员 10 人，其中开除党籍 3 人，留党察看 2 人，党内严重警告 2 人，党内警告 3 人。

1990 年，共立案调查党内违纪案件 28 起 36 人。其中，贪污 7 起 9 人，索贿受贿 5 起 8 人，违反财经纪律 6 起 8 人，播看淫秽录像 2 起 2 人，其他 8 起 9 人。共结案处理党员违纪案件 24 起 30 人，结案率 85.7%。其中，开除党籍 5 人，留党察看 7 人，党内严重警告 2 人，党内警告 2 人。党内通报批评及其他 14 人。

1991 年，坚持从惩治腐败入手，以反贪污受贿、以权谋私为重点，狠抓违纪案件特别是大案要案的查处工作。全年共查处案件 52 起（包括 1990 年遗留案件 5 起 6 人），处理违纪党员、干部 49 人。其中，开除党籍 5 人，留党察看 21 人，党内严重警告 14 人，警告 3 人，党内通报批评 5 人，涉及科以上干部 10 人，移交司法机关依法惩处 2 人。查缴违法违纪金额 4.95 万元，全年案件查结率达到 97.9%。

1992 年，共立案查处各类违纪案件 25 件、涉及 27 人，处分违纪人员 26 人。其中，开除党籍 1 人，留党察看 12 人，党内严重警告 1 人，警告 5 人，行政记过 3 人，撤销职务 3 人，留厂察看 1 人。25 件违纪案件中，违反计划生育政策规定的 12 件，贪污受贿 5 件，违反财经纪律 3 件，违反农转非政策 3 件，盗窃 1 件，违反社会主义道德规范 1 件。

1993 年，共立案查处各类违纪案件 18 件，查处违纪金额 145.2 万余元，收缴 141 万余元。其中，贪污受贿 10 件，占案件总数的 55.5%。25 名违纪人员中，涉及处级干部 2 人，科级干部 9 人、一般干部 8 人，工人党员 5 人，群众 1 人。受到纪检、政纪处分 20 人，受到党纪、政纪双重处分 14 人。

1994 年，针对各类经济违纪案件的不同特点，广开案源，认真梳理每一条案件线索，主动出击，集中力量查处案件，全年共立案查处各类违纪案件 21 件，涉及 23 人。其中，贪污受贿（含监守自盗）7 件 9 人，不正当两性关系 6 件 6 人，违反财经纪律、组织人事纪律各 2 件 4 人，失职、渎职 1 件 1 人，其他案件 3 件。查处违纪金额 43 万元，收缴违纪金额 32.5 万元。其中罗云天、刘朝幸受贿 12 万元的案件，是油田有史以来最大的一起受贿案，二人均被判处有期徒刑 10 年。

1995 年，认真落实“五定一包”责任制，实行案件项目管理，保证了办案进度和质量。全年，共立案查处各类违纪案件 19 件 21 人，其中大案 3 件 3 人，共查处违纪金额 218.9659 万元，收缴违纪金额 87.2843 万元。受党纪处分 12 人，政纪处分 16 人，党纪政纪双重处分 8 人，移送司法机关处理 2 件 2 人。

1996 年，把查处贪污受贿、以权谋私、私卖盗卖油品、严重违反财经纪律、转移截留生产建设资金以及官僚主义、失职渎职、虚报浮夸、造成重大责任事故等案件作为查处的重点，在充分发挥信访主渠道作用，慎重处理每一件群众来信来访、举报电话，从中精心筛选线索的同时，还坚持联席会议制度，定期与执纪执法机关互通情况，了解线索；深入案件高发和群众反映强烈的“热点”部门、单位，通过开展调查研究、监督检查和专项执法监察，排查线索；在查办重要案件中，抓住暴露的问题，顺藤摸瓜，捕捉线索；从民主评议、集中治理以及社会和舆论监督工作中，梳理线索。全年共立案查处利用职权贪污受贿，私卖盗卖油品以及严重失职渎职，造成重大经济损失等各类违纪违法案件 15 件 30 人，共查处违纪金额 851.4 万元。

1997 年，案件查处工作全部收归局纪委、监察处，实现统一管理、统一组织、统一指挥，并对检举控告信件的初查实行局厂分级管理。全年排查确定案件线索 47 件，其中立案 12 件，共查处违纪金额 158.4 万元，挽回经济损失 55.9 万元，处分党员干部 9 人。

1998 年，突出科以上干部和两级机关工作人员，严肃查处经济领域的贪污、贿赂案件以及严重违反财经纪律、截留、转移、挪用国有资产资金、失职渎职给企业造成重大经济损失和国有资产严重流失的案件。全年共摸排线索 38 件，立案 19 件 22 人（其中大案 6 件 7 人，要案 1 件 1 人），处分党员、干部 14 人，移送司法机关 4 件 5 人；查处违纪金额 167 万元，挽回经济损失 36.8 万元。

1999 年 7 月，玉门油田重组改制之后，油田分公司党委和管理局党委坚持把查处各类违纪案件作为从严治党和严肃执纪的中心环节摆在重要位置，持续加大了案件查处力度。

2000 年，油田分公司立案 6 件，结案 6 件，给予党纪和政纪处分 1 人，党纪处分 2 人，政纪处分 3 人，挽回经济损失 15 万余元。管理局查处违纪金额 127.7 万元，挽回经济损失 41.75 万元。

2001 年，立案 3 件，办结 3 件，4 名违纪人员受到党纪政纪的处分。管理局立案 10 件 12 人，结案 8 件 9 人，挽回直接经济损失 31.15 万元。

2002 年，油田分公司立案 4 件，结案 4 件，有 8 名违纪人员受到党纪政纪处分。管理局立案 5 件 5 人，结案 6 件 7 人，通过线索初核和案件查处，为企业挽回直接经济损失 25.35 万元。

2003 年，油田分公司立案 2 件，办结 2 件，2 名违纪人员受到党纪政纪处分，通过信访初核和案件查处，挽回经济损失 33669.9 元。管理局立案 8 件 8 人，挽回直接经济损失 14.52 万元。

2004 年，油田分公司初核案件线索 5 件，立案查处 2 件，结案 2 件，受党纪政纪处分 2 人，党员违纪率和监察对象违纪率分别控制在 3‰以内。管理局全年立案 7 件，结案率 100%，挽回直接经济损失 15.23 万元。

2005 年，面对玉门油田重组整合的新形势，油田党委继续把查办违纪违法案件工作摆在重要位置，积极拓宽案源渠道，加强与有关部门互通联系，加大案件直查的力度。初核案件线索 11 件，立案 5 件 10 人，结案 5 件 10 人。给予党纪政纪处分 10 人，其中科以上干部 6 人。通过查办案件，挽回直接经济损失 3.5 万元。党员违纪率和监察对象违纪率分别控制在 3‰以内。

2006 年，初核线索 12 件，立案 9 件，结案 9 件，给予党纪政纪处分 17 人，其中处级 3 人，科级 9 人，其他 5 人。党员和监察对象违纪率分别控制在 3‰以内。

2007 年，坚持署名举报必查和涉及油田生产经营、资金管理、安全环保、人事任免等方面的问题必查的“两必查”制度，初核线索 3 件，立案 3 件 11 人，均系安全事故责任追究案件；政纪处分 11 人，其中，行政撤职 2 人，行政记大过 1 人，行政记过 5 人，行政警告 3 人。

2008 年，初核违纪线索 2 件，立案 2 件 2 人，结案 2 件，2 名违纪人员均受到开除党籍处分，并被司法机关给予刑事处罚。

2009 年，初核线索 2 件，立案 1 件 1 人，结案 1 件 1 人，为企业挽回直接经济损失 9.2 万余元。

2010 年，油田纪检监察部门按照“查清问题、惩治腐败、挽回损失、维护稳定、促进发展”的工作思路和要求，认真做好信访查办、案件检查工作，初核线索 4 件，立案 2 件 21 人，并对 21 名负有领导责任和管理责任的相关人员给予行政处分。

2011 年，立案 2 件，结案 2 件，给予行政处分 10 人。

2012 年，纪检监察部门严格按程序和要求办理群众信访举报，加大对安全生产事故的调查处理力度，初核线索 3 件，了结 3 件。因安全事故立案 1 件 5 人，给予行政处分 5 人。

2013 年，油田党委高度重视信访核查和案件查处，先后 19 次专题听取信访核查、案件检查工作汇报，组织重点案件的调查工作。初核线索 5 件，了结 2 件，转立案 3 件 3 人，并对违纪人员分别给予党纪、政纪处分。

2014 年，油田党委旗帜鲜明反对腐败，坚决支持清除腐败，全力配合甘肃省纪委、甘肃省人民检察院专案组查办案件。油田党政领导亲自协调，纪委组织相关部门和单位配合 10 个案件的调查取证工作，确保案件调查的顺利进行。油田纪委全年初核线索 1 件，立案 4 件 13 人，结案 4 件 13 人，给予党纪处分 2 人、政纪处分 10 人、党政纪双重处分 1 人。

2015 年，共受理问题线索 29 件，其中，核查 20 件，办结 18 件；初核 9 件，办结 8 件。初核转立案 1 件 2 人，根据司法机关判决立案 3 件 3 人，全年共立案 4 件 5 人，结案 4 件 5 人，给予党政纪处分 7 人（含集团公司党组纪检组、监察部立案 2 人）。通过纪律审查工作，挽回直接经济损失 23.5 万元。

2016 年，受理信访举报及上级转办、督办信访 73 件，核查问题线索 68 件；立案 7 件 11 人，给予党政纪处分 10 人，取消预备党员资格 1 人；下发《监察建议书》3 份，诫勉、提醒谈话 37 人，挽回直接经济损失 126.41 万元。

2017 年，受理的信访举报中，转问题线索 23 件（其中初步核实 19 件，谈话函询 4 件）；两级纪委对核查发现的党员干部轻微违规违纪，尚构不成纪律处分的问题进行诫勉谈话 24 人次（其中，处级 19 人，科级 3 人，其他 2 人）；对经核查反映问题不属实的，开展提醒谈话 16 人次。

第三节　监察工作

1988 年 10 月，随着我国行政监察体制的恢复和确立，玉门油田成立行政监察处，逐步开始对油田内部贯彻落实各项规章、制度，加强企业管理和各级管理人员履职情况的监督检查。1989 年，在各二级单位设立监察科或专职监察员，形成完整的监察体系。1990 年 12 月，管理局将监察处从审计处划出，与管理局纪委合并为一个机构，加强对纪检监察工作的领导，充实了力量，并逐步加大了专项监察和效能监察的工作力度，确保了油田生产经营、深化改革、维护稳定工作的顺利开展，维护了企业利益。2000 年起，油田分公司和管理局分别设立监察处，与所属纪委合署办公。2005 年 7 月，油田重组整合后，油田分公司和管理局纪委（监察处）合并，油田效能监察和专项监督检查等工作由监察处负责。

一、效能监察

20 世纪 90 年代初期，玉门油田纪检监察工作主要围绕生产经营工作开展调查研究，先后参与小金库清查工作和财务工作大检查，开展物资采管用、石油产品经销、基建工程以及全局党群、干群关系现状和 1985 年以来在各普通高等院校定向培养的 33 名副处级以上领导干部子女上学情况等的跟踪调查。

1994 年，成立由管理局主管领导为组长的效能监察领导小组，对全局 1992 年以来大宗生产物资采购和管理情况进行全面检查。1995 年，在纪委监察处增设效能监察室，制定《效能监察工作实施细则》，集中开展资金管理效能监察工作。1996—1999 年，先后开展基建工程项目、对外投资项目、产能建设工程项目、积压物资和以清理追缴企业内外拖欠款为内容的资金管理效能监察。

2000—2004 年，管理局和油田分公司按照集团公司、股份公司效能监察工作的总体部署，分别成立由行政主要领导任组长，纪检监察、计划财务、企管等部门组成的效能监察领导小组和办事机构，形成“党政领导共同负责，主管领导牵头抓，业务部门配合抓，监察部门具体抓”的工作格局。先后进行生产成本管理、车辆管理、通信工具管理、资金管理、外投外借资金清查、财产损失清查处理、住房分配货币化、工程招投标、采油厂运输费用、炼化总厂燃料动力消耗、炼化检修项目、资产处置、物资采购招标投标、公司煤改气项目等重点效能监察工作，规范了企业生产经营行为。

2005 年 7 月，玉门油田重组整合，及时调整效能监察工作领导小组，积极推行效能监察工作责任制，形成了行政主要领导负责，监察部门牵头组织、统一协调，有关职能部门参与配合、分工协作的运行机制。

至 2017 年，先后组织实施物资采购到货验收、作业区拉油站（井）管理、油田自用油品使用、商业保险投保、自用原煤使用管理、不良资产管理、销售电管理、产能建设工程项目、物资集中采购管理、QHSE 教育费收支管理、8 万吨 / 年苯分离装置工程建设、机动车辆维修管理、治理“小金库”问题、工程建设项目管理、物资领用消耗管理、工程承包商管理、积压报废物资管理、投资项目管理、水电厂原煤管理、中央“八项规定”贯彻落实情况、房屋资产租赁管理、科研经费管理使用、物业公司园区绿化外包管理、机械厂外协业务管理、清洁能源开发公司经营管理、油田化学品采购管理等一系列效能监察工作。

1995—2017 年玉门油田开展的交通监察工作情况统计见表 12-3-2。

表 12-3-2　1995—2017 年玉门油田开展的效能监察工作情况统计表

年份	项目名称	监察内容	查实问题（个）	经济效益（万元）	结果
1995 年	资金管理效能监察	对外投资	25	88.66	整改 12 个；查处违纪案件 1 件 1 人。建章立制 65 项
		清理清查“小金库”	20	356.3	全部整改，查处违纪案件 1 件 1 人；建章立制 19 项
		清理局内部银行以外的账户	清理各类银行的账户 197 个		通过自查和检查取消 37 个账户
1996 年	基建工程效能监察	对 1995 年以来竣工的基建工程项目进行执法效能监察			整章建制 22 项 114 条

续表

年份	项目名称	监察内容	查实问题（个）	经济效益（万元）	结果
1996 年	对外投资效能监察	对外投资		2013.45	制定出台了管理制度和规定 67 项 267 条
1997 年	对外投资效能监察	主要针对 1996 年对外投资效能监察遗留工作开展		1676.61	终止外投项目 4 个
	基建工程建设效能监察	全面检查炼化配套、水电改扩建等工程项目	52	544.7	整改 44 个，整章建制 11 项，提出建议 37 项，采纳 33 项，做出监察决定 4 项
1998 年	产能建设工程项目效能监察	重点检查 1997 年以来竣工和在建、1998 年新开工、投资在 50 万元以上的产能建设工程项目	1	621.73	
	积压物资效能监察	重点解剖分析 5000 元以上、1600 多万元的积压物资	5		
	资金管理效能监察	清理追缴企业内外拖欠款	10	5.57	
2000 年	生产成本效能监察	炼化总厂和采油厂生产成本			提出 13 个方面的加强和改进意见
2001 年	运输费用效能监察	采油厂运输费用			提出 4 条意见，修订制度 2 项
	自备车效能监察	炼油厂自备车		63.7	制定 2 项制度
	燃料动力消耗效能监察	炼油厂燃料动力消耗			
2002 年	检修项目效能监察	对 2001 年至 2002 年上半年炼化检修工程中外来施工队伍承担的 35 个检修项目进行效能监察			加大对工程项目的监督力度
	物资采购管理效能监察	对 2001 年至 2002 年上半年采油厂物资采购管理进行效能监察			严把物资采购计划的审批关、合同签订关、执行关以及材料的验收、入库关，规定所有物资采购项目必须通过招标议标形式确定
	外部清欠和货款回收管理效能监察	检查 2000 年以来的外部清欠和货款回收管理情况，特别是企业内外拖欠款情况及遗留的主要问题			加大清欠工作的力度
2003 年	重大项目投资管理效能监察	对炼化总厂 300 万吨／年污水改扩建工程项目实施效能监察	7	2808.78	已整改 28 个，提出建议 19 条，协助建章立制 3 项
	物资采购效能监察	以炼化总厂阀门、设备、通用化工、三三剂四大类物资为重点、积极开展专项监察	3		
	措施作业费用效能监察	酸化压裂作业费			
	其他项目效能监察	围绕成本、费用、资金等管理中的重点、难点问题各单位自立项目			
2004 年	2004 年物资采购招投标效能监察	对公司 2004 年物资采购招投标工作进行检查	4	841.67	全部整改
	煤改气工程项目专项效能监察	对煤改气工程项目进行专项检查	4	287.12	全部整改
	炼化总厂技术改造项目效能监察	对炼化总厂 2003 年技术改造项目进行检查	3	0	全部整改
2005 年	油田作业区拉油站（井）管理效能监察	对老君庙油田作业区、鸭儿峡油田作业区、青西油田作业区 3 个油气生产单位拉油站（井）管理进行检查	5	2.35	全部整改

续表

年份	项目名称	监察内容	查实问题（个）	经济效益（万元）	结果
2005 年	2004 年采购物资到货验收情况效能监察	对公司 2004 年采购物资到货验收情况进行检查	6	0	全部整改
2006 年	不良资产处置管理效能监察	对 2002 至 2005 年不良资产处置管理进行检查	4	0	全部整改
	自用油品使用管理效能监察	对公司所属单位 2005 年度和 2006 年 1—3 季度生产运营中自用汽、柴、煤成品油管理使用进行检查	4	3.86	全部整改
	商业保险投保管理效能监察	对油田公司 2000—2005 年和管理局 2005 年度企业商业保险投保情况进行检查	4	0	全部整改
2007 年	原煤使用管理效能监察	对公司 2006 年度和 2007 年 1—3 季度生产运营中原煤使用管理工作进行检查	5	0	全部整改
	物资采购计划执行情况效能监察	对 2006 年物资采购计划执行情况进行检查	6	0	全部整改
	不良资产处置管理效能监察	对 2006 年以来新增不良资产情况进行检查	2	0	全部整改
2008 年	油田产能建设工程项目管理效能监察	对公司 2006 年以来已建和在建原油产能建设工程项目的管理情况进行检查	4	0	全部整改
	对外销售电管理效能监察	对公司 2006 年以来对外销售电管理情况进行检查	4	69.05	全部整改（获中国石油天然气集团公司 2008 年度优秀效能监察项目二等奖）
2009 年	物资集中采购管理效能监察	对 2008 年下半年以来油田公司在建项目、已批复初步设计项目和物资采办项目的物资集中采购管理情况进行检查	5	0	全部整改
	QHSE 教育费收支管理效能监察	在全公司范围内开展了 QHSE 教育费收支管理效能监察	21	2.14	全部整改（获中国石油天然气集团公司 2009 年度优秀效能监察项目三等奖）
	炼化总厂 8 万吨 / 年苯分离装置工程建设项目管理效能监察	对炼化总厂 8 万吨 / 年苯分离装置工程建设项目管理情况进行事后全面效能监察	3	0	全部整改
2010 年	治理“小金库”问题效能监察	在公司范围内开展专项治理“小金库”效能监察工作	5	21.85	全部整改
	机动车辆维修管理效能监察	对公司所属各单位 2009 年度机动车辆维修管理工作进行检查	4	0	全部整改
	物资采购管理效能监察	对 2009 年以来物资采购情况进行检查	5	0	全部整改
	工程建设项目管理效能监察	对 2008 年以来油田公司立项、在建和竣工的油田地面工程、炼化工程、天然气利用工程等全部工程项目，进行检查	跨年	0	
2011 年	工程建设项目管理效能监察	对油田工程建设项目管理情况进行效能监察，重点对物资采购管理中心新建盐酸库工程和水电厂粉尘及有毒有害气体环保隐患治理工程建设项目进行检查	10	0	全部整改
	物资领用消耗管理效能监察	对公司所属二级单位 2010 年以来生产物资需求计划申报、物资仓储和领用消耗管理工作进行专项检查	18	0	全部整改（获中国石油天然气集团公司 2011 年度优秀效能监察项目三等奖）
2012 年	积压报废物资管理效能监察	对所属 15 个单位历年来累积的库存积压物资以及闲置、报废物资管理情况进行专项检查	4	596.76	全部整改

续表

年份	项目名称	监察内容	查实问题（个）	经济效益（万元）	结果
2012 年	工程建设承包商管理效能监察	对油田准入的工程建设承包商以及公司所属各单位 2011 年以来工程建设项目管理情况进行检查	7	0	全部整改（获中国石油天然气集团公司 2012 年度优秀效能监察项目三等奖）
2013 年	投资项目管理效能监察	对公司 2012 年以来投资项目管理情况进行检查	31	0	全部整改
	水电厂原煤管理效能监察	对 2009 年以来水电厂原煤管理工作进行检查	9	141.4	全部整改
	“八项规定”贯彻落实情况效能监察	对公司所属各部门、各单位贯彻落实“八项规定”情况进行检查	5	0	全部整改
2014 年	房屋资产租赁管理效能监察	对公司综合服务处商业管理公司、财务处和 5 个驻外办事处 2011 年至 2013 年房屋资产租赁管理情况进行了检查	30	73.92	全部整改
	科研经费管理使用效能监察	对油田公司 2011 年至 2013 年列入年度科技计划内的科研经费管理使用情况进行检查	26	0	全部整改
2015 年	物业公司园区绿化外包管理效能监察	对物业公司 2013 年以来的酒泉生活基地园区绿化外包管理情况进行检查	10	0	全部整改
	机械厂外协业务管理效能监察	对机械厂 2013 年以来的产品零配件加工外协、设备修理维护外委、劳务外包等业务外协管理情况进行检查	31	0	全部整改
	清洁能源开发公司经营管理情况效能监察	对清洁能源开发公司项目建设与经营管理及合规管理情况进行检查	31	0	全部整改
	油田化学品采购与使用管理效能监察	对 2014 年油田化学品采购与使用管理情况进行检查	6	0	全部整改
2016 年	油田运输服务市场合规管理监察	对 2013—2015 年油田各单位生产服务长期、短期、临时租用外部单位车辆管理情况开展检查	9	43.04	全部整改
	综合服务处商铺租赁和驾校业务合规管理监察	对 2014 年以来综合服务处商铺租赁业务以及 2012 年以来驾校业务管理情况进行检查	7	12.07	全部整改

二、专项监督检查

20 世纪 80 年代后期，玉门油田两级党委、纪委认真贯彻落实中纪委的指示精神，把加强党内监督作为一项重要工作来抓。油田党委制定《关于对党员干部实行党内监督的规定》，定期不定期开展党风党纪、政风政纪大检查和纠正行业不正之风等活动。

1990 年，在管理局开展的党风党纪、政风政纪大检查活动中，油田党政领导分别带领 6 个分团 36 人下基层检查，共召开座谈会 58 场，参加 597 人次，个别走访 536 人，问卷调查 4093 人次，查阅各类记录、账本 474 本，各类报表、奖金发放表（册）3092 份。自查和大检查中共接触职工 8676 人次，约占全局职工总数的 30%，较为全面地摸清了全局党风政风的基本状况。

1991—1995 年，玉门油田纪检监察部门先后对全局党风廉政建设情况、职业道德规范的执行情况、两级机关工作作风、医风医德建设、住房分配、公款购买小轿车、公费安装住宅电话、公款吃喝、个人拖欠公款、计划外用工、中小学乱收费、公款考取汽车驾照以及 1991 年至 1994 年执纪兑现情况等，进行专项监督检查，共清理计划外用工 1846 人，清理个人集资买车、挂单位牌照、再租给企业使用的车辆 14 辆，取消中小学自定收费项目 3 个，压缩公费出国团组 3 个。

1996 年，以职工群众反应比较强烈的“热点”问题为突破口，先后就利用公款吃请、部分基层单位及车间（队、站）私设“小金库”、领导干部公款考取汽车驾照、计划外用工、个人拖欠公款、婚丧嫁娶大操大办、外雇车辆使用、公款出国出境以及中小学、幼儿园乱收费等问题进行监督检查，全年共清理清退计划外用工 400 余人，清理外雇车辆 40 部，清理公费住宅电话 458 部，压缩和制止公费出国出境人员 4 人，节约费用 15.7 万元。

1997—1999 年，先后对执行中央关于厉行节约、制止奢侈浪费《规定》和局《实施意见》的情况，执行法规制度的情况，业务招待费的使用情况，安全主管部门和主管安全的领导履行职责的情况，以及中小学、幼儿园收费情况等，进行监督检查，并全程参与监督局内人才劳动力市场招聘交流、征兵等工作。通过监督检查，全局处级以上干部住房均按局《公有住房管理办法》《公有住房租售办法》核价购买；清理出公款安装住宅电话 926 部，其中公转私 479 部，补交初装费 65600 元。清理出移动电话 165 部，其中没收 9 部，主动清理上交 6 部，清退未及时上报的 3 部，借用、租用的 7 部，节省电话费 18.52 万元。有 42 名科以上领导干部按照规定登记、上交礼品礼金 11.77 万元，其他 9 名同志上交礼品礼金 8388 元，21 名科以上领导干部拒收礼品礼金 3.14 万元；177 名副处级以上领导干部全部进行收入申报，有 33 人按期如实报告个人重大事项。

2000—2004 年，油田分公司党委在加强对各单位领导班子民主生活会的督导，强化党内监督的基础上，进一步加强了对物资采购、工程发包、勘探开发等方面的监督检查力度，纪检监察部门先后开展对稳定工作中有关政策的落实情况、安全管理、业务费的使用等情况的监督检查。参加各类物资招投标和商务谈判 1392 次，涉及金额 15.3940 亿元，节约资金 7952.91 万元。

期间，管理局党委及时健全和完善资金管理、物资采购、工程招投标、新项目建设等方面的制度，加大对两级领导班子执行民主集中制情况、干部任免、局（厂）务公开制度落实情况、年薪制执行情况、中小学收费、通信工具管理、劳动用工、资产处置、清欠、外投外借资金、财产损失清查处理、住房分配货币化等重点工作的监督检查力度，堵塞了漏洞，规范了行为，强化了管理，提高了效益。

2005 年起，随着玉门油田重组整合，油田党政注重把监察工作融入油田发展的进程之中，进一步加强对各项规定执行情况的监督检查。当年，先后对玉门油田有关单位、部门 2004 年违反公司关于印刷品印制规定的情况、“两节”期间廉洁自律各项规定的落实情况、主管安全的领导和安全主管部门履行职责的情况等进行专项监督检查。按照“提前介入、事前控制、全程参与、同步监督”的原则，开通举报电话，对油田房改和酒泉基地选房工作进行现场监督，及时发现和纠正违规违纪行为。纪检监察部门全年参与监督物资、设备采购的招投标和商务合同谈判 710 次，涉及金额约 46458.46 万元，节约采购资金 4870.82 万元。

2006 年，继续做好对油田房改、酒泉基地住宅区一万余户搬迁员工的选房派房工作等进行现场监督，加大对安全主管部门和各单位主管安全领导履行职责情况的监督检查，及时督促安全主管领导和部门落实安全责任。纪检监察部门全程参与物资采购、油田工程服务、建设工程、加工承揽、技术服务等项目招投标的现场监督 784 次，涉及资金 11.29 亿元。

2007 年，先后对玉门油田决策执行情况、落实《玉门油田分公司反舞弊工作制度》、安全生产管理、外雇车辆清退、财务人员竞聘上岗、油田职工子女就业培训等进行监督检查。参加招投标和商务谈判 1013 次，涉及资金 13.98 亿元。

2008 年，对 10 个专业市场管理入网的近千余家承包商和供应商相关情况进行实地检查考核，将 23 家不合格的承包商和供应商淘汰出网，7 家承包商吊销市场准入证。对玉门矿区闲置厂点和商业网点清理清查工作进行监督检查，共清理清查 64 个闲置厂点，重新签订租赁合同 50 份，收缴年租金 21.59 万元，清理收回拖欠租金 1.47 万元；清查商业门点 142 个，已出租 88 个，签订合同 83 份。全年参加招投标和商务谈判监督 1084 次，涉及资金 17.37 亿元。

2009 年，先后对 2007—2008 年企业资金、资产管理及使用情况，油田商业网点出租管理情况等进行专项监督检查；对酒泉基地建设、炼化技术改造和检修等重点工程建设项目以及各类闲置、废旧资产处置等进行防治商业贿赂专项检查；对干部竞聘、市场化用工、酒泉基地住房分配等进行全程监督。共参与物资采购、工程建设招投标和谈判监督 719 次，涉及资金 10.43 亿元。

2010—2011 年，通过节假日提出警示、组织召开专题民主生活会等形式，持续对两级领导班子及其成员贯彻执行各项规章制度和油田公司重大决策部署、“三重一大”民主决策制度以及作风建设等情况进行监督检查。强化对重点管理领域和热点、难点问题的监督，先后对安全生产管理部门和安全主管领导履行职责情况、物资采购管理中心安北转煤工作等进行专项监督检查，对油田职工子女转岗培训、干部竞聘、职称英语考试、闲置房屋出租以及废旧物资、超储积压物资处置等进行全程监督。

2012 年，围绕玉门油田重大部署和中心工作，加强对决策执行情况的监督检查，有效杜绝不正之风和违规违纪问题的发生。对玉门油田 2008 年以来的 11 起安全生产事故责任追究及落实情况进行专项检查，维护油田安全管理秩序。开展物资采购合同专项检查，抽查招投标及谈判项目合同 356 份，发现和整改问题 19 个，提出建议和措施 17 条，形成专题报告 4 份。参加招投标及谈判监督 188 次，涉及资金 5.99 亿元。

2013 年，先后对落实中央八项规定、甘肃省“双十条”规定、集团公司党组 20 条要求、油田公司 18 条要求，以及炼化总厂小产品销售，公司商业保险投保，废旧资产处置管理，驻外办事处“五项费用”使用情况等进行专项检查。对员工子女转岗培训、油田机关和各单位岗位竞聘以及物资采购、工程建设招投标和谈判进行全程监督，全年参与物资采购、工程建设招投标和谈判现场监督 215 次，涉及资金 10.99 亿元。

2014 年，围绕生产经营管理重点领域、重要部门、关键环节和要害岗位，先后开展中央“八项规定”贯彻落实情况、处分决定执行情况、招标管理情况等 5 个专项检查。利用合同系统的查阅和监控功能，通过监控项目审批程序、招标公告、非招标审批等资料，强化了招投标、谈判项目的事前监督。充分利用集团公司联合监督系统，强化电子监察，加大对物资采购的跟踪监控。全年参加重大物资采购、工程建设招标现场监督 303 次，涉及资金 19.8 亿元。

2015 年，以贯彻落实中央八项规定精神为切入点，紧盯元旦、春节、五一等重要时间节点，加大对领导干部公款吃喝、公款旅游、公车私用等问题的监督检查力度。先后对玉门油田 187 名副处级以上领导人员（含 25 名离岗退养）收送红包礼金问题、1271 名副科级以上干部本人及其亲属经商办企业情况、酒东采油厂联合站采出水处理工程等进行专项检查。改变一线检查、全程监督的做法，区分层面，把精力集中到再监督、再检查上，共检查各类合同 967 份，招标合同抽检率 100%。利用集团公司联合监督系统，持续开展对物资采购的跟踪监控，向集团公司党组纪检组报送固定资产数据信息 57236 条、2013 年以来报废及转让固定资产数据信息 2204 条。

2016 年，立项组织实施 2013—2015 年玉门油田运输市场和 2014 年以来综合服务处商铺租赁及 2012 年以来驾校业务两个合规管理监察项目。发现各类问题 17 个，提出建议 16 条，督促整改问题 9 个，对 8 个无法整改的问题制订防范措施，下达《监察建议书》，协助修订完善制度，共挽回和避免经济损失 58.06 万元。开展油田 2012—2015 年纪律处分执行情况专项检查，受到党政纪处分的 31 人处分决定执行到位，其中受到经济处罚的 6 人上缴罚金 3.15 万元。依托集团公司联合监督信息系统平台，加大对物资采购、工程建设等业务的在线监督，对 2 起违规预警信息及时提报和调查核实；对集团公司党组巡视组交办的采购价格偏高、非资源库选商等 11 个疑似问题逐一调查核实，提出整改意见督促整改。

2017 年，围绕“六大纪律”“三重一大”决策制度、廉洁从业制度执行情况开展监督检查，先后开展处分决定执行、监督执纪、扶贫项目及公款购买消费高档白酒和公务接待等情况的专项检查；开展领导干部亲属经商办企业自查清退工作，玉门油田 1488 名副科级以上干部进行“零”报告，10 名处科级干部按规定进行整改，对一名未如实申报的处级干部给予党内严重警告、行政记大过处分；通过联合监督信息系统开展电子监察，对发现的预警信息，及时核查处理，并督促相关部门整改落实，提升公司合规管理水平。

第四章　宣传思想工作

第一节　政治理论学习

一、学习制度

为了确保玉门油田党员、干部和职工群众的政治理论学习落到实处，玉门油田党委陆续制定一系列政治理论学习制度，使政治理论学习做到了制度化、规范化。

1987 年，先后制定《玉门石油管理局思想政治工作制度》《玉门石油管理局车间思想政治工作规范》等，其中包含《政治理论、政策法令学习制度》《车间政治理论学习制度》，对政治理论学习的人员、形式、内容、时间等做出了明确规定。

1995 年，为了加强玉门油田两级党委中心组理论学习，确保油田两级党委中心组理论学习人员、时间、内容、要求“四落实”，制定《党委中心组学习制度》。

1999 年，制定《领导干部学习制度》，规范了党委中心组理论学习的形式和内容。

2001 年，制定《党委中心组理论学习补充规定》，进一步明确了中心组理论学习参加人员、学习形式、考核要求等内容。

2003 年，制定下发《关于加强和改进领导干部学习的意见》《关于进一步加强驻外机构及控股公司职工政策理论学习的通知》。

2005—2017 年，结合保持共产党员先进性教育、深入学习实践科学发展观、党的群众路线教育实践活动、“三严三实”专题教育和“两学一做”教育活动的开展，先后多次对《党委中心组学习制度》进行了修订和完善。

二、学习内容

玉门油田党员、干部和职工群众的政治理论学习，主要围绕贯彻落实党的方针、路线、政策和中央的重大决策部署来开展。

1987—1991 年，围绕贯彻落实党的十三大和十三届三中、五中、六中、七中全会精神，以坚持四项基本原则、坚持改革开放，坚持“一个中心、两个基本点”，反对资产阶级自由化等为重点，通过在全体党员中开展以马克思主义基本理论、党的基本知识和党的基本路线为内容的“三基本”教育，在全体职工中开展以“基本国情和基本路线”为内容的“双基”教育，组织党员、干部和职工群众系统学习《毛泽东选集》《中国共产党章程》《邓小平同志重要谈话（1987 年 2—7 月）》《坚持改革、开放、搞活——十一届三中全会以来重要文献摘编》，以及江泽民总书记《在庆祝中国共产党成立七十周年大会上的讲话》和江泽民总书记在视察塔里木石油探区时的讲话精神等内容。

1992—1999 年，玉门油田党委为基层党支部和副处级以上领导干部购买配发《邓小平关于建设有中国特色社会主义的论述专题摘编》《邓小平文选》《邓小平建设有中国特色社会主义理论学习纲要》《邓小平伟大光辉的一生》《邓小平经济理论学习纲要》《讲学习讲政治讲正气教育读本》等书籍，组织党员、干部和职工群众系统学习《中国共产党章程》，党的十四大、十五大精神，中国特色社会主义理论，“三个代表”重要思想。同时，还组织党员、干部和职工群众系统学习转换企业经营机制、社会主义市场经济理论等知识。

2000—2005 年，政治理论学习的重点内容有，邓小平理论、“三个代表”重要思想、党的十五届六中全会精神、党的十六大精神、十六届一中、三中、四中、五中全会精神等。先后组织党员、干部和职工群众学习《中国共产党章程》、江泽民总书记在庆祝中国共产党成立 80 周年大会上的重要讲话精神、党的十六大报告、《江泽民论有中国特色社会主义（专题摘编）》、胡锦涛总书记在十六届一中全会上的讲话和考察西柏坡时的讲话精神、中宣部编写的《“三个代表”重要思想学习纲要》，以及 WTO、股份制、市场经济理论等内容。

2006—2012 年，坚持把加强政治理论教育作为提升党员、干部和员工思想素质，引导广大党员、干部和员工树立与玉门油田发展相适应的新理念的主要抓手，紧密围绕《中国共产党章程》、科学发展观、党的十六届六中全会精神和党的十七大精神、胡锦涛总书记等中央领导同志有关重要讲话精神等重点内容，组织广大党员、干部和员工群众开展政治理论学习。

2013—2016 年，各级党组织把学习宣传贯彻党的十八大精神作为首要政治任务，重点组织全体党员、干部和员工群众持续深入学习《中国共产党章程》、习近平总书记系列重要讲话精神、党的十八大和十八届三中、四中、五中、六中全会精神，以及《中共中央关于全面深化改革若干重大问题的决定》《中共中央关于全面推进依法治国若干重大问题的决定》等内容。

2017 年，把学习贯彻党的十九大精神和习近平总书记系列重要讲话精神作为政治理论学习的重中之重，制定下发《关于深入学习宣传贯彻党的十九大精神的通知》，第一时间组织党员干部收看了党的十九大开幕会、闭幕会等直播盛况，收看中央企业、集团公司视频报告会，参加中国石油第八宣讲组、省总工会油田专场辅导报告会，邀请北京石油管理干部学院教授进行辅导讲座，引导玉门油田广大干部员工深入学习党的十九大精神的重大意义，深刻领会习近平新时代中国特色社会主义思想的历史地位、科学内涵、精神实质和实践要求。各级组织采取中心组学习、“三会一课”、撰写心得体会等多种方式，分级分层精研细读党的十九大报告、新《中国共产党章程》等重点内容，油田党员干部参与学习实现全覆盖。在“学习贯彻党的十九大精神”征文活动中，共征集体会文章 40 余篇，其中《传承石油精神，筑牢百年油田思想和发展基石》理论学习文章、《石油精神铸就钢铁脊梁——记玉门油田作业公司侧钻作业队 D17863 队》典型事迹入选中国石油喜迎党的十九大系列丛书，并列入集团公司学习宣传贯彻党的十九大精神必读书目。油田两级党委中心组围绕油田改革发展重大问题，坚持自学与集中学习相结合、学习与研讨相结合、学习与宣讲相结合，学理论、议大事、出思路、促发展，始终把成果转化、学以致用作为推进稳健发展的重要途径，积极利用学习提振精神状态、谋划工作思路、破解发展难题，当年，公司党委中心组集中学习 17 次。

三、方式方法

20 世纪 80 年代末至 90 年代，玉门油田各级党组织坚持干部每周 4 小时、工人每周 2 小时的集中学习制度，副处级以上党员领导干部主要采取中心小组学习日的形式，开展政治理论学习；普通党员、干部和职工主要利用政治理论学习日（一般安排在每周四下午）进行集中学习。与此同时，油田党委充分发挥党校、团校的作用，坚持每年举办处级干部学习班、党支部书记培训班、入党积极分子培训班、理论骨干培训班、团干培训班等，强化对重点人员的政治理论培训。期间，油田党委还通过编印学习材料、组织理论骨干进行专题辅导、开展大讨论活动、组织知识竞赛和考试答题等形式，增强了学习效果。

1993 年，玉门油田党委在局、厂领导班子中建立党委中心组学习制度，加强局、厂两级领导班子政治理论学习的规范化、制度化建设。1995 年，油田党委提出党委中心组理论学习人员、时间、内容、要求“四落实”的要求，深化党委中心组理论学习。1999 年，油田党委制定《领导干部学习制度》，进一步规范了党委中心组理论学习的形式和内容。

2000 年以后，各级组织逐渐改变过去固定的周四学习日组织集中学习的日常理论学习制度，主要采取利用干部大会、“三会一课”、班前会、安全讲话等时机，组织党员、干部和职工进行日常政治理论学习，保证学习内容、时间的落实。采取办班培训、宣讲辅导、知识竞赛、举办讲座、专题讨论等形式，深化对重点理论知识的学习。2000—2005 年，玉门油田党委结合深入学习“三个代表”重要思想、“三讲”教育和学习贯彻党的十六大精神等重点理论教育活动，精心组织好集中学习，采取撰写学习笔记、专题讲座、理论研讨等形式，有效增强了学习效果。期间，油田党委先后邀请省委党校、嘉峪关讲师团的专家就“三个代表”重要思想、党的十六大精神、WTO、西部大开发等内容进行了多场专题讲座。

2005 年，玉门油田重组整合之后，油田党委修订完善《党委中心组理论学习制度》，规定党委书记负责党委中心组理论学习计划、学习主题和讨论题目的审定，主持集中学习和研讨；油田党委中心组学习参加人员由公司党委委员、总经理助理、副总师、安全副总监组成，可根据学习内容和研究问题，扩大相关人员参加；党委中心组以集体学习为主，根据学习内容可采取专题研讨、理论辅导、讲座、报告会等形式进行学习，每年集中学习累计不得少于12天。与此同时，油田党委坚持每半年制定下发《党委中心组理论学习安排》，明确学习内容，列出学习专题，提出研讨题目，严格学习要求，做到了学习内容、时间、人员和效果“四落实”。

对党员、干部和职工的日常政治理论学习，主要采取个人自学与集中学习相结合、理论学习与专题辅导相结合的方式进行。集中学习仍然采取干部大会、“三会一课”、报告会、专题辅导、座谈讨论、召开民主生活会、班前会、安全讲话等方式进行。部分在玉门矿区上班的单位，还利用员工倒班轮休的时间，组织集中学习和开展理论培训。同时，选送基层党支部书记、工会主席、团干、班组长以及组织、纪检、宣传系统的干部，参加集团公司、甘肃省举办的各类培训班，帮助他们开阔视野、提升素质。

2008年，为了深入学习贯彻党的十七大精神，玉门油田各单位根据广大干部员工的理论需求，开展多层次、多样化的理论宣传学习普及工作，全年组织专题辅导4场次，参加2000多人次。

2009年，玉门油田党员干部近1万人次参加党委和支部组织的集中学习和专题辅导，学习覆盖面98%以上。油田两级党委中心组开展科学发展观学习研讨163次，处级以上党员领导干部撰写心得体会185篇，召开学习成果交流会45场次。

2012年，为了进一步发挥《石油工人报》在引导广大干部、员工学习了解党的方针政策、落实油田中心工作和沟通信息、开拓市场、展示形象、促进企业改革发展稳定等方面的重要作用，玉门油田党委将《石油工人报》发行方式由订阅改为免费赠阅。

2013年，结合党的群众路线教育实践活动，组织集中学习540次，参加4000余人次。党委中心组先后3次集体收看《新时期新形势下党的群众路线》《密切联系群众，克服官僚主义》和《实干兴邦，反对形式主义》专题讲座。组织开展3次专题学习讨论会151场。

2014年，玉门油田党委为厂（处）副总师以上领导干部发放《习近平总书记系列重要讲话读本》350本。《石油工人报》开辟“学习习总书记系列重要讲话精神心得选登”专栏，登载各单位、部门负责人学习心得32篇。

2015年起，玉门油田党委坚持分上下半年制定和落实党委中心组理论学习安排，加强了两级党委中心组的理论学习。油田党委中心组成员采取集中学习的形式，读原著、学原文、悟原理，逐篇研读《习近平谈治国理政》《习近平关于党风廉政建设和反腐败斗争论述摘编》两本书，做到了领会核心要义，掌握精神实质，打牢思想根基，学而信、学而用、学而行。认真落实集团公司“千万图书送基层、百万员工品书香”送书工程要求，完善汇总油田队站（车间）配送图书的基础信息，为油田187个基层队站（车间）联系和接收图书3740册，进一步丰富基层图书的种类，满足了干部员工对图书多样化的需求。

2017年，玉门油田党委下发《关于深入学习宣传贯彻党的十九大精神的通知》，第一时间组织党员干部收看党的十九大开幕会、闭幕会等直播盛况，收看中央企业、集团公司视频报告会，参加中国石油第八宣讲组、省总工会油田专场辅导报告会，举办“以新时代中国特色社会主义思想为指导，脚踏实地精心谋划油田稳健发展新蓝图”专场辅导报告，引导油田广大干部员工深入学习党的十九大精神的重大意义，深刻领会习近平新时代中国特色社会主义思想的历史地位、科学内涵、精神实质和实践要求。采取中心组学习、“三会一课”、撰写心得体会等多种方式，分级分层精研细读党的十九大报告、新《中国共产党章程》等重点内容，油田党员干部参与学习实现了全覆盖。

第二节　思想政治工作

一、工作制度

1987年，管理局党委先后制定《班组思想政治工作规范》《车间思想政治工作规范》《政治指导员职责》，形成了与经营承包责任制相配套、与生产经营活动相结合的基层思想政治工作体系。

1989年，为了适应《企业法》实施和落实厂长负责制的要求，油田制定《玉门石油管理局全员思想政治工作职责》。主要内容有19类岗位（人员）的思想政治工作职责。为了使思想政治工作新体制正常运转，有章可循，重新修订《玉门石油管理局思想政治工作制度》，包括工作会议、骨干培训、职工思想动态分析、调查研究、检查考核等九个方面的制度。同时，制定《玉门石油管理局宣传思想政治工作竞赛办法》。

1990年，制定《基层思想政治工作条例》，完善了思想政治工作的管理、工作、程序三个标准。

1991年，总公司制定《石油企业基层思想政治工作规范》，对石油企业基层思想政治工作的任务、原则、内容、方法、标准、考核等做出明确的规定，是石油行业加强基层思想政治工作的一个重要文件，油田党委予以转发和实施，加强了油田基层思想政治工作。

1997年，管理局党委、管理局制定《玉门石油管理局基层思想政治工作规范》，明确基层思想政治工作的基本内容、基本方法、基本制度和工作标准，党支部在思想政治工作中的地位、作用和职责，基层行政技术干部和群众组织及班组长在思想政治工作中的职责，企业党政组织对基层思想政治工作的领导和支持，基层思想政治工作考核等内容。

2000年，管理局党委、管理局制定《关于进一步加强和改进思想政治工作的实施意见》，对做好思想政治工作提出了新要求。

2003年，管理局党委、管理局制定《玉门石油管理局思想政治工作考核评估办法（试行）》，明确了考核评估的对象、内容、方法步骤和组织领导；制定《玉门石油管理局思想政治工作考核评估标准》和《玉门石油管理局思想政治工作先进集体和优秀思想政治工作者评选奖励办法》。

2006年，重新制定《玉门油田分公司（局）思想政治工作考核评估办法》《玉门油田分公司（局）思想政治工作考核评估标准》《玉门油田分公司（局）思想政治工作先进集体和优秀思想政治工作者评选奖励办法》。

二、思想教育

1. 理想信念教育

玉门油田党委始终坚持把理想信念教育作为思想政治工作的核心内容来抓，在组织广大党员、干部和职工群众学习马列主义、毛泽东思想、邓小平理论、“三个代表”重要思想、科学发展观和习近平新时代中国特色社会主义思想的基础上，结合贯彻落实《爱国主义教育实施纲要》《公民道德建设实施纲要》，制定下发《〈爱国主义教育实施纲要〉实施细则》《职工道德教育实施意见》，配发《爱国主义教育实施纲要读本》《爱国主义教育系列丛书》《社会主义荣辱观学习读本》等书籍。坚持以爱国主义教育为主题，通过举办爱国主义影片展播、“好歌颂中华”大型国庆歌咏比赛、“回顾抗日历程，增强历史使命感”和“铭记历史、缅怀先烈、珍爱和平、警示未来”征文、“兰州八路军办事处旧址”巡回展等活动，激发广大党员和职工群众的爱国热情。以诚信建设为抓手，开展社会公德、职业道德、家庭美德教育，组织干部职工学习《公民道德建设实施纲要》，参加公民道德建设知识竞赛，聆听全国道德模范基层巡讲报告团的巡讲报告会，引导干部职工树立崇高的职业理想，养成良好的职业道德，掌握精湛的职业技能，遵守严格的职业纪律。开展社会主义荣辱观大讨论，引导干部职工积极践行社会主义荣辱观，不断提高思想素质和道德素养。

2. 普法教育

1986年，根据中宣部、司法部《关于向全体公民基本普及法律常识的五年规划》及全国人大常委会《关于在公民中基本普及法律常识的决议》精神，局党委批转党委宣传部、保卫处、培训处《关于进一步落实普法教育的意见》，拉开了玉门油田普法教育的序幕。至2015年，玉门油田按照中央、集团公司（总公司）、甘肃省关于开展普法教育的相关精神和要求，通过制定下发普法教育工作安排、规划、实施意见，订购发放《干部法律常识读本》《职工法律常识读本》《劳动法》《干部法律知识读本》、新编石油系统《普法教材》《WTO法律知识读本》《企业经营管理者法律培训讲座》等教材、书籍，编写印发《普通法律法规210题问答》《玉门石油管理局职工普法教育学习材料》等，先后组织实施了“一五”至“六五”普法教育活动，有效增强了油田广大干部、职工的法制意识，提高了油田依法治企的能力和水平。2016年起，玉门油田以“建立法治中国，持续推进公司依法治企工作，重整良好形象”为主题，开始“七五”普法教育。

3. 形势任务教育

玉门油田开展形势任务教育活动始于20世纪60年代，为了确保年产油60万吨、50万吨，40万吨十年稳产，油田各级党组织结合生产经营任务和面临的形势，组织开展形式多样的形势任务教育活动，振奋职工精神，鼓舞职工士气。20世纪80年代末，玉门油田各级党组织以十一届三中全会以来党的路线、方针、政策，油田面临机遇与挑战、困难和问题，解决问题所采取的措施等为主要内容，通过专题演讲、形势报告、宣讲辅导、干群对话等方法，引导干部职工认识形势，正确看待改革的成绩与问题，坚定改革的信心。1990年开始，结合吐哈石油大会战，组织专人赴疆总结会战中的感人事迹，组成会战事迹报告团在全局进行巡回报告，在全体职工中开展人人关心、支持、争上吐哈的教育活动，发动广大职工为吐哈会战献计献策，有力支持和支援了吐哈会战。期间，玉门油田针对风云变幻的国际形势和职工中出现的思想认识问题，通过组织编写辅导材料、邀请管理局党政领导电视答记者问、召开各种形式座谈会等方式，向群众交底，讲透困难、讲明前景、讲清克服困难的态度和办法，坚定了职工深化改革、共渡难关的信心和决心。

1994年起，形势任务教育重点以经济形势宣传教育为主。根据每年的生产经营形势，局党委及时以局党委扩大会和职代会精神为重点，编写印发生产经营形势教育材料，组织局、厂机关科以上干部深入到车间（队、站）向职工面对面宣讲，通过实事求是讲困难，增强职工的危机感和紧迫感；联系实际讲原因，让广大职工了解市场疲软和自身工作的差距是造成困难的主要症结；结合改革讲前景，使职工明确油田二次创业的有利条件；实实在在讲措施，鼓舞职工树立信心，振奋精神，宣讲的覆盖面100%。利用《石油工人报》、油田电视等媒体，开辟专栏、专题，以专访、社论、学习体会文章等形式，刊发基层单位贯彻落实总公司年度工作会议和玉门油田“两会”精神的思路、措施和办法，报道各单位开展形势任务教育的情况。各单位运用广播、电视、黑板报、宣传栏和内部刊物，大力宣传油田“两会”精神，并利用党员干部大会、职工大会，通过领导干部等思想政治工作骨干，层层向职工讲形势、讲任务、讲目标。

2000年起，根据重组改制后玉门油田面临的新形势，油田分公司党委和管理局党委抓住油田重组改制、勘探突破、原油稳产上产、炼化改造、基地“下山”工程全面启动等重点，每年都要编发形势任务教育宣讲材料，利用领导班子会、党委扩大会、职代会、党员干部大会、车间职工大会等形式，采取层层宣讲、组织职工群众学习讨论等形式，开展形势任务教育活动。

2002年起，玉门油田按照集团公司开展“形势、任务、目标、责任”主题教育活动的统一要求，每年在一、二季度集中组织开展形势任务教育活动。油田各级党委以集团公司年度工作会议和油田“两会”精神为内容，突出“形势、目标、任务、责任”主题，采取召开党委扩大会、职代会，巡回宣讲、专题报告会等形式，通过层层讲形势、讲任务、讲目标、讲办法，发动干部员工理思路、定措施，开展大讨论，激励员工为油拼搏。宣传部门将集团公司年度工作会议和油田“两会”精神编辑成形势任务教育宣讲材料，印发到油田各单位，登载在油田门户主页，供基层组织宣讲和学习。油田报纸、电视、网络、《班组生活》等新闻媒体，集中版面宣传报道集团公司年度工作会议和油田“两会”精神，扩大了形势任务教育活动的覆盖面。

2012年起，为了进一步增强形势任务教育的感染力，玉门油田党委连续5年组织形势任务宣讲组，以油田“两会”报告为蓝本，精心制作图文并茂的多媒体课件，深入油田基层各单位，对干部员工进行面对面巡回宣讲，深受基层干部员工和离退休人员的欢迎。基层各单位采取学习讨论、专场报告、专题宣讲、面对面交流、安排自学、知识竞赛、问卷调查等灵活形式，确保了集团公司工作会议和玉门油田“两会”精神进车间（队站）、进班组、进岗位。

2015年起，玉门油田党委在以“形势、目标、任务、责任”为主题，集中进行巡回宣讲的基础上，充分利用和发挥新媒体的作用，除通过在《党群工作动态》《基层快讯》《情况反映》等刊登学习资料外，充分利用门户网页、微信、OA和QQ群等，登载和推送集团公司工作会议、油田“两会”精神、油田及各单位生产经营形势等内容，拓宽了形势任务教育的载体，增强了形势任务教育的吸引力，扩大了形势任务教育的覆盖面。

2017年，紧盯玉门油田重大决策部署，瞄准工作难点重点，持续开展“形势、目标、任务、责任”主题教育，通过编发形势任务教育辅导材料、开展宣讲辅导等多种形式，多层次、多渠道宣传油田2016年发展成果、2017年面临的挑战与对策、工作部署以及重点工作举措和进展成效，凝聚发展共识。

4. 先进典型教育

20世纪80年代末期，玉门油田在突出宣传全国重大典型的同时，注重用身边人教育身边人，先后总结典型事迹材料231份、典型事例444件，利用广播、黑板报、《石油工人报》和录音、录像、事迹展览会、讲演报告会等形式广泛宣传，组织宣讲会达一百多场次。

20世纪90年代初，在全局范围内开展“四学一树”（学雷锋、学铁人、学大庆、学先进，树新风）活动，先后在全局党员中开展评选“油城党员学大庆十大先锋”活动，在团员青年中开展评选“十佳青年”活动。涌现出的“祁连山下一口井”的退休工人马武林、“走在时间前面的青年车工”马刚、机械厂模型班班长李维屏等一批先进标兵的典型事迹，通过报告文学、电视短片、文艺节目、故事等形式，以及在全油田巡回报告宣传，形成了学先进、赶先进的浓厚氛围。

1994—1999 年，以培养“四有”职工队伍为目标，坚持每年培养和选树劳动模范、先进党支部“十面红旗”、优秀共产党员“十大先锋”、领导干部“十佳公仆”“工人明星”“青年岗位能手标兵”“十佳”优秀青年知识分子、油城巾帼十佳、跨世纪之星等各方面的先进典型。通过电视、报纸播出登载先进事迹、请先进典型介绍经验、举办报告会演讲会等形式，进行大力宣传。1994 年，组织“学英模、树理想”演讲团，在全局演讲 31 场，听众达一万多人。1996 年，在劳动模范表彰大会召开之后，举行了盛大的劳动模范油城巡礼活动，在玉门油田产生了学习先进的轰动效应。

2000—2005 年，通过组织宣讲团深入基层宣讲、召开座谈会、在新闻媒体开辟专栏专题等形式，大力宣传学习“新时期铁人”王启民、王为民、秦文贵、苏永地、侯祥麟等先进典型，以及“铁人”王进喜、被誉为祁连山下“冬青树”的全国劳动模范郭孟和、“祁连山下一口井”的马武林等老一辈石油楷模的感人事迹。通过选树表彰新时期油田生产经营建设中涌现出来的劳动模范、岗位能手、优秀共产党员“十大先锋”“工人明星”油城“十杰青年”“巾帼十佳”、优秀知识分子等玉门油田内部各行各业典型的先进事迹。教育和引导油田干部、职工学先进、找差距、讲奉献、做贡献。

2007—2010 年，贯彻落实集团公司《关于进一步加强选树和宣传重大典型的意见》《关于开展“中国石油·榜样”典型宣传活动的通知》精神，结合“中国石油榜样·好干部”“中国石油榜样 2010”以及“感动甘肃—陇人娇子”等评选活动，与集团公司同步开展“中国石油·榜样”“中国石油榜样·好干部”等典型的宣传学习活动。2007 年，玉门油田党委结合“中国石油·榜样”和“陇人娇子”的评选推荐，在油田范围开展“玉门石油·榜样”的选树、宣传活动。当年，油田党委选树 24 名先进典型作为“玉门石油·榜样”，通过《石油工人报》、油田电视、网络、《班组生活》进行大力宣传。通过甘肃卫视、甘肃日报等媒体，向全省乃至全国宣传报道油田“感动甘肃—陇人骄子”候选人的事迹。2010 年，在集团公司思想政治工作会议期间展示的典型宣传栏上，玉门油田劳动模范苗国政、刘灿榜上有名，参与了事迹展示。

2012—2017 年，通过层层推荐、张榜公示、事迹宣传等方式，先后向集团公司推荐朱鑫鸿、任建、张永国、施兵军 4 名思想道德模范候选人，参与首届中国石油道德模范评选活动；向甘肃省推荐芦小明、文盛、杜磊、何天全、张育红 5 名先进典型。组织《石油工人报》、油田电视台、油田网络、《班组生活》发挥各自优势，在坚持同步宣传“中国石油·榜样”“大庆新铁人—李新民”等先进典型的同时，先后对油田选树的各层次劳动模范、党支部“十面红旗”、党员“十大先锋”“最具责任感员工”“岗位明星”“玉门石油·榜样”“陇人骄子”、好支部书记、优秀党员等先进典型的事迹进行广泛宣传。通过典型引路，在全油田形成了创先争优、比学赶帮、奋发向上的生动局面。

5. 大庆精神铁人精神学习教育

1964 年，毛泽东同志号召“工业学大庆”，并多次接见“铁人”王进喜。作为大庆精神的发源地和“铁人”王进喜的故乡，油田在 20 世纪 60 年代末，成立学大庆办公室，把大庆精神铁人精神作为职工思想教育的重要内容。20 世纪 80 年代末期至 90 年代初期，油田把学习大庆精神铁人精神与发扬玉门精神相结合，以学大庆群众运动、党员争当学大庆排头兵运动等为载体，通过组织学习大庆基本经验、收看《铁人》电视剧、重温大庆会战场面、开展专题讨论、宣传学大庆先进典型等多种形式，在干部职工中开展大庆精神铁人精神的教育。

2000 年后，结合学习“新时期铁人”王启民和“大庆新铁人”李新民活动，持续开展大庆精神铁人精神的学习教育活动。2007 年 6 月，集团公司党组在领导干部会议上，做出深入学习大庆精神、铁人精神，加强基层建设的安排部署。以此为契机，油田党委制定下发《关于深入学习大庆精神、铁人精神的通知》，及时召开油田干部大会，层层组织学习和传达集团公司领导干部会议精神，迅速在油田掀起学习大庆精神铁人精神的高潮。《石油工人报》、油田电视、《班组生活》和油田信息网紧密围绕集团公司领导干部会议精神，以着力加强油田基层建设为重点，以大力发扬大庆精神铁人精神为核心，及时刊登、播发集团公司领导干部工作会议精神和大庆油田、长庆油田等兄弟油田在基层建设方面的典型经验，大力挖掘、宣传基层单位和员工群众发扬大庆精神、铁人精神，艰苦奋斗、无私奉献的感人事迹和精神风貌，营造了学习大庆精神铁人精神的浓厚氛围。油田坚持把深入开展大庆精神铁人精神学习教育活动作为提高油田干部员工思想道德素质的有效抓手，制定下发《关于深入开展大庆精神铁人精神再学习再教育活动的通知》，订购发放《大庆精神铁人精神再教育读本》《大庆精神铁人精神学习教材》《大庆精神铁人精神简明读本》等书籍，组织干部员工观看《铁人》《奠基者》《大庆魂》《担当》等影视剧和专题节目，聆听集团公司“石油魂——大庆精神铁人精神”宣讲，使油田广大干部员工接受大庆精神铁人精神的洗礼。油田党委专门收集、总结油田发展历程中具有深远影响、特色鲜明的企业理念和格言警句、知名英模人物和先进典型、展示员工精神风貌的企业小故事和典型案例、油田发展中具有重要意义的重大事件和成功经验等，在玉门油田报纸、电视开设“大庆精神、铁人精神、玉门精神在基层”专栏，大力宣传油田员工发扬大庆精神铁人精神和玉门优良传统，艰苦奋斗、无私奉献的感人事迹和典型经验，教育引导油田干部员工深入学习大庆精神铁人精神，传承油田优良传统和作风。

6.“玉门精神”教育

以艰苦奋斗为核心的“玉门精神”，是玉门油田在长期生产建设实践中积淀形成的宝贵精神财富，是激励一代代玉门石油人顽强拼搏的精神动力。20 世纪 80 年代末期至 90 年代初期，面对改革开放的新形势，油田结合“双增双节”运动、建矿 50 周年、吐哈会战等重大活动，通过重新梳理、系统总结新时期“玉门精神”，开辟“玉门精神・玉门人”报纸专栏，举办“玉门精神・玉门人”摄影展，编印“玉门精神・玉门人”报告文学集、诗选和画册，编撰矿史，拍摄并播放“玉门精神・玉门人”电视专题片，组织“玉门精神・玉门人”专题和多层次的演讲活动，制作“玉门精神・玉门人”标语牌，邀请在玉门油田工作过的“老石油”回“娘家”，以亲身经历讲油田的创业发展史和油田的优良传统等多种形式，重温油田建设、发展的历史，宣传“玉门精神”，为继承艰苦奋斗的传家宝，实现油田“东山再起，再现青春”的目标夯实了思想基础。

1999 年以后，玉门油田先后在矿区布设矿史展览馆，重新修缮了老 1 井、老君庙展览室、孙健初纪念碑，在酒泉基地建设 3000 平方米的“玉门油田展览馆”，组织编写出版《石油摇篮》《石油诗人—在玉门油田纪实》《玉门石油诗选》《回眸——玉门油田七十年》《玉门油田开发志》《石油摇篮・记忆》等一批书籍、画册，拍摄制作《石油摇篮》《玉门油田六十年》《奋进中的玉门油田》《祁连山下一口井》《走进美丽的家园》《感悟玉门》《玉门油田赋》《戈壁亮剑》等一批影视作品，谱写《石油摇篮》《中国有玉门》《玉门油田——中国石油的摇篮》《玉门关上立标杆》等一组玉门石油歌曲，修复和保护了以王进喜为代表的老一辈石油人居住过的西河坝窑洞、玉门炼油厂遗址、发现老君庙油田 L 层的四井遗址、钻机整体搬家井遗址、王进喜钻井队月上五千米井遗址、人拉肩扛修井遗址，真实反映了石油摇篮的发展历程，再现了一代代玉门石油人发扬“玉门精神”、艰苦创业、顽强拼搏的精神风貌，固化“玉门精神”，成为传承“玉门精神”的有效载体。

油田各单位把玉门精神教育作为入厂教育、员工培训、学习交流的重要内容，充分利用党团活动日、重要节庆活动等有利时机，组织党员、团员青年、女工及新入厂员工到油田展览馆、老君庙、“老 1 井”、603 岗位、集团公司“百面红旗”先进单位等企业精神教育基地参观学习，有效激发了广大干部员工的工作热情和拼搏奉献精神。

2009 年 12 月，玉门油田党委举办“玉门精神”论坛，组织油田党群干部深入学习、探讨和交流“玉门精神”的深刻内涵、时代特征和新时期弘扬“玉门精神”的重大意义，为传承和弘扬“玉门精神”，丰富和发展“石油摇篮”文化拓宽了思路，开阔了视野。

2016 年 6 月，习近平总书记等中央领导对大力弘扬“石油精神”做出重要批示，油田党委紧密结合集团公司关于“大力弘扬石油精神，持之以恒抓好形象重塑”的安排部署，精心组织开展《源泉——大力弘扬石油精神传承玉门优良传统》宣讲活动。宣讲组深入油田基层各单位，走进生产一线，走进学校，走进中石油驻酒泉单位，赴兰州、西安、成都离退休基地进行宣讲，受到了玉门油田广大干部员工、离退休职工、兄弟单位员工和石油系统外群众的广泛好评。随着报告宣讲影响力的不断扩大，人民网、搜狐网、青海新闻网、青海网络电视台、中国西藏网、贵阳网等媒体第一时间对宣讲报告会进行报道，宣讲活动在微信圈被大量转、评、赞。玉门油田党委组织开展“弘扬石油精神，学习 603 岗位优良传统”专项活动，各单位和机关处室 60 批次 2049 人到 603 岗位观摩学习，掀起了弘扬石油精神的高潮。

三、重点工作

1. 思想政治工作会议

玉门油田第一次基层政治工作会议于 1961 年召开，至 1969 年，先后召开了第二次、第三次和第四次基层政治工作会议。1973—1993 年，坚持每年召开一次思想政治工作会议，传达上级思想政治工作要求，总结思想政治工作，交流研讨工作经验，表彰思想政治工作先进，安排部署思想政治工作。

1994 年，召开宣传思想工作会议，系统传达学习全国宣传思想工作会议精神，深刻剖析了玉门油田宣传思想工作面临的新形势、新课题，对油田宣传思想工作进行了安排部署。

1995 年起，玉门油田思想政治工作会议改为每两年召开一次，分别于 1995 年 8 月、1997 年 11 月召开。

2000 年，管理局党委针对油田重组改制的新形势，组织召开全局思想政治工作会议，深入研究分析油田思想政治工作面临的新问题、新困难，对做好新形势下的思想政治工作进行安排部署，这也是油田召开的最后一次思想政治工作会议。

此后，主要通过每年的党委扩大会对思想政治工作进行总体安排部署，通过党委书记例会、油田领导基层调研等等方式督促落实思想政治工作。

2. 思想政治工作骨干队伍建设

1986 年 4 月，制定《玉门石油管理局职工思想政治工作条例》，提出建立以党团员、班组长、宣传网员、先进模范人物和积极分子为主的思想政治工作骨干队伍，形成群众性的思想政治工作网络。至 1989 年，油田在基层单位建立一支 5471 人的思想政治工作骨干队伍，占职工总数的 21.3%，以“三委六长”(党支部委员、团支部委员、工会委员，党小组长、团小组长、工会小组长、女工小组长、职工代表小组长、班组长)、党、团员和积极分子为主的思想政治工作骨干队伍逐步健全完善。同时，政工干部队伍开始充实和加强。

1992 年，全局进一步发展建立以政治报告员为骨干的理论宣传队伍，以“三报一台”通讯员为骨干的新闻宣传队伍，以老工人、老党员、老模范为骨干的传帮带队伍，以“三委六长”为骨干的日常思想政治工作队伍，这四支队伍的逐步健全壮大，有力地加强了生产一线的思想政治工作。

2000 年之后，根据玉门油田重组改制的新形势，油田党委认真落实“一岗双责”，充分发挥基层行政领导、党支部书记、基层工会主席、团支部书记做思想政治工作的优势，形成了党、政、工、团、妇大政工格局，保持了油田大局稳定。

2013 年起，逐步建立健全了网络评论员队伍，有效加强了舆情监控和对新媒体的话语权。

3. 思想政治工作基础建设

玉门油田党政组织历来十分重视思想政治工作基础建设。1990 年，拨出专款为基层各单位逐步配备“五机”(摄像机、录放机、电视机、录音机、照相机等)，基本改变了宣传思想工作设备陈旧的状况，为更好地开展思想政治工作创造了条件。2000 年，筹集 300 万元，先后对已经使用 38 年的工人文化宫进行改造，新修图书馆、电子阅览室、展览馆、保龄球馆，增设音乐喷泉。2005 年油田生活基地搬迁到酒泉之后，在酒泉生活基地新建展览馆、图书馆、报刊图书阅览室，在矿区维修、保护 6 处具有纪念教育意义的工业遗址，形成以《石油工人报》、油田电视、网络和《班组生活》等媒体以及展览馆、图书室、活动室、文化广场等为主体的宣传思想文化阵地，拓宽了思想政治工作的途径和渠道。长期以来，在油田资金十分紧张的情况下，始终保证基层党报党刊订阅经费的到位，并于 2012 年起，对《石油工人报》实行免费赠阅。2014 年，在生产经营形势极其困难的情况下，制定出台《党的建设和思想政治工作专项经费管理规定》，为开展日常思想政治工作提供了经费保障。

4. 职工思想动态分析

1986 年，制定职工思想动态分析制度。1987 年起，按照职工思想动态分析制度，玉门油田基层党支部坚持每季度综合分析一次，局、厂党委坚持每季对职工思想动态专题调查分析一次，每半年综合分析一次，形成职工思想动态分析报告，为局、厂党政决策和全局各级组织有针对性做好职工思想政治工作提供了依据。期间，党委宣传部于 1995 年、1999 年、2005 年形成的职工思想动态分析报告，真实反映了油田职工在玉门吐哈分开分立、油田重组改制和重组整合等重大改革时期的担心、担忧、疑虑和困惑，为油田科学决策，有针对性做好职工思想政治工作，确保重大改革举措的顺利实施，提供了依据和支持。

5.“双基”教育

1990年，按照总公司《关于在石油职工中进行“基本国情和基本路线”教育的通知》精神，局党委决定从当年下半年开始，用三年左右的时间，对职工进行“基本国情和基本路线”教育（简称“双基”教育）。“双基”教育的对象是全体职工，关键是各级领导干部，重点是35岁以下青年职工和在校的大、中专学生。局、厂党委通过编制计划，落实教材，组织授课试讲，培训“双基”教育骨干。在“双基”教育中，坚持脱产培训为主的方针，有计划地开展“双基”教育工作。在局培训中心的班组长培训班专门设“双基”课程，局团校安排“双基”教育内容。1991年，举办脱产培训班188期，培训职工9563人。截至1992年底，培训率达96.3%，青工脱产培训占应训人数的95.2%。

6.思想政治工作考核评估

2003年6月，依照《甘肃省思想政治工作考核评估办法》，起草制定油田《思想政治工作考核评估办法（试行）》，内容包括考核评估的方法步骤、考核评估标准、思想政治工作先进集体和优秀思想政治工作者评选奖励办法、组织领导等。采取自下而上、全面考核的方法，对玉门油田2001年1月至2003年6月的思想政治工作进行自查自评。9月，甘肃省委思想政治工作考核评估小组来玉门油田，通过听汇报、召开行政管理人员和政工干部座谈会、问卷调查、检查基础资料、现场查看等方式，对油田思想政治工作开展情况进行逐项考核评估。当年，经甘肃省委综合考核评估，玉门油田被甘肃省委评为甘肃省思想政治工作先进集体。2006年，玉门油田党委结合油田重组整合的新形势，重新修订完善《玉门油田思想政治工作考核评估办法》。2009年，再次接受甘肃省委思想政治工作考核评估小组的考核评估，继续保持了甘肃省思想政治工作先进集体称号。

7.“双十”全员读书活动

2013年5月，按照集团公司部署，开展“学习在石油·每日悦读十分钟”和三年通读政治、经济、法律、科学、管理、石油、历史、地理、文学艺术、生活、健康10册《中国石油员工基本知识读本》的“双十”全员读书活动。各单位把“双十”全员读书活动作为推进“三基”工作的重要举措和提高全员综合素质的有效途径，以“创建学习型企业，培育知识型员工”为宗旨，切实推进每日悦读十分钟、三年通读十本书活动，广大员工采取集体阅读和个人阅读相结合的方式认真学习。为增强“双十”全员读书活动效果，基层单位普遍组建“读书会”“学习沙龙”，各级组织通过《石油工人报》开展“书香绽放、魅力人生”“巾帼在岗位、书香伴我行”等读书心得征文，交流心得体会、评选读书感言，营造了全员读书学习的浓厚氛围。

2015年，按照集团公司“千万图书送基层、百万员工品书香”送书工程要求，持续完善汇总油田队站（车间）配送图书的基础信息，为玉门油田187个基层队站（车间）联系和接收图书3740册，进一步丰富基层图书的种类，满足干部员工对图书多样化的需求。组织广大员工充分利用石油工业出版社开发的数字化移动阅读平台，关注其微信公众号并下载“油阅”APP，满足了广大员工手机阅读的需要。

2017年，按照集团公司建立送书长效机制要求，完成了190个基层站队信息统计、3800本图书配送任务。

8.“石油摇篮好故事”讲述活动

2017年，玉门油田党委以“弘扬石油精神、展示摇篮风采”为主题，组织开展“石油摇篮好故事”讲述大赛和巡回宣讲活动。油田33名选手参加了石油摇篮好故事预赛。经过预赛选拔出的25名选手参加油田组织的故事讲述大赛。这些故事展示了玉门石油人工业救国、实业报国的爱国胸怀，反映了不畏艰辛、战天斗地的创业精神，体现了为油拼搏、为油奉献的无私情怀，展现了立足岗位、争做贡献的时代风采。优选7个“石油摇篮好故事”，经过精心修改完善、制作展示视频，组织开展“喜迎党的十九大，共筑油田百年梦——石油摇篮好故事”巡讲活动。宣讲组先后深入油田各单位、受邀走进兄弟单位和周边学校，累计报告26场次，5000余人现场参加报告会。

第三节　新闻宣传

一、新闻宣传管理

1987年以来，玉门油田历届党委都十分重视新闻宣传工作，始终坚持并加强对新闻宣传工作的领导。

1990年5月，为了加强对油田新闻宣传工作的领导，油田党委成立由党委主要领导任组长，党群部门、新闻单位领导为成员的油田新闻工作领导小组。其主要职责是，在油田党委的统一领导下，负责对油田新闻宣传工作的领导，确保宣传舆论导向正确；按照油田党政中心工作，研究制定油田新闻宣传工作计划；组织策划重点新闻宣传工作。1992年、1995年、2000年、2005年，油田党委根据油田机构调整和党委领导人员的变化情况，先后对油田新闻领导小组成员进行调整。长期以来，油田新闻领导小组紧密围绕党的路线、方针、政策和油田整体工作部署，坚持每季度研究部署新闻宣传工作，每季度或半年制定下发新闻宣传要点，加强对新闻宣传工作的协调与指导。

2006年，油田党委制定《玉门油田新闻宣传管理办法（试行)》，规范了油田新闻宣传管理，保证了舆论导向正确，提高了新闻宣传水平。当年起，油田党委每季度制定下发《油田新闻宣传要点》，指导油田新闻宣传单位和基层单位有重点地开展新闻宣传工作。

2008年，按照集团公司关于建立新闻发言人制度的要求，为了有效应对新闻突发事件，油田党委确立了新闻发言人，由油田党委副书记担任。油田在总经理（党委）办公室配置专职人员，专门负责网络舆情监测工作，及时掌握处置可能波及影响油田的舆情信息。

2010年，油田党委对新闻发言人进行调整，改由党委宣传部部长担任。

2012年，通过完善各单位宣传思想工作负责人、宣传思想工作岗位人员相关信息，建立健全网络评论员队伍和《石油工人报》新闻通讯员队伍，进一步加强了油田新闻宣传工作队伍建设。

2013年起，《油田新闻宣传要点》改为每半年制定下发一次。

2015年，为了进一步加强和规范油田新媒体建设和运行管理，油田党委制定《关于开展新媒体备案管理工作的通知》，对以单位、机构组织和领导干部职务身份开通的微博、微信、微视、APP客户端等新媒体账号，进行全面调查，加强备案管理，严格审核把关，确保新媒体安全稳定运行。制定下发《加强网络评论员队伍建设实施意见》，加强对互联网舆情的了解和掌握，把握正确舆论方向，增强话语性，传递正能量。

2016—2017年，落实集团公司《关于进一步加强新闻宣传工作的意见》《新媒体管理办法》《关于加强网络评论引导工作的指导意见》的相关要求，进一步加强和规范了油田新媒体建设和运行管理。

二、新闻宣传机构

1987年，玉门油田报纸、电视的宣传工作分别由石油工人报社和通讯处电视台负责。石油工人报社隶属管理局管理，主要设行政办公室、政工办公室、编辑部、印刷厂、财务组、器材组、后勤组。通讯处电视台设有摄像组、节目制作组、发射组等，专门负责电视新闻和专题片的制作、播出任务。8月，《中国石油报》玉门记者站成立，人员、机构隶属石油工人报社管理，业务受中国石油报社和石油工人报社双重管理。

1989年11月，石油工人报社划归油田党委主管，下属机构调整为行政办公室、计划财务科、编辑部、《中国石油报》玉门记者站、印刷厂、多种经营科、总务科。

1991年4月，吐哈会战工委成立吐哈石油战报社，与石油工人报社为一套机构、两块牌子。

1994年12月，《中国石油报》玉门记者站挂靠油田党委工作部，为副处级建制，行政和业务上受管理局和中国石油报社双重领导。

1995年6月，随着玉门、吐哈管理体制理顺，吐哈石油战报社与石油工人报社分离。当年，石油工人报社主要设行政办公室、计划财务科、编辑部（含编辑科、采访科)、印刷厂、总务科等机构。

1996年12月，将石油工人报社、《中国石油报》玉门记者站、通讯处电视台的一部分合并，组建成立新闻中心。新闻中心机关设行政办公室、党委办公室、计划财务科、工会（含老龄站）4个部门，基层设报纸编辑部（含编辑科、采访科)、电视编辑部、群工科、广告部、《中国石油报》玉门记者站、总务科、印刷厂7个单位，对外保留石油工人报社、《中国石油报》玉门记者站名称。

1999年7月，玉门油田重组改制，新闻中心隶属存续企业，主要负责《石油工人报》的编辑、出版、发行工作；负责《油田新闻》及其他电视节目的采访、编辑、制作任务；担负油田对内、对外新闻宣传报道工作。机关下设行政办公室、党委办公室、工会、计划财务科，基层设报纸编辑部，采访科、群工科、电视制作部、《中国石油报》玉门记者站、广告部、印刷厂、总务科。

2001年1月，管理局对新闻中心印刷厂以整体买断、入股经营的方式进行改制。印刷厂从新闻中心剥离，成立玉门共创印刷有限责任公司，仍承担《石油工人报》的印刷业务。至2005年7月，新闻中心机关设综合办公室和计划财务科，基层设报纸编辑科、报纸采访科、报纸群工科、《中国石油报》记者站、图片科、电视新闻部、电视专题部、广告部、总务科等单位。

2005 年 7 月，玉门油田重组整合后，新闻中心组织机构延续原设置，机关设行政（党委）办公室、计划财务科 2 个部门，基层设报纸编辑科、报纸采访科、报纸群工科、《中国石油报》记者站、图片科、电视新闻部、电视专题部、广告部、总务科 9 个单位。

2007 年 12 月，新闻中心进行机构调整，机关设综合办公室，基层设报纸编辑部、采访部、通联部、电视节目制作部、广告部、《中国石油报》记者站等单位。

至 2017 年底，新闻中心组织机构保持不变。

三、内部宣传

1987 年以来，玉门油田新闻宣传充分运用《石油工人报》、油田电视、油田信息网、《班组生活》、内部刊物等媒体和阵地，开展内部宣传工作。在始终坚持正面宣传的方针，突出宣传党的路线方针政策的同时，坚持把握主题主线，突出宣传重点，为油田各项工作的顺利开展提供了良好的舆论支持。

30 年间，玉门油田新闻宣传工作始终坚持正面宣传的方针，大力宣传油田党政工作部署、重大改革举措、生产经营形势、发展的机遇与挑战，引导广大干部职工认清形势、明确任务。

坚持将报纸版面留给生产一线、将镜头对准生产一线，组织新闻宣传人员深入地质勘探、原油稳产上产、炼化生产、工程技术服务及工程建设等生产一线，大力宣传油田上下强化管理、增收创效的成功做法和经验，大力宣传一线干部职工拼搏奉献的精神风貌，为油田生产建设鼓劲加油。

通过开设“来自重点工程的报道”“来自重点工程一线的报道”“重点工程建设巡礼”等专栏专题，先后集中宣传报道油田二次采油、三次采油试验、青西油田联合站建设、酒东油田开发，50 万吨新催化、250 万吨常减压装置、短流程改造等新建、改扩建工程，水电四期、五期改造增容、白杨河水库及热电技术改造工程，机械厂出口泵会战、抽油泵、抽油杆生产线改造，以及酒泉生活基地建设等一大批重点工程建设的进展情况、取得的成绩和成功经验，激发了职工干劲。

以“强三基、反三违”安全主体活动和“安全生产月”活动为重点，先后在《石油工人报》、油田电视设立“六大禁令”专刊、“安全文化广场”专版，开设“安全整治在行动”“安全观察哨”“学禁令、保安全”“安全文化大家谈”“与我分享”等专题专栏，开展“安全论文、安全对联和短信警句寄语”征集活动，集中宣传油田学习贯彻落实集团公司“六大禁令”的情况，加强安全生产、事故隐患、交通治理的办法和措施。

通过开设“为 50 万吨稳产立功挂奖章”“扎根戈壁 30 年”“今日玉门人”“油田主人风采”“奉献者之歌”“岁末年初一线速写”“现场实录”“青年技术状元”等栏目，既宣传岗位成才的典型，又宣传凡人小事，多角度反映玉门人的精神风姿。

通过开设“我为党旗添光彩，奉献油田当先锋”“最佳党日活动”“党员义务献工”“党建知识竞赛”“精神文明之窗”“精神文明之歌”等专栏，大力宣传了油田加强党的建设、思想政治工作和精神文明建设的工作思路和措施，取得的新成果、新成就，涌现出的新人、新事、新风尚。

四、对外宣传

1987 年以前，玉门油田主要通过新华社、《人民日报》《甘肃日报》《工人日报》等中央、省级媒体的记者来油田采访，开展对外宣传工作，这些媒体先后大量采写报道了油田取得的辉煌成就，大力宣传了“玉门精神”“玉门风格”。尤其是《人民日报》的《第一个石油工业基地在玉门建成》《王进喜钻井队创出新纪录》《玉门原油东运》《把青春献给柴达木》《玉门石油沟油矿坚持勤俭办企业》《祁连山下艰苦奋斗的一面红旗》《玉门风格》《玉门油田党风正矿风好》，《工人日报》的《玉门油矿炼油厂等单位倡议开展石油工业厂际同工种竞赛》《第一列满载原油的列车从玉门开出》《我国第一个天然石油基地玉门油矿基本建成》《力争上游——玉门石油管理局孙德福钻井队》《钢铁采油队——玉门石油管理局薛国邦队》《石油沟油矿一层带一层培养过硬作风》等关于油田的宣传报道，展示了玉门油田良好的企业形象。

1987 年 8 月，成立《中国石油报》玉门记者站，开始依靠自身力量，通过《中国石油报》等媒体，加强对外宣传。《中国石油报》玉门记者站成立伊始，就紧密围绕油田党政中心工作，在《中国石油报》上刊发了大量反映老油田勘探开发、炼化生产、工程建设、科技进步、党的建设、精神文明建设等情况的稿件，扩大了玉门油田在石油行业中的影响力。

20世纪80年代末至90年代，《人民日报》采写的《“重塑”玉门精神》《玉门人西迁找油》《吐哈盆地竞风流》《科技再生“金凤凰”》，《工人日报》采写的《祁连山下文化城》《玉门油田万人投票选劳模》，《甘肃日报》采写的《玉门油田连续九年保持原油稳产》《玉门油矿后期开发稳产十九年》《玉门炼油厂进入全国一流行业》《玉门风，石油魂——来自吐哈盆地的报告》《玉门油田连续5年40万吨稳产——创全国老油田后期开发记录》等报道，真实再现了玉门油田发扬艰苦奋斗优良传统，依靠科技进步，确保老油田长期稳产，全力组织和参与吐哈石油大会战的历史进程和辉煌业绩。

进入21世纪，玉门油田新闻宣传坚持依靠《中国石油报》《石油商报》《中国石油报道》《中国石油信息网》开展对外宣传工作，扩大油田在石油行业内部的知名度、美誉度。坚持加强与地方各级党委宣传部门、政府新闻主管部门及党报、党刊、党台、党网等主流媒体的沟通与联系，建立良好的企媒关系，畅通对外宣传的“绿色通道”，加大对外宣传力度，展示企业的良好形象。2000年，先后在《酒泉地区年鉴》《甘肃文明》《跨世纪的中国》（甘肃卷）、《国际石油经济》《中国税务报》等报刊、杂志上介绍了油田的改革发展情况。

2002年，《中国石油报》记者站共向《中国石油报》《石油商报》《甘肃日报》《甘肃工人报》投稿112篇，见报83篇。其中在《中国石油报》头版头条刊登3篇；在《石油商报》《中国石化报》上刊登宣传油田的稿件23篇。玉门油田电视向外投送电视新闻8条。

2009年，以玉门油田开发70周年为契机，对玉门油田开发70年来的发展成果进行了集中对外宣传。新华社、《人民日报》、中央电视台、《工人日报》、甘肃电视台、《甘肃日报》《中国石油报》、中国石油影视中心、《甘肃工人报》、酒泉电视台、《酒泉日报》、玉门市电视台等全国和地方10多家新闻媒体的40多名记者来到酒泉，集中采写了一批反映石油摇篮辉煌历史和成就的稿件。中央电视台一套《新闻联播》节目对玉门油田70年的发展历程进行了报道；《人民日报》以《玉门油田开发70周年，共产原油3351万吨》为题，介绍了玉门油田；人民网、新华网等在第一时间翔实地报道了玉门油田纪念活动的情况；新华社发表文章《我国第一个天然石油工业基地玉门油田迎来开发建设70周年》；《工人日报》发表文章《甘肃玉门油田原油产量将再上百万》。《中国石油报》在玉门油田开发70周年庆祝活动期间，专门开设专版、专栏，刊载玉门油田的报道和图片125篇幅。甘肃电视台播发了玉门油田召开纪念开发70周年庆祝大会的消息，直播了文艺晚会。

2010年，玉门油田宣传部门与《酒泉日报》共同策划，在《酒泉日报》以“走进玉门油田”为专题，对油田进行了系列报道，全景式展示了玉门油田70多年的发展历程、生产经营、发展成就及发展前景，并在《甘肃新闻网》转载。玉门油田先后协助配合集团公司与中央电视台、中央新闻纪录电影制片厂联合拍摄的大型系列文献纪录片——《担当》在油田的拍摄工作，与甘肃电视台共同策划拍摄了专题纪实片《亮剑戈壁》，配合湖南卫视进行了反映“铁人”王进喜在玉门油田工作、生活相关情况的拍摄工作。同时，认真落实集团公司思想政治工作部“到基层去·感知中国石油”采访活动的要求，邀请《甘肃日报》、甘肃人民广播电台等主流媒体记者，深入油田一线进行采访，采写的新闻及时在《甘肃日报》、甘肃人民广播电台刊登和播出，全面展示了充满丰厚历史底蕴的石油摇篮文化、以艰苦奋斗为核心的“玉门精神”和油田员工爱岗敬业、无私奉献的精神风貌。其中由《甘肃日报》记者采写的《603岗位：那些爱岗敬业的石油人》发表在《甘肃日报》头版显要位置，从不同层面展示了玉门石油人建设“双百”油田的具体行动。

2011年，在中国共产党建党90周年之际，新华社专题报道为新中国做出战略性、历史性贡献的企业，玉门油田是甘肃省唯一入选企业。6月22日，总经理、局长刘圣志接受新华社记者采访，就油田生产经营状况、“十二五”时期的发展方向、在市场化改制转型中面临的困难和矛盾、弘扬传承玉门油田优良传统和作风、玉门油田做出的历史贡献和承载的历史责任及油田在维护国家石油战略安全中的作用等方面回答了记者的提问。7月6日、7月7日、7月12日新华社分别发表《中石油玉门油田累计生产原油3400万吨》《中石油玉门油田“十二五”期间原油产能将恢复提高》《玉门油田提出年产原油百万吨目标》3篇专题报道。

2015年，《中国石油报》报道油田的新闻达166篇（幅），油田“两会”专题网页、“三严三实”专题网页、“重塑中国石油良好形象”大讨论专题网页在中国石油网显要位置刊登，集团公司相关专题网页刊登油田开展专题教育和重塑形象大讨论活动的信息有10条。7月，由中华见义勇为基金会和集团公司共同主办的“昆仑奖”全国十大见义勇为英雄司机评选活动走进玉门油田，开展互学互动活动，英雄司机们亲身感受油田开发建设的历程、艰苦奋斗的精神和玉门石油人为油奉献的情怀，展示了玉门油田良好的企业形象。当年，先后配合中央电视台《新闻调查》栏目摄制组在油田拍摄、采访，摄制完成《玉门的变迁》专题新闻调查；配合重庆电视台《大后方》专题片摄制组，拍摄反映玉门油田生产经营和自然风光的照片，再现抗战时期玉门油田发扬“一滴石油一滴血”精神艰苦创业的峥嵘岁月和历史功勋；配合《石油经理人》杂志“走向国际”栏目，以《在“非洲死亡之心”的1500天》为题对集团公司劳动模范、乍得项目部员工富玉新先进事迹进行了报道，展示了新时期玉门石油人征战海外的风采。

2017年，《玉门油田：四场硬仗拓出盈利空间》《天南地北石油人：炼塔上的“钻工”》等一批稿件在《中国石油报》显要位置刊登；中国石油报《空中看石油•献礼十九大》栏目，推出《从中国石油工业的母亲河——石油河看精神传承》报道；《甘肃日报》以整版报道的形式，报道了炼化总厂供给侧改革和老君庙603岗位精神。

五、媒体阵地

1.《石油工人报》

《石油工人报》是玉门油田创办的中国石油行业的第一张报纸。其前身为1950年1月1日创刊的《人民油田》，该报为八开二版铅印日报。1952年3月1日，《人民油田》改为《石油工人报》，著名诗人、油矿党委宣传部部长李季任社长、主编。1972年1月1日，《石油工人报》停刊，1977年5月1日复刊，刊号为CN62—0037，公开发行。

1987年，《石油工人报》为四开四版，周三刊。

1988年1月1日，《石油工人报》第一张彩色胶印报出版发行。当年，发行量达14400份。

1988年12月，中华全国企业报新闻工作者联谊会在北京成立，《石油工人报》当选为第一届理事单位。

1989年3月5日，《石油工人报》发行周末增刊版，《石油工人报》由周三刊变为周四刊，至年底，周末增刊版共发行44期并停止发行，《石油工人报》又改为周三刊。

1990年9月，石油工人报社引进北大华光W型电子出版系统，实现了报纸出版印刷的电子化。

1991年4月30日，经甘肃省新闻出版局批准，《石油工人报》增办《吐哈版》，增版全称为《吐哈石油战报》。《吐哈石油战报》（《石油工人报》吐哈版）1991年6月1日试发行，四开四版，周一刊，每周六发行。7月1日，《吐哈石油战报》（《石油工人报》吐哈版）正式创刊，四开四版，周一刊，每周一发行。

1992年1月，《吐哈石油战报》（《石油工人报》吐哈版）增刊为周二刊，每周一、四出版。5月，《石油工人报》在全国企业报晋京展中获得一等奖。

1993年，在“我们最喜欢的中国优秀企业报”评选中，《石油工人报》被评为四星级企业报，并荣获一等奖。

1994年9月，《石油工人报》在全国企业报协会和中国企业文化协会联合举办的第三届全国企业报晋京展评中获得金奖。

1995年6月，随着玉门、吐哈管理体制理顺，吐哈石油战报社与石油工人报社分离，《吐哈石油战报》（《石油工人报》吐哈版）脱离《石油工人报》独立运行。9月，《石油工人报》由每周二、四、六出版改为每周一、三、五出版。12月，在首届全国企业报十佳百优评选中，《石油工人报》被新闻出版署报纸管理局、中华全国新闻工作者协会国内工作部、中国企业报协会评为“百优企业报”。当年，《石油工人报》被甘肃省新闻出版局评为甘肃省十佳优秀报。

1996年6月，《石油工人报》在第五届全国企业报晋京展评中获一等奖。

1997年7月，由甘肃省新闻出版局报刊处组织的全省报纸编校质量抽查中，《石油工人报》编校质量名列第一。8月，《石油工人报》在第六届全国企业报晋京展中获得一等奖。

1998年9月，《石油工人报》改为周四刊，并于11月试发行《石油工人报》周末版。《石油工人报》周末版为四开四版，于1999年1月1日正式发行。

1999年4月，在甘肃省优秀报纸评选中，《石油工人报》获甘肃省优秀报纸称号。9月，甘肃新闻出版局表彰优秀报刊图书，《石油工人报》获甘肃省十佳优秀报纸称号。

2000年5月，《石油工人报》创办《信息专版》，四开四版，周五刊，面向广大股民订阅和零售。8月，

《石油工人报》面向河西走廊开设“祁连风”专刊，该刊四开八版，每周三出版，设有省内新闻、周边新闻、经济新闻、社会新闻、丝路风情、体育新闻、特别报道、社会写真、文娱新闻等版面，并在武威、张掖、酒泉、嘉峪关、敦煌、哈密等地建立了供稿发行联络站。

2001 年 10 月，《石油工人报》开设玉门市新闻版。11 月 1 日，《石油工人报》由四开四版改为四开八版，周四刊改为周五刊，并交由玉门市邮政局代办投递。当年，发行量为 11000 余份。

2003 年 10 月，《石油工人报》在第四届全国公开发行企业报评选中被中国企业报协会评为全国优秀企业报。

2009 年 10 月，在第七届全国企业报优秀报纸评选中，《石油工人报》获全国先进企业报称号。

2016 年 5 月，《石油工人报》“石油摇篮”公众微信号开通运行，实现了传统媒体和新媒体优势互补，推动了油田传统媒体和新媒体的融合发展。

至 2017 年底，《石油工人报》累计发行 12833 期。

2. 玉门油田电视新闻

玉门油田电视新闻宣传工作起步于 1984 年，初期由通讯处电视台节目组负责新闻节目和电视专题片的制作。至 1986 年，《玉门新闻》已成为油田自办频道的固定栏目，并陆续开办《油城纵横》《视点》《文化广场》《百姓生活》等栏目。随着摄、录、编等设备的逐步完善和配套，油田电视台完全具备了独立拍摄、制作和播出节目的能力，具备了承担现场直播任务的能力。

1987—1996 年，玉门油田电视新闻宣传工作仍由通讯处电视台负责。期间，电视台设立摄像组，除负责《玉门新闻》的采制、编辑和播出外，还承担电视专题片的拍摄制作任务。

1987 年，拍摄制作《开拓在阳关古道上》《工农商多种经营展新姿》《炼塔的历程》《老油田奏鸣曲》《老君庙五号车组》《让历史告诉未来》《光荣的一课》《雷锋精神在油城》《玉门精神》等电视专题片。

1988 年，拍摄制作《河殇》《建设中的玉门石油管理局电算中心》《机厂泵引进纪实》《科学探井托参一井正式开钻》等电视专题片。

1989 年，拍摄的《吐哈盆地发现高产油井》《新机制带来的高效率》《疆场素描》等多件新闻作品分别获得当年总公司新闻评比一、二等奖，并在中央台、省台播放。拍摄完成《钢铁钻井队》《在这一刻》《永不褪色的日记》《他们的进尺》《油田压裂配套工艺》《祁连山下一口井》《向西有传说》《有这样一支队伍》《浮躁的深山》《迈开第一步之后》《走向九十年代》《拓荒者之歌》《汗水浸湿的思考》《玉门春色》《前进中的玉门油田》《顶天立地石油人》《牵出一条太阳河》《悄然崛起的管桥》《庆祝玉门油田建矿五十周年大会现场直播录像》《山沟里飞出的金凤凰》《走向大时代》《祁连山下一面旗》等电视专题片。其中，科技专题片《油田压裂配套工艺》获石油工业部科技声像三等奖；电视专题片《祁连山下一口井》获首届全国石油职工文化大赛一等奖，并在中央电视台黄金时段播出。

1990 年，拍摄完成《青春在玉门》《党的旗帜在心中——记局党员“三读”活动》《石油风采——祖国石油第一城》《石油风采——音乐风光片——多彩的石油河》《献给新年的歌》等电视专题片以及《走出历史的第一步》系列专题片。

1991 年，拍摄制作《爱心献职工——机械厂杆热党支部工作纪实》《疆场素描——进军吐鲁番》《疆场素描——历史这样说》《跃马扬鞭庆新春》《拱起的山脊》《堡垒的力量——钻井处 32852》《祖国石油第一城》《我们选择未来》《桃李春秋——玉门石油技校建校 40 周年》《油城时传祥（任学科）》《走向明天》《有这样一支队伍（老君庙采油三队）》《一次愉快的旅行（二机厂）》《大漠里的省城人》《疆场素描：创业者之歌》《在这一刻》《永不褪色的日记》《他们的进尺》《石油第一疗养院》《庆祝中国共产党成立七十周年》等电视专题片。

至 1992 年底，玉门油田自办频道中新闻和专题报道由 20 世纪 80 年代后期的每年 800 多条增加到 1800 多条，《玉门新闻》由过去的 6 ~ 8 分钟延长到了 10 ~ 12 分钟，并陆续增加《荧屏集锦》《为您服务》等栏目。当年，油田电视台在拍摄完成《优秀共产党员展播：——“活账本”的故事》《优秀共产党员展播：——“芦国平”夕阳红》《优秀共产党员展播：——寸草报春晖——陈维虎》《优秀共产党员展播：——铁马精神——赵仲儒》《祁连山下一面旗》《温暖的家》《开拓、奉献、发展（局职工医院）》《玉门油田在前进》《唯此人生堪自豪——孔繁瑾》《戈壁深处的暖流》《一个普通共产党员》《她们使花朵更灿烂》《一位老医务工作者的追求》《魂系“兴玉”求发展》《拳拳公仆心——陈学田》《李辉光——一个共产党员的心灵》《发展中的炼厂新兴实业公司》《走向大时代》等电视专题片的基础上，先后协助中央电视台拍摄完成《“狼不吃”的采油工》《石油河晚霞》《戈壁筑起温馨家》《石油摇篮》等作品，分别在中央一套《纪录片之窗》《夕阳红》等栏目中播出；协助甘肃电视台拍摄完成《今日玉门人》《戈壁追梦人》《盛开在戈壁的文化奇葩》等作品，宣传油田良好的企业形象。当年，在第二届全国石油职工文化大赛中，玉门油田选送的《走向大时代》《祁连山下一面旗》电视专题片分别获特等奖和二等奖，其中《走向大时代》在中央电视台二套播出。

1993—1996 年，在重点做好油田电视新闻宣传报道的同时，玉门油田电视台先后拍摄制作《一分耕耘一分收获》《一“笔”一“画”皆辉煌》《魂系泥浆——辜良国》《拼命三郎——崔副国》《耀眼的新星》《油城出了个金状元》《执着的追求》《磨炼高飞的翅膀——水电厂麦祁明》《奉献者之歌——研究院张世焕》《火焰山下石油人》《青春曲——局机关陈小英》《为了再度辉煌》《前进中的玉门钻井》《新中国石油工业发展的摇篮》《退休之后的马二里》《生命的内陆河——局基层四岗建设片》《安全生产四十年思想工作做保证——氧气厂》《我们的凝聚力与千家万户——房管站》《百尺竿头更进一步（之六）》《蓬勃开展的群众性合理化建议活动》《漠野报春花》《峡谷里的雕塑》《峡谷歌声》《峡谷小路》《峡谷青春》《廉洁勤政建设巡礼》《生活公司房产专业化管理步入正轨》《职工信赖的领头人》《廉洁促勤政 当好先行官》《油田骄子》《潜在的能量（挖潜降成本片）》《电视系列篇：江南行》（《初识太湖》《度假村印象》《陆上石油工业跨世界蓝图设计》《美就美在太湖水》）《回望 1996——玉门油田工会工作一年回顾》《我敬爱的爷爷》等电视专题片。

1996 年 12 月，随着新闻中心的成立，玉门油田自办电视频道、电视新闻、电视专题片等节目的采写、拍摄、制作等业务划归新闻中心管理。

1997 年，对《玉门新闻》的播出时间进行调整，每周二、四、六 19：55 首播，当晚 21：30 和次日中午 12：30 重播，并增加节目预告、一周要闻回顾、中国石油报道、信息播报等固定栏目，新闻条数增加到 10 条以上，时间延长到 12 ～ 15 分钟，自办节目也由 20 分钟增加到 40 分钟，玉门油田电视新闻宣传的信息量大大提高。至 1999 年，《玉门新闻》开设的《“211”工程》栏目、《视点》开设的《玉门油田之最》《回首看今朝》专栏、《全员参与算细账》《销售年，话销售》等系列报道，深受职工群众欢迎。期间，新闻中心电视节目制作部录制完成《整顿、促进、提高——玉门油田会计工作秩序整顿活动汇报》《辉煌的历程 光明的未来》《丹心绘油城》《镌刻在油层深处的信念》《戈壁追梦人》《创业的呼唤——玉门油田团委“用、练”活动》《奋战西部》《众志成城铸丰碑》《石油摇篮》《6 • 17 抢险记功表彰会》《高高飘扬的竞赛红旗》《军企之友——油料军代表》《党旗下的风采》《玉炼走向辉煌》《勇立潮头谱新篇》、四集电视系列片《祁连油魂》（《春潮涌动》《地火沸腾》《油花闪烁》《大海涛声》）《玉门油田改革开放 20 年》《油城正月闹“三火”》《文化广场 盛开在戈壁的文化奇葩》《戈壁建筑温馨的家》《丹心绘油城（水电厂）》《重访老君庙纪实——台湾旧人重访故地》《玉门油田全变了》。《玉门油田改革开放 20 年》《玉门油田 60 年》《祁连油魂》（4 集）等专题片，其中《玉门油田改革开放 20 年》《祁连油魂》（4 集）等作品在甘肃电视台播出。

2000 年初，新闻中心在自办频道中开办《生活万象》周刊，以此代替开办 10 多年的《视点》栏目。该栏目包括《企业之星》《商品快讯》《运动休闲》《文化广场》《每周一菜》等 12 个板块，容纳了老百姓关心的衣食住行、文化生活、休闲购物等各个方面。当年，拍摄完成《祁连山下战洪魔——6.25 抗洪抢险纪实》《众手浇灌桃花润——玉门石油管理局第一中学 40 周年校庆》《励精图治二十年 桃李芬芳遍油田——几年甘肃电大玉门石油管理局分校建校 20 年》《啊，摇篮——“老石油”抒怀》《祁连山泉的奉献》等电视专题片。

2001—2003 年，完成《祁连铁军（中文版）》《生命线工程——白杨河大湾电站》《祁连铁军（英文版）》《唱响戈壁油城群体歌——玉门油田职工群众体育运动掠影》《飘扬的旗帜——记优秀共产党员史玉平》《中国石油的摇篮——玉门油田》《走在大路上》《奋进中的综合服务处》《开拓奋进中的玉门石油管理局》《玉门石油管理局安全生产关键装置要害部位分级管理汇报片》等电视专题片。

2004 年，《玉门新闻》片头更换为《油田新闻》，播出时长增加到 20 分钟，形成“以油田新闻为主，社会新闻为辅，国内国际新闻作补充”的新格局，信息量大大增加，时效性明显提高。

2008 年 12 月，玉门油田电视台被甘肃省广播电视协会企业分会评为 2008 年最佳企业台。

2009 年，拍摄完成《石油摇篮》电视专题片。

2012 年，玉门油田电视节目主要开设《油田新闻》《信息播报》《生活万象》《中国石油报道》等栏目。《油田新闻》每周制作三期，每周二、四、六播出；《中国石油报道》每周一播出；《信息播报》每周三播出；《生活万象》每周五播出；6 月，电视停止播出《天气预报》。当年，拍摄制作《集团公司技能专家评选人员》《石油摇篮的常青树》《石油摇篮春满园》《石油摇篮唱响“三基”工作之歌》《供热有情暖自流》《2·12 事故调查报告》等电视专题片 7 部。

2013 年，拍摄制作《东方物探三维地震知识宣传》《戈壁红柳》《综合服务处五步行车法》《勘探开发研究院开发室千队示范建设》《老君庙三定三评一公开》《农牧公司倾情打造放心奶》《芬芳——油田女工巾帼奉献》《祁连山下找油人——谭修中》等电视专题片 8 部。

2014 年，拍摄制作《华油奶放心奶》《开拓奋进中的玉门油田机械厂》《强化基础管理，提高优质服务水平》《玉门油田老君庙作业区采油四工区示范创建树标杆》《玉门油田研究院岩心库陈列室》《踏着铁人的脚步》《和课改同行，育春风桃李》《“大兵”陈敬德》等 8 部电视专题片。

2015 年，对《油田新闻》节目片头、片尾、字幕、背景等进行创新改版，并根据玉门油田观众的收视习惯更改自办节目的播出时间，《油田新闻》节目播出时间由原来的 19：55 调整为 19：35，重播时间由 21：30 调整为 21：00。当年，制作播出《油田新闻》147 期 1242 条、《信息播报》50 期、《生活万象》48 期。

2016 年，拍摄制作《峡谷漫道岁月情》《老君庙故事》《玉门油田重上百万吨——勘探开发关键技术研究完成阶段性工作》等 6 部电视专题片。

2017 年，电视新闻宣传工作以《油田新闻》为龙头，以电视专题片、《中国石油报道》《生活万象》《一周要闻回顾》等为辅助，先后在《油田新闻》中开设“贯彻两会精神”“建设百年油田，献礼党的十九大”“践行四合格四诠释，大力弘扬石油精神”“百日夺油上产巡礼”“走基层：一线写真”“记者走基层上产一线行”“强‘三基’、促发展”“党旗飘飘”“员工风采”等专栏。当年，制造播出《油田新闻》148 期、播出新闻 1009 条；制作了《源泉》《站在新的起点上》《空中看石油》《走进新时代，踏上新征程》电视专题片 12 部；制作播出《信息播报》47 期、《生活万象》46 期。

3.《班组生活》

1996 年，为了给一线班组、岗位提供短小、精干的学习资料，局党委创刊《班组学习园地》，至 2002 年 1 月停刊，共出版 71 期。

2003 年 7 月，《班组学习园地》更名为《班组生活》恢复刊出发行。《班组生活》坚持贴近油田、贴近一线、贴近职工的办刊宗旨，设置“要紧话”“时事之窗”“学习辅导”“班组长之友”“职业与健康”“班组经验交流”“信息集纳”“班组管理”“安全论坛”“人生悟语”“小资料”“生活常识”等栏目，每月制作一期，每期 3500 份，发放到车间（队站）、班组（岗位），做到理论学习与业务学习相结合、与安全教育相结合、与思想政治工作和企业文化建设相结合，成为将思想政治工作落实到基层的重要载体。

至 2017 年 12 月底，《班组生活》共出版 140 期，发行量达 49 万份。

4. 信息门户网

2006 年 10 月，油田分公司主门户及 46 个单位、部门以及协同工作站点建成并上线使用。2007 年 3 月，在完善门户功能及应用推广等工作的同时，建立完善门户建设推广运维管理等相关文档规范和操作手册。2008 年 3 月，油田分公司主门户进行重新设计改版。2009 年，针对日益增长的各种用户需求，组织各种门户应用模板模块的定制开发工作，使门户便利性和交互性提高。2013 年，组织完成门户系统软硬件的升级改造，依照集团公司 2010 版门户建设统一要求，完成了油田分公司主门户以及 46 个部门单位门户建设任务。

5. 油田网络电视

2009 年 5 月，玉门油田网络电视开始上线运行。油田信息网站传送中央电视台一套和油田自办频道，自办频道直播中国石油新闻节目联播，实现油田新闻节目在有线电视和网络电视两个平台同步播出。油田网络电视，即 IPTV，是通过宽带互联网，以家用电视机（需配置机顶盒）或电脑显示器为显示终端，传输包括电影、电视节目等多媒体内容。2012 年初，网络电视系统软件升级改造，新版中国石油网络电视开设

《中国石油报道》《企业快讯》《电视专题》《热点推荐》四个板块。其中，精品栏目《电视专题》每周一期，以高清自制节目为主；《企业快讯》每天更新30条左右消息，以实时传达集团公司和油田新闻为主。

第四节　思想政治工作研究

玉门石油管理局职工思想政治工作研究会（简称油田政研会）成立于1984年4月，所属各单位设立政研分会，为玉门油田政研会团体单位。1985年4月，油田政研会加入中国职工思想政治工作研究会，为全国政研会团体会员单位。1986年，油田政研会相继加入中国石油职工思想政治工作研究会、甘肃省职工思想政治工作研究会和甘肃省石化职工思想政治工作研究会。在上级政研会的指导下，油田及厂处两级政研会紧密结合油田党的建设、思想政治工作、企业文化建设、精神文明建设和职工队伍中存在的倾向性思想问题，坚持每年确定重点研究课题，组织政工干部进行攻关，开展探讨、研究工作，相继产生了一大批研究成果。

1987—1989年，油田政研会坚持按照一线为二线提供情况、二线为一线服务的原则，立足玉门油田思想政治工作现状，组织开展政工研究活动。1987年撰写政研论文286篇、调查报告461篇，在当年召开的政研会第三届年会上，老君庙油矿政研会、油建公司政研会、钻井处政研会、炼油厂政研会、机械厂政研会和15篇优秀政研论文受到表彰。1989年底，为了进一步加强油田政研会工作，玉门油田在党委宣传部配备了政研会专职工作人员。

1991年，玉门油田一些系统相继成立纪检理论研究指导小组、党建理论研究小组、青年思想政治工作研究会、老年思想政治工作研究会等，扩大了政工研究队伍的阵容，拓宽了政工研究的领域，增强了政工研究的广泛性。玉门油田发挥条块优势，坚持面向生产、面向基层、面向实际，组织开展研讨活动，共发表论文121篇，其中有14篇先后在石油系统和甘肃省获奖，9篇论文被石油政研会会刊《石油政工研究》、甘肃省政研会会刊《研究通讯》等省、部级刊物采用。

1992年，两级政研会坚持以经济建设为中心，围绕社会主义思想教育这个重点，结合深化企业改革和油田经济建设实际，组织理论骨干为社会主义思想教育编写学习辅导材料，开展思想政治工作研究，产生了一批加强和改进思想政治工作的论文，经油田政研会组织评审，有15篇优秀论文获油田政研会表彰奖励。

1997年，为给思想政治工作开展提供新的思路和方法，政工研究确定10个方面的研究课题印发给基层，采取基层单位包课题，组织政工干部攻关的方式，大力加强研究工作，全年共征集思想政治工作论文54篇。

2002年，油田政研会发挥参谋和助手的作用，先后组织机械厂清欠情况、全局职工队伍建设情况、党外知识分子情况、统战工作情况、驻外机构与经济实体党建工作情况等专题调研。组织政工干部进行思想政治工作理论探讨研究，共征集论文80余篇。局政研会获甘肃省政研会优秀工作奖，油田思想政治工作经验被省委宣传部推荐在《企业政工与文化》上宣传，并在省政研会、企业文化研究会上交流。

2006年，党群部门以基层建设为重点，组成4个调研组，历时10天左右，深入油田18个二级单位的143个基层党总支（党支部），就各单位生产经营、安全生产、创建“456”工程、员工队伍建设、思想政治工作、群众组织作用发挥及基层建设等方面的情况，进行现场调研、座谈、走访，全面了解和掌握了玉门油田基层建设的现状。结合油田基层建设工作重点，以班组思想工作、班组文化、班组建设为主题，组织广大政工干部开展研讨和交流活动，有效指导了基层思想政治工作和班组文化建设活动的顺利开展。

2008年，坚持贴近实际、贴近生活、贴近群众，围绕企业改革发展稳定实际，深入开展思想政治工作现状、问题、对策的研究。油田政研会拟定研究的题目，各单位结合员工思想实际和工作中面临的问题，集中研讨，深入交流，促进了思想政治工作的不断创新。当年，有3篇论文分别获得集团公司优秀政研论文二、三等奖。

2011年，油田政研会努力适应新形势、新情况，探索加强和改进思想政治工作的新途径、新方法，组织开展思想政治工作研究，全年共产生政研成果68篇，经油田政研会组织评审，有30篇优秀政研成果受到了表彰。

2012年8月，在集团公司召开的中国石油新时期党建思想文化基层建设群众工作创新实践成果交流暨吉林石化现场会上，玉门油田“摇篮文化”宣传方法被表彰为新时期党建思想政治工作十大创新工作方式方法。油田上报的6篇政研论文获中国石油第六届（2010—2011年度）党的建设、思想政治工作、企业文化建设、基层建设、群众工作研究成果奖，其中二等奖1篇、三等奖3篇、优秀奖2篇。

2015年，玉门油田各级政研会围绕“双百”油田建设目标，开展加强党的基层建设、强化思想政治工作、深化基层建设和群众工作新途径、新方法的研究；开展发扬大庆精神铁人精神、传承玉门油田优良传统、弘扬“石油摇篮”文化的新载体、新规律的研究。基层单位政研会、机关部门共报送政研成果78项，经过油田政研会初选、评选，政研课题专家组评审、评定，油田党委对35篇优秀政研成果进行表彰，其中优秀政研成果一等奖5项、二等奖10项、三等奖20项。

2017年，各单位政研会、机关部门坚持问题导向，集中展开研讨，深入组织交流，共提交政研成果81项，有36篇获油田优秀政研成果。

第五节　统战工作

1987年，管理局党委宣传部下设统战科，负责玉门油田统一战线、民族事务及民主党派等工作，设有民族事务委员会、侨联等统战组织。当年11月，成立对台工作领导小组，并设对台工作办公室，负责台胞探亲、旅游观光飞接待工作。

1991年11月，成立党委统战部，与党委宣传部为一套机构两块牌子，下设统战科。

1996年，玉门油田民族事务委员会改称民族事务工作小组。

1999年7月，玉门油田重组改制，油田分公司党委设统战部，与总经理办公室（党委办公室、党委宣传部）为一个机构，负责油田分公司的统战工作；管理局将党委组织部与党委宣传部（统战部）机构合并后，成立党委组织宣传部，统战业务由党委组织宣传部宣传科负责。期间，油田分公司和管理局均设立民族事务工作小组。

2005年7月，玉门油田重组改制后，设党委宣传部（统战部、企业文化处），下设统战科，与宣传科为一个机构两块牌子。重新调整了民族事务工作小组。

2010年9月，企业文化处（党委宣传部、机关党委、团委），统战业务由企业文化处（党委宣传部）企业文化科（宣传教育科）负责。

2011年10月，企业文化处（党委宣传部）增设宣传科，统战业务由宣传科负责。至2017年，玉门油田统战业务由企业文化处（党委宣传部）宣传科负责，并设民族事务工作小组。

一、统战成员

1987年，玉门油田统战成员主要有少数民族职工、党外知识分子、民主党派人士以及归侨、侨眷和台港澳亲属等。其中，有回、满、蒙古、裕固、藏、维、土家、土、白、侗、锡伯、朝鲜、羌、彝、苗、壮、东乡、保安、毛南等19个少数民族职工320余名（回族职工270余名，占少数民族职工总数的84%以上）；有党外知识分子2000余人；有民盟、九三学社、农工民主党三个民主党派（其中民盟总支有成员70多人、九三学社玉门支社有成员18人、农工民主党有1人）；有归侨、侨眷及台港澳眷属70余名。

1990年，随着职工人数的稳步增长，统战成员也随之增加。当年，共有少数民族职工341人；民主党派成员增加到103人，其中民盟成员达82人、九三学社成员达20人；有党外知识分子2070多人，其中大专以上文化程度的1245人；归侨、侨眷及台港澳眷属138人。

1995年，随着玉门、吐哈管理体制理顺，部分统战成员随划转单位划转吐哈油田。

1999年，在玉门油田重组改制过程中，部分统战成员与企业有偿解除劳动合同或提前内部退养，统战成员大幅减少。其中民盟、九三学社2个民主党派组织因成员减少，导致在所联系群众中的影响力逐渐减弱，对优秀人才的吸引力下降，致使活动基本停滞，2000年，民盟玉门总支在职盟员由最多时的83名减少到9名，九三学社玉门支社有在职社员5名。

2005年底，共有在职少数民族员工93人，退休（包括内部退养、有偿解除劳动合同人员）少数民族人员100人；有党外知识分子460人；民主党派组织经过恢复和重建，成员有所增加，其中民盟组织有成员 14 名、九三学社玉门支社有成员 9 名。

2006 年，经玉门油田党委与民盟甘肃省委、酒泉市委统战部、玉门油田民盟组织沟通衔接，将民盟关系划归酒泉市委统战部管理，14 名民盟成员也随之划归酒泉市委统战部管理。

2014 年，有少数民族员工（含退休、退养人员）138 人，党外知识分子 1086 人，信教员工 34 人，民主党派成员 10 人。

至 2017 年底，油田有少数民族员工 190 人（含退休、退养人员）；有党外知识分子 333 人；有九三学社玉门支社 1 个民主党派组织，成员 10 人；信教员工 13 人。

二、主要工作

20 世纪 80 年代后期至 90 年代初，是油田历史上统战对象人数最多的一个时期，统战成员分布在油田各行各业，成为生产建设中不可或缺的重要力量。这一时期，统战工作任务最为繁重，统战工作成果也最为突出。期间，玉门油田党委坚定不移贯彻执行党的统一战线工作方针、政策，建立健全统战工作机构，恢复、发展和组建民主党派、归侨侨眷联合会、民族事务委员会等统战组织，增强了各民主党派、各界人士和各民族的团结，调动了各方面的积极性，为油田的生产建设发挥了重要作用。

1987—1990 年，玉门油田党委在全体职工中开展“两个离不开”（汉族离不开少数民族，少数民族离不开汉族）宣传教育，在少数民族职工中开展“三争一创一赛”（个人争技术、生产、业务能手，少数民族职工岗位创红旗，少数民族职工较多的单位赛民族团结）活动的基础上，先后在老君庙油矿、酒泉疗养院修建清真食堂，在市区修建回民洗水房，满足了回族职工和群众的生活需求。酒泉疗养院清真食堂的修建，为少数民族职工疗休养提供了便利。

期间，九三学社玉门支社发挥支社知识分子、工程技术人员的优势，与局侨联联合创办“科技咨询服务站”，公开为油田和社会提供技术服务，先后为油田农工商公司矿蜡加工、石油沟油矿脱水蔬菜加工、玉门市钨砂厂等 78 项技术和工程提供了技术指导和设计服务，并通过省社委，积极为玉门地区招商引资牵线搭桥。民盟组织立足油田文化教育、科学技术和医疗卫生工作，先后面向社会开办初、高中补习班 13 期，培训 1657 人；开办英语、建筑及青少年电子琴培训班 4 期，培训 163 人；取得了“MY—1 号和 MY—2 号油层解堵剂”“超高级泥浆比重钻调整井的研制和应用”等一批科研成果；有 2 人当选为玉门市人大代表、6 人当选为玉门市政协委员。油田各级党组织和局侨联通过在归侨、侨眷、台港澳眷属中开展“一封信”活动，引导归侨、侨眷、台港澳眷属利用照片、书信等形式，把祖国大陆日新月异的变化情况通过自己的亲人传到海外；局党委统战部协助酒泉地委拍摄的《情醉酒泉》电视风光片，通过一定渠道带往台湾地区，使台胞对大西北有了更深刻的了解，起到了潜移默化的宣传作用。1988—1990 年 7 月，先后有 20 名台湾同胞和海外侨胞来油田探亲；1990 年 8 月，从老君庙到台湾的“老君庙旧人西北访问团”一行 16 人重返油田，时隔 40 年后，故地重游，增强了两岸石油人的联系与交流。

1989 年，在酒泉地委召开的民主党派工作会议上，玉门油田作《我们是怎样支持民主党派开展工作的》《在玉门开展盟务工作的体会》等经验介绍；在甘肃省政府召开的全省侨务工作会议上，油田作《积极支持侨联工作，更好地为经济建设服务》的经验介绍。

1990 年，玉门油田党委制定统战工作“五项制度”，为全局统战工作逐步走向制度化、经常化、规范化提供了指导。

1991—1995 年，玉门油田党委在少数民族职工中持续开展“三争一创一赛”和“我为企业出点子”活动，在民主党派和无党派人士中开展“四个一”（开展一次咨询服务活动、提一条合理化建议、推广一项科研成果、攻克一道技术难题）活动，在归侨、侨眷及台港澳眷属中开展“三爱”（热爱共产党、热爱社会主义、热爱油矿）教育活动。玉门油田民盟组织结合吐哈会战、老区生产建设实际，主动服务、建言献策、发挥作用，部分成员主动承担吐哈参战职工子女的学习辅导任务，解除参战职工的后顾之忧。期间，玉门油田党委在每年召开的新春座谈会上，都要邀请少数民族、民主党派、党外知识分子和归侨、侨眷及台港澳眷属代表，为统战人士搭建参政议政的平台，畅通建言献策的渠道。

1998 年 8 月，50 多位曾在玉门油田工作、生活过的海内外玉门老油人及其眷属齐聚玉门，千里寻根。其中，有为发现玉门油田起过重要作用的马文・韦勒博士之女哈莉特・韦勒，也有旅居台湾地区、北美的玉门老油人。玉门油田授予金开英等 19 位在台湾地区、北美的老油人“玉门油田荣誉职工”称号。

1999 年，在少数民族职工中相继开展了以“提一条合理化建议、降一项原材料费用、无一次工作事故、做一个文明职工”为内容的“四个一”活动和以“降费用、献计献工、无不利于民族团结言行、无违法违纪行为、无安全事故”为内容的“一降、两献、三无”活动；在民主党派和党外知识分子中组织开展献计献策活动；在侨眷台属中组织开展了“寄家书、降费用、无事故”活动。玉门油田被国家民委、甘肃省人民政府命名为“民族团结进步模范单位”。

2000—2005 年，油田分公司和管理局坚持把少数民族职工、党外知识分子和民主党派人士作为统战工作的重点，认真落实党的统一战线方针、政策，始终做到了政治上关心、工作上支持、生活上照顾。2001 年，油田分公司分别有 1 名民主党派人士、无党派人士和少数民族职工当选为政协玉门市第六届委员会委员。2002 年，管理局党委针对民盟总支和九三学社玉门支社成员减少、活动时断时续的现状，在盟省委和省九三学社的支持下，帮助民盟总支和九三学社玉门支社开展恢复和重建工作，加强了民主党派自身组织建设。2005 年，针对部分回族职工和群众希望油田在酒泉生活基地建设过程中同步建立清真寺的反映和诉求，油田党委积极与酒泉市委统战部和市民族宗教事务管理局联系与协商，妥善解决了回族职工和信教群众“下山”后正常的宗教活动需求。

2006 年，统战部门对统战对象重新进行摸底调查，建立了信息库。当年，玉门油田有 8 人当选为政协玉门市第七届委员会委员。

2007 年，1 名党外知识分子当选为政协甘肃省第十届委员会委员。

2008 年，1 名党外知识分子当选为甘肃省党外知识分子联谊会理事。

2010 年，在统战对象中开展“爱企业、献良策、做贡献”活动。

2013 年，按照省委统战部的统一安排和部署，在统战成员中开展“爱企业、献良策、做贡献”主题活动。在矿区公寓改造过程中，充分考虑少数民族员工的生活习俗，修建可容纳 40 余人就餐的民族餐厅，满足了矿区少数民族员工的就餐需要。同时，为解决少数民族幼儿入托就餐问题，在鸿硕园幼儿园改造设立 1 所少数民族幼儿餐厅。

2014—2017 年，按照甘肃省“精准扶贫”工作的统一安排，坚持做好少数民族地区“双联”工作，与天祝县赛什斯镇和玉门市六墩乡 6 个少数民族村结成帮扶对子，投入援建项目资金 110 万元，新建葡萄日光室、双孢菇食用菌温室、养殖小区 63 座，培训科技带头人 1000 名，使 1000 多名藏族、蒙古族和回族群众的生活得到了改善和提高，为民族地区发展做出了贡献。期间，油田坚持把少数民族困难家庭纳入“扶贫帮困送温暖”整体活动当中，通过领导干部挂点联系，精心做好日常帮扶、节日慰问、金秋助学、大病救助等工作。每逢春节、五一节、国庆节以及古尔邦节、开斋节等节日，油田领导都深入少数民族特困户、困难户家中进行慰问，为少数民族员工群众办实事、解难事。

第五章　企业文化

玉门油田是中国石油工业的摇篮，历来十分重视企业文化建设工作。通过长期的生产建设实践，积淀形成的“三大四出”的优良品格，顾全大局、慷慨无私、奉献石油的“玉门风格”，艰苦奋斗、顽强拼搏、开拓进取的“玉门精神”，铸就了丰富而厚重的“石油摇篮”文化。20世纪90年代以来，面对经济全球化进程加快，国内外石油企业竞争日趋激烈的新形势、新任务，油田始终坚持以《集团公司企业文化建设纲要》为指导，以丰富、弘扬“石油摇篮”文化为重点，大力实施“文化强企”战略，不断探索推进油田企业文化建设的新形式，不断创新与油田发展相适应的文化理念，不断赋予“石油摇篮”文化以新的时代内涵，把以“艰苦奋斗、无私奉献、自强不息”为主要内容的优良传统，作为发展和弘扬“石油摇篮”文化的核心内容，着力培育符合现代企业发展方向、具有鲜明时代特征和玉门石油特色的企业文化，将厚实的文化力转化为现实生产力、核心竞争力和企业的凝聚力，为油田持续科学和谐稳定发展提供了强有力的精神动力和文化支撑。

第一节　重点工作

一、制度建设

2002年，根据玉门油田独特的发展历程、发展背景和企业经营理念，先后制定下发《玉门石油管理局企业文化建设实施意见》《关于进一步加强和规范“玉门石油”标识使用管理的通知》《局统一标识工作推广计划》，确定企业文化建设的指导思想和原则，明确企业文化建设的目标和任务，对油田企业文化建设做出了整体规划和部署，标志着油田企业文化建设进入了一个新阶段。

2006年，根据集团公司企业文化建设的总体部署和《集团公司企业文化建设纲要》精神，相继制定下发《玉门油田“十一五”期间企业文化建设规划》《关于规范集团公司户外广告版式的通知》《关于进一步做好集团公司标识推广应用和管理工作的通知》等，对宣贯中国石油“四统一”和规范使用中国石油标识做了具体要求和规定。

2007年，制定《玉门油田分公司廉洁文化建设实施意见》。

2008年，制定《玉门油田“十一五”后三年及“十二五”企业文化建设规划》。以及《玉门油田分公司总经理致公司中层管理人员的信》《玉门油田分公司中层管理人员职业道德建设四项制度》《玉门油田分公司中层管理人员职业道德规范》《玉门油田分公司中层管理人员职业道德规范确认书》《玉门油田分公司员工职业道德规范》《玉门油田分公司员工职业道德建设制度》。

2012年，印发《关于进一步规范使用中国石油标识的通知》，明确要求各单位必须严格按照《中国石油天然气集团公司标识管理暂行办法》和《中国石油天然气集团公司产品使用标识管理细则（暂行）》的规定以及《商标使用许可合同》，规范使用集团公司标识，禁止超越权限转授权其他关联单位使用标识。

2014年，制定《“十三五”期间企业文化建设规划》，为玉门油田“十三五”期间加强企业文化建设提供了指导。

二、形象建设

2002—2003年，按照整体规划、分步实施，先易后难、逐步推进的原则，大胆借鉴和吸收国内外优秀企业文化建设的先进经验，策划设计并编制《“玉门石油”CIS执行手册》，全面导入推广“玉门石油”企业形象识别系统；总结、提炼出具有鲜明时代特征的“玉门石油”企业精神、企业宗旨、企业目标、价值观念、经营理念、员工信条等，导入“玉门石油”理念识别系统；编制《玉门石油管理局员工手册》，谱写“玉门石油”企业歌曲。在此基础上，大力推广和使用“玉门石油”视觉识别系统、理念识别系统，通过在室内外环境、单位招牌名称、车辆及机械设备、服饰、办公用品、礼品等方面印制“玉门石油”标识，用“玉门石油”企业精神、企业宗旨、企业目标、价值观念、经营理念、员工信条等教育引导和规范职工行为，营造了良好的企业文化建设环境。

2004年8月，完成《玉门石油企业行为识别手册》的编写、设计和制作工作。《玉门石油企业行为识别手册》涵盖了道德规范、环境规范、员工行为规范、教育培训规范、服务行为规范、公共关系规范、媒介行为规范和激励奖惩规范等八个方面的内容。并开始导入“玉门石油”行为识别系统。12月，集团公司召开统一标识工作视频会议，从共同高举集团公司整体发展的大旗，打造统一品牌，进一步塑造和展现中国石油国际化大公司新形象的高度出发，就统一标识工作做出了具体安排，要求立即停用原“中国石油”CNPC标识及下属企业标识，统一规范使用“中国石油”“宝石花”标识。从12月26日开始，在切实做好“玉门石油”标识保护工作的同时，开始启用“中国石油”“宝石花”标识。

2005年，融合原玉门石油管理局员工手册和玉门油田分公司企业文化手册的内容，进行企业文化手册的编写工作，形成了新的玉门油田企业文化手册。内容主要包括领导致辞、油田概况、企业理念、企业形象、职业道德规范、行为准则、行为规范、优良传统、企业歌曲等。

2006年，按照集团公司《关于规范集团公司户外广告版式的通知》精神，积极推广和使用集团公司统一的企业标识，先后对在服饰、企业事务（办公）用品、车体外观、室内外环境、标识牌、机械设备类、企业形象广告、公关用品以及驻外机构、控股公司内外装饰装潢等方面使用企业标识情况进行了清理规范，使企业标识更加统一，企业形象更加突出。

2007年起，抓住生活基地搬迁酒泉的有利时机，进一步推进“四统一”工作，策划、设计制作油田酒泉基地办公楼视觉形象标识，利用大型宣传牌，大力宣传中国石油“四统一”内容。在酒泉基地主要路口、景观带、住宅小区，玉门矿区主要路口、办公地点、主要建筑物等处，制作近400块展示“四统一”内容、安全文化、廉洁文化、精神文明等内容的视觉形象标识灯箱（牌）。在油田车辆、办公用品包括印刷品、笔记本、会议文件袋、信封信纸、纸杯以及员工服饰等方面，都使用了中国石油统一的标识，展示了中国石油的新形象。

2013年，集团公司提出坚持企业精神、企业宗旨、企业核心价值观、企业核心经营管理理念、企业标识、企歌“六统一”的工作要求。玉门油田把深化“六统一”宣贯工作作为一项长期的任务来抓，充分利用《石油工人报》、油田电视、《班组生活》、信息网络等媒体，对统一的中国石油企业宗旨、企业精神、企业核心价值观、企业核心经营管理理念、企业标识和司旗司徽司歌进行大力宣传，使中国石油企业文化理念进一步深入人心，增强了企业的凝聚力和软实力，唱响了“我为祖国献石油”的主旋律。当年，油田实施“五大工程”“两大亮点”企业文化建设任务。“五大工程”，即厂门形象工程、生产区绿化工程、生产现场优化工程、生活区亮化工程、办公设施美化工程。“两大亮点”，即以矿区机关为中心，建设矿区文化亮点；以油田酒泉文化广场为中心，建设酒泉生活基地文化亮点。“五大工程”“两大亮点”的实施，营造了独具石油特色的企业文化氛围，展示了石油摇篮的新形象，提升了企业的美誉度。

2015年8月起，按照集团公司党组关于集中开展以“弘扬光荣传统、重塑良好形象”为主题的重塑中国石油良好形象大讨论活动的统一部署，油田党委紧扣“弘扬光荣传统、重塑良好形象”主题，瞄准“忠诚担当、风清气正、守法合规、稳健和谐”目标，坚持领导带头、全员参与、问题导向、开门讨论四条基本原则，围绕学习讨论、查找问题、整改提升三个环节，坚持讲、学、查、改、展“五个突出”，彰显“石油摇篮”特色，扎实推进重塑中国石油良好形象大讨论活动。活动中，两级领导班子共集中学习378次，集中研讨142次，玉门油田各单位举办重塑形象专题培训、专题辅导62次，征集各类主题征文800余篇。坚持边查边改、立行立改，两级领导班子制定整改提升报告，明确整改措施，建立整改台账，确保了大讨论活动善始善终、取得实效。通过扎实深入开展重塑形象大讨论活动，玉门油田干部员工的思想认识和精神面貌、党风政风和队伍作风、生产经营和安全环保、党的建设及企业文化建设等方面都发生了深刻变化，树立起了“忠诚担当、风清气正、守法合规、稳健和谐”的石油摇篮新形象。为进一步增进对中国石油品牌文化的理解，分享品牌建设经验，传播品牌形象，玉门油田组织开展《中国石油·品牌故事》征文活动，共征集作品67篇，在《石油工人报》刊发17篇，向集团公司推荐上报23篇。

2016年，玉门油田党委组织开展“重塑形象活动周·石油摇篮好故事”讲述比赛活动，各单位选拔出的25名年轻讲述者用感人肺腑的故事、铿锵有力的语言，展示了玉门石油人工业救国、实业报国的爱国胸怀，不畏艰辛、战天斗地的创业精神，为油拼搏、为油奉献的无私情怀。

2017年6月，按照集团公司党组的安排部署，继续在各级组织和全体员工中开展以“弘扬石油精神、展示摇篮风采”为主体的“弘扬石油精神、重塑良好形象”活动周。先后组织开展玉门精神座谈会、主题征文、摄影展览、专题小品大赛和以“重塑形象，从心出发”为主题的新媒体作品展等活动。在“喜迎党的十九大，共筑油田百年梦——石油摇篮好故事”巡讲活动中，宣讲组先后深入油田各单位、受邀走进兄弟单位和周边学校，累计报告26场次，5000余人现场参加报告会。

三、特色文化建设

2005年起，玉门油田各级组织以《集团公司企业文化建设纲要》《中国石油企业文化建设工作条例》《关于加强安全文化建设的指导意见》《中国石油廉洁文化建设指导意见》等为指导，把总结、提炼、挖掘、推进班组文化、安全文化、廉洁文化、楷模文化、和谐文化建设作为丰富和发展“石油摇篮”文化的主要任务，作为培育油田特色文化的一个新的生长点和着力点，发挥专项文化建设对推动重点工作、提升管理水平的独特作用，拓展了“石油摇篮”文化新内涵。

1. 班组文化

2005年，提出建设班组文化。以建设“五型”（学习型、安全型、清洁型、节约型、和谐型）班组为核心内容，提高员工基本素质，夯实班组工作基础，加大基层班组建设力度。通过在报纸、电视、网络、《班组生活》等刊物登载中国石油统一的企业精神、核心经营理念、企业宗旨、班组建设经验等方面的内容，加强班组思想道德文化建设，创新班组员工的价值观。组织班组人员学习交流和参观油田展览馆等企业文化教育基地，使班组成员对油田发展的历史更加了解，增强了对油田发展的信心和班组建设的主动性、积极性。利用建岗45年，荣获全国总工会“五一劳动奖章”、甘肃省“青年文明号”、集团公司“百面红旗”单位称号、“全国女职工建功标杆岗”的老君庙油田603岗位；玉门油田自喷期最长、被誉为“功勋井”、曾连续自喷36年的114井等在班组（井站）文化建设上的好经验、好做法，采取观摩学习等，既增强员工的主人翁责任感和民主管理意识，又引导班组文化建设向纵深发展。通过举办各种技术管理培训班、积极组织各种生产劳动竞赛、技术比武、QC活动、合理化建议等活动，提高了班组长的综合协调能力和岗位员工的工作技能，为进一步搞好班级精神文明创建打下了良好基础。坚持把创建学习型、安全型、清洁型、节约型、和谐型“五型”班组，作为基层队站、岗位班组精神文明创建活动的平台，抓住标准制定、示范班组建设、班组长队伍建设和考核评价验收等关键环节，扎实推进创建工作。

2. 安全文化

2005年，提出以实现安全发展、清洁发展、和谐发展为目标，开展安全文化建设。玉门油田各级组织把安全文化建设作为安全生产的重要基础性工作来抓，不断以新思想、新举措创新形式和载体，真正用文化铸造安全盾牌，从而保证和推动油田安全生产稳定发展。充分利用报纸、网络、广播、电视等媒体，大力宣贯“安全第一、环保优先、以人为本”的安全环保理念，牢固树立和深入实践“以人为本抓安全”的“人本观”，“一切事故都是可以控制和避免的”的“预防观”，“安全源于责任心、源于设计、源于质量、源于防范”的“责任观”，“细节决定一切”的“执行观”，“安全是最大的节约、事故是最大的浪费”的“价值观”，“一人安全，全家幸福”的“亲情观”。广泛开展“安全生产月”“安全生产警示日”“安康杯”竞赛、安全知识竞赛、安全演讲比赛等活动，加大安全生产知识和法制宣传教育力度。在玉门东站至青西60多千米的路段上设立安全宣传牌60多块，建起了“安全文化长廊”。连续四年在《石油工人报》开辟安全文化征文、安全生产大家谈及安全文化广场，征集安全警句、对联、短信等安全用语2000多条（幅），安全论文、小短文300多篇，部分单位还整理汇编了员工编写的安全名言警句，起到了引领员工安全工作的积极作用，使安全文化理念深入人心，形成了“人人抓安全、人人懂安全”的安全文化氛围。在安全文化制度建设上，分级签订《安全环保目标责任书》《安全生产承诺书》；制定下发《生产质量安全环境信息报告管理办法》《“三违”行为、未遂事件和事故事件举报（报告）奖励办法》《关于进一步加强QHSE管理体系建设的实施意见》等一系列文件规定，形成了规范配套、有章可循、操作性强的制度和规程，使油田安全文化理念得到有效落实。在安全文化行为实践上，多层次、多侧面、多角度地开展安全主题实践活动，连续七年坚持组织“三个”辨识活动，全员进行岗位风险辨识、事故隐患辨识和“三违”行为辨识；邀请世界著名化工企业杜邦公司的安全专家对油田进行安全管理要素评估，帮助查找油田在安全管理方面的不足和漏洞；通过开展“强三基、反三违、严达标、除隐患”为主题的“安全环保基础年”、员工班前安全宣誓、安全生产万人签名等形式多样的活动，安全文化把服从管理的“要我安全”转变成自主管理的“我要安全”思想，从而提升了员工安全工作的境界，为油田实现本质安全发挥了积极作用，树立了油田新形象。

3. 廉洁文化

2006年，把廉洁文化建设作为企业文化建设的重要组成部分，以进班子、进机关、进岗位、进家庭、进矿区“五进”为载体，积极推进廉洁文化建设。为了推进廉洁文化建设的深入开展，先后制定《廉洁文化建设实施意见》《招投标及谈判监督工作规范》《参加招投标谈判的过程监督范围》等文件规定和工作制度，修订《领导班子工作制度》，将“三重一大”民主决策制度等最新规定融入领导班子议事规则中，进一步规范领导班子集体决策程序和决策行为。持续开展廉洁文化理念的宣贯和廉政教育，组织党员干部观看革命历史题材影片，接受革命传统教育，把党员干部的理想信念、道德规范等日常教育与廉洁从业教育相结合，与党建工作相结合、与员工素质教育相结合、与生产经营管理相结合，促进廉洁文化建设逐步向企业管理渗透。为教育广大党员干部廉洁从政，清白做人，先后转发集团公司《以权谋私利、金钱毁前程》等十篇案例剖析材料，印发《镜鉴——国有企业廉洁从业教育读本》《放纵私欲引来牢狱之祸》等案例剖析材料，用身边活生生的反面教材开展教育活动，教育和引导广大党员干部珍惜政治生命，珍惜工作岗位，珍惜家庭幸福，增强了警示效果。通过设立“廉洁警示牌、提示牌”，悬挂、张贴与岗位相关的廉洁从业警语、道德规范，张贴廉洁格言、廉洁漫画等宣传图片，为油田营造了良好的崇廉学廉文化氛围。开展“忠诚事业、承担责任、艰苦奋斗、清廉奉献”主题教育活动。先后给党员干部及要害岗位工作人员发放廉政教育台历、周历911本；配发宣传图片、资料书籍417套；开展“廉洁文化建设”征文活动，近千人撰写警言、警句、对联900多条，在《石油工人报》上刊登各种论文、心得体会245篇，油田编辑印制《玉门油田员工廉洁文化原创汇编》2500册，为保障企业清廉稳定健康发展起到了良好的教育效果。

4. 楷模文化

2006年起，持续开展楷模文化建设。认真贯彻落实集团公司《关于进一步加强选树和宣传重大典型的意见》，专门下发《关于开展“中国石油·榜样”典型宣传活动的通知》，充分利用报纸、电视、网络和《班组生活》等新闻媒体，通过开设专栏、专稿等形式，广泛宣传英模先进人物的感人事迹。持续开展“十面红旗、十大先锋”“油田劳动模范”“最具责任感员工”“双文明先进”“中国石油·榜样”典型的评选选树活动，在全油田营造了浓厚的宣传学习氛围。结合“中国石油·榜样”和“陇人娇子”的评选推荐，在油田范围广泛开展“玉门石油·榜样”的选树、宣传活动，经层层选拔推荐，油田党委选树24名先进典型作为“玉门石油·榜样”，通过《石油工人报》、油田电视、网络、《班组生活》进行大张旗鼓的宣传。各单位广泛采取讨论会、事迹报告会、宣讲会、座谈会等多种形式，精心组织“中国石油·榜样”“玉门石油·榜样”以及油田劳动模范等先进典型的宣传学习活动，有效激发了广大员工为油奉献、拼搏奋进的热情，在全油田形成学习楷模、崇尚先进、争当好人的浓厚氛围。

5. 和谐文化

2006年起，持续开展和谐文化建设。坚持以人为本的理念，强化和谐文化建设的认同意识，搭建团结互助、共同发展的情感平台，努力为员工办实事、排忧解难，坚持领导干部“联系困难户”制度，坚持节假日慰问一线员工，开展“扶贫帮困送温暖”等系列活动，做到每个困难家庭生活有保障、每个困难职工看得起病、每个困难家庭子女上得起学，进一步融洽党群关系、干群关系、企业内部与外部的关系，为企业发展创造良好的文化环境。为努力实现油田人际和谐、家庭和谐、班组和谐、企业和谐以及社会和谐提供了精神支撑。

第二节 企业精神教育基地

一、玉门油田展览馆

玉门油田展览馆位于油田酒泉生活基地，面积近3000平方米，由序厅、六大部分和尾厅组成。馆内陈列有图片、图表700余幅，文献、书籍、实物300多件，场景、雕塑、模型、沙盘40余个，电子设备100余件（台）。整个展览展线总长633.7米，展板754块。展览以玉门油田70年的发展历程为主线，展示了玉门油田艰苦创业、拼搏奋进的历史长卷，翔实反映了玉门油田发挥“石油摇篮”作用，承担“三大四出”重要使命的历史责任，充分再现了玉门石油人发扬“玉门精神”、传承玉门风格、为油拼搏、自强不息的精神风貌。展览将鲜明的思想性、艺术感染力和现代布展手段融为一体，成为反映石油摇篮文化、展示企业形象的重要窗口，爱国、爱石油、爱油田教育的重要阵地，玉门油田发展历史的研究场所，缅怀石油前辈的历史殿堂。油田展览馆于2009年7月建成，当年，被集团公司命名为“企业精神教育基地”。2011年，玉门油田展览馆被中国企业文化研究会评为年度企业文化建设优秀单位。截至2017年，玉门油田展览馆先后接待油田员工、社会各界人士及军人和学生参观1289场次、29596人次。

二、老君庙油田展览室

1938年，地质学家孙健初、严爽等人来玉门寻找石油，就住在老君庙内。随着老君庙油田的发现，老君庙也名扬海内外。1980年，油田为纪念玉门油田发现和开发，重建了老君庙，并在老君庙内设立了展览室。1994年，老君庙油矿被甘肃省委命名为“全省爱国主义教育基地”。2009年，老君庙展览室重新扩建。扩建后的展览室占地面积21平方米，展出照片76张，记录了老君庙油田勘探开发的历程，反映了油田从开发初期到连续三次获高效开发油田的创业史。2004年6月，老君庙油田展览室被集团公司命名为“企业精神教育基地”。

三、老君庙油矿603岗位

603岗位隶属老君庙采油厂（油矿）采油四队，创建于1962年3月，现有岗位员工15人，管理着5平方千米油区面积内的128口井。建岗初期，岗位职工靠艰苦奋斗起家、靠“三老四严”创业，率先创建出玉门油田第一口“五好”油井、第一台“五好”设备、第一个规格化井场，并摸索出以“摸、碰、调、整、洗、挤、控”为内容的“七字”管井法，形成以“四坚持五过硬”为主要内容的典型经验。603岗位秉承一套《毛泽东选集》、管井牌、节约袋、小推车、收油桶5件“传家宝”，年年超额完成原油生产任务，实现安全生产无事故。岗位先后被授予甘肃省总工会“省级模范集体”“共青团号”、全国“五一劳动奖状”，1964年，被石油工业部命名为“学大庆岗位责任制过硬样板岗”；2003年，被集团公司授予“百面红旗”单位；2006年6月，被集团公司命名为“企业精神教育基地”。

四、西河坝窑洞

西河坝窑洞，位于石油河峡谷西岸，早年系清中后期淘金人凿挖栖居之处。1939年，老君庙油田发现并投入开发，随着工人数量的迅猛增长，油矿在短时期内难以全部解决工人的居住问题，便在西河坝新开凿了数百间窑洞，以供部分工人居住。“铁人”王进喜也曾在西河坝窑洞居住过。1946年底，随着油矿居住条件的改善，在此居住的工人陆续搬离。后因山体滑坡，部分窑洞损毁，现存窑洞仅剩40余间。西河坝窑洞见证了玉门油田艰难创业的历程，承载和彰显着石油工业优良传统的传承与发扬。2012年，油田将其作为优良传统教育场点之一，进行了修缮保护。

五、玉门炼油厂遗址

1939年8月，老君庙1井出油，油矿遂购置七十加仑蒸馏锅（此炉当时称“间歇性立式炼炉”，俗称“茶壶嘴炼油”），在石油河畔开始炼制油品，开启了玉门油矿炼油的先河。1940年建立日炼约2吨的立式蒸馏釜、分馏塔及相应的冷却器，流水分馏器等附属设备，生产汽油、煤油、柴油和蜡油四种产品。随着油田规模扩大，产量增加，油矿于1941年正式成立玉门炼油厂，金开英任厂长。1942年4月，建于嘉峪关的油矿第二炼厂进行试炉，同年6月又建成一套半裂化装置。因原油运输困难，于1943年迁至石油河西岸，改称管二组，每天加工原油260多吨，成为玉门炼厂的主要炼炉。至1943年，炼油厂共建成六组连续蒸馏釜，日炼原油200吨，可生产汽油、煤油、柴油等“国光牌”系列油品。同年7月，石油河突发洪水，炼油设备被冲毁。8月，炼油厂迁至四台新址，即现油田炼化总厂所在地。第一炼厂从开始炼油到废弃，只有短短的4年时间，但它不仅开创了中国近代炼油工业的先河，而且为抗日战争的胜利做出了特殊贡献。2012年，玉门油田将其作为优良传统教育场点之一，进行了修缮保护。

六、四井遗址

老君庙油田四井，1939年由地质先驱孙健初设计，先由人工挖掘3米，后顿钻至29.25米始见油花，钻达K油层完钻投产。1940年11月2日加深钻井，1941年4月21日钻至439.17米时发生强烈井喷，由此发现L油层。后因井喷失控着火，地层坍塌，于1942年1月填井报废。四井不仅是老君庙油田主力油层——L层的发现井，且对认识井喷和制服井喷积累了宝贵经验。2012年，玉门油田将其作为优良传统教育场点之一，进行了修缮保护。

七、钻机整体搬家井遗址

1956年11月23日，铁人王进喜率领贝乌五队在老君庙三橛湾765井钻井完钻后，需将钻井设备搬至邻近井场。王进喜大胆创新、精心组织，带领全队职工打破钻机搬家需拆卸、搬运、安装的常规模式，在十二台拖拉机牵引下，仅用十分钟就将钻机整体、安全、平稳地搬至760井，创造了省时高效的钻机搬家新工艺。王进喜首创的钻机整体搬家壮举，开辟了石油钻井的先河，为新中国石油工业快速发展做出了重要贡献。2012年，玉门油田将其作为优良传统教育场点之一，进行了修缮保护。

八、王进喜钻井队月上五千米井遗址

1958年9月，王进喜率领玉门油田贝乌钻井五队，在白杨河石油探区钻井。他提出"月上千、年上万，祁连山上立标杆"的响亮口号，带领全队职工天当被、地当床，日夜奋战，创造了月打井5口、月进尺5009米，世界少有、全国最高的钻井新纪录，贝乌五队由此荣获石油工业部颁发的"钻井卫星"红旗，王进喜被誉为"钻井闯将"。2012年，油田将其作为优良传统教育场点之一，进行了修缮保护。

九、人拉肩扛修井遗址

20世纪60年代，祖国石油工业快速发展，玉门油田慷慨无私支援别人，历尽艰辛发展自己。在专业修井队伍和优良设备支援新油田后，由后勤人员和机关干部组成的群众修井队应运而生，他们七八十人排列成行，肩背钢丝绳，脚踩皑皑积雪，顶着萧萧北风，起油管，清结蜡，冲积沙，下管柱。每修一口井，都要负重往返400余趟，相当于行走30余里，创造了共和国历史上绝无仅有的人拉肩扛修井的壮举，是油田艰苦奋斗的真实写照。2012年，油田将其作为优良传统教育场点之一，在石油沟油田10井立碑撰文，以嗣纪念。

第三节　文化载体

一、玉门石油歌曲

1987—2000年，玉门油田职工创作的《雪花轻飘采油忙》《玉门人》《油源》《我的家乡石油城》《玉门》《梦里也别忘了咱的家》等歌曲，先后入选1992年出版的《疏勒河丛书》之《玉门′90歌曲选》、石油音乐舞蹈协会编印的《石油之歌》作品集等，这些歌曲，通过参加全国石油职工文化大赛、全国石油系统"石油之歌"征集活动等，抒发了玉门人热爱油田、建设油田、对油田充满希望的情怀。

2003—2004年，先后邀请我国著名作曲家秦咏成、田歌，著名词作家张藜、郑南来玉门采风，创作歌曲，先后创作《石油摇篮》《中国有玉门》《玉门油田——中国石油的摇篮》《玉门玉麒麟》等歌曲22首，讴歌了石油摇篮艰苦创业的不平凡历程，抒发了玉门石油人为油奉献的崇高精神风貌。在此基础上，油田编印《玉门石油歌曲集》，刻录了《石油摇篮歌曲》光盘，成为展示玉门油田悠久发展历程、优良传统文化和良好企业形象的永恒音符。

二、书籍

玉门油田的历史，是艰苦创业、顾全大局、无私奉献、自强不息的历史，发生了无数感人事件和动人事迹，油田对此进行整理、记载固化，先后编写了《玉门油矿史》《石油诗选》《玉门油田志》（1939—1986）、《石油师人——在玉门油田纪实》《石油摇篮》《玉门油田六十年》《玉门油田六十年大事记》《创业 奋进 跨越》《石油摇篮70华诞》《玉门油田开发志》《石油摇篮·记忆》《回眸—玉门油田七十年》《玉门炼化七十年》《石油摇篮辞赋》《中国石油企业文化辞典——玉门油田分册》等一批书籍，记述石油摇篮走过的历史印记；编辑印制《石油摇篮》《玉门油田》《回眸——玉门油田七十年》《玉门油田展览馆》《中国邮票玉门油田企业文化年册》等画册、画刊。《石油摇篮》《石油摇篮·记忆》2本书被集团公司选为"千万图书送基层、百万员工品书香"活动书目，扩大了石油摇篮文化的影响力。同时，将著名诗人李季的《玉门颂》、晏明的《玉门风格》、胡笳的《铁人仍带井队在冲锋》等180首描写石油摇篮的诗歌，编辑为《玉门石油诗选》出版发行，用诗歌描绘了玉门石油人拼搏奋进的风貌。

三、专题片

由中国新闻纪录电影制片厂、中央电视台等单位拍摄的《建设石油基地的人们》《创业艰难百战多》《驰名中外的老君庙》《孙健初》等一批纪录片、专题片，生动展现了玉门石油人艰苦创业、无私奉献的精神风貌。为了真实反映和再现油田的发展历程，记录玉门石油人艰苦奋斗、自强不息、奉献石油的无私情怀，油田先后拍摄《石油摇篮》（玉门油田六十年）、《石油摇篮》（玉门油田七十年）、《感悟玉门》《玉门油田赋》《祁连油魂》《祁连山下一口井》《祁连山下一面旗》《走进美丽家园》《戈壁亮剑》《石油摇篮唱响三基之歌》《回眸·石油摇篮2016》等一批影视作品，有效传承了"石油摇篮"文化。

第六章　精神文明建设

第一节　工作机构

1987—1996 年，玉门油田各级党组织按照《玉门石油管理局社会主义精神文明建设实施规划》的要求，发挥工会、共青团、妇女等群众组织在社会主义精神文明建设中的作用，通过油田双文明竞赛委员会结合创建“双文明”单位活动，定期进行检查评比，推动了精神文明建设各项措施的落实。

1997 年，为了贯彻落实党的十四届六中全会和十五大精神，进一步加强对精神文明建设工作的组织领导，建立党委统一领导、党政领导亲自抓、各方面分工负责的精神文明建设领导体制，做到两个文明建设一起部署、一起落实、一起检查，油田成立了精神文明建设委员会，局党委主要领导任主任，油田党政工领导及有关职能部门领导任委员。精神文明建设委员会下设办公室，设在党委宣传部，由党委宣传部部长兼任办公室主任。各二级单位党委也相应设立了精神文明建设领导小组和办公室，从组织上保证了精神文明建设工作的落实。

1999 年 7 月，玉门油田重组改制。管理局针对重组改制后人员变动情况，及时调整补充精神文明建设指导委员会的组成人员，将精神文明建设指导委员会办公室设在党委组织宣传部，具体创建工作由党委组织宣传部负责。油田分公司于 2000 年成立精神文明建设指导委员会，办公室设在公司经理办公室（党委办公室、党委宣传部），具体业务由宣传科负责。

2005 年 7 月，玉门油田重组整合后，油田党委及时将油田分公司和管理局精神文明建设指导委员会合并，并对组成人员进行了调整。精神文明建设指导委员会办公室设在党委宣传部（企业文化处）。

2010 年 9 月，玉门油田机关组织机构调整后，油田精神文明建设工作由企业文化处（党委宣传部）负责。

至 2017 年底，玉门油田精神文明建设指导委员会及精神文明建设指导委员会办公室设置保持不变，基层单位也相应设立精神文明建设领导小组和办公室，精神文明建设相关业务工作由企业文化处（党委宣传部）负责。

第二节　制度办法

1987 年 7 月，按照党中央确定的社会主义精神文明建设的指导方针，制定《关于社会主义精神文明建设的实施规划》。提出了玉门油田精神文明建设的根本任务、措施办法。

1996 年 3 月，制定《玉门石油管理局“九五”期间社会主义精神文明建设规划》。

1997 年，制定《玉门石油管理局关于进一步加强社会主义精神文明建设的实施意见》《文明单位建设实施办法》《创建文明小区达标活动实施办法》《创建文明学校实施办法》《创建文明家庭活动实施办法》《争做文明职工活动实施办法》《争做文明学生实施办法》《玉门石油管理局基层思想政治工作规范》八个具体办法。

2001 年 1 月，制定《玉门石油管理局“十五”期间社会主义精神文明建设实施意见》，明确提出了“十五”末油田整体跨入全国文明单位行列的奋斗目标。

2002 年，油田分公司党委和管理局党委分别制定《企业员工道德建设实施意见》。

2006 年 8 月，制定《玉门油田“十一五”期间精神文明建设规划》。

2007 年 8 月，制定《关于开展创建文明园区、文明公寓，争做文明住户活动的实施办法》，推动了油田群众性精神文明建设活动持续开展。

2008 年 7 月，制定《玉门油田分公司员工职业道德规范》《玉门油田分公司员工职业道德建设制度》等，加强了员工职业道德建设。

第三节　创建活动

一、精神文明建设“六大工程”

1997—2000 年，根据油田精神文明建设“八个办法”的要求，各级组织实施了精神文明建设“六大工程”：

（1）支柱工程。通过加强领导干部的理论学习，开展“三讲”教育，增强了各级领导班子和领导干部“求生存、谋发展”的大局意识、创新意识、风险意识、合作意识和责任意识；创办《班组学习园地》，引导广大职工学理论、学知识。坚持不懈地抓好以爱国、爱油田、爱岗位为内容的“三爱”教育，围绕长征胜利六十周年，党的生日，庆七一、迎回归，喜庆党的十五大等大事，通过举办展览、征文，组织联欢、千人歌咏颂中华，展播爱国主义教育影片，对职工进行了现实生动的“三爱”教育。

（2）凝聚力工程。在副处级以上领导干部中建立困难户联系制度，定期上门嘘寒问暖，想方设法解决问题。各级领导干部始终坚持基层挂点劳动制度，千方百计解决与职工群众生活息息相关的问题，把组织的关怀和温暖送到职工群众心坎上。工会建立职工互助基金，用于扶危救困；团组织开展“情系千家一帮一”活动，深入孤寡遗孀及困难职工家庭开展帮扶活动。党员、干部认真执行党中央、总公司及油田的各项廉政规定，自觉从严，勤政廉洁；油田党委坚决查处各种违法违纪案件，针对职工群众反映强烈的热点问题，开展专项治理，密切了党群、干群关系，在群众中树立起了良好的党员、干部形象；积极推行局务、厂务公开制度，增强了企业管理的透明度，提升了企业民主管理的水平，坚定了职工振兴油田的信心和决心。

（3）楷模工程。坚持在领导干部中开展“公仆杯”评选活动，在党员中开展“十大先锋”评选活动，在全体职工中开展“职业道德十佳”和“工人明星”评选活动，在青工中开展“油城十杰”评选活动，在女工中开展“巾帼十佳”评选活动；坚持在科技战线选树刻苦钻研、攻克难关的知识分子典型，在医疗卫生战线选树医术精、服务好的医护人员典型，在教育战线选树敬业乐教、甘当人梯的教师典型，在公安战线选树“油城卫士”典型，在退休职工中选树“老有所为”典型。坚持每两年召开一次劳动模范表彰大会。报纸、电视等新闻媒体大力宣传先进人物的典型事迹，激励广大职工为油田振兴多做贡献。通过各种渠道和途径大力培养典型、选拔典型、彰扬典型，在全局形成了学典型、赶先进的良好氛围。

（4）成才工程。制定《玉门石油管理局干部队伍建设“九五”规划》《玉门石油管理局 1996—2000 年干部教育培训规划》，通过送外培训、和大专院校联办研究生班、进行继续工程教育、英语和计算机培训等方法和途径，对各级各类干部进行综合培养，较好地提高了干部队伍的文化素质和业务能力。坚持每两年举办一次技术比武活动，对涌现出来的技术尖子给予重奖；新闻媒体开设《跨世纪之星》《技术状元》等栏目，大力彰扬自学成才的先进典型。群众组织积极开展技术状元评选、岗位练兵等活动，激发职工学技术、练内功的热情。截至 2000 年，油田先后涌现出全国、甘肃省、石油行业岗位技术能手 14 名。

（5）文化工程。广泛开展群众性的文化体育活动，在实践中形成了具有油田特色的系列文化。主要有：①双休文化。开辟了旅游热线，集娱乐参观和教育于一体，深受职工欢迎。②广场文化。利用周末，举办摇滚音乐会、民族音乐会、秦腔演唱会、通俗歌曲演唱会、时装表演和健美操大赛，陶冶职工情操。③节日文化。连续十余年举办春节社火、元宵花灯一条街，每逢“五一”“六一”“七一”“十一”等重大节日，油城上下都举办丰富多彩的文化娱乐活动。④兴趣文化。经常举办摄影、集邮、书法、刺绣、花卉等展览活动，举办文学创作、老年秧歌、门球、信鸽、象棋等比赛，丰富了职工文化生活。⑤家庭文化。在职工家庭中，开展读一本好书、唱一首好歌、订一份报纸、选一项健身运动、做一件好事等活动，宣传特色家庭，使精神文明渗透到职工家庭中。

（6）细胞工程。以加强岗位职业道德建设为重点，在基层班组岗位开展共产党员先锋岗、共青团员示范岗、职工样板岗、女工“三八”红旗岗创建活动，至 2000 年，共创建“四岗”178 个；突出家庭和睦、敬老爱幼、夫妻恩爱、邻里友善、教子有方、奉献爱心、比翼双飞、整洁优雅、勤俭持家、移风易俗等十大特色，开展文明家庭创建活动，提高家庭道德水准，创建文明家庭 142 个。

2001—2005 年，管理局以提升广大干部职工的文明水平为目标，持续组织实施了以支柱工程、凝聚力工程、楷模工程、成才工程、文化工程、细胞工程为内容的精神文明建设“六大工程”。

二、“三创一争当”活动

按照玉门油田精神文明建设的要求，从1997年起，各级组织连续多年开展以创建文明矿区、文明单位、文明家庭、争当文明职工为主要内容的“三创一争当”活动。围绕“三创一争当”活动，油田两级机关相继推行服务承诺制度、以“我是共产党员”“为人民服务”为主题的挂牌服务制度，组织实施以科学理论武装、优质服务示范、为基层排忧解难、依法规范言行为内容的“四大行动”；后勤服务单位积极推行优质服务，强化在优质服务中保市场、在优质服务中创效益、在优质服务中求发展的意识，进一步加大了为油田服务的力度；大力开展文明小区创建活动，推行社区服务，方便了群众生活，净化了生活环境；积极开展文明语言、文明行为、文明环境活动，不定期组织团员、青年、民主党派人士上街开展利民服务；广泛开展以“为用户服务、为基层服务、为职工服务”为内容的“三为”服务活动，形成了“讲文明、树新风”的良好氛围。报纸、电视开辟“精神文明建设之歌”专题栏目，集中宣传报道油田在精神文明建设中涌现出来的新人、新事、新风尚，推动了“三创一争当”活动的深入开展。

三、文明单位创建

1997年起，玉门油田党委认真贯彻落实党的十四届六中全会《关于加强社会主义精神文明建设若干重要问题的决议》精神，围绕落实《玉门石油管理局“九五”期间社会主义精神文明建设规划》《玉门石油管理局关于进一步加强社会主义精神文明建设的实施意见》和文明单位创建、文明小区达标、创建文明家庭、争做文明职工、创建文明学校、争做文明学生等8个实施办法，积极开展文明单位创建工作，至1999年，油田先后有1个基层单位获省级文明单位、3个基层单位获地区级文明单位、8个基层单位获玉门市文明单位、6个小区获省部级文明小区，文明单位所占比例达85.7%。年底，油田整体跨入地级文明单位。

2000年，获甘肃省文明单位称号。

2001年，油田党委制定《“十五”期间社会主义精神文明建设实施意见》，明确提出在“十五”期间，玉门油田所有单位要争取步入所在地区精神文明建设先进行列，90%的单位跨入地级文明单位，50%的单位跨入省级文明单位；力争创建省部级优秀管理住宅小区2个、地级文明小区5个；创建文明窗口10个；90%以上员工达到文明职工标准；“十五”末全局整体跨入全国文明单位行列的奋斗目标。围绕这个目标，油田及时调整健全油田精神文明建设委员会、思想政治工作研究会、新闻领导小组、文联和民族事务工作小组等组织结构，重新确定领导干部挂点帮扶对象。制定油田《加强和改进思想政治工作的实施意见》《“四五”法制宣传教育实施意见》《玉门石油管理局党的作风建设实施意见》《企业员工道德建设实施意见》，为加强精神文明建设提供了强有力的组织和制度保障。各级组织继续贯彻落实玉门油田精神文明建设要求，组织实施精神文明建设“六大工程”，在党员中开展“实践‘三个代表’，争创一流业绩”和比服务意识、比服务质量、比服务满意率、比服务收益高低的“四比”活动；工会组织开展提一项合理化建议、推荐一项新项目的“两个一”活动，广泛开展“控成本、降费用，优质服务”竞赛；团组织在团员青年中开展以争当科技先锋、实施科技创新行动，争当服务明星、强化青年突击队增收创效，争当管理标兵、深化拓展青年文明号、青年文明生产线创建活动为内容的“三争三创”活动和“创新增效”竞赛活动，促进了玉门油田精神文明建设水平的不断提高。2003年，获“全国精神文明建设先进单位”。

2009年，通过对不符合验收条件和标准的关键部位和重要环节按照标准进行整改，通信公司、机械厂、炼油化工总厂、物资供应处四个市级文明单位通过酒泉市文明委的复查验收，油田通过甘肃省省级文明单位的复查验收，继续保持“省级文明单位”资格。

2015年，利用春节、劳动节、国庆节、重阳节、学雷锋活动日等节假日，组织开展了“结对子、种文明”活动和社区志愿服务实践活动。

2017年，油田作业公司、建筑安装工程处、综合服务处、方圆物业管理公司、油田医院、新闻中心、离退休人员管理中心7个市级文明单位全部通过复查考核验收。

四、文明小区创建活动

2006年，围绕酒泉生活基地搬迁，在酒泉生活基地组织开展了创建文明园区、文明公寓、文明楼栋、争做文明住户为内容的“三创一争”活动。以社会主义荣辱观为核心内容，大力开展“社会公德、职业道德、家庭美德”教育活动；以“美好家园、共建和谐”为主题，广泛开展了群众性的社区文化活动；以

“为用户服务、为基层服务、为员工服务”为内容，开展“三为”服务活动。通过制定、颁发《酒泉基地物业管理办法》《住户公约》等相关规章制度，规范了生活基地管理和住户行为，形成了讲文明、树新风的良好氛围。当年，酒泉基地生活小区被甘肃省房地产协会命名为“省级优秀住宅小区”。2007 年，酒泉生活基地玉兰园小区，被酒泉市政府评为“城市庭院绿化先进单位”。

2010 年，在开展的“创建文明园区、文明公寓，争做文明住户”活动、“爱我园区、文明生活”和“校外德育教育”活动中，先后发放宣传单、倡议书 4000 余份，更换景观带灯箱 27 件（套），补充更换共建园区、绿化、行车温馨提示牌、楼栋牌 710 余件（套），集中开展“校外德育教育”活动 4 次，参与学生 2400 余人（次）。

2017 年，芳沁园小区被集团公司授予“矿区服务系统和谐示范小区”称号；油田老年大学被集团公司授予“矿区服务示范窗口”称号；油田医院一名员工被集团公司授予“矿区服务系统服务明星”称号。

五、参与“风采市民、风采人物”评选活动

2010—2011 年，酒泉市委宣传部、市文明办、酒泉日报社等部门组织开展“我为酒泉添风采——风采市民、年度风采人物”评选活动。玉门油田推荐 21 名风采市民和 4 名年度风采人物候选人。经过一年多的投票评选，1 名员工获“酒泉年度风采人物”称号，6 名员工获“酒泉风采市民”称号，3 名员工获“酒泉风采市民提名奖获得者”称号。

第七章　稳定工作

第一节　工作机构

1987 年，按照中央办公厅有关精神，进一步建立健全信访领导小组，加强对信访工作的组织领导，将玉门油田及所属单位的信访办公室全部从党委序列转属行政办公室管理。当年起，在行政办公室设信访办公室，与文书科合署办公，专门受理、转送、承办油田信访事项。

1999 年 7 月，玉门油田重组改制后，管理局和油田分公司分别成立信访领导小组，在所属局（党委）办公室和总经理办公室设立信访办，负责信访工作。

2002 年 4 月，按照集团公司的统一安排和部署，成立由以油田分公司和管理局党政主要领导任组长的稳定工作领导小组，加强对玉门油田稳定工作的统一领导，共同协商、共同研究、共同解决影响油田稳定的问题。

2005 年 7 月，玉门油田重组整合后，在总经理（局长）办公室设信访办，与文书科合署办公，负责油田的信访工作。

2006 年 3 月，成立维护稳定工作领导小组，下设维护稳定工作办公室，办公室设在公司（局）党委办公室。8 月，将公司（局）信访办公室从总经理（局长）办公室划归维护稳定办公室，与公司（局）维稳办公室为一个机构、两块牌子，下设维稳信访科。

2010 年 11 月，公司总经理办公室与党委办公室合并，成立公司（党委）办公室，公司维稳信访工作办公室设在公司（党委）办公室，下设维稳信访科。

至 2017 年底，公司（局）维稳信访工作办公室机构保持不变。

第二节　信访工作

1987 年，修订完善信访领导小组工作范围和信访干部专责制，制定《玉门石油管理局信访工作统一接待，归口办理实施细则》。各级信访部门认真贯彻中共中央书记处“因地制宜，量力而行，积极主动解决问题”的指示精神，坚持统一接待、分级负责、归口办理的原则，热情接待来访群众、认真处理人民来信、如实反映他们的意见和要求、合理解决反映的问题，使信、访件件有结果、有回声。至 1988 年 10 月，先后复查落实并纠正在反右、审干、肃反、三反等运动中的冤、假、错案 162 起，解决“文革”中错误遣送回乡和上山下乡知青返城问题，分期分批解决 45 岁、25 年工龄老职工家属及子女的户口问题，摸清 20 世纪 60 年代精减职工的人数，为 3552 名精减下放人员解决生活补助费。期间，年平均受理来信 1981.83 件、接待来访 212 人次，95% 以上都得到了合理解决和处理。

20 世纪 90 年代初期，随着玉门油田各项改革举措的出台和实施，全局范围内机构和人员变动频繁，各方面利益在改革过程中不同程度进行了调整，信访量明显增多。1991—1993 年，共受理来信 2899 件、接待群众来访 751 人次，发生集体上访 18 起 149 人次。面对油田信访工作量一年比一年多、集体上访增多、越级上访增多的形势，管理局党委、管理局从维护油田大局稳定的高度出发，重新修订完善《信访岗位责任制》《接待工作制度》，调整充实信访领导小组，在大单位落实配备专职信访员，职工人数较少的单位也配备兼职信访员，形成了上下贯通的信访工作网络。1994 年，制定出台《信访工作暂行办法》《归口处理群众来信来访暂行规定》，为进一步做好信访工作提供了制度保证。期间，玉门油田党政主要领导亲自接待群众来访、亲自批阅群众来信，亲自主持会议听取汇报，与信访工作人员共同研究政策、分析案件、讨论拟定处理办法；基层单位坚持领导接待日制度，了解职工群众反映的倾向性、重点性问题，及时化解矛盾，尽量将问题解决在基层。1997—1998 年间，信访工作紧密围绕内部改革、发展和稳定大局，以提高经济效益、扭亏脱困为中心，以维护社会稳定和维护职工群众的合法利益，化解各类矛盾为出发点，认真贯彻

《信访条例》，积极拓宽信访信息渠道，不断加强信访工作规范化、法制化建设，两年共处理群众来信 2961 件、接待群众来访 458 人次，处理玉门油田层面集体上访 15 起 723 人次，自 1993 年起连续 6 年保持了无进省、进京越级上访。

2000—2005 年，随着玉门油田重组改制、有偿解除劳动合同、分离企业办社会、住房制度改革等重大改革举措的实施，在职工群众中产生了一些疑虑、困惑和阵痛，群众来信来访日益增多，其中涉及较多的主要集中在有偿解除劳动合同人员要求返岗或享受退养职工待遇，解决再就业、养老保险、医疗保险等待遇；职工待业子女要求招工；工农业家属要求解决待遇问题。个别群众来访发展为群体性上访、越级访、重复访。为此，油田分公司和管理局信访部门坚持发挥参谋助手的作用，相互协作、联合接访，坚持原则、热情接待、耐心解释；对小规模群体性上访事件，油田各级党政组织设法解决群众提出的合理要求，从源头上化解矛盾；对较大规模群体性事件，油田各级党政领导按照“谁主管，谁负责”和“谁家的人谁管”的原则，深入现场，面对面、耐心细致地做好相关政策的解释工作。期间，千方百计向集团公司和股份公司争取政策和资金支持，使长期困扰油田的家属工问题得到妥善解决，3870 多名参加过油田工农业劳动的职工家属享受到生活补助；针对职工待业子女的就业诉求，油田在积极拓展就业渠道，力所能及安排部分职工子女在油田就业的同时，与甘肃石油销售公司签订职工子女就业协议，先后于 2004 年、2005 年分两批输送 280 名职工待业子女到甘肃销售公司就业；先后成功处置了有偿解除劳动合同人员集体上访、离退休人员因房改政策出台引发的集体上访等群体性上访事件，确保了油田大局稳定。

2006 年起，以国家《信访条例》为准则，以中央和国务院下发的《关于进一步加强新时期信访工作的意见》为指导，进一步建立健全了油田领导包案机制、信访问题排查调处机制、重大信访事项紧急报告机制、责任落实机制、责任追究机制、信访工作考核机制，严格按照“约访有记录、陪访有结果、代访有报告、下访有追踪、结访有期限、回访有登记”的要求，扎实做好受理、调查、督促、整改工作，保障了油田信访接待、调查、处理的科学有效运行，玉门油田来信来访数量逐年减少。2007 年，受理群众来信 68 件 253 人次、接待各类来访 326 起 1156 人次（其中个访 312 起 530 人次、群体访 14 起 826 人次）；2008 年，受理群众来信 40 件 87 人次、接待各类来访 91 起 235 人次（其中个访 89 起 105 人次、群体访 2 起 130 人次）；2009 年，受理群众来信 28 件 31 人次、接待各类来访 70 起 201 人次（其中个访 66 起 114 人次、群体访 4 起 87 人次）；2010 年，受理群众来信 16 件 20 人次、接待各类来访 53 起 97 人次（其中个访 51 起 61 人次、群体访 2 起 36 人次）。2011 年，开通运行“总经理、党委书记信箱”，畅通了信访信息渠道，为及时答复和解决员工群众关注的难点、焦点和热点问题，提供了便利。全年共接待来信来访 61 起 90 人次，发生非正常进京上访 3 人次、赴省集体上访 1 起 3 人次、到玉门油田群体访 3 起 60 余人次，实现了油田信访总量、非正常进京上访量、赴省集体上访量、到油田群体上访量“四个明显下降”。

2012 年起，以《信访条例》和相关法规宣传教育为重点，认真实施以规范信访工作行为、规范群众信访行为为内容的“双向规范”行动，引导教育群众以理性合法的方式合理反映信访诉求，确保依法有序上访，控制无理上访，惩戒违反上访。通过不断完善领导干部接访、带案下访、包案处理、公开听证、三级终结等制度，推行“总经理、党委书记信箱”、网上信访、公开电话、公众服务热线、民情恳谈等便民措施，有效规范了油田各单位、各部门对来信来访的办理行为，进一步畅通了信访渠道。2012 年，全年接访 124 起 147 人次，受理来信 25 件、来电 25 个，呈油田领导批转办理信访件 26 件；“总经理、党委书记”信箱收到来信 32 封，回复 32 封，做到了件件有着落、事事有回音。2013 年，共接访 67 起 93 人次，呈领导批转办理信访件 18 件；“总经理、党委书记”信箱收到来信 25 封，回复 25 封。

2015 年初，开通油田局域网网上信访受理中心，进一步拓宽了员工群众信访渠道，全年受理集体访 2 起 12 人次、个访 64 起 64 人次，来电和来信访合计 11 起，“总经理、党委书记信箱”收到来信 13 件。

2016 年，通过建立“四个清单四个清”机制，对玉门油田的信访突出问题进行排查摸底，分门别类地建立合理诉求清单、教育疏导清单、帮扶救助清单和依法处理清单“四个清单”，做到了底数清、责任清、措施清和结果清“四个清”。组织了 5 次集中排查调处活动，共排查化解各类问题 89 件；处理来访 89 起 97 人次、来信 13 封、来电 11 人次，处理回复“总经理、党委书记信箱”18 封。

2017 年，处理集体访 7 起 160 余人次、个访 65 起 72 人次，接来电、来信访 21 起，处理回复“总经理、党委书记信箱”18 封。

第三节　维稳工作

2002 年始，将维护稳定工作提高到政治高度来认识和把握，把稳定摆在重要议事日程，管理局和油田分公司联合成立稳定工作领导小组，加强对稳定工作的领导，各单位普遍建立健全党委书记挂帅、党政主要领导负总责、班子共同负责的稳定工作领导责任制，形成了一级抓一级，层层抓落实的稳定工作格局。面对有偿解除劳动合同人员连续几次集体上访，各单位主要领导亲自出面，深入有关人员家中释疑解惑，发动职工、亲友化解矛盾。及时加强预控和信息通报，制定处理突发事件预案，做到了防患于未然。“12・14”地震发生后，玉门油田从上到下坚守工作岗位，积极做好应急准备，利用新闻媒体，坚持正面引导和正面宣传，维护了矿区稳定。

2003 年，面对地震频频、“非典”突发，紧急制定和周密启动预案，坚持正确的舆论导向，积极引导职工科学预防、冷静对待，相信科学、相信组织，不传谣、不信谣。面对群体上访，坚持耐心细致做好疏导工作，讲清政策，讲透道理，有效防止了矛盾激化，确保了矿区稳定。

2004 年，进一步明确和完善稳定工作责任制，层层分解工作目标、层层落实工作责任。各单位抓住排查、信息、预案和处置四个关键环节，关口前移、重心下移，有效预防，做到了不稳定的因素清、人员清、动向清、情况清，责任到位、工作到位、措施到位，及时将各种不稳定因素化解在基层，消除在萌芽状态，避免了事态的扩大。利用新闻媒体，印发宣传手册，广泛宣传集团公司和上级有关政策规定、宣传油田经营形势、宣传企业为解决矛盾和问题所做的努力。油田、厂处、车间（队站）领导坚持深入到上访人员当中和有关人员家里，了解情况，宣传政策，释疑解惑，并发动职工和亲朋好友做重点人员的工作，形成了全员保稳定的态势。

2005 年，各级组织始终把稳定工作作为压倒一切的重要任务，进一步完善稳定工作责任制，形成层层抓稳定的工作机制，健全稳定工作网络，制定突发事件应急处理预案，全力以赴做好稳定工作，化解了矛盾，有效地维护了大局稳定。针对油田生活基地搬迁酒泉，油田领导班子多次前往生活基地实地调研，多次召开专题会议和现场协调会，研究部署房改搬迁事宜。油田成立房改调研领导小组，广泛征求各个层面、各个群体的意见和建议，不断完善房改搬迁政策。针对生活基地选房、购房，增加《石油工人报》印刷数量 53 期，共计 84.5 万份，每天公布选、购房信息，油田纪委、工会委派专人对住房出售的全过程实施了监督，整个住房出售做到了全过程、全透明的阳光操作，实现了真正意义上的公开、公平、公正。

2006 年，制定《关于进一步加强维护稳定工作的意见》，建立维护稳定工作部门联席会议制度，健全油田信访（稳定）工作信息网络，编印信访（稳定）工作动态，信访、维稳工作趋于规范化、制度化。当年，油田在资金运作十分困难的情况下，力所能及地提高了家属工的生活补助，调整了有偿解除劳动合同人员的再就业组织形式，提高了内退人员的待遇标准。

2007 年，为 6000 余名有偿解除劳动合同人员建立医疗保险，提高了退养人员工资标准。千方百计解决 1000 余名油田子女就业问题，解除员工后顾之忧，夯实了稳定基础。加强重点人员工作，全力做好全国“两会”、党的十七大和集团公司工作会议等重点期、敏感期的稳定工作。当年群体性上访、越级上访、缠访明显减少。

2008 年，坚持把稳定工作作为硬任务和第一责任，党政密切配合，着力加强组织领导，不断强化工作措施。各单位党委进一步明确责任、充实力量、加大力度，对不稳定群体做到了动态清、家庭状况清、问题和困难清，责任主体和工作措施进一步到位。油田千方百计挖掘就业岗位，解决 97 名大龄子女的就业问题，对 100 余名油田本科毕业子女进行转专业培训，解除了员工后顾之忧。加大对生活困难人员的救助力度，不断扩展救助范围，增强救助效果，使困难群体、困难人员感受到企业的关怀，增强生活的信心和勇气。加强有偿解除劳动合同人员再就业管理，不断提高再就业人员的劳动报酬和家属工的生活补助，召开再就业工作座谈会，交流了经验，对表现突出的 45 名再就业人员进行表彰奖励，实现了再就业平稳运行。在全国“两会”和北京奥运会、残奥会期间，仔细排查不稳定因素，严密制定群体性事件应急处置预案，认真落实维稳工作责任，实现了上级要求和既定目标，确保了油田大局稳定。

2009 年，围绕全国“两会”、国庆和玉门油田 70 周年矿庆等敏感期，针对新疆“7・5”事件的发生，积极开展维护稳定和防恐攻坚战，向基层单位党政领导下发维护稳定和防恐工作责任令，采取抓早、抓小、抓苗头、抓基层、抓基础、抓主要对象的硬措施，化解老问题，避免新矛盾，群众来信来访与上年相比大幅度下降。

2010 年，各级组织不断强化矛盾排查和信息预警，注重引导疏通，及时消除影响企业稳定的不和谐因素，基本实现了无群体进京上访和越级上访。

2011 年，通过实施完善改造倒班基地、实施酒泉基地安保及利民工程、完成天然气入户、稳妥推行矿区服务收费制度改革、完善酒泉基地配套建设、努力做好就业再就业服务工作、完善特殊群体帮扶机制、工农业家属工养老保险社会统筹八件民生大事，进一步夯实了稳定工作基础。

2012 年，先后 7 次召开工农业家属代表、再就业群体代表、离退休人员代表座谈会，就大家关心的工农业家属身份归属、城镇医保、大病救助、劳务费标准调整、提前退休工龄待遇、子女工转专业培训等问题，一一进行政策解答和沟通，赢得了大家的理解和信任。先后 6 次进行专项维稳信访不稳定因素排查调处、矛盾问题分析化解工作，有效掌控 6 个不稳定群体动态，摸排控制重点人员 16 个，协调解决、处置突发性群体事件、历史遗留问题、医疗争议、生产安全事故、交通事故、子女就业等疑难复杂事件及缠访案件 9 起。

2013 年起，按照“全覆盖、保基本、可持续”工作方针和“政策能容纳、企业能承受、员工能受益、问题能解决”的工作原则，在及时掌握有偿解除劳动合同人员、20 世纪 60 年代精减下放人员、待业子女和市场化员工、离退休人员、退养职工、工农业家属、遗孀及社会无依托人员的现状、诉求等情况的基础上，持续做好政策底线的贯彻落实工作，有效消除了历史遗留问题、医疗争议、农民工劳务纠纷、交通事故、子女就业等各类矛盾隐患，确保了油田大局稳定。针对防恐维稳工作新形势，由油田公安分局和油田保卫处牵头，持续开展油区治安秩序整治活动，开展机关及医院等办公场所、学校（幼儿园）及周边安保、油田治安盲区及防范薄弱点、门卫值班情况、辖区娱乐场所、辖区商业网点等安保防控重点单位网络化大检查，强化人防、物防、技防等措施，打造油区良好的治安秩序。维稳办及时与驻疆单位联系，了解排查具体情况，安排落实防控措施，确保油田驻疆单位生产、生活秩序稳定安全。

2014 年，参与并成功处置 2 次玉门市老市区突发鼠疫疫情，维护了油田大局稳定，玉门油田维稳工作先后 2 次获得集团公司维稳工作领导小组电报嘉勉。

2015 年，跟进国务院、甘肃省、集团公司关于几类群体养老金、最低工资标准动态调整变化情况，上调再就业人员、退休职工、工农业家属三大群体的各项费用。重点解决处置了西峰乡农民因交通事故赔偿问题携家属闹访等 7 起疑难复杂案件。全年组织排查化解各类问题、矛盾 30 余件。

2017 年，把党的十九大期间的维稳安保防恐工作作为重中之重，玉门油田成立党的十九大维稳信访安保防恐工作指挥部，加强组织领导，制定出台《玉门油田公司维稳信访工作责任制实施办法》《维护和谐稳定大局喜迎党的十九大暨维稳信访工作基础业务规范建设年活动实施方案》，集中开展“维稳信访工作基础业务规范建设年”活动，给重点单位发放《维稳责任令》《维稳信访重要事项警示通知书》70 余份，对 19 名重点人员实行领导干部包案制，为党的十九大胜利召开创造了稳定和谐的环境。全年，处置因有偿解除劳动合同再就业人员集体咨询政策而影响稳定的苗头 7 起，处置带有煽动和鼓动性质的信息 17 条，解决非正常进京访疑难复杂事件及各类矛盾隐患 16 起。

第八章　工会

第一节　组织建设

一、组织机构

玉门油田工会委员会始建于 1949 年 12 月。1986 年，共有基层工会委员会 26 个，车间（队、站）级工会委员会 306 个，工会小组 2088 个，有会员 25221 人。

1987 年，刘世洲任工会主席，玉门油田工会委员会下设老君庙油田、鸭儿峡油矿、白杨河油矿、石油沟油矿、钻井处、地调处、炼油厂、运输处、井下技术作业处、油田建设工程公司、水电厂、运输处、机械厂、内燃机修理厂、生活服务公司、勘探开发研究院、卫生处（职工医院）、酒泉疗养院、保卫处、石油工人技术学校、职工培训总校、器材处、通讯处、农工商公司、石油工人报社、机关 26 个基层工会委员会。油田工会机关下设办公室、生产部、劳动保险部、民主权益部、体协、文化站 6 个科室。

1990 年，新增吐鲁番勘探开发指挥部、经营销售处、张掖石油化工厂筹建处 3 个工会委员会，油田工会下属基层委员会达 30 个，会员总数约为 3.19 万人。

1992 年，对采油、炼油、教育等系统机构进行改革，基层工会委员会调整为采油厂、炼化总厂、钻井处、地调处、录井处、运输处、井下技术作业处、建设工程公司、水电厂、运输处、通讯处、机械厂、第二石油机械厂、物资供应处、生活服务公司、勘探开发研究院、勘察设计院、职工医院（卫生处）、酒泉疗养院、公安处、普通教育中心、培训中心、多种经营总公司、兴玉公司、经济技术开发总公司（广州联络处）、石油工人报社、张掖石油化工筹建处、机关 28 个。

1995 年 6 月，随着玉门、吐哈管理体制理顺，钻井处、地调处、地质录井处、井下技术作业处、油建公司、运输处、二机厂 7 个工会委员会划归吐哈油田，划转会员总数 16961 人。田玉军任工会主席，油田工会委员会下设采油厂、炼油化工总厂（销售公司）、勘探开发研究院、规划设计院、水电厂、机械厂、物资供应处、职工医院（卫生处）、生活服务公司、公安处、酒泉疗养院、培训中心、普教中心、通信公司、张掖石油化工筹建处、经济技术开发总公司（广州联络处）、兴玉实业开发公司、多种经营总公司（多种经营管理处）、华油养殖公司、石油工人报社、机关 21 个基层工会委员会，另设 7 个驻外机构工会委员会，会员总数 18588 人。玉门油田工会机关设民主权益部、组织宣传部、群众生产部、综合办公室、职工文体部、经济开发部，附挂文化宫。

1999 年 7 月，玉门油田重组改制。10 月，田玉军任局工会主席。管理局对局工会机关下设机构进行调整，设综合办公室、民主权益部（女工部、残联办公室）2 个职能科室，附挂文化宫。11 月，高玉江任局工会主席。管理局工会委员会下设作业公司（油田作业处）、建筑安装工程处、机械厂、水电厂、生活服务公司（生活管理处）、通信公司、物资供应处、综合服务处、职工医院（卫生处）、公安处（武装部）、酒泉疗养院、离退休人员管理中心（老干部处）、教育培训中心（油田教育集团）、新闻中心、老君庙实业开发公司、新兴实业开发公司、机关、经济技术开发总公司（广州联络处）18 个基层工会委员会。油田分公司成立工会委员会，办事机构设在总经理（党委）办公室群工科。公司工会委员会下设采油厂、炼油化工总厂、勘探事业部、勘探开发研究院、规划设计院 5 个基层工会委员会，有会员 4794 人。2002 年 2 月，熊湘华任油田分公司工会主席。2003 年 9 月，公司工会业务隶属群工处管理。

2005 年 7 月，玉门油田重组整合，公司工会与管理局工会合并，成立公司（局）工会，严晓昱任工会主席。工会机关下设综合办公室、民主权益部（女工部、残联）2 个职能科室，附挂文化娱乐管理中心（文化宫、保龄球馆）、职工自立服务中心（纯净水厂）、梦江南培训中心。油田工会委员会下设老君庙油田作业区、青西油田作业区、鸭儿峡油田作业区、炼油化工总厂、水电厂、机械厂、勘探开发研究院、规划设计院、油田作业公司、建筑安装工程处、方圆物业管理有限责任公司、通信公司、综合服务处、物资采购管理中心（物资供应处）、油田医院、保卫处（武装部）、离退休人员管理中心、农牧业有限责任公司、新闻中心、科达化学有限责任公司、机关21个基层工会委员会，16个驻外机构工会委员会，会员总数11017人。

2009年6月，张作祥任公司（局）工会主席。当年，玉门油田工会委员会下设25个厂（处）工会委员会（包括兰州办事处、北京办事处、上海办事处、西安办事处、兰州彩印厂等驻外机构），有221个车间（队、站）工会，881个工会小组。油田工会机关下设民主权益部、综合办公室2个职能部门，附挂职工文体培训中心。

2017年1月至12月，玉门油田工会主席一职空缺。油田工会委员会下设老君庙采油厂、青西采油厂、鸭儿峡采油厂、酒东采油厂、炼化总厂、油田作业公司、水电厂、机械厂、勘探开发研究院、钻采工程研究院、规划设计院、建筑安装工程处、综合服务处、信息中心、物资采购管理中心、方圆物业管理公司、新闻中心、农牧公司、保卫处、油田医院、离退休管理中心、乍得有限责任公司、兰州办事处、北京办事处、机关等25个基层工会委员会。油田工会机关设办公室、民主权益部、女工部，附挂文体中心。

二、会员代表大会

1. 第十一次会员代表大会

1987年9月3日，玉门油田工会第十一次会员代表大会在玉门召开，出席会议的正式代表307名，特邀代表20名。会议听取并审议油田工会第十届委员会的工作报告和油田工会财务工作报告，对先进“职工之家”、先进工会集体、优秀工会工作者（职工之友）和工会工作积极分子进行了表彰。大会选举产生油田第十一届工会委员会委员（27人），选举刘世洲任工会主席。

2. 第十二次会员代表大会

1997年11月13日，玉门油田工会第十二次会员代表大会在玉门召开，出席大会的正式代表378名，特邀代表9名。甘肃省总工会主席王新中到会致贺。会议审议并通过了油田工会第十一届委员会《高举旗帜，解放思想，团结动员全局职工，为实现我局改革和发展目标而努力奋斗》的工作报告、财务工作报告、经费审查委员会工作报告。选举产生了油田工会第十二届委员会委员（委员29人），选举田玉军任工会主席。对21个“星级职工之家”、81名优秀工会干部、113名工会积极分子进行了表彰。

3. 第十三次会员代表大会

2009年11月25日，玉门油田工会第十三次会员代表大会在酒泉召开，大会正式代表432名。会议审议并通过了油田工会十二届委员会的工作报告、财务工作报告、经费审查委员会工作报告。选举产生十三届工会委员会、经费审查委员会、女职工委员会。选举张作祥任十三届工会委员会主席。

第二节　民主管理

一、职工代表大会

1987—1990年，坚持每半年召开一次职代会。每年年初的职代会，主要任务是听取审议玉门油田行政工作报告、财务工作报告、职代会提案办理情况的报告，讨论油田经济责任制综合考核奖惩办法，对局级党政工领导进行民主评议。

1991—1994年间，正值玉门油田全力以赴参加吐哈石油会战，油田职代会基本每年召开一次，先后审议并通过了油田每年的行政工作报告、财务工作报告和内部承包办法，对油田行政领导进行民主评议，行政与油田工会签订共同协议书。

1995—1999年，采取每年上半年召开职代会，下半年召开职代会团组长会议的形式，履行职代会职权。上半年职代会的内容，仍然是听取审议每年的行政工作报告、财务工作报告、职代会提案办理情况报告、业务招待费使用情况报告以及内部承包方案，对油田党政领导进行民主评议，签订共同协议书及承包合同。1996年的职代会，听取审议了《“九五”规划及2010年远景目标纲要》《“九五”期间社会主义精神文明建设规划》。期间，先后召开4次职代会团组长会议，在听取审议行政工作报告的同时，先后审议通过了《全员劳动合同实施方案》《岗位技能工资动态管理办法》《住房制度改革实施意见》《公有住房租售办法》《住房公积金管理办法》《调整队伍结构、减员增效及再就业工程的实施意见》《统一职工基本养老制度实施办法》《职工失（待）业保险管理暂行规定》《职工生育保险试行办法》《关于转发劳动部〈企业职工工伤保险试行办法〉的通知》。

2000 年起，油田分公司坚持每年年初召开职代会，听取审议油田分公司行政工作报告、业务活动费用使用情况报告、业绩考核奖惩办法，进行党政领导干部民主测评，签订年度业绩合同。

管理局也在每年年初召开职代会，听取审议行政工作报告、财务工作报告、职代会工作报告、业务招待费使用情况报告、职代会提案办理情况报告、生产经营责任制实施办法（生产经营业绩考核办法），对党政领导进行民主评议，签订集体合同。

2001 年 7 月，管理局召开第十五届二次职代会团组长会，审议通过《玉门石油管理局职工考勤制度》。

2003 年 7 月，管理局召开第十六届二次职代会团组长会，审议通过《玉门油田外国语学校办学方案》《局二〇〇三年基本工资制度改革实施方案》及《局关于在内部实行企业分类分级管理的实施意见》。

2005 年 8 月，召开职代会团组长（扩大）会，审议并通过《玉门油田住房分配货币化实施办法》《玉门油田住房搬迁补偿实施办法》《玉门油田酒泉基地首批住房出售管理办法》《玉门油田关于住房补贴和搬迁补偿中一些具体问题的处理意见》《玉门油田酒泉基地首批住房分配计分办法》。

2006—2017 年，坚持每年年初召开职代会，听取审议行政工作报告、业务招待费使用情况报告、年度财务决算及财务预算报告、年度业绩考核办法，油田工会与行政签订《集体合同》，对油田领导进行民主评议。期间，于 2008 年 2 月，召开职代会团组长会，听取《中国石油天然气集团公司反违章禁令》及有关条文解释。2012 年 2 月，召开五届三次职工代表团组长会，审议通过《玉门油田酒泉基地续建工程 C 区（欣露园）经济适用住房建设方案》；2015 年 1 月，在六届三次职代会上，审议通过《酒泉生活基地园区停车位管理办法》《油田企业年金实施办法（修订）和过渡年金办法（修订）》；2016 年 1 月，在六届四次职代会上，审议通过《关于进一步加强经营管理的实施方案及配套办法和相关规定》《矿区员工上下班乘坐公务车管理规定》。

二、厂务公开

1998 年，认真贯彻落实中纪委、国家经贸委、全国总工会《关于推行厂务公开制度的通知》，集团公司党组《关于进一步推行厂务公开的意见》和甘肃省委、省政府《关于实行厂务公开制度的实施意见》，把实行厂务公开作为完善和深化职代会制度的新起点，开始全面推行厂务公开制度。

1999 年底至 2000 年初，管理局和油田分公司分别制定《推行局务公开制度实施办法》和《推行厂务公开制度实施办法》，明确局（厂）务公开的原则、内容、形式，分别成立由党委书记任组长，行政主要领导、党委副书记、工会主席任副组长的局（厂）务公开领导小组，在工会设立厂务公开领导小组办公室，建立局（公司）、厂、车间三级公开网络。陆续制定《处以上领导干部收入申报实施办法》《处以上领导干部报告个人重大事项的规定》《关于对新提任领导干部试行公示制的有关规定》等制度办法，进一步严格了厂务公开的程序、内容。

2002 年，随着酒泉生活基地开工建设，将施工队伍的选择、建筑用料和装饰材料的采购等全部采用招标的方式进行。为了了解员工群众对楼型结构的意见和意向，在开工建设前，将设计的 9 套住宅房结构制成模型，向员工全面公开，让员工代表投票选择自己喜爱的住房结构，最终按员工群众的意愿确定了房型结构。

2005 年 11 月，根据机构变动情况，调整油田厂务公开领导小组。2007 年 9 月，重新修订完善《玉门油田分公司厂务公开实施办法》。期间，为了确保生活基地住宅分配工作公平、公正和透明，将选房办法、选房打分情况、选房顺序在《石油工人报》上向员工全面公开，并将选房结果在现场及《石油工人报》上公开，受到了员工好评。2006 年，油田获“全国厂务公开民主管理工作先进单位”称号。

2008 年后，厂务公开工作更加规范化、制度化、常态化，形成了党委统一领导、党政共同负责、工会牵头组织、部门具体运作、职工广泛参与的工作格局和运行机制。2012 年，玉门油田获“甘肃省推动厂务公开民主管理工作先进单位”。

至 2017 年，以职代会为主要载体，以玉门油田内部各媒体、布告栏、公开栏为辅助手段，在坚持对生产经营、业务招待费使用、财务预决算、业绩考核办法、工资制度改革、房改、住房分配以及安全生产等重大事项通过职代会审议、决定的基础上，坚持对副处级以上干部的选拔任用通过《石油工人报》、信息网络及公示栏进行公示；对干部职称评聘、发展党员、评先选优等工作，通过媒体、公示栏等形式予以公示；

对原煤、工业用料、大宗物资及玉门油田医院药品及医用材料等实行公开招标采购；在招收子女短期员工、员工子女应届本科毕业生转专业培训时，每次都将招收人数、工种、招收对象、招收条件、考核项目、审核验证情况在玉门油田《石油工人报》上予以公布，由纪委、工会、人事、劳动力交流中心、用人单位共同考核，并将结果在《石油工人报》上进行公示；对员工的养老保险、医疗保险、住房公积金、失业保险金的缴纳情况每年公告一次，并设立了员工公积金专线电话和网络查询系统，通过拨打电话和上网就可了解个人公积金缴纳及积累情况。凡属企业重大决策、生产经营管理重要问题、涉及员工切身利益的问题以及与企业领导班子建设和党风廉政建设密切相关的问题，公开覆盖面达到100%。

三、日常民主管理

1. 车间班组民主管理

1987年，为了加强车间、班组民主管理工作，进一步健全四级民主管理网络，在老君庙油矿、炼油厂、钻井处等9个单位开始车间班组民主管理试点。至1988年，主要生产车间建立职工大会制度的已有225个，占95%；主要生产班组建立民主会制度的达1201个，占40%，四级民主管理网络基本形成。

1990年，制定《车间民主管理“八项内容”》《班组民主管理“五项工作”》等一系列民主管理制度和办法，全面落实车间民主管理的“八项内容”、班组民主管理的“五项工作”，油田基层民主管理工作逐步向组织网络化、工作程序化、活动经常化迈进。

1991年，制定《车间民主管理达标考核标准》《班组民主管理达标考核标准》，在全油田开展车间、班组民主管理达标活动。各厂（矿）工会严格按照《车间、班组民主管理达标考核标准》组织进行自查自改检查验收，油田工会对达标活动进行抽查验收。1995年，经检查验收，油田车间级民主管理合格单位147个、先进单位48个、优秀单位11个，占车间总数的58%，民主管理合格班组569个、先进班组178个、优秀班组66个，占班组总数的30%。1997年，油田对《车间民主管理达标考核标准》进行了重新修订。

1998年，在车间班组民主管理达标活动中，狠抓“五公开”“三个一”[“五公开”即生产计划、经济核算、考核结果、承包任务和指标、分配方案和奖罚兑现公开；“三个一”即由工会小组长主持一月召开一次班组民主会，由车间队（站）工会主席主持一季度召开一次以民主管理为内容的车间职工大会，半年评议一次车间领导］制度的落实，形成了车间班组内部政治民主，全员参与；经济民主，全员考核；生活民主，全员互助的新格局。当年，采油厂作业六队在油田率先推行了队务公开制度。

2000年起，把推行队务公开制度作为车间民主管理达标活动的主要内容，在基层车间、队（站）推行生产计划、经济核算、考核结果、承包任务和指标及完成情况、奖金分配方案及结果、奖惩兑现、评先选优、干部民主评议结果“八公开”，提高了基层车间、班组民主管理水平。

2009年，进一步建立健全公示制度，明确和规范车间、队（站）务公开的内容和程序，及时对干部竞聘、职称评聘、党员发展、评先选优、员工轮休等进行公示，做到了公开内容、时间、形式、程序“四落实”。

2017年，不断完善三级厂务公开体系，对选人用人、评先选优、奖金发放、休息休假、选房派房、公务出国等进行公示，厂务公开覆盖面100%。

2. 职工代表巡视质询

1987年上半年，举办民主管理培训班19期，培训职工代表600多人，先后组织职工代表开展监督检查活动17次。

1991年，22个单位组织237名油田、厂（矿）两级职工代表，对128个机关科室、209个车间队站、99个班组和114个岗位进行了企业民主管理巡视和检查监督。

1992年，从参与企业生产管理入手，组织玉门油田24个单位的50名职工代表，会同计划、财务、企管、安全生产等部门，采取查阅资料、听取汇报、走访领导和职工群众、解剖典型、制定措施等形式，对玉门油田24个厂矿的30个车间队站和76个班组岗位的上半年经济技术指标和生产任务完成情况进行了经济分析调查活动。

1995年，针对玉门油田医疗制度改革方案实施后职工的一些反映，在职工医院设立了医疗服务监督岗，组织部分职工代表利用一个多月的时间进行巡视监督，多次召开座谈会、下发测评问卷调查表收集群众的反映和呼声，向有关部门提出了意见和建议。

1996 年，结合全国第六个“安全生产周”活动，组织部分职工代表，深入到炼化总厂、机械厂的 13 个车间、33 个班组进行安全巡视和质询，指出了有关安全生产、劳动保护、制度执行等方面存在的 36 个问题，提出整改措施 25 条，对安全生产存在的倾向性问题，以巡视质询报告的形式在油田进行了通报，促进了油田的安全生产。

1997 年，制定《职工代表巡视质询活动办法》，使玉门油田职工代表巡视质询活动更加规范化、制度化和常态化。当年起，油田两级工会围绕油田、厂处两级党委、行政工作的重点，生产经营工作的“难点”，职工文化、生活福利方面的“热点”，职代会决议贯彻执行、提案办理情况等重点，坚持每年组织职工代表开展不少于两次的巡视质询活动。

1998 年，结合玉门油田开展的“安全月”活动，针对采油厂一季度安全生产隐患较多的实际，组织部分职工代表对采油厂安委会、机关科室和 21 个基层队（站）、56 个班组岗位的安全生产工作进行巡视质询，现场考核干部、职工 144 人，召开座谈会 9 个，查出隐患 136 件，现场整改 53 件。

2004 年 5 月，油田工会组织 29 名职工代表对酒泉生活基地建设的施工质量、进度、安全、材料使用等情况进行为期 2 天的巡视质询活动。2006 年起，在组织职工代表参与油田安全生产大检查、岗位责任制大检查的基础上，依靠基层单位工会，组织职工代表开展巡视质询活动。

2007 年，各单位工会共组织职工代表巡视 36 次，分别就经营管理、安全生产、劳保护具上岗、劳保物资招标、节能降耗创效指标完成情况等进行巡视检查，保证了职工代表有效参加职代会闭会期间的民主管理。

2015 年，先后 3 次组织职工代表参与玉门油田安全生产检查活动。

2016 年，先后选派职工代表参加集团公司巡视会议、领导干部推荐会，组织职工代表开展安全生产、业绩考核、职工餐厅管理等巡视质询活动，发挥了职工代表参与民主管理、民主监督的作用。

2017 年 8 月，工会选派 4 名职工代表参加油田安全检查，共查出各类问题 16 项，提出建议 4 条。

3. 职工代表提案征集与管理

1987 年，玉门油田职代会设有提案审理委员会，专门负责职工代表提案的收集、核实、审理、立案等工作。当年，共征集职工代表提案 76 件，立案 13 件，办理 11 件。

1988 年，征集提案 83 件，立案 11 件，办理 10 件。

1989 年，征集提案 81 件，立案 4 件，主要涉及玉门油田环境治理、交通安全、城市美化及女工健康等方面，4 件立案全部得到办理。

1990 年，征集提案 51 件，立案 11 件，办理 11 件。

1991 年，征集职工代表提案 72 件，立案 15 件。按照职工代表提案，先后为职工家庭配装厨房排烟机、防盗门锁、液化气双炉头；为老君庙油矿、鸭儿峡油矿等单位购置轿子车，解决了外探区职工上下班乘坐卡车的问题；续修、完善职工医院门诊大楼；在老君庙油矿修建清真食堂。办理职工代表提案 14 件，办理率 93.3%。

1992 年，职代会征集职工代表提案 77 件，立案 5 件，主要涉及原油生产、职工福利、女工保健等方面，当年办理或正在办理的 5 件，办理率 100%。

1994 年，针对立案的“关于加快哈密基地建设案”“尽快成立吐哈—玉门集团公司案”“关于合理利用炼厂瓦斯、减少火炬污染案”“关于改善水质、净化水源案”“关于更新光缆、通信传输网案”“关于解决就业培训问题案”等 6 件职工代表提案，油田先后投入资金，连通西安、兰州至乌鲁木齐通信光纤电缆，对通信设施进行扩容改造；将瓦斯集输、火炬治理工程列入炼油配套改造的一项重点工程，并将火炬迁出市区；新建豆腐台水源沉沙池；在人员超编、总量过多的情况下，安置技校、职高、自费大中专学生 1158 人，解决了油田职工关注的饮用水质量、空气污染、拨打长途电话难及职工子女就业等问题。

1995 年，征集职工代表提案 713 件，审查立案 71 件。其中，“关于尽快理顺玉门、吐哈油田管理体制案”“关于采油厂通信电话线路扩容案”“关于加快生活系统改革步伐案”“关于回收天然气残液案”等 4 件重大提案，当年全部办理。

1996 年，征集提案 51 件，立案 9 件，办理 9 件。

1997 年，立案的提案主要有“关于加强勘探队伍建设，加大勘探力度案”“关于统筹解决油田生产、生活用水问题案”“关于在青西柳一井附近打水井案”“关于加强职工居住区绿化和环卫工作案”“关于建立完善住房分配制度，加强民主监督案”等8件，除“关于在青西柳一井附近打水井案”只做了一些初步论证外，其他提案全部办理。

1998年，征集提案、议案69件，立案7件，主要涉及离退休管理、销售队伍建设、油库安全防护、设备更新、农业生产及职工住房等。

1999年，征集提案43件，立案6件，重点集中在生活用电、就医及职工、家属业余文化生活场所建设等方面。

2000—2005年，职工代表先后围绕勘探突破、原油稳产上产、炼化改造、工程技术服务、后勤保障及装备更新等，提出提案116件，立案30件。其中“关于加快‘下山’工程申报立项案”“关于加快设备改造，提高机械加工能力和产品竞争力案”“关于购置新型修井机，提高占领大修井市场能力案”“关于加快水电发展项目调研论证案”等提案的办理，有效加快了酒泉基地建设步伐，提升了工程技术服务的能力和水平。

2008年，征集提案33件，立案7件，办理7件，办理率100%。

2009年，征集各类议案44件，形成提案28件，立案7件，办理7件。

2011年，征集职工代表提案22条，立案5条，办理4条。

2014年，征集提案16件，立案9件。其中“加强对生产作业区固液废弃物外排环保隐患治理案”“玉门矿区和部分生产作业区供水管网改造案”“水电厂输配电设施安全隐患消除案”“物采中心玉门总库龙门吊更新改造案”等提案的办理，有效加强了环境保护，消除了安全隐患；“关于加强酒泉基地安防监控案”被油田列入八大民生工程项目之中，予以办理；“酒泉生活基地公建设施整修维护案”“关于加快推进酒泉疗养院供水系统改造案”“油田医院住院部病区维修改造案”“关于提高女职工卫生用品费发放标准案”等提案的办理实施，解决了广大员工的后顾之忧。

2015年，征集提案17件，立案8件。其中，“玉门矿区东一路等道路改造案”“玉门矿区北坪四村环境整治案”等提案的办理，改善了矿区道路状况，美化了矿区环境。按照“充实和加强勘探开发研究院等科研单位专业技术人员队伍案”建议，油田先后为勘探开发研究院、钻采工程研究院、规划设计院分批引进本科以上毕业生36人（研究生22人），基本解决了“三院”专业技术人员紧缺的问题。

2016年，征集提案11项，立案并办理7项。

2017年，坚持开展提案征集及办理工作，广泛征询职工代表意见，经相关部门研究论证后对10项提案和11条意见建议予以办理或回复。

第三节　劳动竞赛与合理化建议活动

一、劳动竞赛

1987年，围绕“双增双节”运动，油田工会组织职工开展“忆传统、搞竞赛、献计策、争‘双百’”和“我为‘双增双节’多贡献”活动。

1988年，各级工会坚持以双文明竞赛为主线，采取“一不”“三挂钩”的方式，即不搞一个模式，竞赛与找油、夺油挂钩、竞赛与经济责任制挂钩，生产奖与竞赛奖挂钩，开展了形式多样的劳动竞赛。

1991年，玉门油田两级工会以“质量、品种、效益年”为内容，围绕全年生产径营目标，以“做主人”忘我劳动无私奉献为核心，“上水平”创“双文明”一流业绩为目的，广泛开展“我为玉门油田东山再起创一流”劳动竞赛。在吐哈会战新区，以“两新两高”为指导方针，以“赛思想、赛作风、赛速度、赛质量、赛效益”为内容，以“超标立功”“夺旗夺杯”“同工种同行业对手赛”为主要形式，组织开展了争夺“前锋杯”“塔林杯”“优胜杯”劳动竞赛。围绕老区稳产，开展了“超产、优质、增效”为内容的劳动竞赛。全年组织开展各种形式的劳动竞赛3245项（次），直接参赛职工达24090人。

1992年，成立以党政工主要领导组成的劳动竞赛委员会，在劳动竞赛的考核上实行目标管理，加强了对群众生产工作的宏观管理和指导。油田上下以双文明竞赛为主线，大力开展“三牌队”和双文明一级队竞赛活动，全局有3个队获得金牌，4个队获得银牌，9个队获得铜牌，获金银铜牌总数比上年上升30%，有45个队获双文明一级队称号。围绕夺油会战，油田在各会战单位开展以“采油队超产量，修井车组超指标，人人为夺油上产提供优质服务”为内容的“双超一优”立功竞赛活动，创造了8项新水平和26项行业新纪录。

1993年，在全体职工中开展以“创先进、创效益、创纪录、降费用、降成本”为主要内容的“三创两降”立功竞赛活动。油田近2万名职工投入到竞赛中，涌现出先进集体400个，立功个人786名，各主要生产单位创各项生产经营新纪录183项，技术改进、技术攻关331项，全局职工义务献工5万多个工时。钻井处32852队在新区会战中实现了16开16完，完成钻井进尺42165米，创造了玉门钻井史上和吐哈战区44个钻井队年进尺的最高纪录，被集团公司誉为“钢铁钻井队”。

1994年，工会组织围绕油田稳产增效目标，组织开展以“生产创纪录、经营创效益、前线降成本、后勤降费用”为主体的劳动竞赛，各单位组织88项单项竞赛，创造各项新纪录128项。

1995年，各级工会组织以“集体创先进、生产创纪录、经营创效益、前线降成本、后勤降费用”为主要内容，瞄准生产经营的难点和重点，分工种、分阶段开展各具特色的劳动竞赛，全年创各类新纪录240项，创经济效益1860多万元。

1996—1999年，油田工会以“增效益、降成本、降费用”为主要内容，以“一增两降，小管家”主体劳动竞赛为主线，在勘探开发系统开展“五比五赛”夺杯立功竞赛，在销售系统开展“一创一争当”劳动竞赛，在重点工程建设中开展以“创会战纪录、赛工程质量、赛工程效益、赛工程进度、赛安全生产、赛团结协作”为主要内容的“一创五赛”升旗挂奖章立功竞赛活动。

2001—2004年，工会连续四年在勘探开发战线开展“增储量，保上产”劳动竞赛，在工程技术服务和后勤保障战线开展“优质服务杯”劳动竞赛。油田工会年年组织开展“跨年立功”劳动竞赛，到现场为提前完成全年任务的车间队站职工披红戴花、记功授奖。

2005年，围绕玉门油田重点工程建设，组织开展“三赛三保”竞赛活动。围绕原油产量重上百万吨，油田工会以“促进油田较快和谐可持续发展”为主题，组织开展“发展杯”劳动竞赛，在广大职工中掀起了为发展而拼搏的劳动竞赛热潮。

2006年，面对玉门油田原油欠产、经营被动的局面，以“创新增效”主题劳动竞赛为主线，开展“四赛一促进”百日夺油上产劳动竞赛。

2007—2010年，持续组织开展以“促上产、控成本、提质量、攻难关”为主要内容的“发展杯”主题劳动竞赛活动。各级工会组织以“发展杯”劳动竞赛为主线，围绕炼化设备检修改造，组织开展“三比三赛”劳动竞赛；围绕“安全环保基础年”活动，与安全部门联合开展“安康杯”竞赛；每年围绕生产业绩指标的完成，组织开展跨年立功竞赛。仅2010年，油田各级工会共组织各种形式的劳动竞赛40多项次，参赛员工达9000多人次。

2011—2012年，工会组织以“奉献‘十二五’，产量上百万”主题劳动竞赛为主线，开展形式多样的劳动竞赛活动。

2013年，围绕原油上产，开展“夯实安全保发展、精细管理促上产”劳动竞赛；围绕三年一次的炼化装置大检修工作，开展以“比安全赛身边无事故、比质量赛一次成功、比进度赛按期完成、比服务赛协作配合”为主要内容的“炼化装置大检修”劳动竞赛；围绕欣露园重点工程项目建设，开展“抓安全、保质量、促进度”劳动竞赛。

2014年，在4个油田作业区开展“精细管理、增储上产、提质增效”劳动竞赛；在炼化总厂持续开展“三比三赛两争当”劳动竞赛；在油田作业公司开展“提速、提效、提素”劳动竞赛；在研究院、钻采院、水电厂、综合服务处、物采中心、信息中心、物业公司等单位，开展“保障服务、减亏增效”劳动竞赛，促进了全年业绩指标的完成。

2015年，玉门油田工会以“安全上产创佳绩、提质提效争先锋”主题劳动竞赛和“安康杯”竞赛活动为主线，在勘探开发系统开展“夺油上产攻坚会战”劳动竞赛，在炼化系统开展“优化运行，提质提效，打赢炼化扭亏增效硬仗”劳动竞赛，在后勤服务保障系统开展“四比四争当”劳动竞赛。综合服务处客车大队三小队在全国安康杯竞赛的“班组安全建设与管理成果展示”比赛中荣获特等奖。

2016年，面对国际油价低位运行的严峻形势，玉门油田工会适时组织开展“坚决打赢提质增效攻坚战”劳动竞赛，层层传递压力、激发活力、增强动力，调动广大干部员工的积极性、主动性和创造性，全力以赴提质增效，促进了全年业绩指标和提质增效目标的实现。

2017 年，组织开展“坚决打赢经营局面稳中向好攻坚仗”主题劳动竞赛和“安康杯”竞赛活动，调动了广大员工的生产积极性，促进了各项业绩指标不断提升。

二、合理化建议及群众性经济技术创新活动

1987 年，玉门油田两级职代会和工会与有关部门一起，把合理化建议活动与油田的生产经营、“双增双节”运动、技术进步等工作紧密结合起来，广泛发动群众，攀高峰、攻难关、破难题、求实效，发挥了广大职工的积极性和创造力，仅上半年，就提合理化建议 3598 条。

1991 年，征集各类合理化建议 12635 条，采纳 5084 条，实施 4291 条，创经济效益 865.68 万元。

1992 年，成立合理化建议评审委员会，制定《合理化建议技术改进管理（试行）办法》，在全体职工中开展以“超产、节能、增效”为主要内容的合理化建议活动，共征集合理化建议 7899 条，采纳和实施 2710 条，创经济效益 979.5 万元。

1993 年，广泛开展“我为企业增效献一计”合理化建议活动，全年共提各类合理化建议 20056 条，技术改进 711 项，创综合效益 1624 万元。

1994 年，征集合理化建议 21528 条，技术改进措施 167 项，创造和节约价值 843 万元。机械厂数控技术在普通机床的应用，被列为 1994 年全国 100 项优秀技术革新成果之一。

1995 年，以“为深化改革献计、为加快发展献策、为提高效益出谋”为主题，开展百日合理化建议竞赛活动，职工参与率 85%，共征集合理化建议 24174 条，采纳 6860 条，技术改进 287 项，其中万元以上的建议 860 条，共创造和节约价值 3778.8 万元。

1996 年，共提各类合理化建议 11201 条，采纳 3017 条，创造或节约总价值 1266.1 万元。

1998 年，提合理化建议 9919 条，技术改进和技术攻关 104 项，创造和节约总价值达 1043 万元。

2000 年，征集合理化建议 6650 条，实施 2134 条。

2001 年起，玉门油田工会按照全总《关于实施群众性经济技术创新工程的意见》精神，先后制定下发《关于开展“群众性经济技术创新创效”竞赛活动的通知》和《关于深化群众性经济技术创新活动的通知》，开始在油田开展群众性经济技术创新活动。油田各级工会组织把群众性经济技术创新活动与日常开展的合理化建议活动相结合，与以“小发明、小革新、小改造、小设计、小建议”为内容的“五小”活动相结合，做到了相互补充、相互为用、相互促进。

2002 年，玉门油田工会组织把开展合理化建议活动作为创新工程的主要载体，组织开展“我是公司一员，我为发展进一言”合理化建议活动和“合理化建议月”活动，共征集合理化建议 8087 条。

2003 年，征集合理化建议 1990 条，完成创新成果 24 项。

2005 年，完成创新项目 27 项，征集合理化建议 2076 条，采纳 364 条，完成“五小”项目 736 项。

2007 年，在以“提一条建议、增一份效益、创一项成果、攻一个难关、控一项成本、降一项费用”为内容的群众性经济技术创新活动中，取得创新成果 19 项，其中 1 项操作法被甘肃省命名为先进操作法。

2008 年，完成创新项目 85 项，其中优秀创新成果 10 项，有 7 项操作法被命名为“甘肃省石化行业先进技术操作法”。组织开展“增收节支、降本控费”百日合理化建议活动，全年征集各类合理化建议 2491 条。

2010 年，开展“我为‘降本控费、增收创效’献一言”合理化建议活动，征集合理化建议 3000 条，征集技术创新项目 62 项。

2011 年，组织开展“提出一条好建议、学习一门新技术、刷新一项新纪录、改革一项新工艺、运用一项新成果”群众性创新、创效活动，全年取得技术创新成果 54 项。

2013—2014 年，油田工会以重大科技专项、增储上产、挖潜增效、精细管理为重点，持续开展职工技术创新成果、先进技术操作法和优秀合理化建议征集评选活动，两年共征集技术创新成果 134 项、优秀合理化建议 29 条、先进操作法 18 项。

2014 年，开始劳模创新工作室创建活动。

2015 年，征集技术创新成果 68 项，获得甘肃省职工技术创新成果二等奖 1 项、三等奖 2 项；征集合

理化建议1400多条，采纳实施400多条。当年，创建“李宏伟劳模创新工作室”“华玉林劳模创新工作室”“史玉平劳模创新工作室”“何天全劳模创新工作室”“王昆劳模创新工作室”“韩喜临劳模创新工作室”等6个劳模创新工作室，其中“史玉平劳模创新工作室”被甘肃省授予示范性劳模创新工作室。

2016年，坚持开展职工优秀技术创新成果、先进技术操作法征集评选活动，征集职工技术创新成果55项、技术操作法22项，有2项分别获得甘肃省职工“优秀技术创新成果”一等奖、三等奖，1项获甘肃省“先进技术操作法”提名奖。通过规范劳模创新工作室的运行和管理，劳模创新工作室先后开展技术攻关、技术革新73项；取得发明创造5项，2项获得国家专利；解决生产难题102个。

2017年，坚持把开展群众性经济技术创新活动，作为激发和汇聚员工聪明才智的有效途径和抓手，共征集涉及安全生产、科技创新、技术进步、节能减排等方面的创新成果70项，合理化建议60条，其中有1项创新成果获全国能源化学地质工会优秀职工技术创新成果三等奖，1项获甘肃省职工技术创新成果二等奖，2项获甘肃省职工技术创新成果三等奖，1项获甘肃省职工技术创新成果优秀奖。在开展的“创新型”班组创建活动中，共申报“创新型”班组32个，其中有2个班组获甘肃省“创新型”班组称号。在开展的“岗位创新创效创优，工人先锋号在行动”活动中，有2个集体分别获全国“工人先锋号”和集团公司“铁人先锋号”称号。9个劳模创新工作室共开展各种形式的技术攻关、技术革新45项，取得发明创造5项，获得国家专利4项，“宋先帮劳模创新工作室”被甘肃省总工会命名为甘肃省示范性劳模创新工作室。开展“石油摇篮工匠”评选活动，通过公众投票、专家评选并经油田党委研究，评选出10名“石油摇篮工匠”，有1人获得“陇原工匠”提名奖。

第四节　帮扶救助

20世纪80年代末期到90年代初期，玉门油田主要通过组织职工互助互济和对困难家庭发放救济款的方式，开展帮扶救助活动。帮扶救助的对象主要集中在工亡、工伤、病故遗孀及残疾职工家庭。1993年，玉门油田工会深入油田各单位，对包括离退休人员、工亡、病故职工遗孀、残疾职工等在内的困难家庭的经济状况进行专项调查。当年，有8081名职工自发为17名病故职工遗孀捐款72122元。在全国第二个助残日活动中，油田各级工会带头捐款14000元，以专款的形式捐助油田残疾人较为集中的玉美皮鞋厂，用以改善工作环境和具体困难。

1996年，通过行政资助（60万元）、工会补贴（30万元）、职工自愿缴纳入会金的方式，筹集资金270万元，建立玉门石油管理局职工互助补充保险基金会，作为职工互助补充保险基金，帮助解决参加基金会的会员家庭生活发生无力自救的困难。先后对49户特困职工家庭建立困难职工档案，做到了家庭经济收入清、供养人口清、困难程度清、帮扶措施清。

1998年，重新修订职工互助补充保险基金会章程及实施细则，扩大保险享受面，提高补助标准，增加希望工程、工伤、见义勇为等险项，使互助补充保险进一步系统化、规范化，更具有可操作性。全年，24名困难会员子女得到“希望工程”助学保险金的资助，顺利入校学习。当年起，玉门油田开始在副处级以上领导干部中建立困难户联系制度，41户特困户、12户困难户由副处级以上领导干部对口帮扶。此后，根据领导干部人员变化和困难户脱困情况，油田每年对联系户进行一次调整。

1999年，针对企业下岗分流，下岗职工增多的实际，玉门油田工会开办6期美容美发和计算机培训班，培训下岗职工120多名。为27名下岗职工和特困户发放互助金22750元。

2000年，各级领导对特困、困难户、军烈属、离退休干部、残疾人等92个家庭进行集中走访慰问。为59名会员发放补助金31525元，为14名特困学生发放助学金7500元，为困难职工家庭解了燃眉之急。

2001年起，坚持对特困、困难职工实行动态管理，把节假日慰问与日常性走访慰问相结合，送温暖活动与职工互助补充保险资助相结合，确保了油田没有一户特困、困难职工因生活困难而过不下去，没有一名特困、困难职工子女因生活困难而辍学。当年，先后集中走访慰问特困（困难）职工、军烈属、离退休干部、劳动模范、伤残职工家庭408户，共发放慰问（救济）金3.5万元；为28名职工提供了保险补助金21378元。

2003年，重新修订《职工互助补充保险条例》，提高了对困难户的救助标准，增设了困难职工子女奖学金。全年共为46名困难职工发放互助金5.397万元，为20名困难职工子女发放助学金2.68万元，并为4名考入大学的困难职工子女发放奖学金。

2005年，制定《特困、困难户（暂行）管理办法》，提高帮扶标准，扩大帮扶范围。坚持定期帮扶与日常帮扶相结合，普遍帮扶与重点帮扶相结合，组织帮扶与自立自救相结合，建立了单亲女职工档案，确保了不让一家一户生活过不去，不让一名困难职工子女因贫困而辍学。当年，先后为35户特困职工、71户困难职工、302户职工遗孀以及部分残疾职工发放困难补助金、救济金175万元，有11户特困家庭通过帮扶摆脱了贫困状况；为74名职工发放互助补充保险金5.2万元，为42名困难职工子女发放助学金5.55万元。

2006年，先后为358户特困（困难）家庭发放慰问金37.14万元，为104名因意外造成困难的员工发放互助补助金12.19万元。开展“金秋助学”活动，为70名困难员工子女发放助学金12.22万元。

2007年，慰问特困（困难）员工1600多人次，发放慰问金、救助金174万元。稳步推进“金秋助学”活动，为82名困难员工子女发放助学金13.06万元。

2008年，慰问特困户、困难户、残疾职工、职工遗孀、离退休职工、军属等4100人次，发放慰问金354万多元；为128名困难职工子女发放助学金32.5万元。通过对特困职工子女就业的协调解决，当年，油田18户特困家庭彻底摆脱了困境。

2009年，组织开展以“进千家门、暖万人心”为主题的送温暖走访慰问活动，全年共向3056名困难员工、员工遗孀、残疾员工发放慰问金243.2万元，向79名困难员工子女发放助学金20.8万元，向296名临时困难人员发放救助金72.2万元。

2010年，重新修订《玉门油田分公司困难群体帮扶实施办法》，使困难员工帮扶工作进一步制度化、规范化。当年，在坚持完善动态管理、领导挂点、互助互济等日常工作的同时，组织开展“节日送温暖”“危难送关爱”“金秋送助学”等活动，加大了对困难职工、职工遗属、残疾职工、再就业人员等群体的帮扶力度。全年慰问职工4217人次，发放慰问金439万元，发放助学金65.94万元，先后为30名身患重病、慢性病的职工发放医疗救助款41.3万元。

2011年起，连续三年在全油田组织开展“同心互助”捐款活动，用于困难群体帮扶救助，三年累计捐款达300余万元。

2014年，修订完善《玉门油田困难群体帮扶救助办法》，对所有困难人员重新核实信息、确定类别、建立档案；制定下发《关于进一步规范困难帮扶资金管理的通知》，优化改进帮扶资金的管理和发放。当年，在坚持干部挂点联系困难户制度的同时，通过日常帮扶、节日慰问、金秋助学、大病救助等工作，先后慰问特困、困难户、劳动模范、职工遗孀、困难军属和老党员8679人次，开展“金秋助学”994人次，节假日、助残日慰问在岗残疾员工369人次，全年医疗救助162人次。

2015年，慰问各类困难人员9199人次，金秋助学907人次，先后为208名员工及家属办理了大病和临时救助。

2016年，慰问各类困难人员7839人次，为592名困难子女发放助学金，为162名困难人员办理大病和临时救助。

2017年，先后慰问各类困难户、员工遗孀、困难军属7496人次、残疾员工324人次，金秋助学730人次，大病和临时救助299人次。

第五节　女工工作

一、组织建设

玉门油田女职工工作委员会成立于1982年。1986年9月，油田召开第二次女工代表大会，选举产生第二届女职工工作委员会。当年，共有厂（处）级女职工委员会24个、车间（队、站）级女工委员会122个、女工小组436个。

1990年，有全民所有制女职工9731人、集体所有制女职工442人，有厂（处）、车间女工委员会300个，女子班组（岗位）570个。

1997年11月，玉门油田工会召开第十二次会员代表大会，选举产生十二届工会女职工委员会。油田工会机关设立女工部。

1999年7月，重组改制，管理局继续延续原女职工委员的机构不变。11月，油田分公司成立工会委员会，下设女职工委员会。

2005年7月，油田分公司工会与管理局工会合并，成立油田工会委员会，下设女职工委员会，工会在民主权益部设女工岗位，配专职女工干部1名。

2009年11月，在油田工会召开的第十三次会员代表大会上，选举产生十三届工会女职工委员会。当年，油田共有厂（处）级女职工委员会23个，专兼职女工干部25名，有车间（队、站）级女工委员会（女工小组）263个。

至2017年，女职工委员会下设25个厂（处）女职工委员会，有在岗女职工3442人，占员工总数的35.5%。

二、女工活动

1988—1989年，在全体女工中开展以“学政治、学文化技术、学先进人物和模范事迹，想自己如何工作和学习，赛生产工作效率，争当先进”为主要内容的“学、想、赛、争”“三八”红旗竞赛活动。

1990年，组织开展“闯三关”（恋爱、婚姻、家庭）、“立四自”（自尊、自信、自立、自强）、“树五新”（树立为我局东山再起、争做贡献的新风尚，争当有理想有道德有文化有纪律的新女性，建立起和睦团结的新型家庭关系，树立起勤俭办婚丧嫁娶的新观念，争当心灵手巧的企业新秀）活动。

1991年，组织开展“学先进、比贡献、立新功、创油城巾帼杯”竞赛活动。女职工学理论，争当油田主人翁；做主人，献计献策创最优；学先进，你追我赶争当“能人”；学雷锋，“两送一帮”树新风，使女职工的主人翁意识不断增强。

1992—1993年，开展“巾帼建功创一流，巧手奉献立新功”劳动竞赛活动，鼓舞女职工为玉门油田“东山再起”建功立业。开展学雷锋做好事、送温暖、送方便活动和争做支援吐哈“贤内助”活动，有22个“三八红旗集体”，38名“三八红旗手”，27名“学雷锋积极分子”受到油田的表彰奖励。制定油田《女职工保健工作暂行规定》，建立女职工卫生冲洗室，有效地保护了女职工的身心健康，起到了防病治病的作用。

1994—1995年，开展“争创最佳经济效益，争当最佳技术能手”活动和创建“三八岗”“巾帼建功”活动，开展“三八”女职工美的生活展示会、“巾帼杯”知识竞赛，涌现出局级“文明家庭”40户。玉门油田女职工委员会获全国“先进女职工集体”和甘肃省“先进女职工集体”称号。

1996年，开展“人人练绝技、岗岗争红旗、班班创效益”巾帼建功竞赛活动，涌现出81名“技术能手”，创建“三八”红旗岗10个，创行业新纪录30项。

1997年，组织开展以“比效益、比技术、比贡献、争一流”为内容的“三比一争”主题竞赛活动，开展争创“油城巾帼十佳”和“十佳巾帼文明岗”创建活动，10名“油城巾帼十佳”、10个“十佳巾帼文明岗”受到油田表彰。

1998年，开展“强素质、降成本（费用）、增效益”巾帼建功竞赛活动，有4500多名女职工参加主题竞赛活动，提合理化建议3610条，技术攻关和技术革新31项，创建“三八”红旗岗8个，机械厂加工分厂女工王淑芳获“全国技术能手”称号。当年，全面实施35岁以上女职工每两年一次的妇科病普查普治工作。

1999年，开展“立足岗位创效益、千方百计降成本”为主线的“跨世纪巾帼创新业”竞赛活动，10名女职工获“油城巾帼十佳”称号。

2000—2002年，以女职工“岗位建功创新业”系列活动为主线，持续开展争当“十行百岗女明星”为内容的劳动竞赛和“女诸葛献巧计”合理化建议活动。

2003年，开展“献一计、攻一关、练一招、创一法”的“四个一”竞赛活动，涌现出8名“建功立业女标兵”，有2名女职工获玉门油田一级“技术能手”称号、11名女职工分别获玉门油田二、三级“技术能手”称号。玉门油田女职工委员会获“全国先进女职工委员会”称号。

2005年，以“建功立业在岗位，服务一流做贡献”竞赛活动为主线，组织开展“四比四赛”劳动竞赛，涌现出“建功立业女标兵”8名、“先进女职工”56名、“文明家庭”15户。

2006—2007年，实施以“提高素质、提升技能、创新技术”为主要内容的“女职工建功立业工程”和“女职工素质提升工程”，老君庙油田作业区采油四队603岗位获“全国女职工建功立业标兵岗”称号。

2008—2010年，开展以“关注安全保发展，女工身边无事故”为主题的“四个一”安全活动，玉门油田女职工共查出安全隐患71条，征集“我为安全生产献一计”合理化建议1660条，被采纳173条，书写“我为家人道平安”亲情寄语1560条，赠送安全寄语卡片5660张。组织开展“生命至上、安全为天”专题演讲比赛。玉门油田1个岗位被全国总工会授予“女职工建功立业标兵岗”，1个岗位被能源化学工会授予“女职工建功立业标兵岗”，1名女职工被能源化学工会授予“建功立业女标兵”，1个岗位和1名女职工分别获得“甘肃省五一巾帼奖”。

2011—2015年，在女职工中开展“创先争优巾帼建功”活动和以“巾帼建功当能手”为主题的技术比武竞赛活动，先后创建“巾帼建功标兵岗”39个，选树“建功立业女标兵”60名，有35名女职工被授予“巾帼技术能手”称号，有20名女职工通过油田技师考评，1名女职工被聘为玉门油田“技术专家”。持续开展“关注安全保发展，女工身边无事故”主题系列活动，征集“安全为伴，幸福你我”主题安全家书126篇，向女职工发放“安全是回家最近的路—安全家书”汇编文本3000册，38名女职工被授予“巾帼安全卫士”。引领广大女职工参加“每天悦读十分钟、每周学习两小时”读书学习活动，先后在《石油工人报》开辟“巾帼在岗位、书香伴我行”“书香绽放魅力人生”读书心得交流专栏和“半边天、摇篮花”巾帼风采展专栏，广大女职工积极交流分享读书学习心得、人生感悟和岗位建功立业的成果，共交流女职工读书心得893篇、发表读书心得352篇，选送18篇文稿参加全国总工会第二届“书香三八”征文比赛，部分优秀作品在《甘肃工人报》刊登，展现了新时代油田女性的魅力和风采。

2016年，各级女职工组织以“建功十三五、巾帼在行动”劳动竞赛为主题，围绕岗位练兵、技术创新，开展形式多样的巾帼建功活动。在玉门油田举办的第八届职业技能竞赛中，采油工种前三名全部由女职工夺得，1名女职工获得玉门油田“技术能手”称号，3名女职工被聘为工人技师。

2017年，在女职工中开展“建功十三五、巾帼在行动”主题竞赛和“巾帼建功当能手”技术比武活动，219名女职工分别参加炼油化工油品分析工、医院护理员工种的技术比武，6名女职工获“甘肃省技术标兵”称号。

1987—2017年玉门油田工会组织机构及会员情况统计见表12-8-1。

表12-8-1　1987—2017年玉门油田工会组织机构及会员情况统计表

年份	厂处工会委员会（个）	车间（队站）工会委员会（个）	工会小组（个）	工会会员（人）		
				总数	男	女
1987年	27	196	545	25600		
1988年	27	196	545	25600		
1989年	27	196	545	25600		
1990年	30	205	594	31900		
1991年	30	205	594	31900		
1992年	30	205	594	31900		
1993年	30	205	594	31900		
1994年	33	230	640	30300		
1995年	27	230	640	18588		
1996年	27	230	640	18588		
1997年	27	230	640	18588		
1998年	27	230	640	18588		
1999年	42	305	840	22794		
2000年	42	305	840	22794		

续表

年份	厂处工会委员会（个）	车间（队站）工会委员会（个）	工会小组（个）	工会会员（人）		
				总数	男	女
2001年	42	305	840	22794		
2002年	42	305	840	22794		
2003年	42	305	840	22794		
2004年	42	305	840	22794		
2005年	36	288	720	11017		
2006年	36	288	720	11017		
2007年	36	288	720	11017		
2008年	36	288	720	11017		
2009年	25	221	881	12305	8765	3540
2010年	25	221	881	12305	8785	3520
2011年	25	221	881	12305	8793	3512
2012年	24	231	881	11379	7909	3470
2013年	29	226	881	11224	7701	3523
2014年	31	221	881	10851	7425	3426
2015年	31	221	881	11065	7685	3380
2016年	26	199	881	10884	7641	3243
2017年	25	194	539	11205	7608	3597

第九章　共青团

第一节　组织建设

玉门油田共青团组织成立于1950年9月，时为中国新民主主义青年团玉门矿务局委员会。1957年，中国新民主主义青年团玉门矿务局委员会更名为中国共产主义青年团玉门矿务局委员会（简称油田团委）。至1986年底，油田团委有基层团委17个，团总支8个，团支部312个，团小组750个，团员8336名。

1987年，油田团委机关设办公室1个职能科室。

1993年，油田团委机关设办公室、宣传组织部2个职能科室。

1994年，油田团委机关设办公室、宣传组织部2个职能科室，设基层团委22个、团总支2个、直属团支部1个，有团支部365个，团员11770名。

1995年6月，玉门、吐哈管理体制理顺后，基层团委（总支）减至16个，团支部234个，有青工12633人，团员5657人。

1999年4月，随着玉门油田机关机构调整，油田团委机关设综合办公室1个职能科室。至6月底，团委下设基层团委（团总支）19个，团支部178个，有35岁以下青工7627人，团员2020名。7月，玉门油田重组改制后，管理局团委机关仍然延续之前的机构不变，有基层团委14个、团支部101个，有青工5860人、团员1409人。油田分公司于当年11月成立团委。2000年1月，油田分公司在总经理办公室（党委办公室、宣传部、统战部）设群工科（工会、团委办公室），负责油田分公司团组织工作，时有基层团委4个，团支部102个，有团员2200人。

2002年，油田分公司团委针对青年员工增多、团员减少的现状，在团支部中探索设立“青年委员”，负责团支部内青年的日常管理及教育工作。

2005年8月，公司团委与管理局团委合并，成立玉门油田分公司（管理局）团委。油田团委机关下设办公室1个职能科室。

2009年，新增选团支部“青年委员”112人，油田团委“在团支部设立青年委员”的团建模式，作为中国石油和甘肃省唯一一家被团中央确定的“国有和国有控股企业”类别中40个试点单位之一，进行试点探索。

2010年9月，团委与党委宣传部（统战部、企业文化部）、机关党委合并，成立企业文化处（党委宣传部、机关党委、团委），团委办公室与机关党委办公室合署办公，为一套机构、两块牌子。当年，油田有基层团委18个、团总支1个、团支部143个，共有35岁以下青工4735人，团员1354人。

至2017年底，油田团委机构设置保持不变，有基层团委20个、团总支5个、团支部141个，有35岁以下青年2386人，团员650人。

第二节　历次团代会

一、第九次团代会

1991年11月25日至28日，中国共产主义青年团玉门石油管理局第九次团员代表大会在玉门召开，会议听取审议《团结一致，奋发大干，在振兴油田的伟大实践中继往开来，再立新功》的工作报告，选举产生第九届委员会。先后产生刘德祥、田玉军、张成昌、苏君、郑国玉、秦小明六位团委书记。

二、第十次团代会

1999年7月14日至16日，中国共产主义青年团玉门石油管理局第十次团员代表大会在玉门召开。大会听取《肩负跨世纪使命，明确跨世纪责任，在油田改革发展的伟大历史进程中谱写共青团工作的新篇章》的工作报告，选举产生了中国共产主义青年团玉门石油管理局第十届委员会。

三、第十一次团代会

2009年3月3日至4日，中国共产主义青年团玉门油田分公司（局）第十一次团员代表大会在酒泉召开。出席大会的正式代表140名，特邀代表和列席代表50名。大会听取《牢记党的根本要求，勇挑时代发展重任，在建设百年油田的伟大实践中谱写共青团工作新篇章》的工作报告，选举产生了第十一届委员会。

第三节　团组织活动

一、青年突击队（手）及青年创新创效工程

1987—1989年，油田团委结合“双增双节”运动，以青年突击队为骨干，在全体青年、团员中组织开展“为发展玉门献青春，勇当新长征突击手”“为优秀一线青工挂奖章”和以“安全生产安生杯”“技术练兵精英杯”“五小活动智慧杯”“增产节约贡献杯”“文明示范文明杯”为内容的“振兴油田夺杯赛”竞赛活动，创“五小”（小发明、小改造、小革新、小设计、小建议）活动成果33468项，创价值394.89万元。先后有11名青工被授予“青年突击手标兵”称号、132名青工被授予“青年突击手”称号。

1990年，以第三届“振兴油田夺杯赛”竞赛活动为重点，成立“五小”兴趣小组412个，取得“五小”成果4159项，创价值644.5万元，实现“双增双节”价值830.8万元。

1991年，以“六手两队”（安全、革新、生产、节约、技术、服务等能手，突击队、服务队）为内容，开展“前方找油创业立功，后方稳产奉献立功”的双立功活动，先后涌现出18支优秀“青年突击队”、7名“疆场7条好汉”、5名“采油五朵金花”、5名“五大真功夫”、136名“青年突击手”。钻井处32651钻井队被油田团委授予“铁人青年突击队”。

1993年，组织开展以“选难题、攻难关”为内容的“选、攻”活动，油田近万名青年知识分子和青工以攻关小组和青年突击队的形式，八小时内参与渗透，八小时外开发利用，共选难题1206道，立项476个，完成并推广163项，创经济效益855万元，有56项“选、攻”优秀项目受到油田表彰。当年，油田团委对在吐哈会战中表现突出的43名青年授予“优秀青年突击手”称号。

1994年，以“为重点工程献青春”活动为主线，开展“百万效益创收”活动，油田青年以青年突击队为龙头，积极承包“青字号”工程，全年创收821.72万元，实现利润449万元。采油厂马武林青年突击队、炼化总厂青年突击队和钻井处32852青年突击队获甘肃省“标杆青年突击队”称号。

1995年，实施“百项优质青年工程”，创青年工程243项。

1996年，玉门油田各级团组织组织青年突击队以科技攻关、革新改造、修旧利废、挖潜增效为重点，开展“九七扭亏创业夺旗竞赛”活动，实现全团创效491万元，“马武林青年突击队”等10个青年突击队被油田团委授予“创业先锋”青年突击队队旗。

1997年，油田团委以“200万目标创效竞赛”活动为主线，相继组织开展“誓夺首季开门红”“强化管理增效益、二次挖潜立新功”“情系油田夺上产、稳产挖潜立新功”等大型青年突击队上产活动，全团创效373.7万元。

1998年，围绕油田生产经营目标，开展“寻找效益增长点，全团创效百万元”“人人增收节支1000元”活动。开始实施“金点子、金钥匙、金号手”工程，共提2600余条金点子，金钥匙攻关224条，创效339.88万元。

1999年，实施“跨世纪创效行动”，共提“金点子”320余项，有66项被实施应用，取得200万元创效成果，其中10项经济效益显著的项目参加了全省1999年度“五小”活动成果评审。

2000年，开展青年科技创新创效行动，油田青工选攻科技项目30项，创造经济效益61万元，有2个项目被集团公司青工部列为首批“百项青年创新创效示范项目”，水电厂团委被团省委命名为“全省创新创效示范基地”。

2001年，组织广大青工参与质量管理小组、安全管理监督岗等群众性管理创新活动，开展“开发一项新产品、创造一项新工艺、推广一项新技术、转化一次新成果、创造一项新方法”活动，引导青年、团员从本职工作中的薄弱环节中选课题、找项目，开展经常性的“五小”“金点子”活动。

2002年，收集“金点子”项目86项，其中30项被评审为优秀“金点子”项目。油田团委被团省委评

为“全省青工创新创效”先进单位、被团中央授予“青工创新创效示范基地”称号。

2003年，评选优秀“金点子”项目26项，采油厂团委被团省委评为“全省创新创效”先进集体。

2006年，开展“为团旗增光、为油田增效”青年立功竞赛活动，老君庙作业区青工刘晓金提出的《变频调速控制技术在油田生产中的应用》“金点子”被中国知识产权局授予专利技术。

2008年，共征集“金点子”104项，组织实施38项，其中“抽油井热洗清蜡的危害及改进措施”等5项“金点子”参加集团公司“安全生产，青年争先”主题实践活动评比。

2009年，开展“理思路、破难题、上水平”“立足岗位当先锋、我为发展献一言”大讨论活动，共提出意见建议28条，征集“金点子”30多项。

2011年，开展“团员公开承诺”活动，签订创先争优公开承诺书112份，开展突击活动130余次，征集“金点子”163项，青工参与面达到90%以上。当年，老君庙油田作业区采油一工区被团省委授予“甘肃省创新创效先进集体”。

2012年，组建青年突击队123个，开展青年突击活动279次。举办“点石成金——金点子在行动”玉门油田金点子成果系列展示，共征集金点子成果368项。当年，青西油田作业区团委被团省委授予甘肃省“创新创效先进集体”。

2013年，围绕玉门油田重点工程、重大项目、科技攻关等重点，组建青年突击队87个，开展“青春在一线，奉献在井场”“敢为炼化先锋”等竞赛活动，青年突击队开展突击活动276次。

2014年，组建青年突击队105支，开展以“爱岗、敬业、奉献”为主题的青年突击队活动，在原油上产、油水井规格化、出口生产任务等工作中，组织突击活动320次。

2015年，开展以“采油树旁展风采，夺油上产建新功”“立足岗位做贡献，勇挑重担当先锋”等为主题的青年突击队活动，团员青年完成清运垃圾300余吨、修筑防火墙1500余米、铺垫道路1200余米、连接瓦斯气管线600余米、安装管线2000米、新井投产15口、配送抽油管杆30000余根、配送井口配件300余套，参与完成钻前工程56口、运输粉煤灰10万立方米。油田团委举办首届青年学术交流会，征集技术论文47篇，47名青年知识分子代表参加了交流。

2016年，老君庙采油厂组建7支青年突击队，对828口油井开展普查分析和环境污染排查治理，累计参与青工达260人次。鸭儿峡采油厂团委结合鸭K1−1平台井四台新式抽油机安装调试和新井投产组建青年突击队，主动承担挖埋电缆、平整井场等工作，并对井场周围环境进行地毯式清理。炼化总厂团委持续开展“敢为炼化先锋”青年突击活动，21支青年突击队在设备抢修、确保装置开练后期安全平稳运行等工作中共开展突击活动80余次，参与青年900人次。建筑安装工程处团委组建“铁骑”“大漠”“保炼护航”等8支青年突击队，围绕炼化储罐隐患治理、炼厂催化、四合一装置检修等重点工程建设和园区物业、供水、供热抢修，开展突击活动30次。油田团委开展“提质增效、青年先行——金点子”成果巡礼活动，对近三年来油田青工探索和研发的具有较高应用和推广价值，并在实际工作中产生良好经济效益、显著降低安全风险和生产成本的“五小”成果、“金点子”项目以视频形式播映推广。

2017年，共组织青年突击队128支，开展生产突击315次。举办第二届玉门油田青年学术交流会，有58名来自油田勘探开发、炼油化工、工程技术与服务板块的青年科技人员报名参加。

二、青年岗位（能手）和青年文明号

1987年，油田团组织开始在玉门油田开展“文明青年班组（岗位）”创建活动，有132个班组（岗位）被命名为“文明青年班组（岗位）”。1988年，235个青年班组被命名为“文明青年班组”和“模范青年班组”。

1990年，开展争创“共青团大庆号青年班组岗位”活动，首批命名5个“共青团号”岗位。油田团委组织开展首届“油城十大杰出青年”评选活动，有10名青工获得“油城杰出青年”称号。

1994年，油田团委按照团中央、团省委有关精神，制定“青年文明号”“青年岗位能手”“六互助”“三过硬”“四在前”创建标准，开始在油田青工中开展“争当青年岗位能手，争创青年文明号”“双争”活动。玉门油田首批命名10个“青年文明号”示范岗。2名青工被评为甘肃省“青年岗位能手”，钻井处固井队主机班赵玉文被授予甘肃省“青年岗位能手标兵”“甘肃省新长征突击手”“全国青工岗位能手”称号，采油厂603岗位被团省委命名为甘肃省“青年文明号”岗位。

1995年，结合玉门油田“四岗”建设，油田团组织开展“成本进岗位、费用到人头”活动，将团的工作与企业管理相结合，使“青年文明号”示范岗由单项突破向配套推进发展。玉门油田共创“青年文明号”示范岗43个，涌现出油田级“青年岗位能手”100名。油田团委获甘肃团省委“红旗团委”称号，玉门油田被团中央确定为“全国百家青年岗位能手活动试点单位”。

1996年，油田团委推行以岗位为基点，以岗位青工为主体，把“青年文明号”岗位作为基层最小的训练基地和管理单元的“三位一体”“青年文明号”创建模式，发挥“号、手”联动作用，开展“青年文明号”创建活动。涌现出国家级“青年岗位能手”1名、总公司级“青年岗位能手”3名，油田团委获团中央“青年岗位能手”和“青年文明号”活动双项“优秀组织单位”称号。

1998年，通过在生产战线实现规范化作业、标准化管理，在生产关键岗位建立青年安全监督岗和青年安全监督员队伍，在窗口行业普遍推行服务承诺制，扩大“青年文明号”创建活动的覆盖面。

1999年，以创建青年文明号精品生产线为重点，细化精品线创建标准，完善创建机制，至2000年，有4名青工被团省委授予“青年岗位能手”称号，物业管理公司南坪房管站环卫班、公安处消防二中队被团省委命名为“青年文明号”，水电厂电气车间运行岗位和机械厂抽油泵分厂柱塞生产岗位被命名为全省“青年文明号生产线”。

2001年，按照团中央和国家安监总局关于开展“青年安全生产示范岗”创建活动的有关要求，油田团委开始在玉门油田开展“青年安全示范岗”创建活动。油田有2个青年岗位分别被命名为“甘肃省青年文明号”和“全国青年文明号”，2名青工获甘肃省“青年岗位能手”称号。

2004年，1名青工获“甘肃省杰出青年岗位能手”称号，青西油田联合站、炼化总厂常减压装置获“全国青年文明号”。炼化总厂液态烃站被命名为“全国青年安全示范岗”，成为玉门油田第一个“全国青年安全示范岗”。

2005年，8名青工获集团公司“青年技术能手”称号，阳光大厦前厅公关部获“全国青年文明号”。

2006年，推行以“生产现场标准化、岗位操作标准化、基层管理标准化”为主要内容的安全质量标准化工作，开展“青年安全示范岗”创建活动，涌现出30个“青年安全示范岗”和30名玉门油田“青年安全卫士”。玉门油田有3个青年岗位被评为甘肃“青年文明号”，1个基层车间被命名为“全国青年文明号”。

2007年，炼化总厂青工华玉林获集团公司“优秀青年”称号，鸭儿峡113岗位、建安处安装二队分别获甘肃省“青年文明号”和“青年文明号生产线”。

2009年，围绕“安全生产、青年争先”主题实践活动，开展青年安全生产示范岗创建活动，油田2名青工被评为集团公司“青年安全生产明星”，2名青工获甘肃省“青年岗位能手”称号，老君庙油田作业区采油三队42岗位被命名为“全国青年安全生产示范岗”，物业公司供热站1号锅炉房获甘肃省“青年文明号”称号，综合服务处塑料制品厂塑料编织包装袋生产线被评为甘肃省“青年文明号生产线”。

2010年，有2名青工获甘肃省“青年岗位能手”称号，机械厂抽油杆冷加工车间、油田作业公司X04866队被授予甘肃省“青年安全生产示范岗”称号。

2013年，油田团委修订完善《玉门油田青年文明号考评规范》，推动“青年文明号”的创建工作。尝试在基层班组设立青年安全监督岗和监督员，深化了青年安全示范岗的创建工作。有1名青工获甘肃省“青年岗位能手”称号。

2014年，对3个国家级、8个省级“青年文明号”岗位的报备资料进行充实规范，开展“青年文明号20周年交流展示活动”网络直播，有效促进了“青年岗位能手”“青年文明号”的创建工作。油田1名青工被评为全国“青年岗位能手”，2个基层车间（队、站）获集团公司“青年文明号”称号。

2015—2017年，油田团委以“激发基层活力、推动支部自转”为目标，持续开展“一团一品、一团一特”创建活动，推进五四红旗团委、团支部创建工作，建筑安装工程处安装二队获“2015—2016年度全国青年文明号”，成为油田历史上第5个全国青年文明号。勘探开发研究院团委、炼化总厂团委获甘肃省“五四红旗团委”称号，综合服务处祁连宾馆团总支、规划设计院工艺室团支部获甘肃省“五四红旗团支部”称号。

三、青工素质提升工程

1987年，以“岗位达标育人才”为目标，通过开展以争创“最佳十大员”（技术员、资料员、驾驶员、保管员、保育员、护理员、化验员、打字员、炊事员、服务员）为主要内容的技术练兵、技术比武活动，激发了广大青工学技术、当能手的积极性，涌现出一批“活尺子”“活账本”“活流程”“问不倒”“摸不错”“打得快”等技术能手。

1989 年，油田团组织把技术比武活动作为提高青工素质的有效抓手，总结推广“青工技术比武十法”，建立岗位练兵台 434 个，形成了大学习、大练兵、大提高的群众性学技术热潮。

1990 年，管理局团校成立，为团干部学政治、学管理、学技术提供大课堂。

1992 年，制定《青工岗位成才规定》，为青工成长发展创造条件，提供舞台。油田团组织按照《青工岗位成才规定》，制定《青年岗位练兵考核细则》，建立健全了技术学习的授课队伍、青工“五小”攻关队伍、老师傅传帮带队伍，初步形成了以“三支队伍”为骨干、以岗位为基础的队站级青工岗位练兵运行格局和以“一日一练、一周一课、一月一考、一季一赛”为内容的“四个一”岗位练兵基本形式。

1993 年，党委组织部制定《关于进一步做好推荐优秀团员做党的发展对象的工作意见》，油田团委与劳资处联合下发《关于在采油厂采油七队和炼化总厂二套常减压开展青工岗位练兵示范活动的通知》，制定《关于推荐优秀团支部书记见习行政副职的意见》《关于团的专职干部实行挂职锻炼的实施办法》等，为油田青年成长成才创造了机遇和条件。

1994 年，实施“5521”人才工程，选派 5 名专职团干挂职锻炼、28 名团支部书记见习行政副职；依托油田团校，成立复合型人才培训基地，对一线青工进行第二技能培训。积极开展推优工作，有 1134 名青年经团组织推荐作为党组织的发展对象。

1997 年，推行“用三卡、练三技”岗位练兵活动，通过在车间（队、站）建立以班组（岗位）长为主的监督、检查队伍，以技术人员为主的授课、督促队伍，以管理人员为主的练兵研讨队伍，以兴趣小组为主的科技攻关队伍，开展“一带一导师包岗带徒”活动和“四个一”练兵活动，拓展了岗位成才的途径和办法。

1999 年，在全体青工中开展争当“一专多能十大技术能手”活动，有 10 名青工被命名为“一专多能十大技术能手”。

2001 年，实施“新世纪读书计划”，创建“共青团读书俱乐部”，引导青年读好书、看好片、讲文明、树新风。开展导师带徒、“四个一”练兵、“青工技术大比武”等活动，促进了青工整体素质的提高。

2003 年，进一步加强“读书俱乐部”“新世纪书屋”“精品书架”建设，形成“覆盖油田、流动通畅、管理规范、内容丰富”的青年“读书网”。

2004 年，实施“青工技能振兴计划”，开展青年技能月、导师带徒、岗位练兵活动。选拔优秀团干和优秀青年参加学历教育，先后与兰州大学、甘肃工业职工大学联合办班，有 115 名优秀青年和团干参加了第二届团干学历教育班。

2007 年，油田团委以“青春建功金摇篮，七网共建铸品牌”为目标，形成“教育网”“读书网”“服务网”“人才网”“活动网”“互联网”“组织网”为格局的共青团工作新格局。举办“万元千册送一线”活动，为一线配发“流动书箱”134 个，图书 9762 册，团支部流动书箱覆盖率达 100%，新组建 5 个青年文化园和流动书屋。

2008 年，各级团组织相继组织 647 名新员工拜师学艺，签订“师徒带教”合同，油田 20 对师徒均按照“师徒带教”合同书的要求，完成带教任务，学徒优秀率达到 95%。

2012 年，油田团委启动实施“立足岗位讲岗位，青春华年述青春”岗位讲述活动，以青工岗位讲述竞赛、岗位讲述交流会等为载体，通过“做我所讲、讲我所做、寓学于讲、讲练结合”，与青年岗位练兵、青年职工技能大赛、安全风险辨识、青春风采展示等活动做到了有机结合，探索出“两个一口清”“对岗讲述”“我是岗位代言人”“专家、技师讲堂”“新媒体微讲述”等适应“岗位讲述”的新方法、新途径，有效提升了青工技能素质。

2013 年，1 名青工获甘肃省“技术能手称号”，16 个单位完成讲述手册的编制工作。

2015 年，开展“技师现场指导”“每周一课”“技术比武”等活动，提升了青工技能和操作水平。

2016 年，全面推进“导师带徒”活动，全年签订师徒合同 462 份。

2017 年，各级团组织围绕青年“成长成才、建功立业”需求，将青年大讲堂、青工岗位讲述等特色活动相互融合，通过开办创新讲堂、举办青工五小成果展等活动，为创新成果转化成现实经济效益搭建了平台，仅当年上半年，各级团组织和团员青年共提交发布五小成果、“金点子”160 余项。当年，玉门油田有 8 个青年集体和个人获省部级以上表彰。

四、学雷锋及青年志愿者活动

1987—1989 年，各级团组织开展“学雷锋、见行动，为油田建设立新功”活动，建立“一包四定”

（包户、定服务内容、定服务时间、定小组人员、定活动制度）制度，成立“一包四定”小组726个，包户3630户；成立学雷锋小组615个，组织学雷锋奉献日1456次，组织服务项目280个，做好事42894次（件）；成立学雷锋生产突击队412个，承担急、难、重任务72次，献工时767124小时。

1990年，开展“满意在油城七条龙”大规模利民服务活动，先后开展义务服务1845次，服务群众190000多人次，义务献工10000多小时。

1993年，开展“学雷锋、树新风，立足岗位做贡献”，油田团员青年上街服务312个项目，生产突击379次，马武林青年突击队被甘肃省委、甘肃省政府、兰州军区授予学雷锋先进集体。

1994年，油田团委组织开展以“爱心献社会，奉献在岗位”为主题、以“个人献计策、岗位献工时、突击队献效益”为内容的青年志愿者活动，油田青年志愿者上门服务730户，参加青年达3000多人。

1995年，以“温暖献家庭、爱心献社会、青春献油田”为主题，结合3月5日学雷锋纪念日，组织开展以“美化环境”“温暖家庭”“岗位奉献”为内容的系列青年志愿服务活动，共粉刷树木2300多棵、擦洗栏杆1500米、清运垃圾30余吨，为355户孤寡老人、残疾人、离退休老石油、劳动模范家庭、驻疆职工家属服务，签订长期服务协议书，开展“一助一”送温暖活动。油田共有11700名团员、青年参加各类生产奉献活动240多次，创青年工程243项。

1997年，以“服务社会、服务家庭、服务生产”为主线，油田团组织有重点地进行以“上门、上街、上产”为内容的青年志愿者服务活动。当年，生活公司团委和通信公司团委在油田率先成立“山鹰”“银燕”青年志愿者服务社。2支青年志愿者服务社通过向群众发放服务承诺卡，实行24小时承诺制度，为油田职工群众开展服务。

1998年，在学雷锋活动中，油田青年志愿者在岗位、街区、家庭、农场共开展各类服务活动300余次，2100余名青年参与。

2000—2005年，在发挥青年志愿者服务社开展志愿服务活动的同时，每年都结合学雷锋纪念日，组织青年志愿者上街开展义务服务活动。面对2003年的“非典”，各级团组织发动青年团员开展以清理垃圾死角、美化环境卫生等为内容的爱国卫生义务劳动，组织青年志愿者对办公场所和工作岗位进行消毒，帮助出差返玉门的在家留观人员购买米、面、菜等生活用品，组织编写《非典型肺炎防治手册》，发放给员工群众，做好防治工作的宣传。

2006年，组织3600余名志愿者上街开展学雷锋活动，散发宣传单2400多份，服务对象6000多人次，开展“一助一”上门服务142户，修理设备390台，生产突击49次。当年，在酒泉生活基地生活小区及离退休基地设立10个“共青团便民服务箱”，开展便民服务。

2007年，开展以“参与志愿服务、攻坚和谐社会”为内容的志愿服务活动，服务对象500多人次、“一助一”上门服务30多户、维护废旧设备150多台（套）、生产突击、义务献工23次。

2010年，方圆物业公司“山鹰”青年志愿者服务社被团省委授予首届甘肃省杰出青年志愿服务集体、首届甘肃省杰出青年志愿者行动贡献奖，机械厂团委被团省委授予首届甘肃省青年志愿者行动组织奖、项目奖。

2012年，开展“真诚奉献、真挚服务、真心帮扶”学雷锋志愿服务活动，全年共服务对象4280多人次，义务献血8000毫升，“一助一”上门服务125户，修理设备176台。油田团委获第九届中国青年志愿者优秀项目奖，综合服务处祁连星志愿者协会获甘肃省青年志愿者先进集体，方圆物业公司团委和基地第一物业管理站帮扶孤寡老人行动分别获甘肃省青年志愿者行动组织奖和项目奖。

2013年，方圆物业公司“山鹰”青年志愿者服务队获集团公司“十大青年志愿服务标杆集体”称号，综合服务处“祁连星”青年志愿者服务队获集团公司“青年志愿服务先进集体”称号。

2014年，成立20支“宝石花”青年志愿服务分队，在玉门矿区和酒泉生活基地集中开展“弘扬雷锋精神，创志愿品牌”志愿服务活动，先后开展清理垃圾、修理电器、量血压等服务活动，“一助一”上门服务64户，服务群众4200余人。

2015年，开展“学雷锋树新风，学铁人立新功”青年志愿服务活动，玉门油田“宝石花”青年志愿服务队集中开展“一助一”上门服务50余户，修理家电、设备80余台（套），服务群众2000多人次。当年，积极推进“志愿云”系统注册登记，完成玉门油田20个青年志愿服务集体及1380名青年志愿者的注册登记工作。

2016年，开展以“重塑良好形象、志愿者在行动”为主题、以“中心、安心、爱心、关心”为主要内容的青年志愿服务活动，利用“学雷锋”日、节假日在玉门矿区、酒泉生活基地集中开展“学雷锋”活动，油田20支宝石花青年志愿服务分队开展“心连心手拉手•同在蓝天下”爱心捐赠、为孤寡老人职工遗孀提供生活照料和物业家政维修等青年志愿活动，共开展志愿活动89场次，帮扶人数达3000余人，募捐衣物、书本7000余件（册），新招募注册青年志愿者136名。

2017年，持续深化以“重塑良好形象，志愿者在行动”为主题的青年志愿服务活动，油田各宝石花青年志愿服务分队开展志愿活动89场次，帮扶人数达2000余人，募捐衣物、书本4000余件（册）。

五、“青春有约”联谊活动

1988年，油田团委为40余对青年举行集体婚礼。

1993年，开展“情系吐哈，爱寄疆场”和“浪漫之旅”联谊活动。

2002年，组织“青春有约”青年联谊会，近200人参加“青春有约”大型联谊活动，63对男女青年牵手相约。

2006年，分别在玉门和酒泉组织两期“青春有约”联谊活动，共有140名油田男青年和160名油田、酒泉市女青年进行联谊联欢。

2007年，举办“浪漫七夕、青春有约”联谊活动，300多名青年参加。

2013年，举办“青春有约•缘来是你”鹊桥联谊会，共有来自西部钻探、昆仑燃气、中国移动酒泉分公司等多家单位的266名单身员工参加，在网站开辟“青春有约”专栏，设立“青春有约•缘来是你”QQ群。

2014年，开展“青春有约，缘来是你”青年联谊活动，20个单位共计217名青年男女参加，有11对有缘人牵手成功。

1987—2017年玉门油田团组织及团员情况统计见表12-9-1。

表12-9-1　1987—2017年玉门油田团组织及团员情况统计表

年份	基层团委（个）	团总支（个）	团支部（个）	35岁以下青工（人）	团员（人）		
					总数	男	女
1987年	28		320	22361	9631	5752	3879
1988年	28		320	21441	8457	5231	3226
1989年	28		354	21996	8508	5010	3498
1990年	30		360	23659	17234	12231	5003
1991年	30		360	21447	15870	12000	3870
1992年	25		365	23856	11873	9203	2670
1993年	25		365	23990	11998	9191	2807
1994年	22		365	24887	11715	9025	2690
1995年	16		234	12633	5657	3102	2555
1996年	16		206	13662	5105	2899	2206
1997年	15		166	13746	4763	2610	2153
1998年	15		178	13057	3714	2256	1458
1999年	19		178	7627	2020	1055	965
2006年	17	17	111	4005	1076	817	259
2007年	18	15	111	3983	962	720	242
2008年	18	15	138	4848	2334	1772	562
2009年	18	15	129	4895	2258	1811	447
2010年	18	1	143	4735	1354	941	413
2011年	18	15	129	3711	1519	1003	516
2012年	20	1	148	3754	1543	1120	423
2013年	20	6	168	4048	1194	823	371
2014年	20	8	165	3432	1108	805	303
2015年	21	7	163	2598	1065	754	311
2016年	21	7	168	2598	944	635	309
2017年	20	5	141	2386	650	413	237

第十章　文化体育

第一节　文化艺术工作者联合会

1991 年 2 月，玉门油田成立文化艺术工作者联合会（简称文联），其前身为 1984 年成立的玉门油田文学艺术协会，为中国石油文联的团体会员单位，下设文学创作、摄影、音乐舞蹈、美术书法、集邮 5 个专业协会。玉门油田文联实行团体会员制，各专业协会和油田各单位为油田文联团体会员。党委宣传部为玉门油田文联的办事机构，负责油田文联的日常工作。2000 年，根据玉门油田重组改制后的机构设置和人员变动情况，对文联及各专业协会的人员组成进行调整，增设电视协会，业务挂靠在局党委组织宣传部。2005 年 7 月，随着玉门油田重组整合，油田文联的业务挂靠油田党委宣传部（企业文化处）。当年，文联下设文学创作、摄影、电视、音乐舞蹈、美术书法、集邮 6 个专业协会。2010 年 9 月，机关机构改革，党委宣传部机构调整为企业文化处（党委宣传部），油田文联业务遂挂靠企业文化处（党委宣传部）。2011 年上半年，油田对文联及各专业协会人员组成重新进行调整。至 2017 年，下设文学创作、摄影、电视、音乐舞蹈、美术书法、集邮 6 个专业协会保持不变。

一、文学创作协会

1984 年 5 月，玉门油田成立文学协会，属于油田文学艺术协会的一个分会。1991 年 2 月，成立文联，将文学协会更名文学创作协会，业务挂靠党委宣传部。至 2017 年年底，文学创作协会挂靠企业文化处（党委宣传部）。

二、摄影协会

玉门油田摄影协会成立于 1984 年，属于油田文学艺术协会的一个分会。1991 年 2 月，成立文联，摄影协会改属文联下设专业协会，业务挂靠党委宣传部。至 2017 年底，摄影协会业务挂靠在企业文化处（党委宣传部）。

三、电视协会

玉门油田电视协会成立于 1984 年，属于油田文学艺术协会的一个分会。1986 年，撤销电视协会。2000 年，根据油田重组改制后的工作实际，重新成立电视协会，属油田文联下设专业协会，业务挂靠在新闻中心。至 2017 年底，摄影协会业务挂靠在新闻中心。

四、美术书法协会

玉门油田书法美术协会成立于 1984 年，当时名为“玉门石油管理局书画联谊会”，属于油田文学艺术协会的一个分会。1991 年 2 月，成立文联，“玉门石油管理局书画联谊会”更名为美术书法协会，属文联下设专业协会，业务挂靠油田工会。至 2017 年底，美术书法协会业务挂靠在油田工会。

五、集邮协会

玉门油田集邮协会成立于 1984 年，时属油田文学艺术协会的一个分会。1991 年 2 月，成立文联，集邮协会属油田文联下设专业协会，业务挂靠玉门油田工会。至 2017 年底，集邮协会业务挂靠在油田工会。

六、音乐舞蹈协会

玉门油田音乐舞蹈协会成立于 1984 年，属油田文学艺术协会的一个分会。1991 年 2 月，成立文联，音乐舞蹈协会属文联下设专业协会，业务挂靠玉门油田工会。至 2017 年底，音乐舞蹈协会业务挂靠在油田工会。

第二节　文体活动

一、“玉门精神玉门人”摄影展览

1987 年 6 月，玉门石油管理局党委宣传部、工会、文学艺术协会与中国石油摄影协会玉门分会联合举办“玉门精神玉门人”摄影展览。57名作者、216件作品参展。作品内涵深刻，立意构图新颖，从不同角度反映了玉门石油人工作、学习、生活的情况和油田风貌。

二、唐都笔王刘平回油田

1987年11月，陕西西安老年书画学会副会长、陕西省国画院教授、“老玉门”刘平回油田探访。刘平曾在玉门油田工作24年，1976年调离油田。刘平回油田探访期间，在油田进行书法表演。刘平手执在玉门工作期间制作的重7斤、长1.75米、一次吸墨4斤的巨笔“金不换”，在一张25平方米的纸上写下隶书体“东山再起”4个大字，后又用小号唐都笔，在长25米、宽1米的两条长幅上，写下楷体对联“流汗水，图玉门，东山再起；勇开拓，为老矿，再现青春”。期间，刘平还访问了鸭儿峡油矿、机械厂、职工医院等单位，与市、局部分书法爱好者相互交流并进行了授课。

三、首届职工文化大赛

1989年3月至8月，根据总公司和中国石化总公司联合发出的《关于加强企业文化工作和开展石油职工文化大赛的通知》精神，以庆祝建国40周年、纪念玉门油田开发50周年为契机，以集中反映油田职工艰苦奋斗、无私奉献精神，再现改革十年来油田的发展和贡献为内容，举办了油田首届职工文化大赛。大赛除总公司要求举办的文艺节目、电视短片、好新闻、报告文学、散文征文、摄影、美术书法和演讲外，还增设了球类、围棋等项目。通过文化大赛，展现了一批反映油田艰苦奋斗、无私奉献的精神风貌和发展成果的优秀文化艺术作品。

四、作家魏巍访油城

1990年9月，著名诗人、散文家、小说家魏巍从首都北京来到玉门油田参观访问。他不顾70岁高龄，坚持穿峡谷、攀山道、到现场、进车间，先后参观了老君庙油矿、炼油厂，傍晚散步与劳动模范马武林、退休老工人聊天、拉家常。魏巍望着高耸入云的炼塔，喃喃自语：“塔，刺破青天锷未残，惊回首，离天三尺三。”返京后，魏巍在《人民日报》发表报告文学《玉门不老》一文，反映了玉门石油人扎根戈壁、为油奉献的精神风貌。

五、著名笑星张保和来油田演出

1993年5月，西北著名笑星张保和来油田演出并参加油田第五届青少年艺术节活动。开幕式上，张保和用兰州、武威、陕北等地方方言表演了幽默、诙谐的《可怜天下父母心》等五个段子，受到油城观众的热情欢迎。

六、“石油杯”全国甲级篮球邀请赛

1993年7月，“石油杯”全国甲级篮球邀请赛在油田炼化总厂体育馆开赛。被邀请参赛的前卫队、济南军区队、河北队、黑龙江队，均是全国甲级队的劲旅。经过3天的角逐，前卫队摘得桂冠，黑龙江队获亚军，河北队和济南军区队分获第三名和第四名。这是玉门油田建矿以来第一次举办的高水平篮球赛，也是油田为推动群众性体育事业发展，支持北京申办2000年奥运会的具体行动。

七、“六大系列”文化活动

1997年起，以文化宫、俱乐部、图书馆、体育场所为依托，寓教育于活动之中，传知识于课堂之外，广泛开展丰富多彩的文化娱乐活动，形成了具有玉门油田特色的“双休文化、广场文化、阵地文化、节日文化、兴趣文化、家庭文化”六大系列文化活动。双休文化突出“娱乐和教育”主题，努力扩展职工的业余生活；广场文化以弘扬民族文化、现代文化、石油摇篮文化为主旋律，在油田广场演出丰富多彩的文艺节目，活跃职工家属的文化生活；阵地文化充分发挥图书馆、阅览室、文化宫、俱乐部的作用，为职工学习知识，陶冶情操提供场所；节日文化主要以春节、元宵、“五一”“十一”为重点，组织开展花灯一条街、春节社火、卡拉OK大赛、文艺汇演等文化活动；兴趣文化和家庭文化坚持把文化活动与体育比赛、趣味活动、全民健身有机结合起来，将健康兴趣培养、家庭美德培育寓于丰富多彩的文化活动之中。

八、中华全国总工会文工团慰问演出

1999年8月，为庆祝玉门油田开发建设60周年，中华全国总工会文工团来玉门油田慰问演出。著名相声表演艺术家常宝华与他的第四代传人表演《白字先生》及新创作的相声段子。67岁的著名歌唱家孙宝贵演唱《咱们工人有力量》《慰问歌》《打靶归来》3首歌曲。国家一级演员龚七妹演唱《父老乡亲》。国内十大男高音歌唱家之一的赵玉章为油城职工奉献了经典名曲《我的太阳》及意大利歌剧《茶花女》选段

“饮酒歌”。著名口技表演艺术家马志忠表演精彩口技《百鸟闹林》。著名器乐演奏家张旺，中、青年演员钟敬蓬、田野等也纷纷登台献艺。

九、中韩国际美术交流展

1999年9月，在玉门油田开发建设60周年之际，玉门油田、韩国国际美术协会、中国石油报社、中国石油美术协会联合举办中韩国际美术玉门交流展。韩国国际美术协会会长、著名画家、韩国美术文化艺委会委员宋大宪，韩国国际美术协会副会长、总务理事徐廷学，甘肃省总工会副主席、甘肃省美协会员李宝堂为交流展开幕剪彩。交流展展出了两国艺术家的近百幅作品。

十、“同一首歌——我是玉门人”明星演唱会

2000年8月，玉门油田与中央电视台联合举办“同一首歌——我是玉门人”明星演唱会。中央电视台著名导演孟欣，主持人亚宁、阚丽君，歌星田震、韩红、陈红、满文军、梁雁翎、张行、火风、付笛生、任静等参加。“同一首歌”节目组还深入炼化总厂等生产一线进行慰问演出。

十一、“玉门摇篮杯”征文比赛

2000年4月—2001年1月，管理局党委与《中国石油》杂志社联合举办“玉门摇篮杯”有奖征文比赛。活动得到了中国石油、中国石化、中国海洋石油三大公司及存续企业和社会各界的关注，共有12篇征文先后在8期杂志上刊登，评出获奖作品7篇，为存续企业走出困境，持续发展提供了理论指导。

十二、河北残疾人艺术团应邀来油田演出

为支持残疾人事业，学习、宣传残疾人身残志坚、自强不息的精神，鼓舞玉门油田职工再造辉煌的斗志，2001年4月28日，河北残疾人艺术团应邀来油田进行“献爱心”文艺专场演出。艺术团表演了《命运》《雄鹰迪斯科》等精彩的节目，向观众展示了演员们的精湛技艺和永不低头的坚韧性格，受到了油田职工的热烈欢迎。

十三、《楷模》摄制组来油田拍摄铁人

2001年，在中国共产党建党80周年之际，浙江电视台拍摄大型电视系列片《楷模》，反映我国在各个时期具有广泛影响的先进人物。铁人王进喜是这一大型系列片的主人公之一，浙江电视台以一集（30分钟）的篇幅，真实地回顾、叙述铁人艰苦创业的光辉业绩。摄制组先后采访油田老领导、铁人故居、铁人家属，观看玉门矿史展览和有关资料片，并到铁人曾经工作过的地方进行了实地拍摄。

十四、格鲁吉亚国家芭蕾舞团来油田演出

2001年，格鲁吉亚国家芭蕾舞团应邀来玉门油田演出。格鲁吉亚国家芭蕾舞团成立于1851年，是苏联境内四大芭蕾舞团之一。该团曾多次巡访英、法、美、西班牙、荷兰、意大利、印度、澳大利亚等国家，以其凝重浑厚的古典风格和精湛的芭蕾语言，倾倒了世界各国观众。此次油田之行，该团演出世界经典芭蕾舞剧《天鹅湖》《堂吉诃德》，让玉门油田职工群众领略了世界高水平的芭蕾舞剧。

十五、红色经典现代京剧在油田演出

2001年7月，邀请中国京剧院来油田演出红色经典现代京剧。演出由京剧院院长吴江亲自带队，京剧院乐团现场伴奏。新华社、《人民日报》、中央电视台《东方时空》栏目、《梨园春秋》栏目等新闻媒体跟踪报道。中国京剧院的演员们表演《沙家浜》中的“智斗”，《红灯记》中的“痛说革命家史”，《智取威虎山》中的“打虎上山”等精彩唱段。

十六、零点乐队在油田演出

2002年，为纪念五四运动83周年、中国共产主义青年团成立80周年，油田团委与玉门团市委联合主办“农行情”零点乐队演唱会。“零点乐队”以强大的阵容、张扬的个性、青春的激情、淳朴的风格，为油城青年朋友们带来了当时最具现场演出魅力的演唱会，激发广大青年敬业爱岗、热爱生活，丰富了油城人民的业余文化生活。

十七、京、沪、陇三地笑星歌星联袂演出

2002年5月，为纪念毛泽东《在延安文艺座谈会上的讲话》发表60周年，邀请国家著名笑星德江、侯军，江南当红青春组合“玫瑰秀”与甘肃省2002年专业歌手大奖赛一、二等奖获奖歌手来油田联合演出。著名笑星、央视《周末喜相逢》主持人德江与搭档侯军表演了《学歌星》等相声节目。央视《新视听》栏目特约歌手刘慧清纯演唱的歌曲受到油田少年儿童观众的欢迎。第十届全国青年歌手电视大奖赛甘肃赛

区获奖歌手张洁、雨虹、戴海霞和蒙古族器乐演奏家阿尔宾·达赖、兰州军区战斗歌舞团魔术师马俊等也表演了精彩的节目。

十八、"八月流火"明星演唱会

2002 年 8 月，举办"八月流火"明星演唱会。沈阳军区前进歌舞团青年歌手李成，青年歌手燕双双、韩烁、黑鸭子演唱组分别演唱了多首民歌和流行歌曲，让观众重温了经典老歌，感受了流行旋律。著名小品演员句号表演小品《打苹果》，甘肃省著名笑星、兰州军区战斗歌舞团相声演员王海与甘肃电视台主持人陈立伟，客串表演具有西北地域特色的相声《谈恋爱》，诙谐风趣的表演，为油城观众奉上了一场视听盛宴，赢得了观众的阵阵掌声。

十九、"情系玉门油田"歌舞晚会

2003 年 8 月，与兰州歌舞剧院联合举办"情系玉门油田"歌舞晚会。晚会在大型交响乐曲《红旗颂》中拉开帷幕。演奏的《红色娘子军》《大梦敦煌》经典选段，表演的《踏歌》《秦王点兵》《敦煌妙音》等精彩的舞蹈，赢得观众的阵阵掌声。

二十、玉门石油歌曲大赛

2003 年，邀请我国著名作曲家秦咏城、田歌和著名作家张藜、郑南来玉门油田创作歌曲，谱写《中国有玉门》《玉门油田——中国石油工业的摇篮》《玉门玉麒麟》《中国石油人》等一批以玉门油田为主题的石油歌曲。2004 年，为庆祝新中国成立 55 周年、玉门油田开发 65 周年，油田举办玉门石油歌曲大赛。油田各单位积极参赛，以《我为祖国献石油》《中国有玉门》《玉门油田——中国石油工业的摇篮》《玉门玉麒麟》《中国石油人》等石油歌曲为主要内容，以大合唱的形式，讴歌石油摇篮不平凡的发展历程，追忆玉门石油人艰苦创业的足迹，表达对老一辈创业者的崇敬之情，唱出了新一代玉门石油人立足本职、奉献油田的激情和士气。

二十一、"常青藤"中老年艺术团来油田慰问演出

2003 年 8 月 26 日，吐哈油田"常青藤"中老年艺术团来油田，为油城观众奉献了一台精彩的歌舞演出。先后表演《我们是党的好儿女》《俏夕阳》《喜庆的日子》等舞蹈，演唱《我爱你，中国》《大红枣儿甜又香》等歌曲，丰富了油田职工群众的业余文化生活。

二十二、甘肃省杂技团慰问演出

2004 年 4 月，甘肃省杂技团应邀来油田慰问演出。演出了《敦煌梦幻》《芭蕾顶技》等节目。

二十三、新年交响音乐会

2004 年 12 月 31 日，邀请甘肃歌剧交响乐团，来油田举办新年交响音乐会，为油田职工演出了 20 多首享誉世界的精彩曲目。

二十四、中国人民解放军交响乐团、总政歌剧团慰问演出

2005 年 6 月，中国人民解放军交响乐团、总政歌剧团应邀来油田慰问演出。慰问团先后在玉门矿区、酒泉生活基地进行了"相约西部"大型独唱交响音乐会演出。杨洪基、张积民、杜聪等演唱、演奏了优秀的经典曲目。

二十五、"十弦十美"女子乐坊律动油城

2005 年 8 月，中西乐女子表演组合"十弦十美"女子乐坊来油田演出，先后演奏了《蓝色多瑙河》《金婚式》《茉莉花》《春江花月夜》《步步高》《喜洋洋》《阿里山的姑娘》等曲目，"十弦十美"女子乐坊以青春靓丽的舞台形象，时尚动感的表演形式，中西合璧的音乐风格，向油田观众诠释了中国新民乐的内涵，赢得了油城观众的欢迎和喜爱。

二十六、"美丽家园，和谐共建"专题文艺晚会

2006 年 9 月 29 日，随着大批玉门油田员工、家属及离退休人员搬迁酒泉生活基地，油田在生活基地搬迁一周年之际，于酒泉生活基地举办了"爱我家园、和谐共建"专题文艺晚会。

二十七、"红缨束"乐团应邀来油田演出

2006 年 1 月，举办迎新春音乐会，邀请享誉国内外的"红樱束"女子打击乐团来油田演出。"红缨束"乐团先后表演了具有浓厚民族特色的"龙腾虎跃"、模仿动物争斗的"龙虎斗"、充满异域风情的"鼓之韵"、象征丰收的"核桃熟了"、气动山河的"山鼓"以及"风暴女神""寺庙新声""红尘"等节目，深受

油田员工群众欢迎。

二十八、纪念玉门油田开发 70 周年系列文化活动

2009 年 8 月，时值玉门油田开发建设 70 周年之际，中国文联组织中国电影家协会、中国曲艺家协会来油田，举办“送欢笑下基层——走进玉门油田”暨玉门油田开发 70 周年文艺晚会，晚会在酒泉市市政广场举行，著名艺术家田华、陶玉玲、张连文、姜昆、冯巩、李金斗、李建华、戴志诚、巩汉林、刘斌、李丹阳、金珠以及央视著名节目主持人鞠萍等，为油田员工及周边群众奉献了一场精彩的文艺“大餐”。油田邀请甘肃电视台，合作编排举办了“摇篮颂——庆祝玉门油田开发七十周年文艺晚会”，并在甘肃电视台同步进行了直播；油田工会、团委、退管中心、物业公司等部门和单位组织编排并举办了“摇篮礼赞——庆祝玉门油田开发七十周年焰火文艺晚会”“发展石油摇篮、共建和谐酒泉”大型文艺晚会。油田各基层单位通过举办矿史知识竞赛、书画奇石展、集邮作品展、手工作品展，拔河、乒乓球、排球等各类体育比赛，自编自演歌、舞、情景剧、快板、配乐诗朗诵等形式多样的文艺节目，欢庆油田开发 70 周年。

二十九、“油田在我心中”“我与石油摇篮”——纪念玉门油田建矿 70 周年文学征文活动

2009 年，举办“油田在我心中”“我与石油摇篮”——纪念玉门油田建矿 70 周年文学征文活动，征文以反映玉门油田 70 年艰苦创业的难忘岁月，讴歌玉门石油人无私奉献的精神风貌，展现油田员工充满激情的火热生活，再现玉门石油人弘扬玉门精神的时代风采为主题，以散文、诗歌、纪实文学为体裁，共征集到来自全国各地的作品 309 篇，在《石油工人报》上分 38 期刊发了其中 267 篇（幅）。

三十、“瞬间流美、感受巨变”摄影展

2009 年，为庆祝玉门油田开发 70 周年，玉门油田党委宣传部、工会联合摄影协会，举办了“瞬间流美、感受巨变”摄影展，共收集照片 150 余幅，展出 127 幅，讴歌了玉门石油人无私奉献的精神风貌，展现了油田员工充满激情的火热生活，再现了玉门石油人弘扬玉门精神的时代风采。

三十一、“石油工人心向党”红色经典歌曲大赛

2011 年 7 月 1 日，在中国共产党建立 90 周年之际，举行“石油工人心向党”红色经典歌曲大赛，感受革命激情，缅怀革命先辈，追忆革命历史，继承革命传统。来自油田基层各单位的 2000 多名员工参加了比赛。员工们以饱含深情、高亢有力、激情豪迈、斗志昂扬的歌声，重温共产党人顽强不屈、铁骨铮铮的英雄气概，表达对党的深情，充分展示玉门石油人喜迎党的生日，积极进取，奋发向上的精神风貌。

三十二、“石油摇篮更美好”专场文艺晚会

2011 年 7 月，在公司（局）第一次党代会召开期间，举办“石油摇篮更美好”专场文艺晚会，祝贺公司（局）第一次党代会召开。玉门油田员工自编自演《石油工人心向党》《盛世鼓舞》《采油之歌》《向双百目标前进》等丰富多彩的节目，抒发了玉门石油人热爱党、热爱祖国、热爱油田的情怀，展现了油田上下万众一心建设“双百”油田的坚定信心。

三十三、“工会和职工心连心”慰问演出

2011 年 12 月，全总文工团来油田进行为期三天的慰问演出。慰问团由家喻户晓的笑星博林，曾为《李小龙传奇》《快嘴李翠莲》等 100 多部电视剧演唱主题歌的李姝，多次参与中央电视台大型文艺晚会以及奥运会开闭幕式、上海世博会文艺晚会的舞蹈编导赵亚玲，中央电视台世界吉尼斯晃圈纪录保持者、参加过 2011 年中央电视台春节联欢晚会的金琳琳，曾在央视连播 100 集《阿满教魔术》的魔术大师阿满，以及 CCTV 第十二届全国青年歌手电视大奖赛组合银奖获得者太阳部落组合等组成。慰问团除在油田文体中心演出之外，还深入采油、井下作业、炼化生产等一线进行了慰问演出。玉门油田电视台现场直播了演出盛况。

三十四、成都市京剧团来油田演出《魂系油气田》

2012 年 11 月，四川省成都市京剧团应邀来油田演出现代抒情京剧《魂系油气田》。《魂系油气田》是全国第一部以石油为题材的现代抒情京剧。该剧生动地展现了新中国石油工业的风雨历程，唱响了“我为祖国献石油”的主旋律，具有很强的思想性、艺术性和观赏性。演出结束后，玉门油田为京剧团赠送了“心系石油摇篮，情系石油发展”的锦旗。

三十五、中国石油文联送欢乐下基层慰问演出

2015 年 5 月，中国石油文联“送欢乐下基层”艺术家小分队赴玉门油田慰问演出，石油艺术家们以精

彩纷呈的文艺节目，带来了集团公司新一届党组对玉门石油人的亲切关怀和慰问，体现了石油文联对玉门油田的关心和厚爱，丰富了玉门石油人精神、文化生活。

三十六、春节系列文化活动

1996 年开始，每年春节期间，玉门油田都要举办声势浩大的大型灯展、花灯一条街、焰火晚会、社火表演等，丰富矿区职工家属的春节文化生活。至 2005 年油田生活基地搬迁前，每年在北坪区主要街道举办的花灯一条街，游人川流不息，欢声笑语不绝于耳；大年初一晚在局机关大院举办的焰火晚会，花团锦簇，精彩纷呈；初二、初三的社火表演，锣鼓喧天，场面宏大，成为玉门石油人永久的记忆。

2007 年春节，随着大部分员工家属搬迁酒泉生活基地，玉门油田首次在酒泉生活基地组织举办了春节系列文化活动。“花灯一条街”五彩缤纷；7 辆彩车、6 个表演方阵、800 余人组成的社火队伍声势浩大；大年初二晚上，在文化广场举办历时 30 分钟的大型焰火晚会，吸引了员工家属和酒泉当地市民前来观看，丰富多彩的春节系列文化活动展示了油田良好的企业形象和玉门石油人的精神风貌。之后，每年春节期间，油田都要对文化广场、主要街区和办公大楼等进行亮化，营造浓厚的节日气氛；发动离退休人员和家属，组织声势浩大的社火队伍，大年初二、初三，在文化广场为油田员工和家属表演社火，参加酒泉市正月十五的社火汇演，丰富了油田员工家属的春节文化生活。当年，由离退休人员和家属组成的“威风锣鼓”表演方阵，深受群众喜爱和欢迎，并成为每年春节社火表演和参加酒泉市春节生活巡演的保留节目，一直延续到 2017 年。

三十七、“纪念抗战胜利 70 周年”征文活动

2015 年，为铭记历史、缅怀先烈、弘扬伟大的民族精神和抗战精神，党委宣传部（文学创作协会）组织举办了以“铭记历史、缅怀先烈、珍爱和平、警示未来”为主题的征文评选活动，共征集到散文、诗歌、纪实文学等体裁的作品 50 篇，在《石油工人报》择优刊发 24 篇。通过评选，对 20 篇优秀征文给予奖励。

三十八、“重塑良好形象”主题摄影展

2017 年，玉门油田党委宣传部、工会联合油田摄影协会，通过在油田职工、家属中开展摄影作品征集活动，举办“重塑良好形象”主题摄影展。展出了一批展示玉门石油人立足岗位、拼搏奉献的最美风采；刻画广大员工直面挑战、苦干实干的精神风貌；展现石油摇篮稳健发展、持续发展的良好形象的摄影作品，用艺术的形式、用最美的眼光反映石油摇篮良好的形象，展示了石油摇篮人为油奉献、为油拼搏的精神力量。

三十九、“弘扬石油精神，重塑良好形象”主题征文

2017 年，玉门油田党委宣传部依托文学创作协会，以反映油田及各单位发展历程的重大事件、重要时刻的人和事为内容，组织开展“弘扬石油精神，重塑良好形象”主题征文。先后征集小小说、报告文学、散文、诗歌等体裁文学作品 30 多篇，择优在《石油工人报》上刊发，推出一批采撷于基层、来自生活，反映玉门石油人精神实质和主流思想的精彩故事，展示了石油摇篮的时代气息。

第三节　文体设施

一、石油工人文化宫

1957 年，新中国第一个天然石油工业基地建成后，为了满足职工群众对文化生活的需要，中华全国总工会拨款 80 万元，在油矿建设石油工人文化宫。1958 年，文化宫正式建成投用，占地面积 1016 平方米，建筑面积 4024 平方米，是中国第一座石油工人文化宫。文化宫投用后，成为玉门油田开展各种活动的重要场所，为提高员工的文化生活质量发挥了积极作用，并荣获全国职工文化先进单位和甘肃省先进工人文化宫等荣誉称号。

其主要功能有图书馆、乒乓球活动室、棋牌室、书画器乐培训班、碰碰车室、射击室、舞厅、室外游艺飞机等娱乐项目。1996 年经过室内装修增设了少儿、成人游戏设备、油城之星艺术学校、展览室、电脑培训班、卡拉 OK 歌舞厅、室外太阳神游艺设备等活动项目。随着油田生活基地搬迁酒泉，2009 年，油田将文化宫移交老君面作业区、鸭儿峡作业区、青西作业区使用。

二、图书馆

1957 年，油矿修建了图书馆，面积 100 平方米，藏书 30000 余册，设有采编室、儿童阅览室、借书处。1958 年，油田文化宫建成使用，图书馆搬入文化宫，增辟报刊阅览室。1966—1968 年间，图书馆关闭。1969 年恢复开放，1975 年增设科技阅览室。1986 年，图书馆借阅周转图书 2 万余册，画刊 4 万余册，报刊阅览 45000 余人次，图书借阅 9 万余人次。

2008 年，酒泉生活基地建成后，图书馆设在油田文体中心，共有藏书 11 万册，设有采编室、借阅室、杂志阅览室、报刊阅览室，成为油田职工家属阅读学习、借阅图书的重要场所。

三、油田影剧院

1979 年，为适应职工文化生活和召开各类大中型会议的需要，玉门油田向甘肃省石化局提出申请，新建油田影剧院。石化局、省计委批复同意修建 2800 平方米的影剧院。1981 年，影剧院建成投用。新建影剧院为砖与混凝土结构，座位 1275 个，其功能主要用于油田的各种大型会议、文艺演出以及电影放映等。

2008 年，在酒泉生活基地投资兴建文体中心，内设影剧院。

2011 年，矿区影剧院移交玉门市老市区管委会管理。

四、工会万龙保龄球馆

1998 年，在矿区文化宫旁修建万龙保龄球馆，1999 年 9 月投入运行。保龄球馆建筑共 2 层，一楼设有 1 个乒乓球室和 1 个碰碰车活动室，二楼主要有 8 个保龄球道设备和 4 张斯诺克球桌。2009 年，保龄球馆移交油田作业公司管理使用。

五、水上娱乐中心（游泳馆）

其前身为水电厂游泳馆。2003 年，重新装修后交由局工会管理。馆内设有男女更衣室及淋浴室、成人池 1 个、深水池 1 个及儿童戏水池 1 个，其中三个泳池均为 7 米 ×35 米，配套餐厅 1 个。随着油田生活基地搬迁酒泉，2007 年，水上娱乐中心停止使用。

六、酒泉生活基地文化广场

2009 年 7 月建成投用，广场标志建筑为体现油田风采的主题雕塑——“油田之光”，突出艰苦奋斗、三大四处、无私奉献、自强不息的玉门精神。广场“石油河”外侧采用代表石油色的灰色，象征不断涌动的石油，内侧采用黄色，象征油田的青春活力。浮雕墙景，象征玉门油田从 1939 年建矿至 2009 年七十年的发展历程。摇篮造型中间为一油滴形状，寓意玉门油田是中国石油的摇篮，摇篮造型又似一艘即将远行的帆船，象征玉门油田将再次起帆远航。广场周围集合文体中心、羽毛球馆、篮球场等文化体育建筑。整个广场清新自然，摇篮文化特色浓厚，是玉门油田职工文化、娱乐、休闲、健身的重要场所。

七、文体中心

始建于 2006 年，2009 年 8 月投入使用，建筑面积 18282.45 平方米。其主要功能有会议区（会议室 2 个）、视频会议室 1 个、剧院 1 个（座位 986 个，主要用于公司的各种大型会议以及文艺演出活动等）、保龄球室、乒乓球室、少儿游艺室、成人游艺室和模拟射击、射箭室、图书馆、舞蹈健身教室 2 个、小展览室 1 个、培训教室 6 间、老年大学合唱教室 1 个。

八、酒泉基地羽毛球馆

2012 年 5 月开始建设，2013 年 5 月主体建成，同年 9 月投入使用，建筑面积 3525 平方米。室内主要功能设施有 12 个羽毛球场地，3 个壁球馆，4 张乒乓球桌，9 间休息室，308 个看台座椅以及部分健身器材。室外半场篮球场 5 个，1 个羽毛球场地。

第十一章　社会责任

第一节　定点扶助

按照中央做好扶贫开发工作的有关精神，根据甘肃省委、省政府对扶贫开发工作的安排和要求，自20世纪90年代中期以来，油田先后多次承担了定点扶贫任务：

1995—1998年，对高台县新华乡开展帮扶。1995年，筹建钢门钢窗厂；1996年，提供设备建起了鱼塘；1997年、1998年，援建了驴肉加工厂。

2000—2011年，对天祝县大红沟乡开展了扶贫帮扶工作。1998年向天祝县大红沟乡捐赠1.5万元扶贫款，为甘肃天祝县大红沟乡群众捐衣送被21842件。2000年起，每年向天祝县大红沟乡给予4万～8万元的扶贫资金，累计投入帮扶资金约60万元，用于人畜饮水安全、村组道路维修、舍饲暖棚建设等。同时，抽调部分办公计算机以及桌椅、体育器械等物资捐赠大红沟乡。

2012年，甘肃省委提出在全省开展以单位联系贫困村、干部联系特困户为主要内容的联村联户为民富民行动（以下简称"双联"行动）后，武威市天祝县赛什斯镇（下辖5个村）和玉门市六墩乡柳北村(2015年7月后更改为玉门市六墩乡昌盛村)，作为油田"双联"行动的联系点。

2012—2016年6月，共投入帮扶资金270万元（其中天祝县赛什斯镇210万元，玉门市六墩乡60万元），用于新建日光温室、养殖小区、修建和改造村委会、危房改造、硬化乡间巷道，有效地奠定了当地的产业发展基础，促进了当地农业增效、农民增收和农村进步，提高了当地人均收入水平。通过油田帮扶，赛什斯镇居民人均收入由2011年的2636元增长至2015年的4766元，年均增幅达24.41%；六墩乡居民人均纯收入由2011年的1109元增长至2015年的5447元，基本实现年均收入翻番增长。此外，油田投入63.1万元，购买了赛什斯镇土豆171吨、六墩乡蔬菜13吨，为六墩乡解决冬季用煤109吨，发放慰问金2.35万元。

2017年4月，为了帮助武威市天祝县赛什斯镇进行中药材种植，油田提供帮扶资金10万元，指导种植中药材100亩。7月，根据甘肃省委、省政府关于调整加强全省脱贫攻坚帮扶工作力量的要求，油田帮扶村调整为甘肃省武威市古浪县西靖镇阳光新村。9月，选派一名干部前往阳光新村担任驻村帮扶工作队队长，开展驻村帮扶工作。期间，先后完成《贫困户基本情况调查表》《贫困户脱贫攻坚一户一策帮扶台账》《阳光新村脱贫攻坚实施方案（2018—2020）》编制等工作，开展党的十九大精神、冬季道路交通安全和防煤烟伤人知识宣讲，并配合西靖镇党委完成阳光新村党总支和所属4个党支部的换届改选工作和村民监督委员会、村妇女委员会的直推直选工作。12月，甘肃省脱贫攻坚帮扶工作协调领导小组办公室增加庆阳市环县木钵镇罗家沟村为油田帮扶村。

第二节　重点捐赠

1991年，安徽等地发生水灾后，全局职工踊跃捐款12.7832万元，粮票3066斤，最多的个人捐款上千元。9月，向（北京）国际减灾十年委员会捐赠2089元，用于救济灾民；11月，向玉门市残疾人联合会捐赠3万元。

1992年，向甘肃省肃南县祁丰区公署捐赠5万元扶持畜牧业基建基金。

1993年，向酒泉地区政法委员会见义勇为基金会捐赠1万元。

1994年，向玉门市委宣传部捐赠10万元，用于修复铁人故居。

1998年，向南方灾区捐款捐物100万元。

2001年9月，管理局工会根据省总工会开展《"赈灾献爱心行动"通知》要求，组织员工为受灾群众捐物10985件。

2003 年，油田分公司先后 5 次组织员工为玉门地震灾区、甘肃陇东水灾地区、玉门市防非办、民乐地震灾区进行捐助活动，共捐衣物被褥 1 万多件，捐款 6 万多元。

2004 年 10 月，管理局工会开展“慈善一日捐”活动，募捐人数 4875 人，募捐资金 125284 元。油田公司向孙越崎科技教育基金捐款 30 万元；向张掖市民政局捐款 5 万元用于抗震救灾。

2006 年 2 月，开展“扶贫济困送温暖慈善捐助”活动，为酒泉地区受低温冰冻灾害群众募捐衣物 7395 件；12 月，开展“送温暖、献爱心”社会捐助活动，为酒泉地区受低温冰冻灾害群众捐款 6.1 万元，捐助衣物 4568 件。开展“情系母亲水窖，助力新农村建设”活动，油田全体党员和部分员工共捐款 28.4 万元，捐建母亲水窖 284 口。

2008 年 2 月，玉门油田工会组织员工 10081 人为南方低温雨雪冰冻灾区捐款 40.68 万元。5 月，油田为汶川地震灾区捐款 50 万元，工会组织员工 13922 人为汶川地震灾区捐款 898594.9 元；11 月，根据省总工会《关于开展“抗震救灾，重建家园”帮扶行动的通知》要求，油田工会向对口帮扶的西和县工会捐助 20 万元，为甘肃地震灾区捐物 3.6 万件、价值 184.42 万元；油田 1576 名团员和 679 名青年共筹集特殊团费 43267 元、爱心捐款 13385.1 元，合计 56652.1 元，上交团省委，统一捐助灾区。

2010 年，青海玉树和甘肃舟曲突发灾害后，油田员工自愿捐款 25.12 万元，组织广大党员捐款 155 万元，油田团员青年开展了“捐赠一瓶饮用水（1 元钱）”活动，筹集爱心捐款 17305 元。

2013 年，为四川省芦山县抗震救灾捐款 73.3 万元。投入资金 3.9 万元，结对资助云南昭通灾区困难学生。

2014 年，为赤金镇捐赠 49.93 万元，实施铁人路社区办公场所维修改造项目；为玉门老市区捐赠 131.77 万元，实施社区群众室内活动中心基础设施配套项目、石化产业园区基础设施建设项目、环境治理及矿区民生建设项目；支持玉门油田教育分局办学经费 238.06 万元，其中 158.06 万元奖励中高考生，80 万元购置油田学校数据中心云平台设备；为玉门油田公安分局捐赠 150 万元，更新公安民警装备、办公设施和购置警用车辆等。

2015 年，为赤金镇捐赠 550 万元，实施现代科技农业示范园日光温室园区基础设施配套项目、铁人村温棚园区输水管灌工程、集镇基础设施建设项目、铁人新村配套项目、铁人故居纪念馆修缮工程及铁人王进喜纪念馆供电线路改造项目、中国石油铁人希望小学基础设施配套项目；为玉门老市区捐赠 150 万元，实施矿区民生建设项目、矿区产业基础设施建设及环境治理项目、老市区中心区域建筑物临街外立面维修改造工程；支持玉门油田教育分局办学经费 158.06 万元，其中 38.06 万元奖励中高考生，120 万元购置油田学校数据中心云平台设备；为玉门油田公安分局捐赠 150 万元，更新公安民警装备、办公设施和购置警用车辆等；帮销金塔杨景泳西瓜葡萄款 40 万元。

2016 年，为赤金镇捐赠 264.92 万元，实施赤金中学运动场改造项目（分三年 100 万元 / 年支付）、日光温室配套项目、玉赤公路（赤金段）环境综合治理、集镇基础设施建设项目；为玉门老市区捐赠 150 万元，实施矿区中心区域及道路两侧环境综合整治工程、矿区绿化美化亮化工程、市民休闲健身配套项目；为玉门市人民政府捐赠 100 万元，用于资助赤金镇及铁人村经济社会发展；支持玉门油田教育分局办学经费 165.96 万元，其中，45.96 万元奖励中高考生，120 万元用于玉门油田一中校园铺装工程项目；为玉门油田公安分局捐赠 150 万元，更新公安民警装备、办公设施和购置警用车辆等。

2017 年，为赤金镇捐赠 300 万元，实施赤金中学运动场改造项目、铁人新村公共环境卫生改造项目、铁人新村基础设施建设项目、赤金镇东湖村文化大院项目；为玉门老市区捐赠 150 万元，实施矿区生态环境治理项目、玉门石油精神教育阵地基础设施改造项目、临街沿路破损门窗修复项目；支持玉门油田教育分局办学经费 165.96 万元，其中，33.38 万元奖励中高考生，116.62 万元用于油田学校维修完善校园无线网络、油田一中篮球场改造、帮扶等；为玉门油田公安分局捐赠 150 万元，更新公安民警装备、办公设施和购置警用车辆等；为中国人民武装警察部队酒泉市消防支队捐赠 25 万元维修、建设费；为瓜州县腰站子乡捐赠 30 万元建设腰站子乡全乡健身文化广场附属工程；为庆阳市环县人民政府捐赠帮扶款 160 万元。

第三节　社会活动

一、处理“法轮功”事件

1999年，积极果断地解决和处理“法轮功”问题，收缴书籍178本、像53张、磁带164盘；动员各方力量，耐心细致地做好修炼“法轮功”人员的思想转化工作，“法轮功”问题得到了妥善解决，有力地维护了治安稳定。2001年，严厉打击“法轮功”邪教组织，有效防止了反弹。

二、积极参与抢险救灾

2002年12月，玉门市区发生5.9级强烈地震，油田出资10万元，支持玉门市政府购置更新测震和检测设施，协同观测震情变化，及时利用油田电视、报纸等媒体通报震情和宣传防震知识，为维护油城稳定发挥了作用。

2003年4月，与地方联合抗击“非典”，投资40万元，制作隔离病房，选派医疗人员增援酒泉地区医院，增强了地方卫生系统预防“非典”的能力，同时，油田团委积极响应团省委缴纳特殊团费的号召，上缴3.6万元特殊团费，支援抗击“非典”行动。

三、支援地方基础设施建设

2001年，在关系2万余市民生产、生活用水供应的玉门三五区水厂建设中，玉门油田成立技术支持小组，先后投入技术人员100余人、设备仪器10余台（套），全过程给予技术支持，使该工程在2003年底顺利竣工。

2004年，筹资268万元，在国家西部大动脉—312国道玉门区段赤金镇和戈壁庄修缮7.3千米公路，使破损严重的道路保持畅通。

2005年，在玉门市搬迁中，按照集团公司、股份公司的安排，转移支付3000万元投资，支援玉门新城区建设；投资1025万元，完成玉门老市区主干道路改造，使连续运行近20年、破损严重的市区道路恢复一新。

2006年，投资2385万元，改造酒泉基地附近的312国道，保证了酒泉基地建设和员工、家属的安全。为玉门市新市区等地方建设捐赠23.3万元。

2008年，自筹资金200万元左右，对严重影响通行条件的建设路、三八路、钻井北路进行修补改造和罩面，极大地方便了市民生产生活；配合玉门市铁人纪念馆筹建工作，先后捐赠井架、抽油机、车床各一台，捐赠资金20万元。

2012年6月，将嘉玉赤公路移交玉门市管理。

2013年，出资60万元，为玉门市赤金镇和平村（铁人村）完善基础设施，建设便民桥一座；出资295万元，支持酒泉市金佛寺4.2千米道路建设。

2014年，投入1200万元，对玉门市老市区道路进行改造，方便了矿区留守市民和油田员工出行。

2015年，受集团公司委托，向玉门市赤金镇人民政府捐赠550万元，用于铁人家乡美丽乡村建设，同时向玉门市老市区捐赠150万元，用于老市区基础设施建设。发挥农牧业养殖技术优势，利用较好的分析化验条件，无偿给予地方农户种植、养殖技术方面的服务和指导，并为周边农户宣传重大疫情或病虫害的预防知识，得到了地方农户的赞许。先后投资40万元，完成了玉门鱼儿红农场供电线路变电站的防洪设施加固和改造，为农场民众生活、生产供电设施的安全提供了保障。

四、助力航天事业，保障神舟七号成功飞天

与酒泉卫星发射中心在长期合作中建立起良好的互信机制。每年为酒泉卫星发射中心生产供应数千吨汽油、柴油及部分特殊油品，以保证航天城的正常运转。先后为“神五”“神六”载人飞船生产特殊润滑脂；为“神七”工程前期科研、试验、训练以及发射期间提供了93号汽油和0号柴油等高品质油品，有力保障了“神舟”系列飞船的成功发射。

第十三篇

人物与荣誉

第一章　人物简介①

第一节　从油田成长起来的两院院士（以出生年份先后为序）

翁文波（1912—1994 年），浙江鄞县人。著名地球物理学家，中国科学院院士。

1934 年毕业于清华大学物理系，1941 年到玉门油矿任工程师，创建了中国第一个重力勘探队（任队长），开创了我国磁法、电法勘探的先河，是我国石油地球物理勘探、石油地球物理测井、石油地球化学事业的创始人之一。后历任石油工业部勘探局总工程师、石油研究院副院长、石油勘探开发科学研究院总工程师等职。是发现大庆油田的主要贡献者之一，先后发现大庆油田国家自然科学奖、石油工业杰出科学奖等荣誉称号。曾任第三届全国人大代表，第五、第六、第七届全国政协委员。主要论著有《中国按油气藏希望的区域划分》《从定碳比看中国含油远景》等，并与黄汲青、谢家荣共同编制了《中国含油气远景区划图》。著有《预测论基础》《天干地支纪历与预测》等专著，被国内外科学界誉为“当代预测科学的宗师”。

童宪章（1918—1996 年），江苏扬州人。著名石油工程学家，中国科学院院士。

1941 年 7 月毕业于中央大学理学院物理系，同年到玉门油矿工作，任助理工程师、副工程师、工程处副处长。新中国成立后，历任西北石油管理局主任工程师，石油部采油主任工程师，胜利油田工程师，北京石油勘探开发科学研究院总工程师。主持了玉门油田的储量计算和油田开发方案、克拉玛依油田开发方案、大庆油田开发方案的编制工作，主持了大庆葡萄花、太平屯、萨尔图等油区第一口井的试油工作。参加研究的“大庆油田长期高产稳产的注水开发技术”获国家科技进步奖特等奖。主要论著有《压力恢复曲线在油气田开发中的应用》《油井产状和藏油动态分析》《天然水驱和人工注水油藏的统计规律探讨》等。创立的水驱油田动态分析理论与方法“童氏水驱曲线法”被广泛应用。

田在艺（1919—2015 年），陕西渭南人。著名石油地质学家，中国科学院院士。

1945 年毕业于中央大学地质系，1956 年加入中国共产党，曾任中国石油公司甘青分公司（玉门油田）工程师。历任西北石油局陕北勘探大队地质师，新疆油田地质调查处总地质师，大庆油田勘探指挥部副指挥兼总地质师，大港油田、江汉油田、吉林油田副指挥兼总地质师，石油工业部石油勘探开发科学研究院副院长兼总地质师。发现大庆油田的主要地质科学工作者之一，1982 年获国家自然科学奖一等奖。在中国陆相盆地生油和找油规律、含油气区大地构造、盆地分类与评价、油气藏分类等方面均有研究成果。主要论著有《中国中新生代陆相沉积及生油》《隐蔽油藏的勘探方法》等。1987 年晋升教授级高级工程师，享受政府特殊津贴。1997 年当选中国工程院院士。

李德生　1922 年出生，江苏苏州人。著名石油地质学家，中国科学院院士。

1945 年毕业于中央大学地质系，到玉门油矿任实习员，1946 年到中国石油有限公司任助理地质师。新中国成立后，历任西北石油管理局地质师、调查队长、主任地质师，玉门矿务局总地质师，川中矿务局总地质师，北京石油科学研究院主任地质师、总地质师，大庆油田会战指挥部地质指挥所副指挥兼地层对比研究大队长，四川石油会战指挥部总地质师兼地质指挥所指挥，大港油田地质研究所主任地质师，任丘油田研究院主任地质师，北京石油勘探开发科学研究院总地质师、博士生导师。先后培养出硕士、博士和博士后研究生 20 余名。先后兼任中国海洋石油总公司地质顾问，国务院学位委员会第二届评议组成员，全国矿产储量委员会油气专业委员会副主任，中国石油天然气总公司科技委委员、副主任，南京大学、浙江大学、石油大学、中国地质大学等 7 所高校兼职教授及美国俄克拉荷马大学客座教授。大庆油田开发方案研

① 本章人物的介绍顺序是以出生时间先后为序。第一节、第二节、第三节、第五节资料来源于《中国石油企业文化辞典・玉门油田卷》《岁月流金——记石油科技专家》《石油摇篮・记忆》。

究组负责人之一，“大庆油田高产稳产的注水开发技术”的主要完成者之一，该成果获得国家科学技术进步奖特等奖。1994年被美国石油地质家协会授予“石油地质学杰出成就奖章”，1997年被香港何梁何利基金会授予科学技术进步奖。美国石油工程师学会会员及美国石油地质家协会终身会员。主要论著有《石油勘探地下地质学》《中国含油气盆地的构造类型》《李德生石油地质论文选集》《中国石油天然气总公司院士文集李德生集》等。

刘广志　1923年出生，北京人。著名地质学家、探矿工程学家，中国工程院院士。

1947年，国立西北工学院（北洋大学）矿冶工程系采矿专业毕业后到玉门油矿工作，任钻井工程师。后历任矿产地质勘探局钻探科科长，中国地质计划指导委员会钻探处工程师，地质部探矿工程司主任工程师，地质矿产部探矿工程司、探矿工程装备工业公司总工程师。为中国地质大学（武汉）、长春地质学院兼职教授。主要论著有《科学钻探文集》《刘广志论科学钻探》等。

翟光明　1926年出生，安徽泾县人。著名石油地质专家，中国工程院院士。

1950年毕业于北京大学地质系，历任玉门油田采油厂总地质师，石油工业部勘探司司长、总地质师，石油勘探开发科学研究院院长，中国地质学会第三十三届副理事长，中国科协第三届常委。参加编制老君庙油田注水开发方案并组织实施。组织和参加编制大庆、胜利、任丘、辽河等油区的勘探规划并组织实施。20世纪八九十年代提出盆地“三史”结合油气运移和聚集的综合分析理论，提出全国科学探索井的勘探规划，相继发现了吐哈油田和陕甘宁中部大气田以及一些重要的油气发现，获得国家科技进步奖二等奖和中国石油天然气总公司科技进奖一等奖。1991年获全国五一劳动奖章。1997年在第十五届世界石油大会上，任大会秘书长。完成了中国工程院重要攻关项目“能源发展战略及‘十一五’的重点咨询研究报告”“中国可持续发展油气资源战略”等研究。主要论著有《中国南海油气资源评价》《西北石油和天然气的资源和远景》《中国沉积盆地的分类与油气的分布规律》《鄂尔多斯盆地构造与油气分布》《渤海湾盆地石油与天然气分布规律》等。

胡文瑞　1950年出生，甘肃平凉人，毕业于东北石油学院（大庆石油学院）。国内油气田勘探开发专家，从事低渗透油气田勘探开发和工程管理40年，国务院特殊津贴专家，博士生导师，教授级高级工程师，中国工程院院士。

1969年12月到玉门油田工作，1970年7月前往长庆参加石油会战，在长庆油田工作34年，曾任中国石油天然气股份有限公司副总裁，现为中国石油企业协会会长。获国家科技进步一等奖1项，国家科技进步二等奖1项，主持重大工程规划和建设7项。获中国石油铁人科技成就银质奖、全国五一劳动奖章。中国共产党第十六次全国代表大会代表和第十届全国人大代表。提出的“三个重新认识”，即重新认识鄂尔多斯盆地、重新认识长庆低渗透、重新认识自己，奠定了长庆“发展大油田，建设大气田”的思想基础；创新发展“双重介质渗流”理论，提出低渗透、特低渗透油田渗流遵循“孔隙渗流为主，裂缝渗流为辅”的新观点，奠定低渗透、特低渗透油田大幅度提高油田最终采收率的理论基础。首创了“超前注水”技术。

第二节　从油田成长起来的省部级以上领导

孙越崎（1893—1995年），浙江绍兴人。著名的爱国主义者，中国工矿泰斗，现代能源工业的奠基人之一，现代石油工业的创建人之一。

1913年入上海复旦公学学习，1915年日本提出灭亡中国的“二十一条”，他愤而将原名毓麒改为越崎，取“救国图存、越崎岖以达康庄”之意。1921年毕业于北京大学采矿系。曾任国民政府资源委员会委员长、政务委员及经济部长，甘肃油矿局（玉门油矿）总经理。在任甘肃油矿局总经理期间，他率领员工克服重重困难，扩充采炼设备，增加原油产量，扩大炼油规模，推进技术进步，建立运输队伍，建医院、办学校、开农场，并竭尽全力培养和储备人才，在大西北的戈壁荒滩上建成了当时中国规模最大、产量最高、员工最多、工艺技术领先的现代石油矿场，为抗日战争做出重要贡献。1942年8月，中国工程师协会因孙越崎创办玉门油矿成就卓著，授予其“中国工程师金质奖章”，这是继侯氏制碱法发明者侯德榜，建成粤汉铁路的凌鸿勋和设计钱塘江大桥的茅以升之后，又一获此殊荣者。新中国成立后，曾任全国政协常委、中国国民党革命委员会名誉主席等职。

康世恩（1915—1995年），河北怀安人。无产阶级革命家、我国工业战线杰出的领导人、新中国石油工业和化学工业的开拓者之一。

1935年，在河北省立北平高中读书时，参加了著名的“一二·九”学生运动。1936年考入清华大学地质系学习，同年参加“民族解放先锋队”，担任清华大学学生救国会常委。1936年10月加入中国共产党。1937年抗日战争爆发后，先后担任120师民运部工作员，山西朔县战地动员委员会主任，晋绥八分区专员。解放战争时期，先后担任晋县绥雁门军区政治部主任、一野三军九师政治部主任等职，参加了保卫延安和榆林战役、瓦子街战役以及兰州战役，为新中国的建立做出积极贡献。1949年9月，任玉门油矿军事总代表，10月任中共甘青分公司总支部书记。在任军事总代表期间，组织了油矿生产的恢复和发展，开展了“五一”立功运动，组织了公开建党的工作，使获得新生的玉门油矿生机勃勃。从1950年起，历任西北石油管理局局长、石油管理总局局长、石油工业部部长助理、石油工业部副部长、燃料化学工业部革委会主任、石油化学工业部部长、国务院副总理、国务委员、中共中央顾问委员会常委等职。

任志恒（1919—1998年），陕西淳化人。

1938年参加革命，1940年加入中国共产党。任陕甘宁边区赤水县四区三乡青年主任、锄奸主任，赤水县四区保安助理员，关中分区保卫处科员，吴中分区保安处科员，耀县保安科副科长，科长，渭南县公安处科长，渭南专区公安处管训队长、股长。新中国成立后，历任玉门石油管理局保卫处司法科长、保卫处副处长、安全处处长、人事处处长，党委组织部部长，玉门石油管理局副局长、党委副书记兼政治部主任，革委会副主任、主任，党委书记，煤炭工业部政治部主任，煤炭工业部党组副书记、副部长、中央纪律检查委员会委员。玉门油田花海农场的开拓者之一，逝世后遵照生前遗嘱，玉门油田在花海农场为其筑墓立碑，永志纪念。

焦力人（1920—2007年），陕西韩城人。

1938年1月参加革命，同年11月加入中国共产党。先后任延安中央印刷厂管理科科长、陕甘宁边区第一兵工厂总务科科长、晋绥军区第十兵工厂总务科科长、天水军管会企业科科长。新中国成立后，历任玉门矿务局党委副书记兼工会主席、副局长，玉门石油管理局局长，石油部地质勘探司司长，胜利油田会战指挥部工委副书记、总指挥，江汉油田会战指挥部副指挥，燃料化学工业部石油勘探开发规划研究院院长，石油化学工业部党组副书记、副部长兼华北油田工委书记、总指挥，石油工业部党组副书记、副部长，是党的十二大代表，第六、第七、第八届全国政协委员。

杨拯民（1922—1998年），陕西蒲城人。著名爱国将领杨虎城长子。

1938年入延安抗大、马列学院学习，同年加入中国共产党。曾任中共米脂县委统战部部长，银城市委书记，关中军分区、延属军分区副司令员，大荔军分区司令员。1950年，任玉门矿务局党委书记、局长，建成了中国第一个天然石油工业基地。后历任西北石油管理局副局长、陕西省副省长、天津市副市长、建筑材料工业部副部长，第五、第六届全国政协副秘书长。中共八大代表、第一届全国政协代表、第二至四届全国政协委员、第五至九届全国政协常委。

程　浩（1923—2005年），陕西临潼人。

1938年加入中国共产党。曾任陕甘宁边区学联主席、全国学联副主席。新中国成立后，历任青年团西北工委副部长，玉门油矿党委宣传部部长，中共玉门市委第一书记，甘肃省石油化工局副局长，宁夏回族自治区石油化工局局长、自治区人民政府副主席兼宁夏化工厂建设指挥部指挥等职。

秦文彩　1925年出生，山西万荣人。

1941年加入中国共产党。曾任八路军太岳军区分区武装工作队分队长、保卫股股长，解放军第十九师政治部保卫科科长。1952年随中国人民解放军57师集体转业到玉门，历任玉门矿务局钻井处副处长、矿务局副局长，四川石油管理局副局长、党委副书记兼政治部主任，燃料化学工业部石油勘探开发组组长，石油工业部副部长，中国海洋石油总公司总经理。

宋振明（1926—1990年），河北馆陶人。

1938年参加八路军，1942年加入中国共产党。曾任文化教员、连指导员、独立团政治处主任、安康军分区干部部副部长。新中国成立后，任玉门矿务局运输处处长、采油厂厂长，大庆石油会战指挥部副指挥、大庆油田党委书记、大庆油田革委会主任，石油化学工业部副部长，石油部部长，国家能源委员会副主任，中原油田会战领导小组组长，中国石油开发公司总经理。

李　敬　1927 年出生，陕西扶风人。

1949 年 4 月参加革命，1947 年加入中国共产党。1952 年，随中国人民解放军 57 师集体转业到玉门，先后转战四川、大庆、江汉、长庆、新疆、胜利等油田。历任玉门油田钻井公司技术员、生产技术科副科长、钻井大队大队长，大庆钻探大队队长、第二探区党委书记兼指挥、钻井指挥部指挥、大庆石油会战指挥部副指挥，四川石油会战指挥部副指挥，石油部副部长兼南疆石油会战领导小组组长，新疆石油管理局党委书记兼局长，克拉玛依市委书记、市革委会主任，石油部副部长兼胜利油田会战指挥部指挥等职。

赵宗鼐　1928 年出生，北京人。

1948 年 6 月参加革命工作，同年加入中国共产党。1951 年毕业于清华大学化工系。1951 年起，任玉门石油管理局采油厂注气工程师、厂党委副书记，老君庙油矿矿长，玉门石油管理局革委会技术负责人、革委会副主任、总工程师、局长，石油工业部海洋石油勘探局党委书记，中国海洋石油总公司副总经理，石油工业部副部长、党组副书记，中共中央直属机关委员会常务副书记，中共中央组织部副部长、人事部副部长、党组副书记（正部长级待遇），中央候补委员、中央委员、中纪委委员。

李天相（1928—2005 年），北京人。

1948 年 6 月加入中国共产党。曾在天津北洋大学机械系学习。1951 年在玉门油矿钻探大队工作。后历任西北石油管理局工程师、副处长、处长，燃料化学工业部勘探开发组装备组组长，石油化学工业部勘探开发组副组长，石油工业部副部长，国家能源委员会副主任，中国石油天然气总公司副总经理，第八届全国政协委员，中国石油学会理事长，中国石油天然气总公司科技委员会主任，中国石油天然气总公司咨询中心主任。

金钟超（1930—2002 年），浙江平湖人。

1947 年 9 月考入清华大学化学工程系，1948 年 11 月参加革命，在北平军管会工作，1949 年 3 月回清华大学学习，同年 9 月加入中国共产党，1951 年 9 月毕业。毕业后，到玉门油田工作，历任玉门油矿党委秘书、科长，玉门市委（玉门油矿党委）副秘书长、秘书长兼采油厂党委副书记，玉门市委副书记，甘肃省委办公厅秘书处副处长，甘肃省石化局办事组副组长、甘肃省石油地质研究所负责人，华北油田石油勘探开发研究院副院长，石油工业部科技司副司长、司长，中纪委驻石油工业部纪检组组长，中国石油天然气总公司副总经理，中国石油天然气总公司党组纪检组组长。

闵　豫（1933—1999 年），江苏昆山人。著名石油地质学家。

1951 年参加革命工作，1961 年加入中国共产党。先后在玉门油田、独山子油矿和新疆石油管理局及四川等地任地质师、主任地质师。1960 年参加大庆石油会战，先后担任大庆油田研究院副院长、大庆石油会战指挥部副指挥、总地质师，石油部副部长、科技委副主任，中国国际信托投资公司副总经理，地质矿产部科技领导小组副组长，中国地质进出口公司董事长等职，第四、第五、第六、第七、第八届全国政协委员。

吴碧莲　女，1945 年出生，四川射洪人。

1962 年 9 月在重庆大学电机系发电厂电力网及电力系统专业学习。1967 年 9 月，在玉门石油管理局水电厂工作。1982 年 3 月加入中国共产党。历任水电厂技术员、工程师、计划科副科长，副厂长，玉门石油管理局副局长、总经济师，甘肃省财政厅副厅长，地税局局长，甘肃省副省长，甘肃省人大常委会副主任。

黄亦纯　女，1945 年 4 月出生，湖南湘乡人，毕业于北京地质学院。1966 年 1 月加入中国共产党，1968 年 12 月到玉门油田工作，先后在钻井处任技术员、生产办公室科员、宣传科干事、宣传科副科长，钻井处党委副书记、书记，玉门石油管理局党委宣传部部长，局纪委书记，1991 年 4 月任玉门石油管理局党委副书记，1995 年 6 月任党委书记。1998 年 4 月调任甘肃省监察厅厅长，党委副书记、党委书记，甘肃省纪委副书记、省监察厅厅长，甘肃省委常委、统战部部长、省政协副主席，第十届全国政协委员。

陈　耕　1946 年出生，河北邢台人。

1968 年北京经济学院毕业后，在玉门石油管理局井下技术作业处工作。后历任长庆石油勘探局副局长，中国石油天然气总公司劳资局局长、总经理助理、副总经理，国家石油和化学工业局副局长，中国石油天然气集团公司副总经理、总经理，中国石油天然气股份有限公司总裁。

第三节 英模人物

王进喜（1923—1970 年） 1923 年出生于甘肃省玉门市赤金乡。

15 岁到玉门油矿当小工，直到玉门油矿解放。1950 年，成为新中国第一代钻井工人，任司钻、队长等职。1956 年 4 月加入中国共产党。1958 年 9 月，带领钻井队创造了当时月钻井进尺的全国最高纪录，荣获“钢铁钻井队”称号。1959 年 9 月，被评为全国劳动模范，光荣出席了全国工交群英会。1960 年 3 月，率队从玉门到大庆参加石油会战，组织全队职工用“人拉肩扛”的方法搬运和安装钻机，用“盆端桶提”的办法运水保开钻，不顾腿伤跳进泥浆池，用身体搅拌泥浆压井喷，被誉为“铁人”。先后任大庆油田 1205 钻井队队长、钻井指挥部装建大队钻井二大队大队长、钻井指挥部副指挥、大庆革委会副主任。1964 年 12 月，出席第三届全国人民代表大会。1969 年 4 月，出席党的九大，被选为中央委员，受到毛泽东主席和周恩来总理的亲切接见。1970 年 11 月 15 日 23 时 42 分，王进喜因病医治无效在北京逝世，享年 47 岁。铁人王进喜是中国石油工人的光辉典范，中国工人阶级的先锋战士，中国共产党人的优秀楷模，中华民族的英雄。建国 40 周年之际，他与雷锋、焦裕禄、史来贺、钱学森一起被中共中央组织部命名为“建国以来在群众中享有崇高威望的共产党员优秀代表”。他同孙中山、鲁迅、雷锋、焦裕禄、李四光、毛泽东、邓稼先、邓小平、袁隆平一起被评为“百年中国十大人物”。在新中国成立 60 周年之际，荣膺 100 位新中国成立以来感动中国人物之一。

郭孟和（1907—1983 年） 1907 年生于山东省即墨县。1945 年到玉门油矿工作。1950 年加入中国共产党，并被选为玉门油矿第一届工厂管理委员会委员。1951 年带领钻井队在青草湾 2 号井开创了我国冬季钻井的先例，被誉为祁连山下的“冬青树”。因贡献突出，被选为油矿的一级劳动模范和全国工业劳动模范，并被政务院和全国总工会邀请到北京参加国庆观礼，列席了全国政协会议。1952 年，郭孟和出席全国工业劳模大会，被树为石油系统劳动模范，同年 4 月，他作为中国石油工人的代表，应罗马尼亚石油工会的邀请，经莫斯科赴布加勒斯特参加“五一”观礼。1954 年 9 月 21 日，带领的 1207 钻井队以日进尺 234.3 米的成绩，创造了全国日进尺最高纪录。1955 年元旦，在《人民日报》上发表了《把石油城建设得更大更好》，向党和全国人民表达了第一代石油工人多打井、多产油，在第一个五年计划内把玉门油矿建设成为祖国第一个石油基地的信心和决心。

先后担任玉门市总工会副主席、玉门石油管理局工会副主席、主席，在此期间，为玉门油田工会的组织建设做出了不懈努力，曾多次受到石油部、甘肃省表彰。先后当选为第一、第二、第三届甘肃省和全国人民代表大会代表，第四、第五届全国政协委员。1979 年 72 岁的郭孟和被石油工业部树为全国石油战线“学铁人”标兵。

第四节 油田历届党政主要领导①

黄树德（1935—2017 年），男，汉族，四川乐山人，1935 年出生，毕业于北京石油学院，1957 年来玉门油田工作。1958 年任老君庙油矿修井大队技术员。1960 年至 1979 年在白杨河油矿先后任技术员、工程师、生产股长、攻关队队长、地质室主任、副主任工程师、副矿长兼主任工程师。1979 年至 1984 年先后任玉门石油管理局采油处副处长兼主任工程师、科技处处长。1984 年 7 月任玉门石油管理局局长，1989 年 12 月调任甘肃省石化厅厅长，1995 年 8 月退休。2017 年 3 月逝世。

王　鹏，男，汉族，北京顺义人，1942 年 12 月出生，毕业于北京邮电学院，1968 年到玉门油田工作，先后在水电厂任技术员、工程师、党支部书记。1983 年 6 月任玉门石油管理局党委副书记，1985 年 1 月任党委书记，1995 年 6 月调任大港油田集团公司党委书记。

赵熙寿，男，汉族，陕西大荔人，1934 年 10 月出生，毕业于西安石油学校，1955 年 6 月到玉门油田

① 按任职先后顺序排列。

工作，在老君庙油矿先后任技术员、副队长、党总支书记、副矿长。1964年后任局调度处副处长、处长、总调度长。1979年10月任玉门石油管理局副局长，1989年12月任局长，1995年6月离任。

黄亦纯　简介参见第二节　从油田成长起来的省部级领导简介。

刘世洲，男，汉族，四川达县人，1942年3月出生。毕业于重庆邮电学院，1968年7月到玉门油田工作，曾任秘书、干事、副科长、组织处副处长、局党委办公室副主任，通讯处副处长、处长。1986年3月任玉门石油管理局工会主席。1990年8月兼任吐哈石油会战指挥部临时工委副书记，1992年2月兼任吐哈石油勘探指挥部工委副书记，同年7月兼任哈密石油基地建设指挥部指挥。1995年6月任玉门石油管理局局长兼党委副书记，1998年4月代理局党委书记职务。1999年10月至2002年2月任玉门油田公司总经理、党委书记。2002年任甘肃省人大环资委副主任。2008年6月退休。2010年9月14日在四川省成都市逝世。

张东泉，男，汉族，甘肃兰州人，1954年9月出生，1986年6月加入中国共产党，1972年11月参加工作，毕业于西北师范学院教育专业、西南石油学院管理科学与工程专业，高级政工师。1972年11月到玉门油田工作，曾任《石油工人报》采编员、玉门石油管理局运输处学校教师。1984年10月任玉门石油管理局党委办公室秘书科秘书、副科长、副主任、主任，1993年3月任玉门石油管理局运输处党委书记，1995年6月任玉门石油管理局党委副书记兼纪委书记。1999年9月任玉门石油管理局局长、党委书记，2001年2月调中央企业工委。

高玉江，男，汉族，山东度平人，1950年5月出生，1965年到玉门油田工作，1971年11月加入中国共产党，中央党校函授学院党政管理专业毕业，曾任玉门石油管理局运输处组织科干事、运输处革委会副主任、副处长，生活服务公司副经理、吐哈石油勘探开发会战指挥部生活服务公司副经理、经理、生活服务处处长。1995年6月任玉门石油管理局副局长。1999年10月任玉门石油管理局党委副书记、纪委书记、工会主席。2001年3月任玉门石油管理局党委书记、纪委书记、工会主席。2005年7月至2010年6月任玉门油田分公司（玉门石油管理局）党委书记、副总经理（副局长）。2008年至2012年，任政协甘肃省第十届委员会常务委员、人口资源环境委员会副主任（正厅级）。

田玉军，男，汉族，河南鲁山人，1962年12月出生，1981年8月承德石油学校化学分析专业毕业后到玉门油田工作。后毕业于西南石油学院管理科学与工程专业，硕士研究生学历，工学硕士学位，高级政工师。1984年6月加入中国共产党。曾任玉门石油管理局炼油厂检验科技术员，团委副书记、检验科科长、党支部书记，玉门石油管理局团委副书记，吐哈党委工作部副部长，油田建设工程公司党委副书记、副经理、党委书记，1995年6月任玉门石油管理局工会主席。1999年9月任玉门石油管理局副局长，2001年3月任玉门石油管理局局长、党委副书记。2005年7月调任中石油西北销售公司总经理、党委副书记。

孔繁瑾，男，汉族，山东菏泽人，1957年12月出生，1984年11月加入中国共产党，1979年4月参加工作，先后毕业于华东石油学院炼制专业、西南石油学院管理科学与工程专业，硕士研究生学历，工学硕士学位，教授级高级工程师。1982年到玉门油田工作，曾任玉门石油管理局炼油厂二车间实习员、助理工程师、常减压车间主任、炼油厂副总工程师、副厂长，1993年3月任吐哈会战指挥部化工筹建办公室副主任、开发事业部副经理。1995年6月任玉门石油管理局副局长兼总工程师。1999年12月任玉门油田公司副总经理兼党委副书记、纪委书记，2002年2月任玉门油田分公司总经理、党委书记。2005年7月任玉门油田分公司（玉门石油管理局）总经理（局长），2010年12月调任中石油工程设计有限责任公司。

张作祥，男，汉族，甘肃武威人，1959年3月出生，1987年11月加入中国共产党，1976年10月参加工作，先后毕业于西安交通大学内燃机专业、西南石油学院管理科学与工程专业，大学专科学历，工学硕士学位，教授级高级经济师。1976年10月到玉门油田工作，曾任玉门石油管理局内燃机修理厂修理车间生产调度科调度员。1984年11月至1986年11月在西安交通大学内燃机专业学习。1986年11月任玉门石油管理局内燃机修理厂震源车间技术员。1988年6月任门石油管理局第二机械厂震源车间技术副主任。1991年12月起，先后任玉门石油管理局机动处设备管理科副科长、科长、副处长。1998年10月任玉门石油管理局建筑安装工程处处长。2002年10月任玉门石油管理局副局长、党委常委。2005年7月任玉门油田分公司副总经理、党委委员兼玉门石油管理局副局长、党委常委。2010年6月至2016年12月，任玉门油田分公司（局）党委书记、副总经理（副局长）。

刘圣志，男，汉族，吉林德惠人，1960 年 7 月出生，1982 年 11 月加入中国共产党，1983 年 8 月参加工作，先后毕业于大庆石油学院石油开发专业、中国科学院广州地球化学研究所构造地质学专业，博士研究生学历，理学博士学位，教授级高级工程师。1983 年 8 月到石油部工作，曾任石油部开发生产司实习员、助理工程师、工程师。1993 年 11 月任辽河油田欢喜岭采油厂副厂长（挂职）。1994 年 2 月任中国石油天然气总公司开发生产局规划发展处副处长。1995 年 7 月任吐哈石油勘探开发指挥部开发处处长。1996 年 12 月任中国石油天然气集团公司规划计划局规划一处处长。1999 年 12 月任中国石油天然气股份有限公司规划计划部规划一处处长。2000 年 4 月任中国石油天然气股份有限公司勘探与生产分公司计划处处长。2002 年 4 月任中国石油天然气股份有限公司勘探与生产分公司副总经理。2002 年 10 月任中国石油天然气股份有限公司勘探与生产分公司副总经理、党委委员。2007 年 11 月任青海油田分公司党委书记、副总经理。2010 年 11 月任玉门油田分公司（玉门石油管理局）总经理（局长）、党委副书记。2015 年 7 月调中石油海洋工程公司。

陈建军，男，汉族，1963 年 4 月生，1984 年 7 月毕业于西南石油学院石油地质专业并参加工作，1994 年 6 月加入中国共产党，2000 年 7 月获西南石油学院矿产普查与勘探专业工程硕士学位，2005 年 6 月西南石油学院矿产普查与勘探专业博士研究生毕业，2009 年 12 月获休斯敦大学 EMBA 硕士学位，中共党员，教授级高级工程师。历任勘探开发研究院工程师、副主任、主任、副院长兼总地质师，科技中心副主任兼勘探开发研究院院长，1999 年 4 月任玉门石油管理局副总地质师。2000 年 1 月任玉门油田分公司总经理助理。2002 年 2 月任玉门油田分公司副总经理、党委委员，2005 年 7 月任玉门油田分公司副总经理、党委委员，玉门石油管理局副局长、党委常委，2015 年 7 月任玉门油田分公司（玉门石油管理局）总经理（局长）、党委副书记。2016 年 12 月任玉门油田分公司（玉门石油管理局）党委书记、总经理（局长）。2017 年 11 月任玉门油田分公司党委书记、总经理，玉门石油管理局有限公司执行董事、总经理。

第五节　从油田成长起来的专家

邵逸周（1891—1976 年），安徽休宁人。著名矿冶学家。

1906 年毕业于武昌博文学堂，1908 年毕业于安徽高等学堂。1909 年赴英国伦敦，先后在帝国科学工程学院、英国皇家矿务学校学习。1914 年回国，任孙中山英文秘书、大冶铁矿工程师，后转赴缅甸任工程师。1931 年任国立武汉大学工学院院长兼教授。1942 年调任甘肃玉门油矿局协理。1945 年任国民政府经济部东北特派员沈阳办事处处长兼代特派员。1946 年任鞍山钢铁公司总经理。1948 年到台湾地区后从政。晚年致力于矿业与金属冶炼技术开发。1976 年，台湾武大校友会募捐设立“邵逸周纪念奖学金”。

严　爽（1895—1962 年），江苏泰兴人。石油工程专家。

1927 年毕业于北京大学矿冶系。曾任延长油矿勘探室主任、矿长。1936 年至 1938 年在美国科罗拉多大学进修。回国后，先后任甘肃油矿筹备处主任、老君庙矿场场长、中国石油公司协理。新中国成立后，历任燃料工业部石油总局副局长、石油工业部勘探司副司长。是玉门油田的主要创建者之一。

孙健初（1897—1952 年），字子乾，河南濮阳人。著名地质学家，是玉门油田开发建设的重要奠基人之一。

1926 年毕业于山西大学采矿系，同年进入中央地质调查所从事区域地质研究工作，历任中央地质调查所技正、甘肃油矿局勘探处处长。新中国成立后，任国家石油管理总局勘探处处长、西北财政经济委员会委员、中国科学院专门委员等职。1934—1938 年先后三次调查玉门石油，绘制了老君庙地区地形及地质构造图幅。1939 年 8 月指导钻成了老君庙第一口油井，证实了老君庙地区具有工业开采价值，拉开了玉门油田工业开发的序幕，为大西北石油资源的开发首建功劳。主要论著有《甘肃玉门油田地质报告》《祁连山一带地质变迁史略》《发展油矿计划纲要》《西北油田地质说略》《如何在钻井下研究石油地质》等，并编制了《中国石油理想分布图》。在论著中推断中国的柴达木盆地、准噶尔盆地、蒙古高原、四川盆地、陕甘盆地、山西盆地及冀鲁平原都是可能有油的区域，这些论述和推测已为当今石油勘探所证实。1952 年 11 月 10 日，孙健初逝世，玉门油田决定修建纪念碑。1954 年 7 月 24 日，孙健初纪念碑在油城公园落成。1966 年 9 月，孙健初纪念碑被红卫兵砸毁。1980 年 1 月，油田在原址重建孙健初纪念碑，1981 年初建成。

靳锡庚（1901—1998 年），字寿山，河南杞县人。石油钻井工程专家，玉门油矿早期创业者之一。

1932 年毕业于河南省焦作工学院采矿系。毕业后，先后担任湖北大冶富华煤矿测绘采煤技术员，豫北公路测修技术员，焦作中福煤矿井下采煤兼测绘技术员。1938 年，和孙健初一道赴玉门，曾任玉门油矿测量员、钻井队长，首次绘制出老君庙和石油沟的地质地形图和地质构造图。新中国成立后，历任玉门油矿总务组副组长，西北石油管理局器材处副处长，石油部勘探公司钻井处副处长、副总工程师，国家石油研究院副总工程师、副院长，石油勘探开发科学研究院总工程师。主要论著有《试油工作总结》《老君庙油田 L 油层开发经验总结》《钻井采油工艺》等。靳锡庚逝世后，中国石油天然气集团公司在老君庙前为其筑墓立碑，永志纪念。

金开英（1902—1999 年），字公弢，浙江湖州人。中国石油工业奠基人之一，中国炼油第一人。

1924 年，金开英自清华大学毕业后，公费入美国威斯康辛大学深造。三年后，取得理学士学位，当年即学成归国，后又自备旅费，再度赴美留学，入纽约哥伦比亚大学，专攻燃料研究，两年后，取得工程师和硕士学位。1938 年，任资源委员会植物油提炼轻油工厂厂长。1941 年任玉门炼油厂首任厂长。在任期间，玉门油矿的炼油事业逐步走向正规，炼制出了汽、煤、柴、石蜡等产品，有力地支援了抗日战争。1945 年，抗日战争胜利后，任接管委员会主任监理委员，奉命接管日伪遗留在台湾地区及东北的石油事业。到台湾地区后，担任中国石油公司总经理，与从玉门油矿赴台的李达海、董蔚翘、董世芬、吴德楣、虞德麟、江齐恩、杨增梯、张锡龄等石油专家，一起开创了台湾地区的石油炼化事业，成为“台湾石油事业的创始人和经济起飞的功勋人物”。

卞美年（1908—2002 年），天津人。中、新生代地质学家，古脊椎动物学家，石油地质学家。

1931 年毕业于燕京大学地质系，是爱尔兰著名地质学家巴尔博的学生，曾和著名考古学家贾兰坡主持周口店遗址第 1 和第 15 点的发掘，发现了“北京人”的右顶骨和下颌骨、股骨、牙齿等化石。在云南禄丰工作期间，发现了距今两亿多年前的“禄丰龙”。1942 年，卞美年到玉门油矿工作，任地质师。他和杜博民、张锡龄（后到台湾地区任石油公司总地质师）通过对祁连山一带地质调查，向翁文灏建议在老君庙油田打深井，以期发现产量较多的油层。翁文灏采纳其建议，用 30 型钻机打了老君庙地区第一口 903 米的深井，在 L 层下面发现了新油层，命名为 M 油层，成为老君庙的主力油层之一。抗日战争胜利后，卞美年离开玉门，到美国 ROC 及 ARCO 石油公司就职。

温之萼（1909—1996 年），河北饶阳人。石油机械专家。

1936 年毕业于河北工学院机械制造系，历任玉门油矿机电厂主任工程师、工务组长，西北石油管理局工务处副处长，石油钻探局机动室主任工程师，石油工业部供应制造局主任工程师，石油工业部第一机械厂（宝鸡石油机械厂）总工程师，石油工业部供应制造局副总工程师。一生致力于石油机械设备的技术改造和研制工作，设计、制造出中国第一个牙轮取心钻头、大型泥浆泵、防喷器等钻井装置和炼油设备。主要论著有《机械加工刀具》《石油英汉大词典》等。

蔡伯民（1911—1997 年），字在新，满族，辽宁沈阳人。石油机电工程专家、教育专家。

1935 年毕业于天津南开大学电机系，历任天津南开大学电机系助教，天津塘沽碱厂、四川五通桥碱厂技术员、助理工程师，甘肃油矿局炼油厂驻渝办事处副工程师、玉门油矿炼油厂工程师，中国石油公司甘青分公司工程委员会委员兼主任工程师。新中国成立后，历任玉门油矿工程处副处长兼工程室主任、设计处主任工程师，北京石油设计局主任工程师，北京石油学院石油机械系主任，华东石油学院教授，北京石油勘探开发科学研究院技术情报所、石油机械研究所研究员、顾问。主要论著有《石油厂设备制造工艺学》《压力焊接管道的新工艺》《石油炼厂设备工艺基础》《关于钢管旋转电弧压力焊旋转速度的研究》《磁场中旋转电弧焊几个问题的研究探讨》《英国标准立式钢制焊接油罐》等。

熊尚元（1911—2007 年），四川万县人。石油化工专家。

1933 年毕业于清华大学化学系，先后在北京、南京地质调查所燃料研究室任技术员、助理研究员。1938 年至 1942 年任资源委员会重庆动力油料厂研究员、工程师。1945 年任甘肃油矿局炼油厂工程师、代理厂长，主持炼油厂扩建工作，实现了玉门原油裂炼的工业生产。1946 年至 1950 年任甘青分公司炼厂厂长。新中国成立后，历任玉门矿务局副局长，北京石油管理总局设计局副局长兼总工程师，北京石油设计院院长，大连石油七厂副厂长、副总工程师。第一、第二、第三届全国人大代表，第五、第六、第七届全国政协委员。曾参与《英汉石油大辞典》炼制部分的编写工作。

周宗浚 山东胶南人。石油测绘专家。

1933 年毕业于北京大学地质系。曾任中央地质调查所技正、中国石油公司甘青分公司（玉门油矿）测绘室主任。新中国成立后，历任燃料工业部石油总局西安地质调查处副处长，玉门石油管理局银川勘探处副处长，长庆石油勘探局西安办事处副主任、测绘总工程师。1933 年参与编绘 1∶300 万中国地形挂图和分省地图集（申报馆出版），并发表了华南九省经纬度测量报告和黄河中游 1∶40000 地形图。1947 年在我国首次发现柴达木盆地油砂山含油构造并绘制成图。对酒泉盆地、陕甘宁油区的控制测量、地形、航空测量等做出重要贡献。

翁心源（1912—1970 年），浙江鄞县人。石油储运工程专家，被誉为“中国输油第一人”。

1934 年毕业于唐山交通大学土木系。历任湘桂铁路柳南段工程处工程师、滇缅铁路工程局工程师、叙昆铁路工程局工程师，甘肃油矿局工程师，中国石油公司工程室主任。新中国成立后，历任燃料工业部石油管理局计划处处长、基本建设处总工程师，石油工业部基本建设司总工程师、编辑室总工程师，石油部科技情报研究所副所长兼总工程师。是我国学习和掌握石油管道运输技术的第一人，发表了我国第一部《油管工程》专著。1944 年，在玉门组织设计建设了我国第一条输油管线。1958 年，在新疆维吾尔自治区组织指导了我国第一条长输输油管线（克拉玛依至独山子炼油厂）的建设。主持了中国油库系列和输气管道穿越长江等大型工程的设计和建设，为开创中国输油、输气管线工程建设做出了突出贡献。

邹　明（1913—2008 年），字明之，江苏无锡人。石油经济管理专家，中国石油工业的奠基人之一。

1937 年毕业于金陵大学化学系。历任南京中央地质调查所燃料研究室实习员，资源委员会重庆动力油料厂课长，甘肃油矿局炼油厂课长，甘肃油矿局驻美代表，上海炼油厂厂长，资源委员会中国石油公司室主任兼上海营业所经理，中国石油公司协理兼甘青分公司（玉门油矿）经理。新中国成立后，历任燃料工业部西北石油管理局副局长，燃料工业部工程师，石油工业部供应制造局副总工程师、总工程师，大庆石油会战指挥部供应指挥部副指挥，大庆炼油厂建厂指挥部副指挥，石油工业部外事局顾问，中国海洋石油总公司顾问，能源部高级咨询委员，中国石油天然气总公司咨询中心特邀专家等。玉门油矿解放前夕，邹明冒着生命危险率领全矿员工英勇护矿，经过艰难曲折的斗争，终于使玉门油矿完整无损地保存下来，受到当时解放区西北军政委员会的表彰。邹明逝世后，遵照其生前遗嘱，玉门油田在老君庙前为其筑墓立碑，永志纪念。

姜辅志 1913 年出生，辽宁丹东人。石油工程专家。

1940 年毕业于西北工学院矿冶系。任玉门油矿技术员、工程师。新中国成立后，历任石油工业部勘探司总工程师，石油勘探开发科学研究院总工程师。曾主持玉门油矿第一口高压油井的钻探工作，并拟定出一套打高压油井的技术要求。领导编制的《石油钻井工程规程及预算定额草案》，是我国最早的石油钻井工程技术经济规范。

敖明模（1914—1984 年），湖南临湘人。石油化工专家。

1938 年毕业于北平大学化工系。任玉门炼油厂工程师。新中国成立后，历任兰州炼油厂副工程师、副厂长，石油工业部基建司总工程师，中国石油化工公司石油化工规划设计院总工程师。曾主持兰州炼油厂的建设工作，负责组织了我国第一个自行建设的大庆炼厂的设计与施工和我国第一套催化裂化装置的施工。

陈　贲（1914—1966 年），湖南长沙人。石油地质专家，中国陆相生油理论的奠基人之一。

1939 年毕业于清华大学地质系，到玉门油矿工作，任地质师，并于 1941 年秘密加入中国共产党。1946 年任中国石油有限公司上海勘探室工程师。新中国成立后，历任石油管理总局陕北地质勘探处副处长、石油工业部勘探司第一任副总地质师、青海油田地质师、中国地质学会第二十六届理事。曾提出建立全国石油储量委员会、石油勘探工作应以储量指标为主等建议。最早提出冷湖地区侏罗系生油的观点，并总结了冷湖油田断块油气藏的富集规律，对国内断块油田研究起了借鉴作用。主要论著有《甘肃皋兰县铁矿及锰矿》《玉门油田油母岩层之讨论》《油层测验及其应用》《油气的游移作用和准噶尔盆地的含油远景》和与孙健初合著《甘肃永登青海民和上旋子及马厂原一带油田简报》《甘肃玉门宽台山北窑地质初步报告》等。

梁翕章 1914 年出生，广东南海人。石油工程专家。

1936 年毕业于辅仁大学物理系。曾任中国无线电公司助理工程师、玉门油矿工程师。1945 年赴美国进修，1947年回国，任中国石油公司上海勘探室工程队队长。新中国成立后，历任石油工业部北京勘察设计院、石油部规划设计总院总工程师。曾组织大庆、胜利等大型油库及新疆、四川石油天然气长输管线的设计和建设工作。主要论著有《世界著名管道工程》《成品油管道与原油管道的差异》等。

何俊英　1915年出生，上海人。石油化工专家。

1937年毕业于杭州之江大学（20世纪50年代并入浙江大学）化学系。曾任资源委员会重庆动力油料厂助理工程师、玉门炼油厂副工程师。新中国成立后，历任燃料工业部石油总局设计处副总工程师，石油部设计管理局、基建司副总工程师，中国石油化工总公司安庆石油化工总厂总工程师。是上海炼油厂工程设计和施工投产的主要负责人。主持设计了石油部第六炼油厂甲苯装置和石油部第一、第二炼油厂轻质油回收装置等。

蒋麟湘　1915年出生，河南南阳人。钻井工程专家。

1941年毕业于西北工学院采矿系，任玉门油矿技术员、助理工程师和副工程师。新中国成立后，历任玉门油田钻探大队副大队长、钻井公司总工程师、玉门石油管理局总工程师及副局长。后历任大庆油田钻采机械研究所副所长，辽河油田总工程师，中国石油学会首届理事及辽宁省石油学会副理事长等职。主要论著有《提高经济钻速的有效途径》《论卡钻的原因和防止措施》《关于底部钻具结构与快速钻直井的探讨》《谈谈完井工作》《我国钻井工艺发展的简要回顾》等。

王尚文（1915—1983年），河北临城人。石油地质专家，中国陆相生油理论奠基人之一。

1939年毕业于西南联合大学地质系，曾任云南滇北矿务局助理工程师、中国石油公司甘青分公司兰州勘探处工程师。新中国成立后，参加玉门油矿军管会，后历任西北石油管理局陕北勘探大队地质师，延长油矿主任地质师，石油管理总局地质局主任地质师，青海柴达木冷湖油田总地质师，华北石油勘探局总地质师，北京石油学院勘探系副主任，石油地球物理勘探局总地质师等。主要论著有《甘肃酒泉玉门间祁连山北麓石油生存之检讨》《甘肃酒泉玉门之间之中生代地层》《陕西延长附近石油地质初步调查报告》《中国石油地质学》等。

周世尧（1915—1968年），钻井工程专家。

1941年毕业于重庆大学机电工程系，曾任四川石油勘探处助理工程师、副工程师。1950年，来玉门油田工作，任玉门矿务局钻井大队副大队长兼青草湾钻井中队长。在玉门工作期间，参与开创了冬季钻井的先河。后任西北石油管理局器材供应指挥部副指挥，北京石油学院系主任、教研室主任，东北石油学院开发系主任。1956年晋升为正教授（国家三级），成为我国石油钻井专业的第一位教授。主要论著有《油井工程》《钻井工程》《英汉油矿词典》等。

刘树人（1916—1989年），山西太原人。石油钻井工程专家，我国石油钻井工程的开拓者之一。

1937年毕业于天津北洋工学院矿冶系。历任资源委员会经济部矿冶研究所助理工程师，玉门油矿工程师，中国石油公司甘青分公司（玉门油矿）矿场场长，西北石油管理局计划处处长，延长油矿副矿长兼总工程师，石油管理总局西安地质局总工程师，青海石油局钻井、工务总工程师，大庆石油会战规划总工程师，石油工业部外事局顾问等。在玉门油矿负责设计并组织完成了我国第一口斜井钻探工作，是大庆石油会战著名的八大老总之一。

龙显烈　1916年出生，四川营山人。石油化工专家。

1940年毕业于重庆大学化学工程系。任玉门炼油厂工程师。新中国成立后，历任玉门矿务局副局长、总工程师，兰州炼油厂总工程师、副厂长。20世纪40年代，在玉门炼油厂，主持建成我国第一套双炉热裂化装置，并首次试验成功裂化炉管蒸气除焦技术。新中国成立后，主持研究出干法尿素脱蜡、沥青连续氧化等新技术。1982年主持设计了我国第一套同轴式提升管重油催化裂化大型工业生产装置，并投入生产。先后荣获全国科学大会、甘肃省科学大会技术进步奖，国防科委献身国防科技事业奖章。被评为“庆祝新中国成立六十周年感动甘肃人物”之一。

张家骐　1916年出生，河南荥阳人。石油工程专家。

1942年毕业于西北大学化学系。1944年到玉门油矿，开始从事石油工业基本建设方面的工作。新中国成立后，在玉门油田负责炼建和油建的技术管理工作。1960年参加大庆石油会战，历任大庆油田会战总指挥部基建总工程师（八大老总之一）、大庆油建公司总工程师、石油第五设计院院长，石油工程技术研究所副所长兼总工程师，中国石油天然气总公司科技委员会委员。

史久光（1917—2011 年），浙江鄞县人。石油钻井工程专家，中国石油钻井工程的开创者之一。

1941 年毕业于西北工学院矿冶系，到甘肃油矿局（玉门油田）工作，任钻井部主管工程师，参加了玉门油田的护矿斗争，使钻井设备免遭国民党军队的破坏。新中国成立后，任玉门油田钻探大队大队长。后历任西北石油管理局矿务处钻井主任工程师、石油钻探局钻井室主任，新疆石油局、大庆油田总工程师，中国海洋石油总公司顾问。主要论著有《当今钻机性能的比较》《论复杂钻井事故的处理》《油田矿场如何节约钢材》《钻井装备功率配备的探讨》等。获国务院颁发的技术上有突出贡献证书。

司徒愈旺（1917—1992 年），广东人。我国早期地质家。

1942 年西南联合大学理学院地质地理气象学系毕业后来玉门油田工作。曾任玉门油矿勘探处工程师、地质师，石油管理总局勘探处地质师，四川石油管理局地质勘探开发研究院副总地质师等职。他与杜博民于 1948 年命名了玉门北部的火烧沟组地层名称，与包茨一起编制了中国石油工业第一部野外操作规范，参与了《天然气地质学》的编写工作。第五、第六届全国政协委员，第三届全国人大代表。

张江溶　1918 年出生。石油钻井专家。

1944 年西北工学院矿冶系采矿专业毕业后到玉门油矿工作。1948 年到四川油矿隆昌钻探队，任助理工程师。后历任隆昌气矿副主任工程师、总工程师，四川石油勘探局副总工程师，华北油田钻井工艺研究所教授级高级工程师。参与了《石油英汉大词典》的编纂工作。

杜博民（1919—1988 年），贵州大方人。石油地质学家。

1943 年重庆大学地质系毕业后到玉门油矿矿场地质室工作。新中国成立后，历任玉门油田电测队队长、工程处副主任、地质处处长、代总地质师，新疆石油管理局总地质师，大庆石油学院教授，大庆科学技术协会名誉主席等职。在玉门工作期间，与司徒愈旺等完成了老君庙油田的地质图、构造图等。1955 年到克拉玛依工作，参与组织了克拉玛依油田的第一个整体开发方案制定和实施，为发现和开发克拉玛依油田做出了巨大贡献。主要论著有《克拉玛依初探记》等。

黄剑谦　1919 出生，江苏宜兴人。石油工程专家。

1944 年交通大学唐山工程学院矿冶系毕业后到玉门油田工作，先后在老君庙油矿、油田计划处、矿务设计室工作。1958 年调新疆石油设计院工作，1975 年调长庆油田规划设计院工作，1982 年调华北油田设计院工作。在玉门工作期间，成功设计了我国第一座油气分离系统——8 号选油站，主持设计了我国油田建设史上第一个油田边外注水工程，领导编制完成了玉门油田建设总体设计。在克拉玛依油田工作期间，参照玉门油田总体设计的规格，结合克拉玛依油田实际，编制完成了《克拉玛依油田建设总体规划》，这是新中国成立后第一个由我国专家自己设计的油田建设总体规划。参与了《中国大百科全书·矿冶卷》的编纂工作，具体完成了石油开采油田油气集输部分。主编完成了《英汉石油大辞典（油田地面工程分册）》。

彭佐猷（1919—1995 年），湖南攸县人。石油钻井专家。

1944 年毕业于湖南大学矿冶系，来玉门油田工作。先后任技术员、助理工程师、钻井队长、钻井公司总工程师、地质勘探公司副经理兼总工程师、钻井处副处长兼副总工程师，松辽石油勘探局总工程师、副指挥，华北石油勘探指挥部副指挥、主任工程师，华北石油会战指挥部总工程师等职。

王治同　1919 年出生，山东东阿人。油田开发专家。

1948 年毕业于西北大学地质系，历任玉门油田采油厂技术员、地质师、总地质师，后到油田研究所从事油田开发地质研究工作。1979 年，调北京石油学会担任《石油学报》油田开发方面的编辑工作。主要论著有《石油技术辞典》《当前机械采油几个重要技术问题的讨论》等。

刘永年（1920—1995 年），四川巴县人。石油测井专家。

1940 年毕业于金陵大学电机专科，曾任玉门油矿勘探室工程师。新中国成立后，历任西安石油仪器总厂副厂长、总工程师。1947 年在玉门油矿建成中国第一个电测站，首次将地球物理测井技术用于石油勘探、开发生产。1958 年主持设计成功多线型自动井下电测仪，1965 年获国家发明奖一等奖。主要论著有《火焰喷射式射孔弹的设计和工艺》《测屏微电极系》等。

任康生　1920 年出生，石油机械专家。

1943 年毕业于中央大学机械系，来玉门油矿工作。曾任甘肃油矿局运输处助理工程师。1951 年调四川隆昌石油矿场任场长。后历任江油探区钻井队队长、四川石油勘探局机动室主任工程师、四川石油管理局总机械师等职。

王树芝（1920—2001 年），河北磁县人。采油工程专家。

1942 年毕业于唐山工学院矿冶系。先后担任玉门油矿技术员，四川天府煤矿技术员，上海中国石油公司助理工程师、副工程师等职务。新中国成立后，历任燃料工业部石油管理总局工程师、工会主席，北京石油管理局工程师，延长油矿采油主任工程师，玉门油矿采油厂副总工程师、总工程师，新疆石油管理局主任工程师，辽河石油勘探局副总工程师，辽宁省民盟常委、政协副主席。先后担任《中国大百科全书》采矿编委，中国石油学会主办刊物《石油知识》主编。

余伯良（1920—2003 年），广东台山人。石油地质专家。

1942 年毕业于中央大学地质系，1949 年获加拿大蒙特利尔市麦基尔大学硕士学位。历任国民政府贵阳经济部资源委员会矿产测勘处技术员、中央大学地质系助教，南京大学地质系教授，燃料工业部北京石油管理总局勘探处地质师，玉门石油管理局酒泉地质大队总地质师，石油工业部石油科学研究院总地质师、地质研究室主任，松辽石油勘探局总地质师、综合研究大队队长，石油工业部石油物探局总地质师。大庆油田的发现者之一。作为主要完成者之一的科研成果“大庆油田发现过程中的地球科学工作”获国家自然科学一等奖。提出定量鉴别生油层有机质丰度和沉积环境参数方法，获得推广应用。主要论著有《贵州独山都匀地区煤田地质》《甘肃西部石油地质远景评价》《甘肃走廊新构造运动》《松辽盆地生油层地球化学特征》等。

张传淦　1920 年出生，山东泰安人。石油地质专家。

1945 年毕业于中央大学地质系，来玉门油矿，先后在油矿地质室、兰州探勘处工作。1950 年到南京地质探矿专科学校任专职教师。1951 年到北京石油总局探勘处工作。后在鄂尔多斯盆地参加勘探找油工作。20 世纪 80 年代到中国石油天然气总公司石油勘探开发科学研究院任教授级高级工程师。他教的学生和带出的研究生，许多成为中国石油界的专家和骨干。

朱兆明　1920 年出生，山西太原人。石油工程专家。

1946 年毕业于西北工学院矿冶工程系（采矿专业）。1946 年 10 月到玉门油矿，从事采油工程专业。历任玉门油矿矿场采油部技术员、采油厂厂长，石油部玉门设计院副院长、代理院长、院长，石油部地质勘探司油田处处长、采油总工程师，大庆会战采油指挥部副指挥，大港油田采油总工程师，北京石油勘探开发科学研究院采油总工程师。兼任联合国援助“完善压裂酸化中心”项目主任，石油部压裂酸化技术协调组长、科技委员会采油工艺组长，国家科技委石油地质组成员，西安石油学院开发系兼职教授。参加的“大庆油田长期高产稳产、注水开发”成果获国家科技进步奖特等奖，作为主要技术负责人的“大港油田深井压裂技术”成果获石油部科技进步二等奖、“压裂改造低渗透油层提高生产能力的技术”成果获国家科技进步二等奖。主要论著有《压裂酸化工艺在我国油气田开发中的发展及应用》《油层水力压裂可以延长油田稳产期，提高其最终采收率》《使用大型压裂工艺建立井间沟通控制井喷技术的探讨》《注水开发油田中压裂工艺的应用》《中国北部地区深井压裂问题的讨论》等。

何振鹏　1921 出生，甘肃靖远人。石油化工专家。

1948 年毕业于南开大学化学专业，来玉门油矿炼油厂工作，任车间主任。1955 年调北京石油管理总局炼化处工作，后历任石油部炼化司副总工程师，南京炼油厂工程建设总指挥、胜利炼油厂副总指挥、荆门炼油厂总工程师，中国石油天然气总公司炼油化工局副总工程师。他在荆门炼油厂参与组织研制的喷气燃料项目获国家科技进步奖一等奖。

刘荫藩　1921 年出生，江西萍乡人。石油钻井专家。

1947 年毕业于湖南大学工学院矿冶系，来玉门油田工作，历任钻井队长、钻井公司生产技术室主任、油田生产技术处主任工程师、钻井公司副总工程师，石油工业部钻井处处长，川中矿务局总工程师，四川石油管理局副总工程师、副局长，滇黔桂勘探开发会战指挥部副指挥兼党委副书记。

孟尔盛（1921—2007 年），江苏姜堰人。地球物理学家，中国石油物探事业的开拓者之一。

1946 年毕业于唐山交通大学矿冶系。1947 年至 1948 年在玉门油矿从事重力测量和油田井下电测工作。1953 年至 1957 年在甘肃西部地区从事野外物探工作。1957 年起，历任新疆石油管理局地调处总工程师、主任工程师，大庆会战总地球物理师，大庆石油学院地质勘探系主任，华北石油勘探局总地球物理师，石油物探局总工程师等职。主要论著有《石油地质学》《中国物探史例》等。

王季明 1921 年出生，四川人。石油工程专家。

1944 年毕业于武汉大学工学院矿冶系。1945 年经武汉工学院院长、甘肃油矿局协理邵逸周介绍，到玉门油矿工作，任技术员、助理工程师、第三钻井队队长、青草湾中队副中队长兼青 2 井井队队长、采油厂工程师。1958 年参加川中石油会战，历任四川石油管理局副总工程师、试采副总工程师。参与实施的“排水采气配套技术”获国家科技进步奖二等奖。主编了《压裂酸化读本》，参与了《中国大百科全书·矿冶卷》的编写工作。

吴崇筠 女，（1921—1995 年），四川江津人。沉积学家，我国石油系统沉积岩石学的奠基人与传播者。

1945 年毕业于中央大学地质系。1949 年获美国路易斯安那州立大学岩石学硕士学位。1951 年回国，历任玉门矿务局试验室主任，北京石油学院岩矿教研室主任，石油工业部石油勘探开发科学研究院副总地质师。是第四届全国政协委员。参加了大庆油田勘探开发工作，提出并总结了莎尔图砂岩体的分布、结构、沉积特点，为大庆油田的勘探开发提供了可靠的基础资料。对我国东部断陷湖盆不同类型沉积相模式进行了研究，取得了成果。主要论著有《油田岩相古地理》《中新生界湖、三角洲与油气分布》《断陷湖盆沉积岩》《沉积岩石学》等。

安锦高 （1922—2003 年），陕西米脂人。石油机械专家。

1947 年毕业于西北工学院机械系。1949 年来玉门油田工作，历任玉门矿务局机械厂技术员、工务股副股长、副厂长、厂长、主任工程师，局生产办公室副主任、机动处副处长等职。1978 年任石油工业部机械制造局总机械师、总工程师。主要论著有《有杆抽油设备与技术》等。

高俊凯 1922 年出生，河北阜城人。石油工程专家。

1950 年毕业于中央大学机械系，来玉门油田工作，曾任油建公司热电站工区副主任兼主任工程师。1960 年参加大庆石油会战，后到四川油田、江汉油田工作。1980 年任管道局总工程师。主要论著有《论直缝管与螺旋管在国内使用的辩证关系》《我国长输管道穿跨越工程的几个问题》等。

张载褒 1922 年出生。石油工程专家。

1950 年毕业于西北工学院矿冶系，来玉门油田工作。后参加川中石油会战、胜利石油会战，曾任胜利石油会战指挥部副指挥兼总工程师、江苏石油勘探局副局长兼总工程师、中国海洋石油公司南黄海石油公司副总经理，是石油工业有突出贡献的科技专家。

赵宗仁 1922 年出生，天津人。石油机械专家。

1941 年毕业于中央工业学校电机科。历任印度加尔各答中国航空公司机械员，玉门、乌苏油矿助理工程师，中国石油公司采油室锦西炼油厂副工程师。新中国成立后，历任石油工业部机械制造局副总机械师。曾组织参加并炼出中国第一批石油机械专用的合金钢。组织了上海大隆机器厂等的技术改造，使中国石油机械配件达到自给。

王曰才 1923 年出生，江苏崇明人。石油地球物理测井专家，教育专家。是中国石油地球物理测井工程专业和教育的创建者之一。

1947 年毕业于日本九州大学工学院采矿系，到玉门油田电测站工作。新中国成立后，历任玉门油田地质处电测队队长，北京石油学院勘探系副教授，华东石油学院教授。在玉门油田工作期间，研制成功中国第一台自动电测仪。主要论著有《地层倾角测井》《非电法测井》《微型机区域性岩相率的研究及其应用》《理想 QV 泥质砂岩测井解释方法的改进》等。20 世纪 60 年代被评为全国文教卫生战线标兵，出席了全国群英会。指导进行的“测井电模拟”项目获石油部重大科研成果奖。

秦同洛（1924—2000 年），江苏无锡人。油田开发专家。

1944 年毕业于唐山工程学院矿冶系。曾任玉门油矿助理工程师、采油厂厂长，延长油矿采油工程师，北京石油学院石油开发系主任、科研处处长，石油勘探开发科学研究院副院长。是我国第一个注水开发油田——玉门油田的主要设计人之一，也是大庆油田分区注水开发设计的负责人之一。主要论著有《油田开发稳产条件的讨论》《中国微生物采油现状》《关于提高原油采收率问题及对玉门油田开采的意见》《关于划分储层有效厚度的意见》《小断块油气田的几点规律性认识》《建立我国天然气工业中注意的几个问题》。

徐　旺　1925年出生，北京人。石油地质专家。

1950年毕业于北京大学地质系，曾任玉门油田地质队长、地质师、地质室主任。1959年起，赴大庆、四川、江汉、华北等地参加石油会战，主要负责地质科研和担任技术领导。1981年，获全国科学大会奖。主要论著有《中国石油地质志》《河西走廊区域构造和油气评价》《对中国浅层天然气勘探建议》等。

张克勤　1927年出生，河北定州人。中国第一位钻井泥浆专家。

1949年毕业于西北大学化学系，1950年到玉门油田从事石油钻井泥浆的研究工作。1953年被评为新中国第一位泥浆工程师。他在玉门油田研制的"高碱性淀粉泥浆"，性能比过去的泥浆提高1倍，对防止沉砂卡钻、巩固井壁等起到了一定的作用。1990年获中国石油天然气总公司有突出贡献专家称号。主要论著有《钻井液及处理剂评价手册》《深井钻井液技术发展趋势》等。

李克向（1928—2003年），北京人。石油钻井工程专家。

1953年毕业于清华大学石油工程系。历任玉门矿务局勘探处代理技术员、玉门矿务局勘探公司工程师，江汉石油会战总指挥部生产组、工程组副组长，北京石油勘探开发科学研究院副总工程师兼生产办公室副主任，石油工业部钻井工程司总工程师、副司长，中国石油天然气总公司钻井工程局副局长兼总工程师、咨询中心工程部专家。分别获得过国家科学技术进步奖一等奖、三等奖。主要论著有《中国钻井技术的发展》《全面提高和发展我国钻井技术》等。

龙怀祖　1928年出生，江西人。石油工程专家。

1950年毕业于西北工学院化学工程系。先后在玉门矿务局、新疆设计院、大庆设计院、石油规划设计总院工作。历任技术员、工程师、副总工程师、石油规划设计总院总工程师。在玉门主持设计的我国第一套原油脱气和伴生气集气系统及回收天然气轻油的装置，开创了我国天然气回收利用的先河。1991年，被中国石油天然气总公司授予"石油工业有突出贡献的专家"。主要论著有《冷剂致冷系统的功损分析》《天然气管道露点控制问题探讨》《天然气凝液利用方向初探》等。

陆邦干（1928—2004年），江苏南京人。地球物理专家。

1950年毕业于上海交通大学物理系。历任玉门油田地震队队长、工程师，大庆油田地震会战研究大队大队长，石油工业部勘探司地球物理勘探处副处长、总工程师。主要论著有《非纵反射资料解释》《我国黄土区的地震勘探方法与技术》《三维地震与横波地震》《我国地震勘探现状与今后发展方向》等。

张昭明　1928年出生。石油工程专家。

1950年毕业于中央工业专科学校，来玉门油田工作，曾任玉门炼油厂工程队实习员、主任工程师。1960年参加大庆会战，后任东北输油管理局总工程师。

褚人杰　1929年出生，上海松江人。石油测井专家。

1951年毕业于南京地质探矿专科学校物探科，来玉门油田工作。1960年参加大庆石油会战。历任技术员、工程师、石油勘探开发研究院教授级高级工程师。1992年被中国石油天然气总公司授予"石油工业有突出贡献的科技专家"。"调整井水淹层测井解释方法"获石油部科技进步奖三等奖，"注水油田剩余油分布及开发方法研究"获中国石油天然气总公司科技进步奖三等奖。主要论著有《低渗透油层测井解释》《双河油田水淹层测井解释方法》《高尚堡地区盐水泥浆复杂砂岩储集层的测井解释方法》等。参与了《中国大百科全书·矿冶卷》的编写工作。

李德渊　1929年出生，云南大理人。石油地质专家。

1954年毕业于重庆大学，来玉门油田工作，曾任技术员、地质师。1970年参加长庆石油会战，历任长庆油田研究院综合组副组长、生产办公室副主任、长庆油田副总地质师。主要论著有《秦晋天然气地质综合研究》《多井间油藏地球物理勘探》等。

李虞庚　1929年出生，四川成都人。石油工程专家。

1950年毕业于重庆大学矿业系。历任玉门油田实习员、工程师、生产技术处处长，大庆石油会战指挥部副指挥、大庆石油管理局局长，石油部副总工程师，中国石油天然气集团公司总工程师等职。是大庆会战时期的"八大老总"之一。获得过国家科技进步特等奖。主要论著有《关于高温岩体地热能及其开发利用问题》《开采地层深部的非化石能源》《地壳深部岩体热能利用》等。

谭文彬（1929—2006），天津蓟县人。石油工程专家。

1953年毕业于清华大学石油工程系，历任玉门油田采油队技术员、开发室代主任，石油科学院开发室副主任，大庆油田地质指挥所副指挥，大庆油田石油勘探开发研究院副院长，胜利油田地质指挥所党委书记、指挥，胜利油田总地质师，燃料化学工业部油田开发组组长，石油工业部勘探开发研究院总地质师、副院长，石油工业部油田开发司司长兼总地质师，中国石油天然气总公司副总地质师兼开发生产部主任、油田开发专家组组长，中美石油开发公司董事长，吐哈石油会战指挥部指挥兼工委书记，中国石油天然气集团公司咨询中心副主任。主要论著有《中国注水开发》《中国油田开发实践回顾探讨20题》等。

万仁溥 1929年出生，江西南昌人。石油工程专家。

1953年毕业于清华大学石油系，到玉门油田工作，1960年赴大庆参加会战，历任大庆油田钻井、井下作业指挥部副总工程师、采油工艺研究所副所长，石油工业部开发司副司长兼总工程师。获国家发明奖一等奖、国家科技进步奖特等奖。主要论著有《中国采油工艺》《中国机械采油工艺技术》《如何提高压裂酸化增产效果》等。

郭福民 1930年出生，山西文水人。石油机械专家。

1952年毕业于西北工学院，来玉门油田，先后在油田机械厂、设计院工作。后到新疆、四川油田工作。1960年参加大庆石油会战。历任大庆油田总机械厂设计项目负责人、设计研究院副总工程师，大庆油田副总机械师。他组织研制、建立的我国第一台气体气积管和低压气体流量、高压气体流量检测系统获国家科技进步二等奖。主要论著有《原油成套计量仪表》《气体加工数据手册》等。

刘文章 1930年出生，甘肃酒泉人。石油工程专家。

1953年毕业于西北工业学院石油钻采工程专业，在玉门老君庙油田任采油工程师，研究设计出首批国产机械采油抽油泵，开创井下抽油泵监测示功图及动液面技术。1960年起，任大庆油田采油工艺研究所第一任所长，大庆油田采油总工程师，中国石油勘探开发科学研究院总工程师。稠油注蒸汽热采提高采收率技术研究成果获国家科技进步奖一等奖，并获中国石油天然气总公司有突出贡献专家称号及特等奖、加拿大阿尔伯达省能源部中加技术合作贡献奖。主要论著有《稠油注蒸汽热采工程》《热采稠油油藏开发模式》《稠油热采工程手册》等。

周箴铭 1930年出生，四川人。石油工程专家。

1952年毕业于重庆大学矿冶系，来玉门油田工作，历任设计院技术员、工程师、总体设计室副主任。1960年参加大庆石油会战，历任大庆设计院二室主任、总体设计室主任、生产办公室主任、副总工程师、副院长，大庆油田科技办公室副主任，中国石油天然气总公司石油规划设计总院总工程师。

周振生 1930年出生，天津人。石油工程专家。

1953年毕业于清华大学石油系矿场机械专业，在玉门油田工作，1958年去苏联进修，1960年到大庆油田工作，1969年到江汉油田工作，1972年调石油勘探开发规划研究院工作。主要获奖成果有：不压井、不放喷井下作业控制器获国家发明奖，“四五”至“七五”开采工艺和装备的发展规划研究成果获国家科学技术进步奖一等奖。被中国石油天然气总公司授予“石油工业有突出贡献科技专家”称号。主要论著有《关于建立石油勘探开发工程评价标准问题》《石油工业标准化的一个重要领域—工艺过程标准化》《石油工业标准体系宏观控制探讨》《可靠性应规定于产品标准之中》《科学技术与标准化》等。

吴震权 1931年出生，江苏淮安人。石油地质专家。

1951年南京地质探矿专科学校毕业，历任玉门油田地质技术员、地质队长、勘探公司副总地质师、油田地质处主任地质师、研究院主任地质师、油田副总地质师、总地质师，石油部浅海石油勘探会战领导小组副组长，石油勘探开发研究院廊坊分院总工程师兼天然气勘探开发研究所所长，石油勘探开发科学研究院总地质师。作为项目长的“中国大中型气田勘探方向及目标评价研究”和“中国大中型气田形成条件、分布规律和勘探技术研究”，分别获得中国石油天然气总公司科技进步奖一等奖和国家科技进步奖一等奖。1991年被中国石油天然气总公司授予“石油工业有突出贡献的科技专家”称号。

于炳忠 1931年出生，福建福州人。石油机械专家。

1953年毕业于清华大学石油工程系，从事石油机械研究与设计。1958年至1960年担任玉门石油设计院、四川石油设计院科技组组长、机电热设计室副主任、工程师。1960年参加大庆石油会战，任设计院机电室设计研究室主任、主任工程师，大庆油田副总工程师，大庆矿机研究所总工程师、所长，北京石油规划院工艺装备室副主任、副总工程师，石油机械研究所副所长、所长，北京石油勘探开发科学研究院石油机械研究所所长，石油勘探开发科学研究院副院长、总工程师。曾获得能源政策研究银杯奖，石油工业突出贡献奖，台参1井、陕参1井科学探索井综合研究及新发现奖等。主编了《俄英汉石油大辞典》。

裘怿楠　1932年出生，浙江嵊州人，石油地质专家，博士生导师。

1951年毕业于南京地质探矿专科学校，历任玉门油田十二地质队、钻井公司、油田处、研究所地质师，大队总地质师，开发研究室主任；大庆研究院油田地质研究室主任，石油勘探院开发所所长、副总地质师，石油系统开发地质协调组组长，北京大学、石油大学兼职教授。1986年被授予“国家有突出贡献中青年专家”称号，1996年获石油系统“铁人科技成就奖”银奖，“油砂体理论和研究技术”获国家科委发明奖和全国科学大会奖，油田开发中细分沉积相的研究获全国科学大会奖和石油部一等奖。主要论著有《中国陆相油气储集层》《碎屑岩储层沉积基础》《油气储层评价技术》《石油开发地质方法论》等。

李允子　1933年出生，上海人。钻井工程专家。

1952年毕业于上海中华职业学校，先后在玉门油田、胜利油田和中原油田工作，历任钻井队长、总工程师等职。参与并完成的科研项目“喷射钻井技术的研究和应用”“中原油田科技攻关会战的组织管理”课题研究、“优秀参数钻井技术的应用与研究”分获国家科技进步奖一等奖、国家科技进步奖三等奖、部级科技进步奖二等奖。1991年被中国石油天然气总公司授予“石油工业有突出贡献科技专家”称号。

刘翔鹗　1933年出生，山东诸城人。石油工程专家。

1950—1952年，在北洋大学学习采矿工程专业，1953清华大学石油工程采油专业毕业，1955年哈尔滨外专俄语研究生毕业。历任地质部13勘探大队（乌鲁木齐）俄语翻译，玉门油田采油技术员，新疆油田总工程师，北京石油勘探开发科学研究院总工程师等职。被中国石油天然气总公司授予“石油工业有特殊贡献的科技专家”称号，获2004年研究生优秀导师奖。主要论著有《克拉玛依油田清蜡问题探讨》《井下无电缆电热器试验成功》《中国机械采油井的调查与研究》《采油方法优选的初步研究》《油田堵水技术论文集》《油田堵水技术的回顾与展望》等。

万吉业　1933年出生，甘肃酒泉人。石油地质专家。

1947年于酒泉东关镇中心小学毕业，同年在玉门油矿参加工作。在玉门油矿职工业余学校学完了初、高中主要课程，又自学了大学高等数学、外语（英、俄）和石油地质等课程，1980年在北京参加了油田开发理论进修班。历任玉门油田地质处化验室副主任、钻井地质组组长，石油部勘探司地质处地质师、调度处副处长，胜利油田胜采指挥部副指挥兼总地质师，中国石油天然气总公司石油勘探开发研究院开发所主任地质师，勘探开发研究院副总工程师兼规划室主任，中国国际咨询公司聘邀专家。主要科研成果曾获国家科技进步奖三等奖、部级科技进步奖一等奖。主要论著有《论断层油藏》《关于油气藏的地质标志分类》《影响水驱油藏采收率的因素及其确定方法》《水驱油田驱替系列及其应用》《注水开发油田最佳经济效益井网密度及其采收率的评价方法》《已开发油田经济远景储量的经济评价方法》《油藏分类及其地质开发标志的动态特征》（编译）等。

宋建国　1934年出生，北京人。石油地质专家。

1956年毕业于北京地质学院石油及天然气地质勘探系，在石油部北京石油科学研究院地质室工作。1963年到玉门油田工作，先后在鸭儿峡油矿和老君庙油矿注水大队、老君庙油矿地质室从事油矿地质、试井、注水、修井及油田动态分析等生产管理工作。1973年，到油田勘探部门任职，对酒泉、花海、民乐、潮水、民和等盆地进行野外地质调查和评价研究工作。1979年，参加柴达木盆地石油会战。任青藏石油会战指挥部地质研究所副所长。1984年始，历任石油地质研究所所长，塔里木分院总地质师，勘探开发研究院副总地质师。主要论著有《甘肃西部石油地质特征及勘探方向》《柴达木盆地构造特征及油气区划分》《中国油气资源潜力分析》《找油思路的三次飞跃促进油气勘探科技发展》等。

金毓荪　1935年出生，浙江杭州人。石油地质专家。

1954毕业于西北大学地质系石油与天然气勘探专业，历任西北地质局酒泉地质大队实习员，玉门油田采油厂注水注气大队技术员兼地质队长，玉门油田吐鲁番矿务局地质室主任，大庆采油指挥部总地质师、副指挥，大庆油田采油厂革委会副主任、井下处革委会主任，辽河油田曙光会战指挥部副指挥，大庆市副市长，大庆石油管理局副局长、采油总工程师，中原石油勘探局局长，北京石油勘探开发科学研究院总地质师。曾获国家科技进步奖特等奖（主要参加者）、国家科技攻关奖、石油天然气总公司科技进步二等奖等。主要论著有《罗马尼亚油井增产》《油层分层开采》《采油地质工程》《国外砂岩油田开发》等。

王昌桂（1935—2017年） 女，山东潍坊人。石油地质专家。

1959年毕业于北京地质学院，到玉门油田工作。历任玉门石油管理局地质室技术员、地质研究所动态组组长，局研究院副院长、主任地质师、主任工程师，局地质处处长，局副总地质师，吐鲁番石油勘探开发副指挥兼勘探总地质师，吐哈石油勘探开发指挥部总地质师，中国石油天然气总公司新区事业部西北侏罗系项目部经理及“中国北方侏罗系石油地质综合研究及勘探项目目标选择”项目长，中油公司地球化学重点实验室学术委员。“玉门油田十年稳产经验及调整方案”“酒西盆地构造特征于油气聚集”等多项科研项目获省部级奖项。主要论著有《老君庙油田开发》《吐哈盆地侏罗系煤成烃地球化学》《中国西北地区侏罗系油气分布》等。

林志芳 1936年出生，四川资中人。油田开发专家。

1957年毕业于北京石油学院钻采系采油专业，分配到玉门设计院开发室工作。1961年起，历任大庆油田工程师，大庆研究院开发室工程师、副主任工程师、生产处副主任，喇嘛甸油田开发方案编制攻关队队长，喇嘛甸油田前线会战指挥部副指挥，辽河油田研究院副院长、主任地质师兼生产办公室主任，石油勘探开发研究院油藏工程室主任、开发所副所长、所长，石油勘探开发研究院副总工程师，塔里木石油勘探开发指挥部总地质师，北京勘探院总地质师。主要获奖成果：“大庆油田长期高产稳产注水开发技术”获国家科技进步奖特等奖（主要参加者），“注水开发油田效果评价和开发指标预测方法”获国家科技进步奖三等奖，“中国注水开发油田提高原油采收率潜力评价及发现战略研究”获中国石油天然气总公司科技进步奖一等奖，“大庆杏五区高含水期开发调整的多油层整体数值模拟研究”获中国石油天然气总公司科技进步奖一等奖。主要论著有《中国油田的注水开发》《陆相油田的开发实践与采收潜力》《提高注水油田排液量的分析》《油田可采储量标定方法》等。

第二章 人物名录

第一节 重要会议代表、政协委员

一、国家级

1. 全国党代会代表

黄亦纯（女） 1997年9月中国共产党第十五次全国代表大会代表

2. 全国总工会会议代表

刘世洲 中华全国总工会第十一次会议代表；中华全国总工会第十二次会议代表

田玉军 中华全国总工会第十三次会议代表

马秀珍（女） 中华全国总工会第十五次会议代表

3. 全国团代会代表

任向阳 中国共产主义青年团第十六次全国代表大会代表

二、省级

1. 甘肃省党代会代表

王　鹏 中国共产党甘肃省第八次代表大会代表

刘津桂（女） 中国共产党甘肃省第八次代表大会代表

刘世洲 中国共产党甘肃省第九次代表大会代表

高玉江 中国共产党甘肃省第十次代表大会代表

刘战君 中国共产党甘肃省第十次代表大会代表

孔繁瑾 中国共产党甘肃省第十一次代表大会代表

朱侠萍（女） 中国共产党甘肃省第十一次代表大会代表

刘圣志 中国共产党甘肃省第十二次代表大会代表

申莉君（女） 中国共产党甘肃省第十二次代表大会代表

陈建军 中国共产党甘肃省第十三次代表大会代表

华玉林 中国共产党甘肃省第十三次代表大会代表

2. 甘肃省人民代表大会代表

吴震权 甘肃省第六届人民代表大会代表

周　萍（女） 甘肃省第六届人民代表大会代表

杨秀森 甘肃省第六届人民代表大会代表

杨秀森 甘肃省第七届人民代表大会代表

马　刚 甘肃省第八届人民代表大会代表

褚　江（女） 甘肃省第八届人民代表大会代表

刘世洲 甘肃省第九届人民代表大会代表

张作祥 甘肃省第十二届人民代表大会代表

3. 甘肃省政治协商会议委员

翟树人 甘肃省第五届政治协商会议委员

张　宾 甘肃省第九届政治协商会议委员

张　宾 甘肃省第十届政治协商会议委员

高玉江 甘肃省第十届政治协商会议委员

周　珊（女） 甘肃省第十一届政治协商会议委员

三、油田级

1. 中国共产党玉门石油管理局第九次代表大会（1989 年 7 月 27 日至 29 日召开，420 名代表参加会议）

丁贵祥　万长宾　万世荣　万振庸　万祯新　万勤学　万慎行　于世模　于景涛
于黎明　马元寿　马世山　马生芳　马　刚　马如福　马存仁　马志元（回族）
马　林　马述智　马奎秀　马培元（回族）　马德奎（回族）　孔令宣　孔惠堂
文长恩　方明杰　毛录海　牛大甡　牛长城　牛同林　牛向林　牛体君　牛建珍
牛丽春（女）　王友仁　王天林　王开忠　王世杰　王世信　王印宏　王多选
王汝信　王宏逵　王志明　王志张（满族）　王志斌　王连才　王周仲　王国华
王国安　王定坤　王宝豫　王建国　王　录　王征民　王忠纳　王昌桂（女）
王林甲　王修建　王树欣　王荣德　王积珊　王梅兰（女）　王常荣　王银泉
王道义　王道路　王　鹏　王增智　王德仁　王德生　车　铎　邓大祥　邓孝荣
付业荣　付廷忠　冯传贤　冯泽泗　卢绍友　史宝山　史金羊　白庆章　白录文
田玉军　田存录　田德民　石奉润（女）　乔国礼　任振宽　关从智　刘公之
刘少槐　刘心全　刘世洲　刘正元　刘华春　刘红兵　刘宏明　刘津桂（女）
刘　杰　刘荣珍（女）　刘家科　刘恭德　刘素桂（女）　刘智泰　刘朝安
刘瑞芳　向光明　安　岐　庄丽英（女）　孙玉官　孙希文　孙金仓　孙积忠
朱允传　朱自录　朱洪月　朱新民　权立功　江玉珠　江明楠　牟克忠　祁连科
纪　鑫　许光亨　许彦刚　阮开先　齐友明　齐建业　严晓昱　何先聪　何有学
何红军　何绍顺　何　涛　何清太　吴开生　吴建民　吴维全（回族）　吴碧莲（女）
佘九高　宋永富　宋学富　宋现存　张万林　张三福　张义先　张义经　张大华
张子铃　张少权　张文仲　张世杰　张正希　张正连　张玉良　张玉锁　张玉瑶
张立群　张有琳　张伯宏　张技立　张良生　张秀琴（女）　张运生　张学双
张学良　张建明　张忠孝　张肃理　张临录　张　信　张彦云　张春明　张洪林（回族）
张海峰　张益武　张益荣　张焕君　张绪录　张　斌　张智仁　张登建　张舜贤
张　雄　张赛时　张德辉　李大信　李书元　李友弟　李文江　李文科　李永华
李永贵　李玉龙　李生辉　李同盛　李训斌（女）　李守礼　李廷栋　李　君（女）
李志新　李国元　李国璋　李宝琦　李建波　李建新　李建盟　李　昌　李明生
李明福　李贵良　李贵莲（女）　李晓元　李素英（女）　李崇祺　李清乡
李瑞铭　李增国　李德茂　杜绪莲（女）　杨光荣　杨作俊　杨含松　杨应福
杨怀德　杨秀森　杨良才　杨国庆　杨宝珊　杨明光（回族）　杨临湟　杨俊哲
杨　荣　杨振华　杨烈生　杨斌伟　杨朝君　杨蔚民　汪来顺　狄建新　肖登先
芦国平　辛文杰　辛　荣　邱光东　邹　荣　陆玉林　陈元林　陈元珍　陈永儒
陈汉俊　陈志荣　陈学田　陈宗和　陈恩仓　陈继鹏　陈淑云（女）　陈清彦
陈　渤　陈　勤　陈福明　单兴启　周中林　周乐邦　周廷森　周贞德　周克仁
周绪岷　周　俶（女）　周鸿儒　周福生　孟　铭　孟天训　宗海骏　宗福有
国　春（女）　屈志俊　庞维俊　房逢森　林玉凤（女）　林维豪　林瑞良
罗玉成　罗辅朝　苗世祯　范天敏　范志珍（女）　范德华　郑文奎　郑永贵
郑守宪　郑连武　金忠民　俞学文　姚世华　姚树梯　姜有维　柯杰龙　段昌明
种继祥　胡生玺　胡建明　贺风林　贺占英　贺伟成　贺志道　赵文虎　赵永贞
赵兴仁　赵阳生　赵克茹　赵秀蓉（女）　赵忠儒　赵林德　赵修鹏　赵　柱
赵海明　赵润伯　赵营业　赵象典　赵鸿俊　赵喜正　赵　强　赵登鳌　赵熙寿
候福荣　党坤厚　剡学文　唐世荣　唐守国　夏莲芝（女）　姬　成　席文新
席宏泽　徐友安　徐克伟　徐　明　徐重才　柴清水　殷文禧　秦学博　贾　珉
郭　诚　郭省洲　郭　敬　陶惠鑫　高世军　高俊生　高洪玉　高培德　高景光
高琰璋　高登耀　商士轩　崔黛燕（女）　巢春宝　常滨海　康国福　康　健

曹云仓　曹则章　曹俊峰　曹德中　梁生玉　梁兴茂　梁建中　盛天柱　盛　钢
脱文平　阎世平　黄亦纯（女）　黄克勤　黄学志　黄南昌　黄树德　彭立垣（女）
彭瑞生　曾金国　曾振冬　曾晓明　曾祥文　游振强　程建娥　程惠兰（女）
蒋汉月　蒋吉祥　蒋启堂　蒋怀瑚　韩继周　解启仓　解惠民　赖顺宪　雷云山
雷月英（女）　雷强民　雷增隆　雷德明（回族）　雷耀奇　缪武瀛　蔼永才
谯世莹　雒敬德　樊正国　潘昭坤　薛允盛　薛世孝　薛瑶祥　霍朋全　戴耀斌
檀康身　鞠洪文　魏孔繁　魏玉田　魏忠贵　魏登隆

2. 中国共产党玉门石油管理局第十次代表大会（1996年10月3日至4日召开，300名代表参加会议）

万长宾　万光霞（女）　于仁元　于永清　于崇平　于黎明　马生芳　马会帮
马成来　马武林　马春华（女）　马荣平（女）　马新河　马锡奎　孔繁瑾
孔艳苓（女）　尹　健　文长恩　文振寿　文德祥　方贤忠　方彩琴（女）
毛录海　牛维民　王　云　王　陇　王　勇　王　喜　王　辉　王万平　王卫东
王文芳　王世德　王东兴　王必达　王永园　王永清　王玉庚　王玉莲（女）
王玉萍（女）　王光华　王军民　王印宏　王安元　王秀英　王国安　王征民
王明辉　王茂基　王青彪　王春花（女）　王晓勤（女）　王崇厚　邓大祥
邓生茂　韦克德　付　军　代西合　冯全儒　冯柏林　叶玉明　田玉军　田玉涛
田玉斌　田学军　石　磊　石友文　石正伟　石生敏　任合欣　任学明　任振国
任爱军　任雅莉（女）　刘　伟　刘　建　刘　荣　刘世洲　刘亚贵　刘兴学
刘兴春　刘廷华　刘有智　刘自远　刘宗凤（女）　刘建勋　刘喜维　刘景慎
刘智泰　刘德祥　华哲清　向世民　向顺吉　吕　源　孙玉福　孙建国　孙治录
师有录　朱允传　朱自录　朱映勋　权立功　牟克忠　纪志军　何　涛　何永珍（女）
何有学　何骝程　吴永福　吴建全　吴恩来　吴慧萍（女）　张万林　张云山
张天云　张世杰　张东泉　张以全　张正希　张玉民　张玉良　张多娟（女）
张成才　张成昌　张国军　张学林　张建民　张忠孝　张明立　张非易　张彦云
张荣新　张晓明　张惠君（女）　张舜贤　张赞奎　李　剑　李　新　李大信
李汉卿　李生辉　李守礼　李建业　李建林　李虎文　李海明　李继文　李彩龙
李朝富　李瑞铭　杜飞雄　杨　科　杨光荣　杨则志　杨幼兰（女）　杨含松
杨咏方　杨林忠　杨春林　沈晓夜　芦矿选　苏　君（女）　苏福生　辛　荣
邱白云　陆　阳（女）　陆　琴（女）　陈九经　陈元珍　陈长兴　陈永儒
陈玉光　陈志荣　陈志平（女）　陈国胜　陈国璧　陈建军　陈恩仓　周永华
周永胜　周兴中　周贞德　周克仁　周志仁　周哈格　周明辉（女）　周福生
孟天训　尚明辉　岳仲录　房昭元　庞　琳（女）　林俊森　欧悦添　罗　昭
罗添祯　范国信　范继梅（女）　金忠民　金恒锁　郑占武　郑国玉　郑承祖
郑艳丽（女）　侯永忠　侯金平　侯善堂　姚乐昌　姚平竹　姚兆荣　柏明江（女）
胡永红（女）　胡成安　胡汝杰　胡志同　胡毓茗　段明忠　荆建荣　费元鉴
贺秀芬（女）　费智毅　赵　俊　赵兴财　赵阳生　赵建忠　赵念祖　赵明文
赵金贵　赵常弟　赵象典　赵锡生　赵德厚　郝义东　饶　军　党坤厚　唐　政
姬　成　席志洲　徐　明　徐玉庆　徐生伟　徐重才　徐殿阁　柴世达　桑运超
殷三才　秦小明　秦德仁　袁耀民　贾玉英（女）　郭生华　郭金武　郭素君（女）
郭清亮　郭嘉寿　陶国立　顾如能（女）　高　平（女）　高玉江　高桂梅（女）
高琰璋　常　春　常　虹（女）　曹　明　曹旭东　曹补心　曹惠卿　梁建中
盖德生　黄兰香（女）　黄亦纯（女）　黄克利　黄志强　黄奕有　黄锦雷
龚永泰　彭立垣（女）　彭荣成　游振强　程争峰　缑钧锁　蒋　林　蒋汉才
鲁克鹏　廉清玄　雷学成　熊湘华　蔡长福　薛小奇　薛兴虎　戴天寿　戴跃恒
檀康身　魏成效　魏忠贵　魏儒仪

3. 中国共产党玉门油田分公司第一次代表大会（2011 年 7 月 8 日召开，180 名代表参加会议）

于　江　于淑珍（女）　马　俊（回族）　马秀珍（女、土族）　马景明
牛维民　王　华　王　酩　王　璟　王小军　王小华　王开基　王文霞（女）
王兰君　王玉成　王玉莲（女）　王玉萍　王兴明　王亚军　王亚梅（女）
王安元　王志松　王国庆　王尚明　王建平　王俊涛（蒙古族）王柏林　王海峰
王高峰　王崇孝　邓孝荣　付　军　付作仁　兰吉军　冯玉儒　史玉平　叶　萌
甘新华　田子宏　田多文　田宏国（满族）　申莉君（女）　任向阳　任钦忠
刘　林　刘　斌　刘圣志　刘永山　刘永红　刘廷润　刘成山　刘战君　刘春杰
刘勤学　华玉林　华玉树　孙永会　孙玉福　孙梦慈　安建军　师忠选　朱宗良
何　磊（女）　何镇德　克里木江（维吾尔族）　吴三平　吴先锋　吴国泰
吴著峰　宋　毅　宋先邦　张　一　张　淳　张元虎　张玉生　张玉霞（女）
张伟清　张全山　张兴祖　张成才　张成昌　张作祥　张利群　张志宏　张学双
张建军　张虎俊　张晓岚（女）　张爱琴（女）　张惠君（女）　张锡宁
张耀春　时玉明　旷军虎　李　亮　李　剑　李收道　李宏伟　李建文　李建立
李建华　李建林　李泉生　李炼文　李善文　李富荣　杜亚黎　杜淑华（女）
来进和　陈　刚　陈　捷　陈乃鹏（女）　陈全柱　陈国秉　陈建军　陈建军
陈彩霞（女）　杨志成　杨建国　杨朝君　杨源峰　芦小明　邱慧琼（女）
周伯武　周国强　苗国政　范　鸣　范铭涛　郑建国　郑联勇　俞兆勇　姜朝晖
胡灵芝　胡建民　赵文义　赵权威　赵秀萍（女）　赵进清　赵金贵　赵铁军
赵常弟　赵雪梅（女）　郝义东　钟永海　倪莉霞（女）　唐海忠　徐　涛
桑运超　秦小明　秦玉国　秦晓勇　袁玉刚　贾　彩（女）　郭自荣　郭林立
钱爱俊　高　峰　高国礼　寇明富　康自福　曹志强　黄　冶　黄海云（女）
龚永太　彭　翔　景士宏　焦多军　董玉宇　蒋　林　蒋新明　韩喜临　蔡增毅
薛爱银　戴忠孝

4. 中国共产党玉门油田分公司第二次代表大会（2017 年 4 月 27 日召开，200 名正式代表参加会议）

丁建莉（女）　马　俊（回族）　马　涛（回族）　马　婕（女回族）马军虎（回族）
马建格（女）　王　永　王　宏　王　昆　王　酩　王　璟　王小华　王小军
王子建　王开基　王东辉　王兰君（女）　王永锋　王亚梅（女）　王仲仁
王兴明　王宏忠　王青彪　王尚明　王明记　王金山　王宝云　王栋林　王树荣（女）
王俊涛（蒙古族）王庭宝　王健均　王艳丽（女）　王高锋　王海全　王常顺
王越琦　王德胜　王燕霖（女）　尤兴华　牛凤荣（女）　牛君昌　文　盛
方远大　叶庆丰　田子宏　田创新　田多文　史明煜　付　军　付远航（满族）
白建峰　冯雪龙　吕　行　吕剑锋　朱侠萍（女）　朱宗良　朱耀宗　任向阳
任佩宏　任钦忠　刘　灿　刘　林　刘　强　刘小军　刘兴春　刘金曼（女）
刘春杰　刘战君　闫正云　闫秀文　闫婧晶（女）　祁　彦　许光礼　孙　峻
孙永会　孙守渊　孙梦慈　孙智慧　把智鹏　严　洁（女）　严宝年　克里木江（维吾尔族）
李　剑　李　智　李　强　李云华　李玉霞（女）　李国雄　李建文　李建立
李炼文　李森林　李黎翀　杨　军（物业）　杨　斌　杨万仁　杨天瑜（女）
杨玉香（女）　杨建国　杨剑斐（女）　杨朝君　杨谨敏（女）　来进和
肖文华　吴永正　吴先锋　吴国罡　吴金林　吴著峰　何　芸（女）　何天全
沈世波　沈全意　宋　波（女）　宋先邦　宋宏浪　宋学军　张　石　张　淳
张　蓉（女）　张伟清　张华桂　张全山　张甫森　张灵运　张奇贞（女）
张春海　张惠君（女）　张雅玮（女）　张　焱（女）　张锡宁　陆玉勋
陈　伟　陈奇强　陈建军　陈恩堂　邵保东　苗国政　范国信　范铭涛　罗小强
岳智忠　金莉萍（女）　周风龙　周兴中　周伯武　郑亚明　屈　亮　赵　伟

赵小荣　赵文义　赵权威　赵光兵　赵进清　赵　虹（女）　赵俊林　赵遂亭
郝义东　胡灵芝　钟永海　保　成　侯玉萍（女）　侯兰孝　俞兆勇　骆　华
秦小明　秦玉国　秦爱珍（女）　袁广旭　袁聚辉　钱爱俊　倪莉霞（女）
徐　涛　高伟立　高志胜　郭宝君　唐万成　唐卫兵　唐海忠　唐智年　陶积学
桑运超　黄　飞　曹卫东　龚永太　商利民　彭　斌　董玉宇　韩应龙　韩喜临
焦多军　蒲晓萍（女）　蒙　炯　雷一兵　熊中辉　薛　毅（回族）　戴忠孝

第二节　先进人物

一、国家级

1. *全国劳动模范*

剡学文　1989 年被评为全国劳动模范
张秉华　1995 年被评为全国劳动模范
史玉平　2000 年被评为全国劳动模范
苗国政　2005 年被评为全国劳动模范
刘　灿　2010 年被评为全国劳动模范
宋先邦　2015 年被评为全国劳动模范

2. *全国五一劳动奖章获得者*

刘世洲　2002 年获全国五一劳动奖章
高玉江　2003 年获全国五一劳动奖章
黄小平　2004 年获全国五一劳动奖章
叶玉明　2007 年获全国五一劳动奖章
韩喜临　2009 年获全国五一劳动奖章

3. *其他先进个人*

赵玉文　1994 年获全国青年岗位能手称号
王秀英　1996 年获全国先进女职工称号
吴占斌　1996 年获全国青年岗位能手称号
李敏学　1997 年获全国技术能手称号
王淑芳　1998 年获全国技术能手称号
马　春　2000 年获全国青年岗位能手称号
冯晓霞　2001 年获全国先进女职工称号
陈建军　2001 年获孙越崎能源大奖
钱立强　2004 年获中央企业劳动模范
苗国政　2004 年获中央企业劳动模范
王海峰　2005 年获国家重点工程建设青年贡献奖
刘　灿　2008 年获中央企业劳动模范
孔繁瑾　2009 年获全国优秀创业企业家称号
高玉江　2009 年获全国企业文化建设优秀工作者称号
严晓昱　2009 年获全国企业文化建设优秀工作者称号
金忠民　2009 年获全国企业文化建设优秀工作者称号
李　亮　2009 年获全国企业文化建设优秀工作者称号
刘　涛　2009 年获全国优秀共青团员称号
孔宪强　2010 年获全国企业文化建设优秀工作者称号
高玉江　2010 年 6 月被国务院国资委党委评为优秀党务工作者

二、省部级

1. 甘肃省劳动模范

张大华　1987 年被评为甘肃省劳动模范
李建新　1987 年被评为甘肃省劳动模范
刘津桂　1987 年被评为甘肃省劳动模范
郭　敬　1989 年被评为甘肃省劳动模范
矦学文　1989 年被评为甘肃省劳动模范
孔繁瑾　1989 年被评为甘肃省劳动模范
安希学　1989 年被评为甘肃省劳动模范
马　刚　1989 年被评为甘肃省劳动模范
陈兰英　1989 年被评为甘肃省劳动模范
闫　彪　1989 年被评为甘肃省劳动模范
李维屏　1994 年被评为甘肃省劳动模范
史玉平　1994 年被评为甘肃省劳动模范
张世焕　1994 年被评为甘肃省劳动模范
张秉华　1994 年被评为甘肃省劳动模范
刘世洲　1994 年被评为甘肃省劳动模范
骆　玉　1999 年被评为甘肃省劳动模范
田玉军　1999 年被评为甘肃省劳动模范
刘永山　2005 年被评为甘肃省劳动模范
霍朋全　2005 年被评为甘肃省劳动模范
韩喜临　2005 年被评为甘肃省劳动模范
华玉林　2005 年被评为甘肃省劳动模范
刘战君　2010 年被评为甘肃省劳动模范
王建平　2010 年被评为甘肃省劳动模范
薛爱银　2010 年被评为甘肃省劳动模范
安建军　2010 年被评为甘肃省劳动模范
申莉君　2015 年被评为甘肃省劳动模范
文　盛　2015 年被评为甘肃省劳动模范
陈敬德　2015 年被评为甘肃省劳动模范
王永胜　2015 年被评为甘肃省劳动模范

2. 能源部劳动模范

杨怀德　1989 年被评为能源部劳动模范
赵殿琰　1989 年被评为能源部劳动模范
赵春林　1989 年被评为能源部劳动模范
陆益民　1989 年被评为能源部劳动模范
李宾生　1989 年被评为能源部劳动模范

3. 中国石油天然气总公司劳动模范

王士林　1994 年被评为中国石油天然气总公司劳动模范
雷增隆　1994 年被评为中国石油天然气总公司劳动模范
张　淳　1994 年被评为中国石油天然气总公司劳动模范
陈学田　1994 年被评为中国石油天然气总公司劳动模范
任学科　1994 年被评为中国石油天然气总公司劳动模范
王栓保　1994 年被评为中国石油天然气总公司劳动模范

4. 中国石油天然气集团公司劳动模范

龚永太　1999 年被评为中国石油天然气集团公司劳动模范
倪丽霞　2005 年被评为中国石油天然气集团公司劳动模范
李炼文　2005 年被评为中国石油天然气集团公司劳动模范
王志刚　2005 年被评为中国石油天然气集团公司劳动模范
范铭涛　2010 年被评为中国石油天然气集团公司劳动模范
宋先邦　2010 年被评为中国石油天然气集团公司劳动模范
李建立　2010 年被评为中国石油天然气集团公司劳动模范
李宏伟　2010 年被评为中国石油天然气集团公司劳动模范
旷军虎　2010 年被评为中国石油天然气集团公司劳动模范
商利民　2010 年被评为中国石油天然气集团公司劳动模范
芦小明　2015 年被评为中国石油天然气集团公司劳动模范
魏　军　2015 年被评为中国石油天然气集团公司劳动模范
马　荣　2015 年被评为中国石油天然气集团公司劳动模范
王金山　2015 年被评为中国石油天然气集团公司劳动模范
富玉新　2015 年被评为中国石油天然气集团公司劳动模范

5. 甘肃省优秀共产党员

范铭涛　2006 年被评为甘肃省优秀共产党员
邓孝荣　2008 年被评为甘肃省抗震救灾优秀共产党员
薛爱银　2011 年被甘肃省国资委党委、省属暨中央在甘企业创先争优活动领导小组评为优秀共产党员
宋先邦　2011 年被甘肃省国资委党委、省属暨中央在甘企业创先争优活动领导小组评为优秀共产党员
武延林　2011 年被甘肃省国资委党委、省属暨中央在甘企业创先争优活动领导小组评为优秀共产党员
雒廷清　2011 年被甘肃省国资委党委、省属暨中央在甘企业创先争优活动领导小组评为优秀共产党员
韩喜临　2011 年被评为甘肃省优秀共产党员
申莉君　2012 年被甘肃省国资委党委、省属暨中央在甘企业创先争优活动领导小组评为优秀共产党员

6. 总公司、集团公司优秀共产党员

邱光东　1998 年被评为中国石油天然气总公司优秀共产党员
史玉平　2000 年被评为中国石油天然气集团公司优秀共产党员
王志刚　2000 年被评为中国石油天然气集团公司优秀共产党员
李茂明　2000 年被评为中国石油天然气集团公司优秀共产党员
王绪良　2000 年被评为中国石油天然气集团公司优秀共产党员
陈建军　2000 年被评为中国石油天然气集团公司优秀共产党员
李德茂　2000 年被评为中国石油天然气集团公司优秀共产党员
袁玉刚　2007 年被评为中国石油天然气集团公司优秀共产党员
王建平　2007 年被评为中国石油天然气集团公司优秀共产党员
李宪国　2007 年被评为中国石油天然气集团公司优秀共产党员
何天全　2007 年被评为中国石油天然气集团公司优秀共产党员
魏　军　2007 年被评为中国石油天然气集团公司优秀共产党员
谭修中　2011 年被评为中国石油天然气集团公司优秀共产党员
宋先邦　2011 年被评为中国石油天然气集团公司优秀共产党员
鲍传明　2011 年被评为中国石油天然气集团公司优秀共产党员
王海峰　2011 年被评为中国石油天然气集团公司优秀共产党员
蔡增毅　2011 年被评为中国石油天然气集团公司优秀共产党员
吴国泰　2011 年被评为中国石油天然气集团公司优秀共产党员
王吉光　2011 年被评为中国石油天然气集团公司优秀共产党员

范正林　2011 年被评为中国石油天然气集团公司优秀共产党员
杜淑华　2011 年被评为中国石油天然气集团公司优秀共产党员
沈庆华　2011 年被评为中国石油天然气集团公司优秀共产党员
郭林立　2011 年被评为中国石油天然气集团公司优秀共产党员
陈敬德　2014 年被评为中国石油天然气集团公司优秀共产党员
马　荣　2014 年被评为中国石油天然气集团公司优秀共产党员
王金山　2014 年被评为中国石油天然气集团公司优秀共产党员
张育红　2016 年被评为中国石油天然气集团公司优秀共产党员
吕剑锋　2016 年被评为中国石油天然气集团公司优秀共产党员
杜丽萍　2016 年被评为中国石油天然气集团公司优秀共产党员

7. 甘肃省优秀党务工作者

杨怀德　1989 年被评为甘肃省优秀党务工作者
陈恩仓　2001 年被评为甘肃省优秀党务工作者
金忠民　2006 年被评为甘肃省优秀党务工作者
张兴祖　2011 年被评为甘肃省优秀党务工作者
李　亮　2011 年被评为甘肃省优秀党务工作者
张甫森　2016 年被评为甘肃省优秀党务工作者

8. 集团公司优秀党务工作者

张玉良　2000 年被评为中国石油天然气集团公司优秀党务工作者
杜　强　2000 年被评为中国石油天然气集团公司优秀党务工作者
张兴祖　2000 年被评为中国石油天然气集团公司优秀党务工作者
张成昌　2000 年被评为中国石油天然气集团公司优秀党务工作者
高琰璋　2001 年被评为中国石油天然气集团公司模范党务工作者
时玉明　2007 年被评为中国石油天然气集团公司优秀党务工作者
李　剑　2007 年被评为中国石油天然气集团公司优秀党务工作者
陈志平　2007 年被评为中国石油天然气集团公司优秀党务工作者
石生敏　2011 年被评为中国石油天然气集团公司优秀党务工作者
王　璟　2011 年被评为中国石油天然气集团公司优秀党务工作者
朱宗良　2011 年被评为中国石油天然气集团公司优秀党务工作者
吴先锋　2011 年被评为中国石油天然气集团公司优秀党务工作者
李建林　2011 年被评为中国石油天然气集团公司优秀党务工作者
薛爱银　2011 年被评为中国石油天然气集团公司优秀党务工作者
安建军　2011 年被评为中国石油天然气集团公司优秀党务工作者
郑建国　2011 年被评为中国石油天然气集团公司优秀党务工作者
王秉合　2011 年被评为中国石油天然气集团公司优秀党务工作者
旷军虎　2011 年被评为中国石油天然气集团公司优秀党务工作者
孙　卓　2011 年被评为中国石油天然气集团公司优秀党务工作者
陈志平　2014 年被评为中国石油天然气集团公司优秀党务工作者
陈志平　2016 年被评为中国石油天然气集团公司优秀党务工作者

三、油田级

1. 油田劳动模范

1989 年

张大华　蔡汉海　赖必智　安希学　李建新　张富生　李国元　费智毅　武东生　剡学文
郭　敬　邱光东　马武林　张玉民　霍鸿喜　李宾生　龚永太　李辉军　陆益民　芦富忠
张积会　孔繁瑾　李秉政　张开国　秦德仁　马　刚　陈兰英　李维屏　禹万成　杨怀德

雷天华　陈学田　阎　彪　赵忠儒　张洪林　丁再良　赵殿琰　袁明生　马永存　赵秀萍
张少权　赵秀兰　徐秀英
1991 年
张大华　王栓保　张富生　李国元　李建新　安希学　赵文卓　张正连　赖必智　马武林
丁万康　邱光东　赵和元　史玉平　龚永泰　李宾生　梁梦月　马生芳　秦国洪　李辉军
秦德仁　张开国　李秉政　贺大荣　马　刚　李维屏　张　淳　禹万成　龚　军　陈学田
芦学明　赵忠儒　王兴福　周秋萍　张洪林　丁再良　马永存　张玉忠　任学科　赵秀萍
雷菊英
1993 年
张大华　王栓保　余　冰　张秉华　张正连　程义华　李国元　张富生　龚永泰　袁广旭
王士林　张玉红　史玉平　赖必智　施培华　李辉军　魏永和　秦德仁　王晓春　骆　玉
钱克强　陈才年　李维屏　张　淳　龚　军　李岩峰　陈学田　胡天才　林枫桐　魏荣建
周秋萍　张洪林　丁再良　张世焕　范铭涛　雷月英　赵秀萍　张玉忠　万建荣
1995 年
王士林　史玉平　龚永泰　张玉明　向生延　袁广旭　赵秀珍　秦德仁　骆　玉　王秀英
王永银　姚平竹　吴天贞　于仁元　曹永川　李茂民　张　淳　郭素君　杨生玉　韩永科
程述涛　任学科　赵秀萍　裴正苏　万建荣
1997 年
史玉平　苏清霞　龚永泰　宋先邦　朱彩云　聂吉利　杨应明　李建宏　赵天真　薛小奇
于仁元　李玉军　李茂明　杨继祖　路仲科　任学科　程述涛　韩永科　王玉斌　向生延
1999 年
陈建军　龚永泰　陆益民　赵秀珍　史玉平　冯晓霞　骆　玉　蔡长福　王志松　麦祈明
王志刚　向生延　王绪良　王新玲　李玉军　吴国泰　王玉斌　盛玉华　路仲科　于　江
姜智文
2001 年（玉门石油管理局）
史玉平　麦祈明　王志刚　向生延　吴国泰　韩喜临　王绪良　盛柱国　易延礼　盛玉华
2001 年（玉门油田分公司）
刘战君　陆益民　赵秀珍　洪学景　孙绪刚　冯晓震　范铭涛　魏　军　邓天文　韩永科
2002—2003 年（玉门油田分公司）
苗国政　崔金怀　李宏伟　李建立　王喜文　关爱年　张巨林　孙绪刚　王玉军　魏　军
窦世杰　纪延魁　于文华　徐富莲
2004 年
黄小平　贺　宏　王志刚　陈　伟　马景明　韩喜临　倪莉霞　周凤龙　王绪良　吴国泰
易延礼　吴　萍　王　滨
2007 年
宋先邦　叶玉明　景士宏　王建平　刘　灿　商利民　傅秉虎　王　昆　张煊光　孙　峻
2010 年
张其荣　安建军　旷军虎　陈建军　薛爱银　蔡增毅　郝文斌　牛树武　王宝云　王永胜
2011 年
芦小明　文　盛　杜　磊　何天全　张育红　毕德肃　王吉光　彭　翔　朱鑫鸿　张永国
唐海忠　袁广旭
2014 年
王绪明　宋学军　张　勇　陈敬德　富玉新　王秉合　把智鹏　任佩宏　马　荣　王青林
马述奎　钱爱俊

2016 年

沈世波　吕剑锋　陈维虎　王立伟　陆玉旗　张伟清　郑建国　杭　伟　赵光兵　赵　虹
王庭宝　王玉生

2017 年

唐万成　欧阳翰　杨世豪　高燕军　段继军　肖文华　张庆九　王晋连　王守军　邵保东
黄　飞　任建华

2. 先进个人、模范个人

1987 年

张大华　杨明光　李建新　安希学　李国元　郭　敬　赵和元　邱光东　张玉民　陈汉俊
田沛景　刿学文　李宾生　卢福忠　王作森　梅士琪　孔繁瑾　秦德仁　吴恩来　赵　俊
马　刚　张新泉　阎秀兰　赵忠儒　张洪林　赵春林　赵殿琰　杜秀云　张少权　赵秀萍
矫玉生　马　录　杨永喜　张　信　赵天银　张春明　李西成　何世宽　孙少军　林喜庭
李　翠　俞树岗　张正连　张富存　赖必智　武东升　杨天恩　许余德　丁邦兴　杜红有
毛进典　陈光生　潘照坤　辛玉英　华德奎　于永春　王在民　王汝信　许志军　于英祥
杨蔚民　陈钦道　廉有恒　殷梅君　陈勤勇　王积珊　刘茂坤　高培荣　吴国碧　丁万康
霍鸿喜　王国华　张庆吉　顾　宏　陈淑云　史文琢　黄继续　马菊香　周哈格　段民仲
胡仁莲　卢鹏虎　孙治录　蒋厚勤　唐云天　李　奎　吴金兰　杨　勤　彭瑞生　张志斌
曹四川　范国信　兰广银　杜淑玲　许桂英　赵象典　袁玉刚　刘金才　龚永太　方兴泉
黄开林　汪来顺　张玉花　潘维忠　赖顺宪　李　新　杨生荣　周桂芳　温万生　方建华
谢宝镜　权国凯　焦亚平　崔振业　雒宗权　汪秀玲　刘津桂　马生芳　何绍顺　阎建忠
朱时芳　王正忠　将六胜　李玉花　刘延林　解　惠　张洪武　杨　继　李青香　贾兴仁
王定会　聂吉利　屈　毅　李宗争　荣文富　王俊林　徐为民　杨继祖　倪惠玲　童世元
贺大荣　滑尔健　陈玉双　齐家智　滕竹君　贾振峰　蒋　林　蒋明山　闵祥志　龚祁森
陈尚梅　张国兴　周克勇　李泉生　刘建新　任思乾　殷　实　杨兆奎　王俊生　周利德
潘发明　刘德元　李维屏　装丽英　杨文润　徐俊华　胡生玺　张益武　谢占贵　陆玉林
邸多泮　赵兴才　陈自华　樊蓉芳　禹万成　桑秀花　戴经农　胡为民　魏养民　赵　俊
汤积成　罗春义　徐国鑫　库瑞生　刘奉梅　林凤桐　刘秀云　雷天华　张子文　赵锡生
卢之伟　薛效刚　陈天福　任学明　武兴国　贺秀芬　张国坤　殷开俊　王维家　李吉元
阎　彪　唐永华　杜占全　陈登发　王加勤　何凤岐　张富营　胡开平　刘治铭　张林华
许耀根　黄菊琴　丁在良　马兴国　田玉堂　岳俊昌　胡建华　陈术强　陈　鼎　成茂林
陈立前　马寿昌　曾长秀　唐坤喜　贾星火　王建辉　李素英　聂英娥　王兴帮　肖礼生
田夏至　杨国泰　赵积珏　王纪玉　唐国粹　马永存　朱绍光　马建玉　陈玉梅　谭明英
李千辉　韩　君　黄建华　张世真　刘建军　何兴录　许彦刚　张蔚如　周荣泰　黄修亮
张维云　盛天柱　周桂莲　何兴惠　郭淑珍　梁先福　阎文智　梁志忠　辛玉兰　潘月秀
孔宪和　张进泉　邓天仁　脱文平　郑锡盛　周绪民　詹庆生　胡友荣　岳喜成　段延玲
鲁卫红

1988 年

杨明光　张大华　魏　群　赵天银　李建坡　赵俊基　雷世斗　薛允盛　王汝春　宋学政
靳振甲　吴元林　邵建萍　李守君　吴卫华　安希学　李建新　张正连　俞树岗　张富存
李国元　张富生　李素兰　杜红有　廉有恒　朱福奇　韦娘彬　刘西河　王克维　王积珊
陈其才　武东生　范加雨　李长军　程义华　张秉华　郝文学　田存禄　王秀珍　陈光生
高牵牛　李玉社　徐桂英　崔俊琴　查兰芳　赖必智　高炳何　徐建忠　王汝信　郭　敬
赵和元　刿学文　邱光东　陈汉俊　张玉民　李光兴　霍鸿喜　秦国洪　张万才　王银泉
杨生礼　蒋厚勤　唐　荣　丁万康　王统玺　王积成　冯泽莲　李约汉　彭瑞生　王友仁
程建峨　孙治锋　史金羊　杨生华　顾　宏　杨林忠　魏荣国　全国元　王国华　袁立群

王菊明 杨凤珍 李宾生 汪来顺 宋国庆 马定保 龚永太 李 新 潘维忠 辛学福
赖顺宪 陈兆兴 孙玉珍 边克全 杜惠萍 长英儿 雒宗权 权国凯 焦亚平 费功友
温万生 崔振业 刘桂芳 马生芳 卢福忠 朱时芳 左凤岭 李富国 程国英 何绍顺
刘春华 王作森 解惠民 刘延林 雷云山 殷学成 马同合 阎淑芳 孔繁瑾 秦德仁
王登州 周文儒 张荣新 龚祁森 徐文杰 肖建新 徐为民 滕竹君 杨继祖 童世元
王天祥 李文科 曾占让 赵 俊 周隆兴 屈 毅 崔时平 蒋 林 荣文富 施建荣
王玉成 史清菊 胡月玲 陈尚梅 张树峰 孙建廷 郭兴龙 田玉莲 马 刚 陈兰英
庄丽英 高建玉 李维屏 殷 实 李生金 王绍清 何荣才 徐振仑 邓元辉 敖以文
张益武 白忠荣 王俊生 张玉明 邸多泮 杨新文 马国喜 戴经农 张德元 赵国汉
肖燕明 刘兴才 尚志俊 禹万成 库瑞生 罗秀珍 田怀玉 雷天华 赵阳生 张新泉
文德奎 戴天寿 杨西光 朱万山 薛效刚 张子文 杨义宪 阎秀兰 刘秀云 刘玉明
赵忠儒 阎 彪 李振堂 田富国 祁连科 陶 伦 徐 辉 吴维全 张富营 霍兴本
张爱英 马秀珍 孙玉凤 吴开生 董仁伦 何凤歧 刘文英 张 瑛 张洪林 赵春林
曾凡广 吴有杰 孔令宣 李作林 王清元 岳俊昌 胡建华 丁在良 马兴国 李红娣
王荷梅 钟彩霞 彭立垣 王俊林 王兴帮 徐加明 王纪玉 赵殿琰 刘红兵 邢文斌
高 珉 袁明生 蒋有志 赵秀蓉 胡学明 豆保生 李淑贞 裴继生 窦和平 赵秀萍
赵少权 盛天柱 岳信林 付兴惠 雷菊英 尚军生 魏德年 赵华伟 郝长远 张凯峰
韩秀珍 杨振艳 周永泰 张 涛 许彦刚 盛桂霞 裴天夫 李 兵 罗荣禄 李本忠
黄建华 李全林 宁淑芳 薛矿成 邓天仁 尚有兴 周再庚 王国强 常 虹 高景光
王巨林 郑明生 陈光蔚 裴正苏 杨幸芝

1989 年

张 信 和体栋 赵天银 周永兴 雷菊芳 杨永喜 王定保 丁 东 王宗发 陈桂英
徐建忠 王应惠 张蕊利 杨再鹏 王积珊 陈建年 辜良国 薛秀荣 牛成林 王凤歧
张正连 李龙谭 李致强 司文明 肖德才 牛秀琴 付万春 张卫平 兰祖全 毛进典
张秉华 石平泉 严 越 付建设 陆保太 马富才 杨建华 张彦平 徐桂英 查兰芳
赵和元 陈汉俊 王国华 丁万康 顾 宏 曹全友 秦国洪 严锦花 贾 珉 李凤梧
冯泽莲 朱惠芳 魏永宝 廉清玄 张学明 王高生 南长儿 全国元 许建华 胡建林
陈开全 张崇录 袁培英 魏荣国 赵秀珍 史玉平 许桂英 马占萍 陈自新 刘培德
赖顺宪 汪来顺 张维福 马定保 刘宝成 潘维忠 刘爱珍 李 新 梁孟月 孙优德
赵永祯 崔振业 雒宗权 张志东 汪秀玲 马生芳 曾继全 陈 勤 朱时芳 马成来
蒋允胜 刘克润 刘 菊 张 忠 解惠民 秦世元 邱崇德 马同合 雷增隆 肖建新
蔡长福 闵祥智 魏忠贵 马庆平 张其林 蒋怀正 刘 监 王俊林 贺大荣 童世元
钱玉文 李海雄 崔时平 鹿令义 刘玉龙 马学林 赵富兰 王君芳 徐 珩 史清菊
张翠兰 赵 军 袁方谷 黄玉霞 邸多泮 李宗保 张映才 梁建中 周奋武 李洪雄
邓元辉 金守玺 张永林 万光霞 陈炳鑫 陈才年 张益武 张忠友 杨 平 周克仁
谈生祥 张德忠 谢盛玉 王定坤 张德元 徐国利 赵国汉 罗春义 张文俊 温怀玉
刘惠兰 杨素珍 刘奉梅 胡继明 赵阳生 刘秀云 杨义宪 禄守安 武兴国 杨贵林
章凌峰 闫秀兰 向秀琴 马长忠 黄可攻 刘新芳 毛传海 孙玉华 贾秀文 檀春来
要占全 张富营 吴开生 徐 辉 陶 仑 韩 钢 马兴祥 李彩英 王清元 赵春林
岳俊昌 慈永仓 曹秀娟 吴安文 冯可发 丁文明 申锡生 孔令宣 李彩良 龙荣华
石正伟 许林祥 安恒柄 王好录 王俊林 高翠萍 邢文斌 贾星火 王仲林 张凤英
马 涛 李本忠 贾国庆 许尧根 周效文 贾学峰 何兴录 路础磐 王绪良 张 涛
吴有福 李淑贞 张录年 罗元来 魏德年 盛天柱 韩文广 郭 海 雷菊英 周 俶
梁志忠 戴忠孝 赵洪贵 殷文秀 薛矿成 刘 冰 王巨林 李希保 王玉莲 魏银广
刘立勋 陈元林 邓燕英 张晓燕 王生琨 朱新民 王献成 杨俊富 刘 兰 齐洪威
殷占玉

1990 年

李兴国　王栓保　张大华　周永兴　栗宪民　罗权生　赵天银　冯卫斌　陈曙晖　丁　东
李建西　周　娟　安希学　李建新　李国元　张富生　武东生　费智毅　王凤岐　张秉华
薛秀荣　牛成林　陆保太　付建设　肖德才　杨建华　王积珊　柳兴敬　付万春　牛秀琴
石平泉　张彦平　张卫平　陈建年　高培荣　张　宏　郝文学　辜良国　杨天恩　金　玉
王桂花　李光杰　吕勤祯　吴国碧　赖必智　周治山　李小峰　徐建忠　靳忠诚　马武林
赵和元　丁万康　张玉民　全国元　冯泽莲　王国华　邱光东　张学明　李自强　贾　珉
史玉平　王士林　李约汉　雷学成　陈汉俊　顾　宏　张多娟　霍朋全　杨志成　王成祖
胡生福　杨生礼　吴述铭　陈开荣　罗玉生　窦和振　江渭清　周永东　周海荣　温自祯
张国山　尚明军　代惠英　李宾生　龚永泰　刘春花　蒲文华　辛学福　潘维忠　洪德慧
陈自新　耿晓清　刘培德　吕生祥　李　伟　张菊英　梁孟月　孙优德　雒宗权　葛小兰
崔振业　徐长友　李辉军　汪秀玲　马生芳　张培英　蒋六胜　王友宏　乔论文　马成来
朱时芳　苗会新　陈桂花　贺志道　解惠民　张积会　肖云胜　杜登贤　来桂英　李子秀
孔繁瑾　李海雄　肖建新　裴爱芹　贺大荣　赵吉明　丁兆其　赵富兰　任建华　童世元
张其林　代克勤　王俊林　王君芳　秦德仁　魏忠贵　张开国　赵汉生　李玉旺　胡明德
钱玉文　雷德明　许玉平　李秉政　闵祥志　李绍芳　赵　军　王成文　赵玉萍　马　刚
李维屏　陈炳鑫　杨　平　谈生祥　邸多泮　刘宗元　李生金　张　淳　张春吉　马吉林
王天贵　王思云　袁忠义　敖以文　王绍清　郭兰英　赵毓玲　张德忠　李兴才　王金花
禹万成　龚　军　魏　峰　陈惠芳　乔忠明　张德元　潘　军　李矿生　吴华萍　陈素梅
罗秀珍　杨贵林　芦学明　赵新成　杨福建　侯　兴　陈学田　杨义宪　刘秀云　尚景相
杨国光　张青梅　阎秀兰　赵忠儒　阎　彪　张国坤　杜合栋　陶　仑　简治全　徐　辉
郭仁敏　张富营　刘　义　毛长嵩　杨玉增　彭瑞廷　张　斌　许守家　何桂芳　张洪林
赵春林　王鼎记　岳俊昌　张玉霞　冯可发　慈永仓　丁再良　杨怀忠　孔令宣　王清元
田志学　蒋　琨　雷天花　韩秀琴　晏钦武　刘廷太　杨　海　许林祥　赵　萍　杨培玉
赵殿琰　王仲林　袁士生　张世焕　贾星火　杨淑霞　马永存　罗元来　程述涛　孙秀兰
殷三贵　周效文　王裕祖　何兴录　张少权　赵秀萍　鲁立生　马永华　任学科　雷菊英
魏德年　张玉忠　栾海建　赵秀兰　徐秀英　王学军　张　焘　潘进勇　张成奎　戴忠孝
李本忠　付品生　钟世华　王定胜　王爱生　王岫云　薛矿成　殷文秀　高建基　吴　强
王巨林　许展科　蔡文庆　施福正　张尚贤　陈小英

1991 年

张智军　李东玉　张永义　常杰元　林枝玉　张亚忠　刘孝平　薛允盛　赵绍军　李彩芳
赵明文　费智毅　张积会　张秉华　李尚华　陈建年　石平泉　陈秉国　肖德财　谭朝顺
陈宝珍　王凤岐　陈明林　牛秀琴　付建设　薛秀荣　韩有庭　金　玉　于文华　高培荣
程义华　张　宏　王汝倍　徐桂英　王彩霞　张蕊利　施培华　邱建国　张月英　张玉民
全国元　杨志成　吴述铭　王士林　杜开玉　李自强　冯泽莲　王国华　贾　珉　李培停
周矿生　孟天训　马保忠　吴占斌　崔化仁　田　勇　汤晓群　王生元　王军民　李约汉
李彦奎　程文华　贾天保　李淑云　武延林　殷青山　郑国玉　李明清　代惠英　王印宏
靳英杰　李　伟　洪德慧　辛学福　潘维忠　李　新　刘培德　刘庆磊　王万平　陈维虎
岳志元　乔国贞　周明惠　王兴有　温万生　戴宏亮　徐长友　张玉红　刘守伦　杨惠珍
芦福忠　苗会新　朱时芳　袁广旭　郭凤黎　王　政　蒋六胜　刘宏芳　李玉花　施泽斌
张　忠　范维斌　董延章　王锡余　李子秀　孔繁瑾　宋钧峰　俞矿松　闵祥志　张建华
谢显珍　朱帮勤　赵玉萍　王永根　邹恩莲　张其林　代克勤　赵富兰　童世元　赵林德
王俊林　王君芳　李建军　王进财　裴天寿　韩志宏　钱玉文　屈　毅　王天祥　张树峰
李绍芳　陈克贤　邸多泮　郭文鑫　杨　平　刘宗元　张春吉　王天贵　李生金　谈生祥
金建武　陈才年　邓元辉　陈炳鑫　敖以文　殷尚禄　柴　静　马新平　王克谊　王淑芳

张献超　薛金花　蒲健礼　李矿生　张德元　马图存　胡为民　石成红　谢佐琦　张自全
张月英　赵阳生　贺继成　代西合　侯　兴　周权宗　阙乃鹏　邵福胜　郑秀玲　刘宗勇
李金生　张子文　闫秀兰　张国坤　王多选　张宝元　高学清　简治全　李玉山　冯富胜
孙水泉　张富营　何建新　杨玉增　孙玉凤　周　雁　张平强　赵玉兰　张金虎　任安文
钱爱俊　岳俊昌　慈永仓　周县清　成茂林　赵春林　王清元　陈　鼎　陈国璧　刘潮风
杨森雄　张玉霞　孙艳华　刘永刚　马继珊　张希银　赵　萍　安恒炳　高翠萍　樊为民
邢文斌　范铭涛　王玉成　杨玉国　张　勇　张凤英　周效文　王裕祖　张玉波　方向明
杨幼兰　石　琛　程述涛　窦保生　吴有福　郭炯庆　宋发皋　路础磬　张蔚如　魏德年
薛　梅　栾海建　陈玉生　赵秀兰　肖淑兰　王　枫　田子宏　赵长海　王俊发　陈振华
王征民　付业荣　刘富荣　王金莲　刘毓诚　王岫云　李育杰　李　亮　郭宏宽　邬矿风
王巨林　王登举　汪庆会　亢建福　卜　玉　段伦悌　朱晓琴　王敬东　李福成　赵建忠
郑占武　张国庆　汪文军　张学明　刘发祥　胡金旺　张　峰

2005 年

王义堂　赵文义　范正林　吴国罡　吴建萍　谈福善　卢建勇　张学贵　李炼文　陈茂林
郑孟民　崔金怀　赖　美　王建文　李　剑　李灵活　程国雷　马玉峰　王玉军　王玉庚
白　俊　许玉平　许培坤　张兆珠　张　彤　张　欣　李国雄　杨　明　陈志斌　陈宗虎
唐玉东　秦家忠　龚祁森　彭　中　温永红　温志刚　裴红原　谢宝财　冯卫胜　冯小军
吕辉山　孙继宗　张西科　张建春　李自强　陈国伟　贺　宏　曹卫东　曹耀科　熊金山
于银花　巨永明　刘玉明　刘建国　张有良　张新龙　陈　伟　陈海涛　胡春红　贾继新
王小宪　王国锋　孙春梅　李　军　李　强　李　儒　李庚曦　张国军　毕德肃　张会军
闫志明　丁保林　马振宏　王吉光　张金林　张　焱　周风龙　彭汝堂　陈建军　曾利刚
魏　军　赵天真　王　华　王永胜　吴　萍　倪莉霞　张甫强　武延林　张居岳　赵旺宏
窦和平　王永锋　王岩林　王宝云　陈爱林　吴国泰　钱爱俊　马堆喜　张秀珍　王小华
孙志刚　张爱荣　陈长友　宋跃敏　严宝年　胡灵芝　吴著峰　黄　冶　龚永太　侯昀宏
齐　晞　张会麟　代大勇　魏　忠

2007 年

刘　忠　吕国民　吴华东　吴建萍　吴建福　宋先邦　侯学林　富玉新　彭建新　雒顺太
马新民　王　勇　王首棠　王晓明　王雪萍　邓君民　卢小明　左新焰　石玉峰　乔会国
华玉树　权红兵　许　涛　张　兰　张利民　李生海　李保亮　杨堪阳　陈　忠　陈永红
陈玉胜　陈彩霞　郑孟明　柏兆国　赵兴忠　赵遂亭　侯维喜　谈福善　崔金怀　车建设
刘红军　许　骥　宋德明　张　通　李建立　李秋林　苗福全　侯智广　段春莉　景士宏
魏　星　于治河　马　荣　马永伟　马继栋　仇义勤　王　勇　王加寿　王玉军　王志存
王国乾　王建平　王勇志　王惠玲　王福元　邓万涛　包永贵　白　俊　白文兵　龙旗国
乔泽国　任定国　伍国勇　刘玉国　刘君芳　华玉林　吕黎明　孙　虎　孙树林　朱军善
许玉平　何彬学　吴　林　张　欣　张　勇　张兆珠　张爱军　张爱国　张爱琴　李　宏
李万祯　李元军　李天录　李文彬　李国雄　李金宝　李春晓　李敏昭　杨　东　杨军朝
杨朝华　汪芝龙　沈智军　肖　忠　陈　平　陈建军　周生栋　林建新　苗玉民　范　鸣
赵世强　赵树全　唐玉东　夏天红　姬永铭　秦家忠　袁忠国　郭利平　顾宗忠　崔　斌
黄勇志　温永红　董　涛　韩志红　韩积颖　路永宇　雷　勇　靳　平　廖忠陶　翟　营
鞠新刚　王建国　刘世良　刘国利　李　涛　周在华　杭　伟　曾利刚　窦世杰　刘光峰
张同荣　赵天真　徐　涛　崔向州　龚晓东　万发国　马维党　尹建军　王有鑫　王增武
冯卫胜　申海云　石奉润　乔永生　刘万林　刘金义　刘恒新　吉庆剑　朱　杰　纪飞鹏
吴建军　宋培强　张光清　张军聪　张栋林　张砚强　张富强　张瑞平　李　强　李　瑛
李自强　杨玉贵　杨谨敏　沈庆华　陈　军　陈国强　陈学录　陈智敏　孟学明　郑　翔
段剑承　贺　宏　赵　鹏　赵权威　郭　斌　高俊林　曹卫东　曹耀科　黄振宇　彭玉琴

葛孔虎	韩继锋	裴兴国	魏玉广	魏朝辉	卞兴华	王锋	王霞	卢伟	史新辉
任建	刘志宏	刘建荣	安建明	权国庆	闫福玺	何琪生	李耀东	杨勇	杨玉海
杨朝云	周国斌	武新功	保成	洪海潮	胡天才	胡文永	赵怀良	桑毓	殷俊祥
贾继新	梁军	曾祖文	焦立勇	董怀武	燕桂华	马伟平	王昆	王开基	王利刚
王海峰	毕德肃	张鹏	李收道	李克平	周彦德	欧玉兵	郑力峰	唐富	王永锋
王岩林	王虎智	张政玉	王蔚	车兴福	张金鹏	李奎	杨东	赵小琴	董亚军
于小婷	尤莉	王守军	冯兴涛	白玉平	刘彩梅	张志宏	张金彪	巩玉柱	李林
李新	陈建录	周鸿	周凤龙	郑永强	唐智年	徐娜	殷国君	高锦春	盛柱国
韩忠海	楚孔建	王伟	王世杰	王金山	刘军	刘明远	华敏	孙强	孙现法
闫秀文	吴斌周	李军	李军红	杨建飞	汪玉海	陈志学	武旭	赵向阳	郭山
梁树文	黄玉林	马荣邦	王兰君	王国强	王庭宝	代秀芳	任建华	刘永芬	严晓卫
吴国泰	宋建国	张永国	张菊红	张燕莉	李佩荣	陈玉军	周海利	罗红茹	贺希冬
郭海弢	钱爱俊	王全胜	王海宏	包亚红	成守钰	李文新	李永梅	李建设	杨军
芦红军	陈国军	贾永勤	曾俊宏	董国华	詹玉常	魏淑丽	马堆喜	兰吉军	陈国钰
马述奎	王卫	朱鑫鸿	宋子敬	张兰清	李玉	赵铁军	王华	李文汉	康学良
于江	王渤	王明记	王晓荣	张海波	陈士伟	刘智勇	张秀珍	殷德泉	邓洁琼
万启军	巴特	王其年	王学军	王德胜	石含禄	刘书然	闫正云	严宝年	李文华
李东升	苏炜	陈长友	陈志仙	陈春华	郑爱萍	侯孝政	胡玉忠	赵勤	唐海忠
柴艺丹	高丽莉	雷宇	马福宁	贾玉红	马世全	王尚明	杜亚雄	李生金	袁丽敏
贾刚	高向阳	常江	张国军	程翼	刘峻	王建荣	李洪海	刘晏林	付标
魏建	刘丽萍	李钧							

2010—2011年

刘忠	侯学林	王绪明	贾涛	孙军鸿	吴建福	杨洪国	王建军	宋学军	李保亮
谈福善	刘玉强	龚占琪	鲍传明	王兴卫	王辅德	张其荣	常生伟	郑孟明	吕剑锋
杨堪阳	刘双泉	张惠君	康建红	景士宏	李智	刘发启	雒作铭	张永生	袁玉刚
殷振斌	何玉声	强万东	王兴	李小东	张伟	刘长林	周彤	孙绪强	赵亮
李海宏	伍国勇	张兆珠	郇生年	杨凯	郑崇山	亢晓峥	姚斌强	丁明枫	王玉斌
华玉林	杨虹	王福元	雷勇	张玉龙	王明成	夏岸英	倪迎周	闵转娥	唐虎
臧政德	许玉平	姚庆伟	王加寿	廖忠陶	任勇利	程明	董涛	王斌	陈国强
孙耀武	张红林	景兴平	贾伟	王永德	杨玉林	李兵	吕辉山	乔永生	田占喜
贾生海	黄振宇	刘彪年	安天伟	吴福明	韩继峰	周彦鹏	刘恒新	邵路端	谭昭信
何强经	董晖山	朱军军	汪滋洪	杨彦军	王增武	张超群	斯热皮力		王武
何金刚	夏博	王晓斌	蔡增毅	巨永明	唐登玉	胡晓焱	陈秀清	燕桂华	卞兴华
刘玉明	王威俊	梁军	叶飞	刘建国	姚辰佩	王建民	李兵庭	杨勇	杨建飞
王伟	秦杰	唐昱年	陈坚	汪玉海	王坚	颉继锋	张鸿清	贺国伟	王新忠
孙强	张天金	杨少敏	万军	谢建平	王昆	李延民	于宗法	刘文成	张鹏
张昌明	张小峰	贾彩	黄金发	殷国君	张玉平	杨旭新	许志明	陈国秉	米金岭
吴国斌	张文涛	于晓婷	李宗阳	卢向权	许琰	赵嵩山	伍晓莉	张伟国	郭宝君
俞海霞	霍华	马骊	周成利	王崇孝	彭晓勇	张蕊胜	方国玉	胡正刚	苗春民
朱树成	张庆九	冯雪龙	林远平	杨树宏	黄飞	王岩林	杜晗蕊	李东	梁爱武
王晓荣	窦和平	李建文	赵铁军	焦玉琴	汪戈明	马述奎	张品国	王金山	吴国泰
王建设	王庭宝	崔永彪	贺新	陈红	钱爱俊	马荣邦	赵创秀	王建忠	车海红
巨艳	罗孝荣	王开选	陈爱林	宋毅	张玉荣	包亚红	王玉荣	首兆虎	王国荣
孙建财	王桂花	杜玉龙	葛建成	田生辉	兰吉军	刘进	张秀珍	邱建民	李宁
何惠英	张荣	肖续萍	马福生	叶军香	赵克金	张建民	张友雄	黄冶	毛双全

汪满福　邵建荣　冯明忠　苏玉兰　莫玉生　雷　宇　严宝年　胡金秀　马世全　尚玉萍
马福宁　罗庆东　朱哲英　曹智勇　刘　健　邓孝荣　赵　晖　刘晏林　陈　捷　高　峰
王　荣　杨君基　马　京　何　彦　王文乐　朱海栋　崔达海　李安军　杨世豪　李冬有

2012—2013 年

刘新军　侯学林　刘晓晨　崔　波　冯新刚　吕红平　沈世波　李宏伟　杨洪国　李保亮
郭虹彬　韦　伟　乔福成　许　涛　刘春杰　芦小明　龚占琪　刘玉强　魏　光　张其荣
刘守峰　陈　伟　陈惠玲　郑孟明　茹世林　祁　彦　李　茹　黄世新　李秋林　刘红军
李文水　王力华　秦　宇　朱君琳　陈　富　强万东　李慧承　李灵活　范正林　朱立军
李文广　范秋生　魏国玉　张路春　周　彤　曹　雄　康　剑　李海宏　王云波　王勇平
胡玉清　杨　凯　郭福君　张成秋　姚斌强　韩广春　翟　营　李添魁　张　帆　管继红
雷　勇　牛爱国　张玉龙　华玉林　齐雨农　侯振革　夏岸英　骆　伟　姚庆伟　薛　峰
徐　伟　何　娟　吴灵燕　张　欣　王玉萍　李红明　赵　玉　孙耀武　张旭东　曹玉怀
赵　鹏　刘学虎　段继军　吕辉山　朗雪东　张　凯　达兵兵　王　晖　赵　斌　魏利华
刘　军　田国祥　乔永生　王锡正　吴旭东　田占喜　李　弘　张光清　张中德　刘恒新
刘德民　黄旭东　殷成涛　张军聪　潘　晓　朱军军　徐明彪　王　永　刘德寿　吴重科
杨　勇　刘志红　杨朝云　张　军　赵志强　刘慧杰　吴宪荣　刘永峰　周国斌　杜建元
叶建坤　白雪冬　杨生祥　董兴泉　裴天荣　张建文　张天金　陈　龙　孙玉红　赵爱民
赵文彦　吕　俊　张育红　陈彦宏　蒋　伟　张鸿清　王丽君　裴新林　张　劲　宗　鹏
李克平　刘兴武　石玉成　程德华　张　鹏　马伟平　乔铨锋　朱明军　崔佰东　闫婧晶
张玉清　范延辉　彭　翔　张庆九　徐志俊　孙守渊　林远平　李晓军　张蕊胜　周在华
李　涛　刘永康　李海祥　王守军　赵光兵　郇海年　李建平　王　刚　王玉军　刘　斌
王金明　唐智年　刘玉红　张冬强　聂丹超　刘惠琼　王瑞香　白　燕　向建平　杨　威
杨　东　王　俊　许兴祯　陈玉华　郭宝君　王岩林　胡　玮　邓育伟　杨树宏　任　婷
杨　斌　许浩军　杨　军　马仁忠　张玲霞　张兰清　吴国泰　王宝云　宋建国　王芝林
田程文　吕卫东　任文年　杜丽萍　沈兴燕　陈爱民　吴国荣　罗孝荣　曹为民　单彩霞
张德智　李　铭　宋建才　宋　毅　徐　锦　徐秀丽　罗万平　张玉娟　陈桂兰　马玉林
冯继红　张　健　蒋　燕　杨　斌　高玉生　王爱军　杨好录　张志刚　甄世贤　兰吉军
付海彦　田生辉　王凌云　闫　莉　周入刚　杜建军　杨朝华　王建明　孙　杰　马登华
骆晓兵　陆占英　顾宗忠　李少庆　朱光耀　朱海栋　冯雪龙　邓顺奇　任钦忠　王兹尧
赵德贤　马　春　罗庆东　罗淑娟　朱哲英　董　刚　陈　蔚　张国军　赵　华　贾　刚
黄　娜　梁继勇　陈振华　姜　逊　盖世章　焦文龙　巴　特　李海文　苏　炜　陈桂香
朱海鹏　陈年贵　唐春红　李文华　牛彩华　刘　涛　罗伟敏　梁从晖　殷大祯　陈　云
马维荣　毛　智　张丽萍

2014—2015 年

侯学林　薛玉军　蒋一鸣　高生成　秦建中　张玉红　周　诠　熊玉红　冯志刚　卢海森
周毅泽　权红兵　芦小明　刘玉强　龚占琪　王玉锋　魏　光　陈恩堂　赵俊杰　宋学军
牛芳年　胡兴勇　张文旭　唐万成　冯　伟　韩天红　李　智　克里木江　苗福全
刘　宏　殷怀兵　祁　彦　张国斌　赵苓宇　李灵活　刘海峰　王　兴　强万东　张永强
王积红　郭　锋　王　磊　张志亮　刘　岗　赵进成　刘永辉　赵福琦　王亚军　杜　标
蒋　毅　王培信　朱力勇　高　鹏　赵　虎　崔亚军　程　亮　陈银年　刘涛东　李元军
叶永祥　朱江红　雷　强　赵　超　武玉红　安建华　安　刚　汤凤玲　王　剑　于志明
张　伟　许玉平　周生栋　常　鹏　靳彩卫　肖生科　张玉龙　郭　斌　陈治斌　陈国强
王　恒　刘学虎　赵　鹏　王　斌　段继军　郎雪东　李黎　李森军　张建立　何小红
杨　杰　何立军　田国祥　魏利华　黄振宇　吴旭东　白书建　刘小平　刘其鹰　乔永生
周福仁　邵路端　王岳明　田云海　冯卫胜　范振明　黄小平　董晖山　曾爱华　雍　明

徐继忠 吴重科 童国锋 朱晓峰 唐登玉 程全兵 梁锦春 陈锋 商利民 马永帮
张雅絮 冯维持 王斌 何琪生 申惠君 高正勇 姜坤 张艳 梁军 糜云
毕德肃 尹振玮 唐富 陈忠 张国军 刘铭 陈会光 石玉成 曹建军 张智
李怀玉 范延辉 何将宏 陈瑛 胡怀胜 高武春 张育红 陈坚 张石 王小宪
魏玺忠 郭淑萍 唐良文 王睿 郭素君 贺国伟 张天金 曾利刚 方晨 李全文
王建国 刘志刚 张庆九 李超 林远平 王小雷 张正平 彭翔 马健康 王青林
杜玉华 曹继援 苗红 成经轩 张晓明 马振邦 殷永福 王玉生 徐占民 刘玮
焦兵 杜鹏 刘文彪 潘军 张灵芝 郭卫 张会军 董怀万 贺晓辉 杨斌
何镇德 李玉 杨琦辉 张建宪 吴斌 耿诚 杨志明 薛兴虎 张红梅 周成利
丁大勇 刘强 邓育伟 吴宪荣 方远大 杨军 宋建国 陈玉军 王玉怀 严晓卫
秦荣国 杜丽萍 龚健 魏莉 鲍传萍 罗孝荣 吴晓娇 魏萍 谢素芳 杨生海
雷彬 窦和平 刘跃勇 何矿军 华春雨 张志杰 赵旺宏 王明记 陈琪 兰吉军
田生辉 马堆喜 刘进 李宏 陈个辉 徐天福 邹杰 崔建伟 邓文清 雷凡丁
陈志斌 蒋志勇 李琦 王春宏 于秀龙 李冬有 王玉军 高锦春 陈亚君 王玉梅
孙长江 马福宁 吴金弟 陆峰 张世桂 杨军 周亚南 王佳 赵华 曹智勇
尚建民 赵剑惠 陈捷 陈志勇 龚华 师映军 张新梅 麻玉梅 张太年 邵明芳
牟宗博 周言军 郑玉娟 袁广旭 侯孝政 陈胜利 程坚 牛彩华 胡学荣 汪满福
闫正云 朱晓红 杨立杰 罗继军 张勇鹏 韩浩 韩玉根 吴锋 韩忠 倪向东
祁建国 李月仁 赵红 马永华 朱艳萍

2016—2017年

万海东 杨洪国 杨永华 王金生 周毅泽 克里木江 陈生军 李彦鸿 侯维喜
芦小明 李闯 王康乾 李勇军 许涛 张长津 张其荣 曹志强 陈伟 王美强
谢生虎 董龙 张玉红 吕国民 吴生明 石兆忠 雷兴元 陈开诚 李建熙 杨帆
薛玉军 邢涛 张通 张希武 李秋林 陈文坤 王爱民 马艳 关福忠 金田禾
李慧承 康文辉 强万东 王禄友 段春莉 王宏峰 王小军 赵杰 王彦军 翟晓靖
李泽山 朱金波 陈大武 谢毅 安永田 吕汇明 李俸禄 袁笑一 吴超 朱亮
王春宏 王勇平 张婷 郭福君 李元军 杨建伟 王锋 王建明 汪世明 李青
安满城 王勇 王芳 陈捷 许兆春 冯连明 王剑 王玉霞 王亦成 刘晓寅
靳彩卫 许玉平 白晓宁 吴林 马军虎 王恒 李刚 石玉庭 赵鹏 高鹏
宋培强 任会生 李森军 何子健 靳峰 何小红 骆红涛 田国祥 张倍强 杜磊
伍定全 郎学东 吴旭东 贾玮 刘恒新 刘其鹰 包永新 乔永生 段军 黄海
刘刚 张兆志 杨维志 丁玉宝 李新 陈小刚 斯热皮力 俞海东 魏浩元
李景 白建峰 杨军 王世永 徐志俊 田秦川 林远平 蒋玉文 魁兴鹏 任宗健
徐继忠 卢廷环 李尚基 糜云 陈锋 何芙蓉 姚荣林 马永帮 孙卓 郭建林
卢伟 刘祥 张雅絮 刘忠 蔡增毅 贾晓华 梁军 王玉兵 李庚曦 马荣
焦荣 张智 袁博 魏国科 李怀玉 邓安宁 曾东 王学龙 赵樱 赵爱民
张居宝 刘军 曹祁波 关迅 王宁 李健 党学军 花聪 裴新林 刘培德
罗克军 杜玉华 王卫平 杜生安 杨旭新 吴国斌 何兴仁 闫勇 张文涛 王玉生
汤海霞 刘习桂 芦春湖 白燕 王信 李林 侯志勇 于斌山 张汉旺 陈志勇
周亚南 鲜婧 张会军 李正嵩 马晓兵 景玮 顾万春 王越琦 刘新元 杨东
陈旭东 杨军 田成文 郑尚琨 殷志廷 贺新 龚健 丁煜 雷彬 车海红
马荣邦 王建忠 严晓卫 谢素芳 贾宏磊 任斌 王东 华春雨 王渤 罗福军
王华 陈志明 丁大勇 方远大 冯玉军 王永锋 燕莲 马继瑞 王红芝 王卫
王明祥 魏莉 杨克学 王健均 孙世斌 马堆喜 罗彩玲 王玉梅 吴金林 赵华
刘静文 刘岗楼 邹杰 牛焕章 范天龙 淡彦鹏 顾宗忠 李亭 宁晓威 唐玉东

张鸿鹏 张平刚 赵 军 李富荣 罗 娟 王 健 周英梅 任彦霖 马 涛 王君生
罗继军 张建民 张 嵘 权国兵 叶军香 万文华 汪满福 秦大亮 杨克荣 胡剑伟
赵 亮 李 忱 朱海鹏 魏 静 许多辉 薛玉斌 成守珏 杨 军 倪向东 毛鸿伟
张应学 赵海波 刘 勇 杜玉龙 张万生

3. 优秀共产党员“十大先锋”

1990 年

马武林 老君庙油矿退休工人
王道路 白杨河油矿矿长、吐鲁番石油勘探开发会战指挥部试采指挥部指挥、党委书记
赵忠儒 运输处四区队汽车驾驶员
张开图 炼油厂动力车间循环水“五四”青年岗位岗位长
张秉华 钻井处 32852 钻井队队长
丁再良 油建公司职工食堂炊事班长
李兴国 地调处 1836 队队长
李维屏 机械厂铸造车间模型班班长
龚永太 鸭儿峡油矿修井二队队长
王岫云 普教处局子弟中学高二年级组组长

1992 年

严晓昱 钻井处党委副书记
赵文卓 钻井处 32651 钻井队队长
邱光东 老君庙油矿总地质师
刘瑞芳 油建公司经理
陈维虎 鸭儿峡油矿修井二队队长
李辉军 井下技术作业处作业一队队长
王君芳 炼油厂维修车间管工班班长
马 刚 机械厂抽油泵一车间车工
任学科 生活管理处北坪房管站维修班班长

1993 年

马 禄 地调处 2264 地震队队长
张正连 钻井处 45155 钻井队队长
张秉华 钻井处 32852 钻井队队长
杨志成 采油厂采油三队修井小队副队长
王士林 采油厂采油六队修井大班工人
张世焕 研究院勘探室主任、高级工程师
朱国权 炼化总厂新兴实业公司副经理
魏荣建 运输处公路工程队装载机驾驶员
张洪林 油建公司油库扩容工程项目经理兼党支部书记
李 淼 生活管理处劳保服装厂党支部书记兼厂长

1994 年

陈学田 水电厂供电车间主任
王士林 采油厂采油六队修井大班工人
朱国泉 炼化总厂新兴实业公司副经理
张 淳 机械厂抽油泵分厂副厂长
李岩峰 二机厂加工车间热处理班工人
孙志军 油建公司工程部副经理
高学清 运输处四区队汽车驾驶员

雷月英　生活公司北坪幼儿园主任
徐玉庆　研究院采收率室主任
裴正苏　普教中心第一中学教师
1995 年
马　禄　地调处 2264 地震队队长兼党支部书记
程义华　钻井处井架安装公司经理兼党支部书记
朱家贵　井下处保养站机修技师
施培华　录井处地质数控队队长
袁广旭　采油厂采油十队工程师
周哈格　采油厂采油三队大班司机
桑运超　炼化总厂生产科副科长
翟玉俊　水电厂燃运车间主任兼党支部书记
索荣芳　机械厂抽油泵分厂 15U 数控机床岗位长
李　君　油建公司第三工程项目部电焊工
1996 年
李敏学　采油厂作业三队技师
张玉民　采油厂采油一队队长兼党支部书记
蒋　林　炼化总厂催化车间党支部书记兼主任
姚平竹　炼化总厂设计室党支部副书记兼副主任
郭素君　机械厂抽油泵分厂车工班班长
濮希军　机械厂抽油杆分厂车工班班长
韩永科　研究院勘探室主任
于仁元　水电厂供电车间外线班班长
范继梅　生活公司北坪房管站维修一班班长
王翠花　物资供应处退管站站长
1997 年
陈茂林　采油厂采油五区队采油一小队队长
杨应明　炼化总厂工程项目经理部重整加氢项目经理
于仁元　水电厂供电车间工人
韩喜临　机械厂化机分厂电焊班班长
杨继祖　物资供应处炼化物资科科长
冯建华　生活公司北坪房管站维修二班班长
庄虔忠　职工医院外科副主任
吴惠萍　教培中心第二中学教师
张玉忠　综合服务处玉美皮鞋厂工人
邱光东　采油厂退休干部
1998 年
刘万仁　采油厂作业五队工人
贾德俊　采油厂井下作业科科长
桂　锋　炼化总厂油品车间工人
严　起　炼化总厂工程维修公司副经理
蔡增毅　水电厂汽机车间工人
王淑芳　机械厂机械加工分厂工人
范铭涛　科技中心副主任、研究院副院长
刘荣年　生活公司三三区房管站工人

蒋玉萍　教培中心第一中学教师
张西民　职工医院中医科、综合科主任
1999 年
苗国政　采油厂采油工艺科科长
朱彩云　采油厂采油一区队四号选油站岗位长
洪雪景　炼化总厂聚丙烯车间主任
闫　斌　炼化总厂销售公司郑州分公司经理
王志刚　水电厂锅炉车间球磨机班班长
林多果　机械厂压力容器分厂厂长兼党支部书记
吴国泰　生活公司中坪供热站工人
王爱生　教培中心第一小学教师
盛柱国　综合服务处运输大队汽车驾驶员
韩永科　科技中心研究院副总工程师
2001 年
麦祈明　水电厂副总工程师
耿晓清　油田作业公司深井队党支部书记
韩喜临　机械厂容器分厂电焊工
张作祥　建筑安装工程处处长
王绪良　通信公司工程维护部党支部书记
吴国泰　物业管理公司供热站岗位长
孙丽娟　教培中心第二中学校长
季　红　职工医院外科护士长
张兴平　公安处刑事侦查科科长
董克义　兰州办事处主任
2002 年
刘永山　采油厂副厂长兼总工程师
董玉宇　采油厂生产技术科科长
李新华　采油厂采油三区队党支部书记、队长
钱克强　炼化总厂副厂长
龚振辉　炼化总厂催化车间党支部书记、副主任
安建华　炼化总厂工程科助理工程师
冶好雄　炼化总厂重油车间工人
杜文博　勘探开发研究院副总地质师
魏　军　勘探开发研究院勘探一室副主任
于文华　勘探事业部钻井科副科长
2004 年
苗国政　青西油田作业区经理兼党委书记
叶玉明　老君庙油田作业区采油六队队长兼党支部书记
高小平　鸭儿峡油田作业区供热站工人
尤兴华　炼油化工总厂副厂长
殷怀平　炼油化工总厂动力车间瓦斯集输站工人
陈建军　勘探开发研究院油藏评价研究室主任兼党支部书记
赵天真　规划设计院工艺室主任兼党支部书记
王晋连　油田工程技术研究与服务中心抢险维护工程队队长兼党支部书记
严宝年　勘探事业部勘探科业务主管

孙　峻　开发事业部采油工艺科科长
2005 年
商利民　水电厂供电作业区副作业长
贺　宏　油田作业公司青海项目部机修工
巨彩文　机械厂抽油杆锻造车间党支部书记
王建生　建筑安装工程处处长助理
于治河　综合服务处氧气厂厂长兼党支部书记
王绪良　油田通信有限责任公司酒泉通信建设项目部施工队队长
杜淑华　物资供应处处长助理
吴国泰　油田方圆物业管理有限责任公司供热站中坪锅炉房岗位长
吴利华　油田医院外科监护室护士长
杨锦标　甘肃阳光大厦有限公司总经理
2007 年
宋先邦　青西油田作业区生产运行部高级业务主管
崔金怀　老君庙油田作业区采油三队安全监督
何跃璠　鸭儿峡油田作业区采油一站党支部书记、站长
王士民　炼油化工总厂重整加氢联合装置主任
张建春　油田作业公司塔里木项目部平台经理
把智鹏　设计院工艺室工程师
李晓红　机械厂容器车间焊工班班长
郑建国　建筑安装工程处安装二队党支部书记、队长
周风龙　综合服务处客车大队驾驶员
吴　萍　油田医院内科护士长
2009 年
郑孟明　老君庙油田作业区生产运行部党总支书记、副主任
杜　斌　炼油化工总厂重油装置党支部书记、主任
张　科　油田作业公司生产运行科科长
李如平　建筑安装工程处安装一队党支部书记、队长
马国福　勘探开发研究院副院长兼海外研究中心主任
赵天真　规划设计院第二党支部书记、工艺室主任
马仁忠　油田职工医院外科主任
倪莉霞　物资采购管理中心（物资供应处）主任（处长）、党委副书记
吴国泰　方圆物业管理有限责任公司供热站热力司炉工
张秀珍　离退休人员管理中心油田老年大学党支部书记、文宣科科长
2011 年
谭修中　勘探开发研究院地质勘探研究室党支部书记、主任
宋先邦　青西油田作业区生产运行部党支部书记、主任
鲍传明　老君庙油田作业区采油五工区党支部书记、工区长
范正林　酒东试采区副经理、安全总监
沈庆华　油田作业公司塔里木项目部高级技师
蔡增毅　水电厂汽机工区主任
王海峰　建筑安装工程处经营科科长
王吉光　综合服务处运输大队党支部书记、队长
杜淑华　物资采购管理中心副总经济师兼综合办公室主任、酒泉项目部党支部书记、经理
郭林立　炼油化工总厂重油车间党支部书记、主任

2013 年
王绪明　青西油田作业区联合站主任、党支部书记
李元武　鸭儿峡油田作业区采油工区采油技能专家
侯智广　酒东油田作业区副总工程师、开发技术科科长
陈敬德　油田作业公司修井四队修井工
任佩宏　水电厂销售服务中心外线班班长
张育红　机械厂容器车间铆工班班长
杭　伟　勘探开发研究院油藏评价研究室主任
马述奎　油田医院儿科主任
王庭宝　方圆物业公司维修中心维修一班班长
程国雷　苏里格天然气开发项目部对外协调科科长
2015 年
吕国民　青西油田作业区安全设备科（安全监督站）科长（站长）
宋学军　老君庙油田作业区生产运行科科长
王小军　酒东油田作业区开发技术科业务主管
付远航　炼油化工总厂气分 MTBE 车间主任、党支部书记
王增武　油田作业公司生产运行科科长
张　鹏　建筑安装工程处公路工程队配送班班长
岳智忠　勘探开发研究院副总地质师、海外研究中心副主任
王越琦　物资采购管理中心物资配送站站长
何镇德　油田医院内三科主任
方远大　信息中心通信事业部（电视台）党支部书记、副经理
2017 年
魏惠平　老君庙采油厂安全设备科科长
祁　彦　鸭儿峡采油厂开发技术科业务主管
雷　勇　炼油化工总厂机修车间主任
马军虎　油田作业公司修井一队作业五小队小队长
何天全　水电厂电力水利工程公司电气试验工
赵文彦　机械厂机械加工车间数控车工
肖文华　勘探开发研究院油藏评价研究室主任
蒙　炯　钻采工程研究院采油工艺室主任
石　磊　乍得项目经理部炼厂机动部电修车间工程师
赵建忠　综合服务处客车大队驾驶员

第三节　副处级以上干部任职简表

一、正局级干部任职简表（1987.1—2018.12）

序号	姓　名	职　　务	任职时间
1	黄树德	玉门石油管理局局长	1987.1—1989.3
		玉门石油管理局局长兼吐鲁番勘探开发前线指挥部（新东勘探开发指挥部）指挥	1989.3—1989.12
2	王　鹏	玉门石油管理局党委书记	1987.1—1990.8
		玉门石油管理局党委书记兼吐鲁番石油勘探开发会战指挥部临时党委书记	1990.8—1991.2
		玉门石油管理局党委书记兼吐哈石油勘探开发指挥部工委常务副书记（正局级）	1991.3—1995.6

续表

序号	姓　名	职　　务	任职时间
3	赵熙寿	玉门石油管理局副局长	1987.1—1989.3
		玉门石油管理局副局长兼吐鲁番勘探开发前线指挥部（新东勘探开发指挥部）第一副指挥	1989.3—1989.12
		玉门石油管理局局长	1989.12—1990.8
		玉门石油管理局局长兼吐鲁番石油勘探开发会战指挥部指挥	1990.8—1991.2
		玉门石油管理局局长兼吐鲁番—哈密石油勘探开发会战指挥部常务副指挥（正局级）、工委副书记（正局级）	1991.3—1995.6
4	刘世洲	玉门石油管理局工会主席	1987.1—1990.8
		玉门石油管理局工会主席兼吐鲁番石油勘探开发会战指挥部临时党委副书记	1990.8—1991.2
		玉门石油管理局工会主席兼吐哈石油勘探开发指挥部工委副书记	1991.3—1995.6
		玉门石油管理局局长、党委副书记	1995.6—1998.4
		玉门石油管理局局长、代理党委书记	1998.4—1999.9
		玉门油田分公司总经理、党委书记	1999.9—2002.2
5	黄亦纯（女）	党委宣传部部长	1987.1—1988.7
		宣传教育处处长	1988.7—1988.10
		玉门石油管理局政工职改办负责人	1988.10—1989.7
		玉门石油管理局纪委书记	1989.7—1991.4
		玉门石油管理局党委副书记、纪委书记	1991.4—1995.6
		玉门石油管理局党委书记	1995.6—1998.4
6	张东泉	玉门石油管理局党委办公室副主任	1988.1—1990.7
		玉门石油管理局党委办公室主任	1990.7—1993.3
		运输处党委书记	1993.3—1995.6
		玉门石油管理局党委副书记兼纪委书记	1995.6—1998.7
		玉门石油管理局纪委书记	1998.7—1999.9
		玉门石油管理局局长、党委书记	1999.9—2001.3
7	田玉军	玉门石油管理局团委副书记	1989.11—1990.6； 1990.12—1993.3
		玉门石油管理局团委副书记兼吐鲁番石油勘探开发会战指挥部临时党委工作部副主任	1990.6—1990.12
		油田建设工程公司党委副书记、纪委书记	1993.3—1993.5
		油田建设工程公司副经理、党委副书记、纪委书记	1993.5—1994.7
		油田建设工程公司党委书记、纪委书记、副经理	1994.7—1994.11
		油田建设工程公司党委书记、副经理	1994.11—1995.6
		玉门石油管理局工会主席	1995.6—1999.9
		玉门石油管理局副局长	1999.9—2001.3
		玉门石油管理局局长、党委副书记	2001.3—2005.7
8	高玉江	运输处副处长	1987.1—1988.4
		生活服务公司（生活管理处）副经理（副处长）	1988.4—1990.10
		生活服务处副处长	1990.10—1991.8
		生活服务处处长	1991.8—1995.6

续表

序号	姓名	职务	任职时间
8	高玉江	玉门石油管理局副局长	1995.6—1995.11； 1996.8—1999.9
		玉门石油管理局副局长兼任多种经营总公司总经理	1995.11—1996.8
		玉门石油管理局党委副书记、纪委书记兼工会主席	1999.9—2001.3
		玉门石油管理局党委书记、纪委书记兼工会主席	2001.3—2005.7
		玉门油田分公司（玉门石油管理局）副总经理（副局长）、党委书记	2005.7—2010.6
9	孔繁瑾	炼油厂副厂长	1992.4—1992.10
		吐哈会战指挥部石油化工筹建办公室副主任	1993.3—1995.4
		玉门石油管理局副总工程师	1995.4—1995.6
		玉门石油管理局副局长兼总工程师	1995.6—1999.9
		玉门油田分公司副经理、党委副书记	1999.9—2000.1
		玉门油田分公司副经理、党委副书记、纪委书记	2000.1—2002.2
		玉门油田分公司总经理、党委书记	2002.2—2005.7
		玉门油田分公司（玉门石油管理局）总经理（局长）、党委副书记	2005.7—2010.10
10	张作祥	机动处副处长	1996.12—1998.10
		建筑安装工程处处长	1998.10—2002.10
		玉门石油管理局副局长	2002.10—2005.7
		玉门油田分公司（玉门石油管理局）副总经理（副局长）	2005.7—2009.6
		玉门油田分公司（玉门石油管理局）党委副书记、纪委书记、工会主席	2009.6—2010.6
		玉门油田分公司党委书记、纪委书记、工会主席兼玉门油田分公司（玉门石油管理局）副总经理（副局长）	2010.6—2015.9
		玉门油田分公司（玉门石油管理局）党委书记、工会主席兼玉门油田分公司（玉门石油管理局）副总经理（副局长）	2015.9—2016.12
11	刘圣志	玉门油田分公司（玉门石油管理局）总经理（局长）、党委副书记	2010.11—2015.7
12	陈建军	勘探开发研究院副院长兼总地质师	1995.8—1996.11
		科学技术开发中心副主任勘探开发研究院院长	1996.11—1997.12
		玉门石油管理局副总地质师兼勘探开发研究院院长	1997.12—1999.4
		玉门石油管理局副总地质师	1999.4—2000.1
		玉门油田分公司总经理助理	2000.1—2002.2
		玉门油田分公司副总经理	2002.2—2005.7
		玉门油田分公司（玉门石油管理局）副总经理（副局长）	2005.7—2015.7
		玉门油田分公司（玉门石油管理局）总经理（局长）、党委副书记	2015.7—2016.12
		玉门油田分公司（玉门石油管理局）总经理（局长）、党委书记	2016.12—2017.11
		玉门油田分公司总经理、党委书记 玉门石油管理局有限公司执行董事、总经理	2017.11—2018.12
13	刘战君	采油厂副厂长	1995.11—1997.11
		采油厂常务副厂长	1997.11—1999.4
		采油厂厂长	1999.4—2000.2
		采油厂厂长兼党委副书记	2000.2—2002.2

续表

序号	姓　名	职　　务	任职时间
13	刘战君	玉门油田分公司总经理助理兼采油厂厂长	2002.2—2003.9
		玉门油田分公司总经理助理兼开发事业部（开发处）经理（处长）	2003.9—2010.11
		玉门油田分公司总经理助理兼开发部（对外合作部）经理（主任）	2010.11—2011.10
		玉门油田分公司副总经理	2011.10—2018.7
		玉门油田分公司党委常务副书记（正局级）、工会主席	2018.7—2018.12

注：排名按首次任正局级时间为序。

二、副局级干部任职简表（1987.1—2018.12）

序号	姓　名	职　　务	任职时间
1	罗玉成	玉门石油管理局副局长	1987.1—1991.3
		玉门石油管理局副局长兼吐鲁番—哈密石油勘探开发会战指挥部副指挥	1991.3—1995.6
2	李志新	玉门石油管理局党委副书记	1987.1—1988.1； 1989.9—1992.11
		玉门石油管理局党委副书记、纪委书记	1988.1—1989.9
		玉门石油管理局党委副书记、吐哈石油勘探开发指挥部工委副书记	1992.11—1995.6
3	张　斌	玉门石油管理局副局长	1987.1—1989.6
4	杨秀森	玉门石油管理局总地质师	1987.1—1990.7
		玉门石油管理局副局长兼总地质师	1990.7—1991.3
		玉门石油管理局副局长、总地质师兼吐鲁番—哈密石油勘探开发会战指挥部副指挥	1991.3—1995.6
5	吴碧莲（女）	玉门石油管理局副局长兼总经济师	1989.6—1991.3
		玉门石油管理局副局长、总经济师兼吐鲁番—哈密石油勘探开发会战指挥部副指挥	1991.3—1992.2
6	梅士琪	炼油厂厂长	1987.1—1988.11
		玉门石油管理局副总工程师	1988.11—1990.4
		玉门石油管理局副局长	1990.4—1991.3
		玉门石油管理局副局长兼吐鲁番—哈密石油勘探开发会战指挥部副指挥	1991.3—1995.6
7	姚树梯	油田建设工程公司党委书记、纪委书记兼副经理	1987.1—1988.4
		农工商公司经理	1988.4—1988.8
		兴玉实业开发总公司总经理	1988.8—1990.7
		玉门石油管理局副局长	1990.7—1991.3
		玉门石油管理局副局长兼吐鲁番—哈密石油勘探开发会战指挥部副指挥	1991.3—1995.6
8	唐世荣	勘探开发研究院副院长	1987.1—1987.7
		勘探开发研究院院长	1987.7—1989.11
		勘探开发研究院院长兼吐鲁番勘探开发前线指挥部（新东勘探开发指挥部）副指挥	1989.11—1990.7
		玉门石油管理局副局长、勘探开发研究院院长兼吐鲁番石油勘探开发会战指挥部副指挥	1990.7—1990.12
		玉门石油管理局副局长兼吐鲁番石油勘探开发会战指挥部副指挥	1990.12—1991.2
		玉门石油管理局副局长兼吐鲁番—哈密石油勘探开发会战指挥部副指挥	1991.3—1995.6
9	翟树人	局副总工程师	1987.3—1990.7
		局总工程师	1990.7—1994.10

续表

序号	姓　名	职　　务	任职时间
10	周永华	玉门石油管理局副总机械师兼机动处处长	1987.1—1989.11
		玉门石油管理局副总机械师	1989.11—1991.4
		玉门石油管理局副局长	1991.4—1996.8
11	王世信	老君庙油矿副矿长	1987.1—1989.8
		玉门石油管理局副总工程师	1989.8—1989.11
		玉门石油管理局副总工程师兼吐鲁番勘探开发前线指挥部（新东勘探开发指挥部）副指挥	1989.11—1990.8
		玉门石油管理局副总工程师兼吐鲁番石油勘探开发会战指挥部副指挥兼采油总工程师	1990.8—1991.3
		玉门石油管理局副总工程师兼吐鲁番—哈密石油勘探开发会战指挥部副指挥	1991.3—1992.11
		玉门石油管理局副局长兼吐鲁番—哈密石油勘探开发会战指挥部副指挥	1992.11—1995.6
12	吴　涛	玉门石油管理局副局长兼吐鲁番—哈密石油勘探开发会战指挥部副指挥	1992.11—1995.6
13	陶惠鑫	设计处处长	1987.1—1987.7
		玉门石油管理局副总工程师	1987.7—1988.6； 1989.11—1991.1
		玉门石油管理局副总工程师兼规划设计院院长、党委书记	1988.6—1989.11
		玉门石油管理局副总工程师兼吐鲁番石油勘探开发会战指挥部副指挥	1991.1—1991.2
		玉门石油管理局副总工程师兼吐鲁番—哈密石油勘探开发会战指挥部副指挥	1992.2—1992.11
		玉门石油管理局副局长兼吐鲁番—哈密石油勘探开发会战指挥部副指挥	1992.11—1995.6
14	彭立垣（女）	器材处处长	1987.1—1988.4
		物资供应处处长	1988.4—1992.11
		玉门石油管理局副局长兼吐鲁番—哈密石油勘探开发会战指挥部副指挥	1992.11—1995.6
		玉门石油管理局副局长	1995.6—1996.5
		玉门石油管理局副局长兼总经济师	1996.5—1999.9
		玉门油田分公司副总经理	1999.12—2002.2
15	费智毅	钻井处副处长	1992.2—1995.4
		生产调度处处长	1995.4—1996.10
		玉门石油管理局副总工程师兼生产调度处处长	1995.10—1995.10
		玉门石油管理局副总工程师兼勘探事业部经理	1996.10—1997.9
		玉门石油管理局副局长兼勘探事业部经理	1997.9—1997.11
		玉门石油管理局副局长	1997.11—1998.7
16	严晓昱	钻井处副处长	1989.2—1991.5
		钻井处副处长、党委副书记、纪委书记	1991.5—1991.6； 1993.3—1995.6
		钻井处党委副书记、纪委书记	1991.6—1993.3
		玉门石油管理局副局长	1999.9—2005.7
		玉门油田分公司（玉门石油管理局）党委副书记、纪委书记、工会主席	2005.7—2009.6
17	孙永会	水电厂副厂长	1995.11—1998.6
		水电厂厂长	1998.6—2002.10
		玉门石油管理局安全总监	2000.12—2000.12
		玉门石油管理局副局长兼安全总监兼水电厂厂长	2002.10—2005.7

续表

序号	姓　名	职　　务	任职时间
17	孙永会	玉门油田分公司（玉门石油管理局）副总经理（副局长）	2005.7—2015.9
		玉门油田分公司纪委书记	2015.9—2017.11
18	熊湘华	采油厂总地质师	1994.7—1997.12
		玉门石油管理局副总地质师兼油田开发处处长	1997.12—1999.4
		玉门石油管理局副总地质师	1999.4—1999.9
		玉门油田分公司副总经理	1999.9—2001.1
		玉门油田分公司副总经理兼安全总监	2001.1—2002.2
		玉门油田分公司副总经理兼党委副书记、纪委书记、工会主席	2002.2—2005.7
		玉门油田分公司（玉门石油管理局）副总经理（副局长）	2005.7—2008.1
19	桑运超	炼油化工总厂副厂长兼销售公司经理	1996.3—1997.8
		炼油化工总厂厂长兼任党委副书记	1997.8—2002.2
		玉门油田分公司副总经理兼炼油化工总厂厂长、党委副书记	2002.2—2003.2
		玉门油田分公司副总经理	2003.2—2005.7
		玉门油田分公司（玉门石油管理局）副总经理（副局长）兼安全总监	2005.7—2015.8
		玉门油田分公司（玉门石油管理局）副总经理（副局长）	2015.8—2017.11
		玉门油田分公司副总经理	2017.11—2018.4
20	范铭涛	勘探事业部副经理	1995.8—1997.11
		科学技术开发中心副主任兼探勘开发研究院副院长	1997.11—1999.4
		勘探开发研究院院长	1999.4—2002.2
		玉门油田分公司总经理助理兼勘探事业部经理、党委书记	2002.2—2003.9
		玉门油田分公司总经理助理兼勘探事业部（勘探处）经理（处长）、党委书记	2003.9—2010.8
		玉门油田分公司总经理助理兼勘探部经理、党委书记、勘探开发研究院院长、党委书记	2010.8—2012.12
		玉门油田分公司副总经理	2012.12—2015.8
		玉门油田分公司副总经理兼安全总监	2015.8—2018.7
		玉门油田分公司副总经理	2018.7—2018.12
21	牛君昌	玉门油田公司总会计师	2015.1—2017.5
22	高志胜	财务资产处副处长	2005.2—2007.8
		财务资产处副处长（正处级）	2007.8—2012.10
		财务处处长	2012.10—2017.11
		玉门油田分公司总会计师	2017.11—2018.12
23	宋中华	玉门油田分公司纪委书记	2017.12—2018.12
24	苗国政	采油厂副厂长	2001.8—2003.9
		青西油田作业区经理、党委书记	2003.9—2011.2
		乍得项目部经理	2011.2—2012.4
		公司副总工程师兼乍得项目部经理	2012.4—2018.6
		公司副总工程师兼开发部经理	2018.6—2018.7
		玉门油田分公司副总经理	2018.7—2018.12
25	来进和	生产调度处副处长	1997.11—1999.4
		生产调度处（机动处）副处长	1999.4—2000.2
		生产与质量安全环保处副处长	2000.2—2001.2

续表

序号	姓　名	职　　务	任职时间
25	来进和	公司质量安全环保处副处长	2001.2—2003.3
		质量安全环保处处长	2003.3—2011.2
		炼化总厂厂长、党委副书记	2011.2—2011.10；2012.2—2013.7
		炼化总厂厂长、党委书记	2011.10—2012.2
		炼化总厂厂长、党委副书记兼任销售公司经理	2013.7—2018.7
		玉门油田分公司副总经理、安全总监	2018.7—2018.12

注：排名按首次任副局级时间为序。

三、正处级干部任职简表（1987.1—2017.12）

序号	姓　名	职　　务	任职时间
1	高树盛	局工会副主席	1987.1—1993.3
		机关党委书记兼机关总务处处长	1993.3—1994.11
2	关从智	炼油厂党委副书记、工会主席	1987.1—1991.11
		地质调查处党委书记	1991.11—1995.9
3	朱自珍	局办公室主任	1987.1—1989.11
4	俞俊仁	兰州办事处主任	1987.1—1988.11
5	徐克伟	生活服务公司经理、党委书记	1987.1—1987.6
		生活服务公司（生活管理处）经理（处长）、党委书记	1987.6—1988.12
		生活服务公司（生活管理处）经理（处长）	1988.12—1990.10
		生活服务处处长	1990.10—1991.8
6	杨怀德	水电厂党委书记	1987.1—1991.6
		局纪委处级检查员	1991.7—不详
7	郭　敬	老君庙油矿矿长	1987.1—1990.6
8	张正希	生产调度处处长	1987.1—1995.4
9	张廷芸	职工培训处处长	1987.1—1987.7
10	石富声	石油工人报社社长	1987.1—1988.1
11	刘华春	党委办公室主任	1987.1—1988.1
		直属工作处处长	1988.1—1988.11
		兰州办事处主任	1988.11—1994.9
		兰州办事处（兰州石油大厦）主任	1994.9—1996.3
12	陈景福	企业管理处处长	1987.1—1987.8
13	赵登鳌	炼油厂党委书记	1987.1—1988.11
		炼油厂厂长	1988.11—1991.6
14	王同宣	炼油厂调研员	1987.1—不详
15	王德仁	党委组织部部长	1987.1—1987.2
		党委组织部（干部处）部长（处长）	1987.2—1988.10
		人事教育处处长	1988.11—1989.10
		党委组织部部长	1989.10—1992.1
16	李发录	炼油厂调研员	1987.1—不详

续表

序号	姓　名	职　务	任职时间
17	康　健	钻井处调研员	1987.1—1987.8；1989.11—1990.5
		钻井处处长	1987.8—1989.11
18	韩继周	局生产技术咨询委员会委员（正处级）	1987.1—不详
19	张义经	计划处副处长（正处级）	1988.1—1989.2
		计划处处长	1989.2—1996.3
		工程建设项目咨询部主任	1996.3—1996.12
20	李国勋	生活服务公司副经理（正处级）	1987.1—1988.12
		张掖石油化工厂筹建处党委书记	1989.8—1990.3
		张掖石油化工筹建处处长、党委书记	1990.3—1994.7
21	赵阳生	水电厂厂长	1987.1—1991.6；1994.11—1997.7
		水电厂厂长、党委书记	1991.6—1994.11
		局副总工程师	1997.7—1998.12
		成都离退休人员管理基地主任	1998.12—1999.10
22	张子钤	老君庙油矿党委书记	1987.1—1988.10；1989.11—1991.11
		老君庙油矿党委书记、副矿长	1988.10—1989.11
23	刘忠海	局机关党委副书记	1987.1—1988.1
		局党委办公室调研员（正处级）	1988.1—1990.12
		离退休职工管理处处长	1990.12—1991.5
		离退休职工管理处（老干部处）处长	1991.5—1993.3
24	马存仁	机械厂厂长	1987.1—1989.11
		机动处处长	1989.11—1990.12
25	马骥良	武装部部长	1987.1—1987.9
		武装部部长兼保卫处副处长	1987.9—1988.5
26	姚瑞初	器材处党委书记	1987.1—1987.7
27	景柏元	劳动人事处处长	1987.1—1988.11
		劳动工资处处长	1988.11—1993.3
28	刘云龙	基本建设处处长	1987.1—1989.11
29	刘秉璋	油田开发处处长	1987.1—1987.7
30	屈政治	局副总工程师	1987.1—1994.4
31	霍永录	局副总地质师	1987.1—1994.4
32	张学良	运输处党委书记	1987.1—1988.12
		运输处党委书记、副处长	1988.12—1989.11
		卫生处（职工医院）党委书记	1989.11—1992.11
33	张运生	科学技术处处长	1987.1—1989.8
34	张　雄	鸭儿峡油矿党委书记、纪委书记	1987.1—1989.8
		鸭儿峡油矿矿长、党委书记、纪委书记	1989.8—1990.12
		鸭儿峡油矿矿长	1990.12—1991.3

续表

序号	姓　名	职　务	任职时间
34	张　雄	吐哈石油会战指挥部鄯善采油厂党委书记	1991.3—1992.10
35	晁吉俊	勘探开发研究院院长	1987.1—1987.7
36	张立群	鸭儿峡油矿矿长	1987.1—1989.8
		科学技术处处长	1989.8—1991.11
37	王定坤	内燃机修理厂厂长	1987.1—1988.3
		第二石油机械厂厂长	1988.3—1990.12
		企业管理处（法律事务处）处长	1990.12—1991.11
		局副总经济师兼企业管理处（法律事务处）处长	1991.11—1993.3
		局副总经济师兼综合管理处（法律事务处）处长	1993.3—1995.10
38	张鹏枢	财务处处长	1987.1—1987.8
39	张玉瑶	内燃机修理厂党委书记	1987.1—1988.3
		第二石油机械厂党委书记	1988.3—1989.11
		运输处党委书记	1989.11—1992.9
40	韩元生	外事处处长	1987.1—1987.7
41	赵海明	地质调查处处长	1987.1—1995.9
42	宋永富	钻井处处长	1987.1—1987.8
		企业管理处处长	1987.8—1990.12
		审计处处长	1990.12—1995.10
43	杨俊哲	运输处处长	1987.1—1992.8
		运输处处长、公路工程公司经理	1992.8—1993.3
44	赵喜正	保卫处处长	1987.1—1987.6
		保卫处（武装部）处长（部长）	1987.6—1988.5
		公安处（武装部）处长（部长）、党委书记	1988.5—1991.11
		公安处处长、党委书记	1991.11—1995.6
45	张赛时	职工医院院长、卫生处处长	1987.1—1992.11
46	于景涛	卫生处（职工医院）党委书记	1987.1—1988.10
		卫生处（职工医院）党委书记、职工医院副院长	1988.10—1989.11
47	王印宏	地质调查处党委书记	1987.1—1988.10； 1989.11—1990.12
		地质调查处党委书记、副处长	1988.10—1989.11
		鸭儿峡油矿党委书记	1990.12—1992.10
		采油厂党委书记	1992.10—1995.11
		采油厂厂长、党委书记	1995.11—1997.8
		局副总工程师兼采油厂厂长、党委书记	1997.8—1999.4
		局副总工程师兼油田开发处处长	1999.4—1999.7
		局副总工程师	1999.7—2000.1
		公司总经理助理	2000.1—2002.2
		公司安全总监	2002.2—2004.4
48	雒敬德	保卫处党委书记	1987.1—1987.6

续表

序号	姓　名	职　务	任职时间
48	雒敬德	保卫处（武装部）党委书记	1987.6—1988.5
		公安处（武装部）党委书记、纪委书记、公安处政委	1988.5—1989.11
		成都办事处副主任	1989.11—1992.1
		成都办事处主任	1992.1—1996.3
49	张世杰	机械厂党委书记	1987.1—1988.10； 1989.11—1994.11
		机械厂党委书记、副厂长	1988.10—1989.11
		局机关党委书记	1994.11—1996.12
50	王道路	白杨河油矿矿长	1987.1—1989.11
		白杨河油矿矿长、鄯善采油厂厂长	1989.11—1990.6
		白杨河油矿矿长、鄯善采油厂厂长、试采指挥部指挥、党委书记	1990.6—1991.3
		试采指挥部指挥、党委书记	1991.3—1991.8
		井下技术作业处处长	1991.8—1993.3
51	曹德中	局副总经济师兼计划处处长	1987.1—1989.2
		局副总经济师兼经营销售处处长	1989.2—1990.3
52	马志元	农工商公司（农工商管理处）党委书记	1987.1—1988.6
		兴玉实业总公司党委书记	1988.6—1989.11
		直属工作处党委书记	1989.11—1993.3
53	岳学芹	勘探部部长	1987.1—1989.11
		局办公室主任	1989.11—1992.10
54	黄南昌	安全环保监察处处长	1987.1—1995.4
55	郑永贵	钻井处党委书记	1987.1—1988.10； 1989.11—1995.9
		钻井处党委书记、副处长	1988.10—1989.11
56	朱洪月	局团委书记	1987.1—1989.3
		井下技术作业处党委副书记兼纪委书记（正处级）	1991.7—1993.3
		井下技术作业处党委书记	1993.3—1995.9
57	林瑞良	通讯处处长	1987.1—1992.8
		通讯处（通信工程公司）处长（经理）	1992.8—1995.11
58	陈自魁	农工商公司（农工商管理处）经理（处长）	1987.1—1987.9
		农工商公司（农工商管理处）主任工程师	1987.9—1988.6
		兴玉实业开发公司主任工程师	1988.6—1989.11
59	王新南	井下技术作业处处长	1987.2—1989.11
		新东石油勘探开发前线指挥部（吐哈项目组）副指挥（副经理）	1989.11—1990.6
		新东石油勘探开发前线指挥部（吐哈项目组）副指挥（副经理）、生产调度处副处长（正处级）	1990.6—1990.12
		吐哈石油勘探开发会战指挥部总调度长	1990.12—1993.3
		吐哈石油勘探开发会战指挥部总调度长兼物资供应处处长	1993.3—1994.3
60	冯传贤	石油工人技术学校副校长	1987.1—1987.2
		石油工人技术学校校长	1987.2—1992.4

续表

序号	姓　名	职　务	任职时间
61	佘九高	井下技术作业处党委副书记、纪委书记	1987.1—1987.2
		井下技术作业处党委书记、纪委书记	1987.2—1988.10； 1989.11—1991.7
		井下技术作业处党委书记、纪委书记、副处长	1988.10—1989.11
		井下技术作业处党委书记	1991.7—1993.3
62	陈元珍	石油工人技术学校党委副书记	1987.1—1987.2
		技工学校党委书记	1987.2—1988.12
		技工学校党委书记、副校长	1988.12—1989.11
		普通教育处处长	1989.11—1993.7
		普教中心主任、党委书记	1993.7—1995.11
		教育培训中心党委书记、纪委书记	1995.11—1996.12
63	谯世莹	油田开发处副处长	1987.1—1987.7
		油田开发处处长	1987.7—1992.10
64	盛　钢	审计处副处长	1987.1—1987.7
		审计处处长	1987.7—1988.10
		审计处（行政监察处）处长	1988.10—1990.12
65	陈　勤	石油沟油矿副矿长	1987.1—1987.7
		石油沟油矿矿长	1987.7—1992.10
66	商士轩	职工培训总校党委副书记、纪委书记	1987.1—1987.7
		职工培训总校党委书记	1987.7—1988.12； 1989.11—1991.11
		职工培训总校党委书记、副校长	1988.12—1989.11
		职工培训总校党委书记兼局党委党校副校长	1991.11—1993.4
		水电厂党委副书记、纪委书记	1993.4—1994.11
		水电厂党委书记	1994.11—1995.11
67	白录文	职工培训总校副校长	1987.1—1987.7
		职工培训总校校长	1987.7—1989.11
		石油工人报社社长	1989.11—1991.11
68	李训彬	职工培训处副处长	1987.1—1987.7
		职工培训处处长	1987.7—1988.11
		宣传思想工作处处长	1988.11—1989.11
		党委宣传部部长	1989.11—1990.7
69	陈国璧	教育处副处长	1987.1—1987.7
		教育处处长	1987.7—1989.11
		职工培训总校校长	1989.11—1993.4
		局机关总务处副处长	1993.4—1994.11
		机关总务处处长	1994.11—1996.12
		局机关党委书记	1996.12—1997.12
70	安　岐	炼油厂主任经济师	1987.1—1987.7

续表

序号	姓　名	职　务	任职时间
70	安　岐	对外经济技术协作办公室主任、龙达实业公司经理	1987.7—1990.10
		对外经济技术发展公司（龙达实业公司）经理	1990.10—1991.3
71	王天林	炼油厂副厂长	1987.1—1987.8
		财务处处长	1987.8—1991.12
72	王来福	器材处副处长	1987.1—1987.9
		农工商公司（农工商管理处）经理（处长）	1987.9—1988.4
		特油公司副经理	1988.4—1989.2
		炼油厂副厂长	1989.2—1992.10
		炼化总厂总经济师兼销售公司总经济师	1992.10—1996.3
		成都办事处主任兼销售公司副经理	1996.3—1999.4
		成都办事处主任	1999.4—2003.2
73	许光亨	炼油厂总工程师	1987.1—1987.9
		化工特油公司经理	1987.9—1990.12
		炼化处处长	1990.12—1992.10
74	谢文略	局办公室副主任兼炼油厂副厂长、化工特油公司经理	1987.1—1987.9
		化工特油公司党总支书记（正处级）	1987.9—1988.11
		张掖石油化工筹建组组长	1988.11—1989.8
		张掖石油化工筹建处处长	1989.8—1990.3
		经营销售处处长	1990.3—1991.6
		销售公司经理	1991.6—1991.11
		销售公司经理、党委书记	1991.11—1992.10
75	李友弟	局党委办公室副主任	1987.1—1988.1
		局党委办公室主任	1988.1—1990.7
		党委宣传部部长	1990.7—1991.11
		党委宣传部部长兼党委统战部部长	1991.11—1993.3
		党委工作部（宣传部、统战部）部长	1993.3—1995.6
76	江明楠	油建工程公司副经理	1987.1—1988.1
		油田建设工程公司经理	1988.1—1989.11
		基本建设处处长	1989.11—1993.3
77	江华烯	勘探部副部长	1987.1—1988.1
		地质录井处处长	1988.1—1993.3
78	周绪岷	设计处副处长	1987.1—1988.1
		设计处处长	1988.1—1988.6
		规划设计院副院长	1988.6—1989.11
		规划设计院院长	1989.11—1999.7
79	段昌明	石油工人报社副社长	1987.1—1988.1
		石油工人报社社长	1988.1—1989.11
		第二石油机械厂党委书记	1989.11—1994.11
80	周中林	局工会副主席	1987.1—1988.4

续表

序号	姓　名	职　务	任职时间
80	周中林	油田建设工程公司党委书记、纪委书记	1988.4—1988.12；1989.11—1994.7
		油田建设工程公司党委书记、纪委书记兼副经理	1988.12—1989.11
		张掖石化筹建处处长、党委书记	1994.7—1995.10
81	游振强	炼油厂党委副书记	1987.1—1988.11
		炼油厂党委书记	1988.11—1988.11；1989.11—1992.10
		炼油厂党委书记、副厂长	1988.11—1989.11
		安全环保处处长	1993.3—1996.12
		局总工办主任兼炼化处处长	1996.12—1997.12
82	赵修鹏	生活服务公司党委副书记	1987.1—1987.6
		生活服务公司（生活管理处）党委副书记、纪委书记	1987.6—1988.12
		生活服务公司党委书记	1988.12—1988.12；1989.11—1991.7
		生活服务公司党委书记、副经理	1988.12—1989.11
83	曾晓明	地质调查处主任地质师	1987.1—1988.1
		勘探部副部长	1988.1—1989.11
		勘探部部长	1989.11—1991.11
		局副总地质师兼勘探开发研究院院长	1991.11—1995.6
84	崔厚佳	机械厂副厂长	1987.1—1988.4
		干部处副处长	1988.4—1989.11
		人事教育处处长	1989.11—1990.12
		干部处处长	1990.12—1993.3
85	阮开先	局办公室副主任	1987.1—1989.11
		局直属工作处处长	1989.11—1992.9
		太湖石油度假村管理处处长	1992.9—1995.6
86	刘瑞芳	油田建设工程公司副经理	1987.1—1989.11
		油田建设工程公司经理	1989.11—1994.7
87	赵兴仁	酒泉疗养院党委书记	1989.11—1994.11
88	贺志道	机动处副处长	1987.1—1989.11
		井下技术作业处处长	1989.11—1991.6
		第二石油机械厂厂长	1991.6—1993.3
		机动处处长	1993.3—1994.11
89	柳兴敬	钻井处副处长	1987.1—1989.11
		钻井处处长	1989.11—1995.6
90	李儒沛	质量管理处副处长	1987.1—1990.6
		质量管理处处长	1990.6—1990.7
		技术监督处处长	1990.7—1997.1
91	宋静石	老君庙油矿副矿长	1989.9—1990.6
		老君庙油矿矿长	1990.6—1991.3

续表

序号	姓 名	职 务	任职时间
91	宋静石	吐哈石油会战指挥部鄯善采油厂厂长	1991.3—1992.7
92	徐重才	石油沟油矿党委副书记	1987.1—1990.7
		石油沟油矿党委书记	1990.7—1992.10
		采油厂党委副书记兼纪委书记	1992.10—1995.10
		张掖石化筹建处处长、党委书记	1995.10—1999.2
		职工医院（卫生处）党委书记、纪委书记、工会主席兼副院长	1999.4—2003.2
		局纪委（监察处）处级调研员	2003.2—2003.12
93	张彦云	白杨河油矿副矿长	1987.1—1989.6
		白杨河油矿副矿长、党委副书记	1989.6—1989.11
		白杨河油矿党委副书记、鄯善采油厂党委副书记	1989.11—1990.7
		白杨河油矿党委书记、鄯善采油厂党委副书记	1990.7—1991.3
		白杨河油矿矿长、党委书记	1991.3—1992.10
		采油厂副厂长	1992.10—1998.10
		建筑安装工程处党委书记	1998.10—2000.1
		建筑安装工程处党委书记、纪委书记	2000.1—2002.11
94	姜有维	地调处党委副书记	1987.1—1987.9
		器材处党委副书记、纪委书记	1987.9—1988.4
		物资供应处党委副书记、纪委书记	1988.4—1988.10； 1989.11—1990.7
		物资供应处副处长、党委副书记、纪委书记	1988.10—1989.11
		物资供应处党委书记、纪委书记	1990.7—1996.10
95	冀志云	职工培训总校副校长	1987.1—1989.11
		技工学校党委副书记	1989.11—1990.7
		石油工人技术学校党委书记	1990.7—1993.4
		培训中心党委书记	1993.4—1994.4
		培训中心党委书记兼局党校副校长	1994.4—1995.11
		科技中心党委书记兼纪委书记	1996.11—1997.12
96	金忠民	石油工人报社党总支书记	1987.1—1989.11
		石油工人报社党委副书记	1989.11—1990.7
		石油工人报社党委书记	1990.7—1996.2
		石油工人报社社长兼总编辑、党委书记	1996.2—1996.12
		党委宣传部（统战部）部长、新闻中心主任、党委书记兼石油工人报社社长	1996.12—1999.10
		党委组织宣传部（统战部）部长、新闻中心主任、党委书记兼石油工人报社社长	1999.10—2000.1
		党委组织宣传部（统战部）部长	2000.1—2001.1
		局长助理、党委组织宣传部（统战部）部长	2001.1—2002.1
		局长助理	2002.1—2005.8
		公司总经理助理	2005.8—2007.3
97	于永清	农工商公司副经理	1987.1—1988.6
		兴玉实业开发总公司（多种经营管理处）副经理（副处长）	1988.6—1990.8

续表

序号	姓　名	职　务	任职时间
97	于永清	多种经营管理处（兴玉实业开发总公司）处长（经理）	1990.8—1991.12
		兴玉实业开发总公司经理	1991.12—1992.7
		兴玉实业开发公司经理	1992.7—1994.1
		多种经营总公司第一副总经理兼多种经营管理处处长（正处级）	1994.1—1996.8
98	刘廷华	研究院副院长	1987.1—1990.8
		勘探开发研究院院长	1990.8—1991.11
		科学技术处处长	1991.11—1996.11
		科学技术开发中心常务副主任兼科学技术处处长、信息中心主任	1996.11—1997.12
99	李国彬	老君庙油矿副矿长	1987.1—1989.11
		生产调度处副处长	1989.11—1990.6
		生产调度处副处长兼会战指挥部生产协调部主任	1990.6—1990.12
		机动处处长	1990.12—1993.3
		井下技术作业处处长、井下作业指挥部指挥	1993.3—1995.6
100	单鸿文	职工培训处副处长	1987.7—1988.7
		职工培训总校副校长	1988.11—1989.11
		职工培训总校副校长、人事教育处副处长	1989.11—1990.12
		职工培训处处长、职工培训总校副校长	1990.12—1993.4
101	王宏逵	研究院党委副书记	1987.1—1990.12
		勘探开发研究院党委书记	1990.12—1995.6
102	刘渭元	党委调查研究室副主任	1987.1—1988.1
		党校副校长兼政研室主任、职工培训总校副校长	1988.1—1990.12
		通信处（通讯公司）党委书记	1990.12—1995.11
103	魏明武	农工商公司副经理	1987.1—1988.6
		兴玉实业开发总公司（多种经营管理处）副经理（副处长）	1988.6—1990.12
		化工特油公司经理	1990.12—1991.8
		炼油厂副厂长兼特油分厂厂长（正处级）	1991.8—1992.10
		炼化总厂副厂长	1992.10—1994.11
104	何智杰	农工商公司副经理	1987.1—1987.7
		老君庙油矿副矿长	1987.7—1991.3
		老君庙油矿矿长	1991.3—1992.10
		采油厂厂长	1992.10—1995.11
105	任振国	鸭儿峡油矿副矿长	1987.1—1991.3
		鸭儿峡油矿矿长	1991.3—1992.10
		采油厂副厂长	1992.10—1995.11
		采油厂常务副厂长	1995.11—1997.11
106	吴玉璞	局外事处副处长	1987.1—1987.6
		对外经济技术协作办公室副主任	1987.7—1990.10
		对外经济技术发展公司副经理	1990.10—1991.3
		对外经济技术协作办公室主任、龙达实业公司经理	1991.3—1991.11

续表

序号	姓　名	职　务	任职时间
106	吴玉璞	外事处处长	1991.11—1993.3
107	万世荣	局纪委副书记	1987.1—1991.3
		局纪委副书记（正处级）、监察处处长	1991.3—1994.11
108	李廷栋	化工特油公司主任工程师	1987.1—1987.9
		炼油厂副厂长	1987.9—1991.3
		炼油厂厂长	1991.6—1992.10； 1994.11—1995.8
		炼化总厂厂长兼销售公司经理	1992.10—1994.11
		局副总工程师	1995.8—1996.11
		局副总工程师兼科技中心主任	1996.11—1997.12
109	张国权	党委宣传部副部长	1987.1—1988.11
		宣传思想工作处副处长	1988.11—1989.11
		党委宣传部副部长、石油工人报社副社长兼总编辑	1990.2—1991.11
		石油工人报社社长	1991.11—1996.2
110	张国栋	企业管理处副处长	1987.1—1989.11
		劳动工资处副处长	1989.11—1991.11
		党委组织部部长	1992.1—1993.3
		党委组织部（干部处）部长（处长）	1993.3—1996.12
111	李新祥	技工学校副校长	1987.1—1992.4
		技工学校校长	1992.4—1993.4
		培训中心主任兼技工学校校长	1993.4—1994.4
		培训中心主任	1994.4—1995.11
112	刘德祥	局团委副书记	1989.6—1992.9
		局团委书记	1992.9—1994.4
		炼化总厂副厂长（兼）	1993.5—1998.9
		炼化总厂销售公司经理	1994.11—1997.11
113	何先聪	局党委组织部副部长	1987.1—1988.11
		特油公司副经理、特油公司党总支书记	1988.11—1989.11
		特油公司党委副书记	1989.11—1991.7
		生活服务处党委副书记	1991.7—1992.9
		生活服务处党委书记	1992.9—1994.12
114	朱允传	局党委组织部副部长	1988.1—1989.11
		兴玉公司党委副书记	1989.11—1992.9
		兴玉实业开发公司党委书记	1992.9—1995.11
		多种经营总公司党委书记兼纪委书记	1995.11—1996.8
		综合服务处党委书记兼副处长	1996.8—1997.12
		西安办事处主任	1997.12—2001.4
115	唐守国	炼油厂副厂长	1987.2—1992.1
		多种经营管理处副处长	1992.1—1992.8

续表

序号	姓　名	职　务	任职时间
115	唐守国	多种经营总公司（多种经营管理处）副总经理（副处长）	1992.8—1992.10
		多种经营管理处处长	1992.10—1994.1
		多种经营总公司副总经理（正处级）兼副处长	1994.1—1996.8
116	郭嘉寿	质量管理处副处长	1990.7—1992.10
		局办公室主任	1992.10—1995.4
		局副总经济师	1995.4—2000.1
		公司总经理助理	2000.1—2009.10
117	陈玉光	经销处副处长	1990.6—1991.6
		经销处副处长、销售公司副经理	1991.6—1991.11
		经销处副处长、销售公司副经理兼党委副书记	1991.11—1992.10
		炼化总厂党委书记	1992.10—1994.11
		离退休职工管理处（老干部处）处长	1994.11—1998.2
		人才劳动力交流服务中心主任	1998.2—1998.6
		人才劳动力交流服务中心（职工再就业服务中心）主任	1998.6—1999.10
118	李鸿儒	职工医院副院长	1987.1—1992.11
		职工医院院长、卫生处处长、党委书记	1992.11—1994.11
119	王　郃	油建公司副经理	1990.2—1991.8
		基本建设处副处长	1991.8—1993.3
		基本建设处处长	1993.3—1994.7
		油田建设工程公司经理	1994.7—1995.6
120	童志秀	技工学校副校长	1987.1—1993.3
		离退休职工管理处（老干部处）处长	1993.3—1994.11
121	康立明	运输处副处长	1987.1—1993.3
		运输处处长	1993.3—1995.6
122	艾万诚	机械厂副厂长	1989.11—1993.3
		第二石油机械厂厂长	1993.3—1994.11
		第二石油机械厂厂长、党委书记	1994.11—1995.6
123	尚步杰	钻井处副处长	1990.6—1993.3
		地质录井处处长	1993.3—1995.6
124	脱文平	录井处党委副书记	1989.11—1993.3
		地质录井处党委书记	1993.3—1995.6
125	章力犁	龙达公司副经理	1989.2—1992.2
		局经济技术开发总公司副总经理兼广州联络处主任（副处级）	1992.2—1993.7
		经济技术开发总公司总经理兼广州联络处处长	1993.7—1999.1
		局副总经济师兼局驻广州联络处（经济技术开发总公司）主任（经理）	1999.1—1999.10；2002.11—2003.1
		局副总经济师兼局驻广州联络处（经济技术开发总公司）主任（经理）、外贸进出口公司（外事处）经理（处长）	1999.10—2002.11
126	杜飞雄	农工商公司副经理	1987.1—1994.1
		兴玉实业开发公司经理	1994.1—1995.8

续表

序号	姓 名	职 务	任职时间
126	杜飞雄	审计处处长	1995.10—1999.10
127	赵念祖	会战指挥部装备部副主任	1990.12—1993.3
		物资供应处副处长	1993.3—1994.3
		物资供应处代理处长	1994.3—1996.2
		物资供应处处长	1996.2—1996.10
		物资供应处处长、党委书记	1996.10—1998.10
		北京办事处主任	1998.10—2000.1
		北京沙滩宾馆有限责任公司总经理	2000.1—2001.10
128	牛维民	局党委宣传部副部长兼局党委统战部副部长	1992.1—1993.3
		党委工作部（宣传部、统战部）副部长	1993.3—1994.4
		机械厂厂长	1994.4—1996.4
		机械厂厂长兼党委副书记	1996.4—1998.4
		局工会副主席	1999.10—2000.1
		新闻中心主任兼石油工人报社社长、党委书记	2000.1—2015.12
129	杨幼兰	职工医院副院长	1992.11—1994.11
		职工医院院长兼卫生处处长	1994.11—1997.12
130	魏忠贵	炼油厂党委副书记兼特油分厂党总支书记	1992.1—1992.5
		炼油厂党委副书记兼炼油厂化工特油分厂党委书记	1992.5—1992.10
		炼化总厂党委副书记兼副厂长	1992.10—1993.4
		丙烯酸工程指挥部党委书记	1993.7—1994.11
		炼化总厂党委书记	1994.11—1995.8
		炼化总厂党委书记兼副厂长	1995.8—1997.8
		局副总工程师兼炼化总厂党委书记、副厂长	1997.8—1999.4
		局副总工程师、公司炼化处处长	1999.4—1999.7
		公司炼化处处长	1999.7—1999.11
		公司炼化处处长、公司工会副主席	1999.11—2000.1
		公司工会副主席、公司总经理助理	2000.1—2004.11
131	高琰璋	老君庙油矿党委副书记	1990.7—1992.10
		油建公司党委副书记、纪委书记	1992.10—1992.11
		职工医院党委副书记	1992.11—1993.3
		职工医院党委副书记、副院长	1993.3—1994.11
		职工医院党委书记、副院长	1994.11—1999.4
		采油厂党委书记、纪委书记	1999.4—1999.7
		采油厂党委书记、纪委书记兼副厂长	2000.2—2003.9
		公司群工处处长	2003.9—2004.11
132	朱映勋	局纪委副书记、监察处副处长	1991.3—1994.11
		局纪委副书记兼监察处处长	1994.11—1999.9
		公司审计监察处（纪委）处长（副书记）	2000.2—2005.7
		公司（局）纪委副书记、监察处处长	2005.8—2009.10

续表

序号	姓　名	职　务	任职时间
133	张建民	酒泉疗养院院长	1987.1—1994.11
		酒泉疗养院院长、党委书记	1994.11—2000.6
		酒泉疗养院院长、党委书记、康复医院院长	2000.6—2001.4
134	赵德厚	劳资处副处长	1991.11—1994.12
		劳动工资处处长兼劳动力交流服务中心主任	1994.12—1999.10
		公司党委组织部部长、人事处处长	1999.10—2000.2
		公司人事处（党委组织部）处长（部长）	2000.2—2004.11
135	檀康身	机械厂党委副书记兼纪委书记	1990.12—1993.5
		机械厂党委副书记、纪委书记兼副厂长	1993.5—1994.12
		机械厂党委书记	1994.12—1996.4
		机械厂党委书记兼副厂长	1996.4—2000.1
		局人才劳动力交流中心主任（职工再就业服务中心）	2000.1—2000.3
136	陈恩仓	局工会副主席	1992.10—1994.12
		局工会副主席（正处级）	1994.12—2000.2
		总经理办公室（党委办公室、宣传部、统战部）主任（部长）	2000.2—2002.2
137	张成昌	局团委副书记	1993.3—1994.12
		局团委书记	1994.12—1995.11
		水电厂党委书记、纪委书记	1995.11—1997.7
		水电厂党委书记、纪委书记兼副厂长	1997.7—1999.4
		炼油厂党委书记	1999.4—1999.7
		炼化总厂党委书记	1999.7—2002.2； 2003.2—2004.11
		炼化总厂党委书记兼副厂长	2002.2—2003.2
		公司工会副主席	2004.11—2005.8
		综合服务处处长	2005.8—2010.4
		兰州办事处（兰州石油大厦）主任（经理）	2010.4—2011.8
		兰州办事处主任、党委副书记	2011.8—2016.3
138	雷增隆	炼油厂副厂长	1987.9—1992.10
		炼化总厂副厂长	1992.10—1995.8
		基本建设处处长	1995.8—1997.12
139	吴恩来	炼油厂副厂长	1991.6—1992.10
		炼化总厂副厂长	1992.10—1995.8
		炼化总厂厂长兼党委副书记	1995.8—1997.8
140	张玉良	局党委工作部（宣传部、统战部）副部长	1994.11—1995.10
		党委工作部（宣传部、统战部）部长	1995.10—1996.12
		党委办公室主任	1996.12—1999.4
		水电厂党委书记、纪委书记兼副厂长	1999.4—2001.4
		西安办事处主任	2001.4—2001.8
		西安办事处（西安离退休管理基地）主任	2001.8—2008.10

续表

序号	姓 名	职 务	任职时间
141	石生敏	局办公室副主任	1992.10—1995.10
		局办公室主任	1995.10—1996.12
		机关事业部经理	1997.1—2000.1
		综合服务处处长	2000.1—2000.7
		综合服务处处长、党委书记	2000.7—2001.4
		酒泉疗养院院长兼党委书记	2001.4—2003.2
		局纪委副书记、局监察处处长	2003.2—2005.8
		公司（局）机关事务部主任	2005.8—2007.3
		后勤服务管理处处长	2007.5—2007.8
		矿区服务事业部公益事业管理部主任	2007.8—2009.10
		公司（局）纪委副书记、监察处处长	2009.10—2012.8
142	李建业	企业管理处副处长	1990.12—1993.3
		综合管理处（法律事务处）副处长	1993.3—1995.10
		综合管理处（法律事务处）处长	1995.10—1996.12
		企业管理处（法律事务处）处长	1996.12—1997.12
143	周福生	武装部副部长	1990.12—1995.10
		武装部部长	1995.10—1997.12
144	陈长兴	公安处副处长	1988.5—1995.10
		公安处处长	1995.10—2001.4
145	徐治成	通讯处总工程师兼计算机中心主任	1988.1—1992.10
		兰州西部科技开发公司经理	1992.10—1995.10
		兰州西部科技开发公司经理（正处级）	1995.10—2000.2
		局副总工程师兼兰州西部科技开发公司总经理	2000.2—2004.6
146	张成才	生活处副处长	1991.8—1995.11
		生活服务公司经理、生活管理处处长	1995.11—2000.1
		物业管理公司经理兼物业管理处处长	2000.1—2001.4
		水电厂党委书记兼纪委书记	2001.4—2005.12
		水电厂党委书记、纪委书记、工会主席兼副厂长	2005.12—2007.8
		矿区服务事业部副经理	2007.8—2009.10
		矿区服务事业部副经理、离退休人员管理中心主任（兼）、党委副书记	2009.10—2011.10
		矿区服务事业部常务副主任	2011.10—2014.11
147	侯善堂	财务处副处长	1993.5—1995.11
		财务处（国有资产管理处）处长	1995.11—1999.10
		局副总会计师兼计划财务处（国有资产管理处）处长	1999.10—2001.1
		局副总会计师兼计划财务处（国有资产管理处）处长、四川成都七星润滑油有限责任公司董事长	2001.1—2001.4
		局副总会计师兼四川成都七星润滑油有限责任公司董事长	2001.4—2003.2
148	王崇厚	通讯处副处长	1990.12—1995.11
		通信公司经理	1995.11—1998.6

续表

序号	姓　名	职　务	任职时间
149	陈志荣	技工学校副校长	1992.4—1993.4
		技工学校副校长、培训中心副主任	1993.4—1994.12
		培训中心副主任兼石油工人技术学校校长	1994.12—1995.10
		教育培训中心主任	1995.11—1996.12
		教育培训中心党委书记、纪委书记兼党校副校长	1996.12—1997.5
		教育培训中心党委书记、纪委书记兼党校副校长、局电大分校党委书记	1997.5—1999.4
150	张学双	西北运销公司经理	1996.1—2001.3
		兰州销售分公司经理	2001.3—2002.4； 2005.7—2011.8
		兰州销售分公司经理、公司兰州联络处主任	2002.4—2005.7
151	董克义	兰州办事处副主任	1994.7—1996.3
		兰州办事处（兰州石油大厦）主任（经理）	1996.3—1999.7
		兰州办事处（兰州石油大厦）主任（总经理）	1999.7—2007.10
		兰州办事处（兰州石油大厦）主任（总经理）、党委书记、兰州阳光酒店有限责任公司总经理	2007.10—2007.12
		兰州办事处（兰州石油大厦）主任（总经理）、党委书记	2007.12—2010.4
152	何骝程	老君庙油矿副矿长	1991.8—1992.10
		采油厂副厂长	1992.10—1994.11
		计划处副处长	1994.11—1996.3
		计划处处长	1996.3—1996.12
		工程项目咨询部主任	1996.12—1999.5
		上海联络处主任	1999.5—2002.11
		上海联络处（瀚海明玉大酒店）主任（总经理）	2002.11—2004.12
153	赵明文	钻井处副处长	1990.12—1993.3； 1994.4—1994.11
		钻井处副处长兼钻井处实业公司经理	1993.3—1994.4
		多种经营总公司副总经理兼多种经营管理处副处长	1994.11—1996.8
		多种经营管理处处长	1996.8—1999.4
		多元开发处处长	1999.4—1999.7
154	陈国胜	物资供应处副处长	1990.12—1996.8
		建筑安装工程处处长	1996.8—1997.11
		建筑安装工程处处长、党委书记	1997.11—1998.10
		物资供应处处长、党委副书记	1998.10—1999.4
		物资供应处处长	1999.4—1999.10
		局经济技术开发处处长	1999.10—2000.7
		兰州新世纪彩印包装有限责任公司总经理	2001.4—2002.11
155	蒋启堂	多种经营总公司副总经理兼多种经营管理处副处长	1994.11—1996.8
		综合服务处处长	1996.8—1999.4
		教育培训中心党委书记兼纪委书记、甘肃电大玉局分校党委书记	1999.4—2003.12
		成都七星润滑油有限公司副董事长	2003.12—2005.7

续表

序号	姓名	职务	任职时间
156	周继安	器材处主任工程师	1987.1—1987.9
		器材处副处长	1987.9—1988.4
		物资供应处副处长	1988.4—1993.3
		物资供应处副处长兼西安办事处副主任	1993.3—1996.10
		西安办事处主任	1996.10—1997.12
157	李建林	调度处副处长	1991.8—1996.10
		生产调度处处长	1996.10—1998.6
		通讯公司经理	1998.6—2003.12
		油田通信有限责任公司经理	2003.12—2005.12
		油田通信有限责任公司经理兼党委副书记	2005.12—2006.5
		信息中心主任、党委副书记	2006.5—2008.1
		信息中心主任、党委书记、纪委书记兼工会主席	2008.1—2013.11
158	盖德生	生活服务公司（生活管理处）党委副书记	1994.12—1995.11
		生活服务公司（生活管理处）党委副书记兼纪委书记	1995.11—1996.11
		生活服务公司（生活管理处）党委书记、纪委书记	1996.11—2000.1
		物业公司党委书记、纪委书记、物业管理公司副经理兼物业管理处副处长	2000.1—2002.4
		方圆物业管理有限责任公司党委书记、纪委书记、兼副经理	2002.4—2003.2
		离退休人员管理中心（老干部处）党委书记兼副主任（副处长）	2003.2—2003.12
		离退休人员管理中心主任兼老干部处处长兼党委副书记	2003.12—2009.10
159	雷想义	安全处副处长	1994.11—1996.12
		安全环保监察处处长	1996.12—2000.2
		生产与质量安全环保处处长	2000.2—2001.1
		公司质量安全环保处处长	2001.2—2003.2
160	苏 君（女）	局团委副书记	1994.11—1996.12
		局团委书记	1996.12—1997.12
161	王启香	计划处副处长	1992.4—1996.12
		规划计划处处长	1996.12—2000.2
		计划财务处处长	2000.2—2001.4
162	文长恩	普教中心副主任	1993.7—1995.11
		通信公司党委副书记兼纪委书记	1995.11—1996.12
		通信公司党委书记兼纪委书记	1996.12—1999.4
		通信公司党委书记、纪委书记兼副经理	1999.4—2003.12
163	郭自荣	综合管理处（法律事务处）副处长	1994.12—1996.12
		局办公室主任	1996.12—1999.7
		公司总经理助理	2000.1—2005.12
		公司总经理助理兼企管法规处处长	2005.12—2007.8
		公司总经理助理兼企管法规处处长、矿区服务事业部副经理	2007.8—2011.10
		公司总经理助理兼企管法规处处长、LNG 项目部经理	2011.12—2012.8
		公司总经理助理、清洁能源开发公司总经理	2012.8—2012.10

续表

序号	姓　名	职　务	任职时间
163	郭自荣	公司总经理助理、清洁能源开发公司总经理、党委书记	2012.10—2014.2
164	顾如能（女）	党委组织部副部长	1989.11—1993.3
		党委组织部副部长兼干部处副处长	1993.3—1994.12
		党委组织部副部长兼干部处副处长、人才交流服务中心主任	1994.12—1996.12
		干部处处长、组织部部长兼人才劳动力交流服务中心主任	1996.12—1997.11
		人才劳动力交流服务中心主任	1997.11—1998.2
165	武　勤	局总工办副主任	1994.11—1996.12
		总工办副主任兼油田处处长	1996.12—1997.12
166	何　涛	职工培训总校副校长	1990.7—1993.4
		培训中心副主任	1993.4—1995.11
		教育培训中心职工培训学校校长	1995.11—1996.12
		教育培训中心主任兼职工培训学校校长	1996.12—1997.5
		教育培训中心主任兼职工培训学校校长、电大分校校长、局石油中等专业学校校长	1997.5—1999.4
		教育培训中心主任兼电大分校校长、局石油中等专业学校校长	1999.4—2002.1
167	蒋汉才	技术监督处副处长	1993.5—1997.1
		技术监督处处长	1997.1—1997.8
		技术监督处处长、技术监督监测中心主任	1997.8—2000.2
		企管与法规处处长	2000.2—2003.9
		企管法规与关联交易处处长	2003.9—2005.8
		企管法规处副处长（正处级）	2005.8—2005.12
168	赵象典	鸭儿峡油矿党委副书记	1990.7—1992.10
		公安处党委副书记	1992.10—1996.2
		公安处副处长、党委副书记	1996.2—1997.2
		公安处党委书记、纪委书记兼副处长	1997.2—2001.4
169	徐玉庆	研究院副院长兼总工程师	1995.8—1996.11
		研究院副院长	1996.11—1997.6
		外贸进出口公司经理兼外事处处长	1997.6—2000.2
		技术发展处处长	2000.2—2001.4
170	房昭元	水电厂主任工程师	1987.1—1995.8
		水电厂副厂长兼总工程师	1995.8—1997.7
		水电厂厂长	1997.7—1998.6
171	陶国立	勘探事业部副经理	1994.3—1997.11
		勘探事业部经理	1997.11—2000.2
		勘探事业部经理、勘探开发处处长	2000.2—2002.2
172	王　陇	油建公司副经理	1991.8—1993.3
		基本建设处副处长	1993.3—1997.12
		基本建设处处长	1997.12—1999.4
173	苑集庄	鸭儿峡油矿副矿长	1991.8—1992.10

续表

序号	姓名	职务	任职时间
173	苑集庄	采油厂副厂长	1992.10—1997.12
		企业管理处（法律事务处）处长	1997.12—1999.10
		局人事处处长	1999.10—2000.7
		局人事处处长兼局人才劳动力交流服务中心（职工再就业服务中心）主任	2000.7—2001.10
		局人事处处长、局驻北京办事处主任（沙滩宾馆有限责任公司总经理）兼局人才劳动力交流服务中心（职工再就业服务中心）主任	2001.10—2002.1
		局驻北京办事处主任（沙滩宾馆有限责任公司总经理）	2002.1—2003.12
		甘肃阳光大厦有限公司党委书记、副总经理	2003.12—2007.8
		矿区服务事业部副经理	2007.8—2008.6
174	刘奋学	职工医院副院长	1992.11—1997.12
		职工医院院长兼卫生处处长	1997.12—2003.12
		油田医院院长、卫生处处长	2003.12—2004.10
175	范国信	老君庙油矿副矿长	1991.8—1992.10
		采油厂工会主席	1992.10—1997.12
		综合服务处党委书记兼纪委书记	1997.12—2000.1
		离退休人员管理中心主任兼老干部处处长、党委书记	2000.1—2003.12
176	曹　明	水电厂副厂长	1987.1—1998.2
		离退休职工管理处（老干部处）处长	1998.2—1998.12
		离退休人员管理中心主任、老干部处处长、党委书记	1998.12—2000.1
177	刘勤学	机械厂副厂长	1996.4—1998.4
		机械厂厂长	1998.4—2001.4
		安全环保监察处处长	2001.4—2002.1
		质量安全环保处处长	2002.1—2005.8
		机动设备管理处处长	2005.8—2014.11
178	郝延堂	生活服务公司副经理、生活管理处副处长	1995.11—1998.6
		生产调度处处长	1998.6—1999.4
		生产调度处（机动处）处长	1999.4—1999.10
		生产质量安全环保处处长	1999.10—2000.7
		生产协调处处长	2000.7—2002.1
		油田作业公司党委书记	2002.1—2003.2
		油田作业公司副经理	2002.1—2003.12
179	张兴祖	党委组织部副处级巡视员	1996.12—1997.11
		局干部处副处级巡视员	1997.1—1997.11
		干部处副处长、党委组织部副部长	1997.11—1999.4
		干部处（组织部）处长（部长）	1999.4—1999.10
		油田公司党委组织部副部长、人事处副处长	1999.10—2000.2
		人事处副处长（党委组织部副部长）（正处级）	2000.2—2004.11
		公司人事处处长（党委组织部部长）	2004.11—2005.7
		公司（局）党委组织部部长、人事处处长	2005.11—2011.2

续表

序号	姓　名	职　务	任职时间
179	张兴祖	总经理助理、公司（局）党委组织部部长、人事处处长	2011.2—2015.6
		总经理助理、公司（局）企业文化处（党委宣传部）处长（部长）	2015.6—2016.12
180	高　峰	物资供应处副处长	1996.7—1999.4
		综合服务处处长	1999.4—2000.1
		新兴实业开发处处长	2000.1—2001.4
		广州联络处副主任（正处级）	2001.4—2001.10
		广州联络处副主任（正处级）、深圳玉美达石业有限责任公司董事	2001.10—2003.2
		深圳玉美达石业有限责任公司董事	2003.2—不详
		局驻深圳办事处主任	2006.9—不详
		局驻广州办事处主任	2006.11—不详
		西安办事处（西安离退休基地）主任、党委书记、陕西玉门石油化工有限责任公司总经理	2012.8—2015.10
		陕西玉门石油化工有限责任公司总经理、矿区服务事业部副主任兼西安离退休基地主任、安全总监	2015.10—2016.12
		陕西玉门石油化工有限责任公司总经理	2016.12—2017.1
181	肖书奎	鸭儿峡油矿总工程师	1991.8—1992.10
		采油厂副总工程师	1994.2—1995.11
		采油厂总调度长	1995.11—1998.3
		安全环保监察处副处长	1998.3—1999.4
		采油厂副厂长	1999.4—1999.10
		井下技术作业公司经理、党委书记	1999.10—1999.11
		油田作业公司（油田作业处）经理（处长）、党委书记	1999.11—2000.12
		局安全副总监、油田作业公司（油田作业处）经理（处长）、党委书记	2000.12—2001.4
		局安全副总监、企业管理处（法律事务处）处长	2001.4—2002.1
		局安全副总监	2002.1—2004.9
		局副总工程师	2004.9—2006.8
182	倪莉霞（女）	物资供应处副处长	1996.2—1999.10
		物资供应处处长	1999.10—2005.7
		物资采购管理中心（物资供应处）主任（处长）	2005.12—2011.10
		成都办事处（金玉阳光大酒店）主任（总经理）主任、党委书记	2011.10—2015.10
		矿区服务事业部副主任兼成都离退休基地主任、成都金玉阳光大酒店总经理	2015.10—2017.1
183	孔宪强	局党委工作部副部长	1995.10—1996.12
		党委宣传部（统战部）副部长	1996.12—1999.10
		局办公室（党委办公室、企业管理处、法律事务处）主任（处长）	1999.10—2000.2
		局办公室（党委办公室）主任	2000.2—2005.8
		公司（局）党委办公室主任	2005.8—2010.11
184	鲁克鹏	采油厂党委副书记兼纪委书记	1995.11—1999.4
		局纪委副书记兼局机关纪委书记、监察处副处长	1999.4—1999.10
		局纪委副书记兼审计监察处处长	1999.10—2000.7
		局纪委副书记兼监察处处长	2000.7—2003.2

续表

序号	姓　名	职　务	任职时间
184	鲁克鹏	总经理（局长）办公室主任	2005.8—2005.12
185	杨志成	多种经营管理处副处长	1997.2—1999.4
		局多元开发处副处长	1999.4—1999.10
		农牧业公司副经理	1999.10—2000.1
		农牧业公司经理、农牧业管理处处长	2000.1—2001.4
		物业管理公司（物业管理处）经理（处长）	2001.4—2002.4
		方圆物业管理有限责任公司经理、物业管理处处长	2002.4—2003.2
		方圆物业管理公司、物业管理处处长兼党委副书记	2003.2—2003.12
		方圆物业管理有限责任公司（局物业管理处）总经理（处长）、党委书记	2003.12—2005.12
		方圆物业公司经理	2005.12—2008.1
		方圆物业公司经理兼党委副书记	2008.1—2009.10
		方圆物业公司经理兼党委副书记、矿区服务事业部副经理	2009.10—2013.6
		矿区服务事业部副经理	2013.6—2013.8
186	谢少红	北京办事处副主任	1996.3—2000.2
		北京联络处主任	2000.2—2001.10
187	吕荣生	上海大联石油化工有限公司经理	2000.5—2011.8
188	高国礼	局办公室副主任	1995.10—1999.4
		物资供应处党委副书记兼纪委书记	1999.4—1999.10
		物资供应处党委副书记、纪委书记兼副处长	1999.10—2000.7
		物资供应处党委书记、纪委书记兼工会主席、物资供应处副处长	2000.7—2005.12
		总经理（局长）办公室主任	2005.12—2010.11
		公司（党委）办公室主任	2010.11—2012.8
189	霍朋全	企业管理处（法律事务处）副处长	1996.12—1999.10
		经济技术开发处副处长	1999.10—2000.7
		局经济技术开发处处长	2000.7—2001.4
		综合服务处处长、党委书记	2001.4—2005.4
		油田作业公司（油田作业处）经理（处长）、党委书记	2005.4—2005.7
		企管法规处处长	2005.8—2005.12
190	张海涛	财务处（国有资产管理处）副处长	1993.3—1993.4； 1994.11—1999.4
		丙烯酸工程指挥部副指挥	1993.4—1994.11
		审计处副处长兼审计所所长	1999.4—1999.10
		局纪委副书记兼局审计监察处副处长	1999.10—2000.7
		审计处处长	2000.7—2003.12
191	蒋　林	炼化总厂总调度长	1997.11—2001.2
		生产运行处处长	2001.2—2004.4
		公司安全副总监	2004.2—2011.2
		公司安全副总监兼质量安全环保处处长	2011.2—2016.11
192	邬矿凤 （女）	地质录井处总会计师	1994.11—1995.11

续表

序号	姓　名	职　务	任职时间
192	邬矿凤（女）	财务处总会计师	1995.11—1996.12
		财务处（国有资产管理处）副处长	1996.12—1998.5
		炼化总厂副厂长兼总会计师	1998.5—2001.4
		公司关联交易处处长	2001.4—2003.9
		企管法规与关联交易处副处长	2003.9—2005.8
		企管法规处副处长	2005.8—2006.11
193	刘廷润	审计处副处长兼局审计所所长	1997.2—1999.4
		财务资产处副处长	1999.4—1999.10
		计划财务处副处长	1999.10—2001.4
		计划财务处处长	2001.4—2002.1
		局财务处（国有资产管理处）处长	2002.1—2005.7
		公司（局）副总会计师	2005.6—2012.10
194	戴跃恒	技术监督处副处长、技术监督检测中心总工程师	1997.11—1999.10
		生产质量安全环保处副处长兼局技术监督检测中心主任、总工程师	1999.10—2000.7
		局技术监督处副处长	2000.7—2001.4
		局技术监督处处长	2001.4—2002.1
		质量安全环保处副处长	2002.1—2003.12； 2005.8—2006.6
		机械动力处处长	2003.12—2005.8
195	王永清	采油厂副厂长	1998.2—1999.10
		井下技术作业公司副经理	1999.10—2001.4
		油田作业公司经理兼油田作业处处长	2001.4—2005.4
		局生产运行处（市场开发处）副处长	2005.6—2005.8
		机动设备管理处副处长	2005.8—2008.7
196	张　淳	机械厂副厂长兼总工程师	1996.4—1999.4
		机械厂副厂长	1999.4—2001.4
		机械厂厂长	2001.4—2012.8
		企管法规处处长	2012.8—2017.12
197	时玉明	机械厂副厂长	1994.4—2000.1
		机械厂副厂长、党委副书记兼纪委书记	2000.1—2001.4
		机械厂党委书记、副厂长	2001.4—2013.6
198	贾学锋	公安处副处长	1996.2—2001.4
		公安处处长兼党委副书记	2001.4—2007.1
		离退休人员管理中心党委书记、纪委书记、工会主席兼离退休人员管理中心副主任	2007.1—2011.2
199	袁玉刚	勘探开发研究院副院长	1997.6—2000.2
		勘探开发处副处长	2000.2—2001.8
		公司勘探开发处副处长（正处级）	2001.8—2003.9
		开发事业部（开发处）副经理（副处长）（正处级）	2003.9—2010.10
		鸭儿峡油田作业区经理、党委书记	2010.10—2012.2
		钻采工程研究院党委书记、纪委书记、工会主席兼副院长	2012.2—2012.8

续表

序号	姓　名	职　务	任职时间
200	王　滨（女）	水电厂总经济师	1997.2—1999.4
		局规划计划处副处长兼工程定额计价中心主任	1999.4—1999.10
		计划财务处副处长	1999.10—2002.1
		局计划发展处（法律事务处）处长	2002.1—2005.7
		规划计划处副处长（正处级）	2005.8—2006.11
201	焦多军	调度处副处长	1996.12—1997.11
		勘探事业部副经理	1997.11—1999.10
		生产质量安全环保处副处长	1999.10—2000.7
		生产协调处副处长	2000.7—2002.1
		生产运行处处长	2002.1—2002.12
		生产运行处（市场开发处）处长	2002.12—2005.8
		经济技术合作开发处处长	2005.8—2010.5
		生产运行处处长	2010.5—2013.8
		公司副总工程师兼生产运行处处长	2013.8—2017.12
202	康自福	劳资处副处长	1995.8—1999.10
		局人事处（局职业技能鉴定中心）副处长（主任）	1999.10—2000.7
		局人事处（局职业技能鉴定中心）副处长（主任）兼局人才劳动力交流服务中心（职工再就业服务中心）副主任	2000.7—2002.1
		局人事处处长（人才劳动力交流服务中心、职工再就业服务中心）处长（主任）	2002.1—2005.7
		人事处（党委组织部）副处长（副部长）兼技能鉴定中心主任（正处级）	2005.11—2013.6
203	张以全	普教中心副主任	1995.10—1995.11
		教育培训中心副主任	1995.11—2002.1
		教育培训中心主任（玉局电大分校、玉局中专校长）	2002.1—2003.12
		玉门油田教育集团主任	2003.12—2004.12
		玉门油田教育集团主任、教育集团安全总监	2004.12—2005.6
		玉门油田教育培训中心主任兼党委书记、纪委书记	2005.6—2005.12
		综合服务处党委书记兼副处长	2005.12—2009.10
		公司（局）工会副主席（正处级）	2009.10—2011.8
204	赵文虎	劳动工资处副处长兼局社会保险中心主任	1998.6—1999.10
		社会保险中心主任（副处级）	1999.10—2002.1
		油田社会保险中心主任	2002.1—2007.3
205	胡三平	采油厂总会计师	1996.2—1998.2
		采油厂副厂长、总会计师	1998.2—1999.4
		财务资产处副处长	1999.4—2000.2
		计划财务处副处长	2000.2—2002.2
		计划财务处处长	2002.2—2002.12
		计划财务处处长兼公司财务会计管理核算中心主任	2002.12—2004.8
		财务资产处处长、公司财务会计管理核算中心主任	2004.8—2007.3
206	李　亮	党委办公室副主任	1996.12—1999.10

续表

序号	姓 名	职 务	任职时间
206	李 亮	公司总经理办公室副主任；总经理办公室（党委办公室、宣传部、统战部）副主任（副部长）	2000.2—2002.2
		总经理办公室（党委办公室）主任、宣传部（统战部）部长	2002.2—2004.11
		总经理办公室（党委办公室）主任、宣传部（统战部）部长兼公司群工处处长	2004.11—2005.8
		公司（局）党委宣传部（企业文化部、统战部）部长	2005.8—2010.11
		公司企业文化处处长（党委宣传部部长）	2010.11—2014.12
207	韩永科	勘探事业部副经理	2000.2—2002.2
		勘探开发研究院院长	2002.2—2003.3
		勘探开发研究院院长、党委书记	2003.3—2004.12
208	杨锦标	阳光酒店有限责任公司副总经理	2000.1—2002.7
		甘肃阳光大厦有限公司总经理	2002.7—2004.12
		甘肃阳光大厦有限公司总经理、安全总监	2004.12—2007.10
209	胡建民	兰州办事处副主任	1996.3—2000.1
		阳光酒店有限责任公司副总经理	2000.1—2001.5
		甘肃阳光物业管理有限责任公司执行董事兼总经理	2001.5—2002.7
		甘肃阳光大厦有限公司副总经理	2002.7—2002.9
		甘肃阳光大厦有限公司党委书记、副总经理	2002.9—2003.12
		北京联络处主任、沙滩宾馆有限责任公司总经理	2003.12—2012.8
210	李收道	建筑安装工程处副处长	1997.11—2002.11
		建筑安装工程处处长	2002.11—2003.3
		建筑安装工程处处长、玉门油田工程建设有限责任公司董事长兼总经理	2003.3—2005.12
		建筑安装工程处处长、党委书记、玉门油田工程建设有限责任公司董事长兼总经理	2005.12—2007.3
		建筑安装工程处处长、党委副书记、玉门油田工程建设有限责任公司董事长兼总经理	2007.3—2011.2
		物资采购管理中心（物资供应处）党委书记、纪委书记、工会主席、副主任（副处长）	2011.2—2015.12
211	黄 冶	建筑安装工程处副处长兼总工程师	1997.11—2002.11
		建筑安装工程处党委书记	2002.11—2005.7
		基建工程管理处处长	2005.8—2012.2
212	刘永红	炼化总厂副厂长	2001.4—2002.2
		炼化总厂常务副厂长	2002.2—2003.2
		炼化总厂厂长、党委副书记	2003.2—2004.11； 2005.12—2010.2
		炼化总厂厂长、党委书记	2004.11—2005.12
		炼化总厂党委副书记	2010.2—2011.2
		煤岩油项目部经理（副处级）	2011.2—2012.2
		煤岩油项目部经理（正处级）	2012.2—2016.10
213	付 军	教育培训中心副主任	1995.11—1996.12
		教育培训中心副主任兼党委副书记	1996.12—2000.1
		局党委组织部、宣传部（统战部）副部长	2000.1—2003.2

续表

序号	姓　名	职　务	任职时间
213	付　军	局组织宣传部（统战部）部长	2003.2—2005.8
		公司（局）党委宣传部（企业文化部、统战部）副部长（正处级）	2005.8—2005.12
		老君庙油田作业区党委书记、纪委书记、工会主席兼副经理	2005.12—2012.8
		钻采工程研究院党委书记、纪委书记、工会主席兼副院长	2012.8—2015.6
		人事处处长（党委组织部部长）	2015.8—2017.12
214	郝义东	人才劳动力交流服务中心（再就业服务中心）副主任	1999.4—1999.10
		人才劳动力交流服务中心（再就业服务中心）主任（副处级）	1999.10—2000.1
		局工会副主席（副处级）	2000.1—2003.2
		局工会副主席（正处级）	2003.2—2012.8
		北京办事处主任（北京沙滩宾馆有限公司）主任（总经理）	2012.8—2017.12
215	秦小明	局团委副书记	1997.12—2000.1
		油田作业公司党委副书记兼纪委书记、工会主席	2000.1—2003.2
		油田作业公司（油田作业处）党委书记兼油田作业公司副经理	2003.2—2005.4
		局工会副主席	2005.6—2005.8
		公司（局）工会副主席	2005.8—2006.8
		公司总经理（局长）办公室副主任	2006.8—2007.6
		公司总经理（局长）办公室副主任（正处级）	2007.6—2010.11
		公司办公室（党委办公室）副主任（正处级）	2010.11—2011.2
		油田保卫处党委书记、纪委书记、工会主席、武装部部长、消防支队政委、副处长	2011.2—2013.11
		油田保卫处处长、党委书记、纪委书记、工会主席、武装部部长、消防支队政委、消防支队支队长	2013.11—2017.12
216	陈发禄	生活服务公司副经理、生活管理处副处长	1995.11—2000.1
		物业管理公司副经理兼物业管理处副处长	2000.1—2003.2
		物业管理公司（物业管理处）党委书记兼纪委书记	2003.2—2003.12
		油田房产管理中心主任	2003.12—2007.8
		矿区服务事业部房产物业管理部主任	2007.8—2011.8
217	赵进清	职工医院副院长兼卫生处副处长	1994.11—2003.2
		职工医院党委书记、纪委书记	2003.2—2003.12
		油田医院（卫生处）党委书记	2003.12—2004.10
		油田医院（卫生处）院长（处长）、党委书记	2004.10—2011.10
		油田医院院长兼党委副书记	2011.10—2017.12
218	荀向川	机械厂总工程师	1999.4—2001.4
		外贸进出口公司（外事处）副经理（副处长）	2001.4—2002.11
		局国际经济技术合作处副处长	2002.11—2003.2
		局国际经济技术合作处（外贸进出口公司）处长（总经理）	2003.2—2005.8
		经济技术合作开发处副处长兼外贸进出口公司经理（正处级）	2005.8—2007.4
219	蒲奎元	基建工程管理处副处长	1998.2—2003.2
		基建工程管理处处长	2003.2—2005.8

续表

序号	姓　名	职　务	任职时间
219	蒲奎元	基建工程管理处副处长（正处级）	2005.8—2010.9
		基建工程处副处长（正处级）	2010.9—2012.2
		基建工程处处长	2012.2—2015.12
220	张虎俊	采油厂总地质师	1999.4—2002.2
		采油厂副厂长兼总地质师	2002.2—2003.9
		开发事业部（开发处）副经理（副处长）（正处级）	2003.9—2010.11
		开发部（对外合作部）副经理	2010.11—2011.2
		老君庙油田作业区经理、党委副书记、老君庙油矿矿长	2011.2—2012.2
		苏里格天然气开发项目部副经理	2012.2—2012.3
221	张锡宁	安全环保处副处长	1997.11—1998.3
		机械动力处副处长	1998.3—1999.4
		生产调度处（机动处）副处长	1999.4—2000.2
		生产与质量安全环保处副处长	2000.2—2001.2
		公司生产运行处副处长	2001.2—2003.9
		物资采购管理中心主任	2003.9—2005.12
		炼化总厂党委书记、纪委书记兼工会主席、副厂长	2005.12—2011.10
		物资采购管理中心（物资供应处）主任（处长）、党委副书记	2011.10—2017.12
222	李炼文	勘探开发研究院总工程师	1997.12—2000.2
		勘探开发研究院副院长	2000.2—2003.9
		老君庙油田作业区经理、党委书记	2003.9—2005.12
		老君庙油田作业区经理、党委副书记	2005.12—2007.3
		开发事业部（开发处）副经理（副处长）	2007.3—2010.11
		开发部（对外合作部）副经理	2010.11—2011.2
		勘探开发研究院党委书记、纪委书记、工会主席、副院长	2011.2—2012.2
		鸭儿峡油田作业区经理、党委书记	2012.2—2012.8
		鸭儿峡油田作业区经理	2012.2—2016.1
		鸭儿峡采油厂（鸭儿峡油矿）厂长（矿长）兼党委副书记	2016.1—2017.12
223	徐　涛	基建工程管理处副处长兼工程监理公司经理	1999.4—2000.2
		规划设计院副院长	2000.2—2001.2
		玉门油田勘察规划设计院副院长兼玉门油田监理分公司经理	2001.2—2003.9
		规划设计院院长、党委书记	2003.9—2015.12
		公司（局）基建工程处处长	2015.12—2017.12
224	刘永山	采油厂总工程师	1995.11—2002.2
		采油厂副厂长兼总工程师、采油工艺研究所所长	2002.2—2003.9
		油田工程技术研究与服务中心经理、党委书记	2003.9—2005.8
		油田作业公司经理、党委书记	2005.8—2011.2
		油田作业公司经理兼党委副书记	2011.2—2012.2
		苏里格天然气开发项目部经理	2012.2—2012.8；2015.5—2015.6

续表

序号	姓　名	职　务	任职时间
224	刘永山	苏里格天然气开发项目部经理、党委书记	2012.8—2015.5
		公司（局）设备管理处处长、苏里格天然气开发项目部经理	2015.6—2017.12
225	秦建荣	规划计划处副处长	1996.12—1999.4
		水电厂副厂长兼总经济师	1999.4—2003.12
		审计处处长	2003.12—2004.6
		计划发展处副处长	2004.6—2005.8
		规划计划处副处长	2005.8—2017.12
226	邓孝荣	成都办事处副主任	1996.10—2003.12
		局驻成都办事处主任	2003.12—2004.2
		成都办事处（金玉阳光大酒店）主任（总经理）	2004.2—2007.2
		成都办事处（金玉阳光大酒店）主任（总经理）、党委书记	2007.2—2011.10
227	张　一	武装部副部长	1996.10—2000.3
		武装部副部长兼公安处副处长	2000.3—2001.4
		武装部副部长兼公安处副处长、公安处党委副书记、纪委书记	2001.4—2003.12
		离退休人员管理中心副主任兼老干部处副处长，离退休人员管理中心党委书记兼纪委书记	2003.12—2005.12
		离退休人员管理中心党委书记、纪委书记兼工会主席，兼离退休人员管理中心副主任	2005.12—2007.1
		油田保卫处党委书记、纪委书记兼工会主席、武装部部长、消防支队政委，兼保卫处副处长	2007.1—2011.2
		离退休人员管理中心党委书记、纪委书记、工会主席兼离退休人员管理中心副主任	2011.2—2011.10
		离退休人员管理中心主任、党委书记、纪委书记、工会主席兼离退休人员管理中心副主任	2011.10—2015.12
228	王国庆	公安处副处长	1994.11—2003.12
		公安处党委书记、纪委书记、工会主席、副处长	2003.12—2004.2
		公安处党委书记、纪委书记、工会主席、副处长兼武装部部长	2004.2—2007.1
		油田保卫处处长兼消防支队队长、保卫处党委副书记	2007.1—2013.11
229	龚永太	公司质量安全环保处副处长	2003.3—2003.9
		生产运行处副处长	2003.9—2004.4
		生产运行处处长	2004.4—2010.5
		水电厂厂长兼党委副书记	2010.5—2012.4
		公司总经理助理、水电厂厂长兼党委副书记	2012.4—2016.11
		公司安全副总监兼质量安全环保处处长	2016.11—2017.12
230	赵常弟	技术经济咨询部副主任	1997.12—1999.4
		局规划计划处副处长兼经济技术咨询部主任	1999.4—1999.10
		局经济技术开发处副处长	1999.10—2002.1
		局计划发展处副处长	2002.1—2004.6
		审计处处长	2004.6—2013.6
231	田子宏	机械厂总会计师	1997.11—1998.4

续表

序号	姓　名	职　务	任职时间
231	田子宏	局多元开发处总会计师	1999.4—1999.10
		农牧业公司副经理兼总会计师	1999.10—2000.1
		农牧业公司副经理、农牧业管理处副处长	2000.1—2001.4
		计划财务处总会计师	2001.4—2004.6
		油田社会保险保险中心副主任（正处级）	2004.6—2007.3
		油田社会保险中心主任	2007.3—2017.12
232	裴继生	公安处副处长	2001.4—2004.6
		公安处常务副处长（正处级）	2004.6—2007.1
233	王小华	公司计划财务处副处长	2001.4—2004.8
		规划计划处处长	2004.8—2012.4
		公司副总经济师兼规划计划处处长	2012.4—2017.12
234	尤兴华	炼化总厂副厂长	2002.2—2004.8； 2010.2—2012.2
		炼化总厂常务副厂长（正处级）	2004.8—2010.2
		炼化总厂党委书记	2012.2—2017.4
		公司纪委副书记、监察处处长	2017.4—2017.12
235	吴先锋	局团委副书记	2000.1—2003.12
		通信公司副经理、党委副书记兼纪委书记	2003.12—2004.10
		通信公司党委书记、副经理	2004.10—2005.7
		油田通信有限责任公司党委书记、纪委书记、工会主席兼副经理	2005.12—2006.5
		信息中心党委书记、纪委书记、工会主席兼信息中心副主任	2006.5—2008.1； 2012.8—2013.6
		方圆物业管理有限责任公司党委书记、纪委书记、工会主席兼副经理	2008.1—2009.10
		方圆物业管理有限责任公司党委书记、副经理、矿区服务事业部党委副书记	2009.10—2012.8
		矿区服务事业部党委副书记	2012.8—2013.6
		方圆物业管理有限责任公司经理、党委书记、纪委书记兼工会主席、矿区服务事业部党委副书记	2013.6—2015.6
		方圆物业管理有限责任公司经理、党委副书记、纪委书记兼工会主席、矿区服务事业部副主任	2015.6—2017.3
		方圆物业管理有限责任公司经理、党委副书记、纪委书记兼工会主席	2017.3—2017.12
236	王青彪	职工医院副院长	1997.12—2003.12
		油田医院副院长	2003.12—2004.10
		油田医院（卫生处）常务副院长（副处长）（正处级）	2004.10—2011.10
		油田医院党委书记兼副院长	2011.10—2012.8
		油田医院党委书记、纪委书记、工会主席兼副院长	2012.8—2017.12
237	侯兰孝	公司总经理办公室副主任	2002.4—2004.11
		公司总经理办公室（党委办公室）副主任（正处级）	2004.11—2010.11
		公司办公室（党委办公室）副主任（正处级）	2010.11—2015.6
		钻采工程研究院党委书记、纪委书记、工会主席兼副院长	2015.6—2017.12
238	史育民	上海联络处副主任	1997.2—2004.12

续表

序号	姓　名	职　务	任职时间
238	史育民	上海联络处（上海瀚海明玉大酒店）主任（总经理）	2004.12—2015.10
		矿区服务事业部副主任	2015.10—2017.1
239	方学礼	局办公室副主任、局党委办公室副主任	2002.7—2005.4
		综合服务处党委书记、副处长	2005.4—2005.8
		公司（局）总经理（局长）办公室（党委办公室）副主任（正处级）	2005.8—2006.8
240	王　璟	局办公室副主任	2000.7—2005.6
		信访（维护稳定）办公室主任	2005.6—2005.8
		公司（局）党委办公室副主任（正处级）	2005.8—2005.12
		公司（局）党委办公室副主任（正处级）兼维护稳定办公室主任	2005.12—2010.11
		公司办公室（党委办公室）副主任、维护稳定办公室主任（正处级）	2010.11—2012.8
		公司（局）办公室（党委办公室）主任	2012.8—2017.3
		离退休人员管理中心副主任（正处级）	2017.3—2017.12
241	周伯武	局办公室副主任	2002.1—2005.6
		方圆物业管理有限责任公司（物业管理处）党委书记、副经理（副处长）	2005.6—2007.8
		方圆物业管理有限责任公司（物业管理处）党委书记、副经理（副处长）、矿区服务事业部综合办公室主任	2007.8—2008.1
		矿区服务事业部综合办公室主任	2008.1—2008.5
		矿区服务事业部综合办公室主任、矿区服务事业部党委副书记、纪委书记、工会主席	2008.5—2009.3
		水电厂党委书记、纪委书记、工会主席	2009.3—2009.10
		水电厂党委书记、纪委书记、工会主席兼水电厂副厂长	2009.10—2015.12
		离退休人员管理中心主任、党委书记、纪委书记、工会主席	2015.12—2017.12
242	王　昇	局企业管理处（法律事务处）副处长	2000.7—2002.1
		局计划发展处（法律事务处）副处长	2002.1—2005.6
		法律事务处处长（正处级）	2005.6—2005.8
		公司（局）企管法规处副处长（正处级）	2005.8—2014.10
243	张甫森	局人事处副处长	1999.10—2000.7
		局人事处副处长兼局人才劳动力交流服务中心（职工再就业服务中心）副主任	2000.7—2005.6
		人事处（党委组织部）副处长（副部长）（正处级）	2005.6—2012.2
		勘探开发研究院党委书记、纪委书记、工会主席兼副院长	2012.2—2017.12
244	王俊涛	总工办副主任兼炼化处副处长	1997.12—1999.4
		炼化处副处长	1999.4—1999.6
		炼化处副处长、炼化总厂副厂长	1999.6—2003.9
		炼化处副处长兼炼化总厂副厂长	2003.9—2004.11
		公司人事处副处长、党委组织部副部长	2004.11—2005.8
		公司人事处副处长、党委组织部副部长、科技信息处处长	2005.8—2005.11
		科技信息处处长	2005.11—2017.12
245	任爱军	公司驻北京联络处主任	2002.4—2005.12
		北京办事处（北京沙滩宾馆有限公司）副主任（副总经理）（正处级）	2005.12—2011.4

续表

序号	姓　名	职　务	任职时间
246	李建立	鸭儿峡油田作业区经理、党委书记	2003.9—2005.12
		鸭儿峡油田作业区经理、党委书记、纪委书记	2005.12—2010.10
		酒东试采区经理、党委书记、纪委书记、工会主席	2010.10—2012.4
		酒东油田作业区经理、党委书记、纪委书记、工会主席	2012.4—2015.8
		酒东油田作业区经理、党委副书记	2015.8—2016.1
		酒东采油厂厂长、党委副书记	2016.1—2017.12
247	田多文	勘探开发研究院副院长	2003.9—2004.12
		勘探开发研究院常务副院长、党委副书记、纪委书记兼工会主席	2004.12—2005.12
		勘探开发研究院党委书记、纪委书记、工会主席，兼勘探开发研究院常务副院长	2005.12—2011.2
		勘探开发研究院院长、党委副书记	2011.2—2017.3
		信息中心主任、党委书记、纪委书记兼工会主席	2017.3—2017.12
248	关爱年	炼化总厂销售公司副经理	1997.11—2001.2
		玉门油田销售分公司副经理	2001.2—2004.11
		炼化总厂党委副书记、纪委书记、工会主席	2004.11—2005.12
		物资采购管理中心（物资供应处）党委书记、纪委书记兼工会主席，物资采购管理中心副主任、副处长	2005.12—2010.11
249	沈全意	勘探事业部总地质师	1997.11—2002.2
		勘探事业部副经理兼总地质师	2002.2—2003.9
		勘探事业部（勘探处）副经理（副处长）	2003.9—2006.8
		勘探事业部（勘探处）副经理（处长）（正处级）	2006.8—2013.6
		勘探部经理	2013.6—2017.12
250	孙梦慈	公司勘探事业部副经理	2001.6—2006.8
		勘探事业部（勘探处）副经理（副处长）（正处级）	2006.8—2011.3
		钻采工程研究院院长、党委书记、纪委书记	2011.3—2012.2
		钻采工程研究院院长、党委副书记	2012.2—2017.12
251	董玉宇	油田工程技术研究与服务中心副经理	2003.9—2005.8
		油田作业公司副经理	2005.8—2005.8
		建筑安装工程处副处长	2005.8—2007.3
		建筑安装工程处党委书记、纪委书记、工会主席兼副处长	2007.3—2011.2
		建筑安装工程处处长、党委书记、纪委书记兼工会主席	2011.2—2012.2
		建筑安装工程处处长、党委副书记	2012.2—2012.5
		管道运维服务公司（建筑安装工程处）处长、党委副书记	2012.5—2013.11； 2015.8—2017.12
		管道运维服务公司（建筑安装工程处）处长、党委书记、纪委书记兼工会主席	2013.11—2015.8
252	吴著峰	公司计划财务处副处长	2002.4—2002.12
		公司计划财务处副处长兼公司财务会计管理核算中心副主任	2002.12—2004.8
		财务资产处副处长	2004.8—2007.3
		财务资产处处长	2007.3—2010.9
		财务处处长	2010.9—2012.10
		公司（局）副总会计师	2012.10—2017.12

续表

序号	姓　名	职　务	任职时间
253	朱宗良	老君庙油田作业区副经理	2003.9—2007.3
		老君庙油田作业区经理	2007.3—2011.2
		青西油田作业区经理、党委书记	2011.2—2013.8
		公司副总地质师、青西油田作业区经理、党委书记	2013.8—2015.8
		公司副总地质师、青西油田作业区经理、党委副书记	2015.8—2016.1
		公司副总地质师、青西采油厂厂长、党委副书记	2016.1—2017.11
		公司副总地质师、环庆分公司经理、党委副书记	2017.11—2017.12
254	张元虎	华油养殖公司经理	1997.2—2001.4
		物业管理公司（物业管理处）副经理（副处长）	2001.4—2003.12
		农牧业有限责任公司总经理（副处级）	2003.12—2007.7
		农牧业有限责任公司经理、党委书记	2007.7—2016.11
255	薛小奇	水电厂副厂长	2001.4—2007.11
		水电厂副厂长、党委副书记、纪委书记兼工会主席	2007.11—2008.7
		水电厂党委书记、纪委书记、工会主席、兼副厂长	2008.7—2009.2
256	杜亚黎	西安玉门石油化工有限责任公司总经理	2000.11—2001.1
		西安玉门石油化工有限责任公司总经理、局陕西玉门石油化工有限责任公司经理	2001.1—2003.2
		西安玉门石油化工有限责任公司总经理、局陕西玉门石油化工有限责任公司总经理（副处级）	2003.2—2005.12
		西安办事处副主任	2005.12—2008.10
		西安办事处（西安离退休基地）主任、党委书记、纪委书记兼工会主席	2008.10—2011.8
		西安办事处（西安离退休基地）主任、党委书记、陕西玉门石油化工有限责任公司总经理	2011.8—2012.8
257	任向阳	公司团委副书记	2000.7—2003.12
		公司群工处副处长兼公司团委副书记	2003.12—2005.8
		公司（局）工会副主席	2005.8—2009.3
		公司（局）团委书记	2009.3—2010.11
		公司（局）团委书记、企业文化处副处长（党委宣传部副部长）	2010.11—2011.2
		油田作业公司党委书记、纪委书记、工会主席兼副经理	2011.2—2017.12
258	王尚明	兰州石油大厦（局驻兰州办事处）副总经理（副主任）	2005.3—2005.12
		兰州办事处副主任	2005.12—2010.4
		兰州办事处党委书记	2010.4—2011.8
		兰州办事处党委书记、副主任	2011.8—2016.11
		兰州办事处主任、党委书记	2016.11—2017.1
259	杨万仁	局团委副书记	2004.1—2005.8
		公司（局）团委副书记	2005.8—2006.9
		公司（局）党委办公室副主任、信访（维护稳定）办公室副主任	2006.9—2010.11
		公司办公室（党委办公室）副主任、维护稳定办公室副主任	2010.11—2011.7
		信访（维护稳定）办公室主任	2011.7—2017.3
		酒东采油厂党委书记、纪委书记兼工会主席，酒东采油厂副厂长	2017.3—2017.12

续表

序号	姓　名	职　务	任职时间
260	杨建国	物资供应处副处长	1996.2—2000.1
		局资产处置中心主任（副处级）	2000.1—2002.11
		兰州新世纪彩色包装印刷有限责任公司总经理	2002.11—2005.12
		兰州新世纪彩色包装印刷有限责任公司总经理、兰州办事处副主任	2005.12—2011.8
		兰州办事处副主任、兰州离退休基地主任（正处级）	2011.8—2015.10
		矿区服务事业部副主任兼兰州离退休基地主任	2015.10—2017.3
		离退休人员管理中心副主任（正处级）	2017.3—2017.12
261	秦玉国	油田房产管理中心副主任	2004.10—2007.8
		矿区服务事业部房产物业管理部副主任	2007.8—2011.10
		矿区服务事业部副主任兼房产物业管理部主任（正处级）	2011.10—2015.6
		矿区服务事业部副主任、党委副书记兼房产物业管理部主任（正处级）、方圆物业管理有限责任公司党委书记、纪委书记、工会主席兼副经理	2015.6—2016.7
		矿区服务事业部副主任、党委副书记、纪委书记兼房产物业管理部主任（正处级）、方圆物业管理有限责任公司党委书记、纪委书记、工会主席兼副经理	2016.7—2017.3
		矿区管理部主任、方圆物业管理有限责任公司党委书记、纪委书记、工会主席兼副经理	2017.3—2017.12
262	胡灵芝	开发事业部（开发处）总地质师	2007.3—2010.11
		开发部副经理兼总地质师	2010.11—2011.10
		开发部（对外合作部）经理（主任）	2011.10—2017.12
263	赵文义	青西油田作业区副经理	2003.9—2004.4； 2005.12—2009.10
		青西油田作业区副经理、党委副书记、纪委书记兼工会主席	2004.4—2005.12
		青西油田作业区党委副书记、纪委书记、工会主席兼副经理	2009.10—2012.2
		油田作业公司经理兼党委副书记	2012.2—2017.3
		机械厂厂长兼党委副书记	2017.3—2017.12
264	熊中辉	老君庙油田作业区副经理	2003.9—2012.2
		老君庙油田作业区经理、党委副书记	2012.2—2016.1
		老君庙采油厂（老君庙油矿）厂长（矿长）、党委副书记	2016.1—2017.12
265	王　酩	局纪委（监察处）副处级纪检监察员	1996.12—1999.10
		公司审计监察处（纪委）副处级纪检监察员	2000.2—2003.3
		公司审计监察处副处长、公司纪委副书记	2003.3—2005.8
		公司（局）纪委监察处副处长、公司纪委副书记	2005.8—2009.10
		公司（局）纪委监察处副处长	2009.10—2012.8
		公司（局）纪委副书记、监察处副处长（正处级）	2012.8—2017.12
266	赵遂亭	老君庙油田作业区副经理	2007.7—2012.8
		老君庙油田作业区（老君庙油矿）党委书记、纪委书记、工会主席兼副经理（副矿长）	2012.8—2016.1
		老君庙采油厂（老君庙油矿）党委书记、纪委书记、工会主席，副厂长（副矿长）	2016.1—2017.12
267	李　剑	鸭儿峡油田作业区副经理、鸭儿峡油田作业区党委副书记、纪委书记兼工会主席	2007.7—2012.8
		鸭儿峡油田作业区党委书记、纪委书记、工会主席，副经理	2012.8—2016.1

续表

序号	姓　名	职　务	任职时间
267	李　剑	鸭儿峡采油厂（鸭儿峡油矿）党委书记、纪委书记、工会主席，副厂长（副矿长）	2016.1—2017.7
		监察处副处长（正处级）	2017.7—2017.12
268	钟永海	机械厂副厂长	2001.4—2012.8
		机械厂厂长、党委副书记	2012.8—2017.3
		物资采购管理中心（物资供应处）党委书记、纪委书记、工会主席，副主任（副处长）	2017.3—2017.12
269	朱侠萍（女）	水电厂副厂长	2003.12—2007.3
		公司（局）工会副主席、女职工委员会主任	2007.3—2012.8
		公司（局）工会副主席（正处级）、女职工委员会主任	2012.8—2017.12
270	马秀珍（女）	局纪委副书记、监察处副处长	2001.4—2005.8
		公司（局）纪委副书记、监察处副处长	2005.8—2011.7
		公司（局）监察处副处长	2011.7—2012.8
		公司（局）纪委副书记、监察处处长	2012.8—2016.8
271	王东辉	公司（局）审计处副处长	2009.3—2013.6
		审计处处长	2013.6—2017.12
272	李森林	局计划发展处副处长	2003.12—2005.8
		企管法规处处副处长	2005.8—2013.6
		机械厂党委书记、纪委书记、工会主席，副厂长	2013.6—2017.12
273	吴国罡	青西油田作业区副经理	2007.7—2012.8
		青西油田作业区副经理兼安全总监	2012.8—2015.8
		青西油田作业区党委书记、纪委书记、工会主席，副经理	2015.8—2016.1
		青西采油厂党委书记、纪委书记、工会主席，副厂长	2016.1—2017.12
274	孙　峻	酒东试采区副经理	2010.10—2015.8
		酒东油田作业区党委书记、纪委书记、工会主席，副经理	2015.8—2016.1
		酒东采油厂党委书记、纪委书记、工会主席，副厂长	2016.1—2017.3
		党委组织部副部长（正处级）、人事处副处长（正处级）兼职业技能鉴定中心主任	2017.3—2017.12
275	王　宏	建筑安装工程处副处长	2002.11—2012.5
		管道运维服务公司（建筑安装工程处）副处长	2012.5—2015.8
		管道运维服务公司（建筑安装工程处）党委书记、纪委书记、工会主席、副处长	2015.8—2017.12
276	骆　华	综合服务处副处长	2010.7—2012.8
		清洁能源开发公司副经理、财务总监	2012.8—2013.12
		清洁能源开发公司副经理、财务总监、工会主席	2013.12—2014.2
		清洁能源开发公司代理经理、党委副书记、工会主席	2014.2—2016.2
		清洁能源公司经理、党委书记、工会主席	2016.2—2016.6
		清洁能源公司经理、党委书记、纪委书记、工会主席	2016.6—2017.6
277	戴忠孝	新闻中心副主任、党委副书记、纪委书记、工会主席兼石油工人报社总编辑	2000.1—2003.12
		新闻中心副主任、党委副书记、纪委书记、工会主席	2003.12—2012.8
		新闻中心副主任、党委副书记、纪委书记、工会主席兼安全总监	2012.8—2016.2
		新闻中心主任、党委书记、纪委书记、工会主席	2016.2—2017.12

续表

序号	姓 名	职 务	任职时间
278	王德胜	公司（局）团委副书记	2012.3—2016.11
		公司团委书记	2016.11—2017.12
279	罗小强	水电厂副厂长	2002.11—2004.12
		水电厂副厂长兼安全总监	2004.12—2016.11
		水电厂厂长、党委副书记	2016.11—2017.12
280	张灵运	水电厂总工程师	1998.6—2016.11
		水电厂党委书记、纪委书记、工会主席	2016.11—2017.12
281	闫正云	公司（局）办公室（党委办公室）副主任	2012.3—2017.3
		公司办公室（党委办公室）主任	2017.3—2017.12
282	唐海忠	勘探事业部（勘探处）总地质师	2003.9—2013.6
		勘探部副经理兼总地质师	2013.6—2017.3
		勘探开发研究院院长	2017.3—2017.4
		勘探开发研究院院长、党委副书记	2017.4—2017.12
283	曹卫东	油田作业公司副经理兼安全总监	2010.7—2017.3
		油田作业公司经理	2017.3—2017.4
		油田作业公司经理、党委副书记	2017.4—2017.12
284	王高锋	规划设计院总工程师	2002.2—2003.9
		规划设计院总工程师兼安全总监	2003.9—2017.3
		规划设计院院长	2017.3—2017.4
		规划设计院院长、党委书记、纪委书记兼工会主席	2017.4—2017.12
285	张华桂	油田作业公司副经理	2001.4—2010.7
		机动设备管理处副处长	2010.7—2015.6
		生产运行处副处长	2015.6—2017.3
		农牧公司经理	2017.3—2017.4
		农牧公司经理、党委书记、纪委书记兼工会主席	2017.4—2017.12
286	段天平	炼化总厂总工程师	2003.2—2004.8
		炼化总厂副厂长、总工程师	2004.8—2008.1
		炼化总厂副厂长	2008.1—2012.12
		炼化总厂副厂长兼安全总监	2012.12—2017.7
		炼化总厂党委书记、纪委书记、工会主席、副厂长兼安全总监	2017.7—2017.12
287	唐 飞	局外贸进出口公司副经理、局外事处副处长	1999.4—2001.4
		兰州新世纪彩印包装有限责任公司副总经理	2001.4—2002.11
		国际经济技术合作处副处长、外贸进出口公司副经理	2002.11—2005.8
		经济技术合作开发处副处长、工会主席	2005.8—2010.11
		对外合作部副主任	2010.11—2017.7
		对外合作部副主任、玉门油田（乍得）有限责任公司经理	2017.7—2017.12

注：排名按首次任正处级时间为序。

四、副处级干部任职简表（1987.1—2017.12）

序号	姓　名	职　务	任职时间
1	赵登魁	农工商公司调研员（副处级）	1987.1—1988.6
2	许尧尧	武装部副部长	1987.1—1995.12
3	赵安仁	局驻兰州办事处副主任	1987.1—1994.9
4	杜　克	油田处主任工程师（副处级）	1987.1—1992.10
5	蒋生财	机械厂副厂长	1987.1—1987.1
6	耿喜华	井下技术作业处副处长	1987.1—1988.4
7	王树德	政治教育处副处长	1987.1—1988.7
8	王国永	机械厂副厂长	1987.1—1994.4
9	林式鹏	农工商公司调研员（副处级）	1987.1—1988.6
10	薛生信	研究院副院长	1987.1—1990.12
		生活服务处副处长	1990.12—1995.11
11	王友舜	内燃机修造厂副厂长	1987.1—1988.3
12	宗福有	内燃机修理厂工会主席	1987.1—1988.3
		第二石油机械厂工会主席	1988.3—1990.12
13	王常荣	卫生处（职工医院）纪委书记	1987.1—1994.11
14	何希润	水电厂纪委书记	1987.1—1990.12； 1991.6—1993.3
15	江立中	地调处副处长	1987.1—1991.11
16	陈国玺	安全环保技术监察处副处长	1987.1—1995.4
17	胡振荣	局纪委办公室主任（副处级）	1987.1—1988.8
		局纪委副处级纪律检查员	1988.8—不详
18	苏吉庆	基本建设处副处长兼主任工程师	1987.1—1988.1
19	牛体君	地质调查处工会主席	1987.1—1994.11
20	郑新中	钻井处副处长	1987.1—1995.6
21	车　铎	炼油厂纪委书记	1987.1—1994.11
22	孙占鳌	运输处总工程师	1987.1—1989.8
23	房逢森	运输处工会主席	1987.1—1990.12
24	葛太岭	井下技术作业处副处长	1987.1—1995.6
25	党历山	水电厂副厂长	1987.1—1987.12
26	宋生杰	生活服务公司副经理	1987.1—1987.6
27	王育雄	地质调查处副处长	1987.1—1995.9
28	刘　义	钻井处副处长	1987.1—1995.9
29	洪以勇	钻井处工会主席	1987.1—1987.2
30	吴培庚	内燃机修理厂副厂长	1987.1—1987.9
31	王银龙	机动处副处长	1987.1—1990.12
		会战指挥部科技发展部副主任	1990.12—1995.6
32	王鸿喜	石油工人报社副社长	1987.1—1992.1
33	何忠信	职工培训总校副校长	1987.1—1989.6
		职工医院副院长	1989.6—1992.11

续表

序号	姓名	职务	任职时间
33	何忠信	职工培训总校副校长	1992.11—1993.4
		培训中心副主任	1993.4—1995.8
34	黄成刚	钻井处副处长	1987.1—1990.6
		会战指挥部钻井工程部主任	1990.6—1991.2
35	付敬文	质量管理处主任工程师	1987.1—1990.6
36	宋发海	技工学校工会主席	1987.1—1993.3
37	崔焕秀	公安处副处长	1987.1—1989.11
38	雷贞权	井下技术作业处副处长	1987.1—1988.10
39	宋荫培	运输处副处长、纪委书记	1987.1—1988.1
40	马序银	运输处副处长	1987.1—1989.8； 1990.12—1992.12
		运输处副处长兼总工程师	1989.8—1990.12
41	刘月朗	科学技术处副处长	1987.1—1990.12
42	何有学	老君庙油矿工会主席	1987.1—1992.10
43	余自强	企业管理处副处长	1987.1—1993.3
44	魏　群	地调处总工程师	1988.1—1992.1
45	苗秉兰	设计处副总工程师（副处级）	1987.1—1988.4
46	朱士元	企业管理处主任工程师（副处级）	1987.1—1990.12
47	蒋世正	企业管理处主任工程师（副处级）	1987.1—1990.12
48	史济光	生活服务公司副经理	1987.1—1989.11
		张掖石化厂筹建处副处长	1989.11—1991.3
49	曹生发	农工商公司纪委书记（副处级）	1987.1—1988.6
		兴玉实业开发总公司（多种经营管理处）副经理（副处长）、纪委书记	1988.6—1990.12
		兴玉实业开发总公司（多种经营管理处）副经理（副处长）	1990.12—1991.12
		兴玉实业开发总公司副经理	1991.12—1994.11
50	李　昌	直属工作处副处长	1987.1—1990.7
		兰州办事处退（离）休休养所所长（保留副处级）	1990.7—不详
51	李承续	地调处副处长	1987.1—1995.9
52	蔡　栅	机械厂党委副书记、纪委书记	1987.1—1988.12
53	俞伟勇	鸭儿峡油矿副矿长	1987.1—1991.3
54	孙峰玉	研究院总工程师	1987.1—1993.3
		研究院副院长、总工程师	1993.3—1995.8
55	刘少槐	通讯处党总支书记	1987.1—1988.10
		通讯处党总支书记、副处长	1988.10—1989.11
		通讯处党委副书记	1989.11—1990.12
		离退休职工管理处副处长	1990.12—1998.12
		离退休人员管理中心副主任、老干部处副处长、离退休人员管理中心工会主席	1998.12—1999.10
		成都离退休职工管理基地主任（副处级）	1999.10—2000.1
56	卫国成	基本建设处主任工程师	1987.1—1988.1

续表

序号	姓　名	职　务	任职时间
56	卫国成	基本建设处副处长	1988.1—1990.12
57	王　烨	职工培训总校副校长	1987.1—1988.11
58	陈裕基	水电厂副处长	1987.1—1991.5
59	樊正国	钻井处副处长	1987.1—1988.1
		地质录井处副处长	1988.1—1995.6
60	王怀章	机械厂副厂长	1987.1—1989.3
		监察处副处长	1989.3—1990.12
		科学技术处副处长	1990.12—1996.11
61	唐以坚	勘探部主任地质师	1987.1—1988.1；1993.1—1994.3
		勘探部主任地质师、副部长	1988.1—1990.6；1991.2—1993.3
		勘探部主任地质师、副部长、会战指挥部勘探部副主任	1990.6—1991.2
		勘探事业部总地质师	1994.3—1994.11
62	张朝相	鸭儿峡油矿主任工程师	1987.1—1991.3
		井下技术作业处副处长	1991.8—1995.6
63	李国诚	石油沟油矿副矿长	1987.1—1991.3
64	何佳良	老君庙油矿总工程师	1987.1—1990.6
		老君庙油矿副矿长	1990.6—1991.3
65	徐基柱	设计处主任工程师	1987.1—1988.4
		规划设计院总工程师	1988.6—1992.2
		勘察设计研究院	1992.2—1992.9
66	赵　红	党委组织部副部长	1987.1—1987.2
67	瞿殿伦	机械厂副总工程师（副处级）	1987.1—1991.8
68	曹云仑	地调处副处长	1987.1—1995.9
69	张　龙	油田建设工程公司副经理	1987.1—1990.3
70	张钦德	油建公司主任工程师	1987.1—1989.2
		张掖石油化工厂筹建处副处长	1989.8—1990.12
		设计院副院长	1990.12—1999.7
71	崔培新	油田开发处副处长	1987.1—1993.3
		局总工办副主任	1993.3—1994.11
72	陶近飞	油田开发处主任工程师	1987.1—1989.9
		油田开发处副处长	1989.9—1990.12
		会战指挥部采油副总工程师	1990.12—1992.10
73	侯金锷	计划处主任经济师	1987.1—1987.7
		对外经济技术协作办公室主任经济师	1987.7—1991.3
		对外经济技术发展公司副经理	1991.3—1991.6
		销售公司总经济师	1991.6—1992.10
74	杨昌龙	钻井处总工程师	1987.1—1990.12

续表

序号	姓　名	职　务	任职时间
74	杨昌龙	钻井处总工程师、会战指挥部钻井副总工程师	1990.12—1992.8
75	刘联民	调度处主任工程师	1987.1—1987.9
		劳动人事处副处长	1987.9—1988.11
76	张春兰	通讯处副处长	1987.1—1995.11
77	陈　安	通讯处主任工程师	1987.1—1992.12
78	齐志新	白杨河油矿副矿长	1987.1—1992.10
79	石正伟	器材处党委副书记	1987.1—1987.9
		器材处副处长	1988.1—1988.4
		物资供应处副处长	1988.4—1988.12
		物资供应处副处长兼上海联络处主任（副处级）	1988.12—1999.5
80	尚毓林	地调处副处长	1987.1—1990.6
		会战指挥部办公室副主任	1990.6—1995.6
81	张世德	老君庙油矿副矿长兼主任经济师	1987.1—1991.8
82	师友正	农工商公司主任工程师	1987.1—1988.4
		特油公司副总工程师	1988.4—1991.7
		炼油厂特油分厂总工程师	1991.7—1992.6
83	吴培耀	生产调度处副处长	1987.1—1995.10
84	赵德福	安全环保处主任工程师	1987.1—1990.6
		安全环保处副处长	1990.6—1994.11
85	李主中	计划处主任工程师	1987.1—1988.11
		炼油厂副总工程师	1988.11—1989.6
		计划处规划室高级工程师	1989.6—1989.11
		炼化处副处长	1989.11—1992.10
86	白　明	白杨河油矿党委副书记	1987.1—1989.6
87	郑连武	财务处副处长	1987.1—1987.8
		钻井处主任会计师	1987.8—1991.3
		地质录井处副处长	1991.3—1994.11
88	肖周法	财务处主任会计师	1987.1—1989.11
		新东石油勘探开发前线指挥部副指挥、吐哈项目组副经理	1989.11—1990.6
		会战指挥部经营部副主任	1990.6—1991.2
89	高景光	教育处副处长	1987.1—1988.7
		普通教育处副处长、党总支书记	1988.7—1993.7
		普教中心副主任、党委副书记	1993.7—1995.10
90	马文瑶	生产调度处主任工程师	1987.1—1990.6； 1991.2—1995.10
		生产调度处主任工程师、会战指挥部生产协调部副主任	1990.6—1990.12
		生产调度处主任工程师、会战指挥部生产协调部主任	1990.12—1991.2
91	于方汝	通讯处主任工程师	1987.1—1992.12
92	王毓贤	石油沟油矿主任工程师	1987.1—1990.6
		试采指挥部副指挥	1990.6—1991.2

续表

序号	姓 名	职 务	任职时间
93	杨临湟	钻井处工会主席	1987.2—1993.3
94	程 勇	水电厂副厂长	1987.2—1997.12
95	彭政明	水电厂副厂长	1987.2—1995.10
96	孙金仓	油建公司工会主席	1987.7—1990.12
		会战指挥部公共关系处副处长	1990.12—1995.6
97	陆 绶	内燃机修理厂主任经济师	1987.8—1990.11
98	周吉森	器材处主任工程师	1987.9—1988.4
		物资供应处主任工程师	1988.4—1992.4
		物资供应处副处长	1993.3—1994.11
99	徐守信	器材处副处长	1987.9—1988.4
		物资供应处副处长	1988.4—1992.2
		物资供应处副处长兼北京联络处主任（副处级）	1992.2—1996.3
100	王锡文	地质录井处副处长	1988.1—1995.6
101	马 山	地质录井处总工程师	1988.1—1994.11
102	王典英	地质录井处总地质师	1988.1—1996.10
		勘探事业部地质总监	1996.10—1998.10
103	阎少魁	内燃机修理厂副厂长	1988.1—1988.3
		第二石油机械厂副厂长	1988.3—1990.12； 1993.3—1995.6
		第二石油机械厂副厂长、工会主席	1990.12—1993.3
104	陈 忠	基本建设处主任工程师	1988.1—1990.12
		基本建设处副处长	1990.12—1991.8
105	陈 兵	局办公室副主任	1988.1—1990.6
		会战指挥部办公室主任	1990.6—1991.2
106	罗 昭	炼油厂总工程师	1988.4—1992.10
		炼化总厂总工程师	1992.10—1997.11
107	任振东	规划设计院副院长	1988.6—1987.2； 1990.2—1990.12
		规划设计院副院长兼炼油厂副总工程师	1987.2—1990.2
108	杨肇彬	钻井处副处长	1989.2—1995.9
109	把英录	井下技术作业处副处长	1989.2—1989.11
		白杨河油矿副矿长兼鄯善采油厂副厂长	1989.11—1992.10
		采油厂副厂长	1992.10—2000.1
		成都离退休职工管理基地主任（副处级）	2000.1—2003.2
110	李贵良	油建公司总工程师	1989.2—1995.6
111	詹国瞻	计划处主任经济师	1989.2—1990.7
		计划处副处长	1990.7—1995.6
112	李胜枝	计划处主任工程师	1989.2—1995.6
113	许政辉	财务处副处长	1989.2—1990.12
114	邓明录	经销处副处长	1989.3—1991.6

续表

序号	姓 名	职 务	任职时间
115	滑尔健	兰州化工设计院副总工程师（副处级）	1989.6—不详
116	杨培民	运输处副处长	1989.8—1995.6
117	黄继续	老君庙油矿副矿长	1989.9—1990.6；1990.12—1992.10
		试采指挥部副指挥	1990.6—1990.12
		采油厂总调度长	1992.10—1995.11
118	邱光东	老君庙油矿总地质师	1989.9—1992.10
		采油厂总地质师	1992.10—1994.4
119	唐清其	鸭儿峡油矿总经济师	1989.9—1992.10
		井下技术作业处总经济师	1993.3—1995.6
120	魏洁兴	化工特油公司副经理	1989.9—1991.7
121	唐 锴	机械厂总工程师	1989.11—1994.4
122	路锡良	新东石油勘探开发前线指挥部副指挥、吐哈项目组副经理	1989.11—1990.6
		会战指挥部副总地质师	1990.6—1991.2
123	王国强	局工会副主席	1989.11—1997.11
124	刘彦昭	公安处副处长	1989.11—1994.11
125	杨 荣	油建公司副经理	1990.2—1995.6
126	戴经农	第二石油机械厂副厂长	1990.2—1994.11
127	李 同	老君庙油矿总工程师	1990.6—1991.3
128	姚 敏	机械厂副厂长	1990.6—1996.3
129	武兴国	水电厂副厂长	1990.6—1995.11
130	曹克明	会战指挥部开发部副主任	1990.6—1991.2
131	辛俊和	会战指挥部钻井工程部副主任	1990.6—1991.2
		钻井处总工程师	1992.9—1993.3
		钻井处副处长	1993.3—1995.9
132	张正诚	会战指挥部经营部主任	1990.6—1991.2
133	李保明	新东石油试采指挥部总地质师	1990.6—1995.6
134	叶国建	会战指挥部试采指挥部总工程师	1990.6—1990.12
		试采指挥部副指挥	1990.12—不详
135	魏银广	党委办公室副主任	1990.7—1993.3
		党委工作部（宣传部、统战部）副部长	1993.3—1995.6
136	姜德顺	局办公室副主任	1990.7—1993.3
		井下技术作业处工会主席	1993.3—1995.9
137	刘立勋	鸭儿峡油矿副矿长	1990.7—1991.3
		劳动工资处副处长	1991.3—1999.7
138	苗世祯	石油沟油矿副矿长	1990.7—1992.10
		华油养殖公司经理	1992.10—1994.12
139	张定理	老君庙油矿副矿长	1990.7—1992.10
140	张三学	石油沟油矿总工程师	1990.7—1992.10

续表

序号	姓　名	职　务	任职时间
141	秦世元	井下技术作业处副处长	1990.7—1995.6
142	王　珏	机动处副处长	1990.12—1994.4
143	邱白云	职工培训处副处长	1990.12—1993.4
		培训中心副主任	1993.4—1995.11
		教育培训中心职业技术学校校长	1995.11—1996.12
		教育培训中心职业技术学校校长、教育培训中心副主任	1996.12—1999.4
		教育培训中心副主任	1999.4—2001.8
		离退休人员管理中心（老干部处）副主任（副处长）	2001.8—2003.12
144	张　捷	局办公室副主任	1990.12—1992.10
145	王宗义	财务处副处长	1990.12—1993.3
146	纪学禹	油田处副处长	1990.12—1992.10
		生产调度处副处长	1992.10—1995.8
147	夏雪聪	设计院副院长	1990.12—1999.7
148	许君祖	钻井处副处长	1990.12—1992.1
149	韩　钢	运输处副处长	1990.12—1995.6
150	于巨川	运输处总工程师	1990.12—1995.6
151	闫德齐	研究院总地质师	1990.12—1994.11
152	赵殿琰	研究院总机械师	1990.12—1996.11
153	孙继光	研究院副院长	1990.12—1991.6
154	袁明生	研究院副院长	1990.12—1995.6
155	张延祥	兴玉公司副经理	1990.12—1992.1
		多种经营管理处副处长	1992.1—1992.8
		多种经营总公司副总经理	1992.8—1995.11
156	陆玉林	机械厂副厂长	1990.12—1998.4
157	于彦春	职工培训总校副校长兼局党校副校长	1990.12—1993.4
		培训中心副主任兼局党校副校长	1993.4—1994.11
158	于惠忠	第二石油机械厂总工程师	1990.12—1995.6
159	郑文章	运输处党委副书记兼纪委书记	1990.12—1993.5
		运输处党委副书记、纪委书记兼运输处副处长	1993.5—1995.6
160	徐友安	水电厂党委副书记兼纪委书记	1990.12—1994.4
161	刘宏明	油建公司党委副书记	1990.12—1992.9
162	李龙潭	会战指挥部生产协调部副主任	1990.12—1991.2
163	李永贵	会战指挥部生产协调部副主任	1990.12—1991.2
164	杨正阳	会战指挥部经营部副主任	1990.12—1991.2
165	王克维	会战指挥部基建工程部副主任	1990.12—1991.2
166	赵象珠	会战指挥部基建工程部副主任	1990.12—1991.2
167	孟述祖	会战指挥部装备部副主任	1990.12—1991.2
168	王文泉	会战指挥部办公室副主任	1990.12—1991.2
169	范天敏	会战指挥部办公室副主任	1990.12—1991.2

续表

序号	姓 名	职 务	任职时间
170	马培元	运输处工会主席	1990.12—1994.11
171	马建国	中国石油报玉门记者站站长（副处级）	1991.1—不详
		石油工人报社副社长（兼）	1992.10—1996.12
172	郑 然	老君庙油矿总工程师	1991.3—1992.10
		采油厂总工程师	1992.10—1994.1
173	赵宏武	地质录井处副处长	1991.3—1995.6
174	张临录	第二石油机械厂副厂长	1991.3—1994.11
175	曾祥文	张掖石化筹建处副处长	1991.3—1995.4
176	田希太	生产调度处副处长	1991.3—1996.12
177	吉 平	销售公司副经理	1991.6—1992.10
178	刘宏斌	研究院副院长	1991.6—1995.6
179	李吉善	研究院副院长	1991.6—1993.3
180	范志孝	油建公司工会主席	1991.7—1995.6
181	赵润伯	井下技术作业处副处长	1991.8—1995.6
182	常 春	生活服务处副处长	1991.8—1999.10
		离退休人员管理中心（老干部处）副主任（副处长）	1999.10—2000.1
183	张文仲	生活服务处副处长	1991.8—1995.11
184	刘学冉	钻井处副处长	1991.8—1995.6
185	陈兆兴	鸭儿峡油矿副矿长	1991.8—1992.10
		多种经营总公司兴玉公司总工程师	1992.10—1996.8
		建筑安装筑路工程处总工程师	1996.8—1997.11
186	王尚德	报社副社长	1991.8—1996.12
		报社副社长、新闻中心副主任兼石油工人报总编辑	1996.12—2000.2
187	蒋有志	卫生处副处长、职工医院副院长	1991.8—1994.11
188	王柏宝	销售公司副经理	1991.8—1992.10
		炼化总厂副厂长、销售公司副经理	1992.10—1994.11
		炼化总厂副厂长	1994.11—1997.12
189	张德成	销售公司总会计师	1991.8—1992.10
190	赵明方	外事处副处长	1991.11—1992.9
191	袁炳琨	外事处副处长	1991.11—1993.3
192	温志道	井下技术作业处副处长	1991.11—1995.6
193	龙子乾	井下技术作业处总工程师	1991.11—1995.6
194	李洪韬	地调处副处长	1991.11—1995.9
195	马彦山	油建公司总会计师	1991.11—1995.6
196	赵华伟	多种经营总公司、经营管理处总会计师	1992.1—1995.11
197	薛志精	审计处副处长	1992.1—1995.10
198	罗天贵	审计处副处长	1992.1—1995.12
199	罗武虎	公安处副处长	1992.1—1995.6
200	淡乃勤	地调处副处长	1992.1—1995.9

续表

序号	姓 名	职 务	任职时间
201	张清泉	地调处副处长	1992.1—1995.9
202	刘智泰	物资供应处党委副书记	1992.1—1993.5
		物资供应处党委副书记、副处长	1993.5—1995.11
		水电厂工会主席	1995.11—1999.4
203	李希保	财务处副处长	1992.2—1995.8
204	于世模	炼油厂副厂长	1992.4—1992.10
		炼化总厂副厂长	1992.10—1995.8
205	李在龙	物资供应处副处长	1992.4—1995.5
206	刘治军	销售公司副经理	1992.9—1992.10
207	向顺吉	水电厂副厂长	1992.9—1995.11
		教培中心副主任	1995.11—1999.4
208	阎洪仕	勘察设计研究院副院长兼总工程师	1992.9—1999.7
209	石友文	兴玉实业开发公司副经理	1992.9—1995.11
		兴玉实业开发公司经理（副处级）、兴玉实业开发公司党总支书记（兼）	1995.11—1996.8
		综合服务处副处长	1996.8—2000.1
		新兴实业开发处副处长	2000.1—2000.3
210	范友强	多种经营管理处副处长、多种经营总公司副总经理	1992.9—1994.3
211	周 俶	多种经营总公司总经济师	1992.9—1995.8
212	魏荣国	老君庙油矿实业开发公司经理（副处级）	1992.9—1994.11
213	牟克忠	炼油厂新兴实业开发公司经理（副处级）	1992.9—1997.7
214	万长宾	炼油厂工会主席	1992.9—1992.10
		炼化总厂工会主席	1992.10—2003.2
215	吴国龙	多种经营总公司总工程师	1992.10—1995.11
216	徐 明	机械厂工会主席	1992.10—1999.4
217	刘晓明	局党委组织部副部长兼干部处副处长	1993.3—1994.11
		地质调查处工会主席	1994.11—1995.5
218	马学福	局办公室副主任	1993.3—1994.4
		太湖石油度假村管理处副处长	1994.4—不详
219	吴玉禄	钻井处总工程师	1993.3—1995.9
220	王春利	地质录井处副处长	1993.3—1995.6
221	梁永成	地质调查处总工程师	1993.3—1995.9
222	张志东	井下技术作业处副处长	1993.3—1995.6
223	龚德银	井下技术作业处副处长	1993.3—1995.6
224	于忠英	采油厂总会计师	1993.3—1995.10
		多种经营总公司、多种经营管理处总会计师	1995.10—1996.8
		多种经营管理处总经济师	1996.8—1999.7
225	郑芳明	局工会副主席兼女工委员会主任	1993.3—1996.11
		销售公司副经理	1996.11—2000.2
226	李文江	钻井处工会主席	1993.3—1995.9

续表

序号	姓 名	职 务	任职时间
227	聂吉利	丙烯酸工程指挥部副指挥	1993.4—1995.8
		炼化总厂副厂长	1996.11—2000.2
228	汤克新	丙烯酸工程指挥部副指挥	1993.4—1994.11
229	王连才	丙烯酸工程指挥部副指挥	1993.4—1995.10
		丙烯酸工程指挥部副指挥兼计划处副处长	1995.10—1996.12
		炼化处副处长	1996.12—1998.5
		炼化总厂副厂长	1998.5—2004.12
230	牛大姓	丙烯酸工程指挥部副指挥	1993.4—1994.11
		油建公司副经理	1994.11—1995.6
231	周 雁	普教中心副主任	1993.7—1995.10
232	王 洁	井下技术作业处副处长	1993.7—1995.6
233	芮光松	物资供应处副处长	1994.3—1995.5
234	卢先金	钻井处实业开发公司经理（副处级）	1994.4—1999.5
235	王泽民	第二石油机械厂副厂长	1994.11—1995.6
236	陈玉生	兴玉实业开发公司副经理	1994.11—1996.8
		建筑安装筑路工程处副处长	1996.8—2001.4
237	谭增驹	地质录井处总工程师	1994.11—1995.6
238	杜凤华	局纪委副书记、监察处副处长	1994.11—1995.10
239	李大信	炼化总厂党委副书记兼纪委书记	1994.11—2000.2
		炼化总厂副厂长兼销售公司经理	2000.2—2003.2
240	葛永才	第二石油机械厂党委副书记	1994.11—1995.6
241	云 平	油建公司党委副书记	1994.11—1994.12
		油建公司党委副书记兼纪委书记	1994.12—1995.6
242	刘延成	第二石油机械厂副厂长	1994.12—1995.6
243	张玉明	机械厂总经济师	1994.12—1996.4
		机械厂副厂长兼总经济师	1996.4—1997.12
244	王建福	华油养殖公司经理	1994.12—1996.2
245	梁明山	炼化总厂副厂长	1995.8—2001.4
246	闵祥志	炼化总厂总机械师	1995.8—2003.2
247	蒋明山	炼化总厂总会计师	1995.8—1998.5
248	李晓明	采油厂总会计师	1995.10—1996.2
249	胡汝杰	局党委组织部（干部处）副部长、副处长	1995.10—1996.12
		干部处（组织部）副处长（副部长）	1996.12—1997.12
250	张非易	中石报玉门记者站站长	1995.10—1996.12
		新闻中心副主任兼中石报玉门记者站站长	1996.12—1997.8
251	王 继	局纪委副书记、监察处副处长	1995.10—1997.12
		局机关党委副书记	1997.12—1999.4
		勘察设计研究院副院长兼党总支书记	1999.4—1999.7
		规划设计院副院长	1999.7—2000.4

续表

序号	姓　名	职　务	任职时间
251	王　继	规划设计院副院长兼党委副书记、纪委书记	2000.4—2004.11
		公司审计监察处（纪委）副处长（副书记）	2004.11—2005.8
		公司（局）纪委、监察处副书记、副处长	2005.8—2014.2
252	周兴中	规划设计院副院长	1995.10—2000.2；2002.2—2017.12
		规划设计院总工程师	2000.2—2002.2
253	唐　路	计划处副处长	1995.11—1996.8
254	陈玉杰	多种经营总公司（经营管理处）总工程师	1995.11—1996.8
		综合服务处副处长兼总工程师	1996.8—2000.1
		新兴实业开发处副处长兼总工程师	2000.1—2001.4
		综合服务处副处长兼总工程师	2001.4—2010.5
255	王晓霖	通信公司副经理	1995.11—2002.12
256	雷一兵	石油工人报社副社长、党委副书记兼纪委书记	1996.2—1996.12
		新闻中心副主任、党委副书记兼纪委书记	1996.12—2000.1
257	沈晓夜	物资供应处副处长	1996.2—2005.7
		物资采购管理中心（物资供应处）副主任（副处长）	2005.7—2017.12
258	侯秉金	勘察设计研究院总工程师	1996.3—2000.2
259	王珍秀	销售公司副经理	1996.3—2000.2
260	蔡长福	销售公司副经理	1996.3—2003.2
261	郑国玉	局团委副书记	1996.10—1999.4
		水电厂工会主席	1999.4—2000.1
262	徐　健	广州联络处副主任	1996.10—1996.11
263	王德辰	研究院总工程师	1996.11—1997.11
264	张子彦	研究院总地质师	1996.11—1997.12
265	杨光荣	科学技术开发中心副主任	1996.11—1999.7
		采油厂副厂长	2000.2—2003.9
		老君庙油田作业区副经理、党委副书记、纪委书记兼工会主席	2003.9—2004.2
266	南永生	新闻中心副主任	1996.12—1997.8
		新闻中心副主任兼中石报记者站站长	1997.8—2000.1
		新闻中心副主任、党委副书记、纪委书记兼中石报记者站站长	2000.1—2003.3
267	尹　健	通信公司总工程师	1996.12—2000.1
268	邹　荣	财务处（国有资产管理处）副处长	1996.12—1999.4
269	陈　刚	机关事业部副经理	1997.1—2000.1
		综合服务处副处长	2000.1—2003.2
		成都离退休人员管理基地主任（副处级）	2003.2—2007.2
		成都办事处副主任、成都离退休基地主任	2007.2—2015.10
		成都离退休基地副主任、安全总监（副处级）	2015.10—2017.3
		离退休人员管理中心副主任	2017.3—2017.12
270	王新荣	综合服务处总经济师	1997.2—2000.1

续表

序号	姓　名	职　务	任职时间
271	陈庆生	酒泉疗养院副院长、党委副书记	1997.2—2003.2
272	王卫东	局女工委员会主任	1997.2—1999.7
273	王光华	炼化总厂新兴公司经理	1997.7—2000.1
274	刘新云	勘探事业部副经理	1997.11—2001.6
		勘探事业部副经理兼总工程师	2001.6—2003.9
		勘探事业部（勘探处）副经理（副处长）、总工程师	2003.9—2004.4
275	钱克强	炼化总厂副厂长	1997.11—2000.2； 2005.7—2006.1
		炼化总厂副厂长、生产与质量安全环保处副处长兼油田分公司工程管理办公室主任	2000.2—2001.2
		炼化总厂副厂长兼公司生产运行处副处长	2001.2—2005.7
276	鞠全宝	炼化总厂总工程师	1997.11—2001.4
277	张荣新	炼化总厂副厂长兼销售公司副经理	1997.11—2000.2
278	张晋龙	炼化总厂销售公司副经理	1997.11—2000.2
279	樊玉民	炼化总厂销售公司副经理	1997.11—2002.2
		炼化总厂副厂长兼销售公司常务副经理	2002.2—2002.3
280	杨兆平	科学技术处副处长	1997.11—1999.7
		勘探开发研究院副院长	任职时间不详—2000.2
		勘探开发研究院总工程师	2000.2—2001.6
		公司技术发展处副处长	2001.6—2004.12
281	方彩琴	局工会副主席	1997.12—1998.1
282	杨新民	综合服务处工会主席	1997.12—2000.1
		农牧业公司（农牧业管理处）副经理（副处长）、党委副书记、纪委书记	2000.1—2001.4
		水电厂工会主席	2001.4—2003.12
		方圆物业管理有限责任公司（局物业管理处）副总经理（副处长）、党委副书记兼纪委书记	2003.12—2007.3
283	赵金贵	生活服务公司工会主席	1997.12—2000.1
		物业管理公司工会主席	2000.1—2001.4
		油田作业公司工会主席	2001.4—2003.2
		油田作业公司党委副书记、纪委书记、工会主席	2003.2—2005.12
		青西油田作业区副经理、党委副书记、纪委书记兼工会主席	2005.12—2009.10
		方圆物业管理有限责任公司副经理、党委副书记、纪委书记兼工会主席	2009.10—2012.8
284	姚乐昌	物资供应处工会主席	1997.12—2005.7
285	马春华	职工医院工会主席	1997.12—2000.1
		离退休人员管理中心党委副书记兼纪委书记、工会主席	2000.1—2003.12
286	张万全	油田开发处副处长	1997.12—1999.6
		采油厂总调度长	1999.6—2002.2
		公司生产运行处副处长	2002.2—2005.8
		公司（局）生产运行处副处长	2005.8—2010.11
		公司（局）开发部（开发处）副经理（副处长）	2011.10—2017.11
		环庆分公司副经理	2017.11—2017.12

续表

序号	姓　名	职　务	任职时间
287	罗　彪	局办公室副主任	1997.12—1999.10
		局办公室（企业管理处、法律事务处）副主任、副处长	1999.10—2000.2
		综合服务处副处长	2000.2—2000.2；2001.4—2007.8
		综合服务处副处长、党委副书记兼纪委书记	2000.2—2001.4
		矿区服务事业部公益事业管理部副主任	2007.8—2010.11
		公司（局）工会副主席	2011.10—2017.12
288	陈志平	干部处副处长、组织部副处级巡视员	1998.2—1999.4
		党委组织部副处级巡视员、干部处副处级巡视员	1999.4—2000.2
		公司女工主任	1999.11—不详
		人事处（党委组织部）副处级巡视员	2000.2—2003.3
		公司人事处副处长、党委组织部副部长	2003.3—2005.11
		公司（局）党委组织部副部长、人事处副处长	2005.11—2016.12
289	李云华	采油厂副厂长	1998.2—2003.9
		质量安全环保处副处长	2003.9—2017.12
290	雷学城	采油厂工会主席	1998.2—2003.9
		青西油田作业区副经理、党委副书记、纪委书记兼工会主席	2003.9—2004.4
		老君庙油田作业区副经理、党委副书记、纪委书记兼工会主席	2004.4—2005.12
291	黄文生	局人才劳动力交流服务中心、职工再就业服务中心副主任	1998.6—2000.1
292	范守忠	局兰州西部科技开发公司副经理	任职时间不详—1998.9
293	刘肃生	销售公司副经理	1998.12—2002.4
		成都销售分公司经理	2002.4—2003.2
294	赵莉君	局工会副主席兼局工会女工委员会主任	1999.4—1999.10
		局党委组织宣传部（党委统战部）副部长	1999.10—2000.1
		教育培训中心副主任	2000.1—2003.12
		玉门油田教育集团副主任兼电大分校副校长、石油中专学校副校长	2003.12—2005.6
		玉门油田教育培训中心副主任	2005.6—2005.12
		方圆物业公司副经理	2005.12—2014.12
295	张建银	采油厂总会计师	1999.4—2002.5
296	董学伟	局办公室副主任	1999.4—2000.2
		总经理办公室（党委办公室、宣传部、统战部）副主任（副部长）	2000.2—2005.8
		公司（局）总经理（局长）办公室副主任兼公司（局）档案馆主任	2005.8—2008.6
297	杨淑华	离退休人员管理中心副主任、局老干部处副处长	1999.5—1999.10
		局工会副主席兼女职工委员会主任	1999.10—2003.12
298	张建国	局办公室（企业管理处、法律事务处）副主任（副处长）兼局党委办公室副主任	1999.10—2000.2
		企业管理处（法律事务处）副处长	2000.2—2002.1
		物资供应处总经济师	2002.1—2005.12
		物资采购管理中心（物资供应处）副处长（副主任）兼总经济师	2005.12—2013.12
299	张新民	离退休人员管理中心（老干部处）副主任（副处长）、工会主席	1999.10—2000.1

续表

序号	姓　名	职　务	任职时间
299	张新民	离退休人员管理中心（老干部处）副主任（副处长）	2000.1—2001.8
		西安离退休人员管理基地副主任	2001.8—2009.2
300	杨世忠	井下技术作业公司副经理	1999.10—1999.11
		油田作业公司副经理	1999.11—2010.7
		公司（局）人事处（党委组织部）副处长（副部长）	2010.7—2013.7
		公司（局）人事处（党委组织部）副处长（副部长）兼公司（局）职业技能鉴定中心主任	2013.7—2015.2
		公司（局）职业技能鉴定中心主任	2015.2—2017.12
301	王光兴	新兴实业开发处副处长、党委副书记兼纪委书记	2000.1—2001.4
		综合服务处副处长	2001.4—2005.8
		综合服务处党委副书记、纪委书记兼工会主席	2005.8—2007.3
		油田保卫处副处长	2007.3—2010.11
302	桑忠业	物资供应处总经济师	2000.1—2002.1
		物资供应处副处长	2002.1—2012.8
		苏里格天然气开发项目部党委副书记、纪委书记、工会主席兼副经理	2012.8—2015.6
		公司（局）设备管理处副处长兼苏里格天然气开发项目部副经理	2015.6—2017.12
303	张自良	局计划财务（资产）处总会计师	2000.1—2001.4
		计划财务处副处长	2001.4—2002.1
		局财务处副处长	2002.1—2005.7
		公司（局）财务资产处副处长	2005.8—2017.12
304	樊国辉	沙滩宾馆有限责任公司副经理	2000.1—2001.10
305	姜朝晖	四川玉门油田石油经销有限责任公司总经理（副处级）	2000.1—2001.4； 2004.3—2005.7
		四川玉门油田石油经销有限责任公司总经理（副处级）兼四川成都七星润滑油公司经理	2001.4—2004.3
		四川玉门石油销售有限责任公司总经理	2005.7—2011.8
		成都办事处副主任、四川石油经销公司总经理	2011.8—2015.10
		炼化总厂销售公司副经理（副处级）	2015.10—2017.12
306	刘峰友	公司炼油化工研究所所长	2000.2—2002.2
		炼化总厂总工程师兼炼化工艺研究所所长	2002.2—2002.3
307	臧建新	销售公司副经理	2000.2—2001.2
		销售分公司副经理	2001.2—2002.2
		炼化总厂总会计师兼销售公司副经理	2002.2—2002.12
		炼化总厂总经济师兼销售公司副经理	2002.12—2012.6
308	闫　斌	销售公司副经理	2000.2—2006.8
309	王崇孝	勘探开发研究院总地质师	2000.2—2002.2
		勘探开发研究院副院长兼总地质师	2002.2—2016.2
		勘探开发研究院副院长	2016.2—2017.12
310	姚平竹	炼化总厂销售公司副经理	2000.7—2001.7
311	王兴中	局福州玉门石油有限责任公司经理	2001.1—2004.3

续表

序号	姓　名	职　务	任职时间
312	郑　炜	局福州玉门石油有限责任公司总工程师	2001.1—2004.3
313	林多果	机械厂副厂长	2001.4—2008.1
314	俞海山	建筑安装工程处副处长	2001.4—2001.9；2012.2—2013.10
		建筑安装工程处副处长、玉门油田筑路工程有限责任公司董事长兼总经理	2001.9—2012.2
315	张学锋	物业管理公司（物业管理处）副经理（副处长）	2001.4—2003.12
		方圆物业管理有限责任公司（局物业管理处）副经理（副处长）	2003.12—2004.12
		方圆物业管理有限责任公司（局物业管理处）副经理（副处长）兼安全总监	2004.12—2017.12
316	梁同文	兰州西部科技开发公司副总经理	2001.4—2004.6
		兰州西部科技开发公司总经理（副处级）	2004.6—2005.3
317	李宪国	油田作业公司副经理兼总工程师	2002.1—2005.5
		油田作业公司副经理	2005.8—2011.10
		公司（局）质量安全环保处副处长	2011.10—2017.12
318	张文新	建筑安装工程处副处长	2002.1—2005.12
319	蒋凯军	通信公司副经理兼总工程师	2002.1—2003.12
		通信有限责任公司副总经理兼总工程师	2003.12—2006.5
		信息中心副主任	2006.5—2012.8
		信息中心副主任兼安全总监	2012.8—2017.12
320	李天生	公司计划财务处副处长兼财务结算中心主任	2002.4—2002.12
		公司计划财务处副处长兼财务结算中心主任兼公司财务会计管理核算中心副主任	2002.12—2005.8
		公司（局）财务资产处副处长	2005.8—2009.2
321	姚天金	公司计划财务处副处长兼定额计价中心主任	2002.4—2004.6
		规划计划处副处长	2004.6—2005.8
		规划计划处副处长	2005.8—2008.3
322	王志松	勘探开发研究院安全总监	2002.5—2003.9
		勘探开发研究院副院长、党委副书记、纪委书记、工会主席	2003.9—2004.12
		公司技术发展处副处长	2004.12—2005.8
		科技信息处副处长兼信息中心主任	2005.8—2006.5
		信息中心副主任	2006.5—2012.8
		科技信息处副处长	2012.8—2017.12
323	李海霞	甘肃阳光大厦有限责任公司副总经理	2002.7—2007.12
		兰州阳光酒店有限责任公司总经理	2007.12—2007.12
324	李建华	建筑安装工程处党委副书记、纪委书记、工会主席	2002.11—2007.3
		油田医院副院长、党委副书记、纪委书记兼工会主席	2007.3—2012.8
325	李茂才	建筑安装工程处副处长	2002.11—2010.7
		综合服务处副处长	2010.7—2017.12
326	张国栋	兰州新世纪彩印包装有限责任公司副总经理	2002.11—2005.12
		兰州阳光大厦有限责任公司副总经理	2005.12—2007.12
327	田生军	销售分公司副经理	2003.2—2010.5

续表

序号	姓　名	职　务	任职时间
328	杨志义	局党委组织部、宣传部（统战部）副部长	2003.2—2005.8
		党委宣传部（企业文化部、党委统战部）副部长	2005.8—2010.11
		企业文化处副处长（党委宣传部副部长）	2010.11—2011.2；2012.3—2017.12
		企业文化处副处长（党委宣传部副部长）兼公司（局）团委副书记	2011.2—2012.3
329	张　宾	科达化学有限公司总经理（副处级）	2003.2—2010.11
330	李三友	炼化总厂总机械师	2003.4—2004.8
		炼化总厂副厂长兼总机械师	2004.8—2012.5
331	董建军	油田工程技术研究与服务中心副经理	2003.9—2005.8
		油田作业公司副经理	2005.8—2011.2
		油田作业公司副经理、乍得项目部副经理	2011.2—2017.12
332	方万军	油田工程技术研究与服务中心副经理	2003.9—2005.8
		油田作业公司副经理	2005.8—2010.4
333	杜文博	勘探开发研究院副院长	2003.9—2012.8
		勘探开发研究院副院长兼安全总监	2012.8—2017.12
334	郑联勇	勘探开发研究院总工程师	2003.9—2017.12
335	景士宏	鸭儿峡油田作业区副经理兼开发技术科科长	2003.9—2007.7
		鸭儿峡油田作业区副经理	2007.7—2013.11
		鸭儿峡油田作业区副经理兼总地质师	2013.11—2016.1
		鸭儿峡采油厂（鸭儿峡油矿）副厂长（副矿长）兼总地质师	2016.1—2017.3
		鸭儿峡采油厂（鸭儿峡油矿）副厂长（副矿长）兼总地质师、开发部副经理	2017.3—2017.12
336	王子建	机械厂副厂长	2003.10—2011.10
		矿区服务事业部房产物业管理部副主任	2011.10—2017.3
		矿区管理部副主任	2017.3—2017.12
337	王利新	局财务处副处长兼资产管理（处置）中心主任	2003.12—2005.8
		财务资产处副处长	2005.8—2007.5
		后勤服务管理处副处长	2007.5—2007.8
		矿区服务事业部计划财务部副主任	2007.8—2008.3
338	陈晓明	离退休人员管理中心副主任兼老干部处副处长	2003.12—2014.12
		离退休人员管理中心副主任、安全总监兼老干部处副处长	2004.12—2016.12
339	郑世沐	深圳玉美达石业有限公司副总经理	2003.12—不详
340	许彦强	局工会副主席	2003.12—2005.8
		公司（局）工会副主席	2005.8—2005.12
		综合服务处副处长	2005.12—2008.3
341	李建军	公司总经理办公室（党委办公室、宣传部、统战部）副主任（副部长）	2003.12—2005.8
		公司（局）党委办公室副主任	2005.8—2010.11
342	任培德	水电厂副厂长	2003.12—2008.3
343	王明军	机械厂总工程师	2003.12—2008.1
344	贾斌伟	综合服务处副处长	2003.12—2004.12
		综合服务处副处长兼安全总监	2004.12—2017.12

续表

序号	姓　名	职　务	任职时间
345	王金武	通信有限责任公司副总经理兼总工程师	2003.12—2006.5
		信息中心副主任	2006.5—2017.12
346	王玉华	新闻中心副主任、《石油工人报》总编辑	2003.12—2016.2
		新闻中心副主任兼安全总监、《石油工人报》总编辑	2016.2—2017.12
347	陶英江	油田教育集团副主任	2003.12—2004.9
348	杨　军	局驻上海联络处副主任	2003.12—2004.12
		局驻上海联络处副主任、上海瀚海明玉大酒店副总经理	2004.12—2005.12
		上海联络处副主任、上海瀚海明玉大酒店副经理	2005.12—2015.10
		矿区服务事业部副主任（副处级）	2015.10—2017.1
349	王玉成	成都销售分公司经理	2004.1—2011.8
		成都办事处副主任、四川石油经销公司副总经理	2011.8—2015.10
		炼化总厂销售公司副经理	2015.10—2017.12
350	于崇平	大理销售分公司经理	2004.1—2011.8
351	殷为民	生产运行处副处长	2004.4—2016.4
352	张巨林	生产运行处副处长	2004.4—2017.12
353	张兴平	公安处副处长	2004.6—2006.12
354	易延礼	油田教育集团副主任兼外国语学校校长	2004.6—2004.9
355	岳永庆	局国际经济技术合作处（外贸进出口公司）副处长（副经理）	2004.6—2005.8
		经济技术合作开发处副处长	2005.8—2010.11
		对外合作部副主任	2010.11—2016.12
356	周　琳	油田作业公司副经理	2004.10—2005.11
357	周　珊	油田医院（局卫生处）副院长（副处长）	2004.10—2017.12
358	姜　博	方圆物业有限公司副经理	2004.10—2017.12
359	徐加明	局驻成都办事处副主任	2004.10—2011.8
		成都办事处（成都金玉阳光酒店）副主任（副总经理）	2011.8—2015.10
		成都离退休基地副主任	2015.10—2017.1
360	陈　捷	上海大联石油化工有限公司副总经理	2004.10—2011.8
		炼化总厂副厂长	2017.3—2017.12
361	秦俊民	兰州联络处副主任	2004.10—2011.8
		兰州办事处副主任、兰州销售分公司经理	2011.8—2015.10
		清洁能源开发公司副经理	2015.10—2017.6
362	赵万恒	局甲醇工程项目部副经理（副处级）	2004.12—2008.7
		炼化总厂副厂长	2008.7—2010.2
		煤岩油项目部副经理	2013.7—2017.3
		炼化总厂副厂长	2017.3—2017.12
363	刘跃军	局甲醇工程项目部副经理（副处级）	2004.12—2008.7
364	刘有智	甲醇工程项目部执行经理	2005.1—2006.3
		炼化总厂总机械师	2006.3—2012.2
		炼化总厂副厂长	2012.2—2015.12

续表

序号	姓　名	职　务	任职时间
365	刘志坚	四川成都七星润滑油有限责任公司副总经理	2005.6—2011.8
366	王存军	北京沙滩宾馆有限责任公司（驻北京联络处）副总经理（副主任）	2005.6—2012.8
		北京沙滩宾馆有限责任公司（驻北京联络处）副总经理（副主任）兼安全总监	2012.8—2017.12
367	马景明	建筑安装工程处副处长	2005.6—2011.2
		建筑安装工程处副处长、党委副书记、纪委书记、工会主席	2011.2—2012.5
		管道运维服务公司（建筑安装工程处）副处长、党委副书记、纪委书记、工会主席	2012.5—2012.12
		管道运维服务公司（建筑安装工程处）副处长	2012.12—2013.3
		管道运维服务公司（建筑安装工程处）副处长兼安全总监	2013.3—2017.12
368	万建荣	基建工程管理副处长	2005.6—2017.12
369	陈维虎	油田作业公司副经理	2005.12—2010.7； 2011.2—2013.7
		油田作业公司副经理、党委副书记、纪委书记兼工会主席	2010.7—2011.2
		鸭儿峡油田作业区副经理	2013.7—2016.1
		鸭儿峡采油厂（鸭儿峡油矿）副厂长（副矿长）兼安全总监	2016.1—2017.12
370	何万勤	炼化总厂副厂长	2006.3—2017.12
371	于文华	勘探事业部（勘探处）总工程师兼安全总监	2006.8—2007.11
372	邓天文	青西油田作业区副经理	2007.7—2016.1
		青西采油厂副厂长	2016.1—2017.12
373	康建红	老君庙油田作业区总地质师	2007.7—2012.2
		老君庙油田作业区副经理兼总地质师	2012.2—2016.1
		老君庙采油厂（老君庙油矿）副厂长（副矿长）兼安全总监	2016.1—2017.7
		生产运行处副处长	2017.7—2017.12
374	陈宇家	鸭儿峡油田作业区总地质师	2007.7—2013.11
		鸭儿峡油田作业区副经理兼总工程师	2013.11—2016.1
		鸭儿峡采油厂（鸭儿峡油矿）副厂长（副矿长）兼总工程师	2016.1—2017.12
375	寇明富	勘探事业部（勘探处）总工程师兼安全总监	2008.1—2011.3
		钻采工程研究院副院长	2011.3—2012.8
		钻采工程研究院副院长兼安全总监	2012.8—2017.12
376	王万真	炼化总厂总工程师	2008.1—2011.3
		钻采工程研究院副院长兼安全总监	2011.3—2012.8
		炼化总厂副厂长、销售公司经理	2012.8—2013.7
		炼化总厂副厂长兼销售公司副经理	2013.7—2017.12
377	秦社教	机械厂副厂长	2008.1—2011.10
		机械厂副厂长兼安全总监	2011.10—2017.12
378	刘　斌	北京乾方通达公司经理（副处级）	2008.1—2010.2
		北京乾方通达公司经理（副处级）、玉门油田海外项目北京工作站站长	2010.2—2011.8
		玉门油田海外项目北京工作站站长、北京办事处（北京沙滩宾馆有限责任公司）副主任（副总经理）	2011.8—2017.12
379	阚乃鹏	水电厂副厂长	2008.7—2016.11
		水电厂副厂长兼安全总监	2016.11—2017.12

续表

序号	姓　名	职　务	任职时间
380	刘　娟	油田社会保险中心总会计师	2009.3—2017.11
381	马国福	勘探开发研究院副院长兼海外研究中心主任	2009.5—2017.12
382	罗庆东	北京办事处（沙滩宾馆有限责任公司）副主任（副经理）	2010.4—2011.8
		北京办事处（北京沙滩宾馆有限责任公司）副主任（副总经理）	2011.8—2017.12
383	李玉刚	北京办事处（沙滩宾馆有限责任公司）副主任（副经理）	2010.4—2011.8
		北京办事处（北京沙滩宾馆有限责任公司）副主任（副总经理）	2011.8—2016.12
384	朱红楠	兰州新世纪彩色包装印刷有限责任公司副主任（副总经理）	2010.4—2011.8
		兰州办事处（兰州石油大厦）副主任（副总经理）兼安全总监、兰州销售分公司副经理兼安全总监	2011.8—2015.12
		兰州办事处（兰州石油大厦）副主任（副总经理）兼安全总监	2015.12—2017.1
		退休管理中心副主任	2017.1—2017.12
385	刘玉年	油田作业公司副经理	2010.7—2017.12
386	张　科	油田作业公司副经理	2010.7—2017.4
		油田作业公司副经理兼安全总监	2017.4—2017.12
387	范正林	酒东试采区副经理兼安全总监	2010.10—2016.1
		酒东采油厂副厂长兼安全总监	2016.1—2017.12
388	杜淑华	物资采购管理中心（物资供应处）副主任（副处长）	2011.10—2017.12
389	黄　涛	基建工程处副处长	2012.2—2017.12
390	吴建福	青西油田作业区副经理	2012.3—2015.9
		青西油田作业区副经理兼安全总监	2015.9—2016.1
		青西采油厂副厂长兼安全总监	2016.1—2017.12
391	汪建勇	老君庙油田作业区总工程师	2012.3—2016.1
		老君庙采油厂（老君庙油矿）总工程师	2016.1—2017.7
		老君庙采油厂（老君庙油矿）副厂长（副矿长）兼安全总监	2017.7—2017.12
392	姜义全	炼化总厂副厂长	2012.3—2017.12
393	谭修中	天然气开发项目部副经理兼总地质师	2012.3—2015.6
		酒东油田作业区副经理兼苏里格开发项目部副经理	2015.6—2016.1
		酒东采油厂副厂长、党委委员兼苏里格天然气项目部副经理	2016.1—2017.11
		环庆分公司党委书记、纪委书记、工会主席兼副经理	2017.11—2017.12
394	卢望红	老君庙油田作业区（老君庙油矿）总地质师	2012.8—2016.1
		老君庙采油厂（老君庙油矿）总地质师	2016.1—2017.7
		老君庙采油厂（老君庙油矿）副厂长（副矿长）兼总地质师	2017.7—2017.11
		环庆分公司副经理兼安全总监	2017.11—2017.12
395	旷军虎	炼化总厂副厂长	2012.8—2017.12
396	王海峰	建筑安装工程处副处长	2012.8—2017.12
397	黄志钢	机械厂副厂长	2012.8—2017.12
398	贾　波	机械厂副厂长	2012.8—2017.12
399	彭　翔	钻采工程研究院副院长	2012.8—2017.12
400	梁爱武	油田保卫处（消防支队）副处长（副支队长）兼安全总监	2012.8—2017.12

续表

序号	姓　名	职　务	任职时间
401	张雅玮	财务处副处长	2012.8—2017.12
402	王　睿	审计处副处长	2012.8—2017.12
403	陈建军	公司（局）勘探部副经理	2013.7—2017.12
404	马新文	公司（局）人事处（组织部）副处长（副部长）	2013.7—2017.12
405	茹作伟	清洁能源开发公司副经理兼安全总监	2015.8—2017.6
406	朱克忠	公司（局）企管法规处副处长	2015.8—2017.12
407	魏　军	勘探开发研究院总地质师	2016.2—2017.12
408	王永胜	油田医院副院长兼安全总监	2016.2—2017.12
409	李富荣	钻采工程研究院总工程师	2016.11—2017.12
410	刘　进	离退休人员管理中心副主任兼安全总监	2016.11—2017.12
411	兰吉军	农牧公司副经理、党委副书记、纪委书记、工会主席兼安全总监	2016.11—2017.4
		农牧公司副经理兼安全总监	2017.4—2017.12
412	李东升	鸭儿峡采油厂（鸭儿峡油矿）党委副书记、纪委书记、工会主席兼副厂长（副矿长）	2017.7—2017.12
413	岳智忠	公司（党委）办公室副主任	2017.7—2017.12
414	李安军	老君庙采油厂（老君庙油矿）副厂长（副矿长）	2017.7—2017.12
415	王献斌	水电厂副厂长	2017.7—2017.12
416	严宝年	勘探部副经理	2017.7—2017.12

注：排名按首次任副处级时间为序。

第四节　专家人才

一、享受政府特殊津贴专家

赵熙寿　1992 年享受政府特殊津贴
崔　辉　1992 年享受政府特殊津贴
王昌桂（女）　1992 年享受政府特殊津贴
陶惠鑫　1992 年享受政府特殊津贴
路锡良　1992 年享受政府特殊津贴
王世信　1992 年享受政府特殊津贴
唐世荣　1992 年享受政府特殊津贴
温羡藩　1992 年享受政府特殊津贴
杨秀森　1993 年享受政府特殊津贴
许光亨　1993 年享受政府特殊津贴
周永华　1993 年享受政府特殊津贴
翟树人　1993 年享受政府特殊津贴
屈政治　1993 年享受政府特殊津贴
邱光东　1993 年享受政府特殊津贴
唐　锴　1993 年享受政府特殊津贴
罗　昭　1993 年享受政府特殊津贴
霍永录　1994 年享受政府特殊津贴
程述涛　1995 年享受政府特殊津贴

房昭元　1996 年享受政府特殊津贴
孔繁瑾　1997 年享受政府特殊津贴
熊湘华　1998 年享受政府特殊津贴
徐治成　2000 年享受政府特殊津贴
张　淳　2002 年享受政府特殊津贴
钱克强　2004 年享受政府特殊津贴
王崇孝　2006 年享受政府特殊津贴
刘永红　2008 年享受政府特殊津贴
刘战君　2010 年享受政府特殊津贴
孙梦慈　2014 年享受政府特殊津贴

二、集团公司技术专家

2005 年
刘战君（油气田开发）　范铭涛（地质勘探）
2008 年
刘战君（油气田开发）
2011 年
范铭涛（地质勘探）　袁玉刚（油气田开发）
2014 年
孙梦慈（钻井工程）

三、集团公司技能专家

2006—2008 年
徐军民（采油）
2009—2011 年
徐军民（采油）　富玉新（采油）　陈全柱（井下作业）
2012—2014 年
富玉新（采油）　刘春杰（采油）　陈全柱（井下作业）
2015—2017 年
刘春杰（采油）　富玉新（采油）　陈全柱（井下作业）
沈庆华（机械修理）

四、学科带头人、领军人才

陈建军　2010 年被评为甘肃省领军人才

五、油田技术专家、技能专家

1. 技术专家
勘探：沈全意　王崇孝　孙梦慈
开发：张虎俊　杜文博
炼化：尤兴华
2. 技能专家
2006—2008 年
徐军民（采　油）　富玉新（采　油）　李晓琴（采　油）　徐慧杰（井下作业）
吕　行（炼油化工）　师忠选（炼油化工）　徐继忠（发电供电）　韩喜临（机械制造）
沈庆华（机械修理）
2009—2011 年
富玉新（采　油）　李晓琴（采　油）　刘春杰（采　油）　张　辉（采　油）
李元武（采　油）　陈全柱（井下作业）　吕辉山（井下作业）　徐慧杰（井下作业）
吕　行（炼油化工）　赵如红（炼油化工）　师忠选（炼油化工）　何天全（发电供电）

徐继忠（发电供电）　华玉林（发电供电）　韩喜临（机械制造）　沈庆华（机械修理）
2012—2014 年
富玉新（采　　油）　侯学林（采　　油）　刘春杰（采　　油）　张　辉（采　　油）
巩永良（采　　油）　李元武（采　　油）　欧阳翰（采　　油）　陈全柱（井下作业）
吕辉山（井下作业）　李　杰（井下作业）　吕　行（炼油化工）　赵如红（炼油化工）
吴　林（炼油化工）　张爱琴（炼油化工）　何天全（发电供电）　贾晓华（发电供电）
华玉林（发电供电）　卢廷环（发电供电）　韩喜临（机械制造）　付秉虎（机械制造）
沈庆华（机械修理）　王　昆（机械修理）
2015—2017 年
刘春杰（采　　油）　巩永良（采　　油）　谢生虎（采　　油）　富玉新（采　　油）
侯学林（采　　油）　李元武（采　　油）　欧阳翰（采　　油）　王建文（采　　油）
陈全柱（井下作业）　李　杰（井下作业）　冯卫国（井下作业）　吕　行（炼油化工）
吴　林（炼油化工）　张爱琴（炼油化工）　何天全（发电供电）　贾晓华（发电供电）
卢廷环（发电供电）　华玉林（发电供电）　韩喜临（机械制造）　付秉虎（机械制造）
沈庆华（机械修理）　王　昆（机械修理）

第五节　高级职称人员

一、教授级高级职称人员

1. 教授级高级工程师

1988 年
屈政治　杨秀森　霍永录　王昌桂　崔　辉　温羡藩　周再庚　杜　克　马存仁　唐　锴
黄树德　曹德中　康　恺
1989 年
翟树人
1992 年
罗英俊　吴　涛
1994 年
罗　昭　唐世荣　王世信　路锡良　许光亨　周永华
1995 年
王武和
1997 年
吴恩来
1998 年
孔繁瑾
1999 年
赵阳生
2001 年
熊湘华
2003 年
陈建军
2005 年
肖书奎　刘战君　桑运超
2007 年
范铭涛　张　淳　袁玉刚　苗国政　刘永红

2009 年

李炼文　刘永山

2011 年

张虎俊

2015 年

段天平　田多文

2017 年

尤兴华

2. 教授级高级经济师

1998 年

彭立垣

2013 年

张作祥

3. 教授级高级政工师

1996 年

刘世洲　黄亦纯

2001 年

张东泉

2011 年

高玉江

2015 年

张兴祖

2017 年

付　军

4. 主任医师

1988 年

张先启　何茂华

1997 年

程述涛

2002 年

刘奋学　赵进清

2003 年

王青彪

2017 年

王永胜

二、高级职称资格人员

1. 高级工程师

1988 年

汪松年　诸慎初　游振强　谢文略　张大年　张　雄　周吉森　周永华　陶惠鑫　梅士琪
崔培新　王银龙　黄南昌　唐以坚　曾晓明　黄成刚　李儒沛　付敬文　张运生　范友仁
卫国成　王怀章　崔厚佳　张大华　杨昌龙　王为雄　王树新　罗德修　杨代睿　江华烯
王锡文　王世信　何佳良　邱光东　郑　然　张立群　张朝相　唐清其　罗　昭　许光亨
王定坤　房昭元　王新南　马序银　宋荫培　孙峰玉　赵殿琰　姚兴发　贡东林　徐治成
单鸿文　冀志云　周绪岷　徐基柱　黄树德　霍永录　曹德中　康　恺　温羡藩　杨秀森
周再庚　王昌桂　屈政治　杜　克　马存仁　唐　锴　黄秉山　张春兰　曹祖根　任振东

雷贞权　龚东林　刘月朗　杨　震　邱光东　张廷芸　熊启钊　王林甲　孙肇禔　林维豪
张伟道　贺大荣　张正仁　曾恒平　刘淑仙　宋宝堂　滑尔健　湛长发　任玉琴　张益武
王德孝　张多娟　黄　洁　黄淑英　武育略　程自威　牟圣泉　陈淑云　邹恩莲　梁永成
薛宝根　朱连荣　刘振华　袁炳焜　李万保　刘彩清　吴　越　唐吉明　李昌明　施锡禾
王万伦　陈祥澜　赖顺宪　李贵良　赵志学　吴国龙　陈　一　杨天瑞　李淑贤　李琢琳
刘俭利　张临禄　刘官玲　姜崇元　王九松　师友正　范良晨　沈玉中　楚岳峻　李保明
李吉铸　陈九经　田希太　骞希义　杜光玉　陈怀清　邓明录　刘金标　朱　正　闻传芳
温志道　陈柏容　李　同　杜秀云　关石安　朱士勤　卿上玉　李绍旭　郝月铭　邓天友
张焕君　赵熙寿　陶近飞　李　祥　唐世荣　闫德齐　刘廷华　路锡良　张志臣　张子彦
艾万成　李国璋　瞿殿伦　岳学芹　石泰岭　冯传贤　杨永图　陈德荣　赵阳生　李主中
张钦德　尹秋阳　陈裕基　蒋文援　吴丕烈　赵德福　谯世莹　王守智　詹庆生　翟树人
宋静石　魏　群　唐庆廉　李廷栋　孙自武

1989 年

王　鹏　马文瑶　武忠轩

1992 年

刘积顺　陶国立　王典英　马　山　赵　敏　龙子乾　王化年　程宗山　谭方仲　张万义
叶国健　王毓贤　苏玉祥　王明坚　程建娥　王德辰　张定理　于世模　周文儒　乔亚琴
肖建新　雷增隆　闫洪仕　王启香　李国彬　贺志道　周秉正　夏雪聪　江明楠　李胜枝
王武和　张世焕　王汝信　辜良国　刘宏斌　燕烈灿　袁明生

1993 年

闫玉魁　王仲林　杨庆澜　吴　昊　范增印　马谨乾　柳兴敬　李国诚　刘文振　熊湘华
于文贤　胡兴利　刘开琪　郭洪治　荣一平　张尚志　吴恩来　孔繁瑾　常锦治　吉　平
康立明　于惠忠　刘清诚　刘可媛　勒英杰　程　勇　侯秉金　彭政明　李法民　陈　忠
吴玉璞

1994 年

袁玉刚　武　勤　苟万金　纪学禹　刘三合　姜崇仁　张先策　王建辉　吴玉禄　赵海明
王培坤　龙道江　魏洪波　辛俊和　谭增驹　周兴中　王镜怀　杨浚哲　孟述祖　刘中放
陈兆兴　陈正理　胡晓新　汤克新　高建梁

1995 年

王光庆　孙　皓　黄杞祥　王丙坤　张贤宗　靳振甲　张永民　何人方　李定方　姜新平
李　源　曹云仑　苏纪利　杨五奎　申丕泽　蔡庆武　李炼文　苟向川　肖书奎　鹿全喜
黄继续　刘津桂　缪定云　班未喜　刘有霞　施培华　张玉民　王春利　张建礼　李冠珠
鞠全宝　李　明　赵天希　姚平竹　戴跃垣　钱克强　王明军　张　淳　彭　涛　王克谊
曹明承　王开忠　王崇厚　孙乃有　何惠田　孙志军　陈建军　徐玉庆　周秋生　张冬萍
孟兆会　赵念祖　许　柯　郭嘉寿　范铭涛　张建德　侯景川　王连才　董光复　王玉成

1996 年

费智毅　刘战君　穆福元　王书勋　高进省　刘永山　郑联勇　吴树强　宋晋林　王立洋
刘新云　李学哲　杨生礼　桑运超　樊玉明　聂吉利　严　起　张锡宁　刘烽友　马延超
许建民　韩黎明　徐文林　倪本超　姜长华　陈福功　侍国华　冯满亮　刘志冲

1997 年

王崇孝　杨兆平　沈全意　刘生全　胡建平　寇明富　李宪国　时　严　潘启安　王俊涛
赵安吉　杨春林　殷文育　王　彬　谢廖飞　林多果　董秧生　吴健全　刘勤学　杨建国
许亦彭　郑光前

1998 年

胡建兵　张　宾　张太年　侯维琪　刘文周　杨国庆　梁明生　闵祥志　张荣新　王山林

宋生敬　田　飞　张文新　朱　敏　王高峰　胥掌世　谢俊仁
1999 年
苏双全　陈　楠　田多文　苗国政　杜天平　田永禄　李添魁　赵　亮　刘永红　王晓霖
张进民　殷　莉
2000 年
刘生权　王洪潜　王印宏　张虎俊　尤兴华　丁泳波　田生军　王万真　王志松　庄东学
徐　涛　赵天真　韩永科　景士宏
2001 年
薛小奇　麦祈明　刘榆林　王永清　黄　冶　蒋凯军　陈玉杰　焦多军　杨思忠　黄万军
董建军　刘　强　段天平　何万勤　高建中　马国强　汪满福　丁晓梅　牛敬仁　郑爱萍
2002 年
孙永会　唐　飞　陈玉杰　黄　冶　张华桂　李建立　赵文义　方万军　田国旺　雷宁红
杜文博　魏　军　杭　伟　陈建军　李开春　严宝年　曾惠芝　来进和　李茂海
2003 年
张灵运　钟永海　蒋凯军　唐智和　梁建忠　高桂林　李秀梅　范振明　束卫东　王　瑛
魏党生　靳　军　姚　伟　赵永宏　朱宗良　邓天文　秦家忠　李三友　温永红　羊　柳
梁　浩　姜建卫　雷凡丁　赵雪梅　谢全民　岳智忠　刘永昌　李晓军　赵文斌　毛万明
唐海忠　王其年
2004 年
杨智明　赵谦平　邢邵安　孙成田　杨　帆　焦文龙　刘亚君　方国玉　田宝忠　侯孝政
王仙仙　左晓红　孙　峻　吴建福　吴国罡　王军平　高菊萍　李自皋　张晓松　王建平
张英平　张春喜　李　钧　罗小强　房宗杰　任培德　茹国忠　王开选　崔达海
2005 年
胡灵芝　王　蓉　吴　辉　范　平　陈小学　熊中辉　杨红梅　窦世杰　徐世栋　陈继红
康建红　李曼如　赵遂亭　李富荣　李鸿彪　陈宇家　汪建勇　刘军平　赵万恒　王玉生
杨永国　李文华　袁　波　杜利兵　谭　英　丁明枫　侯振革　王　琪　王学军　朱侠萍
孙春梅　贾斌伟　周全云　谢永吉　把智波
2006 年
邓顺奇　杨瑾敏　马彩琴　王　炜　徐志俊　任晓红　孙　炜　张蕊胜　李永民　俞振山
曹东林　郝　平　董剑锋　付启雄　杨军朝　张娟利　张永宏　汪世明　孙长江　王振英
田思宏　杨天华　杨　明　苗春民　刘跃军　蒋湘君　雷　勇　陶建中　王世民　王春宏
孙绪刚　黄秀玲　常　鹏　廖忠陶　杨继合　王　恪　邓小茹　贾　波　闫秀文　张建军
孙现法　梁　军　陆　军　朱海栋　柴永强　李淑梅
2007 年
张　林　侯智广　陈育坤　陈宗虎　丁　勇　董金华　李明福　李熙哲　李　宇　蔺　强
蔺永萍　宋家锋　王德胜　王志良　徐小明　于秀龙　赵　军　赵树全　赵秀臣　梁　为
王树荣　武兴军　王子健　唐良文　王子江　张　嵘　方远大　王金武　方　晨　李　锋
李良政　李铁锋　刘世良　刘亚茹　孙万高　谭修中　王秉合　肖文华　张小平　崔向州
靳海湖　袁生虎　彭　翔　王小华　陈玉霞　马耀春　朱生杰　张世清　杨　军
2008 年
尹建兵　刘海峰　李安军　熊金山　张　科　彭晓勇　程晓珍　周在华　俞海东　寇克鹏
张　伟　连　琴　崔　浩　蒋志勇　丁遵义　李艳琦　朱光耀　卢锦华　吴灵燕　刘永康
田　伟　杨会平　杨　勇
2009 年
利　霞　陈智敏　祁玉莲　兰　芳　郭玉华　白　俊　贺章友　李来红　聂宏甫　李爱军

张羽　薛新茹　潘洪国　龚晓东　朱海鹏　巴特

2010 年

沈世波　唐万成　邢杨梅　孙志文　李书平　曾利刚　苏格绪　陈跃辉　曹艳丽　付远航
朱玉荣　肖生科　孙建宇　马继栋　陶玉雄　丁大勇　石万和　冯雪龙　罗海静

2011 年

蒋永祥　李涛　胡小勇　刁春梅　由成才　张轶栋　董爱群　唐小林　蒙炯　蒋映辉
邹宏　王玆尧　李龙　程福礼　崔建伟　赵本标　姚敬博　旷军虎　陈希均　李海祥
李庆军　吴华东　姜义全　李吉俊　于兴峰　路永宇　王陇　杨铮　杨树宏

2012 年

朱敬祖　张庆云　王静　王艳　冯小军　牛治国　田秦川　杨克荣　韩小松　赵伟
余沛虎　卢望红　张志亮　孙波　梁晓彬　许小勇　王玉成　唐卫兵　师聪　王芳
赵德贤　把智鹏　郑选基　刘靖春　周入刚　许军　戎茹敏

2013 年

王宏涛　王美强　高亮　张兰　王滔　敬晓锋　刘智中　桑凡　王建国　杨银平
穆铁奎　王世永　李金宝　周莉娟　翟营　周生栋　淡彦鹏　张成秋　张冬梅　陈锋
董兴泉　韩君武　马建格　黄飞　张静　李霞

2014 年

王军　杨世豪　彭海　李金辉　王亮　张良宇　王岷君　许登程　范鸣　周彤
姜春梅　何彦　韦春霞　朱晓华　王宏忠　王虎智　胡正刚　李小雷

2015 年

徐秀治　杨源峰　王小军　李慧承　马建军　贾亚军　吴在中　杨天瑜　刘国利　贾知文
孙守渊　王海全　王桂芳　王巧艳　邓文清　张怀生　张晓岚　王自军　马文华　林建业
刘飞　贾彩　李永　党瑞明

2016 年

谢长富　邱志文　克里木江·艾海提　付东　郝新山　黄柯　张建伟　刘世英
魏浩元　刘鹏　陶育恩　郑雷　张正平　李诗慧　刘真　李小东　何涛　陈兴
杨丽燕　南锐花　李俸禄　宁晓威　张路春　梁楚昕　刘莉莉　王云波　刘洁　阳路
贺磊　杨阳　李玲攒　陈建军　马连凤　卢伟　欧玉兵　王虎成　邓安宁　何建军
郭卫　李小兵　李成智　周英梅

2017 年

芦超　王继龙　马立刚　王亚军　王亦成　许海滨　王勇胜　叶永祥　曾铮　张五一
张超群　何光涛　周喜坤　王力锋　朱金波　赵煦　毕文峰　孙保良　彭斌　杨元科
张倍强　张超群　张印　刘林　吴永正　何将宏　贺国伟　何霞霞　马光合　王宏
何文杰　杨文辉　李丛林　薛向杰　倪靖　赵磊　张庆九　肖志明　林远平　邢毅
王艳丽　刘波　何雄　刘拾生　万建荣　谢元德　任利剑　李君

2. 高级经济师

1988 年

朱士元　张斌　吴碧莲　詹国瞻　王巨林　宋永富　刘积顺　张世德　彭立垣　周继安
安歧　陈瑞华　李志新　刘世洲　黄亦纯　李训彬　张国权　张玉瑶　樊正国　于彦春
唐清其

1989 年

刘联民

1992 年

罗玉成　张义经　徐守信　石正伟

1993 年

石兴春　郭　敬　唐世富　王来福

1994 年

陆　绥　李希保　段禄印

1995 年

赵德厚　何骝程　周　俶　张玉明　张乃斌　王尚槐

1996 年

高玉江　赵明文　郭自荣　张　剑　刘风效

1997 年

邱白云　曹　明　蒋启堂　张彦云　罗辅朝　石生敏　王俊发　章力犁　李　和

1998 年

董克义　王　滨　苑集庄　陈发禄　王　陇

1999 年

雷想义　肖玉萍　张作祥　张成才　康自福

2000 年

李云华

2001 年

秦建荣　张万全

2002 年

赵常弟　蒲奎元

2003 年

李收道　杨世忠　沈晓夜　李建林　张建国　田子宏

2004 年

刘奕莲　周伯武　王　轩

2005 年

倪莉霞

2007 年

郑　群　杨小灵　严晓卫　李东升　朱红楠

2008 年

芦俊春　王海洋

2009 年

杨恩忠

2011 年

张　伟　张全山　吴群英　杨立杰　贾　荣

2013 年

马新文　倪全周

2014 年

谭能华　蔺学军　马　涛　李　花　赵　峰　陈　勇

2015 年

王玉霞　夏　莉　郭淑萍　郭　强　路建平　毛双全

2016 年

马会霞　郭永赋

2017 年

田文琴　梁从晖　王　博

3. 高级会计师
1988 年
龚　涛　许政辉　肖周法　赵知恭　田夏至　李天祺　刘钧承　张鹏枢
1992 年
齐建业
1994 年
许君祖　侯善堂　王宗义
1995 年
张海涛
1996 年
邬矿凤　于忠英
1997 年
邹　荣　史耐忠
1998 年
王秀珍　和天文
1999 年
高　峰　张自良
2000 年
胡三平　张海涛
2001 年
刘廷润
2002 年
李天生
2009 年
高志胜　陈艳琴
2010 年
吴著峰　胡　雷
2013 年
卢利平
2015 年
张雅玮　冯小桐
2016 年
陈紫玲　曾永娟　张云鹏
2017 年
白彩燕　邓　辉
4. 高级政工师
1992 年
李友第　顾如能　王宏奎　郑永贵　周中林　段昌明　张国权　刘渭元
1994 年
王印宏　张东泉　朱洪月　金忠民　陈玉光　张国栋　杨临湟　关从智　严晓昱　徐重才
脱文平　魏忠贵　朱允传　魏银广　刘宏明　朱映勋　陈恩仓　杜凤华　胡汝杰
1995 年
牛维民　张玉良　陈长兴　刘晓明　盖德生　刘栩华　马得太　任张林
1996 年
孔宪强　雷一兵　高琰璋　文长恩　杨　科

1997 年

田玉军　张兴祖　范国信　陈志荣　檀康身　刘智泰　于黎明

1998 年

张成昌　刘德祥　王　继　高国礼

2000 年

李　亮

2001 年

鲁克鹏　付　军　李建军

2002 年

马秀珍　霍朋全　张甫森

2003 年

时玉明　杨志成　郝延堂　杨淑华　马春华　郝义东　胡建民　王　璟　宁桂荣　刘治太

2005 年

李森林　杨锦标　陈　刚

2006 年

秦小明

2007 年

陈志平

2009 年

李　剑　杨万仁

2010 年

邱建民　赵金贵

2011 年

杨志义　王　酩　李　宁

2012 年

陈晓明　王集林

2013 年

吴兴龙　闫忠民　邱慧琼　韦　彤　张　一

2014 年

任向阳　熊赵晶　杨再青　杨瑞颂　陈永礼

2015 年

李灵活　崔　珍　于淑珍　彭　渤　王得虎　马维荣　刘　进

2016 年

秦玉国　赵　鋆　马福宁

2017 年

黄海云　王学军

5. 高级审计师

1996 年

杜飞雄

2007 年

郑玉娟

2008 年

关文志

6. 高级统计师
1993 年
杨一菴
1995 年
周正义
2000 年
李明伟
2007 年
陈年贵
2008 年
魏继周
2010 年
张艳萍
2011 年
李晓梅
2014 年
刘春香　秦玉珍　王西翎
7. 高级农艺师
1988 年
刘耀锋　阎文智　史纪纲
1997 年
于永清
2001 年
李兴元
8. 高级园艺师
2008 年
张玉霞
9. 高级兽医师
1988 年
陈自魁
10. 高级畜牧师
1993 年
汪守业
1996 年
赵彦华
1999 年
胥明芳
2002 年
李继文
11. 副主任医师
1988 年
于振东　李允成　张赛时　于景涛　李鸿儒　赵秀蓉　何杨俊　唐国粹　程述涛　陈亚俊
陈温平　肖绍俊
1990 年
杨幼兰　饶绍洲　李春兰　苗随昌　马永存

1992 年
郭志民　刘青翰　朱绍光
1993 年
相立铭　谢兆林　章力民
1994 年
蒋有志　刘奋学
1995 年
赵进清
1996 年
陈素萍
1997 年
郑燕妮　王必达　王青彪
1998 年
庄虔忠
1999 年
马仁忠
2000 年
汪戈明
2001 年
周　珊　张子昭
2002 年
王　莉　张西民　刘　汉　邵保东　郭黎明
2003 年
王永胜　赵铁军　丁保卿　朱鑫鸿
2004 年
李树林　白晔云　何镇德　宋子敬　李晓蓉　王桂花
2005 年
凌义学　李　健　蔚秋生　杨琦辉
2006 年
杨小平　陈　华　马述奎
2008 年
薛丽英
2009 年
韩建新　张彦玲　马爱春　王明祥　李　清
2010 年
方晓华
2011 年
严　刚
12. 副主任药师
2002 年
王宝虎
2004 年
李富宏
2005 年
焦克杰

13. 副主任护师
1995 年
潘菊宝
14. 副主任检验师
1988 年
康国福
15. 副编审
2003 年
牛维民
16. 副译审
2007 年
李　平
17. 主任记者
1996 年
张非易
1997 年
戴忠孝
2001 年
王玉华
2016 年
杜晗蕊
18. 主任编辑
1988 年
张静澄　文进奎　段昌明
1993 年
王尚德
1996 年
南永生
19. 副教授
1988 年
白禄文　商士轩　刘渭元　杨志中
20. 高级讲师
1988 年
谢启芳　陈　媛　杨勋礼　陈元珍　于嵘高　白春祥　李德锐　孔肃梅　王定胜　韩汝汉
王世泽　傅业荣　王　烨　邱肇基
1989 年
孙惠堂
1992 年
魏著秀　林育文　陈国璧
1993 年
刘永斌
1994 年
王洪潜　刘　峰
1995 年
何　涛　陈有江

1996 年
罗荣禄　李同盛　韩国平　李千辉（讲师）
1997 年
范建方　李志人　王保生
1998 年
李万福　徐登峰
1999 年
付品生
2001 年
谢贵顺
21. 中学高级教师
1988 年
曾建亚　刘敏生　靳雅丽　赵素芳　刘玉璋　梁启珩　崔黛燕　王玉瑞　何声琦　褚　江
龙华元　张　剑　邢国玺　彭瑞廷　赵良忠　唐汝亮　陈岁珠　王富英　高景光　高启雄
吴俊文　陈光蔚　田沛景　吕富梅　刘业农　王岫云　裴正苏　王锡梅　罗茂恩　刘中秋
潘荣贞　吴尔勤　张志新
1989 年
潘复兰
1992 年
贺春风　王　正　武玉佩
1993 年
周　雁　王长贵　李安衷　安固国
1995 年
张以全　谭德祥　李凤能　马　愉　王浩善　冯云逸　董振斌　刘宁松　何久均　易延礼
肖再春　王兴新　李育杰　许　瑛　高沛中
1996 年
宋建强　胡宝文
1997 年
徐长金　张永功
1998 年
李志远　朱利群
1999 年
徐宏贵
2001 年
杨禹光　张宝旬　魏天仁　任效平　李庭友
2002 年
孟文美　韩卫军　张宝绚　杨禹光　王禹军　王　军　毛菊云　王秀琴　闫　英　包俊堂
李志刚　张世林　尤兴勇　苏　霞　魏天仁　潘新民　潘发民　李国仁
2003 年
刘金才　石映洲　石长长　巩旭东　李春霞　陶英江　刘红福　李世哲　赵莉君
2004 年
王岳军　赵军峰　康　龚　史　庆　刘光红　吕桃花　李晓军　薛晓玉

第三章　荣誉录

第一节　国家级荣誉

1987 年 1 月，炼油厂被国家计量局授予“国家计量先进企业”称号。

1987 年 4 月，玉门油田被评为全国绿化先进单位。

1987 年 8 月，在第二次全国工业普查工作中，玉门油田被评为国家级先进单位。

1988 年，玉门油田获全国“思想政治工作优秀企业”荣誉称号。

1990 年 10 月，玉门油田被命名为“国家二级企业”。

1991 年 5 月，玉门油田获中华全国总工会颁发的五一劳动奖状。

1991 年 7 月，共青团中央、国家科委、计委、中国科协联合授予玉门石油管理局 1990 年全国青工“五小”活动先进单位称号。

1993 年，在中国工会第十二次全国代表大会上，玉门石油管理局工会获全国总工会“模范职工之家”称号。

1994 年，玉门油田继续保持全国“思想政治工作优秀企业”荣誉称号。

1995 年 4 月，玉门油田被授予国家级第三产业普查先进基层单位。

1995 年 11 月，玉门油田获国家首批“中华老字号”企业荣誉称号。甘肃省首批获此荣誉的企业共 88 家。

1996 年，玉门油田以“石油摇篮”的身份被载入《中华之最大典》。

1996 年 11 月，玉门油田获全国劳动权利与义务知识竞赛活动优胜集体奖。

1997 年，《石油工人报》社获 1996—1997 年度全国地方报纸管理先进单位。

1998 年，《石油工人报》社获 1998—1999 年度全国地方报纸管理先进单位。

1998 年 6 月，玉门油田被评为全国职业道德建设先进集体。

1998 年 10 月，炼化总厂获全国总工会“模范职工之家”称号。

2001 年 6 月，炼化总厂常减压蒸馏装置获 2000 年度“全国青年文明号”称号。

2001 年 6 月，水电厂电气车间运行岗位获 2000 年度“全国青年文明号”称号。

2001 年 12 月，玉门油田被评为全国首批重合同、守信用企业。

2001 年和 2003 年，玉门油田被评为全国用户满意企业。

2002 年 1 月，玉门油田被评为全国精神文明建设先进单位。

2002 年 4 月，玉门油田被评为全国送温暖先进单位。

2003 年，玉门油田被评为全国第四次投入产出国家级先进单位。

2003 年，机械厂获全国总工会“模范职工之家”称号。

2004 年 6 月，青西油田青西联合站获 2003 年度“全国青年文明号”称号。

2004 年 6 月，炼化总厂常减压蒸馏装置获 2003 年度“全国青年文明号”称号。

2004 年 6 月，水电厂电气车间运行岗位获 2003 年度“全国青年文明号”称号。

2005 年 5 月，阳光大厦前厅公关部获 2004 年度“全国青年文明号”称号。

2007 年 1 月，玉门油田工会获“全国能源化学系统先进工会”称号。

2007 年 5 月，玉门油田被评为全国厂务公开先进单位。

2007 年 9 月，玉门油田被评为全国企业文化建设优秀单位。2011 年 11 月，油田再被评为全国企业文化建设优秀单位。

2008 年 6 月，鸭儿峡油田作业区 113 岗位获 2007 年度“全国青年文明号”称号。

2010 年 11 月，老君庙油田作业区被评为全国企业文化建设优秀单位。

2011 年 4 月，老君庙油田作业区获全国五一劳动奖状。

2012 年 4 月，老君庙油田作业区被评为全国矿产资源节约与综合利用专项优秀矿产企业。
2012 年，油田作业公司被评为中国企业文化研究会全国企业文化建设优秀单位。
2013 年 3 月，玉门油田女职工委员会获全国“五一巾帼标兵岗”称号。
2013 年 4 月，老君庙油田作业区被授予“国家级绿色矿山试点单位”称号。
2015 年，炼化总厂聚丙烯车间 QC 小组获“全国质量优秀管理小组”称号。
2015 年 8 月，综合服务处客车大队三小队被全国总工会授予“全国工人先锋号”称号。
2016 年 5 月，炼油化工总厂重整一苯抽联合三班被全国总工会授予“全国工人先锋号”称号。
2017 年 9 月，建安处安装二队获“全国青年文明号”称号。

第二节　甘肃省级荣誉

1987 年，玉门油田被评为甘肃省双文明模范单位。
1988 年，玉门油田获甘肃省优质产品奖章。
1988 年 7 月，炼化总厂获甘肃省“一级企业”称号。
1988 年 7 月，机械厂获甘肃省“一级企业”称号。
1988 年，机械厂被评为甘肃省石化厅节能先进单位。
1989 年，玉门油田被评为甘肃省双文明建设模范单位。
1989 年，玉门油田被评为甘肃省安全生产先进集体。
1989 年，玉门油田获甘肃省“一级企业”称号。
1989 年 9 月，机械厂获甘肃省 1989 年度“一级节能企业”称号。
1990 年，玉门油田被评为甘肃省科技工作先进单位。
1992 年，玉门油田被评为甘肃省“关心下一代”工作先进集体。
1993 年，玉门油田被评为甘肃省“双基”教育先进单位。
1993 年 11 月，水电厂被评为甘肃省人防平战综合先进单位。
1994 年 8 月，炼化总厂被评为甘肃省石油化学系统思想政治工作优秀企业。
1994 年 12 月，水电厂被评为甘肃省省级文明单位。
1996 年，玉门油田被评为甘肃省干部下农村帮扶先进单位。
1997 年，玉门油田被评为甘肃省第三次工业普查先进单位。
1997 年 12 月，建筑安装工程处被评为甘肃省劳动就业先进企业。
1998 年 3 月，水电厂被评为甘肃省地（州）市级工会财会工作先进单位。
1998 年 9 月，水电厂被评为甘肃省石化系统环境保护先进单位。
1998 年 11 月，水电厂被评为甘肃省职业道德先进单位。
1998 年 11 月，水电厂被评为甘肃省技术扶贫先进单位。
1999 年 1 月，炼化总厂团委获甘肃省“先进团委”称号。
2000 年，玉门油田获甘肃省“思想政治工作优秀企业”称号。
2000 年，玉门油田团委获甘肃省“五四红旗团委”称号。
2000 年，水电厂工会获中国石化医药系统“先进基层工会”称号。
2000 年 4 月，水电厂被评为甘肃省“思想政治工作先进单位”。
2000 年 10 月，水电厂获甘肃省“青年科技创效示范基地”称号。
2001 年，玉门油田被评为甘肃省省级文明单位。
2001 年，玉门油田获甘肃省“女职工工作先进集体”荣誉。
2001 年 3 月，水电厂被评为甘肃省 2000 年度工会财会工作先进单位。
2002 年，玉门油田获甘肃省“优秀企业”称号。
2002 年，玉门油田获甘肃省“思想政治工作优秀企业”称号。
2002 年，玉门油田团委获甘肃省“五四红旗团委”称号。

2002 年，玉门油田被评为甘肃省职工体育先进单位。
2002 年，建筑安装工程有限公司被评为甘肃省 2002 年度守合同、重信用单位。
2002 年，水电厂获甘肃省“模范职工之家”称号。
2002 年，机械厂被评为甘肃省职工体育先进单位。
2003 年，玉门油田团委获甘肃省“五四红旗团委”称号。
2003 年，物业公司获甘肃省“模范职工之家”称号。
2003 年，机械厂获甘肃省“模范职工之家”称号。
2004 年，玉门油田获甘肃省“诚信单位”称号。
2004 年，玉门油田团委获甘肃省“五四红旗团委”称号。
2004 年 3 月，物业管理公司被评为集团公司绿化工作先进单位。
2004 年 5 月，勘探开发研究院被评为甘肃省青年创新创效活动先进集体。
2005 年，玉门油田被评为甘肃省纳税信用 A 级单位。
2005 年，玉门油田获重点企业跟踪监测统计调查优胜奖。
2005 年，玉门油田团委获甘肃省“五四红旗团委”称号。
2006 年，机械厂获甘肃省“守合同重信用企业”称号。
2006 年，信息中心获甘肃省“模范职工之家”称号。
2006 年 6 月，老君庙油田作业区党委获甘肃省“先进基层党组织”称号。
2007 年，玉门油田被评为甘肃省百万职工职业技能素质提升活动优秀组织单位。
2007 年 5 月，青西油田作业区获甘肃省“五一劳动奖状”。
2007 年 6 月，玉门油田被评为甘肃省思想政治工作先进集体。
2007 年 8 月，玉门油田工程建设责任有限公司获甘肃省守合同、重信用单位。
2008 年，玉门油田被评为甘肃省节能降耗先进企业。
2008 年，老君庙油田作业区被评为甘肃省厂务公开民主管理工作先进单位。
2008 年，老君庙油田作业区工会获甘肃省石化系统“先进基层工会”称号。
2009 年 1 月，老君庙油田作业区被评为甘肃省 2008 年度安全生产工作先进单位。
2009 年 2 月，勘探开发研究院获甘肃省科学技术进步奖。
2009 年 3 月，老君庙油田作业区被评为甘肃省厂务公开民主管理工作先进单位。
2009 年 4 月，老君庙油田作业区获甘肃省“五一劳动奖状”。
2009 年 8 月，老君庙油田作业区获甘肃省“模范职工之家”称号。
2009 年 8 月，综合服务处获甘肃省“模范职工之家”称号。
2010 年，玉门油田作业公司获甘肃省职工职业道德建设“十佳单位”。
2010 年，建筑安装工程处工会获甘肃省石化系统“先进基层工会”称号。
2010 年 3 月，方圆物业管理有限责任公司获甘肃省首届物业企业“十强”称号。
2011 年，玉门油田被评为甘肃省班组建设工作先进单位。
2011 年，玉门油田被评为甘肃省“‘十一五’节能先进单位”称号。
2011 年，玉门油田作业公司获甘肃省“模范职工之家”称号。
2011 年，玉门油田作业公司被评为甘肃省职工职业道德建设先进单位。
2011 年，机械厂工会获甘肃省石化系统“先进基层工会”称号。
2011 年 1 月，玉门油田被评为甘肃省思想政治工作先进集体。
2011 年 6 月，老君庙油田作业区党委获甘肃省“先进基层党组织”称号。
2011 年 6 月，鸭儿峡油田作业区党委获甘肃省国资委“创先争优活动先进基层党组织”。
2011 年 10 月，鸭儿峡油田作业区获甘肃省工会“五一劳动奖状”。
2012 年 11 月，玉门油田被评为甘肃省推动厂务公开民主管理工作先进单位。
2012 年 11 月，水电厂被评为甘肃省厂务公开民主管理先进单位。
2012 年 11 月，建筑安装工程处被评为甘肃省厂务公开民主管理工作先进单位。

2013 年 3 月，青西油田作业区获甘肃省“青工创新创效活动先进集体”称号。

2013 年 4 月，鸭儿峡油田作业区工会获甘肃省石化系统“先进基层工会”称号。

2013 年 4 月，油田作业公司获甘肃省“五一劳动奖状”。

2013 年 12 月，水电厂获甘肃省“五一劳动奖状”。

2013 年 12 月，玉门油田被评为甘肃省工会系统进企业、访职工、办实事、促发展活动先进集体。

2014 年，综合服务处被评为甘肃省职工职业技能比赛优秀组织单位。

2014 年，综合服务处客车大队三小队获甘肃省班组安全成果展示活动一等奖，全国班组安全成果展示比赛特等奖。

2015 年 4 月，方圆物业管理有限责任公司工会获甘肃省石油石化系统“先进基层工会”称号。

2016 年 3 月，玉门油田被评为甘肃省厂务公开民主管理示范单位。

2016 年 4 月，炼油化工总厂获甘肃省“五一劳动奖状”。

2016 年 4 月，水电厂销售服务中心外线电工班获甘肃省“工人先锋号”称号。

2016 年 4 月，保卫处消防一队一小队获甘肃省石化系统“工人先锋号”称号。

2016 年 6 月，鸭儿峡采油厂党委获甘肃省“先进基层党组织”称号。

第三节　部级荣誉

1987 年 4 月，机械厂被评为石油工业部绿化先进集体。

1987 年 9 月，机械厂获石油工业部质量管理奖。

1988 年 7 月，机械厂获石油工业部质量管理奖。

1988 年 12 月，研究院荣获中国石油天然气总公司授予的玉门石油管理“七五”期间增加可采储量奖。

1991 年 5 月，玉门油田被评为全国石油系统“七五”期间工业卫生先进单位。

1991 年 9 月，职工医院获中国石油天然气总公司“文明医院”称号。

1994 年 4 月，炼化总厂被评为中国石油天然气总公司绿化工作先进单位。

1994 年 4 月，水电厂被评为中国石油天然气总公司 1993 年度绿化先进单位。

1994 年 12 月，水电厂被评为中国石油天然气总公司清产核资先进单位。

1995 年 6 月，机械厂被评为中国石油天然气总公司环境保护先进单位。

1996 年，玉门油田被评为中国石油天然气总公司安全生产达标企业。

1996 年 5 月，职工医院被评为获中国石油天然气总公司全国石油系统“八五”期间医疗卫生先进单位。

1997 年，玉门油田被评为中国石油天然气总公司第三次工业普查先进单位。

1998 年，在中国石油天然气总公司公布的 1997 年油气田企业多种经营净资产收益率排名表中，玉门油田名列第一。

1999 年 7 月，水电厂被评为中国石油天然气总公司 1998 年度设备管理先进单位。

2000 年，玉门油田被评为中国石油天然气集团公司生产经营与统计工作优胜单位。

2001 年，玉门油田被评为中国石油天然气集团公司生产经营与统计工作优胜单位。

2001 年 11 月，水电厂被评为中国石油体育先进单位。

2002 年，玉门油田获中国石油天然气股份有限公司勘探与生产分公司 2001 年度油气田（区块）产量效益评价二等奖。

2002 年，玉门油田被评为中国石油天然气集团公司生产经营与统计工作优胜单位。

2002 年 11 月，《石油工人报》社被评为中国石油天然气集团公司先进新闻宣传单位。

2003 年，玉门油田被评为中国石油天然气股份有限公司统计工作先进单位。

2003 年，玉门油田被评为中国石油天然气集团公司生产经营与统计工作优胜单位。

2003 年 11 月，机械厂获中国石油“基层文化活动先进单位”称号。

2003 年 12 月，离退休人员管理中心被评为中国石油天然气集团公司离退休工作先进集体。

2004 年，玉门油田展览馆、老君庙油田展览室被中国石油天然气集团公司命名为首批企业精神教育基地。

2004 年，玉门油田被评为中国石油天然气集团公司生产经营与统计工作优胜单位。

2004 年 9 月，老君庙油田作业区获中国石油天然气股份有限公司“高效开发油田”称号。

2004 年 10 月，油田作业公司被评为中国石油天然气集团公司设备管理先进集体。

2005 年，玉门油田被评为中国石油天然气集团公司统计工作先进单位。

2005 年 4 月，青西油田作业区被评为中国石油天然气集团公司先进集体。

2005 年 12 月，老君庙油田获中国石油“高效开发油田”称号。

2007 年，玉门油田被评为全民健身与奥运同行·石油体育与奥运同行系列活动先进单位。

2007 年 1 月，玉门油田作业公司被评为中国石油天然气集团公司设备管理优秀单位。

2007 年 4 月，离退休人员管理中心被评为 2006 年度中国石油天然气集团公司离退休管理局离退休统计工作先进单位。

2007 年 6 月，老君庙油田作业区党委获中国石油天然气集团公司“先进基层党组织”称号。

2008 年，玉门油田被评为中国石油天然气集团公司节能节水型企业。

2008 年，炼化总厂被评为中国石油天然气集团公司先进集体。

2008 年，机械厂被评为中国石油天然气集团公司思想政治工作先进集体。

2008 年 3 月，水电厂被评为中国石油天然气集团公司绿化先进单位。

2008 年 12 月，老君庙油田作业区被评为中国石油天然气集团公司思想政治工作先进集体。

2009 年，玉门油田被评为中国石油天然气集团公司节能节水型企业

2009 年，玉门油田被评为中国石油天然气集团公司安全生产先进单位。

2009 年 4 月，离退休人员管理中心被评为 2008 年度中国石油天然气集团公司离退休管理局离退休统计工作先进单位。

2009 年 12 月，勘探开发研究院获中国石油天然气集团公司科学技术进步奖。

2009 年 12 月，方圆物业管理有限责任公司被评为中国石油天然气集团公司维稳信访工作先进集体。

2010 年，机械厂获中国石油天然气集团公司“先进基层党组织”称号。

2010 年 5 月，离退休人员管理中心被评为 2009 年度中国石油天然气集团公司离退休管理局离退休统计工作先进单位。

2010 年 12 月，离退休人员管理中心被评为中国石油天然气集团公司 2010 年度—2011 年度离退休职工管理信息系统建设与统计工作优秀单位、先进单位。

2011 年 5 月，勘探开发研究院被评为中国石油天然气集团公司科技工作先进单位。

2011 年 6 月，勘探开发研究院党委获中国石油天然气集团公司“先进基层党组织”称号。

2011 年 6 月，老君庙油田作业区党委获中国石油天然气集团公司“先进基层党组织”称号。

2011 年 6 月，鸭儿峡油田作业区党委获中国石油天然气集团公司“先进基层党组织”称号。

2011 年 9 月，方圆物业管理有限责任公司被评为中国石油天然气集团公司“五五”普法依法治企先进集体。

2011 年 12 月，离退休人员管理中心被评为中国石油文化艺术工作先进单位。

2011 年 12 月，水电厂被评为中国石油文化艺术工作先进单位。

2012 年，玉门油田被评为中国石油天然气集团公司 2008—2012 年惩防体系建设工作先进单位。

2012 年，玉门油田被评为中国石油天然气集团公司节能节水先进企业。

2012 年 7 月，老君庙油田作业区被评为中国石油天然气集团公司“创先争优”先进基层党委。

2012 年 7 月，炼化总厂被评为中国石油天然气集团公司“创先争优”先进基层党委。

2012 年 9 月，方圆物业管理有限责任公司被评为中国石油天然气集团公司绿化先进集体。

2012 年 12 月，老君庙油田作业区党委被评为中国石油天然气集团公司创建“四好”领导班子先进集体。

2012 年 12 月，老君庙油田作业区被评为全国能源化学系统“五一劳动奖状”。

2013 年 2 月，水电厂获中国石油天然气集团公司“模范职工之家”称号。

2013 年 2 月，玉门油田被评为中国石油天然气集团公司信息化工作先进单位。

2013 年 3 月，玉门油田被评为中国石油天然气集团公司节能节水先进企业。

2015 年 1 月，玉门油田被评为中国石油天然气股份公司 2014 年度统计工作先进单位。
2015 年 4 月，玉门油田被评为中国石油天然气集团公司 2014 年度节能节水先进企业。
2015 年 4 月，油田作业公司侧钻作业队 D17863 队获中国石油天然气集团公司“模范集体”称号。
2015 年 4 月，鸭儿峡油田作业区获中国石油天然气集团公司“先进集体”称号。
2015 年 4 月，炼油化工总厂催化车间获中国石油天然气集团公司“先进集体”称号。
2016 年 2 月，玉门油田被评为中国石油天然气集团公司 2015 年度节能节水先进企业。
2016 年 6 月，油田作业公司党委获中国石油天然气集团公司“先进基层党组织”称号。
2016 年 6 月，水电厂热工工区党支部获中国石油天然气集团公司“先进基层党组织”称号。

附　录

一、重要文件辑录

1. 油田党政主要领导任职文件

中国共产党甘肃省委员会任免通知

甘任字［1984］65 号

关于黄树德等同志职务任免的批复

省委经济工作部，省石化厅党组，玉门石油管理局党委：

你们的报告收悉。经省委常委会讨论，同意下列同志的职务任免：

黄树德同志任玉门石油管理局局长，党委常委；

罗玉成同志任玉门石油管理局副局长；

免去胡廷尧同志玉门石油管理局局长，党委常委职务；

免去同维焕、康恺同志玉门石油管理局副局长，党委常委职务；

免去唐光裕同志玉门石油管理局副局长职务。

行政职务的任免按照法律规定程序办理。

中共甘肃省委

一九八四年七月四日

中国共产党甘肃省委员会任免通知

甘任字［1985］46 号

关于王鹏、付万祯同志职务任免的通知

省委经济工作部，省石化厅党组：

经省委常委会议讨论决定，同意：

王鹏同志任玉门石油管理局党委书记。

免去付万祯同志玉门石油管理局党委书记、常委职务。

中共甘肃省委

一九八五年二月七日

甘肃省人民政府

甘政任字［1989］38号

关于赵熙寿职务任命的通知

玉门石油管理局：

省人民政府决定任命：

赵熙寿为玉门石油管理局局长。

一九八九年十二月二十二日

中国石油天然气总公司党组

（95）中油任字第348号

关于刘世洲等十二名同志职务任免的通知

玉门石油管理局：

经总公司党组研究并商得中共甘肃省委同意，决定：

刘世洲同志任玉门石油管理局局长；

孔繁瑾同志任玉门石油管理局副局长兼总工程师；

高玉江同志任玉门石油管理局副局长。

免去赵熙寿同志玉门石油管理局局长职务；

免去杨秀森同志玉门石油管理局副局长、总地质师职务；

免去罗玉成、梅士琪、唐世荣、姚树梯、王世信、吴涛、陶惠鑫七名同志玉门石油管理局副局长职务。

中国石油天然气总公司

一九九五年六月二十一日

中共中国石油天然气总公司党组

（95）中油党字第34号

关于黄亦纯等十二名同志职务任免的通知

中共玉门石油管理局委员会：

经研究并商得中共甘肃省委同意，决定：

黄亦纯同志任玉门石油管理局党委书记；

刘世洲同志任玉门石油管理局党委副书记，免去局工会主席职务；
张东泉同志任玉门石油管理局党委委员、常委、党委副书记兼纪委书记；
田玉军同志任玉门石油管理局工会主席；
增补周永华同志为玉门石油管理局党委常委；
增补彭立垣、田玉军二同志为玉门石油管理局党委委员、常委；
增补孔繁瑾、高玉江二同志为玉门石油管理局党委委员。
免去王鹏同志玉门石油管理局党委书记、常委、委员职务；
免去李志新同志玉门石油管理局党委副书记、常委、委员职务；
免去赵熙寿、杨秀森二同志玉门石油管理局党委常委、委员职务。

中共中国石油天然气总公司党组
一九九五年六月二十一日

中国石油天然气集团公司文件

中油任字［1999］第593号

关于刘世洲等8人职务任免的通知

玉门石油管理局：

经集团公司党组研究并商得中共甘肃省委同意，决定：
刘世洲任中国石油玉门油田公司经理，免去其玉门石油管理局局长职务；
张东泉任玉门石油管理局局长；
田玉军任玉门石油管理局副局长；
严晓昱任玉门石油管理局副局长；
免去孔繁瑾玉门石油管理局副局长、总工程师职务；
免去彭立垣玉门石油管理局副局长职务；
免去高玉江玉门石油管理局副局长职务。

中国石油天然气集团公司
一九九九年九月二十七日

中共中国石油天然气集团公司党组文件

中油党字［1999］第115号

关于刘世洲等八名同志职务任免的通知

中共玉门石油管理局委员会：

经研究并商得中共甘肃省委同意，决定：
刘世洲同志任中国石油玉门油田公司党委委员、书记，免去其玉门石油管理局党委副书记、常委职务；
张东泉同志任玉门石油管理局党委书记，免去其玉门石油管理局纪委书记职务；

高玉江同志任玉门石油管理局党委副书记、纪委书记、工会主席；
严晓昱同志任玉门石油管理局党委常委；
免去孔繁瑾同志任玉门石油管理局党委常委职务；
免去彭立垣同志任玉门石油管理局党委常委职务；
免去田玉军同志任玉门石油管理局工会主席职务。

中共中国石油天然气集团公司党组
一九九九年九月二十七日

中国石油天然气集团公司文件

中油任字［2001］124号

关于田玉军、张东泉2人职务任免的通知

玉门石油管理局：

经集团公司党组研究并商得中共甘肃省委同意，决定：
田玉军任玉门石油管理局局长。
免去张东泉玉门石油管理局局长职务。

二〇〇一年三月三十日

中共中国石油天然气集团公司党组文件

中油党字［2001］28号

关于高玉江等三名同志职务任免的通知

中共玉门石油管理局委员会：

经研究并商得中共甘肃省委同意，决定：
高玉江同志任玉门石油管理局党委书记；
田玉军同志任玉门石油管理局党委副书记。
免去张东泉同志玉门石油管理局党委书记、常委、委员职务。

二〇〇一年三月三十日

中国石油天然气股份有限公司文件

石油任字［2002］22号

关于孔繁瑾、刘世洲2人职务任免的通知

玉门油田分公司：

经研究，决定：

孔繁瑾任玉门油田分公司总经理；

免去刘世洲玉门油田分公司总经理职务。

二〇〇二年二月五日

中国石油天然气股份有限公司文件

石油任字［2005］193号

关于孔繁瑾等9人任职的通知

玉门油田分公司：

经研究，决定：

孔繁瑾任玉门油田分公司总经理；

高玉江任玉门油田分公司副总经理；

陈建军任玉门油田分公司副总经理；

熊湘华任玉门油田分公司副总经理；

桑运超任玉门油田分公司副总经理；

孙永会任玉门油田分公司副总经理；

张作祥任玉门油田分公司副总经理。

二〇〇五年七月十二日

中国石油天然气集团公司文件

中油任字［2005］317号

关于孔繁瑾等8人职务任免的通知

玉门石油管理局：

经集团公司党组研究并商得中共甘肃省委同意，决定：

孔繁瑾任玉门石油管理局局长；

高玉江任玉门石油管理局副局长；
陈建军任玉门石油管理局副局长；
熊湘华任玉门石油管理局副局长；
桑运超任玉门石油管理局副局长；
免去田玉军玉门石油管理局局长职务；
免去严晓昱玉门石油管理局副局长职务。

二〇〇五年七月十二日

中共中国石油天然气集团公司党组文件

中油党字［2005］76号

关于孔繁瑾等八名同志职务任免的通知

中共玉门石油管理局委员会：

经研究并商得中共甘肃省委同意，决定：
孔繁瑾同志任玉门石油管理局党委委员、常委、副书记；
严晓昱同志任玉门石油管理局党委副书记、纪委书记、工会主席；
陈建军同志任玉门石油管理局党委委员、常委；
熊湘华任玉门石油管理局党委委员、常委；
桑运超任玉门石油管理局党委委员、常委；
免去高玉江同志任玉门石油管理局纪委书记、工会主席职务；
免去田玉军同志任玉门石油管理局党委副书记、常委、委员职务。

二〇〇五年七月十二日

中共中国石油天然气集团公司党组文件

中油党字［2005］78号

关于高玉江等十名同志任职的通知

中共玉门油田分公司委员会：

经研究，决定：
高玉江同志任玉门油田分公司党委书记；
孔繁瑾同志任玉门油田分公司党委副书记；
严晓昱同志任玉门油田分公司党委副书记、纪委书记、工会主席；
陈建军、熊湘华、桑运超、孙永会、张作祥等7名同志任玉门油田分公司党委委员。

二〇〇五年七月十二日

中国石油天然气集团公司文件

中油任〔2010〕527号

关于刘圣志、孔繁瑾职务任免的通知

玉门石油管理局：

经研究并商得中共甘肃省委同意，决定：

刘圣志任玉门石油管理局局长。

免去孔繁瑾的玉门石油管理局局长职务，另有任用。

二〇一〇年十一月二十日

中国石油天然气股份有限公司文件

石油任〔2010〕290号

关于刘圣志、孔繁瑾职务任免的通知

玉门油田分公司：

经研究并商得中共甘肃省委同意，决定：

刘圣志任玉门油田分公司总经理。

免去孔繁瑾的玉门油田分公司总经理职务，另有任用。

二〇一〇年十一月二十日

中共中国石油天然气集团公司党组文件

中油党组〔2010〕49号

关于张作祥、高玉江同志职务任免的通知

中共玉门油田分公司委员会：

经研究并商得中共甘肃省委同意，决定：

张作祥同志任玉门油田分公司党委书记。

免去高玉江同志的玉门油田分公司（玉门石油管理局）党委书记、委员职务。

二〇一〇年六月十八日

中国石油天然气股份有限公司文件

石油任〔2015〕186号

关于陈建军、刘圣志职务任免的通知

玉门油田分公司：

经研究并商得中共甘肃省委同意，决定：

陈建军任玉门油田分公司总经理。

免去刘圣志的玉门油田分公司总经理职务，另有任用。

中国石油股份公司

二〇一五年七月十四日

中国石油天然气集团公司文件

中油任〔2015〕282号

关于陈建军、刘圣志职务任免的通知

玉门石油管理局：

经研究，决定：

陈建军任玉门石油管理局局长。

免去刘圣志的玉门石油管理局局长职务。

中国石油集团公司

二〇一五年七月十四日

中共中国石油天然气集团公司党组文件

中油党组〔2016〕291号

关于陈建军、张作祥同志职务任免的通知

中共玉门油田分公司委员会：

经研究并商得中共甘肃省委同意，决定：

陈建军同志任玉门油田分公司党委书记。

免去张作祥同志的玉门油田分公司党委书记、委员、工会主席职务。

中共中国石油天然气集团公司党组

二〇一六年十二月二十六日

中国石油天然气集团公司文件

中油任［2017］530号

关于陈建军任职的通知

玉门石油管理局有限公司：

经研究，决定：

陈建军任玉门石油管理局有限公司执行董事、总经理。

中国石油集团公司

二〇一七年十一月二十七日

2. 油田机构调整文件选编

中华人民共和国国务院

国函［1990］63号

国务院关于玉门石油管理局划归中国石油天然气总公司管理的批复

甘肃省人民政府：

你省《关于将玉门石油管理局上划中央管理的请示》（甘政发［1990］20号）收悉，现批复如下：

一、同意玉门石油管理局划归中国石油天然气总公司管理。

二、财务关系从一九九〇年一月一日起上划。财政基数的划转，按规定应以一九八九年地方财政应补贴油田亏损额为基数，考虑到你省的实际困难，同意按零为基数划转，中央财政不增加中国石油天然气总公司一九九〇年的亏损指标。一九八九年玉门油田发生的亏损，仍由地方财政弥补。

三、玉门石油管理局上划后，甘肃省和中国石油天然气总公司过去给玉门石油管理局的一切优惠政策保持不变，根据国家税收政策规定，依法交纳税金。玉门石油管理局上缴税金超过五千万元部分，每年由省财政厅负责返还玉门石油管理局用于弥补亏损，若上缴税金不足五千万元，由玉门石油管理局补足。上述办法一定六年（一九九〇年至一九九五年）不变。

四、玉门石油管理局应上交的国家能源交通重点建设基金、国家预算调节基金，以及国库券、特种国债等项收入指标，按照国家有关规定也一并划转。

五、玉门石油管理局各种油气产品的分配，仍按现行办法执行。油田的物资供应维持原渠道不变。

六、玉门石油管理局的劳动工资指标和干部管理权限相应划转中国石油天然气总公司。

请你省抓紧与国家有关部门办理上划手续。

国　务　院

一九九〇年八月十日

中国石油天然气总公司文件

(95) 中油劳字第 346 号

关于理顺玉门吐哈油田管理体制问题的批复

吐哈石油勘探开发会战指挥部：

你指挥部《关于理顺玉门、吐哈油田管理体制的报告》，(吐哈指字［1995］第 122 号）收悉。经研究，批复如下：

一、同意组建“玉门石油勘探开发公司”（目前仍称玉门石油管理局）、“吐哈石油勘探开发公司”和“吐哈玉门石油企业集团”。在条件成熟时，可组建“石油技术服务公司”和“哈密石油实业开发公司”。

二、同意报告中提出的关于企业集团的职能，吐哈、玉门石油勘探开发公司的经营方向，及理顺体制的有关政策、工作安排等具体意见。

三、玉门石油管理局、吐哈石油勘探公司实行局长、经理负责制。吐哈玉门企业集团设办公室，配主任一名（副局级)、副主任两名（正处级)。

四、玉门、吐哈油田各级领导，要统一思想，提高认识，切实做好广大职工的思想政治工作，确保新体制的顺利运行和职工队伍的稳定。

中国石油天然气总公司
一九九五年六月十五日

中国石油天然气集团公司文件

中油办字［1999］第 390 号

关于对玉门石油管理局重组方案的批复

玉门石油管理局：

你局《关于呈报〈玉门油田重组实施方案〉的请示》（玉油局字［99］第 127 号）收悉。经研究，批复如下：

一、同意重组设立中国石油玉门油田公司：

1. 玉门油田公司机关人员编制 95 人，其中领导职数 5 人。职能部门设：经理办公室（党委办公室)、炼化处、勘探开发处、技术发展处、计划财务处、审计监察处、质量安全环保处、企管与法规处、人事处(组织部)。

2. 党委办公室内可设宣传、团委、工会等党群部门。

3. 油田公司下设采油厂、炼化总厂、勘探事业部、勘探开发研究院、规划院等 5 个二级单位。

二、对方案做以下调整：

1. 炼化总厂的制桶厂的资产及人员（34 人）不进入油田公司。

2. 油田公司人员总数调整为 6662 人以内。

三、现企业名称及规格保持不变。非核心业务的机关机构设置，由现企业负责做相应调整。

四、核心业务与非核心业务财务资产的分开与划拨，以经集团公司批准的中介机构评估、审计结果为准。

五、方案中提出的有关问题，待集团公司有关业务部门统一研究后，提出处理意见。

接到批复后，望认真组织实施，并将调整后的重组方案及实施情况上报集团公司。

中国石油天然气集团公司
一九九九年七月十八日

中国石油天然气集团公司文件

中油人劳字［2005］320号

关于玉门石油管理局实行整体托管的通知

各企事业单位：

为全面贯彻落实率先建成一流的社会主义现代化企业和具有国际竞争力的跨国企业集团战略目标，坚持持续、有效、整体、协调的科学发展观，优化资源配置，提高整体竞争能力，形成玉门油田持续发展和保持长期稳定的动力和合力，实现集团公司整体效益最大化，经研究决定，对玉门石油管理局实行整体托管。现将有关问题通知如下：

一、自2005年7月15日起，集团公司委托股份公司对玉门石油管理局实行管理，并承担国有资产保值增值责任。

二、有关问题的处理

（一）玉门石油管理局和玉门油田分公司的领导班子和管理机关进行整合，成立一个领导班子、一套机关职能部门，对玉门油田的上市业务和未上市业务实行统一管理。

（二）保留玉门石油管理局独立法人、工商及税务登记资格。

（三）玉门石油管理局职工总量控制和工资总额计划，由集团公司直接向玉门石油管理局下达，同时送股份公司。

（四）玉门石油管理局投资计划仍由集团公司按原口径统一下达，送股份公司。

（五）玉门石油管理局所属业务与玉门油田分公司分账运行，按集团公司会计制度规定，进行独立会计核算，编制财务报表，上报集团公司汇总。

（六）玉门石油管理局的预算指标由集团公司下达，股份公司组织进行考核。

三、工作要求

对玉门石油管理局管理体制进行调整，是集团公司深化企业改革、完善管理体制的重要举措，对增强玉门油田整体经济实力和解决历史遗留问题的能力具有十分重要的意义。玉门油田全体干部职工要深刻认识此项工作的重要性，树立大局意识，统一思想，严格纪律，加强领导，严密组织，确保整合工作平稳推进，确保生产经营和职工队伍稳定。

二〇〇五年七月十二日

二、改革办法辑录

玉门石油管理局一九八八年
承包经营及经济责任制综合考核奖罚办法（摘录）

玉油局字（88）第043号

一、总则

1. 坚持责权利相结合，国家、企业和个人利益相统一，职工的工资奖金收入同个人的劳动成果、单位的经营好坏挂钩，认真执行多劳多得，少劳少得，奖勤罚懒的按劳分配原则。

2. 严格执行国家政策，在不突破上级核定的全局工资总额的前提下，下放工资总额及奖金管理使用权，下放的工资总额暂按上年末实有人数核定。各单位对局核定的工资总额和按计奖条件应得的奖金额，可采用多种分配形式，搞活内部分配。继续坚持“死套活拿”，把职工工资中的一部分［(1）每人每月不低于15元；或者（2）月标准工资100元以下人均不低于10元，月标准工资在100元以上的人均不低于20元］与奖金捆在一起按月（季）考核发放。办法由各单位自主决定。原同出勤挂钩的其他工资成分（野外津贴和岗位津贴除外），从1988年1月起按国家规定的计时工资支付办法发放。

3. 贯彻讲效益，稳定一线的分配原则。依据各单位在全局所担负的责任轻重，艰苦程度，实行奖金水平一线高于二线，前线高于后勤，复杂劳动高于简单劳动，有定额劳动高于无定额劳动的分配办法。各单位也可按自己的实际情况，适当拉开奖金分配档次。为了宏观控制，保证奖罚办法兑现，局征收奖金调节税，进行适当调节。

4. 为保证重点工作和技术进步任务的完成，各单位应得奖金中预留10%～15%，由系统主管局领导批准，主管处室监督，用于单位自身重点工程任务、工作任务和技术进步任务的承包奖励。

5. 进一步完善内部各种形式的、多层次的承包经营责任制和经济责任制。车间、队站、班组承包经营中要积极引入竞争机制。各单位应根据自己生产特点，制定出较为科学的，先进的分级考核办法。考核要做到定量化，制度化，奖罚分明，打破平均主义。

二、关于工资总额管理

工资总额实行下放管理，包干使用，节约归己。

1. 下放的工资总额是指固定职工和合同制职工的计时工资，加班工资、特定玉门油田浮动工资、部分知识分子和老职工补贴及各种工资性津贴、补贴等。洗理费、保健津贴、女工卫生费等不能列入工资总额之内。

2. 各单位在局下放的工资总额内，有权根据本单位生产特点和工作需要自行决定单位内部的分配办法。积极试行浮动工资、计件工资、超额计件工资、工资含量包干以及各种形式的承包提成工资等工资形式。也可根据生产需要组织职工加班、完成急需的或特殊的生产工作任务。超员单位应妥善安排富余人员的工作，并重新确定他们的工资待遇。

3. 为了鼓励各单位按定员定额组织生产，精简人员，提高劳动生产率，局下放的工资总额原则上实行增人不增、减人不减工资总额。遇有下列情况时，由局做相应的调整：

（1）根据上级指令和局计划安排，生产规模、职工人数有较大变动时；

（2）根据国家和上级指令，工资、津贴和补贴标准发生变更时；

（3）调出局外或退休职工人数较多时；

（4）缺员单位，由局计划安排，补充新人员时；

（5）由于实行计件工资，浮动工资，各种承包提成工资，劳动生产率和效益明显提高，单位工资总额不足时。

三、（略）

四、综合考核奖罚范围

1. 凡实行计时工资的固定职工，合同制职工超额完成各项考核指标时，均属奖励范围。凡属奖励范围的职工均应承担相应的经济责任。

2. 工作不满半年的学徒工和不能单独顶岗的学徒工、技校毕业生不属本奖励范围。

3. 计划外用工、临时合同工、临时招聘人员，均不属于奖励范围。

五、计奖条件和奖罚标准

局对老君庙油矿、石油沟油矿、机械厂、修理厂、水电厂、运输处、井下处、通讯处、炼油厂、特油公司、农工商公司及龙达公司等12个实行承包经营单位按承包合同进行考核奖罚，对其他单位实行任务、利润、成本或费用包干，综合考核、超产、增利、节约提成奖励；对完不成考核必成指标的，扣减单位工资总额；完不成其他考核指标的，采用扣奖金的奖罚办法。

本办法自1988年1月1日试行，解释修改权属局。

玉门石油管理局劳动人事工资制度配套改革总体方案（摘录）

玉油局字（92）第241号

一、改革的总体目标

劳动人事工资制度改革是搞好企业的重要方面，其总体目标是：以调动广大职工的积极性与创造性为出发点，以提高全局综合经济效益为中心，以转换企业内部经营权制为重点，逐步建立起在总公司宏观控制下，适应本企业生产经营特点，干部能上能下，职工能进能出、工资能升能降，机构能增能减，企业自主管理，自我约束的劳动人事工资制度。

通过劳动用工制度的改革，逐步形成企业自主用工，多种用工形式并存，择优录用，竞争上岗，推行全员劳动合同制，变国家职工为企业职工，优化劳动组合，实现各项劳动要素合理配置，提高劳动效率和工作效率。

通过干部人事制度的改革，逐步建立起聘任上岗，责权统一，能上能下，易岗易薪的干部人事制度，打破干部、工人界限，破除干部职务的终身制。

通过工资制度改革，理顺各级分配关系，逐步建立起工效挂钩，宏观调控，单位自主分配，职工按劳取酬的工资分配制度。

职工培训考核制度要与劳动人事工资制度改革同步，逐步建立起培训考核和使用、待遇相结合的培训考核制度。

通过劳动人事工资制度的配套改革促进企业内部经营机制的转换，提高企业管理水平，推动全局生产建设发展。到“八五”末，全局职工人数平均增长率控制在4%以下；从主业队伍中分离出7000人从事第三产业和多种经营；企业组织结构和队伍结构更趋合理，主要专业队伍劳动效率年平均提高5%以上，全员劳动生产率在“七五”末的水平上翻一番，达到52000元以上；通过大力发展生产，不断提离职工工资收入，使职工物质文化生活水平得到较大的提高。

二、改革的主要内容

（一）改进宏观调控办法，落实企业劳动人事工资管理自主权。

（二）优化组织结构，推行新型管理体制。

（三）改革干部制度，逐步实行聘任制。

（四）改革用工制度，开展优化劳动组合，逐步实行全员劳动合同制。

（五）改革工资分配制度，建立起全面反映职工劳动数量和质量的内部分配制度。

（六）改革培训考核制度，提高职工队伍素质。

三、改革的部署及实施

（一）1992年8月底前局制定出总体方案和分步实施意见，并深入开展宣传动员。各单位在9月底前制定出本单位三项制度改革方案和实施细则，并选择基础较好、条件成熟的车间、队、站进行改革试点。局拟在炼油厂进行干部人事制度改革试点，在机械厂选择两个车间进行岗位技能工资试点，在油建公司进行三项制度综合配套改革试点，并在局机关部分处室运行精简机构、转换职能试点。

（二）1993 年上半年，对第一批试点单位改革情况进行总结，进一步完善改革方案，安排部署扩大试点。下半年进一步扩大试点面，加大改革力度。

（三）从 1994 年开始，优化劳动组合要全面进入动态组合的运行阶段，全员劳动合同制要在全局推开，干部聘任要基本完善，组织结构要基本理顺，工效挂钩的工资总额调控办法和以岗位技能工资为主要形式的分配制度基本配套。

具体改革措施的实施，按以下步骤进行：

第一步，优化组织机构，定编、定岗、定员。

第二步，制定岗位规范和考核标准，搞好岗位测评。

第三步，考试考核，择优上岗，签订上岗合同。

第四步，对上岗人员实行岗位技能工资制。根据各单位不同情况，也可实行结构工资、定额工资或计件工资制度。

第五步，建立内部劳务市场，妥善安排富余人员。

第六步，在搞好优化劳动组合的基础上，企业与全体职工签订劳动合同，明确企业和职工双方的劳动关系。

玉门石油管理局开展优化劳动组合推行全员劳动合同制实施方案（摘录）

玉油局字（92）第 241 号

一、基本目标和任务

近期劳动用工制度改革的主要任务是：

1. 通过试点，1993 年底以前全局普遍开展优化劳动组合，建立起比较完善的“在岗、试岗、待岗”的动态组合制度和内部劳务市场。

2. 在搞好优化劳动组合的基础上，1994 年开始在全局逐步实行会员劳动合同化管理。

3. 通过调整组织机构，减少管理层次，“八五”期间局、厂两级机关机构要压缩 20% 以上。

4. 通过调整队伍结构，精干和提高主体队伍，“八五”期间从主体队伍中分离 7000 人从事第三产业，发展多种经营，并使主体队伍一、二、三线职工比例分别达到 37%、38% 和 25%。

5. 改进劳动力宏观控制办法，严格控制新增职工，“八五”期间全局职工人数年平均增长率控制在 4% 以内。

6.“八五”期间主要专业队种劳动效率在现有基础上年平均提高 5% 以上；到“八五”末，主体队伍全员劳动生产率在“七五”末实际水平基础上翻一番。

二、开展优化劳动组合

（一）优化劳动组合的主要内容

优化劳动组合要围绕优化组织机构，优化岗位、优化人员配置三个方面开展工作，其重点是优化组织机构。

1. 优化组织机构。

2. 优化岗位。

3. 优化人员配置。

（二）优化劳动组合的主要程序

1. 优化组织机构。根据生产规模及工作任务，本着机构不重叠、职责不交叉、工作满负荷的要求，科学合理地设置机构。

2. 做好基础工作。在合理调整组织机构的基础上，根据满负荷工作的要求，确定先进合理的定额定员标准，对标准水平偏低的要组织修订，提高水平。对没有标准的要按先进合理的原则组织补充制定。要按不同岗位，不同工种的要求，制定岗位规范标准，为合理配置劳动力提供科学依据。

3. 搞好考核、确认上岗资格。各单位要严格按照岗位规范标准对职工进行培训考核。根据技术业务、劳动态度等方面的考试、考核结果，确认上岗资格。考试考核不合格者，不能参加组合。

4. 择优上岗。根据“机会均等、平等竞争、公开组合、择优上岗”的原则，按“先机关后基层、先干部后工人、先二、三线后一线”的顺序，层层组合、择优上岗。建立起“上岗、试岗、待岗”的动态组合制度。

5. 签订上岗合同。择优上岗人员必须与单位签订上岗合同，实行岗位合同化管理制度。上岗合同的主要内容是：双方应承担的义务和责任、合同期限、劳动报酬、奖惩标准、违反合同的处理等。

6. 妥善安置未被组合人员。按照“先开渠、后放水”的原则，把暂时未被组合的人员从岗位上撤下来加强管理，巩固优化劳动组合的成果，建立内部劳务市场，促进人员的合理流动。劳务市场由局、厂两级共同管理。

对未被组合人员的安置要贯彻以内部消化为主的原则，首先在本单位内部妥善安置。安置富余人员的主要途径是：

（1）扩大就业门路，新建、扩建生产项目，充实新的生产岗位；

（2）发展集体经济，从事多种经营或第三产业；

（3）顶替计划外用工和计划内临时工；

（4）组织横向联营劳务承包或劳务输出；

（5）组织转岗培训，引导重新上岗；

（6）对距规定退休年龄相差五年以内的职工，经本人申请，单位批准可以实行企业内部退养，按退休规定发给本人工资一定比例的生活费，也可以办理提前退休手续；

（7）经单位批准，允许辞职或退职，并可依据其工龄长短，一次性发给补助费。

（8）现在册的固定职工，在未实行全员劳动合同制前，经组织批准可以停薪留职，停薪留职期间按停薪前本人工资总额的 25% 交纳留职管理费，并按 15% 的标准交纳养老保险金。实行全员劳动合同制后，不再办理停薪留职。

（9）内部待业，待业一年内发给本人基本工资的 50% ～ 70% 的生活费，一年后仍达不到上岗条件的，有单位比照现行劳动合同制工人待业保险金标准发给生活费。对不服从临时安置及个别表现不好，符合《企业职工奖惩条例》和《国营企业辞退违纪职工暂行条例》有关规定的职工，单位可作辞退、除名或开除处理，但应按规定程序办理。

（三）开展优化劳动组合要注意的几个问题

1. 要处理好优化劳动组合与稳定一线的关系。必须保证一线队伍的相对稳定，严格控制一线人员流失和生产技术骨干的随意流动，使全局主体队伍特别是野外队种必须得到优化和加强。

2. 对老职工及因工致残和患职业病的职工要给予适当照顾，妥善安置。对“孕、产、哺乳”三期女职工在优化劳动组合中，也可以允许一至三年的长假。

3. 要坚持公开组合，实行民主监督。要做到优化劳动组合方案公开，岗位标准公开，考核评定结果公开，增强政策的透明度，要始终发扬民主，重要决策应提交职工代表大会审议通过，充分发挥广大群众的监督作用。

4. 要引入竞争机制。在政策面前人人平等，打破干部与工人的界限，符合条件的工人可以通过公平竞争成为管理人员或专业技术人员，管理人员和专业技术人员未被聘用的也可以当工人，使全体职工在同等条件下以均等机会、平等竞争、择优上岗。

5. 要做到动态组合。不能一次组合定终身，对已上岗的和未上岗的人员都要进行定期考核。已上岗职工如不能胜任本职工作，完不成生产（工作）任务，应予解除上岗合同及时下岗；未上岗人员如考核合格，可以重新参加组合。

三、推行全员劳动合同制

全员劳动合同制是企业与全体职工在平等自愿、协商一致的基础上，通过签订劳动合同，明确双方责、权、利，以法律形式确定劳动关系，并依照合同进行法制管理的新型用工制度。实行劳动合同制有利于调动职工积极性，提高劳动效率。

玉门石油管理局医疗制度改革方案（摘录）

玉油局字（92）第 279 号

一、基本原则

企业医疗制度改革是企业总体配套改革的一个重要组成部分，关系着每个职工的切身利益，关系到社会主义制度优越性的体现。因此，改革现行医疗制度的基本原则，是把保障职工的身体健康放在首位，在适度启用经济手段，推行部分医疗费与个人利益挂钩的前提下，逐步完善企业劳保医疗制度。达到管好经费，堵塞漏洞，克服浪费，有效治疗；保证健康，有利生产；在逐步改善医疗条件的基础上，把油田劳保医疗事业越办越好的目的。

二、基本形式

1. 管理体制。根据专业化管理的要求和我局医疗卫生的实际情况，局卫生处、局职工医院仍实行处院合一的组织形式，职工医院实行院长负责制。局属各单位的卫生所（站）业务归口卫生处统一管理。局厂两级医疗机构所需的医疗器械、药品等由局职工医院统一采购、发放。职工医院除按规定掌握使用全局各单位缴纳的劳保医疗费外，管理局将分年核定承包指标，给予适当投入，并按局定考核指标奖惩兑现。

2. 医疗制度。推行部分医疗费与职工个人利益挂钩办法，实行就医少量收费的制度。

三、具体办法

1. 职工（包括局属集体所有制单位的职工。下同）因病到局职工医院就诊，其发生的医疗费用按下列情况收费：

挂号：正常诊疗挂号费 0.3 元；急诊挂号费 0.5 元；专家门诊（副主任医师以上）挂号费 1 元。

门诊：职工按医疗费的 15% 收费；职工供养直系亲属（随职工在本企业生活区居住。下同）按医疗费的 50% 收费。

住院：职工因病在本局医院住院，按医疗费的 10% 收费；职工供养直系亲属按医疗费的 50% 收费。

上述收费，均由个人自理。局外人员一律收取全额医疗费。

2. 职工因病在本局医院（卫生所、站）就医，一年内所发生的自费医疗费（高新技术检查费除外）累计超过 200 元以上（不含 200 元）时，其超出部分免收医疗费。

3. 职工患职业病（按 1987 年 11 月卫生部【职业病范围和职业病患者处理办法的规定】所列范围）、肺结核病、癌症、精神病所发生的医疗费实报实销。上述疾病的确定由卫生处工业卫生职业病防治所、结核病防治所、职工医院医务科诊断审定，并经部门主管和处院领导签字为准。

4. 凡男、女职工实行计划生育或节育措施，或者由于采取节育措施所引起的并发症（经有关部门确诊），所发生的医疗费，按 100% 由职工医院直接核销。

5. 职工因公负伤所发生的医疗费由事故单位负担。

6. 职工出差、探亲和疗养期间患急性病住院治疗者，凭乡镇以上医院诊断证明、病历、发票及收费清单（高新技术检查费除外）在职工医院报销 90%，个人自负 10%；零星医疗费凭诊所处方发票在本单位报销 85%，个人自负 15%，报销金额由各单位严格掌握。

7. 严格控制外出诊疗疾病。由职工医院根据病情决定转院治疗的职工或供养直系亲属按本局职工医院治疗收费规定执行。未经医院批准，外出治疗所发生的医疗费用，全部由个人承担。

8. 职工及职工供养直系亲属个人发生醉酒、打伤、自杀、服毒等所发生的医疗费用一律全额收费。

9. 离退休职工就医治病，凭离退休证明予以免费。

10. 技术学校学生因病在局职工医疗就医按 50% 收取医疗费；因工负伤时，医疗费用按职工因工负伤之规定办理。

11. 各厂矿卫生所（站）一律按本规定执行。

四、医疗经费的筹措及使用

本着“提取于企业，用之于职工”的原则，医疗经费实行全局统筹统管。其主要来源是：

1. 各单位（包括多种经营系统的全民、集体职工）以工资总额为基数，按照国家规定的比例足额提取的医疗费，除本单位自留 0.5% 外，其余部分按月（当月 30 日前）缴局职工医院统一管理使用。

2. 离退休人员的医疗费在营业外开支。

3. 挂号费收入及收取职工、家属的自费医疗费。

4. 参加新区会战的单位按参战职工工资总额的 3.5% 向老区职工医院提交医疗费。

为保证医疗经费及时、足额到位，局卫生处有权定期对各单位医疗经费缴纳情况进行监督检查，发生迟交或未足额缴纳情况，未缴够的要补足，对迟缴的，局职工医院有权按单位应缴额的 2‰（每日）收取滞纳金。

各卫生所（站）所需的医疗经费由职工医院按规定核拨；在诊疗过程中所收取的各种费用按季上缴职工医院。

玉门石油管理局深化住房制度改革实施意见（摘录）

玉油局字（97）第 163 号

一、改革的根本目的和近期任务（略）

二、全面推行公积金制度

4. 局属各单位在职职工，均应按照“个人存储、单位资助、统一管理、专项使用”的原则交纳住房公积金。从本意见实施之日起，我局所有在职职工（包括局驻外办事机构、离退休基地的在职职工）均实行住房公积金制度。

5. 住房公积金的交缴基数为职工个人的月工资总额（包括技能工资、岗位工资、地贴、生活补贴），由职工个人及其所在单位，各按职工个人月工资总额的 5% 逐月交存，归个人所有，存入个人公积金账户。为了便于操作和管理，公积金规定分档缴纳。职工退休、调离管理局或去世时，本息余额一次结清，按有关规定退还职工本人或继承人。

6. 职工个人的月工资总额以上年末职工个人的月工资总额为准。工资总额每年核定一次。职工的住房公积金本息免征个人所得税。

7. 公积金主要用于职工购、建及大修住房，职工购、建及大修住房时可使用本户成员积累的住房公积金，因资金有限者可申请购、建房抵押贷款。公积金要专款专用，严禁挪作他用。

三、分阶段逐步加大租金改革力度

8. 随着职工收入的不断增加和住房条件的不断改善，租金改革的力度要逐年加大，到 2000 年，住房租金原则上应达到占职工家庭年平均工资的 15%。

9. 公有住房提租采取分步实施的办法。第一步，从 1993 年 11 月 1 日起，平均每平方米使用面积月租金 2.01 元，租金水平达到占双职工家庭平均工资的 12.6%；第二步，1998 年，住房租金提高到占双职工家庭平均工资的 14.5%；第三步，2000 年提到占双职工家庭平均工资的 15%。

10. 租房控制面积。工龄在 19 年（含 19 年）以内的承租户，其租房使用面积控制在 42 平方米以内（含 42 平方米）；工龄在 20 年（含 20 年）以上的承租户，其租房使用面积控制在 47 平方米以内（含 47 平方米）；单身职工及独居的职工遗孀其租房使用面积控制在 35 平方米以内（含 35 平方米）。

11. 实行超标加租。对超其控制面积的承租户实行分段累进计租的办法。超标 5 平方米以内，加收 50% 的租金；超标 6 ～ 10 平方米，加收 100% 的租金；超标 11 平方米以上加收 200% 的租金。

12. 重新建立健全租赁合同制度。明确租赁期限及双方的权利和义务，住户必须交纳租赁保证金，方可取得租用权，并按标准交纳租金。

13. 从本意见实施之日起，除享受租金减免的住户和没有稳定经济来源的职工遗孀外，其他所有承租户均按每平方米使用面积 20 ～ 50 元的标准缴纳租赁保证金。保证金一次付清，享有低惠，在双方租赁关系终止时，本息一次退还本人。

14. 实行房改后，由于提租幅度比较大，离休干部、军烈属、困难户、工伤户等，在规定的住房标准面积内，其住房租金仍按玉油局字（93）257号、玉油局字（94）045号及玉油局字（94）228号文件中规定的减免政策及程序适当给予减免。

15. 租金收入由局住房资金管理中心统一管理，纳入住房维修基金，专项用于住房维修。

四、稳步出售公有住房

16. 出售范围：除危房、有争议的住房、政府或管理局列入城区改造、厂区扩建计划的住房不能出售外，其他住房均可出售。

17. 出售对象：凡属我局成家的在职职工、离退休人员及40岁以上的单身职工均可购买住房。

19. 控制面积：按建筑面积计算，职工工龄在19年（含19年）以内，其住房面积控制在58平方米以内（含58平方米），工龄在20年（含20年）以上，其住房面积控制在65平方米（含65平方米）以内；处级（包括副高工、享受处级待遇的离休人员）干部住房控制在85平方米以内；局级（包括正高工）干部住房控制在105平方米以内。超面积住房者，超出部分按售房当年市场价计价，并不享受任何折扣。

五、多方筹集资金，加快经济适用住房的建设

29. 经济适用住房是指为加快解决中低收入家庭的住房问题，采取行政划拨土地、减免有关税费、降低造价等措施，建设具有社会保障性质的住房。它对于加快解危解困，改善职工居住条件，保证职工队伍稳定，具有重要的作用。

30. 开发经济适用住房，根据国家和甘肃省、酒泉地区的有关政策，按零税率计征固定资产投资方向调节税；经营经济适用住房的收入免交营业税、所得税；个人购买经济适用住房免交房产税和一次性契税；建设经济适用住房免交城市基础设施配套费、水电增容费等费用；经营经济适用住房的单位减半收取管理费；承建经济适用住房的施工单位一律按四类取费标准计费；接成本价出售经济适用住房免交房产交易费。从各方面、各个环节上降低住房的成本造价。

六、加强领导、严肃纪律、积极稳妥地深化住房制度改革

31. 我局职工普通住宅建设应列入经济适用住房的建设项目，要与当地政府协商，在政策上给予支持，分批分期在玉门或省内其他地方修建一些向职工出售的经济适用住房，改善职工的居住条件，加快住房商品化的进程。

玉门石油管理局深化职工养老保险制度改革实施方案（摘录）

玉油局字（96）第197号

一、改革的目的（略）

二、改革的主要内容和措施

（一）养老保险的范围

局属各单位和由其独资、合资开办并配备职工队伍的各种经济类型的单位，均属于我局职工养老保险制度改革的范围。

养老保险对象是上述单位向劳动合同制职工以及已离、退休（退职）人员。

与用人单位签订劳动合同的其他各种用工人员，由用人单位为其建立养老保险，并由局统一组织统筹，依照本方案实施。

（二）基本养老保险费用的筹集

基本养老保险费用由国家、单位和个人三方共同负担。

1. 个人缴费

个人缴费的比例，在改革起步时，职工按个人缴费工资基数2%缴费。以后原则上每满二年提高一个百分点。一般达到个人账户养老保险费的50%，已经离、退休（退职）的人员个人不缴费。

个人缴费的工资基数按职工本人上一年度月平均工资计算。职工个人月平均工资超过全局职工月平均工资 300%，将全局职工月平均工资的 300% 作为个人缴费工资基数，超过 300% 的部分不计入个人缴费工资基数；职工个人月平均工资低于全局职工月平均工资 60% 的，以全局职工月平均工资的 60% 作为个人缴费基数。月平均工资是指按国家统计局规定，列入工资总额统计的项目，包括工资、奖金、津贴、补贴等工资性收入之和。未列入工资总额统计的其他收入，不作为个人缴费的基数。

2. 单位缴费

各单位按统筹范围职工上年度缴费工资总额的一定比例缴费。其中，在改革起步时，基本养老保险个人账户中单位缴费按个人缴费工资基数 8% 的比例划转记入。

为顺利度过人口老龄化高峰，统筹率按部分积累制的筹资模式进行确定，积累金按统筹范围职工上年度缴费工资总额 1% 专项提取存储。

3. 国家对养老保险基金的支持

单位缴纳的基本养老保险费在税前列支，个人缴纳的基本养老保险费适用于国家有关免征个人所得税费的规定。

单位和个人缴费之和形成职工基本养老保险基金。此项基金一部分上交总公司，一部分由局社会保险部门在国家银行设立专户存储，并按总公司规定下达的统筹项目，由局进行统一管理，保证支付。

（三）建立基本养老保险个人账户

1. 局社会保险部门、各单位劳资部门要按照国家统一规定的社会保障号码，为参加基本养老保险的人员每人建立一个终身不变的基本养老保险账户。个人账户要准确记载个人在职期间逐月缴费数额、单位缴费划入数额、记账利息和积累储存款，每年至少与职工本人核对一次。

2. 基本养老保险个人账户，按职工缴费工资基数 10% 的费率逐月记入存储，其中：

（1）职工本人缴纳的养老保险费，全部记入；

（2）单位缴纳的养老保险费按个人缴费工资基数的一定比例划转记。

随着个人缴费比例的提高，从单位划转记入的比例相应降低，其总和不变。

3. 基本养老保险个人账户的储存额按国家银行同期居民一年定期存款利率和“养老保险基金保值率”分别计算利息，其中，“养老保险基金保值率”原则上根据系统职工上一年度平均工资增长率，由总公司确定后，局每年初公布一次。利息每年计算一次，并入个人账户。

4. 职工在局内及总公司系统内变换工作单位，只转移养老保险关系，不变换个人账户。职工由于各种原因中断工作的，其个人账户予以保留。职工在调动或中断工作前后个人账户的储存额，可以累计计算，不间断计息。到了法定退休年龄按规定享受退休待遇。

职工跨系统调动，其基本养老保险各个人账户储存额如何转移，按国家统一规定执行。

5. 职工基本养老保险个人账户的储存额，只能用于职工本人退休后定期支付养老金，不能提前支取，不许挪作他用。

6. 职工退休后，个人账户储存额领取完毕时，由局统一在单位基本养老保险基金中继续支付其养老金，直至死亡。职工在退休前或退休后死亡，其个人账户的储存额尚未领取或尚未领取完的，可将其中个人缴费部分全部发给职工指定的受益人或法定继承人，从单位养老保险费划转记入的部分，归还单位基本养老保险基金。

（四）改革基本养老金计发办法

职工到达法定退休年龄，凡个人缴费累计满 15 年或本方案实施前参加工作，连续工龄（包括缴费年限）满 10 年的人员，均可按月领取养老金。计发办法是：

石油系统养老金：根据总公司统计的石油系统全部职工上年度月平均工资的 25% 左右和我局的现行工资类区关系计发。

个人账户养老金：按职工个人账户的全部储存额除以 120 计发。

1. 老人老办法。本方案实施前已退休的职工，仍按国家、总公司及我局的现行规定计发养老金。同时享受本方案规定的养老金调整待遇。

本方案实施前参加工作、实施后五年内达到规定年龄退休的职工，也按现行办法计发养老金。

2. 新人新办法。本方案实施后参加工作的职工，将来退休时，一律按改革后的办法按月计发养老金。

计算公式为：

月基本养老金 = 石油系统养老金 + 个人账户储存额 ÷120

3. 中人中办法。本方案实施前已参加工作，实施五年后达到规定年龄退休的职工，也按改革后的办法按月计发养老金。其中，个人账户储存额应乘以一定的系数，计算公式为：

月基本养老金 = 石油系统养老金 + 个人账户储存额 × 系数 ÷120

设置系数是为了推算出职工全部工作年限的个人账户储存额，做到新老办法的平衡过渡。系数根据全部工作年限、缴费年限和新老计发办法相衔接的需要来调整。

4. 职工的退休年龄按现行规定不变。对国家规定可以提前退休的，如从事高温、低温、高空井下、有毒、有害工作和特别繁重体力劳动的职工，仍可按国家规定的退休年龄执行。退休时按本办法计发基本养老金。

5. 本方案实施后，职工获得劳动模范等称号时，由奖励单位给予一次性奖励或为其办理补充养老保险，退休时不另外提高基本养老金计发标准。对本方案实施前，已获得国家规定可享受养老保险优惠待遇的劳动模范等称号的职工，退休时仍保留优惠待遇。

6. 本方案实施前参加工作、连续工龄（包括缴费年限）不满 10 年，或者本方案实施后参加工作、个人缴费累计满 15 年，达到退休年龄的人员，石油系统养老金按缴费每满一年发给相当于 1.5 个月全部石油系统职工平均工资的养老金，一次付清。个人账户养老金按个人账户的全部储存额一次性支付给本人。同时，终止养老保险关系。

7. 符合离休条件的人员，其离休待遇仍按国家和总公司及局现行规定执行。

四、本方案从 1996 年 1 月 1 日起试行。

五、本方案实施后，凡以前规定与此不符的，均按本方案执行。

玉门石油管理局　玉门油田分公司住房分配货币化实施方案（摘录）

玉油局字［2005］53 号

一、指导思想、目标和基本原则（略）

二、住房补贴的发放

（一）住房补贴对象的认定

1.2001 年 12 月 31 日住房普查时无房和住房未达标职工（含在册职工、离退休人员和 1998 年 12 月 31 日以后与本企业有偿解除劳动关系人员）列为住房补贴对象。

无房职工是指职工及其配偶（指职工），既未以房改成本价或标准价购买公有住房，也未以规定的普通公有住房租金标准承租公有住房的职工。

住房未达标职工是指职工以房改成本价或按规定的普通公有住房租金承租的公有住房建筑面积，未达到集团公司规定的住房补贴建筑面积标准的职工。

2.1998 年 12 月 31 日以后去世的在册职工和离退休人员中的无房和住房未达标人员，列为住房补贴对象。此前去世的不列为住房补贴对象。

3.1998 年 12 月 31 日以后有偿解除劳动关系的无房和住房未达标人员，列为住房补贴对象；此前有偿解除劳动关系的不列为住房补贴对象。

（二）住房补贴建筑面积标准：一般职工 60 平方米；科级干部 70 平方米；副处级干部 80 平方米；处级干部 90 平方米；副局级干部 105 平方米；局级干部 120 平方米。

专业技术人员和技术工人参照标准如下（下同）：

一般干部，初级专业技术人员，初、中、高级技术工人和技师参照一般职工。

中级专业技术人员，高级技师和工龄 25 年（含 25 年，计算到 1998 年 12 月 31 日）以上的普通职工参照科级干部。

副高级专业技术人员参照副处级干部。

正高级专业技术人员参照副局级干部。

（三）职工现住房建筑面积按建设部有关规定核定。

（四）职工住房补贴构成：职工住房补贴包括基本补贴和工龄补贴。

1. 基本补贴以企业所在地上年公布的经济适用住房价格（元 / 平方米）减去房改成本价（元 / 平方米）除以 2 测定。

基本补贴额 =（经济适用住房价格 − 房改成本价）÷2

经集团公司房改办审定，玉门油田所在地 2001 年经济适用住房价格为 1080 元 / 平方米；玉门油田停止住房实物分配前向职工出售公有住房的房改成本价为 498 元 / 平方米；基本补贴额为 291 元 / 平方米。

2. 工龄补贴按年度工龄补贴［元 /（年 · 平方米）］与建立住房公积金制度前职工工龄的乘积计算。

工龄补贴额 = 年度工龄补贴 × 建立住房公积金制度前职工工龄

年度工龄补贴统一确定为每年每平方米建筑面积 10 元。

三、住房补贴计发办法

住房补贴按 25 年计算，累计发放年限最长为 25 年（300 个月）。

（一）1998 年 12 月 31 日（含）以前参加工作的无房职工（简称无房老职工），其 1998 年 12 月 31 日以前工作年限内的住房补贴采取一次性计发方式，计入职工个人账户；其 1999 年 1 月 1 日以后工作年限内的住房补贴，按月发放给本人。

一次性住房补贴额 =（基本补贴额 + 工龄补贴额）× 住房补贴建筑面积标准 ÷300 个月 × 职工 1998 年底前工作月之和

月住房补贴额 =（基本补贴额 + 工龄补贴额）× 住房补贴建筑面积标准 ÷300 个月

（二）住房未达标职工住房补贴额 =（基本补贴额 + 工龄补贴额）×（住房补贴建筑面积标准 − 现住房建筑面积）

（三）1999 年 1 月 1 日以后参加工作的职工（简称新职工），从参加工作的次月起住房补贴按月计发给本人。

月住房补贴额 = 基本补贴额 × 住房补贴建筑面积标准 ÷300 个月

（四）离退休人员的住房补贴，按无房老职工和住房未达标老职工的补贴办法，一次性计发给本人，工龄按退休前的实际工龄计算。

（五）1998 年 12 月 31 日（含）前参加工作的职工，2001 年 12 月 31 日以后职务晋升的，一次性计发级差补贴。

级差补贴 =（基本补贴额 + 工龄补贴额）×［晋升后住房补贴建筑面积标准 −（现住房建筑面积 + 已享受的住房补差面积）］

其中：基本补贴额按职务晋升当年的相关标准计算。

（六）1999 年 1 月 1 日以后参加工作的职工，职务晋升后，按新的住房补贴面积标准相应调整月补贴额，在职务晋升后次月按月计发给本人。

（七）企业发给职工的一次性住房补贴，可以根据资金落实情况，一次或分期支付。

三、党的建设、思想政治工作及精神文明建设相关办法辑录

玉门石油管理局基层建设实施意见（摘录）

一、基层建设的重要意义、总体思路和主要目标

1. 加强基层建设的必要性和紧迫性。

2. 基层建设的总体思路：以邓小平理论和“三个代表”重要思想为指导，以科学的发展观为统领，以加强基层领导班子和党组织建设为核心，以构建基层建设的长效机制为保障，以落实岗位责任制为先导，以提高员工整体素质为根本，以增强工作责任心为灵魂，以提升经济效益为主题，以实现企业与员工的和谐统一发展为目标，坚持以人为本、统筹协调，坚持继承创新、与时俱进，全面加强基层建设，为建设具有国内外竞争力的成长型企业提供不竭的动力源泉。

3. 基层建设的主要目标：努力把基层车间（队、站）建设成为班子好、队伍好、工作机制好、骨干作用发挥好、管理工作好、经济效益好的“六好”过硬团队。经过一到两年的努力，全局过硬基层达到 30% 以上；一类基层达到 60% 以上；减少二类基层，不出现三类基层。

二、基层领导班子和党支部建设

4. 加强基层领导班子建设。

5. 加强基层党支部建设

三、强化班组和岗位建设

6. 至 9.（略）

四、大力加强以岗位责任制为中心的基层基础管理

10. 全面修订完善岗位责任制。

11. 全面推行以 HSE 为重点的体系管理。

12. 加强安全生产管理。

13. 加强环境保护管理。

14. 加强职业健康管理。

15. 加强全面质量管理。

16. 加强生产运行管理和现场标准化管理。

17. 加强设备维护管理。

18. 加强基层成本管理，广泛开展资源节约活动。

19. 加强基层基础资料管理，推进基层信息化建设。

五、加强基层队伍建设，不断提高员工队伍基本素质

20. 科学设置基层组织机构，合理配备人员。

21. 完善基层员工调整补充和退出机制。

22. 依法规范对市场化用工的管理。

23. 加强基层骨干队伍建设。

24. 强化全员培训。

25. 严格落实持证上岗制度。

26. 完善基层分配激励机制。

六、加强基层企业文化建设

27. 积极倡导先进的企业文化理念。

28. 塑造良好的企业形象。

29. 丰富基层员工文化生活。

七、加强基层思想政治工作和精神文明建设

30. 强化基层员工的思想道德教育。

31. 创新基层思想政治工作的方式方法。

32. 深入开展群众性精神文明创建活动。

33. 加强基层民主管理，维护员工合法权益。

34. 充分发挥群众组织的作用。

35. 改善基层员工工作、生活条件。

玉门石油管理局基层思想政治工作规范（摘录）

一、基层思想政治工作的基本内容

1. 进行以党的基本理论、基本路线、基本方针为核心内容的社会主义教育。

2. 进行社会主义市场经济知识教育。

3. 进行爱祖国、爱油田、爱岗位为基本内容的“三爱”教育。

4. 进行思想道德教育。

5. 进行艰苦创业教育。

6. 进行形势任务教育。

7. 进行民主与法制教育。

8. 围绕改革、生产、经营、管理、分配及职工生活中出现的思想问题和实际困难，做好理顺情绪、化解矛盾、协调关系等日常思想政治工作，使职工能够以饱满的热情，积极的态度完成各项生产任务。

二、基层思想政治工作的基本方法

1. 抓思想从改革和生产经营出发的方法。

2. 抓热点、抓难点的方法。

4. 以身作则、率先垂范的方法。

5. 典型示范的方法。

6. 健全思想政治工作制度的方法。

7. 解决思想问题与解决实际问题相结合的方法。

8. 谈心家访的方法。

9. 寓教于乐的方法。

10. 总结评比的方法。

三、基层思想政治工作的基本制度

1. 理论学习制度。

2. 目标管理制度。

3. 思想分析制度。

4. 干部参加劳动制度。

5. “一岗两责”制度。

6. 检查总结制度。

四、基层思想政治工作标准

1. 车间、队（站）思想政治工作标准

（1）领导班子建设好。坚持学政治、学技术、学管理，精通业务、干好本职，严于律己、廉洁奉公，作风民主、团结协作。

（2）生产经营管理好。严格执行各项规章制度，文明生产，安全生产，无重大事故；加强基础工作，搞好岗位建设；全面完成各项生产经营任务，加强管理，提高效益。

（3）党支部建设好。加强党支部思想、作风和组织建设，认真贯彻执行党的路线、方针、政策，坚持党支部“三会一课”制度，发挥党支部的战斗堡垒作用；加强对党员的党性、党纪和党风教育，党员中无违纪行为，在改革和生产建设中发挥党员的先锋模范作用。

（4）群众组织工作好。工会、共青团、女工等群众组织围绕本单位的工作重点，独立自主，创造性地开展工作。各项制度健全落实，能经常开展形式多样的群众性活动，促进各项任务完成。

（5）理论学习好。组织职工认真学习马列主义、毛泽东思想，特别是邓小平理论，学习党的路线方针政策和时事政治，完成系统政治理论培训计划。学习出勤率达到 90% 以上，坚持率达到 95% 以上。

（6）思想工作好。思想政治工作制度健全，内容落实，一人一事的思想工作入班组、到人头，调动职工积极性，增强队伍凝聚力。

（7）骨干作用发挥好。以“三委六长”为主体的日常思想政治工作队伍，以党员、老工人、先进模范人物和技术人员为主的传帮带队伍，以通讯员为主的新闻宣传队伍和文体骨干队伍健全，积极主动开展工作，发挥带头作用。

（8）宣传工作好。定期办好黑板报、宣传栏，经常向广播、电视、报纸投稿，完成上级交给的宣传工作任务。

（9）文化生活好。经常开展文体活动，职工业余文化生活丰富多彩；关心职工生活，解决职工具体困难。

（10）内部治安好。治安保卫工作制度健全，责任落实，措施具体，设施完好，奖罚分明，不发生治安案件和刑事案件。

2. 班组（岗位）思想政治工作标准

（1）政治思想好。班组成员能认真学习党的基本理论、基本路线、基本方针和时事政治，不断提高思想政治素质，树立正确的世界观、人生观、价值观。

（2）团结协作好。班组成员之间团结友爱，尊师爱徒；以岗为家，关心集体；取长补短，互相帮助；具有奋发向上，勇于奉献的良好班风。

（3）骨干作用发挥好。班组（岗位）长、党团员要模范地执行“一岗两责”，工作中以身作则，身先士卒；生活中关心同志、助人为乐；能够赢得班员的支持与信赖。

（4）思想工作好。善于开展批评与自我批评，民主空气浓厚，出现的一般思想问题不上交，一般生活困难问题能在班内解决，班组人员思想稳定。

（5）经济效益好。安全生产、文明操作，眼睛向内、自觉挖潜，勤俭节约、增收节支，完成各项生产任务和经济技术指标。

（6）技术素质好。积极学习科学文化知识，钻研业务技术，开展岗位练兵，熟练掌握生产工艺和操作流程，达到职业技能鉴定的标准和要求。

（7）宣传工作好。能利用广播、电视、《石油工人报》、黑板报等宣传阵地，及时宣传班里的好人好事，搞好宣传鼓动工作，激发大家的工作热情。

（8）治安工作好。严格执行各项规章制度，班组成员无黄、毒、赌现象，无刑事案件发生，无斗殴、盗窃等违法违纪行为。

五、党支部在思想政治工作中的地位、作用和职责

1. 党支部的地位和作用。党支部全面负责本单位思想政治工作和精神文明建设，积极宣传党的路线、方针和政策，保证上级决定、决议和工作部署在本单位的贯彻落实，动员职工完成双文明建设任务。

2. 党支部在思想政治工作中的职责。

（1）负责制定基层思想政治工作和精神文明建设规划。订出切实可行的长期、中期、近期和奋斗目标，并认真组织实施。

（2）抓好领导班子的思想建设、作风建设、廉政建设，保证和监督基层干部正确履行职责。

（3）有计划地组织职工理论学习，努力提高职工的思想素质，增强职工主人翁意识，调动职工积极性。

（4）指导、协调行政和群众组织根据各自的特点开展思想政治工作，发挥四支骨干队伍的积极作用。

（5）密切联系群众，关心群众生活，及时了解职工工作、学习、生活上的困难，倾听群众的呼声和意见，接受群众的监督，尽力解决群众的实际困难。

（6）动员职工完成改革和生产经营等各项任务，发动党员做思想政治工作，发挥党支部的战斗堡垒作

用和党员先锋模范作用。

六、基层行政技术干部、群众组织和班组长在思想政治工作中的职责

1. 行政、技术干部在思想政治工作中的职责。配合党支部做好职工思想政治工作，坚持“一岗两责”，重视并带头做好改革、生产、管理全过程中的思想政治工作，行政领导要检查督促行政技术干部做思想政治工作，要尊重职工的主人翁地位和民主权利，关心职工切身利益，及时解决实际困难。

2. 工会组织的作用。在党支部统一领导下，组织职工参与民主管理和民主监督，维护职工主人翁地位和合法权益；组织开展群众性的劳动竞赛和提合理化建议活动；办好职工之家，开展形式多样的文体活动，活跃职工的业余文化生活。

3. 共青团组织的作用。根据党组织的中心工作，开展适合青年特点的各类活动，引导青年树立正确的世界观、人生观和价值观；加强团组织的思想、组织、作风建设；团结和带领青年在各项工作中发挥青年突击队的作用。

4. 班组长的作用。熟悉班组成员基本情况；及时掌握班组成员思想状况和情绪波动，主动做好思想政治工作，带领全班完成各项生产任务。

七、企业党政组织对基层思想政治工作的领导和支持

1. 局厂党政组织要始终坚持两手抓，两手都要硬，把思想政治工作列入重要议事日程，制定措施，抓好落实。要把思想政治工作的成效作为考核党政领导政绩的一个重要标准，大力表彰和奖励在思想政治工作方面做出突出贡献的单位和个人，通过有效地组织保证和引导，促进双文明建设协调发展，共同进步。

2. 厂处党委和思想政治工作主管部门，负有领导、协调思想政治工作的责任，要结合实际，加强指导，支持基层单位创造性地开展工作。

3. 要保证思想政治工作必要的投入，把所需的日常经费列入单位财务计划，不断加强宣传思想文化设施的建设。

4. 上级部门要加强对基层思想政治工作的调查研究，及时总结、推广基层思想政治工作先进经验，促进基层思想政治工作水平的普遍提高。

八、基层思想政治工作考核

1. 基层思想政治工作考核按照基层思想政治工作标准，实行局、厂两级考核。厂处负责考核车间班组；局对上报局级基层思想政治工作先进集体进行复核验收。

2. 局考核工作由党委宣传部牵头，组织部、局党办、局工会、局团委、综合管理处共同参与进行；厂处考核由各单位主管思想政治工作的部门组织有关部门进行。

3. 局复核验收工作每两年进行一次，对评选审定的思想政治工作先进集体，由局党委、管理局在局思想政治工作会议上，予以命名、表彰，厂处每年对基层思想政治工作考核一次，考核结果应作为评选双文明先进集体的重要依据。

玉门油田分公司（局）思想政治工作考核评估办法（摘录）

一、指导思想和原则

以马列主义、毛泽东思想、邓小平理论和“三个代表”重要思想为指导，按照党的十六届六中全会关于构建社会主义和谐社会的要求，牢固树立科学发展观，坚持“两手抓、两手都要硬”的工作方针，切实加强对思想政治工作的领导；加强思想政治工作制度建设、队伍建设、基础建设；建立和完善思想政治工作的有效运行机制，努力提高思想政治工作的针对性和实效性，确保思想政治工作各项任务落到实处，为老油田持续发展、推进改革、保持稳定，提供强大的精神动力和思想保证。

考核评估工作要坚持客观公正的原则，真实反映和正确评价被评单位的思想政治工作情况；坚持民主公开原则，广泛听取各方面意见，保证考核结果全面、准确；坚持注重实效原则，把重点放在对思想政治工作实绩的考核与评价上；坚持重在建设的原则，边评边改，以评促建，切实推动思想政治工作上水平。

二、对象和内容

思想政治工作考核评估的对象是油田分公司（局）所属各单位。

考核评估的内容主要包括组织领导、制度建设、基础建设、工作落实四个方面。

三、方法步骤

油田思想政治工作考核评估每两年进行一次。考核评估主要通过工作汇报、座谈了解、查阅资料、实地考察、问卷调查、走访员工等方法进行。

考核评估在公司（局）所属各单位自评的基础上进行。先由各单位按照本办法及评估标准进行自评，写出自评报告报油田思想政治工作考核评估领导小组；结合各单位自评报告，油田思想政治工作考核评估领导小组组织对各单位进行考核评估。

考核评估采用百分制，分优秀、合格、不合格三个等次。90 ~ 100 分为优秀，70 ~ 89 分为合格，69 分以下为不合格。

考核结束后，油田思想政治工作考核评估领导小组向各单位反馈考核评估意见。各单位根据油田考核评估小组的意见，总结经验，寻找差距，提出切实可行的整改措施并报考核评估领导小组。油田对考核评估为优秀的单位进行表彰奖励，对考核评估不合格的单位通报批评。

四、组织领导

考核评估工作在公司（局）党委、公司（局）的统一领导下进行，由油田党委宣传部具体负责考核评估的日常工作。

考核工作采取分级负责的办法。油田思想政治工作考核评估领导小组在油田党委的统一领导下，负责对油田各二级单位进行考核评估工作。基层车间、队站的考核评估由各单位党委负责，参照油田考核评估办法进行。

玉门石油管理局关于进一步加强社会主义精神文明建设的实施意见（摘录）

一、社会主义精神文明建设的战略地位

（一）加强社会主义精神文明建设关系到社会主义的兴旺发达。

（二）加强社会主义精神文明建设，是油田深化改革、加快发展、保持稳定的重要保证。

（三）指导思想：根据油田“九五”发展目标和主要任务，我局社会主义精神文明建设必须以马克思列宁主义、毛泽东思想和邓小平理论为指导，坚持党的基本路线和基本方针，加强思想道德建设，发展教育科学文化，以科学的理论武装人，以正确的舆论引导人，以高尚的精神塑造人，以优秀的作品鼓舞人，深入开展“创建文明矿区、创建文明单位、创建文明家庭、争当文明职工”的群众性创建活动，努力培育有理想、有道德、有文化、有纪律的职工队伍，提高全体职工的思想道德素质和科学文化素质，调动职工的社会主义劳动积极性，突出经济效益中心，加快发展步伐，为实现“九五”发展目标而努力奋斗，把实现了再度辉煌的玉门油田带入 21 世纪。

（四）奋斗目标：在全体职工中，牢固树立建设有中国特色社会主义的共同理想，牢固树立以经济建设为中心，坚持党的基本路线不动摇的坚定信念，牢固树立爱国、爱油田、爱岗位的强烈意识；实现以思想道德修养、科学技术水平、民主法治观念为主要内容的职工素质的显著提高；实现以健康向上、丰富多彩、服务职工群众为主要要求的精神文明生活质量的显著提高；实现以社会风气、公共秩序、生活环境为主要标志的矿区文明程度的显著提高；形成两个文明建设协调发展的良好局面，使我局精神文明在甘肃省处于前列。

二、社会主义精神文明建设的指导思想和奋斗目标

三、精心实施精神文明建设的六大工程

（五）支柱工程。用邓小平理论武装教育职工，引导人们树立正确的世界观、人生观、价值观，构筑精神支柱。

（六）凝聚力工程。密切党群、干群关系，创造和谐、团结、向上的氛围，增强企业凝聚力。

（七）楷模工程。热情讴歌油田各行业涌现出来的先进典型，弘扬正气，激励斗志。

（八）成才工程。提高职工队伍的技术业务素质，营造人才脱颖而出的良好环境，造就适应社会主义市

场经济要求的优秀人才和合格劳动者。

（九）文化工程。立足基层，面向群众，大力弘扬主旋律，繁荣油田的文化体育事业。

（十）细胞工程。形成互敬互爱、尊老爱幼的文明家风，塑造两个文明共同进步的班组形象，把社会、企业细胞建设得更加健康。

（十一）加强精神文明的日常建设。“六大工程”是精神文明的系统建设。精神文明的日常建设，由各单位根据局精神文明建设的总体规划，结合单位特点，坚持重在建设的原则，制订好年度或短期工作计划，因地制宜地开展好群众性的精神文明创建活动。

四、加强对精神文明建设的组织领导和基础建设

（十二）加强精神文明建设的领导。建立党委统一领导、党政主要领导亲自抓、各方面分工负责的领导体制，把两个文明作为统一的奋斗目标，一起部署，一起落实，一起检查。要把两个文明建设的实绩作为考核各级领导班子和各级领导干部的基本依据。

（十三）加强思想政治工作。各级党组织要认真贯彻中央宣传部、国家经贸委《关于加强和改进企业思想政治工作的若干意见》，把思想政治工作摆到重要位置，经常研究本单位、本部门的思想政治工作，继承发扬油田思想政治工作的优良传统和方法，探索公有制实现形式多样化过程中思想政治工作的有效途径，切实把思想政治工作落实到基层，增强思想政治工作的实效，促进双文明建设任务的完成。注重政工队伍建设。把政治素质高、事业心和责任感强，热爱政工工作的大中专毕业生充实到政工岗位上来，加强对政工干部的培训提高，锤炼一支政治强、业务精、作风正的政工队伍。

（十四）为搞好精神文明建设，局成立精神文明建设领导小组和办公机构，在局党委、管理局的统一领导下开展工作。

玉门石油管理局文明单位建设实施办法（摘录）

一、文明单位创建标准

（一）领导班子建设好。

（二）党组织建设好。

（三）职工队伍建设好。

（四）生产经营指标完成好。

（五）管理工作好。

（六）思想政治工作好。

（七）群众组织作用发挥好。

（八）精神文明建设活动开展好。

二、文明单位的考核、评比和表彰

（九）文明单位的考核，由局有关职能部门按照《玉门石油管理局厂际竞赛考核办法》（玉油局党字〈93〉45 号文件），对局属各单位每年进行一次。

（十）文明单位的评比认定，由局工会和综合管理处根据考核结果，提出初步意见，报局党委、管理局认定年度文明单位并进行表彰。

（十一）年度文明单位享受局承包责任制兑现奖的头等奖励标准；连续两年保持其荣誉称号晋升为局文明建设模范单位，由局党委、管理局进行表彰奖励。

（十二）各单位可根据本办法，制定车间、队（站）文明单位建设实施办法。

四、重要文稿辑录

1. 重大会议工作报告选编

在玉门油田建矿五十周年庆祝大会上的讲话（摘要）

玉门石油管理局局长黄树德

各位领导、各位来宾、同志们：

今天，我们隆重集会，庆祝玉门油田建矿50周年。在这喜庆的时刻，我代表局党委、管理局，向全局职工、家属、师生表示亲切的慰问和热烈的祝贺！

向长期为我国石油工业和玉门油田的建设发展呕心沥血、运筹帷幄的老领导表示崇高的敬意！

向经常帮助、指导和大力支持玉门油田工作的总公司、省、地、市及兄弟企业的党政领导表示衷心的感谢！

向曾经在玉门油田工作，如今仍在石油系统各兄弟单位为祖国社会主义现代化事业奋勇拼搏的同志们致以战友的敬礼！

此时此刻，我们还要向为建设玉门、发展玉门奉献了毕生精力，如今已长眠在祖国大地上的孙健初、刘长亮、郭孟和等石油老前辈表示深切的怀念。

50年前的8月，位于老君庙北15米处的第一井钻至K油层，揭开了玉门油田的工业开发史。

玉门油田的建矿史，是一部艰苦创业史。50年前，这里是一片人迹罕至的荒山野岭。中国老一辈的地质家和矢志开发祖国石油资源的仁人志士，为兴办玉门油矿倾注了极大的爱国热忱，付出了艰苦的劳动。当年在西河坝土窑洞中住宿，穿老羊皮御寒，靠顿钻打井，挖土坑储油，以“水泡辣子洋芋蛋，黄米稀汤糊糊面”度日的第一代石油工人，在油田回到人民怀抱之后，在中国共产党的领导下，立即肩负起恢复生产，支援解放大军西进和志愿军入朝的重任，进而承担了为共和国建设石油基地的使命。随着石油沟、鸭儿峡、白杨河油田的相继发现和建成，全局原油产量于1959年攻上140万吨，创建矿史上原油年产最高水平。60年代初，祖国石油工业跨入高歌猛进的全面发展时期，玉门油田按照石油工业部领导的指示精神，义不容辞地担负起“大学校、大试验田、大研究场所，出经验、出人才、出技术、出产品”的“三大四出”历史责任，成建制的骨干队伍带着成台套的设备，一批又一批地开赴新油田。当时正值三年困难时期，资金、人员、设备、原材料和生活物资供应严重不足。广大职工不为艰难险阻所动，自觉分担面临的困难，发出了“一不等，二不靠，三不伸手向上要，坚持自己动手来创造”的誓言，百里矿区，到处呈现自力更生干革命，艰苦奋斗闯难关的动人场面；深沟旷野，采油工人背上铺盖，住在井场，以井为家，以苦为乐，日夜精心管理油井；祁连山下，修井工人肩背钢丝绳，土法上马修油井，自觉地吃大苦、出大力；石油河畔，机关干部滚一身泥巴，渍一手油污，和工人群众同甘共苦，并肩战斗；戈壁沙漠，职工家属垦荒种地，誓叫千古荒原变成米粮川。在最困难的时刻，许多同志吃骆驼草以弥补副食品不足，奋力完成组织交给的任务。困难，考验了玉门人的意志；困难，也锤炼了艰苦奋斗的革命精神，它集中地体现为：资金不足，处处勤俭节约的“一厘钱”精神；设备缺乏，自己修造的“穷捣鼓”精神；原材料不足，改制代用的“找米下锅”精神；人员不足，多做贡献的“小厂办大事”精神；修旧利废，变废为宝的“再生厂”精神。凭着这种艰苦奋斗的革命精神和严肃认真的科学态度，我们不仅有效地抑止了油田产量的大幅度滑坡，而且实现了自1969年以来的60万吨连续十年稳产。玉门油田进入后期开采以后，面对新形势下的一系列困难，全局职工迎着困难上，增做新贡献。一方面在老油田上攻坚啃硬，改造挖潜，千方百计抓稳产；一方面，在千里探区摆开战场，争分夺秒勘探新油田；同时，派出车队驰骋千里拉运外购原油，想方设法增加炼量。全局上下围绕提高经济效益这一中心任务大做文章，以勘探、开发、炼油、机械为重点，前线后勤、多种经营一齐上，向生产的深度和广度进军，在改革中取得了引人注目的成绩。我局曾被国家经委通报为全国

64个经济效益好的企业之一，1986年、1987年被列为全国250家经济效益好的企业之一，1988年荣获省级双文明模范单位称号。在生产发展的基础上，全局职工生活普遍改善，十年间，工资总额增长了2.1倍，40%的职工住上了楼房，暖气、电视、自来水基本普及，厂容矿容显著变化，农副业基地不断巩固、发展和提高，祖国第一个天然石油基地在艰苦奋斗中变得更加美丽。

玉门油田解放后的建矿史，是一部坚持四项基本原则史。早在建矿初期，党就关心着玉门油田的筹建。1941年至1942年，党的地下工作者来玉门传播革命火种。1949年9月，工人们成立了护矿自卫队，昼夜在矿区巡逻，挫败了伪矿警队企图炸毁油矿的阴谋，迎接解放大军的到来。这一壮举受到党和政府的高度评价，西北军政委员会特颁发锦旗一面，勉励全矿职工“发扬英勇护厂精神，为祖国建设事业百倍努力”。广大职工在努力恢复发展生产的同时，积极开展镇反和民主改革，以高度的革命警惕，粉碎了国民党特务和现行反革命分子在1950年6月18日妄图炸毁炼厂、烧毁油库、抢劫银行、夺走电台的罪恶阴谋，逮捕法办了主谋分子，保卫了油矿和人民生命财产的安全。血与火的战斗洗礼，使经过新旧社会两重天的玉门石油工人深切地感受到，跟着共产党走社会主义道路，必须坚持无产阶级专政。在建设祖国第一个天然石油基地的火红年代里，党和国家领导人朱德、叶剑英、邓小平、陈云等同志亲临玉门检查指导工作。老一辈无产阶级革命家的谆谆教诲，不仅极大地调动了职工群众的社会主义劳动积极性，而且引导大家把热爱党、热爱社会主义的朴素阶级感情，上升到马列主义、毛泽东思想的理论高度。在毛泽东思想的哺育下，队伍的政治、业务素质显著提高，进而总结了具有鲜明玉门特色的五种企业精神，即：志在戈壁，扎根祁连的艰苦奋斗精神；以岗位家，自觉从严的油田主人翁精神；“三大四出”，无私奉献的顾全大局精神；老矿挖潜，争做贡献的开拓不息精神；干群同心，克己奉公的为人民服务精神。在企业精神的鼓舞和感召下，全局职工聚精会神地致力于社会主义物质文明和精神文明建设，我局被评为省和全国的思想政治工作优秀企业。不久前波及全国的学潮、动乱和首都发生的骇人听闻的反革命暴乱，再次考验了我们。尽管“美国之音”不断造谣，小道消息时有所闻，但是全局各级党组织坚持用《人民日报》4·26社论精神端正舆论导向，以邓小平同志接见首都戒严部队军以上干部时的讲话精神统一思想。职工、家属、师生中没有发生罢工、罢课、游行、静坐的行为，全局保持了良好的生产、工作、生活和教学秩序，主要经济指标完成和超额完成国家计划。作为中国石油工业摇篮的玉门油田的职工，无愧为党和人民完全可以信赖的力量。

一部无私奉献史，一部艰苦奋斗史，一部坚持四项基本原则史，这就是半个世纪以来，特别是解放40年来玉门油田的建矿史，它是一面镜子，鞭策我们反思过去，展望未来。在庆祝建矿50周年的时候，我们要在党的十三届四中全会精神指引下，以党的基本路线为指针，以改革为动力，以尽快实现勘探突破为重点，以油田稳产上产为基础，以找油、采油、炼油为主要经济支柱，发展机械制造、水电运输、多种经营、石油化工和外贸创汇，依靠科技进步，强化企业管理，使全局经济稳定、持续、协调发展。在“八五”期间，实现勘探、油田、经济三个良性循环，使企业摆脱困境，走上自我完善、自我发展的轨道，争取早日实现玉门油田的“东山再起”，努力把玉门油田建成“上下游统一经营、协调发展的石油和石油化工基地”。我们殷切希望经验丰富、德高望重的老领导、老前辈继续予以帮助、指导；我们竭诚期望兄弟单位继续从各方面予以协助、支持和合作；我们希望勤劳一生、成绩显著的“老玉门”，以“老骥伏枥，志在千里”的豪情，继续以各种方式贡献聪明才智；我们要求年富力强、风华正茂的“新玉门”，全面继承和发扬老一辈的优良传统，让青春在玉门二次创业的豪迈事业中闪光！

同志们，五十年，对大多数投入开采的油田来说，只能经历一次；对大多数同志来说，一生也只能经历一次。让我们把纪念矿庆50周年活动中焕发出来的豪情壮志化作实际行动，坚持“一个中心”“两个基本点”，坐稳玉门“屁股”，打出吐哈“拳头”，以只争朝夕的革命精神，瞄准“一年搞清，二年抢走，三年上产”的目标，坚决打好玉门“东山再起”的关键性战役，让中国石油工业的摇篮和第一个天然石油基地焕发出更加美丽的青春，为党增光，为国添辉！

刘世洲在庆祝玉门油田开发六十周年大会上的讲话

各位领导、各位来宾、同志们、朋友们：

今天，我们怀着无比喜悦的心情，欢聚一堂，隆重庆祝玉门油田开发60周年。在这喜庆的时刻，我代表局党委、管理局向全局职工、家属表示亲切的慰问！向远道而来参加纪念大会的各位嘉宾表示热烈的欢迎和亲切的问候！向一直关怀和领导玉门油田建设事业的集团公司党组、集团公司，甘肃省委、省政府，向大力支持玉门油田发展的酒泉地委、行署以及玉门市委、市政府和兄弟单位表示衷心的感谢和崇高的敬意！让我们共同为玉门油田度过光荣而不平凡的60年表示热烈的祝贺！

此时此刻，在庆祝玉门油田开发60周年来取得的巨大成就，回顾60年来油田发展风雨历程的时候，我们深切怀念在艰苦创业年代和斗争岁月里，玉门老一代石油人对油田各项事业所倾注的满腔心血和立下的不朽功勋！无限缅怀在玉门油田的发现和初创阶段，做出过重要贡献，如今已长眠于中华大地上的翁文灏、孙越崎、严爽、孙健初、靳锡庚等石油老前辈；永远不会忘记朱德、邓小平、叶剑英、陈云、彭德怀、聂荣臻等老一辈无产阶级革命家亲临玉门油田寄予的亲切关怀和殷切希望；也永远不会忘记60年来为了玉门油田的振兴与发展所给予支持和帮助的人们。

1939年8月11日，是玉门油田发展史上永远值得纪念的日子。这一天，位于老君庙北15米处的一号井，用顿钻钻至井深115.51米处喷出滚滚油流，揭开了玉门石油的工业开发史，拉开了玉门油田开发和建设的序幕。到1949年，玉门油田已成为旧中国规模最大、产量最高、职工最多，工艺技术比较先进的油矿。新中国成立后，在石油工业部、中国石油天然气总公司和中国石油天然气集团公司以及甘肃省的正确领导下，油田各级干部、工程技术人员、广大工人，通过矢志不渝、坚韧不拔的努力奋斗，累计探明石油地质储量9006万吨，生产原油2725万吨，加工原油2863万吨，累计实现销售收入196亿元，向国家上缴利税44亿元，相当于国家同期投资总额的3倍。几十年来，当祖国相继发现新的油田后，10万名玉门优秀儿女，带着4000多台精良设备，以“哪里有石油，哪里就是我的家”的博大胸怀，奔赴全国各个油田，打了一场场为国争光的志气仗。从此，顾全大局、无私支援兄弟油田的“玉门风格”和“石油摇篮”的美誉，在华夏大地上广为颂扬。抚今追昔，我们可以无比骄傲和自豪地说：玉门油田作为人民共和国的能源骄子，为国民经济和石油工业的发展做出了历史性的突出贡献。正如集团公司总经理马富才同志所说：“玉门老油田为国家石油工业所做出的不可磨灭的贡献，已载入历史史册，集团公司忘不了你们，整个百万石油职工也忘不了你们。”

回首往事，感慨万千。玉门油田60年，是一部艰苦创业的史诗。60年前，在那人迹罕至、荒山野岭的祁连山麓，石油河畔，老君庙旁，老一辈地质家和矢志开发玉门石油资源的创业者们，满怀工业报国的热忱，居住在西河坝土窑洞中，身穿挡风御寒的老羊皮袄，吃的是“水泡辣子洋芋蛋，黄米稀汤糊糊面”，披星戴月，含辛茹苦，克服重重困难，为玉门油田的早期勘探开发倾注了心血，成为第一代玉门石油拓荒者。从此以后，一代又一代玉门人，扎根祁连，艰苦创业，为油田建设呕心沥血，竭尽忠诚。在社会主义建设事业高歌猛进的火红年代中，钻井队长、全国劳动模范郭孟和同志，为了多打井，多找油，带领全队职工，冒严寒、战冰雪，在海拔2500米的祁连山下凿冰打井，开创了冬季钻井的先河，被人们誉为祁连山下的“冬青树”。铁人王进喜率领1205钻井队，在白杨河探区创造了钻机整体搬家、月打井5口、进尺5009米的全国纪录，荣获石油工业部“卫星钻井队”的光荣称号。闻名全国的黄金洪女子测量队，徒步深入戈壁荒漠，风餐露宿，以苦为乐，为玉门油田的发展做出了非凡的贡献。艰苦奋斗，结出了丰硕之果。1957年10月8日，新华社向全世界宣告：新中国第一个石油工业基地在玉门建成！朱德委员长欣然题词：“玉门新建石油城，全国示范作典型。六万人民齐跃进，力争上游比光荣。”

进入90年代后，虽然时代不同了，条件改善了，但艰苦创业、勤俭节约的精神没有丢。1997年为新建因山体滑坡损坏的采油厂桥头转油站，油田职工反复筛选，优化设计，简化流程，自己动手，用废旧钢管搭起了简易工房；以旧代新，将钻井用的泥浆泵，改造为输油泵，节省投资360万元。在鸭儿峡113注聚合物站的建设中，按常规从设备、厂房到工艺流程，需要投资几百万甚至上千万元，而油田职工不盲目求大、求洋、求所谓的先进，自制2台混配装置，优选经济实用的注驱泵，利用旧的铁皮房代替砖混工房等，因陋就简，土法上马，最后仅用了45万元就建起了符合工艺要求、经济实用的注聚合物站。

一代代玉门人正是用自己的聪明才智和“有条件要上，没有条件创造条件也要上”的革命精神，凝结成了具有时代鲜明特征的玉门精神。在早期创业过程中，形成了艰苦奋斗、顽强拼搏、以苦为乐的“老君庙精神”；五六十年代，形成了自力更生的“一厘钱”“穷捣鼓”“找米下锅”“小厂办大事”和“再生厂”精神；在油田开发后期，形成了志在戈壁、扎根祁连的艰苦奋斗精神；以岗为家、自觉从严的油田主人翁精神；“三大四出”、无私援助的顾全大局精神；老矿挖潜、争做贡献的开拓不息精神；干群同心、克己奉公的为人民服务精神。这些精神的核心就是艰苦奋斗、自强不息。它一脉相承，源远流长，必将成为我们迈向新世纪建设油田、振兴油田用之不竭的精神动力。

玉门油田60年，是一部砥砺奋进的史诗。油田各项事业在风雨兼程中锐意进取，在岁月荏苒中发展壮大，留下的是一串串坚实有力的脚印。

地质勘探自1939年老君庙油田发现之后，几代玉门人在贺兰山以西、吐鲁番以东、祁连山以北、中蒙边界以南的千里沃野上，风餐露宿，跋山涉水，展开了大规模的地质勘探，取得了累累硕果。1953年，钻探发现了石油沟油田；1956年，开发了鸭儿峡油田；1958年，发现了白杨河油田；1970年，奔赴陇东大地，开发建设了长庆油田；1986年，重上吐鲁番，发现建成了吐哈油田。特别是1995年玉门—吐哈管理体制理顺后，面对油气资源接替不足，油田濒临枯竭这一制约发展的根本问题，油田上下统一思想，坚定信心，把地质勘探放在企业重中之重的战略地位，确定了“立足酒泉、深化酒西、主攻酒东、甩开潮雅、准备武花”的勘探方针，在千里河西摆开了勘探找油战场，经过几年的不懈努力，酒东、酒西盆地已取得新的突破。酒东长101井喜获日产4立方米油流。酒西盆地青西地区柳102井、窟窿101井分别获得日产百立方米工业油流，并新增控制储量824万吨，打破了河西勘探长期以来的沉闷局面，掀开了地质勘探新的一页。

在油田开发上，新中国成立前10年，累计生产原油约50万吨，占当时全国产量的95%以上。新中国成立后，生产力获得极大的解放，1959年，原油产量达到了140万吨，占当年全国原油总产量的51%。进入60年代以后，油田职工迎难而上，攻坚啃硬，精雕细刻，挖潜改造，采取新工艺、新技术，抓稳产、保上产，从1969年起，取得60万吨连续稳产10年；从1979年起，实现了50万吨连续稳产11年；从1991年到现在，针对油田长期无储量接替，地面、地下状况日趋恶化，油田稳产难度加大的实际，油田上下积极采取减人增效、节能降耗，改变管理和开采方式等革命性措施，运用经济实用技术，努力提高采收率，提高经济产量，实现了40万吨稳产第九年。目前，油田自然递减率为6.22%，综合递减率为−5.78%，含水上升率为−7.06%，达到国家一类油田开发水平，主力油田老君庙成为全国高效开发油田之一，创造了国内油田开发史上的好水平。60年来油田虽然经历建产—高产—稳产—低产全过程，注水也经历了低含水—中含水—高含水—特高含水全阶段，但是油田却历经60年而不衰，“花甲”高龄继续做贡献，这其中蕴含着几代人对振兴油田的执着追求和无私奉献。

炼油化工从1939年4月购置一台70加仑间歇性立式锅炉并炼出第一批成品油后，10年间共加工原油51万吨。新中国成立后，玉门炼厂几度扩建，几度发展，炼油职工用智慧和毅力，谱写了一曲又一曲奉献炼油事业的人生壮歌。50年代，建成了我国第一座双炉热裂化装置，改造新建了氧化沥青、釜式焦化等8套生产装置；60年代，被誉为全国炼油战线“五朵金花”之一的尿素脱蜡装置以及凡士林、润滑脂和真空油脂装置相继建成；1974年，我国第一套提升管催化裂化装置在玉门拔地而起，填补了我国炼油工业的一大空白。进入90年代，玉门炼化迎来了大发展的春天。1992年建成30万吨焦化装置，1994年建成50万吨催化装置，1993年5000吨聚丙烯装置建成投产，标志着玉门炼化实现了化工零的突破。尤其从1996年开始，按照总公司提出的“玉门局要以发展炼油化工为主导产业”的指示精神，250万吨/年常减压装置和重整加氢装置，经过炼油健儿15个月的艰苦拼搏，于1997年7月建成，开厂一次成功，生产出了合格产品，标志着玉门炼油一次加工能力跨上400万吨台阶，实现了历史性的大跨越，谱写了炼化发展史上的新篇章。玉门炼化经过几代人的艰苦创业，从无到有，从小到大，炼油年加工能力由1939年的71吨发展到现在的年一次加工能力400万吨；炼油产品也从最初的几种，发展为燃料油类、润滑油（脂）类、添加剂类、化工产品类等160多种，其中有21种产品获得国家和省部级优质产品称号，15号航空液压油等填补了国内空白。玉门炼化将踏着青春的节拍，昂首迈向充满希冀的新时代。

油田机械、电力事业也随油田而诞生。1939年，负责修配、安装的临时机厂，已发展成为年生产能力1万吨的大型机械企业，生产的抽油杆、抽油泵进入罗马尼亚、印度、俄罗斯、东南亚等国际市场。油田电力事业经过60年的发展，总装机容量由最初的100千瓦发展到9.1万千瓦，年发电量3.3亿千瓦时，自动化程度和能力都跃上了新台阶，从根本上解决了玉门地区电力紧缺的矛盾。1000万立方米水库正在建设之中。

油田通信事业，由1942年的1台30门磁石电话交换机，发展到现在9台（套）程控交换机，总装机容量达到了17000余门，并开通了全国各个油田的卫星油网和通往全国各地的长途直拨电话。电话已普遍进入了寻常百姓家。同时，电子计算机在油田广泛应用并加入了国际互联网络。

油田多种经营从60年代开始，为响应石油工业部提出的大办农业的号召，油田党委将农副业生产纳入生产计划之中，数万名职工、家属，战天斗地，热火朝天，在百里戈壁开垦荒地、修路挖渠，发展种植业和养殖业，使处于困难时期的玉门油田实现了粮、油自给，有力地稳定了职工队伍。时至今日，油田已在花海、东湖、戈壁庄等地开发建成了拥有数万亩土地的农副业生产基地，麦浪滚滚，瓜果飘香，一派生机盎然。以农业为基础壮大发展起来的油田多种经营，已初步形成了农林牧副渔、工商运服建百业兴旺的局面，并在兰州、西安、北京、上海、成都、广州等地组建了一批经贸实体，成为油田对外开放的窗口。油田多种经营正日益发挥着替代产业的重要作用。

60年来油田的教育、卫生事业、职工生活发生了翻天覆地的变化。1941年9月，从油田创办的第一所容纳60名学生的职工子弟学校起步，半个世纪以来，玉门人牢固树立振兴油田，教育为本的思想，形成了普教、职教配套齐全的格局。油田目前有中小学、培训学校6所，在校学生6000余名。多年来，为国家输送了一批批莘莘学子，也为油田培养了大量急需人才。油田的医疗卫生事业从1939年3月成立老君庙诊疗所开始，到目前，已拥有病床260张，医护人员492人，医疗器械设备317台（套），配备有彩色多普勒、CT、全自动生化分析仪等先进的医疗设备，开通了远程会诊系统。在心脏外科手术、高血压脑出血、眼科人工晶体植入和角膜移植、高压氧舱的临床应用等方面具有较高水平。职工生活水平明显改善。石油职工告别了土坯房，住进了舒适的楼房；结束了烧煤取暖做饭的历史，用上了暖气和液化气；彩电、家庭影院、电脑也摆放在普通职工的家庭中，职工可随意选择25个频道中的电视节目；图书馆、文化宫、文化广场、花灯一条街等娱乐场所和异彩纷呈的文化活动极大地丰富了职工的业余文化生活，观光度假、外出疗养、出国旅游等正成为当代玉门人的生活时尚。

玉门油田60年，是一部爱国奉献的史诗。60年来，油田始终把国家和民族的利益放在首位，舍小家、顾大家，无怨无悔、为国分忧。在抗日战争“一滴汽油一滴血”的情况下，玉门油田生产的油品，源源不断地运往抗战大后方，有力地支援了抗日战争。1949年9月，为迎接油田的解放，工人们组建护矿自卫队，昼夜在矿区巡逻，挫败了国民党企图炸毁油矿的阴谋，使油田完整地回到人民的手中。1950年，为响应党中央“抗美援朝、保家卫国”的号召，全矿职工在两周之内自愿捐款15.7亿元（旧币），购买“石油工人号”战斗机一架，赠送给中国人民志愿军，痛击美国侵略者。从60年代起，玉门油田又担负起大学校、大试验田、大研究场所，出经验、出人才、出产品、出技术“三大四出”的历史重任。一批又一批石油职工，南下四川，北上大庆，东去庆阳，西进吐鲁番，无私地支援了祖国的石油工业建设。在祖国每一个油田建设的主战场上，都留下玉门人的足迹和身影。著名诗人李季赋诗写道：“苏联有巴库，中国有玉门。凡有石油处，就有玉门人。”

从石油河畔出发的玉门人，在全国各个油田建功立业的同时，也成长起了一大批石油精英和先进模范人物。这其中有5名玉门人成为中科院院士，有10余名同志成长为省部级干部，有近百名同志成长为厅局级干部；“铁人”王进喜是喝着石油河水成长起来的石油工人的杰出代表。同时，玉门油田也培养和造就了以郭孟和、刘公之、张富生、陈学田、马武林、李敏学、任学科为代表的一大批先进模范人物，成为激励玉门人奋发进取的一面面旗帜。

玉门油田60年，是一部开拓创新的史诗。20世纪40年代，玉门油田引进了美国的勘探开发技术。50年代，玉门油田创造了一系列全国第一：第一次采用注水开发技术，开辟了人工注水恢复与保持油藏能量的新途径；第一次应用了机械采油新技术，采用有杆抽油泵抽油方法；成立了全国第一个机械采油队，采用了动力仪及回声仪进行井下诊断技术，油井清防蜡技术。玉门油田是对低渗透、低产油层进行大规模压裂酸化增储上产的开创者，全国第一个压裂砂处理厂，第一台千型压裂车和加砂车等配套设备，都诞生在玉门油田。60年代，油田就开始进行三次采油技术实验，是我国最早开展三次采油技术实验、应用，提高采收率的油田。1970—1979年，油田在国内首创了沿裂缝注水，开发裂缝－孔隙性砂岩油田和砂岩油田后期开发通过加密井网、调整层系、完善注水，从而完成自身产量接替，实现稳产的成功经验。特别是近年来，油田首创的大功率电脉冲、高能气体压裂被誉为“山沟里飞出的金凤凰”，并成功地摸索出了油田后期开采以高能气体压裂、声波处理油层为主的“物理法”采油技术；以大修、侧钻加深为主的挖潜技术；以压裂为主的稳油技术；以“封、堵、调”为主的控水技术；以“三次采油”为先导的提高采收率技术等十大采油新技术，提高了开发水平，使老油田综合含水连续23年保持在70%左右。炼油化工瞄准国内、外先进技术，不断攀登新的高峰。1982年10号航空液压油荣获国家金质奖，1983年和1984年36号工业白油、80号真空封蜡、1号真空泵油荣获国家银质奖，1985年−35号柴油获国家金质奖。近两年来又研制开发了15号航空液压油，3号、5号、7号白油和10号、25号变压器油。截至目前，已有22种产品分别获得了国家、省、部级优质产品称号。机械产品立足玉门，面向全国，走向世界，争金夺银，优质产品不断增加，现有17种产品分别获得了美国API产品质量认证。1997年，我局生产的“祁连”牌油品和“玉石”牌机械产品，被甘肃省命名为33种“陇货精品”。

在技术产品不断创新的同时，油田改革事业也稳步推进。在领导体制上，先后经历了军事管制、“一长制”“文革”军管、革命委员会、党委一元化领导、党委领导下的厂长负责制和厂长负责制等阶段。党的十一届三中全会后，油田上下解放思想，转变观念，探索创新，在组织机构上，解体了“大而全、小而全”，逐步推行了专业化管理；在分配制度上，打破平均主义“大锅饭”，实行了以工效挂钩为主要形式的承包经营责任制；在管理方式上，克服高度集中、捆得过死的僵化模式，松绑放权扩大了二级单位的经营自主权；在运行机制上，打破了计划经济的传统方式，把各单位最大限度地推向市场；在发展战略上，改变了“靠油、吃油”的思路，确定了“以勘探开发为基础产业，以炼油销售为主导产业，以多元开发为支柱产业”的三大发展战略。特别是近两年来，面对改革开放和社会主义市场经济的新形势、新任务，全局上下深化改革，负重奋进。遵循市场经济规律，引入竞争机制，培育完善了勘探、开发、物资、机加工、劳保等12个内部市场，对教培、医疗、物资、房产、供热、科技、新闻、离退休管理等实行了专业化统一管理，初步建立起管理专业化、服务社会化、运行市场化的框架格局。在油田开采方式上也进行了有益探索，对白杨河油田实行了“个人挑头、集体承包”；对石油沟油田实行了“委托经营、集体承包”等，有效地促进了生产要素的合理配置，稳定了原油产量，降低了生产成本，提高了经济效益。同时，在三项制度改革、减员增效、下岗分流和实施再就业工程方面迈出了实质性的步伐。油田改革正朝着现代企业制度和“油公司”方向阔步前进。

玉门油田解放以来，又是一部精神文明建设的史诗。50年来，油田沐浴着党的阳光雨露，在社会主义温暖的怀抱中健康成长。各级组织认真贯彻执行党的各项路线、方针、政策，坚持一手抓物质文明建设，一手抓精神文明建设，两个文明建设一起部署、一起落实、一起检查，使精神文明建设不断提升到新境界。在党的建设方面，历届领导班子注重在组织、思想、作风建设上下功夫，在勤政廉洁、联系群众等方面做表率，建立完善了党风廉政建设一系列制度、办法，探索并有效开展了符合油田实际的党支部升级达标、党支部“十面红旗”、党员“十大先锋”、领导干部“十佳公仆”等特色活动。在宣传思想工作方面，把群众关心的热点、工作中的难点、生活中的焦点作为宣传思想工作的重点。坚持系统教育和日常教育相结合的工作机制，创办《班组学习园地》，制定基层思想政治工作规范，注意目标管理、行为科学等相关学科在思想工作中的应用。在队伍建设方面，组织实施支柱工程、凝聚力工程、楷模工程、成才工程、文化工程、细胞工程，深入开展“创建文明矿区、创建文明单位、创建文明家庭，争当文明职工”的群众性活动；广泛进行“社会公德、职业道德、家庭美德”教育，努力提高职工的思想道德素质；各级领导干部带头讲学习、讲政治、讲正气，以榜样和人格的力量感召群众，以身作则，率先垂范。注重用唯物主义的世界观、人生观和方法论，引导职工自觉抵制享乐主义、极端个人主义以及封建迷信等腐朽思想的侵蚀。坚持全心全意依靠工人阶级的方针，完善以职代会为基本形式的民主管理制度，凡涉及企业改革、改组、职工切身利益等重大决策，都按程序经职代会讨论，使职工参与经营管理到位，民主监督到位。

60年来，玉门油田在祖国建设的每一个时期，都以博大的胸怀和拳拳报国之心，无私地奉献着自己的光和热，也赢得了许多引以为豪的荣誉：“祖国第一个石油工业基地”“中国石油工业的摇篮”、中国第一批“中华老字号”企业，国家二级企业，荣获国家“五一劳动奖状”，荣获“全国思想政治工作优秀企业”。

玉门油田之所以取得今天令人瞩目的骄人业绩，原因是多方面的，首先，主要是我们始终坚持了独立自主、自力更生的艰苦创业精神。广大石油职工在共产党的领导下，依靠社会主义制度的优越性，依靠强有力的思想政治工作，依靠工人阶级的集体智慧和力量，面对高寒缺氧、戈壁荒山等艰苦的自然条件，以非凡的毅力和大无畏的英雄主义气概，踏着风浪行，迎着困难上，不断夺取一个又一个胜利。其次，针对油田地质条件异常复杂的情况，破除迷信，解放思想，不唯上，不唯书，只唯实。运用辩证唯物主义的观点去分析、认识、掌握地下特点和规律，运用先进适用的科学技术去攻克一道道难关。最后，坚持改革开放，开拓创新。坚持只要有效益，就是好水平的思想。不贪大求洋，不追求所谓的先进，处处精打细算，勤俭节约，少花钱，办大事，追求最佳效益。

一部艰苦创业史，一部砥砺奋进史，一部爱国奉献史，一部开拓创新史和一部精神文明建设史，汇集成了玉门油田60年内涵丰富、气势恢宏的历史画卷。玉门人用生命和热血铸就的这部历史将随着时代的变迁熠熠生辉!

玉门油田60年的辉煌历史已永载史册，未竟的事业需要新一代玉门人去开拓、去奋斗。面对即将到来的新世纪，面对全行业重组改制的新形势，全局职工将以更加旺盛的斗志，更富创造性的工作，深化改革，加快发展，把一个充满生机活力、持续发展的老油田胜利带入21世纪。

能否实现跨世纪可持续发展，事关油田及18000名职工的前途和命运，这是一场生死存亡的挑战和大决战，而吃老本、守摊子是绝对没有出路的。局党委、管理局在广泛发动群众，认真分析内外部形势的基础上，明确提出了“以勘探开发为基础产业，以炼油销售为主导产业，以多元发展为支柱产业”的三大发展战略和“坚定信心、振奋精神；真抓实干、持续发展”的工作方针，为油田发展提出了新的奋斗目标，成为凝聚全局职工二次创业、再造辉煌的总动员令。

坚持不懈地抓好地质勘探工作，为持续发展提供资源保障。勘探突破是实现玉门油田可持续发展的根本所在。我们将继续坚持“立足酒泉、深化酒西、主攻酒东、甩开潮水、雅布赖盆地、准备武威花海”的勘探部署和方针，立足增储上产最现实的酒东、酒西盆地，把综合研究放在油气勘探的首位，用地质认识上的突破，指导油气勘探的突破；广泛采用盆地评价、区带评价、圈闭精细描述、钻探目标优选等12项新技术，寻找油气富集区和高产区；把勘探综合研究的成果与油田动态资料有机结合起来，使钻探目标更准确、更有效；努力提高探井成功率，提高经济可采储量，争取清楚一口，打一口；打一口，清楚一口，口口井成功，力争在下个世纪初，找到2～3个新油气田，新增储量5000万吨。

以获取经济产量为目标，加深油田开发工作。实现油田开发经济产量，是企业赖以生存和发展的基础。坚持只要有效益，就是好水平的指导思想，向低效、无效井挖潜力，向优化措施结构、简化工艺流程增效益；积极推广应用先进、适用、有效的工艺技术，配套完善具有玉门特色的原油增产技术，提高科技贡献率。采取减人增效，改变开采方式、管理方式等革命性措施，大力降低原油成本，提高油田采收率，增加经济产量。力争下个世纪初原油产量再上50万吨。

大力调整产品结构，提高炼油创效水平。炼油化工是全局的经济支柱，肩负着持续发展的历史重任。为了适应市场需要，我们要在优化加工方案、调整产品结构上狠下功夫，提高柴汽比，增产润滑油，加大特色产品和高附加值产品产量；在强化内部管理、降低原油加工成本上做文章，提高“三率”、降低“四耗”、压缩“五费”，使单位加工费达到行业水平；加快配套改造项目建设步伐，为提高效益、改善产品结构创造条件。强化油品销售，开拓、挤占市场，多产快销，争创好的效益。力争下个世纪初原油加工量达到250万吨以上，销售收入达到36亿元以上，实现利润2亿元。

加大改革力度，增强企业活力。认真搞好企业重组改制工作，是当前和今后一个时期改革的重要任务。对玉门油田来讲，既是机遇又是挑战，更是实现跨世纪大发展的必由之路。我们将按照集团公司的统一部署和要求，建立并完善新的管理体制、运行机制和工作方法，理顺股份公司和服务公司的相互关系，各展所长、优势互补，避免同业竞争；积极探索股份公司与服务公司分开核算后，双方关联交易的项目、内容及规则，按照甲、乙方合同管理的要求，建立起新的运行机制和监督、监理制度等。股份公司的兴盛离不开服务公司的支持，服务公司的发展也离不开股份公司的带动。共同生存、共同发展是石油河畔玉门人的共同心愿。全局职工要统一思想，提高认识，按照油田重组方案的实施步骤和要求，统筹安排，精心组织，处理好局部利益与全局利益、眼前利益和长远利益的关系，正确对待利益关系的调整，积极参与和支持改革，保证重组工作的顺利进行。同时，加快建立现代企业制度，大力实施减人增效和再就业工程，坚决把富余人员从岗位上减下来，并多方培植新的就业门路；严格内部市场管理，把好“进”“出”两个口子，减少资金流失，进一步提高经济运行质量和效益，为扭亏脱困和可持续发展提供强大的动力和活力。

推进科技进步，增强发展后劲。坚持科技兴油方针，以创新为突破口，以先进、适用的新技术开发、应用为出发点，把科技工作渗透、延伸到生产经营的各个领域；在体制、机制、奖励政策上着眼于激活科技，调动广大科研人员快出成果、多出成果的积极性；加速科技成果向生产力转化，加快科技创新步伐，增强科技创效能力，争取科技贡献率达到 50% 以上，使科技进步真正成为油田经济发展的重要支撑点，以迎接知识经济时代的有力挑战。

坚持以人为本，提高职工队伍素质。坚持用党的基本路线、方针、政策和邓小平理论武装干部职工头脑，充分发挥党组织的政治核心作用，教育广大党员干部牢固树立马克思主义的世界观、人生观和价值观，自觉抵制封建迷信和资产阶级腐朽思想的侵蚀，讲学习、讲政治、讲正气；不断探索新的条件下，企业思想政治工作的有效途径和方法，在改进中创新，在创新中加强，以丰富职工的精神文化生活，保持职工队伍特别是干部队伍良好的精神状态；继续发扬玉门油田长期形成的自力更生、艰苦创业，顾全大局、爱国奉献，知难奋进、开拓创新等光荣传统，增强企业的凝聚力和向心力，激发职工爱国、爱厂热情，塑造一支高素质的“四有”职工队伍；不断改善职工的生活条件，使职工在居住环境、生活质量、医疗教育水平等方面年年有新的提高，不断向小康生活水平迈进。

在玉门油田通向胜利彼岸的征途上，尽管还面临诸多困难和新的严峻挑战，但我们坚信，有集团公司党组、甘肃省委的正确领导，有经验丰富、德高望重的老领导、老前辈的指导和帮助，有兄弟单位多方面的支持和合作，特别是有一支在艰苦奋斗、艰苦创业环境中锻炼出来的具有光荣传统的职工队伍，我们一定能够战胜一切困难，跨过“火焰山”，迎来玉门油田辉煌灿烂的明天。

各位领导、各位来宾、同志们、朋友们：60 年，对一个人来说，值得回味的东西很多，对于一个企业来说，值得回顾的东西更多；重温历史，是为了发扬传统、开创未来。让我们以庆祝玉门油田开发 60 年为新的起点，瞄准既定目标，拨正前进航向，以更加高昂的斗志和百倍的努力，创造出更加辉煌的成就。让几代人拼搏奋斗建设发展起来的玉门油田，青春永驻，为油增辉，为国争光！

传承玉门精神　开拓创新奋进推动玉门油田持续稳定和谐发展

——孔繁瑾同志在庆祝玉门油田开发 70 周年大会上的致辞

尊敬的各位领导、各位来宾、同志们、朋友们：

在这瓜果飘香、流金溢彩的美好季节，我们相聚在古老的历史文化名城酒泉，相聚在崭新的玉门油田生活基地，隆重庆祝玉门油田开发 70 周年。在这喜庆的日子里，长期关心和支持油田建设与发展的各位领导、各位嘉宾、各位同行和各界朋友，怀着深厚的情谊，给我们带来了祝福，带来了关怀，也带来了期望。在此，我代表油田党政工组织和全体员工、家属、离退休职工，对各位嘉宾的到来表示热烈的欢迎和衷心的感谢！

玉门油田在抗日战争的烽火中诞生，在解放战争的硝烟中成长，在新中国的怀抱中壮大，在改革开放的春风中发展，在落实科学发展观中持续前进。

纵观玉门油田的 70 年，我们深深地感到：玉门油田的历史，是一部艰难创业史、爱国奉献史、砥砺奋进史、开拓创新史。

此时此刻，我们不会忘记在玉门油田的发现和初创阶段做出重要贡献的翁文灏、孙越崎、金开英、严爽、孙健初、靳锡庚、邹明等石油老前辈；不会忘记马文・韦勒博士、萨顿先生等海外友人；不会忘记朱德、邓小平、叶剑英、陈云、彭德怀、聂荣臻、胡耀邦等老一辈无产阶级革命家亲临玉门油田，给予的亲切关怀和殷切希望；不会忘记 70 年来为了玉门油田的振兴与发展所给予过支持和帮助的人们；更不会忘记在玉门油田工作过的老领导、老专家和老玉门人！

回顾玉门油田 70 年的风雨历程，我们永远铭记，石油先辈们荒漠找油支援抗战，用赤诚和艰辛演绎了拳拳报国之情。1937 年，抗战爆发，洋油断绝，“一滴汽油、一滴血”，开发国内石油迫在眉睫。老一辈地质家和矢志开发祖国石油资源的创业者们，满怀爱国热忱，肩负着为国找油的使命，不畏艰险，长途跋涉，来到条件异常艰苦、没有任何依托的祁连山麓、老君庙旁，披星戴月，含辛茹苦，克服难以想象的困难，为玉门油田的早期勘探开发洒下了汗水，倾注了心血。石油河畔，弓形山下，到处都留下了开拓者的足迹。1939年3月27日，由孙健初先生确定、位于老君庙北15米处的在人工挖掘至23米时出油，后在周恩来同志的协调下，从延长调来顿钻打井，钻至井深115米处发现K油层，揭开了老君庙油田工业开发的序幕。在新中国成立前近11年的开发中，共生产原油50多万吨，占全国同期产量的90%以上。建成了当时规模最大、产量最高、员工最多、工艺技术领先的现代石油矿场。1949年新中国成立时，玉门油田实际探明可采储量1700多万吨，年产原油7万多吨。伴随着老君庙油田的开发，炼油工业同时起步，第一批成品油产自老君庙前的70加仑间歇式炼炉，书写了中国现代石油炼制史的第一页。自那以后，石油河畔第一炼厂的建设与扩建，嘉峪关第二炼厂的建设与拆迁，四台炼厂的选址与建设，都凝结了老一辈石油人的辛勤劳作和聪明智慧。在他们坚贞不渝的努力下，1941—1949年玉门炼厂逐步发展到具有常压蒸馏、减压蒸馏、热裂化、冷榨脱蜡、离心脱蜡和溶剂回收等多套生产装置，可炼制汽、煤、柴、润等12种成品油，并源源不断地运往抗战前线，为抗日战争做出了特殊贡献。

早在建矿初期，党的地下工作者就来到玉门传播革命火种，秘密建立组织。1949年9月，油矿解放前夕，工人们成立了护矿队，昼夜在矿区巡逻，挫败了伪矿警队企图破坏油矿的阴谋。1949年9月25日，解放军进驻玉门油矿，接管了一个完好无损的玉门油田。这一壮举受到党和政府的高度评价，西北军政委员会特颁发锦旗，勉励全矿员工“发扬英勇护厂精神，为祖国建设事业百倍努力”。1949年10月11日，新华社发布了玉门油矿解放的消息，从此玉门油田踏上新的征程。

我们永远铭记，玉门石油人众志成城建基地，用智慧和汗水托起中国现代石油工业摇篮的恢宏壮举。油矿解放初期，玉门石油人在“水泡辣子洋芋蛋，黄米稀汤糊糊面”的艰苦条件下，依靠党的坚强领导，汇聚千军万马，肩负起恢复生产，支援解放大军西进和志愿军入朝的重任，进而承担了为共和国建设石油基地的使命。1953年，玉门油矿被列为国家“一五”计划的156个重点建设项目之一。技术专家、熟练工人、学生从四面八方走来；机器设备、物资器材从全国各地运来……在石油河畔展开了建设现代石油基地的壮丽画卷。在这一时期，毛泽东主席批准中国人民解放军第19军57师转业为石油工程第一师，解放军官兵带着部队的光荣传统和优良作风，为油田建设拼搏奉献；爱国知识分子怀着实业救国的豪情壮志，呕心沥血，艰苦创业；油矿员工以对新中国的无比挚爱，披肝沥胆，忘我工作，积淀着以艰苦奋斗为核心的玉门精神，也为后来大庆精神的形成，奠定了坚实的底蕴，提供了丰厚源泉。自1939年老君庙油田发现之后，几代玉门石油人在河西走廊的千里戈壁上，风餐露宿，跋山涉水，展开了大规模的地质勘探，并取得了累累硕果。1953年，发现了石油沟油田；1956年，发现了鸭儿峡油田；1958年，发现了白杨河油田。1959年，玉门的原油产量达到了140万吨，占当年全国原油总产量的51%，撑起了新中国石油工业的半壁江山。

炼油加工历经几度改造扩建、几度更新发展，一座座新型炼塔矗立在石油河畔，氧化沥青、釜式焦化、原油脱盐等装置相继投产。1958年，炼油厂试制成功了海军燃料用油，氧化石蜡等74种新产品，成为中国第一个石油军品基地。1959年，原油加工能力达50万吨，产品达到139种。1号专用沥青、医药白凡士林，填补了国内空白；30号机械油、15号汽油机油，解决了润滑油短缺的困难。

在全国人民和国际友人的支援下，玉门的供水、发电、运输、机械制造、通信等产业竞相发展，提前完成了“一五”计划，成为共和国第一个拥有地质勘探、钻井、采油、炼油、机械修配、油田建设和石油科研等门类齐全的大型石油联合企业。1957年10月8日，新华社庄严宣告：新中国第一个天然石油基地在玉门建成！朱德委员长欣然题词：“玉门新建石油城，全国示范作典型；六万人民齐跃进，力争上游比光荣。”叶剑英元帅为玉门油田赋诗：“引得春风度玉关，并非杨柳是青年；英雄一代千秋业，敢说前贤愧后生。”

我们永远铭记，玉门石油人胸怀大局走神州，用激情和热血唱响我为祖国献石油的豪迈壮歌。60年代初，中国石油工业跨入高歌猛进的大发展时期，玉门石油人勇挑重担，义无反顾地担负起大学校、大试验田、大研究所，出经验、出人才、出技术、出产品的“三大四出”历史责任，成建制的骨干队伍带着成台套的设备，一批又一批地奔赴全国各地，开发建设新油田。1954年，支援上海炼油厂的建设；1955年，3000多名玉门石油儿女奔赴柴达木盆地勘探找油；1956年，先后派出12000名职工支援克拉玛依油田的开发建设；1958 年，44 个钻井队奔赴巴山蜀水，参加川中会战；在此期间，还派出精兵强将，参加兰炼兰化的筹建。

1959 年 9 月 26 日，由玉门 32118 钻井队钻探的松基 3 井喷出强大工业油流，拉开了举世闻名的大庆石油会战的序幕。18000 名玉门石油儿女，在焦力人、宋振明等领导的带领下，开赴松辽平原，成为大庆石油会战的主战单位，开发建设了大庆油田。

1970 年，玉门油田根据石油工业部的要求，抽调三分之一的骨干、二分之一的精良设备，跑步上庆阳，组织陕甘宁石油会战，使一个年产 100 万吨的油田崛起在陇东高原。

1987 年，按照康世恩同志“跳出玉门找玉门”的嘱托，18000 名玉门石油人重新集结在吐鲁番盆地，上下同欲，倾其所有，经过 8 年艰苦奋战，在祖国西部边陲建成了年产 300 万吨的吐哈油田。

据不完全统计，玉门油田先后抽调 10 万多名员工和 4000 多台（套）设备，支援或承担了兄弟油田和炼化企业的开发建设。著名诗人李季曾赋诗盛赞玉门：“苏联有巴库，中国有玉门。凡有石油处，就有玉门人。”

从石油河畔走出的玉门石油人，不断地审视自己、超越自我，把一个个新技术、新工艺传播到全国各油田，助力新油田的开发和建设。玉门油田首创的“前三队、后三厂”（钻井队、采油队、油建施工队；管子站、机修厂、预制厂）管理模式，对其他油田的管理提供了有益的借鉴。中国第一部油井管理史的建立，指导了新油田的管理。玉门油田是对低渗透、低产油层进行大规模压裂酸化增储上产的开创者。第一次采用注水开发技术，第一次采用了机械采油新技术。1954 年 12 月，老君庙油田开始注水试验，成为中国油田开发史上一个重要的里程碑，为其他油田的长期高产、稳产提供了宝贵的经验。康世恩同志曾高度评价说：“这些经验应用到大庆油田后，又发展成为早期、内部、切割、分层注水，创出了当时油田开发的世界先进水平。”“玉门油田根据地质规律，在实践中摸索出合理确定自喷井长期稳产的最佳比值，这个认识对大庆油田的长期稳产高产起了作用。”玉门油田首创的岗位责任制，强化了企业管理，并在其他新油田得到了发扬光大，玉门炼厂首创的巡回检查法，在全国炼化系统得到推广。老君庙油田二级构造带理论，是对世界石油事业的贡献。古潜山构造的鸭儿峡油田的开发经验和技术，对兄弟油田的勘探开发提供了有益借鉴。50 年代，建成了我国第一座双炉热裂化装置。60 年代，建成的尿素脱蜡装置，被誉为全国炼油战线的“五朵金花”之一。1974 年，建成我国第一套提升管催化裂化装置，填补了我国炼油化工的一大空白。中国第一个采油科学研究所的成立，开辟了科学开发油田的新路。到八九十年代，油田摸索实践出了以高能气体压裂、声波处理油层为主的“物理法”采油技术；以大修、侧钻加深为主的挖潜技术；以压裂为主的油层改造技术；以“封、堵、调”为主的控水技术；以“三次采油”为先导的提高采收率术等 10 大采油新工艺，对老油田的稳产提供了科技支撑。首创的大功率电脉冲、高能气体压裂被誉为“山沟里飞出的两只金凤凰”。

进入新时期，玉门石油人应用前陆冲断带油气勘探理论，发现了近亿吨储量规模的窟窿山油气富集带，形成了以复杂山地三维地震、优快钻井、成像测井、酸化改造油层 4 项配套技术为代表的逆掩推覆带勘探技术系列。在注水开发实践中，逐步实施和完善了以“多井少注、点弱面强、分层注水”为特色的有效注水方式，成为老君庙、石油沟等注水开发油田提高采收率的重要措施。老区综合含水从 1976 年的 71.9% 控制到目前的 76.76%，创造了注水开发油田 33 年相对稳定的高水平。

在石油工业的发展历程中，石油摇篮锻炼、培养、造就了一大批领导干部、技术精英和英模人物。有 10 多名在玉门工作过的同志成长为省部级干部；有 6 名技术专家成长为两院院士；有百余名同志成长为厅局级干部。大庆会战时期的“八大老总”，有 6 名来自玉门；会战工委表彰的“五面红旗”，4 名来自玉门。喝着玉门石油河水成长起来的全国劳动模范、工人阶级的杰出代表、“铁人”王进喜带领 1205 钢铁钻井队在战区屡建奇功，留下了“人拉肩扛运钻机”等感人事迹，创造了年钻井进尺 10 万米的奇迹。在兰炼的建设过程中，著名的“四大金刚”龙显烈、熬明模、高士、王长荣，都是从玉门炼油厂走出去的。玉门油田还涌现出了以郭孟和、刘公之、马武林、苗国政等为代表的一大批先进模范人物，成为激励玉门石油人奋发进取的一面面旗帜。

玉门油田在全力支援新油田的开发建设后，面临着人才奇缺、产量下滑、设备老化以及历史包袱沉重等严峻挑战，玉门石油人硬是凭着一股韧劲和拼劲，创造了属于石油也属于自己的骄傲！从 1970 年到 2000

年，创造了60万吨、50万吨、40万吨三个稳产10年的不菲业绩，老君庙油田连续四次获得“全国高效开发油田”称号，为兄弟油田的后期开发提供了有益的借鉴。

我们永远铭记，玉门石油人自强不息创新业，用忠诚和勤奋续写着油田振兴的时代篇章。进入新的历史时期，玉门石油人探索不停、奋斗不止、殚精竭虑，谱写着科学发展的新篇章。按照“立足酒泉，深化酒西，突破酒东”的勘探方针，大打勘探开发进攻仗。1999年1月，青西地区打出的柳102井，获日产129立方米的高产油流。2002年5月，窿8井获日产原油201立方米、天然气32000立方米的高产油气流，揭开了窟窿山逆掩推覆体油气勘探的序幕，被中油股份公司列为2002年油气勘探六大重要发现之一。不到10年时间，石油人把具有“世界级”开发难题的青西油田建成为管理一流、素质一流、技术一流、效益一流的现代化油田，结束了油气勘探的被动局面，摆脱了自1959年以来产量持续下滑的困境。在酒东盆地，1985年11月钻探的营参1井，反映营尔凹陷是一个油气资源比较丰富的地区。1992年3月钻探的酒参1井，在凹陷中部长沙岭地区白垩系内发现油气层，证实长沙岭构造具有良好的油气勘探前景。2005年11月25日完钻的长3井，获日产50立方米的油气流。今年年初，长202井获得日产100立方米高产油气流，成为酒东24年来打出的第一口高产自喷井。酒东勘探的突破和青西油田的滚动勘探成果，坚定了玉门油田重上100万吨的信心。面对国际金融危机的影响，玉门油田按照中国石油的总体部署，结合实际，深度调整，优化运行，强基蓄势，降本控费，积极探索老油田后期开发降低成本的路子，体现了玉门石油人顾全大局、自强不息的良好精神风貌。

炼油化工按照“加快工程技术改造和技术进步步伐，加快产品质量升级换代和结构调整步伐，全面提高经济技术水平和经济技术指标，全面提高市场适应能力和盈利能力”的工作方针，全力打造特色精品炼厂，炼厂的竞争能力和经济效益得到了不断提升。1996年，250万吨/年常减压装置，只用了18个月就优质快速建成，且一次投用成功，使玉门炼厂的一次加工能力达到了300万吨。目前，可生产燃料油、润滑油基础油、液压油、润滑脂等13大类160多种石油产品。汽油具备全部生产93号、97号的能力，汽油、煤油、柴油等产品实现了升级达标，质量达到欧Ⅲ标准，部分达到欧Ⅳ标准；高附加值的产品产率达到83.2%，部分特油产品工艺在同行业中处于领先地位，有21种产品获得国家和省部级优质产品称号。2号低温脂、低中碱值石油磺酸钙等产品标准成为国内同类产品的行业标准，其中2号低温脂被铁道部指定为机车专用产品，并于1996年上升为国军标。4号高温脂、真空封蜡、15号航空液压油等产品为全国独家产品，特别是15号航空液压油的各项指标达到了同类产品先进水平，被空军指定为军用飞机用油。3号耐醇脂被机械部指定为螺纹管润滑专用产品。8号绝缘胶、10号航空液压油成为神舟飞船专用产品。玉门炼厂正朝着“特色精品”的目标迈进。

工程技术服务能力逐年提升。拥有集团公司认证的甲级井下作业队伍8支、乙级队伍21支，作业区域分布在玉门、塔里木等市场。建筑安装具备防腐保温工程施工和石油化工设备管道安装工程专业承包一级资质，在西气东输、西部管道建设及公路建设中取得了良好业绩和甲方充分肯定。油田初创时期设置的负责修配、安装的临时机厂，已发展成为年生产能力1万多吨的机械加工制造企业，其中抽油杆、抽油泵获得美国API产品质量认证，产品远销阿曼、澳大利亚、加拿大、埃及、叙利亚、苏丹、克罗地亚、泰国以及缅甸等24个国家和地区。1997年，“玉石”牌机械产品，被甘肃省命名为“陇货精品”。油田电力事业经过6次扩建，由最初的3台100千瓦柴油发电机发展到火电总装机容量12.3万千瓦、年发电能力8亿千瓦·时，水电总装机容量1.45万千瓦、年发电量5500万千瓦·时的规模。

适应油田发展需要的各项管理制度在实践中不断探索、创新、完善。50年代，健全了设备、器材、计划、财务、生产、管理等一系列规章制度；60年代，强化计划和定额管理，建立了统一的生产调度指挥系统，形成了便于操作和考核的交接班制、请示报告制、厂长生产技术责任制、质量检验制和员工奖惩制度；70年代，完善创新政治指导员制度和群众性油水井分析制度，推行设备管理十字作业法；80年代，大力开展了“一抓三整顿”（抓思想政治工作，整顿思想作风、整顿基础工作、整顿劳动纪律）活动，建立完善经济责任制，推行原油产量包干制，引进全面质量管理等现代化管理方法；90年代，推行资产经营责任制，管理水平跃上了新台阶。进入新时期，按照股份公司“四统一、一规范”的要求，不断完善管理体制。积极推行投资集中管理、财务集中核算、物资集中采购、合同集中管理，使管理更加规范有效；积极搞好内控体系建设和持续改进，有效防范了经营风险；按照“三控一规范”的要求，强化用工管理，清退计划外用工，使员工总量得到有效控制。牢固树立“环保优先、安全第一、质量至上、以人为本”的理念，不断完善HSE管理体系，努力建设安全型、清洁型、节约型企业。

我们永远铭记，玉门油田以人为本建和谐，用责任和爱心建造美好家园的坚实毅力。随着油田的不断发展，各级组织一直关心员工生活，千方百计改善员工生产、生活条件，调动员工生产积极性。油田大发展时期，加入了大批员工、家属，面对3年自然灾害，为解决员工、家属的生活困难，开荒种地、自办农场，发展多元经济，改善员工生活，解决员工后顾之忧。步入新时期，油田忠实践行“三个代表”重要思想，认真贯彻落实科学发展观，坚持以人为本，积极推进和谐油田建设，努力将企业改革发展成果惠及员工群众。坚持以确保员工人身安全作为根本，持之以恒加强安全管理，落实各项规章制度，追求零事故、零伤害、零污染。直面老油田历史包袱重、困难矛盾多的实际，想方设法为员工群众办实事，帮助油田有偿解除劳动合同人员实现再就业，解决了他们的养老保险、医疗保险等实际问题；给工农业家属发放生活补贴；千方百计缓解油田子女的就业压力；改善一线员工生产、生活条件；帮扶救助困难群体；内部退养员工待遇得到保障；在职员工和离退休人员的收入逐年增长。尤其值得欣慰的是，在集团公司、股份公司和甘肃省委、省政府以及当地党委、政府的关心支持下，玉门油田酒泉生活基地经过6年时间的建设，现已建成10个园区349栋楼房近15000户住宅，完成办公、科研、学校、医院、锅炉房、系统配套、商贸、文体中心等公建项目22个，一个功能齐全、设施完善、环境舒适的石油新家园展现在酒泉新城，几代玉门石油人“下山”的梦想变为现实，使油田员工、家属的生活条件得到根本改善，生活质量大大提升。认真履行“三大责任”，积极开展扶贫帮困、赈灾救危、捐学资教、社区建设，支持地方经济发展，热心公益事业，做好企地共建工作，为构建和谐社会尽了应尽的责任。

我们永远铭记，玉门石油人信念永恒筑堡垒，用精神和文化铸就“石油摇篮”的发展之魂。油田各级党组织始终坚持“围绕发展抓党建、抓好党建促发展”的工作思路，把工作定位在凝心聚力、推动发展，维护稳定、促进和谐上。积极开展“四好”领导班子、“五好”党支部创建活动和“六好”党员达标活动，党委的政治核心作用、党支部的战斗堡垒作用和共产党员的先锋模范作用得到了较好发挥。组织开展“三讲”教育、党员先进性教育，深入开展学习实践科学发展观活动，着力构建党的先进性建设长效机制。大力开展“学理论、上水平、做主人”“学理论、上百万、迎矿庆”等主题活动，促进企业又好又快发展。深入开展基层建设和“五型”班组创建活动，不断提高岗位建设水平。不断加强企业文化建设，抓好“大庆精神”“铁人精神”“玉门精神”的再学习、再教育活动，企业的向心力和凝聚力得到了增强。坚持做好一人一事的思想政治工作，落实维护稳定工作责任制，确保了油田大局稳定。大力加强党风廉政建设，培育廉洁文化，为油田发展保驾护航。大力加强精神文明建设，深入开展创建“文明园区、文明公寓、争做文明住户”的群众性活动，讲文明、树新风在油田蔚然成风。大力加强群众组织工作，各级工会、共青团、女工等群众组织，充分发挥联系群众的桥梁纽带作用，努力把员工的积极性、主动性、创造性凝聚到企业改革发展的主战场。

70年来，玉门石油人在创造巨大物质财富的同时，也创造了丰厚的精神财富。油田在长期的建设和发展中，积淀形成了以“一厘钱”“穷捣鼓”“找米下锅”“小厂办大事”“再生厂”为内容的玉门精神，以及“慷慨无私支援别人，历尽艰辛发展自己”的玉门风格。玉门精神的核心是艰苦奋斗，特征是“三大四出”，精髓是无私奉献，实质是自强不息。多年来，一代代玉门石油人坚持弘扬玉门精神和玉门风格，传承弘扬大庆精神、铁人精神，着力培育具有时代特征和玉门油田特色的“摇篮文化”，使之成为每个玉门石油人的精神支柱，激励着玉门石油人奋发图强，展示了一幅幅艰苦创业、为国分忧、为国争光的壮丽画卷，奏响了一曲曲负重爬坡、甘于吃苦、乐于奉献的光辉乐章。历久弥新的玉门精神和玉门风格，是我们打造百年油田的不竭动力。

经过70年坚持不懈的努力，油田累计探明地质储量1.67亿吨，生产原油3350.75万吨，累计加工原油5090.46万吨，实现营业收入937.65亿元，利税总额69.05亿元。油田荣获“中华老字号”称号，获得了“全国五一劳动奖状”、“重合同、守信用”单位和“全国用户满意企业”称号。

油田连续保持了甘肃省和全国“思想政治工作优秀企业”称号；荣获“全国精神文明建设先进单位”和“全国企业文化建设优秀单位”称号；被国家旅游局首批命名为“全国工业旅游示范点”；油田展览馆、老君庙、603岗位等被中国石油天然气集团公司命名为“企业精神教育基地”。

玉门油田70年的辉煌成就，是集团公司党组、集团公司、股份公司和甘肃省委、省政府正确领导的结果，是油田全体干部员工团结奋斗、艰苦创业、无私奉献的结果，是酒泉市、玉门市、肃州区和各兄弟油田、周边友好单位大力支持的结果。在这里，让我们以热烈的掌声，再次表示崇高的敬意和衷心的感谢！

70年的光辉历程，70年的沧桑巨变，深刻地昭示我们：实现油田科学发展，必须牢牢把握发展第一要务，坚持用发展的观点解决前进中的困难与矛盾，坚定不移地推进油田主营业务较快发展，抓重点，攻难关，促进各项事业协调发展，不断增强油田自我发展的活力和后劲。必须大力加强企业党的建设，建设坚强有力的领导班子和高素质的员工队伍。必须把安全环保作为重中之重，强化措施，狠抓落实，夯实根基，形成全员、全方位、全过程抓安全、抓环保、抓节能减排的合力。必须坚持以人为本，实现好、维护好员工群众的根本利益，让企业改革发展的成果惠及全体员工。必须大力弘扬以艰苦奋斗为核心的大庆精神、铁人精神，传承创新玉门精神，充分发挥全体干部员工的积极性、主动性、创造性，形成推进企业发展的强大合力。这些宝贵经验，我们一定要传承下去，并不断发扬光大。

我们永远铭记，玉门油田要实现持续发展、打造百年油田的历史责任。玉门石油人没有辜负历史，更不会辜负未来，我们将在新的起点上，全面落实科学发展观，以“快发展、低成本、高效益、可持续”为战略方针，通过扎扎实实的工作，勘探实现新突破，开发再创新水平，早日建成特色精品炼厂，努力把“石油摇篮”建设得更好。

勘探开发以原油产量早日攻上100万吨/年为奋斗目标，坚持“立足酒泉、深化酒西、突破酒东、准备新区”的方针，进一步强化综合研究和工程技术攻关，优化部署，稳步实施。加快酒东勘探，力争形成新的产量接替；继续深化酒西勘探，实现稳产上产；扎实推进区域勘探，积极开辟新的领域。油田开发继续深化青西、老君庙、鸭儿峡、石油沟等油田的地质研究，以油藏精细描述为依据，抓好调整治理、二次开发、注水综合治理和滚动扩边，提高开发水平，实现酒西持续稳产；结合酒东勘探进程，抓好产能建设，积极探索配套的稳产开发技术，实现有效开发，形成产量接替。通过又好又快地整体推进勘探开发进程，使原油产量早日攻上100万吨/年，并实现稳中有升。

炼油化工要通过技术改造，加快300万吨/年特色精品炼厂建设，在可能的情况下，创造条件扩大炼量规模。大力推进产品升级优化，大宗产品提质压量，特色产品提质提量，增加品种，不断研发名、专、特、优产品，持续改善经济技术指标，达到中石油中上水平，不断提高创效能力。积极推进技术进步，强化节能减排，努力降本控费。加强员工培训，提高炼油队伍整体素质，不断适应新的发展要求。强化装置运行管理，积极采用现代管理手段和方法，使各项管理工作更科学、更精细、更有成效。

工程技术服务要在增强素质、苦练内功、开拓市场上下功夫，在提升持续发展和盈利能力上做文章，尽快做到扭亏为盈，努力实现良性发展。充分发挥玉门油田在长期的建设和发展中形成的传统和经验优势，充分发挥综合一体化服务优势和特色配套技术优势，解放思想，放眼世界，积极实施“走出去”战略，寻找更大的生存和发展空间。矿区服务要以专业化、规范化、市场化为导向，完善制度，强化管理，优化运行，节能降耗，降本控费，着力提高服务员工、维护稳定的能力和水平。

今天的盛大庆典，既是70年发展的礼赞，更是向新征程进发的号角。在玉门油田前进的道路上，还面临着接替储量不足、稳产难度加大、市场竞争日趋激烈、企业历史包袱沉重、维护稳定任务繁重等诸多困难和挑战，需要油田上下同心协力攻坚克难，需要集团公司、股份公司、甘肃省委、省政府的关爱和帮扶，需要老领导、老专家一如既往地指导和帮助，需要地方政府、兄弟单位继续从各方面予以理解和支持！只要我们咬定青山不放松，拼搏奋进不停步，就一定会克难制胜，把玉门油田建设成为一个产业结构合理、主营业务突出、规模效益明显、创新能力较强、整体优势较强、体制机制顺畅、管理先进科学、发展势头稳健、具有较强竞争力的成长型企业，创造玉门油田更加美好的明天。

各位领导、各位来宾、同志们、朋友们，历史辉映未来，关怀光照前景。站在新的历史起点上，沉浸在收获的喜悦里，我们感恩，我们向往，我们振奋。让我们以庆祝玉门油田开发70年为契机，瞄准既定目标，以更加开放的思想观念，更加执着的奋斗精神，更加扎实的工作作风，创造出更加辉煌的成就，让做出历史贡献的玉门油田充满希望，逐步走上可持续和谐发展的道路，让“石油摇篮”这面旗帜在祁连山下高高飘扬！

2. 纪念文章选编

老油田大有文章可做

康世恩

在纪念玉门油田开发50周年的时候，回顾历史，总结经验，对职工进行传统教育，这是很有意义的。

1939年岁末，一批有志于开发祖国石油资源的科学技术人员和工人骑着骆驼，来到石油河畔，拉开了玉门油田勘探的序幕。他们在这片青天一顶狂草舞，满目荒凉人踪稀的戈壁滩上，克服了技术落后、设备简陋、环境恶劣、生活艰苦等诸多困难，靠着榔头、标杆、水平仪等简单器具，开始了艰难创业。次年春天，在老君庙旁打出了第一口油井。嗣后，经过科学技术人员和工人们的继续努力，到1949年，已在海拔2400多米的祁连山下、戈壁滩上建成了一个有职工四千多人，年产9万吨原油的石油矿场。

1949年9月25日，人民解放军解放了玉门油矿。玉门油矿解放不久，彭德怀同志亲临油矿视察，指示我们军管会要把油矿的工作做好，把这里建成为发展石油工业的摇篮。按照彭德怀同志的指示，我们迅速恢复和发展了油矿生产。在生产恢复过程中，职工群众积极性越来越高，工人阶级当家做主人的意识也日益增强，油田生产形势呈现出欣欣向荣的局面。在地质人员的辛勤努力下，陆续发现了石油沟、鸭儿峡、白杨河等油田，并在很短的时间内相继投入了开发，使玉门油田的原油产量有了大幅度增长。

为了发挥玉门的“摇篮”作用，石油工业部给玉门油田确定了“三大，四出”的工作方针。多少年来，玉门油田支援各地会战调出职工达七万八千多人，设备两千多台（套）。正如诗人李季所描绘的“凡有石油处，就有玉门人。”玉门确实起到了培养石油工业骨干的大学校的作用。

玉门油田是一个对中国石油工业做出过重要贡献的老油田。过去它曾起到过石油工业的基地作用。今天，它已走过了半个世纪的历程，处于老年时期了。但是，这个老油田还是大有文章可做的。我也相信玉门广大职工一定能把老油田开发的这篇大文章做好，以适应新的形势，迎接新的挑战。

玉门油田——中国石油工业的摇篮

——庆祝玉门油田开发70周年

王　涛

70年艰苦奋斗创伟业，70年辉煌篇章载史册。

1939年8月11日，是中国石油工业发展历史上永远值得铭记的日子。这一天，祁连山下玉门老君庙旁的一号井获工业油流。从此，拉开了玉门油田开发的序幕，揭开了中国现代石油工业的第一页。

创建中国第一个现代石油矿场

玉门油矿诞生在抗日战争爆发的烽火年代。在民族危亡之时，一批爱国知识分子抱着产业报国的愿望来到玉门，在穷塞绝域之地，开创我国现代石油工业。

抗日战争爆发后，我国沿海港口相继被日军占领，石油进口通道几乎断绝，抗日大后方发生了严重的油荒，“一滴汽油一滴血”是当时的真实写照。

在孙健初、韦勒、萨顿等中外地质学家地质调查的基础上，经翁文灏、钱昌照等爱国人士的奔走斡旋，国民政府决定勘探开发玉门的石油资源，并于1938年6月组建了甘肃油矿筹备处。严爽、孙健初、靳锡庚等爱国知识分子和工友们怀着开发石油、支援抗战的坚定信念来到冰天雪地的老君庙旁。在中共代表周恩来的直接关心下，陕甘宁边区政府从延长油矿抽调20多名技术工人和两部顿钻钻机支援老君庙油田的勘探开发。经过几个月的艰苦努力，1939年8月11日，玉门第一口油井获工业油流，从此揭开了开发建设老君庙油田的序幕。消息传出，全国抗日军民受到极大鼓舞。

1941年初，为了扩大玉门油矿的生产规模，国民政府资源委员会决定成立甘肃油矿局，任命孙越崎为总经理。油矿加紧组织生产，增加出油井的数量，扩大炼油厂的规模，加快辅助设施的配套，同时，加速培养石油人才，使玉门油矿进入高速发展时期。1942年，原油产量达到4.6万多吨，生产汽油180万加仑。

以后两年，玉门炼出的汽油年产量都保持在200万加仑以上。到1945年，累计生产原油25万多吨。

玉门所产油品陆续运往抗日前线支援抗战。1943年，日军企图强渡风陵渡，入侵陕西，由于有了玉门的汽油，能及时将苏联供应的大炮从新疆赶运到前线，阻挡了日军的进攻。玉门油矿还将油品运往内地销售，对缓解大后方的油荒、维持战时后方交通运输发挥了重要作用。

1946年6月，甘青分公司成立，经理由郭可诠兼任。到新中国成立前夕，时任甘青分公司经理的邹明先生率领员工积极进行护矿斗争，向新中国移交了一个完好的油矿。

经过10年的开发建设，到1949年，玉门油矿已经拥有一支4000余人的石油产业队伍。其中，技术人员和管理人员2200余人，技术工人1600余人。探明可采储量1700多万吨，年产原油7万多吨，共生产原油50多万吨，占全国同期产量的90%以上。建成了可产汽、煤、柴、润等12种产品的炼油能力，拥有地质勘探、钻井、采油、炼油、机修、水电、土建、运输和通信等专业队伍的综合性石油企业，成为当时中国规模最大、产量最高、员工最多和工艺技术领先的现代石油矿场。玉门油矿在油田开发建设、石油炼制以及科研和技术工艺、企业管理等方面开了众多的先河，为石油工业的未来发展培养了大批人才。

全力支援新中国石油工业建设

新中国成立后，百废待兴，百业待举，为满足国家建设对能源的需求，迫切需要找到更多的油气资源。第一个五年计划期间，党中央决定在玉门建设中国第一个石油工业基地，玉门油矿被列为全国156项重点工程之一。全国从人力、物力和财力等各方面，对石油基地的建设给予支持：毛泽东主席亲自批准中国人民解放军第19军57师改编为石油工程第一师，近8000名指战员中的大部分成为玉门油矿的骨干力量；党和国家领导人朱德、陈云、邓小平、叶剑英、彭德怀等曾到玉门视察。朱德委员长欣然题词："玉门新建石油城，全国示范作典型；六万人民齐跃进，力争上游比光荣。"叶剑英元帅题诗："引得春风度玉关，并非杨柳是青年；英雄一代千秋业，敢说前贤愧后生。"苏联、罗马尼亚、民主德国、匈牙利、捷克斯洛伐克派专家到玉门支援开发建设。来自各方的关心、支持和帮助，使玉门油田职工受到巨大鼓舞，石油基地的建设步伐大大加快。到1957年，原油年产量达到75.54万吨，占当年全国天然原油产量的87.78%。1957年10月8日，新华社从兰州发出电讯：中国第一个天然石油工业基地在玉门建成。

在我国石油工业加快发展的历史时期，玉门油矿承担起支援全国新油田建设的历史重任。他们从全国"一盘棋"出发，提出"一援、二让、三上"的行动方针，把支援新油田的勘探、开发建设作为自己的首要任务，成建制地把骨干队伍和成套设备一批又一批地送往新区和兄弟油田需要的地方。

20世纪50年代末，石油工业部实施党中央确定的石油工业战略东移的决策。在我国东北发现大庆油田后，1960年，玉门油田作为大庆会战的主力队伍之一，派遣1.8万余名职工，带着成套钻机和设备奔赴松辽平原，其中就有铁人王进喜率领的1205钻井队。面对世界级的大庆油田和油田会战初期存在的诸多困难，铁人喊出了"宁肯少活二十年，拼命也要拿下大油田"的英雄誓言，率先垂范，组织队伍以"有条件要上，没有条件创造条件也要上"的豪迈气概，人拉肩扛，克服种种困难，为大庆油田勘探开发做出了杰出贡献，成为大庆会战的红旗、全国石油职工学习的榜样。

大庆油田会战涌现出很多英雄模范人物，其中有很多来自玉门。"王、马、段、薛、朱"大庆五面红旗，其中"四面"来自玉门油田；大庆会战时有"八大老总"，其中6人来自玉门；"五把铁锹闹革命"的领头人薛桂芳也是玉门人。玉门油田不但在大庆油田开发建设中做出了突出贡献，而且以铁人为代表的玉门石油人在大庆石油会战中所表现出的艰苦奋斗、不怕困难的高尚品质和工作作风，对当时会战职工和以后石油队伍优良传统的形成都产生了极为深远的影响。

大庆石油会战，将我国贫油落后的帽子甩到了太平洋，做到了原油自给，实现了从"贫油大国"向"产油大国"的历史跨越。这其中，玉门油田功不可没。

在实施党中央、国务院确定的"稳定东部，发展西部"战略部署中，玉门油田也做出了历史性的贡献。

20世纪80年代末，为实施"稳定东部，发展西部"的战略，中国石油天然气总公司决定在新疆塔里木盆地和吐鲁番盆地，同时开展石油勘探开发会战。1989年，玉门油田主要领导先后率领近万名职工西出阳关，第三次奔赴"火洲"吐鲁番—哈密盆地，按照"新体制、新技术、高水平、高效益"的工作方针，参加了具有新时期特色的石油会战。

在不到4年时间里就建成具有年产原油300万吨生产能力的吐哈油田，成为我国西部地区又一个重要的油气生产基地。油田勘探、开发、建设均达到高水平、高效益，按照“新体制、新技术”要求，油田管理在国内首先实现100万吨产能110人管理的新水平。

几十年来，玉门油田先后抽调10万多名员工和4000多台（套）设备，参加四川、长庆、柴达木等全国10多个油田，10余个炼厂、物探、运输等勘探开发会战和企业建设，充分发挥了石油摇篮“三大四出”（即大学校、大试验田、大研究所；出产品、出经验、出人才、出技术）的历史作用。中国石油工业能够形成今天的局面，取得今天的辉煌成就，玉门油田是做出了重要的历史贡献的。

造就和输送了石油工业的栋梁和英才

玉门油田是大学校、大试验田、大研究所，也是一个大熔炉，为中国石油工业造就和输送了一大批技术骨干和管理人才。海峡两岸石油界都有出自玉门的谙熟管理的领导、建树卓著的专家、闻名遐迩的英模。

中国地质事业著名的创始人翁文灏、工矿泰斗孙越崎等，是开发玉门油矿主要的组织者和领导者；地质学家孙健初等，对老君庙油田进行了早期的勘探，是玉门油矿开发建设的重要奠基人；石油工程专家严爽，是玉门油矿主要创建者之一；地球物理学家翁文波，在玉门创建了我国第一个重磁力勘探队，是我国勘探史上的一个创举；石油地质专家靳锡庚、杜博民，石油化工专家熊尚元、龙显烈等都在各自的领域为中国石油工业建设首开先河，为玉门油矿的建设发展做了开创性的工作；陈贲、卞美年、秦同洛、史久光、刘树人、李德生、童宪章等都是我国石油界的高级专家。他们不但为玉门油矿的开发，而且为我国后来石油工业的发展发挥了重要作用。金开英、吴德楣、虞德麟、董世芬、江齐恩、董蔚翘等从玉门走出，开创了台湾地区的石油事业。

玉门油田作为我国的第一个天然油生产基地，也是为祖国未来石油工业培养人才、锻炼人才的基地。为建设这个油田，有5000多名高等院校毕业生、2万多名解放军转业官兵及一批地方人员，先后共有4万多人走进这个摇篮锻炼成长，又先后走出玉门参加其他新油田的建设，相当于每年从这里“毕业”4000多名石油专业人才。

玉门油矿第一任军事总代表康世恩，后来成为我国石油工业的卓越领导者和国家领导人。

我国许多石油企业领导包括一些政府部门的领导人来自玉门。其中，杨拯民、焦力人、宋振明、赵宗鼐、李敬、李天相、任志恒、秦文彩、闵豫、金钟超、陈耕、程浩、吴碧莲、黄亦纯14位同志成长为省部级领导干部；翁文波、李德生、田在艺、刘广志、童宪章、翟光明6名技术专家成为中国科学院或中国工程院院士；同时，有百余名同志成长为石油战线的中高层领导干部。

在玉门成长起来的王进喜是中国石油工人的光辉典范，工人阶级的先锋战士，中国共产党人的优秀楷模，中华民族的英雄。在建国40周年的时候，他与雷锋、焦裕禄、史来贺、钱学森一起被中共中央组织部命名为“建国以来在群众中享有威望的共产党员的优秀代表”。世纪之交，他与其他伟人和英雄人物一道被列为“百年中国十大人物”，写入中华民族的光辉史册。他为中国石油工业的发展和社会主义建设立下了不朽的功勋，为我们留下了宝贵的精神财富——铁人精神。

我国著名诗人李季曾用“凡有石油处，就有玉门人”来描述玉门油田的贡献是非常形象、十分贴切的。如今，玉门油田在全国播下的“种子”已经开花结果，玉门在中国石油工业发展的历史进程中做出的杰出贡献已经载入光辉的史册。

石油圣地——联系海峡两岸石油界的纽带

台湾苗栗是我国近代第一口油井的诞生地，延长油矿是大陆第一口油井的诞生地，玉门是中国石油工业第一个现代石油生产基地，祖国的石油事业把“两岸三地”紧密地联系在一起。

早在玉门油矿开发之初，翁文灏拜访中共代表周恩来，商量调用延长油矿钻机一事。周恩来当即表示“同心为国，决无疑义”。陕甘宁边区政府鼎力帮助拆运。这是国共合作的一段佳话。

抗日战争胜利后，一部分从事勘探开发和炼制事业的技术人员从玉门调往台北，成为台湾地区石油工业的奠基人。

同居老君庙旁，同饮祁连雪水。这些在玉门成长起来的石油人（石油界尊称他们为老油人），对玉门有着难以割舍的深厚情怀。离开玉门后，他们一直念念不忘玉门油田，能在有生之年到玉门去看一看、走一走，是他们最大的心愿。很多台湾老油人都表示愿为玉门油田的发展、愿为祖国石油工业的发展再做点事、再尽点力。

1981年，全国人大常委会委员长叶剑英对台发表统一祖国大业的重要谈话。此时正值我国海洋石油对外开放，康世恩同志考虑顺应两岸往来的形势，欲请台湾地区石油界参加投标。在北京的老油人邹明、翁文波、史久光等开会研究与台湾石油界的合作事宜。随后，中国国民党革命委员会名誉主席孙越崎发表讲话，表明大陆愿与台方合作开发海上油气田。此后，海峡两岸老油人的个人往来不断增加。

1990年、1992年，台湾老油人两次应邀访问玉门并参观了大庆油田等企业，打破了两岸石油界割断40多年的历史。1992年，我在北京钓鱼台国宾馆会见了台湾老油人。台湾老油人表达了海峡两岸石油界同根同源的深厚感情，对大陆石油工业取得的辉煌成就很是钦佩，并表示要为促进两岸石油界的交流与合作做出努力。其后，台湾石油公司的负责人多次到大陆石油石化企业参观访问。

大陆老油人也曾先后3次应邀访问台湾，所到之处，强烈感受到两岸之间的“中华民族情感”，深深体会到加强交流与合作是两岸石油人的共同愿望。

1998年8月，中国石油学会和玉门油田共同邀请海内外20多位老油人齐聚玉门。千里寻根，故地重游，这些耄耋之年的老油人大都激动地流下了热泪。金开英等台湾老油人还专赋“玉门颂”，表达了对玉门油田的深厚感情。他们把玉门油田看作是台湾石油人心中的圣地，称台湾石油工业是由玉门老君庙精神所奠基，把访问玉门油田当作“回娘家”。

玉门油田像一根扯不断的纽带，把海峡两岸石油人的心紧紧联结在一起。进一步加强海峡两岸石油界的交流与合作，为祖国石油工业的发展携手共进，成为海峡两岸石油界的共同心声和强烈愿望。

进入20世纪90年代以来，两岸石油界积极寻求合作项目，在石油勘探、炼油化工、科技经贸等领域进行广泛的合作。双方在不断加强交流的基础上，合作取得了实质性进展。

玉门精神，积淀了中国石油文化的丰厚底蕴

玉门这片神奇的土地上，孕育了玉门精神。玉门精神是中华民族艰苦奋斗、自强不息的民族品格的集中展示，是以爱国主义为核心的民族精神的具体体现，是大庆精神和铁人精神的重要组成部分，是石油队伍可贵的传家宝和精神财富。玉门精神为中国石油工业持续发展提供了强大的精神动力。

玉门精神，是以爱国主义为核心的民族精神的具体体现。

在抗日战争民族危亡的年代，优秀的热血青年和爱国志士，以救国图存为己任，选择着不同的方式，实现着自己的梦想和追求。有的奔赴延安追逐光明，有的奔赴抗日前线浴血抗战，有的则来到戈壁荒漠，在石油河畔实现着产业救国的理想。正是因为有了这样一批把国家和民族利益放在首位、胸怀报国拳拳之心的知识分子，玉门油田才得以规模开发，有力地支援了抗日战争。

每当祖国最需要的时候，玉门石油人就义无反顾。1949年9月，为迎接油矿解放，工人们组成护矿自卫队，掩埋机器，昼夜巡逻，使油矿完整地回到人民手中。1950年，响应党中央“抗美援朝，保家卫国”的号召，为购买“石油工人号”战斗机，油矿员工积极踊跃，自愿捐款。伴随着新中国的壮大，爱国激情日益高涨，油矿职工以主人翁的姿态，想国家所想，急国家所急，迅速开展了大规模的生产建设运动，把一个新型的天然石油基地奉献给祖国。从20世纪60年代起，玉门油田又肩负着支援新油区开发建设的历史重任，无私地贡献了自己的力量。

玉门精神，是以独立自主、自力更生为特色的艰苦奋斗精神的具体体现。

70年前，以孙健初为代表的爱国知识分子，在青天一顶狂风舞、满目荒凉人踪稀的亘古戈壁上，窑洞中住宿，老羊皮御寒，白手起家，艰苦劳作，用顿钻打井，挖土坑储油，靠两条腿进行着玉门早期的石油勘探。新中国成立后，一代又一代玉门人，扎根祁连，艰苦创业。钻井队长、全国劳动模范郭孟和，为了多打井、多找油，带领全队职工，在防寒设备条件极其简陋的情况下，冒严寒，战冰雪，在海拔2500米的青草湾地区钻井获得成功，开创了中国冬季钻井的先河，被誉为祁连山下的“冬青树”；退休工人、共产党员马武林，“一把铁锹两只手，哪里有油哪里走”，自1984年到1988年，回收了几千吨落地原油，被誉为“祁连山下一口井”；20世纪60年代初，祁连山下，海拔2700米的井场，没有机械动力，80多人组成的群众修井队，肩背钢丝绳，硬是把井下四五吨重的油管从几百米深的井筒内一根根地拉上来，清完蜡，冲尽沙，然后再一根根地放下去，每修一口井要负重走200多趟。这一幕幕情景确实感人至深，刻骨铭心。

如今，玉门石油人形成的“一厘钱”“穷捣鼓”“找米下锅”“小厂办大事”“再生厂”五种精神仍然传

承不衰，成为油田员工过紧日子、降本控费、拼搏奋进的精神力量。

玉门精神，是以“三大四出”为主要内容的胸怀大局、无私奉献精神的具体体现。

70年来，在我国石油工业从小到大发展的历史进程中，玉门承载了“大学校、大试验田、大研究所，出产品、出经验、出技术、出人才”的历史重任。玉门油矿刚刚解放，彭德怀同志就提出，玉门油矿要建成新中国石油工业的摇篮，发挥更大的作用。康世恩同志称玉门油田是石油工业的“老母鸡”，形象地说明了玉门油田的历史地位和作用。

玉门油田发挥石油工业老基地的作用，胸怀祖国石油工业大局，当新油田建设需要时，要人给优秀的，要设备给最好的，慷慨无私支援别人，历尽艰辛发展自己。这就是“玉门风格”，这就是玉门石油人的思想境界。在参加所有的会战中，玉门油田做到了：需要什么样的设备，需要什么样的人，玉门油田只要有，就千方百计支援。有两个的，拆一个；只有一个的，拆走。工人们说：“新油田条件比我们差，困难比我们大，只要我们有，要什么给什么，这是我们的责任。”

玉门油田还把当时掌握的新技术、新工艺一个个传播到全国各油田。玉门油田是对低渗透、低产油层进行大规模压裂酸化增储上产的开创者。第一次推行快速钻井法，第一次采用机械采油新技术。首次应用催化裂化工艺，首创氧化焦化新工艺。1954年12月，老君庙油田开始注水试验，成为中国油田开发史上一个重要的里程碑，为其他油田的长期高产、稳产提供了经验。康世恩同志曾高度评价说：“这些经验应用到大庆油田后，又发展成为早期、内部、切割、分层注水，创出了油田开发的高水平。”在玉门成立的我国第一个采油科学研究所，开辟了科学开发油田的新路。到20世纪八九十年代，油田摸索实践出了以大修、侧钻加深为主的挖潜技术，以压裂为主的稳油技术，以“封、堵、调”为主的控水技术，以“三次采油”为先导的提高采收率技术等十大采油新工艺，为老油田的稳产提供了宝贵的经验。首创的大功率电脉冲、高能气体压裂当时被誉为“山沟里飞出的两只金凤凰”。

玉门精神，是以不断探索、超越自我为实质的开拓创新精神的具体体现。

对于玉门油田，每完成一次支援别人的重要历史任务，就意味着自身又一次艰难创业的开始。当一批又一批的骨干力量调走、一台又一台的设备运走后，玉门石油人直面困难，创新奋进，“调走旧的造新的，调走洋的造土的”“不守摊子再创业”等，使老油田不断获得新发展。进入20世纪60年代，油田产量下滑形势严峻，玉门油田大打原油上产翻身仗，持之以恒搞勘探，增加储量促上产，不断地向采收率极限挑战。

大力推进科技创新，配套形成了适合后期开发的系列工艺技术。依靠这些技术，老君庙油田综合含水一直控制在77%以内，采收率达到45.9%，实现了老油田持续稳产，创出世界同类油田开发的高水平，4次荣获“高效开发油田”称号。

油田炼油化工不断加快技术改造和技术进步步伐，加快产品质量升级换代和结构调整步伐，坚持走特色精品之路。从20世纪60年代我国空军使用的航空煤油到新世纪“神舟”载人飞船使用的特殊润滑脂等，用的都是玉门生产的特油产品。

玉门精神，是以严细认真、锲而不舍为重点的实事求是精神的具体体现。

玉门油田善于总结经验，善于在复杂矛盾中寻找解决问题的办法，即使走过的弯路，也不回避。有一个时期，玉门油矿曾一度超负荷开采，使油田产量急速下降。油田上下坚持从实际出发，通过学习研究，搞清油田稳产的规律，准确地计算可动用储量，合理确定生产指标，管理上坚持“三老四严”，确保油田持续稳产。正是这种求实认真的态度，加上油田职工矢志不渝的苦干实干，终于实现了从1970年到2000年“三个十年稳产”的目标，并为兄弟油田的后期开发提供了有益的借鉴。

玉门精神，是继承党的优良传统、发扬解放军革命精神和优秀品质的具体体现。

玉门油田具有光荣的革命传统。在民族危亡的关键时期，在中国石油工业发展的重要转折关头，一批批爱国知识分子，一批批叱咤风云的解放军官兵，一批批为油拼搏的热血儿女，用青春、才智和对祖国的挚爱，丰富和发展了以艰难创业为内容的“老君庙精神”，以实际行动扩展和延伸了玉门精神的内涵。

1941年春成立的中共老君庙矿区地下党组织在隐蔽精干、积蓄力量的情况下，积极开展工作，以教师的合法身份，向职工灌输抗战救国思想，广交朋友，播下革命火种。玉门油矿解放后，积极发展组织，到1954年，党员总数达到1736名。这一时期，油矿党组织发挥核心和战斗堡垒作用，组织职工完成了油田接管、恢复改造和建设发展的任务，建立工会组织，使油矿职工增强了主人翁意识和对党的热爱。党员们带头以苦为荣，忘我工作，团结职工英勇奋斗，体现了玉门石油人艰苦拼搏、为国分忧的优秀品质。

1952 年，4000 多名石油师人把长征精神和延安精神光荣传统带到了石油队伍，同时，将部队能征善战、不怕困难、连续作战、纪律严明、重视思想政治工作、重视队伍管理的优良传统和作风带到了油田，提升了石油队伍的政治素质，丰富了玉门精神的内涵。

70 年来，油田各级组织坚持两个文明建设一起抓，在党的建设方面，注重在组织、思想、作风建设上扎扎实实做工作，在勤政廉洁、联系群众等方面下功夫，探索并有效开展了符合油田实际的党支部升级达标、党支部“十面红旗”、党员“十大先锋”、领导干部“十佳公仆”等具有玉门特色的活动，使玉门油田荣获“全国五一劳动奖状”“全国思想政治工作优秀企业”等光荣称号。

玉门油田 70 年发展历史，是一部光荣的艰苦创业的历史，是一部爱国奉献的历史，是一部自强不息、开拓奋进的历史。

玉门油田在中国石油工业发展的各个历史时期发挥的重要作用、所做的重大贡献将永载史册。玉门石油人在 70 年油田发展的历史进程中所表现出的高尚品质和革命精神永远是我们学习的好榜样。

今天，我们重温玉门艰苦创业的光辉历史，追溯玉门精神形成发展过程，就是要从中汲取奋进的力量，激励我们不畏艰难，勇往直前，去迎接新的挑战。目前，玉门油田正在新的历史起点上，东山再起，焕发青春，打造百年油田。我们相信在中国石油集团打造综合性国际能源公司新的历史征程中，玉门油田一定会发扬传统，再接再厉，再建新功。

此生最忆是玉门

史久光

提起玉门油田，总有一种深深的情感。1941 年，我从西北工学院矿冶系毕业后，来到甘肃油矿局，义无反顾地奔赴偏僻的玉门参加石油勘探。尽管那里环境艰苦，困难颇多，但我们同来的学生都有一股初生牛犊不怕虎的“傻”劲儿，为了石油勘探拼命地学习、拼命地工作，有关石油的知识和技术都是在玉门学到的。有些事，至今仍记忆犹新，并将铭记一生。

见识井喷

我刚到玉门不久，就碰上了八井井喷。油井喷出的油柱高达 30 多米，吼声震天。由于当时油矿没有人掌握对待高压油气层的知识和经验，又没有相应的防喷设备，面对井喷简直就是束手无策。为了防止发生火灾，矿场技术人员坚持昼夜值班巡逻，人手不够，还从炼厂借来一部分技术人员。值班人员分成两个班，每班值 12 个小时。因强烈噪声和精神过度紧张，睡在床上总是翻来覆去无法入眠。眼睛一闭，脑海里就会闪现井场上的惊险镜头，每个人都得服用安眠药才能入睡。每当宿舍里的公用电话铃声一响，又常常从梦中惊醒坐起来，直到证实与井喷无关才重新躺下。这样的情形足足延续了一个月之久。

当时喷油量极大，生产套管既未下到应有的深度，又未恰当固井。后因井下坍塌，喷势渐弱，随之开始相关后续工作。先要起出井内被严重喷蚀的钻杆和套管，套管劈裂并断了许多段，加上钻杆与套管之间充满油砂，把二者卡得极紧，所以起出钻杆和套管极为困难。为了防止出现事故，董蔚翘工程师安排我和靳叔彦爬到粘满原油的井架上，密切注视游动滑车的移动。钻杆每起出一小段，就要向上跳动一下。钻杆和套管有相对运动，不断地摩擦而产生大量的热，管子上的油气化冒烟，随时都有着火的危险。当时，我们虽然没有向钻台上的人说什么，但心里确实很害怕。就这样硬是在井架上坚持了好几个小时，直到把钻杆和套管全部起完才下来。此时，我俩除了眼睛和牙齿之外，全身都是黑的。

赴美实习

1945 年，我和刘树人等通过经济部考试，被公费派赴美国实习。当时美国的石油工业已经比较发达了。两年中，在一位美国朋友的推荐和帮助下，我除了到壳牌、联合、加州标准等大石油公司实习之外，还到国民供应公司等大石油设备制造公司和数十家石油工具制造和服务公司参观学习。我通过实习掌握了有关石油工程设备、工具的性能和用途，心中始终怀着设备国产化的信念，更注意了解掌握钻采设备和工具的加工生产工艺，为日后国内自己制造创造条件。凡有机会实际操作的我都一一亲自实践，如刮刀钻头的焊接修复、岩心和原油的分析、化验、高压物性试验，设备和工具的拆装、维修等等，更注意金属材料的选用和热处理工艺。有许多资料无法从技术或管理人员那里获得，就在现场向国外老工人学习、请教，直到弄懂为止。回国之前，我购了全套美国石油学会的标准、规范、公报和推荐操作法，即API标准，这是我国的第一套。回到上海后，经中国石油公司同意，影印分发给有关人员参阅。我在美实习期间还搜集到大量石油设备、工具、零配件使用的各种金属材料的牌号、热处理工以及部分机械加工工艺等资料，回国后全部转给担任制造的人员做参考，对国内自制石油设备、工具起了一定作用。

在美国实习期间，我除了学习收集工艺技术、使用方法之外，还特别关心工人和钻井现场工作人员的人身安全问题。回国前，我把自购的铝合金安全帽（也称铝盔）、工作服、工作手套一并带回，当时还想带脚趾部位夹层装有钢板的安全鞋，因又笨又沉又大，实在不好带而作罢。带回的铝盔在上海交有关人员参照设计并制造，开创了国内石油钻井工人及现场人员戴安全帽的先河。

1948年春，我回到上海中国石油公司，领导让我选择留在上海或是去台湾还是玉门，我不假思索地选择了玉门。

藏匿钻机

1949年9月10日前后，解放军已迫近兰州，油矿快要解放了。我爱人的一位同事来到我家告诉我们说："炼厂已经开始做护厂的准备了，你作为钻井部负责人，钻井方面是否可以做些准备？"我当即痛快地答应了。

当时玉门油矿有3台现代化钻机，有1台已经搬到非常隐蔽的井位，另外2台则需要紧急转移。第二天，我开着中吉普车到矿场去干油泉的路上，往南的山沟里去找合适的隐蔽处所，发现有两处比较合适。次日，我赶快找到矿场工程室主管工程师童宪章商量，经他同意后，又去找运输部负责人李誉柱，向他借了一辆当时吨位最大的大道奇卡车。然后找到郑云兴、郑云亭、张永吉、徐成华、梁栋材、孙耀增6位老工人，跟他们说明情况。第二天，童宪章用中吉普车拉上6位老工人。为掩人耳目，我自己驾驶大道奇卡车。我们用了4天时间把当时在用的2台30型钻机的主要部件，包括重量较轻的2部钻机绞车和6台柴油机分别藏在不通公路的山沟里。

藏完钻机主要部件后，在征得采油部主管工程师吴士璧的同意后，我又和那6位老工人一起用了2天时间把井口装置最矮的2口油井"埋起来"。所谓"埋起来"不是真埋，而是可以随时关井和开井，不影响油井的生产。不了解情况的人，从外表上完全看不出来。

直至玉门油矿解放后，我们把所藏的设备全部取出来，完好无损。那2口"埋起来"的油井也从未停止生产，也未发生任何意外。

互帮互学

尽管我在校读的是矿冶专业，但原文教科书中仅有一页涉及石油，而且四分之一为一张井架照片。初到玉门油矿，实际对石油什么都不懂，先来的人员也仅靠矿长严爽从美国带回的《石油勘探和生产》《实用石油钻井手册》《石油设备目录》等书籍进行学习，一切都从摸索实践开始。拿到这些书，我们像得到宝贝似的，爱不释手，潜心研读。我真正对石油理论和实际技术的学习是从玉门油矿开始的。

石油在国内是后兴的工业。当时油矿工人绝大部分是文盲，更缺少钻井经验。一些技术员也是油盲，我也深深体会到对石油无知的苦恼。在工程师刘树人的倡议下，技术人员和工人互相帮助，互相学习。年轻的技术人员一边看书自学，一边教工人，同时也向工人学习操作，大家都是现学现卖，热情很高。我一边学习书本知识，一边虚心向工人学习操作技术，增进了与工人的交流，工作也更为顺利，打破了工程技术人员只会动嘴不会动手的风气。

20世纪40年代中期的玉门油矿，差不多每位钻井值班技术员都能顶工人直到司钻的岗位，进行实地操作。我对晚来的技术员和工人都能毫不保留地把知识和经验行言传身教，大家进步都很快。我刚到玉门油矿的时候，油矿有一部分从四川调来的老司钻。四川开始油气勘探较早，他们在钻井方面有经验，我最早的钻井实际经验就是学他们的。那时油矿还聘请了美国的钻井技师蒲舒，当时油矿使用的艾迪尔－30型钻机有4挡钻速，我们只敢用到2挡。在蒲舒的指导下，我们也敢用4挡了。我从蒲舒那里学到了很多钻井技术。当时人们评价说"史久光在干部里是操作技术的一把好手"，其实那些技术就是在那个时候跟油矿工人和美国专家学的。

修旧利废

玉门油矿较快发展是1943年，矿场所用钻井器材来源极为困难，主要是通过滇缅公路，国内运输靠卡车。1942年从美国订购的10台钻机，实际到玉门的只有3台是完整的，其他器材损失也极严重，所以钻井器材一直匮乏。困难没有吓倒玉门钻井人，我们利用废弃、报废的材料，因陋就简地开始了修旧利废。

旧刮刀钻头利用特殊的硬质合金块和炭化钨管子焊条加大钻头直径和长度，恢复了全新的功能。旧牙轮钻头在牙爪与牙轮之间的旷动间隙加衬垫，使之又能重新使用。吊钳牙、钻具卡瓦和打捞筒内打捞卡瓦的修复是用磨床将牙重新加工使其恢复锐利。泥浆泵缸套的内径磨损后，将它们改为较大内径的，也把大直径缸套的内径加衬改为小缸套。泥浆泵活塞则由大逐级改小。泥浆泵拉杆也是把大泵上的改在小泵上使用。由于玉门当时无热处理条件，修复备件的使用寿命较短，但仍克服了器材紧缺的困难。

一口井在表层套管固井时，套管折断，这个套管是国外从井内起出的旧套管。我研制了一种井下套管连接工具，使用效果良好，连接牢固，在固井后试压合格，避免了这口井的报废。

在一口井因卡钻而把未卡部分钻具取出、井下卡死部分注水泥封死后，参考国外见到的实物研制了侧钻工具，使这口井免于报废，这在玉门是第一次使用造斜器侧钻成功。

为解除一口井的卡钻，只知道国外有用爆破法的，但无人见过实物，也未看到过图纸或照片。我们经过悉心研究，用薄铁皮做成圆筒形外壳，内装黄色炸药并注满机油，设法平衡下井后爆炸筒内外承受几十个大气压的压差，从钻杆内下至预先测定的卡钻深度，通电引爆成功，解除了卡钻事故。

我们在玉门还首次使用了地层测试器，当一口探边井钻过预计产层后，下入测试器，求得产出全部为纯地层盐水，证明该井已超出油层边界，比较清楚地明确了油田边界约略位置，所以未下油层套管，节约了大量钢管和水泥，并测得该层的压力。

这一时期开展的修旧利废活动解决了玉门油矿的生产难题，使得钻井工作得以继续。此后，修旧利废成了玉门油矿的优良传统，并随着转战南北的玉门石油人走向全国各地，修旧利废也成为我国石油工业的一个优良传统。

在艰难的岁月里，玉门油田的老一辈钻井工作者在艰苦的条件下摸索前进，在长期的实践中积累了丰富的经验，为后来钻井的大发展奠定了基础。在全国各大油区陆续发现后，玉门向全国各兄弟油田输送了大批钻井骨干，如英雄钻井队1202队、1205队等，有钻井闯将铁人王进喜、全国劳模王登学等。这些在玉门战斗过的人们，曾以艰苦创业的精神建设和发展了玉门，而在转战到新的战场后，又把艰苦创业的精神带到新的工作岗位，带到凡是有石油的地方。玉门的钻井队伍在长期的实践中积累了一系列成熟配套的钻井工艺技术。这些技术在以后的克拉玛依、大庆、长庆、胜利等油田会战中发挥了积极的作用，极大地促进了全国的钻井工作。20世纪五六十年代，全国各油田相继快速钻探开发成功，玉门的钻井技术起到了十分重要的先导作用，玉门钻井技术在中国石油钻探历史上有着不可磨灭的影响。玉门矿务局局长兼党委书记杨拯民在给中共中央西北局的报告中称“史久光是中国石油工业有数的人才”。杨拯民引用的这句话是后来成为石油工业部副部长李天相的原话。他们说的这句话虽然是针对我说的，但实际上是对玉门这支钻井队伍的整体肯定。我就是在玉门油矿学会了石油勘探的理论知识和控制井喷、研制钻具等钻井技术，是玉门钻井队伍的一员，是随着玉门钻井技术的发展而成长起来的。尽管那时工作条件和生活条件都很艰苦，但注入血液的正是不怕困难、不怕吃苦的“老君庙精神”。这是石油人生命中最宝贵的精神财富。玉门哺育了我，培养了我，我在那里生活了10年，我永远不会忘记那片热土和那些可亲可爱的人们。

在纪念玉门油田开发70周年的时候，我非常激动，也非常高兴。玉门是中国石油工业的摇篮，有着艰苦创业的历史积淀。玉门的好传统和好作风影响了几代石油人。希望这种好传统、好作风能够永远保持下去、发扬光大。衷心地祝愿玉门油田在新的历史时期有新的发展、新的辉煌！

难忘玉门

李 敬

玉门油田是中国石油工业的摇篮，也是我国第一个天然石油工业基地，每一个在玉门生活和战斗过的人，都会流连忘返，恋恋不舍。忆及玉门，不免都想说几句。

1952年11月，我随部队转业来到玉门油矿，先后在西安钻探局、四廊庙钻探大队、玉门钻井公司任职，至1958年4月参加四川石油会战离开玉门，在玉门油田整整工作了6个年头。其后虽然多年转战大庆、新疆、长庆等油田，但每当想起玉门，过去的故事常萦绕耳际，久久不能忘怀。

澡堂里捂汗

1952年11月3日，是我当石油工人的第一天。穿上领来的新工作服、高筒毡靴和老羊皮大衣，戴上铝盔照照镜子，表情不大自然，穿了又脱，脱了又穿，总觉得少点儿啥。参观学习结束后，我被分到石油沟乌兹特姆钻井五队工作，正副队长是郑敏衡和杨春义，技术员是李汉卿、王学文，其他32个人还不认识。刚到井队工作时，师首长秦峰下过命令，要我在一年之内学好实习技术员，掌握钻井的全部生产工艺，包括生产调度。因为是新当徒弟，所以很沉不住气。虽然工人师傅们告诉我早晨7时到八井门口停车站等车，但自已唯恐去得晚了，赶不上车。天还未亮就起来了，急急忙忙洗漱后，吃了早点带了饭，就到停车站去等车。因为没有表，不知车什么时候来，就在停车站转来转去，东张西望，等了很久，既没有车来，也没有人来。风吹沙子满天飞，身上虽冷心里热。等了一个多小时，上班的汽笛声传来，工人从四面八方向停车站走来，接着一辆一辆的汽车陆续开了过来。有了那次经验，以后上班听见汽笛响就到停车站，用不着发慌了。

经过一段时间的学习和实际工作，初步了解了石油钻井技术，被调到生产技术科任副科长。我喜欢看书，也喜欢记日记。星期日是我的“书斋日”，“钻井工程、钻井液应用”是我的一日三餐，洗衣服是我换脑子的绝活，先用温水泡一阵，再拎起来抹上肥皂再泡一阵，等脑子被那些单调的数据、符号塞得满满的时候，再拿起衣服一阵猛搓，满脑子的杂念就仿佛被洗得干干净净。一次，我得了重感冒，四肢乏力像灌了铅，走起路来晕晕沉沉的，清鼻涕像两只泉眼，一只手帕不够用。我索性穿上一件皮大衣，拿上一本书，到澡堂里去捂汗。

钻探石油沟

1955年是玉门油矿关键的一年，在地质勘探方面，基本上探明了老君庙各油层和石油沟油田边界，增加了储量；更加令人兴奋的是，在老君庙以西的鸭儿峡地区和老君庙、石油沟油田之间的小马莲泉地区发现了新的油藏，经过钻探试油后，证明具有工业开采价值。面对喜人的形势和任务，钻井处处长秦文彩在全处职工代表大会上强调：“1955年钻井任务是1954年的145.46%，试油为184.69%。”钻井处党委书记余群立作了“努力改进党组织领导方法与作风”的报告。会后，4个钻井队在石油沟探区先后开钻。我以生产技术科副科长的身份前去石油沟探区工作。在区队部会议室，参加会议的有石油师人董金壁、刘文明、王嘉善、窦小群等及其他区队领导和钻井队长。我首先向大家声明，我不是来检查工作的，现场气氛马上活跃了起来。小罗马五队队长陈云楷大声讲道：“我们队的司钻王廷运是个胆大心细的人，大家都知道，柴油机80匹马力，带动4排1吨多的传动链条，链条的销子铆不死，经常断裂，一断就耽误时间。这种情况大家都遇到过，是件很头疼的事。可王廷运有办法，他把提前磨平磨光的销子装在口袋里，只要链条一断就派上了用场，以前换一个销子得用1个多小时，现在只要1分钟。”陈云楷话音一落，大家纷纷议论，觉得办法很好。由于石油沟油矿每口井的成败关系到玉门油矿的总产量，所以这次会议讨论的问题，既是战前动员会，又是经验总结会。我希望大家靠前指挥，做好生产中的思想政治工作，务必要关心职工的生活。

当年在3号重力高上有两个钻井队，一个是王登学的304钻井队，一个是姚福林的302钻井队。一样的钻机、一样的人马、一样的工作区域，当王登学的钻井队提出年进尺要上6000米的倡议时，姚福林没有公开响应，但在队内要求保证年钻井进尺突破5000米大关。两个队虽然没有正面挑战和应战，但相互之间暗暗较上了劲。两个井队同一天安装，王登学安装得较快，姚福林队没有大型钻机安装经验，慢了半拍，于是找王登学讨教取经。王登学也是爽快人，毫无保留地把经验告诉了姚福林。由于两个队之间互帮互助，你追我赶，3 月份，王登学队张兴文班连续每天进尺都在 40 米以上，全队最高日进尺达到 94 米，创造了 3 号重力高地区的新纪录。

319 井井喷

1956 年 7 月 1 日晚 10 时左右，石油河东岸的老君庙 319 井由于没有下表层套管，钻头刺穿油层，挡不住高压区块的压力冲击，发生强烈井喷。当时，井喷的吼声像是要把地皮撕裂一般，强大的压力使油柱一下蹿到井架顶端，只听一声爆响，热浪的冲击波险些把几十米以外的人推倒，数十米高的火焰如同一支巨大的火把，照得全矿像白昼一般。通红的火光改变了井架的颜色，不到 10 分钟，钢铁般的巨人竟然像软面条似的烧毁倒塌。两天后，钻井公司召开党员干部大会，分析事故教训。当时，我任钻井一大队大队长，319 井的事故让我很不安。为了防止类似事故的发生，我们大队组织有关同志对各井灭火机、电路、柴油机排气管等做了检查布置，并对防喷问题也做了准备，广泛地宣讲“319 事故”的教训和对国家造成的损失，目的是引起大家的高度警惕。针对本队安全问题，我们采取了加强劳保法令的宣传，积极组织操作规程和各种措施的学习，培养安全骨干，建立了 70 多人的安全网员。

局厂两级部门在调查研究的基础上，针对事故教训，借鉴国外经验，相继出台了一系列规章制度和有关政策：生产调度电话会制度、月中生产检查会制度、各级工程师与干部责任制度、安全检查巡回制度、检查挂牌制度、安全用火制度、班前班后安全讲话制度等。这些制度是用血的教训和昂贵的代价换来的，它以科学的态度，规范着各行业的生产行为。“玉门管理模式”的初步形成，给后来全国石油工业的大发展提供了可贵借鉴。

鏖战鸭儿峡

1956 年 12 月 8 日，朱廷玉所在的 3286 钻井队在鸭儿峡地区钻凿的第一口探井试油后，初步评价 M 油层产油能力良好。18 日至 20 日的 3 天里，在钻井过程中多次发生井喷，大股的原油和气体沸腾般地涌向地面，钻井人员及时采取措施，才把一次又一次的油流制服住。矿务局副局长焦力人从鸭儿峡井场回来后兴奋地对大家说：“鸭儿峡是个大有希望的油田。”为加速鸭儿峡钻探开发，焦力人率 5 人工作组驻扎鸭儿峡，统筹安排各项工作。钻井公司任命我为第三大队大队长，副大队长王德成、党总支书记王廷锦、工会主席蒋寿吉、团总支书记李金云、组织干事罗朝云等人率领的 12 支钻井队开赴鸭儿峡，从此，许多刻骨铭心的回忆里鸭儿峡的名字成了永远无法抹掉的印记。

在鸭儿峡钻井，最令人焦虑不安的是钻井用水，仅靠两辆罐车从矿区拉水，对于井队来说真是杯水车薪。为了水，杨拯民局长和秦文彩经理亲自上井协调，指示寻找水源。第二天，天还没亮，我就领着几个人，带上馒头水壶，乘坐 69 型嘎斯车，顺着峡谷向南找水。车开到无法行驶的地方只好停下来，我们一连翻过两座小山，越过一道山沟，终于看见了祁连山下汇集雪水的一个水滩。我们一口气跑到水滩边，捧起水就喝，足足灌了一肚子。几个人拍打着清泉般的水花，像河边嬉戏的牧童，忘记了浑身的疲惫和困乏。水源找到了，管道在艰难中架设完工。从此，井队不用再为水担忧了。

鸭 1 井从 1957 年 4 月 1 日开始试采后，初期产量间歇自喷，平均日产油 16.3 立方米，后期日产原油 3.65 立方米。同年，开钻鸭 2 井（队长李允子）、鸭 2 井（队长侯有运）、鸭 4 井（队长朱廷玉）、鸭 5 井（队长孙福德）、鸭 6 井（队长王登学）、鸭 7 井（队长杨文忠）、鸭 8 井（队长姚福林）这 7 口井，其中 3、4、5、6、8 井均有不同程度油气显示。后来，矿务局成立了前线指挥部，由采油厂厂长、原石油师三团代政委宋振明担任总指挥，一团管理股长李清芳、工程师王贞益担任副总指挥，下设办公室、计划、调度 3 个业务机构，办公地点设在鸭儿峡榆树沟，下属钻井二大队、鸭儿峡矿场、油建公司土建队、调度分站、采油工程队、消防队等单位，共有职工 3000 余人，从而揭开了大战鸭儿峡的序幕。

就在鸭儿峡会战如火如荼的日子里，我奉命离开了玉门油田，参加四川石油会战。临行前，面对哺育我成长的玉门油田，我依依不舍，心潮起伏，提笔写下了这样的诗句：玉门六春一箭飞，奉命调奔天府国；渴望参与歼灭战，难舍戈壁石油城。玉门石油人执着的事业心和强烈的爱国精神，勤奋工作的态度，严肃认真的作风，对我的教育很大，影响很深，也让我终生难忘。

此后，我于 1963 年、1990 年、1999 年 3 次回到玉门，每次回到玉门都感到有许多新发展、新变化，但唯一不变的是艰苦奋斗的精神。玉门精神就是艰苦奋斗、求实创新、无私奉献、顾全大局。他是玉门油田广大职工用奉献精神和聪明才智积累下来的，是取之不尽、用之不竭的宝贵财富。

在纪念玉门油田开发70周年的时候，我不能不回想起那些发现和开发玉门油田的先驱们。以孙健初为代表的老一代知识分子，在抗日战争的艰苦岁月，在荒凉寂寥的戈壁大漠，风餐露宿，为寻找石油、开发石油表现出了爱国奉献的大无畏精神。具有革命军队光荣传统和优良作风的石油师人，为建设和发展玉门油田表现出了吃苦耐劳、英勇顽强的拼搏奋斗精神。1950年4月，爱国将领杨虎城长子杨拯民由陕西关中军分区副司令调任玉门矿务局局长，到1958年4月，为把玉门油矿建设成为我国第一个石油基地整整奋斗了8年。他在《往事》一书的“玉门纪事”中写道：“为了发展石油工业，中国人民解放军将57师成建制地转为石油工程第一师，其中，二、三两个团整体转到玉门矿务局，组建成油田建设公司和运输公司，师长张复振同志担任了玉门矿务局副局长，从而为石油工业的油田建设队伍和运输队伍奠定了基础。”玉门石油人不仅延续了他们的事业，也继承了他们艰苦奋斗的精神。玉门油田是我国用现代技术手段最早开发的油田，不但生产了大量原油，支援了国家建设，而且为中国石油工业的发展输送了十多万名工人、技术人员和干部，是培养石油人才的大学校；玉门半个多世纪实践积累的经验，对其他油田的开发有现实的借鉴作用，是油田开发的实验场；玉门在开发石油的过程中，摸索总结了一整套石油开发技术，创造了中国石油开发技术的若干个第一。玉门人在各个历史时期表现出的艰苦奋斗精神，成为中国石油宝贵的精神财富。特别是玉门油田在开发70年之后仍然保持和发扬这种精神是非常难能可贵的。相信玉门在建设百年油田的历史进程中，不但能为中国石油提供后期开采的经验，培养新的人才，而且在勘探开发方面会有新的成就、新的贡献，玉门精神一定会更加发扬光大，石油摇篮文化的内涵会更加丰富。衷心地祝愿玉门油田永远焕发青春，创造更加辉煌的未来！

3. 文学作品选编

玉门，温馨的摇篮

李若冰

1

我每次到河西走廊来，都要朝拜老君庙。

这好像成了不是规矩的规矩，如果不去，就觉得缺点什么，心里空荡荡的。只有爬上那倾斜度不大却是长长的坡头，顺着峡谷里的石油河，眺见了那小不点儿的庙堂，才不由得舒口气。

这时，我又站在了那倾斜度不大却是长长的坡头上，不由得一阵惊异，镶嵌在半坡上小小的庙堂，竟然一改昔日的色彩，门楣已经浓妆艳抹，太上老君衣冠楚楚地打坐其中，虽然不是金面玉身，却也增添了不少的神气。记得，我前几年到这儿来，看见太上老君破败潦倒，缺胳膊短腿的，显出一副可怜相。而今天太上老君却是面带春色，喜气可人，慈祥地俯视着众生。小庙里飘浮着香火味，一缕淡淡的香烟绕梁而过，从窗孔窜出去了。

在我的心目中，老君庙占有一个神圣的位置。

早在50年代初期，我就和石油地质勘探者一道，在老君庙周围找油，经常出没于高寒的祁连山内外，奔波在白杨河、青草湾和嘉峪关一带。那时，我和勘探者在戈壁滩野宿的时候，很喜欢做梦，做各种各样的梦，老梦见老君庙——这个赫赫有名的油田灯火闪闪，于是火光在延伸，火舌在跳跃，火花在幻梦中飘洒了，喷油了。不知为什么，我本来是不信鬼神的人，但总盼望太上老君显灵。也不知道为什么，从那时起我就时常到小庙上来，即使后来小庙被捣毁，没有了神像，还是照来不误。

我想对老君庙的怀恋，也许其中含有迷信味道，然而毋宁说是一种象征，一种感情寄托，一种深深的期望。听说古时候，有人在这儿发现了“赤金”“火漆”，淘金者自然见金眼开，便修起了这座小庙，恭请太上老君上坐，以祈求神灵保佑发财。这当然是一种迷信崇拜，但也不无寄托之意，图个吉利嘛。

我在玉门得知，1939年3月，老君庙第一口井打到23米处，突然从沙层里涌出了一股油流。黑乎乎的油流，逗得著名地质学家孙健初、严爽、靳锡庚等笑逐颜开，负责钻井的专家董尉翘和油娃子们高兴极了。为了欢庆这口井破天荒地出油，大家破例做了顿面条吃。

孙健初喜滋滋地端起一碗面条，顺手撒了一把盐，大口大口地吃了起来。此刻，即使没有上等炒菜佐餐，吃起来也是香喷喷的。经过孙健初鉴定，这油层和甘油泉是同一层位，便按照英文第一个字母，起了个名儿叫：K 油层。自此，老君庙油田在中国西部呱呱诞生了！

我还得知：1941 年 4 月 21 日拂晓，当老君庙第四口井打到 439 米时，突然发生了强烈井喷。随着一阵巨响，霎时火焰冲天，凶猛异常，整个井场变成了火海。孙健初望着火海很痛心，却也很兴奋。井喷说明 K 油层下面，还有一个储量富集的主力油层。他又给起了名儿叫：L 油层。

“这里将成为中国最大最重要的产油地！”孙健初默默地流下了热泪。

人们激动了，欢腾了，以难以言传的喜悦泪水，迎接老君庙油田的勃兴。哦，老君庙油田以前所未有的威武的雄姿，挺立在了华夏大地上！

我听人说，那时老君爷也显灵了，他老人家捋着长长的胡子，活灵活现地站在庙中，而且笑容可掬。也不知是哪些好心的人，把小庙装修得小巧玲珑，周围还栽上了青松绿柏。一时间香火茂盛，朝拜者络绎不绝……

中国第一个最大的天然石油矿藏——老君庙油田的崛起，给中国石油史上增添了壮丽的篇章。自古荒僻之地变成了名胜之地，戈壁滩失去了平静，石油河快乐地喧响着，祁连山高高地昂起了头。

孙健初把怀孕的妻子张芳晨女士，远道从重庆接来了。有个年轻的地质家，名字叫陈贲，也自告奋勇到老君庙油田来，陪同孙健初一起，继续在祁连山一带做地质调查。哦，地质家们并不满足于一个老君庙油田呀！

50 年代初，我和酒泉石油地质勘探大队的伙伴们，继续沿着孙健初曾经走过的路，在河西走廊和酒泉盆地进行勘探，正是为了寻找第二个、第三个老君庙油田呀！

2

噢，掐指算来，老君庙——玉门油田从创业至今，差不多已有 50 个年头了。我们曾经进行过地质勘探的青草湾、石油沟、鸭儿峡和白杨河早已出油了。真让人感到快慰呵！

如今，每一次走进矿区里，望着原来长得很细很小的现在已是高高大大的白杨树，随风发出飒飒的声音，像奇妙的手在弹奏一支抒情的曲儿。过去一眼就能看穿的几栋简陋的建筑物，现在显得繁华多了，庞大多了，说不准走上一阵，会迷了路。

爬上高入云天的现代化通讯大楼顶端眺望，祁连山也显得矮小了。老君庙小得像只小甲虫似的。郁郁葱葱的公园里，为发现老君庙油田做出突出贡献的孙健初纪念碑矗立其中。远处，是炼油厂耸立的烟囱，山上山下是座座钻塔。近处，是崭新的粉白色的卫星地面站，和熙熙攘攘的街市。和昔日相比，壮观极了。

视线所及，方圆百十里，全是玉门的天下！

我曾不止一次地倾听玉门人讲述以往的故事，也曾不止一次地为那些英雄豪杰所感动。

玉门是出名的石油城，也是出名的英雄城，她有着像郭孟和这样的“祁连山下的冬青树”呢。谁说高寒天气不能打井？他率领自己的钻井队，在海拔 2500 米的青草湾开钻，开创了冬季施工的先例。

闻名于世的“铁人”王进喜率领的 1205 队，在白杨河探区首创月上 5000 米的纪录。在大庆会战中，他的队在困难重重的情况下，人拉肩扛，屡战屡捷，竟然 5 天打一口井，充分体现了中国工人的志气，赢得了全社会的尊敬！

和王铁人一起成长起来的修井技师刘公之，从部队转业当采油工的赵和元，不图名利，埋头苦干，几十年如一日，是闻名油城的两头老黄牛。

配得上这个称号的人，岂止一个两个，像他们这样的人已遍及油城！

我认识的那位女中豪杰黄金洪，本来是个弱女子，小小的个儿，柔情的风姿。谁想她和她的女子测量队，竟然长年在戈壁上风餐露宿，真个测出了水平，杀出了威风，显示了一种非凡的风采！

老君庙油矿的一位采油女工，为了一口井没通上蒸汽，竟然吃不下饭，睡不着觉，深更半夜跑到井场，直到凌晨通上蒸汽为止。这仅仅是为了一口井不受冻么？不，这里深藏着一种爱，一种对油田的爱。

只有对自己的岗位产生了爱的感情的人，才会爆发出强烈的责任心和无限的创造力。

我每次到玉门油城来，心里都有一种温馨的感觉。

这里虽然不是我的家，却像回到家里一样。我熟识这里许许多多的人，我曾和他们共过甘苦，我是他们中间的一个。但是，我在这座油城碰到的熟人越来越少了。这次来，几乎没遇上几个熟悉的面孔。我有些纳闷，难道他们都远走高飞了吗？转念一想，这有什么好奇怪的，也许这是一种规律，都过去二三十年了，石油队伍又是一支庞大的野战军，现在油田遍及全国，他们哪里不好去呢？于是，我在油城的街道上，就很难碰上熟人了。我寻思，现在油城工作的一些人，大约是石油第二代，第三、四代了吧！

想到这种时势变迁，真叫人由衷地喜悦！

我深深地感到，作为中国最早的石油基地，玉门油田是个培养人才的摇篮。摇篮，大大的温馨的摇篮！我在这个摇篮里生活过，深感这个摇篮的抚爱。这里是个出发点，人们从这里走向四面八方。玉门油城不断地出生，不断地输出，一批接着一批，源源不绝。

一个统计数字跳进我的眼底，使我大为吃惊。从1953年开始，截至1986年底，玉门向全国各大探区输送各种人才达7万人之多。7万人呐，这可真是一个惊心动魄的数字！而从1958年以后，光是上千人的大调动就有15次。想想发现老君庙油田时，才有几十号人马，短短几十年，竟输出了成千累万的人才，这不能不说是玉门油城一个罕见的现象，一个特殊的贡献！

从新疆的克拉玛依，到青海的柴达木，从华北的任丘油田，到山东的胜利油田，从大庆到庆阳、四川、辽河和渤海湾的各个油田上，哪里没有玉门人？我去过一些油田，每次碰见玉门人，看到他们那黧黑敦厚的面容，那充满活力的姿影，心里总怀有一种亲切感。毫不夸张地说，凡是华夏大地出油的地方，都留下了玉门人的汗珠！

人们说，玉门人爱油如命，此话一点不假。想油、爱油，只要听见哪里出了油，就不由得欢喜如狂，摩拳擦掌。我也爱油，也完全能体味到这种感情。玉门人的身姿和风采，闪现在中国的各个油田上，闪现在人们的眼睛里和人们的记忆中。

哦，玉门油城堪称是个大大的摇篮，温馨的摇篮！

多么叫人怀念的摇篮，多么引人爱恋的摇篮！

我每次到河西走廊来，都要朝拜老君庙，一次也不例外。

难道老君庙对我有这么大的诱惑力么？不，诱惑我的是油，是闹油的人！

一九八八年九月二十六日于长安

玉门不老

魏　巍

人都说，玉门是新中国石油工业的摇篮。

谁也没有想到，从祁连山雪峰下流出的一条窄窄的浓黑的石油河，竟是中国石油工业的发祥之地；正是从这里起步，一个接一个的石油会战，构成了我国石油战线光辉灿烂的历史，而使一个“贫油之国”成为当今世界石油大国之一；也是从这里，以王铁人为代表的玉门儿女远征八方，终于汇成了一支善于打苦仗、硬仗的石油大军。至今玉门人还记得诗人李季的诗句：“苏联有巴库，中国有玉门，凡有石油处，就有玉门人。”当然，他们念到这些诗句时是不无自豪的。

我乘着一辆披满风尘的越野车来到玉门。首先映入我眼帘的就是街头一座高大的石油工人的塑像。他头戴铝盔，手扶刹把，映衬在河西走廊纤尘不染的蓝空里。据说塑像是参照铁人的相貌雕塑的，怪不得他是那样充满着庄严、刚毅和自信。

当我们奔驰在大街上的时候，同来的伙伴讲，新中国成立之初，玉门只不过是一个简陋、破败的小镇。现在她已经是拥有十万人口的整洁、美丽的现代化城市了。市中心有一个很好的公园，里面有一座中国石油工业先行者孙健初先生的纪念碑，放眼四顾，周遭都是漂亮的楼房。而且你很快就会发现，这是一个劳动者的城市，人们上班以后，街上就没有什么人了。这里随处都可看到大片大片的波斯菊，这种花在此地不知为什么开得如此艳丽，几乎使人忘记这是一座戈壁滩上的城市。

第二天，热情的主人就领我去参观第一口井。这口井位于老君庙旁侧高高的河岸上。我站在河岸上一看，从祁连山中延伸出来的这条深沟里，一条小河漂浮着浓浓的黑油。这就是有名的石油河了。正是它暴露了地层深处的隐秘，引得孙健初等有志气的知识分子，骑着骆驼前来探寻石油。河的对岸是一座弓形山。我惊奇地注意到，在弓形山的陡岸下，有十几个并排的黑洞。旁边的人立刻介绍说，那就是新中国成立前工人住的窑洞，为了防止工人逃跑，一到晚上就把他们的鞋子通通收了，第二天清早再发还他们。我不禁惊叹了一声，这些是既无门窗又无任何遮掩的黑窟窿罢了，把它叫作窑洞未免过于恭维了。我问："你们进去过吗？那里面有什么，有床吗？"一个上了年纪的退休工人苦笑着插进来说："床？到哪里找床？就是地下铺了一些烂草。进洞往里走是斜坡，夜间发了水，连跑都跑不出来。"接着，这个面色黝黑的老工人说："我 1941 年到这里当临时工，每月挣一角五分钱，吃的是有沙子和老鼠屎的小米饭，要花一角六分，每月还欠一分钱。衣服也没有，自己的衣裳穿坏了就赤身露体，只发给一件羊皮袄，白天穿夜里盖，阴天下雨毛朝外。"人们爱说往事如烟，这些过去并不很久的往事，也许不少人真的当作轻烟飞去，仿佛从来就不存在，可是经历过这一段生活的老一代工人阶级是不会忘记的。玉门的工人阶级更是不会忘记的。

我很快就发现，玉门工人的阶级觉悟是很高的。这里传诵着一个老工人马武林的故事。他今年 64 岁，于 4 年前退休。正好是退休这年入党。他常笑着对人说，"我的工龄已经结束，可是党龄刚刚开始"。退休前他的工作是回收"落地油"，就是把那些边边沿沿漫溢的原油回收起来。这种工作是相当艰苦的，要穿着乌黑油腻的工作服和长筒靴子，一天到晚地踩在浓黑的油池里，一桶一桶地收起油，挑到另外的地方。马武林的卓异之处，就在于他退休之后，仍然一早就换上工作服，蹬上长靴子，照常去回收落地油。3 年多来他收集的原油共 3680 吨，价值 70 多万元。一口井平均能产一吨半，要是老井才产二三百斤，他一个人回收的油就比一口井的产量还多。因此人们赠给他一个美称，叫他是"祁连山下一口井"了。

我为这口"井"的故事所吸引，很盼望能见到他。在一次座谈会上，我们很快相遇了。这天，他换上了一套 50 年代人们常穿的那种蓝制服，忠厚和朴实得似乎近于笨拙，微微发胖的脸上浮着谦逊的笑容。我问起他的经历，他说赶过马车，当过农工，放过骆驼，烧过锅炉，搞过勘探，还当过搬运工、勤杂工、采油工。最后笑着说："反正是一把铁锹两只手，哪里有油哪里走！"谈起他退休回收石油的事，他伸出一只手指着手背上的一块疤说："我这手就是旧社会叫狗咬的。不能好了伤疤忘了疼，吃饱肚子忘了本。我爷爷是逼得喝大烟死的，过去旧社会谁管你？共产党把我救出来我能都忘了？有人问我，为什么 60 多岁了，退了休还干？是我爱钱么？不是！我退了休，工资 200 多，孩子都有工作，钱够我花了；我是看那油漂在水面上风吹日晒跑了心疼，人老了，不能有大的贡献，斤上不添两上添嘛！"

马武林受苦出身，文化程度并不高，但他对当前现实问题的感受并不迟钝。他很认真地对我说："工人阶级就应该有共产主义思想，四项基本原则不能丢。干社会主义是为了大家，不能光顾个人。自由化这家伙不得了，搞歪门邪道就要走下坡路。人是走下坡路容易走上坡路难。"

这些掷地有声的言语，出自一位文化不高的所谓"粗人"口中，不免使我怦然心动。我上前紧紧握着他粗糙的黑手，心想，我们有这样的工人阶级，什么事情做不成呢！

在玉门，多年来行之有效的优良作风还保持着。玉门机械厂有个模型班，各方面的工作都井然有序，生气勃勃。连厂房的玻璃和花盆都擦得明光光的。这个班里有两个被拘留过的青年，现在也改造得很好，有一个已经成为共青团员。这个班多年来一直坚持着两个制度。一个是一个月一次的民主会，通过批评和自我批评，搞得非常团结；一个是每周一次的政治学习，坚持学习马列主义、毛泽东思想和时事政策。这个班的班长是干了 37 年的老工人李维屏。他对我颇有信心地说："不管社会上吹什么风，我们工人都要坚持四项基本原则。那些乱七八糟的风吹到我这里，我就叫它吹不起来。"他接着又说："别的地方搞奖金挂帅，可是我知道，奖金再多，也买不来工人的心。思想改造为什么不提了？改造客观世界的同时改造自己的主观世界不对了吗？你看我这里窗玻璃、花盆擦得干干净净的，不就改变了懒惰的思想了吗？"

种瓜得瓜，种豆得豆。什么样的指导思想产生什么样的果实。石油管理局的同志告诉我一件令人高兴的事。为了加速勘探，他们需要挖 50 个炮坑，当时既没有钱，也找不到这么多劳力。后来号召全体人员参加义务劳动，结果大家都高高兴兴地去了，按时顺利完成。只此一项就为公家节省了 50 万元。我在想，有的地方钱少了还不愿干，而这里共产主义的义务劳动为什么还照样有效呢？

在我离开玉门的前夕，我再次登上老君庙山的最高处观赏玉门的夜景。我看见曾流过苦难的石油河畔，万家灯火汇成了灿烂的星海。这正是家家户户坐在沙发上守着彩电观看新闻节目的时刻。从灯影里可以看到，一个个“磕头机”，在采油姑娘的守护下仍在不知疲倦地有节奏地工作。随着晚风不断传来俱乐部一阵阵悠扬有致的音乐声。大概小伙子和姑娘们跳舞跳得正起劲吧。这是一个多么美好的、和谐的、安定的、秩序井然的社会主义城市呵！一个牢固的信念流过我的心底：不管国际风云如何变幻莫测，我们拥有如此强大的有觉悟的工人阶级，就足以抵御任何的风浪。依靠工人阶级，我们不仅创造了光辉的过去，而且必能创造更加美好的明天。

临别时，玉门石油管理局的李志新书记对我说：玉门油矿已经开采了半个世纪，虽然10年来持续稳产，但毕竟是有些老了，随着全国各大油田的发现，它现在也不是一个大单位了。但是我高兴地告诉你，我们在吐鲁番的鄯善地区，已经发现了虽不是太大但也不是太小的含油结构，现在正在加紧钻探。领导上勉励我们“东山再起，再现青春”，我们是很有信心的。听了他的话，我带着衷心的喜悦给他们留下了如下的祝愿：“老传统开新花力量无穷，老母鸡下金蛋再展雄姿。”

几天后，我在驰骋新疆的火车上，已经远远看到鄯善的蓝天下，矗立着一个又一个的井架。我不禁兴奋地喊出了声：

玉门不老！

后　记

玉门油田——中国石油工业的摇篮，迄今已走过近80年的发展历程。80年来，玉门石油人秉承“我为祖国献石油”的信念，艰难创业、艰苦奋斗，自强不息、励精图治，胸怀大局、无私奉献，在为国家生产大量石油及石油产品的同时，也为中国石油工业的发展和地方经济建设做出了重要贡献。在长期的生产建设实践中，积淀形成的“玉门风格”“玉门精神”和“石油摇篮”文化，成为一代又一代玉门石油人的精神支柱和动力源泉。

在玉门油田开发50周年前夕，玉门油田组织编辑出版了《玉门油田志》（1939—1986），全面记述了油田开发48年的发展历程。之后，因吐哈会战、重组改制、重组整合、生活基地搬迁等，一直没能重修或续修油田志。以史为鉴，为更好地传承“玉门精神”、弘扬“石油摇篮”文化，促进油田持续稳健发展，高质量建设“百年油田”，再续“石油摇篮”辉煌，提供一本全面、翔实的综合性文献，重修或续修油田志，成为今之玉门油田历届领导的萦怀。

2014年6月，按照集团公司的相关要求，经油田分公司总经理办公会议研究，决定在玉门油田开发80周年之前，续修《玉门油田志》（1987—2017）。当月，油田分公司下发《关于成立〈玉门油田志〉编纂委员会的通知》，成立了由公司党政主要领导任主任、其他领导任副主任、机关各部门负责人任委员的《玉门油田志》（1987—2017）编纂委员会，负责玉门油田志编纂大纲的审定、志书审稿、重大问题决策和出版工作；设立了编纂工作办公室，由公司（党委）办公室主任兼任主任，具体负责玉门油田志编纂的组织运行工作。之后，公司（党委）办公室开始抽调人员，组建了《玉门油田志》（1987—2017）编纂办公室和有6人脱产参加的编纂组。9月，编纂办公室召开第一次编纂工作会议。会议在对编纂工作进行初步探讨、交流编纂思路、商讨工作目标、提出初步设想的基础上，确立了“坚持以辩证唯物主义和历史唯物主义为指导，突出时代特征，体现油田特点，实事求是地记述1987—2017年玉门油田改革、发展以及生产经营的历史和现状”的指导思想，并报编委会审核通过。同时，编写完成了《玉门油田志编纂手册》，初步明确了资料提供和初稿撰写的基本方法、格式规范、文体文风等要求，由此进入编纂前的各项准备工作。

因编纂人员大都未接触过志书编纂工作，缺乏思想准备和基本知识储备，编纂办公室在组织编纂人员有针对性地学习《中国现代方志学》《新方志编纂学》《玉门油田志》（1939—1986）等志书编纂业务知识的基础上，于2015年4月，组织编纂人员远赴西南油气田、大庆油田、吉林石化、西部钻探、吐哈油田等石油石化兄弟企业，就企业志书的编纂工作，进行了考察、交流和学习。5月，开始编写《玉门油田志编纂纲要》。在尊重和继承前志的基础上，结合玉门油田改革发展、产业布局和组织机构的设置情况，经过反复研究斟酌，三易其稿，并下发各单位、各部门充分征求意见后，最终形成了4万余字的《玉门油田志编纂纲要》。8月，玉门油田召开《玉门油田志》（1987—2017）编纂工作启动会议，下发《编纂纲要》和《编纂手册》，对资料查找、收集、整理、上报以及初稿撰写等工作进行了分工，并对基层单位和机关部门资料提供人员进行了业务培训。编纂人员的工作重心也转向资料查找、收集、走访、整理等工作。期间，编纂人员按照撰写分工，在全面收集、整理馆藏档案，走访查找资料线索的同时，经常来往于矿区和酒泉之间，协助各单位开展资料查找和收集整理工作，并先后两次赴吐哈油田，查找吐哈会战有关资料，最大限度地取全取准第一手资料。

2016年6月，资料查找、收集工作基本完成，基层各单位和机关各部门开始陆续上交资料，共形成了2000余万字的资料长编。编纂人员结合基层上报的资料长编和自身掌握的资料，开始各自承编篇章的初稿撰写工作。

2017年6月，初稿分纂完成，编纂办公室利用2个多月时间，组织全体编纂人员对分纂初稿进行了集体讨论。随后，各自按照讨论意见和建议，分别对自己承担的初稿再次进行修改、补充和完善。年底，对分篇志稿进行汇总合成，形成了总纂稿，总字数达190余万字。期间，因各种原因，陆续有4名编纂人员先后离开了编纂组。

2018年，油田志进入统稿阶段。统稿过程中，又对《编纂纲要》拟定的油田开发、工程技术服务等部分篇章结构做了适当调整，形成了包括图片、总述、大事记、13篇专志及附录为主要框架和内容的审定稿。因初稿内容调整幅度较大、需补充完善的资料量大且查找更为困难，加之人员紧张，统稿进度较为缓慢，至年底，基本完成统稿工作。

2019年初，为了进一步做好拾遗补阙工作，加快编纂进度，编纂人员对志稿中存在的遗漏、缺失等问题逐一进行了排查和梳理，将214条需要补充完善的内容整理形成“《玉门油田志》（1987—2017）补充资料任务分解表”，由公司（党委）办公室通过油田月度生产会，进行了任务分解，并下发了审稿通知，由各单位、各部门行政主要领导同步进行审稿工作。3月中、下旬，按照各单位、各部门审稿意见和补充的资料，对志稿内容进一步做了修改和完善，最终形成了140余万字的审定稿，送油田领导和相关专家进行终审。4月，经油田主要领导审核签发，交由石油工业出版社出版发行。

在《玉门油田志》（1987—2017）的编修过程中，始终得到了油田党政领导、各级组织、各单位、各部门的关心、帮助、支持和协助，得到了吐哈油田、西部钻探以及石油工业出版社等兄弟企业相关部门和领导的鼎力相助，资料提供人员和编纂人员也为此付出了辛勤劳动，在此，谨向大家致以崇高敬意和衷心感谢！

由于编修经验水平所限，加之30余年来油田历经多次改制，人员变动频繁，部分史料遗失严重，收集整理难度大，难免存挂一漏万、以偏概全不足，资料之疏漏、文句之不工、选材之不精，常使编者忐忑，诚请广大读者见谅并批评指正。

《玉门油田志》编纂组
2019年6月